11 Identifikationsnummer der Art/identification number of species/numero di identificazione della specie
12 Artname/species/nome della specie
13 Synonyme der Art (kursiv)/species synonyms (italics)/sinonimi della specie (corsivo)
14 bevorzugte Höhenlage/altitude at which found/altitudine dei ritrovamenti
15 Unterteilung innerhalb der Gattung in subgen. = Untergattung oder sect. = Sektionen/suddivision of genus in subgen. = subgenera/divisione all'interno del genere in subgen. = subgeneri
16 Abkürzungen der Literatur, in der die Art behandelt wird (ohne Sternchen = keine Abbildung vorhanden, * schwarz-weiß Abbildung, ** Farbabbildung)/literature abbreviations regarding species (without asterisks = no pictures, * black and white pictures, ** colour pictures)/abbreviazioni della letteratura che tratta la specie (senza asterisco = nessuna figura, * figura in bianco e nero, ** figura a colori)
17 Subspezies/subspecies/sottospecie
18 Varietät/variety/varietà
19 Form/form/forma
20 Synonym ohne Identifikationsnummer (kursiv)/synonym without identification number (italics)/sinonimo senza numero di identificazione (corsivo)
21 :Synonymverweis auf den gültigen Namen/:cross reference to correct name/dopo il segno : segue il nome valido
22 ➤ Der Pfeil verweist auf einen anderen ebenso für gültig gehaltenen Gattungsnamen mit der diesbezüglichen Artidentifikationsnummer/➤ an arrow indicates another equally valid genus name with its species identification number /➤ la freccia indica un altro nome di genere, ritenuto altrettanto valido con il suo relativo numero di identificazione della specie
23 × bedeutet Hybride/× indicates hybrid/× significa ibrido
24 Name der Mehrgattungshybride/name of hybrid genus/nome dell'ibrido intergenerico
25 Gattungen der Eltern/genus of parents/generi dei genitori
26 Synonym der Mehrgattungshybride (kursiv)/synonym of the hybrid genus (italics)/sinonimo dell'ibrido intergenerico (corsivo)
27 Richtiger Name/correct name/nome giusto
28 von der RHS (Royal Horticultural Society) anerkannte Gattung, an Stelle der effektiv gebrauchten davorstehenden Gattung, die aber nicht von der RHS anerkannt wurde/genus recognised by RHS instead of other commonly used genus names which appear first/genere riconosciuto dalla RHS (Royal Horticultural Society) al posto del genere precedente, effettivamente usato

Henrike Berg Panà

Handbuch der Orchideen-Namen

Dictionary of Orchid Names
Dizionario dei nomi delle orchidee

Bibliografische Information der Deutschen Bibliothek
Die Deutsche Bibliothek verzeichnet diese Publikation in der Deutschen
Nationalbibliografie; detaillierte bibliografische Daten sind im Internet über
http://dnb.ddb.de abrufbar.

ISBN 3-8001-4620-7

Das Werk einschließlich aller seiner Teile ist urheberrechtlich geschützt. Jede
Verwertung außerhalb der engen Grenzen des Urheberrechtsgesetzes ist ohne
Zustimmung des Verlages unzulässig und strafbar. Das gilt insbesondere für
Vervielfältigungen, Übersetzungen, Mikroverfilmungen und die Einspeicherung
und Verarbeitung in elektronischen Systemen.

© 2005 Eugen Ulmer KG
Wollgrasweg 41, 70599 Stuttgart (Hohenheim)
Internet: www.ulmer.de
Lektorat: Hermine Tasche
Herstellung: Thomas Eisele
Satz: Typomedia GmbH, Ostfildern
Druck: Gutmann Offsetdruck, Talheim
Printed in Germany

Inhaltsverzeichnis
Contents
Indice

I.	Geleitwort von Edmund Launert	5
I.	Preface by Edmund Launert	6
I.	Prefazione di Edmund Launert	7
II.	**Zur Einführung**	9
II.	**Introduction**	11
II.	**Introduzione**	13
III.	**Klassifizierung der Orchideen/Orchid classification/ Classificazione delle Orchidee**	15
	1 Klassifizierung der Orchideen nach dem System von Rudolf Schlechter	15
	1 Orchid classification acc. to Rudolf Schlechter's system	15
	1 Classificazione delle orchidee secondo il sistema di Rudolf Schlechter	15
	2 Klassifizierung der Orchideen nach dem System von Robert Dressler	27
	2 Orchid classification acc. to Robert Dressler's system	27
	2 Classificazione delle orchidee secondo il sistema di Robert Dressler	27
IV.	**Erläuterungen zum Gebrauch des Textes**	37
IV.	**Explanation of contents**	40
IV.	**Spiegazioni per la consultazione del testo**	42
V.	**Abkürzungen/Abbreviations/Abbreviazioni**	
	1 Wuchsverhalten/growth form/tipo di crescita	45
	2 Heimatländer/country of origin/paesi di provenienza	45
	3 Botanische Begriffe/Botanical terms/termini botanici	54
	4 Handelsübliche Abkürzungen der Gattungen/Commercial orchid genus abbreviations/abbreviazioni commerciali dei generi	55
	5 Fachbegriffe und Schutzbestimmungen/technical terms and orchid protection/termini tecnici e protezione delle orchidee	63
	6 Literaturabkürzungen/Bibliography abbreviations/abbreviazioni della letteratura	65

4 Inhaltsverzeichnis/Contents/Indice

VI. Gattungen, Arten und Synonyme der Orchideen
VI. Genera, species and synonyms for orchids
VI. Generi, specie e sinonimi delle orchidee 67
    1 Lesebeispiel 67
    1 Example 67
    1 Esempio 67
    2 Alphabetische Liste der Gattungen, Arten und Synonyme 69
    2 Alphabetical list of genera, species and synonyms 69
    2 Elenco alfabetico dei generi, specie e sinonimi 69

VII. Deutsche und fremdländische Orchideennamen/
     Popular orchid names/Nomi volgari delle orchidee 735

VIII. Autoren der Orchideennamen/Authors of orchid names/
      Autori dei nomi delle orchidee 748

Danksagung/Acknowledgement/Ringraziamento 781

I. Geleitwort

Vor Jahren erschien aus der Feder des bekannten Orchideengärtners Walter RICHTER ein Buch mit dem Titel „Die Schönsten aber sind Orchideen". Wenn auch viele Freunde und Bewunderer des vielfältigen bunten Farbenteppichs der Natur sich dieser Ansicht nicht anschließen konnten, so bezweifelte doch niemand, daß man über Orchideen nur im Superlativ sprechen kann.
Keine andere Familie im Bereich der Blütenpflanzen enthält derartig viele Arten, besitzt eine so weite Verbreitung und ökologische Anpassungsfähigkeit. Orchideen sind mitnichten nur Kinder der Tropen; man findet sie in den gemäßigten Zonen beider Hemisphären und sogar noch am Rande des nördlichen Polarkreises. In Größe und Gestalt stellen sie eine größere Mannigfaltigkeit zur Schau als jede andere Familie. Wenngleich jeder Laie eine Orchideenblüte fast immer auf Anhieb erkennen kann, ist sie doch wesentlich komplizierter gestaltet als die jeder anderen Pflanze. Die Wechselbeziehung zwischen der Orchideenblüte und dem fast ausschließlich tierischen Bestäuber und der den Pollenübertragungsvorgang auslösende Mechanismus haben an Kompliziertheit nichts Ebenbürtiges im gesamten Pflanzenreich.
Wider alle Erwartungen sind Orchideen allerdings als Nutzpflanzen, mit einer Ausnahme, bedeutungslos. Dem wissenschaftlichen Botaniker bieten sie ein nichtendenwollendes Forschungsgebiet, für den Gärtner und Züchter Ansporn und Herausforderung, besonders im Hinblick auf die Tatsache ihrer verhältnismäßig leichten Hybridenbildung bei einer Anzahl dem Auge wohlgefälligen Arten. Die Orchideenzucht hat sich im Verlauf der letzten Hälfte des 20. Jahrhunderts zu einer weltweiten Industrie entwickelt; der Handelswert von Kulturorchideen ist unermesslich.
Die Orchideenliteratur, seien es wissenschaftliche Studien, Reise- und Sammlerberichte, populärer Bücher und Prachtwerke, Handels- und Auktionskataloge etc. ist kaum noch übersehbar. Nur über das im Verlauf von zwei Jahrhunderten entstandene Namensgewirr, dessen Ursache in der Einleitung erklärt wird, gab es bislang keinen zusammenfassenden Überblick.
Diese klaffende Lücke soll nun endlich mit dem vorliegenden Werk geschlossen werden. Über mehrere Jahre, mit großer Umsicht, profunder Sachkenntnis und Bienenfleiß hat Henrike Berg Panà ein Werk verfaßt, dem ich nichts als Erfolg wünsche.

Edmund Launert

I. Preface

Some years ago the renowned orchid grower Walter RICHTER published a book, "Die Schönsten aber sind Orchideen" ("Orchids are the most beautiful of them all"). Although many of the friends and admirers of nature's diverse and colourful tapestry might not go quite so far, few could deny that in describing the orchid one can hardly fail to speak in superlatives.

No other family of flowering plants comprises so many species and has so wide a geographical distribution or ecological range. Orchids, despite their popular image, are in no way simply children of the tropics; they are to be found thriving in the temperate zones of both hemispheres and even at the limits of the Arctic circle. The members of this family of plants display a greater variety of size and shape than any other; although the average layman may be able immediately to recognise one from the shape of its flower, the orchid is nonetheless considerably more complex in its structure than any other plant. The interdependency which has evolved between an orchid's flower and its animal pollinator, and the complexity of the structures which have evolved to trigger the process of pollination, are without equal anywhere within the plant kingdom.

But despite the fact that there are more species of this plant than in any other family, mankind has found – with one notable exception – no pratical uses for the orchid. For the botanist it offers an inexhaustible resource for academic research; for the leisure gardener and professional alike a source of employment and pleasure, which is in no way hindered by the relative ease with which it lends itself to hybridisation. All of this has meant that in the latter part of the twentieth century the cultivation of orchids has developed into a major worldwide industry; the value of the annual trade in orchids is almost beyond calculation.

In parallel with this, the sheer number of published works on orchids – whether serious scientific studies, tales of travel and discovery, gardeners' guides, or catalogues and price lists – is hard to quantify. Despite this vast body of literature, however, until now there has been no comprehensive catalogue available of the nomenclature of the orchids identified over the past two hundred years and more, a situation whose roots is explained in the introduction to this volume.

It is this gaping hole which this book finally seeks to close. In a study combining exhaustive research and impeccable scholarship, Henrike Berg Panà has produced a work which I hope will enjoy the success it so richly deserves.

Edmund Launert

I. Prefazione

Anni fa Walter RICHTER, noto coltivatore di orchidee pubblicò un libro con il titolo "Ma le più belle sono le Orchidee". Molti amici ed ammiratori del variopinto tappeto di colori della natura non saranno d'accordo con questa affermazione, però nessuno dubiterà che di Orchidee è possibile parlare soltanto al superlativo.

Nessuna altra famiglia nell'ambito delle angiosperme contiene tante specie e possiede una tale diffusione e capacità d'addattamento ecologico. Le Orchidee non sono assolutamente soltanto figlie dei tropici: si trovano nelle zone temperate di ambedue gli emisferi ed addirittura fino al margine del circolo polare artico. Per grandezza e habitus mostrano una molteplicità maggiore di qualsiasi altra famiglia. Sebbene ogni profano è quasi sempre in grado di riconoscere al primo colpo il fiore di un orchidea, il meccanismo è notevolmente più complicato di quello di qualsiasi altra pianta. Sia il rapporto reciproco tra fiore d'orchidea ed impollinatore, quasi sempre animale, che il meccanismo innestante lo svolgimento dell'impollinazione non hanno equivalente in tutto il regno vegetale.

Contro tutte le aspettative, le orchidee come piante utili sono senza importanza, a parte un'unica eccezione. Costituiscono un settore di ricerca senza fine per il botanico e di stimolo e sfida per il giardiniere, soprattutto per la loro relativamente facile capacità d'incrociarsi fra di loro e per la caratteristica di possedere numerose specie gradevoli all'occhio. La coltivazione delle orchidee nell'ultima metà del ventesimo secolo si è sviluppata in tutto il mondo a livello industriale e il valore delle orchidee coltivate è inestimabile.

La letteratura sulle orchidee, sotto forma di studi scientifici, rapporti su viaggi e attività di raccolta, libri popolari ed edizioni di lusso, cataloghi per il commercio e d'asta, ecc., ha raggiunto livelli quasi non più calcolabili. Al contrario sulla confusione di nomi, creatasi nel corso di ben due secoli, le cui cause sono spiegate nella prefazione, non esisteva finora un panorama comprensivo.

Con l'opera presente sarà finalmente riempita questa lacuna. Per diversi anni, con grande attenzione, profonda cognizione e instancabile diligenza, Henrike Berg Panà ha redatto una opera, alla quale non si può augurare altro che successo.

Edmund Launert

II. Zur Einführung

Dieses Handbuch der Orchideennamen ist für Orchideenliebhaber, Züchter, Gärtner und Händler gedacht. Es ermöglicht die rasche Feststellung, ob eine Orchidee richtig benannt ist oder noch einen alten oder sogar falschen Namen trägt. Auf Ausstellungen, aber auch bei Bewertungen, also sogar unter Experten, trifft man immer wieder auf Orchideen, die mit alten Synonyma, mit verstümmelten oder sogar falschen Namen etikettiert sind. Dann wieder findet man Exemplare mit neuen Namen bezeichnet, bei denen es sich aber nur um Varietäten oder Kultivare altbekannter Pflanzen handelt.

Die wissenschaftliche Namengebung für Pflanzen wird durch den „INTERNATIONAL CODE OF BOTANIC NOMENCLATURE" geregelt. Alle Pflanzen haben einen in der ganzen Welt gültigen, lateinischen Gattungs- und Artnamen. Diese binäre Nomenklatur wurde von dem schwedischen Naturforscher Carl von LINNÉ (1707–1788) eingeführt. In seinem berühmten Werk „Species Plantarum" (1753) wurden viele Pflanzen erstmals beschrieben, andere schon bekannte neu klassifiziert. Diese Bezeichnungen werden noch heute benutzt, gefolgt von einem „L.", der Abkürzung von Linnés Namen; manches ist freilich hinzugekommen oder durch neue Forschungen korrigiert worden. Für die Orchideen schuf LINNÉ 8 Gattungsnamen und ungefähr 60 Artnamen. Um ganz sicher zu sein, daß es sich um die richtige Pflanze handelt, setzt man heute noch den Namen des Autors, der die Pflanze beschrieben hat, hinzu. Wurde eine Art in späteren Zeiten einer anderen Gattung zugewiesen, steht der Name des Erstbeschreibers in Klammern vor dem Namen des neueren Untersuchers. Eine der wichtigsten Regeln des „CODE" bestimmt, daß der zuerst gegebene Artname immer der gleiche bleibt, auch wenn sich die Gattungszuweisung ändert. Eine Ausnahme ist nur erlaubt, wenn in der entspechenden Gattung der Artname schon für eine andere Pflanze benützt worden ist. In diesem Fall darf ein neuer Artname gegeben werden.

Trotzdem besteht immer noch ein beachtliches Durcheinander in der Klassifikation und den Namen der Orchideen. Das ist hauptsächlich auf ihre große Zahl (es ist die artenreichste Familie aller Blütenpflanzen), aber auch auf die Herkunft aus weit entfernten und seit Alexander von HUMBOLDT immer noch nicht völlig erforschten Heimatländern zurückzuführen. Die Pflanzen wurden von ihren Entdeckern, oft unter großen Schwierigkeiten, auf dem Seewege nach Europa gesandt, wo sie von vorwiegend deutschen, englischen und französischen Wissenschaftlern beschrieben und benannt wurden. Oft vergingen Jahre zwischen der Entdeckung und der Beschreibung; in der Zwischenzeit wurde die gleiche Pflanze öfters auch von Anderen entdeckt, vielleicht in einem anderen Land, und an andere Wissenschaftler geschickt, die sie wiederum beschrieben und anders benannten. Aber es kam auch oft vor, daß der gleiche Autor die gleiche Pflanze mehrmals beschrieb und ihr dabei einen anderen Namen gab. Viele Orchideen können in ihrem Aussehen und in der Färbung sehr variabel sein, je nach ihrer Herkunft aus verschiedenen Ländern und Biotopen; man spricht dann auch von ökologischen Rassen. Mit der ständigen Entdeckung neuer Orchideen mußten auch neue Gattungsnamen geschaffen werden, da es nicht möglich war, sie zufolge ihrer Verschiedenheit in den wenigen existierenden Gattungen unterzubringen. Auch einer der führenden Orchideenspezialisten des 19. Jahrhunderts, Heinrich Gustav REICHENBACH (1824–1889) hatte an dieser Entwicklung einen gewissen Anteil, indem er testamentarisch bestimmte, daß die Truhen, in denen er sein Material aufbewahrte, nicht früher als nach 25 Jahren geöffnet werden sollten. Die über lange Zeit gewachsene Unordnung in der Orchideen-Nomenklatur hat sich bis heute durch Oberflächlichkeit bei der Zusammenstellung von Verkaufskatalogen, aber auch in Büchern und Zeitschriften erhalten.

Im Lauf der Jahre habe ich mich öfters gefragt, warum eigentlich kein Handbuch der Orchideennamen existiert; der wahrscheinlichste Grund ist, daß die mit der Taxonomie der riesigen Familie der Orchideen beschäftigen Wissenschaftler nicht alle in der gleichen Richtung arbeiten und nicht immer gleicher Meinung sind, besonders in Grenzfällen. Jedes Jahr erscheinen neue Bücher, werden neue Artikel veröffentlicht, neue Orchideen werden gefunden oder wiedergefunden, andere sterben aus oder existieren nur in der Kultur. Die Orchideennamen werden sich weiter ändern; dem Liebhaber ist es fast unmöglich, sich auf dem Laufenden zu halten. Deshalb schien es mir nützlich, dem Orchideenfreund mit diesem Handbuch die Möglichkeit zu geben, sein Wissen über die Systematik und Nomenklatur der Orchideen zu erweitern und in einem Nachschlagewerk die benötigten Details zu finden. Es kann sich freilich nur um einen Anfang handeln; Vollständigkeit wurde zwar angestrebt, kann aber bei der Fülle des Materials nicht verwirklicht werden.

Wie viele Orchideenarten existieren wohl auf der Welt? Der Brockhaus nennt 18.000; es sind aber sicher noch mehr, – vielleicht 20 oder 30.000. Auch heute noch werden ständig neue Arten entdeckt. Es ist oft versucht worden, die Familie der Orchideen in größere taxonomische Einheiten zu ordnen und ihre Gattungen nach morphologischen Gesichtspunkten in Unterfamilien, Tribus und Subtribus zu gruppieren. In diesem Handbuch ist die Auffassung verschiedener Autoren wiedergegeben. In der Einführung sind die zwei wichtigsten modernen Klassifizierungen als Beispiel aufgeführt, die von Rudolf SCHLECHTER und von Robert Louis DRESSLER; der darauf folgende Text beschränkt sich auf die Klassifizierung von DRESSLER und die von ihm anerkannten Gattungen, während die Gattungen, die er noch nicht eingereiht hat, entweder mit der Klassifizierung von SCHLECHTER durch ein (S) gekennzeichnet sind, oder ohne Klassifizierung bleiben.

Dieses Buch wird auch Jenen nützlich sein, die Veröffentlichungen über eine bestimmte Pflanze suchen oder Abbildungen derselben benötigen; es enthält für jede aufgeführte Orchidee Hinweise auf Publikationen, in denen Beschreibungen, farbige Abbildungen usw. zu finden sind. Beim Einkauf einer neuen Pflanze kann nachgeschlagen werden, ob der Name richtig ist, aus welchem Land und welcher Höhenlage sie stammt, was wichtig ist, um ihr die richtigen Kulturbedingungen zu bieten. Man kann die handelsüblichen Abkürzungen der Genera und der Hybriden, eventuell den volkstümlichen Namen nachschlagen, auch Angaben über Duft, Nationalpflanzen und CITES-Beschränkungen finden.

Ergänzend sind die Namen der Orchideenforscher, die sich mit der Klassifizierung befassen und ihre Lebensdaten, aufgeführt.

II. Introduction

This manual is compiled for the benefit of all who are interested in orchids: horticulturalists, botanists, breeders, amateur growers and dealers alike. It will enable the reader to find the valid name of any given plant, and it will facilitate the task of those who have to label plants for sale, exhibition or for any other purpose. Not infrequently, orchids are wrongly identified or misnamed at shows or elewhere, even when overseen a panel of experts! Moreover one sometimes finds a specimen with a brand new name by which is merely a variety or a cultivar of a well-established species. In disputed cases like by such as these the manual should prove indispensible. This applies also to the orchid enthusiast in search of further information or the source of an illustration for every known genus or species. When acquiring a new plant the user of this work will be able not only to find its correct name at a glance but also information about its country of origin and the altitude and climatic conditions of its habitat. This which will establish the proper regimen for its cultivation.

Also given are the conventional abbreviations for genera, species and hybrids, the vernacular name (when known), the plant's eventual status as a National Plant, its scent and possible CITES restrictions.

The manual also offers the reader an introduction to the Rules of International Botanical Nomenclature which have to be strictly applied to all names of orchids. It will also acquaint the reader with the names of botanists and explorers, many of whom have devoted their entire life to the study of this fascinating family of flowering plants. It will explain to the puzzled layman why the names of so many orchids have been changed, often not only once but several times over.

Over the years I have often asked myself why a book like this had never been produced until I came to realise that botanists engaged in the taxonomy of the *Orchidaceae* belong to different schools of thought and are frequently at variance with each other. This is especially the case when critical genera or species are involved. But who could possibly sit in judgement?

Virtually every year new books appear on the market and in countless publications in various languages scientists present the results of their studies. At the same time collectors from all over the world bring back plants from the wild which are either new to science or a rediscovery of a known but insufficiently described species. There are also species which have become extinct in their native habitat and now exist only in cultivation. Consequently we are faced with a constantly changing picture which is difficult to comprehend, and this even by the professional botanist. It is likely, therefore, that this manual should be of assistance to all who would like to find a way through the maze of orchid nomenclature.

As mentioned above the naming of all plants is governed by the International Code of Botanical Nomenclature. Every plant has an internationally recognised Latin (or Latinised) generic name and a specific epithet (species name) followed by the name of the authority who described it. The creator of this binomial nomenclature was the Swedish naturalist Carl von LINNAEUS (1707–1788) and many plants were described and classified by him mostly in his famous work Species Plantarum (1753) and therefore have the lettera L. attached to their scientific name (for the orchid family he described 8 genera and circa 60 species). When, for what ever reason, a species is transferred to another genus at a later date the name of the original authority is put into brackets followed by the name of the authority of the new combination. The first established specific epithet always has priority over later ones. This is one of the most important rules of the International Code.

The reasons for the often encountered confusion in the classification of orchids are manifold. Primarily it is the sheer size of the family (no other family of flowering plants comprises more species than the *Orchidacea*) but also its enormous range of distribution. From distant countries, many still not exhaustively researched, the plants were taken by land or sea to Europe and studied and described by predominantly English, French or German botanists. This process often took years. It is therefore no small wonder that many a plant was subsequently found by another collector and sent for identification to another botanist often in another European country. Thus it came to be described again and was usually given a different name. The range of variability of widely distributed orchids and the fact that they can grow in different altitudes and adapt to other habitats easily explains why several species were described more than once by the same botanist under different names. The ever increasing number of newly discovered species led, (due to their morphological differences) to the establishment of new genera to house them. One of the leading orchidologists of the 19.th Century, Heinrich Gustav REICHENBACH, contributed greatly to the nomenclatorial confusion of the Orchidaceae by demanding that all his studied herbarium material be kept under lock and key for 25 years after his death. The unsatisfactory situation was later perpetuated by uncoordinated orchidological publications in the form of books, journal articles and sales catalogues.

In this context it must be remembered that the I.C.B.N. demands that the specimen on which the description of a new species (Latin term is mandatory) is based be designated the TYPUS and be deposited with an internationally recognised institution.

How many orchids are known to us? Ten thousand, twenty thousand or even thirty thousand? Nobody knows for certain. It is a constantly changing picture and not only because of the large number of species. According to the estimates of taxonomists working in this field, the number of genera ranges from 750 to 1.000. This manual registers over 1.100 of which in the opinion of specialists a fair number may turn out to be synonyms. Many botanists have striven to lay the foundations for a definite classification of the *Orchidaceae* by dividing the family, on the basis of the principle of overall morphological similarity, into groups, classes and tribes. But understandably the experts cannot always concur in their final analysis. This work introduces the most two important modern classifications, namely the one by Rudolf SCHLECHTER and the other by Robert Louis DRESSLER but the manual itself follows the work of the latter. It presents all genera which DRESSLER recognised and lists the others outside his system.

II. Introduzione

Questo manuale è rivolto a tutti gli appassionati di orchidee, sia professionisti che hobbisti, vivaisti e fiorai.
Permette di constatare velocemente se una pianta porta il nome giusto, uno vecchio oppure uno addirittura sbagliato. Durante le mostre e giudizi, perciò fra esperti, si incontrano spesso orchidee etichettate con nomi di vecchi sinonimi oppure sbagliati. Inoltre si trovano esemplari con nomi sconosciuti, trattandosi invece soltanto di varietà o cultivar di piante altrimenti ben noti.

Le regole per la denominazione scientifica delle piante sono fissate dal codice internazionale di nomenclatura botanica (INTERNATIONAL CODE OF BOTANIC NOMENCLATURE).
Tutte le piante sono indicate con un nome latino per il genere e per la specie, valido in tutto il mondo. Questa doppia denominazione fu introdotta da Carl von LINNÉ (1707–1788), chiamato LINNEO, un naturalista svedese. Nella sua opera famosa "Species Plantarum" (1753) molte piante furono descritte per la prima volta, altre già note furono riclassificate. Queste denominazioni sono utilizzate ancora oggi, seguite da un "L.", l'abbreviazione del nome di LINNEO. Nel frattempo molti nomi si sono aggiunti, o sono stati corretti in seguito a nuove ricerche. Per le Orchidee LINNEO creò ben otto generi e ca. sessanta specie. Per avere la sicurezza di parlare veramente della stessa pianta è indispensabile conoscere anche il nome dell'autore, quello che ha descritto l'esemplare. Se una specie è stata in seguito trasferita in un altro genere il primo autore rimane fra parentesi mentre l'autore che effettuò il trasferimento in altro genere viene riportato dopo le parentesi. Una delle regole più importanti del codice internazionale di nomenclatura stabilisce che il nome attribuito a una specie dal primo autore in assoluto deve rimanere invariato anche se cambia l'attribuzione del genere.

Il caos nella classificazione e denominazione delle orchidee derivò forse soprattutto dal loro grande numero (é la famiglia più numerosa delle fanerogame) e dalla loro origine in terre lontane e poco esplorate. Gli esploratori che si avventuravano nei più remoti angoli del mondo spedivano le piante, via mare, in Europa, dove furono descritte e denominate da scienziati soprattutto inglesi, tedeschi e francesi. Così passavano degli anni fra la scoperta e la descrizione; nel frattempo la stessa pianta veniva scoperta da altri, forse in un altro paese e spedita ad altri naturalisti che la descrivevano e le davano un nome diverso. Ma successe anche che lo stesso autore descrisse la stessa specie a distanza di tempo con un altro nome. Molte orchidee infatti sono molto variabili sia nei colori che nella grandezza dei fiori a seconda della loro provenienza. In seguito man mano che si conoscevano sempre nuove piante fu necessario creare nuovi generi, perché non fu più possibile inserirli nei pochi generi esistenti perché troppo diversi. Anche Heinrich Gustav REICHENBACH (1824–1889), uno degli specialisti d'orchidee dell'epoca, contribuì non poco a questa confusione, con una clausola del suo testamento che impedì l'apertura delle casse dove era conservato il suo materiale per ben venticinque anni.
La confusione nella nomenclatura delle orchidee, accresciutasi nel corso degli anni, fu portata avanti fino ad oggi in seguito anche ad una certa superficialità nell'uso dei nomi nei vari cataloghi di vendita, in certi libri e in alcune riviste specializzate.

14 Introduzione

Molte volte nel corso degli anni mi sono chiesta come mai non esista un manuale dei nomi di orchidee. Il motivo più probabile é forse che gli scienziati che si occupano della tassonomia della grande famiglia delle orchidee seguono diverse correnti di classificazione e non sempre sono della stessa opinione, soprattutto nei casi limite. D'altronde ogni anno escono nuovi libri, nuove pubblicazioni e nuovi studi, nuove orchidee vengono scoperte o riscoperte, altre si estinguono oppure esistono soltanto in coltivazione. I nomi delle orchidee continueranno a cambiare; agli appassionati è quasi impossibile mantenersi aggiornati. Per questo motivo trovo utile dare a tutti la possibilità di allargare le loro conoscenze sulla sistematica e la nomenclatura delle orchidee e di trovare tutti i dettagli necessari in questo manuale. Si é cercato di essere i più completi possibile, ma trattandosi di tanto materiale, questo lavoro può essere soltanto inteso come un'inizio.

Quante sono le specie di orchidee nel mondo? 15.000, 20.000, 30.000? Non si sa, e non a caso, perchè il loro numero è suscettibile di continue variazioni sia per la infinità di sinonimi, sia perchè ancora oggi ogni anno vengono scoperte decine di nuove specie. Ma anche il numero dei generi secondo il parere dei diversi studiosi può andare da 750 a più di 1.000. In questo manuale sono riportati 1115 generi ritenuti validi, ma per molti di essi, secondo i vari esperti, si tratta anche qui soltanto di sinonimi.
Per mettere ordine nella grande famiglia delle orchidee vari studiosi hanno cercato di raggruppare i generi secondo affinità e parentele morfologiche, creando delle sottofamiglie, tribù e sottotribù. Ma anche qui non tutti sono d'accordo. In questo manuale saranno riportate le classificazioni più importanti e seguite, quelle di Rudolf SCHLECHTER e di Robert Louis DRESSLER, mentre nel testo, per non creare confusione, sarà riportato soltanto quella di DRESSLER accanto ai generi da lui riconosciuti. I generi che non portano la classificazione alla quale appartengono provengono dalla classificazione di Schlechter (specificato con una (S), o, essendo generi nuovi, non sono ancora stati inseriti in quella di DRESSLER.

Questo libro sarà utile anche a chi cerca pubblicazioni, descrizioni e fotografie a colori di determinate orchidee; per ogni orchidea elencata si trovano le indicazioni sulle pubblicazioni consultate, foto a colori, ecc.
Chi ha invece acquistato una nuova pianta, consultando questo manuale può risalire al nome esatto e con questo al luogo di provenienza e l'altitudine, nozioni indispensabili per una corretta coltivazione. Sono indicate le abbreviazioni riconosciute per i vari generi e quelle usate per gli ibridi intergenerici. Per quanto possibile è indicato anche il nome volgare, se figurano nel CITES e se sono profumate.
Infine sono riportati i nomi completi degli autori con le date di nascita e di morte.

III. Klassifizierung der Orchideen nach dem System von Rudolf Schlechter 1927
– integriert von Karlheinz Senghas 2002
III. Orchid classification acc. to Rudolf Schlechter's system 1927
– integrated from Karlheinz Senghas 2002
III. Classificazione delle orchidee secondo il sistema di Rudolf Schlechter 1927
– integrato da Karlheinz Senghas 2002

Subfamilia: **Apostasioideae**
Apostasia, Neuwiedia

I. Subfamilia: **Cypripedioideae**
    1. Tribus: **Selenipedieae**
        1. Subtribus: **Selenipediinae**
        Selenipedium

I. Subfamilia: **Cypripedioideae**
    2. Tribus: **Phragmipedieae**
        2. Subtribus: **Phragmipediinae**
        Phragmipedium, Mexipedium

I. Subfamilia: **Cypripedioideae**
    3. Tribus: **Paphiopedileae**
        3. Subtribus: **Paphiopedilinae**
        Paphiopedilum

I. Subfamilia: **Cypripedioideae**
    4. Tribus: **Cypripedieae**
        4. Subtribus: **Cypripediinae**
        Cypripedium

II. Subfamilia: **Orchidoideae**
    5. Tribus: **Orchideae**
        5. Subtribus: **Platantherinae**
        *Amitostigma, Bartholina, Brachycorythis, Bhutanthera, Chamorchis, Coeloglossum, Dracomonticola, Fimbriella, Gymnadenia, Holothrix, Lysiella, Neobolusia, Neottianthe (*incl. *Symphyosepalum), Nigritella, Piperia, Platanthera (*incl. *Blephariglottis, Gymnadeniopsis), Pseudodiphryllum, Pseudorchis (= Leucorchis), Schizochilus, Schwartzkopffia, Silvorchis, Thulinia*

II. Subfamilia: **Orchidoideae**
    5. Tribus: **Orchideae**
        6. Subtribus: **Orchidinae**
        *Aceras, Aceratorchis, Amerorchis, Anacamptis (*incl. *Orchis p.p.), Aorchis, Chondradenia, Comperia, Dactylorhiza, Galearis, Hemipilia, Himantoglossum (*incl. *Barlia), Neotinea (*incl. *Orchis p.p.), Ophrys, Orchis, Ponerorchis (*incl. *Chusua), Serapias, Steveniella, Traunsteinera, Tulotis*

II. Subfamilia: **Orchidoideae**
    5. Tribus: **Orchideae**
        7. Subtribus: **Habenariinae**
            *Arnottia, Benthamia, Bonatea, Centrostigma, Cooktownia, Cynorkis, Diphylax, Diplomeris, Gennaria, Habenaria (*incl. *Ala), Herminium, Kryptostoma, Megalorchis, Oligophyton, Pecteilis (*incl. *Parhabenaria), Peristylus, Physoceras, Platycoryne, Podandriella, Porolabium, Pseudoperistylus, Renzorchis, Roeperocharis, Senghasiella, Smithorchis, Stenoglottis, Tsaiorchis, Tylostigma, Veyretella,*

II. Subfamilia: **Orchidoideae**
    5. Tribus: **Orchideae**
        8. Subtribus: **Androcorythinae**
            Androcorys

II. Subfamilia: **Orchidoideae**
    5. Tribus: **Orchideae**
        9. Subtribus: **Huttonaeinae**
            Huttonaea

II. Subfamilia: **Orchidoideae**
    6. Tribus: **Diseae**
        10. Subtribus: **Disinae**
            *Brownleea, Disa (*incl. *Herschelianthe, Herschelia), Monadenia, Schizodium*

II. Subfamilia: **Orchidoideae**
    6. Tribus: **Diseae**
        11. Subtribus: **Disperidinae**
            Ceratandra, Corycium, Disperis, Evotella, Pterygodium

II. Subfamilia: **Orchidoideae**
    7. Tribus: **Satyrieae**
        12. Subtribus: **Satyriinae**
            Pachites, Satyridium, Satyrium

III. Subfamilia: **Neottioideae**
    8. Tribus: **Tropidieae**
        13. Subtribus: **Tropidiinae**
            Corymborkis, Tropidia

III. Subfamilia: **Neottioideae**
    9. Tribus: **Neottieae**
        14. Subtribus: **Neottiinae**
            *Diplandrorchis, Holopogon (*incl. *Archineottia), Listera, Neottia, Tangtsinia, Thaia*

III. Subfamilia: **Neottioideae**
   9. Tribus: **Neottieae**
      15. Subtribus: **Cephalantherinae**
         Aphyllorchis (incl. *Sinorchis*), *Cephalanthera, Epipactis, Epipogium, Limodorum*

III. Subfamilia: **Neottioideae**
   9. Tribus: **Neottieae**
      16. Subtribus: **Physurinae**
         Aenhenrya, Anoectochilus (incl. *Odontochilus*), *Aspidogyne, Cheirostylis, Chamaegastrodia* (incl. *Evrardianthe = Evrardia*), *Cystorchis, Danhatchia, Dicerostylis, Dossinia, Erythrodes* (incl. *Physurus*), *Eurycentrum, Gonatostylis, Goodyera* (incl. *Vieillardorchis, Eucosia*), *Gymnochilus, Halleorchis, Hetaeria, Herpysma, Hylophila, Kreodanthus, Kuhlhasseltia, Lepidogyne, Ligeophila, Ludisia* (incl. *Haemaria*), *Macodes, Moerenhoutia, Myrmechis, Orchipedum, Platylepis, Platythelys, Pristiglottis, Rhambodia, Rhamphorhynchus, Stephanothelys, Tubilabium, Vexillabium, Vrydagzynea, Zeuxine* (incl. *Heterozeuxine*)

III. Subfamilia: **Neottioideae**
   10. Tribus: **Spirantheae**
      17. Subtribus: **Cranichidinae**
         Aa, Altensteinia, Baskervillea, Coilochilus, Cranichis, Cryptostylis, Exalaria, Fuertesiella, Gomphichis, Myrosmodes, Nezahualcoyotlia, Ponthieva (incl. *Androchilus*), *Porphyrostachys, Prescottia, Pseudocentrum, Pseudocranichis, Pterichis, Solenocentrum, Stenoptera, Wullschlaegelia*

III. Subfamilia: **Neottioideae**
   10. Tribus: **Spirantheae**
      18. Subtribus: **Spiranthinae**
         Aracamunia, Aulosepalum (= *Gamosepalum* = *Deiregynopsis*), *Beadlea, Beloglottis, Brachystele, Buchtienia, Burnsbaloghia, Coccineorchis, Cocleorchis, Cogniauxiocharis, Cotylolabium, Cybebus, Cyclopogon, Degranvillea, Deiregyne, Didymostigma, Discyphus, Dichromanthus, Diskyphogyne, Dithyridanthus, Ecuadoria, Eltroplectris* (= *Centrogenium*), *Eurystyles, Funkiella, Galeottiella, Garaya, Gularia, Hapalorchis, Helonema, Kionophyton* (= *Gracielanthus,* incl. *Greenwoodia*), *Lankesterella, Lyroglossa, Manniella, Mesadenella, Mesadenus, Microthelys, Nothostele, Ochyrella, Odontorhynchus, Oestlundorchis, Pachygenium, Pelexia, Physogyne, Pseudoeurystyles, Pseudogoodyera, Pteroglossa, Sacoila, Sarcoglottis, Sauroglossum, Schidorhynchus, Schiedeella, Skeptrostachys, Spiranthes, Stalkya, Stenorrhynchos, Stigmatosema, Svenkoeltzia, Synanthes, Synassa, Thelyschista, Triceratostris, Veyretia, Wallnoeferia, Warscaea, Zhukowskia*

III. Subfamilia: **Neottioideae**
   10. Tribus: **Spirantheae**
      19. Subtribus: **Chloraeinae**
         Bipinnula, Chloraea, Gavilea, Geoblasta, Megastylis, Rimacola

III. Subfamilia: **Neottioideae**
    11. Tribus: **Diurideae**
        20. Subtribus: **Diuridinae**
        *Calochilus, Diuris, Epiblema, Genoplesium (*incl. *Corunastylis), Goadbyella, Microtis, Orthoceras, Pachyplectron, Prasophyllum, Thelymitra (= Macdonaldia)*

III. Subfamilia: **Neottioideae**
    11. Tribus: **Diurideae**
        21. Subtribus: **Corybadinae**
        Corybas

III. Subfamilia: **Neottioideae**
    11. Tribus: **Diurideae**
        22. Subtribus: **Caladeniinae**
        *Acianthus (*incl. *Cyrtostylis), Adenochilus, Aporostylis, Burnettia, Caladenia (*incl. *Petalochilus, Jonesiopsis, Phlebochilus, Pentisea), Calonema, Cyanicula, Elythranthera, Eriochilus, Glossodia, Leporella (= Leptoceras), Lyperanthus, Praecoxanthus, Pyrorchis, Spuricianthus, Stigmatodactylus, Townsonia, Univiscidatus, Waireia*

III. Subfamilia: **Neottioideae**
    11. Tribus: **Diurideae**
        23. Subtribus: **Codonorchidinae**
        Codonorchis

III. Subfamilia: **Neottioideae**
    11. Tribus: **Diurideae**
        24. Subtribus: **Drakaeinae**:
        Arthrochilus, Caleana (= Paracaleana), Chiloglottis, Drakaea, Drakonorchis, Oligochaetilus, Plumatochilos, Pterostylis, Simpliglottis, Spiculaea

III. Subfamilia: **Neottioideae**
    11. Tribus: **Diurideae**
        25. Subtribus: **Rhizanthellinae**
        Rhizanthella (= Cryptanthemis)

IV. Subfamilia: **Epidendroideae**
    12. Tribus: **Podochileae**
        26. Subtribus: **Thelasinae**
        *Chitonanthera (*incl. *Vonroemeria), Octarrhena, Phreatia, Rhynchophreatia, Thelasis*

IV. Subfamilia: **Epidendroideae**
    12. Tribus: **Podochileae**
        27. Subtribus: **Podochilinae**
        Appendicula, Chilopogon, Podochilus,

IV. Subfamilia: Epidendroideae
    12. Tribus: **Podochileae**
        28. Subtribus: **Meiracylliinae**
        Meiracyllium

IV. Subfamilia: Epidendroideae
    12. Tribus: **Podochileae**
        29. Subtribus: **Glomerinae**
        Aglossorrhyncha, Agrostophyllum (incl. *Appendiculopsis*), *Ceratostylis, Chitonochilus, Cryptochilus, Cyphochilus, Earina, Epiblastus, Glomera, Glossorrhyncha* (incl. *Giulianetta*), *Ischnocentrum, Mediocalcar, Poaephyllum, Sarcostoma, Sepalosiphon, Thylacoglossum*

IV. Subfamilia: Epidendroideae
    13. Tribus: **Arethuseae**
        30. Subtribus: **Stereosandrinae**
        Stereosandra

IV. Subfamilia: Epidendroideae
    13. Tribus: **Arethuseae**
        31. Subtribus: **Arethusinae**
        Arethusa, Bletilla, Calopogon, Crybe, Eleorchis

IV. Subfamilia: Epidendroideae
    13. Tribus: **Arethuseae**
        32. Subtribus: **Gastrodiinae**
        Auxopus, Didymoplexiella, Didymoplexiopsis, Didymoplexis, Gastrodia, Neoclemensia, Uleiorchis

IV. Subfamilia: Epidendroideae
    13. Tribus: **Arethuseae**
        33. Subtribus: **Nerviliinae**
        Nervilia, Triphora

IV. Subfamilia: Epidendroideae
    13. Tribus: **Arethuseae**
        34. Subtribus: **Pogoniinae**
        Cleistes, Isotria, Monophyllorchis, Pogonia, Pogoniopsis, Psilochilus

IV. Subfamilia: Epidendroideae
    13. Tribus: **Arethuseae**
        35. Subtribus: **Vanillinae**
        Clematepistephium, Cyrtosia, Dictyophyllaria, Duckeella, Epistephium, Eriaxis, Erythrorchis, Galeola, Lecanorchis, Pseudovanilla, Vanilla

IV. Subfamilia: **Epidendroideae**
  14. Tribus: **Epidendreae**
     36. Subtribus: **Corallorhizinae**
        Aplectrum, Calypso, Changnienia, Corallorrhiza, Dactylostalix, Didiciea, Ephippianthus, Hakoneasta, Hexalectris, Tipularia

IV. Subfamilia: **Epidendroideae**
  14. Tribus: **Epidendreae**
     37. Subtribus: **Pleurothallidinae**
        *Acostaea, Andinia, Barbosella, Barbrodria, Brachionidium (*incl. *Yolanda), Brenesia, Chamelophyton (= Garayella), Condylago, Dracula, Draconanthes, Dresslerella, Dryadella (= Trigonanthe), Frondaria, Jostia, Lepanthes, Lepanthopsis, Masdevallia, Myoxanthus (*incl. *Dubois-Reymondia, Chaetocephala), Octomeria (*incl. *Octandrorchis), Ophidion, Platystele, Pleurothallis (*incl. *Kraenzlinella, Pabstiella, Physosiphon, Physothallis, Cryptophoranthus, Pleurobotryum, Phloeophila, Geocalpa), Pleurothallopsis, Porroglossum, Restrepia, Restrepiella, Restrepiopsis, Salpistele, Scaphosepalum, Stelis (*incl. *Steliopsis, Dialyssa), Teagueia, Trichosalpinx, Trisetella (= Triaristella, Triaristellina), Zootrophion*

IV. Subfamilia: **Epidendroideae**
  14. Tribus: **Epidendreae**
     38. Subtribus: **Epidendrinae**
        *Acrorchis, Alamania, Arpophyllum, Artorima, Auliza, Barkeria, Basiphyllaea, Brassavola, Briegeria, (= Dressleriella), Broughtonia, Cattleya, Cattleyopsis, Caularthron (= Diacrium), Constantia, Costaricaea, Dilomilis (= Octadesmia), Dimerandra, Dinema, Diothonaea, Domingoa, Encyclia (*incl. *Hormidium, Nidema), Epidanthus, Epidendrum (*incl. *Amblostoma, Minicolumna, Hemiscleria), Epidendropsis, Hagsatera, Helleriella, Hexadesmia (*incl. *Pseudohexadesmis), Hexisea, Homalopetalum, Isabelia, Isochilus, Jacquiniella, Kalopternix, Laelia, Laeliopsis, Lanium, Leaoa, Leptotes, Loefgrenianthus, Microepidendrum, Nageliella, Nanodes, Neocogniauxia, Neolehmannia, Neowilliamsia, Oerstedella, Orleanesia, Pachystelis (= Pachystele), Physinga, Pineliantha (= Pinelia), Platyglottis, Pleuranthium, Ponera, Prosthechea (*incl. *Euchile), Pseudolaelia, Pseudepidendrum, Pseudoponera, Pseudoorlanesia (= Huebneria), Psychilis, Pygmaeorchis, Psygmaeorchis, Quisqueya, Reichenbachanthus, Renata, Rhyncholaelia, Scaphyglottis (*incl. *Sessilibulbum), Schomburgkia (*incl. *Myrmecophila), Sophronitella, Sophronitis, Stenoglossum, Tetramicra, Tomzanonia*

IV. Subfamilia: **Epidendroideae**
  14. Tribus: **Epidendreae**
     39. Subtribus: **Dendrobiinae**
        *Ascidieria, Cadetia, Cannaeorchis, Diplocaulobium, Dendrobium (*incl. *Amblyanthus, Aporum, Australorchis, Bolbidium, Callista, Conostalix, Dendrocoryne, Dichopus, Dockrillia, Dolichocentrum, Eriopexis, Euphlebium, Grastidium, Herpethophytum, Kinetochilus, Latourea = Latourorchis = Sayeria, Microphytanthe, Monanthos, Pedilonum, Tetrodon, Trachyrhizum), Epigeneium, Eria (*incl. *Aeridostachya, Callostylis, Campanulorchis, Conchidium, Cylindrolobus, Cymboglossum, Dendrolirium, Dilochopsis, Gunnarorchis, Mycaranthes, Trichosma, Urostachya, Xiphosium), Flickingeria (= Ephemerantha), Inobulbum, Katherinaea (= Sarcopodium), Notheria, Porpax, Pseuderia, Trichotosia, Tropilis, Winika*

IV. Subfamilia: **Epidendroideae**
  14. Tribus: **Epidendreae**
    40. Subtribus: **Bulbophyllinae**
      Bulbophyllum (incl. *Dactylorhynchus*), *Chaseella, Cirrhopetalum, Codonosiphon, Epicrianthes, Ferruminaria, Hapalochilus, Hyalosema, Jejosephia, Mastigion, Monosepalum, Osyricera, Pedilochilus, Rhytionanthos, Ridleyella, Saccoglossum, Synarmosepalum, Tapeinoglossum, Trias, Vesicisepalum*

IV. Subfamilia: **Epidendroideae**
  14. Tribus: **Epidendreae**
    41. Subtribus: **Sobraliinae**
      Diceratostele, Elleanthus, Epilyna, Evelyna, Fregea, Lindsayella, Palmorchis, Pseudelleanthus, Sertifera, Sobralia, Xerorchis

IV. Subfamilia: **Epidendroideae**
  14. Tribus: **Epidendreae**
    42. Subtribus: **Liparidinae**
      Alatiliparis, Crepidium, Crossoglossa, Dienia, Fingardia, Glossochilopsis, Hammarbya, Hippeophyllum, Kornasia, Liparis, Lisowskia, Malaxis, Oberonia, Oberonioides, Orestias, Pseudoliparis, Risleya, Saurolophorkis, Seidenfia, Tamayorkis

IV. Subfamilia: **Epidendroideae**
  14. Tribus: **Epidendreae**
    43. Subtribus: **Thuniinae**
      Arundina, Claderia, Dilochia, Thunia,

IV. Subfamilia: **Epidendroideae**
  14. Tribus: **Epidendreae**
    44. Subtribus: **Collabiinae**
      Chrysoglossum, Collabium, Diglyphosa, Hancockia, Mischobulbum, Nephelaphyllum, Pilophyllum, Tainia

IV. Subfamilia: **Epidendroideae**
  14. Tribus: **Epidendreae**
    45. Subtribus: **Bletiinae**
      Acanthephippium, Ancistrochilus, Ania, Anthogonium, Aulostylis, Bletia, Bothriochilus, Calanthe, Cephalantheropsis, Chysis, Coelia, Drymoda, Eriodes (= Tainiopsis), Gastrorchis, Ipsea, Neotainiopsis, Pachystoma, Phaius, Plocoglottis, Spathoglottis

IV. Subfamilia: **Epidendroideae**
  14. Tribus: **Epidendreae**
    46. Subtribus: **Adrorhizinae**
      Adrorhizon, Sirhookera

IV. Subfamilia: **Epidendroideae**
   14. Tribus: **Epidendreae**
      47. Subtribus: **Coelogyninae**
         Bracisepalum, Bulleya, Chelonistele, Coelogyne, Dendrochilum, Dickasonia, Entomophobia, Geesinkorchis, Gynoglottis, Ischnogyne, Nabaluia, Neogyna, Otochilus, Panisea, Pholidota, Pleione

V. Subfamilia: **Vandoideae**
   15. Tribus: **Vandeae**
      48. Subtribus: **Angraecinae**
         Aeranthes, Ambrella, Angraecum, Bonniera, Calyptrochilum, Campylocentrum, Cryptopus, Dendrophylax, Harrisella, Jumellea, Lemurella, Lemurorchis, Listrostachys, Neobathiea, Neofinetia, Oeonia, Oeoniella, Ossiculum, Perrierella, Polyrrhiza, Sobennikoffia

V. Subfamilia: **Vandoideae**
   15. Tribus: **Vandeae**
      49. Subtribus: **Aerangidinae**
         *Aerangis, Amesiella, Ancistrorhynchus, Angraecopsis (*incl. *Holmesia, Microholmesia), Barombia, Beclardia, Bolusiella, Cardiochilos, Chamaeangis, Chauliodon, Cribbia, Cyrtorchis, Diaphananthe, Dinklageella, Distylodon, Eggelingia, Encheiridion, Eurychone, Margelliantha, Microcoelia, Microterangis, Mystacidium, Nephrangis, Plectrelminthus, Podangis, Rangaeris, Rhaesteria, Rhipidoglossum, Sarcorhynchus, Solenangis, Sphyrarhynchus, Summerhayesia, Taeniorrhiza, Triceratorhynchus, Tridactyle, Ypsilopus*

V. Subfamilia: **Vandoideae**
   15. Tribus: **Vandeae**
      50. Subtribus: **Aeridinae**
         *Abdominea, Acampe, Adenoncos, Aerides, Arachnis, Armodorum, Ascochilus, Ascocentropsis, Ascocentrum, Ascochilopsis, Ascoglossum, Ascolabium, Bidoupia, Biermannia, Bogoria, Brachypeza, Calymmanthera, Ceratocentron, Ceratochilus, Chamaeanthus, Chiloschista, Christensonia, Chroniochilus, Cleisocentron, Cleisomeria, Cleisostoma (*incl. *Echioglossum, Garayanthus, Raciborskanthos), Cleisostomopsis, Cordiglottis, Cottonia, Cryptopylos, Deceptor, Dimorphorchis, Diplocentrum, Diploprora, Doritis, Dryadorchis, Drymoanthus, Dyakia, Eparmatostigma, Esmeralda, Euanthe, Gastrochilus, Grosourdya, Gunnarella, Haraella, Holcoglossum, Hygrochilus, Hymenorchis, India, Jejewoodia, Kingidium, Lesliea, Luisia, Macropodanthus, Malleola, Megalotus, Micropera, Microsaccus, Microtatorchis, Mobilabium, Nothodoritis, Omoea, Ophioglossella, Ornithochilus, Papilionanthe, Papillilabium, Paraphalaenopsis, Parapteroceras, Parasarcochilus, Pelatantheria, Pennilabium, Peristeranthus, Phalaenopsis, Phragmorchis, Plectorrhiza, Pomatocalpa, Porphyrodesme, Porrorhachis, Pteroceras (*incl. *Proteroceras), Renanthera, Renantherella, Rhinerrhiza, Rhinerrhizopsis, Rhynchogyna, Rhynchostylis, Robiquetia, Saccolabium, Saccolabiopsis, Sarcanthopsis, Sarcochilus, Sarcoglyphis, Sarcophyton, Schistotylus, Schoenorchis, Sedirea, Seidenfadenia, Seidenfadeniella, Smithsonia, Smitinandia, Spongiola, Staurochilus, Stereochilus, Taeniophyllum, Taprobanea, Thrixspermum, Trichoglottis, Trudelia, Tuberolabium (*incl. *Trachoma), Uncifera, Vanda, Vandopsis, Ventricularia, Xenikophyton*

V. Subfamilia: **Vandoideae**
    16. Tribus: **Polystachyeae**
        51. Subtribus: **Polystachyinae**
            Acrolophia, Ansellia, Bromheadia, Cyanaeorchis, Galeandra, Imerinaea, Neobenthamia, Polystachya

V. Subfamilia: **Vandoideae**
    16. Tribus: **Polystachyeae**
        52. Subtribus: **Stolziinae**
            Stolzia

V. Subfamilia: **Vandoideae**
    17. Tribus: **Cymbideae**
        53. Subtribus: **Sunipiinae**
            Sunipia (= Ione)

V. Subfamilia: **Vandoideae**
    17. Tribus: **Cymbideae**
        54. Subtribus: **Genyorchidinae**
            Acrochaene, Genyorchis, Monomeria

V. Subfamilia: **Vandoideae**
    17. Tribus: **Cymbideae**
        55. Subtribus: **Thecostelinae**
            Thecopus, Thecostele

V. Subfamilia: **Vandoideae**
    17. Tribus: **Cymbideae**
        56. Subtribus: **Cymbidiinae**
            Cremastra, Cryptarrhena, Cymbidiella, Cymbidium, Cyrtopodium, Dipodium, Eulophia, Eulophiella, Geodorum, Govenia, Grammangis, Grammatophyllum, Graphorkis, Grobya, Hederorkis, Oeceoclades, Oreorchis, Porphyroglottis, Pteroglossaspis, Yoania

V. Subfamilia: **Vandoideae**
    17. Tribus: **Cymbideae**
        57. Subtribus: **Acriopsidinae**
            Acriopsis

V. Subfamilia: **Vandoideae**
    17. Tribus: **Cymbideae**
        58. Subtribus: **Catasetinae**
            Catasetum, Clowesia, Cycnoches, Dressleria, Mormodes

V. Subfamilia: **Vandoideae**
   18. Tribus: **Maxillarieae**
      59. Subtribus: **Huntleyinae**
         Ackermania, Benzingia, Bollea, Chaubardia, Chaubardiella, Chondrorhyncha, Chondroscaphe, Cochleanthes, Dodsonia, Hoehneella, Huntleya, Kefersteinia, Pescatorea, Stenia

V. Subfamilia: **Vandoideae**
   18. Tribus: **Maxillarieae**
      60. Subtribus: **Zygopetalinae**
         Acacallis, Aganisia, Batemannia, Cheiradenia, Eriopsis, Galeottia, Koellensteinia, Neogardneria, Otostylis, Pabstia, Paradisanthus, Promenaea, Warrea, Warreella, Warreopsis, Zygopetalum, Zygosepalum

V. Subfamilia: **Vandoideae**
   18. Tribus: **Maxillarieae**
      61. Subtribus: **Maxillariinae**
         *Anthosiphon, Chrysocycnis, Cryptocentrum, Cyrtidiorchis (= Cyrtidium), Marsupiaria, Maxillaria (*incl. *Camaridium), Mormolyca, Ornithidium, Pityphyllum, Scuticaria, Sepalosaccus, Trigonidium*

V. Subfamilia: **Vandoideae**
   18. Tribus: **Maxillarieae**
      62. Subtribus: **Lycastinae**
         Adipe, Anguloa, Bifrenaria, Cydoniorchis, Guanchezia, Horvatia, Hylaeorchis, Ida, Lycaste, Neomoorea, Rudolfiella, Teuscheria, Xylobium

V. Subfamilia: **Vandoideae**
   19. Tribus: **Oncidieae**
      63. Subtribus: **Dichaeinae**
         Dichaea

V. Subfamilia: **Vandoideae**
   19. Tribus: **Oncidieae**
      64. Subtribus: **Vargasiellinae**
         Vargasiella

V. Subfamilia: **Vandoideae**
   19. Tribus: **Oncidieae**
      65. Subtribus: **Telipogoninae**
         Darwiniera, Hofmeisterella, Telipogon, Trichoceros, Stellilabium

V. Subfamilia: **Vandoideae**
   19. Tribus: **Oncidieae**
      66. Subtribus: **Ornithocephalinae**
         Caluera, Centroglossa, Chytroglossa, Dipteranthus, Dunstervillea, Eloyella, Hintonella, Ornithocepahalus, Phymatidium, Platyrhiza, Rauhiella, Sphyrastylis, Thysanoglossa, Zygostates

V. Subfamilia: **Vandoideae**
   19. Tribus: **Oncidieae**
      67. Subtribus: **Pachyphyllinae**
      Fernandezia, Orchidotypus, Pachyphyllum

V. Subfamilia: **Vandoideae**
   19. Tribus: **Oncidieae**
      68. Subtribus: **Pterostemmatinae**
      Pterostemma

V. Subfamilia: **Vandoideae**
   19. Tribus: **Oncidieae**
      69. Subtribus: **Raycadencoinae**
      Raycadenco

V. Subfamilia: **Vandoideae**
   19. Tribus: **Oncidieae**
      70. Subtribus: **Lockhartiinae**
      Lockhartia, Neobennettia

V. Subfamilia: **Vandoideae**
   19. Tribus: **Oncidieae**
      71. Subtribus: **Trichocentrinae**
      Trichocentrum

V. Subfamilia: **Vandoideae**
   19. Tribus: **Oncidieae**
      72. Subtribus: **Ionopsidinae**
      Comparettia, Diadenium, Ionopsis, Neokoehleria, Pfitzeria, Plectrophora, Rodriguezia, Scelochiloides, Scelochilopsis, Scelochilus, Stigmatorthos, Sutrina

V. Subfamilia: **Vandoideae**
   19. Tribus: **Oncidieae**
      73. Subtribus: **Notyliinae**
      Cyphololoron, Macradenia, Macroclinium, Notylia, Notyliopsis, Sarmenticola, Schunkea, Seegeriella

V. Subfamilia: **Vandoideae**
   19. Tribus: **Oncidieae**
      74. Subtribus: **Capanemiinae**
      *Buesiella, Capanemia, Goniochilus, Hirtzia, Hybochilus, Konantzia, Polyotidium, Quekettia, Rodrigueziopsis (*incl. *Antillanorchis), Rusbyella, Sanderella, Stictophyllorchis, Suarezia, Trizeuxis, Warmingia*

V. Subfamilia: **Vandoideae**
   19. Tribus: **Oncidieae**
      75. Subtribus: **Trichopiliinae**
         *Cischweinfia, Cochlioda, Helcia (*incl. *Neoescobaria), Leucohyle, Oliveriana, Solenidium, Systeloglossum, Trichopilia*

V. Subfamilia: **Vandoideae**
   19. Tribus: **Oncidieae**
      76. Subtribus: **Oncidiinae**
         *Ada, Amparoa, Anneliesia, Aspasia, Baptistonia, Binotia, Braasiella, Brassia, Caucaea, Chamaeleorchis, Cohniella, Collare-Stuartense, Cuitlauzinia, Cyrtochilum, Dignathe, Erycina, Gomesa, Hispaniella, Lemboglossum (= Cymbiglossum), Leochilus, Lophiaris, Mesoglossum, Mesospinidium, Mexicoa, Miltonia, Miltonioides, Miltoniopsis, Neodryas, Odontoglossum, Olgasis, Oncidium, Ornithophora, Osmoglossum, Otoglossum, Palumbina, Psychopsiella, Psychopsis, Psygmorchis, Rhynchostele, Rodrigueziella, Rossioglossum, Sigmatostalix, Solenidiopsis, Symphyglossum, Ticoglossum, Tolumnia (*incl. *Jamaiciella, Gudrunia), Trigonochilum*

V. Subfamilia: **Vandoideae**
   19. Tribus: **Oncidieae**
      77. Subtribus: **Papperitziinae**
      Papperitzia

V. Subfamilia: **Vandoideae**
   19. Tribus: **Oncidieae**
      78. Subtribus: **Brachtiinae**
      Brachtia

V. Subfamilia: **Vandoideae**
   19. Tribus: **Oncidieae**
      79. Subtribus: **Saundersiinae**
      Saundersia

V. Subfamilia: **Vandoideae**
   19. Tribus: **Oncidieae**
      80. Subtribus: **Stanhopeinae**
         Acineta, Archivea, Braemia, Brasilocycnis, Cirrhaea, Coryanthes, Embreea, Gongora, Horichia, Houlletia (Jennyella), Kegeliella, Lacaena, Lueddemannia, Paphinia, Polycycnis, Schlimmia, Sievekingia, Soterosanthus, Stanhopea, Trevoria, Vasqueziella

V. Subfamilia: **Vandoideae**
   19. Tribus: **Oncidieae**
      81. Subtribus: **Coeliopsidinae**
      Coeliopsis, Lycomormium, Peristeria

III. **Klassifizierung der Orchideen nach dem System von Robert Dressler 1983**
III. **Orchid classification acc. to Robert Dressler's system 1983**
III. **Classificazione delle orchidee secondo il sistema di Robert Dressler 1983**

Subfamilia: **Apostasioideae**
Apostasia, Neuwiedia

Subfamilia: **Cypripedioideae**
Cypripedium, Paphiopedilum, Phragmipedium, Selenipedium

Subfamilia: **Spiranthoideae**
Tribus: **Tropidieae**
Corymborchis (Corymborkis), Tropidia

Subfamilia: **Spiranthoideae**
Tribus: **Erythrodeae**
Aspidogyne, Cystorchis, Dicerostylis, Dossinia, Erythrodes, Eurycentrum, Evrardia, Gonatostylis, Goodyera, Herpysma, Hylophyla, Kreodanthus, Kuhlhasseltia, Lepidogyne, Ligeophila, Ludisia, Macodes, Moerenhoutia, Orchipedum, Papuaea, Platylepis, Platythelys, Pristiglottis, Rhamphorhynchus, Stephanothelys, Vieillardorchis, – Anoectochilus, Chamaegastrodia, Cheirostylis, Eucosia, Gymnochilus, Hetaeria, Myrmechis, Tubilabium, Vrydagzynea, Zeuxine

Subfamilia: **Spiranthoideae**
Tribus: **Cranichideae**
Subtribus: **Spiranthinae**
Beadlea, Beloglottis, Brachystele, Buchtienia, Coccineorchis, Cybebus, Cyclopogon, Deiregyne, Discyphus, Eltroplectis, Eurystyles, Funkiella, Galeottiella, Gamosepalum, Hapalorchis, Lankesterella, Lyroglossa, Mesadenella, Mesadenus, Pelexia, Pseudogoodyera, Pteroglossa, Sarcoglottis, Sauroglossum, Schiedeella, Spiranthes, Stenorrhynchos, Synassa

Subfamilia: **Spiranthoideae**
Tribus: **Cranichideae**
Subtribus: **Pachyplectroninae**
Pachyplectron

Subfamilia: **Spiranthoideae**
Tribus: **Cranichideae**
Subtribus: **Manniellinae**
Manniella

Subfamilia: **Spiranthoideae**
  Tribus: **Cranichideae**
    Subtribus: **Cranichidinae**
Aa, Altensteinia, Gomphichis, Myrosmodes, Porphyrostachys, Prescottia, Stenoptera, – *Baskervillea, Coilostylis, Cranichis, Fuertesiella, Ponthieva, Pseudocentrum, Pterichis, Solenocentrum*

Subfamilia: **Spiranthoideae**
  Tribus: **Cranichideae**
    Subtribus: **Cryptostylidinae**
    Cryptostylis

Subfamilia: **Orchidoideae**
  Tribus: **Neottieae**
    Subtribus: **Limodorinae**
    Aphyllorchis, Cephalanthera, Epipactis, Limodorum, Thaia, (Tangtsinia)

Subfamilia: **Orchidoideae**
  Tribus: **Neottieae**
    Subtribus: **Listerinae**
    Listera, Neottia

Subfamilia: **Orchidoideae**
  Tribus: **Diurideae**
    Subtribus: **Chloraeinae**
    Bipinnula, Chloraea, Codonorchis, Gavilea, Geoblasta, Megastylis

Subfamilia: **Orchidoideae**
  Tribus: **Diurideae**
    Subtribus: **Caladeniinae**
    Adenochilus, Aporostylis, Burnettia, Caladenia, Chiloglottis, Elythranthera, Eriochilus, Glossodia, Leporella, Lyperanthus, Rimacola, – *Arthrochilus, Caleana, Drakaea, Paracaleana, Spiculaea*

Subfamilia: **Orchidoideae**
  Tribus: **Diurideae**
    Subtribus: **Pterostylidinae**
    Pterostylis

Subfamilia: **Orchidoideae**
  Tribus: **Diurideae**
    Subtribus: **Acianthinae**
    Acianthus, Corybas, Stigmatodactylus, Townsonia

Subfamilia: **Orchidoideae**
   Tribus: **Diurideae**
      Subtribus: **Diuridinae**
         Calochilus, Diuris, Epiblema, Orthoceras, Thelymitra

Subfamilia: **Orchidoideae**
   Tribus: **Diurideae**
      Subtribus: **Prasophyllinae**
         Genoplesium, Microtis, Prasophyllum

Subfamilia: **Orchidoideae**
   Tribus: **Orchideae**
      Subtribus: **Orchidinae**
         Amerorchis, Aorchis, Chondradenia, Galearis, – Brachycorythis, Chusua, Coeloglossum, Dactylorhiza, Gymnadenia, Hemipilia, Nigritella, Platanthera, Pseudodiphryllum, Pseudorchis, Schwartzkopffia, Silvorchis, – Aceras, Amitostigma, Anacamptis, Barlia, Chamorchis, Comperia, Himantoglossum, Neobolusia, Neotinea, Neottianthe, Ophrys, Orchis, Piperia, Schizochilus, Serapias, Steveniella, Symphyosepalum, Traunsteinera, – Bartholina, Holothrix

Subfamilia: **Orchidoideae**
   Tribus: **Orchideae**
      Subtribus: **Habenariinae**
         Androcorys, Benthamia, Diphylax, Gennaria, Herminium, Pecteilis, Peristylus, Smithorchis, Tylostigma, – Arnottia, Bonatea, Centrostigma, Cynorkis (Cynorchis), Diplomeris, Habenaria, Megalorchis, Physoceras, Platycoryne, Roeperocharis, Stenoglottis, Tsaiorchis

Subfamilia: **Orchidoideae**
   Tribus: **Orchideae**
      Subtribus: **Huttonaeinae**
         Huttonaea

Subfamilia: **Orchidoideae**
   Tribus: **Diseae**
      Subtribus: **Disinae**
         Amphigena, Brownleea, Disa, Forficaria, Herschelia, Monadenia, Orthopenthea, Penthea, Schizodium

Subfamilia: **Orchidoideae**
   Tribus: **Diseae**
      Subtribus: **Satyriinae**
         Pachites, Satyridium, Satyrium

Subfamilia: **Orchidoideae**
   Tribus: **Diseae**
      Subtribus: **Coryciinae**
         Ceratandra, Corycium, Disperis, Pterygodium

Subfamilia: **Epidendroideae**
Tribus: **Triphoreae**
Monophyllorchis, Psilochilus, Triphora

Subfamilia: **Epidendroideae**
Tribus: **Vanilleae**
    Subtribus: **Vanillinae**
    Clematepistephium, Epistephium, Eriaxis, Galeola, Vanilla

Subfamilia: **Epidendroideae**
Tribus: **Vanilleae**
    Subfamilia: **Lecanorchidinae**
    Lecanorchis

Subfamilia: **Epidendroideae**
Tribus: **Vanilleae**
    Subtribus: **Palmorchidinae**
    Diceratostele, Palmorchis

Subfamilia: **Epidendroideae**
Tribus: **Vanilleae**
    Subtribus: **Pogoniinae**
    Cleistes, Duckeella, Isotria, Pogonia, Pogoniopsis

Subfamilia: **Epidendroideae**
Tribus: **Gastrodieae**
    Subtribus: **Nerviliinae**
    Nervilia

Subfamilia: **Epidendroideae**
Tribus: **Gastrodieae**
    Subtribus: **Gastrodiinae**
    Auxopus, Didymoplexiella, Didymoplexis, Gastrodia, Neoclemensia, Uleiorchis

Subfamilia: **Epidendroideae**
Tribus: **Gastrodieae**
    Subtribus: **Rhizanthellinae**
    Cryptanthemis, Rhizanthella

Subfamilia: **Epidendroideae**
Tribus: **Gastrodieae**
    Subtribus: **Epipogiinae**
    Epipogium

Subfamilia: **Epidendroideae**
Tribus: **Gastrodieae**
    Subtribus: **Stereosandrinae**
    Stereosandra

Subfamilia: **Epidendroideae**
    Tribus: **Gastrodieae**
        Subtribus: **Wullschlaegeliinae**
        Wullschlaegelia

Subfamilia: **Epidendroideae**
    Tribus: **Arethuseae**
        Subtribus: **Arethusinae**
        Arethusa

Subfamilia: **Epidendroideae**
    Tribus: **Arethuseae**
        Subtribus: **Bletiinae**
        Arundina, Dilochia, – Calopogon, – Acanthephippium, Ancistrochilus, Anthogonium, Aulostylis, Bletia, Bletilla, Calanthe, Cephalantheropsis, Eleorchis, Gastrorchis, Hexalectris, Ipsea, Pachystoma, Phaius, Spathoglottis, – Plocoglottis, – Hancockia, Mischobulbon, Nephelaphyllum, Tainia, Tainiopsis, – Coelia, – Chysis

Subfamilia: **Epidendroideae**
    Tribus: **Arethuseae**
        Subtribus: **Sobraliinae**
        Arpophyllum, Elleanthus, Sertifera, Sobralia, Xerorchis

Subfamilia: **Epidendroideae**
    Tribus: **Epidendreae**
        Subtribus: **Eriinae**
        Cryptochilus, Eria, Mediocalcar, Porpax, Stolzia, – Ceratostylus, Epiblastus, Sarcostoma

Subfamilia: **Epidendroideae**
    Tribus: **Epidendreae**
        Subtribus: **Podochilinae**
        Agrostophyllum, Appendicula, Chilopogon, Chitonochilus, Cyphochilus, Poaephyllum, Podochilus

Subfamilia: **Epidendroideae**
    Tribus: **Epidendreae**
        Subtribus: **Thelasiinae**
        Chitonanthera, Octarrhena, Oxyanthera, Phreatia, Rhynchophreatia, Ridleyella, Thelasis

32   Klassifizierung der Orchideen/orchid classification – Dressler

Subfamilia: **Epidendroideae**
  Tribus: **Epidendreae**
    Subtribus: **Laeliinae**
      Helleriella, Hexisea, Isochilus, Nidema, Platyglottis, Ponera, Reichenbachanthus, Scaphyglottis, – Artorima, Basiphyllaea, Brassavola, Broughtonia, Cattleya, Constantia, Encyclia, Hagsatera, Isabelia, Laelia, Pseudolaelia, Quisqueya, Rhyncholaelia, Schomburgkia, Sophronitis, Tetramicra, – Barkeria, Caularthron, Orleanesia, – Dimerandra, Diothonaea, Epidanthus, Epidendrum, Jacquiniella, Neowilliamsia, Oerstedella, – Alamania, Domingoa, Homalopetalum, Leptotes, Loefgrenianthus, Nageliella, Pinelia, – Dilomilis, Neocogniauxia

Subfamilia: **Epidendroideae**
  Tribus: **Epidendreae**
    Subtribus: **Meiracyllinae**
      Meiracyllium

Subfamilia: **Epidendroideae**
  Tribus: **Epidendreae**
    Subtribus: **Pleurothallidinae**
      Acostaea, Andreettaea, Barbosella, Brachionidium, Chamaelophyton, Cryptophoranthus, Dracula, Dresslerella, Dryadella, Lepanthes, Lepanthopsis, Masdevallia, Octomeria, Phloeophila, Physosiphon, Physothallis, Platystele, Pleurothallis, Porroglossum, Restrepia, Restrepiella, Restrepiopsis, Salpistele, Scaphosepalum, Stelis, Triaristella

Subfamilia: **Epidendroideae**
  Tribus: **Malaxideae**
    Hippeophyllum, Liparis, Malaxis, Oberonia, Orestias, Risleya

Subfamilia: **Epidendroideae**
  Tribus: **Dendrobieae**
    Subtribus: **Thuniinae**
      Thunia

Subfamilia: **Epidendroideae**
  Tribus: **Dendrobieae**
    Subtribus: **Coelogyninae**
      Acoridium, Basigyne, Bulleyia, Coelogyne, Dendrochilum, Dickasonia, Gynoglottis, Ischnogyne, Nabaluia, Neogyne, Otochilus, Panisea, Pholidota, Pleione, Pseudacoridium, Sigmatogyne

Subfamilia: **Epidendroideae**
  Tribus: **Dendrobieae**
    Subtribus: **Adrorhizinae**
      Adrorhizon, Sirhookera

Subfamilia: **Epidendroideae**
   Tribus: **Dendrobieae**
      Subtribus: **Glomerinae**
      Aglossorhyncha, Earina, Glomera, Glossorhyncha, Ischnocentrum, Sepalosiphon

Subfamilia: **Epidendroideae**
   Tribus: **Dendrobieae**
      Subtribus: **Dendrobiinae**
      Cadetia, Dendrobium, Diplocaulobium, Ephemerantha, Epigeneium, Pseuderia

Subfamilia: **Epidendroideae**
   Tribus: **Dendrobieae**
      Subtribus: **Bulbophyllinae**
      Bulbophyllum, Chaseëlla, Drymoda, Monomeria, Pedilochilus, Saccoglossum, Trias

Subfamilia: **Epidendroideae**
   Tribus: **Dendrobieae**
      Subtribus: **Sunipiinae**
      Sunipia

Subfamilia: **Epidendroideae**
   Tribus: **Cryptarrheneae**
   Cryptarrhena

Subfamilia: **Epidendroideae**
   Tribus: **Calypsoeae**
      Subtribus: **Corallorhizinae**
      Aplectrum, Corallorhiza, Cremastra, Dactylostalix, Didiciea, Ephippianthus, Govenia, Oreorchis, Tipularia

Subfamilia: **Epidendroideae**
   Tribus: **Calypsoeae**
      Subtribus: **Calypsoinae**
      Calypso

Subfamilia: **Epidendroideae**
   Tribus: **Cymbidieae**
      Subtribus: **Eulophiinae**
      Chrysoglossum, Cyanaeorchis, Diglyphosa, Dipodium, Eulophia, Eulophiella, Geodorum, Oeceoclades, Pteroglossaspis

Subfamilia: **Epidendroideae**
    Tribus: **Cymbidieae**
        Subtribus: **Cyrtopodiinae**
            Bromheadia, Claderia, – Acrolophia, Cymbidiella, Cyrtopodium, Eriopsis, Galeandra, Grammangis, Graphorkis, Grobya, – Ansellia, Cymbidium, Grammatophyllum, Poicilanthe, Porphyroglottis

Subfamilia: **Epidendroideae**
    Tribus: **Cymbidieae**
        Subtribus: **Genyorchidinae**
            Genyorchis

Subfamilia: **Epidendroideae**
    Tribus: **Cymbidieae**
        Subtribus: **Acriopsidinae**
            Acriopsis

Subfamilia: **Epidendroideae**
    Tribus: **Cymbidieae**
        Subtribus: **Catasetinae**
            Catasetum, Clowesia, Cycnoches, Dressleria, Mormodes

Subfamilia: **Epidendroideae**
    Tribus: **Polystachyeae**
        Hederorkis, Imerinaea, Neobenthamia, Polystachya

Subfamilia: **Epidendroideae**
    Tribus: **Vandeae**
        Subtribus: **Sarcanthinae**
            Aerides, Ascochilus, Biermannia, Bogoria, Calymmanthera, Chamaeanthus, Cheirorchis, Chiloschista, Chroniochilus, Cordiglottis, Cryptopylos, Doritis, Drymoanthus, Grosourdya, Kingidium, Macropodanthus, Ornithochilus, Papillilabium, Peristeranthus, Phalaenopsis, Pteroceras, Rhinerrhiza, Rhynchostylis, Sarcochilus, Sedirea, Seidenfadenia, Thrixspermum, – Adenoncos, Arachnis, Armodorum, Ascocentrum, Ascoglossum, Cleisocentron, Cottonia, Dimorphorchis, Diploprora, Esmeralda, Luisia, Papilionanthe, Paraphalaenopsis, Renanthera, Renantherella, Smitinandia, Vanda, Vandopsis, – Abdominea, Acampe, Amesiella, Ascochilopsis, Brachypeza, Ceratochilus, Cleisomeria, Cleisostoma, Diplocentrum, Dryadorchis, Eparmatostigma, Gastrochilus, Holcoglossum, Hymenorchis, Loxoma, Malleola, Micropera, Microsaccus, Microtatorchis, Mobilabium, Neofinetia, Omoea, Pelatantheria, Pennilabium, Phragmorchis, Plectorrhiza, Pomatocalpa, Porrorhachis, Porphyrodesme, Robiquetia, Saccolabiopsis, Saccolabium, Staurochilus, Stauropsis, Stereochilus, Taeniophyllum, Trachoma, Trichoglottis, Tuberolabium, Uncifera, Ventricularia, Xenikophyton

Subfamilia: **Epidendroideae**
  Tribus: **Vandeae**
    Subtribus: **Angraecinae**
      Aeranthes, Ambrella, Angraecum, Bonniera, Cryptopus, Jumellea, Lemurella, Neobathiea, Oeonia, Oeoniella, Perrierella, Sobennikoffia, – Campylocentrum, Dendrophylax, Harrisella, Polyradicion

Subfamilia: **Epidendroideae**
  Tribus: **Vandeae**
    Subtribus: **Aerangidinae**
      Aerangis, Ancistrorhynchus, Angraecopsis, Barombia, Beclardia, Bolusiella, Calyptrochilum, Cardiochilus, Chamaeangis, Chauliodon, Cyrtorchis, Diaphananthe, Dinklageella, Distylodon, Eggelingia, Encheiridion, Eurychone, Lemurorchis, Listrostachys, Microcoelia, Mystacidium, Nephrangis, Plectrelminthus, Podangis, Rangaeris, Rhaesteria, Rhipidoglossum, Solenangis, Sphyrarhynchus, Summerhayesia, Taeniorrhiza, Triceratorhynchus, Tridactyle, Ypsilopus

Subfamilia: **Epidendroideae**
  Tribus: **Maxillarieae**
    Subtribus: **Zygopetalinae**
      Otostylis, Warrea, Warreella, Warreopsis, – Aganisia, Batemannia, Cheiradenia, Koellensteinia, Mendoncella, Neogardneria, Pabstia, Paradisanthus, Promenaea, Zygopetalum, Zygosepalum, – Bollea, Chaubardia, Chaubardiella, Chondrorhyncha, Cochleanthes, Hoehneella, Huntleya, Kefersteinia, Pescatorea, Stenia, – Vargasiella

Subfamilia: **Epidendroideae**
  Tribus: **Maxillarieae**
    Subtribus: **Bifrenariinae**
      Bifrenaria, Horvatia, Rudolfiella, Teuscheria, Xylobium

Subfamilia: **Epidendroideae**
  Tribus: **Maxillarieae**
    Subtribus: **Lycastinae**
      Anguloa, Lycaste, Neomoorea

Subfamilia: **Epidendroideae**
  Tribus: **Maxillarieae**
    Subtribus: **Maxillariinae**
      Anthosiphon, Chrysocycnis, Cryptocentrum, Cyrtidium, Maxillaria, Mormolyca, Pityphyllum, Scuticaria, Trigonidium

Subfamilia: **Epidendroideae**
  Tribus: **Maxillarieae**
    Subtribus: **Dichaeinae**
      Dichaea

Subfamilia: **Epidendroideae**
　　Tribus: **Maxillarieae**
　　　　Subtribus: **Telipogoninae**
　　　　Dipterostele, Stellilabium, Telipogon, Trichoceros

Subfamilia: **Epidendroideae**
　　Tribus: **Maxillarieae**
　　　　Subtribus: **Ornithocephalinae**
　　　　Centroglossa, Chytroglossa, Dipteranthus, Dunstervillea, Eloyella, Hintonella, Hofmeisterella, Ornithocephalus, Phymatidium, Platyrhiza, Rauhiella, Sphyrastylis, Thysanoglossa, Zygostates

Subfamilia: **Epidendroideae**
　　Tribus: **Gongoreae**
　　　　Acineta, Cirrhaea, Coeliopsis, Coryanthes, Gongora, Houlletia, Kegeliella, Lacaena, Lueddemannia, Lycomormium, Paphinia, Peristeria, Polycycnis, Schlimmia, Sievekingia, Stanhopea, Trevoria

Subfamilia: **Epidendroideae**
　　Tribus: **Oncidieae**
　　　　Subtribus: **Oncidiinae**
　　　　Ada, Amparoa, Aspasia, Brachtia, Brassia, Capanemia, Caucaea, Cochlioda, Erycina, Gomesa, Hybochilus, Leochilus, Mesospinidium, Mexicoa, Miltonia, Miltoniopsis, Neodryas, Odontoglossum, Oncidium (most sections), Ornithophora, Palumbina, Papperitzia, Psygmorchis, Quekettia, Rusbyella, Sanderella, Saundersia, Sigmatostalix, Solenidium, Symphyglossum, Trizeuxis, – Lophiaris, Trichocentrum, – Antillanorchis, Comparettia, Diadenium, Ionopsis, Neokoehleria, Oncidium (Variegata group), Plectrophora, Polyotidium, Pterostemma, Rodriguezia, Rodrigueziopsis, Scelochilus, – Cischweinfia, Cypholoron, Helcia, Macradenia, Notylia, Oliveriana, Otoglossum, Psychopsis, Rossioglossum, Systeloglossum, Trichopilia, Warmingia, – Lockhartia

Subfamilia: **Epidendroideae**
　　Tribus: **Oncidieae**
　　　　Subtribus: **Pachyphyllinae**
　　　　Fernandezia, Pachyphyllum

IV. Erläuterungen zum Gebrauch des Textes und der Abkürzungen

Dieses Handbuch kann und will nicht eine Entscheidung über entgültig richtige Orchideennamen treffen, sondern führt nur die Meinungen der Autoren zugrunde gelegter Bücher und Zeitschriften auf. Je mehr Autoren sich über einen Namen einig sind und je jünger die entsprechenden Literaturzitate sind, um so größer ist die Wahrscheinlichkeit, daß es sich um einen gültigen Namen handelt. Es ist wichtig, daß der Leser bei jedem Namen die entspechende Literatur, die sich am Schluß zwischen runden Klammern befindet, mit den Veröffentlichungsjahren vergleicht; nur so kann er sich eine eigene Meinung zur Gültigkeit eines Namens bilden. Oft kann man den gleichen Namen einmal als gültig, einmal oder mehrmals als Synonym vorfinden. Das geschieht, weil ein Autor den Namen als gültig betrachtet, während ein anderer oder verschiedene andere ihn als Synonym zu anderen Namen behandeln. In diesem Fall ist dem Leser die Möglichkeit gegeben, sich eine eigene Meinung zu bilden, indem er die Literaturstellen aufsucht und die Erklärungen der einzelnen Autoren nachliest.

Liste der Gattungen

Die wissenschaftlichen Namen der Gattungen sind alphabetisch aufgeführt. Gültig bewertete Namen sind in Fettschrift gedruckt, ungültige in Kursiv. Auf jeden Gattungsnamen folgt der Name des Systematikers, der ihn geschaffen hat, getrennt durch Bindestrich, das Jahr der Entstehung. Zwischen dem Gattungs- und Autorennamen, zwischen runden Klammern und in Fettdruck befinden sich, falls existierend, die kommerziellen Abkürzungen.

Nach einem anderen Bindestrich folgt die Stellung innerhalb der Klassifizierung von DRESSLER. Zum Beispiel für die Gattung *Vanilla*: – Subfamilia *Epidendroideae* Tribus: *Vanilleae* Subtribus *Vanillinae*. Sollten diese Bezeichnungen fehlen, handelt es sich um eine nur von SCHLECHTER anerkannte Gattung (mit einem (S) gekennzeichnet) oder um eine neu geschaffene, von DRESSLER noch nicht eingereiht, oder eine, die vom Autor nicht weiter gekennzeichnet wurde (In den beiden letzten Fällen ist das Abkürzungszeichen der Literatur angegeben).

Nach einem neuen Bindestrich folgen innerhalb von runden Klammern die Namen aller Gattungssynonyme. Einige davon können als gültige Gattungsnamen wieder auftauchen, wenn ein anderer Autor dies für richtig hielt.

Nach wieder einem Bindestrich folgt die Zahl der existierenden Arten innerhalb dieser Gattung und das typische Wuchsverhalten, wie Epiphyt (epi), Erdbewohner (ter), Steinbesiedler (lit), unterirdisch (sapro, myco) oder Kletterpflanze (climber); oft findet man innerhalb der Gattung verschiedene Wuchsverhalten.

Wieder getrennt durch einen Bindestrich folgen die Abkürzungen der Heimatländer. Manchmal sind auch die bevorzugte Höhenlage und eventuelle Düfte angegeben, soweit sie die ganze Gattung betreffen.

Wenn keine Abkürzungszeichen für die Literatur folgen, handelt es sich um von DRESSLER anerkannte Gattungen, anderenfalls sind die Abkürzungszeichen der entsprechenden Literatur angegeben.

Erläuterungen

Artenliste

Auch die Artennamen jeder Gattung sind alphabetisch aufgeführt, die für gültig gehaltenen sind in Fettschrift gedruckt; jeder hat eine progressive Nummer zur Vereinfachung der Identifizierung. Auf jeden Artnamen folgt der Name des Beschreibungsautors.

Ab und zu folgen nach dem Art- und Autornamen eckige Klammern; darin wird der Artname wiederholt, dem aber ein anderer Autorenname folgt, mit dem Abkürzungszeichen der diesbezüglichen Literatur. Dies ist häufig der Fall z.B. in der Gattung *Paphiopedilum*, wo sich die verschiedenen Taxonomen nicht einig sind, wer als erster die Art in die Gattung *Paphiopedilum* überführt hat.

In runden Klammern folgen die Synonyme; manchmal sind es sehr viele, einige kann man als gültige Arten wiederfinden, andere werden als Synonyme verschiedener anderer Arten aufgeführt, je nach Autor. Die entespechende Literatur kann man nach den alphabetisch in der Artenliste eingeordneten Synonymen finden.

Nach einem weiteren Bindestrich findet man die Abkürzungen der Heimatländer und die bevorzugte Höhenlage in Metern. Falls vorhanden, ist der Duft (scented) angegeben, und die Wuchsart (epi, ter, lit, sapro, myco, climber), wenn für die Gattung verschiedene Möglichkeiten angegeben wurden.

Zwischen Anführungszeichen folgt, falls bekannt, der Volksname in verschiedenen Sprachen. Eventuelle Citesbeschränkungen und/oder die Inanspruchnahme als Nationalpflanze des betreffenden Landes vervollständigen die Hinweise.

Große Gattungen wurden in Sektionen oder Untergattungen unterteilt. In diesem Fall ist der Name der Sektion oder Untergattung nach dem Artnamen und den anderen Informationen angegeben.

Nach jedem gültigen oder ungültigen Artnamen sind zum Schluß, zwischen runden Klammern, Literaturabkürzungen angegeben. Sie beziehen sich auf die Bücher oder Zeitschriften, denen die entspechenden Notizen entnommen worden sind. In der entespechenden Literatur kann man nachlesen, was über die wenigen Hinweise dieses Handbuchs hinaus für eine Orchidee bekannt ist, vor allem was das Veröffentlichungsjahr, den Autor, Kulturanweisungen usw. betrifft. Eine Abkürzung kann mit Sternchen versehen sein. (2 Sternchen weisen auf farbige Abbildungen hin, 1 Sternchen auf schwarzweiße, kein Sternchen auf fehlende).

Ab und zu kann man im Text oder vor gewissen Artnamen Pfeile finden. Sie bedeuten, daß diese Pflanze unter verschiedenen gültigen Namen zu finden ist, die aber von den Autoren nicht oder nur teilweise angegeben wurden. Das kam vor bei Arten, die schwer einzordnen sind, sogenannten Grenzarten. Ein typisches Beispiel dafür ist *Oncidium warscewiczii*, das wir auch als *Miltonia warscewiczii*, als *Miltonioides warscewiczii*, *Miltoniopsis warscewiczii* und *Chamaeleorchis warscewiczii* wiederfinden; die letztere Gattung wurde eigens für sie geschaffen.

Synonyme

In der Artenliste sind die ungültigen Namen oder Synonyme auch alphabetisch eingeordnet, sie sind aber kursiv, nicht fett gedruckt und haben statt einer Nummer nur einen Bindestrich davor. Manchmal findet sich vor dem Doppelpunkt schon eine Literaturabkürzung zwischen runden Klammern. In diesem Falle hatte der zitierte Autor diese Art für gültig gehalten, aber jüngere Veröffentlichungen halten den Namen nur für ein Synonym.

Nach einem Doppelpunkt ist die entsprechende Nummer des gültigen Artnamens, voran die neue Gattung, falls sich auch der Gattungsname geändert haben sollte, angegeben. Falls statt der Nummer der ganze Name kursiv gedruckt ist, handelt es sich wieder nur um ein Synonym.
Zum Schluß folgt zwischen runden Klammern die entsprechende Literatur.

Hybriden

Hybriden werden die Pflanzen genannt, die aus der Kreuzung zweier verschiedener Eltern entstehen. Wenn die Eltern der gleichen Gattung angehören, handelt es sich um Gattungshybriden, wenn sie verschiedenen Gattungen angehören, handelt es sich um Mehrgattungshybriden. Wenn die Eltern, ob aus der gleichen Gattung oder aus verschiedenen Gattungen, Naturformen sind, werden sie Primärhybriden genannt.

Um die unüberschaubare Anzahl der Orchideenhybriden zu erfassen und zu ordnen, wird seit 1895 das Internationale Sortenregister für Orchideen „Sander's List of Orchid Hybrids" herausgegeben.

Gattungshybriden

In der Natur vorkommende Hybriden innerhalb einer Gattung werden immer mit einem × vor der Artbezeichnung gekennzeichnet. Zum Beispiel *Cattleya* × *venosa*. Wenn es sich um künstliche Kreuzungen handelt, fängt der Artname mit einem Großbuchstaben an und wird nicht kursiv geschrieben z.B.: *Cattleya* Domyniana

Mehrgattungshybriden

Kreuzungen mit Arten verschiedener Gattungen. Solange es Hybriden mit nur 2–3 Gattungen sind, werden die Gattungsnamen der Eltern zusammengestellt, zb. *Brassolaelia*, *Brassolaeliocattleya*, *Angraecostylis* usw. Bei drei oder mehr als drei Gattungen als Eltern bekommen die Hybriden einen neuen Gattungsnamen, z.B. *Vuylstekeara*, *Potinara*, *Maclellanara*

Die Gattungsnamen der Hybriden natürlichen Ursprungs, aber auch der künstlich entstandenen, sind alphabetisch in der Gattungs-Liste mitaufgeführt. Sie sind durch ein vorangestelltes × gekennzeichnet. Nur selten besitzen sie einen Autorennamen, eigentlich nur, wenn sie natürlichen Ursprungs sind.

Den Hybridengattungen folgt die kommerzielle Abkürzung zwischen Klammern in Fettdruck; zwischen runden Klammern und kursiv gedruckt folgen die Gattungen, die an der Entstehung der neuen Hybridengattung beteiligt waren. Manchmal folgt in Klammern hinter dem Elterngattungsnamen, der von der RHS (Royal Horticultural Society) anerkannte Name, während der wirklich gebrauchte nicht anerkannt wird.

Auch in der Artliste kommen Hybriden vor, sie sind durch ein vorhergehendes × gekennzeichnet, aber es handelt sich ausschließlich um Naturhybriden.

IV. Explanations for use and symbols

This work is not intended as a critical appraisal of names in the orchid family but it will include the opinions of the many authors and publications quoted.
As a result, the reader will find, alongside each name of species or genus, abbreviations in parentheses which refer to the literature consulted. In disputed cases (e.g.: a species name considered valid by one authority but considered a synonym of another species by a second) the reader is thus supplied with the means to retrace the different authors' works and to consult their arguments and differing conclusions.

Genera list
Scientific names of the genera are listed in alphabetical order. The correct names are in bold type while synonyms are in italics. Each genus is followed by the authority's name and the year of the orchid's description. If a conventional abbreviation exists, this is given in parentheses and bold type.
This data will be followed by the orchid's position in DRESSLER'S classification. E.g. for the *Vanilla* genus: subfamily: *Epidendroideae*, tribe: *Vanilleae*, subtribe: *Vanillinae*. This data is not given for orchids which are found only in SCHLECHTER'S classification (designated by an S) or for recently created orchids which have not yet been added to DRESSLER'S classification.
The synonyms are then given in parentheses and written in italics, followed by the number of known species for the genus. The growing habits of the genus will be specified: whether it is an epiphyte, a lithophyte, a saprophyte, terrestrial or of any other kind. The country of origin is then stated. For some orchids the appropriate altitude and the capability of emanating a scent is given as well.
For those orchids that are not part of DRESSLER'S classification, this data will be followed by the reference to the consulted texts.

Species list
The names of the different species pertaining to a genus are listed in alphabetical order. The correct names are written in bold type and accompanied by progressive numbers which should facilitate research. The authority's name is given as well. For some species, this will be followed by the quotation, in brackets, of a different authority and a reference to another work. This is quite common in the *Paphiopedilum* genus, since the specialists' opinions on who transferred certain species to this genus are often conflicting. If existing, synonyms and basyonyms are listed in parentheses; these can be numerous and contradicting, as some terms are considered only as synonyms and others as valid species.
Place of origin and the altitude of the finding of the orchid are stated, as well as scent, if specified in the scientific literature. The countries of origin are given in abbreviations (see the index). The condition of epiphyte, lithophyte, saprophyte, terrestrial or creeper is specified only if the whole genus does not present a single common growing habit.
The vernacular name, if known, is given in different languages and enclosed in quotation marks.
Some bigger genera have been divided into sections or subgenera; In these cases, the name of the section or subgenus is given as well, after the species name and all other information.
Every species name or synonym is followed by initials in parentheses: these refer to the

Explanations 41

scientific literature that has been consulted, containing the information regarding that species. These references should be useful to anyone who is interested in gathering further information on a species. These initials can be followed by one or more asterisks, if they refer to a text which contains coloured illustrations (two asterisks), black-and-white illustrations (one asterisk) or no illustrations at all (no asterisks).

Arrows are used to point out species considered valid under one genus, but which are described with the same name under another genus and considered valid in this second classification as well. This happens because some species do not easily fall into pre-existing genera. One example is that of the *Oncidium warscewiczianum*, which is also listed under *Miltonia warscewiczii*, *Miltonioides warscewiczii*, *Miltoniopsis warscewiczii* and *Chamaeleorchis warscewiczii* (this last one being a genus created specifically for this chameleonic species).

Synonyms

The species' names which are considered synonyms are written in alphabetical order but in italics and not in bold type; they are not followed by a number but by a hyphen. In some cases, initials referring to scientific literature (in parentheses) are found before the colon as well as after the reference to the species: this happens when the synonym was considered valid by the authority referred to, but recent specialists have reduced it to a case of synonymy.

Following the colon is the reference number of the corresponding valid species, and the name of the new genus, if this has changed. If this reference is written in italics instead of as a number, it is because this is a synonym as well.

In parentheses are the abbreviations of the scientific literature references.

Hybrids

Crossing two different species give rise to a hybrid. If the parentage elements belong to the same genus we will have an intrageneric hybrid, if they belong to different genera we will have an intergeneric hybrid. The cross between two species belonging to the same genus or to different genera give rise to a primary hybrid. Natural hybrids are those which originated in the wild.

The "Sander's List of Orchid Hybrids" was founded in 1895 to register the enormous number of hybrids.

Intrageneric Hybrids

Natural crosses within a genus have an × in front of the name, i.e. *Cattleya* × *venosa*. In the case of an artificial cross the name of the hybrid is not written in italics and the first letter is capital, i.e. *Cattleya* Dominiana

Intergeneric Hybrids

Crosses between species belonging to different genus are treated as follows. When 2–3 different genus are involved the combination of designations of the parents' genus are used, i.e. × *Brassolaelia*, × *Brassolaeliocattleya*, × *Angraecostylis* ecc. With 3 or more participating genus a new name is used, i.e. × *Vuylstekeara*, × *Potinara*, × *Maclellanara*.

Hybrid genus names, both natural and artificial, are inserted into the alphabetical list of genera, written in bold type and preceded by an "×". Rarely they will be followed by the authority's name – that is, only if they have a natural origin.

The name is followed by: the conventional abbreviation (in parentheses and bold type), the genera that contributed to the making of the hybrid (in parentheses, italics but not in bold type); occasionally, – following the 'parent' genus's name generally used – by the name of the genus acknowledged by the RHS.
In the species list there are hybrids preceded by an "×" and these are exclusively natural hybrids.

IV. Spiegazioni alla consultazione del testo e delle abbreviazioni

Questo manuale non può e non vuole essere un arbitro delle denominazioni esatte, ma riporta soltanto l'opinione dei vari autori di testo. Più recente è la letteratura consultata, e più sono gli autori con la stessa opinione, maggiore è la garanzia sull'esattezza di un nome. Perciò il lettore deve sempre confrontare le sigle fra parentesi che si riferiscono alla letteratura consultata, riportate in calce ad ogni nome di specie e di genere, perchè soltanto così può farsi un'opinione personale sulla validità del nome. Molte volte lo stesso nome di specie è riportato come valido e subito dopo come sinonimo, questo perchè un autore ritiene valida la specie ed invece un altro lo ritiene sinonimo di un altra specie. Per correttezza, in questo manuale sono riportate tutte e due le opinioni e il lettore pur non sapendo quale sia l'opinione giusta può però farsi una opinione propria consultando la relativa letteratura e leggendo le spiegazioni dei diversi autori.

Lista dei generi
I nomi scientifici dei generi delle orchidee sono ordinati in ordine alfabetico. I nomi validi sono stampati in grassetto, quelli dei sinonimi in corsivo. Ogni genere è seguito dall'autore e, diviso da un trattino, dall'anno della loro descrizione. Fra nome del genere e autore, fra parentesi tonde e scritto in grassetto, si trova la sigla commerciale del genere, sempre che esista.
Diviso da un altro trattino segue la loro posizione nella classificazione di DRESSLER. P.e. per il genere *Vanilla:* Subfamilia *Epidendroideae* Tribu: *Vanilleae* Subtribu *Vanillinae*. Se non è specificata questa appartenenza o soltanto la Subtribu, è perché sono riportati soltanto nella classificazione di SCHLECHTER indicata da una (S) oppure essendo di recente creazione, non sono ancora stati inseriti nella classificazione di DRESSLER o, comunque, in letteratura non è stato specificato.
Di seguito si trovano, sempre divisi da un trattino e all'interno di parentesi tonde, i sinonimi relativi. Certi sinonimi si possono comunque ritrovare come generi ritenuti validi da altri autori.
Dopo le parentesi tonde, divisa da un altro trattino compare una voce che si riferisce al numero di specie conosciute all'interno di questo genere e il comportamento di crescita specifico del genere, cioè se si tratta di epifite, terrestri, litofite, saprofite oppure di vario tipo.
Di seguito, divisi da un ulteriore trattino sono riportati con abbreviazioni, i paesi di pro-

venienza (vedi elenco). Qualche volta è indicata l'altitudine, e la capacità di emanare profumo, che comunque è riportata, generalmente per ogni specie, separatamente.
Alla fine, se non seguono le sigle della letteratura, vuol dire che il genere fa parte della classificazione di DRESSLER, altrimenti seguono le sigle della letteratura corrispondente.

Lista delle specie
Anche i nomi delle specie all'interno dei singoli generi sono in ordine alfabetico e quelli ritenuti validi in letteratura sono scritti in grassetto e provvisti di un numero progressivo per facilitare i rimandi. Ogni nome di specie è seguita dall'autore.
In alcuni casi dopo il nome in grassetto e l'autore seguono delle parentesi quadre, all'interno delle quali si trova ripetuto il nome della specie ma con un autore diverso e seguito dalla sigla della letteratura dove è stata riscontrata. Ciò capita abbastanza spesso p.e. nel genere *Paphiopedilum* dove le opinioni su chi li abbia trasferiti in questo genere, in letteratura, sono piuttosto discordanti.
Seguono fra parentesi tonde i nomi dei sinonimi e del basionimo, in caso d'esistenza. Possono essere tantissimi, e non sempre giusti perchè alcuni possono essere ritrovati come sinonimi di un altra specie, oppure adirittura essere una specie ritenuta valida, a secondo della letteratura. Per conoscere la letteratura corrispondente bisogna consultare il nome del sinonimo nell'elenco alfabetico.
Divisi da un trattino seguono i luoghi di provenienza della pianta e le altitudini del loro ritrovamento in metri, se descritti in letteratura. I paesi di provenienza sono indicati con abbreviazioni (vedi elenco). Se risulta in letteratura, è specificato anche un eventuale profumo, piacevole e non. Infine, la loro condizione di epifita, terrestre, litofita, saprofita oppure rampicante, è riportata soltanto se le condizioni all'interno del genere sono variabili.
Fra "virgolette", se conosciuto, è riportato il nome volgare, nelle varie lingue.
Generi più grandi sono stati talvolta ripartiti in sezioni o subgeneri. In questi casi dopo il nome della specie e tutte le altre informazioni, è riportata anche la sezione o il subgenere d'appartenenza.
Ogni voce di specie o di sinonimo è seguita alla fine da una o più sigle all'interno di parentesi tonde (vedi elenco letteratura). Queste si riferiscono alla letteratura dalla quale sono state tratte le nozioni riguardanti la specie. Consultando i libri in questione è possibile saperne molto di più di quel poco che si può evincere da questo manuale, ma soprattutto conoscendo l'anno delle pubblicazioni e gli autori, ognuno può farsi una propria opinione. Ogni sigla può essere con o senza asterischi. (2 asterischi significa immagine a colori, 1 asterisco immagine in bianco e nero, nessun asterisco significa assenza d'immagine.)
Eventuali frecce indicano specie ritenute valide, descritte con lo stesso nome all'interno di un altro genere, ritenuto altrettanto valido e riferentesi alla stessa pianta, e dove non sempre esiste in letteratura un corrispondente rimando. Ciò perchè alcune specie non si riescono ad adattare ad un genere già esistente se non con difficoltà. Un esempio per tutte è *Oncidium warscewiczianum* che si trova anche sotto *Miltonia warscewiczii*, sotto *Miltonioides warscewiczii*, *Miltoniopsis warscewiczii* e *Chamaeleorchis warscewiczii*, l'ultimo genere creato apposta per questa camaleontica specie.

Sinonimi:
I nomi delle specie ritenuti sinonimi sono anch'essi inseriti alfabeticamente, ma scritti in corsivo e non in grassetto e al posto del numero hanno un trattino. Certe volte, prima dei

due punti si trova già, fra parentesi tonde, la sigla della letteratura e dopo i due punti, dopo il rimando alla specie relativa, un altro. In questo caso vuol dire che il nome di questo sinonimo è stato dato come valido dall'autore citato in letteratura, ma altri autori più recenti l'hanno ridotto in sinonimia.
Dopo il due punti si trova il rimando al numero della specie valida corrispondente e, se cambiato, il nome del nuovo genere. Altre volte si trova il nome del rimando scritto per esteso in corsivo, perché a sua volta un sinonimo.
Fra parentesi infine le sigle di riferimento in letteratura.

Ibridi:
Ibridi sono le piante ottenute dall'incrocio fra due diverse specie. Se i genitori appartengono allo stesso genere si tratta di ibridi intragenerici, se invece appartengono a generi diversi si chiamano intergenerici. L'incrocio tra due specie dello stesso genere o di generi differenti da origine ad un ibrido primario. Ibridi naturali sono quelli formati spontaneamente in natura.
Per registrare la quantità enorme degli ibridi di Orchidee esiste dal 1895 la "Sander' List of Orchid Hybrids".

Ibridi intragenerici
Sono contraddistinti da una × posta tra il nome generico e quello specifico, tutto in corsivo, per esempio *Cattleya* × *venosa*. Al contrario, negli ibridi artificiali non si mette la × ma il nome specifico viene scritto in tondo e con la lettera maiuscola, p. e. *Cattleya* Domyniana.

Ibridi intergenerici
Incrociando 2–3 generi diversi il nuovo nome proviene dalla combinazione di desinenze dei nomi generici con la × davanti al nome, ad esempio: × *Brassolaelia*, × *Brassolaeliocattleya*, × *Angraecostylis* ecc. Se vengono incrociati più di tre generi, a volte anche solo con tre, si usa un nome completamente nuovo, ad esempio: × *Vuylstekeara*, × *Potinara*, × *Maclellanara*.

I nomi degli ibridi intergenerici, sia naturali che artificiali, sono inseriti nell'elenco alfabetico dei generi, sono scritti in grassetto e portano davanti una "×". Solo raramente sono seguiti dal nome dell'autore, in genere soltanto quando sono d'origine naturale.
Sono seguiti in grassetto, fra parentesi dalla abbreviazione commerciale e poi, sempre fra parentesi tonde e in corsivo ma non in grassetto, i generi che hanno contribuito alla composizione del nuovo genere ibrido. Qualche volta, dopo un nome di genere genitore, è riportato fra parentesi un altro nome, che è quello riconosciuto dalla RHS, invece del genere effettivamente utilizzato, ma non riconosciuto come tale dalla RHS.
Anche nella lista delle specie troviamo degli ibridi sempre preceduti da una "×", ma si tratta esclusivamente di ibridi naturali.

V. Abkürzungen
V. Abbreviations
V. Abbreviazioni

1 Wuchsverhalten/growth form/forma di crescità

climber	= Kletterpflanze/climbing plant/rampicante
epi., epi	= Baumbewohner, Epiphyt/epiphyte/epifita
lith., lit	= auf Stein wachsend, Lithophyt/lithophyte/litofita
myc., myco	= unterirdisch wachsend in Pilzsymbiose, mykotroph /mycophyte/micofita
sapro	= unterirdisch schmarotzend, Saprophyt/saprophyte/ saprofita
semi-sapro	= unterirdisch halb-schmarotzend, Semi-Saprophyt/ semi-saprophyte/semi-saprofita
terr., ter	= Erdbewohner/terrestrial/terrestre

2 Abkürzungen der Länder und Vorkommensgebiete
2 Abbreviations of countries and geographic territories
2 Abbreviazioni dei paesi e territori d'origine

Abruz.	= Abruzzen (Italien)/Abruzzo (Italy)/Abruzzi (Italia)
ACT	= Australian Capital Territory /Australian Capital Territory /Australian Capital Territory
Adm.	= Adaman und Nicobar Inseln/Andaman and Nicobar Islands/Isole Andaman e Nicobar
Afgh.	= Afghanistan/Afghanistan/Afganistan
Afr.	= Afrika/Africa/Africa
Alas.	= Alaska/Alaska/Alaska
Alb.	= Albanien/Albania/Albania
Alg.	= Algerien/Algeria/Algeria
Alp.	= Alpen/Alps/Alpi
Am.	= Amerika/America/America
Amazz.	= Amazonien/Amazonia/Amazzonia

46 Abkürzungen der Heimatgebiete/abbreviations of home territories

Amb.	= Insel Ambon (Molukken)/Amboina Island (Moluccas), Isola Ambon (Molucche)
And.	= Anden/Andes/Ande
Ang.	= Angola/Angola/Angola
Ann.	= Annam (Vietnam)/Annam (Vietnam)/Annam (Vietnam)
Annobòn	= Annobon/Annobon Island/Isola Annobon
Antill.	= Antillen/Antilles/Antille
Arab.	= Arabien/Arabia/Arabia
Arg.	= Argentinien/Argentina/Argentina
Ariz.	= Arizona/Arizona/Arizona
As.	= Asien/Asia/Asia
As.min.	= Kleinasien/Asia Minor/Asia Minore
Ass.	= Assam (Indien)/Assam (India)/Assam (India)
Austr.	= Australien/Australia/Australia
Austral.	= Australasien/Australasia/Australasia
Austria	= Österreich/Austria/Austria
Az.	= Azoren/Azores/Azorre
Bah.	= Bahamas/Bahamas/Bahamas
Balc.	= Balkanhalbinsel/Balkan Peninsula/penisola balcanica
Bali	= Bali (kleine Sundainseln)/Bali (Lesser Sunda Islands)/Bali (isola delle piccole Sunda)
Balt.	= Baltikum (Litauen, Lettland, Estland)/Baltic States (Lithuania, Latvia, Estonia)/Baltico (Lituania, Lettonia, Estonia)
Banda	= Banda (Molukken)/The Bandas (Moluccas)/ Banda (Molucche)
Bang.	= Bangladesh/Bangladesh/Bangladesh
Banks	= Banks-Inseln (Polynesien)/Banks Islands (Polynesia)/isole Banks (Polynesia)
Bel.	= Belize/Belize/Belize
Beng.	= Benghala (Bangladesh)/Bengala (Bangladesh)/Bengala (Bangladesh)
Berm.	= Bermuden/Bermuda Islands/Bermude
Bhut.	= Bhutan/Bhutan/Butan
Bism.	= Bismarck-Inseln/Bismarck Islands/isole Bismarck
Bol.	= Bolivien/Bolivia/Bolivia
Born.	= Kalimantan (Borneo)/Kalimantan (Borneo)/ Kalimantan (Borneo)
Boug.	= Bougainville-Inseln/Bougainville Islands/Isole Bougainville
Braz.	= Brasilien/Brazil/Brasile
Brit.Col.	= British Columbia/British Columbia/British Columbia
Bulg.	= Bulgarien/Bulgaria/Bulgaria
Bur.	= Burundi/Burundi/Burundi
Burm.	= Myanmar (Birma)/Myanmar (Burma)/Myanmar (Birmania)
C-	= Zentral-/Middle-/Centro-
Cal.	= Kalifornien/California/California

Abkürzungen der Heimatgebiete/abbreviations of home territories 47

Camb.	= Kambodscha/Cambodia/Cambodgia
Camer.	= Kamerun/Cameroon/Camerun
Can.	= Kanada/Canada/Canada
Canary	= Kanarische Inseln/Canary Islands/Isole Canarie
Cape	= Kapprovinz/Cape Province/provincia del Capo
CAR	= Zentralafrikanische Republik/Central African Republic/Repubblica Centroafricana
Car.	= Carolina/Carolina/Carolina
Carib.	= Karibik (Antillen)/Caribbean Islands(Antilles)/Caraibi (Antille)
Carol.	= Caroline-Inseln (Mikronesien)/Caroline Islands (Micronesia)/Isole Caroline (Micronesia)
Carp.	= Karpaten/Carpathian Mountains/Carpazi
Cauc.	= Kaukasus/Caucasus/Caucaso
Cay.	= Cayman-Inseln/Cayman Islands/Isole Cayman
Cel.	= Sulawesi (Celebes)/Sulawesi (Celebes)/Sulawesi (Celebes)
Chile	= Chile/Chile/Cile
China	= China/China/Cina
Christ.	= Christmas-Inseln/Christmas Island/Isole Christmas
Circumb.	= Zirkumboreal/Circumboreal/Circumboreale
coast.	= Küste/coastal/livello della costa
Col.	= Kolumbien/Colombia/Colombia
Com.	= Komoren-Inseln/Comoros Islands/Isole Comore
Congo	= Kongo/Congo/Congo
Cord.	= Kordillere/Cordillera mountains/Cordigliera
Cors.	= Korsika/Corsica/Corsica
C.Rica	= Costa Rica/Costa Rica/Costa Rica
Crete	= Kreta/Crete/Creta
Crim.	= Krim/Crimea/Crimea
Cuba	= Kuba/Cuba/Cuba
Cur.	= Kurilen/Curili Islands/Isole Curili
C.Verde	= Kap Verde/Cape Verde/Capo Verde
Cyp.	= Zypern/Cyprus/Cipro
Dom.	= Dominikanische Republik/Dominican Republic/Repubblica Dominicana
E-	= Osten/East/Est,
Ec.	= Ekuador/Ecuador/Equador
Egeo	= Egeo/Aegean islands/Egeo
Eire	= Irland/Ireland/Irlanda
Erith.	= Eritrea (Äthiopien)/Eritrea (Ethiopia)/Eritrea (Etiopia)
Esp.Santo	= Espirito Santo (Brasilien)/Espirito Santo (Brazil)/Espirito Santo (Brasile)
Eth.	= Äthiopien/Ethiopia/Etiopia
Euras.	= Eurasien/Eurasia/Eurasia
Eur.	= Europa/Europe/Europa

48 Abkürzungen der Heimatgebiete/abbreviations of home territories

Falk.	= Falklandinseln, Falkland Islands/Isole Falkland
F.Gui.	= Französisch Guyana/French Guiana/Guiana francese
Fiji	= Fidschi-Inseln/Fiji Islands/Isole Figi
Fin.	= Finnland/Finland/Finlandia
Flor.	= Florida/Florida/Florida
Flores	= Flores/Flores Island/Isola Flores
Fr.	= Frankreich/France/Francia
Gab.	= Gabun/Gabon/Gabon
Gal.	= Galapagosinseln/Galapagos Islands/Isole Galapagos
Gamb.	= Gambia (Senegal)/Gambia (Senegal)/Gambia (Senegal)
Gargano	= Gargano (Italien)/Gargano (Italy)/Gargano (Italia)
Germ.	= Deutschland/Germany/Germania
Ghana	= Ghana/Ghana/Gana
Greece	= Griechenland/Greece/Grecia
Gren.	= Grenada (Westindien)/Granada (West Indies)/Granada (Indie occidentali)
Greenl.	= Grönland/Greenland/Groenlandia
Guad.	= Guadeloupe (Westindien)/Guadaloupe Island (West Indies)/ Isola di Guadalupe (Indie occidentali)
Guam	= Guam (Marianen-Inseln)/Guam Island (Mariane Islands/Guam (Isola delle Marianne)
Guat.	= Guatemala/Guatemala/Guatemala
Guin.	= Guinea (mit Guinea Bissau)/Guinea (with Guinea-Bissau)/Guinea (con Guinea Bissau)
Guy.	= Guyana/Guyana/Guyana
Hain.	= Hainan/Hainan/Hainan
Haiti	= Haiti/Haiti/Haiti
Haw.	= Hawaii/Hawaiian Islands/Hawai
highl.	= Hochland/highland/altopiano,
Him.	= Himalaya/Himalayas/Himalaia
Hisp.	= Hispaniola (Haiti und Dominikanische Republik)/Hispaniola (Haiti and Dominican Republic)/Hispaniola (Haiti e Repubblica Dominicana)
Hond.	= Honduras/Honduras/Honduras
Hong.	= Hongkong/Honkong/Honkong
Hung.	= Ungarn/Hungary/Ungheria
Ice	= Island/Iceland/Islanda
Ind.	= Indien/India/India
Indoch.	= Hinterindien/Indochina/Indocina
Indomal.	= Indisch-Malaiisch/Indian-Malay/Indomalese
Indon.	= Indonesien/Indonesia/Indonesia
Iran	= Iran/Iran/Iran

Irian Jaya= Irian Jaya (Neuguinea)/Irian Jaya (New Guinea)/Irian Jaya (Nuova Guinea)
Isr. = Israel/Israel/Israele
It. = Italien/Italy/Italia
Ivory C. = Elfenbeinküste/Ivory Coast/Costa d'Avorio

Jam. = Jamaika/Jamaica/Giamaica
Jap. = Japan/Japan/Giappone
Java = Java/Java/Giava
Jugo. = Jugoslawien (Serbien, Montenegro)/Yugoslavia (Serbia, Montenegro) /Jugoslavia (Serbia, Montenegro)

Kashm. = Kaschmir/Kashmir/Kashmir
Kenya = Kenia/Kenya/Kenia
Khasia = Khasia-Hills (Assam, Indien)/Khasia Hills (Assam, India)/Khasia Hills (Assam, India)
Korea = Korea/Korea/Corea

Laos = Laos/Laos/Laos
Leban. = Libanon/Lebanon/Libano
Lesotho = Lesotho/Lesotho/Lesotho
Lib. = Liberia/Liberia/Liberia
Liguria = Ligurien (Italien)/Liguria (Italy)/Liguria (Italia)
Lord-H. = Lord Howe-Inseln (Australien)/Lord-Howe Islands (Australia)/Isole Lord Howe (Australia)
Louis. = Louisiade Archipel (Indonesien)/Lousiade Archipelago (Indonesia)/ Arcipelago delle Lousiade (Indonesia)
lowl. = Flachland/lowland/pianura
Luzon = Luzon (Philippinen)/Luzon (Philippines)/Luzon (Filippine)

Mad. = Madeira/Madeira/Madera
Madag. = Madagaskar/Madagascar/Madagascar
Madras = Madras (Indien)/Madras (India)/Madras (India)
Mal. = Malaiischer Archipel/Malay Archipelago/Arcipelago malese
Malak. = Malakka (Malaiische Halbinsel) Malacca (Malay Peninsula)/Malacca (penisola malese)
Malawi = Malawi/Malawi/Malawi
Mali = Mali/Mali/Mali
Malta = Malta/Malta/Isola di Malta
Manipur = Manipur (Indien)/Manipur (India)/Manipur (India)
Mariane = Marianen-Inseln/Mariane Islands/Isole Mariane
Maroc. = Marokko/Morocco/Marocco
Mart. = Martinique/Martinique island/Isola di Martinica
Masc. = Maskarenen-Inseln/Mascarene Islands/Isole Mascarene

50 Abkürzungen der Heimatgebiete/abbreviations of home territories

Maur.	= Mauritius (Insel der Maskarenen)/Mauritius (Mascarene island)/Mauritius (Isola delle Mascarene)
medium	= mittlere Höhe/medium height/media altezza,
Medit.	= Mittelmeergebiet/Mediterranean/Mediterraneo
Melanesia	= Melanesien/Melanesian Islands/Melanesia
Mex.	= Mexiko/Mexico/Messico
M.East	= Naher Osten/Middle East/Medio Oriente
Mind.	= Mindanao (Philippineninsel)/Mindanao (Philippines island)/ Mindanao (isola delle Filippine)
Mol.	= Molukken/Moluccas/Molucche
Mona	= Insel Mona (Westindien)/Mona Island (West Indies)/Isola Mona (Indie occidentali)
mount.	= Gebirgszone/mountains/zona montagnosa
Moz.	= Mosambik/Mozambique/Mozambico
N-	= Norden/North/Nord
N- temp. regions of both hemispher.	= Nördliche temperierte Gegenden beider Hemisphären/North temperate regions of both hemispheres/regioni temperate del Nord di ambedue gli emisferi
Nam.	= Namibia/Namibia/Namibia
Nat.	= Natal (Südafrika)/Natal (South Africa)/Natal (Sudafrica)
N.Brit.	= Insel Neu Britannien (Melanesia)/New Britain Island (Melanesia)/Isola New Britain (Melanesia)
N.Cal.	= Neukaledonien/New Caledonia/Nuova Caledonia
Neotrop.	= Neotropen/Neotropics/Neotropici
Nep.	= Nepal/Nepal/Nepal
New W.	= Neue Welt/New World/Mondo nuovo
N.Gui.	= Neuguinea (Irian Jaya)/New Guinea (Irian Jaya)/Nuova Guinea (Irian Jaya)
N.Hebr.	= Neue Hebriden/New Hebrides/Nuove Ebridi
Nic.	= Nicaragua/Nicaragua/Nicaragua
Nicob.	= Nikobaren-Inseln/Nicobar Islands/Isole Nicobare
Nig.	= Nigeria/Nigeria/Nigeria
Nld.	= Niederlande/The Netherlands/Paesi Bassi
Norf.	= Insel Norfolk (Australien)/Norfolk Island (Australia)/Isole Norfolk (Australia)
Norw.	= Norwegen/Norway/Norvegia
NSW	= Neusüdwales (Australien)/New South Wales (Australia)/Nuova Galles del Sud (Australia)
NT	= Nord-Territorium (Australien)/Northern Territory (Australia)/ Territorio del Nord (Australia)
N.Zeal.	= Neuseeland/New Zealand/Nuova Zelanda
Oceania	= Ozeanien/Oceania/Oceania

Abkürzungen der Heimatgebiete/abbreviations of home territories 51

Okinawa	= Okinawa (Riukiu-Inseln)/Okinawa (Ryukyu islands)/Okinawa (isola delle Riukiu)
Old W.	= Alte Welt/Old World/Vecchio Mondo
Oman	= Oman/Oman/Oman
Oranje	= Oranjefreistaat (Sudafrika)/Oranje (Sud Africa)/Oranje (Sudafrica)
Pac.	= Pazifischer Ozean/Pacific/Pacifico
Pal.	= Palästina/Palestine/Palestina
Palau	= Palau/Palau Island/Isola Palau
Paleotrop.	= Paläotropen/Paleotropics/Paleotropico
Pan.	= Panama/Panama/Panama
Pantrop.	= Pantropen/Pantropics/Pantropico
P.Is.	= Pazifische Inseln/Pacific Islands/Isole del Pacifico
P.N.Gui.	= Papua Neu Guinea/Papua New Guinea/Papua Nuova Guinea
Par.	= Paraguay/Paraguay/Paraguay
Perak	= Perak (Malaysia)/Perak (Malaysia)/Perak (Malesia)
Peru	= Peru/Peru/Perù
Phil.	= Philippinen/Philippines/Filippine
Pol.	= Polen/Poland/Polonia
Poly.	= Polynesien/Polynesia/Polinesia
Port.	= Portugal/Portugal/Portogallo
P.Rico	= Puerto Rico/Puerto Rico/Portorico
Pyr.	= Pyrenäen/Pyrenees/Pirenei
Qld.	= Queensland (Australien)/Queensland (Australia)/Queensland (Australia)
Réunion	= Réunion (Maskareneninsel)/Réunion (Mascarene Island)/Réunion (Isola delle Mascarene)
Rhodos	= Rhodos (Mittelmeerinsel)/Rhodes (Mediterranean Island)/Rhodos (isola del mediterraneo)
Rom.	= Rumänien/Romania/Romania
Russ.	= Russland/Russia/Russia
Rwa.	= Ruanda/Rwanda/Ruanda
Ryu.	= Riukiu-Inseln/Ryukyu Islands/Isole Riukiu
S-	= Süd-/South-/Sud-
SA	= Süd-Australien/South Australia/Australia del Sud
Sach.	= Sachalin/Sakhali/Sachalina
S-Afr.	= Südafrika/South Africa/Africa del Sud
Salv.	= El Salvador/El Salvador/San Salvador
Samoa	= Samoa-Inseln/Samoa Islands/Isole Samoa
Sard.	= Sardinien/Sardinia/Sardegna
Scott.	= Schottland/Scotland/Scozia

52 Abkürzungen der Heimatgebiete/abbreviations of home territories

S.Cruz	= Insel Santa Cruz (Patagonien)/Santa Cruz Island (Patagonia)/Isola Santa Cruz (Patagonia)
sea level	= Meereshöhe/sea level/livello del mare
Sen.	= Senegal/Senegal/Senegal
Ser.	= Ceram (Molukkeninsel)/Seram (Moluccas Island)/ Seram (isola delle Molucche
Sey.	= Seychellen/Seychelles/Seychelles
Sib.	= Sibirien/Siberia/Siberia
Sic.	= Sizilien/Sicily/Sicilia
Sik.	= Sikkim (Indien)/Sikkim (India)/Sikkim (India)
Sing.	= Singapore (Malakka)/Singapore (Malacca)/Singapore (Malacca)
S.Leone	= Sierra Leone/Sierra Leone/Sierra Leone
S.Lucia	= Insel St. Lucia (Antillen)/St. Lucia Island (Antilles)/Isola di St. Lucia (Antille)
Soc.	= Sokotra-Inseln/Socotra Islands/Isole Socotra
Sol.	= Salomonen-Inseln/Solomon Islands/Isole Salomone
Som.	= Somalia/Somalia/Somalia
Sp.	= Spanien/Spain/Spagna
Sri L.	= Sri Lanka (Ceylon)/Sri Lanka (Ceylon)/Sri Lanka (Ceylon)
Steno-	= Steno-/Steno-/Steno-
St.Helena	= Insel St. Helena/St. Helena Island/Isola St. Helena
subalp.	= subalpin/subalpine/subalpino
Subtrop.	= subtropisch/subtropical/subtropicale
Sud.	= Sudan/Sudan/Sudan
Sul.	= Sulawesi (Celebes)/Sulawesi (Celebes)/Sulawesi (Celebes)
Sulu	= Sulu Archipel/Sulu Archipelago/Arcipelago Sulu
Sum.	= Sumatra/Sumatra/Sumatra
Sund.	= Sunda-Inseln/Sunda Islands/Isole Sunda
Sur.	= Surinam/Surinam/Surinam
Swa.	= Swasiland (Südafrika)/Swaziland (South Africa)/Swaziland (Sudafrica)
Swed.	= Schweden/Sweden/Svezia
Switz.	= Schweiz/Switzerland/Svizzera
Syr.	= Syrien/Syria/Siria
Szetch.	= Setchuan/Szechwan/Setchuan
Tah.	= Tahiti/Tahiti Islands/Isole Tahiti
Taiw.	= Taiwan (Formosa)/Taiwan (Formosa)/Taiwan (Formosa)
Tanz.	= Tansania/Tanzania/Tanzania
Tasm.	= Tasmanien/Tasmania/Tasmania
temp.	= temperiert/temperate/temperato
Tenass.	= Tenasserim (Myanmar)/Tenasserim (Myanmar)/Tenasserim (Myanmar)
Tex.	= Texas/Texas/Texas
Thai.	= Thailand/Thailand/Tailandia
Tib.	= Tibet/Tibet/Tibet

Abkürzungen der Heimatgebiete/abbreviations of home territories

Tim.	= Insel Timor (Sunda-Inseln)/Timor Island (Sunda Islands)/Isola Timor (Isola delle Sunda)
Tob.	= Insel Tobago (Westindien)/Tobago Island (West Indies)/Isola Tobago (Indie occidentali)
Togo	= Togo/Togo/Togo
Tomé	= Sao Tomé und Principe/Sao Tome and Principe/Sao Tome e Principe
Tonga	= Tonga/Tonga Island/Isola Tonga
Transv.	= Transvaal (Südafrika)/Transvaal (South Africa)/Transvaal (Sudafrica)
Trin.	= Trinidad und Tobago/Trinidad and Tobago/Trinidad e Tobago
trop.	= tropisch/tropical/tropicale
Turk.	= Türkei/Turkey/Turchia
Ug.	= Uganda/Uganda/Uganda
UK	= England/United Kingdom/Gran Bretagna
Ur.	= Uruguay/Uruguay/Uruguay
USA	= Amerika/United States of America/America
Van.	= Vanuatu (Neue Hebriden)/Vanuatu (New Hebrides)/Vanuatu (Nuove Ebridi)
Ven.	= Venezuela/Venezuela/Venezuela
Vic.	= Victoria (Australien)/Victoria (Australia)/Victoria (Australia)
Viet.	= Vietnam/Vietnam/Vietnam
Virg.	= Virginia/Virginia/Virginia
W-	= West-/West-/Ovest-
WA	= West-Australien/Western Australia/Australia dell'Ovest
W-Ind.	= Westindien/West Indies/Indie occidentali
Windward isl.	= Windward-Inseln/Windward islands/Isole Windward
Yem.	= Jemen/Yemen/Jemen
Yun.	= Yunnan (China)/Yunnan (China)/Yunnan (Cina)
Zai.	= Zaire/Zaire/Zaire
Zam.	= Sambia/Zambia/Zambia
Zanz.	= Sansibar/Zanzibar/Zanzibar
Zim.	= Simbabwe/Zimbabwe/Zimbabwe

3 Botanische Begriffe/botanical terms/termini botanici

aff.	= *affine*: ähnlich/simile/simile
apud	= *apud*: bei/in/presso
cv.	= Kultivar, Sorte/cultivar/cultivar
emend.	= *emendavit:* abgeändert durch ../changed by.../ emendato da ...
end.	= endemisch/endemic/endemico
ex	= von/from/da
f.	= Form/form/forma
n.n.	= *nomen nudum*: ungültig beschrieben/without nomenclaturally required description/non descritto validamente
p.p.	= *pro parte*: ist aufgeteilt worden/in part, related to two o more taxa/è stato diviso
sect.	= Sektion/section/sezione
sect. incerta	= Sektion nicht bekannt/uncertain section/sezione sconosciuta
sensu	= im Sinne von ../in the sense of../nel senso di ...
sp.	= *species*: Art/species/specie
sphalm.	= *sphalma*: Fehler/mistake/errore di scrittura
ssp.	= Unterart/subspecies/sottospecie
subfam.	= Unterfamilie/subfamily/sottofamiglia
subg.	= Untergattung/subgenus/sottogenere
subsect.	= Untersektion/subsection/sottosezione
Subtr.	= Untertribus/subtribe/sottotribu
Tribus	= Tribus/tribe/tribu
var.	= *varietas*:Varietät/variety/varietà

4 Handelsübliche Abkürzungen der Orchideengattungen
4 Commercial orchid genus abbreviations
4 Abbreviazioni commerciali dei generi delle orchidee

Acba.	= × Acinbreea		Angtla.	= × Angranthellea
Acn.	= **Acineta**		Arach.	= **Arachnis**
Acp.	= **Acampe**		Aranda	= × Aranda
Ada	= **Ada**		Arcp.	= × Aracampe
Adcm.	= × Adacidium		Aret.	= **Arethusa**
Adgm.	= × Adaglossum		Ariz.	= × Arizara
Ado.	= × Adioda		Arngl.	= × Arachnoglottis
Adps.	= × Adapasia		Arngm.	= × Arachnoglossum
Aëgts.	= × Aëridoglottis		Arnps.	= × Arachnopsis
Aër.	= **Aërides**		Arnst.	= × Arachnostylis
Aërchs.	= × Aëridochilus		Arnth.	= × Aranthera
Aërctm.	= × Aëridocentrum		Ascda.	= × Ascocenda
Aërdns.	= × Aëridachnis		Ascdps.	= × Ascandopsis
Aërdts.	= × Aëriditis		Ascf.	= × Ascofinetia
Aërdv.	= × Aëridovanda		Ascgl.	= × Ascoglottis
Aërf.	= × Aëridofinetia		Ascgm.	= **Ascoglossum**
Aërgm.	= × Aëridoglossum		Ascln.	= × Ascocleinetia
Aërgs.	= **Aërangis**		Ascns.	= × Ascorachnis
Aërlm.	= × *Aëridolabium*		Ascps.	= × Asconopsis
Aërps.	= × Aëridopsis		Asctm.	= **Ascocentrum**
Aërsa.	= × Aëridisia		Asid.	= × Aspioda
Aërth.	= **Aëranthes**		Aslla.	= **Ansellia**
Aërvsa.	= × Aëridovanisia		Asp.	= **Aspasia**
Aëseta.	= × Aërasconetia		Aspd.	= × Aspodonia
Agn.	= **Aganisia**		Aspgm.	= × Aspoglossum
Agsta.	= × Ascogastia		Aspsm.	= × Aspasium
Agths.	= × Agananthes		Asvts.	= × Ascovandoritis
Agwa.	= × Alangreatwoodara		Ayb.	= × Ayubata
Agx.	= × Aganax			
Aitk.	= × Aitkenara		B.	= **Brassavola**
Alcra.	= × Aliceara		Bak.	= × Bakerara
Alna.	= × Allenara		Bapt.	= **Baptistonia**
Alph.	= × Alphonsoara		Bard.	= × Bardendrum
Alxra.	= × Alexanderara		Bark.	= **Barkeria**
Amb.	= **Amblostoma**		Bbra.	= × Barbosaara
Angcst.	= × Angulocaste		Bc.	= × Brassocattleya
Anct.	= **Anoectochilus**		Bdia.	= × Brassodiacrium
Anctma.	= × Anoectomaria		Bdra.	= × Beardara
Ancyth.	= × Angraecyrtanthes		Bdwna.	= × Baldwinara
Andw.	= × Andrewara		Bepi.	= × Brassoepidendrum
Ang.	= **Anguloa**		Bif.	= **Bifrenaria**
Angchs.	= × Angraeorchis		Bifdm.	= × Bifrenidium
Angcm.	= **Angraecum**		Bifla.	= × Bifreniella
Angctm.	= × Angraecentrum		Bilt.	= × Biltonara
Angnla.	= × Angreoniella		Bish.	= × Bishopara
Angrs.	= × Angrangis		Bfsa.	= × Bifranisia
Angsts.	= × Angraecostylis		Bgd.	= × Bogardara
Angth.	= × Angranthes		Bkch.	= × Bokchoonara

55

Abkürzungen der Orchideengattungen/orchid genus abbreviations

Bknts.	= × Barkonitis	Chew.	= × Chewara
Bktra.	= × Burkhardtara	*Chla.*	= × *Cochella*
Bl.	= × Brassolaelia	Chlt.	= × Chyletia
Blc.	= × Brassolaeliocattleya	Chnya.	= × Chuanyenara
Ble.	= **Bletilla**	Chpa.	= × Cirrhopea
Blga.	= × Balaguerara	Chsch.	= **Chiloschista**
Blkr.	= × Blackara	Chtra.	= × Christieara
Bllra.	= × Beallara	Chy.	= **Chysis**
Blma.	= × Bloomara	Cirr.	= **Cirrhopetalum**
Blptm.	= × Bollopetalum	Cisch.	= **Cischweinfia**
Blth.	= × Bolleanthes	Cka.	= × Cattkeria
Bmnra.	= × Baumannara	Clclp.	= × Cleisocalpa
Bnfd.	= × Banfieldara	Clctn.	= **Cleisocentron**
Bnt.	= **Bonatea**	Cleis.	= **Cleisostoma**
Bnts.	= × Brassophronitis	Clfta.	= × Cleisofinetia
Bol.	= **Bollea**	Clka.	= × Clarkeara
Bov.	= × Bovornara	Clnps.	= × Cleisonopsis
Bpgm.	= × Baptistoglossum	Clq.	= × Cleisoquetia
Bpl.	= × Brassoepilaelia	*Cls.*	= *Colax*
Brade.	= × Bradeara	Clsd.	= × Cleisodes
Brap.	= × Brapasia	Clspa.	= × Cleisopera
Brchs.	= × Brassochilus	Clsty.	= × Cleisostylis
Brgs.	= × Barangis	Cltha.	= × Cleisotheria
Brlda.	= × Brilliandeara	Clts.	= × Caloarethusa
Brmb.	= **Barombia**	Cmpba.	= × Campbellara
Bro.	= **Broughtonia**	Cmta.	= × Calomitra
Broda.	= × Brassioda	Cnths.	= **Cochleanthes**
Brs.	= **Brassia**	Coel.	= **Coelogyne**
Brsa.	= × Brassada	Colm.	= × Colmanara
Brsdm.	= × Brassidium	Colta.	= × Cochleottia
Brsk.	= × Brassokeria	Comp.	= **Comparettia**
Brum.	= × Brummittara	Conph.	= × Conphronitis
Bstna.	= × Brassotonia	Const.	= **Constantia**
Bthm.	= × *Benthamara*	Cook.	= × Cookara
Btmna.	= **Batemania**	Cpg.	= **Calopogon**
Btst.	= × Bateostylis	Cptra.	= × Carpenterara
Btta.	= × Baptirettia	Craw.	= × Crawshayara
Bui.	= × Buiara	Crgm.	= × Ceratograecum
Bulb.	= **Bulbophyllum**	Crhpa.	= × Coryhopea
Burk.	= × Burkillara	Crml.	= × Carmichaelara
Burr.	= × Burrageara	Crphm.	= × Cirrhophyllum
Bwna.	= × Brownara	Crths.	= **Coryanthes**
		Crtn.	= **Ceratocentron**
C.	= **Cattleya**	Crypt.	= **Cryptopus**
Cal.	= **Calanthe**	Csr.	= × Casoara
Calda.	= **Caladenia**	Cste.	= × Colaste
Cccst.	= × Cochlecaste	Cstx.	= × Cischostalix
Cclna.	= × Cochlenia	Cta.	= × Coleottia
Ccpm.	= × Cochlepetalum	Ctmds.	= × Catamodes
Cda.	= **Cochlioda**	Ctna.	= × Cattleytonia
Cdths.	= × Chondranthes	Ctnchs.	= × Catanoches
Cha.	= × Charlesworthara	Ctpga.	= × Cattleyopsisgoa
Charl.	= × Charlieara	Ctps.	= **Cattleyopsis**
Chctm.	= × Chilocentrum	Ctpsta.	= × Cattleyopsistonia
Chdb.	= × Chondrobollea	Ctra.	= × Carterara
Chdrh.	= **Chondrorhyncha**	Ctsda.	= × Catasandra

Abkürzungen der Orchideengattungen/orchid genus abbreviations

Ctsm.	= **Catasetum**	Drsa.	= × Dorisia
Ctts.	= × Cattotes	Drvla.	= × Dracuvallia
Cyc.	= **Cycnoches**	Dry.	= **Drymoanthus**
Cycd.	= × Cycnodes	Dsla.	= × Deisselara
Cycda.	= × Cycnandra	Dsma.	= × Dossinimaria
Cym.	= **Cymbidium**	Dst.	= × Doristylis
Cymla.	= **Cymbidiella**	Dtha.	= × Dorthera
Cymph.	= × Cymphiella	Dtps.	= × Doritaenopsis
Cymst.	= × Cymasetum	Dtya.	= × Durutyara
Cyn.	= **Cynorkis**	Dugg.	= × Duggerara
Cyp.	= **Cypripedium**	Dvra.	= × Devereuxara
Cyrt.	= **Cyrtopodium**	Dwsa.	= × Downsara
Cyrtcs.	= **Cyrtorchis**		
Cyrtl.	= × Cyrtellia	Eas.	= × Eastonara
Cyspm.	= × Cysepedium	Echn.	= **Eurychone**
		Ecth.	= × Elecalthusa
Dact.	= **Dactylorhiza**	Edr.	= × Edeara
Dar.	= × Darwinara	Eliara	= × Eliara
Dbra.	= × Debruybeara	Elp.	= × Elepogon
Dclna.	= × Doncollinara	Elsa.	= × Elearethusa
Dctm.	= × Doricentrum	Elva.	= × Epileptovola
Ddma.	= × Domindesmia	Emb.	= **Embreea**
Ddps.	= × Dorandopsis	Emc.	= × Epimicra
Dek.	= × Dekensara	Entra.	= × Ernestara
Den.	= **Dendrobium**	Epbkl.	= × Epibarkiella
Denga.	= × Dendrogeria	Epbns.	= × Epibrassonitis
Dfta.	= × Dorifinetia	Epc.	= × Epicattleya
Dga.	= **Domingoa**	Epctn.	= × Epicatonia
Dgmra.	= × Degarmoara	Epcts.	= **Epipactis**
Dhta.	= × Doreenhuntara	Epdcm.	= × Epidiacrium
Diab.	= × Diabroughtonia	Epdla.	= × Epidella
Diacm.	= **Diacrium**	Epg.	= × Epigoa
Dial.	= × Dialaelia	Epgl.	= × Epiglottis
Dialc.	= × Dialaeliocattleya	Ephs.	= × Epiphronitis
Dialps.	= × Dialaeliopsis	Epi.	= **Epidendrum**
Dill.	= × Dillonara	Epl.	= × Epilaelia
Disa	= **Disa**	Eplc.	= × Epilaeliocattleya
Diuris	= **Diuris**	Eplps.	= × Epilaeliopsis
Dkra.	= × Diakeria	Eps.	= × Epiopsis
Dllps.	= × Doriellaopsis	Epstm.	= × Epistoma
Dmlps.	= × Domliopsis	Eptn.	= × Epitonia
Dmtna.	= × Domintonia	Ercn.	= **Erycina**
Dmya.	= × Dominyara	Erdm.	= × Erydium
Dngra.	= × Dunningara	Esta.	= × Estelaara
Dnna.	= × Dunnara	Eucl.	= × Euclades
Dor.	= **Doritis**	Eucmla.	= × Eulocymbidiella
Doss.	= **Dossinia**	Eugcm.	= × Euryangraecum
Dpgs.	= × Diaphanangis	Eugs.	= × Euryangis
Dpnps.	= × Diplonopsis	Eul.	= **Eulophiella**
Dpra.	= **Diploprora**	Eunps.	= × Eurynopsis
Dpthe.	= **Diaphananthe**	Eupha.	= **Eulophia**
Drac.	= **Dracula**		
Dres.	= × Dresslerara	Fdca.	= × Fordyceara
Drgm.	= × Doriglossum	Ferg.	= × Fergusonara
Drlla.	= × Doriella	Fgtra.	= × Forgetara
Droa.	= × Derosaara	Fia.	= × Fialoara

58 Abkürzungen der Orchideengattungen/orchid genus abbreviations

Fjo.	= × Fujioara	**Hknsa.**	= × Hawkinsara
Fjw.	= × Fujiwarara	**Hlc.**	= **Helcia**
Flkga.	= **Flickingeria**	**Hmra.**	= × Himoriara
Frda.	= × Freedara	**Hmtn.**	= × Hamiltonara
		Hmwsa.	= × Hamelwellsara
Gal.	= **Galeandra**	**Hnths.**	= × Huntleanthes
Gba.	= × Gerberara	**Holtt.**	= × Holttumara
Gbka.	= × Georgeblackara	**Hook.**	= × Hookerara
Gchgl.	= × Gastrochiloglottis	**Hpla.**	= × Helpilia
Gchls.	= **Gastrochilus**	**Hrds.**	= × Herscheliodisa
Gdlra.	= × Goodaleara	**Humm.**	= × Hummelara
Gfa.	= × Goffara	**Hwkra.**	= × Hawkesara
Gga.	= **Gongora**	**Hwra.**	= × Howeara
Ghta.	= × Gohartia	**Hxsa.**	= **Hexisea**
Gigara	= × Gigara	**Hya.**	= **Huntleya**
Glspm.	= × Galeosepalum	**Hylra.**	= × Hueylihara
Glta.	= **Galeottia**		
Glya.	= × Gladysyeeara	**Incdm.**	= × Ionocidium
Glz.	= × Glanzara	**Inps.**	= **Ionopsis**
Gmch.	= × Gomochilus	**Intta.**	= × Ionettia
Gmda.	= × Gomada	**Irv.**	= × Irvingara
Gmgm.	= × Gomoglossum	**Isr.**	= × Isaoara
Gmtta.	= × Gomettia	**Iwan.**	= × Iwanagara
Gom.	= **Gomesa**	**Izma.**	= × Izumiara
Gott.	= × Gottererara		
Gptm.	= × Galeopetalum	**Jkl.**	= × Johnkellyara
Gram.	= **Grammatophyllum**	**Jma.**	= **Jumellea**
Grcym.	= × Grammatocymbidium	**Jmth.**	= × Jumanthes
Grda.	= × Grammatoheadia	**Jmzra.**	= × Jimenezara
Grks.	= **Graphorkis**	**Jnna.**	= × Joannara
Grpla.	= × Graphiella	**Jwa.**	= × Jewellara
Grtp.	= × Grammatopodium	**Jya.**	= × Johnyeeara
Gsarco.	= × Gastrosarcochilus		
Gscpa.	= × Gastisocalpa	**Kefst.**	= **Kefersteinia**
Gslla.	= × Galeansellia	**Kefth.**	= × Keferanthes
Gsrth.	= × Gastrothera	**Kfr.**	= × Keforea
Gsta.	= × Gastisia	**Kgra.**	= × Kriegerara
Gstm.	= × Gastrostoma	**Kgw.**	= × Kagawara
Gtra.	= × Gauntlettara	**King.**	= **Kingidium**
Gtts.	= × Gastritis	*King.*	= *Kingiella*
Gum.	= × Gumara	**Kir.**	= × Kirchara
		Klma.	= × Klehmara
Hab.	= **Habenaria**	**Knp.**	= × Knappara
Haem.	= **Haemaria**	**Knud.**	= × Knudsonara
Han.	= × Hanesara	**Kom.**	= × Komkrisara
Hart.	= × Hartara	**Kpa.**	= × Kippenara
Hasgw.	= × Hasegawaara	**Krsa.**	= × Kraussara
Hatt.	= × Hattoriara	**Kwmta.**	= × Kawamotoara
Haus.	= × Hausermannara	**Kza.**	= × Kanzerara
Haw.	= × Hawaiiara		
Hbtr.	= × Herbertara	**L.**	= **Laelia**
Hdra.	= × Hildaara	**Lauara**	= × Lauara
Hex.	= **Hexadesmia**	**Lay.**	= × Laycockara
Hgfda.	= × Hugofreedara	**Lbka.**	= × Lancebirkara
Hgra.	= × Hagerara	**Lc.**	= × Laeliocattleya
Hgsh.	= × Higashiara	**Lcdm.**	= × Leocidium

Abkürzungen der Orchideengattungen/orchid genus abbreviations

Lcdpa.	= × Leocidpasia		Maka.	= × Macekara
Lchs.	= **Leochilus**		Masd.	= **Masdevallia**
Lcka.	= × Laeliocattkeria		Max.	= **Maxillaria**
Lckp.	= × Lockopilia		Mcba.	= × Malcolmcampbellara
Lcmsa.	= × Leocidmesa		Mcdn.	= **Macradenia**
Lctm.	= × Luicentrum		Mcdsa.	= × Macradesa
Lctna.	= × Laeliocatonia		Mchr.	= × Meechaiara
Leeara	= × Leeara		Mchza.	= × Micholitzara
Lemra.	= × Lemaireara		Mclmra.	= × Maclemoreara
Lep.	= × Lepanopsis		Mclna.	= × Maclellanara
Lesl.	= × Leslieara		Mcmr.	= × Macomaria
Lgra.	= × Lagerara		Mcyra.	= × Maccoyara
Lhta.	= **Lockhartia**		Mdcla.	= **Mendoncella**
Liaps.	= × Liaopsis		*Mdspl.*	= × *Mendosepalum*
Licht.	= × Lichtara		Micr.	= **Micropera**
Lieb.	= × Liebmanara		Milt.	= **Miltonia**
Lim.	= × Limara		Miz.	= × Mizutara
Lkcdm.	= × Lockcidium		Mkhsa.	= × Monkhouseara
Lkchs.	= × Lockochilus		Mkra.	= × Mokara
Lkctta.	= × Lockochilettia		Mlca.	= **Mormolyca**
Lkda.	= × Lockcidmesa		Mnda.	= × Maunderara
Lkgch.	= × Lockogochilus		Mnra.	= × Moonara
Lkra.	= × Laeliokeria		Moir.	= × Moirara
Lkstx.	= × Lockostalix		Monn.	= × Monnierara
Lna.	= × Laelonia		Mora.	= × Mooreara
Lnps.	= × Luinopsis		Morm.	= **Mormodes**
Lnta.	= × Luinetia		Mpla.	= × Milpilia
Lnya.	= × Leaneyara		Mpsa.	= × Milpasia
Low.	= × Lowara		Mrsa.	= × Morrisonara
Lpca.	= × Laipenchihara		Mscra.	= × Moscosoara
Lpna.	= × Lioponia		Msda.	= × Matsudara
Lps.	= **Laeliopsis**		Msna.	= × Masonara
Lpt.	= **Leptotes**		Mtad.	= × Miltada
Lptdm.	= × Leptodendrum		Mtadm.	= × Miltadium
Lpths.	= **Lepanthopsis**		Mtda.	= × Miltonioda
Lptka.	= × Leptokeria		Mtdm.	= × Miltonidium
Lptl.	= × Leptolaelia		Mtssa.	= × Miltassia
Lptv.	= × Leptovola		Mtst.	= × Miltistonia
Lpya.	= × Laeliopleya		Mtta.	= × Miltarettia
Lsa.	= **Luisia**		Mxcst.	= × Maxillacaste
Lscta.	= × Luascotia		Mxlb.	= × Maxilobium
Lsnd.	= × Luisanda		Mycdm.	= **Mystacidium**
Lst.	= × Luistylis		Mymra.	= × Maymoirara
Lths.	= **Lepanthes**			
Luic.	= × Luichilus		Nak.	= × Nakamotoara
Luth.	= × Lutherara		Nash.	= × Nashara
Lvta.	= × Luivanetia		Naug.	= × Naugleara
Lwnra.	= × Lowsonara		Nbps.	= × Neobatopus
Lwsra.	= × Lewisara		Nbth.	= **Neobathiea**
Lyc.	= **Lycaste**		Neof.	= **Neofinetia**
Lymra.	= × Lymanara		Neogm.	= × Neoglossum
Lyon.	= × Lyonara		Neost.	= × Neostylis
Lystr.	= × Lycasteria		Ngara	= × Ngara
			Ngda.	= **Neogardneria**
Mac.	= **Macodes**		Ngl.	= **Nageliella**
Mai.	= × Mailamaiara		Ngrcm.	= × Neograecum

Abkürzungen der Orchideengattungen/orchid genus abbreviations

Nhmta.	= × Nornahamamototoara		Pga.	= × Pageara
Nkgwa.	= × Nakagawaara		Phaius	= **Phaius**
Nlra.	= × Nobleara		Phal.	= **Phalaenopsis**
Non.	= × Nonaara		Phcal.	= × Phaiocalanthe
Nrna.	= × Northenara		Phda.	= × Phalaërianda
Nrst.	= × Neoaëristylis		Phdps.	= × Phalandopsis
Ntl.	= **Notylia**		Phill.	= × Phillipsara
Ntldm.	= × Notylidium		Phlla.	= × Phaliella
Ntlps.	= × Notylopsis		Phnta.	= × Phalanetia
Ntlta.	= × Notylettia		Phrag.	= **Phragmipedium**
Nwda.	= × Norwoodara		Phrphm.	= × Phragmipaphium
			Phycm.	= × Phaiocymbidium
Oda.	= × Odontioda		Plchs.	= × Plectochilus
Odbrs.	= × Odontobrassia		Plctm.	= × Pelacentrum
Odcdm.	= × Odontocidium		Plgcm.	= × Plectrelgraecum
Oddy.	= × Oddyara		Plmra.	= × Palmerara
Odm.	= **Odontoglossum**		Plmths.	= **Plectrelminthus**
Odpla.	= × Odontopilia		Pln.	= **Pleione**
Odrta.	= × Odontorettia		Plra.	= × Paulara
Odtna.	= × Odontonia		Plrhz.	= **Plectorrhiza**
Oenla.	= **Oeoniella**		Plsra.	= × Paulsenara
Okr.	= × Okaara		Plst.	= × Pelastylis
Onc.	= **Oncidium**		Pltrs.	= × Pelatoritis
Oncda.	= × Oncidioda		Pmcpa.	= **Pomatocalpa**
Onclla.	= × Oncidiella		Pmctm.	= × Pomacentrum
Oncna.	= × Oncidenia		Pmtls.	= × Pomatochilus
Oncpa.	= × Oncidpilia		Pmtsa.	= × Pomatisia
Oncsa.	= × Oncidesa		Pna.	= **Paphinia**
Onctta.	= × Oncidettia		Pntp.	= × Pantapaara
Onra.	= × Onoara		Pol.	= **Polystachya**
Opsct.	= × Opsiscattleya		Polra.	= × Pooleara
Opsis.	= × Opsisanda		Pot.	= × Potinara
Opst.	= × Opsistylis		Ppa.	= × Pepeara
Ora.	= × Oncandra		Pptm.	= × Propetalum
Orncm.	= × Ornithocidium		Prcls.	= × Parachilus
Orpha.	= **Ornithophora**		Prgm.	= **Porroglossum**
Orsps.	= × Orchiserapias		Prom.	= **Promenaea**
Osmt.	= × Osmentara		Prra.	= × Perreiraara
Otcx.	= × Otocolax		Prta.	= × Porterara
Otnsa.	= × Otonisia		Prths.	= × Promenanthes
Otr.	= × Otaara		Prschs.	= × Peristerchilus
Otspm.	= × Otosepalum		Prx.	= **Prolax**
Otst.	= **Otostylis**		Psarco.	= **Parasarcochilus**
Owsr.	= × Owensara		Psbol.	= × Pescatobollea
			Psnth.	= × Pescoranthes
Pab.	= **Pabstia**		Psrha.	= × Pescarhyncha
Pal.	= × Palermoara		Psw.	= × Pescawarrea
Paph.	= **Paphiopedilum**		Pthia.	= **Pelantheria**
Parn.	= × Parnataara		Pths.	= **Pleurothallis**
Pcn.	= **Polycycnis**		Ptst.	= **Pterostylis**
Pdsnth.	= **Paradisanthus**		Pvla.	= × Porrovallia
Peh.	= × Pehara		Pzka.	= × Panczakara
Pelcs.	= × Pelachilus			
Perths.	= **Peristeranthus**		Rbf.	= × Robifinetia
Pes.	= **Pescatorea**		Rbnra.	= × Robinara
Pett.	= × Pettitara		Rbq.	= **Robiquetia**

Abkürzungen der Orchideengattungen/orchid genus abbreviations

Rbst.	= × Robostylis	Sbk.	= **Sobennikoffia**
Rcfta.	= × Roccaforteara	Sc.	= × Sophrocattleya
Rchna.	= × Richardsonara	Scgl.	= **Scaphyglottis**
Rcmza.	= × Richardmizutaara	Schfa.	= × Schafferara
Rdchs.	= × Rodrichilus	Schom.	= **Schomburgkia**
Rdcm.	= × Rodricidium	Sctt.	= × Scottara
Rden.	= × Rodridenia	Scu.	= × Scullyara
Rdgm.	= × Rodriglossum	Sdra.	= × Sauledaara
Rdssa.	= × Rodbrassia	Sel.	= **Selenipedium**
Rdtna.	= × Rodritonia	Sev.	= × Severinara
Rdtps.	= × Rodrettiopsis	Sfdra.	= × Stanfieldara
Rdtta.	= × Rodrettia	Sgdm.	= × Sigmacidium
Rdza.	= **Rodriguezia**	Sgka.	= × Sagarikara
Rdzlla.	= **Rodrigueziella**	Sgmx.	= **Sigmatostalix**
Recc.	= × Recchara	Sgra.	= × Segerara
Ren.	= **Renanthera**	Sgrt.	= × Siegeristara
Rfnda.	= × Renafinanda	Shgra.	= × Shigeuraara
Rgn.	= × Raganara	Shipm.	= × Shipmanara
Rhctm.	= × Rhynchocentrum	Shn.	= × Sheehanara
Rhdps.	= × Rhyndoropsis	Shva.	= × Shiveara
Rhin.	= **Rhinerrhiza**	Sidr.	= × Sidranara
Rhincs.	= × Rhinochilus	Silpa.	= × Silpaprasertara
Rhla.	= × Rohrlara	Sjma.	= × Sanjumeara
Rhnps.	= × Rhynchonopsis	Sl.	= × Sophrolaelia
Rhrds.	= × Rhynchorides	Slad.	= × Sladeara
Rhv.	= × Rhynchovanda	Slc.	= × Sophrolaeliocattleya
Rhy.	= **Rhynchostylis**	Slga.	= × Schilligerara
Ridl.	= × Ridleyara	Smbc.	= × Schombocattleya
Rlla.	= × Rumrillara	Smbcna.	= × Schombocatonia
Rmsya.	= × Ramasamyara	Smbdcm.	= × Schombodiacrium
Rnctm.	= × Renancentrum	Smbep.	= × Schomboepidendrum
Rnds.	= × Renades	Smbl.	= × Schombolaelia
Rnet.	= × Renanetia	Smbna.	= × Schombonia
Rngl.	= × Renaglottis	Smbts.	= × Schombonitis
Rngm.	= × Renanthoglossum	Smbv.	= × Schombavola
Rnps.	= × Renanopsis	Smlp.	= × Schombolaeliopsis
Rnst.	= × Renanstylis	Sngl.	= **Stenoglottis**
Rntda.	= × Renantanda	Soph.	= **Sophronitis**
Rnthps.	= × Renanthopsis	Spa.	= **Spathoglottis**
Rnya.	= × Ronnyara	Spla.	= × Saplalaara
Rodps.	= × Rodriopsis	Spza.	= × Sarpariza
Rolf.	= × Rolfeara	Sran.	= × Sarcomoanthus
Roth.	= × Rothara	Srctm.	= × Sarcocentrum
Rskra.	= × Rosakirschara	Srdts.	= × Saridestylis
Rsra.	= × Roseara	Srka.	= × Srisukara
Rstp.	= **Restrepia**	Srnps.	= × Sarconopsis
Rtra.	= × Rotorara	Srps.	= **Serapias**
Rud.	= **Rudolfiella**	Srth.	= × Sarcothera
		Srts.	= × Sartylis
Saccm.	= **Saccolabium**	Srv.	= × Sarcovanda
Sand.	= × Sanderara	Staal.	= × Staalara
Sapp.	= × Sappanara	Stac.	= × Stacyara
Sarc.	= *Sarcanthus*	Stan.	= **Stanhopea**
Sarco.	= **Sarcochilus**	Stenia	= **Stenia**
Satm.	= **Satyrium**	Stga.	= × Stangora
Sbgcm.	= × Sobennigraecum	Stla.	= × Steniella

Stlma.	= × Stellamizutaara	Vf.	= × Vandofinetia
Stmra.	= × Stamariaara	Vfds.	= × Vandofinides
Stncn.	= × Stanhocycnis	Vgm.	= × Vanglossum
Stwt.	= × Stewartara	Vja.	= × Vejvarutara
Sut.	= × Sutingara	Vnra.	= × Vaughnara
Sxa.	= × Seahexa	Vnsta.	= × Vanalstyneara
Sya.	= × Sallyyeeara	Vths.	= × Vandaëranthes
Syma.	= × Symmousara	Vwga.	= × Vandewegheara
		Vuyl.	= × Vuylstekeara
Tbcm.	= × Tubaecum		
Tblm.	= **Tuberolabium**	Wbchg.	= × Wilburchangara
Tbwa.	= × Turnbowara	Wdwa.	= × Woodwardara
Thel.	= **Thelymitra**	Wgfa.	= × Wingfieldara
Thra.	= × Teohara	Wils.	= × Wilsonara
Thsra.	= × Thesaëra	With.	= × Withnerara
Thu.	= **Thunia**	Wknsra.	= × Wilkinsara
Tphm.	= × Triasphyllum	Wlra.	= × Wailaiara
Trcdm.	= × Trichocidium	Wnra.	= × Warneara
Trcps.	= × Trichopsis	Woo.	= × Wooara
Trctm.	= **Trichocentrum**	Wra.	= **Warrea**
Trcv.	= × Trichovanda	Wrna.	= × Waironara
Trev.	= × Trevorara	Wsta.	= × Westara
Trgca.	= × Trigolyca		
Trgdm.	= **Trigonidium**	Xra.	= × Xerriara
Trgl.	= **Trichoglottis**	Xyl.	= **Xylobium**
Trias	= **Trias**		
Trnps.	= × Trichonopsis	Yam.	= × Yamadara
Trpla.	= **Trichopilia**	Yap.	= × Yapara
Trst.	= × Trichostylis	Yhra.	= × Yahiroara
Trta.	= × Trautara	Ynra.	= × Yoneoara
Tsla.	= × Trisuloara	Ypga.	= × Yeepengara
Tspt.	= × Triaspetalum	Yra.	= × Yeeara
Ttct.	= × Tetracattleya	Ysfra.	= × Yusofara
Ttdm.	= × Tetradiacrium	Yzwr.	= × Yonezawaara
Ttka.	= × Tetrakeria		
Ttma.	= **Tetramicra**	Z.	= **Zygopetalum**
Ttna.	= × Tetratonia	Zbm.	= × Zygobatemannia
Ttps.	= × Tetraliopsis	Zcha.	= × Zygorhyncha
Tuck.	= × Tuckerara	*Zcla.*	= × *Zygocella*
		Zcst.	= × Zygocaste
Upta.	= × Uptonara	Zcx.	= × Zygocolax
		Zdsnth.	= × Zygodisanthus
V.	= **Vanda**	Zga.	= × Zygoneria
Vach.	= × Vacherotara	Zglm.	= × Zygolum
Vasco.	= × Vascostylis	Zgt.	= × Zygotorea
Vchns.	= × Vandachnis	Zns.	= × Zygonisia
Vcm.	= × Vandaecum	Zspm.	= **Zygosepalum**
Vcp.	= × Vancampe	Zsts.	= × Zygostylis
Vdnps.	= × Vandaenopsis	Zwr.	= × Zygowarrea
Vdps.	= **Vandopsis**		
Vdpsd.	= × Vandopsides		
Vdts.	= × Vandoritis		

5 Fachbegriffe und Schutzbestimmungen/technical terms and protection/termini tecnici e protezione

art.hybr.	= künstliche Hybride/artificial hybrid/ibrido artificiale
auct.	= ein Autor oder mehrere/one or more authors/uno o più autori
a.p.p.	= mehrere Autoren/more authors/autori plurimi
ca.	= ungefähr/circa/circa
circumpol.	= Zirkumpolar/circumpolar/circumpolare
com.name	= Handelsname/commercial name/nome commerciale
doubtful sp.	= zweifelhafte Art/doubtful species/specie dubbia
end. to	= endemische Art von/endemic species from/specie endemica di
few	= wenige/few/pochi
from	= von/from/da
group	= Gruppe/group/gruppo
highl.	= Hochland/highland/altopiano
inv. name	= ungültiger Name/invalid name/nome non valido
lowl.	= Tiefland/lowland/pianura
medium	= mittlere Höhe/medium altitude/media altezza
mount.	= Gebirge/mountains/montagne
mss.	= falsch klassifiziert/misidentified/classificato in modo erroneo
nat.flower of	= Nationalblume von/national flower of/fiore nazionale di
nat.hybr.	= Naturhybride/natural hybrid/ibrido naturale
naturalized	= naturalisiert/naturalized/ naturalizzato
nec	= auch nicht/not either/nemmeno
non	= nicht/not/non
over	= mehr als/over/più di
pantrop.	= pantropisch/pantropical/pantropicale
scented	= duftend/scented/profumato
sea level	= Mereshöhe/sea level/a livello del mare
smallest orchid of the world	= kleinste Orchidee der Welt/smallest orchid of the world/ orchidea più piccola del mondo
stinking	= stinkend/stinking/puzzolente
subalpin	= subalpin/subalpine/subalpino
subtrop.	= Subtropisch/subtropic/subtropico
temp.	= temperiert/temperate/temperato
to	= bis/to/fino a
Trop.	= Tropisch/tropical/tropicale
Trop. of New W.	= Tropen der Neuen Welt/tropics of New World/tropici del Nuovo Mondo
uncertain parentage	= Eltern unbekannt/uncertain parentage/genitori sconosciuti
under	= unter/under/sotto
unknown origin	= unbekannter Herkunft/unknown origin/di provenienza sconosciuta
up to	= über/up to/al di sopra

64 Abkürzungen der Fachbegriffe /technical terms/termini tecnici

?	= Zweifelsfall/doubtful/dubbio
<	= weniger als/less than/meno di
×	= Hybride/hybrid/ibrido
CITES	= Nach dem Washingtoner Artenschutzübereinkommen vollkommen geschützte Art oder Gattung/protected species according to the Convention on International Trade in Endangered Species of Wild Fauna and Flora/pianta protetta di cui è vietata l'esportazione secondo la convenzione di Washington

6 Abkürzungen der Orchideenliteratur
6 Abbreviations for orchid bibliography
6 Abbreviazioni della letteratura sulle orchidee

* Schwarz-weiss-Abbildung/black and white illustration/foto o disegno in bianco e nero
** Farbabbildung/color illustration/foto o disegno a colori

1	-	Southern African Epiphytic Orchids - John S. Ball - Conservation Press, Johannesburg - **1978**
2	-	Die Orchideen von Java - J.J. Smith - Leiden, Lib. et Impr. Brill - **1905**
3	-	An introduction to the Orchids of Mexico - Leon A. Wiard - Comstock Publishing Associates, a division of Cornell University Press - **1987**
4	-	Orchidee - Alberto Fanfani - Arnoldo Mondadori Editore S.p.A., Milano - **1988**
5	-	The genus Paphiopedilum - Phillip Cribb - Royal Botanic Gardens, Kew - **1987**
6	-	Orchid Genera in Thailand - Gunnar Seidenfaden - Dansk Botanisk Arkiv - **1975**
7	-	Paphiopedilum - Guido J. Braem - Brücke Verlag Schmersow, Hildesheim- - **1988**
8	-	Orchidées - Alfred Cogniaux & Alphonse Goessens - Perthes en Gatinais, Institut des Jardin - **1990**
9	-	Orchids from Curtis's Botanical Magazine - edited by Samuel Sprunger - Cambridge University Press - **1986**
A	-	Orchideen - Karlheinz Senghas - Verlag Paul Parey - **1993**
B	-	Laelias of Mexico - Federico Halbinger & Miguel Soto - Herbario AMO, Mexico City - **1997**
C	-	African Orchids in the Wild and in Cultivation - Isobyl & Eric La Croix - Timber Press - **1997**
D	-	Selbyana - The Journal of the Marie Selby Botanical Gardens, Sarasota, USA - **1994-1999**
E	-	The Manual of cultivated orchid species (I° edit.) - Helmut Bechtel, Phillip Cribb, Edmund Launert - Blandford Press - **1980**
F	-	Orquideologia - Sociedad Colombiana de Orquideologia - **1993-1999**
G	-	Orchids from the Botanical Register 1815-1847 - Birkhäuser Verlag - **1991**
H	-	The Manual of cultivated orchid species (III° edit.) - Helmut Bechtel, Phillip Cribb, Edmund Launert - Blanford - **1992**
J	-	Phalaenopsis - Olaf Gruß & Manfred Wolff - Verlag Eugen Ulmer, Stuttgart - **1995**
K	-	Die wildwachsenden Orchideen Europas - Helmut Baumann & Siegfried Künkele - Kosmos Verlag - **1982**
L	-	Icones Pleurothallidinarum - Carlyle A. Luer - Missouri Botanical Garden - **1986-1993, 1996**
M	-	Orchids of Kenya - Joyce Stewart with photographs by Bob Campbell - St. Paul's Bibliographies - **1996**

N	-	Orchidee spontanee della Sardegna - Antonio Scrugli - Edizioni della Torre, Cagliari - **1990**
O	-	Die Orchidee - Zeitschrift der Deutschen Orchideen-Gesellschaft - **1979-2003**
O(B)	-	Beihefte von Die Orchidee - **1971-2000**
P	-	Native Orchids of Australia - David L. Jones - Reed Books - **1993**
Q	-	Orchids of Borneo Vol. 1 - C.L.Chan, A.Lamb, B.S. Shim, G.G.Wood - **1994**, Vol. 2 - G.G. Vermeulen - **1991**, Vol. 3 - J.J.Wood - The Sabah Society in ass. with Royal Botanic Gardens, Kew, London - **1997**
R	-	Native Colombian Orchids, vol. 1-4 - Colombian Orchid Society - Compania Litografica Nacional S.A., Medellin - **1990-1992**
S	-	Die Orchideen 3. Auflage - Rudolf Schlechter - Parey Buchverlag im Blackwell Verlag GmbH, Berlin, Wien - **1972-2002**
T	-	Le orchidee spontanee della Maremma Grossetana - Carlo Del Prete, Herbert Tichy, Giuseppe Tosi - Libreria Massimi di Porto Ercole - **1993**
U	-	The Orchids of Madagascar - David Du Puy, Phillip Cribb, Jean Bosser, Johan & Clare Hermans - Royal Botanic Gardens Kew - **1999**
V	-	Orchideen in Niedersachsen - Arbeitskreis Heimische Orchideen Niedersachsen e.V. - Glockdruck, Bad Hersfeld - **1994**
W	-	Field Guide to the Orchids of Costa Rica and Panama - Robert L. Dressler - Comstock Publishing Associates - **1993**
X	-	Iconography of wild and cultivated Orchids in China - China - **1997**
Y	-	The genus Paphiopedilum (II° edition) - Phillip Cribb - Natural History Publications (Borneo) in ass. with The Royal Botanic Gardens Kew - **1998**
Z	-	What Orchid Is That? - edited by Alec Pridgeon - Lansdowne Publishing Pty Ltd, Australia - **1994**
ß	-	Dendrobiums, an introduction to the species in cultivation - Sybella Schelpe & Joyce Stewart - Orchid Sundries Ltd. - **1990**
&	-	Caesiana - Rivista dell'Associazione Italiana di Orchidologia - **1993-2003**
@	-	Wildenowia, Annals of the Botanic Garden and Botanical Museum Berlin - Dahlem - **1994-2002**
£	-	Odontoglossum Monographie und Ikonographie - Leonore Bockemühl - Brücke Verlag Kurt Schmersow, Hildesheim - **1989**
$	-	Orchids - Rivista dell'American Orchid Society - **1978-1987**
	-	The Orchids, natural history and classification - Robert R. Dressler - Harvard University Press - **1981**
	-	Classification of the Orchidaceae and their probable origin - Robert L. Dressler - Telopea 2(4): 413-424 - **1983**
	-	The Handbook on Orchid Nomenclature and Registration - J. Greatwood, P.F. Hunt, P.J. Cribb, J. Stewart - International Orchid Commission - Fourth Edition - **1993**
	-	Index Kewensis on CD-Rom, Vers. 2.0 - RBG - Oxford University Press - **1997**

VI. Gattungen, Arten und Synonyme
VI. Genera, species and synonyms
VI. Generi, specie e sinonimi

1 Lesebeispiel/Example/Esempio

Paphiopedilum[1] **(Paph.)**[2] Pfitz.[3] - 1886[4] - *Subfam. Cypripedioideae*[5] - (*Cordula* Raf., *Stimegas* Raf.)[6] – ca. 69 sp.[7] ter/epi/lit[8] – Ind., Burm., SE-As., SW-China, Indon., N.Gui., Sol., Phil.[9] – „Venusschuh, Slipper orchid"[10]

18.[11] **concolor**[12] (Batem.) Pfitz. (*Cypripedium concolor* Batem. ex Lindl., *C. tonkinense* God.-Leb., *Cordula concolor* (Batem. ex Lindl.) Rolfe)[13] - Burm. Thai., Viet., SW-China, Laos, Camb. 200-1.000 m[14] - ter/lit - subgen. *Brachypetalum*[15] (4**, 5**, Y**, Z**)[16]

ssp. **chlorophyllum**[17] (Rchb.f.) Fowlie (*P. concolor* var. *chlorophyllum* Rchb.f.) - Siam (Y)

var. **album**[18] Braem (7**, Y)

f. **tonkinense**[19] (*P. concolor* var. *tonkinense* Guill.) (Y)

- *concolor* var. *tonkinense*[20] Guill.):[21] form (Y)

Encyclia[1] ....
90.[11] **subulatifolia**[12] (A. Rich. & Gal.) Dressl.[3] - Mex.[9] (3**)[16] ➤[22] Epidendrum 295[11]
➤[22] *subulatifolia*[20] (A. Rich. & Gal.) Dressl.:[21] *Microepidendrum* 6[11] (S)[16]

×[23] **Phaiocalanthe**[24] **(Phcal.)**[2] (*Calanthe* × *Phaius*)[25]
× *Phaiolimatopreptanthe*[26]: × *Phaiocalanthe*[27] (*Phaius* × *Limatodes* (*Calanthe*)[28] × *Preptanthe* (*Calanthe*)[28]

---

[1] Gattungsname/genus/nome del genere
[2] Handelsübliche Abkürzung der Gattung/commercial orchid genus abbreviations/ abbreviazione commerciale del genere
[3] Autor des Gattungsnamens/genus author/autore del genere
[4] Beschreibungsjahr/year of description/ anno della descrizione
[5] Klassifizierung der Orchideen/Orchid classification/Classificazione delle Orchidee
[6] Gattungssynonyme (kursiv)/genus synonyms (italics)/sinonimi del genere (corsivo)
[7] Anzahl der Arten/number of species/numero delle specie
[8] Wuchsverhalten: ter = Terrestrisch, epi = Epiphyt, lit = Lithophyt/growth form: ter = terrestrial, epi = epiphytic, lit = lithophytic/forma di crescita: ter = terrestre, epi = epifita, lit = litofita
[9] Verbreitungsgebiet/distribution/diffusione
[10] Deutsche und fremdländische Orchideennamen/popular orchid names/nomi volgari

11 Identifikationsnummer der Art/identification number of species/numero di identificazione della specie

12 Artname/species/nome della specie

13 Synonyme der Art (kursiv)/species synonyms (italics)/sinonimi della specie (corsivo)

14 bevorzugte Höhenlage/altitude at which found/altitudine dei ritrovamenti

15 Unterteilung innerhalb der Gattung in subgen. = Untergattung oder sect. = Sektionen/suddivision of genus in subgen. = subgenera/divisione all'interno del genere in subgen. = subgeneri

16 Abkürzungen der Literatur, in der die Art behandelt wird (ohne Sternchen = keine Abbildung vorhanden, * schwarz-weiß Abbildung, ** Farbabbildung)/literature abbreviations regarding species (without asterisks = no pictures, * black and white pictures, ** colour pictures)/abbreviazioni della letteratura che tratta la specie (senza asterisco = nessuna figura, * figura in bianco e nero, ** figura a colori)

17 Subspezies/subspecies/sottospecie

18 Varietät/variety/varietà

19 Form/form/forma

20 Synonym ohne Identifikationsnummer (kursiv)/synonym without identification number (italics)/sinonimo senza numero di identificazione (corsivo)

21 :Synonymverweis auf den gültigen Namen/:cross reference to correct name/dopo il segno : segue il nome valido

22 ➛ Der Pfeil verweist auf einen anderen ebenso für gültig gehaltenen Gattungsnamen mit der diesbezüglichen Artidentifikationsnummer/➛ an arrow indicates another equally valid genus name with its species identification number /➛ la freccia indica un altro nome di genere, ritenuto altrettanto valido con il suo relativo numero di identificazione della specie

23 × bedeutet Hybride/× indicates hybrid/× significa ibrido

24 Name der Mehrgattungshybride/name of hybrid genus/nome del ibrido intergenerico

25 Gattungen der Eltern/genus of parents/generi dei genitori

26 Synonym der Mehrgattungshybride (kursiv)/synonym of the hybrid genus (italics)/sinonimo del ibrido intergenerico (corsivo)

27 Richtiger Name/correct name/nome giusto

28 von der RHS (Royal Horticultural Society) anerkannte Gattung, an Stelle der effektiv gebrauchten davorstehenden Gattung, die aber nicht von der RHS anerkannt wurde/genus recognised by RHS instead of other commonly used genus names which appear first/genere riconosciuto dalla RHS (Royal Horticultural Society) al posto del genere precedente, effettivamente usato, ma non riconosciuto dalla RHS

Aa Rchb.f. - 1854: *Altensteinia* H.B.K. (S)
Aa Rchb.f. - 1854 - *Subfam. Spiranthoideae Tribus: Cranichideae Subtr. Cranichidinae* - ca. 26 sp. terr. - And., S-Am.
1. **argyrolepis** Rchb.f. - Ec. (O3/97)
2. **colombiana** Schltr. - Ec. (O3/97)
3. **maderoi** Schltr. - Ec. (O3/97)
4. **paleacea** (H.B.K.) Rchb.f. - C.Rica, S-Am. (W, O3/97, S)
5. **riobambae** Schltr. - Ec. (O3/97)
6. **weberbaueri** Schltr.- Peru to 4.400 m (O2/89)

Abdominea J.J.Sm. - 1914 - *Subfam. Epidendroideae Tribus: Vandeae Subtr. Sarcanthinae* - 1 sp. epi/lit - SE-As.
- *micrantha* J.J.Sm.: 1 (S*)
1. **minimiflora** (Hook.f.) J.J.Sm., (*A. micrantha* J.J.Sm., *Saccolabium minimiflorum* Hook.f.) - Java, Bali, Thai., Born., Mal., Phil. up to 550 m (O3/97, S*)

Abola Lindl. - 1853: *Caucaea* Schltr. (S)
- *radiata* Lindl.: *Caucaea* 1 (H*)

Acacallis (Aca.) Lindl. - 1853 - *Zygopetalinae* (S) - (*Kochiophyton* Cogn. [Schltr. (S)]) - 2/4 sp. epi. - Trop. S-Am.
- *coerulea* Schltr.: 2 (9**)
1. **coerulea** (Rchb.f.) Schltr. (*Aganisia coerulea* Rchb.f., *A. oliveriana* (Rchb.f.) Schltr.) - Braz. - (O4/96, S)
2. **cyanea** Lindl. (*A. hoehnei* Schltr., *A. coerulea* Schltr., *Aganisia coerulea* Rchb.f., *A. tricolor* Batem., *A. cyanea* (Lindl.) Rchb.f., *Kochiophyton negrense* Schltr. ex Cogn., *K. coeruleum* (Rchb.f.) Hoehne) - Ven., Col., Braz. 0-100 m (4**, 9**, O3/91, A**, E**, H**, Z**, R**, S*)
3. **fimbriata** (Rchb.f.) Schltr. - (*Aganisia fimbriata* Rchb.f.) - Braz., Peru, Guy., Col., Ven. - (A**, O4/96, S*)
- *hoehnei* Schltr.: 2 (9**, E**, H**, S*)
4. **hoehnei** Schltr. [Rchb.f. (S)] - (*Kochiophyton caeruleus* Hoehne) - Braz. (O4/96, S*)
5. **oliveriana** (Rchb.f.) Schltr. - Braz. (O4/96)

Acampe (Acp.) Lindl. - 1853 - *Subfam. Epidendroideae Tribus: Vandeae Subtr. Sarcanthinae* - (*Sarcanthus* Lindl.) - 5/10 sp. epi/lit - Ind., China, SE-As., Trop. Afr.
- *carinata* (Griff.) Panigrahi: 4 (S*)
1. **congesta** (Lindl.) Lindl. (*Vanda congestum* Lindl., *Saccolabium papillosum* Wight non Lindl., *S. congestum* (Lindl.) Hook.f.) - Sri L., Ind. (G)
- *dentata* Lindl.: 2 (G, S)
- *griffithii* Rchb.f.: 2 (G)
- *longifolia* (Lindl.) Lindl.: 6 (E**, H*, S)
- *longifolia* Par. non Lindl.: 2 (G)
- *madagascariensis* Kraenzl.: 3 (U**)
- *mombasensis* Rendle: 3 (C**)
- *multiflora* (Lindl.) Lindl.: 6 (E**, H*, Z**, S)
- *nyassana* Schltr.: 3 (C**)
2. **ochracea** (Lindl.) Hochr. (*A. dentata* Lindl., *A. griffithii* Rchb.f., *A. longifolia* Par. non Lindl., *Saccolabium ochraceum* Lindl., *S. lineolatum* Thw., *Cleisostoma maculosa* Benth. non Lindl.) - Sri L., Sik., Bhut., NE-Ind., China, Thai. 300-1.000 m (G, S)
3. **pachyglossa** Rchb.f. (*A. mombasensis* Rendle, *A. nyassana* Schltr., *A. renschiana* Rchb.f., *A. madagascariensis* Kraenzl., *A. pachyglossa* ssp. *renschiana* (Rchb.f) Sengh., *A. rigida* auct.) - E-Afr., W-Ind., Madag. 0-1.000 m (1**, M**, $50/9, C**, U**, S)
ssp. **pachyglossa** (*A. mombasensis* Rendle, *A. nyassana* Schltr.) - Afr. to 950 m (S*)
ssp. **renschiana** (Rchb.f) Sengh. (*A. renschiana* Rchb.f., *A. madagascariensis* Kraenzl.) - Madag., Com. to 500 m (S)
- *pachyglossa* Rchb.f.: 6 (E**, H*)
- *pachyglossa* ssp. *renschiana* (Rchb.f.) Sengh.: 3
4. **papillosa** (Lindl.) Lindl. (*A. carinata* (Griff.) Panigrahi, *Saccolabium papillosum* Lindl. *S. carinatum* Griff., *Gastrochilus papillosum* (Lindl.) Ktze., *Sarcanthus papillosus* Tixier) - NW-Ind., Burm., Thai., Laos, Viet. 0-500 m (E**, G**, H**, Z**, S*)
- *penangiana* Ridl.: 6 (S)
5. **praemorsa** (Roxb.) Blatt. & Mc Cann (*A. wightiana* (Lindl.) Lindl., *Epidendrum praemorsum* Roxb., *Cymbidium praemorsum* (Roxb.) Sw., *Vanda wightiana* Lindl. ex Wight, *V. fasciata* Gardn. ex Lindl.,

Saccolabium papillosum Dalz. & Gibs., *S. wightianum* (Lindl.) Hook.f.) - Sri L., Sik., Ind. to 900 m - epi/lit (G, S*)
- *renschiana* Rchb.f.: 6 (E**, H*)
- *renschiana* Rchb.f.: 3 (U**)
6. **rigida** (Buch.-Ham. ex J.E.Sm.) P.F. Hunt (*A. multiflora* (Lindl.) Lindl., *A. longifolia* (Lindl.) Lindl., *A. pachyglossa* Rchb.f., *A. renschiana* Rchb. f., *A. penangiana* Ridl., *Aerides rigida* J.E.Sm., *Vanda multiflora* Lindl., *V. longifolia* Lindl.) - Trop. As., Afr. to 1.400 m (E**, H*, Z**, S)
- *rigida* auct.: 3 (U**)
7. **thailandica** Seidenf. - Thai. (S)
- *wightiana* (Lindl.) Lindl.: 5 (G, S*)

Acanthephippium Bl. - 1825 - Subfam. Epidendroideae Tribus: Arethuseae Subtr. Bletiinae - ca. 11/15 sp. terr. - Trop. As., Mal., Fiji
1. **bicolor** Lindl. (*Acanthophippium bicolor* Lindl.) - Sri L., Ind. (G**, Z, S)
2. **chrysoglossum** Schltr. - Sum. (S)
3. **curtisii** Rchb.f. - Mal. (S)
4. **eburneum** Kraenzl. (*A. lycaste* Ridl.) - Sum., Born. (Q**, S)
5. **gougahense** (Guill.) Seidenf. - Viet., Thai. (O4/96, S)
6. **javanicum** Bl. (*Acanthophippium javanicum* Bl.) - Mal., Sum., Java, Born. (2*, 9**, E*, G**, H*, Z, Q, S)
7. **lilacinum** J.J.Wood & C.L.Chan - end. to Born. 300-1.300 m (Q**, S)
8. **lycaste** Ridl. - Born. (S)
- *lycaste* Ridl.: 4 (Q**)
9. **mantinianum** Lindl. & Cogn. - end. to Phil. ($55/10, Q, S, Z**)
10. **odoratum** Avery. - Viet. (O(B)4, O4/96, S)
11. **papuanum** Schltr. - P.N.Gui. (A**, $56/10, S)
12. **parviflorum** Hassk. - Sum., Java (2*, S)
- *parviflorum* Cumb. non Hassk.: 18 (G)
13. **pictum** Fuk. - Taiw., Ryu. (S)
- *ringiflorum* Griff.: 18 (G)
14. **simplex** Avery. - Viet. (O(B)4, O4/96, S)
15. **sinense** Rolfe - China, Hong. (S)
16. **splendidum** J.J.Sm. - Cel. (S)
17. **striatum** Lindl. - (*Acanthophippium striatum* Lindl.) Nep., Sik., Bhut., Ind., Thai., Viet., Java 600-1.000 m (G, O4/96, $55/10, Z**)
18. **sylhetense** Lindl. (*A. ringiflorum* Griff., *A. parviflorum* Cumb. non Hassk., *Acanthophippium sylhetense* Lindl.) - Sik., NE-Ind., Burm., Thai., Mal. 700-1.300 m (G, O4/96, $55/10, S*, Z**)
19. **thailandicum** Seidenf. - Thai. (O4/96, S)
20. **unguiculatum** (Hay.) Fuk. - Taiw. (S)
21. **vitiense** L.O.Wms. - N.Cal., Fiji (S)
22. **yamamotoi** Hay. ($55/10)

Acanthoglossum Bl. - 1825: *Pholidota* Lindl. ex Hook.
Acanthoglossum Bl. - 1825: *Coelogyne* Lindl.
- *nervosum* Bl.: *Pholidota* 9 (2*)

Acanthophippium: *Acanthephippium* Bl.
- *bicolor* Lindl.: *Acanthephippium* 1 (G**)
- *javanicum* Bl.: *Acanthephippium* 6 (G**)
- *striatum* Lindl.: *Acanthephippium* 17 (G)
- *sylhetense* Lindl.: *Acanthephippium* 18 (G)

× **Aceraherminium** (*Aceras* × *Herminium*)

Aceras R.Br. - 1813 - Subfam. Orchidoideae Tribus: Orchideae Subtr. Orchidinae - (*Loroglossum* L.C.Rich. p.p.) - 1 sp. terr. - Eur., As., Afr. – „Ohnhorn"
- *angustifolia* Lindl.: *Herminium angustifolium* (2*)
- *angustifolia* Lindl.: *Herminium* 1 (6*, G)
- *angustifolia* var. *longicruris* (Wright ex S.F.Gray) Miq.: *Herminium* 1 (6*, G)
1. **anthropophorum** (L.) R.Br. in Ait.f. (*Ophrys anthropophora* L., *Orchis anthropophora* All., *Serapias anthropophora* Jundzill, *Satyrium anthropophorum* Pers., *Loroglossum anthropophorum* L.C.Rich., *Himantoglossum anthropophorum* Spreng.) - S-C-Eur., As., Afr. to 1.600 m „Ohnsporn, Fratzenorchis, Puppenorchis, Männerorchis, Man Orchid" (K**, S, Z, T**, V**, N**)
- *densiflora* (Brot.) Boiss.: *Neotinea* 1 (G, T**)
- *hircina* (L.) Lindl.: *Himantoglossum* 6 (H)
- *intacta* (Link) Rchb.f.: *Neotinea* 1 (G)

- *longibracteata* (Biv.) Rchb.f.: *Barlia* 2 (G**)
- *longicruris* Wright ex S.F.Gray: *Herminium* 1 (6*, G)
- *pyramidalis* (L.) Rchb.f.: *Anacamptis* 1 (T**)
- *pyramidalis* ß *brachystachis* Rchb.f.: *Anacamptis* 1 (O6/82)
- *secundiflora* (Bertol.) Lindl.: *Neotinea* 1 (G)
- × *Aceras-Herminium*: × *Aceraherminium* (*Aceras* × *Herminium*)

Aceratorchis Schltr. - 1922 - *Orchidinae* (S) - 2 sp. terr. - China
1. **albiflora** Schltr. - China: Yun. 2.500 m (S)
2. **tschiliensis** Schltr. - China: Tschili 2.500 m (S)

Achroanthes Raf. - 1819: *Malaxis* (S)
- *ophioglossoides* (Muhl. ex Willd.) Raf.: *Malaxis* 57 (G**)
- *unifolia* (Michx.) Raf.: *Malaxis* 57 (G**)

Acianthera Scheidw.: *Pleurothallis* R.Br. (L)
- *punctata* Scheidw.: *Pleurothallis* 6 (G)
- *punctata* Scheidw.: *Pleurothallis* 596 (L)

Acianthus R.Br. - 1810 - *Subfam. Orchidoideae Tribus: Diurideae Subtr. Acianthinae* - (*Cyrtostylis* R.Br.) - ca. 20 sp. terr. - Austr., N.Zeal., N.Cal., Sol. - „Mosquito Orchids, Mayfly Orchids"
1. **amplexicaulis** F.M.Bailey - end. to Austr. (Qld., NSW) (P**)
- *bifolius* R.Br.: *Chiloglottis* 6 (P)
- *brunonis* F.v.Muell.: 4 (P)
2. **caudatus** R.Br. - end. to Austr. (Qld., NSW, Vic., Tasm., SA) - „Mayfly Orchid" (H**, P*, Z**)
3. **exsertus** R.Br. - end. to Austr. (Qld., NSW, Vic., Tasm., SA) - „Mosqito Orchid" (H, P**, Z**, S*)
4. **fornicatus** R.Br. (*A. brunonis* F.v.Muell.) - end. to Austr. (Qld., NSW) - „Pixie Caps" (H, P**, Z**)
- *huegelii* (Endl.) Nicholls & Goadby: *Cyrtostylis* 1 (P)
5. **irritabilis** F.v.Muell. - Austr. (S)
6. **ledwardii** Rupp - end. to Austr. (Qld., NSW) (P)
- *petiolatus* D.Don: *Liparis* 128 (6*, G)
7. **reniformis** (R.Br.) Schltr. (S)
↛ *reniformis* (R.Br.) Schltr.: *Cyrtostylis* 3 (P)
- *reniformis* var. *huegelii* (Endl.) A.S. George: *Cyrtostylis* 1 (P)
8. **sinclairii** Hook.f. - end. to N.Zeal. (O3/92)
9. **sublestus** Dockr. - end. to Austr. (Qld.) (P*)
- *tenuissimus* Nicholls & Goadby: *Cyrtostylis* 5 (P)
10. **viridis** Hook.f. (*Townsonia viridis* (Hook.f.) Schltr.) - Tasm., N.Zeal. 1.000 m „Beech Orchid" (P**, O3/92)
↛ *viridis* Hook.f.: *Townsonia* 1 (S)
× **Acinbreea (Acba.)** (*Acineta* × *Embreea*)

Acineta (Acn.) Lindl. - 1843 - *Subfam. Epidendroideae Tribus: Gongoreae* (*Neippergia* C.Morr.) - ca. 9/15 sp. epi/ter - S-Mex. to Ven., Ec., Peru 1.000-2.000 m - scented
1. **alticola** Schweinf. - Ven. (S*)
2. **antioquiae** Schltr. - Col. (R**, S*)
- *arcuata* Schltr.: 8 (S*)
3. **barkeri** (Batem.) Lindl. (*A. chrysantha* (C.Morr.) Lindl., *A. confusa* Schltr., *A. sella-turcica* Rchb.f., *A. wolteriana* Schltr., *Neippergia chrysantha* C.Morr., *Peristeria barkeri* Batem.) - Mex. to Pan. (9**, E, G, Z**, S)
4. **beyrodtiana** Schltr. - Col. (R**)
- *beyrodtiana* Schltr.: 12 (S*)
- *callosa* Sand.: 15 (9**)
- *callosa* Sand.: 15 (G**)
5. **chrysantha** (C.Morr.) Lindl. & Paxt. (*A. densa* Lindl. & Paxt., *A. warscewiczii* Kl., *A. sella-turcica* Rchb.f., *Neippergia chrysantha* C.Morr.) - Nic., C.Rica, Pan. (9**, E**, H**, W**, Z)
- *chrysantha* (C.Morr.) Lindl.: 3 (S)
- *colmanii* hort.: 15 (9**)
- *colmanii* hort.: 15 (E**, G**, H**)
- *confusa* Schltr.: 3 (S)
6. **cryptodonta** Rchb.f. (*A. sulcata* Rchb.f.) - Col., Ven. (S*)
7. **dallesandroi** Dods. - S-Ec. (S)
8. **densa** Lindl. (*A. arcuata* Schltr., *A. gymnostele* Schltr., *A. warscewiczii* Kl.) - C.Rica, Pan. (S*)
- *densa* Lindl. & Paxt.: 5 (9**, E**, H**, Z)
9. **erythroxantha** Lindl. (W), Rchb.f. (R, S) - Col. (W, R**, S)
- *fulva* Kl.: 15 (9**)
- *fulva* Kl.: 15 (E**, H**)

- *glauca* Lind. ex Lindl.: *Lueddemannia* 1 (9**)
- *glauca* Rchb.f.: *Lueddemannia* 1 (H*)
10. **gymnostele** Schltr. - C.Rica, Pan. (E*, H*, W)
- *gymnostele* Schltr.: 8 (S*
11. **hennisiana** Schltr. - Col. (R)
- *hennisiana* Schltr.: 12 (S*)
- *hrubyana* hort.: *Lacaena* 1 (9**, G**, H**)
- *hrubyana* Rchb.f.: 15 (S*)
- *humboldtii* (Lindl.) Lindl.: 15 (9**)
- *humboldtii* (Lindl.) Lindl.: 15 (E**, G**, H**, Z)
- *longiscapa* (Rich. & Gal.) Rchb.f.: *Lacaena* 1 (H**)
12. **moorei** Rolfe (*A. beyrodtiana* Schltr., *A. hennisiana* Schltr.) - Col. (9**, S*)
13. **schilleriana** Rchb.f. - Col. (R)
14. **sella-turcica** Rchb.f. - C.Rica, Pan., S-Am., Col. (W, R)
- *sella-turcica* Rchb.f.: 5 (E**, H**)
- *sella turcica* Rchb.f.: 3 (S)
- *sulcata* Rchb.f.: 15 (9**)
- *sulcata* Rchb.f.: 15 (9**, G**)
- *sulcata* Rchb.f.: 6 (S*)
15. **superba** (H.B.K.) Rchb.f. (*A. humboldtii* (Lindl.) Lindl., *A. fulva* Kl., *A. colmani(i)* hort., *A. hrubyana* Rchb.f., *A. sulcata* Rchb.f., *A. callosa* Sand., *Peristeria humboldtii* Lindl., *Anguloa superba* H.B.K.) - Col., Ven., Ec., Pan. (4**, E**, G**, H**, W, Z**, R**, S*)
 var. **fulva** (Hook.) Schltr. (*A. humboldtii* (Lindl.) Lindl., *A. fulva* Kl., *A. sulcata* Rchb.f., *A. callosa* Sand., *A. colmanii* hort., *Anguloa superba* Kunth, *Peristeria humboldtii* Lindl., *P. humboldtii* var. *fulva* Hook.) - Pan., Ven., Col., Ec. (9**)
- *w(r)ightii* J.Fraser: *Lacaena* 1 (9**, G**, H**)
- *warscewiczii* Kl.: 5 (9**, E**, H**)
- *warscewiczii* Kl.: 8 (S*)
- *wolteriana* Schltr.: 3 (S)

Ackermania Dods. & Esc. - 1993: *Stenia* Lindl. (S)

Ackermania Dods. & Esc. - 1993 - Huntleyinae (S) - (*Chondrorhyncha* sect. *Stenioides* Sengh. & Gerlach) - 3/4 sp. epi. - Col. to Peru

1. **caudata** (Ackerm.) Dods. & Esc. (*Chondrorhyncha caudata* Ackerm., *Stenia caudata* (Ackerm.) Dods. & Benn.) - Ec., Peru (O4/98**, FXVI-II3**)
2. **cornuta** (Gar.) Dods. & Esc. (*Chondrorhyncha cornuta* Gar.) - Col. (O4/98**, FXVIII3**)
3. **hayeleii** Benn. & Christ. (S)
4. **jarae** Benn. & Christ. - Peru (O4/98**)
5. **palorae** (Dods. & Hirtz) Dods. & Esc. (*Stenia palorae* Dods. & Hirtz, *Chondrorhyncha palorae* (Dods. & Hirtz) Sengh. & Gerlach) - Ec. 800 m (O4/98**, FXVIII3**)
× **Ackersteinia** Dods. (*Ackermania* × *Kefersteinia*)
1. **dodsonii** Neudecker (*Ackermania palorae* × *Kefersteinia sanguinolenta*) - nat. hybr. - Ec. 1.400 m (FXIX2**)

Acoridium Nees & Meyen - 1843: *Dendrochilum* Bl. (S)

Acoridium Nees & Meyen - 1843 - Subfam. Epidendroideae Tribus: Dendrobieae Subtr. Coelogyninae - ca. 60/70 sp. epi. - Phil.
- *cobbianum* (Rchb.f.) Rolfe: *Dendrochilum* 6 (E**, H**)
- *filiforme* (Lindl.) Rolfe: *Dendrochilum* 20 (E, G, H**)
- *fuscum* Lindl.: *Trichocentrum* 14 (9**, G**)
- *glumaceum* (Lindl.) Rolfe: *Dendrochilum* 24 (9**, G)
- *grandiflorum* (Ridl.) Rolfe: *Dendrochilum* 28 (Q**)
- *kingii* (Hook.f.) Rolfe: *Dendrochilum* 37 (Q**)
- *latifolium* Rolfe: *Dendrochilum* 41 (G)
1. **saccolabium** Nees & Meyen (*Dendrochilum saccolabium* Kraenzl.) - Phil. (H**) → Dendrochilum 60
- *sarawakensis* (Ridl.) Rolfe: *Dendrochilum* 37 (Q**)
- *stachyodes* (Ridl.) Rolfe: *Dendrochilum* 63 (Q**)
2. **tenellum** Nees & Meyen - Phil. (H)
- *uncatum* (Rchb.f.) Rolfe: *Dendrochilum* 71 (9**)

Acostaea Schltr. - 1923 - Subfam. Epidendroideae Tribus: Epidendreae Subtr. Pleurothallidinae - ca. 5 sp. epi. - C.Rica, Pan., Col., Ec.
- *bicornis* Luer: 3 (L*)

1. **campylotyle** Ortiz - Col. 1.500-1.600 m (L*, FXIII3**, R)
2. **colombiana** Gar. - Col. (S, FXIII3**, R)
- *colombiana* Gar.: 3 (L*)
3. **costaricensis** Schltr. (*A. pleurothalloides* Schltr., *A. glandulata* Ortiz) - C.Rica, Pan., Col., Ec. (FXIII3, R**, Z**)
   ssp. **bicornis** (Luer) Luer (*A. bicornis* Luer) - Pan. (L*, Z, S*)
   ssp. **colombiana** (Gar.) Luer (*A. colombiana* Gar.) - Col. (L*, Z)
   ssp. **costaricensis** (*A. pleurothalloides* Schltr.) - C.Rica, Pan., Col., Ec. (S, W**, L*)
   ssp. **unicornis** (Luer) Luer (*A. unicornis* Luer) - Pan. (L*, Z)
- *glandulata* Ortiz: 3 (L*, FXV2/3**)
4. **pleurothalloides** Schltr. - C.Rica, Pan. (S, FXIII3)
- *pleurothalloides* Schltr.: 3 (L*)
5. **tenax** Luer & Esc. - Col. 2.840 m (L*, FXV2/3*, R**)
6. **trilobata** Luer - Ec. (L*, FXIII3)
- *unicornis* Luer: 3 (L*)

Acraea Lindl. - 1845: *Pterichis* Lindl. (S)
- *multiflora* Lindl.: *Pterichis* 13 (FXVI3)
- *parvifolia* Lindl.: *Pterichis* 14 (FXVI3*)
- *triloba* Lindl.: *Pterichis* 19 (FXVI3*)
- *widgrenii* Rchb.f.: *Brachystele* 7 (S)

Acriopsis Reinw. ex Bl. - 1825 - *Subfam. Epidendroideae Tribus: Cymbidieae Subtr. Acriopsidinae* - 6/12 sp. epi. - Mal., Born., Nep., Austr., Sol.
1. **carrii** Holtt. - Mal. to 150 m (O3/84, S)
- *crispa* Griff.: 5 (2*)
2. **densiflora** Lindl.
   var. **densiflora** (*A. purpurea* Ridl.) - Mal., Sum., Born. 200-500 m (G, O3/84, S)
- *floribunda* Ames: 5 (H, O2/89)
3. **gracilis** Mind. & de Vogel - end. to Born. 300-600 m (O2/89, Q*, S)
- *griffithii* Rchb.f.: 5 (2*)
- *griffithii* Rchb.f.: 5 (G)
- *harai* Tuyama: 5 (G)
4. **indica** Wight. - Ass. to Viet., Thai., Mal., Java, Sum., Phil. 200-1.700 m (2*, O3/84, S*)
- *insulari-sylvatica* Fuk.: 5 (G)
5. **javanica** Reinw. ex Bl. (*A. picta* Lindl., *A. picta* Rchb.f., *A. griffithii* Rchb.f., *A. papuana* Kraenzl., *A. papuana* Schltr., *A. crispa* Griff., *A. nelsoniana* F.M.Bailey, *A. philippinensis* Ames, *A. javanica* var. *nelsoniana* F.M.Bailey, *Spathoglottis trivalis* Wall.) - Indoch., Thai. to Phil., NE-Austr., Sol. 0-1.600 m (2*, A**, H, P**, O3/84, O2/89, S)
   var. **auriculata** Mind. & de Vogel - Burm. to Born. 550 m (G, O2/89)
   var. **floribunda** (Ames) Mind. & de Vogel (*A. floribunda* Ames) - Phil. (H, O2/89)
   var. **javanica** (*A. picta* Lindl., *A. griffithii* Rchb.f., *A. nelsoniana* F.M.Bailey, *A. papuana* Kraenzl., *A. philippinensis* Ames, *A. nelsoniana* var. *pallidiflora* Schltr., *A. insularisylvatica* Fuk., *A. harai* Tuyama, *A. sumatrana* Schltr., *Spathoglottis trivalis* Lindl.) - Thai., Mal., Sing., Indon., Phil., N.Gui., Austr. (G, H, O2/89)
   var. **pallidiflora** Schltr. (O3/84)
- *javanica* var. *nelsoniana* F.M.Bailey: 5 (P**)
6. **liliifolia** (König) Seidenf. - E-Him. to Oceania (S)
- *nelsoniana* F.M.Bailey: 5 (G)
- *nelsoniana* F.M.Bailey: 5 (H, P, S*)
- *nelsoniana* var. *pallidiflora* Schltr.: 5 (G)
- *papuana* Kraenzl.: 5 (2*, S*)
- *papuana* Kraenzl.: 5 (G)
- *papuana* Schltr.: 5 (H)
- *philippinensis* Ames: 5 (G)
- *philippinensis* Ames: 5 (H, S*)
- *picta* Lindl.: 5 (2*)
- *picta* Lindl.: 5 (G)
- *picta* Rchb.f.: 5 (H)
- *purpurea* Ridl.: 2 (G)
7. **ridleyi** Hook.f. - Mal., Born. 0-1.500 m (O3/84, S)
- *sumatrana* Schltr.: 5 (G)

Acrobion filicornu Spreng.: *Angraecum* 73 (8**)

Acrochaene Lindl. - 1853 - *Genyorchidinae* (S) - 1 sp. epi. - Sik.
1. **punctata** Lindl. (*Monomeria punctata* (Lindl.) Schltr.) - Sik. 1.500-2.000 m (S*)

Acrolophia Pfitz. - 1887 - *Subfam. Epidendroideae Tribus: Cymbidieae* Subtr. *Cyrtopodiinae* (*Eulophia* sect. *Desciscentes* Lindl.) - 8/9 sp. terr. - Afr.

1. **bolusii** Rolfe - Cape (S*)
2. **capensis** (Bergius) Fourc. - Cape to 1.700 m (S)
3. **cochlearis** Schltr. & H.Bol. - Cape, Nat. (S)
4. **lunata** (Schltr.) Schltr. - Cape to 750 m (S)
5. **micrantha** (Lindl.) Schltr. & H.Bol. - Cape (S)
6. **paniculata** Cribb - Zam., Zim. (S*)
7. **ustulata** (H.Bol.) Schltr. & H.Bol. - Cape (S)

Acronia Presl: *Pleurothallis* R.Br. (L)
- *phalangifera* Presl: *Pleurothallis* 541 (E**, G, H**)

Acropera Lindl. - 1833: *Gongora* Ruiz & Pav. (S)
- *armeniaca* Lindl.: *Gongora* 5 (9**)
- *citrina* hort. ex Rchb.f.: *Gongora* 21 (S)
- *cornuta* Kl.: *Gongora* 5 (9**)
- *cornuta* Kl.: *Gongora cornuta* (O4/81)
- *cornuta* Kl.: *Gongora* 8 (O4/93**)
- *flavida* Kl.: *Gongora* 21 (S)
- *loddigesii* Lindl.: *Gongora* 21 (9**, E**, G, H**)

Acrorchis Dressl. - 1990 - Epidendrinae (S) - 1 sp. epi. - C.Rica, Pan.
1. **roseola** Dressl. - C.Rica, Pan. (W**, S*)

Acrostylia Frapp. - 1895: *Cynorkis* Thou. (S)

Ada (Ada) Lindl. - 1853 - *Subfam. Epidendroideae Tribus: Oncidieae Subtr. Oncidiinae* - 2 (10) sp. epi/lit - C.Rica, Pan., Ven., Peru
1. **allenii** (L.O.Wms. ex Schweinf.) L.O.Wms. -Pan., Col., S-Am. (W**, R)
→ *allenii* (L.O.Wms. ex Schweinf.) L.O.Wms.: *Brassia* 1 (O6/83)
2. **andreettae** Dods. - Ec. 1.800 m (FXIX1*)
→ *andreettae* Dods.: *Brassia* 2 (S)
3. **aurantiaca** Lindl. (*A. lehmannii* Rolfe, *Brassia cinnabarina* Lind. ex Lindl., *Mesospinidium aurantiacum* (Lindl.) Rchb.f., *M. cinnabarinum* (Lind. ex Lindl.) Rchb.f., *Oncidium cinnabarinum* (Lind. ex Lindl.) Rchb.f.) - Ven., Col., Ec. 2.300-2.500 m (8**, 9**, A**, E**, H**, Z**, S*) var. **maculata** hort. (8**)
4. **bennettiorum** Dods. - Peru (S, R)
→ *bennettiorum* Dods.: *Brassia* 9 (S)
5. **chlorops** (Endr. & Rchb.f.) N.H.Will. - Nic., C.Rica, Pan. (W)
→ *chlorops* (Endr. & Rchb.f.) N.H.Will.: *Brassia* 16 (S*)
- *elegantula* (Rchb.f.) N.H.Will.: *Brassia* 19 (S*)
6. **escobariana** (Gar.) Dods. (*Brassia escobariana* Gar.) - Col. (R)
7. **glumacea** (Lindl.) N.H.Will. (*Brassia glumacea* Lindl., *B. imbricata* Lindl., *Oncidium glumaceum* (Lindl.) Rchb.f., *O. imbricatum* (Lindl.) Rchb.f.) - Col., Ec., Ven. (E**, H**, R**)
→ *glumacea* (Lindl.) N.H.Will.: *Brassia* 24 (S)
8. **imbricata** (Lindl.) N.H.Will. - Col. (R)
9. **keiliana** (Rchb.f. ex Lindl.) N.H.Will. (*Brassia keiliana* Rchb.f. ex Lindl., *B. cinnamomea* Lind. ex Lindl., *B. havanensis* hort. ex Lindl., *Oncidium keilianum* (Rchb.f. ex Lindl.) Rchb.f.) - Col. Ven. (E**, H**, R**)
→ *keiliana* (Rchb.f. ex Lindl.) N.H.Will.: *Brassia* 28 (S*)
- *lehmannii* Rolfe: 3 (9**, E**, H**)
10. **mendozae** Dods. - Ec. 1.200 m (FXIX1*)
→ *mendozae* Dods.: *Brassia* 34 (S)
11. **ocanensis** (Lindl.) N.H.Will. - Col. (R**)
- *peruviana* Benn. & Christ.: *Brassia* 18 (S)
12. **pozoi** Dods. & N.H.Will. - Ec., Peru (FXIX1, R)
→ *pozoi* Dods. & N.H.Will.: *Brassia* 40 (S)
- *rolandoi* Benn. & Christ.: *Brassia* 41 (S)
13. **spathacea** (Lindl. & Rchb.f.) N.H.Will. - Col. (R)

× **Adacidium (Adcm.)** (*Ada* × *Oncidium*)

Adactylus nudus Rolfe: *Apostasia* 1 (2*)

× **Adaglossum (Adgm.)** hort. (*Ada* × *Odontoglossum*)

× *Adamara:* × *Yamadara* (*Brassavola* × *Cattleya* × *Epidendrum* × *Laelia*)

× **Adapasia (Adps.)** (*Ada* × *Aspasia*)

Adeleutherophora Barb.Rodr. - 1882: *Evelyna* Poepp. & Endl. (S)

Adeleutherophora Barb.Rodr. - 1882: *Elleanthus* Presl

Adenochilus Hook.f. - 1853 *Subfam. Orchidoideae Tribus: Diurideae Subtr.*

Caladeniinae - 2 sp. terr. - N.Zeal., Austr.
1. **gracilis** Hook.f. - end. to N.Zeal. (S, O3/92)
2. **nortonii** Fitzg. - end. to Austr. (NSW) (S, P**)

Adenoncos Bl. - 1825 - Subfam. *Epidendroideae* Tribus: *Vandeae* Subtr. *Sarcanthinae* (*Podochilopsis* Guill.) - 17 sp. epi. - Viet., Mal., Mol., P.N.Gui.
1. **buruensis** J.J.Sm. - P.N.Gui. (S)
2. **papuana** Schltr. - P.N.Gui. (S)
3. **parviflora** Ridl. (S*)
4. **sumatrana** J.J.Sm. (S)
5. **vesiculosus** Carr. - Viet. (S*)
6. **virens** Bl. (*Microsaccus virens* Hook.f.) - Bali (2*, S*)

Adenostylis Bl. p.p. - 1825: *Orchipedum* Breda (S)
Adenostylis Bl. p.p. - 1825: *Zeuxine* Lindl. (S)
- *benguetensis* Ames: *Zeuxine* 14 (6*)
- *emarginata* Bl.: *Zeuxine sulcata* (2*)
- *emarginata* Bl.: *Zeuxine* 17 (6*, G)
- *formosanum* (Rolfe) Hay.: *Zeuxine* 12 (6*)
- *gracilis* (Breda) Ames: *Zeuxine* 7 (6*)
- *integerrima* Bl.: *Zeuxine sulcata* (2*)
- *integerrima* Bl.: *Zeuxine* 17 (6*, G)
- *strateumatica* (L.) Ames: *Zeuxine* 17 (6*, G)
- *sulcata* (Roxb.) Hay.: *Zeuxine* 17 (6*, G)
- *zamboangensis* Ames: *Zeuxine* 12 (6*)

× **Adioda (Ado.)** (*Ada* × *Cochlioda*)
Adipe Raf. - 1837: *Bifrenaria* Lindl.
Adipe Raf. - 1837 - *Lycastinae* (S) - (*Stenocoryne* Lindl.) - 10 sp. epi. - Braz.
1. **aureo-fulva** (Hook.) M.Wolff (*Bifrenaria aureo-fulva* (Hook.) Lindl., *Stenocoryne aureo-fulva* (Hook.) Kraenzl., *S. secunda* (Vell.) Hoehne) - Braz. (S*)
↳ *aureo-fulva* (Hook.) M.Wolff: *Bifrenaria* 3 (O2/90)
2. **charlesworthii** (Rolfe) M.Wolff (*Bifrenaria charlesworthii* Rolfe, *Stenocoryne charlesworthii* (Rolfe) Hoehne) (O2/90)
- *charlesworthii* (Rolfe) M.Wolff: 10 (S*)
3. **clavigera** (Rchb.f) M.Wolff (*Bifrenaria clavigera* Rchb.f., *Stenocoryne clavigera* (Rchb.f.) Kraenzl.) (O2/90)

- *fulva* Raf.: *Bifrenaria* 12 (9**, G**)
4. **leucorhoda** (Rchb.f) M.Wolff (*Bifrenaria leucorhoda* Rchb.f., *Stenocoryne leucorhoda* (Rchb.f.) Kraenzl.) - Braz. (O2/90, S)
   var. **macaheensis** (Brade) M.Wolff (*Bifrenaria leucorhoda* var. *macaheensis* Brade, *Stenocoryne leucorhoda* var. *macaheensis* (Brade) Hoehne) (O2/90)
5. **longicornis** (Lindl.) M.Wolff (*Bifrenaria longicornis* Lindl., *Stenocoryne longicornis* (Lindl.) Kraenzl.) - Braz., Guy., Ven., Peru (S*)
↳ *longicornis* (Lindl.) M.Wolff: *Bifrenaria* 7 (O2/90)
6. **melanopoda** (Kl.) M.Wolff (*Bifrenaria melanopoda* Kl., *B. stenocoryne* (Kl.) Hoehne, *Stenocoryne melanopoda* (Kl.) Hoehne) - Braz. (O2/90, S)
7. **racemosa** (Hook.) M.Wolff (*Bifrearia racemosa* Hook., *Stenocoryne racemosa* (Hook.) Kraenzl.) - Braz. (S*)
- *racemosa* (Hook.) Raf.: *Bifrenaria* 12 (9**, G**)
8. **silvana** (P.Castro) Sengh. (*Stenocoryne silvana* P.Castro) - Braz. (S)
9. **stefanae** (P.Castro) Sengh. (*Stenocoryne stefanae* P.Castro) - Braz. (S*)
10. **villosula** (Brade) M.Wolff (*A. charlesworthii* (Rolfe) M.Wolff, *Bifrenaria villosula* Brade, *Stenocoryne villosula* (Brade) Brade) - Braz. (O2/90, S*)
11. **vitellina** (Lindl.) M.Wolff (*Bifrenaria vitellina* Lindl., *Stenocoryne vitellina* (Lindl.) Kraenzl.) - Braz. (S*)
↳ *vitellina* (Lindl.) M.Wolff: *Bifrenaria* 18 (G**, O2/90)
12. **wendlandiana** (Kraenzl.) M.Wolff (*Stenocoryne wendlandiana* Kraenzl., *Bifrenaria wendlandiana* (Kraenzl.) Cogn.) - Braz. (O2/90**, S)

Adnula petiolaris Raf.: *Pelexia* 1 (G**)
Adrorhizon Hook.f. - 1898 - Subfam. *Epidendroideae* Tribus: *Dendrobieae* Subtr. *Adrorhizinae* - 1 sp. epi. - Sri L., S-Ind.
1. **purpurascens** (Thw.) Hook.f. (*Dendrobium purpurascens* Thw., *Coelogyne purpurascens* (Thw.) Hook.f.) - Sri L., S-Ind. 600-1.800 m (O4/84, S*)

Aenhenrya Gopalan - 1993 - *Physurinae* (S) - 1 sp. terr. - Ind.
1. **agastyamalayana** Gopalan - Ind. 1.100 m (S*)
Aërangis sect. *Rangaeris* Schltr. - 1918: *Rangaeris* (Schltr.) Summerh. (S)
Aërangis (**Aërgs.**) Rchb.f. - 1865 - Subfam. Epidendroideae Tribus: Vandeae Subtr. Aerangidinae (*Angorchis, Angorkis* Thou., *Barombia* Schltr., *Radinocion* Ridl., *Rhaphidorhynchus* Finet p.p.) - ca. 58 sp. epi/lit - Trop. Afr., Madag., Sri L.
- *alata* H.Perr.: 18 (U)
- *albido-rubra* (De Wild.) Schltr: 29 (E**, 9**, H**)
1. **alcicornis** (Rchb.f.) Gar. - Moz., Tanz. 200-1.000 m (C)
- *anjoanensis* H.Perr.: 34 ($55/10, U**)
2. **appendiculata** (De Wild.) Schltr. - Moz., Malawi, Zam., Zim. 1.150-1.850 m (C)
3. **arachnopus** (Rchb.f.) Schltr. - Camer., Congo, Gab., Zai., Ghana 0-700 m (C**)
4. **articulata** (Rchb.f.) Schltr. (*A. venusta* Schltr., *A. stylosa* sensu H.Perr., *A. calligera* (Rchb.f.) Gar., *Angraecum articulatum* Rchb.f., *A. descendens* Rchb.f., *A. calligerum* sensu B.S.Will., *A. calligerum* Rchb. f., *Angorchis articulata* (Rchb.f.) Ktze., *Rhaphidorhynchus articulatus* (Rchb.f.) Poiss.) - Madag. 0-1.400 m (E**, H**, Z, O1/92, $55/8, U)
5. **biloba** (Lindl.) Schltr. (*A. campyloplectron* (Rchb.f.) Gar., *Angraecum bilobum* Lindl., *A. apiculatum* Hook., *A. campyloplectron* Rchb.f., *Angorchis biloba* (Lindl.) Ktze., *A. campyloplectron* (Rchb.f.) Ktze., *Listrostachys biloba* (Lindl.) Kraenzl., *Rhaphidorhynchus bilobus* (Lindl.) Finet) - Sen., S.Leone, Lib., Ghana, Togo, Nig., W-Camer. 0-700 m (9**, G**, C, S)
6. **brachycarpa** (A.Rich.) Dur. & Schinz (*A. flabellifolia* Rchb.f., *A. rohlfsiana* (Kraenzl.) Schltr., *A. rohlfsiana* (Kraenzl.) Finet, *Dendrobium brachycarpum* A.Rich., *Angraecum rohlfsianum* Kraenzl.) - Eth., Ug., Zam., Ang., Kenya 1.500-2.300 m (E**, H**, M**, C*, S*)
- *brachyceras* Summerh.: Cribbia 1 (C)
- *buchlohii* Sengh. (S*): 41 ($55/10, U)
7. **calantha** (Schltr.) Schltr. - Ghana, Ug., Ang., Camer., CAR, Tanz. 1.000-1.650 m (E*, H*, C)
- *calligera* (Rchb.f.) Gar.: 4 (U)
- *campyloplectron* (Rchb.f.) Gar.: 5 (9**, G**)
8. **carnea** J.Stew. - S-Tanz., N-Malawi 1.600-1.900 m (O1/93, C**)
- *caulescens* Schltr.: 18 (U)
9. **citrata** (Thou.) Schltr. (*Angraecum citratum* Thou., *Aerobion citratum* (Thou.) Spreng., *Angorchis citrata* (Thou.) Ktze., *Rhaphidorhynchus citratus* (Thou.) Finet) - Madag. 0-1.500 m - „Manta" (9**, Z**, O5/91, $55/9, U, S*)
- *clavigera* H.Perr.: 30 (§55/9, U**)
10. **collum-cygni** Summerh. (*A. compta* Summerh.) - Camer., CAR, Tanz., Ug., Zai., Zam. 800-1.200 m (C*)
- *compta* Summerh.: 10 (C*)
11. **concavipetala** H.Perr. - Madag. ($55/11, U)
12. **confusa** J.Stew. - Kenya, Tanz. 1.600-2.100 m (E**, H**, M**, O1/86, C**, S*)
13. **coriacea** Summerh. - Kenya, N-Tanz. 1.500-2.300 m (9**, M**, C)
- *crassipes* Schltr.: 46 (E**, H*)
- *crassipes* Schltr.: 32 (U)
14. **cryptodon** (Rchb.f.) Schltr. (*A. malmquistiana* Schltr., *Angraecum cryptodon* Rchb.f., *Angorchis cryptodon* (Rchb.f.) Ktze., *Rhaphidorhynchus stylosus* Finet) - Madag. 200-1.800 m ($55/10, U)
- *cryptodon* sensu H.Perr.: 18 (U)
15. **curnowiana** (Finet) H.Perr. [*A. curnowiana* (Rchb.f.) Schltr. (S*, Z)] (*Rhaphidorhynchus curnowianus* Finet) - Madag. 1.000-1.200 m ($55/11, S*, Z**, U)
16. **decaryana** H.Perr. - Madag. ($55/10, U)
17. **distincta** J.Stew. & La Croix - Malawi 1.000-1.750 m (O1/93, C**, S)
18. **ellisii** (B.S.Will.) Schltr. [A. ellisii (Rchb.f.) Schltr. (Z, $55/8)] (*A. platyphylla* Schltr., *A. caulescens* Schltr., *A. alata* H.Perr., *A. cryptodon* sensu H.Perr., *Angraecum ellisii* B.S.Will., *A. ellisii* Rchb.f., *A. dubuyssonii* God.-Leb., *A. buyssonii*

God.-Leb., *Angorchis ellisii* (B.S. Will.) Ktze.) - Madag. 300-1.800 m (U, Z**)
var. **grandiflora** J.Stew. - Madag. ($55/8, U)
19. **fastuosa** (Rchb.f.) Schltr. (*A. fastuosa* var. *francoisii* H.Perr., - var. *grandidieri* H.Perr., - var. *maculata* H.Perr., - var. *rotundifolia* H.Perr., - var. *vondrozensis* H.Perr., *Angraecum fastuosum* Rchb.f., *Angorchis fastuosa* (Rchb.f.) Ktze., *Rhaphidorhynchus fastuosus* (Rchb.f.) Finet) - Madag. 1.000-1.500 m - scented (9**, E**, H**, $55/9, U, S*, Z**)
- *fastuosa* var. *angustifolia* H.Perr.: 32 (U)
- *fastuosa* var. *francoisii* H.Perr.: 19 (U)
- *fastuosa* var. *grandidieri* H.Perr.: 19 (U)
- *fastuosa* var. *maculata* H.Perr: 19 (U)
- *fastuosa* var. *rotundifolia* H.Perr.: 19 (U)
- *fastuosa* var. *vondrozensis* H.Perr.: 19 (U)
- *flabellifolia* Rchb.f.: 6 (E**, H**, M**)
20. **flexuosa** (Ridl.) Schltr. - Tomé 0-700 m (C)
- *friesiorum* Schltr.: 47 (M**)
21. **fuscata** (Rchb.f.) Schltr. (*A. umbonata* (Finet) Schltr., *A. monantha* Schltr., *Angraecum fuscatum* Rchb.f., *Rhaphidorhynchus umbonatus* Finet) - Madag. 0-1.400 m ($55/9, U)
- *fuscata* sensu H.Perr.: 46 (U)
22. **gracillima** (Kraenzl.) J.Stew. & Arends (*Angraecum gracillimum* Kraenzl., *Barombia gracillima* (Kraenzl.) Schltr.) - Camer., Gab. 400-800 m (H, C)
- *graminifolia* (Kraenzl.) Schltr.: *Ypsilopus* 5 (H)
- *grantii* (Batem. ex Bak.) Schltr.: 28 (9**)
23. **gravenreuthii** (Kraenzl..) Schltr. - Camer., Guin., Nig., Tanz. 1.500-2.200 m (C*)
24. **hologlottis** (Schltr.) Schltr. - Kenya, Tanz., Moz., Sri L. 250-500 m (M**, C, S)
25. **hyaloides** (Rchb.f.) Schltr. (*A. pumilio* Schltr., *Angraecum hyaloides* Rchb.f., *Angorchis hyaloides* (Rchb.f.) Ktze.) - Madag. 0-1.000 m (Z, $55/9, U)
- *ikopana* Schltr.: 34 ($55/10, U**)
26. **jacksonii** J.Stew. - Ug. 1.200-1.600 m (9**, C)
27. **kirkii** (Rchb.f.) Schltr. (*Angraecum kirkii* (Rchb.f.) Rolfe, *A. bilobum* var. *kirkii* Rchb.f.) - Kenya, Tanz., Moz., Nat. to 450 m (E**, H**, M**, C**)
28. **kotschyana** (Rchb.f.) Schltr. (*A. kotschyi* (Rchb.f.) Rchb.f., *A. grantii* (Batem. ex Bak.) Schltr., *Angraecum kotschyanum* Rchb.f., *A. grantii* Batem. ex Bak., *A. kotschyi* Rchb.f., *A. semipedale* Rendle, *Rhaphidorhynchus kotschyi* (Rchb.f.) Finet) - Guin., S.Leone, N-Nig., Sud., Ug., Kenya, Tanz. 0-1.500 m (1**, 9**, E**, H**, M**, Z**, O6/79, C*, S)
- *kotschyi* (Rchb.f.) Rchb.f.: 28 (9**)
- *laurentii* (De Wild.) Schltr.: *Summerhayesia* 1 (H*)
29. **luteo-alba** (Kraenzl.) Schltr. (*Angraecum mirabile* hort., *A. rhodostictum* Kraenzl., *A. albido-rubrum* De Wild., *Aerangis albido-rubra* (De Wild.) Schltr.) - Camer., Zai., Ug., Eth., Som., Kenya, Tanz. 800-2.200 m (4**, H**, C**, S)
var. **luteo-alba** - Zai., W-Ug. (M, C, S)
var. **rhodosticta** (Kraenzl.) J.Stew. (*A. albido-rubra* (De Wild.) Schltr., *A. rhodosticta* (Kraenzl.) Schltr., *Angraecum rhodostictum* Kraenzl., *A. albido-rubrum* De Wild., *A. mirabile* hort., *Angorchis rhodosticta* (Kraenzl.) Ktze.) - Trop. Afr. 800-2.200 m (9**, H**, M**, O3/84, C, S*, Z**)
30. **macrocentra** (Schltr.) Schltr. (*A. clavigera* H.Perr., *Angraecum macrocentrum* Schltr.) - Madag. 0-1.500 m (A**, S*, $55/9, U**)
- *malmquistiana* Schltr.: 14 ($55/10, U)
31. **megaphylla** Summerh. - Camer., CAR, Guin. 300-1.000 m (C)
32. **modesta** (Hook.f.) Schltr. (*A. crassipes* Schltr., *A. fastuosa* var. *angustifolia* H.Perr., *Angraecum modestum* Hook.f., *A. sanderianum* Rchb.f., *Angorchis modesta* (Hook.f.) Ktze., *Rhaphidorhynchus modestus* (Hook.

f.) Finet, - var. *sanderianus* Poiss.) - Madag., Com. 0-1.500 m (9**, E, H, Z, $55/8, U)
- *monantha* Schltr: 21 ($55/9, U)
33. **montana** J.Stew. - Malawi, S-Tanz., Zam. 1.370-2.400 m (C**)
34. **mooreana** (Rolfe ex Sand.) Cribb & J.Stew. (*A. anjouanensis* H.Perr., *A. ikopana* Schltr., *Angraecum mooreanum* Rolfe ex Sand.) - Madag., Com. 0-500 m ($55/10, U**)
- *muscicola* Rchb.f.: *Rangaeris* 3 (M**)
35. **mystacidii** (Rchb.f.) Schltr. (*A. pachyura* Schltr.) - Malawi, Moz., SA, Tanz., Zam., Zim. 60-1.800 m (1**, $50/2, C**)
36. **oligantha** Schltr. - N-Malawi, S-Tanz. 1.800-2.100 m (C**)
- *pachyura* Schltr.: 35 (C**)
37. **pallidiflora** H.Perr. (*A. seegeri* Sengh.) - Madag. 0-1.500 m ($55/9, U)
- *platyphylla* Schltr.: 18 ($55/8, U)
- *potamophila* (Schltr.) Schltr.: *Angraecum* 137 (U)
- *primulina* (Rolfe) H.Perr.: 38 (U)
38. × **primulina** (Rolfe) H.Perr. (*A. citratum* × *A. hyaloides*) nat. hybr. (*A. primulina* (Rolfe) H.Perr., *Angraecum primulinum* Rolfe) - Madag. ($55/11, U)
39. **pulchella** (Schltr.) Schltr. (*Angraecum pulchellum* Schltr.) - Madag. 0-200 m: ? *A. mooreana* ? ($55/11, U)
- *pumilio* Schltr.: 25 ($55/9, U)
40. **punctata** J.Stew. - Madag. 1.000-1.500 m ($55/11, U, Z, S)
- *rhodosticta* (Kraenzl.) Schltr. (E**): 29 (9**, H**, M**)
- *rohlfsiana* (Kraenzl.) Schltr.: 6 (E**, H**)
- *rohlfsiana* (Kraenzl.) Finet: 6 (S*)
41. **rostellaris** (Rchb.f.) H.Perr. (*A. buchlohii* Sengh., *Angraecum rostellare* Rchb.f., *A. avicularium* Rchb.f.) - Com., Madag. ($55/10, U, S)
- *seegeri* Sengh. (O1/83): 37 ($55/9, U)
42. **somalensis** (Schltr.) Schltr. - Eth., S-Tanz., Malawi, S-Afr. 1.000-1.800 m (M**, C, S)
43. **spiculata** (Finet) Sengh. (*Rhaphidorhynchus spiculatus* Finet, *Leptocentrum spiculatum* (Finet) Schltr., *Angraecum fuscatum* sensu Carr., *Plectrelminthus spiculatus* (Finet) Summerh.) - Madag., Com. lowl. ($55/10, U**, S)
44. **splendida** J.Stew. & La Croix - Malawi, Zam. 1.000-1.500 m (C**, S)
45. **stelligera** Summerh. - Camer., CAR, Zai. 400-1.100 m (C, S)
46. **stylosa** (Rolfe) Schltr. (*A. venusta* Schltr., *A. crassipes* Schltr., *A. fuscata* sensu H.Perr., *Angraecum stylosum* Rolfe, *A. fournierae* André) - Madag., Com. 0-1.400 m (E*, H*, $55/10, U, S*)
- *stylosa* sensu H.Perr.: 4 (U)
47. **thomsonii** (Rolfe) Schltr. (*A. friesiorum* Schltr.) - Kenya, N-Tanz., Ug., Eth. 1.600-3.000 m (M**, C)
48. **ugandensis** Summerh. - Zai., Ug., Kenya, Bur. 1.500-2.200 m (E**, H**, M**, C**)
- *umbonata* (Finet) Schltr.: 21 ($55/9, U)
- *venusta* Schltr.: 46 (E**, H*)
- *venusta* Schltr.: 4 (U)
49. **verdickii** (De Wild.) Schltr. - Ang., Malawi, Moz., SA, Tanz., Zai., Zam., Zim. 100-1.800 m (1**, M, C**, S)
Aëranthes (Aërth.) Lindl. - 1824 - *Subfam. Epidendroideae Tribus: Vandeae Subtr. Angraecinae* (*Aeranthus* Rchb.f.) - ca. 46 sp. epi. - Madag., Com., Masc., Trop. Afr.
1. **adenopoda** H.Perr. - Madag. (U, S)
2. **aemula** Schltr. - Madag. ca. 2.000 m (U)
3. **africana** J.Stew. - Zim. (1**, C, S, O1/00**)
4. **albidiflora** Toill.-Gen., Ursch & Boss. - Madag. (U)
5. **ambrensis** Toill.-Gen., Ursch & Boss. - Madag. (U)
6. **angustidens** H.Perr. - Madag. ca. 700 m (U, S)
7. **antennophora** H.Perr. - Madag. ca. 1.000 m (U)
- *arachnanthus* Rchb.f.: *Jumellea* 5 (U)
8. **arachnites** (Thou.) Lindl. (*Dendrobium arachnites* Thou.) - Madag., Réunion, Masc. (9**, G, S)
9. **bathieana** Schltr. - Madag. ca. 2.000 m (U)
10. **biauriculata** H.Perr. - Madag. ca. 1.200 m (U)
- *brachycentron* Regel: 22 (G**, U)
11. **brevivaginans** H.Perr. - Madag. 1.000-1.500 m (U)

- *calceolus* (Thou.) S.Moore: *Angraecum* 26 (E**, H**)
- *calceolus* (Thou.) Bak.: *Angraecum* 26 (U**)
12. **carnosa** Toill.-Gen., Ursch & Boss. - Madag. lowl. to medium (U, S)
13. **caudata** Rolfe (*A. imerinensis* H. Perr.) - Madag., Com. 700-1.500 m (9**, E*, H*, U)
- *comorensis* Rchb.f.: *Jumellea* 10 (U)
14. **crassifolia** Schltr. - Madag. (U, S)
- *curnowianus* Rchb.f.: *Angraecum* 47 (U)
15. **denticulata** Toill.-Gen., Ursch & Boss. - Madag. 1.000-1.500 m (U, S*)
16. **dentiens** Rchb.f. - Madag., Com. (U, S)
17. **ecalcarata** H.Perr. - Madag. ca. 1.400 m (U, S)
- *englerianus* Kraenzl.: *Angraecum* 92 (U)
18. **erectiflora** Sengh. - Madag. 1.500-2.000 m (A**, U, S)
19. **expansus** Frapp. - Masc. (S)
- *fasciola* (Lindl.) Rchb.f.: *Campylocentrum* 8 (G)
20. **filiforme** (Sw.) Griseb. (*Limodorum filiforme* Sw.) - W-Ind. (G)
21. **filipes** Schltr. - Madag. 1.000-1.400 m (U)
- *funalis* (Sw.) Rchb.f.: *Dendrophylax* 2 (9**)
- *gladiator* Rchb.f.: *Jumellea* 20 (U)
- *gladiifolius* (Thou.) Rchb.f.: *Angraecum* 104 (G**, U)
- *grandidierianus* Rchb.f.: *Neobathiea* 2 (U)
22. **grandiflora** Lindl. (*A. brachycentron* Regel) - Madag., Com. 0-1.200 m - scented (8**, E**, G**, H**, U, S, Z**)
23. **henricii** Schltr. - Madag. ca. 1.000 m (E*, H**, U**, S, Z**) var. **isaloensis** H.Perr. - Madag. 500-1.000 m (U)
24. **hermannii** Frapp. - Masc. (S)
- *hispidulus* Rchb.f.: *Orchidotypus* 3 (S)
25. **houlletiana** Rchb.f. (*Aerides ellisii* J. Anderson, *A. picotiana* hort. ex Rchb.f., *A. falcata* var. *houlletiana* (Rchb.f.) Veitch) - Thai., S-China, Camb., Laos, Viet. (9**)
- *imerinensis* H.Perr. (A**, S*): 13 (9**, U)

- *jamaicensis* Rchb.f. & Wullschl.: *Campylocentrum* 18 (G**)
- *lansbergii* (Rchb.f.) Rchb.f.: *Campylocentrum* 18 (G**, H**)
26. **laxiflora** Schltr. - Madag. 1.600-1.800 m (U)
27. **leandriana** Boss. - Madag. 1.400-1.500 m (U)
- *leonis* Rchb.f.: *Angraecum* 95 (8**, H**, U)
- *lindenii* (Lindl.) Rchb.f.: *Polyradicion* 1 (H*)
28. **longipes** Schltr. (*A. rigidula* Schltr.) - Madag. ca. 1.400 m (U**)
- *macrostachyus* (Thou.) Rchb.f.: *Beclardia* 3 (U**)
- *meirax* Rchb.f.: *Angraecum* 105 (U)
- *micranthus* (Lindl.) Rchb.f.: *Campylocentrum* 18 (G**, H**)
29. **moratii** Boss. - Madag. lowl. (U)
30. **multinodis** Boss. - Madag. 1.300-1.500 m (U)
- *muscicola* Rchb.f.: *Rangaeris* 3 (E**, H**)
31. **neoperrieri** Toill.-Gen., Ursch & Boss. - Madag. (U)
32. **nidus** Schltr. (*A. pseudonidus* H. Perr.) - Madag. 1.000-2.000 m (U, S)
- *ophioplectron* Rchb.f.: *Jumellea* 34 (U)
- *ornithorhynchum* (Lindl.) Rchb.f.: *Campylocentrum* 20 (G)
33. **orophila** Toill.-Gen. - Madag. 2.000-2.500 m (U)
34. **orthopoda** Toill.-Gen., Ursch & Boss. - Madag. (U)
35. **parkesii** G.Williamson - Zim. lowl. (C, S, O1/00**)
36. **parvula** Schltr. - Madag. (U)
- *pectinatus* (Thou.) Rchb.f.: *Angraecum* 127 (U)
- *perrieri* Schltr: *Neobathiea* 5 (H**, U**)
37. **peyrotii** Boss. - Madag. medium (U**, S)
- *phalaenophorus* Rchb.f.: *Jumellea* 40 (U)
38. **polyanthemus** Ridl. - Madag. (U**)
- *pseudonidus* H.Perr.: 32 (U)
- *pusilla* Schltr.: 43 (U)
39. **ramosa** Rolfe (*Aeranthus ramosus* Cogn., *A. vespertilio* Cogn.) - Madag. ca. 1.400 m (H*, U**, S, Z**)
- *ramosus* (*ramosa*) Cogn.: 39 (8**, E*, U**)
- *rigidula* Schltr.: 28 (U**)

40. **robusta** Sengh. - Madag. 1.300-1.600 m (U, S)
41. **sambiranoensis** Schltr. - Madag. ca. 800 m (U)
42. **schlechteri** Boss. (*Neobathiea gracilis* Schltr., *N. sambiranoensis* Schltr.) - Madag. (U**)
- *sesquipedalis* (Thou.) Lindl.: *Angraecum* 164 (4**, 8**, 9**, G**, H**, U**)
43. **setiformis** Gar. (*A. pusilla* Schltr.) - Madag. ca. 2.000 m (U)
44. **setipes** Schltr. - Madag. ca. 1.800 m (U)
45. **strangulatus** Frapp. ex Cordem. - Masc., Maur. (S)
46. **tenella** Boss. - Madag. (U)
- *thouarsii* S.Moore: *Angraecum* 73 (8**)
47. **tricalcarata** H.Perr. - Madag. ca. 1.200 m - lith. (U, S)
- *trichoplectron* Rchb.f.: *Angraecum* 183 (U)
- *trifurcus* Rchb.f.: *Angraecopsis* 18 (U)
48. **tropophila** Boss. - Madag. - lith. (U, S)
- *vespertilio* Cogn.: 39 (U**)
- *volucris* (Thou.) Rchb.f.: *Oeonia* 4 (G, H**, U**)

Aeranthus Rchb.f.: *Aëranthes* Lindl

× **Aërasconetia (Aëseta.)** (*Aërides* × *Ascocentrum* × *Neofinetia*)
× *Aëridachnanthe*: × *Burkillara* (*Aërides* × *Arachnis* × *Papilionanthe* (*Vanda*)
× **Aëridachnis (Aërdns.)** (*Aërides* × *Arachnis*)
× *Aëridanthe*: × *Aëridovanda* (*Aërides* × *Euanthe* (*Vanda*)

Aerides sect. *Ornithochilus* Wall. ex Lindl. - 1833: *Ornithochilus* (Wall. ex Lindl.) Benth. & Hook. (S)
Aerides sect. *Phalaenidium* Pfitz. - 1889: *Papilionanthe* Schltr. (S)

Aërides (Aër.) Lour. - 1790 - *Subfam. Epidendroideae Tribus: Vandeae Subtr. Sarcanthinae* (*Orxera* Raf., *Polytoma* Lour. ex Gomes) - ca. 20 sp. epi. - SE-As.
- *acuminatissimum* Lindl.: *Thrixspermum* 1 (2*)
- *affinis (affine)* Lindl. ex Wall.: 15 (8**, 9**, H**, S)
- *amplexicaule(is)* (Bl.) Lindl.: *Thrixspermum* 4 (2*, 9**)
- *ampullaceum* Roxb.: *Saccolabium ampullaceum* (8**)
- *ampullaceum* Roxb.: *Ascocentrum* 1 (9**, H**)
- *anceps* Lindl.: *Thrixspermum* 5 (2*)
- *angustifolia* Hook.f.: *Renanthera* 10 (E**, H**)
- *appendiculata* Lindl.: *Cleisostoma* 2 (6*)
- *arachnites* Lindl.: *Thrixspermum arachnites* (2*)
- *arachnites* Sw.: *Arachnanthe flosaeris* (2*)
- *arachnites* Sw.: *Arachnis* 5 (E**, H**)
- *arachnites* (Bl.) Lindl.: *Thrixspermum* 14 (G)
1. **augustiana** Rolfe - Phil. (S)
- *ballantiniana (ballentiniana)* Rchb.f: 16 (2*, 9**, G**)
- *bernhardiana* Rchb.f.: 10 (S)
- *biswasiana* Ghose & Muk.: *Papilionanthe* 1 (S)
- *borassii* Buch.-Ham. ex J.J.Sm.: *Cymbidium* 1 (2*, 9**, G**)
- *brookei* Batem.: 4 (9**)
2. **burbidgei** Rchb.f. ex Burb. - Phil. (S)
- *calceolare* J.J.Sm.: *Saccolabium calceolare* (2*)
- *calceolare (calceolaris)* Buch.-Ham. ex J.J.Sm.: *Gastrochilus* 6 (E**, G, H**)
- *compressum* Lindl.: *Sarcochilus* 3 (2*)
- *convallaroides* Wall. ex Lindl.: *Chiloschista* 16 (G)
- *coriaceum* Thunb. ex Sw.: *Angraecum* 40 (U)
- *cornuta(um)* Roxb.: 16 (2*, 8**, 9**, E**, G**, H**)
3. **crassifolium** Par. & Rchb.f. [A. crassifolia Burb. (S*)] - Burm., Thai. 250-850 m - scented (8**, Z)
4. **crispum** (crispa) Lindl. (*A. brookei* Batem., *A. lindleyana* Wight, *A. warneri* Hook.f.) - E-Ind. 800-1.200 m - scented (9**, E, G**, Z, S)
- *crispata* Wall. mss.: *Vanda cristata* (E**)
- *cristata* Wall. ex Lindl.: *Vanda cristata* (9**)
- *cristata* Wall. ex Lindl: *Trudelia* 3 (G**)
- *cylindrica* Hook.: *Papilionanthe* 11 (9**, H**)

- *cylindrica(um)* Hook.: 21 (8**, E**)
- *cylindrica* Lindl.: *Papilionanthe* 7 (S*)
- *dalzellianus* (Santap.) Gar.: *Smithsonia* 3 ($54/8)
- *dasypogon* hort. ex Batem.: *Stereochilus* 4 (9**)
- *dasypogon* J.E.Sm.: *Gastrochilus* 7 (H*)
- *dayanum* hort. ex Veitch: 16 (8**)
- *decumbens* Griff.: *Kingidium* 3 (E*, H*)
- *decumbens* Griff.: *Kingidium* 4 (O1/94)
- *difforme (difformis)* Wall. ex Lindl.: *Ornithochilus* 2 (9**, H, Q)
- *diurnum* Teijsm. & Binn.: *Sarcochilus pallidus* (2*)
- *duquesnei* Regnier ex Constantin: 16 (G**)
- *ellisii* J.Anderson: *Aeranthes* 25 (9**)
- *elongata(um)* Bl.: *Renanthera* 6 (G**, Q**)
- *emarginatum* Lindl.: *Sarcochilus* 6 (2*)
5. **emericii** Rchb.f. - Adm. (9**, S)
- *expansa* Rchb.f.: 6 (S*)
6. **falcata** (falcatum) Lindl. ex Paxt. (*A. larpentiae* Rchb.f., *A. expansa* Rchb.f.) - E-Him., Ass. to Burm., Thai., Laos, Camb., Viet. - 500-800 m - scented (Z, S*)
- *falcata* var. *houlletiana* (Rchb.f.) Veitch: *Aeranthes* 25 (9**)
- *falcata* var. *houlletianum* (Rchb.f.) Veitch.: 9 (8**, S*)
7. **fieldingii** B.S.Will. [*A.* fieldingii Jenn. (4**, E**)] (*A. williamsii* Warner) - E-Him., Ass., N-Thai., Laos 600 m - scented - „Fox-brush, Fox-tail, Fuchsschwanz" (S*)
- *fieldingii* B.S.Will.: *A. rosea* (H**)
8. **flabellata** Rolfe ex Downie (*Vanda flabellata* (Rolfe ex Downie) E.A. Christ.) - Burm., Thai., Laos 300-700 m (S)
- *flavescens* Schltr.: *Holcoglossum* 2 (S)
- *flavida(um)* Lindl.: 16 (2*, 9**, G**)
- *flavidum* Lindl.: *A. suavissimum* (8**)
- *flosaeris* (L.) Sw.: *Arachnis* 5 (Q**)
- *guttatum(a)* Roxb.: *Rhynchostylis* 3 (2*, 8**, 9**, E**, G**, H**)
9. **houlletianum** Rchb.f. (*A. falcatum* var. *houlletiana* (Rchb.f.) Veitch., *A. picotianum* hort. ex Veitch, *A. platychila* Rolfe) - NE-Thai., Laos, Camb., Viet. (8**, S*)
- *huttonii* Veitch: 19 (S)
- *hystrix* Lindl.: *Thrixspermum* 27 (2*)
- *hystrix* Lindl.: *Ornithochilus* 2 (9**)
10. **inflexa** Teijsm. & Binn. (*A. bernhardiana* Rchb.f.) - Cel. (S)
- *japonica(um)* Lind. & Rchb.f.: *Sedirea* 1 (4**, 9**, H**)
- *jarckiana* Schltr. (9**, E**, H**): 13 (S)
- *jucunda(um)* Rchb.f.: 16 (2*, 9**, G**)
11. **krabiensis** Seidenf. - S-Thai. - terr. (S)
- *larpentiae* Rchb.f.: 6 (Z)
- *latifolia* (Thunb. ex Sw.) Sw.: 16 (G**)
- *latifolium* Thw.: *Kingidium* 3 (E*, H*)
- *latifolium* Thw.: *Kingidium* 11 (O1/95)
12. **lawrenceae** Rchb.f. (*A. odorata* var. *lawrenceae* Rchb.f.) - Phil. (Z**, S*)
13. **leeana** Rchb.f. (*A. jarckiana* Schltr., *A. recurvipes* J.J.Sm.) - Phil. (S)
- *leopardina* Lindl.: *Gastrochilus* 6 (G)
- *leopardorum* Lindl.: *Gastrochilus* 6 (G)
- *lindleyana* Wight: 4 (9**)
- *linearis* Hook.f.: 18 (S*)
- *lobbii* hort.: 15 (9**, E**, H**)
- *lobbii* Teijsm. & Binn.: *Thrixspermum* 11 (G**)
- *longicornu* Hook.f.: *Papilionanthe* 10 (S)
- *macrostachyum* (Thou.) Spreng.: *Beclardia* 3 (U**)
14. **maculosa** (maculosum) Lindl. (*Saccolabium speciosum* Wight) - Ind. 1.000-1.400 m (E**, G**, H**, S*)
- *matutina (matutinum)* Bl.: *Renanthera* 10 (2*, 8**, E**, H**, Q**)
- *micholitzii* Rolfe: 16 (9**, G**)
- *mitrata* Rchb.f.: *Seidenfadenia* 1 (9**, H**)
15. **multiflora** Roxb. (*A. affine* Lindl. ex Wall., *A. trigona* Kl., *A. lobbii* hort., *A. veitchii* hort. ex Morr., *A. roseum* Lodd. ex Paxt., *A. rosea* Lodd. ex Lindl., *Cleisostoma vacherotiana* Guill., *Epidendrum geniculatum* Hamilt.) - Trop. Him., Sik., Ass., Thai.

Laos, Viet., Mal. 500-1.000 m (8**, 9**, E**, H**, Z**, S)
var. **lobbii** Veitch - Burm. (E**)
- *nobile (nobilis)* Warner: 16 (2*, 9**, G**)
- *nobile* Warner: *A. suavissimum* (8**)
- *obtusum* Lindl.: *Thrixspermum* 38 (2*)
- *odora* Salisb.: 16 (G**)
- *odorata* Salisb.: 16 (9**)
16. **odorata** (odoratum) Lour. (*A. odorata* Salisb., *A. odora* Salisb., *A. wilsoniana* hort. ex Gard.Chron., *A. ortgiesiana* Rchb.f., *A. micholitzii* Rolfe, *A. cornuta(um)* Roxb., *A. virens* Lindl., *A. suaveolens* Bl., *A. suavissimum* Lindl., *A. reichenbachii* Lind., *A. jucunda* Rchb.f., *A. nobilis* Warner, *A. rohaniana* Rchb.f., *A. flavida* Lindl., *A. balla(e)ntianum* Rchb.f., *A. dayanum* hort. ex Veitch, *A. latifolia* (Thunb. ex Sw.) Sw., *A. duquesnei* Regnier ex Costantin, *Epidendrum aerides* Raeusch., *E. odoratum* Poir., *Limodorum latifolium* Thunb. ex Sw., *Orxera cornuta* Raf., *Polytoma odorifera* Lour. ex Gomes, *Aeridium odoratum* Salisb.) - Ind., Nep., Sik., Burm., Thai., China, Laos, Viet., Sum. 300-1.400 m - scented (2*, 8**, 9**, A**, E**, G**, H**, Z**, S*)
- *odorata* var. *lawrenceae* Rchb.f. (E**, H**): 12 (Z, S*)
- *ortgiesiana* Rchb.f.: 16 (9**, G**)
- *orthocentra* Hand.-Mazz.: *Vanda* 49 (S*)
- *pallida* Roxb.: *Micropera* 6 (G)
- *pallida* Bl.: 20 (S)
- *pallidum* Lindl.: *Sarcochilus pallidus* (2*)
- *paniculata* Ker-Gawl.: *Cleisostoma* 22 (6*, G**)
- *pedunculata* Kerr: *Papilionanthe* 5 (S)
- *picotiana* hort. ex Rchb.f.: *Aeranthes* 25 (9**)
- *picotianum* hort. ex Veitch.: 9 (8**)
- *platychila* Rolfe: 9 (S*)
- *praemorsa* Willd.: *Rhynchostylis* 3 (2*, 8**, 9**, E**, G**, H**)
- *purpurascens* Lindl.: *Thrixspermum* 46 (2*)
- *pusillum* Lindl.: *Sarcochilus appendiculatus* (2*)
17. **quinquevulnera** Lindl. (*A. savageana* Sand. ex Veitch, *A. thibautiana* Rchb.f.) - Phil. 300-2.000 m - scented (S, Z**)
- *racemiferum* Wall.: *Cleisostoma* 27 (6*)
- *racemiferum* Lindl.: *Cleisostoma* 27 (G)
- *radiatum* Roxb. ex Lindl.: *Cirrhopetalum* 15 (E**)
- *radiatum* Roxb. ex Lindl.: *Bulbophyllum* 455 (G, H**)
- *radicosum* A.Rich.: 18 (S*)
- *recurvipes* J.J.Sm.: 13 (S)
- *reichenbachianum* Lindl.: *A. suavissimum* (8**)
- *reichenbachii* Lind., Koch & Fint.: 16 (2*, 9**, G**)
- *retusum (retusa)* (L.) Sw.: *Rhynchostylis* 3 (2*, 8**, 9**, E**, G**, H**)
- *reversa* J.J.Sm.: 19 (S)
- *rigida* Buch.-Ham. ex J.E.Sm.: *Acampe* 6 (E**, H*, S)
18. **ringens** (Lindl.) C.E.C.Fisch. (*A. radicosum* A.Rich., *A. linearis* Hook. f.) - Sri L., S-Ind. 300-2.000 m (S*)
- *robanianum* Rchb.f.: *A. suavissimum* (8**
- *rohaniana (rohanianum)* Rchb.f.: 16 (2*, 9**, G**)
- *rosea(um)* Lodd. ex Paxt.: 15 (8**, 9**, E**, S)
- *rosea* Lodd. ex Lindl. (H**): 15
- *rostrata* Roxb.: *Camarotis* 3 (9**)
- *rubescens* (Rolfe) Schltr. (S): *Ascocentrum* 10 (9**)
- *savageana* Sand. ex Veitch: 17 (S)
- *spicatum (spicata)* D.Don.: *Rhynchostylis* 3 (2*, 8**, 9**, E**, G**, H**)
- *spurium* Lindl.: *Dendrobium* 335 (2*)
- *suaveolens* Roxb.: *Sarcochilus suaveolens* (2*)
- *suaveolens* Bl.: 16 (2*, 9**, G**)
- *suavissima(um)* Lindl. (8**): 16 (2*, 9**, G**)
- *subulata* (Koenig) Schltr.: *Papilionanthe* 7 (S*)
- *subulatum* Lindl.: *Thrixspermum* 53 (2*)
- *sulingi* Bl.: *Arachnanthe sulingi* (2*)
- *sulingii* Bl: *Armodorum* 4 (H**)
- *taeniale* Lindl.: *Kingidium* 10 (O4/97)
- *teres* Lindl.: *Sarcochilus suaveolens* (2*)

- *tessellata(um)* (Roxb.) Wight.: *Vanda* 48 (9**, E**, G**, H)
- *testacea* Lindl.: *Vanda* 49 (G)
- *testacea* Lindl.: *Vanda parviflora* (9**)
- *teysmanni* Miq.: *Sarcochilus* 20 (2*)
- *thibautiana* Rchb.f.: *A. huttonii* (9**)
- *thibautiana* Rchb.f.: ? 17 (S)
19. **thibautiana** Rchb.f. (*A. huttonii* (Hook.f.) Veitch, *A. reversa* J.J.Sm., *Saccolabium huttonii* Hook.f.) - Viet., Java, Cel. (S)
- *thunbergii* Miq.: *Neofinetia* 1 (9**, G**, H*)
20. **timoriana** Miq. (*A. pallida* Bl.) - Timor (S)
- *trigona (trigonum)* Kl.: 15 (8**, 9**, E**, H**)
- *umbellatum(a)* Wall.: *Gastrochilus* 2 (9**, E*, H*)
- *undulatum* Smith: *Rhynchostylis* 3 (G**)
- *uniflora* (Lindl.) Summerh.: *Papilionanthe* 10 (S)
21. **vandarum** Rchb.f. (*A. cylindricum* Hook.) - Ind., Burm., Him. (8**, E**, Z)
- *vandarum* Rchb.f.: *Papilionanthe* 11 (9**, H**)
- *veitchii* hort. ex Morr.: 15 (9**, E**)
- *virens* Lindl.: 16 (2*, 9**, G**)
- *warneri* Hook.f.: 4 (S)
- *wightiana* Lindl.: *Vanda* 49 (G)
- *wightiana* Lindl.: *Vanda parviflora* (9**)
- *williamsii* Warner: 7 (4**, E**)
- *williamsii* Warner: *A. rosea* (H**)
- *wilsoniana* hort. ex Gard.Chron.: 16 (9**, G**)
× **Aëridisia (Aërsa.)** (*Aërides* × *Luisia*)
× **Aëriditis (Aërdts.)** (*Aërides* × *Doritis*)
Aeridium odoratum Salisb.: *Aerides* 16 (G**)
× **Aëridocentrum (Aërctm.)** (*Aërides* × *Ascocentrum*)
× **Aëridochilus (Aërchs.)** (*Aërides* × *Sarcochilus*)
× **Aëridofinetia (Aërf.)** (*Aërides* × *Neofinetia*)
× **Aëridoglossum (Aërgm.)** (*Aërides* × *Ascoglossum*)
× **Aëridoglottis (Aëgts.)** (*Aërides* × *Trichoglottis*)
× *Aëridolabium (Aërlm.):* × *Rhynchorides* (*Aërides* × *Saccolabium*)
× **Aëridopsis (Aërps.)** (*Aërides* × *Phalaenopsis*)
× *Aëridopsisanthe*: × *Maccoyara* (*Aërides* × *Euanthe* (*Vanda*) × *Vandopsis*)
Aeridostachya (Hook.f.) Brieg. - 1981: *Eria* Lindl.
Aeridostachya (Hook.f.) Brieg. - 1981 - *Dendrobiinae* (S) - (*Eria* sect. *Aeridostachya* Hook.f.) - 20 sp. epi. - Thai. to Phil.
1. **feddeana** (Schltr.) Brieg. (*Eria feddeana* Schltr.) (S)
2. **grandis** (Ridl.) Brieg. (*Eria grandis* Ridl.) (S)
3. **junghunii** (J.J.Sm.) Brieg. (*Eria junghunii* J.J.Sm.) (S)
4. **pulla** (Schltr.) Brieg. (*Eria pulla* Schltr.) (S)
5. **robusta** (Bl.) Brieg. (*Dendrolirium robustum* Bl., *Eria robusta* (Bl.) Lindl., *E. aeridostachya* Rchb.f. ex Lindl., *E. brunnea* Ridl., *E. lorifolia* Ridl., *E. falcata* J.J.Sm., *E. linearifolia* Ridl.) (S)
6. **trichotaenia** (Schltr.) Brieg. (*Eria trichotaenia* Schltr.) (S)
7. **vulcanica** (Schltr.) Brieg. (*Eria vulcanica* Schltr.) (S)
× *Aëridostylis*: × *Rhynchorides* (*Aërides* × *Rhynchostylis*)
× **Aëridovanda (Aërdv.)** (*Aërides* × *Vanda*)
× **Aëridovanisia (Aërvsa.)** (*Aërides* × *Luisia* × *Vanda*)
× *Aëriovanda*: × *Aëridovanda* (*Aërides* × *Vanda*)
Aerobion Kaempf. ex Spreng. - 1826: *Angraecum* Bory (S)
- *calceolus* Spreng.: *Angraecum* 26 (U**)
- *caulescens* (Thou.) Spreng.: *Angraecum* 28 (G, U)
- *citratum* (Thou.) Spreng.: *Aerangis* 9 (9**, U)
- *crassum* (Thou.) Spreng.: *Angraecum* 44 (U)
- *fragrans* (Thou.) Kaempf. ex Spreng.: *Jumellea* 18 (9**)
- *gladiifolium* (Thou.) Spreng.: *Angraecum* 104 (G**, U)
- *implicatum* (Thou.) Spreng.: *Angraecum* 88 (U)
- *inapertum* (Thou.) Spreng.: *Angraecum* 89 (U)

- *maculatum* (Lindl.) Spreng.: *Oeceoclades* 18 (G**, H, U)
- *multiflorum* (Thou.) Spreng.: *Angraecum* 114 (U)
- *parviflorum* Spreng.: *Angraecopsis* 12 (U)
- *pectinatum* (Thou.) Spreng.: *Angraecum* 127 (U)
- *superbum* Spreng.: *Angraecum superbum* (8**)
- *superbum* (Thou.) Spreng.: *Angraecum* 64 (9**, G**)
- *superbum* (Thou.) Spreng.: *Angraecum* 64 (U)
- × *Aërovanda*: × *Aëridovanda* (*Aërides* × *Vanda*)

Aetheria Endl. - 1841: *Hetaeria* Bl. (S)
- *albida* Lindl.: *Vrydagzynea* 1 (6*)
- *oblongifolia* (Bl.) Lindl.: *Hetaeria* 8 (6*)
- *occulta* (Thou.) Lindl.: *Platylepis* 3 (G)
- *rubicunda* (Bl.) Rchb. f.: *Goodyera* 28 (2*, G)

× **Agananthes** (**Agths.**) (*Aganisia* × *Cochleanthes*)
× **Aganax** (**Agx.**) (*Aganisia* × *Colax*)
Aganisia (**Agn.**) Lindl. - 1839 - *Subfam. Epidendroideae Tribus: Maxillarieae Subtr. Zygopetalinae* - 1 sp. epi. - S-Am., Trin.
- *brachypoda* Schltr.: 1 (G**, H*)
- *coerulea* Rchb.f.: *Acacallis* 2 (4**, E**, H**)
- *coerulea* Rchb.f.: *Acacallis* 1 (S)
- *cyanea* (Lindl.) Rchb.f.: *Acacallis* 2 (9**, S*)
- *cyanea* (Lindl.) Benth. ex Veitch: *Warreella* 1 (G**, H, S*)
- *fimbriata* Rchb.f.: *Acacallis* 3 (O4/96, S*)
- *graminea* (Lindl.) Benth. & Hook.f.: *Koellensteinia* 7 (9**, G)
- *ionoptera* Nichols: *Koellensteinia* 10 (9**)
- *oliveriana* (Rchb.f.) Schltr.: *Acacallis* 1 (S)
1. **pulchella** Lindl. (*A. brachypoda* Schltr.) - Guy., Sur., Trin., Ven., Braz. 0-400 m (O3/91, A**, G**, H*, S*)
- *tricolor* Batem.: *Acacallis* 2 (4**, E**, H**)
- *tricolor* (Lindl.) Bois: *Warrea* 6 (9**, G)

Aggeianthus marchantioides Wight: *Porpax* 3 (G)

Aggeianthus reticulatus (Lindl.) Wight: *Porpax* 3 (G)
Aglossorhyncha (Aglossorrhyncha) Schltr. - 1905 - *Subfam. Epidendroideae Tribus: Dendrobieae Subtr. Glomerinae* - 14 sp.
1. **bilobula** Kores - Fiji (S)

Agrostophyllum Bl. - 1825 - *Subfam. Epidendroideae Tribus: Epidendreae Subtr. Podochilinae* - 93 sp. terr. - N. Gui., Indon., Phil., Poly., Ind.
- *bicuspidatum* J.J.Sm.: 2 (2*)
1. **bicuspidatum** J.J.Sm. - N.Gui, Indon., Phil., Poly., Ind., Indoch., Taiw., (S)
2. **callosum** J.J.Sm. [A. callosum Rchb. f. (S)] (*A. bicuspidatum* J.J.Sm., *Appendicula callosa* Bl., *A. stipulata* Griff., *Podochilus callosus* Schltr.) - Java (2*, S)
3. **celebicum** Schltr. - Indon. (S)
4. **costatum** J.J.Sm. - N.Gui. (S)
5. **cyathiforme** J.J.Sm. - Java (2*)
- *drakeanum* Kraenzl.: *Earina* 8 (H)
6. **hasseltii** (Bl.) J.J.Sm. (*Appendicula hasseltii* Bl., *A. graminifolia* Teijsm. & Binn., *A. elongata* Ridl., *Podochilus hasseltii* Schltr.) - Phil., Java (2*, S)
- *hasseltii* (Wight) Rchb.f.: 14 (G)
7. **javanicum** Bl. - Java (2*)
8. **kaniense** Schltr. (S)
- *khasiyanum* Griff.: 14 (G)
9. **laterale** J.J.Sm. (*Poaephyllum hansenii* J.J.Wood) - end. to Born. 0-1.000 m (Q**)
10. **longifolium** (Bl.) Rchb.f. (*A. majus* Hook., *Appendicula longifolia* Bl.) - Java (2*)
- *majus* Hook.: 10 (2*)
- *majus* Seidenf. & Smitin.: 14 (G)
11. **megalurum** Rchb.f. - Carol. (S)
12. **occidentale** Schltr. - Madag., Sey. (O3/98, U)
13. **paniculatum** J.J.Sm. - Sol. (S)
14. **planicaule** (Wall. ex Lindl.) Rchb.f. (*A. khasiyanum* Griff., *A. hasseltii* (Wight) Rchb.f., *A. majus* Seidenf. & Smitin., *Eria planicaulis* Wall. ex Lindl., *Appendicula hasseltii* Wight non Bl.) - Nep., Sik., NE-Ind., Burm., Thai., Laos, Viet., Born. (G)
15. **spicatum** Schltr. - N.Gui. (S)
16. **stipulatum** (Griff.) Schltr. - Indon. (S)
→ *stipulatum* (Griff.) Schltr.: *Appendiculopsis* 1

17. **sumatranum** Schltr. - Indon. (S)
18. **superpositum** Schltr. - N.Gui. (S)
19. **torricelense** Schltr. - N.Gui. (S)
20. **trifidum** Schltr. - Indon. (S)
× **Aitkenara (Aitk.)** (*Otostylis* × *Zygopetalum* × *Zygosepalum*)
Ala Szlach. - 1995 - *Habenariinae* (S) - 3 sp. terr. - Eth.
1. **aethiopica** (S.Thom. & Cribb) Szlach. & Olsz. - Eth. (S*)
2. **decorata** (Hochst. ex A.Rich.) Szlach. (*Habenaria decorata* Hochst. ex A.Rich.) - Eth. (S)
3. **tricruris** (A.Rich.) Szlach. (*Platanthera tricruris* A.Rich.) - Eth. (S)
Alamania Llave & Lex. - 1825 - *Subfam. Epidendroideae Tribus: Epidendreae Subtr. Laeliinae* - 1 sp. epi. - Mex.
1. **punicea** Llave & Lex. - Mex. (3**, A**, E**, H**, Z**, S*)
× **Alangreatwoodara (Agwa.)** (*Colax* × *Promenaea* × *Zygopetalum*)
Alatiliparis Marg. & Szlach. - 2001 - *Liparidinae* (S) - 2 sp. - Sum.
1. **filicornes** Marg. & Szlach. - Sum. 500 m (S*)
2. **otochilus** Marg. & Szlach. - Sum. 1.000 m (S*)
× **Alexanderara (Alxra.)** (*Brassia* × *Cochlioda* × *Odontoglossum* × *Oncidium*)
× **Aliceara (Alcra.)** (*Brassia* × *Miltonia* × *Oncidium*)
Alipsea Hoffmgg. - 1842: *Liparis* L.C. Rich. (S)
Alismorkis Thou. - 1809: *Calanthe* R.Br.
- *abbreviata* Ktze.: *Calanthe* 1 (2*)
- *angusta* (Lindl.) Ktze.: *Calanthe* 5 (6*)
- *angustifolia* Ktze.: *Calanthe* 6 (2*)
- *centrosis* Steud.: *Calanthe* 46 (U)
- *diploxiphion* (Hook.f.) Ktze.: *Calanthe* 49 (6*, 9**, G**)
- *discolor* (Lindl.) Ktze: *Calanthe striata* (9**)
- *discolor* (Lindl.) Ktze.: *Calanthe* 21 (E**, G**, H**)
- *discolor* var. *kanashiroi* Fuk.: *Calanthe striata* (9**)
- *emarginata* Ktze.: *Calanthe emarginata* (2*)
- *foerstermannii* (Rchb.f.) Ktze.: *Calanthe* 31 (6**)
- *furcata* Ktze.: *Calanthe veratrifolia* (2*)
- *furcata* (Batem. ex Lindl.) Ktze: *Calanthe* 49 (6*, 9**, G**)
- *gracilis* (Lindl.) Ktze.: *Cephalantheropsis* 2 (9**)
- *gracillima* (Lindl.) Ktze.: *Calanthe* 49 (9**, G**)
- *japonica* (Bl.) Ktze.: *Calanthe* 49 (9**, G**)
- *lyroglossa* (Rchb.f.) Ktze.: *Calanthe* 31 (6**)
- *masuca* (D.Don) Ktze.: *Calanthe* 33 (6*, 9**)
- *masuca* (D.Don) Ktze.: *Calanthe* 46 (G**)
- *odora* (Griff.) Ktze.: *Calanthe* 49 (9**, G**)
- *parviflora* Ktze.: *Calanthe* 23 (2*)
- *phajoides* Ktze.: *Calanthe* 6 (2*)
- *pleiochroma* (Rchb.f.) Ktze.: *Calanthe* 49 (9**, G**)
- *pulchra* (Bl.) Ktze.: *Calanthe* 37 (2*, 9**, G**)
- *reflexa* (Maxim.) Ktze.: *Calanthe* 39 (9**)
- *rosea* (Lindl.) Ktze.: *Calanthe* 41 (9**)
- *speciosa* Ktze.: *Calanthe* 45 (2*)
- *textorii* (Miq.) Ktze.: *Calanthe* 49 (9**, G**)
- *veratrifolia* Ktze.: *Calanthe veratrifolia* (2*)
- *veratrifolia* (Willd.) Ktze.: *Calanthe* 49 (6*, 9**, G**)
× **Allenara (Alna.)** (*Cattleya* × *Diacrium* (*Caularthron*) × *Epidendrum* × *Laelia*)
Allochilus Gagn. - 1932: *Goodyera* R.Br. (S)
- *eberhardtii* Gagn.: *Goodyera* 9 (6*)
× **Alphonsoara (Alph.)** (*Arachnis* × *Ascocentrum* × *Vanda* × *Vandopsis*)
Altensteinia H.B.K. - 1815 - *Subfam. Spiranthoideae Tribus: Cranichideae Subtr. Cranichidinae* (*Aa* Rchb.f., *Myrosmodes* Rchb.f.) - 19 sp. terr. - And., S-Am. 3.500-4.000 m
1. **fimbriata** H.B.K. - Ec. (O3/97, S)
2. **marginata** Rchb.f. - Peru (O2/89, S*)
3. **paludosa** Rchb.f. - Peru to 4.600 m (O2/89)
- *pilifera* H.B.K..: *Porphyrostachys* 2 (S)
4. **virescens** Lindl. - Ec. (O3/97)
Amalias anceps (Lindl.) Hoffmgg.: *Laelia* 4 (9**, G**)
Amalias cinnabarina (Batem. ex Lindl.)

Hoffmgg.: *Laelia* 16 (9**, G**)

Amblostoma (Amb.) Scheidw. - 1838 - *Epidendrinae* (S) - ca. 9 sp. epi. - Trop. S-C-Am.

1. **armeniacum** (Lindl.) Brieg. ex Pabst (*Epidendrum armeniacum* Lindl., *E. alopecurum* Schltr., *Encyclia macrostachya* Poepp. & Endl.) - Braz., Bol., Peru (G**, S*)
- *cernua* Scheidw. (E, H): 4 (G)
- *densa(um)* Rchb.f.: 4 (G)
- *dusenii* Kraenzl.: 4 (G)
2. **gracilis** Gar. - Ec. (S)
- *holochilum* Schltr.: *Epidendrum* 172 (G)
3. **subpurum** (Rchb.f.) Pabst (*Epidendrum subpurum* Rchb.f.) (S)
4. **tridactylum** (Lindl.) Rchb.f. (*A. densa* Rchb.f., *A. dusenii* Kraenzl., *A. cernua* Scheidw., *Epidendrum tridactylum* Lindl., *E. amblostoma* Rchb.f., *E. citrinum* Barb.Rodr., *Sarcadenia gracilis* hort. ex Rchb.f.) - Braz., Bol. (E**, G, H**, S*)
- *tridactylum* var. *mexicanum* Kraenzl.: *Encyclia* 41 (G)

Amblyanthe Rausch. - 1983 - *Dendrobiinae* (S) - (*Amblyanthus* (Schltr.) Brieg.) - 14 sp. epi. - N.Gui.

Amblyanthus (Schltr.) Brieg. - 1981: *Amblyanthe* Rausch. (S)

Amblyanthus (Schltr.) Brieg. - 1981: *Dendrobium* Sw. (S)

Amblyanthus (Schltr.) Brieg. - 1981 - *Dendrobiinae* (S) - (*Dendrobium* sect. *Amblyanthus* Schltr.) - 8 sp. epi. - N.Gui.

1. **kempterianum** (Schltr.) Brieg. (*Dendrobium kempterianum* Schltr.) - N.Gui. (S)
2. **melanostictus** (Schltr.) Brieg. (*Dendrobium melanostictus* Schltr.) - N. Gui. (S) ➛ Dendrobium 227
3. **xanthomeson** (Schltr.) Brieg. (*Dendrobium xanthomeson* Schltr.) - N. Gui. (S)

Amblyglottis Bl. - 1825: *Calanthe* R.Br. (S)

- *abbreviata* Bl.: *Calanthe* 1 (2*)
- *angustifolia* Bl.: *Calanthe* 6 (2*, H*)
- *emarginata* Bl.: *Calanthe* 46 (Q**)
- *flava* Bl.: *Calanthe* 23 (2*)
- *flava* Bl.: *Calanthe veratrifolia* (8**)
- *pilosa* De Vriese ex Lindl.: *Calanthe* 53 (6**)
- *pilosa* De Vriese ex Lindl.: *Calanthe* 53 (9**, Q**)
- *pulchra* Bl.: *Calanthe* 37 (2*, 9**, G**, H*)
- *speciosa* Bl.: *Calanthe* 45 (2*)
- *veratrifolia* Bl.: *Calanthe veratrifolia* (2*)
- *veratrifolia* (Willd.) Bl.: *Calanthe* 49 (6*, 9**, G**)
- *veratrifolia* var. *floribus* Bl.: *Calanthe* 16 (6*)

Ambrella H.Perr. - 1934 - *Subfam. Epidendroideae Tribus: Vandeae Subtr. Angraecinae* - 1 sp. epi. - Madag.

1. **longituba** H.Perr. - Madag. 500-1.000 m (U, S*)

Amerorchis Hultén - 1968 - *Subfam. Orchidoideae Tribus: Orchideae Subtr. Orchidinae* - 1 sp. terr. - Can., USA, Alas.

1. **rotundifolia** (Banks ex Pursh) Hultén - Can., USA to 1.200 m (S, O6/95)

× *Amesangis*: × *Angrangis* (*Aërangis* × *Amesiella* (*Angraecum*)

× *Amesara*: × *Renantanda* (*Euanthe* (*Vanda*) × *Renanthera* × *Vanda*)

Amesia Nels. & Macbr. - 1913: *Epipactis* Zinn (S)

- *gigantea* (Dougl.) Nels. & Macbr.: *Epipactis* 8 (9**, H**)

Amesiella (Ames.) Schltr. ex Gar. - 1972 - *Subfam. Epidendroideae Tribus: Vandeae Subtr. Sarcanthinae* - 3 sp. epi. - Phil.

1. **minor** Sengh. - Luzon 1.200 m (S*)
2. **monticola** Cootes & Banks - Luzon (S)
3. **philippinense** (Ames) Gar. (*Angraecum philippinense* Ames) - Phil. 800-1.400 m (E**, H**, S*, Z**)

Amitostigma Schltr. - 1919 - *Subfam. Orchidoideae Tribus: Orchideae Subtr. Orchidinae* - (*Mitostigma* Bl.) - 30 sp. terr. - China, Jap., Taiw., Korea, Cur.

1. **gracile** (Bl.) Schltr. - China, Korea 180-1.400 m (O5/95)
2. **keiskei** (Maxim.) Schltr. - China (S)

Amparoa Schltr. - 1923 - *Subfam. Epidendroideae Tribus: Oncidieae Subtr. Oncidiinae* - 2 sp. epi. - C-Am.

1. **beloglossa** (Rchb.f.) Schltr. (*Odontoglossum beloglossum* Rchb.f.) - Mex. (S)
2. **costaricensis** Schltr. - Salv., Hond., Nic., C.Rica 700-1.500 m (A**, W, S*)

Amphigena (H.Bol.) Rolfe - 1913: *Herschelia* Lindl. (S)
Amphigena (H.Bol.) Rolfe - 1913 - *Subfam. Orchidoideae Tribus: Diseae Subtr. Disinae*
Amphiglottis Salisb.: *Epidendrum* L.
- *anceps* (Jacq.) Britt.: *Epidendrum* 274 (9**, G**)
- *conopsea* (R.Br.) Small: *Epidendrum* 59 (9**, G)
- *difformis* (Jacq.) Britt.: *Epidendrum* 79 (9**, G**)
- *lacera* (Lindl.) Britt.: *Epidendrum* 141 (G)
- *lurida* Salisb.: *Epidendrum* 274 (9**, G**)
- *nocturna* (Jacq.) Britt.: *Epidendrum* 189 (9**, G)
- *secunda* (L.) Salisb.: *Epidendrum* 84 (9**, G)

Amphorchis Thou. p.p. - 1822: *Arnottia* A. Rich. (S)
Amphorchis Thou. p.p. - 1822: *Cynorkis* Thou. (S)
- *lilacina* Ridl.: *Cynorkis* 90 (U**)

Amphyglottis emarginata Bl.: *Calanthe* 46 (G**)

× **Anacamptiplatanthera** (*Anacamptis* × *Platanthera*)

Anacamptis L.C.Rich. - 1818 - *Subfam. Orchidoideae Tribus: Orchideae Subtr. Orchidinae* - 2 sp. terr. - Eur., As. min., NW-Afr. - „Hundswurz, Spitzorchis"
1. **pyramidalis** (L.) L.C.Rich. (*Orchis pyramidalis* L., *O. cylindrica* K. Koch, *O. brachystachys* Urv., *O. pyramidalis* var. *asiatica* K.Koch, *Aceras pyramidalis* (L.) Rchb.f., *A. pyramidalis* ß *brachystachis* Rchb.f.) - Eur., As., NW-Afr. to 1.800 m „Pyramidenorchis, Pyramiden-Hundswurz, Pyramidal Orchid" (H**, K**, S, Z, T**, V**, N**)
2. **urvilleana** Somm. & C.Gatto - Malta (T)

× **Anacamptorchis** (*Anacamptis* × *Orchis*)

Anacheilium Hoffmgg. - 1842: *Encyclia* Hook.f.

Anacheilium Hoffmgg. - 1842 - (*Subfam. Epidendroideae Tribus: Epidendreae Subtr. Laeliinae* (R) - ca. 6 sp. epi/lit - Trop. Am.
1. **cochleatum** (L.) Hoffmgg. - Col. (R)
↳ *cochleatum* (L.) Hoffmgg.: *Encyclia* 27 (9**)
- *cochleatum* var. *triandrum* (Ames) Small: *Encyclia* 27 (9**)
2. **fragrans** (Sw.) Acuña - Col. (R**)
↳ *fragrans* (Sw.) Acuña: *Encyclia* 35 (9**, G**)
3. **grammatoglossum** (Rchb.f.) Pabst - Col. (R)
4. **lindenii** (Lindl.) Hagsater (*Epidendrum lindenii* Lindl.) - Col. (R**)
- *lividum* (Lindl.) Pabst: *Encyclia* 57 (9**, G)
5. **sceptrum** (Lindl.) Hagsater (*Epidendrum sceptrum* Lindl.) - Col. (R**)
↳ *Epidendrum* 268
6. **vespa** (Vell.) Pabst, Moutinho & Pinto - Col. (R**)
↳ *vespa* (Vell.) Pabst: *Encyclia* 102 (9**, G**)

Anaphora liparioides Gagn.: *Malaxis* 29 (G)

Anathallis Barb.Rodr. - 1877: *Pleurothallis* R.Br. (S, L)
- *densiflora* Barb.Rodr.: *Pleurothallis* 487 (G)
- *fasciculata* Barb.Rodr.: *Pleurothallis* 487 (G)
- *hebesepala* Barb.Rodr.: *Pleurothallis* 271 (G)
- *micrantha* Barb.Rodr: *Pleurothallis* 487 (G)
- *osmosperma* Barb.Rodr.: *Pleurothallis* 487 (G)
- *parahybunensis* Barb.Rodr.: *Myoxanthus* 14 (L*)
- *pulvinata* Barb.Rodr.: *Myoxanthus* 35 (L*)
- *secunda* Barb.Rodr.: *Pleurothallis* 642 (G)

Ancistrochilus Rolfe - 1897 - *Subfam. Epidendroideae Tribus: Arethuseae Subtr. Bletiinae* - 2 sp. epi. - W-Afr., Ug., Tansz.
- *hirsutissimus* Kraenzl.: 1 (9**, S*)
1. **rothschildianus** O'Brien (*A. hirsutissimus* Kraenzl., *A. thomsonianus* var. *gentilii* De Wild., *Pachystoma rothschildianum* (O'Brien) Sand.) - Trop. Afr., Camer., Guin., S.Leone, Ug. 500-1.100 m (4**, 9**, A**, E*, H**, C**, S*, Z**)
2. **thomsonianus** (Rchb.f.) Rolfe (*Pachystoma thomsonianum* Rchb.f., *Ipsea thomsoniana* (Rchb.f.) Pfitz.) - S-Nig., W-Camer. (9**, E, H, C, S, Z)
- *thomsonianus* var. *gentilii* De Wild.

(8**): 1 (C**)
Ancistrorhynchus Finet - 1907 - *Subfam. Epidendroideae Tribus: Vandeae Subtr. Aerangidinae* - (*Cephalangraecum* Schltr., *Phormangis* Schltr.) - ca. 14 sp. epi. - Trop. Afr.
1. **brevifolius** Finet (S)
2. **capitatus** (Lindl.) Summerh. - Camer., CAR, Congo, Guin., Gab., Lib., Nig., S.Leone, Togo, Ug., Zai. 500-1.300 m (C**, S)
3. **cephalotes** (Rchb.f.) Summerh. (*Angraecum cephalotes* (Rchb.f.) Kraenzl., *Listrostachys cephalotes* Rchb. f.) - Ghana, Guin., S.Leone, Ivory C., Lib., Nig. (E**, H**, C*, S*)
4. **clandestinus** (Lindl.) Schltr. - Camer., Gab., Ghana, Ivory C., Lib., Nig., S.Leone, Togo, Ug., Zai. 900-1.100 m (E*, H*, C, S)
5. **crystalensis** Cribb & van der Laan - Gab. (S)
6. **laxiflorus** Mansf. - Tanz. (S)
7. **metteniae** (Kraenzl.) Summerh. - Tanz. (S)
8. **ovatus** Summerh. - Congo, Gab., Ug., Zai. 1.200-1.600 m (C, S)
9. **parviflorus** Summerh. - Tanz. (S)
10. **paysanii** Sengh. - Kenya (S)
11. **recurvus** Finet - Camer., Gab., Ghana, Guin., Lib., Nig., S.Leone, Ug., Zai. 1.100-1.300 m (E, H, C*, S)
12. **refractus** (Kraenzl.) Summerh. - Tanz. 900-2.100 m (C, S)
13. **schumannii** (Kraenzl.) Summerh. (S)
14. **serratus** Summerh. - Camer., Guin., Nig. 1.200-1.500 m (C, S)
15. **straussii** (Schltr.) Schltr. (S)
16. **tenuicaulis** Summerh. (S)
Andinia (Luer) Luer - 2000 - *Pleurothallidinae* (S) - (*Salpistele* Dressl. subg. *Andinia* Luer) - 2 sp. epi. - Ec. ca. 3.000 m
1. **dielsii** (Mansf.) Luer - Ec. ca. 3.000 m (S*)
2. **pensilis** (Schltr.) Luer - Ec. ca. 3.000 m (S)
Andreettaea Luer: *Pleurothallis* R.Br. (L)
- *ocellus* Luer: *Pleurothallis* 489 (L*)
× **Andrewara (Andw.)** (*Arachnis* × *Renanthera* × *Trichoglottis* × *Vanda*)
Androchilus Liebm. - 1844: *Liparis* L.C. Rich. (S)
Androcorys Schltr. - 1919 - *Subfam. Orchidoideae Tribus: Orchideae Subtr. Habenariinae* - 4 sp. terr. - Sik., Jap., China
1. **gracile** (King & Pantl.) Schltr. (*Herminium gracile* King & Pantl.) - Sik., Him. to 3.500 m (S)
2. **japonensis** F.Maekawa - Jap. to 3.500 m (S)
3. **ophioglossoides** Schltr. - China to 3.500 m (S)
4. **spiralis** Tang & Wang - China to 3.500 m (S)
Androgyne Griff. - 1851: *Panisea* Lindl. (S)
Anecochilus setaceus Bl.: *Anoectochilus* 20 (E, H)
Angorchis (*Angorkis*) Thou. - 1809: *Angraecum* Bory (S)
Angorchis (*Angorkis*) Thou. - 1809: *Aerangis* Rchb.f. (S)
- *articulata* (Rchb.f.) Ktze.: *Aerangis* 4 (U)
- *biloba* (Lindl.) Ktze.: *Aerangis* 5 (9**, G**)
- *boutonii* (Rchb.f.) Ktze.: *Microterangis* 1 (U)
- *brongniartiana* (Rchb.f. ex Lind.) Ktze.: *Angraecum* 64 (U)
- *campyloplectron* (Rchb.f.) Ktze.: *Aerangis* 5 (9**, G**)
- *citrata* (Thou.) Ktze.: *Aerangis* 9 (9**, U)
- *clavigera* (Ridl.) Ktze.: *Angraecum* 36 (U)
- *cowanii* (Ridl.) Ktze.: *Jumellea* 12 (U)
- *crassa* (Thou.) Ktze.: *Angraecum* 44 (U)
- *cryptodon* (Rchb.f.) Ktze.: *Aerangis* 14 (U)
- *curnowiana* (Rchb.f.) Ktze.: *Angraecum* 47 (U)
- *dactyloceras* (Rchb.f.) Ktze.: *Podangis* 1 (9**)
- *eburnea* (Bory) Ktze.: *Angraecum* 64 (9**, G**, H**, U)
- *ellisii* (B.S.Will.) Ktze.: *Aerangis* 18 (U)
- *falcata* (Thunb.) Ktze.: *Neofinetia* 1 (9**, G**)
- *fastuosa* (Rchb.f.) Ktze.: *Aerangis* 19 (9**, H**, U)
- *funalis* (Sw.) Ktze.: *Dendrophylax* 2 (G)
- *gladiifolia* (Thou.) Ktze.: *Angraecum* 104 (G**, U)
- *hyaloides* (Rchb.f.) Ktze.: *Aerangis* 25 (U)

- *implicata* (Thou.) Ktze.: *Angraecum* 88 (U)
- *maxillarioides* (Ridl.) Ktze.: *Jumellea* 33 (U)
- *modesta* (Hook.f.) Ktze.: *Aerangis* 32 (9**, U)
- *pectangis* (Thou.) Ktze.: *Angraecum* 127 (U)
- *pectinata* (Thou.) Ktze.: *Angraecum* 127 (U)
- *physophora* (Rchb.f.) Ktze.: *Microcoelia* 23 (U)
- *polystachya* (Thou.) Ktze.: *Oeoniella* 2 (U**)
- *rhodosticta* (Kraenzl.) Ktze.: *Aerangis* 29 (9**)
- *rostrata* Ktze.: *Angraecum* 154 (U)
- *scottiana* (Rchb.f.) Ktze.: *Angraecum* 161 (9**, H**, U)
- *sesquipedalis* (Thou.) Ktze.: *Angraecum* 164 (9**, E**, G**, H**, U**)
- *spathulata* (Ridl.) Ktze.: *Jumellea* 47 (U)
- *superba* (Thou.) Ktze.: *Angraecum* 64 (U)
- *teretifolia* (Ridl.) Ktze.: *Angraecum* 181 (U)
× **Angraecentrum (Angctm.)** (*Angraecum* × *Ascocentrum*)

Angraecopsis Kraenzl. - 1900 - *Subfam. Epidendroideae Tribus: Vandeae Subtr. Aerangidinae* - (*Holmesia* Cribb) ca. 16 sp. epi. - Trop. Afr., Madag., Masc.

1. **amaniensis** Summerh. - Trop. Afr., Tanz., Kenya, Zim., Zam. 750-2.100 m (1**, E, M**, C**)
- *boutonii* (Rchb.f.) H.Perr.: *Microterangis* 1 (U)
2. **breviloba** Summerh. - Kenya, Tanz. 1.300-2.400 m (E**, H, M**, C, S*)
3. **dolabriformis** (Rolfe) Schltr. (S)
4. **elliptica** Summerh. - Nig., Camer. (E*, H*, S)
- *falcata* (Thunb.) Schltr.: *Neofinetia* 1 (9**, G**, H*)
5. **gracillima** (Rolfe) Summerh. - Kenya, Ug., Zai., Zam. 1.500-1.850 m (A**, M**, C*, S*)
6. **holocheila** Summerh. - Ug., Tanz., Kenya (S)
7. **ischnopus** (Schltr.) Schltr. - Camer., Guin., Nig., S.Leone 1.650 m (C*, S)
8. **lovettii** Cribb - Tanz. (S)
9. **macrophylla** Summerh. (S)
10. **malawiensis** Cribb - Malawi (S)
11. **parva** (Cribb) Cribb (*Holmesia parva* Cribb) - Tanz., Malawi (S)
12. **parviflora** (Thou.) Schltr. (*Angraecum parviflorum* Thou., *Oeceoclades parviflora* (Thou.) Lindl., *Listrostachys parviflora* (Thou.) S.Moore, *Aerobion parviflorum* Spreng., *Epidorchis parviflora* (Thou.) Ktze., *Saccolabium parviflorum* (Thou.) Cordem., *Mystacidium peduncolatum* Rolfe) - Madag., Masc., Trop. Afr. ca. 1.000 m (1**, G, C, U, S*)
13. **probeguini** (Finet) H.Perr. (*Chamaeangis probeguini* (Finet) Schltr., *Rhaphidorhynchus probeguini* Finet) - Com. (U, S)
14 **pusilla** Summerh. - Zai. (S)
15. **tenerrima** Kraenzl. - Tanz. 400-1.600 m (E*, H*, C, S)
16. **tenuicalcar** Summerh. - Trop. Afr. (E)
- *thouarsii* (Finet) H.Perr.: 18 (U)
17. **tridens** (Lindl.) Schltr. (S)
18. **trifurca(ta)** (Rchb.f.) Schltr. (*A. thouarsii* (Finet) H.Perr., *Aeranthes trifurcus* Rchb.f., *Mystacidium trifurcus* (Rchb.f.) Dur. & Schinz, *M. thouarsii* Finet, *Listrostachys trifurca* (Rchb.f.) Finet, *Angraecum comorensis* Summerh.) - Com., Zim. (U, O1/00, S)
× **Angraecostylis (Angsts.)** (*Angraecum* × *Rhynchostylis*)

Angraecum (Angcm.) Bory - 1804 - *Subfam. Epidendroideae Tribus: Vandeae Subtr. Angraecinae* - (*Angorchis* (*Angorkis*) Thou., *Aerobion* Kaempf. ex Spreng., *Macroplectrum* Pfitz., *Pectinaria* (Benth.) Cordem., *Lepervenchea* Cordem., *Ctenorchis* K.Schum., *Monixus* Finet) - ca. 200 sp. epi/lit - Trop. - S-Afr., Madag.

1. **acutipetalum** Schltr. - Madag. 1.000 -2.000 m (U)
   var. **analabeensis** H.Perr. - Madag. (U)
   var. **ankeranae** H.Perr. - Madag. (U)
2. **affine** Schltr. - W-Afr. (sect. *Afrangraecum*) (C)
- *albido-rubrum* De Wild.: *Aerangis* 29 (E**, 9**, H**)
- *album majus* Rumph.: *Phalaenopsis* 1 (8**, H**, J**)
3. **alleizettei** Schltr. - Madag. ca. 1.400 m (U)
4. **aloifolium** J.Hermans & Cribb -

Madag. (U**, S*)
- *ambongense* Schltr.: *Lemurella* 1 (U**)
5. **ambrense** H.Perr. - Madag. ca. 1.200 m (U)
6. **amplexicaule** Toill.-Gen. & Boss. - Madag. lowl. (U)
7. **ampullaceum** Boss. *(Jumellea humbertii* H.Perr.) - Madag. 500-1.400 m (U)
8. **andasibeense** H.Perr. - Madag. 1.000-1.700 m (U)
9. **andringitranum** Schltr. - Madag. ca. 1.600 m (U)
10. **angustipetalum** Rendle - Camer., Gab., Ghana, Nig., Zai. (sect. *Conchoglossum*) (C)
11. **angustum** (Rolfe) Summerh. - Nig. (sect. *Afrangraecum*) (C)
- *anjouanense* Finet: *Jumellea* 4 (U)
12. **ankeranense** H.Perr. - Madag. 700-2.000 m (U)
- *anocentrum* Schltr.: 26 (C*, U**)
- *aphyllum* Thou.: *Solenangis* 1 (U**)
- *apiculatum* Hook.: *Aerangis* 5 (9**, G**)
13. **aporoides** Summerh. (*A. distichum* var. *grandifolium* (De Wild.) Summerh.) - Camer., Guin., Nig., Tomé, Zai. lowl. (sect. *Dolabrifolia*) (C*)
14. **appendiculoides** Schltr. - Madag. 1.700-2.000 m (U)
- *arachnites* Schltr.: 80 (U**)
- *arcuatum* Lindl.: *A. chailluanum* (8**)
- *arcuatum* Lindl.: *Cyrtorchis* 1 (E**, H**)
- *armeniacum* Lindl.: *Tridactyle* 2 (G)
- *articulatum* Rchb.f.: *Aerangis* 4 (E**, H**, U)
- *aschersonii* Kraenzl.: *Cyrtorchis* 8 (9**)
- *ashantense* Lindl.: *Diaphananthe* 2 (E**, G, H**)
15. **astroarche** Ridl. - Tomé (sect. *Afrangraecum*) (C)
16. **aviceps** Schltr. - Madag. ca. 1.000 m (U)
- *avicularium* Rchb.f.: *Aerangis* 41 ($55/10, U)
- *bakeri* Kraenzl.: *Diaphananthe* 2 (G)
17. **bancoense** Van der Burg - Camer., Congo, Ivory C. 200-1.600 m (sect. *Dolabrifolia*) (C)
18. **baronii** (Finet) Schltr. (*A. dichaeoides* Schltr., *Macroplectrum baronii* Finet) - Madag. 1.400-2.500 m (U)
- *batesii* (Rolfe) Schltr.: *Rangaeris* 3 (E**, H**)
- *bathiei* Schltr.: 80 (U**)
- *bathiei* ssp. *peracuminatum* H.Perr.: 80 (U**)
19. **bemarivoense** Schltr. - Madag. ca. 800 m (U)
20. **bicallosum** H.Perr. - Madag. ca. 1.000 m (U)
- *bicaudatum* Lindl.: *Tridactyle* 3 (E**, H**)
- *bidens* (Afzel. ex Sw.) Rendle: *Diaphananthe* 2 (9**, G)
- *bilobum* Lindl.: *Aerangis* 5 (9**, G**)
- *bilobum* var. *kirkii* Rchb.f.: *Aerangis* 27 (E**, H**)
21. **birrimense** Rolfe - Camer., Ghana, Ivory C., Lib., Nig., S.Leone (sect. *Arachnangraecum*) (E, H, C)
- *bistortum* Rolfe: *Cyrtorchis* 11 (9**)
- *bosseri* Sengh.: 164 (U)
- *boutonii* Rchb.f.: *Microterangis* 1 (U)
22. **brachyrhopalon** Schltr. - Madag. (U)
23. **bracteosum** J.B.Balf. & S.Moore - Masc. (sect. *Hadrangis*) (S*)
24. **breve** Schltr. - Madag. ca. 1.800 m (U)
25. **brevicornu** Summerh. - Tanz. (sect. *Conchoglossum*) (C)
- *brevifolium* Lindl.: *Campylocentrum* 18 (G**, H**)
- *brongniartianum* Rchb.f. ex Lind.: 64 (9**, G**, H**)
- *brongniartianum* Rchb.f. ex Lind.: 64 (U, S)
- *burchellii* Rchb.f.: 145 (1**, C**)
- *buyssonii* God.-Leb.: *Aerangis* 18 (U)
- *caffrum* H.Bol. : *Margelliantha* 2 (C)
26. **calceolus** Thou. (*A. rhopaloceras* Schltr., *A. anocentrum* Schltr., *A. carpophorum* Thou., *A. paniculatum* Frapp. ex Cordem., *Aeranthes calceolus* (Thou.) S.Moore, *A. calceolus* (Thou.) Bak., *Aerobion calceolus* Spreng., *Epidorchis calceolus* (Thou.) Ktze., *Mystacidium calceolus* (Thou.) Cordem., *Macroplectrum calceolus* (Thou.) Finet) - Madag., Masc., Com., Sey., Moz. 0-2.000 m (sect. *Gomphocentrum*) (E**, H**, C*, U**, S*, Z**)

- *calligerum* sensu B.S.Will.: *Aerangis* 4 (U)
- *calligerum* Rchb.f.: *Aerangis* 4 (U)
- *campyloplectron* Rchb.f.: *Aerangis* 5 (9**, G**)
- *capense* (L.f.) Lindl.: *Mystacidium* 4 (H*)
27. **caricifolium** H.Perr. - Madag. ca. 1.400 m (U)
- *carpophorum* Thou. (G): 26 (U**)
- *catati* Baill.: 156 (U)
- *caudatum* Lindl.: *Plectrelminthus* 1 (4**, 9**, G, C)
28. **caulescens** Thou. (*Aerobion caulescens* (Thou.) Spreng., *Mystacidium caulescens* (Thou.) Ridl., *Epidorchis caulescens* (Thou.) Ktze.) - Madag., Masc. (sect. *Gomphocentrum*) (G, U, S)
- *caulescens* var. *multiflorum* (Thou.) S.Moore: 114 (U)
- *cephalotes* (Rchb.f.) Kraenzl.: *Ancistrorhynchus* 3 (E**, H**)
29. **chaetopodum** Schltr. - Madag. 1.200 -1.500 m (U)
- *chailluanum* Hook.f. (8**): *Cyrtorchis* 4 (9**, E*, H*)
30. **chamaeanthus** Schltr. - Kenya, Tanz., Zam., Malawi, SA, 1.400- 2.400 m (sect. *Nana*) (1**, M**, C)
31. **chermezoni** H.Perr. - Madag. ca. 1.000 m (U)
32. **chevalieri** Summerh. (*A. moandense* De Wild.) - W-Afr., Zai., Ug. 1.100- 1.200 m (sect. *Angraecoides*) (E*, H*, C*)
- *chiloschistae* Rchb.f.: *Microcoelia* 9 (U)
33. **chimanimaniense** G.Williamson - Zim. ca. 1.800 m (sect. *Perrierangraecum)* (C, O1/00**)
34. **chloranthum** Schltr. - Madag. 800- 900 m (sect. *Chlorangraecum*) (U**, S)
- *christyanum* Rchb.f.: *Calyptrochilum* 1 (E**, H**)
- *citratum* Thou.: *Aerangis* 9 (9**, U)
35. **claessensii** De Wild. - Lib., Nig., Zai. (sect. *Afrangraecum*) (C)
36. **clavigerum** Ridl. (*Angorchis clavigera* (Ridl.) Ktze., *Monixus clavigera* (Ridl.) Finet) - Madag. 1.500-2.000 m (U)
- *comorense* Kraenzl.: 64 (9**, G**)
- *comorense* Kraenzl.: 64 (U, S)
- *comorense* (Rchb.f.) Finet: *Jumellea* 10 (U)

- *comorensis* Summerh.: *Angraecopsis* 18 (U)
37. **compactum** Schltr. - Madag. 700- 2.000 m - sect. *Perrierangraecum* (C, U, S, Z**)
38. **compressicaule** H.Perr. - Madag. ca. 1.400 m (U)
39. **conchiferum** Lindl. (*A. verrucosum* Rendle) Tanz., Malawi, Moz., Zim., E-Afr. 1.250-2.400 m (sect. *Arachnangraecum*) (1**, M**, C**)
- *conchoglossum* Schltr.: 80 (U**)
- *confusum* Schltr.: *Jumellea* 11 (O5/96, U)
40. **coriaceum** (Thunb. ex Sw.) Schltr. (*Limodorum coriaceum* Thunb. ex Sw., *Aerides coriaceum* Thunb. ex Sw., *Epidendrum coriaceum* (Thunb. ex Sw.) Poir., *Saccolabium coriaceum* (Thunb. ex Sw.) Lindl., *Gastrochilus coriaceus* (Thunb. ex Sw.) Ktze.) - Madag. (doubtful species) (U)
41. **cornucopiae** H.Perr. - Madag. 1.500 -2.000 m (U)
- *cornutum* Rchb.f.: *Solenangis* 4 (U)
42. **corynoceras** Schltr. - Madag. ca. 2.000 m (U)
43. **coutrixii** Boss. - Madag. (U)
- *cowanii* Ridl.: *Jumellea* 12 (U)
- *crassiflorum* H.Perr.: 44 (U)
44. **crassum** Thou. (*A. crassiflorum* H.Perr., *A. sarcodanthum* Schltr., *Aerobion crassum* (Thou.) Spreng., *Angorchis crassa* (Thou.) Ktze.) - Madag. 0-400 m (U)
- *crumenatum* Rumph.: *Dendrobium* 88 (9**, G**)
- *crumenatum* Rumph.: *Aporum* 4 (S)
- *cryptodon* Rchb.f.: *Aerangis* 14 ($55/10, U)
45. **cucullatum** Thou. - Masc. (sect. *Perrieriangraecum*) (S)
- *culiciferum* Rchb.f.: *Lemurella* 1 (U**)
46. **cultriforme** Summerh. - Kenya, Tanz., Zam., Malawi, Zim., Moz. 1.800 m (sect. *Angraecoides*) (1**, E*, H*, M**, C*)
47. **curnowianum** (Rchb.f.) Dur. & Schinz (*A. suarezense* Toill.-Gen. & Boss., ?*A. subcordatum* (H.Perr.) Boss., *Aeranthus curnowianus* Rchb.f., *Angorchis curnowiana* (Rchb.f.) Ktze., *Mystacidium curnowianus* (Rchb.f.) Rolfe, *Jumellea*

curnowiana (Rchb.f.) Schltr., ?*J. subcordata* H.Perr.) - Madag. 1.000-1.500 m (U)
48. **curvicalcar** Schltr. - Madag. ca. 2.000 m (U)
49. **curvicaule** Schltr. - Madag. ca. 900 m (U)
50. **curvipes** Schltr. - Camer. (sect. *Angraecoides*) (C)
- *cyclochilum* Schltr.: *Solenangis* 4 (U)
51. **danguyanum** H.Perr. - Madag. ca. 700 m (U)
52. **dasycarpum** Schltr. - Madag. highl. (sect. *Pectinaria*) (E**, H**, U)
53. **dauphinense** (Rolfe) Schltr. (*Mystacidium dauphinense* Rolfe) - Madag. coast. (U)
54. **decaryanum** H.Perr. - Madag. (sect. *Lemurangis*) (U, S)
55. **decipiens** Summerh. - Kenya, Tanz. 1.600-2.200 m (sect. *Nana*) (M**, C)
- *defoliatum* Schltr.: *Solenangis* 1 (U**)
56. **dendrobiopsis** Schltr. - Madag. 1.500-2.000 m (U)
- *descendens* Rchb.f.: *Aerangis* 4 (E**, H**, U)
- *dichaeoides* Schltr.: 18 (U)
57. **didieri** (Baill. ex Finet) Schltr. (*Macroplectrum didieri* Baill. ex Finet) - Madag. 0-1.500 m (sect. *Perrierangraecum*) (C, U, S)
58. **distichum** Lindl. (*Mystacidium distichum* (Lindl.) Pfitz.) - Guin., S. Leone, Lib., Ghana, Nig., W-Camer. 200-1.600 m (sect. *Dolabrifolia*) (4**, 9**, E**, G**, H**, C*, S*, Z**)
- *distichum* var. *grandifolium* (De Wild.) Summerh: 13 (C*)
59. **dives** Rolfe - Kenya, Tanz., Soc. 0-80 m (sect. *Boryangraecum*) (M**, C)
- *divitiflorum* Schltr.: *Microterangis* 3 (U)
- *dolichorhizum* Schltr.: *Microcoelia* 7 (U)
60. **dollii** Sengh. - Madag. ca. 1.000 m (U)
61. **doratophyllum** Summerh. - Tomé 1.000-1.250 m (sect. *Pectinaria*) (C)
62. **drouhardii** H.Perr. - Madag. ca. 1.200 m (U)
63. **dryadum** Schltr. - Madag. 1.000-2.000 m (U)
- *dubuyssonii* God.-Leb.: *Aerangis* 18 (U)

- *eburneum* Lindl.: *A. superbum* (8**)
64. **eburneum** Bory (*A. virens* Lindl., *A. superbum* Thou., *A. brongniartianum* Rchb.f. ex Lind., *A. comorense* Kraenzl., *A. giryamae* Rchb.f., *A. voeltzkowianum* Kraenzl., *A. eburneum* var. *virens* Hook., *A. eburneum* ssp. *typicum* H.Perr., *Limodorum eburneum* (Bory) Willd., *Angorchis eburnea* (Bory) Ktze., *Aerobion superbum* (Thou.) Spreng.) - Madag., Com., Masc., Sey. - scented - „Gros Faham" (sect. *Angraecum*) (8**, 9**, A**, E**, G**, H**, U, S, Z**)
ssp. **eburneum** - Masc. (Z, S)
ssp. **giryamae** (Rendle) Sengh. & Cribb (*A. giryamae* Rendle, *A. giryamae* Rchb.f.) - E-Afr.: Kenya, N-Tanz. 0-350 m (M**, C, S)
ssp. **superbum** (Thou.) H.Perr. (*A. superbum* Thou., *A. brongniartianum* Rchb.f. ex Lind., *A. comorense* Kraenzl., *A. voeltzkowianum* Kraenzl., *A. eburneum* var. *brongniartianum* (Rchb.f. ex Lind.) Schltr., *Aerobion superbum* (Thou.) Spreng., *Angorchis superba* (Thou.) Ktze., *A. brongniartiana* (Rchb.f. ex Lind.) Ktze.) - Madag., Com., Sey. 0-500 m - „Tsikondrodondro" (U, S, Z)
ssp. **superbum** var. **longicalcar** Boss. (*A. longicalcar* (Boss.) Sengh.) - Madag. 1.000-2.000 m (U**)
ssp. **xerophilum** H.Perr. - Madag. (U, S)
- *eburneum* ssp. *typicum* H.Perr.: 64 (U)
- *eburneum* var. *brongniartianum* (Rchb.f. ex Lind.) Schltr.: 64 (U)
- *eburneum* var. *virens* Hook.: 64 (8**, 9**, G**, U)
- *eburneum* var. *giryamae* Rendle (H): 64
- *eburneum* var. *superbum* hort.: *Angraecum superbum* Thou. (8**)
- *eburneum* var. *superbum* hort. (H): 64
- *eburneum* var. *xerophilum* hort. (H): 64
65. **egertonii** Rendle - Nig., Gab. (sect. *Angraecoides*) (C)
66. **eichlerianum** Kraenzl. - S-Nig., W-Camer., Gab., Zai., Ang. (sect. *Arachnangraecum* (9**, E**, H**, Z**, C, S*)

- *elatum* Thou.: *Cryptopus* 3 (A**, G, H**)
67. **elephantinum** Schltr. - Madag. (U)
68. **elliotii** Rolfe - Madag. (U)
- *ellisi* Lind. & Rodig.: *A. modestum* (8**)
- *ellisii* Rchb.f.: *Aerangis* 18 (Z)
- *ellisii* B.S.Will.: *Aerangis* 18 (U)
- *englerianum* (Kraenzl.) Schltr.: 92 (U)
69. **equitans** Schltr. - Madag. ca. 2.000 m - (sect. *Perrierangraecum*) (U**, S)
70. **erectum** Summerh. - Kenya, N-Ug., W-Tanz., Zam. 1.300-2.350 m - sect. *Conchoglossum* (M**, C, S)
- *falcatum* (Thumb.) Lindl.: *Neofinetia* 1 (4**, 9**, G**, H*)
71. **falcifolium** Boss. - Madag. (U)
- *fasciola* Lindl.: *Campylocentrum* 8 (G)
- *fastuosum* Rchb.f.: *Aerangis* 19 (9**, H**, U)
72. **ferkoanum** Schltr. - Madag. (U)
- *filicornoides* De Wild.: *Jumellea* 16 (1**)
73. **filicornu** Thou. (*Acrobion filicornu* (Thou.) Spreng., *Aeranthus thouarsii* S.Moore) - Madag., Masc., Réunion, Maur. 0-800 m (sect. *Filangis*) (8**, U, S)
- *filicornu* sensu Kraenzl.: 171 (U)
- *finetianum* Schltr: 84 (U)
74. **firthii** Summerh. - Kenya, Ug., Camer. 1.450-1.600 m (sect. *Afrangraecum*) (M**, C)
75. **flavidum** Boss. - Madag. 0-500 m (U)
76. **floribundum** Boss. - Madag. (U)
77. **florulentum** Rchb.f. - Madag., Com. (U, Z**)
- *forcipatum* (Kraenzl.) Engl.: *Podangis* 1 (9**)
- *fournierae* André: *A. stylosum* (8**)
- *fournierae* André: *Aerangis* 46 (E**, H*, U)
- *fournierianum* Kraenzl.: *Sobennikoffia* 1 (U)
- *foxii* Summerh.: 152 (U**)
- *fragrans* Thou.: *Jumellea* 18 (9**)
- *funale* (Sw.) Lindl.: *Dendrophylax* 2 (9**)
- *furvum* (Rumph.) L.: *Vanda* 10 (G)
- *fuscatum* Rchb.f.: *Aerangis* 21 ($55/9, U)
- *fuscatum* sensu Carr.: *Aerangis* 43 (U**)

78. **gabonense** Summerh. - Gab., Zai. to 1.350 m - (sect. *Pectinaria*) (E**, H**, C)
79. **geniculatum** G.Williamson - Trop. Afr. (sect. *Boryangraecum*) (C)
- *gentilii* De Wild.: *Tridactyle* 10 (H**)
80. **germinyanum** Hook.f. (*A. conchoglossum* Schltr., *A. arachnites* Schltr., *A. bathiei* Schltr., *A. bathiei* ssp. *peracuminatum* H.Perr., *A. ramosum* H.Perr. non Thou., - ssp. *bidentatus* H.Perr., - ssp. *typicum* H.Perr., - ssp. *typicum* var. *arachnites* (Schltr.) H.Perr., - ssp. *typicum* var. *conchoglossum* (Schltr.) H.Perr., - ssp. *typicum* var. *bathiei* (Schltr.) H.Perr., - ssp. *typicum* var. *peracuminatum* H.Perr., *Mystacidium germinyanum* (Hook.f.) Rolfe) - Madag., Com., Masc. 1.000-2.000 m (U**, Z**)
- *germinyanum* Hook.f.: 147 (9**)
- *gilpinae* Rchb.f. & S.Moore: *Microcoelia* 10 (U**)
- *giryamae* Rchb.f.: 64 (9**, H, G**)
- *giryamae* Rendle: 64 (M**, S)
- *gladiifolium* Thou.: 104 (G**, U)
- *globulosum* Hochst.: *Microcoelia* 11 (H**)
- *gracile* Thou.: *Chamaeangis* 1 (G)
- *gracilipes* Rolfe: *Jumellea* 45 (9**, U)
- *gracillimum* Kraenzl.: *Aerangis* 22 (H)
- *gracillimum* Kraenzl.: *Barombia* 1 (S*)
- *graminifolium* (Ridl.) Schltr.: 126 (U)
- *grandidierianum* (Rchb.f.) Carr.: *Neobathiea* 2 (U)
- *grantii* Batem. ex Bak.: *Aerangis* 28 (9**)
81. **guillauminii** H.Perr. - Madag. (U)
- *guyonianum* Rchb.f.: *Microcoelia guyoniana* (E**)
- *guyonianum* Rchb.f.: *Microcoelia* 11 (H**)
82. **hermannii** (Cordem.) Schltr. - end. to Masc. (U)
- *hildebrandtii* Rchb.f.: *Microterangis* 5 (U)
- *hislopii* Rolfe: *Tridactyle* 20 (1**)
83. **humbertii** H.Perr. - Madag. ca. 800 m (U)
84. **humblotianum** (Finet) Schltr. (*A.*

finetianum Schltr., *A. humblotii* (Finet) Summerh., *Macroplectrum humblotii* Finet) - Madag. 0-900 m (U)
- *humblotii* Rchb.f.: 95 (E**, H**)
- *humblotii* Rchb.f. ex Rolfe: 95 (U)
- *humblotii* (Finet) Summerh.: 84 (U)
85. **humile** Summerh. - Kenya, Tanz., Zim. 1.650-2.500 m (sect. *Lemurangis*) (M, C)
86. **huntleyoides** Schltr. - Madag. (U)
- *hyaloides* Rchb.f.: *Aerangis* 25 (Z, U)
87. **imerinense** Schltr. - Madag. ca. 1.700 m (U)
88. **implicatum** Thou. (*A. verruculosum* Frapp. ex Boiv., *Aerobion implicatum* (Thou.) Spreng., *Angorchis implicata* (Thou.) Ktze., *Macroplectrum implicatum* (Thou.) Finet) - Madag. (U)
89. **inapertum** Thou. (*Aerobion inapertum* (Thou.) Spreng., *Epidorchis inaperta* (Thou.) Ktze., *Mystacidium inapertum* (Thou.) Ridl.) - Madag., Masc. (sect. *Gomphocentrum*) (U, S)
90. **infundibulare** Lindl. (*Mystacidium infundibulare* (Lindl.) Rolfe) - S-Nig., W-Camer., Zai., Eth., Ug., Kenya 1.300 m (sect. *Arachnangraecum*) (9**, E**, H**, M**, C, S, Z**)
- *ischnopus* Schltr.: 178 (U)
- *jamaicense* (Rchb.f. & Wullschl.) Rchb.f. & Wullschl.: *Campylocentrum* 18 (G**)
- *jumelleanum* Schltr.: *Jumellea* 26 (U)
91. **keniae** Kraenzl. - Kenya (sect. *Conchoglossum*) (C)
- *kirkii* (Rchb.f.) Rolfe: *Aerangis* 27 (E**, H**)
- *kotschyanum* Rchb.f.: *Aerangis* 28 (9**, H**)
- *kotschyi* Rchb.f.: *Aerangis* 28 (9**, H**)
92. **kraenzlinianum** H.Perr. (*A. englerianum* (Kraenzl.) Schltr., *A. robustum* Kraenzl., *Aeranthes englerianus* Kraenzl.) - Madag. 1.500-2.000 m (U)
- *laciniatum* Kraenzl.: *Tridactyle* 3 (E**, H**)
93. **laggiarae** Schltr. - Madag. (U)
- *lansbergii* Rchb.f.: *Campylocentrum* 18 (G**, H**)
- *laurentii* De Wild.: *Summerhayesia* 1 (H*)

94. **lecomtei** H.Perr. - Madag. ca. 1.200 m (U)
95. **leonis** (Rchb.f.) André [A. leonis (Rchb.f.) Veitch. (8**, E**, H**, Z**)] - (*A. humblotii* Rchb.f. ex Rolfe, *Aeranthes(us) leonis* Rchb.f., *Mystacidium leonis* (Rchb.f.) Rolfe, *Macroplectrum leonis* (Rchb.f.) Finet) - Madag., Com. 0-1.500 m (sect. *Humblotiangraecum*) (U, S*)
96. **letouzeyi** Boss. - Madag. 900-1.200 m (U)
- *lignosum* Schltr.: *Jumellea* 27 (U)
- *lindenii* Lindl.: *Polyradicion* 1 (H*)
97. **linearifolium** Gar. (*A. palmiforme* H.Perr.) - Madag. 500-2.500 m (U)
98. **litorale** Schltr. - Madag. 0-500 m (U)
- *longicalcar* (Boss.) Sengh.: 64 (U**)
99. **longicaule** H.Perr. - Madag. 500-2.100 m (U)
- *macrocentrum* Schltr.: *Aerangis* 30 ($55/9, U**)
- *maculatum* Lindl.: *Oeceoclades* 18 (G**, H, M**, U)
100. **madagascariense** (Finet) Schltr. (*Macroplectrum madagascariense* Finet) - Madag. 1.500 m (sect. *Lemurangis*) (U, S*)
101. **magdalenae** Schltr. & H.Perr. (*A. magdalenae* var. *latilabellum* Boss.) - Madag. 800-2.000 m (sect. *Humblotiangraecum*) (9**, A**, E**, H**, U, S*, Z**)
var. **latilabellum** Boss. - Madag. (U)
102. **mahavavense** H.Perr. - Madag. (U)
103. **maheense** Lindl. - end. to Sey. (O3/98)
- *maudiae* H.Bol.: *Bolusiella* 5 (1**, H**)
104. **mauritianum** (Poir.) Frapp. (*A. gladiifolium* Thou., *Orchis mauritiana* Poir., *Aerobion gladiifolium* (Thou.) Spreng., *Aeranthes gladiifolius* (Thou.) Rchb.f., *Angorchis gladiifolia* (Thou.) Ktze., *Mystacidium mauritianum* (Lam.) Dur. & Schinz, *M. mauritianum* (Poir.) Dur. & Schinz, *M. gladiifolium* (Thou.) Rolfe, *Macroplectrum gladiifolium* (Thou.) Pfitz. ex Finet) - Masc., Madag. 200-1.400 m (sect. *Pseudojumellea*) (G**, U, S)
- *maxillarioides* Ridl.: *Jumellea* 33 (U)
105. **meirax** (Rchb.f.) H.Perr. (*Aeranthus meirax* Rchb.f., *Macroplectrum meirax* (Rchb.f.) Finet, *Jumellea meirax*

(Rchb.f.) Schltr.) - Madag., Com. lowl. (U)
106. **melanostictum** Schltr. - Madag. 100 -1.400 m (U)
107. **metallicum** Sand. n.n. - Madag. (U)
- *micranthum* Lindl.: *Campylocentrum* 18 (G**, H**)
108. **microcharis** Schltr. - Madag. ca. 600 m (U)
109. **minus** Summerh. - Tanz., Zam., Zim. (sect. *Nana*) (1**, C)
- *mirabile* hort.: *Aerangis* 29 (4**, H**, 9**)
110. **mirabile** Schltr. - Madag. (sect. *Arachnangraecum*) (U, S*)
- *moandense* De Wild.: ? 32 (C)
- *modestum* Hook.f. (8**): *Aerangis* 32 (9**, U)
111. **modicum** Summerh. - Lib. (sect. *Angraecoides*) (C)
112. **mofakoko** De Wild. - Zai. (sect. *Afrangraecum*) (C)
- *montanum* Piers: *Diaphananthe* 7 (M**)
- *montanum* Piers: *Rhipidoglossum* 7 (S)
- *mooreanum* Rolfe ex Sand.: *Aerangis* 34 ($55/10, U**)
113. **moratii** Boss. - Madag. 500-1.000 m (U)
114. **multiflorum** Thou. (*A. caulescens* var. *multiflorum* (Thou.) S.Moore, *Aerobion multiflorum* (Thou.) Spreng., *Epidorchis multiflora* (Thou.) Ktze., *Mystacidium caulescens* var. *multiflorum* (Thou.) Dur. & Schinz, *M. multiflorum* (Thou.) Cordem., *Monixus multiflorus* (Thou.) Finet) - Madag., Masc., Sey. 1.200-1.500 m (sect. *Gomphocentrum)* (U, S)
115. **multinominatum** Rendle - Trop. W-Afr. (sect. *Afrangraecum*) (E, C)
116. **muscicolum** H.Perr. - Madag. ca. 1.400 m (U)
117. **musculiferum** H.Perr. - Madag. 1.200-1.400 m (U)
118. **myrianthum** Schltr. - Madag. (U)
119. **nasutum** Schltr. - Madag. ca. 2.000 m (U)
120. **obesum** H.Perr. - Madag. 1.200-1.500 m (U**)
121. **oblongifolium** Toill.-Gen. & Boss. - Madag. highl. (U)
122. **ochraceum** (Ridl.) Schltr. (*Mystacidium ochraceum* Ridl., *Macroplectrum ochraceum* (Ridl.) Finet) - Madag. (E, H, U)
- *odoratissimum* Rchb.f.: *Chamaeangis* 3 (E*, H*)
- *oliganthum* Schltr.: *Microterangis* 7 (U)
123. **onivense** H.Perr. - Madag. ca. 1.400 m (U)
- *ornithorrhynchum* Lindl.: *Campylocentrum* 20 (G)
- *pachyrum* Kraenzl.: *Jumellea* 36 (U)
124. **palmicolum** Boss. - Madag. 1.300-1.400 m (U)
- *palmiforme* H.Perr.: 97 (U)
125. **panicifolium** H.Perr. - Madag. ca. 1.000 m (U)
- *paniculatum* Frapp. ex Cordem.: 26 (U**)
- *parcum* Schlt: 157 (1**)
- *parviflorum* Thou.: *Angraecopsis* 12 (G, U)
126. **pauciramosum** Schltr. (*A. graminifolium* (Ridl.) Schltr., *A. poophyllum* Summerh., *Mystacidium graminifolium* Ridl., *Epidorchis graminifolia* (Ridl.) Ktze., *Monixus graminifolius* (Ridl.) Finet) - Madag. 800-1.200 m (U)
127. **pectinatum** Thou. (*Aerobion pectinatum* (Thou.) Spreng., *Aeranthes pectinatus* (Thou.) Rchb.f., *Mystacidium pectinatum* (Thou.) Benth., *Angorchis pectinata* (Thou.) Ktze., *A. pectangis* (Thou.) Ktze., *Ctenorchis pectinata* (Thou.) K.Schum., *Pectinaria thouarsii* Cordem., *Macroplectrum pectinatum* (Thou.) Finet) - Madag., Masc. lowl. to medium (sect. *Pectinaria*) (U, S)
- *pellucidum* Lindl.: *Listrostachys pellucida* (8**)
- *pellucidum* Lindl.: *Diaphananthe* 8 (E**, H**)
128. **penzigianum** Schltr. - Madag. 1.500 -1.800 m (U)
129. **pergracile** Schltr. - Madag. ca. 200 m (U)
130. **perhumile** H.Perr. - Madag. ca. 1.400 m (sect. *Nana*) (U, S*)
131. **perparvulum** H.Perr. - Madag. 1.500-2.000 m (U)
- *perrieri* (Finet) Schltr.: *Microcoelia* 22 (U**)
- *pertusum* Lindl.: *Listrostachys* 1 (9**, E**, H**)
- *pescatorianum* Lindl.: *Listrostachys* 2 (O2/86)

132. **petterssonianum** Geer. - Zai. (? sect. *Angraecoides*) (C)
- *philippinense* Ames: *Amesiella* 3 (E**, H**)
- *physophorum* Rchb.f.: *Microcoelia* 23 (U)
133. **pingue** Frapp. (sect. *Angraecoides*) (S)
134. **pinifolium** Boss. - Madag. 500-1.000 m (U)
135. **podochiloides** Schltr. - Nig., Camer., Zai. (sect. *Dolabrifolia*) (C, S*)
- *polystachyum* Lindl.: *Campylocentrum* 25 (G)
- *polystachyum* (Thou.) Rchb.f.: *Oeoniella* 2 (H**)
- *polystachyum* A.Rich.: *Oeoniella* 2 (8**)
- *polystachyum* (Thou.) A.Rich.: *Oeoniella* 2 (O1/94, U**, S*)
- *poophyllum* Summerh.: 126 (U)
136. **popowii** Braem - Madag. ca. 1.200 m (U**)
137. **potamophilum** Schltr. (*Aerangis potamophila* (Schltr.) Schltr.) - Madag. (U**)
138. **praestans** Schltr. - Madag. 0-100 m (U**)
- *primulinum* Rolfe: *Aerangis* 38 (U)
139. **protensum** Schltr. - Madag. 1.600-2.000 m (U)
140. **pseudodidieri** H.Perr. - Madag. ca. 1.000 m (sect. *Perrieriangraecum*) (U, S)
141. **pseudofilicornu** H.Perr. - Madag. ca. 1.000 m (E, H, U)
142. **pterophyllum** H.Perr. - Madag. ca. 1.200 m (U)
- *pugioniforme* Kl.: *Cleisostoma* 36 (6*, G)
- *pulchellum* Schltr.: *Aerangis* 39 (U)
143. **pumilio** Schltr. - Madag. 2.000-2.400 m (sect. *Boryangraecum*) (U, S)
144. **pungens** Schltr. - Camer. Guin., Nig., Zai. to 1.250 m (sect. *Pectinaria*) (C, S)
145. **pusillum** Lindl. (*A. burchellii* Rchb. f.) - SA, Swa., Zim. (sect. *Nana*) (1**, C**)
146. **pyriforme** Summerh. - Ivory C., Nig. (sect. *Afrangraecum*) (C)
- *quintum* Rumph.: *Stauropsis lissochiloides* (8**)
147. **ramosum** Thou. (*A. germinyanum* Hook.f., *Mystacidium germinyanum* (Hook.f.) Rolfe, *Macroplectrum ramosum* (Thou.) Finet) - Madag. to 2.000 m (sect. *Arachnangraecum*) (9**, S)
- *ramosum* H.Perr. non Thou: 80 (U**)
- *ramosum* ssp. *bidentatus* H.Perr.: 80 (U**)
- *ramosum* ssp. *typicum* H.Perr.: 80 (U**)
- *ramosum* ssp. *typicum* var. *arachnites* (Schltr.) H.Perr.: 80 (U**)
- *ramosum* ssp. *typicum* var. *conchoglossum* (Schltr.) H.Perr: 80 (U**)
- *ramosum* ssp. *typicum* var. *bathiei* (Schltr.) H.Perr: 80 (U**)
- *ramosum* ssp. *typicum* var. *peracuminatum* H.Perr: 80 (U**)
148. **ramulicolum** H.Perr. - Madag. ca. 1.400 m (U)
- *reichenbachianum* Kraenzl.: 161 (9**, H**, U)
149. **reygaertii** De Wild. - Camer., Zai., Ug. 1.200-1.250 m (sect. *Afrangraecum*) (E**, H**, C, S)
150. **rhizanthium** H.Perr. - Madag. 1.000 -1.500 m (U)
151. **rhizomaniacum** Schltr. - Madag. ca. 2.000 m (U)
- *rhodesianum* Rendle: *Tridactyle* 21 (1**)
- *rhodostictum* Kraenzl.: *Aerangis* 29 (4**, 9**, H**, E**)
- *rhopaloceras* Schltr.: 26 (E**, H**, U**)
152. **rhynchoglossum** Schltr. (*A. viride* (Ridl.) Schltr., *A. foxii* Summerh., *Mystacidium viride* Ridl., *Epidorchis viridis* (Ridl.) Ktze.) - Madag. ca. 1.500 m (sect. *Acaulia*) (U**, S)
153. **rigidifolium** H.Perr. - Madag. ca. 1.300 m (U)
- *robustum* (Schltr.) Schltr.: *Sobennikoffia* 4 (H**, U**)
- *robustum* Kraenzl.: 92 (U)
- *rohlfsianum* Kraenzl.: *Aerangis* 6 (E**, H**)
- *rostellare* Rchb.f.: *Aerangis* 41 ($55/10, U)
154. **rostratum** Ridl. (*Angorchis rostrata* Ktze.) - Madag. ca. 1.500 m (U)
- *rothschildianum* O'Brien: *Eurychone* 2 (H**)
155. **rubellum** Boss. - Madag. 500-1.000 m (U**)

156. **rutenbergianum** Kraenzl. (*A. catati* Baill., *Jumellea rutenbergiana* (Kraenzl.) Schltr.) - Madag. 1.500 m (sect. *Perrierangraecum*) (C, U)
157. **sacciferum** Lindl. (*A. parcum* Schltr.) - Kenya, Tanz., Ug., Camer., Malawi, S-Afr. 1.100-2.400 m (sect. *Boryangraecum*) (1**, M**, C, S)
- *saccolabioides* H.Perr.: *Microterangis* 6 (U)
158. **sacculatum** Schltr. - Madag. 1.300-1.800 m (U)
159. **sambiranoense** Schltr. - Madag. 700-800 m (U)
- *sanderianum* Rchb.f.: *A. modestum* (8**)
- *sanderianum* Rchb.f.: *Aerangis* 32 (9**, U)
- *sarcodanthum* Schltr.: 44 (U)
160. **scalariforme** H.Perr. - Madag. ca. 1.400 m (U)
161. **scottianum** Rchb.f. (*A. reichenbachianum* Kraenzl., *Angorchis scottiana* (Rchb.f.) Ktze.) - Com. to 1.300 m (sect. *Arachnangraecum*) (8**, 9**, E**, H**, U, S, Z**)
- *scriptum* (L.) Rumph.: *Grammatophyllum* 5 (9**, G**)
162. **sedifolium** Schltr. - Madag. ca. 2.000 m (U**)
- *semipedale* Rendle: *Aerangis* 28 (9**)
163. **serpens** (H.Perr.) Boss. (*Jumellea serpens* H.Perr.) - Madag. ca. 600 m (U)
164. **sesquipedale** Thou. (*Aeranthus sesquipedale* (Thou) Lindl., *Angorchis sesquipedalis* (Thou.) Ktze., *Macroplectrum sesquipedale* (Thou.) Pfitz., *Mystacidium sesquipedale* (Thou.) Rolfe) - E-Madag. 0-100 m - scented (sect. *Angraecum*) (4**, 8**, 9**, E**, G**, H**, U**, S, Z**)
var. **angustifolium** Boss. & Morat (*A. bosseri* Sengh.) - Madag. (U)
165. **sesquisectangulum** Kraenzl. - Madag. (U)
166. **setipes** Schltr. - Madag. ca. 2.000 m (U)
167. **sinuatiflorum** H.Perr. - Madag. (U)
168. **sororium** Schltr. - Madag. 1.600-2.200 m - lith. - (sect. *Angraecum*) ($50/4, $55/2, U**, S, Z**)
- *spathulatum* Ridl.: *Jumella* 47 (U)
169. **spectabile** Summerh. - Tanz. 1.150-1.200 m (sect. *Arachnangraecum*) (C)
170. **stella-africae** Cribb - Malawi, SA, Zim. 1.250-1.500 m (sect. *Perrierangraecum*) (C**, O1/00)
171. **sterrophyllum** Schltr. (*A. filicornu* sensu Kraenzl.) - Madag. ca. 1.500 m (U)
172. **stolzii** Schltr. - Malawi, Tanz., Zai. 1.600-2.500 m (sect. *Angraecoides*) (C)
173. **striatum** Thou. (sect. *Hadrangis*) (S)
- *stylosum* Rolfe (8**): *Aerangis* 46 (E**, H*, U)
- *suarezense* Toill.-Gen. & Boss.: 47 (U)
- *subcordatum* (H.Perr.) Boss.: 47 (U)
- *subfalcifolium* De Wild.: *Diaphananthe* 2 (E**, H**)
174. **subulatum** Lindl. - Camer., Guin., Ghana, Nig., S.Leone, Zai. (sect. *Pectinaria*) (C, S)
- *superbum* Thou. (8**): 64 (9**, G**, H, U, S)
175. **tamarindicolum** Schltr. - Madag. ca. 100 m (U)
176. **tenellum** (Ridl.) Schltr. (*A. waterlotii* H.Perr., *Mystacidium tenellum* Ridl., *Epidorchis tenella* (Ridl.) Ktze.) - Madag. 1.000-1.500 m (U)
- *tenue* Lindl.: *Campylocentrum* 31 (G)
177. **tenuifolium** Frapp. ex Cordem. (sect. *Lepervenchea*) (S)
178. **tenuipes** Summerh. (*A. ischnopus* Schltr.) - Madag. ca. 2.500 m (sect. *Gomphocentrum*) (C, U)
179. **tenuispica** Schltr. - Madag. (U)
180. **teres** Summerh. - Kenya, N-Tanz. 0-200 m (sect. *Boryangraecum*) (M**, C)
181. **teretifolium** Ridl. (*Angorchis teretifolia* (Ridl.) Ktze., *Monixus teretifolius* (Ridl.) Finet) - Madag. 1.200-1.300 m (U)
182. **triangulifolium** Sengh. - Madag. ca. 1.200 m (U)
183. **trichoplectron** (Rchb.f.) Schltr. (*Aeranthes trichoplectron* Rchb.f., *Mystacidium trichoplectron* (Rchb.f.) Dur. & Schinz) - Madag. - doubtful sp. (?)
184. **triquetrum** Thou. (sect. *Perrierianngraecum*) (S)
- *tsaratananae* H.Perr.: 193 (U)
185. **umbrosum** Cribb - Malawi (sect. *Angraecoides*) (C)
186. **urschianum** Toill.-Gen. & Boss. - Madag. (U)

187. **verecundum** Schltr. - Madag. ca. 2.000 m (U)
- *verrucosum* Rendle: 39 (1**)
- *verruculosum* Frapp. ex Boiv: 88 (U)
- *vesicatum* Lindl.: *Chamaeangis* 5 (G)
188. **vesiculatum** Schltr. - Madag. 1.500-2.000 m (U)
189. **vesiculiferum** Schltr. - Madag. 1.500-2.000 m (U)
190. **viguieri** Schltr. - Madag. ca. 900 m (O5/95, U**)
- *virens* Lindl.: 64 (8**, 9**, G**, H**, U)
191. **viride** Kraenzl. - Kenya, N-Tanz. 300 m (sect. *Conchoglossum*) (M**, C, S)
- *viride* (Ridl.) Schltr.: 152 (U**)
- *voeltzkowianum* Kraenzl.: 64 (9**, G**, H**, U)
- *waterlotii* H.Perr.: 176 (U)
- *weigelti* Rchb.f.: *Campylocentrum* 8 (G)
- *whitfieldii* Rendle: *Tridactyle* 2 (G)
192. **xylopus** Rchb.f. (*Macroplectrum xylopus* (Rchb.f.) Finet) - Com. (U)
193. **zaratananae** Schltr. (*A. tsaratananae* H.Perr.) - Madag. 1.500-2.000 m (U)
194. **zeylanicum** Lindl. - Sri L. 0-300 m (sect. *Gomphocentrum*) (S)

× **Angraecyrtanthes (Ancyth.)** (*Aëranthes* × *Angraecum* × *Cyrtorchis*)
× **Angraeorchis (Angchs.)** (*Angraecum* × *Cyrtorchis*)
× **Angrangis (Angrs.)** (*Aërangis* × *Angraecum*)
× **Angranthellea (Angtla.)** (*Aëranthes* × *Angraecum* × *Jumellea*)
× **Angranthes (Angth.)** (*Aëranthes* × *Angraecum*)
× **Angreoniella (Angnla.)** (*Angraecum* × *Oeniella*)

Anguloa (Ang.) Ruiz & Pav. - 1794 - Subfam. *Epidendroideae* Tribus: *Maxillarieae* Subtr. *Lycastinae* - ca. 10 sp. epi/ter - Ven., Col., Ec., Peru, Bol. 1.200-2.300 m - „Tulip Orchids"

1. × **acostae** Oakeley (*A. eburnea* × *A. hohenlohii*) - nat. hybr. - Col. (O3/99**)
2. **brevilabris** Rolfe (*A. ruckeri* (hort.) Lindl., *A. ruckeri* var. *retusa* Rchb.f., *A. sagittata* Summerh., *A. goldschmidtiana* Schltr.) - end. to Col. (9**, G**, R, S*, O3/99**)
   - var. **sanguinea** Lindl. (*A. ruckeri* var. *sanguinea* Lindl., *A. purpurea* Lind.) - Ven., Col., Bol. (9**)
3. **cliftonii** Rolfe - Col. (9**, E**, H**, $56/1, R**, S*, O1/99**, Z**)
   - var. **alba** Oakeley (O1/99)
   - var. **concolor** Oakeley (O1/99)
   - *clowesiana* Williams: 4 (9**, G**)
4. **clowesii** Lindl. (*A. clowesii* var. *flava* Rchb.f., - var. *macrantha* Williams, - var. *eburnea* Veitch, *A. clowesiana* Williams) - Ven., Col. - scented (4**, 8**, 9**, E**, G**, H**, $56/1, S*, O3/99**, Z**)
   - var. **flava** Rchb.f. (O3/99**)
   - *clowesii* var. *flava* Rchb.f.: 4 (9**, G**)
   - *clowesii* var. *eburnea* Veitch: 4 (9**, G**)
   - *clowesii* var. *macrantha* Williams: 4 (9**, G**)
   - *clowesii* var. *macrantha* Williams: 9 (O3/99)
5. **dubia** Rchb.f. - end. to Col. (R**, S*, (O3/99**)
6. **eburnea** (Lind.) B.S.Will. (*A. uniflora* var. *eburnea* Lind.) - Peru, Col. (O1/99**, S)
   - *eburnea* B.S.Will.: 11 (9**, G**, H**)
   - *goldschmidtiana* Schltr. (S*): 2 (O1/99)
   - *grandiflora* (Kunth) Kunth: *Stanhopea* 29 (9**)
   - *hernandezii* Kunth: *Stanhopea* 22 (9**, G, H**)
7. **hohenlohii** C.Morr. (*A. ruckeri* var. *sanguinea* Lindl., *A. purpurea* Lind. ex B.S.Will.) - Ven., Col. (S*, O3/99**)
   - var. **macroglossa** (Schltr.) Oakeley (*A. macroglossa* Schltr.) (O3/99)
   - *lurida* Link: *Catasetum* 75 (9**, G**)
   -. *macroglossa* Schltr. (S*): 7
   - *purpurea* Lind.: 2 (9**)
   - *purpurea* Lind. ex B.S.Will.: 7 (O3/99**)
8. × **rolfei** Sand. ex Rolfe (*A. cliftonii* × *A. brevilabris*) - nat. hybr. - (O1/99)
9. × **ruckeri** (Lindl.) Oakeley (*A. hohenlohii* × *A. clowesii*) - nat. hybr. - Ven. (O3/99**)
   - *ruckeri* Lindl (8**, $56/1, S*, Z**): 9 (O1/99)
   - *ruckeri* (hort.) Lindl.: 2 (9**)

- *ruckeri* var. *retusa* Rchb.f.: 2 (O1/99)
- *ruckeri* var. *sanguinea* Lindl.: 2 (9**)
- *ruckeri* var. *sanguinea* Lindl.: 7 (O3/99**)
- *sagittata* Summerh.: 2 (9**, S*, O1/99)
- *squalida* Poepp. & Endl.: *Lycomormium* 4 (G, H*, S*)
- *superba* H.B.K.: *Acineta* 15 (4**, G**, H**)
- *superba* Kunth: *Acineta* 15 (9**)
10. **tognettiae** Oakeley - Ven. (O1/99**, S)
- *turneri* B.S.Will.: 11 (9**, E**, G**, H**)
- *turneri* B.S.Will.: 12 (S*)
- *turneri* B.S.Will.: 12 (O1/99)
11. **uniflora** Ruiz & Pav. (*A. virginalis* Lindl., *A. eburnea* B.S.Will., *A. turneri* B.S.Will.) - end. to Peru (9**, E**, G**, H**, R**, S*, O1/99**) 'Treyerianii' (*A. uniflora* var. *treyerianii* Rolfe) (O1/99)
- *uniflora* var. *treyerianii* Rolfe: 11 (O1/99)
- *uniflora* var. *eburnea* Lind.: 6 (O1/99)
- *virginalis* Lindl.: 11 (9**, G**)
12. **virginalis** Lind. ex Schltr. (*A. turneri* B.S.Will.) - Peru, Col., Ec., Bol. (A**, R**, S*, O1/99**)
   var. **turneri** (B.S.Will.) Oakeley (*A. turneri* B.S.Will.) - Col. 1.200-1.600 m (O1/99)
× **Angulocaste (Angcst.)** (*Anguloa* × *Lycaste*)

Ania Lindl. - 1831: *Tainia* Bl.

Ania Lindl. - 1831 - *Bletiinae* (S) - (*Ascotainia* Ridl.) - 8/14 sp. terr. - Sri L. to Sik., Burm., Viet., China
1. **angustifolia** Lindl. - Viet., Burm. (S)
- *bicornis* Lindl.: *Tainia* 2 (G**)
2. **borneensis** (Rolfe) Sengh. (*Ascotainia borneensis* Rolfe) - Born. (S)
3. **elata** (Schltr.) S.Y.Hu - China (S)
4. **elmeri** (Ames) A.D.Hawk. & Sengh. (*Tainia elmeri* Ames) - Phil. (S)
5. **hennisiana** (Schltr.) Sengh. (*Ascotainia hennisiana* Schltr.) - Burm. (S)
6. **hongkongensis** (Rolfe) Tang & Wang - China, Hong. (S*)
7. **hookeriana** (King & Pantl.) Tang & Wang ex Summerh. (*Tainia hookeriana* King & Pantl., *Ascotaina hookeriana* (King & Pantl.) Ridl.) - Sik. N-Thai. 500-1.500 m (9**, S)
→ *hookeriana* (King & Pantl.) Tang & Wang: *Tainia* 11 (E**, H**)
- *hookeriana* (King & Pantl.) Tang & Wang: 9 (S)
- *latifolia* Wight: *Tainia* 2 (G**)
- *latifolia* Lindl.: *Tainia* 14 (S*)
- *maculata* Thw.: *Chrysoglossum* 10 (S)
8. **malayana** (J.J.Sm.) Sengh. (*Tainia malayana* J.J.Sm.) - Sum., Java, N. Gui. (S)
9. **penangiana** (Hook.f.) Summerh. (*A. hookeriana* (King & Pantl.) Tang & Wang, *Tainia penangiana* Hook.f.) - Mal., Thai., Java (9**, S)
10. **pongolensis** A.Lamb - Born. (S)
11. **promensis** (Hook.f.) Sengh. (*Tainia promensis* Hook.f., *Ascotainia promensis* (Hook.f.) Schltr.) - Burm. (S)
12. **ruybarrettioi** S.Y.Hu & Barr. - Hong. (S)
13. **viridifusca** (Hook.) Tang & Wang ex Summerh. (*Calanthe viridifusca* Hook., *C. eberhardtii* Gagn., *Tainia viridifusca* (Hook.) Benth. & Hook. f.) - Burm., S-China, Thai., Viet. (9**, S)

Anisopetalum(on) Hook. - 1825: *Bulbophyllum* Thou. (S)
- *careyanum* Hook.: *Bulbophyllum* 77 (9**, E**, H**)

Ankylocheilos Summerh. - 1943: *Taeniophyllum* Bl. (S)
- *coxii* Summerh. (FXV2/3): *Taeniophyllum* 8

Anneliesia Brieg. & Lueckel - 1983 - *Oncidiinae* (S) - 4 sp. epi. - Braz.
1. **candida** (Lindl.) Brieg. & Lueckel (*Miltonia candida* Lindl., - var. *flavescens* Hook., - var. *grandiflora* Lindl., *Oncidium candidum* Lindl.) Beer, *O. candidum* (Lindl.) Rchb.f.) - E-Braz. (9**, G, H**, O4/83, O2/84, S*)
   var. **purpureo-violacea** (Cogn.) Brieg. & Lueckel (*Miltonia candida* var. *purpureo-violacea* Cogn.) (O2/84)
2. **cuneata** (Lindl.) Sengh. & Lueckel (*Miltonia cuneata* Lindl., *M. speciosa* Kl., *M. velloziana* Ruschi) - Braz. (S*)
3. **kayasimae** (Pabst) Sengh. & Lueckel (*Miltonia kayasimae* Pabst) - Braz. ca. 900 m (S)

4. **russeliana** (Lindl.) Sengh. & Lueckel (*Miltonia russeliana* Lindl., *M. quadrijuga* Dus. & Kraenzl.) - Braz. (S)

Anochilus Rolfe - 1913: *Pterygodium* Sw. (S)

Anochilus Rolfe - 1913 (G)
1. **inversum** (Thunb.) Rolfe (*Ophrys inversa* Thunb., *Pterygodium inversum* (Thunb.) Sw.) - S-Afr. (G)

Anoectochilus (Anct.) Bl. - 1825 - Subfam. Spiranthoideae Tribus: Erythrodeae - (*Odontochilus* Bl., *Chrysobaphus* Wall.) - ca. 25/40 sp. terr. - Ind., SE-As., Austr., Poly.
1. **abbreviatus** (Lindl.) Seidenf. (*Etaeria abbreviata* Lindl., *Hetaeria cristata* Dunn & Tutcher, non Bl., *H. cristata* var. *minor* Rendle, *Zeuxine abbreviata* Hook.f., *Goodyera pogonorrhyncha* Hand.-Mazz., *Odontochilus abbreviatus* (Lindl.) Tang & Wang) - Thai. (6*)
2. **albolineatus** Par. & Rchb.f. (*A. brevilabris* Hook.f. non Lindl., *A. reinwardtii* Hook.f. non Bl.) - Mal. 1.200-1.700 m (6*, S)
- *apiculata* L.O.Wms. & Fosb.: 19 ($56/7)
- *argenteus* hort. ex Morr.: *Erythrodes* 14 (G)
- *brevilabris* Hook.f.: 2 (6*)
3. **brevistylus** (Hook.f.) Ridl. (*A. tonkinensis* Gagn., *Odontochilus brevistylus* Hook.f.) - Thai. (6*)
4. **burmannicus** Rolfe (*A. roxburghii* Gagn., *A. crispus* Smitin.) - Thai. (6*)
5. **calcaratus** (Hook.f.) Ridl. (*Odontochilus calcaratus* Hook.f.) - Mal. 1.000 m (6*, S)
- *clarkei* Seidenf., non (Hook.f.) Seidenf. & Smitin.: 10 (6*, 9**)
- *crispus* Smitin.: 4 (6*)
6. **crispus** Lindl. (*Odontochilus crispus* (Lindl.) Hook.f.) - Him. 1.800 m (S)
- *dawsoniana* Low: *Haemaria* 1 (S)
- *dawsonianus* Low ex Rchb.f.: *Ludisia* 1 (9**, G**)
- *duplex* Holtt.: 17 (6*)
- *elongatum* Miq.: *Cystopus* 1 (2*)
7. **elwesii** (Clarke ex Hook.f.) King & Pantl. (*Odontochilus elwesii* Clarke ex Hook.f., *Cystopus elwesii* (Clarke ex Hook.f.) Ktze.) - Him. 1.000-1.600 m (6*, S)
- *flavescens* Bl.: *Odontochilus flavescens* (2*)
- *flavus* Benth. & Hook.f.: 10 (9**)
8. **geniculatus** Ridl. - Thai. (6*)
- *glabrum* Miq.: *Myrmechis* 2 (2*)
9. **grandiflorus** Lindl. (*Odontochilus grandiflorus* (Lindl.) Benth.) - Him. 1.300-2.500 m (S)
- *grandiflorus* Seidenf. & Smitin.: 10 (6*, 9**)
- *hasseltii* Miq.: *Cystopus hasseltii* (2*)
- *hasseltii* (Bl.) Miq.: *Pristiglottis* 1 (Q**)
- *jaubertii* Gaudich.: 19 ($56/7)
10. **lanceolatus** Lindl. (*A. luteus* Lindl., *A. grandiflorus* Seidenf. & Smitin., non Lindl., *A. clarkei* Seidenf. & Smitin. non (Hook.f.) Seidenf. & Smitin., *A. flavus* Benth. & Hook.f., *Odontochilus lanceolatus* (Lindl.) Bl., *O. flavus* Benth. & Hook.f.) - Sik., Ass., China, Viet. (6*, 9**)
- *lobbianus* Planch.: 18 (9**)
11. **longicalcaratus** J.J.Sm. - Sum., Born. 600-1.800 m (Q**)
- *luteus* Lindl.: 10 (6*, 9**)
12. **lylei** Rolfe ex Downie (*A. sikkimensis* Gagn.) - Thai (6*)
13. **moulmeinensis** (Par. & Rchb.f.) Seidenf. (*A. multiflorus* Rolfe ex Downie, *Etaeria moulmeinensis* Par. & Rchb.f., *Zeuxine moulmeinensis* (Par. & Rchb.f.) Hook.f., *Odontochilus multiflorus* (Rolfe ex Downie) Tang & Wang) - Thai. (6*)
- *multiflorus* Rolfe ex Downie: 13 (6*)
- *ordiana* hort.: *Haemaria* 1 (S)
- *petelotii* (Gagn.) Seidenf.: *Ludisia* 1 (6*, 9**, G**)
14. **pomrangianus** Seidenf. (*Dossinia lanceolata* Lindl., *Etaeria lanceolata* (Lindl.) Rchb.f., *Zeuxine abbreviata* Hook.f., *Hetaeria abbreviata* J.J.Sm. non Lindl.) - Thai. (6*)
- *pubescens* Bl.: *Cystopus* 3 (2*)
- *pumilus* (Hook.f.) Seidenf. & Smitin.: *Myrmechis* 4 (6*)
- *pumilus* W.W.Sm. & Cave: *Myrmechis* 4 (6*)
15. **regalis** Bl. - Sri L. (S)
- *regalis* Bl.: 20 (9**, G**)
16. **reinwardtii** Bl. - Thai., Java, Sum., Amb. (2*, 9**, S)
- *reinwardtii* Hook.f.: 2 (6*)
17. **repens** (Downie) Seidenf. (*Odonto-

chilus repens Downie, *A. duplex* Holtt.) - Thai (6*)
18. **roxburghii** (Wall.) Lindl. (*A. siamensis* Seidenf., *A. lobbianus* Planch., *A. setaceus* Schltr., *Chrysobaphus roxburghii* Wall.) - Ind., China, Viet., Laos, Thai. (6*, 9**, E, H, Z**)
- *roxburghii* Gagn.: 4 (6*)
- *sanderianus* Kraenzl.: *Macodes* 6 (9**)
19. **sandvicensis** Lindl. (*A. jaubertii* Gaudich., *A. apiculata* L.O.Wms. & Fosb., *Odontochilus jaubertii* (Gaudich.) Bl., *O. sandvicensis* Lindl. ex Degener, *Vrydagzynea sandvicensis* (Lindl.) Benth. & Hook.f.) - Haw. 300-1.500 m ($56/7)
20. **setaceus** (Bl.) Lindl. (*A. regalis* Bl., *A. setaceus* var. *inornatus* Hook., *Anecochilus setaceus* Bl.) - Ind., Mal., Sum., Java, Amb. (2*, 9**, E, G**, H, Q)
- *setaceus* Schltr.: 18 (9**)
- *setaceus* var. *inornatus* Hook.: 20 (9**, G**)
21. **siamensis** Schltr. - Thai. (6*)
- *siamensis* Seidenf.: 18 (6*, 9**)
22. **sikkimensis** King & Pantl. - Ind. (E*)
- *sikkimensis* Gagn.: 12 (6*)
- *tonkinensis* Gagn.: 3 (6*)
23. **tortus** (King & Pantl.) King & Pantl. (*Odontochilus tortus* King & Pantl.) - Thai. (6*)
24. **yatesiae** F.M.Bailey - end. to Austr. (Qld.) 700 m - „Jewel Orchid" (6*)
× **Anoectogoodyera** (*Anoectochilus* × *Goodyera*)
× **Anoectomaria (Anctma.)** (*Anoectochilus* × *Haemaria* (*Ludisia*)
Anota Schltr. - 1914: *Rhynchostylis* Bl.
- *densiflora* (Lindl.) Schltr.: *Rhynchostylis* 2 (9**, S*)
- *gigantea* (Lindl.) Fuk.: *Rhynchostylis* 2 (9**, S*)
- *violacea* (Lindl.) Schltr.: *Rhynchostylis* 4 (G**)
- *violacea* (Lindl.) Schltr.: *Rhynchostylis* 2 (S)
Ansellia (Aslla.) Lindl. - 1844 - Subfam. Epidendroideae Tribus: Cymbidieae Subtr. Cyrtopodiinae - 1/2 sp. epi/lit/ter - Trop. Afr., ES-Afr. - „Leopard orchid"
1. **africana** Lindl. (*A. africana* var. *nilotica* Bak., *A. gigantea* Rchb.f., *A. nilotica* (Bak.) N.E.Br., *A. congo(l)ensis* Rodig., *A. confusa* N.E.Br., *A. humilis* Bull., *A. gigantea* var. *nilotica* (Bak.) Summerh., *A. gigantea* var. *gigantea*) - Trop. Afr., SA 0-2.200 m - scented - „Leopard Orchid" (4**, 9**, E**, G**, H**, M**, $50/3, C**, Z**)
ssp. **africana** (*A. confusa* N.E.Br.) - W-Afr., Ghana, Kenya, Tanz. (S)
ssp. **australis** (Summerh.) Sengh. (*A. africana* var. *australis* Summerh.) - Ang., Nam. (S*)
- *africana* Lindl.: *A. confusa* (8**): 1
- *africana* var. *australis* Summerh. ($50/3): 1 (S*)
- *africana* var. *natalensis* Hook.: 2 (8**)
- *africana* var. *nilotica* Bak.: 1 (4**, 9**, G**)
- *confusa* N.E.Br. (8**): 1 (9**, G**, H**)
- *confusa* N.E.Br.: 1 (S)
- *congo(l)ensis* Rodig.: 1 (9**, G**, H**)
- *congoensis* Rodig. ex N.E.Br.: 2 (S*)
- *gigantea* Rchb. f.: 1 (4**, 9**, G**, H**)
2. **gigantea** Rchb.f. (*A. africana* var. *natalensis* Hook., *Cymbidium sandersoni* Harv.) - Trop. S-Afr., Tanz. (8**, A**, E*, $50/3, S)
ssp. **gigantea** S-Afr. (S*)
ssp. **nilotica** (N.E.Br.) Sengh. (*A. nilotica* N.E.Br., *A. nilotica* (Bak.) N.E.Br., *A. congoensis* Rodig. ex N.E.Br., *A. humilis* Bull.) - Nig., Kenya, Nat. (S*)
- *gigantea* var. *gigantea*: 1 (H**, $50/3)
- *gigantea* var. *nilotica* (Bak.) Summerh. (1**, E**): 1 (9**, G**, H)
- *humilis* Bull: 2 (1**)
- *humilis* Bull: 2 (S*)
- *humilis* Bull: 1 (9**, G**, H**)
- *nilotica* (Bak.) N.E.Br.: 2 (1**)
- *nilotica* N.E.Br.: 2 (S*)
- *nilotica* (Bak.) N.E.Br.: 1 (9**, G**, H**)
× **Ansidium** (*Ansellia* × *Cymbidium*)
Anteriorchis Klein & Strack - 1989: *Orchis* L. (S)
- *coriophora* (L.) Klein & Strack: *Orchis* 11 (T)
× *Anthechostylis*: × *Rhynchovanda*

(*Euanthe* (*Vanda*) × *Rhynchostylis*)
× **Antheglottis:** × *Trichovanda* (*Euanthe* (*Vanda*) × *Trichoglottis*)
× **Antheranthe:** × *Renantanda* (*Euanthe* (*Vanda*) × *Renanthera*)
Anthogonium Wall. ex Lindl. - 1840 - *Subfam. Epidendroideae Tribus: Arethuseae Subtr. Bletiinae* - 2 sp. terr. - SE-As.
1. **corydaloides** Schltr. - Yun. (S)
2. **gracile** Lindl. (*A. griffithii* Rchb.f.) - Nep. to Thai., Burm., Sik., Laos, Viet. 800-2.300 m (S*)
- *griffithii* Rchb.f.: 2 (S*)

Anthosiphon Schltr. - 1920 - *Subfam. Epidendroideae Tribus: Maxillarieae Subtr. Maxillariinae* - 2 sp. epi. - And., Col., Peru
1. **pseudobulbosum** (Schweinf.) Gar. (*Cryptocentrum pseudobulbosum* Schweinf.) - Peru 1.800 m (S*)
2. **roseans** Schltr. - Col., N-Pan. (S*)

Anticheirostylis Fitzg. - 1891: *Corunastylis* Fitzg. (S)

Antillanorchis Gar. - *Subfam. Epidendroideae Tribus: Oncidieae Subtr. Oncidiinae*
1. **gundlachii** (Wright ex Griseb.) Gar. (*Oncidium gundlachii* Wright ex Griseb.) (O1/83)

Aopla Lindl. - 1835: *Habenaria* Willd. (S)
- *reniformis* (D.Don) Lindl.: *Habenaria* 154 (6*, G)

Aorchis Verm. - 1972 - *Subfam. Orchidoideae Tribus: Orchideae Subtr. Orchidinae* - 2 sp. terr. - Sik., Him.
1. **robororskii** (Maxim.) Seidenf. - Thai. (S)
2. **spathulata** (Lindl.) Verm. - Sik., Him. 3.000-4.000 m (S)

Apatostelis Gar.: *Stelis* Sw.
Apatostelis Gar. (9, G)
1. **ciliaris** (Lindl.) Gar. (*Stelis ciliaris* Lindl., *S. atropurpurea* Hook., *S. micrantha* var. *atropurpurea* (Hook.) Josst, *S. confusa* Schltr., *S. jimenezii* Schltr.) - Mex., Guat., Hond., Nic., C.Rica (9**, G) ⇸ Stelis 15
2. **garayi** Dunst. - Ven. 250 m ($50/9)

Apaturia Lindl.: *Pachystoma* Bl. (S)
- *montana* Thw.: *Aphyllorchis* 5 (6*)

Apetalon minutum Wight: *Didymoplexis* 5 (2*, 6*)

Aphyllorchis Bl. - 1825 - *Subfam. Orchidoideae Tribus: Neottieae Subtr. Limodorinae* - 20 sp. ter/sapro/myco - SE-As., Austr.
- *aberrans* (Finet) Schltr.: *Cymbidium* 29 (S*)
1. **alpina** King & Pantl. - Sik. (S*)
2. **anomala** Dockr. - end. to Austr. (Qld.) 700 m (P)
- *benguetensis* Ames: 5 (6*)
- *borneensis* Schltr.: 5 (6*)
3. **caudata** (Rolfe ex Downie) Kerr & Rolfe - Thai. (6*, S)
4. **evrardii** Gagn. - Thai. (6*)
- *hasseltii* Bl.: 6 (2*, 6*)
5. **montana** Rchb.f. (*A. odoardii* Rchb. f., *A. prainii* Hook.f., ?*A. borneensis* Schltr., *A. benguetensis* Ames, *A. tanegashimensis* Hay., *A. unguiculata* Rolfe ex Downie, *A. purpurea* Fuk., *A. striata* Smitin. non Ridl., *Apaturia montana* Thw. non Lindl.) - Thai. (6*)
- *odoardii* Rchb.f.: 5 (6*)
6. **pallida** Bl. (?*A. hasseltii* Bl.) - Java, Thai. (2*, 6*)
- *prainii* Hook.f.: 5 (6*)
- *purpurea* Fuk.: 5 (6*)
7. **queenslandica** Dockr. - end. to Austr. (Qld.) (P)
- *simplex* Tang & Wang: *Sinorchis* 1 (S*)
- *striata* Smitin.: 5 (6*)
- *tanegashimensis* Hay.: 5 (6*)
- *unguiculata* Rolfe ex Downie: 5 (6*)

Apista Bl. - 1825: *Podochilus* Bl. (S)
- *tenuis* Bl.: *Podochilus* 8 (2*)

Aplectrum Nutt. - 1818 - *Subfam. Epidendroideae Tribus: Calypsoeae Subtr. Corallorhizinae* - 1 sp. ter/sapro - N-Am.
1. **hyemale** (Muhl. & Willd.) Torrey (*Cymbidium hyemale* Muhl. & Willd.) - N-Am. (S, FXV2/3)

Aplostellis ambigua A.Rich.: *Nervilia* 19 (U)
- *flabelliformis* (Lindl.) Ridl.: *Nervilia* 2 (6*)
- *velutina* (Par. & Rchb.f.) Ridl.: *Nervilia* 20 (6*, 9**, G)

Aporostylis Rupp & Hatch - 1946 - *Subfam. Orchidoideae Tribus: Diurideae Subtr. Caladeniinae* - 1 sp. terr. - N. Zeal.
1. **bifolia** (Hook.f.) Rupp & Hatch (*Caladenia bifolia* Hook.f.) - end. to N. Zeal. (S, O3/92, S*)

Aporum Bl. - 1825: *Dendrobium* Sw.
Aporum Bl. - 1825 - *Dendobiinae* (S) -

136 sp. epi. - SE-As.
- *acerosum* (Lindl.) Brieg.: *Dendrobium* 1 (G)
- *aciculare* (Lindl.) Rausch.: *Dendrobium* 2 (G)
1. **acinaciforme** (Roxb.) Brieg. (*Dendrobium acinaciforme* Roxb.) (S)
2. **aloifolium** (Bl.) Brieg. (*Macrostomium aloifolium* Bl., *Dendrobium aloifolium* (Bl.) Rchb.f., *A. serra* Lindl.) (S) ⇾ Dendrobium 13
3. **anceps** Lindl. (*A. cuspidatum* Wall. ex Lindl., *Dendrobium cuspidatum* Lindl., *D. nathanielis* Rchb.f.) (S)
⇾ *anceps* (Sw.) Lindl.: *Dendrobium* 19 (9**, G**)
- *anceps* Lindl.: *Dendrobium* 194 (E**)
- *concinnum* Lindl.: *Dendrobium* 64 (2*)
4. **crumenatum** (Sw.) Brieg. (*Dendrobium crumenatum* Sw., *Onychium crumenatum* (Sw.) Bl., *Angraecum crumenatum* Rumph.) (S)
⇾ *crumenatum* (Sw.) Brieg.: *Dendrobium* 88 (9**, G**)
- *cuspidatum* Lindl.: *Dendrobium* 249 (G)
- *cuspidatum* Wall. ex Lindl.: 3 (S)
5. **equitans** (Kraenzl.) Brieg. (*Dendrobium equitans* Kraenzl.) (S)
6. **goldfinchii** (F.v.Muell.) Brieg. (*Dendrobium goldfinchii* F.v.Muell.) (S)
7. **gracile** (Bl.) Brieg. (*Onychium gracile* Bl., *Dendrobium gracile* (Bl.) Lindl., *D. linearifolium* Teijsm. & Binn.) (S) ⇾ Dendrobium 141
- *incrassatum* Bl.: *Dendrobium* 166 (2*)
- *indivisum* Bl.: *Dendrobium* 166 (2*)
- *indivisum* Lindl.: *Dendrobium* 194 (E**)
- *junceum* (Lindl.) Rausch.: *Dendrobium* 178 (G)
8. **kentrophyllum** (Hook.f.) Brieg. (*Dendrobium kentrophyllum* Hook.f. (S)
- *kwashotense* (Hay.) Rausch.: *Dendrobium* 88 (G**)
- *leonis* Lindl.: *Dendrobium* 194 (9**, E**, G, H)
9. **lobatum** Bl. (*Dendrobium lobatum* (Bl.) Miq. (S)
⇾ *lobatum* Bl.: *Dendrobium* 206 (2*)
10. **lobulatum** (Rolfe) Brieg. (*Dendrobium lobulatum* Rolfe) (S) ⇾ Dendrobium 208

- *micranthum* Griff.: *Dendrobium* 13 (2*, H*)
- *planibulbe* (Lindl.) Rausch.: *Dendrobium* 281 (G)
11. **rigidum** (Bl.) Brieg. (*Oxystophyllum rigidum* Bl., *Dendrobium rigidum* (Bl.) Miq., *D. rigens* Rchb.f.) (S)
12. **salicornioides** (Teijsm. & Binn.) Brieg. (*Dendrobium salicornioides* Teijsm. & Binn.) (S)
- *serra* Lindl.: *Dendrobium* 13 (2*, H*)
- *serra* Lindl.: 2 (S)
- *sinuatum* Lindl.: *Dendrobium* 328 (G)
- *subteres* Griff.: *Dendrobium* 1 (G)
13. **tenuicaule** (Hook.f.) Brieg. (*Dendrobium tenuicaule* Hook.f.) (S)
14. **tetraedre** (Bl.) Brieg. (*Onychium tetraedre* Bl., *Dendrobium tetraedre* (Bl.) Lindl.) (S) ⇾ Dendrobium 361
15. **truncatum** (Lindl.) Brieg. (*Dendrobium truncatum* Lindl.) (S)
16. **uncatum** (Lindl.) Brieg. (*Dendrobium uncatum* Lindl.) (S) ⇾ Dendrobium 377
17. **undulatum** (Bl.) Brieg. (*Onychium undulatum* Bl., *Dendrobium undulatum* (Bl.) Lindl.) (S)
Apostasia Bl. - *Subfam. Apostasioideae* - ca. 10 sp. terr. - As., Indon., N.Gui., Austr.
- *brunonis* Griff.: 1 (2*)
1. **nuda** R.Br. (*A. brunonis* Griff., *Adactylus nudus* Rolfe) - Java (2*)
2. **odorata** Bl. - Java (2*)
- *stylidioides* (F.v.Muell.) Rchb.f.: 3 (P**)
3. **wallichii** R.Br. (*A. stylidioides* (F.v.Muell.) Rchb.f., *Mesodactylus deflexa* Wall.) - Austr. (Qld.), N.Gui., Indon., Phil., Mal. (2*, P**)
Appendicula Bl. - 1825 - *Subfam. Epidendroideae* Tribus: *Epidendreae* Subtr. *Podochilinae* (*Metachilum* Lindl., *Scoliochilus* Rchb.f., *Lobogyne* Schltr., *Podochilus* sect. *Appendicula* Schltr., - sect. *Pseudappendicula* Schltr.) - ca. 150 sp. epi. - Indon., Phil., N.Gui., Mal., Ind., Taiw.
1. **alba** Bl. (*Podochilus albus* Schltr.) - Java (2*)
2. **anceps** Bl. (*A. lewisii* Griff., *A. complanata* Ridl., *Metachilum cyathiferum* Lindl., *Podochilum anceps* Schltr.) - Java (2*)

3. **angustifolia** Bl. (*A. monoceras* Rchb.f., *A. tricornis* Rchb.f., *Podochilus angustifolius* Schltr.) - Java (2*)
- *bifaria* Lindl.: 7 (2*)
4. **buxifolia** Bl. (*A. frutex* Ridl., *Podochilus buxifolius* Schltr.) (2*, S)
- *callosa* Bl.: *Agrostophyllum* 2 (2*)
5. **carnosa** Bl. (*A. kuhlii* Rchb.f., *Podochilus carnosus* Schltr.) (2*)
- *chalmersiana* F.v.Muell.: 20 (2*)
- *complanata* Ridl.: 2 (2*)
- *congenera* Bl.: 7 (2*)
6. **congesta** Ridl. - Born. (O3/98)
- *cordata* Hook.: 23 (2*)
7. **cornuta** Bl. (*A. congenera* Bl., *A. bifaria* Lindl., *A. reduplicata* Rchb.f., *A. manillensis* Rchb.f., *Podochilus cornutus* Schltr., *P. congener* Schltr., *P. brachiatus* Schltr., *Dendrobium manillense* Schau.) - Paleotrop. (2*, S)
8. **cristata** Bl. (*A. longepedunculata* Rolfe, *Conchochilus oppositiflorus* Hassk., *Podochilus cristatus* Schltr.) - Java (2*)
- *echinocarpa* Hook.f.: 17 (2*)
9. **elegans** Rchb.f. (*A. sororia* Miq., *?Podochilus zollingeri* Rchb.f., *Podochilus elegans* Schltr.) - Bali, Java (2*)
- *elongata* Ridl.: *Agrostophyllum* 6 (2*)
10. **flaccida** Schltr. (S)
11. **fractiflexa** J.J.Wood - end. to Born. (Q*)
- *frutex* Ridl.: 4 (2*)
- *graminifolia* Teijsm. & Binn.: *Agrostophyllum* 6 (2*)
- *hasseltii* Bl.: *Agrostophyllum* 6 (2*)
- *hasseltii* Wight non Bl.: *Agrostophyllum* 14 (G)
12. **imbricata** J.J.Sm. - Bali, Java (2*)
13. **isoglossa** Schltr. (S)
14. **koenigii** Schltr. (S)
- *kuhlii* Rchb.f.: 5 (2*)
- *lewisii* Griff.: 2 (2*)
15. **longa** J.J.Sm. - Bali, Java (2*)
- *longepedunculata* Rolfe: 8 (2*)
- *longifolia* Bl.: *Agrostophyllum* 10 (2*)
16. **longirostrata** Ames & Schweinf. - end. to Born. 1.250-2.700 m (Q**)
- *maingayi* Hook.f.: 20 (2*)
- *manillensis* Rchb.f.: 7 (2*)
- *monoceras* Rchb.f.: 3 (2*)

17. **muricata** Teijsm. & Binn. (*A. echinocarpa* Hook.f., *Podochilus muricatus* Schltr.) - Java (2*)
18. **ovalis** J.J.Sm. (*Podochilus ovalis* Schltr.) - Java (2*)
19. **pauciflora** Bl. (*Podochilus pauciflorus* Schltr.) - Java (2*)
20. **pendula** Bl. (*A. chalmersiana* F.v. Muell., *A. maingayi* Hook.f., *Conchochilus distichus* Hassk., *Podochilus pendulus* Schltr.) - Paleotrop. (2*, S)
- *peruligera* Rchb.f.: 26 (2*)
- *peyeriana* Kraenzl.: 24 (2*)
- *purpurascens* De Vriese: 26 (2*)
21. **purpurascens** Bl. (*Podochilus purpurascens* Schltr.) - Bali, Java (2*)
22. **ramosa** Bl. (*Podochilus ramosus* Schltr.) - Java (2*)
- *reduplicata* Rchb.f.: 7 (2*)
23. **reflexa** Bl. (*A. cordata* Hook., *A. viridiflora* Teijsm. & Binn., *Podochilus reflexus* Schltr.) - Bali, Java (2*)
- *rhodiola* Rchb.f.: 24 (2*)
- *sororia* Miq.: 9 (2*)
- *stipulata* Griff.: *Agrostophyllum* 2 (2*)
- *teres* Griff.: *Ceratostylis* 13 (2*)
- *tomentella* Zoll.: *Eria* 61 (2*)
24. **torta** Bl. (?*A. peyeriana* Kraenzl., *A. rhodiola* Rchb.f., *Podochilus tortus* Schltr.) - Java (2*)
  var. **alba** J.J.Sm. (2*)
- *tricornis* Rchb.f.: 3 (2*)
25. **uncata** Ridl.
  ssp. **uncata** - Mal. (Q)
  ssp. **sarawakensis** J.J.Wood - end. to Born. 0-700 m (Q*)
26. **undulata** Bl. (*A. purpurascens* De Vriese, *A. peruligera* Rchb.f., *Podochilus undulatus* Schltr., *P. unciferus* Hook.f., *P. longicalcaratus* Rolfe) - Java (2*)
- *viridiflora* Teijsm. & Binn.: 23 (2*)

Appendiculopsis (Schltr.) Szlach. - 1995 - *Glomerinae* (S) - (*Agrostophyllum* sect. *Appendiculopsis* Schltr.) - 5 sp. epi. - Burm. to Van. (S)
1. **stipulata** (Griff.) Szlach. (*Agrostophyllum stipulatum* (Griff.) Schltr.) - Burm. to Van. (S*)

× **Aracampe (Arcp.)** (*Acampe* × *Arachnis*)

Aracamunia Carnevali & Ramirez - 1989 - *Spiranthinae* (S) - 1 sp. terr. - Ven.
1. **liesneri** Carnevali & Ramirez - Ven. 1.550 m (S*)

× *Arachnadenia*: × *Aëridachnis* (*Arachnis* × *Seidenfadenia* (*Aërides*) *Arachnanthe* Bl. - 1848: *Arachnis* Bl. (S)
- *alba* Ridl.: *Arachnis* 7 (Q**, S)
- *annamensis* Rolfe: *Arachnis* 1 (9**)
- *bilinguis* Benth.: *Armodorum* 2 (S)
- *breviscapa* J.J.Sm.: *Arachnis* 3 (Q**)
- *cathcartii* (Lindl.) Benth. (8**): *Esmeralda* 1 (9**, S)
- *clarkei* (Rchb.f.) Rolfe: *Esmeralda* 2 (4**, 9**, H**, S*)
- *flosaeris* (L.) J.J.Sm. (2*): *Arachnis* 5 (Q**)
- *lowii* (Lindl.) Benth. & Hook.f. (8**): *Dimorphorchis* 1 (9**, H*, Q, S*)
- *lowii* var. *warocqueana* hort. (8**): *Dimorphorchis* 1
- *moschifera* Bl.: *Arachnanthe flosaeris* (2*)
- *moschifera* (Bl.) Bl.: *Arachnis* 5 (E**, H**, Q**, S)
- *sulingii* (Bl.) Benth. [*A. sulingii* (Bl.) J.J.Sm. (2*)]: *Armodorum* 4 (H**, S*)

Arachnis (Arach.) Bl. - 1825 - *Subfam. Epidendroideae Tribus: Vandeae Subtr. Sarcanthinae* - (*Arachnanthe* Bl.) - ca. 6/11 sp. epi. - SE-As., Phil., Indon., N.Gui., Sol. - „Scorpion orchids"
- *alba* (Ridl.) Schltr.: 7 (Q**, S)
1. **annamensis** (Rolfe) J.J.Sm. (*Arachnanthe annamensis* Rolfe) - Laos, Viet. (9**, S)
2. **beccarii** Rchb.f. (*A. imthurnii* (Rolfe) L.O.Wms., *A. muelleri* J.J.Sm., *Stauropsis imthurnii* Rolfe, *Vandopsis imthurnii* (Rolfe) P.F. Hunt, *V. beccarii* (Rchb.f.) J.J.Sm.) - N.Gui., Bism., Sol. (S)
- *bella* (Rchb.f.) J.J.Sm.: *Esmeralda* 2 (9**, E**, H**)
3. **breviscapa** (J.J.Sm.) J.J.Sm. (*Arachnanthe breviscapa* J.J.Sm., *Vandopsis breviscapa* (J.J.Sm.) Schltr.) - end. to Born. 0-600 m (Q**, O3/98, S)
- *calcarata* Holtt.: *Armodorum* 1 (S)
- *calcarata* ssp. *longisepala* J.J.Wood : 10 (Q**)
- *cathcartii* (Lindl.) J.J.Sm.: *Esmeralda* 1 (9**, S)
4. **celebica** J.J.Sm. - Cel. (S)
- *clarkei* (Rchb. f.) J.J.Sm.: *Esmeralda* 2 (4**, 9**, H**, S*)
5. **flos-aëris** (flosaeris) (L.) Rchb.f. (*A. moschifera* Bl., *A. flosaeris* (L.) Schltr., *A. flosaeris* var. *gracilis* Holtt., *Epidendrum* flos-aëris L., *Aerides arachnites* Sw., *A. flosaeris* (L.) Sw., *Renanthera arachnitis* (Sw.) Lindl., *R. flos-aëris* (L.) Rchb.f., *R. moschifera* (Bl.) Hassk., *Limodorum flos-aëris* (L.) Sw., *Arachnanthe moschifera* (Bl.) Bl., *A. flosaeris* (L.) J.J. Sm.) - Mal., Sum., Java, Thai., Bali, Born., Phil. 0-1.000 m - scented (E**, H**, Q**, S, Z**)
   var. **gracilis** Holtt. - Mal. (S)
   var. **insignis** Holtt. - Sum. (S)
- *flosaeris* (L.) Schltr.: 5 (Q**)
- *flosaeris* var. *gracilis* Holtt.: 5 (Q**)
6. **grandisepala** J.J.Wood - end. to Born. ca. 900 m (Q**, S)
7. **hookeriana** (Rchb.f.) Rchb.f. (*A. alba* (Ridl.) Schltr., *Renanthera hookeriana* Rchb.f., *Arachnanthe alba* Ridl.) - Mal., Sing., Born. lowl. (Q**, S, Z)
- *imthurnii* (Rolfe) L.O.Wms.: *Vandopsis* 2 (9**)
- *imthurnii* (Rolfe) L.O.Wms.: 2 (S)
- *labrosa* (Lindl. & Paxt.) Rchb.f.: *Armodorum* 2 (S)
8. **limax** Seidenf. - NW-Thai. (S*)
9. **longicaulis** (Schltr.) J.J.Sm. (*Vandopsis longicaulis* Schltr.) - N.Gui. (S)
10. **longisepala** (J.J.Wood) Shim & A. Lamb (*A. calcarata* ssp. *longisepala* J.J.Wood) - end. to Born. 600-800 m (Q**, S)
- *lowii* (Lindl.) Rchb.f.: *Dimorphorchis* 1 (9**, H*, Q)
11. **lyonii** Ames - Phil. (S)
- *moschifera* Bl.: *Arachnanthe flosaeris* (2*)
- *moschifera* Bl.: 5 (E**, H**, Q**, S)
- *muelleri* J.J.Sm.: 2 (S)
- *siamensis* (Schltr.) Tang & Wang: *Armodorum* 3 (S*)
- *sulingii* (Bl.) Rchb.f.: *Armodorum* 4 (H**)
12. × **maingayi** (mangayi) (Hook.f.) Schltr. (*A. hookeriana* × *A. flos-aëris* var. *gracilis*) - nat. hybr. - (Q, O3/98, S*)

Arachnites alpina (L.) F.W.Schmidt: *Chamorchis* 1 (G)
- *aranifera* (Huds.) Bubani: *Ophrys* 96 (G**)

106 Arachnites - Armodorum

- *atrata* (Lindl.) Bubani: *Ophrys* 11 (G**)
- *fuciflora* F.W.Schmidt: *Ophrys* 57 (G**)
- *fuciflora* (Crantz) F.W.Schmidt: *Ophrys* 57 (9**)
- *fuciflora* Tod.: *Ophrys* 96 (G**)
- *lutea* (Cav.) Tod.: *Ophrys* 69 (H**)
- *lutea* var. *minor* Tod.: *Ophrys* 69 (T**)
- *tenthredinifera* Tod.: *Ophrys* 100 (G**)
- × **Arachnoglossum (Arngm.)** (*Arachnis* × *Ascoglossum*)
- × **Arachnoglottis (Arngl.)** (*Arachnis* × *Trichoglottis*)
- × **Arachnopsis (Arnps.)** (*Arachnis* × *Phalaenopsis*)
- × **Arachnostylis (Arnst.)** (*Arachnis* × *Rhynchostylis*)

Araco aromatica Hernandez: *Vanilla* 81 (9**)

- × **Aranda (Aranda)** (*Arachnis* × *Vanda*)
- × *Arandanthe*: × *Aranda* (*Arachnis* × *Euanthe* (*Vanda*) × *Vanda*)
- × **Aranthera (Arnth.)** (*Arachnis* × *Renanthera*)

Archineottia Chen - 1979 - Neottiinae (S) - ca. 5 sp. terr. - China, Jap., Ind.
1. **gaudissartii** (Hand.-Mazz.) Chen - China (S*)
2. **japonica** Furuse - Jap. (S)
3. **microglottis** (Duthie) Chen - Ind. (S*)
4. **pantlingii** (W.W.Sm.) Chen - Sik. (S*)
5. **smithiana** (Schltr.) Chen - China (S*)

Archivea E.A.Christ. & Jenny - Stanhopeinae (S) - 1 sp.

Arethusa (Aret.) L. - 1753 - Subfam. Epidendroideae Tribus: Arethuseae Subtr. Arethusinae - 1 sp. terr. - NW-Can. to N-Car.

- *alaris* (L.f.) Thunb.: *Pterygodium* 2 (G)
- *bengalensis* hort. ex Hemsl.: *Didymoplexis* 5 (2*, 6*)
1. **bulbosa** L. (*A. bulbosa* f. *albiflora* Rand. & Redf., *A. bulbosa* f. *subcaerulea* Rand. & Redf.) - Can., USA (Virg., N-Car.) (9**, S)
- *bulbosa* f. *albiflora* Rand & Redf.: 1 (9**)
- *bulbosa* f. *subcaerulea* Rand. & Redf.: 1 (9**)
- *capensis* L.f.: *Disperis* 5 (G, H)
- *catenata* Smith: *Caladenia* 16 (2*, P)
- *catenata* Smith: *Caladenia* 17 (9**, P)
- *ciliaris* L.f.: *Bartholina* 1 (9**, G**, H**)
- *crispa* Thunb.: *Corycium* 2 (G)
- *ecristata* Griff.: *Didymoplexis* 5 (2*, 6*)
- *japonica* A.Gray: *Eleorchis* 2 (S)
- *ophioglossoides* L.: *Pogonia* 1 (G**, S)
- *parviflora* Mich.: *Triphora* 5 (G**)
- *pendula* Muhl. ex Willd.: *Triphora* 5 (G**)
- *petraea* Afzel. ex Sw.: *Nervilia* 19 (U)
- *picta* Anders: *Sarcoglottis* 1 (9**, G)
- *plicata* Andr.: *Nervilia* 20 (6*, 9**, G, H*)
- *racemosa* Walter: *Ponthieva* 9 (9**)
- *rosea* (Lindl.) Benth. ex Hemsl: *Crybe* 1 (G**)
- *secunda* Thunb.: *Disperis* 31 (G)
- *simplex* Thou.: *Nervilia* 19 (U)
- *sinensis* Rolfe: *Bletia sinensis* (6*, 9**)
- *spicata* Walter: *Hexalectris* 3 (S)
- *trianthophora* Sw: *Triphora* 5 (G**, S)
- *villosa* L.f.: *Disperis* 40 (G)

Arethusantha Finet - 1897: *Cymbidium* Sw. (S)
- *bletioides* Finet: *Cymbidium* 12 (9**)

Argyrorchis Bl. - 1858: *Macodes* Lindl. (S)
- *javanica* Bl.: *Macodes* 2 (9**)

Arietinum americanum Beck: *Cypripedium* 3 (9**, S)

Aristotelea Lour. - 1790: *Spiranthes* L.C. Rich. (S)
- *spiralis* Lour.: *Spiranthes* 12 (G**)
- × **Arizara (Ariz.)** (*Cattleya* × *Domingoa* × *Epidendrum*)
- × *Armodachnis*: *Arachnis* (*Arachnis* × *Armodorum* (*Arachnis*)

Armodorum Breda ex Kuhl & van Hasselt - 1829 - Subfam. Epidendroideae Tribus: Vandeae Subtr. Sarcanthinae - (*Arrhynchium* Lindl. & Paxt.) - 4 sp. epi/ter/lit - S-China, SE-As., Mal.
1. **calcaratum** (Holtt.) K.W.Tan (*Arachnis calcarata* Holtt.) - Born. 800-1.700 m - epi. (S)

- *distichum* Breda: *Arachnanthe sulingi* (2*)
- *distichum* Breda: 4 (H**, S*)
2. **labrosum** (Lindl. & Paxt.) Schltr. (*Arachnis labrosa* (Lindl. & Paxt.) Rchb.f., *Arachnanthe bilinguis* Benth.) - Bhut., Sik., Khasia, Ass., Viet., China (S)
3. **siamensis** Schltr. (*Arachnis siamensis* (Schltr.) Tang & Wang) - N-Thai. 1.500-1.700 m (S*)
4. **sulingii** (Bl.) Schltr. (*A. distichum* Breda, *Aerides sulingii* Bl., *Renanthera sulingii* (Bl.) Lindl., *Vanda sulingii* (Bl.) Bl., *Arachnanthe sulingii* (Bl.) Benth., *A. sulingii* (Bl.) J.J.Sm., *Arachnis sulingii* (Bl.) Rchb. f.) - Sum., Java, Bali, Cel. - lith. (H**, S*)

Arnottia A.Rich. - 1828 - *Subfam. Orchidoideae Tribus: Orchideae Subtr. Habenariinae* - (*Amphorchis* Thou. p.p.) - 4 sp. terr. - end. to Masc.
1. **imbellis** (Frapp.) Schltr. - Masc. (S)
2. **inermis** (Thou.) S.Moore - Masc. (S)
3. **mauritiana** A.Rich. - Maur., Reunion (S)
4. **simplex** (Frapp.) Schltr. - Masc. (S)

Arpophyllum Llave & Lex. - 1825 - *Subfam. Epidendroideae Tribus: Arethuseae Subtr. Sobraliinae* - 5 sp. epi. - C-Am. - „Hyacinth Orchid"
1. **alpinum** Lindl. - Mex., NC-Am. (W, S)
- *cardinale* Lindl. ex Rchb.f.: 2 (9**, E**, G)
- *cardinale* Lind. & Rchb.f.: 2 (H**)
2. **giganteum** Hartw. ex Lindl. (*A. spicatum* Llave & Lex., *A. cardinale* Lindl. ex Rchb.f., *A. cardinale* Lind. & Rchb.f., *A. squarrosum* hort. Lubbers, *A. jamaicense* Schltr., *A. stenostachyum* Schltr.) - Mex., Guat., Salv., Hond., C.Rica, Nic., Jam., Col. (9**, E**, G, H**, W**, R**, S*, Z**)
- *jamaicense* Schltr.: 2 (9**, E**, G, H**)
3. **laxiflorum** Pfitz. - Mex. (S)
4. **medium** Rchb.f. - Nic., C.Rica (W, S)
- *spicatum* Llave & Lex.: 2 (9**, G)
5. **spicatum** Llave & Lex. - Salv., Mex., C.Rica (A**, E, H, S, Z**)
- *squarrosum* hort. Lubbers: 2 (9**, E**, G, H**)
- *stenostachyum* Schltr.: 2 (9**, E**, G, H**)

Arrhynchium Lindl. & Paxt. - 1850: *Armodorum* Breda

Arthrochilum Beck - 1890: *Epipactis* Zinn (S)

Arthrochilus F.v.Muell. - 1858 - *Subfam. Orchidoideae Tribus: Diurideae Subtr. Caladeniinae* - 10 sp. ter/sapro - Austr., N.Gui.
1. **byrnesii** Blaxell - end. to Austr. (NT) (P*)
2. **dockrillii** Lavarack - Austr. (Qld.), N.Gui. (P*)
3. **huntianus** (F.v.Muell.) Blaxell (*Drakaea huntiana* F.v.Muell.) - end. to Austr. (NSW, ACT, Vic, Tasm.) - sapro - „Elbow Orchid" (P**, S*)
4. **irritabilis** F.v.Muell. (*Drakaea irritabilis* F.v.Muell.) - Austr. (Qld., NSW), N.Gui. (P*, Z**, S)
5. **rosulatus** D.Jones - Austr. (S*)

Artorima Dressl. & Poll. - 1971 - *Subfam. Epidendroideae Tribus: Epidendreae Subtr. Laeliinae* - ca. 2 sp. epi. - Mex., Col.
1. **erubescens** (Lindl.) Dressl. & Poll. (*Epidendrum erubescens* Lindl.) - Mex. (S*)
2. **kermesina** (Lindl.) Brieg. (*Epidendrum kermesinum* Lindl.) - Col. (S)

Arundina Bl. - 1825 - *Subfam. Epidendroideae Tribus: Arethuseae Subtr. Bletiinae* (*Donacopsis* Guill.) - 1/2 sp. terr. - Mal., Tah., Sri L., Ind., China, SE-As
- *affinis* Griff.: 1 (9**, G**, Q**)
- *bambusifolia* Lindl.: 2 (2*)
- *bambusifolia* Lindl.: 1 (9**, E**, G**, H**, Q**, S)
- *chinensis* Bl.: 1 (9**, G**,Q**)
- *densa* Lindl.: 1 (9**, G**, Q**)
- *densiflora* Hook.: 2 (2*)
- *densiflora* (*densifolia*) Hook.f.: 1 (9**, G**, Q**)
1. **graminifolia** (D.Don) Hochr. (*A. speciosa* Bl., *A. chinensis* Bl., *A. bambusifolia* Lindl., ?*A. maculata* J.J.Sm., *A. minor* Lindl., *A. densa* Lindl., *A. affinis* Griff., *A. meyenii* (Schau.) Rchb.f., *A. philippii* Rchb. f., *A. philippii* var. *malayana* Ridl., *A. pulchella* Teijsm. & Binn., *A. pulchra* Miq., *A. densiflora* (*densifolia*) Hook.f., *A. revoluta* Hook.f., *A. sanderiana* Kraenzl., *A. stenopetala*

Gagn., *Bletia graminifolia* D.Don, *Cymbidium bambusifolium* (Lindl.) Roxb., *C. meyenii* Schau., *C. speciosum* Herb. Reinw., *Limodorum graminifolium* (D.Don) Ham., *L. graminiflorum* (D.Don) Ham. ex Hook. f., *Donacopsis laotica* Gagn., *Corymbis angustifolia* Miq.) - Sri L., Ind., Nep., China, Thai., Mal., Sum., Java 0-1.600 m — „Bamboo orchid" (O6/90, 9**, E**, G**, H**, W**, Q**, S)
  var. **revoluta** (Hook.f.) A.Lamb (*A. revoluta* Hook.f.) - Mal. (Q)
- *maculata* J.J.Sm.: ? 1 (S)
- *meyenii* (Schau.) Rchb.f.: 1 (9**, G**, Q**)
- *minor* Lindl.: 1 (9**, G**, Q)
- *pentandra* (Rchb.f.) Rchb.f.: *Dilochia* 9 (2*, H)
- *pentandra* (Rchb.f.) Rchb.f.: ? 1 (S)
- *philippii* Rchb.f. (2*): 1 (9**, G**, Q**)
- *philippii* var. *malayana* Ridl.:1 (G**)
- *pulchella* Teijsm. & Binn.: 1 (9**, G**, Q**)
- *pulchra* Miq.: 1 (9**, G**, Q**)
- *revoluta* Hook.f.: 1 (G**, S)
- *revoluta* Hook.f.: 1 (Q)
- *sanderiana* Kraenzl.: 1 (G**)
2. **speciosa** Bl. (*A. bambusifolia* Lindl., *A. densiflora* Hook., *Bletia graminifolia* D.Don, *Cymbidium bambusifolium* Roxb.) - Java, Indoch. (2*, E, H)
- *speciosa* Bl.: 1 (9**, G**, Q**)
- *stenopetala* Gagn.: 1 (G**)
- *subsessilis* Rolfe: *Dilochia* 8
- *wallichii* (Lindl.) Rchb.f.: *Dilochia* 9 (2*, H)

Asarca Lindl. - 1827: *Chloraea* Lindl. (S)
Asarca Poepp. - 1833: *Chloraea* Lindl. (S)
- *berteri* Rchb.f.: *A. sinuata* (9**)
- *chlorosticta* (Philippi) Ktze.: *Chloraea* 44 (9**)
- *crispa* (Lindl.) Ktze.: *Chloraea* 12 (9**)
- *cygnaea* (Philippi) Ktze.: *Chloraea* 12 (9**)
- *dasypogon* (Philippi) Ktze.: *Chloraea* 12 (H*)
- *fimbriata* (Philippi) Ktze.: *Chloraea* 44 (9**)
- *incisa* (Poepp.) Ktze.: *Chloraea* 44 (9**)
- *longibracteata* Lindl.: *Gavillea* 1 (S)
- *odontoglossa* (A.Rich.) Ktze.: *Chloraea* 44 (9**)
- *patagonica* (Philippi) Ktze.: *Chloraea* 44 (9**)
- *pogonata* (Philippi) Ktze.: *Chloraea* 12 (H*)
- *sceptrum* (Rchb.f.) Ktze.: *Chloraea* 22 (G**)
- *sinuata* (Lindl.) Lindl. (9**): *Chloraea longibracteata* (9**)
- *unguis-cati* (Rchb.f.) Ktze.: *Chloraea* 44 (9**)
- *virescens* (Lindl.) Ktze.: *Chloraea* 22 (G**)

× **Ascandopsis (Ascdps.)** (*Ascocentrum* × *Vandopsis*)

Ascidieria Seidenf. - 1986 - Dendrobiinae (S) - 2 sp. epi. - SE-Asia
1. **longifolia** (Hook.f.) Seidenf. - Thai., Mal., Sum., Born. (S*)
2. **verticilaris** (Kraenzl.) Gar. (S)

× **Ascocenda (Ascda.)** (*Ascocentrum* × *Vanda*)

Ascocentropsis Sengh. & Schildh. - 2000 Aeridinae (S) - 1 sp. epi. - Viet., Laos, NE-Thai., Yun.
1. **pusillum** (Avery.) Sengh. & Schildh. (*Ascocentrum pusillum* Avery.) - Viet., Laos, NE-Thai., Yun. (S*)

Ascocentrum (Asctm.) Schltr. - 1913 - Subfam. Epidendroideae Tribus: Vandeae Subtr. Sarcanthinae - 11/12 sp. epi. - Taiw., Phil., Him. to SE-As., S-China
1. **ampullaceum** (Roxb.) Schltr. (*Aerides ampullaceum* Roxb., *Saccolabium ampullaceum* (Roxb.) Lindl., *S. rubrum* (Buch.-Ham. ex Wall.) Lindl., *Cymbidium rubrum* Buch.-Ham. ex Wall.) - N-E-Ind., Burm., Thai. (9**, E**, H**, $55/2, S*, Z**)
  var. **aurantiacum** Pradhan ($55/2)
  var. **moulmeinense** hort. ($55/2)
2. **aurantiacum** (Schltr.) Schltr. (*Saccolabium aurantiacum* Schltr.) - Phil., Cel. ($55/2, S)
3. **aureum** J.J.Sm. - Mal. ($55/2, S)
4. **christensonianum** Haager - Viet. (S)
5. **curvifolium** (Lindl.) Schltr. (*Saccolabium curvifolium* Lindl., *S. miniatum* Hook., *S. rubrum* Lindl., *Gastrochilus curvifolius* (Lindl.) Ktze.) - NE-Ind., Nep., Ass., Burm., Thai., Laos, Viet. (4**, 9**, E**, G, H**, $55/2, S*, Z**)

var. **citrinum** Rchb.f. ($55/2)
6. **garayi** E.A.Christ. - Thai. (S)
- *hendersonianum* (Rchb.f.) Schltr. (9**): *Dyakia* 1 (H**, Q**, S)
7. **himalaicum** (Deb, Sengupta & Malick) E.A.Christ. (S)
- *himalaicum* (Deb, Sengupta & Malick) E.A.Christ: *Holcoglossum* 3 (S)
8. **insularum** E.A.Christ. - Born. (S)
- *micranthum* (Lindl.) Holtt.: *Smitinandia* 2 (G, H*, S*)
9. **miniatum** (Lindl.) Schltr. (*Saccolabium miniatum* Lindl., *S. curvifolium* Gagn. non Lindl., *Gastrochilus miniatus* (Lindl.) Ktze.) - Him., Thai., Mal., Java, Phil. (4**, E**, G**, H**, $55/2, S*)
- *pumilum* (Hay.) Schltr. ($54/9): *Ascolabium* 1 ($55/2, S*)
- *pusillum* Avery.: *Ascocentropsis* 1 (S*)
10. **rubescens** (Rolfe) P.F.Hunt (*Saccolabium rubescens* Rolfe, *Aerides rubescens* (Rolfe) Schltr.) - S-Viet. (9**)
- *rubescens* (Rolfe) P.F.Hunt: *Aerides rubescens* ($55/2, S)
11. **rubrum** (Lindl.) - Burm., Java (S)
12. **semiteretifolium** Seidenf. - NW-Thai. (S)

Ascochilopsis Carr. - 1929 - *Subfam. Epidendroideae Tribus: Vandeae Subtr. Sarcanthinae* - 2 sp. epi. - Mal., Sum., Born.
1. **lobata** J.J.Wood & A.Lamb - end. to Born. 700-800 m (Q**)
2. **myosurus** (Ridl.) Carr. (*Saccolabium myosurus* Ridl.) - Mal., Sum. (Q, S*)

Aschochilus Ridl. - 1896 - *Subfam. Epidendroideae Tribus: Vandeae Subtr. Sarcanthinae* - 5 sp. epi. - Phil., Thai., Viet., Mal.
- *calceolaris* (Teijsm. & Binn.) Gar.: 3 (S*)
- *capricornis* Ridl.: *Cleisostoma* 6 (6*)
1. **fasciculatus** (Carr.) Gar. (*Sarcochilus fasciculatus* Carr.) - Mal. (S*)
2. **leytensis** (Ames) Gar. (*Sarcochilus leytensis* Ames) - Phil. (S*)
3. **mindanaënsis** (Ames) E.A.Christ. (*A. calceolaris* (Teijsm. & Binn.) Gar., *Thrixspermum mindanaënse* Ames) - Java, Sum., Born., Phil. to 1.550 m (S*)
4. **nitidus** Seidenf. - SE-Thai. (S*)

5. **siamensis** Ridl. (*Pteroceras siamensis* (Ridl.) Holtt.) - S-Thai.,Viet.,Mal. (S*)
× **Ascocleinetia (Ascln.)** (*Ascocentrum* × *Cleisocentrum* × *Neofinetia*)
× *Ascodenia*: × *Aëridocentrum* (*Ascocentrum* × *Seidenfadenia* (*Aërides*)
× **Ascofinetia (Ascf.)** (*Ascocentrum* × *Neofinetia*)
× **Ascogastia (Agsta.)** (*Ascocentrum* × *Gastrochilus* × *Luisia*)

Ascoglossum (Ascgm.) Schltr. - 1913 - *Subfam. Epidendroideae Tribus: Vandeae Subtr. Sarcanthinae* - 1/2 sp. epi. - Mol., N.Gui., Sol.
1. **calopterum** (Rchb.f.) Schltr. (*Saccolabium calopterum* Rchb.f., *S. schleinitzianum* Kraenzl., *S. purpureum* J.J.Sm., *Cleisostoma cryptochilum* F.v. Muell.) - Mol., N.Gui., Phil., Sol. 600 m (H**, S*)
2. **purpureum** (J.J.Sm.) Schltr. (*Saccolabium purpureum* J.J.Sm.) - Amb. (S)
× **Ascoglottis (Ascgl.)** (*Ascocentrum* × *Trichoglottis*)

Ascolabium S.S.Ying - 1977 - *Aeridinae* (S) - 2 sp. epi. - Taiw.
1. **pumilum** (Hay.) S.S.Ying (*Ascocentrum pumilum* (Hay.) Schltr., *Saccolabium pumilum* Hay.) - Taiw. 1.000-2.000 m ($55/2, S*)
2. **pusillum** (Avery.) Avery. - Viet. (S)
× **Asconopsis (Ascps.)** (*Ascocentrum* × *Phalaenopsis*)
× **Ascorachnis (Ascns.)** (*Arachnis* × *Ascocentrum*)
× *Ascorella*: × *Renancentrum* (*Ascocentrum* × *Renantherella* (*Renanthera*)

Ascotainia Ridl. - 1907: *Ania* Lindl. (S)
- *borneensis* Rolfe: *Ania* 2 (S)
- *fuerstenbergia* Schltr.: *Tainia* 9 (O3/81, S)
- *hennisiana* Schltr.: *Ania* 5 (S)
- *hookeriana* (King & Pantl.) Ridl.: *Tainia* 11 (E**, H**)
- *hookeriana* (King & Pantl.) Ridl: *Ania* 7 (9**)
- *promensis* (Hook.f.) Schltr.: *Ania* 11 (S)
× **Ascovandoritis (Asvts.)** (*Ascocentrum* × *Doritis* × *Vanda*)

Aspasia (Asp.) Lindl. - 1832 - *Subfam. Epidendroideae Tribus: Oncidieae Subtr. Oncidiinae* (*Tropianthus, Tro-*

phianthus Scheidw.) - ca. 10 sp. epi. - Nic. to Braz., Trop. C-S-Am.
- *barclayi* Rolfe: 1 (S*)
1. **epidendroides** Lindl. (*A. fragrans* Kl., *A. barclayi* Rolfe, *Odontoglossum aspasia* Rchb.f.) - Guat., Hond., Nic., Pan., Col., Salv., C.Rica (4**, 9**, E**, G, H**, W, S*, R, Z**)
- *fragrans* Kl.: 1 (4**, G, S*)
- *interrupta* Hoffmgg.: 6 (9**, G**, S)
- *liturata* Link ex Rchb.f.: 6 (9**, G**, S)
2. **lunata** Lindl. (*A. papilionacea* Rchb. f.) - SE-Braz. < 1.000 m (S*)
- *lunata* Lindl.: 6 (G**)
- *lunata* Kraenzl.: 6 (9**)
- *papilionacea* Rchb.f.: 2 (S*)
3. **principissa** Rchb.f. (*A. rousseauae* Schltr.) - Nic., C.Rica, Pan., S-Am. Col. < 1.000 m (W**, S*, R**, Z**)
4. **psittacina** Rchb.f. - W-Ec., Col. < 1.000 m (S)
- *pusilla* Schweinf.: *Cischweinfia* 9 (H, S)
- *rousseauae* Schltr.: 3 (S*)
5. **silvana** Barros - Braz., Col. < 1.000 (S*)
6. **variegata** Lindl. (*A. lunata* Kraenzl., *A. interrupta* Hoffmgg., *A. liturata* Link ex Rchb.f., *A. lunata* Lindl., *Odontoglossum variegatum* (Lindl.) Rchb.f.) - Ven., Trin., Guy., Sur., Braz. (9**, G**, S, R)
× **Aspasium (Aspsm.)** (*Aspasia* × *Oncidium*)
Aspegrenia Poepp. & Endl.: *Octomeria* R. Br. (L)
- *scirpoidea* Poepp. & Endl.: *Octomeria* 20 (L)
Aspidogyne Gar. - 1977 - Subfam. Spiranthoideae Tribus: Erythrodeae - ca. 26 sp. terr. - S-Am.
1. **foliosa** (Poepp. & Endl.) Gar. - Braz., Col. (S*)
2. **pumila** (Cogn.) Gar. - Ven. (FXV2/3)
3. **stictophylla** (Schltr.) Gar. - Nic., C. Rica (W)
4. **tuerckheimii** (Schltr.) Gar. - Nic., C. Rica (W)
× **Aspioda (Asid.)** (*Aspasia* × *Cochlioda*)
× **Aspodonia (Aspd.)** (*Aspasia* × *Miltonia* × *Odontoglossum*)
× **Aspoglossum (Aspgm.)** (*Aspasia* × *Odontoglossum*)

Ate Lindl. - 1835: *Habenaria* Willd. (S)
× *Athertonara*: × *Renanopsis* (*Renanthera* × *Vandopsis*)
Auliza Salisb. ex Small: *Epidendrum* L.
Auliza Salisb. - 1812 - Epidendrinae (S) - ca. 13 sp. epi. - And., C-Am., Braz.
1. **amblostomoides** (Hoehne) Brieg. (*Epidendrum amblostomoides* Hoehne) (S)
2. **campestris** (Lindl.) Brieg. (*Epidendrum campestris* Lindl.) (S) ➝ Epidendrum 38
3. **ciliaris** (L.) Salisb. (*Epidendrum ciliare* L.) - Neotrop. (S*)
    var. **cuspidatum** (Lodd.) Lindl. (*Epidendrum cuspidatum* Lodd.) - Neotropics (S*)
➝ *ciliaris* (L.) Salisb.: *Epidendrum* 47 (8**, 9**, G**)
4. **clavatum** (Lindl.) Brieg. (*Epidendrum clavatum* Lindl.) - C.Rica, Col., Ven. (S*)
    var. **purpurascens** (Focke) Cogn. - Amaz., Sur. (S)
5. × **costaricensis** (Rchb.f.) Brieg. - (*A. oerstedii* × *A. ciliaris*) - nat. hybr. - (*Epidendrum costaricenis* Rchb.f.) - C.Rica (S*)
- *difformis* (Jacq.) Small: *Epidendrum difforme* Jacq. (9**, G**)
6. **lacertinum** (Lindl) Brieg. (*Epidendrum lacertinum* Lindl.) - Guat. (S) ➝ Epidendrum 140
7. **laterale** (Rolfe) Brieg. (*Epidendrum laterale* Rolfe) - C.Rica (S*)
- *nocturna* (Jacq.) Small: *Epidendrum* 189 (9**, G)
8. **oerstedii** (Rchb.f.) Brieg. (*Epidendrum oerstedii* Rchb.f.) - C.Rica (S*) ➝ Epidendrum 197
- *parkinsonianum* (Hook.) Brieg: *Epidendrum* 210 (9**, G)
9. **pugioniforme** (Regel) Brieg. (*Epidendrum pugioniforme* Regel) - Mex. (S)
10. **rousseauae** (Schltr.) Brieg. (*Epidendrum rousseauae* Schltr.) - Pan. (S) ➝ Epidendrum 259
- *stamfordiana* (Batem.) Brieg.: *Epidendrum* 284 (9**, G)
11. **viviparum** (Lindl) Brieg. (*Epidendrum viviparum* Lindl.) - Amaz. (S) ➝ Epidendrum 318
Aulizeum ciliare (L.) Lindl. ex Stein: *Epidendrum* 47 (9**, G**)
- *cochleatum* (L.) Lindl. ex Stein:

Encyclia 27 (9**)
- *glumaceum* (Lindl.) Stein: *Encyclia* 42 (G**)
- *pygmaeum* (Hook.) Lindl. ex Stein: *Encyclia* 82 (9**, G)
- *variegatum* (Hook.) Lindl. ex Stein: *Encyclia* 102 (9**, G**)

Aulosepalum Gar. - 1982 - *Spiranthinae* (S) - (*Gamosepalum* Schltr. non Hausskn., *Deiregynopsis* Rausch.) - 4 sp. terr. - Mex., Guat.
1. **tenuiflorum** (Greenm.) Gar. (S)

Aulostylis Schltr. - 1912 - *Subfam. Epidendroideae Tribus: Arethuseae Subtr. Bletiinae* - 1 sp. epi. - P.N.Gui.
1. **papuna** Schltr. - P.N.Gui. 700 m (S*)

Australorchis Brieg. - 1981: *Dendrobium*

Australorchis Brieg. - 1981 - *Dendrobiinae* (S) - (*Dendrobium* sect. *Monophylla* Benth.) - 2 sp.
- *monophylla* (F.v.Muell.) Brieg.: *Dendrobium* 237 (G)
1. **schneiderae** (F.M.Bailey) Brieg. (*Dendrobium schneiderae* F.M.Bailey) - Austr. (S) ➤ Dendrobium 317

Auxopus Schltr. - 1905 - *Subfam. Epidendroideae Tribus: Gastrodieae Subtr. Gastrodiinae* - 3 sp. ter/sapro - Trop. W-Afr.
1. **cameroonensis** Schltr. - W-Afr. (S)
2. **macranthus** Schweinf. - W-Afr. (S)
3. **madagascariensis** Schltr. - Madag. (U)

Aviceps Lindl. - 1838: *Satyrium* Sw. (S)
- *pumilum* (Pers.) Lindl.: *Satyrium* 23 (S)

× **Ayubata (Ayb.)** (*Aërides* × *Arachnis* × *Ascoglossum*)

Azadehdelia Braem: *Cribbia* Sengh. (C)
- *brachyceras* (Summerh.) Braem: *Cribbia* 1 (C)

× **Bakerara (Bak.)** (*Brassia* × *Miltonia* × *Odontoglossum* × *Oncidium*)

× **Balaguerara (Blga.)** (*Broughtonia* × *Epidendrum* × *Laeliopsis* × *Tetramicra*)

× **Baldwinara (Bdwna.)** (*Aspasia* × *Cochlioda* × *Odontoglossum* × *Oncidium*)

× **Banfieldara (Bnfd.)** (*Ada* × *Brassia* × *Odontoglossum*)

× **Baptirettia (Btta.)** (*Baptistonia* × *Comparettia*)

× **Baptistoglossum (Bpgm.)** (*Baptistonia* × *Odontoglossum*)

Baptistonia (Bapt.) Barb.Rodr. - 1877 - *Oncidiinae* (S) - 1 sp. epi. - end. to Braz.
1. **echinata** Barb.Rodr. (*Oncidium brunleesianum* Rchb.f., *O. vellozanum* Pabst) - Braz. ca. 1.000 m (A**, H**, S*, Z**)

× **Barangis (Brgs.)** (*Aërangis* × *Barombia*)

× **Barbosaara (Bbra.)** (*Cochlioda* × *Gomesa* × *Odontoglossum* × *Oncidium*)

Barbosella Schltr. - 1918 - *Subfam. Epidendroideae Tribus: Epidendreae Subtr. Pleurothallidinae* - ca. 20 sp. epi. - C.Rica, Braz., Arg.
1. **anaristella** Kraenzl. (*Masdevallia anaristella* Kraenzl.) - Nic., C. Rica, Pan. (W**, L)
2. **australis** (Cogn.) Schltr. - S-Braz. (S)
3. **circinata** Luer - Pan. (W)
4. **cucullata** (Lindl.) Schltr. (*Restrepia cucullata* Lindl.) - Col., Ven., Peru, Ec. 1.000-2.400 m (E**, H**, S, $50/6, R**, Z**)
5. **gardneri** (Lindl.) Schltr. (*Pleurothallis gardneri* Lindl., *Restrepia gardneri* (Lindl.) Benth., *Humboldtia gardneri* (Lindl.) Ktze.) - Braz. (G, H, S, L*)
6. **miersii** (Rchb.f.) Schltr. (E)
7. **orbicularis** Luer - Pan., Ven., S-Am. ca. 1.400 m (W, $50/6, FXV2/3)
8. **porschii** Kraenzl. - S-Braz. (S)
9. **prorepens** (Rchb.f.) Schltr. (*Restrepia proprepens* Rchb.f., *R. caespitifica* Kraenzl.) - Nic., C.Rica, Pan., Col. (W, R**)
- *reichenbachiana* (End. ex Rchb.f.) Schltr.: *Restrepiopsis* 12 (L*)
10. **schista** Luer & Esc. - Col. 2.750 m (FXVI1)
11. **trilobata** Pabst (S)

Barbrodria Luer - 1981 - *Pleurothallidinae* (S) - 1 sp. epi. - Braz.
1. **miersii** (Lindl.) Luer (*Pleurothallis miersii* Lindl., *Restrepia miersii* (Lindl.) Rchb.f., *Humboldtia miersii* (Lindl.) Ktze.) - Braz. (G, L, S*)

× **Bardendrum (Bard.)** (*Barkeria* × *Epidendrum*)

Barkeria (Bark.) Knowl. & Westc. - 1838 - *Subfam. Epidendroideae Tribus: Epidendreae Subtr. Laeliinae* - 10/16 sp. epi/lit - C-Am.
1. **barkeriola** Rchb.f. - Mex. 600-1.000 m (3**, O5/98**, S)
2. **chinensis** (Lindl.) Thien - C-Am.,

Mex. to Pan. 550-1.700 m (3**, $56/6, S)
- *chinensis* (Lindl.) Thien: 10 (W)
3. **cyclotella** Rchb.f. - Mex. 1.300-1.500 m (E**, H**, S)
4. **dorotheae** Halb. - Mex. (3**, $56/6, S)
5. **elegans** Knowl. & Westc. (*Epidendrum elegans* (Knowl. & Westc.) Rchb.f. - Mex., Guat. 700-1.500 m (3**, E, G, S, Z**)
- *elegans* Knowl. & Westc.: *Epidendrum elegans* (9**)
6. **halbingeri** Thien - Mex. 1.600 m ($56/6, S)
7. **lindleyana** Batem. ex Lindl. (*Epidendrum lindleyanum* (Batem. ex Lindl.) Rchb.f.) - Mex., Guat., Hond., Salv. (9**, E**, G, H**, W**, S, Z**)
ssp. **lindleyana** - C.Rica (H, $56/6)
ssp. **spectabilis** (Batem. ex Lindl.) Thien - Salv. 1.550-2.000 m (FVI4**)
ssp. **wanneriana** (vanneriana) (Rchb.f.) Thien - Mex. 1.700-1.900 m (H, $56/6, S)
var. **alba** ($56/6)
8. **melanocaulon** A.Rich. & Gal. - Mex. 100-300 m ($56/6, S)
9. **naevosa** (Lindl.) Schltr. - Mex. 400-1.000 m ($56/6, S)
10. **obovata** (Presl) E.A.Christ. (*B. chinensis* (Lindl.) Thien) - C.Rica, Nic., Pan. (W, S)
11. **palmeri** (Rolfe) Schltr. - Mex. 1.300 m ($56/6, S)
12. **scandens** Dressl. & Halb. ($56/6)
13. **shoemakeri** Halb. - Mex. ($56/6)
14. **skinneri** (Batem. ex Lindl.) A.Rich. & Gal. (*B. skinneri* (Batem. ex Lindl.) Paxt., *B. skinneri* var. *major* (Batem. ex Lindl.) Paxt., *B. skinneri* var. *superba* Warner, *Epidendrum skinneri* Batem. ex Lindl., *E. skinneri* var. *superbum* Warner, *E. fuchsii* Regel, *Dothiolophis purpurea* Raf.) - C.Rica, Nic. Mex., Guat. 900-1.900 m (9**, G**, W, S)
- *skinneri* (Batem. ex Lindl.) Paxt. (E**, H**): 14 (9**, G**)
- *skinneri* var. *major* (Batem. ex Lindl.) Paxt.: 14 (9**, G**)
- *skinneri* var. *superba* Warner: 14 (9**, G**)
15. **spectabilis** Batem. ex Lindl. (*Epidendrum spectabile* (Batem. ex Lindl.) Rchb.f.) - Mex., Guat., Salv., Nic. 1.500-2.000 m (4**, 8**, 9**, E**, G, H**, S, Z**)
16. **uniflora** (Llave & Lex.) Dressl. & Halb. ($56/6)
17. **whartoniana** (Schweinf.) Soto Arenas - Mex. (S)
× *Barkidendrum*: × *Bardendrum* (*Barkeria* × *Epidendrum*)
× **Barkonitis (Bknts.)** (*Barkeria* × *Sophronitis*)
× **Barlaceras** (*Aceras* × *Barlia*)
Barlaea Rchb.f. - 1877: *Cynorkis* Thou. (S)
Barlia Parl. - 1858 - *Subfam. Orchidoideae Tribus: Orchideae Subtr. Orchidinae* - 2 sp. terr. - Medit., NW-Afr., Canary - „Mastorchis"
- *longibracteata* (Biv.) Parl.: 2 (G**, H**, K**, S, T**)
1. **metlesicsiana** Teschner - Canary - „Metlesicss Mastorchis" (T, N, Z, S O2/93**)
2. **robertiana** (Loisel.) Greuter (*B. longibracteata* (Biv.) Parl., *Orchis longibracteata* Biv., *O. robertiana* Loisel., *Aceras longibracteata* (Biv.) Rchb.f., *Himantoglossum longibracteatum* (Biv.) Schltr., *Loroglossum longibracteatum* (Biv.) Moris ex Ardoino) - Medit., NW-Afr. to 1.500 m - „Roberts Mastorchis, Roberts Knabenkraut" (G**, H**, K**, S, N**, Z**)
× *Barliaceras*: × *Barlaceras* (*Aceras* × *Barlia*)
Barombia Schltr. - 1914: *Aerangis* Rchb.f.
Barombia (Brmb.) Schltr. - 1914 - *Subfam. Epidendroideae Tribus: Vandeae Subtr. Aerangidinae* - 2 sp. epi. - Camer., Gab., Tanz.
1. **gracillima** (Kraenzl.) Schltr. (*Angraecum gracillimum* Kraenzl.) - Camer., Gab. (S*)
→ *gracillima* (Kraenzl.) Schltr.: *Aerangis* 22 (H)
2. **schliebenii** (Mansf.) Cribb (*Leptocentrum schliebenii* Mansf.) - Tanz. (S*)
→ *schliebenii* (Mansf.) Cribb: *Rangaeris* 5 (C*)
Bartholina R.Br. - 1813 - *Subfam. Orchidoideae Tribus: Orchideae Subtr. Orchidinae* - 2/3 sp. terr. - end. to Cape
1. **burmanniana** (L.) Ker-Gawl. (*B.*

pectinata (Thunb.) R.Br., *B. lindleyana* Rchb.f., *Orchis burmanniana* L., *Orchis pectinata* Thunb., *Arethusa ciliaris* L.f.) - S-Afr., Cape (9**, A**, G**, H**, S)
2. **ethelae** H.Bol. - SW-Cape (A**, S)
3. **lindleyana** Rchb.f. - Cape (S)
- *lindleyana* Rchb.f.: 1 (9**, G**)
- *pectinata* (Thunb.) R.Br.: 1 (9**, G**, H**, S)

Basigyne J.J.Sm.: *Dendrochilum* Bl. (S)
Basigyne J.J.Sm. - *Subfam. Epidendroideae Tribus: Dendrobieae Subtr. Coelogyninae* - 1 sp. - Cel.

Basiphyllaea Schltr. - 1921 - *Subfam. Epidendroideae Tribus: Epidendreae Subtr. Laeliinae* - 3 sp. terr. - W-Ind.
1. **angustifolia** Schltr. - Cuba (S)
2. **corallicola** (Small) Ames - Flor., Bah. ($54/3, S)
3. **hamiltonia** Ackerm & Whitten - Jam. (S)
4. **platyphylla** (Rchb.f.) Schltr. (*Tetramicra platyphylla* Rchb.f.) - Cuba (S)

Baskervillea (Baskervilla) Lindl. - 1840 - *Subfam. Spiranthoideae Tribus: Cranichideae Subtr. Cranichidinae* - ca. 10 sp. terr. - Nic. to C.Rica, Ven. to Bol., Peru, Braz.
1. **assurgens** Lindl. - Peru 1.300 m (S)
2. **colombiana** Gar. - Pan. (W)
- *janeirensis* Brade: 4 (S)
3. **nicaraguensis** Hamer & Gar. - Nic., C.Rica (W)
4. **paranaënsis** (Kraenzl.) Schltr. (*B. janeirensis* Brade) - S-Braz. 1.300 m (S)

Batemania (Btmna.) [Batemannia (S)] Lindl. - 1834 - *Subfam. Epidendroideae Tribus: Maxillarieae Subtr. Zygopetalinae* - (*Petronia* Barb. Rodr.) - 4/5 sp. epi. - Trin. to Braz. - scented
- *antioquiana* Kraenzl.: *Galeottia* 2 (S)
- *apiculata* Rchb.f.: *Huntleya* 2 (O5/98)
1. **armillata** (armellata) Rchb.f. (*Zygopetalum chloranthum* Kraenzl.) - Col., Peru, Ec., Sur. (R, S*)
- *burtii* Endr. & Rchb.f.: *Huntleya* 10 (4**, E**, G**, H**)
- *burtii* Endr. & Rchb.f.: *Huntleya* 4 (9**, O3/91, O5/98)
- *burtii* var. *wallisii* Rchb.f.: *Huntleya* 10 (G**)

2. **colleyi** Lindl. (*B. petronia* Barb. Rodr., *B. yauaperyensis* Barb.Rodr., *B. peruviana* Rolfe, *Lycaste colleyi* hort. ex Planch., *Maxillaria colleyi* (Lindl.) hort. ex Planch., *Petronia regia* Barb.Rodr.) - Trin., Guy., Sur., Col., Peru, Braz., Ven. 0-1.500 m (9**, G**, H*, O6/93, R**, S*)
- *fimbriata* Lind. & Rchb.f.: *Mendoncella* 2 (H)
- *fimbriata* Lind.& Rchb.f.: *Galeottia* 6 (O1/94)
- *grandiflora* Rchb.f.: *Zygopetalum grandiflorum* (8**)
- *grandiflora* (A.Rich.) Rchb.f.: *Mendoncella* 3 (9**, H**)
- *grandiflora* (Rich. & Gal.) Rchb.f.: *Galeottia* 7 (S*)
- *gustavi* Rchb.f.: *Huntleya* 7 ($53/7)
- *lalindei* Lind.: *Bollea* 5 (9**, O4/98)
3. **leferenzii** Sengh. - Bol. ca. 1.300 m (A**, S)
4. **lepida** Rchb.f. - Ven., Braz. (S*)
- *meleagris* (Lindl.) Rchb.f.: *Huntleya* 10 (E**, G**, H**, O5/98)
- *meleagris* var. *albido fulva* (Lem.) Rchb.f.: *Huntleya* 10 (G**)
- *peruviana* Rolfe: 2 (H*, O6/93, 9**, G**, S*)
- *petronia* Barb.Rodr.: 2 (9**, G**, H*, O6/93, S*)
- *wallisii* Rchb.f.: *Huntleya* 10 (G**)
- *wallisii* Rchb.f.: *Huntleya* 13 (O5/98)
- *wallisii* var. *major* Rchb.f. ex Roezl: *Huntleya* 10 (G**)
5. **wolteriana** Schltr. - unknown origin
- *yauaperyensis* Barb.Rodr: 2 (9**, G**, H*, O6/93, S*)

× **Bateostylis** (Btst.) (*Batemania* × *Otostylis*)

Bathiea Schltr. - 1918: *Neobathiea* Schltr. (S)
- *perrieri* (Schltr.) Schltr.: *Neobathiea* 5 (H**, U**)

× **Baumannara** (Bmnra.) (*Comparettia* × *Odontoglossum* × *Oncidium*)

Beadlea Small - 1903 - *Subfam. Spiranthoideae Tribus: Cranichideae Subtr. Spiranthinae* - 5 (54 (S)) sp. terr. - C-S-Am.
1. **bicolor** (Ker-Gawl.) Gar. (*Neottia bicolor* Ker-Gawl., *Spiranthes bicolor* (Ker-Gawl.) Lindl., *S. pubescens* Barb.Rodr., *Gyrostachys bicolor* (Ker-Gawl.) Ktze., *Cyclopogon pu-*

- *bescens* (Barb.Rodr.) Barb.Rodr., *C. bicolor* (Ker-Gawl.) Schltr.) - Arg., Braz., Ven., Col., W-Ind. (G**)
- *bidentata* (Barb.Rodr.) Gar.: *Cyclopogon* 3 (FXIX1)
2. **cranichoides** (Griseb.) Small - Flor. to Peru ($54/3, S*)
3. **elata** (Sw.) Small ex Britt. (*Satyrium elatum* Sw., *Neottia minor* Jacq., *N. elata* (Sw.) Sw., *Spiranthes elata* (Sw.) A.Rich., *S. elata* var. *ovata* Cogn., *S. preslii* Lindl., *S. lineata* Lindl., *S. comosa* Rchb.f., *S. lineata* Stuckert, *S. variegata* Kraenzl., *S. pamii* Braid, *Cyclopogon ovalifolium* Presl, *C. elatus* (Sw.) Schltr., *C. miradorensis* Schltr., *Sarcoglottis elata* (Sw.) P.N.Don, *Gyrostachys ovalifolia* (Presl) Ktze., *Sauroglossum richardii* Ames) - W-Ind., Mex., Flor., C-S-Am., Arg. (9**, G)
- *elliptica* Gar: *Cyclopogon* 8 (FXIX1)
- *epiphytica* Dods.: *Cyclopogon* 9 (FXIX2, FXIX1)
- *hennisiana* (Sandt) Gar.: *Cyclopogon* 12 (FXIX1)
4. **lindleyana** (Link, Kl. & Otto) Gar. & Dunst. (*Spiranthes lindleyana* Link, Kl. & Otto, *Gyrostachys lindleyana* (Link, Kl. & Otto) Ktze., *Cyclopogon lindleyana(us)* (Link, Kl. & Otto) Schltr.) - Ven., C.Rica (G, S*)
5. **miradorensis** (Schltr.) Gar. & Dunst. - Ven. (FXV2/3)
× **Beallara (Bllra.)** (*Brassia* × *Cochlioda* × *Miltonia* × *Odontoglossum*)
× **Beardara (Bdra.)** (*Ascocentrum* × *Doritis* × *Phalaenopsis*)
× *Beaumontara*: × *Recchara* (*Brassavola* × *Cattleya* × *Laelia* × *Schomburgkia*)

Beclardia A.Rich. - 1828 - *Subfam. Epidendroideae Tribus: Vandeae Subtr. Aerangidinae* - 2/3 sp. epi. - Madag., Masc.
1. **brachystachys** (Thou.) A.Rich. - Masc. (S)
- *brachystachys* (Thou.) A.Rich.: 3 (S)
- *elata* (Thou.) A.Rich.: *Cryptopus* 3 (A**, G, H**)
2. **grandiflora** Boss. - Madag. 900 m (U, S)
- *humbertii* H.Perr.: *Lemurella* 1 (U**)
3. **macrostachya** (Thou.) A.Rich. (*B. brachystachys* (Thou.) A.Rich., *Epidendrum macrostachyum* Thou., *Aerides macrostachyum* (Thou.) Spreng., *Oeonia macrostachya* (Thou.) Lindl., *Aeranthes macrostachyus* (Thou.) Rchb.f., *Rhaphidorhynchus macrostachyus* (Thou.) Finet) - Madag., Masc. 0-2.000 m (U**, S*)
- *polystachya* (Thou.) Frapp.: *Oeoniella* 2 (U**)

Begonia monophylla Pourr.: *Nervilia* 3 (U)

Beloglottis Schltr. - 1920 - *Subfam. Spiranthoideae Tribus: Cranichideae Subtr. Spiranthinae* - ca. 8 sp. terr. - Ven., Bol., C-Am., Mex.
1. **americana** (Schweinf. & Gar.) Brieg. (*Manniella americana* Schweinf. & Gar.) - Ven. (S)
2. **bicaudata** (Ames) Gar. - C.Rica, S-Am. (W)
3. **costaricensis** (Rchb.f.) Schltr. - Nic., C.Rica, Pan. (W**)
4. **ecallosa** (Ames & Schweinf.) Hamer & Gar. - Nic., C.Rica (W)
5. **hameri** Gar. - Nic., C.Rica (W)
6. **laxispica** Catl. - Mex. (S)
7. **subpandurata** (Ames & Schweinf.) Gar. - C.Rica, Pan. (W)
× *Benthamara*: × *Trevorara* (*Arachnis* × *Euanthe* (*Vanda*) × *Paraphalaenopsis* (*Phalaenopsis*)]
× *Benthamara* (*Bthm.*): × *Nashara* (*Broughtonia* × *Cattleyopsis* × *Diacrium* (*Caularthron*)]

Benthamia A.Rich. - 1828 - *Subfam. Orchidoideae Tribus: Orchideae Subtr. Habenariinae* - ca. 29 sp. terr. - Madag., Masc., Réunion
1. **bathieana** Schltr. (*B. latifolia* Schltr.) - Madag., Masc. ca. 2.000 m - terr. (U)
2. **calceolata** H.Perr. - Madag. lowl. - terr. (U)
3. **catatiana** H.Perr. - Madag. lowl. - epi. (U)
4. **cinnabarina** (Rolfe) H.Perr. (*B. flavida* Schltr., *B. perrieri* Schltr., *Habenaria cinnabarina* Rolfe) - Madag. 1.500-2.200 m - terr. (U)
5. **cuspidata** H.Perr. - Madag. lowl. - epi/ter (U)
6. **dauphinensis** (Rolfe) Schltr. (*Habenaria dauphinensis* Rolfe) - Madag. lowl. - terr. (U)
7. **elata** Schltr. - Madag. - terr. (U)
8. **exilis** Schltr. - Madag. 2.000-2.400 m - terr. (U)
   var. **tenuissima** Schltr. - Madag.

2.000-2.500 m - terr. (U)
- *flavida* Schltr.: 4 (U)
9. **glaberrima** (Ridl.) H.Perr. (*Holothrix glaberrima* Ridl., *Peristylus glaberrima* (Ridl.) Rolfe, *Platanthera glaberrima* (Ridl.) Kraenzl., *Habenaria glaberrima* (Ridl.) Schltr., *Rolfeella glaberrima* (Ridl.) Schltr.) - Madag. 1.500-2.000 m - terr. (U)
10. **herminioides** Schltr. (*B. herminioides* ssp. *typica* H.Perr.) - Madag. ca. 2.000 m - terr. (U)
ssp. **angustifolia** H.Perr. - Madag. ca. 2.600 m - terr. (U)
ssp. **arcuata** H.Perr. - Madag. 2.600-2.800 m (U)
ssp. **intermedia** H.Perr. - Madag. ca. 2.000 m (U)
- *herminioides* ssp. *typica* H.Perr. inv. name: 10 (U)
11. **humbertii** H.Perr. - Madag. 1.800-2.000 m - terr. (U)
12. **latifolia** (Thou.) A.Rich. (*Satyrium latifolium* Thou., *Habenaria chlorantha* Spreng., *H. latifolia* (Thou.) Cordem., *Herminium latifolium* (Thou.) Lindl., *Peristylus latifolius* (Thou.) Lindl.) - Maur. (G)
- *latifolia* Schltr.: 1 (U)
- *leandriana* H.Perr.: *Cynorkis* 112 (U)
13. **longecalceata** H.Perr. - Madag. 1.500-2.000 m - terr. (U)
14. **macra** Schltr. - Madag. ca. 2.500 m - terr. (U)
15. **madagascariensis** (Rolfe) Schltr. (*Holothrix madagascariensis* Rolfe, *Habenaria madagascariensis* (Rolfe) Schltr., *Platanthera madagascariensis* (Rolfe) Kraenzl., *Peristylus macropetalus* Finet) - Madag. 0-500 m - terr. - „Soazombitra" (U)
16. **majoriflora** H.Perr. - Madag. ca. 1.500 m - terr. (U)
17. **melanopoda** Schltr. - Madag. 1.500-2.000 m - terr. (U)
- *minutiflora* (Ridl.) Schltr.: 28 (G, U)
18. **misera** (Ridl.) Schltr. (*Habenaria misera* Ridl.) - Madag. - terr. (U)
19. **monophylla** Schltr. - Madag. ca. 2.600 m - terr. (S, U)
20. **nigrescens** Schltr. (*B. nigrescens* ssp. *typica* H.Perr.) - Madag. 2.000-2.400 m - lit/ter (S, U)
ssp. **decaryana** H.Perr. - Madag. ca. 1.700 m (U)

ssp. **humblotiana** H.Perr. - Madag. ca. 2.000 m (U)
- *nigrescens* ssp. *typica* H.Perr: 20 (U)
21. **nigro-vaginata** H.Perr. - Madag. - terr. (U)
22. **nivea** Schltr. - Madag. ca. 2.000 m - epi. (U)
ssp. **parviflora** H.Perr. - Madag. ca. 2.000 m (U)
23. **perfecunda** H.Perr. - Madag. 1.830-2.135 m - terr. (U)
- *perrieri* Schltr.: 4 (U)
24. **perularioides** Schltr. - Madag. 1.200-2.500 m - terr. (U)
25. **praecox** Schltr. - Madag. 1.000-1.400 m - terr. (U**)
26. **procera** Schltr. - Madag. 400-800 m - terr. (U)
27. **rostrata** Schltr. (*Platanthera madagascariensis* sensu Schltr.) - Madag. ca. 2.000 m (U)
28. **spiralis** (Thou.) A.Rich. (*B. minutiflora* (Ridl.) Schltr., *B. spiralis* var. *dissimulata* (Schltr.) H.Perr, *Satyrium spirale* Thou., *Spiranthes africana* Lindl., *Habenaria spiralis* (Thou.) A.Rich., *H. minutiflora* Ridl., *H. dissimulata* Schltr., *Herminium spirale* (Thou.) Rchb.f., *Peristylus spiralis* (Thou.) S.Moore) - Madag., Masc. 0-1.500 m - terr. (G, S, U)
- *spiralis* var. *dissimulata* (Schltr.) H.Perr: 28 (U)
29. **verecunda** Schltr. (*Habenaria chlorantha* sensu Schltr.) - Madag. ca. 1.200 m - terr. (U)

Benzingia Dods. - 1989 - *Huntleyinae* (S) - 2 sp. epi. - Ec.
1. **estradae** (Dods.) Dods. (*Chondrorhyncha estradae* Dods.) - Ec. 700-1.100 m (O4/98, S)
2. **hirtzii** Dods. - Ec. 1.150 m (O4/98**, S*)

Bhutanthera Renz - 2001 - *Platantherinae* (S) - 5 sp. terr. - Bhut., Sik. (S)
1. **albo-marginata** (King & Pantl.) Renz - Sik. (S)
2. **albo-sanguinea** Renz - Sik. (S)

Bicchia Parl.: *Pseudorchis* Ség.

Bicornella Lindl. - 1835: *Cynorkis* Thou. (S)
- *gracilis* Lindl.: *Cynorkis* 47 (U)
- *longifolia* Lindl.: *Cynorkis* 48 (U)
- *parviflora* Ridl.: *Cynorkis* 48 (U)
- *pulchra* Kraenzl. ex Schltr.: *Cynorkis* 63 (U)

- *schmidtii* Kraenzl.: *Cynorkis* 78 (U)
- *similis* Schltr.: *Cynorkis* 48 (U)
- *stolonifera* Schltr.: *Cynorkis* 104 (U)

Bidoupia (Bidupia) Avery. & Christ. - 2001 - *Aeridinae* (S) - 1 sp. epi. - Viet.
1. **bicamerata** Avery. & Christ. - S-Viet. 1.600-2.250 m (S*)

Bieneria Rchb.f.: *Chloraea* Lindl.

Biermannia King & Pantl. - 1897 - *Subfam. Epidendroideae Tribus: Vandeae Subtr. Sarcanthinae* - ca. 11 sp. epi. - SE-As.
1. **bigibba** (Schltr.) Gar. - Sum. (S)
2. **bimaculata** King & Pantl. - Sik., Him. 1.500 m (S*)
3. **calcarata** Avery. - Viet. (S)
4. **ciliata** (Ridl.) Gar. - Thai., Mal. (S*)
5. **decipiens** (J.J.Sm.) Gar. - Bali (S)
- *decumbens* (Griff.) Tang & Wang: *Kingidium* 4 (O1/94)
6. **flava** (Carr.) Gar. (*Chamaeanthus flavus* Carr.) (O2/88)
7. **jainiana** Rao - Him. (S)
8. **laciniata** (Carr.) Gar. (*Chamaeanthus laciniatus* Carr.) - Mal. (O2/88, S)
9. **quinquecallosa** King & Pantl. - E-Him. (S)
10. **sarcanthoides** (Carr.) Gar. (*Chamaeanthus sarcanthoides* Carr.) - Mal. (O2/88, S)
11. **sigaldii** Seidenf. - Viet. (S)

× **Bifranisia (Bfsa.)** (*Aganisia* × *Bifrenaria*)

Bifrenaria (Bif.) Lindl. - 1833 - *Subfam. Epidendroideae Tribus: Maxillarieae Subtr. Bifrenariinae* - (*Stenocoryne* Lindl., *Adipe* Raf., *Lindleyella* Schltr.) - 9/30 sp. epi/ter/lit - Pan., Trin., S-Am., Peru, Braz.
1. **atropurpurea** (Lodd.) Lindl. (*B. caparaoense* Brade, *Maxillaria atropurpurea* Lodd.) - Braz. (E**, G, H**, S*)
- *aurantiaca* Lindl.: *Rudolfiella* 1 (9**, E**, G**, H**)
- *aurantiaca* Williams: 6 (G)
2. **aurea** Barb.Rodr. - Braz. (S)
3. **aureo-fulva** (Hook.) Lindl. (*B. secunda* (Vell.) Pabst, *Epidendrum secundum* Vell., *Maxillaria aureofulva* Hook., *M. stenopetala* Knowl. & Westc., *Stenocoryne aureo-fulva* (Hook.) Kraenzl., *S. secunda* (Vell.) Hoehne, *Adipe aureo-fulva* (Hook.) M.Wolff) - Braz. (9**, G)
- *aureo-fulva* (Hook.) Lindl.: *Adipe* 1 (S*)
- *bella* Lem.: *Bothriochilus* 1 (9**)
- *bellus* Lem.: *Coelia* 1 ($56/6)
- *bicornaria* Rchb.f.: *Rudolfiella* 2 (O4/94)
4. **calcarata** Barb.Rodr. - Braz. (S*)
- *caparaoense* Brade: 1 (G)
- *charlesworthii* Rolfe: *Adipe* 2 (O2/90)
- *clavigera* Rchb.f.: *Adipe* 3 (O2/90)
- *dallemagnei* hort. ex Lind.: 16 (8**, 9**)
- *fragrans* Barb.Rodr.: 6 (G)
- *fuerstenbergiana* Schltr.: 6 (G)
- *hadwenii* Lindl.: *Scuticaria* 1 (4**, 9**, H**)
5. **harrisoniae** (Hook.) Rchb.f. (*Dendrobium harrisoniae* Hook., *Maxillaria harrisoniae* (Hook.) Lindl., *M. spathacea* Lindl., *M. pubigera* Kl., *M. barringtoniae* hort. ex Rchb.f., *Colax harrisoniae* (Hook.) Lindl., *C. harrisoniae* (Hook.) Spreng., *C. grandiflorus* Raf., *Stanhopea harrisoniae* (Hook.) P.N.Don, *Lycaste harrisoniae* (Hook.) P.N.Don ex Lour., *L. harrisoniae* (Hook.) B.S.Will., *Stenocoryne harrisoniae* (Hook.) Kraenzl.) - Braz. 100-200 m - ter/lit (8**, 9**, E**, G**, H**, S, Z**)
  var. **alba** Kraenzl. (S)
  var. **flavopurpurea** Hoehne (S)
  var. **grandiflora** (Paxt.) Cogn. (S)
  var. **harrisoniae** (S)
  var. **minor** Hoehne (S)
  var. **pubigera** Rchb.f. (S)
- *harrisoniae* var. *vitellina* (Lindl.) Stein: 18 (G**)
6. **inodora** Lindl. (*B. fragrans* Barb. Rodr., *B. aurantiaca* Williams, *B. fuerstenbergiana* Schltr., *Epidendrum calcaratum* Vell., *Stenocoryne inodora* (Lindl.) Kraenzl.) - Braz. (G, S*)
- *leucorhoda* Rchb.f.: *Adipe* 4 (O2/90)
- *leucorhoda* var. *macaheensis* Brade: *Adipe* 4 (O2/90)
7. **longicornis** Lindl. (*B. sabulosa* Barb.Rodr., *Stenocoryne longicornis* (Lindl.) Lindl., *S. sabulosa* (Barb.Rodr.) Hoehne, *Rudolfiella sabulosa* (Barb.Rodr.) Hoehne, *Adipe longicornis* (Lindl.) M.Wolff)

- Braz., Guy., Col., Peru (G)
➻ *longicornis* Lindl.: *Adipe* 5 (S*)
- *magnicalcarata* (Hoehne) Pabst: 16 (S)
8. **maguirei** Schweinf. - Ven., Braz. ca. 1.500 m (S)
- *maguirei* Schweinf.: *Guanchezia* 1 (S)
- *melanopoda* Kl.: *Adipe* 6 (O2/90)
9. **mellicolor** Rchb.f. - Braz. (S)
- *minuta* Gar.: 13 (S)
- *minuta* Gar.: *Hylaeorchis* 1 (S*)
10. **parvula** (Hook.) Rchb.f. (*Colax parvulus* (Hook.) Spreng., *Maxillaria parvula* Hook., *M. purpurascens* Knowl. & Westc.) - Braz. (G, S)
- *pickiana* Schltr: *Teuscheria* 6 (O4/98**)
11. **picta** (Schltr.) Schweinf. (*Rudolfiella picta* (Schltr.) Hoehne) - Pan., S-Am. (W**)
12. **racemosa** (Hook.) Lindl. (*Maxillaria racemosa* Hook., *Colax racemosus* (Hook.) Spreng., *Adipe fulva* Raf., *A. racemosa* (Hook.) Raf., *Stenocoryne racemosa* (Hook.) Kraenzl.) - Braz. (9**, G**)
➻ *racemosa* Hook.: *Adipe* 7 (S*)
13. **rudolfii** (Hoehne) Carnevali & Romero (*B. minuta* Gar., *Maxillaria perparva* Gar., *M. rudolfii* Hoehne) - Ven., Peru (S)
- *rudolfii* (Hoehne) Carnevali & Romero: *Hylaeorchis* 1 (S*)
- *sabulosa* Barb.Rodr.: 7 (G)
14. **saxicola** (Schltr.) Schweinf. (*Lindleyella saxicola* Schltr., *Schlechterella saxicola* (Schltr.) Hoehne, *Rudolfiella saxicola* (Schltr.) Hoehne) - Col. (FVII2**)
- *secunda* (Vell.) Pabst: 3 (9**, G)
- *stenocoryne* (Kl.) Hoehne: *Adipe* 6 (O2/90)
15. **tetragona** (Lindl.) Schltr. [B. tetragona (Lindl.) Rchb.f.] (*Maxillaria tetragona* Lindl., *Lycaste tetragona* (Lindl.) Lindl.) - Braz. (4**, A**, G**, Z**)
➻ *tetragona* (Lindl.) Schltr.: *Cydoniorchis* 1 (S*)
16. **tyrianthina** (Lodd.) Rchb.f. (*B. dallemagnei* hort. ex Lind., *Lycaste tyrianthina* Lodd., *L. dallemagnei* hort., *Maxillaria tyrianthina* Josst, *M. tyrianthina* hort. ex Baxt.) - Braz. (8**, 9**, O1/94, S*, Z**)

var. **albescens** Hoehne (S*)
var. **magnicalcarata** Hoehne (*B. magnicalcarata* (Hoehne) Pabst) (S)
- *venezuelana* (Gar.) Schweinf.: *Teuscheria* 7 (S*)
17. **verboonenii** Romero & P.Castro - Braz. 1.200-1.400 m (S)
- *villosula* Brade: *Adipe* 10 (O2/90, S*)
18. **vitellina** Lindl. (*B. harrisoniae* var. *vitellina* (Lindl.) Stein, *Maxillaria vitellina* Lindl., *M. barbata* Knowl & Westc., *Stenocoryne vitellina* (Lindl.) Kraenzl., *Adipe vitellina* (Lindl.) M.Wolff) - Braz. (G**)
➻ *vitellina* Lindl.: *Adipe* 11 (S*)
- *wageneri* Rchb.f.: *Teuscheria* 7 (H**, O4/98**)
- *wendlandiana* (Kraenzl.) Cogn.: *Adipe* 12 (S)
- *wittigii* (Rchb.f.) Hoehne: *Cydoniorchis* 2 (S*)
× **Bifrenidium (Bifdm.)** (*Bifrenaria* × *Cymbidium*)
× **Bifreniella (Bifla.)** (*Bifrenaria* × *Rudolfiella*)
× **Bifrillaria** (*Bifrenaria* × *Maxillaria*)
Bilabrella (*Bilabrela*) Lindl. - 1835: *Habenaria* Willd. (S)
- *falcicornis* Lindl.: *Habenaria* 177 (G)
× **Biltonara (Bilt.)** (*Ada* × *Cochlioda* × *Miltonia* × *Odontoglossum*)
Binotia Rolfe - 1905 - *Oncidiinae* (S) - 1 sp. - Braz.
1. **brasiliensis** (Rolfe) Rolfe (*Cochlioda brasiliensis* Rolfe, *Gomesa margaritae* Pabst, *G. verboonenii* Pabst, *Rodrigueziella verboonenii* (Pabst) Pabst) - Braz. (S*)
Bipinnula Comm. ex Juss. - 1789 - Subfam. *Orchidoideae* Tribus: *Diurideae* Subtr. *Chloraeinae* - NE-Arg., S-Braz., S-Chile - terr.
Birchea A.Rich. - 1814: *Luisia* Gaudich. (S)
- *teretifolia* A.Rich.: *Luisia tenuifolia* (E*)
- *teretifolia* A.Rich.: *Luisia* 3 (H*)
× **Bishopara (Bish.)** (*Broughtonia* × *Cattleya* × *Sophronitis*)
× **Blackara (Blkr.)** (*Aspasia* × *Cochlioda* × *Miltonia* × *Odontoglossum*)
Blephariglottis Raf. - 1836: *Platanthera* L.C.Rich. (H)
Blephariglottis Raf. - 1836 - *Platan-*

Blephariglottis - Bletia

therinae (S) - ca. 7 sp. terr. - USA, Can.
1. **alba** (Michx.) House - USA (S, O3/81)
2. × **bicolor** Raf. (*B. ciliaris* × *B. alba*) nat. hybr. - U.S.A. (O3/81)
3. **ciliaris** (L.) Rydb. - USA (S, O3/81)
- *ciliaris* (L.) Rydb.: *Platanthera* 9 (9**)
- *flaviflora* Raf.: *Platanthera* 9 (9**)
4. **grandiflora** (Bigel.) Rydb. - USA, Can. (S)
- *grandiflora* (Bigel.) Rydb.: *Platanthera* 15 (G**)
5. **lacera** (Michx.) Farw. - USA (O3/81)
6. **leucophaea** (Nutt.) Farw. - USA (O3/81)
7. **peramoena** (A.Gray) Rydb. - USA, Can. (S)
- *psycodes* (L.) Rydb.: *Platanthera* 25 (H**)
- *psycodes* var. *grandiflora* (Bigel.) J.Schaffner: *Platanthera* 15 (G**)
× **Bleteleorchis** (*Bletilla* × *Eleorchis*)

Bletia Ruiz & Pav. - 1794 - *Subfam. Epidendroideae Tribus: Arethuseae Subtr. Bletiinae* (*Crybe* Lindl., *Gyas* Salisb., *Bletiana* Raf., *Thiebautia* Colla, *Regnellia* Barb.Rodr.) - ca. 26 sp. ter/lit - Trop.-Subtr. Am., Flor. to Arg.
- *acaulis* (Lindl.) Rchb.f.: *Brassavola* 1 (9**)
- *acuminata* (Lindl.) Rchb.f.: *Laelia* 67 (8**, 9**, G**, B**)
- *acutipetala* Hook.: 20 (9**, G**)
1. **adenocarpa** Rchb.f. - Mex. (S)
- *albida* (Batem. ex Lindl.) Rchb.f.: *Laelia* 2 (9**, E**, G**, H**)
- *alta* (Jacq.) Hitchc.: 20 (9**, G**)
- *amazonica* (Poepp. & Endl.) Rchb.f.: *Brassavola* 13 (G**)
- *amboinensis* Herb. Zipp.: *Phaius* 2 (2*)
- *anceps* (Lindl.) Rchb.f.: *Laelia* 4 (8**, 9**, G**, H**)
- *angustata* Gagn.: *Spathoglottis* 34 (4**, H**)
- *angustata* (Lindl.) Rchb.f.: *Brassavola* 13 (G**)
- *angustata* Gaudich.: *Spathoglottis* 34 (9**, G**)
- *angustifolia* Gaudich.: *Spathoglottis* 34 (2*, 9**, G**)
- *aphylla* Nutt.: *Hexalectris* 3 (S)

- *autumnalis* Llave & Lex.: *Laelia* 6 (8**, 9**, G**, B**, &1)
- *autumnalis* (Lindl.) Rchb.f.: *Laelia* 6 (E**, H**)
- *bicallosa* D.Don: *Liparis* 111 (G**)
2. **campanulata** Llave & Lex. - Nic., C.Rica, Pan. (W, S, Z**)
- *capitata* R.Br.: *Elleanthus* 6 (E*, H*)
3. **carabiana** L.O.Wms. - Cuba (S)
4. **catenulata** Ruiz & Pav. (*B. sanguinea* Poepp. & Endl., *B. sherrattiana* Batem. ex Hook.f., *B. sherrattiana* Batem. ex Lindl., *B. watsonii* Hook., *B. rodriguesii* Cogn., *Regnellia purpurea* Barb.Rodr.) - Col., Ec., Braz., Bol. 500-1.800 m (9**, E**, H**, S*)
- *cinnabarina* (Batem. ex Lindl.) Rchb.f.: *Laelia* 16 (8**, 9**, G**, H**)
5. **concolor** Dressl. - Mex. (S)
- *crispa* (Lindl.) Rchb.f.: *Laelia* 20 (8**, 9**, G**, H**)
- *crispilabia* Lindl.: *Laelia* 22 (8**)
- *crispina* Rchb.f.: *Schomburgkia* 10 (9**, G**)
- *cucullata* (L.) Rchb.f.: *Brassavola* 6 (9**, G)
- *digbyana* Rchb.f.: *Laelia digbyana* (8**)
- *digbyana* (Lindl.) Rchb.f.: *Brassavola* 7 (E**)
- *digbyana* (Lindl.) Rchb.f.: *Rhyncholaelia* 1 (9**, G**, H**)
6. **edwardsii** Ames - Nic., C.Rica (W)
- *elegans* Rchb.f.: × *Laeliocattleya elegans* Rolfe (8**)
- *elegans* (Morr.) Rchb.f.: *Laelia* 25 (9**)
7. **ensifolia** L.O.Wms. - Mex., Guat. (S)
- *flava* Rchb.f.: *Laelia* 30 (8**)
- *flava* Wall.: *Phaius maculatus* (8**)
- *flava* (Bl.) Wall. ex Lindl: *Phaius* 15 (9**)
- *florida* R.Br.: 17 (9**)
- *florida* (Salisb.) R.Br.: 20 (9**, G**)
8. **fulgens** Rchb.f. - Mex. (S)
- *furfuracea* (Lindl.) Rchb.f.: *Laelia* 31 (8**, 9**, G**, B**)
- *gebina* Lindl.: *B. hyacinthina* (8**)
- *gebina* Lindl.: *Bletilla* 3 (9**, E**, G**, H**)
- *glauca* Rchb.f.: *Laelia glauca* (8**)
- *glauca* (Lindl.) Rchb.f.: *Brassavola* 11 (E**)

- *glauca* (Lindl.) Rchb.f.: *Rhyncholaelia* 2 (9**, G**, H**)
- *gloriosa* (Rchb.f.) Rchb.f.: *Schomburgkia* 10 (9**, E*, G**, H*)
9. **gracilis** Lodd. - Mex., Guat. (G**, S)
- *graminifolia* D.Don.: *Arundina* 2 (2*)
- *graminifolia* D.Don: *Arundina* 1 (9**, G**, H**, Q**)
- *grandiflora* Llave & Lex.: *Laelia majalis* (8**)
- *grandiflora* Llave & Lex.: *Laelia* 71 (9**, G**, B**)
- *grandis* (Lindl.) Rchb.f.: *Laelia* 40(4**, 9**, E**)
- *harpophylla* Rchb.f.: *Laelia* 41 (8**)
- *havanensis* Lindl.: 20 (9**, G**)
- *hyacinthina* (Smith) R.Br. (8**): *Bletilla* 3 (9**, G**)
10. **lilacina** A.Rich. & Gal. - Mex. (S)
- *lindleyana* Rchb.f.: *Laelia lindleyana* (8**)
- *lindleyana* Rchb.f.: × *Brassocattleya* 1 (9**)
- *lineata* (Hook.) Rchb.f.: *Brassavola* 1 (9**)
- *longipes* (Rchb.f.) Rchb.f.: *Laelia* 50 (8**, 9**, H)
- *lundii* (Rchb.f. & Warm.) Rchb.f. & Warm.: *Laelia* 52 (E**, H**)
- *lutea* (Beer) Rchb.f.: *Laelia* 30 (G**)
11. **macristhmochila** Greenm. - Mex. (3**, S)
- *martiana* (Lindl.) Rchb.f.: *Brassavola* 13 (G**)
- *masuca* D.Don: *Calanthe* 33 (6*, 9**)
- *masuca* D.Don: *Calanthe* 46 (G**, Q**)
12. **meridana** (Rchb.f.) Gar. & Dunst. - Ven. (S)
- *montana* Hook.: *Octadesmia* 2 (9**)
13. **nelsonii** Ames - Mex. (S)
14. **netzeri** Sengh. - Dom. (A**)
- *nodosa* (L.) Rchb.f.: *Brassavola* 14 (9**, G**)
- *ortgiesiana* Rchb.f.: *Cattleyopsis* 4 (S)
- *pallida* Lodd.: 20 (9**, G**)
15. **palmeri** S.Wats. - Mex. (S)
16. **parkinsonii** Hook. (*B. sanguinea* Poepp. & Endl., *B. sherrattiana* Batem. ex Hook.f.) - Mex. (9**, S)
17. **patula** Hook. (*Bletia verecunda* DC., *B. sheperdii* Griseb., *B. florida* R.Br., *B. patula* var. *alba* A.D.Hawk.) - SW-USA, Cuba, W-Ind., Hisp. (9**, S)
- *patula* var. *alba* A.D.Hawk.: 17 (9**)
- *peduncularis* (Lindl.) Rchb.f.: *Laelia* 67 (8**, 9**, G**)
- *peduncularis* (Lindl.) Rchb.f.: *Laelia* 67 (B**)
- *perrinii* Rchb.f.: *Brassavola* 16 (8**)
- *perrinii* (Lindl.) Rchb.f.: *Laelia* 59 (8**, 9**, G**)
- *perrinii* (Lindl.) Rchb.f.: *Brassavola* 21 (9**, G**)
- *praestans* Rchb.f.: *Laelia praestans* (8**)
- *praestans* (Rchb.f.) Rchb.f.: *Laelia* 62 (9**, G**)
- *pumila* (Hook.) Rchb.f.: *Laelia* 62 (9**, E**, G**, H**)
18. **punctata** Llave & Lex. - Mex. (S)
- *purpurata* Rchb.f.: *Laelia* 63 (8**)
19. **purpurata** A.Rich. & Gal. (*Crybe rosea* Lindl.) - Nic., C.Rica, S-Am. (W)
- *purpurata* var. *aurorea* Rchb.f.: *Laelia* 63 (8**)
20. **purpurea** (Lam.) DC. (*Limodorum altum* Jacq., *L. tuberosum* Jacq., non L., *L. purpureum* Lam., *L. verecundum* Salisb., *L. floridum* Salisb., *L. trifidum* Mich., *Cymbidium floridum* Salisb., *C. verecundum* (Salisb.) Sw., *Thiebautia nervosa* Colla, *Gyas florida* (Salisb.) Salisb., *Bletia florida* (Salisb.) R.Br., *B. verecunda* (Salisb.) R.Br., *B. pallida* Lodd., *B. acutipetala* Hook., *B. shepherdii* Hook., *B. havanensis* Lindl., *B. alta* (Jacq.) Hitchc., *B. tuberosa* (L.) Ames) - Mex. to Pan., Ven., Col., Ec., W-Ind. (9**, G**, W**, \$54/3, S*, Z**)
21. **reflexa** Lindl. - Mex., Guat. (G**, S)
- *rigida* (Willd.) Rchb.f.: *Tetramicra* 2 (9**)
- *rodriguesii* Cogn.: 4 (9**, E**, H**)
22. **roezlii** Rchb.f. - Mex., Guat., Hond. (S)
- *rosea* (Lind. ex Lindl.) Rchb.f.: *Schomburgkia* 16 (G)
- *rubescens* (Lindl.) Rchb.f.: *Laelia* 67 (8**, 9**, G**, B**)
- *rupestris* (Lindl.) Rchb.f.: *Laelia* 21 (G)
- *sanguinea* Poepp. & Endl.: 4 (9**, E**, H**)
23. **secunda** Lindl. (*Eulophia dilatata* Lindl., *Arethusa sinensis* Rolfe,

Jimensia sinensis (Rolfe) Gar. & Schultes) - Mex. (3**, G)
- *sheperdii* Griseb.: 17 (9**)
- *shepherdii* Hook.: 20 (9**, G**)
- *sherrattiana* Batem. ex Hook.f.: 4 (9**, E**)
- *sherrattiana* Batem. ex Lindl.: 4 (H**)
- *silvatica* (Thou.) Spreng.: *Calanthe* 46 (U)
24. **similis** Dressl. - Mex. (S)
- *speciosa* H.B.K.: *Laelia majalis* (8**)
- *speciosa* H.B.K.: *Laelia* 71 (9**, G**, B**)
25. **stenophylla** Schltr. - Col., Ec., Ven. (S)
- *striata* (Thunb.) Druce: *Bletilla* 3 (9**, E**, G**, H**)
- *subaequalis* Rchb.f.: *Tetramicra* 2 (9**)
- *superbiens* (Lindl.) Rchb.f.: *Laelia* 73 (8**, B**)
- *superbiens* (Lindl.) Rchb.f.: *Schomburgkia* 20 (9**, G)
- *tankervilleae* (Banks) R.Br.: *Phaius* 50 (9**, G)
26. **tenuifolia** Ames & Schweinf. - Mex. (S)
- *thomsoniana* Rchb.f.: *Schomburgkia thomsoniana* (8**)
- *tibicinis* (Batem. ex Lindl.) Rchb.f.: *Myrmecophila* 8 (9**, G**)
- *tuberculata* (Hook.) Rchb.f.: *Brassavola* 21 (9**, G**)
- *tuberculosa* (Thou.) Spreng.: *Phaius tuberculosus* (9**, E**, H**)
- *tuberculosa* (Thou.) Spreng.: *Gastrorchis* 10 (U)
- *tuberosa* (L.) Ames: 20 (9**, G**)
- *undulata* (Lindl.) Rchb.f.: *Schomburgkia* 23 (9**, E**, G**, H**)
27. **urbana** Dressl. - Mex. (S)
- *venosa* (Lindl.) Rchb.f.: *Brassavola* 14 (9**, G**)
- *verecunda* DC.: 17 (9**)
- *verecunda* (Salisb.) R.Br.: 20 (9**, G**, S*)
- *violacea* (Rchb.f.) Rchb.f.: *Laelia* 67 (8**, 9**, G**, B**)
28. **volubilis** Diaz - Cuba (S)
29. **wageneri** Rchb.f. - Ven. (S)
30. **warfordiana** Sosa - Mex. (S)
- *watsonii* Hook.: 4 (9**, E**, H**)
- *woodfordii* Hook.: *Phaius* 15 (2*, 9**)
- *woodfordii* Hook.: *Phaius maculatus* (8**)
31. **wrightii** Acuña - Cuba (S)
- *xanthina* (Lindl. ex Hook.) Rchb.f.: *Laelia* 78 (8**, 9**, G)

Bletiana Raf. - 1818: *Bletia* Ruiz & Pav. (S)

Bletilla (Ble.) Rchb.f. - 1853 - Subfam. Epidendroideae Tribus: Arethuseae Subtr. Bletiinae - ca. 9 sp. terr. - E-As., Taiw.
- *gebina* Rchb.f.: *Bletia hyacinthina* (8**)
- *gebina* (Lindl.) Rchb.f.: 3 (9**, E**, G**, H**, S)
- *hyacinthina* Rchb.f.: *Bletia hyacinthina* (8**)
- *hyacinthina* (Smith) Rchb.f.: 3 (9**, G**, S)
1. **ochracea** Schltr. - Yun. (S)
- *scopulorum* (W.W.Sm.) Schltr.: *Pleione* 22 (&14**)
2. **sinensis** (chinensis) (Rolfe) Schltr. (*Arethusa sinensis* Rolfe, *Jimensia sinensis* (Rolfe) Gar. & Schltr.) - W-China, (Yun.), Sik. (6*, 9**, S)
3. **striata** (Thunb.) Rchb.f. (*B. gebina* (Lodd. ex Lindl.) Rchb.f., *B. hyacinthina* (Smith) Rchb.f., *B. striata* var. *gebina* (Lindl.) Rchb.f., *B. striata* var. *albomarginata* Mak., *B. striata* f. *gebina* (Lindl.) Ohwi, *Limodorum striatum* Thunb., *L. hyacinthinum* (Smith) D.Don, *Epidendrum tuberosum* Lour., *E. striatum* (Thunb.) Thunb., *Cymbidium striatum* (Thunb.) Sw., *C. hyacinthinum* Smith, *Gyas humilis* Salisb., *Calanthe gebina* Lodd., *Jimensia nervosa* Raf., *J. striata* (Thunb.) Gar. & Schult., *Bletia hyacinthina* (Smith) R.Br., *B. gebina* Lindl., *B. striata* (Thunb.) Druce) - E-Tib., Jap., Okinawa, China 1.000-3.000 m - „Japan Orchidee" (4**, 9**, E**, G**, H**, S, O3/83, Z**)
- *striata* f. *gebina* (Lindl.) Ohwi: 3 (9**, G**)
- *striata* var. *albomarginata* Mak.: 3 (9**, G**)
- *striata* var. *gebina* (Lindl.) Rchb.f.: 3 (9**, G**)
- *stricta* Rchb.f.: *Bletia hyacinthina* (8**)
4. **yunnanensis** Schltr. - China (X**)

× **Bletundina** (*Arundina* × *Bletilla*)

× **Bloomara (Blma.)** (*Broughtonia* × *Laeliopsis* × *Tetramicra*)
× **Bogardara (Bgd.)** (*Ascocentrum* × *Phalaenopsis* × *Vanda* × *Vandopsis*)
Bogoria J.J.Sm. - 1905 - *Subfam. Epidendroideae Tribus: Vandeae Subtr. Sarcanthinae* - 4 sp. epi. - Phil., Java, N. Gui.
1. **merrillii** (Ames) Gar. - Phil. (S)
2. **papuana** Schltr. - N.Gui. 500 m (S)
3. **raciborskii** J.J.Sm. - Java (2*, S*)
4. **taeniorhiza** (Schltr.) Schltr. - Sum. 1.500 m (S)

× **Bokchoonara (Bkch.)** (*Arachnis* × *Ascocentrum* × *Phalaenopsis* × *Vanda*)

Bolbidium (Lindl) Brieg. - 1981: *Dendrobium* Sw.

Bolbidium (Lindl) Brieg. - 1981 - *Dendrobiinae* (S) - (*Dendrobium* sect. *Bolbidium* Lindl.) - 8 sp. epi. - Mal., N.Gui.
1. **pumilum** (Roxb.) Brieg. (*Dendrobium pumilum* Roxb., *D. carnosum* Teijsm. & Binn.) (S)
2. **quadrangulare** (Rchb.f.) Brieg. (*Dendrobium quadrangulare* Rchb.f.) (S)

Bolbophyllaria Rchb.f. - 1852: *Bulbophyllum* Thou. (S)

Bolborchis crociformis Zoll. & Mor: *Nervilia* 5 (6*, U)
- *javanica* Zoll. & Mor.: *Pogonia crispata* (2*)

Bollea (Bol.) Rchb.f. - 1852 - *Subfam. Epidendroideae Tribus: Maxillarieae Subtr. Zygopetalinae* - ca. 9 sp. epi. - Guy., Sur., Braz., Col., Ec., Peru
- *cardonae* Schnee: 3 (O4/98, S*)
1. **coelestis** (Rchb.f.) Rchb.f. (*B. pulvinaris* Rchb.f., *Zygopetalum coeleste* Rchb.f., *Z. pulvinare* (Rchb.f.) Rchb.f.) - Col., Ec. 1.200 m (9**, E**, H, O4/98, R**, S, Z**)
2. **ecuadoriana** Dods. - Ec. (O4/98, S)
- *guianensis* Kl.: 10 (G)
3. **hemixantha** Rchb.f. (*Zygopetalum hemixanthum* Rchb.f., *Bollea cardonae* Schnee) - Ven., Guy., Col. 1.500 (100-500) m (O4/82, O4/98, R**, S*)
4. **hirtzii** Waldvogel - Ec., Peru 1.000-1.500 m (O4/82, O4/98, S)
5. **lalindei** (Lind.) Rchb.f. (*B. patinii* Rchb.f., *Batemania lalindei* Lind., *Zygopetalum lalindei* (Lind.) Rchb.f., *Z. patinii* Rchb.f.) - Col. (9**, O4/98, R**, S)
6. **lawrenceana** Rchb.f. (*Zygopetalum lawrenceanum* Rchb.f.) - Col., Ec. 1.000-1.400 m (A**, O4/98, R**, S*, Z**)
7. **pallens** Rchb.f. - Col. (O4/82, R)
➝ *pallens* Rchb.f.: × *Pescatobollea pallens* (Rchb.f.) Fowlie (O4/98, S)
8. **patinii** Rchb.f. - Col. (R)
- *patinii* Rchb.f.: 5 (9**, O4/98, S)
9. **pulvinaris** Rchb.f. (*Zygopetalum pulvinare* Rchb.f.) - Col. 1.200-2.700 m (O4/98, R**, S)
- *pulvinaris* Rchb.f.: 1 (9**, E**, H)
- *schroederiana* hort. Sand.: *Pescatorea* 14 (O4/98, O6/98)
10. **violacea** (Lindl.) Rchb.f. (*Huntleya sessiliflora* Batem. ex Lindl., *H. violacea* Lindl., *H. tyrianthina* hort. ex Rchb.f., *Bollea guianensis* Kl., *Zygopetalum violaceum* (Lindl.) Rchb.f.) - Guy., Braz., Sur., Col. (A**, E, G, H**, O4/98**, R, S*)
- *wendlandiana* Rchb.f.: *Chondrorhyncha aromatica* (E*)
- *wendlandiana* hort. Sand.: *Cochleanthes* 2 (H*, O4/98, O5/98)
11. **whitei** (Rolfe) Schltr. (*Zygopetalum whitei* Rolfe) - Col. 1.300 m (O4/82, O4/98, R, S)

× **Bolleanthes (Blth.)** (*Bollea* × *Cochleanthes*)
× *Bolleo-Chondrorhyncha*: × *Chondrobollea* (*Bollea* × *Chondrorhyncha*)
× **Bollopetalum (Blptm.)** (*Bollea* × *Zygopetalum*)

Bolusiella Schltr. - 1918 - *Subfam. Epidendroideae Tribus: Vandeae Subtr. Aerangidinae* - ca. 4/6 sp. epi. - Trop. Afr., Nat.
1. **batesii** (Rolfe) Schltr. - Camer., Ghana, Ivory C. (C, S*)
2. **imbricata** (Rolfe) Schltr. (*Listrostachys imbricata* Rolfe) - Ghana, Ug., Kenya (E**, S*)
- *imbricata* (Rolfe) Schltr.: 5 (H**, M**)
3. **iridifolia** (Rolfe) Schltr. (*Listrostachys iridifolia* Rolfe) - Ivory C., Camer., Zai., Ug., Kenya, Ang. (E**, H, M, C, S)
ssp. **iridifolia** - Kenya, Tanz., Ug., W-Afr., Com. 2.300-2.600 m (M, C)
ssp. **picea** Cribb - Kenya, Tanz., Ma-

lawi, Zam., Zim. 1.350-2.400 m (1**, M, C)
4. **lebeliana** Del. & Geer. - Rwa. (S)
5. **maudiae** (H.Bol.) Schltr. (*B. imbricata* (Rolfe) Schltr., *Angraecum maudiae* H.Bol., *Listrostachys imbricata* Rolfe) - Ghana to Ug., Kenya, Zam., Nat. 550-1.900 m (1**, H**, M**, C**, S*)
6. **talbotii** (Rendle) Summerh. - Congo, Guin., Ghana, Ivory C., Lib., Nig. 900-1.350 m (4**, C*, S)
7. **zenkeri** (Kraenzl.) Schltr. - Camer. (S)

Bonatea (Bnt.) Willd. - 1805 - *Subfam. Orchidoideae Tribus: Orchideae Subtr. Habenariinae* - (*Habenaria* sect. *Bonatea* (Willd.) Kraenzl.) - ca. 12 sp. terr. - Trop. Afr., S-Afr., N-Yem.

1. **antennifera** Rolfe (*B. speciosa* var. *antennifera* (Rolfe) Sommerville) - Zim., Moz., Botsw., S-Afr. 1.300 m (E*, H*, C)
2. **bracteata** McDonald & McMurtry (*B. liparophylla* Schelpe n.n.) - S-Afr. 1.800 m (C**, S)
3. **cassidea** Sond. - S-Afr., Zim. 60-1.500 m (C)
- *cirrhata* Lindl.: *Habenaria* 33 (M, U)
- *gracilis* Lindl.: *Habenaria* 108 (9**)
- *incarnata* Lindl.: *Habenaria* 86 (U)
- *kayseri* (Kraenzl.) Rolfe: 10 (S, M**)
- *liparophylla* Schelpe n.n.: 2 (C**)
4. **polypodantha** (Rchb.f.) L.Bol. - S-Afr. 700 m (C)
5. **porrecta** (H.Bol.) Summerh. - Moz., S-Afr. 150-800 m (C)
6. **pulchella** Summerh. - Moz., S-Afr. 800 m (C)
7. **rabaiensis** (Rendle) Rolfe - Kenya, Tanz. 0-300 m (M)
8. **saundersioides** (Kraenzl. & Schltr.) Cortesi - S-Afr. 600-900 m (C)
9. **speciosa** (L.f.) Willd. (*Orchis speciosa* L.f., *Habenaria bonatea* Rchb.f., *H. robusta* N.E.Br.) - S-Afr., Zim. to 1.200 m (9**, A**, E, S, C**, Z**) ssp. **antennifera** (Rolfe) Sommerville - Zim. (O6/96)
- *speciosa* ssp. *antennifera* (Rolfe) Sommerville: 1 (C)
10. **steudneri** (Rchb.f.) Dur. & Schinz. (*B. kayseri* (Kraenzl.) Rolfe, *B. ugandae* Summerh.) - Yem., Sud., Erith., Som., Zam, E-Congo, Eth. 900-1.100 m (S, M**, C)
11. **tentaculifera** Summerh. - Kenya 1.500 m (M)
- *tetrapetala* Lindl.: *Habenaria* 177 (G)
- *ugandae* Summerh.: 10 (S, M**)
12. **volkensiana** (Kraenzl.) Rolfe - Kenya, Tanz. 1.700-2.400 m (M)

Bonniera Cordem. - 1899 - *Subfam. Epidendroideae Tribus: Vandeae Subtr. Angraecinae* - 2 sp. epi. - Masc.

1. **appendiculata** (Frapp. ex Boiv.) Cordem. - Masc. (Réunion) (S*)
2. **corrugata** Cordem. - Masc. (Réunion) (S)

Bothriochilus Lem. - 1852: *Coelia* Lindl. ($56/6)

Bothriochilus Lem. - 1852 - *Bletiinae* (S) - 4 sp. epi/lit/ter - Mex. to Pan.

1. **bellus** (Lem.) Lem. (*Bifrenaria bella* Lem., *Coelia bella* (Lem.) Rchb.f., *C. picta* Batem. ex Hook.) - Mex., Guat., Hond. to 1.500 m (9**, E, H**, S*)
→ *bellus* Lem.: *Coelia* 1 (4**, $56/6)
2. **densiflorus** (Rolfe) Ames & Correll (*Coelia densiflora* Rolfe) - Guat., Salv. 1.000-2.000 m ($50/5, S)
→ *densiflorus* (Rolfe) Ames & Correll: *Coelia* 2 ($56/6)
3. **guatemalensis** (Rchb.f.) L.O.Wms. (*Coelia guatemalensis* Rchb.f.) - Guat., Salv. to 3.000 m ($50/5, S)
→ *guatemalensis* (Rchb.f.) L.O.Wms.: *Coelia* 3 ($56/6)
4. **macrostachyus** (Lindl.) L.O.Wms. (*Coelia macrostachya* Lindl.) - Mex., Guat., Salv., Hond., C.Rica, Pan. to 2.500 m ($50/5, S*)
→ *macrostachyus* (Lindl.) L.O.Wms.: *Coelia* 4 (9**, G, W**, $56/6)

× **Bovonara (Bov.)** (*Arachnis* × *Ascocentrum* × *Rhyncostylis* × *Vanda*)

Braasiella Braem, Lueckel & Ruessmann - 1984: *Oncidium* S, W. (O3/84)

Braasiella Braem, Lueckel & Ruessmann - 1984 - *Oncidiinae* (S) - 1 sp. epi. - Dom.

1. **arizajuliana** (Withner & Jimenez) Braem, Lueckel & Ruessmann (*Oncidium arizajuliana* Withner & Jimenez) - Dom. (S*)
→ *arizajuliana* (Withner & Jimenez) Braem, Lueckel & Ruessmann: *Oncidium* 16 (O3/84)

Brachionidium Lindl. - 1859 - *Subfam. Epidendroideae Tribus: Epidendreae Subtr. Pleurothallidinae* - (*Yolanda* Hoehne) - ca. 64 sp. epi/ter - Trop. Am., And., C.Rica, Antill.
1. **alpestre** Luer & Vasq. - end. to Bol. 2.400-3.100 m (L*)
2. **andreettae** Luer & Hirtz - end. to Ec. 2.200-2.300 m (L*)
3. **arethusa** Luer - end. to Peru 2.800 m (L*)
4. **ballatrix** Luer & Hirtz - end. to Ec. 1.300 m (L*)
5. **brachycladum** Luer & Esc. - end. to Col. 2.050 m (L*, XVI3*)
6. **brevicaudatum** Rolfe - Guy., Ven. 650-2.200 m (L*)
7. **calypso** Luer - end. to Pan. (L*)
8. **capillare** Luer & Hirtz - end. to Ec. 1.000-1.350 m (L*)
9. **ciliolatum** Gar. - P.Rico 1.020 m (L*)
- *concolor* Lindl.: 60 (L*)
10. **cruzae** L.O.Wms. - C.Rica 1.700-2.700 m (W, L*)
11. **dalstroemii** Luer - Ec., Peru 2.600-3.150 m (L*)
12. **dentatum** Luer & Dressl. - end. to Pan. 2.800 m (L*)
13. **diaphanum** Luer & Vasq. - Bol., Peru 2.500-2.800 m (L*)
14. **dodsonii** Luer - end. to Ec. 1.650-1.850 m (L*)
15. **dressleri** Luer - Pan., C.Rica 2.200-2.400 m (L*)
- *dungsii* Pabst: 51(L*)
- *dungsii* Pabst: *Yolanda* 1 (S)
- *dussii* Cogn.: 41 (L*)
16. **ecuadorense** Gar. - end. to Ec. 2.800-3.400 m (L*)
17. **elegans** Luer & Hirtz - Ec., Peru 2.400-3.000 m (O1/86, L*)
18. **ephemerum** Luer & Hirtz - end. to Ec. 2.400-2.900 m (L*)
19. **escobarii** Luer - end. to Col. 3.200 m (L*)
20. **filamentosum** Luer & Hirtz - Ec., Col., Pan. 700-1.200 m (L*)
- *floribundum* Gar.: 60 (L*)
- *floribundum* Gar.: *Yolanda* 2 (S)
21. **folsomii** Dressl. - Pan., C.Rica, Guat. 450-1.800 m (W**, L*, FXV2/3**)
22. **fornicatum** Luer & Hirtz - Ec., Col. 3.000-3.300 m (L*)
23. **furfuraceum** Luer - end. to Peru (L*)
24. **galeatum** Luer & Hirtz - end. to Ec. 1.700-2.100 m (L*)
25. **haberi** Luer - end. to C.Rica 1.600-1.800 m (L*)
26. **hirtzii** Luer - end. to Ec. 2.700-3.000 m (L*)
27. **imperiale** Luer & Esc. - Col., Ec. 2.000-2.600 m (L*)
28. **jesupiae** Luer - end. to Ec. 1.650 m (L*)
29. **julianii** Carnevali & Ramirez - end. to Ven. 2.560 m (L*)
30. **kuhniarum** Dressl. - Pan., Ec. 800-1.800 m (W, L*, FXV2/3**)
31. **lehmannii** Luer - Ec. (L*)
32. **longicaudatum** Ames & Schweinf. - end. to Ven. 2.500-2.700 m (L*)
33. **loxense** Luer - end. to Ec. 2.400-2.700 m (L*)
34. **lucaneudeum** Luer - end. to Pan. 2.200 m (L*)
35. **meridense** Gar. - Ven., Col. 2.400-3.000 m (L*)
36. **minusculum** Luer & Dressl. - C.Rica (L*)
37. **muscosum** Luer & Vasq. - end. to Bol. 1.850 m (L*)
38. **neblinense** Carnevali & Ramirez - end. to Ven. 2.000 m (L)
39. **operosum** Luer & Hirtz - end. to Ec. 2.700 m (L*)
40. **parvifolium** (Lindl.) Lindl. (*Restrepia parvifolia* Lindl.) - Col., Ec. 2.700-3.000 m (L*, S)
41. **parvum** Cogn. (*B. dussii* Cogn., *B. sherringii* var. *parvum* (Cogn.) Stehlé) - Gren., Guad., Dom., C.Rica, Haiti, Ven., Ec. 500-1.700 m (L*)
42. **peltarion** Luer - end. to Pan. 900 m (L*)
43. **phalangiferum** Gar. - Ven., Col. 2.400-2.600 m (L*)
44. **piuntzae** Luer - end. to Ec. 1.850 m (L*)
45. **polypodium** Luer - Pan., C.Rica 1.200-1.500 m (L*)
46. **portillae** Luer - end. to Ec. (L*)
47. **pteroglossum** Luer - end. to Ec. 2.400-2.700 m (L*)
48. **puraceënse** Luer - end. to Col. 3.300 m (L*)
49. **pusillum** Ames & Schweinf. - C.Rica, Pan. 1.100-2.000 m (W, L*)
50. **renzii** Luer - end. to Guy. 2.000-2.300 m (L*)
51. **restrepioides** (Hoehne) Pabst (*Yola-*

nda restrepioides Hoehne, B. *dungsii* Pabst) - end. to Braz. 800-1.300 m (L*, S)
52. **rugosum** Luer - end. to Ec. 3.200 m (L*)
53. **satyreum** Luer - end. to Pan. 1.400-1.500 m (L*)
54. **serratum** Schltr. - Peru (L)
55. **sherringii** Rolfe - Gren., Guad., Dom., Mart., 800-1.500 m (L*)
- *sherringii* var. *parvum* (Cogn.) Stehlé: 41 (L*)
56. **simplex** Gar. - end. to Ec. 2.150 m (L*)
57. **stellare** Luer & Hirtz - end. to Ec. 2.150 m (L*)
- *steyermarkii* Foldats: 60 (L*)
- *steyermarkii* Foldats: *Yolanda* 2 (S)
58. **syme-morrisii** Luer - end. to Jam. 1.000 m (L*)
59. **tetrapetalum** (Lehm. & Kraenzl.) Schltr. (*Pleurothallis tetrapetala* Lehm. & Kraenzl.) - Col., Ec. 3.200-4.000 m (L*)
60. **tuberculatum** Lindl. (*B. concolor* Lindl., *B. floribundum* Gar., *B. steyermarkii* Foldats) - Ven., Col., Ec., Bol. 2.400-3.200 m (L*)
61. **uxorium** Luer & Esc. - end. to Bol. 2.800 m (L*)
62. **valerioi** Ames & Schweinf. - end. to C.Rica 2.000-2.400 m (W, L*)
63. **vasquezii** Luer - end. to Bol. 3.100-3.200 m (L*)
64. **zunagense** Luer & Hirtz - end. to Ec. 1.900 m (L*)

Brachtia Rchb.f. - 1849 - *Subfam. Epidendroideae Tribus: Oncidieae Subtr. Oncidiinae* - (*Oncodia* Lindl.) - ca. 6 sp. epi. - And., Ven., Col., Ec. - 2.000-2.300 m
1. **andina** Rchb.f. (*B. verruculifera* Schltr.) - Col., Ec. 1.800-2.800 m (H*, O4/83, R, S*)
- *andina* Rchb.f.: 5 (O4/83)
2. **brevis** Kraenzl. - Col. (O4/83, R**, S)
3. **cochlearis** Sweet - Col. (O4/83, R, S)
4. **diphylla** Sweet - Col. (O4/83, R, S)
5. **glumacea** Rchb.f. (*B. sulphurea* Rchb.f., *B. andina* Rchb.f., *Oncodia glumacea* Lindl.) - Col., Ec., Ven. (H, O4/83, R, S*)
6. **minutiflora** Kraenzl. - Col. (O4/83, R, S)
- *sulphurea* Rchb.f.: 5 (O4/83, S)
- *verruculifera* Schltr.: 1 (H*)

Brachycorythis Lindl. - 1838 - *Subfam. Orchidoideae Tribus: Orchideae Subtr. Orchidinae* - (*Phyllomphax* Schltr., *Gyaladenia* Schltr., *Diplacorchis* Schltr.) - ca. 33/35 sp. terr. - Trop. Afr., S-Afr., Trop. As.
1. **acuta** (Rchb.f.) Summerh. (*Gymnadenia acuta* Rchb.f., *G. helferi* Spire, non Rchb.f., *Platanthera acuta* (Rchb.f.) Kraenzl., *Phyllompax acuta* (Rchb.f.) Schltr., *P. helferi* Fisch., non (Rchb.f.) Schltr., *Habenaria acuta* (Rchb.f.) Gagn.) - Thai. (6*)
2. **buchananii** (Schltr.) Rolfe - Kenya, Ug., Tanz., Zai., Nig., Ang. 1.700-2.200 m (M)
3. **disoides** (discoides) (Ridl.) Kraenzl. (*Habenaria disoides* Ridl., *Diplacorchis disoides* (Ridl.) Schltr.) - Madag. 1.500-2.000 m (S, U)
- *grandis* Kraenzl. var. *ugandensis* Braid: 9 (M)
4. **helferi** (Rchb.f.) Summerh. (*Gymnadenia helferi* Rchb.f., *Habenaria helferi* (Rchb.f.) Hook.f., *Platanthera helferi* (Rchb.f.) Kraenzl., *Phyllompax helferi* (Rchb.f.) Schltr.) - NE-Ind., Burm., Thai., Laos (6*, H, S)
5. **henryi** (Schltr.) Summerh. (*Phyllompax henryi* Schltr., *Platantheriantha* Rolfe, *Platanthera dielsiana* Soó, ?*Gymnadenia sesamoides* Par.) - Burm., China, N-Thai. (6*, H**)
6. **kalbreyeri** Rchb.f. - Kenya, Zai., Ug., S.Leone, Camer., Lib. 1.800-2.350 m - epi/ter (S, M**, C*)
7. **macrantha** (Lindl.) Summerh. (*Gymnadenia macrantha* Lindl., *Eulophia helleborine* Hook.f., *Habenaria helleborina* (Hook.f.) Nichols, *Platanthera helleborina* (Hook.f.) Rolfe, *Phyllompax helleborina* (Hook.f.) Schltr., *P. macrantha* (Lindl.) Summerh.) - S.Leone, Lib., Nig., Camer. 240-900 m (9**, C)
8. **obovalis** Summerh. - Thai. (6*)
9. **ovata** Lindl. - Cape, Congo, Sud., Ivory C. to 2.100 m (H, S)
   ssp. **schweinfurthii** (Rchb.f.) Schweinf. (*B. ugandensis* Schltr., *B. grandis* Kraenzl. var. *ugandensis* Braid) - W-Kenya, Ug., Sud., Sen. 2.000-2.550 m (M)
10. **ovula** Lindl. (O5/96)

ssp. **welwitschii** Summeble - Malawi (O5/96)
- *perrieri* Schltr.: 11 (U**)
11. **pleistophylla** Rchb.f. (*B. perrieri* Schltr.) - E-W-Afr., Madag. 1.000-2.700 m (S, M**, U**)
12. **pubescens** Harv. - Guin., Sud., Ang., Nat., Kenya, Tanz., Ug. to 2.700 m (S, M**)
13. **tenuior** Rchb.f. - E-Trop.-S-Afr. 1.300-1.700 m (S, M**)
- *ugandensis* Schltr.: 9 (M)
- *virginea* (H.Bol.) Rolfe: *Dracomonticola* 1 (@)

Brachypeza Gar. - 1972 - *Subfam. Epidendroideae Tribus: Vandeae Subtr. Sarcanthinae* - 4/7 sp. epi. - Thai., Laos, Mal., Sum.
1. **archytas** (Ridl.) Gar. (*Saccolabium archytas* Ridl.) - Christ. (S*)
2. **indusiata** (Rchb.f.) Gar. (*Thrixspermum indusiatum* Rchb.f.) - Sund. (S)
3. **koëteiensis** (Schltr.) Gar. (*Sarcochilus koeteiensis* Schltr) - Born. (S)
4. **laotica** (Seidenf.) Seidenf. (*Pteroceras laotica* Seidenf.) - Thai., Laos (S*)
5. **minimipes** (J.J.Sm.) Gar. (*Sarcochilus minimipes* J.J.Sm.) - Sum. (S)
6. **stenoglottis** (Hook.f.) Gar. (*Sarcochilus stenoglottis* Hook.f.) - Sum., Born., Mal. (S)
7. **zamboangensis** (Ames) Gar. (*Sarcochilus zamboangensis* Ames) - Born., Phil. ca. 500 m (Q**, S)

Brachystele Schltr. - 1920 - *Subfam. Spiranthoideae Tribus: Cranichideae Subtr. Spiranthinae* - ca. 14 sp. terr. - S-Braz., N-Arg., Par., Bol. to Col.
1. **bracteosa** (Lindl.) Schltr. (*Spiranthes bracteosa* Lindl., *Gyrostachys bracteosa* Lindl.) Ktze.) - Braz. (G)
2. **dilatata** (Lindl.) Schltr. (*B. ulaei* (Cogn.) Schltr., *Spiranthes ulaei* Cogn.) - Braz. (FVI4*)
3. **guayanensis** (Lindl.) Schltr. - C-Am. to Guy., Mex., Nic., C.Rica, Pan. (S, W)
4. **hoehnei** Pabst (*B. ulaei* sensu Hoehne, *Spiranthes ulaei* sensu Hoehne) - Braz., Ur. (FVI4*)
5. **scabrilingua** Szlach. - Braz. ca. 750 m (O4/93**)
- *ulaei* (Cogn.) Schltr.: 2 (FVI4*)
- *ulaei* sensu Hoehne.: 4 (FVI4*)
6. **unilateralis** (Poir.) Schltr. (*Ophrys unilateralis* Poir., *Spiranthes diuretica* (Willd.) Lindl.) - Chile (G)
7. **widgrenii** (Rchb.f.) Schltr. (*Acraea widgrenii* Rchb.f., *Pterichis widgrenii* (Rchb.f.) Cogn.) - Braz. (S)

Bracisepalum J.J.Sm. - 1933 - *Coelogyninae* (S) - 2 sp. epi. - Cel.
1. **densiflorum** de Vogel - Cel. 2.000 m (S)
2. **selebicum** J.J.Sm. - Cel. 2.000 m (S*)

× **Bradeara (Brade.)** (*Comparettia* × *Gomesa* × *Rodriguezia*)
× *Bradriguezia*: × *Rodrassia* (*Brassia* × *Rodriguezia*)

Braemia Jenny - 1985 - *Stanhopeinae* (S) - 1 sp. epi. - Amaz.
1. **vittata** (Lindl.) Jenny (*Houlletia vittata* Lindl., *Polycycnis vittata* (Lindl.) Rchb.f.) - Braz., Guy., Ven., Col., Peru, Ec., Amaz. to 500 m - epi/ter - scented (G**, S*, O1/00**)

× **Brapasia (Brap.)** (*Aspasia* × *Brassia*)

Brasilocycnis Gerlach & Whitten - 1999 - *Stanhopeinae* (S) - (*Lueckelia* Jenny) - 1 sp. ter/epi - Braz.
1. **breviloba** (Cooper ex Summerh.) Gerlach & Whitten (*Polycycnis breviloba* Cooper ex Summerh.) - Braz. 400 m - scented (S)
- *breviloba* (Summerh.) Gerlach & Whitten: *Lueckelia* 1 (O1/00)

× **Brassada (Brsa.)** (*Ada* × *Brassia*)

Brassavola (B.) R.Br. - 1813 - *Subfam. Epidendroideae Tribus: Epidendreae Subtr. Laeliinae* - ca. 15 sp. epi/lit - Trop. Am., Braz., Arg.
1. **acaulis** Lindl. & Paxt. (*B. lineata* Hook., *Bletia acaulis* (Lindl.) Rchb. f., *B. lineata* (Hook.) Rchb.f.) - Guat., C.Rica, Pan. (O3/91, 9**, W**, S)
- *amazonica* Poepp. & Endl.: 13 (G**)
2. **angustata** Lindl. - Braz. (S)
- *angustata* Lindl.: 13 (G**)
- *appendiculata* A.Rich. & Gal.: 6 (9**, G)
3. **cebolleta** Lindl. (*B. chacoensis* Kraenzl.) - E-Braz., Par. (O3/91, E*, H*, S)
4. **chacoënsis** Kraenzl. - Arg., Bol. (S)
- *chacoensis* Kraenzl.: 3 (E*, H*)
5. **cordata** Lindl. - Braz. (O3/91, E*, H*, Z**)
- *cordata* Lindl.: 14 (9**)

- *cordata* Lindl.: 20 (9**)
6. **cucullata** (L.) R.Br. (*B. cuspidata* Hook., *B. appendiculata* A.Rich. & Gal., *B. odoratissima* Regel, *B. cucullata* var. *elegans* Schltr., *Epidendrum cucullatum* L., *Cymbidium cucullatum* (L.) Sw., *Bletia cucullata* (L.) Rchb.f.) - Mex., Guat., Salv., Hond., Ven., Trin., W-Ind. (3**, O3/91, 9**, E**, G, H**, W, R, S, Z**)
- *cucullata* var. *elegans* Schltr.: 6 (9**, G)
- *cuspidata* Hook.: 6 (9**, E**, G, H**)
7. **digbyana** Lindl. (*Rhyncholaelia digbyana* (Lindl.) Schltr., *Laelia digbyana* (Lindl.) Benth., *Bletia digbyana* (Lindl.) Rchb.f.) - Mex., Bel. (A**, E**)
→ *digbyana* Lindl.: *Rhyncholaelia* 1 (4**, 9**, G**, H**)
- *digbyana* Lindl.: *Laelia digbyana* (8**)
8. **duckeana** Horta - Amaz. (S)
- *elegans* (Ham.) Hook.: *Tetramicra* 2 (9**)
- *fasciculata* Pabst: 15 (S)
9. **flagellaris** Barb.Rodr. - E-Braz. (O3/91, E**, H**, S, Z**)
- *fragrans* Lem.: 21 (9**, E**, G**, H**)
- *fragrans* Barb.Rodr.: 16 (S)
10. **gardneri** Cogn. - Braz. (S*)
- *gibbiana* hort.: 21 (H**)
- *gibbsiana* Williams: 21 (9**, E**, G**)
11. **glauca** Lindl. (*Rhyncholaelia glauca* (Lindl.) Schltr., *Laelia glauca* (Lindl.) Benth., *Bletia glauca* (Lindl.) Rchb.f.) - Mex., Guat., Hond. (E**)
→ *glauca* Lindl.: *Rhyncholaelia* 2 (9**, G**, H**)
- *glauca* Lindl.: *Laelia glauca* (8**)
12. **grandiflora** Lindl. (*B. nodosa* var. *grandiflora* Rchb.f.) - Mex. to Ven., Col., Ec. (8**, O3/98)
- *grandiflora* Lindl.: 14 (3**, 9**, G**)
- *gratrixiae* Rolfe: *Laelia gratrixiae* (8**)
- *lineata* Hook.: 1 (9**)
13. **martiana** Lindl. (*B. amazonica* Poepp. & Endl., *B. angustata* Lindl., *B. surinamensis* Focke, *B. multiflora* Schltr., *Bletia amazonica* (Poepp. & Endl.) Rchb.f., *B. angustata* (Lindl.) Rchb.f., *B. martiana* (Lindl.) Rchb. f.) - N-Braz., Guy., Ven., Amaz. (O3/91, G**, FVI4*, R, S)
- *multiflora* Schltr.: 13 (G**)
14. **nodosa** (L.) Lindl. (*B. grandiflora* Lindl., *B. nodosa* var. *grandiflora* (Lindl.) H.Jones, *B. rhopalorrachis* Rchb.f., *B. nodosa* var. *rhopalorr-(h)achis* (Rchb.f.) Schltr., *B. cordata* Lindl., *B. stricta* hort., *B. scaposa* Schltr., *B. venosa* Lindl., *Epidendrum nodosum* L., *Cymbidium nodosum* (L.) Sw., *Bletia nodosa* (L.) Rchb.f., *B. venosa* (Lindl.) Rchb.f.) - W-Ind., Mex. to Pan., Ven. to Peru 0-500 m (3**, 4**, O3/91, 9**, E**, G**, H**, W**, R, S, Z**)
var. **venosa** (Lindl.) H.Jones - Bel., Guat. (O1/84)
- *nodosa* var. *grandiflora* Rchb.f.: 12 (8**)
- *nodosa* var. *grandiflora* (Lindl.) H.Jones: 14 (3**, 9**, G**)
- *nodosa* var. *rhopalorrhachis* (Rchb. f.) Schltr.: 14 (9**, G**)
- *odoratissima* Regel: 6 (9**, G)
15. **ovaliformis** Schweinf. (*B. fasciculata* Pabst) - Amaz. (S)
- *paraensis* Huber: *Leucohyle* 1 (G)
16. **perrinii** Lindl. (*B. fragrans* Barb. Rodr., *B. revoluta* Barb.Rodr., *Bletia perrinii* Rchb. f.) - Trop. Am., Braz., Par. (8**, O3/91, FVI4, S)
- *perrinii* Lindl.: 21 (9**, E**, G**, H**)
- *pumilio* Rchb.f.: *Homalopetalum* 4 (G)
17. **reginae** Pabst - Braz. (S)
18. **retusa** Lindl. - Ven., Peru (G, FVI4*, S)
- *revoluta* Barb.Rodr.: 16 (S)
19. **rhomboglossa** Pabst - Braz. (S)
- *rhopalorrachis* Rchb.f.: 14 (9**, E**, G**, H**)
- *rigida* (Willd.) Bold.: *Tetramicra* 2 (9**)
- *scaposa* Schltr.: 14 (9**, G**, S)
- *sloanei* Griseb.: 20 (9**)
- *stricta* hort.: 14 (9**, G**)
20. **subulifolia** Lindl. (*B. cordata* Lindl., *B. sloanei* Griseb.) - Jam. (9**, G**, S)
- *surinamensis* Focke: 13 (G**)
- *trinervia* Lindl.: 21 (FVI4*)
21. **tuberculata** Hook. (*B. perrinii* Lin-

dl., *B. fragrans* Lem., *B. gibbiana* hort., *B. gibbsiana* Williams, *B. trinervia* Lindl., *Bletia perrinii* (Lindl.) Rchb.f., *B. tuberculata* (Hook.) Rchb.f.) - Braz., Bol. (O3/91, 9**, E**, G**, H**, S)
22. **venosa** Lindl. - Nic., C.Rica (O3/91, W, O3/98**)
- *venosa* Lindl.: 14 (9**, E**, G**, H**)

Brassia (Brs.) R.Br. - 1813 - *Subfam. Epidendroideae Tribus: Oncidieae Subtr. Oncidiinae* - ca. 44/46 sp. epi/ter - Trop. Am.
1. **allenii** L.O.Wms. ex Schweinf. (*Ada allenii* (L.O.Wms. ex Schweinf.) L.O.Wms. - Pan., Col. 400-1.000 m (O6/83, O3/91, S)
2. **andreettae** (Dods.) Sengh. (*Ada andreettae* Dods.) - Ec. 1.800 m (S)
3. **angusta** Lindl. - Ven., Guy., Braz., Peru 900 m (S)
- *angusta* Lindl.: 31 (E**, G**, H**)
4. **angustilabia** Schltr. - Braz. (S)
- *antherotes* Rchb.f.: 6 (9**, S*)
5. **arachnoides** Barb.Rodr. - Braz. (S)
6. **arcuigera** Rchb.f. (*B. lawrenciana* var. *longissima* Rchb.f., *B. antherotes* Rchb.f., *B. longissima* (Rchb.f.) Schltr., *B. longissima* (Rchb.f.) Nash, *B. rhizomatosa* Gar. & Dunst.) - Nic., C.Rica, Pan., Col. Peru (9**, A**, E**, W, S*, R**, Z**)
- *aristata* Lindl.: 45 (4**, E**, G**, H**, S*)
7. **attenuata** Jones - Guy. (S)
8. **aurorae** Benn. - Peru 1.800-1.900 m (S)
9. **bennettiorum** (Dods.) Sengh. (*Ada bennettiorum* Dods.) - Peru 1.500 m (S)
10. **bicolor** Rolfe - Peru (S)
11. **bidens** Lindl. (*B. lanceana* var. *viridiflora* Hook., *Oncidium bidens* (Lindl.) Rchb.f.) - Ven., Col., Guy., Braz., Peru 100-1.500 m (9**, G, S, R**)
- *brachiata* Lindl.: 45 (4**, G**, H**, S*)
12. **brachypus** Rchb.f. - Ec., Peru 2.400 m (S)
13. **caudata** (L.) Lindl. (*B. caudata* var. *hieroglyphica* Rchb.f., *B. lewisii* Rolfe, *B. lawesii* Rolfe, *B. longissima* var. *minor* Schltr., *B. lanceana* Lindl., *B. macrostachya* Lindl., *B. pumila* Lindl., *Epidendrum caudatum* L., *Malaxis caudata* (L.) Willd., *Oncidium caudatum* (L.) Rchb.f., *O. suaveolens* Rchb.f.) - Flor., Jam., Mex., Pan., Ven., Bol. 0-1.300 m - „Spider Orchid" (9**, E*, G**, H**, W, $54/3, S, R**, Z**)
- *caudata* var. *hieroglyphica* Rchb.f.: 13 (9**, G**)
14. **cauliformis** Schweinf. - Peru (S)
15. **chloroleuca** Barb.Rodr. - Braz., Guy. (S)
16. **chlorops** Endr. & Rchb.f. (*B. parviflora* Ames & Schweinf., *Ada chlorops* (Endr. & Rchb.f.) N.H.Will.) - Nic. to Pan. 1.100-2.000 m (S*)
- *cinnabarina* Lind. ex Lindl.: *Ada* 3 (8**, E**, H**)
- *cinnamomea* Lind. ex Lindl.: *Ada* 9 (E**, H**)
- *clowesii* (Lindl.) Lindl.: *Miltonia* 4 (8**, 9**, G)
- *cochleata* Knowl. & Westc.: 31 (E**, G**, H**)
- *coryandra* Morr.: 45 (8**, E**, G**, H**, S*)
- *cowani* hort. ex Rchb.f.: 45 (8**)
17. **cyrtopetala** Schltr. - Col. (R)
18. **davidii** Sengh. (*Ada peruviana* Benn. & Christ.) - Peru 1.700 m (S)
19. **elegantula** Rchb.f. (*B. euodes* Rchb. f., *B. escobariana* Gar., *Ada elegantula* (Rchb.f.) H.N.Will.) - Col. to Peru 1.500-2.300 m (S*)
- *escobariana* Gar.: ? 19 (S*)
- *escobariana* Gar.: *Ada* 6 (R)
- *euodes* Rchb.f.: 19 (S*)
20. **farinifera** Lind. & Rchb.f. - Ec. (S)
21. **filomenoi** Schltr. - Peru (S)
22. **forgetiana** hort. ex Gard.Chron. - Ven., Peru 750 m - scented (S)
23. **gireoudiana** Rchb.f. & Warsc. - C.Rica, Pan. 600-1.400 m (E**, H**, W, O3/97, S, Z**)
24. **glumacea** Lindl. (*Ada glumacea* (Lindl.) Williams) - Ven., Col. 1.500-1.700 m (S)
➤ *glumacea* Lindl.: *Ada* 7 (E**, H**)
- *guttata* Lindl.: 33 (9**, G, H*, S*)
- *havanensis* hort. ex Lindl.: *Ada* 9 (E**, H**)
- *helenae* Rchb.f.: 48 (S)
- *hexodonta* Rchb.f. & Warsc.: 46 (S)
- *hinksoniana* Jones: 32 (S*)
25. **huebneri** Schltr. - Braz. (S)
26. **iguapoana** Schltr. - Braz. (S)

- *imbricata* Lindl.: *Ada* 7 (E**, H**)
27. **jipijapensis** Dods. & N.H.Will. - Bol., Ec. sea-level (A**, S)
- *josstiana* Rchb.f.: 30 (S)
- *juninensis* Schweinf.: 29 (S)
28. **keiliana** Rchb.f. ex Lindl. (*Ada keiliana* (Rchb.f. ex Lindl.) N.H.Will.) - Ven., Col. 1.200-1.700 m (O6/83, S*)
↣ *keiliana* Rchb.f. ex Lindl.: *Ada* 9 (E**, H**)
29. **koehleriorum** Schltr. (*B. juninensis* Schweinf.) - Peru 800-1.200 m (S)
30. **lanceana** Lindl. (*B. macrostachya* Lindl., *B. pumila* Lindl., *B. josstiana* Rchb.f., *B. lanceana* var. *pumila* (Lindl.) Lindl., *Oncidium suaveolens* Rchb.f.) - Pan., Ven., Tob., Guy., Sur., Braz., Col. 1.000-1.500 m (G**, S, R, Z**)
- *lanceana* Lindl.: 13 (9**)
- *lanceana* var. *pumila* (Lindl.) Lindl.: ? 30 (S)
- *lanceana* var. *viridiflora* Hook.: 11 (9**)
- *lawesii* Rolfe: 13 (S)
31. **lawrenceana** Lindl. (*B. cochleata* Knowl. & Westc., *B. angusta* Lindl., *Oncidium lawrenceanum* (Lindl.) Rchb.f.) - Guy., Ven., Sur., Braz., Col., Ec., Bol. 1.000-1.500 m (E**, G**, H**, S*, R**)
- *lawrenceana* var. *longissima* Rchb.f.: 32 (E**)
- *lawrenceana* var. *longissima* Rchb.f.: 6 (9**, H**)
- *lewisii* Rolfe: 13 (9**, G**, H**)
- *longiloba* DC.: 45 (8**, E**, G**, H**, S*)
32. **longissima** (Rchb.f.) Nash (*B. lawrenceana* var. *longissima* Rchb.f., *B. hinksoniana* Jones) - C.Rica, Pan., Peru (E**)
- *longissima* (Rchb.f.) Schltr.: 6 (9**)
- *longissima* (Rchb.f.) Nash: 6 (9**, H**, W**)
- *longissima* var. *minor* Schltr.: 13 (9**)
- *macrostachya* Lindl.: 13 (9**)
- *macrostachya* Lindl.: 30 (G**, S)
33. **maculata** R.Br. (*B. guttata* Lindl., *B. wrayae* Skinner ex Hook., *Oncidium brassia* Rchb.f.) - Bel., Guat., Salv., Hond., Nic., Jam., C.Rica 500-800 m (9**, E*, G, H*, S*)
34. **mendozae** (Dods.) Sengh. (*Ada mendozae* Dods.) - Ec. 2.200 m (S)
35. **mexicana** Schweinf. - Mex. 1.500-1.600 m (S)
36. **neglecta** Rchb.f. - Guy. to Bol., Braz., Col. 300-1.900 m (S, R)
37. **ocanensis** Lindl. - Col. to Peru 2.000 -2.200 m (S*)
- *odontoglossoides* Kl. & Karst.: 45 (G**, S*)
- *oestlundiana* L.O.Wms: *Lemboglossum* 9 (9**, G**, H**)
- *ophioglossioides* Kl.: 45 (4**, E**, H**)
38. **pascoensis** Benn. & Christ. - Peru 800 m (S)
- *parviflora* Ames & Schweinf.: 16 (S*)
39. **peruviana** Poepp. & Endl. (*Oncidium peruvianum* (Poepp. & Endl.) Rchb.f.) - Peru (G, S)
40. **pozoi** (Dods. & N.H.Will.) Sengh. (*Ada pozoi* Dods. & N.H.Will.) - Ec., Peru 1.500-2.000 m (S)
- *pumila* Lindl.: 13 (9**)
- *pumila* Lindl.: 30 (G**, S)
- *rhizomatosa* Gar. & Dunst.: 6 (9**, S*)
41. **rolandoi** (Benn. & Christ.) Sengh. (*Ada rolandoi* Benn. & Christ.) - Peru 1.850 (S)
42. **signata** Rchb.f. - Peru, Bol. ca. 2.000 m (S)
43. **thyrsodes** Rchb.f. - Peru 1.500-1.900 m - terr. (S)
44. **transamazonica** Benn. & Christ. - Peru 250 m (S)
45. **verrucosa** Lindl. (*B. aristata* Lindl., *B. brachiata* Lindl., *B. longiloba* DC., *B. coryandra* Morr., *B. cowani* hort. ex Rchb.f., *B. ophioglossioides* Kl., *B. odontoglossoides* Kl. & Karst., *Oncidium verrucosum* (Lindl.) Rchb.f., *O. brachiatum* (Lindl.) Rchb.f.) - Mex., Guat., Hond., Ven., C. Rica, Nic. 600-1.600 m (4**, 8**, E**, G**, H**, W, S*, Z**)
46. **villosa** Lindl. (*B. hexodonta* Rchb.f. & Warsc.) - Peru - scented (S)
47. **wageneri** Rchb.f. - Ven., Col., Peru 600-1.800 m (S, R)
48. **warscewiczii** Rchb.f. (*B. helenae* Rchb.f.) - Ec. 0-300 m - scented (S)
- *wrayae* Skinner ex Hook.: 33 (9**, E*, G, H*, S*)

× **Brassidium (Brsdm.)** (*Brassia* × *Oncidium*)

× **Brassioda (Broda.)** (*Brassia* × *Cochlioda*)
× *Brasso-Cattleya-Laelia*: × *Brassolaeliocattleya* (*Brassavola* × *Cattleya* × *Laelia*)
× *Brassocatlaelia*: × *Brassolaeliocattleya* (*Brassavola* × *Cattleya* × *Laelia*)
× **Brassocattleya (Bc.)** (*Brassavola* × *Cattleya*)
1. **lindleyana** Rolfe (*Brassavola tuberculata* Hook. × *Cattleya intermedia* Grah. ex Hook.) nat. hybr. - Braz. (9**)
× **Brassochilus (Brchs.)** (*Brassia* × *Leochilus*)
× **Brassodiacrium (Bdia.)** (*Brassavola* × *Diacrium* (*Caularthron*)
× **Brassoepidendrum (Bepi.)** (*Brassavola* × *Epidendrum*)
× **Brassoepilaelia (Bpl.)** (*Brassavola* × *Epidendrum* × *Laelia*)
× **Brassokeria (Brsk.)** (*Barkeria* × *Brassavola*)
× **Brassolaelia (Bl.)** (*Brassavola* × *Laelia*)
× **Brassolaeliocattleya (Blc.)** (*Brassavola* × *Cattleya* × *Laelia*)
× *Brassoleya*: × *Brassocattleya* (*Brassavola* × *Cattleya*)
× **Brassomicra** (*Brassavola* × *Tetramicra*)
× *Brassonotis*: × *Brassophronitis* (*Brassavola* × *Sophronitis*)
× **Brassophronitis (Bnts.)** (*Brassavola* × *Sophronitis*)
× *Brassosophrolaeliocattleya*: × *Potinara* (*Brassavola* × *Cattleya* × *Laelia* × *Sophronitis*)
× **Brassotonia (Bstna.)** (*Brassavola* × *Broughtonia*)
× *Brassovolaelia*: × *Brassolaelia* (*Brassavola* × *Laelia*)
× *Bratonia*: × *Miltassia* (*Brassia* × *Miltonia*)
Brenesia Schltr. - 1923: *Pleurothallis* R. Br. (L, S)
- *costaricensis* Schltr.: *Pleurothallis* 358 (W, S*)
Briegeria Sengh. - 1980 - *Epidendrinae* (S) - (*Dressleriella* Brieg. inv. name) - 6 sp.
1. **aporophylla** (L.O.Wms.) Sengh. (*Epidendrum equitantifolium* Ames var. *aporophylla* L.O.Wms.) (O1/80) ➻ Dressleriella 1

2. **cernua** (Lindl.) Sengh. (*Isochilus cernuus* Lindl.) (O1/80) ➻ Dressleriella 2
3. **cobanensis** (Ames & Schltr.) Sengh. (*Epidendrum cobanense* Ames & Schltr.) (O1/80) ➻ Dressleriella 3
4. **teretifolia** (Sw.) Sengh. (S)
× **Brilliandeara (Brlda.)** (*Aspasia* × *Brassia* × *Cochlioda* × *Miltonia* × *Odontoglossum* × *Oncidium*)
Bromheadia Lindl. - 1841 - *Subfam. Epidendroideae Tribus: Cymbideae Subtr. Cyrtopodiinae* - ca. 26 sp. epi/ter - scented - Thai., Mal. to Phil. NE-Austr., Born.
1. **aporoides** Rchb.f. - Burm., Thai., Laos, Born. - epi. (O6/89, A**, S*)
2. **finlaysoniana** (Lindl.) Rchb.f. [B. finlaysoniana (Lindl.) Miq. (H**, S*)] (*B. palustris* Lindl., *B. sylvestris* Ridl., *Grammatophyllum finlaysonianum* Lindl.) - Thai., Mal., Laos, Sum., Born., Phil. - terr. (9**, G**, O3/98)
- *palustris* Lindl.: 2 (9**, G**, H**, S*)
3. **pulchra** Schltr. (*B. venusta* Hunt) - Austr. (Qld.), N.Gui. (P**)
- *rigida* Ridl.: *Dilochia* 7 (S)
4. **srilankensis** Kruiz. & de Vogel - Sri L. (S)
- *sylvestris* Ridl.: 2 (H**)
5. **truncata** Seidenf. - Mal., Sum. (S)
- *venusta* Hunt: 3 (P**)
Broughtonia Wall. ex Lindl. - 1830: *Otochilus* Lindl.
Broughtonia (Bro.) R.Br. - 1813 - *Subfam. Epidendroideae Tribus: Epidendreae Subtr. Laeliinae* - 3 sp. epi. - Jam., Cuba
- *alba* (Hook.) Spreng.: *Maxillaria* 9 (G)
- *amoena* Wall. ex Lindl.: *Otochilus* 2 (9**)
- *aurea* Lindl.: *Cattleya* 4 (G)
- *coccinea* Hook.: 3 (9**)
- *coccinea* Lindl.: 3 (H**)
- *cubensis* (Lindl.) Cogn.: *Cattleyopsis* 1 (G)
1. **domingensis** (Lindl.) Rolfe (*Cattleya domingensis* Lindl., *Broughtonia lilacina* Henfr., *Laeliopsis domingensis* (Lindl.) Lindl.) - Jam., Hisp. (G, S)
➻ *domingensis* (Lindl.) Rolfe: *Laeliopsis* 1 (H*)

- *fusca* (Lindl.) Wall. ex Hook.f.: *Otochilus* 2 (9**)
- *grandiflora* (H.B.K.) Spreng.: *Maxillaria* 111 (E, G, H)
- *lilacina* Henfr.: 1 (G)
- *lilacina* Henfr.: *Cattleyopsis* 2 (H*)
- *lilacina* Northrop: *Cattleyopsis* 3 (S)
- *linearis* Wall. ex Hook.f.: *Coelogyne* 49 (6*, 9**, G)
- *maculata* (Kunth) Spreng.: *Maxillaria* 152 (G)
2. **negrilensis** Fowlie - Dom. (S)
- *pendula* Wall. ms.: *Otochilus* 1 (S)
3. **sanguinea** (Sw.) R.Br. (*B. coccinea* Lindl., *B. coccinea* Hook., *Epidendrum sanguineum* Sw., *E. nodosum* var. ß L., *Dendrobium sanguineum* (Sw.) Sw.) - Jam., Cuba (4**, O3/91, 9**; E**, H**, S*, Z**)
× *Broughtopsis*: × *Lioponia* (*Broughtonia* × *Laeliopsis*)
× **Brownara (Bwna.)** (*Broughtonia* × *Cattleya* × *Diacrium* (*Caularthron*))
Brownleea Harv. ex Lindl. - 1842 - Subfam. Orchidoideae Tribus: Diseae Subtr. Disinae - 6/15 sp. ter/epi - Madag., Trop. Afr., S-Afr.
1. **coerulea** Harv. ex Lindl. (*B. macroceras* Sond., *B. madagascarica* Ridl., *B. nelsonii* Rolfe, *B. woodii* Rolfe, *Disa coerulea* (Harv. ex Lindl.) Rchb.f.) - Madag., S-Afr. 1.500-2.500 m - epi/lit/ter (9**, S, $50/9, U**)
- *macroceras* Sond.: 1 (9**)
2. **madagascarica** Ridl. - Madag. (S)
- *madagascarica* Ridl.: 1 (9**, U**)
3. **mulanjiensis** Linder - Malawi (S)
- *nelsonii* Rolfe: 1 (9**)
3. **parviflora** Harv. ex Lindl. - Madag., E-W-Afr. 1.000-2.500 m - terr. (S, M, U)
4. **perrieri** Schltr. - Madag. (S)
- *woodii* Rolfe: 1 (9**)
× **Brummittara (Brum.)** (*Comparettia* × *Odontoglossum* × *Rodriguezia*)
Bryobium pubescens Lindl.: *Eria* 77 (2*, G)
Buchtienia Schltr. - 1929 - Subfam. Spiranthoideae Tribus: Cranichideae Subtr. Spiranthinae - 3 sp. terr. - Ec. to Braz.
1. **boliviensis** Schltr. - Bol., Peru under 1.000 m (S)
2. **ecuadorensis** Gar. - Ec. (S)
3. **rosea** Gar. - Braz. (S*)
Buesiella Schweinf. - 1952 - *Capanemiinae* (S) - 4 sp. epi. - Peru

1. **ornata** Kgr. - Peru 2.900 m (S)
2. **patens** Sengh. & Thiv - Peru (S)
3. **pusilla** Schweinf. - Peru (100 m), Bol. (2.800 m) (S*)
→ *pusilla* Schweinf.: *Rusbyella* 4 (O6/90)
4. **suarezii** Benn. & Christ. - Peru (S)
× **Buiara (Bui.)** (*Broughtonia* × *Cattleya* × *Epidendrum* × *Laelia* × *Sophronitis*)
Bulbophyllopsis maculosa (Lindl.) Rchb. f.: *Bulbophyllum* 534 (G)
Bulbophyllopsis morphologorum Rchb.f.: *Bulbophyllum* 534 (G)
Bulbophyllum (Bulb.) Thou. - 1822 - Subfam. Epidendroideae Tribus: Dendrobieae Subtr. Bulbophyllinae - (*Anisopetalum* Hook., *Bolbophyllaria* Rchb.f., *Canacorchis* Guill., *Cirrhopetalum* Thou., *Cochlia* Bl., *Codonosiphon* Schltr., *Dactylorhynchos* Schltr., *Didactyle* Lindl., *Diphyes* Bl., *Epicranthes* Bl., *Ephippium* Bl., *Gersinia* Merr. ex Neraud, *Henosis* Hook.f., *Hyalosema* (Schltr.) Rolfe, *Malachadenia* Lindl., *Macrolepis* A. Rich., *Lyraea* Lindl., *Megaclinium* Lindl., *Odontostyles* Breda, *Osyricera* Bl., *Oxysepalum* Wight., *Pelma* Finet, *Sestochilus* Breda, Kuhl & van Hasselt, *Taurostalix* Lindl., *Xiphizusa* Rchb.f., *Zygoglossum* Reinw.) - ca. 1.000 sp. epi. - SE-As., Afr., Austral., Trop.Am.
1. **abbreviatum** Schltr. - Madag. 700-1.000 m (U)
2. **aberrans** Schltr. - Born. - sect. *Polyblepharon* (Q)
3. **absconditum** J.J.Sm. - Bali, Java, Sum. (2*, O3/97)
4. **acuminatum** Ridl. (*B. pulchellum* Ridl., *B. stenophyllum* Ridl., *Cirrhopetalum linearifolium* Ridl.) - Born. - sect. *Cirrhopetalum* (Q)
5. **acutebracteatum** De Wild. - Gab., Lib., S.Leone, Zai. lowl. (C)
var. **acutebracteatum** (C)
var. **rubrobrunneopapillosum** (De Wild.) J.J.Verm. (C)
- *acutisepalum* De Wild.: 478 (C)
6. **acutispicatum** H.Perr. - Madag. 1.500-1.700 m (U)
7. **acutum** J.J.Sm. (*B. hastatum* Tang & Wang) - China, Thai., Mal., Sum., Java, Born. 1.300-1.700 m - sect. *Micromonanthe* (2*, Q**)

- *adenopetalum* Lindl.: 170 (G, Q**)
- *adenophorum* (Schltr.) J.J.Sm.: 67 (Q)
- *aeolium* Ames: 537 (Q**)
8. **afzelii** Schltr. - Madag. (U)
  var. **microdoron** (Schltr.) Boss. (*B. microdoron* Schltr., *B. lichenophyllax* var. *microdoron* (Schltr.) H.Perr.) - Madag. ca. 1.000 m (U)
9. **aggregatum** Boss. - Madag. 1.300-1.400 m (U)
10. **alatum** J.J.Verm. - end. to Born. 1.300-2.000 m - sect. *Monilibulbus* (Q**)
- *album* Jum. & H.Perr.: 211 (U)
11. **alexandrae** Schltr. - Madag. 700-1.500 m - epi/lit (U**)
12. **aliifolium** J.J.Sm. - Java (2*)
13. **alleizettei** Schltr. - Madag. 1.200-1.500 m (U)
- *alopecurus* Rchb.f.: 530 (9**)
- *altispex* Ridl.: 336 (Q**)
- *amblyoglossum* Schltr.: 378 (Q**)
- *ambongense* Schltr.: 459 (U)
- *ambreae* H.Perr.: 483 (U)
14. **ambrense** H.Perr. - Madag. ca. 1.200 m (U)
- *amesianum* (Rolfe) J.J.Sm.: 121 (9**, G)
15. **amoenum** Boss. - Madag. 1.300-1.400 m (U)
16. **amphorimorphum** H.Perr. - Madag. highl. (U)
- *amplum* (Lindl.) Rchb.f.: *Katherinea* 1 (S)
17. **analamazoatrae** Schltr. - Madag. ca. 400 m (U)
18. **anceps** Rolfe (*B. racemosum* Rolfe) - Born. - sect. *Sestochilus* (Q)
- *andersonii* (Hook.f.) J.J.Sm.: *Cirrhopetalum* 1 (S)
19. **andohahelense** H.Perr. - Madag. 1.800-2.000 m (U)
- *andongense* Rchb.f.: 97 (G**)
- *andrangense* H.Perr.: 178 (U)
- *andringitranum* Schltr.: 355 (U)
20. **angulatum** J.J.Sm. - Born. - sect. *Leptopus* (Q)
21. **anguliferum** Ames & Schweinf. (*B. muluense* J.J.Wood) - end. to Born. 1.500-2.400 m - sect. *Monilibulbus* (Q**)
- *angustatifolium* J.J.Sm.: 134 (Q)
22. **angustifolium** Lindl. (*Diphyes angustifolia* Bl., *Phyllorchis angustifolia* Ktze.) - Java (2*)

23. **ankaizinense** (Jum. & H.Perr.) Schltr. (*B. ophiuchus* var. *ankaizinensis* Jum. & H.Perr.) - Madag. 1.000-2.000 m (U)
24. **ankaratranum** Schltr. - Madag. ca. 2.000 m (U)
25. **antenniferum** (Lindl.) Rchb.f. (*B. leysianum* Burb., *Cirrhopetalum antenniferum* Lindl., *C. ornithorhynchum* J.J.Sm., *Phyllorchis antennifera* (Lindl.) Ktze.) - Phil., Born., Java, N.Gui. - sect. *Ephippium* (G, Q)
26. **antongilense** Schltr. - Madag. ca. 500 m (U)
27. **apertum** Schltr. - Banda - sect. *Sestochilus* (Q)
- *apetalum* Lindl.: *Genyorchis* 2 (O1/89, S*)
28. **apheles** J.J.Verm. - end. to Born. 1.300-1.600 m - sect. *Sestochilus* (Q**)
29. **apodum** Hook.f. (*B. saccatum* Kraenzl.) - Thai., Viet., Mal., Sum., Java, Phil., Born. 0-900 m - sect. *Aphanobulbon* (Q**)
- *appendiculatum* (Rolfe) J.J.Sm.: 432 (9**)
30. **approximatum** Ridl. - Madag. highl. (U)
- *araniferum* Ridl.: 499 (Q**)
31. **argyropus** (Endl.) Rchb.f. - Austr. (Qld., NSW), Norf., Lord-H. 600 m (P**)
- *ariel* Ridl.: 378 (Q**)
32. **aristatum** (Rchb.f.) Hemsl. - Nic., C.Rica, Pan. (W)
33. **armeniacum** J.J.Sm. - Mal., Sum., Born. 700-1.700 m - sect. *Aphanobulbon* (Q**)
- *arnoldianum* (De Wild.) De Wild.: 162 (G)
34. **asperulum** J.J.Sm. - Born. - sect. *Cirrhopetalum* (Q)
35. **atratum** J.J.Sm. - Sum. - sect. *Hirtula* (Q)
36. **attenuatum** Rolfe (*B. pugioniforme* J.J.Sm.) - Born. - sect. *Intervallatae* (Q)
37. **aubrevillei** Boss. - Madag. 500-1.000 m (U)
- *aurantiacum* F.v.Muell.: 477 (G, P)
38. **auratum** (Lindl.) Rchb.f. (*B. campanulatum* Rolfe, *B. borneense* (Schltr.) J.J.Sm., *Cirrhopetalum auratum* Lindl., *C. borneense* Schltr., *C. campanulatum* (Rolfe) Rolfe, *Phyllorchis*

aurata (Lindl.) Ktze.) - Mal., Sum., Born. Phil. - sect. *Cirrhopetalum* (9**, G**, Q)
39. **auricomum** Lindl. (*B. foenisecii* Par. & Rchb.f., *B. tripetaloides* (Roxb.) Schltr., *Dendrobium tripetaloides* Roxb., *Phyllorchis auricoma* (Lindl.) Ktze.) - Burm., Sum., Java (9**)
40. **auriflorum** H.Perr. - Madag. 400-800 m (U)
- *avicella* Ridl.: 309 (2*)
- *badium* Ridl.: 310 (Q**)
41. **baileyi** F.v.Muell. - end. to Austr. (Qld.) 0-1.000 m - scented (P**)
- *bakossorum* Schltr.: 162 (G)
42. **ballii** Cribb - S-Afr. (1**, O1/00**)
43. **bandischii** Gar., Hamer & Siegerist - P.N.Gui. - sect. *Hyalosema* (O6/92**)
44. **barbigerum** Lindl. (*Phyllorchis barbigera* (Lindl.) Ktze.) - W-Afr., S.Leone, Lib., Ghana, Congo, Ivory C., Camer., CAR to 900 m (9**, E**, G, H**, O4/84, C, S*, Z**)
45. **baronii** Ridl. (*Phyllorchis baronii* (Ridl.) Ktze.) - Madag. 800-2.000 m - epi/lit (U**)
- *barrinum* Ridl.: 170 (Q**)
- *bataanense* Ames: 269 (Q**)
46. **bathieanum** Schltr. - Madag. ca. 600 m (U)
- *batukauense* J.J.Sm.: 428 (Q**)
- *baucoense* Ames: 556 (9**, G**)
47. **beccarii** Rchb.f. (*Phyllorchis beccarii* (Rchb.f.) Ktze.) - end. to Born. 0-600 m - stinking - sect. *Sestochilus* (9**, O1/82, Q**, O3/98, S)
48. **bequaertii** De Wild. - Trop. Afr.: W-Kenya, Camer., Zai., Ug., Tanz. 1.200-2.600 (M**)
- *bequaertii* De Wild.: 96 (C)
- *bicolor* Jum. & H.Perr.: 49 (U)
49. **bicoloratum** Schltr. (*B. bicolor* Jum. & H.Perr., *B. theiochlamys* Schltr., *B. coeruleum* H.Perr.) - Madag. 800-1.000 m (U)
50. **bidenticulatum** J.J.Verm.
ssp. **bidenticulatum** J.J.Verm. - Lib., Guin., Ivory C. (M)
ssp. **joyceae** J.J.Verm. - Kenya 2.100 m (M**)
51. **bifarium** Cribb - Trop. E-Afr. (M)
52. **biflorum** Teijsm. & Binn. (*B. geminatum* Carr., *Cirrhopetalum biflorum* (Teijsm. & Binn.) J.J.Sm., *Phyllorchis biflora* (Teijsm. & Binn.) Ktze.)

- Thai., Mal., Sum., Bali, Java, N-Born, Phil. 400-1.000 m - sect. *Cirrhopetalum* (2*, 9**, O1/86, Q)
- *bilobipetalum* J.J.Sm.: 476 (Q**)
53. **binnendijkii** J.J.Sm. (*Cirrhopetalum leopardinum* Teijsm. & Binn.) - W-Mal., Java, Born., E-Indon. - sect. *Sestochilus* (2*, 9**, Q)
- *blepharistes* Rchb.f.: *Cirrhopetalum* 7 (O1/93, S)
- *blepharosepalum* Schltr.: 264 (G)
54. **blumei** (Lindl.) J.J.Sm. (*B. cuspidilingue* Rchb.f., *B. maxillare* (Lindl.) Rchb.f., *B. masdevalliaceum* Kraenzl., *B. ephippium* Ridl., *Ephippium ciliatum* Bl., *Cirrhopetalum blumei* Lindl., *C. maxillare* Lindl., *Phyllorchis blumei* (Lindl.) Ktze., *P. maxillaris* (Lindl.) Ktze.) - W-Mal., Sum., Born., Phil., N.Gui., Austr., Sol. lowl. - sect. *Ephippium* (2*, G, Q**)
55. **boiteaui** H.Perr. - Madag. (U)
- *bolovense* Guill.: 484 (G)
- *boninense* Mak.: 284 (9**, G)
56. **boonjee** B.Gray & D.Jones - end. to Austr. (Qld.) 720 m (P)
- *borneense* (Schltr.) J.J.Sm.: 38 (9**, G**, Q)
57. **botryophorum** Ridl. - Mal., Born. 0-800 m - sect. *Globiceps* (Q**)
58. **bowkettae** F.M.Bailey - end. to Austr. (Qld.) 0-800 m (P*)
- *braccatum* Rchb.f.: 365 (Q**)
59. **brachyphyton** Schltr. - Madag. (U)
60. **brachystachyum** Schltr. (*B. pseudonutans* H.Perr.) - Madag. 1.200-1.600 m (U)
61. **bracteatum** (Fitzg.) F.M.Bailey - end. to Austr. (Qld., NSW) (P*)
62. **bracteolatum** Lindl. (*B. sordidum* Lindl., *B. bracteolata* (Lindl.) Rchb. f., *Phyllorchis bracteolata* (Lindl.) Ktze.) - Ven., Guy. (G, S)
- *bracteolata* (Lindl.) Rchb.f.: 62 (G)
63. **brevicolumna** J.J.Verm. - end. to Born. 1.300-1.500 m - sect. *Aphanobulbon* (Q*)
- *brevidenticulatum* De Wild.: 97 (G**)
64. **breviflorum** Ridl. - Born. (Q)
65. **brevipetalum** H.Perr. (*B. brevipetalum* ssp. *majus* H.Perr., *B. brevipetalum* ssp. *speculiferum* H.Perr.) - Madag. ca. 1.500 m (U)
- *brevipetalum* ssp. *majus* H.Perr.: 65 (U)

- *brevipetalum* ssp. *speculiferum* H. Perr.: 65 (U)
66. **breviscapum** Ridl. - Mal. (A**)
- *breviscapum* (Rolfe) Ridl.: 242 (9**, E*, H**)
67. **brienianum** (Rolfe) J.J.Sm. (*B. brunnenscens* (Ridl.) J.J.Sm., *B. adenophorum* (Schltr.) J.J.Sm.) - Born. - sect. *Cirrhopetalum* (Q)
- *brixhei* De Wild.: 162 (G)
- *brookeanum* Kraenzl.: 542 (Q**)
- *brunnenscens* (Ridl.) J.J.Sm.: 67 (Q)
- *buchenavianum* (Kraenzl.) De Wild.: 71 (G**)
- *bufo* (Lindl.) Rchb.f.: 162 (G)
- *bufo* Verm.: 162 (G**)
- *burfordiense* hort. ex Hook.f.: 189 (9**)
- *caeruleolineatum* H.Perr.: 379 (U)
- *calabricum* Rolfe: 427 (G**)
- *calamarioides* Schltr.:155 (U)
68. **calamarium** Lindl. (*Phyllorchis calamaria* (Lindl.) Ktze.) - S.Leone, Lib., S-Nig. (9**, E, H, S)
- *calamarium* Lindl.: 465 (G)
69. **calceolus** J.J.Verm. - end. to Born. 1.300-1.650 m - sect. *Leptopus* (Q**)
70. **callosum** Boss. - Madag. 1.300-1.400 m (U)
71. **calyptratum** Kraenzl.
var. **calyptratum** (*B. lindleyi* (Rolfe) Schltr., *B. buchenavianum* (Kraenzl.) De Wild., *Megaclinium maximum* Lindl., *M. flaccidum* Hook., *M. lindleyi* Rolfe, *M. buchenavianum* Kraenzl., *M. lepturum* Kraenzl.) - Guin., Ghana, Gab., Camer., Congo (G**)
72. **calyptropus** Schltr. - Madag. ca. 2.000 m (U)
- *campanulatum* Rolfe: 38 (9**, G**)
73. **capillipes** Rchb.f. - As. - sect. *Sestochilus* (Q)
74. **capitatum** (Bl.) Lindl. (*Diphyes capitata* Bl., *Phyllorchis diphyes* Ktze.) - Java, Born. - sect. *Desmosanthes* (2*, E*)
- *capitatum* Ridl.: 360 (Q)
75. **capuronii** Boss. - Madag. 0-100 m (U)
76. **cardiobulbum** Boss. - Madag. 1.300 -1.400 m (U)
77. **careyanum** (Hook.) Spreng. (*B. cupreum* auct. non Lindl., *Pleurothallis purpurea* D.Don, *Anisopetalon careyanum* Hook., *Tribrachia purpurea* (D.Don) Lindl., *Phyllorchis purpurea* (D.Don) Ktze.) - Nep., Sik., Bhut., Ass., Burm., Thai. (9**, E**, H**, S)
var. **ochracea** - Burm. (H)
- *careyanum* Wall.: 115 (9**, E*, H*)
- *careyanum* auct. non (Hook.) Spreng.: 115 (9**)
- *carinatum* Cogn.: 446 (Q)
78. **carinilabium** J.J.Verm. - end. to Born. 1.500-2.000 m - sect. *Hirtula* (Q**)
- *carunculaelabrum* Carr.: 80 (Q**)
79. **cataractarum** Schltr. (*B. forsythianum* sensu H.Perr.) - Madag. ca. 1.200 m - lith. (U)
80. **catenarium** Ridl. (*B. carunculaelabrum* Carr.) - Mal., Born. 1.700-2.500 m - sect. *Monilibulbus* (Q**)
- *catenarium* p.p Ridl.: 378 (Q**)
81. **caudatisepalum** Ames & Schweinf. (*B. cuneifolium* Ames & Schweinf., *B. pergracile* Ames & Schweinf., *B. koyanense* Carr., *B. dulitense* Carr.) - Mal., Born. 100-2.000 m - sect. *Aphanobulbon* (Q**)
82. **ceratostylis** J.J.Sm. (*B. eximium* Ames & Schweinf.) - Sum., Born. 1.300-1.700 m - sect. *Aphanobulbon* (Q**)
- *ceratostyloides* (Schltr.) Schltr.: 336 (Q**)
83. **ceriodorum** Boiteau - Madag. ca. 1.700 m (U)
84. **cernuum** (Bl.) Lindl. (*Diphyes cernua* Bl., *Phyllorchis cernua* (Bl.) Ktze., *B. gibbilingue* J.J.Sm., *B. vittatum* Teijsm. & Binn., *B. pentaneurum* Seidenf.) - Thai., Java, Born. ca. 1.300 m - sect. *Monilibulbus* (Q*)
var. **vittata** J.J.Sm. (*B. vittatum* Teijsm. & Binn.) - Java (2*)
85. **chanii** J.J.Verm. & A.Lamb - end. to Born. 1.500-1.900 m - sect. *Monilibulbus* (Q**)
86. **cheiri** Lindl. (*B. megalanthum* Griff., *B. copelandii* Ames, *B. praestans* Kraenzl., *B. whitfordii* Rolfe ex Ames, *B. subuliferum* Schltr., *Sarcopodium cheiri* (Lindl.) Lindl., *S. megalanthum* (Griff.) Lindl., *Phyllorchis cheiri* (Lindl.) Ktze., *P. megalantha* (Griff.) Ktze.) - W-Mal., Born., Phil., Cel. 0-100 m - sect. *Sestochilus* (G, Q**)

87. **cheiropetalum** Ridl. (*B. manipetalum* J.J.Sm.) - Born. - sect. *Epicrianthes* (Q)
88. **chinense** (Lindl.) Rchb.f. (*Cirrhopetalum chinense* Lindl.) - China (G**)
89. **chloroglossum** Par. (S)
- *chrysobulbum* H.Perr.: 355 (U)
90. **ciliatilabrum** H.Perr. - Madag. 800-900 m (U)
91. **ciliatum** Lindl. (*Diphyes ciliata* Bl., *Phyllorchis ciliata* Ktze.) - Java (2*)
- *ciliatum* Schltr.: 304 (G)
- *ciliatum* sensu Carr & Holtt.: 100 (O3/97, Q)
- *cincinnatum* Ridl.: 205 (Q**)
92. **cirrhoglossum** H.Perr. - Madag. (U)
- *clandestinum* Lindl.: 484 (2*, G)
- *claptonense* Rolfe: 269 (Q**)
93. **clavatum** Thou. (*B. conicum* Thou.) - Masc. (G)
- *clavatum* (Lindl.) Pfitz.: 290 (9**)
- *clavigerum* (Fitzg.) F.v.Muell.: 273 (9**, G, H**, P)
- *clavigerum* Fitzg.: *Cirrhopetalum* 17 (E*)
- *clavigerum* H.Perr.: 252 (U)
- *clavigerum* (Fitzg.) Dockr.: 273 (U)
94. **cleistogamum** Ridl. - Born. - sect. *Intervallatae* (Q)
- *clemensiae* Ames: 170 (Q**)
95. **coccinatum** H.Perr. - Madag. lowl. - terr. (U)
- *cochinchinense* Gagn.: 285 (9**, G**, Q**)
96. **cochleatum** Lindl. - Trop. Afr., W-Afr., Kenya, Ug., Tanz., Zai., Guin. 1.800-2.200 m (M**, C,S*)
var. **bequaertii** (De Wild.) J.J.Verm. (*B. bequaertii* De Wild.) - Camer., Rwa., Tanz., Ug., Zai. 900-2.400 m (M, C)
var. **cochleatum** - Trop. Afr. 900-2.000 m (C)
var. **gravidum** (Lindl.) J.J.Verm. (*B. gravidum* Lindl.) - Camer., Guin., Malawi, Tanz., Zai., Zam. 900-1.260 m (C)
var. **tenuicaule** J.J.Verm. (M)
97. **cocoinum** Lindl. (*B. andongense* Rchb.f., *B. brevidenticulatum* De Wild.) - S.Leone, Ghana, Ang., Gab., Ivory C., Zai. to 1.200 m (E**, G**, H**, C, S)
98. **coelochilum** J.J.Verm. - end. to Born. 1.300-1.500 m - sect. *Monilibulbus* (Q*)
- *coelogyne* hort.: *Dendrobium coelogyne* (8**)
- *coeruleum* H.Perr.: 49 (U)
- *collettii* auct. non King & Pantl.: 559 (9**)
99. **colubrinum** (Rchb.f.) Rchb.f. - Ang., Camer., Congo, Gab., Ghana, Ivory C., Nig., Zai. 100-1.000 m (C)
100. **comberi** J.J.Verm. (*B. ciliatum* sensu Carr & Holtt.) - Mal., Born., Flores - sect. *Micromonanthe* (O3/97, Q)
- *cominsii* Rolfe: 189 (9**)
101. **comorianum** H.Perr. - Com. (U)
102. **comosum** Collett & Hemsl. (*Phyllorchis comosa* (Collett & Hemsl.) Ktze.) - Thai., Burm. - scented (9**, S)
- *comosum* H.Perr.: 416 (U)
- *compactum* Kraenzl.: 111 (9**, U**)
103. **complanatum** H.Perr. (*B. sigilliforme* H.Perr.) - Madag. 0-100 m (U)
104. **compressum** Teijsm. & Binn. - Sum., Java, Sul., Born. 100-600 m - sect. *Desmosanthes* (*Racemobulbum*) (Q**)
- *concavum* Ames & Schweinf.: 112 (Q**)
105. **conchidioides** Ridl. (*B. pleurothalloides* Schltr.) - Madag. 990-1.400 m (U)
106. **concinnum** Hook.f. - Born. - sect. *Desmosanthes* (Q)
- *confertum* Hook.f.: 474 (G)
- *congolanum* Schltr.: 473 (1**, M)
- *congolense* (De Wild.) De Wild.: 218 (G)
- *conicum* Thou.: 93 (G)
107. **coniferum** Ridl. (*B. obscurum* J.J.Sm., *B. cylindraceum* J.J.Sm. non Lindl., *B. musciferum* Ridl., *B. eruciferum* J.J.Sm., *B. reflexum* Ames & Schweinf.) - Mal., Sum., Java, Born. 1.000-2.150 m - sect. *Globiceps* (Q**)
108. **connatum** Carr. - Born. - sect. *Monilibulbus* (Q)
- *conspectum* J.J.Sm.: 494 (Q**)
- *copelandii* Ames: 86 (G, Q**)
109. **coralliferum** J.J.Sm. - Born. (O3/98)
110. **coriaceum** Ridl. (*B. venustum* Ames & Schweinf., *B. kinabaluense* Rolfe) - Born. - sect. *Aphanobulbon* (Q, O3/98)
111. **coriophorum** Ridl. (*B. compactum* Kraenzl., *B. crenulatum* Rolfe, *B. robustum* Rolfe, *B. mandrakanum*

Schltr.) - Madag., Com. 700-1.600 m (9**, A**, U**)
- *corneri* Carr.: 544 (Q**)
112. **cornutum** (Bl.) Rchb.f. (*B. wenzelii* Ames, *B. concavum* Ames & Schweinf., *Ephippium cornutum* Bl., *Phyllorchis cornuta* Ktze.) - Java, Phil., Born. 1.000-1.600 m - sect. *Sestochilus* (2*, Q**) var. **ecornutum** J.J.Sm. (2*)
- *cornutum* Rchb.f.: 201 (9**, G)
- *cornutum* var. *ecornutum* J.J.Sm.: 145 (Q**)
113. **corolliferum** J.J.Sm. (*B. pulchellum* var. *purpureum* Ridl., *B. curtisii* (Hook.f.) Ridl., *B. curtisii* var. *purpureum* J.J.Sm., *Cirrhopetalum concinnum* var. *purpureum* Ridl., *C. curtisii* Hook.f.) - Thai., Mal., Born. Sum. - sect. *Cirrhopetalum* (9**, \$50/9, Q)
- *correae* Pabst: 485 (G)
- *corticicola* Schltr.: 476 (Q**)
- *costatum* Ames: 310 (Q**)
- *coursianum* H.Perr. n.n.: 463 (U)
- *crassicaudatum* Ames & Schweinf.: 365 (Q**)
114. **crassifolium** J.J.Sm. (*Osyricera crassifolia* Bl.) (2*)
115. **crassipes** Hook.f. (*B. careyanum* Wall. non Spreng., *B. careyanum* auct. non (Hook.) Spreng., *Phyllorchis crassipes* (Hook.f.) Ktze.) - Sik., Ass., Burm., Mal. (9**, E*, H*, S*)
116. **crassipetalum** H.Perr. - Madag. 400-700 m (U)
- *crassulifolium* (A.Cunn.) Rupp: 486 (G, P)
- *crenulatum* Rolfe: 111 (9**, U**)
117. **crepidiferum** J.J.Sm. - Born. - sect. *Leptopus* (Q)
- *crista-galli* Kraenzl.: 310 (Q**)
118. **croceum** Lindl. (*Diphyes crocea* Bl., *Phyllorchis crocea* Ktze.) - Java (2*)
119. **cruentum** Gar., Hamer & Siegerist - N.Gui. 1.600 m (O3/92)
- *cryptophoranthoides* Kraenzl.: 310 (Q**)
120. **cryptostachyum** Schltr. - Madag. ca. 1.000 m (U)
121. **cumingii** (Lindl.) Rchb.f. (*B. amesianum* (Rolfe) J.J.Sm., *B. stramineum* Ames, *Cirrhopetalum cumingii* Lindl., *C. stramineum* auct. non Teijsm. & Binn., *C. amesianum* Rolfe, *Phyllorchis cumingii* (Lindl.) Ktze.) - Phil. (9**, G)
- *cuneifolium* Ames & Schweinf.: 81 (Q**)
122. **cupreum** Lindl. (*B. pechei* Bull non Rchb.f.) - Thai., Mal., Burm. - stinking (G, S)
- *cupreum* auct. non Lindl.: 77 (9**)
- *cupreum* Gagn.: 329 (9**)
123. **curranii** Ames - Born. (Q)
- *curtisii* (Hook.f.) Ridl.: 113 (9**)
- *curtisii* var. *purpureum* J.J.Sm.: 113 (9**)
124. **curvifolium** Schltr. - Madag. ca. 600 m (U)
- *cuspidilingue* Rchb.f.: 54 (2*, G, Q**)
125. **cuspidipetalum** J.J.Sm. - Born. - sect. *Sestochilus* (Q)
126. **cyclanthum** Schltr. - Madag. ca. 1.300 m (U**)
127. **cylindraceum** Lindl. (*B. khasiana* Griff., *B. imbricatum* Griff., *Phyllorchis cylindracea* Ktze., *P. imbricata* Ktze.) - Java (2*)
- *cylindraceum* J.J.Sm.: 107 (Q**)
128. **cylindrocarpum** Frapp. ex Cordem. - Masc., Madag. ca. 1.800 m (U)
- *cymbidioides* (Bl.) Rchb.f.: *Epigeneium* 3 (9**, S)
- *cyrtopetalum* Schltr.: 304 (G)
- *dagamense* Ames: 310 (Q**)
- *dahlemense* Schltr.: 162 (G**)
129. **dayanum** Rchb.f. (*B. dyphoniae* Tixier, *Phyllorchis dayana* (Rchb.f.) Ktze., *Trias dayanum* Grant) - Burm., Thai., Camb. (9**)
130. **dearei** (hort.) Rchb.f. (*B. godseffianum* Weathers, *B. reticosum* Ridl., *B. punctatum* Ridl., *B. goebelianum* Kraenzl., *Sarcopodium dearei* hort., *Phyllorchis dearei* (hort.) Ktze.) - Phil, Born., W-Mal. 700-1.200 m - sect. *Sestochilus* (8**, E**, H**, Q**)
131. **debile** Boss. - Madag. 900-1.000 m (U)
132. **decaryanum** H.Perr. - Madag. 900-1.000 m (U)
133. **decatriche** J.J.Verm. - end. to Born. lowl. - sect. *Epicrianthes* (Q*)
- *deceptum* Ames: 365 (Q**)
- *deistelianum* Kraenzl.: 162 (G)
134. **deltoideum** Ames & Schweinf. (*B. angustatifolium* J.J.Sm.) - Born. - sect. *Aphanobulbon* (Q)

- *deminutum* Carr.: 142 (Q**)
- *densissimum* Carr.: 138 (Q**)
135. **devium** Comb. - Java, Bali (2*, O3/97)
136. **devogelii** J.J.Verm. - end. to Born. 1.600-2.000 m - sect. *Aphanobulbon* (Q**)
- *dichromum* Rolfe: *Monomeria* 2 (9**)
- *digitatum* J.J.Sm.: *Monomeria* 3 (S)
- *diploncos* Schltr.: 378 (Q**)
137. **discilabium** H.Perr. - Madag. 1.500-2.000 m (U)
138. **disjunctum** Ames & Schweinf. (*B. noeanum* Kerr, *B. densissimum* Carr.) - Thai., Born. 900-2.500 m - sect. *Altisceptrum* (Q**)
139. **distans** Lindl. - Trop. Afr.: Ug., Kenya, Zai., Lib., Ang. 1.400 m (E**, H**, M, S)
140. **divaricatum** H.Perr. - Madag. ca. 2.000 m (U)
- *dixonii* Rolfe: 329 (9**)
- *djumaense* (De Wild.) De Wild.: 304 (G)
- *djumaense* var. *grandifolium* De Wild.: 304 (G)
- *dorotheae* Rendle: 394 (9**)
- *dorotheae* Rendle: 427 (G**)
- *drallei* Rchb.f.: 427 (G**)
141. **dransfieldii** J.J.Verm. - end. to Born. ca. 2.000 m - sect. *Monilibulbus* (Q**)
142. **dryas** Ridl. (*B. deminutum* Carr. non J.J.Sm.) - Mal., Sum., Born. 1.500-2.200 m - sect. *Aphanobulbon* (Q**)
143. **drymoglossum** Maxim. - Afr. (S)
- *dulitense* Carr.: 81 (Q**)
- *dyphoniae* Tixier: 129 (9**)
144. **ebulbe** Schltr. - N.Gui. - sect. *Aphanobulbon* (S)
145. **ecornutum** (J.J.Sm.) J.J.Sm. (*B. cornutum* var. *ecornutum* J.J.Sm., *B. ecornutum* var. *deliense* J.J.Sm., *B. ecornutum* var. *teloense* J.J.Sm.) - Thai., Sum., Java, Born. 400-1.300 m - sect. Sestochilus (Q**)
- *ecornutum* var. *deliense* J.J.Sm.: 145 (Q**)
- *ecornutum* var. *teloense* J.J.Sm.: 145 (Q**)
146. **edentatum** H.Perr. - Madag. 1.300-1.700 m (U)
147. **elachanthe** J.J.Verm. - end. to Born. ca. 1.400 m - sect. *Aphanobulbon* (Q*)
- *elachon* J.J.Verm.: 427 (G**)
148. **elassonotum** Summerh. - Ass. (9**)
- *elatius* Ridl.: 365 (Q**)
149. **elevatopunctatum** J.J.Sm. - Sum. - sect. *Sestochilus* (Q)
150. **elisae** (F.v.Muell.) Benth. - end. to Austr. (Qld., NSW) 800 m - „Pineapple Orchid" (P*) ➤ Cirrhopetalum 4
151. **elliotii** Rolfe (*B. malawiense* B.Morris) - Madag., E-S-Afr. 0-1.200 m (U)
152. **elongatum** (Bl.) Hassk. (*B. sceptrum* Rchb.f., *B. gigas* Ridl., *Ephippium elongatum* Bl., *Cirrhopetalum elongatum* (Bl.) Lindl., *Phyllorchis elongata* (Bl.) Ktze.) - Java, Born., Mal., Phil. - sect. *Altisceptrum* (2*, G, Q)
153. **encephalodes** Summerh. - Trop.Afr.: Kenya, Ug., Tanz., Zim. 800-1.800 m (1**, M**, C*)
- *ephippium* Ridl.: 54 (G, Q**)
154. **epicrianthes** Hook.f. (*B. javanicum* J.J.Sm. non Miq., *B. javanicum* var. *sumatrana* J.J.Sm., *B. epicrianthes* var. *sumatrana* (J.J.Sm.) J.J.Verm., *Epicrianthes javanica* Bl., *Epicrianthes javanica* Bl., *Phyllorchis javanica* (Bl.) Ktze.) - Sum., Java, Born. 400 m - sect. *Epicrianthes* (2*, Q**)
- *epicrianthes* var. *sumatrana* (J.J.Sm.) J.J.Verm.: 154 (Q**)
155. **erectum** Thou. (*B. lobulatum* Schltr., *B. calamarioides* Schltr., *Phyllorchis erecta* (Thou.) Ktze.) - Madag., Masc. 0-100 m (U)
156. **ericssonii** Kraenzl. - Mal. (9**)
- *eruciferum* J.J.Sm.: 107 (Q**)
157. **erythrostachyum** Rolfe - Madag. (U)
158. **evansii** Hend. - Born. - sect. *Sestochilus* (Q)
159. **evasum** Hunt & Rupp - end. to Austr. (Qld.) 1.000 m (P*)
160. **exiguum** F.v.Muell. - end. to Austr. (Qld., NSW) 0-1.000 m (P*)
- *exiliscapum* J.J.Sm.: 170 (Q**)
- *eximium* Ames & Schweinf.: 82 (Q**)
161. **expallidum** J.J.Verm. - Malawi, Rwa., Tanz., Zam. 800-2.100 m (C**)
162. **falcatum** (Lindl.) Rchb.f. (*B. leptorrhachis* Schltr., *Megaclinium falcatum* Lindl., *M. endotrachys* Kraenzl., *Phyllorchis falcata* (Rchb.f.) Ktze.) - S.Leone, Lib., Ivory C., Togo, S-

Nig., Ug. to 1.800 m (4**, 9**, E**, H**, M**, C**, S, Z**)
var. **bufo** (Lindl.) J.J.Verm. (*B. bufo* (Lindl.) Rchb.f., *B. bakossorum* Schltr., *B. longibulbum* Schltr., *B. deistelianum* Kraenzl., *B. sereti* De Wild., *B. lubiense* De Wild., *Megaclinium bufo* Lindl., *M. deistelianum* Kraenzl., *M. gentilii* De Wild., *M. sereti* De Wild., *Phyllorchis bufo* (Lindl.) Ktze.) - Guin., S.Leone, Lib., Ivory C., Ghan., Nig., Camer., Zai. (G, C)
var. **falcatum** (*B. falcatum* (Lindl.) Rchb.f., *B. oxyodon* Rchb.f., *B. leptorrhachis* Schltr., *B. dahlemense* Schltr., *B. hemirhachis* (Pfitz.) De Wild., *B. ugandae* (Rolfe) De Wild., *B. bufo* J.J.Verm., *Megaclinium falcatum* Lindl., *M. oxyodon* Rchb.f., *M. endotrachys* Kraenzl., *M. hemirhachis* Pfitz., *M. ugandae* Rolfe, *Phyllorchis falcata* (Rchb.f.) Ktze.) - S.Leone, Lib., Ivory C., Togo, S-Nig., Ug. (G**, C)
var. **velutinum** (Lindl.) J.J.Verm. (*B. velutinum* (Lindl.) Rchb.f., *B. rhizophorae* Lindl., *B. melanorrhachis* Rchb.f., *B. millenii* (Rolfe) Schltr., *B. minutum* (Rolfe) Engl., *B. minutum* var. *purpureum* (De Wild.) De Wild., *B. fractiflexum* Kraenzl., *B. kewense* Schltr., *B. brixhei* De Wild., *B. solheidii* De Wild., *B. arnoldianum* (De Wild.) De Wild., *B. lanuriense* De Wild., *B. simonii* Summerh., *Megaclinium velutinum* Lindl., *M. melanorrhachis* Rchb.f., *M. minutum* Rolfe, *M. minutum* var. *purpureum* De Wild., *M. millenii* Rolfe, *M. arnoldianum* De Wild., *M. lasianthum* Kraenzl., *M. brixhei* De Wild., *M. solheidii* De Wild., *M. lanuriense* De Wild., *M. angustum* Rolfe, *Phyllorchis rhizophorae* Rchb.f., *P. velutina* (Lindl.) Ktze.) - Lib., S.Leone, Ivory C., Ghana, Nig., Camer., Zai. (G, C)
- *falcatum* (Lindl.) Rchb.f.: 162 (G**)
163. **farreri** (W.W.Sm.) Seidenf. (*Cirrhopetalum farreri* W.W.Sm.) - Burm. (9**)
164. **fascinator** (Rolfe) Rolfe - Born. - sect. *Cirrhopetalum* (Q)
- *fascinator* (Rolfe) Rolfe: 432 (9**)
- *fenestratum* J.J.Sm.: 513 (Q)
165. **ferkoanum** Schltr. - Madag. (U)

- *filicoides* Ames: 447 (Q*)
166. **fimbriatum** (Lindl.) Rchb.f. (*Cirrhopetalum fimbriatum* Lindl., *C. wallichii* J.Graham, *Phyllorchis fimbriata* (Lindl.) Ktze.) - Ind. (9**, G)
- *fimbriatum* H.Perr.: 406 (U)
167. **fissibrachium** J.J.Sm. - Born. - sect. *Globiceps* (Q)
168. **fissipetalum** Schltr. - N.Gui. - sect. *Epicranthes* (S)
169. **flammuliferum** Ridl. - Born. - sect. *Desmosanthes* (Q)
170. **flavescens** (Bl.) Lindl. (*B. adenopetalum* Lindl., *B. ramosii* Ames, *B. leptosepalum* Hook.f., *B. montigenum* Ridl., *B. puberulum* Ridl., *B. semperflorens* J.J.Sm., *B. barrinum* Ridl., *B. clemensiae* Ames, *B. simulacrum* Ames, *B. lanceolatum* Ames & Schweinf., *B. exiliscapum* J.J.Sm., *B. mutabile* Kraenzl. non (Bl.) Lindl., *B. flavescens* var. *triflorum* J.J.Sm., *B. flavescens* var. *telemense* J.J.Sm., *Diphyes flavescens* Bl., *Phyllorchis flavescens* Ktze., *P. adenopetala* (Lindl.) Ktze.) - Phil., Born., Java, Mal., Sum. 100-2.000 m - sect. *Aphanobulbon* (2*, G, Q**)
var. **triflorum** J.J.Sm. (*Diphyes flavescens* var. *triflorum* Bl.) (2*, Q)
- *flavescens* var. *triflorum* J.J.Sm.: 170 (Q**)
- *flavescens* var. *telemense* J.J.Sm.: 170 (Q**)
171. **flavidiflorum** Carr (*B. xantanthum* J.J.Sm.) - Java, Bali, Sum. 800-2.100 m (O3/97)
- *flavidum* Lindl.: 427 (G**, C)
172. **flaviflorum** (Liu & Su) Seidenf. (*Cirrhopetalum miniatum* Rolfe, *C. flaviflorum* Liu & Su) - Viet., Laos, China, Tai. (9**)
173. **flavofimbriatum** J.J.Sm. (*Epicranthes flavofimbriata* (J.J.Sm.) Gar. & Kittr.) - end. to Born. 800-1.500 m sect. *Epicranthes* (Q**)
174. **fletcherianum** Rolfe (*Cirrhopetalum fletcherianum* Rolfe) - N.Gui. (9**)
- *flickingerianum* A.D.Hawk.: 406 (U)
175. **florulentum** Schltr. - Madag. ca. 2.000 m (U)
176. **foetidolens** Carr. - Born. - sect. *Sestochilus* (U)
177. **forsythianum** Kraenzl. - Madag. 300-1.400 m - lith. (U)

- *forsythianum* sensu H.Perr.: 79 (U)
- *fractiflexum* Kraenzl.: 162 (G)
178. **francoisii** H.Perr. - Madag. 0-800 m (U)
 var. **andrangense** (H.Perr.) Boss. (*B. andrangense* H.Perr.) - Madag. 1.200 -1.400 m (U)
- *fritillariiflorum* J.J.Sm.: 189 (9**)
179. **frostii** Summerh. - Viet. (9**)
180. **fulvibulbum** J.J.Verm. - end. to Born. ca. 1.500 m - sect. *Altisceptrum* (Q*)
181. **fuscum** Lindl. - Guin., S.Leone, Lib., Ivory C., Nig., Camer., Zai. Ang. 600-2.100 m (C)
 var. **fuscum** (*B. ogoouense* Guill.) - Guin., S.Leone, Lib., Ivory C., Nig., Camer., Zai., Ang. (G, C)
 var. **melinostachyum** (Schltr.) J.J.Verm. (C)
- *gabonis* Lindl. & Rchb.f.: 427 (G**)
182. **gadgarrense** Rupp - end. to Austr. (Qld.) 800 m (P*)
- *galbinum* Ridl.: 537 (2*, 9**, G, Q**)
- *galeatum* (Sw.) Lindl.: *Polystachya* 37 (9**)
- *gamosepalum* (Griff.) J.J.Sm.: 256 (Q)
- *geminatum* Carr.: 52 (9**)
- *gibbilingue* J.J.Sm.: 84 (Q*)
183. **gibbosum** (Bl.) Lindl. (?*B. pangerangi* Rchb.f., *B. selangorense* Ridl., *B. igneocentrum* J.J.Sm., *B. magnivaginatum* Ames & Schweinf., *B. igneocentrum* var. *lativaginatum* J.J.Sm., *Diphyes gibbosa* Bl., *Phyllorchis gibbosa* (Bl.) Ktze.) - Java, Bali, Sum., Born. Mal. ca. 1.000 m - sect. *Aphanobulbon* (2*, O3/97, Q**)
184. **gibbsiae** Rolfe (*B. minutiflorum* Ames & Schweinf., *B. teres* Carr.) - Born. - sect. *Aphanobulbon* (Q)
- *gigas* Ridl.: 152 (2*, G)
- *gilletii* (De Wild.) De Wild.: 218 (G)
- *gimagaanense* Ames: 542 (Q**)
185. **glaucifolium** J.J.Verm. - end. to Born. ca. 1.700 m - sect. *Aphanobulbon* (Q*)
186. **globuliforme** Nicholls - end. to Austr. (Qld., NSW) 500 m (P*, S)
- *godseffianum* Weathers: 130 (E**, H**, Q**)
- *goebelianum* Kraenzl.: 130 (Q**)
- *gracile* (Bl.) Lindl. (2*): 476 (Q**)
187. **graciliscapum** H.Perr. - Madag. ca. 2.000 m (U)
188. **gracillimum** (Rolfe) Rolfe (*B. leratii* (Schltr.) J.J.Sm.) - Thai., Mal., Sum., N.Gui., P.Is., Austr. (Qld.) - sect. *Cirrhopetalum* (H**, P*, Q)
 ➛ *gracillimum* (Rolfe) Rolfe: *Cirrhopetalum* 5 (S)
189. **grandiflorum** Bl. (*B. cominsii* Rolfe, *B. burfordiense* hort. ex Hook.f., *B. fritillariiflorum* J.J.Sm., *Phyllorchis grandiflora* (Bl.) Ktze., *Hyalosema cominsii* (Rolfe) Rolfe, *H. grandiflorum* (Bl.) Rolfe) - N.Gui., Sol. (9**, $50/9)
190. **grandilabre** Carr. - end. to Born. 1.400-1.600 m - sect. *Aphanobulbon* (Q**)
191. **graveolens** (F.M.Bailey) J.J.Sm. (*Cirrhopetalum robustum* Rolfe, *C. graveolens* F.M.Bailey) - N.Gui. (9**, $56/10, Z**)
- *gravidum* Lindl.: 96 (C)
192. **griffithii** (Lindl.) Rchb.f. (E, H)
193. **groeneveldtii** J.J.Sm. - Sum., Born. 1.100-1.300 m - sect. *Hirtula* (Q**)
194. **grudense** J.J.Sm. - Java, Born. - sect. *Micromonanthe* (2*, Q)
195. **gusdorfii** J.J.Sm. - Born. - sect. *Cirrhopetalum* (Q)
196. **guttifilum** Seidenf. - Thai. (O6/97)
197. **guttulatum** Wall. ex Hook.f. (*B. umbellatum* auct. non Lindl., *B. umbellatum* Lindl., *Cirrhopetalum guttulatum* (Wall.) Hook.f., *Phyllorchis guttulata* (Wall.) Ktze.) - Ind., Nep., Sik., Ass., Bhut. (9**, G**)
- *guttulatum* Wall.: *Cirrhopetalum guttulatum* (8**)
- *hamatifolium* J.J.Sm.: 420 (Q)
198. **hamelinii** W.Wats. [B. hamelinii Rolfe (9**)] - Madag. 800-1.000 m (U)
199. **haniffii** Carr. - W-Mal. - sect. *Epicrianthes* (Q)
- *hastatum* Tang & Wang: 7 (2*, Q**)
200. **heldiorum** J.J.Verm. - end. to Born. 2.000-2.500 m - sect. *Globiceps* (Q**)
201. **helenae** (Ktze.) J.J.Sm. (*B. cornutum* Rchb.f., *B. picturatum* auct. non (Lodd.) Rchb.f., *B. picturatum* Seidenf. & Smitin., *Phyllorchis helenae* Ktze., *Cirrhopetalum cornutum* Lindl.) - Ind., Nep., Sik., Burm., Thai. (9**, G)
- *hemirhachis* (Pfitz.) De Wild.: 162 (G**)

202. **henricii** Schltr. - Madag. 700 m (U)
var. **rectangulare** H.Perr. - Madag. (U)
- *henshallii* Lindl.: 269 (2*,4**, 8**, 9**, G, Q**)
- *herminiostachys* (Rchb.f.) Rchb.f.: 427 (G**)
- *hewittii* Ridl.: 537 (Q**)
203. **hildebrandtii** Rchb.f. (*B. maculatum* Jum. & H.Perr., *B. johannum* H.Perr., *B. madagascariense* Schltr., *B. melanopogon* Schltr., *Phyllorchis hildebrandtii* (Rchb.f.) Ktze.,) - Madag. 0-600 m (U)
204. **hirsutiusculum** H.Perr. - Madag. 1.300-1.700 m (U)
- *hirsutum* (Bl.) Lindl.: 378 (Q**)
205. **hirtulum** Ridl. (*B. cincinnatum* Ridl., *B. trichoglottis* Ridl., *B. trichoglottis* var. *sumatrana* J.J.Sm.) - Mal., Sum., Born. 400-1.300 m - sect. *Hirtula* (Q**)
206. **hirtum** (Smith) Lindl. (*B. suave* Griff., *B. kerrii* Rolfe, *Stelis hirta* Smith, *Tribrachia hirta* (Smith) Lindl., *Phyllorchis hirta* (Smith) Ktze.) - Thai., Nep., Sik., Ass., Burm., Viet. (G, S)
207. **hookeri** (Duthie) J.J.Sm. (*Cirrhopetalum hookeri* Duthie) - W-Him., Nep., Ass. (9**)
208. **horizontale** Boss. - Madag. ca. 900 m (U)
- *hortense* J.J.Sm.: 365 (Q**)
- *hortensoides* Ames: 365 (Q**)
209. **hovarum** Schltr. - Madag. 1.000-2.000 m (U)
210. **humbertii** Schltr. - Madag. ca. 1.700 m (U)
- *humblotianum* Kraenzl.: 254 (U)
211. **humblotii** Rolfe (*B. album* Jum. & H.Perr., *B. laggiarae* Schltr., *B. luteolabium* H.Perr., *B. linguiforme* Cribb) - Madag., Sey., E-Afr. 0-600 m (1**, U)
212. **hyalinum** Schltr. - Madag., Com. 400-1.200 m (U)
213. **hydrophilum** J.J.Sm. - Java (2*)
214. **hymenanthum** Hook.f. - Born. - sect. *Aphanobulbon* (Q)
215. **hymenochilum** Kraenzl. (*B. rhombifolium* (Carr.) Masamune) - Born. - sect. *Cirrhopetalum* (Q)
- *igneocentrum* J.J.Sm.: 183 (Q**)
- *igneocentrum* var. *lativaginatum* J.J.Sm.: 183 (Q**)
216. **igneum** J.J.Sm. - Java - sect. *Desmosanthes* (Q)
217. **ikongoense** H.Perr. - Madag. lowl. (U)
- *illudens* Ridl.: 336 (Q**)
218. **imbricatum** Lindl. (*B. strobiliferum* Kraenzl., *B. stenorhachis* Kraenzl., *B. laurentianum* Kraenzl., *B. kamerunense* Schltr., *B. leucorhachis* (Rolfe) Schltr., *B. triste* (Rolfe) Schltr., *B. congolense* (De Wild.) De Wild., *B. gilletii* (De Wild.) De Wild., *B. ledermannii* (Kraenzl.) De Wild., *B. linderi* Summerh., *Megaclinium leucorhachis* Rolfe, *M. triste* Rolfe, *M. imbricatum* (Lindl.) Rolfe, *M. strobiliferum* (Kraenzl.) Rolfe, *M. congolense* De Wild., *M. gilletii* De Wild., *M. ledermannii* Kraenzl., *M. hebetatum* Kraenzl., *Phyllorchis imbricata* (Lindl.) Ktze.) - S.Leone, Lib., Ivory C., Ghana, Nig., Camer., Congo, Zai. to 800 m (G, C, Z**)
- *imbricatum* Griff.: 127 (2*)
219. **imerinense** Schltr. - Madag. ca. 1.300 m (U)
- *imogeniae* Buch.-Ham.: 427 (G**)
- *implexum* Jum. & H.Perr.: 317 (U)
220. **inaequale** Lindl. (*Diphyes inaequalis* Bl., *Phyllorchis inaequalis* Ktze.) - Java (2*)
var. **angustifolium** J.J.Sm. - Java (2*)
221. **inauditum** Schltr. - Madag. ca. 2.000 m (U)
222. **inconspicuum** Maxim. - Afr. (S)
- *insigne* Ridl.: 310 (Q**)
223. **insolitum** Boss. - Madag. lowl. (U)
- *intermedium* F.M.Bailey: 486 (G)
224. **intertextum** Lindl. (*B. seychellarum* Rchb.f.) - Trop. Afr.: Kenya, Tanz., Ang., Sey. 100-1.900 m (1**, M, C*, O3/98)
- *intervallatum* J.J.Sm.: 287 (Q**)
225. **inunctum** J.J.Sm. - Born. - sect. *Sestochilus* (Q)
226. **ionophyllum** J.J.Verm. - end. to Born. 1.100-1.700 m - sect. *Aphanobulbon* (Q**)
- *jarense* Ames: 397 (Q**)
- *javanicum* Miq.: 384 (2*, G)
- *javanicum* J.J.Sm.: 154 (Q**)
- *javanicum* var. *sumatrana* J.J.Sm.: 154 (Q**)
227. **johannis** H.Wendl. & Kraenzl. - Madag. (U)

- *johannis-winkleri* J.J.Sm.: 347 (Q**)
- *johannum* H.Perr.: 203 (U)
228. **johnsonii** Hunt & Rupp (*B. kirkwoodae* Hunt & Rupp, *B. whitei* Hunt & Rupp) - end. to Austr. (Qld.) 0-1.200 m (P*)
229. **jolandae** J.J.Verm. - end. to Born. ca.1.500 m - sect. *Hirtula* (Q**)
230. **josephii** (Ktze.) Summerh. (*B. mahonii* Rolfe, *B. schlechteri* De Wild.) - Trop. Afr.: Kenya, Tanz., Ug. Moz. 800-2.400 m (M**, C**)
231. **jumelleanum** Schltr. - Madag. ca. 1.200 m (U)
232. **kainochiloides** H.Perr. - Madag. ca. 1.300 m (U)
- *kamerunense* Schltr.: 218 (G)
- *katherinae* A.D.Hawk.: 446 (Q)
233. **kemulense** J.J.Sm. - end. to Born. 1.300-1.800 m - sect. *Globiceps* (Q**)
- *kerrii* Rolfe: 206 (G)
234. **kestron** J.J.Verm. & A.Lamb - end. to Born. 1.500-2.000 m - sect. *Monilibulbus* (Q**)
- *kewense* Schltr.: 162 (G)
- *khasiana* Griff.: 127 (2*)
235. **kieneri** Boss. - Madag. lowl. (U)
- *kinabaluense* Rolfe: 110 (Q)
- *kirkwoodae* Hunt & Rupp: 228 (P*)
- *koyanense* Carr.: 81 (Q**)
236. **lacinulosum** J.J.Sm. - Born. - sect. *Monilibulbus* (Q)
237. **lageniforme** F.M.Bailey - end. to Austr. (Qld.) 1.000 m (P**)
- *laggiarae* Schltr.: 211 (U)
238. **lakatoense** Boss. - Madag. 1.000-1.500 m (U)
239. **lambii** J.J.Verm. - end. to Born. 1.500-2.100 m - sect. *Monilibulbus* (Q**)
- *lanceolatum* Ames & Schweinf.: 170 (Q**)
240. **lancisepalum** H.Perr. - Madag. lowl. (U)
- *lanuriense* De Wild.: 162 (G)
241. **lasianthum** Lindl. - W-Mal., Sum., Born. lowl. - sect. *Sestochilus* (Q*)
242. **lasiochilum** Par. & Rchb.f. (*B. breviscapum* (Rolfe) Ridl., *Cirrhopetalum lasiochilum* (Par. & Rchb.f.) Hook.f., *C. breviscapum* Rolfe, *Phyllorchis lasiochila* (Par. & Rchb.f.) Ktze.) - Burm., Thai., Mal. (9**, E*, H**, Z**)
243. **lasioglossum** Ames - Phil. - sect. *Hirtula* (Q)
- *latipes* J.J.Sm.: *Dactylorhynchus* 2 (S)
244. **latipetalum** H.Perr. - Madag. ca. 1.500 m (U)
245. **latisepalum** Ames & Schweinf. - end. to Born. 1.300-2.100 m - sect. *Monilibulbus* (Q**)
- *laurentianum* Kraenzl.: 218 (G)
246. **laxiflorum** (Bl.) Lindl. (*B. pedicellatum* Ridl., *Diphyes laxiflora* Bl., *Phyllorchis laxiflora* Ktze.) - Java, Born. - sect. *Desmosanthes* (2*, Q)
- *layardii* (F.v.Muell. & Kraenzl.) J.J.Sm.: 273 (9**, G)
247. **leandrianum** H.Perr. - Madag. ca. 900 m (U**)
248. **lecouflei** Boss. - Madag. 0-100 m (U)
- *ledermannii* (Kraenzl.) De Wild.: 218 (G)
249. **lemniscatoides** Rolfe - Java (2*)
250. **lemniscatum** Par. ex Hook.f. (*B. lemniscatum* var. *tumidum* Par. & Rchb.f., *Phyllorchis lemniscata* (Par. ex Hook.f.) Ktze.) - Burm., Thai. (9**, A**, S)
- *lemniscatum* var. *tumidum* Par. & Rchb.f.: 250 (9**)
251. **lemuraeoides** H.Perr. - Madag. 1.500-2.000 m (U)
252. **lemurense** Boss. & Cribb (*B. clavigerum* H.Perr.) - Madag. ca. 1.400 m (U)
253. **leniae** J.J.Verm. - end. to Born. 1.300-1.500 m - sect. *Monilibulbus* (Q*)
254. **leonii** Kraenzl. (*B. humblotianum* Kraenzl.) - Com. - terr. (U)
255. **leopardinum** (Wall.) Lindl. (*Dendrobium leopardinum* Wall., *Sarcopodium leopardinum* (Wall.) Lindl., *Phyllorchis leopardina* (Wall.) Ktze.) - Nep., Bhut., Ass., Burm., Thai. (9**, E**, H**)
256. **lepidum** (Bl.) J.J.Sm. (*B. gamosepalum* (Griff.) J.J.Sm., *B. lepidum* var. *angustum* Ridl., *B. lepidum* var. *insigne* J.J.Sm., *Ephippium lepidum* Bl., *Zygoglossum umbellatum* Reinw., *Hippoglossum umbellatum* Breda, *Cirrhopetalum gamosepalum* Griff.) - Java, Born. - sect. *Cirrhopetalum* (2*, 4**, Q)
- *lepidum* var. *angustum* Ridl.: 256 (Q)
- *lepidum* var. *insigne* J.J.Sm.: 256 (Q)
257. **leproglossum** J.J.Verm. & A.Lamb

end. to Born. 1.300-1.500 m - sect. *Monilibulbus* (Q**)
258. **leptochlamys** Schltr. - Madag. ca. 1.500 m (U)
- *leptorrhachis* Schltr.: 162 (9**, E**, H**)
- *leptorrhachis* Schltr.: 162 (G**)
- *leptosepalum* Hook.f.: 170 (Q**)
259. **leptostachyum** Schltr. - Madag. 800-1.600 m (U)
- *leratii* (Schltr.) J.J.Sm.: 188 (P*)
- *leucopogon* Kraenzl.: 427 (G**)
260. **leucorhachis** (Rolfe) Schltr. (*Megaclinium leucorhachis* Rolfe) - S.Leone, N-Nig., Gab., Zai., Ug. (9**)
- *leucorhachis* (Rolfe) Schltr.: 218 (G)
- *leysianum* Burb. (2*): 25 (G, Q)
- *lichenastrum* F.v.Muell.: *Dendrobium* 197 (E, H, P)
- *lichenastrum* F.v.Muell.: *Dockrillia* 3 (S)
261. **lichenophylax** Schltr. (*B. quinquecornutum* H.Perr.) - Madag. ca. 1.400 m (U)
- *lichenophylax* var. *microdoron* (Schltr.) H.Perr.: 8 (U)
262. **lilacinum** Ridl. - Mal., Thai. (9**)
263. **lilianae** Rendle - end. to Austr. (Qld.) 1.000 m (P)
264. **limbatum** Lindl. (*B. blepharosepalum* Schltr., *Phyllorchis limbata* (Lindl.) Ktze.) - Thai., Burm., Mal., Sum. - sect. *Hirtula* (G, Q)
- *linderi* Summerh.: 218 (G)
- *lindleyi* (Rolfe) Schltr.: 71 (G**)
265. **lineariligulatum** Schltr. - Madag. 1.300-2.000 m (U)
- *linguiforme* Cribb: 211 (U)
266. **liparidioides** Schltr. - Madag. 800-1.200 m (U)
267. **lissoglossum** J.J.Verm. - end. to Born. 1.000-1.900 m - sect. *Altisceptrum* (Q**)
- *listeri* King & Pantl.: 522 (2*)
268. **lizae** J.J.Verm. - Tomé 1.350-1.400 m (C)
269. **lobbii** Lindl. (*B. henshallii* Lindl., *B. siamense* (Rchb.f.) Rchb.f., *B. claptonense* Rolfe, *B. bataanense* Ames, *B. lobbii* var. *breviflorum* J.J.Sm., *B. lobbii* var. *colosseum* hort., *B. lobbii* var. *henshallii* (Lindl.) Henfr., *B. lobbii* var. *siamense* Rchb.f., *Sarcopodium lobbii* (Lindl.) Lindl., *Sestochilos uniflorum* Breda, *Phyllorchis lobbii* (Lindl.) Ktze.) - Ind., Java, Sum., Born., Mal., Thai., Burm., Camb. up to 2.000 m - sect. *Sestochilus* (2*, 4**, 8**, 9**, E**, G, H**, $50/9, Q**, Z**)
- *lobbii* var. *breviflorum* J.J.Sm.: 269 (2*, 4**, 8**, 9**, G, Q**)
- *lobbii* var. *colosseum* hort.: 269 (2*, 4**, 8**, 9**, G, Q**)
- *lobbii* var. *henshallii* (Lindl.) Henfr.: 269 (2*, 4**, 8**, 9**, G, Q**)
- *lobbii* var. *siamense* Rchb.f.: 269 (2*, 4**, 8**, 9**, Q**)
- *lobulatum* Schltr.: 155 (U)
- *lohokii* J.J.Verm. & A.Lamb: *Hapalochilus* 2 (Q**)
270. **longerepens** Ridl. - Born. - sect. *Desmosanthes* (Q)
271. **longescapum** Rolfe - Samoa (O1/94)
272. **longhutense** J.J.Sm. - end. to Born. 250-1.700 m - sect. *Monilibulbus* (Q*)
- *longibulbum* Schltr.: 162 (G)
273. **longiflorum** Thou. (*B. clavigerum* (Fitzg.) F.v.Muell., ?*B. trisetum* Ames, ?*B. layardii* (F.v.Muell. & Kraenzl.) J.J.Sm., *B. clavigerum* (Fitzg.) Dockr., *Epidendrum umbellatum* Forst.f., *Cymbidium umbellatum* (Forst.f.) Spreng., *Cirrhopetalum thouarsii* Lindl., *C. thouarsii* var. *concolor* Rolfe, *C. umbellatum* (Forst.f.) Hook. & Arn., *C. umbellatum* (Forst.f.) Frapp. ex Cordem., *C. clavigerum* Fitzg., ?*C. layardii* F.v.Muell. & Kraenzl., *C. kenejianum* Schltr., *C. africanum* Schltr., *C. longiflorum* (Thou.) Schltr., *C. thomasii* Otto & A.Dietr., *Zygoglossum umbellatum* (Forst.f.) Reinw. ex Bl., *Phyllorchis umbellata* (Fitzg.) Ktze., *P. thouarsii* (Lindl.) Ktze., *P. clavigera* (Fitzg.) Ktze., *P. longiflora* (Thou.) Ktze.) - Afr., Madag., Mal., Phil., Austr., Tah. 0-1.700 m - sect. *Cirrhopetalum* (9**, G, H*, P**, Q, C, U)
- *longiflorum* Thou.: *Cirrhopetalum* 17 (E*)
- *longiflorum* Rchb.f.: 556 (G**)
- *longiflorum* auct. non Thou.: 556 (9**)
274. **longimucronatum** Ames & Schweinf. - end. to Born. 1.000-2.000 m - sect. *Aphanobulbon* (Q**)
275. **longissimum** (Ridl.) Ridl. (*Cirrho-

petalum longissimum Ridl.) - Thai., Mal. (9**, H**, Z**)
➛ *longissimum* (Ridl.) Ridl.: *Cirrhopetalum* 7 (E**)
- *longistelidium* Ridl.: 499 (Q**)
276. **longivaginans** H.Perr. - Madag. ca. 1.000 m (U)
- *loxodiphyllum* H.Perr.: 379 (U)
- *lubiense* De Wild.: 162 (G)
277. **lucidum** Schltr. - Madag. 0-100 m (U)
278. **lucifugum** Summerh. (*Megaclinium lucifugum* Summerh.) - Ivory C. (A**)
279. **luteobracteatum** Jum. & H.Perr. - Madag. ca. 1.500 m (U)
- *luteolabium* H.Perr.: 211 (U)
280. **lygeron** J.J.Verm. - end. to Born. 1.300-2.000 m - sect. *Aphanobulbon* (Q**)
281. **lyperocephalum** Schltr. - Madag. 800-900 m (U**)
282. **lyperostachyum** Schltr. - Madag. ca. 2.000 m (U)
- *mackeeanum* Guill.: 530 (9**)
283. **macphersonii** Rupp - end. to Austr. (Qld.) 500 m (P**)
- *macphersonii* var. *spathulatum* Dockr. & St Cloud: 492 (P**)
284. **macraei** (Lindl.) Rchb.f. (*B. boninense* Mak., *B. uralense* Hay., *B. makinoanum* (Schltr.) Masamune, *B. tanegasimense* Masamune, *Cirrhopetalum macraei* Lindl., *C. macraei* Wight, *C. walkerianum* Wight, *C. uralense* (Hay.) Hay., *C. makinoanum* Schltr., *C. boninense* (Mak.) Schltr., *C. autumnale* Fuk., *C. tanegasimense* (Masamune) Masamune, *Phyllorchis macraei* (Lindl.) Ktze.) - Sri L., Ind., Jap., Taiw. (9**, G)
285. **macranthum** Lindl. (*B. patens* Gagn., B. *cochinchinense* Gagn., *Sarcopodium macranthum* (Lindl.) Lindl., *S. purpureum* Rchb.f., *Phyllorchis macrantha* (Lindl.) Ktze.) - Burm., Viet., Sum., Thai., Mal., Java, Phil., Born. 0-700 m (1.500 m) - sect. *Sestochilus* (8**, 9**, G**, $50/9, Q**, S)
286. **macrobulbum** J.J.Sm. - Burm., Viet., Sum. - sect. *Macrobulbon* (9**, S)
287. **macrochilum** Rolfe (*B. tardeflorens* Ridl., *B. stella* Ridl., *B. mirandum* Kraenzl., *B. intervallatum* J.J.Sm.) - Mal., Born. 0-1.200 m - sect. *Intervallatae* (Q**)
- *macrophyllum* Kraenzl.: 397 (Q**)
- *maculatum* Jum. & H.Perr.: 203 (U)
- *maculosum* Ames: 310 (Q**)
- *madagascariense* Schltr.: 203 (U)
- *magnivaginatum* Ames & Schweinf.: 183 (Q**)
288. **mahakamense** J.J.Sm. - Born. - sect. incerta (Q)
- *mahonii* Rolfe (1**): 230 (M**)
- *makinoanum* (Schltr.) Masamune: 284 (9**, G)
289. **makoyanum** (Rchb.f.) Ridl. (*Cirrhopetalum makoyanum* Rchb.f.) - Mal., Born., Phil. - sect. *Cirrhopetalum* (9**, $50/9, Q) ➛ Cirrhopetalum 8
290. **malachadenia** Cogn. (*B. clavatum* (Lindl.) Pfitz., *Malachadenia clavata* Lindl.) - Braz. (9**, G)
- *malawiense* B.Morris (1**): 151 (U)
291. **maleolens** Kraenzl. - Madag. (U)
292. **malleolabrum** Carr. - Mal., Born. 1.300-1.500 m - sect. *Monilibulbus* (Q**)
293. **mananjarense** Poiss. - Madag. lowl. (U)
294. **mandibulare** Rchb.f. - end. to Born. 300-1.000 m - sect. *Intervallatae* (Q**, O3/98)
- *mandrakanum* Schltr.: 111 (9**, U**)
295. **mangenotii** Boss. - Madag. 1.200-1.300 m (U)
- *mangoroanum* Schltr.: 368 (U)
- *manipetalum* J.J.Sm.: 87 (Q)
- *marcidum* Ames: 476 (Q**)
296. **marojejiense** H.Perr. - Madag. 1.000 -1.600 m (U)
297. **marovoense** H.Perr. - Madag. (U)
298. **marudiense** Carr. - Born. - sect. *Micromonanthe* (Q)
299. **masdevalliaceum** Kraenzl. - Austr. (Qld.), N.Gui. (P*)
- *masdevalliaceum* Kraenzl.: 54 (G, Q**)
300. **masoalanum** Schltr. - Madag. ca. 300 m (U)
301. **mastersianum** (Rolfe) J.J.Sm. (*Cirrhopetalum mastersianum* Rolfe) - Born., Mol. - sect. *Cirrhopetalum* (9**, H**, Q)
➛ *mastersianum* (Rolfe) J.J.Sm.: *Cirrhopetalum* 10 (E**)
302. **matitanense** H.Perr. - Madag. 0-100 m (U)

ssp. **rostratum** H.Perr. - Madag. lowl. (U)
303. **maudeae** A.D.Hawk. (*B. nigrilabium* H.Perr.) - Madag. ca. 1.700 m (U)
- *maxillare* (Lindl.) Rchb.f.: 54 (G, Q**)
304. **maximum** (Lindl.) Rchb.f. (*B. oxypterum* (Lindl.) Rchb.f., *B. oxypterum* var. *mozambicense* (Finet) De Wild., *B. purpuratum* (Lindl.) Lindl., *B. nyassanum* Schltr., *B. platyrhachis* (Rolfe) Schltr., *B. ciliatum* Schltr., *B. cyrtopetalum* Schltr., *B. djumaense* (De Wild.) De Wild., *B. djumaense* var. *grandifolium* De Wild., *B. subcoriaceum* De Wild., *B. moireanum* Hawk., *Megaclinium maximum* Lindl., *M. oxypterum* Lindl., *M. oxypterum* var. *mozambicense* Finet, *M. purpuratum* Lindl., *M. platyrhachis* Rolfe, *M. djumaense* De Wild., *M. subcoriaceum* De Wild., *Phyllorchis maxima* (Lindl.) Ktze., *P. oxyptera* (Lindl.) Ktze.) - Trop. Afr., Zai., Eth., Kenya, Zam., Moz. to 1.500 m (9**, G, M**, C*, S)
- *mayae* A.D.Hawk.: 406 (U)
305. **medusae** (Lindl.) Rchb.f. (*Cirrhopetalum medusae* Lindl., *Phyllorchis medusae* (Lindl.) Ktze.) - Thai., Mal., Sum., Born. lowl. - sect. *Desmosanthes* (9**, G**, H**, $50/9, Q**, Z**)
➤ *medusae* (Lindl.) Rchb.f.: *Cirrhopetalum* 11 (E)
- *megalanthum* Griff.: 86 (G, Q**)
306. **megalonyx** Rchb.f. - Madag. (U)
- *melanopogon* Schltr.: 203 (U)
307. **melanorrhachis** Rchb.f. (*Megaclinium minutum* Rolfe, *M. millenii* Rolfe, *M. angustum* Rolfe) - S. Leone, Lib., Nig. (9**)
- *melanorrhachis* Rchb.f.: 162 (G)
308. **melleum** H.Perr. - Madag. 1.000-1.400 m (U)
- *melliferum* J.J.Sm.: 462 (Q**)
309. **membranaceum** Teijsm. & Binn. (*B. avicella* Ridl., *Phyllorchis membranacea* Ktze.) - Java, Born. - sect. *Polyblepharon* (2*, Q)
310. **membranifolium** Hook.f. (*B. insigne* Ridl., *B. sanguineomaculatum* Ridl., *B. crista-galli* Kraenzl., *B. cryptophoranthoides* Kraenzl., *B. scandens* Kraenzl., *B. dagamense* Ames, *B. maculosum* Ames, *B. badium* Ridl., *B. costatum* Ames, *Phyllorchis membranifolia* (Hook.f.) Ktze.) - W-Mal., Sum., Phil., Born 1.300-2.300 m - sect. *Sestochilus* (Q**)
311. **metonymon** Summerh. (*B. zaratananae* Schltr., *B. schlechteri* Kraenzl.) - Madag. ca. 1.200 m (U)
- *micranthum* Hook.f.: 530 (9**)
- *microbulbon* Ridl.: 341 (Q)
- *microdoron* Schltr.: 8 (U)
312. **microglossum** Ridl. - Mal., Born. 900-2.200 m - sect. *Sestochilus* (Q**, O3/98)
- *microglossum* H.Perr.: 322 (U)
- *microstele* Schltr.: 516 (Q)
- *millenii* (Rolfe) Schltr.: 162 (G)
313. **minax** Schltr. - Madag. ca. 1.700 m (U)
- *mindanaense* Ames: 365 (Q**)
- *minimibulbum* Carr.: 447 (Q*)
- *minutiflorum* Ames & Schweinf.: 184 (Q)
314. **minutilabrum** H.Perr. - Madag. ca. 2.400 m (U)
315. **minutissimum** (F.v.Muell.) F.v.Muell. - end. to Austr. (Qld., NSW) (P*, S)
316. **minutulum** Ridl. - Mal., Born. 700-1.900 m - sect. *Monilibulbus* (Q**)
317. **minutum** Thou. (*B. implexum* Jum. & H.Perr., *Phyllorchis minuta* (Thou.) Ktze., *Pellorchis minuta* (Thou.) Ktze.) - Madag. 0-100 m (U)
- *minutum* (Rolfe) Engl.: 162 (G)
- *minutum* var. *purpureum* (De Wild.) De Wild.: 162 (G)
318. **mirabile** Hallier - Born. - sect. *Hirtula* (Q)
- *mirandum* Kraenzl.: 287 (Q**)
319. **mirificum** Schltr. - Madag. (U)
320. **mirum** J.J.Sm. - Born. - sect. *Cirrhopetalum* (Q)
321. **mobilifilum** Carr. - W-Mal. - sect. *Epicrianthes* (Q)
- *moireanum* A.D.Hawk.: 304 (G)
322. **moldekeanum** A.D.Hawk. (*B. microglossum* H.Perr.) - Madag. 1.500-1.600 m (U)
- *moliwense* Schltr.: 427 (G**)
323. **molossus** Rchb.f. - Madag. 1.200-1.500 m (U)
324. **moniliforme** Par. & Rchb.f. - Sum. - sect. *Monilibulbus* (Q)
325. **montense** Rchb.f. (*B. vinculibulbum* Ames & Schweinf.) - end. to Born. 1.300-3.400 m - sect. *Monilibulbus* (Q**, O3/98)

- *montigenum* Ridl.: 170 (Q**)
326. **moramanganum** Schltr. - Madag. ca. 900 m (U)
327. **moratii** Boss. - Madag. ca. 1.000 m (U)
328. **moroides** J.J.Sm. - Born. - sect. *Globiceps* (Q)
329. **morphologorum** Kraenzl. (*B. dixonii* Rolfe, *B. cupreum* Gagn.) - Viet., Thai. (9**)
330. **mucronatum** Lindl. (*Diphyes mucronata* Bl., *Phyllorchis mucronata* Ktze.) - Java (2*)
331. **multiflexum** J.J.Sm. - Born. - sect. *Aphanobulbon* (Q)
332. **multiflorum** Ridl. [B. multiflorum (Breda) Kraenzl., Java (2*)] (*Phyllorchis multiflora* (Ridl.) Ktze., *Bulbophyllum ridleyi* Kraenzl., *Odontostylis multiflora* Breda) - Madag. ca. 1.500 m (U)
333. **multiligulatum** H.Perr. - Madag. 1.200-1.500 m (U)
334. **multivaginatum** Jum. & H.Perr. - Madag. lowl. (U)
- *muluense* J.J.Wood: 21 (Q**)
335. **muscicolum** Schltr. - Madag. (U)
- *musciferum* Ridl.: 107 (Q**)
336. **mutabile** (Bl.) Lindl. (*B altispex* Ridl., *B. ceratostyloides* (Schltr.) Schltr., *B. pauciflorum* Ames, *B. illudens* Ridl., *B. semipellucidum* J.J.Sm., *B. pokapindjangense* J.J.Sm., *B. mutabile* var. *ceratostyloides* Schltr., *Diphyes mutabilis* Bl., *Phyllorchis mutabilis* (Bl.) Ktze.) - Thai., Mal., Born., Java, Sum. 400-2.000 m - sect. *Aphanobulbon* (2*, O3/97, Q**)
var. **obesum** J.J.Verm. - end. to Born. 1.500-2.000 m - sect. *Aphanobulbon* (Q**)
- *mutabile* Kraenzl.: 170 (Q**)
- *mutabile* var. *ceratostyloides* Schltr.: 336 (Q**)
337. **myrmecochilum** Schltr. - Madag. ca. 2.000 m (U)
338. **nabawanense** J.J.Wood & A.Lamb - end. to Born. ca. 490 m - sect. *Sestochilus* (Q**)
339. **nagelii** L.O.Wms. - Mex. (S)
340. **namoronae** Boss. - Madag. (U)
341. **nanobulbon** Seidenf. (*B. microbulbon* Ridl.) - Born. - sect. *Cirrhopetalum* (Q)
- *nanum* De Wild.: 427 (G**, C)

342. **napellii** Lindl. - Mex., Braz. (S)
343. **nasica** Schltr. - N.Gui. - sect. *Ephippium* (Q)
344. **neglectum** Boss. - Madag. 900-1.000 m (U)
345. **negrosianum** Ames - Phil. - sect. *Hirtula* (Q)
346. **neilgherrense** Wight (*Phyllorchis nilgherensis* (Wight) Ktze.) - S-Ind., Thai. (9**, E, H**)
347. **nematocaulon** Ridl. (*B. oreas* Ridl., *B. johannis-winkleri* J.J.Sm.) - W-Mal., Born. 400-1.800 m - sect. *Micromonanthe* (Q**)
348. **nematopodum** F.v.Muell. - end. to Austr. (Qld.) 800 m (P*)
349. **newportii** (F.M.Bailey) Rolfe - end. to Austr. (Qld.) 800 m (P**)
350. **nieuwenhuisii** J.J.Sm. - Born. - sect. *Intervallatae* (Q)
351. **nigericum** Summerh. - Camer., Nig. 1.000-2.050 m - lith. (C**)
352. **nigriflorum** H.Perr. - Madag. ca. 1.000 m (U)
- *nigrilabium* H.Perr.: 303 (U)
353. **nitens** Jum. & H.Perr. (*B. nitens* var. *typicum* H.Perr.) - Madag. 1.000-2.000 m (U)
var. **intermedium** H.Perr. - Madag. 1.500-2.000 m (U)
var. **majus** H.Perr. - Madag. (U)
var. **minus** H.Perr. - Madag. (U)
var. **pulverulentum** H.Perr. - Madag. (U)
- *nitens* var. *typicum* H.Perr.: 353 (U)
- *nitidus* Schltr.: *Hapalochilus* 3 (S*)
- *niveum* (J.J.Sm.) J.J.Sm.: 365 (Q**)
- *noeanum* Kerr: 138 (Q**)
354. **nubinatum** J.J.Verm. - end. to Born. 2.000-3.000 m - sect. *Monilibulbus* (Q**)
355. **nutans** (Thou.) Thou. (*B. tsinjoarivense* H.Perr., *B. chrysobulbum* H.Perr., *B. andringitranum* Schltr., *Phyllorchis nutans* Thou., *P. nuphyllis* Thou.) - Madag., Masc. 2.000-2.200 m (E, U)
var. **variifolium** (Schltr.) Boss. (*B. variifolium* Schltr., *B. ambohitrense* H.Perr.) - Madag. 1.500-2.000 m (U)
- *nutans* (Lindl.) Rchb.f.: 376 (9**, G)
- *nutans* sensu Kraenzl.: 463 (U)
- *nyassanum* Schltr.: 304 (9**, G)
- *nyassum* Schltr.: 380 (1**)
356. **obscuriflorum** H.Perr. - Madag. ca. 400 m (U)

- *obscurum* J.J.Sm.: 107 (Q**)
357. **obtusatum** (Jum. & H.Perr.) Schltr. (*B. obtusum* Jum. & H.Perr.) - Madag. 0-1.000 m (U)
358. **obtusilabium** W.Kittr. (*B. rhizomatosum* Schltr.) - Madag. 800-1.600 m (U)
359. **obtusipetalum** J.J.Sm. (*B. spinulipes* J.J.Sm.) - Mal., Sum., Java, Born. 1.300-1.500 m - sect. *Aphanobulbon* (2*, Q*)
360. **obtusum** (Bl.) Lindl. (*B. capitatum* Ridl., non (Bl.) Lindl., *Diphyes obtusa* Bl., *Phyllorchis obtusa* (Bl.) Ktze.) - Java, Born. - sect. *Desmosanthes* (2*, Q)
- *obtusum* Jum. & H.Perr.: 357 (U)
- *occidentale* Spreng.: *Dinema* 2 (9**)
- *occidentale* Spreng.: *Encyclia* 76 (H**)
361. **occlusum** Ridl. (*Phyllorchis occlusa* (Ridl.) Ktze.) - Madag., Masc. 600-1.500 m (U**)
362. **occultum** Thou. [B. occultum Schltr. (S*)] (*Dendrochilum occultum* (Thou.) Lindl., *Diphyes occulta* (Thou.) Ktze.) - Madag., Masc. 0-1.500 m (U)
363. **ochrochlamys** Schltr. - Madag. 800-900 m (U)
- *oculatum* Teijsm. & Binn.: 549 (2*)
364. **odoardii** Pfitz. - Born. - sect. *Monilibulbus* (Q, S)
365. **odoratum** (Bl.) Lindl. (*B. pangerangii* Rchb.f., *B. braccatum* Rchb.f., *B. elatius* Ridl., *B. niveum* (J.J.Sm.) J.J.Sm., *B. mindanaense* Ames, *B. tylophorum* Schltr., *B. hortense* J.J.Sm., *B. deceptum* Ames, *B. polyarachne* Ridl., *B. crassicaudatum* Ames & Schweinf., *B. hortensoides* Ames, *B. steffensii* Schltr., *B. subverticillatum* Ridl., *B. odoratum* var. *niveum* J.J.Sm., *B. odoratum* var. *polyarachne* (Ridl.) J.J.Sm., *B. odoratum* var. *obtusisepalum* J.J.Sm., *Diphyes odorata* Bl., *Phyllorchis odorata* (Bl.) Ktze.) - Mal., Sum., Java, Phil., Born. 0-1.000 m - scented - sect. *Aphanobulbon* (2*, Q**)
- *odoratum* var. *niveum* J.J.Sm.: 365 (Q**)
- *odoratum* var. *obtusisepalum* J.J. Sm.: 365 (Q**)
- *odoratum* var. *polyarachne* (Ridl.) J.J.Sm.: 365 (Q**)

366. **oerstedii** (Rich. & Gal.) Hamer & Gar. - Nic., C.Rica, Pan., S-Am. (W)
- *ogoouense* Guill.: 181 (G)
367. **onivense** H.Perr. - Madag. ca. 1.500 m (U)
368. **ophiuchus** Ridl. (*B. mangoroanum* Schltr.) - Madag. 900-1.200 m (S, U) var. **baronianum** H.Perr. - Madag. (U)
- *ophiuchus* var. *pallens* Jum. & H.Perr.: 386 (U)
- *ophiuchus* var. *ankaizinensis* Jum. & H.Perr.: 23 (U)
- *oreas* Ridl.: 347 (Q**)
369. **orectopetalum** Gar., Hamer & Siegerist - Thai. (O3/92)
370. **oreodorum** Schltr. - Madag. 2.000-2.400 m (U)
371. **oreonastes** Rchb.f. (*B. zenkerianum* Kraenzl.) - Trop. Afr. to 2.300 m (1**, C)
372. **ornatissimum** (Rchb.f.) J.J.Sm. (*Cirrhopetalum ornatissimum* Rchb. f., *Phyllorchis ornatissima* (Rchb.f.) Ktze.) - E-Him., Sik., Ass. (9**, H**)
→ *ornatissimum* (Rchb.f.) J.J.Sm.: *Cirrhopetalum* 12 (E**)
373. **ornithorhynchum** (J.J.Sm.) Gar., Hamer & Siegerist (*Cirrhopetalum ornithorhynchum* J.J.Sm.) - W-Java - sect. *Hyalosema* (O6/92**)
374. **orthoglossum** Kraenzl. - Phil. (9**)
375. **osyriceroides** J.J.Sm. - Born. - sect. *Globiceps* (Q)
376. **othonis** (Ktze.) J.J.Sm. (*B. nutans* Rchb.f., *Phyllorchis othonis* Ktze., *P. nutans* Ktze., *Cirrhopetalum nutans* Lindl.) - Phil. (9**, G)
377. **otochilum** J.J.Verm. - end. to Born. ca. 700 m - sect. *Sestochilus* (Q**)
378. **ovalifolium** (Bl.) Lindl. (*B. tenellum* (Bl.) Lindl., *B. parvulum* Lindl., *B. hirsutum* (Bl.) Lindl., *B. pusillum* (Bl.) Rchb.f., *B. catenarium* p.p. Ridl., *B. diploncos* Schltr., *B. amblyoglossum* Schltr., *B. ariel* Ridl., *B. xylocarpi* J.J.Sm., *B. ovatilabellum* Seidenf., *Diphyes ovalifolia* Bl., *D. pusilla* Bl., *D. tenella* Bl., *D. hirsuta* Bl., *Phyllorchis ovalifolia* (Bl.) Ktze., *P. parvula* (Lindl.) Ktze., *P. tenella* (Bl.) Ktze., *P. hirsuta* (Bl.) Ktze.) - Thai., Mal., Bali, Born., Sum., Java 1.700-2.000 m - sect. *Monilibulbus* (2*, O3/97, Q**)

- *ovalifolium* (Wight) Par.: 484 (G)
- *ovatilabellum* Seidenf.: 378 (Q**)
379. **oxycalyx** Schltr. (*B. rubescens* var. *meizobulbon* Schltr.) - Madag. ca. 1.500 m (U)
    var. **rubescens** (Schltr.) Boss. (*B. rubescens* Schltr., *B. caeruleolineatum* H.Perr., *B. loxodiphyllum* H.Perr., *B. rostriferum* H.Perr.) - Madag. 2.000-2.500 m (U)
- *oxyodon* Rchb.f.: 162 (G**)
380. **oxypterum** (Lindl.) Rchb.f. (*B. nyassum* Schltr., *B. platyrhachis* (Rolfe) Summerh.) - S-Afr. (1**, S)
- *oxypterum* (Lindl.) Rchb.f.: 304 (9**, G, M**, C*)
- *oxypterum* var. *mozambicense* (Finet) De Wild.: 304 (9**, G)
381. **pachyphyllum** J.J.Sm. - Java - sect. *Sestochilus* (Q)
382. **pachypus** Schltr. - Madag. 800-900 m (U**)
383. **pachyrhachis** (A.Rich.) Griseb. - W-Ind., Mex. to Pan. (W, S)
384. **pahudii** (De Vriese) Rchb.f. (*B. javanicum* Miq., *Cirrhopetalum pahudii* De Vriese, *C. flagelliforme* Teijsm. & Binn., ?*C. carinatum* Teijsm. & Binn., *C. capitatum* (Bl.) Lindl., *Ephippium capitatum* Bl., *Phyllorchis capitata* (Bl.) Ktze.) - Java - sect. *Sestochilus* (2*, G, Q)
- *paleaceum* (Lindl.) Hook.f.: *Sunipia* 8 (9**)
- *paleaceum* (Lindl.) Hook.f.: *Sunipia* 6 (H**)
385. **paleiferum** Schltr. - Madag. ca. 900 m (U)
386. **pallens** (Jum. & H.Perr.) Schltr. (*B. ophiuchus* var. *pallens* Jum. & H.Perr.) - Madag. ca. 1.000 m (U)
387. **pandurella** Schltr. - Madag. ca. 2.000 m (U)
- *pangerangi* Rchb.f.: 183 (2*)
- *pangerangii* Rchb.f.: 365 (Q**)
388. **pantoblepharon** Schltr. - Madag. ca. 1.600 m (U**)
    var. **vestitum** H.Perr. - Madag. (U)
389. **papangense** H.Perr. - Madag. ca. 1.500 m (U)
390. **papillatum** J.J.Sm. - Born. - sect. *Micromonanthe* (Q)
391. **papillosofilum** Carr. - W-Mal. - sect. *Epicrianthes* (Q)
392. **papillosum** J.J.Sm. - Java (2*)
- *papillosum* Finet: 427 (G**)

- *parvulum* Lindl.: 378 (2*, Q**)
393. **patens** King ex Hook.f. (*Phyllorchis patens* (King) Ktze., *P. patens* (Hook.f.) Ktze.) - Sum., Mal., Born. 0-100 m - sect. *Sestochilus* (9**, E**, H**, Q**)
- *patens* Gagn.: 285 (9**, G**)
- *pauciflorum* Ames: 336 (Q**)
394. **pavimentatum** Lindl. (*B. recurvum* Lindl., *B. dorotheae* Rendle, *Phyllorchis pavimentata* (Lindl.) Ktze., *P. recurva* (Lindl.) Ktze.) - S-Nig., E-Camer., Gab., Zai. (9**)
- *pavimentatum* Lindl.: 427 (G**)
395. **pechei** Rch.f. - Burm. (9**)
- *pechei* Bull: 122 (G)
- *pedicellatum* Ridl.: 246 (Q)
396. **pelicanopsis** J.J.Verm. - end. to Born. 1.200-1.500 m - sect. *Monilibulbus* (Q**)
397. **penduliscapum** J.J.Sm. (*B. macrophyllum* Kraenzl., *B. jarense* Ames) - Sum., Phil., Born. 300-1.100 m - sect. *Altisceptrum* (Q**)
- *peniculus* Schltr.: 463 (U)
- *pentaneurum* Seidenf.: 84 (Q*)
398. **pentasticha** Pfitz. ex Kraenzl. - Madag. (U)
399. **peperomiifolium** J.J.Sm. - Born. (Q)
400. **percorniculatum** H.Perr. - Madag. ca. 600 m (U)
401. **perductum** J.J.Sm. - Java (2*)
- *pergracile* Ames & Schweinf.: 81 (Q**)
402. **perparvulum** Schltr. (*B. perpusillum* Ridl.) - Born. - sect. *Micromonanthe* (Q)
403. **perpusillum** H.Wendl. & Kraenzl. - Madag. (U)
- *perpusillum* Ridl.: 402 (Q)
404. **perrieri** Schltr. - Madag. 1.500-1.600 m (U)
405. **pervillei** Rolfe - Madag. 0-100 m (U)
- *peyerianum* (Kraenzl.) Seidenf.: 429 (Q)
406. **peyrotii** Boss. (*B. fimbriatum* H.Perr., *B. flickingerianum* A.D.Hawk., *B. mayae* A.D.Hawk.) - Madag. 900-1.000 m (U)
407. **phaeoneuron** Schltr. - Sum., Born. 1.400-2.000 m - sect. *Monilibulbus* (Q**)
- *pictum* Par. & Rchb.f.: *Trias* 8 (9**, H**)
408. **picturatum** (Lodd. ex Lindl.) Rchb.

f. (*Cirrhopetalum picturatum* Lodd. ex Lindl., *C. eberhardtii* Gagn., *Phyllorchis picturata* (Lodd. ex Lindl.) Ktze.) - Ass., Burm., Thai., Viet. (9**, G, O1/93)
- *picturatum* Seidenf. & Smitin.: 201 (9**, G)
409. **pileatum** Lindl. (*Sarcopodium pileatum* (Lindl.) Lindl.) - Mal., Sum., Born. - sect. *Sestochilus* (G, Q)
410. **placochilum** J.J.Verm. - end. to Born. 1.500-1.700 m - sect. *Altisceptrum* (Q*)
411. **planibulbe** (Ridl.) Ridl. - Born. - sect. *Desmosanthes* (Q)
412. **platypodum** H.Perr. - Madag. 400-1.200 m (U)
- *platyrhachis* (Rolfe) Summerh.: 380 (1**)
- *platyrhachis* (Rolfe) Schltr. (9**): 304 (G, C*)
413. **pleiopterum** Schltr. - Madag. ca. 300 m (U)
- *pleurothalloides* Schltr.: 105 (U)
414. **pleurothallopsis** Schltr. - Madag. ca. 1.400 m (U)
415. **pocillum** J.J.Verm. - end. to Born. 1.200-2.000 m - sect. *Aphanobulbon* (Q**)
416. **pogonochilum** Summerh. (*B. comosum* H.Perr.) - Madag. 1.300-1.700 m (U)
- *pokapindjangense* J.J.Sm.: 336 (Q**)
- *polyarachne* Ridl.: 365 (Q**)
417. **polygaliflorum** J.J.Wood - end. to Born. ca. 1.700 m - sect. *Hirtula* (Q**)
- *porphyroglossum* Kraenzl.: 427 (G**)
418. **porphyrostachys** Summerh. - Nig. Camer., Congo, ca. 600 m (C**, S)
419. **porphyrotriche** J.J.Verm. - end. to Born. ca. 1.100 m - sect. *Epicrianthes* (Q**)
- *praestans* Kraenzl.: 86 (G, Q**)
- *prenticei* F.v.Muell.: *Dendrobium* 288 (P)
420. **prianganense** J.J.Sm. (*B. hamatifolium* J.J.Sm.) - Born. - sect. *Aphanobulbon* (Q)
421. **protectum** H.Perr. - Madag. ca. 700 m (U)
- *pseudonutans* H.Perr.: 60 (U)
422. **psittacoglossum** Rchb.f. (*Sarcopodium psittacoglossum* (Rchb.f.) Hook., *Phyllorchis psittacoglossa* (Rchb.f.) Ktze.) - Burm. (9**)
423. **ptiloglossum** H.Wendl. & Kraenzl. - Madag. - terr. (U)
- *puberulum* Ridl.: 170 (Q**)
424. **pugilanthum** J.J.Wood - end. to Born. 1.260-2.400 m - sect. *Aphanobulbon* (Q**, O3/98)
- *pugioniforme* J.J.Sm.: 36 (Q)
425. **puguahaanense** Ames - Born. - sect. *Cirrhopetalum* (Q)
- *pulchellum* Ridl.: 4 (Q)
- *pulchellum* var. *purpureum* Ridl.: 113 (9**)
- *pulchrum* Schltr.: *Cirrhopetalum elegans* (O1/93)
426. **pumilio** Ridl. - Born. - sect. *Aphanobulbon* (Q)
427. **pumilum** (Sw.) Lindl. (*B. recurvum* Lindl., *B. flavidum* Lindl., *B. herminiostachys* (Rchb.f.) Rchb.f., *B. pavimentatum* Lindl., *B. gabonis* Lindl. & Rchb.f., *B. drallei* Rchb.f., *B. porphyroglossum* Kraenzl., *B. nanum* De Wild., *B. papillosum* Finet, *B. calabricum* Rolfe, *B. moliwense* Schltr., *B. wincklerii* Schltr., *B. leucopogon* Kraenzl., *B. dorotheae* Rendle, *B. imogeniae* Hamilt., *B. verecundum* Summerh., *B. yangambiense* Louis & Mull. ex Geer., *B. elachon* J.J.Verm., *Dendrobium pumilum* Sw., *Tribachia pendula* Lindl., *Taurostalix herminiostachys* Rchb.f., *Genyorchis pumila* (Sw.) Schltr., *Phyllorchis flavida* (Lindl.) Ktze., *P. herminiostachys* (Rchb.f.) Ktze., *P. pavimentata* (Lindl.) Ktze., *P. recurva* (Lindl.) Ktze.) - Guin., S.Leone, Lib., Ivory C., Ghan., Nig., Zai. to 1.900 m (G**, C)
➤ *pumilum* (Sw.) Lindl.: *Genyorchis pumila* (H*)
- *punctatum* Ridl.: 130 (Q**)
428. **puntjakense** J.J.Sm. (*B. batukauense* J.J.Sm.) - Java, Bali, Born. 1.700-2.000 m - sect. *Monilibulbus* (Q**)
429. **purpurascens** Teijsm. & Binn. (*B. peyerianum* (Kraenzl.) Seidenf., *Cirrhopetalum peyerianum* Kraenzl., *C. citrinum* Ridl., *C. pallidum* Schltr.) - Java, Born. - sect. *Cirrhopetalum* (2*, Q)
- *purpuratum* (Lindl.) Lindl.: 304 (9**)
430. **purpureorhachis** (De Wild.) Schltr.

(*Megaclinium purpueorhachis* De Wild., *M. bufo* Lindl., *Phyllorchis bufo* (Lindl.) Ktze.) - Ivory C., Camer., Congo, Gab., Zai. lowl. (9**, C)
- *pusillum* (Bl.) Rchb.f.: 378 (Q**)
431. **pustulatum** Ridl. - Born. - sect. *Sestochilus* (Q)
432. **putidum** (Teijsm. & Binn.) J.J.Sm. (*B. fascinator* (Rolfe) Rolfe, *B. appendiculatum* (Rolfe) J.J.Sm., *B. ruficaudatum* Ridl., *Cirrhopetalum putidum* Teijsm. & Binn., *C. ornatissimum* auct. non Rchb.f., *C. appendiculatum* Rolfe, *C. fascinator* Rolfe) - Sik., Laos, S-Viet., Sum., Mal., Java, Phil. - sect. *Cirrhopetalum* (9**, Q, Z**)
433. **pygmaeum** (Smith) Lindl. - end. to N.Zeal. (P, O3/92, S)
434. **pyridion** J.J.Verm. - end. to Born. ca. 1.500 m - sect. *Monilibulbus* (Q*)
435. **quadrialatum** H.Perr. - Madag. ca. 1.800 m (U)
436. **quadrifarium** Rolfe - Madag. (U)
- *quinquecornutum* H.Perr.: 261 (U)
- *racemosum* Rolfe: 18 (Q)
437. **radicans** F.M.Bailey - end. to Austr. (Qld.) 0-1.000 m (P*)
438. **rajanum** J.J.Sm. - Born. - sect. *Aphanobulbon* (Q)
- *ramosii* Ames: 170 (G, Q**)
439. **rariflorum** J.J.Sm. - Born. - sect. *Hirtula* (Q)
440. **rauhii** Toill.-Gen. & Boss. - Madag. 1.200-1.300 m (U)
var. **andranobeense** Boss. - Madag. (U)
- *recurvum* Lindl.: 394 (9**)
- *recurvum* Lindl.: 427 (G**)
441. **reflexiflorum** H.Perr. - Madag. ca. 2.400 m (U)
- *reflexum* Ames & Schweinf.: 107 (Q**)
442. **refractilingue** J.J.Sm. - end. to Born. 100-400 m - sect. *Sestochilus* (Q**)
- *refractoides* Seidenf.: *Cirrhopetalum* 13 (S)
443. **refractum** Rchb.f. (*B. tripudians* Par. & Rchb.f., *Cirrhopetalum refractum* Zoll., *C. wallichii* Lindl., *C. tripudians* Par. & Rchb.f., *Phyllorchis refracta* Ktze.) - Java (2*)
- *refractum* auct. non Rchb.f.: 529 (9**)
- *reinwardtii* (Lindl.) Rchb.f.: 537 (2*, 9**, G, Q**)

444. **restrepia** Ridl. - Born. - sect. *Ephippium* (Q)
445. **resupinatum** Ridl. - Trop. Afr. lowl. (C)
- *reticosum* Ridl.: 130 (Q**)
446. **reticulatum** Hook.f. [*B.* reticulatum Batem. (9**)] (*B. carinatum* Cogn., *B. katherinae* A.D.Hawk., *Phyllorchis reticulata* (Batem.) Ktze.) - Born. - sect. *Sestochilus* (Q)
- *retusiusculum* Rchb.f.: *Cirrhopetalum* 20 (S)
447. **rhizomatosum** Ames & Schweinf. (*B. filicoides* Ames, *B. minimibulbum* Carr.) - Mal., Phil., Born. (100) 1.300-2.000 m - sect. *Aphanobulbon* (Q*)
- *rhizomatosum* Schltr.: 358 (U)
- *rhizophorae* Lindl. (9**): 162 (G)
448. **rhodostachys** Schltr. - Madag. ca. 300 m (U)
- *rhombifolium* (Carr.) Masamune: 215 (Q)
449. **rhynchoglossum** Schltr. - Born. - sect. *Leptopus* (Q)
450. **rictorium** Schltr. - Madag. ca. 1.500 m (U)
- ridleyi Kraenzl.: 332 (U)
451. **rienanense** H.Perr. - Madag. ca. 1.200 m (U)
- *robustum* Rolfe: 111 (9**, U**)
452. **romburghii** J.J.Sm. - Born. - sect. *Desmosanthes* (Q)
453. **roraimense** Rolfe - Ven. (FXV2/3)
- *rostriferum* H.Perr.: 379 (U)
454. **rothschildianum** (O'Brien) J.J.Sm. (H**, $50/9, Z**)
455. **roxburghii** (Lindl.) Rchb.f. (*Cirrhopetalum roxburghii* Lindl., *Aerides radiatum* Roxb. ex Lindl.) - Ind. (G, H**)
→ *roxburghii* (Lindl.) Rchb.f.: *Cirrhopetalum* 15 (E**)
- *rubescens* Schltr.: 379 (U)
- *rubescens* var. *meizobulbon* Schltr.: 379 (U)
456. **rubiferum** J.J.Sm. - Java, Born. ca. 1.700 m - sect. *Globiceps* (Q**)
457. **rubiginosum** Schltr. - Madag. 800-900 m (U)
458. **rubrolabium** Schltr. - Madag. 1.100-1.500 m (U)
459. **rubrum** Jum. & H.Perr. (*B. ambongense* Schltr.) - Madag. 0-100 m (U)
- *ruficaudatum* Ridl.: 432 (Q)
460. **ruginosum** H.Perr. - Madag. ca. 1.000 m (U)

461. **rugosibulbum** Summerh. - Malawi, Tanz., Zam. 1.200-1.800 m (C)
462. **rugosum** Ridl. (*B. melliferum* J.J.Sm.) - W-Mal., Sing., Sum., Born. ca. 100 m - sect. *Sestochilus* (Q**)
- *rupincola* Rchb.f.: 465 (G)
463. **rutenbergianum** Schltr. (*B. nutans* sensu Kraenzl., *B. peniculus* Schltr., *B. spathulifolium* H.Perr., *B. coursianum* H.Perr. n.n.) - Madag. 1.400-2.500 m (U)
- *saccatum* Kraenzl.: 29 (Q**)
464. **salaccense** Rchb.f. (*B. violaceum* Rchb.f., *Cochlia violacea* Bl., *Phyllorchis violacea* Ktze.) - Mal., Sum., Java, Born. 400-3.300 m - sect. *Globiceps* (2*, Q**)
465. **saltatorium** Lindl. - S.Leone, Lib., Ivory C., Ghana, Nig., Guin. - sect. *Hirtula* (C**)
  var. **albociliatum** (Finet) J.J.Verm. (*B. distans* Lindl.) - Trop. Afr. to 750 m - sect. *Hirtula* (C)
  var. **calamarium** (Lindl.) J.J.Verm. (*B. calamarium* Lindl., *B. rupincola* Rchb.f., *Phyllorchis calamaria* (Lindl.) Ktze.) - S.Leone, Lib., Ang., Zai., Camer. to 900 m - sect. *Hirtula* (G, C)
  var. **saltatorium** (*Phyllorchis saltatoria* (Lindl.) Ktze.) - S.Leone, Lib., Ivory C., Ghana, Nig., Guin. to 600 m - sect. *Hirtula* (G**, Q, C)
466. **sambiranense** Jum. & H.Perr. (*B. sambiranense* var. *typicum* H.Perr.) - Madag. 100-1.900 m (U)
  var. **ankeranense** H.Perr. - Madag. (U)
  var. **latibracteatum** H.Perr. - Madag. 600-1.500 m (U)
- *sambiranense* var. *typicum* H.Perr.: 466 (U)
467. **sandersonii** (Hook.f.) Rchb.f. (*B. tentaculigerum* Rchb.f.) - Afr.: Kenya, Ug., Zai., Ang., 200-2.300 m - sect. *Megaclinium* (1**, M**, C, S)
468. **sandrangatense** Boss. - Madag. ca. 900 m (U)
- *sanguineomaculatum* Ridl.: 310 (Q**)
469. **sanguineum** H.Perr. - Madag. ca. 1.000 m (U)
470. **sarcorhachis** Schltr. (*B. sarcorhachis* var. *typicum* H.Perr.) - Madag. lowl. (U)
  var. **befaonense** H.Perr. - Madag. lowl. (U)
  var. **flavomarginatum** H.Perr. - Madag. 2.200-2.600 m (U)
- *sarcorhachis* var. *typicum* H.Perr.: 470 (U)
471. **sarcoscapum** Teijsm. & Binn. - Java (2*)
- *saruwatari* Hay.: 534 (G)
472. **saurocephalum** Rchb.f. - Phil. (S*)
473. **scaberulum** (Rolfe) H.Bol. (*B. congolanum* Schltr.) - Trop.-S-Afr.: Kenya, Guin., Eth., Ang. 0-2.300 m - sect. *Megaclinium* (1**, M, $50/4, C*, Z**)
474. **scabratum** Rchb.f. (*B. confertum* Hook.f., *Cirrhopetalum caespitosum* Wall. ex Lindl.) - Ind. (G)
475. **scabrum** J.J.Verm. & A.Lamb - end. to Born. ca. 1.500 m - sect. *Monilibulbus* (Q**)
- *scandens* Kraenzl.: 310 (Q**)
- *scandens* Rolfe: *Hederorkis* 2 (O3/98)
- *sceptrum* Rchb.f.: 152 (2*, G)
476. **schefferi** (Ktze.) Schltr. (*B. gracile* (Bl.) Lindl., *B. corticicola* Schltr., *B. marcidum* Ames, *B. bilobipetalum* J.J.Sm., *Phyllorchis schefferi* Ktze., *Diphyes gracilis* Bl.) - Sum., Java, Phil., Born. 0-1.500 m - sect. *Monilibulbus* (Q**)
477. **schillerianum** Rchb.f. (*B. aurantiacum* F.v.Muell.) - end. to Austr. (Qld., NSW) - „Red Rope Orchid" (P**)
- *schillerianum* Rchb.f.: 486 (G)
478. **schimperianum** Kraenzl. (*B. acutisepalum* De Wild.) - Camer., CAR, Congo, Gab., Nig., Ug., Zai. 600-2.000 m (C)
479. **schinzianum** Kraenzl. - Camer., Congo, Gab., Ghana, Ivory C., Lib., Nig., Zai. to 800 m (C)
- *schlechteri* De Wild.: 230 (M**)
- *schlechteri* Kraenzl.: 311 (U)
480. **sciaphile** Boss. - Madag. 1.300-1.400 m (U)
481. **scintilla** Ridl. - Born. - sect. *Monilibulbus* (Q)
- *selangorense* Ridl.: 183 (Q**)
- *semipellucidum* J.J.Sm.: 336 (Q**)
- *semperflorens* J.J.Sm.: 170 (Q**)
482. **sennii** Chiov. - Eth. (S)
483. **septatum** Schltr. (*B. serratum* H.Perr., *B. ambreae* H.Perr.) - Madag. 1.500-2.000 m (U)
- *sereti* De Wild.: 162 (G)
- *serratum* H.Perr.: 483 (U)

484. **sessile** (Koenig) J.J.Sm. (*B. clandestinum* Lindl., *B. trisetosum* Griff., *B. ovalifolium* (Wight) Par., *B. bolovense* Guill., *Oxysepala ovalifolia* Wight, *Epidendrum sessile* Koenig, *Phyllorchis sessile* (Koenig) Ktze.) - Thai., Laos, Viet., Burm., Mal. Sum., Java - sect. *Monilibulbus* (2*, G, Q, S*)
485. **setigerum** Lindl. (*B. correae* Pabst, *Phyllorchis setigera* (Lindl.) Ktze.) - Ven., Guy., Braz. (G)
- *seychellarum* Rchb.f.: 224 (O3/98)
486. **sheperdii** (F.v.Muell.) F.v.Muell. (*B. schillerianum* Rchb.f., *B. intermedium* F.M.Bailey, *B. crassulifolium* (A.Cunn.) Rupp., *B. sheperdii* var. *intermedium* (F.M.Bailey) Nicholls, *Dendrobium crassifolium* A.Cunn., *D. sheperdii* F.v.Muell., *Phyllorchis sheperdii* (F.v.Muell.) Ktze.) - end. to Austr. (Qld., NSW) 0-1.000 m (G, P**)
- *sheperdii* var. *intermedium* (F.M.Bailey) Nicholls: 486 (G)
- *siamensis* (Rchb.f.) Rchb.f.: 269 (2*, 4**, 8**, 9**, G, Q**)
- *sigilliforme* H.Perr.: 103 (U)
487. **sigmoideum** Ames & Schweinf. - end. to Born. 1.000-1.700 m - sect. *Aphanobulbon* (Q*)
- *sikkimense* (King & Pantl.) J.J.Sm.: *Cirrhopetalum* 16 (S)
488. **sillemianum** Rchb.f. - Burm. (A**)
489. **similissimum** J.J.Verm. - end. to Born. 1.300-1.500 m - sect. *Monilibulbus* (Q**)
- *simonii* Summerh.: 162 (G)
490. **simulacrum** Schltr. - Madag. ca. 700 m (U)
- *simulacrum* Ames: 170 (Q**)
491. **singaporeanum** Schltr. - Born. - sect. *Sestochilus* (Q)
492. **sladeanum** A.D.Hawk. (*B. macphersonii* var. *spathulatum* Dockr. & St Cloud) - end. to Austr. (Qld.) 800 m (P**)
493. **smittinandii** Seidenf. & Thorut - Mal. (O6/97)
- *sociale* Rolfe (9**): 537 (Q**)
- *solheidii* De Wild.: 162 (G)
494. **sopoetanense** Schltr. (*B. conspectum* J.J.Sm.) - Born., Sul. 1.300-2.100 m - sect. *Aphanobulbon* (Q**)
- *sordidum* Lindl.: 62 (G)
- *spathulifolium* H.Perr.: 463 (U)

495. **spectabile** Rolfe - Burm. (A**)
496. **sphaerobulbum** H.Perr. - Madag. ca. 400 m (U)
- *spinulipes* J.J.Sm.: 359 (Q*)
- *steffensii* Schltr.: 365 (Q**)
- *stella* Ridl.: 287 (Q**)
- *stenophyllum* Ridl.: 4 (Q)
- *stenorhachis* Kraenzl.: 218 (G)
497. **stipitatibulbum** J.J.Sm. - end. to Born. 1.800-2.000 m - sect. *Aphanobulbon* (Q**)
498. **stolzii** Schltr. - Malawi, Tanz. 1.300-2.500 m (C*)
499. **stormii** J.J.Sm. (*B. araniferum* Ridl., *B. longistelidium* Ridl., *B. tapirus* J.J.Sm., *B. tristriatum* Carr., *B. stormii* var. *pengadangense* J.J.Sm.) - Mal., Sum., Born. 1.300-1.900 - sect. *Monilibulbus* (Q**)
- *stormii* var. *pengadangense* J.J.Sm.: 499 (Q**)
- *stramineum* Ames: 121 (9**, G)
500. **streptotriche** J.J.Verm. - end. to Born. ca. 1.300 m - sect. *Epicrianthes* (Q**)
501. **striatellum** Ridl. - Born. - sect. *Micromonanthe* (Q)
- *strobiliferum* Kraenzl.: 218 (G)
- *suave* Griff.: 206 (G)
502. **subapproximatum** H.Perr. - Madag. ca. 1.000 m (U)
503. **subclausum** J.J.Sm. - Sum., Born. 1.500-2.100 m - sect. *Aphanobulbon* (Q**)
504. **subclavatum** Schltr. - Madag. 1.200-1.700 m (U)
- *subcoriaceum* De Wild.: 304 (G)
505. **subcrenulatum** Schltr. - Madag. 800-900 m (U)
506. **subsecundum** Schltr. - Madag. 800-1.400 m (U)
507. **subsessile** Schltr. - Madag. 500-1.000 m (U)
- *subuliferum* Schltr.: 86 (G, Q**)
508. **subumbellatum** Ridl. - Mal. - sect. *Sestochilus* (Q)
- *subverticillatum* Ridl.: 365 (Q**)
509. **succedaneum** J.J.Sm. - end. to Born. 1.000-1.700 m - sect. *Aphanobulbon* (Q**)
510. **sulcatum** Lindl. (*Diphyes sulcata* Bl., *Phyllorchis sulcata* Ktze.) - Java (2*)
511. **sulfureum** Schltr. - Madag. 800-900 m (U)
512. **supervanaceum** Kraenzl. - Born. -

sect. *Aphanobulbon* (Q)
- *tacitum* Carr.: 527 (Q**)
513. **taeniophyllum** Par. & Rchb.f. (*B. fenestratum* J.J.Sm.) - Born. - sect. *Cirrhopetalum* (Q)
514. **tampoketense** H.Perr. - Madag. ca. 1.600 m (U)
- *tanegasimense* Masamune: 284 (9**, G)
- *tapirus* J.J.Sm.: 499 (Q**)
- *tardeflorens* Ridl.: 287 (Q**)
- *taylori* F.v.Muell.: *Cadetia* 12 (E*, H*)
- *tenellum* (Bl.) Lindl. (2*): 378 (Q**)
515. **tenompokense** J.J.Sm. - Born. - sect. *Polyblepharon* (Q)
- *tentaculigerum* Rchb.f.: 467 (1**, M**)
516. **tenuifolium** (Bl.) Lindl. (*B. microstele* Schltr., *Diphyes tenuifolia* Bl., *Phyllorchis tenuiflora* Ktze.) - Java, Born. - sect. *Leptopus* (2*, Q)
- *teres* Carr.: 184 (Q)
517. **teretibulbum** H.Perr. - Madag. 900-1.000 m (U)
- *theiochlamys* Schltr.: 49 (U)
518. **therezienii** Boss. - Madag. (U)
519. **thompsonii** Ridl. (*Phyllorchis thompsonii* (Ridl.) Ktze.) - Madag. (U)
520. **thymophorum** J.J.Verm. & A.Lamb - end. to Born. 1.600-1.900 m - sect. *Monilibulbus* (Q**)
- *tibeticum* Rolfe: 534 (G)
521. **toilliezae** Boss. - Madag. ca. 900 m (U)
- *toressae* (F.M.Bailey) Dockr.: *Dendrobium* 366 (P)
- *toressae* (F.M.Bailey) Dockr.: *Dockrillia* 4 (S)
- *tortisepalum* Guill.: 534 (G)
522. **tortuosum** (Bl.) Lindl. (*B. listeri* King & Pantl., *Diphyes tortuosum* Bl., *Phyllorchis tortuosa* (Bl.) Ktze.) - Java, Born. - sect. *Polyblepharon* (2*, Q)
523. **tothastes** J.J.Verm. - end. to Born. 0-1.300 m - sect. *Sestochilus* (Q**)
524. **trichochlamys** H.Perr. - Madag. ca. 1.200 m (U)
- *trichoglottis* Ridl.: 205 (Q**)
- *trichoglottis* var. *sumatrana* J.J.Sm.: 205 (Q**)
525. **trifarium** Rolfe - Madag. (U)
526. **triflorum** Bl. (*Odontostylis triflora* Breda, *Phyllorchis triflora* Ktze.) - Java (2*)

527. **trifolium** Ridl. (*B. tacitum* Carr.) - Mal., Born. 0-2.000 m - sect. *Globiceps* (Q**)
528. **trilineatum** H.Perr. - Madag. ca. 1.500 m (U)
- *tripetaloides* (Roxb.) Schltr.: 39 (9**)
529. **tripudians** Par. & Rchb.f. (*B. refractum* auct. non Rchb.f., *Cirrhopetalum tripudians* (Par. & Rchb.f.) Par. & Rchb.f., *C. refractum* auct. non Zoll.) - Burm., N-Thai., Laos, S-Viet. (9**)
- *tripudians* Par. & Rchb.f.: 443 (2*)
- *trisetosum* Griff.: 484 (2*, G)
- *trisetum* Ames: 273 (9**, G)
530. **triste** Rchb.f. (*B. alopecurus* Rchb. f., *B. micranthum* Hook.f., *B. mackeeanum* Guill., *Phyllorchis alopecurus* (Rchb.f.) Ktze., *P. micrantha* (Hook.f.) Ktze., *P. tristis* (Rchb.f.) Ktze.) - NW-Him., Ind., Nep., Sik., Ass., Burm. (9**)
- *triste* (Rolfe) Schltr.: 218 (G)
- *tristriatum* Carr.: 499 (Q**)
- *tsinjoarivense* H.Perr.: 355 (U)
531. **tuberculatum** Col. - end. to N.Zeal. (P, O3/92, S)
532. **tumidum** J.J.Verm. - end. to Born. ca. 1.300 m - sect. *Brachypus* (Q**)
533. **turgidum** J.J.Verm. - end. to Born. 1.300-1.900 m - sect. *Brachypus* (Q**)
- *tylophorum* Schltr.: 365 (Q**)
- *ugandae* (Rolfe) De Wild.: 162 (G**, C)
534. **umbellatum** Lindl. (*B. tibeticum* Rolfe, *B. saruwatari* Hay., *B. tortisepalum* Guill., *B. umbellatum* var. *bergaemannii* Regel, *Cirrhopetalum maculosum* Lindl., *C. bootanense* Griff., *C. maculosum* var. *annamicum* Finet, *C. annamicum* (Finet) Tang & Wang, *Bulbophyllopsis morphologorum* Rchb.f., *B. maculosa* (Lindl.) Rchb.f.) - Nep., Sik., Bhut., Ass., China, Viet., Thai., Taiw. (G, Z**)
- *umbellatum* auct. non Lindl.: 197 (9**, 8**, G**)
- *umbellatum* var. *bergaemannii* Regel: 534 (G)
535. **undecifilum** J.J.Sm. (*Epicranthes undecifila* (J.J.Sm.) Gar.) - Java, Born. 1.500-1.700 m - sect. *Epicrianthes* (Q**)

536. **unguiculatum** Rchb.f. (*Phyllorchis unguiculata* Ktze.) - Java, Born. - sect. *Aphanobulbon* (2*, Q)
537. **uniflorum** (Bl.) Hassk. (*B. reinwardtii* (Lindl.) Rchb.f., *B. galbinum* Ridl., *B. variabile* Ridl., *B. hewittii* Ridl., *B. aeolium* Ames, *B. sociale* Rolfe, *B. uniflorum* var. *variabile* (Ridl.) Carr., *Ephippium uniflorum* Bl., *Cirrhopetalum compressum* Lindl., *Sarcopodium reinwardtii* Lindl., *Phyllorchis reinwardtii* (Lindl.) Ktze., *P. uniflora(um)* (Bl.) Ktze., *Dendrobium grandiflorum* Reinw. ex Hook.f.) - Mal., Sum., Java, Born., Phil. 600-1.800 m - sect. *Sestochilus* (2*, 9**, G, Q**)
- *uniflorum* var. *variabile* (Ridl.) Carr.: 537 (Q**)
538. **unitubum** J.J.Sm. - N.Gui. (O6/92**)
- *uralense* Hay.: 284 (9**, G)
539. **vaginatum** (Lindl.) Rchb.f. (*B. whiteanum* (Rolfe) J.J.Sm., *Cirrhopetalum vaginatum* Lindl., *C. caudatum* Wight., *C. stramineum* Teijsm. & Binn., *C. whiteanum* Rolfe, *Phyllorchis vaginata* (Lindl.) Ktze.) - Thai., Mal., Indon., Born., Mol. - sect. *Cirrhopetalum* (2*, G, Q, O3/98)
- *variabile* Ridl.: 537 (Q**)
540. **variegatum** Thou. (*Phyllorchis variegata* (Thou.) Ktze.) - Madag. lowl. (U)
- *velutinum* (Lindl.) Rchb.f.: 162 (G)
541. **ventriosum** H.Perr. - Madag. ca. 2.000 m (U)
- *venustum* Ames & Schweinf.: 110 (Q)
- *verecundum* Summerh.: 427 (G**)
542. **vermiculare** Hook.f. (*B. brookeanum* Kraenzl., *B. gimagaanense* Ames) - Mal., Phil., Born. 0-500 m - sect. *Aphanobulbon* (Q**)
543. **verruculiferum** H.Perr. - Madag. 1.500-1.700 m (U)
544. **vesiculosum** J.J.Sm. (*B. corneri* Carr., *Epicranthes vesiculosa* (J.J.Sm.) Gar. & Kittr., *E. corneri* (Carr.) Gar. & Kittr.) - Mal., Sum., Born. ca. 400 m - sect. *Epicranthes* (Q**)
545. **vestitum** Boss. - Madag. 500-1.000 m (U)
  var. **meridionale** Boss. - Madag. (U)
546. **viguieri** Schltr. - Madag. ca. 1.500 m (U)

547. **vinaceum** Ames & Schweinf. - end. to Born. ca. 1.000 m - sect. *Sestochilus* (Q**)
- *vinculibulbum* Ames & Schweinf.: 325 (Q**)
548. **vinosum** Schltr. - Nic., C.Rica (W)
549. **violaceum** (Bl.) Lindl. (*B. oculatum* Teijsm. & Binn., *Diphyes violacea* Bl., *Phyllorchis violacea* Ktze.) - Java (2*)
- *violaceum* Rchb.f.: 464 (2*, Q**)
550. **virescens** J.J.Sm. - Java, Amb. (9**)
  ➤ Cirrhopetalum 18
551. **viridescens** Ridl. - Born. - sect. *Aphanobulbon* (Q)
- *viridiflorum* (Hook.f.) Schltr.: *Cirrhopetalum* 19 (S)
- *vittatum* Teijsm. & Binn.: 84 (2*)
552. **vulcanicum** Kraenzl. - Kenya, Zai., Ug., Rwa., Bur. 1.900-2.300 m (M**)
553. **vulcanorum** H.Perr. - Madag. ca. 1.000 m (U)
554. **wadsworthii** Dockr. - end. to Austr. (Qld.) 800 m (P*)
555. **wagneri** Schltr. - C-Pan. (W)
- *wallichii* Rchb.f.: *Cirrhopetalum* 13 (S)
556. **weberi** Ames (*B. longiflorum* auct. non Thou., *B. longiflorum* Rchb.f., *B. baucoense* Ames, *Cirrhopetalum thouarsii* auct. non Lindl., *C. thouarsii* Lindl., *C. weberi* (Ames) Sengh.) - Phil. (9**, G**)
557. **weddelii** (Lindl.) Rchb.f. (*Didactyle weddelii* Lindl., *Xiphizusa weddelii* Rchb.f., *Phyllorchis weddelii* (Lindl.) Ktze.) - Braz. (9**)
558. **weinthalii** R.Rogers - end. to Austr. (Qld., NSW) 800 m (P**)
559. **wendlandianum** (Kraenzl.) Dammer (*B. collettii* auct. non King & Pantl., *Cirrhopetalum collettii* Hook.f., *C. wendlandianum* Kraenzl., *C. proliferum* hort.) - Burm, Thai. (9**)
- *wendlandianum* (Kraenzl.) Dammer: *Cirrhopetalum* 3 (S)
- *wenzelii* Ames: 112 (Q**)
- *whiteanum* (Rolfe) J.J.Sm.: 539 (G)
- *whitei* Hunt & Rupp: 228 (P*)
- *whitfordii* Rolfe ex Ames: 86 (G, Q**)
- *wincklerii* Schltr.: 427 (G**, C)
- *xantanthum* J.J.Sm.: 171 (O3/97)
560. **xanthobulbum** Schltr. - Madag. 0-800 m (U)

- *xylocarpi* J.J.Sm.: 378 (Q**)
- *yangambiense* Louis & Muell. ex Geer.: 427 (G**)
561. **zaratananae** Schltr. - Madag. 400-2.000 m (U)
ssp **disjunctum** H.Perr. - Madag. (U)
- *zaratananae* Schltr. (1925): 311 (U)
- *zenkerianum* Kraenzl.: 371 (C)

Bulleyia [Bulleya (S)] Schltr. - 1912 - *Subfam. Epidendroideae Tribus: Dendrobieae Subtr. Coelogyninae* - 1 sp. epi. - Yun., Him.
1. **yunnanensis** Schltr. - Yun., Him. (X**, S)

× **Burkhardtara (Bktra.)** (*Leochilus* × *Odontoglossum* × *Oncidium* × *Rodriguezia*)

× **Burkillara (Burk.)** (*Aërides* × *Arachnis* × *Vanda*)

Burlingtonia Lindl. - 1837: *Rodriguezia* Ruiz & Pav. (S)
- *amoena* Planch.: *Rodriguezia* 15 (9**, E**, H**)
- *batemanii* (Poepp. & Endl.) Lindl. ex Cogn.: *Rodriguezia* 3 (E, G, H)
- *candida* (Lindl.) Lindl.: *Rodriguezia* 9 (E**, G**, H**)
- *carnea* (Lindl.) Lindl. ex Lind.: *Rodriguezia* 10 (G)
- *decora* Lem.: *Rodriguezia* 15 (8**, 9**, H**)
- *decora* var. *picta* Hook.: *Rodriguezia* 15 (9**)
- *fragrans* Lindl.: *Rodriguezia* 7 (G)
- *fragrans* Lindl.: *Rodriguezia* 37 (O1/90)
- *granadensis* Lindl.: *Rodriguezia* 20 (O3/93**)
- *maculata* Lindl.: *Rodriguezia* 25 (G**)
- *negrensis* Barb.Rodr.: *Rodriguezia* 3 (O2/91)
- *obtusifolia* Lindl.: *Rodriguezia* 26 (O3/95)
- *pubescens* Lindl.: *Rodriguezia* 37 (O1/90)
- *refracta* Lindl.: *Rodriguezia* 29 (O2/93**)
- *rigida* Lindl.: *Rodriguezia* 31 (G, O1/95)
- *rosea* hort. ex Rand.: *Rodriguezia* 21 (9**, G**)
- *rubescens* Lindl.: *Rodriguezia* 3 (E, G, H, O2/91,S*)
- *venusta* Lindl.: *Rodriguezia* 37 (G, O1/90)

Burnettia Lindl. - 1840 - *Subfam. Orchidoideae Tribus: Diurideae Subtr. Caladeniinae* - 1 sp. terr. - SE-Austr.
1. **cuneata** Lindl. (*Lyperanthus burnettii* F.v.Muell., *Caladenia cuneata* (Rchb.f.) Lindl.) - end. to NSW, Vic., Tasm. (SE-Austr.) - „Lizard Orchid" (S, P**)

Burnsbaloghia Szlach. - 1991 - *Spiranthinae* (S) - 1 sp. terr. - Oaxaca 1.800 - 2.400 m
1. **diaphana** (Lindl.) Szlach. (*Deiregyne diaphana* (Lindl.) Gar.) - Oaxaca (S*)

× **Burrageara (Burr.)** (*Cochlioda* × *Miltonia* × *Odontoglossum* × *Oncidium*)

Cadetia Gaudich. - 1826 - *Subfam. Epidendroideae Tribus: Dendrobieae Subtr. Dendrobiinae* - ca. 50 sp. epi. - N.Gui., SE-As., Ind., Austr.
1. **collinsii** Lavarack - end. to Austr. (Qld.) (P*)
2. **echinocarpa** Schltr. - N.Gui. (S*)
3. **funiformis** (Schltr.) Schltr. (*Dendrobium funiformis* Schltr.) - N.Gui. (S)
- *hispidula* Schltr.: 6 (P*)
4. **imitans** Schltr. - N.Gui. (S*)
5. **kaorensis** (Schltr.) Schltr. (*Dendrobium kaorensis* Schltr.) - Born. (S)
6. **maideniana** (Schltr.) Schltr. (*C. hispidula* Schltr.) - end. to Austr. (Qld.) (P*)
7. **major** Schltr. - N.Gui. (S*)
8. **mariensis** Schltr. - N.Gui. (S*)
9. **obliqua** Schltr. - N.Gui. (S*)
10. **parvula** Schltr. - N.Gui. (S*)
11. **pterocarpa** Schltr. - N.Gui. (S*)
12. **taylori** (F.v.Muell.) Schltr. (*Bulbophyllum taylori* F.v.Muell., *Dendrobium uniflos* F.v.Muell., *D. hispidum* F.v.Muell., non A.Rich., *D. taylori* (F.v.Muell.) Fitzg.) - Austr. (Qld.), N.Gui. 0-1.200 m (E*, H*, P**, Z**)
13. **trigonocarpa** (Schltr.) Schltr. (*Dendrobium trigonocarpum* Schltr.) - N.Gui. (S)
14. **umbellata** Gaudich. (*Dendrobium umbellatum* (Gaudich.) Rchb.f.) - N.Gui. (E, H, S)
15. **wariana** Schltr. - Austr. (Qld.), N. Gui. (P*)

Caladenia (Calda.) R.Br. - 1810 - *Subfam. Orchidoideae Tribus: Diurideae Subtr. Caladeniinae* - 80/120 sp. terr. - Austr., N.Zeal., N.Cal., Java - „Fai-

ry Orchids, Lady's Fingers"
1. **alata** R.Br. (*C. exigua* Cheesem.) - Austr., N.Zeal. (P, O3/92)
- *alata* R.Br.: 16 (2*, P)
- *alba* R.Br.: 17 (9**, P)
- *alba* var. *picta* Nich.: 80 (P)
2. **amplexans** A.S.George - end. to W-Austr. (P*)
- *angustata* Hook.f.: 16 (2*)
- *angustata* Lindl.: 49 (P*)
3. **aphylla** Benth. - end. to W-Austr. (P**)
4. **arenaria** Fitzg. - end. to Austr. (NSW) (P)
- *arenaria* Fitzg.: 78 (P)
5. **atkinsonii** Rodway - end. to Tasm. (P)
6. **audasii** R.Rogers - end. to Austr. (C-Vic.) (P)
7. **aurantiaca** (R.Rogers) Rupp (*C. carnea* var. *aurantiaca* R.Rogers) - end. to Austr., Tasm. (P*)
- *aurantiaca* (R.Rogers) Rupp: 16 (P)
- *barbarossa* Rchb.f.: *Drakonorchis* 1 (S*)
8. **barbarossa** Rchb.f. - end. to W-Austr. - „Dragon Orchid" (A**, P**)
9. **bicalliata** R.Rogers - end. to S-W-Austr. (P*)
- *bifolia* Hook.f.: *Aporostylis* 1 (S)
10. **bryceana** R.Rogers - end. to W-Austr. (P**)
11. **caerulea** R.Br. - end. to Austr., Tasm. (P**, Z**)
12. **caesarea** (Domin) M.Clem. & S. Hopper (*C. filamentosa* var. *caesarea* Domin) - end. to W-Austr. (P)
13. **cairnsiana** F.v.Muell. - end. to W-Austr. - „Zebra Orchid" (P*)
14. **calcicola** G.W.Carr - end. to Austr. (SW-Vic.) (P*)
15. **cardiochila** Tate - end. to Vic. (S-Austr.) (P**)
16. **carnea** R.Br. (*C. alata* R.Br., *C. angustata* Hook.f., *C. aurantiaca* (R. Rogers) Rupp, ?*Arethusa catenata* J.J.Sm.) - Austr., N.Zeal., Tasm., N. Cal., Indon., Mal. (2*, 9**, S, P**, 3/92, Z**)
var. **attenuata** Brinsley - end. to Austr. (NSW) ca. 700 m (P)
var. **gigantea** R.Rogers - end. to Austr. (NSW), Tasm. (P)
var. **gracillima** Rupp - end. to Austr. (Qld.) (P)
var. **minor** (Hook.f.) Hatch - Austr. (NSW), Tasm. SA, N.Zeal. (P)
var. **ornata** Nicholls - end. to Austr. (Vic.) (P)
var. **pusilla** (*C. pusilla* W.M.Curtis) - end. to Austr. (P)
var. **subulata** Nicholls - end. to Austr. (Vic.) (P)
- *carnea* var. *alba* Benth.: 17 (9**)
- *carnea* var. *aurantiaca* R.Rogers: 7 (P*)
- *carnea* var. *fuscata* Rchb.: 46 (P)
17. **catenata** (Smith) Druce (*C. alba* R.Br., *C. carnea* var. *alba* Benth., *Arethusa catenata* Smith) - Austr. (Qld., NSW, Vic.), N.Zeal. (9**, P, O3/92)
var. **picta** Nicholls (*C. alba* var. *picta* Nicholls) - end. to Austr. (Qld., NSW, Vic.) (P)
18. **caudata** Nicholls - end. to Tasm. (P*)
19. **clavigera** A.Cunn. ex Lindl. - end. to Austr. (NSW, Vic., Tasm., SA) (P*)
20. **concinna** (Rupp) D.Jones & M. Clem. (*C. dilatata* var. *concinna* Rupp) - end. to Austr. (NSW, Vic.) (P**)
21. **concolor** A.Cunn. ex Lindl. (*C. patersonii* var. *concolor* (Fitzg.) J.H.Willis & Court.) - end. to Austr. (NSW, Vic., SA) (P*)
22. **congesta** R.Br. - end. to Austr. (P*)
23. **corynephora** A.S.George - end. to W-Austr. (P**)
24. **crebra** A.S.George - end. to W-Austr. (P)
25. **cristata** R.Rogers - end. to W-Austr. (P)
26. **cucullata** Fitzg. - end. to Austr. (P**)
- *cuneata* (Rchb.f.) Lindl.: *Burnettia* 1 (S)
27. **deformis** R.Br. - end. to Austr. (NSW, Tasm., SA, WA) (H, P**)
28. **denticulata** Lindl. - end. to W-Austr. (P**)
29. **dilatata** R.Br. - end. to Austr. (Qld., NSW, ACT, Vic., Tasm., SA, WA) (H, P)
- *dilatata* var. *falcata* Nich.: 39 (P*)
- *dilatata* var. *concinna* Rupp: 20 (P**)
- *dilatata* var. *stricta* R.Bates: 95 (P)
30. **dimorpha** Fitzg. - end. to Austr. (NSW, Tasm., ACT, Vic.) (P)
31. **discoidea** Lindl. - end. to W-Austr. (H, P, Z**)

Caladenia - Caladenia

32. **dorrienii** Domin - end. to W-Austr. (P)
33. **doutchiae** O.Sarg. - end. to W-Austr. (P*)
34. **drummondii** Benth. - end. to W-Austr. (P*)
35. **echidnachila** Nicholls - end. to Tasm. (P*)
36. **eminens** (Domin) M.Clem. & D. Jones - end. to W-Austr. - „Common White Spider Orchid" (P**, Z**)
37. **ensata** Nicholls - end. to W-Austr. (P*)
38. × **ericksoniae** Nicholls (*C. filifera* × *C. cairnsiana*) nat. hybr. - end. to W-Austr. (P*)
- *exigua* Cheesem.: 1 (P)
39. **falcata** (Nicholls) M.Clem. & S. Hopper (*C. dilatata* var. *falcata* Nicholls) - end. to W- Austr. (P)
40. **ferruginea** Nicholls - end. to W-Austr. (P*)
41. **filamentosa** R.Br. - end. to Austr. (Qld., NSW, Vic., Tasm., SA) (P*)
   var. **filamentosa** - end. to Austr. (Qld., NSW, Vic., Tasm., SA) (P)
   var. **tentaculata** R.Rogers - end. to Austr. (Qld., NSW, Vic., Tasm., SA) (P)
- *filamentosa* var. *caesarea* Domin: 12 (P)
42. **filifera** Lindl. - end. to W-Austr. (P*)
- *fimbriata* (Lindl.) Rchb.f.: *Leptoceras* 1 (S)
43. **fitzgeraldii** Rupp - end. to Austr. (Qld, NSW) (P*)
44. **flava** R.Br. - end. to W-Austr. (H, S*, P**)
45. **fragrantissima** D.Jones & G.Carr (*C. patersonii* var. *suaveolens* Nicholls) - end. to Austr. (Vic.) - „Scented Spider Orchid" (P)
46. **fuscata** (Rchb.f.) M.Clem. & D.Jones (*C. carnea* var. *fuscata* Rchb.f.) - end. to Austr. (NSW) (P)
47. **gemmata** Lindl. - end. to W-Austr. (S, P**)
   var. **lutea** Nicholls (S)
- *gemmata* f. *lutea* Clemesha: 57 (P)
- *gemmata* var. *ixioides* (Lindl.) Ewart & White: 57 (P)
48. **gladiolata** R.Rogers - end. to S-Austr. (P*)
49. **gracilis** R.Br. (*C. angustata* Lindl.) - end. to Austr. (Qld., NSW, ACT, Vic., Tasm., SA) (P*)
50. **graminifolia** A.S.George - end. to W-Austr. (P**)
51. **hastata** (Nicholls) Rupp (*C. patersonii* var. *hastata* Nicholls) - end. to SW-Vic. (Austr.) (P*)
52. **hirta** Lindl. - end. to W-Austr. (P*)
53. **huegelii** Rchb.f. - end. to W-Austr. (P*)
54. **infundibularis** A.S.George - end. to W-Austr. (P)
55. **integra** E.Coleman - end. to W-Austr. (P*)
56. **iridescens** R.Rogers - Austr. (NSW, Vic., Tasm.), N.Zeal. (P*, O3/92)
57. **ixioides** Lindl. (*C. gemmata* var. *ixioides* (Lindl.) Ewart & White, *C. gemmata* f. *lutea* Clemesha) - end. to W-Austr. (S, P)
58. **latifolia** R.Br. - end. to Austr. (WA, SA, Tasm., Vic., NSW) (P**)
59. × **lavandulacea** R.Rogers (*C. doutchiae* × *C. sigmoidea*) nat. hybr. - end. to W-Austr. (P*)
60. **leptochila** Fitzg. - end. to S-Austr., Vic. (P*)
61. **lindleyana** (Rchb.f.) M.Clem. & D.Jones - end. to Austr. (Tasm., Vic.) (P)
62. **lobata** Fitzg. - end. to W-Austr., Vic. - „Butterfly Orchid" (P**, Z**)
63. **longicauda** Lindl. - end. to W-Austr. (P*)
64. **longiclavata** E.Coleman - end. to W-Austr. (P**)
- *longiclavata* var. *magniclavata* (Nich.) A.S.George: 68 (P)
- *longiclavata* var. *rhomboidiformis* (E.Coleman) A.S.George: 89 (P)
65. **longii** R.Rogers - end. to Tasm. (P)
66. **lyallii** Hook.f. - Austr. (NSW, ACT, Vic., Tasm.) N.Zeal. subalpin (P, O3/92)
- *macrophylla* R.Br.: 71 (H**)
67. **macrostylis** Fitzg. - end. to W-Austr. (P**)
68. **magniclavata** Nicholls (*C. longiclavata* var. *magniclavata*) - end. to W-Auttr. (P**)
69. **magnifica** (Nicholls) D.Jones & G. Carr (*C. patersonii* var. *magnifica* Nicholls) - end. to Austr. (Vic.) - „Magnificent Spider Orchid" (P)
70. **marginata** Lindl. (*C. paniculata* Fitzg.) - end. to W-Austr. (P*)
71. **menziesii** R.Br. [*C. menziesii* Lindl. (S)] (*C. macrophylla* R.Br., *Leptoce-*

ras menziesii (R.Br.) Lindl., *L. oblonga* Lindl.) - end. to Austr. (NSW, Vic., Tasm., SA, WA) (H**, S, P**)
72. **minor** Hook. - N.Zeal. (O3/92)
73. **multiclavia** Rchb.f. - end. to W-Austr. - „Lady Spider Orchid" (P**)
- *multiclavia* Rchb.f.: *Jonesiopsis* 1 (S)
74. **nana** Endl. - end. to W-Austr. (P*)
75. **ochreata** Lindl. - end. to W-Austr. (P)
76. **ovata** R.Rogers - end. to S-Austr. (P)
77. **pallida** Lindl. - end. to Austr. (Vic., Tasm.) (P*)
- *paniculata* Fitzg.: 70 (P*)
78. **patersonii** R.Br. (? *C. arenaria* Fitzg.) - end. to Austr. (NSW, Vic., Tasm., SA) (H, S, P*)
- *patersonii* var. *concolor* (Fitzg.) J.H.Willis & Court.: 21 (P*)
- *patersonii* var. *magnifica* Nich.: 69 (P)
- *patersonii* var. *suaveolens* Nich.: 45 (P)
- *patersonii* var. *hastata* Nich.: 51 (P*)
79. **pectinata** R.Rogers - end. to W-Austr. - „King Spider Orchid" (P*)
80. **picta** (Nicholls) M.Clem. & D.Jones (*C. alba* var. *picta* Nicholls) - end. to Austr. (NSW) (P**)
81. **plicata** Fitzg. - end. to W-Austr. - „King Spider Orchid" (P*)
82. **praecox** Nicholls - end. to Austr. (NSW, Vic., Tasm.) (P*)
83. **pumila** R.Rogers - end. to Austr. (Vic.) (P*)
84. **pusilla** W.M.Curtis - end. to Austr. (NSW, Vic., Tasm., SA) (P)
- *pusilla* W.M.Curtis: ? 16 (P)
85. **radialis** R.Rogers - end. to W-Austr. (P*)
86. **radiata** Nicholls - end. to W-Austr. (P*)
87. **reptans** Lindl. - end. to W-Austr. (P**)
88. **reticulata** Fitzg. - end. to Austr. (NSW, Vic., Tasm., SA) (P*)
- *reticulata* var. *valida* Nich.: 102 (P*)
89. **rhomboidiformis** (E.Coleman) M.Clem. & S.Hopper (*C. longiclavata* var. *rhomboidiformis* (E.Coleman) A.S.George) - end. to W-Austr. (P)
90. **rigida** R.Rogers - end. to S-Austr. (P*)
91. **roei** Benth. - end. to W-Austr. (P*)
92. **saccharata** Rchb.f. - end. to W-Austr. (P*)
93. **sericea** Lindl. - end. to W-Austr. (H, P*)
94. **sigmoidea** R.Rogers - end. to W-Austr. (P*)
95. **stricta** (R.Bates) R.Bates (*C. dilatata* var. *stricta* R.Bates) - end. to S-Austr. (P)
96. **tentaculata** D.F.K.Schldl. - end. to S-Austr. - „Spider Orchid" (P)
97. **tessellata** Fitzg. - end. to Austr. (NSW, Vic.) (P*)
98. **testacea** R.Br. - end. to Austr. (NSW, Vic., Tasm.) (P*)
    var. **hildae** (E.Pescott & Nich.) Nicholls - NE-Vic. (Austr.) (P)
99. **toxochila** Tate (*C. dilatata* var. *concinna* Rupp) - end. to Austr. (ACT, NSW, Vic., Tasm., SA) (P**)
100. × **triangularis** R.Rogers (*C. longicauda* × *C. flava*) nat. hybr. - end. to W-Austr. (P*)
- × *tutelata* R.Rogers: × *Calassodia* 1 (P)
101. **uliginosa** A.S.George - end. to W-Austr. (P**)
102. **valida** (Nicholls) M.Clem. & D.Jones (*C. reticulata* var. *valida* Nicholls) - end. to Austr. (Vic., SA) (P*)
103. × **variabilis** Nicholls (*C. cardiochila* × *C. patersonii*) nat. hybr. - end. to Austr. (Vic., SA) (P)
104. **wanosa** A.S.George - end. to W-Austr. (P)

Calanthe (Cal.) R.Br. - 1821 - *Subfam. Epidendroideae Tribus: Arethuseae Subtr. Bletiinae* - (*Alismorkis* Thou., *Centrosis* Thou., *Amblyglottis* Bl., *Ghiesbreghtia* A.Rich. & Gal., *Styloglossum* Breda, *Preptanthe* Lindl., *Calanthidium* Pfitz.) - ca. 200 sp. ter/epi - Trop.

1. **abbreviata** Lindl. (*Amblyglottis abbreviata* Bl., *Alismorchis abbreviata* Ktze.) - Java (2*)
2. **aceras** Schltr. - N.Gui. 1.200-1.600 m (S)
3. **alismaefolia** Lindl. - Ind., China, Taiw. (S*)
4. **amamiana** Fuk. - Jap. (O6/97)
- *amamiana* Fuk.: *C. striata* (9**)
- *amamiana* Fuk.: 21 (E**, G**, H**)
- *amamiana* var. *latilabella* Ida: *C. striata* (9**)

- *amaniana* var. *latilabella* Ida: 21 (G**)
- *angraeciflora* Rchb.f.: 49 (6*, 9**, G**)
5. **angusta** Lindl. (*Alismorkis angusta* (Lindl.) Ktze.) - Thai (6*)
6. **angustifolia** (Bl.) Lindl. (*C. phajoides* Rchb.f., *Alismorkis angustifolia* Ktze., *Alismorkis phajoides* Ktze., *Amblyglottis angustifolia* Bl.) - Mal., Java, Sum., Phil. (2*, H*, Q) var. **flava** Ridl. - Mal., Java, Sum., Phil. (Q)
7. **anthropophora** Ridl. - Thai. (6*)
8. **arisanensis** Hay. - end. to Taiw. 800-2.200 m (O3/89)
9. **arismaefolia** (?*alismaefolia* Lindl.?) - Jap. (O6/97)
10. **aristulifera** Rchb.f. (*C. forsythiflora* Hay., *C. liukiuensis* Schltr.) - Ryu. (O2/94, O6/97)
- *australis* (R.Br.) Ait. ex Loudon: *Spiranthes* 12 (G**)
- *bachmaensis* Gagn.: *Phaius* 50 (G)
- *bicolor* Lindl.: *C. striata* (9**)
- *bicolor* Lindl.: 21 (G)
11. × **bicolor** Lindl. (*C. discolor* × *C. sieboldii*) nat. hybr. - Jap. (O6/97**)
12. **biloba** Lindl. - Thai. (6*)
- *biloba* Kraenzl.: 15 (6**)
13. **brevicornu** Lindl. - N-Ind., Nep., Sik., SW-China (H*)
14. **calanthoides** (A.Rich. & Gal.) Hamer & Gar. (*C. mexicana* Rchb.f., *Ghiesbreghtia calanthoides* A.Rich. & Gal.) - Nic., C.Rica, Pan., S-Am. 0-3.500 m (W**, S*)
15. **cardioglossa** Schltr. (*C. biloba* Kraenzl., *C. hosseusiana* Kraenzl., *C. fuerstenbergiana* Kraenzl. ex Schltr., *C. succedanea* Gagn.) - Viet., Laos, Thai., Camb. (6**, E*, H*, S*)
- *catiligera* Rchb.f.: 49 (6*, 9**, G**)
- *catilligera* Rchb.f.: *C. veratrifolia* (2*)
16. **ceciliae** Rchb.f. (*C. sumatrana* Bl. ex Boerl., *C. wrayi* Hook.f., *Amblyglottis veratrifolia* Bl., *A. veratrifolia* var. *floribus* Bl.) - Mal., Sum., Java (2*, 6*, H*)
- *celebica* Rolfe: 49 (6*, 9**, G**)
17. **clavata** Lindl. (*C. densiflora* auct. non Lindl.) - Thai. (6*)
- *colorans* Rchb.f.: *C. veratrifolia* (8**)
- *comosa* Rchb.f.: 49 (6*, 9**, E**, G**, H**)
- *comosa* Rchb.f.: *C. veratrifolia* (2*, 8**)
- *corymbosa* Lindl.: 46 (9**, E**, G**, H**, M**)
18. **crenulata** J.J.Sm. - end. to Born. 80-1.200 m (Q**)
19. **cruciata** Schltr. - N.Gui. 1.000 m (O3/81)
- *curantigoides* Ktze.: 37 (9**, G**)
- *curculigoides* Lindl.: 37 (2*, 9**, G**, H*)
- *delphinioides* Kraenzl.: 46 (9**, G**)
20. **densiflora** Lindl. - Ind., Sik. (G**)
- *densiflora* auct. non Lindl.: 17 (6*)
- *diploxiphion* Hook.f.: 49 (6*)
21. **discolor** Lindl. (*C. lurida* Decne., *C. lurida* (Lindl.) Ktze., *C. amamiana* Fuk., *C. amaniana* var. *latilabella* Ida, *C. tokunoshimensis* Hatusima & Ida, *C. tokunoshimensis* f. *latilabella* (Ida) Hatusima, *C. discolor* var. *amaniana* (Fuk.) Masamune, - var. *divaricatipetala* Ida, - var. *kanashiroi* Fuk., - var. *viridialba* Maxim., - f. *viridialba* (Maxim.) Honda, *Alismorkis discolor* (Lindl.) Ktze.) - Jap., Ryu. (E**, G**, H**, O2/94, O6/97) var. **flava** Yatabe (*C. striata* (Banks) R.Br., *C. striata* var. *bicolor* (Lindl.) Maxim., - var. *sieboldii* (Decne.) Maxim., *C. bicolor* Lindl., *C. sieboldii* Decne. ex Regel, *C. discolor* var. *bicolor* (Lindl.) Mak., - f. *bicolor* (Lindl.) Hiroe, *Limodorum striatum* Banks) - Jap., Ryu. (E**, G)
- *discolor* Lindl.: *C. striata* (9**)
- *discolor* f. *amamiana* (Fuk.) Masamune: *C. striata* (9**)
- *discolor* f. *bicolor* (Lindl.) Hiroe: 21 (G)
- *discolor* f. *viridialba* (Maxim.) Honda: *C. striata* (9**)
- *discolor* f. *viridialba* (Maxim.) Honda: 21 (G**)
- *discolor* var. *amaniana* (Fuk.) Masamune: 21 (G**)
- *discolor* var. *bicolor* (Lindl.) Mak.: 21 (G)
- *discolor* var. *divaricatipetala* Ida: *C. striata* (9**)
- *discolor* var. *divaricatipetala* Ida: 21 (G**)
- *discolor* var. *kanashiroi* Fuk.: 21 (G**)
- *discolor* var. *viridialba* Maxim.: *C. striata* (9**)

- *discolor* var. *viridialba* Maxim.: 21 (G**)
- *dolichopoda* Fuk.: *Cephalantheropsis* 2 (9**)
22. × **dominii** Lindl. [C. dominii Lindl. (8**)] (*C. masuca* × *C. furcata*) (9**)
- *durani* Ursch & Toill.-Gen.: 46 (U)
- *eberhardtii* Gagn.: *Ania* 13 (9**)
- *elmeri* Ames: 42 (6**)
- *emarginata* Lindl.: 33 (9**)
- *emarginata* (Bl.) Lindl. (2*, H): 46 (G**, Q**)
23. **flava** Hassk. (*C. parviflora* Hassk., *C. veratrifolia* Miq., *Amblyglottis flava* Bl., *Alismorkis parviflora* Ktze.) - Java (2*)
24. **formosana** Rolfe (*C. sasakii* Hay. sensu Nakajima) - Ryu. (O2/94)
- *forsythiflora* Hay.: 10 (O2/94)
- *forsythiiflora* Hay.: 31 (6**, S*)
- *fuerstenbergiana* Kraenzl. ex Schltr.: 15 (6**)
- *furcata* Batem. ex Lindl.: 49 (6*, 9**, E**, G**, H**, O2/94)
- *furcata* f. *albo-lineata* Nakajima: 49 (9**, G**)
- *furcata* f. *albo-marginata* Nakajima: 49 (9**, G**)
- *furcata* f. *textori* (Miq.) Hiroe: 49 (G**)
- *gebina* Lodd.: *Bletilla* 3 (9**, G**)
- *gigantea* Hook.f.: *Plocoglottis* 11 (Q**)
- *gracilis* Lindl.: *Cephalantheropsis* 2 (9**, H*, S*)
- *gracillima* Lindl.: 49 (6*, 9**, G**)
- *grandiflora* Rolfe: 53 (6**, 9**, Q**)
25. **hattorii** Schltr. (S)
26. **hirsuta** Seidenf. - Thai. (6*)
- *hosseusiana* Kraenzl.: 15 (6**, E*, H*)
27. **humbertii** H.Perr. - Madag. ca. 1.700 m - epi. (U)
28. **izu-insularis** (Satomi) Ohwi & Satomi - end. to Izu (Jap.) - scented (O6/97)
- *japonica* Bl. ex Miq.: 49 (9**, G**)
29. **labrosa** (Rchb.f.) Rchb.f. (*Limatodes labrosa* Rchb.f., *Calanthidium labrosum* (Rchb.f.) Pfitz.) - Burm. (6*, S*)
30. **leucoseptrum** Schltr. (O3/81)
- *liukiuensis* Schltr.: 31 (6**)
- *liukiuensis* Schltr: 10 (O2/94)
- *longicalcarata* Hay. ex Yamamoto: 49 (G**)
- *longipes* Hook.f.: *Cephalantheropsis* 2 (H*)
- *lurida* Decne.: *C. striata* (9**)
- *lurida* Decne.: 21 (G**, H**)
- *lurida* (Lindl.) Ktze.: 21 (E**)
31. **lyroglossa** Rchb.f. (*C. scortechinii* Hook.f., *C. forsythiiflora* Hay., *C. liukiuensis* Schltr., *Alismorkis foerstermannii* (Rchb.f.) Ktze., *A. lyroglossa* (Rchb.f.) Ktze.) - Thai., Phil., Taiw., Jap., Ryu., Mal. (6**, S*)
32. **madagascariensis** W.Wats. ex Rolfe (*C. sylvatica* sensu Rolfe, *C. warpuri* W.Wats. ex Rolfe) - Madag. 1.000-1.500 m - terr. (9**, S, U)
33. **masuca** (D.Don) Lindl. (*C. versicolor* Lindl., *C. emarginata* Lindl., *C. wightii* Rchb.f., *Bletia masuca* D. Don, *Zoduba masuca* (D.Don) Buch.-Ham., *Alismorkis masuca* (D. Don) Ktze) - Sri L., Trop. As., Java, Taiw., Sum., Born. (6**, 9**, A**, E, H*, O2/94, O6/97, S*)
   var. **sinensis** Rendle - Hong. (S)
- *masuca* (D.Don) Lindl.: 46 (G**, Q**)
- *masuca* Thw.: 38 (G)
- *matsumurana* Schltr.: 49 (6*, 9**, G**)
- *mexicana* Rchb.f.: 14 (S*)
34. **millotae** Ursch & Toill.-Gen. ex Boss. - Madag. - terr. (U)
- *mutabilis* Rchb.f.: 55 (2*)
- *natalensis* (Rchb.f.) Rchb.f.: 46 (9**, G**, H**)
- *neglecta* Schltr.: 46 (9**, G**)
- *odora* Griff.: 49 (6**, 9**, G**)
35. **okinawensis** Hay. - Taiw., Ryu. (O6/97)
- *okinawensis* Hay.: 49 (9**, G**)
- *okinawensis* f. *albiflora* Ida: 49 (G**)
- *okushirrensis* Miyabe & Tatew.: 39 (9**)
- *orthocentron* Schltr. (O3/81): 49 (6*, 9**, G**)
- *padangensis* Schltr. ex Mansf.: 53 (6**, 9**, Q**)
- *pantlingii* Schltr.: 48 (9**)
- *parviflora* Hassk.: 23 (2*)
- *perrieri* Ursch & Toill.-Gen.: 46 (U)
- *perrottetii* (*perottetii*) A.Rich.: 49 (6*, 9**, E**, G**, H**)
- *perrottetii* A.Rich.: *C. veratrifolia* (2*, 8**)
- *petri* Rchb.f.: *C. veratrifolia* (8**)

- *phajoides* Rchb.f.: 6 (2*, H*)
- *pilosa* (De Vriese ex Lindl.) Miq.: 53 (6**, 9**, Q**)
36. **plantaginea** Lindl. - Nep., Bhut., NE-Ind. (6**, 9**)
- *pleiochroma* (Ktze.) Rchb.f.: 49 (9**, G**)
- *poilanei* Gagn.: *Spathoglottis* 34 (G**)
- *proboscidea* Rchb.f.: *C. veratrifolia* (2*)
- *proboscidea* Rchb.f.: 49 (6*, G**)
- *puberula* Lindl.: 39 (9**)
- *puberula* var. *reflexa* (Maxim.) Hiroe: 39 (9**)
- *pubescens* Ridl.: 49 (6*, 9**, G**)
37. **pulchra** (Bl.) Lindl. (*C. curculigoides* Lindl., *C. curantigoides* Ktze., *Amblyglottis pulchra* Bl., *Styloglossum nervosum* Breda, *Alismorkis pulchra* (Bl.) Ktze.) - Mal., Sum., Java, Born., Phil. (2*, 9**, G**, H*)
38. **purpurea** Lindl. (*C. masuca* Thw.) - Sri L., Ind. (G, S)
39. **reflexa** Maxim. (*C. puberula* Lindl., *C. puberula* var. *reflexa* (Maxim.) Hiroe, *C. reflexa* var. *okushirrensis* (Miyabe & Tatew.) Ohwi, *C. okushirrensis* Miyabe & Tatew., *Alismorkis reflexa* (Maxim.) Ktze., *Paracalanthe reflexa* (Maxim.) Kudô) - S-Jap., W-China, Taiw. (9**, H*, O2/94, O6/97, Z**)
- *reflexa* var. *okushirrensis* (Miyabe & Tatew.) Ohwi: 39 (9**)
- *regnieri* Rchb.f.: 53 (6**, 9**, Q**)
40. **repens** Schltr. (*C. repens* var. *pauliani* Ursch & Toill.-Gen.) - Madag. ca. 1.700 m (S, U**)
- *repens* var. *pauliani* Ursch & Toill.-Gen.: 40 (U**)
41. **rosea** (Lindl.) Benth. (*Limatodes rosea* Lindl., *Alismorchis rosea* (Lindl.) Ktze.) - Thai., Burm. (6*, 9**, S*)
42. **rubens** Ridl. (*C. vestita* var. *fournieri* Rolfe, *C. elmeri* Ames, *Preptanthe rubens* (Ridl.) Ridl.) - Thai., N-Mal. (6**, E**, H**, S)
- *sasakii* Hay. sensu Nakajima: 24 (O2/94)
- *schliebenii* Mansf.: 46 (9**, G**)
- *scortechinii* Hook.f.: 31 (6**)
- *scortechinii* Hook.f.: 49 (G**)
43. **sieboldii** (Maxim.) Mak. (*C. striata* R.Br.) - Jap. to 800 m (O2/94, O6/97)

- *sieboldii* Decne. ex Regel: 21 (G)
- *sieboldii* Decne. ex Regel: *C. striata* (9**, H**)
44. **simplex** Seidenf. - Thai. (6*)
45. **speciosa** Lindl. (*Alismorchis speciosa* Ktze., *Amblyglottis speciosa* Bl.) - Java (2*)
- *speciosa* Vieill.: *Phaius* 50 (G)
- *stevensiana* hort.: 53 (8**)
- *stolzii* Schltr.: 46 (9**, G**)
- *striata* (Banks) R.Br. (9**): 21 (E**, G)
- *striata* (Thunb.) R.Br. (E**): 43 (O2/94)
- *striata* var. *sieboldii* (Decne.) Maxim.: 21 (G)
- *striata* var. *bicolor* (Lindl.) Maxim.: 21 (G)
- *succedanea* Gagn. (6*): 15 (E*, H*)
- *sumatrana* Bl. ex Boerl.: *C. veratrifolia* (2*)
- *sumatrana* Bl. ex Boerl.: 16 (6*, H*)
46. **sylvatica** (Thou.) Lindl. (*C. corymbosa* Lindl., *C. delphinioides* Kraenzl., *C. volkensii* Rolfe, *C. warpurii* Rolfe, *C. stolzii* Schltr., *C. neglecta* Schltr., *C. schliebenii* Mansf., *C. emarginata* (Bl.) Lindl., *C. masuca* (D. Don) Lindl., *C. versicolor* Lindl., *C. sylvatica* var. *natalensis* Rchb.f., - var. *pallidipetala* Schltr., *C. natalensis* (Rchb.f.) Rchb.f., *C. violacea* Rolfe, *C. durani* Ursch & Toill.-Gen., *C. perrieri* Ursch & Toill.-Gen., *Centrosis sylvatica* Thou., *C. natalensis* Rchb.f., *C. aubertii* A.Rich., *Amphyglottis emarginata* Bl., *Alismorkis masuca* (D.Don) Ktze., *A. centrosis* Steud., *Amblyglottis emarginata* Bl., *Bletia silvatica* (Thou.) Spreng., *B. masuca* D.Don, *Zodula masuca* (D. Don) Buch.-Ham.) - E-S-Afr., Madag., Masc., Sey., Born., Com. 300-2.750 m (9**, A**, E**, G**, H**, M**, Q**, C**, U)
- *sylvatica* sensu Rolfe: 32 (U)
- *sylvatica* var. *natalensis* Rchb.f.: 46 (G**)
- *sylvatica* var. *pallidipetala* Schltr.: 46 (U)
47. **tahitensis** Nad. - Tah. (S)
- *textori* (Ktze.) Miq.: 49 (9**, G**)
- *textori* f. *albiflora* (Ida) Hatusima: 49 (G**)
- *textori* var. *alba* Maxim.: 49 (G**)
- *textori* var. *longicalcarata* (Hay. ex

Yamamoto) Gar. & Sweet: 49 (G**)
- *textori* var. *violacea* Maxim.: 49 (G**)
- *tokunoshimensis* Hatusima & Ida: *C. striata* (9**)
- *tokunoshimensis* Hatusima & Ida: 21 (E**, G**, H**)
- *tokunoshimensis* f. *latilabella* (Ida) Hatusima: *C. striata* (9**)
- *tokunoshimensis* f. *latilabella* (Ida) Hatusima: 21 (E**, G**)
48. **tricarinata** Lindl. (*C. pantlingii* Schltr.) - Him., W-China, Jap. to 1.000 m (9**, H*, O6/97)
49. **triplicata** (Willem.) Ames (*C. veratrifolia* (Willd.) R.Br., *C. veratrifolia* var. *kennyi* F.M.Bailey, - var. *dupliciloba* J.J.Sm., - var. *incurvicalcar* J.J.Sm., - var. *densissima* J.J.Sm., - var. *lancipetala* J.J.Sm., - var. *timorensis* J.J.Sm., - var. *cleistogama* Schltr., *C. furcata* Batem. ex Lindl., *C. furcata* f. *albo-lineata* Nakajima, - f. *albo-marginata* Nakajima, - f. *textori* (Miq.) Hiroe, *C. comosa* Rchb.f., *C. proboscidea* Rchb.f., *C. diploxiphion* Hook.f., *C. pe(r)rottetii* A.Rich., *C. odora* Griff., *C. gracillima* Lindl., *C. catiligera* Rchb.f., *C. textori* (Ktze.) Miq., *C. textori* var. *alba* Maxim., - var. *violacea* Maxim., - var. *longicalcarata* (Hay. ex Yamamoto) Gar. & Sweet, - f. *albiflora* (Ida) Hatusima, *C. japonica* (Ktze.) Bl. ex Miq, *C. pleiochroma* (Ktze.) Rchb.f., *C. violacea* Decne. ex Maxim., *C. angraeciflora* Rchb.f., *C. celebica* Rolfe, *C. matsumurana* Schltr., *C. okinawensis* Hay., *C. okinawensis* f. *albiflora* Ida, *C. orthocentron* Schltr , *C. pubescens* Ridl., *C. scortechinii* Hook.f., *C. longicalcarata* Hay. ex Yamamoto, *C. triplicata* f. *albo-lineata* (Nakajima) Hatusima, - var. *angraeciflora* (Rchb.f.) N.Hallé, *Orchis triplicata* Willem., *Limodorum veratrifolium* Willd., *L. ventricosum* Steud., *Amblyglottis veratrifolia* (Willd.) Bl., *Flos triplicatus* Rumph., *Alismorkis diploxiphion* (Hook.f.) Ktze., *A. japonica* (Bl.) Ktze., *A. pleiochroma* (Rchb.f.) Ktze., *A. textorii* (Miq.) Ktze., *A. veratrifolia* (Willd.) Ktze., *A. gracillima* (Lindl.) Ktze., *A. odora* (Griff.) Ktze., *A. furcata* (Batem. ex Lindl.) Ktze.) - Sri L., E-Ind., SE-As., Indon., Jap., Austr. (4**, 6*, 9**, E**, G**, H**, P**, O2/94, Z**)
  var. **angraeciflora** (Rchb.f.) N.Hallé - N.Cal. (S)
  var. **cleistogama** N.Gui. (S)
- *triplicata* f. *albo-lineata* (Nakajima) Hatusima: 49 (9**, G**)
- *triplicata* var. *angraeciflora* (Rchb.f.) N.Hallé: 49 (G**)
50. **truncicola** Schltr. - Sum., Born. 1.400-1.500 m (Q**)
- *turneri* Rchb.f.: 53 (6**, 9**, Q**)
51. **undulata** J.J.Sm. - end. to Born. 400-1.000 m (Q**)
52. × **veitchii** Lindl. [*C. veitchii* Lindl. (8**)] (*C. rosea* × *C. vestita*) (9**)
- *venusta* Schltr.: *Cephalantheropsis* 2 (9**)
- *veratrifolia* (Willd.) R.Br. (2*, 8**): 49 (4**, 6*, 9**, E**, G**, H**, P**)
- *veratrifolia* Miq.: 23 (2*)
- *veratrifolia* var. *cleistogama* Schltr.: 49 (G**)
- *veratrifolia* var. *densissima* J.J.Sm.: 49 (6*, 9**, G**)
- *veratrifolia* var. *dupliciloba* J.J.Sm.: 49 (6*, 9**, G**)
- *veratrifolia* var. *incurvicalcar* J.J.Sm.: 49 (6*, 9**, G**)
- *veratrifolia* var. *kennyi* F.M.Bailey: 49 (6*, 9**, G**)
- *veratrifolia* var. *lancipetala* J.J.Sm.: 49 (6*, 9**, G**)
- *veratrifolia* var. *timorensis* J.J.Sm.: 49 (6*, 9**, G**)
- *versicolor* Lindl.: 33 (6*, 9**)
- *versicolor* Lindl.: 46 (G**)
53. **vestita** Lindl. (*C. regnieri* Rchb.f., *C. turneri* Rchb.f., *C. grandiflora* Rolfe, *C. padangensis* Schltr. ex Mansf., *C. pilosa* (De Vriese ex Lindl.) Miq., *Cyt(h)eris griffithii* Wight, *C. griffithii* Hook.f., *Preptanthe vestita* (Lindl.) Rchb.f., *P. villosa* Rchb.f., *Amblyglottis pilosa* De Vriese ex Lindl.) - Burm., S-Viet., Mal., Born., Sum., Java, Cel. 600-700 m (6**, 8**, 9**, E**, H*, Q**, S*, Z**)
  var. **regnieri** (Rchb.f.) Veitch (E**, H**, S)
  var. **rubro- maculata** Paxt. (E, H, S)
  var. **stevensiana** hort. (*C. stevensiana* hort., *Preptanthe regnieri* var.

- *stevensii* hort.) (8**)
- *vestita* var. *fournieri* Rolfe: 42 (6**)
- *violacea* Decne. ex Maxim.: 49 (9**, G**)
- *violacea* Rolfe: 46 (U)
- *viridifusca* Hook.: *Ania* 13 (9**)
- *volkensii* Rolfe: 46 (9**, E**, G**, H**, M**)
54. **wardii** W.W.Sm. - Thai. (6*)
- *warpuri* W.Wats. ex Rolfe: 32 (U)
- *warpurii* Rolfe: 46 (9**, E**, H**)
- *wightii* Rchb.f.: 33 (6*, 9**)
- *wrayi* Hook.f.: 16 (6*, H*)
55. **zollingeri** Rchb.f. (*C. mutabilis* Rchb.f.) - Java (2*)
× Calanthidio-Preptanthe: Calanthe (*Calanthidium* (*Calanthe*) × *Preptanthe* (*Calanthe*)
Calanthidium Pfitz. - 1889: *Calanthe* R. Br. (S)
- *labrosum* (Rchb.f.) Pfitz.: *Calanthe* 29 (6*)
× Calanthophaius: × *Phaiocalanthe* (*Calanthe* × *Phaius*)
× **Calassodia** M.Clem. (*Caladenia* × *Glossodia*) (P)
1. **tutelata** (R.Rogers) M.Clem. (*Caladenia* x *tutelata* R.Rogers) (*Caladenia deformis* × *Glossodia major*) - nat. hybr. (P)
Calcearia Bl. - 1825: *Corybas* Salisb. (S)
- *fornicata* Bl.: *Corysanthes fornicata* (2*)
- *picta* Bl.: *Corysanthes picta* (2*)
- *picta* Bl.: *Corybas* 18 (Q**)
Calceolaria Heist. ex Heist. - 1763: *Cypripedium* L. (S)
Calceolus Mill. - 1754: *Cypripedium* L. (S)
- *alternifolius* St.Leger: *Cypripedium* 5 (S)
- *candidus* (Muhl. ex Willd.) Nieuw.: *Cypripedium* 7 (9**)
- *hirsutus* (Mill.) Nieuw.: *Cypripedium* 5 (9**)
- *marianus* Crantz: *Cypripedium* 5 (S)
- *parviflorus* (Salisb.) Nieuw.: *Cypripedium* 5 (9**)
- *reginae* (Walter) Nieuw.: *Cypripedium* 41 (9**, G**)
Caleana R.Br. - 1810 - Subfam. Orchidoideae Tribus: Diurideae Subtr. Caladeniinae - (*Paracaleana* Blaxell) - 1 (3) sp. terr. - Austr., N. Zeal.
1. **major** R.Br. - end. to Austr. (Qld., NSW, Vic., Tasm., SA) - „Flying Ducks, Large Duck Orchid" (S, P**)
- *minor* R.Br. (O3/92): *Paracaleana* 1 (P**)
- *nigrita* Lindl.: *Paracaleana* 2 (P*)
2. **nigrita** Lindl. - Austr. (S*)
- *nublingii* Nich.: *Paracaleana* 1 (P**)
- *sullivanii* F.v.Muell.: *Paracaleana* 1 (P**)
Calliphyllum Bubani - 1901: *Epipactis* Zinn (S)
Callista Lour. - 1790: *Dendrobium* Sw.
Callista Lour. - 1790 - Dendrobiinae (S) - 12 sp. epi. - SE-As.
- *acerosa* (Lindl.) Ktze.: *Dendrobium* 1 (G)
- *acicularis* (Lindl.) Ktze.: *Dendrobium* 2 (G)
- *acuminatissima* (Bl.) Ktze.: *Dendrobium* 3 (2*, G)
- *adunca* (Wall. ex Lindl.) Ktze.: *Dendrobium* 5 (9**, G**)
- *aemula* (R.Br.) Ktze.: *Dendrobium* 6 (9**, E, H)
1. **aggregata** (Roxb.) Brieg. (*Dendrobium aggregatum* Roxb.) - Sik. to Burm., S-China (S*)
    var. **jenkinsii** (Wall.) Brieg. (*Dendrobium jenkinsii* Wall.) (G**)
- *aggregata* (Roxb.) Ktze.: *Dendrobium* 200 (9**, G**, H**)
- *albosanguinea* (Lindl.) Ktze.: *Dendrobium* 11 (9**)
- *aloefolia* Ktze.: *Dendrobium* 13 (2*)
- *amabilis* Kraenzl.: *Dendrobium* 157 (E**, H)
2. **amabilis** Lour. (*Dendrobium thyrsiflorum* Rchb.f.) - Burm., Thai. (S)
→ *amabilis* Lour.: *Dendrobium* 14 (9**)
- *amboinense* (Hook.) Ktze.: *Dendrobium* 15 (9**)
- *amethystoglossa* (Rchb.f.) Ktze.: *Dendrobium* 16 (9**)
- *amoena* (Wall. ex Lindl.) Ktze.: *Dendrobium* 17 (9**, G)
- *anceps* (Sw.) Ktze.: *Dendrobium* 19 (9**, G**)
- *angulata* (Bl.) Ktze.: *Dendrobium* 20 (2*, G)
- *angustifolia* Ktze.: *Dendrobium* 21 (2*)
- *anosma* (Lindl.) Ktze.: *Dendrobium* 23 (9**, G)
- *antennata* (Lindl.) Ktze.: *Epidendrum* 42 (G**)
- *aphrodite* (Rchb.f.) Ktze.: *Dendrobium* 25 (9**)

- *aphylla* (Roxb.) Ktze.: *Dendrobium* 26 (9**, G**)
- *aquea* (Lindl.) Ktze.: *Dendrobium* 27 (9**, G)
- *aurea* (Lindl.) Ktze.: *Dendrobium* 158 (9**, G**)
- *aurorosea* (Rchb.f.) Ktze.: *Dendrobium* 254 (2*, G)
- *bambusifolia* (Par. & Rchb.f.) Ktze.: *Dendrobium* 310 (G)
- *barbatula* (Lindl.) Ktze.: *Dendrobium* 34 (9**)
- *beckleri* (F.v.Muell.) Ktze.: *Dendrobium beckleri* (E**)
- *beckleri* (F.v.Muell.) Ktze: *Dendrobium* 318 (H**)
- *bensoniae* (Rchb.f.) Ktze.: *Dendrobium* 38 (9**, ß**)
- *bicamerata* (Lindl.) Ktze.: *Dendrobium* 39 (G)
- *bifaria* (Lindl.) Ktze.: *Dendrobium* 42 (G)
- *biflora* Ktze.: *Dendrobium gemellum* (2*)
- *biflora* (Bl.) Ktze.: *Dendrobium* 43 (G)
- *bigibba* (Lindl.) Ktze.: *Dendrobium* 44 (9**)
- *binnendijkii* Ktze.: *Dendrobium* 131 (2*)
- *binnendijkii* (Rchb.f.) Ktze.: *Flickingeria* 8 (G)
- *bolboflora* (Falc. ex Hook.f.) Ktze.: *Dendrobium* 39 (G)
- *boothii* Ktze.: *Dendrobium* 46 (2*)
- *boxallii* (Rchb.f.) Ktze.: *Dendrobium* 145 (9**)
- *brymeriana* (Rchb.f.) Ktze.: *Dendrobium* 49 (9**)
- *bursigera* (Lindl.) Ktze.: *Dendrobium* 322 (9**, G**)
- *calceola* Ktze.: *Dendrobium* 243 (9**)
- *calopogon* (Rchb.f.) Ktze.: *Dendrobium* 20 (2*, G)
- *canaliculata* (R.Br.) Ktze.: *Dendrobium* 56 (9**)
- *capillipes* (Rchb.f.) Ktze.: *Dendrobium* 59 (9**)
- *carinifera* (Rchb.f.) Ktze.: *Dendrobium* 63 (9**)
- *carnosa* Ktze.: *Dendrobium* 64 (2*)
- *chrysantha* (Wall. ex Lindl.) Ktze.: *Dendrobium* 68 (G**)
- *chrysocrepis* (Par. & Rchb.f.) Ktze.: *Dendrobium* 70 (9**)

3. **chrysotoxa** (Lindl.) Brieg. (*Dendrobium chrysotoxum* Lindl.) - S-China to Burm., Laos (S)
➤ *chrysotoxa* (Lindl.) Ktze.: *Dendrobium* 72 (9**, G**)
- *chrysotoxa* var. *suavissima* (Veitch.) Brieg.: *Dendrobium* 72 (S)
- *ciliata* (Par. ex Hook.) Ktze.: *Dendrobium* 99 (9**)
- *clavata* (Wall. ex Lindl.) Ktze.: *Dendrobium denneanum* (9**)
- *clavipes* Ktze.: *Dendrobium* 74 (2*)
- *comata* Ktze.: *Dendrobium comatum* (2*)
- *comata* (Bl.) Ktze.: *Flickingeria* 5 (G)
- *connata* Ktze.: *Dendrobium* 80 (2*)
- *conostalix* (Rchb.f.) Ktze.: *Dendrobium* 207 (G)
- *convexa* Ktze.: *Dendrobium* 81 (2*)
- *cornuta* (Hook.f.) Ktze.: *Dendrobium* 183 (2*, G**)
- *crassinodis* (Bens. & Rchb.f.) Ktze.: *Dendrobium* 275 (9**)
- *crepidata* (Lindl.) Ktze.: *Dendrobium* 84 (9**)
- *cretacea* (Lindl.) Ktze.: *Dendrobium* 85 (9**, G**)
- *crumenata* (Sw.) Ktze.: *Dendrobium* 88 (2*, 9**, G**)
- *crystallina* (Rchb.f.) Ktze.: *Dendrobium* 89 (9**)
- *cucumerina* (MacLeay ex Lindl.) Ktze.: *Dendrobium* 90 (9**, G**)
- *cumulata* (Lindl.) Ktze.: *Dendrobium* 91 (9**, ß**)
- *cymbidioides* Ktze.: *Dendrobium cymbidioides* (2*)

4. **densiflora** (Wall.) Brieg. (*Dendrobium densiflorum* Wall.) - Sik. to Ass. ca. 1.200 m (S)
➤ *densiflora* (Wall. ex Lindl.) Ktze.: *Dendrobium* 102 (9**, G**)
- *denudans* (D.Don) Ktze.: *Dendrobium* 103 (9**, E, G)
- *devoniana* (Paxt.) Ktze.: *Dendrobium* 104 (9**, G)
- *dixantha* (Rchb.f.) Ktze.: *Dendrobium* 110 (9**)
- *draconis* (Rchb.f.) Ktze.: *Dendrobium* 112 (9**)
- *elongata* Ktze.: *Dendrobium cymbidioides* (2*)
- *erosa* (Bl.) Ktze.: *Dendrobium* 117 (G)
- *eulophota* Ktze.: *Dendrobium* 166 (2*)

- *euphlebia* Ktze.: *Dendrobium* 335 (2*)
- *excavata* Ktze.: *Dendrobium* 120 (2*)
- *fairfaxii* (F.v.Muell.) Ktze.: *Dendrobium* 358 (9**, G)
- *falconeri* (Hook.) Ktze.: *Dendrobium* 123 (9**)

5. **farmeri** (Paxt.) Brieg. (*Dendrobium farmeri* Paxt.) - Sik., Nep., Burm. to Laos (S)

➛ *farmeri* (Paxt.) Ktze.: *Dendrobium* 125 (9**)
- *fimbriata* Ktze.: *Dendrobium* 46 (2*)
- *fimbriata* (Hook.) Ktze.: *Dendrobium* 129 (9**)
- *findlayana* (Par. & Rchb.f.) Ktze.: *Dendrobium* 130 (9**, ß**, E**)
- *flabella* Ktze.: *Dendrobium* 131 (2*)
- *flabella* (Rchb.f.) Ktze.: *Flickingeria* 8 (G)
- *flavescens* Ktze.: *Polystachya flavescens* (2*)
- *flavescens* (Bl.) Ktze.: *Polystachya* 19 (G)
- *flavidula* Ktze.: *Dendrobium* 121 (2*)
- *formosa* (Rchb.f.) Ktze.: *Dendrobium* 135 (8**, G**)
- *fytchiana* (Batem.) Ktze.: *Dendrobium* 138 (9**)
- *geminata* Ktze.: *Dendrobium geminatum* (2*)
- *gibsonii* (Lindl.) Ktze.: *Dendrobium* 139 (9**)
- *gouldii* (Rchb.f.) Ktze.: *Dendrobium* 140 (9**)
- *gracilicaulis* (F.v.Muell.) Ktze.: *Dendrobium* 142 (9**, E**, G, H**)
- *gracilis* Ktze.: *Dendrobium* 141 (2*)
- *grandiflora* Ktze: *Dendrobium* 144 (2*)
- *griffithiana* (Lindl.) Ktze.: *Dendrobium* 146 (9**, G)
- *hasseltii* Ktze.: *Dendrobium* 153 (2*)
- *hercoglossa* (Rchb.f.) Ktze.: *Dendrobium* 157 (9**, E**, H)
- *heterocarpa* (Wall. ex Lindl.) Ktze.: *Dendrobium* 158 (2*, 9**, G**)
- *hookeriana* (Lindl.) Ktze.: *Dendrobium* 161 (9**)
- *hymenophylla* (Lindl.) Ktze.: *Dendrobium* 163 (2*, G)
- *incrassata* Ktze.: *Dendrobium* 166 (2*)
- *indivisa* Ktze.: *Dendrobium* 166 (2*)
- *infundibula* (Lindl.) Ktze.: *Dendrobium* 169 (9**)
- *intermedia* (Teijsm. & Binn.) Ktze.: *Dendrobium* 310 (2*, G)
- *japonica* (Bl.) Ktze.: *Dendrobium* 236 (9**, G)
- *javanica* Ktze.: *Sarcostoma* 1 (2*)
- *jenkinsii* (Wall. ex Lindl.) Ktze.: *Dendrobium* 173 (G**)
- *jenkinsii* (Wall. ex Lindl.) Ktze.: *Dendrobium* 200 (9**)
- *jerdoniana* (Wight) Ktze.: *Dendrobium* 256 (9**, G)
- *johannis* (Rchb.f.) Ktze.: *Dendrobium* 175 (9**)
- *kingiana* (Bidw. ex Lindl.) Ktze.: *Dendrobium* 182 (9**, E**, G**, H**)
- *kuhlii* (Bl.) Ktze.: *Dendrobium* 183 (2*, G**)
- *kunstleri* Ktze.: *Dendrobium* 131 (2*)
- *kunstleri* (Hook.f.) Ktze.: *Flickingeria* 8 (G)
- *lamellata* (Bl.) Ktze.: *Dendrobium* 186 (2*, G**)
- *lasioglossa* (Rchb.f.) Ktze.: *Dendrobium* 191 (9**)
- *leonis* (Lindl.) Ktze.: *Dendrobium* 194 (9**, G)
- *linawiana* (Rchb.f.) Ktze.: *Dendrobium* 199 (9**, G**)
- *linguiformis* (Sw.) Ktze.: *Dendrobium* 204 (9**, E, G, H*)
- *lituiflora* (Lindl.) Ktze.: *Dendrobium* 205 (9**)
- *lobata* Ktze.: *Dendrobium* 206 (2*)
- *lobbii* (Teijsm. & Binn.) Ktze.: *Dendrobium* 207 (G)
- *loddigesii* (Rolfe) Ktze.: *Dendrobium* 209 (9**)
- *lowii* (Lindl.) Ktze.: *Dendrobium* 211 (9**)
- *luteola* (Batem.) Ktze.: *Dendrobium* 214 (9**)
- *maccarthiae* (Thw.) Ktze.: *Dendrobium* 216 (9**)
- *macfarlanei* (Rchb.f.) Ktze.: *Dendrobium* 176 (E**, H**)
- *macraei* Rchb.f.: *Dendrobium* 217 (2*)
- *macraei* (Lindl.) Ktze.: *Flickingeria* 8 (G)
- *macrophylla* (Lindl.) Ktze.: *Dendrobium* 23 (9**, G)
- *macrophylla* (A.Rich.) Ktze.: *Dendrobium* 219 (9**, G)

- *marginata* Ktze.: *Dendrobium cymbidioides* (2*)
- *marginata* (Batem.) Ktze.: *Dendrobium* 398 (9**)
- *mirbeliana* (Gaudich.) Ktze.: *Dendrobium* 232 (G)
- *moniliformis* (L.) Ktze.: *Dendrobium* 236 (9**, G)
- *monophylla* (F.v.Muell.) Ktze.: *Dendrobium* 237 (G)
- *moschata* (Buch.-Ham.) Ktze.: *Dendrobium* 243 (9**, G**)
- *moulmeinensis* (Par. ex Hook.f.) Ktze.: *Dendrobium* 110 (9**)
- *mutabilis* (Bl.) Ktze.: *Dendrobium* 246 (2*, 9**, G**)
- *nathanielis* (Rchb.f.) Ktze.: *Dendrobium* 249 (G)
- *nobilis* (Lindl.) Ktze.: *Dendrobium* 253 (G)
- *nuda* (Bl.) Ktze.: *Dendrobium* 254 (2*, G)
- *nutans* (Lindl.) Ktze.: *Dendrobium* 256 (9**, G)
- *ochreata* (Lindl.) Ktze.: *Dendrobium* 260 (9**)
- *ophioglossum* (Rchb.f.) Ktze.: *Pedilonum* 9 (S)
- *oxystophylla* Ktze: *Dendrobium* 303 (2*)
- *pachyphylla* Ktze.: *Dendrobium pumilum* (2*)
6. **palpebrae** (Lindl.) Brieg. (*Dendrobium palpebrae* Lindl.) - Trop. Him. to Burm., Thai. (S)
↳ *palpebrae* (Lindl.) Ktze.: *Dendrobium* 266 (9**)
- *pandurifera* (Hook.f.) Ktze.: *Dendrobium* 268 (Q**)
- *parishii* (Rchb.f.) Ktze.: *Dendrobium* 269 (9**)
- *pendula* (Roxb.) Ktze.: *Dendrobium* 275 (9**)
- *phalaenopsis* (Fitzg.) Ktze.: *Dendrobium* 44 (9**)
- *primulina* (Lindl.) Ktze.: *Dendrobium* 289 (9**)
- *pugioniformis* (A.Cunn.) Ktze.: *Dendrobium* 292 (G)
- *pulchella* (Roxb. ex Lindl.) Ktze.: *Dendrobium* 293 (G)
- *pumila* Ktze.: *Dendrobium pumilum* (2*)
- *pusilla* Ktze.: *Dendrobium pumilum* (2*)
- *pygmaea* (Lindl.) Ktze.: *Dendrobium* 274 (G)
- *revoluta* (Lindl.) Ktze.: *Dendrobium* 298 (9**, G)
- *rigescens* (Miq.) Ktze.: *Dendrobium* 246 (2*, 9**, G**)
- *rigida* (R.Br.) Ktze.: *Dendrobium* 304 (E**, H**)
- *rigida* (Bl.) Ktze.: *Dendrobium* 246 (9**, G**)
- *rugosa* (Bl.) Ktze.: *Dendrobium* 306 (2*, G)
- *salaccensis* (Bl.) Ktze.: *Dendrobium* 310 (2*, G)
- *sanguinolenta* (Lindl.) Ktze.: *Dendrobium* 313 (G**)
- *scabrilinguis* (Lindl.) Ktze.: *Dendrobium* 316 (9**)
- *scortechinii* (Hook.f.) Ktze.: *Dendrobium* 23 (9**, G)
- *secunda* (Bl.) Ktze.: *Dendrobium* 322 (2*, 9**, G**)
7. **senilis** (Par. ex Rchb.f.) Brieg. (*Dendrobium senile* Par. ex Rchb.f.) - Burm. (S)
↳ *senilis* (Par. ex Rchb.f.) Ktze.: *Dendrobium* 324 (9**)
- *smillieae* (F.v.Muell.) Ktze.: *Dendrobium* 330 (E**, H**)
- *speciosa* (Smith) Ktze.: *Dendrobium* 332 (9**, G**)
- *spectabilis* (Bl.) Ktze.: *Dendrobium* 333 (9**)
- *striolata* (Rchb.f.) Ktze.: *Dendrobium* 342 (E, H)
- *stuposa* (Lindl.) Ktze: *Dendrobium* 344 (G)
- *suavissima* (Rchb.f.) Ktze.: *Dendrobium* 72 (9**, G**)
- *subulata* Ktze.: *Dendrobium* 346 (2*)
- *sulcata* (Lindl.) Ktze.: *Dendrobium* 349 (9**, G**)
- *sumneri* (F.v.Muell.) Ktze.: *Dendrobium* 44 (9**)
- *tattoniana* (Batem. ex Rchb.f.) Ktze.: *Dendrobium* 56 (9**)
- *taurina* (Lindl.) Ktze.: *Dendrobium* 355 (G**)
- *teijsmannii* (Miq.) Ktze.: *Dendrobium* 207 (G)
- *tenella* Ktze.: *Dendrobium* 357 (2*)
- *teretifolia* (Sw.) Ktze.: *Dendrobium* 358 (9**, G)
- *tetraedris* Ktze: *Dendrobium* 361 (2*)
- *tetragona* (A.Cunn. ex Lindl.) Ktze.: *Dendrobium* 362 (9**, G)

- *tetrodon* Ktze.: *Dendrobium* 363 (2*)
- *tortilis* (Lindl.) Ktze.: *Dendrobium* 367 (9**)
- *transparens* (Wall. ex Lindl.) Ktze.: *Dendrobium* 369 (9**, G)
- *tricuspis* Ktze.: *Dendrobium* 370 (2*)
- *triflora* Ktze.: *Dendrobium cymbidioides* (2*)
- *uncata* Ktze.: *Dendrobium* 377 (2*)
- *undulata* (R.Br.) Ktze.: *Dendrobium* 109 (G**)
- *unguiculata* Ktze.: *Dendrobium* 335 (2*)
- *veitchiana* (Lindl.) Ktze.: *Dendrobium* 219 (2*, 9**, G)
- *vexans* (Dammer) Kraenzl.: *Dendrobium* 157 (9**)
- *villosula* (Lindl.) Ktze.: *Dendrobium* 256 (9**G)
- *wardiana* (Warner) Ktze.: *Dendrobium* 390 (9**)
- *williamsonii* (Day & Rchb.f.) Ktze.: *Dendrobium* 394 (9**)
- *xantholeuca* Ktze.: *Dendrobium* 397 (2*)
- *xanthophlebia* (Lindl.) Ktze.: *Dendrobium* 398 (9**)

Callostylis (Bl.) Brieg. - 1981: *Eria* Lindl.

Callostylis (Bl.) Brieg. - 1981 - *Dendrobiinae* (S) - (*Eria* sect. *Callostylis* Lindl.) - 2 sp. epi. - Mal., China

1. **pulchella** (Lindl.) Chen & Tsi (*Eria pulchella* Lindl.) - China (S)
- ↳ *pulchella* (Lindl.) Chen & Tsi: *Eria* 73 (G)
2. **rigida** Bl.
 ssp. **discolor** (Lindl.) Brieg. (*Eria discolor* Lindl.) - Mal. (S)
 ssp. **rigida** - Him. to Thai., Sum., Cel. (S)
- *rigida* Bl.: *Eria* 80 (2*)

× **Caloarethusa (Clts.)** (*Arethusa* × *Calopogon*)

Calochilus (Clchs.) R.Br. - 1810 - *Subfam. Orchidoideae Tribus: Diurideae Subtr. Diuridinae* - ca. 13 sp. terr. - Austr., N.Cal., N.Gui. - „Bearded Orchids"

1. **campestris** R.Br. (*C. cupreus* R.Rogers) - end. to Austr. (Qld., NSW, ACT, Vic., Tasm., SA, WA) (9**, S*, P**, Z**)
2. **coeruleus** (caeruleus) L.O.Wms. - Austr. (Qld., NT, WA), N.Gui. (S, P*)
- *cupreus* R.Rogers: 1 (9**, P**)
3. **gracillimus** Rupp - end. to Austr. (Qld., NSW) (P*)
4. **grandiflorus** (Benth.) Domin - end. to Austr. (Qld., NSW) - „Golden Beard Orchid" (S, P*)
5. **herbaceus** Lindl. - N.Zeal. - „Golden Beard Orchid" (O3/92)
6. **holtzei** F.v.Muell. - end. to Austr. (Qld., NT, WA) - „Golden Beard Orchid" (P*)
7. **imberbis** R.Rogers - end. to Austr. (NSW, Vic., Tasm., SA) (P**)
8. **neocaledonicus** R.Rogers - N.Cal. (S)
9. **paludosus** R.Br. - Austr. (Qld., NSW, Vic., Tasm., SA), N.Zeal. „Red Beard Orchid" (P*, O3/92)
10. **psednus** D.Jones & Lavarack - end. to Austr. (Qld.) (S)
11. **richae** Nicholls - end. to Austr. (Vic.) (P**)
12. **robertsonii** Benth. - Austr. (Qld., NSW, ACT, Vic., Tasm., SA, WA), N.Zeal. (P*, O3/92, Z**)
13. **saprophyticus** R.Rogers - Austr. - myc. (S)

Caloglossum Schltr. - 1918: *Cymbidiella* Rolfe (S)
- *flabellatum* (Thou.) Schltr.: *Cymbidiella* 2 (U**)
- *humblotii* (Rolfe) Schltr.: *Cymbidiella* 1 (9**, U**)
- *magnificum* Schltr.: *Cymbidiella* 1 (9**, U**)
- *rhodochilum* (Rolfe) Schltr.: *Cymbidiella* 3 (U)

× **Calomitra (Cmta.)** (*Calochilus* × *Thelymitra*)

Calonema (Lindl.) Szlach. - 2001 - *Caladeniinae* (S) - (*Caladenia - Calonema* Lindl., subg. *Calonema* S. Hopper & A.P.Brown) - ca. 71 sp. - Austr.

Calopogon (Cpg.) R.Br. - 1813 - *Subfam. Epidendroideae Tribus: Arethuseae Subtr. Bletiinae* - 4 sp. terr. - N-Am., W-Ind.

1. **barbatus** (Walter) Ames (S)
2. **multiflorus** Lindl. (S)
3. **pallidum** Chapm. - N-Am. (S)
4. **pulchellus** (Salisb.) R.Br. (S, O3/81)
 f. **albiflorus** (Britt.) Fern. - USA (S, O3/81)
- *pulchellus* (Salisb.) R.Br.: 5 (9**, H**)
- *pulchellus* var. *latifolius* (St.John) Fern.: 5 (9**)

- *pulchellus* var. *simpsonii* (Small) Ames: 5 (9**)
5. **tuberosus** (L.) Britt., Sterns & Pogg. (*C. pulchellus* (Salisb.) R.Br., *C. pulchellus* var. *latifolius* (St.John) Fern., *C. tuberosum* var. *nanum* Nieuw., - var. *simpsonii* (Small) Ames, *Limodorum tuberosum* L., *L. odorosum* L., *L. pulchellum* Salisb., *L. simpsonii* Small, *Cathea tuberosa* (L.) Morong) - C-Am., Can. to Flor., Bah., Cuba (9**, H**, $54/3)
- *tuberosum* var. *nanum* Nieuw.: 5 (9**)

Calorchis Barb.Rodr. - 1877: *Ponthieva* R.Br. (S)

Caluera Dods. & Determ. - 1983 - *Ornithocephalinae* (S) - 2 sp. epi. - Ec.
1. **surinamensis** Dods. & Determ. - Ec. 400-500 m (S*)
2. **vulpina** Dods. & Determ. - Ec. ca. 300 m (S*)

Calymmanthera Schltr. - 1913 - *Subfam. Epidendroideae Tribus: Vandeae Subtr. Sarcanthinae* - 4 sp. epi. - end. to N.Gui.
1. **filiformis** (J.J.Sm.) Schltr. (*Chamaeanthus filiformis* J.J.Sm.) - N.Gui. (O2/88, S)
2. **major** Schltr. - P.N.Gui. (S*)
3. **montana** Schltr. - P.N.Gui. (S*)
4. **tenuis** Schltr. - P.N.Gui. (S*)

Calypso Salisb. - 1807 - *Subfam. Epidendroideae Tribus: Calypsoeae Subtr. Calypsoinae* - 1 sp. terr. - Circumb., N-Am.
- *americana* R.Br.: 1 (9**)
- *boreale* (Sw.) Salisb.: 1 (9**)
- *borealis* (Sw.) Salisb.: 1 (H**, K**)
- *bulbosa* (L.) Oakes: 1 (9**)
1. **bulbosa** (L.) Oakes (*Cypripedium bulbosum* L., *Calypso borealis* (Sw.) Salisb., *C. occidentalis* (Holz.) A.A.Heller) - N-Am., N-Eur., N-As., Jap. to 3.000 m - „Norne" (H**, K**, S*, Z**)
  var. **americana** (R.Br.) Luer (*C. boreale* (Sw.) Salisb., *C. bulbosa* (L.) Oakes, *C. americana* R.Br., *Cypripedium bulbosum* L., *Cymbidium boreale* Sw., *Limodorum boreale* (Sw.) Sw., *Cytherea borealis* (Sw.) Salisb., *C. bulbosa* (L.) House, *Orchidium boreale* (Sw.) Sw., *O. americanum* (R.Br.) Steud.) - USA, Can. (9**, H)
  var. **occidentalis** - N-China (H)

- *japonica* Maxim.: *Dactylostalix* 1 (H**, S)
- *occidentalis* (Holz.) A.A.Heller: 1 (H**)

Calyptrochilum Kraenzl. - 1895 - emend. Schltr. - 1918 - *Subfam. Epidendroideae Tribus: Vandeae Subtr. Aerangidinae* - 2 sp. epi. - Trop.Afr., Guin., S.Leone, E-Afr., Zam.
1. **christyanum** (Rchb.f.) Summerh. (*C. preussii* Kraenzl., *C. imbricatum* (Lindl.) Schltr., *Angraecum christyanum* Rchb.f.) - Trop. Afr.: Kenya, Sud., Eth., Gamb., Moz. 900-1.400 m (1**, E**, H**, M**, C*, S*)
2. **emarginatum** (Sw.) Schltr. (*C. preussii* Kraenzl., *C. imbricatum* (Lindl.) Schltr.) - Trop. Afr. to 1.200 m - „Hanging forest orchids" (E, H, C, S*)
- *imbricatum* (Lindl.) Schltr.: 2 (S*)
- *preussii* Kraenzl.: 2 (E, H, S*)

Camaridium Lindl. - 1824: *Maxillaria* Ruiz & Pav.
- *affine* Schltr.: *Maxillaria* 44 (9**, G**)
- *album* (Hook.) Hoehne: *Maxillaria* 9 (G, S)
- *amazonicum* Schltr.: *Maxillaria* 44 (9**, G**)
- *amparoanum* Schltr. (O1/89): *Maxillaria* ? 229, ? 14
- *arbusculum* Lindl.: *Maxillaria* 121 (S)
- *biolleyi* Schltr (O1/89).: *Maxillaria* 31
- *brenesii* Schltr.: *Maxillaria* 254 (O1/89)
- *caquetanum* Schltr.: *Maxillaria* 80 (FXVIII1)
- *caucanum* Schltr.: *Maxillaria* 81 (FXVIII1)
- *costaricense* Schltr.: *Maxillaria* 118 (S)
- *cryptopodanthum* Barb.Rodr.: *Maxillaria* 44 (9**, G**)
- *flavum* Schltr.: *Maxillaria* 148 (S)
- *graminifolium* (Kunth) Rchb.f.: *Maxillaria* 110 (G)
- *grandiflorum* (Lindl.) Schltr.: *Maxillaria* 144 (G)
- *lamprochlamys* Schltr.: *Maxillaria* 134 (FXVIII1)
- *longum* Schltr.: *Maxillaria* 143 (FXIX3*)
- *luteo-brunneum* Kraenzl.: *Maxillaria* 150 (FXVIII1)

- *multicaule* (Poepp. & Endl.) Hoehne: *Maxillaria* 165 (S*)
- *ochroleucum* Lindl. (O1/89): *Maxillaria* 44 (9**, G**)
- *polyanthum* Lehm. & Kraenzl.: *Maxillaria* 268 (FXIX3)
- *quercicolum* Schltr.: *Maxillaria* 207 (FXVIII1)
- *rhomboglossum* (Lehm. & Kraenzl.) Schltr.: *Cyrtidiorchis* 4 (R)
- *sodiroi* Schltr.: *Maxillaria* 232 (FXIX3)
- *squamatum* (Barb.Rodr.) Hoehne: *Maxillaria* 258 (G)
- *unicatum* (Lindl.) Hoehne: *Maxillaria* 258 (G)
- *vagans* Schltr.: *Maxillaria* 188 (S)
- *vinosum* Schltr.: *Maxillaria* 269 (S)
- *vinosum* Rolfe: *Maxillaria* 257 (S)
- *xylobiichilum* Kraenzl.: *Maxillaria* 72 (9**)

Camarotis Lindl. - 1833: *Micropera* Lindl. (S)
Camarotis (Camar.) Lindl. - 1833 - Subfam. Epidendroideae Tribus: Vandeae Subtr. Sarcanthinae (H) - ca. 20 sp. epi/lit - SE-As., Phil., Indon., Austr.
- *adnata* (Ridl.) Holtt.: *Micropera* 3 (G)
- *apiculata* Rchb.f.: *Sarcanthus apiculatus* (2*)
- *apiculata* Rchb.f.: *Micropera* 6 (G)
- *apiculata* Rchb.f.: *Micropera* 1 (S*)
- *cochinchinensis* Rchb.f.: *Micropera* 6 (G)
- *keffordii* (F.M.Bailey) J.J.Sm.: *Micropera* 2 (P**)
- *latisaccata* J.J.Sm.: *Micropera* 3 (G)
1. **obtusa** Lindl. (*Sarcochilus obtusus* (Lindl.) Benth. ex Hook.f.) - Ind., Sik., Burm.,Thai. (E*, H*)
→ *obtusa* Lindl.: *Micropera* 5 (G)
- *pallida* (Roxb.) Prain: *Micropera* 6 (G)
2. **purpurea** Lindl. (E, H)
- *purpurea* Lindl.: 3 (9**)
- *purpurea* Lindl.: *Micropera* 9 ($54/8)
- *purpurea* Lindl.: *Micropera* 6 (S*)
3. **rostrata** (Roxb.) Rchb.f. (*C. purpurea* Lindl., *Aerides rostrata* Roxb., *Sarcochilus purpureus* (Lindl.) Hook.f.) - Ind., E-Pakistan, Thai. (9**) → *Micropera* 9

Camelostalix Pfitz. - 1907: *Pholidota* Lindl. ex Hook. (S)
- *reichenbachii* Pfitz.: *Pholidota* 2 (S)

Camilleugenia Frapp. - 1895: *Cynorkis* Thou. (S)
- *coccinelloides* Frapp. ex Cordem.: *Cynorkis* 24 (U)

Campanulorchis Brieg. - 1981: *Eria* Lindl.
Campanulorchis Brieg. - 1981 - Dendrobiinae (S) - 1 sp. - Burm., Thai., Viet.
1. **globifera** (Rolfe) Brieg. (*Eria globifera* Rolfe, *E. langbianensis* Gagn.) - Burm., Thai., Viet. (S*) → *Eria* 35
× **Campbellara (Cmpba.)** (*Odontoglossum* × *Oncidium* × *Rodriguezia*)
Campylocentrum Benth. - 1881 - Subfam. Epidendroideae Tribus: Vandeae Subtr. Angraecinae - (*Todaroa* A. Rich. & Gal. non Parl.) - ca. 30/60 sp. epi. - Trop.-Subtrop. Am., Mex., Braz.
1. **acutilobum** Cogn. - Par. (S)
2. **asplundii** Dods. - Ec. 1.100 m (FXIX1*, S)
- *barrettiae* Fawc. & Rendle: 18 (G**)
3. **brenesii** Schltr. - Nic., C.Rica, W-Pan. (W)
4. **burchellii** Cogn. - USA to Arg. (FXV2/3, S*)
- *colombianum* Schltr.: 18 (G**)
5. **densiflorum** Cogn. - Arg. (S)
6. **dressleri** Dietrich & Diaz - Pan. (W, O1/84)
- *ecuadorense* Schltr.: 18 (G**)
7. **embreei** Dods. - Ec. 1.000-1.250 m (FXIX1*, S)
8. **fasciolum** (Lindl.) Cogn. (*C. sullivanii* Fawc. & Rendle, *C. loretoense* Schltr., *C. lankesteri* Ames, *C. multiflorum* Schltr., *Angraecum fasciola* Lindl., *A. weigeltii* Rchb.f., *Aeranthes fasciola* (Lindl.) Rchb.f.) - Guat., C.Rica, Pan., W-Ind., Ven., Col., Peru, Braz. (G, W**, R, S*)
9. **grisebachii** Cogn. - Arg. (S)
10. **hasslerianum** Hoehne - Par. (S)
11. **hirtzii** Dods. - Ec. (S)
12. **huebneri** Mansf. - Col. (R, S*)
13. **huebnerioides** Benn. & Christ. - Peru (S)
14. **intermedium** Cogn. - Braz. (S*)
- *jamaicense* (Rchb.f. & Wullschl.) Benth. ex Fawc.: 18 (G**)
- *kuntzei* Cogn.: 18 (G**)
- *lankesteri* Ames: 8 (G)
- *lansbergii* (Rchb.f.) Schltr.: 18 (G**)
15. **lansbergii** (Rchb.f.) Schltr. - Sur., Guy. (S*)

16. **longicalcaratum** Ames & Schweinf. - C.Rica, Pan. (W)
- *loretoense* Schltr.: 8 (G)
17. **madisonii** Dods. - Ec. (S)
- *mattogrossense* Hoehne: 18 (G**)
18. **micranthum** (Lindl.) Rolfe (*C. jamaicense* (Rchb.f. & Wullschl.) Benth. ex Fawc., *C. kuntzei* Cogn., *C. stenanthum* Schltr., *C. lansbergii* (Rchb.f.) Schltr., *C. colombianum* Schltr., *C. ecuadorense* Schltr., *C. panamense* Ames, *C. peniculus* Schltr., *C. mattogrossense* Hoehne, *C. barrettiae* Fawc. & Rendle, *Angraecum micranthum* Lindl., *A. brevifolium* Lindl., *A. lansbergii* Rchb.f., *A. jamaicense* Rchb.f. & Wullschl., *Aeranthes lansbergii* (Rchb.f.) Rchb.f. & Wullschl., *A. jamaicensis* Rchb.f. & Wullschl., *A. micranthus* (Lindl.) Rchb.f.) - Mex., Pan., Ven., Bol., Guy., Braz., Amaz., W-Ind. 100-1.700 m (3**, G**, H**, W**, R**, S*)
19. **microphyllum** Ames & Correll - Mex. (S)
- *multiflorum* Schltr.: 8 (G)
20. **ornithorrhynchum** (Lindl.) Rolfe (*Angraecum ornithorrhynchum* Lindl., *Aeranthus ornithorhynchum* (Lindl.) Rchb.f.) - Braz. (S)
21. **pachyrrhizum** (Rchb.f.) Rolfe - C. Rica, Pan., S-Am. to 900 m (W, $53/3, FXV2/3, S)
- *panamense* Ames: 18 (G**, H**)
22. **parvulum** Schltr. - C.Rica (W)
- *peniculus* Schltr.: 18 (G**, H**)
23. **poeppigii** (Rchb.f.) Rolfe - C.Rica, Pan., Col., S-Am. (W, FXV2/3*, R)
24. **polylocentrum** (Lindl.) Rchb.f. (FXIX1)
25. **polystachyum** (Lindl.) Rolfe (*Angraecum polystachyum* Lindl.) - Peru (G)
26. **porrectum** (Rchb.f.) Rolfe (*Harrisella porrecta* (Rchb.f.) Fawc. & Rendle) - Nic. (W) ➼ Harrisella 3
- *pugioniforme* (Kl.) Rolfe: *Cleisostoma* 36 (6*, G)
27. **schiedei** (Rchb.f.) Hemsl. [*C.* schiedei Benth. - Mex. (S)] - Nic., C.Rica, Pan. (W)
28. **schneeanum** Foldats [*C.* schneeanum Dunst. (S)] - Pan., S-Am. (W)
29. **serpentilingua** Dod - Dom. (S*)
- *stenanthum* Schltr.: 18 (G**)
- *sullivanii* Fawc. & Rendle: 8 (G)
30. **tenellum** Todzia - Pan. (W)
31. **tenue** (Lindl.) Rolfe (*Angraecum tenue* Lindl.) - Braz. (G)
32. **tyrridion** Gar. & Dunst. - Pan., S-Am. (W)
33. **ulaei** Cogn. - Congo (FXIX1)
Canacorchis Guill. - 1964: *Bulbophyllum* Thou. (S)
Cannaeorchis M.Clem. & D.Jones - 1997 - Dendrobiinae (S) - (*Grastidium* sect. *Macrocladium*) - 11 sp. terr. - end. to N.Cal.
1. **fractiflexum** (Finet) M.Clem. & D.Jones - end. to N.Cal. (S*)
2. **vandifolium** (Finet) M.Clem. & D. Jones - end. to N.Cal. (S*)
Capanemia (Cap.) Barb.Rodr. - *Subfam. Epidendroideae Tribus*: Oncidieae *Subtr.* Oncidiinae - ca. 15 sp. epi. - Braz., Par., Arg.
1. **adelaide** Porto & Brade - Braz. 900-1.600 m (S)
2. **angustilabia** Schltr. - Braz. 900-1.600 m (S)
3. **australis** (Kraenzl.) Schltr. - Braz., Par. 900-1.600 m (S)
4. **brachycion** Schltr. - Arg., Par., Ur. 900-1.600 m (S)
5. **carinata** Barb.Rodr. - Braz. 900-1.600 m (S)
- *duseniana* (Kraenzl.) Brade: 16 (S)
6. **ensata** Pabst - Braz. 900-1.600 m (S)
7. **fluminensis** Pabst - Braz. 900-1.600 m (S)
8. **geehrtii** Hoehne - Braz. 900-1.600 m (S)
- *hatschbachii* Schltr.: 16 (S)
- *juergensenii(ana)* (Kraenzl.) Schltr.: 15 (E**, H**, S)
9. **micromera** Barb.Rodr. (*Quekettia micromera* (Barb.Rodr.) Cogn.) - Braz. 900-1.600 m (E* H*, S)
10. **paranaensis** Schltr. - Braz. 900-1.600 m (S)
11. **perpusilla** Schltr. - Braz. 900-1.600 m (S)
12. **pygmaea** (Kraenzl.) Schltr. - Braz. 900-1.600 m (S)
13. **riograndensis** Pabst - Braz. 900-1.600 m (S)
14. **spathuliglossa** Pabst - Braz. 900-1.600 m (S)
15. **superflua** (Rchb.f.) Gar. (*C. uliginosa* Barb.Rodr., *C. juergensenii(ana)* (Kraenzl.) Schltr., *Oncidium super-*

fluum Rchb.f., *Rodriguezia anomala* Rolfe) - Braz., 900-1.600 m (E**, H**, S, Z**)
16. **thereziae** Barb.Rodr. (*C. duseniana* (Kraenzl.) Brade, *C. hatschbachii* Schltr.) - Braz. 900-1.600 m (S)
- *uliginosa* Barb.Rodr.: 15 (E**, H**, S)

Cardiochilus (Cardiochilos) Cribb - 1977 - *Subfam. Epidendroideae Tribus: Vandeae Subtr. Aerangidinae* - 1 sp. epi. - Malawi
1. **williamsonii** Cribb - Malawi 2.600 m (S*)
× **Carmichaelara (Crml.)** (*Broughtonia* × *Brassavola* × *Laelia*)
× **Carpenterara (Cptra.)** (*Baptistonia* × *Odontoglossum* × *Oncidium*)
× *Carrara*: × *Vascostylis* (*Ascocentrum* × *Euanthe* (*Vanda*) × *Rhynchostylis* × *Vanda*)
× **Carterara (Ctra.)** (*Aërides* × *Renanthera* × *Vandopsis*)

Carteretia A.Rich. - 1834: *Cleisostoma* Bl. (S)
× **Casoara (Csr.)** (*Brassavola* × *Broughtonia* × *Laeliopsis*)

Catachaetum Hoffmgg. - 1842: *Catasetum* L.C.Rich. ex Kunth (S)
- *claveringii* (van Geel ex Lindl.) Hoffmgg.: *Catasetum* 76 (9**, G**)
- *floribundum* (Hook.) Hoffmgg.: *Catasetum* 76 (9**, G**)
- *lituratum* Hoffmgg.: *Catasetum* 75 (9**, G**)
- *purum* (Nees) Hoffmgg.: *Catasetum* 105 (9**, G**)
- *recurvatum* Link, Kl. & Otto: *Catasetum* 99 (G**)
- *semiapertum* (Hook.) Hoffmgg.: *Catasetum* 105 (9**, G**)
- *squalidum* Hoffmgg.: *Catasetum* 75 (9**, G**)
× **Catamodes (Ctmds.)** (*Catasetum* × *Mormodes*)
× **Catanoches (Ctnchs.)** (*Catasetum* × *Cycnoches*)
× **Catasandra (Ctsda.)** (*Catasetum* × *Galeandra*)

Catasetum subg. *Clowesia* (Lindl.) Mansf. - 1932 p.p.: *Dressleria* Dods. (S)
Catasetum subg. *Clowesia* (Lindl.) Mansf. - 1932 p.p.: *Clowesia* Lindl. (S)
Catasetum (Ctsm.) L.C.Rich. ex Kunth - 1822 - *Subfam. Epidendroideae Tribus: Cymbidieae Subtr. Catasetinae* - (*Monachanthus* Lindl., *Myanthus* Lindl., *Catachaetum* Hoffmgg., *Warscewiczia* Skinner) - ca. 150 sp. epi. - Trop. C, S-Am., W-Ind. - scented
- *abruptum* Hook.: 56 (9**, G**)
1. **aculeatum** Miranda - Braz. - subsect. *Isoceras* (S)
- *adnatum* Steud.: 10 (9**, G**)
2. **adremedium** Benn. & Christ. - Peru - subsect. *Convergentes* (S)
3. **albovirens** Barb.Rodr. - Braz. - subsect. *Convergentes* (S)
4. **apertum** Rolfe - Ven. - sect. *Anisoceras* (S)
5. **appendiculatum** Schltr. - Braz. - subsect. *Isoceras* (S*)
- *appendiculatum* Schltr.: 11 (9**, G**)
6. **arachnoideum** Ames - Braz. - sect. *Isoceras* (S)
- *arachnoideum* Ames: 19 (9**, G**)
7. **arietinum** Miranda - Braz. - subsect. *Isoceras* (S)
8. **aripuanense** Bic. - Braz. - subsect. *Convergentes* (S*)
9. **ariquemense** Miranda - Braz. - subsect. *Isoceras* (S)
10. **atratum** Lindl. (*C. adnatum* Steud., *C. mentosum* Lem., *C. pallidum* Kl., *C. trulla* var. *vinaceum* Hoehne) - Braz. - subsect. *Isoceras* (9**, G**, S)
- *baraquinianum* Lem.: 119 (9**)
- *baraquinianum* Lem.: 119 (E, H)
11. **barbatum** (Lindl.) Lindl. (*C. spinosum* Lindl., *C. proboscideum* Lindl., *C. lanciferum* Lindl., *C. rivularium* Barb.Rodr., *C. crinitum* Lind. & Rchb.f., *C. garnettianum* Rolfe, *C. tridentatum* Pfitz., *C. macrocarpum* Stein, *C. randii* Rolfe, *C. comosum* Cogn., *C. appendiculatum* Schltr., *C. brachybulbon* Schltr., *C. polydactylon* Schltr., *C. buchtienii* Kraenzl., *C. cristatum* var. *spinosum* (Lindl.) Hook., - var. *spinigerum* Hook., *C. barbatum* var. *barbatum* (Lindl.) Mansf., - var. *proboscideum* Lindl., - var. *spinosum* (Lindl.) Rolfe, *Myanthus barbatus* Lindl., *M. spinosus* (Lindl.) Hook., *Monachanthus viridis* Schomb.) - Ven., Guy., Braz., Bol., Col., Ec. Peru - subsect. *Isoceras* (9**, 4**, A**, E**, G**, H**, O2/91, S*, Z**)

- *barbatum* var. *barbatum* (Lindl.) Mansf.: 11 (9**, G**)
- *barbatum* var. *proboscideum* Lindl.: 11 (9**, G**)
- *barbatum* var. *spinosum* (Lindl.) Rolfe: 11 (9**, G**)
12. **bergoldianum** Foldats - Ven. - subsect. *Convergentes* (S)
- *bergoldianum* Foldats: 93 (G)
13. **bicallosum** Cogn. - Ven. - subsect. *Divaricatae* (A**, S)
14. **bicolor** Kl. - Pan., Col., Ven., Braz. - subsect. *Convergentes* (W, R**, S, Z**)
15. **blackii** Pabst - Braz. - sect. *Anisoceras* (S)
16. **blepharochilum** Schltr. - Col. - sect. *Anisoceras* (S)
- *brachybulbon* Schltr.: 11 (9**, G**)
- *brenesii* Schltr.: 57 (9**, G)
17. **brichtae** Bic. - Braz. - subsect. *Convergentes* (S)
18. **buchtienii** Kraenzl. - Bol. - subsect. *Isoceras* (S)
- *buchtienii* Kraenzl.: 11 (9**, G**)
- *bungerothii* N.E.Br. (8**): 98 (4**, 9**, E**, H**)
- *calceolatum* Lem.: *Clowesia* 5 (9**, G)
19. **callosum** Lindl. (*C. callosum* var. *grandiflorum* Hook., *C. lansbergii* Lindl.) - Ven., Col., Peru, Braz., Guy. - subsect. *Divaricatae* (9**, G**, R**, S*)
- *callosum* var. *carunculatum* (Rchb.f. & Warsc.) Mansf.: 19 (9**, G**)
- *callosum* var. *crenatum* Regel: 19 (9**, G**)
- *callosum* var. *eucallosum* Mansf.: 19 (9**, G**)
- *callosum* var. *grandiflorum* Hook.: 19 (9**, G**)
20. **carolinianum** Miranda - Braz. - subsect. *Isoceras* (S)
- *carunculatum* Rchb.f. & Warsc.: 19 (9**, G**)
21. **cassideum** Lind. & Rchb.f. - Ven., Braz. - subg. *Pseudocatasetum* (O6/90, S)
22. **caucanum** Schltr. - Col. - sect. *Anisoceras* (S)
23. **cernuum** (Lindl.) Rchb.f. (*C. viride* (Lindl.) Lindl., *Myanthus cernuus* Lindl., *Monachanthus viridis* Lindl.) - Trin., Ven., N-Braz. - subsect. *Divaricatae* (9**, A**, G**, S, Z**)
24. **charlesworthii** (hort. ex Mansf.) Jenny (*C. naso* var. *charlesworthii* hort. ex Mansf.) - Ven. - subsect. *Divaricatae* (&11, S)
- *chloranthum* Cogn.: 99 (G**)
- *christyanum* Rchb.f.: 119 (9**, S)
- *christyanum* var. *chlorops* Rchb.f.: 119 (O4/82)
- *christyanum* var. *obscurum* Rchb.f.: 119 (9**)
- *ciliatum* Barb.Rodr.: 38 (9**)
- *ciliatum* Barb.Rodr.: 38 (E, G**, H)
25. **cirrhaeoides** Hoehne - Braz. - subsect. *Convergentes* (S)
- *citrina* Lindl.: *Mormodes* 28 (G)
- *claesianum* Cogn.: 38 (E, G**, H, S*)
- *claveringii* Lindl. ex van Geel: 76 (9**, E**, G**, H**)
26. **cochabambanum** Dods. & Vasq. - Bol. - subsect. *Isoceras* (S)
- *cogniauxii* Lind.: 44 (9**, E**, H**)
27. **collare** Cogn. - Ven., Braz., Col. - sect. *Anisoceras* (R**, S)
- *colossus* Schltr.: 119 (9**)
- *colossus* Schltr.: 119 (G)
- *comosum* Cogn.: 11 (9**, G**)
28. **complanatum** Miranda - Braz. - subsect. *Convergentes* (S)
29. **confusum** G.Romero - Braz. - subsect. *Isoceras* (S)
30. **coniforme** Schweinf. - Peru - subsect. *Isoceras* (S)
- *cornutum* Lindl.: 33 (G**)
31. **costatum** Rchb.f. - Ven. - subsect. *Divaricatae* (S)
32. **cotylicheilum** Benn. & Christ. - Peru - subsect. *Convergentes* (S)
- *craniomorphum* Hoffmgg. ex Heynh.: 75 (9**, G**)
- *crinitum* Lind. & Rchb.f.: 11 (9**, E**, G**, H**)
33. **cristatum** Lindl. (*C. cristatum* var. *monstrosum* Hook., *C. cornutum* Lindl., *Monachanthus cristatus* (Lindl.) Lindl., *Myanthus cristatus* (Lindl.) Lindl.) - Guy., Braz. - subsect. *Isoceras* (G**, S)
- *cristatum* var. *monstrosum* Hook.: 33 (G**)
- *cristatum* var. *spinigerum* Hook.: 11 (9**, G**)
- *cristatum* var. *spinosum* (Lindl.) Hook.: 11 (9**, G**)
- *cruciatum* Schltr.: 119 (9**, S)
- *cruciatum* Schltr.: 119 (E, G, H)

34. **cucullatum** Oliv. & Silva - Ven. (S)
- *darwinianum* Rolfe: 19 (9**, G**)
35. **decipiens** Rchb.f. - Ven. - subsect. *Isoceras* (S)
36. **deltoideum** (Lindl.) Mutel (*Myanthus deltoideus* Lindl.) - Guy. - subsect. *Isoceras* (9**, G**, S)
37. **denticulatum** Miranda - Braz. - subsect. *Convergentes* (S)
- *dilectum* Rchb.f.: *Dressleria* 4 (E**, H**)
38. **discolor** (Lindl.) Lindl. (*C. roseoalbum* Lindl., *Monachanthus discolor* Lindl.) - Ven., Guy., Sur., Braz., Col. 0-2.200 m - subg. *Pseudocatasetum* (A**, E, G**, H, R**, S*, Z**)
    var. **fimbriatum** Rchb.f. (*C. gardneri* Schltr., *Monachanthus fimbriatus* Gardn. ex Hook., *M. bushnanii* var. *fimbriatum* Rchb. f.) - Braz. (9**)
    var. **roseo-album** (Hook.) Mansf. (*C. roseo-album* (Hook.) Lindl., *C. ciliatum* Barb.Rodr., *Monachanthus roseo-albus* Hook., *M. bushnanii* Hook., - var. *vinosum* Cogn.) - Braz., Ven. (9**, H**)
    var. **viridiflorum** Cogn. (*Monachanthus discolor* var. *viridiflorus* Hook., - var. *bushnanii* Hook.) - Braz. (9**)
- *discolor* var. *cleasianum* (Cogn.) Mansf.: 38 (G**)
- *discolor* var. *fimbriatum* Rchb.f.: 38 (G**)
- *discolor* var. *roseo-album* (Hook.) Mansf.: 38 (G**)
- *discolor* var. *viridiflorum* Cogn.: 38 (G**)
39. × **dunstervillei** G.Romero & Carnevali (*C. pileatum* × *C. discolor*) nat. hybr. (S)
40. **dupliciscutulatum** Sengh. - Bol., Braz. 500-600 m - subsect. *Divaricatae* (A**, O2/91, S)
- *eburneum* Rolfe: *Dressleria* 4 (E**, H**)
- *eburneum* Rolfe: *Dressleria* 5 (S)
41. **expansum** Rchb.f. (*C. platyglossum* Schltr.) - Ec., Col. - sect. *Anisoceras* (O6/90, S*, Z**)
42. **fernandezii** Benn. & Christ. - Peru - subsect. *Isoceras* (S)
43. **ferox** Kraenzl. - Ven., Braz. - subsect. *Divaricatae* (S)
44. **fimbriatum** (C.Morr.) Lindl. (*C. fimbriatum* var. *fissum* Rchb.f., - var. *viridulum* Rchb.f., - var. *cogniauxii* Lind., - var. *callosum* Lind., - var. *aurantiacum* Porsch, - var. *brevipetalum* Porsch, - var. *micranthum* Porsch, - var. *subtropicale* Haum., - var. *morrenianum* Mansf., - var. *ornithorrhynchum* Mansf., *C. cogniauxii* Lind., *C. ornithorrhynchus(m)* Porsch, *C. pflanzii* Schltr., *C. wredeanum* Schltr., *C. inconstans* Hoehne, *Myanthus fimbriatus* C.Morr.) - Ven., Guy., Braz., Par., Arg., Bol. - subsect. *Convergentes* (9**, 4**, E**, H**, S*)
- *fimbriatum* var. *aurantiacum* Porsch: 44 (9**)
- *fimbriatum* var. *brevipetalum* Porsch: 44 (9**)
- *fimbriatum* var. *callosum* Lind.: 44 (9**)
- *fimbriatum* var. *cogniauxii* Lind.: 44 (9**)
- *fimbriatum* var. *fissum* Rchb.f.: 44 (9**)
- *fimbriatum* var. *micranthum* Porsch: 44 (9**)
- *fimbriatum* var. *morrenianum* Mansf.: 44 (9**)
- *fimbriatum* var. *ornithorrhynchum* Mansf.: 44 (9**)
- *fimbriatum* var. *subtropicale* Haum.: 44 (9**)
- *fimbriatum* var. *viridulum* Rchb.f.: 44 (9**)
45. **finetianum** Lind. & Cogn. - Col. - sect. *Isoceras* (S)
- *finetianum* Cogn.: 129 (O2/91)
- *floribundum* Hook.: 76 (9**, E**, G**, H**, S*)
46. **franchinianum** Lac. - Braz. - subsect. *Isoceras* (S)
47. **fuchsii** Dods. & Vasq. - Bol. - subsect. *Isoceras* (S)
- *fuliginosum* Rolfe: 19 (9**, G**)
- *fuliginosum* Lindl.: 99 (G**)
48. **galeatum** Lac. - Braz. - subsect. *Isoceras* (S)
49. **galeritum** Rchb.f. (*C. galeritum* var. *pachyglossum* Rchb.f., *C. galeritum* var. *galeritum* (Rchb.f.) Mansf.) - Braz. - subsect. *Isoceras* (9**, S)
- *galeritum* var. *galeritum* (Rchb.f.) Mansf.: 49 (9**)
- *galeritum* var. *pachyglossum* Rchb. f.: 49 (9**)
- *gardneri* Schltr.: 38 (9**)

- *gardneri* Schltr.: 38 (E, G**, H, S*)
- *garnettianum* Rolfe: 11 (9**, E**, G**, H**)
50. **gladiatorium** Lac. - Braz. - subsect. *Isoceras* (S)
51. **glaucoglossum** Rchb.f. - Mex. (O3/91)
↣ *glaucoglossum* Rchb.f.: *Clowesia* 3 (R)
- *globiferum* Beer: 52 (9**)
52. **globiflorum** Hook. (*C. globiferum* Beer) - Braz. - subsect. *Divaricatae* (9**, G, S*)
53. **gnomus** Lind. & Rchb.f. (*C. heteranthum* Barb.Rodr., *C. gnomus* hort.) - Ven., Braz. - sect. *Anisoceras* (E**, H**, S*)
- *gnomus* hort.: 53 (E**, H**)
54. **gomezii** G.Romero & Carnevali - Ven. - subsect. *Isoceras* (S)
- *heteranthum* Barb.Rodr.: 53 (E**, H**)
55. **hillsii** Benn. & Christ. - Peru - subsect. *Isoceras* (S)
- *histrio* Kl. ex Rchb.f.: 119 (E, G, H)
56. **hookeri** Lindl. (*C. milleri* Lodd. ex Lindl., *C. imschootianum* Lind. & Cogn.) - Braz. - subsect. *Divaricatae* (G, S)
- *hymenophorum* Cogn.: 99 (G**)
- *imperiale* Lind. & Cogn.: *C. bungherothii* (8**)
- *imschootianum* Lind. & Cogn.: 56 (G)
- *inapertum* Steud.: 105 (9**, G**)
- *inconstans* Hoehne: 44 (9**)
- *incornatum* Schltr.: 93 (G)
- *incurvum* Kl.: 119 (9**)
- *incurvum* Kl.: 119 (E, G, H)
- *incurvum* Kl.: 119 (O4/82)
57. **integerrimum** Hook. (*C. maculatum* Batem. non Kunth., *C. integerrimum* var. *purpurascens* Hook., - var. *viridiflorum* Hook., *C. wailesii* Hook., *C. rostratum* Klinge, *C. brenesii* Schltr., *C. pendulum* Dods.) - Mex., Bel., Guat., Hond., Salv., Nic., C.Rica - sect. *Anisoceras* (9**, 3**, E**, G, H**, W, S, Z**)
- *integerrimum* var. *purpurascens* Hook.: 57 (9**, G)
- *integerrimum* var. *viridiflorum* Hook.: 57 (9**, G)
58. **interhowesianum** Vasq. & Dods. - Bol. - subsect. *Convergentes* (S)
59. × **issanensis** Pabst (*C. pileatum* × *C. longifolium*) nat. hybr. (S)
60. **japurense** Mansf. - Braz. - sect. *Anisoceras* (S)
61. **jarae** Dods. & Benn. - Peru - subsect. *Isoceras* (S)
62. **juruenense** Hoehne - Braz. - subsect. *Convergentes* (S)
63. **justinianum** Vasq. & Dods. - Bol. - subsect. *Convergentes* (S)
64. **kempfii** Dods. & Vasq. - Bol. - subsect. *Convergentes* (S)
65. **kleberianum** Braga - Braz. - subsect. *Isoceras* (S)
66. **kraenzlinianum** Mansf. - Braz. - subsect. *Isoceras* (S)
- *labiatum* Rolfe: 93 (G)
67. **laminatum** Lindl. (*C. laminatum* var. *maculatum* Lindl., *C. laminatum* var. *eburneum* Lindl.) - Mex. - sect. *Anisoceras* (G**, S)
- *laminatum* var. *eburneum* Lindl.: 67 (G**)
- *laminatum* var. *maculatum* Lindl.: 67 (G**)
68. **lanceatum** Miranda - Braz. - subsect. *Isoceras* (S)
- *lanciferum* Lindl.: 11 (9**, G**)
- *lansbergii* Lindl.: 19 (9**, G**)
69. **lanxiforme** Sengh. - Peru 100 m - subsect. *Isoceras* (O1/91, A**, S)
- *lehmannii* Regel: 93 (G)
70. **lemosii** Rolfe (*C. roseum* Barb. Rodr.) - Braz., Amaz. - subsect. *Convergentes* (9**, S)
- *liechtensteinii* Kraenzl.: 142 (O4/82, G**)
71. **lindleyanum** Mansf. - Col., Ec., Peru - subsect. *Isoceras* (S)
- *linguiferum* Schltr.: 76 (9**, E**, G**, H**, S*)
72. **longifolium** Lindl. (*Monachanthus longifolius* (Lindl.) Hook.) - Braz., Ven., Guy., Sur. 600-700 m - subg. *Pseudocatasetum* (9**, G, R, S*)
73. **longipes** Miranda & Lac. - Braz. - subsect. *Isoceras* (S)
74. **lucis** Ortiz & Arango - Col. ca. 700-800 m - subsect. *Divaricatae* (FXIX2**, S)
f. **lucis** Ortiz & Arango - Col. ca. 700-800 m (FXIX2**)
f. **tigrinum** Ortiz & Arango - Col. ca. 700-800 m (FXIX2**)
75. **luridum** (Link.) Lindl. (*C. craniomorphum* Hoffmgg. ex Heynh., *C. abruptum* Hook., *Anguloa lurida*

Link, *Epidendrum olare* Vell., *Catachaetum lituratum* Hoffmgg., *C. squalidum* Hoffmgg.) - Braz. - subsect. *Divaricatae* (9**, G**, S)
76. **macrocarpum** L.C.Rich. ex Kunth (*C. claveringii* Lindl. ex van Geel, *C. tridentatum* Hook., *C. floribundum* Hook., *C. tricolor* hort. ex Planch., *C. linguiferum* Schltr., *Monachanthus viridis* Lindl., *Catachaetum claveringii* (Lindl. ex van Geel) Hoffmgg., *C. floribundum* (Hook.) Hoffmgg., *Paphiopedilum cothurnum* (Vell.) Pfitz.) - Trin., Ven., Guy., Sur., Braz. 0-1.200 m - sect. *Anisoceras* (9**, E**, G**, H**, R**, S*, Z**)
- *macrocarpum* Stein: 11 (9**, E**, G**, H**)
- *macroglossum* Rchb.f.: 77 (S)
77. **maculatum** L.C.Rich. ex Kunth (*C. oerstedii* Rchb.f., *C. macroglossum* Rchb.f.) - Ven., Col., Ec. - sect. *Anisoceras* (9**, E**, G**, H**, W**, S, Z**)
- *maculatum* Batem.: 57 (9**, E**, G, H**)
78. **maranhense** Lac. & Silva - Braz. - subsect. *Isoceras* (S)
79. **maroaense** Romero & Gom. - Ven. - subsect. *Isoceras* (S)
80. **matogrossense** Bic. - Braz. - subsect. *Convergentes* (S)
81. **mattosianum** Bic. - Braz. - subsect. *Divaricatae* (S)
82. **meeae** Pabst - Braz. - sect. *Isoceras* (S)
- *mentosum* Lem.: 10 (9**, G**)
83. **micranthum** Barb.Rodr. - Braz. - subsect. *Divaricatae* (S)
84. **microglossum** Rolfe - Col., Ec., Peru - subsect. *Isoceras* (9**, E**, H**, O5/83, S)
- *milleri* Lodd. ex Lindl.: 56 (G)
85. **mojuense** Oliv. & Silva - Braz. (S)
86. **monzonensis** Benn. & Christ. - Peru (S)
87. **moorei** Schweinf. - Peru - subsect. *Divaricatae* (S)
88. **multifidum** Miranda - Braz. - subsect. *Isoceras* (S)
89. **multifissum** Sengh. - Peru ca. 100 m - subsect. *Isoceras* (A**, O2/91, S)
90. **nanayanum** Dods. & Benn. [Dods. & Christ. (S)] - Peru - subsect. *Convergentes* (S)
91. **napoense** Dods. - Ec., Col. - subsect. *Divaricatae* (S)
92. **naso** Lindl. - Ven., Col. 750 m - subsect. *Divaricatae* (G, &11, S*)
- *naso* Hook.: 121 (9**)
- *naso* var. *charlesworthii* hort. ex Mansf.: 24 (&11)
- *naso* var. *pictum* Hook. ex Moore: 121 (O2/91)
- *naso* var. *viride* Hook. ex Moore: 121 (O2/91)
- *naso* var. *viride* T.Moore: 121 (&11**)
93. **ochraceum** Lindl. (*C. lehmannii* Regel, *C. labiatum* Rolfe, *C. incornatum* Schltr., *C. bergoldianum* Foldats) - Ven., Col. - subsect. *Convergentes* (G, R**, S)
- *oerstedii* Rchb.f. (O6/90, O3/91): 77 (9**, E**, G**, H**, W)
94. **ornithioides** Pabst - Braz. - subsect. *Isoceras* (S)
95. **osculatum** Lac. & P.Castro - Braz. - sect. *Anisoceras* (S)
- *ornithorrhynchus*(*m*) Porsch: 44 (9**, E**, H**)
- *pallidiflorum* (Cogn.) Schltr.: 129 (O2/91)
- *pallidum* Kl.: 10 (9**, G**)
- *pallidum* Cogn.: 129 (O2/91)
96. **paraguazense** G.Romero & Carn. - Ven. - subsect. *Isoceras* (S)
- *pendulum* Dods.: ? 57 (S)
97. **peruvianum** Dods. & Benn. - Peru - subsect. *Convergentes* (S)
- *pflanzii* Schltr.: 44 (9**, E**, H**)
98. **pileatum** Rchb.f. (*C. bungerothii* N.E.Br.) - Ven., Trin., Braz., Amaz., Col., Ec. - sect. *Anisoceras* (4**, 9**, O6/90, O3/91, E**, H**, R**, S*, Z**)
- *pileatum* Sand.: *C. bungherothii* (8**)
99. **planiceps** Lindl. (*C. fuliginosum* Lindl., *C. chloranthum* Cogn., *C. hymenophorum* Cogn., *Catachaetum recurvatum* Link, Kl. & Otto) - Braz., Guy., Ven. 100-700 m - sect. *Isoceras* subsect. *Isoceras* (G**, O5/90, S)
100. **platyglossum** Schltr. (*C. sodiroi* Schltr.) - Ec., Col. (E**, H**)
- *platyglossum* Schltr.: 41 (O6/90)
- *polydactylon* Schltr.: 11 (9**, E**, G**, H**)
101. **pleiodactylon** Benn. & Christ. - Peru - sect. *Anisoceras* (S)
102. **poriferum** Lindl. (*Paphiopedilum*

socco (Vell.) Pfitz.) - Guy. - subsect. *Isoceras* (G, S)
- *proboscideum* Lindl.: 11 (9**, 4**, E**, G**, H**)
103. **pulchrum** N.E.Br. - Braz. - subsect. *Convergentes* (S)
104. **punctatum** Rolfe - Braz. - subsect. *Divaricatae* (S)
105. **purum** Nees & Sinn. (*C. semiapertum* Hook., *C. inapertum* Steud., *Catachaetum purum* (Nees) Hoffmgg., *C. semiapertum* (Hook.) Hoffmgg.) - Braz. - subsect. *Divaricatae* (9**, G**, S*)
106. **purusense** Benn. & Christ. - Peru - subsect. *Divaricatae* (S)
107. **pusillum** Schweinf. - Peru - subg. *Pseudocatasetum* (O6/90, S)
108. **quadridens** Rolfe - Braz. - subsect. *Convergentes* (9**, S)
109. **randii** Rolfe - Braz. - subsect. *Isoceras* (S)
- *randii* Rolfe: 11 (9**, G**)
110. **reichenbachianum** Mansf. - Braz. - subsect. *Isoceras* (S)
- *rhamphastos* Kraenzl.: 129 (O2/91)
111. **richteri** Bic. - Braz. - subsect. *Convergentes* (S)
112. **ricii** Vasq. & Dods. - Bol. - subsect. *Convergentes* (S)
113. **rivularium** Barb.Rodr. - Braz. - subsect. *Isoceras* (S)
- *rivularium* Barb.Rodr.: 11 (9**, G**)
114. **rohrii** Pabst - Braz. - subsect. *Isoceras* (S)
115. **rolfeanum** Mansf. - Braz. - subsect. *Isoceras* (S)
116. **rondonense** Pabst - Braz. - subsect. *Isoceras* (S)
117. **rooseveltianum** Hoehne - Braz. - subsect. *Divaricatae* (S*)
- *roseo-album* (Hook.) Lindl.: 38 (9**)
- *roseo-album* (Hook.) Lindl.: 38 (E, G**, H)
118. × **roseo-album** (Hook.) Lindl. (*C. discolor* × *C. longifolium*) nat. hybr. (S)
- *roseum* Barb.Rodr.: 70 (9**)
- *roseum* (Lindl.) Rchb.f.: *Clowesia* 4 (G**)
- *rostratum* Klinge: 57 (9**, G)
- *russellianum* Hook.: *Clowesia* 5 (3**, 9**, G, H*)
119. **saccatum** Lindl. (*C. incurvum* Kl.,
C. baraquinianum Lem., *C. secundum* Kl. ex Rchb.f., *C. histrio* Kl. ex Rchb.f., *C. stupendum* Cogn., *C. cruciatum* Schltr., *C. colossus* Schltr.) - Peru, Braz., Guy., Ec., Bol. 0-1.700 m - sect. *Anisoceras* (E, G, H, O4/82, O6/90, R**, S, Z**)
var. **album** hort. (O4/82)
var. **chlorops** hort. ex Rchb.f. (*C. christyanum* var. *chlorops* Rchb.f.) (O4/82)
var. **christyanum** (Rchb.f.) Mansf. (*C. incurvum* Kl., *C. baraquinianum* Lem., *C. christyanum* Rchb.f., *C. christyanum* var. *obscurum* Rchb.f., *C. stupendum* Cogn., *C. cruciatum* Schltr., *C. colossus* Schltr, *C. saccatum* var. *chrystianum* (Rchb.f.) Mansf.) - Guy., Braz., Ec., Peru, Bol. (9**, E**, H**, S)
var. **incurvum** (Kl.) Mansf. (*C. incurvum* Kl., *C. stupendum* Cogn., *C. saccatum* var. *pliciferum* Rchb.f.) (O4/82, S*)
- *saccatum* var. *chrystianum* (Rchb.f.) Mansf.: 119 (S)
- *saccatum* var. *pliciferum* Rchb.f.: 119 (O4/82)
120. **samaniegoi** Dods. - Ec. - subsect. *Divaricatae* (S)
121. **sanguineum** Lindl. & Paxt. (*C. naso* Hook., - var. *viride* T.Moore, - var. *pictum* Hook. ex T.Moore, *C. sanguineum* var. *integrale* Rchb.f.) - Ven., Col., C.Rica, Ec. 800-1.000 m - subsect. *Convergentes* (9**, O2/91, &11**, S, Z**)
var. **viride** (T.Moore) Jenny (*C. naso* var. *viride* T.Moore, *C. sanguineum* var. *integrale* Rchb.f.) - Col. (&11**)
- *sanguineum* var. *integrale* Rchb.f.: 121 (9**, O2/91)
- *sanguineum* var. *integrale* Rchb.f.: 121 (&11**)
122. **schmidtianum** Miranda - Braz. - sect. *Anisoceras* (S)
123. **schunkei** Dods. & Benn. - Peru - subsect. *Convergentes* (O2/91, S)
124. **schweinfurthii** Benn. & Christ. - Peru (S)
- *scurra* Rchb.f.: *Clowesia* 7 (9**, S*)
- *secundum* Kl. ex Rchb.f.: 119 (E, G, H)
- *semiapertum* Hook.: 105 (9**, G**)
125. **semicirculatum** Miranda - Braz. - subsect. *Isoceras* (S)

- *serratum* Lindl.: 147 (9**)
- *sodiroi* Schltr.: 100 (E**, H**)
- *spinosum* Lindl.: 11 (4**, 9**, G**, H**)
126. **spitzii** Hoehne - Braz. - subsect. *Divaricatae* (S)
- × *splendens* Cogn. [*C. splendens* Cogn. (8**)]: 131 (S)
127. **stenoglossum** Pabst - Braz. - subsect. *Isoceras* (S)
128. **stevensonii** Dods. - Ec., Peru - subsect. *Convergentes* (O2/91, S)
- *stupendum* Cogn.: 119 (9**)
- *stupendum* Cogn.: 119 (E, G, H)
- *stupendum* Cogn.: 119 (O4/82)
- *suave* Ames & Schweinf.: *Dressleria* 4 (E**, H**)
- *suave* Ames & Schweinf.: *Dressleria* 11 (S)
129. **tabulare** Lindl. (*C. finetianum* Cogn., *C. pallidum* Cogn., *C. pallidiflorum* (Cogn.) Schltr., *C. rhamphastos* Kraenzl.) - Col. 500-1.800 m - sect. *Anisoceras* (8**, G, O2/91, R, S, Z**)
    var. **brachyglossum** Rchb.f. (O2/91)
    var. **finetianum** (Cogn.) Mansf. (O2/91)
    var. **laeve** Rchb.f. (O2/91)
    var. **pallidum** (Cogn.) Mansf. (O2/91)
    var. **ramphastos** (Kraenzl.) Mansf. (O2/91)
    var. **rhinophorum** Rchb.f. (O2/91)
    var. **rugosum** Mansf. (O2/91)
    var. **serrulata** Rchb.f. ex Regel (O2/91)
    var. **virens** Rchb.f. (O2/91)
130. **taguariense** L.C.Menezes & Braem - Braz. - subsect. *Isoceras* (S)
131. × **tapiriceps** Rchb.f. (*C. pileatum* × *C. macrocarpum*) nat. hybr. (*C.* × *splendens* Cogn.) (S)
132. **taquariense** Bic., Barros & Mout. - Braz. - subsect. *Divaricatae* (S)
133. **tenebrosum** Kraenzl. - Ec., Peru - subsect. *Convergentes* (9**, A**, E, H, S*, Z**)
134. **tenuiglossum** Sengh. - Peru 500 m - subsect. *Isoceras* (O1/91, S)
135. **thompsonii** Dods. - Guy. - subsect. *Isoceras* (S)
- *thylaciochilum* Lem.: *Clowesia* 6 (R)
136. **tigrinum** Rchb.f. - Braz. - subsect. *Convergentes* (S)

137. **transversicallosum** Benn. & Christ. - Peru - sect. *Anisoceras* (S)
138. **trautmannii** Sengh. - Peru - sect. *Anisoceras* (O6/90, A**, S*)
- *tricolor* hort. ex Planch.: 76 (9**, E**, G**, H**)
139. **tricorne** Ortiz - Col. 700 m - subsect. *Convergentes* (FXX(3)**, S)
- *tridentatum* Pfitz.: 11 (9**, G**)
- *tridentatum* Hook.: 76 (9**, E**, G**, H**, S*)
140. **trilobatum** Sengh. - Peru ca. 600 m Sect. *Anisoceras* (O6/90, S)
141. **triodon(tis)** Rchb.f. - Braz. - subsect. *Isoceras* (FXX(3), S*)
142. **trulla** Lindl. (*C. trulla* var. *trulla* (Lindl.) Mansf., *C. trulla* var. *liechtensteinii* (Kraenzl.) Mansf., *C. liechtensteinii* Kraenzl., *Cypripedium cothurnum* Vell., *C. socco* Vell., *Paphiopedilum socco* (Vell.) Pfitz.) - S-Braz. - subsect. *Divaricatae* (G**, O4/82, S, Z**)
    var. **liechtensteinii** (Kraenzl.) Mansf. (O4/82)
    var. **maculatissimum** Rchb.f. (O4/82)
    var. **subimberbe** Rchb.f. (O4/82)
    var. **trilobatum** Schltr. (*C. liechtensteinii* Kraenzl., *C. trulla* var. *liechtensteinii* Mansf.) (O4/82)
- *trulla* var. *liechtensteinii* (Kraenzl.) Mansf.: 142 (G**)
- *trulla* var. *trulla* (Lindl.) Mansf.: 142 (G**)
- *trulla* var. *vinaceum* Hoehne: 10 (O4/82)
143. **tuberculatum** Dods. - Col., Ec., Peru - subsect. *Isoceras* (O2/91, R**, S)
144. **tucuruiense** Oliv. & Silva - Braz. (S)
145. **uncatum** Rolfe - Braz. - subsect. *Isoceras* (S)
146. **vinaceum** Hoehne - Braz. - subsect. *Convergentes* (S)
- *viride* (Lindl.) Lindl.: 23 (9**, G**)
147. **viridiflavum** Hook. (*C. serratum* Lindl.) - Pan. - sect. *Anisoceras* (9**, G, W, R, S, Z**)
- *wailesii* Hook.: 57 (9**, G)
- *warscewiczii* Lindl. & Paxt.: *Clowesia* 7 (9**, S*)
- *wredeanum* Schltr.: 44 (9**, E**, H**)
148. × **wendlingeri** (Foldats) G.Romero & Carn. (*C. pileatum* × *C. planiceps*) nat. hybr. (S)

149. **yavitaense** G.Romero & Góm. - Ven. - subsect. *Convergentes* (S)
Cathea tuberosa (L.) Morong.: *Calopogon* 5 (9**)
× *Catlaelia*: × *Laeliocattleya* (*Cattleya* × *Laelia*)
× *Catlaenitis*: × *Sophrolaeliocattleya* (*Cattleya* × *Laelia* × *Sophronitis*)
× **Cattkeria (Cka.)** (*Barkeria* × *Cattleya*)

Cattleya (C.) Lindl. - 1824 - *Subfam. Epidendroideae Tribus: Epidendreae Subtr. Laeliinae* - ca. 50 sp. epi/lit - Trop.-C-S-Am.

1. **aclandiae** Lindl. (*Epidendrum aclandiae* (Lindl.) Rchb.f.) - Braz. (Bahia) (8**, 9**, E, G**, H**, S)
- *aclandiae* var. *schilleriana* (Rchb.f.) Jenn.: 44 (8**, 9**)
- *acuminata* (Lindl.) Beer: *Laelia* 67 (9**, G**, B**)
- *albida* (Batem. ex Lindl.) Beer: *Laelia* 2 (9**, G**)
- *alexandrae* Lind. & Rolfe: 15 (8**, 9**)
- *alexandrae* var. *elegans* Rolfe: 15 (9**)
- *aliciae* Lind.: 36 (9**, G**)
- *alutacea* Barb.Rodr.: 54 (8**)
- *amabilis* Lindl. ex Du Buyss.: 22 (9**, E**, G**)
- *amabilis* hort.: 22 (H**)
- *amethystina* Morr.: 22 (8**, 9**, E**, G**, H**)
2. **amethystoglossa** Lind. & Rchb.f. (*C. guttata* var. *prinzii* Rchb.f., - var. *keteleerii* Houll., *C. purpurina* Barb. Rodr., *C. amethystoglossa* var. *sulphurea* Rchb.f., *Epidendrum amethystoglossum* (Lind. & Rchb.f.) Rchb.f., *E. elatius* var. *prinzii* (Rchb.f.) Rchb.f.) - Braz. (9**, E**, H**, S)
- *amethystoglossa* Lind. & Rchb.f.: 41 (O6/98**)
- *amethystoglossa* var. *sulphurea* Rchb.f.: 2 (9**)
- *anceps* (Lindl.) Beer: *Laelia* 4 (9**, G**)
- *aquinii* Barb.Rodr.: 22 (8**, 9**, G**)
3. **araguaiensis** [araguaianensis 4**, A**] Pabst - E-Braz. - Subg. *Stellata* (O4/95, S)
- *arembergii* Scheidw.: 30 (8**, G)
4. **aurantiaca** (Batem. ex Lindl.) P.N. Don. (*Epidendrum aurantiacum* Batem. ex Lindl., *E. aureum* Lindl., *Broughtonia aurea* Lindl.) - Guat., Mex., Hond., Salv. (4**, 8**, E**, G, H**, W, S, Z**)
- *aurea* Lind.: 13 (8**)
- *autumnalis* hort.: 7 (8**)
- *autumnalis* hort.: 27 (9**, G**)
- *autumnalis* (Llave & Lex.) Beer: *Laelia* 6 (9**, G**, B**)
- *autumnalis* O'Brien: 7 (H**)
- *bassettii* hort.: 31 (8**)
5. **bicolor** Lindl. (*C. bicolor* var. *measuresiana* L.O.Wms., *C. grossi* Kraenzl., *C. measuresiana* (L.O.Wms.) Brieg., *Epidendrum bicolor* (Lindl.) Rchb.f., *E. iridee* Descourt.) - Braz. (8**, 9**, E**, G, H**, S, Z**)
- *bicolor* var. *measuresiana* L.O. Wms.: 5 (G)
6. × **blossfeldiana** Pabst (*C. rex* × *C. luteola*) nat. hybr. (S)
- *bogotensis* Lind. ex Morr.: 53 (9**, E**, H**)
7. **bowringiana** O'Brien [*C. bowringiana* Veitch (8**, S)] (*C. autumnalis* O'Brien, *C. autumnalis* hort., *C. skinneri* var. *bowringiana* Kraenzl.) Guat., Bel., Hond. (4**, 9**, E, H)
8. × **brymeriana** Rchb.f. [*C. brymeriana* Rchb.f. (8**)] (*C. violacea* × *C. eldorado*) nat. hybr. (S)
- *brysiana* Lem.: *Laelia* 63 (8**, H**)
- *brysiana* Lem.: *Laelia* 63 (O5/89)
- *bulbosa* Lindl.: 56 (8**, G**, H**)
- *carrieri* Houll.: 36 (9**, G**)
- *casperiana* Rchb.f.: *Laelia* 63 (H**)
- *cernua* (Lindl.) Beer: *Sophronitis* 4 (9**, E**, G**, H**)
- *chlorantha* (Hook.) Beer: *Sobralia* 37 (9**)
9. **chocoënsis** (Veitch) Brieg. [*C. chocoënsis* Lind. (R**)] - Col. (S*)
- *chocoënsis* André: 42 (FXIX2)
- *chrysotoxa* hort. God.-Leb.: 13 (8**)
- *cinnabarina* (Batem. ex Lindl.) Beer: *Laelia* 16 (9**, G**)
- *citrina* (Llave & Lex) Lindl. (O3/91, 8**): *Encyclia* 26 (9**, E**, G, H**)
- *coccinea* Lindl.: *Sophronitis* 5 (8**, 9**, E**, G, H**)
- *concolor* Drapiez: 21 (9**, G)
- *crispa* Lindl.: *Laelia* 20 (8**, 9**, G**, H**)
- *crispa* Beer: *Schomburgkia* 10 (9**, G**)

- *crocata* hort.: 14 (8**)
- *dawsonii* Warner: 31 (8**)
10. **deckeri** Kl. (*C. skinneri* var. *parviflora* Hook., - var. *autumnalis* P.H. Allen, *C. guatemalensis* Moore, *C. patinii* Cogn.) - Mex., C-Am., W-Ind. (9**, E, H, R**, S)
- *dichotoma* (Ruiz. & Pav.) Beer: *Sobralia* 18 (E**, H**)
- *dijanceana* hort. ex Rolfe: 41 (O6/98**)
11. × **dolosa** Rchb.f. (*C. walkeriana* × *C. loddigesii*) nat. hybr. (S)
- *domingensis* Lindl.: *Broughtonia* 1 (G)
- *domingensis* Lindl.: *Laeliopsis* 1 (H*)
12. **dormaniana** Rchb.f. - Braz. (A**, E**, H**, S)
13. **dowiana** Batem. & Rchb.f. (*C. labiata* var. *dowiana* Veitch) - C.Rica, Pan., Col. (9**, O3/91, E**, H**, W**, R**, Z**)
  var. **aurea** (Lind.) B.S.Will. & T.Moore [ssp. aurea B.S.Will. (FXIX2)] (*C. aurea* Lind., *C. labiata* var. *dowiana* subv. *aurea* Veitch, *C. chrysotoxa* hort. ex God.-Leb., *C. dowiana chrysotoxa* hort.) - Col. (8**, E, H, S)
  var. **dowiana** [ssp. dowiana (FXIX2)] - C.Rica (S)
- *dowiana chrysotoxa* hort.: 13 (8**)
- *edithiana* Williams: 36 (9**, G**)
- *elatior* Lindl.: 19 (E, G**, H**)
14. **eldorado** Lind. (*C. virginalis* Lind. & André, *C. trichopiliochila* Barb. Rodr., *C. mcmorlandii* Nichols, *C. crocata* hort., *C. wallisii* Lind., *C. labiata* var. *eldorado* Veitch) - Braz. (8**, E**, H**, S)
- *elegans* Morr.: *Laelia* 25 (9**)
15. **elongata** Barb.Rodr. (*C. nilsonii* hort., *C. alexandrae* Lind. & Rolfe, - var. *elegans* Rolfe) - E-Braz. (9**, 8**, O3/91, S)
- *epidendroides* hort. ex Rchb.f.: 32 (9**)
- *flavida* Kl.: 32 (E**, H**, O4/95)
- *florida* Kl.: 32 (9**)
16. **forbesii** Lindl. (*C. pauper* (Vell.) Stellfeld, *C. vestalis* Hoffmgg., *C. fulva* Beer, *C. isopetala* Beer, *Epidendrum pauper* Vell., *E. forbesii* (Lindl.) Rchb.f., *Maelenia paradoxa* Dumort.) - Braz. 0-80 m (8**, 9**, E**, G**, H**, O6/92**, S, Z**)
- *fulva* Beer: 16 (9**, E**, G**, H**)
- *furfuracea* (Lindl.) Beer: *Laelia* 31 (9**, G**, B**)
- *gardneriana* Rchb.f.: 56 (8**, G**)
17. **gaskelliana** Sand. ex Rchb.f. (*C. labiata* var. *pallida* Williams, *C. labiata* var. *gaskelliana* Sand.) - Ven., Col. (8**, E**, H**, O6/98**, S)
  var. **alba** Williams (8**, H)
- *gigas* Lind. & André: 58 (8**, H**)
- *grahami* Lindl.: *Laelia* 71 (9**, G**, B**)
- *grandiflora* (Lindl.) Beer: *Sophronitis* 5 (9**, E**, G, H**)
18. **granulosa** Lindl. (*C. granulosa* var. *russeliana* Lind., *Epidendrum granulosum* (Lind.) Rchb.f.) - Guat., Braz. (8**, 9**, E**, G**, H**, S)
- *granulosa* var. *dijanceana* hort. ex Rolfe: 41 (O6/98**)
- *granulosa* var. *russeliana* Lind: 18 (G**)
- *granulosa* var. *schofeldiana* (*schofieldiana*) (Rchb.f.) Veitch (8**, E, H): 45 (S)
- *grossi* Kraenzl.: 5 (9**, G)
- *guatemalensis* Moore: 10 (9**)
19. **guttata** Lindl. (*C. elatior* Lindl., *C. tigrina* A.Rich., *C. sphenophora* Morr., *Epidendrum elegans* Vell., *E. elatius* Rchb.f.) - Braz. (E, G**, H**, S, Z)
- *guttata* Lind. & Rodig.: 29 (9**)
- *guttata* var. *keteleerii* Houll.: 2 (9**)
- *guttata* var. *leopoldii* Lind. & Rchb. f.: 29 (8**, 9**, E**, H**)
- *guttata* var. *prinzii* Rchb.f.: 2 (9**)
- *guttata* var. *russelliana* Hook.: 29 (9**)
20. × **hardyana** Williams (*C. hardyana* Williams, *C. massaiana* Williams) (*C. warscewiczii* × *C. dowiana* ssp. *aurea*) nat. hybr. (8**, S)
- *hardyana* Williams (8**): 20
- *harrisoniae* Paxt.: 21 (8**, 9**, G)
- *harrisoniae* P.N.Don: 21 (8**, 9**)
21. **harrisoniana** Batem. ex Lindl. (*C. harrisoniae* Paxt., *C. harrisoniae* P. N.Don, *C. harrisonii* Beer, ?*C. concolor* Drapiez, *C. intermedia* var. *variegata* Hook., *C. papeiansiana* Morr., *C. loddigesii* var. *harrisoniae* (Paxt.) Veitch, *C. loddigesii* var. *harrisoniana* (Batem. ex Lindl.) Rolfe, *Epidendrum harrisonianum* (Batem.

ex Lindl.) Rchb.f.) - Braz. (8**, 9**, G, H)
- *harrisoniana* var. *alba* Beer: 21
- *harrisoniana* var. *candida* W.Wats.: *C. harrisoniana* var. *alba*
- *harrisonii* Beer: 21 (8**, 9**, G)
- *holfordii* hort. ex Rchb.f.: 32 (O4/95)
- *ianthina* hort.: 22 (9**, G**)
- *imperialis* hort.: 58 (8**)
- *integerrima* var. *angustifolia* Hook.: *Laelia* 59 (8**, 9**, G**)
22. **intermedia** Grah. ex Hook. (*C. ovata* Lindl., *C. maritima* Lindl., *C. loddigesii* var. *intermedia* (Grah. ex Hook.) Lindl., *C. loddigesii* var. *amethystina* (Morr.) Lem., *C. amethystina* Morr., ?*C. ianthina* hort., *C. amabilis* Lindl. ex Du Buyss., *C. amabilis* hort., *C. aquinii* Barb.Rodr., *C. intermedia* var. *pallida* Lindl., *Epidendrum intermedium* (Grah. ex Hook.) Rchb.f) - S-Braz. (8**, 9**, E**, G**, H**, O6/93, S, Z**)
   var. **amethystina** (Morr. ex Lem.) Fowlie (*C. intermedia* var. *coerulea* Rolfe) (O6/93)
   var. **aquinii** Rolfe (O6/93, Z)
   var. **parthenia** Rchb.f. (*C. intermedia alba* hort. ex Williams) (8**, O6/93)
   var. **punctatissima** Sand. (8**, O6/93)
   var. **vinicolor** hort. (O6/93)
- *intermedia alba* hort. ex Williams: 22 (8**)
- *intermedia* var. *angustifolia* Hook.: *Laelia* 59 (8**, 9**, E**, H**, G**)
- *intermedia* var. *coerulea* Rolfe: 22 (O6/93)
- *intermedia* var. *pallida* Lindl.: 22 (G**)
- *intermedia* var. *variegata* Hook.: 30 (8**)
- *intermedia* var. variegata Hook.: 21 (9**, G)
23. **iricolor** Rchb.f. - Ec. to 1.000 m - Subg. *Stellata* (9**, E**, H**, O4/85, O4/95, S)
24. × **isabella** Rchb.f. (*C. forbesii* × *C. intermedia*) nat. hybr. (S)
- *isopetala* Beer: 16 (9**, E**, G**, H**)
25. **jenmanii** Rolfe - Ven. 400-1.200 m (O3/98**, O6/98**, S)
- *karwinskii* C.Martius: *Encyclia* 26 (9**, G)

26. **kerrii** Brieg. & Bicalho - Braz. - Subg. *Intermediae* (O5/96, S)
- *kimballiana* Lind. & Rodig.: 53 (9**)
27. **labiata** Lindl. (*C. perrinii* Endl., *C. lemoniana* Lindl., *C. labiata vera* Veitch, *C. pallida* Lindl., *C. regalis* hort., *C. nalderiana* Rchb.f., *C. autumnalis* hort., *C. warocqueana* Lind., *C. labiata* var. *autumnalis* Lind., *C. labiata* var. *warocqueana(um)* Rolfe, *C. labiata* var. *genuina* Stein, *Epidendrum labiatum* (Lindl.) Rchb.f.) - E-Braz. (8**, 9**, E**, G**, H**, S, Z)
- *labiata autumnalis*: 27 (S)
- *labiata lindigiana* Karst. ex Rchb.f.: 53 (8**)
- *labiata* ssp. *jenmannii* Rolfe (FXIX2): 25
- *labiata* ssp. *labiata* Ospina (FXIX2): 27
- *labiata* var. *atropurpurea* Paxt.: 36 (9**, G**)
- *labiata* var. *autumnalis* Lind.: 27 (8**, 9**, G**)
- *labiata* var. *candida* Lindl. & Paxt.: 36 (9**, G**)
- *labiata* var. *dowiana* Veitch: 13 (9**)
- *labiata* var. *dowiana* subvar. *aurea* Veitch: 13 (8**)
- *labiata* var. *dowsonii* Du Buyss.: 31 (8**)
- *labiata* var. *eldorado* Veitch [ssp. *eldorado* Lind. (FXIX2)]: 14 (8**)
- *labiata* var. *gaskelliana* Sand. [ssp. *gaskelliana* Sand. (FXIX2)]: 17 (8**)
- *labiata* var. *genuina* Stein: 27 (9**, G**)
- *labiata* var. *lindigii* Karst.: 53 (9**)
- *labiata* var. *luddemanniana* Rchb.f. [ssp. *lueddemanniana* Rchb.f. (FXIX2)]: 31 (8**)
- *labiata* var. *mendelii* Rchb.f. [ssp. *mendelii* Backhouse (FXIX2)]: 34 (8**, H**)
- *labiata* var. *mossiae* (Hook.) Lindl. [ssp. *mossiae* Lindl. (FXIX2)]: 36 (8**, 9**, G**, H**)
- *labiata* var. *pallida* Williams: 17 (8**)
- *labiata* var. *percivaliana* Rchb.f. [ssp. *percivaliana* Rchb.f. (FXIX2)]: 40 (8**, H**)

- *labiata* var. *picta* Lindl. & Paxt.: 36 (9**, G**)
- *labiata* var. *roezlii* Rchb.f.: 31 (8**)
- *labiata* var. *schroederae* Sand. [ssp. *schroederae* Sand. (FXIX2)]: 53 (8**)
- *labiata* var. *trianae* (Lind. & Rchb. f.) Duchartre [ssp. *trianae* Duchartre (FXIX2)]: 53 (8**, E**, H**)
- *labiata* var. *warneri* Veitch [ssp. *warneri* Moore (FXIX2)]: 57 (8**)
- *labiata* var. *warocqueana(um)* Rolfe: 27 (8**,9**, G**)
- *labiata* var. *warscewiczii* Rchb.f. [ssp. *warscewiczii* Rchb.f. (FXIX2)]: 58 (8**, H**)
- *labiata* var. *whitei* Stein: 59 (8**)
- *labiata* var. *whitei* (Rchb.f.) Stein: 59 (9**)
- *labiata vera* Veitch: 27 (8**, S)
28. **lawrenceana** Rchb.f. (*C. pumila* Schomb.) - Ven., Guy., Braz. (9**, E**, H**, O6/98**, S*, Z**)
- *lemoniana* Lindl.: 27 (8**, 9**, E**, G**, H**)
29. **leopoldii** Versch. ex Lem. (*C. guttata* var. *leopoldii* Lind. & Rchb.f., *C. guttata* var. *leopoldii* (Versch. ex Lem.) Lem., *C. guttata* var. *leopoldii* (Versch. ex Lem.) Rolfe, *C. guttata* var. *russelliana* Hook., *C. guttata* Lind. & Rodig., *C. porphyroglossa* Lind. & Rchb.f., *C. sororia* Rchb.f., *C. tigrina* A.Rich., ?*Epidendrum elegans* Vell., *E. elatius* Rchb.f., *E. elatius* var. *leopoldii* (Versch. ex Lem.) Rchb.f.) - S-Braz. (8**, 9**, E**, H**, S, Z)
  ssp. **leopoldii** - S-Braz. (S)
  ssp. **pernambucensis** Brieg. - NE-Braz. (H, S)
- *lindleyana* Rchb.f.: *Laelia lindleyana* (8**)
- *lindleyana* Rchb.f.: x *Brassocattleya* 1 (9**)
30. **loddigesii** Lindl. (*C. arembergii* Scheidw., *C. intermedia* var. *variegata* Hook., *Epidendrum violaceum* Lodd., *E. loddigesii* (Lindl.) Rchb.f., *E. loddigesii* var. *harrisoniana* Lind., *E. canaliculatum* Vell.) - S-Braz. (8**, E**, G, H**, S, Z**)
  ssp. **harrisoniana** (Batem.) Lindl. - S-Braz. (S)
  ssp. **loddigesii** - S-Braz. (S)
  ssp. **purpurea** Brieg. - S-Braz. (S)

- *loddigesii* var. *amethystina* (Morr.) Lem.: 22 (8**,9**)
- *loddigesii* var. *harrisoniae* (Paxt.) Veitch: 21 (8**, 9**, G)
- *loddigesii* var. *harrisoniana* (Batem. ex Lindl.) Rolfe: 21 (8**, 9**, G)
- *loddigesii* var. *intermedia* (Grah. ex Hook.) Lindl.: 22 (9**, G**)
- *luddemanniana* Rchb.f.: 31
31. **lueddemanniana** Rchb.f. (*C. dawsonii* Warner, *C. speciosissima* hort., *C. speciosissima* var. *malouana* Lind., *C. labiata* var. *dowsonii* Du Buyss., - var. *roezlii* Rchb.f., - var. *luddemanniana* Rchb.f., *C. malouana* Lind., *C. bassettii* hort., *C. mossiae autumnalis* hort. ex Veitch, *Epidendrum labiatum* var. *lueddemannianum* Rchb.f.) - end. to Ven. under 1.200 m (8**, O3/91, O6/98**, S, Z**)
- *lutea* Beer: *Laelia* 30 (4**, G**, H**)
32. **luteola** Lindl. (*C. meyeri* Regel, *C. florida* Kl., *C. epidendroides* hort. ex Rchb.f., *C. sulphurea* hort., *C. flavida* Kl., *C. modesta* G.F.Meyer ex Regel, *C. holfordii* hort. ex Rchb.f., *C. urselii* hort. ex Rchb.f., *C. luteola* var. *roezlii* Rchb.f., - var. *lastuosa* Rchb.f., - var. *lepida* Rchb.f., *Epidendrum luteolum* (Lindl.) Rchb.f.) - Braz., Ec., Peru, Bol. 0-600/2.000 m - Subg. *Stellata* (9**, E**, H**, O4/95, S*, Z**)
- *luteola* var. *lastuosa* Rchb.f.: 32 (O4/95)
- *luteola* var. *lepida* Rchb.f.: 32 (O4/95)
- *luteola* var. *roezlii* Rchb.f.: 32 (9**)
- *majalis* (Lindl.) Beer: *Laelia* 71 (9**, G**, B**)
- *malouana* Lindl.: 31 (8**)
- *malouana* Lind. & Rodig.: 33 (9**, G**, H**)
- *marginata* (hort.) Paxt.: *Laelia* 62 (9**, E**, G**, H**)
- *maritima* Lindl.: 22 (8**, 9**, G**, H**)
- *massaiana* Williams: 20 (8**)
33. **maxima** Lindl. (*C. malouana* Lind. & Rodig., *Epidendrum maximum* (Lindl.) Rchb.f.) - Col., Ec., Braz. Amaz. (9**, 8**, O3/91, E**, G**, H**, S, Z**)
- *mcmorlandii* Nichols: 14 (8**, E, H**)

- *measuresiana* (L.O.Wms.) Brieg.: 5 (9**, G)
- *measuresiana* (L.O.Wms.) Blumensch.: 52 (S*)
34. **mendelii** hort. ex Backh. (*C. labiata* var. *mendelii* Rchb.f.) - E-Cord., Col. (8**, E**, R**, S, Z)
- *meyeri* Regel: 32 (9**, E**, H**)
- *modesta* G.F.Meyer ex Regel: 32 (O4/95)
35. **mooreana** Withner, Allison & Guenard - Peru to 2.000 m - Subg. *Stellata* (O4/95, S)
36. **mossiae** Hook. (*C. labiata* var. *mossiae* (Hook.) Lindl., - var. *atropurpurea* Paxt., - var. *picta* Lindl. & Paxt., - var. *candida* Lindl. & Paxt., *C. edithiana* Williams, *C. carrieri* Houll., *C. aliciae* Lind., *C. wageneri* Rchb.f., *C. reineckiana* hort., *Epidendrum labiatum* var. *mossiae* (Hook.) Rchb.f., - var. *pictum* (Lindl. & Paxt.) Rchb.f.) - end. to Ven. 1.200-1.500 m - „Maiblume, Flor de Mayo" - nat. flower of Ven. (8**, 9**, E**, G**, H**, O6/94, O5/98, S, Z**)
  var. **alba** (*C. mossiae* var. *wagenerii*) (O6/94)
  var. **aquinii** (O6/94)
  var. **coerulea** Cogn. (8**, O6/94**)
  var. **concolor** (O6/94*)
  var. **germinyana** hort. (8**)
  var. **mossiae** (O6/94**)
  var. **reineckiana** O'Brien (*C. labiata mossiae reineckiana* Rchb.f., *C. reineckiana* hort.) (8**, O6/94**)
  var. **semialba** (*C. mossiae* var. *reineckiana* O'Brien) (O6/94)
  var. **variabilis** hort. (8**)
- *mossiae autumnalis* hort. ex Veitch: 31 (8**)
- *mossiae* var. *reineckiana* O'Brien: 36 (O6/94)
- *mossiae* var. *wagenerii* (Rchb.f.) Braem: 36 (O6/94**)
- *nalderiana* Rchb.f.: 27 (9**, G**)
- *nilsonii* hort.: 15 (9**)
37. **nobilior** Rchb.f. - Braz. to Bol. (H, S*, Z**)
- *odoratissima* P.N.Don: 55 (8**,G)
- *ovata* Lindl.: 22 (8**, 9**, G**, H**)
38. × **pachecoi** Ames & Correll (*C. skinneri* × *C. aurantiaca*) nat. hybr. - Guat. (S)

- *pallida* Lindl.: 27 (9**, G**)
- *papeiansiana* Morr.: 21 (8**, 9**, G)
39. **patinii** Cogn. (*C. skinneri* var. *patinii* Cogn., *Laelia patinii* hort.) - Col., Ec., Ven. (8**, W**, O6/98, S)
- *patinii* Cogn.: 10 (H**)
- *pauper* (Vell.) Stellfeld: 16 (9**, E**, G**, H**)
- *peduncularis* (Lindl.) Beer: *Laelia* 67 (8**, 9**, G**)
- *peduncularis* (Lindl.) Beer: *Laelia* 67 (B**)
40. **percivaliana** (Rchb.f.) O'Brien (*C. labiata* var. *percivaliana* Rchb.f.) - Ven. 1.000-1.900 m (8**, E**, H**, O3/92, &2, O6/98, S, Z**)
  var. **alba** hort. (&2)
  var. **bella** Rchb.f. (&2)
  var. **grandiflora** hort. (8**)
- *perrinii* Lindl.: *Laelia* 59 (8**, 9**, G**, H**)
- *perrinii* Endl.: 27 (9**, G**)
- *pinellii (pinelii)* Lindl.: *Laelia* 62 (9**, E**, G**, H**)
- *pinellii* var. *marginata* Beer: *Laelia* 62 (9**, G**)
41. **porphyroglossa** Lind. & Rchb.f. (*C. amethystoglossa* Lind. & Rchb.f., *C. granulosa* var. *dijanceana* hort. ex Rolfe, *C. dijanceana* hort. ex Rolfe, *Epidendrum amethystoglossum* Rchb.f., *E. porphyroglossum* (Lind. & Rchb.f.) Rchb.f.) - Braz. (O6/98**)
- *porphyroglossa* Lind. & Rchb.f.: 29 (S)
- *princeps* Barb.Rodr.: 56 (8**, G**)
- *pumila* Schomb.: 28 (9**)
- *pumila* Hook.: *Laelia* 62 (9**, E**, G**, H**)
- *pumila* var. *major* Lem.: *Laelia praestans* (8**)
- *purpurina* Barb.Rodr.: 2 (9**)
42. **quadricolor** Lindl. ex Batem. (*C. chocoensis* André) - Col. (FXIX2)
- *quadricolor* Lindl. ex Batem.: 53 (8**,9**, E**, H**)
- *regalis* hort.: 27 (9**, G**)
- *regnelli* Warner: 44 (8**)
- *reineckiana* hort.: 36 (8**)
- *reineckiana* hort.: 36 (G**)
43. **rex** O'Brien - Peru, Col. (8**, 9**, E, H**, S*)
- *roezlii* Rchb.f.: 31 (8**)
- *rothschildiana* hort.: *Laelia amanda* (8**)

- *rubescens* (Lindl.) Beer: *Laelia* 67 (8**, 9**, G**, B**)
- *russeliana* Mantin: 59 (8**)
- *russeliana* Mantin: 59 (9**)
- *sanderiana* hort.: 58 (8**)
44. **schilleriana** Rchb.f. (*C. schilleriana* var. *concolor* Hook., *C. regnelli* Warner, *C. aclandiae* var. *schilleriana* (Rchb.f.) Jenn., *Epidendrum schillerianum* (Rchb.f.) Rchb.f.) - Braz. (8**, 9**, E**, H**, S, Z**)
- *schilleriana* var. *concolor* Hook.: 44 (9**)
45. **schofeldiana** Rchb.f. (*C. granulosa* var. *schofeldiana* (Rchb.f.) Veitch) - Braz. (S)
- *schomburgkii* Lodd. ex Lindl.: 55 (8**,9**,G)
46. **schroederae** hort. Sand. - Col. (E**, H**, R**, S)
- *schroederiana* Rchb.f.: 56 (G**)
47. × **schroederiana** Rchb.f. (*C. walkeriana* × *C. loddigesii*) nat. hybr. (S)
48. × **scita** Rchb.f. (*C. leopoldii* × *C. intermedia*) nat. hybr. (S)
- *sessilis* (Lindl.) Beer: *Sobralia* 52 (9**, G**)
49. **silvana** Pabst - Braz. (FXIX2, S)
50. **skinneri** Batem. (*Epidendrum huegelianum* Rchb.f.) - Mex., Guat., Salv., Hond., C.Rica 500-1.200 m - nat. flower of C.Rica (3**, 8**, 9**, O3/91, E**, G, H**, W**, Z**)
- *skinneri* var. *autumnalis* P.H.Allen: 10 (S)
- *skinneri* var. *bowringiana* Kraenzl.: 7 (8**, H**, S)
- *skinneri* var. *parviflora* Hook.: 10 (9**, H)
- *skinneri* var. *patini* Cogn.: 39 (S)
- *sororia* Rchb.f.: 29 (S)
- *speciosissima* hort.: 31 (8**)
- *speciosissima* var. *malouana* Lind.: 31 (8**)
- *spectabilis* Paxt.: *Laelia* 62 (9**, G**)
- *sphenophora* Morr.: 19 (G**, H**, S)
- *sulphurea* hort.: 32 (9**, E**, H**)
- *superba* Schomb. ex Lindl.: 55 (8**, 9**, G, H**)
- *superbiens* (Lindl.) Beer: *Schomburgkia* 20 (4**, 9**, G, H**)
- *superbiens* (Lindl.) Beer: *Laelia* 73 (B**)
51. **tenuis** Campacci & Vedovello - Braz. (O5/96)
52. **tetraploidea** Brieg. (*C. measuresiana* (L.O.Wms.) Blumensch.) - Braz. (S*)
- *tibicinis* (Batem. ex Lindl.) Beer: *Myrmecophila* 8 (9**, G**)
- *tigrina* A.Rich.: 29 (9**)
- *tigrina* A.Rich.: 19 (G**, H**)
53. **trianae** Lind. & Rchb.f. (*C. labiata* var. *lindigii* Karst., - var. *trianae* (Lind. & Rchb.f.) Duchartre, *C. quadricolor* Lind. ex Batem., *C. bogotensis* Lind. ex Morren, *C. kimballiana* Lind. & Rodig., *Epidendrum labiatum* var. *trianae* (Lind. & Rchb. f.) Rchb.f.) - CITES - Col. (8**, 9**, E**, H**, R**, S, Z**)
 var. **alba** hort. (8**)
 var. **backhousiana** hort. (8**)
 var. **mariae** hort. (8**)
 var. **massangeana** Rchb.f. (8**)
 var. **reginae** Williams (8**)
- *trichopiliochila* Barb.Rodr.: 14 (8**)
- *trilabiata* Barb.Rodr.: 57 (8**)
- *undulata* (Lindl.) Beer: *Schomburgkia* 23 (9**, E**, G**, H**)
- *urselii* hort. ex Rchb.f.: 32 (O4/95)
54. **velutina** Rchb.f. - Braz. (E**, H, S)
 var. **alutacea** Rchb.f. (*C. alutacea* Barb.Rodr.) (8**)
- *vestalis* Hoffmgg.: 16 (8**, 9**, E**, G**, H**)
55. **violacea** (H.B.K.) Rolfe (*C. superba* Schomb. ex Lindl., *C. odoratissima* P.N.Don, *C. schomburgkii* Lodd. ex Lindl., *Cymbidium violaceum* H.B. K., *Epidendrum violaceum* (H.B.K.) Rchb.f., *E. superbum* (Schomb. ex Lindl.) Rchb.f.) - Ven., Guy., Braz., Peru (8**, 9**, E**, G, H**, O6/98, R**, S, Z**)
- *violacea* (Lindl.) Beer: *Sophronitella* 1 (E**, 9**, G, H**)
- *virginalis* Lind. & André: 14 (8**, E, H**)
- *virginalis* Lind. & André: 14 (8**)
- *wageneri* Rchb.f.: 36 (G**)
56. **walkeriana** Gardn. (*C. bulbosa* Lindl., *C. gardneriana* Rchb.f., *C. princeps* Barb.Rodr., *C. schroederiana* Rchb.f., *Epidendrum walkerianum* (Gardn.) Rchb.f.) - Braz. (8**, E**, H**, O2/94, S, Z**)
- *wallisii* Lind. & Rchb.f.: 14 (8**)
57. **warneri** S.Moore (*C. trilabiata* Barb. Rodr., *C. labiata* var. *warneri* Veitch) - S-Braz. (8**, E**, H**, S, Z**)

var. **alba** hort. (8**)
- *warocqueana* Lind.: 27 (8**, 9**, G**)
58. **warscewiczii** Rchb.f. (*C. gigas* Lind. & André, *C. imperialis* hort., *C. sanderiana* hort., *C. labiata* var. *warscewiczii* Rchb.f.) - Col. (8**, E**, H**, R**, S, Z**)
   var. **gigas** Rchb.f. (4**)
- *whitei* Rchb.f. (8**): 59
59. × **whitei** Rchb.f. (*C. whitei* Rchb.f., *C. labiata* var. *whitei* (Rchb.f.) Stein, *C. russeliana* Mantin) (*C. bicornutum* × *C. warneri*) nat. hybr. - Braz. (8**, 9**)
× *Cattleyodendrum*: × *Epicattleya* (*Cattleya* × *Epidendrum*)
× **Cattleyopsisgoa (Ctpga.)** (*Cattleyopsis* × *Domingoa*)
Cattleyopsis (Ctps.) Lem. - 1853 - *Epidendrinae* (S) - 3/5 sp. epi. - Cuba, Jam., Bah.
1. **cubensis** (Lindl.) Sauleda & Adams (*Epidendrum cubense* Lindl., *Laeliopsis cubensis* (Lindl.) Lindl., *Broughtonia cubensis* (Lindl.) Cogn.) - Cuba (G, S)
- *delicatula* Lem.: 2 (H*)
- *holdridgei* L.O.Wms.: 5 (S)
2. **lindenii** (Lindl.) Cogn. (*C. delicatula* Lem., *C. northropiana* Cogn., *Laelia lindenii* Lindl., *Broughtonia lilacina* Henfr.) - Cuba, Berm. (O3/91, A**, H*, S*)
3. **northropiana** Cogn. (*Broughtonia lilacina* Northrop) - Cuba, Bah. (S)
- *northropiana* Cogn.: 2 (H*, S)
4. **ortgiesiana** (Rchb.f.) Cogn. (*Bletia ortgiesiana* Rchb.f.) - Cuba (O3/91, S, H)
5. **rosea** (Schltr.) Mansf. (*C. holdridgei* L.O.Wms., *Epidendrum roseum* Schltr.) - Haiti (S)
- *rosea* (Schltr.) Mansf.: *Quisqueia* 2 (S)
× **Cattleyopsistonia (Ctpsta.)** (*Broughtonia* × *Cattleyopsis*)
× *Cattleyovola*: × *Brassocattleya* (*Brassavola* × *Cattleya*)
× **Cattleytonia (Ctna.)** (*Broughtonia* × *Cattleya*)
× **Cattotes (Ctts.)** (*Cattleya* × *Leptotes*)
Caucaea Schltr. - 1920 - *Subfam. Epidendroideae Tribu: Oncidieae Subtr. Oncidiinae* (*Abola* Lindl.) - 1 sp. epi. - Ven., Col., Ec.

- *obscura* (Lehm. & Kraenzl.) Schltr.: 1 (H*, S*)
1. **radiata** (Lindl.) Mansf. (*C. obscura* (Lehm. & Kraenzl.) Schltr, *Abola radiata* Lindl., *Mesospinidium radiatum* (Lindl.) Rchb.f., *Rodriguezia obscura* Lehm. & Kraenzl., *Leochilus lehmannianus* Kraenzl., *L. radiatus* (Lindl.) Kraenzl., *Gomesa erectiflora* A.D.Hawk.) - W-Ven., Col., N-Ec. 2.400-3.300 m (H*, S*, R**)
Caularthron Raf. - 1837 - *Subfam. Epidendroideae Tribu: Epidendreae Subtr. Laeliinae* - *(Diacrium* Benth.) - 2/3 sp. epi. - S-Am., Trin.
1. **bicornutum** (Hook.) Raf. (*Epidendrum bicornutum* Hook., *Diacrium bicornutum* (Hook.) Benth., *D. amazonicum* Schltr.) - Braz., Guy., Ven., Trin., Tob., Col. (9**, E**, G, H**, R, Z**) → Diacrium 1
2. **bilamellatum** (Rchb.f.) Schult. (*Epidendrum bilamellatum* Rchb.f., *E. bigibberosum* Rchb.f., *Diacrium bilamellatum* (Rchb.f.) Hemsl., *D. indivisum* Broadw., *D. venezuelanum* Schltr., *D. bivalvulatum* Schltr.) - Nic., C.Rica, Pan., S-Am. Col. (E, H, W, R**) → Diacrium 2
3. **indivisum** (Bradford) Dunst. & Gar. - Ven. (FXV2/3, S)
4. **kraenzlianum** Jones - Windward Isl. (S)
- *umbellatum* (Sw.) Raf.: *Epidendrum* 79 (9**, G**)
- *umbellatum* Raf.: *Dimerandra* 7 (S56/4)
× *Caulocattleya*: × *Diacattleya* (*Cattleya* × *Caularthron*)
Centranthera Scheidw.: *Pleurothallis* R. Br. (L)
- *punctata* Scheidw.: *Pleurothallis* 134 (G)
- *punctata* Scheidw.: *Pleurothallis* 596 (L)
Centrochilus gracilis Schau.: *Habenaria* 107 (6*)
Centrogenium Schltr. - 1920: *Eltroplectris* Raf. (S)
Centrogenium Schltr. - 1920 - *Spiranthinae* (S) - 11 sp. terr. - C-S-Braz., N-Arg., Col., W-Ind.
1. **roseo-album** (Rchb.f.) Schltr. (S)
- *setaceum* (Lindl.) Schltr.: *Eltroplectris* 1 (9**)
Centroglossa Barb.Rodr. - 1881 - *Sub-*

fam. Epidendroideae Tribu: Maxillarieae Subtr. Ornithocephalinae - 6 sp. epi. - Braz.
1. **castellensis** Brade - Braz. (S)
2. **glaziovii** Barb.Rodr. - Braz. (S)
3. **greeniana** (Rchb.f.) Cogn. - Braz. (S)
4. **macroceras** Rchb.f. - Braz. (S*)
5. **nunes-limae** Brade - Braz. (S)
- *peruviana* Cogn.: *Cryptocentrum* 14 (S)
6. **tripollinica** Barb.Rodr. - Braz. (S)
Centropetalum Lindl. - 1839: *Fernandezia* Ruiz. & Pav. (S)
- *costaricensis* Ames & Schweinf.: *Pachyphyllum* 3 (W)
- *distichum* Lindl.: *Fernandezia* 9 (R)
- *hartwegii* (Rchb.f.) Kraenzl. (9**): *Fernandezia* ?
- *punctatum* (Lindl.) Kraenzl.: *C. hartwegii* (9**)
Centrosis (*Centrosia*) Thou. - 1822: *Calanthe* R.Br. (S)
- *abortiva* (L.) Sw.: *Limodorum* 1 (T**)
- *aubertii* A.Rich.: *Calanthe* 46 (E**, H**, U)
- *sylvatica* Thou.: *Calanthe* 46 (9**, E**, G**, H**, Q**, U)
Centrostigma Schltr. - 1915 - *Subfam. Orchidoideae Tribu: Orchideae Subtr. Habenariinae* - 3 sp. terr. - Afr.
1. **clavatum** Summerh. - ? Zam. (S)
2. **occultans** (Rchb.f.) Schltr. - Ang., Tanz., Zam., Transv. (S, O6/96**)
3. **papillosum** Summerh. - Zam. (S)
Cephalangraecum Schltr. - 1918: *Ancistrorhynchus* Finet
Cephalanthera L.C.Rich. - 1818 - *Subfam. Orchidoideae Tribu: Neottieae Subtr. Limodorinae* - (*Dorycheile* Rchb.) - 12 sp. terr. - N-Am., Eur., As., Medit. - "Waldvögelein"
- *alba* (Crantz) Simonkai: 6 (K**, S, T**)
- *andrusii* Post: 9 (K**)
- *angustifolia* Simonkai: 10 (K**)
1. **austinae** (A.Gray) A.A.Heller (*C. oregana* Rchb.f.) - N-Am. - myc/sapro - „Phantom Orchid" (S, FXV2/3)
2. **bijangensis** Chen - China (S)
3. **calcarata** Chen & Lang - China (S)
4. **caucasica** Kraenzl. - end. to SE-Cauc. up to N-Iran 0-1.900 m (K)
5. **cucullata** Boiss. & Heldr. ex Rchb.f. - Crete 900-1.500 m - „Kretisches Waldvögelein" (K**)
6. **damasonium** (Mill.) Druce (*C. alba* (Crantz) Simonkai, *C. grandiflora* S.F.Gray, *C. pallens* L.C.Rich., *Serapias damasonium* Mill., *S. grandiflora* L. p.p., *Epipactis alba* Crantz) - Medit., C-Eur. to 1.700 m „Weißes Waldvögelein, White Helleborine" (K**, S, T**, V**, N**, Z**) var. **chlorotica** (O1/93**)
- *ensifolia* L.C.Rich.: 10 (K**, S, T**)
7. **epipactoides** Fisch. & C.A.Meyer - NW-Turk. to 1.500 m - „Gesporntes Waldvögelein" (K**)
- *grandiflora* S.F.Gray: 6 (K**, S, T**)
8. **kotschyana** Renz & Taubenheim - end. to E-Turk. 900-1.600 m - „Kotschys Waldvögelein" (K**, S)
9. **kurdica** Bornm. (*C. andrusii* Post) - SE-Turk. 800-2.100 m (K**)
- *longibracteata* Gagn.: *Epipactis* 7 (6*)
10. **longifolia** (L.) Fritsch (*C. ensifolia* L.C.Rich., *C. angustifolia* Simonkai, *C. xiphophyllum* Rchb., *Serapias longifolia* Scop., *S. helleborine* var. *longifolia* L.,) - S-C-Eur., Medit., N-Afr. to 2.000 m - Schwertblättriges Waldvögelein, Langblättriges Waldvögelein, Narrow-leaved Helleborine" (K**, S, T**, V**, N**, O6/97, Z**)
- *oregana* Rchb.f.: 1 (S)
- *pallens* L.C.Rich.: 6 (K**, T**)
- *royleana* (Lindl.) Regel: *Epipactis* 8 (9**)
11. **rubra** (L.) L.C.Rich. (*Serapias rubra* L., *Epipactis atropurpurea* Raf.) - S-C-Eur., Medit., N-Afr. to 2.000 m - „Rotes Waldvögelein, Red Helleborine" (K**, S, T**, V**, N**, Z**)
12. **schaberi** Baum. - Turk. (S)
13. × **schulzei** A.Cam. & Ber. (*C. damasonium* × *C. longifolia*) nat. hybr. (V)
- *xiphophyllum* Rchb.: 10 (T**)
Cephalantheropsis Guill. - 1960 - *Subfam. Epidendroideae Tribus: Arethuseae Subtr. Bletiinae* (*Paracalanthe* Kudô) - ca. 5 sp. terr. - E-SE-As., Jap., China ,Thai., Mal., Indon.
1. **calanthoides** (Ames) Liu & Su (*Phajus calanthoides* Ames) - Taiw., Phil. 500-1.200 m (S)

2. **gracilis** (Lindl.) Hu (*C. venusta* (Schltr.) Hu, *Calanthe gracilis* Lindl., *C. venusta* Schltr., *C. dolichopoda* Fuk., *C. longipes* Hook.f., *Limotodes gracilis* (Lindl.) Lindl., *Alismorkis gracilis* (Lindl.) Ktze., *Paracalanthe venusta* (Schltr.) Kudô, *Phaius longipes* (Hook.f.) Holtt., *P. gracilis* (Lindl.) Hay.) - Ind., Sik., China, Mal., Phil., Viet., Taiw., Jap. 500-1.500 m (9**, H*, S*)
3. **laciniata** Ormerod - Mal. (S)
4. **lateriscapa** Guill. - Viet. (S)
5. **obcordata** (Lindl.) Ormerod - E-Him. (S)
- *venusta* (Schltr.) Hu: 2 (9**, S*)
× *Cephalepipactis*: × *Cephalopactis* (*Cephalanthera* × *Epipactis*)
× **Cephalopactis** (*Cephalanthera* × *Epipactis*)
× **Cephalophrys** (*Cephalanthera* × *Ophrys*)
Ceraja simplicissima Lour.: *Dendrobium* 88 (G**)
Ceratandra Eckl. ex Lindl. - 1838 - *Subfam. Orchidoideae Tribus: Diseae Subtr. Coryciinae* (*Evota* (Lindl.) Rolfe, *Ceratandropsis* Rolfe) - 6/7 sp. terr. - Cape, S-Afr.
1. **grandiflora** Lindl. - S-Cape (S)
2. **venosa** (Lindl.) Schltr. (*Pterygodium venosum* Lindl.) - S-Cape (S)
Ceratandropsis Rolfe - 1913: *Ceratandra* Eckl. ex Lindl. (S)
Ceratium compressum Bl.: *Eria* 18 (2*)
Ceratium compressum Bl.: *Cylindrolobus* 2 (S)
Ceratocentron (Crtn.) Sengh. - 1989 - *Aeridinae* (S) - 1 sp. epi. - Phil.
1. **fesseltii** Sengh. - Phil. 700 m (A**, O3/89, S*)
Ceratochilus Lodd. - 1828: *Stanhopea* (S)
Ceratochilus Bl. - 1825 - *Subfam. Epidendroideae Tribus: Vandeae Subtr. Sarcanthinae* - 1/2 sp. epi. - Java, Born.
1. **biglandulosus** (Ktze.) Bl. (*Gastrochilus biglandulosus* Ktze.) - Java 1.000-2.000 m (2*, Q, S*)
- *grandiflorus* Lodd.: *Stanhopea* 17 (9**, G**)
2. **jiewhoei** J.J.Wood & Shim - end. to Born. 900-1.800 m (Q**)
- *jiewhoei* J.J.Wood & Shim: *Jejewoodia* 1 (S)
- *micranthus* Lindl.: *Saccolabium micranthum* (2*)

- *oculatus* Lodd.: *Stanhopea* 38 (8**, 9**, E**, G**, H**)
× **Ceratograecum (Crgm.)** (*Angraecum* × *Ceratocentron*)
Ceratopsis rosea Lindl.: *Epipogum nutans* (2*)
Ceratostylis (Ceratostylus) Bl. - 1825 - *Subfam. Epidendroideae Tribus: Epidendreae Subtr. Eriinae* - (*Ritaia* King & Pantl.) - ca. 60 sp. epi. - Ind., SE-As., Phil., P.Is.
1. **acutifolia** Schltr. (S)
2. **anceps** Bl. (*C. gigas* Rchb.f.) - Java (2*)
3. **calcarata** Schltr. (S)
4. **capitata** Zoll. & Mor. - Java (2*)
- *cepula* Rchb.f.: 13 (2*)
- *gigas* Rchb.f.: 2 (2*)
5. **gracilis** Bl. - Java (2*)
- *gracilis* Rchb.f.: 13 (2*)
6. **graminea** Bl. - Java (2*)
7. **himalaica** Hook.f. (S)
8. **hydrophila** Schltr. (S)
9. **latifolia** Bl. - Java (2*)
- *latipetala* Ames: 11 (9**, E*, H**)
- *malaccensis* Hook.: 13 (2*)
10. **radiata** J.J.Sm. - Java (2*)
11. **retisquama** Rchb.f. (*C. rubra* Ames, *C. latipetala* Ames) - Phil. (9**, E*, H**, Z**)
- *rubra* Ames (S*): 11 (9**, E*, H**)
12. **simplex** Bl. - Java (2*)
13. **subulata** Bl. (*C. gracilis* Rchb.f., *C. teres* Rchb.f., *C. cepula* Rchb.f., *C. malaccensis* Hook., *Appendicula teres* Griff.) - Java (2*)
- *teres* Rchb.f.: 13 Bl. (2*)
Cerochilus rubens Lindl.: *Hetaeria* 12 (6*)
Cestichis Thou. - 1822: *Liparis* L.C.Rich. (S)
- *caespitosa* (Lam.) Ames: *Liparis* 27 (6*, G, U)
- *forbesii* (Ridl.) Ames: *Liparis* 21 (6*)
- *longipes* (Lindl.) Ames: *Liparis* 167 (6*, G)
- *parviflora* (Bl.) Ames: *Liparis* 122 (6*)
- *pendula* (Lindl.) Pfitz.: *Liparis* 167 (6*, G)
- *platybolba* (Hay.) Kudô: *Liparis* 55 (6*)
- *plicata* (Franch. & Sav.) F.Maekawa: *Liparis* 21 (6*)
- *vestita* Ames: *Liparis* 38 (6*)

Chaenanthe Lindl. - 1838: *Diadenium* Poepp. & Endl. (S)
- *barkeri* Lindl.: *Diadenium* 1 (G)

Chaetocephala Barb.Rodr. - 1882: *Myoxanthus* Poepp. & Endl.
- *lonchophylla* (Barb.Rodr.) Barb. Rodr.: *Myoxanthus* 24 (L*)
- *punctata* Barb.Rodr.: *Myoxanthus* 36 (L*)

Chamaeangis sect. *Microterangis* Schltr. - 1918: *Microterangis* (Schltr.) Sengh. (S)

Chamaeangis (Cham.) Schltr. - 1918 - Subfam. Epidendroideae Tribus: Vandeae Subtr. Aerangidinae - ca. 7/13 sp. epi. - Trop. Afr., Madag., Masc., Com.
- *boutonii* (Rchb.f.) Gar.: *Microterangis* 1 (U)
- *coursiana* H.Perr.: *Microterangis* 2 (U)
- *divitiflorum* (Schltr.) Schltr.: *Microterangis* 3 (U)
1. **gracilis** (Thou.) Schltr. (*Angraecum gracile* Thou., *Mystacidium gracile* (Thou.) Finet) - Madag., Masc. (G, S)
- *hariotianum* (Kraenzl.) Schltr.: *Microterangis* 4 (U**)
- *hildebrandtii* (Rchb.f.) Gar.: *Microterangis* 5 (U)
- *humblotii* (Rchb.f.) Gar.: *Microterangis* 6 (U)
2. **ichneumonea** (Lindl.) Schltr. - Congo, Gab., Ghana, Lib., Nig., S.Leone 600 m (C*)
3. **odoratissima** (Rchb.f.) Schltr. (*C. urostachya* (Kraenzl.) Schltr., *Angraecum odoratissimum* Rchb.f., *Listrostachys odoratissima* (Rchb.f.) Rchb.f.) - W-Afr., Kenya, S.Leone, Ug., Zai. 900-2.100 m (A**, E*, H*, M**, C**, S*)
- *oligantha* (Schltr.) Schltr.: *Microterangis* 7 (U)
- *orientalis* Summerh.: 4 (M**, C)
- *probeguini* (Finet) Schltr.: *Angraecopsis* 13 (U)
4. **sarcophylla** Schltr. (*C. orientalis* Summerh.) - Kenya, Ug., Tanz., Zai., Rwa., Malawi 1.500-2.400 m (M**, C)
- *urostachya* (Kraenzl.) Schltr.: 3 (M**)
5. **vesicata** (Lindl.) Schltr. (*Angraecum vesicatum* Lindl., *Listrostachys vesicata* (Lindl.) Rchb.f.) - Guin., S.Leone, Lib., Ghana, S-Nig., Tanz., Congo 1.100-1.800 m (G, M**, C, S*)

Chamaeanthus Schltr. - 1905 - Subfam. Epidendroideae Tribus: Vandeae Subtr. Sarcanthinae - 3 sp. epi. - SE-As.
- *aymardii* N.Hallé: *Gunnarella* 1 (O2/88)
- *begaudii* N.Hallé: *Gunnarella* 2 (O2/88)
1. **brachystachys** Schltr. - Java, Thai. (2*, O2/88, S*)
- *brigittae* N.Hallé: *Gunnarella* 3 (O2/88)
- *carinatus* J.J.Sm.: *Gunnarella* 4 (O2/88)
- *filiformis* J.J.Sm.: *Calymmanthera* 1 (O2/88)
- *flavus* Carr: *Biermannia* 6 (O2/88)
- *florenciae* N.Hallé: *Gunnarella* 5 (O2/88)
- *gracilis* Schltr: *Gunnarella* 6 (O2/88)
- *laciniatus* Carr: *Biermannia* 8 (O2/88)
- *laxus* Schltr.: *Gunnarella* 7 (O2/88)
- *minimus* (Schltr.) Schltr.: *Drymoanthus* 2 (O2/88)
- *neocaledonicus* (Rendle) N.Hallé: *Gunnarella* 8 (O2/88)
- *paniculatus* J.J.Sm.: *Gunnarella* 9 (O2/88)
- *robertsii* (Schltr.) Schltr.: *Gunnarella* 10 (O2/88)
- *sarcanthoides* Carr: *Biermannia* 10 (O2/88)
2. **singularis** J.J.Sm. (*Sarcochilus singularis* (J.J.Sm.) J.J.Sm.) - N.Gui. (O2/88, S)
3. **wenzelii** Ames - Phil. (O2/88, S)

Chamaegastrodia [Chamaegastrodium (S)] F.Maekawa - 1935 - Subfam. Spiranthoideae Tribus: Erythrodeae - 1 sp. myc/ter - Jap.
1. **shikokiana** (Mak.) Mak. & F.Maekava (*Gastrodia shikokiana* Mak.) - Jap. - sapr. (FXV2/3, S)

Chamaeleorchis Sengh. & Lueckel - 1997 - Oncidiinae (S) - 1 sp. epi. - Pan., Col., Ec., Peru
1. **warscewiczii** (Rchb.f.) Sengh. & Lueckel (*Miltonia warscewiczii* Rchb.f., *Miltonioides warscewiczii* (Rchb.f.) Brieg. & Lueckel, *Oncidium fuscatum* Rchb.f., *Odontoglos-*

sum weltonii hort.) - Pan., Col., Ec., Peru 400-1.200 m (S*)
Chamaelophyton Gar. [Chamelophyton (S)] - 1974 - *Subfam. Epidendroideae Tribus: Epidendreae Subtr. Pleurothallidinae* - (*Garayella* Brieg.) - 1 sp. - Ven., Guy.
1. **kegelii** (Rchb.f.) Gar. (*Restrepia kegelii* Rchb.f., *Pleurothallis hexandra* Gar. & Dunst., *Garayella hexandra* (Gar. & Dunst.) Brieg.) - Ven., Guy. (L*, S*)
Chamaeorchis alpina (L.) L.C.Rich.: *Chamorchis* 1 (G)
Chamaerepens Spreng. - 1826: *Chamorchis* L.C.Rich. (S)
- *alpina* (L.) Spreng.: *Chamorchis* 1 (G)
× **Chamodenia** (*Chamorchis* × *Gymnadenia*)
Chamorchis (Chamaeorchis) L.C.Rich. - 1818 - *Subfam. Orchidoideae Tribus: Orchideae Subtr. Orchidinae* - (*Chamaerepens* Spreng.) - 1 sp. terr. - N-C-Eur.
1. **alpina** (L.) L.C.Rich. (*Ophrys alpina* L., *Orchis graminea* Crantz, *O. alpina* (L.) Schrank, *Arachnites alpina* (L.) F.W.Schmidt, *Satyrium alpinum* (L.) Pers., *Chamaeorchis alpina* (L.) L.C.Rich., *Chamaerepens alpina* (L.) Spreng., *Herminium alpinum* (L.) Lindl., *Epipactis alpina* (L.) F.W.Schmidt) - Eur. 1.500-2.700 m - „Zwergorchis" (G, K**, S, O2/80)
Changnienia Chien - 1935 (1955) - *Corallorhizinae* (S) - 1 sp. terr. - China
1. **amoena** Chien - China (S*)
Charadoplectron spiranthes Schau.: *Peristylus* 27 (2*)
× **Charlesworthara (Cha.)** (*Cochlioda* × *Miltonia* × *Oncidium*)
× **Charlieara (Charl.)** (*Rhynchostylis* × *Vanda* × *Vandopsis*)
Chaseëlla Summerh. - 1961 - *Subfam. Epidendroideae Tribus: Dendrobieae Subtr. Bulbophyllinae* - 1 sp. epi. - Kenya, Zim.
1. **pseudohydra** Summerh. - Kenya, Zim. 2.000 m (1**, M, O5/95, O1/00**, S*)
Chaubardia Rchb.f. - 1852 - *Subfam. Epidendroideae Tribus: Maxillarieae Subtr. Zygopetalinae* - (*Hoehneella* Ruschi) - ca. 2/5 sp. epi. - Trop. S-Am., Trin.

1. **gehrtiana** (Hoehne) Gar. (*Warscewiczella gehrtiana* Hoehne, *Hoehneella gehrtiana* (Hoehne) Ruschi) - Braz. (O4/98)
2. **heloisae** (Ruschi) Gar. (*Hoehneella heloisae* Ruschi) - Braz. (O4/98)
3. **heteroclita** (Poepp. & Endl.) Dods. & Benn. (*Maxillaria heteroclita* Poepp. & Endl., *Zygopetalum rhombilabium* Schweinf., *Warscewiczella heteroclita* (Poepp. & Endl.) Hoehne, *Cochleanthes heteroclita* (Poepp. & Endl.) Schult. & Gar., *C. rhombilabia* (Schweinf.) Sengh., *Huntleya heteroclita* (Poepp. & Endl.) Gar.) - Peru, Ec. (O4/98, O5/98, Z**)
4. **klugii** (Schweinf.) Gar. (*Cochleanthes klugii* (Schweinf.) Schult. & Gar., *Zygopetalum klugii* Schweinf.) - Col., Ec., Peru, Braz. 300-1.400 m (O3/90, O4/98, R**, S*)
5. **surinamensis** Rchb.f. (*Zygopetalum trinitatis* (Ames) Schult., *Cochleanthes trinitatis* (Ames) Schult., *Hoehneella santos-nevesii* Ruschi, *H. trinitatis* (Ames) Fowlie, *H. trinitatis* (Ames) Schult. & Gar.) - Ven., Sur., Ec., Trin., Guy., Peru, Col. Bol., Braz. 200-600 m (H*, O3/90, O4/98**, O5/98, R, S*)
- *tigrina* Dunst. & Gar.: *Chaubardiella* 9 (O5/90, O4/98, S)

Chaubardiella Gar. - 1969 - *Subfam. Epidendroideae Tribus: Maxillarieae Subtr. Zygopetalinae* - ca. 7/8 sp. epi. - Trop. C-S-Am.
- *calceolaris* Gar. (H*): *Stenia* 4 (O4/98, O6/98)
1. **chasmatochila** (Fowlie) Gar. (*Stenia chasmatochila* Fowlie) - C.Rica, Pan., Col. 300-1.500 m (W, O5/90, O4/98, R**, S*)
2. **dalessandroi** Dods. & Dalström - Ec. 1.500-1.800 m (O5/90, O4/98, R, S*)
3. **delcastilloi** Benn. & Christ. - Peru (S)
4. **hirtzii** Dods. - Peru, Ec. 400-1.300 m (A**, O4/98, R, S)
5. **pacuarensis** Jenny - C.Rica 1.200 m (W**, O3/89, O4/98, R, S)
- *parsonii* hort. ex Jenny n.n. (O6/89): *Stenia* 4 (O4/98, O6/98)
6. **pubescens** Ackerm. - Col., Ec. 300-1.500 m (O1/89, O5/90, O4/98, R**, S)

- *saccata* (Gar.) Gar.: *Dodsonia* 1 (O5/90, O4/98, S)
7. **serrulatum** Benn. & Christ. - Peru (S)
8. **subquadrata** (Schltr.) Gar. (*Kefersteinia subquadrata* Schltr., *Chondrorhyncha subquadrata* (Schltr.) L.O.Wms.) - C.Rica, Col., Ec. (W, O5/90, O4/98, R**, S)
9. **tigrina** (Gar. & Dunst.) Gar. (*Chaubardia tigrina* Gar. & Dunst., *Stenia tigrina* (Gar. & Dunst.) Foldats) - Ven. to Peru ca. 800 m (O5/90, O4/98**, R, S*, Z**)

Chauliodon Summerh. - 1943 - *Subfam. Epidendroideae Tribus: Vandeae Subtr. Aerangidinae* - 1 sp. epi. - W-Afr.
- *buntingii* Summerh. (A**, FXV2/3): 1 (S*)
1. **deflexicalcaratum** (De Wild.) Jonsson (*C. buntingii* Summerh.) - Lib., Ghana, S-Nig., Zai. (S*)

Cheiradenia Lindl. - 1853 - *Subfam. Epidendroideae Tribus: Maxillarieae Subtr. Zygopetalinae* - 2 sp. epi. - Ven., Guy., Braz.
1. **cuspidata** Lindl. - Guy. (S)
2. **imthurnii** Cogn. - Guy., Sur., Ven. Braz. 200-600 m (S*)

Cheiropterocephalus Barb.Rodr. - 1877: *Malaxis* Sol. ex Sw. (S)
- *sertuliferus* Barb.Rodr.: *Malaxis* 19 (9**, G)

Cheirorchis Carr - 1932: *Cordiglottis* J.J. Sm. (S)

Cheirorchis Carr - 1932 - *Subfam. Epidendroideae Tribus: Vandeae Subtr. Sarcanthinae*
- *breviscapa* Carr: *Cordiglottis* 4 (S)

Cheirostylis Bl. - 1825 - *Subfam. Spiranthoideae Tribus: Erythrodeae* - ca. 22 sp. ter/lit - Trop. Afr., Madag., Com., SE-As.
- *bhotanensis* Tang & Wang: 9 (6*)
1. **chinensis** Rolfe (*C. flabellata* Rchb. f. non Wight) - Thai. (6*)
2. **cochinchinensis** Bl. (*C. flabellata* Gagn. non Wight) - Thai. (6*)
3. **didymacantha** Seidenf. - Thai. (6*)
4. **flabellata** Wight (*Goodyera flabellata* A.Rich., *Monochilus flabellatum* Wight) - Thai. (6*)
- *flabellata* Gagn.: 2 (6*)
- *flabellata* Lindl.: 9 (6*)
- *flabellata* Rchb.f.: 1 (6*)
- *flabellata* Ridl.: 10 (6*)
- *franchetiana* King & Pantl.: *Myrmechis* 4 (6*)
- *grandiflora* Gagn.: 15 (6*)
5. **griffithii** Lindl. (*C. macrantha* Schltr.) - Thai. (6*, S)
6. **gymnochiloides** (Ridl.) Rchb.f. (*C. humblotii* Rchb.f., *C. sarcopus* Schltr., *C. micrantha* Schltr., *Monochilus gymnochiloides* Ridl.) - Com., Madag., E-Afr. 0-1.700 m (U)
- *humblotii* Rchb.f.: 6 (U)
- *kanarensis* Blatt. & McCann: *Didymoplexis* 5 (6*)
7. **lepida** (Rchb.f.) Rolfe - Kenya, Nig., Eth., Ug., Tanz. 900 m (M)
- *macrantha* Schltr.: 5 (6*)
8. **malleifera** Par. & Rchb.f. - Thai. (6*)
- *micrantha* Schltr.: 6 (U)
9. **moniliformis** (Griff.) Seidenf. (*C. bhotanensis* Tang & Wang, *C. flabellata* Lindl. non Wight, *Goodyera moniliformis* Griff., *Zeuxine moniliforme* (Griff.) Griff.) - Thai. (6*)
10. **montana** Bl. (*C. flabellata* Ridl. non Wight) - Thai., Java (2*, 6*)
- *montana* Seidenf. & Smitin.: 17 (6*)
11. **ovata** (F.M.Bailey) Schltr. - end. to Austr. (Qld., NSW) (P**)
12. **parvifolia** Lindl. - Sri L. (G)
13. **pubescens** Par. & Rchb.f. - Thai. (6*)
14. **pusilla** Lindl. (*Etaeria pusilla* Lindl.) - Thai. (6*)
- *pusilla* Lindl. non Lindl.: *Myrmechis* 4 (6*)
- *sarcopus* Schltr.: 6 (U)
15. **spathulata** J.J.Sm. (*C. grandiflora* Gagn. non Bl.) - Thai. (6*)
16. **thailandica** Seidenf. - Thai. (6*)
17. **yunnanensis** Rolfe (*C. montana* Seidenf. & Seidenf. non Bl.) - Thai. (6*)

Chelonanthera Bl. - 1825: *Pholidota* Lindl. ex Hook.

Chelonanthera Bl. - 1825: *Coelogyne* Lindl.
- *gibbosa* Bl: *Pholidota* 6 (2*)
- *incrassata* Bl.: *Coelogyne* 29 (2*)
- *longifolia* Bl.: *Coelogyne* 36 (2*)
- *miniata* Bl.: *Coelogyne* 41 (2*)
- *speciosa* Bl.: *Coelogyne* 62 (2*, 9**, H**)
- *sulphurea* Bl.: *Coelogyne* 65 (2*)
- *sulphurea* Bl.: *Chelonistele* 2 (H**)
- *ventricosa* Bl.: *Pholidota* 12 (2*)

Chelonistele Pfitz. - 1907: *Coelogyne* Lindl. (S)
Chelonistele Pfitz. - 1907 - *Coelogyninae* (S) - (*Sigmatochilus* Rolfe) - ca. 11 sp. epi/lit - SE-As., Mal., Born.
- *cuneata* (J.J.Sm.) Carr: 2 (H**)
1. **kinabaluensis** (Rolfe) de Vogel (S)
- *perakensis* (Rolfe) Ridl. (9**): 2 (H**)
- *pusilla* (Ridl.) Ridl. (9**): 2 (H**)
2. **sulphurea** (Bl.) Pfitz. (*C. pusilla* (Ridl.) Ridl., *C. perakensis* (Rolfe) Ridl., *C. cuneata* (J.J.Sm.) Carr, *Chelonanthera sulphurea* Bl., *Coelogyne decipiens* Sand., *C. beyrodtiana* Schltr.) - Mal., Sum., Born., Java, S-Phil. 600-2.300 m (H**, O2/94)

Chelyorchis Dressl. & N.H.Will. - 2000: *Oncidium* Sw. (S)
- *ampliatum* (Lindl.) Dressl. & N.H. Will.: *Oncidium* 9 (S)

× **Chewara (Chew.)** (*Aërides* × *Renanthera* × *Rhynchostylis*)

× **Chilocentrum (Chctm.)** (*Ascocentrum* × *Chiloschista*)

Chiloglottis (Chil.) R.Br. - 1810 - *Subfam. Orchidoideae Tribus: Diurideae Subtr. Caladeniinae* - (*Diplodium* Sw., *Petrostylis* Pritzel) - ca. 20 sp. terr. - Austr., N.Zeal. - „Bird Orchids"
1. **cornuta** Hook.f. - Austr. (NSW, Vic., Tasm., SA) N.Zeal. (P**, O3/92)
2. **diphylla** R.Br. - end. to Austr. (NSW) (H, P*)
- *dockrilii* Rupp: 6 (P*)
3. **formicifera** Fitzg. - Austr. (Qld., NSW), N.Zeal. - „Ant Orchid" (P**, O3/92, Z**, S*)
4. **gunnii** Lindl. - Austr. (NSW, ACT, Vic., Tasm.), N.Zeal. (H**, P**, O3/92)
5. × **pescottiana** R.Rogers (*C. gunnii* × *C. trapeziformis*) nat. hybr. - end. to Austr. (NSW, Vic.) (P*)
6. **reflexa** (Labill.) Druce (*Acianthus bifolius* R.Br., *C. dockrillii* Rupp) - end. to Austr. (NSW, Vic., Tasm.) (P**)
7. **sylvestris** D.Jones & M.Clem. - end. to Austr. (Qld., NSW) ca. 500 m (P*)
8. **trapeziformis** Fitzg. - end. to Austr. (Qld., NSW, ACT, Vic., Tasm., SA) (P*, Z**)
9. **trilabra** Fitzg. - end. to Austr. (NSW) (P*)
10. **truncata** D.Jones & M.Clem. - end. to Austr. (Qld) (P*)
11. **valida** D.Jones - N.Zeal., SE-Austr. (Z**)

Chilopogon Schltr. - *Subfam. Epidendroideae Tribus: Epidendreae Subtr. Podochilinae* - 5 sp. epi. - N.Gui., Phil.
1. **bracteatum** Schltr. (S)
2. **oxysepalum** Schltr. (S)

Chiloschista (Chsch.) Lindl. - 1832 - *Subfam. Epidendroideae Tribus: Vandeae Subtr. Sarcanthinae* - ca. 3/18 sp. epi. - Ind., S-China, SE-As., Indon., Austr.
1. **extinctoriformis** Seidenf. - Thai. (S)
2. **exuperei** (Guill.) Gar. - NE-Thai., Viet. (S)
3. **guangdongensis** Tsi - China (S)
4. **javanica** Schltr. - Java (S)
5. **loheri** Schltr. - Palau (S)
6. **lunifera** (Rchb.f.) J.J.Sm. [*C. lunifera* (Hook.f.) J.J.Sm. (S)] (*Thrixspermum luniferum* Rchb.f., *Sarcochilus luniferus* (Rchb.f.) Benth.) - N-Ind., Sik., Burm., Thai. (2*, 9**, E**, H, Z**)
- *lunifera* auct. non Lindl.: 7 (S*)
- *minimifolia* (Hook.f.) Balakr.: 9 (G)
7. **parishii** Seidenf. (*C. lunifera* auct. non Lindl.) - Nep., S-China, Thai., Burm. 500-1.000 m (H**, S*)
8. **phyllorhiza** (F.v.Muell.) Schltr. - end. to Austr. (Qld., NT), N.Gui.? - scented (P**, S)
9. **pusilla** (Koenig) Schltr. [*C. pusilla* (Retz.) Schltr. (S)] (*C. usneoides* Wight non Lindl., *C. minimifolia* (Hook.f.) Balakr., *Epidendrum pusillum* Koenig, *Limodorum pusillum* (Koenig) Willd., *Oeceoclades retzii* Lindl., *Sarcochilus fasciatus* F.v. Muell., *S. minimifolium* Hook.f., *S. wightii* Hook.f.) - Sri L., S-Ind., Thai. 300-900 m (G)
10. **ramifera** Seidenf. - Thai. (S)
11. **segawai** (Masamune) Masamune & Fuk. - Taiw. (S)
12. **sweelimii** Holtt. - Mal. (S)
13. **taeniophyllum** (J.J.Sm.) Schltr. - Amb., Banda (S)
14. **treubii** (J.J.Sm.) Schltr. - Sund. (S)
15. **trudelii** Seidenf. - Thai. (S)
16. **usneoides** (D.Don) Lindl. (*Epidendrum usneoides* D.Don, *Aerides con-*

vallaroides Wall. ex Lindl., *Sarcochilus usneoides* (D.Don) Rchb.f., *Thrixspermum usneoides* (D.Don) Rchb.f.) - NW-Him., Nep., Sik., Bhut., Thai. (G, H, $55/3, S)
- *usneoides* Wight: 9 (G, S)
17. **viridiflava** Seidenf. - Thai. (S)
18. **yunnanensis** Schltr. - China (S)

Chitonanthera Schltr. - 1905 - *Subfam. Epidendroideae Tribus: Epidendreae Subtr. Thelasiinae* - 10 sp. epi. - N.Gui. mount.
1. **angustifolia** Schltr. - N.Gui. (S)
2. **bilabrata** (van Royen) E.A.Christ. (S)
2. **falcifolia** Schltr. - N.Gui. (S)

Chitonochilus Schltr. - 1905 - *Subfam. Epidendroideae Tribus: Epidendreae Subtr. Podochilinae* - 1 sp. epi. - N.Gui.
1. **papuanum** Schltr. - N.Gui. (S)

Chloidia Lindl. p.p. - 1840: *Corymborkis* Thou.
- *decumbens* Lindl.: *Corymborkis* 3 (S)
- *flava* Griseb. *Corymborkis* 2 (S)

Chloidia Lindl. p.p. - 1840: *Tropidia* Lindl.

Chloraea Lindl. - 1827 - *Subfam. Orchidoideae Tribus: Diurideae Subtr. Chloraeinae* - (*Ulantha* Hook., *Bieneria* Rchb.f., *Mantha* Hook., *Asarca* Lindl., *Asarca* Poepp.) - ca. 50 sp. terr. - Chile, Arg., S-Braz., Ur., Peru, Bol.
1. **alpina** Poepp. - Chile, Arg. (FVI4)
2. **barbata** Lindl. - Chile, Arg. (FVI4)
- *bella* Haum.: 30 (S)
3. **bidentata** (Poepp.) Correa - Chile, Arg. (FVI4)
4. **biselaris** Griseb. - Arg., Bol., Peru (FVI4)
5. **bletioides** Lindl. (*C. ulanthoides* Lindl., *C. ulantha* Rolfe, *C. grandis* Kraenzl.) - Chile (9**, FVI4)
6. **boliviana** (Rchb.f.) Kraenzl. - Arg., Bol., Peru (FVI4)
7. **calantha** Haum. - Arg., Bol., Peru (FVI4)
8. **castilloni** Haum. - Arg., Bol., Peru (FVI4)
9. **chica** Spegazz. & Kraenzl. - Chile, Arg. (FVI4)
- *chlorosticta* Philippi: 44 (9**)
- *chrysantha* Poepp. & Endl.: 44 (9**)
10. **cogniauxii** Haum. - Arg., Bol., Peru (FVI4)
11. **collina** Philippi - Chile, Arg. (FVI4)
12. **crispa** Lindl. (*C. cygnaea* Philippi, *C. spectabilis* Philippi, *C. pogonata* Philippi, *C. dasypogon* Philippi, *Cymbidium luteum* Willd., *Asarca crispa* (Lindl.) Ktze., *A. cygnaea* (Philippi) Ktze., *A. pogonata* (Philippi) Ktze., *A. dasypogon* (Philippi) Ktze.) - Chile, Arg. (9**, H*, FVI4)
13. **cristata** Lindl. - Chile, Arg. (FVI4)
14. **cuneata** Lindl. - Chile, Arg. (FVI4)
- *cygnaea* Philippi: 12 (9**)
15. **cylindrostachya** Poepp. - Chile, Arg. (FVI4)
- *dasypogon* Philippi: 12 (H*)
16. **densipapillosa** Schweinf. - Arg., Bol., Peru (FVI4)
17. **disoides** Lindl. - Chile, Arg. (FVI4)
18. **elegans** Correa - Arg., Bol., Peru (FVI4)
19. **fiebrigiana** Kraenzl. - Arg., Bol., Peru (FVI4)
- *fimbriata* Philippi: 44 (9**)
20. **galeata** Lindl. - Chile, Arg. (H, FVI4)
21. **gaudichaudii** Brongn. - Chile, Arg. (FVI4*)
22. **gavilu** Lindl. (*C. lindleyii* Poepp., *C. virescens* Lindl., *C. sceptrum* Rchb.f., *C. semitensis* Kraenzl. non Poepp., *C. lutea* (Willd.) Schltr., *C. lotensis* Rolfe, *Cymbidium luteum* Willd., *Asarca sceptrum* (Rchb.f.) Ktze., *A. virescens* (Lindl.) Ktze.) - Chile (G**, FVI4)
23. **grandiflora** Poepp. - Chile, Arg. (FVI4)
- *grandis* Kraenzl.: 5 (9**)
24. **heteroglossa** Rchb.f. - Chile, Arg. (FVI4)
- *incisa* Poepp.: 44 (9**)
25. **lamellata** Lindl. - Chile, Arg. (FVI4)
26. **laxiflora** Haum. - Arg., Bol., Peru (FVI4)
27. **lechleri** Lindl. ex Kraenzl. - Chile, Arg. (FVI4)
- *lindleyii* Poepp.: 22 (G**)
- *longibracteata* Lindl.: *Asarca sinuata* (9**)
28. **longipetala** Lindl. - Chile, Arg. (S, FVI4)
- *lotensis* Rolfe: 22 (G**)
- *lutea* (Willd.) Schltr.: 22 (G**)
29. **magellanica** Hook.f. - Chile, Arg. (S, FVI4*)
30. **membranacea** Lindl. (*C. bella*

Hausm.) - N-Arg., S-Braz., Ur. (S, FVI4*)
31. **multiflora** Lindl. - Chile, Arg. (FVI4)
32. **multilineolata** Schweinf. - Arg., Bol., Peru (FVI4)
33. **nudilabia** Lindl. [Poepp. (S)]- Chile, Arg. (FVI4, S*)
- *odontoglossa* A.Rich.: 44 (9**)
- *patagonica* Philippi: 44 (9**)
34. **philippii** Rchb.f. - Chile, Arg. (FVI4)
35. **phoenicea** Spegazz. - Arg., Bol., Peru (FVI4)
- *pigichen* Ktze.: 44 (9**)
- *piquichen* Lindl.: 44 (9**)
- *pleistodactyla* Kraenzl. & Spegazz.: 44 (9**)
- *pogonata* Philippi: 12 (H*)
36. **praecinta** Spegazz. & Kraenzl. - Arg., Bol., Peru (FVI4)
37. **prodigiosa** Rchb.f. - Chile, Arg. (FVI4)
38. **reticulata** Schltr. - Arg., Bol., Peru (FVI4)
- *sceptrum* Rchb.f.: 22 (G**)
- *semitensis* Kraenzl.: 22 (G**)
39. **septentrionalis** Correa - Peru (FVI4*)
40. **speciosa** Poepp. - Chile, Arg. (FVI4)
- *spectabilis* Philippi: 12 (9**)
41. **subpandurata** Haum. - Arg., Bol., Peru (FVI4)
42. **trachysepala** Kraenzl. - Chile, Arg. (FVI4)
- *ulantha* Rolfe: 5 (9**)
- *ulanthoides* Lindl.: 5 (9**)
- *unguis-cati* Rchb.f.: 44 (9**)
43. **venosa** Rchb.f. - Arg., Bol., Peru (FVI4)
44. **virescens** (Willd.) Lindl. (*C. incisa* Poepp., *C. chrysantha* Poepp. & Endl., *C. piquichen* Lindl., *C. pigichen* Ktze., *C. odontoglossa* A.Rich., *C. unguis-cati* Rchb.f., *C. fimbriata* Philippi, *C. chlorosticta* Philippi, *C. patagonica* Philippi, *C. pleistodactyla* Kraenzl. & Spegazz., *Cymbidium virescens* Willd., *Asarca chlorosticta* (Philippi) Ktze., *A. odontoglossa* (A. Rich.) Ktze., *A. unguis-cati* (Rchb.f.) Ktze., *A. incisa* (Poepp.) Ktze., *A. fimbriata* (Philippi) Ktze., *A. patagonica* (Philippi) Ktze.) - Chile, Arg. (9**, FVI4)
- *virescens* Lindl.: 22 (G**)

45. **volkmanni** Philippi & Kraenzl. - Chile, Arg. (FVI4)
Chlorosa Bl. - 1825: *Cryptostylis* R.Br. (S)
- *latifolia* Bl. (2*): *Cryptostylis* ?
Choeradoplectron Schau. - 1843: *Habenaria* Willd. (S)
- *spiranthes* Schau.: *Peristylus* 17 (6*)
Chondradenia Sawada ex F.Maekawa - 1971 - *Subfam. Orchidoideae Tribus: Orchideae Subtr. Orchidinae* - 2 sp. terr. - Jap, Burm., Yun.
1. **doyonensis** (Hand.-Mazz.) Verm. Burm., Yun. to 4.200 m (S)
2. **fauriei** (Finet) Sawada - Jap. (S)
× **Chondranthes (Cdths.)** (*Chondrorhyncha* × *Cochleanthes*)
× **Chondrobollea (Chdb.)** (*Bollea* × *Chondrorhyncha*)
× *Chondropetalum*: × *Zygorhyncha* (*Chondrorhyncha* × *Zygopetalum*)
Chondrorhyncha sect. *Chondroscaphe* Dressl. - 1983: *Chondroscaphe* (Dressl.) Sengh. & Gerlach (S)
Chondrorhyncha (Chdrh.) Lindl. - 1846 - *Subfam. Epidendroideae Tribus: Maxillarieae Subtr. Zygopetalinae* (*Warscewiczella* Rchb.f.) - ca. 30 sp. epi. - Trop. C-S-Am.
- *alba* (Schltr.) L.O.Wms.: *Kefersteinia* 1 (O4/98)
1. **albicans** Rolfe - C.Rica, Pan. (W, O6/83, O4/98, S*)
2. **amabilis** Schltr. - Col. (FXIX1*, R**)
→ *amabilis* Schltr.: *Chondroscaphe* 1 (O4/98, O5/98)
- *amazonica* (Rchb.f. & Warsc.) Hawk: *Cochleanthes* 1 (O4/98, O5/98)
3. **anatona** (Dressl.) Sengh. (*Cochleanthes anatona* Dressl.) - Pan. (W**, O3/90, O4/98, S)
4. **andreae** Ortiz - Col. (O4/98, FXIX2**, S)
5. **andreettae** Jenny - Ec., Peru, Col. 900 m (O3/89, O4/98, R**, S)
6. **antonii** Ortiz - Col. (O4/98, FXIX2**, S)
- *aromatica* (Rchb.f.) P.H.Allen (E*): *Cochleanthes* 2 (H*, O4/98, O5/98)
7. **aurantiaca** Sengh. & Gerlach - Peru (A**, O4/98, O6/91**, S)
8. **bicolor** Rolfe (*C. endresii* Schltr., *C. estrellensis* Ames, *Cochleanthes bidentata* (Rchb.f. ex Hemsl.) Schltr. & Gar., *Zygopetalum bidentatum*

Rchb.f. ex Hemsl., *Warscewiczella bidentata* (Rchb.f. ex Hemsl.) Schltr.) - C.Rica, Pan. to Ec. 750-1.000 m (W, O6/83, O3/90, O4/98, S, Z**)

9. **caloglossa** (Schltr.) P.H.Allen [C. calloglossa (Schltr.) Schltr. & Gar. (O5/90)] (*Warscewiczella cal(l)oglossa* Schltr.) - C.Rica, Pan. (O4/98, O5/90, S*)
- *caquetae* Fowlie: 36 (O4/98**)
10. **carinata** Ortiz - Col. (O4/98, FXIX2**)
11. **caudata** Ackerm. (*Stenia caudata* (Ackerm.) Dods. & Benn.) - Ec. (S*)
↳ *caudata* Ackerm.: *Ackermania* 1 (O4/98**)
12. **chestertonii** Rchb.f. - Col. (8**, O5/89, FXIX1*, R**, Z**)
↳ *chestertonii* Rchb.f.: *Chondroscaphe* 2 (O4/98, O5/98)
13. **cornuta** Gar. - Col. (R**, S)
↳ *cornuta* Gar.: *Ackermania* 2 (O4/98**)
- *costaricensis* (Schltr.) P.H.Allen: *Kefersteinia* 11 (O4/98)
14. **crassa** Dressl. - Pan. 1.000-1.200 m (W, O6/83, O4/98, S)
- *discolor* (Lindl.) P.H.Allen: *Cochleanthes* 4 (4**, 9**, O1/91, E**, H**, O4/98, O5/98)
15. **eburnea** Dressl. - Pan. 850 m (W, O6/83, O4/98, S*)
16. **ecuadorensis** Dods. - Ec. (O4/98, S*)
17. **embreei** Dods. & Neudecker - Ec. 900-2.000 m (FXIX1*)
↳ *embreei* Dods. & Neudecker: *Chondroscaphe* 3 (O4/98, O5/98)
- *endresii* Schltr.: 8 (O6/83, O4/98)
18. **escobariana** Dods. & Neudecker - Col. 1.500 m (FXIX1**)
↳ *escobariana* Dods. & Neudecker: *Chondroscaphe* 4 (O4/98, O5/98)
- *estradae* Dods.: *Benzingia* 1 (O4/98)
- *estrellensis* Ames: 8 (O6/83, O4/98)
19. **fimbriata** (Lind. & Rchb.f.) Rchb.f. (*Stenia fimbriata* Lind. & Rchb.f.) - Col. (O6/83, O5/89, O4/98)
- *flaveola* (Lind. & Rchb.f.) Gar. (O5/89, Z): *Chondroscaphe* 5 (O4/98, O5/98**)
20. **fosterae** Dods. - Bol. (O5/89, O4/98, S*)
21. **gentryi** Dods. & Neudecker - Ec. 1.450 m (FXIX1**)

↳ *gentryi* Dods. & Neudecker: *Chondroscaphe* 6 (O4/98, O5/98)
- *guttata* (Rchb.f.) Gar.: *Stenia* 8 (O4/98)
22. **helleri** Fowlie - Nic. (O6/83, O4/98, S*)
23. **hirtzii** Dods. - Ec. (O4/98, S*)
- *lactea* (Rchb.f.) L.O.Wms.: *Kefersteinia* 25 (O4/98, O5/98)
24. **lankesteriana** Pupulin - C.Rica (S)
25. **lendyana** Rchb.f. - Mex. to Nic., C.Rica (W, O4/98, S*)
- *lipscombiae* Rolfe: *Cochleanthes* 1 (O4/98, O3/90, O5/98)
- *lipscombiae* Rolfe: *Mendoncella* 5 (9**)
26. **litensis** Dods. - Ec., Col. (O4/98, S*)
- *lojae* (Schltr.) Schweinf.: *Kefersteinia* 31 (E**, H**, O4/98)
27. **luerorum** Vasq. & Dods. - Bol. (S)
28. **macronyx** Kraenzl. - Col. (O4/98)
29. **maculata** Gar. - Col. (O4/98, S*)
30 **manzurii** Ortiz - Col. (S)
- *marginata* (Rchb.f.) P.H.Allen: *Mendoncella* 5 (9**)
- *marginata* (Rchb.f.) P.H.Allen: *Cochleanthes* 10 (O4/98, O5/98)
31. **merana** Dods. & Neudecker - Ec. 1.200-1.500 m (O4/98, FXIX1*, S)
32. **palorae** (Dods. & Hirtz) Sengh. & Gerlach (*Stenia palorae* Dods. & Hirtz) - Ec. (S*)
↳ *palorae* (Dods. & Hirtz) Sengh. & Gerlach: *Ackermania* 5 (O4/98**)
- *parvilabris* (Schltr.) L.O.Wms.: *Kefersteinia* 40 (O4/98, O5/98, R**, S*)
33. **picta** (Rchb.f.) Sengh. (*Warscewiczella picta* Rchb.f., *Cochleanthes picta* (Rchb.f.) Gar.) - C.Rica, Pan. (O3/90, O4/98, S*) ↳ *Cochleanthes* 12
34. **plicata** Benn. & Christ. - Peru (O4/98, S)
- *pusilla* Schweinf.: *Kefersteinia* 45 (O4/98, O5/98, S*)
35. **reichenbachiana** Schltr. - C.Rica, Pan., S-Am. (W**, O6/83, O4/98, R**, S*)
36. **rosea** Lindl. (*C. caquetae* Fowlie) - Ven., Col. ca. 2.000 m (H*, O4/98**, R, S*, Z)
- *stapelioides* (Rchb.f.) L.O.Wms.: *Kefersteinia* 19 (O4/98, O5/98)
- *stenioides* Gar.: *Stenia* 16 (FXVIII3, O4/98)
37. **suarezii** Dods. [C. suarezii Fowlie (S)] - Ec. (O4/98, S*)

- *subquadrata* (Schltr.) L.O.Wms.: *Chaubardiella* 8 (W, O5/90, O4/98)
38. **thienii** (thienei) (Dods.) Dods. (*Cochleanthes thienii* (*thienei*) Dods.) - Ec. (O3/90, O4/98, S)
39. **velastiguii** Dods. - Ec., Col. (O4/98, S)
40. **viridisepala** Sengh. - Ec., Col., Peru ca. 1.300 m (A**, O5/89, O4/98, R**, S*)
41. **vollesii** Gerlach, Neudecker & Seeger - Ec., Col. 1.800 m (O4/89, O4/98, S)
- *wercklei* (Schltr.) Schweinf.: *Kefersteinia* 60 (O4/98, O5/98)

Chondroscaphe (Dressl.) Sengh. & Gerlach - 1992 - *Huntleyinae* (S) - (*Chondrorhyncha* sect. *Chondroscaphe* Dressl.) - 6 sp. epi. - Ven. to Peru 1.000-1.500 m
1. **amabilis** (Schltr.) Sengh. & Gerlach (*Chondrorhyncha amabilis* Schltr.) - Col. (O4/98, O5/98, S) ➤ Chondrorhyncha 2
2. **chestertonii** (Rchb.f.) Sengh. & Gerlach (*Chondrorhyncha chestertonii* Rchb.f.) - Col., Ec. (A**, O5/98, S*) ➤ Chondrorhyncha 12
3. **embreei** (Dods. & Neudecker) Rungius ex Rungius (*Chondrorhyncha embreei* Dods. & Neudecker) - Ec. (O(B)4, O5/98) ➤ Chondrorhyncha 17
4. **escobariana** (Dods. & Neudecker) Rungius ex Rungius (*Chondrorhyncha escobariana* Dods. & Neudecker) - Col. (O(B)4, O5/98) ➤ Chondrorhyncha 18
5. **flaveola** (Lind. & Rchb.f.) Sengh. & Gerlach (*Zygopetalum flaveolum* Lind. & Rchb.f., *Kefersteinia flaveola* (Lind. & Rchb.f.) Schltr., *Chondrorhyncha flaveola* (Lind. & Rchb.f.) Gar) - Ven., Col. (A**, O5/98**, S*)
6. **gentryi** (Dods. & Neudecker) Rungius ex Rungius (*Chondrorhyncha gentryi* Dods. & Neudecker) - Ec. (O(B)4, O4/98, O5/98) ➤ Chondrorhyncha 21

Christensonia Haager - 1993 - *Aeridinae* (S) - 1 sp. epi. - Viet.
1. **vietnamica** Haager - S-Viet. 100 m (S*)
× **Christieara (Chtra.)** (Aërides × Ascocentrum × Vanda)

Chroniochilus J.J.Sm. - 1918 - *Subfam. Epidendroideae Tribus: Vandeae Subtr. Sarcanthinae* - 5/6 sp. epi. - SE-As.
1. **ecalcaratus** (Holtt.) Gar. (*Sarcochilus carrii* Holtt.) - Thai., Mal. (O2/88, S)
2. **godefroyanus** (godeffroyanus) (Rchb.f.) L.O.Wms. (*Thrixspermum godeffroyanum* Rchb.f.) - Fiji (O2/88, S)
➤ *godeffroyanus* (Rchb.f.) L.O.Wms.: *Sarcochilus* 9 (S)
3. **minimus** (Rchb.f.) J.J.Sm. (*C. tjidadapensis* J.J.Sm.) - Mal., Java, Born. (O2/88, S*)
4. **thrixspermoides** (Schltr.) Gar. - Sum. (O2/88, S)
- *tjidadapensis* J.J.Sm.: 3 (O2/88, S)
5. **virescens** (Ridl.) Holtt. (*Sarcochilus virescens* Holtt.) - Thai., Mal. - scented (O2/88, S*)

Chrysobaphus Wall. - 1826: *Anoectochilus* Bl. (S)
- *roxburghii* Wall.: *Anoectochilus* 18 (6*, 9**)

Chrysocycnis Lind. & Rchb.f. - 1854 - *Subfam. Epidendroideae Tribus: Maxillarieae Subtr. Maxillariinae* - ca. 4 sp. ter/epi - And. C-S-Am.
- *dipterum* Schltr.: *Cyrtidiorchis* 2 (R)
1. **ecuadorense** Dods. & Gar. - S-Ec. ca. 1.000 m (S)
- *glumaceum* L.O.Wms.: *Cyrtidiorchis* 1 (S*)
2. **lehmannii** Rolfe - Col., Ec. 1.800-2.600 m (R, S)
- *rhomboglossa* Lehm. & Kraenzl.: *Cyrtidiorchis* 4 (R)
3. **schlimii** Lind. & Rchb.f. (*C. trigonidii* Lind. & Rchb.f.) - Ven. to Ec., Col. 1.700-2.400 m (A**, H**, R**, S*)
➤ *schlimii* Lind. & Rchb.f.: *Cyrtidiorchis* 5 (R)
4. **tigrinum** (Schweinf.) Atwood (*Maxillaria tigrina* Schweinf.) - C.Rica, Pan. 1.900-2.000 m (S*)
➤ *tigrinum* (Schweinf.) Atwood: *Maxillaria* 251 (W)
- *trigonidii* Lind. & Rchb.f.: 3 (H**)
- *triptera(um)* Schltr.: *Cyrtidiorchis* 4 (R, S)

Chrysoglosella Hatusima: *Hancockia* Rolfe (S)
- *japonica* Hatusima: *Hancockia* 1 (S)

Chrysoglossum Bl. - 1825 - *Subfam. Epidendroideae Tribus: Cymbidieae Subtr. Eulophiinae* - ca. 4/18 sp. terr. - Sri L. to S-China, Thai., Phil., N. Gui.
1. **aneityumense** Ames - N.Hebr. (S)
2. **assamicum** Hook.f. - Ass. (S)
3. **bicameratum** J.J.Sm. - Born. (S)
➤ *bicameratum* J.J.Sm.: *Collabium* 3 (Q**)
4. **chloranthum** (Gagn.) Tang & Wang - Ann. (S)
5. **cyrtopetalum** Schltr. - N.Gui. (S)
6. **delavayi** (Gagn.) Tang & Wang - S-China (S)
7. **ensigerum** Burgh & Vogel - Sum. (S)
- *formosanum* Hay.: 12 (S*)
8. **gibbsiae** Rolfe - Fiji (S)
9. **hallbergii** Blatt. - Madras (S)
- *latifolium* Benth. & Hook.f.: *Diglyphosa* 4 (2*)
10. **maculatum** (Thw.) Hook.f. (*Ania maculata* Thw.) - Sri L. (S)
- *nebulosum* (Bl.) J.J.Sm. (2*): *Collabium* 6 (S*)
11. **neocaledonicum** Schltr. - N.Cal. (S)
12. **ornatum** Bl. (*C. formosanum* Hay.) - Mal., Sum., Java, Taiw. ca. 1.500 m (2*, S*)
13. **pumilum** J.J.Sm. - Cel. (S)
14. **reticulatum** Carr - end. to Born. 1.300-1.800 m (Q**, S)
15. **robinsonii** Ridl. - Thai. (S)
16. **simplex** (Rchb.f.) J.J.Sm. - Java, Born., Sum., Mal. (S)
➤ *simplex* (Rchb.f.) J.J.Sm.: *Collabium* 8 (Q**)
17. **sinense** Mansf. - S-China (S)
- *vesicatum* Rchb.f.: *Collabium* 9 (S)
- *villosum* Bl. (2*): *Pilophyllum* 1 (Q**)
× **Chuanyenara (Chnya.)** (*Arachnis* × *Renanthera* × *Rhynchostylis*)
Chusua Nevski - 1935: *Ponerorchis* Rchb.f. (S)
Chusua Nevski - 1935 - *Subfam. Orchidoideae Tribus: Orchideae Subtr. Orchidinae* - 1 sp. - Burm.
1. **monophylla** (Collett & Hemsl.) P.F.Hunt (*Habenaria monophylla* Collett & Hemsl., *Orchis monophylla* (Collett & Hemsl.) Rolfe, *Peristylus monophyllus* (Collett & Hemsl.) Kraenzl.) - Burm. (Shan Hills) (9**)
× **Chyletia (Chlt.)** (*Bletia* × *Chysis*)

Chysis (Chy.) Lindl. - 1837 - *Subfam. Epidendroideae Tribus: Arethuseae Subtr. Bletiinae* - (*Thorvaldsenia* Liebm.) - ca. 6 sp. epi. - Mex., C-S-Am., Ven., Peru
1. **addita** Dressl. - Mex. (S)
2. **aurea** Lindl. (*C. laevis* Lindl.) - Mex., Bel., C.Rica, Pan. Ven. Col., Peru (O3/91, 9**, E**, G**, H**, S, Z**)
   var. **limminghei** Hook. (*C. limminghei* Lind. & Rchb.f.) - Mex. (S)
   var. **maculata** Hook. (*C. maculata* (Hook.) Fowlie, *C. costaricensis* Schltr.) - Pan., C.Rica (W, S)
- *aurea* var. *bractescens* (Lindl.) P.H.Allen: 3 (9**, G**, H**)
- *aurea* var. *limminghei* Lem.: *C. limminghei* (8**)
- *aurea* var. *limminghei* (Lind. & Rchb.f.) Hook.: *C. limminghei* (9**)
- *aurea* var. *maculata* Hook.: *C. maculata* (9**)
3. **bractescens** Lindl. (*C. aurea* var. *bractescens* (Lindl.) P.H.Allen, *Thorvaldsenia speciosa* Liebm.) - Mex., Guat., Bel. ca. 600 m (8**, O3/91, 9**, E**, G**, H**, &2, S*, Z**)
4. **bruennowiana** Rchb.f. & Warsc. - Col., Peru, Ec. (R**, S)
5. **costaricensis** Schltr. - Nic., C.Rica (O3/91, W**)
- *costaricensis* Schltr.: *C. maculata* (9**)
- *costaricensis* Schltr.: 2 (S)
6. **laevis** Lindl. (*C. tricostata* Schltr.) - Mex., Salv., Hond., Nic., C.Rica 1.100-2.000 m (3**, 8**, O3/91, O5/83, S*, Z**)
- *laevis* Lindl.: 2 (G**)
- *limminghei* Lind. & Rchb.f. (8**, 9**): 2 (S)
- *maculata* (Hook.) Fowlie (9**): 2 (S)
7. **orichalcea** Dressl. - Salv. (S)
8. **tricostata** Schltr. - C.Rica, Nic. (O3/91, E**, H**, W)
- *tricostata* Schltr.: 6 (O5/83, S*)
Chytroglossa Rchb.f. - 1863 - *Subfam. Epidendroideae Tribus: Maxillarieae Subtr. Ornithocephalinae* - 3/4 sp. epi. - Braz.
1. **aurata** Rchb.f. - Braz. (O5/97, S)
2. **marileoniae** Rchb.f. - Braz. (O5/97, S*)

3. **paulensis** Edwall - Braz. (S)
4. **seehaweri** Bock (*Phymatidium seehaweri* Bock) - Braz. 1.300 m (O5/97**, S) ⇢ Phymatidium 9

Cionisaccus Breda - 1827: *Goodyera* R. Br. (S)

Cionosaccus lanceolatus Breda: *Goodyera* 23 (2*, 6*, G**)

Cirrhaea Lindl. - 1825 - *Subfam. Epidendroideae Tribus: Gongoreae* - (*Scleropteris* Scheidw., *Sarcoglossum* Beer) - ca. 4/5 sp. epi. - Braz.
- *atropurpurea* hort. ex Stein: *Gongora* 47 (G**)
1. **dependens** (Lodd.) Rchb.f. [C. dependens (Lodd.) G.Don. (H**, S*)] (*C. fuscolutea* Lindl., *C. viridipurpurea* (Hook.) Lindl., *C. viridipurpurea* Lodd., *C. warreana* Lodd., *C. warreana* Lindl., *C. tristis* Lindl., *C. violascens* Hoffmgg., *C. violaceo-virens* Hoffmgg., *C. hoffmannseggii* Heynh. ex Rchb.f., ?*C. nasuta* Brade, *C. livida* Hoffmgg., *C. purpurascens* Hoffmgg., *C. russelliana* Lodd. ex Rchb.f., *C. loddigesii* Lindl., *Cymbidium dependens* Lodd., *Gongora viridipurpurea* Hook., *G. viridifusca* Hook., *Sarcoglossum suaveolens* Beer) - Braz. (4**, 9**, G**, H**, S*, Z**)
- *dependens* Loudon: 2 (G**)
- *fusco-lutea* Hook.: 4 (9**, O6/89, G)
- *fusco-lutea* Lindl.: 1 (4**, 9**, G**)
- *fusco-lutea* Lindl.: 4 (S*)
- *hoffmannseggii* Heinhold ex Rchb.f.: 1 (9**, G**)
- *livida* Hoffmgg.: 1 (9**, G**)
2. **loddigesii** Lindl. (*C. dependens* Loudon, *C. viridipurpurea* Lodd., *C. obtusata* Lindl., *C. pallida* Lindl., *C. obtusata* var. *pallida* (Lindl.) Stein, *C. seidelii* Pabst, *C. silvana* P.Castro & Campacci) - Braz. (G**, Z, S*)
- *loddigesii* (Lindl.) Lindl.: *Gongora* 21 (9**, G)
- *loddigesii* Lindl.: 1 (H**)
3. **longiracemosa** Hoehne - Braz. (O6/89, S)
- *nasuta* Brade: ? 1 (S*)
- *obtusata* Lindl.: 2 (G**, S*)
- *obtusata* var. *pallida* (Lindl.) Stein: 2 (G**)
- *pallida* Lindl.: 2 (G**)
- *powellii* Schltr.: *Gongora* 47 (G**)
- *purpurascens* Hoffmgg.: 1 (9**, G**)
- *russelliana* Lodd. ex Rchb.f.: 1 (9**, G**)
4. **saccata** Lindl. (*C. fusco-lutea* Hook. non Lindl., *C. fusco-lutea* Lindl., *Scleropteris flava* Scheidw.) - end. to Braz. 800-1.000 m (O6/89, 9**, G, Z**, S*)
- *seidelii* Pabst: 2 (S*)
- *silvana* P.Castro & Campacci: 2 (S)
- *tristis* Lindl.: 1 (9**, H**, G**)
- *violaceo-virens* Hoffmgg.: 1 (9**, G**)
- *violascens* Hoffmgg.: 1 (9**, G**)
- *viridipurpurea* (Hook.) Lindl: 1 (9**, G**, H**)
- *viridipurpurea* Lodd.: 2 (G**)
- *viridipurpurea* Lodd.: 1 (S*)
- *warreana* Lodd.: 1 (9**, H**, G**)
- *warreana* Lindl.: 1 (S*)

× **Cirrhopea (Chpa.)** (*Cirrhaea* × *Stanhopea*)

Cirrhopetalum Thou.: *Bulbophyllum* Thou.

Cirrhopetalum (Cirr.) Lindl. - 1824 - *Bulbophyllinae* (S) - (*Bulbophyllum* sect. *Cirrhopetalum* auct. mult.) - 149 sp. epi.
- *africanum* Schltr.: 17 (1**)
- *africanum* Schltr.: *Bulbophyllum* 273 (9**, G, C)
- *amesianum* Rolfe: *Bulbophyllum* 121 (9**, G)
1. **andersonii** Hook.f. (*Bulbophyllum andersonii* (Hook.f.) J.J.Sm.) - Sik., Ass. to Yun. to N-Viet. (S)
- *annamicum* (Finet) Tang & Wang: *Bulbophyllum* 534 (G)
- *antenniferum* Lindl.: *Bulbophyllum* 25 (G)
- *appendiculatum* Rolfe: *Bulbophyllum* 432 (9**)
- *appendiculatum* Rolfe: *Mastigion* 1 (S)
- *auratum* Lindl.: *Bulbophyllum* 38 (9**, G**)
- *autumnale* Fuk.: *Bulbophyllum* 284 (9**, G)
- *biflorum* (Teijsm. & Binn.) J.J.Sm.: *Bulbophyllum* 52 (2*, 9**)
- *blepharistes* (Rchb.f.) Hook.f.: 6 (S)
- *blumei* Lindl.: *Bulbophyllum* 54 (2*, G, Q**)
- *boninense* (Mak.) Schltr.: *Bulbophyllum* 284 (9**, G)
- *bootanense* Griff.: *Bulbophyllum* 534 (G)

2. **bootanoides** Guill. - Viet. (A**)
- *borneense* Schltr: *Bulbophyllum* 38 (9**, G**)
- *breviscapum* Rolfe: *Bulbophyllum* 242 (9**, E*, H**)
- *caespitosum* Wall. ex Lindl.: *Bulbophyllum* 474 (G)
- *campanulatum* (Rolfe) Rolfe: *Bulbophyllum* 38 (9**, G**)
- *capitatum* (Bl.) Lindl.: *Bulbophyllum* 384 (2*, G)
- *carinatum* Teijsm. & Binn.: *Bulbophyllum* 384 (2*, G)
- *caudatum* Wight.: *Bulbophyllum* 539 (2*, G)
- *chinense* Lindl.: *Bulbophyllum* 88 (G**)
- *citrinum* Ridl.: *Bulbophyllum* 429 (2*, Q)
- *clavigerum* Fitzg.: *Bulbophyllum* 273 (9**, G, U)
3. **collettii** Hemsl. (*Bulbophyllum wendlandianum* (Kraenzl.) Dammer) - N-Thai., Burm. (S)
- *collettii* Hook.f.: *Bulbophyllum* 559 (9**)
- *compressum* Lindl.: *Bulbophyllum* 537 (2*, 9**, G, Q**)
- *concinnum* var. *purpureum* Ridl.: *Bulbophyllum* 113 (9**)
- *cornutum* Lindl.: *Bulbophyllum* 201 (9**, G)
- *cumingii* Lindl.: *Bulbophyllum* 121 (9**, G)
- *curtisii* Hook.f.: *Bulbophyllum* 113 (9**)
- *eberhardtii* Gagn.: *Bulbophyllum* 408 (9**, G)
4. **elisae** F.v.Muell. - end. to Austr. (S)
↳ Bulbophyllum 151
- *elongatum* (Bl.) Lindl.: *Bulbophyllum* 152 (2*, G)
- *farreri* W.W.Sm.: *Bulbophyllum* 163 (9**)
- *fascinator* Rolfe: *Bulbophyllum* 432 (9**)
- *fascinator* Rolfe: *Mastigion* 2 (S)
- *fimbriatum* Lindl.: *Bulbophyllum* 166 (9**, G)
- *flagelliforme* Teijsm. & Binn.: *Bulbophyllum* 384 (2*, G)
- *flaviflorum* Liu & Su: *Bulbophyllum* 172 (9**)
- *fletcherianum* Rolfe: *Bulbophyllum* 176 (9**)
- *gamosepalum* Griff.: *Bulbophyllum* 256 (4**)

5. **gracillimum** Rolfe (*C. psittacoides* Ridl., *Bulbophyllum gracillimum* (Rolfe) Rolfe) - P.N.Gui., Thai., Mal., Sum. (A**, E**, O1/93**, S)
↳ Bulbophyllum 188
- *graveolens* F.M.Bailey: *Bulbophyllum* 191 (9**)
- *guttulatum* (Wall.) Hook.f. (8**): *Bulbophyllum* 197 (9**, G**)
- *hookeri* Duthie: *Bulbophyllum* 207 (9**)
- *kenejianum* Schltr.: *Bulbophyllum* 273 (9**, G)
- *lasiochilum* (Par. & Rchb.f.) Hook. f.: *Bulbophyllum* 242 (9**)
- *layardii* F.v.Muell. & Kraenzl.: *Bulbophyllum* 273 (9**, G)
- *layardii* F.v.Muell. & Kraenzl.: *Inobulbon* 1 (S)
- *leopardinum* Teijsm. & Binn.: *Bulbophyllum* 53 (2*)
- *linearifolium* Ridl.: *Bulbophyllum* 4 (Q)
6. **longescapum** Teijsm. & Binn. (*C. blepharistes* (Rchb.f.) Hook.f., *Bulbophyllum blepharistes* Rchb.f.) - Mal., Burm., Thai., Laos, Viet. (O1/93**, S)
- *longiflorum* (Thou.) Schltr.: *Bulbophyllum* 273 (9**, G, H**, U)
- *longiflorum* (Thou.) Schltr.: 17 (E*)
7. **longissimum** Ridl. (*Bulbophyllum longissimum* (Ridl.) Ridl.) - Thai., Mal. (E**)
↳ *longissimum* Ridl.: *Bulbophyllum* 275 (9**, H**)
- *macraei* Lindl.: *Bulbophyllum* 284 (9**, G)
- *macraei* Wight: *Bulbophyllum* 284 (9**)
- *maculosum* Lindl.: *Bulbophyllum* 534 (G)
- *maculosum* var. *annamicum* Finet: *Bulbophyllum* 534 (G)
- *makinoanum* Schltr.: *Bulbophyllum* 284 (9**, G)
8. **makoyanum** Rchb.f. - Mal., Born., Phil. (A**, S)
↳ *makoyanum* Rchb.f.: *Bulbophyllum* 289 (9**)
9. **masonii** Sengh. - P.N.Gui. (A**, S)
10. **mastersianum** Rolfe [*C. mastersianum* Rchb.f. (8**)] (*Bulbophyllum mastersianum* (Rolfe) J.J.Sm.) - Born., Mol. (E**, S)
↳ *mastersianum* Rolfe: *Bulbophyllum* 301 (9**, H**)

- *maxillare* Lindl.: *Bulbophyllum* 54 (G, Q**)
11. **medusae** Lindl. (*Bulbophyllum medusae* (Lindl.) Rchb.f., *Phyllorchis medusae* (Lindl.) Ktze.) - Mal., Thai., Sum., Born., Phil. (A**, E)
- ⇾ *medusae* Lindl.: *Bulbophyllum* 305 (9**, H**, Q**)
- *miniatum* Rolfe: *Bulbophyllum* 172 (9**)
- *nutans* Lindl.: *Bulbophyllum* 376 (9**, G)
12. **ornatissimum** Rchb.f. (*Bulbophyllum ornatissimum* (Rchb.f.) J.J.Sm., *Phyllorchis ornatissimum* (Rchb.f.) Ktze.) - Ind., Sik., Ass., Him. (8**, E**, O1/93**)
- ⇾ *ornatissimum* Rchb.f.: *Bulbophyllum* 372 (9**, H**)
- *ornatissimum* Rchb.f.: *Mastigion* 3 (S)
- *ornatissimum* auct. non Rchb.f.: *Bulbophyllum* 432 (9**)
- *ornithorhynchum* J.J.Sm.: *Bulbophyllum leysianum* (2*)
- *ornithorhynchum* J.J.Sm.: *Bulbophyllum* 25 (G)
- *ornithorhynchum* J.J.Sm.: *Bulbophyllum* 373 (O6/92**)
- *pahudii* De Vriese: *Bulbophyllum* 384 (2*, G)
- *pallidum* Schltr.: *Bulbophyllum* 429 (Q)
- *peyerianum* Kraenzl.: *Bulbophyllum* 429 (2*)
- *picturatum* Lodd. ex Lindl.: *Bulbophyllum* 408 (9**, G, O1/93**)
- *proliferum* hort.: *Bulbophyllum* 559 (9**)
- *psittacoides* Ridl.: 5 (S)
- *putidum* Teijsm. & Binn.: *Bulbophyllum* 432 (9**)
- *putidum* Teijsm. & Binn.: *Mastigion* 5 (S)
13. **refractoides** (Seidenf.) Sengh. (*Bulbophyllum refractoides* Seidenf., *B. wallichii* Rchb.f.) - Sik. (S)
- *refractum* Zoll.: *Bulbophyllum* 443 (2*)
- *refractum* auct. non Zoll.: *Bulbophyllum* 529 (9**)
- *robustum* Rolfe: *Bulbophyllum* 191 (9**)
14. **rothschildianum** O'Brien (E**) ⇾ Bulbophyllum 454
15. **roxburghii** Lindl. (*Aerides radiatum* Roxb. ex Lindl., *Bulbophyllum roxburghii* (Lindl.) Rchb.f.) - Ind. (E**, S)
- ⇾ *roxburghii* Lindl.: *Bulbophyllum* 455 (G, H**)
16. **sikkimense** King & Pantl. (*Bulbophyllum sikkimense* (King & Pantl.) J.J.Sm.) - Sik. (S)
- *stramineum* Teijsm. & Binn.: *Bulbophyllum* 539 (2*, G)
- *stramineum* auct. non Teijsm. & Binn.: *Bulbophyllum* 121 (9**, G)
- *tanegasimense* (Masamune) Masamune: *Bulbophyllum* 284 (9**, G)
- *thomasii* Otto & A.Dietr.: *Bulbophyllum* 273 (U)
- *thouarsii* Lindl.: *Bulbophyllum* 273 (9**, G, H**, U)
- *thouarsii* Lindl.: 17 (E*, S)
- *thouarsii* Lindl.: *Bulbophyllum* 556 (G**)
- *thouarsii* auct. non Lindl.: *Bulbophyllum* 556 (9**)
- *thouarsii* var. *concolor* Rolfe: *Bulbophyllum* 273 (9**, G)
- *tripudians* Par. & Rchb.f.: *Bulbophyllum* 443 (2*)
- *tripudians* (Par. & Rchb.f.) Par. & Rchb.f.: *Bulbophyllum* 529 (9**)
17. **umbellatum** (Forst.f.) Hook. & Arn. (*C. africanum* Schltr., *C. thouarsii* Lindl., *C. longiflorum* (Thou.) Schltr., *Epidendrum umbellatum* Forst.f., *Cymbidium umbellatum* (Forst.f.) Spreng., *Bulbophyllum clavigerum* Fitzg., *B. longiflorum* Thou.) - Trop. Afr., Madag., SE-As., N-Austr. (1**, E*, S)
- *umbellatum* (Forst.f.) Hook. & Arn.: *Bulbophyllum* 273 (9**, G, H**, C)
- *umbellatum* (Forst.f.) Frapp. ex Cordem.: *Bulbophyllum* 273 (U)
- *uralense* (Hay.) Hay.: *Bulbophyllum* 284 (9**, G)
- *vaginatum* Lindl.: *Bulbophyllum* 539 (2*, G)
18. **virescens** (J.J.Sm.) Sengh. (O1/93**) ⇾ Bulbophyllum 550
19. **viridiflorum** Hook.f. (*Bulbophyllum viridiflorum* (Hook.f.) Schltr.) - Sik., Him., Ass. to 2.500 m (S)
- *walkerianum* Wight: *Bulbophyllum* 284 (9**, G)
20. **wallichii** Lindl. (*Bulbophyllum retusiusculum* Rchb.f.) - Nep., Sik., Ass., Burm., Thai., Mal.,Viet. (S)

- *wallichii* Lindl.: *Bulbophyllum* 443 (2*)
- *wallichii* J.Graham: *Bulbophyllum* 166 (9**, G)
- *weberi* (Ames) Sengh.: *Bulbophyllum* 556 (9**, G**)
- *wendlandianum* Kraenzl.: *Bulbophyllum* 559 (9**)
- *whiteanum* Rolfe: *Bulbophyllum* 539 (G)
× **Cirrhophyllum (Crphm.)** (*Bulbophyllum* × *Cirrhopetalum*)
× **Cischostalix (Cstx.)** (*Cischweinfia* × *Sigmatostalix*)
Cischweinfia (Cisch.) Dressl. & N.H. Will. - 1970 - *Subfam. Epidendroideae Tribus: Oncidieae Subtr. Oncidiinae* - 9/11 sp. epi. - Pan., C.Rica, Ec., Bol.
1. **colombiana** Gar. - Col. (S, R**)
2. **dasyandra** (Rchb.f.) Dressl. & N. Will. (*Trichopilia dasyandra* Rchb. f., *Leucohyle dasyandra* (Rchb.f.) Schltr.) - Pan., C.Rica, Col. 700-1.000 m (H*, S, W**, Z**)
→ *dasyandra* (Rchb.f.) Dressl. & N. Will.: *Trichopilia* 5 (O4/96)
3. **horichii** Sengh. & Neudecker - E-Ec. ca. 1.500 m (S*)
4. **jarae** Dods. & Benn. - Peru ca. 850 m (S)
5. **kroemeri** Vasq. & Dods. - Bol. 600 m (S)
6. **parva** (Schweinf.) Dressl. & N.Will. (*Miltonia parva* Schweinf.) - Peru, Bol. 1.100-1.200 m (A**, S*, R)
7. **platychila** Gar. - Col. (S*, R)
8. **popowiana** Kgr. - Ec. 1.000 m (S)
9. **pusilla** (Schweinf.) Gar. (*Aspasia pusilla* Schweinf.) - C.Rica, Pan. 700-800 m (H, S*, W, O6/95)
10. **rostrata** Dressl. & N.Will. - Ec., Col. 600-900 m (S*, R**, Z**)
11. **suarezii** Dods. - E-Ec. ca. 500 m (S)
Cistella Bl. - 1825: *Geodorum* G.Jackson (S)
- *cernua* Bl.: *Geodorum* 8 (2*)
Claderia Hook. - 1890 - *Subfam. Epidendroideae Tribus: Cymbidieae Subtr. Cyrtopodiinae* - 2 sp. terr. - Mal., Sum., Born., P.N.Gui.
1. **papuana** Schltr. - P.N.Gui. (S)
2. **viridiflora** Hook. - Mal., Sum., Born. (S*)
Cladobium violaceum Lindl.: *Scaphyglottis* 48 (9**, G**)

× **Clarkeara (Clka.)** (*Brassavola* × *Cattleya* × *Diacrium* × *Laelia* × *Sophronitis*)
× **Cleisocalpa (Clclp.)** (*Cleisocentron* × *Pomatocalpa*)
Cleisocentron (Clctn.) Brühl - 1926 - *Subfam. Epidendroideae Tribus: Vandeae Subtr. Sarcanthinae* - 5 sp. epi. - Burm., Viet., Born.
1. **collettianum** (King & Pantl.) Gar. (*Saccolabium collettianum* King & Pantl.) - Burm. (S)
2. **klossii** (Ridl.) Gar. (*Saccolabium klossii* Ridl., *S. langbianense* Guill.) - Viet. 1.800-2.000 m (S*)
3. **merrillianum** (Ames) E.A.Christ. (*Sarcanthus merrillianus* Ames, *Robiquetia merrilliana* (Ames) Lueckel) - end. to Born. 1.100-3.000 m (Q**)
4. **pallens** (Cath. ex Lindl.) Pearce & Cribb (*C. trichromum* (Rchb.f.) Brühl) - Sik. 300-600 m (S)
5. **trichromum** (Rchb.f.) Brühl (*Saccolabium trichromum* Rchb.f.) - Him., Sik., Bhut., Ass. 300-800 m (S*)
- *trichromum* (Rchb.f.) Brühl: 4 (S)
× **Cleisodes (Clsd.)** (*Aërides* × *Cleisocentron*)
× **Cleisofinetia (Clfta.)** (*Cleisocentron* × *Neofinetia*)
Cleisomeria Lindl. - 1855 - *Subfam. Epidendroideae Tribus: Vandeae Subtr. Sarcanthinae* - 2 sp. epi. - Thai.
1. **lanata** (Lindl.) Lindl. ex G.Don (*Cleisostoma lanatum* Lindl., *Sarcanthus lanatus* (Lindl.) Holtt., *S. bracteatus* Ridl.) - Burm., Thai., Laos, Camb., Viet., Mal. ca. 600 m (S*)
2. **pilosula** (Gagn.) Seidenf. & Gar. (*Cleisostoma pilosulum* Gagn.) - Thai., Laos, Camb. 300-400 m (S*)
× **Cleisonopsis (Clnps.)** (*Cleisocentron* × *Phalaenopsis*)
× **Cleisopera (Clspa.)** (*Cleisocentron* × *Micropera*)
× **Cleisoquetia (Clq.)** (*Cleisocentron* × *Robiquetia*)
Cleisostoma (Cleis.) Bl. - 1825 - *Subfam. Epidendroideae Tribus: Vandeae Subtr. Sarcanthinae* - (*Sarcanthus* Lindl., *Echioglossum* Bl., *Carteretia* A. Rich.) - ca. 80/100 sp. epi. - Ind., SE-As., Indon., N.Gui., Phil., Austr.
- *amabile* Teijsm. & Binn.: 36 (6*, G)
1. **apetalum** n.n. (S)

2. **appendiculatum** (Lindl.) Benth. & Hook.f. ex G.Jackson (*C. hincksianum* (Rchb.f.) Gar., *Aerides appendiculata* Lindl., *Sarcanthus hincksianus* Rchb.f., *S. teretifolius* auct. non Lindl., *S. appendiculatus* (Lindl.) Par.) - Thai. (6*)
3. **arietinum** (Rchb.f.) Gar. (*Sarcanthus arietinus* Rchb.f., *S. kunstleri* King & Pantl., *S. recurvus* Rolfe ex Downie, *Saccolabium kunstleri* (King & Pantl.) Ridl.) - Thai. (6*, S)
4. **aspersum** (Rchb.f.) Gar. (*C. bicuspidatum* Hook.f., *Sarcanthus aspersum* Rchb.f., *S. bicuspidatus* (Hook.f.) J.J.Sm., *S. khasiaensis* Tang & Wang, *Stereochilus bicuspidatum* (Hook.f.) King & Pantl.) - Thai. (6*)
- *auriculatum* (Rolfe) Gar.: 10 (6*, G, Q**)
- *bicuspidatum* Hook.f.: 4 (6*)
5. **birmanicum** (Schltr.) Gar. (*Echioglossum birmanicum* Schltr., *Sarcanthus ophioglossa* Guill., *S. birmanicus* (Schltr.) Seidenf.) - Thai. (6**)
- *brevilabre* F.v.Muell.: *Plectorrhiza* 1 (S*)
- *brevipes* Hook.f.: 35 (6*)
- *callosum* Bl.: *Sarcanthus callosus* (2*)
6. **capricorne** (Ridl.) Gar. (*Ascochilus capricornis* Ridl., *Sarcanthus capricornis* (Ridl.) Holtt.) - Thai. (6*)
- *carinatum* (Rolfe) Gar.: 12 (6*)
- *cerinum* Hance: 22 (6*, G**)
7. **chantaburiense** Seidenf. - Thai. (6*)
- *chrysomelas* (Rchb.f.) Gar.: 27 (6*, G)
8. **complicatum** (Seidenf.) Gar. (*Sarcanthus complicatus* Seidenf.) - Thai. (6*)
- *cornutum* Rupp: *Plectorrhiza* 3 (G)
- *crassifolium* Lindl. & Paxt.: *Sarcophyton* 1 (S*)
9. **crochetii** (Guill.) Gar. (*Sarcanthus crochetii* Guill., *S. tricornis* Seidenf.) - Thai. (6*, S*)
- *crucicallum* (Burk.) Gar.: 15 (6*)
- *cryptochilum* F.v.Muell.: *Ascoglossum* 1 (H**)
- *cumingii* (Lindl.) Rchb.f.: *Pomatocalpa* 9 (G)
- *dawsoniana* Rchb.f.: *Staurochilus* 1 (H)
- *dealbatum* Lindl.: 36 (6*, G)
- *decipiens* Lindl.: *Pomatocalpa* 4 (G)
- *demangei* (Guill.) Gar.: 40 (6*)
- *dichroanthum* Gagn.: *Schoenorchis* 3 (G)
10. **discolor** Lindl. (*C. auriculatum* (Rolfe) Gar., *C. termissus* (Rchb.f.) Gar., *Sarcanthus termissus* Rchb.f., *S. macrodon* Rchb.f., *S. auriculatus* Rolfe, *S. discolor* (Lindl.) J.J.Sm., *S. josephii* J.J.Sm., *S. angkorensis* Guill., *S. rostellatus* Hook.f., *Saccolabium rostellatum* Hook.f.) - Ind., Thai., Camb., Mal., Sum., Java, Born. 0-600 m (6*, G, Q**)
11. **draco** (Tuyama) Gar. - Palau (S)
12. **duplicilobum** (J.J.Sm.) Gar. (*C. carinatum* (Rolfe) Gar., *Sarcanthus duplicilobus* J.J.Sm., *S. carinatus* Rolfe ex Downie, *S. rostellatus* auct. non Ridl.) - Thai. (6*, S*)
13. **elegans** Seidenf. (*Sarcanthus williamsonii* auct. non Rchb.f.) - Thai. (6*)
- *elongatum* (Rolfe) Gar.: 40 (6*)
- *evrardii* Gagn.: *Schoenorchis* 3 (G)
14. **filiforme**(is) (Lindl.) Gar. (*Sarcanthus filiformis* Lindl., ?*Saccolabium luisioides* Gagn., *S. filiforme* (Lindl.) Lindl.) - Sik., Ass., Burm., Viet., Laos (6*, 9**, E**, G, H**, S*)
- *flagellare* (Schltr.) Gar.: 15 (6*)
- *flagelliforme* (Rolfe) Gar.: 15 (6*)
- *fordii* Hance: 29 (6*, G**)
- *formosanum* Hance: 22 (6*, G**)
15. **fuerstenbergianum** Kraenzl. (*C. crucicallum* (Burk.) Gar., *C. flagellare* (Schltr.) Gar., *C. flagelliforme* (Rolfe) Gar., *Sarcanthus filiformis* auct. non Lindl., *S. flagellaris* Schltr., *S. fuerstenbergianus* (Kraenzl.) J.J.Sm., *S. flagelliformis* Rolfe ex Downie, *S. geoffrayi* Guill., *S. crucicallus* (Burk.) Seidenf. & Smitin., *Saccolabium crucicallum* Burk.) - Thai. (6*, S)
- *galeata* Thw.: *Pomatocalpa* 13 (G)
- *gemmatum* (Lindl.) King & Pantl.: *Schoenorchis* 3 (G)
- *hincksianum* (Rchb.f.) Gar.: 2 (6*)
- *hongkongense* (Rolfe) Gar.: 40 (6*)
- *ionosmum* Lindl.: *Staurochilus* 4 (G**)
16. **kerrii** Seidenf. - Thai. (6*)
17. **krabiense** (Seidenf.) Gar. (*Sarcanthus krabiensis* Seidenf.) - Thai. (6*)
- *krempfii* (Guill.) Gar.: 35 (6*)
18. **kunstleri** Hook.f. - Java (2*)

- *lanatum* Lindl.: *Cleisomeria* 1 (S*)
- *latifolium* Lindl. (2*): *Pomatocalpa* 9 (G)
- *linearilobatum* Seidenf. & Smitin.: 31 (6*)
- *longifolium* Teijsm. & Binn.: *Sarcanthus suaveolens* (2*)
- *maculosa* Benth.: *Acampe* 2 (G)
- *maculosa* Thw.: *Pomatocalpa* 4 (G)
- *maculosa* Lindl.: *Pomatocalpa* 13 (G)
- *micranthum* (Lindl.) King & Pantl.: *Smitinandia* 2 (G, H*)
19. **montanum** (J.J.Sm.) Gar. - N.Cal. (S)
20. **muticum** (Rchb.f.) Gar. (S*)
21. **nugentii** F.M.Bailey - Austr. (Qld.) (S)
22. **paniculatum** (Ker-Gawl.) Gar. (*C. cerinum* Hance, *C. formosanum* Hance, *Aerides paniculata* Ker-Gawl., *Vanda paniculata* (Ker-Gawl.) R.Br., *Sarcanthus paniculatus* (Ker-Gawl.) Lindl., *S. formosanus* (Hance) Rolfe, *S. cerinus* (Hance) Rolfe) -Ass., China, Taiw. (6*, G**)
23. **parishii** (Hook.f.) Gar. (*Sarcanthus parishii* Hook.f.) - Burm. (9**)
24. **pauciflorum** (Wight.) Sengh. (*Sarcanthus peninsularis* Dalz.) - Sri L., S-Ind. (S*)
- *petitiana* Guill.: *Smitinandia* 2 (G)
- *piliferum* (Guill.) Gar.: 35 (6*)
- *pilosulum* Gagn.: *Cleisomeria* 2 (S*)
- *pityophyllum* (Ridl.) Gar.: 40 (6*)
- *poilanei* Gagn.: *Smitinandia* 2 (G, H*)
25. **porrigens** (Fuk.) Gar. - Palau (S)
- *pugioniforme* (Kl.) Gar.: 36 (6*, G)
- *purpuratum* Rupp: *Schistotylus* 1 (S*)
26. **quinquefidum** (Lindl.) Gar. - Bism. (S)
27. **racemiferum** (Lindl.) Gar. (*C. chrysomelas* (Rchb.f.) Gar., *Saccolabium racemiferum* Lindl., *Aerides racemiferum* Wall., *A. racemiferum* Lindl., *Sarcanthus pallidus* Lindl., *S. tricolor* Rchb.f., *S. racemifer(um)* (Lindl.) Rchb.f., *S. chrysomelas* Rchb.f., *S. lorifolius* Par. ex Hook.f., *S. affinis* Wall. mss. ex Hook., *S. yunnanensis* Schltr., *S. manlinensis* Guill.) - Ind., Nep., Thai., Burm., S-China, Viet. (6*, E**, G, H)
- *ringens* Rchb.f.: *Stereochilus* 7 (S)
- *robustum* Guill.: *Robiquetia* 14 (G)
28. **rolfeanum** (King & Pantl.) Gar. (*Sarcanthus rolfeanus* King & Pantl.) - Thai. (6*)
- *rosea* Lindl.: *Trichoglottis* 19 (G)
29. **rostratum** (Lindl.) Gar. (*C. fordii* Hance, *Vanda rostrata* Lodd., *V. recurva* Hook., *Sarcanthus rostratus* Lindl., *S. fordii* (Hance) Rolfe, *S. laosensis* Guill., *Saccolabium simondii* Gagn.) - Laos, Viet., China (6*, G**, S*)
- *sacculatum* (Ridl.) Gar.: 40 (6*)
30. **sagittatum** Bl. (H)
- *sagittatum* Bl.: *Sarcanthus sagittatus* (2*)
31. **sagittiforme** Gar. (*C. linearilobatum* Seidenf. & Smitin., *Sarcanthus sagittatus* King & Pantl., *S. linearilobatus* Seidenf. & Smitin.) - Thai. (6*)
32. **scolopendrifolium** (Mak.) Gar. - Korea, Jap. (S)
33. **scortechinii** (Hook.f.) Gar. (*Sarcanthus scortechinii* Hook.f., *Saccolabium scortechinii* (Hook.f.) Ridl.) - Mal., Thai. (6*, E**, H**)
- *seidenfadenii* Gar.: 34 (6*, 9**, G**)
34. **simondii** (Gagn.) Seidenf. (*C. seidenfadii* Gar., *C. seidenfadenii* Gar., *C. teres* Gar., *Vanda teretifolia* Lindl., *V. simondii* Gagn., *Sarcanthus teretifolius* (Lindl.) Lindl., *S. appendiculatum(s)* auct. non (Lindl.) Benth. & Hook.f., *S. appendiculatus* King & Pantl., *S. siamensis* Rolfe ex Downie, *Luisia trichorhiza* Merr. & Metcalf non (Hook.) Bl., *L. acutilabris(a)* Guill.) - Sik., Laos, Viet., Hain., Hong. (9**, 6*, A**, G**, S)
- *spathulatum* Bl. (2*): *Robiquetia* 14 (E**, G, H**)
- *spicatum* Lindl.: *C. spathulatum* (2*)
- *spicatum* Lindl.: *Robiquetia* 14 (E**, G, H**)
- *spicatum* Ridl.: *Pomatocalpa* 9 (G)
35. **striatum** (Rchb.f.) Gar. (*C. brevipes* Hook.f., *C. krempfii* (Guill.) Gar., *C. piliferum* (Guill.) Gar., *Echioglossum striatum* Rchb.f., *Saccolabium rugosulum* Ridl., *Sarcanthus brevipes* (Hook.f.) J.J.Sm., *S. striatus* (Rchb.f.) J.J.Sm., *S. krempfii* Guill., *S. rugosulus* (Ridl.) Holtt., *S. pilifer* Guill.) - Thai. (6*)

- *suaveolens* Bl.: *Sarcanthus suaveolens* (2*)
36. **subulatum** Bl. (*C. dealbatum* Lindl., *C. amabile* Teijsm. & Binn., *C. pugioniforme* (Kl.) Gar., *Micropera pallida* Wall., *Angraecum pugioniforme* Kl., *Sarcanthus secundus* Griff., *S. oxyphyllus* Wall. ex Lindl., *S. pugioniformis* (Kl.) Rchb.f., *S. subulatus* (Bl.) Rchb.f., *S. dealbatus* (Lindl.) Rchb.f., *S. amabilis* (Teijsm. & Binn.) J.J.Sm., *Cypripedium linearisubulatum* Llanos, *Campylocentrum pugioniforme* (Kl.) Rolfe, *Saccolabium secundum* (Griff.) Ridl.) Ind., Sik., Ass., Thai., Camb., Mal., Indon., Phil. (6*, G)
- *subulatum* Bl.: *Sarcanthus subulatus* (2*)
37. **tenuifolium** (L.) Gar. (*Epidendrum tenuifolium* L., *Cymbidium tenuifolium* (L.) Willd., *Sarcanthus peninsularis* Dalz., *S. pauciflorus* Wight, *S. tenuifolius* (L.) Seidenf., *Saccolabium acuminatum* Thw.) - Thai (6*, S*)
- *teres* Gar.: 34 (6*, 9**, G**)
38. **teretifolium** Teijsm. & Binn. (*Saccolabium machadonis* Ridl., *Sarcanthus machadonis* (Ridl.) J.J.Sm., *S. teysmannii* J.J.Sm.) - Thai. (6*)
- *termissus* (Rchb.f.) Gar.: 10 (6*, G, Q**)
- *thwaitesianum* Trimen: *Pomatocalpa* 4 (G)
- *tixieri* Guill.: *Smitinandia* 2 (G, H*)
- *tridentatum* Lindl.: *Plectorrhiza* 3 (G, S)
39. **uraiense** (Hay.) Gar. & Sweet - Taiw., Ryu. (S)
- *vacherotiana* Guill.: *Aerides* 15 (9**)
- *virginale* Hance: *Robiquetia* 15 (G**)
40. **williamsonii** (Rchb.f.) Gar. (*C. demangei* (Guill.) Gar., *C. elongatum* (Rolfe) Gar., *C. hongkongense* (Rolfe) Gar., *C. pityophyllum* (Ridl.) Gar., *C. sacculatum* (Ridl.) Gar., *Sarcanthus williamsonii* Rchb.f., *S. sacculatus* Ridl., *S. hongkongensis* Rolfe, *S. elongatus* Rolfe, *S. flaccidus* J.J.Sm., *S. demangei* Guill., *S. pityophyllus* (Ridl.) J.J.Sm., *Saccolabium sacculatus* (Ridl.) Ridl., *S. pityophyllum* Ridl.) - Thai. (6*, S)

Cleisostomopsis Seidenf. - 1992 - *Aeridinae* (S) - 1 sp. Viet.
1. **eberhardtii** (Finet) Seidenf. - Viet. (S*)
× **Cleisostylis (Clq.)** (*Cleisocentron* × *Rhynchostylis*)
× **Cleisotheria (Cltha.)** (*Cleisocentron* × *Pelatantheria*)
Cleistes L.C.Rich. ex Lindl. - 1818 - *Subfam. Epidendroideae Tribus: Vanilleae Subtr. Pogoniinae* - ca. 45 sp. terr. - Trop. Am., Flor. to Braz.
1. **costaricensis** E.A.Christ. - C.Rica (W)
2. **divaricata** Ames ($47/12)
3. **lutea** Lindl. (H)
4. **rosea** Lindl. (*Pogonia rosea* (Lindl.) Hemsl.) - C.Rica, Pan., Col., Ven., Guy. (H**, W**, S*)
5. **tamboana** Dods. & Carn. - Ec. 700 m (FXX(3))
Clematepistephium N.Hallé - 1977 - *Subfam. Epidendroideae Tribus: Vanilleae Subtr. Vanillinae* - 1 sp. climber - N.Cal.
1. **smilacifolium** (Rchb.f.) N.Hallé (*Epistephium smilacifolium* Rchb.f.) - N.Cal. 500-1.200 m (S*)
Clowesia Lindl. - 1843 - *Subfam. Epidendroideae Tribus: Cymbidieae Subtr. Catasetinae* - (*Catasetum* subg. *Clowesia* (Lindl.) Mansf.) - 7 sp. epi. - Mex. to Ven.
1. **amazonica** Lac. & P.Castro - Braz. (S)
2. **dodsoniana** E.Aguirre - Col., Mex. to 600 m - scented (R, S)
3. **glaucoglossa** (Rchb.f.) Dods. (*Catasetum glaucoglossum* Rchb.f.) - Mex. - scented (R, S)
4. **rosea** Lindl. (*Catasetum roseum* (Lindl.) Rchb.f.) - Mex. - scented (O3/91, G**, W, R, S*, Z**)
5. **russelliana** (Hook.) Dods. (*Catasetum russellianum* Hook., *C. calceolatum* Lem., *Cycnoches viride* K. Koch) - Mex., Guat., Salv., Nic., Hond., Pan., Ven 400-1.200 m - scented (3**, 9**, O3/91, E*, G, H*, W, R, S*, Z**)
- *scurra* (Rchb.f.) Dods.: 7 (O3/91)
6. **thylaciochila** (Lem.) Dods. (*Catasetum thylaciochilum* Lem.) - Mex. 800-1.300 m - scented (3**, O3/91, R, S, Z)
7. **warscewiczii** (Lindl. & Paxt.) Dods.

(*C. scurra* (Rchb.f.) Dods., *Catasetum warscewiczii* Lindl. & Paxt., *C. scurra* Rchb.f., *Myanthus warscewiczii* (Lindl.) Beer) - Mex., Pan., Ven., Guy., Sur., Braz., Col., Ec. to 500 m - scented (9**, A**, O3/91, W**, R**, S*, Z**)

Clynhymenia (*Clinhymenia*) A.Rich. & Gal. - 1844: *Cryptarrhena* R.Br.
- *pallidiflora* A.Rich. & Gal.: *Cryptarrhena* 4 (G**, H**)

Cnemidia angulosa Lindl.: *Tropidia* 1 (6*, G)

Cnemidia semilibera Lindl.: *Tropidia* 1 (6*, G)

Coccineorchis Schltr. - 1920 - *Subfam. Spiranthoideae Tribus: Cranichideae Subtr. Spiranthinae* - 1/5 sp. ter/epi - Peru, C.Rica, Pan., S-Am.
1. **bracteosa** (Ames & Schweinf.) Gar. - C.Rica, Pan. (W**, S)
2. **cernua** (Lindl.) Gar. (*C. corymbosa* (Lindl.) Schltr., *C. corymbosa* (Kraenzl.) Schltr., *Synassa corymbosa* Lindl., *Stenorrhynchus cernuus* Lindl., *Spiranthes corymbosa* (Lindl.) Kraenzl., *S. coccinea* Gar.) - Peru, C. Rica, Pan., S-Am. (G, W, S)
3. **corymbosa** (Kraenzl.) Schltr. - Peru 3.000 m (S)
- *corymbosa* (Kraenzl.) Schltr.: 2 (S)
- *corymbosa* (Lindl.) Schltr.: 2 (G)
4. **navarrensis** (Ames) Gar. - C.Rica, Pan. (W, S)
5. **standleyi** (Ames) Gar. - Nic., C.Rica (W, S*)
× *Cochella (Chla.)*: × *Cochleottia* (*Cochleanthes* × *Mendoncella* (*Galeottia*)

Cochleanthes (Cnths.) Raf. - 1836 - *Subfam. Epidendroideae Tribus: Maxillarieae Subtr. Zygopetalinae* - (*Warscewiczella* Rchb.f.) - 11 sp. epi. - Trop. Am.
1. **amazonica** (Rchb.f. & Warsc.) Schult. & Gar. (*C. lipsocombiae* (Rolfe) Gar., *Warscewiczella lindenii* hort., *W. amazonica* Rchb.f & Warsc., *W. lipscombiae* (Rolfe) Fowlie, *Zygopetalum lindenii* (hort.) Rolfe, *Z. amazonicum* (Rchb.f. & Warsc.) Rchb.f., *Chondrorhyncha amazonica* (Rchb.f. & Warsc.) A.D. Hawk., *C. lipscombiae* Rolfe) - Sur., Col., Ec., Peru, Braz. (O3/90, O5/98, S*, Z**)
- *anatona* Dressl. (O4/83): *Chondrorhyncha* 3 (W**, O3/90, O5/98)
2. **aromatica** (Rchb.f.) Schult. & Gar. (*Zygopetalum aromaticum* Rchb.f., *Z. wendlandii* Rchb.f., *Warscewiczella aromatica* hort. ex Rchb.f., *W. wendlandii* (Rchb.f.) Schltr., *Bollea wendlandiana* hort. Sand., *Chondrorhyncha aromatica* (Rchb.f.) P.H. Allen) - C.Rica, Pan. (H*, W**, O3/90, O5/98, S*)
- *bidentata* (Rchb.f. ex Hemsl.) Schult. & Gar.: *Chondrorhyncha* 8 (O3/90, O4/98, O5/98)
3. **candida** (Lindl.) Schult. & Gar. (*Warscewiczella candida* Lindl., *Warrea candida* Lindl., *Huntleya candida* hort. ex Lindl., *Zygopetalum candidum* (Lindl.) Rchb.f.) - Braz. (O3/90, O5/98, S)
- *digitata* (Lem.) Schult. & Gar.: 13 (O3/90, O5/98)
4. **discolor** (Lindl.) Schult. & Gar. (*Chondrorhyncha discolor* (Lindl.) P.H.Allen, *Warscewiczella discolor* (Lindl.) Rchb.f., *Warrea discolor* Lindl., *Zygopetalum discolor* (Lindl.) Rchb.f.) - Cuba, Hond., C. Rica, Pan., Ven. 500-2.000 m (4**, O3/90, O1/91, 9**, E**, H**, W**, S*, Z**)
5. **flabelliformis** (Sw.) Schult. & Gar. (*C. lueddemanniana* (Rchb.f.) Schult. & Gar., *C. fragrans* Raf., *Epidendrum flabelliforme* Sw., *Cymbidium flabelliforme* (Sw.) Sw., *C. flabellifolium* Sw. ex Griseb., *Warscewiczella lueddemanniana* Rchb. f., *W. cochlearis* (Lindl.) Rchb.f., *W. cochleata* (Paxt.) Barb.Rodr., *W. cochleata* Rchb.f., *W. gibeziae* (N.E. Br.) Stein, *W. flabelliformis* (Sw.) Cogn., *Zygopetalum cochleare* Lindl., *Z. cochleatum* Paxt., *Z. flabelliforme* (Sw.) Rchb.f., *Z. conchaceum* Hoffmgg. ex Rchb.f., *Z. gibeziae* N. E.Br., *Z. lueddemannianum* (Rchb. f.) Rchb.f., *Eulophia cochleare* (Lindl.) Knight ex Hook., *E. cochlearis* (Lindl.) Steud., *Huntleya imbricata* hort. ex Rchb.f.) - Trop. Am., W-Ind., Nic., Ven., Braz. (9**, E, G**, H*, O3/90, O5/98**, R, S, Z)
- *fragrans* Raf.: 5 (9**, G**, O5/98**)
6. **guianensis** Laf., Gerlach & Sengh. -

Guy. 200 m (O5/98, O6/91**, S)
- *heteroclita* (Poepp. & Endl.) Schult. & Gar. (O5/90): *Huntleya* 8 (O3/90, S*)
- *heteroclita* (Poepp. & Endl.) Schult. & Gar. (O5/90): *Chaubardia* 3 (O4/98, O5/98)
7. **ionoleuca** (Rchb.f.) Schult. & Gar. (*Warscewiczella ionoleuca* (Rchb.f.) Schltr., *Zygopetalum ionoleucum* Rchb.f.) - Col., Ec. (O3/90, O5/90, O5/98, O6/91**, R**, S)
- *klugii* (Schweinf.) Schult. & Gar. (O5/90): *Chaubardia* 4 (O3/90, O5/90, O4/98, O5/98)
8. **lipsocombiae** (Rolfe) Gar. - Pan. (W)
- *lipsocombiae* (Rolfe) Gar.: 1 (O3/90, O5/98)
9. **lobata** Gar. - Col. (O3/90, O5/98, R, S)
- *lueddemanniana* (Rchb.f.) Schult. & Gar. (O5/90): 5 (O3/90, O5/98**)
10. **marginata** (Rchb.f.) Schult. & Gar. (*Warscewiczella marginata* Rchb.f., *W. velata* Rchb.f., *Warrea marginata* Rchb.f., *W. quadrata* Lindl., *Chondrorhyncha marginata* (Rchb.f.) P.H. Allen, *Huntleya marginata* hort. ex Rchb.f., *Zygopetalum velatum* (Rchb.f.) Rchb.f., *Z. marginatum* (Rchb. f.) Rchb.f., *Z. quadratum* (Rchb.f.) Pfitz., *Mendoncella marginata* (Rchb.f.) Gar.) - Pan., Col., Ven., Ec. (O3/90, O5/98, R, S*)
→ *marginata* (Rchb.f.) Schult. & Gar.: *Mendoncella* 5 (9**)
11. **palatina** Sengh. - Bol., Peru ca. 1.000 m (O3/90, O5/98, S)
12. **picta** (Rchb.f) Gar. - C.Rica, Pan. (W)
→ *picta* (Rchb.f.) Gar.: *Chondrorhyncha* 33 (O3/90, O4/98, O5/98)
- *rhombilabia* (Schweinf.) Sengh.: *Huntleya* 8 (O3/90, S*)
- *rhombilabia* (Schweinf.) Sengh.: *Chaubardia* 3 (O4/98, O5/98)
- *thienii* Dods. (O4/83): *Chondrorhyncha* 38 (O3/90, O4/98, O5/98)
- *trinitatis* (Ames) Schult. & Gar. (O5/90): *Chaubardia* 5 (H*, O3/90, O4/98, O5/98)
13. **wailesiana** (Lindl.) Schult. & Gar. (*C. digitata* (Lem.) Schult. & Gar., *Warrea wailesiana* Lindl., *W. digitata* Lem., *Zygopetalum wailesiana* Rchb.f., *Warscewiczella wailesiana* (Lindl.) Rchb.f. ex Morr., *W. digitata* Barb.Rodr.) - Braz. (O3/90, O5/98, S*)
× **Cochleatorea**: × *Pescoranthes* (*Cochleanthes* × *Pescatorea*)
× **Cochlecaste (Cccst.)** (*Cochleanthes* × *Lycaste*)
× **Cochlenia (Cclna.)** (*Cochleanthes* × *Stenia*)
× **Cochleottia (Colta.)** (*Cochleanthes* × *Galeottia*)
× **Cochlepetalum (Ccpm.)** (*Cochleanthes* × *Zygopetalum*)
Cochlia Bl. - 1825: *Bulbophyllum* Thou. (S)
- *violacea* Bl.: *Bulbophyllum* 464 (2*)
Cochlioda (Cda.) Lindl. - 1853 - *Subfam. Epidendroideae Tribus: Oncidieae Subtr. Oncidiinae* - ca. 6 sp. epi. - Ec., Peru, Bol.
1. **beyrodtiana** Schltr. - Peru 200-2.500 m (S)
- *brasiliensis* Rolfe: *Binotia* 1 (S*)
2. **chasei** Benn. & Christ. - Peru (S)
3. **densiflora** Lindl. - Peru 2.000-2.500 m (H, S)
4. × **floryi** Rolfe - nat. hybr. (S)
5. **noezliana** (Mast.) Rolfe (*Odontoglossum noezlianum* Mast.) - Peru, Bol. 1.900-2.600 m (4**, 8**, 9**, S, Z)
6. **rosea** (Lindl.) Benth. (*Odontoglossum roseum* Lindl., *Mesospinidium roseum* (Lindl.) Rchb.f.) - Peru, Ec. up to 1.800 m (8**, 9**, E**, G, H**, S*, Z**)
- *sanguinea* (Rchb.f.) Benth.: *Symphyglossum* 2 (9**, E**, H**)
7. **vulcanica** (Rchb.f.) Benth. & Hook.f. (*Mesospinidium vulcanicum* Rchb.f.) - Peru, Ec. 1.800-3.200 m (8**, 9**, S)
var. **splendens** O.Froebel (8**)
Cocleorchis Szlach. - 1994 - *Spiranthinae* (S) - 2 sp. terr. - Pan.
1. **dressleri** (Szlach.) Szlach. - Pan. (S)
2. **sarcoglottoides** Szlach. - Pan. (S*)
Codonorchis Lindl. - 1840 - *Subfam. Orchidoideae Tribus: Diurideae Subtr. Chloraeinae* - *(Pogonium* sect. *Codonorchis* Benth.) - 2 sp. terr. - S-Chile, Falk., S-Braz.
1. **canisoi** Mansf. - S-Braz. (S)
2. **lessonii** Lindl. - S-Chile, Falk. (S*)
Codonosiphon Schltr. - 1913: *Bulbophyllum* Thou.

Codonosiphon Schltr. - 1913 - *Bulbophyllinae* (S) - 3 sp. epi. - P.N.Gui., Cel.
1. **campanulatum** Schltr. - P.N.Gui. ca. 1.000 m (S)
2. **codonanthum** (Schltr.) Schltr. - Cel. 1.200 m (S)
3. **papuanum** Schltr. - P.N.Gui. - ca. 1.000 m (S)

Coelandria smillieae (F.v.Muell.) Fitzg.: *Dendrobium* 330 (E**, H**)

Coelia Lindl. - 1830 - *Subfam. Epidendroideae Tribus: Arethuseae Subtr. Bletiinae* - (*Bothriochilus* Lem.) - 1/5 sp. epi. - Mex., Guat., W-Ind.
- *baueriana* Lindl.: 5 (G**, H**, $56/6, S*)
1. **bella** (Lem.) Rchb.f. (*C. picta* Batem. ex Hook., *Bothriochilus bellus* Lem., *Bifrenaria bellus* Lem.) - Mex. to Hond. (4**, $56/6)
→ *bella* (Lem.) Rchb.f.: *Bothriochilus* 1 (9**, H**)
2. **densiflora** Rolfe (*Bothriochilus densiflorus* (Rolfe) Ames & Correll) - Guat., Hond., Salv. ($56/6)
→ *densiflora* Rolfe: *Bothriochilus* 2 (S)
- *galeottiana* Van Houtte ex Heynh.: 5 (G**, $56/6)
- *glacialis* Van Houtte ex Heynh.: 5 (G**, H**, $56/6)
3. **guatemalensis** Rchb.f. (*Bothriochilus guatemalensis* (Rchb.f.) L.O.Wms.) - Guat., Mex., Salv. ($56/6)
→ *guatemalensis* Rchb.f.: *Bothriochilus* 3 ($50/5, S)
4. **macrostachya** Lindl. (*C. macrostachya* var. *genuina* Rchb.f., - var. *integrilabia* Rchb.f., *Bothriochilus macrostachyus* (Lindl.) L.O.Wms.) - Mex., Guat., Salv., Hond., Nic., C.Rica, Pan. - scented (9**, G, W**, $56/6)
→ *macrostachya* Lindl.: *Bothriochilus* 4 (S*)
- *macrostachya* var. *genuina* Rchb.f.: 4 (9**, G, $56/6)
- *macrostachya* var. *integrilabia* Rchb.f.: 4 (9**, G)
- *picta* Batem. ex Hook.: *Bothriochilus* 1 (9**)
- *picta* Batem. ex Hook.: 1 ($56/6)
5. **triptera** (Smith) G.Don ex Steud. (*C. galeottiana* Van Houtte ex Heynh., *C. glacialis* Van Houtte ex Heynh., *C. baueriana* Lindl., *Epidendrum tripterum* Smith, *Cymbidium tripterum* (Smith) Sw.) - Mex., Guat., W-Ind. 500-1.000 m - scented (G**, H**, $56/6, S*, Z**)

Coeliopsis Rchb.f. - 1872 - *Subfam. Epidendroideae Tribus: Gongoreae* - 1 sp. epi. - Col., C.Rica, Pan.
1. **hyacinthosma** Rchb.f. - Col., C.Rica, Pan. 100-800 m (H**, W**, O3/89, FX3**, Z**, S*)

× *Coeloglossgymnadenia*: × *Gymnaglossum* (*Coeloglossum* × *Gymnadenia*)
× *Coeloglosshabenaria*: × *Coeloplatanthera* (*Coeloglossum* × *Habenaria* (*Platanthera*)
× *Coeloglossogymnadenia*: × *Gymnaglossum* (*Coeloglossum* × *Gymnadenia*)
× *Coeloglossorchis*: × *Orchicoeloglossum* (*Coeloglossum* × *Orchis*)

Coeloglossum Hartm. - 1820 - *Subfam. Orchidoideae Tribus: Orchideae Subtr. Orchidinae* - (*Entaticus* S.F.Gray p.p.) - 4 sp. terr. - USA, Jap., China, Korea, Eur. „Hohlzunge"
- *acuminatum* Lindl.: *Peristylus* 27 (2*)
- *acuminatum* Lindl.: *Peristylus* 17 (6*)
1. **bracteatum** (Willd.) Schltr. - USA, Can., Jap., China, Korea (S)
- *brevifolium* Lindl.: *Peristylus* 9 (6*, G)
- *cordatum* (Willd.) Nyman: *Gennaria* 1 (9**, G**)
- *densum* Lindl.: *Peristylus* 9 (6*, G)
- *diphyllum* (Link) Fiori & Paoli: *Gennaria* 1 (9**, G**, S, N**)
- *formosanum* Matsumura ex Schltr.: *Peristylus* 17 (6*)
2. **kaschmirianum** Schltr. - Kashm. (S)
- *lacertiferum* Lindl.: *Peristylus* 27 (2*)
- *lacertiferum* Lindl.: *Peristylus* 17 (6*)
- *luteum* Dalz.: *Habenaria* 196 (6*)
- *mannii* Rchb.f.: *Peristylus* 19 (6*)
3. **nankotaizanensis** (Masamune) S.S.Ying - China (S)
- *peristyloides* (Wight) Rchb.f.: *Peristylus* 9 (6*, G)
- *satyrioides* Nyman: *Steveniella* 1 (O1/80)
- *secundum* (Lindl.) Lindl.: *Peristylus* 26 (6*, G)

4. **viride** (L.) Hartm. - Eur., N-Turk., USA to 3.000 m - „Grüne Hohlzunge, Frog Orchid" (K**, S, O6/95, V**, Z**)

Coelogyne (Coel.) Lindl. - 1821 - *Subfam. Epidendroideae Tribus: Dendrobieae Subtr. Coelogyninae - (Acanthoglossum* Bl., *Gomphostylis* Wall. ex Lindl., *Chelonanthera* Bl., *Hologyne* Pfitz., *Ptychogyne* Pfitz., *Chelonistele* Pfitz.) - ca. 100 sp. epi. - SE-As., Ind., Indon., China, P.Is.
- "aff. *siamensis*" Cumb.: 71 (6*)
- *angustifolia* Ridl.: 74 (6*,9**)
- *annamensis* Rolfe: 2 (6*)
- *arthuriana* Rchb.f.: *Pleione* 18 (9**, S, &14)
- *articulata* (Lindl.) Rchb.f.: *Pholidota* 1 (2*, G)
1. **asperata** Lindl. (*C. lowii* Paxt., *C. edelfeldtii* F.v.Muell. & Kraenzl., *C. pustulosa* Ridl.) - Mal., Sum., N.Gui., SW-P.Is. 100-600 m (E, H**, O4/94**)
2. **assamica** Lind. & Rchb.f. (*C. fuscescens* Hook., *C. fuscescens* var. *assamica* (Lind. & Rchb.f.) Pfitz, *C. annamensis* Rolfe, *C. siamensis* Rolfe, *C. dalatensis* Gagn., *C.* cfr. *nitida* A.D.Kerr, non Lindl.) - Thai. (6*, E*, H*)
3. **barbata** Griff. - Him. 1.000-1.700 m (S*)
4. **beccarii** Rchb.f. (*C. micholicziana* Kraenzl.) - N.Gui. 300-1.200 m (O3/98, S)
- *beyrodtiana* Schltr.: *Chelonistele* 2 (H**)
- *beyrodtiana* Schltr.: 65 (S)
5. **bicamerata** J.J.Sm. - Cel. (S)
- *biflora* Rchb.f.: *Panisea* 3 (H**)
- *bimaculata* Ridl.: 22 (9**)
- *birmanica* Rchb.f.: *Pleione* 20 (G**, &14**)
6. **brachyptera** Rchb.f. (*C. parishii* var. *brachyptera* (Rchb.f.) Pfitz. & Kraenzl., *C. virescens* Rolfe, *C. parishii* Gagn. non Hook.f.) - Burm., Laos, Camb., Viet. (6**, 9**, E*, H*)
- *brunnea* Lindl.: 26 (6*,9**, G)
- *brunnea* Lindl.: 26 (E*)
7. × **brymeriana** (*C. asperata* × *C. dayana*) nat. hybr. (S)
- *bulbocodioides* Franch.: *Pleione* 4 (9**, E**, H**, &14**)
8. × **burfordiensis** (*C. asperata* × *C. pandurata*) nat. hybr. (A**, E, H**)
- *calceata* (Rchb.f.) Rchb.f.: *Pholidota* 10 (G)
9. **calcicola** Kerr - Thai. (6*)
- *camelostalix* Rchb.f.: *Pholidota* 2 (2*, S)
- *candida* Lindl.: *Pleione* 18 (9**)
- *carnea* Rchb.f.: *Pholidota* 3 (2*)
- *carnea* Hook.f.: 57 (6*)
- cfr. *nitida* A.D.Kerr: 2 (6*)
10. **chloroptera** Rchb.f. - Phil. (S)
- *cinnamomea* Teijsm. & Binn. (2*): 74 (6*, 9**, S)
- *cinnamomea* var. *angustifolia* (Ridl.) Pfitz. & Kraenzl.: 74 (6*, 9**)
11. **clarkei** Kraenzl. - Him., Ind. (S)
- *conchoidea* (Lindl.) Rchb.f.: *Pholidota* 8 (G**)
- *conferta* hort.: 47 (6*,9**, G**)
- *convallariae* Rchb.f.: *Pholidota* 5 (E, H)
- *coronaria* Lindl.: *Eria* 21 (E**, G**, H**)
- *coronaria* Lindl.: *Trichosma* 1 (S)
- *coronaria* Lindl.: *Trichosma suavis* (8**)
- *corrugata* Wight (E*): 46 (9**)
12. **corymbosa** Lindl. - NE-Ind., Sik., Bhut. 1.500 - 2.000 m (9**, E**, H**, S*)
13. **cristata** Lindl. (*Cymbidium speciosissimum* D.Don, *Pleione speciosissima* Ktze.) - NE-Ind., Sik. 1.000-2.000 m (4**, 8**, 9**, E**, G**, H**, S*, Z**)
var. **duthiei** Pfitz. (S)
var. **hololeuca** Rchb.f. (*C. cristata* var. *alba* Moore) (S)
- *cristata* var. *alba* Moore (8**): 13
- *crookewitii* Teysm. & Binn.: 65 (2*, S)
14. **cumingii** Lindl. (*Pleione cumingii* (Lindl.) Ktze.) - Laos, Mal., Sum., Born. (6*,9**, G**, S*)
15. **cuprea** H.Wendl. & Kraenzl. - Sum., Born. 1.000-1.200 m (S*)
16. **cycnoches** Par. & Rchb.f. - Thai. (6*, E*)
- *cymbidioides* Ridl.: 39 (9**, S*)
- *dalatensis* Gagn.: 2 (6*)
17. **dayana** Rchb.f. - Mal., Java, Born., Sum., Thai. (6*, E**, H**, 9**, O1/94, S*, Z**)
- *dayana* Ridl. non Rchb.f.: 72 (6*)
- *dayana* var. *massangeana* (Rchb.f.)

Ridl.: 39 (6*, 9**, E**, H**)
- *decipiens* Sand.: *Chelonistele pusilla* (9**)
- *decipiens* Sand.: *Chelonistele* 2 (H**)
- *delavayi* Rolfe: *Pleione* 4 (9**, H**, &14**)
- *densiflora* Ridl.: 39 (4**, 6*, 9**, E**, H**)
- *diphylla* (Lindl.) Lindl.: *Pleione* 18 (9**, &14**)
- *edelfeldtii* F.v.Muell. & Kraenzl.: 1 (S*)
18. **elata** Lindl. - Sik., Nep., Bhut., Burm. (G)
- *elata* Lindl.: 63 (S*)
- *elata* Hook. (E*): 27 (9**)
- *falcata* Hook.f.: *Panisea* 3 (H**)
- *falcata* Anderss.: *Panisea* 3 (S*)
19. **fimbriata** Lindl. (*C. ovalis* Pfitz. & Kraenzl., non Lindl., *C. laotica* Gagn., *C. leungiana* Hu, *Pleione chinense* Ktze., *Pleione fimbriata* Ktze.) - Ind., Laos, Viet., Thai., Mal., China (6*, E**, G**, H*, S*, Z**)
- *fimbriata* Lindl. non Lindl.: 49 (6*)
- *fimbriata* Par.: 25 (6*, 9**, E**, H**)
- *fimbriata* var. *annamica* Finet ex Gagn.: 50 (6*)
20. **flaccida** Lindl. - Nep., Sik., Burm., China, Laos 1.000-1.600 m (6*, 9**, E**, G**, H**, S*)
- *flaccida* Par.: 33 (6**)
21. **flavida** Wall. ex Lindl. - Thai. (6*, E*)
- *fleuryi* Gagn.: 34 (9**)
22. **flexuosa** Rolfe (*C. bimaculata* Ridl., *Ptychogyne flexuosa* (Rolfe) Pfitz. & Kraenzl., *P. bimaculata* Pfitz. & Kraenzl.) - Sum., Java, Bali ca. 1.500 m (2*, 9**, O6/96, S*)
23. **foerstermannii** Rchb.f. - Born. (O3/98**)
24. **fragrans** Schltr. - N.Gui. 1.000-1.700 m (O3/98**)
25. **fuliginosa** Lindl. (?*C. triplicatula* Rchb.f., *C. ovalis* Rchb.f. non Lindl., ?*C. longeciliata* Teijsm. & Binn., *C. fimbriata* Par. non Lindl., *Pleione fuliginosa* Ktze., *P. triplicatula* Ktze.) - Him., Burm., Java 1.200-2.200 m (2*, 6*, 9**, E**, H**, 8**, S*)
- *fusca* (Lindl.) Rchb.f.: *Otochilus* 2 (9**)
26. **fuscescens** Lindl. (*C. brunnea* Lindl.) - Nep., Ind., Bhut., Him. 1.000-1.700 m (E*, H*, S*)
- var. **fuscescens** Lindl. (6*)
- var. **brunnea** (Lindl.) Lindl. (*C. fuscescens* Lindl., *C. brunnea* Lindl.) - Burm., Laos, Thai., Viet. 1.000-1.500 m (6*, 9**, E, G, H)
- *fuscescens* Lindl.: 26 (6*, 9**, G)
- *fuscescens* var. „A" Lindl.: 31 (6*)
- *fuscescens* Hook.: 2 (6*)
- *fuscescens*. var. *assamica* (Lindl. & Rchb.f.) Pfitz.: 2 (6*)
- *fuscescens* var. *integrilabia* Pfitz.: 31 (6*)
- *gibbosa* Rchb.f.: *Pholidota* 6 (2*)
- *glandulosa* Lindl.: 46 (9**)
- *globosa* Rchb.f.: *Pholidota* 7 (2*)
- *goweri* Rchb.f.: 47 (6*, 9**, G**)
- *graminifolia* Par. & Rchb.f.: 79 (6*, 9**, S*)
- *grandiflora* Rolfe: *Pleione* 10 (O3/81, &14**)
- *henryi* Rolfe: *Pleione* 4 (9**, H**, &14**)
27. **holochila** P.F.Hunt. & Summerh. (*C. elata* Hook.) - Ind., Burm. (9**)
- *hookeriana* Lindl.: *Pleione* 11 (9**, E**, H**, &14**)
- *hookeriana* var. *brachyglossa* Rchb. f.: *Pleione* 11 (9**)
28. **huettneriana** Rchb.f. - Thai. (6*, E*, H*)
- *huettneriana* Rchb.f.: 33 (S)
- *huettneriana* Hook.f.: 33 (6**, E*, H*)
- *huettneriana* Kerr: 74 (6*)
- *huettneriana* var. *lactea* (Rchb.) Pfitz.: 33 (6**)
- *humilis* (J.E.Sm.) Lindl.: *Pleione* 14 (9**, E, H, O6/98**, &14**)
- *humilis* var. *albata* Rchb.f.: *Pleione* 14 (9**)
- *humilis* var. *tricolor* Rchb.f.: *Pleione* 14 (9**)
- *imbricata* (Lindl.) Rchb.f.: *Pholidota* 10 (E**)
- *imbricata* (Hook.) Rchb.f.: *Pholidota* 8 (2*, G**)
29. **incrassata** Lindl. (*Chelonanthera incrassata* Bl., *Pleione incrassata* Ktze.) - Java (2*)
30. **integerrima** Ames - Phil. up to 2.400 m (9**, E*)
31. **integrilabia** (Pfitz.) Schltr. (*C. fuscescens* var. „A" Lindl., *C. fuscescens* var. *integrilabia* Pfitz. - Thai. (6*)

32. × **intermedia** (*C. massangeana* × *C. cristata*) nat. hybr. (S*)
- *javanica* Lindl.: *Pogonia crispata* (2*)
- *javanica* Lindl.: *Nervilia* 5 (6*)
- *khasyana* (Rchb.f.) Rchb.f.: *Pholidota* 1 (2*, G)
33. **lactea** Rchb.f. (*C. flaccida* Par. non Lindl., *C. huettneriana* Rchb.f., *C. huettneriana* Hook.f., non Rchb.f., *C. huettneriana* var. *lactea* (Rchb.) Pfitz., *C. rhodeana* Kerr non Rchb. f.) - Burm., Thai., Laos, Viet. (6**, 8**, E*, H*, S*)
- *lagenaria* (Lindl.) Lindl.: *Pleione* 16 (&14**)
- *laotica* Gagn.: 19 (6*, E**, G**, H*)
- *lauterbachiana* Kraenzl.: 41 (S*)
34. **lawrenceana** Rolfe (*C. fleuryi* Gagn.) - Viet. (9**, E**, H**, S*)
35. **lentiginosa** Lindl. - Burm., Thai. Viet. (6*, 9**, E**, H**, S*)
- *leungiana* Hu: 19 (6*, E**, G**, H*)
- *longeciliata* Teijsm. & Binn.: 25 (6*, 9**)
36. **longifolia** Lindl. (*Chelonanthera longifolia* Bl., *Pleione longifolia* Ktze.) - Java (2*)
37. **longipes** Lindl. - Thai. (6*)
- *loricata* (Rchb.f.) Rchb.f.: *Pholidota* 8 (2*, G**)
- *lowii* Paxt.: 1 (O4/94**, S*)
38. **lycastoides** F.v.Muell. & Kraenzl. - Samoa (O1/94)
- *macrobulbon* Hook.f.: 59 (2*, 6*)
- *maculata* Lindl.: *Pleione* 18 (4**, 9**, E**, H**, &14**)
- *mandarinorum* Kraenzl.: *Ischnogyne* 1 (S)
39. **massangeana** Rchb.f. (*C. densiflora* Ridl., *C. cymbidioides* Ridl., *C. dayana* var. *massangeana* (Rchb.f.) Ridl., *C. tomentosa* var. *cymbidioides* Ridl., - var. *massangeana* (Rchb.f.) Ridl., *Pleione massangeana* (Rchb. f.) Ktze.) - Thai., Mal., Sum., Java, Born. (2*, 4**, 6*, 8**, 9**, E**, H**, S*, Z**)
40. **mayeriana** Rchb.f. - Mal., Sum., Java, Born. 0-500 m (E, H, O2/94, O3/97, S*, Z**)
var. **viridiflora** Pfitz. & Kraenzl. - Sum. 0-500 m (O2/94)
- *micholicziana* Kraenzl.: 4 (S)

41. **miniata** (Bl.) Lindl. (*C. lauterbachiana* Kraenzl., *Chelonanthera miniata* Bl., *Pleione miniata* Ktze.) - Mal., N.Gui. 1.000-1.500 m (2*, 8**, S*)
42. **modesta** J.J.Sm. - Java (2*)
43. **mooreana** Sand. ex Rolfe - Thai., Laos, Camb., Viet. ca. 1.300 m (9**, E**, H**, S)
44. **moultonii** J.J.Sm. - Born. (O3/98**)
45. **multiflora** Schltr. - Cel. (S*)
- *nervillosa* Rchb.f.: *Pholidota* 9 (2*)
46. **nervosa** A.Rich. (*C. glandulosa* Lindl., *C. corrugata* Wight) - Ind. (9**, S*)
- *nigrofurfuracea* Guill.: *Tainiopsis* 1 (S*)
47. **nitida** (Wall. ex D.Don) Lindl. (*C. ochracea* Lindl., *C. ochracea* ssp. *conferta* Par. & Rchb.f., - var. *foliata* (Rchb.f.) Pfitz. & Kraenzl., ?*C. goweri* Rchb.f., *C. conferta* hort., *C. punctulata* Lindl., *C. punctulata* var. *conferta* (Par. & Rchb.f.) Tang & Wang, *C. ocellata* Lindl., ?*Pleione goweri* (Rchb.f.) Ktze., *Cymbidium nitidum* Wall. ex D.Don) - NW-Him., Nep., Sik., Thai., Bhut., Burm., China, Laos 1.000-2.000 m (6*, 9**, E**, G**, H**, $56/8, S*)
- *nitida* (Roxb.) Hook.f.: 56 (9**, G)
- *nitidum* Wall. ex D.Don.: 47 (6*)
- *occellata* (Wall. ex Lindl.) Lindl.: 56 (9**, G)
- *ocellata* Lindl.: 47 (S*)
48. **ochracea** Lindl. - Him., Burm. 1.700-2.300 m (S*)
- *ochracea* Lindl.: 47 (6*, 9**, E**, G**, H**)
- *ochracea* ssp. *conferta* Par. & Rchb. f.: 47 (6*, 9**, G**)
- *ochracea* var. *foliata* (Rchb.f.) Pfitz. & Kraenzl.: 47 (6*,9**, G**)
- *odoratissima* Batem.: 73 (9**)
49. **ovalis** Lindl. (*C. pilosissima* Planch., *C. triplicatula* Rchb.f., *C. fimbriata* Lindl. non Lindl., *Broughtonia linearis* Wall. ex Hook.f.) - W-Him., Nep., Sik., Ass., Burm., China, Thai. (6*, 9**, E**, G, H**, S*)
- *ovalis* Seidenf. non Lindl.: 50 (6*)
- *ovalis* Pfitz. & Kraenzl.: 19 (6*, E**, G**, H*)
- *ovalis* Rchb.f.: 25 (6*, E**, 9**, H**)
- *pachybulbon* Ridl.: 74 (6*, 9**)
50. **pallens** Ridl. (*C. fimbriata* var. *an-*

- *namica* Finet ex Gagn., *C. ovalis* Seidenf. non Lindl.) - Thai. (6**, E*, H*)
- *pallida* Rchb.f.: *Pholidota* 8 (2*)
- *pallida* (Lindl.) Rchb.f.: *Pholidota* 10 (E**, H)
51. **pandurata** Lindl. - Mal., Sum., Born. 400-900 m - epi/ter (4**, 8**, 9**, E*, H**, O1/94, S*, Z**)
- *parakensis* Rolfe: *Chelonistele perakensis* (9**)
52. **parishii** Hook.f. - Burm. (9**, E**, H**, S*, Z**)
- *parishii* Gagn.: 6 (6*, 9**)
- *parishii* var. *brachyptera* (Rchb.f.) Par. & Kraenzl.: 6 (6**, 9**)
- *perakensis* Rolfe: 65 (S)
- *pilosissima* Planch.: 49 (6*, 9**, G, H**)
- *plantaginea* Lindl.: 59 (6*, E*)
- *pogonioides* Rolfe: *Pleione* 4 (9**, &14**)
- *porrecta* (Lindl.) Rchb.f.: *Otochilus* 4 (E*, G, H**)
- *praecox* (J.E.Sm.) Lindl.: *Pleione* 20 (9**, E**, G**, H**, &14**)
- *praecox* var. *sanguinea* Lindl.: *Pleione* 20 (9**, G**)
- *praecox* var. *tenera* Rchb.f.: *Pleione* 20 (9**, G**)
- *praecox* var. *wallichiana* (Lindl.) Lindl.: *Pleione* 20 (9**, G**)
53. **prasina** Ridl. - Malak. 1.000-1.300 m (S)
54. **prolifera** Lindl. - Sik., Yun., Khasia, Thai., Viet. (6*, G, S)
55. **pulchella** Rolfe - S-Burm. (9**, E*)
56. **punctulata** Lindl. (*Cymbidium nitidum* Roxb., *C. occellata* (Wall. ex Lindl.) Lindl., *C. nitida* (Roxb.) Hook.f.) - Nep., Ass., Burm., W-China (9**, E*, G, H*)
- *punctulata* Lindl.: 47 (S*)
- *punctulata* var. *conferta* (Par. & Rchb.f.) Tang & Wang: 47 (6*, 9**, G**)
- *purpurascens* (Thw.) Hook.: *Adrorhizon* 1 (O4/84)
- *pusilla* Ridl.: *Chelonistele pusilla* (9**)
- *pustulosa* Ridl.: 1 (S*)
- *quadrangularis* Ridl.: 67 (9**)
57. **radicosa** Ridl. (*C. carnea* Hook.f.) - Thai. (6*)
- *reichenbachiana* T.Moore & Veitch: *Pleione* 20 (9**, E**, G**, H**)
- *rhodeana* Kerr: 33 (6**)
- *rhodeana* Rchb.f.: 74 (6*, 9**, S)
58. **rigida** Par. & Rchb.f. (*C. tricarinata* Ridl.) - Thai. (6*)
59. **rochussenii** De Vriese (*C. macrobulbon* Hook.f., *C. plantaginea* Lindl., *Pleione macrobulbon* (Hook.f.) Ktze., *P. plantaginea* (Lindl.) Ktze., *P. rochussenii* (De Vriese) Ktze.) - Mal., Sum., Phil., Born. (2*, 6*, E*, H**, S)
- *rossiana* Rchb.f. (E*): 74 (6*, 9**, S)
- *rubra* (Lindl.) Rchb.f.: *Pholidota* 11 (G)
- *salmonicolor* Rchb.f.: 62 (8**, S)
60. **sanderae** Kraenzl. - Burm. (S)
61. **schilleriana** Rchb.f. (*Pleione schilleriana* (Rchb.f.) Pfitz. & Kraenzl.) - Burm. (9**, E*, S)
- *siamensis* Rolfe: 2 (6*)
62. **speciosa** (Bl.) Lindl. (*C. salmonicolor* Rchb.f., *Pleione speciosa* Ktze., *Chelonanthera speciosa* Bl.) - Mal., Sum., Java, Born. 1.000-1.500 m (2*, 8**, 9**, E*, G**, H**, S, Z**)
var. **alba** hort. - Mal., Sum., Java, Born. (9**)
var. **albicans** Veitch (8**)
var. **salmonicolor** (Rchb.f.) Schltr. (*C. salmonicolor* Rchb.f.) (S)
- *speciosa* auct. non (Bl.) Lindl.: 80 (6*)
- *stellaris* Rchb.f.: ? 35 (S)
63. **stricta** (D.Don) Schltr. (*C. elata* Lindl.) - Him., Burm. 1.500-3.000 m (E*, S*)
64. **suaveolens** (Lindl.) Hook.f. (*C. undulata* Wall., *Pholidota suaveolens* Lindl.) - Thai. (6*, E*)
65. **sulphurea** (Bl.) Rchb.f. (*C. crookewitii* Teijsm. & Binn., *C. perakensis* Rolfe, *C. beyrodtiana* Schltr., *Pleione sulphurea* Ktze., *P. crookewitii* Ktze., *Chelonanthera sulphurea* Bl.) - Sund., Mal. (2*, S*)
66. **susanae** Cribb & B.Lewis (O3/98)
67. **swaniana** Rolfe (*C. quadrangularis* Ridl.) - Mal., Sum., Born. (9**, E*, O3/98, S*)
68. **tenasserimensis** Seidenf. - Thai. (6*)
69. **tenuis** Rolfe - Born. (S)
70. **testacea** Lindl. - Sing., Mal., Sum. (9**, E*, G, S)
71. **thailandica** Seidenf. (*C. „aff. siamensis"* Cumb.) - Thai. (6*)

- *thuniana* Rchb.f.: *Panisea* 3 (H**, S*)
72. **tomentosa** Lindl. (*C. dayana* Ridl., non Rchb.f.) - Mal., Thai., Java, Born., Sum. (6*, E*, H*, S*)
- *tomentosa* var. *cymbidioides* Ridl.: 39 (6*, 9**)
- *tomentosa* var. *massangeana* (Rchb. f.) Ridl.: 39 (6*, 9**, E**, H**)
- *tricarinata* Ridl.: 58 (6*)
73. **trifida** Rchb.f. (*C. odoratissima* Batem.) - Sri L., Ind., Burm., NW-Mal. (9**, E*)
74. **trinervis** Lindl. (*C. cinnamomea* Teijsm. & Binn., *C. cinnamomea* var. *angustifolia* (Ridl.) Pfitz. & Kraenzl., *C. rhodeana* Rchb.f., *C. huettneriana* Kerr non Rchb.f., *C. rossiana* Rchb.f., *C. angustifolia* Ridl., *C. pachybulbon* Ridl., ?*C. wettsteiniana* Schltr.) - Burm., Laos, Viet., Thai., Mal., Java (6*, 9**, S)
- *triotos* Rchb.f.: *Pholidota* 8 (G**)
- *triplicatula* Rchb.f.: 25 (2*)
- *triplicatula* Rchb.f.: 49 (6*, 9**, G, H**)
- *triptera* Brongn.: *Encyclia* 82 (9**, G)
- *trisaccata* Griff.: *Neogyna* 1 (S*)
75. **tumida** J.J.Sm. - Java (2*)
- *undulata* Wall.: 64 (6*)
- *undulata* (Lindl.) Rchb.f.: *Pholidota* 11 (G)
- *uniflora* Lindl.: *Panisea* 3 (H**)
76. **ustulata** Par. & Rchb.f. - Thai. (6*)
77. **veitchii** Rolfe - N.Gui. (9**, S)
- *ventricosa* Rchb.f.: *Pholidota* 12 (2*)
78. **venusta** Rolfe - SW-China (9**, E*, S)
- *virescens* Rolfe: 6 (6**, 9**)
79. **viscosa** Rchb.f. (*C. graminifolia* Par. & Rchb.f.) - Ind., Burm., Viet., Thai., Mal. (6*, 9**, E*, S*)
- *wallichiana* Lindl.: *Pleione* 20 (9**, E**, G**, H**, &14**)
- *wallichii* Hook.: *Pleione* 20 (9**, G**)
- *wettsteiniana* Schltr.: 74 (6*, 9**)
- *xylobioides* Kraenzl.: *Gynoglottis* 1 (S*)
80. **xyrekes** Ridl. (*C. speciosa* auct. non (Bl.) Lindl.) - Mal., Thai. (6*, E, H)
- *yunnanensis* Rolfe: *Pleione* 26 (9**, &14**)
81. **zurowetzii** Carr - Born. (O1/94)

× **Coeloplatanthera** (*Coeloglossum* × *Platanthera*)
× *Cogniauxara*: × *Holttumara* (*Arachnis* × *Euanthe* (*Vanda*) × *Renanthera* × *Vanda*)
Cogniauxiocharis (Schltr.) Hoehne - 1944 - *Spiranthinae* (S) - (*Pelexia* Presl p.p.) - 2 sp. terr. - S-Braz.
1. **euphlebius** (Oliv. ex Rchb.f.) Hoehne (*Pelexia euphlebius* Oliv. ex Rchb.f.) - S-Braz. (S)
   ⇝ *euphlebius* (Oliv. ex Rchb.f.) Hoehne: *Pteroglossa* 1 (9**)
2. **glazoviiana** (Cogn.) Hoehne (*Pelexia glazoviiana* Cogn.) - S-Braz. (S)
Cohnia Rchb.f. - 1852: *Oncidium* Sw. (S)
Cohnia Rchb.f. - 1852: *Cohniella* Pfitz. (S)
Cohniella Pfitz. - 1889: *Oncidium* Sw. (S)
Cohniella Pfitz. - 1889 - *Oncidiinae* (S) - (*Stilifolium* Kgr. & Pongratz inv. name, *Oncidium* sect. *Cebolleta* Lindl., *Cohnia* Rchb.f.) - 9 sp. epi.
1. **ascendens** (Lindl.) E.A.Christ. (*Oncidium ascendens* Lindl.) (S) ⇝ *Oncidium* 17 (S)
2. **bolivianense** (Oppenh.) Sengh. (*Oncidium bolivianense* Oppenh.) (S) ⇝ *Oncidium* 30 (S)
3. **cebolleta** (Jacq.) E.A.Christ. (*Oncidium cebolleta* Jacq.) (S) ⇝ *Oncidium* 43 (S)
4. **jonesiana** (Rchb.f.) E.A.Christ. (*Oncidium jonesianum* Rchb.f.) (S) ⇝ *Oncidium* 122 (S)
5. **nuda** (Batem. ex Lindl.) E.A.Christ. (*Oncidium nudum* Batem. ex Lindl.) (S) ⇝ *Oncidium* 154 (S)
- *quekettioides* (Rchb.f.) Pfitz.: *Oncidium* 17 (S)
6. **stacyi** (Gar.) E.A.Christ. (*Oncidium stacyi* Gar.) (S*)
7. **stipitata** (Lindl.) E.A.Christ. (*Oncidium stipitatum* Lindl.) (S) ⇝ *Oncidium* 214 (S)
8. **teres** (Ames & Schweinf.) E.A. Christ. (*Oncidium teres* Ames & Schweinf.) (S) ⇝ *Oncidium* 217 (S)
9. **wittii** (Oppenh.) Sengh. (*Oncidium wittii* Oppenh.) (S) ⇝ *Oncidium* 251 (S)
Coilochilus Schltr. - 1906 - *Cranichidinae* (S) - 1 sp. terr. - N.Cal.
1. **neocaledonicus** Schltr. - N.Cal. (S)
Coilostylis Raf. - Subfam. *Spiranthoideae* Tribus: *Cranichideae* Subtr. *Cranichidinae*

- *emarginata* Raf.: *Epidendrum* 47 (8**, 9**, G**)
× **Colasepalum** (*Colax* × *Zygosepalum*)
× **Colaste (Cste.)** (*Colax* × *Lycaste*)
Colax (*Cls.*) Lindl. p.p. - 1843: *Pabstia* Gar. (S)
Colax (*Cls.*) Lindl. p.p. - 1825: *Lycaste* (S)
- *aromaticus* (Grah. ex Hook.) Spreng.: *Lycaste* 3 (9**, E*, G**, H**)
- *barringtoniae* (J.J.Sm.) Lindl. ex Spreng.: *Lycaste* 5 (9**, G)
- *grandiflorus* Raf.: *Bifrenaria* 5 (9**, G**)
- *harrisoniae* (Hook.) Lindl.: *Bifrenaria* 5 (8**, 9**)
- *harrisoniae* (Hook.) Spreng.: *Bifrenaria* 5 (G**)
- *jugosus* (Lindl.) Lindl.: *Pabstia* 1 (4**, 9**, E**, G, H**)
- *jugosus* var. *viridis* (Lindl.) God.-Leb.: *Pabstia* 6 (G**)
- *modestior* Rchb.f.: *Pabstia* 2 (S)
- *palmifolius* (Sw.) Lindl.: *Xylobium* 23 (9**, G**)
- *parkeri* (Hook.) Spreng.: *Maxillaria* 185 (9**, G)
- *parvulus* (Hook.) Spreng.: *Bifrenaria* 10 (G)
- *placanthera* (Hook.) Lindl.: *Pabstia* 3 (9**, G)
- *racemosus* (Hook.) Spreng.: *Bifrenaria* 12 (9**, G**)
- *triptera* Rolfe: *Pabstia* 5 (S)
- *viridis* (Lindl.) Lindl.: *Pabstia* 6 (G**)
- *viridis* var. *placanthera* (Hook.) Stein: *Pabstia* 3 (9**, G)
- *viridis* var. *pluriflora* (Regel) Cogn.: *Pabstia* 1 (9**, G)
× **Coleottia (Cta.)** (*Colax* × *Galeottia*)
Collabium Bl. - 1825 - Collabiinae (S) - 11 sp. ter/epi - China, Taiw., Indoch., N.Gui., Viet.
1. **annamense** Gagn. - Ann.: ?*Chrysoglossum* (S)
↪ *annamense* Gagn.: *Thecostele* 1 (O5/89)
2. **balansae** (Gagn.) Tang & Wang - S-China (S)
3. **bicameratum** (J.J.Sm.) J.J.Wood (*Chrysoglossum bicameratum* J.J.Sm.) - end. to Born. 1.600-1.800 m (Q**) ↪ Chrysoglossum 3
4. **chinensis** (Rolfe) Tang & Wang - S-China (S)
5. **formosanum** Hay. (*C. uraiensis* Fuk.) - Taiw. 1.500-2.000 m (S*)
6. **nebulosum** Bl (*Chrysoglossum nebulosum* (Bl.) J.J.Sm.) - Java (S*)
- *nebulosum* Rchb.f.: *Chrysoglossum nebulosum* (2*)
7. **papuanum** (Schltr.) Schltr. - N.Gui. (S)
8. **simplex** Rchb.f. (*Chrysoglossum simplex* (Rchb.f.) J.J.Sm.) - Mal., Sum., Java, Born. ca. 1.100 m (Q**) ↪ Chrysoglossum 16
- *uraiensis* Fuk.: 5 (S*)
9. **vesicatum** (Rchb.f.) Schltr. (*Chrysoglossum vesicatum* Rchb.f.) - Fiji (S)
- *wrayi* Hook.f.: *Thecostele* 1 (O5/89)
Collare-Stuartense Sengh. & Bock. - 1997 - Oncidiinae (S) - 5 sp. epi. - Peru, Bol.
1. **astranthum** (Rchb.f.) Sengh. & Bock. (*Odontoglossum astranthum* Rchb.f.) - Ec., Peru (S*) ↪ Odontoglossum 5
2. **digitatum** (Schweinf.) Sengh. & Bock. (*Odontoglossum digitatum* Schweinf.) - Peru ca. 2.800 m (S)
3. **dracoceps** (Dalström) Sengh. & Bock. (*Odontoglossum dracoceps* Dalström) - Bol. 2.100 m (S)
4. **micklowii** (Dalström) Sengh. & Bock. (*Odontoglossum micklowii* Dalström) - Bol. ca. 2.000 m (S)
5. **multistellare** (Rchb.f.) Sengh. & Bock. (*Odontoglossum multistellare* Rchb.f.) - S-Ec., N-Peru 2.000-2.400 m (S*)
× **Colmanara (Colm.)** (*Miltonia* × *Odontoglossum* × *Oncidium*)
Colombiana Ospina: *Pleurothallis* R.Br. (L)
- *garayana* Ospina: *Pleurothallis* 270 (L)
Comparettia (Comp.) Poepp. & Endl. - 1835 - Subfam. Epidendroideae Tribu: Oncidieae Subtr. Oncidiinae - ca. 4/5 sp. epi. - Trop. Am., And. of S-Am.
1. **coccinea** Lindl. (*C. peruviana* Schltr.) - Braz., Bol., Col. 1.400-1.800 m (E**, G**, H**, R, S)
2. **falcata** Poepp. & Endl. (*C. rosea* Lindl.) - W-Ind., Mex., Guat., Hond., C.Rica, Pan., S-Am. 700-1.500 m (4**, 9**, E**, G, H**, W**, R**, S*, Z**)
   var. **paulensis** (Cogn.) Bock (FXIX1)

3. **ignea** Ortiz - Col. 1.450-1.600 m (FXIX1**, S)
4. **macroplectron** Rchb.f. & Triana (*C. splendens* Schltr.) - Col., Bol. 1.000-1.600 m (8**, 9**, E**, H**, R**, S*)
5. × **maloi** Bock - nat. hybr. (FXIX1)
- *peruviana* Schltr.: 1 (E**, G**, H**, R, S)
- *rosea* Lindl.: 2 (4**, 9**, E**, G, H**, S*)
6. **speciosa** Rchb.f. - Ec., Bol., Peru 1.400-1.500 m (E**, H**, S*, Z**)
- *splendens* Schltr.: 4 (S*)

Comperia K.Koch - 1859 - *Subfam. Orchidoideae Tribus: Orchideae Subtr. Orchidinae* - 1 sp. terr. - Turk.
1. **comperiana** (Stev.) Asch. & Graebn. (*C. taurica* K.Koch, *C. karduchorum* Bornm. & Kraenzl., *Orchis comperiana* Stev.) - Turk. 500-2.000 m - „Bartorchis, Fadenförmiges Knabenkraut" (K**, Z**)
- *karduchorum* Bornm. & Kraenzl.: 1 (O1/80)
- *taurica* K.Koch: 1 (S)

Conchidium Griff. - 1851: *Eria* Lindl.

Conchidium Griff. - 1851 - *Dendrobiinae* (S) - (*Eria* sect. *Conchidium* (Griff.) Lindl.) - ca. 10 sp. epi. - Sri L., Ind., Him., Thai., Hong.
1. **braccatum** (Lindl.) Brieg. (*Eria braccata* Lindl.) (S)
2. **nanum** (A.Rich.) Brieg. (*Eria nana* A.Rich.) (S)
3. **pusillum** Griff. (*Eria pusilla* (Griff.) Lindl.) (S)

Conchochilus distichus Hassk.: *Appendicula* 20 (2*)
Conchochilus oppositiflorus Hassk.: *Appendicula* 8 (2*)

Condylago Luer - 1982 - *Pleurothallidinae* (S) - 1 sp. epi. - Col.
1. **rodrigoi** Luer - Col. 1.400-1.600 m (L*, FXV2/3**, R**, S*)

Conopsidium Wallr. - 1840: *Platanthera* L.C.Rich. (S)

Conostalix (Kraenzl.) Brieg. - 1981: *Dendrobium* Sw.

Conostalix (Kraenzl.) Brieg. - 1981 - *Dendrobiinae* (S) - (*Dendrobium* sect. *Conostalix* Kraenzl.) - 5 sp. epi. - Burm., Mal., Austr., N.Gui.
1. **calcaratum** (Lindl.) Brieg. (*Dendrobium calcaratum* Lindl., *D. conostalix* Rchb.f., *D. lobbii* Teijsm. & Binn.) - Burm., Mal., Austr., N.Gui. (S*)
- *calcaratum* (Lindl.) Brieg.: *Dendrobium* 207 (G)
➤ *lobbii* (Teijsm. & Binn.) Rausch.: *Dendrobium* 207 (G)
- *paludicola* (Schltr.) Rausch.: *Dendrobium* 207 (G)
2. **villosula** (Wall.) Brieg. - Burm., Mal. (S)

× **Conphronitis (Conph.)** (*Constantia* × *Sophronitis*)

Constantia (Const.) Barb.Rodr. - 1877 - *Subfam. Epidendroideae Tribus: Epidendreae Subtr. Laeliinae* - (*Sophronitis* sect. *Constantia* (Barb. Rodr.) Cogn.) - 4 sp. epi/lit - end. to S-Braz.
1. **australis** Barb.Rodr. - Braz. (S)
2. **cipoënse(is)** Porto & Brade - Braz. (O3/91, S, Z**)
3. **cristinae** Miranda - Braz. (S)
4. **microscopica** Miranda - Braz. (S)
5. **rupestris** Barb.Rodr. - Braz. (O3/91, S)

× **Cookara (Cook.)** (*Broughtonia* × *Cattleya* × *Diacrium* (*Caularthron*) × *Laelia*)

Cooktownia Jones - 1997 - *Habenariinae* (S) - 1 sp. terr. - Austr.
1. **robertsii** Jones - Austr. (S*)

Coppensia Dumort. - 1835: *Oncidium* Sw.

- *bifolia* (Sims) Dumort.: *Oncidium* 28 (9**)

Corallorhiza R.Br. [Corallorrhiza (S)] - 1813 - *Subfam. Epidendroideae Tribu: Calypsoeae Subtr. Corallorhizinae* - 12 sp. terr. - Mex., Guat., N-Am. - „Korallenwurz"
1. **anandae** Malh. & Balodi - Him. (S)
2. **bentleyi** Freud. - W-Virg. (S)
3. **edmanii** Mansf. - Hisp. (S)
- *innata* R.Br.: 8 (S, K**)
- *intacta* Cham.: 8 (K**)
4. **macrantha** Schltr. - Mex., Guat. (S)
5. **maculata** (Raf.) Raf. - N-Am., Can., USA (O6/95)
- *neottia* Scop.: 8 (T**)
6. **odontorhiza** (Willd.) Poiret - Hond. (S)
7. **striata** Lindl. - N-Am., Can., USA (O6/95)
8. **trifida** Chatelain (*C. innata* R.Br., *C. neottia* Scop., *C. intacta* Cham.) - circumb. to 3.200 m - „Europäische

Korallenwurz, Coral-root Orchid" (K**, S, O6/95, T**, V**, FXV2/3*)
9. **wisteriana** Conrad - Tex. ($56/8)
Cordanthera L.O.Wms. - 1941: *Stellilabium* Schltr.
- andina L.O.Wms.: *Stellilabium* 3 (O5/82)
Cordiglottis J.J.Sm. - 1922 - *Subfam. Epidendroideae Tribus: Vandeae Subtr. Sarcanthinae - (Cheirorchis* Carr) - 7 sp. epi. - Mal., Born., Thai.
1. **filiformis** (Hook.f.) Gar. - Thai., Mal. (S*)
2. **fulgens** (Ridl.) Gar. - Mal. (S*)
3. **multicolor** (Ridl.) Gar. - Born. (S*)
4. **westenenkii** J.J.Sm. (*Cheirorchis breviscapa* Carr) - Sum. (S)
Cordula Raf. - 1838: *Paphiopedilum* Pfitz. (Y)
- *amabilis* (Hallier) Merr.: *Paphiopedilum* 13 (5**, 7**, Y**)
- *amabilis* (Hallier) Ames: *Paphiopedilum* 13 (Q**)
- *appletoniana* (Gower) Rolfe: *Paphiopedilum* 5 (7**, 9**, Y**)
- *argus* (Rchb.f.) Rolfe: *Paphiopedilum* 6 (7**, 9**, Y**)
- *barbata* (Lindl.) Rolfe: *Paphiopedilum* 8 (5**, 7**, 9**, G**, Y**)
- *bellatula* (Rchb.f.) Rolfe: *Paphiopedilum* 10 (7**, 9**, Y**)
- *boxallii* (Rchb.f.) Rolfe: *Paphiopedilum* 91 (7**)
- *boxallii* (Lindl.) Rolfe: *Paphiopedilum* 91 (9**)
- *boxallii* (Rchb.f.) Rolfe: *Paphiopedilum* 91 (Y**)
- *bulleniana* (Rchb.f.) Rolfe: *Paphiopedilum* 13 (5**, 7**, Q**, Y**)
- *bulleniana* var. *oculata* (Rchb.f.) Rolfe: *Paphiopedilum* 13 (Q**)
- *callosa* (Rchb.f.) Rolfe: *Paphiopedilum* 15 (7**, 9**, Y**)
- *chamberlainiana* (Rchb.f.) Rolfe: *Paphiopedilum* 89 (Y**)
- *chamberlainianum* (Sand.) Rolfe: *Paphiopedilum chamberlainianum* (7**, 9**)
- *charlesworthii* (Rolfe) Rolfe: *Paphiopedilum* 16 (5**, 7**, 9**, Y**)
- *ciliolaris* (Rchb.f.) Rolfe: *Paphiopedilum* 17 (5**, 7**, 9**, Y**)
- *concolor* (Batem. ex Lindl.) Rolfe: *Paphiopedilum* 18 (7**, 9**, Y)
- *curtisii* (Rchb.f.) Rolfe: *Paphiopedilum* 81 (7**, Y**)
- *curtisii* (Rchb.f.) Ktze.: *Paphiopedilum* 81 (9**)
- *dayana* (Lindl.) Rolfe: *Paphiopedilum* 20 (5**, 7**, Y**)
- *dayana* (Lindl.) Rolfe: *Paphiopedilum* 20 (9**)
- *druryi* (Bedd.) Rolfe: *Paphiopedilum* 23 (7**, 9**, Y**)
- *esquirolei* Schltr.: *Paphiopedilum* 43 (5**)
- *esquirolei* (Schltr.) Hu: *Paphiopedilum* 43 (7**, Y**)
- *exul* (Ridl.) Rolfe: *Paphiopedilum* 45 (5**, 7**)
- *exul* (Ridl.) Rolfe: *Paphiopedilum* 26 (9**, Y**)
- *fairrieana* (Lindl.) Rolfe: *Paphiopedilum* 27 (7**, 9**, Y**)
- *frankeana* Rolfe: *Paphiopedilum* 30 (Y)
- *glandulifera* (Bl.) Rolfe: *Paphiopedilum* 32 (7**, Y**)
- *glaucophylla* (J.J.Sm.) Rolfe: *Paphiopedilum* 33 (5**,7**, 9**, Y)
- *godefroyae* (God.-Leb.) Rolfe: *Paphiopedilum x godefroyae* (7**)
- *godefroyae* (God.-Leb.) Rolfe: *Paphiopedilum* 34 (9**, Y)
- *gratixiana* (Rchb.f.) Rolfe: *Paphiopedilum* 91 (7**)
- *gratrixiana* (Rchb.f.) Rolfe: *Paphiopedilum* 35 (Y)
- *haynaldiana* (Rchb.f.) Rolfe: *Paphiopedilum* 38 (5**, 9**, Y**)
- *hirsutissima* (Lindl. ex Hook.) Rolfe: *Paphiopedilum* 38 (5**)
- *hirsutissima* (Lindl. ex Hook.) Rolfe: *Paphiopedilum* 43 (9**, Y**)
- *hookerae* (Rchb.f. ex Hook.f.) Stein: *Paphiopedilum* 38 (7**)
- *hookerae* (Rchb.f.) Rolfe: *Paphiopedilum* 44 (9**, Y**)
- *hookerae* var. *volonteana* (Sand. ex Rolfe) Ames: *Paphiopedilum* 44 (Q**)
- *insignis* (Lindl.) Raf.: *Paphiopedilum* 45 (5**, 7**, Y**)
- *javanica* (Reinw. ex Bl.) Rolfe: *Paphiopedilum* 46 (7**)
- *javanica* (Reinw. ex Lindl.) Rolfe: *Paphiopedilum* 46 (Y**)
- *kimballiana* Rolfe: *Paphiopedilum* 47 (Y)
- *lawrenceana* (Rchb.f.) Rolfe: *Paphiopedilum* 49 (7**, 9**, Q**, Y**)

- *lawrenceanum* (Rchb.f.) Merr.: *Paphiopedilum* 49 (5**)
- *littleana* (Rolfe) Rolfe: *Paphiopedilum* × *littleanum* (Y)
- *lowii* (Lindl.) Rolfe: *Paphiopedilum* 52 (5**, Y**)
- *mastersiana* (Rchb.f.) Rolfe: *Paphiopedilum* 54 (7**, 9**, Y**)
- *nigrita* (Rchb.f.) Rolfe: *Paphiopedilum* 8 (5**, 7**, G**, Y**)
- *nivea* (Rchb.f.) Rolfe: *Paphiopedilum* 59 (7**, 9**, Y**)
- *parishii* (Rchb.f.) Rolfe: *Paphiopedilum* 61 (7**, 9**, Y**)
- *petri* (Rchb.f.) Rolfe: *Paphiopedilum* 20 (7**, Y**)
- *petri* (Rchb.f.) Rolfe: *Paphiopedilum* 20 (9**)
- *philippinensis* (Rchb.f.) Rolfe: *Paphiopedilum* 64 (7**, 9**, Y**)
- *praestans* (Rchb.f.) Rolfe: *Paphiopedilum* 32 (7**, Y**)
- *praestans* (Rchb.f.) Rolfe: *Paphiopedilum praestans* (9**)
- *purpurata* (Lindl.) Rolfe: *Paphiopedilum* 68 (7*, 9**, G**, Y**)
- *rothschildiana* (Rchb.f.) Merr.: *Paphiopedilum* 70 (5**)
- *rothschildiana* (Rchb.f.) Rolfe: *Paphiopedilum* 70 (7**, 9**, Y**)
- *rothschildiana* (Rchb.f.) Ames: *Paphiopedilum* 70 (Q**)
- *sanderiana* (Rchb.f.) Rolfe: *Paphiopedilum* 71 (7**, Y**)
- *shipwayae* Rolfe: *Paphiopedilum hookerae* × *dayanum* (Y)
- *siamensis* Rolfe: *Paphiopedilum* 75 (Y)
- *spiceriana* (Rchb.f.) Rolfe: *Paphiopedilum* 76 (7**)
- *spiceriana* (Rchb.f.) Rolfe: *Paphiopedilum* 76 (9**, Y**)
- *stonei* (Hook.) Merr.: *Paphiopedilum* 78 (5**)
- *stonei* (Hook.) Rolfe: *Paphiopedilum* 78 (9**, Y**)
- *stonei* var. *platytaenia* (Rchb.f.) Ames: *Paphiopedilum* 78 (Q**)
- *superbiens* (Rchb.f.) Rolfe: *Paphiopedilum* 81 (7**, 9**, Y**)
- *tonsa* (Rchb.f.) Rolfe: *Paphiopedilum* 83 (7**, 9**, Y**)
- *venusta* (Wall. ex Sims) Rolfe: *Paphiopedilum* 87 (7**, 9**, G**, Y**)
- *victoria-mariae* (Sand. ex Mast.) Rolfe: *Paphiopedilum* 89 (7**)
- *victoria-mariae* (Sand. ex Mast.) Rolfe: *Paphiopedilum* 88 (9**, Y**)
- *villosa* (Lindl.) Rolfe: *Paphiopedilum* 91 (5**, 7**, 9**, Y**)
- *violascens* (Schltr.) Rolfe: *Paphiopedilum* 92 (7**, Y**)
- *virens* (Rchb.f.) Rolfe: *Paphiopedilum* 46 (7**)
- *virens* (Rchb.f.) Rolfe: *Paphiopedilum* 46 (Q**, Y**)

Cordyla concolor Bl.: *Pogonia concolor* (2*)

Cordyla discolor Bl.: *Pogonia discolor* (2*)

Cordyla discolor Bl.: *Nervilia* 20 (6*, 9**, G, H*)

Cordylestyl(l)is foliosa Falc.: *Goodyera* 23 (2*, 6*, G**)

× *Correvonia*: × *Brassocattleya* (*Brassavola* × *Cattleya*)

Corunastylis Fitzg. - 1888 - *Diuridinae* (S) - (*Anticheirostylis* Fitzg.) - 1 sp. terr. - Austr.

1. **apostasioides** Fitzg. - Austr. (S)

Coryanthes (Crths.) Hook. - 1831 - *Subfam. Epidendroideae Tribus: Gongoreae* - (*Panstrepis* Raf., *Meliclis* Raf.) - 40 sp. epi. - C-S-Am., Guat. to Peru, Braz.

1. **albertinae** Karst. - Ven. - sect. *Coryanthes* (S)
- *albertinae* Karst.: 36 (9**, G**)
2. **alborosea** Schweinf. - Peru 100 m - sect. *Lamellunguis* (FXVII1**, S*, O5/91)
- *barkeri* Beer: 36 (9**, G**)
3. **bergoldii** Kennedy ex Dods. - Ec. - sect. *Coryanthes* (O6/94, S)
4. **bicalcarata** Schltr. - Peru - sect. *Coryanthes* (S)
5. **biflora** Barb.Rodr. (*C. rodriguesii* Hoehne) - Braz. - doubtful sp. - sect. *Lamellunguis* (S)
6. **boyi** Mansf. (*C. rutkisii* Foldats) - Peru, Ven., Braz. - sect. *Lamellunguis* (O2/88, S*)
- *brandtiae* Lehm. n.n.: 24 (S)
7. **bruchmuelleri** Rchb.f. (*C. bungherothii* Rolfe, *C. balfouriana* Sand.) - Ven., Col. 1.000-1.200 m - sect. *Lamellunguis* (O2/91, S)
8. **catan(i)apoense** G.Romero & Carn. - Ven. - sect. *Lamellunguis* (O6/94, S)
9. **cavalcantei** Silva & Oliv. - Braz. - sect. *Coryanthes* (S)

- *destillatoria* Lind. & Rchb.f. n.n.: 24 (S)
- *elegantissima* Mast.: 10 (S)
10. **elegantium** Lind. & Rchb.f. (*C. wolfii* Lehm., *C. elegantissima* Mast.) - Col., Ec. - sect. *Coryanthes* (FXVIII1**, R, Z**, S)
11. **elianae** Silva & Oliv. - Braz. - sect. *Lamellunguis* (S)
- *eximia* Gerard: 36 (9**, G**)
12. **feildingii** Lindl. - Ven. - sect. *Lamellunguis* (O6/94, S*)
13. **flava** Gerlach - Col. - sect. *Coryanthes* (FXVIII1**, S*)
14. **gerlachiana** Sengh. - Bol. - sect. *Lamellunguis* (S)
15. **gernotii** Gerlach & G.Romero - Ven. 1.000-1.200 m - sect. *Coryanthes* (O2/91, S)
16. **gomezii** G.Romero & Gerlach - Ven. - sect. *Lamellunguis* (S)
17. **horichiana** Jenny - C.Rica - sect. *Coryanthes* (W, O3/86, S*)
18. **hunteriana** Schltr. (? *C. powellii* Schltr.) - C.Rica, Pan. - sect. *Coryanthes* (W, S)
- *hunteriana* Schltr.: 36 (9**, G**)
19. **leferenziorum** Gerlach, Sengh. & Seeger - Bol. 280-1.000 m - sect. *Lamellunguis* (O5/91, O2/90**, S)
20. **leucocorys** Rolfe - Peru ca. 1.000 m - sect. *Coryanthes* (sect. *Lamellunguis* (S)) (FXIX3**, Z**, S*)
21. **macrantha** (Hook.) Hook. (*Gongora macrantha* Hook., *Panstrepis paradoxa* Raf.) - Trin., Ven., Guy., Braz., Col., Peru - sect. *Lamellunguis* (9**, E*, G**, H*, R, Z**, S*)
22. **macrocorys** Rolfe - Peru - sect. *Coryanthes* (S*)
23. **maculata** Hook. - Pan., Ven., Guy. - sect. *Coryanthes* (8**, H, W**, S)
- *maculata* Hook.: 36 (9**, G**)
- *maculata* Lindl.: 31 (O3/86)
- *maculata* var. *albertinae* (Karst.) Lindl.: 36 (9**, G**)
- *maculata* var. *fournieri* André: 36 (9**, G**)
- *maculata* var. *parkeri* Hook.: 36 (9**, G**)
- *maculata* var. *punctata* Lindl.: 31 (O3/86)
- *maculata* var. *speciosa* (Hook.) André: 36 (9**, G**)
- *maculata* var. *splendens* (Barb. Rodr.) Cogn.: 36 (9**, G**)
- *maculata* var. *splendens* Cogn.: 31 (O3/86)
- *maculata* var. *vitrina* Rolfe: 36 (9**, G**)
24. **mastersiana** Lehm. (*C. destillatoria* Lind. & Rchb.f. n.n., *C. brandtiae* Lehm. n.n.) - Col. - sect. *Coryanthes* (FXVIII1, R**, S)
25. **misasii** G.Romero & Gerlach - Col., Pan. ca. 50 m - sect. *Coryanthes* (O2/91, FXVIII1**, S)
26. **miuaensis** Silva & Oliv. - Braz. - sect. *Coryanthes* (S)
27. **panamensis** Gerlach - Pan., Col. - sect. *Coryanthes* (S)
- *parkeri* Endl.: 36 (8**)
- *parkeri* (Hook.) Seemann: 36 (9**, G**)
28. **pegiae** G.Romero - Ven. - sect. *Lamellunguis* (O6/94, S)
29. **picturata** Rchb.f. - Mex. to Pan. - sect. *Coryanthes* (S)
- *picturata* Rchb.f.: 36 (9**, G**)
30. **powellii** Schltr. - Pan. - sect. *Coryanthes* (S)
- *powellii* Schltr. (O3/86): 36 (9**, G**)
- *powellii* Schltr.: ? 18 (W)
31. **punctata** Beer (*C. maculata* Lindl., *C. maculata* var. *punctata* Lindl., - var. *splendens* Cogn., *C. splendens* Barb.Rodr.) (O3/86)
- *punctata* Beer: 36 (S)
32. **rodriguezia** Hoehne (O2/89)
33. **rutkisii** Dunst. & Gar. - St.Helena (O6/94)
34. **seegeri** Gerlach - Peru - sect. *Coryanthes* (S*)
35. **senghasiana** Gerlach - Col., Peru - sect. *Coryanthes* (O2/88, FXIX3**, S)
36. **speciosa** (Hook.) Hook. (*C. parkeri* Endl., *C. parkeri* (Hook.) Seemann, *C. maculata* Hook., *C. maculata* var. *parkeri* Hook., - var. *albertinae* (Karst.) Lindl., - var. *vitrina* Rolfe, - var. *fournieri* André, - var. *speciosa* (Hook.) André, - var. *splendens* (Barb. Rodr.) Cogn., *C. eximia* Gerard, *C. albertinae* Karst., *C. barkeri* Beer, *C. picturata* Rchb.f., *C. splendens* Barb. Rodr., *C. hunteriana* Schltr., *C. powellii* Schltr., *C. speciosa* var. *alba* Hook., - var. *alba* Lindl., - var. *vitellina* Morr., - var. *eximia* (Gerard) Cogn., *C. kefersteiniana* Rchb.f.

n.n., *Gongora speciosa* Hook., *Epidendrum galeatum* Vell., *E. galgatem* Lindl., *Meliclis speciosa* Raf.) - Guat., Hond., C.Rica, Pan., Peru, Trin., Ven., Guy., Col. - sect. *Coryanthes* (4**, 8**, 9**, G**, W, O3/86, Z**, S*)
f. **picturata** hort. - C.Rica (O4/80)
var. **espiritosantense** Ruschi (S, O2/88)
var. **punctata** (Beer) Gerlach (*C. punctata* Beer) (S)
var. **sumneriana** (Lindl.) Gerlach (*C. sumneriana* Lindl.) (S)
- *speciosa* var. *alba* Hook.: 36 (9**)
- *speciosa* var. *alba* Lindl.: 36 (G**)
- *speciosa* var. *eximia* (Gerard) Cogn.: 36 (9**, G**)
- *speciosa* var. *vitellina* Morr.: 36 (9**, G**)
- *splendens* Barb.Rodr.: 36 (9**, G**)
- *splendens* Barb.Rodr.: 31 (O3/86)
37. **thivii** Kropf & Seeger - Bol. - sect. *Lamellunguis* (S)
38. **toulemondiana** Gerlach & T.Franke - Col. - sect. *Lamellunguis* (FXI X3**, S)
39. **tricuspidata** Gerlach - Ec. - sect. *Coryanthes* (S*)
40. **trifoliata** Schweinf. - Peru - sect. *Lamellunguis* (S*)
41. **vasquezii** Dods. - Bol. 280 m - sect. *Coryanthes* (O5/91, S)
42. **verrucolineata** Gerlach - Peru - sect. *Lamellunguis* (O2/89, S*)
43. **vieirae** Gerlach - Col., Peru - sect. *Lamellunguis* (FXVIII1**, S)
- *wolfii* Lehm.: 10 (R)

Corybas Salisb. - 1805 - *Subfam. Orchidoideae Tribus: Diurideae Subtr. Acianthinae* - (*Corysanthes* Lindl., *Corysanthes* R.Br., *Calcearia* Bl., *Nematoceras* Hook.f.) - ca. 100 sp. ter/epi - Him., SE-As. to P.Is., Austr. - „Helmet Orchids"
1. **abellianus** Dockr. - end. to Austr. (Qld.) ca. 800 m - „Nodding Helmet Orchid" (P*)
2. **aconitiflorus** Salisb. - end. to Austr. (Qld., NSW, Vic., Tasm.) - „Spurred Helmet" (H, P*, $47/12, Z**, S)
3. **acuminatus** M.Clem. & Hatch - end. to N.Zeal. (O3/92)
4. **cheesemanii** (Hook.f. ex Kirk) Ktze. - end. to N.Zeal. (O3/92)
- *crenulatus* sensu Carr: 18 (Q**)
5. **cryptanthus** Hatch - end. to N.Zeal. (O3/92)
6. **despectans** D.Jones & R.Nash - end. to Austr. (Vic., SA, WA) (P**)
7. **diemenicus** (Lindl.) Rupp (*C. dilatatus* sensu Dransf., *C. dilatatus* (Rupp & Nicholls) Rupp, *Corysanthes diemenica* Lindl., *C. fimbriata* var. *diemenica* (Lindl.) Benth., *C. dilatatus* Rupp & Nicholls) - end. to Austr. (NSW, Vic., Tasm., SA) - „Slaty Helmet" (9**, H**, P**, $47/12)
- *dilatatus* (Rupp & Nicholls) Rupp ($47/12): 7 (H**, P**)
- *dilatatus* sensu Dransf.: 7 (9**)
8. **fimbriatus** (R.Br.) Rchb.f. - end. to Austr. (Qld., NSW, ACT, Vic., Tasm.) - „Fringed Helmet Orchid" (P**, $47/12, Z**)
9. **fordhamii** (Rupp) Rupp - Austr. (Qld., NSW, Vic., SA), N.Zeal. (P**)
10. **fornicatus** Ktze. (*Corysanthes fornicata* Lindl., *Calcearia fornicata* Bl.) - Java (2*)
11. **hispidus** D.Jones - end. to Austr. (Qld., NSW, ACT, Vic.) (P**)
12. **incurvus** D.Jones & M.Clem. - end. to Austr. (NSW, Vic., Tasm., SA) (P**)
- *limbata* (Hook.f.) Rchb.f. (9**): 18 (Q**)
- *limbatus* (Hook.) Ktze.: *Corybas limbatus* (9**)
13. **macranthus** (Hook.f.) Rchb.f. - N.Zeal. (P**, O3/92)
14. **matthewsii** (Cheesem.) Schltr. - end. to N.Zeal. (O3/92)
15. **muluensis** Dransf. - end. to Born. 1.350-2.000 m (Q**)
16. **neocaledonicus** (Schltr.) Schltr. - Austr. (Qld.), N.Cal. (P*)
17. **oblongus** (Hook.f.) Rchb.f. - end. to N.Zeal. (O3/92)
- *pictus* Ktze.: *Corysanthes picta* (2*)
18. **pictus** (Bl.) Rchb.f. (*C. limbata* (Hook.f.) Rchb.f., *C. mucronatus* (Bl.) Schltr., *C. pictus* var. *dorowatiensis* J.J.Sm. ex Backh., *C. crenulatus* sensu Carr, *Calcearia picta* Bl., *Corysanthes picta* (Bl.) Lindl., *C. picta* var. *karangensis* J.J.Sm., *C. mucronata* Bl., *C. limbata* Hook.f.) - Sum., Java, Born. 700-1.800 m (Q**, S*)
- *pictus* var. *dorowatiensis* J.J.Sm. ex Backh.: 18 (Q**)

19. **pruinosus** (A.Cunn.) Rchb.f. - end. to Austr. (NSW) (P*, Z**)
20. **rivularis** (A.Cunn.) Rchb.f. - end. to N.Zeal. (O3/92)
21. **roseus** Janchen - Sum. (A**)
22. **trilobus** (Hook.f.) Rchb.f. - end. to N.Zeal. (O3/92)
23. **undulatus** (A.Cunn.) Rupp - end. to Austr. (Qld., NSW) (P**)
24. **unguiculatus** (R.Br.) Rchb.f. - Austr. (Qld., NSW, Vic., Tasm., SA), N.Zeal. - „Tiny Helmet Orchid" (P**, $47/12)

Corycium Sw. - 1800 - *Subfam. Orchidoideae Tribus: Diseae Subtr. Coryciinae* - (*Pterygodium* sect. *Corycium* (Sw.) Schltr, *Pterygodium* sect. *Eleuterocorycium* Schltr.) ca. 15 sp. terr. - S-E-Afr.
- *bicolor* Ker-Gawl.: 2 (G)
1. **carnosum** (Lindl.) Rolfe (S)
2. **crispum** (Thunb.) Sw. (*C. bicolor* Ker-Gawl., *Orchis coccinea* Buxb., *Arethusa crispa* Thunb., *Pterygodium crispum* (Thunb.) Schltr.) - S-Afr. (G)
3. **dracomontanum** Parkman & Schelpe - Malawi (O2/93**)
4. **flanaganii** (H.Bol.) Kurzw. & Linder (S)
5. **orobanchoides** (L.f.) Sw. (*Satyrium orobanchoides* L.f., *Pterygodium orobanchoides* (L.f.) Schltr.) - S-Afr. (Cape) (G**, S)

× **Coryhopea (Crhpa.)** (*Coryanthes* × *Stanhopea*)

Corymbis Thou. - 1822: *Corymborkis* Thou.
- *angustifolia* Miq.: *Arundina* 1 (G**)
- *bolusiana* H.Bol. ex Schltr.: *Corymborkis* 1 (U)
- *corymbosa* Ridl.: *Corymborkis* 1 (U)
- *decumbens* (Lindl.) Cogn.: *Corymborkis* 3 (S)
- *disticha* (Breda) Lindl.: *Corymborkis* 5 (2*, H, S)
- *flava* Hemsl.: *Corymborkis* 2 (S)
- *forcipigera* (Rchb.f.) Cogn.: *Corymborkis* 2 (S)
- *leptantha* Kraenzl. ex Engl.: *Corymborkis* 1 (U)
- *longifolia* Hook.: *Corymborkis* 5 (S)
- *thouarsii* Rchb.f.: *Corymborkis* 1 (U)
- *veratrifolia* (Reinw.) Rchb.f.: *Corymborkis* 5 (2*, H)
- *welwitschii* Rchb.f.: *Corymborkis* 1 (U)

Corymborkis [Corymborchis (S)] Thou. - 1822 - *Subfam. Spiranthoideae Tribus: Tropidieae* - (*Hysteria* Reinw., *Rynchanthera* Bl., *Chloidia* Lindl. p.p., *Corymbis* Thou., *Macrostylis* Breda) - ca. 7 sp. terr. - Pantrop.
- *assamica* Bl.: 5 (2*, H, S)
1. **corymbis** Thou. (*C. disticha* Lindl., *C. thouarsii* (Rchb.f.) Bl., *C. corymbosa* (Ridl.) Ktze., *C. welwitschii* (Rchb.f.) Ktze., *Corymbis thouarsii* Rchb.f., *C. welwitschii* Rchb.f., *C. corymbosa* Ridl., *C. leptantha* Kraenzl. ex Engl., *C. bolusiana* H.Bol. ex Schltr.) - Madag., Masc., E-S-Afr. 800-1.300 m (H, S, U)
- *corymbosa* (Ridl.) Ktze.: 1 (U)
2. **cubensis** Acuña (*Chloidia flava* Griseb., *Corymbis flava* Hemsl., *C. forcipigera* (Rchb.f.) Cogn., *Macrostylis forcipigera* Rchb.f.) - C-Am., Antill. (S)
- *disticha* Lindl.: 1 (U)
3. **flava** (Sw.) Ktze. (*Serapias flava* Sw., *Neottia flava* Sw., *Chloidia decumbens* Lindl., *Macrostylis decumbens* (Lindl.) Rchb.f., *Corymbis decumbens* (Lindl.) Cogn.) - C-Am., Antill., C.Rica, Pan. (S, W**, O3/97)
4. **forcipigera** (Rchb.f.) L.O.Wms. - Nic., C.Rica (W)
- *rhytidocarpa* Hook.f.: 5 (H)
- *thouarsii* (Rchb.f.) Bl.: 1 (U)
5. **veratrifolia** (Reinw.) Bl. (*C. assamica* Bl., *C. rhytidocarpa* Hook.f., *Macrostylis disticha* Breda, *Corymbis veratrifolia* (Reinw.) Rchb.f., *C. disticha* (Breda) Lindl., *C. longifolia* Hook., *Hysteria veratrifolia* Reinw., *Rhynchanthera paniculata* Bl.) - Trop. As., Ind. to P.Is., Sol. to Samoa, Austr. - scented - „Cinnamon Orchid" (2*, 6*, H, S*, P*)
6. **welwitschii** Rchb.f. - Afr. (S)
- *welwitschii* (Rchb.f.) Ktze.: 1 (U)

Corysanthes Lindl.: *Corybas* Salisb.
Corysanthes R.Br. - 1810: *Corybas* Salisb. (S)
- *diemenica* Lindl.: *Corybas* 7 (9**, H**)
- *dilatatus* Rupp & Nicholls: *Corybas* 7 (H**)

- *fimbriata* var. *diemenica* (Lindl.) Benth.: *Corybas* 7 (9**)
- *fornicata* Lindl. (2*): *Corybas* 10
- *limbata* Hook.: *Corybas limbatus* (9**)
- *limbata* Hook.f.: *Corybas* 18 (Q**)
- *mucronata* Bl. (2*): *Corybas* 18 (Q**)
- *picta* (Bl.) Lindl. (2*): *Corybas* 18 (Q**)
- *picta* var. *karangensis* J.J.Sm.: *Corybas* 18 (Q**)

Costaricaea Schltr. - 1923 - *Epidendrinae* (S) - 1 sp. epi. - C.Rica
1. **amparoana** Schltr. - C.Rica (S)

Cottonia Wight - 1851 - *Subfam. Epidendroideae Tribus: Vandeae Subtr. Sarcanthinae* - 1 sp. epi/lit - Ind., Sri L.
- *championii* Lindl.: *Diploprora* 1 (S*)
- *macrostachya* Wight: 1 (9**, S)
1. **peduncularis** (Lindl.) Thw. (*C. macrostachya* Wight, *Vanda peduncularis* Lindl.) - Ind., Sri L. 300-600 m (A**, 9**, S*)

Cotylolabium Gar. - 1982 - *Spiranthinae* (S) - 1 sp. terr. - Braz.
1. **lutzii** (Pabst) Gar. - Braz. (S*)

Craniches nudifolia (Lour.) Pers.: *Galeola* 11 (6*)

Cranichis Sw. - 1788 - *Subfam. Spiranthoideae Tribus: Cranichideae Subtr. Cranichidinae* - (*Ocampoa* A.Rich. & Gal., *Fuertesiella* Schltr.) - ca. 40 sp. terr. - Trop. C-S-Am.
1. **acuminatissima** Ames & Schweinf. - C.Rica (W)
2. **antioquensis** Schltr. - Ec. (O3/97)
- *bradei* Schltr.: 10 (H*)
3. **candida** (Barb.Rodr.) Cogn. - C-Am. (S)
4. **castellanosii** L.O.Wms. - Arg. (O2/89)
5. **ciliata** (H.B.K.) Kunth - Nic., C.Rica, Pan., S-Am. 2.000 m (W, O2/89)
6. **diphylla** Sw. - Nic., C.Rica, Pan., S-Am. (W)
7. **hassleri** Cogn. - Par. (O2/89)
8. **lankesteri** Ames - C.Rica (W**)
- *luteola* Sw.: *Polystachya* 19 (E**, G, H**, U)
9. **micrantha** Griseb. - Arg. (O2/89)
- *micrantha* Spreng.: *Prescottia* 7 (G)
10. **muscosa** Sw. (*C. bradei* Schltr.) - Flor., W-Ind., Nic., C.Rica, Pan., Peru, Braz. (H*, W)
11. **nigrescens** Schltr. - C.Rica (: ? 10 ?) (W)
- *oligantha* Sw.: *Prescottia* 7 (G)
- *pilosissima* Sengh. (O2/89): *Ponthieva* 8 (FXX1*)
12. **pittieri** Schltr. - C.Rica (: ? 6 ?) (W)
13. **reticulata** Rchb.f. - C.Rica (W)
14. **saccata** Ames - C.Rica (W)
- *stachyodes* Sw.: *Prescottia* 11 (G**, H)
15. **sylvatica** A.Rich. & Gal. - Nic., C.Rica (W)
16. **tenuis** Rchb.f. - Ven. (FXV2/3)
17. **wageneri** Rchb.f. - Nic., C.Rica, Pan., S-Am. (W)
18. **werfii** Gar. - Ec., Gal. (W)

× **Crawshayara (Craw.)** (*Aspasia* × *Brassia* × *Miltonia* × *Oncidium*)

Cremastra Lindl. - 1833 - *Subfam. Epidendroideae Tribus: Calypsoeae Subtr. Corallorhizinae* - (*Hyacinthorchis* Bl.) - 1/2 sp. terr. - SE-As.
1. **aphylla** Yukawa - Jap. (S)
2. **appendiculata** (D.Don) Mak. (*C. wallichiana* Lindl., *C. triloba* Mak., *Cymbidium appendiculatum* D.Don) - E-SE-As., Nep., N-Ind. to Jap., Taiw. 400-2.900 m (H**, S*)
- *triloba* Mak.: 2 (H**)
3. **unguiculata** (Finet) Finet (*Oreorchis unguicolata* Finet) - Jap. (S*)
- *wallichiana* Lindl.: 2 (H**)

Crepidium Bl. - 1825: *Malaxis* Sol. ex Sw. (S)

Crepidium Bl. - 1825 - *Liparidinae* (S) - ca. 205 sp.
- *flavescens* Bl.: *Microstylis flavescens* (2*)
1. **rheedii** Bl. (*Malaxis acutangula* (Hook.) O.Ktze.) - Indon. 600-1.500 m (S*)
- *rheedii* Bl.: *Microstylis blumei* (2*)

Cribbia Sengh. - 1985 - *Aerangidinae* (S) - (*Azadehdelia* Braem, *Rangaeris* sect. *Biglandulosa* Summerh.) - 4 sp. epi/lit - Afr.
1. **brachyceras** (Summerh.) Sengh. (*Rangaeris brachyceras* (Summerh.) Summerh., *R. biglandulosa* Summerh., *Aerangis brachyceras* Summerh., *Azadehdelia brachyceras* (Summerh.) Braem) - Kenya, Ug., Zai. to Lib., Zam. 1.500-2.200 m (M**, C, S*)
2. **confusa** Cribb - Camer., Ivory C., Lib., Tomé 1.300-2.100 m (C*, S)

3. **pendula** La Croix & Cribb - Tomé 2.000 m (S)
4. **thomensis** Cribb - Tomé 1.700-2.025 m (C*)

Crinonia Bl. - 1825: *Pholidota* Lindl. ex Hook.
- *carnea* Bl.: *Pholidota* 3 (2*)
- *globosa* Bl.: *Pholidota* 7 (2*)

Criosanthes Raf. - 1819: *Cypripedium* L.
- *arietina(um)* (R.Br.) House: *Cypripedium* 3 (9**, S)
- *borealis* Raf.: *Cypripedium* 3 (9**, S)
- *parviflora* Raf.: *Cypripedium* 3 (9**, S)
- *plectrochilus* Franch.: *Cypripedium* 3 (9**)

Crocodeilanthe (*Crocodilanthe*) Rchb.f. & Warsc. - 1854: *Pleurothallis* R.Br. (L, S)
- *xiphizusa* Rchb.f. & Warsc.: *Pleurothallis* 765 (L)

Crossangis Schltr. - 1918: *Rhipidoglossum* Schltr. (S)

Crossoglossa Dressl. & Dods. - 1994 - Liparidinae (S) - ca. 22 sp. epi/ter - C-Am.
1. **barfodii** Dods. - Ec. 660 m (FXIX1*)
2. **bifida** Dressl. - Pan. (FXX(3))
3. **blephariglottis** (Schltr.) Dressl. - C.Rica, Pan. 500-2.500 m - epi/ter (FXX(3), S)
4. **boylei** Dods. - Ec. 720 m (FXIX1*)
5. **dalstroemii** (Dods.) Dods. - Ec. (S*)
6. **elliptica** Dressl. - Pan. 950-1.250 m (FXX(3))
- *eustachys* (Schltr.) Dressl.: 9 (FXX (3))
7. **hirtzii** Dods. - Ec. 1.100-2.840 m (FXIX1*)
8. **nanegalensis** Dods. - Ec. 1.700-2.400 m (FXIX1*)
9. **tipuloides** (Lindl.) Dods. (*C. eustachys* (Schltr.) Dressl., *Microstylis tipuloides* Lindl., *Liparis eustachys* Schltr.) - C.Rica, Pan. (FXX(3))

Crybe Lindl. - 1836: *Bletia* Ruiz & Pav.
Crybe Lindl. - 1836 - *Arethusinae* (S) - 1 sp. terr. - Mex., Guat., Hond.
1. **rosea** Lindl. (*Arethusa rosea* (Lindl.) Benth. ex Hemsl.) - Mex., Guat., Hond. (G**, S)
➳ *rosea* Lindl.: *Bletia* 19 (W)

Cryptanthemis (Cryptanthemum) Rupp - 1932 - *Subfam. Epidendroideae Tribus: Gastrodieae Subtr. Rhizanthellinae* - 1 sp. terr. - Austr.
1. **slateri** Rupp - Austr. (S, FXV2/3)
➳ *slateri* Rupp: *Rhizanthella* 2 (P**)

Cryptanthemum Rupp - 1932: *Rhizanthella* Rogers (S)

Cryptarrhena R.Br. - 1816 - *Subfam. Epidendroideae Tribus: Cryptarrheneae* - (*Cl(i)ynhymenia* A.Rich. & Gal., *Orchidofunckia* A.Rich. & Gal.) - ca 4 sp. epi. - Trop. C-S-Am., W-Ind.
1. **acrensis** Schltr. - Braz. (O1/89, S)
- *brasiliensis* Brade: 4 (H**, S*)
2. **ghillanyi** Pabst - Braz. (O1/89, S)
3. **guatemalensis** Schltr. (*C. quadricornu* Kraenzl.) - Guat., C.Rica, Col., Guy. (W**, S*)
- *kegelii* Rchb.f.: 4 (G**, H**)
4. **lunata** R.Br. (*C. pallidiflora* (A.Rich. & Gal.) Rchb.f., *C. kegelii* Rchb.f., *C. unguiculata* Schltr., *C. brasiliensis* Brade, *Clinhymenia pallidiflora* A.Rich. & Gal., *Orchidofunckia pallidiflora* (A.Rich. & Gal.) A.Rich. & Gal.) - Mex., Hond., C.Rica, W-Ind., Guy., Col., Ec., P.Rico 850 m (O1/89, G**, H**, W, S*)
- *pallidiflora* (A.Rich. & Gal.) Rchb. f.: 4 (G**)
- *quadricornu* Kraenzl.: 3 (W**, S*)
- *unguiculata* Schltr.: 4 (G**, H**)

Cryptocentrum Benth. - 1883 - *Subfam. Epidendroideae Tribus: Maxillarieae Subtr. Maxillariinae* - (*Pittierella* Schltr.) - ca. 14 sp. epi. - Trop. Am. from C.Rica to Peru
1. **calcaratum** (Schltr.) Schltr. - C.Rica, Pan. 1.300-1.500 m (W, S)
2. **dunstervilleorum** (dunstervillorum) Carn. & G.Romero - Ven. 1.000-1.300 m - scented (O5/95, S)
3. **flavum** Schltr. - Col. to 100 m (R, S)
4. **gracilipes** Schltr. - C.Rica, Pan. ca. 1.000 m (O3/91, W, S)
5. **gracillimum** Ames & Schweinf. - C.Rica, Pan., Col., S-Am. 700-900 m (W, R, S, Z**)
6. **hirtzii** Dods. - Ec. 700-1.250 m (FXIX1*, S)
7. **hoppii** Schltr. - Col., Ec. 600-1.400 m (R, S)
8. **inaequisepalum** Schweinf. - C.Rica, Pan., S-Am. 750-1.000 m (W, S)
9. **jamesonii** Benth. & Hook.f. - Ec., Col. 400-2.200 m (R, S*)

10. **latifolium** Schltr. - C.Rica, Pan., Col., S-Am. 300-1.450 m - scented (O3/91, W, R**, S*)
11. **lehmannii** (Rchb.f.) Schltr. [lehmannii (Rchb.f.) Gar. (S)] - Col., Ec. 1.200-1.500 m (FXIX1, S)
12. **longiscapum** Brieg. - Pan., Col.: ? 16 (S)
13. **pergracile** Schltr. - Col., Ec. 1.000-1.500 m (R**, S)
14. **peruvianum** (Cogn.) Schweinf. (*Centroglossa peruviana* Cogn.) - Col., Ec., Peru 200-1.000 m (FXIX1, S)
- *pseudobulbosum* Schweinf.: *Anthosiphon* 1 (S*)
15. **spathaceum** Dods. - Ec. 1.400 m (FXIX1*, S)
16. **standleyi** Ames - C.Rica, Pan., Ec. 500-1.600 m (W, S*)

Cryptochilus J.J.Sm. - 1903: *Mediocalcar* J.J.Sm. (S)

Cryptochilus Wall. - 1822 - *Subfam. Epidendroideae Tribus: Epidendreae Subtr. Eriinae* - 2 sp. epi/lit - Him.
1. **luteus** Lindl. - Nep., Sik., Ind., Burm. (H, S)
- *meirax* Par. & Rchb.f.: *Porpax* 2 (9**)
- *reticulatus* (Lindl.) Rchb.f.: *Porpax* 3 (G)
2. **sanguineus** Wall. - Nep., Sik., Ind., Burm. (A**, G**, H**, S)

Cryptoglottis serpyllifolia Bl.: *Podochilus* 7 (2*)
- *serpyllifolia* Rchb.f.: *Podochilus* 6 (2*)

Cryptophoranthus Barb.Rodr. - 1882: *Pleurothallis* R.Br. (L)

Cryptophoranthus Barb.Rodr. - 1882 - *Subfam. Epidendroideae Tribus: Epidendreae Subtr. Pleurothallidinae* - ca. 20 sp. epi. - And., Braz., C.Rica, Jam.
1. **acaulis** Kraenzl. - C.Rica (A**)
➛ *acaulis* Kraenzl.: *Pleurothallis* 721 (G)
- *alvaroi* Gar.: *Zootrophion* 1 (9**, G, H**)
2. **apertus** Brieg. - And. (S)
- *argus* Rchb.f. ex Kraenzl.: *Zootrophion* 2 (9**)
3. **atropurpureus** (Lindl.) Rolfe (*Specklinia atropurpurea* Lindl., *Pleurothallis atropurpurea* (Lindl.) Lindl., *Masdevallia fenestrata* Lindl. ex Hook.) - Jam. (E**, S)
➛ *atropurpureus* (Lindl.) Rolfe: *Zootrophion* 1 (4**, 9**, G, H**)
- *beloglottis* Schltr.: *Zootrophion* 2 (9**)
4. **cryptanthus** (Barb.Rodr.) Barb. Rodr. - Braz. (S) ➛ Pleurothallis 186
5. **cunabulum** Luer & Esc. - Col. (FXIV2*) ➛ Ophidion 1 (S)
- *cymbula* Luer: *Ophidion* 2 (L)
6. **dasyglossus** Luer & Esc. - Col. (FXIV2*) ➛ Ophidion 3 (S)
- *dayanus* (Rchb.f.) Rolfe.: *Zootrophion* 2 (9**)
7. **fenestratus** Barb.Rodr. - Braz. (S)
➛ *fenestratus* Barb.Rodr.: *Pleurothallis* 251 (L*, S)
- *hoehnei* Schltr.: *Phloeophila* 3 (S)
- *hologlottis* Schltr. ex Kraenzl.: *Zootrophion* 2 (9**)
8. **hypodiscus** (Rchb.f.) Rolfe (*Specklinia atropurpurea* Lindl., *Pleurothallis atropurpurea* (Lindl.) Lindl.) - Col. (E*)
➛ *hypodiscus* (Rchb.f.) Rolfe: *Zootrophion* 6 (H*)
- *hystrix* Hoehne & Schltr. ex Brade: *Phloeophila* 3 (S)
- *jordanensis* Brade: *Pleurothallis* 473 (L)
- *juergensii* Schltr.: *Pleurothallis* 474 (L)
- *lehmannii* Rolfe: *Zootrophion* 2 (9**)
9. **lepidotus** L.O.Wms.: *Zootrophion* 6 (W)
10. **loefgrenii** Brieg. - S-Braz. (S)
- *minimus* Cogn.: *Pleurothallis* 443 (L)
11. **oblongifolius** Rolfe - And. (S) ➛ Pleurothallis 486
12. **pectinatus** Schltr. - C.Rica (S) ➛ Pleurothallis 525
- *powellii* Ames: *Dresslerella* 8 (L*)
- *punctatus* Barb.Rodr.: *Pleurothallis* 577 (L)
- *schenckii* Cogn.: *Zootrophion* 8 (L)
13. **similis** Schltr. - Braz. (S)
- *spicatus* Dutra: *Pleurothallis* 678 (L)
14. **trivalvis** Luer & Esc. - Col. (S)

Cryptopus (Crypt.) Lindl. - 1824 - *Subfam. Epidendroideae Tribus: Vandeae Subtr. Angraecinae* - 4 sp. epi. - Madag., Masc.
1. **brachiatus** H.Perr. - Madag. 600-1.200 m (U, S)

2. **dissectus** (Boss.) Sengh. (*C. dissectus* ssp. *dissectus* Boss.) - Madag., Masc. 500-1.000 m (U, S)
- *dissectus* ssp. *dissectus* Boss.: 2 (U)
3. **elatus** (Thou.) Lindl. (*Angraecum elatum* Thou., *Beclardia elata* (Thou.) A.Rich.) - Masc. (A**, G, H**, S*, Z**)
4. **paniculatus** H.Perr. - Madag. 0-1.000 m (U, S)

Cryptopylos Gar. - 1972 - *Subfam. Epidendroideae Tribus: Vandeae Subtr. Sarcanthinae* - 1 sp. epi. - SE-As.
1. **clausus** (J.J.Sm.) Gar. (*Sarcochilus clausus* J.J.Sm., *Pteroceras clausum* (J.J.Sm.) Seidenf. & Smitin.) - Thai., Laos, Camb., Viet., Sum. ca. 1.000 m (S*)

Cryptosaccus Scheidw. ex Rchb.f. - 1854: *Leochilus* Knowl. & Westc. (S)
- *scriptus* Scheidw.: *Leochilus* 8 (E**, G, H**)
- *scriptus* (Rchb.f.) Scheidw.: *Leochilus* 6 (9**)

Cryptosanus Scheidw. - 1843: *Leochilus* Knowl. & Westc. (S)
- *scriptus* Scheidw.: *Leochilus* 8 (G)

Cryptostylis R.Br. - 1810 - *Subfam. Spiranthoideae Tribus: Cranichideae Subtr. Cryptostylidinae* - (*Zosterostylis* Bl., *Chlorosa* Bl.) - ca. 15/20 sp. terr. - Trop. As., Ind. to P.Is., Austr.
- *alismifolia* F.v.Muell.: 1 (6*, 9**)
1. **arachnites** (Bl.) Hassk. [*C.* arachnites Lindl. (2*)] (*C. papuana* Schltr., *C. vitiensis* Schltr., *C. stenochila* Schltr., *C. fulva* Schltr., *C. philippensis* Schltr., *C. zeylanica* (Lindl.) Schltr., *C. alismifolia* F.v.Muell., *Zosterostylis arachnites* Bl., *Z. zeylandica* Lindl., *Z. walkerae* Wight) - Sri L., NE-Ind., Thai., Viet., Mal., Sum., Java, Born. (6*, 9**, H**)
2. **erecta** R.Br. - end. to Austr. (Qld., NSW, Vic.) - „Bonnet Orchid" (P**)
3. **filiformis** Bl. (*Zosterostylis filiformis* Miq.) - Java (2*)
- *fulva* Schltr.: 1 (6*, 9**)
4. **hunteriana** Nicholls - end. to Austr. (NSW, Vic.) - sapro. - „Leafless Tongue Orchid" (P**)
5. **leptochila** F.v.Muell. ex Benth. - end. to Austr. (Qld., NSW, Vic., Tasm.) - sapro. - „Small Tongue Orchid" (P**)
- *longifolia* R.Br.: 7 (9**, H, P*)
6. **ovata** R.Br. - end. to W-Austr. (P*)
- *papuana* Schltr.: 1 (6*, 9**)
- *philippensis* Schltr.: 1 (6*, 9**)
- *stenochila* Schltr.: 1 (6*, 9**, H**)
7. **subulata** (Labill.) Rchb.f. (*C. longifolia* R.Br., *Malaxis subulata* Labill.) - Austr. (Qld., NSW, Vic., Tasm., SA), N.Zeal. (9**, H, P*, O3/92, Z**)
- *vitiensis* Schltr.: 1 (6*, 9**)
- *zeylanica* (Lindl.) Schltr.: 1 (6*, 9**)

Ctenorchis K.Schum. - 1901: *Angraecum* Bory (S)
- *pectinata* (Thou.) K.Schum.: *Angraecum* 127 (U)

Cuitlauzina [Cuitlauzinia (S)] Llave & Lex. - 1824 - *Oncidiinae* (S) - (*Lichterveldia* Lem.) - 1 sp. epi. - end. to Mex.
- *pendula* Llave & Lex.: *Odontoglossum citrosmum* (8**)
1. **pendula** Llave & Lex. (*Lichterveldia lindleyi* Lem., *Oncidium galeottianum* Drapiez, *O. citrosmum* (Lindl.) Beer, *Odontoglossum citrosmum* Lindl., *O. pendulum* (Llave. & Lex.) Batem.) - Mex. 1.400-2.300 m (3**, G**, H**, S*, Z**)

Cutsis Balogh, Greenw. & Tamayo - 1982: *Dichromanthus* Gar. (S)

Cyanaeorchis Barb.Rodr. - 1877 - *Subfam. Epidendroideae Tribus: Cymbidieae Subtr. Eulophiinae* - 2 sp. terr. - S-Am.
1. **arundinae** (Rchb.f.) Barb.Rodr. (*Eulophia arundinae* Rchb.f.) - Braz., Par., Arg. (S*)
2. **minor** Schltr. - Braz. (S*)

Cyanicula S.Hopper & A.P.Brown - 2000 - *Caladeniinae* (S) - 9 sp. terr. - SW-Austr.
1. **amplexans** (A.S.George) S.Hopper & A.P.Brown - SW-Austr. (S*)
2. **deformis** (R.Br.) S.Hopper & A.P. Brown - SW-Austr. (S*)
3. **gemmata** (Lindl.) S.Hopper & A.P. Brown - SW-Austr. (S*)
4. **ixioides** (Lindl.) S.Hopper & A.P. Brown - SW-Austr. (S*)

Cyathoglottis Poepp.& Endl.: *Sobralia*
- *candida* Poepp.& Endl.: *Sobralia* 11 (E, H, S)
- *crocea* Poepp. & Endl.: *Sobralia* 15 (S)
- *macrantha* Lem.: *Sobralia* 37 (9**)

Cybebus Gar. - 1982 - *Subfam. Spiran-*

thoideae Tribus: Cranichideae Subtr. Spiranthinae - 1 sp. terr. - Col.
1. **grandis** Gar. - Col. (S*)
Cybele Falc. p.p. - 1847: *Herminium* R.Br. (S)
Cybele Falc. p.p. - 1847: *Peristylus* Bl. (S)
Cybelion Spreng. - 1826: *Ionopsis* H.B.K. (S)
- *pallidiflorum* (Hook.) Spreng: *Ionopsis* 7 (9**, G**)
- *tenerum* (Lindl.) Steud.: *Ionopsis* 7 (9**, G**)
- *testiculum* (Sw.) Spreng.: *Ionopsis* 6 (G)
- *utriculariae* (Sw.) Steud.: *Ionopsis* 7 (G**)
- *utriculariae* Spreng.: *Ionopsis* 7 (9**)

Cyclopogon Presl - 1827 - *Subfam. Spiranthoideae Tribus: Cranichideae Subtr. Spiranthinae* - ca. (1 (S)) 75 sp. ter/epi - Flor., C-S-Am., W-Ind., Braz.
1. **alexandrae** (Kraenzl.) Schltr. (S)
- *alpestris* var. *bidentata* Barb.Rodr.: 3 (FXIX1)
2. **argyrotaenius** Schltr. - Ec. (FXIX2)
- *bicolor* (Ker-Gawl.) Schltr.: *Beadlea* 1 (G**)
3. **bidentatus** (Barb.Rodr.) Dods. (*C. alpestris* var. *bidentata* Barb.Rodr., *Beadlea bidentata* (Barb.Rodr.) Gar.) - Ec. 2.200 m (FXIX1)
4. **condoranus** Dods. - Ec. 1.200 m (FXIX2*)
5. **congestus** (Vell.) Hoehne (S)
6. **cranichoides** (Griseb.) Schltr. - Nic., C.Rica, S-Am. (W, FXIX2, FXIX1) ↣ *Beadlea* 2
7. **elatus** (Sw.) Schltr. (*C. ovalifolium* Presl, *Gyrostachys ovalifolia* (Presl) Ktze., *Spiranthes preslii* Lindl., *S. variegata* Kraenzl., *S. elata* (Sw.) L.C.Rich., *Satyrium elatum* Sw., *Neottia minor* Jacq., *Sarcoglottis elata* (Sw.) P.N.Don) - W-Ind., Nic., Pan., S-Am., Arg., Ur. (E**, H*, S, W**)
↣ *elatus* (Sw.) Schltr.: *Beadlea* 3 (9**, G)
8. **ellipticus** (Gar.) Dods. (*Beadlea elliptica* Gar.) - Ec. (FXIX2, FXIX1)
9. **epiphyticus** (Dods.) Dods. (*Beadlea epiphytica* Dods.) - Ec. 220-1.700 m (FXIX2, FXIX1)
10. **estradae** Dods. - Ec. 400-500 m (FXIX2, FXIX1*)
11. **gracilis** Schltr. - Ec. (FXIX2)
12. **hennisianus** (Sandt) Dods. (*Stenorhynchos hennisianus* Sandt, *Beadlea hennisiana* (Sandt) Gar.) - Col. (FXIX2, FXIX1)
13. **hirtzii** Dods. - Ec. 1.300 m (FXIX2, FXIX1*)
14. **inaequilaterus** Schltr. - Ec. (FXIX2)
- *lindleyana(us)* (Link, Kl. & Otto) Schltr.: *Beadlea* 4 (G)
15. **luerorum** Dods. - Ec. 2.900 m (FXIX2*)
16. **macer** Schltr. - Ec. 1.950 m (FXIX2*)
17. **maldonadoanus** Dods. - Ec. 2.500 m (FXIX2, FXIX1*)
18. **millei** (Schltr.) Schltr. - Pan., Ec., S-Am. (W, FXIX2)
19. **miradorensis** Schltr. - C.Rica, Pan., S-Am. (W)
- *miradorensis* Schltr.: *Beadlea* 3 (9**, G)
20. **olivaceus** (Rolfe) Schltr. - C.Rica, Pan., Ec., S-Am. (W, FXIX2)
- *ovalifolium* Presl: *Beadlea* 3 (9**, G)
- *ovalifolium* Presl: 7 (E**, H*)
21. **pelagalloanus** Dods. - Ec. 2.800 m (FXIX2*)
22. **peruvianus** (Presl) Schltr. - Ec. (FXIX2)
23. **prasophyllum** (Rchb.f.) Schltr. - Nic., C.Rica, Pan. (W)
- *procerus* Regn. ex Barb.Rodr.: *Sauroglossum* 2 (G**)
- *pubescens* (Barb.Rodr.) Barb.Rodr.: *Beadlea* 1 (G**)
24. **pululahuanus** Dods. - Ec. 2.000 m (FXIX2*)
25. **rimbachii** Schltr. - Ec. (FXIX2)
26. **tandapianus** Dods. - Ec. 1.500 m (FXIX2, FXIX1*)
27. **werfii** Dods. - end. to Gal. 400 m (FXIX2, FXIX1*)

Cyclosia Kl. - 1838: *Mormodes* Lindl. (S)
- *maculata* Kl.: *Mormodes* 28 (9**, G)

Cycnoches (Cyc.) Lindl. - 1832 - *Subfam. Epidendroideae Tribus: Cymbidieae Subtr. Catasetinae* - ca. 25 sp. epi/ter - Trop. Am. - scented - „Swan Orchid, Schwanenorchis"
1. **amparoanum** Schltr. - C.Rica (W)
- *amparoanum* Schltr.: 13 (9**, G**)
2. **aureum** Lindl. & Paxt. - C.Rica, Pan. (W, Z**)

- *barbatum* Lindl.: *Polycycnis* 4 (9**, E**, H**)
3. **barthiorum** Ortiz - S-Col. (S*)
4. **bennettii** Dods. - Peru - sect. *Heteranthae* (S)
5. **brachydactylon** Schltr. - Col. - sect. *Heteranthae* (S)
6. **buchtienii** Kraenzl. - Bol. - sect. *Heteranthae* (S)
- *buchtienii* Kraenzl.: *Polycycnis* 10 (S)
7. **carrii** E.A.Christ. - Peru (S)
8. **chlorochilon** Kl. (*C. ventricosum* var. *chlorochilon* (Kl.) P.H.Allen) - Pan., Col., Ven., Guy. - scented - sect. *Cycnoches* (O3/91, G, W, R**, S*, Z**)
9. **christensonii** Benn. - Peru (S)
10. **cooperi** Rolfe - Peru - sect. *Heteranthae* (S)
- *cucullata(um)* Lindl.: 19 (9**, E**, H**, S)
11. **densiflorum** Rolfe - Col. - sect. *Heteranthae* (9**, R, S)
12. **dianae** Rchb.f. - Pan. - sect. *Heteranthae* (W**, S)
13. **egertonianum** Batem. (*C. ventricosum* Batem., *C. ventricosum* var. *egertonianum* (Batem.) Hook., *C. stelliferum* Lodd., *C. egertonianum* var. *viride* Lindl., *C. glanduliferum* A. Rich. & Gal. ex Hemsl., *C. peruvianum* Rolfe, *C. rossianum* Rolfe, *C. guttulatum* Schltr., *C. pachydactylon* Schltr., *C. stenodactylon(um)* Schltr., *C. amparoanum* Schltr., *C. pauciflora* Schltr.) - Bel., Guat., Col., C.Rica., Nic., Hond. - sect. *Heteranthae* (O3/91, O4/84, 9**, E**, G**, H**, W, Z**) var. **aureum** (Lindl. & Paxt.) P.H. Allen (S)
- *egertonianum* var. *viride* Lindl.: 13 (9**, G**)
- *espiritosantense* Brade: 24 (G**)
- *glanduliferum* A.Rich. & Gal. ex Hemsl.: 13 (9**, G**)
14. **guttulatum** Schltr. - Nic., Pan. - sect. *Heteranthae* (W, S)
- *guttulatum* Schltr.: 13 (9**, G**)
15. **haagii** Barb.Rodr. (*C. versicolor* Rchb.f.) - Ven., Col., Peru, Bol., Braz. - sect. *Cycnoches* (4**, O3/91, 9**, R**, S*, Z**)
16. **herrenhusanum** Jenny & Romero - S-Col., N-Ec. 50-250 m - sect. *Heteranthae* (O2/91, O6/95, S)

17. **jarae** Dods. & Benn. - Peru - sect. *Heteranthae* (S)
18. **lehmannii** Rchb.f. - Ec. - sect. *Cycnoches* (O3/91, S)
- *lindleyi* hort. ex Rchb.f.: *Lueddemannia* 1 (H*)
19. **loddigesii** Lindl. (*C. cucullata(um)* Lindl., *C. loddigesii* var. *leucochilum* Hook.) - Ven., Col., Braz., Guy., Sur. - sect. *Cycnoches* (O3/91, E**, 9**, G**, H**, R, S, Z**)
- *loddigesii* var. *leucochilum* Hook.: 19 (9**, G**)
20. **lusiae** G.Romero & Gar. - Ven. (S)
21. **maculatum** Lindl. - Ven., Col. - sect. *Heteranthae* (G, R**, S*)
22. **manoelae** P.Castro & Campacci - Braz. (S)
- *musciferum* Lindl.: *Polycycnis* 10 (E**, H**, S)
23. **pachydactylon** Schltr. - Nic., Pan. - sect. *Heteranthae* (W, S)
- *pachydactylon* Schltr.: 13 (9**, G**)
- *pauciflora* Schltr.: 13 (9**, G**)
24. **pentadactylon** Lindl. (*C. espiritosantense* Brade) - Peru, Braz. - sect. *Heteranthae* (O3/91, A**, E**, G**, H**, S*)
- *peruvianum* Rolfe - sect. *Heteranthae*: ? 13 (9**, G**,S)
- *pescatorei* Lindl.: *Lueddemannia* 1 (9**, H*)
- *rossianum* Rolfe: 13 (9**, G**)
- *stelliferum* Lodd.: 13 (9**, G**)
25. **stenodactylon** Schltr. - Nic., Pan. (W)
- *stenodactylon(um)* Schltr.: 13 (9**, G**)
26. **thurstonorum** Dods. - Col. (R**)
27. **tonduzii** Schltr. - C.Rica, Pan. (W)
28. **ventricosum** Batem. - Mex. to Pan. - sect. *Cycnoches* (O3/91, E**, H**, S, Z)
- *ventricosum* Batem.: 13 (9**, G**)
- *ventricosum* var. *chlorochilon* (Kl.) P.H.Allen: 8 (G)
- *ventricosum* var. *egertonianum* (Batem.) Hook.: 13 (9**, G**)
- *versicolor* Rchb.f.: 15 (4**, 9**, S)
- *viride* K.Koch: *Clowesia* 5 (9**, G)
29. **warscewiczii** Rchb.f. - C.Rica, Pan., Braz. - sect. *Heteranthae* (O3/91, W**, S, Z**)
× **Cycnandra (Cycda.)** (*Cycnoches* × *Galeandra*)
× **Cycnodes (Cycd.)** (*Cycnoches* × *Mormodes*)

Cydoniorchis Sengh. - 1994 - *Lycastinae* (S) - 2 sp. - SE-Braz.
1. **tetragona** (Lindl.) Sengh. (*Lycaste tetragona* (Lindl.) Lindl., *Bifrenaria tetragona* (Lindl.) Schltr.) - Braz. - scented (S*) ➤ Bifrenaria 15
2. **wittigii** (Rchb.f.) Sengh. (*Lycaste wittigii* Rchb.f., *Bifrenaria wittigii* (Rchb.f.) Hoehne) - Braz. (S*)

Cylindrochilus Thw. - 1861: *Thrixspermum* Rchb.f. (S)

Cylindrolobus (Bl.) Brieg. - 1981: Eria

Cylindrolobus (Bl.) Brieg. - 1981 - *Dendrobiinae* (S) - (*Eria* subg. *Cylindrolobus* Bl.) - ca. 24 sp. epi. - Thai., Indon., Mal., Sri L., Phil., N.Gui.
1. **bambusifolius** (Lindl.) Brieg. (*Eria bambusifolia* Lindl.) (S) ➤ Eria 7
- *clavicaulis* (Lindl.) Rausch.: *Eria* 17 (G)
2. **compressus** (Bl.) Brieg. (*Ceratium compressum* Bl., *Eria compressa* Bl., *E. longicaule* Teijsm. & Binn., *Trichotosia compressa* (Bl.) Kraenzl.) (S) ➤ Eria 18
3. **crassicaulis** (Hook.f.) Brieg. (*Eria crassicaulis* Hook.f.) (S)
4. **cyclosepalus** (Schltr.) Brieg. (*Eria cyclosepala* Schltr.) (S)
- *mucronatus* (Lindl.) Rausch.: *Trichotosia* 10 (G)
5. **rhodoleucus** (Schltr.) Brieg. (*Eria rhodoleuca* Schltr.) (S)
6. **rigidus** (Bl.) Brieg. (*Eria rigida* Bl.) (S) ➤ Eria 80
7. **soronensis** (Schltr.) Brieg. (*Eria soronensis* Schltr.) (S)
8. **wareanus** (Schltr.) Brieg. (*Eria wareana* Schltr.) (S)

× **Cymasetum (Cymst.)** (*Catasetum* × *Cymbidium*)

Cymbidiella (Cymla.) Rolfe - 1918 - *Subfam. Epidendroideae Tribus: Cymbidieae Subtr. Cyrtopodiinae* - (*Caloglossum* Schltr.) - 3 sp. ter/epi - Madag.
1. **falcigera** (Rchb.f.) Gar. (*C. humblotii* (Rolfe) Rolfe, *Grammangis falcigera* Rchb.f., *Cymbidium humblotii* Rolfe, *C. loise-chauvieri* hort., *Caloglossum humblotii* (Rolfe) Schltr., *C. magnificum* Schltr.) - Madag., Com. 0-400 m - epi. (9**, E*, H*, U**, S)
2. **flabellata** (Thou.) Lindl. (*C. perrieri* Schltr., *Limodorum flabellatum* Thou., *Cymbidium flabellatum* (Thou.) Spreng., *Caloglossum flabellatum* (Thou.) Schltr.) - Madag. 0-1.500 m - terr. (H, U**, S*)
- *humblotii* (Rolfe) Rolfe (A**): 1 (9**, E*, H*, U**)
3. **pardalina** (Rchb.f.) Gar. (*C. rhodochila* (Rolfe) Rolfe, *Grammangis pardalina* Rchb.f., *Cymbidium rhodochilum* Rolfe, *Caloglossum rhodochilum* (Rolfe) Schltr.) - Madag. 500-2.000 m - epi. (9**, A**, E*, H**, U, S*, Z**)
- *perrieri* Schltr.: 2 (U**, S*)
- *rhodochila* (Rolfe) Rolfe: 3 (9**, E*, H**, U)

Cymbidium (Cym.) Sw. - 1799 - *Subfam. Epidendroideae Tribus: Cymbidieae Subtr. Cyrtopodiinae* - (*Arethusantha* Finet, *Cyperorchis* Bl., *Iridorchis* Bl., *Jensoa* Raf.) - ca. 44 sp. epi/ter/lit - Ind., SE-As., China, Jap., Indon., Austr.
- *acutum* Ridl.: 9 (9**)
- *affine* Griff.: *Cyperorchis mastersii* (8**)
- *affine* Griff.: 31 (G**)
- *alagnata* Buch.-Ham. ex Wall.: *Vanda* 48 (9**, G**)
- *alatum* Roxb.: *Thecostele* 1 (2*, H**)
- *albo-marginatum* Mak.: 14 (9**, G**)
- *albojucundissimum* Hay.: 41 (9**)
- *alborubens* Mak.: 9 (9**)
- *albuciflorum* F.v.Muell.: 30 (E**, G, H**)
1. **aloifolium** (L.) Sw. (*C. pendulum* (Roxb.) Sw., *C. erectum* Wight, *C. mannii* Rchb.f., *C. simulans* Rolfe, *C. atropurpureum* Yen, *C. intermedium* H.Jones, *C. wallichii* Lindl., *C. crassifolium* Wall., *Epidendrum aloifolium* L., *E. aloides* C.H.Curtis, *E. pendulum* Roxb., ?*Aerides borassii* Buch.-Ham. ex Smith) - Ind., Sri L., Burm., Sik., S-China, Jap., Thai. 0-1.500 m - epi. - sect. *Cymbidium* (2*, 9**, E**, G**, H**, Q, S*)
- *aloifolium* Wall.: 18 (2*)
- *aloifolium* Bl.: *Cymbidium pubescens* (2*)
- *aloifolium* Bl.: 3 (G**)
- *aloifolium* Hook.: *Cymbidium pendulum* Sw. (8**)
- *aloifolium* Guill.: 18 (G**)
- *aloifolium* auct.: 18 (H**)

- *aloifolium* var. *pubescens* (Lindl.) Ridl.: 3 (G**)
- *altissimum* (Jacq.) Sw.: *Oncidium* 7 (9**, G**)
- *amabile* (L.) Roxb.: *Phalaenopsis* 1 (2*, 8**, 9**, E**, H**, J**)
- *andersonii* Andr.: *Cyrtopodium* 1 (8**, 9**, H**)
- *angolense* (Rchb.f.) Rchb.f.: *Eulophia* 7 (9**)
- *aphyllum* (Roxb.) Sw.: *Dendrobium* 26 (9**, G**)
- *aphyllum* Ames & Schltr.: 29 (S*)
- *appendiculatum* D.Don: *Cremastra* 2 (H**)
- *arrogans* Hay.: 14 (9**, G**)
- *aspidistrifolium* Fuk.: 27 (H**, S*)
2. **atropurpureum** (Lindl.) Rolfe [*C. atropurpureum* (Hook.f.) Rolfe (9**, E, H*)] (*C. pendulum* var. *atropurpureum* Hook.f., *C. pendulum* sensu Vidal non Sw., *C. finlaysonianum* var. *atropurpureum* (Hook.f.) Veitch) - S-Thai., Mal., Sum., Java, Born., Phil. 0-2.200 m - scented - sect. *Cymbidium* (Q, S)
- *atropurpureum* Yen: 1 (G**)
- *autumnale* (Forst.f.) Sw.: *Earina* 2 (G)
- *bambusifolium* Roxb.: *Arundina* 2 (2*)
- *bambusifolium* (Lindl.) Roxb.: *Arundina* 1 (9**, G**, H**, Q**)
- *bambusifolium* Fowlie, Mark & Ho: 27 (S*)
3. **bicolor** Lindl. - Sri L., Ind. 0-1.500 m - sect. *Cymbidium* (H, S)
   ssp. **bicolor** - Sri L., Ind. (G, S)
   ssp. **obtusum** Du Puy & Cribb - Him. to S-China,Viet., Thai. (S)
   ssp. **pubescens** (Lindl.) Du Puy & Cribb (*C. aloifolium* Bl., *C. aloifolium* var. *pubescens* (Lindl.) Ridl., *C. pubescens* Lindl., *C. pubescens* var. *celebicum* Schltr., *C. celebicum* (Schltr.) Schltr.) - Mal., Java, Sum., Born., Phil. (G**, S)
- *bicolor* Lindl.: *Cymbidium pubescens* (2*)
- *bituberculatum* Hook.: *Liparis* 111 (G**)
- *boreale* Sw.: *Calypso* 1 (9**)
4. **borneense** J.J.Wood - end. to Born. 100-1.300 m - sect. *Borneense* (Q**, S)
- *calcaratum* Schltr.: *Oeceoclades* 10 (U**)

5. **canaliculatum** R.Br. (*C. hillii* F.v. Muell., *C. sparkesii* Rendle) - end. to Austr. (WA, NT, Qld., NSW) 0-1.000 m - epi. - scented - sect. *Austrocymbidium* - „Black Orchid" (9**, E, H*, P**, S, Z)
  cv. 'Sparkesii' (*C. canaliculatum* var. *sparkesii* (Rendle) F.M.Bailey) (9**, P)
- *canaliculatum* var. *sparkesii* (Rendle) F.M.Bailey: 5 'Sparkesii' (9**, P)
- *celebicum* (Schltr.) Schltr.: 2 (G**)
- *chinense* Heynh.: 41 (9**)
6. **chloranthum** Lindl. (*C. variciferum* Rchb.f., *C. sanguineolentum* Teijsm. & Binn., *C. sanguineum* Teijsm. & Binn., *C. pulchellum* Schltr.) - Mal., Sum., Java, Born. 250-1.000 m - sect. *Austrocymbidium* (9**, G, S)
- *chuen-lan* Yen: 21 (G)
- *coccineum* Sw.: *Ornithidium* 3 (8**)
- *coccineum* (Jacq.) Sw.: *Maxillaria* 54 (9**)
7. **cochleare** Lindl. (*Cyperorchis cochleare* (Lindl.) Benth.) - (Him.) Sik., Taiw. 300-1.000 m - epi. - sect. *Cyperorchis* (S*)
- *cordigerum* Kunth.: *Epidendrum atropurpureum* (8**)
- *cordigerum* H.B.K.: *Encyclia* 29 (9**, E**, G, H**)
- *crassifolium* Wall.: *Cymbidium pendulum* (8**): 1
- *crassifolium* Wall.: 1 (H**)
- *crispatum* Thunb.: *Laelia* 21 (E, H)
- *cucullatum* (L.) Sw: *Brassavola* 6 (9**, G)
- *cuspidatum* Bl.: 27 (2*)
8. **cyperifolium** Wall. ex Lindl. - SE-As. 1.500-2.700 m - terr. - scented - sect. *Maxillarianthe* (S*)
   ssp. **cyperifolium** - Nep., Bhut. (Him.) (S)
   ssp. **indochinense** Du Puy & Cribb - Burm., Thai., Camb. (S)
9. **dayanum** Rchb.f. (*C. leachianum* Rchb.f., *C. eburneum* var. *dayana* (Rchb.f.) Hook.f., *C. pulcherrimum* Sand., *C. simonsianum* King & Pantl., *C. simonsianum* f. *vernale* Mak., *C. acutum* Ridl., *C. alborubens* Mak., *C. marginatum* Mak., *C. sutepense* Rolfe ex Downie, *C. poilanei* Gagn., *C. dayanum* var. *austro-japonicum* Tuyama, *C. ebur-*

neum var. *austro-japonicum* (Tuyama) Hiroe) - Jap., China, Ass., Thai., Mal., Sum., Taiw., Born., Phil. 300-1.800 m - sect. *Himantophyllum* (9**, A**, S*, Z)
- *dayanum* var. *austro-japonicum* Tuyama.: 9 (9**)
- *densiflorum* Griff.: *Cyperorchis elegans* (8**)
- *densiflorum* Griff.: 12 (9**, S*)
- *dependens* Lodd.: *Cirrhaea* 1 (4**, 9**, H**, G**)
10. **devonianum** Lindl. & Paxt. (*C. sikkimense* Hook.f.) - N-Thai., Ind., Nep. to Bhut. 1.400-2.300 m - epi/lit - sect. *Bigibbarium* (8**, E**, 9**, H**, S*, Z)
11. **eburneum** Lindl. (*C. syringodorum* Griff., *C. eburneum* var. *williamsianum* Rchb.f., - var. *philbrickierum* Rchb.f., *Cyperorchis eburnea* (Lindl.) Schltr.) - China, Nep., Sik., NE-Ind., Burm. 300-1.700 m - epi. - scented - sect. *Eburnea* (4**, 8**, 9**, E**, G**, H**, S, Z**)
- *eburneum* var. *austro-japonicum* (Tuyama) Hiroe: 9 (9**)
- *eburneum* var. *dayana* (Rchb.f.) Hook.f.: 9 (9**)
- *eburneum* var. *parishii* Rchb.f. (E): 34
- *eburneum* var. *philbrickierum* Rchb. f.: 11 (9**, G**)
- *eburneum* var. *williamsianum* Rchb. f.: 11 (9**, G**)
- *echinocarpon* Sw.: *Dichaea* 62 (2/81)
- *ecristatum* Lindl. ex Steud.: 14 (9**, G**)
12. **elegans** Lindl. (*C. densiflorum* Griff., *Cyperorchis elegans* (Lindl.) Bl., *C. elegans* var. *blumei* hort., *Grammatophyllum elegans* (Lindl.) Rchb.f., *G. elegans* var. *obcordatum* Rchb.f., - var. *lutescens* Hook.f., *Arethusantha bletioides* Finet) - China, Taiw., Nep., Sik., NE-Ind., Burm. 1.500-2.500 m - epi/lit - sect. *Cyperorchis* (9**, H*, S*)
- *elegans* Lindl.: *Cyperorchis elegans* (8**)
13. **elongatum** J.J.Wood, Du Puy & Shim - end. to Born. 1.200-2.300 m - terr. - sect. *Austrocymbidium* (Q**, O3/98, S)
14. **ensifolium** (L.) Sw. (*C. munronianum* King. & Pantl., *C. munronianum* sensu Ridl., *C. munronianum* sensu Holtt., *C. sinense* Lindl., *C. xiphiifolium* Lindl., *C. ecristatum* Lindl. ex Steud., *C. estriatum* (Lindl.) Steud., *C. micrans (micans)* Schau., *C. albo-marginatum* Mak., *C. gyokuchin* Mak., *C. gyokuchin* var. *soshin* Mak., - var. *arrogans* (Hay.) S.S.Ying, *C. koran* Mak., *C. kanran* var. *misericors* (Hay.) S.S. Ying, *C. niveo-marginatum* Mak., *C. shimaran* Mak., *C. yakibaran* Mak., *C. yakibaran* var. *albo-marginatum* Mak., - var. *niveo-marginatum* Mak., *C. arrogans* Hay., *C. misericors* Hay., *C. rubigemmum (rubrigemmum)* Hay., *C. gonzalesii* Quisumbing, *C. haematodes* Lindl., *C. sundaicum* Schltr., *C. sundaicum* var. *estriata* Schltr., *C. siamense* Rolfe ex Downie, *C. ensifolium* sensu J.J.Sm., *C. ensifolium* f. *flaccidior* Mak., - var. *haematodes* (Lindl.) Trimen, - var. *misericors* (Hay.) T.P.Lin, - var. *munronianum* Tang & Wang, - var. *rubigemmum* (Hay.) Liu & Su, - var. *susin* Yen, - var. *yakibaran* (Mak.) Wu & Chen, *Epidendrum ensifolium* L., *E. sinense* Andr., *E. sinense* Redouté, *Limodorum ensatum* Thunb., *Jensoa ensata* (Thunb.) Raf.) - China, Sum., Java, Born., N.Gui., Hong., Taiw. - scented - sect. *Jensoa* (9**, G**, S, Z)
ssp. **ensifolium** - China, Taiw., Ryukyu, Phil. - scented (S)
ssp. **haematodes** (Lindl.) Du Puy & Cribb (*C. siamense* Rolfe ex Downie) - Sri L., S-Ind., Burm., Thai., Viet., Mal., Sum., Java, Born., N. Gui. - 300-1.800 m - terr. - scented (S)
- *ensifolium* sensu J.J.Sm.: 14 (9**)
- *ensifolium* f. *flaccidior* Mak.: 14 (9**)
- *ensifolium* var. *haematodes* (Lindl.) Trimen: 14 (9**)
- *ensifolium* var. *misericors* (Hay.) T.P.Lin: 14 (9**, G**)
- *ensifolium* var. *munronianum* (King & Pantl.) Tang & Wang: 32 (S*)
- *ensifolium* var. *munronianum* Tang & Wang: 14 (9**)
- *ensifolium* var. *rubigemmum* (Hay.) Liu & Su: 14 (9**, G**)

- *ensifolium* var. *yakibaran* (Mak.) Wu & Chen: 14 (9**, G**)
- *ensifolium* var. *estriatum* Lindl. (2*): 14 (9**, G**)
- *ensifolium* var. *striatum* Lindl.: 14 (9**, G**)
- *ensifolium* var. *susin* Yen: 14 (9**, G**)
- *equitans* (Forst.f.) Sw.: *Oberonia* 10 (U**)
- *erectum* Wight: 1 (9**, G**, H**)
15. **erythraeum** Lindl. (*C. longifolium* Lindl., *C. hennisianum* Schltr.) - Him., Nep., Burm., China 1.000-2.800 m - epi/lit - sect. *Iridorchis* (S*)
16. **erythrostylum** Rolfe (*C. erythrostylum* var. *magnificum* hort., *Cyperorchis erythrostyla* (Rolfe) Schltr.) - Camb., Laos, Viet. ca. 1.500 m - sect. *Annamaea* (9**, S*, Z)
- *erythrostylum* var. *magnificum* hort.: 16 (9**)
- *estriatum* (Lindl.) Steud.: 14 (9**, G**)
- *evrardii* Guill.: 44 (9**)
17. **faberi** Rolfe - Nep., China, Taiw. - terr. - sect. *Maxillarianthe* (O3/92, S) var. **szechuanicum** (Wu & Chen) Wu & Chen - Nep., China, Taiw. - terr. (O3/92, S)
18. **finlaysonianum** Lindl. (*C. tricolor* Miq., *C. wallichii* Lindl., *C. aloifolium* Wall., *C. aloifolium* Guill., *C. aloifolium* auct., *C. pendulum* auct., *C. pendulum* Bl., *C. pendulum* (Bl.) Lindl., *C. pendulum* (Bl.) Vidal, *C. pendulum* var. *brevilabris* Lindl.) - Camb., Viet., Mal., Ind., Sum., Born., Thai., Java, Fiji 0-1.200 m - sect. *Cymbidium* (2*, E**, G**, H**, Q**, S, Z**)
- *finlaysonianum* var. *atropurpureum* (Hook.f.) Veitch: 2 (9**)
- *flabellatum* (Thou.) Spreng.: *Cymbidiella* 2 (U**, S*)
- *flabellifolium* Sw. ex Griseb.: *Cochleanthes* 5 (9**, G**, O5/98**)
- *flabelliforme* Sw.: *Warscewiczella cochlearis* (8**)
- *flabelliforme* (Sw.) Sw.: *Cochleanthes* 5 (9**, G**, O5/98**)
19. **floribundum** Lindl. (*C. pumilum* Rolfe) - China, SE-Tib., Jap. 1.500-2.800 m - lit/epi - sect. *Floribundum* (E**, H**, S, Z)
- *floridum* Salisb.: *Bletia* 20 (9**, G**)
- *formosanum* Hay.: 21 (9**, G)
- *formosanum* var. *gracillimum* (Fuk.) Liu & Su: 21 (9**)
- *forrestii* Rolfe: 21 (9**, G)
- *fragrans* Salisb.: 41 (9**)
- *furvum* (Rumph.) Willd.: *Vanda* 10 (G)
- *gibsonii* Paxt.: 27 (2*, E**, H**)
20. **giganteum** Wall. ex Lindl. (*Iridorchis gigantea* (Lindl.) Bl.) - Trop. Him., W-China (8**, E**)
- *giganteum* Wall. ex Lindl.: 25 (9**)
- *giganteum* (p.p.) Lindl.: *Cymbidium grandiflorum* (8**)
- *giganteum* (L.f.) Sw.: *Eulophia* 86 (E**, G**, H**)
- *giganteum* var. *hookerianum* (Rchb.f.) Bois: 23 (9**)
- *giganteum* var. *hookerianum* Bois: *Cymbidium grandiflorum* (8**)
- *giganteum* var. *lowianum* Rchb.f.: 28 (8**, E**, H**, O5/90, S*)
- *giganteum* var. *wilsonii* (Rolfe ex Cooke) P.Tayl. & Wood: 47 (9**)
- *giganteum* var. *wilsonii* Rolfe ex Cooke (E, H): 47 (9**)
- *glandulosum* H.B.K.: *Encyclia* 40 (FXVIII1)
- *glaucum* Sw.: *Epithecia glauca* (O2/81)
21. **goeringii** (Rchb.f.) Rchb.f. (*C. virescens* Lindl., *C. virens* Rchb.f., *C. mackinnoni* Duthie, *C. formosanum* Hay., *C. formosanum* var. *gracillimum* (Fuk.) Liu & Su, *C. forrestii* Rolfe, *C. yunnanense* Schltr., *C. pseudovirens* Schltr., *C. tentyozanense* Masamune, *C. uniflorum* Yen, *C. chuen-lan* Yen, *C. serratum* Schltr., *C. tortisepalum* Fuk., *C. tortisepalum* var. *viridiflorum* S.S.Ying, *C. gracillimum* Fuk., *C. longibracteatum* Wu & Chen, *C. goeringii* var. *angustatum* F.Maekawa, - var. *tortisepalum* (Fuk.) Wu & Chen - var. *serratum* (Schltr.) Wu & Chen, - var. *longibracteatum* (Wu & Chen) Wu & Chen, *Maxillaria goeringii* Rchb.f.) - Jap., Korea, China, Taiw., NW-Ind. 500-3.000 m - terr. - sect. *Maxillarianthe* (9**, G, S, Z) var. **tortisepalum** (Fuk.) Wu & Chen - China, Taiw. (S)
- *goeringii* var. *angustatum* F.Maekawa: 21 (9**)

- *goeringii* var. *longibracteatum* (Wu & Chen) Wu & Chen: 21 (9**)
- *goeringii* var. *serratum* (Schltr.) Wu & Chen: 21 (9**)
- *goeringii* var. *tortisepalum* (Fuk.) Wu & Chen: 21 (9**)
- *gomphocarpum* Fitzg.: 42 (H**)
- *gonzalesii* Quisumbing: 14 (G**)
- *goweri* F.v.Muell.: *Grammatophyllum* 5 (9**, G**)
- *gracillimum* Fuk.: 21 (9**)
- *graminoides* Sw.: *Epithecia graminoides* (O2/81)
- *grandiflorum* Griff. (8**): 23 (9**, E, H**, S)
- *grandiflorum* var. *punctulatum* Cogn.: 23 (9**)
- *guttatum* Bur. & Franch.: *Spathoglottis* 36 (G**)
- *gyokuchin* Mak.: 14 (G**)
- *gyokuchin* var. *soshin* Mak.: 14 (G**)
- *gyokuchin* var. *arrogans* (Hay.) S.S.Ying: 14 (9**, G**)
- *haematodes* Lindl.: 14 (9**)
22. **hartinahianum** Comb. & Nas. - Sum. 1.700-2.700 m - sect. *Austrocymbidium* (S)
- *hillii* F.v.Muell.: 5 (9**, E, H*)
- *hirsutum* Willd.: *Elleanthus* 7 (9**)
- *hookerianum* Rchb.f.: *Cymbidium grandiflorum* (8**)
23. **hookerianum** Rchb.f. (*C. grandiflorum* Griff., *C. grandiflorum* var. *punctulatum* Cogn., *C. giganteum* var. *hookerianum* (Rchb.f.) Bois, *C. hookerianum* var. *hookerianum* (Rchb.f.) Wu & Chen, *Cyperorchis grandiflorum* (Griff.) Schltr.) - Nep., Ind., Bhut., Tib., Sik. 1.500-2.600 m - epi/ter - sect. *Iridorchis* (9**, E, H**, S)
- *hookerianum* var. *hookerianum* (Rchb.f.) Wu & Chen: 23 (9**)
- *hoosai* Mak.: 41 (9**)
- *humblotii* Rolfe: *Cymbidiella* 1 (9**, E*, H*, U**, S)
- *humile* (J.E.Sm.) Lindl.: *Pleione* 14 (9**)
- *huttoni* Hook.: *Grammatophyllum* 7 (2*, 9**)
- *hyacinthinum* Smith: *Bletia hyacinthina* (8**)
- *hyacinthinum* Smith: *Bletilla* 3 (9**, E**, G**, H**)
- *hyemale* Muhl. & Willd.: *Aplectrum* 1 (S)

- *imbricatum* Roxb.: *Pholidota* 8 (2*, G**)
24. **insigne** Rolfe (*C. sanderi* O'Brien, *C. sanderi* var. *sanderi* (O'Brien) hort., *C. insigne* var. *album* hort., *Cyperorchis insignis* (Rolfe) Schltr.) - Thai., Camb., Laos, Viet., China 1.000-1.700 m - terr. - sect. *Iridorchis* (9**, 8**, S*, Z)
- *insigne* var. *album* hort.: 24 (9**)
- *intermedium* H.Jones: 1 (9**, G**)
- *iridifolium* A.Cunn.: 30 (E**, G, H**)
- *iridifolium* Roxb.: *Oberonia* 16 (9**, H*)
25. **iridioides** D.Don (*C. giganteum* Wall. ex Lindl., *Limodorum longifolium* Buch.-Ham. ex Lindl., *Iridorchis gigantea* (Wall. ex Lindl.) Bl., *Cyperorchis gigantea* (Wall. ex Lindl.) Schltr.) - Him., Ass., N-Burm., SW-China 1.200-2.200 m - epi. - sect. *Iridorchis* (9**, H**, S)
- *ixioides* D.Don: *Spathoglottis* 18 (9**)
- *javanicum* Bl.: 27 (2*, H**, S*)
- *juncifolium* (L.) Willd.: *Oncidium* 43 (9**, G**)
26. **kanran** Mak. - Jap., S-China, Taiw., Ryukyu, Korea 800-1.800 m - terr. - scented - sect. *Jensoa* (S)
- *kanran* var. *misericors* (Hay.) S.S. Ying: 14 (9**, G**)
- *koran* Mak.: 14 (9**, G**, S)
27. **lancifolium** Hook. (*C. gibsonii* Paxt., *C. javanicum* Bl., ?*C. cuspidatum* Bl., *C. papuanum* Schltr., *C. aspidistrifolium* Fuk., *C. bambusifolium* Fowlie, Mark & Ho) - N-Ind., Burm., Mal., Indon., China, Jap. - terr. - sect. *Geocymbidium* (2*, E**, H**, S*)
- *leachianum* Rchb.f.: 9 (9**)
- *leai* Rendle: 30 (E**, G, H**)
- *leroyi* St.Cloud: 30 (G)
- *lineare* (Jacq.) Sw.: *Isochilus* 5 (G**)
- *loise-chauvieri* hort.: *Cymbidiella* 1 (U**)
- *longibracteatum* Wu & Chen (O3/92): 21 (9**)
28. **lowianum** (Rchb.f.) Rchb.f. (*C. giganteum* var. *lowianum* Rchb.f., *Cyperorchis lowiana* (Rchb.f.) Schltr.) - Burm., SW-China, Thai. 1.200-2.400 m - epi. - sect. *Iridorchis* (8**, E**, H**, S*, Z**)

var. **iansonii** (Rolfe) Cribb & Du Puy (O5/90)
var. **lowianum** (O5/90)
cv. 'concolor' (*C. lowianum* var. *concolor* Rolfe) (O5/90)
cv. 'flaveolum' (O5/90)
cv. 'superbissimum' (O5/90)
cv. 'viride' (*C. lowianum* var. *viride* Williams) (O5/90)
- *lowianum* var. *concolor* Rolfe (8**, E): 28 (O5/90)
- *lowianum* var. *viride* Williams: 28 (8**)
- *luteum* Willd.: *Chloraea* 12 (9**)
- *luteum* Willd.: *Chloraea* 22 (G**)
- *mackinnoni* Duthie: 21 (G)
29. **macrorhizon** Lindl. (*C. aphyllum* Ames & Schltr., *Yoania aberrans* Finet, *Aphyllorchis aberrans* (Finet) Schltr.) - NW-Ind., China, Taiw., Indoch. - sapro. - sect. *Pachyrhizanthe* (E, H, $50/10, S*)
30. **madidum** Lindl. (*C. iridifolium* A. Cunn., *C. albuciflorum* F.v.Muell., *C. leai* Rendle, *C. queenianum* Klinge, *C. leroyi* St.Cloud, *C. madidum* var. *leroyi* St.Cloud) - end. to Austr. (Qld., NSW) 0-1.300 m - epi. - sect. *Austrocymbidium* (E**, G, H**, P*, S, Z)
var. **leroyi** (St.Cloud) Menninger - end. to Austr. (Qld.) (P)
- *madidum* var. *leroyi* St.Cloud: 30 (G)
- *mannii* Rchb.f.: 1 (9**, G**, H**)
- *marginatum* Lindl.: *Maxillaria* 155 (G**)
- *marginatum* Mak.: 9 (9**)
31. **mastersii** Griff. ex Lindl. (*C. affine* Griff., *C. micromeson* Lindl., *C. mastersii* var. *album* Rchb.f., *Cyperorchis mastersii* (Griff. ex Lindl.) Benth.) - Sik., Bhut., NE-Ind. 900-2.200 m - epi/lit - sect. *Eburnea* (E**, G**, H**, S)
- *mastersii* Griff. ex Lindl.: *Cyperorchis mastersii* (8**)
- *mastersii* var. *album* Rchb.f.: 31 (G**)
- *meyenii* Schau.: *Arundina* 1 (9**, G**, Q**)
- *micrans* (*micans*) Schau.: 14 (9**, G**)
- *micromeron* Lindl.: *Cyperorchis mastersii* (8**)
- *micromeson* Lindl.: 31 (G**)

- *misericors* Hay.: 14 (9**, G**)
- *montanum* Sw.: *Octadesmia* 2 (9**)
- *moschatum* (Buch.-Ham.) Willd.: *Dendrobium* 243 (9**, E**, G**, H**)
32. **munronianum** King. & Pantl. (*C. ensifolium* var. *munronianum* (King & Pantl.) Tang & Wang) - Sik., Bhut. ca. 500 m - sect. *Jensoa* (S*)
- *munronianum* King & Pantl.: 14 (9**, 2*)
- *munronianum* sensu Ridl.: 14 (9**)
- *munronianum* sensu Holtt.: 14 (9**)
- *muricatum* Sw: *Dichaea* 53 (O2/81)
33. **nanulum** Wu & Chen - China 800-1.600 m - „Dwarf Pearl Orchid" (O1/97)
- *nervosum* (Thunb.) Sw.: *Liparis* 111 (G**)
- *nitidum* Wall. ex D.Don: *Coelogyne* 47 (9**, G**)
- *nitidum* Roxb.: *Coelogyne* 56 (9**, G)
- *niveo-marginatum* Mak.: 14 (9**, G**)
- *nodosum* (L.) Sw.: *Brassavola* 14 (9**, G**)
- *ochroleucum* (Lindl.) Lindl.: *Maxillaria* 44 (9**, G**)
- *ovatum* Willd.: *Dendrobium* 264 (G)
- *papuanum* Schltr.: 27 (H**, S*)
34. **parishii** Rchb.f. (*Cyperorchis parishii* (Rchb.f.) Schltr.) - Burm. 1.500 m - sect. *Eburnea* (S, Z)
- *parishii* Rchb.f.: 11 (E)
- *pendulum* Bl.: 18 (2*, G**)
- *pendulum* (Bl.) Lindl.: 18 (2*, E**, G**)
- *pendulum* (Roxb.) Sw. (8**): 1 (9**, G**, S*)
- *pendulum* (Bl.) Vidal: 18 (G**)
- *pendulum* sensu Vidal: 2 (9**)
- *pendulum* auct.: 18 (H**)
- *pendulum* var. *atropurpureum* Hook.f.: 2 (9**)
- *pendulum* var. *brevilabris(e)* Lindl.: 18 (2*, G**)
- *poilanei* Gagn.: 9 (9**)
- *praecox* (Smith) Lindl.: *Pleione* 20 (9**, G**)
- *praemorsum* (Roxb.) Sw.: *Acampe* 5 (G)
- *pseudovirens* Schltr.: 21 (9**, G)
- *pubescens* Lindl. (2*): 3 (G**)
- *pubescens* var. *celebicum* Schltr.: 3 (G**)

- *pulchellum* Schltr.: 6 (9**, G)
- *pulcherrimum* Sand.: 9 (9**)
- *pumilum* Rolfe: 19 (E**, H**)
- *pusillum* (L.) Sw.: *Psygmorchis* 4 (G**)
- *queenianum* Klinge: 30 (E**, G, H**)
35. **quibeiense** Feng & Li - China (O3/92)
36. **rectum** Ridl. - Mal., Born. 400-500 m - epi. - sect. *Cymbidium* (Q**, S)
- *reflexum* R.Br.: *Liparis* 137 (9**, G**)
- *rhodochilum* Rolfe: *Cymbidiella* 3 (9**, E*, H**, U, S)
- *rigidum* Willd.: *Tetramicra* 2 (9**, H*)
37. **roseum** J.J.Sm. (*Cyperorchis rosea* (J.J.Sm.) Schltr.) - Mal., Sum., Java 1.500-2.100 m - ter/lit/epi - sect. *Eburnea* (2*, S)
- *rubigemmum* Hay.: 14 (9**, G**, S)
- *rubrum* Buch.-Ham. ex Wall.: *Ascocentrum* 1 (9**)
38. **sanderae** (Rolfe) Cribb & Du Puy (*Cyperorchis parishii* var. *sanderae* Rolfe) - Viet. 1.400-1.500 m - epi. - sect. *Iridorchis* (S)
- *sanderi* O'Brien: 24 (8**, 9**)
- *sanderi* var. *sanderi* (O'Brien) hort.: 24 (9**)
- *sandersoni* Harv.: *Ansellia* 2 (8**)
- *sanguineolentum* Teijsm. & Binn. (2*): 6 (9**, G)
- *sanguineum* Teijsm. & Binn.: 6 (9**, G)
- *scarabaeiforme* Par. ex Rchb.f.: *Luisia* 14 (9**)
39. **schroederi** Rolfe (*Cyperorchis schroederi* (Rolfe) Schltr.) - Camb., Laos, Viet. - sect. *Iridorchis* (9**, S)
- *scriptum* (L.) Sw.: *Grammatophyllum* 5 (9**, G**)
- *serratum* Schltr.: 21 (9**)
- *shimaran* Mak.: 14 (9**, G**)
- *siamense* Rolfe ex Downie: 14 (9**)
- *siamense* Rolfe ex Downie: 14 (9**)
40. **sigmoideum** J.J.Sm. (*Cyperorchis sigmoideum* (J.J.Sm.) J.J.Sm.) - Java, Sum. 800-1.600 m - epi. - sect. *Cyperorchis* (S)
- *sikkimense* Hook.f.: 10 (9**, E**, H**, S*)
- *simonsianum* King & Pantl.: 9 (9**)
- *simonsianum* f. *vernale* Mak.: 9 (9**)
- *simulans* Rolfe: 1 (9**, G**, S*)
41. **sinense** (Andr.) Willd. (*C. fragrans* Salisb., *C. chinense* Heynh., *C. hoosai* Mak., *C. albojucundissimum* Hay., *C. sinense* var. *margicoloratum* Hay., - f. *margicoloratum* (Hay.) Fuk., - f. *albojucundissimum* (Hay.) Fuk., - var. *albojucundissimum* (Hay.) Masamune, - var. *bellum* Yen, - var. *album* Yen, *Epidendrum sinense* Andr.) - N-Ind., Sri L., China, Hong., Taiw., Ryu. 300-2.300 m - terr. - scented - sect. *Jensoa* (8**, 9**, S*)
- *sinense* Lindl.: 14 (2*)
- *sinense* f. *albojucundissimum* (Hay.) Fuk.: 41 (9**)
- *sinense* f. *margicoloratum* (Hay.) Fuk.: 41 (9**)
- *sinense* var. *albojucundissimum* (Hay.) Masamune: 41 (9**)
- *sinense* var. *album* Yen: 41 (9**)
- *sinense* var. *bellum* Yen: 41 (9**)
- *sinense* var. *margicoloratum* Hay.: 41 (9**)
- *sparkesii* Rendle: 5 (9**, E, H*)
- *speciosissimum* D.Don: *Coelogyne* 13 (4**, 9**)
- *speciosum* Herb. Reinw.: *Arundina* 1 (G**)
- *stapeliaeflorum* Teijsm. & Binn.: *Grammatophyllum* 7 (2*)
- *stapeliiflorum* Teijsm. & Binn.: *Grammatophyllum* 7 (9**)
- *stapelioides* Link & Otto: *Promenaea* 16 (8**, 9**, G**)
- *stephensi* Ridl.: *Grammatophyllum* 7 (2*)
- *striatum* (Thunb.) Sw.: *Bletilla* 3 (9**, E**, G**, H**)
42. **suave** R.Br. (*C. gomphocarpum* Fitzg.) - end. to Austr. (Qld., NSW) 0-1.200 m - epi. - scented - „Sweet Cymbidium, Snake Orchid" - sect. *Austrocymbidium* (E**, H**, P**, S)
43. **suavissimum** Sand. ex C.H.Curtis - N-Burm. 800-1.000 m - scented - sect. *Floribundum* (4**, 9**, S)
- *subulatum* (Sw.) Sw.: *Leucohyle* 2 (9**)
- *subulatum* Sw.: *Trichopilia* 23 (O4/96)
- *sundaicum* Schltr.: 14 (9**)
- *sundaicum* var. *estriata* Schltr.: 14 (9**)
- *sutepense* Rolfe ex Downie: 9 (9**)

- *syringodorum* Griff.: 11 (8**, 9**, G**, H**)
- *tentyozanense* Masamune: 21 (G)
- *tenuifolium* Wight: *Luisia* 16 (2*, E*, H)
- *tenuifolium* (L.) Willd.: *Cleisostoma* 37 (6*)
- *tenuifolium* (L.) Willd.: *Luisia tenuifolia* (E*)
- *teretifolium* Sw.: *Dressleriella* 6 (S)
- *tessellatum* (Roxb.) Sw.: *Vanda* 48 (9**, E**, G**, H)
- *tesselloides* Roxb.: *Vanda* 48 (9**, E**, G**, H)
- *tetrapetalum* (Jacq.) Sw.: *Oncidium* 218 (9**, G)
- *tetrapetalum* (Jacq.) Sw.: *Tolumnia* 28 (O2/86)
44. **tigrinum** Par. ex Hook.f. (*C. evrardii* Guill., *Cyperorchis tigrina* (Par. ex Hook.f.) Schltr.) - Ind., S-Burm., Thai. 1.500-2.700 m - lith. - scented - sect. *Parishiella* (8**, 9**, A**, E**, H**, S*, Z**) var. **splendens** Cogn. (8**)
- *tortisepalum* Fuk. (O3/92): 21 (9**)
- *tortisepalum* var. *viridiflorum* S.S. Ying: 21 (9**)
45. **tracyanum** L.Castle [*C*. tracyanum Rolfe (4**, E**, O3/84), C. tracyanum hort. ex O'Brien (8**, 9**)] (*Cyperorchis tracyana* (L.Castle) Schltr., *C. tracyana* (hort. ex O'Brien) Schltr.) - Burm., SW-China, Thai. 1.200-1.900 m - epi/lit - scented - sect. *Iridorchis* (H**, S*, Z)
- *tribuloides* (Sw.) Spreng.: *Pleurothallis* 721 (G)
- *trichocarpon* Sw.: *Dichaea* 76 (02/81)
- *tricolor* Miq.: 18 (2*, G**)
- *trinerve* G.F.Meyer: *Cyrtopodium* 25 (9**)
- *tripterum* (Smith) Sw.: *Coelia* 5 (G**, H**, $56/6)
- *triquetrum* Sw.: *Oncidium triquetrum* (9**)
- *triquetrum* (Sw.) Sw.: *Olgasis* 2 (O2/84)
- *triste* Roxb.: *Luisia* 16 (2*, E**, H)
- *triste* sensu Hook.: *Luisia platyglossa* (9**)
- *umbellatum* (Forst.f.) Spreng.: *Bulbophyllum* 273 (9**, G, H**, U)
- *umbellatum* (Forst.f.) Spreng.: *Cirrhopetalum* 17 (E*)
- *uniflorum* Yen: 21 (9**, G)
- *utriculatum* (Sw.) Sw.: *Govenia* 15 (9**, G)
- *variciferum* Rchb.f.: 6 (9**, G)
- *variegatum* (Sw.) Sw.: *Tolumnia* 33 (O2/86)
- *verecundum* (Salisb.) Sw.: *Bletia* 20 (9**, G**)
- *violaceum* H.B.K.: *Cattleya* 55 (8**, 9**, G, H**)
- *virens* Rchb.f.: 21 (9**, G)
- *virescens* Willd.: *Chloraea* 44 (9**)
- *virescens* Lindl.: 21 (9**, G)
- *wallichii* Lindl.: 18 (2*, G**)
- *wallichii* Lindl.: 1 (9**)
46. **whiteae** King & Pantl. (*Cyperorchis whiteae* (King & Pantl.) Schltr.) - Ind., Sik. 1.500-2.000 m - sect. *Cyperorchis* (O3/83, S)
47. **wilsonii** (Rolfe ex Cooke) Rolfe (*C. giganteum* var. *wilsonii* Rolfe ex Cooke, *C. giganteum* cv. 'Wilsonii' (Rolfe ex Cooke) P.Tayl. & Wood, *Cyperorchis wilsonii* (Rolfe ex Cooke) Schltr.) - China 2.400 m - epi. - sect. *Iridorchis* (9**, S)
- *wilsonii* Rolfe: 20 (E)
- *xiphiifolium* Lindl.: 14 (9**, G**)
- *yakibaran* Mak.: 14 (9**, G**)
- *yakibaran* var. *albo-marginatum* Mak.: 14 (9**, G**)
- *yakibaran* var. *niveo-marginatum* Mak.: 14 (9**, G**)
- *yunnanense* Schltr.: 21 (9**, G)

Cymbiglossum Halb. - 1983 inv.name: *Lemboglossum* Halb.
- *apterum* (Llave & Lex.) Halb.: *Lemboglossum* 1 (G)
- *bictoniense* (Batem.) Halb.: *Lemboglossum* 2 (9**, G**)
- *candidulum* (Rchb.f.) Halb.: *Lemboglossum* 3 (O5/83)
- *cervantesii* (Llave & Lex.) Halb.: *Lemboglossum* 4 (9**, G**)
- *cordatum* (Lindl.) Halb.: *Lemboglossum* 5 (9**, G)
- *ehrenbergii* (Link, Kl. & Otto) Halb.: *Lemboglossum* 6 (G)
- *galeottianum* (A.Rich.) Halb.: *Lemboglossum* 4 (G)
- *hortensiae* (Rodr.) Halb.: *Lemboglossum* 8 (O4/83)
- *maculatum* (Llave & Lex.) Halb.: *Lemboglossum* 9 (9**, G**)
- *madrense* (Rchb.f.) Halb.: *Lemboglossum* 10 (G)

- *majale* (Rchb.f.) Halb.: *Lemboglossum* 11 (9**)
- *rossii* (Lindl.) Halb.: *Lemboglossum* 12 (G**)
- *stellatum* (Lindl.) Halb.: *Lemboglossum* 13 (G)
- *uroskinneri* (Lindl.) Halb.: *Lemboglossum* 14 (O6/83)
× *Cymbiphyllum*: × *Grammatocymbidium* (*Cymbidium* × *Grammatophyllum*)

Cymboglossum (J.J.Sm.) Brieg. - 1981: *Eria* Lindl.

Cymboglossum (J.J.Sm.) Brieg. - 1981 - Dendrobiinae (S) - (*Eria* sect. *Cymboglossum* J.J.Sm.) - 2 sp. epi. - As.

1. **longifolium** (Hook.f.) Brieg. (*Eria longifolia* Hook.f.) - Burm., Thai. to Sum. (S)
2. **strictum** (Lindl.) Brieg. (*Eria stricta* Lindl., *E. secundiflora* Griff., *E. siamensis* Schltr., *Mycaranthes stricta* (Lindl.) Wall.) - Him. to Viet. (S*)

× **Cymphiella (Cymph.)** (*Cymbidium* × *Eulophiella*)

Cynorkis (Cyn.) Thou. - 1822 - *Subfam. Orchidoideae Tribus: Orchideae Subtr. Habenariinae* - (*Amphorchis* Thou. p.p., *Bicornella* Lindl., *Forsythmajoria* Kraenzl., *Barlaea* Rchb. f., *Hemiperis* Frapp., *Camilleugenia* Frapp., *Acrostylia* Frapp., *Lemuranthe* Schltr., *Helorchis* Schltr., *Microtheca* Schltr., *Cynosorchis* Thou.) - ca. 125 sp. ter/epi - Afr., Madag., Masc.

1. **alborubra** Schltr. - Madag. ca. 2.600 m - terr. (U)
2. **ambondrombensis** Boiteau - Madag. ca. 1.800 m - terr. (U)
3. **ampullacea** (H.Perr.) H.Perr. (*Cynosorchis cuneilabra* ssp. *ampullacea* H.Perr.) - Madag. ca. 1.400 m (U)
4. **ampullifera** H.Perr. - Madag. 400-1.450 m - terr. (U)
5. **anacamptoides** Kraenzl. - Kenya, Ug., Tanz., Trop. Afr. 1.850-3.350 m (M**)
6. **andohahelensis** H.Perr. - Madag. 1.800-2.000 m - terr. (U)
7. **andringitrana** Schltr. - Madag. 1.800-2.200 m - terr. (U)
- *andringitrana* ssp. *curvicalcar* H.Perr.: 62 (U)
8. **angustipetala** Ridl. (*Cynosorchis angustipetala* (Ridl.) Dur. & Schinz, *C. angustipetala* var. *typica* H.Perr.) - Madag. 900-2.000 m - terr. (U**)
var. **amabilis** (Schltr.) H.Perr. (*Cynosorchis amabilis* Schltr.) - Madag. 1.200 m - terr. (U)
var. **bella** (Schltr.) H.Perr. (*Cynosorchis bella* Schltr.) - Madag. 1.500-2.000 m (U)
var. **oligadenia** (Schltr.) H.Perr. (*Cynosorchis oligadenia* Schltr.) - Madag. (U)
var. **oxypetala** (Schltr.) H.Perr. (*Cynosorchis oxypetala* Schltr.) - Madag. ca. 1.500 m - terr. (U)
var. **speciosa** (Ridl.) H.Perr. (*Cynosorchis speciosa* Ridl.) - Madag. (U)
var. **tananarivensis** H.Perr. - Madag. (U)

9. **aphylla** Schltr. - Madag. 0-200 m - lith. (U)
10. **aurantiaca** Ridl. - Madag. 1.200-1.800 m (U)
11. **baronii** Rolfe (*Cynosorchis pauciflora* Rolfe, *C. baronii* (Rolfe) Dur. & Schinz, *C. nigrescens* Schltr., *C. nigrescens* var. *jumelleana* Schltr.) - Madag. 1.500-2.400 m - terr. (U)
12. **bathiei** Schltr. (*Cynosorchis inversa* Schltr.) - Madag. ca. 2.400 m - terr. (U)
13. **betsileensis** Kraenzl. - Madag. (U)
14. **bimaculata** (Ridl.) H.Perr. (*Habenaria bimaculata* Ridl.) - Madag. (U)
15. **boinana** Schltr. - Madag. 0-500 m - terr. (U)
- *boiviniana* Kraenzl.: 63 (U)
16. **brachyceras** Schltr. - Madag. ca. 1.500 m - terr. (U)
17. **brachystachya** Boss. - Madag. 1.500-2.000 m - terr. (U)
18. **brauniana** Kraenzl. - Madag. (U)
- *braunii* Kraenzl.: 21 (M)
19. **brevicalcar** Cribb - Malawi (O2/93**)
20. **brevicornu** Ridl. (*Cynosorchis brevicornu* (Ridl.) Dur. & Schinz) - Madag. (U)
21. **buchwaldiana** Kraenzl.
ssp. **braunii** (Kraenzl.) Summerh. (*C. braunii* Kraenzl.) - Kenya, Tanz. 1.700-2.200 m (M)
22. **cardiophylla** Schltr. - Madag. 1.800-2.400 m - terr. (U)
23. **catatii** Boss. - Madag. - terr. (U)
24. **coccinelloides** (Frapp. ex Cordem.)

Schltr. (*Camilleugenia coccinelloides* Frapp. ex Cordem.) - Madag., Masc. over 2.400 m (U)
25. **compacta** (Rchb.f.) Rolfe - S-Afr. 700 m - terr. (S, C, Z**)
26. **confusa** H.Perr. - Madag. 1.400-2.000 m - terr. (U)
27. **cuneilabia** Schltr. - Madag. ca. 2.000 m - terr. (U)
- *debilis* (Hook.f.) Summerh.: ? 51 (C**)
28. **decaryana** H.Perr. - Madag. 0-500 m (U)
29. **disperidoides** Boss. - Madag. 1.500-2.000 m - terr. (U)
30. **elata** Rolfe - Madag. coast. - terr. (S, U)
31. **elegans** Rchb.f. (*Gymnadenia muricata* Brongn. ex Kraenzl.) - Madag. (U)
32. **ericophila** H.Perr. - Madag. ca. 2.400 m - terr. (U)
33. **fallax** Schltr. (*Cynosorchis flexuosa* ssp. *fallax* (Schltr.) H.Perr.) - Madag. ca. 1.500 m - terr. (U)
34. **fastigiata** Thou. (*C. seychellarum* Avery., *C. fastigiata* var. *typica* H. Perr., *Orchis mauritiana* Sieb. ex Lindl., *O. fastigiata* (Thou.) Spreng., *Cynosorchis fastigiata* Thou., *C. hygrophila* Schltr., *C. diplorhyncha* Schltr., *C. laggiarae* Schltr., *C. decolorata* Schltr., *Gymnadenia fastigiata* (Thou.) A.Rich.) - Madag., Com., Masc., Sey. 0-1.400 m - „Salep du pays" (E, G**, H, S, O2/93, U**, Z**)
var. **ambatensis** H.Perr. - Madag. (U)
var. **decolorata** (Schltr.) H.Perr. (*Cynosorchis decolorata* Schltr.) - Madag. ca. 800 m (U)
var. **diplorhyncha** (Schltr.) H.Perr. (*Cynosorchis diplorhyncha* Schltr.) - Madag. (U)
var. **hygrophyla** (Schltr.) H.Perr. (*Cynosorchis hygrophyla* Schltr.) - Madag. 0-500 m (U)
var. **laggiarae** (Schltr.) H.Perr. (*Cynosorchis laggiarae* Schltr., *C. laggiarae* var. *ecalcarata* Schltr.) - Madag. (U)
var. **triphylla** (Thou.) S.Moore (*C. triphylla* Thou., *Orchis triphylla* (Thou.) Spreng., *Gymnadenia triphylla* (Thou.) A.Rich.) - Com., Masc. (U)
- *fastigiata* var. *typica* H.Perr.: 34 (U**)
35. **filiformis** Schltr. (*C. hirtula* H.Perr.) - Madag. ca. 2.400 m (U**)
- *filiformis* (Kraenzl.) H.Perr.: 77 (U)
36. **fimbriata** H.Perr. - Madag. ca. 2.000 m (U)
37. **flabellifera** H.Perr. - Madag. 1.500-2.000 m - terr (U)
38. **flexuosa** Lindl. (*Gymnadenia lyallii* Steud.) - Madag. 0-1.600 m (U**)
var. **bifoliata** Schltr. (*Cynosorchis flexuosa* var. *ambongensis* H.Perr.) - Madag. (U)
39. **formosa** Boss. - Madag. 2.000-2.500 m - terr. (U)
40. **gaesiformis** H.Perr. - Madag. 600-800 m - terr. (U)
41. **galeata** Rchb.f. - Com., Madag. - epi/lit (U)
42. **gibbosa** Ridl. - Madag. 600-1.500 m - lit/ter (U**)
43. **gigas** Schltr. - Madag. ca. 2.000 m - lit/ter (U)
44. **glandulosa** Ridl. - Madag. (U)
45. **globifera** H.Perr. - Madag. lowl. - terr. (U)
46. **globosa** Schltr. - Madag. - terr. (U)
47. **gracilis** (Lindl.) Schltr. (*Bicornella gracilis* Lindl.) - Madag. 1.400-2.200 m (U)
48. **graminea** (Thou.) Schltr. (*Satyrium gramineum* Thou., *Habenaria graminea* (Thou.) Spreng., *Platanthera graminea* (Thou.) Lindl., *Bicornella longifolia* Lindl., *B. parviflora* Ridl., *B. similis* Schltr., *Peristylus gramineus* (Thou.) S.Moore, *Cynosorchis longifolia* (Lindl.) Schltr., *C. similis* (Schltr.) Schltr.) - Madag., Masc. 0-2.000 m (U)
49. **grandiflora** Ridl. (*Cynosorchis uniflora* Lindl., *Gymnadenia uniflora* (Lindl.) Steud.) - Madag. (9)
50. **gymnochiloides** (Schltr.) H.Perr. (*Habenaria gymnochiloides* Schltr., *Lemuranthe gymnochiloides* (Schltr.) Schltr.) - Madag. 1.700-2.200 m - lit/ter (U)
51. **hanningtonii** Rolfe (? *C. debilis* (Hook.f.) Summerh.) - Ang., Malawi, Moz., Tanz., Zai., Zam., Zim. 640-2.200 m (O6/93, C**)
52. **henricii** Schltr. - Madag. ca. 500 m (U)
- *hirtula* H.Perr.: 35 (U**)

53. **hispidula** Ridl. - Madag. ca. 2.000 m - lith. (U)
54. **hologlossa** Schltr. - Madag. ca. 2.000 m - terr. (U)
    var. **angustilabia** H.Perr. - Madag. ca. 2.600 m (U)
    var. **gneissicola** Boss. - Madag. 2.000-2.500 m - terr. (U)
55. **humbertii** Boss. - Madag. 1.500-2.000 m - terr. (U)
56. **humblotiana** Kraenzl. - Com. (U)
- *imerinensis* (Ridl.) Kraenzl.: 92 (U)
57. **jumelleana** Schltr. - Madag. ca. 2.500 m - terr. (U)
    var. **gracillima** Schltr. - Madag. ca. 2.400 m - terr. (U)
58. **kassneriana** Kraenzl. - Kenya, Ug., Tanz., Trop. Afr., S-Afr. 1.300-2.800 m (M**, $50/7, C**)
    ssp. **kassneriana** ($50/7)
    ssp. **tenuior** H.Perr. ($50/7)
59. **kirkii** Rolfe - Malawi, Moz., Tanz., Zim. 1.200-1.700 m ($55/1, C*)
60. **laeta** Schltr. - Madag. 1.000-2.000 m - terr. (U)
    var. **angavoensis** H.Perr. - Madag. (U)
61. **lancilabia** Schltr. - Madag. ca. 2.000 m - terr. (U)
62. **latipetala** H.Perr. - Madag. 1.200-2.050 m - terr. (U)
63. **lilacina** Ridl. (*C. lilacin*a var. *typica* H.Perr.) - Madag. (U)
    ssp. **curvicalcar** (H.Perr.) H.Perr. (*C. andringitrana* ssp. *curvicalcar* H.Perr.) - Madag. ca. 2.400 m (U)
    var. **boiviniana** (Kraenzl.) H.Perr. (*C. boiviniana* Kraenzl.) - Com. (U)
    var. **comorensis** H.Perr. - Com. (U)
    var. **laxiflora** (Schltr.) H.Perr. (*C. pulchra* var. *laxiflora* Schltr.) - Madag. ca. 1.600 m (U)
    var. **pulchra** (Schltr.) H.Perr. (*Bicornella pulchra* Kraenzl. ex Schltr., *Cynosorchis pulchra* Kraenzl. ex Schltr., *Forsythmajoria pulchra* Kraenzl.) - Madag. 1.600-2.200 m (U)
    var. **tereticalcar** H.Perr. - Madag. 1.500-2.000 m (U)
- *lilacina* var. *typica* H.Perr.: 63 (U)
64. **lilacina** × **ridleyi** H.Perr. (*Microtheca madagascarica* Schltr.) nat. hybr. - Madag. ca. 2.000 m - terr. (U)
65. **lowiana** Rchb.f. (*C. purpurascens* Hook.f., *Cynosorchis purpurascens* Hook.f.) - Madag. - epi/ter (9**, E**, H**, S, U**)
66. **macloughanii** L.Bol. - Afr. (S)
67. **marojejyensis** Boss. - Madag. 2.000-2.500 m - terr. (U)
68. **melinantha** Schltr. - Madag. ca. 1.500 m - terr. (U)
69. **mellitula** Toill.-Gen. & Boss. - Madag. 1.900-2.000 m - epi. (U)
70. **minuticalcar** Toill.-Gen. & Boss. - Madag. 2.000-2.500 m - terr. (U)
71. **monadenia** H.Perr. - Madag. 1.600-1.800 m - terr. (U)
72. **muscicola** Boss. - Madag. 1.500-2.000 m - terr. (U)
73. **nutans** (Ridl.) H.Perr. (*Habenaria nutans* Ridl.) - Madag. highl. (U**)
    var. **campenoni** H.Perr. - Madag. highl. (U)
74. **ochroglossa** Schltr. - Madag. ca. 2.400 m - terr. (U)
75. **orchioides** Schltr. - Madag. - terr. (U)
76. **papilio** Boss. - Madag. - terr. (U)
77. **papillosa** (Ridl.) Summerh. (*C. filiformis* (Kraenzl.) H.Perr., *Habenaria filiformis* (Kraenzl.) Ridl., *H. papillosa* Ridl., *Peristylus filiformis* Kraenzl., *Helorchis filiformis* (Kraenzl.) Schltr.) - Madag. 1.500-2.400 m (U)
78. **parvula** Schltr. (*Bicornella schmidtii* Kraenzl.) - Com. (U)
79. **perrieri** Schltr. - Madag. ca. 2.000 m - terr. (U)
80. **petiolata** H.Perr. - Madag. ca. 1.500 m - terr. (U)
81. **peyrotii** Boss. - Madag. 1.000-1.500 m - epi. (U**)
82. **pinguicularioides** H.Perr. - Madag. (U)
83. **pseudorolfei** H.Perr. - Madag. 100-150 m - terr. (U)
- *pulchra* var. *laxiflora* Schltr.: 63 (U)
84. **purpurascens** Thou. (*Orchis purpurascens* (Thou.) Spreng., *Gymnadenia purpurascens* (Thou.) A.Rich., *Cynosorchis calanthoides* Kraenzl., *Cynosorchis purpurascens* var. *praecox* (Schltr.) Schltr., *C. praecox* Schltr.) - Madag, Masc. 0-1.500 m - epi/ter (9**, S, U**)
- *purpurascens* Hook.f.: 65 (E**, H**)
85. **purpurea** (Thou.) Kraenzl. (*Habenaria purpurea* Thou., *Peristylus*

purpureus (Thou.) S.Moore) - Madag. 800-1.500 m (U)
86. **quinqueloba** H.Perr. - Madag. highl. (U)
87. **quinquepartita** H.Perr. - Madag. ca. 1.200 m (U)
88. **raymondiana** H.Perr. - Madag. 0-100 m (U)
89. **rhomboglossa** Schltr. - Madag. ca. 2.000 m - terr. (U)
90. **ridleyi** Dur. & Schinz (*Amphorchis lilacina* Ridl., *Cynosorchis heterochroma* Schltr., *C. moramangana* Schltr.) - Madag., Com. 800-2.000 m - terr. (U**)
91. **rolfei** Hochr. - Madag. 0-500 m - terr. (U)
92. **rosellata** (Thou.) Boss. (*C. imerinensis* (Ridl.) Kraenzl., *Satyrium rosellatum* Thou., *Habenaria mascarenensis* Spreng., *H. imerinensis* Ridl., *H. rosellata* (Thou.) Schltr., *Gymnadenia rosellata* (Thou.) A.Rich.) - Madag., Masc. 500-1.500 m - terr. (U)
93. **sacculata** Schltr. - Madag. ca. 2.300 m - terr. (U)
94. **sagittata** H.Perr. - Madag. - terr. (U)
95. **sambiranoensis** Schltr. - Madag. - terr. (U)
96. **saxicola** Schltr. - Madag. ca. 2.000 m - terr. (U)
97. **schlechteri** H.Perr. (*Cynosorchis exilis* Schltr.) - Madag. 0-800 m - terr. (U)
98. **schmidtii** (Kraenzl.) Schltr. (*Holothrix schmidtii* Kraenzl.) - Com. (U)
- *seychellarum* Avery.: 34 (O3/98)
99. **sigmoidea** (K.Schum.) Kraenzl. (*Herminium sigmoideum* K.Schum.) - Com. (U)
100. **sororia** Schltr. - Madag. (U)
101. **souegesii** Boss. & Veyret - Madag. - terr. (U)
102. **spatulata** H.Perr. - Madag. 0-100 m (U)
103. **stenoglossa** Kraenzl. - Madag. 700-1.500 m (U)
var. **pallens** H.Perr. - Madag. ca. 1.200 m - epi/ter (U)
104. **stolonifera** (Schltr.) Schltr. (*Bicornella stolonifera* Schltr.) - Madag. 1.400-1.600 m (U)
105. **summerhayesiana** Geer. - Zai. 1.900-2.000 m (O6/93, C)
106. **sylvatica** Boss. - Madag. 2.000-2.500 m - terr. (U)
107. **symoensii** Geer. & Tournay - Rwa., Malawi 1.750-2.400 m (O6/93, C*)
108. **tenella** Ridl. - Madag., Com. (U)
109. **tenerrima** (Ridl.) Kraenzl. (*Habenaria tenerrima* Ridl.) - Madag. 1.400-2.000 m (U)
110. **tenuicalcar** Schltr. - Madag. 1.000-2.000 m - terr. (U)
ssp. **andasibeensis** H.Perr. - Madag. ca. 1.000 m - terr. (U)
ssp. **onivensis** H.Perr. - Madag. ca. 1.300 m - epi/ter (U)
- *triphylla* Thou.: 34 (U)
111. **tristis** Boss. - Madag. - epi/ter (U)
112. **tryphioides** Schltr. - Madag. 300-1.000 m - terr. (U)
var. **leandriana** (H.Perr.) Boss. (*Benthamia leandriana* H.Perr.) - Madag. 0-500 m (U)
113. **uncata** (Rolfe) Kraenzl. - Kenya, Tanz. 900-1.650 m (M)
114. **uncinata** H.Perr. - Madag. - epi/ter (U**)
115. **uniflora** Lindl. (*Gymnadenia uniflora* (Lindl.) Steud., *Cynosorchis grandiflora* Ridl., *C. grandiflora* var. *albata* Ridl., - var. *purpurea* Ridl.) - Madag. 1.200-1.400 m - epi/ter (U**)
116. **verrucosa** Boss. - Madag. 1.000-1.500 m - terr. (U)
117. **villosa** Rolfe ex Hook.f. - Madag. (9**, U**)
118. **violacea** Schltr. - Madag. 0-100 m - terr. (U)
119. **zaratananae** Schltr. - Madag. ca. 1.700 m - epi. (U)

Cynosorchis Thou.: *Cynorkis* Thou. (U)
- *amabilis* Schltr.: *Cynorkis* 8 (U)
- *angustipetala* (Ridl.) Dur. & Schinz: *Cynorkis* 8 (U**)
- *angustipetala* var. *typica* H.Perr.: *Cynorkis* 8 (U**)
- *baronii* (Rolfe) Dur. & Schinz: *Cynorkis* 11 (U)
- *bella* Schltr.: *Cynorkis* 8 (U)
- *brevicornu* (Ridl.) Dur. & Schinz: *Cynorkis* 20 (U)
- *calanthoides* Kraenzl.: *Cynorkis* 84 (9**, U**)
- *cuneilabra* ssp. *ampullacea* H.Perr.: *Cynorkis* 3 (U)
- *decolorata* Schltr.: *Cynorkis* 34 (G**)
- *decolorata* Schltr.: *Cynorkis* 34 (U)
- *diplorhyncha* Schltr.: *Cynorkis* 34 (G**)

- *diplorhyncha* Schltr.: *Cynorkis* 34 (U)
- *exilis* Schltr.: *Cynorkis* 97 (U)
- *fastigiata* Thou.: *Cynorkis* 34 (G**)
- *flexuosa* ssp. *fallax* (Schltr.) H.Perr.: *Cynorkis* 33 (U)
- *flexuosa* var. *ambongensis* H.Perr.: *Cynorkis* 38 (U)
- *grandiflora* Ridl.: *Cynorkis* 115 (U**)
- *grandiflora* var. *albata* Ridl.: *Cynorkis* 115 (U**)
- *grandiflora* var. *purpurea* Ridl.: *Cynorkis* 115 (U**)
- *heterochroma* Schltr.: *Cynorkis* 90 (U**)
- *hygrophila* Schltr.: *Cynorkis* 34 (G**)
- *hygrophyla* Schltr.: *Cynorkis* 34 (U)
- *inversa* Schltr.: *Cynorkis* 12 (U)
- *laggiarae* Schltr.: *Cynorkis* 34 (G**)
- *laggiarae* Schltr.: *Cynorkis* 34 (U)
- *laggiarae* var. *ecalcarata* Schltr.: *Cynorkis* 34 (U)
- *longifolia* (Lindl.) Schltr.: *Cynorkis* 48 (U)
- *mesophylla* Schltr.: *Physoceras* 7 (U)
- *moramangana* Schltr.: *Cynorkis* 90 (U**)
- *nigrescens* Schltr.: *Cynorkis* 11 (U)
- *nigrescens* var. *jumelleana* Schltr.: *Cynorkis* 11 (U)
- *oligadenia* Schltr.: *Cynorkis* 8 (U, S)
- *oxypetala* Schltr.: *Cynorkis* 8 (U, S)
- *pauciflora* Rolfe: *Cynorkis* 11 (U)
- *praecox* Schltr.: *Cynorkis* 84 (9**, U**)
- *pulchra* Kraenzl. ex Schltr.: *Cynorkis* 63 (U)
- *purpurascens* Hook.f.: *Cynorkis* 65 (9**, U**)
- *purpurascens* var. *praecox* (Schltr.) Schltr.: *Cynorkis* 84 (9**, U**)
- *similis* (Schltr.) Schltr.: *Cynorkis* 48 (U)
- *speciosa* Ridl.: *Cynorkis* 8 (U)
- *uniflora* Lindl.: *Cynorkis* 49 (9**)
- × *Cypercymbidium*: *Cymbidium* (*Cymbidium* × *Cyperorchis* (*Cymbidium*)
- × *Cyperocymbidium*: *Cymbidium* (*Cymbidium* × *Cyperorchis* (*Cymbidium*)

Cyperorchis Bl. - 1848: *Cymbidium* Sw. (S)
- *cochleare* (Lindl.) Benth.: *Cymbidium* 7 (S*)
- *eburnea* (Lindl.) Schltr.: *Cymbidium* 11 (9**, G**, S*)
- *elegans* (Lindl.) Bl. (8**): *Cymbidium* 12 (9**, S*)
- *elegans* var. *blumei* hort.: *Cymbidium* 12 (9**)
- *erythrostyla* (Rolfe) Schltr.: *Cymbidium* 16 (9**, S*)
- *gigantea* (Wall. ex Lindl.) Schltr.: *Cymbidium* 25 (9**)
- *grandiflora* (Griff.) Schltr.: *Cymbidium* 23 (9**, S)
- *insignis* (Rolfe) Schltr.: *Cymbidium* 24 (9**, S*)
- *lowiana* (Rchb.f.) Schltr.: *Cymbidium* 28 (O5/90, S*)
- *mastersii* (Griff. ex Lindl.) Benth. (8**): *Cymbidium* 31 (G**)
- *parishii* (Rchb.f.) Schltr.: *Cymbidium* 34 (S)
- *parishii* var. *sanderae* Rolfe: *Cymbidium* 38 (S)
- *rosea* (J.J.Sm.) Schltr.: *Cymbidium* 37 (S)
- *schroederi* (Rolfe) Schltr.: *Cymbidium* 39 (9**)
- *sigmoideum* (J.J.Sm.) J.J.Sm.: *Cymbidium* 40 (S)
- *tigrina* (Par. ex Hook.f.) Schltr.: *Cymbidium* 44 (9**)
- *tracyana* (hort. ex O'Brien) Schltr.: *Cymbidium* 45 (9**)
- *tracyana* (L.Castle) Schltr.: *Cymbidium* 45 (S*)
- *whiteae* (King & Pantl.) Schltr.: *Cymbidium* 46 (S)
- *wilsonii* (Rolfe ex Cooke) Schltr.: *Cymbidium* 47 (9**)

Cyphochilus Schltr. - 1913 - *Subfam. Epidendroideae Tribus: Epidendreae Subtr. Podochilinae* - 8 sp. epi. - N.Gui.
1. **parviflorus** Schltr. - N.Gui. (S)
2. **scissosaccus** Gilli - Borneo (S)

Cypholoron [Cyphololoron (S)] Dods. & Dressl. 1972 - *Subfam. Epidendroideae Tribus: Oncidieae Subtr. Oncidiinae* - 2 sp. epi. - S-Ec., N-Peru, Ven.
1. **convexa** Schuiteman & A.Vogel - Ven. 1.000 m (S)
2. **frigida** Dods. & Dressl. (*Pterostemma frigida* (Dods. & Dressl.) Gar.) - S-Ec., Peru 2.750 m (O4/94**, S)

Cypripedium (Cyp.) L. - 1753 - *Subfam. Cypripedioideae* - (*Calceolus* Mill.,

Calceolaria Heist. ex Heist., *Sacodon* Raf., *Hypodema* Rchb.f.) - ca. 45 sp. terr. - As., Eur., Jap., N-Am., Mex. - „Frauenschuh"
1. **acaule** Ait. (*C. humile* Salisb., *C. hirsutum* (Farw.) Mill., *C. acaule* var. *album* Ballif, - f. *albiflorum* Rand. & Redf., *Fissipes acaulis* (Ait.) Small, *F. hirsuta* Farw.) - W-China - sect. *Acaulia* - „Pink Lady's Slipper" (9**, E**, H**, S, Z**)
- *acaule* f. *albiflorum* Rand. & Redf.: 1 (9**)
- *acaule* var. *album* Ballif: 1 (9**)
2. × **alaskanum** P.M.Brown (*C. guttatum* × *C. yatabeanum*) nat. hybr. - Jap. (O6/97)
- *album* Ait.: 41 (9**, G**, S)
- *appletonianum* Gower (8**): *Paphiopedilum* 5 (5**, 9**, H**, Y**)
- *appletonianum* hort.: *Paphiopedilum* 44 (Y)
- *argus* Rchb.f. (8**): *Paphiopedilum* 6 (5**, 7**, 9**, H**, Y**)
3. **arietinum** R.Br. (*C. plectrochilum* Franch., *Criosanthes borealis* Raf., *C. parviflora* Raf., *C. plectrochilus* Franch., *C. arietina(um)* (R.Br.) House, *Arietinum americanum* Beck) - N-Am., Can., China - sect. *Criosanthes* (9**, S, O3/95, Z**)
  var. **albiflorum** - N-Am. (O3/95)
  var. **semialba** - N-Am. (O3/95)
- *assurgens* Raf.: 5 (9**)
- *assurgens* Raf.: 5 (H**)
- *atsmori* Morr.: 29 (9**)
- *aureum* Raf.: 5 (9**)
- *aureum* Raf.: 5 (H**)
- *barbatum* Lindl. (8**): *Paphiopedilum* 8 (5**, 7**, 9**, G**, H**, Y**)
- *barbatum* Bl. non Reinw.: *Paphiopedilum* 8 (7**)
- *barbatum* sensu Ridl.: *Paphiopedilum robinsonii* (9**)
- *barbatum argus* hort.: *C. argus* (8**)
- *barbatum* var. *argus* E.Morr.: *Paphiopedilum* 6 (9**)
- *barbatum* var. *biflorum* (B.S.Will.): *Paphiopedilum* 8 (5**, G**, Y**)
- *barbatum* var. *crossii* hort. ex Veitch: *Paphiopedilum* 15 (7**)
- *barbatum* var. *superbum* E.Morr.: *Paphiopedilum* 81 (5**, 9**, Y**)
- *barbatum* var. *veitchii* Van Houtte: *Paphiopedilum* 81 (9**, Y**)
- *barbatum* var. *veitchii* Lem.: *Paphiopedilum* 81 (5**)
- *barbatum* var. *warneri* hort.: *Paphiopedilum* 15 (7**)
- *barbatum* var. *warnerianum* Moore: *Paphiopedilum* 15 (5**, Y**)
- *barbatum* var. *warnerianum* Moore: *Paphiopedilum* 15 (7**)
4. **bardolphianum** W.W.Sm. & Farrer - W-China, Kansu 2.900-3.400 m - scented - sect. *Trigonopedilum* (S, O6/97)
- *bellatulum* Rchb.f. (8**): *Paphiopedilum* 10 (5**, 9**, H**, Y**)
- *bifidum* Raf.: 5 (9**)
- *biflorum* B.S.Will.: *Paphiopedilum* 8 (5**, 7**, G**, Y**)
- *binoti* hort.: *Phragmipedium* 19 (O(B)4)
- *boxallii* Rchb.f. (8**): *Paphiopedilum* 91 (5**, Y**, 7**, S)
- *boxallii* Rchb.f.: *Paphiopedilum* 91 (9**)
- *boxallii* var. *atratum* Mast. (8**): *Paphiopedilum* 91 (5**, Y**)
- *bulbosum* L.: *Calypso* 1 (9**, S)
- *bulbosum* L.: *Calypso* 1 (H**)
- *bulbosum* Mill.: 5 (9**)
- *bulbosum* var. *flavescens* (DC.) Farw.: 5 (9**)
- *bulbosum* var. *parviflorum* (Salisb.) Farw.: 5 (9**)
- *bullenianum* Rchb.f.: *Paphiopedilum* 13 (5**, H**, Q**, Y**)
- *bullenianum* var. *appletonianum* (Gower): *Paphiopedilum* 5 (5**, 7**, 9**, Y**)
- *bullenianum* var. *oculatum* Rchb.f.: *Paphiopedilum* 13 (Q**)
- *burbidgei* Rchb.f.: *Paphiopedilum* 20 (7**)
- *burbidgei* Rchb.f.: *Paphiopedilum dayanum* × *P. javanicum* var. *virens* (Y)
5. **calceolus** L. (*C. luteum* Ait., *C. flavescens* D.C., *C. pubescens* Willd., *C. furcatum* Raf., *C. assurgens* Raf., *C. aureum* Raf., *Calceolus alternifolius* St.Leger, *C. marianus* Crantz) - Eur, As, N-Am. to 2.000 m - sect. *Cypripedium* subsect. *Cypripedium* - „Gelber Frauenschuh" (4**, E**, H**, K**, V**, S, Z**)
  var. **flavescens** Rion - C-Eur. (V)
  var. **parviflorum** (Salisb.) Fern. (*C.*

parviflorum Salisb., *C. luteum* Ait. ex Raf., *C. luteum* var. *parviflorum* (Salisb.) Raf., *C. bifidum* Raf., *C. hirsutum* var. *parviflorum* (Salisb.) Rolfe, *C. bulbosum* var. *parviflorum* (Salisb.) Farw., *Calceolus parviflorus* (Salisb.) Nieuw.) - NE-Am. (9**, E, H)
var. **planipetalum** (Fern.) Victorin & Rousseau - N-Am. (E, H)
var. **pubescens** (Willd.) Correll (*C. calceolus* L., *C. flavescens* DC., *C. pubescens* Willd., *C. parviflorum* Sims, *C. luteum* var. *pubescens* (Willd.) Raf., - var. *glabrum* Raf., - var. *maculatum* Raf., - var. *biflorum* Raf., - var. *concolor* Raf., - var. *angustifolium* Raf., *C. furcatum* Raf., *C. assurgens* Raf., *C. aureum* Raf., *C. undatum* Raf., *C. hirsutum* Mill., *C. veganum* Cock. & Bark., *C. parviflorum* var. *pubescens* (Willd.) Kn., *C. bulbosum* Mill., *C. bulbosum* var. *flavescens* (DC.) Farw., *C. makasin* Farw., *C. pubescens* var. *makasin* Farw., *Calceolus hirsutus* (Mill.) Nieuw.) - N-Am. (9**, E, H)
- *calceolus* L.: 5 (9**)
- *calceolus* var. *atsmori* (Morr.) Pfitz.: 29 (9**)
- *calceolus* var. 'd' L.: 23 (S)
- *calceolus* var. 'y' L.: 41 (9**, G**)
6. **californicum** A.Gray - USA (Cal.) - sect. *Irapeana* (9**, S, Z**)
- *callosum* Rchb.f. (8**): *Paphiopedilum* 15 (5**, 7**, 9**, H**, Y**)
- *callosum* var. *sublaeve* Rchb.f.: *Paphiopedilum* 15 (5**, Y**)
- *callosum* var. *viridiflorum* hort.: *Paphiopedilum* 15 (7**)
- *callosum* var. *sanderae* hort. Pfitz. (8**): *Paphiopedilum* 15 (7**)
- *canadensis(e)* Michx.: 41 (9**, G**, S)
7. **candidum** Muhl. ex Willd. (*Calceolus candidus* (Muhl. ex Willd.) Nieuw.) - N-Am., Can. - sect. *Cypripedium* subsect. *Cypripedium* (9**, E, H, S, O3/81, O5/98**)
- *cannartianum* Lind.: *Paphiopedilum* 64 (5**, 7**, O50/8, Y**)
- *cardiophyllum* Franch. & Sav.: 12 (9**)
- *caricinum* Lindl. & Paxt.: *Phragmipedium* 3 (9**, E, H, O(B)4
- *caricinum* sensu Batem.: *Phragmipedium* 14 (O(B)4)

- *caudatum* Lindl.: *Selenipedium caudatum* (8**)
- *caudatum* Lindl.: *Phragmipedium* 4 (E**, H**, O(B)4)
- *caudatum* var. *album*: *Phragmipedium* 4 (O(B)4)
- *caudatum* var. *lindenii* (Lindl.) Veitch: *Phragmipedium* 11 (O(B)4)
- *caudatum* var. *roseum* hort.: *Phragmipedium* 4 (O(B)4)
- *caudatum* var. *uropedium* Kraenzl.: *Phragmipedium* 11 (O(B)4)
- *caudatum* var. *warscewiczii* hort.: *Phragmipedium* 4 (O(B)4)
- *caudatum* var. *wallisii* Veitch: *Phragmipedium* 4 (O(B)4)
- *chamberlainianum* Sand. n.n.: *Paphiopedilum* 89 (5**, Y**)
- *chamberlainianum* Sand. ex O'Brien: *Paphiopedilum chamberlainianum* (7**, 9**)
- *chamberlainianum* O'Brien (8**): *Paphiopedilum* 89 (H, Y**)
- *chamberlainianum* O'Brien: *Paphiopedilum chamberlainianum* (E**)
- *chamberlainianum* f. *victoria-mariae*: *Paphiopedilum* 88 (5**, 9**, Y**)
- *chamberlainianum* f. *victoria-mariae*: *Paphiopedilum* 89 (7**)
- *charlesworthii* Rolfe (8**): *Paphiopedilum* 16 (5**, 7**, 9**, H**, Y**)
- *chinense* Franch.: 24 (O1/95, S)
- *ciliolare* Rchb.f.: *Paphiopedilum* 17 (5**, 7**, 9**, H**, Y**)
- *ciliolare* var. *miteauanum* Lind.: *Paphiopedilum* 17 (5**, Y**)
8. × **columbianum** Sheviak (*C. montanum* × *C. pubescens*) nat. hybr. - N-Am. (O6/95)
- *concolor* Batem. ex Lindl. (8**): *Paphiopedilum* 18 (5**, 7**, 9**, Y**)
- *concolor* var. *godefroyae* (God.-Leb.) Collett & Hemsl.: *Paphiopedilum* 34 (5**, 9**, E**, H, S, Y**)
- *concolor* var. *godefroyae* (God.-Leb.) Collett & Hemsl.: *Paphiopedilum* × *godefroyae* (7**)
- *concolor* var. *niveum* Rchb.f.: *Paphiopedilum* 59 (7**)
9. **cordigerum** D.Don - Kashm., Nep., Bhut. - sect. *Cypripedium* subsect. *Cypripedium* - „Herztragender Frauenschuh" (9**, S)

10. **corrugatum** Franch. - As. - subg. *Cypripedium* (S)
- *cothurnum* Vell.: *Catasetum* 142 (G**)
- *crawshawae* O'Brien: *Paphiopedilum* 16 (Y)
- *crossi* Morr.: *Paphiopedilum* 8 (7**)
- *crossii* Morr.: *Paphiopedilum* 15 (5**, Y**)
- *cruciforme* Zoll. & Mor.: *Paphiopedilum* 52 (2*, 7**)
- *curtisii* Rchb.f.: *Paphiopedilum* 81 (5**, 9**, E, H**)
- *curtisii* Rchb.f. (8**): *Paphiopedilum* 81 (7**, Y**)
- *curtisii* f. *sanderae* (C.H.Curtis) Pear: *Paphiopedilum* 81 (7**)
- *curtisii* var. *sanderae* C.H.Curtis: *Paphiopedilum* 81 (7**)
- *czerwiakowianum* Rchb.f.: *Phragmipedium* 2 (O(B)4)

11. **daliense** Chen & Wu - SW-China, NE-Burm. 2.600-3.500 m - subg. *Ebracteata* (O1/93)
- *dayanum* (Lindl.) Rchb.f. (8**): *Paphiopedilum* 20 (5**, Y**)
- *dayanum* (Stone ex Lindl.) Lindl. (9**): *Paphiopedilum* 20 (7**)
- *dayanum* var. *ernestianum* (L.Castle) Desb.: *Paphiopedilum* 20 (9**)
- *dayanum* var. *smithianum* Pucci: *Paphiopedilum* 20 (9**)
- *dayanum* var. *splendens* Pucci: *Paphiopedilum* 20 (9**)
- *dayanum* var. *superbum* Pucci: *Paphiopedilum* 20 (9**)
- *dayi* Stone: *Paphiopedilum* 20 (7**)
- *dayi* Stone mss.: *Paphiopedilum* 20 (9**)

12. **debile** Rchb.f. (*C. cardiophyllum* Franch. & Sav.) - China, Jap. - sect. *Retinervia* (9**, S, O6/97)
- *delectum* (*dilectum*) Rchb.f.: *Paphiopedilum* 91 (5**, 7**, S, Y**)
- *delenatii* (Guill.) C.H.Curtis: *Paphiopedilum* 21 (5**, Y**)
- *delenatii* hort.: *Paphiopedilum* 21 (9**)

13. **dickinsonianum** Hàgsater - Mex., Guat. 1.500 m - sect. *Irapeana* (3**, O6/91**, O4/95)
- *druryi* Bedd.: *Paphiopedilum* 23 (5**, 9**, H**, Y**)

14. **ebracteatum** Rolfe - Tib. - subg. *Ebracteata* (S)
- *ebracteatum* Rolfe: 16 (O1/93)

15. **elegans** Rchb.f. - Sik. - sect. *Retinervia* (S)
- *elliottianum* O'Brien (8**): *Paphiopedilum* 70 (5**, 9**, Q**, Y**)
- *elliottianum* O'Brien: *Paphiopedilum elliottianum* (7**)
- *epidendricum* Vell.: *Eulophia* 4 (G**)
- *ernestianum* hort.: *Paphiopedilum* 20 (5**, 7**, Y**)
- *ernestianum* L.Castle: *Paphiopedilum* 20 (9**)
- *exul* (Ridl.) Rolfe: *Paphiopedilum* 26 (5**, 9**, H**, Y**)
- *exul* (Ridl.) O'Brien (8**): *Paphiopedilum* 45 (5**)
- *fairrieanum* Lindl. (8**): *Paphiopedilum* 27 (5**, 9**, H**, Y**)

16. **fargesii** Franch. (*C. ebracteatum* Rolfe, *C. margaritaceum* var. *fargesii* (Franch.) Pfitz.) - SW-China 2.000-3.200 m - sect. *Trigonopedilum* (O1/93, S)

17. **farreri** W.W.Sm. - China 3.300 m - scented - sect. *Cypripedium* subsect. *Cypripedium* (O5/98, S)

18. **fasciculatum** Kellogg ex S.Wats. (*C. pusillum* Rolfe, *C. fasciculatum* var. *pusillum* (Rolfe) Hook.f., *C. knightae* Nels.) - NW-Am. - sect. *Enantiopedilum* (9**, S)
- *fasciculatum* var. *pusillum* (Rolfe) Hook.f.: 18 (9**)

19. **fasciolatum** Franch. (*C. franchetii* Rolfe, *C. wilsonii* Rolfe) - As. - sect. *Cypripedium* subsect. *Cypripedium* (S)
- *flavescens* DC.: 5 (4**, E, H**)
- *flavescens* DC.: 5 (9**)

20. **flavum** PF.Hunt & Summerh. (*C. luteum* Franch.) - end. to SW-China 3.100 m - sect. *Obtusipetala* (O4/96, S)
- *foerstermanni* hort.: *Paphiopedilum* 71 (7**)

21. **formosanum** Hay. - Taiw. 1.800-2.400 m - sect. *Flabellinervia* (O1/93, S)

22. **forrestii** Cribb - SW-China, NW-Yun. ca. 3.500 m - sect. *Trigonopedilum* (O1/93)
- *franchetii* Rolfe: 19 (S)
- *furcatum* Raf.: 5 (9**)
- *furcatum* Raf.: 5 (H**)
- *gardineri* Guillemard: *Paphiopedilum* 32 (5**, Y**)

- *gardineri* Guillemard: *Paphiopedilum praestans* (9**)
- *glanduliferum* Bl.: *Paphiopedilum* 32 (5**, H**, Y**)
- *glanduliferum* (Veitch) Kerch.: *Paphiopedilum praestans* (E)
- *glanduliferum* Veitch: *Paphiopedilum* 32 (H**)
- *glaucophyllum* (J.J.Sm.) Mast.: *Paphiopedilum* 33 (5**, 7**, 9**, Y**)
- *godefroyae* hort. ex God.-Leb.: *Paphiopedilum* 34 (5**, 9**, H)
- *godefroyae* God.-Leb.: *Paphiopedilum* × *godefroyae* (7**)
- *godefroyae* God.-Leb.: *Paphiopedilum* 34 (Y**)
- *godefroyae* var. *leucochilum* Mast.: *Paphiopedilum* 34 (5**, 9**)
- *godefroyae* var. *leucochilum* Rolfe: *Paphiopedilum* 34 (H, Y**)
- *goodefroyae* var. *leucochilum* Rolfe: *Paphiopedilum* × *godefroyae* var. *leucochilum* (7**)
- *grandiflorum* Pav. n.n.: *Phragmipedium* 2 (O(B)4)
- *gratrixianum* Mast.: *Paphiopedilum* 35 (5**)
- *gratrixianum* Mast.: *Paphiopedilum villosum* var. *gratixianum* (7**)
- *gratrixianum* Mast.: *Paphiopedilum* 35 (Y**)
23. **guttatum** Sw. (*C. orientale* Spreng., *C. calceolus* var. 'd' L., *C. variegatum* Georgi) - Jap. N-Eur., E-Sib., Can. - sect. *Bifolia* - „Getüpfelter, gesprenkelter Frauenschuh" (9**, S, O6/97, O6/98)
- *guttatum* var. *segawai* (Masamune) S.S.Ying: 42 (O5/95)
- *hartwegii* Rchb.f.: *Phragmipedium* 8 (O(B)4)
- *haynaldianum* Rchb.f. (8**): *Paphiopedilum* 38 (5**, 9**, H**, Y**)
24. **henryi** Rolfe (*C. chinense* Franch.) - end. to SW-China 800-2.300 m - sect. *Cypripedium* subsect. *Cypripedium* (S, O1/95)
25. **himalaicum** Rolfe apud Hemsl. (*C. macranthon* Hook.f. non Sw., *C. macranthon* var. *himalaicum* (Rolfe) Kraenzl.) - Russ., As. - sect. *Cypripedium* subsect. *Macrantha* (9**, S)
- *hincksianum* Rchb.f.: *Phragmipedium* 13 (O(B)4)
- *hirsutissimum* Lindl. ex Hook. (8**): *Paphiopedilum* 43 (5**, 9**, H**, Y**)
- *hirsutum* (Farw.) Mill.: 41 (9**, G**, H**, S)
- *hirsutum* (Farw.) Mill.: 1 (9**)
- *hirsutum* Mill.: 5 (9**)
- *hirsutum* f. *album* (Ait.) R.Hoffm.: 41 (9**, G**)
- *hirsutum* var. *parviflorum* (Salisb.) Rolfe: 5 (9**)
- *hookerae* Rchb.f.: *Paphiopedilum* 44 (5**, 9**, Y**)
- *hookerae* var. *amabile* (Hallier) Kraenzl.: *Paphiopedilum* 13 (5**, 7**, Y**)
- *hookerae* var. *bullenianum* (Rchb. f.) Veitch: *Paphiopedilum* 13 (5**, 7**, Y**)
- *hookerae* var. *volonteanum* Sand. ex Rolfe: *Paphiopedilum* 44 (5**, 7**, Q**, Y**)
- *humboldtii* Rchb.f.: *Phragmipedium* 4 (E**, H**)
- *humboldtii* Warsc.: *Phragmipedium* 4 (O(B)4)
- *humboldti* Warsc.: *Selenipedium caudatum* (8**)
- *humile* Salisb.: 41 (E, H**)
- *humile* Salisb.: 1 (9**, S)
- *insigne* Wall. ex Lindl. (8**): *Paphiopedilum* 45 (5**, 7**, 9**, H**, Y**)
- *insigne* var. *exul* Ridl.: *Paphiopedilum* 26 (5**, 9**, H**, Y**)
- *insigne* var. *exul* Ridl.: *Paphiopedilum* 45 (7**)
26. **irapeanum** Llave & Lex. (*C. molle* Lindl., *C. lexarzae* Scheidw., *C. splendidum* Scheidw., *C. turgidum* Sessé & Moc., *C. luzmarianum* Tamayo & Ramirez) - Mex., Guat., Hond. 600-2.200 m - sect. *Irapeana* - „Pichohuastle, Flor de Pelic" (3**, G**, S, O4/95, Z**)
27. **japonicum** Thunb. - Jap., China - sect. *Flabellinervia* (9**, S, O6/97)
- *javanicum* Reinw. ex Bl.: *Paphiopedilum* 46 (2*, 7**, Z)
- *javanicum* Reinw. ex Lindl.: *Paphiopedilum* 46 (E**, H**, Y**)
- *javanicum* Reinw. ex Bl.: *Paphiopedilum* 8 (9**)
- *javanicum* var. *virens* (Rchb.f.) Veitch: *Paphiopedilum* 46 (O1/97, Q**, Y**)
- *kaieteurum* N.E.Br.: *Phragmipedium* 12 (O(B)4)

- *kimballianum* Lind.: *Paphiopedilum* 47 (Y)
- *klotzscheanum* Rchb.f.: *Phragmipedium* 10 (9**, E**, H**, O(B)4)
- *knightae* Nels.: 18 (9**)
- *laevigatum* Batem.: *Paphiopedilum* 64 (5**, 7**, 9**, Q**, Y**)
- *lawrenceanum* Rchb.f. (8**): *Paphiopedilum* 49 (5**, 7**, 9**, H**, Q**, Y**)
- *lawrenceanum* var. *hyeanum* Lind. & Rodig.: *Paphiopedilum* 49 (7**)
- *lexarzae* Scheidw.: 26 (O4/95)
- *lindenii* (Lindl.) Van Houtte: *Phragmipedium* 11 (O(B)4)
- *lindleyanum* Schomb. ex Lindl.: *Phragmipedium* 12 (E**, H*, O(B)4)
- *linearisubulatum* Llanos: *Cleisostoma* 36 (6*, G)
- *longifolium* Warsc. & Rchb.f.: *Phragmipedium* 13 (9**, O(B)4)
- *longifolium* var. *hartwegii* (Rchb.f.) Veitch: *Phragmipedium* 8 (O(B)4)
- *lowii* Lindl.: *Paphiopedilum* 52 (2*)
- *lowii* Lindl.: *Paphiopedilum* 52 (5**, H**, Y**)
28. **luteum** Franch. - SW-China, Tib. 3.000 m - subg. *Cypripedium* (S)
- *luteum* Franch.: 20 (O4/96)
- *luteum* Ait.: 5 (4**, E, H**)
- *luteum* Ait. ex Raf.: 5 (9**)
- *luteum* Ait. ex Raf.: *C. parviflorum* (O4/96)
- *luteum* var. *angustifolium* Raf.: 5 (9**)
- *luteum* var. *biflorum* Raf.: 5 (9**)
- *luteum* var. *concolor* Raf.: 5 (9**)
- *luteum* var. *glabrum* Raf.: 5 (9**)
- *luteum* var. *maculatum* Raf.: 5 (9**)
- *luteum* var. *parviflorum* (Salisb.) Raf.: 5 (9**)
- *luteum* var. *pubescens* (Willd.) Raf.: 5 (9**)
- *luzmarianum* Tamayo & Ramirez: 26 (O4/95)
- *macranthon* Hook.f. non Sw.: 25 (9**)
- *macranthon* Rchb.f.: 48 (9**)
- *macranthon album* hort. ex Rolfe: 48 (9**)
- *macranthon* var. *himalaicum* (Rolfe) Kraenzl.: 25 (9**)
- *macranthon* var. *ventricosa* Hook.f.: 47 (9**)
- *macranthon* var. *ventricosum* (Sweet) Rchb.: 48 (9**)
- *macranthos* Sw.: 29
- *macranthos* var. *tibeticum* (King ex Rolfe) Kraenzl.: 47 (9**)
- *macranthos* var. *ventricosa* (Sweet) Carr.: 48 (9**)
- *macranthos* var. *vulgare* Sw.: 29 (9**, G)
29. **macranthum** (macranthos, macranthon) Sw. (*C. macranthos* var. *vulgare* Sw., *C. thunbergii* Bl.) - Russ., As. - sect. *Cypripedium* subsect. *Macrantha* - „Großblütiger Frauenschuh" (9**, A**, G, K**, O6/97, O6/98**, S, Z**)
  var. **macranthum(os)** - Jap. (O6/97)
  var. **hotei-atsumorianum** Sadovsky - Jap. 1.000 m (O6/97)
  var. **rebunense** Sadovsky - Jap. 1.000 m (O6/97, O2/94)
  var. **speciosum** (Rolfe) Koidz. - Jap. (*C. atsmori* Morr., *C. calceolus* var. *atsmori* (Morr.) Pfitz., *C. thunbergii* Matsumura, *C. speciosum* Rolfe) (9**)
- *makasin* Farw.: 5 (9**)
30. **manchuricum** (mandchuricum) Stapf - As. - subg. *Cypripedium* (S)
- *manchuricum* var. *virescens* Stapf: 48 (9**)
31. **margaritaceum** Franch. - SW-China, Yun., Szetch. 2.500-3.600 m - sect. *Trigonopedilum* (S, O1/93)
- *margaritaceum* var. *fargesii* (Franch.) Pfitz: 16 (O1/93)
- *mastersianum* Rchb.f. (8**): *Paphiopedilum* 54 (5**, 7**, 9**, H**, Y**)
32. **micranthum** Franch. - SW-China, Szetch. - sect. *Trigonopedilum* (S)
33. **microsaccus** Kraenzl. - As. - subg. *Cypripedium* (S)
- *miteauanum* Lind. & Rodig.: *Paphiopedilum* 17 (7**)
- *miteauanum* Mast.: *Paphiopedilum* 17 (9**)
- *molle* Lindl. (O4/95): 26 (G**)
34. **montanum** Dougl. ex Lindl. (*C. occidentale* S.Wats.) - NW-Am. - sect. *Cypripedium* subsect. *Cypripedium* (9**, E, H, S, O6/95)
- *neo-guineense* Lind. - inv.name: *Paphiopedilum* 70 (7**, 9**, Y**)
- *nicholsianum* hort.: *Paphiopedilum* 70 (7**)
- *nigritum* Rchb.f.: *Paphiopedilum* 8 (5**, 7**, G**, Y**)

- *niveum* Rchb.f. (8**): *Paphiopedilum* 59 (5**, 7**, 9**, H**, Y**)
35. **nutans** Schltr. - W-China - sect. *Acaulia* (S)
- *occidentale* S.Wats.: 34 (9**, E)
- *orbum* Rchb.f.: *Paphiopedilum* 8 (7**)
- *orbum* Rchb.f.: *C. barbatum* (8**)
- *orientale* Spreng.: 23 (9**, S)
36. **palangshanense** Tang & Wang - end. to China 2.700 m - sect. *Retinervia* (O6/97, S)
- *palmifolium* Lindl.: *Selenipedium* 3 (E*, H*)
- *papuanum* Ridl.: *Paphiopedilum* 60 (5**; 7**)
- *papuanum* Ridl. ex Rendle: *Paphiopedilum* 60 (Y**)
- *pardinum* Rchb.f.: *Paphiopedilum* 87 (G**, Y**)
- *parishii* Rchb.f.: *Paphiopedilum* 61 (5**, 9**, H**, Y**)
- *parviflorum* Salisb. (O4/96): 5 (E, H, S)
- *parviflorum* Salisb.: 5 (9**)
- *parviflorum* Sims: 5 (9**)
- *parviflorum* Sims & Salisb.: 5 (H)
- *parviflorum* var. *pubescens* (Willd.) Kn.: 5 (9**)
37. **parvum** Brieg. - W-China, Hupeh - sect. *Retinervia* (S)
38. **passerinum** Richards - N-Am. - sect. *Obtusipetala* (S, O6/95)
- *paulistanum* Barb.Rodr.: *Phragmipedium* 19 (O(B)4)
- *pearcei* hort. ex Veitch: *Phragmipedium* 3 (9**)
- *peteri* De Vos: *Paphiopedilum* 20 (7**)
- *peteri* D.Don: *Paphiopedilum* 20 (7**)
- *petersi* hort.: *C. dayanum* (8**)
- *petreianum* hort.: *C. dayanum* (8**)
- *petri* Rchb.f.: *Paphiopedilum* 20 (7**, Y**)
- *petri* Rchb.f.: *Paphiopedilum* 20 (9**)
- *petri* Rchb.f.: *C. dayanum* (8**)
- × *petri* var. *burbidgei* (Rchb.f.) Rolfe: *Paphiopedilum* 20 (7**)
- *philippinense* Rchb.f.: *Paphiopedilum* 64 (5**, 9**, H**, Q**, Y**)
- *philippinense* var. *roebelenii*: *Paphiopedilum* 64 (5**, Y)
- *pitcherianum* W.A.Manda: *Paphiopedilum* 6 (7**, 9**)
- *pitcherianum* W.A.Manda: *C. argus* (8**)
- *platytaenium* Rchb.f.: *Paphiopedilum* 78 (Y**)
39. **plectrochilum** Franch. - SW-China 2.200-3.000 m - sect. *Criosanthes* (O3/95)
- *plectrochilum* Franch.: 3 (S)
- *poyntzianum* O'Brien: *Paphiopedilum* 5 (5**, 7**, 9**, Y**)
- *poyntzianum* O'Brien: *C. appletonianum* (8**)
- *praestans* Rchb.f. (8**): *Paphiopedilum* 32 (5**, 7**, H**, Y**)
- *praestans* Rchb.f.: *Paphiopedilum* 32 (7**)
- *praestans* Rchb.f.: *Paphiopedilum praestans* (9**, E)
- *praestans* var. *kimballianum* Lind. & Rodig.: *Paphiopedilum praestans* (9**)
- *praestans* var. *kimballianum* Lind. & Rodig.: *Paphiopedilum* 32 (5**, Y**)
- *praestans* var. *illustre* Lind.: *Paphiopedilum* 32 (7**)
- *praestans* var. *spectabile* Lind.: *Paphiopedilum* 32 (7**)
- *praestans* var. *splendens* Lind.: *Paphiopedilum* 32 (7**)
- *praestans* var. *warocqueanum* Lind.: *Paphiopedilum* 32 (7**)
40. **pubescens** Willd. - N-Am. - Subg. *Cypripedium* - „Behaarter Frauenschuh" (S, O6/95)
- *pubescens* Willd.: 5 (4**)
- *pubescens* Willd.: 5 (E, 9**, H)
- *pubescens* var. *makasin* Farw.: 5 (9**)
- *purpuratum* Lindl. (8**): *Paphiopedilum* 68 (7*, 9**, E**, G**, Y**)
- *purpuratum* Wight.: *Cypripedium barbatum* (8**)
- *pusillum* Rolfe: 18 (9**)
41. **reginae** Walter (*C. humile* Salisb., *C. calceolus* var. 'y' L., *C. album* Ait., *C. spectabile* Salisb., *C. canadensis(e)* Michx., *C. hirsutum* (Farw.) Mill., *C. hirsutum* f. *album* (Ait.) R.Hoffm., *C. reginae* var. *album* (Ait.) Rolfe, *Fissipes hirsuta* Farw., *Calceolus reginae* (Walter) Nieuw.) - NE-Am., Can., W-China - sect. *Obtusipetala* - „Königinfrauenschuh" (9**, E, G**, H**, S, O3/95, Z)
- *reginae* var. *album* (Ait.) Rolfe: 41 (9**, G**)

Cypripedium - Cypripedium 241

- *reichenbachii* Bull.: *Phragmipedium* 13 (9**)
- *reticulatum* (Rchb.f.) Rchb.f.: *Phragmipedium* 2 (O(B)4)
- *robinsonii* Ridl.: *Paphiopedilum* 13 (5**, Y**)
- *robinsonii* Ridl.: *Paphiopedilum robinsonii* (7**, 9**)
- *roebbelinii* Rchb.f.: *Paphiopedilum* 64 (7**)
- *roebbelinii* var. *cannartianum* Lind.: *Paphiopedilum* 64 (5**, Y**)
- *roebelenii* (Veitch) Rchb.f.: *Paphiopedilum* 64 (5**, Y)
- *roebelenii* var. *cannartianum* Lind.: *Paphiopedilum* 64 (Q**)
- *roebelinii* Rchb.f.: *Paphiopedilum* 64 ($50/8)
- *roebellinii* Rchb.f.: *Paphiopedilum* 64 (9**)
- *roezlii* (Rchb.f.) Regel: *Phragmipedium roezlii* (9**)
- *roezlii* Rchb.f. ex Regel: *Phragmipedium* 13 (O(B)4)
- *rothschildianum* Rchb.f.: *Paphiopedilum* 70 (5**, 9**, H**, Q**, Y**)
- *sanderianum* Rchb.f.: *Paphiopedilum* 71 (5**, Q**, Y**)
- *sargentianum* (Rolfe) Sand.: *Phragmipedium* 17 (9**)
- *sargentianum* (Rolfe) Kraenzl.: *Phragmipedium* 17 (O(B)4)
- *schlimii* (Lind. & Rchb.f.) Batem.: *Phragmipedium* 18 (4**, 9**, H**, O(B)4)
- *schlimii* Lind. & Rchb.f.: *Phragmipedium* 18 (H**)
- *schmidtianum* Kraenzl.: *Paphiopedilum* 15 (5**, 7**, 9**, Y**)
- *schomburgkianum* Kl. ex Schomb.: *Phragmipedium* 10 (9**, E**, H**, O(B)4)
42. **segawai** Masamune (*C. guttatum* var. *segawai* (Masamune) S.S.Ying) - end. to Taiw. - sect. *Cypripedium* subsect. *Cypripedium* (O5/95, S)
43. **shanxiense** Chen - Jap., China, E-Russ. 50-200 m - sect. *Cypripedium* subsect. *Cypripedium* (O5/95, O6/97, O6/98**, S)
- *siamense* Rolfe: *Paphiopedilum callosum* × *appletonianum* (Y)
- *sinicum* Hance ex Rchb.f.: *Paphiopedilum* 68 (7**, 9**, E**, G**, Y**)
- *socco* Vell.: *Catasetum* 142 (G**)
44. **speciosum** Rolfe - Jap. - subg. *Cypripedium* - „Prächtiger Frauenschuh" (A**, S)
- *speciosum* Rolfe: 29 (9**)
- *spectabile* Salisb.: 41 (9**, G**, S)
- *spectabile* var. *dayanum* Lindl.: *Paphiopedilum* 20 (5**, 7**, Y**)
- *spectabile* var *dayanum* Lindl.: *C. dayanum* (8**)
- *spicerianum* Rchb.f. (8**): *Paphiopedilum* 76 (5**, 9**, H**, Y**)
- *splendidum* Scheidw.: 26 (O4/95)
- *stonei* Hook. (8**): *Paphiopedilum* 78 (5**, 9**, H**, Q**, Y**)
- *stonei* var. *platytaenium* Rchb.f.: *Paphiopedilum* 78 (Q**)
45. **subtropicum** Chen & Lang - Tib. 1.400 m - sect. *Subtropica* (O5/91, S)
- *superbiens* Rchb.f. (8**): *Paphiopedilum* 81 (5**, 7**, 9**, E, H**, Y**)
- *superbiens* f. *sanderae* (C.H.Curtis) Woo: *Paphiopedilum* 81 (7**)
- *superbiens* var. *dayanum* (Lindl.) Rchb.f.: *Paphiopedilum* 20 (5**, 7**, Y**)
- *superbiens* var. *dayanum* Lindl.: *Paphiopedilum* 20 (9**)
46. **thunbergii** Bl. - Jap. - subg. *Cypripedium* (S)
- *thunbergii* Bl.: 29 (9**, G)
- *thunbergii* Matsumura: 29 (9**)
47. **tibeticum** King ex Rolfe (*C. macranthon* var. *ventricosa* Hook.f., *C. macranthos* var. *tibeticum* (King ex Rolfe) Kraenzl.) - E-Tib., W-China - sect. *Cypripedium* subsect. *Macrantha* (9**, S, O5/98)
- *tonkinense* God.-Leb.: *Paphiopedilum* 18 (S)
- *tonsum* Rchb.f. (8**): *Paphiopedilum* 83 (5**, 7**, 9**, H**, Y**)
- *turgidum* Sessé & Moc.: 26 (O4/95)
- *undatum* Raf.: 5 (9**)
- *variegatum* Georgi: 23 (S)
- *veganum* Cock. & Bark.: 5 (9**)
- *veitchianum* hort. ex Lem.: *Paphiopedilum* 81 (5**, 7**, 9**, Y**)
- *ventricosum* Sweet non Sw.: 48 (9**)
48. **ventricosum** Sweet var. **album** hort. ex Rolfe (*C. ventricosum* Sweet non Sw., *C. macranthon* var. *ventricosum* (Sweet) Rchb.f., *C. macranthos* var. *ventricosa* (Sweet) Carr., *C. macranthon*

Rchb.f., *C. macranthon album* hort. ex Rolfe, *C. manchuricum* var. *virescens* Stapf) - Sib. (9**)
49. × **ventricosum** (*C. macranthos* × *C. calceolus*) nat. hybr. - Jap. (O6/97, O5/98)
- *venustum* Wall. ex Sims: *Paphiopedilum* 87 (7**, 9**, G**, H**, Y**)
- *victoria-mariae* Sand. ex Mast.: *Paphiopedilum* 88 (5**, 9**, Y**)
- *victoria-mariae* Sand. ex Mast.: *Paphiopedilum* 89 (7**)
- *victoria-mariae* Sand. ex Mast.: *Paphiopedilum chamberlainianum* (E**)
- *victoria-regina* Sand.: *Paphiopedilum* 89 (5**, H**, Y**)
- *victoria-regina* Sand.: *Paphiopedilum chamberlainianum* (E**)
- *victoria-regina* Sand.: *Paphiopedilum* 88 (9**)
- *villosum* Lindl. (8**): *Paphiopedilum* 91 (5**, H**, Y**)
- *villosum* var. *boxalii* Veitch: *C. boxallii* (8**)
- *villosum* var. *boxallii* (Rchb.f.) Veitch: *Paphiopedilum* 91 (5**, Y**)
- *virens* Rchb.f.: *Paphiopedilum* 46 (7**)
- *virens* Rchb.f.: *Paphiopedilum virens* (O1/97)
- *virens* Rchb.f.: *Paphiopedilum* 46 (Q**, Y**)
- *virginalis* hort. ex J.Hye: *C. aureum* var. *virginalis* (8**)
- *vittatum* Vell.: *Phragmipedium* 19 (O(B)4)
- *volonteanum* Sand.: *Paphiopedilum* 44 (7**)
- *volonteanum* hort. ex Rchb.f.: *Paphiopedilum* 44 (Y)
- *wallisii* (Rchb.f.) B.S.Will.: *Phragmipedium* 4 (O(B)4)
- *waltersianum* Kraenzl.: *Paphiopedilum* 5 (7**)
- *wardianum* Cooper: *Paphiopedilum* 93 (Y)
50. **wardii** Rolfe - Tib. - sect. *Subtropica* (S)
- *wardii* auct. non Rolfe: *Paphiopedilum* × *wardii* (7**)
- *wardii* (Summerh.) C.H.Curtis: *Paphiopedilum* 93 (Y**)
- *warnerianum* Rchb.f.: *C. barbatum* (8**)
- *warscewiczianum* Rchb.f.: *Phragmipedium* 4 (E**, H**)
- *warscewiczianum* Rchb.f.: *Phragmipedium* 4 (O(B)4)
51. × **wenqingiae** (*C. farreri* × *C. tibeticum*) nat. hybr. - China 3.300 m (O5/98**)
- *wilsonii* Rolfe: 19 (S)
- *wolterianum* Kraenzl.: *Paphiopedilum* 5 (5**, 7**, 9**, H**, Y**)
52. **wumengense** Chen - SW-China C-Yun. ca. 2.900 m - sect. *Trigonopedilum* (O1/93)
53. **yatabeanum** Mak. - Jap. - sect. *Bifolia* (S, O6/97)
54. **yunnanense** Franch. - China 3.000-3.300 m - sect. *Cypripedium* subsect. *Macrantha* (S, O4/97)
× **Cyrtellia (Cyrtl.)** (*Ansellia* × *Cyrtopodium*)
Cyrtidiorchis Rausch. - 1982 - *Maxillariinae* (S) - *(Cyrtidium* Schltr.) - 4 sp. epi. - Col., Ven., Ec., Peru
1. **alata** (Lindl.) Rausch. (*Chrysocycnis glumaceum* L.O.Wms.) - Ec. 2.000-2.600 m (S*)
2. **dipterum** (Schltr.) Rausch. (*Chrysocycnis dipterum* Schltr.) - Ven., Ec., Peru (R)
3. **frontinoënsis** (Gar.) Rausch. - Col. 1.400-2.400 m (R**, S)
4. **rhomboglossa** (Lehm. & Kraenzl.) Rausch. (*Chrysocycnis rhomboglossa* Lehm. & Kraenzl., *C. triptera (um)* Schltr., *Camaridium rhomboglossum* (Lehm. & Kraenzl.) Schltr.) - Col., Ven. 1.600-1.800 m (R, S*)
5. **schlimii** (Lind. & Rchb.f.) Rausch. (*Chrysocycnis schlimii* Lind. & Rchb.f., *Cyrtidium schlimii* (Lind. & Rchb.f.) Schltr.) - Ven., Ec., Peru (R)
6. **stuempflei** (Gar.) Rausch. (*Chrysocycnis glumaceum* L.O.Wms.) - Peru 1.500-2.000 m (S*)
Cyrtidium Schltr. - 1924: *Cyrtidiorchis* Rausch.
Cyrtidium Schltr. - 1927 - *Subfam. Epidendroideae Tribus: Maxillarieae Subtr. Maxillariinae*
- *schlimii* (Lind. & Rchb.f.) Schltr.: *Cyrtidiorchis* 5 (R)
Cyrtochilum (Cyrthochilum) H.B.K. - 1815 - *Oncidiinae* (S) - ca. 50/150 sp. epi/lit/ter - And., Trop. C-S-Am.
- *aemulum* Kraenzl.: *Oncidium superbiens* (9**)

Cyrtochilum - Cyrtochilum 243

- *aemulum* (Rchb.f.) Kraenzl.: 28 (O4/85)
1. **annulare** (Rchb.f.) Kraenzl. - Col. (R**)
2. **aureum** (Lindl.) Sengh. (*Oncidium aureum* Lindl., *O. festatum* Rchb.f. & Warsc., *O. dichromum* Rolfe, *Odontoglossum bicolor* Lindl., *O. hemichrysum* Rchb.f. & Warsc., ?*Cyrtochilum mystacinum* Lindl.) - Ec., Peru, Bol. 2.200-3.500 m (S)
- *bictoniense* Batem.: *Lemboglossum* 2 (9**, G**, H**)
3. **bismarckii** (Benn. & Christ.) Sengh. (*Oncidium bismarckii* Benn. & Christ.) - Peru (S)
4. **carderi** (Rchb.f.) Kraenzl. - Col. (R**)
- *carderi* (Rchb.f.) Kraenzl.: *Oncidium* 238 (FVIII2**)
5. **cinereobrunneum** Benn. & Christ. - Peru (S)
- *citrinum* Hook.: *Oncidium* 52 (8**, 9**, H**)
6. **costatum** (Lindl.) Kraenzl. - Ven., Col. (S)
- *cryptocopis* (Rchb.f.) Kraenzl.: *Oncidium* 59 (9**)
- *cucullatum* Lem.: *Oncidium* 61 (8**)
- *deltoideum* (Lindl.) Kraenzl.: *Oncidium* 67 (G**)
7. **detortum** (Rchb.f.) Kraenzl. - Ven. (S)
8. **diceratum** (Lindl.) Kraenzl. - Col. (R**)
- *edwardii* (Rchb.f.) Kraenzl.: *Odontoglossum* 21 (9**)
9. **falcipetalum** (Lindl.) Kraenzl. (*Oncidium falcipetalum* Lindl.) - Ven. to Peru (A**, H**, S*)
- *filipes* (Lindl.) Lindl.: *Oncidium* 97 (8**, 9**)
- *filipes* (Lindl.) Lindl.: *Oncidium* 33 (G**)
- *flavescens* Lindl.: *Miltonia* 6 (9**, G**, S*)
- *flexuosum* (Lindl.) H.B.K.: *Oncidium* 48 (E, G, H)
10. **geniculatum** Kgr. - Ec. 2.200 m (O3/91, A**)
- *gracile* (Lindl.) Kraenzl.: *Odontoglossum* 24 (G)
- *graminifolium* Lindl.: *Oncidium* 33 (G**)
- *graminifolium* Lindl.: *Oncidium* 97 (9**)
11. **grandiflorum** (Rchb.f.) Kraenzl. - Col. (R**)
- *grandiflorum* Lodd.: *Oncidium* 141 (9**, G**)
12. **hastiferum** (Rchb.f.) Kraenzl. - Peru (A**)
- *ixioides* Lindl.: *Odontoglossum* 29 (G)
- *juergensianum* Lem.: *Oncidium* 106 (G)
- *karwinskii* Lindl.: *Miltonioides* 2 (G)
13. **lamelligerum** (Rchb.f.) Kraenzl. (*Oncidium lamelligerum* Rchb.f.) - Ec. (S*)
- *leucochilum* (Batem. ex Lindl.) Planch.: *Oncidium* 128 (8**, G)
- *leucochilum* Lind. ex Morr.: *Oncidium* 141 (9**, G**)
- *longifolium* (Lindl.) Kraenzl.: *Odontoglossum* 37 (G)
14. **loxense** (Lindl.) Kraenzl. (*Oncidium loxense* Lindl.) - Col., Ec. (H, S)
15. **macranthum** (Lindl.) Kraenzl. (*Oncidium macranthum* Lindl.) - Col., Ec., Peru (H**, S*)
- *macranthum* (Lindl.) Kraenzl.: *Oncidium macranthum* (9**, E**)
- *maculatum* Lindl.: *Oncidium* 141 (8**, 9**, G**)
- *maculatum* var. *ecornutum* Hook.: *Oncidium* 141 (9**, G**)
- *maculatum* var. *parviflorum* Lindl.: *Oncidium* 141 (G**)
- *maculatum* var. *russelianum* Lindl.: *Oncidium* 141 (G**)
16. **maduroi** (Dressl.) Sengh. (*Oncidium maduroi* Dressl.) - Pan. (S*)
17. **mezae** Benn. & Christ. - Peru (S)
18. **microchilum** (Lindl.) Cribb (*Oncidium micranthum* Lindl., *O. microchilum* Lindl.) - Mex., Guat. (H**)
➢ *microchilum* (Lindl.) Cribb: *Lophiaris* 11 (S*)
19. **monachicum** (Rchb.f.) Kraenzl. - Ec. 1.300 m (S*)
- *myanthum* (Lindl.) Kraenzl.: *Odontoglossum* 43 (G)
- *mystacinum* Lindl.: *Odontoglossum* 44 (G**)
- *mystacinum* Lindl.: ? 2 (S)
20. **orgyale** (Rchb.f. & Warsc.) Kraenzl. - Ven., Col. (S, R**)
- *pardinum* Lindl.: *Odontoglossum* 49 (9**, G**)
21. **pastorellii** (Dods. & Benn.) Sengh. (*Oncidium pastorellii* Dods. & Benn.) - S-Am. (S)

22. **plurituberculatum** Benn. & Christ. - Peru (S)
- *ramulosum* (Lindl.) Kraenzl.: *Odontoglossum* 57 (9**)
23. **retusum** (Lindl.) Kraenzl. (*Odontoglossum retusum* Lindl., *Oncidium retusum* (Lindl.) Beer) - Col., Ec., Peru (H**)
- *retusum* (Lindl.) Kraenzl.: *Odontoglossum retusum* (9**, G)
24. **rostratum** Schltr. - Ec., Peru to 3.500 m (S)
- *scabiosum* Kraenzl.: *Trigonochilum* 22 (S)
25. **serratum** (Lindl.) Kraenzl. (*Oncidium serratum* Lindl.) - Ec., Peru 1.300 m (S)
- *serratum* (Lindl.) Kraenzl.: *Oncidium serratum* (9**)
26. **simulans** Schltr. - Ec., Peru to 3.500 m (S)
27. **stegasaurum** Benn. & Christ. - Peru (S)
- *stellatum* Lindl.: *Miltonia* 6 (9**, E**, G**, H**, S*)
28. **superbiens** (Rchb.f.) Kraenzl. (*C. aemulum* (Rchb.f.) Kraenzl., *Oncidium superbiens* Rchb.f., *O. aemulum* Rchb.f.) - Col., Ec., Peru, Ven. (H**, O4/85, S*, R**)
- *superbiens* (Rchb.f.) Kraenzl.: *Oncidium superbiens* (9**)
29. **trifurcatum** (Lindl.) Kraenzl. - Col., Ec., Peru (S*)
30. **trilingue** (Rchb.f.) Kraenzl. - Peru, Bol. (S*)
- *trulla* (Rchb.f. & Warsc.) Kraenzl.: *Oncidium* 48 (G)
- *undulatum* Kunth: *Oncidium* 230 (G)
- *ventilabrum* (Rchb.f. & Warsc.) Kraenzl.: *Oncidium* 238 (FVIII2**)
31. **volubile** Poepp. & Endl. (*Oncidium volubile* (Poepp. & Endl.) Cogn.) - Peru (A**, S)
↳ *volubile* Poepp. & Endl.: *Oncidium* 241 (G)
- *xanthodon* (Rchb.f.) Kraenzl.: *Oncidium* 253 (9**)
- *zebrinum* (Rchb.f.) Kraenzl.: *Oncidium* 255 (9**)

Cyrtoglottis Schltr. - 1920: *Mormolyca* Fenzl.
- *gracilipes* Schltr.: *Mormolyca* 3 (S)
- *peruviana* Schweinf.: *Mormolyca* 7 (S*)

Cyrtopera Lindl. - 1833: *Eulophia* R.Br. ex Lindl.
- *alta* (L.) Stehlé: *Eulophia* 4 (9**, G**)
- *ensiformis* Lindl.: *Eulophia* 28 (2*)
- *flavopurpurea* Rchb.f.: *Eulophia* 31 (9**)
- *fusca* Wight: *Eulophia* 65 (9**, G)
- *gardneri* Thw.: *Eulophia* 65 (9**, G)
- *gigantea* (L.f.) Lindl.: *Eulophia* 86 (E**, G**, H**)
- *laxiflora* Gardn. ex Thw.: *Eulophia* 65 (9**, G)
- *longifolia* (Kunth) Rchb.f.: *Eulophia* 4 (9**, G**)
- *mysoriensis (mysorensis)* Lindl.: *Eulophia* 65 (9**, G)
- *nuda* (Lindl.) Rchb.f.: *Eulophia* 65 (9**, G)
- *papuana* Ridl.: *Eulophia* 101 (P, Q**)
- *plantaginea* (Thou.) Lindl.: *Eulophia* 76 (U**)
- *plicata* Lindl. ex Wall.: *Eulophia* 65 (9**, G)
- *polyantha* Barb.Rodr.: *Eulophia* 4 (G**)
- *rufa* Thw.: *Eulophia sanguinea* (9**)
- *sanguinea* Lindl.: *Eulophia sanguinea* (9**)
- *sanguinea* Lindl.: *Eulophia* 101 (P, Q**)
- *scabrilinguis* Lindl.: *Xylobium* 35 (9**, G**)
- *squalida* Rchb.f.: *Eulophia squalida* (2*)
- *vellosiana* Barb.Rodr.: *Eulophia* 4 (9**, G**)
- *woodfordii* (Sims) Lindl.: *Eulophia* 4 (9**, G**, S*)
- *zollingeri* Rchb.f.: *Eulophia* 101 (P, Q**)

Cyrtopodium (Cyrt.) R.Br. - 1813 - *Subfam. Epidendroideae Tribus: Cymbidieae Subtr. Cyrtopodiinae* - (*Tylochilus* Nees) - 15/29 sp. ter/epi/lit - Trop.-Subtrop. Am., Flor., Mex., Arg.
1. **andersonii** (Andr.) R.Br. (*C. flavum* Mutel, *C. cardiochilum* Lindl., *Cymbidium andersonii* Andr., *Tylochilus flavus* Nees) - W-Ind., Trop. S-Am., Braz., Col., Guy. (8**, E**, G, 9**, H**, R, Z**)
- *andersonii* (Andr.) R.Br.: 12 (S)

2. **aureum** L.C.Menezes - Braz. (S)
3. **blanchettii** Rchb.f. (S*)
- *bracteatum* Lindl.: 22 (G)
4. **bradei** Schltr. (S)
5. **braemii** L.C.Menezes - Braz. (S)
6. **cachimboense** L.C.Menezes - Braz. (S)
- *cardiochilum* Lindl.: 1 (8**)
7. **cardiochilum** Lindl. (S)
8. **cristatum** Lindl. - Braz., Guy., Ven., Trin., Col. ca.1.000 m - terr. (G, R, S)
9. **edmundoi** Pabst - Braz. (FVI4*)
- *elegans* Hamilt.: *Tetramicra* 2 (9**, H*)
- *ensiformis* Vidal: *Eulophia* 28 (2*)
10. **falcilobum** Hoehne & Schltr. (S)
- *flavum* Mutel: 1 (8**)
11. **fowliei** L.C.Menezes - Braz. (S)
- *fuscum* (Wight) Trimen: *Eulophia* 65 (9**, G)
- *gigas* (Vell.) Hoehne: 25 (S*)
12. **glutiniferum** Raddi (*C. andersonii* (Andr.) R.Br.) - Carib., Trin., Ven., Guy., Braz. - terr. (S)
13. **gonzalesii** L.C.Menezes - Braz. (S)
14. **graniticum** G.Romero & Carn. - Ven. (S)
15. **holstii** L.C.Menezes - Braz. (S)
16. **inaldianum** L.C.Menezes - Braz. (S)
17. **latifolium** Bianch. & Bat. - Mato Grosso (S)
18. **lissochiloides** Hoehne & Schltr. (S)
- *naiguatae* Schltr.: 22 (G)
19. **longibulbosum** Dods. & G.Romero - Ec. (S)
20. **palmifrons** Rchb.f. & Warm. ex Rchb.f. - Braz., Arg. (9**)
21. **paludicolum** Hoehne (S)
22. **paniculatum** (Ruiz. & Pav.) Gar. (*C. bracteatum* Lindl., *C. punctatum* var. *bracteatum* Rchb.f., *C. naiguatae* Schltr., *Maxillaria paniculata* Ruiz. & Pav., *Dendrobium paniculatum* (Ruiz. & Pav.) Pers., *D. plicatum* A.Dietr.) - Ven., Col., Peru (G, R**)
23. **parviflotum** Lindl. - Trin., Guy., Ven. 1.200-1.400 m - terr. (S)
24. **pflanzii** Schltr. (S*)
- *plantagineum* (Thou.) Benth.: *Eulophia* 76 (U**)
25. **punctatum** (L.) Lindl. (*C. saint-legerianum* Rchb.f., *C. willmorei* Knowl. & Westc., *C. speciosissimum* hort. ex Du Buyss., *C. tigrinum* Lind., *C. punctatum* var. *saintlegerianum* (Rchb.f.) Stein, *C. gigas* (Vell.) Hoehne, *Helleborine ramosissima* ecc. Plumier, *Epidendrum punctatum* L., *E. gigas* Vell., *Cymbidium trinerve* G.F.Meyer, *Oncidium palmophilum* Mart. Herb. ex Lindl.) - Mex. to Arg. 100-2.400 m - epi/ter - „Cowhorn Orchid" (3**, 8**, 9**, O3/91, E**, H**, W**, S*, Z**)
- *punctatum* var. *saintlegerianum* (Rchb.f.) Stein: 25 (9**)
- *punctatum* var. *bracteatum* Rchb.f.: 22 (G)
26. **purpureum** Rchb.f. (S)
27. **roraiminense** L.C.Menezes - Braz. (S)
- *rufum* (Thw.) Trimen: *Eulophia sanguinea* (9**)
- *saint-legerianum* Rchb.f.: 25 (8**, 9**)
28. **sarneyanum** L.C.Menezes - Braz. (S)
- *speciosissimum* hort. ex Du Buyss.: 25 (9**)
- *tigrinum* Lind.: 25 (9**, S)
29. **virescens** Rchb.f. & Warm. ex Rchb.f. - Par., Braz. (9**)
- *willmorei* Knowl. & Westc.: 25 (9**)
- *woodfordii* Sims: *Eulophia* 4 (9**, G**)
- *yauaperyense* Barb.Rodr.: *Eriopsis* 2 (9**)

Cyrtorchis (Cyrtcs.) Schltr. - 1914 - *Subfam. Epidendroideae Tribus: Vandeae Subtr. Aerangidinae* - ca. 16 sp. epi/lit - Trop. Afr. to S-Afr.
1. **arcuata** (Lindl.) Schltr. (*Angraecum arcuatum* Lindl., *Listrostachys whitei* Rolfe, *L. sedenii* (Rchb.f.) Schltr.) - Trop.-S-Afr.: Kenya, Ug., Tanz. (E**, H**, M**, S**, Z**)
 ssp. **arcuata** (*C. neglecta* Summerh., *C. sedenii* Rchb.f.) - S-Afr., Swa., Moz. 600-1.600 m - epi/lit (C**, S)
 ssp. **leonensis** Summerh. - S. Leone (C, S)
 ssp. **variabilis** Summerh. (*C. sedenii* Rchb.f.) - Guin. to Kenya, Tanz., Zam. 2.000 m (1**, C, S*)
 ssp. **whytei** (Rolfe) Summerh. (*C. whytei* (Rolfe) Schltr.) - Trop.-S-Afr. 750-2.000 m (C, S)

2. **aschersonii** (Kraenzl.) Schltr. - Cam., Congo, Ghana, Nig., S.Leone, Zai. to 1.500 m (C)
- *bistorta* (Rolfe) Schltr.: 11 (9**)
3. **brownii** (Rolfe) Schltr. - Kenya, Ug., Tanz., S.Leone, Zai. 1.000-1.530 m (M, C, S)
4. **chailluana** (Hook.f.) Schltr. (*Angraecum chailluanum* Hook.f., *Listrostachys chailluana* (Hook.f.) Rchb. f.) - S-Nig., Zai., Ug., Bur., CAR, Cam., Gab., Congo 1.150-1.250 m (9**, E*, H*, C)
5. **crassifolia** Schltr. - Bur., Malawi, Rwa., Tanz., Zai., Zim. 1.200-2.000 m (1**, C*)
6. **erythraea** (Rolfe) Schltr. - Erith. (S)
7. **hamata** (Rolfe) Schltr. (*Listrostachys hamata* Rolfe) - Ghana, Nig., Ivory C. (9**, C, S*)
8. **monteiroae** (Rchb.f.) Schltr. (*Listrostachys monteiroae* Rchb.f., *Angraecum aschersonii* Kraenzl.) - Lib., S.Leone, Ghana, S-Nig., Zai., Ug., Ang., Gab. 550-1.300 m (9**, C, S)
9. **neglecta** Summerh. - Kenya, Tanz., Bur. 0-1.000 m (M)
- *neglecta* Summerh.: 1 (C**)
10. **praetermissa** Summerh. - Kenya, Ug., Tanz. to S-Afr. 1.500-2.300 m (1**, A**, M**, S*)
ssp. **praetermissa** - Kenya, Ug., Tanz. to S-Afr. 450-1.850 m (C**)
ssp. **zuluensis** (Harrison) Linder - S-Afr. (C)
11. **ringens** (Rchb.f.) Summerh. (*Cyrtorchis bistorta* (Rolfe) Schltr., *Listrostachys ringens* Rchb.f., *L. bistorta* (Rolfe) Rolfe, *L. hookeri* Rolfe, *L. ignotii* Kraenzl., *Angraecum bistortum* Rolfe) - Sen., S.Leone, Lib., Ghana, S-Nig., Zai., Bur., Ug. 1.000-1.900 m (1**, 9**, C**)
- *sedenii* Rchb.f.: 1 (C**)
- *sedenii* Rchb.f.: 1 (S*)
- *whytei* (Rolfe) Schltr.: 1 (S)

Cyrtosia Bl. - 1825 - *Vanillinae* (S) - 5 sp. myc. - Sri L., Viet., Taiw., Mal., Sum., Java, Born.
- *altissima* Bl.: *Galeola* 1 (2*, 6*)
1. **javanica** Bl. - Mal., Sri L., Viet., Taiw., Mal., Sum., Java, Born. (S*)
- *javanica* Bl.: *Galeola* 8 (6*)

Cyrtostylis R.Br. - 1810: *Acianthus* R.Br.

Cyrtostylis R.Br. - 1810 - *Caladeniinae* (S) - 5 sp. terr. - Austr., N.Zeal.

1. **huegelii** Endl. (*C. reniformis* var. *huegelii* (Endl.) A.S.George, *Acianthus huegelii* Nicholls & Goadby, *A. reniformis* var. *huegelii* (Endl.) A.S.George) - end. to W-Austr. (P*)
2. **oblonga** Hook.f. - end. to N.Zeal. - „Gnat Orchid" (O3/92)
3. **reniformis** R.Br. (*Acianthus reniformis* (R.Br.) Schltr.) - Austr. (Qld., NSW, ACT, Vic., Tasm., SA), N.Zeal. - „Gnat Orchid" (P**, O3/92)
- *reniformis* var. *huegelii* (Endl.) A.S. George: 1 (P*)
4. **robusta** D.Jones & M.Clem. - end. to Austr. (Vic., SA, WA) (P*, Z**)
5. **tenuissima** (Nicholls & Goadby) D.Jones & M.Clem. (*Acianthus tenuissimus* Nicholls & Goadby) - end. to W-Austr. (P*)

× **Cysepedium (Cyspm.)** (*Cypripedium* × *Selenipedium*)

Cystopus Bl. p.p. - 1858: *Pristiglottis* Cretz. & J.J.Sm. (S)

Cystopus Bl. p.p. - 1858: *Eurycentrum* Schltr. (S)

Cystopus Bl. - 1858 - *Subfam. Spiranthoideae Tribus: Erythrodeae* - 2/6 sp. terr. - SE-As.

1. **elongatus** Bl. (*Anoectochilus elongatum* Miq.) - Java (2*)
- *elwesii* (Clarke ex Hook.) Ktze.: *Anoectochilus* 7 (6*)
- *flavescens* Ktze.: *Odontochilus flavescens* (2*)
- *hasseltii* Bl. (2*): *Pristiglottis* 1 (Q**)
2. **occultus** Bl. (*Anoectochilus occultum* Miq.) - Java (2*)
3. **pubescens** Bl. (*Anoectochilus pubescens* Bl.) - Java (2*) ➛ *Pristiglottis* 2

Cystorchis Bl. - 1858 - *Subfam. Spiranthoideae Tribus: Erythrodeae* - 21 sp. terr. - Mal., China, N.Gui.

1. **aphylla** Ridl. - Born., Sum., Mal., Java, Thai., Phil. 200-1.300 m - ter/ sapro (2*, 6*, S, Q**, FXV2/3)
- *javanica* Bl.: 3 (2*)
2. **salmoneus** J.J.Wood - Born. (S)
3. **variegata** Bl. (*Hetaeria variegata* Miq.) - Java (2*)
var. **purpurea** Ridl. (*Cystorchis javanica* Bl., *Hetaeria javanica* Bl.) - Java (2*)

Cytherea borealis (Sw.) Salisb.: *Calypso* 1 (9**)

- *bulbosa* (L.) House: *Calypso* 1 (9**)
Cytheris (Cyteris) Lindl. - 1831: *Nephelaphyllum* Bl. (S)
- *griffithii* Hook.f.: *Calanthe* 53 (6**)
- *griffithii* Wight: *Calanthe* 53 (8**, 9**, Q**)
× *Dactylanthera*: × *Rhizanthera* (*Dactylorhiza* × *Platanthera*)
× **Dactylella** (× **Dactylitella**) (*Dactylorhiza* × *Nigritella*)
× *Dactyleucorchis*: × *Pseudorhiza* (*Dactylorhiza* × *Leucorchis* (*Pseudorchis*)
× **Dactylocamptis** (*Anacamptis* × *Dactylorhiza*)
× **Dactyloceras** (*Aceras* × *Dactylorhiza*)
× *Dactylodenia*: × *Dactylogymnadenia* (*Dactylorhiza* × *Gymnadenia*)
× **Dactyloglossum** (*Coeloglossum* × *Dactylorhiza*)
× **Dactylogymnadenia** (*Dactylorhiza* × *Gymnadenia*)
1. **legrandiana** (E.G.Camus) Soó (*Dactylorhiza fuchsii* × *Gymnadenia conopsea*) (T**)
2. **raetica** Paroz & Reinhard (*Dactylorhiza cruenta* × *Gymnadenia conopsea*) (O4/71)
Dactylorchis Verm. - 1947: *Dactylorhiza* Necker ex Nevski
- *foliosa* (Rchb.f.) Verm.: *Dactylorhiza* 11 (9**, G**)
- *fuchsii* (Druce) Verm. ssp. *fuchsii*: *Dactylorhiza* 12 (T)
- *sambucina* (L.) Verm.: *Dactylorhiza* 30 (G)

Dactylorhiza (Dact.) Necker ex Nevski - 1937 - *Subfam. Orchidoideae Tribus: Orchideae Subtr. Orchidinae* (*Dactylorhizinae*) - (*Orchis* L. p.p., *Dactylorchis* Verm.) - ca. 40 sp. terr. - Eur., Medit., As., Him., China, Jap., Am. - „Knabenkraut, Kuckucksblume"

1. **aristata** (Fisch. ex Lindl.) Soó - E-As., Am. (S)
2. × **aschersoniana** (Hauskn.) Borsos & Soó (*D. incarnata* × *D. majalis*) - C-Eur. (V)
3. **baltica** (Klinge) Orlova - Balt. - „Baltisches Knabenkraut" (K**)
4. × **braunii** (Hal.) Borsos & Soó (*D. maculata* ssp. *fuchsii* × *D. majalis*) - C-Eur. (V)
- *cataonica* (Fleischm.) Holub: 24 (K**)

5. **caucasica** (Nevski) Baum. & Künk. - NE-Turk. 1.500 - 2.500 m (K**)
- *caucasica* (Lipsky) Soó: 9 (K**)
- *cilicica* (Klinge) Soó: 24 (K**)
6. **cordigera** (Fries) Soó - Rom., N-Greece, N-Turk. 900-2.200 m - „Herzförmiges Knabenkraut" (K**, S)
7. **cruenta** (O.F.Muell.) Soó - Alp., N-Eur. 1.500-2.400 m - „Blutrotes Knabenkraut" (K**, S)
8. **elata** (Poiret) Soó (*D. incarnata* ssp. *africana* (Klinge) Sunderm., *Orchis sesquipedalis* Willd.) - SW-Eur., NW-Afr. 0-2.200 m - „Hohes Knabenkraut" (H, K**, S, Z**)
   ssp. **elata** - N-Afr. (&11)
   ssp. **sesquipedalis** (Willd.) Soó - W-Medit., Sard. 750-800 m (&11**)
9. **euxina** (Nevski) Baum. & Künk. (*D. caucasica* (Lipsky) Soó, *D. majalis* ssp. *caucasica* (Klinge) Sunderm., *Orchis caucasica* (Lipsky) Lipsky) - Turk. 1.500-2.500 - „Schwarzmeer-Knabenkraut" (K**)
10. **flavescens** (K.Koch) Baum. & Künk. (*D. romana* ssp. *georgica* (Klinge) Soó, *D. sambucina* ssp. *georgica* (Klinge) Sunderm., *Orchis georgica* (Klinge) Lipsky) - NE-Turk. 900-2.200 m - „Gelbliches, Georgisches Knabenkraut" (K**)
11. **foliosa** (Rchb.f.) Soó [*D. foliosa* (Sol. ex Lowe) Soó (H**), *D. foliosa* (Verm.) Soó (K**)] (*Orchis foliosa* Sol. ex Lowe, *O. latifolia* var. *foliosa* Rchb.f., *O. maderensis* Summerh., *O. orientalis* ssp. *foliosa* (Rchb.f.) Klinge, *Dactylorchis foliosa* (Rchb. f.) Verm.) - end. to Mad. 400-1.000 m - „Madeira-, Blattreiches Knabenkraut" (9**, G**)
12. **fuchsii** (Druce) Soó (*D. maculata* ssp. *fuchsii* (Druce) Hyl., *D. maculata* ssp. *meyeri* (Rchb.f.) Tourn., *Orchis fuchsii* Druce, *Dactylorchis fuchsii* (Druce) Verm. ssp. *fuchsii*) - C-Eur., E-Sib. - „Fuchs' Knabenkraut, Common Spotted-orchid" (S, T, V)
    ssp. **fuchsii** - C-Eur., As. (T**)
- *fuchsii* (Druce) Soó: 20 (K**)
13. **gervasiana** (Tod.) Baum. & Künk. (*Orchis macrostachys* Tin.) - SO-It., Sard., Sic., Cors. 400-1.500 m (K**)

14. **iberica** (Bieb. ex Willd.) Soó - Crim., E-Greece, Turk. 800-2.200 m - „Krim-, Iberisches Knabenkraut" (K**, S)
15. **incarnata** (L.) Soó (*D. strictifolia* (Opiz) Rausch.) - Eur., N-Turk. 0-2.100 m - „Fleischfarbenes Knabenkraut, Early Marsh-orchid" (K**, S, T**)
    ssp. **ochroleuca** (Boll) P.F.Hunt. & Summerh. - Eur., NW-China, Iran (S)
    - *incarnata* ssp. *africana* (Klinge) Sunderm.: 8 (H, K**)
    - *incarnata* ssp. *turcestanica* (Klinge) Sunderm.: 33 (K**)
16. **insularis** (Sommier) Landwehr (*D. sambucina* ssp. *insularis* (Sommier) Soó, *D. romana* ssp. *bartonii* Huxl. & Hunt, *Orchis insularis* Sommier) - Sard., Cors., Sp. 0-1.500 m - „Insel-Knabenkraut" (K**, T**, N**)
17. **kalopissii** E.Nelson - Greece, Bulg. ca. 800 m - „Kalopissis' Knabenkraut" (O1/91)
    - *kotschyi* (Rchb.f.) Soó: 33 (K**)
    - *lancibracteata* (K.Koch) Renz: 34 (K**)
18. **lapponica** (Laest ex Rchb.f.) Soó - C-Eur. - „Lappländisches Knabenkraut" (V)
19. **latifolia** (L.) Baum. & Künk. (*D. sambucina* (L.) Soó, *Orchis latifolia* L., *O. sambucina* L., inv.name) - Eur. mount. (T**)
    - *latifolia* (auct.) Soó: 21 (K**, S)
20. **maculata** (L.) Soó (*D. fuchsii* (Druce) Soó, *Orchis maculata* L.) - Eur. 0-2.200 m - „Geflecktes Knabenkraut, Heath Spotted-orchid" (K**, S, V, N**, Z**)
    ssp. **ericetorum** (Linton) P.F.Hunt & Summerh. (V)
    ssp. **fuchsii** (Druce) Hyl. - C-Eur. (V**)
    ssp. **saccifera** (Brongn.) Soó - Sic. (&11)
    var. **elodes** (Griseb.) P.F.Hunt & Summerh. - C-Eur. (V**)
    - *maculata* ssp. *fuchsii* (Druce) Hyl.: 12 (T)
    - *maculata* ssp. *meyeri* (Rchb.f.) Tourn.: 12 (T)
    - *maculata* ssp. *osmanica* Sunderm.: 23 (K**)
    - *maculata* ssp. *triphylla* Sunderm.: 34 (K**)
21. **majalis** (Rchb.) P.F.Hunt & Summerh. (*D. latifolia* (auct.) Soó) - C-Eur. 0-2.600 m - „Breitblättriges Knabenkraut" (K**, S, V**)
    ssp. **alpestris** (Pugsl.) Sengh. - Alp. 1.200-2.400 m (S)
    - *majalis* ssp. *caucasica* (Klinge) Sunderm.: 9 (K**)
22. **markusii** (Tin.) Baum. & Künk. (*D. romana* ssp. *siciliensis* (Klinge) Soó, *D. sambucina* ssp. *siciliensis* (Klinge) Sunderm., *D. sulphurea* ssp. *siciliensis* (Klinge) Franco) - N-Port., C-Sp., Sard., N-Afr. 700-2.000 m - „Sizilianisches Knabenkraut" (K**)
23. **nieschalkiorum** Baum. & Künk. (*D. maculata* ssp. *osmanica* Sunderm.) - end. to NW-Turk. 700-2.000 m - „Nieschalks Knabenkraut" (K**)
24. **osmanica** (Klinge) Soó (*D. cataonica* (Fleischm.) Holub, *D. cilicica* (Klinge) Soó, *Orchis cataonica* Fleischm., *O. cilicica* (Klinge) Schltr.) - E-Turk. 500-2.400 m - „Osmanisches Knabenkraut" (K**)
    - *persica* (Schltr.) Soó: 33 (K**)
25. **praetermissa** (Druce) Soó - N-Eur., It. - „Übersehenes Knabenkraut, Southern Marsh-orchid" (K**, S, V**, O4/83, Z**)
26. **purpurella** (T. & T.A.Stephenson) Soó - Scott., Eire - „Purpurblütiges Knabenkraut, Northern Marsh-orchid" (K**, Z**)
27. **romana** (Sebast. & Mauri) Soó (*D. sambucina* ssp. *pseudosambucina* (Ten.) Sunderm., *D. sulphurea* Franco, *D. sulphurea* ssp. *pseudosambucina* (Ten.) Franco, *D. sulphurea* ssp. *sulphurea*, *Orchis romana* Sebast., *O. mediterranea* Klinge, inv.name, *O. mediterranea* ssp. *mediterranea*, *O. mediterranea* ssp. *pseudosambucina* (Ten.) Klinge, *O. pseudosambucina* Ten.) - C-S-It., Greece, O-Turk. 0-1.800 m - „Römisches Knabenkraut" (K**, S, T**)
    - *romana* ssp. *bartonii* Huxl. & Hunt: 16 (K**, T**)
    - *romana* ssp. *georgica* (Klinge) Soó: 10 (K**)
    - *romana* ssp. *siciliensis* (Klinge) Soó: 22 (K**)
28. **russowii** (Klinge) Holub - NE-Eur. (K**)

29. **saccifera** (Brongn.) Soó - Greece 400-2.000 m - „Langähriges Knabenkraut" (K**, S)
- *saccifera* ssp. *cartaliniae* (Klinge) Soó: 34 (K**)
- *saccifera* ssp. *lancibracteata* (K. Koch) Soó: 34 (K**)
30. **sambucina** (L.) Soó (*Orchis sambucina* L., *O. mixta* var. *sambucina* (L.) Retz., *O. incarnata* Willd., *O. schleicheri* Sweet, *O. saccata* Rchb.f., *O. lutea* Dulac, *Dactylorchis sambucina* (L.) Verm.) - Eur. 0-2.100 m - „Holunder-Knabenkraut" (G, K**, S, T**)
- *sambucina* (L.) Soó: 19 (T**)
- *sambucina* ssp. *georgica* (Klinge) Sunderm.: 10 (K**)
- *sambucina* ssp. *pseudosambucina* (Ten.) Sunderm.: 27 (K**, T**)
- *sambucina* ssp. *siciliensis* (Klinge) Sunderm.: 22 (K**)
- *sambucina* ssp. *insularis* (Sommier) Soó: 16 (T**, N**)
- *sanasunitensis* (Fleischm.) Soó: 33 (K**)
31. **sphagnicola** (Höppner) Soó - C-Eur. - „Torfknabenkraut, Torfmoos-Knabenkraut" (V**)
- *strictifolia* (Opiz) Rausch.: 15 (K**)
- *sulphurea* Franco: 27 (K**)
- *sulphurea* ssp. *pseudosambucina* (Ten.) Franco: 27 (K**, T**)
- *sulphurea* ssp. *siciliensis* (Klinge) Franco: 22 (K**)
- *sulphurea* ssp. *sulphurea*: 27 (T**)
32. **traunsteineri** (Sauter ex Rchb.f.) Soó - N-Eur., SE-Germ. 600-1.900 m - „Traunsteiners Knabenkraut, Narrow-leaved Marsh-orchid" (K**, S, Z**)
33. **umbrosa** (Karel. & Kir.) Nevski (*D. incarnata* ssp. *turcestanica* (Klinge) Sunderm., *D. persica* (Schltr.) Soó, *D. sanasunitensis* (Fleischm.) Soó, *D. vanensis* E.Nelson, *D. kotschyi* (Rchb.f.) Soó, *Orchis turcestanica* (Klinge) Klinge) - NE-Turk. 1.000-3.800 m - „Persisches Knabenkraut" (K**, O3/83)
34. **urvilleana** (Steud.) Baum. & Künk. (*D. lancibracteata* (K.Koch) Renz, *D. maculata* ssp. *triphylla* Sunderm., *D. saccifera* ssp. *cartaliniae* (Klinge) Soó, *D. saccifera* ssp. *lancibracteata* (K.Koch) Soó, *Orchis affinis* K.Koch, *O. amblyoloba* Nevski, *O. cartaliniae* (Klinge) Lipsky, *O. pontica* Fleischm. & H.Mazz., *O. triphylla* K.Koch) - NE-Turk. 0-2.700 m - „D'Urvilles Knabenkraut" (K**)
- *vanensis* E.Nelson: 33 (K**)

Dactylorhynchos Schltr. - 1913: *Bulbophyllum* Thou.

Dactylorhynchus Schltr. [Dactylorhynchus Schltr. (S)] - 1913 - *Bulbophyllinae* (S) - 4 sp. epi. - P.N.Gui., Sol.
1 **absconditum** J.J.Sm. - N.Gui. (S)
2. **flavescens** Schltr. (*Bulbophyllum latipes* J.J.Sm.) - P.N.Gui. (S*)
3. **gyaloglossum** Verm. - N.Gui. (S)
4. **melanoxanthum** Verm. & Lewis - Sol. (S)

Dactylostalix Rchb.f. - 1878 - *Subfam. Epidendroideae Tribus: Calypsoeae Subtr. Corallorhizinae* - (*Pergamena* Rchb.f.) - 1 sp. terr. - Jap.
1. **ringens** Rchb.f. (*Pergamena uniflora* Finet, *Calypso japonica* Maxim.) - Jap. (H**, S)

Dactylostylis Scheidw. - 1839: *Zygostates* Lindl. (S)
- *fimbriata* Scheidw.: *Zygostates* 3 (G)

Danhatchia Gar. & Christ. - 1995 - *Physurinae* (S) - 1 sp. terr. - Austr.
1. **australis** (Hatch) Gar. & Christ. (*Yoania australis* Hatch) - Austr. (S*)

× **Darwinara (Dar.)** (*Ascocentrum* × *Neofinetia* × *Rhynchostylis* × *Vanda*)

Darwiniella Braas & Lueckel inv.name - 1982: *Telipogon* H.B.K. (S)

Darwiniella Braas & Lueckel - 1982: *Darwiniera* Braas & Lueckel (O5/82, O6/82)
- *bergoldii* (Gar. & Dunst.) Braas & Lueckel: *Darwiniera* 1 (O6/82)

Darwiniera Braas & Lueckel - 1982: *Telipogon* H.B.K. (S)

Darwiniera Braas & Lueckel - 1982 - *Telipogoninae* (O6/82) - (*Darwiniella* Braas & Lueckel) - Ven.
1. **bergoldii** (Gar. & Dunst.) Braas & Lueckel (*Trichoceros bergoldii* Gar. & Dunst., *Darwiniella bergoldii* (Gar. & Dunst.) Braas & Lueckel) - end. to Ven. 1.800 m (O6/82) → *Telipogon* 9

Dasyglossum Kgr. - 1994: *Trigonochilum* (S)

× **Debruybeara (Dbra.)** (*Ascocentrum* × *Luisia* × *Vanda*)

Decaisnea (Descaisnea) Brongn. - 1829 p.p.: *Tropidia* Lindl.

Decaisnea (Descaisnea) Brongn. - 1829 p.p.: *Prescottia* Lindl.
- *angulosa* Lindl.: *Tropidia* 1 (6*)

Deceptor Seidenf. - 1992 - *Aeridinae* (S) - 1 sp. epi. - Viet.
1. **bidoupensis** (Tixier & Guill.) Seidenf. - Viet. 2.000 m (S*)

× **Degarmoara (Dgmra.)** (*Brassia* × *Miltonia* × *Odontoglossum*)

Degranvillea Determ. 1985 - *Spiranthinae* (S) - 1 sp. terr. - F.Gui.
1. **dermaptera** Determ. - F.Gui. to 600 m (S*)

Deiregyne Schltr. - 1920 - *Subfam. Spiranthoideae Tribus: Cranichideae Subtr. Spiranthinae* - 14 sp. ter/lit - C-Am., Mex.
1. **diaphana** (Lindl.) Gar. (*Spiranthes diaphana* Lindl.) - Mex., Guat. - terr. (G)
- *diaphana* (Lindl.) Gar.: *Burnsbaloghia* 1 (S*)
2. **hemichrea** (Lindl.) Schltr. - Nic. (W**)
3. **ptergodium** Szlach. - terr. (O(B)4)

Deiregynopsis Rausch. - 1982: *Aulosepalum* Gar. (S)

× **Deiselara (Dsla.)** (*Laelia* × *Schomburgkia* × *Sophronitis*)

× **Dekensara (Dek.)** (*Brassavola* × *Cattleya* × *Schomburgkia*)

Dendrobium (Den.) Sw. - 1800 - *Subfam. Epidendroideae Tribus: Dendrobieae Subtr. Dendrobiinae* - (*Inobulbon* (Schltr.) Kraenzl., *Grastidium* Bl., *Eriopexis* Bl., *Dichopus* Bl., *Dolichocentrum* (Schltr.) Brieg., *Conostalix* (Kraenzl.) Brieg., *Monanthus* (Schltr.) Brieg., *Herpethophytum* (Schltr.) Brieg., *Aporum* Bl., *Pedilonum* Bl., *Amblyanthus* (Schltr.) Brieg., *Kinetochilus* (Schltr.) Brieg., *Trachyrhizum* (Schltr.) Brieg., *Callista* Lour., *Bolbidium* (Lindl) Brieg., *Euphlebium* (Kraenzl.) Brieg., *Dendrocoryne* (Lindl.) Brieg., *Latourea* Bl., *Latourorchis* Brieg., *Australorchis* Brieg., *Microphytanthe* (Schltr.) Brieg., *Dockrillia* Brieg.) - ca. 900/1.400 sp. epi/lit/ter - Ind., China, SE-As., Jap., Mal., Phil., Austr.

1. **acerosum** Lindl. (*D. subteres* (Griff.) Lindl., *Aporum subteres* Griff., *A. acerosum* (Lindl.) Brieg., *Callista acerosa* (Lindl.) Ktze.) - Burm., Thai., Mal., Sum., Born. (G)

2. **aciculare** Lindl. (*D. setifolium* Seidenf. & Smitin., *Callista acicularis* (Lindl.) Ktze., *Aporum aciculare* (Lindl.) Rausch.) - Thai., Mal., Phil., Born. (G)
- *acinaciforme* Roxb.: *Aporum* 1 (S)
- *acrobaticum* Rchb.f.: 59 (H**)

3. **acuminatissimum** (Bl.) Lindl. (*D. caudatum* var. *javanica* Teijsm. & Binn., *Grastidium acuminatissimum* Bl., *Callista acuminatissima(um)* (Bl.) Ktze.) - Java (2*, G)
- *acuminatum* Rolfe: *Epigeneium* 1 (9**, E, H)
- *acuminatum* Kunth: *Pleurothallis* 10 (G)

4. **adae** F.M.Bailey - end. to Austr. (Qld.) (P*)

5. **aduncum** Wall. ex Lindl. (*Callista adunca* (Wall. ex Lindl.) Ktze.) - Ind., Mal., China, Viet., Burm., Sik., Laos - sect. *Breviflores* (9**, ß**, E, G**, H**)

6. **aemulum** R.Br. (*Callista aemula* (R.Br.) Ktze., *Tropilis aemula* (R.Br.) Raf., *Dendrocoryne aemulum* (R.Br.) Brieg.) - end. to Austr. (Qld., NSW) - sect. *Dendrocoryne* - „Box Orchid" (8**, 9**, ß**, E, H, P**)

7. **affine** (Decne.) Steud. (*D. dicuphum* F.v.Muell., *Onychium affine* Decne.) - Austr. (NT, WA), N.Gui., Indon. - sect. *Phalaenanthe* (ß**, G, P*, $51/1, S)
- *agathodaemonis* J.J.Sm.: 95 (ß**)
- *aggregatum* Roxb. (4**, 8**, E**): 200 (9**, ß**, G**, H**)
- *aggregatum* Kunth: *Maxillaria* 8 (G)
- *aggregatum* Roxb.: *Callista* 1 (S*)
- *aggregatum* var. *jenkinsii* (Wall. ex Lindl.) King & Pantl.: 173 (ß**, G**)

8. **agrostophyllum** F.v.Muell. - end. to Austr. (Qld.) 800 m - scented - „Buttercup Orchid" (P*)
- *agrostophyllum* Schltr.: *Monanthus* 1 (S)

9. **alabense** J.J.Wood - end. to Born. 1.500-2.400 m (Q**)
- *alagense* Ames: 215 (G)

10. **alaticaulinum** Van Royen - P.N.Gui. (O54/9)

11. **albo-sanguineum** Lindl. (*D. atrosanguineum* (Lindl.) Morr. & De Vos, *Callista albosanguinea* (Lindl.) Ktze.) - Burm., N-Thai. - sect. *Eu-*

genanthe (9**, ß**, E, H*, O1/80)
- *alboviride* Par.: 316 (E, H**)
- *alboviride* Hay.: 199 (9**, G**)
- *album* Wight: 27 (9**, G)
- *album* Hook.: *Maxillaria* 9 (G)
12. **alexandrae** Schltr. - N.Gui. ($53/11)
➝ *alexandrae* Schltr.: *Latourorchis* 1 (S)
- *allioides* J.J.Sm.: 389 (O2/88)
13. **aloifolium** (aloefolium) (Bl.) Rchb. f. (*D. serra* Lindl., *D. micranthum* (Griff.) Lindl., *Aporum serra* Lindl., *A. micranthum* Griff., *Macrostomium aloefolium* Bl., *Oxystophyllum macrostoma* Hassk., *Callista aloefolia* Ktze.) - Born., Sum., Java, Burm., Phil., Thai., Mal. (2*, O3/91, E, H*)
➝ *aloifolium* (Bl.) Rchb.f.: *Aporum* 2 (S)
- *alpestre* Royle: 239 (G)
- *alpestre* (Sw.) Sw.: *Pleurothallis* 22 (G)
14. **amabile** (Lour.) O'Brien (*D. bronckartii* De Wild., *Callista amabilis* Lour., *Epidendrum callista* Raeusch.) - N-Viet. (9**)
15. **amboinense** Hook. (*Callista amboinense* (Hook.) Ktze., *Euphlebium amboinense* (Hook.) Brieg.) - Mal. (9**)
➝ *amboinense* Hook.: *Euphlebium* 1 (S)
16. **amethystoglossum** Rchb.f. (*Callista amethystoglossa* (Rchb.f.) Ktze.) - Phil. - sect. *Pedilonum* (9**, ß**, Z**)
17. **amoenum** Wall. ex Lindl. (*D. egertoniae* Lindl., *D. mesochlorum* Lindl., *Callista amoena* (Wall. ex Lindl.) Ktze.) - Nep., Ind., Him., Thai., Burm., Bhut., Viet. - sect. *Eugenanthe* (9**, ß**, G)
- *amoenum* Wall. ex Lindl.: 26 (E**, H**)
18. **amphigenyum** Ridl. - P.N.Gui. ($54/9)
- *amplum* Lindl.: *Katherinea* 1 (S)
19. **anceps** Sw. (*Aporum anceps* (Sw.) Lindl., *Callista anceps* (Sw.) Ktze.) - Nep., Sik., Ass., Burm., Thai., Camb., Laos, Viet. (9**, G**, Z**)
- *anceps* Gagn.: 194 (G)
- *anceps* Lindl.: 249 (G)
- *andersonianum* F.M.Bailey: 109 (E**, H**)
- *andersonii* J.Scott: 112 (9**, E**, H**)
20. **angulatum** (Bl.) Lindl. (*D. calopogon* Rchb.f., *D. hasseltii* Rchb.f., *Desmotrichum angulatum* Bl., *Callista angulata* (Bl.) Ktze., *C. calopogon* (Rchb.f.) Ktze.) - Java (2*, G)
21. **angustifolium** Lindl. (*D. kelsalli* Ridl., *Callista angustifolia* Ktze., *Desmotrichum angustifolium* Bl.) - Java (2*)
22. **annae** J.J.Sm. - Java (2*)
23. **anosmum** Lindl. (*D. macrophyllum* Lindl. non A.Rich., *D. macranthum* Hook. non A.Rich., *D. superbum* Rchb.f., *D. leucorhodum* Scholz, *D. leucorhodum* Schltr., *D. scortechinii* Hook.f., *D. parishii* Guill., *Callista anosma* (Lindl.) Ktze., *C. macrophylla* (Lindl.) Ktze., *C. scortechinii* (Hook.f.) Ktze.) - Phil., Sri L., Mal., Thai., Indon., N.Gui. - sect. *Eugenanthe* (9**, ß*, A**, E**, G, H**, Z**)
- *ansusanum* Schltr.: 400 (O3/81)
- *antelope* Rchb.f.: 307 ($50/11)
24. **antennatum** Lindl. (*D. d'albertisii* Rchb.f.) - N.Gui., Sol., Austr. (Qld.) - sect. *Ceratobium* - „Antelope Orchid" (4**, ß**, E, G, H, P**, S*, Z**)
var. **d'albertsii** - N.Gui., Sol., Austr. (Qld.) ($50/11)
25. **aphrodite** Rchb.f. (*D. nodatum* Lindl., *Callista aphrodite* (Rchb.f.) Ktze.) - Burm., Thai. (9**, S)
26. **aphyllum** (Roxb.) C.Fisch (*D. cucullatum* R.Br., *D. pierardii* Roxb. ex Hook., *D. pierardii* (Roxb.) C.Fisch., *D. pierardii* var. *cucullatum* (R.Br.) Hook.f, *D. amoenum* Wall. ex Lindl., *D. primulinum* Lindl., *D. madrasense* A.D.Hawk., *Limodorum aphyllum* Roxb., *Cymbidium aphyllum* (Roxb.) Sw., *Callista aphylla* (Roxb.) Ktze.) - Ind., Sik., Nep., China, Bhut., Burm. - sect. *Eugenanthe* (9**, ß**, E**, G**, H**, Z**)
27. **aqueum** Lindl. (*D. album* Wight, *Callista aquea* (Lindl.) Ktze.) - Ind. (9**, G)
- *arachnanthe* Kraenzl.: 109 (G**)
- *arachnites* Thou.: *Aeranthes* 8 (9**)
- *arachnites* Rchb.f. (E**, H): 323 (O3/86, S)

- *arachnites* Rchb.f.: 107 (O6/97)
- *arachnites* com.name: 378 (O3/86)
- *arachnoglossum* André: 337 ($50/11)
- *arachnostachyum* Rchb.f.: 218 (G)
28. **arcuatum** J.J.Sm. - Java (2*)
- *aruanum* Kraenzl.: 232 (G)
- *ashworthiae* O'Brien (8**): 134 (9**)
- *ashworthii* O'Brien: *Latourorchis* 3 (S)
- *asperifolium* J.J.Sm.: *Pedilonum* 1 (S)
29. **atavus** J.J.Sm. - Java (2*)
- *atractodes* Ridl.: 158 (9**, E**, G**, H**)
- *atro-sanguineum* (Lindl.) Morr. & De Vos: 11 (9**)
30. **atroviolaceum** Rolfe (*D. forbesii* Ridl., *Latourorchis atroviolacea* (Rolfe) Brieg., *Sayera atroviolacea* (Rolfe) Rausch.) - P.N.Gui. - sect. *Latouria* (8**, 9**, ß**, E**, H**)
➤ *atroviolaceum* Rolfe: *Latourorchis* 2 (S)
- *augustae-victoriae* Kraenzl.: 201 (G)
- *aurantiacum* Rchb.f.: 69 (ß**)
31. **aurantiroseum** Van Royen - P.N. Gui. ($54/9)
- *aureum* Lindl.: 158 (2*, 9**, G**, H**)
- *aureum* var. *pallida(um)* Lindl.: 158 (9**, G**)
- *aureum* var. *philippinensis* Rchb.f.: 158 (9**, G**)
- *auricolor* J.J.Sm.: *Diplocaulobium* 1 (S)
- *auriferum* Lindl.: *Thrixspermum* 14 (G)
- *auroroseum* Rchb.f.: 254 (2*, G)
32. **bailey** F.v.Muell. - end. to Austr. (Qld.) (P*)
- *bairdianum* F.M.Bailey ($54/9): 127 (P*)
- *bairdianum* F.v.Muell.: 127 (P**)
33. **balzerianum** Fessel & Lueckel - Phil. - sect. *Euphlebio* (O4/97)
- *bambusifolium* Par. & Rchb.f.: 310 (G)
34. **barbatulum** Lindl. (*Callista barbatula* (Lindl.) Ktze.) - Ind. - sect. *Fytchianthe* (8**, 9**, ß)
- *barbatulum* Wight: 264 (G)
- *barbatulum* Batem.: 138 (9**)
- *barringtoniae* (Smith) Sw: *Lycaste* 5 (9**, G)

35. **baseyanum** St.Cloud - end. to Austr. (Qld.) (P)
36. **beamanianum** J.J.Wood - end. to Born. 1.200-1.700 m (Q*)
- *beckleri* F.v.Muell. (E**): 318 (H**, P)
37. **bellatulum** Rolfe - Thai, China, Ind., Burm., Laos, Viet., Camb. - sect. *Nigrohirsutae* (9**, ß**, E, H**, Z**)
38. **bensoniae** Rchb.f. (*Callista bensoniae* (Rchb.f.) Ktze.) - Burm., Ind., Thai. - sect. *Eugenanthe* (9**, ß**)
39. **bicameratum** Lindl. (*D. breviflorum* Lindl., *D. bolboflorum* Falc. ex Hook.f., *Callista bicamerata* (Lindl.) Ktze., *C. bolboflora* (Falc. ex Hook.f.) Ktze.) - Nep., Bhut., Sik., NE-Ind., Burm. (G, S)
40. **bicaudatum** Lindl. ex Reinw. - Java ($50/12)
- *bicaudatum* Kraenzl.: 307 ($50/11)
- *bicolor* Lindl.: *Eria* 49 (G)
- *bicolor* (Ruiz & Pav.) Pers.: *Maxillaria* 29 (G)
41. **bifalce** Lindl. - Austr. (Qld.), N.Gui. (P*, Z)
42. **bifarium** Lindl. (*D. excisum* Lindl., *Callista bifaria* (Lindl.) Ktze.) - Thai., Mal., Amb., Born. (G, Q)
43. **biflorum** Sw. (*Epidendrum biflorum* Forst.f., *Pedilonum biflorum* Bl., *Callista biflora* (Bl.) Ktze.) - Sol., Tah., Samoa (G)
- *biflorum* A.Rich.: 92 (G)
44. **bigibbum** Lindl. (*D. sumneri* F.v. Muell., *D. phalaenopsis* Fitzg., *D. schroederianum* hort. ex Rchb.f., *Callista bigibba* (Lindl.) Ktze., *C. sumneri* (F.v.Muell.) Ktze., *C. phalaenopsis* (Fitzg.) Ktze.) - Austr., N. Gui. - sect. *Phalaenanthe* - „Cooktown Orchid" (9**, ß**, E**, H**, P*, S, Z**)
 var. **compactum** (C.White) M.Clem. & D.Jones (H, P*)
 var. **phalaenopsis** (Fitzg.) M.Clem. & Cribb (H**, P**)
 cv. 'Albomarginatum' (P)
 cv. 'Album' (P)
 cv. 'Hololeucum' (P)
 cv. 'W. Parton' (P)
- *bigibbum* var. *georgei* C.White: 192 (P)
- *bigibbum* var. *phalaenopsis* (Fitzg.) F.M.Bailey: 277 (ß**, S)

- *bigibbum* var. *venosum* F.M.Bailey: 192 (P)
- *bigibbum* var. *superbum* hort. ex Rchb.f.: 277 (ß**)
45. **bilobum** Lindl. (*D. boothii* Teijsm. & Binn. *Monanthus biloba* (Lindl.) Brieg., *Onychium fimbriatum* Bl., *Callista fimbriata* Ktze., *C. boothii* Ktze.) - N.Gui., Sol., Van., N.Cal. (G)
→ *bilobum* Lindl.: *Monanthus* 2 (S)
- *binnendijkii* Rchb.f.: 131 (2*)
- *binnendijkii* Rchb.f.: *Flickingeria* 8 (G)
46. **blumei** Lindl. (*D. planibulbe* Lindl., *D. boothii* Teijsm. & Binn.) - Java (2*)
- *bolboflorum* Falc. ex Hook.f.: 39 (G)
- *boothii* Teijsm. & Binn.: 46 (2*)
47. **bowmanii** Benth. - end. to Austr. (Qld., NSW) (P*)
- *boxallii* Rchb.f.: 145 (9**, ß**, E**, H)
- *brachyacron* Schltr.: 389 (O2/88)
- *brachycarpum* A.Rich.: *Aerangis* 6 (E**, H**)
- *brachythecum* F.v.Muell.: 219 (9**, G)
48. **bracteosum** Rchb.f. (*D. chrysolabium* Rolfe, *D. novae-hiberniae* Kraenzl., *D. dixsonii* F.M.Bailey, *D. trisaccatum* Kraenzl.) - P.N.Gui. - sect. *Pedilonum* (9**, ß**, E**, H**, Z**)
  var. **album** - P.N.Gui. ca. 500 m ($55/8)
- *braianense* Gagn.: 59 (H**)
- *breviflorum* Lindl.: 39 (G)
- *brisbanense* Rchb.f.: 142 (9**, E**, G, H**)
- *bronckartii* De Wild.: 14 (9**)
- *broomfieldii* Fitzg.: 109 (ß**)
49. **brymerianum** Rchb.f. (*Callista brymeriana* (Rchb.f.) Ktze.) - Burm., Viet., Thai., Laos - sect. *Callista* (9**, ß**, E**, H**, S, Z**)
  var. **histrionicum** Rchb.f. (ß**)
50. **bulbophylloides** Schltr. - P.N.Gui. ($54/9)
→ *bulbophylloides* Schltr.: *Microphytanthe* 1 (S)
51. **bullenianum** Rchb.f. (*D. topaziacum* Ames) - Phil., W-Samoa - sect. *Pedilonum* (ß**, E**, H**, Z**)
- *bullerianum* Batem.: 145 (9**, ß**, E**, H)
- *buluense* Schltr.: 232 (G)

- *buluense* var. *kauloense* Schltr.: 232 (G)
- *burbidgei* Rchb.f.: 307 ($50/11)
- *bursigerum* Lindl.: 322 (9**, E**, G**, H**)
52. **cacatua** M.Clem. & D.Jones (*D. tetragonum* var. *hayesianum* Gilbert) - end. to Austr. (Qld.) (P)
53. **calamiforme** Lodd. (*D. teretifolium* var. *fasciculatum* Rupp) - end. to Austr. (Qld.) (P*)
- *calamiforme* Lodd.: 358 (9**, G)
54. **calcaratum** A.Rich. (*D. triviale* Kraenzl., *D. separatum* Ames) - Banks, Esp.Santo, Samoa, N.Brit., Sol., S.Cruz (G)
- *calcaratum* Lindl.: 207 (G)
- *calcaratum* Lindl.: *Conostalix* 1 (S)
- *calceolaria* Carey ex Hook. (8**): 243 (9**, ß**, E**, G**, H**)
55. **caleyi** A.Cunn. (*D. pygmaeum* Lindl.) - Austr. (G)
- *callibotrys* Ridl.: 229 (Q**)
- *calophyllum* Rchb.f.: 232 ($51/2)
- *calopogon* Rchb.f.: 20 (2*, G)
- *cambridgeanum* Paxt.: 260 (8**, 9**)
56. **canaliculatum** R.Br. (*D. tattonianum* Batem. ex Rchb.f., *D. foelschei* F.v.Muell., *Callista tattoniana* (Batem. ex Rchb.f.) Ktze., *C. canaliculata* (R.Br.) Ktze.) - Austr. (Qld.), N.Guin. to 700 m - scented - sect. *Ceratobium* - „Tea-Tree Orchid" (9**, ß**, E**, H**, P*, S, Z**)
  var. **foelschei** (F.v.Muell.) Rupp & Hunt (P)
  var. **nigrescens** Nicholls (P**)
  var. **pallidum** Dockr. (P)
57. **cancroides** Hunt - end. to Austr. (Qld.) (P)
58. **candidum** Wall. ex Lindl. (*D. spathaceum* Lindl.) - Ind. (G)
- *candoonense* Ames: *Flickingeria* 3 (O5/98)
- *caninum* (Burm.f.) Merr.: 88 (9**, G**)
59. **capillipes** Rchb.f. (*D. acrobaticum* Rchb.f., *D. braianense* Gagn., *Callista capillipes* (Rchb.f.) Ktze.) - Thai., Laos, Viet., China, Ind., Burm. - sect. *Eugenanthe* (9**, ß**, E**, H**)
60. **capitisyork** M.Clem. & D.Jones (*D. tetragonum* var. *giganteum* Gilbert) - end. to Austr. (Qld.) (P**)

61. **capituliflorum** Rolfe - N.Gui. - sect. *Pedilonum* (ß**, O5/90)
- *capituliflorum* Rolfe: *Pedilonum* 2 (S)
62. **capra** J.J.Sm. - Java, Mal. ($51/2)
63. **cariniferum** Rchb.f. (*D. cariniferum* var. *wattii* Hook., *Callista carinifera* (Rchb.f.) Ktze.) - Thai., Laos, Viet., China, Ind., Burm., Camb. - sect. *Nigrohirsutae* (9**, ß**)
- *cariniferum* Rchb.f.: 394 (E**, H**)
- *cariniferum* var. *wattii* Hook.: 63 (9**)
64. **carnosum** Rchb.f. (*D. concinnum* Miq., *Oxystophyllum carnosum* Bl., *Aporum concinnum* Lindl., *Callista carnosa* Ktze.) - Java (2*)
- *carnosum* Teijsm. & Binn.: *Dendrobium pumilum* (2*)
- *carnosum* Teijsm. & Binn.: *Bolbidium* 1 (S)
- *carnosum* Presl: *Xylobium* 35 (9**, G**)
65. **carrii** Rupp & C.White - end. to Austr. (Qld.) (P*)
- *carrii* Rupp & C.White: *Katherinea* 2 (S)
66. **carronii** Lavarack & Cribb - end. to Austr. (Qld.) (P*)
- *cassythoides* Lindl.: *Galeola* 2 (G)
- *castum* Batem. ex Hook.f.: 236 (9**, G)
- *catenatum* Lindl.: 236 (9**, E**, G, H**)
- *cathcartii* Gagn.: 310 (G)
- *caudatum* var. *javanica* Teijsm. & Binn.: 3 (2*, G)
- *cebolleta* Jacq.: *Oncidium* 43 (4**, G**, H**)
- *ceraia* Lindl.: 88 (G**)
- *cerinum* Rchb.f.: 313 (G**)
- *chalmersii* F.v.Muell.: *Trachyrhizum* 1 (S)
- *chlorops* Lindl.: 264 (G)
67. **christyanum** Rchb.f. (*D. margaritaceum* Finet) - Viet., Thai. - sect. *Nigrohirsutae* (ß**, H**, O2/90)
68. **chrysanthum** Wall. ex Lindl. [D. chrysanthum Rolfe (ß**, H)] (*D. paxtonii* Lindl., *D. chrysanthum* var. *microphthalma* Rchb.f., *D. chrysanthum* var. *anophthalma* Rchb.f., *Callista chrysantha* (Wall. ex Lindl.) Ktze.) - Ind., Bhut., Burm., Tib., Thai., Laos, Viet., China - sect. *Eugenanthe* (8**, ß**, A**, E**, G**, H**, S)
- *chrysanthum* var. *microphthalma* Rchb.f.: 68 (G**)
- *chrysanthum* var. *anophthalma* Rchb.f.: 68 (G**)
69. **chryseum** Rolfe (*D. clavatum* Lindl., *D. clavatum* Wall., *D. aurantiacum* Rchb.f., *D. flaviflorum* Hay., *D. denneanum* Kerr) - Him. - sect. *Eugenanthe* (ß**)
70. **chrysocrepis** Par. & Rchb.f. (*Callista chrysocrepis* (Par. & Rchb.f.) Ktze.) - Ind., Burm. - sect. *Eugenanthe* (9**, ß**, O6/97)
71. **chrysoglossum** Schltr. - N.Gui. - sect. *Pedilonum* (ß**)
- *chrysolabium* Rolfe: 48 (9**)
- *chrysotis* Rchb.f.: 161 (9**)
72. **chrysotoxum** Lindl. (*D. suavissimum* Rchb.f., *D. chrysotoxum* var. *suavissimum* (Rchb.f.) Veitch, *D. chrysotoxum* var. *delacourii* Gagn., *Callista chrysotoxa* (Lindl.) Ktze., *C. chrysotoxa* (Lindl.) Brieg., *C. suavissima* (Rchb.f.) Ktze.) - Ind., Burm., Thai., China, Laos, Viet. - sect. *Callista* (4**, 8**, 9**, ß**, E**, G**, H**, Z**)
- *chrysotoxum* var. *delacourii* Gagn.: 72 (G**)
- *chrysotoxum* var. *suavissimum* (Rchb.f) Veitch (8**): 72 (9**, ß**, G**)
- *chrysotropis* Schltr.: *Diplocaulobium* 2 (S)
- *ciliatum* Par. ex Hook.f.: 383 (ß**)
- *ciliatum* Par. ex Hook.f.: 99 (9**, E**, H**)
- *ciliatum* Pers.: *Lycaste* 10 (9**, G**)
- *ciliatum* var. *breve* Rchb.f.: 99 (ß**)
- *ciliferum* Bakh.f.: 99 (9**)
- *cincinnatum* F.v.Muell.: *Trachyrhizum* 1 (S)
73. **cinnabarinum** Rchb.f. - Sabah - epi/ter - sect. *Rhopalanthe* (ß**)
   var. **angustipetalum** Carr. (ß**)
- *clavatum* Lindl.: 69 (ß**)
- *clavatum* Wall.: *D. denneanum* (E*)
- *clavatum* Wall.: 69 (H)
- *clavatum* Wall. ex Lindl.: *D. denneanum* Kerr (9**)
- *clavatum* Roxb.: 102 (G**)
74. **clavipes** Hook.f. (*Callista clavipes* Ktze.) - Java (2*)
- *cleistogamus* Schltr.: *Kinetochilus* 1 (S)

75. **cochliodes** Schltr. - N.Gui. 850-1.000 m (O1/91, $50/12)
- *coeleste* Loher: 386 (9**, E**, H**)
- *coeloglossum* Schltr.: *Euphlebium* 2 (S)
- *coelogyne* Rchb.f. (8**): *Epigeneium* 2 (E**, H**)
- *coerulescens* Wall. ex Lindl.: 253 (8**, G, E**, H**)
- *coerulescens* Schltr.: 295 (O4/89)
- *cogniauxianum* Kraenzl.: 201 (G)
- *comatum* (Bl.) Lindl. (2*): *Flickingeria* 5 (G, H**)
76. **compactum** Rolfe - Thai. (O3/90)
- *compressum* Lindl.: 186 (2*, G**)
77. **comptonii** Rendle (*D. gracilicaule* var. *howeanum* Maiden) - end. to Lord-H. (P)
78. **conanthum** Lindl. [D. conanthum Schltr. ($51/1)] - N.Gui., Van. ($54/9)
- *concinnum* Miq.: 64 (2*)
79. **confusum** Schltr. - P.N.Gui. ($54/9)
80. **connatum** Lindl. (*D. subarticulatum* Teijsm. & Binn., *Onychium connatum* Bl., *Callista connata* Ktze.) - Java (2*)
- *conostalix* Rchb.f.: 207 (G)
- *conostalix* Rchb.f.: *Conostalix* 1 (S)
81. **convexum** Lindl. (*Desmotrichum convexum* Bl., *Callista convexa* Ktze.) - Java (2*)
- *corniculatum* (Sw.) Sw.: *Pleurothallis* 170 (G)
- *cornutum* Hook.: 183 (2*, G**)
82. **corrugatilobum** J.J.Sm. - Java - sect. *Conostalix* (Q)
- *crassicaule* Schltr.: *Kinetochilus* 2 (S)
83. **crassifolium** Schltr. - Sol. ($54/9)
- *crassifolium* A.Cunn.: *Bulbophyllum* 486 (G)
- *crassinode* Bens. & Rchb.f. (8**): 275 (9**, ß**, E**, H**)
84. **crepidatum** Lindl. & Paxt. [D. crepidatum Griff. ($54/9)] (*D. lawanum* Lindl., *D. roseum* Dalz., *Dendrochilum roseum* Dalz., *Callista crepidata* (Lindl.) Ktze.) - Ass., Him., Nep., Sik., Thai., Bhut., Burm., Laos, China - sect. *Eugenanthe* (9**, ß**, E**, H**, Z**)
85. **cretaceum** Lindl. (*Callista cretacea* (Lindl.) Ktze.) - NE-Ind., Burm., Thai., Laos (9**, G**)
- *cretaceum* Lindl.: 284 (ß**)

- *criniferum* Lindl.: *Dendrobium comatum* (2*)
- *criniferum* Lindl.: *Flickingeria* 5 (G)
86. **crispilinguum** Cribb - P.N.Gui. ca. 1.500 m (O1/91, $51/1)
- *crispum* Dalz.: 228 (G)
- *crocatum* Hook.f.: *Pedilonum* 3 (S)
87. **cruentum** Rchb.f. - CITES - Thai., Burm. - sect. *Nigrohirsutae* (ß**, Z**)
88. **crumenatum** Sw. (*D. ceraia* Lindl., *D. schmidtianum* Kraenzl., *D. cumulatum* Kraenzl., *D. simplicissimum* (Lour.) Kraenzl., *D. caninum* (Burm. f.) Merr., *D. kwashotense* Hay., *Onychium crumenatum* Bl., *Callista crumenata* (Sw.) Ktze., *Angraecum crumenatum* Rumph., *Epidendrum caninum* Burm.f., *E. spatulatum* Burm.f., *Ceraja simplicissima* Lour., *Aporum crumenatum* (Sw.) Brieg., *A. kwashotense* (Hay.) Rausch.) - Ind., China, Mal., Phil., Thai., Indon., N.Gui - sect. *Rhopalanthe* - „Dove Orchid, Pigeon Orchid" (2*, 9**, ß**, G**, Z**)
➛ *crumenatum* Sw.: *Aporum* 4 (S)
89. **crystallinum** Rchb.f. (*Callista crystallina* (Rchb.f.) Ktze.) - Burm., Thai., Laos, Camb., Viet., NE-Ind. - sect. *Eugenanthe* (9**, ß**, S)
- *cucullatum* R.Br.: 26 (9**, ß**, G**)
90. **cucumerinum** MacLeay ex Lindl. (*Callista cucumerina* (MacLeay ex Lindl.) Ktze., *Dockrillia cucumerina* (MacLeay ex Lindl.) Brieg.) - end. to Austr. (Qld., NSW) - „Cucumer, Gherkin Orchid" (4**, 9**, O3/91, G**, P**, Z**) ➛ Dockrillia 1
- *cultriforme* (Lindl.) Thou.: *Polystachya* 23 (E**, H**, U, G)
91. **cumulatum** Lindl. (*Callista cumulata* (Lindl.) Ktze.) - NE-Ind., Nep., Sik., Bhut., N-Burm. 300-1.000 m - sect. *Pedilonum* (9**, ß**)
- *cumulatum* Kraenzl.: 88 (G**)
92. **cunninghamii** Lindl. [D. cunninghamii Schltr. (ß**)] (*D. biflorum* A.Rich., *D. lessonii* Col.) - end. to N.Zeal. - sect. *Macrocladium* (G, O3/92, Z)
➛ *cunninghamii* Lindl.: *Winika* 1 (S)
- *cupreum* Herb.: *Dendrobium calceolaria* (8**)
- *cupreum* Herb.: 243 (9**, ß**, E**, G**)

- *cupreum* Herb.: 243 (H)
93. **curtisii** Rchb.f.
  var. **alba** - Burm. (S*)
94. **curvicaule** (F.M.Bailey) M.Clem. & D.Jones (*D. speciosum* var. *curvicaule* F.M.Bailey) - end. to Austr. (Qld.) (P)
- *cuspidatum* (Lindl.) Lindl.: 249 (G)
- *cuspidatum* Lindl.: *Aporum* 3 (S)
95. **cuthbertsonii** F.v.Muell. (*D. sophronites* Schltr., *D. agathodaemonis* J.J.Sm., *D. fulgidum* Ridl.) - N.Gui. - sect. *Oxyglossum* (ß**, H**, O4/89, Z**)
↣ *cuthbertsonii* F.v.Muell.: *Pedilonum* 4 (S)
96. **cyanocentrum** Schltr. - Sul. to Fiji 0-1.300 m (O4/89)
- *cymbidioides* (Bl.) Lindl. (2*, 8**): *Epigeneium* 3 (9**, E**, H**)
97. **cymboglossum** J.J.Wood & A.Lamb - end. to Born. - sect. *Calcarifera* (Q**)
- *d'albertisii* Rchb.f.: 24 (ß**)
- *dalhousieanum* Wall. ex Paxt. (8**): 293 (ß**, E**, G, H**, S*)
- *dartoisianum* De Wild.: 367 (9**)
98. **dearei** Rchb.f. - Phil. - sect. *Nigrohirsutae* (8**, ß**, E**, H**, Z**)
99. **delacourii** Guill. (*D. ciliatum* Par. ex Hook.f., *D. ciliatum* var. *breve* Rchb.f., *D. ciliferum* Bakh.f., *D. rupicola* Rchb.f., *Callista ciliata* (Par. ex Hook.f.) Ktze.) - Burm., Laos, Viet., Thai., Indoch. - sect. *Stachyobium* (9**, ß**, A**, E**, H**, Z**)
100. × **delicatum** (F.M.Bailey) F.M.Bailey [D. delicatum (F.M.Bailey) F.M.Bailey (E), D. delicatum Kraenzl. (O4/89)] (*D. kingianum* × *D. speciosum*) nat. hybr. - end. to Austr. (Qld., NSW) (H, S**)
101. **deltatum** Seidenf. - Thai. - sect. *Distichophyllum* (O1/92)
- *denneanum* Kerr (9**, E*): 69 (ß**, H)
102. **densiflorum** Wall. ex Lindl. (*D. schroederi* hort., *D. clavatum* Roxb., *D. guibertii* Carr., *D. griffithianum* var. *guibertii* (Carr.) Veitch, *Callista densiflora* (Wall. ex Lindl.) Ktze., *Callista densiflora* (Wall. ex Lindl.) Brieg.) - Nep., Ind., Burm., Ass., N-Thai., Laos, Viet. - sect. *Callista* (8**, 9**, ß**, E**, G**, H**)
- *densiflorum* var. *farmeri* (Paxt.) Regel: 125 (8**, 9**, H**)
- *densiflorum* var. *albo-lutea(um)* Hook.f. (E**): 364 (8**, 9**, H**)
- *densiflorum* var. *alboluteum* Hook.f.: 125 (ß**)
- *densiflorum* var. *alba* Regel: 125 (9**)
103. **denudans** D.Don (*Callista denudans* (D.Don) Ktze.) - Him., Nep., Ind., Sik. (9**, E, G, H, S)
- *denudans* Lindl.: 239 (G)
- *desmotrichoides* J.J.Sm.: *Dockrillia* 2 (S)
104. **devonianum** Paxt. (*D. pictum* Griff., *D. pulchellum* Lindl., *D. pulchellum* var. *devonianum* (Paxt.) Rchb.f., *Callista devoniana* (Paxt.) Ktze.) - Ind., Bhut., Burm., Thai., China - sect. *Eugenanthe* (8**, 9**, ß**, A**, G, H**, S*)
105. **dichaeoides** Schltr. - N.Gui., Phil. 1.000-2.500 m (O2/88, S55/8)
106. **dichromum** Schltr. - N.Gui. (O5/90)
107. **dickasonii** L.O.Wms. (*D. arachnites* Rchb.f.) - Burm., Thai. - sect. *Dendrobium* (O6/97)
- *dicuphum* F.v.Muell.: 7 (ß**, G, P)
108. **dillonianum** A.D.Hawk. & Heller - P.N.Gui. (S54/9)
- *discocaulon* Schltr.: *Pedilonum* 5 (S)
109. **discolor** Lindl. (*D. undulatum* R.Br., *D. broomfieldii* Fitzg., *D. andersonianum* F.M.Bailey, *D. fuscum* Fitzg., *D. arachnanthe* Kraenzl., *D. elobatum* Rupp., *Callista undulata* (R.Br.) Ktze.) - Austr., N.Gui. 0-550 m - sect. *Ceratobium* - „Golden Orchid, Antilope Orchid" (ß**, E**, G**, H**, P**, O4/95, S, Z**)
  var. **broomfieldii** Fitzg. (P)
  var. **fimbrilabium** (Rchb.f.) Dockr. (P)
  var. **fuscum** (Fitzg.) Dockr. (P)
110. **dixanthum** Rchb.f. (*D. moulmeinense* Par. ex Hook.f., *Callista dixantha* (Rchb.f.) Ktze., *C. moulmeinensis* (Par. ex Hook.f.) Ktze.) - Burm., Thai. - sect. *Eugenanthe* (8**, 9**, ß**, E**, H**)
- *dixsonii* F.M.Bailey: 48 (9**)
111. **dolichophyllum** D.Jones & M.Clem. (*D. teretifolium* var. *aureum* F.M.Bailey) - end. to Austr. (Qld., NSW) „Yellow Pencil Orchid" (P)
112. **draconis** Rchb.f. (*D. eburneum*

Rchb.f. ex Batem., *D. andersonii* J. Scott, *Callista draconis* (Rchb.f.) Ktze.) - Burm., Thai., Laos, Camb., Viet. - sect. *Nigrohirsutae* (9**, ß**, E**, H**, Z**)
- *dryadum* Schltr.: 389 (ß**)
113. **dulce** J.J.Sm. - Sri L., Fiji, N.Gui. ca. 700 m (O3/81)
114. **durum** J.J.Sm. - Java (2*)
- *eburneum* Rchb.f. ex Batem.: 112 (9**, ß**, H**)
- *egertoniae* Lindl.: 17 (9**, G)
- *elegans* Kunth: *Pleurothallis* 234 (G)
- *elobatum* Rupp.: 109 (G**)
- *elongatum* Lindl.: *Dendrobium cymbidioides* (2*)
- *elongatum* A.Cunn. non Lindl.: 142 (9**, E**, G, H**)
115. **engae** T.M.Reeve - end. to N.Gui. 2.000-2.700 m (9**, O2/84)
- *eoum* Ridl.: 190 ($50/11)
- *equitans* Kraenzl.: *Aporum* 5 (S)
116. **eriaeflorum** Griff. - N-Ind., Nep., Burm., Bhut. (E, H*)
- *eriopexis* Schltr.: *Eriopexis* 1 (S)
117. **erosum** (Bl.) Lindl. (*Pedilonum erosum* Bl., *Callista erosa* (Bl.) Ktze.) - Java (G)
118. **erythroglossum** Hay. - Taiw. (A**)
119. **erythropogon** Rchb.f. - Born. (Q)
- *eulophotum* Lindl.: 166 (2*)
- *euphlebium* Rchb.f.: 335 (2*)
- *euphlebium* Rchb.f.: *Euphlebium* 3 (S)
- *eustachyum* Schltr.: 134 (9**)
120. **excavatum** Miq. (*Oxystophyllum excavatum* Bl., *Callista excavata* Ktze.) - Java (2*)
- *excisum* Lindl.: 42 (G)
121. **exsculptum** Teijsm. & Binn. (*D. flavidulum* Ridl., *Callista flavidula* Ktze.) - Java (2*)
- *extinctorium* Lindl.: *Eria* 86 (9**, G)
122. **fairfaxii** F.v.Muell. (*D. teretifolium* var. *fairfaxii*) - end. to Austr. (Qld., NSW) to 1.000 m - "Pencil Orchid" (P*)
- *fairfaxii* F.v.Muell.: 358 (9**, G)
123. **falconeri** Hook. (*Callista falconeri* (Hook.) Ktze.) - Bhut., Ind., Burm., Thai., China, Taiw. - sect. *Eugenanthe* (9**, ß**, E, H)
- *falconeri obtusum* hort.: 390 (8**)
- *falconeri sepalis* ecc. ß Hook.: 390 (8**, 9**)
124. **falcorostrum** Fitzg. - end. to Austr. (Qld., NSW) 800 m - scented - „Beech Orchid" (P**)
- *fantasticum* sensu P.Tayl. & Wood: 396 (9**)
- *fargesii* Finet: *Epigeneium* 4 (H, S)
- *fariniferum* Schltr.: *Diplocaulobium* 3 (S*)
125. **farmeri** Paxt. (*D. densiflorum* var. *farmeri* Regel, - var. *alboluteum* Hook.f., - var. *alba* Regel, *D. farmeri* var. *parviflora* Regel, *D. thyrsiflorum* Regel, *Callista farmeri* (Paxt.) Ktze., *C. farmeri* (Paxt.) Brieg.) - Ind., Burm., Mal., Thai., Laos, Viet., Him. - sect. *Callista* (8**, 9**, ß**, E**, H**, Z**)
- *farmeri* var. *aureo-flava* Hook.: 146 (9**, G)
- *farmeri* var. *parviflora* Regel: 125 (9**)
126. **faulhaberianum** Schltr. (O2/81)
127. **fellowsii** F.v.Muell. (*D. bairdianum* F.v.Muell.) - end. to Austr. (Qld.) 800 m (P**)
- *fellowsii* F.v.Muell.: 142 (9**, E**, G, H**)
- *ferox* Hassk.: 219 (2*, 4**, 9**, G)
128. **fesselianum** M.Wolff - Thai. - scented (O3/90)
- *filiforme* Lindl.: *Platyclinis filiformis* (8**)
129. **fimbriatum** Hook. (*D. fimbriatum* var. *oculata* Hook., *Callista fimbriata* (Hook.) Ktze.) - Him., Nep., Burm., Thai., Indoch., Mal. - sect. *Eugenanthe* (8**, 9**, ß**, E**, H**, S*, Z**)
var. **oculatum** Hook.f. (*D. paxtoni* Paxt.) (8**, ß**, E**, H**)
var. **gibsonii** Finet (E)
- *fimbriatum* Lindl.: 131 (2*)
- *fimbriatum* (Bl.) Lindl.: *Flickingeria* 8 (G)
- *fimbriatum* var. *oculata* Hook.: 129 (9**)
130. **findlayanum** (findleyanum) Par. & Rchb.f. (*Callista findlayana* (Par. & Rchb.f.) Ktze.) - Burm., Thai., Laos - sect. *Eugenanthe* (9**, ß**, E**, H**, S*)
- *firmum* Steud.: 246 (9**, G**)
- *flabellatum* Rchb.f.: *Flickingeria* 8 (G)
131. **flabellum** Rchb.f. (*D. binnendijkii* Rchb.f., *D. fimbriatum* Lindl., *D. kunstleri* Hook.f., *Callista flabella*

Ktze., *C. binnendijkii* Ktze., *C. kunstleri* Ktze., *Desmotrichum fimbriatum* Bl.) - Java (2*)
- *flabellum* Hemsl.: *Flickingeria* 8 (G)
- *flavescens* Lindl.: *Polystachya flavescens* (2*)
- *flavescens* (Bl.) Lindl.: *Polystachya* 19 (G, U)
- *flavidulum* Ridl.: 121 (2*)
- *flaviflorum* Hay.: 69 (ß**)
132. **fleckeri** Rupp & C.White - end. to Austr. (Qld.) 1.000 m - scented (P**)
- *flexuosum* Griff.: 210 (E**, G, H**)
133. × **foederatum** St.Cloud (*D. rigidum* × *D. baseyanum*) - nat.hybr. - end. to Austr. (Qld.) (P*)
- *foelschei* F.v.Muell.: 56 (E**, H**)
- *foliosum* Brongn.: *Pseuderia* 2 (G)
134. **forbesii** Ridl. (*D. ashworthiae* O'Brien, *D. forbesii* var. *praestans* Schltr., *D. eustachyum* Schltr., *Latourorchis forbesii* (Ridl.) Brieg., *Sayeria forbesii* (Ridl.) Rausch.) - N.Gui. - sect. *Latouria* (9**, ß**, Z**)
↳ *forbesii* Ridl.: *Latourorchis* 3 (S)
- *forbesii* Ridl.: 30 (8**)
- *forbesii* var. *praestans* Schltr.: 134 (9**)
- *formosanum* (Rchb.f.) Masamune: 253 (G)
135. **formosum** Roxb. ex Lindl. (*D. infundibulum* Rchb.f. non Lindl., *Callista formosa* (Roxb.) Ktze.) - Ind., Him., Thai., Viet., Nep. to Burm. - sect. *Nigrohirsutae* (8**, ß**, E**, G**, H**, S, Z)
- *formosum* var. *infundibulum* Du Buyss.: 169 (8**)
- *fragrans* hort. ex Hook.f.: 315 (9**)
- *fredianum* hort.: 210 (E**, H**)
136. **friedericksianum** Rchb.f. - Thai. - sect. *Eugenanthe* (ß**)
- *friedericksianum* Rchb.f.: 253 (G)
137. **fuerstenbergianum** Schltr. - end. to N-Thai. (H, O2/90)
- *fulgidum* Ridl.: 95 (ß**)
- *funiformis* Schltr.: *Cadetia* 3 (S)
- *furcatum* Reinw. ex Lindl.: *Dolichocentrum* 1 (S)
- *fuscatum* Lindl.: 139 (9**, ß**)
- *fuscum* Fitzg.: 109 (G**)
- *fusiforme* (F.M.Bailey) F.M.Bailey: 177 (H**, P)
- *fusiforme* (F.M.Bailey) F.M.Bailey: *Dendrobium ruppianum* (9**, E)
- *fusiforme* Thou.: *Polystachya* 36 (G, U)
138. **fytchianum** Batem. (*D. barbatulum* Batem., *Callista fytchiana* (Batem.) Ktze.) - Burm., Mal. - sect. *Fytchianthe* (9**, ß**)
- *galactanthum* Schltr.: 316 (H**)
- *galeatum* Sw.: *Polystachya* 37 (9**)
- *gemellum* Ridl.: 310 (2*, G)
- *gemellum* Lindl. (2*): 167 (G)
- *geminatum* (Bl.) Lindl. (2*): *Katherinea* 3 (S)
- *geminiflorum* Schltr.: 389 (O2/88)
139. **gibsonii** Lindl. [D. gibsonii Paxt. ($54/9)] (*D. fuscatum* Lindl., *Callista gibsonii* (Lindl.) Ktze.) - Sik., Him., Nep. to Bhut., Ass., Burm. - sect. *Eugenanthe* (9**, ß**, H)
- *giulianettii* F.M.Bailey: 232 (G)
- *glabrum* J.J.Sm.: *Diplocaulobium* 5 (S)
- *glaucophyllum* Teijsm. & Binn.: 306 (2*, G)
- *glossorhynchoides* Schltr.: *Herpethophytum* 1 (S)
- *goldfinchii* F.v.Muell.: *Aporum* 6 (S)
- *goldiei* Rchb.f.: 351 (8**)
- *gordonii* S.Moore ex Bak.: 219 (G)
140. **gouldii** Rchb.f. (*D. veratrifolium* Lindl., *D. lineale* Rolfe, *D. imperatrix* Kraenzl., *D. imthurnii* Rolfe, *D. veratroides* Bakh.f., *D. undulatum* var. *woodfordianum* Maiden, *D. woodfordianum* (Maiden) Schltr., *Callista gouldii* (Rchb.f.) Ktze.) - P.N.Gui., P.Is. - „Guadalcanal" (9**, A**, E, H**, \$51/2, S*, Z**)
var. **acutum** Rchb.f. - P.N.Gui., P.Is. ($51/2)
141. **gracile** Lindl. (*Onychium gracile* Bl., *Callista gracilis* Ktze.) - Java (2*)
↳ *gracile* (Bl.) Lindl.: *Aporum* 7 (S)
142. **gracilicaule** F.v.Muell. (*D. elongatum* A.Cunn. non Lindl., *D. brisbanense* Rchb.f., *D. fellowsii* F.v.Muell., *D. jonesii* Rendle, *D. macropus* (Endl.) Moore ssp. *gracilicaule* (F.v.Muell.) P.S.Green, *Callista gracilicaulis* (F.v.Muell.) Ktze., *Tropilis gracilicaulis* (F.v.Muell.) Butzin) - Austr. (Qld., NSW), N.Cal. - scented (9**, E**, G, H**, P*, Z**)
- *gracilicaule* var. *howeanum* Maiden: 77 (P)
143. × **gracillimum** (Rupp) Rupp (*D.*

speciosum × *D. gracilicaule*) nat. hybr. - end. to Austr. (Qld., NSW) (P*)
- *gracillimum* (Rupp) Rupp (E, H): 143
- *graminifolium* (L.) Willd.: *Octomeria* 11 (9**)
144. **grandiflorum** Lindl. (*Desmotrichum grandiflorum* Bl., *Callista grandiflora* Ktze.) - Java (2*)
- *grandiflorum* H.B.K.: *Maxillaria* 111 (E, G, H)
- *grandiflorum* Reinw. ex Hook.f.: *Bulbophyllum* 537 (9**, G)
- *grantii* C.White: 201 (G)
145. **gratiosissimum** Rchb.f. (*D. bullerianum* Batem., *D. boxallii* Rchb.f., *Callista boxallii* (Rchb.f.) Ktze.) - Ind., Thai., Laos, China, Burm. - sect. *Eugenanthe* (9**, ß**, E**, H)
146. **griffithianum** Lindl. (*D. farmeri* var. *aureo-flava* Hook., *Callista griffithiana* (Lindl.) Ktze.) - Burm., Thai., NE-Ind. - sect. *Callista* (9**, ß**, E, G, H*)
- *griffithianum* var. *guibertii* (Carr.) Veitch: 102 (G**)
147. **× grimesii** C.White & Summerh. (*D. calamiforme* × *D. linguiforme*) nat. hybr. - end. to Austr. (Qld.) 1.000 m (P*)
148. **guadalcanalense** Guill. ($51/2)
- *guibertii* Carr.: 102 (G**)
149. **habbemense** Van Royen - N.Gui. (O4/89)
150. **hamaticalcar** J.J.Wood & Dauncey - end. to Born. 400-900 m - sect. *Calcarifera* (Q**)
151. **hamiferum** Cribb - P.N.Gui. 1.100 - 1.800 m (O1/91)
- *hanburyanum* Rchb.f.: 205 (9**, E**, H**)
- *haniffii* var. *dartoisianum* (De Wild.) A.D.Hawk.: 367 (9**)
- *harrisoniae* Hook.: *Bifrenaria* 5 (8**, G**, H**)
152. **harveyanum** Rchb.f. - Burm., Viet., Thai. - sect. *Callista* (9**, ß**, A**, H**, Z**)
153. **hasseltii** Lindl. (*Pedilonum hasseltii* Bl., *Callista hasseltii* Ktze.) - Java (2*)
- *hasseltii* Rchb.f.: 20 (2*, G)
- *hastatum* Pers.: *Maxillaria* 116 (G)
- *hedyosmum* Batem. ex Hook.f.: 316 (9**, E, H**)

- *heisnanense* Hay.: 236 (9**, G)
154. **helix** Cribb - N.Gui., Austr. - sect. *Ceratobium* (ß**, O5/90)
155. **hellwigianum** Kraenzl. - N.Gui. (O4/89)
- *henshallii* Rchb.f.: 369 (8**, 9**, H**)
156. **herbaceum** Lindl. (*D. ramosissimum* Wight) - Ind. (G)
157. **hercoglossum** Rchb.f. (*D. linguella* J.J.Sm., *D. linguella* Rchb.f., *D. vexans* Dammer, *Callista hercoglossa* (Rchb.f.) Ktze., *C. amabilis* Kraenzl. non Lour., *C. vexans* (Dammer) Kraenzl.) - Thai., Indoch., Viet., SW-China, Phil., Mal. (9**, E**, H)
158. **heterocarpum** Wall. ex Lindl. (*D. aureum* Lindl., *D. aureum* var. *pallida(um)* Lindl., - var. *philippinensis* Rchb.f., *D. rhombeum* Lindl., *D. atractodes* Ridl., *D. hildebrandii* Kraenzl., *D. minahassae* Kraenzl., *D. heterocarpum* var. *henshallii* Hook., *Callista heterocarpa* (Wall. ex Lindl.) Ktze., *C. aurea* (Lindl.) Ktze.) - Sri L., Him., Ind. to China, Mal., Sum., Phil. - sect. *Eugenanthe* (2*, 8**, 9**, ß**, E**, G**, H**, S)
- *heterocarpum* var. *henshallii* Hook.: 158 (9**, G**)
- *heterostigma* Rchb.f.: 322 (G**, H**)
159. **heyneanum** Lindl. - Ind. (G)
- *hildebrandii* Rolfe (9**): 325 (ß**)
- *hildebrandii* Kraenzl.: 158 (G**)
- *hillii* Hook.f.: 332 (9**, E, H)
- *hirsutum* Griff.: 210 (E**, G, H**)
- *hispidum* F.v.Muell.: *Cadetia* 12 (E*, H*)
160. **hodgkinsonii** Rolfe (*Sayeria hodgkinsonii* (Rolfe) Rausch.) - N.Gui. (9**, E, H*)
- *hollrungii* Kraenzl. var. *australiense* Ridl.: 330 (E**, H**)
161. **hookerianum** Lindl. (*D. chrysotis* Rchb.f., *Callista hookeriana* (Lindl.) Ktze.) - Sik., Ass., Him. (9**, S)
162. **hosei** Ridl. (*D. multicostatum* J.J. Sm.) - N.Gui., Mal., Born. 450-1.000 m - sect. *Distichophyllum* (O3/81, Q)
- *humile* Wight: 228 (G)
163. **hymenophyllum** Lindl. (*Pedilonum undulatum* Bl., *Callista hymenophylla* Ktze., *Thrixspermum papillosum* Carr.) - Java (2*, G)

- *imperatrix* Kraenzl.: 140 (E)
- *imperatrix* Kraenzl.: 201 (G)
- *imthurnii* Rolfe: 140 (9**, E, H**)
164. **inaequale** Rolfe (*Euphlebium inaequale* (Rolfe) Rausch.) - N.Gui. (9**)
- *inauditum* Rchb.f.: *Diplocaulobium* 6 (G)
- *inconspicuiflorum* J.J.Sm.: 167 (G)
- *incrassatum* Miq.: 166 (2*)
165. **incurvociliatum** J.J.Sm. - Born. (Q)
166. **indivisum** Miq. (*D. incrassatum* Miq., *D. eulophotum* Lindl., *Aporum indivisum* Bl., ?*A. incrassatum* Bl., *Schismoceras distichum* Presl, *Callista indivisa* Ktze., *C. incrassata* Ktze., *C. eulophota* Ktze.) - Java (2*)
167. **indragiriense** Schltr. (*D. gemellum* Lindl., *D. isomerum* Schltr., *D. inconspicuiflorum* J.J.Sm., *Grastidium indragiriense* (Schltr.) Rausch., *G. isomerum* (Schltr.) Rausch.) - Thai., Adm., Mal., Sum. (G)
168. **inflatum** Rolfe - Java (2*)
169. **infundibulum** Lindl. (*D. formosum* var. *infundibulum* Du Buyss., *D. moulmeinense* hort., *D. jamesianum* Rchb.f., *Callista infundibula* (Lindl.) Ktze.) - NE-Ind., Thai., Burm., Laos - sect. *Nigrohirsutae* (8**, 9**, ß**, E**, H**, S*, Z**)
- *infundibulum* Rchb.f. non Lindl.: 135 (8**, G**, H**)
170. **insigne** (Bl.) Rchb.f. - Austr. (Qld.), N.Gui. (P*)
- *insigne* (Bl.) Rchb.f.: *Dichopus* 1 (S)
- *insulare* Steud.: *Flickingeria* 8 (G)
171. **integrilabium** J.J.Sm. - Java (2*)
- *intermedium* Teijsm. & Binn.: 310 (2*, G)
172. **ionoglossum** Schltr. (E, H)
- *ionopus* Kraenzl. non Rchb.f.: 268 (Q**)
- *isomerum* Schltr.: 167 (G)
- *jamesianum* Rchb.f.: 169 (ß**, H**)
- *japonicum* (Bl.) Lindl.: 236 (9**, ß**, G, H**)
- *javanicum* Lindl.: *Sarcostoma* 1 (2*)
- *javanicum* Sw.: *Eria rugosa* (2*)
- *javanicum* Sw: *Eria* 43 (9**, E**, G**, H**)
173. **jenkinsii** Wall. ex Lindl. (*D. aggregatum* var. *jenkinsii* (Wall. ex Lindl.) King & Pantl., *D. marseillei* Gagn., *Callista jenkinsii* (Wall. ex Lindl.) Ktze., *C. aggregata* var. *jenkinsii* (Wall. ex Lindl.) Brieg.) - Ass., Sik., Bhut., NE-Ind, Burm., Thai., China, Laos - sect. *Callista* (ß**, G**, H**, O5/91)
- *jenkinsii* Wall. ex Lindl.: 200 (9**)
- *jenkinsii* Wall.: *D. aggregatum* (8**)
- *jenkinsii* Lang & Tsi: 200 (G**)
174. **jennyanum** Kraenzl. - N.Gui. ($50/12)
- *jerdonianum* Wight (8**): 256 (9**, G)
175. **johannis** Rchb.f. (*Callista johannis* (Rchb.f.) Ktze.) - end. to Austr. (Qld.) - scented - sect. *Ceratobium* (9**, ß**, P*, $51/1)
   var. **semifuscum** Rchb.f. - end. to Austr. (Qld.) - scented ($51/1)
- *johansoniae* F.M.Bailey: 176 (E**, H**)
176. **johnsoniae** F.v.Muell. (*D. macfarlanei* Rchb.f., *D. niveum* Rolfe, *D. monodon* Kraenzl., *D. johansoniae* F.M.Bailey, *Callista macfarlanei* (Rchb.f.) Ktze.) - N.Gui., Sol. - sect. *Latouria* (ß**, E**, H**, P, $56/10, Z)
- *johnsoniae* sensu P.F.Hunt non F.v.Muell.: *D. johnsoniae* × *D. macrophyllum* (9**)
177. **jonesii** Rendle (*D. speciosum* var. *fusiforme* F.M.Bailey, *D. fusiforme* (F.M.Bailey) F.M.Bailey, *D. ruppianum* A.D.Hawk.) - Austr. (Qld.), N.Gui. - scented - „Oak Orchid" (H**, P*)
   ssp. **bancroftianum** (Rchb.f.) M.Clem. & D.Jones (*D. ruppianum* var. *magnificum* Rupp, *D. speciosum* var. *bancroftianum* Rchb.f.) - end. to Austr. (P)
   ssp. **blackburnii** (Nicholls) M.Clem. & D.Jones - end. to Austr. (Qld.) (P)
- *jonesii* Rendle: 142 (9**, E**, G)
178. **junceum** Lindl. (*Aporum junceum* (Lindl.) Rausch.) - Phil. (G)
- *kaorensis* Schltr.: *Cadetia* 5 (S)
179. **kauldorumi** T.M.Reeve - P.N.Gui. ($54/9)
- *kelsalli* Ridl.: 21 (2*)
- *kempterianum* Schltr.: *Amblyanthus* 1 (S)
- *kentrophyllum* Hook.f.: *Aporum* 8 (S)
180. × **kestevenii** Rupp (*D. speciosum* ×

D. kingianum) nat. hybr. - end. to Austr. (NSW) (P)
- *keysseri* Schltr: 389 (O2/88)
181. **kiauense** Ames & Schweinf. - end. to Born. 800-1.500 m - sect. *Aporum* (Q**)
- *kinabaluense* Ridl.: *Epigeneium* 5 (Q**)
182. **kingianum** Bidw. ex Lindl. (*Callista kingianum* (Bidw. ex Lindl.) Ktze., *Dendrocoryne kingianum* (Bidw. ex Lindl.) Brieg., *Tropilis kingiana* (Bidw. ex Lindl.) Butzin) - end. to Austr. (Qld., NSW) 1.200 m - sect. *Dendrocoryne* - „Pink Rock Orchid" (8**, 9**, ß**, E**, G**, H**, P**, Z**)
  cv. 'Album' (P)
  cv. 'Aldersoniae' (P)
  cv. 'Silcockii' (P)
  var. **pulcherrimum** Rupp - end. to Austr. (NSW) (H, P)
- *kohlmeyerianum* Teijsm. & Binn.: 370 (2*)
183. **kuhlii** (Bl.) Lindl. (*D. thyrsodes* Rchb.f., *D. cornutum* Hook., *Pedilonum kuhlii* Bl., *Callista kuhlii* (Bl.) Ktze., *C. cornuta* (Hook.f.) Ktze.) - Indon. (2*, G**)
- *kunstleri* Hook.f.: 131 (2*)
- *kunstleri* Hook.f.: *Flickingeria* 8 (G)
- *kwashotense* Hay.: 88 (9**, G**)
- *laciniosum* Teuscher: *Flickingeria* 8 (G)
184. **laevifolium** Stapf - N.Gui., Louis., Sol. (9**)
185. **lambii** J.J.Wood - end. to Born. 1.600-1.800 m - sect. *Distichophyllum* (Q**)
186. **lamellatum** (Bl.) Lindl. (*D. compressum* Lindl., *Onychium lamellatum* Bl., *Callista lamellata* (Bl.) Ktze., *Pedilonum lamellatum* (Bl.) Brieg.) - Burm., Thai., Mal., Indon., Born. (2*, G**)
- *lanceola* (Sw.) Sw.: *Pleurothallis* 374 (G)
187. **lancifolium** A.Rich. - Mol. - sect. *Calcarifera* (G)
188. **lancilobum** J.J.Wood - end. to Born. 900-1.700 m - sect. *Rhopalanthe* (Q**)
189. **lanyaiae** Seidenf. - Laos (O6/97)
190. **lasianthera** J.J.Sm. (*D. ostrinoglossum* Rupp, *D. eoum* Ridl., *D. stueberi* Stuber ex Zurow.) - N.Gui. - sect. *Ceratobium* (ß**, E**, H**, $50/11, Z**)
191. **lasioglossum** Rchb.f. (*Callista lasioglossa* (Rchb.f.) Ktze.) - Burm. (9**)
- *latifolium* Kunth: *Maxillaria* 136 (G)
192. × **lavarackianum** M.Clem. (*D. superbiens* × *D. bigibbum*) nat. hybr. (*D. bigibbum* var. *venosum* F.M.Bailey, - var. *georgei* C.White) (P)
- *lawanum* Lindl.: 84 (9**, E**, H**)
193. **lawesii** F.v.Muell. (*D. warburgianum* Kraenzl., *D. pseudomohlianum* Kraenzl., *D. lawesii* var. *salmonicolor* Schltr., *Pedilonum lawesii* (F.v. Muell.) Rausch.) - P.N.Gui., Boug. - sect. *Calyptrochilus* (9**, ß**, A**, E**, H**, Z**)
- *lawesii* var. *salmonicolor* Schltr.: 193 (9**)
- *laxum* (Sw.) Sw.: *Pleurothallis* 380 (G)
194. **leonis** (Lindl.) Rchb.f. (*D. anceps* Gagn., *Aporum indivisum* Lindl., *A. anceps* Lindl., *A. leonis* Lindl., *Callista leonis* (Lindl.) Ktze.) - Mal., Thai., Laos, Viet., Sum., Camb., Born. - sect. *Aporum* (9**, ß**, E**, G, H, Z**)
- *leopardinum* Wall.: *Bulbophyllum* 255 (9**, H**)
- *leporinum* J.J.Sm.: 337 ($50/11)
- *lessonii* Col.: 92 (G)
195. **leucocyanum** T.M.Reeve - P.N.Gui. ($54/9)
196. **leucohybos** Schltr. - P.N.Gui. ($54/9)
↠ *leucohybos* Schltr.: *Latourorchis* 4 (S)
- *leucorhodum* Scholz: 23 (E**, H**)
- *leucorhodum* Schltr.: 23 (9**, G)
197. **lichenastrum** (F.v.Muell.) Kraenzl. emend. Dockr. (*Bulbophyllum lichenastrum* F.v.Muell.) - end. to Austr. (Qld) 500 m (E, H, P**, Z**)
▶ *lichenastrum* (F.v.Muell.) Kraenzl.: *Dockrillia* 3 (S)
- *lichenastrum* var. *prenticei* F.v. Muell. (E, H**): 288 (P)
- *ligulatum* Pers.: *Maxillaria* 139 (G)
198. **limii** J.J.Wood - end. to Born. - sect. *Rhopalanthe* (Q*)
199. **linawianum** Rchb.f. (*D. moniliforme* Lindl., ?*D. moniliforme* Sw., *D. alboviride* Hay., *Callista linawiana* (Rchb.f.) Ktze.) - China, Jap., Taiw. -

sect. *Eugenanthe* (9**, ß**, G**)
- *lindleyanum* Griff.: 253 (8**, G, H**)
200. **lindleyi** Steud. (*D. aggregatum* Roxb., *D. suavissimum* Kraenzl., *D. jenkinsii* Lang & Tsi, *D. jenkinsii* Wall. ex Lindl., *Callista aggregata* (Roxb.) Ktze., *C. jenkinsii* (Wall. ex Lindl.) Ktze.) - Sik., Ass., Beng., Burm., Thai., Laos, Viet., China 350-1.500 m - sect. *Callista* (9**, ß**, G, H**, O5/91, Z**)
- *lindleyi* Steud.: *Dendrobium aggregatum* (4**, E**)
201. **lineale** Rolfe (*D. veratrifolium* Lindl., *D. cogniauxianum* Kraenzl., *D. augustae-victoriae* Kraenzl., *D. imperatrix* Kraenzl., *D. grantii* C.White, *D. veratroides* Bakh.f.) - N.Gui. (G, H, Z**)
- *lineale* Rolfe: 140 (E)
202. **linearifolium** Teijsm. & Binn. - Java (2*)
- *linearifolium* Teijsm. & Binn.: *Aporum* 7 (S)
203. **linguella** Rchb.f. - Thai. to Born. - sect. *Breviflores* (H, Q)
- *linguella* Rchb.f.: 157 (9**)
- *linguella* J.J.Sm.: 157 (E**)
204. **linguiforme** Sw. (*Callista linguiforme* (Sw.) Ktze., *Dockrillia linguiformis* (Sw.) Brieg.) - end. to Austr. (Qld., NSW) 0-1.000 m - sect. *Rhizobium* - „Tongue Orchid, Thumb Nail Orchid" (9**, ß**, E, G, H*, P*)
var. **huntianum** Rupp - Austr. (Qld.) (E, H, P)
var. **linguiforme** F.M.Bailey (E, H)
var. **nugentii** F.M.Bailey - end. to Austr. (Qld.) (E, H, P)
- *linguiforme* var. *nugentii* F.M.Bailey: 255 (P*)
205. **lituiflorum** Lindl. (*D. hanburyanum* Rchb.f., *Callista lituiflora* (Lindl.) Ktze.) - Ind., Burm., Thai., Laos, China - sect. *Eugenanthe* (9**, ß**, E**, H**)
206. **lobatum** Miq. (*D. rhizophoreti* Ridl., *Aporum lobatum* Bl., *Callista lobata* Ktze.) - Java (2*)
207. **lobbii** Teijsm. & Binn. (*D. calcaratum* Lindl., *D. teijsmannii* Miq., *D. conostalix* Rchb.f., *D. paludicola* Schltr., *Callista conostalix* (Rchb.f.) Ktze., *C. lobbii* (Teijsm. & Binn.)

Ktze., *C. teijsmannii* (Miq.) Ktze., *Conostalix calcaratum* (Lindl.) Brieg., *C. lobbii* (Teijsm. & Binn.) Rausch., *C. paludicola* (Schltr.) Rausch.) - Thai., Viet., Mal., Sum., Born., N. Gui., Austr. - terr. - „Swamp Dendrobium" (G, P*)
↪ *lobbii* Teijsm. & Binn.: *Conostalix* 1 (S)
208. **lobulatum** Rolfe & J.J.Sm. - Java (2*)
↪ *lobulatum* Rolfe: *Aporum* 10 (S)
209. **loddigesii** Rolfe (*D. pulchellum* Lodd. non Roxb., *D. seidelianum* Rchb.f., *Callista loddigesii* (Rolfe) Ktze.) - S-China, Laos, Hain. - sect. *Eugenanthe* (9**, ß**, E**, H**, S*, Z**)
- *lonchophyllum* Hook.f.: *Flickingeria* 11 (S)
- *longicolle* Lindl.: *Diplocaulobium* 6 (G)
210. **longicornu** Wall. ex Lindl. (*D. flexuosum* Griff., *D. fredianum* hort., *D. hirsutum* Griff., *D. longicornu* var. *hirsutum* (Griff.) Hook.f.) - Ind., Nep., Burm., Ass., China - sect. *Nigrohirsutae* (ß**, E**, G, H**, S)
- *longicornu* var. *hirsutum* (Griff.) Hook.f.: 210 (G)
- *longifolium* Kunth: *Eulophia* 4 (9**, G**)
- *longipes* Hook.f.: *Epigeneium* 6 (O2/86)
- *longipetalum* (Ruiz & Pav.) Sw.: *Lycaste* 30 (9**, G**)
- *longirepens* Ames & Schweinf.: *Epigeneium* 7 (Q**)
211. **lowii** Lindl. (*D. lowii* var. *pleiotrichum* Rchb.f., *Callista lowii* (Lindl.) Ktze.) - end. to Born. 900 m - sect. *Nigrohirsutae* (8**, 9**, ß**, E, H*, Q**, S*)
- *lowii* var. *pleiotrichum* Rchb.f.: 211 (Q**)
- *lucidum* Schltr.: *Herpethophytum* 2 (S)
212. **lueckelianum** Fessel & M.Wolff - Thai. 1.200-1.300 m (O2/90**)
213. **luteocilium** Rupp - end. to Austr. (Qld.), N.Gui. (P*)
214. **luteolum** Batem. (*Callista luteola* (Batem.) Ktze.) - E-Him., Burm., Thai., Mal. (9**)
215. **luzonense** Lindl. (*D. alagense* Ames) - Phil. (G)

- *lyonii* Ames: *Epigeneium* 1 (9**, E)
- *lyonii* Ames: *Epigeneium* 9 (Q**)
216. **maccarthiae** Thw. (*Callista maccarthiae* (Thw.) Ktze.) - Sri L. (nat. flower of Sri L.) - „Wesak-Mal" (9**, O3/79)
- *macfarlanei* Rchb.f.: 176 (ß**, H**)
217. **macraei** Lindl. (*D. nodosum* Dalz., *D. rabani* Lindl., *D. pardalinum* Rchb.f., *Callista macraei* Rchb.f.) - Java (2*)
- *macraei* auct. non Lindl.: *Flickingeria* 8 (G)
218. **macranthum** A.Rich. (*D. arachnostachyum* Rchb.f., *D. tokai* var. *crassinerve* Finet, *D. pseudotokai* Kraenzl.) - S.Cruz, Van., N.Cal., Samoa (G, $50/12)
- *macranthum* Hook. non A.Rich.: 23 (9**, ß*, E**, G, H**)
- *macranthum* Hook.: *D. superbum* (8**)
219. **macrophyllum** A.Rich. (*D. ferox* Hassk., *D. veitchianum* Lindl., *D. psyche* Kraenzl., *D. musciferum* Schltr., *D. sarcostoma* Teijsm. & Binn., *D. gordonii* S.Moore ex Bak., *D. brachythecum* F.v.Muell., *D. ternatense* J.J.Sm., *D. tomohonense* Kraenzl., *D. macrophyllum* var. *veitchianum* (Lindl) Hook.f., *Callista veitchiana* (Lindl.) Ktze., *C. macrophylla* (A.Rich.) Ktze., *Latourorchis macrophylla* (A.Rich.) Brieg., *L. muscifera* (Schltr.) Brieg., *Sayeria macrophylla* (A.Rich.) Rausch.) - N.Gui., Java, Phil., Palau Is., Sol., Sam., Fiji - sect. *Latouria* (2*, 4**, 9**, ß**, G, Z**)
- ↳ *macrophyllum* A.Rich.: *Latourorchis* 5 (S)
- *macrophyllum* Lindl.: *D. superbum* Rchb.f. (8**)
- *macrophyllum* Lindl.: 23 (9**, ß*, E**, G, H**)
- *macrophyllum* var. *stenopterum* Rchb.f.: 286 (9**)
- *macrophyllum* var. *veitchianum* (Lindl.) Hook.f.: 219 (9**, G)
- *macropus* (Endl.) Moore ssp. *gracilicaule* (F.v.Muell.) P.S.Green.: 142 (P)
220. **macrostachyum** Lindl. - Sri L., Ind. (G**)
- *maculatum* Kunth: *Maxillaria* 152 (G)

- *madonnae* Rolfe: 301 (9**, ß**)
- *madrasense* A.D.Hawk.: 26 (9**, G**)
221. **magistratus** Cribb - P.N.Gui. ca. 1.500 m (O1/91)
222. **malbrownii** Dockr. - end. to Austr. (Qld.) (P**)
- *manillense* Schau.: *Appendicula* 7 (2*)
- *mannii* A.D.Kerr: 249 (G)
223. **maraiparense** J.J.Wood & C.L. Chan - end. to Born. 1.200-2.000 m - sect. *Distichophylla* (Q**, O3/98)
- *margaritaceum* Finet (E**): 67 (ß**, H**)
- *marginatum* Teijsm. & Binn.: *D. cymbidioides* (2*)
- *marginatum* Teijsm. & Binn.: *Epigeneium* 3 (9**, E**, H**)
- *marginatum* Batem.: 398 (9**)
- *marseillei* Gagn.: 173 (G**)
224. **masarangense** Schltr. - Sul. to Fiji 0-3.250 m (O4/89)
225. **mayandyi** T.M.Reeve & Renz - N. Gui. 2.900 m (O2/81)
- *megaceras* Hook.f.: *Pedilonum* 6 (S)
226. **melaleucaphilum** M.Clem. & D.Jones - end. to Austr. (NS, WA) (P)
- *melanophthalmum* Rchb.f.: 275 (8**, E**, H**)
227. **melanostictum** Schltr. - N.Gui. - sect. *Amblyanthus* (Q)
- ↳ *melanostictum* Schltr.: *Amblyanthus* 2 (S)
- *mentosum* Schltr.: *Flickingeria* 8 (G)
- *mesochlorum* Lindl.: 17 (9**, G)
- *mettkeanum* Kraenzl.: *Diplocaulobium* 8 (O3/81)
- *micranthum* (Griff.) Lindl.: 13 (2*, H*)
228. **microbulbon** A.Rich. (*D. humile* Wight, *D. crispum* Dalz.) - Ind. (G)
- *microbulbon* Blatt. & McCann: 274 (G)
229. **microglaphys** Rchb.f. (*D. callibotrys* Ridl.) - Mal., Sing., Born. 0-800 m - sect. *Amblyanthus* (Q**)
230. **milaniae** Fessel & Lueckel - Phil. ca. 600 m - sect. *Platycaulon* (O3/96)
- *milliganii* F.v.Muell.: 342 (E, H)
- *minahassae* Kraenzl.: 158 (9**, G**)
231. **minax** Rchb.f. (*D. rumphianum* J.J. Sm.) - Mol. (E)
- *minax* Rchb.f.: 307 ($50/11)

- *miniense* Schltr: *Pedilonum* 7 (S)
- *mirandum* Schltr: *Flickingeria* 13 (S)
232. **mirbelianum** Gaudich. (*D. rosenbergii* Teijsm. & Binn., *D. polycarpum* Rchb.f., *D. giulianettii* F.M.Bailey, *D. aruanum* Kraenzl., *D. buluense* Schltr., *D. buluense* var. *kauloense* Schltr., *D. wilkianum* Rupp, *D. montis-yulei* Kraenzl., *D. rimannii* Rchb.f., *D. calophyllum* Rchb.f., *D. prionochilum* F.v.Muell., *D. robustum* Rolfe, *Callista mirbeliana* (Gaudich.) Ktze.) - Austr., N.Gui., Mol., Sol., Bism. - sect. *Ceratobium* - „Mangrove Orchid" (ß**, G, P**, $51/2)
233. **miserum** Rchb.f. - Ass. (O3/90)
234. **miyakei** (myjakei) Schltr. - Taiw. - sect. *Pedilonum* (ß**, A**)
235. **mohlianum** Rchb.f. - Sol. - sect. *Calyptrochilus* (ß**, Z)
↣ *mohlianum* Rchb.f.: *Pedilonum* 8 (S)
- *monile* (Thunb.) Kraenzl.: 236 (9**, ß**, G, H**)
236. **moniliforme** (L.) Sw. (*D. monile* (Thunb.) Kraenzl., *D. japonicum* Lindl., *D. catenatum* Lindl., *D. castum* Batem. ex Hook.f., *D. zonatum* Rolfe, *D. heisnanense* Hay., *Epidendrum moniliforme* L., *E. moniliferum* Panzer, *E. monile* Thunb., *Limodorum monile* (Thunb.) Thunb., *Onychium japonicum* Bl., *Ormostema albiflora* Raf., *O. purpurea* Raf., *Callista japonica* (Bl.) Ktze., *C. moniliformis* (L.) Ktze.) - Jap., Korea, Taiw., China - sect. *Eugenanthe* (9**, ß**, E**, G, H**, Z**)
- *moniliforme* Lindl.: 199 (G**)
- *moniliforme* Sw.: 199 (9**)
- *monodon* Kraenzl.: 176 (ß**, E**, H**)
237. **monophyllum** F.v.Muell. (*D. tortile* A.Cunn., *Callista monophylla* (F.v.Muell.) Ktze., *Australorchis monophylla* (F.v.Muell.) Brieg.) - Austr. (Qld., NSW) 600-1.000 m - scented - „Lily of the Valley" (G, P*)
238. **montanum** J.J.Sm. - Java (2*)
239. **monticola** P.F.Hunt & Summerh. (*D. pusillum* D.Don, *D. denudans* Lindl., *D. alpestre* Royle) - NW-Him., Sik., China (G)
- *montis-yulei* Kraenzl.: 232 ($51/2)
240. **mooreanum** Lindl. - Van. ($54/9)

241. **moorei** F.v.Muell. - end. to Lord-H. (P**)
242. **mortii** F.v.Muell. (*D. tenuissimum* Rupp) - end. to Austr. (Qld., NSW) 1.000 m (P**)
- *mortii* Benth.: *D. beckleri* (E**)
243. **moschatum** (Buch.-Ham.) Sw. (*D. calceolaria* Carey ex Hook., *D. cupreum* Herbert, *Cymbidium moschatum* (Buch.-Ham.) Willd., *Epidendrum moschatum* Buch.-Ham., *Callista moschata* (Buch.-Ham.) Ktze., *C. calceola* Ktze.) - Ind., Nep., Sik., Burm., Thai., Laos, Bhut. - sect. *Eugenanthe* (9**, ß**, E**, G**, H**, S, Z**)
var. **cupreum** (*D. cupreum* Herbert) (H)
- *moschatum* Wall.: *D. calceolaria* (8**)
- *moulmeinense* hort.: 169 (8**, 9**)
- *moulmeinense* Par. ex Hook.f.: 110 (9**, E**, H**)
- *multicostatum* J.J.Sm.: 162 (O3/81)
- *multiflorum* Par. & Rchb.f.: 249 (G)
- *multiflorum* Ridl.: 314 (Q)
244. **munificum** (Finet) N.Hallé (*D. muricatum* var. *munificum* Finet, *Inobulbon munificum* (Finet) Kraenzl.) - N.Cal. ca. 500 m - „Hairy Dendrobium" (9**, $56/11)
245. **muricatum** Finet - N.Cal. 400-1.300 m ($56/11)
- *muricatum* Finet: *Inobulbon* 3 (S)
- *muricatum* var. *munificum* Finet: 244 (9**)
- *muricatum* var. *munificum* Finet: *Inobulbon* 2 (S)
- *musciferum* Schltr.: 219 (2*, 4**, 9**, ß**, G, $56/10)
- *musciferum* Schltr.: *Latourorchis* 6 (S)
246. **mutabile** (Bl.) Lindl. (*D. rigidum* (Bl.) Lindl., *D. rigescens* Miq., *D. triadenium* Lindl., *D. firmum* Steud., *D. sclerophyllum* Lindl., *Onychium mutabile* Bl., *O. rigidum* Bl., *Callista mutabilis* (Bl.) Ktze., *C. rigescens* (Miq.) Ktze., *C. rigida* (Bl.) Ktze.) - Sund., Sum., Java, Ryu. (2*, 9**, G**, S)
- *myjakei* Schltr.: 234 (A)
247. **nabawanense** J.J.Wood & A.Lamb - end. to Born. 500-700 m - sect. *Distichophyllum* (Q**)
248. **nardoides** Schltr. - Sul. to Fiji 2.000-3.200 m (O4/89)

249. **nathanielis** Rchb.f. (*D. anceps* Lindl., *D. cuspidatum* (Lindl.) Lindl., *D. multiflorum* Par. & Rchb.f., *D. mannii* A.D.Kerr, *Aporum cuspidatum* Lindl., *Callista nathanielis* (Rchb.f.) Ktze.) - NE-Ind., Burm., Thai., Laos, Camb., Viet. (G)
- *nathanielis* Rchb.f.: *Aporum* 3 (S)
250. **nebularum** Schltr. - P.N.Gui. ($54/9)
251. **nindii** W.Hill (*D. tofftii* F.M.Bailey) - Austr. (Qld.), N.Gui. - „Blue Orchid" (P*)
- *nitidissimum* Rchb.f.: *Diplocaulobium* 8 (O3/81)
252. **nitidum** (F.M.Bailey) M.Clem. & D. Jones (*D. speciosum* var. *nitidum* F. M.Bailey) - Austr. (Qld.) (P)
- *niveum* Rolfe: 176 (ß**, E**, H**)
253. **nobile** Lindl. (*D. coerulescens* Wall. ex Lindl., *D. lindleyanum* Griff., *D. formosanum* (Rchb.f.) Masamune, *D. friedericksianum* Rchb.f., *Callista nobilis* (Lindl.) Ktze.) - Him., Nep., Sik., China, Laos, Bhut., Ind., Viet., Thai. - sect. *Eugenanthe* (4**, 8**, ß**, E**, G, H**, S*, Z**)
var. **ballianum** O'Brien (8**)
var. **cooksonianum** Rchb.f. (8**, ß**)
var. **nobilius** Rchb.f. (8**)
var. **virginale** (ß**)
- *nobile* var. *pallidiflorum* Hook.: 289 (9**, E**, H**)
- *nodatum* Lindl.: 25 (9**)
- *nodosum* Dalz.: 217 (2*)
- *novae-hiberniae* Kraenzl.: 48 (9**)
254. **nudum** (Bl.) Lindl. (*D. auroroseum* Rchb.f., *Onychium nudum* Bl., *Callista nuda* (Bl.) Ktze., *C. aurorosea* (Rchb.f.) Ktze.) - Java (2*, G)
255. **nugentii** (F.M.Bailey) D.Jones & M.Clem. (*D. linguiforme* var. *nugentii* F.M.Bailey) - end. to Austr. (Qld.) (P*)
- *nummularia* Schltr.: *Microphytanthe* 2 (S)
256. **nutans** Lindl. (*D. villosulum* Lindl. non Wall., *D. jerdonianum* Wight, *D. nutantiflorum* A.D.Hawk. & Heller, *Callista jerdoniana* (Wight) Ktze., *C. nutans* (Lindl.) Ktze., *C. villosula* (Lindl.) Ktze.) - Ind., Sri L. (9**, G)
- *nutantiflorum* A.D.Hawk. & Heller: 256 (9**, G)
257. **oblongum** Ames & Schweinf. - end. to Born. 900-1.700 m - sect. *Oxystophyllum* (Q*)
258. **obrienianum** Kraenzl. - Phil. (E, H*)
259. **ochranthum** Schltr. (E, H)
260. **ochreatum** Lindl. (*D. cambridgeanum* Paxt., *Callista ochreata* (Lindl.) Ktze.) - NE-Ind., Burm., Thai., Laos - sect. *Eugenanthe* (8**, 9**, ß**, G, H)
261. **oligophyllum** Gagn. (*D. tixieri* Guill.) - Thai., Viet. ca. 660 m - sect. *Distichophyllum* (O1/92)
262. **olivaceum** J.J.Sm. - end. to Born. 900-1.600 m - sect. *Distichophyllum* (Q**)
- *ophioglossoides* (Jacq.) Sw.: *Stelis* 76 (E, H)
- *ophioglossoides* (Jacq.) Sw.: *Pleurothallis* 498 (G**)
- *ophioglossum* Rchb.f.: 330 (ß**)
- *ophioglossum* Rchb.f.: *Pedilonum* 9 (S)
263. **orbilobulatum** Fessel & Lueckel - Phil. 600 m - sect. *Euphlebium* (O5/96)
- *ostrinoglossum* Rupp: 190 (ß**, H**, $50/11)
264. **ovatum** (Willd.) Kraenzl. (*D. barbatulum* Wight, *D. chlorops* Lindl., *Cymbidium ovatum* Willd.) - Ind. (G)
265. **pachyglossum** Par. & Rchb.f. - Burm., Laos, Viet., Thai., Mal. - sect. *Conostalix* (Q)
- *palmifolium* (Sw.) Sw.: *Xylobium* 23 (9**, G**)
266. **palpebrae** Lindl. (*Callista palpebrae* (Lindl.) Ktze., *C. palpebrae* (Lindl.) Brieg.) - China, Yun., Burm., Sik., Thai., NE-Ind., Laos (9**, A**, E, H*)
- *paludicola* Schltr.: 207 (G)
267. **pandaneti** Ridl. - Java (2*)
268. **panduriferum** Hook.f. (*D. panduriferum* var. *serpens* Hook.f., *D. serpens* (Hook.f.) Hook.f., *D. virescens* Ridl., *D. ionopus* Kraenzl. non Rchb.f., *Callista pandurifera* (Hook.f.) Ktze., *Pedilonum panduriferum* (Hook.f.) Brieg., *P. serpens* (Hook.f.) Brieg.) - Burm., Mal., Thai., Born. 500-600 m - sect. *Calcarifera* (Q**)
- *panduriferum* var. *serpens* Hook.f.: 268 (Q**)
- *paniculatum* Sw.: *Polystachya* 73 (9**, E**, H**)

- *paniculatum* (Ruiz. & Pav.) Pers.: *Cyrtopodium* 22 (G)
- *pardalinum* Rchb.f.: 217 (2*)
269. **parishii** Rchb.f. (*Callista parishii* (Rchb.f.) Ktze.) - Burm., Thai., Ind., Laos, Viet., China - sect. *Eugenanthe* (4**, 9**, ß**, A**, E**, H**,S, Z**)
- *parishii* Guill.: 23 (G)
270. **parthenium** Rchb.f. (*D. sanderianum* Rolfe) - end. to Born. - sect. *Nigrohirsutae* (ß**, Q, S*)
271. **patentilobum** Ames & Schweinf. - end. to Born. 800-1.500 m - sect. *Aporum* ($54/9, Q**)
- *paxtoni* Paxt.: 129 (8**, H**)
- *paxtonii* Lindl.: 68 (8**, E**, G**, H**)
- *pectinatum* Finet: *Kinetochilus* 3 (S)
272. **pedilochilum** Schltr. (O2/81)
273. **pedunculatum** (Clemesha) D.Jones & M.Clem. (*D. speciosum* var. *pedunculatum* Clemesha) - end. to Austr. (Qld.) - „Dwarf Rock Orchid" (P*)
274. **peguanum** Lindl. (*D. pygmaeum* Lindl., *D. microbulbon* Blatt. & Mc Cann, *D. wallichii* A.D.Hawk. & Heller, *Callista pygmaea* (Lindl.) Ktze.) - Nep., Ind., Sik., Burm., Born. (G)
275. **pendulum** Roxb. (*D. wardianum* Warner, *D. crassinode* Bens. & Rchb.f., *D. melanophthalmum* Rchb.f., *Callista pendula* (Roxb.) Ktze., *C. crassinodis* (Bens. & Rchb.f.) Ktze.) - Burm., Thai., Ass., NE-Ind., S-China - sect. *Eugenanthe* (8**, 9**, ß**, E**, H**, Z**)
- *perakense* Hook.f.: *Eria* 43 (9**, G**)
276. **petiolatum** Schltr. - P.N.Gui. ($54/9)
277. **phalaenopsis** Fitzg. (*D. bigibbum* var. *superbum* hort. ex Rchb.f., - var. *phalaenopsis* (Fitzg.) F.M.Bailey) - Austr. (Qld.), Indon., Tim., Mol. - sect. *Phalaenanthe* (ß**, E**, S)
  var. **dellense** hort. ex Williams (8**)
  var. **schroederae** (E)
  var. **hololeuca** (E)
- *phalaenopsis* Fitzg.: 44 (9**, H**)
- *phlox* Schltr.: 345 (ß**)
- *pictum* Griff.: 104 (G)
278. **pierardii** Roxb. - Ind. to Thai., Mal. (8**, S)
- *pierardii* Roxb. ex Hook.: 26 (ß**, E**, G**)
- *pierardii* (Roxb.) Fisch.: 26 (9**, H**)
- *pierardii* var. *cucullatum* (R.Br.) Hook.f.: 26 (G**)
- *piestobulbon* Schltr.: *Flickingeria* 14 (S)
279. **pinifolium** Ridl. - Born. - sect. *Conostalix* ($54/9, Q)
280. **piranha** C.L.Chan & Cribb - end. to Born. 1.400-2.400 m - sect. *Distichophyllum* (Q**, O3/98)
- *pityphyllum* Schltr.: 389 (O2/88)
281. **planibulbe** Lindl. (*D. tuberiferum* Hook.f., *Aporum planibulbe* (Lindl.) Rausch.) - Thai., Mal., Sum., Born. (G)
- *planibulbe* Lindl.: 46 (2*)
282. **planum** J.J.Sm. - Java (2*)
283. **platycaulon** Rolfe (*Pedilonum platycaulon* (Rolfe) Rausch.) - Phil. ca. 700 m - sect. *Platycaulon* (O4/96)
- *platypetalum* Pers.: *Maxillaria* 194 (G)
- *plicatile* Lindl.: *Flickingeria* 8 (G)
- *plicatum* A.Dietr.: *Cyrtopodium* 22 (G)
284. **polyanthum** Lindl. (*D. cretaceum* Lindl.) - Ind., Burm. - sect. *Eugenanthe* (ß**, G)
- *polycarpum* Rchb.f.: 232 (G)
- *polypetalum* Steud.: *Maxillaria* 194 (G)
285. **polyschistum** Schltr. - P.N.Gui. ($54/9)
286. **polysema** Schltr. (*D. macrophyllum* var. *stenopterum* Rchb.f., *D. polysema* var. *pallidum* Chadim, *Sayeria polysema* (Schltr.) Rausch.) - N.Gui. - sect. *Latouria* (9**, ß**, O5/90, Z**)
- *polysema* var. *pallidum* Chadim: 286 (9**)
- *polystachyum* Thou.: *Polystachya* 19 (U)
- *polystachyum(on)* Sw.: *Polystachya* 19 (E**, G, H**)
- *poneroides* Schltr.: *Monanthus* 3 (S)
287. **prasinum** Lindl. - end. to Fiji 600-1.150 m (O4/89)
288. **prenticei** (F.v.Muell.) Nicholls (*D. lichenastrum* var. *prenticei* F.v. Muell., *Bulbophyllum prenticei* F.v. Muell.) - end. to Austr. (Qld.) (P**)
289. **primulinum** Lindl. (*D. nobile* var.

Dendrobium - Dendrobium 267

pallidiflora Hook., *Callista primulina* (Lindl.) Ktze.) - Him., Ind., Nep., Burm., Viet., Thai., Laos, China - sect. *Eugenanthe* (9**, ß**, A**, E**, H**, S)
- *primulinum* Lindl.: 26 (G**)
- *prionochilum* F.v.Muell.: 232 ($51/2)
- *proliferum* Pers.: *Maxillaria* 201 (G)
- *prostheciglossum* Schltr.: *Trachyrhizum* 2 (S)
290. **pseudoconanthum** J.J.Sm. - N.Gui., Sul. ($51/2)
291. **pseudoglomeratum** J.J.Wood & Reeve - P.N.Gui. (O5/90, $55/8, Z**)
- *pseudomohlianum* Kraenzl.: 193 (9**)
- *pseudotokai* Kraenzl.: 218 (G)
- *psyche* Kraenzl.: 219 (2*, 4**, 9**, ß**, G)
- *pubescens* (Lindl.) Hook.: *Eria flava* (E**)
- *pubescens* (Lindl.) Hook.: *Eria* 72 (H**)
292. **pugioniforme** A.Cunn. (*D. pungentifolium* F.v.Muell., *Callista pugioniformis* (A.Cunn.) Ktze., *Dockrillia pugioniformis* (A.Cunn.) Rausch.) - end. to Austr. (Qld., NSW) - „Dagger Orchid" (E**, G, H**, P**)
- *pulchellum* Lodd. non Roxb.: 209 (9**, E**, H**)
293. **pulchellum** Roxb. ex Lindl. (*D. dalhousieanum* Wall. ex Paxt., *Callista pulchella* (Roxb. ex Lindl.) Ktze.) - Him., Nep., Ind., Burm., Thai., Laos, Viet., Mal. - sect. *Eugenanthe* (ß**, A**, G**, H**, S*) var. **luteum** O'Brien (E, H)
- *pulchellum* Lindl.: 104 (G)
- *pulchellum* var. *devonianum* (Paxt.) Rchb.f.: 104 (G)
- *pulvilliferum* Schltr.: *Diplocaulobium* 9 (S)
- *pumilum* Sw.: *Bulbophyllum* 427 (G**)
- *pumilum* Sw.: *Genyorchis pumila* (H*)
- *pumilum* Roxb. (2*): *Bolbidium* 1 (S)
- *punctatum* Smith: *Dipodium* 12 (G**)
- *pungentifolium* F.v.Muell.: 292 (E**, H**)
- *puniceum* Ridl.: *Pedilonum* 10 (S)

- *purpurascens* Teijsm. & Binn.: 306 (2*, G)
- *purpurascens* Thw.: *Adrorhizon* 1 (O4/84)
294. **purpureum** Roxb. - N.Gui. (P)
→ *purpureum* Roxb.: *Pedilonum* 11 (S)
- *pusillum* Lindl.: *D. pumilum* (2*)
- *pusillum* D.Don: 239 (G)
- *pusillum* Kunth: *Trichosalpinx* 26 (G)
295. **putnamii** A.D.Hawk. & Heller (*D. coerulescens* Schltr.) - N.Gui. (O4/89)
- *pygmaeum* Lindl.: 55 (G)
- *pygmaeum* Lindl.: 274 (G)
- *quadrangulare* Rchb.f.: *Bolbidium* 2 (S)
- *quadrifidum* Llave & Lex.: *Pleurothallis* 584 (E**, G, H**)
- *quinquecostatum* Schltr.: 389 (ß**)
- *quinquecostatum* Schltr.: *Pedilonum* 12 (S)
- *rabani* Lindl.: 217 (2*)
- *racemiflorum* (Sw.) Sw.: *Pleurothallis* 589 (G)
296. **racemosum** (Nicholls) Clemesha & Dockr. - end. to Austr. (Qld.) 800 m (P**)
- *ramosissimum* Wight: 156 (G)
- *ramosum* Lindl. ex Wall.: 305 (G**)
- *ramosum* Pers.: *Maxillaria* 210 (G)
- *refractum* Teijsm. & Binn.: 298 (9**, G)
297. **regium** Prain - Ind. (9**, S)
- *reticulatum* J.J.Sm.: 334 (ß**, Q**)
- *retusum* Llave & Lex.: *Pleurothallis* 601 (G)
298. **revolutum** Lindl. (*D. refractum* Teijsm. & Binn., *D. tonkinense* De Wild., *Callista revoluta* (Lindl.) Ktze.) - Burm., Thai., Camb., Laos, Viet., Mal., Born. - sect. *Distichophyllum* (9**, G, Q)
299. **rex** M.Clem. & D.Jones (*D. speciosum* var. *grandiflorum* F.M.Bailey) - end. to Austr. (Qld.) - „Golden King Orchid" (P)
- *rhizophoreti* Ridl.: 206 (2*)
- *rhodobalion* Schltr.: *Flickingeria* 17 (S)
300. **rhodostele** Ridl. (E, H)
301. **rhodostictum** F.v.Muell. & Kraenzl. (*D. madonnae* Rolfe) - P.N.Gui., Sol. - sect. *Latouria* (9**, ß**, Z**)
- *rhombeum* Lindl.: 158 (2*, 9**, G**, H**)

302. **rhytidothece** Schltr. - P.N.Gui. ($54/9)
303. **rigens** Rchb.f. (*D. rigidum* Miq., *Oxystophyllum rigidum* Bl., *Callista oxystophylla* Ktze.) - Java (2*)
↣ rigens Rchb.f.: *Aporum* 11 (S)
- rigescens Miq.: 246 (2*, 9**, G**)
304. **rigidum** R.Br. (*Callista rigida* (R. Br.) Ktze.) - Austr. (Qld.), N.Gui. (E**, H**, P*)
- rigidum Miq.: 303 (2*)
- rigidum (Bl.) Lindl.: 246 (2*, 9**, G**)
- rigidum (Bl.) Miq.: *Aporum* 11 (S)
- rimannii Rchb.f.: 232 ($51/2)
- robustum Rolfe: 232 ($51/2)
- rosenbergii Teijsm. & Binn.: 232 (G)
- roseum Dalz.: 84 (E**, H**)
- roseum Sw.: *Eulophia* 40 (G**)
- roseum Schltr.: *Pedilonum* 13 (S)
305. **ruckeri** Lindl. (*D. ramosum* Lindl. ex Wall.) - Ind. (G**)
306. **rugosum** (Bl.) Lindl. (*D. purpurascens* Teijsm. & Binn., ?*D. glaucophyllum* Teijsm. & Binn., *Grastidium rugosum* Bl., *Callista rugosa* (Bl.) Ktze.) - Java (2*, G)
307. **rumphianum** Teijsm. & Binn. (*D. minax* Rchb.f., *D. bicaudatum* Kraenzl., *D. burbidgei* Rchb.f., *D. antelope* Rchb.f.) - Java, Sul., Sund., Born. ($50/11)
- rumphianum J.J.Sm.: 231 (E)
- rupicola Rchb.f.: 99 (H**)
- ruppianum A.D.Hawk. (9**, E): 177 (H**, P)
- ruppianum var. *magnificum* Rupp: 177 (P)
308. × **ruppiosum** Clemesha (*D. speciosum* × *D. jonesii*) nat.hybr. - end. to Austr. (Qld.) (P)
- ruscifolium (Jacq.) Sw.: *Pleurothallis* 618 (G)
309. **sagittatum** J.J.Sm. - Java (2*)
310. **salaccense** (Bl.) Lindl. (*D. intermedium* Teijsm. & Binn., *D. gemellum* Ridl., *D. bambusifolium* Par. & Rchb.f., *D. cathcartii* Gagn., *Grastidium salaccense* Bl., *G. bambusifolium* (Par. & Rchb.f.) Brieg., *Callista salaccensis* (Bl.) Ktze., *C. intermedia* (Teijsm. & Binn.) Ktze., *C. bambusifolia* (Par. & Rchb.f.) Ktze.) - Burm., Thai., Laos, Viet., China, Mal., Sum., Java (2*, G)
var. **major** J.J.Sm. - Java (2*)

- salicornioides Teijsm. & Binn.: *Aporum* 12 (S)
311. **sanderae** Rolfe - SE-As., Luzon, Phil. - sect. *Nigrohirsutae* (9**, ß**, E, H*, Z**)
var. **major** - Luzon (ß**)
- sanderianum Rolfe: 270 (ß**)
312. **sandsii** J.J.Wood & C.L.Chan - end. to Born. ca. 350 m - sect. *Distichophyllum* (Q**)
- sanguineum (Sw.) Sw.: *Broughtonia* 3 (9**, E**, H**)
313. **sanguinolentum** Lindl. (*D. cerinum* Rchb.f., *Callista sanguinolenta* (Lindl.) Ktze., *Pedilonum sanguinolentum* (Lindl.) Brieg.) - Thai., Mal., Indon., Born., Sulu (8**, G**)
314. **sarawakense** Ames (*D. multiflorum* Ridl.) (Q)
- sarcostoma Lindl.: *Sarcostoma* 1 (2*)
- sarcostoma Teijsm. & Binn.: 219 (9**, G)
315. **sarmentosum** Rolfe (*D. fragrans* hort. ex Hook.f.) - NW-Mal. (9**)
316. **scabrilingue** Lindl. (*D. hedyosmum* Batem. ex Hook.f., *D. alboviride* Par., *D. galactanthum* Schltr., *Callista scabrilinguis* (Lindl.) Ktze.) - Thai., Burm., Laos - sect. *Nigrohirsutae* (9**, ß**, E, H**, Z**)
- scariosum Llave & Lex.: *Pleurothallis* 636 (G)
- schmidtianum Kraenzl.: 88 (G**)
317. **schneiderae** F.M.Bailey - end. to Austr. (Qld., NSW) (P)
var. **major** Rupp - Austr. (Qld.) (P*)
↣ schneiderae F.M.Bailey: *Australorchis* 1 (S)
318. **schoeninum** Lindl. (*D. beckleri* F.v. Muell., *D. striolatum* sensu F.M.Bailey, *Callista beckleri* (F.v.Muell.) Ktze.) - end. to Austr. (Qld., NSW) - „Pencil Orchid" (H**, P*)
- schoeninum Lindl.: 342 (E, H)
- schroederi (*schroederae*) hort.: 102 (9**, E**, G**, H**, S)
- schroederianum hort. ex Rchb.f.: 44 (9**, P*)
319. **schuetzei** Rolfe - Phil., Mind. - sect. *Nigrohirsutae* (9**, ß**, E**, H**)
320. **schulleri** J.J.Sm. - N-N.Gui. ($51/1)
- sclerophyllum Lindl.: 246 (9**, G**)
- scopa Lindl.: *Flickingeria* 18 (G)
- scortechinii Hook.f.: 23 (9**, E**, G, H**)

321. **sculptum** Rchb.f. - end. to Born. 1.200-1.500 m - sect. *Formosae* (Q**)
322. **secundum** (Bl.) Lindl. (*D. bursigerum* Lindl., *D. heterostigma* Rchb.f., *D. secundum* var. *bursigera* (Lindl.) Ridl., *Pedilonum secundum* Bl., *P. bursigerum* (Lindl.) Rausch., *Callista secunda* (Bl.) Ktze., *C. bursigera* (Lindl.) Ktze.) - Mal., Burm., Indon., Camb., Phil., Born., Viet., Laos - sect. *Pedilonum* (2*, 8**, 9**, ß**, A**, E**, G**, H**, Z**)
- *secundum* var. *bursigera* (Lindl.) Ridl.: 322 (G**)
- *seidelianum* Rchb.f.: 209 (9**, E**, H**)
323. **seidenfadenii** Sengh. & Bock. (*D. arachnites* Rchb.f.) - Burm., Ass. (O3/86, S)
- *semifuscum* (Rchb.f.) Lavarack & Cribb: 374 (P)
324. **senile** Par. ex Rchb.f. (*Callista senilis* (Par. ex Rchb.f.) Ktze., *C. senilis* (Par. ex Rchb.f.) Brieg.) - Thai., Laos, Burm. 1.000 m - „Old man orchid" - sect. *Eugenanthe* (4**, 9**, ß**, $56/11, Z**)
- *separatum* Ames: 54 (G)
- *serpens* (Hook.f.) Hook.f.: 268 (Q**)
- *serpens* Hook.f.: *Pedilonum* 14 (S)
- *serra* Lindl.: 13 (2*)
- *sertularioides* (Sw.) Sw.: *Pleurothallis* 654 (G)
- *sessile* Gagn.: *Trichotosia* 12 (G)
- *setifolium* Seidenf. & Smitin.: 2 (G)
- *sheperdii* F.v.Muell.: *Bulbophyllum* 486 (G)
325. **signatum** Rchb.f. (*D. hildebrandii* Rolfe) - sect. *Eugenanthe* (ß**)
326. **simplex** J.T.Smith - P.N.Gui. ($54/9)
- *simplicissimum* (Lour.) Kraenzl.: 88 (G**)
327. **singkawangense** J.J.Sm. - end. to Born. 500-1.700 m - sect. *Formosae* (Q**)
328. **sinuatum** (Lindl.) Lindl. ex Rchb.f. (*Aporum sinuatum* Lindl.) - Thai., Mal. (G)
329. **sladei** J.J.Wood & Cribb - Samoa (O1/94)
330. **smillieae** (smilliae) F.v.Muell. (*D. ophioglossum* Rchb.f., *D. hollrungii* Kraenzl. var. *australiense* Ridl., *Coelandria smillieae* (F.v.Muell.) Fitzg., *Callista smillieae* (F.v.Muell.) Ktze.) - N.Gui., Austr. (Qld.) - sect. *Pedilonum* - „Bottlebrush Orchid" (ß**, E**, H**, P*, $55/8, $56/10, Z**)
- *smilliae* var. *ophioglossum* (Rchb.f.) F.M.Bailey: *Pedilonum* 9 (S)
331. **smithianum** Schltr. (*D. smithianum* var. *nebularum* Schltr.) - Sul., Born. 300-1.300 m - sect. *Aporum* (Q*)
- *smithianum* var. *nebularum* Schltr: 331 (Q*)
- *sophronites* Schltr. (E**): 95 (ß**, H**)
- *spathaceum* Lindl.: 58 (G)
- *speciosissimum* Rolfe: 334 (ß**, Q**)
332. **speciosum** J.E.Sm. (*Callista speciosa* (J.E.Sm.) Ktze., *Dendrocoryne speciosum* (J.E.Sm.) Brieg., *Tropilis speciosa* (J.E.Sm.) Butzin) - end. to Austr. (Qld., NSW, Vic.) - sect. *Dendrocoryne* - „Rock orchid" (8**, 9**, ß**, E**, G**, H**, P*, Z**) var. **capricornicum** Clemesha - end. to Austr. (Qld.) (P*) var. **hillii** (Hook.) F.M.Bailey (*D. hillii* Hook.f.) - end. to Austr. (Qld., NSW) (9**, E, H, P**) var. **speciosum** - end. to Austr. (NSW, Vic.) (P*)
- *speciosum* var. *bancroftianum*: 177 (P)
- *speciosum* var. *curvicaule* F.M.Bailey: 94 (P*)
- *speciosum* var. *fusiforme* F.M.Bailey: *D. ruppianum* (9**, E)
- *speciosum* var. *fusiforme* F.M.Bailey: 177 (H**)
- *speciosum* var. *grandiflorum* F.M.Bailey: 299 (P*)
- *speciosum* var. *hillii* F.M.Bailey: 354 (P**)
- *speciosum* var. *nitidum* F.M.Bailey: 252 (P)
- *speciosum* var. *pedunculatum* Clemesha: 273 (P*)
333. **spectabile** (Bl.) Miq. (*D. tigrinum* Rolfe, *Latourea spectabilis* Bl., *Callista spectabilis* (Bl.) Ktze., *Latourorchis spectabile* (Bl.) Brieg., *Sayeria spectabilis* (Bl.) Rausch.) - N.Gui., Boug., Sol. - sect. *Latouria* (8**, 9**, ß**, E, H**, O5/90, Z**)
→ *spectabile* (Bl.) Miq.: *Latourorchis* 7 (S)

334. **spectatissimum** Rchb.f. (*D. speciosissimum* Rolfe, *D. reticulatum* J.J.Sm.) - end. to Born. 1.600-1.700 m - sect. *Nigrohirsutae* (ß**, Q**, O3/98)
- *speculum* J.J.Sm.: *Epigeneium* 8 (Q**)
- *spegidoglossum* Hook.f.: 344 (G)
- *spinescens* Lindl.: *Pseuderia* 2 (S)
335. **spurium** (Bl.) J.J.Sm. (*D. unguicolatum* Teijsm. & Binn., *D. euphlebium* Rchb.f., *Dendrocolla spuria* Bl., *Aerides spurium* Lindl., *Sarcochilus spurius* Rchb.f., *Thrixspermum spurium* Rchb.f., *Callista unguiculata* Ktze., *C. euphlebia* Ktze.) - Phil. - sect. *Euphlebium* (2*, O5/96)
- ⇥ *spurium* J.J.Sm.: *Euphlebium* 3 (S)
- *squalens* Lindl.: *Xylobium* 35 (9**, E**, G**)
336. **squamiferum** J.J.Sm. - N.Gui. - sect. *Amblyanthus* (Q)
- *stenophyton* Schltr.: *Diplocaulobium* 11 (S)
337. **stratiotes** Rchb.f. (*D. strebloceras* var. *rossianum* Rchb.f., *D. arachnoglossum* André, *D. leporinum* J.J.Sm.) - Mol., Sund., Sul., N.Gui. - sect. *Ceratobium* ($50/11, 9**, ß**, E**, H**, S, Z**)
338. **straussianum** Schltr. (O2/81)
339. **strebloceras** Rchb.f. - Sund. - "Tangerine" ($50/11, Z**) var. **rossianum** Rchb.f. ($50/11)
- *strebloceras* var. *rossianum* Rchb.f.: 337 (ß**)
340. **strepsiceros** J.J.Sm. - Ser. ($50/11)
341. **stricklandianum** Rchb.f. (*D. tosaense* Mak.) - Jap., Ryu., Taiw., China (E**, H**)
342. **striolatum** Rchb.f. (*D. teretifolium* Lindl. non R.Br., *D. schoeninum* Lindl., *D. milliganii* F.v.Muell., *Callista striolata* (Rchb.f.) Ktze.) - end. to Austr. (NSW, Vic., Tasm.) - scented (O3/91, E, H, P**, Z**)
- *striolatum* F.M.Bailey: *D. beckleri* (E**)
- *striolatum* sensu F.M.Bailey: 318 (H**)
343. **stuartii** F.M.Bailey - end. to Austr. (Qld.) (P*)
- *stueberi* Stuber ex Zurow.: 190 ($50/11)
344. **stuposum** Lindl. (*D. spegidoglossum* Hook.f., *Callista stuposa* (Lindl.) Ktze.) - Sik., Bhut., NE-Ind., Burm., China (G, S*)
- *suavissimum* Rchb.f.: 72 (4**, 9**, G**, H**)
- *suavissimum* Rchb.f.: 72 (8**)
- *suavissimum* Kraenzl.: 200 (G**)
- *subacaule* Kraenzl.: *Pedilonum* 10 (S)
- *subarticulatum* Teijsm. & Binn.: 80 (2*)
345. **subclausum** Rolfe (*D. phlox* Schltr.) - N.Gui. 600-2.500 m - sect. *Calyptrochilus* (ß**, Z**)
- *subteres* (Griff.) Lindl.: 1 (G)
- *subterrestre* Gagn.: *Eria* 12 (9**, G**)
346. **subulatum** Lindl. (*D. subulatum* Hook., *Onychium subulatum* Bl., *Podochilus bicolor* Miq., *Callista subulata* Ktze.) - Java (2*)
- *subulatum* Hook.: 346 (2*)
347. **subuliferum** J.J.Sm. - scented (O4/89)
348. × **suffusum** L.Cady (*D. gracilicaule* × *D. kingianum*) nat.hybr. - end. to Austr. (NSW) (P)
349. **sulcatum** Lindl. (*Callista sulcata* (Lindl.) Ktze.) - Sik., NE-Ind., Burm., Thai., Laos, Viet. (9**, G**)
350. **sulphureum** Schltr. - N.Gui. 800-3.650 m (O4/89)
- *sumneri* F.v.Muell.: 44 (9**)
351. × **superbiens** Rchb.f. [D. superbiens Rchb.f. (*D. goldiei* Rchb.f.) (8**)] (*D. bigibbum* × *D. discolor*) nat. hybr. - end. to Austr. (Qld.) - sect. *Phalaenanthe* (H, ß**, P, S)
- *superbum* Rchb.f. (8**): 23 (9**, ß*, E**, G, H**)
352. **sylvanum** Rchb.f. - N.Cal., Samoa ($50/12)
353. **tangerinum** Cribb - N.Gui. - sect. *Ceratobium* (ß*, $50/11)
354. **tarberi** M.Clem. & D.Jones (*D. speciosum* var. *hillii* F.M.Bailey) - end. to Austr. (Qld., NSW) (P**)
- *tattonianum* Batem. ex Rchb.f.: 56 (9**, ß**, E**, H**)
355. **taurinum** Lindl. (*Callista taurina* (Lindl.) Ktze.) - Phil. - sect. *Ceratobium* (ß**, E, G**, H**, Z**) var. **fournieri** Cogn. (8**)
356. **taurulinum** J.J.Sm. - Ser. ($50/12)
- *taylori* (F.v.Muell.) Fitzg.: *Cadetia* 12 (E*, H*)
- *teijsmannii* Miq.: 207 (G)

Dendrobium - Dendrobium 271

357. **tenellum** Lindl. (*Onychium tenellum* Bl., *Callista tenella* Ktze.) - Java (2*)
- *tenuicalcar* J.J.Sm.: 389 (O2/88)
- *tenuicaule* Hook.f.: *Aporum* 13 (S)
- *tenuissimum* Rupp: 242 (P**)
- *teres* Roxb.: *Vanda teres* (8**)
- *teres* (Lindl.) Roxb.: *Papilionanthe* 8 (9**, G**, H**)
358. **teretifolium** (Sw.) R.Br. (*D. calamiforme* Lodd., *D. fairfaxii* F.v.Muell., *Epidendrum teretifolium* Sw., *Callista fairfaxii* (F.v.Muell.) Ktze., *C. teretifolia* (Sw.) Ktze., *Dockrillia teretifolia* (Sw.) Brieg.) - end. to Austr. (Qld., NSW), N.Gui. - sect. *Rhizobium* (9**, O3/91, ß**, G, P**, Z**)
- *teretifolium* Lindl.: 342 (E, H)
- *teretifolium* var. *aureum* F.M.Bailey: 111 (P)
- *teretifolium* var. *fasciculatum* Rupp: 53 (P*)
- *teretifolium* var. *fairfaxii*: 122 (P)
359. **terminale** Rchb.f. ($54/9)
- *ternatense* J.J.Sm.: 219 (9**, G)
360. **terrestre** J.J.Sm. - N.Gui. (O5/90)
- *testiculum* Sw.: *Ionopsis* 6 (G)
361. **tetraedre** (Bl.) Lindl. (*Onychium tetraedre* Bl., *Callista tetraedris* Ktze.) - Java (2*)
↛ *tetraedre* (Bl.) Lindl.: *Aporum* 14 (S)
362. **tetragonum** A.Cunn. ex Lindl. (*D. tetragonum* var. *variabilis* Gilbert, *Callista tetragona* (A.Cunn. ex Lindl.) Ktze., *Dendrocoryne tetragonum* (A.Cunn. ex Lindl.) Brieg., *Tropilis tetragona* (A.Cunn. ex Lindl.) Butzin) - end. to Austr. (Qld.) - sect. *Dendrocoryne* - „Tree Spider Orchid" (9**, ß**, A**, E**, G, H**, P**, Z**)
 var. **giganteum** Gilbert - end. to Austr. (Qld.) (ß**, E, H**)
 var. **hayesianum** Gilbert - end. to Austr. (Qld.) (ß**)
- *tetragonum* var. *giganteum* Gilbert: 60 (P**)
- *tetragonum* var. *hayesianum* Gilbert: 52 (P)
- *tetragonum* var. *variabilis* Gilbert: 362 (9**, G)
363. **tetrodon** Rchb.f. (*D. viridicatum* Ridl., *Callista tetrodon* Ktze.) - Java (2*)
364. **thyrsiflorum** Rchb.f. ex André (*D. densiflorum* var. *albo-luteum* Ho-

ok.f.) - Ind., Burm., Thai., Laos, Viet., China - sect. *Callista* (8**, 9**, ß**, H**, &1, Z**)
- *thyrsiflorum* Rchb.f.: *Callista* 2 (S)
- *thyrsiflorum* Rchb.f.: 102 (E**)
- *thyrsiflorum* Regel: 125 (9**)
- *thyrsodes* Rchb.f.: 183 (2*, G**)
- *thysanochilum* Schltr.: *Flickingeria* 5 (H**)
- *tigrinum* Rolfe ex Hemsl.: 333 (8**, 9**, E, H**)
- *tixieri* Guill.: 261 (O1/92)
- *tofftii* F.M.Bailey: 251 (P*)
365. **tokai** Rchb.f. - N.Cal., Fiji ($50/12)
- *tokai* var. *crassinerve* Finet: 218 (G)
- *tomohonense* Kraenzl.: 219 (9**, G)
- *tonkinense* De Wild.: 298 (9**, G)
- *topaziacum* Ames (A**): 51 (ß**, E**, H**)
366. **toressae** (F.M.Bailey) Dockr. (*Bulbophyllum toressae* F.M.Bailey) - end. to Austr. (Qld.) 0-1.000 m - „Sparkle Orchid" (P**)
↛ *toressae* (F.M.Bailey) Dockr.: *Dockrillia* 4 (S)
367. **tortile** Lindl. (*Callista tortilis* (Lindl.) Ktze.) - Him., Camb., Laos, Viet. - sect. *Eugenanthe* (9**, ß**, S)
 var. **dartoisianum** (De Wild.) O'Brien (*D. dartoisianum* De Wild., *D. haniffii* var. *dartoisianum* (De Wild.) A.D.Hawk.) - Camb., Laos, Viet. (9**)
- *tortile* A.Cunn.: 237 (G)
- *tosaense* Mak.: 341 (E**, H**)
368. **tozerensis** Lavarack - end. to Austr. (Qld.) (P*)
- *trachyphyllum* Schltr.: *Pedilonum* 15 (S)
369. **transparens** Wall. ex Lindl. (*D. henshallii* Rchb.f., *Callista transparens* (Wall. ex Lindl.) Ktze.) - NE-Ind., Him., Burm., Nep. - sect. *Eugenanthe* (8**, 9**, ß**, E**, G, H**, S)
- *treacherianum* Rchb.f. ex Hook.f.: *Epigeneium* 9 (9**, Q**)
- *triadenium* Lindl.: 246 (2*, 9**, G**)
- *tribuloides* (Sw.) Sw.: *Pleurothallis* 721 (G)
- *tricallosum* Ames & Schweinf.: *Epigeneium* 10 (Q**)
- *tricostatum* Schltr.: *Pedilonum* 16 (S)
370. **tricuspe** Lindl. (*D. kohlmeyerianum* Teijsm. & Binn., *Onychium tricuspe*

Bl., *Callista tricuspis* Ktze.) - Java - sect. *Rhopalanthe* (2*, Q)
371. **tridentatum** Ames & Schweinf. - end. to Born. 1.200-2.200 m - sect. *Rhopalanthe* (Q*)
372. **tridentiferum** Lindl. - N.Gui. (G)
- *triflorum* Lindl.: *Dendrobium cymbidioides* (2*)
- *triflorum* Lindl.: *Epigeneium* 3 (9**)
- *trigonocarpum* Schltr.: *Cadetia* 13 (S)
373. **trigonopus** Rchb.f. (*D. velutinum* Rolfe) - Burm., Thai, Laos, China - sect. *Nigrohirsutae* (ß**, E**, H**, Z**)
374. **trilamellatum** J.J.Sm. (*D. semifuscum* (Rchb.f.) Lavarack & Cribb) - Austr. (NT, Qld.) N.Gui. (P*, $50/12)
375. **trinervum** - Mal. - sect. *Distichophyllum* (O1/92)
- *tripetaloides* Roxb.: *Bulbophyllum* 39 (9**)
- *triphyllum* Pers.: *Maxillaria* 256 (G)
- *trisaccatum* Kraenzl.: 48 (9**)
- *triviale* Kraenzl.: 54 (G)
- *tropaeoliflorum* Hook.f.: *Pedilonum* 17 (S)
376. **trullatum** J.J.Wood & A.Lamb - end. to Born. 400-600 m - sect. *Conostalix* (Q**)
- *truncatum* Lindl.: *Aporum* 15 (S)
- *tuberiferum* Hook.f.: 281 (G)
- *umbellatum* (Gaudich.) Rchb.f.: *Cadetia* 14 (S)
377. **uncatum** Lindl. (*Callista uncata* Ktze.) - Java (2*)
➤ *uncatum* Lindl.: *Aporum* 16 (S)
- *undatiflorum* Pers.: *Maxillaria* 259 (G)
- *undulatum* R.Br.: 109 (ß**, G**, H**, P)
- *undulatum* (Bl.) Lindl.: *Aporum* 17 (S)
- *undulatum* var. *woodfordianum* Maiden: 140 (9**)
- *unguicolatum* Teijsm. & Binn.: 335 (2*)
378. **unicum** Seidenf. (*D. arachnites* com.name) - Thai., Laos - sect. *Eugenanthe* (O3/86, 9**, ß**, A**, H**, S)
379. **uniflorum** Griff. - Mal., Thai., Viet., Born., Phil. - sect. *Distichophyllum* (Q, S)
- *uniflos* F.v.Muell.: *Cadetia* 12 (E*, H*)
- *usterii* Schltr.: *Flickingeria* 20 (S)
- *utricularioides* (Sw.) Sw.: *Ionopsis* 7 (E**, 9**, G**, H**)
380. **validum** Schltr. - N.Gui. (S)
- *variegatum* (Ruiz & Pav.) Pers.: *Xylobium* 35 (9**, G**)
381. **vaupelianum** Kraenzl. - Samoa (O1/94)
- *veitchianum* Lindl.: 219 (2*, 4**, 9**, G)
- *velutinum* Rolfe: 373 (ß**, H**)
382. **ventripes** Carr - end. to Born. 1.200-2.100 m - sect. *Rhopalanthe* (Q**)
383. **venustum** Teijsm. & Binn. (*D. ciliatum* Par. ex Hook.f.) - Burm., Laos, Viet. - sect. *Stachyobium* (ß**)
384. **veratrifolium** Lindl. - N.Gui. (S)
- *veratrifolium* Lindl.: 140 (E)
- *veratrifolium* Lindl.: 201 (G)
- *veratroides* Bakh.f.: 140 (E)
- *veratroides* Bakh.f.: 201 (G)
- *vestitum* Wall.: *Trichotosia* 13 (G**)
- *vestitum* Wall.: *Eria vestita* (9**)
- *vexans* Dammer: 157 (9**, E**, H)
385. **vexillarius** J.J.Sm. - N.Gui. - sect. *Oxyglossum* (ß**, O4/89)
   var. **alboviride** (van Royen) T.M. Reeve & P.Woods - N.Gui. 3.000 m (Z)
   var. **elworthyi** T.M.Reeve & P. Woods - Irian Jaya (A**)
   var. **retroflexum** (J.J.Sm.) T.M.Reeve & P.Woods - N.Gui. 3.000 m (Z)
   var. **uncinatum** (Schltr.) T.M.Reeve & P.Woods - N.Gui. 1.600-2.800 m (Z**)
   var. **vexillarius** - N.Gui. 3.000 m (Z)
386. **victoriae-reginae** Loher (*D. coeleste* Loher) - Phil. - sect. *Pedilonum* (8**, 9**, ß**, E**, H**, Z**)
- *villosulum* Lindl. non Wall.: 256 (9**, G)
387. × **vinicolor** St.Cloud (*D. bigibbum* × *D. discolor*) nat. hybr. - end. to Austr. (Qld.) (P)
388. **violaceoflavens** J.J.Sm. - N.Gui. ($51/1)
389. **violaceum** Kraenzl. (*D. dryadum* Schltr., *D. quinquecostatum* Schltr., *D. brachyacron* Schltr., *D. allioides* J.J.Sm., *D. geminiflorum* Schltr., *D. keysseri* Schltr., *D. pityphyllum* Schltr., *D. tenuicalcar* J.J.Sm.) - N. Gui. 750-2.000 m - sect. *Oxyglossum* (ß**, O2/88, O4/89)

Dendrobium - Dendrochilum 273

- *virescens* Ridl.: 268 (Q**)
- *virescens* Ridl.: *Pedilonum* 14 (S)
- *viridicatum* Ridl.: 363 (2*)
- *wallichii* A.D.Hawk. & Heller: 274 (G)
- *warburgianum* Kraenzl.: 193 (9**)
390. **wardianum** Warner (*D. falconeri sepalis* ecc. Hook., *D. falconeri obtusum* hort., *Callista wardiana* (Warner) Ktze.) - Him., Ind., Burm., Thai., China - sect. *Eugenanthe* (8**, 9**, ß**, E**, H**, S)
  var. **album** Williams (8**)
  var. **candidum** Veitch (E, H)
- *wardianum* Warner: 275 (8**, E**, H**)
391. **warianum** Schltr. - N.Gui. ($51/2)
392. **wasseltii** S.T.Blake - end. to Austr. (Qld.) 0-300 m (P**)
→ *wasseltii* S.T.Blake: *Dockrillia* 5 (S)
- *wilkianum* Rupp: 232 (G, P*)
393. **williamsianum** Rchb.f. - P.N.Gui. - sect. *Phalaenanthe* (ß**)
394. **williamsonii** Day & Rchb.f. (*D. cariniferum* Rchb.f., *Callista williamsonii* (Day & Rchb.f.) Ktze.) - NE-Ind., Ass., Burm., Thai., S-China - sect. *Nigrohirsutae* (9**, ß**, E**, H**, S)
395. **wolterianum** Schltr. (O2/81)
- *woodfordianum* (Maiden) Schltr.: 140 (9**)
396. **woodsii** Cribb (*D. fantasticum* sensu P.Tayl. & Wood, *Sayeria woodsii* (Cribb) Rausch.) - N.Gui. (9**, O5/90)
397. **xantholeucum** Rchb.f. (*Callista xantholeuca* Ktze.) - Java (2*)
- *xanthomeson* Schltr.: *Amblyanthus* 3 (S)
398. **xanthophlebium** Lindl. (*D. marginatum* Batem., *Callista xanthophlebia* (Lindl.) Ktze., *C. marginata* (Batem.) Ktze.) - end. to Burm. (9**, S)
399. **xiphophyllum** Schltr. - end. to Born. 700-800 m - sect. *Aporum* (Q**)
400. **zippelii** J.J.Sm. (*D. ansusanum* Schltr.) - N.Gui. (O3/81)
- *zollingerianum* Teijsm. & Binn.: *D. comatum* (2*)
- *zollingerianum* Teijsm. & Binn.: *Flickingeria* 5 (G)
- *zonatum* Rolfe: 236 (9**, G)
× **Dendrocattleya** (*Cattleya* × *Dendrobium*)

Dendrochilum Bl. - 1825 - Subfam. *Epidendroideae* Tribus: *Dendrobieae* Subtr. *Coelogyninae* - (*Platyclinis* Benth., *Acoridium* Nees & Meyen, *Basigyne* J.J.Sm., *Pseudacoridium* Ames) - ca. 120 sp. epi. - SE-As., Indon., Phil., N.Gui.
1. **abbreviatum** Bl. (*Platyclinis abbreviata* Hemsl.) - Java (2*, G)
   var. **remiforme** J.J.Sm. (2*)
2. **alatum** Ames - Born. (Q)
3. **anomalum** Carr - end. to Born. 600-1.000 m (Q**)
4. **aurantiacum** Bl. - Sund. 1.500 m (2*, H, S)
   var. **pallideflavens** J.J.Sm. (*D. pallideflavens* Bl.) - Java (2*)
5. **auriculilobium** J.J.Wood - end. to Born. ca. 1.700 m (Q*)
- *auritum* Rchb.f.: 8 (2*)
- *bicallosum* J.J.Sm.: 37 (Q**)
- *bigibbosum* J.J.Sm.: 37 (Q**)
6. **cobbianum** Rchb.f. (*Platyclinis cobbiana* (Rchb.f.) Hemsl., *Acoridium cobbianum* (Rchb.f.) Rolfe) - Phil. (E**, H**, S*, Z**)
7. **cobolbine** Rchb.f. - Java (2*)
8. **cornutum** Bl. (*D. auritum* Rchb.f., *Platyclinis cornuta* Hemsl., ?*P. brevilabrata* Rendle) - Java, Sum. 1.500 m (2*, S)
9. **corrugatum** (Ridl.) J.J.Sm. (*D. fimbriatum* Ames) - Born. (Q)
10. **crassifolium** Ames - Born. (Q)
11. **crassum** Ridl. - Mal., Born. 1.200-1.500 m - subg. *Dendrochilum* (Q**)
12. **cruciforme** J.J.Wood - end. to Born. - sect. *Cruciforma*
    ssp. **cruciforme** - end. to Born. 900-2.000 m (Q**)
    var. **longicuspe** J.J.Wood - end. to Born. 2.000-2.500 m (Q*)
13. **cupulatum** J.J.Wood - end. to Born. 1.400-2.100 m - sect. *Eurybrachium* (Q**)
14. **devogelii** J.J.Wood - end. to Born. ca. 1.450 m - sect. *Cruciformia* (Q*)
15. **dewindtianum** W.W.Sm.
    var. **dewindtianum** - Born. (Q)
    var. **sarawakense** Carr - Born. (Q)
16. **dolichobrachium** (Schltr.) Merr. - end. to Born. - sect. *Cruciformia* (Q)
17. **dulitense** Carr - end. to Born. (Q)
18. **edentulum** Bl. (*D. erosum* Rchb.f., *Platyclinis edentula* Hemsl.) - Java (2*)

- *erosum* Rchb.f.: 18 (2*)
19. **exasperatum** Ames - end. to Born. 900-2.400 m (Q*)
20. **filiforme** Lindl. (*D. glumaceum* André non Lindl., *Platyclinis filiformis* (Lindl.) Benth. ex Hemsl., *Acoridium filiforme* (Lindl.) Rolfe) - Phil. (E, G, H**, S*)
- *fimbriatum* Ames: 9 (Q)
21. **galbanum** J.J.Wood - Sum., Born. 1.800-2.250 m (Q*)
22. **geesinkii** J.J.Wood - end. to Born. 1.290-1.400 m (Q*)
23. **gibbsiae** Rolfe (*D. kinabuluense* Rolfe, *D. quinquelobum* Ames) - end. to Born. 870-2.400 m - sect. *Cruciformia* (Q**)
24. **glumaceum** Lindl. (*Platyclinis glumacea* (Lindl.) Benth., *Acoridium glumaceum* (Lindl.) Rolfe) - Phil. (4**, 9**, A**, E**, G, H**, S*, Z**)
- *glumaceum* Lindl.: *Platyclinis glumacea* (8**)
- *glumaceum* André non Lindl.: 20 (G)
25. **gracile** (Hook.f.) J.J.Sm. (*Platyclinis gracilis* Hook.f.) - Born. (2*, Q)
26. **gramineum** (Ridl.) Holtt. - Mal. (Q)
27. **graminoides** Carr - Born. (Q)
28. **grandiflorum** (Ridl.) J.J.Sm. (*Platyclinis grandiflora* Ridl., *Acoridium grandiflorum* (Ridl.) Rolfe) - end. to Born. 900-3.800 m - sect. *Cruciformia* (Q**)
29. **haslamii** Ames - end. to Born. 2.400-3.100 m (Q**)
30. **hastilobum** J.J.Wood - Born. - sect. *Cruciformia* (Q)
31. **hologyne** Carr - end. to Born. 100-1.600 m (Q**)
32. **hosei** J.J.Wood - end. to Born. ca. 1.200 m - sect. *Cruciformia* (Q*)
33. **imbricatum** Ames - end. to Born. 600-1.550 m - sect. *Platyclinis* (Q**)
34. **imitator** J.J.Wood - end. to Born. 1.300-1.400 m (Q*)
35. **johannis-winkleri** J.J.Sm. - end. to Born. 800-1.500 m - sect. *Platyclinis* (Q*)
36. **kamborangense** Ames - Born. - sect. *Platyclinis* (Q)
- *kinabuluense* Rolfe: 23 (Q**)
37. **kingii** (Hook.f.) J.J.Sm. (*D. sarawakensis* (Ridl.) J.J.Sm., *D. palawanense* Ames, *D. bicallosum* J.J.Sm., *D. bigibbosum* J.J.Sm., *Platyclinis kingii* Hook.f., *P. sarawakensis* Ridl., *Acoridium kingii* (Hook.f.) Rolfe, *A. sarawakensis* (Ridl.) Rolfe) - Mal., Born., Phil. 300-900 m - sect. *Platyclinis* (Q**)
38. **krauseanum** Schltr. (O2/81)
39. **lacinilobum** J.J.Wood & A.Lamb - end. to Born. 900-1.600 m (Q**)
40. **lacteum** Carr - Born. (Q)
41. **latifolium** Lindl. (*Platyclinis latifolia* Hemsl., *Acoridium latifolium* Rolfe) - Phil. (E, G, H, S)
42. **lewisii** J.J.Wood - end. to Born. 2.200-2.300 m - sect. *Eurybrachium* (Q*)
43. **linearifolium** Hook.f. (*Platyclinis pulchella* Ridl.) - Mal. (Q)
44. **longifolium** Rchb.f. (*Platyclinis longifolia* (Rchb.f.) Hemsl.) - Mal., Sum., N.Gui., Burm., Phil. (2*, E**, H**, Q, S)
45. **longipes** J.J.Sm. - Born. (Q)
46. **lumakuense** J.J.Wood - end. to Born. ca. 1.800 m - sect. *Platyclinis* (Q*)
47. **lyriforme** J.J.Sm. - Born. (Q)
48. **magaense** J.J.Wood - end. to Born. 1.400-1.500 m (Q*)
49. **mucronatum** J.J.Sm - end. to Born. (Q)
50. **muluense** J.J.Wood - end. to Born. 1.700-2.200 m (Q**)
- *occultum* (Thou.) Lindl.: *Bulbophyllum* 362 (U)
51. **ochrolabium** J.J.Wood - end. to Born. 1.300-1.500 m (Q**)
52. **oxylobum** Schltr. (*D. viridifuscum* J.J.Sm.) - end. to Born. 400-900 m - sect. *Platyclinis* (Q**)
53. **pachyphyllum** J.J.Wood & A.Lamb - end. to Born. 1.300-2.000 m - sect. *Platyclinis* (Q**)
- *palawanense* Ames: 4 (2*)
54. **pandurichilum** J.J.Wood - end. to Born. 0-1.900 m - sect. *Falsiloba* (Q*)
55. **papillilabium** J.J.Wood - end. to Born. 1.500-1.600 m (Q*)
56. **papillipetalum** J.J.Wood - end. to Born. ca. 530 m (Q*)
57. **planiscapum** Carr - end. to Born. 1.300-2.400 m - sect. *Platyclinis* (Q**)
58. **pubescens** L.O.Wms. - end. to Born. 0-900 m - sect. *Platyclinis* (Q**)

- *quinquelobum* Ames: 23 (Q**)
- *roseum* Dalz.: *Dendrobium* 84 (9**)
59. **rufum** (Rolfe) J.J.Sm. - Born. - sect. *Mammosa* (Q)
60. **saccolabium** Kraenzl. - Phil. (A**, S*)
- *saccolabium* Kraenzl.: *Acoridium* 1 (H**)
- *sarawakensis* (Ridl.) J.J.Sm.: 37 (Q**)
61. **scriptum** Carr - end. to Born. 2.600-3.200 m - sect. *Eurybrachium* (Q**)
62. **simile** (Ridl.) Bl. (*Platyclinis simile* Ridl.) - Java (2*)
63. **stachyodes** (Ridl.) J.J.Sm. (*Platyclinis stachyodes* Ridl., *Acoridium stachyodes* (Ridl.) Rolfe) - end. to Born. 2.400-3.700 m (Q**)
64. **sublobatum** Carr - Born. - sect. *Platyclinis* (Q)
65. **suratii** J.J.Wood - end. to Born. 2.400-2.500 m (Q*)
66. **tenellum** Ames - Phil. (A**)
67. **tenompokense** Carr - Born. (Q)
68. **tenuifolium** (Ames) Pfitz. - Phil. 2.300 m (S)
69. **tenuitepalum** J.J.Wood - end. to Born. ca. 1.600 m (Q*)
70. **trusmadiense** J.J.Wood - end. to Born. 1.900-2.000 m - sect. *Eurybrachium* (Q*)
71. **uncatum** Rchb.f. [D. uncatum Kraenzl. (A**)] (*Platyclinis uncata* (Rchb.f.) N.E.Br. ex L.O.Wms., *Acoridium uncatum* (Rchb.f.) Rolfe) - Phil. (9**, S*)
72. **vaginatum** J.J.Sm. - Java (2*)
73. **vestitum** J.J.Sm. - Born. - sect. *Platyclinis* (Q)
- *viridifuscum* J.J.Sm.: 52 (Q**)

Dendrocolla Bl. - 1825: *Thrixspermum* Lour.
- *acuminatissima* Bl.: *Thrixspermum* 1 (2*)
- *alba* Ridl.: *Thrixspermum* 3 (O3/81)
- *amplexicaulis* Bl.: *Thrixspermum* 4 (2*, 9**)
- *anceps* Bl.: *Thrixspermum* 5 (2*)
- *appendiculata* Bl.: *Sarcochilus appendiculatus* (2*)
- *arachnites* Bl.: *Thrixspermum arachnites* (2*)
- *arachnites* Bl.: *Thrixspermum* 14 (G, H**)
- *carinatifolia* Ridl.: *Thrixspermum* 12 (O3/81)
- *carnosa* Ridl.: *Thrixspermum* 13 (O3/81)
- *ciliata* Ridl.: *Thrixspermum* 9 (O3/81)
- *compressa* Bl.: *Sarcochilus* 3 (2*)
- *emarginata* Bl.: *Sarcochilus* 6 (2*)
- *filiformis* Ridl.: *Thrixspermum* 21 (O3/81)
- *fulgens* (Ridl.) Schltr.: *Thrixspermum* 23 (O2/81)
- *hystrix* Bl.: *Thrixspermum* 27 (2*)
- *maculata* Ridl.: *Thrixspermum* 49 (O3/81)
- *obtusa* Bl.: *Thrixspermum* 38 (2*)
- *pallida* Bl.: *Sarcochilus pallidus* (2*)
- *pallida* Bl.: *Pteroceras* 9 (G)
- *pardalis* Ridl.: *Thrixspermum* 39 (O3/81)
- *psiloglottis* Ridl.: *Thrixspermum* 43 (O3/81)
- *pulchella* Thw.: *Thrixspermum* 45 (S*)
- *purpurascens* Bl.: *Thrixspermum* 46 (2*)
- *rhopalorrhachis* Rchb.f.: *Saccolabium rhopalorrhachis* (2*)
- *spuria* Bl.: *Dendrobium* 335 (2*)
- *spuria* Bl.: *Euphlebium* 3 (S)
- *subulata* Bl.: *Thrixspermum* 53 (2*)
- *teres* Bl.: *Sarcochilus suaveolens* (2*)
- *teres* Bl.: *Pteroceras* 11 (S*)
- *zollingeri* Rchb.f.: *Sarcochilus* 24 (2*)

Dendrocoryne (Lindl.) Brieg. - 1981: *Dendrobium* Sw.

Dendrocoryne (Lindl.) Brieg. - 1981: *Tropilis* Raf. (S)

Dendrocoryne (Lindl.) Brieg. - 1981 - Dendrobiinae (S) - (*Dendrobium* sect. *Dendrocoryne* Lindl.) - 15 sp. - Austr., N.Cal.
- *aemulum* (R.Br.) Brieg.: *Dendrobium* 6 (9**)
- *kingianum* (Bidw. ex Lindl.) Brieg.: *Dendrobium* 182 (9**, E**, G**)
- *speciosum* (J.E.Sm.) Brieg.: *Dendrobium* 332 (9**, E**)
- *tetragonum* (A.Cunn. ex Lindl.) Brieg.: *Dendrobium* 362 (9**, G)

× **Dendrogeria (Denga.)** (*Dendrobium* × *Flickingeria*)

Dendrolirium Bl. - 1825: *Eria* Lindl.

Dendrolirium Bl. - 1825 - Dendrobiinae (S)
- *albidotomentosum* Bl.: *Eria* 2 (2*)

- *appendiculatum* Bl.: *Eria* 5 (2*)
- *bicristatum* Bl.: *Eria* 9 (2*)
- *coriaceum* Bl.: *Phreatia* 7 (2*)
- *densiflorum* Bl.: *Phreatia* 4 (2*)
- *ebulbe* Bl.: *Eria* 38 (2*)
- *erectum* Bl.: *Eria* 26 (2*)
- *erectum* Bl.: *Urostachya* 2 (S)
- *flavescens* Bl.: *Eria* 32 (2*)
1. **flavum** (Lindl.) Brieg. (*Eria flava* Lindl., *E. pubescens* (Spreng.) Lindl., *Octomeria pubescens* Spreng.) (S)
- *hyacinthoides* Bl.: *Eria* 38 (2*, 4**, 9**)
- *laxiflorum* Bl.: *Phreatia* 7 (2*)
- *micranthum* Bl.: *Eria* 55 (2*, G)
- *multiflorum* Bl.: *Eria* 55 (2*, G)
- *ornatum* Bl.: *Eria* 62 (2*, 9**, G**, Q**)
- *pusillum* Bl.: *Phreatia* 10 (2*)
- *retusum* Bl.: *Eria* 77 (2*, G)
- *robustum* Bl.: *Aeridostachya* 5 (S)
- *rugosum* Bl.: *Eria rugosa* (2*)
- *rugosum* Bl.: *Eria* 43 (9**, G**)
- *secundum* Bl.: *Phreatia* 11 (2*)
- *sulcatum* Bl.: *Phreatia* 13 (2*)

Dendrophylax Rchb.f. - 1861 - *Subfam. Epidendroideae Tribus: Vandeae Subtr. Angraecinae* - ca. 3/5 sp. epi. - W-Ind.
1. **barrettiae** Fawc. & Rendle - Jam. 700-800 m (S)
- *fawcettii* Rolfe: *Polyrrhiza* 1 (S)
2. **funalis** (Sw.) Fawc. [D. funalis (Sw.) Benth. & Hook.f. (G)] (*Epidendrum funale* Sw., *Limodorum funale* (Sw.) Sw., *Angorchis funalis* (Sw.) Ktze., *Oeceoclades funalis* (Sw.) Lindl., *Angraecum funale* (Sw.) Lindl., *Aeranthes funalis* (Sw.) Rchb.f., *Polyrrhiza funalis* (Sw.) Pfitz.) - W-Ind., Masc. (9**, G, FXV2/3, Z**)
→ *funalis* (Sw.) Fawc.: *Polyrrhiza* 2 (S*)
3. **gracilis** (Cogn.) Gar. (*Polyrrhiza gracilis* Cogn.) - Cuba (S*)
4. **hymenanthus** Rchb.f. - W-Ind. (H, S)
- *hymenanthus* Rchb.f.: 5 (S*)
- *lindenii* (Lindl.) Benth.: *Polyradicion* 1 (H*)
- *lindenii* (Lindl.) Benth. ex Rolfe: *Polyrrhiza* 3 (S*)
5. **varius** (Gmel.) Urban (*D. hymenanthus* Rchb.f., *Orchis varia* Gmel.) - W-Ind., Cuba, Haiti, Dom. (E, H**, S*)

Dendrorkis (*Dendrorchis*) Ktze. - 1891: *Polystachya* Hook. (S)
- *anceps* (Ridl.) Ktze.: *Polystachya* 5 (U)
- *exsrellensis* (Rchb.f.) Ktze.: *Polystachya* 19 (G)
- *extinctoria* (Rchb.f.) Ktze.: *Polystachya* 19 (G)
- *foliosa* (Lindl.) Ktze.: *Polystachya* 35 (G)
- *jussieuana* (Rchb.f.) Ktze.: *Polystachya* 19 (G, U)
- *minuta* (Aubl.) Ktze.: *Polystachya* 19 (E**, G, H**)
- *minutiflora* (Ridl.) Ktze.: *Polystachya* 36 (U)
- *nana* (Poepp. & Endl.) Ktze.: *Polystachya* 35 (G)
- *rosea* (Ridl.) Ktze.: *Polystachya* 90 (U)
- *rosellata* (Ridl.) Ktze.: *Polystachya* 91 (U)
- *rufinula* (Rchb.f.) Ktze.: *Polystachya* 19 (G)
- *shirensis* (Rchb.f.) Ktze.: *Polystachya* 19 (G)
- *similis* (Lindl.) Ktze.: *Polystachya* 19 (G)
- *tessellata* (Lindl.) Ktze.: *Polystachya* 19 (G)
- *virescens* (Ridl.) Ktze.: *Polystachya* 116 (U)
- *wightii* (Rchb.f.) Ktze.: *Polystachya* 19 (G)
- *zollingeri* Ktze.: *Polystachya flavescens* (2*)
- *zollingeri* (Rchb.f.) Ktze.: *Polystachya* 19 (G)

Deppia Raf. - 1836: *Lycaste* Lindl. (S)
- *mexicana* Raf.: *Lycaste* 17 (S*)

Deroemera Rchb.f. - 1852: *Holothrix* Lindl. (S)
- *acuminata* Rendle & Schltr.: *Holothrix* 1 (M)
- *pentadactyla* Summerh.: *Holothrix* 10 (M**)

× **Derosaara (Droa.)** (*Aspasia* × *Brassia* × *Miltonia* × *Odontoglossum*)

Desmotrichum Bl. - 1825
- *angulatum* Bl.: *Dendrobium* 20 (2*, G)
- *angulatum* Bl.: *Flickingeria* 1 (S)
- *angustifolium* Bl.: *Dendrobium* 21 (2*)
- *binnendijkii* (Rchb.f.) Kraenzl.: *Flickingeria* 8 (G)

- *comatum* Bl.: *Dendrobium comatum* (2*)
- *comatum* Bl.: *Flickingeria* 5 (G, H**)
- *convexum* Bl.: *Dendrobium* 81 (2*)
- *cymbidioides* Bl.: *Dendrobium cymbidioides* (2*, 8**)
- *cymbidioides* Bl.: *Epigeneium* 3 (9**, E**, H**)
- *fimbriatum* Bl.: *Dendrobium* 131 (2*)
- *fimbriatum* Bl.: *Flickingeria* 8 (G)
- *geminatum* Bl.: *Dendrobium geminatum* (2*)
- *geminatum* Bl.: *Katherinea* 3 (S)
- *grandiflorum* Bl.: *Dendrobium* 144 (2*)
- *grandiflorum* auct. p.p. non Bl.: *Flickingeria* 8 (G)
- *kunstleri* (Hook.f.) Kraenzl.: *Flickingeria* 8 (G)
- *longirepens* (Ames & Schweinf.) A.D.Hawk.: *Epigeneium* 7 (Q**)
- *plicatile* (Lindl.) Ho: *Flickingeria* 8 (G)
- *pusillum* Bl.: *Dendrobium pumilum* (2*)
- *scopa* (Lindl.) Kraenzl.: *Flickingeria* 18 (G)
- *triflorum* Bl.: *Dendrobium cymbidioides* (2*)
- *triflorum* Bl.: *Epigeneium* 3 (E**, H**)
× **Devereuxara (Dvra.)** (*Ascocentrum* × *Phalaenopsis* × *Vanda*)
× *Dewolfara*: × *Shigeuraara* (*Ascocentrum* × *Ascoglossum* × *Euanthe* (*Vanda*) × *Renanthera* × *Vanda*)
× **Diabroughtonia (Diab.)** (*Broughtonia* × *Diacrium* (*Caularthron*))
× *Diacatlaelia*: × *Dialaeliocattleya* (*Cattleya* × *Diacrium* (*Caularthron*) × *Laelia*)
× **Diacattleya** (*Cattleya* × *Diacrium* (*Caularthron*))
Diacrium Benth. - 1881: *Caularthron* Raf.
Diacrium (Diacm.) Benth. - 1881 - *Epidendrinae* (S) - (*Caularthron* Raf.) - 2 sp. epi. - C-S-Am.
- *amazonicum* Schltr.: *Caularthron* 1 (9**, G)
1. **bicornutum** (Hook.) Benth. (*Epidendrum bicornutum* Hook., *Caularthron bicornutum* (Hook.) Raf.) - Guy., Ven., Trin., Tob. (O3/91, S)
↠ *bicornutum* (Hook.) Benth.: *Caularthron* 1 (9**, G, H**)

- *bidentatum* (Lindl.) Hemsl.: *Encyclia* 13 (G)
2. **bilamellatum** (Rchb.f.) Hemsl. - Guat. to Col., Ven., Trin. (O3/91, S)
↠ *bilamellatum* (Rchb.f.) Hemsl.: *Caularthron* 2 (E, H, W, R**)
- *bivalvulatum* Schltr.: *Caularthron* 2 (E, H, W, R**)
- *indivisum* Broadw.: *Caularthron* 2 (E, H, W, R**)
- *venezuelanum* Schltr.: *Caularthron* 2 (E, H, W, R**)
× *Diacrocattleya*: × *Diacattleya* (*Cattleya* × *Diacrium* (*Caularthron*))
Diadenium Poepp. & Endl. - 1835 - *Subfam. Epidendroideae Tribus: Oncidieae Subtr. Oncidiinae* - (*Chaenanthe* Lindl.) - 2 sp. epi. - Braz., Ec., Peru, Bol.
1. **barkeri** (Lindl.) Benth. & Hook.f. ex G.Jackson (*Chaenanthe barkeri* Lindl.) - Braz. (G, FXV2/3, S)
- *bennettii* Gar.: *Systeloglossum* 2 (S)
- *ecuadorense* Gar.: *Systeloglossum* 4 (S)
2. **micranthum** Poepp. & Endl. - Ec., Peru, Bol. 500-1.000 m (S*)
× **Diakeria (Dkra.)** (*Barkeria* × *Diacrium* (*Caularthron*))
× **Dialaelia (Dial.)** (*Diacrium* (*Caularthron*) × *Laelia*)
× **Dialaeliocattleya (Dialc.)** (*Cattleya* × *Diacrium* (*Caularthron*) × *Laelia*)
× **Dialaeliopsis (Dialps.)** (*Diacrium* (*Caularthron*) × *Laeliopsis*)
Dialyssa (*Dialissa*) Lindl. - 1845: *Stelis* Sw.
Dialyssa (*Dialissa*) Lindl. - 1845 - *Pleurothallidinae* (S) - ca. 3 sp. - Col., Ec., Peru
1. **concaviflora** (Schweinf.) Brieg. (*Stelis concaviflora* Schweinf.) - Peru (S)
2. **inversa** (Schltr.) Brieg. (*Stelis inversa* Schltr.) - Peru (S)
3. **pulchella** Lindl. (*Stelis dialyssa* Rchb.f.) - Col., Ec. (S)
- *pulchella* Lindl.: *Stelis* 30 (L)
× **Diaphanangis (Dpgs.)** (*Aërangis* × *Diaphananthe*)
Diaphananthe sect. *Rhipidoglossum* (Schltr.) Summerh.: *Rhipidoglossum* Schltr. (S)
Diaphananthe (Dpthe.) Schltr. - 1914 - *Subfam. Epidendroideae Tribus: Vandeae Subtr. Aerangidinae* -

(*Rhipidoglossum* Schltr., *Sarcorhynchus* Schltr.) - ca. 20/50 sp. epi. - Trop. Afr. to Nat.

1. **adoxa** Rasm. (*Rhipidoglossum adoxum* (Rasm.) Sengh.) - Kenya, Eth., Ug. 1.300-2.000 m (M, C)

➛ *adoxa* Rasm.: *Rhipidoglossum* 1 (S)

2. **bidens** (Afzel. ex Sw.) Schltr. [D. bidens (Sw. ex Pers.) Schltr. (E**, H**)] (*Limodorum bidens* Sw. ex Pers., *L. bidens* Afzel. ex Sw., *Angraecum ashantense* Lindl., *A. subfalcifolium* De Wild., *A. bakeri* Kraenzl., *A. bidens* (Afzel. ex Sw.) Rendle, *Listrostachys mystacioides* Kraenzl., *L. ashantensis* (Lindl.) Rchb.f., *L. bakeri* (Kraenzl.) Dur. & Schinz, *L. bidens* (Afzel. ex Sw.) Rolfe, *Mystacidium productum* Kraenzl.) - S.Leone, Ug., S-Nig., Zai., Ang., Trop. Afr. 1.100-1.300 m (9**, E**, G, H**, C, S*)

3. **biloba** (Summerh.) Rasm. (*Sarcorhynchus bilobatus* Summerh.) - Kenya, Ug., Zai., Bur., Rwa. 1.800 m (M**)

- *caffra* (H.Bol.) Linder: *Margelliantha* 2 (C)
- *candida* Cribb: *Rhipidoglossum* 2 (S)
- *curvata* (Rolfe) Summerh.: *Rhipidoglossum* 3 (S*)

4. **fragrantissima** (Rchb.f.) Schltr. - Kenya, Ug., Tanz., Trop. Afr. 150-1.500 m (1**, M**, C, S)

5. **kamerunensis** (Schltr.) Schltr. - Camer., Nig., Ug., Zai., Zam. 1.000-1.800 m (C)

- *laticalcar* Hall: *Rhipidoglossum* 5 (S)

6. **lorifolia** Summerh. - Kenya, Ug., Tanz., Sud., Eth. 1.000-2.200 m (M, S)

- *meliantha* Cribb: *Rhipidoglossum* 6 (S)
- *millarii* (H.Bol.) Linder: *Mystacidium* 7 (C)

7. **montana** (Piers) Cribb & J.Stew. (*Angraecum montanum* Piers, *Rhipidoglossum montanum* (Piers) Sengh.) - Kenya 2.300-2.750 m (M**) ➛ Rhipidoglossum 7

- *orientale* (Mansf.) Rasm.: *Sarcorhynchus* 2 (S)
- *oxycentron* Cribb: *Rhipidoglossum* 8 (S)
- *pachyrhiza* Cribb: *Rhipidoglossum* 9 (S)

8. **pellucida** (Lindl.) Schltr. (*Angraecum pellucidum* Lindl., *Listrostachys pellucida* (Lindl.) Rchb.f.) - W-Afr., Zai. to Ug. 600-1.500 m (A**, E**, G**, H**, $50/7, C**, S*, Z**)

- *polyanthus* (Kraenzl.) Rasm.: *Sarcorhynchus* 3 (S)

9. **pulchella** Summerh. - Kenya, Tanz., Ug., Zai., Zam. 700-2.500 m (M**, C**)
   var. **geniculata** Summerh. - Camer., Ug., Zai. (C)
   var. **pulchella** - Camer., Kenya, Mal., Rwa., Tanz., Ug., Zai., Zam. (C)

- *quintasii* Rolfe: 10 (M)

10. **rohrii** (Rchb.f.) Summerh. (*D. quintasii* Rolfe) - Kenya, Eth., Ug., Tanz., Ivory C. 2.100-2.800 m (M, S)

11. **rutila** (Rchb.f.) Summerh. (*Rhipidoglossum rutilum* (Rchb.f.) Schltr., *Aeranthus rutilus* Rchb.f.) - Trop. Afr., Com. 100-2.200 m (1**, M**, C**, U, Z**)

➛ *rutila* (Rchb.f.) Summerh.: *Rhipidoglossum* 11 (S)

- *stellata* Cribb: *Rhipidoglossum* 13 (S)

12. **stolzii** Schltr. - Malawi, Tanz., Zim. 200-1.900 m (1**, C**)

13. **subsimplex** Summerh. - Kenya, N-Ug., Tanz., Malawi, Zim. 1.800-2.600 m (1**, M**)

14. **tanneri** Cribb (*Rhipidoglossum tanneri* (Cribb) Sengh.) - Kenya, N-Tanz. 800 m (M)

➛ *tanneri* Cribb: *Rhipidoglossum* 14 (S)

15. **tenuicalcar** Summerh. - Kenya, N-Ug., Eth. 2.100-2.700 m (M**, C) ➛ Rhipidoglossum 15

16. **trigonopetala** Schltr. (O2/81)

17. **vandiformis** (Kraenzl.) Schltr. - Malawi (S)

18. **welwitschii** (Rchb.f.) Schltr. - Ang. (S)

19. **xanthopollinia** (Rchb.f.) Summerh. (*Rhipidoglossum xanthopollinium* (Rchb.f.) Schltr.) - E-S-Afr., Nat., Cape, Kenya 600-1.800 m (1**, E*, H*, M**, $50/2, C**)

➛ *xanthopollinia* (Rchb.f.) Summerh.: *Rhipidoglossum* 16 (S)

× *Diaschomburgkia*: × *Schombodiacrium* (*Diacrium* (*Caularthron*) × *Schomburgkia*)

Diceratostele Summerh. - 1938 - *Subfam. Epidendroideae Tribus: Vanilleae Subtr. Palmorchidinae* - 1 sp. terr. - W-Afr.
1. **gabonensis** Summerh. - Trop. Afr. W-Afr. (S*)

Dicerostylis Bl. - 1858 - *Subfam. Spiranthoideae Tribus: Erythrodeae* - 5 sp. terr. - Indon., Phil., Taiw.
1. **lanceolata** Bl. (*Hylophila lanceolata* (Bl.) Miq.) (2*, 6*, S)

Dichaea Lindl. - 1833 - *Subfam. Epidendroideae Tribus: Maxillarieae Subtr. Dichaeinae* - (*Dichaeopsis* Pfitz., *Dichaeastrum* Cogn., *Epithecia* Knowl. & Westc.) - ca. 80 sp. epi/lit - Trop. S-C-Am., W-Ind.,
1. **acroblephara** Schltr. - Nic., C.Rica, Pan. (W)
2. **alcantarae** Benn. & Christ. - Peru (S)
3. **amparoana** Schltr. - Nic., C.Rica, Pan. (W)
4. **anchorifera** Cogn. (*Epithecia anchorifera* Schltr.) (O2/81, S)
5. **ancoraelabia** Schweinf. - Ven., Braz., Ec., Peru 200-500 m (S*)
6. **angustisegmenta** Dods. - W-Ec. 200-850 m (O1/93, S*)
7. **arbuscula** Kraenzl. (O2/81)
8. **australis** Cogn. (*Epithecia australis* Schltr.) (O2/81, S)
9. **benzingii** Dods. - Ec. 720-1.100 m (FXIX1*)
10. **brachyphylla** Rchb.f. (*Epithecia brachyphylla* Schltr.) (O2/81, S)
11. **brachypoda** Dods. - Ec. (S)
12. **brachypodae** Rchb.f. (*Epithecia brachypoda* (Rchb.f.) Schltr.) - S-Am., Nic., C.Rica, Pan. (W, FXX(3))
13. **brevicaulis** Cogn. (*Epithecia brevicaulis* Schltr.) (O2/81)
14. **bryophila** Rchb.f. (*Epithecia bryophila* Schltr.) (O2/81)
15. **cachacoensis** Dods. - Ec. 100-1.400 m (FXIX1*)
16. **calyculata** Poepp. & Endl. (*Epithecia calyculata* Schltr.) (S)
17. **camaridioides** Schltr. - Col. (R**)
18. **chasei** Dods. - Ec. 1.500-2.200 m (FXIX1*)
19. **cogniauxiana** Schltr. - Braz., Guad. (S*)
20. **coriacea** Rodr. (*Epithecia coriacea* Schltr.) (O2/81, S)
21. **cornuta** S.Moore (*Epithecia cornuta* Schltr.) (O2/81, S)
22. **costaricensis** Schltr. - C.Rica (W)
23. **cryptarrhena** Kraenzl. - Nic., C.Rica, Pan. (W)
24. **dammeriana** Kraenzl. - S-Am., Nic., C.Rica, Pan. (W)
25. **delcastilloi** Benn. & Christ. - Peru (S)
- *echinocarpa* Lindl.: 62 (O2/81)
26. **ecuadorensis** Schltr. (S)
27. **eligulata** Folsom - C.Rica, Pan. (W)
28. **escobariana** Dods. - Ec. 800-1.100 m (FXIX1*)
29. **galeata** Dods. - Ec. 450-650 m (FXX(3)*, S)
30. **glauca** (Sw.) Lindl. [*D. glauca* (Knowl. & Westc.) Lindl. (S*)] (*Epidendrum glaucum* Sw., *Dichaeopsis glauca* (Sw.) Schltr., *Epithecia glauca* Knowl. & Westc.) - Mex., Guat., Hond., Nic, Pan., W-Ind. 1.000-2.400 m (3**, O2/81, G, W, R, Z)
31. **gorgonensis** Rchb.f. (O2/81, O1/93)
32. **gracillima** Schweinf. - C.Rica (W)
33. **graminoides** (Sw.) Lindl. (*Epithecia graminoides* (Sw.) Schltr.) - S-Am., Nic., C.Rica, Pan. (O2/81, W)
34. **hamata** Rolfe (O2/81)
35. **hirtzii** Dods. - Ec. 200-1.200 m (FXIX1*)
36. **histrio** Rchb.f. - Sur. to Col., Ec. 400-800 m (O2/81, S)
37. **hollinensis** Dods. - Ec. 1.150 m (FXIX1*)
38. **humilis** Cogn. (*Epithecia humilis* Schltr.) (O2/81, S)
39. **hystricina** Rchb.f. - Nic., C.Rica, Pan., Col., Guat., Ven., Trin., Antill., Guad. 600-1.700 m (W, R**, S*, Z**)
40. × **intermedia** Ames & Correll (*D. squarrosa* × *D. trichocarpa*) nat. hybr. (S)
41. **kegelii** Rchb.f. (*Epithecia kegelii* (Rchb.f.) Schltr.) - Trin., Guy., Col., Ec., C.Rica 400-1.300 m (S*)
42. **lagotis** Rchb.f. (O2/81)
43. **lankesteri** Ames - Nic., C.Rica, Pan. (W)
44. **latifolia** Rodr. (O2/81)
- *latifolia* Lindl. var. *moritzii* Cogn.: 53 (O2/81)
45. **laxa** Poepp. & Endl. - to 2.800 m (S)
46. **liebmannii** Rchb.f. (O2/81)
47. **longa** Schltr. - Col. (R**)
48. **luerorum** Dods. - Ec. 700 m (FXIX1*)

49. **maculata** Poepp. & Endl. (O2/81)
- *moritzii* Rchb.f.: 53 (O2/81, S*)
50. **moronensis** Dods. - Ec. 1.000 m (FXIX1*)
51. **morrisii** Fawc. & Rendle (*D. robusta* Schltr.) - Nic. to Ven., Bol., Antill. 100-2.000 m (W, R**, S*, Z)
52. **mosenii** Rchb.f. (*Epithecia mosenii* Schltr.) (O2/81, S)
53. **muricata** (Sw.) Lindl. (*D. latifolia* Lindl. var. *moritzii* Cogn., *D. moritzii* Rchb.f., *D. verrucosa* Ames & Schweinf., *Cymbidium muricatum* Sw., *Epidendrum muricatum* Poiret) - Mex. to Bol., Braz., Sur., Antill. 400-2.000 m (O2/81, O1/93, S*, Z**)
- *muricata* (Sw.) Lindl. inv.name: 51 (W)
54. **muricatoides** Hamer & Gar. - Mex. to Salv., Hond. 1.400-1.500 m - scented (S)
55. **muyuyacensis** Dods. - Ec. 260-1.100 m (FXIX1*)
56. **neglecta** Schltr. - Mex. (R, S)
57. **obovipetala** Folsom - C.Rica, Pan. (W)
58. **ochracea** Lindl. (*Epithecia ochracea* Schltr.) - Guy. (O2/81, G)
59. **oerstedii** Rchb.f. (*Epithecia oerstedii* Schltr.) (O2/81, S)
60. **oxyglossa** Schltr. - C.Rica, Pan. (W)
61. **panamensis** Lindl. (*Epithecia panamensis* Schltr.) Mex. to Ven., Peru Braz., Nic., C.Rica, Pan. 0-1.100 m (O2/81, W**, S*)
62. **pendula** (Aubl.) Cogn. (*D. echinocarpa* Lindl., *Limodorum pendulum* Aubl., *Epidendrum echinocarpon* Sw., *Cymbidium echinocarpon* Sw., *Pachyphyllum echinocarpon* Spreng.) - S-Am., C.Rica 600-2.100 m (W, O2/81, S)
63. **picta** Rchb.f. (*Epithecia picta* (Rchb.f.) Schltr.) - Guy., Sur., Ven., Trin. 0-1.800 m (S*)
64. **poicillantha** Schltr. - C.Rica (W)
65. **pumila** Rodr. (O2/81)
66. **retroflexiligula** Folsom - Pan. (W)
67. **richii** Dods. - W-Ec. 200-1.400 m (O6/92**)
68. **riopalenquensis** Dods. (FXIX1)
- *robusta* Schltr.: 51 (S*)
69. **sarapiquiensis** Folsom - C.Rica (W)
70. **schlechteri** Folsom - C.Rica (W)
71. **splitgerberi** Rchb.f. (O2/81)
72. **squarrosa** Lindl. - Nic., Pan. to 3.800 m (W, S)
- *squarrosa* Lindl.: 76 (O2/81)
73. **standleyi** Ames - Nic., C.Rica, Pan. (W)
74. **tenuifolia** Schltr. - S-Am., C.Rica, Pan. (W)
75. **tigrina** Rchb.f. (O2/81, S)
76. **trichocarpa** (Sw.) Lindl. (*D. squarrosa* Lindl., *Cymbidium trichocarpon* Sw., *Epidendrum trichocarpon* Sw.) - Nic., Mex. to C. Rica, Cuba, Jam. 600-1.850 m (W, O2/81, S)
77. **trulla** Rchb.f. (*Epithecia trulla* Schltr.) - S-Am., Nic., C.Rica, Pan. 400-2.000 m (O2/81, W**, S*)
78. **tuberculilabris** Folsom - Pan., S-Am. (W)
79. **tuerckhaimii** Schltr. - Nic., C.Rica, Pan. (W, O2/81)
80. **venezuelensis** Carnevali & Carn. - Ven. (S)
- *verrucosa* Ames & Schweinf.: 53 (S*)
81. **violacea** Folsom - Pan. (W)
82. **weigeltii** Rchb.f. (*Epithecia weigeltii* Schltr.) (O2/81, S)

Dichaeastrum Cogn. - 1906: *Dichaea* Lindl. (S)

Dichaeopsis Pfitz. - 1888: *Dichaea* Lindl. (S)
- *glauca* (Sw.) Schltr.: *Dichaea* 30 (G)

Dichopus Bl. - 1856: *Dendrobium* Sw.
Dichopus Bl. - 1856: *Grastidium* Bl. (S)

Dichopus Bl. - 1856 - Dendrobiinae (S) - (*Dendrobium* sect. *Dichopus* Schltr.) - 1 sp. epi. - N.Gui., Sol., N.Zeal.
1. **insignis** Bl. (*Dendrobium insigne* (Bl.) Rchb.f.) - N.Gui., Sol., N.Zeal. (S) → Dendrobium 170

Dichromanthus Gar. - 1982 - Spiranthinae (S) - (*Cutsis* Balogh, Greenw. & Tamayo - 1982) - 1 sp. terr. - Mex., Guat.
1. **cinnabarinus** (Llave & Lex.) Gar. (*Neottia cinnabarina* Llave & Lex., *Stenorrhynchus cinnabarinus* (Llave & Lex.) Lindl., *S. montanus* Lindl., *Spiranthes cinnabarina* (Llave & Lex.) Hemsl.) - USA, Mex., Guat. (G**, S*)

Dickasonia L.O.Wms. - 1941 - Subfam. Epidendroideae Tribus: Dendrobieae Subtr. Coelogyninae - (*Kalimpongia* Pradhan) - 1 sp. epi. - Burm., Ind.

1. **vernicosa** L.O.Wms. (*Kalimpongia narajitii* Pradhan) - Burm., Ind. 1.700-2.000 m (O4/91, S*)
Dicranotaenia Finet - 1907: *Microcoelia* Lindl. (S)
Dicrophylla Raf. - 1836: *Haemaria* Lindl. (S)
- *elegans* Raf.: *Ludisia* 1 (9**, G**)
Dicrypta Lindl. - 1830: *Maxillaria* Ruiz & Pav.
- *baueri* Lindl.: *Maxillaria* 65 (G**)
- *bicolor* (Ruiz & Pav.) Batem. ex Loudon: *Maxillaria* 29 (G)
- *crassifolia* Lindl. ex Loudon: *Maxillaria* 65 (G**)
- *discolor* Lodd. ex Lindl.: *Maxillaria* 83 (G)
- *elatior* Rchb.f.: *Maxillaria* 89 (9**, G)
- *iridifolia* Batem.: *Maxillaria* 263 (E**, H**)
- *longifolia* Barb.Rodr.: *Maxillaria* 248 (E**, H**)
Dictyophyllaria Gar. - 1986 - *Vanillinae* (S) - 1 sp. climber - Braz.
1. **dietschiana** (Edwall) Gar. - Braz. (S*)
Didactyle Lindl. - 1852: *Bulbophyllum* Thou. (S)
- *weddelii* Lindl.: *Bulbophyllum* 557 (9**)
Didiciea King & Pantl. - 1896 - *Subfam. Epidendroideae Tribus: Calypsoeae Subtr. Corallorhizinae* - 1 sp. terr. - Sik.
1. **cunninghamii** King & Pantl. - Sik. (S*)
Didothion clavatum (Lindl.) Raf.: *Epidendrum* 240 (G**)
Didymoplexiella Gar. - 1954 - *Subfam. Epidendroideae Tribus: Gastrodieae Subtr. Gastrodiinae* - (*Leucolaena* Ridl.) - 5 sp. terr. - Thai. to Indon.
1. **kinabaluensis** (Carr) Seidenf. (*Didymoplexis kinabaluensis* Carr) - Thai. (6*, S)
2. **ornata** (Ridl.) Gar. (*Leucolaena ornata* Ridl., *Didymoplexis ornata* (Ridl.) J.J.Sm.) - Thai. (6*)
3. **siamensis** (Rolfe) Seidenf. (*Leucolaena siamensis* Rolfe ex Downie) - Thai. (6*)
Didymoplexiopsis Seidenf. - 1997 - *Gastrodiinae* (S) - 1 sp. epi. - N-Thai.
1. **khiriwongensis** Seidenf. - N-Thai. (S*)

Didymoplexis Griff. - 1844 - *Subfam. Epidendroideae Tribus: Gastrodieae Subtr. Gastrodiinae* - 20 sp. ter/sapro - Indon., Sik., Afr., Poly., Austr.
1. **africana** Summerh. - Tanz. (2*)
2. **cornuta** J.J.Sm. - Java (2*)
- *kinabaluensis* Carr.: *Didymoplexiella* 1 (6*, S)
3. **madagascariensis** (Schltr. ex H. Perr.) Summerh. (*Gastrodia madagascariensis* Schltr. ex H.Perr.) - Madag. ca. 200 m - terr. (U)
4. **minor** J.J.Sm. - Java (2*)
- *ornata* (Ridl.) J.J.Sm.: *Didymoplexiella* 2 (6*)
5. **pallens** Griff. (*Leuchorchis sylvatica* Bl., *Apetalon minutum* Wight, *Epiphanes pallens* (Griff.) Rchb.f., *Arethusa ecristata* Griff., *A. bengalensis* hort. ex Hemsl., *Gastrodia pallens* (Griff.) F.v.Muell., *Cheirostylis kanarensis* Blatt. & McCann, *Nervilia pachystomoides* (F.v.Muell.) Schltr.) - Austr., Indon., Mal., Ind. (2*, 6*, S, P)
6. **striata** J.J.Sm. - Java (2*)
7. **sylvatica** Ridl. - Java (2*)
8. **verrucosa** J.Stew. & Hennessy - Nat. (S)
9. **vietnamica** Ormerod - Viet. (S)
Didymostigma Brieg. - 1974 - *Spiranthinae* (S) - 2 sp. terr. - Java, Hong.
1. **obliqua** (J.J.Sm.) Brieg. (*Spiranthes obliqua* J.J.Sm.) - Java (S)
Dienia (*Diena*) Lindl. - 1824: *Malaxis* Sol. ex Sw. (S)
Dienia Lindl. - 1824 - *Liparidinae* (S) - (*Gastroglottis* Bl., *Anaphora* Gagn.) - 1/6 sp. terr. - Sri L. to Viet., China, Mal., Ryu., Phil., N.Gui., Austr.
- *congesta* Lindl.: *Microstylis latifolia* (2*)
- *congesta* Lindl.: *Malaxis* 29 (G)
- *cordata* Lindl.: *Malaxis* 15 (G)
- *fusca* Lindl.: *Microstylis latifolia* var. *fusca* (2*)
- *fusca* Lindl.: *Malaxis* 29 (G)
1. **ophrydis** (Koenig) Ormerod & Seidenf. (*Malaxis latifolia* J.E.Sm.) - Sri L. to Viet., China, Mal., Ryu., Phil., N.Gui., Austr. to 1.800 m (S*)
2. **seidenfadenii** Szlach., Marg. & Rutk. - Sum., Irian Jaya (S)
Diglyphis Bl. - 1828: *Diglyphosa* Bl. (S)
- *latifolia* Bl.: *Diglyphosa* 4 (S*)
Diglyphosa Bl. - 1825 - *Subfam. Epidendroideae Tribus: Cymbidieae Subtr.*

Eulophiinae - (*Diglyphis* Bl.) - 5 sp. terr. - Him., Sik. to Ann., Java
1. **celebica** (Schltr.) Schltr. (*D. latifolia* var. *celebica* Schltr.) - Cel. (S)
2. **elmeri** Ames - Phil. (S)
3. **evrardii** (Gagn.) Tang & Wang (*Tainia evrardii* Gagn.) - Ann. (S)
4. **latifolia** Bl. (*Chrysoglossum latifolium* Bl., *Diglyphis latifolia* Bl.) - Mal., Sum., Java (2*, S*)
- *latifolia* var. *celebica* Schltr.: 1 (S)
5. **macrophylla** King & Pantl. - Sik., Him. (S*)

Dignathe Lindl. - 1849 - *Oncidiinae* (S) - 1 sp. epi. - Mex.
1. **pygmaea** Lindl. (*Leochilus dignathe* Schltr.) - Mex. 2.100 m (S*)

Digomphotis Raf. p.p. - 1836: *Peristylus* Bl. (S)
- *cordata* (Willd.) Raf.: *Gennaria* 1 (9**, G**)

Dikylikostigma Kraenzl. - 1919: *Discyphus* Schltr. (S)

× **Dillonara (Dill.)** (*Epidendrum* × *Laelia* × *Schomburgkia*)

Dilochia Lindl. - 1830 - *Subfam. Epidendroideae Tribus: Arethuseae Subtr. Bletiinae* - ca. 7 sp. epi/ter - Trop.-Subtrop. As. to Mal.
1. **cantleyi** (Hook.f.) Ridl. - Mal., Sum., Born. (H, S)
2. **celebica** Schltr. - Cel. (S)
3. **elmeri** Ames - Phil. (S)
4. **gracilis** (Ames & Schweinf.) Carr - Born. (S)
5. **longilabris** J.J.Sm. - Born. (S)
6. **parviflora** J.J.Sm. - Born. (S)
- *pentandra* Lindl.: 9 (2*, H, S)
7. **rigida** (Ridl.) J.J.Wood. (*Bromheadia rigida* Ridl.) - Born. (S)
8. **subsessilis** (Rolfe) S.Thomas (*Arundina subsessilis* Rolfe) - Burm. (S)
9. **wallichii** Lindl. (*D. pentandra* Rchb.f., *Arundina wallichii* (Lindl.) Rchb.f., *A. pentandra* (Rchb.f.) Rchb.f.) - Thai., Mal., Java, Sum., Born., N. Gui. (2*, H, S*)

Dilochopsis (Hook.f.) Brieg. - 1981: *Eria* Lindl.

Dilochopsis (Hook.f.) Brieg. - 1981 - *Dendrobiinae* (S) - (*Eria* sect. *Dilochopsis* Hook.f.) - 1 sp. epi/ter - Mal.
1. **scortechinii** (Hook.f.) Brieg. (*Eria scortechinii* Hook.f.) - Mal. 1.700 m (S*) → *Eria* 83

Dilomilis Raf. - 1836: *Octadesmia* Benth. (S)

Dilomilis Raf. - 1836 - *Subfam. Epidendroideae Tribus: Epidendreae Subtr. Laeliinae* - (*Octadesmia* Benth.) - ca. 5 sp. epi. - Cuba, Haiti
1. **bissei** H.Dietrich - Cuba (S)
2. **filicina** Dod - Haiti (S)
→ *filicina* Dod: *Tomzanonia* 1 (S*)

Dimerandra Schltr. - 1922 - *Subfam. Epidendroideae Tribus: Epidendreae Subtr. Laeliinae* - 8 sp. epi. - Trop. C-S-Am., W-Ind.
1. **buenaventurae** (Kraenzl.) Siegerist (*Telipogon buenaventurae* Kraenzl.) - Col. ($56/4, R)
2. **carnosiflora** Siegerist - Peru ($56/4)
3. **elegans** (Focke) Siegerist (*D. isthmii* Schltr., *D. major* Schltr., *Isochilus elegans* Focke) - Pan., Col., Trin., Ven., Braz., Sur., Guy. (W**, $56/4, R**)
4. **emarginata** (G.F.Meyer) Hoehne (*D. lamellata* (Westc. ex Lindl.) Siegerist, *D. isthmii* Schltr., *D. rimbachii* (Schltr.) Schltr., *D. stenopetala* (Hook.) Schltr., *Oncidium emarginatum* G.F.Meyer, *Epidendrum stenopetalum* Hook., *E. stenopetalum* var. *tenuicaule* Rchb.f., *E. lamellatum* Westc. ex Lindl., *E. rimbachii* Schltr., *Isochilus elegans* Focke, *Telipogon buenaventurae* Kraenzl.) - Mex., Col., Ec., Peru, Braz., Jam., C. Rica, Pan. (9**, G, H**, O3/91, W, $56/4, R, Z**, S)
→ *emarginata* (G.F.Meyer) Hoehne: *Epidendrum* 288 (E)
- *isthmii* Schltr.: *Epidendrum* 288 (E)
- *isthmii* Schltr.: 4 (9**, G)
- *isthmii* Schltr.: 3 ($56/4)
- *isthmii* Schltr.: 7 (S)
- *lamellata* (Westc. ex Lindl.) Siegerist: 4 (G, $56/4)
5. **latipetala** Siegerist - Nic., C.Rica, Pan., S-Am., Col. (W, $56/4, R)
- *major* Schltr.: 3 ($56/4)
6. **rimbachii** (Schltr.) Schltr. (*Epidendrum rimbachii* Schltr.) - Ec. ($56/4)
- *rimbachii* (Schltr.) Schltr.: *Epidendrum* 288 (E)
- *rimbachii* (Schltr.) Schltr.: 4 (9**, G)
- *rimbachii* (Schltr.) Schltr.: 7 (S)
7. **stenopetala** (Hook.) Schltr. (*D. rimbachii* (Schltr.) Schltr., *D. isthmii* Schltr., *Epidendrum stenopetalum* Hook., *Caularthron umbellatum* Raf.) - Ec., Jam. ($56/4, S)

➛ *stenopetala* (Hook.) Schltr: *Epidendrum* 288 (E)
- *stenopetala* (Hook.) Schltr.: 4 (9**, G, H**)
8. **tenuicaulis** (Rchb.f.) Siegerist (*Epidendrum stenopetalum* var. *tenuicaule* Rchb.f.) - Ec. ($56/4)

Dimorphorchis Rolfe - 1919 - *Subfam. Epidendroideae Tribus: Vandeae Subtr. Sarcanthinae* - 2/3 sp. epi. - end. to Born.
1. **lowii** (Lindl.) Rolfe (*Vanda lowii* Lindl., *Renanthera lowii* (Lindl.) Rchb.f., *R. rohaniana* Rchb.f., *Arachnanthe lowii* (Lindl.) Benth. & Hook.f., *Arachnis lowii* (Lindl.) Rchb. f., *Vandopsis lowii* (Lindl.) Schltr.) - end. to Born. to 1.300 m - scented (9**, H*, Q, O3/98, S*, Z**)
   var. **lowii** - end. to Born. 0-1.300 m (Q**)
   var. **rohaniana** (Rchb.f.) K.W.Tan (*D. rohaniana* (Rchb.f.) Rolfe, *Renanthera rohaniana* Rchb.f.) - end. to Born. 0-1.300 m (Q, S)
- *rohaniana* (Rchb.f.) Rolfe: 1 (S)
2. **rossii** Fowlie - end. to Born. (H, Q)
   var. **graciliscapa** A.Lamb & Shim - end. to Born. ca. 300 m (Q**, S)
   var. **rossii** - end. to Born. 500-1.200 m (Q**)
   var. **tenomensis** A.Lamb - end. to Born. 800-1.000 m (Q**)

Dinema Lindl. - 1832: *Epidendrum* L.

Dinema Lindl. - 1832 - *Epidendrinae* (S) - 2 sp. - Mex. to Guat., Cuba
1. **cubincola** (Borh.) H.Dietrich (*Epidendrum cubincolum* Borh.) - Cuba (S)
- *paleacea* Lindl.: *Epidendrum* 31 (G)
- *paleacea* Lindl.: *Nidema* 1 (H**)
2. **polybulbon** (Sw.) Lindl. (*Epidendrum polybulbon* Sw., *E. polybulbon* var. *luteo-album* Miethe, *Bulbophyllum occidentale* Spreng., *Encyclia polybulbon* (Sw.) Dressl.) - Mex., Guat., Salv., Hond., Cuba, Jam. (3**, 9**, S*)
➛ *polybulbon* Lindl.: *Epidendrum* 229 (8**)
➛ *polybulbon* (Sw.) Lindl.: *Encyclia* 76 (H**)

Dinklageella Mansf. - 1934 - *Subfam. Epidendroideae Tribus: Vandeae Subtr. Aerangidinae* - 2 sp. epi/lit - W-Afr.
1. **liberica** Mansf. - Lib., Ivory C., Nig., Camer. coastal - lith. (S*)
2. **minor** Summerh. - Lib., Ghana (S*)

Diothonaea (Diothonea) Lindl. - 1834 - *Subfam. Epidendroideae Tribus: Epidendreae Subtr. Laeliinae* - ca. 17 sp. epi/ter - Peru to Col.
- *arevaloi* Schltr.: *Epidendrum* 21 (R**)
- *cottoniaeflora* Rchb.f.: *Epidendrum* 67 (R**)
- *gratissima* Rchb.f.: 1 (E*, H*)
- *imbricata* Lindl.: *Hexisea* 2 (9**)
1. **lloensis** Lindl. (*D. gratissima* Rchb. f.) - Col., Ec., Peru (E*, H*, O5/82)
- *oppositifolia* Rchb.f.: *Hexisea* 2 (9**)

Dipera Spreng. - 1826: *Disperis* Sw. (S)
- *capensis* (L.f.) Spreng.: *Disperis* 5 (G, H)
- *tenera* Spreng.: *Disperis* 5 (G, H)

Diphryllum Raf. - 1808: *Listera* R.Br. (S)

Diphyes Bl. - 1825: *Bulbophyllum* Thou. (S)
- *angustifolia* Bl.: *Bulbophyllum* 22 (2*)
- *capitata* Bl.: *Bulbophyllum* 74 (2*)
- *cernua* Bl.: *Bulbophyllum* 84 (2*)
- *ciliata* Bl.: *Bulbophyllum* 91 (2*)
- *crocea* Bl.: *Bulbophyllum* 118 (2*)
- *flavescens* Bl.: *Bulbophyllum* 170 (2*, G, Q**)
- *gibbosa* Bl.: *Bulbophyllum* 183 (2*, Q**)
- *gracilis* Bl.: *Bulbophyllum gracile* (2*)
- *gracilis* Bl.: *Bulbophyllum* 476 (Q**)
- *hirsuta* Bl.: *Bulbophyllum* 378 (Q**)
- *inaequalis* Bl.: *Bulbophyllum* 220 (2*)
- *laxiflora* Bl.: *Bulbophyllum* 246 (2*)
- *mucronata* Bl.: *Bulbophyllum* 330 (2*)
- *mutabilis* Bl.: *Bulbophyllum* 336 (2*, Q**)
- *obtusa* Bl.: *Bulbophyllum* 360 (2*)
- *occulta* (Thou.) Ktze.: *Bulbophyllum* 362 (U)
- *odorata* Bl.: *Bulbophyllum* 365 (2*, Q**)
- *ovalifolia* Bl.: *Bulbophyllum* 378 (2*, Q**)
- *pusilla* Bl.: *Bulbophyllum* 378 (2*, Q**)
- *sulcata* Bl.: *Bulbophyllum* 510 (2*)
- *tenella* Bl.: *Bulbophyllum tenellum* (2*)

- *tenella* Bl.: *Bulbophyllum* 378 (Q**)
- *tenuifolia* Bl.: *Bulbophyllum* 516 (2*)
- *tortuosum* Bl.: *Bulbophyllum* 522 (2*)
- *violacea* Bl.: *Bulbophyllum* 549 (2*)

Diphylax Hook.f. - 1889 - *Subfam. Orchidoideae Tribus: Orchideae Subtr. Habenariinae* - (*Habenaria* sect. *Diphylax* Hook.f.) - 3 sp. terr. - Sik., Him.
1. **urceolata** (Clarke) Hook.f. (*Habenaria urceolata* Clarke) - Sik., Him. 3.000-4.000 m (S)

Diplacorchis Schltr. - 1921: *Brachycorythis* Lindl. (S)
- *discoides (disoides)* (Ridl.) Schltr.: *Brachycorythis* 3 (U)

Diplandrorchis Chen - 1979 - *Neottiinae* (S) - 1 sp. myc. - China
1. **sinica** Chen - China (S*)

Diplectrum (Diplecthrum) Pers. - 1807: *Satyrium* Sw. (S)
- *amoenum* Thou.: *Satyrium* 1 (U)
- *bracteatum* (L.f.) Pers.: *Satyrium* 4 (G)
- *coriifolium* (Sw.) Pers.: *Satyrium* 9 (9**, G**)
- *erectum* (Lindl.) Pers.: *Satyrium* 9 (9**, G**)
- *erectum* (Sw.) Pers.: *Satyrium* 12 (G**)
- *pumilum* Pers.: *Satyrium* 23 (S)

Diplectraden Raf. - 1836: *Habenaria* Willd. (S)

Diplocaulobium (Rchb.f.) Kraenzl. - 1910 - *Subfam. Epidendroideae Tribu: Dendrobieae Subtr. Dendrobiinae* - ca. 100 sp. epi. - Mal., N.Gui., P.Is., NE-Austr.
1. **auricolor** (J.J.Sm.) A.D.Hawk. (*Dendrobium auricolor* J.J.Sm.) (S*)
2. **chrysotropis** (Schltr.) A.D.Hawk. (*Dendrobium chrysotropis* Schltr.) (S*)
3. **fariniferum** (Schltr.) Carr (*Dendrobium fariniferum* Schltr.) (S*)
4. **fililobum** Kraenzl. - Samoa (O1/94)
5. **glabrum** (J.J.Sm.) Kraenzl. (*Dendrobium glabrum* J.J.Sm.) - Austr. (Qld.), N.Gui. (P**, S*)
6. **longicolle** (Lindl.) Kraenzl. (*Dendrobium longicolle* Lindl., *D. inauditum* Rchb.f.) - Mal., Sum., N.Gui. (G, S*)
7. **masoni** (Rupp) Dockr. - Austr. (Qld.), N.Gui. (P*)
8. **nitidissimum** (Rchb.f.) Kraenzl. (*Dendrobium nitidissimum* Rchb.f., *D. mettkeanum* Kraenzl.) - N.Gui. (O3/81, S)
9. **pulvilliferum** (Schltr.) A.D.Hawk. (*Dendrobium pulvilliferum* Schltr.) - P.N.Gui. (A**, S*)
10. **regale** (Schltr.) A.D.Hawk. (*Dendrobium regale* Schltr.) - N.Gui. (H**, S*, Z**)
11. **stenophyton** (Schltr.) P.F.Hunt. & Summerh. (*Dendrobium stenophyton* Schltr.) (S)

Diplocentrum Lindl. - 1832 - *Subfam. Epidendroideae Tribus: Vandeae Subtr. Sarcanthinae* - 2 sp. epi. - Sri L., Ind.
1. **congestum** Wight - Ind. (S*)
- *longifolium* Wight: 2 (G, S)
2. **recurvum** Lindl. (*D. longifolium* Wight) - Sri L., Ind. (G, S)

Diplochilos (Diplochilus) Lindl. - 1832: *Diplomeris* D.Don (S)
- *hirsutum* Lindl.: *Diplomeris* 3 (9**, G)
- *longifolium* Lindl.: *Diplomeris* 5 (6*, G)

Diplochilus Lindl.: *Diplochilos* Lindl.
Diplodium Sw. - 1810: *Chiloglottis* R.Br. (S)
Diplogastra Welw. ex Rchb.f. - 1865: *Platylepis* A.Rich. (S)
Diplolabellum F.Maekawa - 1935: *Oreorchis* Lindl. (S)
- *coreanum* (Finet) F.Maekawa: *Oreorchis* 1 (S)

Diplomeris D.Don - 1825 - *Subfam. Orchidoideae Tribus: Orchideae Subtr. Habenariinae* - (*Paragnathis* Spreng., *Diplochilus(os)* Lindl.) - 5 sp. terr. - As.
1. **boxalli** Rolfe - Burm. (S)
2. **chinensis** Rolfe - China (S)
3. **hirsuta** (Lindl.) Lindl. (*Diplochilos hirsutum* Lindl., *Diplochilus hirsutus* (Lindl.) Lindl.) - Ind., Nep., Bhut., Sik. (9**, A**, G, S)
4. **josephii** Rao & Swam. - Ind. (S*)
5. **pulchella** D.Don (*Paragnatis pulchella* (D.Don) Spreng., *Diplochilos longifolia* Lindl., *Orchis uniflora* Roxb., *Habenaria uniflora* (Roxb.) Griff.) - Ind., Viet. (6*, G, S)

× **Diplonopsis (Dpnps.)** (*Diploprora* × *Phalaenopsis*)

Diploprora (Dpra.) Hook.f. - 1890 - *Subfam. Epidendroideae Tribus: Vande-*

ae Subtr. Sarcanthinae - 2/4 sp. epi. - Ind., Sri L., China, Taiw. - scented
- *bicaudata* (Thw.) Schltr.: 1 (S*)
1. **championii** (Lindl.) Hook.f. (*D. bicaudata* (Thw.) Schltr., *D. kusukusensis* Hay., *D. uraiensis* Hay., *Cottonia championii* Lindl., *Luisia bicaudata* Thw.) - Sri L., Sik., Bhut., Ass., China, Burm., Thai. to 1.900 m - epi/lit (E, H, S*)
- *kusukusensis* Hay.: 1 (S*)
2. **truncata** Rolfe (*Stauropsis truncata* (Rolfe) Tang & Wang) - N-Thai. 1.200-1.700 m (S)
3. **uraiensis** Hay. - Taiw. (E**, H**)
- *uraiensis* Hay.: 1 (S*)

Dipodium R.Br. - 1810 - *Subfam. Epidendroideae Tribus: Cymbidieae Subtr. Eulophiinae* - (*Leopardanthus* Bl., *Wailesia* Lindl.) - ca.20/25 sp. ter/sapro/climber - SE-As. to Austr., P.Is.
1. **atropurpureum** D.Jones - Austr. (S)
2. **campanulatum** D.Jones - Austr. (S)
3. **carinatum** Schltr. - N.Hebr. (S)
4. **elongatulum** D.Jones - Austr. (S)
5. **ensifolium** F.v.Muell. - end. to Austr. (Qld.) 0-800 m - terr. (P*, Z**)
6. **freycinetioides** Fuk. - Palau (S)
7. **hamiltonianum** F.M.Bailey - end. to Austr. (Qld., NSW, Vic.) - sapro - "Hyacinth Orchid" (P**, FXV2/3)
8. **paludosum** (Griff.) Rchb.f. (*Grammatophyllum paludosum* Griff., *Wailesia paludosa* (Griff.) Rchb.f.) - Thai., Mal., Viet., Sum., Born., Phil. 0-1.000 m (9**, O6/89, S*)
9. **pandanum** F.M.Bailey - N.Gui. to 600 m (S)
- *pandanum* F.M.Bailey: 10 (H**, P**)
10. **pictum** (Lindl.) Rchb.f. (*D. pandanum* F.M.Bailey, *Wailesia picta* Lindl., *Grammatophyllum scandens* Griff.) - Mal., Sol., NE-Austr. - climbing (9**, H**, P**)
- *pictum* Rchb.f.: 14 (2*)
- *plicatum* Buch.-Ham. ex Wall.: *Eulophia* 65 (9**, G)
11. **pulchellum** D.Jones & M.Clem. - end. to Austr. (Qld.) - sapro - „Rosy Hyacinth Orchid" (P*)
12. **punctatum** (J.E.Sm.) R.Br. (*D. punctatum* var. *album* F.M.Bailey, - var. *stenocheilum* (Schltr.) Rupp, *D. stenocheilum* Schltr., *Dendrobium punctatum* J.E.Sm.) - end. to Austr. (NSW, Vic., Tasm., SA) 0-1.700 m - sapro (G**, H, P**, S*, FXV2/3) var. **squamatum** (Forst.f.) Finet ex Guill. - N.Cal. (S)
- *punctatum* var. *album* F.M.Bailey: 12 (G**)
- *punctatum* var. *stenocheilum* (Schltr.) Rupp: 12 (G**)
- *roniate* Buch.-Ham. ex Wall.: *Eulophia* 65 (9**, G)
13. **roseum** D.Jones & M.Clem. - Austr. (S)
14. **scandens** J.J.Sm. (*D. pictum* Rchb. f., *Leopardanthus scandens* Bl.) - Java (2*)
- *stenocheilum* Schltr.: 12 (G**)
15. **stenochilum** Sw. - end. to Austr. (Qld., NT, WA) - sapro (P*)
16. **variegatum** M.Clem. & D.Jones - end. to Austr. (Qld., NSW, Vic.) - sapro (P*)

Dipteranthus Barb.Rodr. - 1881 - *Subfam. Epidendroideae Tribus: Maxillarieae Subtr. Ornithocephalinae* - ca. 10 sp. epi. - S-Am.
1. **bradei** Schltr. - Braz. (S)
2. **corniger** Cogn. - Braz. (S)
3. **densiflorus** Sengh. - Bol. 1.300 m (&8, S)
4. **duchii** Pabst - Braz. 670 m (FVI4*, S)
- *estradae* Dods.: 12 (O6/94, S)
5. **grandiflorus** (Lindl.) Pabst (*Ornithocephalus grandiflorus* Lindl.) - Braz. (O6/94, S*)
6. **linearipetalus** Sengh. - SE-Braz. (S)
7. **multiflorus** (Rolfe) Bock & Seehawer (*Ornithocephalus multiflorus* Rolfe, *Zygostates multiflora* (Rolfe) Schltr.) - Braz. (O6/96)
8. **obliquus** (Schnee) Gar. & Dunst. - Ven. (O6/94, S*)
9. **ovatipetalus** Brade - Braz. (S*)
10. **pellucidus** Cogn. (*D. pseudobulbiferus* Barb.Rodr.) - Braz. (S)
11. **peruvianus** Schltr. (O2/81)
12. **planifolius** (Rchb.f.) Gar. (*D. estradae* Dods., *Ornithocephalus planifolius* Rchb.f.) - Ven., Col., Ec., Peru, Bol. 500-1.400 m (O6/94, FXV2/3, FXI3**, S*, Z**)
- *pseudobulbiferus* Barb.Rodr.: 10 (S)
13. **pustulatus** (Kraenzl.) Pabst - Braz. (S)

Dipterostele Schltr. - 1921: *Stellilabium* Schltr. (S)

Dipterostele Schltr. - 1921 - *Subfam. Epidendroideae Tribus: Maxillarieae Subtr. Telipogoninae* - 2 sp. epi.
1. **microglossa** Schltr. (*Stellilabium microglossum* (Schltr.) Dods.) (O5/82)
2. **morganae** (Dods.) Braas & Lueckel (*Stellilabium morganae* Dods.) (O5/82)

Disa sect. *Herschelia* (Lindl.) H.Bol. - 1888: *Herschelia* Lindl. (S)

Disa sect. *Monadenia* H.Bol. - 1888: *Monadenia* Lindl. (S)

Disa (Disa) Bergius - 1767 - *Subfam. Orchidoideae Tribus: Diseae Subtr. Disinae* - (*Orthopenthea* Rolfe, *Penthea* Lindl., *Forficaria* Lindl.) - ca. 121 sp. terr. - Trop.-S-Afr., Madag., Masc., Arab.
1. **aconitoides** Sond.
   ssp. **aconitoides** - S-Afr. (M)
   ssp. **concinna** (N.E.Br.) Linder - Zim., Zam, Malawi (M)
   ssp. **goetzeana** (Kraenzl.) Linder (*Disa goetzeana* Kraenzl.) - Kenya, Tanz., Ug., Eth. 2.100-2.800 m (M)
- *aemula* H.Bol.: 11 (9**)
2. **andringitrana** Schltr. - Madag. 2.400-2.600 m (S, U)
- *atropurpurea* Sond.: *Herschelianthe* 8 (9**, G, C)
- *attenuata* Lindl.: 29 (9**)
3. **aurata** (H.Bol.) Linder (*D. tripetaloides* ssp. *aurata* (H.Bol.) Linder) - S-Afr. (C)
- *australiensis* Rupp: *Monadenia* 4 (S)
- *barelli(i)* Puydt: 35 (4**, 9**, G**, H**)
4. **bivalvata** (L.f.) Dur. & Schinz (*Orthopenthea bivalvata* (L.f.) Rolfe, *Penthea melaleuca* (Thunb.) Lindl.) - S-Afr. to 2.000 m (C)
5. **borbonica** J.B.Balf. & S.Moore - Reunion (S)
- *bracteata* Sw.: *Monadenia* 1 (G**)
6. **buchenaviana** Kraenzl. (*D. rutenbergiana* Kraenzl., *Satyrium calceatum* Ridl.) - Madag. 1.500-2.400 m (S, U)
7. **caffra** H.Bol. (*D. compta* Summerh., *D. perrieri* Schltr.) - Madag., E-Afr., S-Afr. 0-500-2.000 m (U)
8. **cardinalis** Linder - S-Afr. 600 m (C, Z**)
9. **caulescens** Lindl. - S-Afr. 600-1.000 m (C)
- *cernua* Sw.: *Monadenia* 3 (G**)
- *coerulea* (Harv. ex Lindl.) Rchb.f.: *Brownleea* 1 (9**)
- *compta* Summerh.: 7 (U)
10. **cooperi** Rchb.f (*D. scullyi* H.Bol., *D. thodei* Kraenzl.) - S-Afr., Nat. (9**)
11. **cornuta** (L.) Sw. (*D. macrantha* Sw., *D. aemula* H.Bol., *Orchis cornuta* L., *Satyrium cornutum* (L.) Thunb.) - S-Afr., Lesotho, Zim. to 2.500 m (9**, S, C)
12. **crassicornis** Lindl. (*D. megaceras* Hook.f., *D. macrantha* Hemsl., *D. jacottetiae* Kraenzl.) - S-Afr., Lesotho 600-2.700 m (9**, C, Z**)
13. **deckenii** Rchb.f. - E-Afr. to 3.500 m (S)
- *deckenii* Rchb.f.: 17 (M**)
- *densiflora* (Lindl.) H.Bol.: *Monadenia* 3 (G**)
14. **erubescens** Rendle - Trop. E-Afr., Kenya, Nig., Sud., Zim. 1.550-2.800 m (E, H, M**, O2/93**)
- *excelsa* sensu Lindl.: *Herschelianthe* 4 (9**)
- *fallax* Kraenzl.: 19 (9**, U)
15. **ferruginea** (Thunb.) Sw. - SW-Cape 500-1.200 m (S)
16. **forficaria** H.Bol. (*Forficaria graminifolia* Lindl.) - SW-Cape (S)
17. **fragrans** Schltr. - Afr. (O6/96)
    ssp. **deckenii** (Rchb.f.) Linder (*D. deckenii* Rchb.f.) - E-Afr., Kenya, Zai., Ug., Sud. Eth. 2.100-3.300 m (M**)
- *goetzeana* Kraenzl.: 1 (M)
- *graminifolia* Ker-Gawl.: *Herschelia* 2 (G)
- *grandiflora* L.f.: 35 (4**, 9**, G**, H**, S)
- *hamatopetala* Rendle: *Herschelianthe* 1 (C**)
- *hians* (L.f.) Spreng.: *Herschelianthe* 4 (9**)
18. **hircicornis** Rchb.f. - Kenya, Nig. to Nat. 950-2.250 m (M**)
19. **incarnata** (Lyall ex Lindl.) Lindl. (*D. fallax* Kraenzl., *Habenaria incarnata* Lyall ex Lindl.) - Madag. 1.500-2.000 m (9**, S, U**)
- *jacottetiae* Kraenzl.: 12 (9**)
- *lacera* Sw.: *Herschelianthe* 4 (9**, C)
- *lacera* var. *multifida* N.E.Br.: *Herschelianthe* 4 (9**)

20. **longicornu** L.f. - SW-Cape 700-1.000 m (S)
- *lugens* H.Bol.: *Herschelianthe* 5 (9**)
- *macrantha* Sw.: 11 (9**)
- *macrantha* Hemsl.: 12 (9**)
21. **marlothii** H.Bol. - S-Afr. 1.000-1.300 m (C)
- *megaceras* Hook.f.: 12 (9**)
- *micrantha* (Lindl.) H.Bol.: *Monadenia* 4 (S)
- *natalensis* Lindl.: 26 (9**)
- *occultans* Schltr.: 38 (M**)
22. **ochrostachya** Rchb.f. - Kenya, Sud., Zim., Malawi 1.450-2.650 m (M**, O5/96)
- *outeniquensis* Schltr.: *Herschelianthe* 4 (9**)
23. **patens** (L.f.) Sw. (*Penthea patens* (L.f.) Lindl.) - S-Cape (S)
24. **perplexa** Linder - E-Afr., Kenya to Zim., Camer. to 2.000 m (M)
25. **perrieri** Schltr. - Madag. to 2.600 m (S)
- *perrieri* Schltr.: 7 (U)
- *physodes* Sw.: *Monadenia* 3 (G**)
26. **polygonoides** Lindl. (*D. natalensis* Lindl.) - S-Afr., Moz. (9**)
27. **porrecta** Sw. (*D. zeyheri* Sond.) - S-Afr. (G)
- *prasinata* Ker-Gawl.: *Monadenia* 3 (G**)
- *propinqua* Sond.: *Herschelianthe* 8 (9**, G)
- *propinqua* var. *trifida* Sond.: *Herschelianthe* 8 (9**, G)
28. **racemosa** L.f. (*D. secunda* (Thunb.) Sw., *D. venosa* Sond., *Satyrium secundum* Thunb.) - S-Afr. to 2.000 m (9**, S, C, Z**)
- *rutenbergiana* Kraenzl.: 6 (U)
29. **sagittalis** (L.f.) Sw. (*D. attenuata* Lindl., *Orchis sagittalis* L.f., *Satyrium sagittale* (L.f.) Thunb.) - S-Afr. to 1.000 m (9**, C)
30. **saxicola** Schltr. - NE-Afr., Kenya, Eth., Sud., Ug., S-Afr. 1.000-2.800 m (C**)
- *scullyi* H.Bol.: 10 (9**)
31. **scutellifera** A.Rich. - NE-Afr., Kenya, Eth., Sud., Ug. 1.800-2.400 m (M**)
- *secunda* (Thunb.) Sw.: 28 (9**)
- *spathulata* (L.f.) Sw.: *Herschelianthe* 8 (9**, G)
- *spathulata* var. *atropurpurea* (Sond.) Schltr.: *Herschelianthe* 8 (9**, G)
32. **stairsii** Kraenzl. - Zai., Ug., N-Tanz., Kenya 2.100-3.500 m (S, M**)
33. **stolzii** Schltr. - Tanz., Malawi, Zam. (E**, H**)
- *subaequalis* Summerh.: 38 (M**)
- *tanganyikensis* Summerh.: 38 (M**)
- *thodei* Kraenzl.: 10 (9**)
34. **tripetaloides** (L.f.) N.E.Br. (*D. venosa* Lindl., *Orchis tripetaloides* L.f., *Satyrium excelsum* Thunb.) - S-Afr. (Cape) to 1.000 m (9**, S, C, Z**)
- *tripetaloides* ssp. *aurata* (H.Bol.) Linder: 3 (C)
35. **uniflora** Bergius (*D. barellii* Puydt, *D. grandiflora* L.f., *D. uniflora* var. *superba* Moore, - var. *barellii* hort., - var. *psittacina* Rchb.f., *Satyrium grandiflorum(a)* (L.f.) Thunb.) - S-Afr. (Cape) to 1.700 m (4**, 9**, A**, E**, G**, H**, S, C**, Z**)
- *uniflora* var. *barellii* hort.: 35 (9**, G**)
- *uniflora* var. *psittacina* Rchb.f.: 35 (9**, G**)
- *uniflora* var. *superba* Moore: 35 (9**, G**)
36. × **veitchii** hort. (*D. uniflora* × *D. racemosa*) nat.hybr. (8**, S, Z**)
37. **venosa** Sw. - S-Afr. 600-1.200 m (C)
- *venosa* Sond.: 28 (9**)
- *venosa* Lindl.: 34 (9**)
38. **welwitschii** Rchb.f. - Afr. to Guin. (S)
ssp. *occultans* (Schltr.) Linder (*D. occultans* Schltr., *D. subaequalis* Summerh., *D. tanganyikensis* Summerh.) - Trop. Afr.: Kenya, Zam., Lib. 1.500-2.000 m (M**)
39. **woodii** Schltr. - S-Afr., Zim. to 1.500 m (C)
- *zeyheri* Sond.: 27 (G)

Discyphus Schltr. - 1920 - *Subfam. Spiranthoideae Tribus: Cranichideae Subtr. Spiranthinae* - (*Dikylikostigma* Kraenzl.) - 1 sp. terr. - Ven., Trin.
1. **scopulariae** Schltr. - Ven., Trin., Pan. (S, W)

Diseris Wight - 1852: *Disperis* Sw. (S)

Diskyphogyne Szlach. & Tamayo - 1996 - *Spiranthinae* (S) - 3 sp. terr. - Arg., Par., Braz.
1. **scabrilingue** (Szlach.) Szlach. & Tamayo - Braz. (S)

Disperis Sw. - 1800 - *Subfam. Orchidoi-*

deae Tribus: Diseae Subtr. *Coryciinae* - (*Dryopera (Dryopeia)* Thou., *Dipera* Spreng., *Diseris* Wight) - ca. 80 sp. terr. - Trop.-S-Afr., Masc., Guin., Trop. As.
1. **afzelii** Schltr. - Madag. 500-1.000 m (U)
2. **ankarensis** H.Perr. - Madag. ca. 300 m (U)
3. **anthoceros** Rchb.f. - Kenya, Ug., Tanz., Rwa., Bur., Zai., S-Afr. 2.700-3.000 m (M**)
4. **aphylla** Kraenzl. - Kenya, Ug., Zai., Camer., Ang. 330-1.700 m (M)
5. **capensis** (L.f.) Sw. (*Arethusa capensis* L.f., *Dipera capensis* (L.f.) Spreng., *D. tenera* Spreng.) - S-Afr. to 1.000 m (A**, G, H, S, $50/8, C)
   var. **brevicaudata** Rolfe - S-Afr. to 1.000 m (C)
   var. **capensis** - S-Afr. to 1.000 m (C)
6. **cardiophora** Harv. - S-Afr. ($50/8)
- *circumflexa* (L.) Dur. & Schinz: 31 (G)
7. **comorensis** Schltr. - Madag., Com. 800-2.000 m - epi/ter (U)
- *cordata* Summerh.: 38 (O3/98)
8. **cucullata** Sw. - S-Afr. (G)
9. **dicerochila** Summerh. - Kenya, Ug., Eth., Tanz., Zai., Zim. 2.200-2.830 m (M**)
10. **discifera** H.Perr. - Madag. 1.200-2.000 m (U)
11. **egregia** Summerh. - Kenya, Tanz. 900-1.050 m (M**)
12. **erucifera** H.Perr. - Madag. (U**)
13. **fanniniae** Harv. - S-Afr., Lesotho, Swa. 1.200-2.000 m „Granny's Bonnet" (H**, $50/8, C**, Z**)
14. **hildebrandtii** Rchb.f. - Madag. 200-1.400 m (U)
15. **humbertii** H.Perr. - Madag. 950-1.250 m (U)
16. **humblotii** Rchb.f. - Com. (U)
17. **johnstonii** Rolfe - S-Afr., Nig., Camer., Zim., Malawi, Tanz. to 1.350 m ($50/8, C*)
18. **kilimanjarica** Rendle - Kenya, Ug., Tanz., Rwa., Bur., Zam. 2.300-3.000 m (M**)
19. **lanceana** H.Perr. - Madag. (U)
20. **latigaleata** H.Perr. - Madag. 700-2.000 m (U)
21. **lindleyana** Rchb.f. - S-Afr. (O6/96, $50/8)
22. **majungensis** Schltr. - Madag. 0-100 m (U)
23. **nemorosa** Rendle - Kenya, Ug., Tanz., Malawi, Zam. 1.800-2.830 m (M)
24. **oppositifolia** Sw. (*Dryopera oppositifolia* (Sw.) Thou.) - Madag., Com., Masc. 0-500 m - epi/ter (U)
25. **oxyglossa** H.Bol. - S-Afr. ($50/8)
26. **perrieri** Schltr. - Madag. 1.000-2.000 m - epi/ter (U)
27. **pusilla** Verdcourt - Kenya, Tanz., Zai., Zam. 2.700 m (M)
28. **reichenbachiana** Rchb.f. - Trop. Afr., Kenya, Tanz., Ang. 1.500-2.330 m (M**)
29. **renibractea** Schltr. - S-Afr. 1.500-2.450 m ($50/8)
30. **saxicola** Schltr. - Madag. 400-1.000 m - epi/ter (U)
31. **secunda** (Thunb.) Sw. (*D. circumflexa* (L.) Dur. & Schinz, *Orchis circumflexa* L., *Arethusa secunda* Thunb.) - S-Afr. (G, H)
32. **siamensis** Rolfe ex Downie (*D. teleplana* F.Maekawa) - Thai. (6*)
33. **similis** Schltr. - Madag. 1.600-2.000 m - terr. (U)
34. **stenoplectron** Rchb.f. - S-Afr. ($50/8)
- *teleplana* F.Maekawa: 32 (6*)
35. **thomensis** Summerh. - W-Afr. (M)
36. **thorncroftii** Schltr. - S-Afr. ($50/8)
37. **trilineata** Schltr. - Madag. ca. 400 m (U)
38. **tripetaloides** (Thou.) Lindl. (*D. cordata* Summerh., *Dryopera tripetaloides* Thou.) - Madag., Masc., Sey. (O3/98, U)
39. **tysonii** H.Bolus - S-Afr. ($50/8)
40. **villosa** (L.f.) Sw. (*Arethusa villosa* L.f.) - S-Afr. (G)

Dissorhynchium Schau. - 1843: *Habenaria* Willd. (S)
- *muricatum* Schau.: *Habenaria* 84 (6*)

Distomaea Spenner - 1825: *Listera* R.Br. (S)

Distylodon Summerh. - 1966 - *Subfam. Epidendroideae* Tribus: *Vandeae* Subtr. *Aerangidinae* - 1 sp. epi. - Ug.
1. **comptum** Summerh. - Ug. (S*)

Dithyridanthus Gar. - 1982 - *Spiranthinae* (S) - 1 sp. terr. - Mex.
1. **densiflorus** (Schweinf.) Gar. - Mex. (S*)

Dituilis Raf. - 1836: *Liparis* L.C.Rich. (S)
- *nepalensis* Raf.: *Liparis* 111 (G**)

Diuris (Diuris) J.E.Sm. [Diuris Sw. (S)] - 1798 - *Subfam. Orchidoideae Tribus: Diurideae Subtr. Diuridinae* - ca. 62 sp. terr. - Austr., Indon. - „Donkey Orchids, Doubletails, Horned Orchids"
1. **abbreviata** F.v.Muell. ex Benth. - end. to Austr. (NSW, Qld.) (P*)
2. **aequalis** F.v.Muell. ex Fitzg. - end. to Austr. (NSW) (P*)
3. **alba** R.Br. (*D. punctata* var. *alba* (R.Br.) Ewart & B.Rees) - end. to Austr. (Qld., NSW) (H, P**)
- *alba* R.Br.: 34 (9**)
4. **althoferi** Rupp - end. to Austr. (NSW) (P)
5. **aurea** Smith - end. to Austr. (NSW) „Golden Donkey Orchid" (P**)
6. **behrii** D.F.K.Schldl. - end. to S-Austr. (P*)
7. **bracteata** Fitzg. - end. to Austr. (NSW) (P*)
8. **brevifolia** R.Rogers - end. to S-Austr. (P*)
9. **brevissima** Fitzg. ex Nicholls - end. to Austr. (NSW, Vic., SA) (P*)
- *brevissima* Nicholls: 27 (H**)
10. **carinata** Lindl. - end. to W-Austr. (P*)
11. **chrysantha** D.Jones & M.Clem. - end. to Austr. (NSW, Qld.) (P**)
12. **citrina** Nicholls - end. to Austr. (NSW) nat. hybr.? *D.* × *palachila* × *D. lanceolata* (P)
- *colemaniae* Rupp: 39 (P)
13. **corymbosa** Lindl. - end. to Austr. (NSW, Vic., Tasm., SA, WA) (P**)
14. **cuneata** Fitzg. [cuneata Sw. (H, S)] - (*D. punctata* var. *longissima* Benth.) - end. to Austr. (NSW, Vic.) (H, S, P**)
- *curvifolia* Lindl.: 27 (H**)
15. **drummondii** Lindl. - end. to W-Austr. (P*)
- *elongata* Sw.: 34 (9**)
16. **emarginata** R.Br. - end. to W-Austr. (P*)
var. **pauciflora** (R.Br.) A.S.George - end. to W-Austr. (P**)
17. × **fastidiosa** R.Rogers (*D. lanceolata* × *D. palustris*) nat.hybr. - end. to Austr. (Vic., SA) (P)
18. **filifolia** Lindl. - end. to W-Austr. (P*)
- *filifolia* Lindl.: ? 38 (P)
19. **flavopurpurea** Messmer - end. to Austr. (NSW, Tasm.) (P)
20. **fragrantissima** D.Jones & M.Clem. (*D. punctata* var. *albo-violacea* Rupp ex Dockr.) - end. to Austr. (Vic.) - scented - „Fragrant Double-tail" (P*)
21. **fryana** Ridl. - Tim. (Indon.) (S)
22. **laevis** Fitzg. - end. to W-Austr. (P*)
23. **lanceolata** Lindl. - end. to Austr. (NSW, ACT, Vic., Tasm., SA) „Golden Moths" (P**, Z**)
- *latifolia* Rupp: 41 (P**)
24. **laxiflora** Lindl. - end. to W-Austr. „Bee Orchid" (P*)
25. **lineata** Lindl. - end. to Austr. (NSW) (P*)
26. **longifolia** R.Br. - end. to W-Austr. „Purple Pansy" (P*)
27. **maculata** Smith (*D. curvifolia* Lindl., *D. purdina* Lindl., *D. brevissima* Nicholls) - Austr. (Qld., NSW, ACT, Vic., Tasm., SA) - „Leopard Orchid" (9**, H**, P**)
28. × **palachila** R.Rogers (*D. maculata* × *D. behrii*) nat.hybr. - end. to Austr. (NSW, ACT, Vic., Tasm., SA) (P*)
- *pallens* Benth.: 31 (P)
29. **palustris** Lindl. - end. to Austr. (Vic., Tasm., SA) (P**)
30. **parvipetala** (Dockr.) D.Jones & M.Clem. (*D. punctata* var. *parvipetala* Dockr.) - end. to Austr. (Qld.) (P*)
31. **pedunculata** R.Br. (*D. pallens* Benth.) - end. to Austr. (NSW) (P*)
32. **picta** J.Drummond - end. to W-Austr. - „Ivory Donkey Orchid" (P)
33. **platichila** Fitzg. (*D. pallens* Benth.) - end. to Austr. (NSW) (P*)
34. **punctata** Smith [D. punctata Sw. (S)] (*D. elongata* Sw., *D. alba* R.Br., *D. punctata* var. *alba* (R.Br.) Dockr., - var. *punctata* f. *blakneyae* F.M.Bailey) - end. to Austr. (Qld., NSW, ACT, Vic., SA) (9**, H**, S, P**, Z**)
var. **sulfurea** Rupp - end. to Austr. (NSW) (P)
- *punctata* var. *alba* (R.Br.) Dockr.: 34 (9**)
- *punctata* var. *alba* (R.Br.) Ewart & B.Rees: 3 (P**)
- *punctata* var. *albo-violacea* Rupp ex Dockr.: 20 (P*)
- *punctata* var. *longissima* Benth.: 14 (P**)
- *punctata* var. *minor* Benth.: 40 (P**)
- *punctata* var. *parvipetala*: 30 (P*)

- *punctata* var. *punctata* f. *blakneyae* F.M.Bailey: 34 (9**)
35. **purdiei** Diels - end. to W-Austr. (P*)
- *purdina* Lindl.: 27 (H**)
36. **secundiflora** Fitzg. - end. to W-Austr. (P*)
37. **semilunulata** Messmer - end. to Austr. (NSW) (P*)
38. **setacea** R.Br. (*D. filifolia* Lindl.) - end. to W-Austr. (P*)
39. **sheaffiana** Fitzg. (*D. colemaniae* Rupp, *D. tricolor* Fitzg.) - end. to Austr. (NSW) (P*)
- *spathulata* Sw.: 40 (P**)
40. **striata** Rupp (*D. punctata* var. *minor* Benth., *D. spathulata* Sw.) - end. to Austr. (NSW) (H, P**)
41. **sulphurea** R.Br. (*D. latifolia* Rupp) - end. to Austr. (Qld., NSW, ACT, Vic., Tasm., SA) (P**)
- *tricolor* Fitzg.: 39 (P)
42. **venosa** Rupp - end. to Austr. (NSW) ca. 1.500 m (P*)

Dockrillia Brieg. - 1981: *Dendrobium* Sw.
Dockrillia Brieg. - 1981 - *Dendrobiinae* (S) - (*Dendrobium* sect. *Rhizobium* Lindl., - sect. *Carnifolia* Rchb.f.) - ca. 21 sp. epi. - Austr.
1. **cucumerina** (MacLeay ex Lindl.) Brieg. (*Dendrobium cucumerinum* MacLeay ex Lindl., *Callista cucumerina* (MacLeay ex Lindl.) Ktze. - Austr. (O5/98**, S*)
↣ *cucumerina* (MacLeay ex Lindl.) Brieg.: *Dendrobium* 90 (9**, G**)
2. **desmotrichoides** (J.J.Sm.) Brieg. (*Dendrobium desmotrichoides* J.J. Sm.) (S)
3. **lichenastrum** (F.v.Muell.) Brieg. (*Bulbophyllum lichenastrum* F.v. Muell., *Dendrobium lichenastrum* (F.v.Muell.) Kraenzl.) (S) ↣ *Dendrobium* 197
- *linguiformis* (Sw.) Brieg.: *Dendrobium* 204 (9**, G)
- *pugioniformis* (A.Cunn.) Rausch.: *Dendrobium* 292 (G)
- *teretifolia* (Sw.) Brieg.: *Dendrobium* 358 (9**, G)
4. **toressae** (F.M.Bailey) Brieg. (*Dendrobium toressae* (F.M.Bailey) Dockr., *Bulbophyllum toressae* F.M. Bailey) (S*) ↣ *Dendrobium* 366
5. **wasseltii** (S.T.Blake) Brieg. (*Dendrobium wasseltii* S.T.Blake) (S*) ↣ *Dendrobium* 392

Dodsonia Ackerm. - 1979 - *Huntleyinae* (S) - 1 sp. epi. - Ec.
- *falcata* Ackerm.: 1 (S*)
1. **saccata** (Gar.) Ackerm. (*D. falcata* Ackerm., *Chaubardiella saccata* (Gar.) Gar., *Stenia saccata* Gar.) - Ec. 800-1.000 m (O5/90, O5/98**, S*)

Dolichocentrum (Schltr.) Brieg. - 1981: *Dendrobium* Sw.
Dolichocentrum (Schltr.) Brieg. - 1981 - *Dendrobiinae* (S) - (*Dendrobium* sect. *Dolichocentrum* Schltr.) - 1 sp. epi. - Cel.
1. **furcatum** (Reinw. ex Lindl.) Brieg. (*Dendrobium furcatum* Reinw. ex Lindl.) - Cel. (S*)
× *Domindendrum*: × *Epigoa* (*Domingoa* × *Epidendrum*)
× **Domindesmia (Ddma.)** (*Domingoa* × *Hexadesmia*)
Domingoa (Dga.) Schltr. - 1913 - Subfam. Epidendroideae Tribus: Epidendreae Subtr. Laeliinae - ca. 4 sp. epi. - Cuba, Hisp., Mex.
1. **haematochila** (Rchb.f.) Carabia (*D. hymenodes* (Rchb.f.) Schltr., *Epidendrum hymenodes* Rchb.f., *E. haematochilum* Rchb.f., *E. broughtonioides* Griseb.) - Cuba, Hisp. (A**, H**, S)
- *hymenodes* (Rchb.f.) Schltr.: 1 (S)
2. **nodosa** (Cogn.) Schltr. (*Octadesmia nodosa* Cogn.) - S.Domingo (S*)
× **Domintonia (Dmtna.)** (*Broughtonia* × *Domingoa*)
× **Dominyara (Dmya.)** (*Ascocentrum* × *Luisia* × *Neofinetia* × *Rhynchostylis*)
× **Domliopsis (Dmlps.)** (*Domingoa* × *Laeliopsis*)
Donacopsis Guill. - 1934: *Arundina* Bl. (S)
- *laotica* Gagn.: *Arundina* 1 (9**, G**, Q**, D)
× **Doncollinara (Dclna.)** (*Cochlioda* × *Odontoglossum* × *Rodriguezia*)
× **Dorandopsis (Ddps.)** (*Doritis* × *Vandopsis*)
× **Doreenhuntara (Dhta.)** (*Bollea* × *Cochleanthes* × *Kefersteinia* × *Pescatorea*)
× **Doricentrum (Dctm.)** (*Ascocentrum* × *Doritis*)
× *Doridium*: × *Doriella* (*Doritis* × *Kingidium* (*Kingiella*)
× **Doriella (Drlla.)** (*Doritis* × *Kingidium* (*Kingiella*)

× **Doriellaopsis (Dllps.)** (*Doritis* × *Kingidium* (*Kingiella*) × *Phalaenopsis*)
× **Dorifinetia (Dfta.)** (*Doritis* × *Neofinetia*)
× **Doriglossum (Drgm.)** (*Ascoglossum* × *Doritis*)
× *Doriopsisium*: × *Doriellaopsis* (*Doritis* × *Kingidium* (*Kingiella*) × *Phalaenopsis*)
× **Dorisia (Drsa.)** (*Doritis* × *Luisia*)
× **Doristylis (Dst.)** (*Doritis* × *Rhynchostylis*)
× **Doritaenopsis (Dtps.)** (*Doritis* × *Phalaenopsis*)
Doritis (Dor.) Lindl. - 1833 - Subfam. Epidendroideae Tribus: Vandeae Subtr. Sarcanthinae - 2/3 sp. epi/ter - Sri L., Ind., Nep., Burm., Thai., Sum., Mal.
- *braceana* Hook.f.: *Kingidium* 1 (O4/97)
- *buyssoniana* Rchb.f.: 1 (J**, S)
- *hebe* (Rchb.f.) Schltr.: *Kingidium* 4 (O2/94)
- *latifolia* (Thw.) Trimen: *Kingidium* 11 (O1/95)
- *latifolia* (Thw.) Benth. & Hook.f.: *Kingidium* 11 (O1/95)
- *philippinense* Ames: *Kingidium* 8 (O3/95)
- *philippinensis* Ames: *Kingidium* 4 (S*)
- *pulchella* Lindl.: 1 (J**)
1. **pulcherrima** Lindl. (*D. pulchella* Lindl., *D. buyssoniana* Rchb.f., *Phalaenopsis esmeralda* Rchb.f., *P. pulcherrima* (Lindl.) J.J.Sm., *P. antennifera* Rchb.f., *P. regnieriana* Rchb.f., *P. buyssoniana* Rchb.f.) - S-China, Burm., Camb., Mal., N-Sum. - terr. (4**, 9**, E**, H**, J**, S*, Z**)
  var. **alba** (J)
  var. **buyssoniana** (J)
  var. **coerulea** (J)
2. **regnieriana** (Rchb.f.) Holtt. (*Phalaenopsis regnieriana* Rchb. f.) - Thai., Mal., N-Sum. - terr. (S)
- *steffensii* Schltr.: *Kingidium* 8 (O3/95)
- *taenialis* (Lindl.) Hook.f.: *Kingidium* 10 (S*)
- *wightii* (Rchb.f.) Benth.: *Kingidium* 3 (E*, H*)
- *wightii* (Rchb.f.) Benth. & Hook.f.: *Kingidium* 11 (O1/95)
- *wightii* Hook.f.: *Kingidium* 5 (O6/94)
- *wightii* (Rchb.f.) Hook.f.: *Kingidium* 4 (S*)
× *Doritopsis*: × *Doritaenopsis* (*Doritis* × *Phalaenopsis*)
× **Dorthera (Dtha.)** (*Doritis* × *Renanthera*)
Dorycheile Rchb. - 1841: *Cephalanthera* L.C.Rich. (S)
Dossinia (Doss.) E.Morr. - 1852 - Subfam. Spiranthoideae Tribus: Erythrodeae - 1 sp. terr. -Born.
- *cristata* Miq.: *Hetaeria* 2 (2*)
- *lanceolata* Lindl.: *Anoectochilus* 14 (6*)
1. **marmorata** E.Morr. - Born. (S)
- *obliqua* (Bl.) Miq.: *Hetaeria* 7 (6*)
× **Dossinimaria (Dsma.)** (*Dossinia* × *Ludisia* (*Haemaria*))
× *Dossisia*: × *Dossinimaria* (*Dossinia* × *Ludisia* (*Haemaria*))
Dothiolophis purpurea Raf.: *Barkeria* 14 (9**, G**)
× **Downsara (Dwsa.)** (*Aganisia* × *Batemania* × *Otostylis* × *Zygosepalum*)
Dracomonticola Linder & Kurzw. - 1995 - *Platantherinae* (S) - 1 sp. terr. - S-Afr.
1. **virginea** (H.Bol.) Linder & Kurzw. (*Platanthera virginea* H.Bol., *Brachycorythis virginea* (H.Bol.) Rolfe, *Neobolusia virginea* (H.Bol.) Schltr.) - Oranje, Nat. (@, S*)
Draconanthes (Luer) Luer - 1996 - *Pleurothallidinae* (S) - (*Lepanthes* subg. *Draconanthes* Luer) - 2 sp. epi. - S-Am.
1. **aberrans** (Schltr.) Luer - W-Ven. to N-Bol. 3.000-3.800 m (S*)
2. **bufonis** (Luer & Hirtz) Luer - Ec.
Dracula (Drac.) Luer - 1978 - Subfam. Epidendroideae Tribus: Epidendreae Subtr. Pleurothallidinae - (*Masdevallia* sect. *Chimeroideae* Kraenzl.) - ca. 80 sp. epi. - S-C-Am.
1. **alcithoë** Luer & Esc. - Col., Ec. 1.900-2.500 m (L*, FXV1*, R**)
2. **amaliae** Luer & Esc. - Col. 1.800-1.900 m (L*, R**)
3. **andreettae** (Luer) Luer (*Masdevallia andreettae* Luer) - Ec., Col. 1.500-2.200 m (L*, R**)
4. **anicula** Luer & Esc. - Col. 1.900-2.100 m (L*, FXV1**)

5. **anthracina** Luer & Esc. - Col. (L*, R**)
6. **aphrodes** Luer & Esc. - Col. 1.800-1.900 m (L*, R**)
7. **astuta** (Rchb.f.) Luer (*D. gorgo* (Rchb.f.) Luer, *Masdevallia astuta* Rchb.f., *M. gorgo* Rchb.f. ex Kraenzl., *M. erythrochaete* var. *astuta* (Rchb.f.) Woolward) - C.Rica (H, L*)
8. **bella** (Rchb.f.) Luer (*Masdevallia bella* Rchb.f.) - Col. 1.800-2.000 m (H**, L*, R**, Z**)
- ➤ *bella* (Rchb.f.) Luer: *Masdevallia* 32 (E)
9. **bellerophon** Luer & Esc. - Col. 1.900 m (L*)
10. **benedictii** (Rchb.f.) Luer (*D. troglodytes* (Morren) Luer, *D. hubeinii* Luer, *Masdevallia benedictii* Rchb.f., *M. troglodytes* Morren) - Col. 1.700-2.400 m (L*, R**, Z**)
11. **berthae** Luer & Esc. - Col. 2.300-2.600 m (L*, FXIII2**, R**)
12. **brangeri** Luer - Col. (L*)
- *burbidgeana* (Rolfe) Luer: 30 (L*)
- *callifera* (Schltr.) Luer: 43 (L*)
13. **carcinopsis** Luer & Esc. - Col. 1.800-2.000 m (L*)
14. **carderi** (Rchb.f.) Luer (*Masdevallia carderi* Rchb.f.) - Col. (9**, L, R**, Z) ➤ *Masdevallia* 49
- *carderi* (Rchb.f.) Luer: 44 (L*)
- *carderiopsis* (Kraenzl.) Luer: 43 (L*)
15. **chestertonii** (Rchb.f.) Luer (*Masdevallia chestertonii* Rchb.f., *M. macrochila* Regel) - Col. 1.500-2.200 m (9**, L*, O3/79, R**, Z**) ➤ *Masdevallia* 61
16. **chimaera** (Rchb.f.) Luer (*D. senilis* (Rchb.f.) Luer, *Masdevallia chimaera* Rchb.f., *M. backhouseana* Rchb.f., *M. wallisii* var. *stupenda* Rchb.f., *M. senilis* Rchb.f., *M. chimaera* var. *backhousiana* (Rchb.f.) Veitch, - var. *senilis* (Rchb.f.) Veitch) - Col. 1.700-2.200 m (H, L*, R**, Z**)
- ➤ *chimaera* (Rchb.f.) Luer: *Masdevallia* 62 (E)
17. **chiroptera** Luer & Malo - Ec., Col. 1.600-1.800 m (L*)
18. **circe** Luer & Esc. - Col. 1.700-2.000 m (L*, FXV1**)
19. **citrina** Luer & Esc. - Col. ca. 2.000 m (L*)
20. **cochliops** Luer & Esc. - Col. ca. 2.200 m (L*, FXIII2*, R**)
21. **cordobae** Luer - Ec. 800-1.000 m (A**, L*)
22. **cutis-bufonis** Luer & Esc. - Col. 1.800-2.000 m (L*, R**)
23. **dalessandroi** Luer - Ec. ca. 2.400 m (L*) ➤ *Masdevallia* 83
24. **dalstroemii** Luer - Ec. ca. 2.500 m (L*) ➤ *Masdevallia* 84
25. **decussata** Luer & Esc. (*D. niessenniae* Ortiz) - Col. (L*, FXX1*)
26. **deltoidea** (Luer) Luer (*Masdevallia deltoidea* Luer) - Ec. 2.800 m (L*)
27. **diabola** Luer & Esc. - Col. 2.200-2.600 m (L*, FXVI1, FXIII2**, R**)
28. **diana** Luer & Esc. - Col. (FXV1**, L*)
29. **dodsonii** (Luer) Luer (*Masdevallia dodsonii* Luer) - Ec. 1.600-2.000 m (L*, R**)
30. **erythrochaete** (Rchb.f.) Luer (*D. burbidgeana* (Rolfe) Luer, *D. gaskelliana* (Rchb.f.) Luer, *D. leonum* Luer, *Masdevallia astata* Rchb.f., *M. erythrochaete* Rchb.f., *M. erythrochaete* var. *gaskelliana* (Rchb.f.) Woolward, *M. gaskelliana* Rchb.f., *M. burbidgeana* Rolfe) - C.Rica, Pan. 1.100-2.000 m (4**, H**, W**, L*, S56/8, Z**)
- *erythrochaete* (Rchb.f.) Luer: *Masdevallia erythrochaete* (E**)
31. **exasperata** Luer & Esc. - Col. 1.800 m (L*, R**)
32. **fafnir** Luer - Ec. ca. 1.400 m (L*)
33. **felix** (Luer) Luer (*Masdevallia felix* Luer) - Ec., Col. 1.400-2.200 m (L*, Z)
34. **fuligifera** Luer (*Dracula fuliginosa* sphalm.) - Ec. ca. 2.000 m (L*)
- *fuliginosa* sphalm.: 34 (L*)
- *fuliginosa* (Luer) Luer: 81 (L*)
35. **gaskelliana** (Rchb.f.) Luer (*Masdevallia gaskelliana* Rchb.f.) (H, L)
- *gaskelliana* (Rchb.f.) Luer: 30 (L*)
36. **gastrophora** Luer & Hirtz - Ec. (L*)
37. **gigas** (Luer & Andreetta) Luer (*Masdevallia gigas* Luer & Andreetta) - Ec., Col. 1.800-2.200 m (L*, Z)
- *gorgo* (Rchb.f.) Luer: 7 (H, L*)
38. **gorgona** (Veitch) Luer & Esc. (*Masdevallia chimaera* var. *gorgona* Veitch, *M. gorgona* hort. ex Veitch) - Col. 1.800-2.200 m (L*, R**, Z**)

39. **gorgonella** Luer & Esc. - Col. 1.800-2.000 m (L*, FXV1**)
40. **hawleyi** Luer - Ec. ca. 2.500 m (L*)
41. **hirsuta** Luer & Andreetta - Ec. ca. 1.600 m (L*)
42. **hirtzii** Luer - Ec., Col. 1.500-2.100 m (L*)
43. **houtteana** (Rchb.f.) Luer (*D. callifera* (Schltr.) Luer, *D. carderiopsis* (Kraenzl.) Luer, *D. mosquerae* (Lehm. & Kraenzl.) Luer, *Masdevallia houtteana* Rchb.f., *M. callifera* Schltr., *M. carderiopsis* Kraenzl., *M. carderiopsis* var. *mosquerae* Lehm. & Kraenzl., *M. mosquerae* Lehm. & Kraenzl.) - Col. 1.800-2.400 m (L*, R**)
- *hubeinii* Luer: 10 (L*)
44. **inaequalis** (Rchb.f.) Luer & Esc. (*D. carderi* (Rchb.f.) Luer, *Masdevallia inaequalis* Rchb.f., *M. carderi* Rchb.f.) - Col. 400-1.500 m (L*)
45. **incognita** Luer & Esc. - Col. (L*, R**)
46. **insolita** Luer & Esc. - Col. 1.800-1.900 m (L*, R**)
47. **iricolor** (Rchb.f.) Luer & Esc. (*D. quilichaoënsis* (Lehm. & Kraenzl.) Luer, *Masdevallia tricolor* Rchb.f., *M. trichroma* Schltr., *M. quilichaoënsis* Lehm. & Kraenzl.) - Col., Ec. 1.900-2.800 m (L*, R**, Z)
48. **janetiae** (Luer) Luer (*Masdevallia janetiae* Luer) - Peru ca. 1.700 m (L*)
- *lactea* (Kraenzl.) Luer: 98 (L*)
49. **lafleurii** Luer & Dalström - Ec. 1.400-1.800 m (L*)
50. **lehmanniana** Luer & Esc. - Col. ca. 1.800 m (L*)
51. **lemurella** Luer & Esc. - Col. ca. 1.600 m (L*, FXV1**, R**)
- *leonum* Luer: 30 (L*)
52. **levii** Luer - Ec., Col. ca. 2.500 m (L*)
53. **ligiae** Luer & Esc. - Col. ca. 2.000 m (L*, R**) ↠ Masdevallia 167
54. **lindstroemii** Luer & Dalström - Ec. ca. 2.000 m (L*)
55. **lotax** (Luer) Luer (*Masdevallia lotax* Luer, *M. bomboiza* Fiske) - Ec. 900-1.600 m (L*)
- *lowii* (Rolfe) Luer: 72 (L*)
56. **mantissa** Luer & Esc. - Ec., Col. 1.800-2.000 m (L*)
57. **marsupialis** Luer & Hirtz - Ec. 2.000-2.200 m (L*, O1/86)

- *medellinensis* (Kraenzl.) Luer: 82 (L*)
- *microglochin* (Rchb.f.) Luer: 98 (L*)
58. **minax** Luer & Esc. - Col. (L*, FXV1**, R**)
59. **mopsus** (Lehm. & Kraenzl.) Luer (*Masdevallia mopsus* Lehm. & Kraenzl., *M. triceratops* Luer) - Ec. 650-1.500 m (L*)
60. **morleyi** Luer & Dalström - Ec. ca. 1.900 m (L*)
- *mosquerae* (Lehm. & Kraenzl.) Luer: 43 (L*)
61. **navarroörum** Luer & Hirtz (*D. navarrorum* Luer & Hirtz) - Ec. ca. 1.800 m (L*)
- *navarrorum* Luer & Hirtz: 61 (L*)
62. **nieseniae** Ortiz - Col. (FXIX3**, L*)
- *nieseniae* Ortiz: 25 (FXX1*)
63. **nosferatu** Luer & Esc. - Col. ca. 2.400 m (L*, R**)
64. **nycterina** (Rchb.f.) Luer (*Masdevallia nycterina* Rchb.f., *M. chimaera* Lind. & André) - Col. 1.200-1.600 m (L*, Z**)
65. **octavioi** Luer & Esc. - Col. ca. 2.300 m (L*, FXIII2*, R**)
66. **ophioceps** Luer & Esc. - Col. ca. 1.600 m (L*)
67. **orientalis** Luer & Esc. - Col. ca. 2.000 m (L*, FXVI1*, Z**)
68. **ortiziana** Luer & Esc. - Col. 2.200-2.500 m (L*, FXIX1**)
69. **papillosa** Luer & Dods. - Ec. ca. 300 m (L*)
70. **pholeodytes** Luer & Esc. - Col. ca. 2.500 m (L*)
71. **pileus** Luer & Esc. - Col. 1.700-2.000 m (L*, FXIII2**)
72. **platycrater** (Rchb.f.) Luer (*D. lowii* (Rolfe) Luer, *Masdevallia platycrater* Rchb.f., *M. lowii* Rolfe) - Col. 1.500-2.300 m (L*, R**, Z**)
73. **polyphemus** (Luer) Luer (*Masdevallia polyphemus* Luer) - Ec. 1.400-2.000 m (L*)
74. **portillae** Luer - Ec. ca. 2.000 m (L*) ↠ Masdevallia 254
75. **posadarum** Luer & Esc. - Col. (L*, FXV1**, R**)
76. **presbys** Luer & Esc. - Col. (L*)
77. **psittacina** (Rchb.f.) Luer & Esc. (*Masdevallia psittacina* Rchb.f.) - Col. 2.200-2.400 m (L*)
78. **psyche** (Luer) Luer (*Masdevallia*

psyche Luer) - Ec. 1.500-2.000 m (L*, Z**)
79. **pubescens** Luer & Dalström - Ec. 1.700 m (L*)
80. **pusilla** (Rolfe) Luer (*D. vagabunda* Luer & Esc., *Masdevallia pusilla* Rolfe, *M. johannis* Schltr.) - Guat., C.Rica, Pan., Mex., Nic. 1.300-1.800 m (W, L*)
- *quilichaoënsis* (Lehm. & Kraenzl.) Luer: 47 (L*)
81. **radiella** Luer (*D. fuliginosa* (Luer) Luer, *Masdevallia fuliginosa* Luer) - Ec. 2.400-2.500 m (L*)
82. **radiosa** (Rchb.f.) Luer (*D. medellinensis* (Kraenzl.) Luer, *Masdevallia radiosa* Rchb.f., *M. medellinensis* Kraenzl.) - Col., Ec. 1.600-2.100 m (L*, R**, Z) ➳ Masdevallia 268
83. × **radio-syndactyla** Luer (*D. radiosa* × *D. syndactyla*) nat. hybr. - Col. 1.900 m (L*)
84. **rezekiana** Luer & Hawley - Ec. 800-1.700 m (L*)
85. **ripleyana** Luer - C.Rica (W, L*)
86. **robledorum** (Ortiz) Luer & Esc. (*Masdevallia chimaera* var. *robledorum* Ortiz) - Col. 2.000-2.200 m (H**, L*, R**, Z)
87. **roezlii** (Rchb.f.) Luer (*Masdevallia roezlii* Rchb.f., *M. roezlii* var. *rubra* hort. ex Williams, *M. winniana* Rchb.f., *M. chimaera* var. *roezlii* (Rchb.f.) Veitch, - var. *roezlii* ssp. *rubra* (Rchb.f.) Veitch, - var. *winniana* (Rchb.f.) Veitch) - Col. 1.800-2.300 m (L*, R**)
- *senilis* (Rchb.f.) Luer: 16 (L*)
88. **sergioi** Luer & Esc. - Col. ca. 1.900 m (L*, R**)
89. **severa** (Rchb.f.) Luer (*Masdevallia severa* Rchb.f., *M. spectrum* Rchb.f., *M. chimaera* var. *severa* (Rchb.f.) Veitch) - Col. 1.600-2.000 m (L*)
90. **sibundoyënsis** Luer & Esc. - Col., Ec. 1.900-2.300 m (L*, FXIII2*, R**)
91. **simia** (Luer) Luer (*Masdevallia simia* Luer) - Ec. 1.500-2.000 m (L*, Z)
92. **sodiroi** (Schltr.) Luer (*Masdevallia sodiroi* Schltr.) - Ec. 1.800-2.400 m (A**, H, L*, O4/85, Z)
93. **syndactyla** Luer - Col. ca. 1.900 m (L*)
- *tarantula* (Luer) Luer: 95 (L*)
- *trinema* (Rchb.f.) Luer: 98 (L*)
94. **trinympharum** Luer - Ec. ca. 2.000 m (L*)
- *troglodytes* (Morren) Luer: 10 (L*)
95. **tubeana** (Rchb.f.) Luer (*D. tarantula* (Luer) Luer, *Masdevallia tubeana* Rchb.f., *M. tarantula* Luer) - Ec. ca. 2.000 m (L*, Z**)
96. **ubangina** Luer & Andreetta - Ec. ca. 1.800 m (L*)
- *ubanquia* Luer & Andreetta: 97 (H)
- *vagabunda* Luer & Esc.: 80 (L*, FXV1**)
97. **vampira** (Luer) Luer (*D. ubanquia* Luer & Andreetta, *Masdevallia vampira* Luer) - Ec. 1.800-2.200 m (A**, H, L*, Z**)
98. **velutina** (Rchb.f.) Luer (*D. lactea* (Kraenzl.) Luer, *D. microglochin* (Rchb.f.) Luer, *D. trinema* (Rchb.f.) Luer, *Masdevallia velutina* Rchb.f., *M. microglochin* Rchb.f., *M. trinema* Rchb.f., *M. lactea* Kraenzl.) - Col. (L*, R**, Z)
99. **venefica** Luer & Esc. - Col. (L*, FXV1**)
100. **venosa** (Rolfe) Luer (*Masdevallia venosa* Rolfe) - Col., Ec. (L*)
101. **vericulosa** (verticulosa) Luer & Esc. - Col. 1.800-1.900 m (L*, R**)
102. **vespertilio** (Rchb.f.) Luer (*Masdevallia vespertilio* Rchb.f.) - Nic., C.Rica, Col., Ec. 1.300-2.100 m (W, L*, R**, Z)
103. **vinacea** Luer & Esc. - Col. (L*, R**)
104. **vlad-tepes** Luer & Esc. - Col. ca. 2.500 m (L*, FXV1**, R**)
105. **wallisii** (Rchb.f.) Luer (*Masdevallia wallisii* Rchb.f., *M. chimaera* W.G. Smith, *M. chimaera* Hook.f., *M. chimaera* var. *wallisii* (Rchb.f.) Veitch) - Col. 1.600-2.800 m (9**, L*, R**, Z)
106. **woolwardiae** (Lehm. & Kraenzl.) Luer (*Masdevallia woolwardiae* Lehm. & Kraenzl.) - Ec. 1.200-1.800 m (L*)
107. **xenos** Luer & Esc. - Col. ca. 2.000 m (L*, R**, S)
× **Dracuvallia (Drvla.)** (*Dracula* × *Masdevallia*)

Drakaea Lindl. - 1839 - *Subfam. Orchidoideae Tribus: Diurideae Subtr. Caladeniinae* - ca. 6 sp. terr. - W-Austr.

1. **elastica** Lindl. (*D. jeanensis* R.Rogers) - end. to W-Austr. - „Hammer Orchid" (S, P**)
2. **fitzgeraldii** Schltr. - end. to W-Austr. (P**)
3. **glyptodon** Fitzg. - end. to W-Austr. (P**, Z**)
- *huntiana* F.v.Muell.: *Arthrochilus* 3 (P**)
- *iritabilis* Rchb.f.: *Arthrochilus* 4 (P*)
- *jeanensis* R.Rogers: 1 (P**)
4. **livida** J.Drummond - end. to W-Austr. (P)
5. **thynniphila** A.S.George - end. to W-Austr. (P**, S)

Drakonorchis S.Hopper & A.P.Brown - 2001 - *Drakaeinae* (S) - 4 sp. terr. - SW-Austr.
1. **barbarossa** (Rchb.f.) S.Hopper & A.P.Brown (*Caladenia barbarossa* Rchb.f.) - SW-Austr. (S*)

× **Dresslerara (Dres.)** (*Ascoglossum* × *Phalaenopsis* × *Renanthera*)

Dresslerella Luer - 1976 - *Subfam. Epidendroideae Tribus: Epidendreae Subtr. Pleurothallidinae* - 8 sp. epi. - Trop. Am., Nic. to Peru 1.000-1.800 m
1. **archilae** Luer & Behar - end. to Guat. (L*)
2. **caesariata** Luer - Ec. 1.800 m (L*)
3. **elvallensis** Luer - Pan. ca. 1.000 m (W, L*)
4. **hirsutissima** (Schweinf.) Luer (*Pleurothallis hirsutissima* Schweinf., *Restrepiella hirsutissima* (Schweinf.) Gar. & Dunst.) - Peru, Ec., Pan. 1.500-1.800 m (L**, R)
5. **hispida** (L.O.Wms.) Luer (*Pleurothallis hispida* L.O.Wms.) - Nic., C.Rica, Pan., Col. 300-1.000 m (W, L*, R)
6. **pertusa** (Dressl.) Luer (*Pleurothallis pertusa* Dressl.) - end. to Pan. 1.000 m (H*, W, L*, S*)
7. **pilosissima** (Schltr.) Luer (*Pleurothallis pilosissima* (Schltr.) Ames & Schweinf., *Restrepiella pilosissima* (Schltr.) Gar. & Dunst.) - C.Rica (A**, W**, L*, Z**, S*)
8. **powellii** (Ames) Luer (*Cryptophoranthus powelli* Ames, *Pleurothallis deceptrix* Dressl.) - Pan., Hond. 0-300 m (A**, W, L*)
9. **stellaris** Luer & Esc. - C.Rica, Col. ca. 2.000 m (W, L*, R**, Z)

Dressleria Dods. - 1975 - *Subfam. Epidendroideae Tribus: Cymbidieae Subtr. Catasetinae* - (*Catasetum* subg. *Clowesia* (Lindl.) Mansf. p.p.) - ca. 11 sp. epi/lit - Nic., C.Rica, Pan., Col., Ec., Ven.
1. **allenii** Hills - Pan. (S)
2. **aurorae** Hills & Benn. - Peru (S)
3. **bennettii** Hills & Christ. - Peru (S)
4. **dilecta** (Rchb.f.) Dods. (*D. eburnea* (Rolfe) Dods., *D. suavis* (Ames & Schweinf.) Dods., *Catasetum dilectum* Rchb.f., *C. eburneum* Rolfe, *C. suave* Ames & Schweinf.) - C.Rica, Nic., Pan., (Ven., Col., Ec.) 800-1.200 m - scented (E**, H**, W**, R, S*)
5. **eburnea** (Rolfe) Dods. (*Catasetum eburneum* Rolfe) - Pan., Col., Ec. ca. 1.000 m - scented (R**, S, Z**)
- *eburnea* (Rolfe) Dods.: 4 (E**, H**)
6. **fragrans** Dods. - Ec. 450-1.400 m - scented (FXXI1*, S)
7. **helleri** Dods. - Nic., Pan., Col. ca. 1.000 m (W, R, S*)
8. **kalbreyeri** Hills - Col. (S)
9. **kerryae** Hills - Pan. (S)
10. **severiniana** Hills - Pan. (S)
11. **suavis** (Ames & Schweinf.) Dods. (*Catasetum suave* Ames & Schweinf.) - Nic., C.Rica, Pan. - scented (W, R, S)
- *suavis* (Ames & Schweinf.) Dods.: 4 (E**, H**)

Dressleriella Brieg. - 1972: *Jacquiniella*

Dressleriella Brieg. - 1972 - *Epidendrinae* (S) - ca. 6 sp. epi. - C-Am.
1. **aporophylla** (L.O.Wms.) Brieg (*Jacquiniella aporophylla* L.O.Wms.) - C-Am., Mex. (S) → *Jacquiniella* 1 → Briegeria 1
2. **cernua** (Lindl.) Brieg. (*Jacquiniella cernua* Lindl.) - Mex. (S)
3. **cobanensis** (Ames) Brieg. (*Jacquiniella cobanensis* (Ames) Dressl.) - Mex. to Guat. (S*) → *Jacquiniella* 2
4. **equitantifolia** (Ames) Brieg. (*Epidendrum equitantifolia* Ames, *Jacquiniella equitantifolia* (Ames) Dressl.) - C-Am., Mex. (S) → *Jacquiniella* 4
5. **standleyi** (Ames) Brieg. (*Epidendrum standleyi* Ames) - C.Rica (S) → *Jacquiniella* 9

6. **teretifolium** (Sw.) Brieg. (*Cymbidium teretifolium* Sw., *Isochilus teretifolium* (Sw.) Lindl., *Jacquiniella teretifolia* (Sw.) Britt. & Wils., *J. teres* (Rchb.f.) Hamer & Gar., *Epidendrum subuliferum* Schltr., *E. pendulum* Cogn., *E. dillonianum* A.D. Hawk., *E. campylocentroides* Pabst) - Mex. to Pan., Antill., Col., Braz. (S) ➤ Jacquiniella 11

Dryadella Luer - 1978 - *Subfam. Epidendroideae Tribus: Epidendreae Subtr. Pleurothallidinae* - (*Trigonanthe* (Schltr.) Brieg.) - ca. 44 sp. epi. - Guat. to S-Braz.
1. **albicans** (Luer) Luer (*Masdevallia albicans* Luer) (O3/79)
2. **butcheri** Luer - Pan. (W**)
3. **cristata** Luer & Esc. - Col. (FXV2/3**, R**)
4. **dressleri** Luer - Pan. (W)
5. **edwallii** (Cogn.) Luer (S)
6. **elata** (Luer) Luer (*Masdevallia elata* Luer) - Ec. (L, S)
7. **gnoma** (Luer) Luer - C.Rica, Pan. (W, FXIII2)
8. **guatemalensis** (Schltr.) Luer - Nic., C.Rica, S-Am. (W, Z)
9. **lilliputana** (Cogn.) Luer (*Masdevallia lilliputana* Cogn.) - Braz. (H**, S)
10. **minuscula** Luer & Esc. - C.Rica, S-Am. 2.500 m (W, L*, O1/92)
11. **misasii** Luer & Esc. - Col. 500 m (FXIII2**)
12. **obrieniana** (Rolfe) Luer (S)
13. **odontostele** Luer - C.Rica, Pan., S-Am. (W)
14. **osmariniana** (Braga) Dunst. & Gar. (*Masdevallia osmariniana* Braga) - Ven. (FXV2/3)
15. **simula** (Rchb.f.) Luer (*Masdevallia simula* Rchb.f., *M. guatemalensis* Schltr., *M. linearifolia* Ames) - C-Am.: Guat. to Pan., Col. (H**, R**, Z**, S)
16. **sororcula** Luer - C.Rica, Pan. (W)
17. **zebrina** (Porsch) Luer (*Masdevallia zebrina* Porsch) (4**)

Dryadorchis Schltr. - 1913 - *Subfam. Epidendroideae Tribus: Vandeae Subtr. Sarcanthinae* - 4 sp. epi. - NE-Guin.
1. **barbellata** Schltr. - NE-Guin. 1.000-1.300 m (S*)
2. **huliorum** (Schuiteman) E.A.Christ. & Schuiteman - N.Gui. (S)
3. **minor** Schltr. - NE-Guin. 1.000-1.300 m (S)
4. **singularis** (J.J.Sm.) E.A.Christ. & Schuiteman - N.Gui. (S)

Drymoanthus (Dry.) Nicholls - 1943 - *Subfam. Epidendroideae Tribus: Vandeae Subtr. Sarcanthinae* - 3 sp. epi. - Austr., N.Cal., N.Zeal.
1. **adversus** (Hook.f.) Dockr. - end. to N.Zeal. (O3/92, S*)
2. **minimus** (Schltr.) Gar. (*Chamaeanthus minimus* (Schltr.) Schltr.) - N.Cal. to 800 m (O2/88, S)
3. **minutus** Nicholls - end. to Austr. (Qld.) (P**, S*)

Drymoda Lindl. - 1838 - *Subfam. Epidendroideae Tribus: Dendrobieae Subtr. Bulbophyllinae* - 5 sp. epi. - Thai., Burm., Viet.
1. **digitata** (J.J.Sm.) Gar., Hamer & Siegerist - Java (S)
2. **gymnopus** (Hook.f.) Gar., Hamer & Siegerist - Him. (S)
3. **latisepala** Seidenf. - Burm. (S)
4. **picta** Lindl. - Burm., Thai. ca. 1.100 m (9**, S*)
5. **siamensis** Schltr. - Thai., Viet. (S*)

Dryopera (Dryopeia) Thou. - 1822: *Disperis* Sw. (S)
- *oppositifolia* (Sw.) Thou.: *Disperis* 24 (U)
- *tripetaloides* Thou.: *Disperis* 38 (U)

Dubois-Reymondia Karst. - 1848: *Myoxanthus* Poepp. & Endl. (L, S)
- *lancipetala* Karst.: *Myoxanthus* 6 (L*)
- *palpigera* Karst.: *Myoxanthus* 37 (9**, H*, L*)
- *punctata* (Barb.Rodr.) Brieg.: *Myoxanthus* 36 (S)

Duboisia Karst. - 1847: *Myoxanthus* Poepp. & Endl.
- *reymondii* Karst.: *Myoxanthus* 37 (9**, H*, L*)

Duckeella Porto & Brade - 1940 - *Subfam. Epidendroideae Tribus: Vanilleae Subtr. Pogoniinae* - 3 sp. terr. - Amaz., SE-Ven.
1. **adolphii** Porto & Brade - Amaz., SE-Ven. (S)
2. **alticola** Schweinf. - Amaz., SE-Ven. (S)
3. **pauciflora** Gar. - Amaz., SE-Ven. (S)

× **Duggerara (Dugg.)** (*Ada* × *Brassia* × *Miltonia*)

× **Dunnara (Dnna.)** (*Broughtonia* × *Cattleyopsis* × *Domingoa*)
× **Dunningara (Dngra.)** (*Aspasia* × *Miltonia* × *Oncidium*)
Dunstervillea Gar. - 1972 - *Subfam. Epidendroideae Tribus: Maxillarieae Subtr. Ornithocephalinae* - 1 sp. epi. - Ven.
1. **mirabilis** Gar. - Ven. (S*)
× **Durutyara (Dtya.)** (*Batemania* × *Otostylis* × *Zygopetalum* × *Zygosepalum*)
Dyakia E.A.Christ. - 1986 - *Aeridinae* (S) - 1 sp. epi. - Born.
1. **hendersoniana** (Rchb.f.) E.A. Christ. (*Saccolabium hendersonianum* Rchb.f., *Ascocentrum hendersonianum* (Rchb.f.) Schltr.) - end. to Born. 0-700 m (H**, Q**, S*, Z**)
Earina Lindl. - 1834 - *Subfam. Epidendroideae Tribus: Dendrobieae Subtr. Glomerinae* - ca. 7/8 sp. epi/ter - Van., Samoa, Fiji to N.Zeal.
1. **aestivalis** Cheesem. - end. to N.Zeal. (O3/92)
- *alba* Col.: 2 (G)
2. **autumnalis** (Forst.f.) Hook.f. (*E. suaveolens* Lindl., *E. alba* Col., *Epidendrum autumnale* Forst.f., *Cymbidium autumnale* (Forst.f.) Sw.) - end. to N.Zeal. (G, H**, O3/92)
- *brousmichei* Kraenzl.: 8 (H)
3. **mucronata** Lindl. (*E. quadrilobata* Col.) - end. to N.Zeal. (G, H, S, O3/92)
- *quadrilobata* Col.: 3 (G)
4. **samoensis** F.v.Muell. & Kraenzl. (S)
- *samoensis* F.v.Muell. & Kraenzl.: 8 (H)
5. **santoensis** Hashimoto - Van. (S)
6. **sigmoidea** Hashimoto - Van. (S)
7. **suaveolens** Lindl. (S)
- *suaveolens* Lindl.: 2 (G)
8. **valida** Rchb.f. (*E. samoensis* F.v. Muell. & Kraenzl., *E. brousmichei* Kraenzl., *Agrostophyllum drakeanum* Kraenzl.) - N.Cal., Van., Fiji, Samoa (H)
× **Eastonara (Eas.)** (*Ascocentrum* × *Gastrochilus* × *Vanda*)
Echioglossum Bl. - 1825: *Cleisostoma* Bl. (S)
- *birmanicum* Schltr.: *Cleisostoma* 5 (6**)
- *javanicum* Bl.: *Sarcanthus javanicum* (2*)
- *minax* Rchb.f.: *Sarcanthus javanicus* (2*)
- *muticum* Rchb.f.: *Sarcanthus muticus* (2*)
- *striatum* Rchb.f.: *Cleisostoma* 35 (6*)
Eckardia Rchb.f. ex Endl.: *Peristeria* Hook.
Eckartia Rchb. - 1841: *Peristeria* Hook. (S)
Ecuadoria Dods. & Dressl. - 1994 - *Spiranthinae* (S) - 1 sp. epi. - Ec. (FXIX2)
1. **intagana** Dods. & Dressl. - Ec. 2.900 m (FXIX2*, S*)
× **Edeara (Edr.)** (*Arachnis* × *Phalaenopsis* × *Renanthera* × *Vandopsis*)
Eggelingia Summerh. - 1951 - *Subfam. Epidendroideae Tribus: Vandeae Subtr. Aerangidinae* - 2/3 sp. epi/lit - Trop. Afr.
1. **clavata** Summerh. - Ghana, Gab., Zai., Malawi (C, S)
2. **gabonensis** Cribb & van der Laan - Camer., Gab. (S)
3. **ligulifolia** Summerh. - Rwa., Ug., Zai. 1.300-2.350 m (C, S*)
× **Elearethusa (Elsa.)** (*Arethusa* × *Eleorchis*)
× **Elecalthusa (Ecth.)** (*Arethusa* × *Calopogon* × *Eleorchis*)
Eleorchis F.Maekawa - 1935 - *Subfam. Epidendroideae Tribus: Arethuseae Subtr. Bletiinae* - 2 sp. terr. - Jap., Korea
1. **conformis** F.Maekawa - Jap., Korea (S)
2. **japonica** (A.Gray) F.Maekawa (*Arethusa japonica* A.Gray) - Jap., Korea (S)
× **Elepogon (Elp.)** (*Calopogon* × *Eleorchis*)
× **Eliara (Eliara)** (*Brassia* × *Epidendrum* × *Laelia* × *Sophronitis*)
× **Ellanthera**: *Renanthera* (*Renanthera* × *Renantherella* (*Renanthera*)
Elleanthus Presl - 1927 - *Subfam. Epidendroideae Tribus: Arethuseae Subtr. Sobraliinae* - (*Evelyna* Poepp. & Endl., *Pseudelleanthus* Brieg., *Adeleutherophora* Barb.Rodr.) - ca. 50/70 sp. epi/ter - Trop. Am., And.
1. **albertii** Schltr. - Nic., C.Rica (W)
2. **arpophyllostachys** (Rchb.f.) Rchb. f. - Col. (R)
3. **aurantiacus** (Lindl.) Rchb.f. - Nic.,

C.Rica, Pan., Col. ca. 2.500 m (W, R, Z**)
4. **aureus** (Poepp. & Endl.) Rchb.f. - Col. (R**)
5. **bifarius** Gar. - Col. (R)
- *brasiliensis* Lindl.: *Evelyna* 1 (S)
- *brenesii* Schltr.: 52 (9**)
6. **capitatus** (Poepp. & Endl.) Rchb.f. (*E. cephalotus* Gar. & Sweet, *Bletia capitata* R.Br., *Evelyna capitata* Poepp. & Endl.) - Mex., Hond., S-Am., W-Ind. (A**, E*, H*, S, Z) ➛ Evelyna 1
7. **caravata** (Aubl.) Rchb.f. (*E. lepidus* (Rchb.f.) Rchb.f., *E. crinipes* (Lindl.) Rchb.f., *Serapias caravata* Aubl., *Cymbidium hirsutum* Willd., *Sobralia caravata* (Aubl.) Lindl., *Evelyna caravata* (Aubl.) Lindl. ex Hook., *E. lepida* Rchb.f.) - Ven., Guy., Braz. (9**)
8. **caricoides** Nash - Nic., C.Rica, Pan. (W)
9. **carnevalii** Dods. - Ec. 1.400 m (FXX(3)*)
- *casapensis* (Rchb.f.) Rchb.f.: ? *Evelyna* 1 (S)
- *cephalophorus* (Rchb.f.) Rchb.f.: ? *Evelyna* 1 (S)
- *cephalotus* Gar. & Sweet: 6 (E*, H*)
10. **cinnabarinus** Gar. - Col. (R)
11. **columnaris** (Lindl.) Rchb.f. - Col. (R)
12. **conchochilus** Schltr. (S)
13. **condorensis** Dods. - Ec. 1.500 m (FXIX(2)*)
- *crinipes* (Lindl.) Rchb.f.: 7 (S)
- *curtii* Schltr.: 24 (W)
14. **cynarocephalus** (Rchb.f.) Rchb.f. - Nic., C.Rica, Pan. (W)
15. **discolor** (Rchb.f. & Warsc.) Rchb.f. - Col. (R**)
16. **ensatus** (Lindl.) Rchb.f. - Col. (R)
17. **escobarii** Dods. - Col. 1.900 m (FXX1**)
18. **fractiflexus** Schltr. - Pan., S-Am. (W, S)
19. **furfuraceus** (Lindl.) Rchb.f. (*Evelyna furfuracea* Lindl.) - Guy., Ven., Col., Ec., Peru (A**, E**, H**)
20. **gastroglottis** Schltr. - Ec. (O3/97)
21. **glaucophyllus** Schltr. - C.Rica (W)
22. **graminifolius** (Barb.Rodr.) Løjtnant - Nic., C.Rica, Pan. (W, S)
23. **hirtzii** Dods. - Ec. 1.400 m (FXIX(2)*)
- *hookerianus* (Barb.Rodr.) Rchb.f.: ? *Evelyna* 1 (S)
24. **hymenophorus** Rchb.f. (*E. curtii* Schltr.) - Nic., C.Rica, Pan. (W)
25. **isochiloides** Løjtnant - Pan. (W, S)
26. **jimenezii** (Schltr.) Schweinf. (*Epilyna jimenezii* Schltr.) - C.Rica, Pan. (W)
27. **lancifolius** Presl - C.Rica, Pan., Ec., S-Am. (H, W, R,S)
28. **lateralis** Gar. - Col. (FXIX(2))
29. **laxus** Schltr. - C.Rica, Pan. (W)
30. **lentii** Barringer - C.Rica, Pan. (W**)
- *lepidus* (Rchb.f.) Rchb.f.: 7 (9**)
31. **lignaeus** Schltr. (S*)
32. **linifolius** Presl - Peru, Ec. (W, S*)
33. **longibracteatus** (Lindl. ex Griseb.) Fawc. (*Evelyna longibracteata* Lindl. ex Griseb.) - C-Am., Col. to Bol. W-Ind. (E**, H**, R, S*)
34. **lupulinus** (Lindl.) Rchb.f. - Col. (R**)
35. **muscicola** Schltr. - C.Rica, Pan. (W)
36. **myrosmatis** (Rchb.f.) Rchb.f. (S)
37. **norae** Gar. & Dunst. ($55/2)
38. **oliganthus** (Poepp. & Endl.) Rchb.f. (*Evelyna oligantha* Poepp. & Endl.) - Col., Ec. (R**, S)
39. **poiformis** Schltr. - Nic., C.Rica, Pan. (W**)
40. **purpureus** (Rchb.f.) Rchb.f. (*Evelyna purpurea* Rchb.f.) - Col. (FVIII2**, R**)
41. **robustus** (Rchb.f.) Rchb.f. - C.Rica, Pan., S-Am. (W)
- *robustus* (Rchb.f.) Rchb.f.: 45 (S)
- *roseus* Schltr.: 43 (FXX(3))
42. **scharfii** Dods. - Ec. 1.100 m (FXIX(2)*)
43. **smithii** Schltr. (*E. roseus* Schltr.) - Ec. (O3/97, FXX(3))
44. **stolonifer** Barringer - C.Rica, Pan. (W)
45. **strobilifer** (Poepp. & Endl.) Rchb.f. (*E. robustus* (Rchb.f.) Rchb.f., *Evelyna strobilifer* Poepp. & Endl.) (S)
46. **tandapianus** Dods. - Ec. 2.000-2.400 m (FXIX(2)*)
47. **tillandsioides** Barringer - C.Rica, Pan. (W)
48. **tonduzii** Schltr. - C.Rica, Pan. (W**)
49. **virgatus** (Rchb.f.) Schweinf. - Col. (R)
➛ *virgatus* (Rchb.f.) Schweinf.: *Pseudelleanthus* 1 (S)

50. **wallnoeferi** Szlach. - Peru (O(B)3, O1/96)
51. **wercklei** Schltr. - Nic., C.Rica (W)
52. **xanthocomus** Rchb.f. ex Hook. (*Elleanthus brenesii* Schltr.) - S-Am., C.Rica, Pan., Peru (9**, W, R)

Eloyella Ortiz - 1978 - *Subfam. Epidroideae Tribus: Maxillarieae Subtr. Ornithocephalinae* - ca. 4 sp. epi. - Col., Ec.
1. **antioquiensis** (Ortiz) Ortiz (*Phymatidium antioquiense* Ortiz) - Col. 2.000 m (FXIII3*, S)
2. **cundinamarcae** (Ortiz) Ortiz (*Phymatidium cundinamarcae* Ortiz) - Col. 2.000 m (FXIII3, S*)
3. **dalstroemii** Dods. - Ec. 1.500 m (FXIX(2)*)
4. **panamense** (Dressl.) Dods. (*Phymatidium panamense* Dressl.) - Ec. 500 m (W, FXIX(2), S)
5. **thienii** Dods. - Ec. 1.500 m (S*)
6. **thivii** Sengh. - Bol. (S)

Eltroplectris Raf. - 1837 - *Subfam. Spiranthoideae Tribus: Cranichideae Subtr. Spiranthinae* - (*Centrogenium* Schltr.) - ca. 10 sp. terr. - C-S-Am.
1. **calcarata** (Sw.) Gar. & Sweet (*Neottia calcarata* Sw., *Pelexia setacea* Lindl., *Centrogenium setaceum* (Lindl.) Schltr.) - Flor., Jam., Dom., W-Ind. Col., Braz. (9**, $54/3)
2. **dalessandroi** Dods. - Ec. 500-1.500 m (FXIX(2)*)
3. **roseoalba** (Rchb.f.) Hamer & Gar. - Nic., C.Rica, S-Am. (W)
4. **rossii** Dods. & G.Romero - Col. (FXIX(2))

Elythranthera Endl. [Elytranthera (Endl.) A.S.George (S)] - 1963 - *Subfam. Orchidoideae Tribus: Diurideae Subtr. Caladeniinae* - (*Glossodia* sect. *Elytranthera* Endl.) - 2 sp. terr. - end. to SW-Austr.
1. **brunonis** (Endl.) A.S.George - end. to W-Austr. (P**)
2. **emarginata** (Lindl.) A.S.George - end. to W-Austr. (P**, Z**, S*)

Embreea (Emb.) Dods. - 1980 - *Stanhopeinae* (S) - 1 sp. epi. - W-Col., S-Ec. - scented
1. **rodigasiana** (Claes ex Cogn.) Dods. (*Stanhopea rodigasiana* Claes ex Cogn.) - W-Col., S-Ec. 400-1.200 m - scented (9**, A**, H*, R**, Z**, S*)

Empusa Lindl. - 1824: *Liparis* L.C.Rich. (S)
- *paradoxa* Lindl.: *Liparis odorata* (2*)
- *paradoxa* Lindl.: *Liparis* 120 (6*, G)

Empusaria Rchb.f. - 1828: *Liparis* L.C.Rich. (S)

Encheiridion Summerh. - 1943: *Microcoelia* Lindl.

Encheiridion Summerh. - 1943 - *Subfam. Epidendroideae Tribus: Vandeae Subtr. Aerangidinae* - 1/3 sp. epi. - Afr.
1. **leptostele** Summerh. - Zai., CAR (S)
2. **macrorrhynchum** (macrorrhynchium) (Schltr.) Summerh. - Lib., Ug., Ghana, Nig., Camer., Zai., Zam. (FXV2/3, S*)
3. **sanfordii** (Jonsson) Sengh. (*Microcoelia sanfordii* Jonsson) - Camer.

Encyclia (Enc.) Hook.f. - 1828 - *Subfam. Epidendroideae Tribus: Epidendreae Subtr. Laeliinae* - (*Anacheilium* Hofmgg., *Hormidium* Lindl., *Microepidendrum* Brieg. p.p.) - ca. 150/212 sp. epi. - Mex., W-Ind., Trop. S-Am.
1. **abbreviata** (Schltr.) Dressl. - Nic., C.Rica, Pan. (W)
- *acicularis* (Batem.) Schltr.: 94 (G)
- *acicularis* (Batem.) Schltr.: 14 (9**)
2. **adenocarpon** (Llave & Lex.) Schltr. (*Epidendrum adenocarpon* Llave & Lex., *E. crispatum* Knowl. & Westc., *E. papillosum* Batem. ex Lindl., *E. adenocarpon* var. *rosei* Ames) - Mex., Guat., Salv., Hond., Nic. (3**, 9**, G)
3. **adenocaula** (Llave & Lex.) Schltr. (*E. nemoralis* (Lindl.) Schltr., *Epidendrum adenocaulon* Llave & Lex., *E. nemorale* Lindl., *E. verrucosum* Lindl.) - Mex. 1.000-1.200 m (3**, E**, G**, H**, S)
var. **adenocaula** (Llave & Lex.) Schltr. (*E. nemoralis* (Lindl.) Schltr., *Epidendrum adenocaulum* Llave & Lex., *E. nemorale* Lindl., *E. verrucosum* Lindl.) - Mex. (9**)
4. **advena** (Rchb.f.) Dressl. (S*)
- *advena* (Rchb.f.) Porto & Brade: 71 (9**)
5. **aenicta** Dressl. & Poll. (3**)
- *affinis* (Rchb.f.) Schltr.: *Epidendrum* 52 (9**)

6. **alata** (Batem.) Schltr. (*Epidendrum alatum* Batem., *E. alatum* var. *grandiflorum* Regel, - var. *longipetalum* (Lindl. & Paxt.) Regel, - var. *viridiflorum* Regel, *E. calocheilum* Hook., *E. longipetalum* Lindl. & Paxt., *E. formosum* Kl.) - Mex., Bel., Guat., Hond., Salv., Nic., C.Rica - scented (3**, 9**, O3/91, G**, W**, O4/93, Z**)
- *almasyi* (Hoehne) Pabst: 42 (G**)
- *amabilis* (Lind. & Rchb.f.) Schltr.: 28 (G)
7. **amanda** (Ames) Dressl. & Poll. - Nic., C.Rica, Pan. (W)
8. **aromatica** (Batem.) Schltr. (*Epidendrum aromaticum* Batem., *E. incumbens* Lindl.) - Mex., Guat. (G)
9. **aspera** (Lindl.) Schltr. (*Epidendrum asperum* Lindl.) - Col., Ec. (G)
10. **atropurpurea** (Willd.) Schltr. (*Epidendrum atropurpureum* Willd.) - Carib. (Hisp.) (O1/94)
- *atropurpurea* var. *leucantha* Schltr.: 29 (9**, G)
- *atropurpurea* var. *rhodoglossa* Schltr.: 29 (9**, G)
- *atropurpurea* var. *rosea* (Batem.) Summerh.: 29 (9**, G)
11. **baculus** (Rchb.f.) Dressl. & Poll. (*E. pentotis* (Rchb.f.) Dressl., *Epidendrum baculus* Rchb.f., *E. pentotis* Rchb.f., *E. fragrans* var. *megalanthum* Lindl., *E. acuminatum* Sessé & Moc., *E. beyrodtianum* Schltr., *E. confusum* Rolfe, *Hormidium baculus* (Rchb.f.) Brieg.) - Guat., Salv., Hond., Mex., Col., Braz. (9**, E**, H**, W, FVI4)
12. **belizensis** (Rchb.f.) Schltr. (*Epidendrum belizensis* Rchb.f., *E. virens* Lindl., *E. guatemalense* Withner) - Bel., Hond., Mex. (E**, H**)
   ssp. **parviflora** (Regel) Dressl. & Poll. - Mex. (3**, E, H)
- *bifida* (Aubl.) Britt. & Wils.: *Psychilis* 2 (G**, H)
13. **boothiana** (Lindl.) Dressl.
   ssp. **boothiana** (*E. boothiana* var. *erythronioides* (Small) Luer, *Epidendrum bidentatum* Lindl., *E. boothianum* Lindl., *E. erythronioides* Small, *Diacrium bidentatum* (Lindl.) Hemsl., *Epicladium boothianum* (Lindl.) Small, *E. boothianum* var. *erythronioides* (Small) Acuña, *Hormidium boothianum* (Lindl.) Brieg.) - Flor., W-Ind., Hond., Mex. - „Dollar Orchid" (G)
   var. **erythronioides** (Small) Luer ($54/3)
- *boothiana* var. *erythronioides* (Small) Luer: 13 (G)
- *brachycolumna* (L.O.Wms.) Dressl.: *Hagsatera* 1 (H*)
14. **bractescens** (Lindl.) Hoehne (*E. acicularis* (Batem.) Schltr., *E. flava* (Lindl.) Porto & Brade, *Epidendrum bractescens* Lindl., *E. linearifolium* Hook., *E. tripartitum* (Vell.) Hoehne, *E. aciculare* Batem. ex Lindl.) - Bah., Mex., Bel., Guat., Braz. (3**, 9**, G, S)
15. **brassavolae** (Rchb.f.) Dressl. (*Epidendrum brassavolae* Rchb.f., *Hormidium brassavolae* (Rchb.f.) Brieg.) - C-Am., Mex., W-Pan., Guat., Hond. (9**, E**, H**, W**, Z**)
- *brenesii* Schltr: 65 (9**)
16. **bulbosa** (Vell.) Pabst (*Epidendrum inversum* Lindl., *E. latro* Rchb.f., *E. bulbosum* Vell.) - Braz., Par. (E**, G, H**)
17. **calamaria** (Lindl.) Pabst (*Epidendrum calamarium* Lindl.) - Braz. (9**, E, G, H*)
18. **campylostalix** (Rchb.f.) Schltr. (*Epidendrum campylostalix* Rchb.f.) - Guat., C.Rica, Pan. (9**, W) ➔ *Epidendrum* 39
19. **candollei** (Lindl.) Schltr. (*E. laxa* Schltr., *Epidendrum candollei* Lindl., *E. cepiforme* Hook., *E. flabellatum* Lindl.) - Guat., Mex. (9**, G)
20. **ceratistes** (Lindl.) Schltr. (*E. ramonense* (Rchb.f.) Schltr., *E. powellii* Schltr., *E. oncidioides* var. *ramonensis* (Rchb.f.) Hoehne, *Epidendrum ceratistes* Lindl., *E. ramonense* Rchb.f., *E. oncidioides* var. *ramonense* (Rchb.f.) Ames) - Ven., Col., C-Am. (G, W)
21. **chacaoensis** (Rchb.f.) Dressl. & Poll. (*E. ionophlebia* (Rchb.f.) Dressl., *Epidendrum chacaoensis* Rchb.f., *E. ionophlebium* Rchb.f., *E. pachycarpum* Schltr., *E. madrense* Schltr., *E. hoffmanii* Schltr.) - Ven., Col., C-Am., Mex. (3**, E**, H**, W, FVI4)
22. **chimborazoensis** (Schltr.) Dressl. (*Epidendrum chimborazoensis* Schltr.) - Ec., Pan., Col. (FVI4**)

- *chiriquensis* (Rchb.f.) Schltr.: 99 (G)
23. **chloroleuca** (Hook.) Neum. (*Epidendrum chloroleucum* Hook., *E. chloranthum* Lindl.) - Guy., Col. (9**, G)
24. **chondylobulbon** (A.Rich. & Gal.) Dressl. & Poll. (*Epidendrum chondylobulbon* A.Rich. & Gal.) - Mex. (3**, 9**)
25. **christii** (Rchb.f.) Dods. (*Epidendrum christii* Rchb.f.) - Col., Ec. (FXIX2)
26. **citrina** (Llave & Lex.) Dressl. (*Cattleya citrina* (Llave & Lex) Lindl., *C. karwinskii* C.Martius, *Epidendrum citrinum* (Llave & Lex.) Rchb.f., *Sobralia citrina* Llave & Lex., *Hormidium citrinum* (Llave & Lex.) Brieg.) - Mex. (3**, 9**, E**, G, H**, &1, Z)
- *citrina* (Llave & Lex.) Dressl.: *Euchile* 1 (S)
27. **cochleata** (L.) Lemée (*Epidendrum cochleatum* L., *E. cochleatum* var. *pallidum* Lindl., - var. *triandrum* Ames, - var. *costaricense* Schltr., *E. triandrum* (Ames) House, *Anacheilium cochleatum* (L.) Hoffmgg., *A. cochleatum* var. *triandrum* (Ames) Small, *Aulizeum cochleatum* (L.) Lindl. ex Stein, *Phaedrosanthus cochleatus* (L.) Ktze., *Hormidium cochleatum* (L.) Brieg.) - Flor., W-Ind., Mex., Col., Ven. - nat. flower of Belize - „Clamshell Orchids" (3**, 4**, 9**, E**, H**, W, $56/1, &1) var. **triandra** (Ames) Dressl. - Flor. ($54/3)
28. **concolor** (Llave & Lex.) Schltr. (*E. amabilis* (Lind. & Rchb.f.) Schltr., *E. pruinosa* (A.Rich. & Gal.) Schltr., *Epidendrum concolor* Llave & Lex., *E. pruinosum* A.Rich. & Gal., *E. amabile* Lind. & Rchb.f., *E. punctulatum* Rchb.f.) - Mex. (G)
29. **cordigera** (H.B.K.) Dressl. (*E. doeringii* Hoehne, *E. macrochila* (Hook.) Neum., *E. atropurpurea* var. *leucantha* Schltr., - var. *rhodoglossa* Schltr., - var. *rosea* (Batem.) Summerh., *E. cordigera* var. *rosea* (Batem.) H.Jones, - var. *randii* Braas, *Cymbidium cordigerum* H.B.K., *Epidendrum atropurpureum* Lindl., *E. atropurpureum* auct. non Willd., *E. atropurpureum* var. *roseum* (Batem.) Rchb.f., - var. *lionetianum* Cogn., - var. *laciniatum* Ames, *E. macrochilum* Hook., *E. macrochilum* var. *roseum* Batem., *E. duboisianum* Brongn. ex A.Rich., *E. longipetalum* God.-Leb.., *E. doeringii* (Hoehne) A.D.Hawk., *E. cordigerum* (H.B.K.) Foldats) - Mex., C-Am., Col., Ven., W-Ind., Pan., Trin. - „Semana santa" (3**, 9**, O3/91, E**, G, H**, W**, Z**)
- *cordigera* var. *randii* Braas: 29 (W)
- *cordigera* var. *rosea* (Batem.) H.Jones: 29 (9**, G)
30. **cretacea** Dressl. - Mex. (O3/91)
- **deamii** (Schltr.) Hoehne: 57 (9**, E, G, H)
31. **dichroma** (Lindl.) Schltr. (*Epidendrum dichromum* Lindl., *E. guesnelianum* hort., *E. guesnelianum* var. *amabile* Batem., - var. *striatum* Rchb.f., *E. conspicuum* Lem., *E. biflorum* Barb.Rodr., *E. amabile* (Batem.) God.-Leb.) - Braz. (9**, G, S*)
- *diguetii* (Ames) Hoehne: 95 (G)
32. **diota** (Lindl.) Schltr. ssp. **diota** (*E. insidiosa* (Rchb.f.) Schltr., *Epidendrum diotum* Lindl., *E. insidiosum* Rchb.f.) - Guat., Hond., Nic., Mex. (G)
- *doeringii* Hoehne: 29 (9**, E**, G, H**)
- *ekmanii* (Mansf.) Dods.: *Psychilis* 2 (G**)
- *erubescens* (Lindl.) Schltr.: *Epidendrum* 88 (G)
33. **expansa** (Rchb.f.) Ortiz (*Epidendrum expansum* Rchb.f.) - Col. (FXVIII1)
- *flava* (Lindl.) Porto & Brade: 94 (G)
- *flava* (Lindl.) Porto & Brade: 14 (9**)
34. **fortunae** Dressl. - Pan. (W)
35. **fragrans** (Sw.) Lemée (*Epidendrum fragrans* Sw., *E. cochleatum* Curt., *E. lineatum* Salisb., *E. cordatum* Vell., *E. aemulum* Lindl., *E. aemulum* var. *breviaristatum* Rchb.f., *E. ionoleucum* Hoffmgg. ex Rchb.f., *E. lambda* Lind. & Rchb.f., *E. vaginatum* Sessé & Moc., *E. fragrans* var. *aemulum* Barb.Rodr., - var. *alticallum* Barb.Rodr., - var. *ionoleucum* (Hoffmgg. ex Rchb.f.) Barb.Rodr., - var. *janeirense* Barb.Rodr., - var. *micranthum* Barb.Rodr., - var. *rivulari-*

um Barb.Rodr., - var. *magnum* Stein, - var. *breviaristatum* (Rchb.f.) Cogn., - var. *pachypus* Schltr., *Anacheilium fragrans* (Sw.) Acuña, *Hormidium fragrans* (Sw.) Brieg.) - Mex., C-S-Am., W-Ind. (9**, E**, G**, H**, W**, Z**)
ssp. **aemula** (Rchb.f.) Dressl. - Pan., S-Am. (W, FVI4**)
ssp. **fragrans** - Cuba, Nic., C.Rica, Pan. (FVI4**)
36. **fucata** (Lindl.) Schltr. (*E. hircina* (A.Rich.) Acuña, *Epidendrum fucatum* Lindl., *E. affine* A.Rich., *E. hircinum* A.Rich., *E. sagraeanum* A.Rich.) - Cuba, Bah. (G)
37. **ghiesbreghtiana** (A.Rich. & Gal.) Dressl. (*Epidendrum ghiesbreghtianum* A.Rich. & Gal.) Mex. 2.000-2.700 m (O4/83)
38. **ghillanyi** Pabst - Braz. (9**)
39. **gilbertoi** (Gar.) Ortiz (*Epidendrum gilbertoi* Gar.) - Col. (FXVIII1)
40. **glandulosa** (H.B.K.) Ortiz (*Cymbidium glandulosum* H.B.K.) - Col. (FXVIII1)
41. **glauca** (Knowl. & Westc.) Dressl. & Poll. (*E. limbata* (Lindl.) Dressl., *Epithecia glauca* Knowl. & Westc., *Prosthechea glauca* Knowl. & Westc., *Epidendrum glaucum* (Knowl. & Westc.) Lindl., *E. limbatum* Lindl., *E. glaucovirens* Ames, Hubb. & Schweinf., *Amblostoma tridactylum* var. *mexicanum* Kraenzl.) - Guat., Mex. (3**, G)
- *glauca* (Knowl. & Westc.) Dressl. & Poll.: *Prosthechea* 1 (S)
42. **glumacea** (Lindl.) Pabst (*E. almasyi* (Hoehne) Pabst, *Epidendrum glumaceum* Lindl., *Aulizeum glumaceum* (Lindl.) Stein, *Epidendrum almasyi* Hoehne) - Braz., Ec. (E**, G**, H**)
43. **gracilis** (Lindl.) Schltr. (*Epidendrum gracile* Lindl.) - Bah., Cuba (G**)
44. **grandiflora** (Cogn.) Brieg. (*Epidendrum papilionacea* var. *grandiflora* Cogn.) - Hisp., P.Rico (S)
- *granitica* (Lindl.) Schltr.: 70 (G**)
45. **gravida** (Lindl.) Schltr. - Nic., C.Rica, Pan. (3**, W, S)
- *gravida* (Lindl.) Schltr.: 70 (G**)
46. **guatemalensis** (Kl.) Dressl. & Poll. (*Epidendrum guatemalense* Kl., *E.*

dickinsonianum Withner) - Salv., Mex., Guat., Hond., Nic. (E, H, W, S)
- *guttata* (A.Rich. & Gal.) Schltr.: 59 (E**, H)
47. **hanburyi** (hanburii) (Lindl.) Schltr. (*Epidendrum hanburyi(ii)* Lindl.) - Mex. (3**, E**, G, H)
48. **hastata** (Lindl.) Dressl. & Poll. (*Epidendrum hastatum* Lindl.) - Mex. (G)
- *hircina* (A.Rich.) Acuña: 36 (G)
- *hunteriana* Schltr.: 70 (G**)
- *icthyphylla* (Ames) Hoehne: 63 (G)
- *insidiosa* (Rchb.f.) Schltr.: 32 (G)
49. **ionocentra** (Rchb.f.) Mora-Retana & J.Garcia - C.Rica, Pan. (W)
50. **ionophlebia** (Rchb.f.) Dressl. - C.Rica, Pan. (W**)
- *ionophlebia* (Rchb.f.) Dressl.: 21 (FVI4)
51. **ionosma** (Lindl.) Schltr. (*Epidendrum ionosmum* Lindl., *Encyclium ionosmum* Lindl. ex Stein) - Braz., Guy. (G)
52. **kennedyi** (Fowlie & Withner) Hagsater - Mex. 1.800 m (E, H, S)
53. **lambda** (Lind. & Rchb.f.) Dressl. (*Epidendrum lambda* Lind. & Rchb.f., *E. rueckerae* Rchb.f.) - Col. (FVI4)
54. **lancifolia** (Pav. ex Lindl.) Dressl. & Poll. (*Epidendrum lancifolium* Pav. ex Lindl., *E. trulla* Rchb.f., *E. langlassei* Schltr.) - W-Mex. (3**, E, G**, H)
- *laxa* Schltr.: 19 (9**, G)
55. **leopardina** (Rchb.f.) Dods. & Hagsater (*Epidendrum leopardinum* Rchb.f.) - Col. (FXIX2)
- *limbata* (Lindl.) Dressl.: 41 (G)
56. **linkiana** (Kl.) Schltr. (*Epidendrum pastoris* Link & Otto, *E. linkianum* Kl., *E. tripterum* Lindl.) - Mex. (G)
57. **livida** (Lindl.) Dressl. (*E. deamii* (Schltr.) Hoehne, *E. tessel(l)ata* (Lindl.) Schltr., *Epidendrum lividum* Lindl., *E. tessel(l)atum* Batem. ex Lindl., *E. articulatum* Kl., *E. condylochilum* Lehm. & Kraenzl., *E. henrici(i)* Schltr., *E. deamii* Schltr., *E. dasytae(i)nia* Schltr., *Anacheilium lividum* (Lindl.) Pabst, *Hormidium lividum* (Lindl.) Brieg.) - Col., Ven., C-Am., Mex., Guat., C.Rica, Pan. (9**, E, G, H, W)

58. **luteorosea** (A.Rich. & Gal.) Dressl. & Poll. - Nic., C.Rica, S-Am. (W)
- *macrochila* (Hook.) Neum.: 29 (9**, G)
- *macrostachya* Poepp. & Endl.: *Amblostoma* 1 (G**)
59. **maculosa** (Ames, Hubb. & Schweinf.) Hoehne (*E. guttata* (A.Rich. & Gal.) Schltr., *Epidendrum maculosum* Ames, Hubb. & Schweinf., *E. guttatum* A.Rich. & Gal. non L.) - Mex. (4**, E**, H)
60. **mariae** (Ames) Hoehne (*Epidendrum mariae* Ames) - Mex. 1.000-1.200 m (3**, 4**, E**, H**, Z)
- *mariae* (Ames) Hoehne: *Euchile* 2 (S)
61. **megahybos** (Schltr.) Ortiz (*Epidendrum megahybos* Schltr.) - Col. (FXVIII1)
62. **megalantha** (Barb.Rodr.) Porto & Brade - Braz. (E**, H**, O3/95)
63. **michuacana** (Llave & Lex.) Schltr. (*E. virgata* (Lindl.) Schltr., *E. icthyphylla* (Ames) Hoehne, *Epidendrum michuacanum* Llave & Lex., *E. virgatum* Lindl., *E. virgatum* var. *pallens* Rchb.f., *E. icthyphyllum* Ames) - Hond., Guat., Mex. (G)
64. **microbulbon** (Hook.) Schltr. (*E. ovulum* (Lindl.) Schltr., *E. sisyrinchiifolia* (A.Rich. & Gal.) Schltr., *Epidendrum microbulbon* Hook., *E. ovulum* Lindl., *E. sisyrinchiifolium* A.Rich. & Gal.) - Mex. 1.400-2.400 m (G, S)
65. **mooreana** (Rolfe) Schltr. (*E. tonduziana* Schltr., *E. brenesii* Schltr., *Epidendrum mooreanum* Rolfe, *E. oncidioides* var. *mooreanum* (Rolfe) Ames) - Salv., Nic., C.Rica, Pan. (9**, W**, S)
- *multiflora* Rchb.f.: 104 (9**, G)
- *nana* Poepp. & Endl.: *Polystachya* 35 (G)
66. **nematocaulon** (A.Rich.) Acuña (3**)
- *nemoralis* (Lindl.) Schltr.: 3 (E**, 9**, G**, H**)
67. **neurosa** (Ames) Dressl. & Poll. - Nic., C.Rica (W)
- *oblongata* (A.Rich.) Acuña: 74 (G)
68. **ochracea** (Lindl.) Dressl. (*Epidendrum ochraceum* Lindl., *E. triste* A.Rich. & Gal., *E. parviflorum* Sessé & Moc.) - C.Rica to Mex., C-Am. (E**, G, H, W)
69. **odoratissima** (Lindl.) Schltr. (*E. patens* Hook., *E. serroniana* (Barb.Rodr.) Hoehne, *Macradenia lutescens* Lodd., *Epidendrum odoratissimum* Lindl., *E. glutinosum* Scheidw., *E. serronianum* Barb.Rodr.) - Braz. (9**, G**, S*)
var. **serroniana** - Braz. (S*)
70. **oncidioides** (Lindl.) Schltr. (*E. gravida* (Lindl.) Schltr., *E. granitica* (Lindl.) Schltr., *E. hunteriana* Schltr., *E. powellii* Schltr. ex Ames, *Epidendrum oncidioides* Lindl., *E. graniticum* Lindl., *E. gravidum* Lindl., *E. guatemalense* Kl., *E. affine* Focke, *E. spectabile* Focke, *E. giganteum* hort., *E. guillemianum* hort., *E. alanjense* Ames, *E. amandum* Ames, *E. peraltense* Ames, *E. oncidioides* var. *graniticum* (Lindl.) Lindl., - var. *gravidum* (Lindl.) Ames) - Col., Trop. Am. (G**, R**)
- *oncidioides* var. *profusa* (Rolfe) Hoehne: 79 (9**)
- *oncidioides* var. *ramonensis* (Rchb. f.) Hoehne: 20 (G)
71. **osmantha** (Barb.Rodr.) Schltr. (*E. advena* (Rchb.f.) Porto & Brade, *Epidendrum advenum* Rchb.f., *E. osmanthum* Barb.Rodr., *E. godseffianum* Rolfe, *E. capartianum* Lind.) - Braz. (9**)
- *ovulum* (Lindl.) Schltr.: 64 (G)
- *papilionacea* (Vahl) Schltr.: *Psychilis* 2 (G**)
72. **pastoris** (Llave e Lex.) Schltr. (*Epidendrum pastoris* Llave & Lex.) - Mex. (3**, G)
- *patens* Hook.: 69 (9**, G**)
73. **pauciflora** (Barb.Rodr.) Brade - Braz. (S)
- *pentotis* (Rchb.f.) Dressl.: 11 (9**)
74. **phoenicea** (Lindl.) Schltr. (*E. oblongata* (A.Rich.) Acuña, *Epidendrum phoeniceum* Lindl., *E. grahamii* Hook., *E. oblongatum* A.Rich.) - Cuba, W-Ind. (9**, H)
75. **plicata** (Lindl.) Schltr. (*Epidendrum plicatum* Lindl.) - Cuba, Bah. (G**)
76. **polybulbon** (Sw.) Dressl. (*Epidendrum polybulbon* Sw., *Dinema polybulbon* (Sw.) Lindl., *Bulbophyllum occidentale* Spreng.) - C-Am. from Mex. to Hond , Cuba, Jam. (H**)
➤ *polybulbon* (Sw.) Dressl.: *Epidendrum* 229 (E)

- ➝ *polybulbon* (Sw.) Dressl.: *Dinema* 2 (9**)
- *polystachya* Poepp. & Endl.: *Polystachya* 35 (G)
- *powellii* Schltr.: 20 (G)
- *powellii* Schltr. ex Ames: 70 (G**)
77. **pringlei** (Rolfe) Schltr. (O4/83)
78. **prismatocarpa** (Rchb.f.) Dressl. (*Epidendrum prismatocarpum* Rchb.f., *E. ionocentrum* Rchb.f., *Hormidium prismatocarpum* (Rchb.f.) Brieg.) - C-Am., C.Rica, Pan. (9**, E, H, W**)
79. × **profusa** (Rolfe) Dressl. & Poll. [*E. profusa* (Rolfe) Dressl. & Poll. (R**)] (*E. ambigua* × *E. ceratistes*) nat. hybr. (*E. oncidioides* var. *profusa* (Rolfe) Hoehne, *Epidendrum profusum* Rolfe, *E. oncidioides* var. *profusum* (Rolfe) Ames) - Mex., Col. (9**)
- *pruinosa* (A.Rich. & Gal.) Schltr.: 28 (G)
80. **pseudopygmaea** (Finet) Dressl. - Nic., C.Rica, Pan. (W)
81. **pterocarpa** (Lindl.) Dressl. (*Epidendrum pterocarpum* Lindl., *E. cinnamomeum* A.Rich. & Gal.) - W-Mex. (3**, G**)
82. **pygmaea** (Hook.) Dressl. (*E. triptera* (Brongn.) Dressl. & Poll., *Epidendrum pygmaeum* Hook., *E. caespitosum* Poepp. & Endl., *E. uniflorum* Lindl., *E. monanthum* Steud., *Hormidium pygmaeum* (Hook.) Benth. & Hook.f., *H. uniflorum* (Lindl.) Heynh., *H. tripterum* (Brongn.) Cogn., *H. pseudopygmaeum* (Finet) Brieg., *H. humile* (Cogn.) Schltr., *Microstylis humilis* Cogn., *Coelogyne triptera* Brongn., *Aulizeum pygmaeum* (Hook.) Lindl. ex Stein) - Trop. Am., Flor. (9**, E**, G, H, W, Z**)
83. **pyriforme** (Lindl.) Schltr. (*Epidendrum pyriforme* Lindl.) - Cuba (G**)
- *quadratum* Kl.: 99 (G)
84. **radiata** (Lindl.) Dressl. (*Epidendrum radiatum* Lindl., *E. bracteolatum* Presl, *E. marginatum* Link, Kl. & Otto) - Guat., Hond., Mex., C.Rica, Ven. 150-2.000 m (3**, 9**, E**, G**, H*, W, O3/93**)
- *ramonense* (Rchb.f.) Schltr.: 20 (G)
85. **rufa** (Lindl.) Britt. & Millsp. (*Epidendrum rufum* Lindl., *E. primulinum* Batem.) - Braz. (G)

86. **selligera** (Batem. ex Lindl.) Schltr. (*Epidendrum selligerum* Batem. ex Lindl.) - Guat., Mex. (E**, G, H**, W)
- *serroniana* (Barb.Rodr.) Hoehne: 69 (9**, G**)
87. **sima** Dressl. (*Epidendrum simum* (Dressl.) P.Tayl.) - Pan., C.Rica (9**, W)
- *sisyrinchiifolia* (A.Rich. & Gal.) Schltr.: 64 (G)
88. **spondiada** (Rchb.f.) Dressl. (*Epidendrum spondiadum* Rchb.f., *E. platycardium* Dressl.) - Jam., C.Rica, Pan. (9**, E**, H**)
89. **suaveolens** Dressl. - Mex. 1.000-1.500 m (3**, S)
90. **subulatifolia** (A.Rich. & Gal.) Dressl. - Mex. (3**) ➝ *Epidendrum* 295
- ➝ *subulatifolia* (A.Rich. & Gal.) Dressl.: *Microepidendrum* 6 (S)
91. **tampensis** (Lindl.) Small (*Epidendrum tampense* Lindl.) - Flor. - "Butterfly Orchid" (G, $54/3, S)
92. **tenuissima** (Ames, Hubb. & Schweinf.) Dressl. - Mex. (3**)
- *tessel(l)ata* (Lindl.) Schltr.: 57 (9**, G)
- *tonduziana* Schltr.: 65 (9**)
93. **trachycarpa** (Lindl.) Schltr. - Mex. (3**)
94. **tripartita** (Vell.) Hoehne (*E. acicularis* (Batem.) Schltr., *E. flava* (Lindl.) Porto & Brade, *Epidendrum tripartitum* Vell., *E. aciculare* Batem. ex Lindl., *E. flavum* Lindl.) - Bah., Braz. (G)
- *triptera* (Brongn.) Dressl. & Poll.: 82 (9**, G)
95. **tripunctata** (Lindl.) Dressl. (*E. diguetii* (Ames) Hoehne, *Epidendrum tripunctatum* Lindl., *E. micropus* Rchb.f., *E. diguetii* Ames) - Mex. 1.200-2.000 m (3**, G, O5/83)
96. **truncata** (Cogn.) Beckn. - Dom. (A**)
97. **tuerckheimii** Schltr. - Nic., C.Rica (W)
98. **vagans** (Ames) Dressl. (*Epidendrum vagans* Ames) - Guat. to C.Rica, Mex. (E**, H**, W)
99. **varicosa** (Lindl.) Schltr.
  ssp. **leiobulbon** (Hook.) Dressl. (*Epidendrum leiobulbon* Hook., *E. ramirezzi* Gojon Sanchez) - Mex. (G)

ssp. **varicosa** (*E. quadratum* Kl., *E. chiriquensis* (Rchb.f.) Schltr., *Epidendrum varicosum* Batem. ex Lindl., *E. chiriquense* Rchb.f., *E. phymatoglossum* Rchb.f.) - C-Mex. to Pan. (G, W)
100. **venezuelana** (Schltr.) Dressl. (*Epidendrum venezuelanum* Schltr.) - Ven. (FVI4**)
101. **venosa** (Lindl.) Schltr. (*E. wendlandiana* (Kraenzl.) Schltr., *Epidendrum venosum* Lindl., *E. ensicaulon* A.Rich. & Gal., *E. wendlandianum* Kraenzl.) - Mex. (G)
102. **vespa** (Vell.) Dressl. & Poll. (*Epidendrum vespa* Vell., *E. variegatum* Hook., *E. tigrinum* Lind. ex Lindl., *E. coriaceum* Park. ex Hook., *E. coriaceum* Focke, *E. leopardinum* Rchb.f., *E. rhabdobulbon(um)* Schltr., *E. crassilabium* Poepp. & Endl., *E. pamplonense* Rchb.f., *E. pachysepalum* Kl., *E. christii* Rchb.f., *E. longipes* Rchb.f., *E. feddeanum* Kraenzl., *E. saccharatum* Kraenzl., *E. baculibulbon* Schltr., *E. rhopalobulbon* Schltr., *Aulizeum variegatum* (Hook.) Lindl. ex Stein, *Hormidium crassilabium* (Poepp. & Endl.) Brieg., *H. vespa* (Vell.) Ortiz, *Anacheilium vespa* (Vell.) Pabst) - Trop. Am., Ec., Peru, Bol., Braz., Mex. (9**, E**, G, H**, W**, R**, Z**)
103. **virgata** (Lindl.) Schltr. (O3/91)
- *virgata* (Lindl.) Schltr.: 63 (G)
104. **viridiflora** Hook. (*E. multiflora* Rchb.f., *Epidendrum viridiflorum* (Hook.) Lindl.) - Braz. (9**, G, H)
105. **vitellina** (Lindl.) Dressl. (*Epidendrum vitellinum* Lindl., *E. vitellinum* var. *majus* Veitch, - var. *giganteum* Warner, - var. *autumnale* G.Wils., *Hormidium vitellinum* (Lindl.) Brieg.) - Mex., Guat. 1.500-2.600 m (3**, 4**, 9**, E**, G**, H**, O1/84, Z**)
var. **flava** E.Aguirre - Mex. (O6/94)
- *wendlandiana* (Kraenzl.) Schltr.: 101 (G)
× *Encyclipedium* (*Cypripedium* × *Encyclia*) n.n.

Encyclium ionosmum Lindl. ex Stein: *Encyclia* 51 (G)
Endresiella Schltr. - 1921: *Trevoria* Lehm.
- *zahlbruckneriana* Schltr.: *Trevoria* 5 (O5/82)
Enothrea Raf.: *Octomeria* R.Br. (L)
Entaticus S.F.Gray - 1821 p.p.: *Pseudorchis* Ség. (S)
Entaticus S.F.Gray - 1821 p.p.: *Coeloglossum* Hartm. (S)
Entomophobia de Vogel - 1984 - *Coelogyninae* (S) - 1 sp. epi/ter - Born.
1. **kinabaluensis** (Ames) de Vogel (*Pholidota kinabaluensis* Ames) - Born. 900-2.300 m (S*)
Eoidendrum longispathum Barb.Rodr.: *Epidendrum* 52 (S)
Eparmatostigma Gar. - 1972 - *Subfam. Epidendroideae Tribus: Vandeae Subtr. Sarcanthinae* - 1 sp. epi. - Viet.
1. **dives** (Rchb.f.) Gar. (*Saccolabium dives* Rchb.f., *S. chrysoplectrum* Guill.) - Viet. (S*)
Ephemerantha P.F.Hunt & Summerh. - 1961: *Flickingeria* A.D.Hawk.
Ephemerantha P.F.Hunt & Summerh. - 1961 - *Subfam. Epidendroideae Tribu: Dendrobieae Subtr. Dendrobiinae*
- *angulata* P.F.Hunt. & Summerh.: *Flickingeria* 1 (S)
- *comata* (Bl.) P.F.Hunt & Summerh.: *Flickingeria* 5 (G, H**, P)
- *convexa* (Bl.) P.F.Hunt & Summerh.: *Flickingeria* 6 (P)
- *fimbriata* (Bl.) P.F.Hunt & Summerh.: *Flickingeria* 8 (G)
- *kunstleri* (Hook.f.) P.F.Hunt. & Summerh.: *Flickingeria* 8 (G)
- *lonchophylla* P.F.Hunt & Summerh.: *Flickingeria* 11 (S)
- *longirepens* (Ames & Schweinf.) P.F.Hunt & Summerh.: *Epigeneium* 7 (Q**)
- *pallens* P.F.Hunt & Summerh.: *Flickingeria* 8 (G)
- *piestobulbon* P.F.Hunt & Summerh.: *Flickingeria* 14 (S)
- *rhodobalion* P.F.Hunt & Summerh.: *Flickingeria* 17 (S)
- *scopa* (Lindl.) P.F.Hunt & Summerh.: *Flickingeria* 18 (G)
- *usterii* (Schltr.) P.F.Hunt & Summerh.: *Flickingeria* 20 (S)
Ephippianthus Rchb.f. - 1868 - *Subfam. Epidendroideae Tribus: Calypsoeae Subtr. Corallorhizinae* - 1 sp. terr. - Jap., Korea, Sach.

1. **sachalinensis** F.W.Schmidt ex Rchb. f. - Jap., Korea, Sach. (S, O4/97)
Ephippium Bl.: *Bulbophyllum* Thou.
- *capitatum* Bl.: *Bulbophyllum* 384 (2*, G)
- *ciliatum* Bl.: *Bulbophyllum* 54 (2*, G, Q**)
- *cornutum* Bl.: *Bulbophyllum* 112 (2*, Q**)
- *elongatum* Bl.: *Bulbophyllum* 152 (2*, G)
- *lepidum* Bl.: *Bulbophyllum* 256 (2*)
- *uniflorum* Bl.: *Bulbophyllum* 537 (2*, 9**, G, Q**)
× **Epibarkiella (Epbkl.)** (*Barkeria* × *Epidendrum* × *Nageliella*)
Epiblastus Schltr. - 1905 - *Subfam. Epidendroideae Tribus: Epidendreae Subtr. Eriinae* - 13 sp. epi. - Cel., Mind., Samoa, N.Gui.
1. **basilaris** Schltr. - Samoa (O1/94, S*)
2. **masarangensis** (Kraenzl.) Schltr. - Cel. (S)
3. **merilli** L.O.Wms. - Mind. (S)
4. **sciadanthus** (F.v.Muell.) Schltr. - Samoa (S)
Epiblema R.Br. - 1810 - *Subfam. Orchidoideae Tribus: Diurideae Subtr. Diuridinae* - 1 sp. terr. - Austr.
1. **grandiflorum** R.Br. - end. to W-Austr. - „Babe in a Cradle" (S, P**)
× *Epibrassavola*: × *Brassoepidendrum* (*Brassavola* × *Epidendrum*)
× **Epibrassonitis (Epbns.)** (*Brassavola* × *Epidendrum* × *Sophronitis*)
× **Epicatonia (Epctn.)** (*Broughtonia* × *Cattleya* × *Epidendrum*)
× **Epicattleya (Epc.)** (*Cattleya* × *Epidendrum*)
Epicladium boothianum (Lindl.) Small: *Encyclia* 13 (G)
Epicladium boothianum var. *erythronioides* (Small) Acuña: *Encyclia* 13 (G)
Epicrianthes Bl. - 1825: *Bulbophyllum* (S)
Epicrianthes Bl. - 1825 - *Bulbophyllinae* (S) - (*Bulbophyllum* sect. *Epicrianthes*) - 27 sp. epi. - Thai. to P.N.Gui.
- *barbata* (Lindl.) Rchb.f.: *Monomeria* 1 (S*)
- *corneri* (Carr) Gar. & Kittr.: *Bulbophyllum* 544 (Q**)
- *flavofimbriata* (J.J.Sm.) Gar. & Kittr.: *Bulbophyllum* 173 (Q**)
1. **haniffii** (Carr) Gar. & Kittr. (S)

2. **javanica** Bl. (S)
- *javanica* Bl.: *Bulbophyllum* 154 (2*, Q**)
- *undecifila* (J.J.Sm.) Gar.: *Bulbophyllum* 535 (Q**)
- *vesiculosa* (J.J.Sm.) Gar. & Kittr.: *Bulbophyllum* 544 (Q**)
Epidanthus L.O.Wms. - 1940 - *Subfam. Epidendroideae Tribus: Epidendreae Subtr. Laeliinae* - 3/4 sp. epi. - Mex. to Pan.
1. **crassus** Dressl. - Pan. (S)
- *crassus* Dressl.: *Epidendrum* 129 (W)
- *glandulosum* Ames: 5 (S)
2. **gonorrhachis** (Schltr.) L.O.Wms. - C.Rica (S) → Epidendrum 111
3. **muscicola** (Schltr.) L.O.Wms. - C. Rica (A**, S*) → Epidendrum 184
4. **paranthicus** (Rchb.f.) L.O.Wms. (*Epidendrum paranthicum* Rchb.f.) - Mex. to Pan. (H*, S) → Epidendrum 209
5. **stangeanum** (Rchb.f.) Brieg. (*E. glandulosum* Ames, *Epidendrum stangeanum* Rchb.f.) - Pan., C.Rica (S) → Epidendrum 286
6. **talamancana** Atwood - C.Rica (S)
× **Epidella (Epdla.)** (*Epidendrum* × *Nageliella*)
Epidendropsis Gar. & Dunst. - 1976: *Epidendrum* L. (O5/82)
Epidendropsis Gar. & Dunst. - 1976 - *Epidendrinae* (S) - ca. 2 sp. epi. - S-Am.
1. **flexuosissima** (Schweinf.) Gar. & Dunst. - Peru, Col. (S)
- *vincentina* (Lindl.) Gar.: *Epidendrum* 316 (W)
2. **violascens** (Ridl.) Gar. & Dunst. - Ven., Guy. 2.200-2.600 m (S*)
- *violascens* Gar. & Dunst. (O5/82): *Epidendrum* ?
Epidendrum sect. *Acropleuranthium* Ames: *Pleuranthium* (Rchb.f.) Benth. (S)
Epidendrum sect. *Pleuranthium* Rchb.f.: *Pleuranthium* (Rchb.f.) Benth. (S)
Epidendrum (Epi.) L. - (1753) 1763 - *Subfam. Epidendroideae Tribus: Epidendreae Subtr. Laeliinae* - (*Auliza* Salisb. ex Small, *Epidendropsis* Gar. & Dunst., *Kalopternix* Gar. & Dunst., *Nanodes* Lindl., *Neolehmannia* Kraenzl., *Physinga* Lindl., *Pseudepidendrum* Rchb.f., *Steno-*

glossum H.B.K., *Pleuranthium* (Rchb.f.) Benth., *Dinema* Lindl., *Microepidendrum* Brieg) - ca. 500 sp. epi/ter/lit - Trop. Am.: from N-Carolina to Arg.
- *aberrans* Schltr.: *Oerstedella* 6 (H)
- *ac(k)landiae* (Lindl.) Rchb.f.: *Cattleya* 1 (8**, 9**)
- *aciculare* Batem. ex Lindl.: *Encyclia* 94 (G)
- *aciculare* Batem. ex Lindl.: *Encyclia* 14 (9**)
- *acrochordonium* Schltr.: *Oerstedella* 23 (9**)
1. **acrorhachis** Pabst - Braz. (S)
2. **acuminatum** Ruiz & Pav. - Peru, Ec., Col., Ven. (G)
- *acuminatum* Sessé & Moc.: *Encyclia* 11 (9**, E**, H**)
3. **acunae** Dressl. - Nic., C.Rica, Pan. (W, S)
- *adenocarpon* Llave & Lex.: *Encyclia* 2 (9**, G)
- *adenocarpon* var. *rosei* Ames: *Encyclia* 2 (9**, G)
- *adenocaulon(um)* Llave & Lex.: *Encyclia* 3 (E**, G**, H**)
- *adenocaulum* Llave & Lex.: *Encyclia* 3 (9**)
4. **adenoglossum** Lindl. - Peru (G)
5. **adnatum** Ames & Schweinf. - C.Rica (W)
- *adolphii* Schltr.: 85 (E**)
- *adolphii* Schltr.: *Oerstedella* 8 (9**, H**)
- *adolphii* Schltr.: *Oerstedella* 3 (S)
- *advenum* Rchb.f.: *Encyclia* 71 (9**)
- *aemulum* Rchb.f.: *Epidendrum fragrans* (8**)
- *aemulum* Lindl.: *Encyclia* 35 (9**, G**)
- *aemulum* var. *breviaristatum* Rchb.f.: *Encyclia* 35 (9**, G**)
- *aerides* Raeusch.: *Aerides* 16 (9**, G**)
- *aeridiforme* Booth: 118 (9**, G)
- *affine* A.Rich.: *Encyclia* 36 (G)
- *affine* Focke: *Encyclia* 70 (G**)
- *affine* Rchb.f.: 52 (9**)
6. **aggregatum** Lindl. - Peru, Col. (G)
- *alanjense* Ames: *Encyclia* 70 (G**)
- *alatum* Batem.: *Encyclia* 6 (9**, G**)
- *alatum* var. *grandiflorum* Regel: *Encyclia* 6 (9**, G**)
- *alatum* var. *longipetalum* (Lindl. & Paxt.) Regel: *Encyclia* 6 (9**, G**)
- *alatum* var. *viridiflorum* Regel: *Encyclia* 6 (9**, G**)
7. **albertii** Schltr. - C.Rica, S-Am. (W)
→ *albertii* Schltr.: *Pleuranthium* 1 (S*)
- *alexandri* Schltr.: 69 (G**)
8. **alfaroi** Ames & Schweinf. - C.Rica, Pan. (W)
- *alfaroi* Ames & Schweinf.: *Neowilliamsia* 1 (6)
- *alfredii* Schltr.: 279 (G)
- *allemanii* Barb.Rodr.: *Hormidium* 40 (S)
9. **allenii** L.O.Wms. - Pan. (W)
- *almasyi* Hoehne: *Encyclia* 42 (G**)
- *aloides* Curt.: *Cymbidium* 1 (2*, 9**, G**)
- *aloifolium* L.: *Cymbidium* 1 (2*, 9**, G**, H**)
- *aloifolium* Curt.: *Cymbidium pendulum* (8**)
- *aloifolium* Batem.: 210 (9**, G)
- *alopecurum* Schltr: *Amblostoma* 1 (G**)
- *alpestre* Sw: *Pleurothallis* 22 (G)
10. **alsum** Ridl. - Braz. (S)
- *alternans* Lindl.: 94 (G)
- *altissimum* Jacq.: *Oncidium* 7 (9**, G**, H*)
- *altissimum* Jacq.: *Oncidium* 120 (9**, G**)
- *amabile* L.: *Phalaenopsis* 1 (2*, 9**, E**, H**, Q**)
- *amabile* Lind. & Rchb.f.: *Encyclia* 28 (G)
- *amabile* (Batem.) God.-Leb.: *Encyclia* 31 (9**, G)
- *amandum* Ames: *Encyclia* 70 (G**)
- *amazonicum* Schltr.: 65 (E, G, H**)
- *amblostoma* Rchb.f.: *Amblostoma* 4 (G)
- *amblostomoides* Hoehne: *Auliza* 1 (S)
- *amethystoglossum* (Lind. & Rchb.f.) Rchb.f.: *Cattleya* 2 (9**)
- *amethystoglossum* Rchb.f.: *Cattleya* 41 (O6/98*)
- *ammophyllum* Barb.Rodr.: 118 (9**, G)
11. **amparoanum** Schltr. - C.Rica, Pan. (W)
- *amphistomum* A.Rich.: 274 (9**, G**)
12. **anastasioi** Hagsater - C.Rica (W)
13. **anceps** Jacq. (*E. musciferum* Lindl., *E. viridipurpureum* Hook., *E. galeot-*

tianum A.Rich. & Gal., *E. cearense* Barb.Rodr.) - Trop. Am. (E**, H**, O5/94, S*)
- *anceps* Jacq.: 274 (9**, G**)
- *anceps* Sw.: 25 (G)
- *anceps* var. *virescens* (Lodd.) Hemsl.: 274 (9**, G**)
- *anceps* var. *viridipurpureum* (Hook.) Hemsl.: 274 (9**, G**)
- *anisatum* Llave ex Lindl.: 107 (G)
14. **anoglossoides** Ames & Schweinf. - C.Rica (W)
15. **anoglossum** Schltr. - C.Rica, Pan. (W)
- *ansiferum* Rchb.f.: 84 (9**, G)
- *antenniferum* H.B.K.: *Trichoceros* 1 (H**)
- *anthoceros* Lind. & Rchb.f.: 64 (G)
- *antioquiense* Schltr.: 84 (9**, G)
- *apaganum* Mansf.: 79 (S)
- *apaganum* Mansf.: *Neolehmannia* 1 (S)
16. **aporum** Gar. - Pan., S-Am. (W)
17. **aquaticum** Lindl. (*E. ulei* Schltr.) - Braz. (G)
18. **arachnoglossum** Rchb.f. (8**) var. **candidum** Rchb.f. (8**)
- *arachnoglossum* Rchb.f. ex André: 84 (9**, G)
- *arachnoideum* Barb.Rodr.: 79 (9**, G**)
19. **arbuscula** Lindl. (*E. nubium* Rchb.f.) - Mex., Guat., Hond. (G)
20. **arcuiflorum** Ames & Schweinf. (*E. powellii* Schltr.) - C.Rica, Pan. (W)
21. **arevaloi** (Schltr.) Hagsater (*Diothonaea arevaloi* Schltr.) - Col. (R**)
- *aristotelea* Raeusch.: *Spiranthes* 12 (G**)
- *armeniacum* Lindl.: *Amblostoma* 1 (G**)
- *aromaticum* Batem. (8**): *Encyclia* 8 (G)
- *articulatum* Kl.: *Encyclia* 57 (9**, E, G, H)
22. **arundinaceum** Lehm. & Kraenzl. - Col. (FVII2**)
- *asperum* Lindl.: *Encyclia* 9 (G)
- *atacazoicum* Schltr.: 207 (9**, G)
- *atropurpureum* auct. non Willd.: *Encyclia* 29 (9**, E**, H**)
- *atropurpureum* Lindl.: *Encyclia* 29 (9**, G)
- *atropurpureum* Willd. (8**): *Encyclia* 10 (O1/94)
- *atropurpureum* var. *laciniatum* Ames: *Encyclia* 29 (9**, G)
- *atropurpureum* var. *lionetianum* Cogn. (8**): 28 (9**, G)
- *atropurpureum* var. *roseum* (Batem.) Rchb.f. (8**): *Encyclia* 29 (9**, G)
- *aurantiacum* Batem. ex Lindl. (8**): *Cattleya* 4 (E**, G, H**)
- *aureum* Lindl.: *Cattleya* 4 (G)
- *auritum* Lindl.: 31 (G)
- *auritum* Lindl.: *Nidema* 1 (H**)
- *autumnale* Forst.f.: *Earina* 2 (G)
- *avicula* Lindl.: *Lanium* 1 (E**, H**)
- *baculibulbon* Schltr: *Encyclia* 102 (9**, G**)
- *baculus* Rchb.f.: *Encyclia* 11 (9**, E**, H**)
- *bahiense* Rchb.f.: 189 (9**, G)
- *barbae* Rchb.f.: 230 (W)
23. **barbeyanum** Kraenzl. - Nic., C.Rica, Pan., S-Am. (O3/91, W**)
- *barringtoniae* Smith: *Lycaste* 5 (9**, G)
- *basilare* Kl.: 284 (9**, G)
- *bathyschistum* Schltr.: 69 (G**)
24. **baumannianum** Schltr. (*E. hawkesii* Heller) - Nic., C.Rica, Pan., S-Am. (W)
- *belizense(is)* Rchb.f.: *Encyclia* 12 (E**, H**)
- *benignum* Ames: 65 (G)
- *beyrodtianum* Schltr.: *Encyclia* 11 (9**, E**, H**)
- *bicolor* (Lindl.) Rchb.f.: *Cattleya* 5 (8**, 9**, G)
- *bicornutum* Hook.: *Caularthron* 1 (9**, G, H**)
- *bidentatum* Lindl.: *Encyclia* 13 (G)
- *bifalce* Schltr.: 207 (9**, G)
25. **bifarium** Sw. (*E. anceps* Sw.) - Jam. (G, S)
- *bifidum* Aubl.: *Psychilis* 2 (G**, H)
- *biflorum* Forst.f.: *Dendrobium* 43 (G)
- *biflorum* Barb.Rodr.: *Encyclia* 31 (9**, G)
- *biflorum* Cogn.: 208 (G)
- *biflorum* Cogn.: 30 (S)
- *biforatum* Lodd. ex Lindl.: 71 (G)
- *bigibberosum* Rchb.f.: *Caularthron* 2 (E, H, W, R**)
- *bilamellatum* Rchb.f.: *Caularthron* 2 (E, H, W, R**)
26. **bilobatum** Ames - C.Rica (W)
- *bisectum* Lindl.: 228 (G)
27. **bisulcatum** Ames - C.Rica, Pan. (W)

28. **bituberculatum** Rolfe - Peru to Ven. (S)
- *blandum* Kraenzl.: 38 (G)
29. **blepharistes** Barker ex Lindl. (*E. dolabrilobum* Ames, Hubb. & Schweinf.) - Ven., C.Rica, Pan. (G, W)
- *blepharoclinium* Rchb.f.: 270 (G**)
30. **boisserianum** Schltr. (*E. ramosum* var. *lanceolatum* Griseb., *E. biflorum* Cogn., *E. santaclarense* Ames) - C-Am., Jam. (S)
- *boissierianum* Schltr.: 208 (G)
- *boothianum* Lindl.: *Encyclia* 13 (G)
31. **boothii** (Lindl.) L.O.Wms. (*E. auritum* Lindl., *E. lindenianum* A.Rich. & Gal., *E. paleaceum* (Lindl.) Rchb. f., *Maxillaria boothii* Lindl., *Dinema paleacea* Lindl., *Nidema boothii* (Lindl.) Schltr.) - Mex., Hond., Guat., Nic., C.Rica, Pan., Cuba, Ven. (G)
→ *boothii* (Lindl.) L.O.Wms.: *Nidema* 1 (H**)
32. **brachybotrys** Ackerm. & Montalvo - Pan. (W)
- *brachycolumna* L.O.Wms.: *Hagsatera* 1 (H*)
33. **brachyglossum** Lindl. - Col., Peru, Bol. (G)
- *brachyglossum* Cogn.: *Neocogniauxia* 2 (9**, S)
- *brachyphyllum* Lindl.: 84 (9**, G)
- *bracteatum* Vell.: *Rodriguezia* 7 (G)
- *bracteatum* Vell.: *Rodriguezia* 37 (O3/90, O1/90)
- *bracteolatum* Presl: *Epidendrum radiatum* (8**)
- *bracteolatum* Presl: *Encyclia* 84 (G**)
34. **bracteosum** Ames & Schweinf. - C.Rica (W)
- *bractescens* Lindl.: *Encyclia* 14 (9**, G)
- *brassavolae* Rchb.f. (8**): *Encyclia* 15 (9**, E**, H**)
35. **brenesii** Schltr. - C.Rica (W)
- *brevicaule* Schltr.: 269 (E**, H**)
- *brevicaule* Schltr.: *Nanodes* 4 (G**, O1/93)
- *brevicaule* Schltr.: *Nanodes* 1 (S)
- *broughtonioides* Griseb.: *Domingoa* 1 (H**)
- *buenaventurae* Lehm & Kraenzl.: 189 (9**, G)
- *bulbosum* Vell.: *Encyclia* 16 (E**, G, H**)
- *bulkeleyi* A.D.Hawk.: 84 (9**, G)
36. **caespitosum** Barb.Rodr. - Braz. (S)
- *caespitosum* Poepp. & Endl.: *Encyclia* 82 (9**, E**, G, H)
- *caespitosum* Lam.: *Liparis* 27 (U)
- *cajamarcae* Schltr.: 106 (G)
- *calamarium* Lindl.: *Encyclia* 17 (9**, E, H*)
37. **calanthum** Rchb.f. & Warsc. - Col. (R**, S, Z**)
- *calanthum* Rchb.f. & Warsc.: 124 (E**, H**)
- *calcaratum* Vell.: *Bifrenaria* 6 (G)
- *calcaratum* Sessé & Moc.: *Ionopsis* 7 (9**, G**)
- *calceolare* (Buch.-Ham. ex Smith) D.Don: *Gastrochilus* 6 (G)
- *caligaria* Rchb.f.: *Oerstedella* 4 (O6/89)
- *calliferum* Lem.: 69 (G**)
- *callista* Raeusch.: *Dendrobium* 14 (9**)
- *calocheilum* Hook.: *Encyclia* 6 (9**, G**)
- *caloglossum* Schltr.: 207 (9**, G)
38. **campestre** Lindl. (*E. blandum* Kraenzl.) - Braz. (G)
- *campestre(is)* Lindl.: *Auliza* 2 (S)
- *campylocentroides* Pabst: *Dressleriella* 6 (S)
39. **campylostalix** Rchb.f. - C.Rica, Pan. (S)
→ *campylostalix* Rchb.f.: *Encyclia* 18 (9**)
- *canaliculatum* Vell.: *Cattleya* 30 (G)
- *canaliculatum* (Aubl.) Poiret: *Tetramicra* 2 (9**)
40. **candelabrum** Hagsater - C.Rica, Pan. (W)
- *candidum* Barb.Rodr.: 266 (G)
- *candidum* Vell.: *Rodriguezia* 31 (O1/95)
- *candollei* Lindl.: *Encyclia* 19 (9**, G)
- *caninum* Burm.f.: *Dendrobium* 88 (9**, G**)
- *capartianum* Lind.: *Encyclia* 71 (9**)
- *capense* L.f.: *Mystacidium* 4 (H*)
- *cardiophyllum* Kraenzl.: 267 (G)
- *carinatum* Vahl: *Tolumnia* 33 (O2/86)
- *carnosum* Lindl.: 75 (G)
41. **carolii** Schltr. - Nic., C.Rica, Pan. (W)
- *carolinianum* Lam.: 189 (9**, G)

42. **carpophorum** Barb.Rodr. (*E. nocturnum* var. *latifolium* Lindl., *E. latifolium* (Lindl.) Gar. & Sweet, *Callista antennata* (Lindl.) Ktze.) - W-Ind., Salv., Nic., Ven. Trin. (9**, G**, W)
- *carthagenense* Jacq.: *Oncidium* 41 (8**, 9**, G, H**)
43. **catillus** Rchb.f. & Warsc. - Col. (R**, S)
- *caudatum* L.: *Brassia* 13 (9**, E*, G**, H**)
44. **cauliflorum** Lindl. - Braz. (G)
- *cearense* Barb.Rodr.: 13 (E**, H**)
- *cearense* Barb.Rodr.: 274 (9**, G**)
- *cebolleta* Jacq.: *Oncidium* 43 (9**, G**)
- *centropetalum* Rchb.f.: *Oerstedella* 6 (H)
- *cepiforme* Hook.: *Encyclia* 19 (9**, G)
- *ceratistes* Lindl.: *Encyclia* 20 (G)
45. **cernuum** Kunth - Col. (G)
- *chacaoensis* Rchb.f.: *Encyclia* 21 (E**, H**)
- *chimborazoensis* Schltr.: *Encyclia* 22 (FVI4**)
46. **chioneum** Lindl. (*E. claesianum* Cogn.) - Col. (G)
- *chiriquense* Rchb.f.: *Encyclia* 99 (G)
- *chloranthum* Lindl.: *Encyclia* 23 (9**, G)
- *chlorocorymbos* Schltr.: 79 (9**, G**)
- *chloroleucum* Hook.: *Encyclia* 23 (9**, G)
- *chlorops* Rchb.f.: 51 (G)
- *chondylobulbon* A.Rich. & Gal.: *Encyclia* 24 (9**)
- *christii* Rchb.f.: *Encyclia* 102 (9**, G**)
- *christii* Rchb.f.: *Encyclia* 25 (FXIX2)
47. **ciliare** L. (*E. cuspidatum* Lodd., *E. viscidum* Lindl., *E. luteum* hort. ex Planch., *E. ciliare* var. *cuspidatum* (Lodd.) Lindl., - var. *viscidum* (Lindl.) Lindl., - var. *minor* hort. ex Stein, - var. *squamatum* Schnee, *Helleborine graminea* Plumier, *Auliza ciliaris* (L.) Salisb., *Aulizeum ciliare* (L.) Lindl. ex Stein, *Coilostylis emarginata* Raf., *Phaedrosanthus ciliaris* (L.) Ktze.) - W-Ind., C-S-Am., C.Rica, Braz. (3, 4**, 8**, 9**, O3/91, E**, G**, H**, W, Z**)
- *ciliare* var. *cuspidatum* (Lodd.) Lindl.: 47 (9**, G**)
- *ciliare* var. *minor* hort. ex Stein: 47 (9**, G**)
- *ciliare* var. *oerstedii* (Rchb.f.) Will.: 197 (9**, E**, H**)
- *ciliare* var. *squamatum* Schnee: 47 (9**, G**)
- *ciliare* var. *viscidum* (Lindl.) Lindl.: 47 (9**, G**)
48. **cinnabarinum** Salzm. ex Lindl. - Braz. (G**, S, Z**)
- *cinnamomeum* A.Rich. & Gal.: *Encyclia* 81 (G**)
- *circinatum* Ames: 63 (9**)
49. **circinatum** Ames - C.Rica, Pan. (W)
50. **cirrhochilum** Lehm. & Kraenzl. - Col. (R**)
- *citrinum* Rchb.f.: *Cattleya citrina* (8**)
- *citrinum* (Llave & Lex.) Rchb.f.: *Encyclia* 26 (9**, E**, G, H**)
- *citrinum* Barb.Rodr.: *Amblostoma* 4 (G)
- *claesianum* Cogn.: 46 (G)
- *clavatum* Lindl.: 240 (4**, G**)
- *clavatum* Lindl.: *Auliza* 4 (S)
51. **clowesii** Batem. ex Lindl. (*E. flavovirens* Rchb.f., *E. chlorops* Rchb.f., *E. piestocaulos* Schltr.) - Mex., Guat., Salv. (G)
52. **cnemidophorum** Lindl. (*E. affine* Rchb.f., *E. macrobotryum* Lindl. ex Rchb.f., *E. pfavii* Rolfe, *E. longispathum* Barb.Rodr., *Encyclia affinis* (Rchb.f.) Schltr.) - Guat., Hond., Nic., C.Rica (9**, S)
- *cobanense* Ames & Schltr.: *Briegeria* 3 (O1/80)
- *coccineum* Jacq.: *Ornithidium* 3 (8**)
- *coccineum* Jacq.: *Maxillaria* 54 (9**)
- *cochleatum* L.: *Encyclia* 27 (4**, 9**, H**)
- *cochleatum* Curt.: *Epidendrum fragrans* (8**)
- *cochleatum* Curt.: *Encyclia* 35 (9**, G**)
- *cochleatum* var. *costaricense* Schltr.: *Encyclia* 27 (9**)
- *cochleatum* var. *pallidum* Lindl.: *Encyclia* 27 (9**)
- *cochleatum* var. *triandrum* Ames: *Encyclia* 27 (9**)

- *cochlidium* Lindl.: 84 (9**, G)
- *cocleense* Ames, Hubb. & Schweinf.: 115 (W)
53. **collare** Lindl. - Guat. (G)
- *colorans* Kl.: 228 (G)
- *complanatum* Retz.: *Thrixspermum* 16 (O3/81)
- *compositum* Vell.: 65 (E, G, H**)
54. **compressum** Griseb. (*E. laxum* Poepp. & Endl., *E. yatapuense* Barb. Rodr., *E. macrothyrsis* Lehm & Kraenzl., *E. laxum* var. *mocoanum* Schltr., *E. guentherianum* Kraenzl.) - Braz. (G)
- *compressum* Griseb.: *Minicolumna* 1 (S*)
- *concalvii* Barb.Rodr.: 266 (G)
55. **concavilabium** Schweinf. - C.Rica, Pan. (W)
- *concolor* Llave & Lex.: *Encyclia* 28 (G)
- *concretum* Jacq.: *Polystachya* 19 (G, U)
- *condylochilum* Lehm. & Kraenzl.: *Encyclia* 57 (9**, E, G, H)
56. **confertum** Ames & Schweinf. - C. Rica, Pan. (W)
- *confusum* Rolfe: *Encyclia* 11 (9**)
57. **congestioides** Ames & Schweinf. - C.Rica (W)
➤ *congestioides* Ames & Schweinf.: *Nanodes* 2 (S*)
- *congestioides* Ames & Schweinf.: 269 (E**, H**)
- *congestioides* Ames & Schweinf.: *Nanodes* 4 (G**, O1/93)
58. **congestum** Rolfe - C.Rica (W)
- *congestum* Rolfe: *Nanodes* 4 (G**, O1/93)
59. **conopseum** R.Br. (*E. magnoliae* Muhl., *E. conopseum* var. *mexicanum* L.O.Wms., *Larnandra magnolia* (Muhl.) Raf., *L. conopsea* (R.Br.) Raf., *Amphiglottis conopsea* (R.Br.) Small) - USA, E-Mex. (9**, G, S, Z**)
- *conopseum* var. *mexicanum* L.O. Wms.: 59 (9**, G)
- *conspicuum* Lem.: *Encyclia* 31 (9**, G)
60. **cooperianum** Batem. (*E. longispathum* Barb.Rodr.) - Braz. (8**, 9**)
61. **cordatum** Ruiz & Pav. - Peru (G)
- *cordatum* Vell.: *Encyclia* 35 (9**, G**)
62. **cordiforme** Schweinf. - C.Rica (W)
- *cordigerum* (Kunth) Foldats: *Encyclia* 29 (9**, G)
- *coriaceum* Focke: *Epidendrum variegatum* (8**)
- *coriaceum* Focke: *Encyclia* 102 (9**, G**)
- *coriaceum* Park. ex Hook.: *Encyclia* 102 (9**, E**, G**, H**)
- *coriaceum* (Thunb. ex Sw.) Poiret: *Angraecum* 40 (U)
63. **coriifolium** Lindl. (*E. imitans* Schltr., *E. magnibracteatum* Ames, *E. fuscopurpureum* Schltr., *E. palmense* Ames, *E. subviolascens* Schltr., *E. circinatum* Ames, *E. coriifolium* var. *purpurascens* Schltr., *E. summerhayesii* Hagsater) - Mex. to Pan., Ven., Col., Ec., Peru, Bol. (9**, W, S, Z**)
- *coriifolium* var. *purpurascens* Schltr.: 63 (9**)
- *corniculatum* Sw.: *Pleurothallis* 170 (G)
64. **cornutum** Lindl. (*E. anthoceros* Lind. & Rchb.f., *E. pavonianum* Rchb.f., *E. melinoacron* Schltr.) - Col., Ven., Peru, Ec. (G)
- *cornutum* Sessé & Moc.: *Stanhopea* 38 (9**, G**)
- *coroicoense* Schltr.: 84 (9**, G)
65. **coronatum** Ruiz & Pav. (*E. moyobambae* Kraenzl., *E. compositum* Vell., *E. subpatens* Schltr., *E. amazonicum* Schltr., *E. sulphuroleucum* Barb.Rodr., *E. benignum* Ames) - C-S-Am., Trin. (E, G, H**, W, Z**)
- *corymbosum* Ruiz & Pav.: 84 (9**, G)
- × *costaricensis* Rchb.f.: *Auliza* 5 (S*)
- *costaricense* Rchb.f. (8**): 197 (9**, O3/91, E**, H**)
66. **costatum** A.Rich. & Gal. - Mex. (G, S)
67. **cottoniaeflorum** (Rchb.f.) Hagsater (*Diothonaea cottoniaeflora* Rchb.f.) - Col. (R**)
- *crassifolium* Lindl.: 84 (9**, G)
- *crassilabium* Poepp. & Endl.: *Encyclia* 102 (9**, E**, G**, H**)
- *crenatum* Vell.: *Ionopsis* 7 (9**, G**)
- *crescentiloba* Ames: *Oerstedella* 7 (W)
68. **criniferum** Rchb.f. - Nic., C.Rica, Ec., Pan. Peru (9**, A**, W)
- *crispatum* Knowl. & Westc.: *Encyclia* 2 (9**, G)

69. **cristatum** Ruiz & Pav. (*E. raniferum* Lindl., *E. raniferum* var. *luteum* Lindl., - var. *hexadactylum* (Barb. Rodr.) Cogn., - var. *loefgrenii* Cogn., - var. *obtusilobum* Cogn., - var. *lutescens* Lindl. ex Broadw., *E. calliferum* Lem., *E. hexadactylum* Barb. Rodr., *E. longovarium* Barb.Rodr., *E. millei* Schltr., *E. bathyschistum* Schltr., *E. validum* Schltr., *E. alexandri* Schltr., *E. rantierium* Lindl. ex Sanchez) - Mex., Bel., Guat., S-Am., Trin. (4**, E, G**, H*, S)
- *cristobalense* Ames: 149 (9**, W**)
70. **cryptanthum** L.O.Wms. - C.Rica, Pan. (W)
- *cubense* Lindl.: *Cattleyopsis* 1 (G)
- *cubincolum* Borh.: *Dinema* 1 (S)
71. **cucullatum** Lindl. (*E. biforatum* Lodd. ex Lindl.) - Mex., Guat., Salv., Hond., Ven., Braz. (G)
- *cucullatum* L.: *Brassavola* 6 (9**, G, H**)
- *curvicolumna* Ames, Hubb. & Schweinf.: 79 (9**, G**)
- *curvicolumna* Ames, Hubb. & Schweinf.: 278 (W)
72. **curvisepalum** Hagsater - Pan. (W)
- *cuspidatum* Lodd.: 47 (9**, G**)
- *cuspidatum* Lodd.: *Auliza* 3 (S*)
- *cuzcoense* Schltr.: 84 (9**, G)
- *cycnostachys* Rchb.f. ex Benth.: 284 (9**, G)
- *cycnostalix* Rchb.f.: 284 (9**, G)
73. **cylindraceum** Lindl. - Col., Ec., Peru (G)
- *dasytae(i)nia* Schltr.: *Encyclia* 57 (9**, E, G, H)
- *deamii* Schltr.: *Encyclia* 57 (9**, E, G, H)
- *decipiens* Lindl.: 124 (E**, H**)
74. **decurviflorum** Schltr. - Col. (R**)
- *deltoglossum* Gar. & Dunst.: *Meiracyllium* 1 (S)
75. **dendrobioides** Thunb. (*E. carnosum* Lindl., *E. durum* Lindl.) - Ven. (G, S)
76. **densiflorum** Hook. (*E. floribundum* Kunth, *E. dipus* Lindl., *E. nutans* var. *dipus* (Lindl.) Lindl., *E. floribundum* var. *lilacinum* Rchb.f., *E. polyanthum* var. *densiflorum* (Hook.) Lindl.) - Trop. Am., Mex., Guat., Nic., Hond., C.Rica, Pan. (9**, G**, S*)
- *densiflorum* Hook.: 207 (E**, H**)

77. **dentiferum** Ames & Schweinf. - C. Rica, Pan. (W)
→ *dentiferum* Ames & Schweinf.: *Nanodes* 3 (S)
78. **dentilobum** Ames, Hubb. & Schweinf. - Pan. (W)
- *dichotomum* Presl: 84 (9**, G)
- *dichromum* Lindl.: *Encyclia* 31 (9**, G)
- *dickinsonianum* Withner: *Encyclia* 46 (E, H)
79. **difforme** Jacq. (*E. umbellatum* Sw., *E. umbellatum* var. *latilabre* (Lindl.) Griseb., *E. latilabre* Lindl., *E. umbelliferum* Gmel., *E. subumbellatum* Hoffmgg., *E. virens* Hoffmgg., *E. radiatum* Hoffmgg., *E. latilabium* Rchb.f., *E. arachnoideum* Barb. Rodr., *E. chlorocorymbos* Schltr., *E. pseudodifforme* Hoehne & Schltr., *E. curvicolumna* Ames, Hubb. & Schweinf., *Caularthron umbellatum* (Sw.) Raf., *Auliza difformis* (Jacq.) Small, *Amphiglottis difformis* (Jacq.) Britt., *Neolehmannia difformis* (Jacq.) Pabst.) - Flor., Mex., C-S-Am., W-Ind. (3**, 9**, E, G**, H*, S, Z**)
ssp. **apaganum** (Mansf.) Brieg. (*E. apaganum* Mansf.) (S)
80. **diffusum** Sw. (*E. tenuiflorum* hort. ex Lindl., *E. diffusum* var. *depauperatum* Cogn., *Seraphyta multiflora* Fisch. & C.A.Meyer, *S. diffusa* (Sw.) Pfitz.) - Mex., Guat., W-Ind., Col., Guy., Braz. (3**, 9**, G, S)
- *diffusum* var. *depauperatum* Cogn.: 80 (9**, G)
- *diguetii* Ames: *Encyclia* 95 (G)
- *dillonianum* A.D.Hawk.: *Dressleriella* 6 (S)
- *diotum* Lindl.: *Encyclia* 32 (G)
- *dipus* Lindl.: 76 (G**)
- *discolor* (Lindl.) Benth.: 269 (E**, H**)
- *discolor* (Lindl.) Benth.: *Nanodes* 4 (G**, O1/93)
- *discolor* A.Rich. & Gal.: 189 (9**, G)
- *distichum* Lam.: *Oberonia* 10 (U**)
- *doeringii* (Hoehne) A.D.Hawk.: *Encyclia* 29 (9**, G)
- *dolabrilobum* Ames, Hubb. & Schweinf.: 29 (W)
- *dolichopus* Schltr.: 84 (9**, G)
- *dolichostachyum* Schltr.: 149 (9**, W**)

81. **dosbocasense** Hagsater - Pan. (W)
- *duboisianum* Brongn. ex A.Rich.: *Encyclia* 29 (9**, G)
- *dunnii* A.D.Hawk.: *Oerstedella* 17 (O6/89)
- *durum* Lindl.: 75 (G)
- *dussii* Cogn.: *Pseudoponera* 2 (S)
82. **eburneum** Rchb.f. (*E. leucocardium* Schltr.) - Nic., Pan., C.Rica (9**, W**)
- *echinocarpon* Sw.: *Dichaea* 62 (O2/81)
- *eckmanii* Mansf. ex Urban: *Psychilis* 2 (G**, H)
- *elatius* Rchb.f.: *Cattleya* 29 (8**)
- *elatius* Rchb.f.: *Cattleya* 19 (G**)
- *elatius* var. *leopoldii* Rchb.: *Cattleya* 29 (9**)
- *elatius* var. *prinzii* (Rchb.f.) Rchb.f.: *Cattleya* 2 (9**)
- *elegans* (Knowl. & Westc.) Rchb.f. (9**): *Barkeria* 5 (G)
- *elegans* Vell.: *Cattleya* 19 (G**)
- *elegans* Vell.: *Cattleya* 29 (9**, E**)
83. **ellipsophyllum** L.O.Wms. - Pan. (W)
- *ellipticum* Grah.: 84 (9**, G)
- *ellipticum* Lodd.: 84 (9**, G)
- *ellipticum* Rchb.f.: 84 (9**, G)
- *ellipticum* var. *freybergense* Zimmerm.: 84 (9**, G)
- *ellipticum* var. *flavum* Lindl.: 325 (8**, 9**)
84. **elongatum** Jacq. (*E. secundum* L., *E. secundum* auct. non Jacq., *E. corymbosum* Ruiz & Pav., *E. ellipticum* Grah., *E. ellipticum* Lodd., *E. ellipticum* Rchb.f., *E. ellipticum* var. *freybergense* Zimmerm., *E. dichotomum* Presl, *E. crassifolium* Lindl., *E. cochlidium* Lindl., *E. lindenii* Lindl., *E. brachyphyllum* Lindl., *E. fastigiatum* Lindl., *E. fastigiatum* var. *bifidum* Rchb.f., *E. ansiferum* Rchb.f., *E. fimbria* Rchb.f., *E. gracilicaule* Rchb. f. & Warsc., *E. incisum* Rchb.f. & Warsc., *E. novogranatense* Rchb.f. & Warsc., *E. xytriophorum* Rchb.f. & Warsc., *E. giroudianum* Rchb.f., *E. quitensium* Rchb.f., *E. evectum* Hook.f., *E. expansum* Rchb.f., *E. longihastatum* Barb.Rodr., *E. arachnoglossum* Rchb.f. ex André, *E. herzogii* Schltr., *E. antioquiense* Schltr., *E. dolichopus* Schltr., *E. pachyphyllum* Schltr., *E. polyschistum* Schltr., *E. cuzcoense* Schltr., *E. tarmense* Schltr., *E. versicolor* Hoehne & Schltr., *E. coroicoense* Schltr., *E. inconstans* Ames, *E. bulkeleyi* A.D. Hawk., *E. elongatum* var. *crassifolium* (Lindl.) Griseb., *Amphiglottis secunda* (L.) Salisb.) - W-Ind., Trop. S-Am. (9**, G, S)
- *elongatum* var. *crassifolium* (Lindl.) Griseb.: 84 (9**, G)
85. **endresii** Rchb.f. (*E. adolphii* Schltr.) - C.Rica, Pan. (8**, E**, S)
- *endresii* Rchb.f.: *Oerstedella* 8 (9**, H**)
- *englerianum* Lehm & Kraenzl: 207 (9**, G)
- *ensatum* A.Rich. & Gal.: 274 (9**, G**)
- *ensicaulon* A.Rich. & Gal.: *Encyclia* 101 (G)
- *ensifolium* L.: *Cymbidium* 14 (2*, 9**, G**)
86. **epidendroides** (Gar.) Mora-Retana & J.Garcia - C.Rica (W)
- *equitans* Lindl.: 87 (G)
- *equitans* Forst.f.: *Oberonia* 10 (U**)
87. **equitantifolium** Ames (*E. equitans* Lindl.) - Mex., Hond., Nic., Pan. (G)
- *equitantifolium* var. *aporophylla* L.O.Wms.: *Briegeria* 1 (O1/80)
88. **erubescens** Lindl. (*Encyclia erubescens* (Lindl.) Schltr.) - Mex. (G)
- → *erubescens* Lindl.: *Artorima* 1 (S)
- *erythronioides* Small.: *Encyclia* 13 (G)
89. **escobarianum** Gar. - Col. (R**)
- *evectum* Hook.f.: 84 (9**, G)
- *exaltatum* Kraenzl.: *Pleuranthium* 3 (S)
- *exasperatum* Rchb.f.: *Oerstedella* 9 (O6/89)
90. **excisum** Lindl. (*E. excisum* var. *grandiflorum* Lindl.) - Peru, Col. (G)
- *excisum* var. *grandiflorum* Lindl.: 90 (G)
91. **exiguum** Ames & Schweinf. - C.Rica, Pan. (W)
- *exile* Ames: 201 (W)
- *expansum* Rchb.f.: 84 (9**, G)
- *expansum* Rchb.f.: *Encyclia* 33 (FXVIII1)
- *falcatum* Lindl. (3**, 8**, Z**): 210 (4**, 9**, O3/91, G)
- *falsiloquum* Rchb.f.: 207 (9**, G)
- *fastigiatum* Lindl.: 84 (9**, G)
- *fastigiatum* var. *bifidum* Rchb.f.: 84 (9**, G)

- *feddeanum* Kraenzl.: *Encyclia* 102 (9**, G**)
92. **ferrugineum** Ruiz & Pav. (*E. trinitatis* Lindl., *E. naucrates* Rchb.f., *E. tricolor* Rolfe) - Ven., Col., Peru, Trin. (G, S)
93. **filicaule** Lindl. - Braz. (G)
- *fimbria* Rchb.f.: 84 (9**, G)
94. **fimbriatum** H.B.K. (*E. alternans* Lindl.) - Peru, Ven., Col., Ec. (G, R**)
- *fimbriatum* Vell.: *Schomburgkia* 10 (9**, G**)
95. **firmum** Rchb.f. (*E. majale* Schltr.) - Nic., C.Rica, Pan. (W, S)
- *flabellatum* Lindl.: *Encyclia* 19 (9**, G)
- *flabelliforme* Sw.: *Cochleanthes* 5 (9**, G**, O5/98**)
- *flavidum* Lindl.: 151 (8**, G)
- *flavovirens* Rchb.f.: 51 (G)
96. **flavum** Lindl. - Guy. (G)
- *flavum* Lindl.: *Encyclia* 94 (G)
97. **flexicaule** Schltr. - C.Rica (W)
- *flexicaule* Schltr.: 249 (G)
98. **flexuosissimum** Schweinf. - Pan., S-Am. (W)
- *flexuosum* G.F.Meyer: 126 (G)
- *floribundum* H.B.K.: 207 (E**, H**)
- *floribundum* Kunth: 76 (9**, G**)
- *floribundum* var. *lilacinum* Rchb.f.: 76 (9**)
- *floribundum* var. *convexum* Lindl.: 207 (9**, G)
- *florijugum* Barb.Rodr.: 272 (S)
- *flos-aeris* L.: *Arachnanthe flos-aeris* (2*)
- *flos-aëris* L.: *Arachnis* 5 (E**, H**, Q**)
- *forbesii* (Lindl.) Rchb.f.: *Cattleya* 16 (8**, 9**, G**)
- *formosum* Kl.: *Encyclia* 6 (9**, G**)
- *fractiflexum* Barb.Rodr.: 266 (G)
- *fragrans* Sw. (8**).: *Encyclia* 35 (9**, E**, H**)
- *fragrans* var. *aemulum* Barb.Rodr.: *Encyclia* 35 (9**, G**)
- *fragrans* var. *alticallum* Barb.Rodr.: *Encyclia* 35 (9**, G**)
- *fragrans* var. *breviaristatum* (Rchb.) Cogn.: *Encyclia* 35 (9**, G**)
- *fragrans* var. *ionoleucum* (Rchb.f.) Barb.Rodr.: *Encyclia* 35 (9**, G**)
- *fragrans* var. *janeirense* Barb.Rodr.: *Encyclia* 35 (9**, G**)
- *fragrans* var. *magnum* Stein: *Encyclia* 35 (9**, G**)
- *fragrans* var. *megalanthum* Lindl.: *Encyclia* 11 (9**, E**, H**)
- *fragrans* var. *micranthum* Barb. Rodr.: *Encyclia* 35 (9**, G**)
- *fragrans* var. *pachypus* Schltr.: *Encyclia* 35 (9**, G**)
- *fragrans* var. *rivularium* Barb.Rodr.: *Encyclia* 35 (9**, G**)
- *fragrantissimum* Sessé & Moc.: *Stanhopea* 55 (S)
99. **friderici-guilielmi** Warsc. & Rchb.f. - Peru up to 2.000 m (8**, S)
100. **frigidum** Lind. ex Lindl. (*E. macrodonax* Schltr.) - Peru, Ven., Col. (G, S)
- *frons-bovis* Kraenzl.: 207 (9**, G)
101. **frutex** Rchb.f. - Peru (S)
102. **fruticosum** Pav. ex Lindl. - Mex. (G)
- *fucatum* Lindl.: *Encyclia* 36 (G)
- *fuchsii* Regel: *Barkeria* 14 (9**, E**, G**, H**)
- *fulgens* Brongn.: 124 (4**, E**, H**)
- *fulgens* Focke: 270 (G**)
- *funale* Sw.: *Dendrophylax* 2 (9**)
103. **funckianum** A.Rich. & Gal. ex Lindl. - Mex. (G)
- *funiferum* Morren: 228 (G)
- *furvum* (Rumph.) L.: *Vanda* 10 (G)
- *fuscatum* Smith: 274 (9**, G**)
- *fuscatum* var. *virescens* (Lodd.) Lindl.: 274 (9**, G**)
- *fuscatum* var. *viridipurpureum* (Hook.) Lindl.: 274 (9**, G**)
- *fuscina* Dressl.: *Oerstedella* 10 (O6/89, W)
104. **fuscopurpureum** Schltr. - C.Rica, Pan. (W)
- *fuscopurpureum* Schltr.: 63 (9**)
- *galeatum* Vell.: *Coryanthes* 36 (9**, G**)
- *galeola* Raeusch.: *Galeola* 11 (6*)
105. **galeottianum** A.Rich. & Gal. - Nic., C.Rica, Pan. (W**)
- *galeottianum* A.Rich. & Gal.: 13 (E**, H**)
- *galeottianum* A.Rich. & Gal.: 274 (9**, G**)
- *galgatem* Lindl.: *Coryanthes* 36 (8**)
106. **geminiflorum** H.B.K. (*E. cajamarcae* Schltr.) - Col., Ec., Peru (G, Z**)
- *geniculatum* Hamilt.: *Aerides* 15 (8**)

- *ghiesbreghtianum* A.Rich. & Gal.: *Encyclia* 37 (O4/83)
- *giganteum* hort.: *Encyclia* 70 (G**)
- *gigas* L.C.Rich. ex Lindl.: *Oncidium* 24 (G**)
- *gigas* Vell.: *Cyrtopodium* 25 (9**)
- *gilbertoi* Gar.: *Encyclia* 39 (FXVIII1)
- *giroudianum* Rchb.f.: 84 (9**, G)
107. **gladiatum** Lindl. (*E. vandifolium* Lindl., *E. anisatum* Llave ex Lindl., *E. jurgensii* Rchb.f.) - Mex. (G)
- *glaucovirens* Ames, Hubb. & Schweinf.: *Encyclia* 41 (G)
- *glaucum* (Knowl. & Westc.) Lindl.: *Encyclia* 41 (G)
- *glaucum* Sw.: *Dichaea* 30 (G)
- *glaucum* Sw.: *Epithecia glauca* (O2/81)
- *globosum* Jacq.: *Jacquiniella* 5 (S)
- *glumaceum* Lindl.: *Encyclia* 42 (G**)
- *glumibracteatum* Rchb.f.: 240 (G**)
108. **glumibracteum** Rchb.f. - C.Rica, S-Am. (8**, W)
- *glutinosum* Scheidw.: *Encyclia* 69 (9**, G**)
- *gnomus* Schltr.: 232 (E**, H**)
- *gnomus* Schltr.: *Nanodes* 7 (O1/93)
- *gnomus* Schltr.: *Nanodes* 5 (S)
- *godseffianum* Rolfe: *Encyclia* 71 (9**)
109. **goebelii** Schltr. (O2/81)
110. **gomezii** Schltr. (3**)
111. **goniorhachis** Schltr. - C.Rica (W)
- *gracile* Lindl.: *Encyclia* 43 (G**)
- *gracilicaule* Rchb.f. & Warsc.: 84 (9**, G)
- *grahamii* Hook.: *Encyclia* 74 (9**, G)
112. **gramineum** Lindl. - Peru (G)
- *graminifolium* L.: *Octomeria* 11 (9**)
- *graminoides* Sw.: *Epithecia graminoides* (O2/81)
113. **grandiflorum** Lindl. - Peru (G)
- *grandiflorum* Kunth: *Stanhopea* 29 (9**)
- *graniticum* Lindl.: *Encyclia* 70 (G**)
- *granulosum* (Lind.) Rchb.f.: *Cattleya* 18 (8**, 9**, G**)
- *gratiosum* Rchb.f.: 207 (G)
- *gratiosum* var. *linearifolium* Cogn.: 207 (G)
- *gravidum* Lindl.: *Encyclia* 70 (G**)

114. **gregorioi** Hagsater - Pan. (W)
115. **guanacastense** Ames & Schweinf. (*E. cocleense* Ames, Hubb. & Schweinf.) - C.Rica, Pan. (W)
- *guatemalense* Withner: *Encyclia* 12 (E**)
- *guatemalense* Kl.: *Encyclia* 46 (E, H)
- *guatemalense* Kl.: *Encyclia* 70 (G**)
- *guentherianum* Kraenzl.: 54 (G)
- *guentherianum* Kraenzl.: *Minicolumna* 1 (S*)
- *guesnelianum* hort.: *Encyclia* 31 (9**, G)
- *guesnelianum* var. *amabile* Batem.: *Encyclia* 31 (9**, G)
- *guesnelianum* var. *striatum* Rchb.f.: *Encyclia* 31 (9**, G)
- *guillemianum* hort.: *Encyclia* 70 (G**)
- *guttatum* A.Rich. & Gal. non L.: *Encyclia* 59 E**, H)
- *guttatum* L.: *Oncidium* 136 (E)
- *haematochilum* Rchb.f.: *Domingoa* 1 (H**)
116. **haenkeanum** Presl - Peru (G)
117. **hammellii** Hagsater - Pan. (W)
- *hanburyi* Lindl.: *Encyclia* 47 (E**, H)
- *harrisii* Fawc.: 293 (G)
118. **harrisoniae** Hook. (*E. aeridiforme* Booth, *E. ammophyllum* Barb.Rodr.) - Braz. (9**, G, S*)
- *harrisonianum* (Batem. ex Lindl.) Rchb.f.: *Cattleya* 21 (8**, 9**, G)
119. **hartwegii** Lindl. - Ven., Col., Ec., Peru (G)
- *hastatum* Lindl.: *Encyclia* 48 (G)
- *hawkesii* Heller: 24 (W)
120. **hellerianum** A.D.Hawk. - Nic., Pan. (W)
- *henrici(i)* Schltr.: *Encyclia* 57 (9**, E, G, H)
121. **henschenii** Barb.Rodr. - S-Braz. (S)
- *herzogii* Schltr.: 84 (9**, G)
- *heteroglossum* Kraenzl.: 228 (G)
- *hexadactylum* Barb.Rodr.: 69 (G**)
- *himatophyllum* Cogn. (S): 126
- *hippium* Hamilt. ex Lindl.: *Rhynchostylis* 3 (8**)
- *hippium* Buch.-Ham. ex D.Don: *Rhynchostylis* 3 (9**, G**)
- *hircinum* A.Rich.: *Encyclia* 36 (G)
- *hoffmanii* Schltr.: *Encyclia* 21 (E**, H**)

122. **hombersleyi** Summerh. - Trin. (S)
- *huegelianum* Rchb.: *Cattleya* 50 (8**)
- *humile* Vell.: *Sophronitis* 4 (E**, 9**, G**, H**)
- *humile* J.E.Sm.: *Pleione* 14 (9**, O6/98**, &14**)
123. **hunterianum** Schltr. - C.Rica, Pan. (W)
- *hymenodes* Rchb.f.: *Domingoa* 1 (H**)
124. **ibaguense** H.B.K. (*E. fulgens* Brongn., *E. radicans* auct. non Pav. ex Lindl., *E. radicans* Pav. ex Lindl., *E. radicans* var. *chiriquense* Schltr., *E. calanthum* Rchb.f. & Warsc., *E. decipiens* Lindl., *E. rhizophorum* Batem. ex Lindl., *E. pratense* Rchb.f.) - Trop. Am. (4**, E**, G, H**, Z**)
- *ibaguense* var. *schomburgkii* (Lindl.) Schweinf. (H): 270 (G**)
- *icthyphyllum* Ames: *Encyclia* 63 (G)
125. **ilense** Dods. - end. to Ec. ($50/9, $54/7, Z**)
126. **imatophyllum** Lindl. [E. himatophyllum Cogn. (S)] (*E. imetrophyllum* Paxt., *E. palpigenum* Rchb.f., *E. palpigerum* Rchb.f., *E. persimile* Schltr., *E. lorifolium* Schltr., *E. flexuosum* G.F.Meyer) - Mex. to Peru, Braz. to Ven., Trin. (E**, G, H**, W, S, Z**)
- *imbricatum* Lindl.: 208 (G)
- *imetrophyllum* Paxt.: 126 (E**, G, H**)
- *imitans* Schltr.: 63 (9**)
- *imperator* hort.: 151 (8**)
127. **incisum** Vell. - Col. (R**)
- *incisum* Vell.: 270 (G**, W)
- *incisum* Rchb.f. & Warsc.: 84 (9**, G)
128. **incomptum** Rchb.f. - C.Rica, Pan. (W, Z**)
- *inconstans* Ames: 84 (9**, G)
- *incumbens* Lindl.: *Epidendrum aromaticum* (8**)
- *incumbens* Lindl.: *Encyclia* 8 (G)
- *indicum* Poiret: *Rhynchostylis* 3 (G**)
- *indusiatum* Kl.: 140 (G)
- *inflexum* Vell.: *Gomesa* 12 (9**)
- *insidiosum* Rchb.f.: *Encyclia* 32 (G)
129. **insolatum** Barringer (*Epidanthus crassus* Dressl.) - Pan. (W)
- *intermedium* (Grah. ex Hook.) Rchb.f.: *Cattleya* 22 (8**, 9**, G**)

- *intermixta* Ames & Schweinf.: *Oerstedella* 11 (O6/89)
- *inversum* Lindl. (8**): *Encyclia* 16 (E**, G, H**)
- *ionocentrum* Rchb.f.: *Encyclia* 78 (9**)
- *ionodesme* Schltr.: 207 (9**, G)
130. **ionodesme** Schltr. - Col. (R**)
- *ionoleucum* Hoffmgg. ex Rchb.f.: *Encyclia* 35 (9**, G**)
- *ionophlebium* Rchb.f.: *Encyclia* 21 (E**, H**)
- *ionophlebium* Rchb.f.: *Hormidium* 6 (S)
131. **ionophyllum** Ortiz - Col. 1.400 m - ter/lit (FXX(3)**)
- *ionosmum* Lindl.: *Encyclia* 51 (G)
- *iridee* Descourt.: *Cattleya* 5 (G)
132. **isomerum** Schltr. - Nic., C.Rica, Pan. (W, S)
133. **isthmii** Schltr. - Nic., C.Rica, Pan. (W)
- *isthmi* Schltr.: 207 (9**, G)
134. **jajense** Rchb.f. - Col. (R**)
135. **jatunsachanum** Dods. & Hagsater - Ec. 400-1.100 m (FXIX2*)
136. **johnstonii** Ames - end. to Ven. (O2/94)
- *juncifolium* L.: *Oncidium* 43 (9**, G**)
- *jurgensii* Rchb.f.: 107 (G)
137. **kerichilum** Hagsater - Pan. (W)
- *kermesinum* Lindl.: *Artorima* 2 (S)
138. **kerryae** Hagsater & Sanchez - Col. 200-1.500 m ($53/10, FXIX2**)
139. **klotzschianum** Rchb.f. (*E. ochriodes* Lindl.) - Ven. 2.000-3.000 m (S)
- *kuhlmannii* Hoehne: 279 (G)
- *labiatum* (Lindl.) Rchb.f.: *Cattleya* 27 (8**, 9**, G**)
- *labiatum* Sw.: *Leochilus* 5 (G)
- *labiatum* var. *luddemannianum* Rchb.f.: *Cattleya* 31 (8**)
- *labiatum* var. *mossiae* (Hook.) Rchb.f.: *Cattleya* 36 (8**, 9**, G**)
- *labiatum* var. *pictum* (Lindl. & Paxt.) Rchb.f.: *Cattleya* 36 (9**, G**)
- *labiatum* var. *trianae* (Lind. & Rchb.f.) Rchb.f.: *Cattleya* 53 (8**, 9**)
- *labiosum* L.C.Rich.: *Zygosepalum* 4 (9**, H**, G)
140. **lacertinum** Lindl. (*E. indusiatum* Kl.) - Mex., Guat. (G)
→ *lacertinum* Lindl.: *Auliza* 6 (S)
141. **lacerum** Lindl. (*Amphiglottis lacera*

(Lindl.) Britt.) - Cuba, P.Rico (G)
- *lacteum* Dressl.: *Oerstedella* 12 (O6/89)
- *lactiflorum* A.Rich. & Gal.: *Epidendrum falcatum* (8**)
- *lactiflorum* A.Rich & Gal.: 210 (G)
142. **lacustre** Lindl. (*E. obesum* Ames) - Nic., C.Rica, Pan., S-Am. (W)
- *laeve* Lindl.: 207 (9**, E**, G, H**)
143. **lagenocolumna** Hagsater - Nic., C. Rica, Pan. (W)
- *lambda* Lind. & Rchb.f.: *Encyclia* 35 (9**, G**)
- *lambda* Lind. & Rchb.f.: *Encyclia* 53 (FVI4)
144. **lambeauanum** De Wild. (8**)
- *lamellatum* Westc. ex Lindl.: 288 (E)
- *lamellatum* Westc. ex Lindl.: *Dimerandra* 4 (9**, G, H**, $56/4)
- *lamprocaulon* Rchb.f.: 150 (G)
- *lanceola* Sw.: *Pleurothallis* 374 (G)
- *lancifolium* Pav. ex Lindl.: *Encyclia* 54 (G**)
145. **lancilabium** Schltr. - C.Rica, Pan. (W)
- *langlassei* Schltr.: *Encyclia* 54 (G**)
146. **lankesteri** Ames - C.Rica (W)
- *lansbergii* Rchb.f.: 228 (G)
- *laterale* Rolfe: 259 (W**)
147. **latifolium** (Lindl.) Gar. & Sweet (*E. nocturnum* var. *latifolium* Lindl.) - C-Am., W-Ind., Ven. (E, H**)
- *latifolium* (Lindl.) Gar. & Sweet: 42 (9**, G**, W)
- *latilabium* Rchb.f.: 79 (9**, G**)
148. **latilabre** Lindl.
ssp. **minor** Brieg. (S)
- *latilabre* Lindl.: 79 (9**, E, G**, H*)
- *latro* Rchb.f.: *Encyclia* 16 (E**, G, H**)
149. **laucheanum** Rolfe (*E. dolichostachyum* Schltr., *E. cristobalense* Ames) - Guat., Hond., C. Rica, Col. - „Arrocillo, Rosario" (9**, W**, S, Z**)
- *laxum* Poepp. & Endl.: *Minicolumna* 1 (S*)
- *laxum* Poepp. & Endl.: 54 (G)
- *laxum* Sw.: *Pleurothallis* 380 (G)
- *laxum* var. *mocoanum* Schltr.: 54 (G)
150. **ledifolium** A.Rich. & Gal. (*E. propinquum* A.Rich. & Gal., *E. lamprocaulon* Rchb.f., *E. lucidum* Schltr.) - Mex., Guat., Hond. (G)
- *leiobulbon* Hook.: *Encyclia* 99 (G)

- *leopardinum* Rchb.f.: *Encyclia* 102 (9**, E**, G**, H**)
- *leopardinum* Rchb.f.: *Encyclia* 55 (FXIX2)
- *leprosum* Schltr.: *Oerstedella* 6 (O6/89, H)
- *leucarachne* Schltr.: 189 (9**, G)
- *leucocardium* Schltr.: 82 (9**)
151. **leucochilum** Kl. (*E. flavidum* Lindl., *E. imperator* hort.) - Ven., Col. (8**, G, S)
- *leucomelanum* Rchb.f.: *Jacquiniella* 6 (S)
- *libatum* Lindl.: *Prosthechea* 1 (S)
152. **lignosum** Llave & Lex. - Mex. (G)
- *ligulatum* Vell.: *Oncidium* 187 (9**, E**, G**, H**)
153. **ligulatum** Llave & Lex. (*E. llavei* Steud.) - Mex. (G)
- *limbatum* Lindl.: *Encyclia* 41 (G)
154. **limbatum** Lindl. (*Prostechea glauca* Knowl. & Westc.) - Mex., Guat. (S)
- *lindenianum* A.Rich. & Gal.: 31 (G)
- *lindenii* Lindl.: 84 (9**, G)
- *lindenii* Lindl.: *Anacheilium* 4 (R**)
- *lindleyanum* (Batem. ex Lindl.) Rchb.f.: *Barkeria* 7 (9**, H**)
155. **lineare** Ruiz & Pav. - Peru (G)
- *lineare* Jacq.: *Isochilus* 5 (E, G**, H**)
- *linearifolium* Hook.: *Encyclia* 14 (9**, G)
- *lineatum* Salisb.: *Epidendrum fragrans* (8**)
- *lineatum* Salisb.: *Encyclia* 35 (9**, G**)
- *lineatum* Vell.: *Oncidium* 86 (E**, H**)
- *linkianum* Kl.: *Encyclia* 56 (G)
- *lividum* Lindl.: *Encyclia* 57 (9**, E, G, H)
- *llavei* Steud.: 153 (G)
156. **lockhartioides** Schltr. - C.Rica, Pan. (W, S)
- *loddigesii* (Lindl.) Rchb.f.: *Cattleya* 30 (8**, G)
- *loddigesii* var. *harrisoniana* Lind.: *Cattleya* 30 (G)
157. **loefgrenii** Cogn. - Braz. (S)
- *longicolle* Lindl.: 189 (9**, G)
- *longicrure* (Lindl.) Schltr.: 207 (9**, G)
158. **longiflorum** Kunth - Col. (G, S)
- *longihastatum* Barb.Rodr.: 84 (9**, G)
- *longipes* Rchb.f.: *Encyclia* 102 (9**, G**)

159. **longipetalum** A.Rich. & Gal. - Mex. (G, Z**)
- *longipetalum* Lindl. & Paxt.: *Encyclia* 6 (9**, G**)
- *longipetalum* God.-Leb.: *Encyclia* 29 (9**, G)
- *longispathum* Barb.Rodr.: 60 (8**, 9**)
- *longovarium* Barb.Rodr.: 69 (G**)
- *lorifolium* Schltr.: 126 (E**, G, H**, S)
- *loxense* Lehm. & Kraenzl.: 267 (G)
- *lucidum* Schltr.: 150 (G)
160. **luckei** Bock - Col. 50 m (O3/84)
161. **luerorum** Hagsater - Pan. (W)
- *luteolum* (Lindl.) Rchb.f.: *Cattleya* 32 (9**, E**, H**)
- *luteum* hort. ex Planch.: 47 (9**, G**)
162. **lutheri** Hagsater - Pan. (W)
- *macrobotryum* Lindl. ex Rchb.f.: 52 (9**)
- *macroceras* Schltr.: 207 (9**, G)
- *macrochilum* Hook.: 10 (8**)
- *macrochilum* Hook.: *Encyclia* 29 (9**, E**, G, H**)
- *macrochilum* var. *roseum* Batem.: *Encyclia* 29 (9**, G)
163. **macroclinium** Hagsater - Nic., C. Rica, Pan. (W, Z**)
- *macrodonax* Schltr.: 100 (G)
164. **macrostachyum** Lindl. (*E. rigidiflorum* Schltr.) - Col., C.Rica, Pan., S-Am. (G, W)
- *macrostachyum* Thou.: *Beclardia* 3 (U**)
- *macrothyrsis* Lehm & Kraenzl.: 54 (G)
- *macrothyrsodes* Rchb.f.: 268 (9**)
- *macrothyrsus* Lehm. & Kraenzl.: *Minicolumna* 1 (S*)
- *maculatum* Aubl.: *Oncidium* 7 (9**, G**)
- *maculosum* Ames, Hubb. & Schweinf.: *Encyclia* 59 (4**, E**, H)
- *madrense* Schltr.: *Encyclia* 21 (E**, H**)
165. **magelhaesii** Schltr. (S)
- *magnibracteatum* Ames: 63 (9**)
166. **magnicallosum** Schweinf. - Ven. (FXV2/3)
- *magnoliae* Muhl.: 59 (9**, G)
- *majale* Schltr.: 95 (W)
167. **mancum** Lindl. - Peru, Ec., Col. (G)
- *mantinianum* Rolfe: *Kalopternix* 2 (S)

168. **mantis-religiosae** Hagsater - Pan. (W)
- *marginatum* Link, Kl. & Otto: *E. radiatum* (8**)
- *marginatum* Link, Kl. & Otto: *Encyclia* 84 (9**, G**)
- *marginatum* A.Rich.: *Pleurothallis* 738 (E, G, H)
- *mariae* Ames: *Encyclia* 60 (E**, H**)
169. **marmoratum** Rich. & Gal. [E. marmoratum Rchb.f. (Z**)] - Mex. (A**)
170. **martianum** Lindl. - Braz. (G)
- *mathewsii* Rchb.f.: *Nanodes* 7 (O1/93)
- *matthewsii* Rchb.f.: 232 (H**)
- *maximum* (Lindl.) Rchb.f.: *Cattleya* 33 (8**, 9**, G**, H**)
171. **medusae** (Rchb.f.) Sieb. [E. medusae (Lindl.) Benth. (O3/91)] (*Nanodes medusae* Rchb.f.) - Ec. (E**, H**)
→ *medusae* (Rchb.f.) Sieb.: *Nanodes* 6 (9**)
- *medusae* (Rchb.f.) Pfitz.: *Nanodes* 6 (9**)
- *medusae* (Rchb.f.) Schltr.: *Nanodes* 6 (9**)
- *megahybos* Schltr.: *Encyclia* 61 (FXVIII1)
- *melinoacron* Schltr.: 64 (G)
- *michuacanum* Llave & Lex.: *Encyclia* 63 (G)
172. **micranthum** Lindl. (*Amblostoma holochilum* Schltr.) - Peru (G)
- *microbulbon* Hook.: *Encyclia* 64 (G)
173. **microdendron** Rchb.f. - C.Rica (W)
174. **microphyllum** Lindl. (*Lanium microphyllum* (Lindl.) Benth.) - Pan., S-Am. (W)
→ *microphyllum* Lindl.: *Lanium* 4 (G)
- *micropus* Rchb.f.: *Encyclia* 95 (G)
- *miersii* Lindl.: 266 (G)
- *miersii* var. *longifolium* Cogn.: 266 (G)
- *millei* Schltr.: 69 (G**)
- *miniatum* Aubl.: *Polystachya* 19 (U)
- *minutum* Aubl.: *Polystachya* 19 (G)
175. **mirabile** (mirabilis) Ames & Schweinf. - C.Rica (W**, S)
176. **miserrimum** Rchb.f. - Nic., C.Rica, Pan., S-Am. (W)
→ *miserrimum* Rchb.f.: *Microepidendrum* 1 (S)
177. **miserum** Lindl. - Mex. (G)

178. **mixtum** Schltr. - C.Rica (S)
179. **modestiflorum** Schltr. - C.Rica (W)
- *modestiflorum* Schltr.: 249 (G)
180. **mojandae** Schltr. - Ec. (O3/97)
- *monanthum* Steud.: *Encyclia* 82 (9**, G)
- *monile* Thunb.: *Dendrobium* 236 (9**, G)
- *moniliferum* Panzer: *Dendrobium* 236 (9**, G)
- *moniliforme* L.: *Dendrobium* 236 (9**, G)
- *montanum* Sw.: *Octadesmia* 2 (9**)
181. **montigenum** Ridl. - Ven. (FXV2/3, S)
- *mooreanum* Rolfe: *Encyclia* 65 (9**)
182. **mora-retanae** Hagsater - C.Rica, Pan. (W)
- *moschatum* Buch.-Ham.: *Dendrobium calceolaria* (8**)
- *moschatum* Buch.-Ham.: *Dendrobium* 243 (9**, E**, G**, H**)
183. **moyobambae** Kraenzl. (O3/91)
- *moyobambae* Kraenzl.: 65 (E, G, H**, W)
- *muricatum* Poiret: *Dichaea* 53 (O2/81)
184. **muscicola** Schltr. - C.Rica, Pan. (W)
- *musciferum* Lindl.: 13 (E**, H**)
- *musciferum* Lindl.: 274 (9**, G**)
185. **myodes** Rchb.f. (*E. polyanthum* var. *myodes* (Rchb.f.) Ames, Hubb. & Schweinf.) - C.Rica, Pan. (W)
- *myrianthum* Lindl.: *Oerstedella* 14 (9**)
- *myrianthum* var. *album* Rchb.f. ex Will.: *Oerstedella* 14 (9**)
- *naucrates* Rchb.f.: 92 (G)
- *nemorale* Lindl. (8**): *Encyclia* 3 (E**, 9**, G**, H**)
186. **nervosiflorum** Ames & Schweinf. - C.Rica (W)
- *nervosiflorum* Ames & Schweinf.: *Neowilliamsia* 4 (S)
- *nervosum* (Thunb.) Thunb.: *Liparis* 111 (G**)
187. **neudeckeri** Dods. & Hagsater - Ec. 250-850 m (FXIX2*)
188. **nitens** Rchb.f. - Nic., C.Rica (W)
189. **nocturnum** Jacq. (*E. carolinianum* Lam., *E. longicolle* Lindl., *E. tridens* Poepp. & Endl., *E. discolor* A.Rich. & Gal., *E. spruceanum* Lindl., *E. bahiense* Rchb.f., *E. buenaventurae* Lehm. & Kraenzl., *E. leucarachne* Schltr., *E. oliganthum* Schltr., *E. tunguraguae* Schltr., *E. nocturnum* var. *angustifolium* Stehlé, - var. *tridens* (Poepp. & Endl.) Cogn., - var. *minus* Cogn., - var. *panamense* Schltr., - var. *minor* Schltr., *Nyctosma nocturna* (Jacq.) Raf., *Phaedrosanthus nocturnus* (Jacq.) Ktze., *Auliza nocturna* (Jacq.) Small, *Amphiglottis nocturna* (Jacq.) Britt.) - USA, Trop. Am. (3**, 9**, E**, G, H**, W, $54/3, R, Z**)
- *nocturnum* var. *angustifolium* Stehlé: 189 (E**, G, H**)
- *nocturnum* var. *latifolium* Lindl.: 147 (E, H**)
- *nocturnum* var. *latifolium* Lindl.: 42 (9**, G**)
- *nocturnum* var. *minor* Schltr.: 189 (9**, G)
- *nocturnum* var. *minus* Cogn.: 189 (9**, G)
- *nocturnum* var. *panamense* Schltr.: 189 (9**, G)
- *nocturnum* var. *tridens* (Poepp. & Endl.) Cogn.: 189 (9**, G)
- *nodosum* L.: *Brassavola* 14 (9**, E**, G**, H**, S)
- *nodosum* var. ß L.: *Broughtonia* 3 (9**)
190. **notabile** Schltr. - C.Rica, Pan. (W)
- *novogranatense* Rchb.f. & Warsc.: 84 (9**, G)
- *nubium* Rchb.f.: 19 (G)
191. **nubium** Rchb.f. - Nic., C.Rica (W)
192. **nutans** Sw. - Jam., Trin., Ven., Braz. (G**)
- *nutans* Ruiz & Pav.: 261 (G)
- *nutans* var. *dipus* (Lindl.) Lindl.: 76 (G**)
193. **nutantirachis** Ames & Schweinf. - C.Rica, Pan. (W)
- *obesum* Ames: 142 (W)
194. **obliquifolium** Ames, Hubb. & Schweinf. - C.Rica, Pan. 2.300-2.500 m (W, O1/93)
- *oblongatum* A.Rich.: *Encyclia* 74 (G)
- *ochraceum* Lindl.: *Encyclia* 68 (E**, G, H)
- *ochriodes* Lindl.: 139 (S)
195. **octomerioides** Schltr. - Nic., C.Rica (W)
196. **odontochilum** Hagsater - C.Rica (W)

- *odoratissimum* Lindl.: *Encyclia* 69 (9**, G**)
- *odoratum* Poiret: *Aerides* 16 (9**, G**)
197. **oerstedii** Rchb.f. (*E. costaricense* Rchb.f., *E. umlauftii* Zahlbr., *E. ciliare* var. *oerstedii* (Rchb.f.) Will.) - C.Rica, Pan., Nic. (9**, O3/91, E**, H**, W, Z**)
- ↪ *oerstedii* Rchb.f.: *Auliza* 8 (S*)
- *olare* Vell.: *Catasetum* 75 (9**, G**)
- *oliganthum* Schltr.: 189 (9**, G)
- *oncidioides* Lindl.: *Encyclia* 70 (G**)
- *oncidioides* var. *gravidum* (Lindl.) Ames: *Encyclia* 70 (G**)
- *oncidioides* var. *mooreanum* (Rolfe) Ames: *Encyclia* 65 (9**)
- *oncidioides* var. *profusum* (Rolfe) Ames: *Encyclia* 79 (9**)
- *oncidioides* var. *ramonense* (Rchb. f.) Ames: *Encyclia* 20 (G)
- *oncidioides* var. *graniticum* (Lindl.) Lindl.: *Encyclia* 70 (G**)
- *ophioglossoides* Jacq.: *Stelis* 76 (E, H)
- *ophioglossoides* Jacq.: *Pleurothallis* 498 (G**)
- *oppositifolium* A.Rich. & Gal.: *Hexisea* 2 (9**)
198. **orchidiflorum** (orchidoflorum) Salzm. ex Lindl. - Braz., Ven. (G, S*)
199. **orgyale** Lindl. - Col. (G)
- *ornatum* Lem.: 207 (9**, G)
- *osmanthum* Barb.Rodr.: *Encyclia* 71 (9**)
- *ovale* Sw.: *Lepanthes* 234 (L)
200. **ovalifolium** Lindl. - Mex. (G)
- *ovulum* Lindl.: *Encyclia* 64 (G)
201. **oxyglossum** Schltr. (*E. exile* Ames) - C.Rica, Pan. (W)
202. **pachyanthum** Lindl. - Braz., Guy. (G)
- *pachycarpum* Schltr.: *Encyclia* 21 (E**, H**)
203. **pachyceras** Hagsater - C.Rica, Pan. (W)
- *pachygastrium* Kraenzl.: 311 (G)
- *pachyphyllum* Schltr.: 84 (9**, G)
- *pachyrhachis* Ames: 279 (G, W)
- *pachysepalum* Kl.: *E. variegatum* (8**)
- *pachysepalum* Kl.: *Encyclia* 102 (9**, G**)
- *pajitense* Schweinf.: *Oerstedella* 16 (O6/89)
- *paleaceum* (Lindl.) Rchb.f.: 31 (G)
- *paleaceum* (Lindl.) Rchb.f.: *Nidema* 1 (H**)
204. **pallens** Rchb.f. - C.Rica, Pan. (W)
- ↪ *pallens* Rchb.f.: *Microepidendrum* 2 (S)
205. **pallidiflorum** Hook. - W-Ind. (9**, G)
- *palmense* Ames: 63 (9**, W)
- *palmifolium* Sw: *Xylobium* 23 (9**, G**)
- *palpigenum* Rchb.f.: 126 (E**, G, H**)
- *palpigerum* Rchb.f.: 126 (S)
- *pamplonense* Rchb.f.: *Encyclia* 102 (9**, G**)
206. **panamense** Schltr. - Pan. (W)
207. **paniculatum** Ruiz & Pav. (*E. floribundum* H.B.K., *E. densiflorum* Hook., *E. laeve* Lindl., *E. piliferum* Rchb.f., *E. rubrocinctum* Lindl., *E. ornatum* Lem., *E. floribundum* var. *convexum* Lindl., *E. syringaeflorum* Warsc. ex Rchb.f., *E. turialvae* Rchb.f., *E. resectum* Rchb.f., *E. falsiloquum* Rchb.f., *E. englerianum* Lehm. & Kraenzl., *E. frons-bovis* Kraenzl., *E. ionodesme* Schltr., *E. longicrure* (Lindl.) Schltr., *E. macroceras* Schltr., *E. atacazoicum* Schltr., *E. bifalce* Schltr., *E. caloglossum* Schltr., *E. isthmi* Schltr., *E. reflexum* Ames & Schweinf., *E. paniculatum* var. *cuspidatum* Lindl., - var. *longicrure* Lindl.) - Trop. Am. (9**, E**, G, H**)
   var. **linearifolium** (Cogn.) Schweinf. (*E. parviflorum* Ruiz & Pav., *E. gratiosum* Rchb.f., *E. gratiosum* var. *linearifolium* Cogn., *E. patulipetalum* Schltr.) - Peru (G)
- *paniculatum* var. *cuspidatum* Lindl.: 207 (9**, G)
- *paniculatum* var. *longicrure* Lindl.: 207 (9**, G)
- *pansamalae* Schltr.: *Oerstedella* 17 (O6/89)
- *papilionaceum* Vahl: *Psychilis* 2 (G**, H)
- *papilionaceum* var. *grandiflora* Cogn.: *Encyclia* 44 (S)
- *papillosum* Batem. ex Lindl.: *Encyclia* 2 (9**, G)
208. **paranaense** Barb.Rodr. (*E. imbricatum* Lindl., *E. biflorum* Cogn., *E. boissierianum* Schltr.) - Braz. (G)

209. **paranthicum** Rchb.f. - C.Rica, Pan. (W, Z**)
→ *paranthicum* Rchb.f.: *Epidanthus* 4 (H*)
210. **parkinsonianum** Hook. (*E. falcatum* Lindl., *E. aloifolium* Batem., *E. lactiflorum* A.Rich & Gal., *Auliza parkinsonianum* (Hook.) Brieg.) - Mex., Guat., Hond., C.Rica, Pan. (3**, 4**, 9**, O3/91, E, G, H, W**, Z**)
- *parviflorum* Sessé & Moc.: *Encyclia* 68 (E**, H)
- *parviflorum* Ruiz & Pav.: 207 (G)
211. **parvilabre** Lindl. - Peru (G)
- *pastoris* Link & Otto: *Encyclia* 56 (G)
- *pastoris* Llave & Lex.: *Encyclia* 72 (G)
212. **patens** Sw. (*E. sulphuroleucum* Barb.Rodr., *Exophya fuscata* Raf.) - Braz., Col. (9**, G, S)
- *patulipetalum* Schltr: 207 (G)
- *pauciflorum* Schltr.: *Microepidendrum* 2 (S)
213. **paucifolium** Schltr. - C.Rica, Pan. (W)
- *pauper* Vell.: *Cattleya* 16 (9**, G**)
- *pavonianum* Rchb.f.: 64 (G)
214. **paytense** Rchb.f. - And. (S)
215. **pendens** L.O.Wms. - C.Rica, Pan. (W**)
- *pendulum* Roxb.: *Cymbidium pendulum* (8**)
- *pendulum* Roxb.: *Cymbidium* 1 (9**, G**)
- *pendulum* Cogn.: *Dressleriella* 6 (S)
- *pentadactylum* Rchb.f.: *Oerstedella* 19 (O6/89)
- *pentotis* Rchb.f. (8**): *Encyclia* 11 (9**, E**, H**)
216. **peperomia** Rchb.f. (*E. porpax* Rchb.f., *Neolehmannia peperomia* (Rchb.f.) Gar. & Dunst.) - Nic., C.Rica, Pan., S-Am. (H, W, Z**)
→ *peperomia* Rchb.f.: *Neolehmannia* 3 (S)
- *peraltense* Ames: *Encyclia* 70 (G**)
- *pergameneum* Rchb.f.: 228 (G)
- *persimile* Schltr.: 126 (S)
217. **pfavii** Rolfe - C.Rica (W**, Z**)
- *pfavii* Rolfe: 52 (9**)
- *phoeniceum* Lindl.: *Encyclia* 74 (9**, G)
218. **phragmites** Heller & L.O.Wms. - Nic., C.Rica, Pan. (W)

219. **phyllocharis** Rchb.f. - C.Rica, Pan. (W)
- *phymatoglossum* Rchb.f.: *Encyclia* 99 (G)
220. **physodes** Rchb.f. - C.Rica (W)
→ *physodes* Rchb.f.: *Physinga* 2 (S)
221. **pictum** Lindl. - Guy., Braz. (G)
- *piestocaulos* Schltr.: 51 (G)
222. **piliferum** Rchb.f. - C.Rica, Pan. (W**)
- *piliferum* Rchb.f.: 207 (9**, E**, G, H**)
- *pinniferum* Schweinf.: *Oerstedella* 20 (O6/89, W**)
223. **piperinum** Lindl. - Col. (G)
- *platycardium* Schltr.: *Encyclia* 88 (9**)
224. **platychilum** Schltr. - Ec. 300-500 m ($53/10, FXIX2**)
- *platyoon* Schltr.: 273 (G)
225. **platystigma** Rchb.f. - C.Rica, Pan. (W)
226. **pleurothalloides** Hagsater - Pan. (W)
- *plicatum* Lindl.: *Encyclia* 75 (G**)
227. **podostylos** Hagsater & Dods. - end. to Ec. (O3/97)
228. **polyanthum** Lindl. (*E. bisectum* Lindl., *E. funiferum* Morren, *E. colorans* Kl., *E. lansbergii* Rchb.f., *E. pergameneum* Rchb.f., *E. stallforthianum* Kraenzl., *E. verrucipes* Schltr., *E. heteroglossum* Kraenzl., *E. quinquelobum* Schltr.) - Mex. to Pan., Ven., Braz. (G, W)
- *polyanthum* var. *densiflorum* (Hook.) Lindl.: 76 (9**)
- *polyanthum* var. *myodes* (Rchb.f.) Ames, Hubb. & Schweinf.: 185 (W)
229. **polybulbon** Sw. (*Dinema polybulbon* (Sw.) Lindl., *Encyclia polybulbon* (Sw.) Dressl.) - Mex. to Hond., Cuba, Jam. (8**, E)
→ *polybulbon* Sw.: *Dinema* 2 (9**)
→ *polybulbon* Sw.: *Encyclia* 76 (H**)
- *polybulbon* var. *luteo-album* Miethe: *Dinema* 2 (9**)
230. **polychlamys** Schltr. (*E. barbae* Rchb.f.) - C.Rica, Pan. (W)
- *polyschistum* Schltr.: 84 (9**, G)
- *polystachys* Thou.: *Oeoniella* 2 (8**)
- *polystachys* Thou.: *Oeoniella* 2 (H**, O1/94, U**)
231. **polystachyum** Kunth - Col., Ec., Peru (G)
232. **porpax** Rchb.f. (*E. gnomus* Schltr.,

E. porphyrophyllum Schltr., *E. matthewsii* Rchb.f., *Nanodes mathewsii* (Rchb.f.) Rolfe, *Neolehmannia porpax* (Rchb.f.) Gar. & Dunst.) - Mex. to Pan., Ven., Peru (E**, H**, R**)
- ➤ *porpax* Rchb.f.: *Nanodes* 7 (O1/93)
- *porpax* Rchb.f.: 216 (W)
- ➤ *porpax* Rchb.f.: *Neolehmannia* 4 (S)
233. **porphyreum** Lindl. - Col., Ec., Peru (G, Z**)
- *porphyroglossum* (Lind. & Rchb.f.) Rchb.f.: *Cattleya* 41 (O6/98**)
- *porphyrophylla* Schltr.: *Nanodes* 7 (O1/93)
- *porphyrophyllum* Schltr.: 232 (E**, H**)
- *powellii* Schltr.: 20 (W)
- *praecox* J.E.Sm.: *Pleione* 20 (9**, G**, H**, &14**)
- *praemorsum* Roxb.: *Acampe* 5 (G)
- *pratense* Rchb.f.: 124 (G)
- *primulinum* Batem.: *Encyclia* 85 (G)
- *prismatocarpum* Rchb.f. (8**): *Encyclia* 78 (9**)
- *pristes* Rchb.f.: 270 (G**)
234. **probiflorum** Schltr. - Pan. (W)
- *profusum* Rolfe: *Encyclia* 79 (9**)
- *proliferum* Sw.: *Scaphyglottis* 37 (H)
235. **proligerum** Barb.Rodr. (S*)
- *propinquum* A.Rich. & Gal.: 150 (G)
236. **prostatum** (Lindl.) Cogn. (*Physinga prostata* Lindl.) - Braz., Guy. (G)
- *pruinosum* A.Rich. & Gal.: *Encyclia* 28 (G)
237. **pseudepidendrum** (Rchb.f.) Rchb.f. (*E. pseudepidendrum* var. *auritum* Rchb.f., *Pseudepidendrum spectabile* Rchb.f.) - Pan., C.Rica (8**, 9**, A**, E**, H**, W, Z**)
- *pseudepidendrum* var. *auritum* Rchb.f.: 237 (9**)
- *pseudodifforme* Hoehne & Schltr.: 79 (9**, G**)
238. **pseudoramosum** Schltr. - Nic., C. Rica, Pan. (W)
- *pseudoschumannianum* Fowlie: *Oerstedella* 21 (O6/89)
- *pseudowallisii* Schltr.: *Oerstedella* 22 (O6/89)
- *psilanthemum* Loefgr.: 240 (G**)
- *pterocarpum* Lindl.: *Encyclia* 81 (G**)
239. **pudicum** Ames - C.Rica, Pan. (W, S)
- *pugioniforme* Regel (Z**): *Auliza* 9 (S)
- *pumilum* Rolfe: *Oerstedella* 23 (9**)
- *punctatum* L.: *Cyrtopodium* 25 (8**, 9**, H**, S*)
- *punctulatum* Rchb.f.: *Encyclia* 28 (G)
240. **purpurascens** Focke (*E. clavatum* Lindl., *E. glumibracteatum* Rchb.f., *E. psilanthemum* Loefgr., *Didothion clavatum* (Lindl.) Raf.) - Braz., Guy., Ven., Col., C.Rica (4**, G**)
241. **purpureum** Barb.Rodr. - S-Braz. (S)
242. **purum** Lindl. - Ven. to Bol. (O3/91, E**, G, H**, Z**)
- *pusillum* L.: *Oncidium pusillum* (E**)
- *pusillum* L.: *Psygmorchis* 4 (G**, H)
- *pusillum* Koenig.: *Chiloschista* 9 (G)
243. **puteum** Standl. & L.O.Wms. - C. Rica (W)
- *pygmaeum* Hook.: *Encyclia* 82 (9**, E**, G, H)
- *pyriforme* Lindl.: *Encyclia* 83 (G**)
- *quinquelobum* Schltr.: 228 (G)
244. **quitensium** Rchb.f. - Ec. (O3/97)
- *quitensium* Rchb.f.: 84 (9**, G)
- *racemiflorum* Sw.: *Pleurothallis* 589 (G)
- *radiatum* Lindl. (8**): *Encyclia* 84 (9**, E**, H)
- *radiatum* Hoffmgg.: 79 (9**, G**)
245. **radicans** Pav. ex Lindl. - Nic., C. Rica, Pan., Col., S-Am. (W**, R**, Z**)
- *radicans* Pav. ex Lindl.: 124 (4**, E**, G)
- *radicans* auct. non Pav. ex Lindl.: 124 (H**)
- *radicans* var. *chiriquense* Schltr.: 124 (G)
246. **rafael-lucasii** Hagsater - C.Rica, Pan. (W)
- *ramirezzi* Gojon Sanchez: *Encyclia* 99 (G)
- *ramonense* Rchb.f.: *Encyclia* 20 (G)
247. **ramonianum** Schltr. - C.Rica, Pan. (W)
248. **ramosissimum** Ames & Schweinf. - C.Rica (W)
249. **ramosum** Jacq. (*E. rigidum* Lodd., *E. sellowii* Rchb.f., *E. flexicaule* Schltr., *E. modestiflorum* Schltr., *E. ramosum* var. *lanceolatum* Griseb., - var. *lancifolium* Cogn., *Isochilus ramosum* (Jacq.) Spreng., *Spathiger ramosus* (Jacq.) Britt.) - Trop.-Sub-

trop. Am. (G, W, S, Z**)
- *ramosum* var. *lanceolatum* Griseb.: 249 (G)
- *ramosum* var. *lanceolatum* Griseb.: 30 (S)
- *ramosum* var. *lancifolium* Cogn.: 249 (G)
250. **raniferum** Lindl. - Nic., C.Rica, Pan., S-Am. (3**, 8**, W, Z**)
- *raniferum* Lindl.: 69 (E, G**, H*)
- *raniferum* var. *hexadactylum* (Barb. Rodr.) Cogn.: 69 (G**)
- *raniferum* var. *loefgrenii* Cogn.: 69 (G**)
- *raniferum* var. lutescens Lindl. ex Broadw.: 69 (G**)
- *raniferum* var. *luteum* Lindl.: 69 (G**)
- *raniferum* var. *obtusilobum* Cogn.: 69 (G**)
- *rantierium* Lindl. ex Sanchez: 69 (G**)
251. **rectopeduncolatum** Schweinf. - Braz. (S)
252. **recurvatum** Lindl. - Ven. (G)
- *reflexum* Ames & Schweinf.: 207 (9**, G)
253. **refractum** Lindl. - Ven. (G)
- *renanthera* Raeusch: *Renanthera* 4 (9**, G**)
254. **renzii** Gar. & Dunst. - Col. (R**)
255. **repens** Cogn. - Nic., C.Rica, Pan., S-Am. (W, S)
256. **resectum** Rchb.f. - C.Rica (W)
- *resectum* Rchb.f.: 207 (9**, G)
- *resupinatum* Sessé & Moc.: *Polystachya* 19 (G)
- *retusum* L.: *Rhynchostylis* 3 (2*, 8**, 9**, E**, G**, H**)
- *rhabdobulbon(um)* Schltr.: *Encyclia* 102 (9**, E**, G**, H**)
- *rhizophorum* Batem. ex Lindl.: 124 (G)
- *rhopalobulbon* Schltr.: *Encyclia* 102 (9**, G**)
- *rigidiflorum* Schltr.: 164 (W)
257. **rigidum** Jacq. - Guad., Dom., Mart., Gren., S.Lucia (G, W, $54/3, S, Z**)
- *rigidum* Lodd.: 249 (G)
- *rimbachii* Schltr.: 288 (E)
- *rimbachii* Schltr.: *Dimerandra* 4 (9**, G, H**)
- *rimbachii* Schltr.: *Dimerandra* 6 ($56/4)
258. **robustum** Barb.Rodr. - Braz. (G, S*)
- *roseum* Schltr.: *Cattleyopsis* 5 (S)
259. **rousseauae** Schltr. (*E. laterale* Rolfe) - C.Rica, Pan., S-Am. (W**)
→ *rousseauae* Schltr.: *Auliza* 10 (S)
- *rubrocinctum* Lindl.: 207 (9**, G)
- *rueckerae* Rchb.f.: 52 (FVI4)
- *rufum* Lindl.: *Encyclia* 85 (G)
260. **rugosum** Ames - C.Rica, Pan. (W)
261. **ruizianum** Steud. (*E. nutans* Ruiz & Pav., *E. spathaceum* Lindl.) - Peru, Col., Ven. (G, R**, S*)
262. **rupestre** Lindl. - Peru, Ec. (G)
- *ruscifolium* Jacq.: *Pleurothallis* 618 (G)
- *saccharatum* Kraenzl.: *Encyclia* 102 (9**, G**)
- *sagraeanum* A.Rich.: *Encyclia* 36 (G)
263. **sanchoi** Ames - C.Rica, Pan. (W) var. **exasperatum** Ames & Schweinf. - C.Rica (W)
264. **sancti-ramoni** Kraenzl. - C.Rica, Pan. (W)
- *sanguineum* Sw.: *Broughtonia* 3 (4**, 9**, E**, H**)
265. **santaclarense** Ames - Nic., C.Rica (W)
- *santaclarense* Ames: 30 (S)
- *sarcophyllum* Focke: *Lanium* 4 (G)
- *satyrioides* Sw.: *Ionopsis* 6 (G)
266. **saxatile** Lindl. (*E. miersii* Lindl., *E. miersii* var. *longifolium* Cogn., *E. weddellii* Lindl., *E. candidum* Barb. Rodr., *E. concalvii* Barb.Rodr., *E. fractiflexum* Barb.Rodr., *E. weddellii* var. *robustum* Cogn., - var. *longifolium* Cogn., *E. vellozoi* A.D.Hawk.) - Ven., Guy., Braz., Par. (G)
267. **scabrum** Ruiz & Pav. (*E. scabrum* var. *parviflorum* Cogn., *E. loxense* Lehm. & Kraenzl., *E. cardiophyllum* Kraenzl.) - Col., Ec., Peru (G)
- *scabrum* var. *parviflorum* Cogn.: 267 (G)
268. **sceptrum** Lindl. (*E. macrothyrsodes* Rchb.f., *E. sphenoglossum* Lehm.) - Ven., Col., Ec. (9**)
→ *sceptrum* Lindl.: *Anacheilium* 5 (R**)
- *schenckianum* Kraenzl.: 274 (9**, G**)
- *schillerianum* (Rchb.f.) Rchb.f.: *Cattleya* 44 (8**, 9**)
269. **schlechterianum** Ames (*E. discolor* (Lindl.) Benth., *E. brevicaule* Schltr., *E. congestioides* Ames & Schweinf.,

Nanodes discolor Lindl.) - Mex. to Pan., Ven., Peru, Guy., Braz., Trin. (O3/91, E**, H**, W)
- *schlechterianum* Ames: *Nanodes* 4 (G**, O1/93)
270. **schomburgkii** Lindl. (*E. incisum* Vell., *E. fulgens* Focke, *E. blepharoclinium* Rchb.f., *E. pristes* Rchb.f., *E. splendens* Schltr., *E. ibaguense* var. *schomburgkii* (Lindl.) Schweinf.) - Ven., Col., Ec., Peru, Guy., Braz., Amaz. (G**, S)
- *schreineri* Barb.Rodr.: 274 (9**, G**)
- *schumannianum* Schltr.: *Oerstedella* 24 (O6/89)
- *schweinfurthianum* Correll: *Oerstedella* 25 (O6/89)
271. **scriptum** A.Rich. & Gal. - Mex. (G)
- *scriptum* L.: *Grammatophyllum* 5 (9**, G**)
- *scriptum* Thou.: *Graphorkis* 1 (U**)
272. **sculptum** Rchb.f. (*E. florijugum* Barb.Rodr.) - Nic., C.Rica, Pan., S-Am. (W, S)
273. **scutella** Lindl. (*E. platyoon* Schltr.) - Peru, Ec., Col. (G)
274. **secundum** Jacq. (*E. anceps* Jacq., *E. anceps* var. *virescens* (Lodd.) Hemsl., - var. *viridipurpureum* (Hook.) Hemsl., *E. secundum* (Jacq.) Sw., *E. fuscatum* Smith, *E. fuscatum* var. *virescens* (Lodd.) Lindl., - var. *viridipurpureum* (Hook.) Lindl., *E. virescens* Lodd., *E. musciferum* Lindl., *E. viridipurpureum* Hook., *E. ensatum* A.Rich. & Gal., *E. galeottianum* A.Rich. & Gal., *E. amphistomum* A.Rich., *E. cearense* Barb.Rodr., *E. schreineri* Barb.Rodr., *E. schenckianum* Kraenzl., *Amphiglottis lurida* Salisb., *A. anceps* (Jacq.) Britt.) - W-Ind., Jam., Mart., Trop.-Subtr. S-Am. (3**, 9**, E, G**, H**, Z**)
- *secundum* Vell.: *Bifrenaria* 3 (9**, G)
- *secundum* L.: 84 (G)
- *secundum* auct. non Jacq.: 84 (9**)
- *secundum* (Jacq.) Sw.: 274 (9**, G**)
275. **selaginella** Schltr. - Nic., C.Rica, Pan. (W)
→ *selaginella* Schltr.: *Microepidendrum* 3 (S)
- *selligerum* Lindl.: *Encyclia* 86 (E**, H**)
- *sellowii* Rchb.f.: 249 (G)
276. **serpens** Lindl. - Peru (G)
- *serronianum* Barb.Rodr.: *Encyclia* 69 (9**, G**)
- *serrulatum* Sw.: *Microepidendrum* 4 (S)
- *serruliferum* Schltr.: *Nanodes* 4 (O1/93)
- *sertularioides* Sw.: *Pleurothallis* 654 (G)
- *sessile* Koenig: *Bulbophyllum* 484 (2*, G)
- *sessile* Sw.: *Maxillaria* 65 (G**)
- *sessile* Sw.: *Maxillaria* 54 (9**)
277. **setiferum** Lindl. - Braz. (G)
- *simplex* (Thou.) Spreng.: *Nervilia* 19 (U)
278. **simulacrum** Ames (*E. curvicolumna* Ames, Hubb. & Schweinf.) - Pan. (W)
- *simum* (Dressl.) P.Tayl.: *Encyclia* 87 (9**)
- *sinense* Andr.: *Cymbidium* 14 (2*)
- *sinense* Andr.: *Cymbidium* 41 (8**, 9**)
- *sinense* Redouté: *Cymbidium* 14 (9**, G**)
- *sisyrinchiifolium* A.Rich. & Gal.: *Encyclia* 64 (G)
- *skinneri* Batem. ex Lindl.: *Barkeria* 14 (9**, G**, H**)
- *skinneri* var. *superbum* Warner: *Barkeria* 14 (9**, G**)
279. **smaragdinum** Lindl. (*E. kuhlmannii* Hoehne, *E. alfredii* Schltr., *E. pachyrhachis* Ames) - Guat., C.Rica, Ven., Guy., Peru, Braz. (G, W)
280. **sobralioides** Ames & Correll - Nic., C.Rica (W)
281. **sodiroi** Schltr. - Col., Ec. (FVII2**)
- *sophronitis* Lind. & Rchb.f.: *Kalopternix* 3 (9**, S)
282. **sophronitoides** Lehm. & Kraenzl. - Ec. (O3/97, Z**)
- *spathaceum* Lindl.: 261 (G)
- *spathulatum* L.: *Oeoniella* 2 (8**)
- *spatulatum* Burm.f.: *Dendrobium* 88 (G**)
- *spectabile* (Batem. ex Lindl.) Rchb.: *Barkeria* 15 (4**)
- *spectabile* Focke: *Encyclia* 70 (G**)
- *sphenoglossum* Lehm.: 268 (9**)
- *splendens* Schltr.: 270 (G**)
- *spondiadum* Rchb.f.: *Encyclia* 88 (9**)
- *spruceanum* Lindl.: 189 (9**, G)

283. **squalidum** Llave & Lex. - Mex. (G)
- *stallforthianum* Kraenzl.: 228 (G)
284. **stamfordianum** Batem. (*E. basilare* Kl., *E. cycnostalix* Rchb.f., *E. cycnostachys* Rchb.f. ex Benth., *E. stamfordianum* var. *pictum* Lem., - var. *parviflorum* Regel, - var. *wallacei* Rchb.f., - var. *leeanum* Rchb.f., - var. *lawrenceanum* hort. ex Stein, *Psilanthemum basilare* (Kl.) Kl. ex Stein, *Auliza stamfordiana* (Batem.) Brieg.) - Mex. to Pan., Col., Ven., Braz. (3**, 9**, O3/91, E**, G, H**, W, Z**)
- *stamfordianum* var. *pictum* Lem.: 284 (9**, G)
- *stamfordianum* var. *parviflorum* Regel: 284 (9**, G)
- *stamfordianum* var. *wallacei* Rchb.f.: 284 (9**, G)
- *stamfordianum* var. *leeanum* Rchb.f.: 284 (9**, G)
- *stamfordianum* var. *lawrenceanum* hort. ex Stein: 284 (9**, G)
285. **standleyi** Ames (O3/91)
↣ *standleyi* Ames: *Dressleriella* 5 (S)
286. **stangeanum** Rchb.f. - Nic., C.Rica, Pan. (W)
↣ *stangeanum* Rchb.f.: *Epidanthus* 5 (S)
287. **stanhopeanum** Kraenzl. - Col. (R**)
288. **stenopetalum** Hook. (*E. lamellatum* Westc. ex Lindl., *E. rimbachii* Schltr., *Oncidium emarginatum* Meyer, *Isochilus elegans* Focke, *Telipogon buenaventurae* Kraenzl., *Dimerandra stenopetala* (Hook.) Schltr., *D. rimbachii* (Schltr.) Schltr., *D. isthmii* Schltr., *D. emarginata* (G.F.Meyer) Hoehne) - Mex., Ec., Braz., W-Ind. (E)
↣ *stenopetalum* Hook.: *Dimerandra* 7 ($56/4)
- *stenopetalum* Hook. : *Dimerandra* 4 (9**, G, H**)
- *stenopetalum* var. *tenuicaule* Rchb.f.: *Dimerandra* 8 ($56/4)
- *stenopetalum* var. *tenuicaule* Rchb.f.: *Dimerandra* 4 (9**, G)
289. **stevensii** Hagsater - C.Rica (W)
- *stiliferum* Dressl.: *Lanium* 5 (S*)
290. **storkii** Ames - C.Rica (W, S)
- *striatum* (Thunb.) Thunb.: *Bletilla* 3 (9**, G**)
291. **strictum** Brieg. & Bicalho - Braz. (S)
292. **strobiliferum** Rchb.f. - Nic., C.Rica, Pan., S-Am. (W, S)
293. **subaquilum** Lindl. (*E. harrisii* Fawc.) - Jam., Mex., Guat. (G)
- *subliberum* Schweinf.: *Microepidendrum* 5 (S)
294. **subnutans** Ames & Schweinf. - C.Rica, Pan. (W)
- *subpatens* Schltr.: 65 (E, G, H**)
- *subpurum* Rchb.f.: *Amblostoma* 3 (S)
295. **subulatifolium** A.Rich. & Gal. - Mex. (G) ↣ Encyclia 90
↣ *subulatifolium* A.Rich. & Gal.: *Microepidendrum* 6 (S)
- *subulatum* Sw.: *Leucohyle* 2 (9**, H**)
- *subulatum* Sw.: *Trichopilia* 23 (O4/96)
- *subuliferum* Schltr.: *Dressleriella* 6 (S)
- *subumbellatum* Hoffmgg.: 79 (9**, G**)
- *subviolascens* Schltr.: 63 (9**)
- *sulphuroleucum* Barb.Rodr.: 65 (G)
- *sulphuroleucum* Barb.Rodr.: 212 (9**)
- *summerhayesii* Hagsater: 63 (W)
- *superbum* (Schomb. ex Lindl.) Rchb.f.: *Cattleya* 55 (8**, 9**, G, H**)
- *syringaeflorum* Warsc. ex Rchb.f.: 207 (9**, G)
296. **syringothyrsus** Rchb.f. - Bol. 2.600 m (9**, S)
297. **talamancanum** (Atwood) Mora-Retana & J.Garcia - C.Rica (W)
- *tampense* Lindl.: *Encyclia* 91 (G)
- *tarmense* Schltr.: 84 (9**, G)
298. **tenue** Lindl. - Braz. (G)
- *tenuiflorum* hort. ex Lindl.: 80 (9**, G)
- *tenuifolium* L.: *Cleisostoma* 37 (6*)
- *tenuifolium* Schltr.: *Oerstedella* 5 (O6/89)
- *teretifolium* Sw.: *Dendrobium* 358 (9**, G)
- *terrestre* L.: *Geodorum* 10 (S)
- *tessel(l)atum* Batem. ex Lindl.: *Encyclia* 57 (9**, E, G, H)
- *tessellatum* Roxb.: *Vanda* 48 (9**, E**, G**, H)
- *tesselloides* (Roxb.) Steud.: *Vanda* 48 (9**, G**)
299. **tessmannii** Mansf. - Peru (S*)

- *testaefolia* Sw.: *Pleurothallis* 711 (L)
- *tetraceros* Rchb.f.: *Oerstedella* 26 (O6/89, W)
- *tetragonum* Thou.: *Phaius* 52 (9**, G)
- *tetrapetalum* Jacq.: *Oncidium* 218 (9**, G)
- *tetrapetalum* Jacq.: *Tolumnia* 28 (O2/86)
- *thrixspermum* Raeusch.: *Thrixspermum* 14 (G)
300. **thyrsiferum** Lindl. (G)
- *tibicinis* Batem. ex Lindl.: *Myrmecophila* 8 (9**, G**, H**)
- *tigrinum* Lind. ex Lindl.: *Encyclia* 102 (9**, E**, G**, H**)
301. **tolimense** Lindl. - Col. (G)
- *tomentosum* Koenig: *Eria* 88 (9**)
- *tonduzii* Lankester: *Oerstedella* 8 (9**)
302. **torquatum** Lindl. - Col., Peru (G)
303. **trachythece** Schltr. - Nic., C.Rica, Pan. (W)
304. **trialatum** Hagsater - C.Rica, Pan. (W)
- *triandrum* (Ames) House: *Encyclia* 27 (9**)
305. **triangulabium** Ames & Schweinf. - Pan. (W)
➤ *triangulabium* Ames & Schweinf.: *Pleuranthium* 4 (S)
306. **trianthum** Schltr. - C.Rica (W)
- *tribuloides* Sw.: *Pleurothallis* 721 (G)
- *trichocarpon* Sw.: *Dichaea* 76 (O2/81)
- *trichorhizum* Kraenzl.: *Xerorchis* 2 (S*)
- *tricolor* Rolfe: 92 (G)
- *tridactylum* Lindl.: *Amblostoma* 4 (G)
307. **tridens** Poepp. & Endl.
var. **briegeri** Bock - Col. 50 m (O4/82)
- *tridens* Poepp. & Endl.: 189 (9**, G)
- *tridentatum* Sw.: *Lepanthes* 305 (G**)
- *trigoniflorum* Sw.: *Stelis* 76 (E, H)
- *trigoniflorum* Sw.: *Stelis* 118 (L)
- *trigoniflorum* Sw.: *Pleurothallis* 498 (G**)
- *trilabiatum* Vell.: *Zygostates* 3 (G)
- *trinitatis* Lindl.: 92 (G)
- *tripartitum* Vell.: *Encyclia* 94 (G)
- *tripartitum* (Vell.) Hoehne: *Encyclia* 14 (9**)
- *tripterum* Smith: *Coelia* 5 (G**, H**, $56/6)
- *tripterum* Lindl.: *Encyclia* 56 (G)
- *tripunctatum* Lindl.: *Encyclia* 95 (G)
- *triquetrum* Sw.: *Oncidium triquetrum* (9**)
- *triquetrum* Sw.: *Olgasis* 2 (O2/84)
- *triquetrum* Sw.: *Tolumnia* 29 (S*)
- *triste* A.Rich. & Gal.: *Encyclia* 68 (E**, G, H)
308. **troxalis** Luer - Col. (FXIX2)
- *trulla* Rchb.f.: *Encyclia* 54 (G**)
- *tuberosum* Lour.: *Bletilla* 3 (9**, G**, H**)
- *tunguraguae* Schltr.: 189 (9**, G)
309. **turialvae** Rchb.f. - Nic., C.Rica, Pan. (W)
- *turialvae* Rchb.f.: 207 (9**, G)
- *ulei* Schltr.: 17 (G)
- *umbellatum* Forst.f.: *Bulbophyllum* 273 (9**, G, H**, U)
- *umbellatum* Forst.f.: *Cirrhopetalum* 17 (E*)
- *umbellatum* Sw.: 79 (9**, E, G**, H*)
- *umbellatum* Vell.: *Malaxis* 19 (9**, G)
- *umbellatum* var. *latilabre* (Lindl.) Griseb.: 79 (9**, G**)
- *umbelliferum* J.Gmel.: 79 (9**, G**)
- *umlaufti(i)* Zahlbr.: *Epidendrum costaricense* (8**)
- *umlauftii* Zahlbr.: 197 (9**, E**, H**)
- *undulatum* Curt.: *Oncidium* 41 (8**)
- *undulatum* Sw.: *Oncidium* 41 (9**, G)
- *uniflorum* Lindl.: *Encyclia* 82 (9**, E**, G, H)
- *uniflorum* Vell.: *Maxillaria* 190 (9**, G**)
310. **urbanianum** Cogn. - Antill. (S)
- *uro-skinneri* hort.: *Epidendrum prismatocarpum* Rchb.f. (8**)
- *usneoides* D.Don: *Chiloschista* 16 (G)
- *utricularioides* Sw.: *Ionopsis* 7 (4**, 9**, G**, H**)
- *vagans* Ames: *Encyclia* 98 (E**, H**)
- *vaginatum* Sessé & Moc.: *Encyclia* 35 (9**, G**)
- *validum* Schltr.: 69 (G**)
- *vandifolium* Lindl.: 107 (G)
- *vanilla* L.: *Vanilla* 60 (E, H)

- *varicosum* Batem. ex Lindl.: *Encyclia* 99 (G)
- *variegatum* Hook. (8**): *Encyclia* 102 (9**, E**, G**, H**)
- *variegatum* Sw.: *Oncidium* 235 (E**)
- *variegatum* Sw.: *Tolumnia* 33 (H*, O2/86)
- *vellozoi* A.D.Hawk.: 266 (G)
- *venezuelanum* Schltr.: *Encyclia* 100 (FVI4**)
- *venosum* Lindl.: *Encyclia* 101 (G)
311. **ventricosum** Lindl. (*E. pachygastrium* Kraenzl.) (G)
- *ventrilabium* Vell.: *Psygmorchis* 4 (G**)
312. **veraguasense** Hagsater - Pan. (W)
- *verrucipes* Schltr.: 228 (G)
313. **verrucosum** Sw. (*Oerstedella verrucosa* (Sw.) Hagsater) - Mex., Guat., Jam., Col. (G, S)
- *verrucosum* Lindl.: *E. nemorale* (8**)
- *verrucosum* Lindl.: *Encyclia* 3 (9**, E**, G**, H**)
- *verrucosum* var. *myrianthum* (Lindl.) Ames & Correll: *Oerstedella* 14 (9**)
- *versicolor* Hoehne & Schltr.: 84 (9**, G)
314. **vesicatum** Lindl. - Braz., Guy. (G, S*, Z**)
- *vespa* Vell.: *Encyclia* 102 (9**, E**, G**, H**)
315. **vigiaense** Bock - Col. 50 m (O6/82)
316. **vincentinum** Lindl. (*Epidendropsis vincentina* (Lindl.) Gar.) - C-Am., Ant., Trin., Ven. (G, W)
- *violaceum* Lodd.: *Cattleya* 30 (8**, G, H**)
- *violaceum* (H.B.K.) Rchb.f.: *Cattleya* 55 (8**, 9**, G, H**)
- *virens* Lindl. & Paxt.: *Encyclia* 12 (E**, H**)
- *virens* Hoffmgg.: 79 (9**, G**)
- *virescens* Lodd.: 274 (9**, G**)
- *virgatum* Lindl.: *Encyclia* 63 (G)
- *virgatum* var. *pallens* Rchb.f.: *Encyclia* 63 (G)
317. **viride** Ruiz & Pav. - Peru (G)
- *viridibruneum* Rchb.f.: *Nanodes* 9 (S)
- *viridibrunneum* Rchb.f.: *Neolehmannia* 5 (S)
- *viridiflorum* (Hook.) Lindl.: *Encyclia* 104 (9**, G)
- *viridipurpureum* Hook.: 13 (E**, H**)
- *viridipurpureum* Hook.: 274 (9**, G**)
- *viscidum* Lindl.: 47 (9**, G**)
- *vitellinum* Lindl. (8**): *Encyclia* 105 (4**, 9**, G**, H**)
- *vitellinum* var. *majus* Veitch: *Encyclia* 105 (9**, G**)
- *vitellinum* var. *giganteum* Warner: *Encyclia* 105 (9**, G**)
- *vitellinum* var. *autumnale* G.Wils.: *Encyclia* 105 (9**, G**)
318. **viviparum** Lindl. - Braz., Guy., Col. (G, R**)
- *viviparum* Lindl.: *Auliza* 11 (S)
319. **volubile** Ruiz & Pav. - Peru (G)
- *volucre* Thou.: *Oeonia* 4 (G, H**, U**)
- *volucris* (Thou.) Ktze.: *Oeonia* 4 (G)
320. **volutum** Lindl. & Paxt. - Pan. (W)
- *walkerianum* (Gardn.) Rchb.f.: *Cattleya* 56 (8**, G**, H**)
321. **wallisii** Rchb.f. - Col. (E**, S)
- *wallisii* Rchb.f.: *Oerstedella* 30 (H**)
322. **warscewiczii** Rchb.f. - Pan. (W)
- *weddellii* Lindl.: 266 (G)
- *weddellii* var. *longifolium* Cogn.: 266 (G)
- *weddellii* var. *robustum* Cogn.: 266 (G)
- *wendlandianum* Kraenzl.: *Encyclia* 101 (G)
323. **wercklei** Schltr. - C.Rica, Pan. (W**)
- *wercklei* Schltr.: *Neowilliamsia* 6 (S)
324. **wrightii** Lindl. - Cuba (S)
325. **xanthinum** Lindl. (*E. ellipticum* var. *flavum* Lindl.) - Braz. (8**, 9**, G)
326. **xylostachyum** Lindl. - Col. (G)
- *xytriophorum* Rchb.f. & Warsc.: 84 (9**, G)
- *yatapuense* Barb.Rodr.: 54 (G)
- *yatapuense* Barb.Rodr.: *Minicolumna* 2 (S*)
× **Epidiacrium (Epdcm.)** (*Diacrium* (*Caularthron*) × *Epidendrum*)

Epidorchis (Epidorkis) Ktze.: *Angraecum* Bory (U)
- *aphylla* Ktze.: *Solenangis* 1 (U**)
- *calceolus* (Thou.) Ktze.: *Angraecum* 26 (E**, H**, U**)
- *caulescens* (Thou.) Ktze.: *Angraecum* 28 (G, U)
- *exilis* (Lindl.) Ktze.: *Microcoelia* 9 (U)

- *gilpinae* (Rchb.f. & S.Moore) Ktze.: *Microcoelia* 10 (U**)
- *graminifolia* (Ridl.) Ktze.: *Angraecum* 126 (U)
- *inaperta* (Thou.) Ktze.: *Angraecum* 89 (U)
- *multiflora* (Thou.) Ktze.: *Angraecum* 114 (U)
- *parviflora* (Thou.) Ktze.: *Angraecopsis* 12 (U)
- *physophora* (Rchb.f.) Ktze.: *Microcoelia* 23 (U)
- *tenella* (Ridl.) Ktze.: *Angraecum* 176 (U)
- *viridis* (Ridl.) Ktze.: *Angraecum* 152 (U**)
- *volucris* (Thou.) Ktze.: *Oeonia* 4 (H**, U**)

× **Epidrobium** (*Dendrobium* × *Epidendrum*)

Epigeneium (Epig.) Gagn. - 1932 - Subfam. *Epidendroideae* Tribus: *Dendrobieae* Subtr. *Dendrobiinae* (*Katherinea* A.D.Hawk., *Sarcopodium* Lindl.) - ca. 35 sp. epi. - Ind., China, SE-As., Indon., Phil.

1. **acuminatum** (Rolfe) Summerh. (*Dendrobium acuminatum* Rolfe, *D. lyonii* Ames, *Sarcopodium acuminatum* (Rolfe) Kraenzl., *S. acuminatum* (Rolfe) Rolfe, *S. lyonii* (Ames) Rolfe, *S. acuminatum* var. *lyonii* (Ames) Kraenzl., *Katherinea acuminata* (Rolfe) A.D.Hawk., *K. acuminatum* var. *lyonii* (Ames) A.D.Hawk.) - Phil. (9**, E, H)
   var. **lyonii** (Ames) Kraenzl. (E)
- *amplum* (Lindl.) Summerh.: *Katherinea* 1 (S)
2. **coelogyne** (Rchb.f.) Summerh. (*Dendrobium coelogyne* Rchb.f., *Sarcopodium coelogyne* (Rchb.f.) Rolfe, *Katherinea coelogyne* (Rchb.f.) A.D. Hawk.) - Burm., Thai. (A**, E**, H**, S*)
3. **cymbidioides** (Bl.) Summerh. (*Desmotrichum cymbidioides* Bl., *D. triflorum* Bl., *Dendrobium cymbidioides* (Bl.) Lindl., *D. marginatum* Teijsm. & Binn., *D. triflorum* Lindl., *Sarcopodium triflorum* (Lindl.) Rolfe, *S. cymbidioides* (Bl.) Rolfe, *Katherinea cymbidioides* (Bl.) A.D.Hawk., *Bulbophyllum cymbidioides* (Bl.) Rchb.f.) - Java, Phil., Sum., Mal. (9**, E**, H**)
4. **fargesii** (Finet) Gagn. (*Dendrobium fargesii* Finet) - S-China, Mal. 1.200 m (H, S*)
- *geminatum* (Bl.) Summerh.: *Katherinea* 3 (S)
- *kalianum* Stone: ? 6 (O2/86)
5. **kinabaluense** (Ridl.) Summerh. (*E. suberectum* (Ridl.) Summerh., *Dendrobium kinabaluense* Ridl., *Sarcopodium kinabaluense* (Ridl.) Rolfe, *S. suberectum* Ridl., *Katherinea kinabaluense* (Ridl.) A.D.Hawk.) - end. to Born. 1.200-3.400 m (Q**)
6. **longipes** (Hook.f.) Summerh. (?*E. kalianum* Stone, *Dendrobium longipes* Hook.f., *Sarcopodium longipes* (Hook.f.) Rolfe, *Katherinea longipes* (Hook.f.) A.D.Hawk.) - Mal. (O2/86)
7. **longirepens** (Ames & Schweinf.) Seidenf. (*Dendrobium longirepens* Ames & Schweinf., *Desmotrichum longirepens* (Ames & Schweinf.) A.D.Hawk., *Ephemerantha longirepens* (Ames & Schweinf.) Hunt & A.D.Hawk., *Flickingeria longirepens* (Ames & Schweinf.) A.D. Hawk.) - end. to Born. 900-1.700 m (Q**)
- *lyonii* (Ames) Summerh. (H**, S*): 9 (Q**)
8. **speculum** (J.J.Sm.) Summerh. (*Dendrobium speculum* J.J.Sm., *Sarcopodium speculum* (J.J.Sm.) Carr, *Katherinea specula* (J.J.Sm.) A.D. Hawk.) - end. to Born. 400-900 m (Q**)
- *suberectum* (Ridl.) Summerh.: 5 (Q**)
9. **treacherianum** (Rchb.f. ex Hook.f.) Summerh. (*E. lyonii* (Ames) Summerh., *Dendrobium treacherianum* Rchb.f. ex Hook.f., *D. lyonii* Ames, *Sarcopodium treacherianum* (Rchb.f. ex Hook.f.) Kraenzl., *S. lyonii* (Ames) Rolfe, *S. acuminatum* var. *lyonii* (Ames) Kraenzl., *Katherinea treacheriana* (Rchb.f. ex Hook. f.) A.D.Hawk., *K. acuminata* var. *lyonii* (Ames) A.D.Hawk.) - Phil., Born. 100-400 m - scented (9**, Q**)
10. **tricallosum** (Ames & Schweinf.) J. J.Wood (*Dendrobium tricallosum* Ames & Schweinf.) - end. to Born. 800-1.800 m (Q**)

× **Epiglottis (Epgl.)** (*Epidendrum* × *Scaphyglottis*)
× **Epigoa (Epg.)** (*Domingoa* × *Epidendrum*)
× **Epilaelia (Epl.)** (*Epidendrum* × *Laelia*)
× **Epilaeliocattleya (Eplc.)** (*Cattleya* × *Epidendrum* × *Laelia*)
× **Epilaeliopsis (Eplps.)** (*Epidendrum* × *Laeliopsis*)
× **Epileptovola (Elva.)** (*Brassavola* × *Epidendrum* × *Leptotes*)
× *Epileya*: × *Epicattleya* (*Cattleya* × *Epidendrum*)
× *Epiliopsis*: × *Epilaeliopsis* (*Epidendrum* × *Laeliopsis*)
Epilyna Schltr. - *Sobraliinae* (S) - 3 sp. - Ec.
1. **embreei** Dods. - Ec. 1.200-1.500 m (FXIX2*)
2. **hirtzii** Dods. - Ec. (FXIX2)
- *jimenezii* Schltr.: *Elleanthus* 26 (W)
× **Epimicra (Emc.)** (*Epidendrum* × *Tetramicra*)
× **Epiopsis (Eps.)** (*Cattleyopsis* × *Epidendrum*)
Epipactis (Epcts.) Zinn - 1757 - *Subfam. Orchidoideae Tribus: Neottieae Subtr. Limodorinae* - (*Helleborine* Mill., *Limonias* Ehrh., *Epipactum* Rirg., *Arthrochilum* Beck, *Calliphyllum* Bubani, *Amesia* Nels. & Macbr., *Parapactis* Zimmerm.) - ca. 25 sp. terr. - Eur., As. to Jap., N-Am. - „Stendelwurz"
- *abyssinica* Pax: 26 (K**)
1. **africana** Rendle - E-Afr.: Zai. to Eth., Malawi 2.300-3.750 m (M**)
- *alba* Crantz: *Cephalanthera* 6 (T**)
- *alpina* (L.) F.W.Schmidt: *Chamorchis* 1 (G)
- *americana* Lindl.: 8 (9**, H**, S)
- *arachnites* (L.) F.W.Schmidt: *Ophrys* 57 (G**)
- *arachnites* (Scop.) F.W.Schmidt: *Ophrys* 57 (9**)
- *atropurpurea* Raf.: *Cephalanthera* 11 (K**)
- *atropurpurea* Raf.: 2 (S)
2. **atrorubens** (Hoffm.) Schult. [E. atrorubens (Hoffm. ex Bernh.) Besser (K**, V**)] (*E. atropurpurea* Raf., *E. rubiginosa* (Crantz) W.Koch) - Euras. 0-2.200 m - „Braunrote Stendelwurz, Strandvanille, Darkred Helleborine" (K**, V**, S)

3. × **barlae** A.Cam. (*E. helleborine* × *E. microphylla*) nat.hybr. - C-Eur. (V)
- *cambrensis* C.Thomas: 18 (K**)
- *carinata* Roxb.: *Nervilia* 2 (6*)
4. **condensata** Boiss. ex D.P.Young - S-NW-Turk. 800-1.600 m - „Dichtblütige Stendelwurz" (K**, O5/80)
- *consimilis* Wall. ex Hook.f.: 26 (K**)
- *cordata* (Lindl.) A.Eaton: *Goodyera* 33 (6*)
5. **cretica** Kalopissis & Robatsch - end. to Creta 1.300 m - „Kretische Stendelwurz" (O4/80)
6. **distans** Arvet-Touvet - Eur. (&9)
- *epipogium* (L.) All.: *Epipogium* 1 (9**)
- *flabelliformis* Hamilt.: *Nervilia* 2 (6*)
7. **flava** Seidenf. (?*Cephalanthera longibracteata* Gagn. non Bl.) - Thai. (6*)
- *foliosa* (Lindl.) A.Eaton: *Goodyera* 8 (6*)
- *formosanum* (Rolfe) A.Eaton: *Goodyera* 9 (6*)
- *fumata* (Thw.) A.Eaton: *Goodyera* 9 (6*)
8. **gigantea** Dougl. ex Hook. (*E. royleana* Lindl., *E. americana* Lindl., *E. thunbergii* A.Gray, *Cephalanthera royleana* (Lindl.) Regel, *Limodorum giganteum* (Dougl.) Ktze., *Peramium giganteum* (Dougl.) Coulter, *Serapias gigantea* (Dougl.) A.Eaton, *Helleborine gigantea* (Dougl.) Druce, *Amesia gigantea* (Dougl.) Nels. & Macbr.) - NW-Am., Jap., Him. (9**, H**, S, O6/95, Z**)
- *glauca* (J.J.Sm.) A.Eaton: *Goodyera* 33 (6*)
9. **gracilis** B. & H. Baum. (*E. persica* (Soó) Nannf. p.p.) - E-Medit., Sard. 700-1.600 m (N**, &11)
- *graminifolia* Roxb.: *Spathoglottis* 36 (G**)
- *grandis* (King & Pantl.) A.Eaton: *Goodyera* 28 (G)
10. **greuteri** Baum. & Künk. - C-Greece 1.200-1.500 m (K**)
11. **helleborine** (L.) Crantz (*E. latifolia* (L.) All., *E. viridans* (Crantz) Beck, *Serapias helleborine* L., *S. helleborine* var. *latifolia* L., *Helleborine latifolia* (L.) Moench, *Helleborine viri-

dans Samp.) - Euras. 0-2.500 m - „Breitblättrige Stendelwurz" (K**, S, T**, V**, N**)
ssp. **helleborine** (T**)
ssp. **latina** W.Rossi & E.Klein (T**) var. **orbicularis** K.Richter - Switz. (&8)
- *helleborine* ssp. *muelleri* (Godf.) Soó: 14 (T**)
- *helleborine* ssp. *tremolsii* (Pau) E.Klein: 24 (N**)
- *helleborine* ssp. *varians* (Crantz) Soó: 20 (K**)
- *juliana* Roxb.: *Nervilia* 12 (6*)
- *latifolia* (L.) All.: 11 (K**, S)
- *latifolia* var. *microphylla* DC.: 13 (T**)
12. **leptochila** (Godf.) Godf. - Eur. 0-800 m - „Narrow-lipped Helleborine" (K**, V, O4/90**)
ssp. **leptochila** - Eur. - „Schmallippige Stendelwurz" (V**)
ssp. **neglecta** (Godf.) Kümpel - Eur. - „Übersehene Stendelwurz" (V**)
- *longifolia* All.: 15 (K**)
- *melinostele* (Schltr.) Hu: *Goodyera* 29 (6*)
13. **microphylla** (Ehrh.) Sw. (*E. latifolia* var. *microphylla* DC., *Serapias microphylla* Ehrh., *Helleborine microphylla* (Ehrh.) Schinz & Thell.) - S-Eur., Medit. 0-1.700 m - „Kleinblättrige Stendelwurz" (K**, T**, V**, N**)
14. **muelleri** Godf. (*E. viridiflora* H. Müller non Rchb., *E. helleborine* ssp. *muelleri* (Godf.) Soó) - C-Eur., Medit., Sard. 0-1.000 m - „Müllers Stendelwurz" (K**, T**, V**, &11)
ssp. **cerritae** M.P.Grasso - It. (Sic.) 0-1.000 m (O4/94**)
15. **palustris** (L.) Crantz (*E. longifolia* All., *Serapias palustris* Mill., *S. helleborine* var. *palustris* L., *Helleborine palustris* (Mill.) Schrank) - Eur., temp. As. to Sib., Sard. 0-2.000 m - „Echte Sumpfwurz, Sumpf-Stendelwurz, Sumpfsitter, Marsh Helleborine" (H**, K**, S, T**, V**, N**, &11, Z**)
16. **parviflora** (Nieschalk) E.Klein - N-S-Sp. 1.200-1.500 m - „Kleinblütige Stendelwurz" (K**)
- *pendula* C.Thomas: 18 (K**)
17. **persica** (Soó) Nannf. - N-Greece, N-SE-Turk. 250-2.600 m - „Persische Stendelwurz" (K**)

- *persica* (Soó) Nannf. pp.: 9 (N**)
- *philippinensis* Ames: *Goodyera* 23 (6*, G**)
18. **phyllanthes** G.E.Smith (*E. cambrensis* C.Thomas, *E. pendula* C.Thomas, *E. vectensis* (T. & T.A.Stephenson) Brooke & F.Rose) - UK, Ire, NW-Fr. - „Grünblütige Stendelwurz, Green-flowered Helleborine" (K**)
- *plicata* Roxb.: *Nervilia* 20 (6*, 9**, G)
19. **pontica** Taubenheim - NE-Turk., Austria 400-1.500 m (K**, V)
- *porrifolia* Sw.: *Microtis* 8 (2*)
- *procera* (Ker-Gawl.) A.Eaton: *Goodyera* 23 (6*, G**)
- *pubescens* (Willd.) A.Eaton: *Goodyera* 24 (9**)
20. **purpurata** J.E.Sm. (*E. helleborine* ssp. *varians* (Crantz) Soó, *E. sessilifolia* Peterm., *E. varians* (Crantz) Fleischm. & Rech., *E. violacea* (Dur.-Duq.) Boreau) - C-Eur., C-Greece 0-1.000 m - „Violette Stendelwurz, Violet Helleborine" (K**, S, V**)
f. **rosea** Erdner - C-Eur., C-Greece (V**)
21. **rechingeri** Renz - Cyp. (O5/80)
- *royleana* Lindl. (H): 8 (9**)
- *rubicunda* (Bl.) A.Eaton: *Goodyera* 28 (G)
- *rubiginosa* (Crantz) W.Koch: 2 (K**)
- *salassia* Pers.: *Liparis* 134 (U**)
- *schlechtendaliana* (Rchb.f.) A.Eaton: *Goodyera* 29 (6*)
22. × **schmalhausenii** K.Richter (*E. helleborine* × *E. atrorubens*) nat.hybr. - C-Eur. (V)
- *secundiflora* (Lindl.) Hu: *Goodyera* 29 (6*)
- *sessilifolia* Peterm.: 20 (K**, S)
- *somaliensis* Rolfe: 26 (K**)
23. × **stephensonii** Godf. (*E. helleborine* × *E. leptochila*) nat. hybr. - C-Eur. (V)
- *?tenuis* Buch.-Ham. ex Wall.: *Nervilia* 12 (6*)
- *thunbergii* A.Gray: 8 (9**)
24. **tremolsii** Pau (*E. helleborine* ssp. *tremolsii* (Pau) E.Klein) - S-Sp., S-Port., NW-Afr., Sard. 0-1.500 m (K**, N**, &11)
25. **troodii** H.Lindberg - Cyp., Turk. -

"Zyprische Stendelwurz" (O4/80)
- *varians* (Crantz) Fleischm. & Rech.: 20 (K**)
- *vectensis* (T. & T.A.Stephenson) Brooke & F.Rose: 18 (K**)
26. **veratrifolia** Boiss. & Hohen. (*E. abyssinica* Pax, *E. consimilis* Wall. ex Hook.f., *E. somaliensis* Rolfe) - As. temp. 200-2.500 m - „Gemerblättrige Stendelwurz" (K**)
27. × **vermionensis** B. & E.Baum. (*E. helleborine* × *E. gracilis*) - It. (N**)
- *violacea* (Dur.-Duq.) Boreau: 20 (K**, S)
- *viridans* (Crantz) Beck: 11 (K**)
- *viridiflora* (Bl.) Ames: *Goodyera* 33 (6*)
- *viridiflora* H.Müller non Rchb.: 14 (T**)
- *willdenovii* House: *Goodyera* 24 (9**)

Epipactum Rirg. - 1831: *Epipactis* Zinn (S)

× **Epiphaius** (*Epidendrum* × *Phaius*)

Epiphanes javanica Bl.: *Gastrodia* 4 (2*, 6*)
- *pallens* (Griff.) Rchb.f.: *Didymoplexis* 5 (2*, 6*)

Epiphora Lindl. - 1836: *Polystachya* Hook. (S)
- *pobeguinii* Finet: *Polystachya* 78 (9**)
- *pubescens* Lindl.: *Polystachya* 84 (8**, 9**, E**, G, H**)

× *Epiphronitella*: × *Epiphronitis* (*Epidendrum* × *Sophronitella* (*Sophronitis*)

× **Epiphronitis** (**Ephs.**) (*Epidendrum* × *Sophronitis*)

Epipogium R.Br. - 1747 - Subfam. *Epidendroideae* Tribus: *Gastrodieae* Subtr. *Epipogiinae* - (*Epipogon* Ledeb., *Epipogum* S.G.Gmel.) - 4 sp. ter/myco/sapro) - Eur., As., Austr. - „Widerbart"
1. **aphyllum** (F.W.Schmidt) Sw. (*E. gmelinii* L.C.Rich., *Epipogon epipogium* (L.) Karst., *E. epipogon* Kerner, *Satyrium epipogium* L., *Epipactis epipogium* (L.) All., *Orchis aphylla* F.W.Schmidt, *Limodorum epipogium* (L.) Sw., *Serapias epipogium* (L.) Steud.) - Eur. to Him. 0-1.600 m - „Blattloser Widerbart, Ohnblatt, Ghost Orchid" (9**, K**, S, V**)
- *gmelinii* L.C.Rich.: 1 (9**)
2. **indicum** Chowd., Pal & Giri - Ind. (S)
- *nutans* (Bl.) Rchb.f.: 3 (P, FXV2/3)
3. **roseum** (D.Don) Lindl. (*E. nutans* (Bl.) Rchb.f., *Epipogon nutans* (Bl.) Rchb.f., *Epipogum nutans* (Bl.) Rchb.f.) - Trop. Afr., Malawi, Indomal., Austr. - ter/sapro (6*, O5/96, M, P**, FXV2/3)
4. **sersanum** Hegde & Rao - Ind. (S)

Epipogon Ledeb.: *Epipogium* R.Br.
- *epipogium* (L.) Karst.: *Epipogium* 1 (9**)
- *epipogon* Kerner: *Epipogium* 1 (9**)
- *nutans* (Bl.) Rchb.f.: *Epipogium* 3 (2*, 6*)
- *roseum* Lindl.: *Epipogium* 3 (2*)

Epipogum S.G.Gmel.: *Epipogium* R.Br.
- *roseum* Lindl.: *Epipogum nutans* (2*)
- *nutans* (Bl.) Rchb.f. (2*): *Epipogium* 3

Epistephium H.B.K. - 1822 - Subfam. *Epidendroideae* Tribus: *Vanilleae* Subtr. *Vanillinae* - ca. 20 sp. terr. - Neotrop.
1. **lobulosum** Gar. - Ec. (S)
2. **parviflorum** Lindl. - Braz. (S)
3. **sclerophyllum** Lindl. - Braz. (S)
- *smilacifolium* Rchb.f.: *Clematepistephium* 1 (S*)
4. **williamsii** Hook.f. - Braz. (9**, S)

× **Epistoma** (**Epstm.**) (*Amblostoma* × *Epidendrum*)

Epithecia Knowl. & Westc. - 1838: *Dichaea* Lindl. (S)
- *anchorifera* Schltr. (O2/81): *Dichaea* 4
- *australis* Schltr. (O2/81): *Dichaea* 8
- *brachyphylla* Schltr. (O2/81): *Dichaea* 10
- *brachypoda* (Rchb.f.) Schltr.: *Dichaea* 12 (O2/81)
- *brevicaulis* Schltr. (O2/81).: *Dichaea* 13
- *bryophila* Schltr. (O2/81): *Dichaea* 14
- *calyculata* Schltr. (O2/81): *Dichaea* 16 (S)
- *coriacea* Schltr. (O2/81): *Dichaea* 20
- *cornuta* Schltr. (O2/81): *Dichaea* 21
- *glauca* Knowl. & Westc. (O2/81): *Encyclia* 41 (G)
- *glauca* Knowl. & Westc.: *Dichaea* 30 (O2/81)

Epithecia - Eria

- *glauca* Knowl. & Westc.: *Prosthechea* 1 (S)
- *graminoides* (Sw.) Schltr.: *Dichaea* 33 (O2/81)
- *humilis* Schltr. (O2/81): *Dichaea* 38
- *kegelii* (Rchb.f.) Schltr. (O2/81): *Dichaea* 41 (S*)
- *mosenii* Schltr. (O2/81): *Dichaea* 52
- *ochracea* Schltr.: *Dichaea* 58 (O2/81)
- *oerstedii* Schltr. (O2/81): *Dichaea* 59
- *panamensis* Schltr.: *Dichaea* 61 (O2/81)
- *picta* (Rchb.f.) Schltr. (O2/81): *Dichaea* 63 (S*)
- *trulla* Schltr.: *Dichaea* 77 (O2/81)
- *weigeltii* Schltr. (O2/81): *Dichaea* 82
- × **Epitonia (Eptn.)** (*Broughtonia* × *Epidendrum*)
- × *Epivola*: × *Brassoepidendrum* (*Brassavola* × *Epidendrum*)

Eria Lindl. - 1825 - *Subfam. Epidendroideae Tribus: Epidendreae Subtr. Eriinae* - (*Cymboglossum* (J.J.Sm.) Brieg., *Gunnarorchis* Brieg., *Mycaranthes* Bl., *Dilochopsis* (Hook.f.) Brieg., *Trichosma* Lindl., *Cylindrolobus* (Bl.) Brieg., *Aeridostachya* (Hook.f.) Brieg., *Urostachya* (Lindl.) Brieg., *Dendrolirium* Bl., *Xiphosium* Griff., *Callostylis* (Bl.) Brieg., *Campanulorchis* Brieg., *Conchidium* Griff.) - ca. 375/500 sp. epi. - Trop.As., Mal. to N.Gui., Austr., Poly.

1. **acutifolia** Lindl. - Ind. (G)
- *aeridostachya* Rchb.f. ex Lindl.: *Aeridostachya* 5 (S)
- *affinis* Par. non Griff.: 12 (9**, G**)
2. **albidotomentosa** Lindl. (*Dendrolirium albidotomentosum* Bl., *Pinalia albidotomentosa* Ktze.) - Java (2*)
3. **amica** Rchb.f. (*E. excavata* auct. non Lindl. p.p., *E. confusa* Hook.f., *E. andersonii* Hook.f., *E. hypomelana* Hay., *E. pubescens* auct. p.p. non Steud. nec Wight, *Pinalia amica* (Rchb.f.) Ktze., *P. confusa* (Hook.f.) Ktze.) - NW-Him., Nep., Sik., Bhut., NE-Ind., Burm., China (9**)
- *amica* Ridl.: 11 (G)
- *andersonii* Hook.f.: 3 (9**)
4. **annulata** (Bl.) Bl. (*E. capitellata* Lindl., *Trichotosia annulata* Bl., *Pinalia annulata* (Bl.) Ktze., *P.*

capitellata (Lindl.) Ktze.) - Java (2*)
- ➤ *annulata* (Bl.) Bl.: *Trichotosia* 1 (S)
5. **appendiculata** Lindl. (*Dendrolirium appendiculatum* Bl., *Pinalia appendiculata* Ktze.) - Java (2*)
- *armeniaca* Lindl.: 62 (2*, 9**, G**, Q**)
6. **atrovinosa** Ridl. - Born. (Q)
7. **bambusifolia** Lindl. - Ind., Burm.,S-China, Thai. (E*, H*)
- ➤ *bambusifolia* Lindl.: *Cylindrolobus* 1 (S)
- *barbarossa* Rchb.f.: *Trichotosia* 2 (S)
- *barbata* (Lindl.) Rchb.f.: *Tainiopsis* 1 (S*)
8. **bicolor** (Lindl.) Lindl. - Sri L. (S*)
- *bicolor* (Lindl.) Lindl.: 49 (G)
- *bicornis* (Lindl.) Rchb.f.: *Tainia* 2 (G**)
9. **bicristata** Lindl. (*Dendrolirium bicristatum* Bl., *Pinalia bicristata* Ktze.) - Java (2*)
- *bidens* Ridl.: *Eria latifolia* (2*)
- *bidens* Ridl.: 41 (9**)
- *bidentata* Nakai: 63 (G)
- *bifalcis* Schltr.: *Mycaranthes* 1 (S)
10. **biflora** Griff. (*E. choneana* Kraenzl., *Pinalia biflora* Ktze.) - Sik. to Sum. (2*, S*)
- *biflora* Lindl.: 67 (2*)
11. **bipunctata** Lindl. (*E. convallarioides* Finet, *E. amica* Ridl., *E. eberhardtii* Gagn., *Pinalia bipunctata* (Lindl.) Ktze.) - NE-Ind., Thai., Viet. (G)
- *braccata* Lindl.: *Conchidium* 1 (S)
12. **bractescens** Lindl. (*E. dillwynii* Hook., *E. pulchella* Griff., *E. littoralis* Teijsm. & Binn., *E. griffithii* Rchb.f., *E. affinis* Par. non Griff., *Pinalia bractescens* (Lindl.) Ktze., *P. pulchella* (Griff.) Ktze., *Dendrobium subterrestre* Gagn.) - Ind., E-Him., Burm., Camb., Viet., Mal., Indon. (9**, G**)
- *bractescens* var. *latipetala* Leav.: 78 (9**)
13. **braddonii** Rolfe - Mal. (O4/91)
- *brevipedunculata* Ames & Schweinf.: *Trichotosia* 3 (Q**)
- *brunnea* Ridl.: *Aeridostachya* 5 (S)
- *calamifolia* Hook.f.: 66 (9**, G)
- *capellata* Lindl.: *Trichotosia* 1 (S)
- *capellata* Lindl.: 4 (2*)
- *capillipes* Par.: 86 (O6/89)

14. **caricifolia** J.J.Wood
   var. **caricifolia** - end. to Born. ca. 1.200 m (Q*)
   var. **glabra** J.J.Wood - end. to Born. 1.300-1.500 m (Q)
15. **carinata** Gibs. (*E. rosea* Wall. non Rchb.f., *E. rosea* auct. non Lindl., *E. fordii* Rolfe, *Xiphosium acuminatum* Griff.) - Ind., Thai. (E**, H)
→ *carinata* Gibs.: *Xiphosium* 1 (S)
- *choneana* Kraenzl.: 10 (2*)
- *chrysantha* Schltr: *Urostachya* 1 (S)
16. **chrysobractea** Schltr. (O2/81)
- *cinnabarina* Rolfe: 39 (Q**)
17. **clavicaulis** Wall. ex Lindl. (*E. khasiana* Lindl., *Pinalia clavicaulis* (Wall. ex Lindl.) Ktze., *Cylindrolobus clavicaulis* (Lindl.) Rausch.) - NE-Ind., Burm., Thai. (8**, G)
- *cochleata* Lindl.: 43 (9**, G**)
- *collina* Schltr.: *Trichotosia* 4 (S)
18. **compressa** Bl. (*E. longicaulis* Teijsm. & Binn., *Ceratium compressum* Bl., *Pinalia compressa* (Bl.) Ktze.) - Java (2*)
→ *compressa* Bl. : *Cylindrolobus* 2 (S)
- *confusa* Hook.f.: 3 (9**)
19. **convallarioides** Lindl. - Trop. Him. (S*)
- *convallarioides* Lindl.: 85 (E**, G**, H**)
- *convallarioides* Finet: 11 (G)
- *convallarioides* var. *major* Lindl.: 85 (G**)
20. **copelandii** Leav. - Phil. (S*)
- *coriacea* Rchb.f.: *Phreatia* 7 (2*)
21. **coronaria** (Lindl.) Rchb.f. (*E. cylindropoda* Griff., *E. suavis* (Lindl.) Lindl., *Coelogyne coronaria* Lindl., *Trichosma suavis* Lindl., *T. coronaria* (Lindl.) Brieg.) - NW-Him., Nep., Bhut., Sik., NE-Ind. (E**, G**, H**, Z**)
→ *coronaria* (Lindl.) Rchb.f.: *Trichosma* 1 (S)
- *coronaria* Rchb.f.: *Trichosma suavis* (8**)
- *crassicaulis* Hook.f.: *Cylindrolobus* 3 (S)
- *cyclosepala* Schltr.: *Cylindrolobus* 4 (S)
- *cylindropoda* Griff.: 21 (E**, G**, H**)
- *cylindropoda* Griff.: *Trichosma* 1 (S)
22. **cymbidifolia** Ridl. - Sum., Born. (Q)
23. **dasyphylla** Par. & Rchb.f. - Laos (A**)

→ *dasyphylla* Par. & Rchb.f.: *Trichotosia* 6 (H)
- *decipiens* Summerh.: 86 (9**, G)
24. **densa** Ridl. - Mal. (O4/91)
- *dillwynii* Hook.: 12 (9**, G**)
25. **dischorensis** Schltr. (*E. intermedia* Dockr.) - end. to Austr. (Qld.), N.Gui. (P*)
- *discolor* Lindl.: 80 (2*)
- *discolor* Lindl.: *Callostylis* 2 (S)
- *eberhardtii* Gagn.: 11 (G)
- *ebulbis* Lindl.: 38 (2*)
- *elmeri* Ames: 63 (G)
- *elwesii* Rchb.f.: *Porpax* 2 (9**)
- *endymion* Ridl.: 38 (9**)
- *ephemera* Rchb.f.: 49 (G)
26. **erecta** (Bl.) Lindl. (*Dendrolirium erectum* Bl., *Pinalia erecta* Ktze.) - Java (2*)
→ *erecta* (Bl.) Lindl.: *Urostachya* 2 (S)
27. **eriaeoides** (F.M.Bailey) Rolfe - end. to Austr. (Qld.) to 1.000 m (P*)
- *euryantha* Schltr.: *Urostachya* 3 (S)
- *euryanthe* Schltr.: 33 (G**)
- *ewrardii* Gagn.: *Trichotosia* 6 (H)
- *excavata* auct. non Lindl. p.p.: 3 (9**)
- *extinctoria* (Lindl.) Oliv. (O6/89): 86 (9**, G)
28. **falcata** J.J.Sm. - Java (2*)
- *falcata* J.J.Sm.: *Aeridostachya* 5 (S)
- *feddeana* Schltr.: *Aeridostachya* 1 (S)
29. **ferox** (Bl.) Bl. (*Trichotosia ferox* Bl., *Pinalia ferox* Ktze.) - Java (2*)
→ *ferox* (Bl.) Bl.: *Trichotosia* 7 (H**)
30. **ferruginea** Lindl. - Ind. (G**)
31. **fitzalanii** F.v.Muell. - end. to Austr. (Qld.) to 1.000 m (P*)
- *flava* Lindl. (E**): 72 (H**)
- *flava* Lindl.: *Dendrolirium* 1 (S)
- *flava* var. *lanata* (Griff.) Hook. (E**): 72
32. **flavescens** Lindl. (*E. lineata* Lindl., *E. zollingeri* Rchb.f., *Dendrolirium flavescens* Bl., *Pinalia flavescens* Ktze., ?*P. lineata* Ktze.) - Java (2*)
33. **floribunda** Lindl. (*E. leuchostachys* Lindl., *E. euryanthe* Schltr., *E. subaliena* Gagn., *E. giungii* Guill., *Pinalia floribunda* (Lindl.) Ktze.) - Burm., Viet., Mal., Sum., Born., Phil. (2*, G**, O4/91, Z)
→ *floribunda* Lindl.: *Urostachya* 4 (S)
- *foliosa* (Brongn.) Ridl.: *Pseuderia* 2 (S)

- *fordii* Rolfe: 15 (E**, H)
- *fordii* Rolfe: *Xiphosium* 1 (S)
- *fragrans* Rchb.f.: 43 (9**, E**, G**, H**)
- *fuerstenbergiana* Schltr.: 88 (9**, O2/81)
34. **fusca** Bl. (*Trichotosia ciliata* Tejism. & Binn., *Pinalia fusca* Ktze., *P. ciliata* Ktze.) - Java (2*)
- *giungii* Guill.: 33 (G**)
35. **globifera** Rolfe (*E. langbianensis* Gagn.) - Viet. (9**)
↣ *globifera* Rolfe: *Campanulorchis* 1 (S*)
36. **goldschmidtiana** Schltr. (O2/81)
- *graciliscapa* Rolfe ex Ames: 63 (G)
37. **grandis** Ridl. & Stapf - end. to Born. 2.100-3.700 m - terr. (Q**, O3/98)
↣ *grandis* Ridl.: *Aeridostachya* 2 (S)
- *griffithii* Rchb.f.: 12 (9**, G**)
38. **hyacinthoides** (Bl.) Lindl. (*E. ebulbis* Lindl., *E. endymion* Ridl., *Dendrolirium hyacinthoides* Bl., *D. ebulbe* Bl., *Pinalia hyacinthoides* (Bl.) Ktze., *P. ebulbis* (Lindl.) Ktze.) - Mal., Sum., Java (2*, 4**, 9**, Q)
- *hypomelana* Hay.: 3 (9**)
39. **ignea** Rchb.f. (*E. cinnabarina* Rolfe) - end. to Born. 200-500 m (Q**)
40. **inornata** Hunt (*E. lineariflora* Rupp, *E. liparoides* Hunt) - Austr. (S*)
- *inornata* Hunt: 45 (P**)
- *intermedia* Dockr.: 25 (P*)
41. **iridifolia** Hook.f. (*E. latifolia* Rchb. f. non Bl., *E. bidens* Ridl., *E. longispica* Rolfe, *E. validissima* Kraenzl., *Mycaranthes latifolia* Bl., *P. latifolia* (Bl.) Ktze., *P. iridifolia* (Hook.f.) Ktze.) - Mal., Sum., Java, Born. (9**)
- *iridifolia* Hook.: *Eria latifolia* (2*)
42. **irukandjiana** St.Cloud - end. to Austr. (Qld.) 500-1.000 m (P*)
43. **javanica** (Sw.) Bl. (*E. fragrans* Rchb.f., *E. stellata* Lindl., *E. rugosa* (Bl.) Lindl., *E. vaginata* (Breda) Benth. ex G.Jackson, *E. pseudostellata* Schltr., *E. cochleata* Lindl., *E. striolata* Rchb.f., *Dendrobium javanicum* Sw., *D. perakense* Hook.f., *Dendrolirium rugosum* Bl., *Octomeria stellata* (Lindl.) Spreng., *O. vaginata* Breda, *Tainia stellata* (Lindl.) Pfitz., *Pinalia fragrans* (Rchb.f.) Ktze., *P. rugosa* (Bl.) Ktze., *P. stellata* (Lindl.) Ktze., *P. striolata* (Rchb.f.) Ktze., *Sarcopodium perakense* (Hook.f.) Kraenzl., *Katherinea perakense* (Hook.f.) A.D.Hawk.) - Him., Burm., Thai., Phil., Indon., Mal., Cel. (9**, E**, G**, H**, S*, Z)
- *javensis* Zoll. & Mor.: 61 (2*)
44. **junghuhnii** J.J.Sm. - Java (2*)
↣ *junghunii* J.J.Sm.: *Aeridostachya* 3 (S)
- *khasiana* Lindl.: 17 (8**, G)
45. **kingii** F.v.Muell. (*E. inornata* Hunt) - end. to Austr. (Qld.), N.Gui. (P**)
- *langbianensis* Gagn.: 35 (9**)
- *langbianensis* Gagn.: *Campanulorchis* 1 (S*)
- *laniceps* Rchb.f.: *Eria flava* (E**)
- *laniceps* Rchb.f.: 72 (H**)
46. **lanuginosa** J.J.Wood - end. to Born. 900-1.000 m (Q**)
47. **latibracteata** Rolfe (*E. rolfei* J.J. Sm.) - Born. (9**)
- *latifolia* Rchb.f. non Bl. (2*): 41 (9**)
- *laucheana* Kraenzl.: 78 (9**)
- *laxiflora* Miq.: *Phreatia* 7 (2*)
48. **leiophylla** Hook.f. - Mal. to Cel. (S)
- *leuchostachys* Lindl.: 33 (G**)
- *lindleyana* Griff.: 59 (9**, G)
49. **lindleyi** Thw. (*E. bicolor* (Lindl.) Lindl., *E. ephemera* Rchb.f., *Dendrobium bicolor* Lindl.) - Sri L. (G)
- *lineariflora* Rupp: 40 (S*)
- *linearifolia* Ridl.: *Aeridostachya* 5 (S)
- *lineata* Lindl.: 32 (2*)
- *liparoides* Hunt: 40 (S*)
- *littoralis* Teijsm. & Binn.: 12 (9**, G**)
50. **lobata** Rchb.f. (*E. reinwardtii* Lindl., *Mycaranthes lobata* Bl., *Pinalia lobata* (Rchb.f.) Ktze., *P. reinwardtii* (Lindl.) Ktze.) - Java (2*) ↣ *Mycaranthes* 2
- *longicaule* Teijsm. & Binn.: *Cylindrolobus* 2 (S)
- *longicaulis* Teijsm. & Binn.: 18 (2*)
51. **longilabris** Lindl. - Phil. (G)
- *longispica* Rolfe: 41 (9**)
- *lorifolia* Ridl.: *Aeridostachya* 5 (S)
- *luchuensis* Yatabe: 63 (G)
52. **marginata** Rolfe (*Pinalia marginata* (Rolfe) Ktze.) - Burm., China (9**, S)
- *meirax* (Par. & Rchb.f.) N.E.Br.: *Porpax* 2 (9**)
- *micrantha* (Bl.) Lindl.: 55 (2*, G)

53. **microphylla** Bl. (*Trichotosia microphylla* Bl., *Pinalia microphylla* Ktze.) - Java (2*)
- *minahassae* Schltr.: *Urostachya* 5 (S)
54. **monostachya** Lindl. (*Pinalia monostachya* Ktze.) - Java, Sum. (2*, E**, H)
- *monticola* Hook.: 67 (2*)
- *monticola* var. *hirsuta* Hook.f.: *Trichotosia* 12 (G)
- *mucronata* Lindl.: *Trichotosia* 10 (G)
55. **multiflora** (Bl.) Lindl. (*E. micrantha* (Bl.) Lindl., *Dendrolirium multiflorum* Bl., *D. micranthum* Bl., *Octomeria racemosa* Breda, *Pinalia multiflora* (Bl.) Ktze., *P. micrantha* (Bl.) Ktze.) - Java, Sum. (2*, G) var. **hasseltii** J.J.Sm. (2*)
- *myosurus* Rchb.f.: *Phreatia* 4 (2*)
56. **myristiciformis** Hook. (*Pinalia myristiciformis* (Hook.) Ktze.) - Burm. (9**)
- *nana* A.Rich.: *Conchidium* 2 (S)
57. **neglecta** Ridl. (O4/91)
- *nivosa* Ridl.: 66 (9**, G)
58. **nutans** Lindl. (*Pinalia nutans* (Lindl.) Ktze., *Trichosma nutans* (Lindl.) Brieg.) - Thai., Mal., Born. (G)
59. **obesa** Lindl. (*E. lindleyana* Griff., *E. prainii* Briq., *Pinalia obesa* (Lindl.) Ktze.) - NE-Ind., Burm. (9**, G)
60. **obliqua** (Lindl.) Lindl. (*Mycaranthes obliqua* Lindl.) - Sing. (G) ⇾ Mycaranthes 3
61. **obliterata** Rchb.f. (*E. javensis* Zoll. & Mor., *E. sclerophylla* Lindl., *E. tomentella* Rchb.f., *Mycaranthes obliterata* Bl., *Appendicula tomentella* Zoll., *Pinalia obliterata* Ktze., *P. javensis* Ktze., *P. sclerophylla* Ktze.) - Java (2*) ⇾ Mycaranthes 4
62. **ornata** (Bl.) Lindl. (*E. armeniaca* Lindl., *Dendrolirium ornatum* Bl., *Pinalia ornata* (Bl.) Ktze.) - Thai., Mal., Sum., Java, Phil., Born. 300-1.500 m (2*, 9**, G**, Q**, Z)
- *ornata* auct. non (Bl.) Lindl.: 88 (9**)
63. **ovata** Lindl. (*E. luchuensis* Yatabe, *E. bidentata* Nakai, *E. elmeri* Ames, *E. gracilliscapa* Rolfe ex Ames) - Phil., Ryu., Sul., Taiw. (G)
64. **pachystachia** Lindl. - Mal. (O4/91)
- *padangensis* Schltr.: *Mycaranthes* 5 (S*)
65. **paniculata** Lindl. (*Pinalia paniculata* (Lindl.) Ktze.) - Nep., Sik., Bhut., NE-Ind., Burm., Thai., Laos, Viet. (G)
66. **pannea** Lindl. (*E. teretifolia* Griff., *E. calamifolia* Hook.f., *E. nivosa* Ridl., *Pinalia calamifolia* (Hook.f.) Ktze., *P. pannea* (Lindl.) Ktze.) - Bhut., Sik., Burm., Thai., Laos, Camb., Viet., China (9**, G, S*)
67. **pauciflora** Bl. (*E. biflora* Lindl., *E. monticola* Hook., *E. vrieseana* Rchb.f., *Trichotosia pauciflora* Bl., *T. biflora* Griff., *Pinalia pauciflora* Ktze., *P. monticola* Ktze.) - Java (2*)
68. **pellipes** Griff. - Mal. (O4/91)
- *perpusilla* Par. & Rchb.f.: *Gunnarorchis* 1 (S*)
69. **philippinensis** Ames - Phil. (S*)
- *planicaulis* Wall. ex Lindl.: *Agrostophyllum* 14 (G)
- *plexauroides* Rchb.f.: *Phreatia* 9 (2*)
70. **polyura** Lindl. (*Pinalia polyura* (Lindl.) Ktze.) - Phil. (G**)
- *prainii* Briq.: 59 (9**, G**)
71. **profusa** Lindl. - Phil. (G)
- *pseudostellata* Schltr.: 43 (E**, H**)
- *pubescens* Lindl.: *Eria flava* (E**)
72. **pubescens** (Hook.) Steud. (*E. flava* Lindl., *E. laniceps* Rchb.f., *Dendrobium pubescens* (Lindl.) Hook., *Octomeria pubescens* (Lindl.) Spreng.) - Trop. Him., Burm. (H**)
- *pubescens* (Spreng.) Lindl.: *Dendrolirium* 1 (S)
- *pubescens* auct. p.p. non Steud. nec Wight: 3 (9**)
73. **pulchella** Lindl. (*Thylostylis rigida* Ridl., *T. pulchella* (Lindl.) Ridl., *Callostylis pulchella* (Lindl.) Chen & Tsi) - Thai., Mal., Born. (G, O4/91)
⇾ *pulchella* Lindl.: *Callostylis* 1 (S)
- *pulchella* Lindl.: 80 (2*)
- *pulchella* Griff.: 12 (9**, G**)
- *pulla* Schltr.: *Aeridostachya* 4 (S)
74. **pumila** Lindl. (*Pinalia pumila* (Lindl.) Ktze.) - Sik., NE-Ind., Burm. (G)
- *pusilla* Tejism. & Binn.: 77 (2*, G)
- *pusilla* (Griff.) Lindl.: *Conchidium* 3 (S)
75. **pygmea** Hook. - Mal. (O4/91)
- *pyrrhotricha* Ridl.: *Trichotosia* 7 (H**)

76. **queenslandica** Hunt - end. to Austr. (Qld.) 800-1.000 m (P*)
- *reinwardtii* Lindl.: 50 (2*)
- *reticulata* (Lindl.) Benth. & Hook.f.: *Porpax* 3 (G)
77. **retusa** (Bl.) Rchb.f. (*E. pusilla* Tejism. & Binn., *Dendrolirium retusum* Bl., *Phreatia retusa* (Bl.) Lindl., *P. congesta* Rolfe, *Bryobium pubescens* Lindl., *Pinalia retusa* (Bl.) Ktze.) - Java, Christ., E-Ind. (2*, G)
- *rhodoleuca* Schltr.: *Cylindrolobus* 5 (S)
78. **rhodoptera** Rchb.f. (*E. laucheana* Kraenzl., *E. bractescens* var. *latipetala* Leav.) - Phil. (9**)
79. **rhynchostyloides** O'Brien - Java (9**)
80. **rigida** Rchb.f. (*E. pulchella* Lindl., ?*E. discolor* Lindl., *Callostylis rigida* Bl., ?*Thylostylis discolor* Hook., *T. rigida* (Bl.) Bl., *Pinalia rigida* Ktze.) Mal., Java (2*, O4/91)
- *rigida* Bl.: *Cylindrolobus* 6 (S)
81. **ringens** Rchb.f. - Phil. (S*)
- *robusta* (Bl.) Lindl.: *Aeridostachya* 5 (S)
- *rolfei* J.J.Sm.: 47 (9**)
82. **rosea** Lindl. (*Octomeria rosea* (Lindl.) Spreng., *Xiphosium roseum* (Lindl.) Griff., *Pinalia rosea* (Lindl.) Ktze.) - China, Hong., Taiw. (E**, G**, H**)
- *rosea* auct. non Lindl.: 15 (E**, H)
- *rosea* Wall. non Lindl.: *Xiphosium* 1 (S)
- *rugosa* (Bl.) Lindl. (2*): 43 (9**, E**, G**, H**)
- *schildiana* Schltr.: *Urostachya* 6 (S)
- *sclerophylla* Lindl.: 61 (2*)
83. **scortechinii** Hook.f. - Mal. 2.000 m (O4/91)
↠ *scortechinii* Hook.f.: *Dilochopsis* 1 (S*)
- *secunda* Rchb.f.: *Phreatia* 11 (2*)
- *secundiflora* Griff.: *Cymboglossum* 2 (S)
- *siamensis* Schltr.: *Cymboglossum* 2 (S)
84. **sicaria** Lindl. - Sri L. to Him., Indon. (S*)
- *soronensis* Schltr.: *Cylindrolobus* 7 (S)
- *speciosa* Rchb.f.: *Tainia* 31 (2*)
85. **spicata** (D.Don) Hand.-Mazz. (*E. convallarioides* Lindl., *E. convallarioides* var. *major* Lindl., *Octomeria spicata* D.Don) - Nep., N-Ind., Burm., S-China, Thai. (E**, G**, H**)
- *stellata* Lindl.: *Eria rugosa* (2*)
- *stellata* Lindl.: 43 (9**, E**, G**, H**)
- *stricta* Lindl.: *Cymboglossum* 2 (S)
- *striolata* Lindl.: *Eria rugosa* (2*)
- *striolata* Rchb.f.: 43 (9**, G**)
- *suavis* Lindl.: *Trichosma suavis* (8**)
- *suavis* (Lindl.) Lindl.: 21 (E**, G**, H**)
- *subaliena* Gagn.: 33 (G**)
- *sulcata* Lindl.: *Phreatia* 13 (2*)
86. **summerhayesiana** A.D.Hawk. & A.H.Heller (*E. extinctoria* (Lindl.) Oliv., *E. capillipes* Par., *E. decipiens* Summerh., *Dendrobium extinctorium* Lindl.) - Burm., Mal. (9**, S)
87. **tenuiflora** Ridl. - Java (2*)
- *teretifolia* Griff.: 66 (9**, G)
- *tomentella* Rchb.f.: 61 (2*)
88. **tomentosa** (Koenig) Hook.f. (*E. ornata* auct. non (Bl.) Lindl., *E. fuerstenbergiana* Schltr., *Epidendrum tomentosum* Koenig, *Pinalia tomentosa* (Koenig) Ktze.) - NE-Ind., Burm., Laos, Viet. (9**)
- *trichotaenia* Schltr.: *Aeridostachya* 6 (S)
89. **unifolia** J.J.Sm. - Java (2*)
- *vaginata* Benth.: *Eria rugosa* (2*)
- *vaginata* (Breda) Benth. ex G.Jackson: 43 (9**, E**, G**)
- *validissima* Kraenzl.: 41 (9**)
- *velutina* Lodd. ex Lindl.: *Trichotosia* 12 (G)
- *vestita* Par.: *Trichotosia* 12 (G)
- *vestita* Lindl. (9**): *Trichotosia* 13 (G**)
- *virescens* Schltr.: *Trichotosia* 7 (H**)
90. **vittata** Lindl. - Sik. (S*, Z)
- *vrieseana* Rchb.f.: 67 (2*)
- *vulcanica* Schltr.: *Aeridostachya* 7 (S)
- *wareana* Schltr.: *Cylindrolobus* 8 (S)
- *wightii* (Bl.) Rchb.f.: *Tainia* 2 (G**)
- *zollingeri* Rchb.f.: 32 (2*)

Eriaxis Rchb.f. - 1877 - Subfam. Epidendroideae Tribus: Vanilleae Subtr. Vanillinae - 2 sp. terr. - N.Cal.
- *regis-albertii* Kraenzl.: 1 (S)

1. **rigida** Rchb.f. (*E. regis-albertii* Kraenzl.) - N.Cal. (S)
2. **smilacifolium** (Rchb.f.) Brieg. - N. Cal. (S)

Eriochilus R.Br. - 1810 - *Subfam. Orchidoideae Tribus: Diurideae Subtr. Caladeniinae* - 6 sp. terr. - end. to Austr. - „Bunny Orchids"
1. **autumnalis** R.Br. - end. to Austr. (Qld.,NS W) (P*)
2. **cucullatus** (Labill.) Rchb.f. - end. to Austr. (Qld., NSW, ACT, Vic., Tasm., SA) (P**)
3. **dilatatus** Lindl. - end. to W-Austr. (P*)
- *fimbriatus* (Lindl.) F.v.Muell.: *Leptoceras* 1 (S)
4. **multiflorus** Lindl. - end. to W-Austr. (P*)
5. **scaber** Lindl. - end. to W-Austr. (S, P**)
6. **tenuis** Lindl. - end. to W-Austr. (P*)

Eriodes Rolfe - 1915: *Tainiopsis* Schltr. (S)

Eriopexis Bl.: *Dendrobium* Sw.

Eriopexis (Schltr.) Brieg. - 1981 - *Dendrobiinae* (S) - (*Dendrobium* sect. *Eriopexis* Schltr.) - 5 sp. epi. - N.Gui.
1. **schlechteri** Brieg. (*Dendrobium eriopexis* Schltr.) - N.Gui. (S)

Eriopsis Lindl. - 1847 - *Subfam. Epidendroideae Tribus: Cymbidieae Subtr. Cyrtopodiinae* - (*Pseuderiopsis* Rchb.f.) - ca. 2 sp. epi. - scented - C.Rica, S-Am. to Peru, Braz.
1. **biloba** Lindl. (*E. rutidobulbon* Hook., *E. schomburgkii* (Rchb.f.) Rchb.f., *E. fuerstenbergii* Kraenzl., *E. rhytidobulbon* Lem., *E. mesae* Kraenzl., *E. werckeleyi (wercklei)* Schltr., *E. colombiana* Schltr., *E. grandibulbosa* Ames & Schweinf., *Pseuderiopsis schomburgkii* Rchb.f.) - C.Rica, Braz., Peru, Pan., Ven., Guy., Col., Ec., epi/ter - 1.000-2.700 m - „Milobano, Aguilitas" (9**, E*, G**, H**, W**, O4/95, O2/93**, S*, Z**)
- *colombiana* Schltr.: 1 (9**, G**, S*)
- *fuerstenbergii* Kraenzl.: 1 (9**, E*, G**, H**)
- *grandibulbosa* Ames & Schweinf.: 1 (9**, G**, S*)
- *helenae* Kraenzl.: 2 (9**, S*)
- *mesae* Kraenzl.: 1 (9**, G**, S*)
- *rhytidobulbon* Lem.: 1 (9**, G**)
- *rutidobulbon* Hook. (R**): 1 (9**, E*, G**, H**, S*)
2. **sceptrum** Rchb.f. & Warsc. (*E. sprucei* Rchb.f., *E. helenae* Kraenzl., *Cyrtopodium yauaperyense* Barb. Rodr.) - Ven., Peru, Braz. 100-1.800 m - epi. (9**, E*, H*, R**, S*)
- *schomburgkii* (Rchb.f.) Rchb.f.: 1 (9**, E*, G**, H**)
- *sprucei* Rchb.f.: 2 (9**, S*)
- *werckeleyi (wercklei)* Schltr.: 1 (9**, G**, S*)
× **Ernestara (Entra.)** (*Phalaenopsis* × *Renanthera* × *Vandopsis*)

Erporkis bracteata Ktze.: *Platylepis* 5 (U)

Erycina (Ercn.) Lindl. - 1853 - *Subfam. Epidendroideae Tribus: Oncidieae Subtr. Oncidiinae* - 2 sp. epi. - Mex.
1. **diaphana** (Rchb.f.) Schltr. (*Oncidium diaphanum* Rchb.f., *O. hyalinobulbon* Llave & Lex.) - Mex. 1.200-1.900 m (3**, A**, E, H*, S*)
2. **echinata** (H.B.K.) Lindl. (*E. major* Schltr., *Oncidium echinatum* H.B.K.) - Mex. 0-800 m (3**, 9**, E**, H**, S*)
- *major* Schltr.: 2 (9**, E**, H**)
× **Erydium (Erdm.)** (*Erycina* × *Oncidium*)

Erythrodes Bl. - 1825: *Physurus* L.C. Rich. (S)

Erythrodes Bl. - 1825 - *Subfam. Spiranthoideae Tribus: Erythrodeae* (*Physurus* L.C.Rich.) - ca. 100 sp. ter/epi - Thai., C.Rica, Pan., Ec., S-Am.
- *altissima* Lindl. non Bl.: *Galeola* 11 (6*)
1. **blumei** (Lindl.) Schltr. (*E. henryi* Schltr., *E. chinensis* (Rolfe) Schltr., *E. latifolia* Seidenf. non Bl, *Physurus blumei* Lindl., *P. chinensis* Rolfe) - Thai. (6*)
- *bracteata* (Bl.) Schltr.: *Herpysma* 1 (6*)
2. **calophylla** (Rchb.f.) Ames - C.Rica terr. (W)
- *chinensis* (Rolfe) Schltr.: 1 (6*)
3. **cornejoi** Dods. - Ec. 600 m - epi. (FXX(3)*)
- *henryi* Schltr: 1 (6*)
4. **herpysmoides** (King & Pantl.) Schltr. (*Physurus herpysmoides* King & Pantl.) - Thai. (6*)
5. **jamesonii** (Gar.) Dods. (*Ligeophila jamesonii* Gar.) - Ec. (FXIX2)

6. **killipii** Ames - C.Rica, Pan., S-Am. - terr. (W**)
- *latifolia* Bl.: *Physurus* 2 (2*)
- *latifolia* Seidenf. non Bl.: 1 (6*)
7. **lehmannii** (Schltr.) Ames - C.Rica, Pan. (W)
8. **llanganetensis** Dods. (*Kreodanthus ecuadorensis* Gar.) - Ec. (FXIX2)
9. **lunifera** Ames - Nic., C.Rica, Guat. (W)
10. **lutea** (Gar.) Dods. (*Ligeophila lutea* Gar.) - Ec. (FXIX2)
- *maculata* (Hook.) Ames: *Platythelys* 1 (9**)
11. **majoris** (Presl) Ames (FXIX2)
12. **nigrescens** (Schltr.) Ames - Pan., C.Rica (W)
13. **oroensis** Dods. - Ec. 1.200 m (FXIX2*)
14. **picta** (Lindl.) Ames (*Ophrys argentea* Vell., *Physurus pictus* Lindl., *P. argenteus* hort. ex Koch & Lauche, *Anoectochilus argenteus* hort. ex Morr., *Microchilus pictus* (Lindl.) Morr., *Neottia argentea* hort. ex Morr., *Spiranthes argentea* hort. ex Planch.) - Braz., Par. (G)
15. **purpurea** Ames - C.Rica (W)
16. **querceticola** (Lindl.) Ames (*Platytheles querceticola* (Lindl.) Gar.) - Flor. ($54/3, $55/3)
17. **vescifera** (Rchb.f.) Ames - C.Rica, Pan. - terr. (W)

Erythrorchis Gar. - 1986 [Bl. - 1837 (S)] - *Vanillinae* (S) - (*Ledgeria* F.v. Muell.) - 3 sp. ter/sapro/climber - SE -As., Jap., Mal., Indon., Phil., Austr.
1. **altissima** (Bl.) Bl. - Mal. (S*)
↳ *altissima* (Bl.) Bl.: *Galeola* 1 (2*, 6*)
- *altissima* Lindl. non Bl.: *Galeola* 6 (2*)
2. **cassythoides** (A.Cunn. ex Lindl.) Gar. (*Galeola cassythoides* (A.Cunn. ex Lindl.) Rchb.f.) - end. to Austr. (Qld., NSW) - scented - „Climbing or Bootlace Orchid" (P**, S) ↳ *Galeola* 2
- *kuhlii* Rchb.f.: *Galeola* 11 (6*)
3. **ochobiensis** (Hay.) Gar. - Ass. to Jap. (S)
× *Esmenanthera*: × *Aranthera* (*Esmeralda* (*Arachnis*) × *Renanthera*)

Esmeralda Rchb.f. - 1862 - *Subfam. Epidendroideae Tribus: Vandeae Subtr. Sarcanthinae* - 2 sp. lit/ter - Him., S-China, Burm., Thai.
- *bella* Rchb.f.: 2 (9**, E**, H**, S*)
1. **cathcartii** (Lindl.) Rchb.f. (*Vanda cathcartii* Lindl., *Arachnanthe cathcartii* (Lindl.) Benth., *Arachnis cathcartii* (Lindl.) J.J.Sm.) - E-Him., Sik. 1.000-2.000 m (9**, S*, Z**)
2. **clarkei** Rchb.f. (*E. bella* Rchb.f., *Arachnanthe clarkei* (Rchb.f.) Rolfe, *Arachnis clarkei* (Rchb.f.) J.J.Sm., *A. bella* (Rchb.f.) J.J.Sm., *Vanda clarkei* (Rchb.f.) N.E.Br.) - Bhut., Burm., China, Nep., Sik., Thai. 1.800-2.700 m (4**, 9**, A**, E**, H**, S*, Z**)
- *sanderiana* Rchb.f.: *Vanda sanderiana* (8**)
- *sanderiana* (Rchb.f.) Rchb.f: *Euanthe* 1 (9**, E**, H**)
× *Esmeranda*: × *Aranda* (*Esmeralda* (*Arachnis*) × *Vanda*)
× **Estelaara (Esta.)** (*Brassavola* × *Cattleya* × *Epidendrum* × *Tetramicra*)

Etaeria Lindl. - 1841: *Hetaeria* Bl. (S)
- *abbreviata* Lindl.: *Anoectochilus* 1 (6*)
- *affinis* Lindl.: *Zeuxine* 1 (6*)
- *albida* Bl.: *Vrydagzynea* 1 (2*, 6*)
- *elongata* Lindl.: *Hetaeria* 3 (6*)
- *flava* Lindl.: *Zeuxine* 4 (6*)
- *javanica* Bl.: *Cystorchis* 3 (2*)
- *lanceolata* (Lindl.) Rchb.f.: *Anoectochilus* 14 (6*)
- *moulmeinensis* Par. & Rchb.f.: *Anoectochilus* 13 (6*)
- *nervosa* Lindl.: *Zeuxine* 12 (6*)
- *oblongifolia* Bl.: *Hetaeria* 8 (6*)
- *pusilla* Lindl.: *Cheirostylis* 14 (6*)
- *rubiconda* Rchb.f.: *Hetaeria* 8 (6*)
- *mollis* Lindl.: *Zeuxine* 1 (6*)

Euanthe Schltr. - 1914 - *Aeridinae* (S) - 1 sp. epi. - Phil.
1. **sanderiana** (Rchb.f.) Schltr. (*Esmeralda sanderiana* (Rchb.f.) Rchb.f., *Vanda sanderiana* Rchb.f.) - Phil. to 500 m - nat. flower of Phil. - CITES (9**, E**, H**, O2/81, S*, Z**)
× *Euarachnides*: × *Burkillara* (*Aërides* × *Arachnis* × *Euanthe* (*Vanda*)
× *Eucentrum*: × *Ascocenda* (*Ascocentrum* × *Euanthe* (*Vanda*)

Euchile (Dressl. & Poll.) Withner - 1998 - *Epidendrinae* (S) - (*Encyclia* subg. *Euchile* Dressl. & Poll.) - 2 sp. epi. - Mex.

1. **citrina** (Llave & Lex.) Withner (*Encyclia citrina* (Llave & Lex.) Dressl.) - Mex. (S)
2. **mariae** (Ames) Withner (*Encyclia mariae* (Ames) Hoehne) - Mex. (S)
× **Euclades** (**Eucl.**) (*Eulophia* × *Oeceoclades*)

Eucnemis Lindl. - 1833: *Govenia* Lindl. ex Lodd.
- *brevilabris* Lindl.: *Govenia* 6 (G**)

Eucosia Bl. - 1825 - *Subfam.* Spiranthoideae *Tribus:* Erythrodeae - 3 sp. terr. - Java, N.Guin., N.Cal.
1. **carnea** Bl. - Java (2*)
↣ *carnea* Bl.: *Goodyera* 33 (6*)

× *Eudevereuxara*: × *Devereuxara* (*Ascocentrum* × *Euanthe* (*Vanda*) × *Phalaenopsis* × *Vanda*)
× **Eulocymbidiella** (**Eucmla.**) (*Cymbidiella* × *Eulophiella*)

Eulophia sect. *Desciscentes* Lindl. - 1833: *Acrolophia* Pfitz. (S)
Eulophia sect. *Eulophidium* (Pfitz.) H. Perr. - 1935: *Oeceoclades* Lindl. (S)

Eulophia (**Eupha.**) R.Br. ex Lindl. - 1823 - *Subfam.* Epidendroideae *Tribus:* Cymbidieae *Subtr.* Eulophiinae (*Lissochilus* R.Br., *Cyrtopera* Lindl., *Orthochilus* Hochst., *Hypodaematium* (*Hypodematium*) A.Rich., *Eulophus* R.Br., *Thysanochilus* Falc., *Platypus* Small & Nash, *Semiphaius* Gagn.) - ca. 250 sp. ter/lit - Pantrop.
1. **aculeata** (L.f.) Spreng. (S)
2. **adenoglossa** (Lindl.) Rchb.f. - Kenya, Tanz., Ghana, S-Afr. 1.330-1.700 m (M**)
- *aemulea* Schltr.: 38 (U)
3. **agrostophylla** F.M.Bailey - end. to Austr. (Qld.) (P)
- *alismatophylla* Rchb.f.: *Oeceoclades* 1 (U)
4. **alta** (L.) Fawc. & Rendle (*E. woodfordii* (Sims) Rolfe, *E. longifolia* (Kunth) Schltr., *Limodorum altum* L., *L. praealtum* L.C.Rich., *Cyrtopodium woodfordii* Sims, *Dendrobium longifolium* Kunth, *Xylobium longifolium* (Kunth) Lindl., *Cypripedium epidendricum* Vell., *Maxillaria longifolia* (Kunth) Lindl., *Cyrtopera woodfordii* (Sims) Lindl., *C. longifolia* (Kunth) Rchb.f., *C. vellosiana* Barb.Rodr., *C. polyantha* Barb. Rodr., *C. alta* (L.) Stehlé, *Govenia barbata* Poepp. & Endl., *Paphiopedilum epidendricum* (Vell.) Pfitz., *Platypus papilliferus* Small & Nash, *P. altus* (L.) Small) - USA, W-Ind., Mex. to Braz., Pan., W-Afr. to Ug. 1.150-1.300 m - „Wild Coco" (9**, G**, W**, $54/3, C, R**, S*, Z**)
- *amajubae* Schltr.: 38 (U)
- *ambongensis* Schltr.: *Oeceoclades* 20 (U)
- *ambositrana* Schltr.: 55 (U)
5. **ambrensis** (H.Perr.) Butzin (*Lissochilus ambrensis* H.Perr.) - Madag. 1.000-1.500 m (U)
6. **andamanensis** Rchb.f. - As. (S*)
7. **angolensis** (Rchb.f.) Summerh. [*E. angolensis* (Lindl.) Rchb.f. (M**)] (*E. latifolia* Rolfe, *E. ugandae* (Rolfe) Rolfe, *Cymbidium angolense* (Rchb.f.) Rchb.f., *Lissochilus buchanani* Rchb.f., *L. angolensis* Rchb.f., *L. ugandae* Rolfe) - Ghana, Tomé to Zai., Ug. to S-Afr. 0-2.500 m (9**, S)
8. **anjoanensis** (Rchb.f.) Cribb (*Galeandra angornensis* Rchb.f., *G. anjoanensis* Rchb.f., *Lissochilus anjoanensis* (Rchb.f.) Rchb.f.) - Com. (U)
9. **antennata** Schltr. (S)
10. **arenicola** Schltr. - Trop. E-Afr., Malawi 2.000-3.000 m (O5/96)
- *argentina* (Rolfe) Schltr.: *Pteroglossaspis* 6 (S*)
- *arundinae* Rchb.f.: *Cyanaeorchis* 1 (S*)
11. **aurantiaca** Rolfe (S)
- *bainesii* Rolfe: 69 (M**)
12. **barbata** Spreng. (S)
- *bathiei* Schltr.: 38 (U)
13. **beravensis** Rchb.f. (*Graphorchis beravensis* Ktze., *Lissochilus beravensis* (Rchb.f.) H.Perr.) - Madag. 0-500 m (U, S*)
14. **bicallosa** (D.Don) P.F.Hunt & Summerh. (*E. venosa* (F.v.Muell.) Rchb.f. ex Benth.) - Austr. (WA, NT, Qld.), N.Gui. (P*)
- *bicolor* Dalz.: 65 (9**, G)
- *bicolor* Rchb.f. & Sond. ex Rchb.f.: 98 (9**)
- *bierleri* De Wild.: *Oeceoclades* 26 (H**)
- *brevisepala* (Rendle) Summerh.: 86 (C**)
15. **buchananii** (Rchb.f.) - Bol. (S)
- *caffra* Rchb.f.: 74 (H)
16. **calantha** Schltr. - Kenya, Ug., Tanz.,

Guin., Ang., Malawi 1.300-2.000 m (M**)
17. **calanthoides** Schltr. - S-Afr. to 3.000 m (C, S)
- *calcarata* (Schltr.) Schltr.: *Oeceoclades* 10 (U**, S)
- *camporum* Schltr.: 82 (U)
- *carrii* C.White: 101 (P, Q**)
- *carunculifera* Rchb.f.: 38 (U)
- *celebica* Bl.: *Eulophia squalida* (2*)
18. **chilangensis** Summerh. - myc. (S)
- *chlorotica* Kraenzl.: 94 (M)
19. **clavicornis** Lindl. - S-Afr. (S*) var. **nutans** (Sond.) A.V.Hall (*E. nutans* Sond.) - E-Afr., S-Afr., Madag., Yem. 1.650-2.200 m (M)
- *clavicornis* var. *nutans* (Sond.) A.V.Hall: 38 (U)
20. **clitellifera** (Rchb.f.) H.Bol. (*E. fractiflexa* Summerh., *Lissochilus clitellifera* Rchb.f., *L. pulchellus* Rendle, *L. rehmannii* Rolfe, *L. flexuosus* Schltr.) - Madag., Trop.-S-Afr. 1.500-2.200 m (M, U, S)
- *cochleare* (Lindl.) Knight ex Hook.: *Cochleanthes* 5 (9**, G**, O5/98**)
- *cochlearis* (Lindl.) Steud.: *Cochleanthes* 5 (9**, G**, O5/98**)
- *congoensis* Cogn.: 37 (8**, 9**, G**)
- *cordylinophylla* Rchb.f.: *Oeceoclades* 11 (H, U)
- *crinita* Rolfe: 38 (U)
21. **cristata** (Sw.) Steud. (*Limodorum cristatum* Sw., *Lissochilus purpuratus* Lindl., *L. heudelotii* Rchb.f., *L. uliginosus* Rolfe, *Graphorkis cristata* (Sw.) Ktze.) - Sen., Gamb., Guin., Ghana, Nig., C.A.R., Ug 1.100-1.700 m (9**, M, C)
22. **cucullata** (Sw.) Steud. (*E. dilecta* (Rchb.f.) Schltr., *Limodorum cucullatum* Sw., *Lissochilus arenarius* Lindl., *L. dilectus* Rchb.f., *L. stylites* Rchb.f.) - Madag., Trop.-S-Afr. 0-2.300 m (9**, E**, H**, O6/96, M**, C**, U, S)
- *decaryana* H.Perr.: *Oeceoclades* 12 (H, O6/96, M**, C, U**)
- *decipiens* Kurz: 35 (Q**)
- *decurva* Schltr.: 38 (U)
- *dilatata* Lindl.: *Bletia* 23 (G)
- *dilecta* (Rchb.f.) Schltr.: 22 (E**)
- *dusenii* Kraenzl.: 27 (9**)
- *elliotii* Rolfe: *Oeceoclades* 27 (U)
- *elliottii* Rendle: 40 (M**)
- *elongata* Bl.: *Eulophia squalida* (2*)
- *emarginata* Bl.: 57 (2*)
23. **ensata** Lindl. - S-Afr. (G**, S)
24. **ephippium** (Rchb.f.) Butzin (*Lissochilus ephippium* Rchb.f.) - Madag. (U)
25. **epidendraea** (Retz.) Fisch. (*E. virens* (Roxb.) R.Br., *E. graminea* Lindl., *E. epidendroides* (Willd.) Schltr., *Serapias epidendraea* Retz., *Limodorum virens* Roxb., *L. epidendroides* Willd.) - Sri L., S-Ind., Burm., Thai., Viet., Mal., Phil. (9**)
- *epidendroides* (Willd.) Schltr.: 25 (9**)
26. **epiphanoides** Schltr. - S-Afr. (S*)
- *ernestii* Schltr.: 38 (U)
27. **euglossa** (Rchb.f.) Rchb.f. (*E. dusenii* Kraenzl.) - S.Leone, Ivory C., Ghana, Nig., Camer., Zai., Ug. 1.200-1.300 m (9**, C)
28. **exaltata** Rchb.f. (*E. leschenaultii* Bl., *Cyrtopera ensiformis* Lindl., *Cyrtopodium ensiformis* Vidal, *Graphorkis exaltata* Ktze.) - Java (2*)
29. **excavata** Butzin (S)
30. **filicaulis** Lindl. - Mex. (S)
- *flanaganii* H.Bol.: 38 (U)
31. **flavopurpurea** (Rchb.f.) Rolfe (*E. millsonii* (Rolfe) Summerh., *Cyrtopera flavopurpurea* Rchb.f., *Lissochilus millsonii* Rolfe, *L. lacteus* Kraenzl., *L. andersonii* Rolfe, *L. johnsonii* Rolfe) - Ghana, Togo, Nig., Camer., S-Ug., Malawi, Zam., Moz. (9**)
- *fractiflexa* Summerh.: 20 (U)
- *fusca* (Wight) Bl.: 65 (9**, G)
32. **galbana** Ridl. (*Graphorchis galbana* (Ridl.) Ktze., *Lissochilus galbanus* (Ridl.) H.Perr.) - Madag. - epi. (U)
33. **galeoloides** Kraenzl. - Kenya, Tanz., Zai., Nig., Ghana, Sud. 1.700 m - myc. (M**, S*)
- *galpinii* Schltr.: 38 (U)
- *gladioloides* Rolfe: 38 (U)
34. **gracilis** Lindl. (*E. preussii* Kraenzl., *E. virens* A.Chev.) - Sen., Biss., S.Leone, Lib., Ivory C., Ghana, Ang. (G**, C)
- *gracillima* Schltr.: *Oeceoclades* 13 (U)
35. **graminea** Lindl. (*E. sinensis* Miq., *E. decipiens* Kurz, *E. ramosa* Hay., *E. gusukumai* Masamune, *Graphorkis graminea* (Lindl.) Ktze.) - Ind.,

Sri L., Mal., Sing., Sum., Java, Born., China, Taiw. 0-500 m (O1/95, Q**, S)
- graminea Lindl.: 25 (9**)
- grandibractea Kraenzl.: 76 (U**)
36. **grandidieri** H.Perr. (*Lissochilus grandidieri* (H.Perr.) H.Perr.) - Madag. - terr. (U)
- grantii (Rchb.f.) Summerh.: 90 (M**)
- guamensis Ames: *Oeceoclades* 22 (G**)
- guamensis Ames: 78 (9**)
37. **guineensis** Lindl. (*E. quartiniana* A. Rich., *E. congoensis* Cogn., *E. guineensis* var. *purpurata* Kotschy, *Saccolabium abyssinicum* A.Rich., *Galeandra quartiniana* (A.Rich.) Rchb.f., *Graphorchis guineensis* (Lindl.) Ktze.) - Trop. Afr., Yem., Oman, Ang. 1.650-2.330 m (4**, 9**, E**, G**, H**, M**, C**, S, Z**)
- guineensis var. purpurata Kotschy (8**): 37 (M**, C**)
- gusukumai Masamune: 35 (Q**)
- helleborina Hook.f.: *Brachycorythis* 7 (9**)
38. **hians** Spreng. (U)
  var. **nutans** (Sond.) S.Thomas (*E. nutans* Sond., *E. carunculifera* Rchb.f., *E. madagascariensis* Kraenzl., *E. vaginata* Ridl., *E. aemulea* Schltr., *E. galpinii* Schltr., *E. laxiflora* Schltr., *E. crinita* Rolfe, *E. flanaganii* H.Bol., *E. gladioloides* Rolfe, *E. purpurascens* Rolfe, *E. nelsonii* Rolfe, *E. ukingensis* Schltr., *E. triloba* Rolfe, *E. amajubae* Schltr., *E. decurva* Schltr., *E. ernestii* Schltr., *E. bathiei* Schltr., *E. clavicornis* var. *nutans* (Sond.) A.V.Hall, *E. vleminckxiana* Geer. & Schaijes, *Graphorchis madagascariensis* (Kraenzl.) Ktze., *G. nutans* (Sond.) Ktze., *G. vaginata* (Sond.) Ktze., *Lissochilus vaginatus* (Ridl.) H.Perr.) - Madag., E-SC-S-Afr. 1.500-2.500 m (U)
- hians (L.f.) Spreng.: *Herschelianthe* 4 (9**)
39. **hologlossa** Schltr. (*Lissochilus hologlossus* (Schltr.) H.Perr.) - Madag. (U)
40. **horsfallii** (Batem.) Summerh. (*E. porphyroglossa* (Rchb.f.) H.Bol., *E. mahonii* (Rolfe) A.D.Hawk., *E. sandersonii* (Rchb.f.) A.D.Hawk., *E. elliottii* Rendle, *Dendrobium roseum* Sw., *Lissochilus roseus* (Sw.) Lindl., *L. horsfallii* Batem., *L. sandersonii* Rchb.f., *L. porphyroglossa* (H.Bol.) Dur. & Schinz, *L. mahonii* Rolfe, *L. transvaalensis* Rolfe) - S.Leone, Lib., Ivory C., Ghana, Nig., Camer., Kenya, Ug. 0-2.500 m (9**, G**, O6/96, M**, C**, S*)
41. **horsmusjii** Duthie - Pak. (S)
42. **humbertii** (H.Perr.) Butzin (*Lissochilus humbertii* H.Perr.) - Madag. 0-1.000 m (U)
43. **ibityensis** Schltr. (*Lissochilus ibityensis* (Schltr.) H.Perr.) - Madag. 1.000-2.000 m (U)
- involuta Summerh.: 68 (9**)
- involuta Summerh.: 84 (M)
44. **ischna** Summerh. (S)
- johnstonii Rolfe: 67 (M**)
- jumelleana Schltr.: 51 (U**)
45. **katangensis** De Wild. (S)
- kirkii Rolfe: 88 (M**)
- krebsii (Rchb.f.) H.Bol.: 90 (9**, A**, E**, G**, H**, M**, C**, S*)
- krebsii var. purpurata (Ridl.) H.Bol.: 90 (9**, G**)
46. **kyimbilae** Schltr. - Kenya, Tanz., Ug., Zam., Malawi, Zim. 1.700-2.100 m (M**)
- lanceata H.Perr.: *Oeceoclades* 15 (U)
- latifolia Rolfe: 7 (9**)
47. **latilabris** Summerh. - Kenya, Ug., Tanz., Trop.Afr., Ang., Moz. 1.500 m (M**, S*)
- laxiflora Schltr.: 38 (U)
48. **leachii** Greatrex ex A.V.Hall - S-Afr., Zim. 375-750 m (C)
- ledienii Stein: *Eulophidium ledieni* (8**)
- ledienii Stein ex N.E.Br.: *Oeceoclades* 18 (G**, H, U)
49. **leontoglossa** Rchb.f. (S)
- leschenaultii Bl.: 28 (2*)
- leucorhiza Schltr.: 81 (U)
50. **litoralis** Schltr. (S)
51. **livingstoniana** (Rchb.f.) Summerh. (*E. jumelleana* Schltr., *E. robusta* Schltr., *Lissochilus livingstonianus* Rchb.f., *L. rutenbergianus* Kraenzl., *L. jumelleanus* (Schltr.) Schltr., *L. laggiarae* Schltr.) - Kenya, Ug., Tanz., Madag., Com. 0-2.350 m (M, U**, S)

- *lokobensis* H.Perr.: *Oeceoclades* 11 (H, U)
- *lonchophylla* Rchb.f.: *Oeceoclades* 16 (U)
- *longifolia* (H.B.K.) Schltr.: 4 (9**, G**, S*)
52. **longisepala** Rendle - Afr. - sapro (O6/96, S*)
- *lurida* (Sw.) Lindl.: *Graphorkis* 3 (E**, G**, H**, C*)
- *lutea* Bl.: *Eulophia squalida* (2*)
53. **macgregorii** Ames - Oceania (S)
- *macka(y)iana* Lindl.: *Zygopetalum* 7 (8**, G**)
- *mackaiana* Lindl.: *Zygopetalum* 6 (E**, H**)
- *mackayana* Lindl.: *Zygopetalum* 6 (8**)
54. **macowanii** Rolfe - S-Afr. (S*)
55. **macra** Ridl. (*E. ambositrana* Schltr., *Lissochilus macer* H.Perr.) - Madag. 0-1.500 m (O1/95, U, S*)
56. **macrobulbon** (Par. & Rchb.f.) Hook.f. - As. (S)
- *macrorhiza* Bl. (2*): 101 (P, Q**)
- *macrorhiza* var. *papuana* (Ridl.) Schltr.: 101 (P, Q**)
- *macrorhizon* Hook.f.: *Eulophia sanguinea* (9**)
57. **macrostachya** Lindl. (*E. emarginata* Bl., *Graphorchis macrostachya* Ktze., *G. blumeana* Ktze.) - Java, Oceania (2*, S)
- *macrostachya* Lindl.: *Oeceoclades* 22 (G**)
- *macrostachya* Lindl.: 78 (9**)
- *maculata* Stein: *Eulophidium ledieni* (8**)
- *maculata* (Lindl.) Rchb.f.: *Oeceoclades* 18 (G**, H, C*, U)
- *madagascariensis* Kraenzl.: 38 (U)
- *mahonii* (Rolfe) A.D.Hawk.: 40 (9**, G**)
58. **mangenotiana** Boss. & Veyret - Madag. lowl. (U)
- *medemiae* Schltr.: *Graphorkis* 4 (U)
59. **megistophylla** Rchb.f. (*Lissochilus megistophyllus* (Rchb.f.) H.Perr., *Eulophidium megistophyllum* (Rchb.f.) Summerh.) - Com. (U)
- *milanjiana* Rendle: 98 (9**)
- *mildbraedii* Kraenzl.: *Oeceoclades* 26 (H**)
- *millsonii* (Rolfe) Summerh.: 31 (9**)
60. **milnei** Rchb.f. - Kenya, Ug., Tanz., Trop.-S-Afr. 960-2.000 m (M**, S)
61. **monile** Rchb.f. - myc. (S)
62. **montis-elgonis** Summerh. - Kenya, Ug., Sud. 2.000-2.350 m (M**, S)
- *mucronata* Bl.: *Eulophia squalida* (2*)
- *murrayana* (Gardn. ex Hook.) Steud.: *Neogardneria* 1 (9**, H**, G)
- *nelsonii* Rolfe: 38 (U)
63. **nervosa** H.Perr. (*Lissochilus nervosus* (H.Perr.) H.Perr.) - Madag. 1.000 -1.500 m (U)
64. **nigricans** Schltr. (S)
- *novaebudae* Kraenzl.: *Oeceoclades* 22 (G**)
- *novobudae* Kraenzl.: *Oeceoclades* 22 (S)
65. **nuda** Lindl. (*E. squalida* Lindl., *E. bicolor* Dalz., *E. fusca* (Wight) Bl., *Cyrtopera plicata* Lindl. ex Wall., *C. fusca* Wight, *C. mysor(i)ensis* Lindl., *C. gardneri* Thw., *C. laxiflora* Gardn. ex Thw., *C. nuda* (Lindl.) Rchb.f., *Dipodium plicatum* Buch.-Ham. ex Wall., *D. roniate* Buch.-Ham. ex Wall., *Cyrtopodium fuscum* (Wight) Trimen, *Graphorkis nuda* (Lindl.) Ktze.) - Sri L., Ind., Nep., Sik., Phil., Burm., Thai., Mal., Sum. to 1.300 m (9**, G, S*)
- *nuda* Lindl.: 87 (Q**)
- *nutans* Sond.: 19 (M)
- *nutans* Sond.: 38 (U)
66. **nuttii** Rolfe (S)
67. **odontoglossa** Rchb.f. (*E. shupangae* (Rchb.f.) Kraenzl., *E. johnstonii* Rolfe) - Kenya, Ug., Tanz., Trop.-S-Afr. 1.650-2.330 m (O6/96, M**, S)
68. **orthoplectra** (Rchb.f.) Summerh. (*E. involuta* Summerh., *Lissochilus orthoplectrus* Rchb.f., *L. milanjianus* Rendle, *L. saccatus* Rendle) - Ghana, Togo, Nig., W-Camer., Kenya, E-Afr. to Zim. 1.200-2.350 m (9**, M)
69. **ovalis** Lindl. - S-Afr. (S*)
  ssp. **bainesii** (Rolfe) A.V.Hall (*E. bainesii* Rolfe) - Kenya, Tanz., S-Afr. 1.200 m (M**)
- *paivaeana* (Rchb.f.) Summerh. (E): 90 (9**, G**, H**, C**, S*)
- *paivaeana* ssp. *borealis* Summerh.: 90 (M**)
70. **palmicola** H.Perr. (*Lissochilus palmicolus* (H.Perr.) H.Perr.) - Madag. - epi. (U**)

- *pandurata* Rolfe: *Oeceoclades* 19 (U)
- *paniculata* Rolfe: *Oeceoclades* 10 (U**)
- *papuana* (Ridl.) J.J.Sm.: 101 (P, Q**)

71. **paradoxa** Kraenzl. (S)
72. **parvula** (Rendle) Summerh. - Kenya, Ug., Tanz., Nig., S-Afr. 1.570 m (M**)
73. **perrieri** Schltr. (*Lissochilus perrieri* (Schltr.) H.Perr.) - Madag. 0-500 m (U)
74. **petersii** (Rchb.f.) Rchb.f. (*E. schimperiana* A.Rich., *E. caffra* Rchb.f., *Galeandra petersii* Rchb.f.) - E-SE-Afr., SW-Ar. 0-1.800 m (H, M, C, S*)

- *petiolata* Schltr.: *Oeceoclades* 21 (U**)

75. **pileata** Ridl. (*Graphorchis pileata* (Ridl.) Ktze., *Lissochilus pileatus* (Ridl.) H.Perr.) - Madag. 1.000-1.500 m (U**)
76. **plantaginea** (Thou.) Rolfe ex Hochr. (*E. grandibractea* Kraenzl., *Limodorum plantagineum* Thou., *Cyrtopera plantaginea* (Thou.) Lindl., *Cyrtopodium plantagineum* (Thou.) Benth., *Graphorchis plantaginea* (Thou.) Ktze., *Lissochilus plantagineus* (Thou.) H.Perr.) - Madag., Masc. 0-1.000 m (U**)

- *porphyroglossa* (Rchb.f.) H.Bol.: 40 (9**, G**, M**, C**)

77. **pretoriensis** H.Bol. (S)

- *preussii* Kraenzl.: 34 (G**)
- *pseudoramosa* Schltr.: 81 (U)

78. **pulchra** (Thou.) Lindl. (*E. macrostachya* Lindl., *E. guamensis* Ames, *E. rouxii* Kraenzl., *E. pulchra* var. *divergens* Rchb.f., *E. striata* Rolfe, *Limodorum pulchrum* Thou., *Graphorkis pulchra* (Thou.) Ktze., *Lissochilus pulcher* (Thou.) H.Perr., *Eulophidium pulchrum* (Thou.) Summerh., *Oeceoclades pulchra* (Thou.) M. Clem. & Cribb) - Trop.Afr., Madag. to P.Is., Austr. 0-1.400 m (9**, C, O3/98, U)

➛ *pulchra* (Thou.) Lindl.: *Oeceoclades* 22 (G**, P)

- *pulchra* var. *divergens* Rchb.f.: 78 (U)
- *purpurascens* Rolfe: 38 (U)

79. **pyrophila** (Rchb.f.) Summerh. - Kenya, Ug. Tanz., Eth., Ivory C., S-Afr. 1.000-2.730 m (M)

- *quadriloba* Schltr.: *Oeceoclades* 23 (U)

80. **quartiniana** A.Rich. - Trop.Afr. (A**, E, H, O4/83, S*)

- *quartiniana* A.Rich.: 37 (9**, G**, M**, C**)

81. **ramosa** Ridl. (*E. leucorhiza* Schltr., *E. pseudoramosa* Schltr., *Graphorchis ramosa* (Ridl.) Ktze., *Lissochilus ramosus* (Ridl.) H.Perr.) - Madag. 0-1.000 m (U)

- *ramosa* Hay.: 35 (Q**)

82. **reticulata** Ridl. (*E. camporum* Schltr., *Lissochilus madagascariensis* Kraenzl., *Graphorchis reticulata* (Ridl.) Ktze.) - Madag. 500-2.000 m (U)

- *robusta* Schltr.: 51 (U**)
- *rouxii* Kraenzl.: *Oeceoclades* 22 (G**)
- *rouxii* Kraenzl.: 78 (9**)

83. **rutenbergiana** Kraenzl. (*Graphorchis rutenbergiana* (Kraenzl.) Ktze., *Lissochilus kranzlinii* H.Perr.) - Madag. 1.000-2.000 m (U, S)

- *ruwenzoriensis* Rendle: *Pterogloss-aspis* 6 (M)
- *sandersonii* (Rchb.f.) A.D.Hawk.: 40 (9**, G**, C**)
- *sanguinea* (Lindl.) Hook.f. (9**): 101 (P, Q**)
- *saundersiana* Rchb.f.: *Oeceoclades* 26 (9**, H**)
- *schimperiana* A.Rich.: 74 (H, M)
- *schlechteri* H.Perr.: *Oeceoclades* 2 (U)

84. **schweinfurthii** Kraenzl. (*E. involuta* Summerh., *Lissochilus johnstonii* Rolfe) - Kenya, Ug., Tanz., E-Afr. 300-2.100 m (M)

- *sclerophylla* Rchb.f.: *Oeceoclades* 27 (U)
- *scripta* Pfitz.: *Graphorkis* 1 (U**)
- *scripta* (Thou.) Lindl.: *Graphorkis* 5 (S*)

85. **serrata** Cribb (*E. stricta* Rolfe) - Kenya 150-200 m (M)

- *seychellarum* Rolfe ex Summerh.: *Oeceoclades* 28 (O3/98)
- *shupangae* (Rchb.f.) Kraenzl.: 67 (M**)
- *sinensis* Guill.: *Spathoglottis* 36 (G**)
- *sinensis* Miq.: 35 (Q**)

- *spathulifera* H.Perr.: *Oeceoclades* 29 (U**)
86. **speciosa** (R.Br. ex Lindl.) H.Bol. (*E. brevisepala* (Rendle) Summerh., *E. wakefieldii* (Rchb.f. & S.Moore) Summerh., *Lissochilus speciosus* R. Br. ex Lindl., *L. wakefieldii* Rchb.f. & S.Moore, *L. volkensii* Rolfe, *Satyrium giganteum* L.f., *Limodorum giganteum* (L.f.) Thunb., *Cymbidium giganteum* (L.f.) Sw., *Cyrtopera gigantea* (L.f.) Lindl.) - Ar., E-S-Afr., Zim. 0-2.000 m (E**, G**, H**, M**, C**, S, Z**)
87. **spectabilis** (Dennst.) Suresh (*E. nuda* Lindl., *E. squalida* Lindl., *Wolfia spectabilis* Dennst.) - Ind., Sri L., Him., China, Indoch., Mal., Indon., Fiji 0-900 m (Q**)
- *squalida* Lindl.: 65 (9**, G)
- *squalida* Lindl. (2*): 87 (Q**)
88. **stachyodes** Rchb.f. (*E. kirkii* Rolfe) - Kenya, Ug., Tanz., Trop.Afr., Nig., Zim. 1.800-2.300 m (M**, S)
89. **stenophylla** Summerh. (*E. streptopetala* var. *stenophylla* (Summerh.) Cribb, *Lissochilus micranthus* Kraenzl.) - Kenya, Ug., Tanz. 1.400-2.100 m (M**)
90. **streptopetala** Lindl. (*E. krebsii* (Rchb.f.) H.Bol., *E. krebsii* var. *purpurata* (Ridl.) H.Bol., *E. paivaeana* (Rchb.f.) Summerh., *E. paivaeana* ssp. *borealis* Summerh., *E. grantii* (Rchb.f.) Summerh., *Lissochilus streptopetalus* (Lindl.) Lindl., *L. krebsii* Rchb.f., *L. krebsii* var. *purpurata* Ridl., *L. parviflorus* Lindl., *L. paivaeanus* Rchb.f., *L. graefei* Kraenzl.) - S-E Trop. Afr., Moz., Yem. 1.100-2.500 m (9**, A**, E**, G**, H**, O6/96, M**, $50/1, C, S*)
ssp. **borealis** Summerh. (S)
ssp. **streptopetala** (S)
- *streptopetala* var. *stenophylla* (Summerh.) Cribb: 89 (M**)
- *striata* Rolfe: 78 (U)
- *stricta* Rolfe: 85 (M)
91. **subulata** Rendle - Kenya, Ug., Tanz., Rwa., Zai. 1.350-2.000 m (M)
- *sumatrana* Bl.: *Eulophia squalida* (2*)
92. **tabularis** (L.f.) H.Bol. (S)
93. **taitensis** Cribb & Pfennig - Kenya, Ug., Tanz. 0-1.300 m (H, M**, C)
94. **tanganyikensis** Rolfe (*E. chlorotica* Kraenzl.) - Kenya, Tanz., Zai., Malawi, Zam., Zim.1.700-2.300 m (M)
- *tayloriana* (Rendle) Rolfe: *Polystachya tayloriana* (1**)
95. **toyoshima** Nakai - Oceania (S)
- *triloba* Rolfe: 38 (U)
96. **turkestanica** Schltr. - Russ. (S)
- *ugandae* (Rolfe) Rolfe: 7 (9**)
- *ukingensis* Schltr.: 38 (U)
- *vaginata* Ridl.: 38 (U)
- *venosa* (F.v.Muell.) Rchb.f. ex Benth: 14 (P*)
- *virens* A.Chev.: 34 (G**)
- *virens* (Roxb.) R.Br.: 25 (9**)
- *vleminckxiana* Geer. & Schaijes: 38 (U)
- *wakefieldii* (Rchb.f. & S.Moore): 86 (C**, S*)
97. **walleri** (Rchb.f.) Kraenzl. - S-Afr. (S)
98. **welwitschii** (Rchb.f.) Rolfe (*E. bicolor* Rchb.f. & Sond. ex Rchb.f., *E. zeyheri* Hook.f., *E. milanjiana* Rendle, *E. woodii* Schltr., *Orthochilus welwitschii* Rchb.f.) - Nig., Zai., E-S-Afr. (9**)
- *welwitschii* (Rchb.f.) Rolfe: 100 (M**)
99. **wendlandiana** Kraenzl. (*Lissochilus wendlandianus* (Kraenzl.) H.Perr.) - Madag. (U)
- *woodfordii* (Sims) Rolfe: 4 (9**, G**, S*)
- *woodii* Schltr.: 98 (9**)
100. **zeyheri** Hook.f. (?*E. welwitschii* (Rchb.f.) Rolfe) - Kenya, Tanz., Ug., Trop.-S-Afr., Nig. 1.000-2.300 m (M**, C**, O2/93**)
- *zeyheri* Hook.f.: 98 (9**)
101. **zollingeri** (Rchb.f.) J.J.Sm. (*E. carrii* C.White, *E. macrorhiza* Bl., *E. macrorhiza* var. *papuana* (Ridl.) Schltr., *E. sanguinea* (Lindl.) Hook.f., *E. papuana* (Ridl.) J.J.Sm., *Cyrtopera zollingeri* Rchb.f., *C. sanguinea* Lindl., *C. papuana* Ridl.) - Austr. (Qld.), N.Gui., Indon., Mal., Ind. 500-1.500 m - sapro (P, $50/10, Q**, S)

Eulophidium Pfitz. - 1887: *Oeceoclades* Lindl.

- *alismatophyllum* (Rchb.f.) Summerh.: *Oeceoclades* 1 (U)
- *ambongensis* Schltr.: *Oeceoclades* 2 (U)
- *analamerensis* (H.Perr.) Summerh.: *Oeceoclades* 3 (U)

- *analavelensis* (H.Perr.) Summerh.: *Oeceoclades* 4 (U)
- *angustifolium* Sengh.: *Oeceoclades* 5 (H**, U)
- *angustifolium* ssp. *diphyllum* Sengh.: *Oeceoclades* 5 (U)
- *boinense* Schltr.: *Oeceoclades* 9 (U)
- *cordylinophyllum* (Rchb.f.) Summerh.: *Oeceoclades* 11 (U)
- *decaryanum* (H.Perr.) Summerh.: *Oeceoclades* 12 (H, O6/96, M**, C, U**)
- *gracillimum* (Schltr.) Schltr.: *Oeceoclades* 13 (U)
- *ledienii* (N.E.Br.) De Wild. (8**): *Oeceoclades* 18 (G**, U, S*)
- *lokobense* (H.Perr.) Summerh.: *Oeceoclades* 11 (H, U)
- *lonchophyllum* (Rchb.f.) Schltr.: *Oeceoclades* 16 (U, S)
- *maculata* Pfitz.: *E. ledienii* (8**)
- *maculatum* (Lindl.) Pfitz.: *Oeceoclades* 18 (4**, G**, H, M**, C*, U, S*)
- *megistophyllum* (Rchb.f.) Summerh.: *Eulophia* 59 (U)
- *nyassanum* Schltr.: *Oeceoclades* 18 (G**, H, U)
- *panduratum* (Rolfe) Summerh.: *Oeceoclades* 19 (U)
- *paniculatum* (Rolfe) Summerh.: *Oeceoclades* 10 (U**, S)
- *perrieri* Schltr.: *Oeceoclades* 20 (U)
- *petiolatum* (Schltr.) Schltr.: *Oeceoclades* 21 (U**)
- *pulchrum* (Thou.) Summerh.: *Oeceoclades* 22 (G**, S)
- *pulchrum* (Thou.) Summerh.: *Eulophia* 78 (9**, C, U)
- *quadrilobum* (Schltr.) Schltr.: *Oeceoclades* 23 (U)
- *rauhii* Sengh.: *Oeceoclades* 24 (U)
- *roseovariegatum* Sengh.: *Oeceoclades* 25 (H, U)
- *saundersianum* (Rchb.f.) Summerh.: *Oeceoclades* 26 (9**, H**, M**, S*)
- *sclerophyllum* (Rchb.f.) Summerh.: *Oeceoclades* 27 (U)
- *silvaticum* (Schltr.) Summerh.: *Oeceoclades* 22 (S)
- *spathuliferum* (H.Perr.) Summerh.: *Oeceoclades* 29 (U**, S*)
- *tainioides* Schltr.: *Oeceoclades* 16 (S)
- *warneckeanum* Kraenzl.: *Oeceoclades* 18 (G**, H, U)
- *zanzibaricum* Summerh.: *Oeceoclades* 30 (M)

Eulophiella (Eul.) Rolfe - 1891 - *Subfam. Epidendroideae Tribus: Cymbidieae Subtr. Eulophiinae* - 4 sp. epi/ter - Madag.
1. **capuroniana** Boss. & Morat - Madag. lowl. (U, S)
2. **elisabethae** Lind. & Rolfe (*E. perrieri* Schltr.) - Madag. 0-200 m (8**, 9**, E*, H*, O2/81, U**, S)
3. **ericophila** Boss. - Madag. 1.300-1.500 m - terr. (U, S)
- *hamelinii* Baill. ex Rolfe n.n.: 4 (9**, O2/81, U**)
- *peetersiana* Kraenzl. (8**, O2/81): 4 (9**, U**, S*)
- *perrieri* Schltr. (E, H, O2/81): 2 (9**, U**, S)
4. **roempleriana** (Rchb.f.) Schltr. (*E. peetersiana* Kraenzl., *E. hamelinii* Baill. ex Rolfe n.n., *Grammatophyllum roemplerianum* Rchb.f.) - E-Madag. 800-900 m (9**, A**, H, O2/81, U**, S*)
5. **saboureaui** Ursch & Toill.-Gen. - Madag. - doubtful sp.: *E. roempleriana* × *E. elisabethae* ? (U)

Eulophiopsis Pfitz. - 1887: *Graphorkis* Thou. (S)
- *ecalcarata* Schltr.: *Graphorkis* 2 (U)
- *lurida* (Sw.) Schltr.: *Graphorkis* 3 (E**, G**, H**, C*)
- *medemiae* (Schltr.) Schltr.: *Graphorkis* 4 (U)

Eulophus R.Br. - 1821: *Eulophia* (S)
× *Eupapilanda*: *Vanda* (*Euanthe* (*Vanda*) × *Papilionanthe* (*Vanda*) × *Vanda*)
× *Eupapilio*: *Vanda* (*Euanthe* (*Vanda*) × *Papilionanthe* (*Vanda*)

Euphlebium (Kraenzl.) Brieg. - 1981: *Dendrobium* Sw.

Euphlebium (Kraenzl.) Brieg. - 1981 - *Dendrobiinae* (S) - (*Dendrobium* sect. *Euphlebium* Kraenzl., - sect. *Fugacea* J.J.Sm.) - 7 sp. - Java, Born., N.Gui.
1. **amboinense** (Hook.) Brieg. (*Dendrobium amboinense* Hook.) (S)
→ *amboinense* (Hook.) Brieg.: *Dendrobium* 15 (9**)
2. **coeloglossum** (Schltr.) Brieg. (*Dendrobium coeloglossum* Schltr.) (S)
- *inaequale* (Rolfe) Rausch.: *Dendrobium* 164 (9**)

3. **spurium** (Bl.) Brieg. (*Dendrocolla spuria* Bl., *Dendrobium euphlebium* Rchb.f., *D. spurium* J.J.Sm.) (S) ⇾ Dendrobium 335

× *Euporphyranda*: × *Renantanda* (*Euanthe* (*Vanda*) × *Porphyrodesme* (*Renanthera*) × *Vanda*)

Euprobiscis Griff. - 1845: *Thelasis* Bl. (S)

× *Eurachnis*: × *Aranda* (*Arachnis* × *Euanthe* (*Vanda*)

× **Euryangis (Eugs.)** (*Aërangis* × *Eurychone*)

× **Euryangraecum (Eugcm.)** (*Angraecum* × *Eurychone*)

Eurycentrum Schltr. - 1905 - *Subfam. Spiranthoideae Tribus: Erythrodeae* - (*Cystopus* Bl. p.p.) - 5 sp. terr. - N.Gui., Sol.

Eurychone (Echn.) Schltr. - 1918 - *Subfam. Epidendroideae Tribus: Vandeae Subtr. Aerangidinae* - 2 sp. epi. - Trop. Afr.
1. **galeandrae** (Rchb.f.) Schltr. - Ang., Gab., CAR, Ivory C., Zai. (H, C*, S)
2. **rothschildiana** (O'Brien) Schltr. (*Angraecum rothschildianum* O'Brien) - S.Leone, Guin. to Ug., Zai. 1.100-1.200 m (H**, O6/79, C**, S*)

× **Eurynopsis (Eunps.)** (*Eurychone* × *Phalaenopsis*)

Eurystyles Wawra - 1853 - *Subfam. Spiranthoideae Tribus: Cranichideae Subtr. Spiranthinae* - (*Trachelosiphon* Schltr.) - ca. 13/17 sp. epi. - S-Braz., Col., C.Rica, Jam., Ven.
1. **actinosophila** (Barb.Rodr.) Schltr. - epi. (S)
2. **auriculata** Schltr. - C.Rica, Col. (W, R)
3. **colombiana** (Schltr.) Schltr. - Col. (R)
4. **cotyledon** Wawra - C.Rica, Pan., Ven., Col., Braz. 600-1.000 m (W**, O1/94, R**, S*)
5. **cristata** Schltr. - Col. (R)
6. **hoehnei** Szlach. (O5/95)
7. **splendissima** Szlach. (O5/95)
8. **standleyi** Ames - C.Rica (W)

Euthonaea imbricata (Lindl.) Rchb.f.: *Hexisea* 2 (9**)
- *oppositifolia* Rchb.f.: *Hexisea* 2 (9**)

Evelyna Poepp. & Endl. - 1836: *Elleanthus* Presl (R)

Evelyna Poepp. & Endl. - 1836 - *Sobraliinae* (S) - (*Elleanthus* sect. *Cephalelyna* Rchb.f., *Adeleutherophora* Barb.Rodr.) - 1 sp. terr.
- *brasiliensis* Lindl.: 1 (S)
1. **capitata** (R.Br.) Poepp. & Endl. (?*E. casapensis* Rchb.f., ?*E. brasiliensis* Lindl., ?*E. hookeriana* Barb.Rodr., ?*E. cephalophora* Rchb.f., *Bletia capitata* R.Br., ?*Elleanthus brasiliensis* Lindl., ?*E. casapensis* (Rchb.f.) Rchb.f., ?*E. hookerianus* (Barb. Rodr.) Rchb.f., ?*E. cephalophorus* (Rchb.f.) Rchb.f., ?*Glomera brasiliensis* Barb. Rodr.) - C-Am. to Carib., And., Braz. (S*)
⇾ *capitata* Poepp. & Endl.: *Elleanthus* 6 (E*, H*)
- *caravata* (Aubl.) Lindl. ex Hook.: *Elleanthus* 7 (9**)
- *casapensis* Rchb.f.: ? 1 (S)
- *cephalophora* Rchb.f.: ? 1 (S)
- *furfuracea* Lindl.: *Elleanthus* 19 (E**, H**)
- *hookeriana* Barb.Rodr.: ? 1 (S)
- *lepida* Rchb.f.: *Elleanthus* 7 (9**)
- *longibracteata* Lindl. ex Griseb.: *Elleanthus* 33 (E**, H**)
- *oligantha* Poepp. & Endl.: *Elleanthus* 38 (S)
- *purpurea* Rchb.f.: *Elleanthus* 40 (FVIII2**)
- *strobilifer* Poepp. & Endl.: *Elleanthus* 45 (S)

Evota (Lindl.) Rolfe - 1913: *Ceratandra* Eckl. ex Lindl. (S)

Evotella Kurzw., Linder & Chess - 1991 - *Disperidinae* (S) - 1 sp. terr. - S-Afr.
1. **rubiginosa** (Sond.) Kurzw. & Linder - Cape (S)

Evrardia Gagn. - 1932: *Evrardianthe* Rausch. (S)

Evrardia Gagn. - 1933 - *Subfam. Spiranthoideae Tribus: Erythrodeae* - 1 sp. ter/sapro - N-Viet.
- *asraoa* Joseph & Abbaredy: *Evrardianthe* 1 (S)
1. **poilanei** Gagn. (*Hetaeria poilanei* (Gagn.) Tang & Wang) - N-Viet. (6*, S, FXV2/3)

Evrardianthe Rausch. - 1983 - *Physurinae* (S) - (*Evrardia* Gagn.) - 2 sp. ter/sapro - N-Viet., Ind.
1. **asraoa** (Joseph & Abbaredy) Sengh. (*Evrardia asraoa* Joseph & Abbaredy) - Ind. (S)

Exalaria Gar. & G.Romero - 1999 - *Cranichidinae* (S) - 1 sp. terr. - Col. to Peru
1. **parviflora** (Presl) Gar. & G.Romero (*Ophrys parviflora* Presl) - Col. to Peru (S*)

Exophya fuscata Raf.: *Epidendrum* 212 (9**, G)

× **Fergusonara (Ferg.)** (*Brassavola* × *Cattleya* × *Laelia* × *Schomburgkia* × *Sophronitis*)

Fernandezia Lindl.: *Lockhartia* Hook.

Fernandezia Ruiz & Pav. - 1794 - Subfam. *Epidendroideae* Tribus: *Oncidieae* Subtr. *Pachyphyllinae* - (*Centropetalum* Lindl., *Nasonia* Lindl.) - ca. 9 sp. epi. - And.
- *acuta* Lindl.: *Lockhartia* 1 (E*, G**, H*)
1. **costaricensis** (Ames & Schweinf.) Gar. & Dunst. - C.Rica 2.100-2.400 m (S)
- *elegans* (Hook.) Lodd.: *Lockhartia* 6 (9**)
- *graminifolia* Ruiz & Pav.: *Scaphyglottis* 23 (E, G)
- *hartwegii* (Rchb.f.) Gar. & Dunst.: ? 5 (S)
2. **ionanthera** (Rchb.f. & Warsc.) Schltr. - Ec., Peru 2.500-3.300 m (A**, S*)
3. **lanceolata** (L.O.Wms.) Gar. & Dunst. - Ven., Col. 2.400-2.700 m (R**, S)
- *lunifera* Lindl.: *Lockhartia* 15 (E*, G, H*)
4. **maculata** Gar. & Dunst. (*F. punctata* Lindl.) - Ec. (S*)
5. **myrtillus** (Rchb.f.) Gar. & Dunst. (*F. hartwegii* (Rchb.f.) Gar. & Dunst.) - Col., Peru 2.700-3.300 m (S)
6. **nigrosignata** (Kraenzl.) Gar. & Dunst. - Peru 2.700-3.200 m (S)
- *punctata* Lindl.: 4 (S)
- *robusta* Kl. ex Rchb.f. non Batem.: *Lockhartia* 15 (E*, G, H*)
- *robusta* Batem.: *Lockhartia* 19 (9**, E**, H**)
7. **robusta** (Schltr.) Sengh. (*Nasonia robusta* Schltr.) - Ec. (S)
8. **sanguinea** (Lindl.) Gar. & Dunst. - Ven. to Peru, Col. 2.500-3.300 m (R, S)
9. **subbiflora** Ruiz & Pav. (*Centropetalum distichum* Lindl.) - Ec., Peru, Chile 2.500-3.100 m (R, S*)

Ferruminaria Gar., Hamer & Siegerist - 1994 - *Bulbophyllinae* (S) - (*Bulbophyllum* sect. *Megaloglossum* Carr) - 2 sp. epi. - Sum., N.Gui.
1. **brastagiensis** (Carr) Gar., Hamer & Siegerist - Sum. (S*)
2. **melinantha** (Schltr.) Gar., Hamer & Siegerist - N.Gui. (S)

× **Fialoara (Fia.)** (*Broughtonia* × *Cattleya* × *Laelia* × *Laeliopsis*)

Fieldia Gaudich. - 1826: *Vandopsis* Pfitz. (S)
- *gigantea* Rchb.f.: *Stauropsis gigantea* (8**)
- *gigantea* (Lindl.) Rchb.f.: *Vandopsis* 1 (9**)
- *lissochiloides* Gaudich.: *Stauropsis lissochiloides* (8**)
- *lissochiloides* Gaudich.: *Vandopsis* 3 (E**, G**, H**)

Fimbriella Farw. ex Butzin - 1981 - *Platantherinae* (S) - ca. 4 sp. terr.
1. **lacera** (Mich.) Butzin (S*)
2. **peramoena** Butzin (S*)
3. **psycodes** (L.) Butzin (S*) var. **grandiflora** (Bigel.) Butzin (S*)

Finetia Schltr. - 1918: *Neofinetia* Hu (S)
- *falcata* (Thunb.) Schltr.: *Neofinetia* 1 (9**, G**, H*)

Fingardia Szlach. - 1995 - *Liparidinae* (S) - 10 sp.
1. **nephroglossa** (Schltr.) Szlach. (S)
2. **yamapensis** Marg., Szlach. & Rutk. (S*)

Fissipes acaulis (Ait.) Small: *Cypripedium* 1 (9**, S)
- *hirsuta* Farw.: *Cypripedium* 41 (E, H**)
- *hirsuta* Farw.: *Cypripedium* 1 (9**)

Fitzgeraldia F.v.Muell. - 1882: *Lyperanthus* R.Br. (S)

Flickingeria (Flkga.) A.D.Hawk. - 1961 - *Dendrobiinae* (S) - (*Desmotrichum* Bl., *Dendrobium* sect. *Desmotrichum* (Bl.) Lindl., *Ephemerantha* P.F.Hunt & Summerh.) - ca. 60/70 sp. epi/lit - SE-As., Mal., P.Is., NE-Austr.
1. **angulata** (Bl.) A.D.Hawk. (*Desmotrichum angulatum* Bl., *Ephemerantha angulata* P.F.Hunt. & Summerh.) - sect. *Flickingeria* (S*) → Dendrobium 20
2. **bilobulata** (Bl.) Seidenf. - sect. *Bilobulatae* (S*)
3. **candoonense** (Ames) Fessel &

Lueckel (*Dendrobium candoonense* Ames) - Phil. - sect. *Bilobulatae* (O5/98)
4. **chrysographata** (Ames) A.D.Hawk. - Phil. - sect. *Bilobulatae* (O5/98)
5. **comata** (Bl.) A.D.Hawk. (*Desmotrichum comatum* Bl., *Dendrobium comatum* (Bl.) Lindl., *D. criniferum* Lindl., *D. zollingerianum* Teijsm. & Binn., *D. thysanochilum* Schltr., *Callista comata* (Bl.) Ktze., *Ephemerantha comata* (Bl.) P.F.Hunt & Summerh.) - Sri L., Sing., Mal., Java Sum., Born., Austr. - sect. *Flickingeria* (G, H**, P**, O1/94, O5/98)
6. **convexa** (Bl.) A.D.Hawk. (*Ephemerantha convexa* (Bl.) P.F.Hunt & Summerh.) - Austr. (Qld.), Indon., Mal. (P*) ➤ Dendrobium 81
7. **eurorum** (Ames) A.D.Hawk. - Phil. - sect. *Bilobulatae* (O5/98)
8. **fimbriata** (Bl.) A.D.Hawk. (*F. kunstleri* (Hook.f.) A.D.Hawk., *Desmotrichum fimbriatum* Bl., *D. binnendijkii* (Rchb.f.) Kraenzl., *D. kunstleri* (Hook.f.) Kraenzl., *D. grandiflorum* a.p.p. non Bl., *D. plicatile* (Lindl.) Ho, *Dendrobium fimbriatum* (Bl.) Lindl., *D. plicatile* Lindl., *D. insulare* Steud., *D. flabellatum* Rchb.f., *D. binnendijkii* Rchb.f., *D. flabellum* Hemsl., *D. kunstleri* Hook.f., *D. macraei* a.p.p. non Lindl., *D. mentosum* Schltr., *D. laciniosum* Teuscher, *Callista binnendijkii* (Rchb. f.) Ktze., *C. flabella* (Rchb.f.) Ktze., *C. kunstleri* (Hook.f.) Ktze., *C. macraei* (Lindl.) Ktze., *Ephemerantha fimbriata* (Bl.) P.F.Hunt & Summerh., *E. kunstleri* (Hook.f.) P.F.Hunt & Summerh., *E. pallens* P.F.Hunt & Summerh.) - Thai., China, Viet., Nicob., Mal., Java, Phil. - sect. *Plicatile* (G, O5/98**, S*) ➤ Dendrobium 129
9. **interjecta** (Ames) A.D.Hawk. - Phil. - sect. *Bilobulatae* (O5/98)
10. **junctiloba** Fessel & Lueckel - Phil. (O5/98**)
- *kunstleri* (Hook.f.) A.D.Hawk.: 8 (G)
11. **lonchophylla** (Hook.f.) A.D.Hawk. (*Dendrobium lonchophyllum* Hook. f., *Ephemerantha lonchophylla* P.F. Hunt & Summerh.) (S)
- *longirepens* (Ames & Schweinf.) A.D.Hawk.: *Epigeneium* 7 (Q**)

12. **luxurians** (J.J.Sm.) A.D.Hawk. - Phil., Born. - sect. *Plicatile* (O3/98**)
13. **miranda** (Schltr.) Brieg. (*Dendrobium mirandum* Schltr.) (S*)
14. **piestobulbon** (Schltr.) Brieg. (*Dendrobium piestobulbon* Schltr., *Ephemerantha piestobulbon* P.F.Hunt & Summerh.) (S*)
15. **pseudoconvexa** (Ames) A.D.Hawk. - Phil. - sect. *Bilobulatae* (O5/98)
16. **purpureostelidia** (Ames) A.D. Hawk. - Phil. - sect. *Bilobulatae* (O5/98)
17. **rhodobalion** (Schltr.) Brieg. (*Dendrobium rhodobalion* Schltr., *Ephemerantha rhodobalion* P.F.Hunt & Summerh.) (S*)
18. **scopa** (Lindl.) Brieg. [F. scopa (Lindl.) Sprung & Cribb (G)] (*Dendrobium scopa* Lindl., *Desmotrichum scopa* (Lindl.) Kraenzl., *Ephemerantha scopa* (Lindl.) P.F.Hunt & Summerh.) - Phil., Taiw., N.Gui., Sul., Samoa - sect. *Flickingeria* (O5/98**, S)
19. **unicornis** (Ames) A.D.Hawk. - Phil. - sect. *Bilobulatae* (O5/98)
20. **usterii** (Schltr.) Brieg. (*Dendrobium usterii* Schltr., *Ephemerantha usterii* (Schltr.) P.F.Hunt & Summerh.) (S*)
21. **xantholeuca** (Rchb.f.) A.D.Hawk. - Phil. - sect. *Bilobulatae* (O5/98) ➤ Dendrobium 397

Flos susannae minor Rumph.: *Habenaria* 159 (6*)
- *triplicatus* Rumph.: *Calanthe* 49 (6*)
× **Fordyceara (Fdca.)** (*Broughtonia* × *Cattleya* × *Laeliopsis* × *Tetramicra*)
Forficaria Lindl. - 1838: *Disa* Bergius (S)
Forficaria Lindl. - 1838: *Herschelianthe* Rausch. (S)
Forficaria Lindl. - 1838 - *Subfam. Orchidoideae Tribus: Diseae Subtr. Disinae*
- *graminifolia* Lindl.: *Disa* 16 (S)
× **Forgetara (Fgtra.)** (*Aspasia* × *Brassia* × *Miltonia*)
Forsythmajoria Kraenzl.: *Cynorkis* Thou. (S)
- *pulchra* Kraenzl.: *Cynorkis* 63 (U)
Fractiunguis brasiliensis Schltr.: *Reichenbachanthus* 4 (G, S)
- *cuniculatus* Schltr.: *Reichenbachanthus* 1 (S)

- *reflexa* (Lindl.) Schltr.: *Reichenbachanthus* 4 (G)
- × **Freedara (Frda.)** (*Ascoglossum* × *Renanthera* × *Vandopsis*)

Fregea Rchb.f. - 1852: *Sobralia* Ruiz & Pav.

Fregea Rchb.f. - 1852 - *Sobraliinae* (S) - 2 sp. epi. - C-Am.
1. **amabilis** Rchb.f. (*Sobralia amabilis* (Rchb.f.) L.O.Wms.) - C.Rica, Pan. (S)
- ↣ *amabilis* Rchb.f.: *Sobralia* 3 (W)
2. **wercklei** Schltr. (*Sobralia wercklei* (Schltr.) L.O.Wms.) - Hond., C.Rica (S) ↣ Sobralia 63

Frondaria Luer - 1986 - *Pleurothallidinae* (S) - 1 sp. epi. - Col. to Bol.
1. **caulescens** (Lindl.) Luer (*Pleurothallis caulescens* Lindl., *P. graminea* Schltr., *Humboldtia caulescens* (Lindl.) Ktze.) - Col. to Bol. 2.500-3.000 m (G, L*, S*)

Fuertesiella Schltr. - 1920: *Cranichis* Sw. (S)

Fuertesiella Schltr. - 1920 - *Subfam. Spiranthoideae Tribus: Cranichideae Subtr. Cranichidinae*
- × **Fujioara (Fjo.)** (*Ascocentrum* × *Trichoglottis* × *Vanda*)
- × **Fujiwarara (Fjw.)** (*Brassavola* × *Cattleya* × *Laeliopsis*)

Funkiella (Funckiella) Schltr. - 1920 - *Subfam. Spiranthoideae Tribus: Cranichideae Subtr. Spiranthinae* - ca. 6 sp. terr. - Mex., Guat., Hond.
- *congestiflora* (L.O.Wms.) Gar.: *Svenkoeltzia* 1 (O1/89)
1. **hyemalis** (A.Rich. & Gal.) Schltr. (*Spiranthes hyemalis* A.Rich. & Gal.) - Mex., Guat., Hond. (S)
2. **stolonifera** (Ames & Correll) Gar. - C.Rica (W, S)
3. **versiformis** Szlach. - C.Rica (S)

Gabertia Gaudich. - 1826: *Grammatophyllum* Bl. (S)
- *ellisii* Gaudich.: *Grammangis* 1 (U**)
- *scripta* (L.) Gaudich.: *Grammatophyllum* 5 (9**, G**)

Galeandra (Gal.) Lindl. - 1830 - *Subfam. Epidendroideae Tribus: Cymbidieae Subtr. Cyrtopodiinae* [*Polystachyeae* (R)] - ca. 28 sp. epi/ter - Trop. Am. - scented
- *angornensis* Rchb.f.: *Eulophia* 8 (U)
- *anjoanensis* Rchb.f.: *Eulophia* 8 (U)
1. **badia** Gar. & G.Romero - Ven. (S)
2. **batemanii** Rolfe (*G. baueri* Lindl.) - Mex., Bel., Guat., Hond., Nic., C.Rica, Pan. (3**, E*, G**, H*, W**, S, Z**)
3. **baueri** Lindl. - Mex. to Pan., S-Am. Sur. to 800 m (4**, 9**, E*, H*, W, O4/90**, R, S*)
- *baueri* Lindl.: 2 (G**)
4. **beyrichii** Rchb.f. (*G. viridis* Barb.Rodr.) - C.Rica, Pan., Col., S-Am. 0-1.300 m - ter/sapro (8**, W, $54/3, FXV2/3, O4/90*, R**, S, Z)
5. **biloba** Gar. - Peru (S)
6. **carnevaliana** G.Romero & Warnford (S)
7. **claesii** Cogn. - Braz. (A**, S*)
8. **coxinnensis** Hoehne - Braz. (FXV2/3)
9. **cristata** Lindl. - Guy. (G) ↣ *Eulophia* 21
10. **curvifolia** Barb.Rodr. (S)
11. **devoniana** Schomb. ex Lindl. - Guy., Ven., Braz. (9**, E**, H**, S*)
12. **dives** Rchb.f. (*G. flaveola* Rchb.f.) - Ven., Col., Guy., Peru (R**, S*)
13. **duidensis** Gar. & G.Romero - Ven. (S)
- *flaveola* Rchb.f.: 12 (S*)
14. **greenwoodiana** Warf. - Mex. (S)
15. **hysterantha** Barb.Rodr. - Braz., Par. (S)
- *juncea* Lindl.: 25 (W)
16. **junceoides** Barb.Rodr. - Braz., Par. (S)
17. **lacustris** Barb.Rodr. - Ven., Braz. (A**, E**, H**, R**, S)
18. **leptoceras** Schltr. - Col. (R)
19. **levyae** Gar. - Amaz. (S)
20. **macroplectra** G.Romero & Warnford - Ven. (S)
21. **magnicolumna** G.Romero & Warnford - Ven. (S)
22. **montana** Barb.Rodr. (S)
23. **paraguayensis** Cogn. - Braz., Par. (S)
- *petersii* Rchb.f.: *Eulophia* 74 (H)
- *pubicentrum* Schweinf.: 24 (S*)
- *quartiniana* (A.Rich.) Rchb.f.: *Eulophia* 37 (9**, G**)
24. **stangeana** Rchb.f. (*G. villosa* R.Br., *G. pubicentrum* Schweinf.) - Ven., Col., Peru, Braz. (R, S*)
25. **stillomisantha** (styllomisantha) (Vell.) Hoehne (*G. juncea* Lindl.) -

Pan., Col., S-Am. - terr. (R, S, W)
- *villosa* R.Br.: 24 (S*)
- *viridis* Barb.Rodr.: 4 (8**)
× **Galeansellia (Gslla.)** (*Ansellia* × *Galeandra*)
Galearis Raf. - 1836 - *Subfam. Orchidoideae Tribus: Orchideae Subtr. Orchidinae* - (*Galeorchis* Rydb.) - ca. 7 sp. terr. - Him., China, Korea, Sib., USA, Can.
1. **cyclochila** (Franch. & Sav.) P.F. Hunt - Jap., Korea, E-Sib. (S)
2. **spectabilis** (L.) Raf. (*Orchis spectabilis* L.) - USA, Can. (S)
3. **stracheyi** (Hook.f.) P.F.Hunt - W-Him. (S)

Galeoglossum A.Rich. - 1845: *Prescottia* Lindl. (S)

Galeola Lour. - 1790 - *Subfam. Epidendroideae Tribus: Vanilleae Subtr. Vanillinae* - (*Erythrorchis* Gar.) - 22 sp. ter/myco/climber - S-China, Jap., Ind., Indon., Madag., Austr.
1. **altissima** (Bl.) Rchb.f. (*G. ochobiense* Hay., *Cyrtosia altissima* Bl., *Erythrorchis altissima* (Bl.) Bl., *Haematorchis altissima* (Bl.) Bl.) - Java, Thai. (2*, 6*) → Erythrorchis 1 (S*)
- *altissima* Rchb.f.: 6 (2*)
- *altissima* Rchb. non (Bl.) Rchb.f: 11 (6*)
2. **cassythoides** (Lindl.) Rchb.f. (*Dendrobium cassythoides* Lindl.) - Austr. (G, FXV2/3**)
→ *cassythoides* (A.Cunn. ex Lindl.) Rchb.f.: *Erythrorchis* 2 (P**)
3. **cathcartii** Hook.f. (*G. kerrii* Rolfe ex Downie) - Thai. (6*)
4. **falconeri** Hook. - Ind. - sapro ($50/10)
- *foliata* (F.v.Muell.) F.v.Muell.: *Pseudovanilla* 1 (P**, FXV2/3**)
5. **humblotii** Rchb.f. - Com. (S, U)
6. **hydra** Rchb.f. (*G. kuhlii* Rchb.f., *G. altississima* Rchb.f., *Vanilla pterosperma* Lindl., ?*V. rubiginosa* Griff., *Erythrorchis altissima* Lindl. non Bl.) - Java (2*)
- *hydra* Rchb.f.: 11 (6*)
7. **integra** Rolfe ex Downie - Thai. (6*)
8. **javanica** (Bl.) Benth & Hook.f. (*G. minahassae* Schltr., *Cyrtosia javanica* Bl.) - Java, Thai. (2*, 6*)
- *kerrii* Rolfe ex Downie: 3 (6*)

- *kuhlii* Rchb.f.: 6 (2*)
- *kuhlii* (Rchb.f.) Rchb.f.: 11 (6*)
9. **lindleyana** Rchb.f. - Sik., Ind. - sapro ($50/10)
- *minahassae* Schltr.: 8 (6*)
10. **nana** Rolfe ex Downie - Thai. (6*)
11. **nudifolia** Lour. (*G. hydra* Rchb.f., *G. kuhlii* (Rchb.f.) Rchb.f., *G. pterosperma* (Lindl.) Schltr., *G. altissima* Rchb. non (Bl.) Rchb.f., *Epidendrum galeola* Raeusch., *Craniches nudifolia* (Lour.) Pers., *Vanilla pterosperma* Lindl., ?*V. rubiginosa* Griff., *Erythrorchis kuhlii* Rchb.f., *Erythrodes altissima* Lindl. non Bl.) - Thai. (6*)
- *ochobiense* Hay.: 1 (6*)
- *pterosperma* (Lindl.) Schltr.: 11 (6*)
12. **siamensis** Rolfe ex Downie - Thai. (6*)

× **Galeopetalum (Gptm.)** (*Galeottia* × *Zygopetalum*)

Galeorchis Rydb. - 1901: *Galearis* Raf. (S)

× **Galeosepalum (Glspm.)** (*Galeottia* × *Zygosepalum*)

Galeottia A.Rich. & Gal.: *Mendoncella* A.D.Hawk.

Galeottia (Glta.) A.Rich. - 1845 - *Zygopetalinae* (S) - *(Mendoncella* A.D. Hawk.) - 11 sp. epi. - C-Am., Col., Mex.
1. **acuminata** (Schweinf.) Dressl. & Christ. (*Mendoncella acuminata* (Schweinf.) Gar.) - Ec., Peru, Bol. to 2.400 m (S*)
2. **antioquiana** (Kraenzl.) Dressl. & Christ. (*Batemania antioquiana* Kraenzl.) - Col. 1.000 m (R, S)
3. **burkei** (Rchb.f.) Dressl. & Christ. (*Mendoncella burkei* (Rchb.f.) Gar.) - Braz., Guy., Ven. 1.000-2.500 m - terr. (A**, S*, Z)
4. **ciliata** (Morel) Dressl. & Christ. (*Mendoncella ciliata* (Morel) Gar.) - Braz. Peru (S*) → Mendoncella 1
5. **colombiana** (Gar.) Dressl. & Christ. (*Mendoncella colombiana* Gar.) - Col. 2.000 m (R**, S)
6. **fimbriata** Lind. & Rchb.f. (*Mendoncella fimbriata* (Lind. & Rchb.f.) Gar., *Batemania fimbriata* Lind. & Rchb.f.) - Col., Ven. 0-900 m (O1/94, R**, S*, Z**) → Mendoncella 2
7. **grandiflora** A.Rich. & Gal. (*Men-*

doncella grandiflora (A.Rich. & Gal.) A.D.Hawk., *Batemania grandiflora* (A.Rich. & Gal.) Rchb.f.) - Mex. to Col. to 2.000 m (A**, W**, R, S*)
- ➤ **grandiflora** A.Rich.: *Mendoncella* 3 (9**, H**)
- **grandiflora** A.Rich.: *Zygopetalum grandiflorum* (8**)
8. **jorisiana** (Rolfe) Schltr. (*Mendoncella jorisiana* (Rolfe) A.D.Hawk.) - Ven. 1.500-1.800 m (S*) ➤ Mendoncella 4
9. **marginata** (Gar.) Dressl. & Christ. (*Zygosepalum marginatum* Gar., *Mendoncella marginata* (Gar.) Gar.) - Col. (R, S) ➤ Mendoncella 5
10. **negrensis** Schltr. (*Mendoncella negrensis* (Schltr.) A.D.Hawk.) - Col., Braz. (R**, S*)
11. **negrescens** Schltr. - Col. (A**)
12. **peruviana** Benn. & Christ. - Peru 1.200 m (S)
13. **prainiana** (Rolfe) Dressl. & Christ. (*Mendoncella prainiana* (Rolfe) Gar.) - Peru (S) ➤ Mendoncella 6

Galeottiella Schltr. - 1920 - *Subfam. Spiranthoideae Tribus: Cranichideae Subtr. Spiranthinae* - ca. 6 sp. terr. - Mex., Guat.
1. **constricta** Szlach. - Mex. (S)
2. **hintoniorum** Todzia - Mex. (S)
3. **markowskiana** Szlach. - Mex. (S)
4. **minutiflora** (A.Rich. & Gal.) Szlach. - Nic., C.Rica (W)
5. **nutantiflora** (Schltr.) Szlach. - C.Rica (W)
6. **sarcoglossa** (A.Rich. & Gal.) Schltr. - Mex., Guat. (S)

Galera nutans Bl.: *Epipogum nutans* (2*)
- *rosea* Bl.: *Epipogum nutans* (2*)

Gamosepalum Gar. - 1920: *Aulosepalum* Gar. (S)

Gamosepalum Schltr. - 1920 - *Subfam. Spiranthoideae Tribus: Cranichideae Subtr. Spiranthinae* - 1 sp. terr. - Mex.
1. **tenuiflorum** (Greenm.) Schltr. - Mex. (S) ➤ Aulosepalum 1

Garaya Szlach. - 1993 - *Spiranthinae* (S) - 1 sp. terr.
1. **atroviridis** (Barb.Rodr.) Szlach. (S*)

Garayanthus Szlach. - 1995 - *Aeridinae* (S) - 1/6 sp. epi. - Thai., Viet. to Java
1. **duplicilobus** (J.J.Sm.) Szlach. - Thai., Viet. to Java (S*)

× *Garayara*: × *Laycockara* (*Arachnis* × *Paraphalaenopsis* (*Phalaenopsis*) × *Vandopsis*)

Garayella Brieg. - 1975 - inv. name: *Chamaelophyton* Gar. (L, S)
- **hexandra** (Gar. & Dunst.) Brieg.: *Chamaelophyton* 1 (L*, S*)

× **Gastisia (Gsta.)** (*Gastrochilus* × *Luisia*)

× **Gastisocalpa (Gscpa.)** (*Gastrochilus* × *Luisia* × *Pomatocalpa*)

× **Gastritis (Gtts.)** (*Doritis* × *Gastrochilus*)

× *Gastrocalanthe*: × *Phaiocalanthe* (*Calanthe* × *Gastrorchis* (*Phaius*)

× **Gastrochiloglottis (Gchgl.)** (*Gastrochilus* × *Trichoglottis*)

Gastrochilus (Gchls.) D.Don - 1825 - *Subfam. Epidendroideae Tribus: Vandeae Subtr. Sarcanthinae* - ca. 20/30 sp. epi. - Ind., E-As., Mal.
1. **acaulis** (Lindl.) Ktze. - Sri L. (S)
2. **acutifolius** (Lindl.) Ktze. (*Saccolabium denticulatum* Paxt., *S. acutifolium* Lindl., *Aerides umbellatum* Wall.) - Ind., Sik., Him. 1.000 m (9**, E*, H*, $54/9, S)
3. **affinis** (King & Pantl.) Schltr. - Nep., Sik. 2.700 m ($54/9, S)
- *aphyllus* Ktze.: *Solenangis* 1 (U**)
4. **bellinus** (Rchb.f.) Ktze. (*Saccolabium bellinum* Rchb.f.) - Laos, Burm., Thai., SW-China 1.400-1.600 m (4**, 9**, A**, E**, H*, $54/9, S)
- *bifidus* (Lindl.) Ktze.: *Megalotus* 1 (G)
5. **bigibbus** (Rchb.f. ex Hook.f.) Ktze. (*Saccolabium bigibbum* Rchb.f. ex Hook.f.) - Burm., Mal. (9**)
- *biglandulosus* Ktze.: *Ceratochilus* 1 (2*)
- *blumei* (Lindl.) Ktze.: *Rhynchostylis* 3 (2*, 9**, G**)
6. **calceolaris** (Buch.-Ham. ex J.E.Sm.) D.Don (*G. intermedius* Seidenf. & Smitin., *G. indicus* Gar., *G. sororius* Schltr., *G. philippinensis* Ames, *Sarcochilus nepalensis* Spreng., *Aerides calceolare* Buch.-Ham. ex J.E.Sm., *A. leopardina* Lindl., *A. leopardorum* Lindl., *Saccolabium calceolare* (D.Don) Lindl., *S. calceolare* (Buch.-Ham. ex J.E.Sm.) Lindl., *S. bigibbum* Ridl., *Epidendrum calceolare* (Buch.-Ham. ex J.E.Sm.) D.Don) - Trop. Him., Ind., Bang., Burm.,

Mal., Java 1.300-2.000 m (E**, G, H**, $54/9, S, Z**)
- *calceolaris* D.Don.: *Saccolabium calceolare* (2*)
- *chionanthus* Ktze.: *Saccolabium chionanthum* (2*)
- *chionanthus* (Lindl.) Ktze.: *Schoenorchis* 7 ($54/7)
- *compressum* (Lindl.) Ktze.: *Robiquetia* 4 (G)
- *coriaceus* (Thunb. ex Sw.) Ktze.: *Angraecum* 40 (U)
- *curvifolius* (Lindl.) Ktze.: *Ascocentrum* 5 (9**, G)
- *dalzellianus* (Santap.) Santap.: *Smithsonia* 3 ($54/8)
7. **dasypogon** (J.E.Sm.) Ktze. (*Saccolabium dasypogon* Lindl., *Aerides dasypogon* J.E.Sm.) - Him. to Thai. (E*, H*, $54/9, S*)
- *densiflorus* (Lindl.) Ktze.: *Robiquetia* 14 (G)
8. **distichus** (Lindl.) Ktze. (*Saccolabium distichum* Lindl.) - Nep., NE-Ind., Burm., S-China 2.000-2.700 m ($54/9, S)
9. **fargesii** (Kraenzl.) Schltr. ($54/9)
10. **flabelliformis** (Blatt. & McCann) Saldanha ($54/9)
11. **formosanus** (Hay.) Hay. - end. to Taiw. ($54/9)
- *fragrans* (Par. & Rchb.f.) Ktze.: *Schoenorchis* 2 ($54/7)
12. **fuscopunctatus** (Hay.) Hay. (*Saccolabium fuscopunctatum* Hay.) - end. to Taiw. 1.500-2.500 m ($54/9, S*)
- *garwalicus* (Lindl.) Ktze.: *Rhynchostylis* 3 (9**, G**)
13. **holttumianus** S.Y.Hu & Barr. - Hong. (S)
- *hoyopsis* (Rolfe ex Downie) Seidenf. & Smitin.: 19 (S*)
14. **inconspicuus** (Hook.f.) Seidenf. (*Luisia inconspicua* (Hook.f.) King & Pantl.) (S)
- *indicus* Gar.: 6 ($54/9)
15. **intermedius** (Griff. ex Lindl.) Ktze. - NE-Ind. ($54/9)
- *intermedius* Seidenf. & Smitin.: 6 (G)
16. **japonicus** (Mak.) Schltr. (*G. somai* (Hay.) Hay., *Saccolabium somai* Hay., *S. japonicum* Mak.) - Jap., Taiw. 500-2.000 m ($54/9, S*)
- *micranthus* Ktze.: *Saccolabium micranthum* (2*)
- *miniatus* Ktze.: *Saccolabium miniatum* (2*)
- *miniatus* (Lindl.) Ktze.: *Ascocentrum* 9 (E**, G**, H**)
17. **obliquus** (Lindl.) Ktze. (*Saccolabium obliquum* Lindl.) - Sik. to Indoch. 300 m (H, S*, Z**)
- *paniculatus* Ktze.: *Saccolabium ramulosum* (2*)
- *papillosum* (Lindl.) Ktze.: *Acampe* 4 (G**)
- *parviflorus* Ktze.: *Smitinandia* 2 (G, H*)
18. **patinatus** (Ridl.) Schltr. (*Saccolabium patinatum* Ridl.) - Mal., Sum., Born. 0-300 m (Q**, S)
- *perpusillus* (Hook.f.) Ktze.: *Schoenorchis* 7 ($54/7)
- *philippinensis* Ames: 6 ($54/9)
- *praemorsus* (Willd.) Ktze.: *Rhynchostylis* 3 (9**, G**)
19. **pseudodistichus** (King & Pantl.) Schltr. (*G. hoyopsis* (Rolfe ex Downie) Seidenf. & Smitin., *Saccolabium pseudodistichum* King & Pantl.) - Him., Burm. to Thai., Viet. 2.000-2.700 m ($54/9, S*)
- *pusillus* Ktze.: *Saccolabium* 2 (2*)
- *retusus* (L.) Ktze.: *Rhynchostylis* 3 (2*, 9**, G**)
- *rheedii* (Wight) Ktze.: *Rhynchostylis* 3 (9**, G**)
- *somai* (Hay.) Hay.: 16 ($54/9, S*)
- *sororius* Schltr.: 6 ($54/9)
- *spicatus* (D.Don) Ktze.: *Rhynchostylis* 3 (9**, G**)
20. **toramanus** (Mak.) Schltr. ($54/9)
- *viridiflorus* (Dalz.) Ktze.: *Smithsonia* 3 ($54/8)

Gastrodia R.Br. - 1810 - Subfam. Epidendroideae Tribus: Gastrodieae Subtr. Gastrodiinae - ca. 17/20 sp. ter/sapro - Indon. to Cel., Sri L., Austr., N.Gui.
1. **abscondita** J.J.Sm. - Java (2*)
2. **confusa** Tuyama - Jap. (O3/90)
3. **cunninghamii** Hook.f. - end. to N.Zeal. (O3/92)
- *hasseltii* Bl. (2*): 4 (6*)
- *hayatae* Tuyama: 9 (6*)
4. **javanica** (Bl.) Lindl. [*G. javanica* (Bl.) Endl. (2*)] (*G. hasseltii* Bl., *G. malayana* Ridl., *G. stapfii* Hay., *Epiphanes javanica* Bl.) - Java, Thai. (6*)
- *madagascariensis* Schltr. ex H.Perr.: *Didymoplexis* 3 (U)

- *malayana* Ridl.: 4 (6*)
5. **minor** Petrie - end. to N.Zeal. (O3/92)
- *pallens* (Griff.) F.v.Muell.: *Didymoplexis* 5 (6*)
6. **procera** Carr - Austr. (S*)
7. **queenslandica** Dockr. - end. to Austr. (Qld.) (P**)
8. **sesamoides** R.Br. - Austr. (Qld., NSW, ACT, Vic., Tasm., SA, WA), N.Zeal. - scented - „Cinnamon Bells, Potato Orchid" (FXV2/3**, P**, O3/92, S*)
- *shikokiana* Mak.: *Chamaegastrodia* 1 (FXV2/3, S)
9. **siamensis** Rolfe ex Downie (*G. hayatae* Tuyama) - Thai. (6*)
- *stapfii* Hay.: 4 (6*)
10. **verrucosa** Bl. - Java (2*)

Gastroglottis Bl. - 1825: *Malaxis* Sol. ex Sw. (S)

Gastroglottis Rchb.f. - 1857: *Pholidota* Lindl. ex Hook. (S)
- *montana* Rchb.f.: *Pholidota* 9 (2*)
- *montana* Bl.: *Microstylis latifolia* (2*)
- *montana* Bl.: *Malaxis* 29 (G)
× *Gastrophaius*: *Phaius* (*Gastrorchis* (*Phaius*) × *Phaius*)

Gastrorchis (Bl.) Schltr. - 1925 - *Subfam. Epidendroideae Tribus: Arethuseae Subtr. Bletiinae* - (*Phaius* sect. *Gastrorchis* Bl.) - 9 sp. ter/epi - Madag.
1. **francoisii** Schltr. (*Phaius francoisii* (Schltr.) Summerh.) - Madag. 1.200-1.600 m - ter/epi (S, U**)
- *francoisii* Schltr.: *Phaius francoisii* (9**)
2. **geffrayi** (Boss.) Sengh. (*Phaius geffrayi* Boss.) - Madag. ca. 1.000 m - terr. (S, U)
- *humbertii* Ursch & Toill.-Gen.: 10 (U)
3. **humblotii** (Rchb.f.) Schltr. (*G. schlechteri* var. *milotii* Ursch & Toill.-Gen. n.n., *Phaius humblotii* Rchb.f., *P. humblotii* var. *albiflora* W.Wats.) - Madag. 1.000-1.500 m - epi/ter (S*, U**)
var. **rubra** (Boss.) Boss. & Cribb (*Phaius humblotii* var. *ruber* Boss.) - Madag. - terr. (U)
var. **schlechteri** (H.Perr.) Sengh. ex Boss. & Cribb (*G. schlechteri* H. Perr., *Phaius humblotii* var. *schlechteri* (H.Perr.) Boss., *P. schlechteri* (H.Perr.) Summerh.) - Madag. 1.200-2.000 m (U)
4. **lutea** (Ursch & Toill.-Gen. ex Boss.) Sengh. (*G. luteus* Ursch & Toill.-Gen. n.n., *Phaius luteus* Ursch & Toill.-Gen. ex Boss.) - Madag. 500-1.000 m - epi/ter (S, U**)
- *luteus* Ursch & Toill.-Gen. n.n.: 4 (S, U**)
5. **peyrotii** (Boss.) Sengh. (*Phaius peyrotii* Boss.) - Madag. 500-1.500 m - terr. (S, U**)
6. **pulchra** Humbert & H.Perr. (*Phaius pulcher* (Humbert & H.Perr.) Summerh.) - Madag. 500-2.000 m - terr. (A**, S*, U**)
var. **perrieri** (Boss.) Boss. & Cribb (*G. tuberculosa* var. *perrieri* Ursch & Toill.-Gen. n.n., *Phaius pulcher* var. *perrieri* Boss.) - Madag. 500-1.000 m - terr. (U)
7. **schlechterii** H.Perr. - Madag. (A**, S*)
- *schlechteri* H.Perr.: 3 (U)
- *schlechteri* var. *milotii* Ursch & Toill.-Gen. n.n.: 3 (U**)
8. **simulans** (Rolfe) Schltr. (*Phaius simulans* Rolfe, *P. fragrans* Grignan) - Madag. - epi. (S, U)
9. **steinhardtiana** Sengh. - Madag. - terr. (U, S)
10. **tuberculosa** (Thou.) Schltr. (*G. humbertii* Ursch & Toill.-Gen., *Limodorum tuberculosum* Thou., *Bletia tuberculosa* (Thou.) Spreng., *Phaius tuberculosus* (Thou.) Bl., *P. tuberculatus* Bl., *P. warpuri* Weathers) - Madag. 0-1.500 m (S, U)
- *tuberculosa* (Thou.) Schltr.: *Phaius tuberculosus* (9**, E**, H**)
- *tuberculosa* var. *perrieri* Ursch & Toill.-Gen.: 6 (U)

× **Gastrosarcochilus (Gsarco.)** (*Gastrochilus* × *Sarcochilus*)
× **Gastrostoma (Gstm.)** (*Cleisostoma* × *Gastrochilus*)
× **Gastrothera (Gsrth.)** (*Gastrochilus* × *Renanthera*)
× **Gauntlettara (Gtra.)** (*Broughtonia* × *Cattleyopsis* × *Laeliopsis*)

Gavilea (Gavillea) Poepp. - 1833 - *Subfam. Orchidoideae Tribus: Diurideae Subtr. Chloraeinae* - 13 sp. terr. - S-Chile, S-Arg., Falkl.
1. **longibracteata** (Lindl.) Sparre ex Navas (*Asarca longibracteata* Lindl.) (S)

2. **lutea** (Pers.) Correa - Arg. (S)
- *sinuata* Lindl.: *Asarca sinuata* (9**)

Geesinkorchis - de Vogel - 1984 - *Coelogyninae* (S) - 2 sp. epi/ter - Born.
1. **alaticallosa** de Vogel - Born. 500-900 m - terr. (S*)
2. **phaiostele** (Ridl.) de Vogel - Born. 800-2.000 m - epi. (S)

Geissanthera Schltr. - 1905: *Microtatorchis* Schltr. (S)

Gennaria (Gen.) Parl. - 1858 - *Subfam. Orchidoideae Tribus: Orchideae Subtr. Habenariinae* - 1 sp. terr. - Medit., Mad., Canary - „Grünstendel"
1. **diphylla** (Link) Parl. (*Satyrium diphyllum* Link, *Orchis cordata* Willd., *O. cordifolia* Munby, *Habenaria cordata* (Willd.) R.Br., *H. diphylla* (Link) Dur. & Schinz, *Gymnadenia diphylla* (Link) Link, *Herminium cordatum* (Willd.) Lindl., *Peristylus cordatus* (Willd.) Lindl., *Digomphotis cordata* (Willd.) Raf., *Platanthera diphylla* (Link) Rchb.f., *Coeloglossum cordatum* (Willd.) Nyman, *C. diphyllum* (Link) Fiori & Paoletti) - Port., N-Afr., Sard., Cors., Canary 0-1.000 m (9**, G**, K**, S, N**)

Genoplesium R.Br. - 1810 - *Subfam. Orchidoideae Tribus: Diurideae Subtr. Prasophyllinae* - ca. 51 sp. terr. - Austr., N.Zeal., N.Cal.
1. **baueri** R.Br. (*Prasophyllum baueri* (R.Br.) Poiret, *P. deanianum* Fitzg.) - Austr. (S)
2. **fimbriatum** (R.Br.) D.Jones & M.Clem. - Austr. (Z**)
3. **nudum** (Hook.f.) D.Jones & M.Clem. - Austr., N.Zeal. (O3/92)
4. **pumilum** (Hook.f.) D.Jones & M.Clem. - Austr., N.Zeal. (O3/92)
5. **rufum** (R.Br.) D.Jones & M.Clem. - Austr. (Z**)

Genyorchis Schltr. - 1905 - *Subfam. Epidendroideae Tribus: Cymbidieae Subtr. Genyorchidinae* - 6 sp. epi. - Trop. Afr.
1. **apertiflora** Summerh. - Nig. (S)
2. **apetala** (Lindl.) J.J.Verm. [G. apetala (Lindl.) Sengh. (O1/89, S*)] (*G. pumila* (Sw.) Schltr., *Bulbophyllum apetalum* Lindl., *Polystachya bulbophylloides* Rolfe) - Trop.Afr. 1.100-1.400 m (O1/89, C, S*)
3. **elongata** Robyns & Tourn. - Zai. (S)

4. **macrantha** Summerh. - Camer. (S)
5. **micropetala** (Lindl.) Schltr. - Zai. (S)
6. **platybulbon** Schltr. - Camer. (S)
- *pumila* (Sw.) Schltr.: 2 (O1/89)
- *pumila* (Sw.) Schltr. (H*): *Bulbophyllum* 427 (G**)
- *pumila* sensu Schltr.: 2 (S*)

Geobina Raf. - 1836: *Goodyera* R.Br. (S)

Geoblasta Barb.Rodr. - 1891 - *Subfam. Orchidoideae Tribus: Diurideae Subtr. Chloraeinae* - 1 sp. terr. - S-Am.
1. **pennicellata** (Rchb.f.) Hoehne - Braz. (S)

Geocalpa (Kraenzl.) Brieg. - 1975: *Pleurothallis* R.Br. (L)

Geocalpa (Kraenzl.) Brieg. - 1975 - *Pleurothallidinae* (S) - 2 sp. epi. - S-Braz.
1. **asaroides** (Kraenzl.) Brieg. (*Physosiphon asaroides* Kraenzl.) - S-Braz. (S)
→ *asaroides* (Kraenzl.) Brieg.: *Pleurothallis* 61 (L)
2. **pubescens** (Barb.Rodr.) Brieg. (*Physosiphon pubescens* Barb.Rodr.) - S-Braz. (S)
- *pubescens* (Barb.Rodr.) Brieg.: *Pleurothallis* 628 (L*)

Geodorum G.Jackson - 1810 - *Subfam. Epidendroideae Tribus: Cymbidieae Subtr. Eulophiinae* - (*Otandra* Salisb., *Cistella* Bl., *Ortmannia* Opiz) - ca. 10 sp. terr. - Ind., SE-As., Austr., SW-Pac.
1. **citrinum** G.Jackson - Burm., Thai., Mal., NE-Ind. ca. 1.000 m (8**, 9**, H, S*)
2. **densiflorum** (Lam.) Schltr. (*G. dilatatum* R.Br., *Limodorum densiflorum* Lam., *L. recurvum* Roxb., *L. candidum* Roxb., *Malaxis cernua* Willd., *Otandra cernua* (Willd.) Salisb.) - Ind., Sri L., Taiw. (G**, P, S)
- *dilatatum* Wall.: 8 (2*)
- *dilatatum* Hassk.: 8 (2*)
- *dilatatum* R.Br.: 8 (2*)
- *dilatatum* R.Br.: 2 (G**)
3. **duperreanum** Pierre - Viet. - doubtful sp. (S)
4. **fucatum** Lindl. - Sri L. (G**)
5. **javanicum** Lindl. - Java (S)
- *javanicum* Lindl.: 8 (2*)
6. **neocaledonicum** Schltr. (*G. nutans* Ames, *G. pictum* Link & Otto) - Austr. (Qld., NSW, NT, WA), N.Gui., N.Cal. 900 m (P**)

- *neocaledonicum* Kraenzl.: 8 (H**)
- *nutans* Ames: 6 (P**)
- *pacificum* Rolfe: 8 (H**)
7. **pictum** (R.Br.) Lindl. - N.Cal., N. Hebr., Tonga, Fiji 0-400 m (S*)
- *pictum* R.Br.: 8 (H**)
- *pictum* Link & Otto: *Oeceoclades* 18 (G**, H, U)
- *pictum* Link & Otto: 6 (P**)
8. **purpureum** R.Br. (*G. dilatatum* Wall., *G. dilatatum* Hassk., ?*G. dilatatum* R.Br., *G. javanicum* Lindl., *G. pictum* R.Br., *G. pacificum* Rolfe, *G. neocaledonicum* Kraenzl., *Cistella cernua* Bl., *Limodorum nutans* Roxb., ?*L. recurvum* Roxb., *Malaxis nutans* Willd., ?*M. cernua* Willd., ?*Otandra cernua* Salisb.) - SE-As., Burm. to Thai., Mal., Austr., SW-P.Is. (2*, H**)
9. **recurvum** (Roxb.) Alst. - Burm., Thai., Camb., Viet. 300-1.300 m (S*)
10. **terrestre** (L.) Gar. (*Epidendrum terrestre* L.) (S)

Georchis Lindl. - 1840: *Goodyera* R.Br. (S)
- *calva* Lindl.: *Goodyera* 2 (2*)
- *cordata* Lindl.: *Goodyera* 33 (6*)
- *schlechtendaliana* (Rchb.f.) Rchb.f.: *Goodyera* 29 (6*)
- *viridiflora* (Bl.) F.v.Muell.: *Goodyera* 33 (6*)
× **Georgeblackara (Gbka.)** (*Comparettia* × *Leochilus* × *Oncidium* × *Rodriguezia*)
× **Gerberara (Gba.)** (*Brassavola* × *Diacrium* × *Laelia*)

Gersinia Merr. ex Neraud - 1826: *Bulbophyllum* Thou. (S)
Ghiesbreghtia (*Ghiesbrechtia*) A.Rich. & Gal. - 1845: *Calanthe* R.Br.
- *calanthoides* A.Rich. & Gal.: *Calanthe* 14 (S*)
× *Giddingsara*: × *Onoara* (*Ascocentrum* × *Euanthe* (*Vanda*) × *Renanthera* × *Vanda* × *Vandopsis*)
× **Gigara (Gigara)** (*Baptistonia* × *Comparettia* × *Rodriguezia*)

Gigliolia Barb.Rodr.: *Octomeria* R.Br. (L)
- *geraënsis* Barb.Rodr.: *Octomeria* 9 (L)
× *Gilmourara*: × *Lewisara* (*Aërides* × *Arachnis* × *Ascocentrum* × *Euanthe* (*Vanda*) × *Vandopsis*)

Giulianettia Rolfe - 1899 - *Glomerinae* (S) - ca. 6 sp. - Indon., N.Gui.

× **Gladysyeeara (Glya.)** (*Brassavola* × *Broughtonia* × *Cattleya* × *Cattleyopsis* × *Diacrium* × *Epidendrum* × *Laelia*)
× **Glanzara (Glz.)** (*Doritis* × *Rhynchostylis* × *Vandopsis*)
Glomera Bl. - 1825 - *Subfam. Epidendroideae Tribus: Dendrobieae Subtr. Glomerinae* - ca. 38 sp. epi. - N.Gui., Poly., Phil., Indon.
- *amboinensis* (Ridl.) J.J.Sm.: *Glossorhyncha* 2 (S)
1. **aurea** Schltr. (S)
- *brasiliensis* Barb.Rodr.: *Evelyna* 1 ? (S)
- *celebica* J.J.Sm.: *Glossorhyncha* 3 (S)
2. **erythrosoma** Bl. - Java (2*)
3. **flammula** Schltr. (S)
4. **montana** Rchb.f. ex Seemann - Samoa (O1/94)

Glossaspis (*Glossapis*) Spreng. - 1826: *Peristylus* Bl. (S)
- *antennifera* Rchb.f.: *Peristylus* 27 (6*, G**)
- *tentaculata* (Lindl.) Spreng.: *Peristylus* 27 (6*, G**)
- *tentaculata* Llanos non (Lindl.) Spreng.: *Peristylus* 20 (6*)

Glossochilopsis Szlach. - 1995 - *Liparidinae* (S) - 2 sp.
1. **carnosula** (Rolfe) Szlach. (S)
2. **chamaeorchis** (Schltr.) Szlach. (S)

Glossodia sect. *Elytranthera* Endl. - 1840: *Elytranthera* Endl. (S)
Glossodia R.Br. - 1810 - *Subfam. Orchidoideae Tribus: Diurideae Subtr. Caladeniinae* - 2/5 sp. terr. - Austr., Tasm. - „Wax Lip Orchids"
1. **brunonis** Lindl. - W-Austr. (S)
2. **emarginata** Lindl. - W-Austr. (S)
3. **major** R.Br. - end. to Austr. (Qld., NSW, ACT, Vic., Tasm., SA) (S, P**)
4. **minor** R.Br. - end. to Austr. (Qld., NSW, Tasm., ACT, Vic.) (S, P*)

Glossorhyncha sect. *Thylacoglossum* Schltr.: *Thylacoglossum* (Schltr.) Brieg. (S)
Glossorhyncha (Gloss.) [Glossorrhyncha (S)] Ridl. - 1891 - *Subfam. Epidendroideae Tribus: Dendrobieae Subtr. Glomerinae* - ca. 30 sp. epi. - Phil., N.Gui.
1. **adenandroides** Schltr. - N.Gui. (S)
2. **amboinensis** Ridl. (*Glomera amboinensis* (Ridl.) J.J.Sm.) - Phil. (S)

3. **celebica** (J.J.Sm.) Schltr. (*Glomera celebica* J.J.Sm.) - Phil. (S)
4. **fruticola** Schltr. - N.Gui. (S)
5. **grandiflora** Schltr. - N.Gui. (S)
6. **stenocentrum** Schltr. - N.Gui. (S)

Glossula Lindl. - 1825: *Peristylus* Bl. (S)
- *passerina* Gagn.: *Peristylus* 9 (6*, G)
- *tentaculata* Lindl.: *Peristylus* 27 (2*, 6*, G**)

Goadbyella R.Rogers - 1927 - *Diuridinae* (S) - 1 sp. terr. -W-Austr.
1. **gracilis** R.Rogers - W-Austr. (S)

× **Goffara (Gfa.)** (*Luisia* × *Rhynchostylis* × *Vanda*)

× **Gohartia (Ghta.)** (*Gomesa* × *Lockhartia*)

× **Gomada (Gmda.)** (*Ada* × *Gomesa*)

Gomesa (Gom.) R.Br. - 1815 - *Subfam. Epidendroideae Tribus: Oncidieae Subtr. Oncidiinae* - ca. 20 sp. epi. - Braz.
1. **alpina** Porsch - Braz. (S)
2. **barkeri** (Hook.) Regel (*Rodriguezia barkeri* Hook., *Odontoglossum barkeri* (Hook.) Rchb.f.) - Braz. (9**, S, Z)
- *chrysostoma* Hoffmgg.: 9 (G, S*)
3. **crispa** (Lindl.) Kl. & Rchb.f. (*G. undulata* Hoffmgg., *G. polymorpha* Porsch, *Rodriguezia crispa* Lindl., *Odontoglossum crispulum* Rchb.f.) - Braz. (E**, G**, H**, S*, Z**)
- *densiflora* Hoffmgg.: 12 (S*)
4. **divaricata** Hoffmgg. - Braz. (S)
5. **duseniana** Kraenzl. - Braz. (S)
- *erectiflora* A.D.Hawk.: *Caucaea* 1 (H*)
6. **fischeri** Regel - Braz. (S)
7. **foliosa** (Hook.) Kl. & Rchb.f. (*Pleurothallis foliosa* Hook., *Rodriguezia suaveolens* Lindl., *Maturna suaveolens* (Lindl.) Raf., *Odontoglossum foliosum* (Hook.) Rchb.f.) - Braz. (9**, S)
8. **glaziovii** Cogn. (*G. scandens* Rolfe) - Braz. (S)
9. **laxiflora** (Lindl.) Kl. & Rchb.f. (*G. chrysostoma* Hoffmgg., *Rodriguezia laxiflora* Lindl., *Odontoglossum laxiflorum* (Lindl.) Rchb.f.) - Braz. (G, S*)
- *margaritae* Pabst: *Binotia* 1 (S*)
10. **paranaensis** Kraenzl. - Braz. (S)
11. **planifolia** (Lindl.) Kl. & Rchb.f. (*G. recurva* Lodd., *G. reclinata* Hoffmgg., *G. planifolia* var. *laxa* Regel, *Rodriguezia planifolia* Lindl., *Odontoglossum planifolium* (Lindl.) Rchb.f.) - Braz., Arg., Par. (9**, E, H, S)
- *planifolia* var. *laxa* Regel: 11 (9**)
- *polymorpha* Porsch: 3 (S*)
- *reclinata* Hoffmgg.: 11 (9**, S)
12. **recurva** R.Br. (*G. densiflora* Hoffmgg., *Gomezia densiflora* Hoffmgg., *Rodriguezia recurva* (R.Br.) Lindl., *Odontoglossum recurvum* (R.Br.) Rchb.f., *Epidendrum inflexum* Vell.) - Braz. (4**, 9**, E**, H**, S*)
- *recurva* Lodd.: 11 (9**)
- *scandens* Rolfe: 8 (S)
13. **sessilis** Barb.Rodr. - Braz. (S)
- *tenuiflora* Lodd.: *Notylia* 24 (G**)
- *theodorea* Cogn.: *Rodrigueziella* 2 (4**, E**, H**)
- *theodorea* Cogn.: *Rodrigueziella* 2 (S*)
- *undulata* Hoffmgg.: 3 (G**, S*)
- *verboonenii* Pabst: *Binotia* 1 (S*)

× **Gomettia (Gmtta.)** (*Comparettia* × *Gomesa*)

Gomezia densiflora Hoffmgg.: *Gomesa* 12 (9**)

× **Gomochilus (Gmch.)** (*Gomesa* × *Leochilus*)

× **Gomoglossum (Gmgm.)** (*Gomesa* × *Odontoglossum*)

Gomphichis Lindl. - 1840 - *Subfam. Spiranthoideae Tribus: Cranichideae Subtr. Cranichidinae* - (*Stenoptera* Presl p.p.) - ca. 22 sp. terr. - And., Bol. to Ven. - to 3.500 m
1. **boliviensis** Brieg. (S)
2. **costaricensis** (Schltr.) Ames, Hubb. & Schweinf. (*Stenoptera costaricensis* Schltr.) - C-Am., C.Rica (S, W)
3. **crassilabia** Gar. - Ec. (S)
4. **merzii** Sengh. - C.Rica (O5/95, S*)
5. **valida** Rchb.f. - Ec. (O3/97)

Gomphostylis Wall. ex Lindl. - 1830: *Coelogyne* Lindl.

Gomphostylis Wall. ex Lindl. - 1830: *Pleione* D.Don (S)
- *candida* Wall. ex Lindl.: *Pleione* 18 (S)

Gonatostylis Schltr. - 1906 - *Subfam. Spiranthoideae Tribus: Erythrodeae* - (*Rhamphidia* Miq.) - 2 sp. terr. - N.Cal.
1. **bougainvillea** Hallé - N.Cal. (S)
2. **vieillardii** (Rchb.f.) Schltr. - N.Cal. (S)

Gongora (Gga.) Ruiz & Pav. - 1794 - *Subfam. Epidendroideae Tribus: Gongoreae* - (*Acropera* Lindl.) - ca. 50/70 sp. epi. - Trop. Am., Mex. to W-Ind., Peru, Braz.
1. **aceras** Dressl. - Col., Ec. - sect. *Aceras* (O5/83, O1/89, S*)
2. **alfieana** Rice (S)
3. **amparoana** Schltr. - C.Rica - sect. *Acropera* (W, FXIV3*, S)
4. **arcuata** Gerlach & Toul. - Bol. - sect. *Gongora* (S)
5. **armeniaca** (Lindl.) Rchb.f. (*G. cornuta* (Kl.) Fowlie, *Acropera armeniaca* Lindl., *A. cornuta* Kl.) - Nic., C.Rica, Pan. 500-1.500 m - sect. *Armeniaca* (9**, W, O4/81, FXIV3*, Z**, S*)
   ssp. **armeniaca** (*Acropera armeniaca* Lindl.) - Pac. (W, O4/93**, S)
   ssp. **cornuta** (Kl.) Whitten (*Acropera cornuta* Kl.) - Carib., C.Rica (W, O4/93**, S)
   - *armeniaca* var. *bicornuta* Schweinf. & Allen (O2/84, FXIV3): 30 (W**, O4/93)
6. **aromatica** Rchb.f. (*G. bufonia* var. *leucochila* Lindl.) - C.Rica, Pan. Col., Ec., Peru - sect. *Gongora* (O4/83, S*)
7. **atropurpurea** Hook. (*G. pseudoatropurpurea* Jenny) - Pan., S-Am. - scented - sect. *Grossa* (W, FXIV3*, S)
   - *atropurpurea* Hook.: 47 (9**, E**, G**, H**)
   - *aureobrunnea* com.name: *G. saccata* (O6/81)
   - *beyrodtiana* Schltr. (O2/81, O6/81): 51 (S)
   - *boothiana* hort.: 47 (9**, G**)
8. **bufonia** Lindl. (*G. irrorata* Hoffmgg., *G. bufonia* var. *leucochila* (Lem.) Lindl., *G. minax* Schltr., *Acropera cornuta* Kl.) - Braz. - sect. *Gongora* (G**, S)
   - *bufonia* Lindl.: 47 (9**)
   - *bufonia* var. *leucochila* (Lem.) Lindl.: 8 (G**)
   - *bufonia* var. *leucochila* (Lem.) Lindl.: 47 (9**)
   - *bufonia* var. *leucochila* Lindl.: 6 (O4/83)
9. **cassidea** Rchb.f. - Mex. to C.Rica 1.000-1.400 m - sect. *Acropera* (O4/81, FXIV3, O3/93**, Z**, S*)
10. **catilligera** Rice - Col. - sect. *Gongora* (S)
    - *charlesworthii* Rolfe: 51 (O4/93)
11. **charontis** Rchb.f. - Pan., Col. - sect. *Truncata* (W, O6/81, S)
12. **chocoensis** Jenny - Col. 20 m - sect. *Gongora* (O4/90**, S*)
    - *citrina* com.name: *G. saccata* (O6/81)
13. **claviodora** Dressl. - Nic., C.Rica, Pan. - sect. *Gongora* (W, FXIV3*, S)
14. **colombiana** Jenny - Col. - sect. *Aceras* (O4/90*, R**, S)
    - *cornuta* (Kl.) Fowlie [*G. cornuta* (Kl.) hort. (O4/81)]: 5 (S)
15. **cruciformis** Whitten & Benn. - Peru - sect. *Gongora* (S)
    - *donckelaariana* Lem.: 59 (4**, G**)
    - *donckelaariana* (Lem.) Rchb.f.: 59 (S)
16. **dressleri** Jenny - Col. (R**)
    - *dressleri* Jenny: 56 (S)
17. **ecornuta** Jenny - Peru, Ec. (O6/93, FXVIII2**)
    - *ecornuta* Jenny: 45 (S)
18. **erecta** Whitten & Benn. - Peru - sect. *Gongora* (S)
19. **escobariana** Whitten - Col. 1.000-1.200 m - sect. *Portentosa* (O6/93, FXVIII2**, S*)
    - *flaveola* Rchb.f.: 26 (S)
20. **fulva** Lindl. (*G. maculata* var. *tricolor* Lindl., *G. tricolor* Rchb.f.) - Peru, Pan., Col. - sect. *Gongora* (O4/83, R**, S*)
    - *fulva* Lindl.: 47 (9**, G**)
    - *fulva* var. *vitellina* Lindl.: 47 (9**, G**)
21. **galeata** (Lindl.) Rchb.f. (*G. loddigesii* (Lindl.) Stein, *G. luteola* hort. ex Stein, *Maxillaria galeata* Lindl. ex Lodd., *Acropera loddigesii* Lindl., *A. citrina* hort. ex Rchb.f., *A. flavida* Kl., *Cirrhaea loddigesii* (Lindl.) Lindl.) - Mex. - sect. *Acropera* (3**, 9**, E**, G, H**, FXIV3, Z**, S*)
22. **galeottiana** A.Rich. & Gal. (*G. vitellina* hort. ex Rchb.f.) - Mex. - sect. *Gongora* (G, S)
23. **garayana** Rice - Col. - sect. *Portentosa* (S)
24. **gibba** Dressl. - Pan. - sect. *Gongora* (W, O4/83, S)
25. **gracilis** Jenny - Ec. - sect. *Gongora* (S)
26. **gratulabunda** Rchb.f. (*G. flaveola*

Rchb.f., *G. hennisiana* Schltr.) - Col. - sect. *Gratulabunda* (9**, O5/83, R**, S*)
27. **grossa** Rchb.f. (*G. nigropunctata* Schltr.) - Ec., Col., Peru - sect. *Grossa* (9**, O1/82, O4/93**, FXIV3*, R, S*)
- *heisteri* hort. ex Rchb.f.: 47 (G**)
- *hennisiana* Schltr. (O2/81): 26 (S)
28. **hirtzii** Dods., N.H.Will. & Whitten - Ec., Col. 700-900 m - scented - sect. *Grossa* (O4/93**, R**, S*)
29. **histrionica** Rchb.f. - Col.? - doubtful sp. - sect. *Gongora* (R**, S)
- *histrionica* Rchb.f.: 47 (9**, G**)
30. **horichiana** Fowlie (*G. armeniaca* var. *bicornuta* Schweinf. & Allen) - C.Rica, Pan. 600-1.000 m - sect. *Armeniaca* (O4/81, O6/90, W**, FXIV3*, S)
31. **ileniana** Gerlach & Heider - Bol. - sect. *Gongora* (S)
32. **ilense** Whitten & Jenny - Ec. 400 m - sect. *Gongora* (O6/92**, S)
- *incarum* Kraenzl.: 51 (O6/81)
33. **irmgardiae** (irmgardii) Jenny - Col. - sect. *Gongora* (O6/90, A**, R, S)
- *irrorata* Hoffmgg.: 8 (G**)
- *jenischii* hort.: 47 (9**, G**)
34. **lagunae** Gerlach - Ven. - sect. *Gongora* (S)
35. **latibasis** (Schweinf. & Allen) Jenny - Pan., Ec. - sect. *Gongora* (S)
36. **latisepala** Rolfe - Col. - sect. *Gongora* (9**, O6/92 **, R, S*)
37. **leucochila** Lem. - Mex. to C.Rica, Col. - sect. *Gongora* (R, S*)
- *leucochila* Lem.: 47 (9**, G**)
- *loddigesii* (Lindl.) Stein: 21 (S)
38. **longipes** Schltr. - doubtful sp. - sect. *Truncata* (O2/81)
- *luteola* hort. ex Stein: 21 (S)
- *macrantha* Hook.: *Coryanthes* 21 (9**, G**, H*)
39. **maculata** Lindl. - Ven., Guy., Braz. - sect. *Gongora* (S)
- *maculata* Lindl. (3**): 47 (9**, E**, G**, H**)
- *maculata* f. *odoratissima* (Lem.) Dods.: 47 (9**, G**)
- *maculata* var. *alba* Lindl.: 47 (9**, G**)
- *maculata* var. *tricolor* Lindl.: 47 (G**)
- *maculata* var. *tricolor* Lindl.: 57 (9**)
- *maculata* var. *tricolor* Lindl.: 20 (O4/83)
- *maculata* var. *unicolor* (Schltr.) Teuscher: 60 (O2/84)
40. **minax** Rchb.f. - Col., Braz. 50-200 m - sect. *Aceras* (O6/90, O2/93**, S)
- *minax* Schltr.: 8 (G**)
41. **napoensis** Jenny - Ec. 1.200 m - sect. *Aceras* (O5/83, S)
42. **nigrita** Lindl. - Guy., Braz. - sect. *Gongora* (S)
- *nigrita* Lindl.: 47 (9**, E**, G**, H**)
- *nigropunctata* Schltr. (2/84): 27 (O4/93**)
43. **odoratissima** Lem. - Ven. - sect. *Gongora* (S)
- *odoratissima* Lem.: 47 (9**, G**)
- *odoratissima* var. *jenischii* hort. ex Kramer: 47 (9**, G**)
- *pardina* Jenny: 44 (O4/93**)
- *phillippica* Llanos: *Renanthera* 4 (9**, G**)
44. **pleiochroma** Rchb.f. (*G. pardina* Jenny) - Peru, Ec., Col. - scented - sect. *Gongora* (O2/88, O4/93**, R**, S)
45. **portentosa** Lind. & Rchb.f. (*G. ecornuta* Jenny) - Peru, Col. - sect. *Portentosa* (9**, A**, O6/93, R, S) var. **rosea** Cogn. - Col. (O6/93)
46. **powellii** Schltr. - Pan. to Ec. - sect. *Gongora* (S*)
- *powellii* Schltr.: 47 (9**)
- *pseudoatropurpurea* Jenny (O4/90**): 7 (S)
- *quadricornis* hort. ex Rchb.f.: 47 (9**, G**)
47. **quinquenervis** Ruiz & Pav. (*G. maculata* Lindl., *G. maculata* var. *alba* Lindl., - var. *tricolor* Lindl., - f. *odoratissima* (Lem.) Dods., *G. atropurpurea* Hook., *G. nigrita* Lindl., *G. fulva* Lindl., *G. fulva* var. *vitellina* Lindl., *G. leucochila* Lem., *G. odoratissima* Lem., *G. odoratissima* var. *jenischii* hort. ex Kramer, *G. boothiana* hort., *G. jenischii* hort., *G. histrionica* Rchb.f., *G. quadricornis* hort. ex Rchb.f., *G. quinquevulneris* Beer, *G. retrorsa* Rchb.f., *G. sheperdii* hort. ex Rchb.f., *G. vitellina* hort. ex Rchb.f., *G. heisteri* hort. ex Rchb.f., *G. superflua* Rchb.f., *G. unicolor* Schltr., *G. bufonia* Lindl., *G. bufonia* var. *leucochila* (Lem.)

Lindl., *G. truncata* var. *alba* (Lindl.) Nash, *G. powellii* Schltr., *G. tricolor* (Lindl.) Rchb.f., *Cirrhaea powellii* Schltr., *C. atropurpurea* hort. ex Stein) - Mex., C-S-Am., Pan., Trin. - sect. *Gongora* (9**, E**, G**, H**, W, FXIV3*, Z**, S)
- *quinquevulneris* Beer: 47 (9**, G**)
48. **retrorsa** Rchb.f. - Peru - sect. *Gongora* (S)
- *retrorsa* Rchb.f.: 47 (9**, E**, G**, H**)
49. **rufescens** Jenny - Col., Ec. - sect. *Gongora* (A**, S)
- *saccata* Rchb.f. (O6/81): 52 (S)
50. **sanderiana** Kraenzl. - Peru, Col. - sect. *Portentosa* (O6/90, O6/93, FXVII2**, R**, S*)
51. **scaphephorus** Rchb.f. & Warsc. (*G. beyrodtiana* Schltr., *G. incarum* Kraenzl., *G. truncata* var. *warszewiczii* Regel, *G. charlesworthii* Rolfe) - Col., Peru, Bol., Ec. 600-1.100 m - sect. *Truncata* (O6/81, O4/93**, R**, S)
52. **seideliana** Rchb.f. (*G. saccata* Rchb.f.) - Mex. - sect. *Truncata* (S)
- *seideliana* Rchb.f.: 59 (G**)
- *sheperdii* hort. ex Rchb.f.: 47 (9**, G**)
53. **similis** Rchb.f. - Col. - sect. *Gratulabunda* (S)
- *speciosa* Hook.: *Coryanthes* 36 (8**, 9**, G**)
54. **sphaerica** Jenny - Col., Peru - sect. *Truncata* (O6/90, S*)
55. **superflua** Rchb.f. - S-Ec., N-Peru 400-1.200 m - sect. *Gongora* (O6/92**, S)
- *superflua* Rchb.f.: 47 (9**, G**)
56. **tracyana** Rolfe (*G. dressleri* Jenny) - Pan., Col., Peru - sect. *Truncata* (O2/81, O6/81, S*)
57. **tricolor** (Lindl.) Rchb.f. (*G. maculata* var. *tricolor* Lindl.) - C.Rica (9**, W**, Z**)
- *tricolor* (Lindl.) Rchb.f.: 47 (G**)
- *tricolor* (Lindl.) Rchb.f.: 20 (O4/83, S)
58. **tridentata** Whitten - Mex., Guat. - scented - sect. *Acropera* (O3/93, O4/93**, S)
59. **truncata** Lindl. (*G. donckelaariana* Lem., *G. donckelaariana* (Lem.) Rchb.f., *G. seideliana* Rchb.f., *G. truncata* var. *alba* Nash) - Mex.,
Nic., C.Rica - sect. *Truncata* (4**, G**, W, FXIV3*, Z**, S*)
- *truncata* var. *warszewiczii* Regel: 51 (O6/81)
- *truncata* var. *alba* Nash: 59 (G**)
- *truncata* var. *alba* (Lindl.) Nash: 47 (9**)
60. **unicolor** Schltr. (*G. maculata* var. *unicolor* (Schltr.) Teuscher) - Nic., C.Rica, Pan. 200-300 m - sect. *Gongora* (W, O2/84, FXIV3*, S)
- *unicolor* Schltr.: 47 (9**, G**)
- *viridifusca* Hook.: *Cirrhaea* 1 (H**)
- *viridipurpurea* Hook.: *Cirrhaea* 1 (4**, 9**, G**)
- *vitellina* hort. ex Rchb.f.: 47 (9**, G**)
- *vitellina* hort. ex Rchb.f.: 22 (S)

Goniochilus Chase - 1987 - *Capaneminae* (S) - 1 sp. epi. - C.Rica, Nic., W-Pan.
1. **leochilinus** (Rchb.f.) Chase (*Rodriguezia leochilina* Rchb.f., *Mesospinidium leochilinum* (Rchb.f.) Schltr., *Hybochilus leochilinus* (Rchb.f.) Mansf.) - C.Rica, Nic., W-Pan. 500-1.700 m (S*, W**, O2/95)

Gonogona discolor (Ker-Gawl.) Link: *Ludisia* 1 (9**, G**)

× **Goodaleara (Gdlra.)** (*Brassia* × *Cochlioda* × *Miltonia* × *Odontoglossum* × *Oncidium*)

Goodyera R.Br. - 1813 - Subfam. Spiranthoideae Tribus: Erythrodeae - (*Cionisaccus* Breda, *Geobina* Raf., *Georchis* Lindl., *Peramium* Salisb., *Allochilus* Gagn.) - ca. 40 sp. terr. - Mex., SE-As., P.Is., N.Gui., Austr., Madag. - „Netzblatt"
1. **afzelii** Schltr. - Madag. (U)
2. **bifida** Bl. (*Neottia bifida* Bl., *Georchis calva* Lindl., *Orchiodes bifidum* Ktze.) - Java (2*)
- *bifida* Mak.: 8 (6*)
3. **bradeorum** Schltr. - C.Rica (W)
- *carnea* (Bl.) Schltr.: 33 (6*)
- *carnea* A.Rich.: 23 (2*, 6*, G**)
- *caudatilabella* Hay.: 9 (6*)
- *celebica* Bl.: 28 (2*, G)
4. **colorata** Bl. (*Orchiodes coloratum* Ktze., *Neottia colorata* Bl., *Spiranthes colorata* Hassk.) - Java (2*, S)
- *commelinoides* Fuk.: 8 (6*)
- *cordata* (Lindl.) Nicols.: 33 (6*)
- *cyrtoglossa* Hay.: 9 (6*)
- *daibuzanensis* Yamamoto: 29 (6*)

- *discolor* Ker-Gawl.: *Ludisia* 1 (6*, 9**, E**, G**, H**)
5. **eberhardtii** (Gagn.) Brieg. (*Allochilus eberhardtii* Gagn.) - Viet. (S)
- *eberhardtii* (Gagn.) Brieg.: 9 (6*)
- *elongata* Lindl.: *Hetaeria* 3 (6*)
- *erimae* Schltr.: *Hetaeria* 8 (6*)
6. **erosa** (Ames & Schweinf.) Ames, Hubb. & Schweinf. - C.Rica, Pan. (W)
- *flabellata* A.Rich.: *Cheirostylis* 4 (6*)
7. **flaccida** Schltr. - Madag. ca. 200 m - epi/ter (U)
8. **foliosa** (Lindl.) Benth. ex Clarke (*G. secundiflora* Griff., *G. bifida* Mak., *G. maximowicziana* Mak., *G. maximowicziana* var. *commelinoides* (Fuk.) Masamune, - f. *commelinoides* (Fuk.) Hiroe, *G. pachyglossa* Hay., *G. sonoharae* Fuk., *G. commelinoides* Fuk., *G. foliosa* var. *laevis* Finet, *Orchiodes foliosum* (Lindl.) Ktze., *Epipactis foliosa* (Lindl.) A.Eaton, *Peramium maximowicziana* (Mak.) Mak.) - Jap., Taiw. (6*, H**)
- *foliosa* var. *laevis* Finet: 8 (6*)
- *formosana* Rolfe: 9 (6*)
9. **fumata** Thw. (*G. formosana* Rolfe, *G. sphingoides* J.J.Sm., *G. caudatilabella* Hay., *G. cyrtoglossa* Hay., *G. eberhardtii* (Gagn.) Brieg., *Orchiodes fumatum* (Thw.) Ktze., *Epipactis fumata* (Thw.) A.Eaton, *E. formosanum* (Rolfe) A.Eaton, *Peramium cyrtoglossum* (Hay.) Mak., *P. formosanum* (Rolfe) Mak., *Allochilus eberhardtii* Gagn.) - Thai. (6*)
- *glauca* J.J.Sm.: 33 (6*)
10. **grandis** (Bl.) Bl. (*G. rubicunda* (Bl.) Lindl.) - Austr. (Qld.), N.Gui., Indon., Mal. 600 m (P**)
- *grandis* (Bl.) Bl.: 28 (2*, G)
- *grandis* King & Pantl.: 28 (G)
- *habenarioides* Lehm. & Kraenzl.: *Pterichis* 7 (FXVI3)
11. **hispida** Lindl. - Him. Ind., Bhut. 300-1.000 m (6*, E**, H**, S, Z)
- *hispida* Tuyama non Lindl.: 29 (6*)
- *hispidula* R.Rogers & C.White: 28 (G)
12. **humicola** (Schltr.) Schltr. (*Platylepis humicola* Schltr.) - Madag. 500-1.000 m (U)
- *japonica* Bl.: 29 (6*)

- *lancifolia* Franch. & Sav.: 23 (6*, G**)
- *longibracteata* Hay.: 28 (G)
- *longirostrata* Hay.: 33 (6*)
13. **macrophylla** Lowe - end. to Mad. (K)
14. **major** Ames & Correll - C.Rica, Nic., Salv. (W)
15. **maurevertii** Bl. (*Physurus? maurevertii* Miq.) - Java (2*)
16. **maximowicziana** Mak. - Jap., Taiw. (H**)
- *maximowicziana* Mak.: 8 (6*)
- *maximowicziana* f. *commelinoides* (Fuk.) Hiroe: 8 (6*)
- *maximowicziana* var. *commelinoides* (Fuk.) Masamune: 8 (6*)
- *melinostele* Schltr.: 29 (6*)
17. **menziesii** Lindl. (*Spiranthes decipiens* Hook.) - N-Am. (S)
- *menziesii* Lindl.: 20 (FXVII3)
18. **micrantha** Schltr. - C.Rica (W)
19. **modesta** Schltr. - C.Rica (W)
- *moniliformis* Griff.: *Cheirostylis* 9 (6*)
- *nuda* Thou.: *Gymnochilus* 1 (U)
20. **oblongifolia** Raf. (*G. menziesii* Lindl.) - N-Am. (O6/95, FXVII3)
- *occulta* Thou.: *Platylepis* 3 (G)
- *occulta* Thou.: *Platylepis* 5 (U)
- *ogatai* Yamamoto: 33 (6*)
21. **ovatilabia** Schltr. - C.Rica, Pan. (W)
- *pachyglossa* Hay.: 8 (6*)
- *papuana* Ridl.: 28 (G)
- *parviflora* (Bl.) Bl. (2*): 23 (6*, G**)
22. **perrieri** (Schltr.) Schltr. (*Platylepis perrieri* Schltr.) - Madag. 0-500 m - epi/ter (U)
- *philippinensis* (Ames) Schltr.: 23 (6*, G**)
- *pogonorrhyncha* Hand.-Mazz.: *Anoectochilus* 1 (6*)
23. **procera** (Ker-Gawl.) Hook. (*G. carnea* A.Rich., *G. parviflora* (Bl.) Bl., *G. lancifolia* Franch. & Sav., *G. philippinensis* (Ames) Schltr., *Neottia procera* Ker-Gawl., *N. parviflora* Bl., *Cionosaccus lanceolatus* Breda, *Cordylestylis foliosa* Falc., *Leucostachys procera* (Ker-Gawl.) Hoffm., *Spiranthes parviflora* (Bl.) Hassk., *Orchiodes procerum* (Ker-Gawl.) Ktze., *O. parviflorum* (Bl.) Ktze., *Epipactis procera* (Ker-Gawl.) A.Eaton, *E. philippinensis* Ames,

Peramium procerum (Ker-Gawl.) Mak.) - Ind., Him., Sik., Bhut. to Ass., Burm., Laos, Phil. (2*, 6*, G**)
24. **pubescens** (Willd.) R.Br. (*G. tesselata* Lodd., *G. pubescens* var. *minor* Lindl., *Neottia pubescens* Willd., *Orchiodes pubescens* (Willd.) Ktze., *Peramium pubescens* (Willd.) Salisb., *Epipactis pubescens* (Willd.) A.Eaton, *E. willdenovii* House) - Can. to Flor. - „Rattlesnake Plantain" (9**, S, $53/7, Z)
- *pubescens* var. *minor* Lindl.: 24 (9**)
25. **pusilla** Bl. (*Orchiodes pusillum* Ktze.) - Java (2*)
26. **repens** (L.) R.Br. (*Orchiodes pusillum* Ktze.) - C-N-Eur., Him., N-Am. 0-3.400 m - „Kriechendes Netzblatt, Creeping Lady's-tresses" (E, H, K**, S, O6/95, V**, Z**)
27. **reticulata** Bl. (*Orchiodes reticulatum* Ktze., *Neottia reticulata* Bl.) - Java (2*)
- *rosans* J.J.Sm.: 33 (6*)
- *rubens* Bl.: 28 (2*, G)
28. **rubicunda** (Bl.) Lindl. (*G. rubens* Bl., *G. celebica* Bl., *G. grandis* (Bl.) Bl., *G. grandis* King & Pantl., *G. papuana* Ridl., *G. hispidula* R.Rogers & C.White, *G. longibracteata* Hay., *G. yaeyamae* Ohwi, *G. rubicunda* var. *celebica* (Bl.) Schltr., *Neottia rubicunda* Bl., *N. grandis* Bl., *Spiranthes grandis* (Bl.) Hassk., *Aetheria rubicunda* (Bl.) Rchb.f., *Hetaeria rubicunda* (Bl.) Benth. & Hook.f, *Orchiodes rubicundum* (Bl.) Ktze., *O. celebicum* (Bl.) Ktze., *O. grande* (Bl.) Ktze., *Rhamphidia rubicunda* (Bl.) Rchb.f., *Epipactis grandis* (King & Pantl.) A.Eaton, *E. rubicunda* (Bl.) A.Eaton, *Peramium longibracteatum* (Hay.) Mak.) - Phil., Taiw., Thai., Mal., Sum., Java, N-Austr., Samoa (2*, G)
- *rubicunda* (Bl.) Lindl.: 10 (P**)
- *rubicunda* var. *celebica* (Bl.) Schltr.: 28 (G)
29. **schlechtendaliana** Rchb.f. (*G. secundiflora* Lindl. non Griff., *G. japonica* Bl., ?*G. daibuzanensis* Yamamoto, *G. hispida* Tuyama non Lindl., *G. similis* Bl., *G. melinostele* Schltr., *Georchis schlechtendaliana* (Rchb.f.) Rchb.f., *Orchiodes schlechtendaliana* (Rchb.f.) Ktze., *Epipactis schlechtendaliana* (Rchb.f.) A.Eaton, *E. secundiflora* (Lindl.) Hu, *E. melinostele* (Schltr.) Hu) - Thai. (6*)
- *schlechtendaliana* var. *ogotai* (Yamamoto) Hiroe: 33 (6*)
30. **secundiflora** Griff. (E, H)
- *secundiflora* Griff.: 8 (6*)
- *secundiflora* Lindl. non Griff.: 29 (6*)
- *similis* Bl.: 29 (6*)
- *sonoharae* Fuk.: 8 (6*)
- *sphingoides* J.J.Sm.: 9 (6*)
- *subuniflora* Ohwi: 33 (6*)
- *tesselata* Lodd.: 24 (S)
31. **thailandica** Seidenf. - Thai. (6*)
32. **turrialbae** Schltr. - C.Rica (W)
33. **viridiflora** (Bl.) Bl. (*G. cordata* (Lindl.) Nicols., *G. carnea* (Bl.) Schltr., *G. glauca* J.J.Sm., *G. longirostrata* Hay., *G. ogatai* Yamamoto, *G. rosans* J.J.Sm., *G. subuniflora* Ohwi, *G. schlechtendaliana* var. *ogotai* (Yamamoto) Hiroe, *Neottia viridiflora* Bl., *Eucosia carnea* Bl., *Physurus viridiflorus* Lindl., *P. viridiflora* Miq. non Lindl., *Orchiodes viridiflorum* (Bl.) Ktze., *O. cordatum* (Lindl.) Ktze., *Georchis cordata* Lindl., *G. viridiflora* (Bl.) F.v.Muell., *Epipactis glauca* (J.J.Sm.) A.Eaton, *E. cordata* (Lindl.) A.Eaton, *E. viridiflora* (Bl.) Ames, *Peramium longirostrata* (Hay.) Mak., *P. ogatai* (Yamamoto) Mak.) - Austr. (Qld.), N.Gui., Indon. 800 m (2*, 6*, P*)
34. **waitziana** Bl. (*Orchiodes waitzianum* Ktze.) - Java (2*)
- *wrightii* Rchb.f.: *Pseudogoodyera* 1 (S)
- *yaeyamae* Ohwi: 28 (G)

Gorgoglossum Lehm ex Schltr. - 1915: *Sievekingia* Rchb.f. (O3/90, S)
- *reichenbachianum* Lehm: *Sievekingia* 12 (9**, H*, S)

× **Gottererara (Gott.)** (*Ascocentrum* × *Renanthera* × *Vandopsis*)

Govenia Lindl. ex Lodd. - 1831 - *Subfam. Epidendroideae Tribus: Calypsoeae Subtr. Corallorhizinae* - (*Eucnemis* Lindl.) - ca. 12/25 sp. terr. - Trop. Am., Mex. to Bol.
- *alba* A.Rich. & Gal.: 6 (G**)
- *barbata* Poepp. & Endl.: *Eulophia* 4 (G**)

1. **bella** Greenw. - Mex. (S)
- *boliviense* Rolfe: 15 (9**, G, H*)
- *brevilabris* (Lindl.) Rchb.f.: 6 (G**)
- *capitata* Lindl.: 6 (G**,S)
2. **ciliilabia** Ames & Schweinf. - Nic., C.Rica, W-Pan. (W, S)
- *deliciosa* Rchb.f.: 6 (G**,S)
3. **dressleriana** Greenw. - Mex. (S)
- *elliptica* S.Wats.: 9 (G)
- *ernstii* Schltr.: 15 (9**, G, H*)
- *fasciata* Lindl.: 12 (9**, A**, G**)
- *gardneri* Hook.: 15 (9**, G, H*)
4. **jouyana** Tamayo - Mex. (S)
- *lagenophora* Lindl.: 12 (9**, A**, G**)
5. **latifolia** (H.B.K.) Gar. & G.Romero (*G. stictoglossa* Schltr.) - Col. (S)
6. **liliacea** (Llave & Lex.) Lindl. (*G. capitata* Lindl., *G. deliciosa* Rchb.f., *G. brevilabris* (Lindl.) Rchb.f., *G. utriculata* var. *capitata* Correll, *G. alba* A.Rich. & Gal., *Maxillaria liliacea* Llave & Lex., *Eucnemis brevilabris* Lindl.) - Nic., Pan., C.Rica, Mex., Col. (G**, W, R, S, Z**)
- *liliacea* Lindl.: 15 (9**)
7. **limbata** Griseb. - Carib. - doubtful sp. (S)
8. **mutica** Rchb.f. - Mex. to Nic. (S)
9. **pauciflora** Lindl. (*G. elliptica* S.Wats., *G. superba* var. *elliptica* (S.Wats.) Correll) - Mex., S-Guat. (G, S)
- *platyglossa* Schltr.: 12 (9**, A**, G**)
10. **praecox** Salazar & Greenw. - Mex. (S)
11. **purpusii** Dressl. & Hagsater - Mex. (S)
- *sodiroi* Schltr.: 15 (9**, G, H*)
- *stictoglossa* Schltr.: 12 (9**, A**, G**)
- *stictoglossa* Schltr.: 5 (S)
- *sulphurea* Rchb.f.: 12 (9**, A**, G**)
12. **superba** (Llave & Lex.) Lindl. ex Lodd. (*G. lagenophora* Lindl., *G. fasciata* Lindl., *G. sulphurea* Rchb.f., *G. platyglossa* Schltr., *G. stictoglossa* Schltr., *Maxillaria superba* Llave & Lex.) - Mex. to Pan., Ven., Col. 1.000-2.700 m - scented (9**, A**, G**, H, W, R, S*)
- *superba* var. *elliptica* (S.Wats.) Correll: 9 (G)
13. **tequilana** Dressl. & Hagsater - Mex. (S)
14. **tingens** Poepp. & Endl. - Ven., Braz., Amaz., Peru, Bol., Arg., Col. (9**, G, R, S)
15. **utriculata** (Sw.) Lindl. (*G. gardneri* Hook., *G. boliviense* Rolfe, *G. ernstii* Schltr., *G. sodiroi* Schltr., *G. liliacea* Lindl., *Limodorum utriculatum* Sw., *Cymbidium utriculatum* (Sw.) Sw.) - Mex. to Bol., Arg., W-Ind. 1.500-3.000 m (9**, G, H*, W, $54/3, R**, S*)
- *utriculata* var. *capitata* Correll: 6 (G**)
16. **vilcabambana** Dods. - Ec. 1.200-2.100 m (FXIX2*, S)

Govindovia nervosa Wight: *Tropidia* 1 (6*, G)

Gracielanthus Tamayo & Szlach. - 1995 Spiranthinae (S) - 2 sp. terr. - Mex.
1. **pyramidalis** (Lindl.) Tamayo & Szlach. - Mex. (S*)
2. **riodelayensis** (Balogh) Tamayo & Szlach. - Mex. (S)

Grafia A.D.Hawk. - 1966: *Phalaenopsis* Bl. (S)
- *parishii* (Rchb.f.) A.D.Hawk.: *Phalaenopsis* 44 (9**)

Grammangis Rchb.f. - 1860 - *Subfam. Epidendroideae Tribus: Cymbideae Subtr. Cyrtopodiinae* - 2 sp. epi. - Madag.
1. **ellisii** (Lindl.) Rchb.f. (*G. fallax* Schltr., *G. ellisii* var. *dayanum* Rchb.f., *Grammatophyllum ellisii* Lindl., *Gabertia ellisii* Gaudich.) - E-Madag. 0-1.300 m - „Orchidée de banane" (9**, A**, E**, H**, O1/96, O2/81, U**, S, Z**)
- *ellisii* Rchb.f.: *Grammatophyllum ellisii* (8**)
- *ellisii* var. *dayanum* Rchb.f.: 1 (U**)
- *falcigera* Rchb.f.: *Cymbidiella* 1 (9**, E*, H*, U**, S)
- *fallax* Schltr.: 1 (O1/96, U**)
- *huttoni* Benth. & Hook.f.: *Grammatophyllum* 7 (2*)
- *pardalina* Rchb.f.: *Cymbidiella* 3 (9**, E*, H**, U, S)
2. **spectabilis** Boss. & Morat - SW-Madag. (O1/96, U**, S)
- *stapeliiflora* (Tejism. & Binn.) Schltr.: *Grammatophyllum* 7 (9**, S)

× **Grammatocymbidium (Grcym.)** (*Cymbidium* × *Grammatophyllum*)

× **Grammatoheadia (Grda.)** (*Bromheadia* × *Grammatophyllum*)

Grammatophyllum (Gram.) Bl. - 1825 - *Subfam. Epidendroideae Tribus: Cymbidieae Subtr. Cyrtopodiinae* - (*Gabertia* Gaudich., *Pattonia* Wight) - ca. 12 sp. epi. - SE-As., Indon., N. Gui., Phil., SW-Pac.
1. **celebicum** Schltr. (O2/81)
2. **cominsii** Rolfe (O2/81)
- *elegans* (Lindl.) Rchb.f.: *Cymbidium* 12 (9**)
- *elegans* var. *obcordatum* Rchb.f.: *Cymbidium* 12 (9**)
- *elegans* var. *lutescens* Hook.f.: *Cymbidium* 12 (9**)
- *ellisii* Lindl. (8**): *Grammangis* 1 (9**, E**, H**, U**)
- *fastuosum* Lindl. & Paxt.: 6 (2*, 9**)
- *fenzlianum* Rchb.f.: 5 (9**, G**)
- *finlaysonianum* Lindl.: *Bromheadia* 2 (9**, H**)
- *giganteum* Bl. ex Rchb.f.: 6 (9**)
- *guilelmi-secundii* Kraenzl.: 5 (9**, G**)
- *guilielmi II* Kraenzl.: *G. rumphianum* (8**)
- *leopardinum* Rchb.f.: 5 (G**)
- *macranthum* (Wight) Rchb.f.: 6 (2*, 9**)
- *measuresianum* Weathers: 5 (9**, G**)
- *multiflorum* Lindl.: 5 (9**, G**)
- *multiflorum* var. *tigrinum* Lindl.: 5 (G**)
- *paludosum* Griff.: *Dipodium* 8 (9**)
- *pantherinum* Zipp. ex Bl.: *Vandopsis* 3 (G**)
3. **pantherinum** Rchb.f. (*G. papuanum* J.J.Sm.) - N.Gui. (O2/81, S*)
- *papuanum* J.J.Sm. (O2/81): 3 (S*)
- *roemplerianum* Rchb.f.: *Eulophiella* 4 (9**, U**)
- *roemplerianum* Rchb.f.: *Eulophiella peetersiana* (8**)
- *rumphianum* Miq. (8**, E, H*): 5 (9**, G**)
- *sanderianum* hort.: 6 (9**)
- *scandens* Griff.: *Dipodium* 10 (9**)
4. **schmidtianum** Schltr. (O2/81)
5. **scriptum** (L.) Bl. (*G. multiflorum* Lindl., *G. multiflorum* var. *tigrinum* Lindl., *G. fenzlianum* Rchb.f., *G. rumphianum* Miq., *G. leopardinum* Rchb.f., *G. measuresianum* Weathers, *G. seegerianum* hort., *G. guilelmi-secundii* Kraenzl., *Epidendrum scriptum* L., *Cymbidium scriptum* (L.) Sw., *C. goweri* F.v.Muell., *Gabertia scripta* (L.) Gaudich., *Vanda scripta* (L.) Spreng., *Angraecum scriptum* (L.) Rumph.) - Cel., Sul., Phil., Born., Mol., N.Gui. 0-500 m (9**, O6/89, A**, G**, H, S*)
- *scriptum* Teijsm. & Binn.: *G. rumphianum* (8**)
- *seegerianum* hort. ex Rolfe: *G. rumphianum* (8**)
- *seegerianum* hort.: 5 (9**, G**)
6. **speciosum** Bl. (*G. fastuosum* Lindl. & Paxt., *G. macranthum* (Wight) Rchb.f., *G. giganteum* Bl. ex Rchb. f., *G. wallisii* Rchb.f., *G. sanderianum* hort., *Pattonia macrantha* Wight) - Mal., Sum., Phil., Burm., Thai., Mol., N.Gui., Sol. (2*, 9**, E**, H**, S*, Z**)
7. **stapeliaeflorum** (Tejsm. & Binn.) J.J.Sm. (*G. stapeliiflora* (Teijsm. & Binn.) Schltr., *G. huttoni* Benth. & Hook.f., *Cymbidium stapeliaeflorum* Tejsm. & Binn., *C. stapeliiflorum* Teijsm. & Binn., *C. stephensi* Ridl., *C. huttoni* Benth. & Hook.f.) - Mal. to Sum., Java, Cel., Phil. - scented (2*, 9**, A**, S)
- *wallisii* Rchb.f.: 6 (9**)
× **Grammatopodium (Grtp.)** (*Cyrtopodium* × *Grammatophyllum*)
× **Graphiella (Grpla.)** (*Cymbidiella* × *Graphorkis*)

Graphorkis (Grks.) (Graphorchis) Thou. - 1809 - *Subfam. Epidendroideae Tribus: Cymbidieae Subtr. Cyrtopodiinae* - (*Eulophiopsis* Pfitz.) - 4/5 sp. epi. - Madag., Masc., Trop. Afr.
- *aiolographis* Thou.: 1 (U**)
- *beravensis* Ktze.: *Eulophia* 13 (U)
- *blumeana* Ktze.: *Eulophia* 57 (2*)
1. **concolor** (Thou.) Ktze. var. **alphabetica** Rasm. (*G. aiolographis* Thou., *G. scripta* var. *scripta* sensu Sengh., *Epidendrum scriptum* Thou., *Eulophia scripta* Pfitz., *Limodorum scriptum* Thou., *Lissochilus scriptus* sensu H.Perr.) - Madag., Com., Masc. lowl. (U**)
- *concolor* (Thou.) Summerh.: 5 (S)
- *cristata* (Sw.) Ktze.: *Eulophia* 21 (9**)
2. **ecalcarata** (Schltr.) Summerh. (*Eulophiopsis ecalcarata* Schltr., *Lissochilus ecalcaratus* (Schltr.) H. Perr.) - Madag. 0-1.000 m (U, S)

- *exaltata* Ktze.: *Eulophia* 28 (2*)
- *galbana* (Ridl.) Ktze.: *Eulophia* 32 (U)
- *graminea* (Lindl.) Ktze.: *Eulophia* 35 (Q**)
- *guineensis* (Lindl.) Ktze.: *Eulophia* 37 (9**, G**)
3. **lurida** (Sw.) Ktze. (*Limodorum luridum* Sw., *Eulophia lurida* (Sw.) Lindl., *Eulophiopsis lurida* (Sw.) Schltr., *Limodorum luridum* Sw.) - Sen., Guin., Camer., Nig., Congo, Ug., Bur. 300-1.300 m (G**, E**, H**, C*, S*, Z**)
- *lutea* Ktze.: *Eulophia squalida* (2*)
- *macrorhiza* Ktze.: *Eulophia macrorhiza* (2*)
- *macrostachya* Ktze: *Eulophia* 57 (2*)
- *maculata* (Lindl.) Ktze.: *Oeceoclades* 18 (G**, H, U)
- *madagascariensis* (Kraenzl.) Ktze.: *Eulophia* 38 (U)
4. **medemiae** (Schltr.) Summerh. (*Eulophia medemiae* Schltr., *Eulophiopsis medemiae* (Schltr.) Schltr., *Lissochilus medemiae* (Schltr.) H. Perr.) - Madag. 0-500 m (U, S)
- *nuda* (Lindl.) Ktze.: *Eulophia* 65 (9**, G)
- *nutans* (Sond.) Ktze.: *Eulophia* 38 (U)
- *pileata* (Ridl.) Ktze.: *Eulophia* 75 (U**)
- *plantaginea* (Thou.) Ktze.: *Eulophia* 76 (U**)
- *pulchra* (Thou.) Ktze.: *Oeceoclades* 22 (G**)
- *pulchra* (Thou.) Ktze.: *Eulophia* 78 (9**, U)
- *ramosa* (Ridl.) Ktze.: *Eulophia* 81 (U)
- *reticulata* (Ridl.) Ktze.: *Eulophia* 82 (U)
- *rutenbergiana* (Kraenzl.) Ktze.: *Eulophia* 83 (U)
- *sanguinea* (Lindl.) Ktze.: *Eulophia sanguinea* (9**)
- *saundersiana* (Rchb.f.) Ktze.: *Oeceoclades* 26 (9**, H**)
5. **scripta** (Thou.) Ktze. (*Eulophia scripta* (Thou.) Lindl.) - Com., Sey. (A**, H, O3/98, S*)
  var. **concolor** (Thou.) Sengh. (*G. concolor* (Thou.) Summerh.) - Masc. (S)
- *scripta* var. *scripta* sensu Sengh.: 1 (U**)
- *squalida* Ktze.: *Eulophia squalida* (2*)
- *sumatrana* Ktze.: *Eulophia squalida* (2*)
- *vaginata* (Sond.) Ktze.: *Eulophia* 38 (U)

Grastidium Bl. - 1825: *Dendrobium* Sw.
Grastidium Bl. - 1825 - *Dendrobiinae* (S) - (*Dendrobium* sect. *Grastidium* J.J. Sm., *Dichopus* Bl.) - ca. 193 sp. - N.Gui., SE-As., Ind., Phil.
- *acuminatissimum* Bl.: *Dendrobium* 3 (2*, G)
1. **asperatum** (Schltr.) Brieg. (S*)
- *bambusifolium* (Par. & Rchb.f.) Brieg.: *Dendrobium* 310 (G)
2. **collinum** (J.J.Sm.) Brieg. (S*)
3. **grossum** (Schltr.) Brieg. (S*)
- *indragiriense* (Schltr.) Rausch.: *Dendrobium* 167 (G)
- *isomerum* (Schltr.) Rausch.: *Dendrobium* 167 (G)
4. **patulum** (Schltr.) Brieg. (S*)
5. **pleianthum** (Schltr.) Brieg. - N. Gui. (S*)
6. **polyschistum** (Schltr.) Brieg. (S*) → Dendrobium 285
- *rugosum* Bl.: *Dendrobium* 306 (2*, G)
7. **salaccense** Bl. (S)
→ *salaccense* Bl.: *Dendrobium* 310 (2*, G)
8. **sarcochilum** (Finet) Brieg. - N.Cal. (S)
9. **vandoides** (Schltr.) Brieg. (S*)
× *Greatwoodara*: × *Kagawara* (*Ascocentrum* × *Euanthe* (*Vanda*) × *Renanthera* × *Vanda*)

Greenwoodia Balogh - 1986: *Kionophyton* Gar. (S)

Grobya Lindl. - 1835 - *Subfam. Epidendroideae Tribus: Cymbidieae Subtr. Cyrtopodiinae* - 3 sp. epi. - Braz.
1. **amherstiae** Lindl. - E-Braz. 600-1.100 m (9**, O1/89, A**, E*, G**, H**, S*, Z**)
- *bibrachiata* Hoehne (O6/92): 2 (S)
2. **fascifera** Rchb.f. (*G. bibrachiata* Hoehne) - Braz. (O1/89, S)
3. **galeata** Lindl. - Braz. ca. 300 m (G, O6/92**, S*)

Grosourdya Rchb.f. - 1864 - *Subfam. Epidendroideae Tribus: Vandeae Subtr. Sarcanthinae* - 10 sp. epi. -

Burm., Thai., Viet., Mal., Java, Born., Phil., Cel.
1. **appendiculata** (Bl.) Rchb.f. (*G. elegans* Rchb.f., *Sarcochilus appendiculatus* (Bl.) J.J.Sm., *Pteroceras appendiculatus* (Bl.) Holtt., *Thrixspermum appendiculatum* (Bl.) Ktze.) Burm., Thai., Mal., Viet., Born., Phil. (S*)
- *appendiculata* Rchb.f.: *Sarcochilus appendiculatus* (2*)
2. **callifera** Seidenf. - Java (S*)
- *elegans* Rchb.f.: 1 (S*)
- *emarginata* Rchb.f.: *Sarcochilus* 6 (2*)
- *hystrix* Rchb.f.: *Thrixspermum* 27 (2*)
3. **muscosa** (Rolfe) Gar. (*Sarcochilus muscosus* Rolfe, *S. maculatus* Carr) - S-Thai., Mal. (S*)
- *zollingeri* Rchb.f.: *Sarcochilus* 24 (2*)

Guanchezia G.Romero & Carnevali - 2000 - *Lycastinae* (S) - 1 sp. epi. - Ven.
1. **maguerei** (Schweinf.) G.Romero & Carnevali (*Bifrenaria maguirei* Schweinf.) - Ven. 1.500 m (S*)

Gudrunia Braem - 1991: *Tolumnia* Raf. (S)
- *tuerckheimii* (Cogn.) Braem: *Tolumnia* 30 (S*)

Gularia Gar. - 1982 - *Spiranthinae* (S) - 2 sp. terr. - C-Am.
1. **crenulata** (L.O.Wms.) Gar. - Mex. (S*)
2. **trilineata** (Lindl.) Gar. - Mex. to C.Rica (S*)

× **Gumara (Gum.)** (*Diacrium* × *Epidendrum* × *Laelia*)

Gunnarella Sengh. - 1988 - *Aeridinae* (S) - 10 sp. epi. - N.Gui., N.Cal., N.Hebr.
1. **aymardii** (N.Hallé) Sengh. (*Chamaeanthus aymardii* N.Hallé) - N.Cal. 100-300 m (O2/88, S*)
2. **begaudii** (N.Hallé) Sengh. (*Chamaeanthus begaudii* N.Hallé) - N.Cal. 100-300 m (O2/88)
3. **brigittae** (N.Hallé) Sengh. (*Chamaeanthus brigittae* N.Hallé) - N.Cal. 600-800 m (O2/88)
4. **carinata** (J.J.Sm.) Sengh. (*Chamaeanthus carinatus* J.J.Sm.) - N.Gui. 100-300 m (O2/88, S*)
5. **florenciae** (N.Hallé) Sengh. (*Chamaeanthus florenciae* N.Hallé) - N.Cal. 100-500 m (O2/88)
6. **gracilis** (Schltr.) Sengh. (*Chamaeanthus gracilis* Schltr.) - N.Gui. 100-300 m (O2/88, S*)
7. **laxus** (Schltr.) Sengh. (*Chamaeanthus laxus* Schltr.) - N.Gui. 100-300 m (O2/88)
8. **neocaledonicus** (Rendle) Sengh. (*Sarcochilus neocaledonicus* Rendle, *Chamaeanthus neocaledonicus* (Rendle) N.Hallé) - N.Cal. 100-300 m (O2/88)
9. **paniculatus** (J.J.Sm.) Sengh. (*Chamaeanthus paniculatus* J.J.Sm.) - N.Gui. 100-300 m (O2/88)
10. **robertsii** (Schltr.) Sengh. (*Sarcochilus robertsii* Schltr., *Chamaeanthus robertsii* (Schltr.) Schltr.) - N.Cal., N.Hebr. 100-300 m (O2/88, S)

Gunnarorchis Brieg. - 1981: *Eria* Lindl.
Gunnarorchis Brieg. - 1981 - *Dendrobiinae* (S) - 1 sp. epi. - Burm., Thai.
1. **perpusilla** (Par. & Rchb.f.) Brieg. (*Eria perpusilla* Par. & Rchb.f.) - Burm., Thai. (S*)

Gunnia Lindl.: *Sarcochilus* R.Br.
- *australis* Lindl.: *Sarcochilus* 1 (G)
- *picta* Lindl.: *Sarcochilus* 16 (G)

Gunnia F.v.Muell. - 1858: *Sarcochilus* R.Br. (S)

Gussonea A.Rich. - 1828: *Solenangis* Schltr. (S)
- *aphylla* A.Rich.: *Solenangis* 1 (U**)
- *aphylla* var. *defoliata* Schltr.: *Solenangis* 1 (U**)
- *aphylla* var. *orientalis*: *Solenangis* 1 (U**)
- *aurantiaca* Schltr.: *Microcoelia* 1 (U)
- *chiloschistae* (Rchb.f.) Schltr: *Microcoelia* 9 (U)
- *cornuta* Ridl.: *Solenangis* 4 (U)
- *defoliata* (Schltr.) Schltr.: *Solenangis* 1 (U**)
- *dolichorhiza* (Schltr.) Schltr.: *Microcoelia* 7 (U)
- *elliotii* (Finet) Schltr.: *Microcoelia* 8 (U)
- *exilis* (Lindl.) Ridl.: *Microcoelia* 9 (U)
- *gilpinae* (Rchb.f. & S.Moore) Ridl.: *Microcoelia* 10 (U**)
- *gilpinae* var. *minor* Schltr.: *Microcoelia* 10 (U**)
- *globulosa* Ridl.: *Microcoelia guyoniana* (1**, E**)

- *globulosa* (Hochst.) Ridl.: *Microcoelia* 11 (H**)
- *macrantha* H.Perr.: *Microcoelia* 15 (U**)
- *melinantha* Schltr.: *Microcoelia* 10 (U**)
- *perrieri* (Finet) Schltr.: *Microcoelia* 22 (U**)
- *physophora* (Rchb.f.) Ridl.: *Microcoelia* 23 (U)

Gyaladenia Schltr. - 1921: *Brachycorythis* Lindl. (S)

Gyas Salisb. - 1812: *Bletia* Ruiz & Pav. (S)
- *florida* (Salisb.) Salisb.: *Bletia* 20 (G**)
- *humilis* Salisb.: *Bletilla* 3 (9**, E**, G**, H**)

× **Gymleucorchis**: × *Pseudadenia* (*Gymnadenia* × *Leucorchis* (*Pseudorchis*)

× **Gymnabicchia**: × *Pseudadenia* (*Gymnadenia* × *Bicchia* (*Pseudorchis*)

× **Gymnacamptis**: × *Gymnanacamptis* (*Anacamptis* × *Gymnadenia*)

Gymnadenia L.C.Rich. - 1818 - *Subfam. Orchidoideae Tribus: Orchideae Subtr. Orchidinae (Gymnadenia* R. Br. ex Ait.f., *Neolindleya* Kraenzl.) - ca. 6/7 sp. terr. - Eur., temp. As., Jap. - „Händelwurz, Nacktdrüse"
- *acuta* Rchb.f.: *Brachycorythis* 1 (6*)
- *albida* (L.) L.C.Rich.: *Pseudorchis* 1 (K**)
1. **conopsea** (L.) R.Br. (*G. ornithis* L. C.Rich., *G. transsilvanica* Schur, *G. pseudoconopsea* Gren., *G. densiflora* (Wahlenb.) A.Dietr., *G. conopsea* L.) - Eur., As., Jap. 0-2.800 m - "Mückenhändelwurz, Fragrant Orchid" (H**, K**, S, T**, V**, Z**) ssp. **densiflora** (Wahlenb.) E.G.Camus (*G. conopsea* var. *densiflora* A.Dietr.) (V, T**)
- *densiflora* (Wahlenb.) A.Dietr.: 1 (H**)
- *diphylla* (Link) Link: *Gennaria* 1 (9**, G**, N**)
- *fastigiata* (Thou.) A.Rich.: *Cynorkis* 34 (G**, U**)
- *frivaldii* Hampe ex Griseb.: *Pseudorchis* 2 (K**)
- *graminifolia* (Rchb.f.) Schltr.: *Ponerorchis* 2 (H**)
- *helferi* Rchb.f.: *Brachycorythis* 4 (6*, H)
- *helferi* Spire non Rchb.f.: *Brachycorythis* 1 (6*)
- *lyallii* Steud.: *Cynorkis* 38 (U**)
- *macrantha* Lindl.: *Brachycorythis* 7 (9**)
- *miniata* (Crantz) Hayek: *Nigritella* 3 (K**)
- *muricata* Brongn. ex Kraenzl.: *Cynorkis* 31 (U)
- *nigra* (L.) Rchb.f.: *Nigritella* 3 (K**)
2. **odoratissima** (L.) L.C.Rich. - C-Eur. 0-2.700 m - „Wohlriechende Händelwurz" (K**, S)
- *ornithis* L.C.Rich.: 1 (H**)
- *pseudoconopsea* Gren.: 1 (H**)
- *purpurascens* (Thou.) A.Rich.: *Cynorkis* 84 (9**, U**)
- *rosellata* (Thou.) A.Rich.: *Cynorkis* 92 (U)
- *rubra* R.Wettst.: *Nigritella rubra* (K**)
- *secunda* Lindl.: *Peristylus* 26 (6*, G)
- *sesamoides* Par.: *Brachycorythis* 5 (6*)
- *tenuiflora* Lindl.: *Peristylus* 27 (2*)
- ?*tenuiflora* Lindl.: *Peristylus* 17 (6*)
- *tenuis* Lindl.: *Peristylus* 9 (6*, G)
- *transsilvanica* Schur: 1 (H**)
- *triphylla* (Thou.) A.Rich.: *Cynorkis* 34 (U)
- *uniflora* (Lindl.) Steud.: *Cynorkis* 49 (9**)
- *uniflora* (Lindl.) Steud.: *Cynorkis* 115 (U**)

Gymnadeniopsis Rydb. - 1901 - *Platantherinae* (S) - 3 sp. terr. - USA, Can.
1. **clavellata** (Michx.) Rydb. - USA, Can. - „Grüner Froschpfeil" (S)
2. **integra** (Nutt.) Rydb. - USA (S)
3. **nivea** (Nutt.) Rydb. - USA (S)

× **Gymnadeniorchis**: × *Orchigymnadenia* (*Gymnadenia* × *Orchis*)

× **Gymnaglossum** (*Coeloglossum* × *Gymnadenia*)

× **Gymnanacamptis** (*Anacamptis* × *Gymnadenia*)

× **Gymnaplatanthera** (*Gymnadenia* × *Platanthera*)

× **Gymnigritella** (*Gymnadenia* × *Nigritella*)

Gymnochilus Bl. - 1858 - *Subfam. Spiranthoideae Tribus: Erythrodeae* - 2/3 sp. terr. - Madag., Masc.
1. **nudum** (Thou.) Bl. (*Goodyera nuda* Thou., *Orchiodes nudum* (Thou.) Ktze.) - Madag., Masc. (U)

2. **recurvum** Bl. - Madag. (U)
3. **roseum** H.Perr. - Madag. ca. 1.000 m - epi/ter (U)
× *Gymnorchis*: × *Pseudadenia* (*Gymnadenia* × *Leucorchis* (*Pseudorchis*)
Gymnostylis candida Wall. ex Pfitz.: *Pleione* 18 (9**, E**, H**)
× **Gymnotraunsteinera** (*Gymnadenia* × *Traunsteinera*)
× *Gymnplatanthera*: × *Gymnaplatanthera* (*Gymnadenia* × *Platanthera*)
× *Gymplatanthera*: × *Gymnaplatanthera* (*Gymnadenia* × *Platanthera*)
Gynizdon russellianum (Lindl.) Raf.: *Miltonia russelliana* (G**)
Gynoglottis J.J.Sm. - 1904 - *Subfam. Epidendroideae Tribus: Dendrobieae Subtr. Coelogyninae* - 2 sp. epi. - Sum.
1. **cymbidioides** (Rchb.f.) J.J.Sm. (*Coelogyne xylobioides* Kraenzl.) - Sum. 1.700-1.900 m (S*)
2. **palaelabellatum** (Gilli) Gar. & Kittr. - P.N.Gui. (S)

Gyrostachys Pers. - 1807: *Spiranthes* L.C. Rich. (S)
- *amoena* (Bieb.) Bl.: *Spiranthes* 12 (G**)
- *aphylla* (Hook.) Ktze.: *Sacoila* 1 (9**, G**)
- *australis* Bl.: *Spiranthes australis* (2*)
- *australis* (R.Br.) Bl.: *Spiranthes* 12 (G**)
- *australis* var. *amoena* (Bieb.) Bl.: *Spiranthes* 12 (G**)
- *australis* var. *flexuosa* (Smith) Bl.: *Spiranthes* 12 (G**)
- *bicolor* (Ker-Gawl.) Ktze.: *Beadlea* 1 (G**)
- *bracteosa* (Lindl.) Ktze.: *Brachystele* 1 (G)
- *cernua* (L.) Ktze.: *Spiranthes* 3 (9**, G**)
- *constricta* Small: *Spiranthes* 3 (9**, G**)
- *lanceolata* (Aubl.) Ktze.: *Sacoila* 1 (9**, G**)
- *lindleyana* (Link, Kl. & Otto) Ktze.: *Beadlea* 4 (G)
- *longipetiolata* (Rchb.f.) Ktze.: *Pelexia* 6 (9**)
- *novifriburgensis* Ktze.: *Spiranthes* 12 (G**)
- *orchioides* (Sw.) Ktze.: *Sacoila* 1 (9**, G**)
- *ovalifolia* (Presl) Ktze.: *Beadlea* 3 (9**, G)
- *ovalifolia* (Presl) Ktze.: *Cyclopogon* 7 (E**, H*)
- *picta* (Sims) Ktze.: *Sarcoglottis* 1 (9**, G)
- *stenorrhynchus* Ktze.: *Sacoila* 1 (9**, G**)
- *wightiana* (Lindl.) Ktze.: *Spiranthes* 12 (G**)
× *Habenari-orchis*: × *Orchicoeloglossum* (*Habenaria* (*Coeloglossum*) × *Orchis*)
Habenaria sect. *Bonatea* (Willd.) Kraenzl.: *Bonatea* Willd. (S)
Habenaria sect. *Diphylax* Hook.f.: *Diphylax* Hook.f. (S)
Habenaria sect. *Dipyla* Hook.f. - 1894: *Peristylus* Bl. (S)
Habenaria sect. *Dithrix* Hook.f. - 1894: *Peristylus* Bl. (S)
Habenaria sect. *Kryptostoma* Summerh. - 1960: *Kryptostoma* (Summerh.) Geer. (S)
Habenaria sect. *Peristylus*: *Peristylus* Bl. (S)
Habenaria sect. *Platycoryne* (Rchb.f.) Kraenzl.: *Platycoryne* Rchb.f. (S)
Habenaria sect. *Podandria* (Rolfe) P.F. Hunt - 1968: *Podandriella* Szlach. (S)
Habenaria sect. *Pseudoperistylus* P.F. Hunt - 1968: *Pseudoperistylus* (P.F. Hunt) Szlach. & Olsc. (S)
Habenaria (Hab.) Willd. - 1805 - *Subfam. Orchidoideae Tribus: Orchideae Subtr. Habenariinae* - (*Mesicera* Raf., *Aopla* Lindl, *Ate* Lindl., *Bilabrella* Lindl., *Diplectraden* Raf., *Nemuranthes* Raf., *Synmeria* Nimmo, *Choeradoplectron* Schau., *Dissorhynchium* Schau., *Podandria* Rolfe, *Habenella* Small) - ca. 600 sp. terr. - Pantrop.
1. **acuifera** Wall. ex Lindl. (*H. rostrata* Lindl., non Wall. ex Lindl., *Platanthera acuifera* Lindl.) - Thai. (6*)
- *acuifera* Hook.f. non Wall. ex Lindl.: 107 (6*)
- *acuifera* Smitin. non Wall. ex Lindl.: 159 (6*)
- *acuifera* var. *linguella* Finet: 107 (6*)
- *acuifera* var. *rostrata* Finet: 158 (6*)
- *acuta* (Rchb.f.) Gagn.: *Brachycorythis* 1 (6*)

2. **acuticalcar** H.Perr. - Madag. 500-2.500 m (U)
- *affinis* D.Don: *Peristylus* 1 (6*)
3. **alata** Hook. - Nic., C.Rica, Pan., S-Am., Col. (W, R)
4. **alta** Ridl. - Madag. 1.500-2.000 m (U)
5. **altior** Rendle - Kenya, Tanz., Zai. 2.000-3.700 m (M)
6. **amalfitana** Lehm. & Kraenzl. - Ven., Col. (FXV2/3, R)
- *amanoana* Ohwi: 172 (6*)
7. **ambositrana** Schltr. - Madag. 1.600-2.000 m (U)
- *amesiana* (Schltr.) Ames: *Platanthera* 2 (6*)
8. **amparoana** Schltr. - C.Rica (W)
9. **amplexicaule** Rolfe ex Downie - Thai. (6*)
- *andamanica* Seidenf., non Hook.f.: 78 (6*)
- *angustata* (Bl.) Ktze.: *Platanthera* 2 (2*, 6*)
- *ankaratrana* Schltr.: 76 (U)
- *anomala* Dockr.: 199 (P*)
10. **apetala** Gagn. - Thai. (6*)
11. **arachnoides** Thou. - Madag. (U)
- *aristata* (Lindl.) Hook.f.: *Peristylus* 2 (6*)
- *aristata* Hook., non (Lindl.) Hook.f.: *Peristylus* 12 (6*)
- *aristata* King, non (Lindl.) Hook.f.: *Peristylus* 28 (6*)
12. **armatissima** Rchb.f. (*H. lugardii* Rolfe, *H. dinteriana* Kraenzl.) - Eth., Kenya, Tanz., Moz., Nam., Trop.Afr. 0-100 m (9**, M**)
- *armondiana* Hoehne: 101 (9**)
- *atra* Schltr.: 76 (U)
- *atramentaria* Kraenzl.: *Peristylus* 9 (6*, G)
13. **attenuata** Hook.f. - Kenya, Ug., Eth., Zai. 2.100-2.600 m (M)
- *aurantiaca* Rolfe ex Downie: 123 (6*)
14. **austrosinensis** Tang & Wang - Thai. (6*)
15. **avana** Hook.f. - Thai. (6*)
16. **avicula** Schltr. - Pan. (W)
17. **aviculoides** Ames & Schweinf. - C.Rica (W)
- *bambusetorum* Kraenzl.: *Peristylus* 12 (2*, 6*)
- *banfieldii* F.M.Bailey: *Peristylus* 3 (P*)
- *bassacensis* Gagn.: *Pecteilis* 1 (6*)
18. **bathiei** Schltr. - Madag. ca. 1.000 m (U)
19. **beccarii** Schltr. - Cel., Sul. (A**)
20. **beharensis** Boss. - Madag. 0-500 m (U)
21. **bicornis** Lindl. - Pan. (W)
- *bicornuta* Hook.f.: *Peristylus* 25 (6*)
- *biloba* (Rolfe) Schltr.: *Peristylus* 20 (6*)
- *bimaculata* Ridl.: *Cynorkis* 14 (U)
- *bisaeta* Ames: *Peristylus* 20 (6*)
- *blumei* Ktze.: *Platanthera* 6 (2*)
22. **boiviniana** Kraenzl. & Schltr. (*H. nigricans* Schltr.) - Madag., Com. 500-1.000 m (U)
- *bonatea* Rchb.f.: *Bonatea* 9 (9**, S)
23. **bracteosa** A.Rich. - Kenya, Ug., Sud., Eth., Camer. 2.200-3.600 m (M)
24. **bractescens** Lindl. - Nic., C.Rica, Pan., S-Am. (W)
- *brandisii* Hook.f.: *Peristylus* 28 (6*)
25. **brenesii** Schltr. - C.Rica (W)
- *buchneroides* Schltr.: *Peristylus* 9 (6*, G)
26. **candida** Lindl. - S.Leone (G)
27. **carnea** N.E.Br. (*H. clavaeformis* Klinge) - S-Thai. (6*, S)
28. **cavatibrachia** Summerh. - Kenya, Ug., Eth. 2.100-2.700 m (M)
- *chapaensis* Gagn.: *Peristylus* 6 (6*)
29. **chirensis** Rchb.f. - Kenya, Tanz., Ug., Nig., Eth. 1.850-2.300 m (M)
- *chlorantha* Par.: 30 (6*)
- *chlorantha* Spreng.: *Benthamia* 12 (G)
- *chlorantha* sensu Schltr.: *Benthamia* 29 (U)
30. **chlorina** Par. & Rchb.f. (*H. chlorantha* Par., *H. digitata* Par. non Lindl.) - Thai. (6*)
31. **chlorotica** Rchb.f. (*H. filicornis* Lindl. var. *chlorotica* (Rchb.f.) Geer.) - Afr. 1.200-2.850 m (M)
- *ciliaris* (L.) R.Br.: *Platanthera* 9 (9**)
32. **ciliolaris** Kraenzl. - Thai. (6*)
- *ciliolata* Rolfe non Kraenzl.: 121 (6*)
- *cinnabarina* Rolfe: *Benthamia* 4 (U)
33. **cirrhata** (Lindl.) Rchb.f. (*Bonatea cirrhata* Lindl.) - Madag., Com., Trop. Afr 100-2.700 m (M, U)
- *clavaeformis* Klinge: 27 (6*)
34. **clavata** (Lindl.) Rchb.f. (*H. holubii* Rolfe) - Kenya, Ug., Tanz., Nig.,

Eth., S-Afr. 1.200-2.300 m (M**)
- *clovisii* Gagn.: 154 (6*, G)
35. **clypeata** Lindl. - Nic., C.Rica, Pan. (W)
36. **cochleicalcar** Boss. - Madag. (U)
37. **columbae** Ridl. - Thai., Laos (S)
- *columbae* Ridl.: 105 (6*)
38. **commelinifolia** (Roxb.) Wall. ex Lindl. (*Orchis commelinaefolia* Roxb., *Platanthera commelinifolia* (Roxb.) Lindl.) - Thai. (6*)
39. **comorensis** H.Perr. - Com. (U)
40. **conopodes** Ridl. - Madag. (U)
- *constricta* (Lindl.) Hook.f.: *Peristylus* 8 (6*, G)
- *cordata* (Willd.) R.Br.: *Gennaria* 1 (9**, G**, N**)
41. **cornuta** Lindl. - Kenya, Tanz., Ug., Nig., S-Afr. 850-2.400 m (M**)
42. **corymbosa** Par. & Rchb.f. - Thai. (6*)
- *craibiana* Kerr & Rolfe: 157 (6*)
- *crassilabia* Kraenzl.: 111 (6*)
- *cylindrocalyx* Gagn.: *Peristylus* 8 (6*, G)
- *dahliana* Kraenzl.: 159 (6*)
- *dankiaensis* Gagn.: *Peristylus* 9 (6*, G)
- *dauphinensis* Rolfe: *Benthamia* 6 (U)
43. **decaryana** H.Perr. - Madag. 1.000-1.200 m (U)
44. **decipiens** Hook.f. - Pak., Afgh. 1.000-1.500 m (S)
- *decipiens* Wight: 108 (9**)
45. **decorata** A.Rich. - Kenya, E-Ug., Eth. 2.200-3.300 m (M)
➤ *decorata* Hochst. ex A.Rich.: Ala 2 (S)
- *deistelii* Schltr.: *Peristylus* 20 (6*)
- *delessertiana* Kraenzl.: 172 (6*)
46. **demissa** Schltr. - Madag. 1.500-2.400 m (U)
47. **dentata** (Sw.) Schltr. (*H. geniculata* D.Don, *H. geniculata* var. *yunnanensis* Kraenzl., *H. miersiana* Champ. ex Benth., *H. miersiana* var. *yunnanensis* Rolfe, *H. sieboldiana* Miq., *H. finetiana* Schltr., *H. radiata* Spreng., *H. tohoensis* Hay., *Orchis dentata* Sw., *Platanthera geniculata* (D.Don) Lindl., *P. dentata* (Sw.) Lindl.) - W-Him., Nep., Sik., Ass., Burm., S-China, Laos, Viet., Phil. (6*, 9**)
48. **dentirostrata** Tang & Wang (*H.*

- *hosseusii* Kerr non Schltr.) - Thai. (6*)
- *depauperata* Kraenzl.: *Platycoryne* 4 (U)
49. **dianthoides** Nevski - E-Russ. (S)
- *digitata* Par., non Lindl.: 30 (6*)
- *dinteriana* Kraenzl.: 12 (9**)
- *diphylla* (Link) Dur. & Schinz: *Gennaria* 1 (9**, G**)
- *diptera* Schltr.: 86 (U)
- *disoides* Ridl.: *Brachycorythis* 3 (U)
- *dissimulata* Schltr.: *Benthamia* 28 (G, U)
50. **distans** Griseb. - Nic., C.Rica, Pan., S-Am. (S, W)
51. **divaricata** R.Rogers & C.White - end. to Austr. (P)
- *downii* Ridl.: 157 (6*)
52. **dracaenifolia** Schltr. - N.Gui. 0-800 m (O3/81)
- *duclouxii* Rolfe: *Peristylus* 19 (6*)
53. **edgeworthii** Hook.f. - Him., Ind. (O2/80)
54. **eggelingii** Summerh. (*H. tenuispica* var. *eggelingii* (Summerh.) Geer.) - Kenya, Ug., E-Zai. 2.400-3.800 m (M)
55. **egregia** Summerh. - Kenya, Camer. ca. 1.500 m (M)
- *elata* (Dalz.) Alst.: *Peristylus* 23 (G)
56. **elliotii** Rolfe - Madag., E-Afr. 0-1.400 m (U)
- *elmeri* Ames: *Platanthera* 2 (6*)
57. **elongata** R.Br. - Austr. (Qld., NT, WA), N.Gui. (P**)
58. **elwesii** Hook.f. - E-Ind. (9**)
- *endothrix* Miq.: 107 (6*)
59. **endresiana** Schltr. - C.Rica (W)
60. **engleriana** Kraenzl. (*H. hunteri* Rolfe) - Trop. W-Afr. (9**)
61. **entomantha** (Llave & Lex.) Lindl. - Nic., C.Rica, Pan., S-Am., Col. (W**, R)
62. **epipactidea** Rchb.f. - E-S-Afr., Ug., Kenya, Ang., Nam. 1.250-2.000 m (M**)
63. **erostrata** Tang & Wang - Thai. (6*)
- *eurystoma* Schltr.: 136 (P**)
- *evrardii* Gagn.: *Peristylus* 9 (6*, G)
64. **falcatopetala** Seidenf. (*H. stenopetala* Gagn. non Lindl.) - Thai. (6*)
65. **ferdinandi** Schltr. (*H. ferdinandi* var. *arnhemica* Dockr.) - end. to Austr. (NT) - scented (P)
- *ferdinandi* var. *arnhemica* Dockr.: 65 (P)

66. **ferkoana** Schltr. - Madag. (U)
- *filicornis* Lindl. var. *chlorotica* (Rchb.f.) Geer.: 31 (M)
- *filiformis* (Kraenzl.) Ridl.: *Cynorkis* 77 (U)
- *fimbriata* (Dryand.) R.Br.: *Platanthera* 15 (G**)
- *fimbriata* f. *mentotonsa* Fern.: *Platanthera* 15 (G**)
- *finetiana* Schltr.: 47 (6*, 9**)
- *flava* (L.) R.Br. ex Spreng.: *Tulotis* 1 (S)
- *flavescens* Hook.f.: 123 (6*)
67. **floribunda** Lindl. (*H. odontopetala* Rchb.f.) - Nic., C.Rica, Pan., S-Am. (W)
- *forceps* (Finet) Schltr.: *Peristylus* 10 (6*)
- *formosana* Schltr.: *Peristylus* 17 (6*)
68. **foxii** Ridl. - Madag. (U)
69. **fulva** Tang & Wang - Thai. (6*)
70. **furcifera** Lindl. (*H. hamigera* Griff., *H. tenuicornis* Wall. mss. ex Hook.) - Thai. (6*)
71. **furcipetala** Schltr. (O2/81)
- *furfuracea* Hook.f.: 121 (6*)
- *fusifera* Hook.f.: 123 (6*)
- *gabonensis* Rchb.f.: 147 (C*)
- *garrettii* Rolfe ex Downie: *Peristylus* 27 (6*, G**)
- *garrettii* Seidenf. & Smitin., non Rolfe: *Peristylus* 28 (6*)
- *geniculata* D.Don: 47 (6*, 9**)
- *geniculata* var. *yunnanensis* Kraenzl.: 47 (9**)
- *geoffrayi* Gagn.: *Peristylus* 5 (6*)
- *gigantea* D.Don.: *Platanthera susannae* (2*)
- *gigantea* (Smith) D.Don: *Pecteilis* 4 (9**)
- *gigas* Hook.f.: *Peristylus* 13 (2*, 6*)
- *glaberrima* (Ridl.) Schltr.: *Benthamia* 9 (U)
- *glaucescens* Ridl.: *Peristylus* 11 (6*, G)
72. **godefroyi** Rchb.f. - Thai. (6*)
73. **gollmeri** Schltr. - Col. (R)
- *goodyeroides* D.Don: *Peristylus* 11 (2*, 6*, G)
- *goodyeroides* Hook., non Lindl.: *Peristylus* 23 (9**, G)
- *goodyeroides* Royle non D.Don: *Peristylus* 1 (6*)
- *goodyeroides* auct. p.p.: Hook.: *Peristylus* 1 (6*)
- *goodyeroides* var. *affinis* King & Pantl.: *Peristylus* 1 (6*)
- *goodyeroides* var. *formosana* Hay.: *Peristylus* 11 (6*, G)
- *gracilis* Rchb.f. non Lindl.: 108 (9**)
- *gracillima* Hook.f.: *Peristylus* 19 (6*)
- *graminea* (Thou.) Spreng.: *Cynorkis* 48 (U)
- *graminea* Lindl. non Spreng.: 93 (6*)
- *graminea* A.Rich. non Spreng.: 196 (6*)
- *graminifolia* Gagn.: 93 (6*)
- *grandiflora* (Bigel.) Torrey: *Platanthera* 15 (G**)
74. **gymnadenioides** Schltr. - C.Rica (W)
- *gymnochiloides* Schltr.: *Cynorkis* 50 (U)
- *halconensis* Ames: *Platanthera* 2 (6*)
- *hamigera* Griff.: 70 (6*)
- *hamiltoniana* (Lindl.) Hook.f.: *Peristylus* 14 (6*, G)
- *hayataeana* Schltr.: *Peristylus* 11 (6*, G)
- *helferi* (Rchb.f.) Hook.f.: *Brachycorythis* 4 (6*, H)
75. **helicoplectrum** Summerh. - Kenya, Tanz. 950-1.150 m (M)
- *helleborina* (Hook.f.) Nichols: *Brachycorythis* 7 (9**)
- *hildebrandtii* Ridl.: *Tylostigma* 4 (U)
76. **hilsenbergii** Ridl. (*H. atra* Schltr., *H. ankaratrana* Schltr.) - Madag. 1.600-2.000 m (U)
- *hollandiae* (J.J.Sm.) Schltr.: *Peristylus* 11 (6*, G)
- *holochila* Hillebrand: *Platanthera* 17 ($56/7)
77. **hologlossa** Summerh. - Kenya, Ang. ca. 2.000 m (M**)
78. **holotricha** Gagn. (*H. andamanica* Seidenf. non Hook.f., *H. polytricha* Seidenf. non Rolfe) - Thai. (6*)
- *holtzei* F.v.Muell.: 159 (P)
- *holubii* Rolfe: 34 (M**)
79. **horsfieldiana** Kraenzl. - Java (2*)
80. **hosseusii** Schltr. - Thai. (6*)
- *hosseusii* Kerr, non Schltr.: 48 (6*)
81. **huillensis** Rchb.f. (*H. humilior* Rchb.f.) - Kenya, Tanz., Ug., Ghana, Ang., Sud., Eth. 1.200-2.700 m (M**)
- *humblotii* Rchb.f.: 86 (U)

- *humilior* Rchb.f.: 81 (M**)
82. **humistrata** Rolfe ex Downie (*H. siamensis* Seidenf. non Schltr.) - Thai. (6*)
- *hunteri* Rolfe: 60 (9**)
83. **hymenophylla** Schltr. - end. to Austr. (NT, Qld.) (P*)
84. **hystrix** Ames (*H. muricata* (Schau.) Vidal, *Dissorhynchium muricatum* Schau.) - Thai. (6*)
85. **ichneumonea** (Sw.) Lindl. - Kenya, Tanz., Ug., Eth., Guin., Ang., Zim. (M)
- *ichneumoniformis* Ridl.: 167 (U**)
- *imerinensis* Ridl.: *Cynorkis* 92 (U)
- *incarnata* Lyall ex Lindl.: *Disa* 19 (9**)
86. **incarnata** (Lindl.) Rchb.f. (*H. rutenbergiana* Kraenzl., *H. humblotii* Rchb.f., *H. diptera* Schltr., *Bonatea incarnata* Lindl.) - Madag., Com. 0-1.400 m (U)
- *inconspicua* Ridl.: *Peristylus* 12 (6*)
87. **intermedia** D.Don - Him., Ind. (O2/80)
88. **irazuensis** Schltr. - C.Rica (W)
89. **javanica** Kraenzl. - Java (2*)
90. **jimenezii** Schltr. - C.Rica (W)
91. **johannae** Kraenzl. - Com. 0-500 m (U)
92. **keniensis** Summerh. - Kenya 1.950-2.650 m (M**)
93. **khasiana** Hook.f. (*H. graminea* Lindl. non Spreng., *H. graminifolia* Gagn.) - Thai. (6*)
94. **kilimanjari** Rchb.f. - Kenya, Tanz. 0-200 m (M)
95. **kingii** Hook.f. - Thai. (6*)
- *kingii* Seidenf. & Smitin., non Hook.f.: 110 (6*)
- *kingii* Ridl., non Hook.f.: 153 (6*)
- *lacei* (Rolfe) Gagn.: *Pecteilis* 1 (6*)
- *lacertifera* (Lindl.) Benth.: *Peristylus* 17 (6*)
- *lacertifera* Ridl., non (Lindl.) Benth.: *Peristylus* 5 (6*)
- *langbianensis* Gagn.: *Peristylus* 5 (6*)
96. **lankesteri** Ames - C.Rica (W)
97. **lastelleana** Kraenzl. - Madag. (U)
- *latifolia* Lindl.: 105 (6*)
- *latifolia* (Thou.) Cordem.: *Benthamia* 12 (G)
98. **laurentii** De Wild. - Kenya, Trop. Afr., Zim., Zam. 2.000-2.300 m (M**)
- *lauterbachii* Kraenzl.: *Peristylus* 11 (6*, G)
99. **leandriana** Boss. - Madag. 0-500 m (U)
100. **leprieuri** Rchb.f. - Pan., S-Am. (W)
101. **leptoceras** Hook. (*H. armondiana* Hoehne) - Braz. (9**)
102. **limprichtii** Schltr. (*H. oligoschista* Seidenf., non Schltr.) - Thai. (6*)
103. **lindblomii** Schltr. (*H. verdickii* var. *lindblomii* (Schltr.) Geer.) - Kenya, E-Zai., Zam. 1.850-2.200 m (M)
104. **linderi** Summerh. - Kenya, Ug., Bur. 2.350-3.000 m (M)
105. **lindleyana** Steud. (*H. latifolia* Lindl., *H. columbae* Ridl., *H. macroptera* Gagn.) - Thai. (6*)
106. **linearifolia** Maxim. - E-Russ. (S)
- *linearipetala* Hay.: 172 (6*)
107. **linguella** Lindl. (*H. endothrix* Miq., *H. acuifera* Hook.f. non Wall. ex Lindl., *H. acuifera* var. *linguella* Finet, *Centrochilus gracilis* Schau.) - Thai. (6*)
108. **longicalcarata** A.Rich. (*H. decipiens* Wight, *H. longicorniculata* Grah. non Hook., *H. montana* Wight, *H. gracilis* Rchb.f. non Lindl., *Bonatea gracilis* Lindl.) - E-Ind. (9**)
109. **longicauda** Hook. - Guy., Braz. (9**)
- *longicorniculata* Grah. non Hook.: 108 (9**)
110. **longitheca** Seidenf. (*H. kingii* Seidenf. & Smitin. non Hook.f.) - Thai. (6*)
111. **lucida** Wall. ex Lindl. (*H. crassilabia* Kraenzl., *H. recurva* Rolfe ex Downie, *H. recurva* var. *erectiflora* Tang & Wang, *Platanthera lucida* Lindl.) - Thai. (6*)
- *lugardii* Rolfe: 12 (9**)
112. **macraithii** Lavarack - end. to Austr. (Qld.) (P**)
113. **macrandra** Hochst. ex A.Rich. [H. macrandra Lindl. (C)] - Trop. Afr., Eth. 900-1.500 m (A**, C)
114. **macrantha** A.Rich. - Kenya, E-Ug., Eth., Arab. 2.500-3.000 m (E, H, M)
- *macrantha* Kraenzl.: 171 (9**)
- *macroceras* Spreng.: 151 (9**)
115. **macroceratitis** Willd. (*Orchis habenaria* L.) (E, H)
- *macroceratitis* Willd.: 151 (9**)
- *macroceratitis* var. *brevicalcarata* Ames: 151 (9**)

- *macroptera* Gagn.: 105 (6*)
116. **macrostele** Summerh. - Malawi (O2/93**)
117. **macrura** Kraenzl. - Kenya, Ug., Tanz., Zai., Nig., Eth. 1.500-2.200 m (M**, O2/80)
118. **macruroides** Summerh. - Kenya, Ug., Camer. 1.850-2.200 m (M)
- *madagascariensis* (Rolfe) Schltr.: *Benthamia* 15 (U)
- *maingayi* King & Pantl.: *Peristylus* 17 (6*)
119. **malacophylla** Rchb.f. - Kenya, Ug., Tanz., Eth., S.Leone, S-Afr. 1.350-2.700 m (M**)
120. **malintana** (Blanco) Merr. (*H. pelorioides* Par. & Rchb.f., *H. trinervis* Naves non Wight, *Thelymitra malintana* Blanco) - Thai. (6*)
121. **malleifera** Hook.f. (*H. furfuracea* Hook.f., *H. ciliolata* Rolfe, non Kraenzl.) - Thai. (6*)
- *malleifera* King & Pantl., non Hook.f.: 153 (6*)
122. **mandersii** Collet & Hemsl. - Thai. (6*)
123. **marginata** Coleb. (*H. promensis* Lindl., *H. fusifera* Hook.f., *H. flavescens* Hook.f., *H. aurantiaca* Rolfe ex Downie, *H. marginata* var. *fusifera* (Hook.f.) Santap. & Kopad., - var. *flavescens* (Hook.f.) Santap. & Kopad., *Platanthera promensis* Lindl., *P. marginata* Lindl.) - Thai. (6*)
- *marginata* var. *flavescens* (Hook.f.) Santap. & Kopad.: 123 (6*)
- *marginata* var. *fusifera* (Hook.f.) Santap. & Kopad.: 123 (6*)
- *mascarenensis* Spreng.: *Cynorkis* 92 (U)
124. **medioflexa** Turrill (*H. trichochila* Rolfe ex Downie) - Thai. (6*)
125. **medusae** Kraenzl. - Java (2*, H, S)
126. **mesodactyla** Griseb. - Nic., Pan., S-Am. (W)
127. **mesophylla** Kraenzl. - end. to Austr. (NT) (P*)
- *meyenii* Merr.: *Peristylus* 17 (6*)
- *miersiana* Champ. ex Benth: 47 (6*, 9**)
- *miersiana* var. *yunnanensis* Rolfe: 47 (9**)
- *militaris* Rchb.f.: 156 (6*, 9**, H**, S)
- *militaris* var. *philippinensis* Ames: 156 (9**)

- *minutiflora* Ridl.: *Benthamia* 28 (G, U)
- *misera* Ridl.: *Benthamia* 18 (U)
128. **monadenioides** Schltr. - Madag. 1.500-2.200 m (U)
- *monophylla* Collett & Hemsl.: *Chusua* 1 (9**)
129. **monorrhiza** (monorhiza) (Sw.) Rchb.f. - Nic., C.Rica, Pan., S-Am., Col. (W, R)
- *montana* Wight: 108 (9**)
- *monticola* Ridl.: *Peristylus* 20 (6*)
- *montis-elgon* Schltr.: *Platycoryne* 1 (M)
130. **multipartita** (Bl.) Kraenzl. - Java (2*)
- *muricata* (Schau.) Vidal: 84 (6*)
- *murtonii* Hook.f.: 153 (6*)
131. **nautiloides** H.Perr. - Madag. ca. 600 m (U)
132. **ndiana** Rendle - Kenya, Ug., Tanz. 1.700-3.000 m (M)
- *neglecta* King & Pantl.: *Peristylus* 9 (6*, G)
- *nigricans* Schltr: 22 (U)
- *nitida* Schltr.: *Peristylus* 20 (6*)
133. **njamnjamica** Kraenzl. - Kenya, Tanz., Sud., Zai., Malawi, Zim. 1.500-2.000 m (M)
134. **novemfida** Lindl. - Nic., C.Rica (W)
- *nutans* Ridl.: *Cynorkis* 73 (U**)
135. **obtusa** Lindl. - Col. (R)
136. **ochroleuca** R.Br. (*H. eurystoma* Schltr.) - end. to Austr. (NT, WA) (P**)
- *odontopetala* Rchb.f. ($54/3): 67 (W)
- *oligoschista* Seidenf. non Schltr.: 102 (6*)
- *pachyglossa* (Hay.) Masamune: *Platanthera* 2 (6*)
- *papillosa* Ridl.: *Cynorkis* 77 (U)
- *papuana* Kraenzl.: *Peristylus* 21 (P*)
- *parishii* Hook.: *Peristylus* 22 (2*)
137. **parvipetala** J.J.Sm. - Java (2*)
- *passerina* (Gagn.) Tang & Wang: *Peristylus* 9 (6*, G)
- *pauciflora* (Lindl.) Rchb.f.: 185 (W)
- *pelorioides* Par. & Rchb.f.: 120 (6*)
138. **peristyloides** A.Rich. - Trop.Afr., Kenya, Nig., Eth., Tanz. 1.800-2.500 m (M)
- *peristyloides* Wight, non A.Rich.: *Peristylus* 9 (6*, G)
139. **perrieri** Schltr. - Kenya, Zanz., Madag. 0-500 m (M, U)

- *pervillei* (Rchb.f.) Kraenzl.: *Platycoryne* 4 (U)
140. **petelotii** Gagn. - Thai. (6*)
141. **petitiana** (A.Rich.) Dur. & Schinz (*Peristylus snowdenii* Rolfe, *P. ugandensis* Rolfe) - Kenya, Ug., Tanz., Zai. 2.000-3.000 m (M)
142. **petromedusae** Webb - C.Verde (S)
143. **plectromaniaca** Rchb.f. & S.Moore - Kenya, Tanz. 0-500 m (M)
- *polytricha* Seidenf., non Rolfe.: 78 (6*)
144. **porphyricola** Schltr. - Thai. (6*)
145. **praealta** (Thou.) Spreng. (*Satyrium praealtum* Thou.) - Madag., Masc. ca. 1.300 m (U)
146. **praestans** Rendle - Afr. 1.200-2.440 m (E, H, O6/96, C**)
- *prainii* Hook.f.: *Peristylus* 24 (6*)
147. **procera** (Sw.) Lindl. (*Orchis procera* Sw.) - S.Leone, Ivory C., Ghana, Nig., Camer., Gab., Zai., Ug. (G**, C**)
   var. **gabonensis** (Rchb.f.) Geer. (*H. gabonensis* Rchb.f.) - Afr. (C*)
   var. **procera** - Afr. to 1.250 m (C*)
- *promensis* Lindl.: 123 (6*)
148. **propinquior** Rchb.f. - end. to Austr. (Qld.) (P*)
- *psycodes* var. *grandiflora* (Bigel.) A. Gray: *Platanthera* 15 (G**)
- *purpurea* Thou.: *Cynorkis* 85 (U)
- *pusilla* Rchb.f.: 156 (6*, 9**, E**, H**)
149. **quartiniana** A.Rich. - Kenya, Ug., Eth. 2.100-2.600 m (M)
150. **quartzicola** Schltr. - Madag. ca. 1.600 m (U)
151. **quinqueseta** (Michx.) Sw. (*H. macroceratitis* Willd., *H. macroceratitis* var. *brevicalcarata* Ames, *H. macroceras* Spreng., *Orchis habenaria* L., *O. quinqueseta* Michx.) - USA, C.Rica, Pan., S-Mex., Ven., Guy., Sur. (9**, S, W, O3/81, $54/3)
152. **radiata** Thunb. (*Pecteilis radiata* (Thunb.) Raf., *Platanthera radiata* (Thunb.) Lindl., *Orchis susannae* Thunb. non L., *Hemihabenaria radiata* (Thunb.) Finet) - Jap., Korea (H)
→ *radiata* Thunb.: *Pecteilis* 2 (E**, S)
- *radiata* Spreng.: 47 (9**)
- *recurva* Rolfe ex Downie: 111 (6*)
- *recurva* var. *erectiflora* Tang & Wang: 111 (6*)

153. **reflexa** Bl. (*H. murtonii* Hook.f., *H. malleifera* King & Pantl., non Hook. f., *H. kingii* Ridl. non Hook.f.) - Java, Thai. (2*, 6*)
- *regalis* Schltr.: *Megalorchis* 1 (U)
154. **reniformis** (D.Don) Hook.f. (*H. clovisii* Gagn., *Listera reniformis* D. Don, *Neottia reniformis* (D.Don) Spreng., *Herminium reniforme* (D. Don) Lindl., *Aopla reniformis* (D. Don) Lindl.) - Nep., Ind., Thai., Camb., Viet., China (6*, G)
155. **repens** Nutt. - Nic., C.Rica, Pan., S-Am., Col. - "Water Spider" (S, W, R)
156. **rhodocheila** Hance (*H. pusilla* Rchb.f., *H. militaris* Rchb.f., *H. militaris* var. *philippinensis* Ames, *H. xanthocheila* Ridl.) - Mal., Indoch., S-China, Thai., Phil. to 1.100 m (6*, 9**, A**, E**, H**, S, O5/94, Z**)
- *robusta* N.E.Br.: *Bonatea* 9 (9**)
- *robustior* sensu Hook.f.: *Peristylus* 26 (6*, G)
- *robustior* Hook.f.: *Peristylus* 18 (6*)
- *roseata* Ridl.: 157 (6*)
- *rosellata* (Thou.) Schltr.: *Cynorkis* 92 (U)
157. **rostellifera** Rchb.f. (*H. roseata* Ridl., *H. downii* Ridl., *H. craibiana* Kerr & Rolfe) - Thai. (6*)
158. **rostrata** Wall. ex Lindl. (*H. acuifera* var. *rostrata* Finet, *Platanthera rostrata* Lindl.) - Thai. (6*)
- *rostrata* Lindl., non Wall. ex Lindl.: 1 (6*)
159. **rumphii** (Brongn.) Lindl. (*H. stauroglossa* Kraenzl., *H. dahliana* Kraenzl., *H. acuifera* Smitin. non Wall. ex Lindl., *H. holtzei* F.v.Muell., *Orchis amboinica minor* Rumph., *Flos susannae minor* Rumph., *Platanthera rumphii* Brongn.) - Thai., Austr. (NT, Qld.) (6*, P*)
- *rutenbergiana* Kraenzl.: 86 (U)
160. **salaccensis** Bl. - Java (2*, 9**)
- *sampsoni* (Hance) Hance: *Peristylus* 1 (6*)
161. **saprophytica** Boss. & Cribb - Madag. 610 m - sapro (U)
162. **schimperiana** A.Rich. - Kenya, Tanz., Eth., Sud., Zai., Zim. 2.500-2.800 m (M)
163. **secundiflora** Hook.f. - Sik., Him. 3.000-4.000 m (S)
164. **setifolia** Carr - end. to Born. 1.000-1.500 m (Q**)

165. **siamensis** Schltr. - Thai. (6*)
- *siamensis* Seidenf., non Schltr.: 82 (6*)
- *sieboldiana* Miq.: 47 (6*, 9**)
166. **silvatica** Schltr. - Afr. (O6/96)
167. **simplex** Kraenzl. (*H. ichneumoniformis* Ridl.) - Madag. (U**)
168. **singapurensis** Ridl. - Thai. (6*)
- *sondaica* Kraenzl.: *Peristylus* 11 (2*, 6*, G)
169. **spatulifolia** Par. & Rchb.f. - Thai. (6*)
170. **speciosa** Poepp. & Endl. - Ven., Col. (FXV2/3, R**)
- *spiralis* (Thou.) A.Rich.: *Benthamia* 28 (G, U)
171. **splendens** Rendle (*H. macrantha* Kraenzl.) - E-Afr., Kenya, Eth., Malawi, Zam. 1.000-2.400 m (9**, E**, H**, M**, C**, Z)
- *stauroglossa* Kraenzl.: 159 (6*)
172. **stenopetala** Lindl. (*H. delessertiana* Kraenzl., *H. linearipetala* Hay., *H. sutepensis* Rolfe ex Downie, *H. amanoana* Ohwi) - Thai. (6*)
- *stenopetala* Gagn., non Lindl.: 64 (6*)
- *stenostachya* (Lindl. ex Benth.) Benth.: *Peristylus* 9 (6*, G)
- *stenostachya* ssp. *buchneroides* (Schltr.) Soó: *Peristylus* 9 (6*, G)
173. **stricta** Ridl. - Madag. (U)
174. **strictissima** Rchb.f. - Am. (S)
175. **stylitis** (stylites) Rchb.f. & S.Moore - Kenya, Tanz. 100-1.600 m (O6/96, M)
    ssp. **rhodesiaca** Summerh. - Afr. (O6/96)
176. **subarmata** Rchb.f. - Kenya, Tanz., Zam., Zim., Moz. sea level (M**)
- *sumatrana* (Schltr.) Schltr.: *Peristylus* 5 (6*, P)
- *sumatrana* var. *major* Holtt.: *Peristylus* 15 (6*)
- *susannae* R.Br.: *Platanthera susannae* (2*)
- *susannae* (L.) R.Br.: *Pecteilis* 4 (6*, 9**, H)
- *sutepensis* Rolfe ex Downie: 172 (6*)
- *tenerrima* Ridl.: *Cynorkis* 109 (U)
- *tentaculata* (Lindl.) Rchb.f.: *Peristylus* 27 (2*, 6*, G**)
- *tentaculata* King & Pantl., non (Lindl.) Rchb.f.: *Peristylus* 17 (6*)
- *tentaculata* var. *acutiflora* Hay.: *Peristylus* 17 (6*)
- *tenuicornis* Wall. mss. ex Hook.: 70 (6*)
- *tenuis* Griff.: 196 (6*)
- *tenuispica* Rendle var. *eggelingii* (Summerh.) Geer.: 54 (M)
- *tetramera* H.Bol.: 177 (G)
177. **tetrapetala** (Lindl.) Rchb.f. (*H. tetramera* H.Bol., *Bilabrela falcicornis* Lindl., *Bonatea tetrapetala* Lindl.) - S-Afr. (G)
178. **thailandica** Seidenf. - Thai. (6*)
179. **thomsonii** Rchb.f. - Kenya 2.000-2.700 m (M)
- *tipulifera* Par. & Rchb.f.: *Peristylus* 28 (6*)
- *tohoensis* Hay.: 47 (9**)
180. **tomentella** Rchb.f. - Com. (U)
181. **tonkinensis** Seidenf. - Thai. (6*)
182. **tosariensis** J.J.Sm. - Java (2*)
- *trichochila* Rolfe ex Downie: 124 (6*)
183. **trichosantha** Lindl. - Thai. (6*)
184. **tridactylites** Lindl. - end. to Canary 0-800 m - „Kanarenstendel" (K**, S, O2/81, O2/93**)
185. **trifida** H.B.K. (*H. pauciflora* (Lindl.) Rchb.f.) - Nic., C.Rica, Pan., S-Am., Col. (W, R)
186. **trilobulata** Schltr. - Kenya, Tanz., Malawi, Moz., Zim. 0-100 m (M)
- *trinervis* Naves non Wight: 120 (6*)
187. **triplonema** Schltr. - Austr. (Qld., NT), N.Gui. - scented (P*)
188. **tropophila** H.Perr. - Madag. 100-300 m (U)
189. **truncata** Lindl. - Madag. 1.200-2.000 m (U)
190. **tsaratananensis** H.Perr. - Madag. 1.200-1.500 m (U)
191. **tweedieae** Summerh. - Kenya, Ug. 2.200-2.600 m (M)
- *uniflora* (Roxb.) Griff.: *Diplomeris* 5 (6*, G)
- *urceolata* Clarke: *Diphylax* 1 (S)
192. **vaginalis** Rchb.f. - Com. (U)
193. **vaginata** A.Rich. - Kenya, Tanz., Eth. 1.300-3.000 m (M**)
- *verdickii* De Wild. var. *lindblomii* (Schltr.) Geer.: 103 (M)
194. **verecunda** Schltr. - C.Rica (W)
195. **vidua** Par. & Rchb.f. - Thai. (6*)
196. **viridiflora** (Rottl. ex Sw.) R.Br. (*H. tenuis* Griff., *H. graminea* A.Rich. non Spreng., *H. viridiflora* var. *dalzellii* Hook.f., *Orchis viridiflora* Rottl. ex Sw., *Coeloglossum luteum* Dalz.) - Thai. (6*)

- *viridiflora* var. *dalzellii* Hook.f.: 196 (6*)
197. **walleri** Rchb.f. - Kenya, Ug., Tanz., Nig., Gab., Sud. 1.200-2.300 m (M**)
198. **wercklei** Schltr. - C.Rica (W)
- *wightii* Trimen: *Peristylus* 23 (9**, G)
199. **xanthantha** F.v.Muell. (*H. anomala* Dockr.) - end. to Austr. (Qld.) (P*)
- *xanthocheila* Ridl.: 156 (6*, 9**, E**, H**, S)
200. **zambesina** Rchb.f. - Kenya, Trop. Afr. ca. 1.200 m (M**)
201. **zollingeri** Rchb.f. - Java (2*)
- *zosterostyloides* Hook.f.: *Platanthera* 2 (6*)

Habenella Small - 1903: *Habenaria* Willd. (S)
× *Haemari-anoectochilus*: × *Anoectomaria* (*Anoectochilus* × *Ludisia* (*Haemaria*)
× *Haemari-macodes*: × *Macomaria* (*Ludisia* (*Haemaria*) × *Macodes*)

Haemaria (Haem.) Lindl. - 1826 - *Physurinae* (S) - (*Ludisia* A.Rich., *Dicrophylla* Raf., *Myod(i)a* Lindl.) - 1 sp. terr. - Indoch., Mal., Sum.
- *dawsoniana* Hook.f.: *Ludisia* 1 (9**, G**)
- *dawsoniana* (Low ex Rchb.f.) Hasselb.: *Ludisia* 1 (9**)
- *discolor* (Ker-Gawl) Lindl.: *Ludisia* 1 (4**, 6*, 9**, E**, G**, H**)
1. **discolor** Lindl. - Indoch., Mal., Sum. (S)
   var. **dawsoniana** (Low) Schltr. (*Anoectochilus dawsoniana* Low) - Indoch., Mal., Sum. (S)
   var. **ordiana** (hort.) Ridl. (*Anoectochilus ordiana* hort.) - Indoch., Mal., Sum. (S)
   var. **otletae** (Rolfe) Schltr. (O2/81)
   var. **rhodoneura** Schltr. (O2/81)
   var. **rubronervia** (Rchb.f.) Schltr. (*H. rubronervia* Rchb.f.) - Indoch., Mal., Sum. (S)
   var. **trilineata** Schltr. (O2/81)
- *discolor* var. *dawsoniana* (Low ex Rchb.f.) Rchb.f.: *Ludisia* 1 (9**, G**)
- *merrillii* Ames: *Ludisia* 1 (9**, G**)
- *otletae* Rolfe: *Ludisia* 1 (9**, G**)
- *pauciflora* Gagn.: *Ludisia* 1 (6*, 9**, G**)
- *petelotii* Gagn.: *Ludisia* 1 (6*, 9**, G**)

- *rubronervia* Rchb.f.: 1 (S)
Haematorchis altissima (Bl.) Bl.: *Galeola* 1 (2*, 6*)
× **Hagerara (Hgra.)** (*Doritis* × *Phalaenopsis* × *Vanda*)
Hagsatera Tamayo - 1974 - *Subfam. Epidendroideae Tribus: Epidendreae Subtr. Laeliinae* - 2 sp. epi. - Mex.
1. **brachycolumna** (L.O.Wms.) Tamayo (*Epidendrum brachycolumna* L.O.Wms., *Encyclia brachycolumna* (L.O.Wms.) Dressl.) - Mex. (A**, H*, O2/86, S*, Z**)
2. **rosilloi** Tamayo - end. to Mex. 1.600 m (H, O2/86, S)
Hakoneasta F.Maekawa - 1935 - *Corallorhizinae* (S) - 1 sp. terr. - Jap.
1. **sawadana** F.Maekawa - Jap. (S)
Hallackia Harv. - 1863: *Huttonaea* Harv. (S)
Halleorchis Szlach. & Olsc. - 1998 - *Physurinae* (S) - 1 sp. terr. - Gab., Camer.
1. **aspidogynoides** Szlach. & Olsc. - Gab., Camer. (S*)
× **Hamelwellsara (Hmwsa.)** (*Aganisia* × *Batemania* × *Otostylis* × *Zygopetalum* × *Zygosepalum*)
× **Hamiltonara (Hmtn.)** (*Ada* × *Brassia* × *Cochlioda* × *Odontoglossum*)
Hammarbya Ktze. - 1891 - *Liparidinae* (S) - 1 sp. terr. - „Weichkraut, Weichwurz"
1. **paludosa** (L.) Ktze. (*Malaxis paludosa* (L.) Sw.) - N-NE-Eur., Jap., Can. 0-900 m - „Sumpf-Weichstendel, Sumpf-Weichkraut, Bog Orchid" (K**, V**, O4/93**, S*)
Hancockia Rolfe - 1903 - *Subfam. Epidendroideae Tribus: Arethuseae Subtr. Bletiinae* - (*Chrysoglosella* Hatusima) - 2 sp. terr. - China, Jap.
1. **japonica** (Hatusima) F.Maekawa (*Chrysoglosella japonica* Hatusima) - Jap. (S)
2. **uniflora** Rolfe - China 1.500 m (S*)
× **Hanesara (Han.)** (*Aërides* × *Arachnis* × *Neofinetia*)
Hapalochilus (Schltr.) Sengh. - 1979 - *Bulbophyllinae* (S) - (*Bulbophyllum* subg. *Hapalochilus* Schltr.) - ca. 53 sp. epi. - N.Gui., Born.
1. **jensenii** (J.J.Sm.) Gar. & Kittr. - Amb. (S)
2. **lohokii** (J.J.Verm. & A.Lamb) Gar., Hamer & Siegerist (*Bulbophyllum*

lohokii J.J.Verm. & A.Lamb) - end. to Born. 1.700-2.000 m (Q**)
3. **nitidus** (Schltr.) Sengh. (*Bulbophyllum nitidus* Schltr.) - P.N.Gui. (S*)
Haplorchis Schltr. - 1920 - *Subfam. Spiranthoideae Tribus: Cranichideae Subtr. Spiranthinae* - ca. 9 sp. terr. - Cuba, Col., Ven., SE-Braz., Ur.
1. **cheirostyloides** Schltr. - Ven. (W, S)
2. **cymbirostris** Szlach. - Braz. (O1/96, O(B)3)
3. **lineatus** (Lindl.) Schltr. - Nic., S-Am. (W)
4. **pandurata** Szlach. - Braz. (O(B)3, O1/96)
5. **pumilus** (Schweinf.) Gar. - C.Rica, S-Am. (W)
6. **stellaris** Szlach. - Braz. (O(B)3, O1/96)
Haplochilus Endl. - 1842: *Zeuxine* Lindl. (S)
- *nervosus* (Wall. ex Lindl.) D.Dietr: *Zeuxine* 12 (6*)
Haraella Kudô - 1930 - *Aeridinae* (S) - 1/2 sp. epi. - Taiw.
1. **odorata** Kudô - Taiw. (E*, H*)
- *odorata* Kudô: 2 (S*)
2. **retrocalla** (Hay.) Kudô (*H. odorata* Kudô, *Saccolabium retrocallum* Hay., *S. odoratum* (Kudô) Mak. & Nem.) - Taiw. 500-1.500 m (A**, E, H, S*, Z**)
Harrisella (Harrisiella) Fawc. & Rendle - 1909 - *Subfam. Epidendroideae Tribus: Vandeae Subtr. Angraecinae* - ca. 2/4 sp. epi. - Cuba
1. **filiformis** (Sw.) Cogn. - Cuba (O1/82)
2. **monteverdii** (Rchb.f.) Cogn. - Cuba (O1/82)
3. **porrecta** (Rchb.f.) Fawc. & Rendle - Cuba, Flor., Mex., Salv. - „Miniature Ghost Orchid" (3**, $53/3, S*)
↪ *porrecta* (Rchb.f.) Fawc. & Rendle: *Campylocentrum* 26 (W)
4. **uniflora** H.Dietrich - Cuba (O1/82, S*)
× **Hartara (Hart.)** (*Broughtonia* × *Laelia* × *Sophronitis*)
Hartwegia Lindl. - 1837: *Nageliella* L.O. Wms. (S)
- *bergeriana* Schltr.: *Nageliella* 2 (S)
- *comosa* Lindl. ex Pfitz.: *Nageliella* 5 (G)
- *gemma* Rchb.f.: *Nageliella* 4 (S)
- *purpurea* Lindl.: *Nageliella* 5 (4**, G, H**)
- *purpurea* var. *angustifolia* Booth ex Lindl.: *Nageliella* 1 (G)
× **Hasegawaara (Hasgw.)** (*Brassavola* × *Broughtonia* × *Cattleya* × *Laelia* × *Sophronitis*)
× **Hatcherara**: × *Colmanara* (*Miltonia* × *Odontoglossum* × *Oncidium*)
× **Hattoriara (Hatt.)** (*Brassavola* × *Broughtonia* × *Cattleya* × *Epidendrum* × *Laelia*)
× **Hausermannara (Haus.)** (*Doritis* × *Phalaenopsis* × *Vandopsis*)
× **Hawaiiara (Haw.)** (*Renanthera* × *Vanda* × *Vandopsis*)
× **Hawkesara (Hwkra.)** (*Cattleya* × *Cattleyopsis* × *Epidendrum*)
× **Hawkinsara (Hknsa.)** (*Broughtonia* × *Cattleya* × *Laelia* × *Sophronitis*)
Hecabe Raf. - 1836: *Phaius* Lour. (S)
- *lutea* Raf.: *Phaius* 15 (9**)
Hederorkis Thou. - 1809 - *Subfam. Epidendroideae Tribus: Polystachyeae* - 2 sp. epi/lit/climber - Sey., Maur.
1. **scandens** Thou. (*Bulbophyllum mauritianum* P.F.Hunt) - end. to Maur. (S*)
2. **seychellensis** Thou. [H. seychellensis Boss. (S)] (*Bulbophyllum scandens* Rolfe) - end. to Sey. 400-600 m (O3/98, S)
Helcia (Hlc.) Lindl. - 1845 - *Subfam. Epidendroideae Tribus: Oncidieae Subtr. Oncidiinae* - 1/3 sp. epi. - Ec., Col.
1. **brevis** (Rolfe) Dods. (*Trichopilia brevis* Rolfe, *Neoescobaria brevis* (Rolfe) Gar.) - Col. 600-1.500 m (R**) ↪ *Neoescobaria* 1
2. **callichroma** (Rchb.f.) Dods. (*Trichopilia callichroma* Rchb.f., *Neoescobaria callichroma* (Rchb.f.) Gar.) - Col. 600-1.500 m (R**) ↪ *Neoescobaria* 2
- *picta* Lind.: *Neoescobaria* 2 (S*)
3. **sanguinolenta** Lindl. (*Trichopilia sanguinolenta* (Lindl.) Rchb.f.) - Ec., Col., Peru 1.500-2.200 m (4**, 9**, A**, E**, G, H**, S*)
Helleborine Mill. - 1754: *Epipactis* Zinn (S)
- *cordigera* (L.) Pers.: *Serapias* 2 (9**, G)
- *floribus atropurpureus* Plumier: *Epidendrum atropurpureum* (8**)
- *foliis rigidis et canaliculatis* Plumier: *Tetramicra* 2 (H*)

- *gigantea* (Dougl.) Druce: *Epipactis* 8 (9**, H**)
- *graminea* Plumier: *Epidendrum* 47 (8**)
- *latifolia* (L.) Moench: *Epipactis* 11 (T**)
- *leucoglottis* Steud.: *Serapias* 5 (9**)
- *lingua* (L.) Sebast. & Mauri: *Serapias* 5 (9**)
- *longipetala* (Bertol.) Ten.: *Serapias* 13 (G**)
- *microphylla* (Ehrh.) Schinz & Thell.: *Epipactis* 13 (T**)
- *oxyglottis* Pers.: *Serapias* 5 (9**)
- *palustris* (L.) Schrank: *Epipactis* 15 (H**, T**)
- *pseudo-cordigera* Sebast.: *Serapias* 13 (G**)
- *ramossima* ecc. Plumier: *Cyrtopodium* 25 (8**)
- *viridans* Samp.: *Epipactis* 11 (T**)

Helleriella A.D.Hawk. - 1966: *Ponera* Lindl. (S)

Helleriella A.D.Hawk. - 1966 - *Subfam. Epidendroideae Tribus: Epidendreae Subtr. Laeliinae* - 1 sp. - Mex. to Nic.
1. **nicaraguensis** A.D.Hawk. - Nic., Pan. (W) → Ponera 5
- *punctulata* (Rchb.f.) Gar. & Sweet: *Pseudoponera* 3 (S)

Hellerorchis A.D.Hawk. - 1959: *Rodrigueziella* Ktze. (S)

Hellictonia Ehrh. - 1789: *Spiranthes* L.C. Rich. (S)

Helonema Gar. - 1982 - *Spiranthinae* (S) - 2 sp. terr. - Ven., Guy.
1. **americana** (Schweinf. & Gar.) Gar. - Ven., Guy. (S*)
2. **bifida** (Ridl.) Gar. - Ven., Guy. (S)

Helorchis Schltr. - 1925: *Cynorkis* Thou. (S)
- *filiformis* (Kraenzl.) Schltr.: *Cynorkis* 77 (U)

× **Helpilia (Hpla.)** (*Helcia* × *Trichopilia*)

Hemihabenaria Finet - 1901 p.p.: *Platanthera* L.C.Rich. (S)

Hemihabenaria Finet - 1901 p.p.: *Pecteilis* Raf. (S)
- *radiata* (Thunb.) Finet: *Pecteilis* 2 (E**)
- *radiata* (Thunb.) Finet: *Habenaria* 152 (H)
- *susannae* (L.) Finet: *Pecteilis* 4 (6*, 9**, H)

Hemiperis Frapp. - 1895: *Cynorkis* Thou. (S)

Hemipilia Lindl. - 1835 - *Subfam. Orchidoideae Tribus: Orchideae Subtr. Orchidinae* - ca. 17 sp. terr. - W-China, Thai., Burm., Sik., Taiw.
1. **amethystina** Rolfe ex Hook.f. - Burm. (9**, S)
2. **bidupense** Avery. - Viet. (S)
3. **calophylla** Par. & Rchb.f. - Burm., China (Yunn.), Thai. (6*, 9**, S)
4. **cordifolia** Lindl. - Sik. (S)
5. **formosana** Hay. - Taiw. (S)

Hemiscleria Lindl.: *Epidendrum* L. (S)

Henosis Hook.f. - 1890: *Bulbophyllum* Thou. (S)

× **Herbertara (Hbtr.)** (*Cattleya* × *Laelia* × *Schomburgkia* × *Sophronitis*)

× **Hermibicchia**: × *Pseudinium* (*Herminium* × *Bicchia* (*Pseudorchis*)

× **Hermileucorchis**: × *Pseudinium* (*Herminium* × *Leucorchis* (*Pseudorchis*)

Herminium R.Br. - 1813 - *Subfam. Orchidoideae Tribus: Orchideae Subtr. Habenariinae* - (*Monorchis* Ehrh., *Thisbe* Falc., *Cybele* Falc.) - ca. 43 sp. - China, Him., Taiw., Viet., Camb., Jap. - „Einknolle"
- *alaschanicum* Maxim. ex Kraenzl.: 1 (6*, G)
- *alpinum* (L.) Lindl.: *Chamorchis* 1 (G)
- *angustifolium(a)* (Lindl.) Benth. & Hook.f. (2*): 1 (6*, G, S)
- *angustifolium* var. *brevilabre* Tang & Wang: 1 (6*, G)
- *angustifolium* var. *longicrure* (Wright ex A.Gray) Mak.: 1 (6*, G)
- *annamense* Gagn.: *Peristylus* 5 (6*)
- *biporosum* Maxim.: *Porolabium* 1 (S)
- *calceoliforme* W.W.Sm.: *Smithorchis* 1 (S)
- *coeloceras* (Finet) Schltr.: *Peristylus* 7 (6*)
- *congestum* Lindl.: 3 (G)
- *constrictum* Lindl.: *Peristylus* 8 (6*, G)
- *cordatum* (Willd.) Lindl.: *Gennaria* 1 (9**, G**, N**)
- *forceps* (Finet) Schltr.: *Peristylus* 10 (6*)
- *goodyeroides* (D.Don) Lindl.: *Peristylus* 11 (2*, 6*, G)
- *gracile* King & Pantl.: *Androcorys* 1 (S)

- *hamiltonianum* Lindl.: *Peristylus* 14 (6*, G)
1. **lanceum** (Thunb. ex Sw.) Vuijkj (*H. angustifolia(um)* (Lindl.) Benth. & Hook.f., *H. angustifolium* var. *longicrure* (Wright ex A.Gray) Mak., - var. *brevilabre* Tang & Wang, *H. alaschanicum* Maxim. ex Kraenzl., *H. longicruris* (Wright ex A.Gray) Tang & Wang, *H. lanceum* var. *longicrure* (Wright ex A.Gray) Hara, *Ophrys lancea* Thunb. ex Sw., *Satyrium lanceum* (Thunb. ex Sw.) Pers., *Aceras angustifolia* Lindl., *A. angustifolia* var. *longicruris* (Wright ex A.Gray) Miq., *A. longicruris* Wright ex A.Gray, *Platanthera angustifolia* (Lindl.) Rchb.f., *Spiranthes lancea* (Thunb. ex Sw.) Backer) - S-China, Taiw., Jap., Thai., Viet., Java, Phil., Mal. (6*, G, S)
- *lanceum* var. *longicrure* (Wright ex A.Gray) Hara: 1 (6*, G)
- *latifolium* (Thou.) Lindl.: *Benthamia* 12 (G)
2. **longicruris** (Wright ex A.Gray) Tang & Wang - China, Taiw., Jap. (S)
- *longicruris* (Wright ex A.Gray) Tang & Wang: 1 (6*, G)
- *longicruris* Wright.: *Herminium angustifolium* (2*)
3. **macrophyllum** (D.Don) Dandy (*H. congestum* Lindl., *Neottia macrophylla* D.Don, *Spiranthes macrophylla* (D.Don) Spreng.) - Him., Nep. to Bhut. (G)
- *mannii* (Rchb.f.) Tang & Wang: *Peristylus* 19 (6*)
4. **monorchis** (L.) R.Br. (*Ophrys monorchis* L.) - Eur., CW-As., Him., E-Tib., Sib., WN-China, Jap. 0-2.400 m - „Honigorchis, Musk Orchid" (G, K**, S, V**)
- *plantagineus* Lindl.: *Peristylus* 23 (G)
- *reniforme* (D.Don) Lindl.: *Habenaria* 154 (6*, G)
- *sigmoideum* K.Schum.: *Cynorkis* 99 (U)
- *spirale* (Thou.) Rchb.f.: *Benthamia* 28 (G, U)
- *unicorne* Kraenzl.: *Peristylus* 7 (6*)
- × *Herminorchis*: × *Pseudinium* (*Herminium* × *Leucorchis* (*Pseudorchis*)
Herpethophytum (Schltr.) Brieg. - 1981: *Dendrobium* Sw.

Herpethophytum (Schltr.) Brieg. [*Herpetophytum* (S)] - 1981 - *Dendrobiinae* (S) - (*Dendrobium* sect. *Herpethophytum* Schltr.) - 15 sp. epi. - N.Gui.
1. **glossorhynchoides** (Schltr.) Brieg. (*Dendrobium glossorhynchoides* Schltr.) - N.Gui. (S)
2. **lucidum** (Schltr.) Brieg. (*Dendrobium lucidum* Schltr.) - N.Gui. (S)
Herpysma Lindl. - 1832 - *Subfam. Spiranthoideae Tribus: Erythrodeae* - 2 sp. terr. - Phil., N-Ind.
- *bracteata* (Bl.) J.J.Sm.: 1 (6*)
1. **longicaulis** Lindl. (*H. sumatrana* Carr., *H. bracteata* (Bl.) J.J.Sm., *Physurus bracteata* Bl., *Erythrodes bracteata* (Bl.) Schltr.) - Him., N-Ind. (6*, S)
2. **merillii** Ames - Phil. (S)
- *sumatrana* Carr.: 1 (6*)
Herschelia Lindl. - 1838: *Herschelianthe* Rausch. (S)
Herschelia Lindl. - 1838 - *Subfam. Orchidoideae Tribus: Diseae Subtr. Disinae* - (*Amphigena* (H.Bol.) Rolfe, *Disa* sect. *Herschelia* (Lindl.) H.Bol.) - 18 sp. - S-Afr., E-Afr.
- *atropurpurea* (Sond.) Rolfe: *Herschelianthe* 8 (9**, G)
1. **charpenteriana** (Rchb.f.) Kraenzl. - S-Afr. (9**, G)
2. **coelestis** Lindl. (*H. graminifolia* (Ker-Gawl.) Dur. & Schinz, *Disa graminifolia* Ker-Gawl.) - S-Afr. (G)
- *coelestis* Lindl.: 4 (A**, S)
- *excelsa* sensu Rolfe: *Herschelianthe* 4 (9**)
3. **goetzeana** Kraenzl. - Tanz., Malawi (S)
4. **graminifolia** (Ker-Gawl.) Dur. & Schinz (*H. coelestis* Lindl.) - Cape (A**, S)
- *graminifolia* (Ker-Gawl.) Dur. & Schinz: 2 (G)
5. **hamatopetala** (Rendle) Kraenzl. - Tanz., Malawi (S)
- *hians* (L.f.) A.V.Hall: *Herschelianthe* 4 (9**)
- *lacera* (Sw.) Fourc.: *Herschelianthe* 4 (9**)
- *lugens* (H.Bol.) Kraenzl.: *Herschelianthe* 5 (9**)
6. **spathulata** (L.f.) Rolfe - Cape (A**, S)
↪ *spathulata* (L.f.) Rolfe: *Herschelianthe* 8 (9**, G)

Herschelianthe Rausch. - *Disinae* (S) - (*Herschelia* Lindl., *Forficaria* Lindl.) - 16 sp. terr. - Trop.Afr., S-Afr.
- *atropurpurea* (Sond.) Rausch.: 8 (9**, G)
1. **baurii** (H.Bol.) Rausch. (*Disa hamatopetala* Rendle) Bur., Malawi, Moz., Rwa., S-Afr., Zai., Zam., Zim., Swa. 1.000-2.400 m (O5/96, C**)
2. **forficaria** (H.Bol.) Linder - Cape (S)
3. **graminifolia** (Spreng.) Rausch. - S-Afr. 300-1.500 m (C, S)
4. **hians** (L.f.) Rausch. (*Satyrium hians* L.f., *Limodorum hians* (L.f.) Thunb., *Disa lacera* Sw., *D. lacera* var. *multifida* N.E.Br., *D. hians* (L.f.) Spreng., *D. excelsa* sensu Lindl., *D. outeniquensis* Schltr., *Eulophia hians* (L.f.) Spreng., *Herschelia excelsa* sensu Rolfe, *H. lacera* (Sw.) Fourc., *H. hians* (L.f.) A.V.Hall) - S-Afr. (W-Cape) 80-1.000 m (9**, C)
5. **lugens** (H.Bol.) Rausch. (*Disa lugens* H.Bol., *Herschelia lugens* (H.Bol.) Kraenzl.) - S-Afr. (W-Cape) 500-1.000 m (9**, C)
   var. **lugens** - S-Afr. (W-Cape) 500-1.000 m (C)
   var. **nigrescens** Linder - S-Afr. (W-Cape) 500-1.000 m (C)
6. **newdigateae** Linder - Cape (S)
7. **purpurascens** (H.Bol.) Rausch. - S-Afr. (Cape) to 100 m (C)
8. **spathulata** (L.f.) Rausch. (*H. atropurpurea* (Sond.) Rausch., *Orchis spathulata* L.f., *Satyrium spathulatum* (L.f.) Thunb., *Disa spathulata* (L.f.) Sw., *D. spathulata* var. *atropurpurea* (Sond.) Schltr., *D. atropurpurea* Sond., *D. propinqua* Sond., *D. propinqua* var. *trifida* Sond., *Herschelia atropurpurea* (Sond.) Rolfe, *H. spathulata* (L.f.) Rolfe) - S-Afr. (Cape) (9**, G, C) → Herschelia 6
   ssp. **spathulata** - S-Afr. (W-Cape) 150-1.200 m (C)
   ssp. **tripartita** (Lindl.) Linder - S-Afr. (W-Cape) 1.000 m (C)
× **Herscheliodisa (Hrds.)** (*Disa* × *Herschelia*)
Hetaeria Bl. - 1825 - Subfam. Spiranthoideae Tribus: Erythrodeae - (*Aetheria* Endl., *Etaeria* Lindl.) - ca. 20 sp. terr. - SE-As., Trop. Afr., Austr., N.Gui.

- *abbreviata* J.J.Sm. non Lindl.: *Anoectochilus* 14 (6*)
- *albida* (Bl.) Miq.: *Vrydagzynea* 1 (6*)
1. **alta** Ridl. - Thai. (6*)
2. **cristata** Bl. (*Dossinia cristata* Miq.) - Java (2*)
- *cristata* Dunn & Tutcher non Bl.: *Anoectochilus* 1 (6*)
- *cristata* var. *minor* Rendle: *Anoectochilus* 1 (6*)
3. **elongata** (Lindl.) Hook.f. (*H. nitida* Seidenf. & Smitin. non Ridl., *Etaeria elongata* Lindl., *Goodyera ? elongata* Lindl., *Rhamphidia elongata* (Lindl.) Lindl.) - Thai. (6*)
- *erimae* (Schltr.) Schltr.: 8 (6*)
- *helferi* Hook.f.: 8 (6*)
- *javanica* Bl.: *Cystorchis* 3 (2)
4. **lamellata** Bl. (*Rhomboda lamellata* Miq.) - Java (2*)
5. **micrantha** Bl. - Java (2*)
6. **nitida** Ridl. (*H. oblongifolia* Kraenzl. non (Bl.) Bl.) - Thai. (6*)
- *nitida* Seidenf. & Smitin. non Ridl.: 3 (6*)
- *nuda* Miq.: *Vrydagzynea* 4 (2*)
7. **obliqua** Bl. (*Dossinia ? obliqua* (Bl.) Miq.) - Thai. (6*)
8. **oblongifolia** (Bl.) Bl. (*H. tenuis* (Lindl.) F.M.Bailey., *H. helferi* Hook.f., *H. similis* Schltr., *H. erimae* (Schltr.) Schltr., *H. pauciseta* J.J.Sm., *H. raymundi* Schltr., *Etaeria oblongifolia* Bl., *E. rubiconda* Rchb.f., *Aetheria oblongifolia* (Bl.) Lindl., *Rhamphidia tenuis* Lindl., *R. rubiconda* (Rchb.f.) Rchb.f., *Goodyera erimae* Schltr.) - Austr. (Qld.), N.Gui., Indon., Phil. (2*, 6*, P**)
- *oblongifolia* Kraenzl. non (Bl.) Bl.: 6 (6*)
- *occulta* (Thou.) Lindl.: *Platylepis* 5 (U)
- *parvifolia* Ridl.: *Zeuxine* 14 (6*)
- *pauciseta* J.J.Sm.: 8 (6*)
- *poilanei* (Gagn.) Tang & Wang: *Evrardia* 1 (6*)
9. **polygonoides** (F.v.Muell.) Dockr. - Austr. (Qld.), N.Gui. 500-700 m (P*)
10. **purpurascens** Bl. (*Psychecheilos purpurascens* Bl., *Hylophila purpurascens* Miq.) - Java (2*)
- *purpurea* Miq.: *Vrydagzynea* 6 (2*)
- *raymundi* Schltr.: 8 (6*)
11. **rotundilabra** J.J.Sm. - Thai. (6*)

12. **rubens** (Lindl.) Benth. ex Hook.f. (*Cerochilus rubens* Lindl., *Rhamphidia rubens* (Lindl.) Lindl.) - Thai. (6*, S)
- *rubicunda* (Bl.) Benth. & Hook.f.: *Goodyera* 28 (G)
- *similis* Schltr.: 8 (6*)
- *tenuis* (Lindl.) F.M.Bailey: 8 (6*)
- *uncinata* Miq.: *Vrydagzynea* 10 (2*)
- *variegata* Miq.: *Cystorchis* 3 (2*)

Heterotaxis Lindl. - 1826: *Maxillaria* Ruiz & Pav.
- *crassifolia* Lindl.: *Maxillaria* 65 (G**)

Heterozeuxine Hashimoto - 1986 - *Physurinae* (S) - ca. 7 sp. terr. - Jap., N. Gui., Amb., Java, Cel., Sik., Bhut. (S)
1. **odorata** (Fuk.) Hashimoto - Jap. (S*)

Hexadesmia (Hex.) Brongn. - 1842 - *Epidendrinae* (S) - (*Ramonia* Schltr., *Leaoa* Schltr. & Porto, *Pseudohexadesmia* Brieg.) - ca. 15 sp. epi. - Trop. Am.
1. **bicornis** Lindl. - Col. (G)
2. **bifida** Rchb.f. - Trop.Am. (S)
3. **crurigera** (Batem. ex Lindl.) Lindl. (*Hexopia crurigera* Batem. ex Lindl., *Scaphyglottis crurigera* (Batem. ex Lindl.) Ames & Correll) - Mex., Guat., Salv., Hond., Nic., C.Rica, Ec. (O3/91, G, S*)
4. **dunstervillei** Gar. - Trop. Am. ($55/2, S)
5. **fasciculata** Brongn. (*H. lindeniana* A.Rich. & Gal., *H. rhodoglossa* Rchb.f., *H. pachybulbon* Schltr., *H. rigidipes* Schltr., *Scaphyglottis lindeniana* (Rich. & Gal.) Will.) - Mex., Guat., Hond., Nic., C.Rica, Pan. (E, G, H, S*)
6. **fusiformis** Griseb. (*Scaphyglottis fusiformis* (Griseb.) Schult.) - C. Rica, Ven., Trin. (E*, H*, S)
7. **hondurensis** Ames - Hond. (O3/91)
→ *hondurensis* Ames: *Leaoa* 1 (S)
8. **jiminezii** Schltr. - C.Rica (E, H)
- *lindeniana* A.Rich. & Gal.: 5 (G)
9. **micrantha** Lindl. (*Scaphyglottis micrantha* (Lindl.) Ames & Correll) - Guat., Salv., Hond., Nic., C.Rica, Pan. (O3/91, G)
→ *micrantha* Lindl.: *Pseudohexadesmia* 1 (S*)
- *monophylla* Barb.Rodr.: *Leaoa* 2 (S)

10. **ovoides** Brieg. - Trop. Am. (S)
- *pachybulbon* Schltr.: 5 (G)
11. **pulchella** (Schltr.) Brieg. (*Ramonia pulchella* Schltr.) - Trop. Am. (S)
- *reedii* Rchb.f.: *Leaoa* 2 (S)
- *rhodoglossa* Rchb.f.: 5 (G)
- *rigidipes* Schltr.: 5 (G)
12. **stenopetala** Rchb.f. (O3/91)
13. **tenella** (L.O.Wms.) Heller ex Hamer (*Scaphyglottis tenella* L.O.Wms.) - Pan. (S)

Hexalectris Raf. - 1825 - *Subfam. Epidendroideae Tribus: Arethuseae Subtr. Bletiinae* - 4 sp. ter/myco - Mex., Tex., USA
- *aphylla* (Nutt.) Raf.: 3 (S)
1. **nitida** L.O.Wms. - Tex., Mex. ($56/8)
2. **parviflora** L.O.Wms. - Tex., Mex. (FXV2/3)
3. **spicata** (Walter) Barnh. (*H. aphylla* (Nutt.) Raf., *Arethusa spicata* Walter, *Bletia aphylla* Nutt.) - Mex., Tex., USA (S, $56/8, FXV2/3)
4. **warnockii** Ames & Correll - Tex. ($56/8)

Hexameria R.Br. - 1838: *Podochilus* Bl. (S)
- *disticha* R.Br.: *Podochilus* 7 (2*)

Hexisea (Hxsa.) Lindl. - 1834 - *Subfam. Epidendroideae Tribus: Epidendreae Subtr. Laeliinae* - 4/6 sp. epi. - C-S-Am., W-Ind.
1. **arctata** Dressl. - Pan. (S)
2. **bidentata** Lindl. (*H. oppositifolia* Rchb.f., *H. imbricata* (Lindl.) Rchb. f., *H. bidentata* var. *imbricata* (Lindl.) Schweinf., *Diothonaea imbricata* Lindl., *D. oppositifolia* Rchb.f., *Epidendrum oppositifolium* A.Rich. & Gal., *Euthonaea oppositifolia* Rchb.f., *E. imbricata* (Lindl.) Rchb. f.) - Mex. to Pan., S-Am., Col. (9**, O3/91, A**, E**, H**, W**, R**, S, Z**)
- *bidentata* var. *imbricata* (Lindl.) Schweinf.: 2 (9**)
- *bidentata* var. *imbricata* (Lindl.) Schweinf.: 4 (O4/85)
3. **colombiana** Schltr. - E-Col., Peru, Ven. (S)
4. **imbricata** (Lindl.) Rchb.f. (*H. bidentata* var. *imbricata* (Lindl.) Schweinf., *H. oppositifolia* (A.Rich. & Gal.) Rchb.f.) - Nic., C.Rica, Pan., S-Am., Col. (3**, W, O4/85, R**, S*)

- *imbricata* (Lindl.) Rchb.f.: 2 (9**)
- *lankesteri* Ames: *Reichenbachanthus* 3 (S)
- *oppositifolia* Rchb.f.: 2 (9**)
- *oppositifolia* (A.Rich. & Gal.) Rchb. f.: 4 (S*)
- *reflexa* Rchb.f.: *Reichenbachanthus* 2 (S)
5. **sigmoidea** Ames & Schweinf. - C. Rica (S)
- ↠ *sigmoidea* Ames & Schweinf.: *Scaphyglottis* 42 (W)

Hexopia crurigera Batem. ex Lindl.: *Hexadesmia* 3 (G)

× **Higashiara (Hgsh.)** (*Cattleya* × *Diacrium* × *Laelia* × *Sophronitis*)

× **Hildaara (Hdra.)** (*Broughtonia* × *Laeliopsis* × *Schomburgkia*)

Himantoglossum K.Koch [Spreng. - 1826 (S)] - *Subfam. Orchidoideae Tribus: Orchideae Subtr. Orchidinae* - (*Loroglossum* L.C.Rich. p.p.) - 4/5 sp. terr. - Eur., M.East - „Riemenzunge"

1. **adriaticum** H.Baum. - C-N-It., N-Jugo. 0-1.300 m - „Adriatische Riemenzunge" (K**, T**)
2. **affine** (Boiss.) Schltr. (*H. bolleanum* (Siehe ex Dammer) Schltr.) - SE-SW-Turk., Iran 600-2.200 m - „Orientalische Riemenzunge" (K**)
- *anthropophorum* Spreng.: *Aceras* 1 (O6/82)
- *bolleanum* (Siehe ex Dammer) Schltr. : 2 (K**, S)
3. **calcaratum** (Beck) Schltr. - C-Jugo. 500-1.200 m (K**, S)
4. **caprinum** (Bieb.) Spreng. - Hung., Greece, N-Turk. 0-1.500 m - „Ziegen-Riemenzunge" (K**)
5. **formosum** (Steven) K.Koch - Cauc. 150-800 m (K**, S)
6. **hircinum** (L.) Spreng. (*Satyrium hircinum* L., *Orchis hircinum* (L.) Crantz, *Aceras hircina* (L.) Lindl.) - W-Eur., S-It., NW-Afr. 0-1.800 m - „Bocks-Riemenzunge, Lizard Orchid" (H, K**, S, T, V**, Z**) var. **caprinum** (Bieb.) K.Richter - Balc. 0-1.800 m (S)
- *longibracteatum* (Biv.) Schltr.: *Barlia* 2 (G**, H**, K**, T**)
7. **montis-tauri** Kreutz & Lüders - S-Turk. (S)
- *satyrioides* Spreng.: *Steveniella* 1 (O1/80)

× **Himoriara (Hmra.)** (*Ascocentrum* × *Phalaenopsis* × *Rhynchostylis* × *Vanda*)

Hintonella Ames - 1938 - *Subfam. Epidendroideae Tribus: Maxillarieae Subtr. Ornithocephalinae* - 1 sp. epi. - S-Am.
1. **mexicana** Ames - Mex. 2.200-2.600 m (O4/91, S*)

Hippeophyllum Schltr. - 1905 - *Subfam. Epidendroideae Tribus: Malaxideae* - 9 sp. epi. - SE-As., N.Gui.
1. **alboviride** J.J.Sm. - N.Gui. (S)
2. **celebicum** Schltr. - Cel. (S)
3. **hamadryas** (Ridl.) Schltr. - N.Gui. (S)
4. **micranthum** Schltr. - N.Gui. (S)
5. **papillosum** Schltr. - N.Gui. (S)
6. **pumilum** Fuk. ex T.P.Lin - Taiw. (S)
7. **scortechinii** (Hook.f.) Schltr. - Mal., Sum., Java (S*)
8. **sinicum** Chen & Lang. - China (S)
9. **wenzelii** Ames - Phil. (S)

Hippoglossum umbellatum Breda: *Bulbophyllum* 256 (2*)

Hirtzia Dods. - 1984 - *Capanemiinae* (S) - 2 sp. epi. - Ec., Col.
1. **benzingii** Dods. - Ec., Col. to 2.000 m (S*, R)
2. **escobarii** Dods. - Col. 2.450 m (FXX1**)

Hispaniella Braem - 1980 - *Oncidiinae* (S) - 1 sp. epi. - W-Ind. Hisp.
1. **henekenii** (Schomb. ex Lindl.) Braem (*Oncidium henekenii* Schomb. ex Lindl.) - end. to Dom. - „Bumble Bee Orchid, Cacatica, Tarantula" (H*, O4/80, S*)

Hoehneella Ruschi - 1945: *Chaubardia* Rchb.f.

Hoehneella Ruschi - 1945 - *Subfam. Epidendroideae Tribus: Maxillarieae Subtr. Zygopetalinae* - 2 sp. epi. - Braz. (S)
1. **gehrtiana** (Hoehne) Ruschi (*Warscewiczella gehrtiana* Hoehne) - Braz. 700-800 m (A**, O5/90, O2/93**, S*)
- ↠ *gehrtiana* (Hoehne) Ruschi: *Chaubardia* 1 (O4/98)
2. **heloisae** Ruschi - Braz. (O2/93, S)
- ↠ *heloisae* Ruschi: *Chaubardia* 2 (O4/98)
- *santos-nevesii* Ruschi: *Chaubardia* 5 (H*, O4/98, S*)
- *trinitatis* (Ames) Fowlie: *Chaubardia* 5 (H*, O4/98)

- *trinitatis* (Ames) Schult. & Gar.: *Chaubardia* 5 (S*)
Hofmeistera Rchb.f.: *Hofmeisterella* Rchb.f.
- *eumicroscopica* Rchb.f.: *Hofmeisterella* 1 (FX3**)
Hofmeisterella Rchb.f. - 1852 - *Subfam. Epidendroideae Tribus: Maxillarieae Subtr. Ornithocephalinae* - *(Hofmeistera* Rchb.f.) - 1 sp. epi. - Col., Ec., Peru
1. **eumicroscopica** (Rchb.f.) Rchb.f. (*Hofmeistera eumicroscopica* Rchb.f.) - Col., Ec., Peru, Ven. 1.840-2.700 m (A**, FX3**, R**, S*)
× *Holcanthera*: × *Renanetia* (*Holcoglossum* (*Neofinetia*) × *Renanthera*)
× *Holcocentrum*: × *Ascofinetia* (*Ascocentrum* × *Holcoglossum* (*Neofinetia*)
Holcoglossum Schltr. - 1919 - *Subfam. Epidendroideae Tribus: Vandeae Subtr. Sarcanthinae* - ca. 12 sp. epi. - Trop. SE-As., Burm. to Taiw. - „Pine Needle Orchid"
1. **amesianum** (Rchb.f.) E.A.Christ. (*Vanda amesiana* Rchb.f.) - Burm., N-Thai., S-China, Laos, Viet. 1.500-1.800 m (H*, S*)
- *falcatum* (Thunb.) Gar. & Sweet: *Neofinetia* 1 (9**, G**, H*)
2. **flavescens** (Schltr.) Tsi (*Aerides flavescens* Schltr., *Papilionanthe flavescens* (Schltr.) Gar.) - China (S)
3. **himalaicum** (Deb, Sengupta & Malick) Sengh. (*H. junceum* Tsi, *Saccolabium himalaicum* Deb, Sengupta & Malick, *Ascocentrum himalaicum* (Deb, Sengupta & Malick) E.A.Christ.) - China 1.400 m (S)
- *junceum* Tsi: 3 (S)
4. **kimballianum** (Rchb.f.) Gar. (*Vanda kimballiana* Rchb.f., *V. saprophytica* Gagn.) - Thai., Burm., S-China (9**, H*, S*)
5. **quasipinifolium** (Hay.) Schltr. (*Saccolabium quasipinifolium* Hay.) - Taiw. 1.800-2.800 m (H**, S54/9, S*)
6. **rupestris** (Hand.-Mazz.) Gar. (*Vanda rupestris* Hand.-Mazz.) - China 2.100 m (S)
7. **saprophyticum** (Gagn.) E.A.Christ. (*Vanda saprophytica* Gagn.) - Laos (S)
8. **sinicum** E.A.Christ. - China 2.700-3.200 m (S)
9. **subulifolium** (Rchb.f.) E.A.Christ. (*Vanda subulifolia* Rchb.f., *V. watsoni* Rolfe) - Viet. (S)
10. **tangii** E.A.Christ. - Yun. (S)
11. **tsii** Yukawa - Yun. (S)
12. **wangii** E.A.Christ. - Yun. (S)
× *Holconopsis*: × *Phalanetia* (*Holcoglossum* (*Neofinetia*) × *Phalaenopsis*)
× *Holcorides*: × *Aëridofinetia* (*Aërides* × *Holcoglossum* (*Neofinetia*)
× *Holcostylis*: × *Neostylis* (*Holcoglossum* (*Neofinetia*) × *Rhynchostylis*)
Holmesia Cribb - 1977: *Angraecopsis* (S)
Holmesia Cribb - 1977 - *Aerangidinae* (S) - 1 sp. epi. - Tanz., Malawi
1. **parva** Cribb - SW-Tanz., N-Malawi 2.200 m (S*)
- *parva* Cribb: *Angraecopsis* 11 (S)
Hologyne Pfitz. - 1907: *Coelogyne* Lindl.
Holopogon Kom. & Nevski - 1935 - *Neottiinae* (S) - 1 sp. terr. - E-Russ.
1. **ussuriensis** Kom. & Nevski - E-Russ. ter/sapro (S, FXV2/3)
Holothrix Lindl. - 1835 - *Subfam. Orchidoideae Tribus: Orchideae Subtr. Orchidinae* - (*Deroemera* Rchb.f.) - ca. 55 sp. terr. - S-Afr., Camer., S-Arab.
1. **aphylla** (Forsk.) Rchb.f. (*Deroemera acuminata* Rendle & Schltr.) - Kenya, Ug., Rwa., Zai., Nig., Yem. 2.300-2.600 m (M)
2. **arachnoidea** (A.Rich.) Rchb.f. - Kenya, Tanz., Eth. ca. 2.200 m (M)
3. **burchelli** (Lindl.) Rchb.f. (*H. scopularia* Rchb.f., *Scopularia burchelli* Lindl., *S. secunda* Lindl.) - S-Afr. (Cape) (G)
4. **elgonensis** Summerh. - Kenya, Ug. 3.300-3.700 m (M)
5. **exilis** Lindl.
   var. **brachylabris** H.Bol. - S-Afr. (Cape) (S)
- *glaberrima* Ridl.: *Benthamia* 9 (U)
6. **grandiflora** (Sond.) Rchb.f. - S-Afr. (Cape) (S)
7. **longiflora** Rolfe - Malawi (O2/93**)
- *madagascariensis* Rolfe: *Benthamia* 15 (U)
8. **monotris** Rchb.f. (*Orchidea hispida* Burch., *Monotris secunda* Lindl.) - S-Afr. (Cape) (G)
9. **orthoceras** Rchb.f. (*Tryphia orthoceras* Harv.) - S-Afr. (Cape) (9**, O3/96)

10. **pentadactyla** (Summerh.) Summerh. (*Deroemera pentadactyla* Summerh.) - Kenya 2.300-2.900 m (M**)
11. **puberula** Rendle - Kenya, Ug., Tanz., Malawi, Zam., Eth. 2.300-3.200 m (M)
12. **randii** Rendle - S-Afr., Camer., Tanz., Zim., Arab. (S, M)
- *schmidtii* Kraenzl.: *Cynorkis* 98 (U)
13. **scopularia** Rchb.f. - S-Afr. (Cape) (S)
- *scopularia* Rchb.f.: 3 (G)
14. **socotrana** Rolfe - Soc. (S)
15. **squamulosa** Lindl. - S-Afr. (Cape) (S)
16. **villosa** Lindl. - S-Afr. (Cape) (S)
× **Holttumara** (Holtt.) (*Arachnis* × *Renanthera* × *Vanda*)
Homalopetalum Rolfe - 1896 - *Subfam. Epidendroideae Tribus: Epidendreae Subtr. Laeliinae* - ca. 6 sp. epi. - Jam., Mex. to C.Rica, Col.
- *costaricensis* Schltr.: 4 ($53/7, S)
- *jamaicense* Rolfe: 6 ($53/7, S)
1. **kienastii** (Rchb.f.) Withner - Mex. (S)
2. **lehmannianum** (Kraenzl.) Schltr. (*Pinelia lehmanniana* Kraenzl.) - Col. ($53/7, S)
3. **pachyphyllum** (L.O.Wms.) Dressl. - Mex. ($53/7, S)
4. **pumilio** (Rchb.f.) Schltr. (*H. costaricensis* Schltr., *Brassavola pumilio* Rchb.f., *Pinelia tuerckheimii* Kraenzl.) - Mex., Guat., C.Rica, Nic. 1.800 m (3**, A**, G, W, $53/7, S*)
5. **pumilum** (Ames) Dressl. (*Scaphyglottis pumila* Ames) - Mex. ($53/7)
6. **vomeriforme** (Sw.) Fawc. & Rendle (*H. jamaicense* Rolfe) - Jam., Cuba 900 m ($53/7, S)
× **Honoluluara**: × *Rhynchovanda* (*Papilionanthe* (*Vanda*) × *Rhynchostylis* × *Vanda*)
× **Hookerara** (**Hook.**) (*Brassavola* × *Cattleya* × *Diacrium* (*Caularthron*)
Horichia Jenny - 1981 - *Stanhopeinae* (S) - 1 sp. epi. - Pan.
1. **dressleri** Jenny - end. to Pan. 50-200 m (A**, W**, O3/81, O3/90, S*)
Hormidium Lindl. - 1841: *Encyclia* Hook.
Hormidium Lindl. - 1841 - *Epidendrinae* (S) - 90 sp. epi. - C-Am., S-Am.
1. **alemanioides** (Hoehne) Brieg. - Braz. (S)
2. **auriculigerum** (Rchb.f.) Brieg. - C.Rica (S)
3. **baculibulbon** (Schltr.) Brieg. - Col. to Guat. (S)
- *baculus* (Rchb.f.) Brieg.: *Encyclia* 11 (9**)
- *boothianum* (Lindl.) Brieg.: *Encyclia* 13 (G)
4. **boothii** (Lindl.) Brieg. - Mex. to Cuba (S)
- *brassavolae* (Rchb.f.) Brieg.: *Encyclia* 15 (9**)
5. **campos-portoi** (Pabst) Brieg. - Braz. (S)
6. **chacaoense** (Rchb.f) Brieg. (*Epidendrum ionophlebium* Rchb.f.) - Mex. to Col., Pan. (S) → Encyclia 21
7. **chimborazoense** (Schltr.) Brieg. - Ec. (S) → Encyclia 22
8. **chondylobulbon** (A.Rich. & Gal.) Brieg. - Mex. to Salv. (S) → Encyclia 24
- *citrinum* (Llave & Lex.) Brieg.: *Encyclia* 26 (9**, G)
- *cochleatum* (L.) Brieg.: *Encyclia* 27 (9**)
9. **coriaceum** (Park.) Brieg. - Guy., Amaz. (S)
- *crassilabium* (Poepp. & Endl.) Brieg.: *Encyclia* 102 (9**, G**)
10. **cyanocolumna** (Ames, Hubb. & Schweinf.) Brieg. - Mex. (S)
11. **fragrans** (Sw.) Brieg.
    ssp. **aemulum** Rchb.f. - Amaz. (S)
    ssp. **fragrans** - W-Ind. (S)
    ssp. **grandiflorum** Brieg. - Amaz. (S)
→ *fragrans* (Sw.) Brieg.: *Encyclia* 35 (9**, G**)
12. **fuertesii** (Cogn.) Brieg. - Hisp. (S)
13. **ghiesbreghtianum** (A.Rich. & Gal.) Brieg. - Mex. (S) → Encyclia 37
14. **gilbertoi** Ortiz - Col. (S)
15. **glumaceum** (Lindl.) Brieg. - Braz. (S) → Encyclia 42
16. **goianense** Brieg. & Bicalho - Braz. (S)
17. **grammatoglossum** (Rchb.f.) Brieg. - Peru to Ven. (S)
18. **guttatum** (A.Rich. & Gal.) Brieg. - Mex., C.Rica (S)
19. **hastatum** (Lindl.) Brieg. - Mex. (S) → Encyclia 48
- *hioramii* Acuña & Roig: *Lanium* 3 (S)
- *humile* (Cogn.) Schltr.: *Encyclia* 82 (9**, G)

20. **inversum** (Lindl.) Brieg. - Braz. (S)
21. **ionocentrum** (Rchb.f.) Brieg. - C. Rica (S) ➛ Encyclia 49
22. **leopardinum** (Rchb.f.) Brieg. - Guy., Amaz. (S) ➛ Encyclia 55
23. **lineatum** (Rchb.f.) Brieg. - Braz. (S)
- *lividum* (Lindl.) Brieg.: *Encyclia* 57 (9**, G)
24. **mariae** (Ames) Brieg. - Mex. 1.000 m (S) ➛ Encyclia 60
25. **mojenii** (Pabst) Brieg. - Braz. (S)
26. **ochraceum** (Lindl.) Brieg. - Mex. to C.Rica (S) ➛ Encyclia 68
27. **pamplonense** (Rchb.f.) Brieg. - Guy., Amaz. (S)
28. **panthera** (Rchb.f.) Brieg. - Mex. to Guat. (S)
29. **paucilineatum** Brieg. & Bicalho - Braz. (S)
30. **pringlei** (Rolfe) Brieg. - Mex. (S) ➛ Encyclia 77
- *prismatocarpum* (Rchb.f.) Brieg.: *Encyclia* 78 (9**)
- *pseudopygmaeum* (Finet) Brieg.: *Encyclia* 82 (9**, G)
- *pygmaeum* (Hook.) Benth. & Hook. f.: *Encyclia* 82 (9**, E**, G, H)
31. **radiatum** (Lindl.) Brieg. - Mex. to Col. (S) ➛ Encyclia 84
32. **sessilifolium** Pabst - Braz. (S)
33. **sima** (Dressl.) Brieg. - Pan. (S) ➛ Encyclia 77
34. **spondiadum** (Rchb.f.) Brieg. - C.Rica, Pan., Jam. (S) ➛ Encyclia 88
35. **subaquilum** (Lindl.) Brieg. - Mex., Guat., Jam. (S)
36. **tigrinum** (Lindl.) Brieg. - Amaz. (S)
37. **tridens** Brieg. - Peru (S)
- *tripterum* (Brongn.) Cogn.: *Encyclia* 82 (9**, G)
- *uniflorum* (Lindl.) Heynh.: *Encyclia* 82 (9**, E**, G, H)
38. **variegatum** (Hook.) Brieg. - Braz. (S)
ssp. **condensatum** Brieg. - Braz. (S)
ssp. **variegatum** - S-Braz. (S)
- *vespa* (Vell.) Ortiz: *Encyclia* 102 (G**)
39. **vespum** (Vell.) Ortiz (S)
- *vitellinum* (Lindl.) Brieg.: *Encyclia* 105 (9**, G**)
40. **widgrenii** (Lindl.) Brieg. (*Epidendrum allemanii* Barb.Rodr.) - Braz. (S)

Horvatia Gar. - 1977 - *Subfam. Epidendroideae Tribus: Maxillarieae Subtr. Bifrenariinae* - 1 sp. epi. - Ec.
1. **andicola** Gar. - Ec. 2.700 m (S*)

Houlletia Brongn. - 1841 - *Subfam. Epidendroideae Tribus: Gongoreae* - (*Jennyella* Lueckel & Fessel) - ca. 9 sp. ter/epi - Guat., C.Rica to Col., Braz., Peru, Bol. 700-2.100 m
- *antioquiensis* hort. ex Ames & Nash: 6 (9**, E*, H*, S)
- *antioquiensis* (André) hort. ex F.M. Bailey: 6 (O1/92)
- *boliviana* Schltr.: 6 (9**, E*, H*)
1. **brocklehurstiana** Lindl. (*H. stapeliaeflora* Brongn., *H. stapelioides* Brongn., *Maxillaria brocklehurstiana* Lindl.) - Braz. (9**, G, H, R, S*, &13)
- *buchtienii* Kraenzl.: 6 (9**, E*, H*)
- *chrysantha* Lind. & André (O2/81): 11 (R**, S*)
2. **clarae** Schltr. - Col., Ec. (O6/91**, R)
➛ *clarae* Schltr.: *Jennyella* 1 (&13**)
- *clarae* Schltr.: 8 (S*)
3. **conspersa** Ortiz - Col. 1.400-1.700 m (FXIX3**, S)
- *juruenensis* Hoehne: 6 (9**, E*, H*)
4. **kalbreyeriana** Kraenzl. - Ec., Col. (O6/91, R)
➛ *kalbreyeriana* Kraenzl.: *Jennyella* 2 (&13**)
- *kalbreyeriana* Kraenzl.: 5 (S*)
- *landsbergii* Lind. & Rchb.f.: 10 (9**, W**, S*)
5. **lowiana** Rchb.f. (*H. kalbreyeriana* Kraenzl.) - Col. - scented (O2/81, O6/91, R, S*)
➛ *lowiana* Rchb.f.: *Jennyella* 3 (&13**)
6. **odoratissima** Lind. ex Lindl. & Paxt. (*H. picta* Lind. & Rchb.f., *H. juruenensis* Hoehne, *H. antioquiensis* hort. ex Ames & Nash, *H. antioquiensis* (André) hort. ex F.M.Bailey, *H. buchtienii* Kraenzl., *H. boliviana* Schltr., *H. unguiculata* Schltr., *H. odoratissima* var. *antioquiensis* André, - var. *xanthina* Rchb.f.) - Ven., Col., Peru, Bol., Braz., Pan. 650-1.800 m - terr. (8**, 9**, E*, H*, W, O1/92, R**, S*)
var. **antioquiensis** André (*H. antioquiensis* (André) hort. ex Ames & Nash) (S)

- *odoratissima* var. *antioquiensis* André (O2/81): 6 (O1/92)
- *odoratissima* var. *xanthina* Rchb.f.: 6 (O1/92)
- *picta* Lind. & Rchb.f.: 6 (9**, E*, H*)
7. **roraimensis** Rolfe (O2/81)
- *roraimensis* Rolfe: 11 (S*)
8. **sanderi** Rolfe (*H. clarae* Schltr.) - Col., Ec., Peru 1.000-1.800 m - scented (9**, O6/91**, O6/93, S*)
↣ *sanderi* Rolfe: *Jennyella* 4 (& 13**)
- *stapeliaeflora* Brongn. (E, H): 1 (9**, G, R, S*)
9. **stapelioides** Brongn. ex Rchb.f. (O2/81)
- *stapelioides* Brongn.: 1 (S*)
10. **tigrina** Lind. ex Lindl. & Paxt. (*H. landsbergii* Lind. & Rchb.f.) - Guat., Nic., C.Rica, Pan., Ven., Col. - epi. - scented (9**, H, W**, R**, S*)
- *unguiculata* Schltr.: 6 (R)
- *vittata* Lindl.: *Braemia* 1 (G**)
11. **wallisii** Lind. & Rchb.f. (*H. chrysantha* Lind. & André, *H. roraimensis* Rolfe, *H. wallisii* var. *odonoptera* Rchb.f.) - Ven., Ec., Peru, Col. - scented (A**, R**, S*)
var. **hennisiana** Schltr. (O2/81)
var. **odontoptera** Rchb.f. (O2/81)
- *wallisii* var. *odonoptera* Rchb.f.: 11 (S*)
× **Howeara (Hwra.)** (*Leochilus* × *Oncidium* × *Rodriguezia*)
Huebneria Schltr. - 1925: *Pseudoorlanesia* Rausch. (S)
Huebneria Schltr. - 1925 - Epidendrinae (S) - 2 sp. epi. - Ven. to Peru, Braz.
1. **cuneipetala** (Pabst) Brieg. (*Orleanesia cuneipetala* Pabst, *O. richteri* Pabst) - Braz. (S)
2. **pleurostachya** (Lind. & Rchb.f.) Brieg. (*H. yauaperyensis* (Barb.Rodr.) Schltr., *Ponera pleurostachya* Lind. & Rchb.f., *Orleanesia yauaperyensis* Barb.Rodr., *O. peruviana* Schweinf., *O. maculata* Gar., *O. mineiroensis* Gar.) - Ven. to Peru (S*)
- *yauaperyensis* (Barb.Rodr.) Schltr.: 2 (S*)
× **Hueylihara (Hylra.)** (*Neofinetia* × *Renanthera* × *Rhynchostylis*)
× **Hugofreedara (Hgfda.)** (*Ascocentrum* × *Doritis* × *Kingiella*)
Humboldtia Ruiz & Pav. non Vahl: *Stelis* Sw.

Humboldtia Ruiz & Pav. - 1794: *Pleurothallis* R.Br. (S)
- *acianthera* Ktze.: *Pleurothallis* 6 (G)
- *acuminata* (Kunth) Ktze.: *Pleurothallis* 10 (G)
- *affinis* (Lindl.) Ktze.: *Myoxanthus* 1 (G, L*)
- *arbuscula* (Lindl.) Ktze.: *Trichosalpinx* 3 (G)
- *aristata* (Hook.) Ktze.: *Pleurothallis* 57 (9**, G)
- *articulata* (Lindl.) Ktze.: *Pleurothallis* 59 (G)
- *aspasicensis* (Rchb.f.) Ktze.: *Myoxanthus* 4 (L*)
- *asperilinguis* (Rchb.f.) Ktze.: *Pleurothallis* 10 (G)
- *aurea* (Lindl.) Ktze.: *Pleurothallis* 10 (G)
- *auriculata* (Lindl.) Ktze.: *Pleurothallis* 68 (G)
- *barbata* (Westc.) Ktze.: *Pleurothallis* 73 (G)
- *barberana* (Rchb.f.) Ktze.: *Pleurothallis* 57 (9**, G)
- *bicarinata* (Lindl.) Ktze.: *Pleurothallis* 79 (9**, G)
- *bidentata* (Lindl.) Ktze.: *Pleurothallis* 83 (G)
- *biflora* (Focke) Ktze.: *Trichosalpinx* 21 (G)
- *biserrula* (Rchb.f.) Ktze.: *Pleurothallis* 87 (9**)
- *bivalvis* (Lindl.) Ktze.: *Pleurothallis* 88 (E**, H**)
- *bufonis* (Kl.) Ktze.: *Pleurothallis* 573 (9**, G)
- *capillaris* (Lindl.) Ktze.: *Pleurothallis* 119 (G)
- *cardium* (Rchb.f.) Ktze.: *Pleurothallis* 737 (G)
- *casapensis* (Lindl.) Ktze.: *Pleurothallis* 129 (G)
- *caulescens* (Lindl.) Ktze.: *Frondaria* 1 (G, L*)
- *cauliflora* (Lindl.) Ktze.: *Pleurothallis* 133 (G)
- *centranthera* (Lindl.) Ktze.: *Pleurothallis* 134 (G)
- *ceratothallis* (Rchb.f.) Ktze.: *Myoxanthus* 6 (L*)
- *ciliata* (Knowl. & Westc.) Ktze.: *Pleurothallis* 373 (E, G, H)
- *circumplexa* (Lindl.) Ktze.: *Pleurothallis* 148 (G)

- *contorta* Ruiz & Pav.: *Restrepia* 12 (L**)
- *cordata* Ruiz & Pav.: *Pleurothallis* 167 (G)
- *crassifolia* (Focke) Ktze.: *Pleurothallis* 373 (G)
- *crepidophylla* (Rchb.f.) Ktze.: *Pleurothallis* 296 (9**, G**)
- *decurrens* Poepp. & Endl.) Ktze.: *Pleurothallis* 206 (G)
- *diffusa* (Poepp. & Endl.) Ktze.: *Pleurothallis* 216 (G)
- *dinotheri* (Rchb.f. & Warsc.) Ktze.: *Trichosalpinx* 3 (G)
- *diptera* (Lindl.) Ktze.: *Trichosalpinx* 3 (G)
- *dubia* (Rchb.f.) Ktze.: *Platystele* 80 (E*, H**)
- *dubia* (A.Rich. & Gal.) Ktze.: *Platystele* 80 (L*)
- *elegans* (Kunth) Ktze.: *Pleurothallis* 234 (G)
- *emarginata* Pav. ex Lindl.: *Physosiphon* 1 (G)
- *endotrachys* (Rchb.f.) Ktze.: *Pleurothallis* 236 (9**, E**, H**, L*)
- *ephemera* (Lindl.) Ktze.: *Pleurothallis* 238 (G)
- *erinacea* (Rchb.f.) Ktze.: *Pleurothallis* 240 (W, L*)
- *exasperata* (Lindl.) Ktze.: *Myoxanthus* 14 (L*)
- *flexuosa* (Poepp. & Endl.) Ktze.: *Pleurothallis* 252 (G)
- *foetens* (Lindl.) Ktze.: *Pleurothallis* 256 (G)
- *fragilis* (Lindl.) Ktze.: *Pleurothallis* 407 (G)
- *fritillaria* (Rchb.f.) Ktze.: *Pleurothallis* 599 (G, L*)
- *gardneri* (Lindl.) Ktze.: *Barbosella* 5 (G)
- *gelida* (Lindl.) Ktze.: *Pleurothallis* 271 (G)
- *gigantea* Ktze.: *Pleurothallis* 275 (L*)
- *glanduligera* (Lindl.) Ktze.: *Pleurothallis* 280 (G)
- *glumacea* (Lindl.) Ktze.: *Pleurothallis* 284 (G)
- *grandiflora* (Lindl.) Ktze.: *Pleurothallis* 291 (G)
- *grobyi* (Batem. ex Lindl.) Ktze.: *Pleurothallis* 296 (9**, G**)
- *hartwegii* (Lindl.) Ktze.: *Pleurothallis* 304 (G)
- *hians* (Lindl.) Ktze.: *Pleurothallis* 315 (G)
- *hymenantha* (Lindl.) Ktze.: *Pleurothallis* 331 (G)
- *hypnicola* (Lindl.) Ktze.: *Pleurothallis* 332 (G)
- *hystrix* (Rchb.f.) Ktze.: *Myoxanthus* 22 (L*)
- *immersa* (Lind. & Rchb.f.) Ktze.: *Pleurothallis* 340 (9**)
- *inaequalis* (Lindl.) Ktze.: *Pleurothallis* 344 (G)
- *incompta* (Rchb.f.) Ktze.: *Pleurothallis* 584 (G)
- *insignis* (Rolfe) Ktze.: *Pleurothallis* 348 (9**)
- *krameriana* (Rchb.f.) Ktze.: *Pleurothallis* 340 (9**)
- *lanceana* (Lodd.) Ktze.: *Pleurothallis* 373 (G)
- *lanceolata* (Lindl.) Ktze.: *Pleurothallis* 375 (G)
- *lanceolata* Ruiz & Pav.: *Stelis* 56 (L)
- *laurifolia* (Kunth) Ktze.: *Pleurothallis* 618 (G)
- *lepanthiformis* (Rchb.f.) Ktze.: *Trichosalpinx* 11 (G)
- *lindenii* (Lindl.) Ktze.: *Pleurothallis* 645 (E, G, H)
- *lingua* (Lindl.) Ktze.: *Pleurothallis* 394 (G)
- *longicaulis* (Lindl.) Ktze.: *Pleurothallis* 399 (G)
- *longirostris* (Focke) Ktze.: *Pleurothallis* 238 (G)
- *longissima* (Lindl.) Ktze.: *Pleurothallis* 584 (G)
- *macrophylla* (H.B.K.) Ktze.: *Pleurothallis* 411 (L*)
- *macrorhiza* (Lindl.) Ktze.: *Pleurothallis* 413 (G)
- *marginalis* (Rchb.f.) Ktze.: *Pleurothallis* 296 (9**, G**)
- *marginata* (Lindl.) Ktze.: *Pleurothallis* 296 (9**, G**)
- *mathewsii* (Lindl.) Ktze.: *Pleurothallis* 541 (E**, G, H**)
- *miersii* (Lindl.) Ktze.: *Barbrodria* 1 (G)
- *misera* (Lindl.) Ktze.: *Platystele* 46 (L*)
- *muscoidea* (Lindl.) Ktze.: *Pleurothallis* 462 (G)
- *nicaraguensis* (Rchb.f.) Ktze.: *Pleurothallis* 584 (G)
- *nittiorhyncha* (Lindl.) Ktze.: *Restrepia* 34 (L**)

- *oblonga* Ruiz & Pav.: *Stelis* 75 (L)
- *obovata* (Lindl.) Ktze.: *Pleurothallis* 487 (G)
- *ochreata* (Lindl.) Ktze.: *Pleurothallis* 490 (G)
- *ochthodes* (Rchb.f.) Ktze.: *Scaphosepalum* 32 (H**, L*)
- *octomerioides* (Lindl.) Ktze.: *Pleurothallis octomerioides* (E, H**)
- *octomerioides* (Lindl.) Ktze.: *Myoxanthus* 32 (L*)
- *orbicularis* (Lindl.) Ktze.: *Trichosalpinx* 21 (G)
- *pandurifera* (Lindl.) Ktze.: *Pleurothallis* 510 (G)
- *papillosa* (Lindl.) Ktze.: *Pleurothallis* 516 (G)
- *parviflora* (Lindl.) Ktze.: *Pleurothallis* 521 (G)
- *pectinata* (Lindl.) Ktze.: *Pleurothallis* 525 (G)
- *peduncularis* (Lindl.) Ktze.: *Myoxanthus* 14 (L*)
- *phalangifera* (Presl) Ktze.: *Pleurothallis* 541 (G)
- *picta* (Lindl.) Ktze.: *Pleurothallis* 296 (9**, G**)
- *pisifera* (Lindl.) Ktze.: *Platystele* 62 (L*)
- *plantaginea* (Poepp. & Endl.) Ktze.: *Masdevallia* 248 (G)
- *plumosa* (Lindl.) Ktze.: *Pleurothallis* 373 (G)
- *poeppigii* (Lindl.) Ktze.: *Myoxanthus* 28 (G, L*)
- *polyliria* (Endr. & Rchb.f.) Ktze.: *Pleurothallis* 271 (G)
- *polystachya* (A.Rich. & Gal.) Ktze.: *Pleurothallis* 573 (9**, G)
- *procumbens* (Lindl.) Ktze.: *Pleurothallis* 727 (L*)
- *prolifera* (Herbert ex Lindl.) Ktze.: *Pleurothallis* 569 (9**, G**)
- *pruinosa* (Lindl.) Ktze.: *Pleurothallis* 570 (G)
- *pubescens* (Lindl.) Ktze.: *Pleurothallis* 573 (9**, G)
- *punctata* (Lindl.) Ktze.: *Trichosalpinx* 24 (G)
- *punctulata* (Rolfe) Ktze.: *Pleurothallis* 578 (9**)
- *purpurea* Ruiz & Pav.: *Stelis* 93 (L)
- *pusilla* (Kunth) Ktze.: *Trichosalpinx* 26 (G)
- *quadrifida* (Llave & Lex.) Ktze.: *Pleurothallis* 584 (G)
- *recurva* (Lindl.) Ktze.: *Pleurothallis* 596 (G)
- *reichenbachiana* Ktze.: *Pleurothallis* 411 (L*)
- *restrepioides* (Lindl.) Ktze.: *Pleurothallis* 599 (G, L*)
- *reymondii* (Karst.) Ktze.: *Myoxanthus* 37 (9**, L*)
- *rigidifolia* (Lindl.) Ktze.: *Myoxanthus* 1 (L*)
- *roezlii* (Rchb.f.) Ktze.: *Pleurothallis* 599 (G)
- *roezlii* (Rchb.f.) Ktze.: *Pleurothallis* 411 (L*)
- *rubens* (Lindl.) Ktze.: *Pleurothallis* 611 (G)
- *rupestris* (Lindl.) Ktze.: *Pleurothallis* 616 (G)
- *ruscifolia* (Jacq.) Ktze.: *Pleurothallis* 618 (G)
- *saurocephala* (Lodd.) Ktze.: *Pleurothallis* 630 (9**, G**)
- *scabrilinguis* (Lindl.) Ktze.: *Pleurothallis* 632 (G)
- *sclerophylla* (Lindl.) Ktze.: *Pleurothallis* 642 (G)
- *secunda* (Poepp. & Endl.) Ktze.: *Pleurothallis* 645 (E, G, H)
- *semipellucida* (Rchb.f.) Ktze.: *Pleurothallis* 216 (G)
- *seriata* (Lindl.) Ktze.: *Pleurothallis* 650 (G)
- *sirene* (Rchb.f.) Ktze.: *Pleurothallis* 87 (9**)
- *smithiana* (Lindl.) Ktze.: *Pleurothallis* 573 (9**, G)
- *spiralis* Ruiz & Pav.: *Pleurothallis* 681 (G)
- *stenopetala* (Lodd. ex Lindl.) Ktze.: *Pleurothallis* 642 (G)
- *stenostachya* (Rchb.f.) Ktze.: *Platystele* 80 (E*, H**, L*)
- *striata* (Focke) Ktze.: *Pleurothallis* 738 (E, G, H)
- *strupifolia* (Lindl.) Ktze.: *Pleurothallis* 691 (G)
- *succosa* (Lindl.) Pav. ex Lindl.: *Pleurothallis* 618 (G)
- *tentaculata* (Poepp. & Endl.) Ktze.: *Pleurothallis* 707 (G)
- *teres* (Lindl.) Ktze.: *Pleurothallis* 709 (G)
- *tribuloides* (Sw.) Ktze.: *Pleurothallis* 721 (G)
- *tricarinata* (Poepp. & Endl.) Ktze.: *Pleurothallis* 722 (G)

- *tridentata* (Kl.) Ktze.: *Pleurothallis* 724 (G)
- *trifida* (Lindl.) Ktze.: *Pleurothallis* 725 (G)
- *tripterantha* (Rchb.f.) Ktze.: *Pleurothallis* 727 (L*)
- *tripterygia* (Rchb.f.) Ktze.: *Pleurothallis* 727 (L*)
- *truxillensis* (Rchb.f.) Ktze.: *Pleurothallis* 573 (9**, G)
- *tubulosa* (Lindl.) Ktze.: *Restrepiopsis* 14 (L*)
- *ujarrensis* (Rchb.f.) Ktze.: *Restrepiopsis* 15 (L*)
- *undulata* (Poepp. & Endl.) Ktze.: *Pleurothallis* 737 (G)
- *uniflora* (Lindl.) Ktze.: *Pleurothallis* 738 (E, G, H)
- *verrucosa* (Rchb.f.) Ktze.: *Scaphosepalum* 32 (H**, L*)
- *villosa* (Knowl. &Westc.) Ktze.: *Trichosalpinx* 11 (G)
- *viridula* (Lindl.) Ktze.: *Restrepiopsis* 14 (L*)
- *vittata* (Lindl.) Ktze.: *Pleurothallis* 573 (9**, G)
- *warmingii* (Rchb.f.) Ktze.: *Myoxanthus* 24 (L*)
× **Hummelara (Humm.)** (*Barkeria* × *Brassavola* × *Epidendrum*)
× *Huntara*: × *Teohara* (*Arachnis* × *Euanthe* (*Vanda*) × *Renanthera* × *Vanda* × *Vandopsis*)
× **Huntleanthes (Hnths.)** (*Cochleanthes* × *Huntleya*)

Huntleya (Hya.) Batem. ex Lindl. - 1837 - Subfam. *Epidendroideae* Tribus: *Maxillarieae* Subtr. *Zygopetalinae* - 8/11 sp. epi. - C-S-Am., Trin., C. Rica to Braz.
- *albidofulva* Lem.: 10 (G**)
1. **albidofulva** Lem. - Col. (R)
- *albidofulva* Lem.: 4 (O5/98)
- *albo-fulva* Lem.: 10 (E**, H**)
2. **apiculata** (Rchb.f.) Schltr. [*H. apiculata* (Rchb.f.) Rolfe (S)] (*Batemania apiculata* Rchb.f.) - Col. (O5/98, R**, S)
3. **brevis** Schltr. - Col. (O5/98, S)
4. **burtii** (Endr. & Rchb.f.) Pfitz. [*H. burtii* Rchb.f. (W**), *H. burtii* Rolfe (O1/89, S*)] (*H. albidofulva* Lem., *H. wallisii* (Rchb.f.) Rchb.f, *Batemania burtii* Endr. & Rchb.f., *Zygopetalum burtii* Benth. & Hook. ex Hemsl.) - Nic., C. Rica, Pan., Ven., Peru (9**, O3/91, O5/98)
- *burtii* (Endr. & Rchb.f.) Rolfe: 10 (E**, H**)
- *burtii* (Endr. & Rchb.f.) Pfitz.: 10 (G**)
- *candida* hort. ex Lindl.: *Cochleanthes* 3 (O5/98)
- *cerina* Lindl. & Paxt.: *Pescatorea* 3 (4**, 9**, H**, O5/98, O6/98, S*)
5. **citrina** Rolfe (*H. waldvogelii* Jenny) - end. to Col. 0-100 m (9**, A**, O3/90, O5/98, R**, S*)
6. **fasciata** Fowlie - C.Rica, Pan., Col. (W**, R**)
- *fasciata* Fowlie: 7 ($53/7)
- *fasciata* Fowlie: 9 (O5/98)
- *fimbriata* hort.: *Kefersteinia* 19 (O5/98)
- *grandiflora* (A.Rich.) Lem.: *Mendoncella* 3 (9**, O5/98)
7. **gustavii** (Rchb.f.) Rolfe (*H. fasciata* Fowlie, *H. lucida* (Rolfe) Rolfe, *Batemania gustavi* Rchb.f., *Zygopetalum lucidum* Rolfe) - Col., Ec. 0-1.500 m ($53/7, O5/98, R**, S*)
8. **heteroclita** (Poepp. & Endl.) Gar. (*Zygopetalum rhombilabium* Schweinf., *Maxillaria heteroclita* Poepp. & Endl., *Cochleanthes heteroclita* (Poepp. & Endl.) Schweinf. & Gar., *C. rhombilabia* (Schweinf.) Sengh.) - Ec., Peru, Braz. - scented (A**, E**, H**, O3/90, S*)
- *heteroclita* (Poepp. & Endl.) Gar.: *Chaubardia* 3 (O4/98, O5/98)
- *imbricata* hort.: *Warscewiczella cochlearis* (8**)
- *imbricata* hort. ex Rchb.f.: *Cochleanthes* 5 (9**, G**, O5/98**)
9. **lucida** (Rolfe) Rolfe (*H. fasciata* Fowlie, *Zygopetalum lucidum* Rolfe) - Braz., Ec., Ven., Guy., Hond. (A**, O5/98, R, S*)
- *lucida* (Rolfe) Rolfe: 7 ($53/7)
- *marginata* hort. ex Rchb.f.: *Mendoncella* 5 (9**)
- *marginata* hort. ex Rchb.f.: *Cochleanthes* 10 (O5/98)
10. **meleagris** Lindl. (*H. albo-fulva* Lem., *H. albidofulva* Lem., *H. burtii* (Endr. & Rchb.f.) Rolfe, *H. burtii* (Endr. & Rchb.f.) Pfitz., *H. wallisii* (Rchb.f.) Rolfe, *H. meleagris* var. *albidofulva* (Lem.) Cogn., *Batemania burtii* Endr. & Rchb.f., *B. meleagris*

(Lindl.) Rchb.f., *B. meleagris* var. *albidofulva* (Lem.) Rchb.f. , *B. burtii* var. *wallisii* Rchb.f., *B. wallisii* Rchb.f. , *B. wallisii* var. *major* Rchb.f. ex Roezl, *Zygopetalum meleagris* (Lindl.) Benth., *Z. meleagris* var. *albidofulva* (Lem.) Nicholls, *Z. burtii* (Endr. & Rchb.f.) Benth. & Hook.f., *Z. burtii* var. *wallisii* (Rchb.f.) Veitch) - Braz., Ven., Guy., C.Rica, Pan., Trin., Ec. (4**, E**, G**, H**, O5/98**, R**, S)
- *meleagris* var. *albidofulva* (Lem.) Cogn.: 10 (G**)
11. **sessiliflora** Batem. - S-Ven. (S)
→ *sessiliflora* Batem. ex Lindl.: *Bollea* 10 (G, O4/98, O5/98)
- *tyrianthina* hort. ex Rchb.f.: *Bollea* 10 (G, O4/98, O5/98)
12. **vargasii** Dods. & Benn. - Peru (O5/98, S)
- *violacea* Lindl.: *Bollea* 10 (G, O4/98, O5/98)
- *waldvogeli* Jenny (O4/84): 5 (O3/90, O5/98)
13. **wallisii** (Rchb.f.) Rolfe (*Batemania wallisii* Rchb.f.) - Col., Ec. (O5/98, R)
- *wallisii* (Rchb.f.) Rolfe: 10 (G**)
- *wallisii* (Rchb.f.) Rchb.f: ? 4 (S)

Huttonaea Harv. - 1863 - *Subfam. Orchioideae Tribus: Orchideae Subtr. Huttonaeinae* - (*Hallackia* Harv.) - 5 sp. terr. - S-Afr.
1. **fimbriata** (Harv.) Rchb.f. - Cape to Transv. 1.200-3.200 m (S)
2. **grandiflora** (Schltr.) Rolfe - Cape to Transv. 1.200-3.200 m (S)
3. **oreophila** Schltr. - Cape to Transv. 1.200-3.200 m (S)
4. **pulchra** Harv. - Cape to Transv. 1.200-3.200 m (S)
5. **woodii** Schltr. - Cape to Transv. 1.200-3.200 m (S)

Hyacinthorchis Bl. - 1849: *Cremastra* Lindl. (S)

Hyalosema (Schltr.) Rolfe - 1919: *Bulbophyllum* Thou.

Hyalosema (Schltr.) Rolfe - 1919 - *Bulbophyllinae* (S) - (*Bulbophyllum* sect. *Hyalosema* Schltr.) - 14 sp. epi. - Mal., Sol.
1. **cominsii** (Rolfe) Rolfe - Sol. (S)
- *cominsii* (Rolfe) Rolfe: *Bulbophyllum* 189 (9**)
2. **grandiflora** (Bl.) Rolfe - Indon., N. Gui. (S)

→ *grandiflorum* (Bl.) Rolfe: *Bulbophyllum* 189 (9**)
3. **micholitzii** (Rolfe) Rolfe - Mal. (S*)
4. **trachyanthum** (Kraenzl.) Rolfe - Bism. (S)

Hybochilus Schltr. - 1920 - *Subfam. Epidendroideae Tribus: Oncidieae Subtr. Oncidiinae* - 1 sp. epi. - C.Rica, W-Pan.
- *huebneri* Mansf.: *Polyotidium* 1 (S)
1. **inconspicuus** (Kraenzl.) Schltr. (*Rodriguezia inconspicua* Kraenzl., *R. candelariae* Kraenzl., *R. juergensiana* Kraenzl., *Leochilus parviflorus* Standl. & L.O.Wms.) - C.Rica, W-Pan. 1.000-1.600 m (O3/91, S, W**)
- *leochilinus* (Rchb.f.) Mansf.: *Goniochilus* 1 (S)

Hygrochilus Pfitz. - 1897 - *Aeridinae* (S) - 1 sp. epi. - N-Ind., S-China, Laos, Viet.
1. **parishii** (Veitch & Rchb.f.) Pfitz. (*Vanda parishii* Rchb.f., *Vandopsis parishii* (Rchb.f.) Schltr., *Stauropsis parishii* (Rchb.f.) Rolfe) - N-Ind., S-China, Laos, Viet. (H**, S*)
var. **mariottianus** (Rchb.f.) Sengh. (*Vanda parishii* var. *mariottianus* Rchb.f.) - Burm. (S)
- *subparishii* Tsi: *Sedirea* 2 (S*)

Hylaeorchis Carnevali & Romero - 2000 - *Lycastinae* (S) - 1 sp. epi. - Ven.
1. **petiolaris** (Schltr.) Carnevali & Romero (*Maxillaria petiolaris* Schltr., *M. perparva* Gar. & Dunst. *Bifrenaria minuta* Gar., *B. rudolfii* (Hoehne) Carnevali & Romero) - Ven., Braz. (S*)

Hylophyla [Hylophila (S)] Lindl. - 1831 - *Subfam. Spiranthoideae Tribus: Erythrodeae* - 4 sp. terr. - N.Gui., Mal.
- *lanceolata* (Bl.) Miq.: *Dicerostylis* 1 (2*, 6*)
1. **nipponica** (Fuk.) Liu & Su - Jap. (S)
2. **mollis** Lindl. - Mal. (S)
- *purpurascens* Miq.: *Hetaeria* 10 (2*)

Hymenorchis Schltr. - 1913 - *Subfam. Epidendroideae Tribus: Vandeae Subtr. Sarcanthinae* - 10 sp. epi. - N.Gui., Java, Phil.
1. **foliosa** Schltr. - P.N.Gui. 2.200 m (S)
2. **javanica** (Teijsm. & Binn.) Schltr. (*Oeceoclades javanica* Teijsm. & Binn., *Saccolabium javanicum* (Teijsm. & Binn.) J.J.Sm.) - Java 900-1.000 m (O4/94**, S*)

3. **kaniensis** Schltr. - P.N.Gui. (S*)
4. **saccata** Schltr. - P.N.Gui. (S)
5. **serrata** Schltr. - P.N.Gui. (S)
6. **serrulata** (N.Hallé) Gar. (*Saccolabium serrulata* N.Hallé) - N.Cal. (A**, S*)
7. **vanoverberghii** (Ames) Gar. (*Saccolabium vanoverberghii* Ames) - Phil. 2.500 m (S)

Hypodaematium (Hypodematium) A. Rich. - 1850: *Eulophia* R.Br. ex Lindl. (S)

Hypodema Rchb. - 1841: *Cypripedium* L. (S)

Hysteria Reinw: *Corymborkis* Thou.
- *veratrifolia* Reinw.: *Corymborkis* 5 (2*, H)

Iantha Hook. - 1825: *Ionopsis* H.B.K. (S)
- *pallidiflora* Hook.: *Ionopsis* 7 (9**, G**)

Ibidium Salisb. - 1821: *Spiranthes* L.C. Rich. (S)
- *cernuum* (L.) House: *Spiranthes* 3 (9*, G**)
- *cristalligerum* Salisb.: *Sacoila* 1 (9**, G**)
- *speciosum* Salisb.: *Stenorrhynchus* 5 (8**)
- *tortile* (Sw.) House: *Spiranthes* 14 (G)

Ida Ryan & Oakeley - 2002 - Lycastinae (S) - (*Lycaste* subg. *Lycaste* p.p.) - 34 sp.
1. **ariasii** Oakeley - Peru (S)
2. **barringtoniae** (J.E.Sm.) Ryan & Oakeley (*Lycaste barringtoniae* (J.E. Sm.) Lindl.) - Jam., Cuba, Dom. to 1.200 m (S)
3. **barrowii** Oakeley - Peru (S)
4. **ciliata** (Ruiz & Pav.) Ryan & Oakeley (*Lycaste ciliata* (Ruiz. & Pav.) Lindl. ex Rchb.f.) - Ec., Peru, Bol. 600-2.800 m (S)
5. **cinnabarina** (Lindl.) Ryan & Oakeley (*Lycaste cinnabarina* Lindl., *L. denningiana* Rchb.f.) - Ec., Peru 1.600-2.700 m (S)
6. **cobbiana** (B.S.Wms.) Ryan & Oakeley (*Lycaste cobbiana* B.S.Wms., *L. trifoliata* Lehm. ex Mast.) - Ec., Peru, Bol. 1.200-1.600 m (S)
7. **costata** (Lindl.) Ryan & Oakeley (*Lycaste costata* (Lindl.) Lindl., *L. longiscapa* Mast.) (S)
8. **diastasia** (Benn. & Oakeley) Ryan & Oakeley - Ven., Peru (S)
9. **dunstervillea** (Berg.) Ryan & Oakeley - Ven. (S)
10. **dyeriana** (Sand. ex Rolfe) Ryan & Oakeley (*Lycaste dyeriana* Sand. ex Rolfe) - Peru (S)
11. **fimbriata** (Poepp. & Endl.) Ryan & Oakeley (*Lycaste fimbriata* (Poepp. & Endl.) Cogn.) (S)
12. **fragrans** (Oakeley) Ryan & Oakeley (*Lycaste fragrans* Oakeley) - E-Ec. 1.700 m - scented (S)
13. **fulvescens** (Hook.) Ryan & Oakeley (*Lycaste fulvescens* Hook., *L. flavescens* hort.) - Col., Ven. 1.700-2.000 m (S)
14. **gigantea** (Lindl.) Ryan & Oakeley (*Lycaste gigantea* Lindl.) (S)
15. **grandis** (Oakeley) Ryan & Oakeley (*Lycaste grandis* Oakeley) (S)
16. **hajekii** Benn. & Oakeley - Peru (S)
17. **hirtzii** (Dods.) Ryan & Oakeley (S)
18. **jamesii** Oakeley - Col., Peru (S)
19. **jiminezii** Oakeley - Col. (S)
20. **labello-viridis** (H.Wms.) Oakeley (*Lycaste gigantea* var. *labello-viridis* H.Wms.) - Col. (S)
21. **lacheliniae** Oakeley - Peru (S)
22. **lanipes** (Lindl.) Ryan & Oakeley (*Lycaste lanipes* Lindl.) (S)
23. **lata** (Rolfe) (*Lycaste lata* Rolfe, *L. fowliei* Oakeley) (S)
24. **linguella** (Rchb.f.) Ryan & Oakeley (*Lycaste linguella* Rchb.f.) - Peru, Ec. ca. 2.000 m (S)
25. **locusta** (Rchb.f.) Ryan & Oakeley (*Lycaste locusta* Rchb.f.) - Peru 2.000-3.000 m (S)
26. **maxibractea** (Benn. & Oakeley) Ryan & Oakeley - Peru (S)
27. **mesochlaena** (Rchb.f.) Ryan & Oakeley (*Lycaste mesochlaena* Rchb.f., *L. nana* Oakeley) (S)
28. **peruviana** (Rolfe) Ryan & Oakeley (*Lycaste peruviana* Rolfe, *L. andreettae* Dods., *L. jarae* Benn. & Christ.) - Peru (S)
29. **reichenbachii** (Gireoud ex Rchb.f.) Ryan & Oakeley (*Lycaste reichenbachii* Gireoud ex Rchb.f., *L. mezae* Benn. & Oakeley) (S)
30. **rikii** Oakeley - Col. (S)
31. **rossyi** (Hoehne) Ryan & Oakeley (*Lycaste ciliata* Hoehne) - Braz. (S)
32. **uribei** Oakeley - Col. (S)

Imerinaea Schltr. - 1925 - *Subfam. Epidendroideae Tribus: Polystachyeae* - 1 sp. terr. - Madag.

1. **madagascarica** Schltr. (*Phaius gibbosulus* H.Perr. n.n.) - Madag. ca. 1.500 m - terr. (U, S*)
India Rao - 1999 - *Aeridinae* (S) - 1 sp. epi. - Ind. (S)
  1. **arunachalensis** Rao - NE-Ind. 200 m (S*)
Inobulbon (Schltr.) Kraenzl.: *Dendrobium* Sw.
Inobulbon (Schltr.) Kraenzl. [*Inobulbum* (Schltr.) Kraenzl. (S)] - 1910 - *Dendrobiinae* (S) - (*Dendrobium* sect. *Inobulbon* Schltr.) - 3 sp. - N.Cal.
  1. **layardii** (F.v.Muell. & Kraenzl.) M. Clem. & D.Jones (*Cirrhopetalum layardii* F.v.Muell. & Kraenzl.) (S)
  2. **munificum** (Finet) Kraenzl. (*Dendrobium muricatum* var. *munificum* Finet) - N.Cal. (S*)
  ➤ *munificum* (Finet) Kraenzl.: *Dendrobium* 244 (9**)
  3. **muricatum** (Finet) Kraenzl. (*Dendrobium muricatum* Finet) - N.Cal. (S) ➤ Dendrobium 245
Inobulbum (Schltr.) Kraenzl. - 1913: *Inobulbon* (Schltr.) Kraenzl.
× *Ioncidium*: × *Ionocidium* (*Ionopsis* × *Oncidium*)
Ione Lindl. - 1853: *Sunipia* Lindl.
- *andersonii* King & Pantl.: *Sunipia* 1 (S*)
- *bicolor* (Lindl.) Lindl.: *Sunipia* 5 (S*)
- *cirrhata* Lindl.: *Sunipia* 6 (H**)
- *dichroma* (Rolfe) Gagn.: *Monomeria* 2 (9**)
- *khasiana* (Griff.) Lindl.: *Sunipia* 5 (S*)
- *paleacea* Lindl.: *Sunipia* 8 (9**)
- *paleacea* Lindl.: *Sunipia* 6 (H**)
- *racemosa* (J.E.Sm.) Seidenf.: *Sunipia* 9 (S*)
- *scariosa* (Lindl.) King & Pantl.: *Sunipia* 9 (S*)
× **Ionettia (Intta.)** (*Comparettia* × *Ionopsis*)
× **Ionocidium (Incdm.)** (*Ionopsis* × *Oncidium*)
Ionopsis (Inps.) H.B.K. - 1815 - *Subfam. Epidendroideae Tribus: Oncidieae Subtr. Oncidiinae* - (*Iantha* Hook., *Cybelion* Spreng.) - ca. 7/10 sp. epi/ter - Trop.-Subtrop. Am., Flor., Mex., Bol., Par. - scented
  1. **blanchettii** Rchb.f. - Braz. - doubtful sp. (S)
  2. **burchellii** Rchb.f. - Mex. - doubtful sp. (S)
  3. **costaricensis** Schltr. - C.Rica (W)
  - *gardneri* Lindl.: 7 (9**, G**)
  4. **longicaulis** L.O.Wms. - Mex. (S)
  5. **orchioides** Kraenzl. - Col. - doubtful sp. (S)
  - *pallidiflora* (Hook.) Lindl.: 7 (9**, G**)
  - *paniculata* Lindl. (8**, O3/91): 7 (4**, 9**, E**, G**, H**, S*)
  - *pulchella* H.B.K.: 7 (9**, G**, R**, S*)
  - *pusilla* Barb.Rodr.: 6 (G)
  - *pygmaea* Cogn.: *Stictophyllorchis* 2 (S)
  6. **satyrioides** (Sw.) Rchb.f. (*I. testicula* (Sw.) Lindl., *I. teres* Lindl., *I. pusilla* Barb.Rodr., *Epidendrum satyrioides* Sw., *Dendrobium testiculatum* Sw., *Cybelion testiculum* (Sw.) Spreng.) - W-Ind., Col., Ven., Guy., Nic., C.Rica, Pan. 0-1.000 m (O3/91, G, W, R, S)
  - *tenera* Lindl.: 7 (9**, G**)
  - *teres* Lindl.: 6 (G)
  - *testicula* (Sw.) Lindl.: 6 (G, S)
  7. **utricularioides** (Sw.) Lindl. (*I. paniculata* Lindl., *I. pulchella* H.B.K., *I. pallidiflora* Hook., *I. pallidiflora* (Hook.) Lindl., *I. tenera* Lindl., *I. gardneri* Lindl., *I. zonalis* Lindl. & Paxt., *Epidendrum utricularioides* Sw., *E. crenatum* Vell., *E. calcaratum* Sessé & Moc., *Dendrobium utricularioides* (Sw.) Sw., *Cybelion pallidiflorum* (Hook.) Spreng., *C. tenerum* (Lindl.) Steud., *C. utriculariae* (Sw.) Steud., *C. utriculariae* Spreng.) - Trop. Am., Flor., Peru, Par. 0-1.600 m (3**, 4**, 9**, O3/91, E**, G**, H**, W**, S*)
  8. **zebrina** Kraenzl. - Col. - doubtful sp. (S)
  - *zonalis* Lindl. & Paxt.: 7 (9**, G**)
Ionorchis abortiva (L.) Beck: *Limodorum* 1 (T**)
Ipsea Lindl. - 1831 - *Subfam. Epidendroideae Tribus: Arethuseae Subtr. Bletiinae* - 3 sp. terr. - Ind., Sri L., Thai.
  1. **malabarica** (Rchb.f.) Hook.f. - S-Ind.: ? *Ipsea speciosa* Lindl. (S)
  2. **speciosa** Lindl. (*Pachystoma speciosum* (Lindl.) Rchb.f., *Spathoglottis speciosa* (Lindl.) Pradhan) - end. to

Ipsea - Isochilus

Sri L. 900-1.800 m - „Daffodill Orchid" (9**, H*, S*)
3. **thailandica** Seidenf. - Thai. (S)
- *thomsoniana* (Rchb.f.) Pfitz.: *Ancistrochilus* 2 (9**)
- *wrayana* Hook.f.: *Mischobulbon* 8 (S)

Iridorchis Bl. - 1858: *Cymbidium* Sw. (S)
Iridorchis Ktze. - 1890: *Oberonia* Lindl. (S)
- *anceps* Ktze.: *Oberonia* 2 (2*)
- *cylindrica* (Lindl.) Ktze.: *Oberonia* 9 (G)
- *equitans* (Forst.f.) Ktze.: *Oberonia* 10 (U**)
- *gigantea* Bl.: *Cymbidium* 20 (8**)
- *gigantea* (Wall. ex Lindl.) Bl.: *Cymbidium* 25 (9**, H**)
- *imbricata* Ktze.: *Oberonia* 15 (2*)
- *iridiflora* (Roxb.) Ktze.: *Oberonia* 16 (2*, 9**)
- *lunata* Ktze.: *Oberonia* 21 (2*)
- *microphylla* Ktze.: *Oberonia* 23 (2*)
- *miniata* Ktze.: *Oberonia* 24 (2*)
- *myriantha* (Lindl.) Ktze.: *Oberonia* 1 (9**)
- *recurva* (Lindl.) Ktze.: *Oberonia* 29 (G)
- *scortechinii* Ktze.: *Oberonia* 30 (2*)
- *similis* Ktze.: *Oberonia* 31 (2*)
- *spathulata* Ktze.: *Oberonia* 32 (2*)
- *wightiana* (Lindl.) Ktze.: *Oberonia* 37 (G)

× **Irvingara (Irv.)** (*Arachnis* × *Renanthera* × *Trichoglottis*)

Isabelia Barb.Rodr. - 1877 - *Subfam. Epidendroideae Tribus: Epidendreae Subtr. Laeliinae* - 1/2 sp. epi. - E-Braz.
1. **pulchella** (Kraenzl.) Sengh. & Teuscher - E-Braz. (H)
↣ *pulchella* (Kraenzl.) Sengh. & Teuscher: *Neolauchea* 1 (S*)
2. **virginalis** Barb.Rodr. - E-Braz. (9**, H**, S*)

× **Isanitella** (*Isabelia* × *Sophronitella* (*Sophronitis*)

× **Isaoara (Isr.)** (*Aërides* × *Ascocentrum* × *Phalaenopsis* × *Vanda*)

Ischnocentrum Schltr. - 1912 - *Subfam. Epidendroideae Tribus: Dendrobieae Subtr. Glomerinae* - 1 sp. epi. - N.Gui.
1. **myrtillus** Schltr. - N.Gui. (S*)

Ischnogyne Schltr. - 1913 - *Subfam. Epidendroideae Tribus: Dendrobieae Subtr. Coelogyninae* - 1 sp. epi/lit - Szetch.

1. **mandarinorum** (Kraenzl.) Schltr. (*Coelogyne mandarinorum* Kraenzl., *Pleione mandarinorum* (Kraenzl.) Kraenzl.) - Szetch. highl. (S)

Isias De Not. - 1844: *Serapias* L. (S)

Isochilus R.Br. - 1813 - *Subfam. Epidendroideae Tribus: Epidendreae Subtr. Laeliinae* - few sp. epi/ter/lit - C-S-Am., W-Ind.
1. **amparoanus** Schltr. - Nic., C.Rica (W)
2 **aurantiaous** Hamer & Gar. - Guat., Salv., Nic. (S)
- *brasiliensis* Schltr.: 5 (G**)
3. **carnosiflorus** Lindl. - Nic., C.Rica (W)
- *cernuus* Lindl.: *Briegeria* 2 (O1/80)
- *dubius* A.Rich. & Gal.: *Pachystele* 1 (G)
- *elegans* Focke: *Epidendrum* 288 (E)
- *elegans* Focke: *Dimerandra* 4 (9**, G)
- *elegans* Focke: *Dimerandra* 3 ($56/4)
- *graminifolium* (Kunth) Lindl.: *Maxillaria* 110 (G)
- *graminifolius* Kunth: *Maxillaria* 110 (G)
- *graminoides* Hook.: *Epithecia graminoides* (O2/81)
- *grandiflorum* Lindl.: *Maxillaria* 144 (G)
- *langlassei* Schltr.: 5 (G**)
4. **latibracteatus** A.Rich. & Gal. - Nic., C.Rica (W)
- *leucanthus* Barb.Rodr.: 5 (G**)
5. **linearis** (Jacq.) R.Br. (*I. leucanthus* Barb.Rodr., *I. pauciflorus* Cogn., *I. langlassei* Schltr., *I. brasiliensis* Schltr., *I. peruvianus* Schltr., *I. linearis* var. *leucanthum* (Barb.Rodr.) Cogn., *Epidendrum lineare* Jacq., *Cymbidium lineare* (Jacq.) Sw., *Leptothrium lineare* (Jacq.) Kunth.) - Mex., Bel., Guat., Salv., Hond., Nic., S-Am. (A**, E, G**, H**, W, O3/96, S*)
- *linearis* var. *leucanthum* (Barb. Rodr.) Cogn.: 5 (G**)
- *linifolium* (Presl) Lindl.: *Maxillaria* 110 (G)
- *lividus* Lindl.: *Pachystele* 1 (G)
- *lividus* Lindl.: *Pachystele* 2 (S)
6. **major** Cham. & Schlechtend. - C-Am., S-Mex. to Pan., Jam. (E**, H**, W**, S*)

- *pauciflorus* Cogn.: 5 (G**)
- *pauciflorus* Cogn.: *Pseudoponera* 2 (S)
- *peruvianus* Schltr.: 5 (G**)
7. **pitalensis** Hamer & Gar. - Salv. (S)
- *prolifer* R.Br.: *Scaphyglottis* 37 (E, G**, H)
- *proliferum* (R.Br.) Lindl.: *Scaphyglottis* 37 (E, G**)
- *ramosum* (Jacq.) Spreng.: *Epidendrum* 249 (G)
8. **smithii** Jones - Windward isl. (S)
- *teretifolium* (Sw.) Lindl.: *Dressleriella* 6 (S)

Isotria Raf. - 1808 - *Subfam. Epidendroideae Tribus: Vanilleae Subtr. Pogoniinae* - (*Odonectis* Raf.) - 2 sp. terr. - E-USA
1. **medeloides** (Pursh) Raf. (*Pogonia affinis* Austin) - E-USA - „Small Whorled Pogonia" (S, $55/1)
2. **verticillata** (Muhl. ex Willd.) Raf. (*Pogonia verticillata* Muhl. ex Willd.) - E-USA - „Whorled Pogonia" (S, $47/12, $53/7)

× **Iwanagara (Iwan.)** (*Brassavola* × *Cattleya* × *Diacrium* (*Caularthron*) × *Laelia*)

× **Izumiara (Izma.)** (*Cattleya* × *Epidendrum* × *Laelia* × *Schomburgkia* × *Sophronitis*)

Jacquiniella Schltr. - 1920 - *Subfam. Epidendroideae Tribus: Epidendreae Subtr. Laeliinae* - (*Dressleriella* Brieg.) - ca. 4/12 sp. epi. - Neotrop., Mex. to Col.
1. **aporophylla** (L.O.Wms.) Dressl. - C.Rica, Pan. (W**) ⇢ *Dressleriella* 1
- *cernua* Lindl.: *Dressleriella* 2 (S)
2. **cobanensis** (Ames & Schltr.) Dressl. - Nic., C.Rica (W)
⇢ *cobanensis* (Ames) Dressl.: *Dressleriella* 3 (S)
3. **colombiana** Schltr. - Mex. to Col. (S)
4. **equitantifolia** (Ames) Dressl. - Nic., C.Rica, Pan. (W) ⇢ *Dressleriella* 4
5. **globosa** (Jacq.) Dressl. (*Epidendrum globosum* Jacq.) - Nic., C.Rica, Pan., S-Am. (W, S)
6. **leucomelana** (Rchb.f.) Schltr. (*Epidendrum leucomelanum* Rchb.f.) - Mex. to Col. (3**)
- *miserrima* (Rchb.f.) Stehlé: *Microepidendrum* 1 (S)
7. **pedunculata** Dressl. - Pan., S-Am. (W)
8. **rubronigra** Brieg. - Braz. (S*)
9. **standleyi** (Ames) Dressl. - C.Rica, Pan. (W) ⇢ *Dressleriella* 5
10. **teres** (Rchb.f) Hamer & Gar. - Nic., C.Rica (W)
- *teres* (Rchb.f.) Hamer & Gar.: *Dressleriella* 6 (S)
11. **teretifolia** (Sw.) Britt. & Wils. - Nic., C.Rica, Pan., S-Am. (W)
⇢ *teretifolia* (Sw.) Britt. & Wils.: *Dressleriella* 6 (S)

× **Jacquinparis** (*Jacquiniella* × *Liparis*) n.n.

Jamaiciella Braem - 1980: *Olgasis* Raf. (O2/84)

Jamaiciella Braem - 1980: *Tolumnia* Raf. (S)
- *gauntlettii* (Withner & Jesup) Braem: *Olgasis* 1 (O2/84)
- *triquetra* (Sw.) Braem: *Oncidium triquetrum* (9**)
- *triquetra* (Sw.) Braem: *Olgasis* 2 (O2/84)

Jansenia Barb.Rodr. - 1891: *Plectrophora* Focke (S)

Jejewoodia Szlach. - 1995 - *Aeridinae* (S) - 1 sp. - Born.
1. **jiewhoei** (J.J.Wood & Shim) Szlach. (*Ceratochilus jiewhoei* J.J.Wood & Shim) - Born. (S*)

Jejosephia Rao & Mani - 1985 - *Bulbophyllinae* (S) - 1 sp. - Ass., E-Him.
1. **pusilla** (Joseph & Deka) Rao & Mani - E-Him., Ass. (S*)

Jenmannia Rolfe - 1898: *Palmorchis* Barb.Rodr.

Jennyella Lueckel & Fessel - 1999: *Houlletia* Brongn.

Jennyella Lueckel & Fessel - 1999 - *Stanhopeinae* (S) - 4 sp. epi. - Peru, Col., Bol.
1. **clarae** (Schltr.) Lueckel & Fessel (*Houlletia clarae* Schltr.) - Col., Peru, Bol. (&13)
2. **kalbreyeriana** (Kraenzl.) Lueckel & Fessel (*Houlletia kalbreyeriana* Kraenzl.) - Col., Peru, Ec. (&13**)
3. **lowiana** (Rchb.f.) Lueckel & Fessel (*Houlletia lowiana* Rchb.f.) - Bol., Col., Ec., Peru (&13**)
4. **sanderi** (Rolfe) Lueckel & Fessel (*Houlletia sanderi* Rolfe) - Peru, Col., Bol. (&13**)

Jensoa Raf. - 1836: *Cymbidium* Sw. (S)

- *ensata* (Thunb.) Raf.: *Cymbidium* 14 (9**)
- × **Jewellara (Jwa.)** (*Broughtonia* × *Cattleya* × *Epidendrum* × *Laelia*)
- × **Jimenezara (Jmzra.)** (*Broughtonia* × *Laelia* × *Laeliopsis*)
- *Jimensia nervos*a Raf.: *Bletilla* 3 (9**, G**)
- *sinensis* (Rolfe) Gar. & Schltr.: *Bletia sinensis* (6*, 9**)
- *striata* (Thunb.) Gar. & Schltr.: *Bletilla* 3 (9**, E**, G**, H**)
- × **Joannara (Jnna.)** (*Renanthera* × *Rhynchostylis* × *Vanda*)
- × **Johnkellyara (Jkl.)** (*Brassia* × *Leochilus* × *Oncidium* × *Rodriguezia*)
- × **Johnyeeara (Jya.)** (*Brassavola* × *Cattleya* × *Epidendrum* × *Laelia* × *Schomburgkia* × *Sophronitis*)
- **Jonesiopsis** Szlach. - 2001 - *Caladeniinae* (S) - 1 sp. - Austr.
  1. **multiclavia** (Rchb.f.) Szlach. (*Caladenia multiclavia* Rchb.f.) - SW-Austr. (S)
- *Jonorchis abortiva* (L.) Beck: *Limodorum* 1 (K**)
- *Josephia* Wight: *Sirhookera* Ktze. (S)
  - *lanceolata* Wight: *Sirhookera* 1 (O4/84, S*)
  - *latifolia* Wight: *Sirhookera* 2 (O4/84)
- **Jostia** Luer - 2000 - *Pleurothallidinae* (S) - 1 sp. epi. - Ec.
  1. **teaguei** (Luer) Luer (*Masdevallia braasii* Mohr) - Ec. 2.000-2.500 m (S*)
- × **Jumanthes (Jmth.)** (*Aëranthes* × *Jumellea*)
- **Jumellea (Jma.)** Schltr. - 1914 - *Subfam. Epidendroideae Tribus: Vandeae Subtr. Angraecinae* - ca. 59 sp. epi/lit - Madag., Com., Masc., Afr.
- *ambongensis* Schltr.: 21 (U**)
  1. **ambrensis** H.Perr. - Madag. ca. 1.000 m - epi. (U, S*)
  2. **amplifolia** Schltr. - Madag. ca. 2.000 m - epi. (U)
  3. **angustifolia** H.Perr. - Madag. 1.500-2.000 m - terr. (U)
  4. **anjouanensis** (Finet) H.Perr. (*Angraecum anjouanense* Finet) - Com. (U)
  - *ankaratrana* Schltr.: 11 (O5/96, U)
  5. **arachnantha** (Rchb.f) Schltr. (*Aeranthes arachnanthus* Rchb.f.) - Com. (U)

6. **arborescens** H.Perr. - Madag. ca. 1.400 m - epi/lit (U, S)
7. **bathiei** Schltr. - Madag. ca. 2.400 m - epi. (U)
8. **brachycentra** Schltr. (*J. floribunda* Schltr.) - Madag. 1.800-2.400 m - epi. (U)
9. **brevifolia** H.Perr. - Madag. 1.500-1.650 m - lith. (U)
10. **comorensis** (Rchb.f.) Schltr. (*Aeranthes comorensis* Rchb.f., *Mystacidium comorense* (Rchb.f.) Dur. & Schinz, *Angraecum comorense* (Rchb.f.) Finet) - Com. lowl. (E*, H*, U)
11. **confusa** (Schltr.) Schltr. (*J. ankaratrana* Schltr., *Angraecum confusum* Schltr.) - Madag., Com. 600-1.500 m - lit/epi (O5/96, U)
12. **cowanii** (Ridl.) Gar. (*Angraecum cowanii* Ridl., *Angorchis cowanii* (Ridl.) Ktze.) - Madag. - epi. (U)
- *curnowiana* (Rchb.f.) Schltr.: *Angraecum* 47 (U)
13. **cyrtoceras** Schltr. - Madag. (U)
14. **dendrobioides** Schltr. - Madag. ca. 2.000 m - epi. (U)
15. **densefoliata** Sengh. - Madag. - lith. (A**, U, S*)
- *exilipes* Schltr.: 21 (U**)
- *ferkoana* Schltr.: 27 (U)
16. **filicornoides** (De Wild.) Schltr. (*Angraecum filicornoides* De Wild.) - Kenya, Moz., Tanz., Malawi, S-Afr. 350-1.800 m (1**, M**, C**, S)
17. **flavescens** H.Perr. - Madag. ca. 1.200 m - epi. (U)
- *floribunda* Schltr.: 8 (U)
18. **fragrans** (Thou.) Schltr. (*Angraecum fragrans* Thou., *Aerobion fragrans* (Thou.) Kaempf. ex Spreng.) - Masc. (9**)
19. **francoisii** Schltr. - Madag. 1.200-1.500 m - epi. (U**)
20. **gladiator** (Rchb.f.) Schltr. (*Aeranthes gladiator* Rchb.f.) - Com. lowl. (U, S*)
21. **gracilipes** Schltr. (*J. ambongensis* Schltr., *J. exilipes* Schltr., *J. imerinensis* Schltr., *J. unguicolaris* Schltr.) - Madag. 1.400-2.000 m - epi. (U**)
22. **gregariiflora** H.Perr. - Madag. 1.000-1.150 m - lith. (U)
- *henryi* Schltr.: 26 (U)
- *humbertii* H.Perr.: *Angraecum* 7 (U)

23. **hyalina** H.Perr. - Madag. ca. 1.500 m - epi. (U)
24. **ibityana** Schltr. - Madag. ca. 2.000 m - lith. (U)
- *imerinensis* Schltr.: 21 (U**)
25. **intricata** H.Perr. - Madag. ca. 2.000 m - epi. (U)
26. **jumelleana** (Schltr.) Summerh. (*J. henryi* Schltr., *Angraecum jumelleanum* Schltr.) - Madag. 800-1.500 m - epi. (U)
27. **lignosa** (Schltr.) Schltr. (*J. lignosa* ssp. *typica* H.Perr., *Angraecum lignosum* Schltr.) - Madag. 1.000-2.000 m - lith. (U)
    ssp. **acutissima** H.Perr. - Madag. ca. 1.400 m - epi. (U)
    ssp. **ferkoana** (Schltr.) H.Perr. - (*J. ferkoana* Schltr.) - Madag. - epi. (U)
    ssp. **latilabia** H.Perr. - Madag. ca. 1.000 m - epi. (U)
    ssp. **tenuibracteata** H.Perr. - Madag. ca. 2.000 m - epi. (U)
- *lignosa* ssp. *typica* H.Perr.: 27 (U)
28. **linearipetala** H.Perr. - Madag. - epi. (U)
29. **longivaginans** H.Perr. - Madag. ca. 2.000 m - epi. (U)
    var. **gracilis** H.Perr. - Madag. 900-1.000 m - epi. (U)
30. **majalis** (Schltr.) Schltr. (*Angraecum majale* Schltr.) - Madag. 1.500-2.000 m - epi. (U)
31. **major** Schltr. - Madag. ca. 1.500 m - epi. (U)
32. **marojejiensis** H.Perr. - Madag. 1.400-1.500 m - epi. (U)
33. **maxillarioides** (Ridl.) Schltr. (*Angraecum maxillarioides* Ridl., *Angorchis maxillarioides* (Ridl.) Ktze.) - Madag. 1.200-1.600 m - epi/lit (U)
- *meirax* (Rchb.f.) Schltr.: *Angraecum* 105 (U)
34. **ophioplectron** (Rchb.f.) Schltr. (*Aeranthes ophioplectron* Rchb.f., *Mystacidium ophioplectron* (Rchb.f.) Dur. & Schinz, *Rhaphidorhynchus ophioplectron* (Rchb.f.) Poiss.) - Madag. (U)
35. **pachyceras** Schltr. - Madag. ca. 2.000 m - epi. (U)
36. **pachyra** (Kraenzl.) H.Perr. (*Angraecum pachyrum* Kraenzl.) - Madag. (U)
37. **pandurata** Schltr. - Madag. 1.200 m - epi/lit (U)
38. **papangensis** H.Perr. - Madag. 1.300 -1.500 m - epi. (U)
39. **peyrotii** Boss. - Madag. 500-1.000 m - epi. (U)
40. **phalaenophora** (Rchb.f.) Schltr. (*Aeranthes phalaenophorus* Rchb.f., *Mystacidium phalaenophorum* (Rchb.f.) Dur. & Schinz) - Com. (U)
41. **porrigens** Schltr. - Madag. ca. 2.000 m - epi. (U)
42. **punctata** H.Perr. - Madag. ca. 600 m - epi. (U)
43. **recurva** (Thou.) Schltr. - Masc. (E, H, S)
44. **rigida** Schltr. - Madag. ca. 1.800 m - epi/lit ($50/4, U)
    var. **altigena** Schltr. - Madag. ca. 2.400 m - lith. (U)
- *rutenbergiana* (Kraenzl.) Schltr.: *Angraecum* 156 (U)
45. **sagittata** H.Perr. (*Angraecum gracilipes* Rolfe) - Madag. ca. 1.400 m - epi. (4**, 9**, E**, H**, U, S*)
- *serpens* H.Perr.: *Angraecum* 163 (U)
46. **similis** Schltr. - Madag. ca. 1.500 m - epi. (U)
47. **spathulata** (Ridl.) Schltr. (*Angraecum spathulatum* Ridl., *Angorchis spathulata* (Ridl.) Ktze.) - Madag. (U)
48. **stenoglossa** H.Perr. - Madag. 20-100 m - epi. (U)
- *subcordata* H.Perr.: *Angraecum* 47 (U)
49. **teretifolia** Schltr. - Madag. 1.300-1.500 m - epi. (U, S)
- *unguicolaris* Schltr.: 21 (U**)
50. **usambarensis** J.J.Wood - Kenya, Tanz., Malawi 1.600-1.950 m (M, S)
51. **walleri** (Rolfe) La Croix (S)
52. **zaratananae** Schltr. - Madag. ca. 1.700 m - epi. (U)
× **Kagawara (Kgw.)** (*Ascocentrum* × *Renanthera* × *Vanda*)
Kalimpongia Pradhan - 1977: *Dickasonia* L.O.Wms. (O4/91)
- *narajitii* Pradhan: *Dickasonia* 1 (O4/91)
Kalopternix Gar. -1976: *Epidendrum* L.
Kalopternix Gar. - 1976 - *Epidendrinae* (S) - 3 sp. - S-Am.
1. **deltoglossum** Gar. & Dunst. - Ven. 1.300-1.700 m (O5/82, S*)
2. **mantinianum** (Rolfe) Gar. & Dunst. (*Epidendrum mantinianum* Rolfe) (S)

3. **sophronites** (Lind. & Rchb.f.) Gar. & Dunst. (*Epidendrum sophronites* Lind. & Rchb.f.) - Ven., Ec., Peru (9**, S)
× *Kamemotoara*: × *Perreiraara* (*Aërides* × *Euanthe* (*Vanda*) × *Rhynchostylis* × *Vanda*)
× **Kanzerara (Kza.)** (*Chondrorhyncha* × *Promenaea* × *Zygopetalum*)
Katherinea A.D.Hawk. - 1956: *Epigeneium* Gagn.
Katherinea A.D.Hawk. [Katherinaea (S)] - 1956 - *Dendrobiinae* (S) - (*Sarcopodium* Lindl., *Epigeneium* Gagn. p.p., *Dendrobium* sect. *Sarcopodium* (Lindl.) Benth.)
- *acuminata* (Rolfe) A.D.Hawk.: *Epigeneium* 1 (9**)
- *acuminata* var. *lyonii* (Ames) A.D.Hawk.: *Epigeneium* 9 (Q**)
- *acuminatum* var. *lyonii* (Ames) A.D.Hawk.: *Epigeneium* 1 (9**)
1. **ampla** (Lindl.) A.D.Hawk. (*Dendrobium amplum* Lindl., *Sarcopodium amplum* (Lindl.) Lindl., *Bulbophyllum amplum* (Lindl.) Rchb.f., *Epigeneium amplum* (Lindl.) Summerh.) - Nep. 2.000 m (S*)
2. **carrii** (Rupp & C.White) Brieg. (*Dendrobium carrii* Rupp & C. White) (S) ⇢ Dendrobium 65
- *coelogyne* (Rchb.f.) A.D.Hawk.: *Epigeneium* 2 (E**, H**)
- *cymbidioides* (Bl.) A.D.Hawk.: *Epigeneium* 3 (9**)
3. **geminata** (Bl.) A.D.Hawk. (*Desmotrichum geminatum* Bl., *Dendrobium geminatum* (Bl.) Lindl., *Sarcopodium geminatum* (Bl.) Rolfe, *Epigeneium geminatum* (Bl.) Summerh.) (S)
- *kinabaluense* (Ridl.) A.D.Hawk.: *Epigeneium* 5 (Q**)
- *longipes* (Hook.f.) A.D.Hawk.: *Epigeneium* 6 (O2/86)
- *perakense* (Hook.f.) A.D.Hawk.: *Eria* 43 (9**, G**)
- *specula* (J.J.Sm.) A.D.Hawk.: *Epigeneium* 8 (Q**)
- *treacheriana* (Rchb.f. ex Hook.f.) A.D.Hawk.: *Epigeneium* 9 (9**, Q**)
× **Kawamotoara (Kwmta.)** (*Brassavola* × *Cattleya* × *Domingoa* × *Epidendrum* × *Laelia*)
× *Kawanishiara*: × *Opsisanda* (*Euanthe* (*Vanda*) × *Papilionanthe* (*Vanda*) × *Vanda* × *Vandopsis*)

× **Keferanthes (Kefth.)** (*Cochleanthes* × *Kefersteinia*)
Kefersteinia (Kefst.) Rchb.f. - 1852 - Subfam. *Epidendroideae* Tribus: *Maxillarieae* Subtr. *Zygopetalinae* - 58 sp. epi. - C-S-Am. to Peru
1. **alba** Schltr. (*Chondrorhyncha alba* (Schltr.) L.O.Wms.) - C.Rica, Pan. (W, O5/98, S*)
2. **andreettae** Gerlach, Neudecker & Seeger (*K. salustianae* Benn & Christ.) - Ec., Peru 700-1.500 m (O4/89, O5/98, S*)
3. **auriculata** Dressl. - Pan. 800-900 m (W, FXVI1**, O5/98, S*)
4. **aurorae** Benn. & Christ. - Peru - sect. *Kefersteinia* (O5/98, S)
5. **bengasahra** Benn. & Christ. - Peru - sect. *Kefersteinia* (O5/98, S)
- *benvenathar* Benn & Christ.: 45 (FXIX3, O5/98)
6. **bertoldii** Jenny - Peru (S)
- *bertoldii* Jenny: 45 (FXIX3, O5/98)
7. **bicallosa** Rchb.f. - Ec. (O5/98)
8. **bismarckii** Dods. & Benn. - Peru (O5/98, S*)
9. **candida** Benn. & Christ. - Peru - sect. *Kefersteinia* (O5/98, S)
10. **chocoensis** Gerlach & Sengh. - Col. 100 m (O5/98, O2/90**, S)
11. **costaricensis** Schltr. (*Chondrorhyncha costaricensis* (Schltr.) P.H.Allen) - Nic., C.Rica, Pan. (W, O5/98, S*)
12. **decastelloi** [delcastilloi (S)] Benn. & Christ. - Peru - sect. *Kefersteinia* (O5/98, S)
- *deflexipetala* Fowlie: 40 (W, FXIX3, O5/98)
13. **elegans** Gar. - Col. (O5/98, R**, S)
14. **escalerensis** Benn. & Christ. - Peru - sect. *Kefersteinia* (O5/98, S)
15. **escobariana** Gerlach & Neudecker - Ec. 750 m - sect. *Kefersteinia* (FXIX3**, O5/98, S) ⇢ Chondrorhyncha 18
16. **excentrica** Dressl. & Mora-Retana - C.Rica - sect. *Kefersteinia* (O5/98, S)
17. **expansa** Rchb.f. (*Zygopetalum expansum* Rchb.f.) - Ec., Peru (O5/98, S)
- *flaveola* (Lind. & Rchb.f.) Schltr.: *Chondroscaphe* 5 (O5/98**)
- *forcipatum* Rchb.f.: ? 27 (FXIX3)
18. **gemma** (Rchb.f.) Schltr. (*Zygopeta-*

lum gemma Rchb.f.) - Ec., Col. (O5/98, R**, S*)
19. **graminea** (Lindl.) Rchb.f. (*K. stapelioides* Rchb.f., *Zygopetalum gramineum* Lindl., *Z. moritzii* Rchb.f., *Chondrorhyncha stapelioides* (Rchb. f.) L.O.Wms., *Huntleya fimbriata* hort.) - Ven., Col., Ec., Peru (9**, E*, G, H*, O5/98**, O2/90**, R**, S*)
20. **guacamayoana** (guacamoyana) Dods. & Hirtz - Ec. (O5/98, S)
21. **heideri** Neudecker - Bol. 1.900 m - sect. *Kefersteinia* (FXIX3**, O5/98, S)
22. **hirtzii** Dods. - Ec. (O5/98, S*) ► Chondrorhyncha 23
- *jarae* Benn. & Christ. : 45 (FXIX3, O5/98)
23. **klabochii** (Rchb.f.) Schltr. - Col. (R)
- *klabochii* (Rchb.f.) Schltr.: ? 27 (FXIX3, O5/98)
24. **koechlinorum** E.A.Christ. - S-Peru - sect. *Kefersteinia* (S)
- *lacerata* Fowlie: 35 (FXIX3, O5/98)
25. **lactea** (Rchb.f.) Schltr. (*Zygopetalum lacteum* Rchb.f., *Chondrorhyncha lactea* (Rchb.f.) L.O.Wms.) - C. Rica, Pan. (W**, O5/98, S)
26. **lafontainei** Sengh. & Gerlach - Guy. (A**, O5/98, O2/90**, S)
27. **laminata** Rchb.f. (*K. forcipatum* Rchb.f., ?*K. klabochii* (Rchb.f.) Schltr., *Zygopetalum klabochii* Rchb.f., *Z. laminatum* Rchb.f., *Z. forcipatum* hort.) - Ec., Col. (O6/83, O5/98, R, S*)
28. **lehmannii** Ortiz - Col. - sect. *Umbonata* (FXX2**, O5/98)
29. **leucantha** Rchb.f. n.n. - Ven. (FXIX3, O5/98)
- *licethyi* Benn. & Christ.: 45 (FXIX3, O5/98)
30. **lindneri** Dods. - Ec. (O5/98, S)
31. **lojae** Schltr. (*Chondrorhyncha lojae* (Schltr.) Schweinf.) - Ec., Peru (E**, H**, FXIX3, O4/98, O5/98, S)
32. **maculosa** Dressl. - Pan. 850-950 m (W, FXVI1**, O5/98, S)
33. **microcharis** Schltr. - C.Rica, Pan. (W, O5/98)
34. **minutiflora** Dods. - Ec. (O5/98, S)
- *moritzii* Rchb.f.: 50 (FXIX3)
35. **mystacina** (Rchb.f.) Rchb.f. (*K. lacerata* Fowlie, *Zygopetalum mystacinum* Rchb.f.) - Pan. to Peru, Col.

(W, O1/89, FXIX3, O5/98, R**, S*)
36. **niesseniae** Ortiz - Col. - sect. *Kefersteinia* (FXX2**, O5/98, S)
37. **ocellata** Gar. - Ec., Col. (O5/98, R**, S)
38. **orbicularis** Pupulin - C.Rica - sect. *Kefersteinia* (S)
39. **oscarii** Ortiz - Col. - sect. *Kefersteinia* (FXX2**, O5/98, S)
40. **parvilabris** Schltr. (*K. deflexipetala* Fowlie, *Chondrorhyncha parvilabris* (Schltr.) L.O.Wms.) - Col., C.Rica, Pan. (W**, FXIX3, O4/98, O5/98, R**, S*)
41. **pastorelli** Dods. & Benn. - Peru (O5/98, S)
42. **pellita** Rchb.f. ex Dods. & Benn. - Ec., Peru (O5/98, S)
43. **perlonga** Dressl. - Col., Ec. 500 m - sect. *Umbonata* (FXVIII3**, O5/98, S*)
44. **pulchella** Schltr. (*K. vasquezii* Dods.) - Bol. 1.100 m (A**, FXIX3, O5/98, O2/90**, S*)
45 **pusilla** (Schweinf.) Schweinf. (*K. benvenathar* Benn & Christ., *K. bertoldii* Jenny, *K. jarae* Benn. & Christ., *K. licethyi* Benn. & Christ., *K. vollesii* Jenny, *Chondrorhyncha pusilla* Schweinf.) - Peru (FXIX3, O4/98, O5/98, S*)
46. **retanae** Gerlach - C.Rica, Ven. - sect. *Umbonata* (O5/98, S)
- *salustianae* Benn & Christ.: 2 (FXIX3, O5/98)
47. **richardhegerlii** Vasq. & Dods. - Bol. 400 m - sect. *Kefersteinia* (S)
48. **ricii** Vasq. & Dods. - Bol. - sect. *Kefersteinia* (S)
- *salustiana* Benn. & Christ.: 2 (S)
49. **sanguinolenta** Rchb.f. (*Zygopetalum sanguinolentum* Rchb.f.) - Ven. to Peru (O6/83, FXIX3, O5/98, S*)
50. **stapelioides** Rchb.f. (*K. moritzii* Rchb.f.) - C-Am. (FXIX3, S)
- *stapelioides* Rchb.f.: 19 (FXIX3, O5/98)
51. **stevensonii** Dressl. - Ec. (FXVIII3, O5/98, S)
- *subquadrata* Schltr.: *Chaubardiella* 8 (W, O5/90, O4/98, O5/98)
52. **taggesellii** Neudecker - Col. - sect. *Kefersteinia* (FXIX3**, O5/98, S)
53. **taurina** Rchb.f. (*Zygopetalum taurinum* Rchb.f.) - Col., Ec. (O6/83, O5/98, S*)

54. **tolimensis** Schltr. - Ven., Col., Ec. 1.400-2.000 m (O6/83, O5/98, R**, S)
55. **trullata** Dressl. - Col. 1.000-1.500 m - sect. *Umbonata* (A**, FXVI-II3**, O5/98, S*)
- *umbonata* Rchb.f. (W): 60 (S*)
56. **vasquezii** Dods. - Bol. (O5/98)
- *vasquezii* Dods.: 44 (S*)
57. **villenae** Benn. & Christ. - Peru - sect. *Kefersteinia* (O5/98, S)
58 **villosa** Benn. & Christ. - Peru - sect. *Kefersteinia* (S)
59. **vollesii** Jenny - Col. (S) → *Chondrorhyncha* 38
- *vollesii* Jenny: 45 (FXIX3, O5/98)
60. **wercklei** Schltr. (*K. umbonata* Rchb.f., *Chondrorhyncha wercklei* (Schltr.) Schweinf.) - C.Rica (W, O5/98, S*)
× **Keforea (Kfr.)** (*Kefersteinia* × *Pescatorea*)

Kegelia Rchb.f. - 1852: *Kegeliella* Mansf. (S)
- *houtteana* Rchb.f.: *Kegeliella* 2 (O4/82)

Kegeliella Mansf. - 1934 - *Subfam. Epidendroideae Tribus: Gongoreae* (*Kegelia* Rchb.f.) - 4 sp. epi. - C-Am., W-Ind., Sur.
1. **atropilosa** L.O.Wms. & Heller (*K. houtteana* (Rchb.f.) Mansf.) - Guat., Nic., C.Rica, Pan. 570 m (A**, W, O4/82, S*)
2. **houtteana** (Rchb.f.) L.O.Wms. (*Kegelia houtteana* Rchb.f.) - Pan. Col., Ven., Guy., Sur., Trin, C.Rica (O4/82, O2/92**, S)
- *houtteana* (Rchb.f.) Mansf.: 1 (W)
3. **kupperi** Mansf. - C.Rica, Pan., Col. 30-800 m (H*, W**, O4/82, O4/89, S)
4. **orientalis** Gerlach - Ven. (S)

Kinetochilus (Schltr.) Brieg.: *Dendrobium* Sw.

Kinetochilus (Schltr.) Brieg. - 1981 - *Dendrobiinae* (S) - (*Dendrobium* sect. *Kinetochilus* Schltr.) - 3 sp. epi. - N.Cal.
1. **cleistogamus** (Schltr.) Brieg. (*Dendrobium cleistogamus* Schltr.) - N.Cal. (S)
2. **crassicaule** (Schltr.) Brieg. (*Dendrobium crassicaule* Schltr.) - N.Cal. (S)
3. **pectinatus** (Finet) Brieg. (*Dendrobium pectinatum* Finet) - N.Cal. (S)

Kingidium P.F.Hunt - 1970: *Phalaenopsis* Bl. (S)

Kingidium (King.) P.F.Hunt - 1970 - *Subfam. Epidendroideae Tribus: Vandeae Subtr. Sarcanthinae* - (*Kingiella* Rolfe, *Phalaenopsis* sect. *Deliciosae* E.A.Christ.) - 5 sp. epi. - China, Ind., Sri L., Burm., Thai., Mal., Indon., Phil.
1. **braceanum** (Hook.f.) Seidenf. (*K. navicularis* Tsi ex Hashimoto, *Doritis braceana* Hook.f., *Phalaenopsis braceana* (Hook.f.) E.A.Christ.) - China (Yun.) 1.150-1.700 m (O4/97, S)
2. **chibae** (Yukawa) Gruss & Roellke (*Phalaenopsis chibae* Yukawa) - Viet. 400-600 m (O6/97, S)
3. **decumbens** (Griff.) Hunt (*Phalaenopsis wightii* Rchb.f., *P. hebe* Rchb.f., *P. deliciosa* Rchb.f., *P. decumbens* (Griff.) Holtt., *Aerides latifolium* Thw., *A. decumbens* Griff., *Doritis wightii* (Rchb.f.) Benth., *Kingiella decumbens* (Griff.) Rolfe) - Bhut., Ind., Burm., Sri L., Mal., Indon., Phil. (E*, H*)
- *decumbens* (Griff.) Hunt: 4 (O1/94, O4/97, Q**)
4. **deliciosum** (Rchb.f.) Sweet (*K. decumbens* (Griff.) Hunt, *K. deliciosum* var. *bellum* (Teijsm. & Binn.) Gruss & Roellke, *Kingiella decumbens* (Griff.) Rolfe, *K. hebe* (Rchb.f.) Rolfe, *K. philippinensis* (Ames) Rolfe, *Kingellia decumbens* (Griff.) Guill., *Phalaenopsis deliciosa* Rchb.f., *P. amethystina* Rchb.f., *P. decumbens* (Griff.) Holtt., *P. hebe* Rchb.f., *P. bella* Teijsm. & Binn., *P. wightii* Rchb.f., *P. albo-violacea* Ridl., *Aerides decumbens* Griff., *Biermannia decumbens* (Griff.) Tang & Wang, *Doritis hebe* (Rchb.f.) Schltr., *D. wightii* (Rchb.f.) Hook.f., *D. philippinensis* Ames) - Him., Indoch., Phil., Hain., Born. 300-1100 m (4**, O4/97, Q**, O4/93**, S*)
- *deliciosum* var. *bellum* (Teijsm. & Binn.) Gruss & Roellke: 4 (O1/94, O4/97, Q**)
5. **hookerianum** Gruss & Roellke (*Doritis wightii* Hook.) - Nep. to Burm. (O6/94, S)
6. **minus** Seidenf. - Thai. 400 m (O6/97, S)

- *navicularis* Tsi ex Hashimoto: 1 (O4/97)
7. **niceum** (niveum) Sathish - Ind. 750-1.800 m (O6/97, S*)
8. **philippinense** (Ames) Gruss & Roellke (*Doritis philippinense* Ames, *D. steffensii* Schltr., *Kingiella philippinense* (Ames) Rolfe, *K. steffensii* (Schltr.) Rolfe) - Phil. 0-500 m (O3/95) ↠ Phalaenopsis 45
9. × **stobartianum** (Rchb.f.) Seidenf. (*K. taeniale* × *K. wilsonii*) nat. hybr. (*K. stobartianum* (Rchb.f.) Seidenf., *Phalaenopsis stobartiana* Rchb.f., *P. wightii* var. *stobartiana* (Rchb.f.) Burb., *P. honghenensis* Liu n.n., × *Phalaenidium* Tsi & Hashimoto) - China (O6/95, S)
↠ *stobartiana* (Rchb.f.) Seidenf.: *Phalaenopsis* 52 (J**)
- *stobartianum* (Rchb.f.) Seidenf.: 9 (O6/95)
10. **taeniale** (taenialis) (Lindl.) Hunt (*Aërides taeniale* Lindl., *Doritis taenialis* (Lindl.) Hook.f., *Kingiella taenialis* (Lindl.) Rolfe) - Nep., Sik., Bhut., Ind., Burm. 1.000-3.000 m (E, O4/97, S*)
11. **wightii** (Rchb.f.) Gruss & Roellke (*Phalaenopsis wightii* Rchb.f., *P. alboviolacea* Ridl., *Doritis wightii* (Rchb.f.) Benth. & Hook.f., *D. latifolia* (Thw.) Trimen, *D. latifolia* (Thw.) Benth. & Hook.f., *Aerides latifolium* Thw.) - Burm., Sri L. (O1/95)
12. **wilsonii** (Rolfe) Gruss & Roellke (*Phalaenopsis wilsonii* Rolfe, *P. hainanensis* Tang & Wang, *P. minor* Liu) - W-China ca. 1.200 m (O3/96) ↠ Phalaenopsis 55

Kingiella (King.) Rolfe - 1917: *Kingidium* P.F.Hunt
- *decumbens* (Griff.) Guill.: *Kingidium* 4 (O1/94)
- *decumbens* (Griff.) Rolfe: *Kingidium* 4 (4**, O1/94, Q**)
- *decumbens* (Griff.) Rolfe: *Kingidium* 3 (E*, H**)
- *hebe* (Rchb.f.) Rolfe: *Kingidium* 4 (O2/94)
- *philippinense* (Ames) Rolfe: *Kingidium* 8 (O3/95)
- *philippinensis* (Ames) Rolfe: *Kingidium* 4 (S*)
- *steffensii* (Schltr.) Rolfe: *Kingidium* 8 (O3/95)
- *taenialis* (Lindl.) Rolfe: *Kingidium* 10 (S*)

Kionophyton Gar. - 1982 - Spiranthinae (S) - (*Greenwoodia* Balogh) - 3 sp. terr. - Mex. to Guat.
1. **seminuda** (Schltr.) Gar. (S*)
× **Kippenara (Kpa.)** (*Ascocentrum* × *Doritis* × *Rhynchostylis* × *Vanda*)
× **Kirchara (Kir.)** (*Cattleya* × *Epidendrum* × *Laelia* × *Sophronitis*)

Kitigorchis F.Maekawa inv.name.: *Oreorchis* Lindl. (S)
- *foliosa* (Lindl.) F.Maekawa: *Oreorchis* 2 (S*)
- *itoana* F.Maekawa: *Oreorchis* ? (S)
× **Klehmara (Klma.)** (*Diacrium* × *Laelia* × *Schomburgkia*)
× **Knappara (Knp.)** (*Ascocentrum* × *Rhynchostylis* × *Vanda* × *Vandopsis*)
× **Knudsonara (Knud.)** (*Ascocentrum* × *Neofinetia* × *Renanthera* × *Rhynchostylis* × *Vanda*)

Kochiophyton Schltr. - 1906: *Acacallis* Lindl.
- *caeruleus* Hoehne: *Acacallis* 4 (O4/96)
- *coeruleum(us)* (Rchb.f.) Hoehne: *Acacallis* 2 (9**, E**, H**)
- *negrense* Schltr. ex Cogn.: *Acacallis* 2 (9**, E**, H**)

Koellensteinia Rchb.f. - 1854 - Subfam. Epidendroideae Tribus: Maxillarieae Subtr. Zygopetalinae - ca. 16 sp. ter/epi - S-Am., Col., Ven., Bol., Braz.
1. **alba** Schltr. (O2/81)
2. **boliviensis** (Rolfe) Schltr. (O2/81, S)
3. **brachystalix** Rolfe (O2/81)
- *brachystalix* Rchb.f.: *Otostylis* 1 (S*)
4. **carraoensis** Gar. - Braz., Ven., Guy. (S*)
5. **eburnea** (Barb.Rodr.) Schltr. (O2/81, S)
6. **elegantula** Schltr. - Col. 300 m (R)
7. **graminea** (Lindl.) Rchb.f. (*Maxillaria graminea* Lindl., *Promenaea graminea* (Lindl.) Lindl., *Aganisia graminea* (Lindl.) Benth. & Hook.f.) - Ven. to Bol. 100-1.100 m (9**, E*, G, H*, R**, S*)
8. **graminoides** Benn. & Christ. - Peru 1.100 m (S)
9. **hyacinthoides** Schltr. (S)
10. **ionoptera** Lind. & Rchb.f. (*Aganisia ionoptera* Nichols) - Peru, Bol. (9**, S*)

11. **kellneriana** Rchb.f. - Pan., Col., Ven. to 2.100 m: ? K. lilijae (E, W, R, S)
12. **lilijae** Foldats - Pan., S-Am. (W)
13. **peruviana** Schltr. (O2/81)
14. **roraimae** Schltr. (O2/81, S)
15. **spiralis** Gomes-Ferreira & L.C.Menezes - Braz. (O6/97, S)
16. **tricolor** (Lindl.) Rchb.f. (*Zygopetalum tricolor* Lindl.) - Braz., Guy., Peru (G)
× **Komkrisara (Kom.)** (*Ascocentrum* × *Renanthera* × *Rhynchostylis*)
Konantzia Dods. & N.H.Will. - 1980 - *Capanemiinae* (S) - 1 sp. epi. - Ec.
1. **minutiflora** Dods. & N.H.Will. - Ec. 800-1.600 m (S*)
Kornasia Szlach. - 1995 - *Liparidinae* (S) - 3 sp. - Afr.
1. **chevalieri** (Summerh.) Szlach. - Afr. (S*)
2. **maclaudii** (Finet) Szlach. - Afr. (S)
× *Kraenzlinara*: × *Trichovanda* (*Euanthe* (*Vanda*) × *Trichoglottis* × *Vanda*)
Kraenzlinella (*Kraenzliniella*) Ktze. - 1904: *Pleurothallis* R.Br.
Kraenzliniella Ktze. - 1904 - *Pleurothallidinae* (S) - (*Otopetalum* Lehm. & Kraenzl.) - 5 sp. epi. - Peru to Guat.
- *muricata* (Schltr.) Rolfe: *Pleurothallis* 240 (W, L*)
- *platyrhachis* (Rolfe) Rolfe: *Pleurothallis* 236 (9**, E**, H**, L*)
- *rufescens* Rolfe: *Pleurothallis* 240 (W, L*)
- *sororia* (Schltr.) Rolfe: *Pleurothallis* 240 (W, L*)
- *tungurahuae* (Lehm. & Kraenzl.) Ktze.: *Pleurothallis* 503 (L*)
× **Kraussara (Krsa.)** (*Broughtonia* × *Cattleya* × *Diacrium* × *Laeliopsis*)
Kreodanthus Gar. - 1977 - *Subfam. Spiranthoideae Tribus: Erythrodeae* - 8 sp. terr. - S-Am.
- *ecuadorensis* Gar.: *Erythrodes* 8 (FXIX2)
1. **secundus** (Ames) Gar. - C.Rica, Pan., Mex. (W)
2. **simplex** (Schweinf.) Gar. - Col. (S*)
× **Kriegerara (Kgra.)** (*Ada* × *Cochlioda* × *Odontoglossum* × *Oncidium*)
Kryptostoma (Summerh.) Geer. - 1982 - *Habenariinae* (S) - (*Habenaria* sect. *Kryptostoma* Summerh.) - 2 sp. terr. - S-Afr.
1. **goetzeana** (Kraenzl.) Geer. - Tanz., Zam., Malawi (S)
2. **tentaculigera** (Rchb.f.) Geer. - Zai., Rwa., Bur., Tanz., Zam., Malawi, Zim., Ang. (S*)
Kuhlhasseltia J.J.Sm. - 1910 - *Subfam. Spiranthoideae Tribus: Erythrodeae* - 5 sp. terr. - Mal., Indon., Phil.
1. **halconensis** J.J.Wood - Phil. (S)
2. **javanica** J.J.Sm. - Born. (O3/98)
3. **kimbalensis** Rolfe - Mal., Indon., Phil. (S)
Lacaena Lindl. - 1843 - *Subfam. Epidendroideae Tribus: Gongoreae* - (*Nauenia* Kl.) - 2/3 sp. epi. - S-Mex. to - Pan. - scented
1. **bicolor** Lindl. (*L. bicolor* var. *glabrata* Lem., - var. *alba* Rolfe, *Peristeria longiscapa* A.Rich. & Gal., *Acineta w(r)ightii* J.Fraser, *A. hrubyana* hort., *A. longiscapa* (A.Rich. & Gal.) Rchb.f., *Lueddemannia sanderiana* Kraenzl.) - C.Rica, Mex., Hond., Guat., Nic. - epi/ter (9**, G**, H**, W, S*)
- *bicolor* var. *alba* Rolfe: 1 (9**, G**)
- *bicolor* var. *glabrata* Lem.: 1 (9**, G**)
- *grandis* Kraenzl.: *Rudolfiella* 2 (S)
2. **nicaraguensis** L.O.Wms. - hybr.? - unknown origin (S)
- *nicaraguensis* L.O.Wms.: 3 (9**)
3. **spectabilis** (Kl.) Rchb.f. (*L. nicaraguensis* L.O.Wms., *Nauenia spectabilis* Kl.) - Mex., Guat., Salv., Nic., C.Rica, Pan. 800-1.500 m (9**, O1/89, A**, W, S*)
Laelia (L.) Lindl. - 1831 - *Subfam. Epidendroideae Tribus: Epidendreae Subtr. Laeliinae* - ca. 59 sp. epi/lit/ter - Mex. to Peru, W-Ind., Braz.
- *acuminata* Lindl.: 67 (8**, 9**, G**, H, B**)
1. **alaorii** Brieg. & Bicalho - Braz. (O(B)4, S)
f. **dietliana** Gruss (*L. alaorii* var. *alba* hort.) - Braz. (O(B)4)
- *alaorii* var. *alba* hort.: 1 (O(B)4)
2. **albida** Batem. ex Lindl. (*L. discolor* A.Rich. & Gal., *L. albida bella* L.O.Wms., *L. albida* var. *stobertiana* Rchb.f., - var. *sulphurea* Rchb.f., - var. *brunnea* Rchb.f., - var. *ochracea* Rchb.f., - var. *tuckeri* Rchb.f., *Bletia albida* (Lindl.) Rchb.f., *Cattleya albida* (Batem. ex Lindl.) Beer) - end. to Mex. 1.400-2.300 m -

„Huichila, lirio de San Francisco" (9**, E**, G**, H**, B**, S)
var. **rosea** (H)
var. **salmonea** (H)
- *albida bella* L.O.Wms.: 2 (B**)
- *albida* var. *brunnea* Rchb.f.: 2 (B**)
- *albida* var. *ochracea* Rchb.f.: 2 (B**)
- *albida* var. *stobertiana* Rchb.f.: 2 (B**)
- *albida* var. *sulphurea* Rchb.f.: 2 (B**)
- *albida* var. *tuckeri* Rchb.f.: 2 (B**)
3. **alvaroana** Miranda - Braz. (S)
4. **anceps** Lindl. (*L. barkeriana* Knowl. & Westc., *L. anceps* var. *barkeriana* Lindl., *Bletia anceps* (Lindl.) Rchb.f., *Amalias anceps* (Lindl.) Hoffmgg., *Cattleya anceps* (Lindl.) Beer) - Mex., Hond. (3**, 8**, 9**, E**, G**, H**, B**)
ssp. **anceps** (*L. barkeriana* Knowl. & Westc., *L. anceps* var. *barkeriana* Lindl., - var. *superba* Regel, - var. *alba* Rchb.f., - var. *hilliana* hort., - var. *percivaliana* Rchb.f., - var. *leucostica* Rchb.f., - var. *blanda* Rchb.f., - var. *delicata* hort. ex B.S.Will., - var. *virginalis* hort., - var. *scottiana* Warner & B.S.Will., - var. *grandiflora* B.S.Will., - var. *radians* hort., - var. *holocheila* Rolfe, - var. *oweniana* hort., - var. *obscura* Rchb.f. ex B.S.Will., - var. *chamberlainiana* hort., - var. *rosefieldiensis* hort., - var. *crawshayana* hort., - var. *lineata* O'Brien, - var. *protheroana* O'Brien, - var. *roeblingeana* hort., - var. *morada* hort. ex Rolfe, - var. *veitchiana* Rchb.f.) - Mex., Guat., Hond. 900-1.500 m - „Vara de San Diego, Flor de Todos Santos" (B**)
ssp. **dawsonii** (J.Anderson) Rolfe (*L. anceps* var. *dawsonii* J.Anderson, *L. dawsonii* (J.Anderson) Crawshay) - end. to Mex. - „Huichila" (B**)
ssp. **dawsonii** f. **chilapensis** (*L. anceps schroederae* hort. ex Sand., - ssp. *schroederae* (hort. ex Sand.) Rolfe, - *ballantineana* hort., - var. *amesiana* O'Brien, - *amesiana crawshayana* hort., - *schroederae* 'Theodora') - Mex. 1.400-1.900 m - „Calaverita" (B**)
ssp. **dawsonii** f. **dawsonii** (*L. anceps* var. *stella* Rchb.f., - var. *vestalis* Rchb.f., - var. *schroederiana* Rchb.f., - ssp. *schroederiana* (Rchb.f.) Rolfe, - var. *munda* hort., - var. *williamsii* Sand. ex Warner & B.S.Will., - var. *kienastiana* Rchb.f., - var. *sanderiana* Rchb.f., - ssp. *sanderiana* (Rchb.f.) Rolfe, - var. *hyeana* Lind. & Rodig., - var. *hollydayana* O'Brien, - ssp. *hollidayana* (O'Brien) Rolfe, - var. *ashworthiana* O'Brien, - var. *waddoniensis* hort., - var. *ballantineana* Lind., - var. *chamberlainiana* hort., *L. schroederiana* (Rchb.f.) Crawshay, *L. sanderiana* (Rchb.f.) Crawshay, *L. hollidayana* (O'Brien) Crawshay) - end. to Mex. - „Huichila" (B**)
- *anceps amesiana crawshayana* hort.: 4 (B**)
- *anceps ballantineana* hort.: 4 (B**)
- *anceps* ssp. *hollidayana* (O'Brien) Rolfe: 4 (B**)
- *anceps schroederae* hort. ex Sand.: 4 (B**)
- *anceps schroederae* 'Theodora': 4 (B**)
- *anceps* ssp. *schroederae* (hort. ex Sand.) Rolfe: 4 (B**)
- *anceps* ssp. *schroederiana* (Rchb.f.) Rolfe: 4 (B**)
- *anceps* ssp. *sanderiana* (Rchb.f.) Rolfe: 4 (B**)
- *anceps* var. *alba* Rchb.f. (8**): 4 (B**)
- *anceps* var. *amesiana* O'Brien: 4 (B**)
- *anceps* var. *ashworthiana* O'Brien: 4 (B**)
- *anceps* var. *ballantineana* Lind.: 4 (B**)
- *anceps* var. *barkeriana* Lindl.: 4 (9**, G**)
- *anceps* var. *barkeriana* Lindl.: 4 (B**)
- *anceps* var. *blanda* Rchb.f.: 4 (B**)
- *anceps* var. *chamberlainiana* hort.: 4 (B**)
- *anceps* var. *chamberlainiana* hort.: 4 (B**)
- *anceps* var. *crawshayanasis* hort.: 4 (B**)
- *anceps* var. *dawsonii* J.Anderson: 4 (B**)
- *anceps* var. *delicata* hort. ex B.S.Will.: 4 (B**)
- *anceps* var. *grandiflora* B.S.Will.: 4 (B**)

- *anceps* var. *hilliana* hort.: 4 (B**)
- *anceps* var. *hollydayana* O'Brien: 4 (B**)
- *anceps* var. *holocheila* Rolfe: 4 (B**)
- *anceps* var. *hyeana* Lind. & Rodig.: 4 (B**)
- *anceps* var. *kienastiana* Rchb.f.: 4 (B**)
- *anceps* var. *leucostica* Rchb.f.: 4 (B**)
- *anceps* var. *lineata* O'Brien: 4 (B**)
- *anceps* var. *morada* hort. ex Rolfe: 4 (B**)
- *anceps* var. *munda* hort.: 4 (B**)
- *anceps* var. *obscura* Rchb.f. ex B.S.Will.: 4 (B**)
- *anceps* var. *oweniana* hort.: 4 (B**)
- *anceps* var. *percivaliana* Rchb.f.: 4 (B**)
- *anceps* var. *protheroana* O'Brien: 4 (B**)
- *anceps* var. *radians* hort.: 4 (B**)
- *anceps* var. *roeblingeana* hort.: 4 (B**)
- *anceps* var. *rosefieldiensis* hort.: 4 (B**)
- *anceps* var. *sanderiana* Rchb.f.: 4 (B**)
- *anceps* var. *schroederiana* Rchb.f.: 4 (B**)
- *anceps* var. *scottiana* Warner & B.S.Will.: 4 (B**)
- *anceps* var. *stella* Rchb.f.: 4 (B**)
- *anceps* var. *superba* Regel: 4 (B**)
- *anceps* var. *veitchiana* Rchb.f.: 4 (B**)
- *anceps* var. *vestalis* Rchb.f.: 4 (B**)
- *anceps* var. *virginalis* hort.: 4 (B**)
- *anceps* var. *waddoniensis* hort.: 4 (B**)
- *anceps* var. *williamsii* Sand. ex Warner & B.S.Will.: 4 (B**)
5. **aurea** Navarro ex Halb. & Salazar - end. to Mex. 100-300 m (B**, S)
6. **autumnalis** (Llave & Lex.) Lindl. (*L. rosea* hort. ex Rchb.f., *L. gouldiana* Rchb.f., *L. autumnalis* var. *alba* hort., - *fournieri* André, *Bletia autumnalis* Llave & Lex., *B. autumnalis* (Lindl.) Rchb.f., *Cattleya autumnalis* (Llave & Lex.) Beer) - end. to Mex., Guat. 1.400-2.700 m (3**, 8**, 9**, E**, G**, H**, B**, &1)
f. **atrorubens** (Gower) Halb. (*L. venusta* (hort.) Rolfe, *L. autumnalis atrorubens* Gower, - *atropurpurea* Weber, - var. *venusta* hort.) - end. to Mex. 2.000-2.600 m (B**)
f. **autumnalis** - end. to Mex. 1.800-2.300 m (B**)
f. **xanthotrophis** (Rchb.f) Halb. (*L. autumnalis* var. *xanthotrophis* Rchb. f.) - end. to Mex. 1.400-2.000 m (B**)
- *autumnalis atropurpurea* Weber: 6 (B**)
- *autumnalis atrorubens* Gower: 6 (B**)
- *autumnalis fournieri* André: 6 (B**)
- *autumnalis* var. *alba* hort. (8**): 6 (B**)
- *autumnalis* var. *venusta* hort.: 6 (B**)
- *autumnalis* var. *xanthotrophis* Rchb. f.: 6 (B**)
7. **bahiensis** Schltr. - Braz. (Bahia) (S)
- *bancalarii* Tamayo & Hagsater (3**): 19 (B**)
- *barkeriana* Knowl. & Westc.: 4 (9**, G**)
- *barkeriana* Knowl. & Westc.: 4 (B**)
- *blumenscheinii* Pabst: 56 (S)
8. **boothiana** Rchb.f. (O2/81)
9. **bradei** Pabst (E, H)
- *bradei* Pabst: 51 (S)
10. **brevicaulis** (Jones) Withner - Braz. (S)
11. **briegeri** Blumensch. ex Pabst - Braz. (E, H, S)
12. **candida** Lodd. (O2/81)
13. **cardaminii** Pabst & Mello - Braz. (S)
- *casperiana* Rchb.f.: 63 (8**)
14. **cattleyoides** Barb.Rodr. (E, H)
15. **caulescens** Lindl. - Braz. (S)
- *caulescens* Lindl.: 30 (G**)
16. **cinnabarina** Batem. ex Lindl. (*Bletia cinnabarina* Rchb.f., *Amalias cinnabarina* (Batem. ex Lindl.) Hoffmgg., *Cattleya cinnabarina* (Batem. ex Lindl.) Beer) - Braz. (8**, 9**, E**, H**, S)
- *cinnabarina* var. *crispilabia* Veitch: 22 (8**)
17. **cinnamondea** Rchb.f. (O2/81)
18. **cowanii** hort. ex Rolfe - Braz. (S)
19. **crawshayana** Rchb.f. [L. × crawshayana Rchb.f. (*L. anceps* × *L. albida*) (O2/81)] (*L. crawshayan*a var. *leucoptera* Rchb.f., *L. leucoptera* (Rch-

b.f.) Rolfe, *L. bancalarii* Tamayo & Hagsater) - end. to Mex. 1.100-1.500 m - „Lirio" (8**, B**, S)
- *crawshayana* var. *leucoptera* Rchb. f.: *Laelia leucoptera* Rolfe (8**)
- *crawshayana* var. *leucoptera* Rchb. f.: 19 (B**)
20. **crispa** (Lindl.) Rchb.f. (*Cattleya crispa* Lindl., *Bletia crispa* (Lindl.) Rchb.f.) - Braz. (8**, 9**, E**, G**, H**, S)
21. **crispata** (Thunb.) Gar. (*L. rupestris* Lindl., *L. tereticaulis* Hoehne, *Cymbidium crispatum* Thunb., *Bletia rupestris* (Lindl.) Rchb.f.) - Braz. (E, G, H)
22. **crispilabia** A.Rich. (*L. cinnabarina* var. *crispilabia* Veitch, *L. lawrenceana* hort. ex Veitch, *Bletia crispilabia* Lindl.) (8**)
- *crispilabia*: 54 (E)
- *crispilabia* Cogn.: 68 (S)
- *dawsonii* (J.Anderson) Crawshay: 4 (B**)
23. **dayana** Rchb.f. (*L. pumila* var. *dayana* Burb.) (8**, E**, H**)
- *devoniensis* hort.: 25 (9**)
- *digbyana* (Lindl.) Benth.: *Brassavola* 7 (E**)
- *digbyana* (Lindl.) Benth. (8**): *Rhyncholaelia* 1 (9**, G**, H**, S)
- *digbyana* var. *fimbripetala* Ames: *Rhyncholaelia* 1 (9**, G**)
- *discolor* A.Rich. & Gal.: 2 (9**, G**)
24. **duvenii** Fowlie - Braz. (S)
25. **elegans** (Morren) Rchb.f. (*L. gigantea* Warner, *L. purpurata* var. *brysiana* Du Buyss., *L. devoniensis* hort., *L. pachystele* Rchb.f., *Cattleya elegans* Morren, *Bletia elegans* (Morren) Rchb.f., × *Laeliocattleya elegans* (Morren) Rolfe, × *Lc. pachystele* (Rchb.f.) Rolfe ex Will., × *Lc. lindenii* hort, × *Lc. sayana* Lind., × *Lc. schulziana* Lind.) - Braz. (9**)
- *endsfeldzii* Pabst: 56 (S)
- *erubescens* Du Buyss.: 67 (8**)
26. **esalqueana** Blumensch. ex Pabst (*L. liliputana* Pabst) - Braz. (E, H, S)
27. **eyermaniana** Rchb.f. [L. × eyermaniana Rchb.f. (*L. autumnalis* × *L. albida* (O2/81)] - end. to Mex. 1.250-2.200 m - „Kiki" (B**, S)
28. **fidelensis** Pabst - Braz. (O4/85, S)

29. × **finkeniana** Rchb.f. (*L. autumnalis* × *L. anceps*) (O2/81)
30. **flava** Lindl. (*L. fulva* Lindl., *L. caulescens* Lindl., *L. flava* var. *aurantiaca* hort., *Cattleya lutea* Beer, *Bletia flava* (Lindl.) Rchb.f., *B. lutea* (Beer) Rchb.f.) - Braz. (4**, 8**, E**, G**, H**, S)
- *flava* var. *aurantiaca* hort. (8**): 30 (S)
- *fulva* Lindl.: 30 (4**, H**)
31. **furfuracea** Lindl. (*Bletia furfuracea* (Lindl.) Rchb.f., *Cattleya furfuracea* (Lindl.) Beer) - end. to Mex. 2.100-3.000 m (8**, 9**, G**, B**, S)
32. **galleottiana** Lindl. (O2/81)
33. **gardneri** Pabst - Braz. (S)
- *geraensis* Barb.Rodr.: 41 (8**)
34. **ghillanyi** Pabst - Braz. (E, H, S)
- *gigantea* Warner: 25 (9**)
- *glauca* (Lindl.) Benth.: *Brassavola* 11 (E**)
- *glauca* (Lindl.) Benth. (8**): *Rhyncholaelia* 2 (9**, G**, H**)
35. **gloedeniana** Hoehne (*L. macrobulbosa* Pabst) - Braz. (S)
- *gloriosa* (Rchb.f.) B.S.Will.: *Schomburgkia* 10 (9**, E*, G**, H*)
36. **goebeliana** Kupper & Kraenzl. (O2/81)
37. × **gottoiana** Rolfe (*L. tenebrosa* × *L. grandis*) (O2/81, S)
38. **gouldiana** Rchb.f. - end. to Mex. 1.200-1.900 m - „Santorum" (4**, 8**, E**, H**, B**, S)
- *gouldiana* Rchb.f.: 6 (9**, E**, G**, &1)
39. **gracilis** Pabst - Braz. (S)
- *grandiflora* (Llave & Lex.) Lindl.: 71 (9**, G**, B**)
- *grandiflora* var. *alba* Dimock: 71 (9**, G**, B**)
40. **grandis** Lindl. & Paxt. (*Bletia grandis* (Lindl.) Rchb.f.) - Braz. (Bahia) (4**, 9**, E**, H**, S)
- *grandis* Rolfe: 74 (8**)
- *grandis* var. *tenebrosa* Gower: 74 (8**)
41. **harpophylla** Rchb.f. (*L. geraensis* Barb.Rodr., *Bletia harpophylla* Rchb.f.) - Braz. (8**, A**, E**, H**, S)
42. **hispidula** Pabst & Mello - Braz. (S)
- *hollidayana* (O'Brien) Crawshay: 4 (B**)
- *inconspicua* H.Jones: 67 (B**)
43. **itambana** Pabst - Braz. (E, H, S)

- *johniana* Schltr.: 77 (O4/85)
44. **jongheana** Rchb.f. - CITES - Braz. (4**, 8**, 9**, E*, H**, S)
45. **kautskyi** Pabst - Braz. (E, H, S)
46. **kettieanan** Pabst - Braz. (S)
47. **lawrenceana** Warner (O2/81)
- *lawrenceana* hort. ex Veitch: 22 (8**)
- *leucoptera* (Rchb.f.) Rolfe (8**): 18 (B**)
48. × **lilacina** Philbrick ex Veitch (*L. crispa* × *L. perrinii*) (O2/81)
- *liliputana* Pabst: 26 (E, H, S)
- *lindenii* Lindl.: *Cattleyopsis* 2 (H*)
- *lindleyana* hort. ex Batem. (8**): *Brassocattleya* 1 (9**)
49. **lobata** Veitch - CITES - Braz. (O2/81, S)
50. **longipes** Rchb.f. (*L. malettii* St.Leger, *L. lucasiana* Rolfe, *Bletia longipes* (Rchb.f.) Rchb.f.) - Braz. (8**, 9**, E, H, S)
var. **alba** - Braz. (H**)
- *longipes* Hook. (O2/81): 51 (S)
- *longipes* var. *fournieri* Cogn.: 51 (S)
51. **lucasiana** hort. ex Rolfe (*L. ostermayeri* Hoehne, *L. longipes* Hook., *L. longipes* var. *fournieri* Cogn., *L. bradei* Pabst) - Braz. (E, H, S)
- *lucasiana* Rolfe: 50 (9**)
- *lueddemanii* (Prill.) L.O.Wms.: *Schomburgkia* 23 (9**, G**)
52. **lundii** Rchb.f. & Warm. (*L. regnellii* Barb.Rodr., *L. reichenbachiana* H. Wendl. & Kraenzl., *Bletia lundii* (Rchb.f. & Warm.) Rchb.f. & Warm.) - E-Braz. (E**, H**, S)
53. **macrobulbosa** Pabst (E, H)
- *macrobulbosa* Pabst: 35 (S)
- *majalis* Lindl. (8**): 71 (9**, G**, B**, S)
- *majalis alba* hort.: 71 (9**, G**, B**)
- *malettii* St.Leger: 50 (S)
54. **mantequeira** Pabst (*L. crispilabia*) (E, H)
- *mantioquerrae* Pabst: 68 (S)
55. **milleri** Blumensch. - Braz. (E, H, S)
56. **mixta** Hoehne (*L. blumenscheinii* Pabst, *L. endsfeldzii* Pabst) - Braz. (E, H, S)
- *monophylla* (Griseb.) N.E.Br.: *Neocogniauxia* 2 (9**, S)
- *monophylla* (Griseb.) Hook.f.: *Neocogniauxia* 2 (H*)
57. **munchowiana** Miranda - Braz. (S)

58. **oliverii** Brieg. & Bicalho - Braz. (Bahia) (S)
- *ostermayeri* Hoehne: 51 (S)
- *pachystele* Rchb.f.: 24 (9**)
- *peduncularis* Lindl.: 67 (8**, 9**, G**, H)
- *peduncularis* Lindl.: 67 (B**)
59. **perrinii** Lindl. (*Cattleya perrinii* Lindl., *C. intermedia* var. *angustifolia* Hook., - var. *angustifolia* hort., *C. integerrima* var. *angustifolia* Hook., *Bletia perrinii* (Lindl.) Rchb.f.) - Braz. (8**, 9**, E**, G**, H**, O2/81, S)
var. **alba** O'Brien (8**, E)
60. **pfisteri** Pabst & Sengh. - Braz. (A**, S)
- *praestans* Rchb.f. (8**, E, H): 62 (9**, G**)
61. **primulina** Lindl. (O2/81)
- *pubescens* Lem.: 67 (8**, 9**, G**, B**)
62. **pumila** (Hook.) Rchb.f. (*L. praestans* Rchb.f., *Cattleya pumila* Hook., *C. marginata* (hort.) Paxt., *C. pinell(l)ii* Lindl., *C. pinellii* var. *marginata* Beer, *C. spectabilis* Paxt., *Bletia pumila* (Hook.) Rchb.f., *B. praestans* (Rchb.f.) Rchb.f.) - Braz. (9**, E**, G**, H**, S)
ssp. **dayana** (Rchb.f.) Burb. - Braz. (S)
ssp. **praestans** (Rchb.f.) Veitch - Braz. (S)
ssp. **pumila** - Braz. (S)
- *pumila* var. *dayana* Burb.: 23 (8**)
- *pumila* var. *praestans* Veitch: *Laelia praestans* (8**)
63. **purpurata** Lindl. & Paxt. (*L. casperiana* Rchb.f., *L. wyattiana* Rchb.f., *Cattleya brysiana* Lem., *C. casperiana* Rchb.f., *Bletia purpurata* Rchb.f.) - S-Braz. (8**, E**, H**, S)
var. **alba** Veitch (O3/97, O4/89, S)
var. **anelata** hort. (*L. purpurata* var. *argolao* hort.) (O3/89, O5/89)
var. **atropurpurea** Williams (*L. purpurata* var. *fastuosa* Lind.) (O3/97, O3/89, O5/89)
var. **aurorea** Rchb.f. (*Bletia purpurata* var. *aurorea* Rchb.f.) (8**, O5/89)
var. **brysiana** hort. (*Cattleya brysiana* Lem.) (O5/89)
var. **carnea** hort. (O3/89, O4/89, S)
var. **concolor** hort. (O4/89)

var. **delicata** O'Brien (*L. purpurata* var. *delicatissima* hort.) (O4/89)
var. **flammea** hort. (O5/89)
var. **nelisii** Lem. (O3/89)
var. **oculata** hort. (O5/89)
var. **praetexta** Rchb.f. (O3/89)
var. **regina** hort. (O5/89)
var. **rosea** Regel (O3/89)
var. **roxo-bisbo** hort. (O5/89)
var. **roxo-violetta** hort. (O5/89)
var. **russelliana** L.O.Wms. (*L. russeliana* L.O.Wms.) - Braz. (O3/97, O4/89, S)
var. **sanguinea** hort. (O3/89, O5/89)
var. **schroederii** Rchb.f. (*L. schroederii* T.Moore, *L. purpurata* var. *graciana* hort., - var. *schroederae* hort.) (8**, O4/89)
var. **semialba** hort. (O3/89,O5/89)
var. **striata** Lind. (O3/97, O5/89)
var. **venosa** hort. (O5/89)
var. **vinicolor** hort. (O5/89)
var. **werckhäuseri** F.J.Krackow. (*L. purpurata* var. *ardosia* hort.) (O3/79, O4/89)
- *purpurata* var. *ardosia* hort.: 63 (O3/79, O4/89)
- *purpurata* var. *argolao* hort.: 63 (O3/89, O5/89)
- *purpurata* var. *brysiana* Du Buyss.: 24 (9**)
- *purpurata* var. *delicatissima* hort.: 63 (O4/89)
- *purpurata* var. *fastuosa* Lind.: 63 (O3/89)
- *purpurata* var. *graciana* hort.: 63 (O4/89)
- *purpurata* var. *schroederae* hort.: 63 (8**)
64. **purpurato-grandis** Mantin (3**, 8**)
65. **reginae** Pabst - Braz. (E, H, S)
- *regnellii* Barb.Rodr.: 52 (E**, H**)
- *reichenbachiana* H.Wendl. & Kraenzl.: 52 (E**, H**)
66. **rivieri** Carr (O2/81)
- *rosea* hort. ex Rchb.f.: 6 (8**)
- *rosea* (Lind. ex Lindl.) Schweinf.: *Schomburgkia* 16 (G)
67. **rubescens** Lindl. (*L. acuminata* Lindl., *L. peduncularis* Lindl., *L. pubescens* Lem., *L. violacea* Rchb.f., *L. erubescens* Du Buyss., *L. inconspicua* H.Jones, *Cattleya peduncularis* (Lindl.) Beer, *C. rubescens* (Lindl.) Beer, *C. acuminata* (Lindl.) Beer, *Bletia rubescens* (Lindl.) Rchb.f., *B. peduncularis* (Lindl.) Rchb.f., *B. violacea* (Rchb.f.) Rchb.f., *B. acuminata* (Lindl.) Rchb.f.) - Mex., C. Rica, Nic., Guat., Salv. 100-1.700 m - „Flor de Jesus" (3**, 8**, 9**, O3/91, E, G**, H, W**, B**)
f. **peduncularis** (Lindl.) Halb. (*L. peduncularis* Lindl., *Cattleya peduncularis* (Lindl.) Beer, *Bletia peduncularis* (Lindl.) Rchb.f.) - Mex. 700-1.500 m (B**)
cv. 'alba' - C.Rica (O6/82)
cv. 'alba oculata' - C.Rica (O6/82)
cv. 'semialba' - C.Rica (O6/82)
68. **rupestris** Lindl. (*L. crispilabia* Cogn., *L. mantioquerrae* Pabst) - Braz. (S)
- *rupestris* Lindl.: 21 (E, G, H)
- *russeliana* B.S.Will.: 63 (O3/97, O4/89)
- *sanderiana* (Rchb.f.) Crawshay: 4 (B**)
69. **sanguiloba** Withner - Braz. (S)
- *sawyeri* L.O.Wms.: *Schomburgkia* 9 (S)
- *schroederiana* (Rchb.f.) Crawshay: 4 (B**)
- *schroederii* T.Moore: 63 (8**)
70. **sincorana** Schltr. - Braz. (O2/81, O3/81, S)
71. **speciosa** (H.B.K.) Schltr. (*L. grandiflora* (Llave & Lex.) Lindl., *L. grandiflora* var. *alba* Dimock, *L. majalis* Lindl., *L. majalis alba* hort., *Bletia speciosa* H.B.K., *B. grandiflora* Llave & Lex., *Cattleya grahami* Lindl., *C. majalis* (Lindl.) Beer) - end. to Mex. 1.900-2.500 m - „Flor de mayo" (3**, 9**, G**, B**, S)
72. **spectabilis** (Paxt.) Withner - Braz. (S)
73. **superbiens** Lindl. (*L. superbiens* var. *quesneliana* Warner & B.S. Will., *Bletia superbiens* (Lindl.) Rchb.f., *Cattleya superbiens* (Lindl.) Beer, *Schomburgkia superbiens* (Lindl.) Rolfe) - Mex., Guat., Hond., Nic. 1.000-1.500 m „Flor de Candelaria" (8**, B**)
↳ *superbiens* Lindl.: *Schomburgkia* 20 (4**, 9**, G, H**)
- *superbiens* var. *quesneliana* Warner & B.S.Will.: 73 (B**)
74. **tenebrosa** (Gower) Rolfe (*L. grandis* Rolfe, *L. grandis tenebrosa*

Gower) - Braz. (8**, E**, H**, S)
75. **tereticaulis** Hoehne - Braz. (S)
- *tereticaulis* Hoehne: 21 (E, G, H)
- *tibicinis* (Batem. ex Lindl.) L.O. Wms.: *Myrmecophila* 8 (9**, G**, H**)
- *undulata* (Lindl.) L.O.Wms.: *Schomburgkia* 23 (E**, G**, H**)
76. × **venusta** Rolfe (*L. furfuracea* × *L. speciosa*) (O2/81)
- *venusta* (hort.) Rolfe: 6 (B**)
- *violacea* Rchb.f.: 67 (8**, 9**, G**, B**)
77. **virens** Lindl. (*L. johniana* Schltr.) - Braz. (O4/85, S)
- *virens* Lindl.: 78 (9**, G)
- *wendlandii* Rchb.f. (O2/81): *Schomburgkia* 25 (S)
- *wetmorei* Ruschi: 78 (9**, E**, G, H**)
- *wyattiana* Rchb.f.: 63 (8**)
78. **xanthina** Lindl. ex Hook. (*L. wetmorei* Ruschi, *L. virens* Lindl., *Bletia xanthina* Rchb.f.) - Braz. (8**, 9**, E**, G, H**, O4/85, S)
79. × **zaslawskii** L.C.Menezes (*L. spectabilis* × *L. harpophylla*) nat.hybr. (O5/96)
× *Laelia-Brasso-Cattleya*: × *Brassoleliocattleya* (*Brassavola* × *Cattleya* × *Laelia*)
× **Laeliocatonia (Lctna.)** (*Broughtonia* × *Cattleya* × *Laelia*)
× **Laeliocattkeria (Lcka.)** (*Barkeria* × *Cattleya* × *Laelia*)
× **Laeliocattleya (Lc.)** (*Cattleya* × *Laelia*)
× *Laeliodendrum*: × *Epilaelia* (*Epidendrum* × *Laelia*)
× **Laeliokeria (Lkra.)** (*Barkeria* × *Laelia*)
× **Laeliopleya (Lpya.)** (*Cattleya* × *Laeliopsis*)
Laeliopsis (Lps.) Lindl. - 1853 - *Epidendrinae* (S) - 1 sp. epi/lit - Hisp., Mona (Carib.)
- *cubensis* (Lindl.) Lindl.: *Cattleyopsis* 1 (G)
1. **domingensis** (Lindl.) Lindl. (*Cattleya domingensis* Lindl., *Broughtonia domingensis* (Lindl.) Rolfe) - Haiti, Dom., Mona (O3/91, H*, O2/80, S)
↳ *domingensis* (Lindl.) Lindl.: *Broughtonia* 1 (G)
× *Laeliovola*: × *Brassolaelia* (*Brassavola* × *Laelia*)

× **Laelonia (Lna.)** (*Broughtonia* × *Laelia*)
× *Laeopsis*: × *Liaopsis* (*Laelia* × *Laeliopsis*)
× **Lagerara (Lgra.)** (*Aspasia* × *Cochlioda* × *Odontoglossum*)
× **Laipenchihara (Lpca.)** (*Ascocentrum* × *Doritis* × *Neofinetia* × *Rhynchostylis* × *Vanda*)
× **Lancebirkara (Lbka.)** (*Bollea* × *Cochleanthes* × *Pescatorea*)
Lanium (Lindl.) Benth. - 1881 [*Lanium* Lindl. - 1841 (S)] - *Epidendrinae* (S) - ca. 4 sp. epi. - NS-Am.
1. **avicula** (Lindl.) Benth. (*Epidendrum avicula* Lindl.) - Braz., Peru (E**, G, H**, S*)
 ssp. **avicula** - Braz. (S)
 ssp. **caerensis** Brieg. (*L. berkeleyi* Rolfe) - Braz. (S)
 ssp. **latifolia** Brieg. - Braz. (S)
 ssp. **pernambucana** Brieg. - Braz. (S)
- *berkeleyi* Rolfe: 1 (S)
- *colombianum* Schltr.: 4 (S)
2. **ecuadorense** Schltr. - Ec. (S)
3. **hioramii** (Acuña & Roig) H.Dietrich (*Hormidium hioramii* Acuña & Roig) - Cuba (S)
4. **microphyllum** (Lindl.) Benth. (*L. peruvianum* Schltr., *Epidendrum microphyllum* Lindl., *E. sarcophyllum* Focke) - Braz., Guy., Sur., Peru, Col. (E**, G, H, S*)
 ssp. **colombianum** (Schltr.) Brieg. (*L. colombianum* Schltr., *L. peruvianum* Schltr.) - Amaz., Guy. (S)
 ssp. **microphyllum** - Amaz., Guy. (S)
↳ *microphyllum* (Lindl.) Benth.: *Epidendrum* 174 (W)
- *peruvianum* Schltr.: 4 (G)
- *peruvianum* Schltr.: 4 (S)
5. **subulatum** Rolfe (*Epidendrum stiliferum* Dressl.) - Braz. (S*)
Lankesterella Ames - 1923 - *Subfam. Spiranthoideae Tribus: Cranichideae Subtr. Spiranthinae* - 8 sp. epi. - S-Am.
1. **caespitosa** (Lindl.) Hoehne - Ven. 500-1.000 m (O1/94)
2. **longicolla** (Cogn.) Hoehne - S-Braz. (S)
3. **oligantha** (Hoehne & Schltr.) Hoehne - S-Braz. (S)
4. **orthantha** (Kraenzl.) Gar. - C.Rica, Ven., S-Am. 1.200 m (W)

Larnandra conopsea (R.Br.) Raf.: *Epidendrum* 59 (9**, G)
- *magnolia* (Muhl.) Raf.: *Epidendrum* 59 (9**, G)

Latourea Bl. - 1850: *Dendrobium* Sw.

Latourea *(Latouria)* Bl. - 1850: *Latourorchis* Brieg. (S)
- *spectabilis* Bl.: *Latourorchis* 7 (S)
- *spectabilis* Bl.: *Dendrobium* 333 (8**, 9**, H**)

Latourorchis Brieg. - 1981: *Dendrobium* Sw.

Latourorchis Brieg. - 1981 - Dendrobiinae (S) - *(Latourea* Bl., *Dendrobium* sect. *Latourea* Schltr.) - 37 sp. - N.Gui., Austr., Cel., Luzon

1. **alexandrae** (Schltr.) Brieg. (*Dendrobium alexandrae* Schltr.) (S) ⇾ Dendrobium 12
2. **atroviolacea** (Rolfe) Brieg. (*Dendrobium atroviolaceum* Rolfe) (S)
- *atroviolacea* (Rolfe) Brieg.: *Dendrobium* 30 (9**)
3. **forbesii** (Ridl.) Brieg. (*Dendrobium forbesii* Ridl., *D. ashworthii* O'Brien) (S)
- *forbesii* (Ridl.) Brieg.: *Dendrobium* 134 (9**)
4. **leucohybos** (Schltr.) Brieg. (*Dendrobium leucohybos* Schltr.) (S) ⇾ Dendrobium196
5. **macrophylla** (A.Rich.) Brieg. (*Dendrobium macrophylla* A.Rich.) (S)
- *macrophylla* (A.Rich.) Brieg.: *Dendrobium* 219 (9**, G)
6. **muscifera** (Schltr.) Brieg. (*Dendrobium musciferum* Schltr.) (S)
- *muscifera* (Schltr.) Brieg.: *Dendrobium* 219 (9**, G)
7. **spectabilis** (Bl.) Brieg. (*Latourea spectabilis* Bl., *Dendrobium spectabilis* (Bl.) Miq.) (S)
- *spectabile* (Bl.) Brieg.: *Dendrobium* 333 (9**)

× **Lauara (Lauara)** *(Ascoglossum × Renanthera × Rhynchostylis)*
× **Laycockara (Lay.)** *(Arachnis × Phalaenopsis × Vandopsis)*
× **Leaneyara (Lnya.)** *(Ascocentrum × Rhynchostylis × Sarcochilus × Vanda)*

Leaoa Schltr. & Porto - 1922: *Hexadesmia* Brongn.

Leaoa Schltr. & Porto - 1922 - *Epidendrinae* (S) - 2 sp. epi. - Ven. to Braz., Hond.

1. **hondurensis** (Ames) Brieg. (*Hexadesmia hondurensis* Ames) - Hond. (S) ⇾ Hexadesmia 7
2. **reedii** (Rchb.f.) Gar. (*Hexadesmia reedii* Rchb.f., *H. monophylla* Barb. Rodr.) - SW-Ven. to Braz. (S*)

Lecanorchis Bl. - 1856 - *Subfam. Epidendroideae Tribus: Vanilleae Subtr. Lecanorchidinae* - 17 sp. ter/myco - Jap., S-China, Ind., Indon., N.Gui.

1. **japonica** Bl. - Jap. (S)
2. **javanica** Bl. - Java (2*)
- *javanica* J.J.Sm. non Bl.: 4 (6*)
3. **malaccensis** Ridl. (*L. ridleyana* Schltr.) - Thai. (6*)
4. **multiflora** J.J.Sm. (*L. javanica* J.J. Sm. non Bl.) - Thai. (6*, S*)
- *ridleyana* Schltr.: 3 (6*)
5. **seidenfadenii** Szlach. & Myt. - Mal. (S)
6. **sikkimensis** Pearce & Cribb - Sik. (S)
7. **taiwaniana** S.S.Ying - Taiw. (S)
8. **thalassica** T.P.Lin - Taiw. (S)
9. **virella** Hashimoto - Jap. (S)

Lectandra J.J.Sm. - 1907: *Poaephyllum* Ridl. (S)

Ledgeria F.v.Muell. - 1859: *Erythrorchis* (S)

× **Leeara (Leeara)** *(Arachnis × Vanda × Vandopsis)*
× **Lemaireara (Lemra.)** *(Broughtonia × Cattleyopsis × Epidendrum)*

Lemboglossum Halb. - 1984 - *Oncidiinae* (S) - *(Odontoglossum* sect. *Leucoglossum* Lindl., *Cymbiglossum* Halb.) - ca. 14 sp. epi/lit/ter - C-Am., Mex. to C.Rica

1. **apterum** (Llave & Lex.) Halb. (*Odontoglossum apterum* Llave & Lex., *O. nebulosum* Lindl., *O.* × *vexativum* Rchb.f., *O. maxillare* Lindl., *Oncidium anceps* Beer, *Cymbiglossum apterum* (Llave & Lex.) Halb.) - end. to Mex. 1.900-3.000 m (3**, G, H, O5/83, S*)
2. **bictoniense** (Batem.) Halb. (*Cyrtochilum bictoniense* Batem., *Odontoglossum bictoniense* (Batem.) Lindl., *Zygopetalum africanum* Hook., *Cymbiglossum bictoniense* (Batem.) Halb.) - Mex., Guat., Salv., Nic. C. Rica, Pan. 1.800-2.800 m (3**, 9**, G**, H**, W**, O2/81, S)
   var. **album** com.name (O2/81)
   var. **sulphureum** com.name (O2/81)
   var. **splendens** com.name (O2/81)

3. **candidulum** (Rchb.f.) Halb. (*Odontoglossum candidulum* Rchb.f., *O. nebulosum* var. *candidulum* Rchb.f., *Cymbiglossum candidulum* (Rchb.f.) Halb.) - end. to Mex. 2.000-3.000 m (A**, O5/83, S)

4. **cervantesii** (Llave & Lex.) Halb. (*Odontoglossum cervantesii* Llave & Lex., *O. membranaceum* Lindl., *O. cervantesii* var. *membranaceum* Lindl., *Oncidium cervantesii* (Llave & Lex.) Beer, *O. membranaceum* (Lindl.) Beer, *Cymbiglossum cervantesii* (Llave & Lex.) Halb., *C. galeottianum* (A.Rich.) Halb.) - end. to Mex. 1.500-3.000 m (3**, 4**, 9**, G**, H**, O1/84, S*)

5. **cordatum** (Lindl.) Halb. (*Odontoglossum cordatum* Lindl., *O. maculatum* Lindl. sensu Hook., *O. hookeri* Lem., *O. lueddemannii* Regel, *Cymbiglossum cordatum* (Lindl.) Halb.) - Mex., Guat., Salv., Nic., Hond., C.Rica, Ven. 1.900-2.500 m (3**, 9**, G, H**, W, S*)

6. **ehrenbergii** (Link, Kl. & Otto) Halb. (*Odontoglossum ehrenbergii* Link, Kl. & Otto, *O. dawsonianum* Rchb.f., *Oncidium ehrenbergii* (Link, Kl. & Otto) Beer, *Cymbiglossum ehrenbergii* (Link, Kl. & Otto) Halb.) - Mex. 2.000-2.300 m (G, O5/83, S)

7. **galeottianum** (A.Rich.) Halb. (*Odontoglossum galeottianum* A.Rich., *Cymbiglossum galeottianum* (A.Rich.) Halb.) - Mex. 2.200-2.800 m (G, O1/84, S)

8. **hortensiae** (Rodr.) Halb. (*Odontoglossum hortensiae* Rodr., *Cymbiglossum hortensiae* (Rodr.) Halb.) - end. to C.Rica 1.700-2.500 m (A**, W, O4/83, S)

9. **maculatum** (Llave & Lex.) Halb. (*Odontoglossum anceps* Lem., *O. maculatum* Llave & Lex., *Brassia oestlundiana* L.O.Wms., *Cymbiglossum maculatum* (Llave & Lex.) Halb.) - Mex., Guat., C.Rica 2.000-2.700 m (3**, 9**, G**, H**, W, O4/83, S)

10. **madrense** (Rchb.f.) Halb. (*Odontoglossum maxillare* Lindl., *O. madrense* Rchb.f., *Cymbiglossum madrense* (Rchb.f.) Halb.) - end. to Mex. 2.000-2.700 m (G, O4/83, S*)

11. **majale** (Rchb.f.) Halb. (*Odontoglossum majale* Rchb.f., *O. platycheilum* Weathers, *Cymbiglossum majale* (Rchb.f.) Halb.) - end. to Guat. 2.000-2.600 m (9**, H**, O2/84, S)

12. **rossii** (Lindl.) Halb. (*Odontoglossum rossii* Lindl., *O. coerulescens* A.Rich. & Gal., *O. rubescens* Lindl., *O. warnerianum* Rchb.f., *O. humeanum* Rchb.f., *O. asperum* Rchb.f., *O. youngii* Gower, *O. caulescens* A.Rich. & Gal., *Cymbiglossum rossii* (Lindl.) Halb.) - Mex. 2.000-2.300 m (3**, G**, H**, O5/83, S*)

13. **stellatum** (Lindl.) Halb. (*Odontoglossum stellatum* Lindl., *O. erosum* A.Rich. & Gal., *Oncidium erosum* (A.Rich. & Gal.) Beer, *Cymbiglossum stellatum* (Lindl.) Halb.) - Mex., Guat., Nic., C.Rica, S-Am. 1.700-2.500 m (G, W, O2/84, S)

14. **uro-skinneri** (Lindl.) Halb. (*Odontoglossum uroskinneri* Lindl., *Cymbiglossum uroskinneri* (Lindl.) Halb.) - Guat., S-Mex. ca. 2.000 m (A**, H**, O6/83, S)

Lemuranthe Schltr. - 1925: *Cynorkis* Thou. (S)

- *gymnochiloides* (Schltr.) Schltr.: *Cynorkis* 50 (U)

Lemurella Schltr. - 1925 - *Subfam. Epidendroideae Tribus: Vandeae Subtr. Angraecinae* - 4 sp. epi. - Madag., Com.

- *ambongoënse(is)* (Schltr.) Schltr.: 1 (U**, S*)

1. **culicifera** (Rchb.f.) H.Perr. (*L. ambongoënse(is)* (Schltr.) Schltr., *Angraecum culiciferum* Rchb.f., *A. ambongense* Schltr., *Oeonia culicifera* (Rchb.f.) Finet, *Beclardia humbertii* H.Perr.) - Madag., Com. 0-500 m (U**, S*)

2. **pallidiflora** Boss. - Madag. 800-900 m (U, S)

3. **papillosa** Boss. - Madag. 800-900 m (U, S)

- *sarcanthoides* (Schltr.) Sengh.: *Oeonia* 1 (U**)

- *tricalcariformis* H.Perr.: *Oeonia* 1 (U**)

4. **virescens** H.Perr. - Madag. ca. 1.200 m (U, S)

Lemurorchis Kraenzl. - 1893 - *Subfam. Epidendroideae Tribus: Vandeae Subtr. Aerangidinae* - 1 sp. epi. - Madag.

1. **madagascariensis** Kraenzl. - Madag. ca. 2.000 m (U**, S*)
Leochilus Benth.: *Leochilus* Knowl. & Westc.
Leochilus (Lchs.) Knowl. & Westc. - 1838 - Subfam. Epidendroideae Tribus: Oncidieae Subtr. Oncidiinae - (*Leochilus* Benth., *Rhynchostelis* Rchb.f., *Cryptosanus* Scheidw., *Cryptosaccus* Scheidw. ex Rchb.f.) - ca. 9/15 sp. epi. - Mex. to Arg., W-Ind.
- *ampliflorus* Schltr. (3**).: 2 (S)
1. **carinatus** (Knowl. & Westc.) Lindl. (*L. ampliflorus* Schltr., *Oncidium carinatum* Knowl. & Westc.) - Mex., Peru 1.000-1.500 m (G, S*)
- *cochlearis* (Lindl.) Lindl.: 5 (G)
2. **crocodiliceps** (Rchb.f.) Kraenzl. (*L. ampliflorus* Schltr.) - Mex. 1.100-1.700 m (S)
- *depauperatus* (Lehm. & Kraenzl.) Kraenzl.: 5 (G)
- *dignathe* Schltr.: *Dignathe* 1 (S*)
- *gracilis* Schltr.: 5 (G, S*)
3. **hagsateri** Chase - Mex. 1.400-1.800 m (S)
- *herbaceus* Lindl.: 8 (G, S*)
4. **johnstonii** Ames & Correll - Guat., Salv. 1.500-2.000 m (S)
5. **labiatus** (Sw.) Ktze. (*L. cochlearis* (Lindl.) Lindl., *L. depauperatus* (Lehm. & Kraenzl.) Kraenzl., *L. gracilis* Schltr., *Epidendrum labiatum* Sw., *Liparis labiata* (Sw.) Spreng., *Rodriguezia cochlearis* Lindl., *Oncidium labiatum* (Sw.) Rchb.f., *O. lansbergii* Rchb.f., *O. depauperatum* Lehm. & Kraenzl.) - Cuba, W-Ind., Mex., Guat., Salv., Braz., Col., Nic. 0-1.300 m (O3/91, G, W, S*, R**)
- *lehmannianus* Kraenzl.: *Caucaea* 1 (H*)
- *leiboldii* Rchb.f.: *Papperitzia* 1 (S*)
- *macrantherus* (Hook.) Liebm.: 6 (G)
- *major* Schltr.: 8 (E**, G, H**, S*)
- *major* Schltr.: 6 (9**)
- *mattogrossensis* Cogn.: *Solenidium* 2 (G**)
6. **oncidioides** Knowl. & Westc. (*L. macrantherus* (Hook.) Liebm., *L. scriptus* Rchb.f., *L. major* Schltr., *L. powellii* Schltr., *L. retusus* Schltr., *Rodriguezia maculata* Lindl., *Oncidium macrantherum* Hook., *O. scriptum* (Rchb.f.) Scheidw., *Cryptosaccus scriptus* (Rchb.f.) Scheidw.) - Mex., Guat. 600-1.700 m (3**, 9**, E, G, H, S)
- *parviflorus* Standl. & L.O.Wms.: *Hybochilus* 1 (S)
- *powellii* Schltr.: 8 (G, S*)
- *powellii* Schltr.: 6 (9**)
7. **puertoricensis** Chase - P.Rico 0-200 m (S)
- *pulchellus* (Regel) Cogn.: *Oncidium* 243 (E**, H**)
- *pygmaeus* (Lindl.) Benth. & Hook.f. ex Johnst.: *Rhynchostele* 1 (G, S*)
- *radiatus* (Lindl.) Kraenzl.: *Caucaea* 1 (H*)
- *retusus* Schltr.: 8 (G, S*)
- *retusus* Schltr.: 6 (9**)
- *sanguinolentus* Lindl.: *Oncidium* 61 (8**)
- *sanguinolentus* Lindl.: *Oncidium* 201 (G)
8. **scriptus** (Scheidw.) Rchb.f. (*L. major* Schltr., *L. herbaceus* Lindl., *L. powellii* Schltr., *L. retusus* Schltr., *Cryptosaccus scriptus* Scheidw., *Cryptosanus scriptus* Scheidw., *Oncidium herbaceum* (Lindl.) Rchb.f., *O. scriptum* (Scheidw.) Rchb.f.) - Mex., Braz., Guat., C.Rica, Ec., Pan., Cuba, Nic., Trin. 0-1.200 m (E**, G, H**, W**, S*, R**)
- *scriptus* Rchb.f.: 6 (9**)
9. **tricuspidatus** (Rchb.f.) Kraenzl. - C.Rica, Pan. 1.400-2.000 m (W, S)
× **Leocidium (Lcdm.)** (*Leochilus* × *Oncidium*)
× **Leocidmesa (Lcmsa.)** (*Gomesa* × *Leochilus* × *Oncidium*)
× **Leocidpasia (Lcdpa.)** (*Aspasia* × *Leochilus* × *Oncidium*)
Leopardanthus Bl. - 1848: *Dipodium* R.Br. (S)
- *scandens* Bl.: *Dipodium* 14 (2*)
× **Lepanopsis (Lep.)** (*Lepanthes* × *Lepanthopsis*)
Lepanthes subg. *Draconanthes* Luer - 1986: *Draconanthes* (Luer) Luer (S)
Lepanthes (Lths.) Sw. - 1799 - Subfam. Epidendroideae Tribus: Epidendreae Subtr. Pleurothallidinae - ca. 600 sp. epi/lit - C-S-Am., W-Ind.
1. **aberrans** Schltr. (L)
2. **abortiva** Luer & Esc. - Col. (FXVI-II1**)
3. **aciculifolia** Luer - Col. (FXX2*)
4. **acoridilabia** Ames & Schweinf. - C. Rica, Pan. (W)

5. **acostaei** Schltr. - C.Rica, Pan. (W)
6. **acrogenia** Luer & Esc. - Col. 1.600 m (FXVIII1*)
7. **acuminata** Schltr. - C.Rica, Pan. (W)
8. **acutissima** Luer & Esc. - Col. 2.400 m (FXIX2**)
9. **aduncata** Luer & Esc. - Col. 2.500 m (FXIX1**)
10. **affinis** Luer & Esc. - Col. 2.250 m (FXVII3*, R**)
11. **aggeris** Luer & Esc. - Col. 2.200 m (FXIX1**)
12. **agglutinata** Luer ($53/9)
13. **alcicornis** Luer & Esc. - Col. 1.800-2.700 m ($53/7)
14. **amplior** Luer & Esc. - Col. 2.850 m (FXVIII1**)
15. **amplisepala** Luer & Esc. - Col. 3.150 m (FXIX2*)
16. **anatina** Luer & Esc. - Col. 1.630 m (FXX(3)*)
17. **ankistra** Luer & Dressl. - C.Rica, Pan. 1.500-1.700 m (W, XVI3**)
18. **anserina** Luer & Esc. - Col. ca. 2.100 m ($53/3, FXX(3))
19. **antennata** Luer & Esc. - Col. 2.000-2.100 m (FXIX2**)
20. **antennifera** Luer & Esc. - Col. 2.000-2.500 m ($54/1, $54/6)
21. **antilocapra** Luer & Dressl. - C.Rica, Pan. 1.750 m (W, XVI3**)
22. **arachnion** Luer & Dressl. - C.Rica, Pan. 100-350 m (W, XVI3**)
23. **arbuscula** Luer & Esc. - Col. 2.900 m (FXIX1**)
24. **argentata** Luer & Esc. - Col. 2.100 m (FXVII3**)
25. **aries** - Ec. (O3/97)
26. **atwoodii** Luer - C.Rica, Pan. (W)
27. **auditor** Luer & Esc. - Col. 2.400 m (FXVII3**)
28. **avicularis** Luer & Hirtz - Ec. (O4/91)
29. **barbae** Schltr. - C.Rica, Pan. (W)
30. **beatrizae** Luer & Esc. - Col. 2.200 m (FXX(3)**)
- *bicarinata* Barb.Rodr.: *Pleurothallis* 725 (G)
31. **biglomeris** Luer & Esc. - Col. 2.400 m (FXIX1**)
32. **biloba** Lindl. - Ec. (O2/88, O4/91)
33. **bipinnatula** Luer & Esc. - Col. 2.700 m (FXX(3)*)
34. **blephariglossa** Schltr. - C.Rica, Pan. (W)
35. **blepharistes** Rchb.f. - C.Rica, Pan. (W)
36. **boyacensis** Luer & Esc. - Col ($53/8, R**)
37. **bradei** Schltr. - C.Rica, Pan. (W)
38. **brenesii** Schltr. - C.Rica, Pan. (W)
- *brevipetala* Fawc. & Rendle: *Lepanthopsis* 24 (L*)
39. **cacique-tone** Luer & Esc. - Col. 2.700 m (FXX(3)**)
40. **cactoura** Luer & Esc. - Col. 2.400 m (FXVIII1*)
41. **caesariata** Luer & Esc. - Col. 2.000 m (FXIX2*)
42. **calimae** Ortiz - Col. 1.500 m (FXXI1**)
43. **calocodon** Luer - Ven. (FXVIII1)
44. **calodictyon** Hook. - Col., Ec. (9**, A**, H**)
45. **canaliculata** Luer & Esc. - Col. 2.100 m (FXX(3)*)
46. **capitanea** Rchb.f. - Ec. ($53/3)
47. **caprimulgus** Luer - Peru (L)
48. **cardiocheila** (cardiochila) Luer & Esc. - Col. ca. 2.000 m (FXIX2*, L*)
49. **carinata** Luer & Hirtz - Ec. 2.650-2.750 m (O5/90)
- *carinifera* Barb.Rodr.: *Trichosalpinx* 7 (L)
50. **carunculigera** Rchb.f. - Col. (R**)
51. **cascajalensis** Ames - C.Rica, Pan. (W)
52. **catella** Luer & Esc. - Col. 2.500 m (L*, FXVI1*)
53. **caudata** Luer & Esc. - Ec., Col. 3.000 m (O4/91, $53/3)
54. **cerambyx** Luer & Esc. - Col. 1.600 m (FXVIII1**)
55. **cercion** Luer & Esc. - Col. 1.920 m (FXVII3*)
56. **chameleon** Ames - C.Rica, Pan. (W)
57. **chelonion** Luer & Esc. - Col. 2.600 m ($54/1, FXVIII1)
58. **chimaera** Luer & Esc. - Col. 3.200 m (FXVI2*)
59. **chiriquensis** Schltr. - C.Rica, Pan. (W)
60. **chorista** Luer & Hirtz - Ec. 1.200 m (O1/92)
61. **ciliaris** Luer & Hirtz - Ec. 1.500-2.000 m (L*)
62. **ciliisepala** Schltr. - C.Rica, Pan. (W)
63. **cincinnata** Luer & Esc. - Col. 2.200 m (FXIX1**)
64. **cingens** Luer & Esc. - Col. 1.950-

2.150 m (FXIX2**)
65. **clandestina** Luer & Hirtz - Ec. 1.350 m (O4/91)
66. **clausa** Luer & Esc. - Col ca. 2.800 m ($54/6)
67. **climax** Luer & Esc. - Col ca. 2.850 m (FXVII3*)
68. **cocculifera** Luer & Esc. - Col ca. 2.850 m (FXVI2*)
69. **cogolloi** Luer & Esc. - Col 1.090-1215 m (FXVIII1*)
70. **collaris** Luer - C.Rica, Pan. (W)
71. **comet-halleyi** Luer - C.Rica, Pan. (W)
72. **complicata** Luer & Vasq. - Bol. (O2/88)
73. **composita** Luer & Esc. - Col. ca. 2.000 m (L*, FXIX2*)
- *concinna* Sw.: 234 (L)
74. **confusa** Ames & Schweinf. - C. Rica, Pan. (W)
75. **cordata** Luer & Esc. - Col. 2.050 m (FXVII3*)
76. **cornualis** Luer & Esc. - Col., Ec. 3.000 m (FXVIII1*)
77. **costaricensis** Schltr. - C.Rica, Pan. (W)
78. **costata** Rchb.f. ($53/8, FXVIII1)
79. **crossota** Luer - C.Rica, Pan. (W)
- *cryptophyla* Barb.Rodr.: *Pleurothallis* 521 (G)
80. **cucullata** Luer & Esc. - Col. 2.850 m (FXIX2*)
81. **culex** Luer & Esc. - Col. 1.800-2.700 m ($53/7)
82. **cuneiformis** Luer & Esc. - Col. 2.150 m (FXVI2)
83. **cunicularis** Luer & Esc. - Col. 2.800 m (FXX(3)**)
84. **cyclochila** Luer & Esc. - Col. 2.500 m (FXIX2**)
85. **cymbium** Luer & Esc. - Col., Ec. 2.600-3.200 m (FXIX2**)
86. **dactyla** Gar. - Col. 2.100-2.600 m (L*)
87. **darioi** Luer & Esc. - Col. 2.400-2.700 m (FXX(3)**)
- *dasyphylla* Rchb.f.: 247 (L*)
88. **dasyura** Luer & Esc. - Col. 900 m (FXVIII1*)
89. **debilis** Luer & Esc. - Col. 2.600 m (FXVII3**)
90. **decipiens** Ames & Schweinf. - C. Rica, Pan. (W)
91. **deficiens** Luer & Esc. - Col. 2.400 m (FXVII3**)
92. **deliciasensis** Luer & Esc. - Col. 3.380 m (FXIX2*)
93. **delphax** - Ec. (O3/97)
- *densiflora* Barb.Rodr.: *Lepanthopsis* 14 (L*)
94. **destituta** Luer & Esc. - Col. 2.100 m (L*, FXVII3*)
95. **dewildei** Luer & Esc. - Col. 2.050 m (FXX(3)*)
96. **diabolica** Luer & Esc. - Col. 2.700 m (FXVIII1*)
97. **didactyla** Luer & Esc. - Col. 1.650 m (FXVI2*)
- *dielsii* Mansf.: *Salpistele* 2 (L*)
98. **discolor** Luer & Esc. - Col. 2.400 m (FXVII3**)
99. **dolabrata** Luer & Esc. - Col. 2.700 m (FXX(3)*)
100. **droseroides** Luer - C.Rica, Pan. (W)
101. **dryades** Luer & Esc. - Col ca. 2.000-2.100 m ($53/9)
102. **dypterix** Luer & Hirtz - Ec. (O4/91)
103. **echidion** Luer & Hirtz - Col. 1.800 m (FXVI2)
- *echinocarpa* L.O.Wms.: *Salpistele* 2 (L*)
104. **eciliata** Schltr. - C.Rica, Pan. (W)
105. **edwardsii** Ames - C.Rica, Pan. (W)
106. **effusa** Schltr. - Ec. ($53/3)
107. **elata** Rchb.f. - C.Rica, Pan. (W**, R**)
108. **eleanorae** Foldats - Ven. (FXV2/3)
109. **electilis** Luer - Ec. (O4/91)
110. **elephantina** Luer & Esc. - Col. 3.200 m (FXVI2*)
111. **elongata** Luer & Hirtz - Ec. (O4/91)
112. **endresii** Luer - C.Rica, Pan. (W)
113. **equicalceolata** Luer & Esc. - Col. 2.000 m (FXIX1**)
114. **erepsis** Luer & Hirtz - Ec. 2.000-2.400 m (L**)
115. **erinacea** Rchb.f. - C.Rica, Pan. (W)
116. **erythrocles** Luer & Esc. - Col. (FXVIII1*)
117. **escobariana** Gar. - Col. (R**)
118. **esmeralda** Luer & Hirtz - Ec. 750 m (O1/92)
119. **estrellensis** Ames - C.Rica, Pan. (W)
120. **exaltata** Luer & Esc. - Col. (R**)
121. **exasperata** Ames & Schweinf. - C. Rica, Pan. (W)
122. **eximia** Ames - C.Rica, Pan. (W)
123. **exposita** Luer - C.Rica, Pan. (W)
124. **felis** Luer & Esc. - Col. - „The cat" (L, $56/10, FXIX1*, R**)
125. **ferax** Luer & Esc. - Col. 2.600-2.800

m (FXVIII1**)
126. **floresii** Luer & Hirtz - Ec. 2.700 m (O4/91)
127. **fonnegrae** Luer & Esc. - Col. 2.500 m (FXIX1**)
128. **foveata** Luer & Esc. - Col. 2.000-2.100 m ($53/10)
129. **furcata** Luer & Esc. - Col. 2.000 m (FXIX1**)
130. **gargantua** Rchb.f. - Col. (R**)
131. **gargoyla** Luer & Hirtz - Ec. 900 m (O2/88)
132. **gelata** Luer & Esc. - Col. 2.400 m (FXX(3)*)
133. **gemina** Luer & Esc. - Col. (R**)
134. **gemmula** Luer & Hirtz - Ec. 1.500 m (O2/92**)
135. **georgii** Luer & Esc. - Col. 2.400 m (FXIX2**)
136. **glicensteinii** Luer - C.Rica, Pan. (W)
137. **golondrina** Luer & Esc. - Col. 1.700 m ($53/7)
138. **grandiflora** Ames & Schweinf. - C.Rica, Pan. (W)
139. **grildrig** Luer & Esc. - Col. 2.200 m (FXVIII1*)
140. **guanacasensis** Luer & Esc. - Col. 3.150 m (FXIX2*)
141. **guanacastensis** Ames & Schweinf. - C.Rica, Pan. (W)
- *gunningiana* Barb.Rodr.: *Pleurothallis* 315 (G)
142. **gustavoi** Luer & Esc. - Col. 2.680 m (FXX(3)*)
143. **gutula-sanguinis** Luer & Esc. - Col. 2.600 m (FXVII3**)
144. **habenifera** Luer & Esc. ($53/9)
- *harrisii* Fawc. & Rendle: *Lepanthopsis* 24 (L*)
145. **helcium** Luer & Hirtz - Ec. 2.300 m ($53/11)
146. **helgae** Luer & Esc. - Col. 2.250 m (FXVIII1*, R**)
147. **hemirhoda** Gar. - Col. (FXIX1)
148. **heptapus** Luer & Esc. ($53/7)
149. **hexapus** Luer & Esc. - Col. 1.600 m (FXVI2*)
150. **hippocrepica** Luer & Esc. - Col., Ec. 1.800-2.400 m (L*, FXVIII1*)
151. **hispida** Luer & Esc. - Col. 2.900 m (FXVI2*)
152. **horichii** Luer - C.Rica, Pan. (W)
153. **horrida** Rchb.f. - C.Rica, Pan. (W)
154. **hortensis** Luer & Esc. - Col. 2.800 m (FXVII3**)
155. **hyphosa** Luer & Esc. - Col. 1.820 m (FXVII3**)
156. **hystrix** Luer & Hirtz - Ec. 2.300-2.400 m ($53/11)
157. **imposita** Luer & Esc. - Col. 2.750 m ($54/1)
158. **impotens** Luer & Esc. - Col. 2.000 m (FXX(3)*)
159. **inaequiloba** Ames & Schweinf. - C.Rica, Pan. (W)
160. **incantata** Luer - C.Rica, Pan. (W)
161. **inescata** Luer - C.Rica, Pan. (W)
162. **ingramii** Luer - C.Rica, Pan. (W)
163. **inornata** Schltr. - C.Rica, Pan. (W)
164. **insectiflora** Schweinf. - C.Rica, Pan. (W)
165. **insolita** Luer & Esc. - Col. 2.400 m (FXVII3**)
166. **ionoptera** Rchb.f. - S-Am. (S*)
167. **irrasa** Luer & Esc. - Col. 2.100 m (L*)
168. **isochila** Luer - Col. (FXX2*)
169. **janitor** Luer & Esc. ($53/9)
170. **janus** Luer & Esc. - Col ca. 2.500 m ($54/6)
171. **jardinensis** Luer & Esc. - Col 2.800 m (FXIX1**)
172. **jennyi** Luer - C.Rica, Pan. (W)
173. **jimburae** Luer & Hirtz - Ec. 3.050 m (O4/91)
174. **jimenezii** Schltr. - C.Rica, Pan. (W)
175. **jugum** Luer - C.Rica, Pan. (W)
176. **kuijtii** Luer & Hirtz - Ec. 1.650 m ($53/11)
177. **lancifolia** Schltr. - C.Rica, Pan. (W)
- *lancipetala* L.O.Wms.: *Salpistele* 6 (L*)
178. **larvina** Luer & Esc. - Col. (R**)
179. **latisepala** Ames & Schweinf. - C.Rica, Pan. (W)
- *leonii* Schweinf.: *Lepanthopsis* 26 (L*)
180. **ligiae** Luer & Esc. - Col. 2.600 m (FXVIII1**, R**)
181. **lilliputae** Luer & Esc. - Col. 3.150 m (FXVII3*)
182. **limbata** Luer & Esc. - Col. 2.050 m (FXIX2**)
183. **lindleyana** Oersted & Rchb.f. (*L. micrantha* Ames) - C.Rica, Nic., Pan., Col., Ven. (E**, H, W)
184. **linealis** Luer & Esc. - Col. 3.280 m (FXVIII1*)
185. **llanganatensis** Luer & Hirtz - Ec. 2.800-3.000 m (O5/90)
186. **lucifer** Luer & Hirtz - Ec. 1.250 m ($56/10)

187. **lunaris** Luer - Col., Ec. 2.000 m (L*)
188. **lupula** Luer & Hirtz - Ec. 1.900-2.100 m ($53/11, L*)
189. **lycocephala** Luer & Hirtz - Col. 1.600 m (FXVI2*)
190. **macalpinii** Luer - C.Rica, Pan. (W)
- *marmorata* Barb.Rodr.: *Pleurothallis* 296 (9**, G**)
191. **marthae** Luer & Esc. - Col. 2.200 m (FXVIII1*, R**)
192. **mastodon** Luer - Col. (FXIX1, R**)
193. **maxonii** Schltr. - C.Rica, Pan. (W)
194. **medusa** Luer & Esc. - Col. (FXVIII**, R**)
195. **mefueënsis** Luer & Esc. - Col. 2.600 m (FXVII3*)
196. **meleagris** Luer & Esc. - Col. 2.100 m (FXIX2*)
197. **mentosa** Luer - C.Rica, Pan. (W)
198. **metaxy** Luer & Hirtz - Ec. 3.000 m (O4/91)
199. **micellilabia** Luer & Esc. - Col. 2.400 m (FXIX2**)
- *micrantha* Ames: 183 (E**, H)
200. **microglottis** Luer - C.Rica, Pan. (W)
201. **micronyx** Luer & Esc. - Col. 2.700 m (FXX(3)*)
202. **micropetala** L.O.Wms. - Col., Ec. 2.000-2.700 m ($53/11, L*)
203. **microtica** Luer & Esc. - C.Rica, Pan. (W)
204. **millei** Schltr. - Ec. (FXVIII1)
205. **minutilabia** Ames & Schweinf. - C.Rica, Pan. (W)
206. **monilia** Luer & Esc. - Col. 2.400-2.600 m (L*, FXVI1*)
207. **monoptera** Lindl. - Ec. (FXVIII1)
208. **monteverdensis** Luer & Esc. - C. Rica, Pan. (W)
209. **montis-rotundi** Ortiz - Col. 2.200-2.900 m (FXX(3)**)
210. **mucronata** Lindl. ($53/3, $53/10)
211. **mulderae** Luer - C.Rica, Pan. (W)
212. **myiophora** Luer - C.Rica, Pan. (W)
213. **myoxophora** Luer & Esc. - Col. 1.800 m ($53/9, $53/3)
214. **mystax** Luer - C.Rica, Pan. (W)
215. **nautilus** Luer & Esc. - Col. 2.500 m ($53/10, FXVIII1, R**)
216. **nematodes** Luer & Esc. - Col. 2.200 m (FXVIII1*)
- *nemorosa* Barb.Rodr.: *Pleurothallopsis* 1 (S)
- *nemorosa* Barb.Rodr.: *Octomeria* 16 (L*)
217. **nicolasii** Luer & Esc. - Col. 2.000 m (FXX(3)**)
218. **niphas** Luer & Esc. - Col. (FXVIII1*)
219. **norae** Foldats - Col. (R**)
220. **nulla** Luer & Esc. - Col. 3.300 m (FXIX2*)
221. **nummularia** Rchb.f. (*L. polygonioides* L.B.Smith & Harris, *L. ospinae* Gar.) - Ec., Col., Peru 2.000-2.400 m (L*)
222. **obovata** Luer & Esc. - Col ca. 1.600 m ($53/8)
223. **octavioi** Luer & Esc. - Col 2.100 m (FXVIII2*)
224. **octopus** Luer & Esc. - Col. 1.800 m (FXX(3)**)
225. **odontolabis** Luer - C.Rica, Pan. (W)
226. **ollaris** Luer & Esc. - Col. ca. 2.000 m ($53/9, R**)
227. **opetidion** Luer & Esc. - Col. 1.800 m (FXVIII2*)
228. **ophelma** Luer & Esc. - Col. ca. 2.400 m ($54/6, R**)
229. **oreibates** Luer & Esc. - Col. 2.960 m (FXVIII2**)
230. **orion** Luer & Esc. - Col. (R**)
231. **osiris** Luer & Esc. - Col. 3.380 m (FXIX2*)
- *ospinae* Gar.: 221 (L*)
232. **otopetala** Luer - C.Rica, Pan. (W)
233. **ova-rajae** Luer - C.Rica, Pan. (W)
234. **ovalis** (Sw.) Fawc. & Rendle (*L. concinna* Sw., *Epidendrum ovale* Sw.) (4**, L)
235. **oxybaphon** Luer & Esc. - Col. ca. 2.600 m ($54/6)
236. **oxypetala** Luer & Hirtz - Ec. 3.200 m (O2/88)
237. **pachoi** Luer & Esc. - Col. 2.500 m (FXIX2**)
- *palmaritoënsis* Gar.: 247 (L*)
238. **panope** Luer & Esc. - Col. (R**)
239. **pantomima** Luer & Dressl. - C.Rica, Pan. 350 m (W, XVI3**)
240. **parmata** Luer & Esc. - Col. 1.300-1.350 m (FXVIII2*)
241. **pastoense** Schltr. - Col. (R**)
242. **pendens** Gar. - Col. 2.400-2.500 m (L*)
- *pensilis* Schltr.: *Salpistele* 6 (L*)
- *peperomioides* Schltr.: 247 (L*)
243. **petalolenta** Luer & Esc. - Col. 1.390-1.420 m (FXVIII2*)

244. **petalopterix** Luer & Esc. - Col. 1.600 m (FXIX2**)
245. **pexa** Luer - C.Rica, Pan. (W)
246. **pholeter** Luer - Peru 1.700 m (L*)
247. **pilosella** Rchb.f. (*L. dasyphylla* Rchb.f., *L. peperomioides* Schltr., *L. saccosepala* Schltr., *L. palmaritoënsis* Gar.) - Col., Ec., Bol. 1.600-2.600 m (L*, R**)
248. **pilosiaures** Luer & Esc. - Col. 2.700 m ($53/3)
249. **pinnatula** Luer & Esc. - Col. 2.680 m (FXX(3)*)
250. **planadensis** Luer & Esc. - Col. 1.800 m (FXVIII2*)
251. **platysepala** Luer & Esc. - Col. 1.900-2.400 m (L*)
252. **pleurothallopsis** Luer & Esc. - Col. 2.800 m (FXIX2**)
- *polygonioides* L.B.Smith & Harris: 221 (L*)
253. **porphyrea** Luer & Esc. - Col. 2.000-2.700 m ($53/9, R**)
254. **porracea** Luer & Esc. - Col. 2.680 m (FXX(3)**)
255. **posadae** Luer & Esc. (L*)
256. **posthon** Luer - C.Rica, Pan. (W)
257. **praemorsa** Luer & Esc. - Col. 2.000 m (FXVIII2*)
258. **profusa** Luer & Hirtz - Ec. 2.750 m (O1/90**)
259. **pseudocaulescens** L.B.Smith & Harris - Col., Ec. 1.400-1.800 m (L*)
260. **pterygion** Luer & Esc. - Col. 1.700-2.000 m ($53/7)
261. **pubescens** Luer (O2/88)
- *punctatifolia* Barb.Rodr.: *Trichosalpinx* 24 (G)
262. **pygmaea** Luer - C.Rica, Pan. (W)
263. **quadricornis** Luer & Esc. - Col. (FXIX2*)
264. **quandi** Luer & Esc. - Col. ca. 2.600 m ($53/9)
265. **rabei** Foldats ($54/6)
266. **ramonensis** Schltr. - C.Rica, Pan. (W)
267. **regularis** Luer - C.Rica, Pan. (W)
268. **reventador** Luer & Hirtz - Ec. 1.850 m (O1/90**)
269. **rhombipetala** Schltr. (FXIX1)
270. **ribes** Luer - Ec. (L)
271. **ricaurtensis** Luer & Esc. - Col. 1.600 m (FXIX2*)
272. **ricii** Luer & Vasq. - Bol. 2.300 m (L*)
273. **rodrigoi** Luer - Col. 2.700 m (FXX2*)
274. **roezliana** Luer & Esc. - Col. 2.200 m (FXVII3*)
275. **rotundifolia** L.O.Wms. - C.Rica, Pan. (W)
276. **rutrum** Luer & Esc. - Col. 1.350 m (FXIX2**)
277. **saccata** Luer & Esc. - Col. 2.550 m (FXVII3*)
- *saccosepala* Schltr.: 247 (L*)
278. **samacensis** Ames - C.Rica, Pan. (W)
279. **sanguinea** Hook. - Jam. (9**)
280. **sannio** Luer - C.Rica, Pan. (W)
281. **scopulifera** Luer & Esc. - Col. 2.500 m (FXX(3)*)
- *secunda* Barb.Rodr.: *Lepanthopsis* 18 (H**, L*, S)
282. **sericinitens** Luer & Esc. - Col. 2.500 m ($53/10)
- *serrulata* Cogn.: *Lepanthopsis* 35 (L*)
283. **setifera** Luer & Esc. - Ec., Col. 1.400-1.600 m ($53/8, R**)
284. **sinuosa** Luer & Esc. - Col. 1.630-2.000 m (FXIX2**)
285. **skeleton** Luer & Esc. - Col. 1.800 m ($53/7)
286. **smaragdina** Luer & Esc. - Col. 1.700 m (FXIX2**)
287. **solicitor** Luer & Esc. - Col. 1.850 m ($54/1)
288. **speciosa** Luer & Hirtz - Ec. 2.050 m (O2/92**)
289. **stalactites** Luer & Hirtz - Ec., Peru 2.600-3.100 m (L*)
290. **standleyi** Ames - C.Rica, Pan. (W)
291. **stelidilabia** Luer & Esc. - Col. 2.430 m (FXVIII2*)
292. **stenophylla** Schltr. - C.Rica, Pan. (W)
293. **strumosa** Luer & Esc. - Col. 1.800 m (FXVI2*)
294. **subdimidiata** Ames & Schweinf. - C.Rica, Pan. (W)
295. **tamaënsis** Foldats - Col. (R**)
296. **tanekes** Luer & Esc. - Col. 1.600 m (FXVIII2*)
297. **telipogoniflora** Schuiteman & De Wilde - Col. 500 m (FXX1*)
298. **tetracola** Luer & Esc. - Col. (FXIX2*)
299. **tetroptera** Luer - C.Rica, Pan. (W)
300. **tipulifera** Rchb.f. - C.Rica, Pan. (W)
301. **tonduziana** Schltr. - C.Rica, Pan. (W)
302. **triangularis** Luer - Col. 2.300 m (L*)

- *tricarinata* Barb.Rodr.: *Pleurothallis* 727 (L*)
303. **trichocaulis** Luer & Esc. - Col. 1.820 m (FXVII3*)
304. **tridens** Ames - C.Rica, Pan. (W)
305. **tridentata** Sw. (*Epidendrum tridentatum* Sw.) - Jam. (G**)
306. **trifurcata** Luer & Esc. - Col. (FXIX2**)
- *trilineata* (Barb.Rodr.) Barb.Rodr.: *Pleurothallis* 296 (9**, G**)
307. **trinaria** Luer & Esc. - Col. 2.700 m (FXX(3)**)
308. **triura** (Lindl.) Schltr. - S-Am. (S*)
309. **troxis** Luer & Esc. - Col. 2.700 m (FXVIII2**)
310. **truncata** Luer & Dressl. - C.Rica, Pan. 350 m (W, XVI3**)
311. **tsubotae** Luer & Esc. - Col. 1.950 m (FXIX1**)
312. **turialvae** Rchb.f. - C.Rica, Pan. (W)
313. **umbonata** Luer & Esc. - Col. 2.000 m ($53/10)
314. **uncifera** Luer & Esc. - Col. (R**)
315. **ursula** Luer & Esc. - Col. 2.600 m (L*)
316. **valenciae** Luer & Esc. - Col. ca. 2.200 m ($53/8)
317. **venusta** Luer & Esc. - Col. 2.400 m (FXIX2**)
318. **vermicularis** Luer - Ec. (O4/91)
319. **viahoënsis** Luer & Esc. - Col. ca. 2.000 m (FXX(3)**)
320. **vieirae** Luer & Esc. - Col. 200 m (FXVII3*)
321. **villosa** Løjtnant - Ec. 1.400-2.500 m (L*)
322. **volsella** Luer & Esc. - C.Rica, Pan. (W)
323. **volvox** Luer & Esc. - Col. (R**)
324. **wageneri** Rchb.f. - Ven. (O3/84)
325. **wendlandii** Rchb.f. - C.Rica, Pan. (W)
326. **wercklei** Schltr. - C.Rica, Pan. (W)
327. **zapatae** Luer & Esc. - Col. (FXIX2**)

Lepanthopsis (Lpths.) (Cogn.) Ames - 1933 - Subfam. Epidendroideae Tribus: Epidendreae Subtr. Pleurothallidinae - (*Pleurothallis* sect. *Lepanthopsis* Cogn.) - ca. 37 sp. epi. - Flor., Mex., W-Ind. to Peru, Braz.

1. **abbreviata** Luer & Hirtz - Ec., Col. ca. 1.000 m (L*)
2. **acetabulum** Luer - Ec., Col., Peru, Bol. 1.400-2.000 m (L*, R**)
3. **acuminata** Ames - Col., Ven., Ec. 700-2.400 m (L*, R**)
4. **anthoctenium** (Rchb.f.) Ames (*L. domingensis* Dod, *Pleurothallis anthoctenium* Rchb.f.) - Haiti, Dom., Cuba 250-2.100 m (L*)
5. **apoda** (Gar. & Dunst.) Luer (*Pleurothallis apoda* Gar. & Dunst., *Trichosalpinx apoda* (Gar. & Dunst.) Luer) - Ven., Col., Ec., Bol. 1.400-3.300 m (L*, FXIX1)
6. **aristata** Dod (*L. haitiensis* Dod) - Haiti ca. 900 m (L*)
7. **astrophora** (Rchb.f. ex Kraenzl.) Gar. (*Pleurothallis astrophora* Rchb. f. ex Kraenzl.) - Ven. 700-1.600 m (L*, S)
8. **atrosetifera** Dod - Haiti 900-1.100 m (L*)
9. **barahonensis** (Cogn.) Gar. (*L. dentifera* (L.O.Wms.) Gar., *L. fuertesii* (Cogn.) Gar., *Pleurothallis barahonensis* Cogn., *P. fuertesii* Cogn., *P. dentifera* L.O.Wms.) - Dom. ca. 1.500 m (L*)
10. **comet-halleyi** Luer - C.Rica ca. 1.500 m (W, L*, FXIX1)
- *congestiflora* (Cogn.) Porto & Brade: 14 (L*)
11. **costanzensis** (Cogn.) Gar. (*Pleurothallis constanzensis* Cogn.) - Dom., Haiti 1.200-1.700 m (L*)
12. **cucullata** Dod (*L. paryskii* Dod) - Haiti ca. 900 m (L*)
13. **culiculosa** Luer - Ec., Peru ca. 2.000-2.800 m (L*)
14. **densiflora** (Barb.Rodr.) Ames (*L. congestiflora* (Cogn.) Porto & Brade, *Lepanthes densiflora* Barb.Rodr., *Pleurothallis congestiflora* Cogn.) - Braz. (L*)
- *dentifera* (L.O.Wms.) Gar.: 9 (L*)
15. **dewildei** Luer & Esc. - Col. 3.000 m (L*)
16. **dodii** Gar. - Dom., Haiti ca. 900 m (L*)
- *domingensis* Dod: 4 (L*)
17. **farrago** (Luer & Hirtz) Luer (*Trichosalpinx farrago* Luer & Hirtz) - Ec. ca. 3.200 m (L*, FXIX1)
18. **floripecten** (Rchb.f.) Ames (*L. secunda* (Barb.Rodr.) Hoehne, *L. unilateralis* (Cogn.) Porto & Brade, *Pleurothallis floripecten* Rchb.f., *P. unilateralis* Cogn., *Lepanthes secunda* Barb.Rodr.) - C-S-Am., Col., Pe-

ru, Braz. 30-2.400 m (H**, W**, L, R**, S*)
- *fuertesii* (Cogn.) Gar.: 9 (L*)
19. **glandulifera** Dod - Dom. ca. 1.600 m (L*)
- *haitiensis* Dod: 6 (L*)
20. **hirtzii** Luer - Ec., Col. 1.600-2.700 m (L*)
21. **hotteana** (Mansf.) Gar. (*Pleurothallis hotteana* Mansf.) - Haiti 2.200-2.400 m (L*)
- *leonii* Schweinf.: *Trichosalpinx* 19 (L)
22. **lilliputalis** Luer & Hirtz - Ec. 300-400 m (L*)
23. **lingulata** Dod - Haiti ca. 900 m (L*)
24. **melanantha** (Rchb.f.) Ames (*L. quisqueyana* Dod, *Pleurothallis melanantha* Rchb.f., *P. floripicta* Lindl., *Lepanthes harrisii* Fawc. & Rendle, *L. brevipetala* Fawc. & Rendle) - Cuba, Haiti, Dom., Jam. 0-1.200 m (L*)
25. **micheleae** Dod - Haiti 900-1.200 m (L*)
26. **microlepanthes** (Griseb.) Ames (*Pleurothallis microlepanthes* Griseb., *Lepanthes leonii* Schweinf., *Trichosalpinx microlepanthes* (Griseb.) Luer) - Jam., Cuba 600-2.300 m (L*, FXIX1, S)
→ *microlepanthes* (Griseb.) Ames: *Trichosalpinx* 19 (L)
27. **moniliformis** Dod - Dom. 1.200-1.700 m (L*)
28. **obliquipetala** (Ames & Schweinf.) Luer (*Physosiphon obliquipetala* Ames & Schweinf., *Pleurothallis connata* Luer, *Stelis obliquipetala* (Ames & Schweinf.) L.O.Wms.) - C. Rica, Col., Ec. 1.100-3.000 m (W, L*)
29. **ornipteridion** Dod - Haiti ca. 1.300 m (L*)
- *paryskii* Dod: 12 (L*)
30. **peniculus** (Schltr.) Gar. (*Pleurothallis peniculus* Schltr.) - Col. ca. 2.400-3.200 m (L*, R**)
31. **pristis** Luer & Esc. - Col. ca. 1.600 m (L*, FXVI3*)
32. **prolifera** Gar. - Col. 1.800-2.200 m (L*)
33. **pulchella** Gar. & Dunst. - Ven. 1.200-1.600 m (L*)
34. **pygmaea** Schweinf. - Haiti (L*)
- *quisqueyana* Dod: 24 (L*)

- *secunda* (Barb.Rodr.) Hoehne: 18 (H**, L*)
35. **serrulata** (Cogn.) Hespenheide & Gar. (*Lepanthes serrulata* Cogn.) - Dom. 1.000-1.400 m (L*)
36. **stellaris** Dod - Dom. 1.400-1.600 m (L*)
37. **steyermarkii** Foldats - Ven. ca. 1.500 m (L*)
38. **ubangii** Luer - Ec. ca. 1.800 m (L*)
- *unilateralis* (Cogn.) Porto & Brade: 18 (L*)
39. **vinacea** Schweinf. - Ven., Ec. 900-2.000 m (L*)
Lepervenchea Cordem. - 1899: *Angraecum* Bory (S)
Lepidogyne Bl. - 1858 - Subfam. Spiranthoideae Tribus: Erythrodeae - 3 sp. terr. - Java, N.Gui.
1. **longifolia** Bl. (*Neottia longifolia* Bl., *Spiranthes longifolia* Hassk.) - Java (2*, S)
Leporella A.S.George - 1971 - Subfam. Orchidoideae Tribus: Diurideae Subtr. Caladeniinae - (*Leptoceras* Fitzg.) - 1 sp. terr. - end. to S-Austr.
1. **fimbriata** (Lindl.) A.S.George (*Leptoceras fimbriata* Lindl.) - end. to Vic., S-Austr., W-Austr. (P**, S) → *Leptoceras* 1
Leptocentrum Schltr. - 1914: *Plectrelminthus* Raf. (S)
- *amaniense* Kraenzl.: *Rangaeris* 1 (M**)
- *caudatum* (Lindl.) Schltr.: *Plectrelminthus* 1 (9**, G)
- *schliebenii* Mansf.: *Rangaeris* 5 (M, C*)
- *scliebenii* Mansf.: *Barombia* 2 (S*)
- *spiculatum* (Finet) Schltr.: *Aerangis* 43 ($55/10, U**)
Leptoceras Fitzg. - 1889: *Leporella* A.S. George (S)
Leptoceras Lindl. - 1840 - Caladeniinae (S) - 1 sp. terr. - N.Zeal.
1. **fimbriata** Lindl. (*Caladenia fimbriata* (Lindl.) Rchb.f., *Eriochilus fimbriatus* (Lindl.) F.v.Muell.) - N.Zeal. (S)
→ *fimbriata* Lindl.: *Leporella* 1 (P**)
- *menziesii* (R.Br.) Lindl.: *Caladenia* 71 (H**)
- *oblonga* Lindl.: *Caladenia* 71 (H**)
× **Leptodendrum (Lptdm.)** (*Epidendrum* × *Leptotes*)

× **Leptokeria (Lptka.)** (*Barkeria* × *Leptotes*)
× **Leptolaelia (Lptl.)** (*Laelia* × *Leptotes*)
Leptorkis *(Leptorchis)* Thou. - 1809: *Liparis* L.C.Rich.
- *affinis* Ktze.: *Liparis* 4 (2*)
- *atropurpurea* Ktze.: *Liparis* 106 (2*)
- *bicornis* (Ridl.) Ktze.: *Liparis* 11 (G**)
- *bicornis* (Ridl.) Ktze.: *Liparis* 18 (U)
- *bituberculata* (Hook.) Ktze.: *Liparis* 111 (G**)
- *caespitosa* (Lam.) Ktze.: *Liparis* 27 (2*, 6*, G, U)
- *clavigera* Ktze.: *Liparis* 34 (2*)
- *compressa* Ktze.: *Liparis* 37 (2*)
- *condylobulbon* (Rchb.f.) Ktze.: *Liparis* 38 (6*)
- *connata* (Ridl.) Ktze.: *Liparis* 114 (U)
- *crenulata* (Bl.) Ktze.: *Liparis* 41 (2*, 6*)
- *decurrens* Ktze.: *Liparis* 43 (2*)
- *dendrochilum* Ktze.: *Liparis* 47 (2*)
- *disticha* Ktze.: *Liparis* 50 (2*)
- *duthiei* (Hook.f.) Ktze.: *Liparis* 27 (2*, 6*, G)
- *eggersii* (Rchb.f.) Ktze.: *Liparis* 111 (G**)
- *elata* (Lindl.) Ktze.: *Liparis* 111 (G**)
- *elegans* Ktze.: *Liparis* 41 (2*)
- *elegans* (Lindl.) Ktze.: *Liparis* 54 (6*)
- *flaccida* (Rchb.f.) Ktze.: *Liparis* 122 (2*, 6*)
- *flavescens* (Thou.) Ktze.: *Liparis* 61 (G, U)
- *forbesii* Ktze.: *Liparis* ? 63 (2*)
- *forbesii* (Ridl.) Ktze.: *Liparis* 21 (6*)
- *gracilis* (Hook.f.) Ktze.: *Liparis* 54 (6*)
- *guineensis* (Lindl.) Ktze.: *Liparis* 111 (G**)
- *latifolia* Ktze.: *Liparis* 88 (2*)
- *lilifolia* (L.) Ktze.: *Liparis* 92 (9**, G)
- *loeselii* (L.) MacMillan: *Liparis* 96 (G)
- *longicaulis* (Ridl.) Ktze.: *Liparis* 97 (U)
- *longipes* (Lindl.) Ktze.: *Liparis* 167 (6*, G)
- *longipetala* (Ridl.) Ktze.: *Liparis* 98 (U)
- *lutea* (Ridl.) Ktze.: *Liparis* 111 (G**)
- *lutea* (Ridl.) Ktze.: *Liparis* 99 (U)
- *minima* (Bl.) Ktze.: *Liparis* 27 (2*, 6*, G)
- *montana* Ktze.: *Liparis* 106 (2*)
- *nervosa* (Thunb.) Ktze.: *Liparis* 111 (G**)
- *obscura* (Hook.f.) Ktze.: *Liparis* 27 (2*, 6*, G)
- *ochracea* (Ridl.) Ktze.: *Liparis* 114 (U)
- *odontostoma* (Rchb.f.) Ktze.: *Liparis* 111 (G**)
- *odorata* Ktze.: *Liparis odorata* (2*)
- *odorata* (Willd.) Ktze.: *Liparis* 111 (G**)
- *olivacea* (Lindl.) Ktze.: *Liparis* 111 (G**)
- *ornithorrhynchos* (Ridl.) Ktze.: *Liparis* 116 (U)
- *pallida* Ktze.: *Liparis* 117 (2*)
- *parva* Ktze.: *Liparis* 121 (U)
- *parviflora* (Bl.) Ktze.: *Liparis* 122 (2*, 6*)
- *prainii* (Hook.f.) Ktze.: *Liparis* 27 (2*, 6*, G)
- *puncticulata* (Ridl.) Ktze.: *Liparis* 133 (U)
- *purpurascens* (Thou.) Ktze.: *Liparis* 134 (U**)
- *pusilla* (Ridl.) Ktze.: *Liparis* 27 (2*, 6*, G)
- *tradescantiaefolia* Ktze.: *Liparis* 159 (2*)
- *tricallosa* (Rchb.f.) Ktze.: *Liparis* 160 (6*, 9**)
- *venosa* (Ridl.) Ktze.: *Liparis* 160 (6*, 9**)
- *viridiflora* (Bl.) Ktze.: *Liparis* 167 (2*, 6*, G)
- *wightiana* (Thw.) Ktze.: *Liparis* 171 (9**)
- *wrayi* Ktze.: *Liparis* 172 (6*)
- *xanthina* (Ridl.) Ktze.: *Liparis* 173 (U)

Leptotes (Lpt.) Lindl. - 1833 - Subfam. Epidendroideae Tribus: Epidendreae Subtr. Laeliinae - 6 sp. epi. - Braz., Par., Arg.

1. **bicolor** Lindl. (*L. serrulata* Lindl., *L. bicolor* var. *glaucophylla* Hook., *L. glaucophylla* (Hook.) Hoffmgg., *Tetramicra bicolor* (Lindl.) Benth., *T. serrulata* (Lindl.) Benth. & Hook. f.) - E-Braz., Par. (4**, 9**, E*, G**, H**, $50/3, S)

418 Leptotes - Limatodes

- *bicolor* var. *glaucophylla* Hook.: 1 (9**, G**)
- *blanche-amesii* Loefgr.: *Loefgrenianthus* 1 (S*)
- *glaucophylla* (Hook.) Hoffmgg.: 1 (9**, G**)
2. **minuta** Rolfe - Braz. (S)
3. **paulensis** Hoehne - Braz. (S)
4. **serrulata** Lindl. - Braz. (S)
- *serrulata* Lindl.: 1 (9**, G**)
5. **tenuis** Rchb.f. - E-Braz. (E**, H**)
6. **unicolor** Barb.Rodr. - Braz. (E**, H, $50/3, S*)

Leptothrium lineare (Jacq.) Kunth.: *Isochilus* 5 (G**)

× **Leptovola (Lptv.)** (*Brassavola × Leptotes*)

Lesliea Seidenf. - 1988 - *Aeridinae* (S) - 1 sp. epi. - Thai.
1. **mirabilis** Seidenf. - Thai. (S*)

× **Leslieara (Lesl.)** (*Broughtonia × Cattleyopsis × Diacrium × Epidendrum*)

× *Leucadenia*: × *Pseudadenia* (*Gymnadenia × Leucorchis* (*Pseudorchis*)
× *Leucerminium*: × *Pseudinium* (*Herminium × Leucorchis* (*Pseudorchis*)

Leucohyle Kl. - 1854 - *Trichopiliinae* (S) - ca. 2/4 sp. epi. - Ven., Pan., Col., Ec., Guy., Sur., Braz.
- *brasiliensis* (Cogn.) Schltr.: 1 (S*)
- *dasyandra* (Rchb.f.) Schltr.: *Cischweinfia* 2 (H*)
- *dasyandra* (Rchb.f.) Schltr.: *Trichopilia* 5 (O4/96)
- *jamaicensis* (Fawc. & Rendle) Schltr.: 2 (S)
1. **mutica** (Lindl.) Schltr. [L. mutica (Rchb.f. & Wullschl.) Schltr. (S*, FXV2/3)] (*L. brasiliensis* (Cogn.) Schltr., *Brassavola paraensis* Huber, *Macradenia mutica* Lindl., *Trichopilia mutica* (Lindl.) Rchb.f.) - Braz., Sur., Trin. (G)
2. **subulata** (Sw.) Schltr. (*L. warscewiczii* Kl., *L. jamaicensis* (Fawc. & Rendle) Schltr, *Trichopilia subulata* (Sw.) Rchb.f., *T. hymenantha* Rchb. f., *T. jamaicensis* Fawc. & Rendle, *Epidendrum subulatum* Sw., *Cymbidium subulatum* (Sw.) Sw.) - Trin., Pan., Ven., Mex., Guat., Col., Peru, Hond. (9**, E**, H**, S*, W)
➤ *subulata* (Sw.) Schltr.: *Trichopilia* 23 (O4/96)
3. **warscewiczii** Kl. (H)
➤ *warscewiczii* Kl.: *Trichopilia* 23 (O4/96)
- *warscewiczii* Kl.: 2 (9**)

Leucolaena Ridl. - 1891: *Didymoplexiella* Gar. (S)
- *ornata* Ridl.: *Didymoplexiella* 2 (6*)
- *siamensis* Rolfe ex Downie: *Didymoplexiella* 3 (6*)

Leucorchis E.H.F.Meyer - 1848: *Pseudorchis* Sèg. (K, S)
- *albida* (L.) E.H.F.Meyer (O3/90): *Pseudorchis* 1
- *sylvatica* Bl.: *Didymoplexis* 5 (2*, 6*)

× *Leucororchis*: × *Pseudorhiza* (*Orchis* (*Dactylorhiza*) × *Leucorchis* (*Pseudorchis*)

Leucostachys procera (Ker-Gawl.) Hoffm.: *Goodyera* 23 (6*, G**)
× *Leucotella*: × *Pseuditella* (*Nigritella × Leucorchis* (*Pseudorchis*)

× **Lewisara (Lwsra.)** (*Aërides × Arachnis × Ascocentrum × Vanda*)

× **Liaopsis (Liaps.)** (*Laelia × Laeliopsis*)

× **Lichtara (Licht.)** (*Doritis × Gastrochilus × Phalaenopsis*)

Lichterveldia Lem. - 1855: *Cuitlauzina* Llave & Lex.
- *lindleyi* Lem.: *Odontoglossum citrosmum* (8**)
- *lindleyi* Lem.: *Cuitlauzina* 1 (G**, H**)

× **Liebmanara (Lieb.)** (*Aspasia × Cochlioda × Oncidium*)

Ligeophila Gar. - 1977 - *Subfam. Spiranthoideae Tribus: Erythrodeae* - 8 sp. terr. - S-Am.
1. **clavigera** (Rchb.f.) Gar. - Nic., C. Rica, Pan., S-Am. (W)
- *jamesonii* Gar.: *Erythrodes* 5 (FXIX2)
- *lutea* Gar.: *Erythrodes* 10 (FXIX2)
2. **stigmatoptera** (Rchb.f.) Gar. - S-Am. (S)
3. **umbraticola** Gar. - S-Am. (S*)

× **Limara (Lim.)** (*Arachnis × Renanthera × Vandopsis*)

Limatodes Bl. - 1825: *Phaius* Lour. (S)
- *labrosa* Rchb.f.: *Calanthe* 29 (6*)
- *mishmensis* Lindl.: *Phaius* 32 (9**, E**, H**)
- *pallidus* (Ridl.) Ridl.: *Phaius* 37 (9**)
- *pauciflora* Bl.: *Phaius* 37 (2*, 9**)
- *punctata* Lindl.: *Phaius* 37 (2*, 9**)

- *rosea* Lindl.: *Calanthe* 41 (6*, 9**)
- × *Limatopreptanthe*: *Calanthe* (*Limatodes* (*Calanthe*) × *Preptanthe* (*Calanthe*)

Limnorchis Rydb. - 1900: *Platanthera* L. C.Rich. (S)
- *hyperborea* (L.) Rydb.: *Platanthera* 19 (K**)

Limodorum Boehm. (T**, FXV1/2) [(Limodorum L. - 1753 (S)] - *Subfam. Orchidoideae Tribus: Neottieae Subtr. Limodorinae* - 3 sp. ter/myco - S-Eur., W-Him., Jap. - „Dingel"
1. **abortivum** (L.) Sw. (*Orchis abortiva* L., *Ionorchis abortiva* (L.) Beck, *Centrosis abortiva* (L.) Sw.) - Eur., N-Afr., Medit., Turk. 0-2.300 m - ter/sapro - „Violetter Dingel" (K**, S, T**, N**, FXV2/3)
- *abortivum* ssp. *trabutianum* (Batt.) Rouy: 3 (N**)
- *altum* Jacq.: *Bletia* 20 (9**, G**)
- *altum* L.: *Eulophia* 4 (9**, G**)
- *aphyllum* Roxb.: *Dendrobium* 26 (9**, G**)
- *autumnale* Walter: *Spiranthes* 3 (H**)
- *bicallosum* Hamilt. ex D.Don: *Liparis* 111 (G**)
- *bidens* Sw. ex Pers.: *Diaphananthe* 2 (E**, H**)
- *bidens* Afzel. ex Sw.: *Diaphananthe* 2 (9**, G)
- *boreale* (Sw.) Sw.: *Calypso* 1 (9**)
- *bracteatum* Roxb.: *Phaius* 1 (8**)
- *bracteatum* Roxb.: *Thunia* 3 (G)
- *bracteatum* Roxb.: *Thunia* 1 (9**)
2. **brulloi** Bart. & Pulv. - S-It. 1.200-1.400 m (S)
- *callosum* Bl.: *Phaius* 7 (2*)
- *canaliculatum* Aubl.: *Tetramicra* 2 (9**, H*)
- *candidum* Roxb.: *Geodorum* 2 (G**)
- *coriaceum* Thunb. ex Sw.: *Angraecum* 40 (U)
- *cristatum* Sw.: *Eulophia* 21 (9**)
- *cucullatum* Sw.: *Eulophia* 22 (E**, H**, Q**)
- *cucullatum* Afzel. ex Sw.: *Polystachya* 37 (9**)
- *densiflorum* Lam.: *Geodorum* 2 (G**)
- *eburneum* (Bory) Willd.: *Angraecum* 64 (8**, 9**, G**, H**, U)
- *ensatum* Thunb.: *Cymbidium* 14 (2*, 9**, G**)
- *epidendroides* Willd.: *Eulophia* 25 (9**)
- *epipogium* (L.) Sw.: *Epipogium* 1 (9**)
- *falcatum* (Thunb.) Thunb.: *Neofinetia* 1 (9**, G**)
- *filiforme* Sw.: *Aeranthes* 20 (G)
- *flabellatum* Thou.: *Cymbidiella* 2 (U**)
- *flavum* Bl.: *Phaius* 15 (2*, 9**)
- *floridum* Salisb.: *Bletia* 20 (9**, G**)
- *flos-aeris* Sw.: *Arachnanthe flos-aeris* (2*)
- *flos-aëris* (L.) Sw.: *Arachnis* 5 (E**, H**, Q**)
- *foliis subulatis* Burm.: *Tetramicra* 2 (9**)
- *funale* (Sw.) Sw.: *Dendrophylax* 2 (9**, G)
- *giganteum* (L.f.) Thunb.: *Eulophia* 86 (E**, G**, H**)
- *giganteum* (Dougl.) Ktze.: *Epipactis* 8 (9**, H**)
- *graminiflorum* (D.Don) Buch.-Ham. ex Hook.f.: *Arundina* 1 (9**, E**, G**)
- *graminifolium* (D.Don) Buch.-Ham.: *Arundina* 1 (H**)
- *hians* (L.f.) Thunb.: *Herschelianthe* 4 (9**)
- *hyacinthinum* (Smith) D.Don: *Bletilla* 3 (9**, G**)
- *incarvillei (incarvillia)* Pers.: *Phaius* 50 (9**, E**, G, H**)
- *incarvillei* Bl.: *Phaius incarvillei* (2*)
- *lanceolatum* Aubl.: *Stenorrhynchus* 2 (E**, H**)
- *lanceolatum* Aubl.: *Sacoila* 1 (9**, G**)
- *latifolium* Thunb. ex Sw.: *Aerides* 16 (9**, G**)
- *longicorne* Sw.: *Mystacidium* 4 (H*)
- *longifolium* Buch.-Ham. ex Lindl.: *Cymbidium* 25 (9**)
- *luridum* Sw.: *Graphorkis* 3 (E**, G**, H**)
- *maculatum* Lodd.: *Oeceoclades* 18 (H, U)
- *monile* (Thunb.) Thunb.: *Dendrobium* 236 (9**, G)
- *nutans* Roxb.: *Geodorum* 8 (2*)
- *odorosum* L.: *Calopogon* 5 (9**)
- *pendulum* Aubl.: *Dichaea* 62 (O2/81)

- *plantagineum* Thou.: *Eulophia* 76 (U**)
- *praealtum* L.C.Rich: *Eulophia* 4 (G**)
- *pulchellum* Salisb.: *Calopogon* 5 (9**, H**)
- *pulchrum* Thou.: *Oeceoclades* 22 (G**)
- *pulchrum* Thou.: *Eulophia* 78 (9**, U)
- *purpureum* Lam.: *Bletia* 20 (9**, G**)
- *pusillum* (Koenig) Willd.: *Chiloschista* 9 (G)
- *recurvum* Roxb.: *Geodorum* 8 (2*)
- *recurvum* Roxb.: *Geodorum* 2 (G**)
- *retusum* (L.) Sw.: *Rhynchostylis* 3 (2*, 8**, 9**, E**, G**, H**)
- *roseum* D.Don.: *Epipogium nutans* (2*)
- *scriptum* Thou.: *Graphorkis* 1 (U**)
- *simpsonii* Small: *Calopogon* 5 (9**)
- *spathulatum* Willd.: *Oeoniella* 2 (8**)
- *striatum* Thunb.: *Bletilla* 3 (4**, G**, H**)
- *striatum* Thunb.: *Calanthe striata* (9**)
- *striatum* Banks: *Calanthe* 21 (G)
- *tankervilleae* Roxb. non Banks: *Phaius* 50 (9**, E**)
- *tankervilleae* Banks: *Phaius* 50 (9**, G, H**)
3. **trabutianum** Batt. (*L. abortivum* ssp. *trabutianum* (Batt.) Rouy) - N-Afr., S-Sp., Port., Sard., S-It. 400-1.900 m - „Trabuts Dingel" (K**, N**, &11)
- *trifidum* Michx.: *Bletia* 20 (9**, G**)
- *tuberculosum* Thou.: *Phaius tuberculosus* (9**, E**, H**)
- *tuberculosum* Thou.: *Gastrorchis* 10 (U)
- *tuberosum* Jacq. non L.: *Bletia* 20 (9**, G**)
- *tuberosum* L.: *Calopogon* 5 (H**)
- *utriculatum* Sw.: *Govenia* 15 (9**, G, H*)
- *ventricosum* Steud.: *Calanthe* 49 (6*, 9**, G**)
- *veratrifolium* Willd.: *Calanthe veratrifolia* (2*, 8**)
- *veratrifolium* Willd.: *Calanthe* 49 (6*, 9**, E**, G**, H**)
- *verecundum* Salisb.: *Bletia* 20 (9**, G**)
- *virens* Roxb.: *Eulophia* 25 (9**)

Limonias Ehrh. - 1789: *Epipactis* Zinn (S)

Limotodes gracilis (Lindl.) Lindl.: *Cephalantheropsis* 2 (9**)

Lindblomia Fr. - 1843: *Platanthera* L.C. Rich. (S)

- × *Lindleyara*: × *Hawaiiara* (*Euanthe* (*Vanda*) × *Renanthera* × *Vanda* × *Vandopsis*)

Lindleyella Schltr. - 1914: *Bifrenaria* Lindl.

Lindleyella Schltr. - 1914: *Rudolfiella* Hoehne (S)
- *aurantiaca* (Lindl.) Schltr.: *Rudolfiella* 1 (9**, E**, G**, H**)
- *saxicola* Schltr.: *Bifrenaria* 14 (FVII2**)

Lindsayella Ames & Schweinf. - 1937: *Sobralia* Ruiz & Pav.

Lindsayella Ames & Schweinf. - 1937 - *Sobraliinae* (S) - 1 sp. epi. - Pan.
1. **amabilis** Ames & Schweinf. (*Sobralia callosa* L.O.Wms.) - Pan. (S) → *Sobralia* 3
- *amabilis* Ames & Schweinf.: *Sobralia* 10 (A**, W**)
- × *Linneara*: × *Iwanagara* (*Brassavola* × *Cattleya* × *Diacrium* (*Caularthron*) × *Laelia*)
- × **Lioponia (Lpna.)** (*Broughtonia* × *Laeliopsis*)

Liparis L.C.Rich. - 1817 - Subfam. Epidendroideae Tribus: Malaxideae - (*Leptorkis* Thou., *Stichorkis* Thou., *Cestichis* Thou., *Empusa* Lindl., *Paliris* Dumort., *Empusaria* Rchb.f., *Sturmia* Rchb.f., *Platystylis* Lindl., *Dituilis* Raf., *Mesoptera* Raf., *Alipsea* Hoffmgg., *Androchilus* Liebm.) - 250/400 sp. ter/epi/lit - Circumb. - „Glanzkraut, Glanzwurz"
1. **acaulis** Schltr. (S)
2. **acuminata** Hook.f. - Thai. (6*)
3. **acutissima** Rchb.f. - Thai. (6*)
- *acutissima* Gagn. non Rchb.f.: 83 (6*)
4. **affinis** Lindl. (*Malaxis affinis* Bl., *Leptorchis affinis* Ktze.) - Java (2*)
- *alata* Scheidw.: 111 (G**)
- *amphibius* Gagn.: 21 (6*)
5. **amplifolia** Schltr. - Thai. (6*)
6. **andringitrana** Schltr. - Madag. ca. 1.800 m - lith. (U)
- *angkae* Kerr: 128 (6*, G)
7. **angustiflora** J.J.Sm. - Thai. (6*)
- *angustifolia* (Bl.) Lindl.: 27 (2*, 6*, G)

8. **angustilabris** (F.v.Muell.) Blaxell (*L. cuneilabris* F.v.Muell. ex Benth.) - end. to Austr. (Qld.) 800 m (P*)
9. **anthericoides** H.Perr. - Madag. 900-1.300 m - epi/ter (U)
10. **aptenodytes** J.J.Sm. - Thai. (6*)
- *atropurpurea* Wight: 171 (9**)
11. **atrosanguinea** Ridl. (*L. tabularis* Rolfe, ?*L. conspicua* J.J.Sm., ?*L. tixieri* Guill., *L. macrantha* Cumb.) - Mal., Viet., Sum. (6*, 9**)
12. **aurantiorbiculata** J.J.Wood & A. Lamb - end. to Born. 1.200-1.700 m - sect. *Coriifoliae* (Q**)
- *auriculata* Rchb.f.: 27 (2*, 6*, G)
13. **auriculifera** J.J.Sm. - Thai. (6*)
14. **aurita** Ridl. (*L. platyrachis* Seidenf. non Hook.f.) - Thai. (6*)
15. **balansae** Gagn. - Thai. (6*)
- *bambusaefolia* Mak.: 111 (G**)
16. **bathiei** Schltr. - Madag. ca. 1.600 m - terr. (U)
- *bernaysii* F.v.Muell.: *Malaxis* 29 (G)
- *bicallosa* (D.Don) Schltr.: 111 (G**)
- *bicallosa* var. *hachijoensis* (Nakai) Kitamura: 111 (G**)
17. **bicolor** J.J.Sm. - Java, Thai. (2*, 6*)
18. **bicornis** Ridl. (*Leptorkis bicornis* (Ridl.) Ktze.) - Madag. ca. 1.400 m - lit/ter (U)
- *bicornis* Ridl.: 111 (G**)
- *bicornuta* Schltr.: 55 (6*)
19. **bilobulata** J.J.Sm. - Java (2*)
20. **bistriata** Par. & Rchb.f. (*L. saltucola* Kerr) - Thai. (6*)
- *bituberculata* (Hook.) Lindl.: 111 (G**)
- *bituberculata* (Rchb.f.) Rchb.f.: 111 (G**)
- *bituberculata* var. *formosana* (Rchb.f.) Ridl.: 111 (G**)
21. **bootanensis** Griff. (*L. pachypus* Par. & Rchb.f., *L. plicata* Franch. & Sav., *L. forbesii* Ridl., *L. lancifolia* Hook.f., *L. uchiyamae* Schltr., *L. amphibius* Gagn., *Leptorchis forbesii* (Ridl.) Ktze., *Cestichis forbesii* (Ridl.) Ames, *C. plicata* (Franch. & Sav.) F.Maekawa) - Thai. (6*)
- *boothii* Regel: 167 (6*, E**, G, H**)
22. **bowkeri** Harv. (*L. neglecta* Schltr., *L. gerrardii* Rchb.f.) - E-Afr. to S-Afr. 1.200-2.700 m (H**, M**, $50/5, C**)
23. **brachyglottis** Rchb.f. - Thai. (6*)
24. **bracteata** Hunt - end. to Austr. (Qld.) 800 m (P)
25. **brunneolobata** Kerr - Thai. (6*)
26. **bulbophylloides** H.Perr. - Madag. 500-1.000 m - epi. (U)
27. **caespitosa** (Lam.) Lindl. (*L. caespitosa* (Thou.) Lindl., *L. auriculata* Rchb.f., *L. minima* (Bl.) Lindl., *L. angustifolia* (Bl.) Lindl., *L. pusilla* Ridl., *L. prainii* Hook.f., *L. duthiei* Hook.f., *L. obscura* Hook.f., *L. comosa* Ridl., ?*L. neoguinensis* Schltr., *L. poilanei* Gagn., *L. disticha* Kraenzl. non Lindl., *L. mannii* Guill., *Malaxis caespitosa* (Lam.) Thou., *M. minima* Bl., *M. angustifolia* Bl., *Leptorchis caespitosa* (Lam.) Ktze., *L. duthiei* (Hook.f.) Ktze., *L. minima* (Bl.) Ktze., *L. obscura* (Hook.f.) Ktze., *L. prainii* (Hook.f.) Ktze., *L. pusilla* (Ridl.) Ktze., *Cestorchis caespitosa* (Lam.) Ames, *Epidendrum caespitosum* Lam., *Cestichis caespitosa* (Lam.) Ames) - Mali, Tanz., Ug., Madag., Ind., Phil., N.Gui., Sol., Fiji, Sri L. 425-1.900 m - epi/ter (2*, 6*, G, C, S, U)
- *caespitosa* (Thou.) Lindl.: 27 (C)
28. **campylostalix** Rchb.f. (*L. pauciflora* Rolfe, *L. giraldiana* Kraenzl.) - Thai. (6*)
29. **capensis** Lindl. - S-Afr. (Cape) ($50/5)
30. **cardiophylla** H.Perr. - Madag. ca. 1.500 m - epi/ter (U)
 var. **angustifolia** H.Perr. - Madag. ca. 700 m - epi/ter (U)
31. **cathcartii** Hook. (*L. rupestris* Ridl. non Griff) - Thai. (6*)
32. **chapaensis** Gagn. (*L. luteola* Rchb.f. non Lindl., *L. manii* Guill. non Rchb.f.) - Thai. (6*)
- *chloroxantha* Hance: 154 (6*)
33. **cladophylax** Schltr. - Madag. ca. 800 m - epi. (U)
34. **clavigera** Ridl. (*Leptorchis clavigera* Ktze.) - Java (2*)
35. **clypeolum** Lindl. - Poly. ($56/7)
36. **coelogynoides** (F.v.Muell.) Benth. - end. to Austr. (Qld., NSW) (P*)
- *comosa* Ridl.: 27 (6*, G)
37. **compressa** Lindl. (*Malaxis compressa* Bl., *Leptorchis compressa* Ktze.) - Java (2*)
38. **condylobulbon** Rchb.f. (*L. confusa* J.J.Sm., *L. confusa* var. *biloba* J.J.

Sm., *L. parviflora* Ridl., *L. flaccida* Schltr. non Rchb.f., *L. longipes* Matsumura & Hay. non Lindl., *L. dolichopoda* Hay., *Leptorchis condylobulbon* (Rchb.f.) Ktze., *Cestichis vestita* Ames) - Austr. (Qld.), SE-As., Poly., N.Gui. (6*, P*)
- *confusa* J.J.Sm. (2*): 38 (6*)
- *confusa* var. *biloba* J.J.Sm.: 38 (6*)
- *connata* Ridl.: 114 (U)
- *conspicua* J.J.Sm.: 11 (6*, 9**)
39. **cordifolia** Hook.f. - Thai. (6*)
- *cornicaulis* Mak.: 111 (G**)
- *craibiana* Kerr: 138 (6*)
40. **crassibasis** J.J.Sm. - Thai. (6*)
41. **crenulata** (Bl.) Lindl. (*L. elegans* Lindl., *Malaxis crenulata* Bl., *Leptorchis crenulata* (Bl.) Ktze., *L. elegans* (Lindl.) Ktze.) - Java, Thai. (2*, 6*)
- *cuneilabris* F.v.Muell. ex Benth.: 8 (P*)
- *dalatensis* Guill.: 138 (6*)
42. **danguyana** H.Perr. - Madag. ca. 1.800 m - epi/ter (U)
43. **decurrens** (Bl.) Ridl. (*Platystylis decurrens* (Bl.) Lindl., *Malaxis decurrens* Bl., *Leptorchis decurrens* (Bl.) Ktze.) - Java (2*)
- *decurrens* Ridl. non (Bl.) Ridl.: 46 (6*)
44. **deflexa** Hook.f. (?*L. diphyllos* Nimmo ex Grah., *L. prazeri* King & Pantl., ?*L. flavoviridis* Blatt.) - Thai. (6*)
45. **deistelii** Schltr. - Trop. Afr., Eth. to Camer., Malawi 1.700-2.750 m (M**)
46. **delicatula** Hook.f. (*L. decurrens* Ridl. non (Bl.) Ridl.) - Thai. (6*)
47. **dendrochilum** Rchb.f. (*Leptorchis dendrochilum* Ktze.) - Java (2*)
48. **densa** Schltr. - Madag. ca. 2.400 m - lit/ter (U)
- *diodon* Rchb.f.: 145 (6*)
- *diphyllos* Nimmo ex Grah.: 44 (6*)
49. **distans** Clarke (*L. macrantha* Hook. f., *L. yunnanensis* Rolfe, *L. oxyphylla* Schltr.) - Thai. (6*)
50. **disticha** (Thou.) Lindl. (*L. gregaria* Lindl., *Malaxis disticha* Thou., *Stelis micrantha* Sieb., *Leptorchis disticha* Ktze.) - Java, Madag. (2*, S)
- *disticha* Kraenzl. non Lindl.: 27 (6*, G)
- *disticha* Decne. non (Thou.) Lindl.: 69 (6*)
- *disticha* Lindl. non Thou.: 69 (G)
- *divergens* J.J.Sm.: 107 (2*)
- *dolabella* Hook.f.: 154 (6*)
- *dolichopoda* Hay.: 38 (6*)
51. **downii** Ridl. (*L. paradoxa* var. *flavida* Par. & Rchb.f., *L. rheedii* Gagn. non (Bl.) Lindl.) - Thai. (6*)
52. **dryadum** Schltr. - Madag. 1.200-1.600 m - epi/lit (U)
53. **dunnii** Rolfe - Thai. (6*)
- *duthiei* Hook.f.: 27 (2*, 6*, G)
- *eggersii* Rchb.f.: 111 (G**)
- *elata* Lindl.: 111 (G**, W**, S*)
- *elata* var. *longifolia* Cogn.: 111 (G**)
- *elata* var. *purpurascens* Regel: 111 (G**)
- *elata* var. *inundata* Barb.Rodr.: 111 (G**)
- *elata* var. *latifolia* Ridl.: 111 (G**)
- *elata* var. *rufina* Ridl.: 111 (G**)
54. **elegans** Lindl. (*L. gracilis* Hook.f., *L. stricta* J.J.Sm., *Leptorchis elegans* (Lindl.) Ktze., *L. gracilis* (Hook.f.) Ktze.) - Thai. (6*)
- *elegans* Lindl.: 41 (2*)
55. **elliptica** Wight (*L. wightii* Rchb.f., *L. hookeri* Ridl., *L. viridiflora* Thw., *L. bicornuta* Schltr., *L. platybolba* Hay., *Cestichis platybolba* (Hay.) Kudô) - Sri L., S-Ind., Sik., Nep., Ass., Taiw., Java (6*, S*)
- *epiphytica* Finet: *Pseudoliparis* 1 (S*)
56. **esquirolii** Schltr. - Thai. (6*)
- *eustachys* Schltr.: *Crossoglossa* 9 (FXX(3))
57. **fantastica** Ames & Schweinf. - Nic., C.Rica (W)
58. **fargesii** Finet - Thai. (6*)
59. **ferruginea** Lindl. (*L. nervosa* Ridl. non (Thou.) Lindl., *L. odorata* J.J. Sm. non Lindl., *L. pratensis* Ridl.) - Thai. (6*)
- *ferruginea* Seidenf. non Lindl.: 100 (6*)
- *fimbriata* Kerr: 172 (6*)
60. **fissipetala** Finet - Thai. (6*)
- *flaccida* Rchb.f.: 122 (2*, 6*)
- *flaccida* Schltr. non Rchb.f.: 38 (6*)
61. **flavescens** (Thou.) Lindl. (*Malaxis flavescens* Thou., *Leptorchis flavescens* (Thou.) Ktze.) - Masc., Madag. (G, O3/98, S*, U)
- *flavoviridis* Blatt.: 44 (6*)
62. **fleckeri** Nicholls - end. to Austr. (Qld.) 800 m (P*)

- *foetulenta* Seidenf. & Smitin. non J.J.Sm.: 87 (6*)
- *foliosa* Lindl.: 137 (9**, G**)
63. **forbesii** J.J.Sm. non Ridl. (*Leptorchis forbesii* Ktze.) - Thai. (6*)
- *forbesii* Ridl. (2*): 21 (6*)
- *formosana* Rchb.f.: 111 (G**)
- *formosana* var. *aureo-variegata* Nakajima: 111 (G**)
- *formosana* var. *hachijoensis* (Nakai) Ohwi: 111 (G**)
64. **forrestii** Rolfe - Thai. (6*)
65. **fratrum** Schltr.: ? *Malaxis* 7 ? (W)
66. **furcata** (Hook.f.) Ridl. (*Microstylis furcata* Hook.f.) - W-Mal. 1.100 m (6*, O2/90**)
67. **gamblei** Hook.f. - Thai. (6*)
68. **geophila** Schltr. - Thai. (6*)
- *gerrardii* Rchb.f.: 22 ($50/5)
69. **gibbosa** (Bl.) Finet (*L. disticha* Decne. non (Thou.) Lindl., *L. disticha* Lindl. non Thou., *L. gregaria* Lindl.) SE-As., Mal., N.Gui., Fiji, Samoa, N.Cal. - sect. *Distichae* (6*, G, Q, S*)
- *giraldiana* Kraenzl.: 28 (6*)
70. **glossula** Rchb.f. - Thai. (6*)
71. **gracilipes** Schltr. - Madag. ca. 1.800 m - lit/ter (U)
- *gracilis* Hook.f.: 54 (6*)
72. **grandis** - Born. - sect. *Coriifolia* (Q)
- *gregaria* Lindl.: 50 (2*)
- *gregaria* Lindl.: 69 (6*, G)
- *griffithii* Ridl.: 154 (6*)
- *griffithii* Ridl.: 130 (6*)
73. **grossa** Rchb.f. - Thai. (6*)
- *guamensis* Ames: 120 (6*, G)
- *guineensis* Lindl. (4**): 111 (G**, C)
74. **habenarina** (F.v.Muell.) Benth. - end. to Austr. (NT, Qld., NSW) - terr. (P*)
- *hachijoensis* Nakai: 111 (G**)
75. **hagerupii** J.J.Sm. - Thai. (6*)
76. **hawaiensis** H.Mann - Haw. 400-2.000 m ($56/7, S)
77. **heliophila** J.J.Sm. - Thai. (6*)
78. **henricii** Schltr. (*L. latilabris* Schltr., *L. verecunda* Schltr.) - Madag. 1.200-1.800 m - lit/ter (U)
- *hildebrandtiana* Schltr.: 114 (U)
79. **hirundo** Holtt. - Thai. (6*)
- *hookeri* Ridl.: 55 (6*)
80. **imerinensis** Schltr. - Madag. 1.200-1.500 m - epi/ter/lit (U)

81. **inaptera** Finet - Thai. (6*)
82. **japonica** (Miq.) Maxim. - Jap., Korea, Russ. (S*)
83. **jovispluvii** Par. & Rchb.f. (*L. odorata* var. *intacta* Kerr, *L. acutissima* Gagn. non Rchb.f., *L. longiscapa* Seidenf. & Smitin. non (Rolfe) Gagn.) - Thai. (6*)
84. **jumelleana** Schltr. - Madag. ca. 800 m - terr. (U)
85. **kinabaluense** J.J.Wood - end. to Born. 1.000-1.800 m (Q**)
- *krempfii* Gagn.: *Malaxis* 29 (G)
86. **kwangtungensis** Schltr. - Thai. (6*)
- *labiata* (Sw.) Spreng.: *Leochilus* 5 (G)
87. **lacerata** Ridl. (*L. foetulenta* Seidenf. & Smitin. non J.J.Sm.) - Thai. (6*)
- *lancifolia* Hook.f.: 21 (6*)
88. **latifolia** (Bl.) Lindl. (*L. scortechinii* Hook.f., *L. robusta* Hook.f., *Malaxis latifolia* Bl., *Leptorchis latifolia* Ktze.) - China, Mal., Thai., Sum., Java, Born., N.Gui. 200-1.500 m - epi. (2*, 6*, Q**, S*)
89. **latilabris** Rolfe - Thai. (6*)
- *latilabris* Schltr.: 78 (U)
90. **leptanthes** Schltr. - Thai. (6*)
91. **leuchophaea** Schltr. - Thai. (6*)
92. **lilifolia** (L.) L.C.Rich. ex Lindl. (*Ophrys lilifolia* L., *O. trifolia* Walter, *Malaxis lilifolia* (L.) Sw., *Leptorchis lilifolia* (L.) Ktze.) - N-Eur., N-Am. - „lily-leaved twayblad" (9**, G, S)
- *liliifolia* auct. non L.C.Rich.: 102 (9**)
93. **lingulata** Ames - end. to Born. - sect. *Distichae* (Q)
94. **listeroides** Schltr. - Madag. ca. 1.500 m (U)
95. **lobogensis** (lobongensis) Ames - end. to Born. 800-2.300 m - sect. *Distichae* (Q**, O3/98)
96. **loeselii** (L.) L.C.Rich. (*Ophrys loeselii* L., *Malaxis loeselii* (L.) Sw., *Leptorchis loeselii* (L.) MacMillan) - Eur., Sib., N-Am. 0-1.000 m - „Torf-Glanzkraut, Fen Orchid" (G, K**, V**, O1/92, O2/94, S)
97. **longicaulis** Ridl. (*Leptorkis longicaulis* (Ridl.) Ktze.) - Madag. 1.000-1.800 m - epi/ter (U)
- *longipes* Matsumura & Hay. non Lindl.: 38 (6*)

- *longipes* Lindl.: 167 (6*, E**, G, H**, S)
- *longipes* var. *spathulata* (Lindl.) Ridl.: 167 (6*, G)
98. **longipetala** Ridl. (*Leptorkis longipetala* (Ridl.) Ktze.) - Madag. ca. 1.500 m - terr. (U)
- *longiscapa* (Rolfe) Gagn. & Guill.: 120 (6*, G)
- *longiscapa* Seidenf. non (Rolfe) Gagn.: 83 (6*)
99. **lutea** Ridl. (*Leptorkis lutea* (Ridl.) Ktze.) - Madag. ca. 1.500 m - terr. (U)
- *lutea* Ridl.: 111 (G**)
100. **luteola** Lindl. (*L.* cfr. *ferruginea* Seidenf. non Lindl.) - Thai. (6*)
- *luteola* Rchb.f. non Lindl.: 32 (6*)
- *macrantha* Cumb.: 11 (6*, 9**)
- *macrantha* Rolfe: 112 (6*, 9**)
- *macrantha* Hook.f.: 49 (6*)
101. **maingayi** (Hook.f.) Ridl. (*Microstylis maingayi* Hook.f.) - Thai. (6*)
102. **makinoana** Schltr. (*L. liliifolia* auct. non L.C.Rich.) - Jap., Korea, Russ., China (9**, S)
- *malleiformis* W.W.Sm.: 154 (6*)
- *manii* Guill.: 32 (6*)
103. **mannii** Rchb.f. (*L. tenuifolia* Hook.f.) - Thai. (6*)
- *mannii* Guill.: 27 (6*, G)
- *melanoglossa* Schltr.: 111 (G**)
- *meniscophora* Gagn.: 108 (6*)
104. **microcharis** Schltr. - Madag. ca. 2.000 m - lit/ter (U)
- *minima* (Bl.) Lindl.: 27 (2*, 6*, G)
105. **monophylla** H.Perr. [L. monophylla Ames - Phil. (Q)] - Madag. 1.200-1.500 terr. (U)
106. **montana** (Bl.) Lindl. non Ridl. (*L. repens* Ridl., *Malaxis montana* Bl., *M. atropurpurea* Bl., *Platystylis atropurpurea* Lindl., *Leptorchis atropurpurea* Ktze., *L. montana* Ktze.) - Java (2*)
  var. **brevistylis** J.J.Sm. (2*)
- *montana* Ridl. non Lindl.: *Liparis pectinifera* (2*)
- *montana* Ridl.: 172 (6*)
107. **mucronata** (Bl.) Lindl. (*L. divergens* J.J.Sm., *Malaxis mucronata* Bl.) - Java (2*)
108. **nana** Rolfe (*L. meniscophora* Gagn.) - Thai. (6*)
109. **neglecta** Schltr. (*L. meniscophora* Gagn.) - Ug., Kenya, Tanz., Transv. (E**)
- *neglecta* Schltr.: 22 (H**, $50/5)
- *neoguinensis* Schltr.: 27 (6*, G)
- *nepalensis* Lindl.: 128 (6*, G)
110. **nephrocardia** Schltr. - Madag. 600-1.600 m - epi/ter (U)
111. **nervosa** (Thunb.) Lindl. (L. *violaceonervosa* Guill., *L. nervosa* Thunb., *L. bituberculata* (Hook.) Lindl., *L. bituberculata* (Rchb.f.) Rchb.f., *L. bituberculata* var. *formosana* (Rchb. f.) Ridl., *L. elata* Lindl., *L. elata* var. *purpurascens* Regel, - var. *inundata* Barb.Rodr., - var. *latifolia* Ridl., - var. *rufina* Ridl., - var. *longifolia* Cogn., *L. odorata* (Willd.) Lindl., *L. odorata* var. *intacta* Kerr, *L. olivacea* Lindl., *L. guineensis* Lindl., *L. alata* Scheidw., *L. odontostoma* Rchb.f., *L. formosana* Rchb.f., *L. formosana* var. *hachijoensis* (Nakai) Ohwi, - var. *aureo-variegata* Nakajima, *L. bicornis* Ridl., *L. eggersii* Rchb.f., *L. lutea* (Ridl.) Ktze., *L. cornicaulis* Mak., *L. bambusaefolia* Mak., *L. rufina* (Ridl.) Rchb.f. ex Rolfe, *L. melanoglossa* Schltr., *L. perrieri* Schltr., *L. nyassa* Schltr., *L. bicallosa* (D.Don) Schltr., *L. bicallosa* var. *hachijoensis* (Nakai) Kitamura, *L. hachijoensis* Nakai, *L. siamensis* Rolfe ex Downie, *L. nervosa* var. *formosana* (Rchb.f.) Hiroe, *Ophrys nervosa* Thunb., *Epidendrum nervosum* (Thunb.) Thunb., *Cymbidium nervosum* (Thunb.) Sw., *C. bituberculatum* Hook., *Malaxis nervosa* (Thunb.) Sw., *M. odorata* Willd., *Bletia bicallosa* D. Don, *Limodorum bicallosum* Hamilt. ex D.Don, *Dituilis nepalensis* Raf., *Sturmia bituberculata* (Hook.) Rchb. f., *S. nervosa* (Thunb.) Rchb.f., *Leptorchis bicornis* (Ridl.) Ktze., *L. bituberculata* (Hook.) Ktze., *L. eggersii* (Rchb.f.) Ktze., *L. elata* (Lindl.) Ktze., *L. guineensis* (Lindl.) Ktze., *L. lutea* (Ridl.) Ktze., *L. nervosa* (Thunb.) Ktze., *L. odontostoma* (Rchb.f.) Ktze., *L. odorata* (Willd.) Ktze., *L. olivacea* (Lindl.) Ktze., *Tribrachia racemosa* Lindl. ex Schltr.) - Old and New W., Afr., Nic., C.Rica, Pan. 500-1.800 m - ter/epi (6*, G**, W**, C, S)
- *nervosa* Blatt. & McCann: 120 (6*, G)

- *nervosa* Ridl.: 59 (6*)
- *nervosa* Thunb.: 111 (G**)
- *nervosa* var. *formosana* (Rchb.f.) Hiroe: 111 (G**)
- *nesophila* Rchb.f.: 167 (6*, G)
112. **nigra** Seidenf. (*L. macrantha* Rolfe) - China, Hong., Taiw. (6*, 9**)
113. **nugentae** F.M.Bailey - end. to Austr. (Qld.) 800-1.200 m (P*)
- *nyassa* Schltr.: 111 (G**)
- *obscura* Hook.f.: 27 (2*, 6*, G)
114. **ochracea** Ridl. (*L. connata* Ridl., *L. hildebrandtiana* Schltr., *Leptorkis ochracea* (Ridl.) Ktze., *L. connata* (Ridl.) Ktze.) - Madag. 700-2.000 m - epi/ter (U)
- *odontostoma* Rchb.f.: 111 (G**)
- *odorata* J.J.Sm.: 59 (6*)
- *odorata* (Willd.) Lindl. (2*): 111 (G**, S*)
- *odorata* var. *longiscapa* Rolfe ex Downie: 120 (6*, G)
- *odorata* var. *intacta* Kerr: 83 (6*)
- *odorata* var. *intacta* Kerr: 111 (G**)
- *olivacea* Par.: 120 (6*, G)
- *olivacea* Lindl.: 111 (G**)
- *orbicularis* Lodd. mss. ex Hemsl.: 130 (6*)
115. **orbiculata** L.O.Wms. - Tah. (S)
116. **ornithorrhynchos** Ridl. (*Leptorkis ornithorrhynchos* (Ridl.) Ktze.) Madag. (U)
- *oxyphylla* Schltr.: 49 (6*)
- *pachypus* Par. & Rchb.f.: 21 (6*)
117. **pallida** Lindl. (*Malaxis pallida* Bl., *Leptorchis pallida* Ktze.) - Java (2*)
- *paludigena* Kerr: 142 (6*)
118. **pandurata** Ames - end. to Born. 1.200-2.600 m (Q**)
119. **panduriformis** H.Perr. - Madag. ca. 800 m - lith. (U)
- *paradoxa* Rchb.f.: *Liparis odorata* (2*)
120. **paradoxa** (Lindl.) Rchb.f. (*L. paradoxa* var. *parishii* Hook.f., *L. parishii* (Hook.f.) Hook.f., *L. guamensis* Ames, *L. tenii* Schltr., *L. teniana* Kraenzl., *L. odorata* var. *longiscapa* Rolfe ex Downie, *L. tonkinensis* Gagn., *L. longiscapa* (Rolfe) Gagn. & Guill., *L. olivacea* Par., *L. nervosa* Blatt. & McCann, *L. simeonis* Schltr., *Malaxis lancifolia* J.E.Sm. ex Rees, *Empusa paradoxa* Lindl.) - Ind., W-Him., Nep., Sik., Ass., Yun., Burm., Jap. (6*, G)
- *paradoxa* var. *parishii* Hook.f.: 120 (6*, G)
- *paradoxa* var. *flavida* Par. & Rchb.f.: 51 (6*)
- *parishii* (Hook.f.) Hook.f.: 120 (6*, G)
121. **parva** (Ktze.) Ridl. (*Leptorkis parva* Ktze.) - Madag. ca. 1.500 m - epi. (U)
- *parviflora* Ridl.: *Liparis confusa* (2*)
122. **parviflora** (Bl.) Lindl. (*L. flaccida* Rchb.f., *L. tembelingensis* Carr., *Malaxis parviflora* Bl., *Leptorchis parviflora* (Bl.) Ktze., *L. flaccida* (Rchb. f.) Ktze., *Cestichis parviflora* (Bl.) Ames) - Java, Thai. (2*, 6*)
- *parviflora* Ridl.: 38 (6*)
123. **parvula** (Hook.f.) Ridl. - Thai. (6*)
- *pauciflora* Rolfe: 28 (6*)
124. **pauliana** Hand.-Mazz. - Thai. (6*)
- *pectinifera* Ridl. (2*): 172 (6*)
- *pendula* Lindl.: 167 (6*, E**, G, H**, S)
125. **perpusilla** Hook.f. (*L. togashii* Tuyama ex Hara) - Thai. (6*)
126. **perrieri** Schltr. - Madag. 0-600 m - lith. (U)
   var. **trinervia** H.Perr. - Madag. ca. 700 m - epi/ter (U)
- *perrieri* Schltr.: 111 (G**)
127. **petelotii** Gagn. - Thai. (6*)
128. **petiolata** (D.Don) P.F.Hunt & Summerh. (*L. nepalensis* Lindl., *L. rupestris* var. *purpurascens* Ridl., *L. pulchella* Hook.f., *L. angkae* Kerr, *Malaxis cordifolia* Smith ex Rees, *Acianthus petiolatus* D.Don) - Nep., Sik., Bhut., Khasia, Thai. (6*, G)
- *piestopus* Schltr.: 167 (6*, G)
129. **pilifera** J.J.Sm. - Thai. (6*)
130. **plantaginea** Lindl. (*L. selligera* Rchb.f., *L. orbicularis* Lodd. mss. ex Hemsl., *L. griffithii* Ridl.) - Thai. (6*)
- *platybolba* Hay.: 55 (6*)
131. **platyglossa** Schltr. - Camer., Congo, Guin., Ivory C., Nig., Ug. 600-1.300 m (C)
132. **platyrachis** Hook.f. - Thai. (6*)
- *platyrachis* Seidenf.: 14 (6*)
- *pleistantha* Schltr.: 167 (6*, E**, G, H**)
- *plicata* Franch. & Sav.: 21 (6*)
- *poilanei* Gagn.: 27 (6*, G)
- *prainii* Hook.f.: 27 (2*, 6*, G)

- *pratensis* Ridl.: 59 (6*)
- *prazeri* King & Pantl.: 44 (6*)
- *pulchella* Hook.f.: 128 (6*, G)
133. **puncticulata** Ridl. (*Leptorkis puncticulata* (Ridl.) Ktze.) - Madag. 1.300-2.000 m - epi/ter (U)
134. **purpurascens** (Thou.) Lindl. (*L. salassia* (Pers.) Summerh., *Ophrys salassia* Herb. Comm., *Epipactis salassia* Pers., *Serapias salassia* Steud., *Neottia salassia* Steud., *Malaxis purpurascens* Thou., *Leptorkis purpurascens* (Thou.) Ktze.) - Masc., Madag., Com. ca. 1.200 m - epi/ter (G, S, U**)
135. **purpureoviridis** Burk. ex Ridl. - Thai. (6*)
- *pusilla* Ridl.: 27 (2*, 6*, G)
136. **rectangularis** H.Perr. - Madag. ca. 1.000 m - epi. (U)
137. **reflexa** (R.Br.) Lindl. (*L. foliosa* Lindl., *Cymbidium reflexum* R.Br., *Sturmia reflexa* (R.Br.) F.v.Muell.) - end. to Austr. (Qld., NSW) - „Tom Cats, Onion Orchid" (9**, G**, P**, S)
- *reflexa* var. *parviflora*: 156 (P*)
138. **regnieri** Finet (*L. craibiana* Kerr, *L. dalatensis* Guill.) - Thai. (6*)
139. **remota** J.Stew. & Schelpe - S-Afr., Swa. to 400 m ($50/5, C)
- *repens* Ridl.: 106 (2*)
140. **resupinata** Ridl. (*L. ridleyi* Hook.f.) - Thai. (6*)
141. **revoluta** Hook. & Arn. - Tah. (S)
142. **rheedii** (Bl.) Lindl. (*L. transtillata* Ridl., *L. paludigena* Kerr, *Malaxis rheedii* Bl.) - Thai. (2*, 6*)
- *rheedii* Gagn.: 51 (6*)
143. **rhombea** J.J.Sm. - Thai. (6*)
- *ridleyi* Hook.f.: 140 (6*)
144. **rivalis** Schltr. - Madag. 1.200-1.600 m (U)
- *robusta* Hook.f.: 88 (6*, Q**)
145. **rostrata** Rchb.f. (*L. diodon* Rchb.f., *L. rupestris* Ridl. non Griff.) - Thai. (6*)
- *rufina* (Ridl.) Rchb.f. ex Rolfe: 111 (G**, C)
146. **rupestris** Griff. - Thai. (6*)
- *rupestris* Ridl.: 145 (6*)
- *rupestris* Ridl.: 31 (6*)
- *rupestris* var. *purpurascens* Ridl.: 128 (6*, G)
- *salassia* (Pers.) Summerh.: 134 (S)
- *saltucola* Kerr: 20 (6*)

147. **sambiranoensis** Schltr. - Madag. ca. 200 m - epi/ter (U)
148. **saundersiana** Rchb.f. (S)
- *scortechinii* Hook.f.: 88 (6*, Q**)
- *selligera* Rchb.f.: 130 (6*)
- *semionis* Schltr.: 120 (6*)
- *serraeformis* Lindl.: *Thrixspermum* 14 (G)
149. **seychellensis** Kraenzl. [(L. seychellarum Kraenzl. (S)] - end. to Sey. (O3/98, S)
- *siamensis* Rolfe ex Downie (6*): 111 (G**)
- *simeonis* Schltr: 120 (6*, G)
150. **simmondsii** F.M.Bailey - end. to Austr. (Qld., NSW) - terr. (P*)
- *simondii* Gagn.: 167 (6*, G)
- *spathulata* Lindl.: 167 (6*, E**, G, H**)
151. **spiralipetala** J.J.Sm. - Thai. (6*)
- *stachyurus* Rchb.f.: 167 (6*, G)
152. **stenoglossa** Par. & Rchb.f. - Thai. (6*)
153. **stenophylla** Schltr. - Madag. ca. 800 m - epi/ter (U)
154. **stricklandiana** Rchb.f. (*L. chloroxantha* Hance, *L. griffithii* Ridl., *L. dolabella* Hook.f., *L. malleiformis* W.W.Sm.) - Thai. (6*)
- *stricta* J.J.Sm.: 54 (6*)
155. **sutepensis** Rolfe ex Downie - Thai. (6*)
156. **swenssonii** F.M.Bailey (*L. reflexa* var. *parviflora*) - end. to Austr. (Qld., NSW) (P*)
- *tabularis* Rolfe: 11 (6*, 9**)
- *tembelingensis* Carr.: 122 (6*)
- *teniana* Kraenzl.: 120 (6*, G)
- *tenii* Schltr.: 120 (6*, G)
- *tenuifolia* Hook.f.: 103 (6*)
157. **tenuis** Rolfe ex Downie - Thai. (6*)
- *tixieri* Guill.: 11 (6*, 9**)
- *togashii* Tuyama ex Hara: 125 (6*)
- *tonkinensis* Gagn.: 120 (6*, G)
158. **torta** Hook.f. - Thai. (6*)
159. **tradescantiaefolia** Lindl. (*Malaxis tradescantiaefolia* Bl., *Leptorchis tradescantiaefolia* Ktze.) - Thai. (2*)
- *transtillata* Ridl.: 142 (6*)
160. **tricallosa** Rchb.f. (*L. venosa* Ridl., *Leptorchis tricallosa* (Rchb.f.) Ktze., *L. venosa* (Ridl.) Ktze.) - Mal., Sum., Born., Phil. (6*, 9**)
161. **trichechus** J.J.Sm. - Thai. (6*)
162. **tridens** Kraenzl. - Camer., Guin., Ivory C., Mali, Nig., Ug., Tanz. 900-1.800 m (C)

- *triloba* Ridl.: 167 (6*, E**, G, H**)
- *trimenii* Ridl.: 171 (9**)
163. **trulliformis** Schltr. - Madag. ca. 1.800 m - epi. (U)
- *turfosa* Gagn.: *Malaxis* 29 (G)
- *uchiyamae* Schltr.: 21 (6*)
- *venosa* Ridl.: 160 (6*, 9**)
- *verecunda* Schltr.: 78 (U)
164. **vestita** Rchb.f. - Thai. (6*)
165. **vexillifera** (Llave & Lex.) Cogn. - Nic., C.Rica, S-Am. to 1.500 m - terr. (W, S)
  ssp. **lindeniana** (A.Rich. & Gal.) Dressl. (*Malaxis lindeniana* A.Rich. & Gal.) - W-Ind., Guat. (FXX(3))
- *violaceonervosa* Guill.: 111 (6*, G**)
166. **viridicallus** Holtt. - Thai. (6*)
167. **viridiflora** (Bl.) Lindl. (*L. longipes* Lindl., *L. longipes* var. *spathulata* (Lindl.) Ridl., *L. pendula* Lindl., *L. spathulata* Lindl., *L. boothii* Regel, *L. stachyurus* Rchb.f., *L. nesophila* Rchb.f., *L. triloba* Ridl., *L. pleistantha* Schltr., *L. piestopus* Schltr., *L. simondii* Gagn., *Malaxis viridiflora* Bl., *Sturmia longipes* (Lindl.) Rchb. f., *Leptorchis viridiflora* (Bl.) Ktze., *L. longipes* (Lindl.) Ktze., *Cestichis pendula* (Lindl.) Pfitz., *C. longipes* (Lindl.) Ames, *Stichorchis pendula* (Lindl.) Pfitz.) - Trop.Him., Mal., Sri L., China (2*, 6*, E**, G, H**, S)
- *viridiflora* Thw.: 55 (6*, S)
168. **walkeriae** Grah. - Sri L., Ind. (9**)
169. **warpurii** Rolfe - Madag. (U)
170. **welwitschii** Rchb.f. (S)
171. **wightiana** Thw. (*L. atropurpurea* Wight, *L. trimenii* Ridl., *Leptorchis wightiana* (Thw.) Ktze.) - Sri L., Ind. (9**)
- *wightii* Rchb.f.: 55 (6*)
172. **wrayi** Hook.f. (*L. montana* Ridl. non Lindl., *L. pectinifera* Ridl., *L. fimbriata* Kerr, *Leptorchis wrayi* Ktze.) - Thai. (6*)
173. **xanthina** Ridl. (*Leptorkis xanthina* (Ridl.) Ktze.) - Madag. ca. 1.500 m - epi. (U)
- *yunnanensis* Rolfe: 49 (6*)
174. **zaratananae** Schltr. - Madag. ca. 2.000 m - epi. (U)

Lisowskia Szlach. - 1995 - *Liparidinae* (S) - 4 sp. - Afr., Madag.
1. **katangensis** (Summerh.) Szlach. - Afr. (S)

Lissochilus R.Br. - 1821: *Eulophia* R.Br. ex Lindl.
Lissochilus subg. *Eulophidium* (Pfitz.) H.Perr.: *Oeceoclades* Lindl. (S)
- *ambongensis* (Schltr.) H.Perr.: *Oeceoclades* 20 (U)
- *ambrensis* H.Perr.: *Eulophia* 5 (U)
- *analamerensis* H.Perr.: *Oeceoclades* 3 (U)
- *analavelensis* H.Perr.: *Oeceoclades* 4 (U)
- *andersonii* Rolfe: *Eulophia* 31 (9**)
- *angolensis* Rchb.f.: *Eulophia* 7 (9**)
- *anjoanensis* (Rchb.f.) Rchb.f.: *Eulophia* 8 (U)
- *arenarius* Lindl.: *Eulophia* 22 (E**, H**)
- *barombensis* Kraenzl.: *Oeceoclades* 26 (H**)
- *beravensis* (Rchb.f.) H.Perr.: *Eulophia* 13 (U)
- *boinensis* (Schltr.) H.Perr.: *Oeceoclades* 9 (U)
- *buchanani* Rchb.f.: *Eulophia* 7 (9**)
- *clitellifera* Rchb.f.: *Eulophia* 20 (U)
- *cordylinophyllus* (Rchb.f.) H.Perr.: *Oeceoclades* 11 (H, U)
- *decaryanus* (H.Perr.) H.Perr.: *Oeceoclades* 12 (U**)
- *dilectus* Rchb.f.: *Eulophia* 22 (E**)
- *ecalcaratus* (Schltr.) H.Perr.: *Graphorkis* 2 (U)
- *elliotii* (Rolfe) H.Perr.: *Oeceoclades* 27 (U)
- *ephippium* Rchb.f.: *Eulophia* 24 (U)
- *flexuosus* Schltr.: *Eulophia* 20 (U)
- *galbanus* (Ridl.) H.Perr.: *Eulophia* 32 (U)
- *gracillimus* (Schltr.) H.Perr.: *Oeceoclades* 13 (U)
- *graefei* Kraenzl.: *Eulophia* 90 (9**, G**)
- *grandidieri* (H.Perr.) H.Perr.: *Eulophia* 36 (U)
- *hebdingianus* Guill.: *Oeceoclades* 14 (U)
- *heudelotii* Rchb.f.: *Eulophia* 21 (9**)
- *hologlossus* (Schltr.) H.Perr.: *Eulophia* 39 (U)
- *horsfallii* Batem. (8**): *Eulophia* 40 (9**, G**)
- *humberti* H.Perr.: *Eulophia* 42 (U)
- *ibityensis* (Schltr.) H.Perr.: *Eulophia* 43 (U)
- *johnsonii* Rolfe: *Eulophia* 31 (9**)

- *johnstonii* Rolfe: *Eulophia* 84 (M)
- *jumelleanus* (Schltr.) Schltr.: *Eulophia* 51 (U**)
- *kranzlinii* H.Perr.: *Eulophia* 83 (U)
- *krebsii* Rchb.f.: *Eulophia* 90 (9**, A**, E**, G**, H**)
- *krebsii* var. *purpurata* Ridl.: *Eulophia* 90 (9**, G**)
- *lacteus* Kraenzl.: *Eulophia* 31 (9**)
- *laggiarae* Schltr.: *Eulophia* 51 (U**)
- *livingstonianus* Rchb.f.: *Eulophia* 51 (U**)
- *lokobensis* (H.Perr.) H.Perr.: *Oeceoclades* 11 (H, U)
- *lonchophyllus* (Rchb.f.) H.Perr.: *Oeceoclades* 16 (U)
- *macer* H.Perr.: *Eulophia* 55 (U)
- *madagascariensis* Kraenzl.: *Eulophia* 82 (U)
- *mahonii* Rolfe: *Eulophia* 40 (9**, G**)
- *medemiae* (Schltr.) H.Perr.: *Graphorkis* 4 (U)
- *megistophyllus* (Rchb.f.) H.Perr.: *Eulophia* 59 (U)
- *micranthus* Kraenzl.: *Eulophia* 89 (M**)
- *milanjianus* Rendle: *Eulophia* 68 (9**)
- *millsonii* Rolfe: *Eulophia* 31 (9**)
- *nervosus* (H.Perr.) H.Perr.: *Eulophia* 63 (U)
- *orthoplectrus* Rchb.f.: *Eulophia* 68 (9**)
- *paivaeanus* Rchb.f.: *Eulophia* 90 (9**, G**)
- *palmicolus* (H.Perr.) H.Perr.: *Eulophia* 70 (U**)
- *panduratus* (Rolfe) H.Perr.: *Oeceoclades* 19 (U)
- *paniculatus* (Rolfe) H.Perr.: *Oeceoclades* 10 (U**)
- *parviflorus* Lindl.: *Eulophia* 90 (9**, G**)
- *perrieri* (Schltr.) H.Perr.: *Eulophia* 73 (U)
- *petiolatus* (Schltr.) H.Perr.: *Oeceoclades* 21 (U**)
- *pileatus* (Ridl.) H.Perr.: *Eulophia* 75 (U**)
- *plantagineus* (Thou.) H.Perr.: *Eulophia* 76 (U**)
- *porphyroglossa* (H.Bol.) Dur. & Schinz: *Eulophia* 40 (9**, G**)
- *pulchellus* Rendle: *Eulophia* 20 (U)
- *pulcher* (Thou.) H.Perr.: *Oeceoclades* 22 (G**)
- *pulcher* (Thou.) H.Perr.: *Eulophia* 78 (9**, U)
- *purpuratus* Lindl.: *Eulophia* 21 (9**)
- *quadrilobus* (Schltr.) H.Perr.: *Oeceoclades* 23 (U)
- *ramosus* (Ridl.) H.Perr.: *Eulophia* 81 (U)
- *rehmannii* Rolfe: *Eulophia* 20 (U)
- *roseus* (Sw.) Lindl.: *Eulophia* 40 (9**, G**)
- *rutenbergianus* Kraenzl.: *Eulophia* 51 (U**)
- *saccatus* Rendle: *Eulophia* 68 (M)
- *sandersonii* Rchb.f.: *Eulophia* 40 (9**, G**, C**)
- *schlechteri* (H.Perr.) H.Perr.: *Oeceoclades* 2 (U)
- *scriptus* sensu H.Perr.: *Graphorkis* 1 (U**)
- *spathulifer* (H.Perr.) H.Perr.: *Oeceoclades* 29 (U**)
- *speciosus* R.Br. ex Lindl.: *Eulophia* 86 (E**, G**, H**, M**)
- *streptopetalus* (Lindl.) Lindl.: *Eulophia* 90 (9**, A**, E**, G**, H**, M**)
- *stylites* Rchb.f.: *Eulophia* 22 (E**)
- *sylvaticus* Eckl. ex Sond.: *Polystachya* 84 (8**, 9**, E**, G, H**)
- *transvaalensis* Rolfe: *Eulophia* 40 (9**, G**)
- *ugandae* Rolfe: *Eulophia* 7 (9**)
- *uliginosus* Rolfe: *Eulophia* 21 (9**)
- *vaginatus* (Ridl.) H.Perr.: *Eulophia* 38 (U)
- *volkensii* Rolfe: *Eulophia* 86 (M**)
- *wakefieldii* Rchb.f. & S.Moore: *Eulophia* 86 (M**)
- *wendlandianus* (Kraenzl.) H.Perr.: *Eulophia* 99 (U)

Listera R.Br. - 1813 - *Subfam. Orchidoideae Tribus: Neottieae Subtr. Listerinae* - (*Diphryllum* Raf., *Distomaea* Spenner) - ca. 25 sp. terr. - N-Eur., Can., Alas., C-As. - „Zweiblatt"
1. **borealis** Morong - N-Am. (O6/95)
2. **caurina** Piper - N-Am. (O6/95)
3. **convallarioides** (Sw.) Nutt. - N-Am. (O6/95)
4. **cordata** (L.) R.Br. - N-Eur., N-Am. 0-2.100 m - „Herzblättriges - Herz-Zweiblatt, Kleines Zweiblatt, Lesser Twayblade" (K**, S, O6/95, V**)

5. **ovata** (L.) R.Br. ex Ait. (*Ophrys ovata* L.) - Eur., Sard. 0-2.400 m - „Großes Zweiblatt, Eiförmiges Zweiblatt, Common Twayblade" (K**, S, T**, V**, N**)
- *reniformis* D.Don: *Habenaria* 154 (6*, G)

Listrostachys Rchb.f. - 1852 - *Subfam. Epidendroideae Tribus: Vandeae Subtr. Aerangidinae* - 1 sp. epi. - W-C-Afr.
- *althoffii* Dur. & Schinz: *L. pellucida* (8**)
- *ashantensis* (Lindl.) Rchb.f.: *Diaphananthe* 2 (9**, G)
- *bakeri* (Kraenzl.) Dur. & Schinz: *Diaphananthe* 2 (G)
- *behnickiana* Kraenzl.: 1 (9**)
- *bicaudata* (Lindl.) Finet : *Tridactyle* 3 (E**, H**)
- *bidens* (Afzel. ex Sw.) Rolfe: *Diaphananthe* 2 (9**, G)
- *biloba* (Lindl.) Kraenzl.: *Aerangis* 5 (9**, G**)
- *bistorta* (Rolfe) Rolfe: *Cyrtorchis* 11 (9**)
- *caudata* (Lindl.) Rchb.f.: *Plectrelminthus* 1 (9**, G)
- *cephalotes* Rchb.f.: *Ancistrorhynchus* 3 (E**, H**)
- *chailluana* Rchb.f.: *Angraecum chailluanum* (8**)
- *chailluana* (Hook.f.) Rchb.f.: *Cyrtorchis* 4 (9**, E*, H*)
- *cirrhosa* Kraenzl.: *Tridactyle* 3 (E**, H**)
- *dactyloceras* Rchb.f.: *Podangis* 1 (9**, E*, H**)
- *elliotii* Finet: *Microcoelia* 8 (U)
- *filiformis* Kraenzl.: *Nephrangis* 1 (C)
- *fimbriata* Rendle: *Tridactyle* 3 (E**, H**)
- *forcipata* Kraenzl.: *Podangis* 1 (9**)
- *graminifolia* Kraenzl.: *Ypsilopus* 5 (H)
- *hamata* Rolfe: *Cyrtorchis* 7 (9**)
- *hookeri* Rolfe: *Cyrtorchis* 11 (9**)
- *ignotii* Kraenzl.: *Cyrtorchis* 11 (9**)
- *imbricata* Rolfe: *Bolusiella* 2 (E**)
- *imbricata* Rolfe: *Bolusiella* 5 (H**)
- *iridifolia* Rolfe: *Bolusiella* 3 (E**, H)
- *jenischiana* Rchb.f.: 1 (9**, E**, H**, O2/86, S*)
- *monteiroae* Rchb.f.: *Cyrtorchis* 8 (9**)
- *muscicola* (Rchb.f.) Rolfe: *Rangaeris* 3 (E**, H**)
- *mystacioides* Kraenzl.: *Diaphananthe* 2 (E**, H**)
- *odoratissimum* (Rchb.f.) Rchb.f.: *Chamaeangis* 3 (E*, H*)
- *parviflora* (Thou.) S.Moore: *Angraecopsis* 12 (G, U)
- *pellucida* (Lindl.) Rchb.f. (8**): *Diaphananthe* 8 (E**, H**)

1. **pertusa** (Lindl.) Rchb.f. (*L. jenischiana* Rchb.f., *L. behnickiana* Kraenzl., *Angraecum pertusum* Lindl.) - S.Leone, Camer., Congo, Gab., Ghana, Ivory C., Lib., Nig., Zai., Tomé 500-600 m (9**, E**, H**, C**, S*)
2. **pescatoriana** (Lindl.) Moore (*Angraecum pescatorianum* Lindl.) - Masc. (O2/86, S)
- *polystachys* (Thou.) Rchb.f.: *Oeoniella* 2 (O1/94, U**)
- *polystachys* (Thou.) Benth.: *Oeoniella* 2 (S*)
- *ringens* Rchb.f.: *Cyrtorchis* 11 (9**)
- *saxicola* Kraenzl.: *Podangis* 1 (9**)
- *sedenii* (Rchb.f.) Schltr.: *Cyrtorchis* 1 (E**, H**)
- *trifurca* (Rchb.f.) Finet: *Angraecopsis* 18 (U)
- *vesicata* (Lindl.) Rchb.f.: *Chamaeangis* 5 (G)
- *whitei* Rolfe: *Cyrtorchis* 1 (E**, H**)

Lobogyne Schltr. - 1900: *Appendicula* Bl. (S)

Lobus aromaticus Bauhin: *Vanilla* 81 (9**)

Lobus oblongus aromaticus Clusius: *Vanilla* 81 (9**)

× **Lockcidium (Lkcdm.)** (*Lockhartia* × *Oncidium*)

× **Lockcidmesa (Lkda.)** (*Gomesa* × *Lockhartia* × *Oncidium*)

Lockhartia (Lhta.) Hook. - 1827 - *Subfam. Epidendroideae Tribus: Oncidieae Subtr. Oncidiinae* (*Fernandezia* Lindl.) - ca. 19/30 sp. epi. - Mex. , S-Am., Trin. - „Braid Orchids"

1. **acuta** (Lindl.) Rchb.f. (*L. pallida* Rchb.f., *L. lasseri* Schnee, *Fernandezia acuta* Lindl.) - Pan., Col., Ven., C.Rica, Trin. 0-600 m (E*, G**, H*, W, R, S*)
2. **amoena** Endr. & Rchb.f. (*L. dipleura* Schltr.) - Nic., C.Rica, Pan., Mex.

to Peru, Col. 400-2.000 m (W**, O6/96, R, S*)
3. **bennettii** Dods. - Peru 300 m (S*)
- *chiriquensis* Schltr.: 16 (E*, H*)
4. **chocoënsis** Kraenzl. - Pan., Col., Ven. 200-500 m (W, R, S*)
5. **dipleura** Schltr. - C.Rica 1.200-1.400 m (S*)
- *dipleura* Schltr.: ? 2 (W)
6. **elegans** Hook. (*L. obtusifolia* Regel, *L. imbricata* (Lam.) Hoehne, *Fernandezia elegans* (Hook.) Lodd.) - Guy., Ven., Trin., Braz., Col., Ec. 200-300 m (9**, E, H, R, S*)
- *genegeorgii* Benn. & Christ.: *Neobennettia* 1 (S)
7. **goyazensis** Rchb.f. - Braz., Bol. (S*)
8. **hercodonta** Rchb.f. ex Kraenzl. - Guat., Nic., C.Rica, Pan. Col. 900-1.400 m (W, S*)
- *hologlossa* Schltr.: 13 (S*)
9. **imbricata** (Lam.) Hoehne - Col. 300-1.500 m (R**)
- *imbricata* (Lam.) Hoehne: 6 (S*)
10. **integra** Ames & Schweinf. - Nic., C.Rica, Col., S-Am. (W, R**, S*)
- *lamellosa* Rchb.f.: 19 (9**)
- *lankesteri* Ames: 16 (E*, H*)
- *lasseri* Schnee: 1 (G**)
11. **latilabris** Schweinf. - Ven. 1.100-1.600 m (S*)
12. **lepticaula** Benn. & Christ. - Peru (S)
13. **longifolia** (Lindl.) Schltr. (*L. platyglossa* Rchb.f., *L. hologlossa* Schltr., *L. unicornis* Schltr.) - Ven. to Bol., Col. 700-2.200 m (R**, S*)
14. **ludibunda** Rchb.f. - Mex. to Braz. 200-500 m (O6/96, S)
15. **lunifera** (Lindl.) Rchb.f. (*Fernandezia lunifera* Lindl., *F. robusta* Kl. ex Rchb.f. non Batem.) - Braz., Bol. (4**, E*, G, H*, S*)
16. **micrantha** Rchb.f. (*L. chiriquensis* Schltr., *L. lankesteri* Ames, *L. odontochila* Kraenzl.) - Nic., Sur., C.Rica, Pan., Braz., Col. 0-1.300 m (E*, H*, W, R, S*)
17. **oblongicallosa** Carnevali & Romero - Ven. (S)
18. **obtusata** L.O.Wms. - Pan. ca. 1.000 m (W, S)
- *obtusifolia* Regel: 6 (9**)
- *odontochila* Kraenzl.: 16 (W)
- *odontochila* Rchb.f.: ? 19 (S)
19. **oerstedii** Rchb.f. (*L. verrucosa* Rchb.f., *L. robusta* (Batem.) Schltr.,

L. lamellosa Rchb.f., ?*L. odontochila* Kraenzl., *Fernandezia robusta* Batem.) - Mex. to Pan., C.Rica, Nic., Col. 500-2.650 m (3**, 9**, E**, H**, W, R, S*)
- *pallida* Rchb.f.: 1 (E*, G**, H*)
20. **pandurata** Pupulin - C.Rica (S)
21. **parthenocomus** Rchb.f. - Ven., Ec., Peru, Bol. 770-2.800 m (S*)
22. **pittieri** Schltr. - Nic., C.Rica, Pan., Hond. 0-200 m (W, S*)
- *platyglossa* Rchb.f.: 13 (S*)
- *robusta* (Batem.) Schltr.: 19 (9**, E**, H**)
23. **schunkii** Benn. & Christ. - Peru (S)
24. **serra** Rchb.f. - Ec., Peru 0-1.200 m (O6/96, S)
25. **tuberculata** Benn. & Christ. - Peru (S)
- *unicornis* Schltr.: 13 (S*)
- *verrucosa* Rchb.f.: 19 (9**, E**, H**)
× **Lockochilettia (Lkctta.)** (*Comparettia* × *Leochilus* × *Lockhartia*)
× **Lockochilus (Lkchs.)** (*Leochilus* × *Lockhartia*)
× **Lockogochilus (Lkgch.)** (*Gomesa* × *Leochilus* × *Lockhartia*)
× **Lockopilia (Lckp.)** (*Lockhartia* × *Trichopilia*)
× **Lockostalix (Lkstx.)** (*Lockhartia* × *Sigmatostalix*)
Loefgrenianthus Hoehne - 1927 - *Subfam. Epidendroideae Tribus: Epidendreae Subtr. Laeliinae* - 1 sp. epi. - Braz.
1. **blanche-amesii** (Loefgr.) Hoehne (*Leptotes blanche-amesii* Loefgr.) - Braz. ca. 1.700 m (A**, S*)
Lonchitis cordigera (L.) Bubani: *Serapias* 2 (9**, G)
- *longipetala* (Bertol.) Bubani: *Serapias* 13 (G**)
- *oxyglottis* (Pers.) Bubani: *Serapias* 5 (9**)
Lophiaris Raf. - 1838 - *Subfam. Epidendroideae Tribus: Oncidieae Subtr. Oncidiinae* - ca. 18 sp. epi. - Trop.-Subtrop. Am.
1. **aurisasinora** (Standl. & L.O.Wms.) Braem (*Oncidium aurisasinorum* Standl. & L.O.Wms.) - Salv., Hond., Nic. 1.000-1.500 m (S*) → Oncidium 21
2. **bicallosa** (Lindl.) Braem (*Oncidium bicallosum* Lindl.) - Mex., Guat.,

Salv. 1.500-2.400 m (S*) ⇸ Oncidium 26
3. **carthaginensis** (Jacq.) Braem (*Oncidium carthaginense* (Jacq.) Sw., *O. panduriferum* H.B.K., *O. sanguineum* Lindl., *O. hintianum* Hook., *O. roseum* Lodd., *O. henchmannii* Lodd., *O. oerstedii* Rchb.f., *O. obsoletum* A.Rich. & Gal., *O. kymatoides* Kraenzl.) - Flor. to Pan., Ven., Col., Carib. 0-1.100 m (S*) ⇸ Oncidium 41
4. **cavendishiana** (Batem.) Braem (*Oncidium cavendishianum* Batem.) - Mex. to Hond. 1.200-2.200 m (S) ⇸ Oncidium 42
5. **flavovirens** (L.O.Wms.) Braem (*Oncidium flavovirens* L.O.Wms.) - Mex. 900-1.200 m (S)
- *fragrans* Raf.: *Oncidium* 125 (G**)
- *fragrans* Raf.: 7 (S*)
6. **haematochila** (Lindl. & Paxt.) Braem (*Oncidium haematochilum* Lindl. & Paxt.) - Trin., Col. (S) ⇸ Oncidium 101
7. **lanceana** (Lindl.) Braem (*L. fragrans* Raf., *Oncidium lanceanum* Lindl.) - Guy., Trin., Ven., Peru, Braz. 0-600 m (S*) ⇸ Oncidium 125
8. **lindenii** (Brongn.) Braem (*Oncidium lindenii* Brongn., *O. retemeyerianum* Rchb.f.) - Mex., Hond. (S*)
9. **lurida** (Lindl.) Braem (*Oncidium luridum* Lindl., *O. intermedium* Knowl. & Westc., *O. corymbeforum* Morr., *O. guttatum* Rchb.f., *O. maculatum* Urban) - Flor., Jam., Mex. to Pan., Ven., Peru 0-800 m (S) ⇸ Oncidium 136
10. **margalefii** (Hagsater) Braem (*Oncidium margalefii* Hagsater) - Mex. 1.900-2.100 m (S*)
11. **microchila** (Lindl.) Sengh. (*Oncidium microchilum* Lindl., *Cyrtochilum microchilum* (Lindl.) Cribb) - Mex., Guat. ca. 2.300 m (S*) ⇸ Oncidium 147
12. **morenoi** (Dods. & Luer) Braem (*Oncidium morenoi* Dods. & Luer) - Braz. 950 m (S)
13. **nana** (Lindl.) Braem (*Oncidium nanum* Lindl., *O. patulum* Schltr., *O. thyrsiflorum* Barb.Rodr.) - Guy., Ven. to Bol., Braz. 150-1.500 m (S) ⇸ Oncidium 151
14. **oestlundiana** (L.O.Wms.) Braem (*Oncidium oestlundianum* L.O.Wms.) - Mex. 0-1.000 m (S)
15. **pohliana** (Cogn.) Braem (*Oncidium pohlianum* Cogn.) - Braz. (S)
16. **pumila** (Lindl.) Braem (*Oncidium pumilum* Lindl., *O. minutiflorum* Schltr.) - Braz., Ur., Arg. (S*) ⇸ Oncidium 187
17. **schwambachiae** (P.Castro & Toscano) Sengh. (*Oncidium schwambachiae* P.Castro & Toscano) - Braz. 500-600 m (S)
18. **straminea** (Batem. ex Lindl.) Braem (*Oncidium stramineum* Batem. ex Lindl., *O. arietinum* Kraenzl., *O. saltator* Lem.) - Mex. ca. 1.000 m (S*) ⇸ Oncidium 216
× *Loroglorchis*: × *Orchimantoglossum* (*Loroglossum* (*Himantoglossum*) × *Orchis*)
Loroglossum L.C.Rich. - 1817 p.p.: *Himantoglossum* Koch
Loroglossum L.C.Rich. - 1817 p.p.: *Aceras* R.Br. (S)
- *anthropophorum* L.C.Rich.: *Aceras* 1 (O6/82)
- *longibracteatum* (Biv.) Moris ex Ardoino: *Barlia* 2 (T**)
Lothiania Kraenzl. - 1924: *Porroglossum* Schltr. (L)
- *mordax* (Rchb.f.) Kraenzl.: *Porroglossum* 19 (L*)
× **Lowara (Low.)** (*Brassavola* × *Laelia* × *Sophronitis*)
× **Lowsonara (Lwnra.)** (*Aërides* × *Ascocentrum* × *Rhynchostylis*)
Loxoma Gar.: *Smithsonia* Saldanha (S)
Loxoma Gar. - 1972 - *Subfam. Epidendroideae Tribus: Vandeae Subtr. Sarcanthinae*
- *maculata* (Dalz.) Gar.: *Smithsonia* 1 (S)
- *straminea* (Saldanha) Pradhan: *Smithsonia* 2 (S*)
- *viridiflora* (Dalz.) Pradhan: *Smithsonia* 3 ($54/8, S)
× **Luascotia (Lscta.)** (*Ascocentrum* × *Luisia* × *Neofinetia*)
Ludisia A.Rich. - 1825: *Haemaria* Lindl. (S)
Ludisia A.Rich. - 1825 - *Subfam. Spiranthoideae Tribus: Erythrodeae* - (*Myoda* Lindl., *Haemaria* Lindl.) - 1 sp. terr. - China, SE-As. - „Blutstendel"
1. **discolor** (Ker-Gawl.) A.Rich. (*L. furetii* Bl., *L. odorata* Bl., *Goodyera*

discolor Ker-Gawl., *Haemaria discolor* (Ker-Gawl.) Lindl., *H. discolor* var. *dawsoniana* (Low ex Rchb.f.) Rchb.f., *H. pauciflora* Gagn., *H. petelotii* Gagn., *H. otletae* Rolfe, *H. dawsoniana* Hook.f., *H. dawsoniana* (Low ex Rchb.f.) Hasselb., *H. merrillii* Ames, *Odontochilus petelotii* (Gagn.) Tang & Wang, *Anoectochilus petelotii* (Gagn.) Seidenf., *A. dawsonianus* Low ex Rchb.f., *Myoda rufescens* Lindl., *Gonogona discolor* (Ker-Gawl.) Link, *Dicrophylla elegans* Raf., *Neottia discolor* (Ker-Gawl) Steud.) - Ind., Indoch., Indon., China, Thai., Viet., Mal. (4**, 6*, 9**, E**, G**, H**) ➤ Haemaria 1
- *furetii* Bl.: 1 (9**, E**, G**, H**)
- *odorata* Bl.: 1 (9**, E**, G**, H**)
2. **otletae** (Rolfe) Avery. (S)
× *Ludochilus*: × *Anoectomaria* (*Anoectochilus* × *Ludisia* (*Haemaria*)

Lueckelia Jenny - 1999: *Brasilocycnis* Gerlach & Whitten (S)

Lueckelia Jenny - 1999 - Stanhopeinae (O1/00) - 1 sp. epi. - Braz.
1. **breviloba** (Summerh. ex Cooper) Jenny (*Polycycnis breviloba* Summerh. ex Cooper, *Brasilocycnis breviloba* (Summerh.) Gerlach & Whitten) - Braz. 400 m (O1/00**)

Lueddemannia Lind. & Rchb.f. - 1854 - Subfam. Epidendroideae Tribus: Gongoreae - 1 sp. epi. - Ven. to Ec., Peru 1.200-2.000 m - scented
- *lehmanni* Rchb.f.: 1 (9**)
- *lehmanni* Rchb.f.: *Cycnoches* 15 (S)
1. **pescatorei** (Lindl.) Lind. & Rchb.f. (*L. lehmanni* Rchb.f., *L. triloba* Rolfe, *L. vyvereana* Schltr., *Cycnoches pescatorei* Lindl., *C. lindleyi* hort. ex Rchb.f., *Acineta glauca* Lind. ex Lindl., *A. glauca* Rchb.f.) - Ven., Col., Ec., Peru - scented (9**, A**, H*, R**, S*)
- *sanderiana* Kraenzl.: *Lacaena* 1 (9**, G**, H**, S)
- *triloba* Rolfe: 1 (9**)
- *vyvereana* Schltr.: 1 (9**)
- *wallisii* Rchb.f.: *Neomoorea* 1 (9**, H**, S)

Luerella Braas: *Masdevallia* Ruiz & Pav. (L)
- *pelecaniceps* (Luer) Braas: *Masdevallia* 235 (O3/79)

× **Luicentrum (Lctm.)** (*Ascocentrum* × *Luisia*)
× **Luichilus (Luic.)** (*Luisia* × *Sarcochilus*)
× **Luinetia (Lnta.)** (*Luisia* × *Neofinetia*)
× **Luinopsis (Lnps.)** (*Luisia* × *Phalaenopsis*)
× *Luisaërides*: × *Aëridisia* (*Aërides* × *Luisia*)
× **Luisanda (Lsnd.)** (*Luisia* × *Vanda*)
× *Luiserides*: × *Aëridisia* (*Aërides* × *Luisia*)

Luisia (Lsa.) Gaudich. - 1826 - Subfam. Epidendroideae Tribus: Vandeae Subtr. Sarcanthinae - (*Mesoclastes* Lindl. p.p., *Birchea* A.Rich.) - ca. 40 sp. epi. - Trop. As., Mal., Austr., Poly., Jap.
- *acutilabris(a)* Guill.: *Cleisostoma* 34 (6*, 9**, G**)
- *alpina* Lindl.: *Vanda alpina* (E**)
- *alpina* Lindl.: *Trudelia* 1 (G, H**)
1. **antennifera** Bl. (S)
2. **appressifolia** Avery. - Viet. (S)
- *bicaudata* Thw.: *Diploprora* 1 (S*)
3. **birchea** (A.Rich.) Bl. (*L. birchea* Bl., *L. zeylandica* Thw., *L. tenuifolia* (L.) Bl., *Birchea teretifolia* A.Rich.) - Ind., Sri L. (H*, S)
- *birchea* Bl.: *L. tenuifolia* (E*)
- *birchea* Bl.: 3 (H*)
4. **botanensis** Fuk. - Korea (S)
5. **brachystachys** Bl. (*Mesoclastes brachystachys* Lindl.) - Java (2*)
- *brachystachys* var. *flaveola* Par. & Rchb.f.: 21 (2*)
- *brachystachys* var. *flaveola* Par. & Rchb.f.: *L. platyglossa* (9**)
- *burmanica* Lindl.: 21 (2*, E**, H)
6. **curtisii** Seidenf. (*L. tristis* sensu Hook.f.) - Mal., Thai., Viet., Born. 900-1.500 m (Q**, S)
7. **filiformis** Hook.f. (S)
8. **hancockii** Rolfe (S)
- *inconspicua* (Hook.f.) King & Pantl.: *Gastrochilus* 14 (S)
9. **longispica** Tsi & Chen - China (S)
10. **macrantha** Blatt. & McCann - S-Ind. (S)
11. **magniflora** Tsi & Chen - China (S)
12. **morsei** Rolfe (S)
- *platyglossa* Rchb.f. (9**): 16 (2*, E**, H)
13. **primulina** Par. & Rchb.f. (S)
14. **psyche** Rchb.f. (*Cymbidium scara-*

baeiforme Par. ex Rchb.f.) - Burm., Thai. (9**)
15. **secunda** Seidenf. (S)
- *tenuifolia* (L.) Bl. (E*): 3 (H*)
16. **teretifolia** Gaudich. (*L. brachystachys* var. *flaveola* Par. & Rchb.f., *L. burmanica* Lindl., *L. platyglossa* Rchb.f., *L. zeylandica* Lindl., *Cymbidium tenuifolium* Wight, *C. triste* Roxb.) - Ind., Sri L., SE-As., Austr., Indon. to N.Cal. (2*, E**, H, P**, S*)
17. **thailandica** Seidenf. - Thai. (A**, S*)
18. **theres** (Thunb.) Bl. - Jap. (S)
19. **tonkinensis** Schltr. (O2/81)
20. **trichorrhiza** (Hook.) Bl. - Him. to Kashm. (S)
- *trichorrhiza* Merr. & Metcalf, non (Hook.) Bl.: *Cleisostoma* 34 (6*, 9**, G**)
- *tristis* sensu Hook.f.: 6 (Q**)
21. **volucris** Lindl. (*L. brachystachys* var. *flaveola* Par. & Rchb.f., *L. burmanica* Lindl.) - Ind., Bang. (E**, H**, S*)
- *zeylandica* Lindl.: 16 (2*, E**, H)
- *zeylandica* Thw.: *L. tenuifolia* (E*)
- *zeylandica* Thw.: 3 (H*)
22. **zeylanica** Lindl. - Ind., Sri L. (S)
× **Luistylis (Lst.)** (*Luisia* × *Rhynchostylis*)
× **Luivanetia (Lvta.)** (*Luisia* × *Neofinetia* × *Vanda*)
× **Lutherara (Luth.)** (*Phalaenopsis* × *Renanthera* × *Rhynchostylis*)
Lycaste subg. *Lycaste* p.p.: *Ida* Ryan & Oakeley (S)
Lycaste (Lyc.) Lindl. - 1843 - Subfam. Epidendroideae Tribus: Maxillarieae Subtr. Lycastinae - (*Deppia* Raf., *Colax* Lindl.) - ca. 33 sp. epi/ter/lit - Mex. to Peru, Bol., W-Ind. - scented
1. **andreettae** Dods. - Guat., Salv. 800-1.100 m - epi/ter (S)
- *andreettae* Dods.: *Ida* 28 (S)
2. **angelae** Oakeley - C.Rica (S)
3. **aromatica** (Grah. ex Hook.) Lindl. (*L. suaveolens* Summerh., *L. aromatica* var. *retusa* Lindl., - var. *majus* Kunth, *Maxillaria aromatica* Grah. ex Hook., *Colax aromaticus* (Grah. ex Hook.) Spreng.) - Mex., Bel., Hond., Guat., Nic. 0-1.500 m - epi/lit - scented (4**, 9**, E*, G**, H**, O1/92, S*)

- *aromatica* var. *majus* Kunth: 3 (9**, G**)
- *aromatica* var. *majus* H.B.K.: 46 (O1/92)
- *aromatica* var. *retusa* Lindl.: 3 (G**)
4. **balsamea** Gerard - Guat., Salv. (O1/92)
- *balsamea* A.Rich. ex Lindl.: 14 (E**, G**, H**, S)
- *barbifrons* Lindl.: 31 (S)
5. **barringtoniae** (J.E.Sm.) Lindl. (*Epidendrum barringtoniae* J.E.Sm., *Dendrobium barringtoniae* (J.E. Sm.) Sw., *Colax barringtoniae* (J.E. Sm.) Lindl. ex Spreng., *Maxillaria barringtoniae* (J.E.Sm.) Lodd., *M. ciliata* Ruiz & Pav. mss.) - Jam., Cuba, Dom. to 1.200 m - terr. (9**, G, S)
- *barringtoniae* (J.E.Sm.) Lindl.: *Ida* 2 (S)
- *barringtoniae* Bot.Mag.: *L. costata* (8**)
- *barringtoniae* var. *grandiflora* Hook.: 10 (9**, G**)
- *biseriata* Kl.: *L. candida* (8**)
6. **bradeorum** Schltr. - Hond., Nic., C. Rica 700-1.200 m - scented (W**, O1/92, FXX1**, S)
7. **brevispatha** (Kl.) Lindl. (*L. candida* Lindl., *L. lawrenceana* hort., *Maxillaria brevispatha* Kl.) - C.Rica, Pan., Nic. 300-1.700 m (A**, E**, H**, W, O1/92, O4/93**, S*)
- *brevispatha* Kl.: *L. candida* (8**)
8. **campbellii** Schweinf. - Pan., S-Am., Col. 700-800 m (A**, W, O1/92, R**, S*)
9. **candida** Lindl. - C.Rica, Nic. (S)
- *candida* Lindl. (8**, FXX1**): 7 (E**, H**)
- *candida* auct. non Lindl.: 27 (E**, H**)
- *chrysoptera* Morren: 17 (S*)
10. **ciliata** (Ruiz & Pav.) Lindl. ex Rchb. f. (*L. lanipes* Lindl., *L. costata* (Lindl.) Lindl., *L. barringtoniae* var. *grandiflora* Hook., *L. mesochlaena* Rolfe, *L. fimbriata* (Poepp. & Endl.) Cogn, *L. lata* Rolfe, *Maxillaria ciliata* Ruiz & Pav., *M. fimbriata* Poepp. & Endl., *M. costata* Lindl., *Dendrobium ciliatum* Pers.) - Col., Ec., Peru, Bol. 600-2.800 m - epi/ter/lit (9**, G**, R**, S*)

- *ciliata* (Ruiz & Pav.) Lindl. ex Rchb. f.: *Ida* 4 (S)
- *ciliata* ssp. *rossyi* Hoehne: *Ida* 31 (S)
- *cinnabarina* Rolfe: 16 (S)
- *cinnabarina* Lindl.: *Ida* 5 (S)
- *cobbiana* Veitch: 37 (S*)
- *cobbiana* B.S.Wms.: *Ida* 6 (S)
11. **cochleata** Lindl. ex Paxt. - Guat., Salv., Mex., Nic. 0-1.000 m - scented (E, H, O1/92, S)
- *colleyi* (Lindl.) hort. ex Planch.: *Batemania* 2 (9**, G**, H*)
- *colombiana* Ospina: 24 (R**, S)
- *colombiana* Ospina; *Ida* 17 (S)
12. **consobrina** Rchb.f. - Mex. 0-1.500 m - scented (O1/92, S)
- *costata* (Lindl.) Lindl. (8**): 10 (9**, G**, S*)
- *costata* (Lindl.) Lindl.: *Ida* 7 (S)
13. **crinita** Lindl. (*L. micheliana* Cogn.) - Mex. 500-2.200 m (G, O1/92, S*)
- *cristata* (Lindl.) Benth.: *Paphinia* 3 (9**, E*, G**, H**)
- *crocea* Lind. ex Lindl.: 22 (9**)
14. **cruenta** (Lindl.) Lindl. (*L. balsamea* A.Rich. ex Lindl., *L. rossiana (rossii)* Rolfe, *Maxillaria cruenta* Lindl., *M. balsamea* (A.Rich. ex Lindl.) Beer) - Mex., Guat., Salv. 600-1.000 m (8**, O2/91, E**, G**, H**, S)
15. **crystallina** Oakeley - C.Rica (S)
- *dallemagnei* hort.: *Bifrenaria* 16 (O1/94)
16. **denningiana** Rchb.f. (*L. cinnabarina* Rolfe) - Ec., Peru 1.600-2.700 m - terr. (S)
- *denningiana* Rchb.f.: *Ida* 5 (S)
17. **deppei** (Lodd.) Lindl. (*L. chrysoptera* Morren, *L. leiantha* A.Rich. ex Beer, *Maxillaria deppei* Lodd., *Deppia mexicana* Raf.) - Mex., Guat., Salv., Hond., Nic. 1.200-2.300 m (3**, 4**, 8**, 9**, E**, G, H**, O1/92, S*)
18. **dowiana** Endr. & Rchb.f. - Nic., C. Rica, Pan. 600-1.500 m (E, H, W, O1/92, S)
- *dowiana* Endr. & Rchb.f.: 34 (E, G**)
19. **dyeriana** Sand. ex Rolfe - Peru (9**, S)
- *dyeriana* Sand. ex Rolfe: *Ida* 10 (S)
- *farinosa* Kraenzl.: ? 22 (S)
- *filomenoi* Schltr.: 34 (E, G**)
- *filomenoi* Schltr.: 34 (O1/92, S)
- *filomenoi* ssp. *filomenoi* (Schltr.) Fowlie: 34 (E, G**)
- *fimbriata* (Poepp. & Endl.) Cogn.: 10 (9**, G**, S*)
- *fimbriata* (Poepp. & Endl.) Cogn.: *Ida* 11 (S)
- *flavescens* hort.: *Ida* 13 (S)
20. **fowliei** Oakeley - unknown origin (S)
- *fowliei* Oakeley: *Ida* 23 (S)
21. **fragrans** Oakeley - E-Ec. 1.700 m - scented (S*)
- *fragrans* Oakeley: *Ida* 12 (S)
22. **fulvescens** Hook. (*L. crocea* Lind. ex Lindl., *L. farinosa* Kraenzl., *Maxillaria fulvescens* (Hook.) Beer) - Col., Ven. 1.700-2.000 m (9**, E, H, R**, S)
- *fulvescens* Hook.: *Ida* 13 (S)
23. **fuscina** Oakeley (S)
- *gigantea* Lindl. (8**): 30 (9**, E**, G**, H**, S*)
- *gigantea* Lindl.: *Ida* 14 (S)
- *gigantea* var. *labello-viridis* H. Wms.: *Ida* 20 (S)
- *grandiflorum* (H.B.K.) Beer: *Maxillaria* 111 (E, G, H)
- *grandis* Oakeley: *Ida* 15 (S)
- *harrisoniae* (Hook.) D.Don ex Loudon: *Bifrenaria* 5 (8**, 9**, G**)
- *harrisoniae* (Hook.) B.S.Will.: *Bifrenaria* 5 (E**, H**)
- *hennisiana* Kraenzl.: 44 (S)
24. **hirtzii** Dods. (*L. colombiana* Ospina) - Ec., Col. ca. 2.200 m (R**, S)
- *hirtzii* Dods.: *Ida* 17 (S)
25. **ipala** Tinschert ex Oakeley (*L. skinneri* var. *ipala* Tinschert) (S)
- *jarae* Benn. & Christ.: *Ida* 28 (S)
- *jugosa* (Lindl.) Nichols: *Pabstia* 1 (9**, E**, G, H**)
- *lanipes* Lindl.: 10 (9**, G**, S*)
- *lanipes* Lindl.: *Ida* 22 (S)
26. **lasioglossa** Rchb.f. - Guat., Mex. 600-1.100 m (8**, 9**, E**, H**, O4/82, O1/92, S*)
- *lata* Rolfe: 10 (9**, G**, S*)
- *lata* Rolfe: *Ida* 23 (S)
- *lawrenceana* hort. ex Rchb.: 9 (8**)
- *lawrenceana* hort.: 7 (E**, H**)
- *leiantha* A.Rich. ex Beer: 17 (S*)
27. **leucantha** (Kl.) Lindl. (*L. leucoflavescens* hort., *L. candida* auct. non Lindl., *Maxillaria leucantha* Kl.) - Nic., C.Rica, Pan. 1.300-1.800 m (E**, H**, W, O1/92, S*)

- *leuco-flavescens* hort.: 27 (E**, H**)
28. **linguella** Rchb.f. - Peru, Ec. ca. 2.000 m - terr. (9**, S)
- *linguella* Rchb.f.: *Ida* 24 (S)
29. **locusta** Rchb.f. - Peru 2.000-3.000 m - terr. (9**, FXX1**, S)
- *locusta* Rchb.f.: *Ida* 25 (S)
30. **longipetala** (Ruiz & Pav.) Gar. (*L. gigantea* Lindl., *Maxillaria longipetala* Ruiz & Pav., *M. gigantea* (Lindl.) Beer, *M. heynderyexii* Morren, *Dendrobium longipetalum* (Ruiz & Pav.) Sw.) - Peru, Ec., Col., Ven. 1.200-2.900 m (9**, A**, E**, G**, H**, R**, S*)
31. **longiscapa** Rolfe ex Cooper (*L. barbifrons* Lindl., ?*L. reichenbachii* Gireoud ex Rchb.f.) - Ec., Peru 2.600-2.900 m (9**, S)
- *longiscapa* Mast.: Ida 7 (S)
- *longisepala* Schweinf.: 44 (S)
32. **luminosa** Oakeley - C.Rica (S)
33. **macrobulbon** (Hook.) Lindl. (*L. pleiochroma* Rchb.f., *Maxillaria macrobulbon* Hook.) - Col., Ven. 1.200-1.600 m - lith. (9**, O4/91, R, S)
34. **macrophylla** (Poepp. & Endl.) Lindl. (*L. plana* Lindl., *L. dowiana* Endr. & Rchb.f., *L. filomenoi* Schltr., *L. filomenoi* ssp. *filomenoi* (Schltr.) Fowlie, *L. macrophylla* ssp. *macrophylla* (Poepp. & Endl.) Fowlie, - ssp. *plana* (Lindl.) Fowlie, *Maxillaria macrophylla* Poepp. & Endl., *M. phyllomega* Steud.) - C.Rica, Pan., Col., Ven. to Bol. 600-2.000 m (E, G**, H, W, O1/92, R**, S*)
ssp. **desboisiana** (Cogn.) Fowlie - C.Rica, Pan., Nic. 1.000-1.500 m (8**, O1/92, S)
ssp. **filomenoi** (Schltr.) Fowlie - S-Am. (O1/92)
ssp. **macrophylla** (Poepp. & Endl.) Fowlie (*L. plana* Lindl.) - S-Am. (S)
ssp. **measuresiana** (L.O.Wms.) Fowlie (*L. filomenoi* Schltr.) - Ec., Peru, Bol. (O1/92, S)
ssp. **orinocensis** Fowlie - S-Am., Col. (O1/92, R)
ssp. **panamensis** Fowlie - Pan., Col. 800-900 m (O1/92, R, S)
ssp. **plana** (Lindl.) Fowlie - S-Am. (O1/92)
ssp. **puntarenasensis** Fowlie - C.Rica 900-1.250 m (O1/92, S)

ssp. **xanthocheila** Fowlie - C.Rica 1.200-1.400 m (O1/92, S)
var. **alba** - Nic. (O1/92)
- *macrophylla* ssp. *macrophylla* (Poepp. & Endl.) Fowlie: 34 (E, G**)
- *macrophylla* ssp. *plana* (Lindl.) Fowlie: 34 (E, G**)
35. **matthiasae** Kennedy - E-Peru (S)
36. **mattogrossensis** Barb.Rodr. (*L. rossiana* var. *mattogrossensis* Barb.Rodr.) - Braz. (O2/91, S)
37. **mesochlaena** Rchb.f. (*L. cobbiana* Veitch) - Ec. ca. 1.700 m (S*)
- *mesochlaena* Rchb.f.: *Ida* 27 (S)
- *mesochlaena* Rolfe: 10 (9**, G**)
- *mezae* Benn. & Oakeley: *Ida* 29 (S)
- *micheliana* Cogn. (8**): 13 (G, S*)
38. **nana** Oakeley - S-Am. (S)
- *nana* Oakeley: *Ida* 27 (S)
39. **occulta** Oakeley (S)
40. **peruviana** Rolfe - Peru (S)
- *peruviana* Rolfe: *Ida* 28 (S)
- *plana* Lindl. (E, H): 34 (E, G**)
- *plana* Lindl.: 34 (S)
- *pleiochroma* Rchb.f.: 33 (9**)
41. **powellii** Schltr. - Pan. 75-800 m (W, O1/92, S)
42. **reichenbachii**(iana) Gireoud ex Rchb.f. - Peru 1.600-1.900 m - terr. (FXX1**, S)
- *reichenbachii* Gireoud ex Rchb.f.: ? 31 (O6/89)
- *reichenbachii* Gireoud ex Rchb.f.: *Ida* 29 (S)
- *rossiana (rossii)* Rolfe (8**, O4/91): 14 (O2/91, S)
- *rossiana* var. *mattogrossensis* Barb.Rodr.: 36 (O2/91)
43. **saccata** L.Rich. - Mex., Guat. (O1/92)
44. **schilleriana** Rchb.f. (*L. hennisiana* Kraenzl., *L. longisepala* Schweinf.) - Pan., Col., Peru, Sur., S-Am. 1.200-1.400 m (W, R**, S)
45. **skinneri** (Batem. ex Lindl.) Lindl. (*L. virginalis* (Scheidw.) Lind. & Rodig., *L. virginalis* (Scheidw.) Lind., *L. virginalis* (Scheidw.) Scheidw., *Maxillaria skinneri* Batem. ex Lindl., *M. virginalis* Scheidw.) - Mex., Guat., Hond., Salv. 1.700-2.200 m (8**, 9**, E**, G, H**, O1/92, S*)
var. **alba** hort. - Salv., Hond., Guat. 1.700-1.800 m - nat. flower of Guat.

- "Monja Blanca" - Cites (8**, O1/92)
- *sordida* Kl.: 9 (8**)
46. **suaveolens** Summerh. (*L. aromatica* var. *majus* H.B.K.) - Mex., Salv., Nic. ca. 1.700 m (O1/92, S)
- *suaveolens* Summerh.: 3 (4**, 9**, E*, G**, H**)
47. **sulfurea** Rchb.f. - Salv. ca. 1.550 m (O1/92)
- *tetragona* (Lindl.) Lindl. (9**): *Bifrenaria* 15 (G**)
- *tetragona* (Lindl.) Lindl.: *Cydoniorchis* 1 (S*)
48. **tricolor** (Kl.) Rchb.f. (*Maxillaria tricolor* Kl.) - C.Rica, Pan., Nic. 600-1.400 m (8**, W**, O1/92, O2/96**, S)
 var. **alba** - C.Rica 640 m (O1/92)
49. **trifoliata** Lehm. ex Mast. - Ec., Peru, Bol. 1.200-1.600 m (S*)
- *trifoliata* Lehm. ex Mast.: *Ida* 6 (S)
- *tyrianthina* Lodd.: *Bifrenaria* 16 (8**)
- *virginalis* (Scheidw.) Lind. & Rodig.: 45 (9**, E**, G)
- *virginalis* (Scheidw.) Lind. (3**): 45 (H**)
- *virginalis* (Scheidw.) Scheidw.: 45 (S*)
- *viridis* (Lindl.) Benth.: *Pabstia* 6 (G**)
- *wittigii* Rchb.f.: *Cydoniorchis* 2 (S*)
50. **xytriophora** Lind. & Rchb.f. - Pan., Col., Ec., Peru 600-1.800 m (E**, H**, W, O1/92, R, S)
 var. **alba** - Pan. (O1/92)
× *Lycastenaria*: × *Lycasteria* (*Bifrenaria* × *Lycaste*)
× **Lycasteria (Lystr.)** (*Bifrenaria* × *Lycaste*)

Lycomormium Rchb.f. - 1852 - *Subfam. Epidendroideae Tribus: Gongoreae* - 4 sp. epi/ter - And. from Col. to Peru
- *cerinum* (Lindl.) Benth. ex Hemsl.: *Peristeria* 1 (S)
1. **ecuadorense** Sweet - Ec. (S*)
- *elatum* Schweinf.: 4 (G, H*, S*)
2. **fiskei** Sweet - Ec., Peru, Col. (A**, FXIX3, S*)
- *klabochorum* Rchb.f. n.n.: 3
- *minus* Kraenzl.: *Peristeria* 1 (S)
3. **schmidtii** A.Fernandez (*L. klabochorum* Rchb.f. n.n.) - Col. (R**, S)
- *serronianum* Barb.Rodr.: *Peristeria* 1 (S)

4. **squalidum** (Poepp. & Endl.) Rchb.f. (*L. elatum* Schweinf., *Anguloa squalida* Poepp. & Endl., *Peristeria fuscata* Lindl.) - E-Ec., Peru (G, H*, R, S*)
× *Lyfrenaria*: × *Lycasteria* (*Bifrenaria* × *Lycaste*)
× **Lymanara (Lymra.)** (*Aërides* × *Arachnis* × *Renanthera*)
× *Lyonara*: × *Trichovanda* (*Trichoglottis* × *Vanda*)
× **Lyonara (Lyon.)** (*Cattleya* × *Laelia* × *Schomburgkia*)

Lyperanthus R.Br. - 1810 - *Subfam. Orchidoideae Tribus: Diurideae Subtr. Caladeniinae* - (*Fitzgeraldia* F.v.Muell.) - 5 sp. terr. - Austr., N.Zeal., N.Cal.
1. **antarcticus** Hook.f. - end. to N.Zeal. (S, O3/92)
- *burnettii* F.v.Muell.: *Burnettia* 1 (S)
- *ellipticus* R.Br.: *Rimacola* 1 (S)
2. **forrestii** F.v.Muell. - end. to W-Austr. (S, P**)
3. **nigricans** R.Br. - end. to Austr. (NSW, ACT, Vic., Tasm., SA, WA) (S, P**)
4. **serratus** Lindl. - end. to W-Austr. (S*, P**)
5. **suaveolens** R.Br. - end. to Austr. (Qld., NSW, ACT, Vic., Tasm.) (S, P**)

Lyraea Lindl. - 1830: *Bulbophyllum* (S)

Lyroglossa Schltr. - 1920 - *Subfam. Spiranthoideae Tribus: Cranichideae Subtr. Spiranthinae* - 3 sp. terr. - Mex., Trin., Ven., Bol., Braz.
1. **grisebachii** (Cogn.) Schltr. (S)
2. **pubicaulis** (L.O.Wms.) Gar. - Nic. (W, S)
3. **spirata** (Hoehne) Gar. (S)

Lysias Salisb. - 1812: *Platanthera* L.C.Rich. (S)

Lysiella Rydb. - 1900: *Platanthera* L.C.Rich. (S)

Lysiella Rydb. - 1900 - *Platantherinae* (S) - ca. 3 sp. terr. - N-Am., Eur. - "Waldhyazinthe"
1. **nevskii** Avery. - China (S)
2. **obtusata** (Banks ex Pursh) Rydb. - N-Am. (O6/95, S)
3. **oligantha** (Turcz.) Nevski (*Platanthera oligantha* Turcz., *P. parvula* Schltr.) - Eur., N-Norw. highl. (K**, S)
× **Maccoyara (Mcyra.)** (*Aërides* × *Vanda* × *Vandopsis*)

Macdonaldia Gunn ex Lindl. - 1839: *Thelymitra* (S)
- *antennifera* Lindl.: *Thelymitra* 2 (H**)
- *variegata* Lindl.: *Thelymitra* 54 (H**)
× **Macekara (Maka.)** (*Arachnis* × *Phalaenopsis* × *Renanthera* × *Vanda* × *Vandopsis*)
× **Maclellanara (Mclna.)** (*Brassia* × *Odontoglossum* × *Oncidium*)
× **Maclemoreara (Mclmra.)** (*Brassia* × *Laelia* × *Schomburgkia*)
Macodes (Mac.) Lindl. - 1840 - *Subfam. Spiranthoideae Tribus: Erythrodeae* - (*Argyrorchis* Bl.) - ca. 9 sp. ter/epi - Mal., Java, Sul., N.Gui., Sol., Van. - „Goldblatt"
1. **dendrophila** Schltr. - N.Gui. - epi. (S)
2. **javanica** (Bl.) Hook.f. (*M. petola* var. *argenteo-reticulata* J.J.Sm., *Argyrorchis javanica* Bl.) - Java (9**)
- *javanica* Hook.f.: 4 (2*)
3. **lowii** (Lowe) J.J.Wood - Born. (S)
4. **petola** (Bl.) Lindl. (*Neottia petola* Bl.) - Sum., Mal., Phil. (2*, E**, H**, S)
  var. **argenteo-reticulata** J.J.Sm. (*M. javanica* Hook.f.) (2*)
  var. **robusta** J.J.Sm. (2*)
- *petola* var. *argenteo-reticulata* J.J.Sm.: 2 (9**)
5. **pulcherrima** Schltr. - N.Gui. (S)
6. **sanderiana** (sanderana) (Kraenzl.) Rolfe (*Anoectochilus sanderianus* Kraenzl.) - Mal., N.Gui 0-800 m - „Ndralngamoeh" (9**, S, O3/81)
7. **tabiyahanensis** (Hay.) S.S.Ying - Taiw. (S)
× *Macodisia*: × *Macomaria* (*Ludisia* (*Haemaria*) × *Macodes*)
× **Macomaria (Mcmr.)** (*Ludisia* (*Haemaria*) × *Macodes*)
Macradenia (Mcdn.) R.Br. - 1822 - *Subfam. Epidendroideae Tribus: Oncidieae Subtr. Oncidiinae* - (*Rhynchadenia* A.Rich., *Serrastylis* Rolfe) - ca. 12 sp. epi. - Flor., W-Ind., Mex., S-Am.
1. **amazonica** Mansf. - Braz. (S)
2. **brassavolae** Rchb.f. (*M. modesta* (Rolfe) Rolfe, *Serrastylis modesta* Rolfe) - Mex., Col., Ven., Nic., C. Rica, Pan. 0-300 m (E**, H**, S*, W**, O4/96, R**)

var. **albiflora** Sengh. & Seeger - Col. (O4/96)
3. **buchtienii** Schltr. - Bol. (S)
4. **delicatula** Barb.Rodr. - Braz. (S)
5. **loxoglottis** Focke & Rchb.f. - Sur. (S)
6. **lutescens** R.Br. (*M. triandra* Lindl., *M. surinamensis* Rchb.f. & Wullschl., *Rhynchadenia cubensis* A. Rich.) - W-Ind., USA, Trin., Ven., Col., Guy., Sur. (E, G**, H, S, $54/3, R**)
- *lutescens* Lodd.: *Encyclia* 69 (9**, G**)
- *modesta* (Rolfe) Rolfe: 2 (E**, H**)
7. **multiflora** (Kraenzl.) Cogn. - Braz. (4**, E, H, S)
- *mutica* Lindl.: *Leucohyle* 1 (G)
8. **paraensis** Barb.Rodr. (*M. tridentata* Schweinf.) - Braz. (S)
9. **paulensis** Cogn. - Braz. (S)
10. **regnellii** Barb.Rodr. - Braz. (S)
11. **rubescens** Barb.Rodr. - Braz. (S)
- *surinamensis* Rchb.f. & Wullschl.: 6 (G**)
- *triandra* Lindl.: 6 (G**)
- *tridentata* Schweinf.: 8 (S)
× **Macradesa (Mcdsa.)** (*Gomesa* × *Macradenia*)
× *Macrangraecum*: *Angraecum* (*Angraecum* × *Macroplectrum* (*Angraecum*)
Macrochilus Knowl. & Westc. - 1837: *Miltonia* Lindl. (S)
- *fryanus* Knowl. & Westc.: *Miltonia* 9 (8**, 9**, H**)
Macroclinium Barb.Rodr.: *Notylia* Lindl.
Macroclinium Barb.Rodr. - 1882 - *Notyliinae* (S) - ca. 38 sp. epi. - Mex., Braz., Par., Ven.
1. **aduncum** (Dressl.) Dods. & Chase (*Notylia adunca* Dressl.) - Peru (S, &9)
2. **alleniorum** Dressl. & Pupulin - C. Rica (&9)
3. **aurorae** Dods. - Peru (S, &9)
4. **bicolor** (Lindl.) Dods. (*Notylia bicolor* Lindl.) - Mex., Guat., Salv., Nic., Hond., Col. (9**, S, W, &9, R)
5. **biflorum** Benn. & Christ. - Peru (&9)
6. **borjaense** Dods. - Ec. (&9)
7. **brasiliense** (Pabst) Dods. (*Pterostemma brasiliensis* Pabst, *Notylia brasiliensis* (Pabst) Dressl.) - Braz. (&9)

- *calceolare* (Gar.) Dods.: *Sarmenticola* 1 (S, &9)
8. **chasei** Dods. & Benn. - Bol., Peru (&9, R)
9. **christensonii** D.E.Benn. - Peru (&9)
10. **coffeicolum** (Schltr.) Dods. (*Notylia coffeicola* Schltr.) - Peru 1.400 m (&9)
11. **confertum** Pupulin - C.Rica ca. 1.400 m (&9)
12. **cordesii** (L.O.Wms.) Dods. (*Notylia cordesii* L.O.Wms.) - C.Rica, Pan. (W, &9)
13. **dalessandroi** Dods. - Ec. ca. 1.800 m (&9)
14. **dalstromii** Dods. - Ec. ca. 1.000 m (S, &9)
15. **dentiferum** Thiv - Col. ca. 300 m (S, &9)
16. **doderoi** Mora-Retana & Pupulin - C.Rica ca. 1.500 m (&9)
17. **escobarianum** Dods. - Col. (&9)
18. **generalense** Pupulin - C.Rica (&9)
19. **glicensteinii** Atwood - C.Rica (W, &9)
20. **hirtzii** Dods. - Bol., Ec., Peru ca. 500 m (S, &9, R)
21. **junctum** (Dressl.) Dods. (*Notylia juncta* Dressl.) - Pan., Col. (W, &9, R**)
22. **lexarzanum** (Hagsater & Gonz.) Dods. (*Notylia lexarzana* Hagsater & Gonz.) - Mex. ca. 800 m (&9)
23. **liliacinum** (Kraenzl.) E.A.Christ. (*Notylia liliacina* Kraenzl.) - Bol. (&9)
24. **lineare** (Ames & Schweinf.) Dods. (*Notylia linearis* Ames & Schweinf.) - Ec., C.Rica, Pan., Col. 1.150-1.200 m (W, &9)
25. **lueri** Dods. & Vasq. - Bol. ca. 2.500 m (S, &9)
26. **manabinum** (Dods.) Dods. (*Notylia manabina* Dods.) - Ec. ca. 300 m (S, &9)
27. **mirabile** (Schweinf.) Dods. (*M. norae* (Gar.) Dods., *Notylia mirabilis* Schweinf., *N. norae* Gar.) - Peru, Braz., Ven., Guy., Sur. ca. 100 m (&9, R)
- *norae* (Gar.) Dods.: 27 (&9)
28. **oberonia** (Schltr.) Dods. (*Notylia oberonia* Schltr.) - Col. (&9, R)
29. **pachybulbon** (Hagsater & Gonz.) Dods. (*Notylia pachybulbon* Hagsater & Gonz.) - Mex. ca. 900 m (&9)
30. **paniculatum** (Ames & Schweinf.) Dods. (*Notylia paniculata* Ames & Schweinf.) - Nic., C.Rica (W, &9)
31. **perryae** (Dods.) Dods. (*Notylia perryae* Dods.) - Ec. ca. 1.500 m (&9)
32. **ramonense** (Schltr.) Dods. (*Notylia ramonensis* Schltr.) - C.Rica, Pan. ca. 950 m (W**, &9)
33. **robustum** Pupulin & Mora-Retana - C.Rica ca. 1.800 m (&9)
34. **roseum** Barb.Rodr. (*Notylia rosea* (Barb.Rodr.) Cogn.) - Braz. (S, &9)
35. **simplex** (Dressl.) Dods. (*Notylia simplex* Dressl.) - Pan. (W, &9)
36. **villenaorum** D.E.Benn. - Peru (&9)
37. **wullschlaegelianum** (Focke) Dods. (*Notylia wullschlaegeliana* Focke) - Guy., Ven., Peru, Col., Sur. (A**, S, &9, R)
38. **xyphophorum** (Rchb.f.) Dods. (*Notylia xyphophoria* Rchb.f.) - Col., Ec. (&9, R)

Macrolepis A.Rich. - 1834: *Bulbophyllum* Thou. (S)

Macroplectrum Pfitz. - 1889: *Angraecum* Bory (S)
- *baronii* Finet: *Angraecum* 18 (U)
- *calceolus* (Thou.) Finet: *Angraecum* 26 (E**, H**, U**)
- *didieri* Baill. ex Finet: *Angraecum* 57 (C, U)
- *gladiifolium* (Thou.) Pfitz. ex Finet: *Angraecum* 104 (G**, U)
- *humblotii* Finet: *Angraecum* 84 (U)
- *implicatum* (Thou.) Finet: *Angraecum* 88 (U)
- *leonis* (Rchb.f.) Finet: *Angraecum* 95 (E**, H**, U)
- *madagascariense* Finet: *Angraecum* 100 (U)
- *meirax* (Rchb.f.) Finet: *Angraecum* 105 (U)
- *ochraceum* (Ridl.) Finet: *Angraecum* 122 (E, H, U)
- *pectinatum* (Thou.) Finet: *Angraecum* 127 (U)
- *ramosum* (Thou.) Finet: *Angraecum* 147 (9**)
- *sesquipedale* (Thou.) Pfitz.: *Angraecum* 164 (8**, 9**, E**, G**, H**, U**)
- *xylopus* (Rchb.f.) Finet: *Angraecum* 192 (U)

Macropodanthus L.O.Wms. - 1938 - *Subfam. Epidendroideae Tribus: Vandeae Subtr. Sarcanthinae* - 6 sp. epi. - SE-As.

1. **alatus** (Holtt.) Seidenf. & Gar. (*Pteroceras alatum* (Holtt.) Holtt., *Sarcochilus alatus* Holtt.) - S-Thai., Adm., Mal. 1.300 m (S*)
2. **berkeleyi** (Rchb.f.) Seidenf. & Gar. (*Pteroceras berkeleyi* (Rchb.f.) Holtt., *Sarcochilus berkeleyi* (Rchb.f.) Holtt.) - Nicob. (S*)
3. **membraniferus** (Carr) Pedersen - Mal. (S)
4. **philippinensis** L.O.Wms. - Phil. (S*)
5. **teysmanii** (Miq.) Pedersen - Mal. (S)
6. **tridentatus** Seidenf. - Mal. (S)

Macrostomium aloefolium Bl.: *Dendrobium* 13 (2*, E, H*)
- *aloifolium* Bl.: *Aporum* 2 (S)

Macrostylis Breda - 1827: *Corymborkis* Thou.
- *decumbens* (Lindl.) Rchb.f.: *Corymborkis* 3 (S)
- *disticha* Breda: *Corymborkis* 5 (2*)
- *forcipigera* Rchb.f.: *Corymborkis* 2 (S)

Maelenia paradoxa Dumort.: *Cattleya* 16 (8**, 9**, G**)

× **Mailamaiara (Mai.)** (*Cattleya* × *Diacrium* × *Laelia* × *Schomburgkia*)

Malachadenia Lindl. - 1839: *Bulbophyllum* Thou. (S)
- *clavata* Lindl.: *Bulbophyllum* 290 (9**)

Malaxis Sol. ex Sw. - 1788 - Subfam. Epidendroideae Tribus: Malaxideae - (*Microstylis* Bl., *Achroanthes* Raf., *Dienia* Lindl., *Microstylis* (Nutt.) Eaton, *Crepidium* Bl., *Gastroglottis* Bl., *Pedilea* Lindl., *Pterochilus* Hook. & Arn., *Cheiropterocephalus* Barb.Rodr., *Pseudolipatis* Finet) - ca. 300 sp. ter/epi - SE-As., all the world - „Einblatt"
- *acuminata* D.Don.: *Microstylis wallichii* (2*)
1. **acuminata** D.Don. - Austr. (NT), Ind., SE-As., China, Phil., Indon. (P*)
- *acutangula* (Hook.) Ktze.: *Crepidium* 1 (S)
2. **adolphii** (Schltr.) Ames - C.Rica (W)
- *affinis* Bl.: *Liparis* 4 (2*)
- *anceps* Rchb.f.: *Oberonia* 2 (2*)
3. **andicola** (Ridl.) Ktze. - Col. (R)
- *angustifolia* Bl.: *Liparis* 27 (2*, 6*, G)

4. **atro-rubra** (H.Perr.) Summerh. (*Microstylis atro-ruber* H.Perr.) - Madag. ca. 1.500 m - epi/ter (U)
- *atropurpurea* Bl.: *Liparis* 106 (2*)
5. **aurea** Ames - Nic., C.Rica (W)
6. **biloba** Ames (*M. wallichii* var. *biloba* Lindl.) - Him., Java (S)
7. **blephariglottis** (Schltr.) Ames (?*Liparis fratrum* Schltr.) - C.Rica, Pan. (W)
8. **brachyrrhynchos** (Rchb.f.) Ames - Nic., C.Rica, Mex. (W)
- *brevifolia* (Lindl.) Rchb.f.: *Oberonia* 10 (U**)
- *caespitosa* (Lam.) Thou.: *Liparis* 27 (2*, 6*, G, U)
9. **calophylla** (Rchb.f.) Ktze. (*Microstylis calophylla* Rchb.f., *M. scottii* Hook.f.) - S-Thai., Mal., Born., Sik., Burm., Camb. (E*, H*, Q, S)
10. **caracasana** (Kl. ex Ridl.) Ktze. - Col. (FXIX3, R)
11. **cardiophylla** (Rchb.f.) Ktze. (*Microstylis cardiophylla* Rchb.f.) - Com. lowl. - lith. (U)
12. **carnosa** (Kunth) Schweinf. - Nic., C.Rica, S-Am. (W)
- *carnosula* (Rolfe ex Downie) Seidenf. & Smitin.: 29 (G)
- *carpinterae* (Schltr.) Ames: 19 (9**, G)
- *caudata* (L.) Willd.: *Brassia* 13 (9**, E*, G**, H**)
13. **caulescens** (Lindl.) Ktze. (*Microstylis caulescens* Lindl.) - Peru (G)
- *cernua* Willd.: *Geodorum* 8 (2*)
- *cernua* Willd.: *Geodorum* 2 (G**)
14. **commelinifolia** (Zoll.) Ktze. (*Microstylis commelinifolia* Zoll.) - Java (S)
- *commelinifolia* Ktze.: *Microstylis commelinifolia* (2*)
- *compressa* Bl.: *Liparis* 37 (2*)
- *congesta* (Lindl.) Deb: 29 (G)
15. **cordata** (Lindl.) Ktze. (*Dienia cordata* Lindl., *Microstylis cordata* (Lindl.) Rchb.f.) - Mex. (G)
- *cordifolia* J.E.Sm. ex Rees: *Liparis* 128 (6*, G)
- *crenulata* Bl.: *Liparis* 41 (2*, 6*)
16. **crispifolia** (Rchb.f.) Ktze. - C.Rica, Col., S-Am. (W, R)
17. **cumbensis** Dods. - Ec. 3.000 m (FXIX3*)
- *curranii* Ames: 29 (G)
- *cylindrica* (Lindl.) Rchb.f.: *Oberonia* 9 (G)

- *decurrens* Bl.: *Liparis* 43 (2*)
18. **discolor** (Lindl.) Ktze. (*Microstylis discolor* Lindl.) - Sri L. (9**)
- *disepala* (Rchb.f.) Ktze.: 24 (G)
- *disticha* Thou.: *Liparis* 50 (2*)
- *equitans* Bl.: *Oberonia* 32 (2*)
19. **excavata** (Lindl.) Ktze. (*M. simillima* (Rchb.f.) Ktze., *M. carpinterae* (Schltr.) Ames, *M. lankesteri* Ames, *M. maxonii* Ames, *M. uncinata* Ames & Schweinf., *Epidendrum umbellatum* Vell., *Microstylis excavata* Lindl., *M. hastilabia* Rchb.f., *M. simillima* Rchb.f., *M. quadrangularis* Cogn., *M. spiralipetala* Cogn., *M. carpinterae* Schltr., *M. muelleri* Schltr., *M. paranaensis* Schltr., *M. ottonis* Schltr., *M. sertulifera* (Barb. Rodr.) Schltr., *Cheiropterocephalus sertuliferus* Barb.Rodr.) - Mex. to Braz., Bol., Arg., Nic., C.Rica, Pan. (9**, G, W, R, S*)
20. **fastigiata** (Rchb.f.) Ktze. - Nic., C. Rica, Pan., S-Am. (W, R)
21. **fimbriata** Lavarack - end. to Austr. (Qld.) (P**)
- *flavescens* Thou.: *Liparis* 61 (G, U)
22. **francoisii** (H.Perr.) Summerh. (*Microstylis francoisii* H.Perr.) - Madag. ca. 1.200 m - epi/ter (U)
- *grisebachiana* (Fawc. & Rendle) Fawc. & Rendle: 57 (G**)
23. **harlingii** Dods. - Ec. 1.500 m (FXIX3*)
24. **histionantha** (Link, Kl. & Otto) Gar. & Dunst. (*M. disepala* (Rchb.f.) Ktze., *Microstylis histionantha* Link, Kl. & Otto, *M. disepala* Rchb.f., *M. brenesii* Schltr.) - Mex., Guat., Hond., C.Rica, Pan., Ven., Col., Braz. (G, W**, R**)
- *imbricata* Bl.: *Oberonia* 15 (2*)
- *iridifolia* (Roxb.) Rchb.f.: *Oberonia* 16 (2*, 9**)
- *iridifolia* (Roxb.) Hook.f.: *Oberonia* 16 (H*)
25. **johniana** (Schltr.) Foldats (FXIX3)
26. **josephiana** (Rchb.f.) Ktze. (*Microstylis josephiana* Rchb.f.) - Sik. (9**, S)
27. **kalbreyeriana** (Kraenzl.) Ortiz (*Microstylis kalbreyeriana* Kraenzl.) - Col. (FXVIII1)
- *kizanensis* (Masamune) Hatusima: 29 (G)
28. **lagotis** (Rchb.f.) Ktze. - C.Rica (W)

- *lancifolia* J.E.Sm.: *Liparis odorata* (2*)
- *lancifolia* J.E.Sm. ex Rees: *Liparis* 120 (6*, G)
- *lankesteri* Ames: 19 (9**, G)
29. **latifolia** J.E.Sm. (*M. plicata* Roxb., *M. currannii* Ames, *M. latifolia* var. *fusca* (Lindl.) Ames, *M. carnosula* (Rolfe ex Downie) Seidenf. & Downie, *M. congesta* (Lindl.) Deb, *M. kizanensis* (Masamune) Hatusima, *Microstylis latifolia* (J.J.Sm.) J.J.Sm., *M. latifolia* var. *fusca* (Lindl.) J.J.Sm., *M. rheedii* Rchb.f., *M. congesta* (Lindl.) Rchb.f., *M. congesta* var. *fusca* (Lindl.) Ridl., *M. fusca* (Lindl.) Rchb.f., *M. trilobulata* Kurz, *M. bernaysii* F.v.Muell., *M. carnosula* Rolfe ex Downie, *M. fineti* Gagn., *M. kizanensis* Masamune, *M. ishigakensis* Ohwi, *M. dalatensis* Guill., *Dienia congesta* Lindl., *D. fusca* Lindl., *Gastroglottis montana* Bl., *Neottia plantaginea* D.Don, *Spiranthes plantaginea* (D.Don) Spreng., *Liparis bernaysii* F.v. Muell., *L. krempfii* Gagn., *L. turfosa* Gagn., *Anaphora liparioides* Gagn.) - Ind. to Jap., Mal., Indon., N.Gui., Austr. (4**, G, P*)
- *latifolia* J.E.Sm.: *Dienia* 1 (S)
- *latifolia* J.E.Sm.: *Microstylis latifolia* (2*)
- *latifolia* Bl.: *Liparis* 88 (2*, 6*, Q**)
- *latifolia* var. *fusca* (Lindl.) Ames: 29 (G)
30. **lawleri** Lavarack & B.Gray - end. to Austr. (Qld.) (P*)
- *lilifolia* (L.) Sw.: *Liparis* 92 (9**, G)
- *lindeniana* A.Rich. & Gal.: *Liparis* 165 (FXX(3))
- *loeselii* (L.) Sw.: *Liparis* 96 (G)
31. **longissima** (Kraenzl.) Ortiz (*Microstylis longissima* Kraenzl.) - Col. (FXVIII1)
32. **lowii** (E.Morr.) Ames (*Microstylis lowii* E.Morr.) - end. to Born. 0-1.500 m (2.100 m) (Q**)
- *lunata* Bl.: *Oberonia* 21 (2*)
33. **macrostachya** (Lex.) Ktze. (S)
34. **madagascariensis** (Klinge) Summerh. (*Microstylis madagascariensis* Klinge) - Madag. (U)
35. **majanthemifolia** Cham. & Schlechtend. - Nic., C.Rica, Pan. (W)
36. **marsupichila** Upton - end. to Austr. (Qld., NT) (P*)

- *maxonii* Ames: 19 (9**, G)
37. **metallica** (Rchb.f.) Ktze. (*Microstylis metallica* Rchb.f.) - Born. (9**, S)
- *microphylla* Bl.: *Oberonia* 23 (2*)
- *miniata* (Lindl.) Rchb.f.: *Oberonia* 24 (2*, G)
- *minima* Bl.: *Liparis* 27 (2*, 6*, G)
38. **monophyllos** (L.) Sw. (*Microstylis monophyllos* (L.) Lindl.) - C-E-Eur., As. 0-1.800 m - „Zartes Einblatt" (K**, S*)
   var. **brachypoda** (A.Gray) Morris & Ames - Can. to USA (S)
- *monstruosa* Bl.: *Oberonia* 25 (2*)
- *montana* Bl.: *Liparis* 106 (2*)
39. **moritzii** (Ridl.) Ktze. - Col. (R)
- *mucronata* Bl.: *Liparis* 107 (2*)
40. **nana** Schweinf. - C.Rica (W)
- *nervosa* (Thunb.) Sw.: *Liparis* 111 (G**)
- *nutans* Willd.: *Geodorum* 8 (2*)
- *oculata* Ktze.: *Microstylis oculata* (2*)
- *odorata* Willd.: *Liparis odorata* (2*)
- *odorata* Willd.: *Liparis* 111 (G**)
- *ophioglossoides* Muhl. ex Willd.: 57 (G**)
- *pallida* Bl.: *Liparis* 117 (2*)
- *paludosa* (L.) Sw.: *Hammarbya* 1 (K**, S*)
41. **pandurata** (Schltr.) Ames - Nic., C.Rica (W)
42. **parthonii** Morren - Braz., Col. (W, R)
- *parviflora* Bl.: *Liparis* 122 (2*, 6*)
43. **physuroides** (Schltr.) Summerh. (*Microstylis physuroides* Schltr.) - Madag. 400-700 m - epi/lit (U)
44. **pittieri** (Schltr.) Ames - C.Rica, Pan. (W)
- *plicata* Roxb.: *Microstylis latifolia* (2*)
- *plicata* Roxb.: 29 (G)
45. **punctata** J.J.Wood - end. to Born. 800-1.800 m (Q**)
- *purpurascens* Thou.: *Liparis* 134 (G, U**)
- *purpurea* Ktze.: *Microstylis purpurea* (2*)
- *recurva* (Lindl.) Rchb.f.: *Oberonia* 29 (G)
46. **rheedii** Sw. (*M. versicolor* (Lindl.) Abeywickr.) - Sri L., SW-Ind. 300-1.800 m (S)
- *rheedii* Bl.: *Liparis* 142 (2*, 6*)

47. **scottii** (Hook.f.) Ktze. (*Microstylis calophylla* Rchb.f., *M. scottii* Hook. f.) - Sik., Burm. (9**)
- *setifera* (Lindl.) Rchb.f.: *Oberonia* 29 (G)
48. **seychellarum** (Schltr.) Kraenzl. (*Microstylis seychellarum* Schltr.) - end. to Sey. (O3/98, S)
- *similis* Bl.: *Oberonia* 31 (2*)
49. **simillima** (Rchb.f.) Ktze. - C.Rica, Pan. (W)
- *simillima* (Rchb.f.) Ktze.: 19 (9**, G)
50. **sneidernii** (Gar.) Ortiz (*Microstylis sneidernii* Gar.) - Col. (FXVIII1)
51. **soulei** L.O.Wms. - Nic., C.Rica, Pan., S-Am. (W)
- *spathulata* Rchb.f.: *Oberonia* 32 (2*)
52. **spicata** Sw. - USA, Flor., Carib. (E, H, S)
- *subulata* Labill.: *Cryptostylis* 7 (9**, H)
53. **taurina** (Rchb.f.) Ktze. - N.Cal. (S*)
- *thaspiformis* A.Rich. & Gal.: 57 (G**)
54. **thienii** Dods. - Ec. 2.800 m (FXIX3*)
55. **tipuloides** (Lindl.) Ktze. - Nic., C. Rica, Pan. (W**)
56. **tonduzii** (Schltr.) Ames - C.Rica (W)
- *tradescantiaefolia* Bl.: *Liparis* 159 (2*)
- *uncinata* Ames & Schweinf.: 19 (9**, G)
57. **unifolia** Michx. (*M. ophioglossoides* Muhl. ex Willd., *M. thaspiformis* A.Rich. & Gal., *M. grisebachiana* (Fawc. & Rendle) Fawc. & Rendle, *Achroanthes ophioglossoides* (Muhl. ex Willd.) Raf., *A. unifolia* (Michx.) Raf., *Microstylis unifolia* (Michx.) Nutt. ex Eaton, *M. unifolia* (Michx.) Sterns & Pogg., *M. ophioglossoides* var. *mexicana* Lindl., *M. grisebachiana* Fawc. & Rendle) - Can., USA, Mex., Guat., Jam., Cuba, W-Ind. - „Green adder's mouth" (G**, S)
- *versicolor* (Lindl.) Abeywickr.: 46 (S)
- *viridiflora* Bl.: *Liparis* 167 (2*, 6*, E**, G, H**)
58. **wallichii** (Lindl.) Deb (*Microstylis wallichii* Lindl.) - Him., Sik., Java 1.700-2.400 m (S)
- *wallichii* var. *biloba* Lindl.: 6 (S)

59. **weberbaueriana** (Kraenzl.) Summerh. - Kenya, Zai., Camer., Tanz., Zam., Zim. ca. 1.700 m (M)
60. **wendlandii** (Rchb.f.) L.O.Wms. Nic., C.Rica, Pan., S-Am. (W)
- *wightiana* (Lindl.) Rchb.f.: *Oberonia* 37 (G)
61. **woodsonii** L.O.Wms. - W-Pan. (W)
62. **xanthochila** (Schltr.) Ames & Schweinf. (*Microstylis xanthochila* Schltr., *M. sordida* J.J.Sm.) - Austr. (Qld.), N.Gui. (P*, O3/81, S)
63. **yanganensis** Dods. - Ec. 2.000 m (FXIX3*)
× **Malcolmcampbellara (Mcba.)** (*Drymoanthus* × *Plectorrhiza* × *Sarcochilus*)

Malleola sect. *Micranthobotrys* Schltr. - 1914: *Saccolabiopsis* J.J.Sm. (S)

Malleola J.J.Sm. & Schltr. - 1913 - *Subfam. Epidendroideae Tribus: Vandeae Subtr. Sarcanthinae* - 31 sp. epi. - Viet., Thai, Mal., Phil., N.Gui.
1. **altocarinata** Holtt. - S-Thai., Mal. (S*)
2. **constricta** Ames (S*)
3. **dentifera** J.J.Sm. - Thai., Mal., Sum. (S*)
4. **insectifera** (J.J.Sm.) J.J.Sm. (*Saccolabium insectiferum* J.J.Sm.) - end. to Java (S*)
5. **penangiana** (Hook.f.) J.J.Sm. & Schltr. (*Saccolabium penangianum* Hook.f.) - S-Thai., Mal. (S)
6. **seidenfadenii** E.A.Christ. - Thai., Viet. (S)
7. **sphingoides** J.J.Sm. - Java (S)
- *transversisaccata* Ames & Schweinf.: *Robiquetia* 17 (Q**)

Manniella (Manniellia) Rchb.f. - 1881 - *Subfam. Spiranthoideae Tribus: Cranichideae Subtr. Manniellinae* - 1 sp. terr. - Camer.
- *americana* Schweinf. & Gar.: *Beloglottis* 1 (S)
1. **gustavi** Rchb.f. - Camer. (S)

Mantha Hook. - 1830: *Chloraea* Lindl. (S)

Margelliantha Cribb - 1979 - *Aerangidinae* (S) - ca. 5 sp. epi. - Afr.
1. **burtii** (Summerh.) Cribb - NE-Zai. 2.000 m (S)
2. **caffra** (H.Bol.) Cribb & J.Stew. (*Angraecum caffrum* H.Bol., *Diaphananthe caffra* (H.Bol.) Linder, *Mystacidium caffrum* (H.Bol.) H.Bol.) - S-Afr. to 1.800 m (C, S)
3. **clavata** Cribb - Tanz. (S*)
4. **globularis** Cribb - Tanz. 1.250 m (S*)
5. **leedalii** Cribb - SE-Kenya, Tanz. 1.500-2.400 m (M**, S)

Marsupiaria Hoehne - 1947 - *Maxillariinae* (S) - 3 sp. epi. - Trop.-Subtrop. Am.
1. **equitans** (Schltr.) Hoehne (*M. vandiformis* (Schltr.) Hoehne, *Maxillaria equitans* (Schltr.) Gar.) - S-Am. to 500 m (S)
- *iridifolia* (Batem.) Hoehne: *Maxillaria* 263 (E**, H**)
2. **valenzuelana** (A.Rich.) Gar. (*Maxillaria iridifolia* (Batem. ex Rchb.f.) Hoehne, *M. valenzuelana* (A.Rich.) Nash, *M. valenzuelana* ssp. *angustata* Atwood) - Carib., Hond. to Ven., Ec., Braz. 1.000-1.500 m - scented (S*)
   var. **angustata** (Atwood) Sengh. (*Maxillaria valenzuelana* ssp. *angustata* Atwood) - Hond., Nic. (S)
➤ *valenzuelana* (A.Rich.) Gar.: *Maxillaria* 263 (E**, H**)
- *vandiformis* (Schltr.) Hoehne: 1 (S)
3. **witsinioides** (Schltr.) Pabst (*Maxillaria witsinioides* Schltr.) - Col., Ec., Peru 1.200-1.500 m (S*)

Masdevallia sect. *Chimeroideae* Kraenzl.: *Dracula* Luer

Masdevallia sect. *Echidna* Rchb.f. - 1877: *Porroglossum* Schltr. (S)

Masdevallia sect. *Rhombopetala* Kraenzl. - 1925: *Trigonanthe* (Schltr.) Brieg. (S)

Masdevallia sect. *Triaristella* Rchb.f. - 1876: *Triaristella* (Rchb.f.) Brieg. (S)

Masdevallia sect. *Trigonanthe* Schltr. - 1925: *Trigonanthe* (Schltr.) Brieg. (S)

Masdevallia (Masd.) Ruiz & Pav. - 1794 - *Subfam. Epidendroideae Tribus: Epidendreae Subtr. Pleurothallidinae* - (*Luerella* Braas, *Rodrigoa* Braas, *Portillia* Kgr.) - ca. 580 sp. epi/lit - Mex., Trop. S-Am., Peru, Ven.
1. **abbreviata** Rchb.f. - Ec. (L) ➤ Trisetella 1
- *acrochordonia* Rchb.f.: 328 (H, L)
- *acrochordonia* Rchb.f.: *Masdevallia ephippium* (8**, 9**, E)

2. **aenigma** Luer & Esc. - Col. (L, FXVI1**)
- *aequatorialis* Lehm. & Kraenzl.: 231 (L)
- *aequiloba* Regel: 65 (9**, E, H, L)
3. **affinis** Lindl. (*M. chlorotica* Kraenzl., *M. chrysochaete* Lehm. & Kraenzl., *M. chrysoneura* Lehm. & Kraenzl., *M. confusa* Kraenzl., *M. gomeziana* Lehm. & Kraenzl., *M. maculigera* Schltr., *M. pantherina* Lehm. & Kraenzl., *M. petiolaris* Schltr.) - Col. 2.900-3.700 m (L*, FXVI1*)
4. **agaster** Luer (L)
- *albicans* Luer: *Dryadella* 1 (L)
- *albida* Pinel: 146 (E**, H**)
5. **alexandri** Luer - Col., Ec. (L)
- *alexandri* Luer: *Rodrigoa alexandri* (O4/82)
- *alismifolia* Kraenzl.: 156 (L)
- *allenii* L.O.Wms.: *Trisetella* 20 (L*)
6. **alvaroi** Luer & Esc. [M. × alvaroi (Luer & Esc.) Mohr & Braas (*M. amanda* × *M picturata*) (O4/84)] - Col. (L, $56/11, R**)
7. **amabilis** Rchb.f. & Warsc. (*M. purpurina* Schltr.) - And., Col., Ec., Peru (E, H, L)
8. **amaluzae** Luer & Malo - Ec. (L)
9. **amanda** Rchb.f. & Warsc. (*M. calopterocarpa* Rchb.f., *M. gustavii* Rchb.f., *M. oligantha* Schltr., *M. remotiflora* Kraenzl.) - Col., Ec. (L*, FXVI1, R**)
- *amethystina* Rchb.f.: *Porroglossum* 3 (L*)
10. **ampullacea** Luer & Andreetta - And., Col., Ec., Peru - subsect. *Saltatrices* (L, $56/11)
11. **anachaeta** Rchb.f. (*M. nutans* Lehm. & Kraenzl., *M. vulcanica* Lehm. & Kraenzl.) - C.Rica to Bol. (L, FXVI1)
- *anaristella* Kraenzl.: *Barbosella* 1 (L)
- *anchorifera* Rchb.f.: *Scaphosepalum* 1 (L*)
- *andreettae* Luer: *Dracula* 3 (L*)
12. **andreettana** Luer - Ec., Peru (L)
13. **anemone** Luer - And., Col., Ec., Peru - subsect. *Saltatrices* (L, $56/11)
14. **angulata** Rchb.f. (*M. burfordiensis* O'Brien) - And. (L)
15. **angulifera** Rchb.f. (*M. olivacea* Kraenzl.) - And., Col., Ec., Peru - subsect. *Saltatrices* (L, $56/11, R**)
16. **anisomorpha** Gar. - Col., Ec. (L, R**)
- *anisomorpha* Gar.: 131 (O6/79)
- *antioquiensis* Lehm. & Kraenzl.: 204 (L)
- *anura* Kraenzl.: 203 (W, L)
- *aops* Luer & Malo: 153 (L)
- *aperta* Kraenzl.: *Pleurothallis* 181 (E**, H, L)
- *aperta* Kraenzl.: *Pleurothallis* 727 (L*)
17. **aphanes** Kgr. - Ec., Peru, Bol. 2.000 m (L*, O5/79)
18. **apparitio** Luer & Esc. - Col. 1.800-2.200 m (L, FXIII2**, R**)
19. **arangoi** Luer & Esc. - Mex. to Bol. 1.700-2.000 m (L, FXIII2**)
- *argus* Rchb.f. ex Kraenzl.: *Zootrophion* ? (L)
20. **ariasii** Luer - Ec., Peru (L)
- *aristata* Barb.Rodr.: 146 (L)
21. **arminii** Rchb.f. - Col. (8**, L, FXVI1)
- *aspera* Rchb.f. ex Kraenzl.: 228 (L)
- *asperrima* Kraenzl.: 192 (L)
22. **assurgens** Luer & Esc. - Col. 3.400-3.600 m (L, FXVI1, FXIII2**)
- *astata* Rchb.f.: *Dracula* 30 (4**, E**, L)
23. **asterotricha** Kgr. - Peru 1.500 m (L, O3/86)
- *astuta* Rchb.f.: *Dracula* 7 (H, L*)
24. **atahualpa** Luer - And. (L)
- *atroviolacea* Kraenzl.: ? 303 (L)
25. **attenuata** Rchb.f. (*M. laucheana* Kraenzl. ex Woolward) - C.Rica, Pan., Mex. to Bol. (9**, W, L)
26. **audax** Kgr. - Peru 2.200 m (L, O3/86)
- *aurantiaca* Lindl.: 146 (L)
27. **aurea** Luer - And., Col., Ec., Peru - subsect. *Saltatrices* (L, $56/11)
- *aureodactyla* Luer: 227 (L)
- *auriculigera* Rchb.f.: *Dryadella* ? (L)
28. **auropurpurea** Rchb.f. & Warsc. (*M. dispar* Luer, *M. sanctae-fidei* Kraenzl.) - Col., And. 1.500 m (L, FXVI1)
- *aviceps* Rchb.f.: *Dryadella* ? (L)
29. **ayabacana** Luer - And. (L)
- *backhouseana* Rchb.f.: *Dracula* 16 (H, L*)
30. **bangii** Schltr. (*M. gnoma* Sweet, *M. trioon* Sweet, *Physosiphon bangii* (Schltr.) Gar.) - Ven. (S, L)

31. **barlaeana** Rchb.f. - And., Col., Ec., Peru (E**, H**, L)
- *bathyschista* Schltr.: ? 131 (L)
32. **bella** Rchb.f. (*Dracula bella* (Rchb. f.) Luer) - Col. 1.900 m (8**, E, FX3**)
↣ *bella* Rchb.f.: *Dracula* 8 (H**, L*)
33. **belua** Kgr. & D'Aless. - Ec. 2.300 m (O3/93**)
- *benedictii* Rchb.f.: *Dracula* 10 (L*)
34. **bicolor** Poepp. & Endl. (*M. biflora* Morren, *M. herzogii* Schltr., *M. peruviana* Rolfe, *M. subumbellata* Kraenzl., *M. xanthura* Schltr.) - And. (E, H, L*)
- *biflora* Regel: 45 (E**, H**, L)
- *biflora* Morren: 34 (E, H, L*)
- *bilabiata* (Kraenzl.) Gar.: 249 (L)
35. **boliviensis** Schltr. - And. (L)
- *bomboiza* Fiske: *Dracula* 55 (L*)
- *bonplandii* Rchb.f.: 75 (L)
- *borucana* P.H.Allen: 159 (L)
36. **bottae** Luer & Andreetta - And. (L)
- *braasii* Mohr: 315 (L*)
- *braasii* Mohr: *Jostia* 1 (S*)
- *bradei* Schltr.: *Dryadella* ? (L)
37. **brenneri** Luer - And. (L)
- *brevis* Rchb.f.: *Scaphosepalum* 6 (L*)
- *bruchmuelleri* hort.: 75 (E**, H**)
- *bruchmuelleri* Morren: 75 (L)
38. **bruchyura** Lehm. & Kraenzl. - And. (L)
39. **buccinator** Rchb.f. - And., Col. (L, FXVI1*, R**)
- *buchtienii* Schltr.: 287 (L)
40. **bulbophyllopsis** Kraenzl. - Ec. (L)
- *burbidgeana* Rolfe: *Dracula* 30 (L*)
- *burfordiensis* O'Brien: 14 (L)
- *butcheri* Luer: *Trisetella* 18 (L*)
41. **cacodes** Luer & Esc. - And. (L)
42. **caesia** Roezl (*M. deorsum* Rolfe, *M. metallica* Lehm. & Kraenzl.) - Col., And. (L, R**)
43. **calagrasalis** Luer - And. (L)
- *callifera* Schltr.: *Dracula* 43 (L*)
44. **calocodon** Luer & Vasq. (L)
45. **caloptera** Rchb.f. (*M. biflora* Regel) - N-Peru, S-Ec. 2.200-2.800 m (E**, H**, S, L)
- *calopterocarpa* Rchb.f.: 9 (L*)
46. **calura** Rchb.f. - C.Rica (E, H, W, L)
- *calyptrata* Kraenzl.: 76 (9**, L*)
47. **campyloglossa** Rchb.f. (*M. dermatantha* Kraenzl., *M. fertilis* Kraenzl., *M. heterotepala* Rchb.f., *M. ortgiesiana* Rolfe, *M. sarcophylla* Kraenzl.) - And. 2.030 m (L, FXVI1)
- *candida* Kl. & Karst. ex Rchb.f.: 322 (8**, 9**, H**, L)
48. **capillaris** Luer - Ec., Peru, Bol. (L)
49. **carderi** Rchb.f. - Col. 300-600 m (S)
- *carderi* Rchb.f.: *Dracula* 44 (L*)
↣ *carderi* Rchb.f.: *Dracula* 14 (9**, L*)
- *carderi* var. *mosquerae* Lehm. & Kraenzl.: *Dracula* 43 (L*)
- *carderiopsis* Kraenzl.: *Dracula* 43 (L*)
50. **cardiantha** Kgr. - And. (L)
- *carinata* Cogn.: *Dryadella* ? (L)
51. **carmenensis** Luer & Malo - Ec. (L)
52. **carolloi** Luer & Andreetta - And. (L)
- *carpophora* Kraenzl.: *Pleurothallis* 727 (L*)
53. **carruthersiana** Lehm. & Kraenzl. (*M. margaretae* Luer) - And. (L)
- *casta* Kraenzl.: 330 (L*)
54. **catapheres** Kgr. - Ec., Peru 2.300 m (L, O5/80)
55. **caudata** Lindl. (*M. shuttleworthii* Rchb.f., *M. shuttleworthii* var. *xanthocorys* Rchb.f., *M. klabochorum* Rchb.f., *M. caudata* var. *shuttleworthii* (Rchb.f.) Rchb.f., - var. *gudotti* Rchb.f., - var. *xanthocorys* (Rchb.f) Veitch) - Ven., Col., Ec., Peru, C. Rica 2.000-2.500 m (9**, E**, H**, S, L*, R**)
- *caudata* var. *gudotti* Rchb.f.: 55 (9**)
- *caudata* var. *shuttleworthii* Rchb.f.: *M. shuttleworthii* (8**)
- *caudata* var. *shuttleworthii* (Rchb.f.) Rchb.f.: 55 (9**)
- *caudata* var. *xanthocorys* (Rchb.f.) Veitch: 55 (9**)
56. **caudivolvula** Kraenzl. - Col. 2.300-2.650 m (L*, FXI3**, R**)
- *cayennensis* Rchb.f., Otto & A. Dietr.: 79 (G, L)
57. **cerastes** Luer & Esc. - Col. (L)
58. **chaetostoma** Luer (L)
59. **chaparensis** Hashimoto (*M. haematosticta* Rchb.f.) (L)
60. **chasei** Luer - C.Rica (W, L)
61. **chestertonii** Rchb.f. - Col. (S)
↣ *chestertonii* Rchb.f.: *Dracula* 15 (9**, L*)
- *chiguindensis* Kraenzl.: 165 (L)
62. **chimaera** Rchb.f. (*M. roezlii* Rchb. f., *M. senilis* Rchb.f., *M. severa* Rchb.f., *M. wallisii* Rchb.f., *M. win-*

niana Rchb.f., *Dracula chimaera* (Rchb.f.) Luer) - Col., Cord. ca. 2.000 m (8**, E, S)
-► *chimaera* Rchb.f.: *Dracula* 16 (H, L*)
- *chimaera* W.G.Smith: *Dracula* 105 (9**)
- *chimaera* Hook.f.: *Dracula* 105 (9**)
- *chimaera* Lind. & André: *Dracula* 64 (L*)
- *chimaera* var. *backhousiana* (Rchb. f.) Veitch: *Dracula* 16 (L*)
- *chimaera* var. *gorgona* Veitch: *Dracula* 38 (L*)
- *chimaera* var. *robledorum* Ortiz: *Dracula* 86 (H**, L*, FX3**)
- *chimaera* var. *roezlii* (Rchb.f.) Veitch: *Dracula* 87 (L*)
- *chimaera* var. *roezlii* ssp. *rubra*: *Dracula* 87 (L*)
- *chimaera* var. *senilis* (Rchb.f.) Veitch: *Dracula* 16 (L*)
- *chimaera* var. *severa* (Rchb.f.) Veitch: *Dracula* 89 (L*)
- *chimaera* var. *wallisii* (Rchb.f.) Veitch: *Dracula* 105 (9**, L*)
- *chimaera* var. *winniana* (Rchb.f.) Veitch: *Dracula* 87 (L*)
- *chloracra* Rchb.f.: 309 (W, L)
- *chlorotica* Kraenzl.: 3 (L*)
63. **chontalensis** Rchb.f. (*M. diantha* Schltr.) - Nic., C.Rica, Pan., S-Am. (W, L)
- *chrysochaete* Lehm. & Kraenzl.: 3 (L*)
- *chrysoneura* Lehm. & Kraenzl.: 3 (L*)
64. **citrinella** Luer & Malo - Ec., Peru (L)
65. **civilis** Rchb.f. & Warsc. (*M. leontoglossa* Rchb.f., *M. aequiloba* Regel, *M. ellipes* Rchb.f., *M. macroglossa* Rchb.f., *M. porcellipes* Rchb.f., *M. haematosticta* Rchb.f., *M. fragrans* Woolward, *M. sulphurea* Kraenzl., *M. rupholutea* Lindl., *M. porcelliceps* Rchb.f., *M. porcelliceps* var. *sulphurea* Kraenzl.) - Col., Peru, Ec., Ven. (9**, E, H, L)
66. **clandestina** Luer & Esc. - Col. (L, FXVI1*)
67. *coccinea* Lind. ex Lindl. (*M. lindenii* André, *M. harryana* Rchb.f., *M. venusta* Schltr., *M. militaris* Rchb.f.) - Col., Peru, C-Am. 2.000-3.600 m (9**, O6/90, O3/91, A**, E**, H**, S, L*, R)
- *coccinea* Regel: 144 (8**)
- *coccinea* Lind.: 200 (9**)
- *coccinea* var. *harryana* Veitch: *M. harryana* (8**, H)
- *colibri* hort.: *M. ephippium* (8**, 9**)
68. **collina** L.O.Wms. - Pan. (W, L)
- *colombiana* (Schltr.) Hdgs. & Gut.: *Porroglossum* 19 (L*)
69. **colossus** Luer - And. (L)
70. **concinna** Kgr. - Peru 1.700 m (L, O3/82)
71. **condorensis** Luer & Hirtz (L)
- *confusa* Kraenzl.: 3 (L*)
72. **constricta** Poepp. & Endl. - And., Col., Ec., Peru - subsect. *Saltatrices* (L, $56/11)
- *copiosa* Kraenzl.: 132 (L)
73. **corazonica** Schltr. (*M. sphenopetala* Kraenzl.) - Ec. (L)
74. **corderoana** Lehm. & Kraenzl. (*M. xiphium* Rchb.f. ex Kraenzl.) (L)
75. **coriacea** Lindl. (*M. bruchmuelleri* hort., *M. bruchmuelleri* Morren) - Col. ca. 2.300 m (E**, H**, S, L*) ssp. **bonplandii** (Rchb.f.) Luer (*M. bonplandii* Rchb.f., *M. endotrachys* Kraenzl., *M. sulphurea* Lehm. & Kraenzl.) - Col., Ec. (L, O3/97)
76. **corniculata** Rchb.f. (*M. inflata* Rchb.f., *M. calyptrata* Kraenzl., *M. corniculata* var. *inflata* Veitch) - Col. (9**, L, O3/79)
- *corniculata* var. *inflata* Veitch: 76 (9**)
- *costaricensis* Rolfe: 183 (L)
- *crenulata* Pabst: *Dryadella* ? (L)
77. **crescenticola** Lehm. & Kraenzl. - Mex. to Bol. (L, O1/89)
- *crossii* hort. ex Stein: 267 (8**)
- *cryptocopis* Rchb.f. ex Kraenzl.: 244 (L*)
78. **cucullata** Lindl. - Col. (L*, R**) -► *Barbosella* 4
- *cucutillensis* Kraenzl.: ? 133 (L)
- *culex* hort.: *Pleurothallis* ? (L)
79. **cuprea** Lindl. (*M. cayennensis* Rchb.f., Otto & A.Dietr.) - Braz., Guy. (G, L)
80. **cupularis** Rchb.f. (*M. odontochila* Schltr., *M. reflexa* Schltr.) - C.Rica (W, L)
81. **curtipes** Barb.Rodr. - And. (L)
- *cyathogastra* Schltr.: 214 (L*)

82. **cyclotega** Kgr. - And., Peru 3.000 m (L, O2/81)
83. **dalessandroi** Luer - Ec., Peru (L) ➤ Dracula 23
84. **dalstroemii** Luer - Ec. (L) ➤ Dracula 24 ➤ Trisetella 4 ➤ Scaphosepalum 9 ➤ Porroglossum 8
85. **datura** Luer & Vasq. (L)
86. **davisii** Rchb.f. - And., Col., Ec., Peru 3.000-4.000 m (8**, 9**, S, L, O4/80)
- *dayana* Rchb.f.: *Zootrophion* 2 (9**, L)
87. **decumana** Kgr. - Peru 2.100 m (L, O3/82)
88. **deformis** Kraenzl. (*M. exaltata* Luer) - And., Col., Ec., Peru (L)
89. **delphina** Luer - Ec. (L)
- *deltoidea* Luer: *Dracula* 26 (L*)
90. **demissa** Rchb.f. - C.Rica (W, L)
- *densiflora* Schltr.: ? 138 (L)
- *deorsum* Rolfe (9**): 42 (L)
- *dermatantha* Kraenzl.: 47 (L)
- *diantha* Schltr.: 63 (L)
- *didyma* Luer: *Trisetella* 5 (L*)
91. **discoidea** Luer & Würstle - And. (L)
92. **discolor** Luer & Esc. - Col., And. 2.400-2.600 m (L, FXV2/3*)
- *dispar* Luer: 28 (L)
- *diversifolia* Kraenzl.: 232 (L)
- *dodsonii* Luer: *Dracula* 29 (L*)
- *dolichopoda* Luer: *Dryadella* ? (L)
93. **don-quijote** Luer & Andreetta - And. (L)
- *dressleri* Luer: *Trisetella* 6 (L*)
94. **dunstervillei** Luer - And. (L)
95. **dura** Luer - And. (L*)
96. **dynastes** Luer - C.Am., Col., Ec. (L)
- *ecaudata* Schltr.: 329 (L)
- *echidna* Rchb.f.: *Porroglossum* 10 (9**, E**, H, L*)
97. **echinata** Luer - And., Col., Ec., Peru (L)
- *echinocarpa* Schltr.: 105 (L*)
98. **echo** Luer - And. (L)
- *eduardii (edwardii)* Rchb.f.: *Porroglossum* 11 (L*)
- *edwallii* Cogn.: *Dryadella* ? (L)
99. **elachys** Luer (L)
- *elata* Luer: *Dryadella* 6 (L)
100. **elegans** Luer & Esc. (L)
101. **elephanticeps** Rchb.f. & Warsc. (*M. elephanticeps* var. *pachysepala* Rchb.f., *M. gargantua* Rchb.f.) - Col. 3.150 m (8**, 9**, L, O3/79, R**)

- *elephanticeps* var. *pachysepala* Rchb.f.: 101 (9**)
- *ellipes* Rchb.f.: 65 (E, H)
- *ellipes* Rchb.f.: 236 (8**, 9**, E, H, L)
102. **empusa** Luer - And. (L)
103. **encephala** Luer & Esc. - Col. (A**, L, FXVl1, R**)
- *endotrachys* Kraenzl.: 75 (L)
104. **ensata** Rchb.f. (L)
- *ephippium* Rchb.f. (8**, 9**, E): 328 (H, L)
105. **erinacea** Rchb.f. (*M. echinocarpa* Schltr., *M. horrida* Teuscher & Gar., *Scaphosepalum erinaceum* (Rchb.f.) Schltr.) - C.Rica, Pan., S-Am., Col. (A**, W, L*, R**)
- *erythrochaete* Rchb.f. (8**, E**): *Dracula* 30 (4**, H**, L*)
- *erythrochaete* var. *astuta* (Rchb.f.) Woolward: *Dracula* 7 (H, L*)
- *erythrochaete* var. *gaskelliana* (Rchb.f.) Woolward: *Dracula* 30 (L*)
- *espirito-sanctensis* Pabst: *Dryadella* ? (L)
106. **estradae** Rchb.f. (*M. ludibunda* Rchb.f.) - And., Col. (9**, E, H, L, R**)
- *exaltata* Luer: 88 (L)
107. **excelsior** Luer & Andreetta - And. (L)
- *exigua* Ames & Schweinf.: 265 (W, L)
- *exilipes* Schltr.: 263 (L)
108. **expansa** Rchb.f. - Col. (L, FXVI1)
109. **falcago** Luer (*M. trionyx* Kraenzl.) - Col. 2.300 m (L, FXVI1)
- *fasciata* Rchb.f.: 131 (L)
- *felix* Luer: *Dracula* 33 (L*)
- *fenestrata* Lindl. ex Hook.: *Cryptophoranthus* 3 (E**)
- *fenestrata* Lindl. ex Hook.: *Zootrophion* 1 (9**, G, H**, L)
- *fertilis* Kraenzl.: 47 (L)
110. **figueroae** Luer (L)
- *filamentosa* Kraenzl.: 263 (L)
- *filaria* Luer & Esc.: 344 (L)
- *fimbriata* Ames & Schweinf.: *Pleurothallis* ? (L)
- *fissa* Kraenzl.: 131 (L)
- *flaccida* Kraenzl.: 331 (L)
- *flammea* Braas: 345 (L)
111. **flammula** Mohr & Braas - Peru 2.000 m (O4/84)
112. **flaveola** Rchb.f. - C.Rica, Mex. to Bol. (W, L)

113. **floribunda** Lindl. (*M. galeottiana* A.Rich & Gal., *M. myriostigma* C. Morr., *M. lindeniana* A.Rich & Gal., *M. tuerckheimii* Ames) - Mex., Guat., Hond., Nic., C.Rica (3**, E, G, H, W, L)
114. **foetens** Luer & Esc. - Col. 1.900-2.000 m (L, FXIII2**)
- *forgetiana* Kraenzl.: ? 146 (L)
115. **fractiflexa** Lehm. & Kraenzl. - And. (L)
116. **fragrans** Woolward - Col., And. 2.850-3.150 m (L, FXVI1*)
- *fragrans* Woolward: 65 (9**, E, H)
- *frontinoensis* Kraenzl.: 130 (L)
117. **fuchsii** Luer - And., Col., Ec., Peru - subsect. *Saltatrices* (L, \$56/11)
- *fuliginosa* Luer: *Dracula* 81 (L*)
118. **fulvescens** Rolfe - Col., C.Rica (E, H, W, L)
- *fulvescens* Rolfe: 294 (9**)
- *funebris* Endr. & Kraenzl.: 271 (L)
- *galeottiana* A.Rich & Gal.: 113 (E, G, H, L)
119. **garciae** Luer - And. (L)
- *gargantua* Rchb.f.: 101 (9**, L, O3/79)
- *gaskelliana* Rchb.f.: *M. erythrochaete* (E**)
- *gaskelliana* Rchb.f.: *Dracula* 35 (H, L)
- *gaskelliana* Rchb.f.: *Dracula* 30 (L*)
119. **geminiflora** Ortiz - Mex. to Bol. 1.500 m (L, FXIV3**)
- *gemmata* Rchb.f.: *Trisetella* 9 (L*)
- *gibberosa* Rchb.f.: *Scaphosepalum* 15 (9**, L*)
- *gigas* Luer & Andreetta: *Dracula* 37 (L*)
120. **gilbertoi** Luer & Esc. - Col. (L, R**)
121. **glandulosa** Kgr. - Peru (4**, A**, L)
- *gnoma* Sweet: 30 (L)
- *gomes-ferreirae* Pabst: *Dryadella* ? (L)
- *gomeziana* Lehm. & Kraenzl.: 3 (L*)
- *gorgo* Rchb.f. ex Kraenzl.: *Dracula* 7 (H, L*)
- *gorgona* hort. ex Veitch: *Dracula* 38 (L*)
- *gracilenta* Rchb.f.: *Zootrophion* ? (L)
122. **graminea** Luer - Ec. (L)
- *grandiflora* Schweinf.: 263 (L)
- *grossa* Luer: 220 (L)
- *guatemalensis* Schltr.: *Dryadella* 15 (H**, L)
123. **guayanensis** Lindl. ex Benth. - Mex. to Bol. (L)
124. **guerrieroi** Luer & Andreetta - And. (L)
- *gustavii* Rchb.f.: 9 (L*)
125. **gutierrezii** Luer - Mex. to Bol. (L)
126. **guttulata** Rchb.f. (*M. lawrencei* Kraenzl.) - And. (L)
- *haematosticta* Rchb.f.: 65 (E, H)
- *haematosticta* Rchb.f.: 236 (L)
- *haematosticta* Rchb.f.: 59 (L)
- *harryana* Rchb.f. (8**): 67 (9**, E**, H**, L)
127. **heideri** Kgr. - Bol. 1.700 m (O1/91)
128. **helenae** Luer (L)
129. **hepatica** Luer - And. (L)
130. **herradurae** Lehm. & Kraenzl. (*M. frontinoensis* Kraenzl.) - Mex. to Bol. (L)
- *herzogii* Schltr.: 34 (L*)
131. **heteroptera** Rchb.f. (*M. bathyschista* Schltr., *M. fasciata* Rchb.f., *M. fissa* Kraenzl., *M. palmensis* Kraenzl., *M. restrepioidea* Kraenzl., *M. trinemoides* Kraenzl., *M. anisomorpha* Gar., *Rodrigoa hetroptera* (Rchb.f.) Braas) - Col., Ec. 2.500-2.950 m (L, O6/79, R**)
- *heterotepala* Rchb.f.: 47 (L)
132. **hians** Rchb.f. (*M. copiosa* Kraenzl.) - Col. 2.300 m (L, FXVI1)
133. **hieroglyphica** Rchb.f. (*M. cucutillensis* Kraenzl.) - Col. 2.300 m (L, FXVI1, R**)
134. **hoeijeri** Luer & Hirtz - C.Rica to Bol. (L) → Trisetella 11
- *hoppii* Schltr.: 225 (L)
135. **hornii** Kgr. - Bol. 1.900 m (O4/91)
- *horrida* Teuscher & Gar.: 105 (L*)
136. **hortensis** Luer & Esc. - Col., Ec. 2.600 m (L, FXVI2**, R**)
- *houtteana* Rchb.f.: *Dracula* 43 (L*)
137. **hubeinii** Luer & Würstle - And. (L)
- *huebneri* Schltr.: *Trisetella huebneri* (9**, L)
- *huebneri* Schltr.: *Trisetella* 20 (L*)
138. **huebschiana** Kraenzl. (*M. densiflora* Schltr.) - Ec. (L)
- *humilus* Luer: 360 (L)
139. **hydrae** Luer - Ec. (L)
140. **hylodes** Luer & Esc. - Col. 3.100 m (L, FXIII2**)

141. **hymenantha** Rchb.f. (L)
- *hypodiscus* Rchb.f.: *Zootrophion* ? (L)
142. **hystrix** Luer & Hirtz - And., Ec. 2.500 m (L, O3/86) ➤ Porroglossum 14
143. **icterina** Kgr. - Peru ca. 2.000 m (O4/90**)
144. **ignea** Rchb.f. (*M. militaris* Rchb.f., *M. coccinea* Regel) - And., Col., Ec., Peru 2.850 m (4**, 8**, E, H, L)
    var. **pulchra** Vuylsteke (4**, 8**)
    var. **vuylstekeana** hort. (4**, 8**)
- *ignea* Rchb.f.: 200 (9**, S)
- *ignea* var. *boddaerti* hort.: 200 (9**)
- *ignea* var. *marshalliana* Rchb.f.: 200 (9**)
- *ignea* var. *massangeana* Will.: 200 (9**)
- *ignea* var. *stobartiana* Rchb.f.: 200 (9**)
145. **impostor** Luer & Esc. - Col. 1.500-1.800 m (L, FXIII2**)
- *inaequalis* Rchb.f.: *Dracula* 44 (L*)
- *inflata* Rchb.f.: 76 (9**, L)
146. **infracta** Lindl. (*M. longicaudata* Lem., *M. albida* Pinel, *M. aristata* Barb.Rodr., *M. aurantiaca* Lindl., *M. forgetiana* Kraenzl., *M. tridentata* Lindl., *M. triquetra* Scheidw.) - Braz., Peru (E**, G, H**, S, L)
147. **instar** Luer & Andreetta - And. (L)
- *instar* Luer & Andreetta: 323 (O4/84)
148. **invenusta** Luer - Ec. (L)
149. **ionocharis** Rchb.f. - Peru (9**, L)
150. **irapana** Sweet - Ven., And. (L, FXV2/3)
- *iricolor* Rchb.f. ex Kraenzl.: *Dracula* 47 (L)
151. **iris** Luer & Esc. - And. (L)
152. **isos** Luer - And. (L)
- *jalapensis* Kraenzl.: *Pleurothallis* 733 (9**, L)
- *janetiae* Luer: *Dracula* 48 (L*)
- *johannis* Schltr.: *Dracula* 80 (L*)
- *jubar* Luer & Malo: 326 (L)
- *kalbreyeri* Rchb.f. ex Kraenzl.: 333 (L)
- *kautskyi* Pabst: *Dryadella* ? (L)
153. **klabochorum** Rchb.f. (*M. aops* Luer & Malo, *M. paisbambae* Lehm. & Kraenzl.) - And. (L)
- *klabochorum* Rchb.f.: 55 (9**, E**, H**)
154. **kuhniorum** Luer - And. (L)

155. **kyphonantha** Sweet - Ven., And. (L, FXV2/3)
- *lactea* Kraenzl.: *Dracula* 98 (L*)
156. **laevis** Lindl. (*M. alismifolia* Kraenzl.) (L)
157. **lamprotyria** Kgr. - Peru 2.000 m (A**, L, O5/80)
158. **lansbergii** Rchb.f. (*Physosiphon lansbergii* (Rchb.f.) L.O.Wms., *M. bangii* Schltr.) - Ven. (S, L)
159. **lata** Rchb.f. (*M. borucana* P.H.Allen) - C.Rica, Pan. (W, L)
160. **laucheana** hort. Sand. [M. laucheana Woolward (W)] - C.Rica, Mex. to Bol. (E**, H**, L)
- *laucheana* Kraenzl. ex Woolward: 25 (9**)
- *lawrencei* Kracnzl.: 126 (L)
161. **lehmannii** Rchb.f. - Ec. (L) ➤ Dracula 50
162. **leontoglossa** Rchb.f. - Ven., Col., Ec., Peru 2.300 m (4**, 8**, 9**, E, H, L)
- *leontoglossa* Rchb.f.: 65 (E, H)
163. **lepida** Rchb.f. - Col. (L, FXVI1*)
164. **leptoura** Luer - Ec. (L)
165. **leucantha** Lehm. & Kraenzl. (*M. chiguindensis* Kraenzl.) (L)
166. **leucophae** Luer & Vasq. - And. (L)
167. **ligiae** Luer & Esc. - Col. (L*, FXV2/3*) ➤ Dracula 53
168. **lilacina** Rchb.f. (L)
- *lilliputiana* Cogn. (E**): *Dryadella* 9 (H**, L)
- *lima* Lehm. & Kraenzl.: *Scaphosepalum* 18 (L*)
169. **limax** Luer - And., Col., Ec., Peru 2.000 m - subsect. *Saltatrices* (L, S56/11)
- *lindeni* Hook.: *M. harryana* (8**)
- *lindeni* var. *harryana* André: *M. harryana* (8**)
- *lindeniana* A.Rich & Gal.: 113 (G, L)
- *lindenii* André: 67 (9**, E**, H**, L)
- *linearifolia* Ames: *Dryadella* 15 (H**, L)
170. **lineolata** Kgr. - Peru 2.850 m (L, O3/82)
171. **lintricula** Kgr. - Peru 1.300 m (L, O3/86)
172. **livingstoneana** Roezl & Rchb.f. (*Scaphosepalum panamense* Schltr.) - Pan., Mex. to Bol. (W, L)
- *longicaudata* Lem.: 146 (E**, G, H*, L)

- *longiflora* Kraenzl.: *Barbosella* ? (L)
- *lotax* Luer: *Dracula* 55 (L*)
- *lowii* Rolfe: *Dracula* 72 (L*)
173. **lucernula** Kgr. - Peru 2.100 m (L, O2/81)
174. **ludibunda** Rchb.f. - And. (L)
- *ludibunda* Rchb.f.: 106 (9**, E, H)
175. **lueri** Sengh. - Col. (A**)
176. **lychniphora** Kgr. - And. (L)
- *macrochila* Regel: *Dracula* 15 (9**, L*)
- *macrodactyla* Rchb.f.: *Scaphosepalum* 19 (L*)
177. **macrogenia** (Arango) Luer & Esc. (L*)
178. **macroglossa** Rchb.f. (*M. porcelliceps* Rchb.f.) - Col., And. 2.300 m (L, FXVI1)
- *macroglossa* Rchb.f.: 65 (9**, E, H)
179. **macropus** Lehm. & Kraenzl. - Ec. (L, FXVI1)
180. **macrura** Rchb.f. - Col., Ec. 2.000-2.500 m (4**, 8**, 9**, E**, H**, S, L, O3/79, R)
181. **maculata** Kl. & Karst. - Peru, Ven., Col. (E**, H**, L)
- *maculigera* Schltr.: 3 (L*)
- *madellinensis* Kraenzl.: *Dracula* ? (L)
182. **maloi** Luer - And. (L)
- *margaretae* Luer: 53 (L)
183. **marginella** Roezl & Rchb.f. (*M. costaricensis* Rolfe) - C.Rica (W, L)
184. **marthae** Luer & Esc. - And., Col., Ec., Peru - subsect. *Saltatrices* (L, $56/11, R**)
185. **mastodon** Rchb.f. - Col. (FXVI1*, L)
186. **mataxa** Kgr. & Mend. - Ec. 2.200 m (O4/93**)
- *maxillariiformis* Lehm. & Kraenzl.: 312 (L)
187. **measuresiana** Rolfe (4**, 8**)
- *medellinensis* Kraenzl.: *Dracula* 82 (L*)
188. **medusa** Luer & Esc. - Col., And. (L, FXVI1*)
189. **megaloglossa** Luer & Esc. - Col., And. 700-900 m (L, FXV2/3*)
- *meiracyllium* Rchb.f.: *Dryadella* ? (L)
190. **mejiana** Gar. - Col. (E**, H**, L)
191. **melanopus** Rchb.f. (*M. xanthodactyla* Rchb.f., *M. polysticta* Rchb.f. mss.) - N-Peru (9**, E, H, L)
192. **melanoxantha** Rchb.f. (*M. asperrima* Kraenzl.) - And. (L)

193. **meleagris** Lindl. (*Rodrigoa meleagris* (Lindl.) Braas) - Col., Ec. 2.500 m (L*, O6/79)
- *melloi* Pabst: *Dryadella* ? (L)
194. **menatoi** Luer & Vasq. - And. (L)
195. **mendozae** Luer - S-Ec. 1.800-2.200 m - subsect. *Saltatrices* (A**, H**, L, O2/88, $56/11)
196. **mentosa** Luer - Ec. (L*)
- *metallica* Lehm. & Kraenzl.: 42 (L)
197. **mezae** Luer (*M. rauhii* Braas & Sengh.) - And. (O5/79, L)
- *microglochin* Rchb.f.: *Dracula* 98 (L*)
198. **microsiphon** Luer - Ec. (L)
199. **midas** Luer (L)
200. **militaris** Rchb.f. (*M. ignea* Rchb.f., *M. ignea* var. *marshalliana* Rchb.f., -var. *boddaerti* hort., - var. *stobartiana* Rchb.f., - var. *massangeana* Will., *M. coccinea* Lind.) - Col., Ven. 3.000 -4.000 m (9**, E**, H**, S)
- *militaris* Rchb.f.: 67 (L)
- *militaris* Rchb.f.: 144 (4**)
201. **minuta** Lindl. (*M. surinamensis* Focke) - Mex. to Bol. (L*)
202. **misasii** Braas (*M. reflexa* Misas inv.name) - And. (O4/82, FXII**, L)
203. **molossoides** Kraenzl. (*M. anura* Kraenzl., *M. rhopalura* Schltr.) - C.Am., Col., Ec. (W, L)
204. **molossus** Rchb.f. (*M. antioquiensis* Lehm. & Kraenzl., *M. schmidtchenii* Kraenzl.) - C.Am., Col., Ec. (L, R**)
205. **monogona** Kgr. - And. (L)
206. **mooreana** Rchb.f. (*M. sororcula* Rchb.f.) - Col., Ven. (O3/79, 9**, L)
- *mopsus* Lehm. & Kraenzl.: *Dracula* 59 (L*)
- *mordax* Rchb.f.: *Porroglossum* 19 (L*)
- *morenoi* Luer: 291 (W, L)
- *mosquerae* Lehm. & Kraenzl.: *Dracula* 43 (L*)
- *moyobambae* Kgr.: 351 (L)
207. **murex** Luer - And. (L)
- *muriculata* Kraenzl.: 265 (L)
- *muscosa* Rchb.f.: *Porroglossum* 10 (9**, E**)
- *muscosa* Rchb.f.: *Porroglossum* 20 (H**, L*)
208. **mutica** Luer & Esc. - Pan., Col. (L)
- *myriostigma* C.Morr.: 113 (E, G, H, L)
209. **naranjapatae** Luer - Ec. (L)

210. **navicularis** Gar. & Dunst. - And. (L)
- *navicularis* Gar. & Dunst. inv.name: 288 (O4/82)
211. **nebulina** Luer (L)
212. **neglecta** Kgr. - Peru (O1/91)
213. **nicaraguae** Luer - Nic., C.Rica, Mex. to Bol. (W**, L)
214. **nidifica** Rchb.f. (*M. cyathogastra* Schltr., *M. tenuicaudata* Schltr., *M. ventricosa* Schltr.) - C.Rica, Col., Ec., Peru, Nic., Pan. (E**, H, W, L*)
215. **nitens** Luer (L)
- *normanii* hort.: 271 (H**)
216. **norops** Luer & Andreetta - Ec. (A**, L)
217. **notosibirica** F.Maekawa & Hashimoto (L)
- *nutans* Lehm. & Kraenzl.: 11 (L)
- *nycterina* Rchb.f.: *Dracula* 64 (L*)
- *obrieniana* Rolfe: *Dryadella* ? (L)
- *ocanensis* Kraenzl.: 244 (L*)
- *ochthodes* Rchb.f.: *Scaphosepalum ochthodes* (E**, L)
- *ochthodes* Rchb.f.: *Scaphosepalum* 32 (H**, L*)
218. **odontocera** Luer & Esc. - Col. (L, FXVI1*)
- *odontochila* Schltr.: 80 (L)
219. **odontopetala** Luer - And. (L)
- *oligantha* Schltr.: 9 (L*)
- *olivacea* Kraenzl.: 15 (L)
220. **ophioglossa** Rchb.f. - Ec. (L*)
 ssp. **grossa** (Luer) Luer (*M. ophioglossa* var. *grossa* Luer, *M. grossa* Luer) - Ec. (L)
- *ophioglossa* var. *grossa* Luer: 220 (L)
221. **oreas** Luer & Vasq. - And. (L)
- *ortalis* Luer: 275 (L)
- *ortgiesiana* Rolfe: 47 (L)
222. **os-draconis** Luer & Esc. - And., Col., Ec., Peru - subsect. *Saltatrices* (L, S56/11)
223. **oscarii** Luer & Esc. - Col. 1.800-2.000 m (L, FXIII2**)
- *osmariniana* Braga: *Dryadella* 14 (L)
224. **ova-avis** Luer - Ec. (L)
225. **pachyantha** Rchb.f. (*M. hoppii* Schltr.) - And. (L)
226. **pachygyne** Kraenzl. - doubtful sp. (L)
227. **pachyura** Rchb.f. (*M. aureodactyla* Luer) - Ec. (9**, L)
- *paisbambae* Lehm. & Kraenzl.: 153 (L)
228. **paivaeana** Rchb.f. (*M. aspera* Rchb.f. ex Kraenzl.) (L)
- *pallida* (Woolward) Luer: 357 (L)
- *palmensis* Kraenzl.: 131 (L)
229. **pandurilabia** Schweinf. (L)
230. **panguiensis** Luer & Andreetta - And. (L)
- *pantex* Luer: *Trisetella* 13 (L*)
- *pantherina* Lehm. & Kraenzl.: 3 (L*)
- *paranensis* Schltr.: *Dryadella* ? (L)
231. **pardina** Rchb.f. (*M. aequatorialis* Lehm. & Kraenzl.) - And. (L)
232. **parvula** Schltr. (*M. diversifolia* Kraenzl.) - Col., Ec. (L)
- *pastensis* Kraenzl.: 331 (L)
233. **patriciana** Luer (L)
234. **patula** Luer & Malo - Ec. (L*)
- *paulensis* Barb.Rodr.: *Dryadella* ? (L)
235. **pelecaniceps** Luer (*Luerella pelecaniceps* (Luer) Braas) - Pan. 1.000 m (W, L*, O3/79)
236. **peristeria** Rchb.f. (*M. ellipes* Rchb.f., *M. haematosticta* Rchb.f.) - Col., Ec. (8**, 9**, E, H, L)
237. **pernix** Kgr. - Ec., Peru 2.000 m (L, O3/82)
- *perpusilla* Kraenzl.: *Dryadella* ? (L)
238. **persicina** Luer - Ec., Peru (L)
- *peruviana* Rolfe: 34 (L*)
239. **pescadoensis** Luer & Esc. - Mex. to Bol. 600-800 m (L, FXIII2**)
- *petiolaris* Schltr.: 3 (L*)
240. **phasmatodes** Kgr. - Ec., Peru 2.000 m (L, O5/79)
241. **phoenix** Luer - And. (L)
242. **picea** Luer - And. (L)
243. **picta** Luer (L)
244. **picturata** Rchb.f. (*M. cryptocopis* Rchb.f. ex Kraenzl., *M. ocanensis* Kraenzl.) - C.Rica, Pan., Col., S-Am. 2.300 m (W, L*, FXVI1, R**)
 ssp. **minor** (Cogn.) Luer (*M. picturata* var. *minor* Cogn.) - C.Rica, Pan., S-Am. (L)
- *picturata* var. *minor* Cogn.: 244 (L)
245. **pileata** Luer & Würstle - And., Col. (L, R**)
246. **pinocchio** Luer & Andreetta - Ec. (A**, L)
247. **planadensis** Luer & Esc. - Col. (R**)
248. **plantaginea** (Poepp. & Endl.) Cogn. (*Specklinia plantaginea* Poepp. & Endl., *Pleurothallis plantaginea*

(Poepp. & Endl.) Lindl., *Humboldtia plantaginea* (Poepp. & Endl.) Ktze.) - Peru (G, L)
- *platycrater* Rchb.f.: *Dracula* 72 (L*)
249. **platyglossa** Rchb.f. (*M. bilabiata* (Kraenzl.) Gar.) - Col. (9**, L)
250. **platyloba** Schltr. - Ven. (FXV2/3)
- *platyrhachis* Rolfe: *Pleurothallis* 236 (9**, E**, H**, L*)
251. **pleurothalloides** Luer - Pan., Col. (W, L)
- *polyantha* Lindl.: 292 (9**, L)
- *polyphemus* Luer: *Dracula* 73 (L*)
252. **polysticta** Rchb.f. - Peru, Ec. 2.500 m (9**, E, H, S, L)
- *polysticta* Rchb.f. mss.: 191 (9**, E)
- *porcelliceps* Rchb.f.: 65 (9**)
- *porcelliceps* Rchb.f.: 178 (L)
- *porcelliceps* var. *sulphurea* Kraenzl.: 65 (9**)
- *porcellipes* Rchb.f.: 65 (E, H)
253. **porphyrea** Luer & Malo - Ec. (L)
254. **portillae** Luer & Andreetta - And. (L) → Dracula 74 → Porroglossum 24
255. **posadae** Luer & Esc. - Col., And. (L, R**)
256. **pozoi** Kgr. - Ec. 1.600 m (O4/93**)
257. **prodigiosa** Kgr. - And., Peru 2.000 m (L, O5/79)
- *propayanensis* Lehm. & Kraenzl.: *Dryadella* ? (L)
258. **prosartema** Kgr. - And., Peru 2.000 m (L, O2/81)
259. **pseudominuta** Sweet - And. (L)
- *psittacina* Rchb.f.: *Dracula* 77 (L*)
- *psyche* Luer: *Dracula* 78 (L*)
260. **pteroglossa** Schltr. (*M. xerophylla* Lehm. & Kraenzl.) - Col. (L)
- *pteroglossa* Schltr.: 349 (O4/82)
261. **pterygiophora** Luer & Esc. - C.Rica to Bol. (L)
262. **pulcherrima** Luer & Andreetta - Ec. (L)
- *pulvinaris* Rchb.f.: *Scaphosepalum* 26 (9**, L)
263. **pumila** Poepp. & Endl. (*M. exilipes* Schltr., *M. filamentosa* Kraenzl., *M. grandiflora* Schweinf.) (L)
- *punctata* Rolfe: *Scaphosepalum punctatum* (9**, L)
- *punctata* Rolfe: *Scaphosepalum* 1 (L*)
264. **purpurella** Luer & Esc. - Col., And. 2.200-2.600 m (L, FXV2/3**)
- *purpurina* Schltr.: 7 (L)
- *pusilla* Rolfe: *Dracula* 80 (L*)
- *pusiola* Rchb.f.: *Dryadella* ? (L)
265. **pygmaea** Kraenzl. (*M. exigua* Ames & Schweinf., *M. muriculata* Kraenzl.) - C.Rica to Bol. (W, L)
266. **pyxis** Luer - And. (L)
- *quilichaoënsis* Lehm. & Kraenzl.: *Dracula* 47 (L*)
267. **racemosa** Lindl. (*M. racemosa crossii* hort. ex Veitch, *M. crossii* hort. ex Stein) - Col. ca. 3.000 m (8**, E**, H**, S, L*, O3/79, R**)
268. **radiosa** Rchb.f. - Col. 2.700 m (S)
→ *radiosa* Rchb.f.: *Dracula* 82 (L*)
269. **rafaeliana** Luer - C.Rica (W, L)
- *rauhii* Braas & Sengh.: 197 (L, O5/79)
270. **receptrix** Luer & Vasq. - And. (L)
- *rechingeriana* Kraenzl.: 289 (L)
- *reflexa* Schltr.: 80 (L)
- *reflexa* Misas: 202 (O4/82, L, FXII**)
271. **reichenbachiana** Endr. & Rchb.f. (*M. normanii* hort., *M. funebris* Endr. & Kraenzl.) - C.Rica (A**, E**, H**, W, L)
- *remotiflora* Kraenzl.: 9 (L*)
272. **replicata** Kgr. - And. (L)
- *restrepioidea* Kraenzl.: 131 (L)
- *rhopalura* Schltr.: 203 (L)
273. **rigens** Luer (*M. stercorea* Kgr.) - And. (L)
274. **rimarima-alba** Luer (L)
- *riograndensis* hort.: *Dryadella* ? (L)
275. **rodolfoi** (Braas) Luer (*M. ortalis* Luer) - Ec., Peru (L)
- *rodrigueziana* Mansf.: ? 353 (L)
- *roezlii* Rchb.f.: 62 (E)
- *roezlii* Rchb.f.: *Dracula* 87 (L*)
- *roezlii* var. *rubra* hort. ex Williams: *Dracula* 87 (L*)
276. **rolfeana** Kraenzl. (*M. normanii* hort.) - C.Rica (E, H, S, W, L)
277. **rosea** Lindl. - And., Col., Ec., Peru ca. 3.000 m (S, L)
ssp. **echinata** (Luer & Andreetta) Luer - Col. (R**)
278. **roseola** Luer (L)
279. **rubiginosa** Kgr. - Ec., Peru 2.000 m (L, O5/80)
280. **rufescens** Kgr. - Peru (L, O3/86)
- *rupholutea* Lindl.: 65 (9**)
281. **saltatrix** Rchb.f. - Col. - subsect. *Saltatrices* (A**, L, S56/11)
282. **sanchezii** Luer & Andreetta - Ec. (L)
- *sanctae-fidei* Kraenzl.: 28 (L)

283. **sanctae-inesae** Luer & Malo - And. (L)
284. **sanctae-rosae** Kraenzl. - And. (L)
285. **sanguinea** Luer & Andreetta - And. (L)
- *sarcophylla* Kraenzl.: 47 (L)
286. **scabrilinguis** Luer - Pan., C.Rica (W, L)
287. **scandens** Rolfe (*M. buchtienii* Schltr.) (L)
288. **scapha** Braas (*M. navicularis* Gar. & Dunst. inv. name) (O4/82)
289. **sceptrum** Rchb.f. (*M. urostachya* Rchb.f., *M. rechingeriana* Kraenzl.) - Col., And. 2.300 m (L, FXVI1)
- *sceptrum* Rchb.f.: 292 (9**)
290. **schizantha** Kraenzl. - doubtful sp. (L)
291. **schizopetala** Kraenzl. (*M. morenoi* Luer) - Pan., C.Rica (W, L)
292. **schlimii** Lind. ex Lindl. (*M. polyantha* Lindl., *M. sceptrum* Rchb.f., *M. urostachya* Rchb.f., *M. schlimii* var. *polyantha* Woolward, - var. *sceptrum* Woolward) - Col., Ven. (9**, E**, H**, L*)
- *schlimii* var. *polyantha* Woolward: 292 (9**)
- *schlimii* var. *sceptrum* Woolward: 292 (9**)
293. **schmidt-mummii** Luer & Esc. - Col. (L, R**)
- *schmidtchenii* Kraenzl.: 204 (L)
294. **schroederiana** hort. Veitch (*M. fulvescens* Rolfe) - Peru, C. Rica (8**, 9**, E**, H**, W**, L*)
295. **scitula** Kgr. - And., Peru 3.000 m (L, O2/81)
296. **scobina** Luer & Esc. - And. (L)
297. **scopaea** Luer & Vasq. - Ec., Peru, Bol. (L)
298. **segurae** Luer & Esc. (*Rodrigoa segurae* (Luer & Esc.) Braas) - Col., Ec. 2.000-2.200 m (L, O6/79, R**)
299. **selenites** Kgr. (L)
300. **semiteres** Luer & Esc. - And. (L)
- *senilis* Rchb.f.: 62 (E)
- *senilis* Rchb.f.: *Dracula* 16 (L*)
301. **sernae** Luer & Esc. - Col. 700-900 m (L, FXIII2**)
- *sessilis* Barb.Rodr.: *Dryadella* ? (L)
302. **setacea** Luer & Malo - And., Ec. (A**, L)
- *severa* Rchb.f.: 62 (E)
- *severa* Rchb.f.: *Dracula* 89 (L*)

- *shuttleworthii* Rchb.f. (8**): 55 (9**, E**, H**, S, L)
- *shuttleworthii* var. *xanthocorys* Rchb.f.: 55 (9**)
- *simia* Luer: *Dracula* 91 (L*)
- *simula* Rchb.f.: *Dryadella* 15 (H**, L)
- *simulatrix* Kraenzl.: *Dryadella* ? (L)
- *sodiroi* Schltr.: *Dracula* 92 (H, L*)
303. **sororcula** Rchb.f. (*M. atroviolacea* Kraenzl.) - Col., And. (L, FXVI1)
- *sororcula* Rchb.f.: 206 (9**, O3/79)
304. **spathulifolia** Kraenzl. - Ec. (L)
- *spectrum* Rchb.f.: *Dracula* 89 (L*)
- *sphenopetala* Kraenzl.: 73 (L)
305. **spilantha** Kgr. - And. (L)
306. **spilotantha** Rchb.f. - Ven. (FXV2/3)
307. **sprucei** Rchb.f. - And., Col., Ec., Braz., Ven. 100-800 m (L, $50/4)
- *stenantha* Lehm. & Kraenzl.: 330 (L*)
308. **stenorhynchos** Kraenzl. - And. (L)
- *stercorea* Kgr.: 273 (L)
309. **striatella** Rchb.f. (*M. chloracra* Rchb.f., *M. superflua* Kraenzl.) - Ven. (W, L)
310. **strigosa** Kgr. - Ec. 1.600 m (O4/90**)
311. **strobelii** Sweet & Gar. - And., Col., Ec., Peru 1.400 m - subsect. *Saltatrices* (L, $56/11)
312. **strumifera** Rchb.f. (*M. maxillariiformis* Lehm. & Kraenzl.) - Col. 2.300 m (L, FXVI1)
313. **stumpflei** Braas - And., Col., Ec., Peru (L, FXIII2**)
- *subumbellata* Kraenzl.: 34 (L*)
- *sulphurea* Kraenzl.: 65 (9**, E, H)
- *sulphurea* Lehm. & Kraenzl.: 75 (L)
314. **sumapazensis** Ortiz - Col., And. 3.250 m - sect. *Leontoglossae* (L, FXIV3**)
- *summersii* L.O.Wms.: *Dryadella* ? (L)
- *superflua* Kraenzl.: 309 (L)
- *surinamensis* Focke: 201 (L*)
- *susanae* Pabst: *Dryadella* ? (L)
- *swertii(ae)folia* Rchb.f.: *Scaphosepalum* 28 (L*)
- *syringodes* Luer & Andreetta: 330 (L)
- *tarantula* Luer: *Dracula* 95 (L*)
315. **teaguei** Luer (*M. braasii* Mohr) - Ec. (L*) → Porroglossum 30
316. **tentaculata** Luer - Ec. (L)
- *tenuicaudata* Schltr.: 214 (L*)

- *tenuipes* Schltr.: ? 330 (L*)
- *tenuissima* Schweinf.: *Trisetella* 18 (L*)
317. **theleura** Luer - And. (L)
318. **thienii** Dods. - C.Rica, Pan., Col., S-Am. (W, L, R**)
319. **tokachiorum** Luer - Pan. (W)
320. **tonduzii** Woolward - C.Rica, Pan. (W, L)
321. **torta** Rchb.f. - Col. 2.200 m (L, FXI3, R**)
322. **tovarensis** Rchb.f. (*M. candida* Kl. & Karst ex Rchb.f) - Ven. 2.000 m (8**, 9**, E**, H**, S, L)
323. **triangularis** Lindl. (*M. instar* Luer & Andreetta) - And., Col., Ven. - subsect. *Caudatae* (4**, E**, H**, L, O4/84)
- *triaristella* Rchb.f. (E**): *Trisetella* 19 (H, L*)
- *triaristella* Rchb.f. mss.: *Trisetella huebneri* (9**)
324. **tricallosa** Kgr. - Peru 2.000 m (O1/91)
- *tricarinata* Lehm. & Kraenzl.: *Pleurothallis* 727 (L*)
- *triceratops* Luer: *Dracula* 59 (L*)
- *trichaete* Rchb.f.: *Trisetella* 20 (L*)
- *trichroma* Schltr.: *Dracula* 47 (L*)
325. **tricolor** Rchb.f. - And. (L)
- *tricolor* Rchb.f.: *Dracula* 47 (L*)
- *tridactylites* Rchb.f.: *M. triaristella* (E**)
- *tridactylites* Rchb.f.: *Trisetella* 20 (L*)
326. **tridens** Rchb.f. (*M. jubar* Luer & Malo) - Ec. (L)
- *tridentata* Lindl.: 146 (L)
- *triglochin* Rchb.f.: *Trisetella* 20 (L*)
327. **trigonopetala** Kraenzl. (L)
- *trinema* Rchb.f.: *Dracula* 98 (L*)
- *trinemoides* Kraenzl.: 131 (L)
- *trionyx* Kraenzl.: 109 (L)
- *trioon* Sweet: 30 (L)
- *tripeta* Rchb.f.: *Trisetella* 20 (L*)
- *triquetra* Scheidw.: ? 146 (L)
- *triseta* Rchb.f. ex Kraenzl.: *Trisetella* 20 (L*)
328. **trochilus** Lind. & André (*M. acrochordonia* Rchb.f., *M. ephippium* Rchb.f.) - Col., Ec. (H, L, R**)
- *trochilus* Lind. & André: *M. ephippium* (8**, 9**, E)
- *troglodytes* Morren: *Dracula* 10 (L*)
- *tubeana* Rchb.f.: *Dracula* 95 (L*)

329. **tubuliflora** Ames (*M. ecaudata* Schltr.) - Nic., C.Rica (W, L)
330. **tubulosa** Lindl. (*M. casta* Kraenzl., *M. stenantha* Lehm. & Kraenzl., ?*M. tenuipes* Schltr.) - Col., Ven. 2.300 m (E**, H**, S, L*, R**)
    ssp. **syringodes** (Luer & Andreetta) Luer (*M. syringodes* Luer & Andreetta) - Peru (L)
- *tuerckheimii* Ames: 113 (G, L)
- *ulei* Schltr.: 358 (S, L)
331. **uncifera** Rchb.f. (*M. flaccida* Kraenzl., *M. pastensis* Kraenzl.) (L)
332. **uniflora** Ruiz & Pav. (H, L*, O3/79)
333. **urceolaris** Kraenzl. (*M. kalbreyeri* Rchb.f. ex Kraenzl.) - Col. 2.300 m (L, FXVI1)
334. **urosalpinx** Luer - And., Col., Ec., Peru 1.700 m - subsect. *Saltatrices* (L*, S56/11)
- *urostachya* Rchb.f.: 292 (9**)
- *urostachya* Rchb.f.: 289 (L)
335. **ustulata** Luer (L)
336. **utriculata** Luer - Pan., C.Rica (W, L)
337. **valenciae** Luer & Esc. - Col. 2.900 m (L, XVI3*, R**)
- *vampira* Luer: *Dracula* 97 (H, L*)
338. **vargasii** Schweinf. - And. (L)
339. **vasquezii** Luer (L)
340. **veitchiana** Rchb.f. - Peru ca. 3.000 m (8**, 9**, E**, H**, S, L)
    var. **grandiflora** Williams (8**)
341. **velifera** Rchb.f. - Col., And. - (L, FXII**, R**)
- *velutina* Rchb.f.: *Dracula* 98 (L*)
342. **venatoria** Luer & Malo - And. (L)
343. **venezuelana** Sweet - Ven. (FXV2/3)
- *venosa* Rolfe: *Dracula* 100 (L*)
- *ventricosa* Schltr. (L): 214 (L*)
344. **ventricularia** Rchb.f. - Ec. - subsect. *Saltatrices* (E**, H**, L, S56/11)
    ssp. **filaria** (Luer & Esc.) Luer (*M. filaria* Luer & Esc.) - Col. (L, R**)
345. **venusta** Schltr. (*M. flammea* Braas) - And., Col., Ec., Peru (L)
- *venusta* Schltr.: 67 (9**)
346. **verecunda** Luer - Ven. (L, FXV2/3)
- *verrucosa* Rchb.f.: *Scaphosepalum* 32 (H**, L*)
- *vespertilio* Rchb.f.: *Dracula* 102 (L*)
347. **virens** Luer & Andreetta - And. (L)
348. **virgo-cuencae** Luer & Andreetta - And. (L)
- *vittata* Luer: *Trisetella* 21 (L*)

- *vulcanica* Lehm. & Kraenzl.: 11 (L)
349. **wageneriana** Lind. ex Lindl. - end. to Ven. 2.000 m - subsect. *Oscillantes* (9**, E**, H**, S, L) var. **pteroglossa** (Schltr.) Braas (*M. pteroglossa* Schltr., *M. wageneriana* var. *colombiana* Braas) - Ven. (O4/82)
- *wageneriana* var. *colombiana* Braas: 349 (O4/82)
- *wallisii* Rchb.f.: 62 (E)
- *wallisii* Rchb.f.: *Dracula* 105 (9**, L*)
- *wallisii* var. *stupenda* Rchb.f.: *Dracula* 16 (H, L*)
350. **walteri** Luer - C.Rica (W, L)
351. **weberbaueri** Schltr. (*M. moyobambae* Kgr.) - And. (L)
352. **welischii** Luer - And., Col., Ec., Peru (L)
353. **wendlandiana** Rchb.f. (*M. rodrigueziana* Mansf.) - Mex. to Bol., Col. (L, R**)
354. **whiteana** Luer - And. (L)
- *winniana* Rchb.f.: 62 (E)
- *winniana (winneana)* Rchb.f.: *Dracula* 87 (L*)
- *woolwardiae* Lehm. & Kraenzl.: *Dracula* 106 (L*)
355. **wubbenii** Luer - Ven. 2.200 m (? *M. triangularis* × *M. wageneriana*) ? nat. hybr.? ($56/11)
356. **wurdackii** Schweinf. - And. (L)
357. **xanthina** Rchb.f. (*M. pallida* (Woolward) Luer) - And., Col., Ec. (E, H, L)
- *xanthodactyla* Rchb.f.: 191 (9**, E, L)
- *xanthura* Schltr.: 34 (L*)
- *xerophylla* Lehm. & Kraenzl.: 260 (L)
- *xipheres* Rchb.f.: *Porroglossum* 20 (H**, L*)
- *xiphium* Rchb.f. ex Kraenzl.: 74 (L)
358. **yauaperyensis** Barb.Rodr. (*M. ulei* Schltr.) - Amaz. (S, L)
359. **yungasensis** Hashimoto (L)
360. **zahlbruckneri** Kraenzl. (*M. humilus* Luer) - C.Rica, Pan., S-Am. (W**, L)
- *zebrina* Porsch: *Dryadella* 17 (4**, L)
361. **zygia** Luer & Malo - Ec. (L)
× **Masonara (Msna.)** (*Aganisia* × *Batemannia* × *Colax* × *Otostylis* × *Promenaea* × *Zygopetalum* × *Zygosepalum*)

Mastigion Gar., Hamer & Siegerist - 1994 - *Bulbophyllinae* (S) - 5 sp.
1. **appendiculatum** (Rolfe) Gar., Hamer & Siegerist (*Cirrhopetalum appendiculatum* Rolfe) (S*)
2. **fascinator** (Rolfe) Gar., Hamer & Siegerist (*Cirrhopetalum fascinator* Rolfe) (S)
3. **ornatissimum** (Rchb.f.) Gar., Hamer & Siegerist (*Cirrhopetalum ornatissimum* Rchb.f.) (S)
4. **proboscidium** (Gagn.) Gar., Hamer & Siegerist (*Cirrhopetalum proboscidium* Gagn.) (S)
5. **putidum** (Teijsm. & Binn.) Gar., Hamer & Siegerist (*Cirrhopetalum putidum* Teijsm. & Binn.) (S)
× **Matsudara (Msda.)** (*Barkeria* × *Cattleya* × *Laelia* × *Sophronitis*)
Maturna suaveolens (Lindl.) Raf.: *Gomesa* 7 (9**)
× **Maunderara (Mnda.)** (*Ada* × *Cochlioda* × *Miltonia* × *Odontoglossum* × *Oncidium*)
× **Maxillacaste (Mxcst.)** (*Lycaste* × *Maxillaria*)
Maxillaria (Max.) Ruiz & Pav. - 1794 - Subfam. *Epidendroideae* Tribus: *Maxillarieae* Subtr. *Maxillariinae* - (*Camaridium* Lindl., *Psittacoglossum* Llave & Lex., *Heterotaxis* Lindl., *Dicrypta* Lindl., *Siagonanthus* Poepp. & Endl., *Menadenia* Raf., *Onkeripus* Raf., *Pentulops* Raf., *Ornithidium* Salisb.) - ca. 437 sp. epi/ter/lit - Trop.-Subtrop. Am.
- *abelei* Schltr.: 221 (E**, G**, H**)
1. **aciantha** Rchb.f. - Nic., C.Rica, Pan. (W, $54/1)
2. **acicularis** Herbert ex Lindl. - Braz. (9**, G, S)
3. **acostaei** Schltr. - C.Rica (W)
4. **acuminata** Lindl. - Col. (FXIX3, R**)
5. **acutifolia** Lindl. - Hond., Nic., C.Rica, Col., Ec. (G, W, $54/1)
- *acutifolia* Lindl.: 221 (4**, H**)
6. **acutipetala** Hook. - C-Am. (9**, G)
7. **adendrobium** (Rchb.f.) Dressl. (*Neourbania adendrobium* Fawc. & Rendle) - C.Rica, Pan., S-Am. (W)
8. **aggregata** (Kunth) Lindl. (*M. disticha* (Lindl.) Schweinf., *Dendrobium aggregatum* Kunth, *Ornithidium distichum* Lindl., *O. aggregatum* (Kunth) Rchb.f., *O. pfitzeranum*

Lehm. & Kraenzl., *O. breve* Schltr.) - Ven., Col., Ec. (G)
- ➤ **aggregata** (H.B.K.) Lindl.: *Ornithidium* 1 (S)
9. **alba** (Hook.) Lindl. (*M. lactea* Schltr., *Dendrobium album* Hook., *Broughtonia alba* (Hook.) Spreng., *Camaridium album* (Hook.) Hoehne) - Nic., C.Rica, Pan., S-Am. to 1.200 m (G, W, S)
10. **albertii** Schltr. - end. to C.Rica 700-1.100 m (W, O6/93)
11. **alfaroi** Ames & Schweinf. - C.Rica (W)
12. **allenii** L.O.Wms. - Pan. (W)
13. **alpestris** Lindl. - Ven., Col., Ec., Peru, Bol. 900-1.300 m (FXIX3, R**, S)
14. **amparoana** Schltr. - Nic., C.Rica (W**)
- *amparoana* Schltr.: 215 (E, H)
15. **ampliflora** Schweinf. - W-Pan. (W**)
- *anatamorum* Rchb.f.: 266 (9**)
16. **anceps** Ames & Schweinf. - Guat. to C.Rica, Nic. 1.000-1.600 m (W, S)
- *angustifolia* Hook.: 265 (8**, 9**, E**, G, H**)
17. **angustisegmenta** Ames & Schweinf. - Nic., C.Rica, Pan. (W)
18. **angustissima** Ames, Hubb. & Schweinf. - Nic., C.Rica, Pan. (W)
19. **appendiculoides** Schweinf. - C.Rica (W)
20. **arachnites** Rchb.f. - Col., Ven., Ec. (E**, H**, S)
21. **arachnitiflora** Ames & Schweinf. - C.Rica, Pan. (W, S)
    var. **horichii** Teuscher - C.Rica (O3/93**)
22. **arbuscula** Rchb.f. (S)
- *aromatica* Grah. ex Hook.: *Lycaste* 3 (4**, 9**, E*, G**, H**)
- *articulata* Kl.: 221 (8**, E**, G**, H**)
- *atrata* Rchb.f.: 69 (9**, E, G**, H)
- *atropurpurea* hort. ex Lindl.: 265 (8**)
- *atropurpurea* Lodd.: *Bifrenaria* 1 (E**, G, H**)
23. **attenuata** Ames & Schweinf. - C. Rica, S-Am. (W)
24. **aurantiaca** Schltr. (S) ➤ *Xylobium* 1
25. **aurea** (Poepp. & Endl.) L.O.Wms. - Pan., S-Am. (W)

- ➤ *aurea* (Poepp. & Endl.) L.O.Wms.: *Ornithidium* 2 (S*)
- *aureo-fulva* Hook.: *Bifrenaria* 3 (9**, G)
26. **auyantepuiensis** Foldats - Col. (R**)
- *balsamea* (A.Rich. ex Lindl.) Beer: *Lycaste* 14 (G**)
- *barbata* Knowl & Westc.: *Bifrenaria* 18 (G**)
- *barringtoniae* hort. ex Rchb.f.: *Bifrenaria* 5 (8**, 9**, G**)
- *barringtoniae* (Smith) Lodd.: *Lycaste* 5 (9**, G)
27. **batemanii** Poepp. & Endl. - Ec., Peru, Braz. (S*)
28. **bicallosa** (Rchb.f.) Gar. - C.Rica, S-Am. (W)
29. **bicolor** Ruiz & Pav. (*Dendrobium bicolor* (Ruiz & Pav.) Pers., *Dicrypta bicolor* (Ruiz & Pav.) Batem. ex Loudon) - Peru (G)
30. **bilobulata** Sengh. (*Ornithidium aurantiacum* Schltr.) - C.Rica (S)
31. **biolleyi** (Schltr.) L.O.Wms. (*Camaridium biolleyi* Schltr., *Ornithidium biolleyi* Schltr.) - C.Rica, W-Pan. (W**, O1/89)
- *biseriata* Kl.: *Lycaste candida* (8**)
32. **bolivarensis** Schweinf. - Ven. to Peru, Braz. (S)
33. **bomboizensis** Dods. - Ec. (FXIX3*)
- *boothii* Lindl.: *Epidendrum* 31 (G)
- *boothii* Lindl.: *Nidema* 1 (H**)
34. **brachybulbon** Schltr. - Nic., C.Rica, Pan., S-Am. to 1.000 m (W, S)
- *brachyglossa* A.Rich. & Gal.: *Trigonidium* 5 (G)
- *brachypus* Rchb.f.: *Xylobium* 2 (O3/81)
35. **bracteata** (Schltr.) Ames & Correll (*M. vagans* Ames & Schweinf.) - C.Rica, Pan. (W)
- *bractescens* Lindl.: *Xylobium* 3 (G)
36. **bradeorum** (Schltr.) L.O.Wms. - C. Rica, Pan. (W)
37. **brenesii** Schltr. (*M. lactea* Schltr.) - C.Rica (O1/89)
- *brenesii* Schltr.: ? 215 (W)
38. **brevilabia** Ames & Correll - C.Rica, Pan. (W)
39. **brevipes** Schltr. - C.Rica, Pan. (W)
40. **breviscapa** Poepp. & Endl. - Col. (R**)
- *brevispatha* Kl.: *Lycaste* 9 (8**)
- *brevispatha* Kl.: *Lycaste* 7 (E**, H**)

- *brocklehurstiana* Lindl.: *Houlletia* 1 (9**, G)
41. **brunnea** Lind. & Rchb.f. - Nic., C.Rica, Pan., S-Am., Col. 200-2.300 m (W, R**, S)
42. **caespitifica** Rchb.f. - Nic., C.Rica, Pan., S-Am. (W)
43. **callichroma** Rchb.f. - Ven., Col., Ec., Peru (S)
- *callichroma* Rchb.f.: 230 (9**, G)
- *caloglossa* Rchb.f.: 230 (9**, G)
44. **camaridii** Rchb.f. (*M. lutescens* Scheidw., *Camaridium ochroleucum* Lindl., *C. cryptopodanthum* Barb. Rodr., *C. affine* Schltr., *C. amazonicum* Schltr., *Cymbidium ochroleucum* (Lindl.) Lindl., *Ornithidium album* Hook., *O. fragrans* Rolfe) - Guat., Hond., Pan., W-Ind., Ven., Braz., Col. - scented (9**, G**, W, O5/95, O54/1, S*)
- *camaridii* Rchb.f.: *Camaridium ochroleucum* (O1/89)
45. **campanulata** Schweinf. - C.Rica (A**, W, S)
46. **candida** Lodd. ex Lindl. - Braz. (G)
- *cepula* Rchb.f.: 153 (G)
47. **cerifera** Barb.Rodr. - Braz. (S*)
48. **chartacifolia** Ames & Schweinf. - C.Rica, Pan., Col., Ec. 500-1.200 m (W, R**, S)
49. **chicana** Dods. - Ec. 1.900 m (FXIX3)
- *chiriquensis* Schltr.: 265 (9**, G)
50. **chlorantha** Lindl. - Col., Ven., Guy., Braz. (G, R**, S)
51. **chrysantha** Barb.Rodr. (*M. picta* Rchb.f., *M. galeottiana* Regel, *M. serotina* Barb.Rodr. & Regnell, *M. regaliana* Cogn.) - Braz., Sur. (9**, S*)
52. **chrysocycnoides** (Schltr.) Dods. [*M. chrysocycnoides* (Schltr.) Sengh. (S)] (*Ornithidium chrysocycnoides* Schltr.) - Ec. 300 m (FXIX3*, S)
- *ciliata* Ruiz & Pav.: *Lycaste* 10 (9**, G**)
- *ciliata* Ruiz & Pav. mss.: *Lycaste* 5 (9**)
- *citrina* D.Don: *Promenaea* 17 (8**, 9**, G)
53. **cobanensis** Schltr. - Nic., C.Rica (W)
54. **coccinea** (Jacq.) L.O.Wms. ex Hodge (*Epidendrum coccineum* Jacq., *E. sessile* Sw., *Cymbidium coccineum* (Jacq.) Sw., *Ornithidium coccineum* (Jacq.) Salisb., *O. vestitum* Rchb.f.) - W-Ind., Ven., Col. (9**)
- ➤ *coccinea* (Jacq.) L.O.Wms. ex Hodge: *Ornithidium* 3 (S*)
- *coelia* Rchb.f.: *Xylobium* 5 (O3/81)
55. **cogniauxiana** Hoehne - Braz. (S)
- *colleyi* hort. ex Planch.: *Batemania* 2 (9**, G**)
- *colleyi* Batem. ex Lindl.: *Xylobium* 6 (G)
- *colleyi* (Lindl.) hort. ex Planch.: *Batemania* 2 (H*)
56. **compacta** (Schltr.) Ortiz (*Ornithidium compactum* Schltr.) - Col. (FXVIII1)
- *concava* Lindl.: *Xylobium* 13 (G)
57. **concavilabia** Ames & Correll - C. Rica (W, S)
58. **conduplicata** (Ames & Schweinf.) L.O.Wms. - W-Pan. (W)
59. **conferta** (Griseb.) Schweinf. ex Leon - Flor. to Carib. to S-Am. ($54/1)
- ➤ *conferta* (Griseb.) Schweinf. ex Leon: *Ornithidium* 4 (S*)
60. **confusa** Ames & Schweinf. - Nic., C.Rica, Pan. ca. 800 m (W, S)
61. **consanguinea** Kl. (*M. picta* var. *brunnea* Rchb.f., *M. serotina* Hoehne) - Braz. (E*, H*)
62. **cordyline** (Rchb.f.) Dods. (*Ornithidium cordyline* Rchb.f.) - Ec. (FXIX3*)
- *coriacea* Barb.Rodr.: 79 (E, H**)
- *corrugata* Lindl.: *Xylobium* 7 (G)
- *corrugata* var. *wageneri* (Lindl.) Rchb.f.: *Xylobium* 7 (G)
63. **costaricensis** Schltr. - C.Rica (W, S)
- *costaricensis* Schltr.: 265 (9**, G)
- *costata* Lindl.: *Lycaste costata* (8**)
- *costata* Lindl. : *Lycaste* 10 (9**, G**)
64. **crassicaulis** Schweinf. (S)
65. **crassifolia** (Lindl.) Rchb.f. (*M. sessilis* (Sw.) Fawc. & Rendle, *M. gatunensis* Schltr., *Epidendrum sessile* Sw., *Heterotaxis crassifolia* Lindl., *Dicrypta baueri* Lindl., *D. crassifolia* Lindl. ex Loudon) - Flor., W-Ind., Mex. to Pan., Ven., Col., Braz. to 1.300 m (O3/91, G**, W, S)
66. **crassipes** Kraenzl. - Braz. (E, H*)
- *crassipes* Kraenzl.: 155 (G**)
- *cristata* Lindl.: *Paphinia* 3 (9**, E*, G**, H**)

- *crocea* Lindl.: 140 (G**)
- *cruenta* Lindl.: *Lycaste* 14 (8**, G**, H**)
67. **cryptobulbon** Carnevali & Atwood - C.Rica, S-Am. (W)
68. **ctenostachya** Rchb.f. - C.Rica, Pan. (W)
69. **cucullata** Lindl. (*M. rhombea* Lindl., *M. atrata* Rchb.f., *M. obscura* Lind. & Rchb.f., *M. obscura* Lindl. & Rchb.f, *M. praestans* Rchb.f., *M. meleagris* Lindl., *M. lindeniana* A.Rich. & Gal., *M. puncto-striata* Rchb.f) - Mex., Bel., Guat., Hond., C.Rica, Nic., Pan. 1.200-1.600 m (9**, O3/91, E, G**, H, W, S)
- *cucullata* Lindl.: *Maxillaria rhombea* (3**)
70. **cuencana** Gar. (S)
71. **cuneiformis** Ruiz & Pav. - Peru (G)
72. **curtipes** Hook. (*M. houtteana* Rchb. f., *Camaridium xylobiichilum* Kraenzl.) - Mex., Guat., Hond., Nic., C. Rica 1.200-2.800 m (9**, E, H, W, S)
- *curtipes* Hook.: ? 249 (O3/91)
- *cyanea* (Lindl.) Beer: *Warreella* 1 (G**)
- *cyanocheila* Hoffmgg.: *Pabstia* 3 (9**, G)
73. **cymbidioides** Dods., Atwood & Carnevali - Ec. 700 m (FXX(3))
74. **cyperifolia** (Schltr.) Ortiz (*Ornithidium cyperifolium* Schltr.) - Col. (FXVIII1)
75. **dalessandroi** Dods. - Ec. 400-1.500 m (FXIX3*)
76. **dalstromii** Dods. (*M. strobelii* com. name, *Strobelia elegans* com.name) - Ec. 200 m (A**, O4/94**, S*)
- *decolor* Lindl.: *Xylobium* 23 (9**, G**)
- *deflexa* Kl.: 155 (G**)
77. **dendrobioides** (Schltr.) L.O.Wms. - C.Rica, Pan. ca. 2.000 m (W, S*)
78. **densa** Lindl. (*Ornithidium densum* (Lindl.) Rchb.f.) - Nic., C.Rica, Mex., Hond. (3**, E**, G, H, W)
- *densa* Lindl.: *Ornithidium* 5 (8**, S*)
- *deppei* Lodd.: *Lycaste* 17 (4**, 9**, H**)
79. **desvauxiana** Rchb.f. (*M. coriacea* Barb.Rodr., *M. petiolaris* Rchb.f.) - Trop. S-C-Am. (E, H**, S)
80. **deuterocaquetana** Ortiz (*Camaridium caquetanum* Schltr.) - Col. (FXVIII1)
81. **deuterocaucana** Ortiz (*Camaridium caucanum* Schltr.) - Col. (FXVIII1)
82. **deuteropastensis** (Schltr.) Ortiz (*Ornithidium pastoënse* Schltr.) - Col. (FXVIII1)
- *dichroma* Rolfe: 90 (E, H)
83. **discolor** (Lodd. ex Lindl.) Rchb.f. (*Dicrypta discolor* Lodd. ex Lindl.) - Nic., Pan., Guy., Ven., Ec., Peru, Bol. to 1.100 m (G, W, S*)
- *disticha* (Lindl.) Schweinf.: 8 (G)
84. **diuturna** Ames & Schweinf. - Nic., C.Rica, Pan. (W)
85. **eburnea** Lindl. - Col. (R**, S)
- *eburnea* Lindl.: 111 (E, H)
86. **echiniphyta** Barb.Rodr. - Braz. (S*)
87. **echinochila** Kraenzl. - Braz. (E, H)
- *echinochila* Kraenzl.: 153 (G)
88. **ecuadorensis** Schltr. - Ven., Col., Ec. (S)
89. **elatior** (Rchb.f.) Rchb.f. (*M. triangularis* Lindl., *Dicrypta elatior* Rchb.f.) - Mex., Guat., Hond., Nic., C.Rica 400-1.500 m (9**, E, G, H, W, S*)
90. **elegantula** Rolfe (*M. dichroma* Rolfe) - Ec., Peru to 2.400 m (A**, E, H, S*)
- *elongata* Lindl.: *Xylobium* 11 (O3/81)
91. **embreei** Dods. - Ec. 2.500 m (FXIX3*)
92. **encyclioides** Atwood & Dods. - Ec. 1.300 m (FXX(3))
93. **endresii** Rchb.f. - Nic., C.Rica, Pan. to 700 m - scented (W, S)
- *equitans* (Schltr.) Gar.: *Marsupiaria* 1 (S)
94. **exaltata** (Kraenzl.) Schweinf. - C. Rica, Pan., S-Am. (W)
95. **falcata** Ames & Schweinf. [M. falcata Ames & Correll (S)] - C.Rica (W, S)
96. **fasciculata** Schweinf. (S)
97. **ferdinandiana** Barb.Rodr. - E-Braz. (E, H, S)
- *fimbriata* Poepp. & Endl.: *Lycaste* 10 (9**, G**)
- *flabellifera* Lindl.: *Scuticaria* 7 (E**, 9**, G**, H**)
98. **flava** Ames & Correll [M. flava (Schltr.) Ames, Hubb & Schweinf. (S)] - C.Rica (W, S)
99. **fletcheriana** Rolfe - S-Peru, Ec.,

Bol. 700-2.800 m (9**, E, H, $54/1, S)
100. **floribunda** Lindl. (FXIX3, S)
101. **foliosa** Ames & Schweinf. - Nic., C.Rica, S-Am. 1.500 m (W, O3/84)
- *foveata* Lindl.: *Xylobium* 13 (G)
102. **fractiflexa** Rchb.f. - Col. (R**, S*)
103. **friderici-caroli** Ortiz (*Ornithidium lehmannii* Kraenzl.) - Col. (FXVI-II1)
104. **friedrichsthalii** Rchb.f. - Mex., Nic., C.Rica, Pan. to 1.500 m (3**, W, $54/1, S*)
105. **fucata** Rchb.f. (*M. hubschii* Rchb.f.) - Ec. 2.800 m - epi/ter (9**, S)
106. **fuerstenbergiana** Schltr. (O2/81)
107. **fulgens** (Rchb.f.) L.O.Wms. - Nic., C.Rica, Pan. (W, $54/1)
➤ *fulgens* (Rchb.f.) L.O.Wms.: *Ornithidium* 6 (O1/89, O2/95, A**, S*)
- *fulvescens* (Hook.) Beer: *Lycaste* 22 (9**)
- *fuscata* hort.: 221 (8**)
- *fuscata* Kl. ex Rchb.f.: 190 (4**, 9**, E**, G**, H**)
- *galeata* Lindl. ex Lodd.: *Gongora* 21 (9**, E**, G, H**)
- *galeata* Scheidw.: *Mormolyca* 2 (S)
- *galeottiana* Regel: 51 (9**)
- *gatunensis* Schltr.: 65 (G**)
108. **gentryi** Dods. (FXIX3)
- *gigantea* (Lindl.) Beer: *Lycaste* 30 (9**, E**, G**, H**)
- *goeringii* Rchb.f.: *Cymbidium* 21 (9**, G)
- *gracilifolia* Kraenzl.: 249 (E**, H**)
109. **gracilis** Lodd. (*M. queirogana* Barb. Rodr., *M. punctata* Lodd.) - E-Braz. (E, H, S)
- *graminea* Lindl.: *Koellensteinia* 7 (9**, E*, G, H*)
110. **graminifolia** (Kunth) Rchb.f. (*M. matthewsii* Rchb.f., *Isochilus graminifolius* Kunth, *I. graminifolium* (Kunth) Lindl., *I. linifolium* (Presl) Lindl., *Camaridium graminifolium* (Kunth) Rchb.f.) - Ven., Col., Ec., Peru, Bol. (G, S)
111. **grandiflora** (H.B.K.) Lindl. (*M. eburnea* Lindl., *M. lehmannii* Rchb.f., *M. molitor* Rchb.f., *M. jucunda* Lehm. & Kraenzl., *Dendrobium grandiflorum* H.B.K., *Broughtonia grandiflora* (H.B.K.) Spreng., *Lycaste grandiflorum* (H.B.K.) Beer) -

Col., Ec., Ven., Guy., Peru, Bol. 2.000-3.000 m (O3/91, E, G, H, S)
112. **grandis** Rchb.f. - Col. (R**, S)
113. **grayi** Dods. - Ec. 900 m (FXIX3*)
114. **gualaquizensis** Dods. - Ec. 1.300 m (FXIX3*)
115. **guareimensis** Rchb.f. - Ven., Col., Ec. (S*)
- *guttata* hort. ex Rchb.f.: *Promenaea* 17 (8**, 9**, G)
- *hagsateriana* Soto Arenas: *Ornithidium* 7 (S)
- *harrisoniae* (Hook.) Lindl.: *Bifrenaria* 5 (8**, G**, H**)
116. **hastata** (Pers.) Ruiz & Pav. (*Dendrobium hastatum* Pers.) - Peru (G)
- *hatschbachii* Schltr.: 164 (E, H)
- *hatschbachii* Schltr.: 153 (G)
117. **hedwigae** Hamer & Dods. - Nic., C. Rica, Pan., Guat., Hond. (W, O1/94, $54/1)
118. **heidelbergensis** Sengh. (*Camaridium costaricense* Schltr.) - C.Rica (S)
119. **hematoglossa** A.Rich. & Gal. - Nic., C.Rica up to 2.000 m (3**, W, O3/94)
- *henchmannii* Hook.: 265 (8**, 9**, G)
120. **hennisiana** Schltr. - Pan., S-Am. (W)
121. **henrici-gustavi** Sengh. (*Camaridium arbusculum* Lindl.) - Ec. (S)
- *heteroclita* Poepp. & Endl.: *Huntleya* 8 (H**, O3/90)
- *heteroclita* Poepp. & Endl.: *Chaubardia* 3 (O4/98)
- *heyndercycxii* Morren: *Lycaste gigantea* (8**)
- *heynderyexii* Morren: *Lycaste* 30 (9**, G**, S*)
122. **hillsii** Dods. - Ec. 700-2.500 m (FXIX3*)
- *hirtilabia* Lindl.: 185 (9**, E**, G, H**)
123. **hirtzii** Dods. & Andreetta - Ec. ca. 1.500 m ($54/1, S)
- *histrionica* (Rchb.f.) L.O.Wms.: *Ornithidium* 8 (S)
124. **horichii** Sengh. - C.Rica, Pan. (A**, W, O3/94, $54/1)
➤ *horichii* Sengh.: *Sepalosaccus* 1 (S*)
125. **houtteana** Rchb.f. - Nic., C.Rica (8**, W)
- *houtteana* Rchb.f.: 72 (9**, E, H)
- *houtteana* Rchb.f.: ? 249 (O3/91)
- *hubschii* Rchb.f.: 105 (9**)

126. **huebschii** Rchb.f. - Col. (R**, S)
- *hyacinthina* Rchb.f.: *Xylobium* 14 (O3/81)
- *hypocrita* Rchb.f.: *Xylobium* 15 (O3/81)
127. **imbricata** Barb.Rodr. - Col. (R**)
128. **inaudita** Rchb.f. - C.Rica, Pan. 800-1.500 m (O1/89, W)
129. **inflexa** Griseb. (S)
130. **insolita** Dressl. - Pan. (W, FXIV3**)
- *iridifolia* (Batem.) Rchb.f.: 263 (E**, H**)
- *iridifolia* (Batem. ex Rchb.f.) Hoehne: *Marsupiaria* 2 (S*)
131. **jamboënsis** Dods. - Ec. 1.500 m (FXIX3*)
- *jucunda* Lehm. & Kraenzl.: 111 (G)
132. **juergensii** Schltr. - Braz. (E, H, S)
133. **jugata** Gar. - Col. (R**)
- *jugosa* Lindl.: *Pabstia* 1 (4**, 9**, E**, G, H**)
- *kalbreyeri* Rchb.f.: 266 (8**)
- *kegelii* Rchb.f.: 185 (9**, E**, G, H**)
- *kreysigii* Ktze. ex Rchb.f.: 190 (9**, E**, G**, H**)
- *lactea* Schltr.: 215 (E, H)
- *lactea* Schlt: 9 (G)
- *lactea* Schltr.: 37 (O1/89)
134. **lamprochlamys** (Schltr.) Ortiz (*Camaridium lamprochlamys* Schltr.) - Col. (FXVIII1)
135. **lankesterii** Ames (*Ornithidium aurantiacum* Schltr.) (O1/89) → Ornithidium 9
136. **latifolia** (Kunth) Lindl. (*Dendrobium latifolium* Kunth) - Col., And. (G)
- *lawrenceana* hort.: *Lycaste candida* (8**)
- *lehmannii* Rchb.f.: 111 (E, H)
137. **lehmannii** Rchb.f. - Ec. (S)
- *lentiginosa* Lindl.: *Promenaea* 7 (G)
- *leontoglossa* Rchb.f.: *Xylobium* 17 (9**, E**, H**)
138. **lepidota** Lindl. (*M. pertusa* Lindl. ex Rchb.f., *M. saxicola* Schltr.) - Ven., Col., Ec. 1.400-2.500 m (9**, E**, H**, O5/83, $51/1, R**, S)
- *leptosepala* Hook.: 230 (9**, G)
- *leptosepala* var. *subintegerrima* Regel: 230 (9**, G)
- *leucantha* Kl.: *Lycaste* 27 (E**, H**)
- *leucocheila* Hoffmgg.: 190 (9**, E**, G**, H**)

139. **ligulata** (Pers.) Ruiz & Pav. (*Dendrobium ligulatum* Pers.) - Peru (G)
- *liliacea* Llave & Lex.: *Govenia* 6 (G**)
- *lindeniana* A.Rich. & Gal.: 156 (E**, H**)
- *lindeniana* A.Rich. & Gal.: 69 (9**, G**)
140. **lindleyana** Schltr. (*M. crocea* Lindl.) - Braz. (G**)
141. **linearifolia** Ames & Schweinf. - C. Rica, Pan. (W)
- *linearis* Schweinf.: *Ornithidium* 10 (S)
142. **litensis** Dods. - Ec. 750 m (FXIX3*)
143. **longa** (Schltr.) Dods. [*M. longa* (Schltr.) Sengh. (S)] (*Camaridium longum* Schltr.) - Ec. (FXIX3*, S)
144. **longibracteata** (Lindl.) Rchb.f. var. **grandiflora** (Lindl.) Schweinf. (*Isochilus grandiflorum* Lindl., *Camaridium grandiflorum* (Lindl.) Schltr.) - Peru (G)
- *longifolia* (Barb.Rodr.) Cogn.: 248 (E**, H**)
- *longifolia* (Kunth) Lindl.: *Eulophia* 4 (G**)
- *longipetala* Ruiz & Pav.: *Lycaste* 30 (9**, E**, G**, H**)
145. **longipetiolata** Ames & Schweinf. - C.Rica, Pan. (W)
146. **longissima** Lindl. - Ven., Ec., Col. (A**, R**, S)
- *loretoensis* Schweinf.: 185 (9**, E**, G, H**)
- *lorifolia* Rchb.f.: 185 (9**, E**, G, H**)
147. **lueri** Dods. - C.Rica, Pan., S-Am. (W)
148. **lutea** Sengh. (*Camaridium flavum* Schltr.) - Bol. (S)
149. **luteo-alba** Lindl. (*M. luteo-grandiflora* hort.) - C.Rica, Pan., Col., Ec., Ven. (8**, E**, H**, W, R**, S)
150. **luteo-brunnea** (Kraenzl.) Ortiz (*Camaridium luteo-brunneum* Kraenzl.) - Col. (FXVIII1)
- *luteo-grandiflora* hort.: 149 (E**, H**)
- *lutescens* Scheidw.: 44 (9**, G**)
- *lyncea* Lindl.: *Stanhopea* 22 (G)
- *lyonii* Lindl.: 265 (9**, G)
- *maclaei* Batem. ex Lindl.: 258 (E, G, H)
- *macrobulbon* Hook.: *Lycaste* 33 (9**)

- *macrophylla* Poepp. & Endl.: *Lycaste* 34 (E, G**)
151. **macrura** Rchb.f. - Ven. (S)
152. **maculata** (Kunth) Lindl. (*Dendrobium maculatum* Kunth, *Broughtonia maculata* (Kunth) Spreng.) - Amaz. (G)
153. **madida** Lindl. (*M. cepula* Rchb.f., *M. mosenii* Kraenzl., *M. echinochila* Kraenzl., *M. hatschbachii* Schltr.) - Braz. (G, S)
154. **maleolens** Schltr. - Mex., Hond., Nic., C.Rica, Pan. 700-1.000 m (W, S)
155. **marginata** (Lindl.) Fenzl (*M. tricolor* Lindl., *M. punctulata* Kl., *M. deflexa* Kl., *M. crassipes* Kraenzl., *M. murilliana* Hoehne, *Cymbidium marginatum* Lindl.) - Braz., Col., Ec. (G**, S)
- *matthewsii* Rchb.f.: 110 (G)
156. **meleagris** Lindl. (*M. lindeniana* A.Rich. & Gal., *M. punctostriata* Rchb.f.) - Mex., Guat., Pan. to 1.800 m (E**, H**, S)
- *meleagris* Lindl.: 69 (9**, G**)
157. **melina** Lindl. - Col., Ven., Ec. 800-1.500 m (R**, S)
158. **merana** Dods. - Ec. 1.050 m (FXIX3*)
159. **meridensis** Lindl. - C.Rica, S-Am. (W, S)
160. **microphyton** Schltr. - C.Rica, Pan. (W)
161. **miniata** (Lindl.) L.O.Wms. (*M. nivea* (Lindl.) L.O.Wms, *M. sanguinolenta* (Lindl.) Schweinf., *Ornithidium miniatum* Lindl., *O. niveum* Lindl., *O. sanguinolentum* Lindl.) - Ven., Col., Ec. (G)
↠ *miniata* (Lindl.) L.O.Wms.: *Ornithidium* 11 (S)
162. **minor** (Schltr.) L.O.Wms. - C.Rica, Pan. (W)
163. **minuta** Cogn. - Braz. (S)
- *molitor* Rchb.f.: 111 (G)
- *monoceros* Kl. ex Rchb.f.: 190 (9**, G**)
164. **mosenii** Kraenzl. (*M. hatschbachii* Schltr.) - Braz. (E, H, S)
   var. **echinochila** (Kraenzl.) Hoehne (E, H)
   var. **hatschbachii** (Schltr.) Hoehne (E, H)
- *mosenii* Kraenzl.: 153 (G)
165. **multicaulis** (Poepp. & Endl.) Schweinf. (*Siagonanthus multicaulis* Poepp. & Endl., *Camaridium multicaule* (Poepp. & Endl.) Hoehne) - Ven., Col., Peru (S*)
166. **murilliana** Hoehne - Braz. (S)
- *murilliana* Hoehne: 155 (G**)
- *mutabilis* hort. ex Rchb.f.: 198 (G)
167. **nagelii** L.O.Wms. - Mex. to Salv. (S)
- *nana* Hook.: 258 (G)
168. **nardoides** Kraenzl. - Peru 600-1.800 m (S)
- *nasalis* Rchb.f.: 169 (S)
169. **nasuta** Rchb.f. (*M. nasalis* Rchb.f.) - Mex. to Pan., Col. to Bol., Braz. 150-2.000 m (W, S)
170. **neglecta** (Schltr.) L.O.Wms. (*Ornithidium neglectum* Schltr., *O. anceps* Rchb.f.) - Nic., C.Rica, Pan., S-Am. 800-1.700 m (W, O3/84, $54/1)
   var. **alba** - Nic., C.Rica, Pan., S-Am. 800-1.700 m (O3/84)
↠ *neglecta* (Schltr.) L.O.Wms.: *Ornithidium* 12 (S)
171. **neillii** Dods. - Ec. 200-300 m (FXIX3*)
172. **nicaraguensis** (Hamer & Gar.) Atwood - Nic., C.Rica, Pan., S-Am. (W)
173. **nigrescens** Lindl. (*M. rubro-fusca* Kl.) - Col., Ven., Ec. 2.000-2.600 m (8**, E**, H**, R**, S)
- *nivea* (Lindl.) L.O.Wms.: 161 (G)
174. **notylioglossa** Rchb.f. - Ven. to Bol., Col., Braz. (R**, S)
175. **nutans** Lindl. - Peru (S)
- *obscura* Lind. & Rchb.f.: 69 (E, H)
- *obscura* Lindl. & Rchb.f.: 69 (9**, G**)
176. **ochroleuca** Lodd. - Braz., Ven. (G)
↠ *ochroleuca* Lodd. ex Lindl.: *Ornithidium* 13 (S)
177. **olivacea** (Kraenzl.) Ortiz (*Ornithidium olivaceum* Kraenzl.) - Col. (FXVIII1)
178. **oreocharis** Schltr. - Nic., C.Rica, Pan. to 1.200 m (W, S*)
179. **pachyacron** Schltr. - Nic., C.Rica (W)
180. **pachyphylla** Schltr. ex Hoehne - Braz. (S)
181. **paleata** (Rchb.f.) Ames & Correll - Nic., C.Rica, S-Am. (W)
182. **pallidiflava** (Schltr.) Sengh. (*Ornithidium pallidiflavum* Schltr.) - C. Rica (S)
- *pallidiflora* Hook.: *Xylobium* 22 (9**, G)

183. **palmensis** Dods. (*Ornithidium breve* Schltr.) - Ec. (FXIX3)
- *palmifolia* (Sw.) Lindl.: *Xylobium* 23 (9**, G**)
- *panamensis* Schltr: 265 (9**, G)
- *paniculata* Ruiz & Pav.: *Cyrtopodium* 22 (G)
184. **parahybunensis** Cogn. (O3/91)
185. **parkeri** Hook. (*M. hirtilabia* Lindl., *M. lorifolia* Rchb.f., *M. kegelii* Rchb.f., *M. loretoensis* Schweinf., *Menaden(i)a parkeri* (Hook.) Raf., *Colax parkeri* (Hook.) A.Spreng.) - Guy., Ven., Sur., Braz., Peru to 500 m (9**, E**, G, H**, S)
186. **parviflora** (Poepp. & Endl.) Gar. - Nic., C.Rica, S-Am. (W)
- *parvula* Hook.: *Bifrenaria* 10 (G)
187. **paulistana** Hoehne - Braz. (S*)
- *pendens* Pabst: *Ornithidium* 16 (S)
- *perparva* Gar.: *Bifrenaria* 13
- *perparva* Gar. & Dunst.: *Hylaeorchis* 1 (S*)
- *pertusa* Lindl. ex Rchb.f.: 138 (9**, E**, H**)
- *petiolaris* Rchb.f.: *Maxillaria desvauxiana* (E, H**)
- *petiolaris* Schltr.: *Hylaeorchis* 1 (S*)
188. **pfitzeri** Sengh. (*Camaridium vagans* Schltr.) - Bol. (S)
189. **phoenicanthera** Barb.Rodr. (*M. punctata* Schltr.) - Braz. (O3/91, S)
- *phyllomega* Steud.: *Lycaste* 34 (E, G**)
190. **picta** Hook. (*M. fuscata* Kl., *M. leucocheila* Hoffmgg., *M. kreysigii* Ktze. ex Rchb.f., *M. rupestris* Barb. Rodr., *M. monoceros* Kl. ex Rchb.f., *Epidendrum uniflorum* Vell.) - E-Braz. (4**, 9**, E**, G**, H**, S)
- *picta* Rchb.f.: 51 (9**)
- *picta* var. *brunnea* Rchb.f.: 61 (E*, H*)
191. **piestopus** Schltr. - C.Rica (W)
192. **pittieri** L.O.Wms. - C.Rica, Pan. (W)
- *placanthera* Hook.: *Pabstia* 3 (9**, G)
193. **planicola** Schweinf. - Pan. (W)
194. **platypetala** (Pers.) Ruiz & Pav. (*M. polypetala* Steud., *Dendrobium platypetalum* Pers., *D. polypetalum* Steud.) - Peru (G)
195. **plebeja** Rchb.f. - Braz. (E, H)
- *plebeja* Rchb.f.: ? 258 (O3/91)

- *polypetala* Steud.: 194 (G)
196. **ponerantha** Rchb.f. - C.Rica, Col., S-Am. (W, R**)
197. **porphyrostele** Rchb.f. - Braz. (8**, 9**, O3/91, S*)
198. **porrecta** Lindl. (*M. mutabilis* hort. ex Rchb.f.) - Braz. (G)
199. **powellii** Schltr. - Pan., S-Am. (W) → Xylobium 24
- *praestans* Rchb.f.: 69 (9**, E, G**, H)
200. **procurrens** Lindl. - Ven., Col. (R**, S)
201. **prolifera** (Pers.) Ruiz & Pav. (*Dendrobium proliferum* Pers.) - Peru (G)
202. **pseudoneglecta** Atwood - C.Rica, Pan. (W**)
203. **pseudoreichenheimiana** Dods. - Ec., Col. 400-1.400 m ($54/1, R**, S)
- *pubigera* Kl.: *Bifrenaria* 5 (8**, 9**, G**)
- *pubilabia* Schltr.: 215 (E, H, W)
204. **pumila** Hook. - Braz., Guy. (9**, S)
- *punctata* Lodd.: 109 (E, H, O3/91)
- *punctata* Hoehne: 222 (O3/91)
- *punctata* Schltr.: 189 (O3/91)
- *puncto-striata* Rchb.f.: 69 (9**, G**)
- *punctostriata* Rchb.f.: 156 (E**, H**)
- *punctulata* Kl.: 155 (G**)
- *purpurascens* Knowl. & Westc.: *Bifrenaria* 10 (G)
205. **purpurea** Ames & Correll - Trop. Am., Guat., Peru, Ven. 1.350-1.800 m (O3/84)
- *purpurea* (Spreng.) Ames & Correll: *Ornithidium* 4 (S*)
- *purpureolabia* Benn. & Christ.: *Ornithidium* 18 (S)
206. **quadrata** Ames & Correll - C.Rica (W)
- *queirogana* Barb.Rodr.: 109 (E, H)
207. **quercicola** (Schltr.) Ortiz (*Camaridium quercicolum* Schltr.) - Col. (FXVIII1)
208. **quitensis** (Rchb.f.) Schweinf. (S)
- *racemosa* Hook.: *Bifrenaria* 12 (9**, G**)
209. **ramonensis** Schltr. - Nic., C.Rica (W)
210. **ramosa** (Pers.) Ruiz & Pav. (*M. taphallae* (Rchb.f.) Schweinf., *Dendrobium ramosum* Pers., *Scaphyglottis taphallae* (Rchb.f.) Schweinf.,

Ornithidium taphallae (Rchb.f.) Rchb.f., *O. dichotomum* Schltr.) - Ven., Col., Peru 200-1.100 m (G, H, S*)
- *rebellis* Rchb.f.: *Xylobium* 6 (G)
- *regaliana* Cogn.: 51 (9**)
211. **reichenheimiana** Endr. & Rchb.f. - Nic., C.Rica, Pan., Ven., Ec. 800-1.500 m (W**, $54/1, S*)
212. **repens** L.O.Wms. - C.Rica, Pan. (W)
- *revoluta* Kl.: 265 (8**, 9**, G)
213. **rhodoleuca** (Schltr.) Ortiz (*Ornithidium rhodoleucum* Schltr.) - Col. (FXVIII1)
- *rhombea* Lindl. (3**): 69 (9**, E, G**, H)
214. **richii** Dods. - Ec. 100-1.000 m (FXIX3*)
215. **ringens** Rchb.f. (*M. amparoana* Schltr., *M. tuerckheimii* Schltr., *M. yzabalana* S.Wats., *M. lactea* Schltr., *M. rousseauae* Schltr., *M. pubilabia* Schltr., ?*M. brenesii* Schltr.) - Mex., C-Am., Ven., Guat., Peru, Nic., C.Rica, Pan. 400-1.300 m (E, H, W, S)
216. **rodrigueziana** Atwood & Mora-Retana - C.Rica, Pan. (W**, S*)
217. **rolfei** Ortiz (*Ornithidium bicolor* Rolfe) - Col. (FXVIII1)
- *rollissonii* Lindl.: *Promenaea* 14 (G**)
- *rousseauae* Schltr.: 215 (E, H, W)
218. **ruberrima** (Lindl.) Gar. - Ven., Col. (S*)
219. **rubioi** Dods. - Ec. 600-700 m (FXIX3*)
220. **rubrilabia** Schltr. - C.Rica (W)
- *rubro-fusca* Kl.: 173 (8**, H**)
- *rudolfii* Hoehne: *Bifrenaria* 13 (S)
221. **rufescens** Lindl. (*M. acutifolia* Lindl., *M. rugosa* Scheidw., *M. articulata* Kl., *M. fuscata* hort., *M. abeleri* Schltr., *M. vanillodora* A.Rich. ex Rchb.f., *M. rufescens* var. *flavida* Rchb.f., - var. *minor* Fawc. & Rendle) - Nic., C.Rica, Pan., Col., Ven., Braz., Peru, Mex. 600-1.350 m (4**, 8**, E**, G**, H**, W, O3/84, S)
- *rufescens* var. *flavida* Rchb.f.: 221 (G**)
- *rufescens* var. *minor* Fawc. & Rendle: 221 (G**)
- *rugosa* Scheidw.: 221 (8**, G**, H**)
222. **rupestris** Barb.Rodr. (*M. punctata* Hoehne) - Braz. (O3/91, S)
- *rupestris* Barb.Rodr.: 190 (9**, E**, G**, H**)
- *sanaensis* Benn. & Christ.: *Ornithidium* 19 (S)
223. **sanderiana** Rchb.f. - Ec., Peru 1.200 - 2.400 m (8**, 9**, O3/91, A**, E**, H**, $54/1, S*)
224. **sanguinea** Rolfe - C.Rica, Pan. to 700 m (W**, S)
- *sanguinolenta* (Lindl.) Schweinf.: 161 (G)
225. **saragurensis** Dods. - Ec., Peru 2.500 m (FXIX3*)
- *saxicola* Schltr.: 138 (9**, E**, H**)
- *scabrilinguis* (Lindl.) Lindl.: *Xylobium* 35 (E**, G**, H**)
- *scabrilinguis* (Lindl.) Schltr.: *Xylobium* 35 (9**)
226. **scorpioidea** Kraenzl. - Nic., C.Rica, Pan., S-Am. (W)
227. **semiorbicularis** Ames & Schweinf. - C.Rica (W)
228. **semiscabra** (Lindl.) Ortiz (*Ornithidium semiscabrum* Lindl.) - Col. (FXVIII1) → Ornithidium 20
- *serotina* Hoehne: 61 (E*, H*)
- *serotina* Barb.Rodr. & Regnell: 51 (9**)
229. **serrulata** Ames & Correll (*Camaridium amparoanum* Schltr.) - end. to C.Rica - ca. 1.400 m (W, O1/89, O1/00**)
- *sessilis* (Sw.) Fawc. & Rendle: 65 (G**)
230. **setigera** Lindl. (*M. leptosepala* Hook., *M. leptosepala* var. *subintegerrima* Regel, *M. callichroma* Rchb.f., *M. caloglossa* Rchb.f., *M. setigera* var. *angustifolia* Klinge) - Guy., Ven., Col., Braz. (9**, G, S)
- *setigera* var. *angustifolia* Klinge: 230 (9**, G)
231. **sigmoidea** (Schweinf.) Ames & Correll - Nic., C.Rica (W)
- *skinneri* Batem. ex Lindl.: *Lycaste* 45 (8**, 9**, G, H**)
232. **sodiroi** (Schltr.) Dods. [M. sodiroi (Schltr.) Sengh. (S)] (*Camaridium sodiroi* Schltr.) - Ec. (FXIX3, S)
233. **sophronitis** (Rchb.f.) Gar. (*Ornithidium sophronitis* Rchb.f.) - Ven., Col. 700 m (A**, E, H, FXIX3**, S)
- *sordida* Kl.: *Lycaste candida* (8**)

- *spathacea* Lindl.: *Bifrenaria* 5 (8**, 9**, G**)
234. **speciosa** Rchb.f. - Col. (R**, S)
235. **spilotantha** Rchb.f. - Ven. (S*)
236. **splendens** Poepp. & Endl. - Pan., S-Am. to 1.000 m (W, S)
- *squalens* (Lindl.) Hook.: *Xylobium* 35 (9**, E**, G**, H**)
- *squamata* Barb.Rodr.: 258 (G)
237. **squarrosa** (Schltr.) Dods. (*Ornithidium squarrosum* Schltr.) - Ec. (FXIX3)
- *stachyobiorum* Rchb.f.: *Xylobium* 13 (G)
- *stapelioides* (Link & Otto) Lindl.: *Promenaea* 16 (8**, 9**, G**)
- *steelei (stelii)* Hook.: *Scuticaria* 7 (9**, G**, H**)
- *steelii* Hook.: *Scuticaria* 7 (8**)
- *stenobulbon* Kl.: *Xylobium* 22 (9**, G)
- *stenopetala* Knowl. & Westc.: *Bifrenaria* 3 (9**, G)
238. **stenophylla** Rchb.f. - Col. to Sur. (S*)
- *stenostele* Schltr.: 258 (G)
239. **sterrocaulos** (Schltr.) Ortiz (*Ornithidium sterrocaulon* Schltr.) - Col. (FXVIII1)
240. **steyermarkii** Foldats - Ven. 2.300-2.600 m (O4/94, S)
241. **striata** Rolfe - Ec., Peru, Col. 700-1.500 m (A**, E, H, S54/1, R**, S*)
- *striatella* Kraenzl.: 258 (E, G, H)
242. **strictissima** (Kraenzl.) Ortiz (*Ornithidium strictissimum* Kraenzl.) - Col. (FXVIII1) → Ornithidium 21
- *strobelii* com.name: 76 (S*)
243. **strumata** Ames & Correll (*Sepalosaccus strumatus* (Endr. & Rchb.f.) Gar.) - C.Rica, Pan. (W) → Sepalosaccus 2
244. **suaveolens** Barringer - C.Rica (W)
245. **subulata** Lindl. - Braz. (G)
246. **subulifolia** Schltr. - Pan., S-Am. (W, O4/89)
- *superba* Llave & Lex.: *Govenia* 12 (9**, A**, G**)
- *supina* Poepp. & Endl.: *Xylobium* 35 (9**, G**)
247. **swartziana** C.D.Adams (S)
- *taphallae* (Rchb.f.) Schweinf.: 210 (G, S)
248. **tarumaensis** Hoehne (*M. longifolia* (Barb.Rodr.) Cogn., *Dicrypta longifolia* Barb.Rodr.) - Braz., Ven. (E**, H**)

249. **tenuifolia** Lindl. (*M. gracilifolia* Kraenzl., ?*M. houtteana* Rchb.f., ?*M. curtipes* Hook.) - Mex., C.Rica, Guat., Nic., Hond., Salv. to 1.000 m (3**, O3/91, E**, G**, H**, W, S*)
- *tetragona* Lindl.: *Bifrenaria* 15 (4**, G**)
- *tetragona* Lindl.: *Lycaste tetragona* (9**)
250. **thurstoniorum** Dods. - Ec. 1.100-1.550 m (FXIX3*)
251. **tigrina** Schweinf. (*Chrysocycnis tigrina* (Schweinf.) Atwood) - C.Rica, Pan. (W, O3/84)
→ *tigrina* Schweinf.: *Chrysocycnis* 4 (S*)
252. **tonduzii** (Schltr.) Ames & Correll - C.Rica, Pan. (W)
- *tonsoniae* Soto Arenas: *Ornithidium* 22 (S)
253. **torifera** (Schltr.) Ortiz (*Ornithidium toriferum* Schltr.) - Col. (FXVIII1)
- *triangularis* Lindl.: 89 (9**, G)
- *tricolor* Kl.: *Lycaste* 48 (8**)
- *tricolor* Lindl.: 155 (G**)
254. **trilobata** Ames & Schweinf. [M. trilobata Ames & Correll (S)] (*Camaridium brenesii* Schltr.) - C. Rica, Pan. (W, O1/89, S)
- *trilobata* Ames & Correll: *Camaridium brenesii* (O1/89)
255. **triloris** E.Morr. - Col., Ec., Ven. (R**, S*)
256. **triphylla** (Pers.) Ruiz & Pav. (*Dendrobium triphyllum* Pers.) - Peru (G)
- *truxillensis* Rchb.f.: *Xylobium* 31 (O3/81)
- *tuerckheimii* Schltr.: 215 (E, H)
- *tyrianthina* Josst: *Bifrenaria* 16 (8**)
- *tyrianthina* hort. ex Baxt.: *Bifrenaria* 16 (9**)
257. **umbratilis** L.O.Wms. (*Camaridium vinosum* Rolfe) - C.Rica, Pan. (W, S)
258. **uncata** Lindl. (*M. maclaei* Batem. ex Lindl., *M. striatella* Kraenzl., *M. nana* Hook., *M. squamata* Barb. Rodr., *M. stenostele* Schltr., ?*M. plebeja* Rchb.f., *Ornithidium squamata* (Barb.Rodr.) Barb.Rodr., *Camaridium squamatum* (Barb.Rodr.) Hoehne, *C. unicatum* (Lindl.) Hoehne) - Bel., Guat., Hond., Nic., C.Rica, Pan., S-Am. 800-1.100 m (O3/91, O3/84, E, G, H, W, S*)
259. **undatiflora** (Pers.) Ruiz & Pav.

(*Dendrobium undatiflorum* Pers.) - Peru (G)
260. **undulata** Ruiz & Pav. - Peru (G) ⇾ *Xylobium* 33
261. **vagans** Ames & Schweinf. - Pan., C.Rica 1.400-2.200 m (O1/89, S)
- *vagans* Ames & Schweinf.: 35 (W)
262. **vaginalis** Rchb.f. - C.Rica, Pan. (W)
263. **valenzuelana** (A.Rich.) Nash (*M. iridifolia* (Batem.) Rchb.f., *Pleurothallis valenzuelana* A.Rich., *Dicrypta iridifolia* Batem., *Marsupiaria iridifolia* (Batem.) Hoehne, *M. valenzuelana* (A.Rich.) Gar.) - Nic., C.Rica, Pan., S-Am., W-Ind. (E**, H**, W)
⇾ *valenzuelana* (A.Rich.) Nash: *Marsupiaria* 2 (S*)
- *valenzuelana* ssp. *angustata* Atwood: *Marsupiaria* 2 (S)
264. **valerioi** Ames & Schweinf. - C.Rica, Pan. (W)
- *vanillodora* A.Rich. ex Rchb.f.: 221 (E**, G**, H**)
265. **variabilis** Batem. ex Lindl. (*M. henchmannii* Hook., *M. atropurpurea* hort. ex Lindl., *M. angustifolia* Hook., *M. revoluta* Kl., *M. lyonii* Lindl., *M. chiriquensis* Schltr., *M. panamensis* Schltr., *M. costaricensis* Schltr., *M. variabilis* var. *unipunctata* Lindl.) - Mex., Pan., Guat., Nic., Guy., Hond., Salv., C.Rica to 2.200 m (3**, 8**, 9**, O3/91, E**, G, H**, W, S*) var. **unipunctata** Lindl. - C-Am. 600-1.900 m (O6/93)
- *variabilis* var. *unipunctata* Lindl.: 265 (G)
- *variegata* Ruiz & Pav.: *Xylobium* 35 (9**, E**, G**, H**)
266. **venusta** Lind. & Rchb.f. (*M. kalbreyeri* Rchb.f., *M. anatamorum* Rchb.f.) - Ven., Col. ca. 1.500 m (8**, 9**, S)
267. **vernicosa** Barb.Rodr. - Braz. (O3/91, S)
268. **villonacensis** Dods. (*Camaridium polyanthum* Lehm. & Kraenzl.) - Ec. (FXIX3)
269. **vinosa** (Schltr.) Sengh. (*Camaridium vinosum* Schltr.) - C.Rica (S)
270. **violaceopunctata** Rchb.f. - Guy. to Bol., Braz. to 800 m (R**, S)
- *virginalis* Scheidw.: *Lycaste* 45 (9**, E**, G, H**)

- *viridis* Lindl.: *Pabstia* 6 (E, G**, H)
- *viridis* var. *platysepala* Regel: *Pabstia* 6 (G**)
- *viridis* var. *pluriflora* Regel: *Pabstia* 1 (9**, G)
- *viridis* var. *stenosepala* Regel: *Pabstia* 3 (9**, G)
- *viridis* var. *uniflora* Regel: *Pabstia* 6 (G**)
- *vitellina* Lindl.: *Bifrenaria* 18 (G**)
271. **vitelliniflora** Barb.Rodr. - Braz. 1.500-2.000 m (O3/91, O6/93, S*)
272. **vittariifolia** L.O.Wms. - C.Rica (W, O3/84)
- *wageneri* Rchb.f.: *Xylobium* 7 (G)
- *warreana* Lodd. ex Lindl.: *Warrea* 6 (9**, G, H**)
273. **wercklei** (Schltr.) L.O.Wms. (*Ornithidium wercklei* Schltr.) - C.Rica, Pan., S-Am. (W**, O3/84)
274. **whittenii** Dods. - Ec. 800-1.900 m (FXIX3*)
275. **williamsii** Dods. - Ec. 550-1.200 m (FXIX3*)
- *witsinioides* Schltr.: *Marsupiaria* 3 (S*)
276. **wrightii** (Schltr.) Ames & Correll (*Ornithidium wrightii* Schltr.) - Nic., C.Rica, Pan. (W**, O6/93, S)
- *xanthina* Lindl.: *Promenaea* 17 (4**, 8**, 9**, E**, G, H**)
277. **yanganensis** Dods. - Ec. 2.400-3.000 m (FXIX3*)
- *yzabalana* S.Wats.: 215 (E, H)
× **Maxilobium (Mxlb.)** (*Maxillaria* × *Xylobium*)
× *Mayara*: × *Renantanda* (*Papilionanthe* (*Vanda*) × *Renanthera* × *Vanda*)
× **Maymoirara (Mymra.)** (*Cattleya* × *Epidendrum* × *Laeliopsis*)
Mecosa Bl. - 1825: *Platanthera* L.C.Rich. (S)
- *angustata* Bl.: *Platanthera* 2 (2*, 6*)
- *dilatata* Bl.: *Platanthera* 6 (2*)
Mediocalcar J.J.Sm. - 1900 - Subfam. Epidendroideae Tribus: Epidendreae Subtr. Eriinae - (*Cryptochilus* J.J.Sm.) - ca. 15 sp. epi. - N.Gui., Mol., Fiji, P.Is., Cel., Samoa
1. **alpinum** J.J.Sm. (*M. bifolium* var. *validum* J.J.Sm.) - N.Gui., Sol., Van. (H)
2. **bicolor** J.J.Sm. - Amb. (H, S)
3. **bifolium** J.J.Sm. - N.Gui. (S)
- *bifolium* var. *validum* J.J.Sm.: 1 (H)

4. **caniense** Schltr. (S)
5. **decoratum** Schuiteman - N.Gui. (H**)
6. **diphyllum** Schltr. (S)
7. **erectum** Schltr. - N.Gui. (A**, S)
8. **luteococcineum** Schltr. (S)
9. **paradoxum** Schltr. - Samoa (S, O1/94)
10. **uniflorum** Schltr. (S)
× **Meechaiara (Mchr.)** (*Ascocentrum* × *Doritis* × *Phalaenopsis* × *Rhynchostylis* × *Vanda*)

Megaclinium Lindl. - 1826: *Bulbophyllum* Thou.
- *angustum* Rolfe: *Bulbophyllum* 307 (9**)
- *angustum* Rolfe: *Bulbophyllum* 162 (G)
- *arnoldianum* De Wild.: *Bulbophyllum* 162 (G)
- *brixhei* De Wild.: *Bulbophyllum* 162 (G)
- *buchenavianum* Kraenzl.: *Bulbophyllum* 71 (G**)
- *bufo* Lindl.: *Bulbophyllum* 430 (9**)
- *bufo* Lindl.: *Bulbophyllum* 162 (G)
- *congolense* De Wild.: *Bulbophyllum* 218 (G)
- *deistelianum* Kraenzl.: *Bulbophyllum* 162 (G)
- *djumaense* De Wild.: *Bulbophyllum* 304 (G)
- *endotrachys* Kraenzl.: *Bulbophyllum* 162 (9**, E**, H**)
- *endotrachys* Kraenzl.: *Bulbophyllum* 162 (G**)
- *falcatum* Lindl.: *Bulbophyllum* 162 (4**, E**, H**)
- *falcatum* Lindl.: *Bulbophyllum* 162 (G**)
- *flaccidum* Hook.: *Bulbophyllum* 71 (G**)
- *gentilii* De Wild.: *Bulbophyllum* 162 (G)
- *gillietii* De Wild.: *Bulbophyllum* 218 (G)
- *hebetatum* Kraenzl.: *Bulbophyllum* 218 (G)
- *hemirhachis* Pfitz.: *Bulbophyllum* 162 (G**)
- *imbricatum* (Lindl.) Rolfe: *Bulbophyllum* 218 (G)
- *lanuriense* De Wild.: *Bulbophyllum* 162 (G)
- *lasianthum* Kraenzl.: *Bulbophyllum* 162 (G)
- *ledermannii* Kraenzl.: *Bulbophyllum* 218 (G)
- *lepturum* Kraenzl.: *Bulbophyllum* 71 (G**)
- *leucorhachis* Rolfe: *Bulbophyllum* 260 (9**)
- *leucorhachis* Rolfe: *Bulbophyllum* 218 (G)
- *lindleyi* Rolfe: *Bulbophyllum* 71 (G**)
- *maximum* Lindl.: *Bulbophyllum* 304 (9**, G)
- *maximum* Lindl.: *Bulbophyllum* 71 (G**)
- *melanorrhachis* Rchb.f.: *Bulbophyllum* 162 (G)
- *millenii* Rolfe: *Bulbophyllum* 307 (9**)
- *millenii* Rolfe: *Bulbophyllum* 162 (G)
- *minutum* Rolfe: *Bulbophyllum* 307 (9**)
- *minutum* Rolfe: *Bulbophyllum* 162 (G)
- *minutum* var. *purpureum* De Wild.: *Bulbophyllum* 162 (G)
- *oxyodon* Rchb.f.: *Bulbophyllum* 162 (G**)
- *oxypterum* Lindl.: *Bulbophyllum* 304 (9**, G)
- *oxypterum* var. *mozambicense* Finet: *Bulbophyllum* 304 (G)
- *platyrhachis* Rolfe: *Bulbophyllum platyrhachis* (Rolfe) Schltr. (9**)
- *platyrhachis* Rolfe: *Bulbophyllum* 304 (G)
- *purpueorhachis* De Wild.: *Bulbophyllum* 430 (9**)
- *purpuratum* Lindl.: *Bulbophyllum* 304 (9**, G)
- *sereti* De Wild.: *Bulbophyllum* 162 (G)
- *solheidii* De Wild.: *Bulbophyllum* 162 (G)
- *strobiliferum* (Kraenzl.) Rolfe: *Bulbophyllum* 218 (G)
- *subcoriaceum* De Wild.: *Bulbophyllum* 304 (G)
- *triste* Rolfe: *Bulbophyllum* 218 (G)
- *ugandae* Rolfe: *Bulbophyllum* 162 (G**)
- *velutinum* Lindl.: *Bulbophyllum* 162 (G)

Megalorchis Schltr. ex H.Perr. - 1936 - Subfam. *Orchidoideae* Tribus: *Orchideae* Subtr. *Habenariinae* - 1 sp. terr. - N-Madag.

1. **regalis** (Schltr.) Schltr. (*Habenaria regalis* Schltr.) - N-Madag. 1.800-2.000 m (S, U)

Megalotus Gar. - 1972 - *Aeridinae* (S) - 1 sp. epi. - Phil.

1. **bifidus** (Lindl.) Gar. (*Saccolabium bifidum* Lindl., *Gastrochilus bifidus* (Lindl.) Ktze., *Sarcanthus bifidus* (Lindl.) Ames) - Phil. 0-500 m (G, S*)

Megastylis Schltr. - 1914 - *Subfam. Orchidoideae Tribus: Diurideae Subtr. Chloraeinae* - ca. 6 sp. terr. - N.Cal.
1. **gigas** (Rchb.f.) Schltr. - N.Cal. (S)
2. **glandulosa** (Schltr.) Schltr. (S*)
3. **paradoxa** (Kraenzl.) Hallé - N.Cal. (S)

Meiracyllium Rchb.f. - 1854 - *Subfam. Epidendroideae Tribus: Epidendreae Subtr. Meiracylliinae* - 2 sp. epi. Mex., Guat.
1. **deltoglossum** (Gar. & Dunst.) Brieg. (*Epidendrum deltoglossum* Gar. & Dunst.) - Ven. (S)
- *gemma* Rchb.f.: 3 (E, H, S)
2. **trinasutum** Rchb.f. - Mex., Guat., Salv. 120-1.000 m (3**, O3/91, E**, H**, S, FVI4**)
3. **wendlandii** Rchb.f. (*M. gemma* Rchb.f.) - Mex., Guat. (3**, O3/91, E, H, S)

Meliclis Raf. - 1836: *Coryanthes* Hook. (R)
- *speciosa* Raf.: *Coryanthes* 36 (S)

Menadenia Raf. - 1836: *Maxillaria* Ruiz & Pav.
- *parkeri* (Hook.) Raf.: *Maxillaria* 185 (9**, E**, G, H**)

Menadenium Raf. ex Cogn. - 1836: *Zygosepalum* Rchb.f. (S)
- *ballii* (Rolfe) Gar.: *Zygosepalum* 2 (S)
- *labiosum* (L.C.Rich.) Cogn.: *Zygosepalum* 4 (9**, G, H**, S*)
- *lindeniae* (Rolfe) Cogn.: *Zygosepalum* 5 (H**)
- *rostratum* (Hook.) Raf.: *Zygosepalum* 4 (9**, H**, G)

Mendoncella A.D.Hawk. - 1964: *Galeottia* A.Rich. (S)

Mendoncella (Mdcla.) A.D.Hawk. - 1964 - *Subfam. Epidendroideae Tribus: Maxillarieae Subtr. Zygopetalinae* - (*Galeottia* A.Rich. & Gal.) - 11 sp. epi. - Trop. Am., Mex. to Peru, Braz.

- *acuminata* (Schweinf.) Gar.: *Galeottia* 1 (S*)
- *beaumontii* (A.Rich.) Gar. (O6/89): 1 (O6/98)
- *burkei* (Rchb.f.) Gar.: *Galeottia* 3 (S*)
1. **ciliata** (Morel) Gar. (*M. beaumontii* A.Rich.) Gar., *Stenia beaumontii* A.Rich.) (O6/98)
↛ *ciliata* (Morel) Gar.: *Galeottia* 4 (S*)
- *colombiana* Gar.: *Galeottia* 5 (S)
2. **fimbriata** (Lind. & Rchb.f.) Gar. (*Batemania fimbriata* Lind. & Rchb. f.) - Col., Ven., Ec. (H, O1/89, $50/1)
↛ *fimbriata* (Lind. & Rchb.f.) Gar.: *Galeottia* 6 (O1/94, S)
3. **grandiflora** (A.Rich.) A.D.Hawk. (*Galeottia grandiflora* A.Rich., *Batemania grandiflora* (A.Rich.) Rchb. f., *Huntleya grandiflora* (A.Rich.) Lem., *Zygopetalum grandiflorum* (A.Rich.) Benth. & Hook.f.) - Mex., Guat., C.Rica, Pan., Col. (9**, H**)
↛ *grandiflora* (A.Rich. & Gal.) A.D. Hawk.: *Galeottia* 7 (S*)
4. **jorisiana** (Rolfe) A.D.Hawk. ($50/1)
↛ *jorisiana* (Rolfe) A.D.Hawk.: *Galeottia* 8 (S*)
5. **marginata** (Rchb.f.) Gar. (*Warscewiczella marginata* Rchb.f., *W. velata* Rchb.f., *Warrea marginata* Rchb. f., *W. quadrata* Lindl., *Huntleya marginata* hort. ex Rchb.f., *Zygopetalum velatum* (Rchb.f.) Rchb.f., *Z. marginatum* (Rchb.f.) Rchb.f., *Z. quadratum* (Lindl.) Pfitz., *Chondrorhyncha lipsicombiae* Rolfe, *C. marginata* (Rchb.f.) P.H.Allen, *Cochleanthes marginata* (Rchb.f.) Schult. & Gar.) - Ven., Col., Ec. (9**)
- *marginata* (Rchb.f.) Gar.: *Cochleanthes* 10 (O5/98)
↛ *marginata* (Gar.) Gar.: *Galeottia* 9 (S)
- *negrensis* (Schltr.) A.D.Hawk.: *Galeottia* 10 (S*)
6. **prainiana** (Rolfe) Gar. (*Zygopetalum prainianum* Rolfe) - Ven., Peru (9**)
↛ *prainiana* (Rolfe) Gar.: *Galeottia* 13 (S)
× *Mendosepalum (Mdspl.)*: × *Galeosepalum* (*Mendoncella* (*Galeottia*) × *Zygosepalum*)

Mesadenella Pabst & Gar. - 1952 - *Subfam. Spiranthoideae* Tribus: *Cranichideae* Subtr. *Spiranthinae* - ca. 6 sp. terr. - Guat. to S-Braz., N-Arg.
1. **esmeraldae** (Lind. & Rchb.f.) Pabst & Gar. (*Spiranthes esmeraldae* Lind. & Rchb.f., *Stenorrhynchos esmeraldae* (Lind. & Rchb.f.) Cogn.) - S-Braz., N-Arg., Nic., C.Rica (S)
2. **petenensis** (L.O.Wms.) Gar. - Nic. (W)
3. **tonduzii** (Schltr.) Pabst & Gar. - Nic., C.Rica (W)

Mesadenus Schltr. - 1920 - *Subfam. Spiranthoideae* Tribus: *Cranichideae* Subtr. *Spiranthinae* - 8 sp. terr. - SE-Braz., Mex., C-Am.,W-Ind., Bah.
1. **polyanthus** (Rchb.f.) Schltr. - Nic. (W, S)

Mesicera Raf. - 1825: *Habenaria* Willd. (S)

Mesoclastes Lindl. p.p. - 1830: *Papilionanthe* Schltr. (S)

Mesoclastes Lindl. p.p. - 1830: *Luisia* Gaudich. (S)
- *brachystachys* Lindl.: *Luisia* 5 (2*)

Mesodactylus deflexa Wall.: *Apostasia* 3

Mesoglossum Halb. - 1982 - *Oncidiinae* (S) - 1 sp. lit/ter - end. to Mex.
- **londesboroughianum** (Rchb.f.) Halb. (*Odontoglossum londesboroughianum* Rchb.f.) - Mex., Guat. 1.000-2.000 m (H*, S*, O2/90**)

Mesoptera Raf. - 1836: *Liparis* L.C.Rich. (S)

Mesospinidium Rchb.f. - 1852 emend. Gar. - 1973 - *Subfam. Epidendroideae* Tribus: *Oncidieae* Subtr. *Oncidiinae* - ca. 9 sp. epi. - C.Rica to Bol.
- *aurantiacum* (Lindl.) Rchb.f.: *Ada* 3 (8**, E**, H**)
- *aurantiacum* (Lind. ex Lindl.) Rchb. f.: *Ada* 3 (E**, H**)
- *cinnabarinum* (Lind. ex Lindl.) Rchb.f.: *Ada* 3 (9**)
- *cochliodum* Rchb.f.: *Symphyglossum* 2 (E**, H**)
1. **ecuadorense** Gar. - Col., Ec. 1.500 m (S*)
2. **endresii** (Kraenzl.) Gar. (*M. horichii* Bock, *Solenidium endresii* Kraenzl.) - C.Rica, Pan. (W, O5/91, S)
- *endresii* (Kraenzl.) Gar.: 8 (O5/96)
- *horichii* Bock: 2 (W)
3. **horichii** Bock - C.Rica 800 m (O5/91, O5/96)
- *horichii* Bock: 4 (S*)
4. **incantans** Rchb.f. (*M. horichii* Bock) - C.Rica, Ec., Bol. Col. (S*, R**)
- *jucundum* Rchb.f.: *Rodrigueziella* 4 (S*)
5. **lehmannii** Gar. - Col. 1.000 m (O5/91, S, R)
- *leochilinum* (Rchb.f.) Schltr.: *Goniochilus* 1 (S)
6. **panamense**(is) Gar. - Pan. 800-1.000 m (W, S)
7. **peruvianum** Gar. - Ec., Peru 1.500 m (S*)
- *radiatum* (Lindl.) Rchb.f.: *Caucaea* 1 (H*)
- *roseum* (Lindl.) Rchb.f.: *Cochlioda* 6 (8**, 9**, G, H*)
- *sanguineum* Rchb.f.: *Symphyglossum* 2 (9**, S*)
- *vulcanicum* Rchb.f.: *Cochlioda* 7 (8**, 9**)
8. **warscewiczii** Rchb.f. (*M. endresii* (Kraenzl.) Gar.) - Nic., C.Rica, Pan. 600-1.200 m (W**, O5/91, O5/96, S*, R)

Metachilum Lindl. - 1830: *Appendicula* Bl. (S)
- *cyathiferum* Lindl.: *Appendicula* 2 (2*)

Mexicoa Gar. - 1974 - *Subfam. Epidendroideae* Tribus: *Oncidieae* Subtr. *Oncidiinae* - 1 sp. epi. - end. to Mex.
1. **ghiesbreghtiana** (A.Rich. & Gal.) Gar. (*Oncidium ghiesbreghtianum* A. Rich. & Gal., *O. warneri* (Lindl.) Lindl., *Odontoglossum warneri* Lindl., *O. warneri* var. *purpuratum* Lindl.) - Mex. 1.800-2.300 m (3**, A**, G**, H**, S54/9, S*)
- *ghiesbreghtiana* (A.Rich. & Gal.) Gar.: *Oncidium ghiesbreghtianum* (E**, S*)

Mexipedium Albert & Chase - 1992 - *Phragmipediinae* (S) - 1 sp. lith. - Mex.
1. **xerophyticum** (Soto Arenas, Salazar & Hagsater) Albert & Chase (*Phragmipedium xerophyticum* Soto Arenas, Salazar & Hagsater, *Paphiopedilum xerophyticum* (Soto Arenas, Salazar & Hagsater) Albert & Pett.) - Mex. ca. 300 m (O(B)4, S*)

× **Micholitzara (Mchza.)** (*Aërides* × *Ascocentrum* × *Neofinetia* × *Vanda*)

Microchilus Presl - 1827: *Physurus* L.C. Rich. (S)
- *pictus* (Lindl.) Morr.: *Erythrodes* 14 (G)

Microcoelia Lindl. - 1830 - *Subfam. Epidendroideae Tribus: Vandeae Subtr. Aerangidinae* - (*Encheiridium(on)* Summerh., *Dicranotaenia* Finet, *Rhaphidorhynchus* Finet p.p.) - ca. 27 sp. epi. - Trop. Afr. to S-Afr., Madag.
- *aphylla* Summerh.: *Solenangis* 1 (U**)

1. **aurantiaca** (Schltr.) Summerh. (*Gussonea aurantiaca* Schltr.) - Madag. 0-500 m (U)
2. **bispiculata** Jonsson - Madag. ca. 100 m (U, S)
3. **bulbocalcarata** Jonsson - Rwa., Ug. 1.680-1.950 m (C, S*)
4. **caespitosa** (Rolfe) Summerh. - S. Leone (S)
5. **corallina** Summerh. - Kenya, S-Tanz., Mali, Moz. 200-670 m (M**, C**)
6. **decaryana** Jonsson - Madag. ca. 300 m (U)
7. **dolichorhiza** (Schltr.) Summerh. (*Angraecum dolichorhizum* Schltr., *Gussonea dolichorhiza* (Schltr.) Schltr.) - Madag. ca. 1.000 m (U)
8. **elliotii** (Finet) Summerh. (*Listrostachys elliotii* Finet, *Gussonea elliotii* (Finet) Schltr.) - Madag. 0-1.500 m (U, S)
- *ericosma* Summerh.: 25 (M**)
9. **exilis** Lindl. (*Angraecum chiloschistae* Rchb.f., *Gussonea exilis* (Lindl.) Ridl., *G. chiloschistae* (Rchb.f.) Schltr., *Epidorchis exilis* (Lindl.) Ktze., *Mystacidium exilis* (Lindl.) Dur. & Schinz, *Rhaphidorhynchus chiloschistae* (Rchb.f.) Finet) - Kenya, Ug., Tanz., Zai., Moz., Zim., Madag. 0-2.000 m - epi/lit (1**, E, H, M**, C, U, S*)
10. **gilpinae** (Rchb.f. & S.Moore) Summerh. (*M. melinantha* (Schltr.) Summerh., *Angraecum gilpinae* Rchb.f. & S.Moore, *Gussonea gilpinae* (Rchb.f. & S.Moore) Ridl., *G. gilpinae* var. *minor* Schltr., *G. melinantha* Schltr., *Epidorchis gilpinae* (Rchb.f. & S.Moore) Ktze., *Mystacidium gilpinae* (Rchb.f. & S.Moore) Dur. & Schinz, *Rhaphidorhynchus gilpinae* (Rchb.f. & S.Moore) Finet) - Madag. 200-1.800 m (U**, S)
11. **globulosa** (Hochst.) Jonsson (*M. guyoniana* (Rchb.f.) Summerh., *Angraecum globulosum* Hochst., *A. guyonianum* Rchb.f., *Gussonea globulosa* (Hochst.) Ridl.) - Trop. Afr., Nig., Eth. to Zim. 500-1.950 m (H**, M, C**)
- *guyoniana* (Rchb.f.) Summerh. (1**, E**): 11 (H**, M, C**)
12. **hirschbergii** Summerh. (S)
13. **koehleri** (Schltr.) Summerh. (*M. pachystemma* Summerh.) - Kenya, Ug., Tanz., Nig., Zam., Malawi 200-1.600 m (M**, C*)
14. **konduensis** (De Wild.) Summerh. (S)
15. **macrantha** (H.Perr.) Summerh. (*Gussonea macrantha* H.Perr.) - end. to Madag. 0-1.000 m (O2/94, U**, S)
16. **megalorrhiza** (Rchb.f.) Summerh. - Tanz., Malawi 0-550 m (M**, C, S)
- *melinantha* (Schltr.) Summerh.: 10 (U**)
17. **microglossa** Summerh. (S)
18. **moreauae** Jonsson - Kenya, Tanz., Malawi, Zim. 1.500-1.800 m (M**)
19. **nyungwensis** Jonsson (S)
20. **obovata** Summerh. - Kenya, Tanz., Moz., S-Afr. 0-1.100 m (E, H, M**, C)
21. **ornithocephala** Cribb - S-Malawi 600 m (C**)
- *pachystemma* Summerh.: 13 (M**)
22. **perrieri** (Finet) Summerh. (*Rhaphidorhynchus perrieri* Finet, *Angraecum perrieri* (Finet) Schltr., *Gussonea perrieri* (Finet) Schltr.) - Madag. 0-500 m - epi/lit (U**, S)
23. **physophora** (Rchb.f.) Summerh. (*Angraecum physophorum* Rchb.f., *Gussonea physophora* (Rchb.f.) Ridl., *Angorchis physophora* (Rchb.f.) Ktze., *Epidorchis physophora* (Rchb.f.) Ktze., *Mystacidium physophorum* (Rchb.f.) Dur. & Schinz) - Kenya, Tanz., Zanz., Madag. 0-500 m (M, FXV2/3, U, S*)
- *sanfordii* Jonsson: *Encheiridion* 3 (S)
24. **smithii** (Rolfe) Summerh. - Kenya, Malawi, Tanz. 0-600 m (M**, C)
25. **stolzii** (Schltr.) Summerh. (*M. ericosma* Summerh.) - Kenya, Malawi,

Tanz., Moz., Zam., Zim. 800-2.450 m (1**, H, M**, C)
Microepidendrum Brieg. - 1972: *Encyclia*
Microepidendrum Brieg. - 1972: *Epidendrum* L.
Microepidendrum Brieg. - 1972 - *Epidendrinae* (S) - 6 sp. epi. - C-Am.
1. **miserrimum** (Rchb.f.) Brieg. (*Epidendrum miserrimum* Rchb.f., *Jacquiniella miserrima* (Rchb.f.) Stehlé) - Ven. (S) ⇻ Epidendrum 176
2. **pallens** (Rchb.f.) Brieg. (*Epidendrum pallens* Rchb.f., *E. pauciflorum* Schltr.) - C.Rica (S) ⇻ Epidendrum 204
3. **selaginella** (Schltr.) Brieg. (*Epidendrum selaginella* Schltr.) - C.Rica (S) ⇻ Epidendrum 275
4. **serrulatum** (Sw.) Brieg. (*Epidendrum serrulatum* Sw.) - Jam. (S)
5. **subliberum** (Schweinf.) Brieg. (*Epidendrum subliberum* Schweinf., *Scaphyglottis sublibera* (Schweinf.) Dressl.) - Peru (S)
6. **subulatifolium** (A.Rich. & Gal.) Brieg. (*Epidendrum subulatifolium* A. Rich. & Gal., *Encyclia subulatifolia* (A.Rich. & Gal.) Dressl.) - Mex. (S) ⇻ Epidendrum 295 ⇻ Encyclia 90
Microholmesia Cribb: *Holmesia* Cribb (S)
Micropera Dalz. - 1851: *Smithsonia* Saldanha (S)
Micropera (Micr.) Lindl. - 1832 - *Subfam. Epidendroideae Tribus: Vandeae Subtr. Sarcanthinae* (*Camarotis* Lindl.) - ca. 12/17 sp. epi. - SE-As., Mal., N.Gui., Austr.
1. **apiculata** (Rchb.f.) Gar. (*Camarotis apiculata* Rchb.f.) - Thai., Viet., Laos, Camb., Java, Mal., Sum., Born. to 1.000 m (S*)
- apiculata (Rchb.f.) Gar.: 6 (G)
- cochinchinensis (Rchb.f.) Tang & Wang: 6 (G)
2. **fasciculata** (Lindl.) Gar. (*Camarotis keffordii* (F.M.Bailey) J.J.Sm.) - Austr. (Qld.), SE-As. (P**, S)
3. **fuscolutea** (Lindl.) Gar. (*Sarcochilus fuscoluteus* Lindl., *S. adnatus* Ridl., *Saccolabium adnatum* (Ridl.) Ridl., *Camarotis latisaccata* J.J.Sm., *C. adnata* (Ridl.) Holtt.) - Born. (G)
4. **mannii** (Hook.f.) Tang & Wang - Ind. ($54/8)
5. **obtusa** (Lindl.) Tang & Wang (*Camarotis obtusa* Lindl., *Sarcochilus obtusus* (Lindl.) Benth. ex Hook.f.) - Ind., Burm., Thai. to 400 m (G, $54/8, S*)
6. **pallida** (Roxb.) Lindl. (*M. cochinchinensis* (Rchb.f.) Tang & Wang, *M. apiculata* (Rchb.f.) Gar., *Aerides pallida* Roxb., *Camarotis apiculata* Rchb.f., *C. cochinchinensis* Rchb.f., *C. pallida* (Roxb.) Prain, *C. purpurea* Lindl., *Sarcochilus cochinchinensis* (Rchb.f.) Nicols., *Saccolabium saxicolum* Ridl., *S. flaveolens* Ridl., *Sarcanthus apiculatus* (Rchb.f.) J.J.Sm., *S. thorelii* Guill.) - Burm., Thai., Camb., Viet., Mal., Sum., Java, N-E-Ind (G)
- pallida Lindl.: *Sarcanthus subulatus* (2*)
- pallida Wall.: *Cleisostoma* 36 (6*)
7. **philippinensis** (Lindl.) Gar. - Phil. ($54/8, S)
8. **proboscidea** (J.J.Sm.) Gar. ($54/8)
9. **rostrata** (Roxb.) Balakr. (*Camarotis purpurea* Lindl.) - Ind., Thai. ($54/8)
- viridiflora Dalz.: *Smithsonia* 3 ($54/8, S)
Microphytanthe (Schltr.) Brieg. - 1981: *Dendrobium*
Microphytanthe (Schltr.) Brieg. - 1981 - *Dendrobiinae* (S) - (*Dendrobium* sect. *Microphytanthe* Schltr.) - 3 sp. epi. - N.Gui. 1.200 m
1. **bulbophylloides** (Schltr.) Brieg. (*Dendrobium bulbophylloides* Schltr.) - N.Gui. 1.200 m (S) ⇻ Dendrobium 50
2. **nummularia** (Schltr.) Brieg. (*Dendrobium nummularia* Schltr.) - N. Gui. 1.200 m (S)
3. **prorepens** (Schltr.) Rausch. - P.N. Gui. (S)
Microsaccus Bl. - 1825 - *Subfam. Epidendroideae Tribus: Vandeae Subtr. Sarcanthinae* - 11 sp. epi. - SE-Thai., Burm., Mal., Sum., Phil, Java
1. **ampullaceus** J.J.Sm. - Thai. to Java (S)
- brevifolius J.J.Sm.: 2 (S*)
2. **griffithii** (Par. & Rchb.f.) Seidenf. (*M. javensis* Bl., *M. brevifolius* J.J.Sm.) - Burm., Camb., Thai., Mal., Sum., Java, Born., Phil. (S*)
- javensis Bl. (2*): 2 (S*)
3. **longicalcaratus** Ames & Schweinf. (S)
- virens Hook.f.: *Adenoncos* 6 (2*)

Microstylis Bl.: *Malaxis* Sw.
Microstylis (Nutt.) Eaton - 1822: *Malaxis* Sol. ex Sw. (S)
- *atro-ruber* H.Perr.: *Malaxis* 4 (U)
- *bernaysii* F.v.Muell.: *Microstylis latifolia* (2*)
- *bernaysii* F.v.Muell.: *Malaxis* 29 (G)
- *blumei* Boerl. & J.J.Sm. (2*): *Malaxis* 29
- *brenesii* Schltr.: *Malaxis* 24 (G)
- *calophylla* Rchb.f.: *Malaxis* 9 (E*, H*)
- *calophylla* Rchb.f.: *Malaxis* 47 (9**)
- *cardiophylla* Rchb.f.: *Malaxis* 11 (U)
- *carnosula* Rolfe ex Downie: *Malaxis* 29 (G)
- *carpinterae* Schltr.: *Malaxis* 19 (9**, G)
- *caulescens* Lindl.: *Malaxis* 13 (G)
- *commelinifolia* Zoll. (2*): *Malaxis* 14 (S)
- *congesta* (Lindl.) Rchb.f. (2*): *Malaxis* 29 (G)
- *congesta* var. *fusca* (Lindl.) Ridl.: *Malaxis* 29 (G)
- *cordata* (Lindl.) Rchb.f.: *Malaxis* 15 (G)
- *dalatensis* Guill.: *Malaxis* 29 (G)
- *discolor* Lindl.: *Malaxis* 18 (9**)
- *disepala* Rchb.f.: *Malaxis* 24 (G)
- *excavata* Lindl.: *Malaxis* 19 (9**, G)
- *fineti* Gagn.: *Malaxis* 29 (G)
- *flavescens* Lindl. (2*): *Malaxis* ?
- *flavescens* J.J.Sm., non Lindl. (2*): *Malaxis* ?
- *francoisii* H.Perr.: *Malaxis* 22 (U)
- *fusca* (Lindl.) Rchb.f. (2*): *Malaxis* 29 (G)
- *grisebachiana* Fawc. & Rendle: *Malaxis* 57 (G**)
- *hastilabia* Rchb.f.: *Malaxis* 19 (9**, G)
- *histionantha* Link, Kl. & Otto: *Malaxis* 24 (G)
- *humilis* Cogn.: *Encyclia* 82 (9**, E**, G, H)
- *ishigakensis* Ohwi: *Malaxis* 29 (G)
- *josephiana* Rchb.f.: *Malaxis* 26 (9**)
- *junghuhnii* J.J.Sm. (2*): *Malaxis* ?
- *kalbreyeriana* Kraenzl.: *Malaxis* 27 (FXVIII1)
- *kizanensis* Masamune: *Malaxis* 29 (G)
- *kobi* J.J.Sm. (2*): *Malaxis* ?
- *koordersii* J.J.Sm. (2*): *Malaxis* ?
- *latifolia* (Smith) J.J.Sm. (2*): *Malaxis* 29 (4**, G)
- *latifolia* var. *fusca* (Lindl.) J.J.Sm. (2*): *Malaxis* 29 (G)
- *longissima* Kraenzl.: *Malaxis* 31 (FXVIII1)
- *lowii* E.Morr.: *Malaxis* 32 (Q**)
- *madagascariensis* Klinge: *Malaxis* 34 (U)
- *maingayi* Hook.f.: *Liparis* 101 (6*)
- *metallica* Rchb.f.: *Malaxis* 37 (9**)
- *monophyllos* (L.) Lindl.: *Malaxis* 38 (K**)
- *muelleri* Schltr: *Malaxis* 19 (9**, G)
- *obovata* J.J.Sm. (2*): *Malaxis* ?
- *oculata* Rchb.f.: *Malaxis oculata* (2*)
- *ophioglossoides* var. *mexicana* Lindl.: *Malaxis* 57 (G**)
- *ottonis* Schltr.: *Malaxis* 19 (9**, G)
- *paranaensis* Schltr.: *Malaxis* 19 (9**, G)
- *perakensis* Ridl. (2*): *Malaxis* ?
- *physuroides* Schltr.: *Malaxis* 43 (U)
- *purpurea* Lindl. (2*): *Malaxis purpurea*
- *quadrangularis* Cogn.: *Malaxis* 19 (9**, G)
- *rheedii* Rchb.f.: *Malaxis* 29 (G)
- *sagittata* J.J.Sm. (2*): *Malaxis* ?
- *scottii* Hook.f.: *Malaxis* 47 (9**)
- *scottii* Hook.f.: *Malaxis* 9 (E*, H*)
- *sertulifera* (Barb.Rodr.) Schltr.: *Malaxis* 19 (9**, G)
- *seychellarum* Schltr.: *Malaxis* 48 (O3/98)
- *simillima* Rchb.f.: *Malaxis* 19 (9**, G)
- *sneidernii* Gar.: *Malaxis* 50 (FXVIII1)
- *sordida* J.J.Sm.: *Malaxis* 62 (O3/81)
- *spiralipetala* Cogn.: *Malaxis* 19 (9**, G)
- *tipuloides* Lindl.: *Crossoglossa* 9 (FXX(3))
- *trilobulata* Kurz (2*): *Malaxis* 29 (G)
- *unifolia* (Muhl. ex Willd.) Nutt. ex Eaton: *Malaxis* 57 (G**)
- *unifolia* (Mich.) Britt., Sterns & Pogg.: *Malaxis* 57 (G**)
- *wallichii* Lindl. (2*): *Malaxis* 58 (S)
- *xanthochila* Schltr.: *Malaxis* 62 (O3/81)

Microtatorchis Schltr. - 1905 - *Subfam. Epidendroideae Tribus: Vandeae*

Subtr. Sarcanthinae - (*Geissanthera* Schltr.) - ca. 20/46 sp. epi. - N.Gui.
1. **aristata** (L.O.Wms.) Gar. - Phil. (S)
2. **celebica** (Rolfe) Schltr. - Cel. (S)
3. **compacta** (Ames) Schltr. - Phil., Taiw. (S)
4. **iboetii** J.J.Sm. - Mol. (S)
5. **multiflora** Ridl. - N.Gui. (S*)
6. **paife** (Drake) Gar. - Tah. (S)
7. **perpusilla** Schltr. - N.Gui. (S*)
8. **podochiloides** J.J.Sm. - N.Gui. (S*)
9. **pterophora** Schltr. - N.Gui. (S*)
10. **schlechteri** Gar. - N.Gui. (S*)
11. **taenioides** O'Byrne - Sul. (S)
12. **torajaense** O'Byrne - Sul. (S)

Microterangis (Schltr.) Sengh. - 1985 - *Aerangidinae* (S) - (*Chamaeangis* sect. *Microterangis* Schltr.) - 7 sp. epi. - Madag., Com.
1. **boutonii** (Rchb.f.) Sengh. (*Angraecum boutonii* Rchb.f., *Angorchis boutonii* (Rchb.f.) Ktze., *Angraecopsis boutonii* (Rchb.f.) H.Perr., *Chamaeangis boutonii* (Rchb.f.) Gar.) - Madag., Com. (U)
2. **coursiana** (H.Perr.) Sengh. (*Chamaeangis coursiana* H.Perr.) - Madag. ca. 900 m (U)
3. **divitiflora** (Schltr.) Sengh. (*Angraecum divitiflorum* Schltr., *Chamaeangis divitiflorum* (Schltr.) Schltr.) - Madag. (U)
4. **hariotiana** (Kraenzl.) Sengh. (*Mystacidium hariotianum* Kraenzl., *Saccolabium hariotianum* (Kraenzl.) Finet, *Chamaeangis hariotianum* (Kraenzl.) Schltr.) - Com. 0-500 m (U**, S*)
5. **hildebrandtii** (Rchb.f.) Sengh. (*Angraecum hildebrandtii* Rchb.f., *Chamaeangis hildebrandtii* (Rchb.f.) Gar.) - Com. (U)
6. **humblotii** (Rchb.f.) Sengh. (*Saccolabium humblotii* Rchb.f., *Angraecum saccolabioides* H.Perr., *Chamaeangis humblotii* (Rchb.f.) Gar.) - Com. (U)
7. **oligantha** (Schltr.) Sengh. (*Angraecum oliganthum* Schltr., *Chamaeangis oligantha* (Schltr.) Schltr.) - Madag. (U)

Microtheca Schltr. - 1925: *Cynorkis* Thou. (S)

Microthelys Gar. - 1982 - *Spiranthinae* (S) - 3 sp. terr. - Mex., Guat., C.Rica
1. **minutiflora** (A.Rich. & Gal.) Gar. (S*)

Microtis R.Br. - 1810 - *Subfam. Orchidoideae Tribus: Diurideae Subtr. Prasophyllinae* - ca. 9/14 sp. terr. - Phil., Indon., Austr., N.Zeal., N.Hebr. - „Onion Orchids"
1. **alba** R.Br. - end. to W-Austr. - scented (P**, S*)
- *arenaria* Lindl.: 8 (2*)
2. **atrata** Lindl. - end. to Austr. (Vic., Tasm., SA, WA) (P*)
- *banksii* A.Cunn.: 8 (2*)
- *brownii* Rchb.f.: 10 (P)
- *formosana* Schltr.: 7 (S)
- *frutetorum* Schltr.: 8 (2*)
3. **globula** R.Bates - end. to W-Austr. (P*)
- *javanica* Rchb.f.: 8 (2*)
- *magnadenia* Rupp: 10 (P)
4. **media** R.Br. - Austr. (9**)
- *oblonga* R.Rogers: 10 (P)
5. **oligantha** L.B.Moore - end. to N. Zeal. (O3/92)
6. **orbicularis** R.Rogers - end. to Austr. (Vic., Tasm., SA, WA) (P*)
7. **parviflora** R.Br. (*M. formosanum* Schltr.) - Austr. (Qld., NSW, ACT, Vic., Tasm. SA) N.Zeal., N.Cal. (9**, S, P**, O3/92)
8. **porrifolia** Spreng. (*M. banksii* A.Cunn., *M. uniflora* (Forst.f.) Rchb.f., *M. rara* R.Br., *M. pulchella* Lindl., *M. arenaria* Lindl., *M. frutetorum* Schltr., *M. javanica* Rchb.f., *Epipactis porrifolia* Sw., *Ophrys unifolia* Forst.f.) - Java (2*)
9. **pulchella** R.Br. - end. to W-Austr. (P**)
- *pulchella* Lindl.: 8 (2*)
10. **rara** R.Br. (*M. brownii* Rchb.f., *M. magnadenia* Rupp, *M. oblonga* R. Rogers) - end. to Austr. (Qld., NSW, ACT, Vic., Tasm., SA, WA) - scented (P*)
- *rara* R.Br.: 8 (2*)
11. **unifolia** (uniflora) (Forst.f.) Rchb.f. - Austr., N.Zeal., N.Cal., Indon., Phil., Jap., China (S, P**, O3/92)
- *unifolia* Rchb.f.: 8 (2*)
× **Milpasia (Mpsa.)** (*Aspasia* × *Miltonia*)
× **Milpilia (Mpla.)** (*Miltonia* × *Trichopilia*)
× **Miltada (Mtad.)** (*Ada* × *Miltonia*)
× **Miltadium (Mtadm.)** (*Ada* × *Miltonia* × *Oncidium*)
× **Miltarettia (Mtta.)** (*Comparettia* × *Miltonia*)

× **Miltassia (Mtssa.)** (*Brassia* × *Miltonia*)
× **Miltistonia (Mtst.)** (*Baptistonia* × *Miltonia*)
× **Miltoglossum**: × *Odontonia* (*Miltonia* × *Odontoglossum*)
× **Miltonguezia**: × *Rodritonia* (*Miltonia* × *Rodriguezia*)
Miltonia (Milt.) Lindl. - 1837 - *Subfam. Epidendroideae Tribus: Oncidieae Subtr. Oncidiinae* - (*Macrochilus* Knowl. & Westc.) - 5 sp. epi. - Braz.
1. **anceps** (Kl.) Lindl. (*M. pinelii* hort. ex Rchb.f., *Odontoglossum anceps* Kl., *Oncidium anceps* (Kl.) Rchb.f.) - Braz. (9**, A**, S)
- *bicolor* Lodd. ex Baxt.: 9 (8**, S*)
2. × **bluntii** Rchb.f. [*M. bluntii* Rchb.f. (*Oncidium bluntii* hort. ex Williams) (8**)] (*M. spectabilis* × *M. clowesii*) nat. hybr. - Braz. (S)
3. **candida** Lindl. (*Oncidium candidum* Rchb.f.) - Braz. (8**, A**, E**)
➤ *candida* Lindl.: *Anneliesia* 1 (9**, G, H**)
- *candida* var. *flavescens* Hook.: *Anneliesia* 1 (9**, G)
- *candida* var. *grandiflora* Lindl.: *Anneliesia* 1 (G)
- *candida* var. *purpureo-violacea* Cogn. (8**): *Anneliesia* 1 (O2/84)
- *cereola* Lem.: 7 (8**, 9**)
4. **clowesii** (Lindl.) Lindl. (*M. karwinskii* hort., *Odontoglossum clowesii* Lindl., *Brassia clowesii* (Lindl.) Lindl., *Oncidium clowesii* (Lindl.) Beer) - Braz. 300-1.000 m (8**, 9**, E**, G, H**, S*)
5. **cuneata** Lindl. (*M. speciosa* Kl., *Oncidium speciosum* (Kl.) Rchb.f., *O. cuneatum* (Lindl.) Beer) - Braz. (8**, E**, G**, H**)
➤ *cuneata* Lindl. : *Anneliesia* 2 (S*)
- *endresii* Nichols (8**): *Miltoniopsis* 6 (9**, H**, W)
6. **flavescens** (Lindl.) Lindl. (*M. stellata* (Lindl.) Lindl., *Cyrtochilum stellatum* Lindl., *C. flavescens* Lindl., *Oncidium flavescens* (Lindl.) Rchb. f.) - Braz., Par., Arg. 200-700 m (9**, E**, G**, H**, S*)
- *fuscatum* Rchb.f.: 10 (8**)
- *illustris* hort.: 9 (9**)
- *karwinskii* hort.: 4 (8**)
- *karwinskii* (Lindl.) Lindl.: *Miltonioides* 2 (G)
- *kayasimae* Pabst: *Anneliesia* 3 (S)
- *laevis* (Lindl.) Rolfe: *Miltonioides* 3 (9**, G**, H**)
- *leopoldiana* Rchb.f.: *M. vexillaria* var. *leopoldiana* (8**)
- *leucomelas* (Rchb.f.) Rolfe: *Miltonioides* 3 (9**, G**, H**)
- *moreliana* hort.: 9 (8**, 9**)
- *moreliana* hort.: 9 (G**)
- *parva* Schweinf.: *Cischweinfia* 6 (S)
- *phalaenopsis* (Lind. & Rchb.f.) Nicholson (8**): *Miltoniopsis* 2 (H**)
- *pinelii* hort. ex Rchb.f.: 1 (9**)
- *pulchella* hort. ex Batem.: *M. phalaenopsis* (8**)
- *quadrijuga* Dus. & Kraenzl.: *M. russelliana* (G**)
- *quadrijuga* Dus. & Kraenzl.: *Anneliesia* 4 (S)
7. **regnellii** (regnelli) Rchb.f. (*M. cereola* Lem., *Oncidium regnelli(i)* (Rchb.f.) Rchb.f.) - E-Braz. (8**, 9**, E**, H**, S*)
var. **citrina** Cogn. (8**)
var. **veitchiana** Cogn. (8**)
- *reichenheimii* (Lind. & Rchb.f.) Rolfe: *Miltonioides* 6 (O4/83)
- *roezlii* (Rchb.f.) Nichols (8**): *Miltoniopsis* 3 (9**, H**)
- *roezlii* subvar. *alba* (Bull ex W.G. Smith) Veitch: *Miltoniopsis* 3 (O3/95)
- *roezlii* var. *alba* (Bull ex W.G.Smith) B.S.Will. (8**): *Miltoniopsis* 3 (O3/95)
- *rosea* Versch. ex Lem.: 9 (S*)
- *russel(l)iana* Lindl. (G**): *Anneliesia* 4 (S)
8. **schroederiana** (Rchb.f.) Veitch (*Odontoglossum schroederianum* Rchb. f.) - C-Am. (8**, E**)
- *schroederiana* (Rchb.f.) O'Brien: *Miltonioides confusa* (H**)
- *schroederiana* O'Brien: *Miltonioides* 7 (O2/86)
- *schroederiana* (Rchb.f.) Gar. & Stacy: *Oncidium* 205 (W**)
- *speciosa* Kl.: 5 (8**, G**)
- *speciosa* Kl.: *Anneliesia* 2 (S*)
- *spectabile* var. *purpureo-violacea* Beer: 9 (9**)
9. **spectabilis** Lindl. (*M. moreliana* hort., *M. spectabilis* var. *purpureo-violaceo* Hook., *M. warneri* Nichols, *M. rosea* Versch. ex Lem.,

Macrochilus fryanus Knowl. & Westc., *Oncidium spectabile* Rchb. f., *O. spectabile* (Lindl.) Beer, *O. spectabile* var. *morelianus* Beer, - var. *purpureo-violaceo* Beer) - Braz. 900-1.200 m (8**, 9**, E**, G**, H**, O2/81, S*)
var. **alba** hort. (O3/81)
var. **bicolor** hort. Nichols (*M. bicolor* Lodd. ex Baxt.) (8**, S*)
var. **lineata** Lind. & Rodig. (O3/81)
var. **moreliana** Henfr. (*M. moreliana* hort., *M. warneri* Nichols, *M. illustris* hort., *M. spectabilis* var. *purpureo-violaceo* Hook., - var. *purpureo-violacea* Beer, *Oncidium spectabile* var. *moreliana* Rchb.f., - var. *morelianus* Beer) - Braz. (8**, 9**, H**, S*)
var. **rosea** hort. (O3/81)
var. **spectabilis** (O3/81)
var. **virginalis** Lem. (O3/81)
- *spectabilis* var. *purpureo-violaceo* Hook.: 9 (8**, 9**)
- *spectabilis* var. *purpureo-violaceo* Hook.: 9 (G**)
- *stellata* (Lindl.) Lindl.: 6 (G**)
- *stenoglossa* Schltr.: *Miltonioides stenoglossa* (O4/83)
- *superba* Schltr.: *Miltoniopsis* 6 (9**, H**)
- *velloziana* Ruschi: *Anneliesia* 2 (S*)
- *vexillaria* (Rchb.f.) Nichols (8**): *Miltoniopsis* 5 (9**, H**)
- *warneri* Nichols: 9 (G**)
- *warneri* Nichols: 9 (9**)
10. **warscewiczii** Rchb.f. (*M. fuscatum* Rchb.f., *Oncidium fuscatum* Rchb.f., *Odontoglossum weltonii* hort.) - Peru, Col., C.Rica (8**, A**, E**)
→ Miltoniopsis 6
→ *warscewiczii* Rchb.f.: *Miltonioides* 8 (9**, H**)
- *warscewiczii* Rchb.f.: *Oncidium* 92 (W**)
→ *warscewiczii* Rchb.f.: *Chamaeleorchis* 1 (S*)
× *Miltonicidium*: × *Miltonidium* (*Miltonia* × *Oncidium*)
× **Miltonidium (Mtdm.)** (*Miltonia* × *Oncidium*)
× **Miltonioda (Mtda.)** (*Cochlioda* × *Miltonia*)

Miltonioides Brieg. & Lueckel - 1983 - Oncidiinae (S) - 7 sp. epi/lit - Trop. C-S-Am.

1. **carinifera** (Rchb.f.) Sengh. & Lueckel (*Odontoglossum cariniferum* Rchb.f., *Oncidium cariniferum* (Rchb.f.) Beer) - C.Rica 1.800-2.400 m (S*)
- *confusa* (Gar.) Brieg. & Lueckel (H**, O4/83): 7 (O2/86, S*)
2. **karwinskii** (Lindl.) Brieg. & Lueckel (*Cyrtochilum karwinskii* Lindl., *Odontoglossum karwinskii* (Lindl.) Rchb.f., *O. laeve* var. *karwinskii* (Lindl.) Sawy, *Miltonia karwinskii* (Lindl.) Lindl., *Oncidium karwinskii* (Lindl.) Lindl.) - Mex. (G, H, O4/83, S)
3. **laevis** (Lindl.) Brieg. & Lueckel (*Odontoglossum laeve* Lindl., *O. leucomelas* Rchb.f., *Oncidium laeve* (Lindl.) Beer, *Miltonia leucomelas* (Rchb.f.) Rolfe, *M. laevis* (Lindl.) Rolfe) - Mex., Guat. 2.200-2.700 m (9**, G**, H**, O4/83, S*)
4. **leucomelas** (Rchb.f.) Bock. & Sengh. (*M. stenoglossa* (Schltr.) Brieg. & Lueckel, *M. pauciflora* (L.O. Wms.) Hamer & Gar.) - Mex. to C.Rica 1.500-2.200 m (A**, S*)
ssp. **acutum** Rchb.f. ex Bock. & Sengh. (S)
ssp. **leucomelas** (S)
5. **oviedomotae** (Hagsater) Sengh. (*Oncidium oviedomotae* Hagsater) - Mex. (O4/83, S)
- *pauciflora* (L.O.Wms.) Hamer & Gar.: 4 (S*)
6. **reichenheimii** (Lind. & Rchb.f.) Brieg. & Lueckel (*Odontoglossum reichenheimii* Lind. & Rchb.f., *O. laeve* var. *reichenheimii* (Lind. & Rchb.f.) O'Brien, *Miltonia reichenheimii* (Lind. & Rchb.f.) Rolfe, *Oncidium reichenheimii* (Lind. & Rchb.f.) Gar. & Stacy) - Mex. 2.000-3.000 m (3**, H**, O4/83, S*)
7. **schroederiana** (O'Brien) Lueckel (*M. confusa* (Gar.) Brieg. & Lueckel, *Miltonia schroederiana* O'Brien, *Odontoglossum schroederianum* Rchb.f., *O. schroederianum* O'Brien, *O. confusum* Gar., *Oncidium schroederianum* (O'Brien) Gar. & Stacy) - C.Rica 900-1.400 m (O2/86, S*)
- *stenoglossa* (Schltr.) Brieg. & Lueckel (H, O4/83): 4 (S*)
8. **warscewiczii** (Rchb.f.) Brieg. & Lueckel (*Miltonia warscewiczii*

Rchb.f., *Oncidium fuscatum* Rchb.f., *O. weltonii* hort., *Odontoglossum weltonii* hort.) - C.Rica, Col., Ec., Peru (9**, H**, O4/83) ➼ Miltonia 10 ➼ Miltoniopsis 6
➼ *warscewiczii* (Rchb.f.) Brieg. & Lueckel: *Chamaeleorchis* 1 (S*)

Miltoniopsis God.-Leb. - 1889 - *Subfam. Epidendroideae Tribus: Oncidieae Subtr. Oncidiinae* - 6 sp. epi/lit - C.Rica to Peru
1. **bismarckii** Dods. & Benn. - Peru ca. 1.000 m (S)
2. **phalaenopsis** (Lind. & Rchb.f.) Gar. & Dunst. (*Odontoglossum phalaenopsis* Lind. & Rchb.f., *Miltonia phalaenopsis* (Lind. & Rchb.f.) Nicholson) - Col. 1.300-1.600 m (A**, H**, S*, R**)
3. **roezlii** (Rchb.f.) God.-Leb. (*Odontoglossum roezlii* Rchb.f., *Miltonia roezlii* (Rchb.f.) Nichols) - Pan., Col., Ec. 300-1.200 m (9**, A**, H**, W**, S*, R**)
   var. *alba* (Bull ex W.G.Smith) Lueckel (*Odontoglossum roezlii* var. *album* Bull ex W.G.Smith, *Miltonia roezlii* var. *alba* (Bull ex W.G. Smith) B.S.Will., - subvar. *alba* (Bull ex W.G.Smith) Veitch) (O3/95)
4. **satanaei** Gar. & Dunst. - Ven., Peru, Col. 300-1.000 m (O3/95, S, R)
5. **vexillaria** (Rchb.f.) God.-Leb. (*Odontoglossum vexillarium* Rchb. f., *Miltonia vexillaria* (Rchb.f.) Nichols) - Col., N-Ec. 1.500-2.200 m - „Josefina" (9**, A**, H**, O3/82, S*, R**)
   cv. 'Carolina' hort. (R**)
   cv. 'Leopoldii' Veitch (O3/82)
   cv. 'Leucoglossa' hort. (R**)
   cv. 'Rubella' Veitch (O3/82)
   cv. 'Stupenda' Veitch (O3/82)
6. **warscewiczii** (Rchb.f.) Gar. & Dunst. (*Odontoglossum warscewiczii* Rchb.f., *Odontoglossum warscewiczianum* Rchb.f. ex Hemsl., *Miltonia endresii* Nichols, *M. superba* Schltr.) - C.Rica, Pan. 1.000-1.800 m (9**, H**, W, S*) ➼ Miltonia 10 ➼ Miltonioides 8
➼ *warscewiczii* (Rchb.f.) Gar. & Dunst.: *Chamaeleorchis* 1 (S*)
× *Miltonpasia*: × *Milpasia* (*Aspasia* × *Miltonia*)
× *Miltonpilia*: × *Milpilia* (*Miltonia* × *Trichopilia*)

Minicolumna Brieg. - 1972 - *Epidendrinae* (S) - 2 sp. epi. - Bol. to Braz.
1. **laxa** (Poepp. & Endl.) Brieg. (*Epidendrum laxum* Poepp. & Endl., *E. compressum* Griseb., *E. macrothyrsus* Lehm. & Kraenzl., *E. guentherianum* Kraenzl.) - Bol. to Ec. to Ven., Trin., Braz. (S*)
2. **yatapuensis** (Barb.Rodr.) Brieg. (*Epidendrum yatapuense* Barb. Rodr.) - Peru, Braz. (S*)

Mischobulbum (Mischobulbon) Schltr. - 1911 - *Subfam. Epidendroideae Tribus: Arethuseae Subtr. Bletiinae* - ca. 8 sp. terr. - SE-As., Mal., N.Gui.
1. **cordifolium** (Hook.f.) Schltr. (*Tainia cordifolia* Hook.f.) - Taiw. to 1.000 m (H**, S*)
2. **crassum** Turner - Mal. (S)
- *grandiflorum* (King & Pantl.) Rolfe: 4 (S*)
- *grandiflorum* (Hook.f.) Schltr.: 8 (S)
- *lancilabium* Schltr.: 5 (S)
3. **longiscapum** Seidenf. - Thai. (S)
- *macranthum* (Hook.f.) Rolfe: *Tainia macrantha* (S)
4. **megalanthum** Tang & Wang (*M. grandiflorum* (King & Pantl.) Rolfe, *Nephelaphyllum grandiflorum* King & Pantl.) - Sik., Him. to 500 m (S*)
5. **papuanum** (J.J.Sm.) Schltr. (*M. lancilabium* Schltr., *Tainia papuana* J.J.Sm.) - N.Gui. (S)
6. **scapigerum** (Hook.f.) Schltr. (*Nephelaphyllum scapigerum* Hook.f., *Tainia scapigera* (Hook.f.) J.J.Sm.) - end. to Born. 250-900 m (Q**, S)
- *scapigerum* (Hook.) Schltr.: *Nephelaphyllum scapigerum* (9**)
7. **simmondii** (Gagn.) Seidenf. ex Avery. (*Nephelaphyllum simmondii* Gagn.) - Viet. (S)
8. **wrayanum** Rolfe (*M. grandiflorum* (Hook.f.) Schltr., *Nephelaphyllum grandiflorum* Hook.f., *Tainia wrayana* (Hook.f.) J.J.Sm., *Ipsea wrayana* Hook.f.) - Mal. (S)

Mitopetalum Bl. - 1838: *Tainia* Bl.
- *bicorne* (Lindl.) Bl.: *Tainia* 2 (G**)
- *fimbriatum* Miq.: *Tainia* 25 (2*)
- *plicatum* Bl.: *Tainia* 25 (2*)
- *speciosum* (Bl.) Bl.: *Tainia* 31 (2*, S*)
- *wightii* Bl.: *Tainia* 2 (G**)

Mitostigma Bl. - 1844: *Amitostigma* Schltr. (S)
× **Mizutara (Miz.)** (*Cattleya* × *Diacrium* (*Caularthron*) × *Schomburgkia*)
Mobilabium Rupp - 1946 - *Subfam. Epidendroideae Tribus: Vandeae Subtr. Sarcanthinae* - 1 sp. epi. - Austr.
1. **hamatum** Rupp - end. to Austr. (Qld.) 500 m (P**, S*)
Moerenhoutia Bl. - 1858 - *Subfam. Spiranthoideae Tribus: Erythrodeae* - 10 sp. terr. - N. Gui., Poly.
× **Moirara (Moir.)** (*Phalaenopsis* × *Renanthera* × *Vanda*)
× **Mokara (Mkra.)** (*Arachnis* × *Ascocentrum* × *Vanda*)
Monachanthus Lindl. - 1832: *Catasetum* L.C.Rich. ex Kunth
- *bushnani* var. ß Hook.: *Catasetum* 38 (G**)
- *bushnanii* Hook.: *Catasetum* 38 (9**)
- *bushnanii* var. *fimbriatum* Rchb.f.: *Catasetum* 38 (9**)
- *bushnanii* var. *vinosum* Cogn.: *Catasetum* 38 (9**)
- *cristatus* (Lindl.) Lindl.: *Catasetum* 33 (G**)
- *discolor* Lindl.: *Catasetum* 38 (E, G**, H)
- *discolor* var. *bushnanii* Hook.: *Catasetum* 38 (9**)
- *discolor* var. *bushnanii* Hook.: *Catasetum* 38 (G**)
- *discolor* var. *viridiflorus* Hook.: *Catasetum* 38 (9**)
- *discolor* var. *viridiflorus* Hook.: *Catasetum* 38 (G**)
- *fimbriatus* Gardn. ex Hook.: *Catasetum* 38 (9**)
- *longifolius* (Lindl.) Hook.: *Catasetum* 72 (9**)
- *roseo-albus* Hook.: *Catasetum* 38 (9**)
- *roseo-albus* Hook.: *Catasetum* 38 (G**)
- *viridis* Schomb.: *Catasetum* 11 (9**, G**)
- *viridis* Lindl.: *Catasetum* 23 (9**, G**)
- *viridis* Lindl.: *Catasetum* 76 (9**, E**, G**, H**)
Monadenia Lindl. - 1883 - *Subfam. Orchidoideae Tribus: Diseae Subtr. Disinae* - (*Disa* sect. *Monadenia* (Lindl.) H.Bol.) - 16/20 sp. terr. - S-Afr., Cape, Zam., Malawi

1. **bracteata** (Sw.) Dur. & Schinz (*M. micrantha* Lindl., *Disa bracteata* Sw.) - end. to S-Afr., naturalized in W-Austr. (G**, P**)
2. **brevicornis** Lindl. - Zam., Malawi (S)
3. **cernua** (Sw.) Dur. & Schinz (*M. densiflora* Lindl., *M. prasinata* (Ker-Gawl.) Lindl., *M. inflata* Sond., *M. physodes* (Sw.) Rchb.f., *Disa cernua* Sw., *D. physodes* Sw., *D. prasinata* Ker-Gawl., *D. densiflora* (Lindl.) H.Bol.) - S-Afr. (G**)
- *densiflora* Lindl.: 3 (G**)
- *inflata* Sond.: 3 (G**)
4. **micrantha** Lindl. (*Disa micrantha* (Lindl.) H.Bol., *D. australiensis* Rupp) - S-Cape to 700 m (S)
- *micrantha* Lindl.: 1 (P**)
- *physodes* (Sw.) Rchb.f.: 3 (G**)
- *prasinata* (Ker-Gawl.) Lindl.: 3 (G**)
Monanthus (Schltr.) Brieg.: *Dendrobium* Sw.
Monanthus (Schltr.) Brieg. [Monanthos (S)] - 1981 - *Dendrobiinae* (S) - (*Dendrobium* sect. *Monanthus* Schltr., *Dendrobium* sect. *Biloba* J.J.Sm.) - 17 sp. epi. - N.Gui., Austr.
1. **agrostophyllum** (Schltr.) Brieg. (*Dendrobium agrostophyllum* Schltr.) (S)
2. **biloba** (Lindl.) Brieg. (*Dendrobium bilobum* Lindl.) (S)
↳ *biloba* (Lindl.) Brieg.: *Dendrobium* 45 (G)
3. **poneroides** (Schltr.) Brieg. (*Dendrobium poneroides* Schltr.) (S)
Monixus Finet - 1907: *Angraecum* Bory (S)
- *clavigera* (Ridl.) Finet: *Angraecum* 36 (U)
- *graminifolius* (Ridl.) Finet: *Angraecum* 126 (U)
- *multiflorus* (Thou.) Finet: *Angraecum* 114 (U)
- *polystachys* (Thou.) Finet: *Oeoniella* 2 (H**, O1/94, U**)
- *teretifolium* (Ridl.) Finet: *Angraecum* 181 (U)
× **Monkhouseara (Mkhsa.)** (*Aganisia* × *Batemannia* × *Colax* × *Otostylis* × *Zygopetalum* × *Zygosepalum*)
× **Monnierara (Monn.)** (*Catasetum* × *Cycnoches* × *Mormodes*)
Monochilus Lindl.: *Zeuxine* Lindl.
- *affinis* Lindl.: *Zeuxine* 1 (6*)

- *affinis* Wight non Lindl.: *Zeuxine* 10 (6*)
- *clandestinum* (Bl.) Miq.: *Zeuxine* 2 (2*, 6*)
- *flabellatum* Wight: *Cheirostylis* 4 (6*)
- *flavum* Wall. ex Lindl.: *Zeuxine* 4 (6*)
- *flavum* Rchb. non Wall. ex Lindl.: *Zeuxine* 1 (6*)
- *gracile* Lindl.: *Zeuxine* 7 (2*)
- *gracilis* (Breda) Lindl.: *Zeuxine* 7 (6*)
- *gymnochiloides* Ridl.: *Cheirostylis* 6 (U)
- *longilabris* Lindl.: *Zeuxine* 10 (6*)
- *nervosum* Wall. ex Lindl.: *Zeuxine* 12 (6*)
- *zollingeri* Rchb.f.: *Zeuxine* 7 (6*)

Monomeria Lindl. - 1830 - *Subfam. Epidendroideae Tribus: Dendrobieae Subtr. Bulbophyllinae* - 5 sp. epi. - SE-As.
1. **barbata** Lindl. (*Epicranthes barbata* (Lindl.) Rchb.f.) - Nep., Sik., Burm., Thai. 1.000-2.200 m (S*)
2. **dichroma** (Rolfe) Schltr. (*Bulbophyllum dichromum* Rolfe, *Ione dichroma* (Rolfe) Gagn.) - Viet., Laos (9**, S)
3. **digitata** (J.J.Sm.) W.Kittr. (*Bulbophyllum digitatum* J.J.Sm.) - N.Gui. ca. 1.000 m (S)
- *punctata* (Lindl.) Schltr.: *Acrochaene* 1 (S*)
4. **gymnopus** Avery. - Viet. (S)
5. **longipes** Avery. - Viet. (S)

Monophyllorchis Schltr. - 1920 - *Subfam. Epidendroideae Tribus: Triphoreae* - 2 sp. terr. - Col. Ec.
- *colombiana* Schltr.: 2 (S)
1. **maculata** Gar. - C.Rica, Pan., Ec. (W**, S)
2. **microstyloides** (Rchb.f.) Gar. (*M. colombiana* Schltr., *Pogonia microphylloides* Rchb.f.) - Col., Ec. (S, W)

Monorchis Ehrh. - 1789: *Herminium* R. Br. (S)

Monosepalum Schltr. - 1913 - *Bulbophyllinae* (S) - 3 sp. epi. - N.Gui.
1. **dischorense** Schltr. - N.Gui. (S*)
2. **muricatum** (J.J.Sm.) Schltr. - N. Gui. (S)
3. **torricellense** Schltr. - N.Gui. (S)

Monotris secunda Lindl.: *Holothrix* 8 (G)

Montolivaea Rchb.f. - 1881: *Platanthera* L.C.Rich. (S)
× **Moonara (Mnra.)** (*Aërides* × *Ascocentrum* × *Neofinetia* × *Rhynchostylis*)

Moorea Rolfe - 1890: *Neomoorea* Rolfe
- *irrorata* Rolfe: *Neomoorea* 1 (9**, H**)
× **Mooreara (Mora.)** (*Brassavola* × *Broughtonia* × *Cattleya* × *Laelia* × *Schomburgkia* × *Sophronitis*)

Mormodes (Morm.) Lindl. - 1836 - *Subfam. Epidendroideae Tribus: Cymbidieae Subtr. Catasetinae* - (*Cyclosia* Kl.) - ca. 20 sp. epi/ter - C-S-Am.
- *amazonicum* Brade: 6 (8**, 9**, G, FXV2/3*, S)
1. **aromaticum**(a) Lindl. - Mex., Salv., Hond., Guat. 1.700 m - scented (O1/91, G**, FXV2/3*, S*)
2. **atropurpureum**(a) Lindl. - C.Rica, Pan., Ec. 300 m (O1/91, G**, H, W, FXV2/3*, S*)
- *atropurpureum* Hook.: 20 (9**, O2/91)
3. **aurantiaca** Schltr. (FXV2/3*)
4. **aureum** [aurea (S)] L.C.Menezes & K.Tadaiesky - Braz. (O6/97)
5. **badia** Rolfe (3**, FXV2/3*)
- *barbatum* Lindl. & Paxt.: 20 (9**)
- *brachystachya* Kl.: 6 (8**, 9**, G, FXV2/3*)
6. **buccinator** Lindl. (*M. lentiginosa* Hook., *M. flavidum* Kl., *M. brachystachya* Kl., *M. wagneriana* Kl., *M. leucochila* Kl., *M. marmorea* Kl., *M. vitellina* Kl., *M. amazonicum* Brade) - Mex. to Nic., S-Am. - scented (8**, 9**, O1/91, G, FXV2/3*, R, S)
   var. **aurantiacum** Rolfe - Trop. Am., Peru (9**)
   var. **citrinum** hort. (8**)
- *buccinator* var. *major* Rchb.f.: 50 (FXIX3**)
- *buccinator* var. *theiochlorum* Rchb.f.: 50 (FXIX3**)
7. **calceolata** Fowlie (FXV2/3*)
8. **cartonii** Hook. (*M. punctata* Rolfe ex Fowlie) - Braz., C.Rica (9**, O1/91, W, FXV2/3*)
- *citrina* Lindl.: 28 (G)
- *citrina* hort.: 10 (FXV2/3*)
9. **claesiana**(um) Pabst - Col. (R**, FXV2/3*)
- *cogniauxii* Lind. (FXV2/3*): 13 (FXIX3**)

10. **colossus**(a) Rchb.f. (*M. macranthum* Lindl. & Paxt., *M. wendlandii* Rchb. f., *M. powellii* Schltr., *M. citrina* hort., *M. grandiflora* Beer) - C-Am., C.Rica, Col., Pan. to 1.000 m (9**, O1/91, A**, H**, W, FXV2/3*, S*)
11. **convoluta** Lindl. ex Paxt. (FXV2/3*)
12. **cucumerina** Pabst & Dungs. (FXV2/3*)
13. **dayana** Rchb.f. (*M. cogniauxii* Lind., *M. schultzei* Schltr.) - Col. 1.500-2.300 m (FXIX3**, FXV 2/3*)
14. **ephippilabium** (ephyppilabia) Fowlie - Hond. 850 m (O1/91, O3/91, FXV2/3*)
15. **escobarii** Pabst - Col. (FXV2/3*, R)
16. **flavida** Kl. (*M. stenoglossa* Schltr.) - C.Rica (W, FXV2/3*)
- *flavida(um)* Kl.: 6 (8**, 9**, G, S)
17. **fractiflexum** Rchb.f. (?*M. nagelii* L.O.Wms.) - Pan., C.Rica (W, O2/91, FXV2/3*)
- *grandiflora* Beer: 10 (FXV2/3*)
- *greenii* Hook.: 54 (9**)
18. **guentherana** (Kraenzl.) Mansf. (FXV2/3*)
19. **histrio** Lindl. & Rchb.f. - Mex., Guat., Salv., Hond. (O1/91)
- *histrio* Lind. & Rchb.f.: 59 (4**, H**)
20. **hookeri** Lem. (*M. atropurpureum* Hook., *M. barbatum* Lindl. & Paxt.) - C.Rica, Pan., Col. (9**, W, O1/91, FXV2/3*, S*)
21. **horichii** Fowlie - Nic., C.Rica 350-1.250 m (W, O2/91, FXV2/3*, S*)
22. **igneum**(a) Lindl. & Paxt. - S-Am., C.Rica, Pan., Col. - scented (8**, O1/91, W, FXV2/3*, R, S)
- *incisa* Rchb.f.: 54 (9**)
23. **lancilabris** Pabst - Pan. (W, FXV2/3*)
24. **lawrenceanum** Rolfe - Col. (8**, FXV2/3*, R)
- *lentiginosa* Hook.: 6 (8**, 9**, G, FXV2/3*)
- *leucochila* Kl.: 6 (8**, 9**, G, FXV2/3*, S)
25. **lineatum**(a) Batem. ex Lindl. - Mex. to Hond., Guat. (G**, O1/91, FXV2/3*, S)
26. **lobulatum**(a) Schltr. - C.Rica, Pan. 300-600 m (W, O2/91, FXV2/3*)
27. **luxatum**(a) Lindl. (*M. williamsii* L.O.Wms.) - Mex. (3**, G**, FXV2/3*, S*)
- *macranthum(a)* Lindl. & Paxt.: 10 (9**, H**, FXV2/3*, S*)
28. **maculata** (Kl.) L.O.Wms. (*M. pardina* Batem. ex Lindl., *M. citrina* Lindl., *Catasetum citrina* Lindl., *Cyclosia maculata* Kl.) - Mex. (9**, G, H, FXV2/3*)
    var. **unicolor** (Hook.) L.O.Wms. (*M. pardina* var. *unicolor* Hook.) - Mex. (9**, H**)
- *marmorea* Kl.: 6 (8**, 9**, G, FXV2/3*)
29. **mejiae** Pabst - Col. (FXV2/3*, R)
30. **morenoi** Vasq. & Dods. - Bol. (S)
31. **nagelii** L.O.Wms. - Mex., Guat. (FXV2/3*, S*)
- *nagelii* L.O.Wms.: ? 17 (O2/91)
32. **oberlanderana**(um) Lehm. & Kraenzl. - Col. (FXV2/3*, R)
33. **ocan(n)ae** Lind. & Rchb.f. - Col. (8**, 9**, FXV2/3*)
- *ocannae* Lind. & Rchb.f.: 46 (FXIX3)
34. **pardalinata** Rosillo (FXV2/3*)
- *pardina* Batem.: 28 (9**, G, H)
- *pardina* var. *unicolor* Hook.: 28 (9**)
35. **pilosissima** Miranda - Bol., Braz. (A**, S*)
36. **platychilum** Rolfe n.n. (FXV2/3)
37. **powellii** Schltr. - Pan. (W, FXV2/3*)
- *powellii* Schltr.: 10 (9**, H**, S*)
38. **punctatum**(a) Rolfe - Bol., Pan. (A**, W)
- *punctatum(a)* Rolfe ex Fowlie: 8 (FXV2/3*)
39. **revolutum** Rolfe - Peru (9**)
40. **ringens** (Lindl.) Schltr. - doubtful sp. (FXV2/3*)
41. **rolfeanum** Mansf. [M. rolfeanum Lind./Lindl. (9**, FXV2/3*)] - Peru, Col. (A**, S*)
42. **rosea** Barb.Rodr. (FXV2/3*)
43. **sanguineoclaustra** Fowlie (FXV 2/3*)
- *schultzei* Schltr. (FXV2/3*): 13 (FXIX3**)
44. **sinuata** Rchb.f. & Warm. (FXV2/3*)
45. **skinneri** Rchb.f. - C.Rica, Guat., Col. ca. 700 m (W**, O2/91, S, FXV2/3*)
46. **speciosa**(um) Lind. ex Lindl. & Paxt. (*M. ocannae* Lind. & Rchb.f.)

- Col. (FXIX3**, FXV2/3*, R**, S*)
47. **stenoglossum** Schltr. - Mex., Guat., C.Rica 300-800 m - scented (O1/91, O2/91, O3/91)
- *stenoglossum(a)* Schltr.: 16 (FXV 2/3*)
48. **tenebrosum** Kraenzl. - doubtful sp. (FXV2/3)
49. **tezontle** Rosillo (3**, FXV2/3*)
50. **theiochlora** (Rchb.f.) Salazar (*M. buccinator* var. *theiochlorum* Rchb. f., *M. buccinator* var. *major* Rchb.f.) - Col. 600 m (FXIX3**)
51. **tibicen** Rchb.f. (FXV2/3*)
52. **tigrinum**(a) Barb.Rodr. - Braz. (9**, FXV2/3*)
53. **trullifera** Pabst (FXV2/3*)
54. **uncium**(a) Rchb.f. (*M. greenii* Hook., *M. incisa* Rchb.f.) - Mex. (9**, FXV2/3*, S*)
55. **variabilis** Rchb.f. - Ec., Col. (A**, FXV2/3*, R**, S*)
56. **vernixia**(um) Rchb.f. - Ven. (FXV2/3*)
57. **vernixioides** Pabst (FXV2/3*)
58. **vinacea** Hoehne (FXV2/3*)
- *vitellina* Kl.: 6 (8**, 9**, G, FXV2/3*, S)
- *wagneriana* Kl.: 6 (8**, 9**, G, FXV2/3*)
59. **warscewiczii** Kl. (*M. histrio* Lind. & Rchb.f.) - Mex., Guat., Hond., Peru (4**, H**, FXV2/3*, S*)
- *wendlandii* Rchb.f. (O2/91): 10 (9**, H**, FXV2/3*, S*)
- *williamsii* L.O.Wms.: 27 (FXV2/3*)
60. **wolterana** Kraenzl. (FXV2/3*)

Mormolyca (Mlca.) Fenzl - 1850 - Subfam. Epidendroideae Tribus: Maxillarieae Subtr. Maxillariinae - (*Cyrtoglottis* Schltr.) - 7 sp. epi. - Trop. C-S-Am.
1. **aurorae** Benn. & Christ. - Peru 1.900 m (S)
2. **galeata** (Scheidw.) Gar. & Wirth (*Maxillaria galeata* Scheidw.) - Braz. (S)
3. **gracilipes** (Schltr.) Gar. & Wirth (*Cyrtoglottis gracilipes* Schltr.) - Ven. to Peru, Col. 800-1.200 m (R**, S)
- *lineolata* Fenzl.: 6 (G, H**, R, S*)
4. **peruviana** Schweinf. - Peru ca. 1.800 m (H, S*)
5. **polyphylla** Gar. & Wirth - Col., Ec. ca. 1.000 m (FXX(3)**, S)
6. **ringens** (Lindl.) Schltr. (*M. lineolata* Fenzl., *Trigonidium ringens* Lindl.) - Mex., Bel., Guat., Salv., Hond., Nic., C.Rica ca. 1.000 m (3**, G, H**, W**, S*)
7. **schweinfurthiana** Gar. & Wirth (*Cyrtoglottis peruviana* Schweinf.) - Peru 800-1.500 m (S*)

× **Morrisonara (Mrsa.)** (*Ada* × *Miltonia* × *Odontoglossum*)
× **Moscosoara (Mscra.)** (*Brougtonia* × *Epidendrum* × *Laeliopsis*)

Muluorchis J.J.Wood - 1984: *Tropidia* Lindl. (S)
- *ramosa* J.J.Wood: *Tropidia* 9 (Q**)

Myanthus Lindl. - 1832: *Catasetum* L.C. Rich. ex Kunth
- *barbatus* Lindl.: *Catasetum* 11 (9**, E**, G**, H**)
- *cernuus* Lindl.: *Catasetum* 23 (9**, G**)
- *cristatus* (Lindl.) Lindl.: *Catasetum* 33 (G**)
- *deltoideus* Lindl.: *Catasetum* 36 (9**)
- *fimbriatus* Morren: *Catasetum* 44 (9**, H**)
- *grandiflorus* Beer: *Catasetum* 19 (9**, G**)
- *spinosus* (Lindl.) Hook.: *Catasetum* 11 (9**, E**, G**, H**)
- *warscewiczii* (Lindl.) Beer: *Clowesia* 7 (9**)

Mycaranthes Bl. - 1825: *Eria* Lindl.
Mycaranthes Bl. - 1825 - Dendrobiinae (S) - (*Eria* sect. *Mycaranthes* n.a.) - 8/19 sp. epi. - Mal., Indon., N.Gui.
1. **bifalcis** (Schltr.) Brieg. (*Eria bifalcis* Schltr.) (S)
- *latifolia* Bl.: *Eria latifolia* (2*)
- *latifolia* Bl.: *Eria* 41 (9**)
2. **lobata** Bl. (*Eria lobata* Bl.) (S*)
→ *lobata* Bl.: *Eria* 50 (2*)
3. **obliqua** Lindl. (*Eria obliqua* (Lindl.) Lindl.) (S*)
→ *obliqua* Lindl.: *Eria* 60 (G)
4. **obliterata** Bl. (*Eria obliterata* (Bl.) Rchb.f.) (S)
→ *obliterata* Bl.: *Eria* 61 (2*)
5. **padangensis** (Schltr.) Brieg. (*Eria padangensis* Schltr.) (S*)
- *stricta* (Lindl.) Wall.: *Cymboglossum* 2 (S)

Myoda Lindl. - 1840: *Haemaria* Lindl. (S)
Myoda Lindl. - 1840: *Ludisia* A.Rich.

- *rufescens* Lindl.: *Ludisia* 1 (9**, E**, G**, H**)
Myodia Lindl.: *Haemaria* Lindl. (S)
Myoxanthus Poepp. & Endl. - 1835 - Pleurothallidinae (S) - (*Reymondia* Karst. & Ktze., *Duboisia* Karst., *Chaetocephala* Barb. Rodr., *Dubois-Reymondia* Karst.) - ca. 56 sp. epi/ter - C-S-Am.
1. **affinis** (Lindl.) Luer (*Pleurothallis affinis* Lindl., *P. rigidifolia* Rchb.f., *P. furfuracea* Lehm. & Kraenzl., *Humboldtia affinis* (Lindl.) Ktze., *H. rigidifolia* (Lindl.) Ktze.) - Peru, Ec., Bol., Col. 300-2.000 m (G, L*, R**)
2. **affinoides** Luer - Ec. 1.800-2.900 m (L*)
- *affinoides* Luer: 20 (L*)
3. **antennifer** Luer & Hirtz - Ec., Peru 1.100-2.200 m (L*)
4. **aspasicensis** (Rchb.f.) Luer (*M. pastacensis* (Luer) Luer, *Pleurothallis alexandrae* Schltr., *P. aspasicensis* Rchb.f., *P. pastacensis* Luer, *Humboldtia aspasicensis* (Rchb.f.) Ktze.) - C.Rica, Pan., Col., Ec., Ven., Guy., Bol. 1.300-1.900 m (W, L*)
5. **balaeniceps** (Luer & Dressl.) Luer (*Pleurothallis balaeniceps* Luer & Dressl.) - Pan. ca. 900 m (W**, L*)
- *beyrichii* (Rchb.f.) Luer: *Pleurothallis* 633 (L)
6. **ceratothallis** (Rchb.f.) Luer (*M. lancipetalus* (Karst.) Luer, *Pleurothallis ceratothallis* Rchb.f., *P. longipes* Körnicke, *P. lancipetala* (Karst.) Schltr., *P. herzogii* Schltr., *Dubois-Reymondia lancipetala* Karst., *Humboldtia ceratothallis* (Rchb.f.) Ktze.) - Ven., Col., Ec., Peru, Bol. 1.100-3.200 m (L*)
7. **chloë** (Luer & Vasq.) Luer (*Pleurothallis chloë* Rchb.f.) - Bol. ca. 2.300 m (L*)
8. **cimex** (Luer & Esc.) Luer (*Pleurothallis cimex* Luer & Esc.) - Col. 1.700-2.300 m (L*, FXIV2*)
9. **colothrix** (Luer) Luer (*Pleurothallis colothrix* Luer) - C.Rica, Pan., Ec. 1.000-1.700 m (W, L*)
10. **dasyllis** Luer & Hirtz - Ec. 700-1.800 m (L*)
11. **ephelis** (Luer) Luer (*Pleurothallis ephelis* Luer) - Ec. ca. 1.000 m (L*)
12. **epibator** Luer & Esc. - Col. (L*)
13. **eumeces** (Luer) Luer (*Pleurothallis eumeces* Luer) - Ec. 2.600-2.800 m (L*)
14. **exasperatus** (Lindl.) Luer (*M. parahybunensis* (Barb.Rodr.) Luer, *Pleurothallis exasperata* Lindl., *P. peduncularis* Lindl., *P. macropus* Schltr., *Anathallis parahybunensis* Barb.Rodr., *Humboldtia exasperata* (Lindl.) Ktze., *H. peduncularis* (Lindl.) Ktze.) - Ven., Col., Ec., Peru, Braz. 600-2.200 m (L*)
15. **fimbriatus** Luer & Hirtz - Ec., Peru 1.100-1.500 m (L*)
16. **frutex** (Schltr.) Luer (*Pleurothallis frutex* Schltr.) - Bol., Peru 1.900-3.200 m (L*)
17. **georgei** (Luer) Luer (*Pleurothallis georgei* Luer) - Ec. 500-1.400 m (L*)
18. **gorgon** Luer - Ec. 1.000-1.500 m (L*)
19. **gyas** (Luer & Vasq.) Luer (*Pleurothallis gyas* Luer & Vasq., *P. frutex* var. *robusta* Schweinf.) - Bol., Peru 2.600-3.400 m (L*)
20. **herzogii** (Schltr.) Luer (*M. affinoides* Luer, *Pleurothallis herzogii* Schltr.) - Bol., Ec. 1.800-3.000 m (L*)
21. **hirsuticaulis** (Ames & Schweinf.) Luer (*Pleurothallis hirsuticaulis* Ames & Schweinf.) - C.Rica, Pan., Peru 600-1.600 m (W**, L*)
- *hirtipes* (Schltr.) Luer: *Pleurothallis* 321 (L)
22. **hystrix** (Rchb.f.) Luer (*Pleurothallis hystrix* Rchb.f., *P. lonchophylla* Rchb.f., *Humboldtia hystrix* (Rchb.f.) Ktze.) - Ven., Col. 2.300-2.500 m (L*, R**)
- *lancipetalus* (Karst.) Luer: 6 (L)
23. **lappiformis** (Heller & L.O.Wms.) Luer (*Pleurothallis lappiformis* Heller & L.O.Wms.) - Nic., C.Rica, Pan., Ven., Ec. 300-1.700 m (A**, W, L*, S*)
24. **lonchophyllus** (Barb.Rodr.) Luer (*M. seidelii* (Pabst) Luer, *Restrepia lonchophylla* Barb.Rodr., *Pleurothallis warmingii* Rchb.f., *P. lonchophylla* (Barb.Rodr.) Cogn., *P. seidelii* Pabst, *Chaetocephala lonchophylla* (Barb.Rodr.) Barb.Rodr., *Humboldtia warmingii* (Rchb.f.) Ktze.) - Braz. (L*)
25. **mejiae** (Gar. & Dunst.) Luer (*Pleu-*

rothallis mejiae Gar. & Dunst.) - Ven. ca. 2.000 m (L*)
26. **melittanthus** (Schltr.) Luer (*Pleurothallis melittanthus* Schltr.) - Col., Ven. 2.300-3.000 m (L*, R**)
27. **merae** (Luer) Luer (*Pleurothallis merae* Luer) - Ec. 900-1.200 m (L*)
28. **monophyllus** Poepp. & Endl. (*Pleurothallis poeppigii* Lindl., *P. myoxanthus* Schltr., *Humboldtia poeppigii* (Lindl.) Ktze.) - Peru, Ec., Col. 800-1.700 m (G, H, L*, R, S)
29. **montanus** Ortiz - Col. 1.750 m (FXX(3)**)
30. **neillii** Luer & Dods. - Peru, Ec. 100-200 m (L*)
31. **octomeriae** (Schltr.) Luer (*Pleurothallis octomeriae* Schltr., *P. cerea* Ames, *P. ramentacea* Gar. & Dunst.) - C.Rica, Pan., Guat., Mex., Nic., Ven. 200-1.000 m (W, L*)
32. **octomerioides** (Lindl.) Luer (*Pleurothallis octomerioides* Lindl., *P. congesta* A.Rich. & Gal., *Humboldtia octomerioides* (Lindl.) Ktze.) - Mex., Bel., Nic. 0-1.700 m (G, L*)
33. **pan** (Luer) Luer (*Pleurothallis pan* Luer) - C.Rica, Pan. ca. 700 m (W, L*)
- *parahybunensis* (Barb.Rodr.) Luer: 14 (L*)
33. **parvilabius** (Schweinf.) Luer (*Pleurothallis parvilabius* Schweinf.) - Guy., Sur., Ven., Ec., 600-1.000 m (L*)
- *pastacensis* (Luer) Luer (L): 4 (L*)
34. **priapus** Luer - Ec.,Peru 2.000-2.900 m (L*)
35. **pulvinatus** (Barb.Rodr.) Luer (*Anathallis pulvinata* Barb.Rodr., *Pleurothallis pulvinata* (Barb.Rodr.) Cogn.) - Braz. (L*)
36. **punctatus** (Barb.Rodr.) Luer (*Chaetocephala punctata* Barb.Rodr., *Pleurothallis chaetocephala* Cogn.) - Braz. ca. 700 m (A**, L*)
37. **reymondii** (Karst.) Luer (*Duboisia reymondii* Karst., *Dubois-Reymondia palpigera* Karst., *Pleurothallis reymondii* (Karst.) Rchb.f., *P. palpigera* (Karst.) Schltr., *Humboldtia reymondii* (Karst.) Ktze.) - Ven., Col., Ec. 1.200-2.500 m (9**, H*, L*, R**)
38. **sarcodactylae** (Luer) Luer (*Pleurothallis sarcodactylae* Luer) - Ec. ca. 600 m (L*)

- *scabripes* (Lindl.) Luer (G): *Pleurothallis* 633 (L)
39. **scandens** (Ames) Luer (*Pleurothallis scandens* Ames, *P. pennellia* Luer) - C.Rica, Pan., Ec. 300-1.900 m (W, L*)
- *seidelii* (Pabst) Luer: 24 (L*)
40. **sempergemmatus** (Luer) Luer (*Pleurothallis sempergemmata* Luer) - C. Rica, Pan. 800-2.200 m (W, L*)
41. **serripetalus** (Kraenzl.) Luer (*Pleurothallis serripetala* Kraenzl.) - Peru, Ec. 1.900-3.100 m (L*, O2/92**)
42. **simplicicaulis** (Schweinf.) Luer (*Pleurothallis scandens* var. *simplicicaulis* Schweinf., *P. simplicicaulis* (Schweinf.) Luer) - Ven., Guy. 800-1.800 m (L*)
43. **speciosus** (Luer) Luer (*Pleurothallis speciosa* Luer) - C.Rica, Pan., Col., Ven. 2.000-2.900 m (W, L*)
- *spilanthus* (Barb.Rodr.) Luer (L): *Pleurothallis* 680 (L)
44. **stonei** (Luer) Luer (*Pleurothallis stonei* Luer) - C.Rica (W, L*)
45. **trachychlamys** (Schltr.) Luer (*Pleurothallis trachychlamys* Schltr., *P. cymbicalli* Pabst) - C.Rica, Pan., Ven., Col., Ec., Peru, Braz. 100-2.100 m (W, L*, R)
46. **uncinatus** (Fawc.) Luer (*Pleurothallis uncinata* Fawc.) - Jam., Bel., C. Rica, Nic., Pan. 200-2.400 m (W**, L*, S)
47. **uxorius** (Luer) Luer (*Pleurothallis uxoria* Luer) - Ec., Col. 1.800-2.700 m (L*)
48. **xiphion** Luer - Ec. 800-1.600 m (L*)

Myrmechis Bl. - 1858 - *Subfam. Spiranthoideae Tribus: Erythrodeae* - 6 sp. terr. - Mal. to S-China
- *franchetiana* (King & Pantl.) Schltr.: 4 (6*)
1. **glabra** Bl. (*Anoectochilus glabrum* Miq., *Rhamphidia grandiflora* Lindl.) - Java (2*, S)
2. **gracilis** Bl. (*Anoectochilus gracilis* Bl., *Rhamphidia alsiniflora* Lindl.) - Java (2*)
3. **grandiflora** Bl. (S)
4. **pumila** (Hook.f.) Tang & Wang (*M. franchetiana* (King & Pantl.) Schltr., *Odontochilus pumilus* Hook.f., *Cheirostylis franchetiana* King & Pantl., *C. pusilla* Lindl. non Lindl.,

Zeuxine pumila (Hook.f.) King & Pantl., *Z. franchetiana* (King & Pantl.) King & Pantl., *Z. pusilla* Kerr & Rolfe mss., *Anoectochilus pumilus* (Hook.f.) W.W.Sm. & Cave, *A. pumilus* (Hook.f.) Seidenf. & Smitin.) - Thai. (6*)
× *Myrmecocattleya:* × *Schombocattleya* (*Cattleya* × *Myrmecophila* (*Schomburgkia*)
× *Myrmecolaelia:* × *Schombolaelia* (*Laelia* × *Myrmecophila* (*Schomburgkia*)

Myrmecophila Rolfe - 1917 - *Epidendreae* (S) - ca. 8 sp. epi. - Trop. C-S-Am., W-Ind.
1. **brysiana** (Lem.) Kennedy (*Schomburgkia brysiana* Lem.) - Guat., Hond., Bel., Nic., W-Ind. 0-200 m (O3/91, H**, W)
→ *brysiana* (Lem.) Kennedy: *Schomburgkia* 2 (S)
2. **chionodora** Rchb.f. (O3/91) → *Schomburgkia* 4
3. **exaltata** (Kraenzl.) Kennedy (O3/91)
4. **galeottiana** (Rchb.f.) Rolfe (O3/91) → *Schomburgkia* 9
5. **humboldtii** (Rchb.f.) Rolfe - end. to Ven. 0-1.000 m (O3/91, O3/93**) → *Schomburgkia* 11
6. **sanderiana** Rolfe (O3/91)
7. **thomsoniana** Rchb.f. - C-Am. (O3/91, W)
- *thomsoniana* (Rchb.f.) Rolfe: *Schomburgkia thomsoniana* var. *minor* (9**)
8. **tibicinis** (Batem. ex Lindl.) Rolfe (*Epidendrum tibicinis* Batem. ex Lindl., *Schomburgkia tibicinis* (Batem. ex Lindl.) Batem., *S. tibicinis* var. *grandiflora* Hook., *Cattleya tibicinis* (Batem. ex Lindl.) Beer, *Bletia tibicinis* (Batem. ex Lindl.) Rchb.f., *Laelia tibicinis* (Batem. ex Lindl.) L.O.Wms.) - Mex., Bel., Guat., Hond., Nic., C.Rica (9**, O3/91, G**, H**, W**)
→ *tibicinis* (Batem. ex Lindl.) Rolfe: *Schomburgkia* 22 (S)
9. **wendlandii** (Rchb.f.) Kennedy (O3/91, H) → *Schomburgkia* 25

Myrobroma fragrans Salisb.: *Vanilla* 81 (9**, E, H**)
Myrosmodes Rchb.f.: *Altensteinia* H.B.K. (O2/89)

Myrosmodes Rchb.f. - 1854 - *Subfam. Spiranthoideae Tribus: Cranichideae Subtr. Cranichidinae* - ca. 17 sp. terr. - And., Ven. to Peru - ca. 4.000 m
1. **nubigenum** Rchb.f. - And. (S*)

Mystacidium (**Mycdm.**) Lindl. - 1836 - *Subfam. Epidendroideae Tribus: Vandeae Subtr. Aerangidinae* - ca. 9 sp. epi/lit - S-E-Afr.
1. **aliciae** (alicae) H.Bol. - S-Afr. to 500 m (1**, $50/2, C, S)
- *aphyllum* Dur. & Schinz: *Solenangis* 1 (U**)
2. **brayboniae** Summerh. - S-Afr. (1**, C, S)
3. **caffrum** H.Bol. - S-Afr. (1**, $50/2, $56/8)
→ *caffrum* (H.Bol.) H.Bol.: *Margelliantha* 2 (S)
- *calceolus* (Thou.) Cordem.: *Angraecum* 26 (E**, H**, U**)
4. **capense** (L.f.) Schltr. (*M. filicorne* Lindl., *Epidendrum capense* L.f., *Limodorum longicorne* Sw., *Angraecum capense* (L.f.) Lindl.) - S-Afr., Swa. lowl. (1**, H, C, S*)
- *caulescens* (Thou.) Ridl.: *Angraecum* 28 (G, U)
- *caulescens* var. *multiflorum* (Thou.) Dur.: *Angraecum* 114 (U)
- *comorense* (Rchb.f.) Dur. & Schinz: *Jumellea* 10 (U)
- *curnowianus* (Rchb.f.) Rolfe: *Angraecum* 47 (U)
- *dauphinense* Rolfe: *Angraecum* 53 (U)
- *distichum* (Lindl.) Pfitz.: *Angraecum* 58 (4**, 9**)
- *exilis* (Lindl.) Dur. & Schinz: *Microcoelia* 9 (U)
- *filicorne* Lindl.: 4 (1**, H*)
5. **flanaganii** (H.Bol.) H.Bol. - S-Afr., Swa. to 1.800 m (C, S)
- *germinyanum* (Hook.f.) Rolfe: *Angraecum* 147 (9**)
- *germinyanum* (Hook.f.) Rolfe: *Angraecum* 80 (U**)
- *gilpinae* (Rchb.f. & S.Moore) Dur. & Schinz: *Microcoelia* 10 (U**)
- *gladiifolium* (Thou.) Rolfe: *Angraecum* 104 (G**, U)
6. **gracile** (Rchb.f.) Harv. - S.Afr., Zim. to 1.800 m (1**, C, S*)
- *gracile* (Thou.) Finet: *Chamaeangis* 1 (G)

- *graminifolium* Ridl.: *Angraecum* 126 (U)
- *grandidierianum* (Rchb.f.) Dur. & Schinz: *Neobathiea* 2 (U)
- *hariotianum* Kraenzl.: *Microterangis* 4 (U**)
- *inapertum* (Thou.) Ridl.: *Angraecum* 89 (U)
- *infundibulare* (Lindl.) Rolfe: *Angraecum* 90 (9**, H**)
- *leonis* (Rchb.f.) Rolfe: *Angraecum* 95 (E**, H**, U)
- *longifolium* Kraenzl.: *Ypsilopus* 5 (H)
- *mauritianum* (Poiret) Dur. & Schinz: *Angraecum* 104 (G**)
- *mauritianum* (Lam.) Dur. & Schinz: *Angraecum* 104 (U)
7. **millari(i)** H.Bol. (*Diaphananthe millarii* (H.Bol.) Linder) - S-Afr. lowl. (1**, $50/2, C, S*)
- *multiflorum* (Thou.) Cordem.: *Angraecum* 114 (U)
- *ochraceum* Ridl.: *Angraecum* 122 (E, H, U)
- *ophioplectron* (Rchb.f.) Dur. & Schinz: *Jumellea* 34 (U)
- *pectinatum* (Thou.) Benth.: *Angraecum* 127 (U)
- *peduncolatum* Rolfe: *Angraecopsis* 12 (U)
- *phalaenophorum* (Rchb.f.) Dur. & Schinz: *Jumellea* 40 (U)
- *physophorum* (Rchb.f.) Dur. & Schinz: *Microcoelia* 23 (U)
- *productum* Kraenzl.: *Diaphananthe* 2 (9**, G)
8. **pusillum** (Rchb.f.) Harv. - S-Afr. 900-1.200 m (1**, C, S)
- *sesquipedale* (Thou.) Rolfe: *Angraecum* 164 (9**, E**, G**, H**, U**)
9. **tanganyikense** Summerh. - Malawi, Tanz., Zam., Zim. 1.300-2.500 m (C, S)
- *tenellum* Ridl.: *Angraecum* 176 (U)
- *thouarsii* Finet: *Angraecopsis* 18 (U)
- *trichoplectron* (Rchb.f.) Dur. & Schinz: *Angraecum* 183 (U)
- *trifurcus* (Rchb.f.) Dur. & Schinz: *Angraecopsis* 18 (U)
10. **uguruense** Cribb - Tanz. (S)
11. **venosum** Harv. ex Rolfe - S-Afr., Swa. (1**, C**, S)
- *viride* Ridl.: *Angraecum* 152 (U**)

Nabaluia Ames - 1920 - *Subfam. Epidendroideae Tribus: Dendrobieae Subtr. Coelogyninae* - 3 sp. epi. - Born.

1. **angustifolia** de Vogel - Born. to 3.000 m (S)
2. **clemensii** Ames - end. to Born. (S*)
3. **exaltata** de Vogel - Born. to 3.000 m (S)

Nageliella (Ngl.) L.O.Wms. - 1940 - *Subfam. Epidendroideae Tribus: Epidendreae Subtr. Laeliinae* - (*Hartwegia* Lindl.) - 5 sp. epi/ter - C-Am.

1. **angustifolia** (Booth ex Lindl.) Ames & Correll (*Hartwegia purpurea* var. *angustifolia* Booth ex Lindl.) - Guat. (G, $55/3)
2. **bergeriana** (Schltr.) Ames & Correll (*Hartwegia bergeriana* Schltr., *Scaphyglottis bergeriana* (Schltr.) L.O. Wms.) - Mex. (S)
3. **cleistogama** Brieg. - Guat. (S*)
4. **gemma** (Rchb.f.) Ames (*Hartwegia gemma* Rchb.f.) - Mex. (S)
5. **purpurea** (Lindl.) L.O.Wms. (*Hartwegia purpurea* Lindl., *H. comosa* Lindl. ex Pfitz.) - Mex., Hond., Guat., Nic. (3**, 4**, O3/91, G, H**, $55/3, S*)

× **Nakagawaara (Nkgwa.)** (*Aërides* × *Arachnis* × *Phalaenopsis*)

× **Nakamotoara (Nak.)** (*Ascocentrum* × *Neofinetia* × *Vanda*)

Nanodes Lindl. - 1832: *Epidendrum* L.

Nanodes Lindl. - 1832 - *Epidendrinae* (S) - 13 sp. epi. - Pan., C.Rica, Gui. to Trin.

1. **brevicaule** (Schltr.) Brieg. (*Epidendrum brevicaule* Schltr.) (S)
2. **congestioides** (Ames & Schweinf.) Brieg. (*Epidendrum congestioides* Ames & Schweinf.) (S*) ↣ *Epidendrum* 57
3. **dentiferum** (Ames & Schweinf.) Brieg. (*Epidendrum dentiferum* Ames & Schweinf.) (S) ↣ *Epidendrum* 77
4. **discolor** Lindl. (*Epidendrum discolor* (Lindl.) Benth., *E. brevicaule* Schltr., *E. congestum* Rolfe, *E. schlechterianum* Ames, *E. congestioides* Ames & Schweinf., *E. serruliferum* Schltr.) - Mex. to Pan., Trin., Ven. Sur., Braz., Peru 300-1.900 m (3**, G**, O1/93, S)
- *discolor* Lindl.: *Epidendrum* 269 (E**, H**)
5. **gnomus** (Schltr.) Brieg. (*Epidendrum gnomus* Schltr.) - Peru (S)

- *mathewsii* (Rchb.f.) Rolfe: *Epidendrum* 232 (E**)
- *mathewsii* Rolfe: 7 (O1/93)
6. **medusae** Rchb.f. (*Epidendrum medusae* (Rchb.f.) Pfitz., *E. medusae* (Rchb.f.) Sieb., *E. medusae* (Rchb.f.) Schltr., *Neolehmannia medusae* (Rchb.f.) Gar., *Nasonia splendens* Lind.) - Ec. 1.800-2.200 m (9**, A**, O3/83, O1/93, S*)
→ *medusae* Rchb.f.: *Epidendrum* 171 (E**, H**)
7. **porpax** (Rchb.f.) Brieg. ex Lueckel (*N. mathewsii* Rolfe, *Epidendrum porpax* Rchb.f., *E. mathewsii* Rchb.f., *E. porphyrophylla* Schltr., *E. gnomus* Schltr., *Neolehmannia porpax* (Rchb.f.) Gar. & Dunst.) - Guat., Pan., Col., Ven., Peru 500-1.700 m (O1/93, S*) → Epidendrum 232
8. **sporiferum** Brieg. - Peru (S)
9. **viridibruneum** (Rchb.f.) Brieg. (*Epidendrum viridibruneum* Rchb.f.) - Ec. to Ven. (S)

Narcia Raf. - 1837: *Sarcoglottis* Presl (S)
Narica moschata Raf.: *Sarcoglottis* 1 (9**, G)
× **Nashara (Nash.)** (*Broughtonia* × *Cattleyopsis* × *Diacrium* (*Caularthron*)
Nasonia Lindl. - 1844: *Fernandezia* Ruiz & Pav. (S)
- *hartwegii* Rchb.f.: *Centropetalum hartwegii* (9**)
- *punctata* Lindl.: *Centropetalum hartwegii* (9**)
- *robusta* Schltr.: *Fernandezia* 7 (S)
- *splendens* Lind.: *Nanodes* 6 (O1/93)
Nauenia Kl. - 1853: *Lacaena* Lindl. (S)
- *spectabilis* Kl.: *Lacaena* 3 (9**, O1/89, S)
× **Naugleara (Naug.)** (*Ascocentrum* × *Ascoglossum* × *Renanthera*)
Neippergia C.Morr. - 1849: *Acineta* Lindl.
- *chrysantha* C.Morr.: *Acineta* 5 (9**, H**)
- *chrysantha* C.Morr.: *Acineta* 3 (S*)
Nemaconia graminifolia (Ruiz & Pav.) Knowl. & Westc.: *Scaphyglottis* 23 (E, G)
Nematoceras Hook.f. - 1853: *Corybas* Salisb. (S)
Nemuranthes Raf. - 1836: *Habenaria* Willd. (S)
× **Neoaëristylis (Nrst.)** (*Aërides* × *Neofinetia* × *Rhynchostylis*)
Neobartlettia Schltr. - 1920: *Palmorchis* Barb.Rodr. (S)
- *guianensis* Schltr.: *Palmorchis* 3 (S)
- *sobralioides* Schltr.: *Palmorchis* 11 (S)
Neobathiea (Nbth.) Schltr. - 1925 - Subfam. Epidendroideae Tribus: Vandeae Subtr. Angraecinae - (*Bathiea* Schltr.) - 5/7 sp. epi. - Madag., Com.
1. **filicornu** Schltr. - C-Madag., Com. (A**, H**, S*)
- *filicornu* Schltr.: 2 (U)
- *gracilis* Schltr.: *Aeranthes* 42 (U**)
2. **grandidieriana** (Rchb.f.) Gar. (*N. filicornu* Schltr., *Aeranthus grandidierianus* Rchb.f., *Angraecum grandidierianum* (Rchb.f.) Carr., *Mystacidium grandidierianum* (Rchb.f.) Dur. & Schinz) - Madag., Com. 1.000-1.500 m (U)
3. **hirtula** H.Perr. - Madag. (U, S*)
 var. **floribunda** H.Perr. - Madag. (U)
4. **keraudrenae** Toill.-Gen. & Boss. - Madag. (U, S)
5. **perrieri** (Schltr.) Schltr. (*Aeranthes perrieri* Schltr., *Bathiea perrieri* (Schltr.) Schltr.) - W-Madag. (H**, U**, S*)
- *sambiranoensis* Schltr.: *Aeranthes* 42 (U**)
6. **spatulata** H.Perr. - Madag. (U, S)
× **Neobatopus (Nbps.)** (*Cryptopus* × *Neobathiea*)
Neobenthamia Rolfe - 1891 - Subfam. Epidendroideae Tribus: Polystachyeae - 1 sp. ter/lit - Tanz.
1. **gracilis** Rolfe (*Polystachya neobenthamia* Schltr., *P. holtzeana* Kraenzl.) - Tanz. 450-1.800 m (9**, A**, O2/89, $56/7, C, S*)
Neobennettia Sengh. - 2001 - Lockhartiinae (S) - (*Lockhartia* subg. *Pseudobulbosa* Benn. & Christ.) - 1 sp. epi. - Peru
1. **genegeorgii** (Benn. & Christ.) Sengh. (*Lockhartia genegeorgii* Benn. & Christ.) - Peru 1.200-1.500 m (S*)
Neobolusia Schltr. - 1895 - Subfam. Orchidoideae Tribus: Orchideae Subtr. Orchidinae - 3 sp. terr. - Trop. S-Afr.
1. **ciliata** Summerh. - S-Zam. (S)
2. **stolzii** Schltr. - Malawi (S)
3. **tysoni** (H.Bol.) Schltr. - Nat., Transv. (S)
4. **virginea** (virginia) (H.Bol.) Schltr. - Nat., Oranje (S)

↣ *virginea* (H.Bol.) Schltr.: *Dracomonticola* 1 (@)
× **Neochristieara**: × *Christieara* (*Aërides* × *Ascocentrum* × *Papilionanthe* (*Vanda*) × *Vanda*)
Neoclemensia Carr. - 1935 - *Subfam. Epidendroideae Tribus: Gastrodieae Subtr. Gastrodiinae* - 1 sp. ter/sapro - N.Gui.
1. **spathulata** Carr. - N.Gui. (S, FXV2/3)
Neocogniauxia Schltr. - 1913 - *Subfam. Epidendroideae Tribus: Epidendreae Subtr. Laeliinae* - 2 sp. epi. - Jam., Cuba, Haiti, Dom.
1. **hexaptera** (Cogn.) Schltr. - Dom. (S)
2. **monophylla** (Griseb.) Schltr. (*Trigonidium monophyllum* Griseb., *Laelia monophylla* (Griseb.) N.E.Br., *L. monophylla* (Griseb.) Hook.f., *Octadesmia monophylla* (Griseb.) Benth., *Epidendrum brachyglossum* Cogn.) - W-Ind., Cuba, Jam. (9**, A**, H*, O3/83, S*)
× **Neodebruyneara**: × *Debruyneara* (*Ascocentrum* × *Euanthe* (*Vanda*) × *Luisia* × *Vanda*)
× **Neodevereuxara**: × *Devereuxara* (*Ascocentrum* × *Euanthe* (*Vanda*) × *Paraphalaenopsis* (*Phalaenopsis*) × *Vanda*)
Neodryas Rchb.f. - 1854: *Cyrtochilum* H.B.K. (S)
Neodryas Rchb.f. - 1854 - *Subfam. Epidendroideae Tribus: Oncidieae Subtr. Oncidiinae* - 10/12 sp. epi. - Bol., Peru
1. **acuminata** Benn. & Christ. - Peru (S)
2. **alba** Benn. & Christ. - Peru (S)
3. **densiflora** Rchb.f. - Peru (S)
4. **herzogii** Schltr. - Bol. 2.100-2.800 m (S)
5. **jose-kawai** Hashimoto - Bol. 2.600-3.300 m (S)
6. **latilabia** L.B.Smith & Harris - Bol. 2.600-3.300 m (S)
7. **llanachagaensis** Benn. & Christ. - Peru (S)
8. **mandonii** Rchb.f. - Bol. 2.600-3.300 m (S)
9. **reniformis** L.B.Smith & Harris - Bol. 2.600-3.300 m (S)
10. **rhodoneura** Rchb.f. - Bol. to 3.300 m (S*)
11. **sacciana** Lind. & Cogn. - Bol. 2.600-3.300 m (S)
12. **schildhaueri** Kgr. - Peru (S)

Neoescobaria Gar. - 1972 - *Trichopiliinae* (S) - 2 sp. epi. - And. S-Am.
1. **brevis** (Rolfe) Gar. (*Trichopilia brevis* Rolfe) - Col. to Peru (H*, S*, FXV2/3)
↣ *brevis* (Rolfe) Gar.: *Helcia* 1 (R**)
2. **callichroma** (Rchb.f.) Gar. (*Trichopilia callichroma* Rchb.f., *Helcia picta* Lind.) - Col. (S*)
↣ *callichroma* (Rchb.f.) Gar.: *Helcia* 2 (R**)
Neofinetia (Neof.) Hu - 1925 - *Subfam. Epidendroideae Tribus: Vandeae Subtr. Sarcanthinae* - (*Finetia* Schltr., *Nipponorchis* Masamune) - 2 sp. epi. - China, Korea, Jap., Ryu.
1. **falcata** (Thunb.) Hu (*Angraecum falcatum* (Thunb.) Lindl., *Orchis falcata* Thunb., *Limodorum falcatum* (Thunb.) Thunb., *Oeceoclades lindleyana* Regel, *O. lindleyi* Regel, *O. falcata* (Thunb.) Lindl., *Aerides thunbergii* Miq., *Angorchis falcata* (Thunb.) Ktze., *Angraecopsis falcata* (Thunb.) Schltr., *Finetia falcata* (Thunb.) Schltr., *Nipponorchis falcata* (Thunb.) Masamune, *Holcoglossum falcatum* (Thunb.) Gar. & Sweet) - Jap., Korea, Ryu. (4**, 9**, G**, H*, S*)
2. **richardsiana** E.A.Christ. - China - scented (S)

Neogardneria (Ngda.) Schltr. - 1921 ex Gar. 1972 - *Subfam. Epidendroideae Tribus: Maxillarieae Subtr. Zygopetalinae* - 1 sp. epi. - Braz.
- *binoti(i)* (De Wild.) Hoehne: 1 (9**, H**, G, S*)
1. **murrayana** (Gardn. ex Hook.) Gar. (*N. binoti(i)* (De Wild.) Hoehne, *Zygopetalum murrayanum* Gardn. ex Hook., *Z. murrayanum* (Hook.) Rolfe, *Z. binotii* De Wild., *Eulophia murrayana* (Gardn. ex Hook.) Steud., *Promenaea florida* Rchb.f.) - Braz. ca. 1.500 m (9**, H**, G, O3/93**, S*)
× **Neoglossum (Neogm.)** (*Ascoglossum* × *Neofinetia*)
× **Neograecum (Ngrcm.)** (*Angraecum* × *Neofinetia*)
Neogyna (Neogyne) Rchb.f. - 1852 - *Subfam. Epidendroideae Tribus: Dendrobieae Subtr. Coelogyninae* - 1 sp. epi. - Him. to Thai., Yun.

1. **gardneriana** (Lindl.) Rchb.f. (*Coelogyne trisaccata* Griff.) - Him. to Thai., Yun. 1.300-1.700 m (S*)
× *Neojoannara*: × *Joannara* (*Euanthe* (*Vanda*) × *Renanthera* × *Rhynchostylis* × *Vanda*)
× *Neokagawara*: × *Kagawara* (*Ascocentrum* × *Euanthe* (*Vanda*) × *Porphyrodesme* (*Renanthera*) × *Vanda*)

Neokoehleria Schltr. - 1912 - *Subfam. Epidendroideae Tribus: Oncidieae Subtr. Oncidiinae* - ca. 18 sp. epi. - Peru, Bol., Ec.
1. **acebyi** (Vasq. & Dods.) Sengh. (*Scelochiloides acebyi* Vasq. & Dods.) - Bol. 1.750 m (S)
2. **amboroensis** (Vasq. & Dods.) Sengh. (*Scelochilus amboroensis* Vasq. & Dods.) - Bol. (S)
3. **corydaloides** (Kraenzl.) Gar. (*Rodriguezia corydaloides* Kraenzl.) - Peru, Bol. 500 m (O1/90, S)
4. **delcastilloi** Benn. & Christ. - Peru (S)
5. **equitans** Schltr. - Peru 1.200-1.500 m (O1/90**, S)
6. **granizoi** (Kgr.) Sengh. (*Scelochilus granizoi* Kgr.) - Peru (S)
7. **kerspei** Sengh. - Peru (&10, O1/90**, S*)
8. **kroemeri** (Vasq. & Dods.) Sengh. (*Scelochilus kroemeri* Vasq. & Dods.) - Bol. 750 m (S)
9. **langkastii** Sengh. - Ec. 1.800 m (&10, S*)
10. **markgrafii** C.Friedr. - Peru 900-2.500 m (&10, O1/90**, S*)
11. **neudeckeri** Kgr. - Bol. (S)
12. **paniculata** Schweinf. - Peru (O1/90, S)
13. **papillosa** Benn. & Christ. - Peru (S)
14. **penduliflora** Sengh. & Thiv - Bol. 1.600 m (&10, S)
15. **peruviana** Schltr. - Peru (O1/90, S)
16. **rauhii** Sengh. - Peru (&10, O1/90, S*)
17. **thivii** Sengh. - Bol. 1.600 m (&10, S)
18. **wuerstlei** Sengh. - Peru 900-1.000 m (&10, O1/90**, S)

Neolauchea Kraenzl. - 1897 - *Epidendrinae* (S) - 1 sp. epi. - Braz.
1. **pulchella** Kraenzl. (*Isabelia pulchella* (Kraenzl.) Sengh. & Teuscher) - Braz. (S*) ⇢ Isabelia 1

Neolehmannia Kraenzl. - 1899: *Epidendrum* L.

Neolehmannia Kraenzl. - 1899 - *Epidendrinae* (S) - ca. 10 sp. epi. - C.Rica to Bol.
1. **apagana** (Mansf.) Gar. & Dunst. (*Epidendrum apaganum* Mansf.) (S)
- *difformis* (Jacq.) Pabst: *Epidendrum* 79 (9**, G**)
2. **epidendroides** Kraenzl. - Ec. (S*)
- *medusae* (Rchb.f.) Gar.: *Nanodes* 6 (9**)
3. **peperomia** (Rchb.f.) Gar. & Dunst. (*Epidendrum peperomia* Rchb.f.) (S) ⇢ Epidendrum 216 (H)
4. **porpax** (Rchb.f.) Gar. & Dunst. (*Epidendrum porpax* Rchb.f.) (S) ⇢ Epidendrum 232 (H**)
⇢ *porpax* (Rchb.f.) Gar. & Dunst.: *Nanodes* 7 (O1/93)
5. **viridibrunnea** (Rchb.f.) Gar. & Dunst. (*Epidendrum viridibrunneum* Rchb.f.) (S)

Neolindleya Kraenzl. - 1901: *Gymnadenia* L.C.Rich. (S)
× *Neomoirara*: × *Moirara* (*Papilionanthe* (*Vanda*) × *Phalaenopsis* × *Renanthera* × *Vanda*)
× *Neomokara*: × *Mokara* (*Arachnis* × *Ascocentrum* × *Euanthe* (*Vanda*) × *Vanda*)

Neomoorea (Rolfe) Rolfe - 1904 - *Subfam. Epidendroideae Tribus: Maxillarieae Subtr. Lycastinae* - (*Moorea* Rolfe) - 1 sp. terr. - Col., Pan.
- *irrorata* (Rolfe) Rolfe: 1 (9**, H**, S*)
1. **wallisii** (Rchb.f.) Schltr. (*N. irrorata* (Rolfe) Rolfe, *Lueddemannia wallisii* Rchb.f., *Moorea irrorata* Rolfe) - Pan., Col. 500-1.000 m (9**, H**, W**, O1/79, O6/91**, R**, S*)
× *Neorobinara*: × *Robinara* (*Aërides* × *Ascocentrum* × *Euanthe* (*Vanda*) × *Renanthera* × *Vanda*)
× **Neostylis** (**Neost.**) (*Neofinetia* × *Rhynchostylis*)

Neotainiopsis Benn. & Raiz. - 1981 - *Bletiinae* (S) - (*Tainiopsis* Schltr, non *Tainiopsis* Hay.) - 1 sp.
1. **barbata** (Lindl.) Benn. & Raiz. (*Tainiopsis barbata* (Lindl.) Schltr.) (S)
× **Neotiaceras** (*Aceras* × *Neotinea*) - It. (N**)

Neotinea Rchb.f. - 1852 - *Subfam. Orchidoideae Tribus: Orchideae Subtr. Orchidinae* - (*Tinea* Biv.) - 1 sp. terr. - Medit. - „Waldwurz"

- *intacta* (Link) Rchb.f. (S): 1 (K**, T**, N**, G, O6/79)
- *intacta* f. *luteola* Renz: 1 (G)
1. **maculata** (Desf.) Stearn (*N. intacta* (Link) Rchb.f., *N. intacta* f. *luteola* Renz, *Satyrium maculatum* Desf., *Orchis secundiflora* Bertol., *O. intacta* Link, *Aceras secundiflora* (Bertol.) Lindl., *A. densiflora* (Brot.) Boiss., *A. intacta* (Link) Rchb.f., *Tinea intacta* (Link) Boiss., *T. cylindracea* Biv.) - Medit., Port., Canary, Turk., Leban., N-Afr. 0-1.500 m - „Keuschorchis, Dense-flowered Orchid" (G, K**, T**, N**, O6/79, S)

Neottia Guett. - 1750 - *Subfam. Orchidoideae Tribus: Neottieae Subtr. Listerinae* - (*Synplectris* Raf., *Neottidium* Schltr.) - 11 sp. ter/sapro - SW-As., Eur. - „Nestwurz"
- *acaulis* J.E.Sm.: *Sarcoglottis* 1 (9**, E**, G, H)
- *adnaria* Raf.: *Pelexia* 1 (G**)
- *adnata* (Sw.) Sw.: *Pelexia* 1 (G**)
- *aestivalis* (Poiret) DC.: *Spiranthes* 1 (T**)
- *amoena* Bieb.: *Spiranthes australis* (2*)
- *amoena* Bieb.: *Spiranthes* 12 (G**)
- *aphylla* Hook.: *Sacoila* 1 (9**, G**)
- *apophylla* Hook.: *Stenorrhynchus* 2 (E**, H**)
- *argentea* hort. ex Morr.: *Erythrodes* 14 (G)
- *australis* R.Br.: *Spiranthes australis* (2*)
- *australis* R.Br.: *Spiranthes* 12 (G**)
- *australis* var. *chinensis* Lindl.: *Spiranthes* 12 (G**)
- *bicolor* Ker-Gawl.: *Beadlea* 1 (G**)
- *bifida* Bl.: *Goodyera* 2 (2*)
- *calcarata* Sw.: *Eltroplectris* 1 (9**)
- *cernua* (L.) Schrad.: *Spiranthes* 3 (9**, G**)
- *cinnabarina* Llave & Lex.: *Dichromanthus* 1 (G**)
- *colorata* Bl.: *Goodyera* 4 (2*)
- *crispata* Bl.: *Spiranthes australis* (2*)
- *crispata* Bl.: *Spiranthes* 12 (G**)
- *discolor* (Ker-Gawl.) Steud.: *Ludisia* 1 (9**, E**, G**)
- *elata* (Sw.) Sw.: *Beadlea* 3 (9**, G)
- *flava* Sw.: *Corymborkis* 3 (S)
- *flexuosa* Smith: *Spiranthes australis* (2*)
- *flexuosa* Smith: *Spiranthes* 12 (G**)
- *glandulosa* Sims: *Ponthieva* 9 (9**)
- *grandiflora* (Lindl.) Hook.: *Sarcoglottis* 5 (9**, G**)
- *grandis* Bl.: *Goodyera* 28 (G)
1. **kiusiana** Hashimoto & Hatusima - Jap. (S)
- *lanceolata* (Aubl.) Willd.: *Sacoila* 1 (9**, G**)
- *longifolia* Bl.: *Lepidogyne* 1 (2*)
- *macrophylla* D.Don: *Herminium* 3 (G)
2. **megalochila** Chen - China (S)
- *minor* Jacq.: *Beadlea* 3 (9**, G)
- *minor* Jacq.: *Cyclopogon* 7 (E**, H*)
3. **nidus-avis** (L.) L.C.Rich. (*Ophrys nidus-avis* L.) - Eur. 0-2.400 m - „Vogelnestwurz, Bird's-nest Orchid" (K**, S, T**, V**, N**, FXV2/3)
- *orchidioides* (Sw.) Willd.: *Sacoila* 1 (9**, G**)
- *parviflora* Smith: *Spiranthes australis* (2*)
- *parviflora* Smith: *Spiranthes* 12 (G**)
- *parviflora* Bl.: *Goodyera parviflora* (2*)
- *parviflora* Bl.: *Goodyera* 23 (6*, G**)
- *petola* Bl.: *Macodes* 4 (E**, H**)
- *picta* R.Br.: *Sarcoglottis* 1 (9**, E**, H)
- *picta* Sims: *Sarcoglottis* 1 (9**, G)
- *plantaginea* D.Don: *Malaxis* 29 (G)
- *plantaginea* Hook.: *Sacoila* 1 (9**, G**)
- *procera* Ker-Gawl.: *Goodyera* 23 (6*, G**)
- *pubescens* Willd.: *Goodyera* 24 (9**)
- *pudica* (Lindl.) Sweet: *Spiranthes* 12 (G**)
- *quadridentata* Willd.: *Spiranthes* 14 (G)
- *reniformis* (D.Don) Spreng.: *Habenaria* 154 (6*, G)
- *reticulata* Bl.: *Goodyera* 27 (2*)
- *rubicunda* Bl.: *Goodyera* 28 (2*, G)
- *salassia* Steud.: *Liparis* 134 (U**)
- *sinensis* Pers.: *Spiranthes australis* (2*)
- *sinensis* Pers.: *Spiranthes* 12 (G**, H)
- *speciosa* Jacq.: *Stenorrhynchus* 5 (8**, 9**)

- *squamulosa* Kunth: *Sacoila* 1 (9**, G**)
- *strateumatica* (L.) R.Br. ex Steud.: *Zeuxine* 17 (6*, G)
- *tortilis* Sw.: *Spiranthes* 14 (G)
- *viridiflora* Bl.: *Goodyera* 33 (2*, 6*)

Neottianthe (Rchb.) Schltr. [Neotthianthe (S)] - 1919 - *Subfam. Orchidoideae Tribus: Orchideae Subtr. Orchidinae* - ca. 12 sp. terr. - China, E-Eur., Jap. - „Nacktdrüse"

1. **cucullata** (L.) Schltr. - Pol., Sib., Jap. 0-500 m - „Kapuzenorchis" (K**, S)

Neottidium Schltr. - 1823: *Neottia* L. (S)
Neourbania adendrobium Fawc. & Rendle: *Maxillaria* 7 (W)

Neowilliamsia Gar. - 1977 - *Subfam. Epidendroideae Tribus: Epidendreae Subtr. Laeliinae* - ca. 6 sp. - Pan.

1. **alfaroi** (Ames & Schweinf.) Dressl. (*Epidendrum alfaroi* Ames & Schweinf.) - C.Rica, Pan. (S)
2. **cuneata** Dressl. - Pan. (W)
3. **epidendroides** Gar. - C.Rica (S*)
4. **nervosiflora** (Ames & Schweinf.) Dressl. (*Epidendrum nervosiflorum* Ames & Schweinf.) - C.Rica (S)
5. **tenuisulcata** Dressl. - Pan. (W, S)
6. **wercklei** (Schltr.) Dressl. (*Epidendrum wercklei* Schltr.) - C.Rica, Pan. (S)

× *Neoyusofara*: × *Yusofara* (*Arachnis* × *Ascocentrum* × *Euanthe* (*Vanda*) × *Renanthera* × *Vanda*)

Nephelaphyllum Bl. - 1825 - *Subfam. Epidendroideae Tribus: Arethuseae Subtr. Bletiinae* - (*Cytheris* Lindl.) - ca. 16 sp. terr. - N-Ind., SE-As., Mal.

1. **aureum** J.J.Wood - end. to Born. 900-1.400 m (Q**, S)
2. **beccarii** Schltr. - end. to Born. (S)
3. **borneense** Schltr. - end. to Born. (S)
4. **cordifolium** Lindl. - Sik., Him. ca. 1.700 m (O1/84, S)
5. **cristatum** Rolfe - Hong. (S)
6. **evrardii** (Gagn.) Tang & Wang - Viet. (S)
7. **flabellatum** Ames & Schweinf. - end. to Born. 600-1.400 m (Q**, S)
8. **gracile** Schltr. (*Tainia gracilis* (Schltr.) Gagn.) - end. to Born. (S)
- *grandiflorum* King & Pantl.: *Mischobulbon* 4 (S*)
- *grandiflorum* Hook.f.: *Mischobulbon* 8 (S)
9. **laciniatum** J.J.Sm. - Cel. (S)
10. **latilabre** Ridl. ex Stapf - Born., Mal., Thai. (H*, S)
11. **mindorense** Ames - Phil. (S)
12. **pulchrum** Bl. - Thai., Viet., Mal., Java, Bhut., Phil., Sik., NE-Ind. 0-500 m (2*, 9**, A**, H, O1/84, Q, O3/98, S*, Z**)
- *pulchrum* var. *sikkimense* Hook.f.: 13
- *scapigerum* Hook.f. (9**): *Mischobulbon* 6 (Q**, S)
13 **sikkimense** (Hook.f.) Karth. (*N. pulchrum* var. *sikkimense* Hook.f.) (S)
14. **simmondii** Gagn. - Viet. (S)
- *simmondii* Gagn.: *Mischobulbum* 7 (S)
15. **tenuiflorum** Bl. - Thai., Java, Born., Mal. (2*, S)
16. **trapoides** J.J.Sm. - Born. (S)
17. **verrucolosum** Carr. - Born. (S)

Nephrangis (Schltr.) Summerh. - 1949 - *Subfam. Epidendroideae Tribus: Vandeae Subtr. Aerangidinae* - (*Tridactyle* sect. *Nephrangis* Schltr.) - 1 sp. epi. - Trop. Afr.

1. **filiformis** (Kraenzl.) Summerh. (*Tridactyle filiformis* (Kraenzl.) Schltr., *Listrostachys filiformis* Kraenzl.) - Kenya, Tanz., Ug., Zai., Lib., Zam. 600-2.000 m (M, C, S*)

Nephranthera Hassk. - 1842: *Renanthera* Lour. (S)
- *matutina* (Bl.) Hassk.: *Renanthera* 10 (2*, 8**, Q**)

Nervilia Comm. ex Gaudich. - 1826 - *Subfam. Epidendroideae Tribus: Gastrodieae Subtr. Nerviliinae* - ca. 60 sp. terr. - Trop. Afr., Madag., Trop. As., Mal., Austr.

1. **affinis** Schltr. (*N. perrieri* Schltr., *N. pilosa* Schltr.) - Madag., Masc. 700-1.500 m (U)
2. **aragoana** Gaudich. (?*N. scottii* (Rchb.f.) Schltr., ?*N. carinata* (Roxb.) Schltr., *N. yaeyamensis* Hay., *N. tibetensis* Rolfe, *N. flabelliformis* (Lindl.) Tang & Wang, *Epipactis flabelliformis* Hamilt., ?*E. carinata* Roxb., ?*Pogonia carinata* Lindl., *P. flabelliformis* Lindl., *P. nervilia* Bl., *P. nervilia* Lindl., *P. gracilis* Bl., ?*P. scottii* Rchb.f., *Aplostellis flabelliformis* (Lindl.) Ridl.) - Indon., Mal., Austr., N.Gui. (6*, H, S, P)

- *aragoana* Gaudich.: *Pogonia flabelliformis* (2*)
- *barklayana* (Rchb.f.) Schltr.: 3 (U)
- *bathiei* Sengh. (S): 5 (U)
3. **bicarinata** (Bl.) Schltr. (*N. barklayana* (Rchb.f.) Schltr., *N. commersonii* (Bl.) Schltr., *N. renschiana* sensu H.Perr., *Begonia monophylla* Pourr., *Pogonia bicarinata* Bl., *P. commersonii* Bl., *P. barklayana* Rchb.f., *P. renschiana* sensu L.Moreau) - Madag., Com., Masc., E-S-W-Afr. 0-1.500 m (M, U)
- *biflora* (Wight) Schltr: 20 (6*, 9**, G)
4. **calcicola** Kerr - Thai. (6*)
- *carinata* (Roxb.) Schltr.: 2 (6*)
- *commersonii* (Bl.) Schltr.: 3 (U)
- *crispata* Rao non (Bl.) Schltr.: 21 (6*)
- *crispata* (Bl.) Schltr. ex Kraenzl.: 5 (6*)
5. **crociformis** (Zoll. & Mor.) Seidenf. (*N. crispata* (Bl.) Schltr. ex Kraenzl., *N. fimbriata* Schltr., *N. francoisii* H.Perr. ex Francois, *N. bathiei* Sengh., *Bolborchis crociformis* Zoll. & Mor., *Pogonia crispata* Bl., *Coelogyne* ? *javanica* Lindl.) - Austr., N.Gui., Indon., Phil., Kenya, Madag., Masc. 750-2.000 m (6*, M, P, U)
6. **cumberlegii** Seidenf. & Smitin. - Thai. (6*)
- *dalbergiae* Jum. & H.Perr.: 13 (U)
- *dallachyana* (F.v.Muell. ex Benth.) Schltr.: 20 (6*, 9**, G)
7. **discolor** (Bl.) Schltr. - Indon. to Thai. (S)
- *discolor* (Bl.) Schltr.: 20 (6*, 9**, G, H*, P)
- *fimbriata* Schltr.: 5 (6*)
- *flabelliformis* (Lindl.) Tang & Wang: 2 (6*)
8. **fordii** (Hance) Schltr. (*Pogonia fordii* Hance, *P. pulchella* Hook.f.) - Hong., S-China (6*, 9**, S)
- *fordii* Schltr. non Hance: 20 (6*, 9**, G)
- *francoisii* H.Perr. ex Francois: 5 (U)
9. **gammieana** (gamieana) (Hook.f.) Schltr. (*Pogonia gammieana* Hook. f.) - Kashm., Sik. (6*, 9**, S)
- *hallbergii* Blatt. & McCann: 11 (6*)
10. **holochila** (F.v.Muell.) Schltr. - Austr. (Qld., NT, WA), N.Gui. (P*)
11. **infundibulifolia** Blatt. & McCann (*N. hallbergii* Blatt. & McCann, *N. punctata* Seidenf. & Smitin. non (Bl.) Mak., *Pogonia plicata* Cooke non Lindl.,) - Thai. (6*)
- *insolata* Jum. & H.Perr.: 23 (U)
12. **juliana** (Roxb.) Schltr. (*Epipactis juliana* Roxb., *E.* ?*tenuis* Buch.-Ham. ex Wall., *Pogonia juliana* (Roxb.) Lindl.) - Thai. (6*)
13. **kotschyi** (Rchb.f.) Schltr. (*N. sakoae* Jum. & H.Perr., *Pogonia kotschyi* Rchb.f., *P. sakoae* (Jum. & H.Perr.) L.Moreau) - Trop. Afr. to Zim., Madag. 0-2.300 m (M**, U)
  var. **purpurata** (Rchb.f. & Sand.) Pett. (*N. dalbergiae* Jum. & H.Perr., *Pogonia purpurata* Rchb.f. & Sand., *P. lanceolata* L.Moreau) - Madag., E-S-Afr. 475-2.300 m (U)
14. **leguminosarum** Jum. & H.Perr. (*Pogonia leguminosarum* L.Moreau) - Madag. 0-200 m (U)
15. **lilacea** Jum. & H.Perr. - Madag. ca. 1.000 m (U)
16. **mackinnonii** (Duthie) Schltr. (*N. macroglossa* var. *mackinnonii* (Duthie) Pradhan, *Pogonia mackinnonii* Duthie) - Thai. (6*)
17. **macroglossa** (Hook.f.) Schltr. (*Pogonia macroglossa* Hook.f.) - Thai. (6*)
- *macroglossa* var. *mackinnonii* (Duthie) Pradhan: 16 (6*)
18. **maculata** (Par. & Rchb.f.) Schltr. (*N. parishiana* (King & Pantl.) Schltr., *Pogonia maculata* Par. & Rchb.f., ?*P. parishiana* King & Pantl.) - Mal. (6*, S)
- *monantha* Blatt. & McCann: 21 (6*)
- *pachystomoides* (F.v.Muell.) Schltr.: *Didymoplexis* 5 (P)
- *parishiana* (King & Pantl.) Schltr.: 18 (6*)
- *perrieri* Schltr.: 1 (U)
19. **petraea** (Afzel. ex Sw.) Summerh. (*N. simplex* (Thou.) Schltr., *Arethusa petraea* Afzel. ex Sw., *A. simplex* Thou., *Stellorkis aplostellis* Thou., *Epidendrum simplex* (Thou.) Spreng., *Aplostellis ambigua* A.Rich., *Pogonia simplex* (Thou.) Rchb.f.) - Trop. Afr., Madag., Masc. 0-1.500 m (M, U)
- *pilosa* Schltr.: 1 (U)
20. **plicata** (Andr.) Schltr. (*N. dalla-*

chyana (F.v.Muell. ex Benth.) Schltr., *N. velutina* (Par. & Rchb.f.) Schltr., ?*N. biflora* (Wight) Schltr., *N. discolor* (Bl.) Schltr., *N. fordii* Schltr. non Hance, *Arethusa plicata* Andr., *Cordyla discolor* Bl., *Roptrostemon discolor* (Bl.) Bl., *Epipactis plicata* Roxb., *Pogonia plicata* (Roxb.) Lindl., *P. discolor* (Bl.) Bl., ?*P. biflora* Wight, *P. dallachyana* F.v.Muell. ex Benth., *P. velutina* Par. & Rchb.f., *P. pulchella* Par., *P. pulchella* Hook.f. non Par., *P. pudica* Ames, *Aplostellis velutina* (Par. & Rchb.f.) Ridl.) - Ind., Sik., Beng., Bhut., Burm., China, Laos, Viet., Austr., Phil., Java (6*, 9**, H*, G, P**)
21. **prainiana** (King & Pantl.) Seidenf. (*N. monantha* Blatt. & McCann, *N. crispata* Rao, non (Bl.) Schltr., *Pogonia prainiana* King & Pantl.) - Thai. (6*)
22. **punctata** (Bl.) Mak. (*Pogonia punctata* Bl.) - Mal. (6*, S)
- *punctata* Seidenf. & Smitin., non (Bl.) Mak.: 11 (6*)
23. **renschiana** (Rchb.f.) Schltr. (*N. insolata* Jum. & H.Perr., *Pogonia renschiana* Rchb.f.) - Madag., E-S-Afr. 0-1.760 m (U)
- *renschiana* sensu H.Perr.: 3 (U)
- *sakoae* Jum. & H.Perr.: 13 (U)
- *scottii* (Rchb.f.) Schltr.: 2 (6*)
- *simplex* (Thou.) Schltr.: 19 (U)
- *tibetensis* Rolfe: 2 (6*)
24. **uniflora** (F.v.Muell.) Schltr. - end. to Austr. (Qld., NT) (P)
- *velutina* (Par. & Rchb.f.) Schltr.: 20 (6*, 9**, G, H*)
- *yaeyamensis* Hay.: 2 (6*)

Neuwiedia Bl. - *Apostasioideae* (S) - 8/9 sp. terr. - SE-As.
1. **griffithii** Rchb.f. - Mal., Sum., Born. (9**)
- *javanica* J.J.Sm.: 3 (Q**)
- *lindleyi* Rolfe: 2 (9**)
2. **veratrifolia** Bl. (*N. lindleyi* Rolfe) - Mal., Sum. to Phil. (2*, 9**)
3. **zollingeri** Rchb.f. - Java, Born. (2*, Q) var. **javanica** (J.J.Sm.) de Vogel (*N. javanica* J.J.Sm.) - Sum., Java, Bali, Born. 600-1.000 m (Q**)

Nezahualcoyotlia Gonz. - 1996 - *Cranichidinae* (S) - 1 sp. ter/lit - Mex.
1. **gracilis** (L.O.Wms.) Gonz. - W-Mex. (S*)

× **Ngara (Ngara)** (*Arachnis* × *Ascoglossum* × *Renanthera*)
× *Nigribicchia*: × *Pseuditella* (*Nigritella* × *Bicchia* (*Pseudorchis*)

Nidema Britt. & Millsp. - *Subfam. Epidendroideae Tribus: Epidendreae Subtr. Laeliinae* - 2 sp. epi. - Mex. to Pan., Cuba, Sur.
1. **boothii** (Lindl.) Schltr. (*Maxillaria boothii* Lindl., *Dinema paleacea* Lindl., *Epidendrum auritum* Lindl., *E. paleaceum* (Lindl.) Rchb.f., *E. boothii* (Lindl.) Will.) - C-Am., Mex. to Pan., Cuba, Surin., up to 1.500 m (3**, H**, W, Z**)
→ *boothii* (Lindl.) Schltr.: *Epidendrum* 31 (G)
2. **ottonis** Britt. & Millsp. - Nic., C.Rica, Pan., S-Am. (W**)

Nienokuea A.Chev. inv.name: *Polystachya* Hook. (S)

Nigritella L.C.Rich. - 1818 - *Subfam. Orchidoideae Tribus: Orchideae Subtr. Orchidinae* - 2/14 sp. terr. - Eur. - „Kohlröschen, Männertreu"
- *angustifolia* L.C.Rich.: 3 (K**)
1. **lithopolitanica** Ravnik - N-Jugo. - „Steineralpen Kohlröschen" (K**)
2. **miniata** (Crantz) Janchen (*N. rubra* (R.Wettst.) K.Richter) - Alp., Carp. (S)
- *miniata* (Crantz) Janchen: 3 (K**)
3. **nigra** (L.) Kirschl. (*N. angustifolia* L.C.Rich., *N. miniata* (Crantz) Janchen, *Gymnadenia miniata* (Crantz) Hayek, *G. nigra* (L.) Rchb.f., *G. rubra* R.Wettst.) - Alp., Pyr., Abruz., Jugo., Greece, Norw. - „Schwarzes Kohlröschen" (K**, S, Z**)
ssp. **corneliana** P.Beauv. - S-Fr. (K**)
4. **rubra** (R.Wettst.) K.Richter - E-Alp. 1.600-2.300 m - „Rotes Kohlröschen" (K**)
- *rubra* (R.Wettst.) K.Richter: 2 (S)
× **Nigrorchis** (*Nigritella* × *Orchis*)

Nipponorchis Masamune - 1934: *Neofinetia* Hu (S)
- *falcata* (Thunb.) Masamune: *Neofinetia* (9**, G**, H*)

× **Noblearia (Nlra.)** (*Aërides* × *Renanthera* × *Vanda*)
× **Nonaara (Non.)** (*Aërides* × *Ascoglossum* × *Renanthera*)

× **Nornahamamototoara (Nhmta.)** (*Aërides* × *Rhynchostylis* × *Vandopsis*)

× **Northenara (Nrna.)** (*Cattleya* × *Epidendrum* × *Laelia* × *Schomburgkia*)

× **Norwoodara (Nwda.)** (*Brassia* × *Miltonia* × *Oncidium* × *Rodriguezia*)

Notheria O'Byrne & J.J.Verm. - 2000 - *Dendrobiinae* (S) - 1 sp. epi. - Sul.
1. **diaphana** O'Byrne & J.J.Verm. - Sul. (S*)

Nothodoritis Tsi - 1989 - *Aeridinae* (S) - 1 sp. epi. - China
1. **zhejiangensis** Tsi - China 350 m (O4/97, S*)

Nothostele Gar. - 1982 - *Spiranthinae* (S) - 1 sp. terr. - Braz. (FXIX2)
1. **acianthiformis** (Rchb.f. & Warm.) Gar. - Braz. (S*)

Notiophrys Lindl. - 1857: *Platylepis* A. Rich. (S)
- *occulta* (Thou.) Lindl.: *Platylepis* 3 (G)
- *occulta* (Thou.) Lindl.: *Platylepis* 5 (U)

× **Notylettia (Ntlta.)** (*Comparettia* × *Notylia*)

Notylia (Ntl.) Lindl. - 1825 - *Subfam. Epidendroideae Tribus: Oncidieae Subtr. Oncidiinae* - (*Tridachne* Liebm. ex Lindl., *Macroclinium* Barb.Rodr.) - ca. 40 sp. epi. - Trop. C-S-Am. 500-1.500 m
- *adunca* Dressl.: *Macroclinium* 1 (&9)
1. **albida** Kl. (*N. panamensis* Ames) - C-Am., Pan., Col., C.Rica (9**, S, W**, R**)
- *albida* Kl.: 3 (H**)
- *angustilancea* Schltr.: 3 (9**, G)
- *apiculata* Cogn.: 24 (G**)
2. **aromatica** Barker ex Lindl. - Ven., Guy., Sur., Braz. (G, S)
3. **barkeri** Lindl. (*N. bipartita* Rchb.f., *N. trisepala* Lindl. & Paxt., *N. multiflora* Hook., *N. huegelii* Fenzl, *N. tridachne* Lindl., *N. tamaulipensis* Rchb.f., *N. guatemalensis* Schltr. non S.Wats., *N. guatemalensis* S.Wats. non Schltr., *N. bernoullii* Schltr., *N. hernoullii* Schltr., *N. pittieri* Schltr., *N. brenesii* Schltr., *N. turialbae* Schltr., *N. angustilancea* Schltr., *N. albida* Kl., *Tridachne virens* Liebm. ex Lindl. & Paxt.) - Mex., Guat., Hond., Nic., C.Rica, Pan. (4**, 9**, G, H**, S, W, Z**)
- *bernoullii* Schltr.: 3 (9**, H**)
- *bicolor* Lindl.: *Macroclinium* 4 (9**)
- *bipartita* Rchb.f.: 3 (4**, 9**, G, H**)
- *brasiliensis* (Pabst) Dressl.: *Macroclinium* 7 (&9)
- *brenesii* Schltr.: 3 (9**, G)
4. **brenesii** Schltr. - C.Rica (W)
5. **brevis** Rolfe - Col. (R)
- *broadwayi* Cogn.: 24 (G**)
6. **buchtienii** Schltr. (S)
7. **bungherothii** Rchb.f. - Ven., Col., Ec. (S, FXV2/3, R)
- *calceolaris* (Gar.) Dressl.: *Sarmenticola* 1 (@, &9)
8. **carnosiflora** Schweinf. - Peru 1.800 m (H, S)
- *coffeicola* Schltr.: *Macroclinium* 10 (&9)
- *conduplicans* Schweinf.: 16 (S)
- *cordesii* L.O.Wms.: *Macroclinium* 12 (W, &9)
- *guatemalensis* S.Wats. non Schltr.: 3 (9**, H**)
- *guatemalensis* Schltr. non S.Wats.: 3 (9**, H**)
- *hernoullii* Schltr.: 3 (G)
- *huegelii* Fenzl: 3 (9**, G)
9. **incurva** Lindl. - Trin., Ven., Col. (G, R)
- *juncta* Dressl.: *Macroclinium* 21 (&9)
10. **lankesteri** Ames - C.Rica (W)
11. **latilabia** Ames & Schweinf. - Pan. (W)
12. **laxa** Rchb.f. - Ec., Ven., Guy., Braz. (S)
- *lexarzana* Hagsater & Gonz.: *Macroclinium* 22 (&9)
- *linearis* Ames & Schweinf.: *Macroclinium* 24 (&9)
13. **longispicata** Hoehne & Schltr. - SE-Braz. (S)
14. **lyrata** S.Moore - Braz., Par. (S)
- *manabina* Dods.: *Macroclinium* 26 (S, &9)
15. **micrantha** Lindl. - Guy., Braz. (G)
16. **microchila** Cogn. (*N. conduplicans* Schweinf.) - Guy., Peru, N-Braz. (S)
- *mirabilis* Schweinf.: *Macroclinium* 27 (&9)
17. **multiflora** Lindl. (H, S)
- *multiflora* Lindl.: 27 (G)
- *multiflora* Hook.: 3 (9**, G)

18. **nana** Cogn. (S)
- *norae* Gar.: *Macroclinium* 27 (&9)
- *oberonia* Schltr.: *Macroclinium* 28 (&9)
19. **obtusa** Schltr. - Col. (R)
- *pachybulbon* Hagsater & Gonz.: *Macroclinium* 29 (&9)
- *panamensis* Ames: 1 (9**, W)
- *paniculata* Ames & Schweinf.: *Macroclinium* 30 (W, &9)
20. **parvilabia** Schweinf. - 1.500 m (S)
21. **pentachne** Rchb.f. - Pan., Col. (W, R)
- *perryae* Dods.: *Macroclinium* 31 (&9)
22. **peruviana** (Schltr.) Schweinf. (S)
- *pittieri* Schltr.: 3 (9**, G)
23. **pubescens** Lindl. - Braz. (G)
24. **punctata** (Ker-Gawl.) Lindl. (*N. apiculata* Cogn., *N. broadwayi* Cogn., *Pleurothallis punctata* Ker-Gawl., *Gomesa tenuiflora* Lodd.) - Trin. (G**, H, S)
25. **punoensis** Benn. & Christ. - Peru 1.200 m (S)
- *ramonensis* Schltr.: *Macroclinium* 32 (W**, &9)
26. **rhombilabia** Schweinf. - Ven., Peru, N-Braz. (S)
- *rosea* (Barb.Rodr.) Cogn.: *Macroclinium* 34 (S, &9)
27. **sagittifera** (Kunth) Link & Kl. (*N. multiflora* Lindl., *N. tenuis* Lindl., *Pleurothallis sagittifera* Kunth) - Ven., Col., Ec., Guy., Sur., Braz. (G, S, R, Z)
- *simplex* Dressl.: *Macroclinium* 35 (&9)
28. **stenoglossa** Schltr. - Col. (R)
- *tamaulipensis* Rchb.f.: 3 (9**, G)
- *tenuis* Lindl.: 27 (G)
- *tridachne* Lindl.: 3 (9**, G)
29. **trisepala** Lindl. & Paxt. - Nic., C. Rica (3**, W)
- *trisepala* Lindl. & Paxt.: 3 (4**, 9**, G, H**)
30. **turialbae** Schltr. (W)
- *turialbae* Schltr.: 3 (9**, G)
31. **venezuelana** Schltr. (S)
- *wullschlaegeliana* Focke: *Macroclinium* 37 (&9)
- *xyphophoria* Rchb.f.: *Macroclinium* 38 (&9)
32. **yauaperyensis** Barb.Rodr. - Ven., Peru, N-Braz. (S)
× **Notylidium (Ntldm.)** (*Notylia* × *Oncidium*)

Notyliopsis Ortiz - 1996 - *Notyliinae* (S) - 1 sp epi. - Col.
1. **beatricis** Ortiz - Col. 1.300 m (FXX2**, S*)
× **Notylopsis (Ntlps.)** (*Ionopsis* × *Notylia*)
Nyctosma nocturna (Jacq.) Raf.: *Epidendrum* 189 (9**, G)
Oakesamesia Schweinf. & Allen - 1948: *Sphyrastylis* Schltr. (S)
- *cryptantha* Schweinf. & Allen: *Sphyrastylis* 1 (S*)

Oberonia Lindl. - 1830 - *Subfam. Epidendroideae Tribus: Malaxideae* - (*Titania* Endl., *Iridorchis* Ktze.) - ca. 100 sp. epi. - Trop. As., Afr., P.Is., Austr., Madag.
1. **acaulis** Griff. (*O. myriantha* Lindl., *O. sikkimensis* Lindl., *Iridorchis myriantha* (Lindl.) Ktze.) - E-Him., Ass., Thai., Laos, Viet. (9**, S)
2. **anceps** Lindl. (*O. imbricata* Wight, *O. griffithii* Wight, *Malaxis anceps* Rchb.f., *Iridorchis anceps* Ktze.) - Java (2*, S)
- *arnottiana* Wight: 37 (G)
3. **attenuata** Dockr. - end. to Austr. (Qld.) (P)
- *bilobatolabella* Hay.: 6 (S)
4. **boerlageana** J.J.Sm. - Java (2*)
- *brevifolia* Lindl.: 10 (S*, U**)
5. **carnosa** Lavarack - end. to Austr. (Qld.) (P**)
6. **caulescens** Lindl. (*O. bilobatolabella* Hay.) - Him., Nep. to SW-China, Viet., Taiw. (S)
7. **complanata** (A.Cunn) M.Clem. & D.Jones (*O. muelleriana* Schltr.) - Austr. (Qld., NSW), N.Gui., Poly. 0-1.000 m (P*)
8. **costeriana** J.J.Sm. - Java (2*)
- *croftiana* King & Pantl.: 29 (G)
9. **cylindrica** Lindl. (*Malaxis cylindrica* (Lindl.) Rchb.f., *Iridorchis cylindrica* (Lindl.) Ktze.) - Phil. (G)
- *denticulata* Wight: 16 (9**)
10. **disticha** (Lam.) Schltr. (*O. brevifolia* Lindl., *O. equitans* (Forst.f.) Schltr., *Epidendrum distichum* Lam., *E. equitans* Forst.f., *Cymbidium equitans* (Forst.f.) Sw., *Pleurothallis disticha* (Lam.) A.Rich., *Malaxis brevifolia* (Lindl.) Rchb.f., *Iridorchis equitans* (Forst.f.) Ktze.) - Kenya, Camer., Malawi, Trop.-S-Afr., Madag., Masc. 0-2.000 m (1**, M**, C**, S*, U**)

11. **dubia** J.J.Sm. - Java (2*)
12. **ensiformis** (J.E.Sm. ex Rees) Lindl. (*O. iridifolia* (Roxb.) Lindl.) - Him., Sik., S-Ind., Thai., Indon., Austr., N.Cal. (A**, S)
- *equitans* (Forst.f.) Schltr.: 10 (S*, U**)
13. **falcata** King & Pantl. (S)
14. **forcipata** Lindl. (S)
- *gardneriana* Thw.: 29 (G)
- *griffithii* Wight: 2 (2*)
15. **imbricata** Lindl. (*Malaxis imbricata* Bl., *Iridorchis imbricata* Ktze.) - Java (2*)
- *imbricata* Wight: 2 (2*)
16. **iridifolia** (Roxb.) Lindl. (*O. denticulata* Wight, *Malaxis iridifolia* (Roxb.) Rchb.f., *M. iridifolia* (Roxb.) Hook.f., *Iridorchis iridiflora* (Roxb.) Ktze., *Cymbidium iridifolium* Roxb.) - Him., Ind., Burm., Thai., Mal., Phil., Nep., Austr. (2*, 9**, H*)
- *iridifolia* (Roxb.) Lindl.: 12 (S)
17. **japonica** (Maxim.) Mak. - Korea, Jap., Taiw. (S*)
18. **kanburiensis** Seidenf. (S)
19. **kusukuensis** Hay. (S*)
- *lingmalensis* Blatt. & McCann: 29 (G)
20. **lotsyana** J.J.Sm. - Java (2*)
21. **lunata** Lindl. (*Malaxis lunata* Bl., *Iridorchis lunata* Ktze.) - Java (2*)
22. **maxima** Par. ex Hook.f. (S)
- *micrantha* A.Rich.: *Rhynchophreatia* 1 (P**)
23. **microphylla** Lindl. (*Malaxis microphylla* Bl., *Iridorchis microphylla* Ktze.) - Java (2*)
24. **miniata** Lindl. (*Malaxis miniata* (Lindl.) Rchb.f., *Iridorchis miniata* Ktze.) - Sing. (2*, G)
25. **monstruosa** Lindl. (*Malaxis monstruosa* Bl.) - Java (2*)
- *muelleriana* Schltr.: 7 (P*)
- *myriantha* Lindl.: 1 (9**)
- *myriantha* var. *parvula* (King & Pantl.) Tang & Wang: 29 (G)
26. **oxystophyllum** J.J.Sm. - Java (2*)
27. **pachyrhachis** Rchb.f. ex Hook.f. (S)
- *palmicola* F.v.Muell.: 34 (P)
- *parvula* King & Pantl.: 29 (G)
28. **prainiana** King & Pantl. - Java (2*)
29. **recurva** Lindl. (*O. setifera* Lindl., *O. gardneriana* Thw., *O. parvula* King & Pantl., *O. croftiana* King & Pantl., *O. lingmalensis* Blatt. & McCann, *O. myriantha* var. *parvula* (King & Pantl.) Tang & Wang, *Malaxis recurva* (Lindl.) Rchb.f., *M. setifera* (Lindl.) Rchb.f., *Iridorchis recurva* (Lindl.) Ktze.) - Ind., Sri L. (G)
30. **scortechinii** Hook. (*Iridorchis scortechinii* Ktze.) - Java (2*)
- *setifera* Lindl.: 29 (G)
- *sikkimensis* Lindl.: 1 (9**)
31. **similis** J.J.Sm. (*Malaxis similis* Bl., *Iridorchis similis* Ktze.) - Java (2*)
32. **spathulata** Lindl. (*Malaxis equitans* Bl., *M. spathulata* Rchb.f., *Iridorchis spathulata* Ktze.) - Java (2*)
- *stachyoides* A.Rich.: 37 (G)
33. **teres** Kerr (S)
34. **titania** (Endl.) Lindl. (*O. palmicola* F.v.Muell.) - Austr. (Qld., NSW), Norf. (P*)
35. **treubii** Ridl. - Java (2*)
36. **valetoniana** J.J.Sm. - Java (2*)
37. **wightiana** Lindl. (*O. stachyoides* A. Rich., *O. arnottiana* Wight, *Malaxis wightiana* (Lindl.) Rchb.f., *Iridorchis wightiana* (Lindl.) Ktze.) - Ind., Sri L. (G)
38. **zimmermanniana** J.J.Sm. - Java (2*)

Oberonioides Szlach. - 1995 - *Liparidinae* (S) - 2 sp. - Thai., P.N.Gui.
1. **microtatantha** (Schltr.) Szlach. P.N.Gui. (S)
2. **oberoniiflora** (Seidenf.) Szlach. - Thai. (S*)

Ocampoa A.Rich. & Gal. - 1845: *Cranichis* Sw. (S)

Ochyrella Szlach. & Tamayo - 1996 - *Spiranthinae* (S) - 5 sp. terr. - Arg., Braz., Bol., Peru, Ec.
1. **lurida** (Correa) Szlach. & Tamaya - Arg. (S)
2. **misera** (Kraenzl.) Szlach. & Tamayo (S*)
3. **triloba** (Lindl.) Szlach. & Tamayo (S*)

Octadesmia Benth. - 1881 - *Epidendrinae* (S) - (*Dilomilis* Raf.) - 3/4 sp. epi. - W-Ind.
1. **elata** Benth. - Jam. (S)
- *monophylla* (Griseb.) Benth.: *Neocogniauxia* 2 (9**, H*)
2. **montana** (Sw.) Benth. (*Epidendrum montanum* Sw., *Cymbidium montanum* Sw., *Tetramicra montana* (Sw.) Griseb., *Octomeria serratifolia* Ho-

ok., *Bletia montana* Hook.) - W-Ind., Jam., Dom. (9**, S)
- *nodosa* Cogn.: *Domingoa* 2 (S*)
3. **oligophylla** Schltr. - Cuba (S)
4. **scirpoides** Schltr. - Cuba (S)

Octandrorchis Brieg. - 1975 - inv.name: *Octomeria* R.Br. (L, S)
- *leptophylla* (Barb.Rodr.) Brieg.: *Octomeria* 15 (L)

Octarrhena Thw. - 1861 - *Subfam. Epidendroideae Tribus: Epidendreae Subtr. Thelasiinae* - (*Phreatia* Lindl. p.p.) - ca. 53 sp. ter/epi - N.Gui., Phil., N.Cal., Mal., Sri L.
1. **caulescens** (Ames) Ames (S)
2. **myosurus** (Lindl.) Hunt (S)
- *parvula* Thw.: *Phreatia* 8 (2*)
3. **umbellata** Schltr. (S)

Octomeria R.Br. - 1813 - *Subfam. Epidendroideae Tribus: Epidendreae Subtr. Pleurothallidinae* - (*Enothrea* Raf., *Aspegrenia* Poepp. & Endl., *Gigliolia* Barb.Rodr., *Octandrorchis* Brieg.) - ca. 150 sp. epi. - C-S-Am., W-Ind.
1. **apiculata** (Lindl.) Gar. & Sweet - C.Rica, S-Am. (W)
- *arcuata* Rolfe: 12 (H**)
2. **brevifolia** Cogn. (L*)
3. **campos-portoi** Cogn. (L)
4. **costaricensis** Schltr. - C.Rica, Pan. (W)
5. **crassifolia** Lindl. (S)
6. **diaphana** Lindl. - E-Braz. (G, H)
7. **erosilabia** Schweinf. (O2/84)
8. **flaviflora** Schweinf. - end. to Ven. ($50/8)
9. **geraënsis** (Barb.Rodr.) Barb.Rodr. (*Gigliolia geraënsis* Barb.Rodr.) (L)
10. **gracilis** Lodd. ex Lindl. (*O. semiteres* Regel) - Braz. (G, Z**)
11. **graminifolia** (L.) R.Br. (*Epidendrum graminifolium* L., *Dendrobium graminifolium* (L.) Willd.) - W-Ind., Nic. (9**, H, W, L, R)
12. **grandiflora** Lindl. (*O. arcuata* Rolfe, *O. surinamensis* Focke, *O. ruthiana* Hoehne, *O. robusta* Barb.Rodr.) - Ven., Trin., Braz. (G, H**, L, Z**, S*)
13. **harantiana** Bock - Col. 50 m (O2/84)
14. **hondurensis** Ames - Nic., C.Rica, Pan. (W)
15. **leptophylla** Barb.Rodr. (*Octandrorchis leptophylla* (Barb.Rodr.) Brieg.) (L)
- *monetalis* Luer: *Restrepiopsis* 7 (L*)
- *multiflora* Barb.Rodr.: 23 (G)
16. **nemorosa** (Barb.Rodr.) Luer (*Lepanthes nemorosa* Barb.Rodr., *Pleurothallis sylvatica* Cogn., *Pleurothallopsis nemorosa* (Barb.Rodr.) Porto & Brade) - Braz. 200-300 m (L*)
17. **oxycheila** Barb.Rodr. - Braz. (H)
- *pauciflora* Breda: *Tainia* 25 (2*)
- *pubescens* (Lindl.) Spreng.: *Eria flava* (E**)
- *pubescens* (Lindl.) Spreng.: *Eria* 72 (H**)
- *pubescens* Spreng.: *Dendrolirium* 1 (S)
- *racemosa* Breda: *Eria* 55 (2*, G)
- *robusta* Barb.Rodr.: 12 (H**, L)
- *rosea* (Lindl.) Spreng.: *Eria* 82 (G**)
18. **rubrifolia** Barb.Rodr. (L)
- *ruthiana* Hoehne: 12 (H**)
19. **saundersiana** Rchb.f. - Braz. (H)
20. **scirpoidea** (Poepp. & Endl.) Rchb.f (*Aspegrenia scirpoidea* Poepp. & Endl.) (L)
- *semiteres* Regel: 10 (G)
- *serratifolia* Hook.: *Octadesmia* 2 (9**)
- *spicata* D.Don: *Eria* 85 (E**, G**, H**)
- *stellata* Spreng.: *Eria rugosa* (2*)
- *stellata* (Lindl.) Spreng.: *Eria* 43 (9**, G**)
21. **surinamensis** Focke - Nic., Col. (W, R**)
- *surinamensis* Focke: 12 (H**)
22. **teretifolia** Barb.Rodr. (L)
23. **tridentata** Lindl. (*O. multiflora* Barb.Rodr.) - Arg., Braz., Guy., Cuba (G)
- *vaginata* Breda: *Eria rugosa* (2*)
- *vaginata* Breda: *Eria* 43 (9**, G**)
24. **valerioi** Ames & Schweinf. - Nic., C.Rica, Pan. (W**)
× **Oddyara (Oddy.)** (*Cochleanthes* × *Kefersteinia* × *Pescatorea*)

Odonectis Raf. - 1838: *Isotria* Raf. (S)
× **Odontioda (Oda.)** (*Cochlioda* × *Odontoglossum*)
× *Odontiodonia*: × *Vuylstekeara* (*Cochlioda* × *Miltonia* × *Odontoglossum*)
× **Odontobrassia (Odbrs.)** (*Brassia* × *Odontoglossum*)

Odontochilus Bl. - 1858: *Anoectochilus* Bl.

- *abbreviatus* (Lindl.) Tang & Wang: *Anoectochilus* 1 (6*)
- *brevistylus* Hook.f.: *Anoectochilus* 3 (6*)
- *calcaratus* Hook.f.: *Anoectochilus* 5 (6*, S)
- *crispus* (Lindl.) Hook.f.: *Anoectochilus* 6 (S)
- *elwesii* Clarke ex Hook.f.: *Anoectochilus* 7 (6*, S)
- *flavescens* Bl. (2*): *Anoectochilus flavescens* Bl.
- *flavus* Benth. & Hook.f.: *Anoectochilus* 10 (9**)
- *grandiflorus* (Lindl.) Benth.: *Anoectochilus* 9 (S)
- *jaubertii* (Gaudich.) Bl.: *Anoectochilus* 19 ($56/7)
- *lanceolatus* (Lindl.) Bl.: *Anoectochilus* 10 (6*, 9**)
- *multiflorus* (Rolfe ex Downie) Tang & Wang: *Anoectochilus* 13 (6*)
- *petelotii* (Gagn.) Tang & Wang: *Ludisia* 1 (6*, 9**, G**)
- *pumilus* Hook.f.: *Myrmechis* 4 (6*)
- *repens* Downie: *Anoectochilus* 17 (6*)
- *sandvicensis* Lindl. ex Degener: *Anoectochilus* 19 ($56/7)
- *tortus* King & Pantl.: *Anoectochilus* 23 (6*)

× **Odontocidium (Odcdm.)** (*Odontoglossum* × *Oncidium*)

Odontoglossum sect. *Leucoglossum* Lindl.: *Lemboglossum* Halb.

Odontoglossum (Odm.) H.B.K. - 1815 - Subfam. *Epidendroideae* Tribus: *Oncidieae* Subtr. *Oncidiinae* - ca. 60 sp. epi/lit - Trop.-Subtrop. C-S-Am.
- *acuminatum* hort. ex Lindl.: *Odontoglossum rossii* (8**)
1. **alboroseum** Dalström - S-Ec. 3.000-3.200 m - subg. *Serratolaminata* (S)
- *alexandrae* Batem.: 15 (4**, 9**, G, H**)
- *alexandrae* var. *guttatum* Batem.: 15 (9**, G)
- *amphiglottii* Rchb.f.: 56 (S*)
- *anceps* Lem.: *Odontoglossum maculatum* (8**)
- *anceps* Lem.: *Lemboglossum* 9 (9**, G**)
- *anceps* Kl.: *Miltonia* 1 (9**)
2. **angustatum** Lindl. (*O. spilolanthum* Rchb.f., *O. ulopterum* Rchb.f.) - S-Col., Ec. 2.200-3.400 m - subg. *Serratolaminata* (G, £**, S*, R**, FXI3**,)
- *apterum* Llave & Lex.: *Odontoglossum rossii* (8**)
- *apterum* Llave & Lex.: *Lemboglossum* 1 (G)
3. **armatum** Rchb.f. (*O. denticulatum* Lehm., *O. cristatum* var. *lehmannii* Regel) - Ec. 2.000-2.700 m - subg. *Odontoglossum* (9**, S, £**)
- *arminii* Rchb.f.: *Otoglossum* 1 (S*)
- *aspasia* Rchb.f.: *Aspasia* 1 (4**, 9**)
- *aspersum* Rchb.f.: *Odontoglossum humeanum* (8**)
- *asperum* Rchb.f.: *Lemboglossum* 12 (G**, H**)
4. **aspidorhinum** Lehm. - Col. 2.000-2.500 m - subg. *Erectolobata* (S, £**, R**)
5. **astranthum** Lindl. & Rchb.f. (*O. multistellare* Rchb.f.) - Ec., Peru 2.000-2.400 m (O3/84)
→ *astranthum* Rchb.f.: *Collare-Stuartense* 1 (S*)
6. **auriculatum** Rolfe - N-Col. ca. 1.800 m - subg. *Lindleyana* (£**, S*)
7. **auropurpureum** Rchb.f. (*O. floribundum* Schltr.) - N-Col., S-Ec. 3.000-3.500 m - subg. *Unguisepala* (O2/86, £**, S)
- *axinopterum* Rchb.f.: *Otoglossum* 2 (S)
8. **bachmannii** Bock - Col. 3.000 m - sect. *Dasyglossum* (O6/98**)
- *bachmannii* Bock: *Trigonochilum* 1 (S)
- × *baphicanthum* Rchb.f.: 48 (9**)
- *barkeri* (Hook.) Rchb.f.: *Gomesa* 2 (9**)
- *bellum* Schltr.: 49 (G, £**, S*)
- *beloglossum* Rchb.f.: *Amparoa* 1 (S)
- *bicolor* Lindl.: *Oncidium* 19 (G)
- *bicolor* Lindl.: *Cyrtochilum* 5 (S)
- *bictoniense* (Batem.) Lindl.: *Lemboglossum* 2 (9**, G**, H**)
9. **blandum** Rchb.f. - N-Col., Ec., Peru 1.800-2.500 m - subg. *Erectolobata* (H**, £**, S, FXI3**)
   var. **albo-cupreum** O'Brien (£)
   var. **rossianum** Rchb.f. (£)
- *bluntii* Rchb.f.: 15 (G, H**)
- *boddaertianum* Rchb.f.: 13 (G, H**, S*)
- *bogotense* Schltr.: 59 (£**, G, S)
- *brachypterum* Rchb.f.: *Otoglossum* 4 (E**, H**)

- *brachypterum* Rchb.f.: *Otoglossum* 3 (S)
- *brevifolium* Lindl. (8**): *Otoglossum* 4 (9**, E**, G, H**)
- *brevilabium* Schweinf.: *Oliveriana* 1 (S*)
- *calodryas* Rchb.f. (O2/86): 20 (S)
- *candidulum* Rchb.f.: *Lemboglossum* 3 (O5/83)
- *candidum* Lind. & André: *Osmoglossum* 2 (S)
- *cariniferum* Rchb.f.: *Oncidium* 40 (H**)
- *cariniferum* Rchb.f. (9**, O5/82): *Miltonioides* 1 (S*)
- *caulescens* A.Rich. & Gal.: *Lemboglossum* 12 (H**)
- *cervantesii* Llave & Lex. (8**): *Lemboglossum* 4 (4**, 9**, G**, H**)
- *cervantesii* var. *membranaceum* Lindl.: *Lemboglossum* 4 (9**, G**)
- *chaetostoma* Rchb.f.: 25 (G, H**)
- *chaetostroma* Rchb.f.: 25 (H**, S*)
- × *chaetostroma* Rchb.f.: 25 (9**)
- *chiriquense* Rchb.f.: *Otoglossum* 5 (9**, S)
- *cimiciferum* Rchb.f.: *Oncidium* 48 (E, G, H)
- *cinnamomeum* hort. ex Williams.: 63 (S)
10. **cirrhosum** Lindl. (*Oncidium cirrhosum* (Lindl.) Beer, *O. cirrhosum* var. *klabochorum* Rchb.f., - var. *gemmatum* Rchb.f., - var. *hrubyanum* Rchb.f., *O. hrubyanum* hort.) - S-Col., Ec. 1.400-2.600 m - subg. *Erectolobata* (8**, 9**, G, H**, O5/82, £**, S*, FXI3**, R, Z**)
- *citrosmum* Lindl. (8**): *Cuitlauzina* 1 (3**, G**, H**, S*)
11. **claviceps** Rchb.f. - S-Ec. 3.000-3.300 m - subg. *Serratolaminata* (£**, S)
- *clowesii* Lindl.: *Miltonia* 4 (8**, 9**, G)
- *coerulescens* A.Rich. & Gal.: *O. rossii* (8**)
- *coerulescens* A.Rich. & Gal.: *Lemboglossum* 12 (G**)
12. **compactum** Rchb.f. (*O. orientale* Rchb.f., *O. koehleri* Schltr., *O. floribundum* Schltr.) - S-Col., Ec., N-Peru 2.700-3.500 m - terr. - Subg. *Unguisepala* (O2/86, O2/88, £**, S)
- *confusum* Gar.: *Miltonioides confusa* (H**)
- *confusum* Gar.: *Miltonioides* 7 (O2/86)
13. **constrictum** Lindl. (*O. sanderianum* Rchb.f., *O. boddaertianum* Rchb.f.) - Ven. 1.700-2.400 m - subg. *Erectolobata* (G, H**, £**, S*)
    var. **castaneum** Rchb.f. (£)
    var. **pallens** Rchb.f. (£)
- *constrictum* Lindl.: *O. sanderianum* (9**)
- *constrictum* var. *majus* Lindl.: *O. sanderianum* (9**)
- *convallarioides* (Schltr.) Ames & Correll: *Osmoglossum* 3 (H, W, S*)
- *cordatum* Paxt.: *O. maculatum* (8**)
- *cordatum* Lindl. (8**): *Lemboglossum* 5 (9**, G, H**)
- *coronarium* Lindl.: *Otoglossum* 4 (E**)
- *coronarium* Lindl. (8**, FX3): *Otoglossum* 6 (H)
- *coronarium* var. *miniatum* Veitch: *Otoglossum* 4 (9**, G)
- *coronarium* var. *chiriquense* Veitch: *Otoglossum* 5 (9**, S)
14. **crinitum** Rchb.f. (*O. popayanense* Lehm. & Kraenzl.) - Col., Ec. 2.200-2.900 m - subg. *Erectolobata* (S*, FXI3**, £**, R**, Z**)
- *crispulum* Rchb.f.: *Gomesa* 3 (E**, G**, H**)
15. **crispum** Lindl. (*O. alexandrae* Batem., *O. alexandrae* var. *guttatum* Batem., *O. bluntii* Rchb.f., *O. reichenbachianum* Lehm., *O. latimaculatum* hort. ex Lind., *O. edithiae* Warner, *O. warocqueanum* Lind.) - Col. 2.250-3.000 m - subg. *Odontoglossum* (4**, 8**, 9**, G, H**, S, R**, £, Z**)
    var. **capartianum** hort. (£)
    var. **fastuosum** Rchb.f. (£)
    var. **flaveolum** Rchb.f. (£**)
    var. **luciani** hort. (£)
    var. **veitchianum** Rchb.f. (£)
16. **cristatellum** Rchb.f. - Col., Ec. 2.400-3.000 m - subg. *Odontoglossum* (S*, R**, £**)
    ssp. **lehmannii** (Rchb.f.) Bock. (*O. lehmannii* Rchb.f.) (£**)
    var. **argus** (Rchb.f.) Bock. (£)
    var. **canari** (Rchb.f.) Bock. (£)
    var. **dayanum** (Rchb.f.) Bock. (£)
17. **cristatum** Lindl. (*Oncidium crista-*

tum (Lindl.) Beer) - Ec. 1.600-1.800 m - subg. *Odontoglossum* (9**, G, S, £**, Z**)
- *cristatum* var. *lehmannii* Regel: 3 (9**)
18. **crocidipterum** Rchb.f. - Col. 2.000-2.600 m - subg. *Erectolobata* (£**, S, R**)
   ssp. **crocidipterum** - Col. 2.000-2.600 m - subg. *Erectolobata* (£**, S*)
   ssp. **dormanianum** (Rchb.f.) Bock. (*O. dormanianum* Rchb.f.) - Ven. 2.000-2.600 m - subg. *Erectolobata* (£**, S)
19. **cruentum** Rchb.f. (*O. hrubyanum* Rchb.f.) - S-Ec., N-Peru 2.000-2.400 m - subg. *Odontoglossum* (H**, S, £**)
- *dalessandroi* Dods. & Gar.: *Trigonochilum* 3 (S)
- *dawsonianum* Rchb.f.: *O. rossii* (8**)
- *dawsonianum* Rchb.f.: *Lemboglossum* 6 (G)
- *densiflorum* Lindl.: *Trigonochilum* 4 (S)
- *denticulatum* Lehm.: 3 (9**)
- *digitatum* Schweinf.: *Collare-Stuartense* 2 (S)
20. **dipterum** Lindl. (*O. calodryas* Rchb.f.) - Col. 2.600-3.400 m - terr. - subg. *Unguisepala* (£**, S, R**)
- *distans* Rchb.f.: *Trigonochilum* 6 (S)
- *dormanianum* Rchb.f.: 18 (£**, S)
- *dracoceps* Dalström: *Collare-Stuartense* 3 (S)
- *edithiae* Warner: 15 (9**)
21. **edwardii** Rchb.f. [O. eduardi Rchb. f. (O2/81)] (*O. ioplocon* Rchb.f., *Cyrtochilum edwardii* (Rchb.f.) Kraenzl.) - Col. 2.300-2.600 m - terr. - subg. *Unguisepala* (8**, 9**, O2/86, S, FXI3**)
- *egertonii* Lindl.: *O. pulchellum* (8**)
- *egertonii* Lindl.: *Osmoglossum* 4 (O6/90, G)
- *ehrenbergii* Link, Kl. & Otto: *Lemboglossum* 6 (G)
22. **epidendroides** H.B.K. (*Oncidium epidendroides* (Kunth) Beer) - S-Col., Ec., N-Peru 1.800-2.300 m - subg. *Odontoglossum* (A**, G, H, O4/84, O3/84, S*)
- *epidendroides* Lindl. non H.B.K.: 36 (S*)
- *erosum* A.Rich. & Gal.: *Lemboglossum* 13 (G)
- *facetum* Rchb.f.: 62 (£**)
- *festatum* Rchb.f.: *Oncidium* 19 (G)
- *flavescens* Rolfe: *Trigonochilum* 10 (S)
- *floribundum* Schltr.: 7 (O2/86)
- *floribundum* Schltr.: 12 (O2/88, £**, S)
- *foliosum* (Hook.) Rchb.f.: *Gomesa* 7 (9**)
- *fractiflexum* Kraenzl.: 61 (S*)
- *galeottianum* A.Rich.: *Lemboglossum* 7 (G)
- *ghiesbreghtiaum* A.Rich. & Gal.: *Oncidium* 220 (9**, G)
- *glonerianum* Lind.: 48 (9**)
23. **gloriosum** Lind. & Rchb.f. - Col. 2.000-3.000 m - subg. *Erectolobata* (£**, S, FXI3**, R**, Z)
   var. **flaviflorum** Bock. (£**)
- *gloriosum* Lind. & Rchb.f.: 48 (9**, H**)
24. **gracile** Lindl. (*Cyrtochilum gracile* (Lindl.) Kraenzl.) - Peru (G)
- *graminifolium* Schweinf.: 37 (G)
- *grande* Lindl. (8**): *Rossioglossum* 1 (4**, 9**, E**, G, H**)
- *grande* var. *williamsianum* Rchb.f.: *Rossioglossum* 6 (E**, H**)
25. **hallii** Lindl. (*O. chaetostoma* Rchb. f., *O. chaetostroma* Rchb.f., *O.* × *chaetostroma* Rchb.f., *O. victor* Rchb.f., *Oncidium hallii* (Lindl.) Beer) - Ec. 2.000-3.000 m - subg. *Odontoglossum* (9**, G, H**, S*, £**)
   var. **lindenii** Lind. (£)
   var. **xanthoglossum** Rchb.f. (£**)
   var. **xanthum** Lind. (£)
26. **harryanum** Rchb.f. - Col., Ec. 1.600-2.300 m - subg. *Nevadensis* (8**, H**, £**, S, FXI3**, R**, Z**)
- *hastatum* Batem.: *Oncidium* 106 (G)
- *hastilabium* Lindl.: *Oncidium* 107 (9**, E**, H**)
- *hastilabium* var. *fuscatum* Hook.: *O. cariniferum* (9**)
- *hauensteinii* Kgr.: 32 (S*)
27. **helgae** Kgr. - Ec. 1.700 m - subg. *Nevadensis* (S)
- *hemichrysum* Rchb.f. & Warsc.: *Oncidium* 19 (G)
- *hemichrysum* Rchb.f. & Warsc.: *Cyrtochilum* 2 (S)

- *hookeri* Lem.: *O. cordatum* (8**)
- *hookeri* Lem.: *Lemboglossum* 5 (9**, G, H**)
- *hoppii* Schltr.: *Otoglossum* 7 (E)
- *hortensiae* Rodr.: *Lemboglossum* 8 (O4/83)
- *hrubyanum* Rchb.f.: 19 (S)
- *humeanum* Rchb.f. (8**): *Lemboglossum* 12 (G**, H**)
- *hystrix* Batem.: 39 (8**, H**)
- *inslayi* var. *splendens* Rchb.f.: *Rossioglossum* 5 (S*)
- *insleayi* (Barker ex Lindl.) Lindl. (8**): *Rossioglossum* 2 (E**, G, H**)
- *insleayi* var. *macranthum* Lindl.: *O. schlieperianum* (8**)
- *insleayi* var. *macranthum* Lindl.: *Rossioglossum* 4 (E**, H**)
28. **ioplocon** Rchb.f. - Ec., Col. (A**, FXI3**, £**, R**)
- *ioplocon* Rchb.f.: *O. calodryas* (O2/86)
- *ioplocon* Rchb.f.: 21 (S)
29. **ixioides** (Lindl.) Lindl. (*Cyrtochilum ixioides* Lindl., *Oncidium ixioides* (Lindl.) Beer) - Col. 3.000-3.300 m - terr. - subg. *Unguisepala* (G, £**, S)
- *johnsonorum* L.O.Wms.: *Oncidium* 141 (9**, G**)
30. **juninense** Schltr. - Peru 1.700-2.400 m - subg. *Odontoglossum* (£**, S*)
- *karwinskii* (Lindl.) Rchb.f.: *Miltonioides* 2 (G, S)
31. **kegeljanii** Morren (*O. polyxanthum* Rchb.f.) - S-Ec., N-Peru ca. 2.400 m - subg. *Odontoglossum* (£**, S*)
   var. **grandiflorum** B.S.Will. (£)
- *koehleri* Schltr. (O2/86): 12 (O2/88)
- *krameri* Rchb.f. (8**, 9**, FX3**): *Ticoglossum* 1 (H**)
32. **lacerum** Lindl. (*O. hauensteinii* Kgr.) - Peru 2.000-2.300 m - subg. *Odontoglossum* (A**, G, S*)
- *laeve* Lindl.: *Miltonioides* 3 (9**, G**, H**, S*, £**)
- *laeve* var. *auratum* Rchb.f.: *Miltonioides stenoglossa* (O4/83)
- *laeve* var. *karwinskii* (Lindl.) Sawyer: *Miltonioides* 2 (G)
- *laeve* var. *reichenheimii* (Lind. & Rchb.f.) O'Brien: *Miltonioides* 6 (O4/83)
- *latimaculatum* hort. ex Lind.: 15 (9**, G)
- *lawrenceanum* hort.: *Rossioglossum* 4 (E**, H**)
- *laxiflorum* (Lindl.) Rchb.f.: *Gomesa* 9 (G)
33. **leeanum** Rchb.f. (*O. odoratum* var. *leeanum* Veitch) - Col. (9**)
- *lehmannii* Rchb.f.:16 (£**)
- *leucomelas* Rchb.f.: *Miltonioides* 3 (9**, G**, H**)
34. **leucopterum** Rchb.f. - Col. ca. 3.000 m - terr. - subg. *Unguisepala* (£**, S)
- *liliiflorum* hort.: 56 (H**)
35. **lindenii** Lindl. - Col. 2.700-3.000 m - terr. - subg. *Unguisepala* (H**, O3/86, £**, S*, FXI3**, R**, Z)
36. **lindleyanum** Rchb.f. & Warsc. (*O. epidendroides* Lindl. non H.B.K.) - Col., Ec. 1.800-2.400 m - subg. *Lindleyana* (H, £**, S*, FXI3**, R**, Z**)
   var. **parviflorum** Bock. - S-Col., N-Ec. (£**)
- *loesenerianum* Schltr.: 69 (S)
37. **longifolium** Lindl. (*O. graminifolium* Schweinf., *Cyrtochilum longifolium* (Lindl.) Kraenzl.) - Peru (G)
38. **lucianianum** Rchb.f. - W-Ven. 2.000-2.500 m - subg. *Erectolobata* (£**, S*, FXI3**)
- *luddemannianum* Regel: *O. maculatum* (8**)
- *lueddemannii* Regel: *Lemboglossum* 5 (9**, G, H**)
39. **luteo-purpureum** Lindl. (*O. hystrix* Batem., *O. radiatum* Rchb.f.) - Col. 2.300-2.900 m - subg. *Odontoglossum* (8**, H**, S, R**, £**, Z**)
   var. **amesianum** Rchb.f. (£)
   var. **lindenii** Rchb.f. (£**)
40. **machupicchuense** Benn. & Christ. - Peru - subg. *Serratolaminata* (S)
- *maculatum* Lindl. sensu Hook.: *Lemboglossum* 5 (9**, G)
- *maculatum* Llave & Lex. (4**, 8**, FX3**): *Lemboglossum* 9 (9**, G**, H**)
- *madrense* Rchb.f.: *O. maxillare* (8**)
- *madrense* Rchb.f.: *Lemboglossum* 10 (G)
- *majale* Rchb.f.: *Lemboglossum* 11 (9**)
- *mapiriense* Mansf.: *Oncidium* 223 (S*)
- *marginellum* Rchb.f.: 74 (S)

41. **matangense** Bock. - S-Ec. 2.900-3.200 m - terr. - subg. *Serratolaminata* (A**, £**, S)
- *maxillare* Lindl. (8**, 9**): *Lemboglossum* 10 (G)
- *maxillare* Lindl.: *Lemboglossum* 1 (O5/83)
- *membranaceum* Lindl.: *Lemboglossum* 4 (4**, 9**, G**, H**)
- *micklowii* Dalström: *Collare-Stuartense* 4 (S)
- *miniatum* hort. ex Veitch: *Otoglossum* 4 (9**, G)
42. **mirandum** Rchb.f. - Col. 2.000-2.500 m - subg. *Lindleyana* (A**, O1/86, £**, S*, FXI3**, R**)
 var. **breve** Rchb.f. (£)
- *mobile* Rchb.f.: *O. pescatorei* Lind. (8**)
- *multistellare* Rchb.f.: 5 (O3/84)
- *multistellare* Rchb.f.: *Collare-Stuartense* 5 (S*)
43. **myanthum** Lindl. (*Cyrtochilum myanthum* (Lindl.) Kraenzl.) - Peru (G)
→ *myanthum* Lindl.: *Trigonochilum* 18 (S)
- *myrianthum* Rchb.f.: *Trigonochilum* 19 (S)
44. **mystacinum** (Lindl.) Lindl. (*O. rigidum* Lindl., *Cyrtochilum mystacinum* Lindl., *Oncidium rigidum* (Lindl.) Beer) - Amaz., Peru, Ec. (G**)
45. **naevium** Lindl. (*Oncidium naevium* (Lindl.) Beer) - W-Ven., N-Col. 1.600-2.000 m - subg. *Erectolobata* (9**, £**, S, FXI3**, Z)
- *nebulosum* Lindl.: *Lemboglossum* 1 (G)
- *nebulosum* var. *candidulum* Rchb.f.: *Lemboglossum* 3 (O5/83)
46. **nevadense** Rchb.f. - N-Ven., Col. ca. 2.000 m - subg. *Nevadensis* (8**, £**, S, FXI3**, R**)
47. **nobile** Rchb.f. (*O. pescatorei* Lindl.) - Col. 2.200-2.300 m - subg. *Odontoglossum* (S*, R**, £**)
 var. **leucoxanthum** (Rchb.f.) Bock. (£)
 var. **veitchianum** (Rchb.f.) Bock. (£)
- *noetzlianum* Rchb.f.: *Cochlioda* 5 (4**)
- *noezlianum* Mast.: *Cochlioda* 5 (9**)
48. **odoratum** Lindl. (*O. gloriosum* Lind. & Rchb.f., *O.* × *baphicanthum* Rchb.f., *O. glonerianum* Lind., *Oncidium odoratum* (Lindl.) Beer) - W-Ven. 1.500-2.500 m - subg. *Erectolobata* (9**, H**, £**, S, Z)
 var. **glonerianum** Lind. (£)
 var. **striatum** Rchb.f. (£)
- *odoratum* var. *leeanum* Veitch: 33 (9**)
- *oerstedii* Rchb.f. (8**, FX3): *Ticoglossum* 2 (9**)
- *orientale* Rchb.f.: 12 (O2/88)
49. **pardinum** (Lindl.) Lindl. (*O. stenochilum* Rchb.f., *O. bellum* Schltr., *O. spathaceum* Lindl., *O. spilotanthum* Lind. & Rchb.f., *Cyrtochilum pardinum* Lindl., *Oncidium pardinum* (Lindl.) Beer) - S-Col., Ec., N-Peru 2.500-3.500 m - subg. *Serratolaminata* (8**, 9**, G, £**, S*, Z**)
- *pauciflorum* L.O.Wms.: *Miltonioides stenoglossa* (O4/83)
- *pendulum* Batem.: *O. citrosmum* (8**)
- *pendulum* (Llave & Lex.) Batem.: *Cuitlauzina* 1 (3**, G**, H**, S*)
- *pescatorei* Lindl. (8**): 47 (S*)
- *phalaenopsis* Rchb.f.: *Miltonia phalaenopsis* (8**)
- *phalaenopsis* Lind. & Rchb.f.: *Miltoniopsis* 2 (H**)
- *phyllochilum* Morren: *Oncidium* 106 (G)
- *planifolium* (Lindl.) Rchb.f.: *Gomesa* 11 (9**)
- *platycheilum* Weathers: *Lemboglossum* 11 (9**)
- *platyodon* Rchb.f.: 59 (G, S)
- *polyxanthum* Rchb.f.: 31 (S*)
- *popayanense* Lehm. & Kraenzl.: 14 (S*)
50. **portillae** Bock. - S-Ec. ca. 2.000 m - subg. *Erectolobata* (£**, S)
51. **portmannii** Bock. - S-Col. 2.000-2.300 m - subg. *Odontoglossum* (£**, S)
 ssp. **portmannii** - S-Ec., N-Peru (£)
 ssp. **cohrsiae** Bock. (£**)
52. **posadorum** Kgr. - Col. - subg. *Unguisepala* (S)
53. **povedanum** Ortiz - Col. 2.000 m (FXX(3)**, S)
- *powellii* Schltr.: *Rossioglossum* 3 (S)
54. **praenitens** Rchb.f. - Col. ca. 2.400 m - subg. *Odontoglossum* (9**, S, R**, £**)

55. **praestans** Rchb.f. & Warsc. - S-Ec., Peru 1.800-2.000 m - subg. *Erectolobata* (A**, £**, S*, Z)
- *pulchellum* Batem. ex Lindl. (8**): *Osmoglossum* 6 (9**, G**, H**)
- *purum* Rchb.f.: 73 (S)
- *pygmaeum* Lindl.: *Rhynchostele* 1 (G, S*)
- *quadridentatum* Benn. & Christ.: *Rusbyella* 5 (S)
- *radiatum* Rchb.f.: 39 (8**)
56. **ramosissimum** Lindl. (*O. liliiflorum* hort., *O. amphiglottis* Rchb.f., *O. sodiroi* Schltr., *Oncidium ramosissimum* (Lindl.) Beer) - Col., SW-Ven., Ec. 2.200-3.400 m - subg. *Unguisepala* (H**, £**, S*, FXI3**, R**)
    var. **albomaculatum** Bock. - Col., SW-Ven., Ec. 2.200-3.400 m (£**, S)
    var. **liliiflorum** Veitch (£)
    var. **ramosissimum** - Col., SW-Ven., Ec. 2.200-3.400 m (S)
    var. **xanthinum** Rchb.f. - Col., SW-Ven., Ec. 2.200-3.400 m (£**, S)
57. **ramulosum** Lindl. (*Oncidium ramulosum* (Lindl.) Beer, *Cyrtochilum ramulosum* (L.) Kraenzl.) - Ven., Col., Ec. 2.500-3.000 m - subg. *Unguisepala* (9**, O3/86, £**, S*)
- *recurvum* (R.Br.) Rchb.f.: *Gomesa* 12 (9**, E**, H**)
- *reichenbachianum* Lehm.: 15 (G)
- *reichenheimii* Lind. & Rchb.f.: *Miltonioides* 6 (H**, S*)
- *retusum* Lindl. (9**, G): *Cyrtochilum* 23 (H**)
58. **reversum** Bock. - Col. 2.200-2.600 m - subg. *Lindleyana* (£**, S, R**)
59. **revolutum** Lindl. (*O. platyodon* Rchb.f., *O. bogotense* Schltr., *Oncidium revolutum* (Lindl.) Beer) - Col. 3.300-3.700 m - subg. *Unguisepala* (G, O3/86, £**, S)
60. **rhynchanthum** Rchb.f. - Col. 2.000-2.500 m - subg. *Erectolobata* (£**, S, R**)
- *rigidum* Lindl.: 44 (G**)
61. **ringens** Rchb.f. (*O. fractiflexum* Kraenzl.) - Peru, Bol. ca. 2.700 m (S*)
- *robustum* Rchb.f. & Warsc.: *Trigonochilum* 20 (S)
- *roezlii* Rchb.f.: *Miltonia roezlii* (8**)
- *roezlii* Rchb.f.: *Miltoniopsis* 3 (9**, H**)
- *roezlii* var. *album* Bull ex W.G. Smith: *Miltoniopsis* 3 (O3/95)
- *roseum* Lindl.: *Cochlioda* 6 (8**, 9**, G, H**)
- *rossii* Lindl. (8**): *Lemboglossum* 12 (G**, H**)
- *rubescens* Lindl.: *Lemboglossum* 12 (G**, H**)
- *sanderianum* Rchb.f. (9**): 13 (G, H**, S*)
- *sapphiratum* Bock.: 67 (S)
62. **sceptrum** Rchb.f. & Warsc. (*O. schlimii* Rchb.f.) - Col. 2.400-2.800 m - subg. *Odontoglossum* (£**, S, R**, Z)
    var. **facetum** (Rchb.f.) Bock. (*O. facetum* Rchb.f.) (£**)
    var. **maereelianum** (Rchb.f.) Bock. - Col. 2.400-2.800 m - subg. *Odontoglossum* (£**, S)
63. **schillerianum** Rchb.f. & Warsc. (*O. cinnamomeum* hort. ex Williams) - SW-Ven., S-Ec., N-Peru 1.600-2.700 m - subg. *Erectolobata* (A**, £**, S, Z)
- *schlieperianum* Rchb.f. (8**, FX3*): *Rossioglossum* 4 (E**, H**)
- *schlimii* Rchb.f.: 62 (S)
- *schroederianum* Rchb.f.: *Miltonia schroederiana* (8**)
- *schroederianum* Rchb.f.: *Miltonioides confusa* (H**)
- *schroederianum* Rchb.f.: *Miltonioides* 7 (O2/86)
- *schroederianum* O'Brien: *Miltonioides* 7 (S*)
- *sodiroi* Schltr.: 56 (£**, S*)
- *spathaceum* Lindl.: 49 (9**)
64. **spathaceum** Lindl. - Col., Ec. 3.000 -3.500 m - subg. *Serratolaminata* (£**, S)
65. **spectatissimum** Lindl. (*O. triumphans* Rchb.f.) - SW-Ven., Col. 2.300-2.700 m - subg. *Odontoglossum* (H**, S, R**, £**)
    var. **cinctum** (Rchb.f.) Bock. (*O. triumphans* var. *cinctum* Rchb.f.) (£**)
- *spilotanthum* Rchb.f. (FXI3**): 2 (G, S*)
- *spilotanthum* Lind. & Rchb.f.: 49 (9**)
- *stellatum* Lindl.: *Lemboglossum* 13 (G)
- *stenochilum* Rchb.f.: 49 (G, £**, S*)
- *stenoglossum* (Schltr.) L.O.Wms.: *Miltonioides stenoglossa* (O4/83)

- *subcruciforme* Heller: *Oncidium* 141 (9**, G**)
66. **subuligerum** Rchb.f. - Col., Ec., Bol. ca. 2.500 m - subg. *Odontoglossum* (O2/88, £**, S)
67. **tenue** Cogn. (*O. sapphiratum* Bock.) - S-Ec., N-Peru 2.000-3.000 m - subg. *Erectolobata* (£**, S)
68. **tenuifolium** Dalström - Bol. - subg. *Lindleyana* (S)
69. **tetraplasium** Rchb.f. (*O. loesenerianum* Schltr.) - Peru ca. 3.000 m - subg. *Serratolaminata* (H, £**, S)
- *tigrinum* (Llave & Lex.) Lindl.: *Oncidium* 220 (8**, 9**, G)
- *tigroides* Schweinf.: *Solenidiopsis* 4 (O6/89)
- *trilobum* Schltr.: *Oncidium* 223 (S*)
70. **tripudians** Rchb.f. & Warsc. - N-Col. 2.000-2.800 m - subg. *Odontoglossum* (8**, 9**, S, £**)
  var. **harryanum** Rchb.f. (£)
  var. **oculatum** Rchb.f. (£**)
  var. **xanthoglossum** Rchb.f. (£)
- *triumphans* Rchb.f. (8**): 65 (H**)
- *triumphans* var. *cinctum* Rchb.f.: 65 (£**)
- *ulopterum* Rchb.f.: 2 (G, S*)
- *umbrosum* Rchb.f.: *Oncidium* 229 (S*)
- *uroskinneri* Lindl. (8**): *Lemboglossum* 14 (H**)
- *variegatum* (Lindl.) Rchb.f.: *Aspasia* 6 (9**, G**)
71. **velleum** Rchb.f. - Ec., Peru ca. 1.500 m (A**, S*)
- × *vexativum* Rchb.f.: *Lemboglossum* 1 (G)
- *vexillarium* Rchb.f.: *Miltonia vexillaria* (8**)
- *vexillarium* Rchb.f.: *Miltoniopsis* 5 (9**, H**)
- *victor* Rchb.f.: 25 (G, H**, S*)
72. **vierlingii** Sengh. - Bol. 2.600 m - subg. *Odontoglossum* (S*)
73. **wallisii** Rchb.f. (*O. purum* Rchb.f.) - Col. 2.000-2.600 m - subg. *Erectolobata* (£**, S, FXI3**, R**, Z**)
  var. **purum** Rchb.f. - Col. (FXI3**)
- *warneri* Lindl.: *Oncidium ghiesbreghtianum* (E**)
- *warneri* Lindl.: *Mexicoa* 1 (G**, H**)
- *warneri* var. *purpuratum* Lindl.: *Mexicoa* 1 (G**)
- *warnerianum* Rchb.f.: *Lemboglossum* 12 (G**, H**)
- *warocqueanum* Lind.: 15 (9**)
- *warscewiczianum* Rchb.f. ex Hemsl: *Miltoniopsis* 6 (9**, H**)
- *warscewiczii* Rchb.f.: *Miltonia endresii* (8**)
- *warscewiczii* Bridges: *Odontoglossum schlieperianum* (8**)
- *warscewiczii* Bridges: *Rossioglossum* 4 (E**, H**)
- *warscewiczii* Rchb.f.: *Miltoniopsis* 6 (9**, H**)
- *weberbauerianum* Kraenzl.: *Otoglossum* 8 (S)
74. **weirii** Rchb.f. (*O. marginellum* Rchb.f.) - Col. (1.800 m), Bol. 3.000-3.500 m - subg. *Serratolaminata* (A**, H**, £**, S, FXI3**, R**)
- *weltonii* hort.: *Miltonia* 10 (E**)
- *weltonii* hort.: *Miltonioides* 8 (9**, H**)
- *weltonii* hort.: *Chamaeleorchis* 1 (S*)
- *williamsianum* Rchb.f.: *Rossioglossum* 6 (E**, H**)
75. **wyattianum** G.Wils. - S-Peru, Ec. 1.000-2.200 m - subg. *Nevadensis* (A**, H, O2/84, £**, S*)
- *youngii* Gower: *Lemboglossum* 12 (G**, H**)
- *zebrinum* Rchb.f.: *Oncidium* 255 (8**, 9**)
× **Odontonia** (**Odtna.**) (*Miltonia* × *Odontoglossum*)
× **Odontopilia** (**Odpla.**) (*Odontoglossum* × *Trichopilia*)
× **Odontorettia** (**Odrta.**) (*Comparettia* × *Odontoglossum*)
Odontorhynchus Correa - 1953 - *Spiranthinae* (S) - ca. 6 sp. terr. - Peru, Bol., N-Arg., Chile
1. **castillonii** (Haum.) Correa (*Stenorhynchus castillonii* Haum.) - N-Arg. (S)
Odontostyles Breda - 1827: *Bulbophyllum* Thou. (S)
- *multiflora* Breda: *Bulbophyllum* 332 (2*)
- *triflora* Breda: *Bulbophyllum* 526 (2*)
× **Odopetalum** (*Odontoglossum* × *Zygopetalum*)
Oeceoclades Lindl. - 1832 - *Subfam. Epidendroideae Tribus: Cymbidieae Subtr. Eulophiinae* - (*Eulophidium* Pfitz., *Eulophia* sect. *Eulophidium*

(Pfitz.) H.Perr., *Lissochilus* R.Br. *Eulophiodium* (Pfitz.) H.Perr.) - ca. 31 sp. ter/epi - Trop. S-Am., W-Ind., Trop. Afr., Madag.
1. **alismatophylla** (Rchb.f.) Gar. & Taylor (*Eulophia alismatophylla* Rchb.f., *Eulophidium alismatophyllum* (Rchb.f.) Summerh.) - Madag., Com. (U)
2. **ambongensis** (Schltr.) Gar. & Taylor (*Eulophidium ambongensis* Schltr., *Eulophia schlechteri* H.Perr., *Lissochilus schlechteri* (H.Perr.) H.Perr.) - Madag. - terr. (U)
3. **analamerensis** (H.Perr.) Gar. & Taylor (*Lissochilus analamerensis* H.Perr., *Eulophidium analamerensis* (H.Perr.) Summerh.) - Madag. 0-500 m - terr. (U)
4. **analavelensis** (H.Perr.) Gar. & Taylor (*Eulophidium analavelensis* (H.Perr.) Summerh., *Lissochilus analavelensis* H.Perr.) - Madag. 500-1.500 m - terr. (U, S)
5. **angustifolia** (Sengh.) Gar. & Taylor (*Eulophidium angustifolium* Sengh., *E. angustifolium* ssp. *diphyllum* Sengh.) - N-Madag. - terr. (H**, U)
6. **antsingyensis** (antsyngensis) Gerlach - Madag. - terr. (U**, S)
7. **atrovirens** (Lindl.) Gar. & Taylor - Ind. (S)
8. **aurea** Garreau de Loubresse - Madag. - terr. (U, S)
9. **boinensis** (Schltr.) Gar. & Taylor (*Eulophidium boinense* Schltr., *Lissochilus boinensis* (Schltr.) H.Perr.) - Madag. 0-500 m - terr. (U)
10. **calcarata** (Schltr.) Gar. & Taylor (*Eulophia paniculata* Rolfe, *E. calcarata* (Schltr.) Schltr., *Cymbidium calcaratum* Schltr., *Lissochilus paniculatus* (Rolfe) H.Perr., *Eulophidium paniculatum* (Rolfe) Summerh.) - Madag. highl. - terr. (U**, S)
11. **cordylinophylla** (Rchb.f.) Gar. & Taylor (*Eulophia cordylinophylla* Rchb.f., *E. lokobensis* H.Perr., *Lissochilus cordylinophyllus* (Rchb. f.) H.Perr., *L. lokobensis* (H.Perr.) H.Perr., *Eulophidium lokobense* (H. Perr.) Summerh., *E. cordylinophyllum* (Rchb.f.) Summerh.) - Com., Madag. - terr. (H, U)
12. **decaryana** (H.Perr.) Gar. & Taylor (*Eulophia decaryana* H.Perr., *Eulophidium decaryanum* (H.Perr.) Summerh., *Lissochilus decaryanus* (H. Perr.) H.Perr.) - Kenya., Moz., Zim., Madag. ca 960 m - terr. (H, O6/96, M**, C, U**, S*)
- *falcata* (Thunb.) Lindl.: *Neofinetia* 1 (9**, G**, H*)
- *funalis* (Sw.) Lindl.: *Dendrophylax* 2 (9**)
13. **gracillima** (Schltr.) Gar. & Taylor (*Eulophia gracillima* Schltr., *Lissochilus gracillimus* (Schltr.) H.Perr., *Eulophidium gracillimum* (Schltr.) Schltr.). - Madag. - terr. (U)
14. **hebdingiana** (Guill.) Gar. & Taylor (*Lissochilus hebdingianus* Guill.) - Madag. (U)
- *javanica* Teijsm. & Binn.: *Saccolabium javanicum* (2*)
- *javanica* Teijsm. & Binn.: *Hymenorchis* 2 (O4/94**)
15. **lanceata** (H.Perr.) Gar. & Taylor (*Eulophia lanceata* H.Perr.) - Madag. 1.500 m (U)
- *lindleyana* Regel: *Neofinetia* 1 (9**, G**)
- *lindleyi* Regel: *Neofinetia* 1 (9**, G**)
16. **lonchophylla** (Rchb.f.) Gar. & Taylor (*Eulophia lonchophylla* Rchb.f., *Eulophidium lonchophyllum* (Rchb. f.) Schltr., *E. tainioides* Schltr., *Lissochilus lonchophyllus* (Rchb.f.) H.Perr.) - Com., E-Afr. - terr. (U, S)
17. **mackenii** (Hemsl.) Gar. & Taylor - S-Afr. (C, S)
18. **maculata** (Lindl.) Lindl. (*Eulophidium maculatum* (Lindl.) Pfitz., *E. warneckeanum* Kraenzl., *E. ledienii* (N.E.Br.) De Wild., *E. nyassanum* Schltr., *Angraecum maculatum* Lindl., *Geodorum pictum* Link & Otto, *Aerobion maculatum* (Lindl.) Spreng., *Eulophia maculata* (Lindl.) Rchb.f., *E. ledienii* Stein ex N.E.Br., *Graphorkis maculata* (Lindl.) Ktze., *Limodorum maculatum* Lodd.) - Trop. Afr., C-S-Am., W-Ind., Madag. 0-1.200 m (4**, G**, H, M**, C*, U, S*, Z**)
19. **pandurata** (Rolfe) Gar. & Taylor (*Eulophia pandurata* Rolfe, *Lissochilus panduratus* (Rolfe) H.Perr., *Eulophidium panduratum* (Rolfe) Summerh.) - Madag. 0-1.500 m (U)
- *paniculata* Lindl.: *Robiquetia* 15 (G**)

- *parviflora* (Thou.) Lindl.: *Angraecopsis* 12 (G, U)
20. **perrieri** (Schltr.) Gar. & Taylor (*Eulophia ambongensis* Schltr., *Eulophidium perrieri* Schltr., *Lissochilus ambongensis* (Schltr.) H.Perr.) - Madag. (U)
21. **petiolata** (Schltr.) Gar. & Taylor (*Eulophia petiolata* Schltr., *Eulophidium petiolatum* (Schltr.) Schltr., *Lissochilus petiolatus* (Schltr.) H. Perr.) - Madag. (U**)
22. **pulchra** (Thou.) M.Clem. & Cribb (*Limodorum pulchrum* Thou., *Eulophia macrostachya* Lindl., *E. pulchra* (Thou.) Lindl., *E. guamensis* Ames, *E. rouxii* Kraenzl., *E. novaebudae* (*novo-ebudae*) Kraenzl., *Graphorkis pulchra* (Thou.) Ktze., *Lissochilus pulcher* (Thou.) H.Perr., *Eulophidium pulchrum* (Thou.) Summerh., *E. silvaticum* (Schltr.) Summerh.) - Madag. to P.Is., Austr. (Qld.) (G**, P*, S)
→ *pulchra* (Thou.) M.Clem. & Cribb: *Eulophia* 78 (C, U)
23. **quadriloba** (Schltr.) Gar. & Taylor (*Eulophia quadriloba* Schltr., *Eulophidium quadrilobium* (Schltr.) Schltr., *Lissochilus quadrilobus* (Schltr.) H.Perr.) - Madag. (U)
24. **rauhii** (Sengh.) Gar. & Taylor (*Eulophidium rauhii* Sengh.) - Madag. (U, S)
- *retzii* Lindl.: *Chiloschista* 9 (G)
25. **roseovariegata** (Sengh.) Gar. & Taylor (*Eulophidium roseovariegatum* Sengh.) - N-Madag. (H, U)
26. **saundersiana** (Rchb.f.) Gar. & Taylor (*Eulophia saundersiana* Rchb.f., *E. bierleri* De Wild., *E. mildbraedii* Kraenzl., *Graphorkis saundersiana* (Rchb.f.) Ktze., *Eulophidium saundersianum* (Rchb.f.) Summerh., *Lissochilus barombensis* Kraenzl.) - Trop. Afr., Tanz., Ug., Kenya, 0-1.200 m (9**, H**, M**, C, S*)
27. **sclerophylla** (Rchb.f.) Gar. & Taylor (*Eulophia sclerophylla* Rchb.f., *E. elliotii* Rolfe, *Lissochilus elliotii* (Rolfe) H.Perr., *Eulophidium sclerophyllum* (Rchb.f.) Summerh.) - Madag., Com. (U)
28. **seychellarum** Lindl. (*Eulophia seychellarum* Rolfe ex Summerh.) - end. to Sey. (O3/98)

29. **spathulifera** (H.Perr.) Gar. & Taylor (*Eulophia spathulifera* H.Perr., *Lissochilus spathulifera* (H.Perr.) H. Perr., *Eulophidium spathuliferum* (H.Perr.) Summerh.) - Madag. (U**, S*)
30. **zanzibarica** (Summerh.) Gar. & Taylor (*Eulophidium zanzibaricum* Summerh.) - Kenya, Tanz., Zanz. (M)

Oeonia Lindl. - 1824 - *Subfam. Epidendroideae Tribus: Vandeae Subtr. Angraecinae* - 5 sp. epi. - Madag., Masc.

- *aubertii* Lindl.: 4 (G, H**, U**)
1. **brauniana** H.Wendl. & Kraenzl. - Madag. lowl. (U, S)
   var. **sarcanthoides** (Schltr.) Boss. (*O. subacaulis* H.Perr., *Oeoniella sarcanthoides* Schltr., *Lemurella tricalcariformis* H.Perr., *L. sarcanthoides* (Schltr.) Sengh.) - Madag. 500-1.000 m (U**)
- *culicifera* (Rchb.f.) Finet: *Lemurella* 1 (U**)
- *elliotii* Rolfe: 4 (U**)
- *forsythiana* Kraenzl.: 3 (U**)
- *humblotii* Kraenzl.: 4 (G, H**, U**)
- *macrostachya* (Thou.) Lindl.: *Beclardia* 3 (U**)
2. **madagascariensis** (Schltr.) Boss. (*Perrierella madagascariensis* Schltr.) - Madag. 1.500-2.000 m (U)
- *oncidiiflora* Kraenzl.: 3 (U**)
- *polystachya* (Thou.) Benth. (8**): *Oeoniella* 2 (H**, O1/94, U**)
- *robusta* Schltr.: *Sobennikoffia* 4 (H**, U**)
3. **rosea** Ridl. (*O. oncidiiflora* Kraenzl., *O. volucris* auct. non (Thou.) Spreng., *O. forsythiana* Kraenzl.) - Madag., Masc. 500-2.000 m (U**, S)
- *subacaulis* H.Perr.: 1 (U**)
4. **volucris** (Thou.) Spreng. (*O. aubertii* Lindl., *O. humblotii* Kraenzl., *O. elliotii* Rolfe, *O. volucris* (Thou.) Dur. & Schinz, *Epidendrum volucre* Thou., *Aeranthes volucris* (Thou.) Rchb.f., *Epidendrum volucris* (Thou.) Ktze., *Epidorchis volucris* (Thou.) Ktze.) - Madag., Masc. 0-1.500 m (G, H**, U**, S*)
- *volucris* auct. non (Thou.) Spreng.: 3 (U**)
- *volucris* (Thou.) Dur. & Schinz: 4 (U**)

Oeoniella (Oenla.) Schltr. - 1918 - *Subfam. Epidendroideae Tribus: Vandeae Subtr. Angraecinae* - 2/3 sp. epi. - Madag., Masc., Sey.
1. **aphrodite** (J.B.Balf & S.Moore) Schltr. - Sey. (H, O3/98, S)
2. **polystachys** (Thou.) Schltr. (*Epidendrum polystachys* Thou., *Angraecum polystachyum* (Thou.) Rchb.f., *A. polystachyum* (Thou.) A.Rich., *Oeonia polystachya* (Thou.) Benth., *Monixus polystachys* (Thou.) Finet, *Listrostachys polystachys* (Thou.) Rchb.f., *L. polystachys* (Thou.) Benth., *Beclardia polystachya* (Thou.) Frapp., *Angorchis polystachya* (Thou.) Ktze.) - Madag., Masc., Com., Sey. 0-100 m (A**, H**, O1/94, U**, S*)
- *sarcanthoides* Schltr. (O1/94): *Oeonia* 1 (U**)

Oerstedella Rchb.f. - 1852 - *Subfam. Epidendroideae Tribus: Epidendreae Subtr. Laeliinae* - ca. 31 sp. epi/ter - Pan. to C.Rica, Mex. to Bol.
- *aberrans* (Schltr.) Hamer: 6 (O6/89)
1. **aberrans** (Schltr.) Hamer - C.Rica (W)
2. **acrochordonia** (Schltr.) Hagsater - C.Rica (W)
3. **adolphii** (Schltr.) Brieg. (*Epidendrum adolphii* Schltr.) - C.Rica (S)
4. **caligaria** (Rchb.f.) Hagsater (*Epidendrum caligaria* Rchb.f.) - end. to Pan., C.Rica 1.000-1.200 m (O6/89, W)
5. **centradenia** Rchb.f. (*Epidendrum tenuifolium* Schltr.) - Nic., C.Rica, Pan. ca. 1.500 m (O6/89, W**, S*, Z**)
6. **centropetala** (Rchb.f.) Rchb.f. (*O. aberrans* (Schltr.) Hamer, *Epidendrum leprosum* Schltr., *E. centropetalum* Rchb.f., *E. aberrans* Schltr.) - Guat., Salv., C.Rica, Pan. up to 2.400 m (O6/89, H, W, S)
7. **crescentiloba** (Ames) Hagsater (*Epidendrum crescentiloba* Ames) - C.Rica (W)
8. **endresii** (Rchb.f.) Hagsater (*Epidendrum endresii* Rchb.f., *E. adolphii* Schltr., *E. tonduzii* Lankester) - end. to C.Rica, Pan. 1.500-2.500 m (9**, O6/89, H**, W**, O5/97**, S) ➙ Epidendrum 85
9. **exasperata** (Rchb.f.) Hagsater (*Epidendrum exasperatum* Rchb.f.) - C-Am.: C.Rica, Pan. 1.000-2.400 m (O6/89, W)
10. **fuscina** (Dressl.) Hagsater (*Epidendrum fuscina* Dressl.) - Pan. (O6/89, W)
11. **intermixta** (Ames & Schweinf.) Hagsater (*Epidendrum intermixta* Ames & Schweinf.) - C.Rica, Pan. ca. 1.500 m (O6/89, W)
12. **lactea** (Dressl.) Hagsater (*Epidendrum lacteum* Dressl.) - end. to Pan. 600-750 m (O6/89, W)
13. **medinae** (Dods.) Hagsater (FXVII3)
14. **myriantha** (Lindl.) Hagsater (*Epidendrum myrianthum* Lindl., *E. myrianthum* var. *album* Rchb.f. ex Williams, *E. verrucosum* var. *myrianthum* (Lindl.) Ames & Correll) - Mex., Guat., Salv., Hond. 800-1.500 m - terr. (9**, O6/89)
15. **ornata** Dressl. - Pan. (W)
16. **pajitense** (Schweinf.) Hagsater (*Epidendrum pajitense* Schweinf.) - end. to Pan. (O6/89, W)
17. **pansamalae** (Schltr.) Hagsater (*Epidendrum dunnii* A.D.Hawk., *E. pansamalae* Schltr.) - Guat., Nic., C.Rica, Pan. 700-1.575 m (O6/89, W, S)
18. **parviexasperata** Hagsater - C.Rica (O6/89)
19. **pentadactyla** (Rchb.f.) Hagsater (*Epidendrum pentadactylum* Rchb.f.) - Nic., C.Rica 1.800-2.000 m (O6/89, W)
20. **pinnifera** (Schweinf.) Hagsater (*Epidendrum pinniferum* Schweinf.) - C.Rica, Pan. ca. 1.000 m (O6/89, W**)
21. **pseudoschumanniana** (Fowlie) Hagsater (*Epidendrum pseudoschumannianum* Fowlie) - Pan., Col. 2.000 m (O6/89, W, FXIX3)
22. **pseudowallisii** (Schltr.) Hagsater (*Epidendrum pseudowallisii* Schltr.) - end. to C.Rica 600-900 m (O6/89, W, S)
23. **pumila** (Rolfe) Hagsater (*Epidendrum pumilum* Rolfe, *E. acrochordonium* Schltr.) - C-Am., C.Rica, Pan. 1.500-2.000 m (9**, O6/89, W)
24. **schumanniana** (Schltr.) Hagsater (*Epidendrum schumannianum* Schltr.) - C.Rica, Nic. 250-700 m (O6/89, W, S)
25. **schweinfurthiana** (Correll) Hagsa-

ter (*Epidendrum schweinfurthianum* Corell) - Guat., Salv., 1.600-2.500 m - terr. (O6/89)
26. **tetraceros** (Rchb.f.) Hagsater (*Epidendrum tetraceros* Rchb.f.) - Pan., C.Rica 1.800 m (O6/89, W)
27. **thurstoniorum** Dods. & Hagsater - Ec. 750-1.300 m (FXVII3**, R)
28. **verrucosa** (Sw.) Hagsater (*Epidendrum verrucosum* Sw.) - Guat., Salv., Hond., Mex., Jam., Col. 2.000 m - terr. (O6/89)
- *verrucosa* (Sw.) Hagsater: *Epidendrum* 313 (G)
29. **viridiflora** Hagsater - Col. 400-1.150 m (FXVII3, FXVI2**, R**)
30. **wallisii** (Rchb.f.) Hagsater (*Epidendrum wallisii* Rchb.f.) - Col., C.Rica, Pan., S-Am. 1.500-1.800 m (G, H**, W**, R**, Z**) → Epidendrum 321
Oestlundorchis Szlach. - 1991 - *Spiranthinae* (S) - ca. 11 sp. terr.
1. **eriophora** (Rob. & Greenm.) Szlach. (S*)
× **Okaara (Okr.)** (*Ascocentrum* × *Renanthera* × *Rhynchostylis* × *Vanda*)
Olgasis Raf. - 1837: *Tolumnia* Raf. (S)
Olgasis Raf.- 1837 - *Oncidiinae* (O2/84) (*Jamaiciella* Braem)
1. **gauntlettii** (Withner & Jesup) Braem (*Oncidium gauntlettii* Withner & Jesup, *Jamaiciella gauntlettii* (Withner & Jesup) Braem) (O2/84)
- *gauntlettii* (Withner & Jesup) Braem: *Tolumnia* 10 (S)
2. **triquetra** (Sw.) Raf. (*Epidendrum triquetrum* Sw., *Cymbidium triquetrum* (Sw.) Sw., *Oncidium triquetrum* (Sw.) R.Br., *Jamaiciella triquetra* (Sw.) Braem) (O2/84)
- *triquetra* (Sw.) Raf.: *Tolumnia* 29 (S*)
- *triquetra* (Sw.) Raf.: *Oncidium triquetrum* (9**)
Oligochaetilus (Oligochaetochilus) Szlach. - 2001 - *Drakaeinae* (S) ca. 47 sp. - Austr.
1. **rufus** (R.Br.) Szlach. (*Pterostylis rufa* R.Br.) - Austr. (S*)
Oligophyton Linder & Williamson - 1986 - *Habenariinae* (S) - 1 sp. terr. - Afr.: end. to Zim.
1. **drummondii** Linder & Williamson - Zim. (S*)
Oliveriana Rchb.f. - 1876 - *Subfam. Epidendroideae Tribus: Oncidieae Subtr. Oncidiinae* - 6 sp. epi. - Col., Ec., Peru, Bol.
1. **brevilabia** (Schweinf.) Dressl. & N.H.Will. (*Odontoglossum brevilabium* Schweinf.) - S-Col., Ec., Peru 1.800-2.350 m (S*, R)
2. **ecuadoriana** Dods. - S-Ec. to 2.500 m (S)
3. **egregia** Rchb.f. - Col. (S, R)
4. **lehmannii** Gar. - Col. 2.300-2.800 m (A**, S*, O3/90, R**)
5. **ortizii** A.Fernandez - Col. to 2.700 m (S, R)
6. **simulans** Dods. & Vasq. - Bol. to 1.900 m (S)
Ommatidium Lindl. - 1838: *Pterygodium* Sw. (S)
Ommatodium (L.f.) Lindl. - 1838 - *Subfam. Orchidoideae Tribus: Diseae Subtr. Coryciinae* (G) - 1 sp. - S-Afr.
1. **volucris** (L.f.) Lindl. (*Ophrys volucris* L.f., *O. triphylla* Thunb., *Pterygodium volucris* (L.f.) Sw.) - S-Afr. (G)
Omoea Bl. - 1825 - *Subfam. Epidendroideae Tribus: Vandeae Subtr. Sarcanthinae* - 2 sp. epi. - Phil., Java
1. **micrantha** Bl. (*Saccolabium micranthum* J.J.Sm.) - Java 1.000-1.600 m (S*)
- *micrantha* Bl.: *Saccolabium micranthum* (2*)
2. **philippinensis** Ames - Phil. 350-1.400 m (S)
× **Oncandra (Ora.)** (*Oncidium* × *Galeandra*)
× *Oncidarettia*: × *Oncidettia* (*Comparettia* × *Oncidium*)
× *Oncidasia*: × *Aspasium* (*Aspasia* × *Oncidium*)
× **Oncidenia (Oncna.)** (*Oncidium* × *Macradenia*)
× **Oncidesa (Oncsa.)** (*Gomesa* × *Oncidium*)
× **Oncidettia (Onctta.)** (*Comparettia* × *Oncidium*)
× **Oncidiella (Onclla.)** (*Oncidium* × *Rodrigueziella*)
× **Oncidioda (Oncda.)** (*Cochlioda* × *Oncidium*)
Oncidium sect. *Equitantia* Lindl.: *Tolumnia* Raf.
Oncidium sect. *Glanduligera* Lindl.: *Psychopsis* Raf. (S)
Oncidium sect. *Oncidium* sensu Gar. & Stacy: *Tolumnia* Raf.

Oncidium (Onc.) Sw. - 1800 - *Subfam. Epidendroideae Tribus: Oncidieae Subtr. Oncidiinae* - (*Xaritonia* Raf., *Xeilyathum* Raf., *Coppensia* Dumort., *Cohnia* Rchb.f., *Cohniella* Pfitz., *Waluewa* Regel, *Braasiella* Braem, Lueckel & Ruessmann, *Chelyorchis* Dressl. & N.H.Will.) - over 400 sp. epi/lit/ter - Trop.-Subtrop. Am.
1. **aberrans** Schltr. - Braz. 700-900 m - sect. *Paucitubercolata* (S*)
2. **abortivum** Rchb.f. - Ven., Ec. 700-900 m - sect. *Heterantha* (S*)
3. **abruptum** Lind. & Rchb.f. - Col. (R**)
4. **acinaceum** Lindl. - Col., Peru 2.800 -3.200 m - sect. *Heterantha* (S*)
- *acrobotryum* Kl.: 104 (E**, G**, H**, S*)
5. **advena** Rchb.f. - C.Rica, Pan. (W)
- *aemulum* Rchb.f. & Warsc.: *O. superbiens* (9**)
- *aemulum* Rchb.f.: *Cyrtochilum* 28 (O4/85)
- *albiflorum* Lindl.: *Psychopsis* 2 (O1/82)
- *alboviolaceum* A.Rich. & Gal.: 116 (8**, 9**, G**, S)
- *alfredii* Kraenzl.: 50 (S*)
- *allemanii* Barb.Rodr.: *Psygmorchis* 4 (G**)
6. **alticola** Stacy - Ec. - sect. *Cucullata* (S)
7. **altissimum** (Jacq.) Sw. (*O. luridum* Lindl., *O. luridum* var. *guttatum* Lindl., - var. *atratum* Lindl., - var. *intermedium* Lindl., - var. *morrenii* Lindl., - var. *olivaceum* Lindl., - var. *dogsonii* Williams, *O. intermedium* Knowl. & Westc., *O. boydii* hort. ex Lindl., *O. lindenii* Lodd., *O. corymbeforum* Morren, *O. sanguineum* var. *auriculatum* Regel, *O. guttatum* (Lindl.) Rchb.f., *O. guttatum* var. *intermedium* (Knowl. & Westc.) Rchb.f., - var. *morrenii* (Lindl.) Rchb.f., - var. *olivaceum* (Lindl.) Rchb.f., - var. *roseum* hort., - var. *auriculatum* (Regel) Cogn., - var. *dogsonii* (Williams) Cogn., *O. maculatum* (Aubl.) Urban, *O. jacquinianum* Gar. & Stacy, *Epidendrum altissimum* Jacq., *E. maculatum* Aubl., *Cymbidium altissimum* (Jacq.) Sw.) - USA, W-Ind., Mex. to Pan., Ven., Col., Ec., Braz. - sect. *Oncidium* (3**, 9**, G**, H*, $54/3, S*, Z)
- *altissimum* (Jacq.) Sw.: 136 (E, W)
- *altissimum* Lindl.: 24 (G**)
- *altissimum* auct. non (Jacq.) Sw.: 120 (9**, G**)
- *altissimum* var. *baueri* (Lindl.) Stein: 24 (G**)
8. **amictum** Lindl. (*O. nitidum* Barb. Rodr., *O. mazzini* Hoehne) - Braz., Par. - sect. *Waluewa* (E, G**, H, S)
9. **ampliatum** Lindl. (*O. bernoullianum* Kraenzl., *Chelyorchis ampliatum* (Lindl.) Dressl. & N.H.Will.) - Guat., Pan., Col., Ec., Peru, Ven., Trin. 0-600 m „Tortuga, Turtle orchid" - sect. *Oblongata* (O3/91, E**, G**, H**, W, S*, R**, Z**)
- *anceps* Beer: *Lemboglossum* 1 (G)
- *anceps* (Kl.) Rchb.f.: *Miltonia* 1 (9**)
10. **andigenum** Lind. & Rchb.f. - Ec. - sect. *Cucullata* (S)
- *anfractum* Rolfe: 192 (S)
11. **angustisepalum** Kraenzl. - C.Rica (W)
12. × **annhadderae** Moir (*O. variegatum* × *O. haitense*) nat. hybr. - Hisp. (O3/83)
13. **ansiferum** Rchb.f. (*O. lankesteri* Ames, *O. delumbe* Lindl., *O. naranjense* Schltr., *O. stenobulbon* Kraenzl.) - C.Rica, Guat., Pan. 800-1.500 m - sect. *Oblongata* (E**, H**, W, S)
14. **anthocrene** Rchb.f. - Col. (W, O3/81, R**)
- *apiculatum* Moir: 218 (O1/83)
- *apicul*atum Moir: *Tolumnia* 1 (O2/86)
15. **ariasii** Kgr. - Peru - sect. *Paucitubercolata* (S)
- *arietinum* Kraenzl.: *Lophiaris* 18 (S*)
16. **arizajulianum** Withner & Jimenez (*Braasiella arizajuliana* (Withner & Jimenez) Braem, Lueckel & Ruessmann) - Dom. (O3/84)
➤ *arizajuliana* Withner & Jimenez: *Braasiella* 1 (S*)
- *articulatum* Rand.: *Psygmorchis* 1 (S*)
17. **ascendens** Lindl. (*O. subulifolium* Schltr., *O. helicanthum* Kraenzl., *Cohniella quekettioides* (Rchb.f.) Pfitz.) - Mex. to C.Rica, W-Ind. 100-

800 m - sect. *Cebolletae* (3**, O3/91, G, H, W, S)
- ➛ *ascendens* Lindl.: *Cohniella* 1 (S)
- - *asparagoides* Kraenzl.: 109 (S*)

18. **aurarium** Rchb.f. - Peru ca. 1.500 m - sect. *Stellata* (S)
19. **aureum** Lindl. (*O. aureum* var. *stenochilum* Lindl., *O. festatum* (Rchb. f.) Rchb.f. & Warsc., *O. hemichrysum* (Rchb.f. & Warsc.) Rchb.f, *O. dichromum* Rolfe, *Odontoglossum bicolor* Lindl., *O. festatum* Rchb.f., *O. hemichrysum* Rchb.f. & Warsc., *Ornithidium bicolor* (Lindl.) Lindl. ex Rchb.f) - Ec., Peru, Bol. (G)

- ➛ *aureum* Lindl.: *Cyrtochilum* 2 (S)
- - *aureum* var. *stenochilum* Lindl.: 19 (G)
- - *auricula* (Vell.) Pabst: 104 (S*)

20. **auriferum** Rchb.f. - Ven., Col., Peru 2.500 m - sect. *Verrucituberculata* (S)
21. **aurisasinorum** Standl. & L.O.Wms. C-Am. (O3/91)

- ➛ *aurisasinorum* Standl. & L.O.Wms.: *Lophiaris* 1 (S*)
- - *aurosum* Rchb.f.: 84 (8**, 9**, G, H**, S*)
- - *bahamense* Nash (O1/83): 235 (O5/83)
- - *bahamense* Nash ex Britt. & Millsp.: *Tolumnia* 2 (O2/86)
- - *bahiense* (Cogn.) Schltr.: 47 (S)
- - *barahanense* Moir: *Tolumnia* 11 (S)
- - *barahonensis* hort ex Moir: *Tolumnia* 11 (O2/86)

22. **barbatum** Lindl. (*O. microglossum* Kl., *O. suscephalum* Barb.Rodr., *O. johnianum* Schltr., *O. blossfeldianum* Schltr.) - Braz. - sect. *Barbata* (E**, G, H**, S*, Z**)

- - *barkeri* Lindl.: 220 (8**, 9**, G)

23. **batemanianum** Parment. ex Knowl. & Westc. (*O. gallopavinum* Morren, *O. pinel(l)ianum* Lindl., *O. boliviense* Rolfe, *O. stenopetalum* Kl., *O. brachystegium* Kraenzl.) - Braz., Bol. - sect. *Verrucituberculata* (G, S*)

- - *batemanianum* Griseb.: 28 (9**)
- - *batemanianum* var. *spilopterum* (Lindl.) Lindl.: 209 (8**, G**)

24. **baueri** Lindl. (*O. altissimum* Lindl., *O. altissimum* var. *baueri* (Lindl.) Stein, *O. guttulatum* Rchb.f. ex Lindl., *O. kappleri* Rchb.f. ex Lindl., *O. polycladium* Rchb.f. ex Lindl., *O. confusum* Rchb.f., *O. pentecostale* Rchb.f., *O. hebraicum* Rchb.f., *O. bolivianum* Schltr., *Epidendrum gigas* L.C.Rich. ex Lindl.) - Braz., Peru, Bol., Ec., Pan., Mex., W-Ind., Arg. - sect. *Oncidium* (E, G**, H**, W, O1/94, S, Z**)
25. **bennetii** E.A.Christ. - Peru 3.000 m - sect. *Verrucituberculata* (S)

- - *berenyce* Rchb.f.: *Tolumnia* 3 (O2/86)
- - *bernoullianum* Kraenzl.: 9 (E**, G**, H**, S*)

26. **bicallosum** Lindl. - C-Am., Mex., Salv., Guat. up to 1.500 m (3**, 9**, O3/91, E**, G**, H**, Z**)

- ➛ *bicallosum* Lindl.: *Lophiaris* 2 (S*)

27. **bicolor** Lindl. (*O. martianum* var. *bicolor* (Lindl.) Lindl.) - Ven., Braz. ca. 1.200-1.400 m - sect. *Synsepala* (G**, S*, Z)

- - *bicornutum* Hook.: 184 (9**, E**, G**, H**, S)
- - *bidens* (Lindl.) Rchb.f.: *Brassia* 11 (9**)
- - *biflorum* Barb.Rodr.: 134 (S)

28. **bifolium** Sims (*O. vexillarium* Rchb.f., *O. celsi(an)um* A.Rich., *O. batemanianum* Griseb., *Coppensia bifolia* (Sims) Dumort.) - Braz., Ur., Arg., Bol. - sect. *Synsepala* (9**, E**, H**, S*, Z**)

- - *bifrons* hort.: 245 (8**)
- - *bismarckii* Benn. & Christ.: *Cyrtochilum* 3 (S)

29. **blanchetii** (blanchettii) Rchb.f. - Braz., Bol. - sect. *Verrucituberculata* (E**, H**, S)

- - *blossfeldianum* Schltr.: 22 (S*)
- - *bluntii* hort. ex Williams: *Miltonia* 2 (8**)
- - *boissieri* Kraenzl.: 84 (S*)

30. **bolivianense** Oppenh. - Bol. 200-600 m - sect. *Cebolletae* (S)

- ➛ *bolivianense* Oppenh.: *Cohniella* 2 (S)
- - *bolivianum* Schltr.: 24 (G**)
- - *boliviense* Rolfe: 23 (S*)

31. **boothianum** Rchb.f. - Pan., Ven. ca. 1.500 m - sect. *Excavata* (S*)

- - *boydii* hort. ex Lindl.: 7 (9**, G**)

32. **brachiatum** Rchb.f. - Mex., C-Am., Pan. (O3/91)

- - *brachiatum* (Lindl.) Rchb.f.: *Brassia* 45 (H**)

33. **brachyandrum** Lindl. (*O. filipes* Lindl., *O. graminifolium* (Lindl.) Lindl., *O. graminifolium* var. *filipes* (Lindl.) Lindl., - var. *holochilum* Lindl., - var. *wrayae* (Hook.) Lindl., *O. wrayae* Hook., *O. rariflorum* A. Rich. & Gal., *Cyrtochilum graminifolium* Lindl., *C. filipes* (Lindl.) Lindl.) - Mex., Guat., Salv., C.Rica 2.000-2.200 m - sect. *Concoloria* (3**, E, G**, H, S*)
- *brachyandrum* var. *johannis* (Schltr.) L.O.Wms.: 78 (O6/83)
- *brachyphyllum* Lindl.: 43 (9**, G**, S)
- *brachystegium* Kraenzl.: 23 (G, S*)
34. **bracteatum** Rchb.f. & Warsc. - C. Rica, Pan. (E**, H**, W, Z**)
- *brassia* Rchb.f.: *Brassia* 33 (9**, G, H*)
- *brenesii* Schltr.: 156 (E, H**, S*)
- *brevifolium* A.Rich. & Gal.: 191 (G**, S)
- *brienianum* Rchb.f.: 248 (S)
- *brunleesianum* Rchb.f.: *Baptistonia* 1 (H**)
- *bryolophotum* Rchb.f.: 109 (E**, H, S*)
35. **buchtienii** Schltr. - Peru, Bol. ca. 1.000 m - sect. *Excavata* (S)
36. × **burgeffianum** Schltr. (O3/81)
37. **cabagrae** Schltr. (*O. castaneum* Rchb.f. ex Kraenzl., *O. rechingerianum* Kraenzl.) - C.Rica, Pan. 800-1.200 m - sect. *Oblongata* (W, S*)
- *caesium* Rchb.f.: 152 (G)
- *caldense* Rchb.f.: 188 (G)
38. **callistum** Rchb.f. ex Kraenzl. - unknown origin - sect. *Excavata* (S)
39. **calochilum** Cogn. - Cuba (O1/83)
→ *calochilum* Cogn.: *Tolumnia* 4 (H*)
- *caloglossum* Rchb.f. (8**): 173 (S)
- *candidum* Rchb.f.: *Miltonia* 3 (8**)
- *candidum* (Lindl.) Beer: *Anneliesia* 1 (9**, G)
- *candidum* (Lindl.) Rchb.f.: *Anneliesia* 1 (9**, G, H**)
- *candidum* Lindl.: *Palumbina* 1 (9**, E**, G, H**)
- *carderi* Rchb.f.: 238 (FVIII2**)
- *cardiochilum* Lindl.: 157 (S*)
- *caribense* Moir (O1/83): *Tolumnia* 5 (O2/86)
- *carinatum* Knowl. & Westc.: *Leochilus* 1 (G)
40. **cariniferum** (Rchb.f.) Beer (*Odontoglossum cariniferum* Rchb.f.) - C.Rica (H**, W)
→ *cariniferum* (Rchb.) Beer: *Miltonioides* 1 (S*)
- *cariniferum* (Rchb.f.) Beer: *Odontoglossum cariniferum* (9**)
41. **carthagenense** (Jacq.) Sw. (*O. panduriferum* Kunth, *O. sanguineum* Lindl., *O. sanguineum* var. *roseum* (Lodd.) Regel, *O. roseum* Lodd., *O. oerstedii* Rchb.f., *O. oerstedii* var. *crispiflorum* Schltr., *O. undulatum* (Sw.) Salisb., *O. luridum* var. *henchmanni(i)* Knowl. & Westc., *O. huntianum* Hook., *O. henchmanni(i)* (Knowl. & Westc.) Lodd., *O. obsoletum* A.Rich. & Gal. ex Lindl., *O. kymatoides* Kraenzl., *O. carthagenense* var. *klotzschii* Lindl., - var. *oerstedii* (Rchb.f.) Lindl., - var. *sanguineum* (Lindl.) Lindl., - var. *swartzii* Lindl., - var. *roseum* (Lodd.) Sand., - var. *andreanum* Cogn., *Epidendrum carthagenense* Jacq., *E. undulatum* Curt., *E. undulatum* Sw.) - C-Am., Guat., W-Ind., Pan., Braz. (3**, 8**, 9**, O3/91, A**, E**, G, H**, W**, Z**)
→ *carthagenense* (Jacq.) Sw.: *Lophiaris* 3 (S*)
- *carthagenense* var. *andreanum* Cogn.: 41 (9**, G)
- *carthagenense* var. *klotzschii* Lindl.: 41 (9**, G)
- *carthagenense* var. *oerstedii* (Rchb.f.) Lindl.: 41 (9**, G)
- *carthagenense* var. *roseum* (Lodd.) Sand.: 41 (9**, G)
- *carthagenense* var. *swartzii* Lindl.: 41 (9**, G)
- *carthagenense* var. *sanguineum* (Lindl.) Lindl.: 41 (9**, G)
- *castaneum* Rchb.f. ex Kraenzl.: 37 (S*)
- *caudatum* (L.) Rchb.f.: *Brassia* 13 (9**, E*, G**, H**)
42. **cavendishianum** Batem. (*O. pachyphyllum* Hook.) - C-Am., Mex., Hond., Guat. (3**, 8**, 9**, O3/91, E**, G, H**, Z**)
→ *cavendishianum* Batem.: *Lophiaris* 4 (S)
- *caymanense* Moir (O1/83): *Tolumnia* 6 (O2/86)
43. **cebolleta** (Jacq.) Sw. (*O. longifolium* Lindl., *O. juncifolium* (L.) Willd., *O.*

juncifolium Lindl., *O. brachyphyllum* Lindl., *O. cepula (cepulum)* Hoffmgg., *O. sprucei* Lindl., *O. glaziovii* Cogn., *O. ottonis* Rchb.f. ex Kraenzl., *O. vittii* Oppenh., *O. humboldtii* Schltr., *O. ostenianum* Schltr., *Dendrobium cebolleta* Jacq., *Epidendrum cebolleta* Jacq., *E. juncifolium* L., *Cymbidium juncifolium* (L.) Willd.) - Trop. Am., Mex., Ven., Trin., Sur., Arg., Par. 0-600 m - sect. *Cebolletae* (3**, 4**, 9**, O3/91, E**, G, H**, W, Z**)
- → *cebolleta* Jacq.: *Cohniella* 3 (S)
- *celsianum* A.Rich.: 28 (9**, S)
- *celsium* A.Rich.: 28 (E**, H**)
- *cepula(um)* Hoffmgg.: 43 (9**, G**, S)
- *cerebriferum* Rchb.f.: 79 (G)
- *cervantesii* (Llave & Lex.) Beer: *Lemboglossum* 4 (9**, G**, H**)
44. **cheirophorum** Rchb.f. (*O. dielsianum* Kraenzl., *O. exauriculatum* (Hamer & Gar.) Jimenez, *O. macrorhynchum* Kraenzl.) - Nic. to Pan. (S-Am.) 1.100-2.000 m - sect. *Rostrata* (9**, E**, H**, W, S*, Z**)
- *chiriquense* (Rchb.f.) Beer: *Otoglossum* 5 (9**)
45. **chrysomorphum** Lindl. (*O. dasyanthum* Kraenzl., *O. leucotis* Rchb.f., *O. platybulbon* Regel) - Ven., Col. - sect. *Oblongata* (8**, S*)
46. **chrysopterum** (Lindl.) Kraenzl. - Braz., Bol. - sect. *Barbata* (S)
- *chrysorhapis* Rchb.f.: 85 (4**, S)
- *chrysorhapis* Rchb.f.: 53 (9**, G**)
47. **ciliatum** Lindl. (*O. fimbriatum* Hoffmgg., *O. reisii* Hoehne & Schltr., *O. bahiense* (Cogn.) Schltr.) - Braz. - sect. *Barbata* (G**, S)
48. **cimiciferum** (Rchb.f.) Rchb.f. ex Lindl. (*O. flexuosum* Lindl., *O. trulla* Rchb.f. & Warsc., *Odontoglossum cimiciferum* Rchb.f., *Cyrtochilum flexuosum* (Lindl.) Kunth, *C. trulla* (Rchb.f. & Warsc.) Kraenzl.) - Ven., Col., Peru, Ec. up to 2.300 m (E, G, H, Z**)
- *cinnabarinum* (Lind. ex Lindl.) Rchb.f.: *Ada* 3 (9**, E**, H**)
- *cirrhosum* (Lindl.) Beer: *Odontoglossum* 10 (8**, 9**, G, H**)
- *cirrhosum* var. *gemmatum* Rchb.f.: *Odontoglossum* 10 (8**, G)
- *cirrhosum* var. *hrubyanum* Rchb.f.: *Odontoglossum* 10 (8**, G)
- *cirrhosum* var. *klabochorum* Rchb.f.: *Odontoglossum* 10 (8**, G)
49. **citrinum** Lindl. - Trin., Ven., Col. - sect. *Oblongata* (G, S)
- *citrosmum* (Lindl.) Beer: *Cuitlauzina* 1 (G**, H**)
- *clowesii* Rchb.f.: *Miltonia* 4 (8**)
- *clowesii* (Lindl.) Beer: *Miltonia* 4 (9**, G)
50. **cogniauxianum** Schltr. (*O. hoehneanum* Schltr. ex Mansf., *O. alfredii* Kraenzl., *O. zikanianum* Hoehne & Schltr.) - Braz. - sect. *Barbata* (S*)
- *colombae* (*columbae*) hort. ex Lindl.: 216 (9**, G**)
51. **coloratum** Kgr. & Weinm. - Braz. - sect. *Waluewa* (S*)
- *compressicaule* Withner (O1/83): *Tolumnia* 7 (O2/86)
- *concavum* Moir: *Tolumnia* 8 (O2/86)
- *concavum* Moir: 185 (4**, 9**, G**)
52. **concolor** Hook. (*O. unguiculatum* Kl., *O. ottonis* Schltr., *Cyrtochilum citrinum* Hook.) - Braz., N-Arg. 500-1.100 m - sect. *Concoloria* (8**, 9**, E**, H**, &2, S*, Z**)
- *concolor* var. *ottonis* (Schltr.) Pabst: 164 (S)
- *confragosum* Lindl.: 240 (G)
- *confusum* Rchb.f.: 24 (G**)
- *constrictum* var. *majus* Beer: *Odontoglossum sanderianum* (9**)
- *convolvulaceum* Lindl.: 95 (S*)
53. **cornigerum** Lindl. (*O. chrysorhapis* Rchb.f.) - Braz., Par. - sect. *Waluewa* (9**, G**, S*)
- *corymbeforum* Morren: 7 (9**, G**)
- *corymbeforum* Morren: *Lophiaris* 9 (S)
- *corynephorum* Poepp. & Endl.: 241 (G)
54. **costaricense** Schltr. - C.Rica (W)
55. **crispum** Lodd. - Braz. - sect. *Crispa* (8**, 9**, E**, G**, H**, S, Z**) var. **lionetianum** Cogn. (8**)
- *crispum* var. *forbesii* (Hook.) Burb.: 88 (9**, E**, G, H**)
- *crispum* var. *marginatum* hort.: 88 (9**, E**, G, H**)
56. **crista-galli** Rchb.f. - Nic., C.Rica, Pan., S-Am. 600-1.900 m - sect. *Disticha* (W, Z**)
- *cristatum* (Lindl.) Beer: *Odontoglossum* 17 (9**, G)

57. **croesus** Rchb.f. (*O. janeirense* Rchb.f., *O. longipes* Hook., *O. longipes* var. *croesus* (Rchb.f.) Veitch, *O. eurycline* Rchb.f.) - Braz. - sect. *Barbata* (9**, E, H, O6/97, S*)
58. **cruciatum** Rchb.f. (*O. pubes* var. *flavescens* Hook., *O. phantasmaticum* Lem.) - Braz. - sect. *Waluewa* (9**, S)
- *cruentum* hort. Low ex Veitch: 191 (8**, H)
59. **cryptocopis** Rchb.f. (*Cyrtochilum cryptocopis* (Rchb.f.) Kraenzl.) - Peru, Col. (9**)
60. × **cubense** Moir (*O. variegatum* × *O. leiboldii*) nat. hybr. - Cuba (O3/83)
61. **cucullatum** Lindl. (*O. cucullatum* var. *nubigenum* Hook., *Leiochilus sanguinolentus* Lindl., *Cyrtochilum cucullatum* Lem.) - Ec., S-Col. up to 1.300 m - sect. *Cucullata* (8**, 9**, E**, H**, S*, Z**)
- *cucullatum* var. *dayanum* Rchb.f.: 66 (E**, H**)
- *cucullatum* var. *nubigenum* Lindl.: 153 (8**)
- *cucullatum* var. *nubigenum* Hook.: 61 (9**)
- *cucullatum* var. *phalaenopsis* Veitch: 176 (8**)
- *cuencanum* Rchb.f.: 62 (S*)
62. **cultratum** Lindl. (*O. jamiesonii* Lindl. & Paxt., *O. cuencanum* Rchb.f.) - S-Col., Ec. 1.700-3.300 m - sect. *Heterantha* (S*)
- *cuneatum* (Lindl.) Beer: *Miltonia* 5 (G**)
- *cuneatum* Scheidw.: 193 (G, S*)
- *cuneilabium* Moir: *Tolumnia* 9 (O2/86)
63. **curtum** Lindl. - Braz. - sect. *Crispa* (E, G**, H, S)
64. **dactyliferum** Gar. & Dunst. - Ven., Col. - sect. *Rostrata* (S)
- *dasyanthum* Kraenzl.: 43 (S*)
65. **dasystyle** (dasytyle) Rchb.f. - Braz. - sect. *Concoloria* (9**, A**, S)
66. **dayanum** (Rchb.f.) Stacy (*O. cucullatum* var. *dayanum* Rchb.f., *O. phalaenopsis* var. *brandtiae* hort.) - Ec. - sect. *Cucullata* (E**, H**, S*)
67. **deltoideum** Lindl. (*Cyrtochilum deltoideum* (Lindl.) Kraenzl.) - Peru ca. 1.700 m - sect. *Rostrata* (G**, S*)
- *delumbe* Lindl.: 13 (E**, H**, S)
- *dentatum* Kl.: 148 (8**, 9**, H**, S*)

- *depauperatum* Lehm. & Kraenzl.: *Leochilus* 5 (G)
- *desertorum* Nash ex Withner: 99 (G**)
- *desertorum* Nash ex Withner: *Tolumnia* 11 (O2/86)
- *diadema* Lind.: *Oncidium serratum* (9**)
- *diaphanum* Rchb.f.: *Erycina* 1 (S*)
68. **dichromaticum** Rchb.f. - C.Rica (W)
- *dichromum* Rolfe: 19 (G)
- *dichromum* Rolfe: *Cyrtochilum* 2 (S)
- *dielsianum* Kraenzl.: 44 (9**, S)
- *digitatum* Lindl.: 128 (E**, G, H**, S*)
- *dimorphum* Regel: 225 (G**, S)
69. **disciferum** Lindl. - Bol. 1.500-2.000 m - sect. *Concoloria* (S)
70. **discobulbon** Kraenzl. - Peru - sect. *Verrucituberculata* (S)
71. **divaricatum** Lindl. (*O. divaricatum* var. *cupreum* Lindl.) - Braz. - sect. *Pulvinata* (E**, G**, H**, S, Z**)
- *divaricatum* var. *cupreum* Lindl.: 71 (E**, H**)
- *dodianum* Ackerm. & Chir.: *Trigonochilum* 7 (S)
72. × **domingense** Moir (*O. scandens* × *O. haitense*) nat. hybr. - Haiti (O3/83)
73. **donianum** Batem. ex Baxt. - Braz. - sect. *Verrucituberculata* (S*)
- *dubium* André: *Oncidium triquetrum* (9**)
- *dunstervilleorum* Foldats: 229 (S*)
- *durangense* Hagsater: 152 (G)
74. **duvenii** (duveenii) Fowlie - Braz. - sect. *Crispa* (A**, S*)
- *ebrachiatum* Ames & Schweinf.: 154 (G, W, S)
- *echinatum* H.B.K.: *Erycina* 2 (9**, E**, H**, S*)
- *echinophorum* Barb.Rodr.: *Psychopsiella* 1 (O1/82, S*)
75. **edwallii** Cogn. - Braz. - sect. *Paucituberculata* (S)
- *egertonii* (Lindl.) Beer: *Osmoglossum* 4 (O6/90, G)
- *ehrenbergii* (Link, Kl. & Otto) Beer: *Lemboglossum* 6 (G)
- *elegantissimum* Rchb.f.: 94 (9**, G, S)
- *emarginatum* G.F.Meyer: *Epidendrum* 288 (E)
- *emarginatum* G.F.Meyer: *Dimerandra* 4 (9**, G, H**, S56/4)

76. **emilii** Schltr. - Par. - sect. *Barbata* (S)
77. **enderianum** Cogn. - Braz. - sect. *Crispa* (S)
78. **endocharis** Rchb.f. (*O. johannis* Schltr., *O. brachyandrum* var. *johannis* (Schltr.) L.O.Wms.) - Nic., C.Rica, Mex., Guat., Salv. 1.700-2.200 m - sect. *Concoloria* (W, O6/83, S*)
79. **ensatum** Lindl. (*O. cerebriferum* Rchb.f.) - Mex., Guat., Hond., Bel., Nic., Pan., C.Rica 0-800 m - sect. *Oblongata* (G, W, O54/3, S*, Z**)
- *epidendroides* (Kunth) Beer: *Odontoglossum* 22 (G)
- *erosum* (A.Rich. & Gal.) Beer: *Lemboglossum* 13 (G)
80. **estradae** Dods. - Ec. 300-400 m - sect. *Stellata* (S)
81. **eurycline** Rchb.f. - Braz. - sect. *Barbata* (A**, S)
- *eurycline* Rchb.f.: 57 (O6/97)
- *euxanthinum* Rchb.f.: 234 (9**, G, S)
82. **exalatum** Hagsater - Pan. (W)
83. **exauriculatum** Jimenez - Nic., C.Rica (W)
- *exauriculatum* (Hamer & Gar.) Jimenez: 44 (S*)
84. **excavatum** Lindl. (*O. aurosum* Rchb.f., *O. rupestre* Lindl., *O. skinneri* Lindl., *O. excavatum* var. *dawsonii* Will., *O. polyadenium* Lindl., *O. boissieri* Kraenzl.) - Ec., Peru 2.200-2.700 m - sect. *Excavata* (8**, 9**, E**, G, H**, O1/86, S*)
- *excavatum* var. *dawsonii* Will.: 84 (9**, G)
- *falciforme* Kraenzl.: 102 (S)
- *falcipetalum* Lindl. (8**, E**, Z**): *Cyrtochilum* 9 (H**)
- *ferreiranum* St.Leger: 209 (S)
- *festatum* (Rchb.f.) Rchb.f. & Warsc.: 19 (G)
- *festatum* Rchb.f. & Warsc.: *Cyrtochilum* 2 (S)
- *filipes* Lindl.: 97 (8**, 9**)
- *filipes* (Lindl.) Lindl.: 33 (G**, S)
85. **fimbriatum** Lindl. (*O. chrysorhapis* Rchb.f., *O. godseffianum* Kraenzl., *O. hecatanthum* Kraenzl.) - Braz., Par. - sect. *Waluewa* (4**, S, Z**)
- *fimbriatum* Hoffmgg.: 47 (G**)
- *flabelliferum* Pinel ex Paxt.: 94 (4**, 9**, G, H**)
- *flabelliformis* Pinel ex Paxt.: 94 (S)

- *flavescens* (Lindl.) Rchb.f.: *Miltonia* 6 (9**, E**, G**, H**, S*)
- *flavovirens* L.O.Wms. (3**): *Lophiaris* 5 (S)
86. **flexuosum** Sims (*O. haematochrysum* Rchb.f., *O. haematoxanthum* Rchb.f. ex Kraenzl., *Epidendrum lineatum* Vell.) - Braz., Arg., Par. - sect. *Synsepala* (9**, E**, H**, S*, Z**)
- *flexuosum* (Kunth) Lindl.: 48 (E, G, H)
- *floribundum* Rchb.f. ex Kraenzl.: 156 (S**)
87. × **floridephillipsiae** Moir & A.D. Hawk. (*O. prionochilum* × *O. variegatum*) nat. hybr. - St. Thomas (O3/83)
88. **forbesii** Hook. (*O. crispum* var. *forbesii* Burb., - var. *marginatum* hort.) - Braz. - sect. *Crispa* (8**, 9**, E**, G, H**, S, Z**)
- *forbesio-dasystyle* Rolfe: 94 (9**, E**, G, H**)
89. **forkelii** Scheidw. - Mex. (G)
90. **foveatum** Lindl. - Peru 3.000 m - sect. *Verrucituberculata* (S)
- *fulgens* Schltr.: 156 (E, H**, S*)
- *funereum* Llave & Lex.: 191 (8**)
- *funereum* Llave & Lex.: 141 (9**, G**, S)
- *funis* Lehm. & Kraenzl.: *Trigonochilum* 11 (S)
91. × **furcyense** Moir (*O. scandens* × *O. variegatum*) nat. hybr. - Haiti (O3/83)
92. **fuscatum** Rchb.f. (*Miltonia warscewiczii* Rchb.f.) - Pan., S-Am. (W**, R**, Z**)
→ *fuscatum* Rchb.f.: *Miltonia* 10 (E**)
→ *fuscatum* Rchb.f.: *Miltonioides* 8 (9**, H**)
→ *fuscatum* Rchb.f.: *Chamaeleorchis* 1 (S*)
93. **fuscopetalum** (Hoehne) Gar. - Braz. - sect. *Barbata* (S)
- *galeatum* Scheidw.: 225 (G**, S)
- *galeottianum* Drapiez: *Cuitlauzina* 1 (G**, H**)
- *galleottianum* Drapiez: *Odontoglossum citrosmum* (8**)
- *gallopavinum* Morren: 209 (8**)
- *gallopavinum* Morren: 23 (G, S*)
94. **gardneri** Lindl. (*O. gardnerianum* hort., *O. flabelliferum* Pinel ex Paxt., *O. flabelliformis* Pinel ex Paxt., *O.*

praetextum Morren non Rchb.f., *O. forbesio-dasystyle (dasyt(e)yle)* Rolfe, *O. elegantissimum* Rchb.f., *O. praestans* Rchb.f., *O. polletianum* Rchb.f., *O. praetextum* Rchb.f. mss.) - Braz. - sect. *Crispa* (4**, 9**, E**, G, H**, S*, Z**)
- *gardnerianum* hort.: 94 (9**, G)
- *gauntlettii* Withner & Jesup (O1/83): *Olgasis* 1 (O2/84)
- *gauntlettii* Withner & Jesup: *Tolumnia* 10 (S)
- *gautieri* Regel: 133 (9**, G)
- *geertianum* Morren: 152 (G)
- *geraense* Barb.Rodr.: 234 (9**, G, S)
- *ghiesbreghtianum* A.Rich. & Gal. (E**): *Mexicoa* 1 (3**, G**, H**)
- *ghillanyi* Pabst: 209 (E**, G**, H**, S)
- *glaziovii* Cogn.: 43 (9**, G**, S)
95. **globuliferum** H.B.K. (*O. werkleri* Schltr., *O. wercklei* Schltr., *O. scansor* Rchb.f., *O. convolvulaceum* Lindl.) - Col. to Bol. 500-2.000 m - sect. *Serpentia* (E**, H, W, S*, Z**)
- *glossomystax* Rchb.f.: *Psygmorchis* 1 (S*)
- *glumaceum* (Lindl.) Rchb.f.: *Ada* 7 (E**, H**)
- *godseffianum* Kraenzl.: 85 (S)
- *gomesii* Cogn.: 244 (S*)
96. **gracile** Lindl. - Braz. 800-1.000 m - sect. *Concoloria* (G, S)
- *graciliforme* Ames & Schweinf.: 156 (E, H**, S*)
97. **graminifolium** (Lindl.) Lindl. (*O. filipes* (Lindl.) Lindl., *O. wrayae* Hook., *O. graminifolium* var. *filipes* (Lindl.) Lindl., - var. *wrayae* (Hook.) Lindl., - var. *holochilum* Lindl., *Cyrtochilum graminifolium* Lindl., *C. filipes* (Lindl.) Lindl.) - Mex., Guat., Salv., C.Rica 1.100-3.000 m - sect. *Concoloria* (3**, 8**, 9**, W, S)
- *graminifolium* (Lindl.) Lindl.: 33 (G**)
- *graminifolium* var. *filipes* (Lindl.) Lindl.: 33 (G**)
- *graminifolium* var. *filipes* (Lindl.) Lindl.: 97 (9**)
- *graminifolium* var. *holochilum* Lindl.: 97 (9**)
- *graminifolium* var. *holochilum* Lindl.: 33 (G**)
- *graminifolium* var. *wrayae* (Hook.) Lindl.: 33 (G**)
- *graminifolium* var. *wrayae* (Hook.) Lindl.: 97 (9**)
98. **gravesianum** Rolfe - Braz. - sect. *Crispa* (A**, S*)
- *guatemalensis* Schltr.: 158 (S)
99. **guianense** (Aubl.) Gar. (*O. intermedium* Bert. ex Spreng., *O. lemonianum* Lindl., *O. desertorum* Nash ex Withner, *Ophrys guianensis* Aubl., *O. aloides* Poiret) - Cuba, W-Ind. 30-800 m (G**, O1/83)
↦ *guianense* (Aubl.) Gar.: *Tolumnia* 11 (O2/86)
- *guibertianum* A.Rich.: *Tolumnia* 12 (O2/86)
- *gundlachii* Wright ex Griseb.: *Antillanorchis* 1 (O1/83)
- *guttatum* (L.) Rchb.f.: 136 (4**, W)
- *guttatum* Rchb.f.: *Lophiaris* 9 (S)
- *guttatum* (Lindl.) Rchb.f.: 7 (9**, G**)
- *guttatum* Fawc. & Rendle: *Tolumnia* 28 (O2/86)
- *guttatum* var. *auriculatum* (Regel) Cogn.: 7 (9**, G**)
- *guttatum* var. *dodgsonii* (Will.) Cogn.: 7 (9**, G**)
- *guttatum* var. *intermedium* (Knowl. & Westc.) Rchb.f.: 7 (9**, G**)
- *guttatum* var. *morrenii* (Lindl.) Rchb.f.: 7 (9**, G**)
- *guttatum* var. *olivaceum* (Lindl.) Rchb.f.: 7 (9**, G**)
- *guttatum* var. *roseum* hort.: 7 (9**, G**)
100. **guttulatum** Rchb.f. ex Lindl. - Nic., C.Rica (W)
- *guttulatum* Rchb.f. ex Lindl.: 24 (G**)
101. **haematochilum** Lindl. & Paxt. (*O. luridum* var. *purpuratum* Lodd., - var. *atratum* Lindl.) - Braz. (8**, A**, O5/80, Z**)
↦ *haematochilum* Lindl. & Paxt.: *Lophiaris* 6 (S)
- *haematochrysum* Rchb.f.: 86 (E**, H**, S*)
- *haematoxanthum* Rchb.f. ex Kraenzl.: 86 (E**, H**, S*)
- *haitense* Leonard & Ames ex Ames (O1/83): *Tolumnia* 13 (O2/86)
- *hallii* (Lindl.) Beer: *Odontoglossum* 25 (9**, G)
102. **haplotyle** Schltr. (*O. falciforme*

Kraenzl., *O. kalbreyherianum* Kraenzl., *O. trinasutum* Kraenzl.) - Col., Ec. ca. 1.400 m - sect. *Rostrata* (S)
103. **harlingii** Stacy - Ec. 2.300 m - sect. *Serpentia* (S)
- *harrisoniae* (Lindl.) Beer: 104 (G**, S*)
104. **harrisonianum** Lindl. (*O. pallidum* Lindl., *O. pantherinum* Hoffmgg., *O. harrisoniae* (Lindl.) Beer, *O. raniferum* Kl., Otto & A.Dietr., *O. pentaspilum* Hoffmgg. ex Rchb.f., *O. pentapilum* Hoffmgg., *O. acrobotryum* Kl., *O. auricula* (Vell.) Pabst, *O. harrisonianum* var. *pallidum* (Lindl.) Rchb.f.) - Braz. - sect. *Pulvinata* (E**, G**, H**, S*)
- *harrisonianum* var. *pallidum* (Lindl.) Rchb.f.: 104 (G**)
105. × **hartii** Moir (*O. concavum* × *O. pulchellum*) nat. hybr. (O3/83)
- *hassleri* Cogn.: 134 (S)
106. **hastatum** (Batem.) Lindl. (*O. juergensianum* Lem., *O. phyllochilum* (Morren) Beer, *Odontoglossum hastatum* Batem., *O. phyllochilum* Morren, *Cyrtochilum juergensianum* Lem.) - Mex. 1.000-2.000 m - sect. *Stellata* (3**, E**, G, H**, O3/82, S*, Z**)
- *hastiferum* hort.: *Oncidium macranthum* (9**)
107. **hastilabium** (Lindl.) Gar. & Dunst. (*O. hastilabium* Beer, *Odontoglossum hastilabium* Lindl.) - Ven., Col., Peru 800-2.500 m - sect. *Stellata* (9**, E**, H**, O1/84, S*, R**, Z**)
- *hastilabium* Beer (A**): 107 (9**)
- *hawkesianum* Moir (O1/83): *Tolumnia* 14 (O2/86)
- *hawkesianum* Moir: 235 (O5/83)
- *hebraicum* Rchb.f.: 24 (G**)
- *hecatanthum* Kraenzl.: 85 (S)
- *hedyosmum* Schltr.: 156 (S*)
- *helicanthum* Kraenzl.: 17 (S)
- *hemichrysum* (Rchb.f. & Warsc.) Rchb.f.: 19 (G)
- *henchmanni(i)* (Knowl. & Westc.) Lodd.: 41 (8**, 9**, G)
- *henchmannii* Lodd.: *Lophiaris* 3 (S*)
- *henekenii* Schomb. ex Lindl. (O1/83): *Hispaniella* 1 (H*)
- *herbaceum* (Lindl.) Rchb.f.: *Leochilus* 8 (G)

108. **herzogii** Schltr. - Bol., Arg. 800 m - sect. *Barbata* (A**, O6/97, S)
109. **heteranthum** Poepp. & Endl. (*O. bryolophotum* Rchb.f., *O. ionops* Cogn. & Rolfe, *O. megalous* Schltr., *O. zonatum* Cogn., *O. asparagoides* Kraenzl.) - C.Rica, Pan., Ven., Col., Ec., Bol., Peru 1.500-3.000 m - sect. *Heterantha* (E**, H, W**, S*, R**)
110. **hians** Lindl. (*O. leucostomum* Hoffmgg., *O. quadricorne* Kl., *O. maxilligerum* Lem.) - Braz. - sect. *Paucitubercolata* (G, S)
- *hintianum* Hook.: *Lophiaris* 3 (S*)
111. **hintonii** L.O.Wms. - Mex. 1.000-2.000 m - sect. *Stellata* (S)
- *hintonii* L.O.Wms.: 141 (9**, G**)
112. **hirtzii** Dods. - Ec. 1.000 m (FXX(3)
- *hoehneanum* Schltr. ex Mansf.: 50 (S*)
- *holochrysum* Rchb.f.: 160 (S)
113. **hookeri** Rolfe (*O. raniferum* var. *major* Hook.) - SE-Braz. - sect. *Paucitubercolata* (9**, E, H**, S*)
- *hoppii* Schltr.: 156 (S*)
- *hrubyanum* hort.: *Odontoglossum* 10 (H**)
- *hrubyanum* Rchb.f.: 130 (S*)
- *huebschii* Rchb.f.: 146 (S)
- *humboldtii* Schltr.: 43 (9**, G**, S)
- *huntianum* Hook.: 41 (8**, 9**, G)
- *hyalinobulbon* Llave & Lex.: *Erycina* 1 (S*)
114. **hyphaematicum** Rchb.f. (*O. strobelii* n.n.) - Ec., Peru 300-1.300 m - sect. *Oblongata* (O1/92, S)
- *imbricatum* (Lindl.) Rchb.f.: *Ada* 7 (E**, H**)
115. **imperatoris-maximiliani** Rchb.f. - Braz. - sect. *Crispa* (S)
116. **incurvum** Barker ex Lindl. (*O. alboviolaceum* A.Rich. & Gal.) - Mex., Nic., C.Rica 1.300-2.200 m - sect. *Oblongata* (3**, 8**, 9**, E**, G**, H**, W, S)
var. **album** (E, H)
- *inferlobum* hort.: *Oncidium superbiens* (9**)
- *insleayi* Batem.: *Odontoglossum insleayi* (8**)
- *insleayi* Barker ex Lindl.: *Rossioglossum* 2 (E**, H**, G)
- *intermedium* Knowl. & Westc.: 7 (9**, G**)
- *intermedium* Bert. ex Spreng.: 99 (G**)

- *intermedium* Bert. ex Spreng.: *Tolumnia* 11 (O2/86)
- *intermedium* Knowl. & Westc.: *Lophiaris* 9 (S)
- *ionops* Cogn. & Rolfe: 109 (E**, H, S*)
- *ionosmum* Lindl.: 220 (8**)
- *ionosmum* Lindl.: 220 (9**, G)
117. **iricolor** Rchb.f. - unknown origin - sect. *Excavata* (S)
- *iridifolium* H.B.K.: *Oncidium pusillum* (E**)
- *iridifolium* H.B.K.: *Psygmorchis* 4 (G**, H, S*)
118. **isopterum** Lindl. - Braz. (G)
119. **isthmii** Schltr. - C.Rica, Pan. (E, H, W)
- *ixioides* (Lindl.) Beer: *Odontoglossum* 29 (G)
120. **jacquinianum** Gar. & Stacy (*O. altissimum* Sw., *Epidendrum altissimum* Jacq.) - W-Ind. (9**, G**)
- *jacquinianum* Gar. & Stacy: 7 (S*)
121. × **jamaicense** Moir & A.D.Hawk. (*O. pulchellum* × *O. tetrapetalum*) nat. hybr. - Haw. (O3/83)
- *jamiesonii* Lindl. & Paxt.: 62 (S*)
- *janeirense* Rchb.f.: 134 (E**, H**, S)
- *janeirense* Rchb.f.: 57 (9**)
- *jimenezii* Moir (O1/83): *Tolumnia* 15 (O2/86)
- *johannis* Schltr.: 78 (O6/83, S*)
- *johnianum* Schltr.: 22 (G, S*)
122. **jonesianum** Rchb.f. - Par., Arg., Bol. - sect. *Cebolletae* (8**, 9**, O3/91, E**, H**, S*, Z**)
- *jonesianum* Rchb.f.: *Cohniella* 4 (S)
- *juergensianum* Lem.: 106 (G, S*)
- *juncifolium* (L.) Willd.: 42 (9**, G**)
- *juncifolium* Lindl.: 42 (S)
- *kalbreyherianum* Kraenzl.: 102 (S)
- *kappleri* Rchb.f. ex Lindl.: 24 (G**)
- *karwinskii* (Lindl.) Lindl. (E, H): *Miltonioides* 2 (O4/83)
- *keilianum* (Rchb.f. ex Lindl.) Rchb. f.: *Ada* 9 (E**, H**)
- *kenskoffii* Moir: *Oncidium scandens* (O1/83)
123. **klotzschianum** Rchb.f. - C.Rica, Pan., Ven., Peru ca. 1.000 m - sect. *Excavata* (W, S)
124. **kraenzlianum** Cogn. - Braz. - sect. *Paucitubercolata* (S)
- *krameri* hort.: *Psychopsis* 1 (9**)
- *kramerianum* Rchb.f. (8**, E**): *Psychopsis* 1 (9**, H**)
- *kramerianum* hort. ex Morren: *Psychopsis* 1 (O1/82)
- *kramerianum* var. *resplendens* Rchb. f.: *Psychopsis* 1 (9**)
- *kymatoides* Kraenzl.: 41 (9**, G, E**, H**)
- *kymatoides* Kraenzl.: *Lophiaris* 3 (S*)
- *labiatum* (Sw.) Rchb.f.: *Leochilus* 5 (G)
- *lacerum* Lindl. (O3/91): 214 (G**)
- *laeve* (Lindl.) Beer: *Miltonioides* 3 (9**, G**)
- *lamelligerum* Rchb.f. (O3/81): *Cyrtochilum* 13 (S)
- *lanceans* Sand.: *Oncidium suave* (8**)
125. **lanceanum** Lindl. (*O. lanceanum* var. *superbum* Lindl. ex Seemann, *Lophiaris fragrans* Raf.) - S-Am., Braz., Guy., Sur., Ven., Trin. (8**, O3/91, E**, G**, H**, R**, Z**)
→ *lanceanum* Lindl.: *Lophiaris* 7 (S*)
- *lanceanum* var. *superbum* Lindl. ex Seemann: 125 (G**)
- *lankesteri* Ames: 13 (E**, H**, S)
- *lansbergii* Rchb.f.: *Leochilus* 5 (G)
- *larkinianum* Gower: 173 (S)
- *lawrenceanum* (Lindl.) Rchb.f.: *Brassia* 31 (E**, G**, H**)
- *leiboldii* Rchb.f. (O1/83): *Tolumnia* 16 (O2/86)
- *lemonianum* Lindl.: 99 (G**)
- *lemonianum* Lindl.: *Tolumnia* 17 (O2/86)
126. **lentiginosum** Rchb.f. - Ven., Col. - sect. *Oblongata* (S)
- *leopardinum* Lindl.: 219 (S*)
127. **lepidum** Lind. & Rchb.f. - Ec. - sect. *Excavata* (S)
128. **leucochilum** Batem. ex Lindl. (*O. digitatum* Lindl., *O. polychromum* Scheidw., *Cyrtochilum leucochilum* (Batem. ex Lindl.) Planch.) - Mex., Hond., Guat. 1000-2.000 m - sect. *Oblongata* (3**, 8**, E**, G, H**, S*)
- *leucostomum* Hoffmgg.: 110 (G)
- *leucotis* Rchb.f.: 45 (S*)
129. **liebmannii** Rchb.f. - Mex. - sect. *Oblongata* (S)
130. **lietzii** (lietzei) Regel (*O. hrubyanum* Rchb.f.) - Braz., Par. - sect. *Waluewa* (E, H, S*)

514 Oncidium - Oncidium

- *limminghei* E.Morr. ex Lindl. (E**): *Psychopsiella* 1 (H**, O1/82, S*)
- *lindenii* Lodd.: 7 (9**, G**)
- *lindenii* hort. ex Rchb.f.: 216 (9**, G**)
- *lindenii* hort. ex Rchb.f.: 192 (S)
- *lindenii* Brongn. (3**): *Lophiaris* 8 (S*)
- *lindleyi* (Gal. ex Lindl.) Jimenez & Soto: 141 (S)
- *lintriculus* Kraenzl.: 141 (9**, G**, S)
131. **litum** Rchb.f. - doubtful sp. - Braz. - sect. *Crispa* (S)
132. **loefgrenii** Cogn. (*O. mellifluum* Kraenzl.) - Braz. - sect. *Paucitubercolata* (A**, E, H, S*)
- *longibulbum* Mutel: 225 (S)
133. **longicornu** Mutel (*O. unicornu(e)* Lindl., *O. monoceras* Hook., *O. unicornutum* Knowl. & Westc., *O. gautieri* Regel) - SE-Braz. - sect. *Rhinocerotes* (E, 9**, G, H, S)
- *longifolium* Lindl.: 43 (9**, O3/91, G**, S)
134. **longipes** Lindl. & Paxt. (*O. janeirense* Rchb.f., *O. biflorum* Barb. Rodr., *O. oxyacanthosmum* Lem., *O. hassleri* Cogn.) - Braz., Par. - sect. *Barbata* (E**, H**, S)
- *longipes* Hook.: 57 (9**)
- *longipes* var. *croesus* (Rchb.f.) Veitch: 57 (9**, O6/97)
- *loxense* Lindl. (E): *Cyrtochilum* 14 (H, S)
- *lucayanum* Nash ex Britt. & Millsp. (O1/83): *Tolumnia* 18 (H*, O2/86)
135. **luerorum** Dods. - Ec. 1.100-2.000 m (FXX1*)
- *lunaeanum* (lunaenum) hort.: 234 (8**, 9**, G, S)
- *lunatum* Lindl.: *Solenidium* 2 (G**)
136. **luridum** Lindl. (*O. guttatum* (L.) Rchb.f., *O. altissimum* (Jacq.) Sw., *Epidendrum guttatum* L.) - C-Am., Flor., Mex., W-Ind., Hond., Peru - „Mule-ear Orchid" (4**, O3/91, E**, H**, W, Z**)
- *luridum* Lindl.: *Lophiaris* 9 (S)
- *luridum* Lindl.: 7 (3**, 9**, G**)
- *luridum* var. *atratum* Lindl.: 101 (8**)
- *luridum* var. *atratum* Lindl.: 7 (9**, G**)
- *luridum* var. *dogsonii* Williams: 7 (9**, G**)
- *luridum* var. *guttatum* Lindl.: 7 (9**, G**)
- *luridum* var. *henchmannii* Knowl. & Westc.: 41 (8**, 9**, G)
- *luridum* var. *intermedium* Lindl.: 7 (9**, G**)
- *luridum* var. *morrenii* Lindl.: 7 (9**, G**)
- *luridum* var. *olivaceum* Lindl.: 7 (9**, G**)
- *luridum* var. *purpuratum* Lodd.: 101 (8**)
137. **luteum** Rolfe - C.Rica, Pan. (W)
- *lyratum* Withner: *Oncidium lucayanum* (O1/83)
138. **macasense** Dods. - Ec. 1.000-1.200 m (FXX1*)
- *macasense* Dods.: *Trigonochilum* 15 (S)
- *macrantherum* Hook.: *Leochilus* 6 (9**, G)
- *macranthum* Lindl. (8**, 9**, E**, Z**): *Cyrtochilum* 15 (H**)
139. **macronyx** Rchb.f. - Braz., Arg., Par. - sect. *Rhinocerotes* (S*)
140. **macropetalum** Lindl. - Braz. - sect. *Barbata* (4**, S)
- *macropetalum* Kl.: 148 (8**, 9**)
- *macropterum* A.Rich.: *Oncidium suave* (8**)
- *macropterum* A.Rich. & Gal.: 191 (G**, S)
- *macrorhynchum* Kraenzl.: 44 (S*)
141. **maculatum** (Lindl.) Lindl. (*O. funereum* Llave & Lex., *O. maculatum* var. *donianum* Rchb.f., - var. *psittacinum* Rchb.f. ex Lindl., - var. *vinosum* Lindl., *O. lintriculus* Kraenzl., *O. hintonii* L.O.Wms., *O. subcruciforme* (Heller) Gar. & Stacy, *O. lindleyi* (Gal. ex Lindl.) Jimenez & Soto, *Cyrtochilum maculatum* Lindl., *C. maculatum* var. *ecornutum* Hook., - var. *russelianum* Lindl., - var. *parviflorum* Lindl., *C. grandiflorum* Lodd., *C. leucochilum* Lind. ex Morren, *Odontoglossum johnsonorum* L.O.Wms., *O. subcruciforme* (Heller) - Mex., Guat., Salv., Hond., Nic., Braz., C.Rica 1.000-2.000 m - sect. *Stellata* (3**, 8**, 9**, E, G**, H, W, O3/83, S)
- *maculatum* (Aubl.) Urban: 7 (9**, G**)
- *maculatum* Urban: *Lophiaris* 9 (S)
- *maculatum* var. *donianum* Rchb.f.: 141 (9**, G**)

- *maculatum* var. *psittacinum* Rchb.f. ex Lindl.: 141 (9**, G**)
- *maculatum* var. *vinosum* Lindl.: 141 (9**, G**)
142. **maculosum** Lindl. - Braz., Par. (G)
- *maduroi* Dressl.: *Cyrtochilum* 16 (S)
143. **magnificum** Sengh. - Bol. 1.300-1.500 m - sect. *Heterantha* (A**, S*)
- *margalefii* Hagsater: *Lophiaris* 10 (S*)
144. **marshallianum** Rchb.f. - Braz. - sect. *Crispa* (8**, 9**, E, H**, S*)
145. **martianum** Lindl. (*O. stenostalix* Rchb.f. ex Kraenzl.) - Braz. - sect. *Synsepala* (G, S)
- *martianum* var. *bicolor* (Lindl.) Lindl.: 27 (G**)
- *massangei* C.Morr.: 207 (4**, H**)
- *maxilligerum* Lem.: 110 (G, S)
- *mazzini* Hoehne: 8 (S)
- *megalous* Schltr.: 109 (E**, H)
146. **melanops** Rchb.f. (*O. huebschii* Rchb.f.) - Ven., Col., Ec. ca. 2.500 m - sect. *Rostrata* (S)
- *meliosmum* Rchb.f.: 156 (S*)
- *mellifluum* Kraenzl.: 132 (S*)
- *membranaceum* (Lindl.) Beer: *Lemboglossum* 4 (9**, G**)
- *micranthum* Lindl.: *Cyrtochilum* 18 (H**)
- *microcachrys* Rchb.f. ex Kraenzl.: 156 (S*)
147. **microchilum** Batem. ex Lindl. - C-Am., Guat., Mex. (3**, O3/91, E**, G**)
- ↳ *microchilum* Lindl.: *Cyrtochilum* 18 (H**)
- ↳ *microchilum* Lindl.: *Lophiaris* 11 (S*)
- *microglossum* Kl.: 22 (E**, G, H**, S*)
148. **micropogon** Rchb.f. (*O. dentatum* Kl., *O. macropetalum* Kl., *O. psyche* Schltr.) - Braz. - sect. *Barbata* (8**, 9**, E**, H**, S*)
149. **mimeticum** Stacy - Col. (E, H, R**)
- *minutiflorum* Schltr.: *Lophiaris* 16 (S*)
- *moirianum* Osment: *Tolumnia* 20 (O2/86)
150. × **monacranthum** Andreetta ex Dods. (*O. macranthum* × *O. monachicum*) nat. hybr. - Ec. 2.400 m (FXX1*)
- *monoceras* Hook.: 133 (9**, E, G, H, S)
- *monophyllum* (Regel) Herter: 232 (S*)
- *morenoi* Dods. & Luer: *Lophiaris* 12 (S)
- *multiflorum* Soysa: 156 (S*)
- *naevium* (Lindl.) Beer: *Odontoglossum* 45 (9**)
151. **nanum** Lindl. (*O. patulum* Schltr.) - Guy., Ven., Peru, Braz., Amaz. ca. 100 m (O3/91, E**, G, H**)
- ↳ *nanum* Lindl.: *Lophiaris* 13 (S)
- *naranjense* Schltr.: 13 (E**, H**, S)
152. **nebulosum** Lindl. (*O. geertianum* Morren, *O. caesium* Rchb.f., *O. durangense* Hagsater) - Mex., Guat. (G)
- *nitidum* Barb.Rodr.: 8 (E, G**, S)
- *nodosum* Morren: *Oncidium kramerianum* (8**)
- *nodosum* Morren: *Psychopsis* 1 (9**, H**)
153. **nubigenum** Lindl. (*O. cucullatum* var. *nubigenum* Lindl.) - Peru, Ec., Col. up to 3.000 m - sect. *Cucullata* (8**, A**, E, H**, S*, Z**)
154. **nudum** Batem. ex Lindl. (*O. ebrachiatum* Ames & Schweinf.) - Ven., Col., Pan. 0-2.200 m - sect. *Cebolletae* (G, W, S)
- ↳ *nudum* Batem. ex Lindl.: *Cohniella* 5 (S)
- *oberonia* Schltr.: *Psygmorchis* 3 (S)
155. **oblongatum** Lindl. (*O. xanthochlorum* Kl.) - Mex., Guat. 1.500-2.700 m - sect. *Oblongata* (9**, E, G, H, S*)
- *obryzatoides* Kraenzl.: 156 (E, H**, S*)
156. **obryzatum** Rchb.f. (*O. obryzatoides* Kraenzl., *O. fulgens* Schltr., *O. varians* Schltr., *O. brenesii* Schltr., *O. graciliforme* Ames & Schweinf., *O. meliosmum* Rchb.f., *O. hedyosmum* Schltr., *O. floribundum* Rchb.f. ex Kraenzl., *O. multiflorum* Soysa, *O. hoppii* Schltr., *O. microcachrys* Rchb.f. ex Kraenzl., ?*O. tetraskelidion* Kraenzl.) - Ven., Col., Ec., Peru, C.Rica, Pan. 600-1.500 m - sect. *Excavata* (E, H**, W**, S*, R**, Z**)
- *obsoletum* A.Rich. & Gal. ex Lindl.: 41 (9**, G)
- *obsoletum* A.Rich. & Gal.: *Lophiaris* 3 (S*)
157. **ochmatochilum** Rchb.f. (*O. cardio-*

chilum Lindl.) - Nic., C.Rica, Pan. - sect. *Oncidium* (W, S*)
- *odontochilum* Barb.Rodr.: 248 (S)
- *odoratum* (Lindl.) Beer: *Odontoglossum* 48 (9**)
- *oerstedii* Rchb.f.: 41 (8**, 9**, G)
- *oerstedii* Rchb.f.: *Lophiaris* 3 (S*)
- *oerstedii* var. *crispiflorum* Schltr.: 41 (9**, G)
- *oestlundianum* L.O.Wms. (3**, A**): *Lophiaris* 14 (S)
158. **oliganthum** (Rchb.f.) L.O.Wms. (*O. guatemalensis* Schltr.) - Mex. to Nic. 1.300-1.700 m - sect. *Stellata* (S)
159. **olivaceum** H.B.K. - Col., Ec. ca. 3.500 m - sect. *Cucullata* (S, R**)
160. **onustum** Lindl. (*O. holochrysum* Rchb.f.) - Col., Ec., N-Peru 0-1.200 m - sect. *Concoloria* (4**, O3/91, S, Z**)
- *ornithocephaloides* Kraenzl.: 225 (G**, S)
161. **ornithorhynchum** H.B.K. - Mex., Guat., Salv., C.Rica 600-1.500 m - scented - sect. *Rostrata* (3**, 4**, 8**, 9**, E**, G**, H**, W, S*, Z**)
162. **orthostates** Ridl. - Guy., Ven., Braz. 600-1.500 m - sect. *Oblongata* (S*)
163. **orthotis** Rchb.f. - Col. (R**)
- *osmentii* Withner: *Tolumnia* 21 (O2/86)
- × *osmentii* (Withner) Moir: *Tolumnia* 21 (O2/86)
- *ostenianum* Schltr.: 43 (S)
164. **ottonis** Schltr. (*O. concolor* var. *ottonis* (Schltr.) Pabst) - S-Am. - sect. *Concoloria* (S)
- *ottonis* Schltr.: 52 (9**)
- *ottonis* Rchb.f. ex Kraenzl.: 43 (9**, G**)
- *oviedomotae* Hagsater: *Miltonioides* 5 (O4/83, S)
- *oxyacanthosmum* Lem.: 134 (S)
- *pachyphyllum* Hook.: 42 (8**, 9**, G, H**)
165. **palaciosii** Dods. - Ec. 1.600-2.200 m (FXX1*)
166. **paleatum** Schltr. - Nic., C.Rica (W)
- *pallidum* Lindl.: 104 (E**, G**, H**, S*)
- *palmophilum* C.Martius ex Lindl.: *Cyrtopodium* 25 (9**)
167. **panamense** Schltr. - Pan. (O3/91, W)
- *panduriferum* Kunth: 41 (8**, 9**, G)

- *panduriferum* H.B.K.: *Lophiaris* 3 (S*)
168. **panduriforme** Ames & Schweinf. - Pan. (W)
- *pantherinum* Hoffmgg.: 104 (E**, G**, H**, S*)
- *papilio* Lindl. (8**, E**): *Psychopsis* 2 (9**, G**, H**)
- *papilio* var. *eckhardtii* Lind.: *Psychopsis* 2 (9**, G**)
- *papilio* var. *kramerianum* (Rchb.f.) Lindl.: *Psychopsis* 1 (9**, H**)
- *papilio* var. *latourae* Broadw.: *Psychopsis* 2 (O1/82)
- *papilio* var. *limbatum* Hook.: *Psychopsis* 2 (9**, G**)
- *papilio* var. *majus* Rchb.f.: *Psychopsis* 2 (9**, G**)
- *papilio* var. *pictum* hort. ex Jenn.: *Psychopsis* 2 (9**, G**)
- *papilioniforme* Regel: *Oncidium kramerianum* (E**)
- *papilioniforme* Regel: *Psychopsis* 1 (9**, H**)
169. **paranaense** Kraenzl. - SE-Braz., Par. - sect. *Paucitubercolata* (S)
170. **paranapiacabense** Pabst - Braz. - sect. *Synsepala* (S)
- *pardinum* (Lindl.) Beer: *Odontoglossum* 49 (9**, G)
171. **pardoglossum** Rchb.f. - doubtful sp. - Braz. - sect. *Crispa* (S)
172. **parviflorum** L.O.Wms. - Pan. (W)
- *pastorellii* Dods. & Benn.: *Cyrtochilum* 21 (S)
- *patulum* Schltr.: 151 (G)
- *patulum* Schltr.: *Lophiaris* 13 (S)
- *pauciflorum* Lindl.: *Tolumnia* 28 (O2/86)
173. **pectorale** Lindl. (*O. caloglossum* Rchb.f., *O. larkinianum* Gower) - Braz. - sect. *Crispa* (E, H, S)
- *pelicanum* C.Martius ex Lindl.: 191 (8**, G**, H)
174. **peliogramma** Lind. & Rchb.f. - C. Rica, Pan. (W)
- *pentapilum* Hoffmgg.: 104 (G**, S*)
- *pentaspilum* Hoffmgg. ex Rchb.f.: 104 (G**)
- *pentecostale* Rchb.f.: 24 (G**)
- *perchoiri* hort ex Moir: *Tolumnia* 11 (O2/86)
175. **pergameneum** Lindl. - Mex., Guat., Nic., C.Rica, Salv. to 2.000 m - sect. *Oblongata* (G, W, S)

- *peruvianum* (Poepp. & Endl.) Rchb. f.: *Brassia* 39 (G)
176. **phalaenopsis** Rchb.f. & Warsc. [*O. phalaenopsis* Lind. & Rchb.f. (8**, E, H, Z**)] (*O. cucullatum* var. *phalaenopsis* Veitch) - Ec. - sect. *Cucullata* (S)
- *phalaenopsis* var. *brandtiae* hort.: 66 (E**, H**)
- *phantasmaticum* Lem.: 58 (9**)
- *phantasmicum* Lem.: 184 (S)
- *phyllochilum* (Morren) Beer: 106 (G, S*)
177. **phymatochilum** Lindl. - Mex., Guat., Braz. 900-1.300 m - sect. *Oncidium* (9**, E**, H**, O3/95, S*)
178. **pictum** H.B.K. - Pan. to Peru 2.500-3.000 m - sect. *Rostrata* (S)
- *pinel(l)ianum* Lindl.: 23 (G, S*)
179. **pittieri** Schltr. - C.Rica (W)
180. **planilabre** Lindl. - W-Ec. - sect. *Oncidium* (W, S, O2/96**, Z**)
- *platybulbon* Regel: 45 (S*)
181. **platychilum** Schltr. - Ec. - sect. *Excavata* (S)
- *polletianum* Rchb.f.: 94 (9**, G, S)
- *polyadenium* Lindl.: 84 (S*)
- *polychromum* Scheidw.: 128 (S*)
- *polycladium* Rchb.f. ex Lindl.: 24 (G**)
182. **powellii** Schltr. - Pan. (W)
- *praestans* Rchb.f.: 94 (9**, G, S)
183. **praetextum** Rchb.f. - Braz. - sect. *Crispa* (E, H, S)
- *praetextum* Rchb.f. mss.: 94 (9**)
- *praetextum* Morren non Rchb.f.: 94 (9**, E**, G, H**)
- *prionochilum* Kraenzl.: *Tolumnia* 22 (O2/86)
- *psyche* Schltr.: 148 (S*)
- *puber* Spreng.: 184 (9**, G**)
184. **pubes** Lindl. [O. pubes Lem. (S)] (*O. bicornutum* Hook., *O. pubescens* Duchartre, *O. puber* Spreng., *O. phantasmicum* Lem.) - Braz., Par., Arg. - sect. *Waluewa* (9**, E**, G**, H**, S)
- *pubes* var. *flavescens* Hook.: 58 (9**)
- *pubescens* Duchartre: 184 (9**, E**, G**, H**)
185. **pulchellum** Hook. (*Tolumnia pulchella* (Hook.f.) Raf., *O. concavum* Moir) - Braz., Guy., Jam., Cuba (4**, 9**, G**, Z**)
- ➤ *pulchellum* Hook.: *Tolumnia* 23 (H*)
186. **pulvinatum** Lindl. (*O. sciurus* Scheidw.) - Braz. - sect. *Pulvinata* (8**, E, G**, H, S*, Z**)
- *pumilio* Rchb.f.: *Psygmorchis* 3 (H**)
187. **pumilum** Lindl. (*Epidendrum ligulatum* Vell.) - Braz., Ur., Arg., Par. (9**, E**, G**, H**)
- ➤ *pumilum* Lindl.: *Lophiaris* 16 (S*)
- *pusillum* (L.) Rchb.f. (E**): *Psygmorchis* 4 (G**, H, S*)
- *pusillum* var. *megalanthum* Schltr.: *Psygmorchis* 4 (G**)
- *pygmaeum* (Lindl.) Beer: *Rhynchostele* 1 (G)
- *quadricorne* Kl.: 110 (G, S)
- *quadrilobium* Schweinf.: *Tolumnia* 24 (O2/86)
- *quadripetalum* Sw.: 218 (9**, G)
- *quadripetalum* Sw.: *Tolumnia* 28 (O2/86)
- *racemosum* (Lindl.) Rchb.f.: *Solenidium* 3 (9**, E**, H**)
- *ramosissimum* (Lindl.) Beer: *Odontoglossum* 56 (H**)
188. **ramosum** Lindl. (*O. caldense* Rchb. f.) - Braz. - sect. *Verrucituberculata* (G, S)
- *ramulosum* (Lindl.) Beer: *Odontoglossum* 57 (9**)
189. **raniferum** Lindl. - E-Braz. - sect. *Paucitubercolata* (E**, G, H**, S)
- *raniferum* Kl., Otto & A.Dietr.: 104 (G**)
- *raniferum* var. *major* Hook.: 113 (9**)
- *rariflorum* A.Rich. & Gal.: 33 (S*)
- *rechingerianum* Kraenzl.: 37 (S*)
190. **reductum** Kraenzl. - Bol. - sect. *Barbata* (S)
191. **reflexum** Lindl. (*O. pelicanum* C. Martius ex Lindl., *O. cruentum* hort. Low ex Veitch, *O. funereum* Llave & Lex., *O. suave* Lindl., *O. suttonii* Batem. ex Lindl., *O. brevifolium* A. Rich. & Gal., *O. macropterum* A. Rich. & Gal., *O. wendlandianum* Rchb.f., *O. tayleuri* hort. ex Lindl., *O. uncia* Rchb.f. ex Kraenzl.) - Mex., Guat., Salv. 800-1.800 m - sect. *Oblongata* (8**, E, G**, H, S)
- *regnelli(i)* (Rchb.f.) Rchb.f.: *Miltonia* 7 (8**, 9**, H**)
192. **reichenbachii** Lindl. (*O. anfractum* Rolfe, *O. lindeni* hort. ex Rchb.f.) - Ven., Col. ca. 2.000 m - sect. *Oblongata* (O6/89, S)

- *reichenheimii* (Lind. & Rchb.f.) Gar. & Stacy: *Miltonioides* 6 (O4/83)
- *reisii* (Hoehne) Schltr.: 47 (G**, S)
193. **remotiflorum** Gar. (*O. cuneatum* Scheidw.) - Braz. - sect. *Waluewa* (G, S*)
- *retemeyerianum* Rchb.f.: *Oncidium lindenii* (3**)
- *retemeyerianum* Rchb.f.: *Lophiaris* 8 (S*)
- *retusum* (Lindl.) Beer: *Odontoglossum retusum* (9**, G)
- *retusum* (Lindl.) Beer: *Cyrtochilum* 23 (H**)
- *revolutum* (Lindl.) Beer: *Odontoglossum* 59 (G)
194. **rhinoceros** Rchb.f. - S-Am.? unknown origin - sect. *Rhinocerotes* (S)
195. **rhodostictum** Kraenzl. - Ec., Col. 3.300-3.600 m - sect. *Cucullata* (A**, S*)
- *rigbyanum* Paxt.: 202 (8**, E**, H**, S*)
- *rigidum* (Lindl.) Beer: *Odontoglossum* 44 (G**)
196. **riograndense** Cogn. - Braz., Arg. - sect. *Waluewa* (S)
197. **riopalenqueanum** Dods. - Ec. 0-400 m (FXX1*)
198. **riviereanum** St.Leger - doubtful sp. - Braz. - sect. *Crispa* (S)
199. **robustissimum** Rchb.f. - Braz. - sect. *Pulvinata* (E, H, S)
- *rogersii* hort. ex Batem.: 234 (9**, G, S)
- *roseum* Lodd.: 41 (8**, 9**, G)
- *roseum* Lodd.: *Lophiaris* 3 (S*)
- *rupestre* Lindl.: 84 (9**, G)
- *russellianum* Lindl.: *Miltonia russelliana* (G**)
- *saint-legerianum* Rolfe: 209 (8**, E**, G**, H**, S)
- *saltator* hort. ex Lindl.: 216 (G**)
- *saltator* Lem.: 216 (9**)
- *saltator* Lem.: *Lophiaris* 18 (S*)
200. × **sanctae-anae** Moir & A.D.Hawk. (*O. pulchellum* × *O. berenyce*) nat. hybr. (O3/83)
- *sancti-pauli* Kraenzl.: 206 (S)
- *sanderae* Rolfe (E): *Psychopsis* 3 (9**)
- *sanderianum* Rolfe: *Oncidium serratum* (9**)
- *sanguineum* Lindl.: 41 (8**, 9**, G)
- *sanguineum* Lindl.: *Lophiaris* 3 (S*)
- *sanguineum* var. *auriculatum* Regel: 7 (9**, G**)
- *sanguineum* var. *roseum* (Lodd.) Regel: 41 (9**, G)
201. **sanguinolentum** (Lindl.) Schltr. (*Leochilus sanguinolentus* Lindl.) - Ven., Peru, Col. - sect. *Cucullata* (G, S, R**)
202. **sarcodes** Lindl. (*O. rigbyanum* Paxt.) - Braz. - sect. *Crispa* (8**, E**, H**, S*, Z**)
- *sasseri* Moir: *Tolumnia* 25 (O2/86)
- *sasseri* Moir: 235 (O5/83)
203. **sawyeri** L.O.Wms. - Mex., Salv. ca. 1.200 m - sect. *Stellata* (S)
- *scandens* Moir (O1/83): *Tolumnia* 26 (O2/86)
- *scandens* Moir: 235 (O5/83)
204. **scansor** Rchb.f. - C.Rica to Bol., Ven., Braz. 1.800-2.500 m - sect. *Serpentia* (W, S, R**)
- *scansor* Rchb.f.: 95 (H)
205. **schroederianum** (Rchb.f.) Gar. & Stacy (*Miltonia schroederiana* (Rchb.f.) Gar. & Stacy) - C.Rica, Pan. (W**)
→ *schroederianum* (O'Brien) Gar. & Stacy: *Miltonioides* 7 (O2/86)
- *schroederianum* Gar. & Stacy: *Miltonioides confusa* (O4/83)
- *schwambachiae* P.Castro & Toscano: *Lophiaris* 17 (S*)
- *sciurus* Scheidw.: 186 (G**, S*)
- *scriptum* (Scheidw.) Rchb.f.: *Leochilus* 8 (G)
- *scriptum* (Rchb.f.) Scheidw.: *Leochilus* 6 (9**)
206. **serpens** Lindl. (*O. trachycaulon* Schltr., *O. sancti-pauli* Kraenzl.) - SW-Col., Ec. 1.500-2.000 m - sect. *Serpentia* (S, R**)
- *serratum* Lindl. (9**): *Cyrtochilum* 25 (S)
- *skinneri* Lindl.: 84 (9**, G, S*)
- *speciosum* (Kl.) Rchb.f.: *Miltonia* 5 (8**, G**)
- *spectabile* Rchb.f.: *Miltonia* 9 (8**)
- *spectabile* (Lindl.) Beer: *Miltonia* 9 (9**)
- *spectabile* var. *moreliana* Rchb.f.: *Miltonia* 9 (8**)
- *spectabile* var. *morelianus* Beer: *Miltonia* 9 (9**, G**)
- *spectabilis* var. *purpureo-violaceo* Beer: *Miltonia* 9 (G**)
207. **sphacelatum** Lindl. (*O. massangei*

C.Morr.) - Mex. to Salv., Ven., Cuba 0-1.000 m - sect. *Oblongata* (3**, 4**, E**, G**, H**, W, S, Z**)
208. **sphegiferum** Lindl. - Braz. - sect. *Pulvinata* (E, G, H, S)
209. **spilopterum** Lindl. (*O. gallopavinum* Morren, *O. batemanianum* var. *spilopterum* (Lindl.) Lindl., *O. saintlegerianum* Rolfe, *O. ghillanyi* Pabst, *O. ferreiranum* St.Leger) - Braz., Par. - sect. *Synsepala* (8**, A**, E**, G**, H**, S, Z**)
210. **splendidum** A.Rich ex Duchartre (*O. tigrinum* var. *splendidum* Hook.f. mss.) - Guat., Hond., Nic., Mex. ca. 800 m - sect. *Oblongata* (8**, 9**, O3/91, E**, H**, S, Z**)
- *sprucei* Lindl.: 43 (9**, G**, S)
- *stacyi* Gar. (O3/91, Z**): 251 (S*)
- *stacyi* Gar.: *Cohniella* 6 (S)
211. **stelligerum** Rchb.f. (*O. stelligerum* var. *ernesti* B.S.Will. ex Moore) - Mex. - sect. *Stellata* (3**, S)
- *stelligerum* var. *ernesti* B.S.Will. ex Moore: 211 (3**)
- *stenobulbon* Kraenzl.: 13 (S)
212. **stenoglossum** (Schltr.) Dressl. & N.H.Will. - Nic., C.Rica (W)
- *stenopetalum* Kl.: 23 (G, S*)
- *stenostalix* Rchb.f. ex Kraenzl.: 145 (S)
213. **stenotis** Rchb.f. - Nic. to Col. 0-1.200 m - sect. *Oblongata* (E, H, W**, S, Z**)
214. **stipitatum** Lindl. (*O. lacerum* Lindl., *O. stipitatum* var. *platyonyx* Rchb.f.) - Nic., C.Rica, Pan. 0-100 m - sect. Cebolletae (O3/91, G**, W, S*, Z**)
- ↦ *stipitatum* Lindl.: *Cohniella* 7 (S)
- *stipitatum* var. *platyonyx* Rchb.f.: 214 (G**)
215. **storkii** Ames & Schweinf. - C.Rica (W)
216. **stramineum** Batem. ex Lindl. (*O. colombae (columbae)* hort. ex Lindl., *O. lindenii* hort. ex Rchb.f., *O. saltator* hort. ex Lindl., *O. saltator* Lem.) - Mex., Braz. to 1.000 m (3**, 9**, O3/91, O4/83, E**, G**, H**, Z**)
- ↦ *stramineum* Batem. ex Lindl.: *Lophiaris* 18 (S*)
- *strobelii* n.n.: 114 (O1/92)
- *suave* Lindl. (8**): 191 (E, G**, H, S)
- *suaveolens* Rchb.f.: *Brassia* 13 (9**)
- *suaveolens* Rchb.f.: *Brassia* 30 (G**)
- *subcruciforme* (Heller) Gar. & Stacy: 141 (S)
- *subulifolium* Schltr.: 17 (S)
- *superbiens* Rchb.f. (8**, 9**, E**, Z**): *Cyrtochilum* 28 (H**, S)
- *superfluum* Rchb.f.: *Capanemia* 15 (E**, H**)
- *suscephalum* Barb.Rodr.: 22 (G, S*)
- *suttonii* Batem. ex Lindl.: 191 (G**, S)
- *sylvestre* Lindl.: *Tolumnia* 27 (O2/86)
- *sylvestre* Lindl.: 235 (O5/83)
- *tayleuri* hort. ex Lindl.: 191 (G**)
- *tenue* Lindl.: 247 (G, S)
217. **teres** Ames & Schweinf. - Nic., C.Rica, Pan., Hond. - sect. *Cebolletae* (O3/91, W, S, Z)
- ↦ *teres* Ames & Schweinf.: *Cohniella* 8 (S)
218. **tetrapetalum** (Jacq.) Willd. (*O. quadripetalum* Sw., *O. tricolor* Hook., *O. apiculatum* Moir, *Epidendrum tetrapetalum* Jacq., *Cymbidium tetrapetalum* (Jacq.) Sw.) - Mex., Jam., W-Ind., Col. (9**, G)
- ↦ *tetrapetalum* (Jacq.) Willd.: *Tolumnia* 28 (O2/86)
- *tetrapetalum* Griseb.: 233 (G**)
- *tetraskelidion* Kraenzl.: ? 156 (W)
- *thyrsiflorum* Barb.Rodr.: *Lophiaris* 13 (S)
219. **tigratum** Rchb.f. & Warsc. (*O. leopardinum* Lindl.) - S-Am. 1.500-2.000 m - sect. *Heterantha* (S*)
220. **tigrinum** Llave & Lex. (*O. barkeri* Lindl., *O. unguiculatum* Lindl., *O. ionosmum* Lindl., *O. tigrinum* Hemsl., *O. tigrinum* var. *unguiculatum* (Lindl.) Lindl., *Odontoglossum tigrinum* (Llave & Lex.) Lindl., *O. ghiesbreghtiaum* A.Rich. & Gal.) - Mex. 1.600-2.500 m - sect. *Oblongata* (3**, 8**, 9**, E**, G, H, S, Z**)
- *tigrinum* Hemsl.: 220 (9**, G)
- *tigrinum* var. *splendidum* Hook.f. mss.: 210 (8**, 9**)
- *tigrinum* var. *unguiculatum* (Lindl.) Lindl. (8**): 220 (9**, G)
- *titania* Schltr.: *Psygmorchis* 3 (S)
221. **toachicum** Dods. - Ec. ca. 1.200 m - sect. *Paucitubercolata* (S*)

- *trachycaulon* Schltr.: 206 (S)
222. **trichodes** Lindl. - Braz., Bol. - sect. *Barbata* (S)
- *tricolor* Hook.: 218 (9**, G)
- *tricolor* Hook.: *Tolumnia* 28 (O2/86)
223. **trilobum** (Schltr.) Gar. & Stacy (*Odontoglossum trilobum* Schltr., *O. mapiriense* Mansf.) - Peru, Bol. 200-1.500 m - sect. *Stellata* (S*)
- *trinasutum* Kraenzl.: 102 (S)
224. **tripterygium** Rchb.f. (E, H)
- *triquetrum* (Sw.) R.Br.: *Olgasis* 2 (O2/84)
- *triquetrum* (Sw.) R.Br. (9**, Z**): *Tolumnia* 29 (S*)
- *trulla* Rchb.f. & Warsc.: 48 (G)
225. **trulliferum** Lindl. (*O. galeatum* Scheidw., *O. dimorphum* Regel, *O. ornithocephaloides* Kraenzl., *O. longibulbum* Mutel) - Braz. - sect. *Rostrata* (G**, S)
226. **truncatum** Pabst - Braz. - sect. *Waluewa* (S*)
227. **tsubotae** Kgr. - Col. - sect. *Paucitubercolata* (S)
- *tuerckheimii* Cogn.: *Tolumnia* 30 (A**, O2/86)
228. **turialbae** Schltr. - C.Rica (W)
229. **umbrosum** (Rchb.f.) Rchb.f. (*O. dunstervilleorum* Foldats, *Odontoglossum umbrosum* Rchb.f., *Symphyglossum umbrosum* (Rchb.f.) Gar. & Dunst.) - Ven., Col. ca. 1.700 m - terr. (S*)
- *uncia* Rchb.f. ex Kraenzl.: 191 (G**)
230. **undulatum** (Kunth) Lindl. (*Cyrtochilum undulatum* Kunth) - Col. (G)
- *undulatum* Warner & B.S.Will.: *Oncidium superbiens* (8**, 9**)
- *undulatum* (Sw.) Salisb.: 41 (9**, G)
231. **unguiculatum** Lindl. - Mex. 1.800-2.500 m - sect. *Oblongata* (S*)
- *unguiculatum* Lindl.: 220 (8**, 9**, E**, H, G)
- *unguiculatum* Kl.: 52 (9**, E**, H**)
- *unicorne* (*unicornu*) Lindl.: 133 (9**, E, G, H, S)
- *unicornutum* Knowl. & Westc.: 133 (9**, E, G, H, S)
232. **uniflorum** Booth ex Lindl. (*O. monophyllum* (Regel) Herter) - Braz. - sect. *Barbata* (E, G**, H, S*)
233. **urophyllum** Lodd. ex Lindl. (*O. tetrapetalum* Griseb.) - Braz., Antill. (G**, O3/83, Z**)

→ *urophyllum* Lodd. ex Lindl.: *Tolumnia* 31 (O2/86)
- *usneoides* Lindl. (O3/83): *Tolumnia* 32 (O2/86)
- *vagans* Schweinf.: 244 (S*)
- *varians* Schltr.: 156 (E, H**)
234. **varicosum** Lindl. (*O. lunaeanum* hort., *O. rogersii* hort. ex Batem., *O. euxanthinum* Rchb.f., *O. geraense* Barb.Rodr.) - Braz., Par. - sect. *Synsepala* (4**, 8**, 9**, G, S, Z**) var. **concolor** Cogn. (8**) var. **rogersii** (Batem.) Rchb.f. (*O. rogersii* Batem.) - Braz. (8**, S)
235. **variegatum** (Sw.) Sw. (*Epidendrum variegatum* Sw.) - P.Rico, Dom., Haiti, Cuba (E**, O3/83, Z**)
ssp. **bahamense** (Nash) Withner (*O. bahamense* Nash, *O. scandens* Moir, *O. variegatum* ssp. *scandens* (Moir) Withner, *O. sasseri* Moir) (O5/83)
ssp. **sylvestre** (Lindl.) Withner (*O. sylvestre* Lindl., *O. hawkesianum* Moir) (O5/83)
ssp. **variegatum** (O5/83)
ssp. **velutinum** (Lindl. & Paxt.) Griseb. (*O. velutinum* Lindl. & Paxt., *O. variegatum* Lindl. non Sw.) (O5/83)
→ *variegatum* (Sw.) Sw. (E**, O3/83): *Tolumnia* 33 (H*, O2/86)
- *variegatum* Lindl. non Sw.: 235 (O5/83)
- *variegatum* ssp. *scandens* (Moir) Withner: 235 (O5/83)
236. × **varvelum** Moir (*O. variegatum* × *O. velutinum*) nat. hybr. - Haiti (O3/83)
237. **vasquezii** E.A.Christ. - Bol. - sect. *Excavata* (S)
- *vellozanum* Pabst: *Baptistonia* 1 (S*)
- *velutinum* Lindl. ex Paxt. (O3/83): *Tolumnia* 34 (O2/86)
- *velutinum* Lindl. & Paxt.: 235 (O5/83)
238. **ventilabrum** Rchb.f. & Warsc. (*O. carderi* Rchb.f., *Cyrthochilum ventilabrum* (Rchb.f. & Warsc.) Kraenzl., *C. carderi* (Rchb.f.) Kraenzl.) - Col. (FVIII2**)
239. **verrucosissimum** Cogn. - Braz., Par., Arg. - sect. *Waluewa* (S)
- *verrucosum* (Lindl.) Rchb.f.: *Brassia* 45 (4**, 8**, E**, G**, H**)
- *versteegianum* Pulle: *Psychopsis* 3 (9**)

- *vexillarium* Rchb.f.: 28 (E**, H**, S*)
240. **viperinum** Lindl. (*O. confragosum* Lindl.) - Braz., Ur. (G)
- *vittii* Oppenh.: 43 (9**, G**)
241. **volubile** (Poepp. & Endl.) Cogn. (*O. corynephorum* Poepp. & Endl., *Cyrtochilum volubile* Poepp. & Endl.) - Peru (G)
➤ *volubile* (Poepp. & Endl.) Cogn.: *Cyrtochilum* 31 (S)
242. **volvox** Rchb.f. - sect. *Oblongata* (S)
243. **waluewa** Rolfe (*Waluewa pulchella* Regel, *W. gracilis* Regel, *Leochilus pulchellus* (Regel) Cogn.) - Braz., Par. - sect. *Waluewa* (E**, H**, S*)
244. **warmingii** Rchb.f. (*O. gomesii* Cogn., *O. vagans* Schweinf.) - Ven., Braz. 1.700-2.500 m - sect. *Verrucituberculata* (S*)
- *warneri* (Lindl.) Lindl.: *Oncidium ghiesbreghtianum* (E**)
- *warneri* (Lindl.) Lindl.: *Mexicoa* 1 (H**)
245. **warscewiczii** Rchb.f. (*O. bifrons* hort.) - C.Rica, Pan. (8**, W) ➤ *Miltonia* 10 ➤ *Miltonioides* 8 ➤ *Miltoniopsis* 6 ➤ *Chamaeleorchis* 1
246. **welteri** Pabst - Braz. - sect. *Synsepala* (S)
- *weltonii* hort.: *Miltonioides* 8 (9**, H**)
- *wendlandianum* Rchb.f.: *Oncidium suave* (8**)
- *wendlandianum* Rchb.f.: 191 (G**, S)
247. **wenthworthianum** Batem. ex Lindl. (*O. tenue* Lindl., *O. wenthworthianum* var. *tenue* (Lindl.) Ames & Correll) - Mex., Guat., Nic., C.Rica 600-1.500 m - sect. *Oblongata* (E**, G, H**, W, S)
- *wenthworthianum* var. *tenue* (Lindl.) Ames & Correll (O5/80): 247 (G)
- *wercklei* Schltr.: 95 (S)
- *werkleri* Schltr.: 95 (E**, H)
248. **widgrenii** Lindl. (*O. brienianum* Rchb.f., *O. odontochilum* Barb. Rodr.) - Braz., Par. - sect. *Waluewa* (S)
249. **williamsianum** Dods. - Ec. 1.200-1.400 m (FXX1*)
- *williamsianum* Dods.: *Trigonochilum* 24 (S)
250. × **withnerianum** Moir & A.D. Hawk. (*O. tetrapetalum* × *O. berenyce*) nat. hybr. - Jam. (O3/83)
251. **wittii** Oppenh. (*O. stacyi* Gar.) - Bol. 800 m - sect. *Cebolletae* (S*)
➤ *wittii* Oppenh.: *Cohniella* 9 (S)
- *wrayae* Hook.: 97 (8**, 9**, S)
- *wrayae* Hook.: 33 (G**)
252. **wydleri** Rchb.f. - Ec., P.Rico - sect. *Oncidium* (A**, S)
- *xanthochlorum* Kl.: 155 (9**, G)
253. **xanthodon** Rchb.f. (*Cyrtochilum xanthodon* (Rchb.f.) Kraenzl.) - Col., Ec. (9**)
254. **zappii** Pabst - Braz. - sect. *Crispa* (A**, S)
255. **zebrinum** (Rchb.f.) Rchb.f. (*Odontoglossum zebrinum* Rchb.f., *Cyrtochilum zebrinum* (Rchb.f.) Kraenzl.) - Ven. (8**, 9**)
- *zikanianum* Hoehne & Schltr.: 50 (S*)
- *zonatum* Cogn.: 109 (S*)
× *Oncidophora*: × *Ornithocidium* (*Oncidium* × *Ornithophora*)
× **Oncidpilia (Oncpa.)** (*Oncidium* × *Trichopilia*)
× *Oncidquezia*: × *Rodricidium* (*Oncidium* × *Rodriguezia*)
Oncodia Lindl. - 1853: *Brachtia* Rchb.f. (R, S)
- *glumacea* Lindl.: *Brachtia* 5 (R)
Onkeripus Raf.: *Maxillaria* Ruiz & Pav.
× **Onoara (Onra.)** (*Ascocentrum* × *Renanthera* × *Vanda* × *Vandopsis*)
Onychium Bl.: *Dendrobium* Sw.
- *affine* Decne.: *Dendrobium* 7 (G)
- *connatum* Bl.: *Dendrobium* 80 (2*)
- *crumenatum* (Sw.) Bl.: *Dendrobium* 88 (2*, 9**, G**)
- *crumenatum* (Sw.) Bl.: *Aporum* 4 (S)
- *fimbriatum* Bl.: *Dendrobium* 45 (2*)
- *flavescens* Bl.: *Polystachya flavescens* (2*)
- *flavescens* Bl.: *Polystachya* 19 (G, U)
- *gracile* Bl.: *Dendrobium* 141 (2*)
- *gracile* Bl.: *Aporum* 7 (S)
- *japonicum* Bl.: *Dendrobium* 236 (9**, G)
- *lamellatum* Bl.: *Dendrobium* 186 (2*, G**)
- *mutabile* Bl.: *Dendrobium* 246 (2*, 9**, G**, S)
- *nudum* Bl.: *Dendrobium* 254 (2*, G)
➤ *rigidum* Bl.: *Dendrobium* 246 (2*, 9**, G**)
- *subulatum* Bl.: *Dendrobium* 346 (2*)
- *tenellum* Bl.: *Dendrobium* 357 (2*)

- *tetraedre* Bl.: *Dendrobium* 361 (2*)
- *tetraedre* Bl.: *Aporum* 14 (S)
- *tricuspe* Bl.: *Dendrobium* 370 (2*)
- *undulatum* Bl.: *Aporum* 17 (S)

Ophidion Luer - 1982 - *Pleurothallidinae* (S) - 4 sp. epi. - C-Am.
1. **cunabulum** (Luer & Esc.) Luer - end. to Col. (L*, R**, S*)
2. **cymbula** (Luer) Luer (*Cryptophoranthus cymbula* Luer) - end. to Ec. (L, R, S)
3. **dasyglossa** (Luer & Esc.) Luer - end. to Col. (R**, S)
4. **pleurothallopsis** (Kraenzl.) Luer - Pan., Col., S-Am. (W**, R**, S)

Ophioglosella [Ophioglossella (S)] Schuiteman & Ormerod - 1998 - *Aeridinae* (S) - 1 sp. epi. - P.N.Gui.
1. **chrysostoma** Schuiteman & Ormerod - P.N.Gui. 1.800 m (S*)

Ophrys L. - 1753 - *Subfam. Orchidoideae Tribus: Orchideae Subtr. Orchidinae* - ca. 30 sp. terr. - Eur., N-Afr., M.East - „Ragwurz, Kerfstendel"
- *adonis* E.G.Camus & Gombault: 102 (K**)
1. **aesculapii** Renz - S-E-Greece 0-900 m - „Äskulap-Ragwurz" (K**)
- *aesculapii* Renz: 96 ssp. *aesculapii* (O6/80)
- *aestivalis* Poiret in Lam.: *Spiranthes* 1 (T**)
- *affinis* Buxb.: *Pterygodium* 2 (G)
- *alaris* L.f.: *Pterygodium* 2 (G)
- *alata* Thunb.: *Pterygodium* 1 (G)
2. × **albertiana** E.G.Camus (*O. apifera* × *O. holoserica* ssp. *holoserica*) - It. (T**)
- *aloidea* Poiret: *Tolumnia* 11 (O2/86)
- *aloides* Poiret: *Oncidium* 99 (G**)
- *alpina* L.: *Chamorchis* 1 (G)
3. **annae** Devillers-Terschuren - end. to Sard., Cors. 400-800 m (&9, 11**)
- *anthropophora* L.: *Aceras* 1 (T**)
4. **apifera** Huds. - SW-Eur., Medit., N-Afr. 0-1.800 m - „Bienen-Ragwurz, Bee Orchid" (K**, S, T, V**, N**, Z**)
ssp. **apifera** - SW-Eur., Medit., N-Afr. 0-1.800 m (T**, &11)
ssp. **botteronii** (Chodat) Schinz & Thell. (*O. saraepontana* Rupp.) (V)
"**botteronii**" (*O. botteronii* Chodat, *O. apifera* ssp. *botteronii* (Chodat) Schinz & Thell., *O. saraepontana* Rupp.) - It. (&9)

- *apifera* ssp. *botteronii* (Chodat) Nägeli: 4 ssp. *jurana* (T)
- *apifera* ssp. *botteronii* (Chodat) Schinz & Thell.: 4 „botteronii" (&9)
ssp. **friburgensis** (Freyhold) Soó (V**)
- *apifera* ssp. *friburgensis* (Freyhold) Soó: 4 ssp. *jurana* (T)
ssp. **jurana** Rupp. in Zimmerm. (*O. apifera* ssp. *botteronii* (Chodat) Nägeli, *O. apifera* ssp. *friburgensis* (Freyhold) Soó, *O. botteronii* Chodat) - Fr., It. (T, V)
var. **aurita** Moggridge - C-Eur., Sard. (V**, &11)
var. **bicolor** (Nägeli) E.Nelson (*O. mangini* Tallon) - It. (T, V**, &11)
var. **chlorantha** (Hegetsch.) K.Richter - Sard. (&11)
var. **flavescens** Rosb. - C-Eur. (V)
var. **fulvo-fusca** M.P.Grasso & Scrugli - Sard. (N**, &11)
var. **tilaventina** U.Nonis & P.Liverani - It. (N**)
var. **trollii** (Hegetsch.) Rchb.f - C-Eur. (V**)
5. **apulica** (O. & E.Danesch) O. & E. Danesch - It. (&9)
- *arachnites* (L.) Reichard: 57 (G**, T)
- *arachnites* (Scop.) Reichard: 57 (9**, T)
6. **arachnitiformis** Gren. & Phil. - S-Fr., NW-It., Sard., Cors., Sic. 0-1.200 m (K**)
- *arachnitiformis* auct.: 38 ssp. *tyrrhena* (T**)
- *arachnitiformis* auct.: 77 (N**)
- *araneifera* Asch. & Graebn.: 96 ssp. *sphegodes* (G**)
- *araneifera* Huds.: 96 (K**, S)
- *araneifera* ssp. *boissieri* (Soó) Soó: 79 ssp. *oestrifera* (G**)
- *araneifera* ssp. *mammosa* var. *boissieri* Soó: 79 ssp. *oestrifera* (G**)
- *araneifera* var. *limbata* Lindl.: 96 ssp. *sphegodes* (G**)
- *araneola* Rchb.f.: 96 ssp. *sphegodes* (G**)
- *araneola* Rchb.f. (K**): 96 (T**)
- *aranifera* Huds.: 96 ssp. *sphegodes* (G**)
- *aranifera* Huds.: 96 (9**, T**)
- *aranifera* ssp. *atrata* (Lindl.) E.G. Gam.: 11 (G**)

- *aranifera* ssp. *mammosa* (Desf.) Soó: 96 ssp. *mammosa* (O6/80)
- *aranifera* var. *atrata* (Lindl.) Rchb. f.: 11 (G**)
- *aranifera* var. *mammosa* (Desf.) Rchb.f.: 96 ssp. *mammosa* (O6/80)
7. **archipelagi** Gölz & Reinhard - It. (&9)
- *argentaria* Devillers-Terschuren: 96 (T**)
8. × **argentariensis** Rupp. (*O. crabronifera* × *O. incubacea*) nat. hybr. - It. (T**)
- *argentea* Vell.: *Erythrodes* 14 (G)
9. **argolica** Fleischm. (*O. tabanifera* Willd., *O. ferrum-equinum* ssp. *argolica* (Fleischm.) Soó) - Greece, Turk., Crete 0-800 m - „Argolische Ragwurz" (G**, K**)
10. **atlantica** Munby - N-Afr., S-Sp. 0-1.500 m - „Atlas-Ragwurz" (K**)
11. **atrata** Lindl. (*O. aranifera* var. *atrata* (Lindl.) Rchb.f., *O. aranifera* ssp. *atrata* (Lindl.) E.G.Gen., *O. sphegodes* var. *atrata* (Lindl.) Briq., *O. sphegodes* ssp. *atrata* (Lindl.) E.Mayer, *O. biceratia* Delile ex Nyman, *Arachnites atrata* (Lindl.) Bubani) - Alb., Jugo., It., Fr., Sp., Port. 0-800 m - „Schwarze Ragwurz" (G**, K**)
- *atrata* Lindl., inv.name: 59 (T**)
12. **attica** (Boiss. & Orph.) B.D.Jacks. - S-Greece, W-Turk. 0-400 m (K**)
- *aureliae* Delforge & Devillers-Terschuren: 88 (T**)
13. **benacensis** Danesch & al. - N-It. 0-800 m (K**)
14. **bertolonii** Moretti (*O. speculum* Bertol., non Link) - NE-Sp., It., W-Jugo. 0-800 m - „Bertolonis Ragwurz" (K**, S, T**)
- *bertoloniiformis* O. & E.Danesch: 88 (T**)
- *bertoloniiformis* ssp. *bertoloniiformis*: 88 ssp. *saratoi* (T**)
- *biceratia* Delile ex Nyman: 11 (G**)
- *bicornis* Sadler: 79 ssp. *oestrifera* (K**)
15. **biscutella** O. & E. Danesch - It. - „Brillen-Ragwurz" (&9)
- *biscutella* O. & E. Danesch: 29 ssp. *sundermannii* (T)
16. **bombyliflora** Link (*O. hiulca* Mauri) - Medit., Sard. 0-900 m - „Drohnenragwurz, Hummelschweber-Ragwurz, Bremsen-Ragwurz" (4**, K**, S, T**, N**)
17. **bornmuelleri** M.Schulze - S-Turk., Isr. 0-1.000 m - „Bornmüllers Ragwurz" (4**, K**, &9)
ssp. **carduchorum** Renz & Taubenheim - Turk. (O6/80)
- *bornmuelleri* M.Schulze: 57 ssp. *bornmuelleri* (O6/97)
- *botteronii* Chodat: 4 ssp. *jurana* (T)
- *botteronii* Chodat: 4 „*botteronii*" (&9)
- *bracteata* L.f.: *Satyrium* 4 (G)
18. **bremifera** Steven in Bieb. - Medit., It. (Gargano) (&11**)
19. **calliantha** Bart. & Pulv. - Sic. (&9)
20. × **camusii** Cortesi (*O. crabronifera* × *O. sphegodes* ssp. *sphegodes*) - It. (T)
21. **candica** (E.Nelson ex Soó) Baum. & Künk. [O. candica (Greuter) Matthas & Risse (&9)] - It. (Gargano), Cyp., Rhodos 0-700 m - „Weißglanz-Ragwurz" (K**)
- *carmeli* Fleischm. & Bornm.: 104 (K**)
22. **catalaunica** O. & E.Danesch - NE-Sp. 0-800 m (K**)
23. × **cataldi** Gölz (*O. bombyliflora* × *O. bertolonii*) - It. (O4/71)
- *catholica* L.: *Pterygodium* 2 (G)
24. **caucasica** Woronow ex Grossh. - end. to Cauc. 0-600 m (K)
25. × **celanii** O. & E. Danesch (*O. garganica* × *O. incubacea*) - It. (T)
- *cernua* L.: *Spiranthes* 3 (9**, G**, H**)
26. **chestermanii** (J.J.Wood) Gölz & Reinhard - end. to Sard. 400-600 m (&11)
- *ciliata* Biv.: 105 (9**, G**, K**)
- *ciliata* Biv.: 105 ssp. *ciliata* (T**)
27. **cilicica** Schltr. (*O. kurdica* D. & U. Rueckbrodt) - S-Turk. 0-1.000 m - „Zilizische Ragwurz" (K**)
28. **conradiae** Melki & Deschatres - end. to Sard., Cors. 400-750 m (&11**)
- *cornuta* Steven: 79 ssp. *oestrifera* (G**, K**)
29. **crabronifera** Mauri (*O. exaltata* auct., non Ten.) - It., Cors. - „Hornissen-Ragwurz, Hohe Ragwurz" (T, O2/89)
ssp. **crabronifera** - Cors., It. (T**)
ssp. **sundermannii** (Soó) Del Prete

(*O. exaltata* Ten. ssp. *sundermannii* Soó, *O. biscutella* O. & E.Danesch, *O. fuciflora* ssp. *sundermannii* Soó) - It. (T)
30. **cretica** (Vierh.) E.Nelson - Crete, Rhodos - „Kretische Ragwurz" (S, O4/98)
- *cretica* (Vierh.) E.Nelson: 32 (K**)
- *cypria* Renz: 64 (K**)
31. **delphinensis** O. & E.Danesch - Greece - „Delphi-Ragwurz" (K**)
- *dinsmorei* Schltr.: 104 (K**)
32. **doerfleri** Fleischm. (*O. cretica* (Vierh.) E.Nelson) - Crete (K**)
33. × **domitia** Del Prete (*O. bombyliflora* × *O. lutea* ssp. *minor*) - It. (T**)
34. × **domus-maria** M.P.Grasso (*O. arachnitiformis* × *O. apifera*) - It. (O3/89)
- *drumana* Delforge: 88 (T**)
35. **dyris** Maire - S-Port., S-Sp., N-Maroc. 0-1.800 (K**)
36. **elegans** (Renz) Baum. & Künk. - Cyp., S-Turk. 0-800 m (K**)
37. **episcopalis** Poiret (&9)
- *exaltata* auct., non Ten.: 29 (T)
- *exaltata* ssp. *morisii* (Martelli) Del Prete: 77 (N**)
- *exaltata* Ten. ssp. *sundermannii* Soó: 29 ssp. *sundermannii* (T)
38. × **exaltata** Ten. (*O. sphegodes* × *O. holoserica*) - Cors., E-It. (K**, T) ssp. **tyrrhena** (Gölz & Reinhard) Del Prete (*O. tyrrhena* Gölz & Reinhard, *O. arachnitiformis* auct.) - E-It. (T**)
39. × **fernandii** Rolfe (*O. bombyliflora* × *O. vernixia*) - It. (N**)
40. **ferrum-equinum** Desf. - Alb., Greece, Turk. 0-1.000 m - „Hufeisen-Ragwurz" (G**, K**)
- *ferrum-equinum* ssp. *argolica* (Fleischm.) Soó: 9 (G**)
41. **flavomarginata** (Renz) Baum. & Künk. - Cyp. 0-600 m (K**)
42. **fleischmannii** Hayek - S-Greece, O-S-Turk., Isr. 0-1.000 m (K**)
- *fleischmannii* auct., non Hayek: 45 ssp. *iricolor* (T**)
- *fucifera* Curt.: 96 ssp. *sphegodes* (G**)
- *fucifera* Curt.: 96 (T**)
- *fuciflora* Lindl.: 57 (G**)
- *fuciflora* (F.W.Schmidt) Moench: 57 (G**, K**, &9)
- *fuciflora* (Crantz) Moench: 57 (9**)
- *fuciflora* (Crantz) Sw.: 57 (9**)
43. **fuciflora** (Crantz) Sw. - Medit., Eur. - „Hummelragwurz, Late Spider-orchid" (S) ssp. **elatior** Gumprecht (&9) ssp. **gracilis** O. & E. Danesch (&9)
- *fuciflora* ssp. *parvimaculata* O. & E. Danesch: 57 ssp. *parvimaculata* (T**)
- *fuciflora* ssp. *cornuta* (Steven) Sunderm.: 79 ssp. *oestrifera* (G**)
- *fuciflora* ssp. *elatior* Gumprecht: 57 ssp. *elatior* (T**)
- ssp. *fuciflora*: 57 ssp. *holoserica* (T**)
- ssp. *sundermannii* Soó: 29 ssp. *sundermannii* (T)
- *funerea* Viviani: 45 ssp. *fusca* (T**)
44. **funerea** Viviani - end. to Sard., Cors. 200-800 m (&11**)
45. **fusca** Link - Medit. 0-1.400 m - „Braune-, Rotbraune Ragwurz" (G**, K**, S, T, Z**) ssp. **fusca** (*O. fusca* ssp. *funerea* (Viviani) E.G.Camus, *O. funerea* Viviani) - Medit., Sard. 0-1.400 m (T**, N**, $51/1, &11)
ssp. **iricolor** (Desf.) K.Richter (*O. iricolor* Desf., *O. fleischmannii* auct., non Hayek) - Medit. (T**, N**)
- *fusca* ssp. *funerea* (Viviani) E.G. Camus: 45 ssp. *fusca* (T**)
46. **galilaea** (Fleischm. & Bornm.) Schltr. - Isr. 0-1.800 m (K**)
47. × **garganensis** R.Soca (*O. archipelagi* × *O. biscutella*) - It. (Gargano) (&9)
48. **garganica** E.Nelson ex O. & E.Danesch (*O. sphegodes* ssp. *garganica* E.Nelson) - NE-Sp., Gargano, Sic., Sard. 0-600 m - „Gargano-Ragwurz" (K**, T**, N**) ssp. **garganica** - NE-Sp., It. (Gargano), Sic. 0-600 m (T) ssp. **sipontensis** (Gumprecht) Del Prete - It. (Gargano) 0-600 m (T)
- *garganica* ssp. *sipontensis* (Gumprecht) Del Prete: 92 (&10)
49. **gottfriediana** Renz - Greece 0-600 m - „Gottfrieds Ragwurz" (K**)
50. × **grampinii** Cortesi (*O. sphegodes* ssp. *sphegodes* × *O. tenthredinifera*) (T**)
- *grandiflora* Ten.: 100 (G**, K**)
- *guianensis* Aubl.: *Oncidium* 99 (G**)

- *guianensis* Aubl.: *Tolumnia* 11 (O2/86)
51. × **gumprechtii** O. & E.Danesch (*O. bertolonii* × *O. holoserica*) - It. (T) ssp. **enobarbia** (Del Prete & Tosi) (*O. bertolonii* × *O. holoserica* ssp. *holoserica*) (T**)
52. **hebes** (Kalopissis) Willing - Greece 800-1.500 m (K**)
53. **heldreichii** Schltr. - S-Greece, S-Turk., Crete 0-1.200 m (K**)
54. **helenae** Renz - Greece 0-600 m - „Helenes Ragwurz" (K**)
- *helenae* Renz: 96 ssp. *helenae* (O6/80)
55. × **heraultii** G.Keller ex Schrenk (*O. tenthredinifera* × *O. vernixia*) - It. (N**)
- *hiulca* Mauri: 16 (T**)
56. × **hoeppneri** Rupp.
ssp. **hoeppneri** (*O. bombyliflora* × *O. sphegodes* ssp. *sphegodes*) - It. (T**)
57. **holoserica** (holosericea) (Burm.f.) Greuter (*O. insectifera* var. *arachnites* L., *O. fuciflora* Lindl., *O. fuciflora* (F.W.Schmidt) Moench, *O. fuciflora* (Crantz) Moench, *O. fuciflora* (Crantz) Sw., *O. arachnites* (L.) Reichard, *O. arachnites* (Scop.) Reichard, *Orchis fuciflora* Crantz, *O. fuciflora* (Crantz) Haller ex Schrank, *O. fuciflora* F.W.Schmidt, *O. holoserica* Burm.f., *O. arachnites* Scop., *Epipactis arachnites* (L.) F.W.Schmidt, *E. arachnites* (Scop.) F.W.Schmidt, *Arachnites fuciflora* F.W.Schmidt, *A. fuciflora* (Crantz) F.W.Schmidt) - SC-Eur., Medit. 0-1.400 m - „Hummel-Ragwurz" (9**, G**, K**, T, &9, Z**)
ssp. **bornmuelleri** (M.Schulze) Sunderm. (*O. bornmuelleri* M.Schulze) - Rhodos (O6/97)
ssp. **chestermanii** J.J.Wood - Sard. (N**)
ssp. **elatior** (Gumprecht) Gumprecht (*O. fuciflora* ssp. *elatior* Gumprecht, *O. tetraloniae* Teschner) - Eur. (T**)
ssp. **heterochila** Renz & Taubenheim - Turk., Rhodos (O6/80, O6/97)
ssp. **holoserica** (*O. fuciflora* ssp. *fuciflora*) - Eur., Medit., As., Afr. (T**, N**)
ssp. **parvimaculata** (O. & E.Danesch)

O. & E.Danesch (*O. fuciflora* ssp. *parvimaculata* O. & E.Danesch) - It. - „Kleingefleckte Ragwurz" (T**)
- *holoserica* ssp. *cornuta* (Steven) Sunderm.: 79 ssp. *oestrifera* (G**)
58. **holubyana** Andraszovszky (&9)
59. **incubacea** Bianca ex Tod. (*O. atrata* Lindl., inv.name., *O. sphegodes* ssp. *atrata* (Lindl.) E.Mayer) - S-Eur., Sard. - „Schwarze Ragwurz" (T**, N**, &11)
60. **insectifera** L. (*O. muscifera* Huds., *O. myodes* Jacq.) - C-NE-Eur. 0-1.600 m - „Fliegen-Ragwurz, Fly Orchid" (H, K**, S, T**, V**, Z**)
ssp. **insectifera** - C-NE-Eur. (T**)
- *insectifera* var. *arachnites* L.: 57 (9**, G**)
- *insectifera* var. *aranifera* Hook.f.: 96 (9**)
- *insectifera* var. „e" L.: 69 (9**)
- *insectifera* var. *rosea* Desf.: 100 (9**, G**)
- *inversa* Thunb.: *Anochilus* 1 (G)
61. × **inzengae** Tod. (*O. bertolonii* × *O. tenthredinifera*) - It. (T**)
62. **iricolor** Desf. - Sard., S-Greece, Crete, E-S-Turk. 0-1.100 - „Regenbogen-Ragwurz" (K**, &11)
- *iricolor* Desf.: 45 ssp. *iricolor* (T**)
63. **isaura** Renz & Taubenheim - S-Turk. 800-900 m - „Isaurische Ragwurz" (K**, O6/80)
- *jeanpertii* E.G.Camus: 96 ssp. *sphegodes* (T**)
64. **kotschyi** Fleischm. & Soó (*O. cypria* Renz) - Cyp. 0-400 m - 'Kotschys Ragwurz" (K**)
- *kurdica* D. & U. Rueckbrodt: 27 (K**)
65. × **laconensis** Scrugli & M.P.Grasso
ssp. **laconensis** (*O. morisii* × *O. tenthredinifera*) - It. (N**)
- *lancea* Thunb. ex Sw.: *Herminium* 1 (6*, G)
66. **lesbis** Gölz & Reinhard - Turk. (O3/98)
- *lilifolia* L.: *Liparis* 92 (9**, G)
- *limbata* Link: 100 (G**)
- *litigiosa* E.G.Camus: *Ophrys araneola* Rchb.f. (K**)
- *litigiosa* E.G.Camus: 96 ssp. *sphegodes* (T**)
67. × **littoralis** Balàz (*O. bertolonii* × *O. oestrifera* ssp. *oestrifera*) - Jugo. (O3/89)

- *loeselii* L.: *Liparis* 96 (G)
68. **lunulata** Parl. - S-It., Sic. 0-1.000 m - „Halbmond-Ragwurz" (K**)
- *luristanica* Renz: 89 (K**)
69. **lutea** (Gouan) Cav. (*O. insectifera* var. 'e' L., *O. vespifera* Brot., *O. siculea* Tin., *Arachnites lutea* (Cav.) Tod.) - S-Eur., N-Afr., Medit., Syr., Pal. 0-1.800 m - „Gelbe Ragwurz" (9**, H**, K**, S, T, Z**)
ssp. **lutea** - Medit., Sard. (T, N**, &11)
ssp. **melena** Renz - Isr. 0-1.800 m (K**)
ssp. **minor** (Tod.) O. & E.Danesch [*O.* lutea var. minor Guss. ($51/1)] (*O. murbeckii* auct. non Fleischm., *O. sicula* Tin., *Arachnites lutea* var. *minor* Tod.) - Medit. 0-1.800 m (T**, N**)
70. **lycia** Renz & Taubenheim - Turk. - „Lykische Ragwurz" (O6/80)
- *macedonica* Fleischm.: 96 ssp. *sphegodes* (T**)
71. **mammosa** Desf. - Greece, Turk. 0-1.300 m - „Busen-Ragwurz" (K**)
- *mammosa* Desf.: 96 ssp. *mammosa* (O6/80)
- *mammosa* f. *parnassica* Vierh.: 96 ssp. *parnassica* (O6/80)
- *mammosa* f. *subtriloba* Renz: 96 ssp. *mammosa* (O6/80)
- *mammosa* ssp. *boissieri* (Soó) Soó: 79 ssp. *oestrifera* (G**)
- *mangini* Tallon: 4 var. *bicolor* (V**)
72. × **maremmae** O. & E.Danesch
ssp. **maremmae** (*O. holoserica* ssp. *holoserica* × *O. tenthredinifera*) - It. (N**)
ssp. **woodii** Corrias (*O. holoserica* ssp. *chestertonii* × *O. tenthredinifera*) - It. (N**)
- *mimnolea* Schwarz: 87 (K**)
73. **minoa** (C. & A.Alibertis) Delforge (&9)
- *minutula* Gölz & Reinhard: 90 ssp. *scolopax* var. *minutula* (O6/97)
74. × **monachorum** O. & E.Danesch (*O. crabronifera* × *O. holoserica* ssp. *holoserica*) - It. (T)
- *monorchis* L.: *Herminium* 4 (G)
75. × **montenachii** Blaschke (*O. apifera* × *O. holoserica*) - It. (T)
76. × **montis-leonis** O. & E.Danesch (*O. exaltata* ssp. *tyrrhena* × *O. holoserica* ssp. *holoserica*) (T)

77. **morisii** (Martelli) Soó (*O. arachnitiformis* auct., *O. exaltata* ssp. *morisii* (Martelli) Del Prete) - end. to Sard. - „Moris' Ragwurz" (N**, &11)
- *murbeckii* auct., non Fleischm.: 69 ssp. *minor* (T**, N**)
- *muscifera* Huds.: 60 (K**, S)
- *myodes* Jacq.: 60 (K**)
- *neglecta* Parl.: 100 (G**, T**)
78. × **nemorosa** Gölz (*O. lunulata* × *O. arachnitiformis*) - It. (O4/71)
- *nidus-avis* L.: *Neottia* 3 (T**)
79. **oestrifera** Bieb.
ssp. **bremifera** (Steven) K.Richter (*O. phrygia* Fleischm. & Bornm.) - Greece, Turk. 0-2.000 m (K**)
ssp. **oestrifera** (*O. cornuta* Steven, *O. scolopax* var. *oestrifera* (Bieb.) Rchb.f., - ssp. *cornuta* (Steven) E.G. Camus, *O. oestrifera* var. *cornuta* (Steven) Boiss., - ssp. *cornuta* (Steven) K.Richter, *O. araneifera* ssp. *mammosa* var. *boissieri* Soó, - ssp. *boissieri* (Soó) Soó, *O. holoserica* ssp. *cornuta* (Steven) Sunderm., *O. fuciflora* ssp. *cornuta* (Steven) Sunderm., *O. mammosa* ssp. *boissieri* (Soó) Soó, *O. bicornis* Sadler) - E-It., Jugo., Greece, Turk. 0-1.500 m (G**, K**)
- *oestrifera* ssp. *cornuta* (Steven) K. Richter: 79 ssp. *oestrifera* (G**)
- *oestrifera* var. *cornuta* (Steven) Boiss.: 79 ssp. *oestrifera* (G**)
80. **omegaifera** Fleischm. - Crete 0-1.000 m - „Omega-Ragwurz" (K**)
- *orientalis* (Renz) Soó: 104 (K**)
- *ovata* L.: *Listera* 5 (T**)
81. **oxyrrhynchos** Tod. - S-It., Sic. 0-800 m - „Schnabel-Ragwurz" (K**, &9)
82. **pallida** Raf. - SE-Sic. 0-800 m - „Blasse, Bleiche Ragwurz" (K**)
83. **panattensis** Scrugli, Cogoni & Pessei (pro hybr.) - end. to Sard. 50-800 m (&11**)
- *parviflora* Presl: *Exalaria* 1 (S*)
84. × **peltieri** Maire (*O. scolopax* ssp. *cornuta* × *O. tenthredinifera*) (O4/71)
- *peruviana* Aubl.: *Spiranthes* 14 (G)
- *phrygia* Fleischm. & Bornm.: 79 ssp. *bremifera* (K**)
- *picta* Link: 90 ssp. *scolopax* (N**)
85. × **pietzschii** Kümpel (*O. insectifera* × *O. apifera*) - It. (V**, O4/71)

- *quinquelobata* Poiret: *Spiranthes* 14 (G)
86. × **rainei** Albert & Jahand. (*O. bombyliflora* × *O. incubacea*) - It. (T**)
87. **reinholdii** Fleischm. (*O. mimnolea* Schwarz) - Greece, S-Turk. 0-1.200 m - „Reinholds Ragwurz" (K**)
ssp. **leucotaenia** Renz & Taubenheim - Turk. (O6/80)
- *rosea* (Desf.) Grande: 100 (G**, T**)
- *rosea* ssp. *neglecta* (Parl.) Guadagno: 100 (G**)
- *salassia* Herb. Comm.: *Liparis* 134 (U**)
- *saraepontana* Rupp.: 4 ssp. *botteronii* (V)
- *saraepontana* Rupp.: 4 „botteronii" (&9)
88. × **saratoi** E.G.Camus (*O. bertoloniiformis* O. & E.Danesch, *O. aureliae* Delforge & Devillers-Terschuren, *O. drumana* Delforge) - (*O. bertolonii* × *O. sphegodes*) - S-Eur. (T**)
ssp. **saratoi** (*O. bertoloniiformis* ssp. *bertoloniiformis*) - (*O. bertolonii* × *O. sphegodes*) - S-Eur. (T**)
89. **schulzei** Bornm. & Fleischm. (*O. luristanica* Renz) - S-Turk. 800-1.700 m - „Schulzes Ragwurz" (K**)
90. **scolopax** Cav. - Medit. - „Schnepfen-Ragwurz" (S, Z**)
ssp. **apiformis** (Desf.) Maire & Weiller ex Quezel (*O. sphegifera* Willd.) - N-Afr., Sard. 0-2.000 m (K**, N**)
ssp. **cornuta** (Steven) E.G.Camus - Medit. (S)
ssp. **rhodia** (Baum. & Künk.) Pedersen & Faurholdt (*O. umbilicata* Desf. ssp. *rhodia* Baum. & Künk.) - Rhodos (O6/97)
ssp. **sardoa** Baum., Giotta, Künk. & Piccitto - end. to Sard. 200-250 m (&11)
ssp. **scolopax** (*O. picta* Link) - Sp., Port., Cors., Sard., It. (Liguria) 0-1.400 m (K**, N**)
ssp. **scolopax** var. **minutula** (Gölz & Reinhard) Pedersen & Faurholdt (*O. minutula* Gölz & Reinhard) - Rhodos (O6/97)
- *scolopax* Willd. non Cav.: 105 (H**)
- *scolopax* Willd. non Cav.: 105 ssp. *ciliata* (T**)
- *scolopax* ssp. *cornuta* (Steven) E.G. Camus: 79 ssp. *oestrifera* (G**)
- *scolopax* var. *oestrifera* (Bieb.) Rchb.f.: 79 ssp. *oestrifera* (G**)
- *sicula* Tin.: 69 ssp. *minor* (T**, N**)
91. **sicula** Tin. - Steno-Medit., Sard. 0-1.000 m (&11**)
- *siculea* Tin.: 69 (H**)
- *sintenisii* Fleischm. & Bornm.: 102 (K**)
- *sintenisii* Fleischm. & Bornm.: 96 ssp. *transhyrcana* (O6/80)
92. **sipontensis** Lorenz & Gembardt (*O. sphegodes* Mill. ssp. *sipontensis* Gumprecht, *O. garganica* ssp. *sipontensis* (Gumprecht) Del Prete) - end. to It. (Gargano) - „Siponto-Ragwurz" (&10**)
93. × **solitaria** Forst.f. (*O. bertolonii* × *O. lunulata*) - It. (O4/71)
94. × **sommieri** E.G.Camus ex Cortesi (*O. bombyliflora* × *O. tenthredinifera*) - It. (T**, N**)
95. **speculum** Link - Medit. (S)
- *speculum* Link: 105 (9**, G**, H**, K**)
- *speculum* Bertol., non Link: 14 (T**)
- *speculum* Link ssp. *speculum*: 105 ssp. *ciliata* (T**)
- *sphaciotica* Fleischm.: 97 (K**)
- *sphaciotica* Fleischm.: 96 ssp. *parnassica* (O6/80)
- *sphegifera* Willd.: 90 ssp. *apiformis* (N**)
96. **sphegodes** Mill. (*O. aran(e)ifera* Huds., *O. insectifera* var. *araniferae* Hook.f., *O. araneola* Rchb.f., *O. fucifera* Curt., *O. argentaria* Devillers-Terschuren) - WC-S-Eur., As., Afr. 0-1.300 m - „Spinnenragwurz", Early Spider-orchid" (9**, K**, S, T)
ssp. **aesculapii** (Renz) Soó (*O. aesculapii* Renz) - Greece (O6/80)
ssp. **aveyronensis** J.J.Wood - Fr. (O3/83)
ssp. **helenae** (Renz) Soó (*O. helenae* Renz) - Greece (O6/80)
ssp. **mammosa** (Desf.) Soó (*O. mammosa* Desf., *O. mammosa* f. *subtriloba* Renz, *O. aranifera* var. *mammosa* (Desf.) Rchb.f., - ssp. *mammosa* (Desf.) Soó) - Greece, Crete, Rhodos, W-Turk., Cyp. (O6/80)
ssp. **parnassica** (Vierh.) Soó ex J.J.Wood (*O. mammosa* f. *parnassi-*

ca Vierh., *O. sphaciotica* Fleischm.) - Greece, Crete (O6/80)
ssp. **praecox** Corrias - end. to Sard., Cors. 0-350 m (N**, &11)
ssp. **sphegodes** (*O. aranifera* Huds., *O. araneifera* Asch. & Graebn., *O. araneifera* var. *limbata* Lindl., *O. fucifera* Curt., *O. araneola* Rchb.f., *O. insectifera* ssp. *aranifera* (Huds.) Moggridge, *O. sphegodes* ssp. *hebes* Kalopissis, - ssp. *litigiosa* (E.G. Camus) Becherer, - ssp. *tommasinii* (Vis.) Soó, *O. jeanpertii* E.G.Camus, *O. litigiosa* E.G.Camus, *O. macedonica* Fleischm., *O. tommasinii* Vis., *Arachnites fuciflora* Tod., *A. aranifera* (Huds.) Bubani) - C-S-Eur., Sard. 50-600 m (G**, T**, N**, &11)
ssp. **spruneri** (Nyman) E.Nelson (*O. spruneri* Nym., *O. sphegodes* ssp. *amanensis* E.Nelson) - Greece, Crete, S-Turk. (O6/80)
ssp. **transhyrcana** (Czerniak.) Soó (*O. transhyrcana* Czerniak., *O. sintenisii* Fleischm. & Bornm., *O. spruneri* var. *orientalis* Schltr., *O. sphegodes* ssp. *sintenisii* (Fleischm. & Bornm.) E.Nelson) - Leban., Syr., Isr., Cyp., Russ., Turk. (O6/80)
- *sphegodes* ssp. *amanensis* E.Nelson: 96 ssp. *spruneri* (O6/80)
- *sphegodes* ssp. *atrata* (Lindl.) E. Mayer: 11 (G**)
- *sphegodes* ssp. *atrata* (Lindl.) E. Mayer: 59 (T**)
- *sphegodes* ssp. *garganica* E.Nelson: 48 (K**, T**)
- *sphegodes* ssp. *hebes* Kalopissis: 96 ssp. *sphegodes* (T**)
- *sphegodes* ssp. *litigiosa* (E.G.Camus) Becherer: 96 ssp. *sphegodes* (T**)
- *sphegodes* ssp. *sintenisii* (Fleischm. & Bornm.) E.Nelson: 96 ssp. *transhyrcana* (O6/80)
- *sphegodes* ssp. *sipontensis* Gumprecht: 92 (&10)
- *sphegodes* ssp. *tommasinii* (Vis.) Soó: 96 ssp. *sphegodes* (T**)
- *sphegodes* var. *atrata* (Lindl.) Briq.: 11 (G**)
- *spiralis* Georgi: *Spiranthes* 12 (G**)
- *spiralis* L.: *Spiranthes* 13 (4**, G)
97. **sprunneri** Nyman (*O. sphaciotica* Fleischm.) - Greece, Crete 0-700 m - „Sprunners Ragwurz" (K**)
- *spruneri* Nyman: 96 ssp. *spruneri* (O6/80)
- *spruneri* var. *orientalis* Schltr.: 96 ssp. *transhyrcana* (O6/80)
98. **straussii** Fleischm. & Bornm. - S-Turk. 600-2.100 m (K**)
99. × **subfusca** (Rchb.f.) Murbeck (*O. fusca* ssp. *fusca* × *O. lutea* ssp. *lutea*) - It. (N**)
ssp. **fenarolii** (Ferlan) Del Prete (*O. fusca* × *O. lutea* ssp. *minor*) - It. (T)
- *tabanifera* Willd.: 9 (G**)
- *tenoreana* Lindl.: 100 (9**, G**)
100. **tenthredinifera** Willd. (*O. insectifera* var. *rosea* Desf., *O. villosa* Desf., *O. grandiflora* Ten., *O. tenoreana* Lindl., *O. tenthredinifera* var. *minor* Lindl., - ssp. *neglecta* (Parl.) E.G. Camus, *O. limbata* Link, *O. neglecta* Parl., *O. rosea* (Desf.) Grande, *O. rosea* ssp. *neglecta* (Parl.) Guadagno, *Arachnites tenthredinifera* Tod.) - Medit., S-Eur., N-Afr., As.min. 0-1.200 m - „Wespenragwurz" (9**, G**, K**, S, T**, N**, Z**)
- *tenthredinifera* ssp. *neglecta* (Parl.) E.G.Camus: 100 (G**)
- *tenthredinifera* var. *minor* Lindl.: 100 (G**)
- *tetraloniae* Teschner: 57 ssp. *elatior* (T**)
101. × **todaroana** Macchiati (*O. incubacea* × *O. sphegodes* ssp. *sphegodes*) - It. (T)
- *tommasinii* Vis.: *O. araneola* Rchb.f. (K**)
- *tommasinii* Vis.: 96 ssp. *sphegodes* (T**)
- *torta* Thunb.: *Spiranthes* 14 (G)
102. **transhyrcana** Czerniak. (*O. adonis* E.G.Camus & Gombault, *O. sintenisii* Fleischm. & Bornm.) - Cyp., Isr., SW-Turk. 0-2.300 m (K**)
- *transhyrcina* Czerniak.: 96 ssp. *transhyrcana* (O6/80)
- *trifolia* Walter: *Liparis* 92 (9**)
- *triphylla* Thunb.: *Ommatodium* 1 (G)
103. × **tuscanica** Baum. & Künk. ssp. **tuscanica** (*O. crabronifera* × *O. tenthredinifera*) - It. (T)
- *tyrrhena* Gölz & Reinhard: 38 ssp. *tyrrhena* (T**)
104. **umbilicata** Desf. (*O. carmeli* Flei-

schm. & Bornm., *O. dinsmorei* Schltr., *O. orientalis* (Renz) Soó) - SW-Turk., Isr., Cyp. 0-2.100 m - „Nabel-, Karmel-, Attische Ragwurz" (K**, O4/98)
ssp. **umbilicata** (*O. umbilicata* ssp. *attica* (Boiss. & Orph.) J.J.Wood) - SW-Turk., Isr., Cyp. 0-2.100 m (O6/97)
- *umbilicata* ssp. *attica* (Boiss. & Orph.) J.J.Wood: 104 ssp. *umbilicata* (O6/97)
- *umbilicata* ssp. *rhodia* Baum. & Künk.: 90 ssp. *rhodia* (O6/97)
- *unifolia* Forst.f.: *Microtis* 8 (2*)
- *unilateralis* Poiret: *Brachystele* 6 (G)
105. **vernixia** Brot. (*O. speculum* Link, *O. ciliata* Biv., *O. scolopax* Willd. non Cav.) - Port., Medit., N-Afr., M.East, 0-1.000 m - „Spiegelragwurz" (9**, G**, H**, K**, T**, N**, Z**)
ssp. **ciliata** (Biv.) Del Prete (*O. ciliata* Biv., *O. scolopax* Willd. non Cav., *O. speculum* ssp. *speculum*) - Medit. (T**)
ssp. **regis-ferdinandii** (Achtaroff & Kellerer ex Kuzmanov) Renz & Taubenheim - Egeo (T)
ssp. **vernixia** - Port. (T)
- *vespifera* Brot.: 69 (H**)
106. × **vicina** Duffort (*O. holoserica* ssp. *holoserica* × *O. scolopax* ssp. *scolopax*) - It. (N**)
- *villosa* Desf.: 100 (9**, G**)
- *volucris* L.f.: *Ommatodium* 1 (G)
× *Opsilaelia*: × *Liaopsis* (*Laelia* × *Laeliopsis*)
× **Opsisanda (Opsis.)** (*Vanda* × *Vandopsis*)
× *Opsisanthe*: × *Opsisanda* (*Euanthe* (*Vanda*) × *Vandopsis*)
× **Opsiscattleya (Opsct.)** (*Cattleya* × *Cattleyopsis*)
× **Opsistylis (Opst.)** (*Rhynchostylis* × *Vandopsis*)
× **Orchiaceras** (*Aceras* × *Orchis*)
× **Orchicoeloglossum** (*Coeloglossum* × *Orchis*)
× **Orchidactyla** (*Dactylorhiza* × *Orchis*)
× *Orchidactylorhiza*: × *Orchidactyla* (*Dactylorhiza* × *Orchis*)
× *Orchidanacamptis*: × *Anacamptorchis* (*Anacamptis* × *Orchis*)
Orchidea hispida Burch.: *Holothrix* 8 (G)

Orchidium americanum (R.Br.) Steud.: *Calypso* 1 (9**)
- *boreale* (Sw.) Sw.: *Calypso* 1 (9**)
Orchidofunckia A.Rich. & Gal. - 1845: *Cryptarrhena* R.Br.
- *pallidiflora* (A.Rich. & Gal.) A.Rich. & Gal.: *Cryptarrhena* 4 (G**)
Orchidotypus Kraenzl. - 1906 - *Pachyphyllinae* (S) - 7 sp. epi. - Mex. to Peru
1. **bryophytus** (Schltr.) Sengh. (*Pachyphyllum bryophytum* Schltr.) - Col. 2.500-3.600 m (S*)
2. **gracillimus** (Schweinf.) Sengh. (*Pachyphyllum gracillimum* Schweinf.) - Peru 2.500-3.600 m (S)
3. **hispidulus** (Rchb.f.) Sengh. (*O. muscoides* Kraenzl., *Pachyphyllum hispidulum* (Rchb.f.) Gar. & Dunst., *Aeranthus hispidulus* Rchb.f.) - C. Rica, Pan., Ven. to Peru (S) → *Pachyphyllum* 10
4. **mexicanus** (Dressl. & Hagsater) Sengh. (*Pachyphyllum mexicanum* Dressl. & Hagsater) - Mex. (S)
- *muscoides* Kraenzl.: 3 (S)
5. **schultesii** (L.O.Wms.) Sengh. (*Pachyphyllum schultesii* L.O.Wms.) - Ven., Col. 2.500-3.600 m (S*)
6. **tenuis** (Schltr.) Sengh. (*Pachyphyllum tenue* Schltr.) - Ec., Peru 2.500-3.600 m (S)
7. **vaginatus** (Schltr.) Sengh. (*Pachyphyllum vaginatum* Schltr.) - Col. 2.500-3.600 m (S)
× **Orchigymnadenia** (*Gymnadenia* × *Orchis*)
× **Orchimantoglossum** (*Himantoglossum* × *Orchis*)
Orchiodes Ktze.: *Goodyera* R.Br.
- *bifidum* Ktze.: *Goodyera* 2 (2*)
- *celebicum* (Bl.) Ktze.: *Goodyera* 28 (2*, G)
- *coloratum* Ktze.: *Goodyera* 4 (2*)
- *cordatum* (Lindl.) Ktze.: *Goodyera* 33 (6*)
- *foliosum* (Lindl.) Ktze.: *Goodyera* 8 (6*)
- *fumatum* (Thw.) Ktze.: *Goodyera* 9 (6*)
- *grande* (Bl.) Ktze.: *Goodyera* 28 (2*, G)
- *nudum* (Thou.) Ktze.: *Gymnochilus* 1 (U)
- *occultum* (Thou.) Ktze.: *Platylepis* 5 (U)

- *parviflora* Ktze.: *Goodyera parviflora* (2*)
- *parviflorum* (Bl.) Ktze.: *Goodyera* 23 (6*, G**)
- *procerum* (Ker-Gawl.) Ktze.: *Goodyera* 23 (2*, 6*, G**)
- *pubescens* (Willd.) Ktze.: *Goodyera* 24 (9**)
- *reticulatum* Ktze.: *Goodyera* 27 (2*)
- *rubicundum* (Bl.) Ktze.: *Goodyera* 28 (2*, G)
- *schlechtendaliana* (Rchb.f.) Ktze.: *Goodyera* 29 (6*)
- *viridiflorum* (Lindl.) Ktze.: *Goodyera* 33 (2*, 6*)
- *waitzianum* Ktze.: *Goodyera* 34 (2*)

Orchipedum Breda - 1827 - *Subfam. Spiranthoideae Tribus: Erythrodeae* - (*Queteletia* Bl., *Adenostylis* Bl. p.p., *Philippinaea* Schltr. & Ames) - 2 sp. terr. - Java, Phil.

1. **plantaginifolium** (Bl.) Breda (*Queteletia plantaginifolia* Bl.) - Java (S)
- *plantaginifolium* Breda: *Queteletia plantaginifolia* (2*)
2. **wenzelii** (Ames) J.J.Sm. (*Philippinaea wenzelii* Ames) - Phil. (S)

× **Orchiplatanthera** (*Orchis* × *Platanthera*)

Orchis L. - 1753 - *Subfam. Orchidoideae Tribus: Orchideae Subtr. Orchidinae* - (*Anteriorchis* Klein & Strack, *Zoophora* Bernh., *Strateuma* Salisb., *Vermeulenia* A. & D.Loeve) - ca. 30 sp. terr. - Eur., As. to China - „Knabenkraut"

- *abortiva* L.: *Limodorum* 1 (T**)
- *acuminata* Desf.: 50 (9**)
- *acuminata* Chaub. & Bory: 50 (9**)
- *acuminata* Desf.: 20 (G**)
- *affinis* K.Koch: *Dactylorhiza* 34 (K**)
- *alpina* (L.) Schrank: *Chamorchis* 1 (G)
- *altissima* Buch-Ham. ex Hook.f.: *Pecteilis* 4 (9**)
- *amblyoloba* Nevski: *Dactylorhiza* 34 (K**)
- *amboinica minor* Rumph.: *Habenaria* 159 (6*)
1. **anatolica** Boiss. - Crete, Cyp., Turk., Isr. 0-2.400 m - „Anatolisches Knabenkraut" (K**)
- *anthropophora* All.: *Aceras* 1 (O6/82)
- *aphylla* F.W.Schmidt: *Epipogium* 1 (9**)
- *arachnites* Scop.: *Ophrys* 57 (9**)
- *bicornis* L.: *Satyrium* 3 (E, H)
- *bifolia* L.: *Platanthera* 4 (T**)
2. × **bornemannii** Asch. (*O. longicornu* × *O. papilionacea*) - It. (N**)
3. **boryi** Rchb.f. - Crete, S-Greece 0-1.200 m - „Borys Knabenkraut" (K**)
- *brachystachys* Urv.: *Anacamptis* 1 (O6/82)
4. **brancifortii** Biv. (*O. quadripunctata* ssp. *brancifortii* (Biv.) E.G.Camus) - end. to E-Sard., N-Sic. 200-1.200 m - „Brancifortis Knabenkraut" (K**, N**)
    f. **maculata** J. & E.Balaz - Sic. (O2/95, O6/96)
- *brevilabris* Fisch. & C.A.Meyer: 50 (9**)
- *burmanniana* L.: *Bartholina* 1 (9**, G**, H**)
5 × **calliantha** Renz & Taubenheim (*O. punctulata* × *O. simia*) - Turk. (O3/83)
6. **canariensis** Lindl. - end. to Canary 800-1.400 m - „Kanaren-Knabenkraut" (K**, O2/93**)
- *carnea* Dryand.: *Satyrium* 7 (9**, G)
- *cartaliniae* (Klinge) Lipsky: *Dactylorhiza* 34 (K**)
7. **caspia** Trautv. - Isr. (K**)
- *cataonica* Fleischm.: *Dactylorhiza* 24 (K**)
- *caucasica* (Lipsky) Lipsky: *Dactylorhiza* 9 (K**)
- *cercopitheca* Poiret: 50 (9**)
8. **champagneuxii** Barneoud - S-Port. S-C-Sp., S-Fr. 0-1.500 m - „Dreiknollen-Knabenkraut" (K**)
- *chlorantha* Custer: *Platanthera* 8 (T**)
- *ciliaris* L.: *Platanthera* 9 (9**)
- *cilicica* (Klinge) Schltr.: *Dactylorhiza* 24 (K**)
- *circumflexa* L.: *Disperis* 31 (G)
- *coccinea* Buxb.: *Corycium* 2 (G)
9. × **colemanii** Cortesi (*O. pauciflora* × *O. mascula*) - Fr., It. (T**)
10. **collina** Banks & Soland. ex Russel (*O. saccata* Ten.) - Medit., N-Afr., Isr. 0-2.200 m - Sacksporniges Knabenkraut, Hügel-Knabenkraut" (K**, N**)
- *commelinaefolia* Roxb.: *Habenaria* 38 (6*)
- *commutata* Tod.: 50 (9**)

- *comperiana* Steven: *Comperia* 1 (S)
- *conica* Willd.: 20 (N**)
- *conopsea* L.: *Gymnadenia* 1 (H**)
- *cordata* Willd.: *Gennaria* 1 (9**, G**, N**)
- *cordifolia* Munby: *Gennaria* 1 (9**, G**)
11. **coriophora** L. (*O. nervulosa* Sakalo, *Anteriorchis coriophora* (L.) Klein & Strack) - Eur., As., Afr. 0-2.200 m - „Wanzen-Knabenkraut" (K**, S, T, V**, N**)
  ssp. **coriophora** - Eur. (T)
  ssp. **fragrans** (Pollini) Sudre (*O. fragrans* Pollini) - Eur., Sard. (T**, N)
- *cornuta* Houtt.: *Satyrium* 9 (9**, G**)
- *cornuta* L.: *Disa* 11 (9**)
- *cristata* W.Bart.: *Platanthera* 25 (H**)
- *cylindrica* K.Koch: *Anacamptis* 1 (O6/82)
- *dentata* Sw.: *Habenaria* 47 (6*, 9**)
12. **dinsmorei** (Schltr.) Baum. & Dafni - Isr. 0-1.000 m (K**)
13. × **diversifolia** Guadagno (*O. italica* × *O. tridentata*) - It. (T**)
- *elegans* Heuffel: 23 (T**)
- *ensifolia* Vill.: 23 (N**)
- *falcata* Thunb.: *Neofinetia* 1 (9**, G**, H*)
- *fastigiata* (Thou.) Spreng.: *Cynorkis* 34 (G**, U**)
- *fimbriata* Dryand.: *Platanthera* 15 (G**)
- *foliosa* Sol. ex Lowe: *Dactylorhiza* 11 (9**, G**, H**)
14. **fragrans** Pollini - Medit. (S)
- *fragrans* Pollini: 11 ssp. *fragrans* (T)
- *fuchsii* Druce: *Dactylorhiza* 12 (T)
- *fuciflora* Crantz: *Ophrys* 57 (G**)
- *fuciflora* (Crantz) Haller ex Schrank: *Ophrys* 57 (9**)
- *fuciflora* F.W.Schmidt: *Ophrys* 57 (T)
- *fusca* Jacq.: 38 (K**, S, N**)
15. **galilaea** (Bornm. & M.Schulze) Schltr. - Isr. 300-900 m - „Galiläa-Knabenkraut" (K**)
16. × **gennari** Rchb.f. (*O. morio* × *O. papilionacea*) - It. (T**)
- *georgica* (Klinge) Lipsky: *Dactylorhiza* 10 (K**)
- *gigantea* Smith.: *Platanthera susannae* (2*)
- *gigantea* Smith: *Pecteilis* 4 (9**)
- *globosa* L.: *Traunsteinera* 1 (S)
- *graminea* Crantz: *Chamorchis* 1 (G)
- *grandiflora* Bigel.: *Platanthera* 15 (G**)
- *habenaria* L.: *Habenaria* 115 (E)
- *habenaria* L.: *Habenaria* 151 (9**)
- *hanrii* Henon ex Jordan: 20 (T**)
- *hircinum* (L.) Crantz: *Himantoglossum* 6 (H)
- *hispanica* A. & C.Nieschalk: 22 (K**)
- *holoserica* Burm.f.: *Ophrys* 57 (9**, G**, T)
17. × **hybrida** Boenn. (*O. militaris* × *O. purpurea*) - C-Eur. (V)
- *incarnata* Willd.: *Dactylorhiza* 30 (G)
- *insularis* Sommier: *Dactylorhiza* 16 (T**, N**)
- *intacta* Link: *Neotinea* 1 (T**, N**, O6/79)
- *intermedia* Lloyd: 30 (T**)
18. **israelitica** Baum. & Dafni - end. to Isr. 400-800 m - „Israelisches Knabenkraut" (K**)
19. **italica** Poiret (*O. militaris* Poiret, *O. longicruris* Link, *O. tephrosanthos* Desf., *O. tephrosanthos* var. *undulatifolia* Lindl., *O. undulatifolia* Biv., *O. simia* var. *undulatifolia* (Biv.) Webb) - SW-Eur., As., Afr. 0-1.300 m - „Italienisches Knabenkraut" (G**, K**, S, T**)
20. **lactea** Poiret (*O. acuminata* Desf., *O. variegata* Lindl., *O. tridentata* ssp. *lactea* (Poiret) K.Richter, *O. hanrii* Henon ex Jordan, *O. conica* Willd., *O. pusilla* Tyteca) - Medit., As., Afr. 0-1.400 m (G**, K**, S, T**, N**)
21. **laeta** Steinheil - N-Alg. 300-1.500 m - „Helles Knabenkraut, Algerisches Knabenkraut" (K**)
22. **langei** K.Richter (*O. hispanica* A. & C.Nieschalk) - Sp., N-Afr. 300-1.500 m - „Spanisches Knabenkraut" (K**)
- *lanigera* Blanco: *Rhynchostylis* 3 (9**, G**)
- *latifolia* L.: *Dactylorhiza* 19 (T**)
- *latifolia* var. *foliosa* Rchb.f.: *Dactylorhiza* 11 (9**, G**)
23. **laxiflora** Lam. (*O. elegans* Heuffel, *O. pseudolaxiflora* Czerniak., *O. ensifolia* Vill.) - Medit., As. 0-1.500

m - „Lockerblütiges Knabenkraut" (K**, S, T**, N**)
- *laxiflora* ssp. *palustris* (Jacq.) Bonnier & Layens: 30 (T**)
- *leucantha* Buch.-Ham. ex Hook.f.: *Peristylus* 8 (6*, G)
- *leucostachys* Griseb.: 36 (N**)
- *lingua* Scop. non L.: *Serapias* 13 (G**)
- *lingua* (L.) Scop.: *Serapias* 5 (9**)
- *longibracteata* Biv.: *Barlia* 2 (G**, H**, T**)
- *longicornis* Smith: 24 (9**, G**)
24. **longicornu** Poiret (*O. longicornis* Smith, *O. morio* var. *longicornu* (Poiret) Knoche) - W-Medit., Afr. 0-1.200 m (9**, G**, K**, S, T, N**)
- *longicruris* Link: 19 (G**)
- *lutea* Dulac: *Dactylorhiza* 30 (G)
- *lutea* Buxb.: *Satyrium* 9 (9**)
- *macrostachys* Tin.: *Dactylorhiza* 13 (K**)
- *maculata* L.: *Dactylorhiza* 20 (N**)
- *maderensis* Summerh.: *Dactylorhiza* 11 (9**, G**, H**)
25. **mascula** (L.) L. (*O. morio* var. *∂ masculus* L.) - Eur., As., Afr. 0-3.000 m - „Mannsknabenkraut, Stattliches Knabenkraut, Kuckucks-Knabenkraut, Early Purple Orchid" (K**, S, T**, V**, Z**)
ssp. **ichnusae** Corrias (*O. olbiensis* ssp. *ichnusae* (Corrias) Buttler) - end. to Sard. 200-1.200 m (N**, &11)
ssp. **mascula** - Eur. (T**)
- *mauritiana* Poiret: *Angraecum* 104 (G**, U)
- *mauritiana* Sieb. ex Lindl.: *Cynorkis* 34 (G**, U**)
- *maxima* K.Koch: 38 (N**)
- *mediterranea* ssp. *pseudosambucina* (Ten) Klinge: *Dactylorhiza* 27 (T**)
- *mediterranea* ssp. *mediterranea*: *Dactylorhiza* 27 (T**)
26. **militaris** L. - S-E-UK, NW-Russ. to C-Sp., C-It. 0-1.800 m - „Helm-Knabenkraut" (4**, H**, K**, S, V**, Z**)
- *militaris* Poiret: 19 (G**)
- *militaris* Smith: 46 (9**)
- *militaris* var. *cercopithecus* Georgi: 46 (9**)
- *mixta* var. *sambucina* (L.) Retz.: *Dactylorhiza* 30 (G)
- *monophylla* (Collett & Hemsl.) Rolfe: *Chusua* 1 (9**)

- *montana* auct.: *Platanthera* 8 (T**)
- *moravica* Jacq.: 38 (N**)
27. **morio** L. - Eur., As., Afr. 0-1.800 m - „Kleines Knabenkraut, Salep-Knabenkraut, Gemeines Knabenkraut, Green-winged Orchid" (K**, S, T**, V**, Z**)
ssp. **morio** - Eur., As. 0-1.800 m (T**)
ssp. **picta** (Loisel.) K.Richter [*O. morio* ssp. *picta* (Loisel.) Arcangeli (N)] (*O. picta* Loisel.) - Eur., As. 0-1.800 m (N, T**)
- *morio* var. *longicornis* (Poiret) Knoche: 24 (9**, G**)
- *morio* var. *∂ masculus* L.: 25 (T**)
- *nervulosa* Sakalo: 11 (T)
28. **olbiensis** Reuter ex Barla - W-Medit. 0-1.800 m (K**)
- *olbiensis* ssp. *ichnusae* (Corrias) Buttler: 25 ssp. *ichnusae* (N**)
- *orientalis* ssp. *foliosa* (Rchb.f.) Klinge: *Dactylorhiza* 11 (9**, G**)
29. **pallens** L. (*O. sulphurea* Sims) - S-C-E-Eur. 0-2.300 m - „Bleiches, Blasses Knabenkraut" (9**, K**, S)
30. **palustris** Jacq. (*O. intermedia* Lloyd, *O. laxiflora* ssp. *palustris* (Jacq.) Bonnier & Layens) - C-S-Eur., As., Afr. 0-800 m - „Sumpf-Knabenkraut" (K**, S, T**, V**)
31. **papilionacea** L. (*O. papilionacea* var. *rubra* (Jacq.) Rchb.f., *Vermeulenia papilionacea* (L.) A. & D.Loeve) - Medit., As., Afr. 0-1.800 m - „Schmetterlings-Knabenkraut" (G**, H**, K**, S, T**)
ssp. **grandiflora** (Boiss.) H.Baum. - Sard. (T, N**)
ssp. **heroica** (E.D.Clarke) H.Baum. (T)
ssp. **papilionacea** - Medit., As., Afr., Sard. (T, N**)
ssp. **schirwanica** (Woronow) Soó (T)
var. **grandiflora** Boiss. - W-Medit., Sard. 0-500 m (H, &11)
var. **papilionacea** - Euri-Medit., Sard. 200-1.300 m (&11)
var. **vexillaria** Terracciano - Sard. (N)
- *papilionacea* var. *rubra* (Jacq.) Rchb.f.: 31 (G**)
32. **patens** Desf. - It. (Liguria), N-Alg. 400-1.600 m - „Atlas-Knabenkraut" (K**)

33. **pauciflora** Ten. (*O. provincialis* ssp. *pauciflora* (Ten.) E.G.Camus) - Medit., As. 0-1.700 m - „Armblütiges Knabenkraut" (K**, S, T**)
- *pectinata* Thunb.: *Bartholina* 1 (9**, G**, H**)
34. × **penzigiana** E.G.Camus ssp. **sardoa** Scrugli & M.P.Grasso (*O. mascula* ssp. *ichnusae* × *O. provincialis*) - It. (N**)
- *picta* Loisel.: 27 ssp. *picta* (T**)
35. **pinetorum** Boiss. & Kotschy - Turk. 200-2.500 m - „Kiefernwald-Knabenkraut" (K**)
- *pontica* Fleischm. & Hand.-Mazz: *Dactylorhiza* 34 (K**)
- *procera* Sw.: *Habenaria* 147 (G**)
36. **provincialis** Balbis ex Lam. & DC. (*O. leucostachys* Griseb.) - S-Eur., Medit., As. 0-1.500 m - „Provence-Knabenkraut" (K**, S, T**, N**)
- *provincialis* ssp. *pauciflora* (Ten.) E.G.Camus: 33 (T**)
- *pseudolaxiflora* Czerniak. (K**): 23 (T**)
- *pseudosambucina* Ten.: *Dactylorhiza* 27 (T**)
- *psycodes* L.: *Platanthera* 25 (H**)
37. **punctulata** Steven ex Lindl. - S-E-Turk., Isr. 0-1.200 m - „Punktiertes Knabenkraut" (K**)
- *purpurascens* (Thou.) Spreng.: *Cynorkis* 84 (9**, U**)
38. **purpurea** Huds. (*O. fusca* Jacq., *O. moravica* Jacq., *O. maxima* K.Koch) - Eur., As., Afr. 0-1.500 m - „Purpur Knabenkraut, Lady Orchid" (K**, S, T**, V**, N**, Z**)
- *pusilla* Tyteca: 20 (N**)
- *pyramidalis* L.: *Anacamptis* 1 (H**)
- *pyramidalis* var. *asiatica* K.Koch: *Anacamptis* 1 (O6/82)
39. **quadripunctata** Cyr. ex Ten. - E-Medit., Sic. 0-1.500 m - „Vierpunkt-Knabenkraut" (K**, N) var. **albiflora** Raulin (O6/96)
- *quadripunctata* ssp. *brancifortii* (Biv.) E.G.Camus: 4 (N**)
- *quinqueseta* Michx.: *Habenaria* 151 (9**)
40. × **richardiorum** R.Soca (*O. ichnusae* × *O. papilionacea* var. *grandiflora*) - Sard. (&11**)
- *robertiana* Loisel.: *Barlia* 2 (G**, H**, T**)
- *romana* Sebast.: *Dactylorhiza* 27 (T**)
41. **rubra** Jacq. - N-Jugo. (K**)
- *saccata* Rchb.f.: *Dactylorhiza* 30 (G)
- *saccata* Ten.: 10 (K**, N**)
- *sagittalis* L.f.: *Disa* 29 (9**)
- *sambucina* L.: *Dactylorhiza* 30 (G)
- *sambucina* L., inv.name: *Dactylorhiza* 19 (T**)
42. **sancta** L. - SW-Turk., Isr. 0-800 m - „Heiliges Knabenkraut" (K**, S)
43. × **sarcidani** Scrugli & M.P.Grasso (*O. laxiflora* × *O. longicornu*) - It. (N**)
- *satyrioides* Steven: *Steveniella* 1 (O1/80)
- *schleicheri* Sweet: *Dactylorhiza* 30 (G)
44. **scopulorum** Summerh. - end. to Mad. 800-1.000 m - „Klippen-Knabenkraut" (K)
- *secundiflora* Bertol.: *Neotinea* 1 (G)
45. **sepulchralis** Boiss. & Heldr. - Turk. (O3/83)
- *sesquipedalis* Willd.: *Dactylorhiza* 8 (H, K**)
46. **simia** Lam. (*O. tephrosanthos* Vill., *O. zoophora* Thuill., *O. militaris* Smith, *O. militaris* var. *cercopithecus* Georgi) - SW-Eur., As., Afr. 0-1.500 m - „Affen-Knabenkraut" (9**, K**, S, T**, Z**)
- *simia* Vill.: 50 (9**)
- *simia* var. *undulatifolia* (Biv.) Webb: 19 (G**)
- *spathulata* L.f.: *Herschelianthe* 8 (9**, G)
- *speciosa* L.f.: *Bonatea* 9 (9**)
- *spectabilis* L.: *Galearis* 2 (S)
- *sphaerica* Bieb.: *Traunsteinera* 2 (O6/79)
47. **spitzelii** Sauter ex W.Koch - S-Medit. 0-1.800 m - „Spitzels Knabenkraut" (K**)
48. **stevenii** Rchb.f. - NE-Turk. 400-1.500 m - „Stevens Knabenkraut" (K**)
- *strateumatica* L.: *Zeuxine* 17 (6*, G, H**)
- *sulphurea* Sims: 29 (9**)
- *susannae* L.: *Platanthera susannae* (2*)
- *susannae* L.: *Pecteilis* 4 (6*, 9**, H)
- *susannae* Thunb. non L.: *Pecteilis* 2 (E**)
- *susannae* Thunb. non L.: *Habenaria* 152 (H)

49. **syriaca** Boiss. ex Baum. & Künk. - S-Turk., Isr., Cyp. 0-1.000 m (K**)
- *tephrosanthos* Desf.: 19 (G**)
- *tephrosanthos* Vill.: 46 (9**)
- *tephrosanthos* var. *undulatifolia* Lindl.: 19 (G**)
50. **tridentata** Scop. (*O. variegata* All., *O. simia* Vill., *O. cercopitheca* Poiret, *O. acuminata* Desf., *O. acuminata* Chaub. & Bory, *O. commutata* Tod., *O. brevilabris* Fisch. & C.A. Meyer) - SC-Eur., As. 0-1.500 m - „Dreizähniges Knabenkraut" (9**, K**, S, T**, V**, N**, O6/97)
- *tridentata* ssp. *lactea* (Poiret) K.Richter: 20 (T**)
- *tripetaloides* L.f.: *Disa* 34 (9**)
- *triphylla* K.Koch: *Dactylorhiza* 34 (K**)
- *triphylla* (Thou.) Spreng.: *Cynorkis* 34 (U)
- *triplicata* Willem.: *Calanthe veratrifolia* (2*)
- *triplicata* Willem.: *Calanthe* 49 (6*, 9**, E**, G**, H**)
- *turcestanica* (Klinge) Klinge: *Dactylorhiza* 33 (K**)
- *undulatifolia* Biv.: 19 (G**)
- *uniflora* Roxb.: *Diplomeris* 5 (6*, G)
51. **ustulata** L. - Eur. 0-2.100 m - „Brand-Knabenkraut, Burn-tip Orchid" (K**, S, T**, V**)
ssp. **aestivalis** (Kümpel) Kümpel & Mrkvicka (T**)
ssp. **ustulata** - Eur. 0-2.100 m (T**)
- *varia* Gmel.: *Dendrophylax* 5 (E)
- *variegata* Lindl.: 20 (G**)
- *variegata* All.: 50 (9**)
- *viridiflora* Rottl. ex Sw.: *Habenaria* 196 (6*)
- *vomeracea* Burm.f.: *Serapias* 13 (G**)
- *vomeracea* Burm.f.: *Serapias* 13 (T)
52. × **wulffiana** Soó (*O. punctulata* × *O. purpurea*) - Turk. (O3/83)
- *zoophora* Thuill.: 46 (9**)

× **Orchiserapias (Orsps.)** (*Orchis* × *Serapias*)

Orchites Schur - 1866: *Traunsteinera* Rchb. (S)

Oreorchis Lindl. - 1859 - *Subfam. Epidendroideae Tribus: Calypsoeae Subtr. Corallorhizinae* - (*Diplolabellum* F.Maekawa, *Kitigorchis* F.Maekawa inv.name) - 9/15 sp. semisapro/ter - Him., Ind., Jap.

1. **coreana** Finet (*Diplolabellum coreanum* (Finet) F.Maekawa) (S)
2. **foliosa** Lindl. (*Kitigorchis foliosa* (Lindl.) F.Maekawa) - W-Him., China, Bhut., Burm. 2.700-3.800 m (S*)
3. **indica** Hook.f. (S)
4. **micrantha** Lindl. - W-Him. to Bhut., Ass., China 2.600-3.000 m (S*)
5. **patens** (Lindl.) Lindl. - Russ., China, Jap. (O5/98, S)
6. **porphyranthes** Tuyama - 3.800 m (S)
- *unguicolata* Finet: *Cremastra* 3 (S*)

Orestias Ridl. - 1888 - *Subfam. Epidendroideae Tribus: Malaxideae* - 3 sp. terr. - Trop. Afr.
- *elegans* Ridl.: 3 (S)
1. **foliosa** Summerh. - Zai., Zam., Malawi (S)
2. **micrantha** Summerh. - Camer. (S)
3. **stelidostachya** (Rchb.f.) Summerh. (*O. elegans* Ridl.) - Tomé, Annobón (S)

Orleanesia Barb.Rodr. - 1877 - *Subfam. Epidendroideae Tribus: Epidendreae Subtr. Laeliinae* - ca. 1/5 sp. epi. - Trop. S-Am.
1. **amazonica** Barb.Rodr. - Ven. (R, S*, FXV2/3)
- *cuneipetala* Pabst: *Huebneria* 1 (S)
2. **ecuadorana** Dods. - Ec. 800 m (FXX(3)*, S)
3. **maculata** Gar. - Ven., Col. (R**)
- *maculata* Gar.: *Huebneria* 2 (S*)
- *mineiroensis* Gar.: *Huebneria* 2 (S*)
4. **peruvianae** Schweinf. - Ec. 800-1.000 m (FXX(3)*)
- *peruviana* Schweinf.: *Huebneria* 2 (S*)
5. **pleurostachys** (Lind. & Rchb.f.) Gar. & Dunst. (*Ponera pleurostachys* Lind. & Rchb.f.) - Ven., Col. (R**, S*) ➙ *Huebneria* 2
- *richteri* Pabst: *Huebneria* 1 (S)
- *yauaperyensis* Barb.Rodr.: *Huebneria* 2 (S*)

Ormostema albiflora Raf.: *Dendrobium* 236 (9**, G)
- *purpurea* Raf.: *Dendrobium* 236 (9**, G)

Ornitharium Lindl. & Paxt. - 1850: *Pteroceras* Hassk. ex Hassk. (S)
- *striatulum* Lindl.: *Sarcochilus suaveolens* (2*)
- *striatulum* Lindl. & Paxt.: *Pteroceras* 11 (S*)

Ornithidium Salisb. - 1812: *Maxillaria* Ruiz & Pav.
Ornithidium Salisb. - 1812 - *Maxillariinae* (S) - (*Pseudomaxillaria* Hoehne) - ca. 35 sp. epi. - S-Am.
- *acaule* Hoffmgg.: 3 (8**)
1. **aggregatum** (H.B.K.) Rchb.f. (*Maxillaria aggregata* (H.B.K.) Lindl.) - Ven. to Bol. 1.000-3.000 m (S)
➝ *aggregatum* (H.B.K.) Rchb.f.: *Maxillaria* 8 (G)
- *album* Hook.: *Maxillaria* 44 (9**, G**)
- *anceps* Rchb.f.: *Maxillaria* 170 (O3/84)
- *aurantiacum* Schltr.: *Maxillaria* 135 (O1/89)
- *aurantiacum* Schltr.: *Maxillaria* 30 (S)
2. **aureum** Poepp. & Endl. (*O. giganteum* Lindl., *Maxillaria aurea* (Poepp. & Endl.) L.O.Wms.) - Ven. to Bol. 1.200-2.400 m - terr. (S*) ➝ Maxillaria 25
- *bicolor* (Lindl.) Lindl. ex Rchb.f.: *Oncidium* 19 (G)
- *bicolor* Rolfe: *Maxillaria* 217 (FXVIII1)
- *biolleyi* Schltr.: *Camaridium biolleyi* (O1/89)
- *breve* Schltr.: *Maxillaria* 8 (G)
- *breve* Schltr.: *Maxillaria* 183 (FXIX3)
- *chrysocycnoides* Schltr.: *Maxillaria* 52 (FXIX3*)
3. **coccineum** (Jacq.) Salisb. (*O. acaule* Hoffmgg., *Epidendrum coccineum* Jacq., *Cymbidium coccineum* Sw., *Maxillaria coccinea* (Jacq.) L.O.Wms. ex Hodge) - Carib. (8**, S*)
➝ *coccineum* (Jacq.) Salisb.: *Maxillaria* 54 (9**)
- *compactum* Schltr.: *Maxillaria* 56 (FXVIII1)
4. **confertum** Griseb. (*O. vestitum* (Sw.) Rchb.f., *O. simulans* Ames & Schweinf., *Maxillaria conferta* (Griseb.) Schweinf. ex Leon, *M. purpurea* (Spreng.) Ames & Correll) - Carib., Guat., Hond., Guy., Ven., Peru, Braz. (S*) ➝ Maxillaria 59
- *cordyline* Rchb.f.: *Maxillaria* 62 (FXIX3*)
- *cyperifolium* Schltr.: *Maxillaria* 74 (FXVIII1)
5. **densum** (Lindl.) Rchb.f. (*Maxillaria densa* Lindl.) - Mex. to Nic., Ec. 1.000-1.400 m - scented (8**, S*)
➝ *densum* (Lindl.) Rchb.f.: *Maxillaria* 78 (E**, H**)
- *dichotomum* Schltr.: *Maxillaria* 210 (G)
- *distichum* Lindl.: *Maxillaria* 8 (G)
- *fragrans* Rolfe (8**): *Maxillaria* 44 (9**, G**)
6. **fulgens** Rchb.f. (*Maxillaria fulgens* (Rchb.f.) L.O.Wms.) - Pan., C.Rica, Nic., Ven. 100-2.000 m (O1/89, O2/95, A**, S*) ➝ Maxillaria 107
- *giganteum* Lindl.: 2 (S*)
7. **hagsaterianum** (Soto Arenas) Sengh. (*Maxillaria hagsateriana* Soto Arenas) - Mex., Guat. (S)
8. **histrionicum** Rchb.f. (*Maxillaria histrionica* (Rchb.f.) L.O.Wms.) - Mex., Ven. 1.200-1.500 m (S)
- *imbricatum* Wall. ex Lindl.: *Pholidota* 8 (G**)
9. **lankesterii** Ames - C.Rica 1.500-2.000 m (O1/89) ➝ Maxillaria 135
- *lehmannii* Kraenzl.: *Maxillaria* 103 Ortiz (FXVIII1)
10. **lineare** (Schweinf.) Sengh. (*Maxillaria linearis* Schweinf.) - Peru (S)
11. **miniatum** Lindl. (*Maxillaria miniata* (Lindl.) L.O.Wms.) - Ven., Col., Ec. (S)
➝ *miniatum* Lindl.: *Maxillaria* 161 (G)
12. **neglectum** Schltr. (*Maxillaria neglecta* (Schltr.) L.O.Wms.) - Hond., Pan. 100-1.400 m (S)
➝ *neglectum* Schltr.: *Maxillaria* 170 (O3/84)
- *niveum* Lindl.: *Maxillaria* 161 (G)
13. **ochroleucum** (Lodd. ex Lindl.) Sengh. (*Maxillaria ochroleuca* Lodd. ex Lindl.) - Ven., Braz. 1.000-1.300 m - scented (S) ➝ Maxillaria 176
- *olivaceum* Kraenzl.: *Maxillaria* 177 (FXVIII1)
- *pallidiflavum* Schltr.: *Maxillaria* 182 (S)
14. **parviflorum** Rchb.f. (S)
15. **parvulum** Schltr. (S)
- *pastoënse* Schltr.: *Maxillaria* 82 (FXVIII1)
16. **pendens** (Pabst) Sengh. (*Maxillaria pendens* Pabst) - Bol., Braz. ca. 1.800 m (S)
17. **pendulum** (Poepp. & Endl.) Cogn. (S)

- *pfitzeranum* Lehm. & Kraenzl.: *Maxillaria* 8 (G)
18. **purpureolabium** (Benn. & Christ.) Sengh. (*Maxillaria purpureolabia* Benn. & Christ.) - Peru 1.300 m (S)
- *rhodoleucum* Schltr.: *Maxillaria* 213 (FXVIII1)
19. **sanaensis** (Benn. & Christ.) Sengh. (*Maxillaria sanaensis* Benn. & Christ.) - Peru 1.100 m (S)
- *sanguinolentum* Lindl.: *Maxillaria* 161 (G)
20. **semiscabrum** Lindl. (S)
➛ *semiscabrum* Lindl.: *Maxillaria* 228 (FXVIII1)
- *simulans* Ames & Schweinf.: 4 (S*)
- *sophronitis* Rchb.f.: *Maxillaria* 233 (E, H)
- *squamata* (Barb.Rodr.) Barb.Rodr.: *Maxillaria* 258 (G)
- *squarrosum* Schltr.: *Maxillaria* 237 (FXIX3)
- *sterrocaulon* Schltr.: *Maxillaria* 239 (FXVIII1)
21. **strictissimum** Kraenzl. (S)
➛ *strictissimum* Kraenzl.: *Maxillaria* 242 (FXVIII1)
- *taphallae* (Rchb.f.) Rchb.f.: *Maxillaria* 210 (G, S)
22. **tonsoniae** (Soto Arenas) Sengh. (*Maxillaria tonsoniae* Soto Arenas) - Mex. (S)
- *toriferum* Schltr.: *Maxillaria* 253 (FXVIII1)
- *vestitum* Rchb.f.: *Maxillaria* 54 (9**)
- *vestitum* (Sw.) Rchb.f.: 4 (S*)
- *wercklei* Schltr.: *Maxillaria* 273 (O3/84)
- *wrightii* Schltr.: *Maxillaria* 276 (O6/93)

Ornithocephalus Hook. - 1825 - *Subfam. Epidendroideae Tribus: Maxillarieae Subtr. Ornithocephalinae* - ca. 27 sp. epi. - Trop. Am.

1. **aurorae** Benn. & Christ. - Peru (S)
- *avicula* Rchb.f.: 13 (S)
2. **bicornis** Lindl. (*O. xiphochilus* Schltr., *O. lanuginosus* Ames, *O. diceras* Schltr., *Zygostates costaricensis* Nash) - Guat., Hond., Nic., C. Rica, Pan., Col. 0-1.100 m (E, H, W, O3/95, R**, S*)
3. **bonplandii** Rchb.f. - Col. (R)
4. **brachyceras** G.Romero & Carnevali - Ven. (S)
5. **castelfrancoi** Pupulin - C.Rica (S)
6. **caveroi** Benn. & Christ. - Peru (S)
7. **cochleariformis** Schweinf. - Pan., Col. (W, R, S)
- *diceras* Schltr.: 2 (O3/95)
8. **dodsonii** Vasq. & Kroemer - Bol. (S)
9. **dolobratus** Rchb.f. - Col. (R**)
- *elephas* Rchb.f.: 11 (4**)
- *falcatus* Focke: 10 (S)
10. **gladiatus** Hook. (*O. inflexus* Lindl., *O. falcatus* Focke, *O. tripterus* Schltr.) - Mex. to Bol., Col., Trin. 900-1.500 m (E, H, O3/95, R**, S*)
- *grandiflorus* Lindl.: *Dipteranthus* 5 (O6/94)
11. **inflexus** Lindl. (*O. elephas* Rchb.f) - Nic., C.Rica, Pan. (3**, 4**, W**)
- *inflexus* Lindl.: 10 (S)
12. **iridifolius** Rchb.f. - Mex., Guat. up to 900 m (E, H)
13. **kruegeri** Rchb.f. (*O. avicula* Rchb. f.) - Trin., Sur., Ven., Peru, Braz. 300-900 m (E**, H**, R, S)
14. **lankesteri** Ames - C.Rica (W)
- *lanuginosus* Ames: 2 (O3/95)
15. **micranthus** Schltr. (S)
16. **minimiflorus** Sengh. (S)
- *multiflorus* Rolfe: *Dipteranthus* 7 (O6/96)
17. **myrticola** Lindl. - Braz., Bol. (E**, H**, S*)
- *navicularis* Barb.Rodr.: *Zygostates* 7 (G)
- *navicularis* Barb.Rodr.: *Zygostates* 7 (H*)
- *planifolius* Rchb.f.: *Dipteranthus* 12 (O6/94)
18. **polyodon** Rchb.f. (S*)
19. **powellii** Schltr. - C.Rica, Pan. (W)
20. **stenoglottis** Rchb.f. - doubtful sp. (S)
21. **trichorhizus** Batem. ex G.Don - doubtful sp. (S)
- *tripterus* Schltr.: 10 (S)
22. **valerioi** Ames & Schweinf. - C.Rica (W)
- *xiphochilus* Schltr.: 2 (O3/95)

Ornithochilus (Wall. ex Lindl.) Benth & Hook.f. - 1883 - *Subfam. Epidendroideae Tribus: Vandeae Subtr. Sarcanthinae* - (*Aerides* sect. *Ornithochilus* Wall. ex Lindl.) - 3 sp. epi. - SE-As., NW-Him. to Mal.

1. **delavayi** Finet - Yun., Viet. ($56/6, S)

2. **difformis** (Wall. ex Lindl.) Schltr. (*O. fuscus* Wall. ex Lindl., *O. eublepharon* Hance, *Aerides difformis* Wall. ex Lindl., *A. hystrix* Lindl., *Sarcochilus difformis* (Wall. ex Lindl.) Tang & Wang, *Trichoglottis difformis* (Lindl.) Ban & Huyen) - E-Ind., Nep., Burm., Thai., Laos, Viet. 700-2.000 m (9**, H, $56/6, S*)
   var. **difformis** - E-Ind., Nep., Burm., Thai., Sum., Laos, Viet., China 900-1.500 m (Q**)
   var. **kinabaluensis** J.J.Wood, A. Lamb & Shim - end. to Born. 1.300-1.500 m (Q**)
- *eublepharon* Hance: 2 (9**, H, Q)
- *fuscus* Wall. ex Lindl.: 2 (9**, H, $56/6, Q)
- *hillii* Benth.: *Peristeranthus* 1 (P**)
3. **yingjiangensis** Tsi - China 1.350 m ($56/6, S)
× **Ornithocidium (Orncm.)** (*Oncidium* × *Ornithophora*)
Ornithophora (Orpha.) Barb.Rodr. - 1881 - *Subfam. Epidendroideae Tribus: Oncidieae Subtr. Oncidiinae* - 1 sp. epi. - Braz.
- *quadricolor* (Rchb.f.) Barb.Rodr.: 1 (9**, E*, H*, S*)
1. **radicans** (Lind. & Rchb.f.) Gar. & Pabst (*O. quadricolor* (Rchb.f.) Barb.Rodr., *Sigmatostalix radicans* Lind. & Rchb.f.) - Braz. (9**, E*, H*, S*, Z**)
Orsidice Rchb.f. - 1854: *Thrixspermum* Rchb.f.
- *amplexicaule(is)* (Bl.) Rchb.f.: *Thrixspermum* 4 (2*, 9**)
- *lilacina(is)* (Griff.) Rchb.f.: *Thrixspermum* 4 (9**)
Orthoceras R.Br. - 1810 - *Subfam. Orchidoideae Tribus: Diurideae Subtr. Diuridinae* - 2 sp. terr. - Austr., N.Zeal., N.Cal.
1. **novae-zeelandiae** (A.Rich.) M.Clem., D.Jones & Molloy - end. to N.Zeal. (O3/92)
2. **strictum** R.Br. - Austr., N.Zeal., N.Cal. - „Horned Orchid" (S*, P**)
   f. **viride** Hatch - Austr., N.Zeal., N.Cal. - „Horned Orchid" (P)
Orthochilus Hochst. - 1851: *Eulophia* R.Br. ex Lindl. (S)
- *welwitschii* Rchb.f.: *Eulophia* 98 (9**)
Orthopenthea Rolfe - 1913: *Disa* Bergius (S)

Orthopenthea Rolfe - 1913 - *Subfam. Orchidoideae Tribus: Diseae Subtr. Disinae*
- *bivalvata* (L.f.) Rolfe: *Disa* 4 (C)
Ortmannia Opiz - 1834: *Geodorum* Jackson (S)
Orxera Raf. - 1836: *Aerides* Lour. (S)
- *cornuta* Raf.: *Aerides* 16 (9**, G**)
× **Osmentara (Osmt.)** (*Broughtonia* × *Cattleya* × *Laeliopsis*)
Osmoglossum Schltr. - 1923 - *Oncidiinae* (S) - (*Odontoglossum* sect. *Osmoglossum* Schltr.) - ca. 6 sp. epi. - C-Am.
- *acuminatum* Schltr.: 4 (O6/90)
- *anceps* Schltr.: 4 (O6/90, G, W)
1. **anceps** Schltr. (*O. dubium* Rosillo) - Guat., Hond., Nic., C.Rica ca. 1.500 m (3**, S)
2. **candidum** (Lind. & André) Gar. (*Odontoglossum candidum* Lind. & André) - Col. (S)
3. **convallarioides** Schltr. (*Odontoglossum convallarioides* (Schltr.) Ames & Correll) - Mex. to C.Rica, Pan. 1.500-2.000 m (H, W, S*, Z**)
- *convallarioides* Schltr.: 4 (O6/90)
- *dubium* Rosillo: 1 (3**, S)
4. **egertonii** (Lindl.) Schltr. (*O. anceps* Schltr., *O. convallarioides* Schltr., *O. acuminatum* Schltr., *Odontoglossum egertonii* Lindl., *Oncidium egertonii* (Lindl.) Beer) - Mex. to Pan. ca. 2.000 m (O6/90, G, H, W**, S*)
5. **panduratum** Gar. - Ec. (S)
6. **pulchellum** (Batem. ex Lindl.) Schltr. (*Odontoglossum pulchellum* Batem. ex Lindl.) - Mex., Guat., Salv., Hond. Nic. 1.200-2.600 m (3**, 9**, G**, H**, W, $55/9, S*, Z**)
Ossiculum Cribb & van der Laan - 1986 - *Angraecinae* (S) - 1 sp. epi. - Camer.
1. **aurantiacum** Cribb & van der Laan - Camer. (C, S*)
Osyricera Bl. - 1825: *Bulbophyllum* Thou. (S)
Osyricera Bl. - 1825 - *Bulbophyllinae* (S) - 4 sp. epi. - Java, Born., Viet., Sum.
1. **crassifolia** Bl. (*Bulbophyllum crassifolium* (Bl.) J.J.Sm.) - Java 300-600 m, N-Sum. 1.200 m (S*)
2. **erosipetala** (Schweinf.) Gar., Hamer & Siegerist - Born. (S)
3. **osyriceroides** (J.J.Sm.) Gar., Hamer & Siegerist - Java (S)
4. **spadiciflora** (Tixier) Gar., Hamer & Siegerist - Viet. (S)

× **Otaara (Otr.)** (*Brassavola* × *Broughtonia* × *Cattleya* × *Laelia*)
Otandra Salisb. - 1812: *Geodorum* Jackson (S)
- *cernua* Salisb.: *Geodorum* 8 (2*)
- *cernua* (Willd.) Salisb.: *Geodorum* 2 (G**)
Otochilus Lindl. - 1830 - *Subfam. Epidendroideae Tribus: Dendrobieae Subtr. Coelogyninae* - (*Broughtonia* Wall. ex Lindl. non R.Br., *Tetrapeltis* Wall. ex Lindl.) - ca. 5 sp. epi. - Him., China, Burm., Thai.
1. **albus** Lindl. (*Broughtonia pendula* Wall. mss.) - Him. to Thai., Viet. 1.000-2.000 m (E, H, S)
- *forrestii* W.W.Sm.: 4 (G)
- *fragrans* (Wall. ex Lindl.) Nicols.: 4 (G)
2. **fuscus** Lindl. (*O. lancifolia* Griff., *Broughtonia amoena* Wall. ex Lindl., *B. fusca* (Lindl.) Wall. ex Hook.f., *Coelogyne fusca* (Lindl.) Rchb.f.) - Nep., Sik., Ass., Manipur 1.000-2.000 m (9**, E, H, S, Z**)
- *lancifolia* Griff.: 2 (9**, S)
3. **lancilabius** Seidenf. - Sik., Laos (S)
- *latifolius* Griff.: 4 (E*, G, H**)
4. **porrectus** Lindl. (*O. latifolia* Griff., *O. fragrans* (Wall. ex Lindl.) Nicols., *O. forrestii* W.W.Sm., *Coelogyne porrecta* (Lindl.) Rchb.f., *Tetrapeltis fragrans* Wall. ex Lindl.) - Him., Nep., Ind., Thai., Burm., China 800-2.700 m (E*, G, H**, S*)
5. **pseudoporrectus** Seidenf. ex Avery. - Viet. (S)
× **Otocolax (Otcx.)** (*Otostylis* × *Colax*)
Otoglossum (Schltr.) Gar. & Dunst. - 1976 - *Subfam. Epidendroideae Tribus: Oncidieae Subtr. Oncidiinae* - (*Odontoglossum* sect. *Otoglossum* Schltr.) - ca. 7/8 sp. epi/ter - C-S-Am., C.Rica to Peru
1. **arminii** (Rchb.f.) Gar. & Dunst. (*Odontoglossum arminii* Rchb.f.) - Ven., Col., Braz. 2.000-2.400 m (S*, R**)
2. **axinopterum** (Rchb.f.) Gar. & Dunst. (*Odontoglossum axinopterum* Rchb.f.) - Ec. (S)
3. **brachypterum** (Rchb.f.) Gar. & Dunst. (*Odontoglossum brachypterum* Rchb.f.) - Peru (S)
4. **brevifolium** (Lindl.) Gar. & Dunst. (*Odontoglossum brevifolium* Lindl., *O. coronarium* Lindl., *O. coronarium* var. *miniatum* Veitch, *O. brachypterum* Rchb.f., *O. miniatum* hort. ex Veitch) - Peru, Ec. 900-2.800 m (9**, E**, G, H**, S, R, Z**)
5. **chiriquense** (Rchb.f.) Gar. & Dunst. (*Odontoglossum chiriquense* Rchb. f., *O. coronarium* var. *chiriquense* Veitch, *Oncidium chiriquense* (Rchb.f.) Beer) - C.Rica, Pan., Col. 800-2.500 m (9**, A**, H, W**, S, R**)
6. **coronarium** (Lindl.) Gar. & Dunst. (*Odontoglossum coronarium* Lindl.) - Col., Ec. 1.500-1.600 m (H, S*, R**, Z**)
7. **hoppii** (Schltr.) Gar. & Dunst. (*Odontoglossum hoppii* Schltr.) - Col. ca. 2.000 m (E, H, S)
8. **weberbauerianum** (Kraenzl.) Gar. & Dunst. (*Odontoglossum weberbauerianum* Kraenzl.) - Col. (S)
× **Otonisia (Otnsa.)** (*Aganisia* × *Otostylis*)
× *Otopabstia*: × *Otocolax* (*Otostylis* × *Pabstia* (*Colax*)
Otopetalum Lehm. & Kraenzl. - 1899: *Kraenzliniella* Ktze. (S)
Otopetalum Lehm. & Kraenzl. - 1899: *Pleurothallis* R.Br. (L)
- *tungurahuae* Lehm. & Kraenzl.: *Pleurothallis* 503 (L*)
× **Otosepalum (Otspm.)** (*Otostylis* × *Zygosepalum*)
Otostylis (Otst.) Schltr. - 1918 - *Subfam. Epidendroideae Tribus: Maxillarieae Subtr. Zygopetalinae* - 2 sp. terr. - Ven., Braz.
- *alba* (Ridl.) Summerh.: 2 (S*)
1. **brachystalix** (Rchb.f.) Schltr. (*Koellensteinia brachystalix* Rchb.f.) - Trin., Ven., Guy., Braz. (O3/81, S*)
- *hirtzii* Dods.: *Warreopsis* 2 (S)
2. **lepida** (Lind. & Rchb.f.) Schltr. (*O. venusta* (Ridl.) Schltr., *O. alba* (Ridl.) Summerh., *O. paludosa* (Cogn.) Schltr.) - Ven., Guy., Braz. 800-1.500 m (O3/81, S*)
- *paludosa* (Cogn.) Schltr.: 2 (S*)
- *venusta* (Ridl.) Schltr. (O3/81): 2 (S*)
× **Owensara (Owsr.)** (*Doritis* × *Phalaenopsis* × *Renanthera*)
Oxyanthera Brongn. - 1829: *Thelasis* Bl. (S)

Oxyanthera Brongn. - 1829 - *Subfam. Epidendroideae Tribus: Epidendreae Subtr. Thelasiinae*
- *carinata* Schltr.: *Thelasis* 2 (2*)
- *decurva* Hook.f.: *Thelasis* 5 (2*)
- *micrantha* Brongn.: *Thelasis* 5 (2*)

Oxysepalum (Oxysepala) Wight - 1852: *Bulbophyllum* Thou. (S)
- *ovalifolia* Wight: *Bulbophyllum* 484 (2*, G)

Oxystophyllum Bl. - 1825: *Dendrobium* Sw.
- *carnosum* Bl.: *Dendrobium* 64 (2*)
- *excavatum* Bl.: *Dendrobium* 120 (2*)
- *macrostoma* Hassk.: *Dendrobium* 13 (2*)
- *rigidum* Bl.: *Dendrobium* 303 (2*)
- *rigidum* Bl.: *Aporum* 11 (S)

Pabstia (Pab.) Gar. - 1973 - *Subfam. Epidendroideae Tribus: Maxillarieae Subtr. Zygopetalinae* - (*Colax* Lindl.) - ca. 6 sp. epi. - Trop. Braz.
1. **jugosa** (Lindl.) Gar. (*Colax jugosum* (Lindl.) Lindl., *C. viridis* var. *pluriflora* (Regel) Cogn., *Maxillaria jugosa* Lindl., *M. viridis* var. *pluriflora* Regel, *Lycaste jugosa* (Lindl.) Nichols, *Zygopetalum jugosum* (Lindl.) Schltr.) - Braz. (4**, 9**, A**, E**, G, H**, S*, Z**)
2. **modestior** (Rchb.f.) Gar. (*Colax modestior* Rchb.f.) - Braz. 200-1.500 m (S)
3. **placanthera** (Hook.) Gar. (*Maxillaria placanthera* Hook., *M. cyanocheila* Hoffmgg., *M. viridis* var. *stenosepala* Regel, *Colax placanthera* (Hook.) Lindl., *C. viridis* var. *placanthera* (Hook.) Stein, *Zygopetalum placantherum* (Hook.) Schltr.) - Braz. (9**, G, S)
4. **schunkeana** P.Castro - Braz. (S)
5. **triptera** (Rolfe) Gar. (*Colax triptera* Rolfe) - Braz. (S)
6. **viridis** (Lindl.) Gar. (*Maxillaria viridis* Lindl., *M. viridis* var. *uniflora* Regel, - var. *platysepala* Regel, *Colax viridis* (Lindl.) Lindl., *C. jugosus* var. *viridis* (Lindl.) God.-Leb., *Lycaste viridis* (Lindl.) Benth.) - Braz. (A**, E, G**, H, S*)

Pabstiella Brieg. & Sengh. - 1975: *Pleurothallis* R.Br. (L)

Pabstiella Brieg. & Sengh. - 1975 - *Pleurothallidinae* (S) - 1 sp. epi. - S-Braz.
1. **mirabilis** (Schltr.) Brieg. & Sengh. - S-Braz. (S) → *Pleurothallis* 449

Pachites Lindl. - 1835 emend. Mansf. - 1934 - *Subfam. Orchidoideae Tribus: Diseae Subtr. Satyriinae* - 2 sp. terr. - end. to W-Cape, S-Afr.
1. **appressa** Lindl. - Cape to 1.500 m (S)
2. **bodkinii** H.Bol. - Cape to 1.500 m (S)

Pachychilus Bl. - 1828: *Pachystoma* Bl. (S)
- *pubescens* Bl.: *Pachystoma* 10 (2*)

Pachygenium (Schltr.) Szlach., Tam. & Rutk. - 2001 - *Spiranthinae* (S) - (*Pelexia* sect. *Pachygenium* Schltr.) - 38 sp.
1. **oestriferum** (Rchb.f. & Warm.) Szlach., Tam. & Rutk. (S)
2. **tamanduensis** (Kraenzl.) Szlach., Tam. & Rutk. (*Pelexia tamanduensis* (Kraenzl.) Schltr.) (S)

Pachyne Salisb. - 1812: *Phaius* Lour. (S)
- *spectabilis* Salisb.: *Phaius* 50 (9**, G)

Pachyphyllum H.B.K. - 1815 - *Subfam. Epidendroideae Tribus: Oncidieae Subtr. Pachyphyllinae* - ca. 20 sp. epi. - C.Rica to Bol.
1. **aurorae** Benn. & Christ. - Peru (S)
2. **breviconnatum** Schltr. - And. 2.300 -3.800 m (S)
- *bryophytum* Schltr.: *Orchidotypus* 1 (S*)
3. **costaricensis** (Ames & Schweinf.) L.O.Wms. (*Centropetalum costaricensis* Ames & Schweinf.) - C.Rica (W)
4. **crystallinum** Lindl. (*P. pastii* Rchb.f.) - C.Rica, Col., Ven., 2.500-3.700 m (W, R**, S*)
5. **cuencae** Rchb.f. (S)
6 **dalstroemii** Dods. - Ec. 2.400-2.500 m (FXX(3)*, S)
7. **distichum** H.B.K. - Ec., Col., Peru 2.800-3.750 m (R, S*)
8. **ecallosum** Benn. & Christ. - Peru (S)
- *echinocarpon* Spreng.: *Dichaea* 62 (O2/81)
- *gracillimum* Schweinf.: *Orchidotypus* 2 (S*)
9. **hagsateri** Dods. - Ec. 3.300 m (FXX1*, S)
10. **hispidulum** (Rchb.f.) Gar. & Dunst. - C.Rica, Pan., Col., S-Am. (W**, R)

- *hispidulum* (Rchb.f.) Gar. & Dunst.: *Orchidotypus* 3 (S)
- *mexicanum* Dressl. & Hagsater: *Orchidotypus* 4 (S)
11. **micranthum** Schltr. (S)
12. **pastii** Rchb.f. - C.Rica, Col., Ec. 2.800-3.800 m (R, S*)
- *pastii* Rchb.f.: 4 (W)
13. **peperomioides** Kraenzl. (FXX(3))
- *schultesii* L.O.Wms.: *Orchidotypus* 5 (S*)
14. **tajacayaensis** Benn. & Christ. - Peru (S)
- *tenue* Schltr.: *Orchidotypus* 6 (S)
15. **tortuosum** Foldats - Col. (FXX1, R)
- *vaginatum* Schltr.: *Orchidotypus* 7 (S)

Pachyplectron Schltr. - 1906 - *Subfam. Spiranthoideae Tribus: Cranichideae Subtr. Pachyplectroninae* - 3 sp. terr. - N.Cal.
1. **aphyllum** Hashimoto - N.Cal. (S)
2. **arifolium** Schltr. - N.Cal. (S*)
3. **neocaledonicum** Schltr. - N.Cal. (S)

Pachyrizanthe (Schltr.) Nakai - fiew sp. ter/sapro - Ind., China, Jap. (FXV2/3)

Pachystele Schltr. - 1923: *Pachystelis* Rausch. (S)

Pachystele Schltr. - 1923 - *Epidendrinae* (S) - 5 sp. epi. - C.Rica, Mex. to Guat.
1. **dubia** (A.Rich. & Gal.) Schltr. (*Isochilus lividus* Lindl., *I. dubius* A.Rich. & Gal., *Ponera dubia* (A.Rich. & Gal.) Rchb.f., *Scaphyglottis dubia* (A.Rich. & Gal.) Benth. & Hook.f., *S. livida* (Lindl.) Schltr., *S. purpusii* Schltr., *Pachystelis dubia* (A.Rich. & Gal.) Rausch., *P. livida* (Lindl.) Rausch.) - Mex., Guat., Hond., Nic. (G)
2. **livida** (Lindl.) Brieg. (*Isochilus lividus* Lindl.) - Mex. to Guat. (S)
- *minuta* (A.Rich & Gal.) Hamer & Gar.: *Polystachya* 19 (G)

Pachystelis Rausch. - 1983 - *Epidendrinae* (S) - (*Pachystele* Schltr.) - 7 sp.
- *dubia* (A.Rich. & Gal.) Rausch.: *Pachystele* 1 (G)
- *livida* (Lindl.) Rausch.: *Pachystele* 1 (G)
1. **minuta** (A.Rich. & Gal.) Sengh. (*Polystachya minuta* A.Rich. & Gal.) - Mex. (S)

Pachystoma Bl. - 1825 - *Subfam. Epidendroideae Tribus: Arethuseae Subtr. Bletiinae* - (*Pachychilus* Bl., *Apaturia* Lindl.) - ca. 3/10 sp. terr. - Afr., Ind., SE-As., Mal., Indon., Austr.
1. **affine** Schltr. - N.Gui. (S)
2. **brevilabium** Schltr. - China (S)
3. **chinensis** Rchb.f. - Hong., China (S)
4. **formosanum** Schltr. - Taiw. (S)
- *fortunei* (Lindl.) Rchb.f.: *Spathoglottis* 36 (G**)
5. **gracile** Schltr. (*P. pubescens* var. *gracile* (Schltr.) N.Hallé) - N.Cal. (S)
6. **hirsuta** (Joseph & Vajravelu) Kumar & Manilal - Ind. (S)
7. **holtzei** (F.v.Muell.) F.v.Muell. - Austr. (S)
- *holtzei* (F.v.Muell.) F.v.Muell.: 10 (P)
- *josephii* Rchb.f.: *Spathoglottis* 18 (9**)
8. **pantanum** Miq. - Born. (S)
9. **papuanum** Schltr. - N.Gui. (S)
- *parvifolium* (Lindl.) Rchb.f.: *Spathoglottis* 36 (G**)
10. **pubescens** Bl. (*P. holtzei* (F.v.Muell.) F.v.Muell., *Pachychilus pubescens* Bl.) - Austr. (NT, Qld.), N.Gui., China, Java, Phil. (2*, P, S*)
- *pubescens* var. *gracile* (Schltr.) N. Hallé: 5 (S)
- *rothschildianum* (O'Brien) Sand.: *Ancistrochilus* 1 (9**)
11. **senile** Rchb.f. - Ind., Sik., Burm., Thai., Viet., Mal. to 800 m (S*)
- *speciosum* (Lindl.) Rchb.f.: *Ipsea* 2 (9**, H*)
- *thomsonianum* Rchb.f.: *Ancistrochilus* 2 (9**)
- *wightii* Rchb.f.: *Spathoglottis* 36 (G**)

× **Pageara (Pga.)** (*Ascocentrum* × *Luisia* × *Rhynchostylis* × *Vanda*)

× **Palermoara (Pal.)** (*Ada* × *Comparettia* × *Gomesa*)

Paliris Dumort. - 1827: *Liparis* L.C.Rich. (S)

× **Palmerara (Plmra.)** (*Batemania* × *Otostylis* × *Zygosepalum*)

Palmoglossum Kl. ex Rchb.f.: *Pleurothallis* R.Br. (L)

Palmorchis Barb.Rodr. - 1877 - *Subfam. Epidendroideae Tribus: Vanilleae Subtr. Palmorchidinae* - (*Jenmannia* Rolfe, *Neobartlettia* Schltr.) - 15 sp. terr. - Trop. Am.

1. **deceptorius** Vey. & Szlach. - Col. (S)
2. **duckei** Hoehne - Amaz., Peru to Guy. (S)
3. **guianensis** (Schltr.) Schweinf. (*P. kuhlmannii* (Schltr.) Schweinf., *P. lobata* (Mansf.) Schweinf., *Neobartlettia guianensis* Schltr.) - Amaz., Peru to Guy. (S)
4. **imuyaensis** Dods. & G.Romero - Ec. (S)
- *kuhlmannii* (Schltr.) Schweinf.: 3 (S)
- *lobata* (Mansf.) Schweinf.: 3 (S)
5. **nitida** Dressl. - Pan., S-Am. (W, O1/83)
6. **paludicola** Dressl. - C.Rica 75 m (FXX(3), S)
7. **pandurata** Schweinf. & Correll - Pan. (S)
8. **powellii** (Ames) Schweinf. & Correll - C.Rica, Pan., Col. (W, O1/83, S)
9. **prospectorum** Veyret - N.Gui. (O1/83)
- *puber* (Cogn.) Gar.: 11 (S)
10. **pubescens** Barb.Rodr. (*Rolfea elata* (Rolfe) Zahlbr., *Sobralia pubescens* (Barb.Rodr.) Cogn.) - Braz. (O1/83, S*)
11. **sobralioides** Barb.Rodr. (*P. puber* (Cogn.) Gar., *Neobartlettia sobralioides* Schltr., *Sobralia rodriguesii* Cogn.) - Amaz., Peru to Guy. (S)
12. **sordida** Dressl. - C.Rica 100 m (FXX(3), S)
13. **sylvicola** (silvicola) L.O.Wms. - Nic., C.Rica, Pan. (W**, O1/83)
14. **trilobulata** L.O.Wms. - C.Rica, Pan. 600-1.000 m (W, O1/83)
15. **trinotata** Dressl. - Pan. 700 m (FXX(3), S)

Palumbina Rchb.f. - 1877 - *Subfam. Epidendroideae Tribus: Oncidieae Subtr. Oncidiinae* - 1 sp. epi. - end. to Guat.
1. **candida** (Lindl.) Rchb.f. (*Oncidium candidum* Lindl.) - Guat., Mex. 1.600-2.100 m (9**, A**, E**, G, H**, S*, Z**)

× **Panczakara (Pzka.)** (*Brassavola* × *Epidendrum* × *Laelia* × *Sophronitis*)

Panisea Lindl. - 1841 - *Subfam. Epidendroideae Tribus: Dendrobieae Subtr. Coelogyninae* - (*Androgyne* Griff., *Dendrobium* D.Don, *Sigmatogyne* Pfitz., *Zetagyne* Ridl.) - 7 sp. epi/lit - Him. to Nep., NE-Ind. to Indoch.
1. **distelidia** Lund - Thai. (S)
2. **tricallosa** Rolfe (*Sigmatogyne tricallosa* (Rolfe) Pfitz.) - Him. to Thai. ($56/1, S)
3. **uniflora** (Lindl.) Lindl. (*Coelogyne uniflora* Lindl., *C. thuniana* Rchb.f., *C. biflora* Rchb.f., *C. falcata* Hook.f., *C. falcata* Anderss.) - Nep., Ind., Burm. to Thai., Laos, Viet. 500-1.500 m (H**, $56/1, S*, Z**)
4. **zeylanica** (Hook.f.) Avery. (S)

Panstrepis Raf. - 1836: *Coryanthes* Hook. (R)
- *paradoxa* Raf.: *Coryanthes* 21 (9**, G**)

× **Pantapaara (Pntp.)** (*Ascoglossum* × *Renanthera* × *Vanda*)

Pantlingia Prain - 1896: *Stigmatodactylus* Maxim. (S)

Paphinia (Pna.) Lindl. - 1843 - *Subfam. Epidendroideae Tribus: Gongoreae* - 15 sp. epi/ter - S-Am. to Guat.
1. **benzingii** Dods. & Neudecker - NW-Ec. 750 m (O6/90, O4/91, S)
2. **clausula** Dressl. - C.Rica, Pan., NW-Col. 700-750 m (O4/89, O6/90, O1/91, W, R, S)
3. **cristata** (Lindl.) Lindl. (*P. cristata* var. *randii* Lind., *P. randii* Lind. & Rodig., *Maxillaria cristata* Lindl., *Lycaste cristata* (Lindl.) Benth.) - Col., Ven., Guy., Sur., Trin, Pan. (9**, O6/90, O1/91, E*, G**, H**, W**, R, Z**, S)
   var. **modiglianiana** Rchb.f. - Braz., Ven. (O1/91, W, R, S)
- *cristata* var. *randii* Lind.: 3 (O1/91)
4. **dunstervillei** Neudecker ex Dods. & G.Romero - S-Ven. - terr. (O6/90, O1/91, S)
5. **grandiflora** Barb.Rodr. (*P. grandis* Rchb.f. ex Warm., *P. nutans* Houll.) - Braz., Amaz. (O6/90, O1/91, R, S*)
- *grandis* Rchb.f. ex Warm.: 5 (O1/91)
6. **herrerae** Dods. - SE-Ec. (O6/90, O1/91, R, S*)
7. **hirtzii** Dods. - W-Ec. (O6/90, O2/91, S)
8. **levyae** Gar. - Ec. (S)
9. **lindeniana** Rchb.f. - Ven., Col., Peru, Braz. (O5/83, O6/90, O2/91, R**, S*)
10. **litensis** Dods. & Neudecker - NW-Ec., Col., Peru 750 m (O6/90, R, S)

11. **neudeckeri** Jenny - E-Ec., S-Col. 1.200 m (O4/84, O5/83, O6/90, O2/91, R, S*)
  var. **mocoaënsis** Jenny - Col. 400-500 m (O4/84, R, S)
- *nutans* Houll.: 5 (O1/91)
12. **posadarum** Dods. & Esc. - Col. to Ec. 1.500-1.700 m (FXVIII3**, S)
- *randii* Lind. & Rodig.: 3 (S)
13. **rugosa** Rchb.f. - W-Col. (A**, O6/90, O2/91, R, S)
  var. **houlletia** Lind. (O5/83)
  var. **kalbreyeri** Rchb.f. - Col. (O5/83, O2/91, R**, S)
  var. **sanderiana** Rchb.f. (*P. sanderiana* Rchb.f.) - Col. (O5/83, O2/91, R**, S)
- *sanderiana* Rchb.f.: 13 (S)
14. **seegeri** Gerlach - W-Col. 100 m (O1/89, O6/90, O2/91, R**, S*)
  var. **semi-alba** Gerlach - Col. (O1/89, O2/91)
15. **zamorae** Gar. - Ec. (S)

Paphiopedilum (Paph.) Pfitz. - 1886 - Subfam. Cypripedioideae - (*Cordula* Raf., *Stimegas* Raf.) - ca. 69 sp. ter/epi/lit - CITES - Ind, Burm., SE-As., SW-China, Indon., N.Gui., Sol., Phil. - „Frauenschuh, Venusschuh, Slipper orchid"
1. **acmodontum** Schoser ex M.W. Wood - Phil. - terr. - *Paph.* sect. *Barbata* (7**, 9**, E**, H**, S, O2/91, Y**, Z**)
2. **adductum** Asher (*P. elliottianum* sensu Fowlie, *P. elliottianum* sensu Braem) - Phil. 1.250-1.350 m - terr. - *Paph.* sect. *Coryopedilum* (5**, O2/95, Y**, Z**)
- *adductum* Asher: *P. elliottianum* (7**)
- *affine* De Wild.: 35 (5**)
- *affine* De Wild.: 91 (7**)
3. × **affine** De Wild. (*P. villosum* × *P. appletonianum*) nat. hybr. ? (Y)
- *amabile* Hallier (E**, S): 13 (5**, 7**, H**, Q**, Y**)
- × *ang-thong* Fowlie: 34 (5**, Y**)
- × *ang-thong* Fowlie: *P.* × *godefroyae* var. *ang-thong* (7**)
4. **anitum** Golamco - Phil. (&11**)
- × *annamense* Guill.: art. hybr. (Y)
5. **appletonianum** (Gower) Rolfe (*P. wolterianum* (Kraenzl.) Pfitz., *P. tortipetalum* Fowlie, *P. hainanensis* Fowlie, *P. ceramensis* Birk, *P. johorense* Fowlie & Yap, *P. hookerae* ssp. *appletonianum* (Gower) M.W.Wood, *P. appletonianum* var. *poyntzianum* (O'Brien) Pfitz., *Cypripedium appletonianum* Gower, *C. wolterianum* Kraenzl., *C. waltersianum* Kraenzl., *C. bullenianum* var. *appletonianum* (Gower) Rolfe, *C. poyntzianum* O'Brien, *Cordula appletoniana* (Gower) Rolfe) - China, Thai., Viet., Laos, Camb. 400-1.500 m - terr. - *Paph.* sect. *Barbata* (5**, 7**, 9**, E**, H**, S, Y**, Z**)
  f. **album** Birk (*P. appletonianum* var. *album* Birk) (Y)
  f. **immaculata** Braem (*P. appletonianum* var. *immaculata* Braem) (Y)
- *appletonianum* var. *album* Birk: form (Y)
- *appletonianum* var. *immaculata* Braem: form (7**, Y)
- *appletonianum* var. *poyntzianum* (O'Brien) Pfitz. (7**): 5 (9**)
6. **argus** (Rchb.f.) Stein (*P. barbatum* var. *argus* hort., *P. sriwaniae* Koop., *P. argus* var. *sriwanae* (Koop.) Gruss, *Cypripedium argus* Rchb.f., *C. pitcherianum* W.A.Manda, *C. barbatum* var. *argus* E.Morr., *Cordula argus* (Rchb.f.) Rolfe) - Phil. 1.200-2.000 (2.700) m - terr. - *Paph.* sect. *Barbata* (5**, 7**, 9**, E, H**, S, Y**, Z**)
  f. **lindenii** Pfitz. (*P. argus* var. *lindenii* Pfitz. (Y)
- *argus* var. *sriwanae* (Koop.) Gruss: 6 (Y**)
- *argus* var. *lindenii* Pfitz. (A**): form (Y)
7. **armeniacum** Chen & Liu - China (W-Yun.) up to 1.800 m - lit/ter - subg. *Parvisepalum* (5**, 7**, A**, H**, O6/93, Y**, Z**)
  var. **markii** Gruss - China (W-Yun.) up to 1.800 m (O5/97**)
- *armeniacum* var. *mark-fun* Fowlie: inv. name (Y)
- *bacanum* Schoser n.n.: 73 (Y**)
8. **barbatum** (Lindl.) Pfitz. (*P. nigritum* (Rchb.f.) Pfitz., *P. barbatum* var. *nigritum* (Rchb.f.) Pfitz., *P. robinsonii* (Ridl.) Ridl., *Cypripedium barbatum* Lindl., *C. barbatum* Bl. non Reinw., *C. barbatum* var. *biflorum* (B.S.Will.) B.S.Will., *C. biflorum* B.

S.Will., *C. nigritum* Rchb.f., *C. orbum* Rchb.f., *C. crossi* Morren, *C. javanicum* Reinw. ex Bl., *Cordula nigrita* (Rchb.f.) Rolfe, *C. barbata* (Lindl.) Rolfe) - Mal., Sum. 200-1.300 m - ter/lit - *Paph*. sect. *Barbata* (5**, 7**, 9**, E**, G**, H**, S, Q, Y**, Z**)
- *barbatum* ssp. *lawrenceanum* (Rchb.f.) M.W.Wood: 49 (5**, 7**, Q**, Y**)
- *barbatum* ssp. *lawrenceanum* var. *hennisianum* M.W.Wood: 40 (5**, Y**)
- *barbatum* ssp. *lawrenceanum* var. *hennisianum* M.W.Wood: 49 (7**)
- *barbatum* var. *argus* hort.: 6 (7**)
- *barbatum* var. *hennisianum* M.W. Wood: 40 (Y)
- *barbatum* var. *nigritum* (Rchb.f.) Pfitz.: 8 (5**, G**, Y**)
9. **barbigerum** Tang & Wang (*P. insigne* var. *barbigerum* (Tang & Wang) Braem) - China, Viet. 300-1.200 m - terr. - *Paph*. sect. *Paphiopedilum* (5**, O6/91**, Y**, Z**)
- *barbigerum* Tang & Wang: 45 (5**)
10. **bellatulum** (Rchb.f.) Stein (*Cypripedium bellatulum* Rchb.f., *Cordula bellatula* (Rchb.f.) Rolfe) - Burm., Thai., S-China 900-1.500 m - terr. - subg. *Brachypetalum* (5**, 7**, 9**, E**, H**, S, O3/81, Y**, Z**)
 var. **album** O'Brien (7**, Y)
- *besseae* (Dods. & Kuhn) Albert: *Phragmipedium* 1 (O(B)4, Y)
11. × **beyrodtianum** (hort.) Guill. (nat. hybr. of uncertain parentage) (Y)
- *birkii* Fowlie: 15 (7**)
- *bodegomii* Fowlie: *P. glanduliferum* var. *wilhelminae* (5**)
- *bodegomii* Fowlie n.n.: 95 (Y**)
- *boissierianum* (Rchb.f.) Stein: *Phragmipedium* 2 (O(B)4, Y)
12. **bougainvilleanum** Fowlie (*P. violascens* var. *bougainvilleanum* (Fowlie) Koop.) - P.N.Gui. 1.100-1.850 m - terr. - *Paph*. sect. *Barbata* (5**, Y**)
 var. **album** Schoser (Y)
- *bougainvilleanum* Fowlie: 92 (7**)
- *boxallii* (Rchb.f.) Pfitz.: 91 (5**, Y**)
- *boxallii* (Rchb.f.) Pfitz.: 91 (9**)
- *braemii* Mohr: 83 (H**)
- *braemii* Mohr: 83 (Y**)

13. **bullenianum** (Rchb.f.) Pfitz. (*P. hookerae* var. *bullenianum* (Rchb.f.) Kerch., *P. amabile* Hallier, *P. robinsonii* (Ridl.) Ridl., *P. linii* Schoser, *P. johorense* Fowlie & Yap, *P. tortisepalum* Fowlie, *P. celebesensis* Fowlie & Birk, *P. bullenianum* var. *celebesense* (Fowlie & Birk) Cribb, *Cypripedium bullenianum* Rchb.f., *C. bullenianum* var. *oculatum* Rchb. f., *C. hookerae* var. *bullenianum* (Rchb.f.) Veitch, - var. *amabile* (Hallier) Kraenzl., *C. robinsonii* Ridl., *Cordula bulleniana* (Rchb.f.) Rolfe, *C. bulleniana* var. *oculata* (Rchb.f.) Rolfe, *C. amabilis* (Hallier) Merr.) - Born., Sum., Mal. 0-1.850 m - terr. - *Paph*. sect. *Barbata* (5**, E**, H**, S, Q**, Y**)
 var. **bullenianum** (Y**)
 var. **celebesense** (Fowlie & Birk) Cribb (*P. celebesense* Fowlie & Birk, '*P. ceramensis*' Birk) - Sul., Ser. ca. 950 m (5**, Q, Y**)
- *bullenianum* var. *celebesense* Fowlie & Birk) Cribb: 13 (7**)
- *burbidgei* (Rchb.f.) Pfitz.: 20 (7**)
14. × **burbidgei** (Rchb.) Pfitz. [*P. burbidgei* (Rchb.f.) Pfitz. (S)] (*Cypripedium burbidgei* Rchb.f.) (*P. dayanum* × *P. javanicum* var. *virens*) (Y)
15. **callosum** (Rchb.f.) Stein (*P. callosum* var. *angustipetalum* Guill., - var. *schmidtianum* (Kraenzl) Pfitz., *P. thailandense* Fowlie, *P. sublaeve* (Rchb.f.) Fowlie, *P. regnieri* hort. ex Stein, *P. reflexum* hort. ex Stein, *P. birkii* Fowlie, *Cypripedium crossii* Morren, *C. callosum* Rchb.f., *C. schmidtianum* Kraenzl., *C. barbatum* var. *warnerianum* Moore, - var. *warneri* hort., - var. *crossii* hort. ex Veitch, *Cordula callosa* (Rchb.f.) Rolfe) - Thai., Camb., Laos 300-1.300 m - *Paph*. sect. *Barbata* (4**, 5**, 7**, 9**, E**, H**, S, Y*, Z**)
 var. **potentianum** (Gruss & Roeth) Cribb (*P. potentianum* Gruss & Roeth) (Y**)
 var. **sublaeve** (Rchb.f.) Cribb (*P. sublaeve* (Rchb.f.) Fowlie, *P. callosum* ssp. *sublaeve* (Rchb.f.) Fowlie, '*P. thailandense*' Fowlie, *Cypripedium callosum* var. *sublaeve* Rchb.f., *C. barbatum* var. *warnerianum* Mo-

ore) - Thai., Mal. 700-950 m (5**, S, Y**)
cv. 'giganteum' (*P. callosum* var. *giganteum*) (Y)
cv. 'grandiflorum' *(P. callosum* var. *grandiflorum*) (Y)
cv. 'rossianum' *(P. callosum* var. *rossianum*) (Y)
cv. 'sanderae' hort. (*P. callosum* var. *viridiflorum* (hort.) Braem, *Cypripedium callosum* var. *viridiflorum* hort.) (Y)
cv. 'superbum' (*P. callosum* var. *superbum*) (Y)
- *callosum* ssp. *sublaeve* (Rchb.f.) Fowlie: 15 (5**)
- *callosum* var. *angustipetalum* Guill.: 15 (5**, Y**)
- *callosum* var. *giganteum*: cv. (Y)
- *callosum* var. *grandiflorum*: cv. (Y)
- *callosum* var. *rossianum*: cv. (Y)
- *callosum* var. *sanderae* hort.: cv. (S, Y)
- *callosum* var. *schmidtianum* (Kraenzl.) Pfitz.: 15 (5**, Y**)
- *callosum* var. *superbum*: cv. (Y)
- *callosum* var. *viridiflorum* (hort.) Braem (7**): 15 cv. (Y)
- *caricinum* (Lindl. & Paxt.) Stein: *Phragmipedium* 3 (9**, O(B)4, Y)
- *caudatum* (Lindl.) Pfitz.: *Phragmipedium* 4 (E**, H**, O(B)4, Y)
- *caudatum* var. *lindenii* (Lindl.) N.E. Br. ex Stein: *Phragmipedium* 11 (O(B)4)
- *caudatum* var. *roseum* hort.: *Phragmipedium* 4 (O(B)4)
- *caudatum* var. *seegerianum* O'Brien: *Phragmipedium* 4 (O(B)4)
- *caudatum* var. *wallisii* Kerch.: *Phragmipedium* 4 (O(B)4)
- *caudatum* var. *wallisii* Stein: *Phragmipedium* 4 (O(B)4)
- *celebesense* Fowlie & Birk: 13 (5**, Y**)
- *celebesensis* Fowlie & Birk: 13 (7**)
- '*ceramensis*' Birk: 13 (5**, Y**)
- *ceramensis* Birk: 5 (7**)
- *chamberlainiaum* (Sand. ex O'Brien) Stein (7**, 9**, E**, S): 89 (5**, H**, Y**)
- *chamberlainiaum* (O'Brien) Stein: 89 (Y**)
- *chamberlainianum* ssp. *liemianum* Fowlie: 51 (5**, 9**, Y**)

- *chamberlainianum* ssp. *liemiana* Fowlie: *P. chamberlainianum* var. *liemianum* (7**)
- *chamberlainianum* ssp. *liemianum* f. *primulinum* (M.W.Wood & P.Tayl.) Fowlie: 67 (5**, E**, H**, Y**)
- *chamberlainianum* ssp. *liemianum* f. *primulinum* Fowlie: *P. chamberlainianum* var. *primulinum* (7**)
- *chamberlainianum* ssp. *liemianum* f. *primulinum* var. *flavescens* Fowlie: 67 (5**, Y**)
- *chamberlainianum* ssp. *liemianum* f. *primulinum* var. *flavum* Fowlie: 67 (Y**)
- *chamberlainianum* ssp. *liemianum* f. *primulinum* (M.W.Wood & P.Tayl.) Fowlie: 67 (Y)
- *chamberlainianum* f. *primulinum* var. *flavum* Wood & Taylor: 67 (5**)
- *chamberlainianum* var. *flavescens* Fowlie: 67 (Y**)
- *chamberlainianum* var. *flavum* Fowlie: 67 (Y**)
- *chamberlainianum* var. *liemianum* (Fowlie) Braem (7**, E): 51 (Y**)
- *chamberlainianum* var. *primulinum* (M.W.Wood & P.Tayl.) Braem (7**): 67 (Y**)

16. **charlesworthii** (Rolfe) Pfitz. (*P. charlesworthii* Rolfe, *Cypripedium charlesworthii* Rolfe, *Cordula charleswortii* (Rolfe) Rolfe) - Burm., Thai., SW-China 1.200-1.600 m - terr. - *Paph.* sect. *Paphiopedilum* (5**, 7**, 9**, A**, E**, H**, S, Y**, Z**)
f. **alba** (*P. charlesworthii* var. *alba*, *P. charlesworthii* var. *bromilowianum*, *Cypripedium crawshawae* O'Brien) (Y)
- *charlesworthii* Rolfe: 16 (5**, 7**)
- *charlesworthii* var. *alba*: form (Y)
- *charlesworthii* var. *bromilowianum*: form (Y)
- *chiwuanum* Tang & Wang: *P. hirsutissimum* var. *chiwuanum* (5**)
- *chiwuanum* Tang & Wang (S): 43 (Y**)
- *chiwuanum* Tang & Wang: 43 (7**, 9**)

17. **ciliolare** (Rchb.f.) Stein (*P. ciliolare* var. *miteauanum* (Lind.) Pfitz., *P. ciliolare* var. *miteauanum* (Mast.) Pfitz., *P. superbiens* ssp. *ciliolare* (Rchb.f.) M.W.Wood, *Cypripedium*

ciliolare Rchb.f., *C. ciliolare* var. *miteauanum* Lind., *C. miteauanum* Lind. & Rodig., *C. miteauanum* Mast., *Cordula ciliolaris* (Rchb.f.) Rolfe) - Phil. 300-1.830 m - terr. - *Paph.* sect. *Barbata* (5**, 7**, 9**, E**, H**, S, O2/90**, Y**, Z**)
- *ciliolare* var. *miteauanum* (Lindl.) Pfitz.: 17 (5**, 7**, 9**, Y**)
18. **concolor** (Batem.) Pfitz. (*Cypripedium concolor* Batem. ex Lindl., *C. tonkinense* God.-Leb., *Cordula concolor* (Batem. ex Lindl.) Rolfe) - Burm., Thai., Viet., SW-China, Laos, Camb. 200-1.000 m - ter/lit - subg. *Brachypetalum* (4**, 5**, 7**, 9**, E**, H**, S, O3/95, Y**, Z**)
ssp. **chlorophyllum** (Rchb.f.) Fowlie (*P. concolor* var. *chlorophyllum* Rchb.f.) - Siam (O3/95, Y)
ssp. **hennisianum** hort. - NE-Thai. (O3/95)
ssp. **reynieri** (Rchb.f.) Fowlie (*P. concolor* ssp. *regnieri* (Rchb.f.) Fowlie - Camb. (O3/95, Y)
var. **album** Braem (7**, Y)
f. **longipetalum** (*P. concolor* var. *longipetalum*) (Y)
f. **striatum** (*P. concolor* var. *striatum*) (Y)
f. **sulphurinum** (*P. concolor* var. *sulphurinum* (*sulphuricum*) Rchb.f.) (Y)
f. **tonkinense** (*P. concolor* var. *tonkinense* Guill.) (Y)
- *concolor* ssp. *regnieri* (Rchb.f.) Fowlie: 18 (O3/95)
- *concolor* var. *chlorophyllum*: 18 (Y)
- *concolor* var. *longipetalum*: form (Y)
- *concolor* var. *striatum*: 18 (O3/95)
- *concolor* var. *striatum*: form (Y)
- *concolor* var. *sulphurinum* (*sulphuricum*) Rchb.f. (O3/95): form (Y)
- *concolor* var. *tonkinense* Guill.: form (Y)
- *cothurnum* (Vell.) Pfitz.: *Catasetum* 76 (Y)
19. × **crossii** (*P. venustum* × *P. insigne*) (E)
- *curtisii* (Rchb.f.) Stein: 81 (5**, 9**, E, H**)
- *curtisii* (Rchb.f.) Stein [*P. curtisii* (Rchb.f.) Pfitz. (S)]: 81 (7**, Y**)
- *czerwiakowianum* (Rchb.f.) Pfitz.: *Phragmipedium* 2 (Y)

- *dariense* (Rchb.f.) Stein: *Phragmipedium* 13 (O(B)4)
20. **dayanum** (Lindl.) Stein [P. dayanum (Lindl.) Pfitz. (9**, S)] (*P. dayanum* var. *petri* (Rchb.f.) Pfitz., *P. petri* (Rchb.f.) Pfitz., *P. burbidgei* (Rchb. f.) Pfitz., *Cypripedium spectabile* var. *dayanum* Lindl., *C. dayanum* (Lindl.) Rchb.f., *C. dayanum* (Stein ex Lindl.) Lindl., *C. dayanum* Lindl., *C. dayanum* var. *smithianum* Pucci, - var. *mercatellianum* Pucci, - var. *splendens* Pucci, - var. *superbum* Pucci, - var. *ernestianum* (L.Castle) Desf., *C. superbiens* var. *dayanum* (Lindl.) Rchb.f., *C. ernestianum* hort., *C. ernestianum* L.Castle, *C. petri* Rchb.f., *C.* × *petri* var. *burbidgei* (Rchb.f.) Rolfe, *C. peteri* De Vos, *C. peteri* D.Don, *C. dayi* Stone mss., *C. burbidgei* Rchb.f., *Cordula dayana* (Lindl.) Rolfe, *C. petri* (Rchb.f.) Rolfe) - Born. 300-1.450 m - terr. - *Paph.* sect. *Barbata* (5**, 7**, A**, Y**, Z**)
- *dayanum* var. *petri* (Rchb.f.) Pfitz.: 20 (5**, 7**, 9**, Y**)
- *dayanum* var. *mercatellianum* Pucci: 20 (Y)
- *delectum (dilectum)* (Rchb.f.) Pfitz.: 91 (7**, Y)
21. **delenatii** Guill. (*Cypripedium delenatii* (Guill.) Curt., *C. delenatii* hort.) - Viet. 800-1.300 m - terr. - subg. *Parvisepalum* (5**, 7**, 9**, E**, H**, S, Y**, Z)
- '*dennisii*' Schoser: 94 (Y**)
- *devogeli* Schoser & Van Deelder: 80 (7**)
22. **dianthum** Tang & Wang (*P. parishii* var. *dianthum* (Tang & Wang) Karasawa & Saito) - China 800-2.250 m - lith. - *Paph.* sect. *Pardalopetalum* (S, O6/90, Y**)
- *dianthum* Tang & Wang: *P. parishii* var. *dianthum* (5**)
- *dianthum* Tang & Wang: 61 (7**)
- *dollii* Lueckel: 41 (H, O6/90, Y**)
23. **druryi** (Bedd.) Stein [P. druryi (Benth.) Pfitz. (E**, S)] (*Cypripedium druryi* Bedd., *Cordula druryi* (Bedd.) Rolfe) - S-Ind. 1.400-1.600 m - terr. - *Paph.* sect. *Paphiopedilum* (5**, 7**, 9**, H**, O5/94, O6/97, Y**, Z**)
- *ecuadorense* (Gar.) Albert & Pett.:

Phragmipedium ecuadorense (Y)
- *elliottianum* sensu Fowlie: 2 (5**, Y**)
- *elliottianum* (O'Brien) Stein (7**): 70 (5**, Q**, Y**)
- *elliottianum* (O'Brien) Pfitz.: 70 (9**)
24. **emersonii** Koop. & Cribb - China (Yun.) 600-700 m - subg. *Parvisepalum* (5**, 7**, H**, O5/91, Y**, Z**)
- *emersonii* var. *angustipetalum* Fowlie: inv.name (Y)
- *emersonii* var. *guangxiense* Fowlie: inv.name (Y)
- *emersonii* var. *kwangnanense* Fowlie: inv.name (Y)
- *epidendricum* (Vell.) Pfitz.: *Eulophia* 4 (G**, Y)
- *esquirolei* Schltr. (S): 43 (7**, Y**)
- *esquirolei* Schltr.: 43 (9**)
25. × **expansum** Atwood (*P. hennisianum* × *P. philippinense*) (Y)
- *exstaminodium* (Castaño, Hagsater & Aguirre) Albert & Pett.: *Phragmipedium* 7 (Y)
26. **exul** (Ridl.) Rolfe [P. exul (Ridl.) Kerch. (E**, O4/97), P. exul (O'Brien) Pfitz. (S)] (*Cypripedium insigne* var. *exul* Ridl., *C. exul* (Ridl.) Rolfe, *Cordula exul* (Ridl.) Rolfe) - Thai. 0-50 m - ter/lit - *Paph.* sect. *Paphiopedilum* (5**, 9**, H**, Y**, Z**)
27. **fairrieanum** (Lindl.) Stein (*P. schmidtianum* Kraenzl., *Cypripedium fairrieanum* Lindl., *Cordula fairrieana* (Lindl.) Rolfe) - NE-Ind., Bhut., Sik. 1.400-2.200 m - terr. - *Paph.* sect. *Paphiopedilum* (5**, 7**, 9**, A**, E**, H**, S, Y**, Z**)
  f. **flavum** (*P. fairrieanum* var. *flavum*) (Y)
  f. **giganteum** Pradhan (*P. fairrieanum* var. *giganteum* Pradhan) (Y)
  f. **longisepalum** (Y)
  f. **nigrescens** Pradhan (*P. fairrieanum* var. *nigrescens* Pradhan) (Y)
  var. **bohlmannianum** Matho (*P. fairrieanum* var. *album* hort.) (7**, O1/82, Y**)
- *fairrieanum* var. *album* hort.: 27 (Y**)
- *fairrieanum* var. *nigrescens* Pradhan: form (Y)
- *fairrieanum* var. *giganteum* Pradhan: form (Y)
- *fairrieanum* var. *flavum*: form (Y)
28. × **fanaticum** Koop. & Hasegawa (*P. malipoense* × *P. micranthum*) - China 1.300-1.600 m (O6/97, Y)
29. **fowliei** Birk (*P. hennisianum* var. *fowliei* (Birk) Cribb) - Phil. (Palawan) 600-950 m - ter/epi - *Paph.* sect. *Barbata* (O5/91, Y**)
  f. **album** (Y**)
  f. **sangianum** Braem (*P. fowliei* var. *sangianum* Braem) (Y)
- *fowliei* Birk: *P. hennisianum* var. *fowliei* (5**)
- *fowliei* Birk: 49 (7**)
- *fowliei* var. *sangianum* Braem: form (Y)
30. × **frankeanum** (× franckeanum) Rolfe (*Cordula frankeana* Rolfe) (*P. tonsum* × *P. superbiens* var. *curtisii*) (O6/79, Y)
- *gardineri* (Guill.) Pfitz.: 32 (5**, Y**)
- *gardineri* (Guill.) Pfitz.: *P. praestans* (9**)
- *gardineri* sensu Kennedy: 95 (Y**)
- *gardineri* sensu Kennedy: *P. glanduliferum* var. *wilhelminae* (5**)
31. **gigantifolium** Braem, Baker & Baker - Sul. 700-1.000 m - lit/ter - *Paph.* sect. *Coryopedilum* (&11**, Y**)
32. **glanduliferum** (Bl.) Stein (*P. praestans* (Rchb.f.) Pfitz., *P. praestans* var. *kimballianum* (Lind. & Rodig.) Pfitz., *P. gardineri* (Guill.) Pfitz., *P. wilhelminiae* L.O.Wms., *P. glanduliferum* var. *gardineri* Braem, - var. *kimballianum* (Lind. & Rodig.) Fowlie, - var. *praestans* (Rchb.f.) Braem, *Cypripedium glanduliferum* Bl., *C. glanduliferum* Veitch, *C. praestans* Rchb.f., *C. praestans* var. *kimballianum* Lind. & Rodig., *C. gardineri* Guill., *Cordula glandulifera* (Bl.) Rolfe, *C. praestans* (Rchb.f.) Rolfe) - N.Gui. up to 0-200 m - ter/epi - *Paph.* sect. *Coryopedilum* (5**, 7**, H**, S, Y**, Z**)
- *glanduliferum* var. *gardineri* Braem (7**): 32 (Y)
- *glanduliferum* var. *kimballianum* (Lind. & Rodig.) Fowlie: 32 (Y)
- *glanduliferum* var. *praestans* (Rchb. f.) Braem (7**): 32 (Y**)
- *glanduliferum* var. *wilhelminiae*

(L.O.Wms.) Cribb (5**): 95 (Y**)
33. **glaucophyllum** J.J.Sm. (*P. victoria-regina* ssp. *glaucophyllum* (J.J.Sm.) M.W.Wood, *Cypripedium glaucophyllum* (J.J.Sm.) Mast., *Cordula glaucophylla* (J.J.Sm.) Rolfe) - Java 200-700 m - lith. - *Paph*. sect. *Cochlopetalum* (2*, 5**, 7**, 9**, E**, H**, S, Y**)
   var. **moquetteanum** J.J.Sm. (*P. victoria-regina* ssp. *glaucophyllum* var. *moquetteanum* (J.J.Sm.) M.W.Wood, *P. victoria-regina* var. *moquetteanum* (J.J.Sm.) M.W.Wood, *P. moquetteanum* (J.J.Sm.) Fowlie) - Java 300 m (5**, 7**, H, Y**)
34. **godefroyae** (God.-Leb.) Stein [P. godefroyae (Hemsl.) Pfitz. (S)] (*P. godefroyae* var. *ang-thong* (Fowlie) Braem, *P.* × *godefroyaea* (God.-Leb.) Stein, *P.* × *godefroyae* var. *ang-thong* (Fowlie) Braem, *P.* × *ang-thong* Fowlie, *P. leucochilum* (Rolfe) Fowlie, *P. godefroyae* var. *leucochilum* (Rolfe) Hallier, *P. godefroyae* var. *leucochilum* (Mast.) Hallier, *Cypripedium godefroyae* God.-Leb., *C. godefroyae* hort. ex God.-Leb., *C. godefroyae* var. *leucochilum* Rolfe, *C. concolor* var. *godefroyae* (God.-Leb.) Collett & Hemsl., *C. concolor* var. *godefroyae* Hemsl., *C. godefroyae* var. *leucochilum* Mast., *Cordula godefroyae* (God.-Leb.) Rolfe) - Thai. 0-100 m - ter/lit - subg. *Brachypetalum* (5**, 7**, 9**, E, H, Y**, Z**)
- *godefroyae* Stein: *P.* × *godefroyae* (7**)
- *godefroyae* var. *leucochilum* (Mast.) Hallier: 34 (9**)
- *godefroyae* var. *leucochilum* (Rolfe) Hallier: 34 (Y**)
- *godefroyae* var. *ang-thong* (Fowlie) Braem: 34 (5**, Y**)
- × *godefroyaea* (God.-Leb.) Stein (7**): 34 (Y)
- × *godefroyae* var. *ang-thong* (Fowlie) Braem (7**): 34 (Y)
- × *godefroyae* var. *leucochilum* (Mast.) Hallier (7**): 34 (Y)
35. **gratrixianum** (Mast.) Rolfe [P. gratrixianum (Mast.) Guill. (5**, H, S, O6/94)] (*P. affine* De Wild., *P. villosum* var. *gratrixianum* (Mast.) Braem, *Cypripedium gratrixianum* Mast., *Cordula gratixiana* (Rchb.f.) Rolfe) - Laos, Viet. - terr. - *Paph*. sect. *Paphiopedilum* (Y**)
- *gratrixianum* (Mast.) Guill.: *P. villosum* var. *gratixianum* (7**)
36. × **grussianum** Hua (*P. hirsutissimum* var. *esquirolei* × *P. parishii* var. *dianthum*) (O4/98**)
- *hainanensis* Fowlie: 5 (7**, Y**)
37. **hangianum** Gruss & Perner - Viet. 800-1.000 m - subg. *Parvisepalum* (&13**)
- *hartwegii* (Rchb.f.) Pfitz.: *Phragmipedium* 8 (O(B)4)
- *hartwegii* (Rchb.f.) Pfitz.: *Phragmipedium* 13 (Y)
38. **haynaldianum** (Rchb.f.) Stein (*Cypripedium haynaldianum* Rchb.f., *Cordula haynaldianum* (Rchb.f.) Rolfe, *C. hirsutissima* (Lindl. ex Hook.) Rolfe, *C. hookerae* (Rchb.f. ex Hook.f.) Stein) - Phil. 0-1.400 m - ter/epi/lit - *Paph*. sect. *Pardalopetalum* (4**, 5**, 7**, 9**, E**, H**, S, Y**, Z**)
   var. **album** hort. ex Asher (7**)
39. **helenae** Avery. - N-Viet. 850-900 m - lith. - *Paph*. sect. *Paphiopedilum* (&11**, Y**)
40. **hennisianum** (M.W.Wood) Fowlie [P. hennisianum Schoser (S)] (*P. barbatum* ssp. *lawrenceanum* var. *hennisianum* M.W.Wood, *P. barbatum* var. *hennisianum* M.W.Wood) - Phil. 650-1.050 m - terr. - *Paph*. sect. *Barbata* (5**, O1/92, O5/96, Y**)
   f. **album** (Y**)
   var. **christiansenii** Gruss & Roeth - Phil. (O5/96)
   var. **purpurea** hort. - Phil. (O1/92)
- *hennisianum* (Schoser ex M.W. Wood) Fowlie: 49 (7**)
- *hennisianum* var. *fowliei* (Birk) Cribb: 49 (7**)
- *hennisianum* var. *fowliei* (Birk) Cribb (5**): 29 (Y**)
41. **henryanum** Braem (*P. dollii* Lueckel) - China, N-Viet. 1.000-1.200 m - terr. - *Paph*. sect. *Paphiopedilum* (H, O6/90, &11**, Y**)
   f. **christae** (Braem) Cribb (*P. henryanum* var. *christae* Braem) - China, N-Viet. (Y)
- *henryanum* var. *christae* Braem: form (Y)

- *herrmannii* Fuchs & Reisinger (&11**): 42 (Y)
42. × **herrmannii** Fuchs & Reisinger (*P. herrmannii* Fuchs & Reisinger) (*P. barbigerum* × *P. hirsutissimum* var. *esquirolei*) nat. hybr. (Y)
- *hiepii* Avery.: 53 (Y**)
- *hilmari* Sengh. & Schettler: 90 (&13)
- *hincksianum* (Rchb.f.) Stein: *Phragmipedium* 13 (O(B)4)
- *hincksianum* (Rchb.f.) Pfitz.: *Phragmipedium* 13 (Y)
43. **hirsutissimum** (Lindl. ex Hook.) Stein (*P. esquirolei* Schltr., *P. chiwuanum* Tang & Wang, *Cypripedium hirsutissimum* Lindl. ex Hook., *Cordula hirsutissima* (Lindl. ex Hook.) Rolfe) - NE-Ind., Burm. 200-1.800 m - ter/epi - *Paph.* sect. *Paphiopedilum* (4**, 5**, 7**, 9**, E**, H**, S, O4/91, Y**, Z**)
var. **alba** hort. (Y)
var. **esquirolei** (Schltr.) Karasawa & Saito [*P. hirsutissimum* var. esquirolei (Schltr.) Cribb (5**, H)] (*P. esquirolei* Schltr., *P. chiwuanum* Tang & Wang, *P. hirsutissimum* var. *chiwuanum* (Tang & Wang) Cribb, *P. saccopetalum* Hua, *Cordula esquirolei* (Schltr.) Hu) - SW-Ind., N-Thai., N-Laos, Viet. 450-1.800 m (7**, Y**)
- *hirsutissimum* var. *chiwuanum* (Wang & Tang) Cribb (5**): 43 (Y**)
- *hirtzii* (Dods.) Albert & Pett.: *Phragmipedium* 9 (O(B)4)
- *hirtzii* (Dods.) Albert: *Phragmipedium* 9 (Y)
44. **hookerae** (Rchb.f.) Stein (*Cypripedium hookerae* Rchb.f., *C. hookerae* var. *volonteanum* Sand. ex Rolfe, *C. appletonianum* hort., *C. volonteanum* hort. ex Rchb.f., *Cordula hookerae* (Rchb.f.) Rolfe) - Born. 150-800 m - terr. - *Paph.* sect. *Barbata* (5**, 7**, 9**, S, Q, Y**, Z**)
var. **volonteanum** (Sand. ex Rolfe) Kerch. [*P.* hookerae var. volonteanum (Sand.) Braem (7**)] (*P. volonteanum* (Sand. ex Rolfe) Stein, *P. volonteanum* (Sand. ex Rolfe) Pfitz., *Cypripedium hookerae* var. *volonteanum* Sand. ex Rolfe, *C. volonteanum* Sand., *Cordula hookerae* var. *volonteana* (Sand. ex Rolfe) Ames) - end. to Born. 60-2.300 m (5**, Q**, Y**)
- *hookerae* ssp. *appletonianum* (Gower) M.W.Wood: 5 (Y**)
- *hookerae* var. *bullenianum* (Rchb.f.) Kerch.: 13 (5**, 7**, Y**)
45. **insigne** (Wall. ex Lindl.) Pfitz. (*Cypripedium insigne* Wall. ex Lindl., *C. insigne* var. *exul* Ridl., *C. exul* (Ridl.) O'Brien, *Cordula insignis* (Lindl.) Raf., *C. exul* (Ridl.) Rolfe) - NE-Ind. 1.000-1.500 m - terr. - *Paph.* sect. *Paphiopedilum* (4**, 5**, 7**, 9**, E**, H**, S, Y**, Z**)
cv. 'bonhoffianum' (*P. insigne* var. *bonhoffianum*) (Y)
cv. 'chantii' (*P. insigne* var. *chantii*) (Y)
cv. 'maulei' (*P. insigne* var. *maulei*) (Y)
cv. 'sanderae' (*P. insigne* var. *sanderae* (Rchb.f.) Pfitz.) (7**, E**, H**, Y)
cv. 'sanderianum' (*P. insigne* var. *sanderianum*) (Y)
- *insigne* var. *barbigerum* (Tang & Wang) Braem (5**, 7**): 9 (Y**)
- *insigne* var. *bonhoffianum*: cv. (Y)
- *insigne* var. *chantii*: cv. (Y)
- *insigne* var. *exul* Ridl. (7**): 45 (Y)
- *insigne* var. *maulei*: cv. (Y)
- *insigne* var. *sanderae* (Rchb.f.) Pfitz.: cv. (7**, E**, H**, Y)
- *insigne* var. *sanderianum*: cv. (Y)
- *jackii* Hua (O3/95): 53 (Y**)
46. **javanicum** (Reinw. ex Lindl.) Pfitz. [*P.* javanicum (Reinw. ex Bl.) Pfitz. (7**)] (*P. javanicum* Rolfe, *P. purpurascens* Fowlie, *P. virens* (Rchb.f.) Pfitz., *Cypripedium javanicum* Reinw. ex Lindl., *C. javanicum* Reinw. ex Bl., *C. virens* Rchb.f., *Cordula javanica* (Reinw. ex Lindl.) Rolfe, *C. javanica* (Reinw. ex Bl.) Rolfe, *C. virens* (Rchb.f.) Rolfe) - Java, Bali, Flores, Sum. 750-2.100 m - terr. - *Paph.* sect. *Barbata* (2*, A**, E**, H**, S, Q, Y**)
var. **javanicum** (Q, Y**)
var. **javanicum** f. **nymphenburgianum** (Roeth & Gruss) Cribb (*P. javanicum* var. *nymphenburgianum* Roeth & Gruss) (Y**)
var. **minus** Pfitz. - Sum. (O1/97)
var. **virens** (Rchb.f.) Stein (*P. virens*

(Rchb.f.) Pfitz., *P. purpurascens* Fowlie, *Cypripedium javanicum* var. *virens* (Rchb.f.) Veitch, *C. virens* Rchb.f., *Cordula virens* (Rchb.f.) Rolfe) - end. to N-Born. 900-1.650 m (H, O1/97, Q**, Y**)
- *javanicum* Rolfe: 46 (2*)
- *javanicum* var. *nymphenburgianum* Roeth & Gruss (O1/97): 46 (Y**)
- *javanicum* var. *album*: *P. javanicum* var. *nymphenburgianum* (O1/97)
- *johorense* Fowlie & Yap: 13 (5**, Y**)
- *johorense* Fowlie & Yap: 5 (9**)
- *kaieteurum* (N.E.Br.) Albert: *Phragmipedium kaieteurum* (Y)
- *kalinae* Braem: 89 (Y**)
47. × **kimballianum** (Rchb.f.) Rolfe (*Cypripedium kimballianum* Lind., *Cordula kimballiana* Rolfe) (*P. rothschildianum* × *P. dayanum*) nat. hybr. (Y)
- *klotzscheanum* (Schomb.) Stein: *Phragmipedium* 10 (9**)
- *klotzscheanum* (Rchb.f.) Pfitz.: *Phragmipedium* 10 (9**, O(B)4)
- *klotzscheanum* Kerch.: *Phragmipedium* 10 (O(B)4)
- *klotzscheanum* (Rchb.f.) Stein: *Phragmipedium* 10 (Y)
48. **kolopakingii** Fowlie (*P. topperi* Braem & Mohr) - end. to Born. 600-1.100 m - ter/lit - *Paph.* sect. *Coryopedilum* (5**, 7**, H**, Q**, Y**)
- *laevigatum* (Batem.) Pfitz.: 64 (5**, 7**, 9**, E**, H**, Q**, Y**)
49. **lawrenceanum** (Rchb.f.) Pfitz. (*P. barbatum* ssp. *lawrenceanum* (Rchb.f.) M.W.Wood, *P. hennisianum* (Schoser ex M.W.Wood) Fowlie, *P. hennisianum* var. *fowliei* (Birk) Cribb, *P. fowliei* Birk, *Cypripedium lawrenceanum* Rchb.f., *Cordula lawrenceana* (Rchb.f.) Rolfe, *C. lawrenceana* (Rchb.f.) Merr.) - Born. 300-450 m - terr. - *Paph.* sect. *Barbata* (5**, 7**, 9**, E**, H**, S, Q**, Y**, Z)
  f. **hyeanum** (*P. lawrenceanum* var. *hyeanum* (Lind. & Rodig.) Braem, *Cypripedium lawrenceanum* var. *hyeanum* Lind. & Rodig.) (7**, Y)
  f. **atrorubens** Rolfe (*P. lawrenceanum* var. *atrorubens* Rolfe) (Y)
  f. **coloratum** hort. (*P. lawrenceanum* var. *coloratum* hort.) (Y)

- *lawrenceanum* var. *hyeanum* (Lind. & Rodig.) Braem: form (7**, Y)
- *lawrenceanum* var. *atrorubens* Rolfe: form (Y)
- *lawrenceanum* var. *coloratum* hort.: form (Y)
50. × **leeanum** (*P. spicerianum* × *P. insigne*) (Y)
- *leucochilum* (Rolfe) Fowlie: 34 (5**, 9**, H, Y**)
- *leucochilum* (Rolfe) Fowlie: *P.* × *godefoyae* var. *leucochilum* (7**)
51. **liemianum** (Fowlie) Karasawa & Saito (*P. chamberlainianum* ssp. *liemianum* Fowlie, *P. chamberlainianum* var. *liemianum* (Fowlie) Braem, *P. victoria-regina* ssp. *liemianum* (Fowlie) M.W.Wood) - N-Sum. 600-1.000 m - lith. - *Paph.* sect. *Cochlopetalum* (5**, 9**, Y**)
- *liemianum* (Fowlie) Karasawa & Saito: *P. chamberlainianum* var. *liemianum* (Fowlie) Braem (7**)
- *liemianum* var. *primulinum* (M.W.Wood & P.Tayl.) Karasawa & Saito: 67 (5**, Y**)
- *liemianum* var. *primulinum* Karasawa & Saito: *P. chamberlainianum* var. *primulinum* (7**)
- *liemianum* var. *primulinum* f. *purpurascens* (M.W.Wood) Karasawa & Saito: 67 (5**)
- *liemianum* var. *primulinum* f. *purpurascens* (M.W.Wood) Karasawa & Saito: 67 (Y**)
- *lindenii* (Lindl.) Albert & Pett.: *Phragmipedium* 11 (Y)
- *lindleyanum* (Schomb. ex Lindl.) Pfitz.: *Phragmipedium* 12 (E**, O(B)4, Y)
- *linii* Schoser (S): 13 (5**, 7**, Q**, Y**)
- × *littleanum* Rolfe (*Cordula littleana* (Rolfe) Rolfe) (*P. dayanum* × *P. lawrenceanum*): ? art. hybr. (Y)
- *longifolium* (Warsc. & Rchb.f.) Pfitz.: *Phragmipedium* 13 (9**, Y)
- *longifolium* (Rchb.f.) Stein: *Phragmipedium* 13 (O(B)4)
- *longifolium* var. *roezlii* (Rchb.f.) Hallier: *Phragmipedium* 13 (O(B)4)
- *longifolium* var. *hartwegii* (Rchb.f.) Stein: *Phragmipedium* 8 (O(B)4)
52. **lowii** (Lindl.) Stein [P. lowii (Lindl.) Pfitz. (2*)] (*P. lowii* Rolfe, *P. lowii* var. *cruciforme* Hallier, *Cypripedium*

lowii Lindl., *C. cruciforme* Zoll. & Mor., *Cordula lowii* (Lindl.) Rolfe) - Mal., Sum., Java, Born., Sul. 250-1.600 m - *Paph.* sect. *Pardalopetalum* (2*, 5**, 7**, A**, E, H**, S, Q, Y**, Z**)
    f. **aureum** (Cribb) Cribb (*P. lowii* var. *aureum* Cribb) - Born. (Sarawak) (Q**, Y**)
    var. **lowii** - Mal., Sum., Java, Born. Sul. 200-1.700 m (Q**)
    var. **lynniae** (Gar.) Gruss & Roeth (*P. lynniae* Gar.) - Born. (Y**)
    var. **richardianum** (Asher & Beaman) Gruss & Roeth (*P. richardianum* Asher & Beaman) - Sul. (Y**)
- *lowii* var. *cruciforme* Hallier: 52 (2*)
- *lowii* var. *aureum* Cribb: 52 (Y**)
- *lynniae* Gar.: 52 (Y**)

53. **malipoense** Chen & Tsi - SW-China, N-Viet. 760-1.300 m - terr. - subg. *Parvisepalum* (5**, 7**, H**, O3/96, Y**, Z**)
    var. **hiepii** (Avery.) Cribb (*P. hiepii* Avery.) - N-Viet. 500-600 m (5**, 7**, H**, O3/96, Y**)
    var. **jackii** (Hua) Avery. (*P. jackii* Hua) - SW-China, N-Viet. 1.000-1.050 m (Y**)
- *markianum* Fowlie: 82 (O6/90, Y**)

54. **mastersianum** (Rchb.f.) Stein (*Cypripedium mastersianum* Rchb.f., *Cordula mastersiana* (Rchb.f.) Rolfe) - Mol. 900-2.000 m - terr. - *Paph.* sect. *Barbata* (5**, 7**, 9**, E**, H**, S, O5/97*, Y**, Z**)

55. × **mattesii** Pittenauer ex Roeth & Gruss (*P. barbatum* × *P. bullenianum*) (Y)

56. **micranthum** Tang & Wang (*P. micranthum* var. *marginatum* Fowlie, - ssp. *marginatum* Fowlie, - var. *extendatum* Fowlie, - ssp. *extendatum* Fowlie, - var. *eburneum* Fowlie, - ssp. *eburneum* Fowlie) - SW-China 450-1.550 m - terr. - subg. *Parvisepalum* (4**, 7**, 5**, A**, H**, S, O6/92**, Y**, Z**)
    var. **glanzeanum** Gruss & Roeth (*P. micranthum* var. *alboflavum* Braem) (O2/94, Y)
- *micranthum* ssp. *eburneum* Fowlie: 56 (Y)
- *micranthum* ssp. *extendatum* Fowlie: 56 (Y)
- *micranthum* ssp. *marginatum* Fowlie: 56 (Y)
- *micranthum* var. *alboflavum* Braem: 56 (O2/94, Y)
- *micranthum* var. *eburneum* Fowlie: 56 (Y**)
- *micranthum* var. *extendatum* Fowlie: 56 (Y)
- *micranthum* var. *marginatum* Fowlie: 56 (Y)
- *mirabile* W.Cavestro & G.Chiron: 90 (&13)
- *mohrianum* Braem: 57 (Y**)

57. × **mohrianum** (Braem) Cribb (*P. bullenianum* var. *celebicum* × *P. javanicum*) nat. hybr. (*P. mohrianum* Braem) - Flores (Y**)
- *moquetteanum* (J.J.Sm.) Fowlie: 33 (5**, 7**, Y**)
- *nigritum* (Rchb.f.) Pfitz. (S): 8 (5**, 7**, G**, Y**)

58. × **nitens** (*P. sallieri* God.-Leb.) (*P. villosum* × *P. insigne*) nat. hybr. (Y)

59. **niveum** (Rchb.f.) Stein (*Cypripedium niveum* Rchb.f., *C. concolor* var. *niveum* Rchb.f., *Cordula nivea* (Rchb.f.) Rolfe) - N-Mal., S-Thai. 0-200 m - terr. - subg. *Brachypetalum* (7**, 9**, E**, H**, S, Y**, Z**)
    var. **album** (Mast.) Pfitz. [*P. niveum* var. *album* hort. ex Lind. (7**)] (Y)
    f. **majum** (*P. niveum* var. *majum*) (Y)
    f. **punctatissimum** (*P. niveum* var. *punctatissimum*) (Y)
    f. **punctatum** (*P. niveum* var. *punctatum*) (Y)
    f. **radians** (*P. niveum* var. *radians*) (Y)
    f. **regnieri** (*P. niveum* var. *regnieri*) (Y)
    f. **reticulatum** (*P. niveum* var. *reticulatum*) (Y)
    f. **roseum** (*P. niveum* var. *roseum*) (Y)
- *niveum* var. *majum:* form (Y)
- *niveum* var. *punctatissimum:* form (Y)
- *niveum* var. *punctatum:* form (Y)
- *niveum* var. *radians:* form (Y)
- *niveum* var. *regnieri*: form (Y)
- *niveum* var. *reticulatum*: form (Y)
- *niveum* var. *roseum*: form (Y)

60. **papuanum** (Ridl. ex Rendle) L.O. Wms. [*P. papuanum* (Ridl.) Ridl. (5**, A**)] (*P. zieckianum* Schoser,

Cypripedium papuanum Ridl. ex Rendle) - N.Gui. 800-1.700 m - terr. - *Paph*. sect. *Barbata* (7**, S, Y**)
- *pardinum* (Rchb.f.) Pfitz.: 87 (7**, G**, Y**)
61. **parishii** (Rchb.f.) Stein (*P. dianthum* Tang & Wang, *Cypripedium parishii* Rchb.f., *Cordula parishii* (Rchb.f.) Rolfe, *Selenipedilum parishii* André) - Burm., Thai., China 1.250-2.200 m - epi/lit - *Paph*. sect. *Pardalopetalum* (5**, 7**, 9**, E**, H**, S, Y**, Z**)
- *parishii* var. *dianthum* (Tang & Wang) Karasawa & Saito (5**, 7**, H): 22 (Y**)
62. **parnatanum** W.Cavestro (*P. usitanum* Gruss & Perner) - Phil. (&13**)
- *paulistanum* (Barb.Rodr.) Pfitz.: *Phragmipedium* 19 (Y)
- *pearcei* (Rchb.f.) Albert: *Phragmipedium* 14 (Y)
63. × **pereirae** (Ridl.) P.Tayl. & Pett. (*P. niveum* × *P. exul*) nat. hybr. (Y)
- *petri* (Rchb.f.) Pfitz.: 20 (5**, 7**, 8**, Y**)
64. **philippinense** (Rchb.f.) Stein (*P. laevigatum* (Batem.) Pfitz., *P. philippinense* var. *cannartianum* (Lind.) Pfitz., *Cypripedium philippinense* Rchb.f., *C. laevigatum* Batem., *C. philippinense* var. *roebelenii* Veitch, *C. roebelenii, roebellinii, roebelinii, roebbelinii* (Veitch) Rchb.f., *C. roebelenii* var. *cannartianum* Lind., *C. cannartianum* Lind., *Cordula philippinensis* (Rchb.f.) Rolfe, *Selenipedium laevigatum* (Batem.) May) - Phil., Born. 0-500 m - ter/lit - *Paph*. sect. *Coryopedilum* (4**, 5**, 7**, 9**, E**, H**, S, Q**, Y**)
f. **album** Valmayor & Tiu (Y)
var. **roebelenii** (Veitch) Cribb [*P. philippinense* var. *roebbelinii* (Rchb.f.) Cribb (7**, $50/8)] (*P. roebelinii* (Rchb.f.) Pfitz., *P. roebelenii* (Veitch) Pfitz., *Cypripedium philippinense* var. *roebelenii* Veitch, *C. roebelinii* Rchb.f.) - Phil. (Luzon) (5**, Q, Y)
- *philippinense* var. *cannartianum* (Lind.) Pfitz.: 64 (5**, Q**, Y**)
- *potentianum* Gruss & Roeth: 15 (Y**)
65. × **powellii** E.A.Christ. (*P. callosum* × *P. exul*) nat. hybr. (Y)

66. × **pradhanii** Pradhan (*P. fairrieanum* × *P. venustum*) nat. hybr. (O1/91, Y)
- *praestans* (Rchb.f.) Pfitz. (9**, E, S) [*P.* praestans (Rchb.f.) Stein ($50/8)]: 32 (5**, 7**, H**, Y**)
- *praestans* ssp. *wilhelminiae* (L.O.Wms.) M.W.Wood: 95 (Y**)
- *praestans* ssp. *wilhelminae* M.W.Wood: *P. glanduliferum* var. *wilhelminae* (5**)
- *praestans* var. *kimballianum* (Lind. & Rodig.) Pfitz.: *P. praestans* (9**)
- *praestans* var. *kimballianum* (Lind. & Rodig.) Pfitz.: 32 (5**, Y**)
67. **primulinum** M.W.Wood & P.Tayl. (*P. victoria regina* ssp. *primulinum* (M.W.Wood & P.Tayl.) Karasawa & Saito, *P. victoria regina* var. *primulinum* M.W.Wood, *P. liemianum* var. *primulinum* (M.W.Wood & P.Tayl.), *P. chamberlainianum* var. *flavum* Fowlie, - var. *primulinum* (M.W.Wood & P.Tayl.) Braem, - f. *primulinum* var. *flavum* Fowlie, - ssp. *liemianum* f. *primulinum* (M.W.Wood & P.Tayl.), - ssp. *liemianum* f. *primulinum* var. *flavum* Fowlie) - N-Sum. 5-500 m - lith. - *Paph*. sect. *Cochlopetalum* (E**, H**, Y**, Z**)
var. **purpurascens** (M.W.Wood) Cribb (*P. victoria-regina* f. *purpurascens* M.W.Wood, - ssp. *primulinum* f. *purpurascens* M.W.Wood, *P. liemianum* var. *primulinum* f. *purpurascens* (M.W.Wood) Karasawa & Saito, *P. chamberlainianum* var. *flavescens* Fowlie, - ssp. *liemianum* f. *primulinum* var. *flavescens*) - N-Sum. 5-500 m (5**, Y**)
- *primulinum* M.W.Wood & P.Tayl.: *P. chamberlainianum* var. *primulinum* (7**)
- *purpurascens* Fowlie: 46 (7**)
- *purpurascens* Fowlie: 46 (O1/97, Q**, Y**)
68. **purpuratum** (Lindl.) Stein (*P. sinicum* (Hance ex Rchb.f.) Stein, *Cypripedium purpuratum* Lindl., *C. sinicum* Hance ex Rchb.f., *Cordula purpurata* (Lindl.) Rolfe) - Hong., SE-China, Hain. 30-700 m - terr. - *Paph*. sect. *Barbata* (7**, 9**, E**, G**, H**, S, Y**)
69. **randsii** Fowlie [*P. randsii* Schoser

(S)] - Phil. ca. 500 m - terr. - *Paph.* sect. *Coryopedilum* (5**, 7**, A**, E**, H**, $50/8, Y**, Z**)
- *reflexum* hort. ex Stein: 15 (7**)
- *regnieri* hort. ex Stein: 15 (7**)
- *reticulatum* (Rchb.f.) Pfitz.: *Phragmipedium* 2 (O(B)4)
- *reticulatum* (Rchb.f.) Pfitz.: *Phragmipedium* 2 (Y)
- *richardianum* Asher & Beaman: 52 (Y**)
- *robinsonii* (Ridl.) Ridl. (7**, 9**): 13 (5**, Y**)
- *robinsonii* (Ridl.) Ridl.: 8 (S)
- *roebelenii* (Veitch) Pfitz. [P. roebbelinii (Rchb.f.) Pfitz. (S)]: 64 (5**, Y)
- *roebelinii* (Rchb.f.) Pfitz.: 64 (7**, 9**, E**, H**)
- *roezlii* (Rchb.f.) Pfitz.: *Phragmipedium roezlii* (9**)
- *roezlii* (Rchb.f.) Pfitz.: *Phragmipedium* 13 (O(B)4)
- *roezlii* (Rchb.f.) Pfitz.: *Phragmipedium* 13 (Y)
70. **rothschildianum** (Rchb.f.) Stein (*P. elliottianum* (O'Brien) Stein, *P. elliottianum* (O'Brien) Pfitz., *P. rothschildianum* var. *elliottianum* (O'Brien) Pfitz., *Cypripedium rothschildianum* Rchb.f., *C. elliottianum* O'Brien, *C. neo-guineense* Lind. inv. name, *C. nicholsianum* ex hort., *Cordula rothschildiana* (Rchb.f.) Merr., *C. rothschildiana* (Rchb.f.) Rolfe, *C. rothschildiana* (Rchb.f.) Ames) - end. to Born. 600-1.200 m - ter/lit - *Paph.* sect. *Coryopedilum* (5**, 7**, 9**, A**, E**, H**, S, Q**, Y**, Z**)
- *rothschildianum* var. *elliottianum* (O'Brien) Pfitz.: 70 (5**, 9**, Q**, Y**)
- *saccopetalum* Hua: 43 (Y**)
- *sallieri* God.-Leb.: 58 (Y)
71. **sanderianum** (Rchb.f.) Stein (*Cypripedium sanderianum* Rchb.f., *C. foerstermanni* hort., *Cordula sanderiana* (Rchb.f.) Rolfe) - end. to Born. up to 900 m - lith. - *Paph.* sect. *Coryopedilum* (5**, 7**, S, $50/8, Q**, Y**, Z)
72. **sangii** Braem - Sul. - terr. - *Paph.* sect. *Barbata* (7**, Y**)
- *sargentianum* (Rolfe) Hallier: *Phragmipedium* 17 (9**)
- *sargentianum* (Rolfe) Albert: *Phragmipedium* 17 (Y)
- *schlimii* (Lind. & Rchb.f.) Pfitz.: *Phragmipedium* 18 (9**)
- *schlimii* (Lind. & Rchb.f.) Stein: *Phragmipedium* 18 (O(B)4, Y)
- *schmidtianum* Kraenzl.: 27 (S)
- *schomburgkianum* (Rchb.f.) Pfitz.: *Phragmipedium* 10 (E**)
73. **schoseri** Braem & Mohr (*P. bacanum* Schoser n.n.) - Indon. 1.100-1.300 m - ter/lit - *Paph.* sect. *Barbata* (Y**)
74. × **shipwayae** Rolfe (*Cordula shipwayae* Rolfe) (*P. hookerae* × *P. dayanum*) (Y)
75. × **siamense** Rolfe (*Cypripedium siamense* Rolfe, *Cordula siamensis* Rolfe) (*P. callosum* × *P. appletonianum*) nat. hybr. (Y)
- *sinicum* (Hance ex Rchb.f.) Stein: 68 (7*, Y**)
- *socco* (Vell.) Pfitz.: *Catasetum* 142 (G**)
- *socco* (Vell.) Pfitz.: *Catasetum* 102 (Y)
76. **spicerianum** (Rchb.f.) Pfitz. [P. spicerianum (Rchb.f.) Stein (7**)] (*Cypripedium spicerianum* Rchb.f., *Cordula spiceriana* (Rchb.f.) Rolfe) - NE-Ind., NW-Burm., SW-China 300-1.300 m - lit/ter - *Paph.* sect. *Paphiopedilum* (5**, 9**, E**, H**, S, Y**, Z**)
77. × **spicero-venustum** Pradhan (*P. spicerianum* × *P. venustum*) (O1/91, Y)
- *sriwaniae* Koop. (O1/92): 6 (Y**)
78. **stonei** (Hook.) Stein (*P. stonei* var. *platytaenium* (Rchb.f.) Pfitz., *Cypripedium stonei* Hook., *C. stonei* var. *platytaenium* Rchb.f., *C. platytaenium* Rchb.f., *Cordula stonei* (Hook.) Merr., *C. stonei* (Hook.) Rolfe, *C. stonei* var. *platytaenia* (Rchb.f.) Ames) - end. to Born. 60-700 m - *Paph.* sect. *Coryopedilum* (5**, 7**, 9**, E**, H**, S, Q**, Y**, Z**)
cv. 'candidum' (*P. stonei* var. *candidum* (Mast.) Pfitz.) (Y)
cv. 'latifolium' (*P. stonei* var. *latifolium* hort.) (Y)
cv. 'platytaenium' (P. *stonei* var. *platytaenium* (Rchb.f.) Stein) (H, Q**, Y)
- *stonei* var. *candidum* (Mast.) Pfitz.: cv. (Y)

- *stonei* var. *latifolium* hort.: cv. (Y)
- *stonei* var. *platytaenium* (Rchb.f.) Stein: cv. (H, Q**, Y)
- *stonei* var. *stictopetalum* M.W.Wood: art. hybr. (*P. stonei* × *P. spicerianum* ?) (Y)
- *striatum* M.Clem. & D.Jones: 95 (Y**)
- *sublaeve* (Rchb.f.) Fowlie: 15 (5**, Y**)
- *sublaeve* (Rchb.f.) Fowlie: 15 (7**)
79. **sukhakulii** Schoser & Sengh. - NE-Thai. up to 1.000 m - terr. - *Paph.* sect. *Barbata* (4**, 7**, 9**, E**, H**, S, &2, Y**, Z**)
80. **supardii** Braem & Loeb (*P. devogeli* Schoser & Van Deelder, *P. 'victoria'* de Vogel) - end. to Born. 600-960 m - lith. - *Paph.* sect. *Coryopedilum* (5**, 7**, H**, O1/95, Q**, Y**)
81. **superbiens** (Rchb.f.) Stein (*P. curtisii* (Rchb.f.) Stein, *Cypripedium superbiens* Rchb.f., *C. veitchianum* hort. ex Lem., *C. barbatum* var. *veitchii* Lem., - var. *veitchii* van Houtte, - var. *superbum* E.Morr., *C. curtisii* Rchb.f., *Cordula superbiens* (Rchb.f.) Rolfe, *C. curtisii* (Rchb.f.) Ktze.) - Sum. 900-1.300 (-2.200) m - terr. - *Paph.* sect. *Barbata* (5**, 7**, 9**, E, H**, S, Y**)
  f. **sanderae** (Curt.) M.W.Wood (*P. superbiens* var. *sanderae* (Curt.) Braem) (Y)
  var. **curtisii** (Rchb.f.) Braem (*P. curtisii* (Rchb.f.) Stein, *Cypripedium curtisii* Rchb.f., *Cordula curtisii* (Rchb.f.) Rolfe) - Sum. 900-1.300 m (7**, Y**)
- *superbiens* ssp. *ciliolare* (Rchb.f.) M.W.Wood: 17 (5**, 7**, 9**, Y**)
- *superbiens* var. *sanderae* (Curt.) Braem (7**): 81 (Y)
- '*thailandense*' Fowlie: 15 (5**, Y**)
- *thailandense* Fowlie: 15 (7**)
82. **tigrinum** Koop. & Hasegawa (*P. markianum* Fowlie) - SW-China 1.400-1.900 m - terr. - *Paph.* sect. *Paphiopedilum* (O5/90, O6/90, Y**)
83. **tonsum** (Rchb.f.) Stein (*P. braemii* Mohr, *Cypripedium tonsum* Rchb.f., *Cordula tonsa* (Rchb.f.) Rolfe) - Sum. 1.000-1.800 m - terr. - *Paph.* sect. *Barbata* (5**, 7**, 9**, E**, H**, S, Y**, Z**)
  var. **braemii** (Mohr) Gruss (*P. braemii* Mohr) - Sum. 800-1.500 m - terr. (Y**)
- *topperi* Braem & Mohr: 48 (H**, Y**)
- *tortipetalum* Fowlie: 5 (7**)
- *tortipetalum* Fowlie: 13 (Y**)
- *tortisepalum* Fowlie: 13 (5**)
84. **tranlienianum** Gruss & Perner - N-Viet. ca. 500 m (&11**)
85. **urbanianum** Fowlie - Phil. 400-800 m - terr. - *Paph.* sect. *Barbata* (7**, O2/95, Y**, Z**)
- *usitanum* Gruss & Perner: 62 (&13**)
86. × **venusto-insigne** Pradhan (*P. venusto-insigne* var. *leopardinum* Pradhan n.n., - v. *purpurea* Pradhan n.n.) (*P. venustum* × *P. insigne*) (O1/91, Y)
- *venusto-insigne* var. *leopardinum* Pradhan n.n.: 86 (Y)
- *venusto-insigne* var. *purpurea* Pradhan n.n.: 86 (Y)
87. **venustum** (Wall. ex Sims) Pfitz (*P. pardinum* (Rchb.f.) Pfitz., *P. venustum* var. *pardinum* (Rchb.f.) Pfitz., *Cypripedium venustum* Wall. ex Sims, *C. pardinum* Rchb.f., *Cordula venusta* (Wall. ex Sims.) Rolfe, *Stimegas venusta* (Wall. ex Sims) Raf.) - NE-Ind., NE-Bang., Sik., Bhut. 60-1.300 m - terr. - *Paph.* sect. *Barbata* (7**, 9**, O1/91, A**, E**, H**, S, Y**, Z**)
  f. **measuresianum** hort. (*P. venustum* var. *measuresianum* hort.) (7**, Y)
  cv. 'atratum' (*P. venustum* var. *atratum* Pradhan) (Y)
  cv. 'bhutanense' (*P. venustum* var. *bhutanense* Pradhan) (Y)
  cv. 'bruneoviride' (*P. venustum* var. *bruneoviride* Pradhan) (Y)
  cv. 'pynurslanum' (*P. venustum* var. *pynurslanum* Pradhan) (Y)
  cv. 'rubrum' (*P. venustum* var. *rubrum* Pradhan) (Y)
  cv. 'teestaense' (*P. venustum* var. *teestaense* Pradhan) (Y)
- *venustum* var. *atratum* Pradhan: cv. (Y)
- *venustum* var. *bhutanense* Pradhan: cv. (Y)
- *venustum* var. *bruneoviride* Pradhan: cv. (Y)
- *venustum* var. *measuresianum* hort.: form (7**, Y)

- *venustum* var. *pardinum* (Rchb.f.) Pfitz.: 87 (G**, Y**)
- *venustum* var. *pynurslanum* Pradhan: cv. (Y)
- *venustum* var. *rubrum* Pradhan: cv. (Y)
- *venustum* var. *teestaense* Pradhan: cv. (Y)
- '*victoria*' de Vogel: 80 (Q**)
88. **victoria-mariae** (Sand. ex Mast.) Rolfe [P. victoria-mariae (Rolfe) Hook.f. (S)] (*P. victoria-regina* M. W.Wood non Sand., *P. victoria-regina* (Sand.) M.W.Wood, *Cypripedium victoria-mariae* Sand. ex Mast., *C. chamberlainianum* f. *victoria mariae* (Sand. ex Mast.) Rolfe, *C. victoria-regina* Sand., *Cordula victoria-mariae* (Sand. ex Mast.) Rolfe) - Sum. 1.500-2.000 m - lith. - *Paph*. sect. *Cochlopetalum* (5**, 9**, Y**, Z**)
- *victoria-mariae* (Sand. ex Mast.) Rolfe: 89 (7**)
- *victoria-mariae* (Sand. ex Mast.) Rolfe: *P. chamberlainianum* (E**)
89. **victoria-regina** (Sand.) M.W.Wood (*P. chamberlainiaum* (O'Brien) Stein, *P. chamberlainiaum* (Sand.) Stein, *P. kalinae* Braem, *P. victoria-regina* var. *kalinae* (Braem) Koop., *P. victoria-mariae* (Sand. ex Mast.) Rolfe., *P. victoria-regina* ssp. *chamberlainianum* (Sand.) M.W.Wood, *Cypripedium victoria-regina* Sand., *C. victoria-mariae* Sand. ex Mast., *C. chamberlainianum* (Sand.) Stein, *C. chamberlainianum* O'Brien, *C. chamberlainianum* f. *victoria-mariae* (Sand. ex Mast.) Rolfe, *Cordula victoria-mariae* (Sand. ex Mast.) Rolfe, *C. chamberlainiana* (Rchb.f.) Rolfe) - Sum. 800-1.600 m - lith. - *Paph*. sect. *Cochlopetalum* (5**, 7**, H**, Y**, Z**)
- *victoria-regina* M.W.Wood non Sand: 88 (Y**)
- *victoria-regina* (Sand.) M.W.Wood: 88 (5**, H**)
- *victoria-regina* (Sand.) M.W.Wood: *P. chamberlainianum* (7**, E**)
- *victoria-regina* f. *purpurascens* Wood: 67 (Y)
- *victoria-regina* ssp. *chamberlainianum* (Sand.) M.W.Wood: 89 (Y**)
- *victoria-regina* ssp. *chamberlainianum* (Sand.) M.W.Wood.: *P. chamberlainianum* (7**, 9**)
- *victoria-regina* ssp. *glaucophyllum* (J.J.Sm.) M.W.Wood: 33 (5**, 7**, 9**, Y**)
- *victoria-regina* ssp. *glaucophyllum* var. *moquetteanum*: 33 (5**)
- *victoria-regina* var. *kalinae* (Braem) Koop.: 89 (Y**)
- *victoria-regina* ssp. *liemianum* (Fowlie) M.W.Wood: 51 (5**, 9**,Y)
- *victoria-regina* ssp. *liemianum* (Fowlie) M.W.Wood: *P. chamberlainianum* var. *liemianum* (7**)
- *victoria-regina* ssp. *primulinum* (M. W.Wood & P.Tayl.) Karasawa & Saito: 67 (E**, H**, Y**)
- *victoria-regina* ssp. *primulinum* M. W.Wood: *P. chamberlainianum* var. *primulinum* (7**)
- *victoria-regina* ssp. *primulinum* f. *purpurascens* M.W.Wood: 67 (5**, Y**)
- *victoria-regina* ssp. *victoria-regina*: 88 (9**)
- *victoria-regina* var. *moquetteanum* (J.J.Sm.) M.W.Wood: 33 (Y**)
- *victoria-regina* var. *primulinum* M. W.Wood: 67 (5**)
90. **vietnamense** Gruss & Perner (*P. hilmari* Sengh. & Schettler, *P. mirabile* W.Cavestro & G.Chiron) - Viet. (&13**)
91. **villosum** (Lindl.) Stein (*P. villosum* var. *affine* (De Wild.) Braem, - var. *annamense* Rolfe, *P. boxallii* (Rchb.f.) Pfitz., *Cypripedium villosum* Lindl., *C. boxallii* Rchb.f., *Cordula villosa* (Lindl.) Rolfe, *C. boxallii* (Rchb.f.) Rolfe, *C. gratixiana* (Rchb. f.) Rolfe) - NE-Ind., Burm., Thai. 1.100-2.000 m - epi/lit - *Paph*. sect. *Paphiopedilum* (4**, 5**, 7**, 9**, E**, H**, S, Y**, Z**)
f. **aureum** Braem (*P. villosum* var. *aureum* Braem) (Y)
var. **annamense** Rolfe - China, Laos, Viet. (5**, Y**)
var. **boxallii** (Rchb.f.) Pfitz. [*P. villosum* var. *boxallii* (Rchb.f.) Veitch (7**, S)] (*P. boxallii* (Rchb.f.) Pfitz., *P. de(i)lectum* (Rchb.f.) Pfitz., *Cypripedium boxallii* Rchb.f., *C. boxallii* var. *atratum* Mast., *C. villosum* var. *boxallii* (Rchb.f.) Veitch, *C. dilectum* Rchb.f., *Cordula boxallii* (Rchb.f.) Rolfe) - Burm. (5**, H, Y**)

var. **measuresianum** O'Brien (Y)
var. **villosum** (Y)
- *villosum* var. *affine* (De Wild.) Braem (7**): 91 (Y)
- *villosum* var. *annamense* Rolfe: 91 (9**)
- *villosum* var. *aureum* Braem: form (Y)
- *villosum* var. *gratrixianum* (Mast.) Braem (7**): 35 (Y**)
92. **violascens** Schltr. (*P. violascens* var. *gautierense* J.J.Sm., *P. bougainvilleanum* Fowlie, *P. wentworthianum* Schoser & Fowlie ex Fowlie, *Cordula violascens* (Schltr.) Rolfe) - N. Gui., Sol. 200-1.200 m - ter/epi - *Paph.* sect. *Barbata* (5**, 7**, E**, H**, S, Y**)
- *violascens* var. *gautierense* J.J.Sm.: 92 (5**, 7**, Y**)
- *violascens* var. *bougainvilleanum* (Fowlie) Koop.: 12 (Y**)
- *virens* (Rchb.f.) Pfitz. (O1/97, E, S): 46 (Q**, Y**)
- *virens* (Rchb.f.) Pfitz.: 46 (7**)
- *vittatum* (Vell.) Stein: *Phragmipedium* 19 (O(B)4, Y)
- *vittatum* (Vell.) Pfitz.: *Phragmipedium* 19 (O6/94)
- *vittatum* (Vell.) Kerch.: *Phragmipedium* 19 (O6/94)
- *volonteanum* (Sand. ex Rolfe) Pfitz. (S): 44 (5**, Q**)
- *volonteanum* (Sand. ex Rolfe) Stein: 44 (Y**)
- *wallisii* (Rchb.f.) Pfitz.: *Phragmipedium* 4 (O(B)4)
- *wallisii* (Rchb.f.) Pfitz.: *Phragmipedium wallisii* (Y)
93. **wardii** Summerh. (*Cypripedium wardii* (Summerh.) Curt., *C. wardianum* Cooper) - N-Burm., SW-China 1.200-1.500 m - terr. - *Paph.* sect. *Barbata* (A**, 9**, H, S, Y**, Z**) var. **alboviride** Gruss & Roeth (O3/98)
- *wardii* Summerh.: *Paphiopedilum x wardii* (7**)
- × *wardii* Summerh. (7**, O5/94): 93 (Y)
- *warscewiczianum* (Rchb.f.) Pfitz.: *Phragmipedium* 4 (Y)
94. **wentworthianum** Schoser & Fowlie (*P. 'dennisii'* Schoser) - Boug., Sol. 900-1.800 m - terr. - *Paph.* sect. *Barbata* (5**, S, Y**)

- *wentworthianum* Schoser & Fowlie: 92 (7**)
95. **wilhelminiae** L.O.Wms. (*P. bodegomii* Fowlie n.n., *P. praestans* ssp. *wilhelminiae* (L.O.Wms.) M.W.Wood, *P. gardineri* sensu Kennedy, *P. glanduliferum* var. *wilhelminiae* (L.O. Wms.) Cribb, *P. striatum* M.Clem. & D.Jones) - N.Gui., 1.700-1.800 m - terr. - *Paph.* sect. *Coryopedilum* (S, O2/94, Y**)
- *wilhelminiae* L.O.Wms.: 32 (7**)
- *wolterianum* (Kraenzl.) Pfitz. (S): 5 (5**, 7**, 9**, Y**)
- *xerophyticum* (Soto, Arenas, Salazar & Hagsater) Albert & Pett.: *Mexipedium* 1 (O(B)4, Y)
- *zieckianum* Schoser (S): 60 (5**, 7**, Y**)
× *Papilachnis*: × *Aranda* (*Arachnis* × *Papilionanthe* (*Vanda*)
× *Papilandachnis*: × *Aranda* (*Arachnis* × *Papilionanthe* (*Vanda*) × *Vanda*)
× *Papilanthera*: × *Renantanda* (*Papilionanthe* (*Vanda*) × *Renanthera*)
× *Papiliocentrum*: × *Ascocenda* (*Ascocentrum* × *Papilionanthe* (*Vanda*)
× *Papiliodes*: × *Aëridovanda* (*Aërides* × *Papilionanthe* (*Vanda*)
× *Papilionanda*: *Vanda* (*Papilionanthe* (*Vanda*) × *Vanda*)

Papilionanthe Schltr. - 1915 - *Subfam. Epidendroideae Tribus: Vandeae Subtr. Sarcanthinae* - (*Vanda* sect. *Teretifolia* Pfitz., *Aerides* sect. *Phalaenidium* Pfitz., *Mesoclastes* Lindl. p.p.) - 11 sp. ter/epi - SE-As., Mal.
1. **biswasiana** (Ghose & Muk.) Gar. (*Aerides biswasiana* Ghose & Muk.) - Burm. (S)
- *flavescens* (Schltr.) Gar.: *Holcoglossum* 2 (S)
2. **greenii** (W.W.Sm.) Gar. - Him. (S)
3. **hookeriana** (Rchb.f.) Schltr. (*Vanda hookeriana* Rchb.f.) - Thai., Viet., Mal., Born., Sum. sea level - „Kinta Weed" (H, Q**, S*, Z**)
4. **longicornu** (Hook.f.) Gar. (*Aerides longicornu* Hook.f.) - Ind. 2.500 m (O3/83)
5. **pedunculata** (Kerr) Gar. (*Aerides pedunculata* Kerr) - Viet. (S)
6. **sillemiana** (Rchb.f.) Gar. - Burm. (S)
7. **subulata** (Koenig) Gar. (*Aerides cy-*

lindrica Lindl., *A. subulata* (Koenig) Schltr.) - Sri L., S-Ind. - epi. - scented (S*)
8. **teres** (Roxb.) Schltr. (*Dendrobium teres* Roxb., *Vanda teres* (Roxb.) Lindl.) - Nep., Sik., N-Ind., Burm., Thai., Laos (9**, A**, G**, H**, S*, Z**)
9. **tricuspidata** (J.J.Sm.) Gar. (*Vanda tricuspidata* J.J.Sm.) - Sund. (S)
10. **uniflora** (Lindl.) Gar. (*Aerides uniflora* (Lindl.) Summerh., *A. longicornu* Hook.f.) - Him., Nep., Sik., Bhut., Ass. 1.500-2.100 m - epi. (S)
11. **vandarum** (Rchb.f.) Gar. (*Aerides cylindrica* Hook. non Lindl., *A. vandarum* Rchb.f.) - Nep., Sik., Ass., Manipur 1.500-1.700 m (9**, H**, S*)
× *Papilionetia*: × *Vandofinetia* (*Neofinetia* × *Papilionanthe* (*Vanda*)
× *Papiliopsis*: × *Opisanda* (*Papilionanthe* (*Vanda*) × *Vandopsis*)
Papiliopsis Morren - 1874: *Psychopsis* Raf. (S)
- *krameriana* (Rchb.f.) Morren ex Cogn.: *Psychopsis* 1 (9**)
- *nodosus* Morren: *Psychopsis* 1 (9**)
- *nodosus* Morren: *Oncidium kramerianum* (8**)
× *Papilisia*: × *Luisanda* (*Luisia* × *Papilionanthe* (*Vanda*)
Papillilabium Dockr. - 1967 - *Subfam. Epidendroideae Tribus: Vandeae Subtr. Sarcanthinae* - 1 sp. epi. - Austr.
1. **beckleri** (F.v.Muell. ex Benth.) Dockr. (*Sarcochilus beckleri* (F.v.Muell. ex Benth.) F.v.Muell.) - end. to Austr. (Qld., NSW) to 600 m (P**, S*)
Papperitzia Rchb.f. - 1852 - *Subfam. Epidendroideae Tribus: Oncidieae Subtr. Oncidiinae* - 1 sp. epi. - Mex.
1. **leiboldii** (Rchb.f.) Rchb.f. (*Leochilus leiboldii* Rchb.f.) - Mex. (S*, Z**)
Papuaea Schltr. - 1919 - *Subfam. Spiranthoideae Tribus: Erythrodeae* - 1 sp. terr. - N.Cal.
1. **reticulata** Schltr. - N.Cal. (S)
Paracalanthe Kudô - 1930: *Cephalantheropsis* Guill. (S)
- *reflexa* (Maxim.) Kudô: *Calanthe* 39 (9**)
- *venusta* (Schltr.) Kudô: *Cephalantheropsis* 2 (9**)

Paracaleana Blaxell - 1972: *Caleana* R.Br. (S)
Paracaleana Blaxell - 1972 - *Subfam. Orchidoideae Tribus: Diurideae Subtr. Caladeniinae* - ca. 4 sp. terr. - Austr., N.Zeal.
1. **minor** (R.Br.) Blaxell (*P. sullivanii* (F.v.Muell.) Blaxell, *Caleana sullivanii* F.v.Muell., *Caleana nublingii* Nicholls, *C. minor* R.Br.) - Austr. (Qld., NSW, ACT, Vic., SA), N.Zeal. (P**)
- *nigrita* (Lindl.) Blaxell: *Caleana* 2 (P*)
2. **nigrita** (Lindl.) Blaxell (*Caleana nigrita* Lindl.) - end. to W-Austr. (P*)
- *sullivanii* (F.v.Muell.) Blaxell: 1 (P**)
× **Parachilus (Prcls.)** (*Parasarcochilus* × *Sarcochilus*)
× *Parachnis*: × *Arachnopsis* (*Arachnis* × *Paraphalaenopsis* (*Phalaenopsis*))
Paradisanthus (Pdsnth.) Rchb.f. - 1852 - *Subfam. Epidendroideae Tribus: Maxillarieae Subtr. Zygopetalinae* - 4/6 sp. terr. - Braz.
1. **bahiensis** Rchb.f. - Braz. - terr. (O3/81, S*)
2. **ionopterus** Schltr. - Braz. (O3/81)
3. **micranthus** (Barb.Rodr.) Schltr. (*P. paranaensis* Barb.Rodr.) - Braz.- terr. (O3/81, S)
4. **mosenii** Rchb.f. - Braz. (O3/81, S)
5. **neglectus** Schltr. - Braz. (O3/81, S)
- *paranaensis* Barb.Rodr. (O3/81): 3 (S)
6. **paulensis** Barb.Rodr. - Braz. (O3/81)
Paragnathis Spreng. - 1826: *Diplomeris* D.Don (S)
- *pulchella* (D.Don) Spreng.: *Diplomeris* 5 (6*, G)
× *Paramayara*: × *Moirara* (*Papilionanthe* (*Vanda*) × *Paraphalaenopsis* (*Phalaenopsis*) × *Renanthera* × *Vanda*)
× *Parandachnis*: × *Trevorara* (*Arachnis* × *Paraphalaenopsis* (*Phalaenopsis*) × *Vanda*)
× *Parandanthe*: × *Vandaenopsis* (*Euanthe* (*Vanda*) × *Paraphalaenopsis* (*Phalaenopsis*) × *Vanda*)
× *Paranthe*: × *Vandaenopsis* (*Euanthe* (*Vanda*) × *Paraphalaenopsis* (*Phalaenopsis*))
× *Paranthera*: × *Sappanara* (*Arachnis* × *Paraphalaenopsis* (*Phalaenopsis*) × *Renanthera*)

Parapactis Zimmerm. - 1922: *Epipactis* Zinn (S)
× *Parapapilio*: × *Vandaenopsis* (*Papilionanthe* (*Vanda*) × *Paraphalaenopsis* (*Phalaenopsis*)
Paraphalaenopsis A.D.Hawk. - 1964 - *Subfam. Epidendroideae Tribus: Vandeae Subtr. Sarcanthinae* - 4 sp. epi. - end. to Born. 0-700 m - scented
1. **denevei** (J.J.Sm.) A.D.Hawk. (*Phalaenopsis denevei* J.J.Sm., *Vanda denevei* (J.J.Sm.) Zurow.) - end. to Born. ca. 300 m - scented (9**, O3/91, H**, Q**, S)
2. **labukensis** A.Lamb, Chan & Shim (*Phalaenopsis labukensis* (Shim, A.Lamb & Chan) Shim) - end. to Born. 500-1.000 m - scented (O3/91, H**, O2/88, Q**, O4/93**, S)
3. **laycockii** (Henderson) A.D.Hawk. (*Phalaenopsis laycockii* Henderson) - end. to Born. - scented (O3/91, H**, Q**, S*)
4. **serpentilingua** (J.J.Sm.) A.D.Hawk. (*Phalaenopsis serpentilingua* J.J.Sm., *P. denevei* var. *alba* Price, *P. simonsei* Simonse) - end. to Born. ca. 1.000 m - scented (O3/91, H, Q**, S)
5. × **thorntonii** (Holtt.) A.D.Hawk. (*P. serpentilingua* × *P. denevei*) nat. hybr. (S)
Parapteroceras Avery. - 1990 - *Aeridinae* (S) - 5 sp. - Phil., Thai., Java
- *carnosum* (Seidenf.) Avery.: 5 (O2/95)
1. **elobe** (Seidenf.) Avery. - Thai. (S)
2. **erosulum** (J.J.Sm.) J.J.Wood - Lombok (S)
3. **escritorii** (Ames) J.J.Wood (*Saccolabium escritorii* Ames, *Tuberolabium escritorii* (Ames) Gar.) - Phil. (O2/95) ↠ Tuberolabium 4
4. **odoratissima** (J.J.Sm.) J.J.Wood - Java (S)
5. **quisumbingii** (L.O.Wms.) J.J.Wood (*P. carnosum* (Seidenf.) Avery., *Saccolabium quisumbingii* L.O.Wms., *Tuberolabium kotoense* sensu Gar. non Yamamoto) - Phil. (O2/95)
× *Pararenanthera*: × *Renanthopsis* (*Paraphalaenopsis* (*Phalaenopsis*) × *Renanthera*)
× *Pararides*: × *Aëridopsis* (*Aërides* × *Paraphalaenopsis* (*Phalaenopsis*)

Parasarcochilus Dockr. - 1967: *Pteroceras* Hasselt ex Hassk.
Parasarcochilus (Psarco.) Dockr. - 1967 - *Aeridinae* (S) - 3 sp. epi. - Austr.
1. **hirticalcar** Dockr. (*Sarcochilus hirticalcar* (Dockr.) M.Clem. & Wall., *Pteroceras hirticalcar* (Dockr.) Gar.) - Austr. (N-Qld.) 500-700 m (S*)
↠ *hirticalcar* Dockr.: *Sarcochilus* 12 (P**)
2. **spathulatus** (R.Rogers) Dockr. (*Pteroceras spathulatus* R.Rogers, *Sarcochilus spathulatus* R.Rogers, *S. harriganae* Rupp) - end. to Austr. (Qld., NSW) (P*, S*)
3. **weinthalii** (F.M.Bailey) Dockr. (*Sarcochilus weinthalii* F.M.Bailey) - Austr. (Qld., NSW) to 700 m (S)
↠ *weinthalii* (F.M.Bailey) Dockr.: *Sarcochilus* 22 (P*)
× *Paravanda*: × *Vandaenopsis* (*Paraphalaenopsis* (*Phalaenopsis*) × *Vanda*)
× *Paravandanthera*: × *Moirara* (*Paraphalaenopsis* (*Phalaenopsis*) × *Renanthera* × *Vanda*)
Parhabenaria Gagn. - 1932 - *Habenariinae* (S) - 2 sp. terr. - Camb.
1. **cambodiana** Gagn. - Camb. (S)
2. **cochinchinensis** Gagn. - Camb. (S)
Parlatorea Barb.Rodr. - 1877: *Sanderella* Ktze.
× **Parnataara (Parn.)** (*Aërides* × *Arachnis* × *Phalaenopsis*)
Pattonia Wight - 1851: *Grammatophyllum* Bl. (S)
- *macrantha* Wight: *Grammatophyllum* 6 (2*, 9**)
× **Pattoniheadia** (*Bromheadia* × *Pattoniaenopsis*) n.n.
× **Paulara (Plra.)** (*Ascocentrum* × *Doritis* × *Phalaenopsis* × *Renanthera* × *Vanda*)
× **Paulsenara (Plsra.)** (*Aërides* × *Arachnis* × *Trichoglottis*)
Paxtonia Lindl. - 1838: *Spathoglottis* Bl. (S)
- *rosea* Lindl.: *Spathoglottis* 34 (9**, G**)
× **Pectabenaria** (*Habenaria* × *Pecteilis*)
Pecteilis Raf. - 1836 - *Subfam. Orchidoideae Tribus: Orchideae Subtr. Habenariinae* - (*Hemihabenaria* Finet) - ca. 9 sp. terr. - SE-As. to Jap.
- *bassacensis* (Gagn.) Tang & Wang: 1 (6*)

- *gigantea* (Smith) Raf.: 4 (9**, S)
1. **henryi** Schltr. (*P. susannae* ssp. *henryi* Soó, *P. bassacensis* (Gagn.) Tang & Wang, *P. lacei* (Rolfe) Tang & Wang, *Habenaria bassacensis* Gagn., *H. lacei* (Rolfe) Gagn., *Platanthera lacei* Rolfe ex Downie) - Thai. (6*, A**)
- *lacei* (Rolfe) Tang & Wang: 1 (6*)
2. **radiata** (Thunb.) Raf. (*Habenaria radiata* Thunb., *Plantanthera radiata* (Thunb.) Lindl., *Orchis susannae* Thunb. non L., *Hemihabenaria radiata* (Thunb.) Finet) - Jap., Korea (E**, S)
↦ *radiata* (Thunb.) Raf.: *Habenaria* 152 (H)
3. **sagarikii** Seidenf. - Thai. (E**, 9**, H**)
4. **susannae** (L.) Raf. (*P. gigantea* (Smith) Raf., *Orchis susannae* L., *Habenaria susannae* (L.) R.Br., *H. gigantea* (Smith) D.Don, *Platanthera susannae* (L.) Lindl., *P. robusta* Lindl., *P. gigantea* (Smith) Lindl., *Hemihabenaria susannae* (L.) Finet, *Orchis gigantea* Smith, *O. altissima* Buch-Ham. ex Hook.f.) - Ass., Burm., S-China, Laos, Viet., Mal., Java 2.000 m (6*, 9**, H, S)
- *susannae* ssp. *henryi* Soó: 1 (6*)

Pectinaria (Benth.) Cordem. - 1899: *Angraecum* Bory (S)
- *thouarsii* Cordem.: *Angraecum* 127 (U)

Pedilea Lindl. - 1826: *Malaxis* Sol. ex Sw. (S)

Pedilochilus Schltr. - 1905 - *Subfam. Epidendroideae Tribus: Dendrobieae Subtr. Bulbophyllinae* - 25 sp. epi. - N.Gui. to 2.500 m
1. **bantaengensis** J.J.Sm. - Cel. (S)
2. **papuanum** Schltr. - N.Gui. (S)

Pedilonum Bl. - 1825: *Dendrobium* Sw.

Pedilonum Bl. - 1825 - *Dendrobiinae* (S) - (*Dendrobium* sect. *Pedilonum* (Bl.) Lindl.) - 216 sp. epi. - SE-As., Austr.
1. **asperifolium** (J.J.Sm.) Brieg. (*Dendrobium asperifolium* J.J.Sm.) (S)
- *biflorum* Bl.: *Dendrobium gemellum* (2*)
- *biflorum* Bl.: *Dendrobium* 43 (G)
- *bursigerum* (Lindl.) Rausch.: *Dendrobium* 322 (G**)
2. **capituliflorum** (Rolfe) Brieg. (*Dendrobium capituliflorum* Rolfe) (S) ↦ Dendrobium 61
3. **crocatum** (Hook.f.) Brieg. (*Dendrobium crocatum* Hook.f.) (S)
4. **cuthbertsonii** (F.v.Muell.) Brieg. (*Dendrobium cuthbertsonii* F.v.Muell.) ↦ Dendrobium 95 (S)
5. **discocaulon** (Schltr.) Brieg. (*Dendrobium discocaulon* Schltr.) (S)
- *erosum* Bl.: *Dendrobium* 117 (G)
- *hasseltii* Bl.: *Dendrobium* 153 (2*)
- *kuhlii* Bl.: *Dendrobium* 183 (2*, G**)
- *lamellatum* (Bl.) Brieg.: *Dendrobium* 186 (G**)
- *lawesii* (F.v.Muell.) Rausch.: *Dendrobium* 193 (9**)
6. **megaceras** (Hook.f.) Brieg. (*Dendrobium megaceras* Hook.f.) (S)
7. **miniense** (Schltr.) Brieg. (*Dendrobium miniense* Schltr.) (S)
8. **mohlianum** (Rchb.f.) Brieg. (*Dendrobium mohlianum* Rchb.f.) (S) ↦ Dendrobium 235
9. **ophioglossum** (Rchb.f.) Brieg. (*Dendrobium ophioglossum* Rchb.f., *D. smilliae* var. *ophioglossum* (Rchb.f.) F.M.Bailey, *Callista ophioglossum* (Rchb.f.) Ktze.) (S)
- *panduriferum* (Hook.f.) Brieg.: *Dendrobium* 268 (Q**)
- *platycaulon* (Rolfe) Rausch.: *Dendrobium* 283 (O4/96)
10. **puniceum** (Ridl.) Brieg. (*Dendrobium puniceum* Ridl., *D. subacaule* Kraenzl.) (S)
11. **purpureum** (Roxb.) Brieg. (*Dendrobium purpureum* Roxb.) (S) ↦ Dendrobium 294
12. **quinquecostatum** (Schltr.) Brieg. (*Dendrobium quinquecostatum* Schltr.) (S)
13. **roseum** (Schltr.) Brieg. (*Dendrobium roseum* Schltr.) (S)
- *sanguinolentum* (Lindl.) Brieg.: *Dendrobium* 313 (G**)
- *secundum* Bl.: *Dendrobium* 322 (2*, 9**, G**, H**)
14. **serpens** (Hook.f.) Brieg. (*Dendrobium serpens* Hook.f., *D. virescens* Ridl.) (S)
- *serpens* (Hook.f.) Brieg.: *Dendrobium* 268 (Q**)
15. **trachyphyllum** (Schltr.) Brieg. (*Dendrobium trachyphyllum* Schltr.) (S)
16. **tricostatum** (Schltr.) Brieg. (*Dendrobium tricostaum* Schltr.) (S)

17. **tropaeoliflorum** (Hook.f.) Brieg. (*Dendrobium tropaeoliflorum* Hook. f.) (S)
- *undulatum* Bl.: *Dendrobium* 163 (2*, G)
× **Pehara (Peh.)** (*Aërides* × *Arachnis* × *Vanda* × *Vandopsis*)
× **Pelacentrum (Plctm.)** (*Ascocentrum* × *Pelatantheria*)
× **Pelachilus (Pelcs.)** (*Gastrochilus* × *Pelatantheria*)
× **Pelastylis (Plst.)** (*Pelatantheria* × *Rhynchostylis*)
Pelatantheria (Pthia.) Ridl. - 1896 - *Subfam. Epidendroideae Tribus: Vandeae Subtr. Sarcanthinae* - ca. 5 sp. epi. - SE-As., S-China, Indon.
1. **bicuspidata** (Rolfe) Tang & Wang - NW-Thai., China (S)
2. **cristata** (Ridl.) Ridl. - S-Thai., Mal., Sum. (E, H, S)
3. **ctenoglossa** (Rchb.f.) Ridl. - Thai., Laos, Viet. (E, H, S*)
4. **eacroensis** Haager - Viet. (S)
5. **insectifera** (Rchb.f.) Ridl. (*Sarcanthus insectifer* Rchb.f.) - Ind., Burm., Mal., Nep., Thai. up to 1.000 m (E**, H**, S*)
6. **rivesii** (Guill.) Tang & Wang - Viet., China (S)
7. **scolopendrifolia** (Mak.) Avery. (S)
8. **stenoglossa** Ridl. (O3/81)
× **Pelatoritis (Pltrs.)** (*Pelatantheria* × *Doritis*)
Pelexia Presl p.p.: *Cogniauxiocharis* (Schltr.) Hoehne (S)
Pelexia L.C.Rich. - 1818 (S) [Pelexia Poit. ex Lindl. 1826 (R)] - *Subfam. Spiranthoideae Tribus: Cranichideae Subtr. Spiranthinae* - ca. 50/70 sp. terr. - Trop., temp. S-Am., Arg., Par., Braz.
1. **adnata** (Sw.) Spreng. (*P. spiranthoides* Lindl., *P. stenorrhynchoides* Griseb., *Satyrium adnatum* Sw., *Neottia adnata* (Sw.) Sw., *N. adnaria* Raf., *Adnula petiolaris* Raf., *Spiranthes adnata* (Sw.) Benth.) - Ven., Mex., Hond., W-Ind. Col., Nic., C.Rica (G**, H, W)
2. **callifera** (Schweinf.) Gar. - S-Am. (W)
3. **cerina** (Lindl.) Gar. (*Spiranthes cerina* Lindl., *Sarcoglottis cerina* (Lindl.) Baxt.) - Mex., Guat. (G)
4. **congesta** Ames & Schweinf. - Nic., C.Rica (W)
- *euphlebius* Oliv. ex Rchb.f.: *Cogniauxiocharis* 1 (S)
5. **funckiana** (A.Rich. & Gal.) Schltr. - Nic., C.Rica, Pan., S-Am. (W**, S*)
- *glazoviiana* Cogn.: *Cogniauxiocharis* 2 (S)
6. **laxa** (Poepp. & Endl.) Lindl. (*P. maculata* Rolfe, *P. longipetiolata* (Rchb.f.) Schltr., *Stenorrhynchos laxum* Poepp. & Endl., *Spiranthes longipetiolata* Rchb.f., *S. laxa* (Poepp. & Endl.) Schweinf., *S. maculata* (Poepp. & Endl.) Schweinf., *Gyrostachys longipetiolata* (Rchb.f.) Ktze.) - Nic., C.Rica, Pan., Ven., Peru, Bol. (9**, W)
7. **lobata** (Lindl.) Gar. (*Spiranthes lobata* Lindl., *Sarcoglottis lobata* (Lindl.) Baxt.) - Mex., Guat. (G)
- *longipetiolata* (Rchb.f.) Schltr.: 6 (9**)
8. **maculata** Rolfe (*Spiranthes maculata* (Rolfe) Schweinf.) - Ven., Peru, Bol. (E*, H*)
- *maculata* Rolfe: 6 (9**)
9. **obliqua** (J.I.Sm.) Gar. - Nic. (W)
10. **olivacea** Rolfe - Nic., C.Rica, S-Am. (W)
11. **schaffneri** (Rchb.f.) Schltr. (*Spiranthes schaffneri* Rchb.f., *Sarcoglottis schaffneri* (Rchb.f.) Ames) - Mex., Guat. (3**, S)
- *setacea* Lindl.: *Eltroplectris* 1 (9**)
12. **smithii** (Rchb.f.) Gar. (*Sarcoglottis valida* Ames) - C.Rica (W**)
- *spiranthoides* Lindl.: 1 (G**, H)
- *stenorrhynchoides* Griseb.: 1 (G**)
13. **tamanduensis** (Kraenzl.) Schltr. (S)
- *tomentosa* (Vell.) Schltr.: *Sacoila* 1 (9**, G**)
- *tamanduensis* (Kraenzl.) Schltr.: *Pachygenium* 2 (S)
14. **weberbaueri** (Kraenzl.) Schltr. - Col. (R**)
Pellorchis minuta (Thou.) Ktze.: *Bulbophyllum* 317 (U)
Pelma Finet - 1909: *Bulbophyllum* Thou. (S)
Pennilabium J.J.Sm. - 1914 - *Subfam. Epidendroideae Tribus: Vandeae Subtr. Sarcanthinae* - 11 sp. epi. - SE-As.
1. **acuminatum** (Ridl.) Holtt. (S*)
2. **angraecum** (Ridl.) J.J.Sm. (*Saccolabium angraecum* Ridl.) - Burm., Thai., Mal., Sum. Java 300-1.000 m (S*)

3. **confusum** (Ames) Gar. - Phil. (S)
4. **luzonense** (Ames) Gar. - Phil. (S)
5. **proboscideum** Rao & Joseph - Burm. (S)
6. **pumilio** (Rchb.f.) Pradhan - Ind. (S)
7. **struthio** Carr. - S-Thai., Mal., Born. (S*)

Penthea Lindl. - 1813: *Disa* Bergius (S)

Penthea Lindl. - 1813 - *Subfam. Orchidoideae Tribus: Diseae Subtr. Disinae*

- *melaleuca* (Thunb.) Lindl.: *Disa* 4 (C)
- *patens* (L.f.) Lindl.: *Disa* 23 (S)

Pentisea (Lindl.) Szlach. - 2001 - (*Caladenia - Pentisea* Lindl.): *Cyanicula* S.Hopper & A.P.Brown) (S)

Pentulops Raf.: *Maxillaria* Ruiz & Pav.

× **Pepeara (Ppa.)** (*Ascocentrum* × *Doritis* × *Phalaenopsis* × *Renanthera*)

Peramium Salisb. - 1812: *Goodyera* R.Br. (S)

- *cyrtoglossum* (Hay.) Mak.: *Goodyera* 9 (6*)
- *formosanum* (Rolfe) Mak.: *Goodyera* 9 (6*)
- *giganteum* (Dougl.) Coulter: *Epipactis* 8 (9**, H**)
- *longibracteatum* (Hay.) Mak.: *Goodyera* 28 (G)
- *longirostrata* (Hay.) Mak.: *Goodyera* 33 (6*)
- *maximowicziana* (Mak.) Mak.: *Goodyera* 8 (6*)
- *ogatai* (Yamamoto) Mak.: *Goodyera* 33 (6*)
- *procerum* (Ker-Gawl.) Mak.: *Goodyera* 23 (6*, G**)
- *pubescens* (Willd.) Salisb.: *Goodyera* 24 (9**)

Pergamena Finet - 1900: *Dactylostalix* Rchb.f.

- *uniflora* Finet: *Dactylostalix* 1 (H**, S)

Peristeranthus (Perths.) Hunt - 1954 - *Subfam. Epidendroideae Tribus: Vandeae Subtr. Sarcanthinae* - 1 sp. epi. - Austr.

1. **hillii** (F.v.Muell.) Hunt (*Ornithochilus hillii*, *Saccolabium hillii* F.v. Muell.) - end. to Austr. (Qld., NSW) - scented (P**, S*)

× **Peristerchilus (Prschs.)** (*Peristeranthus* × *Sarcochilus*)

Peristeria Hook. - 1831 - *Subfam. Epidendroideae Tribus: Gongoreae* - (*Eckardia* [*Eckartia* Rchb. (S)] Rchb.f. ex Endl.) - ca. 7 sp. epi/ter - Trop. Am., C.Rica to Pan., Peru, Braz.

- *aspersa* Rolfe: 8 (S)
- *barkeri* Batem.: *Acineta* 3 (9**, Z)

1. **cerina** Lindl. (*P. guttata* Knowl. & Westc., *P. serroniana* (Barb.Rodr.) Gar., *P. violacea* (Josst) Foldats, *Lycomormium cerinum* (Lindl.) Benth. ex Hemsl., *L. minus* Kraenzl., *L. serronianum* Barb.Rodr.) - Col., Ven., Guy., N-Braz., Trin. (G**, S*)
- *cerina* var. *guttata* (Knowl. & Westc.) Rchb.f.: 5 (G)
2. **cochlearis** Gar. - Col. (W, R, S)
3. **elata** Hook. - CITES - Trop. Am., Pan., C.Rica, Ven., Col. - terr. - nat. flower of Pan. - „Flor de Espiritu Santo, Holy Ghost orchid, Dove orchid" (9**, E, G, H, W**, R**, Z**, S*)
4. **ephippium** Rchb.f. (*P. lindeni* Rolfe) - Col. to Peru (S*)
- *fuscata* Lindl.: *Lycomormium* 4 (G, H, S*)
5. **guttata** Knowl. & Westc. (*P. cerina* var. *guttata* (Knowl. & Westc.) Rchb.f.) - Braz., Guy., Ven., Amaz., Col. (G, R)
- *guttata* Knowl. & Westc.: 1 (S)
- *humboldtii* Lindl.: *Acineta* 15 (4**, E**, G**, H**)
- *humboldtii* Lindl.: *Acineta* 15 (9**)
- *humboldtii* var. *fulva* Hook.: *Acineta* 15 (9**)
- *laeta* Rchb.f.: 8 (S)
- *lentiginosa* Lodd. ex Baxt.: 7 (9**, G, S)
6. **leucoxantha** Gar. - E-Col. (S)
- *lindeni* Rolfe: 4 (S)
- *longiscapa* A.Rich. & Gal.: *Lacaena* 1 (9**, G**, H**)
- *maculata* hort. ex Lindl.: 7 (9**, G)
7. **pendula** Hook. (*P. maculata* hort. ex Lindl., *P. lentiginosa* Lodd. ex Baxt., *P. rossiana* Rchb.f.) - Guy., Sur., Ven., Peru, Pan., Braz. (9**, E*, G, H*, S*)
- *rossiana* Rchb.f.: 7 (S)
8. **selligera** Rchb.f. (*P. laeta* Rchb.f., *P. aspersa* Rolfe) - Col., Ven. (S)
- *serroniana* (Barb.Rodr.) Gar.: 1 (S)
- *violacea* (Josst) Foldats: 1 (S)

Peristylus Bl. - 1825 - *Subfam. Orchidoideae Tribus: Orchideae Subtr. Habenariinae* - (*Habenaria* sect.

Peristylus, Digomphotis Raf. p.p., *Glossula* Lindl., *Glossaspis* Spreng., *Cybele* Falc. p.p., *Habenaria* sect. *Dipyla* Hook.f., *Habenaria* sect. *Dithrix* Hook.f., *Dithrix* Schltr.) - ca. 75 sp. terr. - Afr., As., Ind., China, Jap., Phil.

1. **affinis** (D.Don) Seidenf. (*P. goodyeroides "floribus minoribus"* Lindl., *P. sampsoni* Hance, *P. goodyeroides* var. *affinis* (King & Pantl.) Cooke, *Habenaria affinis* D.Don, *H. sacculata* Wall, *H. goodyeroides* Royle non D.Don, *H. goodyeroides* auct. p.p., *H. goodyeroides* var. *affinis* King & Pantl., *H. sampsoni* (Hance) Hance) - Thai. (6*)
2. **aristatus** Lindl. (*Habenaria aristata* (Lindl.) Hook.f.) - Thai. (6*)
3. **banfieldii** (F.M.Bailey) Lavarack (*Habenaria banfieldii* F.M.Bailey) - end. to Austr. (Qld.) (P*)
- *bilobus* Rolfe: 20 (6*)
4. **brachylobus** Summerh. - Congo (S)
- *brandisii* (Hook.f.) Kraenzl.: 28 (6*)
5. **candidus** J.J.Sm. (*P. langbianense* (Gagn.) Tang & Wang, *Platanthera sumatrana* Schltr., *Habenaria sumatrana* (Schltr.) Schltr., *H. lacertifera* Ridl. non (Lindl.) Benth., *H. geoffrayi* Gagn., *H. langbianensis* Gagn., *Herminium annamense* Gagn.) - Austr. (Qld.), Indon., SE-As. (2*, 6*, P**)
- *candidus* var. *major* Holtt.: 15 (6*)
6. **chapaensis** (Gagn.) Seidenf. (*Habenaria chapaensis* Gagn.) - Thai. (6*)
- *chloranthus* Lindl.: 27 (2*)
- *chloranthus* Seidenf. non Lindl.: 27 (6*)
- *chloranthus* Lindl. ex Benth.: 17 (6*)
7. **coeloceras** Finet (*Herminium unicorne* Kraenzl., *H. coeloceras* (Finet) Schltr.) - Thai. (6*)
8. **constrictus** (Lindl.) Lindl. (*P. goodyeroides* Lindl. non (D.Don) Lindl., *Orchis leucantha* Buch.-Ham. ex Hook.f., *Habenaria constricta* (Lindl.) Hook.f., *H. cylindrocalyx* Gagn., *Platanthera constricta* Lindl., *Herminium constrictum* Lindl.) - Nep., Sik., Bhut., Ind., Burm., Thai., China (6*, G)
- *cordatus* (Willd.) Lindl.: *Gennaria* 1 (9**, G**, N**)

9. **densus** (Lindl.) Santap. & Kopad. (*P. stenostachyus* (Lindl. ex Benth.) Kraenzl., *P. neglectus* (King & Pantl.) Kraenzl., *P. xanthochlorus* Blatt. & McCann, *?Gymnadenia tenuis* Lindl., *Coeloglossum densum* Lindl., *C. brevifolium* Lindl., *C. peristyloides* (Wight) Rchb.f., *Habenaria peristyloides* Wight non A.Rich., *H. stenostachya* (Lindl. ex Benth.) Benth., *H. stenostachya* ssp. *buchneroides* (Schltr.) Soó, *H. neglecta* King & Pantl., *H. buchneroides* Schltr., *H. atramentaria* Kraenzl., *H. evrardii* Gagn., *H. dankiaensis* Gagn., *H. passerina* (Gagn.) Tang & Wang, *Platanthera stenostachya* Lindl. ex Benth., *Glossula passerina* Gagn.) - Ind., Burm., Thai., Camb., Viet., China (6*, G)
- *elatus* Dalz.: 23 (9**, G)
- *filiformis* Kraenzl.: *Cynorkis* 77 (U)
10. **forceps** Finet (*Herminium forceps* (Finet) Schltr., *Habenaria forceps* (Finet) Schltr.) - Thai. (6*)
- *gigas* (Hook.f.) Kraenzl.: 13 (2*, 6*)
- *glaberrima* (Ridl.) Rolfe: *Benthamia* 9 (U)
11. **goodyeroides** (D.Don) Lindl. (*P. horsfieldii* Bl., *P. hollandiae* J.J.Sm., *Habenaria goodyeroides* D.Don, *H. glaucescens* Ridl., *H. sondaica* Kraenzl., *H. lauterbachii* Kraenzl., *H. hollandiae* (J.J.Sm.) Schltr., *H. goodyeroides* var. *formosana* Hay., *H. hayataeana* Schltr., *Herminium goodyeroides* (D.Don) Lindl., *Platanthera goodyeroides* (D.Don) Vidal) - N.Gui. (2*, 6*, G)
- *goodyeroides* Lindl., non (D.Don) Lindl.: 8 (6*, G)
- *goodyeroides "floribus minoribus"* Lindl.: 1 (6*)
- *goodyeroides* var. *affinis* (King & Pantl.) Cooke: 1 (6*)
12. **gracilis** Bl. (*Habenaria aristata* Hook., non (Lindl.) Hook.f., *H. bambusetorum* Kraenzl., *H. inconspicua* Ridl.) - Java, Thai. (2*, 6*)
- *gracillimus* (Hook.f.) Kraenzl.: 19 (6*)
- *gramineus* (Thou.) S.Moore: *Cynorkis* 48 (U)
13. **grandis** Bl. (*P. gigas* (Hook.f.) Kraenzl., *Habenaria gigas* Hook.f.) - Java, Thai. (2*, 6*)

14. **hamiltonianus** Lindl. (*Herminium hamiltonianum* Lindl., *Habenaria hamiltoniana* (Lindl.) Hook.f.) - Nep., Sik., Khasia (6*, G)
- *hollandiae* J.J.Sm.: 11 (6*, G)
15. **holttumii** Seidenf. (*P. candidus* var. *major* Holtt., *Habenaria sumatrana* var. *major* Holtt.) - Thai. (6*)
- *horsfieldii* Bl.: 11 (2*, 6*, G)
16. **kerrii** Seidenf. - Thai. (6*)
17. **lacertiferus** (Lindl.) J.J.Sm. (*P. chloranthus* Lindl. ex Benth., *P. tentaculatus* J.J.Sm. non (Lindl.) J.J.Sm., ?*Gymnadenia tenuiflora* Lindl., *Coeloglossum lacertiferum* Lindl., *C. acuminatum* Lindl., *C. formosanum* Matsumura ex Schltr., *Choeradoplectron spiranthes* Schau., *Habenaria lacertifera* (Lindl.) Benth., *H. maingayi* King & Pantl., *H. tentaculata* var. *acutiflora* Hay., *H. formosana* Schltr., *H. meyenii* Merr., *H. tentaculata* King & Pantl. non (Lindl.) Rchb.f.) - Thai. (6*)
18. **lancifolius** A.Rich. (*Habenaria robustior* Hook.f.) - Thai. (6*)
- *langbianense* (Gagn.) Tang & Wang: 5 (6*)
- *latifolius* (Thou.) Lindl.: *Benthamia* 12 (G)
- *macropetalus* Finet: *Benthamia* 15 (U)
19. **mannii** (Rchb.f.) Mukerjee (*P. gracillimus* (Hook.f.) Kraenzl., *Coeloglossum mannii* Rchb.f., *Habenaria gracillima* Hook.f., *H. duclouxii* Rolfe, *Platanthera mannii* (Rchb.f.) Schltr., *Herminium mannii* (Rchb.f.) Tang & Wang) - Thai. (6*)
- *monophyllus* (Collett & Hemsl.) Kraenzl.: *Chusua* 1 (9**)
20. **monticola** (Ridl.) Seidenf. (*P. bilobus* Rolfe, *Habenaria monticola* Ridl., *H. bisaeta* Ames, ?*H. nitida* Schltr., *H. deistelii* Schltr., *H. biloba* (Rolfe) Schltr., ?*Glossaspis tentaculata* Llanos non (Lindl.) Spreng.) - Thai. (6*)
- *neglectus* (King & Pantl.) Kraenzl.: 9 (6*, G)
21. **papuanus** (Kraenzl.) J.J.Sm. (*Habenaria papuana* Kraenzl.) - Austr. (Qld.), N.Gui. (P*)
22. **parishii** Rchb.f. (*Habenaria parishii* Hook.) - Java, Thai. (2*, 6*)
23. **plantagineus** (Lindl.) Lindl. (*P. elatus* Dalz., *Herminium plantagineus* Lindl., *Habenaria goodyeroides* Hook. non Lindl., *H. wightii* Trimen, *H. elata* (Dalz.) Alst.) - Ind., Sri L. (9**, G)
24. **prainii** (Hook.f.) Kraenzl. (*Habenaria prainii* Hook.f.) - Thai. (6*)
- *purpureus* (Thou.) S.Moore: *Cynorkis* 85 (U)
25. **richardianus** Wight (*Habenaria bicornuta* Hook.f.) - Thai. (6*)
- *sampsoni* Hance: 1 (6*)
- *satyrioides* Rchb.f.: *Steveniella* 1 (O1/80)
26. **secundus** (Lindl.) Rathakrishnan (*Satyrium foliosum* Heyne ex Wall. mss., *Gymnadenia secunda* Lindl., *Coeloglossum secundum* (Lindl.) Lindl., *Habenaria robustior* sensu Hook.f.) - S-Ind., Ryu. (6*, G)
- *snowdenii* Rolfe: *Habenaria* 141 (M)
- *spiralis* (Thou.) S.Moore: *Benthamia* 28 (G, U)
- *stenostachyus* (Lindl. ex Benth.) Kraenzl.: 9 (6*, G)
27. **tentaculatus** (Lindl.) J.J.Sm. (*P. chloranthus* Lindl., *P. chloranthus* Seidenf. non Lindl., *Coeloglossum lacertiferum* Lindl., *C. acuminatum* Lindl., *Gymnadenia tenuiflora* Lindl., *Charadoplectron spiranthes* Schau., *Glossula tentaculata* Lindl., *Glossaspis tentaculata* (Lindl.) Spreng., *G. antennifera* Rchb.f., *Habenaria tentaculata* (Lindl.) Rchb.f., *H. garrettii* Rolfe ex Downie) - China, Camb., Viet. (2*, 6*, G**)
- *tentaculatus* J.J.Sm., non (Lindl.) J.J.Sm.: 17 (6*)
28. **tipuliferus** (Par. & Rchb.f.) Mukerjee (*P. brandisii* (Hook.f.) Kraenzl., *Habenaria tipulifera* Par. & Rchb.f., *H. brandisii* Hook.f., *H. aristata* King & Pantl. non (Lindl.) Hook.f., *H. garrettii* Seidenf. & Smitin. non Rolfe) (6*)
29. **tobensis** J.J.Sm. - Thai. (6*)
- *ugandensis* Rolfe: *Habenaria* 141 (M)
- *xanthochlorus* Blatt. & McCann: 9 (6*, G)
× **Perreiraara (Prra.)** (*Aërides* × *Rhynchostylis* × *Vanda*)
Perrierella (Perrieriella) Schltr. - 1925 - *Subfam. Epidendroideae Tribus:*

Vandeae Subtr. Angraecinae - 1 sp. epi. - Madag.
1. **madagascariensis** Schltr. - Madag. ca. 2.000 m (S*)
→ *madagascariensis* Schltr.: *Oeonia* 2 (U)

Perularia Lindl. - 1836: *Tulotis* Raf. (S)
- *flava* (L.) Schltr.: *Tulotis* 1 (S)
× **Pescarhyncha (Psrha.)** (*Chondrorhyncha* × *Pescatorea*)
× **Pescatobollea (Psbol.)** (*Bollea* × *Pescatorea*)

Pescatorea (Pes.) [Pescatoria (R)] Rchb. f. - 1852 - *Subfam. Epidendroideae Tribus: Maxillarieae Subtr. Zygopetalinae* - 14 sp. epi/ter - C.Rica, Pan. Ec., Col.
1. **backhousiana** Rchb.f. - Ec. - doubtful sp. (O5/95, O6/98, S)
2. **bella** Rchb.f. (*Zygopetalum bellum* Rchb.f.) - Col. (O5/95, O6/98, S)
3. **cerina** (Lindl. & Paxt.) Rchb.f. (*P. costaricensis* Schltr., *Huntleya cerina* Lindl. & Paxt., *Zygopetalum cerinum* (Lindl. & Paxt.) Rchb.f.) - C.Rica, Pan., Col. 300-1.300 m (4**, 8**, E**, H**, W**, O4/82, O6/98**, S*, Z**)
4. **cochlearis** Rolfe - Col. 1.000 m (O5/95, O6/98, S)
5. **coronaria** Rchb.f. (*Zygopetalum coronarium* Rchb.f.) - Col. (A**, O5/95, O6/98, R**, S)
- *costaricensis* Schltr.: 3 (O5/95, O6/98, S*)
6. **dayana** Rchb.f. (*Zygopetalum dayanum* Rchb.f.) - Pan., Col., Ec. 300-1.500 m (E, H, W, O4/82, O6/98, R**, S*)
   var. **candidula** - Pan., Col. 800-1.000 m (O4/82, O5/95)
   var. **rhodacra** Rchb.f. - Pan. 800-1.000 m (9**, A**, E**, H**, O5/95, S)
   var. **splendens** (O4/82)
7. **dormanniana** Rchb.f. - unknown origin (O5/95, O6/98, S)
- *euglossa* Rchb.f. (O5/95): 14 (O6/98)
- *fimbriata* Regel: 10 (O5/95, O6/98, S*)
- *gairiana* Rchb.f.: × *Pescatobollea gairiana* (O5/95, O6/98)
8. **klabochorum** (Rchb.f.) Schltr. (*P. vervaetii* hort. ex T.Moore, *Zygopetalum klabochorum* Rchb.f.) - Col., Ec. (8**, O5/95, O6/98, R**, S)
9. **lamellosa** Rchb.f. (*Zygopetalum lamellosum* Rchb.f.) - Col. (O6/98, R**, S*)
- *lamellosa* Rchb.f.: *Zygopetalum lamellosum* (9**)
10. **lehmannii** Rchb.f. (*P. fimbriata* Regel, *Zygopetalum lehmannii* Rchb.f.) - S-Col., N-Ec. 1.000-1.800 m (4**, 8**, A**, O3/84, O5/95, O6/98, R, S*, Z**)
- *roezlii* Rchb.f.: 14 (O5/95, O6/98)
11. **ruckeriana** Rchb.f. - Col. - doubtful sp. (O5/95, O6/98, S)
12. **russeliana** Rchb.f. (*Zygopetalum russelianum* Rchb.f.) - WS-Am. (O5/95, O6/98, S)
- *schroederiana* Rolfe: 14 (O6/98)
13. **triumphans** Rchb.f. & Warsc. (*Zygopetalum triumphans* Rchb.f.) - Col. (O5/95, O6/98, S)
- *vervaetii* hort. ex T.Moore: 8 (O6/98)
14. **wallisii** Lind. & Rchb.f. (*P. roezlii* Rchb.f., *P. euglossa* Rchb.f., *P. schroederiana* Rolfe, *Bollea schroederiana* hort. Sand., *Zygopetalum wallisii* Rchb.f., *Z. euglossum* Rchb.f.) - W-Ec. to 250 m (O5/95, O6/98, S*)

× **Pescawarrea (Psw.)** (*Pescatorea* × *Warrea*)
× **Pescoranthes (Psnth.)** (*Cochleanthes* × *Pescatorea*)

Pesomeria Lindl. - 1838: *Phaius* Lour. (S)
- *tetragona* (Thou.) Lindl.: *Phaius* 52 (9**, C)

Petalocentrum Schltr. - 1918: *Sigmatostalix* Rchb.f. (S)

Petalochilus R.Rogers - 1924 - *Caladeniinae* (S) - 2 sp. terr. - N. Zeal.
1. **calyciformis** R.Rogers - N.Zeal. (S)
2. **saccatus** R.Rogers - N.Zeal. (S)

Petronia Barb.Rodr. - 1877: *Batemania* Lindl. (S)
- *regia* Barb.Rodr.: *Batemania* 2 (9**, G**, H*, O6/93)

Petrostylis Pritzel - 1855: *Chiloglottis* R. Br. (S)

× **Pettitara (Pett.)** (*Ada* × *Brassia* × *Oncidium*)

Pfitzeria Sengh. - 1998 - *Ionopsidinae* (S) - 1 sp. epi. - Peru (S)
1. **schaeferi** Sengh. - Peru 1.500 m (S*)

× **Phabletia** (*Bletia* × *Phaius*)

Phaedrosanthus ciliaris (L.) Ktze.: *Epidendrum* 47 (9**, G**)
- *cochleatus* (L.) Ktze.: *Encyclia* 27 (9**)
- *nocturnus* (Jacq.) Ktze.: *Epidendrum* 189 (9**, G)
× **Phaiocalanthe (Phcal.)** (*Calanthe* × *Phaius*)
× **Phaiocymbidium (Phycm.)** (*Cymbidium* × *Phaius*)
× *Phaiolimatopreptanthe*: × *Phaiocalanthe* (*Phaius* × *Limatodes* (*Calanthe*) × *Preptanthe* (*Calanthe*)
× *Phaiopreptanthe*: × *Phaiocalanthe* (*Phaius* × *Preptanthe* (*Calanthe*)

Phaius (Phaius) (Phajus) Lour. - 1790 - Subfam. Epidendroideae Tribus: Arethuseae Subtr. Bletiinae - (*Pachyne* Salisb., *Limatodes* Bl., *Tankervillia* Link, *Hecabe* Raf., *Pesomeria* Lindl., *Gastrorchis* (Bl.) Schltr., *Gastorch(k)is* Thou.) - ca. 50 sp. terr. - Trop. As., Afr., Madag., Indon., Austr.

1. **albus** Lindl. (*P. dodgsonii* Dean, *Limodorum bracteatum* Roxb., *Thunia alba* Rchb.f., *T. pulchra* Rchb.f.) - Nep., Sik., Khasia, Burm. (8**, S)
- ⇢ *albus* Wall.: *Thunia* 1 (4**, 9**)
- *albus* auct. non Lindl.: *Thunia* 3 (G)
2. **amboinensis** Bl. (*P. pictus* Hunt., *P. zollingeri* Rchb.f., *Bletia amboinensis* Herb. Zipp.) - Java, Amb., Cel., N.Gui., Austr. (P*, S)
3. **australis** F.v.Muell. - end. to Austr. (Qld., NSW) (P*, S)
4. **baconii** J.J.Wood & Shim - end. to Born. 1.200-1.500 m (Q**)
- *bensoniae* (Hook.f.) Hemsl.: *Thunia* 2 (9**)
5. **bernaysii** Rowland ex Rchb.f. - end. to Austr. (Qld.) (P*)
- *bicolor* Lindl.: *Phaius incarvillei* (2*)
- *bicolor* Lindl.: 50 (9**, E**, G, H**, S)
- *blumei* Lindl.: *Phaius incarvillei* (2*)
- *blumei* Lindl.: 50 (9**, G)
- *blumei* var. *assamica* Rchb.f.: 50 (G)
- *blumei* var. *bernaysii* Rchb.f.: 50 (9**, G)
- *blumei* var. *pulchra* King & Pantl.: 50 (G)
6. **borneensis** J.J.Sm. - end. to Born. 0-1.500 m (Q**, S)
- *bracteosus* Rchb.f.: 15 (2*, 9**)
- *calanthoides* Ames: *Cephalantheropsis* 1 (S)
7. **callosus** (Bl.) Lindl. (*P. kuhlii* Rchb.f., *Limodorum callosum* Bl.) - Mal., Sum., Java (2*, S)
- *carronii* F.v.Muell.: 50 (9**, G)
8. **celebicus** Schltr. - Cel. (S)
9. **cooperi** Rolfe - unknown origin (S)
10. **corymboides** Schltr. - Sum. (Q, S)
11. **crinita** (Gagn.) Seidenf. - Laos (S)
- *crinita* (Gagn.) Seidenf.: 32 (H**)
- *crispus* Bl.: 15 (2*, 9**)
12. **cupreus** Rchb.f. - Java (S)
13. **daenikeri** Kraenzl. - N.Cal. (S)
- *dodgsonii* Dean: 1 (8**)
14. **ecalcaratus** (J.J.Sm.) J.J.Sm. - Java (S)
15. **flavus** (Bl.) Lindl. (*P. flexuosus* Bl., *P. crispus* Bl., *P. maculatus* Lindl., *P. indigoferus* Bl., *P. indigoferus* Rchb.f., *P. platychilus* Rchb.f., *P. bracteosus* Rchb.f., *P. woodfordii* (Hook.) Merr., *Limodorum flavum* Bl., *Bletia woodfordii* Hook., *B. flava* (Bl.) Wall. ex Lindl., *Hecabe lutea* Raf.) - Ind., Nep., Bhut., Ass., Thai., Mal., Sum., Phil. (2*, 9**, S*, Z**)
- *flexuosus* Bl.: 15 (2*, 9**, G)
16. **fragilis** L.O.Wms. - Phil. (S)
- *fragrans* Grignan: *Gastrorchis* 8 (U)
- *francoisii* (Schltr.) Summerh. (9**, E, H): *Gastrorchis* 1 (U**)
- *geffrayi* Boss.: *Gastrorchis* 2 (S)
- *gibbosulus* H.Perr. n.n.: *Imerinaea* 1 (U)
17. **gibbulosus** H.Perr. - Madag. (S)
- *gracilis* Hay.: 32 (9**, E**, H**)
- *gracilis* (Lindl.) Hay.: *Cephalantheropsis* 2 (H*)
18. **graeffei** Rchb.f. - Samoa, Fiji (S)
- *grandiflorus* Rchb.f.: 50 (9**, G, S)
- *grandifolius* Lindl.: *Phaius incarvillei* (2*)
- *grandifolius* Lour.: 50 (9**, E**, G, H**, S)
- *grandifolius* var. *superbus* Van Houtte: 50 (9**, G)
19. **gratus** Bl. - Amb. (S)
20. **halconensis** Ames - Phil. (S)
- *humblotii* Rchb.f. (E, 8**): *Gastrorchis* 3 (U**)
- *humblotii* var. *albiflora* W.Wats.: *Gastrorchis* 3 (U**)

- *humblotii* var. *ruber* Boss.: *Gastrorchis* 3 (U)
- *humblotii* var. *schlechteri* (H.Perr.) Boss.: *Gastrorchis* 3 (U)
- *incarvillei* (Pers.) Ktze. (2*): 50 (9**, G)
- *incarvillei* var. *speciosa* (Vieill.) Guill.: 50 (G)
21. **indigoferus** Hassk. - Java (2*)
- *indigoferus* Bl.: 15 (2*, 9**)
- *indigoferus* Rchb. f.: 15 (2*)
22. **klabatensis** J.J.Sm. - Cel. (S)
- *kuhlii* Rchb.f.: 7 (2*)
23. **labiatus** J.J.Sm. - Sum. (S)
- *leucoph(o)aeus* F.v.Muell.: 50 (9**, G)
24. **linearifolius** Ames - Phil. (S)
25. **longibracteatus** Frapp. - Masc. (S)
- *longicornu* Guill.: 50 (G)
- *longipes* (Hook.f.) Holtt.: *Cephalantheropsis* 2 (9**, S*)
26. **luridus** Thw. - Sri L. (S)
- *luteus* Ursch & Toill.-Gen. ex Boss.: *Gastrorchis* 4 (S, U**)
27. **lyonii** Ames - Phil. (S)
- *maculatus* Lindl. (8**): 15 (2*, 9**, S)
28. **mannii** Rchb.f. - Gab. (S)
29. **marshallianus** N.E.Br. - unknown origin (S)
30. **mindorensis** Ames - Phil. (S)
31. **minor** Bl. - Jap. (S)
32. **mishmensis** (Lindl.) Rchb.f. (*P. roseus* Rolfe, *P. gracilis* Hay., *P. crinita* (Gagn.) Seidenf., *Limatodes mishmensis* Lindl.) - Ind., Burm., Thai., Taiw., Phil. 1.300-2.000 m (9**, E**, H**, S)
33. **montanus** Schltr. - N.Gui. (S)
34. **nanus** Hook.f. - Bhut. (S)
35. **neocaledonicus** Rendle - N.Cal. (S)
36. **occidentalis** Schltr. - Ang., Zai., Zam., Malawi, Tanz. (S)
- *pallidus* Ridl.: 37 (9**)
37. **pauciflorus** (Bl.) Bl. (*P. pallidus* Ridl., *P. pauciflorus* var. *pallidus* (Ridl.) Holtt., *Limatodes pauciflora* Bl., *L. punctata* Lindl., *L. pallidus* (Ridl.) Ridl.) - Java, Sum., Mal. (2*, 9**, Q, S)
- *pauciflorus* var. *pallidus* (Ridl.) Holtt.: 37 (9**)
- *peyrotii* Boss.: *Gastrorchis* 5 (S, U**)
38. **philippinensis** N.E.Br. - Phil. (S)
39. **pictus** Hunt - Austr. (S)

- *pictus* Hunt: 2 (P*)
- *platychilus* Rchb.f.: 15 (2*, 9**)
40. **pulchellus** Kraenzl. - Madag., Masc. 800-1.800 m - epi/ter (S*, U**)
var. **ambrensis** Boss. - Madag. 1.000-1.500 m - terr. (U)
var. **andrambovatensis** Boss. - Madag. - terr. (U)
var. **sandrangatensis** Boss. - Madag. 500-1.000 - terr. (U**)
- *pulcher* (Humbert & H.Perr.) Summerh.: *Gastrorchis* 6 (U**)
- *pulcher* var. *perrieri* Boss.: *Gastrorchis* 6 (U)
41. **ramosii** Ames - Phil. (S)
42. **reflexipetalus** J.J.Wood & Shim - end. to Born. ca. 1.100 m (Q**)
43. **robertsii** F.v.Muell. - N.Cal. (S)
44. **roeblingii** O'Brien - Khasia (S)
- *roseus* Rolfe: 32 (9**, E**, H**)
- *rumphii* Bl.: *Spathoglottis* 34 (9**, G**)
- *schlechteri* (H.Perr.) Summerh.: *Gastrorchis* 3 (U)
- *simulans* Rolfe: *Gastrorchis* 8 (U)
45. **sinensis** Rolfe - China (S)
46. **stenocentron** Schltr. - Sul., Cel. (Q, S)
47. **stuppeus** Bl. - Masc. (S)
48. **subtrilobus** Ames & Schweinf. - Born. (O3/98**, S)
49. **tahitensis** Schltr. - Tah. (S)
50. **tankervilleae** (Banks ex L'Herit.) Bl. (*P. bicolor* Lindl., *P. grandifolius* Lour., *P. grandifolius* var. *superbus* Van Houtte, *P. wallichii* Hook.f., *P. wallichii* var. *assamica* (Rchb.f.) King & Pantl., *P. wallichii* Lindl., *P. blumei* Lindl., *P. blumei* var. *bernaysii* Rchb.f., - var. *assamica* Rchb.f., - var. *pulchra* King & Pantl., *P. carronii* F.v.Muell., *P. grandiflorus* Rchb.f., *P. leucoph(o)aeus* F.v.Muell., *P. incarvillei* (Pers.) Ktze., *P. incarvillei* var. *speciosa* (Vieill.) Guill., *P. longicornu* Guill., *P. tankervilleae* var. *superbus* (Van Houtte) S.Y.Hu, - var. *veronicae* S.Y.Hu & Barr., *Limodorum tankervilleae* Roxb. non Banks, *L. tankervilleae* Banks, *L. incarvill(ia)ei* Pers., *Pachyne spectabilis* Salisb., *Bletia tankervilleae* (Banks) R.Br., *Tankervillia cantonensis* Link, *Calanthe speciosa* Vieill., *C. bachmaensis* Gagn.) - China, N-Ind., Bang., Burm., Mal.,

Austr. 900 m - „Swamp Orchid, Nun's Orchid" (9**, E**, G, H**, P**, S, Z**)
- *tankervilleae* var. *superbus* (van Houtte) S.Y.Hu: 50 (9**, G)
- *tankervilleae* var. *veronicae* S.Y.Hu & Barr.: 50 (G)
51. **tenuis** Rchb.f. - Sum. (S)
52. **tetragonus** (Thou.) Rchb.f. (*P. villosus* Bl., *Epidendrum tetragonum* Thou., *Pesomeria tetragona* (Thou.) Lindl.) - Réunion, Maur., Sey. (9**, G, O3/98, S)
53. **trichoneurus** Schltr. - Cel. (S)
- *tuberculatus* Bl.: *P. tuberculosus* (9**)
- *tuberculatus* Bl.: *Gastrorchis* 10 (U)
- *tuberculosus* (Thou.) Bl. (9**, E**, H**): *Gastrorchis* 10 (U)
54. **veratrifolius** Lindl. - Ass. (S)
- *villosus* Bl.: 52 (9**, G)
- *wallichii* Hook.f.: 50 (E**, H**, S)
- *wallichii* Lindl.: *P. incarvillei* (2*)
- *wallichii* Lindl.: 50 (9**, G)
- *wallichii* var. *assamica* (Rchb.f.) King & Pantl.: 50 (G)
- *warpuri* Weathers: *Gastrorchis* 10 (U)
- *warpurii* Weathers: *P. tuberculosus* (9**, E**, H**)
- *woodfordii* (Hook.) Merr.: 15 (9**)
- *zollingeri* Rchb.f.: 2 (2*)
× *Phalaenetia*: × *Phalanetia* (*Neofinetia* × *Phalaenopsis*)
× *Phalaenidium*: × *Phaliella* (*Kingidium* (*Kingiella*) × *Phalaenopsis*)
× *Phalaenopapilio*: × *Vandaenopsis* (*Papilionanthe* (*Vanda*) × *Phalaenopsis*)
Phalaenopsis sect. *Deliciosae* E.A.Christ. - 1986: *Kingidium* P.F. Hunt (S)
Phalaenopsis (Phal.) Bl. - 1825 - *Subfam. Epidendroideae Tribus: Vandeae Subtr. Sarcanthinae* - (*Synadena* Raf., *Euphalaenopsis* Benth., *Polychilos* Breda in Kuhl & van Hasselt, *Polystylus* Hassk., *Stauroglottis* Schau., *Grafia* A.D.Hawk.) - ca. 62 sp. epi/lit - Ind., SE-As., Indon., Phil., N-Austr.
- *acutifolia* Lind.: 54 (9**, E, H**, J**)
- *albo-violacea* Ridl.: *Kingidium* 4 (O4/93)
- *alboviolacea* Ridl.: *Kingidium* 11 (O1/95)
- *alcicornis* Rchb.f.: 49 (J**)
1. **amabilis** (L.) Bl. (*P. amabilis* var. *grandiflora* (Lindl.) Batem., - var. *fournieri* Cogn., - var. *rimestadiana* Lind., - var. *rimestadiana alba* hort., - var. *aphrodite* subvar. *gloriosa* (Rchb.f.) Ames, - var. *ramosa* van Deventer, - var. *gloriosa* (Pleihari) Brera, - var. *fuscata* Rchb.f., - var. *aurea* (hort.) Rolfe, *P. grandiflora* Lindl., *P. grandiflora* var. *gracillima* Burb., - var. *aurea* hort., - var. *fuscata* (Rchb.f.) Burb., *P. gloriosa* Rchb.f., *P. rimestadiana* (Lind.) Rolfe, *P. rimestadiana* var. *alba* hort., *P. aphrodite* var. *gloriosa* (Rchb.f.) Veitch., *P. × elisabethae* hort., *P. plebuty* Burgeff, *P. pleihary* Burgeff, *P. celebica* van Vloten, *Angraecum album majus* Rumph., *Epidendrum amabile* L., *Cymbidium amabile* (L.) Roxb., *Synadena amabilis* (L.) Raf.) - Austr., N.Gui., Indon., Born., Sum., Phil., Java 0-1.500 m - nat. flower of Indon. - „Moon Orchid" - sect. *Phalaenopsis* (2*, 8**, 9**, E**, H**, J**, Q**, S, Z)
var. **moluccana** Schltr. - Cel., Mol. (J*, S)
var. **papuana** Schltr. (*P. rosenstromii* F.M.Bailey, *P. amabilis* var. *rosenstromii* (F.M.Bailey) Nicholls) - Austr. (Qld.), N.Gui. (J*, O5/95, S)
- *amabilis* Lindl.: 3 (8**, 9**, G**, J**)
- *amabilis* var. *ambigua* (Rchb.f.) Burb.: 3 (9**, G**, J**)
- *amabilis* var. *aphrodite* (Rchb.f.) Ames: 3 (9**, G**, J**, S)
- *amabilis* var. *aphrodite* subvar. *dayana*: 3 (9**, G**, J**)
- *amabilis* var. *aphrodite* subvar. *erubescens*: 3 (9**, G**)
- *amabilis* var. *aphrodite* subvar. *gloriosa* (Rchb.f.) Ames: 1 (9**, J**)
- *amabilis* var. *aphrodite* subvar. *sanderiana*: 49 (J**)
- *amabilis* var. *aurea* (hort.) Rolfe (S): 1 (Q**)
- *amabilis* var. *dayana* hort. ex Warner & B.S.Will: 3 (9**, G**, J**)
- *amabilis* var. *erubescens* (Burb.) Burb.: 3 (9**, G**, J**)
- *amabilis* var. *formosa* Shim.: 3 (9**, G**, J**)

- *amabilis* var. *fournieri* Cogn.: 1 (9**, J**)
- *amabilis* var. *fuscata* Rchb.f.: 1 (Q**)
- *amabilis* var. *gloriosa* (Pleihari) Brera: 1 (9**)
- *amabilis* var. *grandiflora* (Lindl.) Batem.: 1 (8**, 9**, J**)
- *amabilis* var. *longifolia* G.Don: 3 (9**, G**, J**)
- *amabilis* var. *papuana* Schltr.: *P. rosenstromii* (P**)
- *amabilis* var. *ramosa* van Deventer: 1 (9**, J**)
- *amabilis* var. *rimestadiana* Lind.: 1 (9**, J**)
- *amabilis* var. *rimestadiana alba* hort.: 1 (9**)
- *amabilis* var. *rosenstromii* (F.M.Bailey) Nicholls: 1 (O5/95)
- *amabilis* var. *rotundifolia* G.Don: 3 (9**, G**, J**)
- *amabilis* var. *sanderiana* (Rchb.f.) Davis: 49 (J**, S)
- *ambigua* Rchb.f.: 3 (9**, G**, J**)
2. **amboinensis** J.J.Sm. (*P. psi(y)lantha* Schltr., *P. hombronii* Finet, *Psychochilos amboinensis* (J.J.Sm.) Shim) - Mol., Amb., Cel. - sect. *Amboinenses* (4**, J**, S, Z**)
- *amethystina* Rchb.f.: *P. hebe* (2*)
- *amethystina* Rchb.f.: *Kingidium* 4 (O6/93)
- *antennifera* Rchb.f.: *P. esmeralda* (8**)
- *antennifera* Rchb.f.: *Doritis* 1 (9**, E**, H**, J**, S*)
3. **aphrodite** Rchb.f. (*P. amabilis* Lindl., *P. amabilis* var. *aphrodite* (Rchb. f.) Ames, - var. *aphrodite* subvar. *dayana*, - var. *aphrodite* subvar. *erubescens*, - var. *longifolia* D.Don, - var. *rotundifolia* D.Don, - var. *dayana* hort. ex Warner & B.S.Will., - var. *ambigua* (Rchb.f.) Burb., - var. *erubescens* (Burb.) Burb., - var. *formosa* Shimadzu, *P. ambigua* Rchb.f., *P. erubescens* Burb., *P. babuyana* Miwa, *P. formosana* Miwa, *P. formosum* hort. ex Sand., *P. aphrodite* var. *dayana* (Warner & B.S.Will.) Veitch, - var. *erubescens* (Burb.) Ames) - Taiw., Phil., Java - sect. *Phalaenopsis* (8**, 9**, E, G**, H, J**, S, Z)
- *aphrodite* var. *dayana* (Warner & B.S.Will.) Veitch: 3 (9**, G**, J**)
- *aphrodite* var. *erubescens* (Burb.) Ames: 3 (J**)
- *aphrodite* var. *gloriosa* (Rchb.f.) Veitch: 1 (9**, J**)
- *aphrodite* var. *sanderae* (Rchb.f.) Quisumbing: 49 (J**)
4. **appendiculata** Carr - Mal. - sect. *Parishianae* (J, S)
- *babuyana* Miwa: 3 (9**, G**, J**)
- *barrii* King ex Hook.: *P. speciosa* var. *tetraspis* (9**)
- *barrii* King ex Hook.: 55 (J**)
5. **bastianii** Gruss & Roellke (*P. mariae* 'eretta' com.name, *P. deltonii* com.name - Phil. - sect. *Zebrinae* subsect. *Zebrinae* (O2/91, J**, S)
  f. **flava** Gruss & Roellke - Phil. (O2/91)
- *bella* Teijsm. & Binn.: *P. hebe* (2*)
- *bella* Teijsm. & Binn.: *Kingidium* 4 (Q**)
6. **bellina** (Rchb.f.) E.A.Christ. (*P. violacea* var. *bellina* Rchb.f.) - Born. - sect. *Zebrinae* subsect. *Lueddemannianae* (S)
7. **borneensis** Gar. - Born. - sect. *Polychilos* (S)
- *boxallii* Rchb.f.: 36 (E**, H**, J**)
- *braceana* (Hook.f.) E.A.Christ.: *Kingidium* 1 (O4/97)
- *buyssoniana* Rchb f.: *P. esmeralda* (8**)
- *buyssoniana* Rchb.f.: *Doritis* 1 (9**, J**)
8. **celebensis** Sweet - Sul. (Cel.), Indon. - sect. *Stauroglottis* (J**, S)
- *celebica* van Vloten: 1 (J**)
- *chibae* Yukawa: *Kingidium* 2 (O6/97)
9. **chuxiongensis** Liu - China (O6/97)
10. **cochlearis** Holtt. (*Polychilos cochlearis* (Holtt.) Shim) - N-Born. 500-700 m - sect. *Fuscatae* (O1/91, J**, S)
11. **corningiana** Rchb.f. (*P. cumingiana* Rchb.f., *P. sumatrana* var. *sanguinea* Rchb.f., - subvar. *sumatrana* (Rchb. f.) Veitch, *Polychilos corningiana* (Rchb.f.) Shim) - Born. - sect. *Zebrinae* subsect. *Zebrinae* (E, H, J**, O1/93, Q, S, Z)
    var. **flava** inv. name - Born. (J)
12. **cornu-cervi** (Breda) Bl. & Rchb.f. (*P. devriesiana* Rchb.f., *Polychilus cornu-cervi* Breda, *Polystylus cornu-cervi* (Breda) Hassk. ex Hassk.) - Burm., Sum., Born., Java, Thai.,

Indon., Mal. 0-500 m - „Crocodile's Tail" - sect. *Polychilos* (2*, 9**, E**, H**, J**, Q**, S, Z**)
var. **picta** (Hassk.) Sweet (E, H, J, Q, S)
var. **flava** Braem ex Holle (J)
- *cruciata* Schltr.: 35 (J**, Q**)
- *cumingiana* Rchb.f.: 11 (J**)
- *curnowiana* hort.: 50 (J**)
- *decumbens* (Griff.) Holtt.: *Kingidium* 3 (E*, H*)
- *decumbens* (Griff.) Holtt.: *Kingidium* 4 (O1/94, Q**)
- *deliciosa* Rchb.f.: *Kingidium* 4 (4**, Q**, S*)
- *deliciosa* Rchb.f.: *Kingidium* 3 (E*, H*)
- *deltonii* com.name: 6 (J**)
- *denevei* J.J.Sm.: *Paraphalaenopsis* 1 (9**, Q**)
- *denevei* var. *alba* Price: *Paraphalaenopsis* 4 (Q**)
- *denisiana* Cogn. (8**):18 (J**, Q**)
- *denisoniana* Rchb.f.: ? 18 (S)
- *denticulata* Rchb.f.: 42 (J**)
- *devriesiana* Rchb.f.: 12 (2*, 9**, J**, Q**)
13. **doweryensis** Gar. & Christ. - Born. (Sabah) (S)
- × *elisabethae* hort.: 1 (9**)
14. **equestris** (Schau.) Rchb.f. (*P. rosea* Lindl., *P. rosea* var. *deliciosa* Burb., *P. stauroglottis* hort., *P. esmeralda* auct. non Rchb.f., *P. riteiwanensis* Masamune, *Stauroglottis equestris* Schau., *S. riteiwanensis* Masamune) - Phil., Taiw. 0-300 m - sect. *Stauroglottis* (8**, 9**, E**, H**, J**, S, Z**)
var. **alba** hort. ex Sweet (J, S)
var. **leucapsis** Rchb.f. [leucaspis (S)] (J, S)
var. **leucotanthe** Rchb.f. ex God.-Leb. (S)
var. **rosea** Valmayor & Tiu (S)
cv. 'amethystina' (J)
typ 'Ilocus' (J)
typ 'Apari' (J)
- *erubescens* Burb.: 3 (9**, G**, J**)
- *esmeralda* Rchb.f. (8**): *Doritis* 1 (4**, 9**, H**, J**, S*)
- *esmeralda* auct. non Rchb.f.: 14 (E**, H**)
15. **fasciata** Rchb.f. (*Polychilos fasciata* (Rchb.f.) Shim) - Phil. - sect. *Zebrinae* subsect. *Lueddemannianae* (E**, H**, J**, S, Z**)

16. **fimbriata** J.J.Sm. (*Polychilos fimbriata* (J.J.Sm.) Shim) - Born. Java, Sum. - sect. *Zebrinae* subsect. *Lueddemannianae* (E**, H**, J**, O3/95, O2/92**, S)
f. **alba** Gruss & Roellke (J, O3/95, O2/92**)
var. **sumatrana** J.J.Sm. (J, O3/95, S)
var. **tortilis** Gruss & Roellke (J, O3/95, O2/92**)
17. **floresensis** Fowlie (*P. ungeri* Lueckel & Fessel) - Indon. (Flores) 300-500 m - sect. *Amboinensis* (J**, S)
- *foerstermanii* Rchb.f.: 42 (E**, H**, J**)
- *forbesii* Ridl.: 59 (J**)
- *formosana* Miwa: 3 (9**, G**, J**)
- *formosum* hort. ex Sand.: 3 (9**, G**, J**)
- *fugax* Kraenzl.: *Sarcochilus pallidus* (2*)
18. **fuscata** Rchb.f. (*P. denisiana* Cogn., *P. denisoniana* Rchb.f., *Polychilos fuscata* (Rchb.f.) Shim) - Born., Phil., Mal. 0-1.000 m - sect. *Fuscatae* (J**, O5/95, Q**, S)
- *fuscata* var. *kunstleri* Thornton: 27 (J**)
19. × **gersenii** Rolfe (*P. violacea* × *P. sumatrana*) nat. hybr. (S)
20. **gibbosa** Sweet - Viet., Laos - sect. *Parishianae* (J**, S*)
21. **gigantea** J.J.Sm. (*Polychilos gigantea* (J.J.Sm.) Shim) - end. to Born. 0-400 m - „Elephant ears" - sect. *Amboinenses* (E**, H**, J**, Q**, S, Z**)
- *gloriosa* Rchb.f.: 1 (9**, E**, H**, J**)
- *grandiflora* Lindl.: 1 (2*, 9**, E**, H**, J**, S)
- *grandiflora* var. *aurea* hort.: 1 (Q**)
- *grandiflora* var. *fuscata* (Rchb.f.) Burb.: 1 (Q**)
- *grandiflora* var. *gracillima* Burb.: 1 (9**, J**)
22. **hainanensis** Tang & Wang - Hain. (O4/97)
➤ *hainanensis* Tang & Wang: *Kingidium* 12 (O3/96)
- *hainanensis* Tang & Wang: 52 (J**, O5/91)
- *hebe* Rchb.f.: *Kingidium* 3 (E*, H*)
- *hebe* Rchb.f. (2*): *Kingidium* 4 (O2/94)

23. **hieroglyphica** (Rchb.f.) Sweet (*P. lueddemanniana* var. *hieroglyphica* Rchb.f., - var. *palawanensis* Quisumbing, - var. *surigadensis* hort., *Polychilos hieroglyphica* (Rchb.f.) Shim) - Phil. - sect. *Zebrinae* subsect. *Lueddemannianae* (E**, H**, J**, S, Z**)
- *hombronii* Finet: 2 (J**)
- *honghenensis* Liu n.n.: *Kingidium* 9 (O6/95)
- *imperati* Gower: 51 (J**)
24. **inscriptiosinensis** Fowlie - C-Sum. - sect. *Zebrinae* subsect. *Zebrinae* (O3/91, J**, S)
25. × **intermedia** Lindl. (*P. equestris* × *P. aphrodite*) nat. hybr. - Luzon (E**, H**)
26. **javanica** J.J.Sm. (*P. latisepala* Rolfe, *Polychilos javanica* (J.J.Sm.) Shim) - Java - sect. *Amboinenses* (J**, O5/90, S)
- *kimballiana* Gower: 47 (J*)
27. **kunstleri** Hook.f. (*P. fuscata* var. *kunstleri* Thornton, *Polychilos kunstleri* (Hook.f.) Shim) - Burm., Mal. - sect. *Fuscatae* (9**, A**, J**, S)
- *labukensis* (Shim, A.Lamb & Chan) Shim: *Paraphalaenopsis* 2 (Q**)
28. **lamelligera** Sweet - Born. - sect. *Polychilos* (J*, Q)
- *latisepala* Rolfe: 26 (J**)
- *laycockii* Henderson: *Paraphalaenopsis* 3 (H**, Q**)
29. × **leucorrhoda** Rchb.f. [P. leucorrhoda Rchb.f. (8**)] (*P. aphrodite* × *P. schilleriana*) nat. hybr. (O4/95)
30. **lindenii** Loher - Phil. to (300) 1.600 m - sect. *Stauroglottis* (E**, H**, J**, &9, O4/93**, S, Z**)
- *listeri* Berkeley: 31 (J**)
31. **lobbii** (Rchb.f.) Sweet (*P. listeri* Berkeley, *P. parishii* var. *lobbii* Rchb.f., *Polychilos lobbii* Shim) - Sik., Bhut., Ass., Burm. 400 m - sect. *Parishianae* (J**, O5/90, S, Z**)
  f. **flava** Gruss & Roellke (O1/92)
32. **lowii** Rchb.f. (*P. proboscidioides* Par. ex Rchb.f., *Polychilos lowii* (Rchb.f.) Shim) - Burm. 0-200 m - lith. - sect. *Proboscidioides* (9**, E, H, J**, S)
33. **lueddemanniana** Rchb.f. (*P. lueddemannii* Boxall ex Naves, *P. ochracea* Carr. ex Stein, *Polychilos lueddemanniana* (Rchb.f.) Shim) - Phil. - sect. *Zebrinae* subsect. *Lueddemannianae* (4**, 8**, E**, 9**, H**, J**, S, Z**)
    var. **delicata** Rchb.f. (E**, H, J, S)
    var. **ochracea** Rchb.f. (E, H, J, S)
- *lueddemanniana* var. *hieroglyphica* Rchb.f.: 23 (E**, H**, J**)
- *lueddemanniana* var. *palawanensis* Quisumbing: 23 (E**, H**, J**)
- *lueddemanniana* var. *surigadensis* hort.: 23 (E**, H**)
- *lueddemanniana* var. *pallens* Burb.: 42 (E**, H**, J**)
- *lueddemanniana* var. *pulchra* Rchb. f.: 46 (E**, H**, J**)
- *lueddemanniana* var. *purpurea* Ames & Quisumbing: 46 (E**, H**, J**)
- *lueddemanniana* subvar. *pulchra* (Rchb.f.) Veitch: 46 (J**)
- *lueddemannii* Boxall ex Naves: 33 (9**)
34. **luteola** Burb. ex Gar., Christ. & Gruss - NW-Born. (S)
- *luteola* Burb.: 43 (J**, Q**)
35. **maculata** Rchb.f. (*P. muscicola* Ridl., *P. cruciata* Schltr., *Polychilos maculata* (Rchb.f.) Shim) - Mal., Born. 0-1.000 m - sect. *Zebrinae* subsect. *Glabrae* (J**, Q**, O3/98, O2/92**, S, Z**)
36. **mannii** Rchb.f. (*P. boxallii* Rchb.f., *Polychilos mannii* (Rchb. f.) Shim) - Nep., Sik., Ind., Viet., Burm. - sect. *Polychilos* (8**, E**, H**, J**, O4/97, S, Z**)
    var. **concolor** (J)
    var. **maculata** (J)
37. **mariae** Burb. ex Warner & B.S.Will. (*Polychilos mariae* (Burb. ex Warner & B.S.Will.) Shim - Phil., Born. - sect. *Zebrinae* subsect. *Hirsutae* (9**, E**, H**, J**, S, Z**)
- *mariae* 'eretta' com.name: 6 (J**)
- *mariae* var. *alba* Ames & Quisumbing: 42 (E**, H**, J**)
38. **micholitzii** Rolfe (*Polychilos micholitzii* (Rolfe) Shim) - Phil. - sect. *Amboinenses* (O6/90, J**, S)
39. **minor** Liu - China (Yun.) 1.500 m - sect. *Zebrinae* subsect. *Lueddemannianae* (S)
- *minor* Liu: 60 (J**, O4/97)
- *minor* Liu: *Kingidium* 12 (O3/96)
40. **modesta** J.J.Sm. (*Polychilos modesta* (J.J.Sm.) Shim) - end. to Born. 50-900 m - sect. *Zebrinae* subsect.

Glabrae (J**, O4/95, Q**, O3/98**, S)
var. **bella** Gruss & Roellke (J, O4/95)
var. **sabahensis** (J, O4/95)
- *muscicola* Ridl.: 35 (J**, Q**)
41. **mysorensis** Saldanha - S-Ind. 900 m - sect. *Parishianae* (J*, O6/97, S)
- *ochracea* Carr. ex Stein: 33 (J**)
42. **pallens** (Lindl.) Rchb.f. (*P. lueddemanniana* var. *pallens* Burb., *P. foerstermanii* Rchb.f., *P. mariae* var. *alba* Ames & Quisumbing, *P. denticulata* Rchb.f., *Trichoglottis pallens* Lindl., *Stauropsis pallens* (Lindl.) Rchb.f., *Polychilos pallens* (Lindl.) Shim) - Phil. - sect. *Zebrinae* subsect. *Hirsutae* (E**, H**, J**, S)
var. **alba** (Ames & Quisumbing) Sweet (J, S)
var. **denticulata** (Rchb.f.) Sweet (*P. denticulata* Rchb.f.) (J, S)
var. **trullifera** Sweet (syn. *P. denticulata* Rchb.f.) (J, S)
43. **pantherina** Rchb.f. (*P. luteola* Burb., *Polychilos pantherina* (Rchb.f.) Shim) - end. to Born. 0-800 m - „Crocodil's Tail Orchid" - sect. *Polychilos* (J**, Q**, S)
44. **parishii** Rchb.f. (*Grafia parishii* (Rchb.f.) A.D.Hawk., *Polychilos parishii* (Rchb.f.) Shim) - E-Him., Burm. - sect. *Parishianae* (9**, J**, O5/90, S, Z**)
- *parishii* var. *lobbii* Rchb.f.: 31 (J**, S)
- *parishii* var. *lobbii* f. *flava* Gruss & Roellke (O1/92): 31
- *paucivittata* (Rchb.f.) Fowlie: 54 (J**)
- *paucivittata* Fowlie: 54 (O3/91)
45. **philippinensis** Golamco ex Fowlie & Tang - Phil. - sect. *Phalaenopsis* (O6/89, O4/95, J**, S)
- *plebuty* Burgeff: 1 (9**)
- *pleihary* Burgeff: 1 (J**)
- *proboscidioides* Par. ex Rchb.f.: 32 (9**, E, H, J**)
- *psi(y)lantha* Schltr.: 2 (J**)
- *pulcherrima* (Lindl.) J.J.Sm.: *Doritis* 1 (9**, E**, H**, J**, S*)
46. **pulchra** (Rchb.f.) Sweet (*P. lueddemanniana* var. *pulchra* Rchb.f., - subvar. *pulchra* (Rchb.f.) Veitch, - var. *purpurea* Ames & Quisumbing, *Polychilos pulchra* (Rchb.f.) Shim) - Phil. - sect. *Zebrinae* subsect. *Lueddemannianae* (E**, H**, J**, S, Z**)
- *regnieriana* Rchb.f.: *P. esmeralda* (8**)
- *regnieriana* Rchb.f.: *Doritis* 1 (9**, J**)
- *regnieriana* Rchb.f.: *Doritis* 2 (S)
47. **reichenbachiana** Rchb.f. & Sand. (*P. kimballiana* Gower) - Phil. - sect. *Zebrinae* subsect. *Lueddemannianae* (J*, S, Z)
- *rimestadiana* (Lind.) Rolfe: 1 (9**, E**, H**, J**, O5/95)
- *rimestadiana* var. *alba* hort.: 1 (J**)
- *riteiwanensis* Masamune: 14 (9**, E**, H**, J**, O5/95)
48. **robinsonii** J.J.Sm. - Amb. (Mol.) - sect. *Amboinenses* (J*, S)
- *rosea* Lindl.: 14 (8**, 9**, E**, H**, J**)
- *rosea* var. *deliciosa* Burb.: 14 (9**)
- *rosenstromii* F.M.Bailey (P**): 1 (O5/95)
49. **sanderiana** Rchb.f. (*P. amabilis* var. *aphrodite* subvar. *sanderiana* (Rchb.f.) Ames - var. *sanderiana* (Rchb.f.) Davis, *P. aphrodite* var. *sanderae* (Rchb.f.) Quisumbing, *P. alcicornis* Rchb.f.) - Phil. - sect. *Phalaenopsis* - „Malaienblume" (8**, O1/91, J**, S, Z**)
var. **alba** (Veitch) Stein (J, S)
var. **marmorata** Rchb.f (S)
50. **schilleriana** Rchb. f. (*P. schilleriana* var. *viridi-maculata* Duchartre, - var. *delicata* Dean, - var. *compacta nana* hort., - var. *odorata* Brera, *P. curnowiana* hort.) - Phil. - sect. *Phalaenopsis* (4**, 8**, 9**, E**, H**, J**, S, Z**)
var. **immaculata** Rchb.f. (E**, H, J, S)
var. **purpurea** O'Brien (J, S)
var. **splendens** Warner (E**, H, J, S)
- *schilleriana* subvar. *vestalis* (Rchb. f.) Veitch: 53 (9**, J**)
- *schilleriana* var. *alba* Roebelen: 53 (9**, J**)
- *schilleriana* var. *compacta nana* hort.: 50 (9**, J**)
- *schilleriana* var. *delicata* Dean: 50 (9**, J**)
- *schilleriana* var. *odorata* Brera: 50 (9**, J**)
- *schilleriana* var. *stuartiana* (Rchb.f.) Burb.: 53 (9**, E**, H**, J**)

- *schilleriana* var. *vestalis* Rchb.f.: 53 (9**, E**, H**, J**)
- *schilleriana* var. *viridi-maculata* Duchartre: 50 (9**, J**)
- *serpentilingua* J.J.Sm.: *Paraphalaenopsis* 4 (Q**)
- *simonsei* Simonse: *Paraphalaenopsis* 4 (Q**)
51. **speciosa** Rchb.f. (*P. speciosa* var. *maculata* Gower, *P. imperati* Gower, *Polychilos speciosa* (Rchb.f.) Shim) - Nicob. - scented - sect. *Zebrinae* subsect. *Zebrinae* (O6/90, J**, S)
    var. **christiana** Rchb.f. (S)
    var. **imperatrix** Rchb.f. (S)
- *speciosa* var. *maculata* Gower: 51 (J**)
- *speciosa* var. *tetraspis* (Rchb.f.) Sweet (9**, S): 55 (J**)
- *stauroglottis* hort.: 14 (9**, E**, H**)
52. **stobartiana** Rchb.f. (*P. wightii* var. *stobartiana* (Rchb.f.) Burb., *P. hainanensis* Tang & Wang, *Polychilos stobartiana* (Rchb.f.) Shim, *Kingidium stobartiana* (Rchb.f.) Seidenf.) - Burm., China 1.350 m - sect. *Aphyllae* (J**, O4/97)
→ *stobartiana* Rchb.f.: *Kingidium* 9 (O6/95)
53. **stuartiana** Rchb.f. (*P. schilleriana* var. *vestalis* Rchb.f., - subvar. *vestalis* (Rchb.f.) Veitch, - var. *stuartiana* (Rchb.f.) Burb., - var. *alba* Roebelen, *P. stuartiana* var. *nobilis* Rchb. f.) - Phil. - sect. *Phalaenopsis* (4**, 8**, 9**, E**, H**, J**, S, Z**)
    var. **bella** Rchb.f. (J, S)
    var. **punctatissima** Rchb.f. (J, S)
- *stuartiana* var. *nobilis* Rchb.f.: 53 (9**, J**)
54. **sumatrana** Korth. & Rchb.f. (*P. paucivittata* (Rchb.f.) Fowlie, *P. zebrina* Teijsm. & Binn., *P. zebrina* Witte, *P. acutifolia* Lind., *Polychilos sumatrana* (Korth. & Rchb.f.) Shim) - Sum., Java, Born., Mal., Thai. 0-700 m - sect *Zebrinae* subsect. *Zebrinae* (8**, 9**, E, H**, J**, Q**, S)
    var. **alba** G.Wils. (J, S)
    var. **kimballiana** Rchb.f. (J, S)
    var. **paucivittata** Rchb.f. (*P. paucivittata* Fowlie) - Sum. (O3/91, J, S)
- *sumatrana* subvar. *sumatrana* (Rchb.f.) Veitch: 9 (J**)
- *sumatrana* var. *sanguinea* Rchb.f.: 11 (J**)
55. **tetraspis** Rchb.f. (*P. barrii* King ex Hook., *P. speciosa* var. *tetraspis* (Rchb.f.) Sweet) - Adm., Nicob., N-Sum. - sect. *Zebrinae* subsect. *Zebrinae* (O6/90, J**)
    var. **alba** inv. name (J)
- *tetraspis* Rchb.f.: *P. speciosa* var. *tetraspis* (9**)
56. **thalebanii** Seidenf. - Thai. - sect. *Polychilos* (J, S)
57. **venosa** Shim & Fowlie (*Polychilos venosa* (Shim & Fowlie) Shim & Fowlie) - Sul. (Cel.), Phil. 500-700 m - sect. *Amboinenses* (O3/93**, J**)
58. **violacea** Witte (*P. violacea* var. *alba* Teijsm. & Binn., *Stauritis violacea* (Witte) Rchb.f., *Stauropsis violacea* (Witte) Rchb.f., *Polychilos violacea* (Witte) Shim) - Sum., Born., Mal. ca. 200 m - „Lundu Orchid" - sect. *Zebrinae* subsect. *Lueddemannianae* (4**, 9**, E**, H**, J**, &2, Q**, S, Z**)
    typ 'Borneo' - Born. (J**, S)
    typ 'Malaya' - Mal., Sum. (J**, S)
    var. **alba** Tejism. & Binn. (J**, S)
    var. **bellina** Rchb.f. (S)
    var. **coerula** (J**)
    var. **murtonia** (J)
    var. **punctata** Rchb.f. (J, S)
- *violacea* var. *alba* Teijsm. & Binn.: 58 (Q**)
- *violacea* var. *bellina* Rchb.f.: 4 (S)
59. **viridis** J.J.Sm. (*P. forbesii* Ridl., *Polychilos viridis* (J.J.S.) Shim) - Sum. 850-1.100 m - sect. *Fuscatae* (O2/91, J**, S)
- *wightii* Rchb.f.: *Kingidium* 3 (E*, H*)
- *wightii* Rchb.f.: *Kingidium* 11 (O1/95)
- *wightii* Rchb.f.: *Kingidium* 4 (Q**)
- *wightii* var. *stobartiana* (Rchb.f.) Burb.: 52 (J**)
- *wightii* var. *stobartiana* (Rchb.f.) Burb.: *Kingidium* 9 (O6/95)
60. **wilsonii** Rolfe (*P. minor* Liu, *Polychilos wilsonii* (Rolfe) Shim) - China, E-Tib. 800-2.150 m - epi/lit - scented - sect. *Aphyllae* (J**, O4/97, S)
→ *wilsonii* Rolfe: *Kingidium* 12 (O3/96)

- *zebrina* Teijsm. & Binn.: 54 (8**, E, H**)
- *zebrina* Witte: 54 (9**, E, H**, J**, Q**, S)
× **Phalaërianda (Phda.)** (*Aërides* × *Phalaenopsis* × *Vanda*)
× **Phalandopsis (Phdps.)** (*Phalaenopsis* × *Vandopsis*)
× **Phalanetia (Phnta.)** (*Neofinetia* × *Phalaenopsis*)
× *Phalanthe*: × *Phaiocalanthe* (*Calanthe* × *Phaius*)
× **Phaliella (Phlla.)** (*Kingiella* (*Kingidium*) × *Phalaenopsis*)
Philippinaea Schltr. & Ames - 1920: *Orchipedum* Breda, Kuhl & van Hasselt (S)
- *wenzelii* Ames: *Orchipedum* 2 (S)
× **Phillipsara (Phill.)** (*Cochleanthes* × *Stenia* × *Zygopetalum*)
Phlebochilus (Benth.) Szlach. - 2001 - *Caladeniinae* (S) - (*Caladenia* - *Phlebochilus* Benth.) - ca. 20 sp. - Austr.
1. **roei** (Benth.) Szlach. - SW-Austr. (S)
Phloeophila Hoehne & Schltr.: *Pleurothallis* R.Br. (L)
Phloeophila Hoehne & Schltr. - 1926 - Subfam. *Epidendroideae* Tribus: *Epidendreae* Subtr. *Pleurothallidinae* - ca. 5 sp. epi. - S-Braz.
- *asaroides* (Kraenzl.) Gar.: *Pleurothallis* 61 (L)
1. **bradei** (Schltr.) Brieg. (*Physosiphon bradei* Schltr.) - S-Braz. (S)
- *bradei* (Schltr.) Gar.: *Pleurothallis* 471 (L)
2. **echinantha** (Barb.Rodr.) Hoehne & Schltr. (*Physosiphon echinantha* (Barb.Rodr.) Cogn., *Pleurothallis echinantha* Barb.Rodr.) - S-Braz. (S)
  ↦ *Pleurothallis* 230
3. **hystrix** (Kraenzl.) Brieg. (*Physosiphon hystrix* Kraenzl., *Cryptophoranthus hystrix* Hoehne & Schltr. ex Brade, *C. hoehnei* Schltr.) - S-Braz. (S)
4. **paulensis** Hoehne & Schltr. - S-Braz. (S)
  ↦ *paulensis* Hoehne & Schltr.: *Pleurothallis* 523 (L)
- *pubescens* (Barb.Rodr.) Brieg.: *Pleurothallis* 628 (L*)
Pholidota Lindl. ex Hook. - 1825 - Subfam. *Epidendroideae* Tribus: *Dendrobieae* Subtr. *Coelogyninae* - (*Acanthoglossum* Bl., *Crinonia* Bl., *Chelonanthera* Bl., *Ptilocnema* D. Don, *Camelostalix* Pfitz., *Sigmatochilus* Rolfe, *Gastroglottis* Rchb.f.) - ca. 29/55 sp. epi/lit - Ind., S-China, Mal., Indon., Austr., N.Gui.
1. **articulata** Lindl. (*P. khasiana* Rchb.f., *P. griffithii* Hook.f., *P. decurva* Lindl., *P. decurva* Ridl., *P. obovata* Hook.f., *P. repens* Rolfe, *P. lugardii* Rolfe, *P. minahassae* Schltr., *P. articulata* var. *griffithii* (Hook.f.) King & Pantl., - var. *minahassae* (Schltr.) J.J.Sm., - var. *obovata* (Hook.f.) Tang & Wang, *Coelogyne articulata* (Lindl.) Rchb.f., *C. khasyana* (Rchb.f.) Rchb.f.) - NW-Him., Sik., NE-Ind., China, Thai., Camb., Sum. 1.300 m (2*, 4**, G, S*)
- *articulata* var. *griffithii* (Hook.f.) King & Pantl.: 1 (G)
- *articulata* var. *minahassae* (Schltr.) J.J.Sm.: 1 (G)
- *articulata* var. *obovata* (Hook.f.) Tang & Wang: 1 (G)
- *assamica* Regel: 8 (G**)
- *beccarii* Schltr.: 8 (G**)
- *bracteata* (D.Don) Seidenf.: 8 (G**)
- *calceata* Rchb.f.: 10 (G)
2. **camelostalix** (Rchb.f.) Rchb.f. (*Coelogyne camelostalix* Rchb.f., *Camelostalix reichenbachii* Pfitz.) - Java (2*, S)
3. **carnea** (Bl.) Lindl. (*Crinonia carnea* Bl., *Coelogyne carnea* Rchb.f.) - Java (2*, S)
4. **chinensis** Lindl. (S)
- *clypeata* Lindl.: 8 (2*)
- *conchoidea* Lindl.: 8 (G**, S*)
5. **convallariae** (Rchb.f.) Hook.f. (*P. fragrans* Ridl., *Coelogyne convallariae* Rchb.f.) - Ind., Burm., China, Thai., Viet., Sum., Java (E, H)
- *crotalina* Rchb.f.: 8 (G**)
- *decurva* Lindl.: 1 (4**)
- *decurva* Ridl.: 1 (G, S*)
- *elmeri* Ames: *Thecostele* 1 (O5/89)
- *fragrans* Ridl.: 5 (E, H)
6. **gibbosa** (Bl.) De Vriese (*Chelonanthera gibbosa* Bl., *Coelogyne gibbosa* Rchb.f.) - Java (2*, S)
7. **globosa** (Bl.) Lindl. (*Crinonia globosa* Bl., *Coelogyne globosa* Rchb.f.) - Java (2*, S)
- *grandis* Kraenzl.: 8 (G**)
- *griffithii* Hook.f.: 1 (2*, G)

- *henryi* Kraenzl.: 8 (G**)
8. **imbricata** (Roxb.) Lindl. in Hook.f. (*P. imbricata* Lindl., *P. clypeata* Lindl., *P. pallida* Lindl., *P. pallida* Holtt., *P. beccarii* Schltr., *P. henryi* Kraenzl., *P. conchoidea* Lindl., *P. crotalina* Rchb.f., *P. loricata* Rchb. f., *P. triotos* (Rchb.f.) Pfitz. & Kraenzl., *P. assamica* Regel, *P. grandis* Kraenzl., *P. spectabilis* Kraenzl. ex Guill., *P. bracteata* (D.Don) Seidenf., *P. imbricata* var. *coriacea* Hook.f., - var. *longifolia* Schltr., - var. *montana* Schltr., - var. *platyphylla* Schltr., - var. *papuana* J.J. Sm., - var. *henryi* (Kraenzl.) Tang & Wang, *Cymbidium imbricatum* Roxb., *Coelogyne conchoidea* (Lindl.) Rchb.f., *C. imbricata* (Hook.) Rchb.f., *C. pallida* Rchb.f., *C. loricata* (Rchb.f.) Rchb.f., *C. triotos* Rchb.f., *Ptilocnema bracteatum* D.Don, *Ornithidium imbricatum* Wall. ex Lindl.) - Austr. (Qld.), N. Gui., Ind., Sik., Thai., Phil., Indon., Mal., S-China to 1.000 m - „Rattlesnake Orchid" (2*, E, H**, G**, P**, S*, Z**)
- *imbricata* sensu Lindl.: 10 (E**, H)
- *imbricata* Lindl.: 8 (G**)
- *imbricata* var. *coriacea* Hook.f.: 8 (G**)
- *imbricata* var. *henryi* (Kraenzl.) Tang & Wang: 8 (G**)
- *imbricata* var. *longifolia* Schltr.: 8 (G**)
- *imbricata* var. *montana* Schltr.: 8 (G**)
- *imbricata* var. *papuana* J.J.Sm.: 8 (G**)
- *imbricata* var. *platyphylla* Schltr.: 8 (G**)
- *imbricata* var. *sessile* Hook.f.: 10 (G)
- *khasiyana* Rchb.f.: 1 (2*, G, S*)
- *kinabaluensis* Ames: *Entomophobia* 1 (S*)
- *loricata* Rchb.f.: 8 (2*, G**, S*)
- *lugardii* Rolfe: 1 (G)
- *minahassae* Schltr.: 1 (G)
9. **nervosa** Rchb.f. (*Acanthoglossum nervosum* Bl., *Gastroglottis montana* Rchb.f., *Coelogyne nervillosa* Rchb. f.) - Java (2*)
- *obovata* Hook.f.: 1 (G)

10. **pallida** Lindl. (*P. imbricata* sensu Lindl., *P. imbricata* var. *sessile* Hook.f., *P. calceata* Rchb.f., *P. yunnanensis* Schltr., *P. yupeensis* Hu, *P. schlechteri* Gagn., *P. tixieri* Guill., *Coelogyne imbricata* (Lindl.) Rchb. f., *C. pallida* (Lindl.) Rchb.f., *C. calceata* (Rchb.f.) Rchb.f., *Ptilocnema bracteatum* D.Don) - Trop. Him., N-S-Ind., Sri L., Burm., Mal. 800-2.300 m (E**, G, H, O3/97)
- *pallida* Lindl.: 8 (2*, P**, S*)
- *pallida* Holtt.: 8 (G**)
- *repens* Rolfe: 1 (G)
11. **rubra** Lindl. (*P. undulata* Lindl., *Coelogyne rubra* (Lindl.) Rchb.f., *C. undulata* (Lindl.) Rchb.f.) - Sik., Ind., Burm., Viet. (G)
- *schlechteri* Gagn.: 10 (G)
- *sesquitorta* Kraenzl.: 12 (2*)
- *spectabilis* Kraenzl. ex Guill.: 8 (G**)
- *suaveolens* Lindl.: *Coelogyne* 64 (6*)
- *tixieri* Guill.: 10 (G)
- *triotos* (Rchb.f.) Pfitz. & Kraenzl.: 8 (G**, S*)
- *undulata* Lindl.: 11 (G)
12. **ventricosa** (Bl.) Rchb.f. (*P. sesquitorta* Kraenzl., *Chelonanthera ventricosa* Bl., *Coelogyne ventricosa* Rchb.f.) - Mal., Sund. 1.000-1.500 m (2*, S)
- *yunnanensis* Schltr.: 10 (G)
- *yupeensis* Hu: 10 (G)

Phormangis Schltr. - 1918: *Ancistrorhynchus* Finet (S)

× *Phragmipaphiopedilum*: × *Phragmipaphium* (*Paphiopedilum* × *Phragmipedium*)

× **Phragmipaphium (Phrphm.)** (*Paphiopedilum* × *Phragmipedium*)

Phragmipedilum sargentianum (Rolfe) Rolfe: *Phragmipedium* 17 (O(B)4)

Phragmipedium (Phrag.) Rolfe - 1896 - Subfam: Cypripedioideae - (*Uropedium* Lindl.) - ca. 12/20 sp. ter/lit/epi - CITES - S-Am. to Pan., Guat. - „Zapatillas"
1. **besseae** Dods. & Kuhn (*Paphiopedilum besseae* (Dods. & Kuhn) Albert & Pett.) - Ec., Peru 1.100-1.500 m - sect. *Micropetalum* (A**, H**, O(B)4, &11**, Z**, S)
  var. **dallessandroi** hort. - Peru (O(B)4)

var. **flava** Braem - Peru (O(B)4)
- *besseae* var. *dalessandroi* Dods. ex Wimber: 6 (O4/96)
2. **boisserianum** (Rchb.f.) Rolfe (*Phragmopedilum boisserianum* (Rchb. f.) Rolfe, *Selenipedium boisserianum* Rchb.f., *S. duboisii* n.n., *S. duboissierianum* n.n., *Cypripedium grandiflorum* Pav. n.n., *Paphiopedilum boissierianum* (Rchb.f.) Stein, *P. reticulatum* (Rchb.f.) Pfitz., *P. czerwiakowianum* (Rchb.f.) Pfitz.) - Ec., Peru, 625-1.100 m - sect. *Lorifolia* (S, O(B)4, O6/98**, Y)
   var. **czerwiakowianum** (Rchb.f.) Gruss (*P. czerwiakowianum* (Rchb. f.) Rolfe, *P. cajamarcae* Schltr., *Phragmopedilum czerwiakowianum* (Rchb.f.) Rolfe, *Selenipedium czerwiakowianum* Rchb.f., *Cypripedium czerwiakowianum* Rchb.f.) - Peru (O(B)4)
   var. **reticulatum** (Rchb.f.) Rolfe emend. Pfitz. (*P. reticulatum* (Rchb.f.) Gar., *Phragmopedilum reticulatum* (Rchb.f.) Schltr., *Selenipedium reticulatum* Rchb.f., *Cypripedium reticulatum* (Rchb.f.) Rchb.f., *Paphiopedilum reticulatum* (Pfitz.) Rchb.f.) - Peru, Ec. (O(B)4)
- *cajamarcae* Schltr.: 2 (O(B)4)
3. **caricinum** (Lindl. & Paxt.) Rolfe (*P. equadorense* Gar., *Phragmopedilum caricinum* (Lindl. & Paxt.) Rolfe & Pfitz., *Cypripedium caricinum* Lindl. & Paxt., *C. pearcei* hort. ex Veitch, *Selenipedium caricinum* (Lindl. & Paxt.) Rchb.f., *S. pearcei* Rchb.f., *Paphiopedilum caricinum* (Lindl. & Paxt.) Stein) - Peru, Bol., Braz. 350-1.500 m - sect. *Himantopetalum* (9**, E, H, S, O(B)4, O6/98)
4. **caudatum** (Lindl.) Rolfe (*P. warscewiczianum* (Rchb.f.) Schltr., *Phragmopedilum caudatum* (Lindl.) Pfitz., *Cypripedium caudatum* Lindl., *C. humboldtii* Rchb.f., *C. humboldtii* Warsc., *C. warscewiczianum* Rchb. f., *Paphiopedilum caudatum* (Lindl.) Pfitz., *P. warscewiczianum* (Rchb.f.) Pfitz., *Selenipedium caudatum* (Lindl.) Rchb.f.) - Guat., C.Rica, Pan., Col., Ec., Peru, Ven. 1.500-2.800 m - epi. - sect. *Phragmipedium* (E**, H**, S, O(B)4, W**, O6/98, O4/90, Z**)
   var. **lindenii** Benth. (S)
   var. **wallisii** (Rchb.f.) Schltr. (*P. wallisii* (Rchb.f.) Gar., *Phragmopedilum caudatum* var. *wallisii* (Rchb.f.) Schltr., *Selenipedium wallisii* Rchb. f., *S. caudatum* var. *wallisii* Rolfe, *Cypripedium wallisii* (Rchb.f.) B.S. Will., *C. caudatum* var. *album,* - var. *wallisii* Veitch, *Paphiopedilum wallisii* (Rchb.f.) Pfitz., *P. caudatum* var. *seegerianum* O'Brien, - var. *wallisii* Kerch., - var. *wallisii* Stein) - Ec., Col. (O(B)4)
   var. **warscewiczianum** (Rchb.f.) Gruss (*P. caudatum* var. *roseum* hort., *P. warscewiczianum* (Rchb.f.) Gar., *Phragmopedilum caudatum* var. *warscewiczii* hort., *P. warscewiczianum* (Rchb.f.) Schltr, *Cypripedium warscewiczianum* Rchb.f., *C. caudatum* var. *roseum* hort., *C. caudatum* var. *warscewiczii* hort., *Selenipedium caudatum* var. *roseum* Du Buyss., - var. *warscewiczii* Gardn., *S. warscewiczianum* Rchb.f.) - C-Am., Guat., Col. (O(B)4)
- *caudatum* var. *lindenii* (Lindl.) Pfitz.: 11 (O(B)4)
5. **czerwiakowianum** (Rchb.f.) Rolfe - Peru, Ec. - sect. *Phragmipedium* (S)
- *czerwiakowianum* (Rchb.f.) Rolfe: 2 (O(B)4)
6. **dalessandroi** Dods. & Gruss (*P. besseae* var. *dalessandroi* Dods. ex Wimber) - Ec. (O4/96, &11)
- *dariense* (Rchb.f.) Gar.: 13 (O(B)4)
- *ecuadorense* Gar. (Y): 14 (O(B)4)
- *equadorense* Gar.: 3 (H)
7. **exstaminodium** Castaño, Hagsater & Aguirre (*Paphiopedilum exstaminodium* (Castaño, Hagsater & Aguirre) Albert & Pett.) - Mex. 1.700 m - sect. *Phragmipedium* (O3/91, O(B)4, O6/98, Y)
8. **hartwegii** (Rchb.f.) Pfitz. (*P. hartwegii* (Rchb.f.) Williams, *Cypripedium hartwegii* Rchb.f., *C. longifolium* var. *hartwegii* (Rchb.f.) Veitch, *Selenipedium hartwegii* Rchb.f., *Paphiopedilum hartwegii* (Rchb.f.) Pfitz., *P. longifolium* var. *hartwegii* (Rchb.f.) Stein) - Peru, Ec. - sect. *Lorifolia* (E**, H, S, O(B)4)
   var. **baderi** Roeth & Gruss (O3/97)
- *hartwegii* (Rchb.f.) Williams: 13 (H**)

- *hartwegii* (Rchb.f.) Williams: 8 (O(B)4)
- *hincksianum* (Rchb.f.) Gar.: 13 (H**, O(B)4)
9. **hirtzii** Dods. (*Paphiopedilum hirtzii* (Dods.) Albert & Pett.) - NW-Ec., SW-Col. 700 m - sect. *Lorifolia* (O2/91, O(B)4, O6/98, Y)
- *kaieteurum* (N.E.Brown) Gar. (Y): 12 (O(B)4)
10. **klotzscheanum** (Rchb.f.) Rolfe (*P. klotzscheanum* Rolfe, *Phragmopedilum klotzscheanum* (Rchb.f.) Pfitz., *Cypripedium klotzscheanum* Rchb.f. ex Schomb., *C. schomburgkianum* Kl. ex Schomb., *Selenipedium schomburgkianum* (Rchb.f. ex Schomb.) Rchb.f., *S. schomburgkianum* (Kl. ex Schomb.) Desb., *S. schomburgkianum* (Rchb.f.) Desb., *S. klotzscheanum* Rchb.f., *Paphiopedilum schomburgkianum* (Rchb.f.) Pfitz., *P. klotzscheanum* (Schomb.) Stein, *P. klotzscheanum* (Rchb.f.) Pfitz., *P. klotzscheanum* Kerch., *P. klotzscheanum* (Rchb.f.) Stein) - Ven., Guy., Braz. 415-1.400 m - sect. *Himantopetalum* (9**, E**, H**, S, O(B)4, O6/98, Y)
- *klotzscheanum* Rolfe: 10 (O(B)4)
11. **lindenii** (Lindl.) Dressl. & N.H.Will. (*P. caudatum* var. *lindenii* (Lindl.) Pfitz., *Uropedium lindenii* Lindl., *Cypripedium lindenii* (Lindl.) Van Houtte, *C. caudatum* var. *lindenii* (Lindl.) Veitch, - var. *uropedium* Kraenzl., *Selenipedium lindenii* (Lindl.) Nichols, *S. caudatum* var. *uropedium* Rolfe, - var. *lindenii* (Lindl.) Chapm., *Paphiopedilum caudatum* var. *lindenii* (Lindl.) N.E.Br ex Stein, *P. lindenii* (Lindl.) Albert & Pett.) - Ven., Col., Ec. 1.400-2.100 m - sect. *Phragmipedium* (E**, H**, O(B)4, O6/98, O4/94**, R, Y)
12. **lindleyanum** (Schomb. ex Lindl.) Rolfe (*P. lindleyanum* var. *kaieteurum* (N.E.Br.) Cash, *P. kaieteurum* (N.E.Br.) Gar., *Phragmopedilum lindleyanum* (Schomb. ex Lindl.) Pfitz., *P. lindleyanum* var. *kaieteurum* (N.E. Br.) Pfitz., *Cypripedium lindleyanum* Schomb. ex Lindl., *C. kaieteurum* N.E.Br., *Selenipedium lindleyanum* (Schomb. ex Lindl.) Rchb.f., *S. lindleyanum* var. *kaieteurum* (N.E. Br.) Cogn., *Paphiopedilum lindleyanum* (Schomb. ex Lindl.) Pfitz.) - Guy., Ven. - sect. *Platypetalum* (E**, H*, S, O(B)4, Z**)
    var. **kaieteurum** (N.E.Br.) Rchb.f. ex Pfitz. (*Cypripedium kaieteurum* N.E.Br., *Selenipedium lindleyanum* var. *kaieteurum* (N.E.Br.) Cogn.) - Guy., Ven. (O(B)4)
- *lindleyanum* var. *kaieteurum* (N.E. Br.) Cash: 12 (O(B)4)
13. **longifolium** (Warsc. & Rchb.f.) Rolfe (*P. hartwegii* (Rchb.f.) Williams, *P. hincksianum* (Rchb.f.) Gar., *P. roezlii* (Rchb.f.) Gar., *P. dariense* (Rchb.f.) Gar., *Cypripedium longifolium* Warsc. & Rchb.f., *C. reichenbachii* Bull., *C. hincksianum* Rchb.f., *Selenipedium longifolium* (Warsc. & Rchb.f.) Pfitz., *S. reichenbachii* Endr. ex Rchb.f., *S. dariense* Rchb. f., *Paphiopedilum hartwegii* (Rchb. f.) Pfitz., *P. longifolium* (Warsc. & Rchb.f.) Pfitz., *P. longifolium* (Rchb. f.) Stein, *P. dariense* (Rchb.f.) Stein, *P. hincksianum* (Rchb.f.) Stein, *P. hincksianum* (Rchb.f.) Pfitz., *P. roezlii* (Rchb.f.) Pfitz.) - Col., C.Rica, Pan., Ec. to 2.000 m - sect. *Lorifolia* (9**, E*, H**, S, O(B)4, W**, O2/94, Z**, Y)
    var. **roezlii** (Rchb.f. ex Regel) Pfitz. (*P. roezlii* (Rchb.f. ex Regel) Gar., *Phragmopedilum longifolium* var. *roezlii* (Rchb.f.) Pfitz., *Cypripedium roezlii* Rchb.f. ex Regel, *Paphiopedilum longifolium* var. *roezlii* (Rchb. f.) Hallier, *P. roezlii* (Rchb.f.) Pfitz., *Selenipedium longifolium* var. *roezlii* (Rchb.f.) auct., *S. roezlii* Rchb.f.) - Pan., Col., C.Rica (O(B)4)
    var. **dariense** (O2/94)
    var. **hartwegii** (O2/94)
    var. **hincksianum** (O2/94)
    var. **latifolium** (O2/94)
    var. **splendidum** (O2/94)
14. **pearcei** (Rchb.f.) Rauh & Sengh. (*Selenipedium pearcei* Rchb.f., *Cypripedium caricinum* sensu Batem., *Paphiopedilum pearcei* (Rchb.f.) Albert & Pett.) - Peru, Ec. 200-1.800 m - sect. *Himantopetalum* (4**, A**, E**, H**, O(B)4, O5/91, &2, Z**, Y)
    var. **ecuadorense** (Gar.) Cash ex

Gruss (*P. ecuadorense* Gar.) - Peru, Ec. (O(B)4)
- *reticulatum* (Rchb.f.) Gar.: 2 (O(B)4)
15. **richteri** Roeth & Gruss (*P. topperi* n.n.) - Peru - sect. *Himantopetalum* (O(B)4, O6/98)
16. × **roethianum** Gruss & Kalina (*P. hirtzii* × *P. longifolium*) nat. hybr. - Ec. (O5/98)
- *roezlii* (Rchb.f.) Gar. (9**): 13 (H**)
- *roezlii* (Rchb.f. ex Regel) Gar. (9**): 13 (O(B)4)
17. **sargentianum** (Rolfe) Rolfe (*Phragmipedilum sargentianum* (Rolfe) Rolfe, *Phragmopedilum sargentianum* (Rolfe) Pfitz., *Selenipedium sargentianum* Rolfe, *Cypripedium sargentianum* (Rolfe) Sand., *C. sargentianum* (Rolfe) Kraenzl., *Paphiopedilum sargentianum* (Rolfe) Hallier, *P. sargentianum* (Rolfe) Albert & Pett.) - Braz. - sect. *Platypetalum* (9**, E*, H, S, O(B)4, O2/90**, Y)
18. **schlimii** (Lind. & Rchb.f.) Rolfe (*Phragmopedilum schlimii* (Lind. & Rchb.f.) Pfitz., *Selenipedium schlimii* Lind. & Rchb.f., *Cypripedium schlimii* (Lind. & Rchb.f.) Batem., *C. schlimii* Lind. & Rchb.f., *Paphiopedilum schlimii* (Lind. & Rchb.f.) Pfitz., *P. schlimii* (Lind. & Rchb.f.) Stein) - Col. 1.500-1.800 m - sect. *Micropetalum* (4**, 9**, A**, E**, H**, S, O(B)4, R*, Y)
f. **albiflorum** (Lind.) Gruss (*P. schlimii* var. *albiflorum* Lind.) (S, O(B)4)
var. **atroroseum** Pucci hort. (S, O(B)4)
var. **superbum** hort. (O(B)4)
- *schlimii* var. *albiflorum* Lind.: 18 (O(B)4)
- × sedenii Pfitz.: art. hybr. (O3/81)
- *topperi* n.n.: 15 (O(B)4)
19. **vittatum** (Vell.) Rolfe (*Phragmopedilum vittatum* (Vell.) Pfitz., *Cypripedium vittatum* Vell., *C. paulistanum* Barb.Rodr., *C. binoti* hort., *Paphiopedilum vittatum* (Vell.) Stein, *P. vittatum* (Vell.) Pfitz., *P. vittatum* (Vell.) Kerch., *P. paulistanum* (Barb. Rodr.) Pfitz., *Selenipedium paulistanum* (Barb.Rodr.) Rolfe, *S. vittatum* (Vell.) Rchb.f.) - C-Braz. 800-1.000 m - sect. *Lorifolia* (S, O(B)4, O6/94, Y)

- *wallisii* (Rchb.f.) Gar. (Y): 4 (O(B)4)
- *warscewiczianum* (Rchb.f.) Schltr.: 4 (E**, H**)
- *warscewiczianum* (Rchb.f.) Gar. (W): 4 (O(B)4)
- *xerophyticum* Soto, Salazar & Hagsater: *Mexipedium* 1 (O(B)4)

Phragmopedilum Rolfe*: Phragmipedium* Rolfe
- *boissierianum* (Rchb.f.) Rolfe: *Phragmipedium* 2 (O(B)4)
- *caricinum* (Lindl. & Paxt.) Rolfe & Pfitz.: *Phragmipedium* 3 (9**, O(B)4)
- *caudatum* (Lindl.) Pfitz.: *Phragmipedium* 4 (O(B)4)
- *caudatum* var. *wallisii* (Rchb.f.) Schltr.: *Phragmipedium* 4 (O(B)4)
- *caudatum* var. *warscewiczii* hort.: *Phragmipedium* 4 (O(B)4)
- *czerwiakowianum* (Rchb.f.) Rolfe: *Phragmipedium* 2 (O(B)4)
- *klotzscheanum* (Rchb.f.) Pfitz.: *Phragmipedium* 10 (O(B)4)
- *lindleyanum* (Schltr. ex Lindl.) Pfitz.: *Phragmipedium* 12 (O(B)4)
- *lindleyanum* var. *kaieteurum* (N.E. Br.) Pfitz.: 12 (O(B)4)
- *longifolium* var. *roezlii* (Rchb.f.) Pfitz.: *Phragmipedium* 13 (O(B)4)
- *reticulatum* (Rchb.f.) Schltr.: *Phragmipedium* 2 (O(B)4)
- *sargentianum* (Rolfe) Pfitz.: *Phragmipedium* 17 (9**, O(B)4)
- *schlimii* (Lind. & Rchb.f.) Pfitz.: *Phragmipedium* 18 (O(B)4)
- *vittatum* (Vell.) Pfitz.: *Phragmipedium* 19 (O(B)4)
- *warscewiczianum* (Rchb.f.) Schltr.: *Phragmipedium* 4 (O(B)4)

Phragmorchis L.O.Wms. - 1938 - *Subfam. Epidendroideae Tribus: Vandeae Subtr. Sarcanthinae* - 1 sp. epi. - Phil.
1. **teretifolia** L.O.Wms. - Phil. (S*)

Phreatia Lindl. p.p.: *Octarrhena* Thw. (S)

Phreatia Lindl. - 1830 - *Subfam. Epidendroideae Tribus: Epidendreae Subtr. Thelasiinae* - (*Rhynchophreatia* Schltr.) - 150/200 sp. epi. - N-Ind., SE-As., Indon., Austr., N.Gui.
1. **acuminata** J.J.Sm. - Java (2*)
2. **baileyana** Schltr. - end. to Austr. (Qld.) 600 m (P**)
- *congesta* Rolfe: *Eria* 77 (2*, G)
- *coriacea* Lindl.: 7 (2*)

3. **crassiuscula** F.v.Muell. ex Nicholls - end. to Austr. (Qld.) 800 m (P*)
4. **densiflora** Lindl. (*P. myosurus* Lindl., *Eria myosurus* Rchb.f., *Dendrolirium densiflorum* Bl.) - Java (2*)
5. **elata** Schltr. (S)
6. **elegans** Lindl. (*Thelasia elegans* (Lindl.) Bl.) - N-Ind., Sri L., Java (E*, H*, S)
7. **laxiflora** Lindl. (*P. coriacea* Lindl., *Dendrolirium laxiflorum* Bl., *D. coriaceum* Bl., *Eria laxiflora* Miq., *E. coriacea* Rchb.f.) - Java (2*)
- *microtidis* Lindl.: 11 (2*)
- *myosurus* Lindl.: 4 (2*)
- *nana* Hook.f.: 8 (2*)
8. **parvula** Hook.f. (*P. nana* Hook.f., *Octarrhena parvula* Thw.) - Java (2*)
9. **plexauroides** Rchb.f. (*Eria plexauroides* Rchb.f.) - Java (2*)
10. **pusilla** Lindl. (*Dendrolirium pusillum* Bl.) - Java (2*)
- *retusa* (Bl.) Lindl.: *Eria* 77 (2*, G)
- *robusta* R.Rogers: *Rhynchophreatia* 1 (P**)
11. **secunda** Lindl. (*P. microtidis* Lindl., *Dendrolirium secundum* Bl., *Eria secunda* Rchb.f.) - Java (2*)
12. **sphaerocarpa** Schltr. (S)
13. **sulcata** J.J.Sm. (*Dendrolirium sulcatum* Bl., *Eria sulcata* Lindl.) - Java (2*)

Phyllomphax Schltr. - 1919: *Brachycorythis* Lindl. (S)
- *acuta* (Rchb.f.) Schltr.: *Brachycorythis* 1 (6*)
- *helferi* (Rchb.f.) Schltr.: *Brachycorythis* 4 (6*, H)
- *helferi* non (Rchb.f.) Schltr.: *Brachycorythis* 1 (6*)
- *helleborina* (Hook.f.) Schltr.: *Brachycorythis* 7 (9**)
- *henryi* Schltr.: *Brachycorythis* 5 (6*)
- *macrantha* (Lindl.) Summerh.: *Brachycorythis* 7 (9**)

Phyllorchis (*Phyllorkis*) Thou. - 1809: *Bulbophyllum* Thou.
- *adenopetala* (Lindl.) Ktze.: *Bulbophyllum* 170 (G, Q**)
- *alopecurus* (Rchb.f.) Ktze.: *Bulbophyllum* 530 (9**)
- *angustifolia* Ktze.: *Bulbophyllum* 22 (2*)
- *antennifera* (Lindl.) Ktze.: *Bulbophyllum* 25 (G)
- *aurata* (Lindl.) Ktze.: *Bulbophyllum* 38 (9**, G**)
- *auricoma* (Lindl.) Ktze.: *Bulbophyllum* 39 (9**)
- *barbigera* (Lindl.) Ktze.: *Bulbophyllum* 44 (9**, G)
- *baronii* (Ridl.) Ktze.: *Bulbophyllum* 45 (U**)
- *beccarii* (Rchb.f.) Ktze.: *Bulbophyllum* 47 (9**)
- *biflora* (Teijsm. & Binn.) Ktze.: *Bulbophyllum* 52 (2*, 9**)
- *blumei* (Lindl.) Ktze.: *Bulbophyllum* 54 (2*, G, Q**)
- *bracteolata* (Lindl.) Ktze.: *Bulbophyllum* 62 (G)
- *bufo* (Lindl.) Ktze.: *Bulbophyllum* 430 (9**)
- *bufo* (Lindl.) Ktze.: *Bulbophyllum* 162 (G)
- *calamaria* (Lindl.) Ktze.: *Bulbophyllum* 68 (9**)
- *calamaria* (Lindl.) Ktze.: *Bulbophyllum* 465 (G)
- *capitata* (Bl.) Ktze.: *Bulbophyllum* 384 (2*, G)
- *cernua* (Bl.) Ktze.: *Bulbophyllum* 84 (2*, Q*)
- *cheiri* (Lindl.) Ktze.: *Bulbophyllum* 86 (G, Q**)
- *ciliata* Ktze.: *Bulbophyllum* 91 (2*)
- *clavigera* (Fitzg.) Ktze.: *Bulbophyllum* 273 (9**, G)
- *comosa* (Collett & Hemsl.) Ktze.: *Bulbophyllum* 102 (9**)
- *cornuta* (Bl.) Ktze.: *Bulbophyllum* 112 (2*, Q**)
- *crassipes* (Hook.f.) Ktze.: *Bulbophyllum* 115 (9**)
- *crocea* Ktze.: *Bulbophyllum* 118 (2*)
- *cumingii* (Lindl.) Ktze.: *Bulbophyllum* 121 (9**, G)
- *cylindracea* Ktze.: *Bulbophyllum* 127 (2*)
- *dayana* (Rchb.f.) Ktze.: *Bulbophyllum* 129 (9**)
- *dearei* (hort.) Ktze.: *Bulbophyllum* 130 (E**, H**, Q**)
- *diphyes* Ktze.: *Bulbophyllum* 74 (2*)
- *elongata* (Bl.) Ktze.: *Bulbophyllum* 152 (2*, G)
- *erecta* (Thou.) Ktze.: *Bulbophyllum* 155 (U)
- *falcata* (Rchb.f.) Ktze.: *Bulbophyllum* 162 (9**)

- *falcata* (Rchb.f.) Ktze.: *Bulbophyllum* 162 (G**)
- *fimbriata* (Lindl.) Ktze.: *Bulbophyllum* 166 (9**, G)
- *flavescens* (Bl.) Ktze.: *Bulbophyllum* 170 (2*, G, Q**)
- *flavida* (Lindl.) Ktze.: *Bulbophyllum* 427 (G**)
- *gibbosa* (Bl.) Ktze.: *Bulbophyllum* 183 (2*, Q**)
- *grandiflora* (Bl.) Ktze.: *Bulbophyllum* 189 (9**)
- *guttulata* (Wall.) Ktze.: *Bulbophyllum* 197 (9**, G**)
- *helenae* Ktze.: *Bulbophyllum* 201 (9**, G)
- *herminiostachys* (Rchb.f.) Ktze.: *Bulbophyllum* 427 (G**)
- *hildebrandtii* (Rchb.f.) Ktze.: *Bulbophyllum* 203 (U)
- *hirsuta* (Bl.) Ktze.: *Bulbophyllum* 378 (Q**)
- *hirta* (Smith) Ktze.: *Bulbophyllum* 206 (G)
- *imbricata* Ktze: *Bulbophyllum* 127 (2*)
- *imbricata* (Lindl.) Ktze.: *Bulbophyllum* 218 (G)
- *inaequalis* Ktze.: *Bulbophyllum* 220 (2*)
- *javanica* (Bl.) Ktze.: *Bulbophyllum* 154 (2*, Q**)
- *lasiochila* (Par. & Rchb.f.) Ktze.: *Bulbophyllum* 242 (9**)
- *laxiflora* Ktze.: *Bulbophyllum* 246 (2*)
- *lemniscata* (Par. ex Hook.f.) Ktze.: *Bulbophyllum* 250 (9**)
- *leopardina* (Wall.) Ktze.: *Bulbophyllum* 255 (9**)
- *limbata* (Lindl.) Ktze.: *Bulbophyllum* 264 (G)
- *lobbii* (Lindl.) Ktze.: *Bulbophyllum* 269 (2*, 4**, 8**, 9**, G, Q**)
- *longiflora* (Thou.) Ktze.: *Bulbophyllum* 273 (U)
- *macraei* (Lindl.) Ktze.: *Bulbophyllum* 284 (9**, G)
- *macrantha* (Lindl.) Ktze.: *Bulbophyllum* 285 (9**, G**, Q**)
- *maxillaris* (Lindl.) Ktze.: *Bulbophyllum* 54 (G, Q**)
- *maxima* (Lindl.) Ktze.: *Bulbophyllum* 304 (9**, G)
- *medusae* (Lindl.) Ktze.: *Bulbophyllum* 305 (9**, H**, Q**)
- *medusae* (Lindl.) Ktze.: *Cirrhopetalum* 11 (E)
- *megalantha* (Griff.) Ktze.: *Bulbophyllum* 86 (G, Q**)
- *membranacea* Ktze.: *Bulbophyllum* 309 (2*)
- *membranifolia* (Hook.f.) Ktze.: *Bulbophyllum* 310 (Q**)
- *micrantha* (Hook.f.) Ktze.: *Bulbophyllum* 530 (9**)
- *minuta* (Thou.) Ktze.: *Bulbophyllum* 317 (U)
- *mucronata* Ktze.: *Bulbophyllum* 330 (2*)
- *multiflora* (Ridl.) Ktze.: *Bulbophyllum* 332 (U)
- *mutabilis* (Bl.) Ktze.: *Bulbophyllum* 336 (2*)
- *nilgherensis* (Wight) Ktze.: *Bulbophyllum* 346 (9**)
- *nuphyllis* Thou.: *Bulbophyllum* 355 (U)
- *nutans* Ktze.: *Bulbophyllum* 376 (9**)
- *nutans* Thou.: *Bulbophyllum* 355 (U)
- *obtusa* Ktze.: *Bulbophyllum* 360 (2*)
- *odorata* (Bl.) Ktze.: *Bulbophyllum* 365 (2*, Q**)
- *ornatissima* (Rchb.f.) Ktze.: *Bulbophyllum* 372 (9**, H**)
- *ornatissimum* (Rchb.f.) Ktze.: *Cirrhopetalum* 13 (E**)
- *othonis* Ktze.: *Bulbophyllum* 376 (G)
- *ovalifolia* (Bl.) Ktze.: *Bulbophyllum* 378 (2*, Q**)
- *oxyptera* (Lindl.) Ktze.: *Bulbophyllum* 304 (9**, G)
- *parvula* (Lindl.) Ktze.: *Bulbophyllum* 378 (2*, Q**)
- *patens* (King) Ktze.: *Bulbophyllum* 393 (9**)
- *patens* (Hook.f.) Ktze.: *Bulbophyllum* 393 (Q**)
- *pavimenta* (Lindl.) Ktze.: *Bulbophyllum* 394 (9**)
- *pavimentata* (Lindl.) Ktze.: *Bulbophyllum* 427 (G**)
- *picturata* (Lodd. ex Lindl.) Ktze.: *Bulbophyllum* 408 (9**, G)
- *psittacoglossa* (Rchb.f.) Ktze.: *Bulbophyllum* 422 (9**)
- *purpurea* (D.Don) Ktze.: *Bulbophyllum* 77 (9**)
- *recurva* (Lindl.) Ktze.: *Bulbophyllum* 394 (9**)

- *recurva* (Lindl.) Ktze.: *Bulbophyllum* 427 (G**)
- *refracta* Ktze.: *Bulbophyllum* 443 (2*)
- *reinwardtii* (Lindl.) Ktze.: *Bulbophyllum* 537 (2*, 9**, G, Q**)
- *reticulata* (Batem.) Ktze.: *Bulbophyllum* 446 (9**)
- *rhizophorae* (Lindl.) Ktze.: *Bulbophyllum rhizophorae* (9**)
- *rhizophorae* Rchb.f.: *Bulbophyllum* 162 (G)
- *saltatoria* (Lindl.) Ktze.: *Bulbophyllum* 465 (G**)
- *schefferi* Ktze.: *Bulbophyllum* 476 (2*)
- *schefferi* Ktze.: *Bulbophyllum* 476 (Q**)
- *sessile* (Koenig) Ktze.: *Bulbophyllum* 484 (2*, G)
- *setigera* (Lindl.) Ktze.: *Bulbophyllum* 485 (G)
- *sheperdii* (F.v.Muell.) Ktze.: *Bulbophyllum* 486 (G)
- *sulcata* Ktze.: *Bulbophyllum* 510 (2*)
- *tenella* Ktze.: *Bulbophyllum tenellum* (2*)
- *tenella* (Bl.) Ktze.: *Bulbophyllum* 378 (Q**)
- *tenuiflora* Ktze.: *Bulbophyllum* 516 (2*)
- *thompsonii* (Ridl.) Ktze.: *Bulbophyllum* 519 (U)
- *thouarsii* (Lindl.) Ktze.: *Bulbophyllum* 273 (9**, G)
- *tortuosa* Ktze.: *Bulbophyllum* 522 (2*)
- *triflora* Ktze.: *Bulbophyllum* 526 (2*)
- *tristis* (Rchb.f.) Ktze.: *Bulbophyllum* 530 (9**)
- *umbellata* (Fitzg.) Ktze.: *Bulbophyllum* 273 (9**, G)
- *unguicolata* Ktze.: *Bulbophyllum* 536 (2*)
- *uniflora* (Bl.) Ktze.: *Bulbophyllum* 537 (2*, 9**, G, Q**)
- *vaginata* (Lindl.) Ktze.: *Bulbophyllum* 539 (2*, G)
- *variegata* (Thou.) Ktze.: *Bulbophyllum* 540 (U)
- *velutina* (Lindl.) Ktze.: *Bulbophyllum* 162 (G)
- *violacea* Ktze.: *Bulbophyllum* 464 (2*)
- *violacea* Ktze.: *Bulbophyllum* 549 (2*)
- *weddelii* (Lindl.) Ktze.: *Bulbophyllum* 557 (9**)

Phymatidium Lindl. - 1833 - *Subfam. Epidendroideae Tribus: Maxillarieae Subtr. Ornithocephalinae* - ca. 10 sp. epi. - Braz.
- *antioquiense* Ortiz: *Eloyella* 1 (FXIII3*)
1. **aquinoi** Schltr. - Braz. (&10, S)
- *cundinamarcae* Ortiz: *Eloyella* 2 (FXIII3, S)
2. **delicatulum** Lindl. - Braz. (H, S*)
3. **falcifolium** Lindl. - Braz. (H, S)
4. **hysteranthum** Barb.Rodr. - Braz. (S)
5. **limae** Porto & Brade - Braz. (S)
6. **mellobaretoi** L.O.Wms. & Hoehne - Braz. (S)
7. **myrtophilum** Barb.Rodr. - Braz. (S)
- *panamense* Dressl.: *Eloyella* 4 (W)
8. **paranaense** Samp. - Braz. (S)
9. **seehaweri** Bock (*Chytroglossa seehaweri* Bock) - Braz. ca. 1.000 m (&10, O3/98**)
10. **tillandsioides** Barb.Rodr. - E-Braz. (H**, O6/98**, S*)
11. **vogelii** Pabst - Braz. (S)

Physanthera Steud. - 1841: *Rodriguezia* Ruiz & Pav. (S)

Physinga Lindl. - 1838: *Epidendrum* L.

Physinga Lindl. - 1838 - *Epidendrinae* (S) - ca. 4 sp. epi. - Mex. to Col., Braz., Guy.
1. **acreensis** Brieg. & Bicalho - W-Braz. (S*)
2. **physodes** (Rchb.f.) Brieg. & Bicalho (*Epidendrum physodes* Rchb.f.) - Mex. to Col. (S) ➝ Epidendrum 220
3. **polygonata** (Lindl.) H.Dietr. - Carib. (S)
4. **prostrata** Lindl. - Guy. (S*)
➝ *prostata* Lindl.: *Epidendrum* 236 (G)

Physoceras Schltr. - 1925 - *Subfam. Orchidoideae Tribus: Orchideae Subtr. Habenariinae* - 10 sp. epi/ter - end. to Madag.
1. **bellum** Schltr. - Madag. 1.500-2.000 m - ter/lit (U)
2. **betsomangense** Boss. - Madag. 1.000-1.500 m - terr. (U, S)
3. **bifurcum** H.Perr. - Madag. 2.000-2.500 m - terr. (U)
4. **boryanum** (A.Rich.) Boss. - Madag. (S)

5. **epiphyticum** Schltr. - Madag. ca. 1.700 m - epi. (U)
6. **lageniferum** H.Perr. - Madag. 1.000-1.500 m - terr. (U)
7. **mesophyllum** (Schltr.) Schltr. (*Cynosorchis mesophylla* Schltr.) - Madag. 2.000 m - terr. (U)
8. **perrieri** Schltr. - Madag. ca. 1.000 m - terr. (U)
9. **rotundifolium** H.Perr. - Madag. - epi. (U)
10. **violaceum** Schltr. - Madag. ca. 500 m - epi. (U**)

Physogyne Gar. - 1982 - *Spiranthinae* (S) - 2 sp. terr. - Mex.
1. **gonzalesii** (L.O.Wms.) Gar. - Mex. (S*)
2. **sparsiflora** (Schweinf.) Gar. - Mex. (S*)

Physosiphon Lindl.: *Pleurothallis* R.Br. (L)
Physosiphon Lindl. - 1835 - *Subfam. Epidendroideae Tribus: Epidendreae Subtr. Pleurothallidinae* - ca. 6 sp. epi. - Trop. Am.
- *asaroides* Kraenzl.: *Geocalpa* 1 (S)
- *asaroides* Kraenzl.: *Pleurothallis* 61 (L)
- *bangii* (Schltr.) Gar.: *Masdevallia* 30 (S)
- *bradei* Schltr.: *Phloeophila* 1 (S)
- *bradei* Schltr.: *Pleurothallis* 471 (L)
- *carinatus* Lindl.: 5 (9**, G)
- *deregularis* (Barb.Rodr.) Cogn.: *Pleurothallis* 212 (G)
- *echinantha* (Barb.Rodr.) Cogn.: *Phloeophila* 2 (S)
1. **emarginatus** (Lindl.) Lindl. (*Humboldtia emarginata* Pav. ex Lindl., *Pleurothallis emarginata* Lindl.) - Peru, Guy. (G, S)
- *guatemalensis* Rolfe: 5 (9**, E**, G, H**)
- *herzogii* Schltr.: *Pleurothallis* 67 (L*)
- *hystrix* Kraenzl.: *Phloeophila* 3 (S)
- *lansbergii* (Rchb.f.) L.O.Wms.: *Masdevallia* 158 (S)
2. **lentiginosa** (Kraenzl.) Brieg. (*Pseudoctomeria lentiginosa* Kraenzl.) - C.Rica (S) ➛ *Pleurothallis* 382
- *lindleyi* Rolfe: 5 (9**, G)
- *loddigesii* Lindl.: 5 (9**, G, S)
- *minutiflorus* Ames & Schweinf.: *Pleurothallis* 212 (G)
- *moorei* Rolfe: 5 (G)
- *moorei* hort.: 5 (9**)
- *obliquipetala* Ames & Schweinf. (FXVIII3**): *Lepanthopsis* 28 (L*, FXIX1)
- *ochraceus* A.Rich. & Gal.: 5 (9**, G)
- *pubescens* Barb.Rodr.: *Geocalpa* 2 (S)
- *pubescens* Barb.Rodr.: *Pleurothallis* 628 (L*)
3. **punctulatus** Rchb.f. - Ven. (FX V2/3) ➛ *Pleurothallis* 578
4. **serrulata** Barb.Rodr. - Braz. (S) ➛ *Pleurothallis* 652
- *spiralis* Lindl.: *Pleurothallis* 212 (G, FXIX1)
5. **tubatus** (Lodd.) Rchb.f. (*P. guatemalensis* Rolfe, *P. loddigesii* Lindl., *P. carinatus* Lindl., *P. ochraceus* A.Rich. & Gal., *P. lindleyi* Rolfe, *P. moorei* Rolfe, *P. moorei* hort., *Stelis tubatus* Lodd., *Pleurothallis tubata* (Lodd.) Steud.) - Mex., Guat., Salv., Hond., Nic. (3**, 9**, E**, G, H**, S) ➛ *Pleurothallis* 732

Physothallis Gar.: *Pleurothallis* R.Br. (L)
Physothallis Gar. - 1953 - *Subfam. Epidendroideae Tribus: Epidendreae Subtr. Pleurothallidinae* - 1 sp. epi. - Ec.
- *cylindrica* Luer: *Pleurothallis* 195 (L)
1. **harlingii** Gar. - Ec. (S)
- *harlingii* Gar.: *Pleurothallis* 472 (L*)

Physurus L.C.Rich. - 1818 - *Physurinae* (S) - (*Erythrodes* Bl., *Microchilus* Presl) - ca. 60 sp. - Trop. SE-As., Trop. Am.
- *argenteus* hort. ex Koch & Lauche: *Erythrodes* 14 (G)
- *blumei* Lindl.: 2 (2*)
- *blumei* Lindl.: *Erythrodes* 1 (6*)
- *bracteata* Bl.: *Herpysma* 1 (6*)
- *chinensis* Rolfe: *Erythrodes* 1 (6*)
- *herpysmoides* King & Pantl.: *Erythrodes* 4 (6*)
1. **humilis** Bl. - Java (2*)
2. **latifolius** Bl. (?*P. blumei* Lindl., *Erythrodes latifolia* Bl.) - Java (2*)
- *maculatus* Hook.: *Platythelys* 1 (9**)
- *maurevertii* Miq.: *Goodyera* 15 (2*)
- *pictus* Lindl.: *Erythrodes* 14 (G)
- *plantaginifolius* Bl.: *Queteletia plantaginifolia* (2*)
- *viridiflora* Miq., non Lindl.: *Goodyera* 33 (6*)

- *viridiflorus* Lindl.: *Goodyera* 33 (2*)
Pilophyllum Schltr. - 1914 - *Collabiinae* (S) - 1 sp. terr. - Sum., Java, Phil., Mal.
1. **villosum** (Bl.) Schltr. (*Chrysoglossum villosum* Bl.) - Mal., Java, Born., Phil., N.Gui., Sol. 700-1.650 m (Q**, S*)
Pilumna Lindl. - 1844: *Trichopilia* Lindl.
- *fragrans* Lindl.: *Trichopilia* 6 (8**, 9**, E**, G, H**)
- *laxa* Lindl.: *Trichopilia* 10 (E**, G**, H**)
- *reichenheimiana* Kl.: *Trichopilia* 10 (E**, G**, H**)
- *wag(e)neri* Rchb.f.: *Trichopilia* 6 (9**, E**, G, H**, S)

Pinalia Hamilt.: *Eria* Lindl.
- *albidotomentosum* Ktze.: *Eria* 2 (2*)
- *amica* (Rchb.f.) Ktze.: *Eria* 3 (9**)
- *annulata* Ktze.: *Eria* 4 (2*)
- *appendiculata* Ktze.: *Eria* 5 (2*)
- *bicristata* Ktze.: *Eria* 9 (2*)
- *biflora* Ktze.: *Eria* 10 (2*)
- *bipunctata* (Lindl.) Ktze.: *Eria* 11 (G)
- *bractescens* (Lindl.) Ktze.: *Eria* 12 (9**, G**)
- *calamifolia* (Hook.f.) Ktze.: *Eria* 66 (9**, G)
- *capitellata* Ktze.: *Eria* 4 (2*)
- *ciliata* Ktze.: *Eria* 34 (2*)
- *clavicaulis* (Wall. ex Lindl.) Ktze.: *Eria* 17 (G)
- *compressa* Ktze.: *Eria* 18 (2*)
- *confusa* (Hook.f.) Ktze.: *Eria* 3 (9**)
- *dasyphylla* (Par. & Rchb.f.) Ktze.: *Trichotosia* 6 (H)
- *ebulbis* Ktze.: *Eria* 38 (2*)
- *erecta* Ktze.: *Eria* 26 (2*)
- *ferox* Ktze.: *Eria* 29 (2*)
- *ferox* (Bl.) Ktze.: *Trichotosia* 7 (H**)
- *flavescens* Ktze.: *Eria* 32 (2*)
- *floribunda* (Lindl.) Ktze.: *Eria* 33 (2*, G**)
- *fragrans* (Rchb.f.) Ktze.: *Eria* 43 (9**, G**)
- *fusca* Ktze.: *Eria* 34 (2*)
- *hyacinthoides* Ktze.: *Eria* 38 (2*)
- *iridifolia* Ktze.: *Eria latifolia* (2*)
- *iridifolia* (Hook.f.) Ktze.: *Eria* 41 (9**)
- *javensis* Ktze: *Eria* 61 (2*)
- *latifolia* Ktze.: *Eria latifolia* (2*)
- *latifolia* (Bl.) Ktze.: *Eria* 41 (9**)
- *lineata* Ktze.: *Eria* 32 (2*)
- *lobata* Ktze.: *Eria* 50 (2*)
- *marginata* (Rolfe) Ktze.: *Eria* 52 (9**)
- *micrantha* (Bl.) Ktze.: *Eria* 55 (2*, G)
- *microphylla* Ktze.: *Eria* 53 (2*)
- *monostachya* Ktze.: *Eria* 54 (2*)
- *monticola* Ktze.: *Eria* 67 (2*)
- *multiflora* (Bl.) Ktze.: *Eria* 55 (2*, G)
- *myristiciformis* (Hook.) Ktze.: *Eria* 56 (9**)
- *nutans* (Lindl.) Ktze.: *Eria* 58 (G)
- *obesa* (Lindl.) Ktze.: *Eria* 59 (9**, G)
- *obliterata* Ktze.: *Eria* 61 (2*)
- *ornata* (Bl.) Ktze.: *Eria* 62 (2*, 9**, G**, Q**)
- *paniculata* (Lindl.) Ktze.: *Eria* 65 (G)
- *pannea* (Lindl.) Ktze.: *Eria* 66 (9**, G)
- *pauciflora* (Lindl.) Ktze.: *Eria* 67 (2*)
- *polyura* (Lindl.) Ktze.: *Eria* 70 (G**)
- *pulchella* (Griff.) Ktze.: *Eria* 12 (9**, G**)
- *pumila* (Lindl.) Ktze.: *Eria* 74 (G)
- *reinwardtii* Ktze.: *Eria* 50 (2*)
- *reticulata* (Lindl.) Ktze.: *Porpax* 3 (G)
- *retusa* (Bl.) Ktze.: *Eria* 77 (2*, G)
- *rigida* Ktze.: *Eria* 80 (2*)
- *rosea* (Lindl.) Ktze.: *Eria* 82 (G**)
- *rugosa* Ktze.: *Eria rugosa* (2*)
- *rugosa* (Bl.) Ktze.: *Eria* 43 (9**, G**)
- *sclerophylla* Ktze.: *Eria* 61 (2*)
- *stellata* Ktze.: *Eria rugosa* (2*)
- *stellata* (Lindl.) Ktze.: *Eria* 43 (9**, G**)
- *striolata* Ktze.: *Eria rugosa* (2*)
- *striolata* (Rchb.f.) Ktze.: *Eria* 43 (9**, G**)
- *tomentosa* (Koenig) Ktze.: *Eria* 88 (9**)
- *velutina* (Lodd. ex Lindl.) Ktze.: *Trichotosia* 12 (G)

Pinelia Lindl. - 1853: *Pineliantha* Rausch. (S)

Pinelia Lindl. - 1853 - *Subfam. Epidendroideae Tribus: Epidendreae Subtr. Laeliinae* - ca. 5 sp. epi. - Braz., Ven.
1. **alticola** Gar. & Dunst. - SW-Ven. (S)

➛ *alticola* Gar. & Dunst.: *Pineliantha* 1 (S*)
2. **hypolepta** Lindl. (*Restrepia hypolepta* (Lindl.) Rchb.f.) - Braz. (S)
➛ *hypolepta* Lindl.: *Pineliantha* 2 (S)
- *lehmanniana* Kraenzl.: *Homalopetalum* 2 (S)
3. **paulensis** Schltr. & Hoehne - Braz. (S)
4. **pumilo** Schltr. (O3/81) ➛ Homalopetalum 3
- *tuerckheimii* Kraenzl.: *Homalopetalum* 4 (G)
5. **vomeriformis** (Sw.) Schltr. (O3/81) ➛ Homalopetalum 5

Pineliantha Rausch. - 1983 - *Epidendrinae* (S) - (*Pinelia* Lindl.) - 3 sp. epi. - S-Am.
1. **alticola** (Gar. & Dunst.) Rausch. (*Pinelia alticola* Gar. & Dunst.) (S*)
2. **hypolepta** (Lindl.) Rausch. (*Pinelia hypolepta* Lindl.) (S)
3. **leochilus** (Rchb.f.) Rausch. - Dom., Cuba (S)

Piperia Rydb. - 1901: *Platanthera* L.C. Rich. (S)

Piperia Rydb. - 1901 - *Subfam. Orchidoideae Tribus: Orchideae Subtr. Orchidinae* - ca. 8 sp. terr. - USA
1. **elegans** (Lindl.) Rydb. - Alas. to Cal. (O6/95)
2. **unalascensis** (Spreng.) Rydb. - N-Am. (O6/95) ➛ Platanthera 29

Pittierella Schltr. - 1906: *Cryptocentrum* Benth. (S)

Pityphyllum Schltr. - 1920 - *Subfam. Epidendroideae Tribus: Maxillarieae Subtr. Maxillariina*e - 5 sp. epi. - Ven., Col., Peru, Ec.
1. **amesianum** Schltr. - Ven., Col. 800-2.400 m (O5/95, S*)
2. **antioquense** Schltr. - Col. 1.700-2.000 m (O5/95, S)
3. **hirtzii** Dods. - Ec. (FXX1*, S)
4. **laricinum** (Kraenzl.) Schltr. - Peru 2.000 m (O5/95, S*)
5. **pinoides** Sweet - Ec. 2.000-3.000 m (O5/95, S)

Platanthera L.C.Rich. - 1818 - *Subfam. Orchidoideae Tribus: Orchideae Subtr. Orchidiinae (Dactylorhizinae)* - (*Lysias* Salisb., *Mecosa* Bl., *Conopsidium* Wallr., *Lindblomia* Fries, *Montolivaea* Rchb.f., *Piperia* Rydb., *Lysiella* Rydb., *Limnorchis* Rydb., *Hemihabenaria* Finet, *Blephariglottis* Raf., *Tulotis* Raf.) - ca. 85-100 sp. terr. - N-temp. regions of both hemispher. - „Waldhyazinthe, Kuckucksblume“
- *acuifera* Lindl.: *Habenaria* 1 (6*)
- *acuta* (Rchb.f.) Kraenzl.: *Brachycorythis* 1 (6*)
1. **algeriensis** Batt. & Trabut (*P. chlorantha* ssp. *algeriensis* (Batt. & Trabut) Emberger) - S-Sp., N-Alg., Sard. 1.400-2.100 m - „Algerische Waldhyazinthe“ (K**, S, N**)
- *amamiana* Ohwi: 2 (6*)
- *amesiana* Schltr.: 2 (6*)
2. **angustata** (Bl.) Lindl. (*P. amesiana* Schltr., *P. halconensis* (Ames) Schltr., *P. pachyglossa* Hay., *P. elmeri* (Ames) Schltr., *P. hachijoensis* Honda, *P. mandarinorum* var. *hachijoensis* (Honda) Ohwi, *P. amamiana* Ohwi, *Mecosa angustata* Bl., *Habenaria zosterostyloides* Hook.f., *H. angustata* (Bl.) Ktze., *H. halconensis* Ames, *H. elmeri* Ames, *H. amesiana* (Schltr.) Ames, *H. pachyglossa* (Hay.) Masamune) - SE-As. (2*, 6*)
- *angustifolium* (Lindl.) Rchb.f.: *Herminium* 1 (6*, G)
3. **azorica** Schltr. - end. to Az. - „Azoren-Waldhyazinthe“ (K**, S)
4. **bifolia** (L.) L.C.Rich. (*P. solstitialis* Boenn., *Orchis bifolia* L.) - Eur., As. min. 0-2.300 m - „Zweiblättrige Waldhyazinthe, Weiße Waldhyazinthe“ (H, K**, S, T**, V**)
   ssp. **graciliflora** Bisse - C-Eur. (V**, O6/91**)
- *bifolia* ssp. *chlorantha* (Custer) Rouy: 8 (T**)
- *bigelovii* W.Wood.: 15 (G**)
5. **blephariglottis** (Willd.) Lindl. (H)
6. **blumei** Lindl. (*Mecosa dilatata* Bl., *Habenaria blumei* Ktze.) - Java (2*)
7. **brevifolia** (Green) Sengh. - N-Am. to Mex. (S)
8. **chlorantha** (Custer) Rchb. (*P. montana* (F.W.Schmidt) Rchb.f., *P. bifolia* ssp. *chlorantha* (Custer) Rouy, *Orchis chlorantha* Custer, *O. montana* auct.) - Eur., SE-Medit. 0-1.800 m - „Grünliche Waldhyazinthe, Greater Butterfly-orchid“ (K**, S, T**, V**)
- *chlorantha* ssp. *algeriensis* (Batt. & Trabut) Emberger: 1 (N**)
9. **ciliaris** (L.) Lindl. (*Orchis ciliaris*

L., *Habenaria ciliaris* (L.) R.Br., *Blephariglottis flaviflora* Raf., *B. ciliaris* (L.) Rydb.) - N-Am., Can. - „Yellow-Fringed Orchid" (9**, H, $53/7)
- *commelinifolia* (Roxb.) Lindl.: *Habenaria* 38 (6*)
- *constricta* (Lindl.) Lindl.: *Peristylus* 8 (6*, G)
10. **crassinervia** (Ames & Schweinf.) J.J.Sm. - Born. 3.400-3.700 m (O3/98)
11. **cristata** (Mich.) Lindl. (H)
- *cristata* Lindl.: 25 (H**)
- *dentata* (Sw.) Lindl.: *Habenaria* 47 (6*, 9**)
- *dielsiana* Soó: *Brachycorythis* 5 (6*)
12. **dilatata** (Pursh) Lindl. ex Beck - N-Am. (O6/95)
- *diphylla* (Link) Rchb.f.: *Gennaria* 1 (9**, G**, N**)
- *elmeri* (Ames) Schltr.: 2 (6*)
- *fimbriata* (Dryand.) Lindl.: 15 (G**)
- *fimbriata* var. *grandiflora* (Bigel.) Hook.: 15 (G**)
13. **freynii** Kraenzl. - Russ., E-As. (S)
- *geniculata* (D.Don) Lindl.: *Habenaria* 47 (6*, 9**)
14. **gibbsiae** Rolfe - Born. (O3/98)
- *gigantea* Lindl.: *Platanthera susannae* (2*)
- *gigantea* (Smith) Lindl.: *Pecteilis* 4 (9**)
- *glaberrima* (Ridl.) Kraenzl.: *Benthamia* 9 (U)
- *goodyeroides* (D.Don) Vidal: *Peristylus* 11 (6*, G)
- *graminea* (Thou.) Lindl.: *Cynorkis* 48 (U)
15. **grandiflora** (Bigel.) Lindl. (*P. fimbriata* (Dryand.) Lindl., *P. fimbriata* var. *grandiflora* (Bigel.) Hook., *P. bigelovii* Wood., *P. psycodes* var. *grandiflora* (Bigel.) Torrey, *Orchis fimbriata* Dryand., *O. grandiflora* Bigel., *Habenaria fimbriata* (Dryand.) R.Br., *H. fimbriata* f. *mentotonsa* Fern., *H. psycodes* var. *grandiflora* (Bigel.) A.Gray, *H. grandiflora* (Bigel.) Torrey, *Blephariglottis grandiflora* (Bigel.) Rydb., *B. psycodes* var. *grandiflora* (Bigel.) Schau.) - Can., USA (G**, H)
- *hachijoensis* Honda: 2 (6*)
- *halconensis* (Ames) Schltr.: 2 (6*)
- *helferi* (Rchb.f.) Kraenzl.: *Brachycorythis* 4 (6*, H)
- *helleborina* (Hook.f.) Rolfe: *Brachycorythis* 7 (9**)
16. **holmboei** H.Lindberg - Cyp. - „Holmboes Waldhyazinthe" (O5/80)
17. **holochila** (Hillebrand) Kraenzl. (*P. hyperborea* var. *viridiflora* (Cham.) Luer, *Habenaria holochila* (Hillebrand) Luer) - end. to Haw. 600-1.500 m ($56/7)
18. × **hybrida** Bruegg. (*P. bifolia* × *P. chlorantha*) nat. hybr. - C-Eur. (V)
19. **hyperborea** (L.) Lindl. (*Limnorchis hyperborea* (L.) Rydb.) - Ice., Greenl., N-Am. - „Isländische-, Nördliche Waldhyazinthe" (K**, S, O6/95)
- *hyperborea* var. *viridiflora* (Cham.) Luer: 17 ($56/7)
- *iantha* Rolfe, non Wight: *Brachycorythis* 5 (6*)
- *incisa* (Willd.) Lindl.: 25 (H**)
20. **kinabaluensis** Kraenzl. ex Rolfe - Born. 3.400-3.700 m (O3/98)
21. **kuenkelei** [kuenkelii (S)] H.Baum. - N-Alg. 0-1.300 m (K**, S)
- *lacei* Rolfe ex Downie: *Pecteilis* 1 (6*)
- *longicalcarata* Hay.: *Tulotis* 2
- *lucida* Lindl.: *Habenaria* 111 (6*)
- *madagascariensis* (Rolfe) Kraenzl.: *Benthamia* 15 (U)
- *madagascariensis* sensu Schltr.: *Benthamia* 27 (U)
- *mandarinorum* var. *hachijoensis* (Honda) Ohwi: 2 (6*)
- *mannii* (Rchb.f.) Schltr.: *Peristylus* 19 (6*)
- *marginata* Lindl.: *Habenaria* 123 (6*)
22. **micrantha** (Hochst.) Schltr. - end. to Az. 400-1.400 m - „Kleinblütige Waldhyazinthe" (K**, S)
- *montana* (F.W.Schmidt) Rchb.f.: 8 (K**, S)
- *oligantha* Turcz.: *Lysiella* 3 (K**)
23. **orbiculata** (Pursh) Lindl. - N-Am. (O6/95)
- *pachyglossa* Hay.: 2 (6*)
24. **parvula** Schltr. - N-Swed., N-Fin. (S)
- *parvula* Schltr.: *Lysiella* 3 (K**, S)
- *promensis* Lindl.: *Habenaria* 123 (6*)
25. **psycodes** (L.) Lindl. (*P. incisa* (Willd.) Lindl., *P. cristata* Lindl., *Orchis psycodes* L., *O. cristata* W.Bart.,

Blephariglottis psycodes (L.) Rydb.) - N-Am. (H**)
- *psycodes* var. *grandiflora* (Bigel.) Torrey: 15 (G**)
- *radiata* (Thunb.) Lindl.: *Pecteilis* 2 (E**)
- *radiata* (Thunb.) Lindl.: *Habenaria* 152 (H)
- *robusta* Lindl.: *Platanthera susannae* (2*)
- *robusta* Lindl.: *Pecteilis* 4 (6*, 9**, H)
- *rostrata* Lindl.: *Habenaria* 158 (6*)
- *rumphii* Brongn.: *Habenaria* 159 (6*)
- *satyrioides* Rchb.f.: *Steveniella* 1 (O1/80)
- *solstitialis* Boenn.: 4 (S)
26. **stapfii** Kraenzl. ex Rolfe - end. to Born. (O3/98)
27. **stenantha** (Hook.f.) Soó - Him. (S)
- *stenostachya* Lindl. ex Benth.: *Peristylus* 9 (6*, G)
28. **stricta** Lindl. - N-Am. (O6/95)
- *sumatrana* Schltr.: *Peristylus* 5 (6*)
- *susannae* (L.) Lindl. (2*): *Pecteilis* 4 (6*, 9**, H)
- *tricruris* A.Rich.: *Ala* 3 (S)
29. **unalascensis** (Spreng.) Kurtz (O3/90) ⇢ *Piperia* 2
30. **undulata** J.J.Sm. - Java (2*)
- *virginea* H.Bol.: *Dracomonticola* 1 @

Platyclinis Benth. - 1881: *Dendrochilum* Bl.
- *abbreviata* Hemsl.: *Dendrochilum* 1 (2*)
- *brevilabrata* Rendle: *Dendrochilum* 8 (2*)
- *cobbiana* (Rchb.f.) Hemsl.: *Dendrochilum* 6 (E**, H**)
- *cornuta* Hemsl.: *Dendrochilum* 8 (2*)
- *edentula* Hemsl.: *Dendrochilum* 18 (2*)
- *filiformis* (Lindl.) Benth. ex Hemsl. (8**): *Dendrochilum* 20 (E, G, H**)
- *glumacea* (Lindl.) Benth. (8**): *Dendrochilum* 24 (9**, G)
- *gracilis* Hook.: *Dendrochilum* 25 (2*)
- *grandiflora* Ridl.: *Dendrochilum* 28 (Q**)
- *kingii* Hook.f.: *Dendrochilum* 37 (Q**)
- *latifolia* Hemsl.: *Dendrochilum* 41 (G)
- *longifolia* (Rchb.f.) Hemsl.: *Dendrochilum* 44 (2*, H**)
- *pulchella* Ridl.: *Dendrochilum* 43 (Q)
- *sarawakensis* Ridl.: *Dendrochilum* 37 (Q**)
- *simile* Ridl.: *Dendrochilum* 62 (2*)
- *stachyodes* Ridl.: *Dendrochilum* 63 (Q**)
- *uncata* (Rchb.f.) N.E.Br. ex Will.: *Dendrochilum* 71 (9**)

Platycoryne Rchb.f. - 1855 - *Subfam. Orchidoideae Tribus: Orchideae Subtr. Habenariinae (Habenaria* sect. *Platycoryne* (Rchb.f.) Kraenzl.) - 17 sp. terr. - NW-Madag., Trop. Afr.
1. **crocea** (Rchb.f.) Rolfe - Afr. (S, M**)
   ssp. **crocea** - Kenya, Sud. 0-360 m (M)
   ssp. **montis-elgon** (Schltr.) Summerh. (*P. montis-elgon* (Schltr.) Summerh., *Habenaria montis-elgon* Schltr.) - Kenya, Ug., Eth., Sud. 2.000-2.350 m (S, M)
2. **guingangae** (Rchb.f.) Rolfe - Afr. (S)
3. **isoetifolia** Cribb - Zai. (S)
- *montis-elgon* (Schltr.) Summerh.: 1 (M)
4. **pervillei** Rchb.f. (*Habenaria depauperata* Kraenzl., *H. pervillei* (Rchb. f.) Kraenzl.) - NW-Madag., Kenya, Tanz., Moz., Zim. 0-100 m (S, O6/96, M**, U)
5. **robynsiana** Geer. - Zam. (S)

Platyglottis L.O.Wms. - 1946 - *Subfam. Epidendroideae Tribus: Epidendreae Subtr. Laeliinae* - 1 sp. epi. - Pan.
1. **coriacea** L.O.Wms. - Pan. (W, S)

Platylepis A.Rich. - 1828 - *Subfam. Spiranthoideae Tribus: Erythrodeae* - (*Notiophrys* Lindl., *Diplogastra* Welw. ex Rchb.f.) - 10 sp. terr. - Afr., Madag., Masc.
1. **bigibbosa** H.Perr. - Madag. highl. (U)
2. **glandulosa** (Lindl.) Rchb.f. - Trop. Afr., S-Afr. ca. 1.200 m (S, M**)
3. **goodyeroides** A.Rich. (*Goodyera occulta* Thou., *Aetheria occulta* (Thou.) Lindl., *Notiophrys occulta* (Thou.) Lindl.) - Maur., Sey. (G, O3/98)
- *goodyeroides* A.Rich.: 5 (U)
- *humicola* Schltr.: *Goodyera* 12 (U)

4. **margaritifera** Schltr. - Madag. - terr. (U)
5. **occulta** (Thou.) Rchb.f. (*P. goodyeroides* A.Rich., *Goodyera occulta* Thou., *Hetaeria occulta* (Thou.) Lindl., *Notiophrys occulta* (Thou.) Lindl., *Erporkis bracteata* Ktze., *Orchiodes occultum* (Thou.) Ktze.) - Madag., Masc. (U)
- *perrieri* Schltr.: *Goodyera* 22 (U)
6. **polyadenia** Rchb.f. - Madag., Com. 0-1.200 m - terr. (S, U)
7. **seychellarum** A.Rich. - end. to Sey. (O3/98)

Platypus Small & Nash - 1903: *Eulophia* (S)
- *altus* (L.) Small: *Eulophia* 4 (9**, G**)
- *papilliferus* Small & Nash: *Eulophia* 4 (9**, G**)

Platyrhiza Barb.Rodr. - 1881 - *Subfam. Epidendroideae Tribus: Maxillarieae Subtr. Ornithocephalinae* - 1 sp. epi. - Braz.
- *juergensii* Schltr.: 1 (S*)
1. **quadricolor** Barb.Rodr. (*P. juergensii* Schltr.) - Braz. (A**, S*)

Platysma gracile Bl.: *Podochilus* 3 (2*)

Platystele Schltr. - 1910 - *Subfam. Epidendroideae Tribus: Epidendreae Subtr. Pleurothallidinae* - ca. 87 sp. epi/ter/lit - C-S-Am., Mex. to Braz.
1. **acicularis** Luer & Hirtz - Ec. 1.000-2.400 m (L*)
2. **aculeata** Luer - Ec. 2.000-2.400 m (L*)
3. **acutilingua** Kapuler & Hascall - Col., Ec. 300-1.300 m (L*, FXII)
4. **adelphe** Luer & Hirtz - Ec. 1.800 m (L*)
5. **altarica** Luer - Ec. ca. 3.200 m (L*)
6. **alucitae** Luer (*P. cuculligera* Ortiz) - Ec., Col. 1.000-2.500 m (L*, FXIV3*)
7. **argentosa** Luer & Esc. - Col. 1.200-1.400 (L*)
- *aurea* Gar.: *Pleurothallis* 610 (L*)
8. **bovilinguis** Luer - end. to Bol. (L*)
- *brasiliensis* Brade: 57 (L*)
9. **brenneri** Luer - Pan., Ec. ca. 1.000 m (W, L*)
- *bulbinella* Schltr.: 13 (H, L*)
10. **calantha** Ortiz - Col., Ec. 800-2.000 m (L*, FXII**)
11. **calymma** Luer - Pan. ca. 600 m (W, L*)
12. **caudatisepala** (Schweinf.) Gar. (*Pleurothallis caudatisepala* Schweinf.) - C.Rica, Pan., Mex., Ec., Guat. 400-1.100 m (A**, W, L*)
13. **compacta** (Ames) Ames (*Stelis compacta* Ames, *P. bulbinella* Schltr., *Pleurothallis compacta* (Ames) Ames & Schweinf.) - Mex., Guat., Hond., Nic., C.Rica, Pan. 300-2.400 m (H, W, L*, Z, S)
14. **consobrina** Luer - Col. 2.100-2.800 m (L*)
15. **crinita** Luer & Hirtz - Ec. ca. 900 m (L*)
- *cuculligera* Ortiz: 6 (L*, FXIV3*)
- *culex* Luer & Esc.: 25 (L*)
16. **dalstroemii** Luer - Ec. ca. 2.500 m (L*)
17. **dasyglossa** Ortiz - Col. (L*)
18. **delhierroi** Luer & Hirtz - Ec. ca. 2.300 m (L*)
19. **densiflora** Ortiz - Col. 1.600-1.900 m (L*, FXII**, R**)
20. **dewildei** Luer & Esc. - Col. 2.100 m (L*)
21. **dodsonii** Luer - Ec. 2.700-2.800 m (L*)
22. **dressleri** Luer - Pan., Col. ca. 650-1.700 m (W, L*, FXII**)
23. **edmundoi** Pabst - Braz. (L*)
24. **enervis** Luer - Ec. 1.600-2.000 m (L*)
- *escobariana* Gar.: 75 (L*)
25. **examen-culicum** Luer (*P. culex* Luer & Esc.) - Ec., Col., Peru 1.500-2.700 m (L*)
26. **filamentosa** Luer - Col. (L*)
27. **fimbriata** Luer & Hirtz - Ec. ca. 750 m (L*)
28. **gyroglossa** Luer (*P. porphyroglossa* Ortiz) - Ec., Col. 1.300-1.800 m (L*, FXIV3**)
- *halbingeriana* (Schult.) Gar.: 44 (L*)
29. **hirtzii** Luer - Ec. ca. 2.000 m (L*)
30. **hypsitera** Luer & Esc. - Col. 2.300-2.700 m (FXVI1*)
- *hypsitera* Luer & Esc.: 62 (L*)
31. **jamboeënsis** Luer & Hirtz - Ec. ca. 1.400 m (L*)
32. **jesupiorum** Luer - Ec. ca. 1.500 m (L*)
33. **johnstonii** (Ames) Gar. (*Pleurothallis johnstonii* Ames) - Ven. 500-900 m (L*, FXII)
34. **jungermannioides** (Schltr.) Gar.

(*Pleurothallis jungermannioides* Schltr.) - Guat., C.Rica, Pan. 200-1.000 m - smallest orchid of the world (W, L*, Z)
35. **lancilabris** (Rchb.f.) Schltr. (*Stelis lancilabris* Rchb.f., *Pleurothallis lancilabris* (Rchb.f.) Schltr.) - C.Rica 1.500-2.000 m (W, L*, FXII)
36. **lawessonii** Luer - Ec. 200-300 m (L*)
37. **lehmannii** Luer - Ec. 1.400-1.700 m (L*)
38. **londonoana** Luer & Esc. - Col. (L*)
39. **lycopodioides** Luer & Hirtz - Ec. ca. 950 m (L*)
40. **megaloglossa** Luer & Esc. - Col. ca. 2.000 m (L*, XVI3*)
41. **microglossa** Ortiz - Col. ca. 1.600 m (L*, FXIV3*)
42. **microscopica** Luer - Col., Ec. 1.600-2.300 m (L*)
43. **microtatantha** (Schltr.) Gar. (*Pleurothallis microtatantha* Schltr., *P. perparva* Standl. & L.O.Wms.) - C.Rica 1.500-2.400 m (W, L*, FXII)
44. **minimiflora** (Schltr.) Gar. (*P. halbingeriana* (Schult.) Gar., *Pleurothallis minimiflora* Schltr., *P. halbingeriana* Schult.) - Guat., Mex., C.Rica, Pan. 600-2.000 m (W, L*)
45. **misasiana** Ortiz - Col. ca. 2.000 m (L*, FXIV3*)
46. **misera** (Lindl.) Gar. (*Pleurothallis misera* Lindl., *Humboldtia misera* (Lindl.) Ktze.) - Peru, Col. 1.800-2.800 m (L*, FXVI1, FXII)
47. **muscicola** Luer & Hirtz - Ec. ca. 750 m (L*)
48. **myoxura** Luer & Hirtz - Ec. ca. 1.800 m (L*)
49. **napintzae** Luer & Hirtz - Ec. ca. 1.000 m (L*)
50. **obtecta** Luer - C.Rica 600 m (L*)
51. **orchestris** Ortiz - Col. (L*)
52. **orectoglossa** Ortiz - Col., Ec. 1.800-3.200 m (L*)
53. **ornata** Gar. (*Pleurothallis ornata* (Gar.) Foldats, *P. guatopensis* Foldats) - Ven., Ec. ca. 400 m (L*, S)
54. **ortiziana** Luer & Esc. - Pan., Col. ca. 300 m (W, L*, R**)
55. **ovalifolia** (Focke) Gar. & Dunst. (*Stelis ovalifolia* Focke, *Pleurothallis ovalifolia* (Focke) Rchb.f., *P. rhomboglossa* Rchb.f., *P. vaginulata* Griseb.) - Guy., Trin., Ven., Cuba, Pan., Salv. 300-1.000 m (W**, L*, S)
56. **ovatilabia** (Ames & Schweinf.) Gar. (*Pleurothallis ovatilabia* Ames & Schweinf.) - C.Rica, Pan., Mex., Guat., Hond. 900-1.300 m (W, L*)
57. **oxyglossa** (Schltr.) Gar. (*P. brasiliensis* Brade, *P. pygmaea* (Hoehne) Gar., *P. schulzeana* (Schltr.) Gar., *Pleurothallis oxyglossa* Schltr., *P. schulzeana* Schltr., *P. pygmaea* Hoehne, *P. lancilabris* var. *oxyglossa* (Schltr.) Schweinf.) - Mex., Guat., Nic., C.Rica, Pan., Col., Ven., Ec., Bol., Braz. (W, L*, R**, Z)
58. **papillosa** Luer - Col. 3.000-3.500 m (L*)
59. **pedicellaris** (Schltr.) Gar. (*Pleurothallis pedicellaris* Schltr.) - Guat. 1.100-1.300 m (L*)
60. **perpusilla** (Rchb.f.) Gar. (*Pleurothallis perpusilla* Rchb.f.) - C.Rica, Pan. 1.300-1.400 m (W, L*)
61. **phasmida** Luer & Esc. - Col. ca. 2.500 m (L*, XVI3*, R**)
62. **pisifera** (Lindl.) Luer (*P. hypsitera* Luer & Esc., *Pleurothallis pisifera* Lindl., *Humboldtia pisifera* (Lindl.) Ktze.) - Ec., Col., Ven., Peru, Bol. 1.200-3.000 m (L*)
- *porphyroglossa* Ortiz: 28 (L*, FXIV3*)
63. **posadarum** Luer & Esc. - Col. (L*)
64. **propinqua** (Ames) Gar. (*Pleurothallis propinqua* Ames) - C.Rica, Col. ca. 1.800 m (W, L*, FXII)
65. **psix** Luer & Hirtz - Ec. ca. 400-600 m (L*)
66. **pubescens** Luer - Ec. 1.300-2.000 m (L*)
- *pygmaea* (Hoehne) Gar.: 57 (L*)
67. **pyriformis** Luer - Col. (L*)
68. **rauhii** Luer - Peru ca. 2.800 m (L*)
69. **reflexa** Luer - Ec. ca. 1.600 m (L*)
70. **repens** (Ames) Gar. (*Pleurothallis repens* Ames, *P. hians* Ames & J.J.Sm.) - Guat. ca. 300 m (A**, L*)
71. **resimula** Luer & Hirtz - Pan., Ec. 1.000-1.600 m (W, L*)
72. **rex** Luer & Esc. - Col. ca. 2.200 m (L*, FXV2/3*, R**)
73. **rhinocera** Luer & Hirtz - Col., Ec. 700-1.800 m (L*)
74. **risaraldae** Luer & Esc. - Col. 1.950 m (L*)
75. **schmidtchenii** Schltr. (*P. escobaria-*

na Gar.) - Col., Ec., Bol. 1.700-2.000 m (L*, FXII)
76. **schneideri** Ortiz - Col. 1.800-3.000 m (L*, R**)
- *schulzeana* (Schltr.) Gar.: 57 (L*)
77. **scopulifera** Luer & Dods. - Ec. ca. 1.400 m (L*)
78. **spatulata** Luer - Ec. ca. 2.200 m (L*)
79. **stellaris** Luer - Ec. 2.100-2.400 m (L*)
80. **stenostachya** (Rchb.f.) Gar. (*Pleurothallis stenostachya* Rchb.f., *P. stenostachya* var. *lankesteri* (Rolfe) Ames, *P. dubia* A.Rich. & Gal., *P. dubia* Rchb.f., *P. dubia* var. *myriantha* (Lehm. & Kraenzl.) Schltr, *P. minutiflora* S.Wats., *P. myriantha* Lehm. & Kraenzl., *P. lankesteri* Rolfe, *Humboldtia dubia* (Rchb.f.) Ktze., *H. dubia* (A.Rich. & Gal.) Ktze., *H. stenostachya* (Rchb.f.) Ktze.) - Mex., Pan., Ven., Col., Nic., C.Rica 0-2.800 m (3**, E*, H**, W, L*, FXII, R, Z**, S*)
81. **stevensonii** Luer - Ec. 1.000-1.800 m (L*)
82. **steyermarkii** Luer - Ven. 700-900 m (L*)
83. **stonyx** Luer - Col. 2.100-3.400 m (L*)
84. **sulcata** Luer & Hirtz - Ec. ca. 1.200 m (L*)
85. **taylorii** Luer - Pan., Ec. 650-1.800 m (W, L*)
86. **teaguei** Luer - Ec. 3.000-3.400 m (L*)
87. **umbellata** Ortiz - Col. 600-1.600 m (L*, FXII**)
88. **vetulus** Luer & Hirtz - Ec. ca. 2.000 m (L*)
89. **viridis** Luer - Ec. (L*)
90. **ximenae** Luer & Hirtz - Ec. ca. 1.200 m (L*)
91. **xiphochila** (Rchb.f.) Gar. - Col. (FXII)
92. **zeus** Luer & Hirtz - Ec. ca. 2.400 m (L*)

Platystylis Lindl. - 1830: *Liparis* L.C. Rich. (S)
- *atropurpurea* Lindl.: *Liparis* 106 (2*)
- *decurrens* Lindl.: *Liparis* 43 (2*)

Platythelys Gar. - 1977 - *Subfam. Spiranthoideae Tribus: Erythrodeae* - 8 sp. ter/epi - Guat., Braz., Carib.

1. **maculata** (Hook.) Gar. (*Physurus maculatus* Hook., *Erythrodes maculata* (Hook.) Ames) - Guat., Hond., Nic., C.Rica, Pan., Ven., Col., Ec. (9**, W, FXV2/3)
2. **querceticola** (Lindl.) Gar. (S*)
- *querceticola* (Lindl.) Gar.: *Erythrodes* 16 ($55/3)
3. **vaginata** (Hook.) Gar. - Nic., C.Rica, Pan. (W)
4. **venustula** (Ames) Gar. - Nic., C.Rica, Pan. (W**)

× **Plectochilus** (Plchs.) (*Plectorrhiza* × *Sarcochilus*)

Plectorrhiza (Plrhz.) Dockr. - 1967 - *Subfam. Epidendroideae Tribus: Vandeae Subtr. Sarcanthinae* - 3 sp. epi. - Austr., Lord-H.

1. **brevilabris** (F.v.Muell.) Dockr. (*Cleisostoma brevilabre* F.v.Muell.) - end. to Austr. (Qld.) 1.200 m (P*, S*)
2. **erecta** (Fitzg.) Dockr. - end. to Lord-H. (P, S)
3. **tridentata** (Lindl.) Dockr. (*Cleisostoma tridentatum* Lindl., *C. cornutum* Rupp, *Saccolabium calcaratum* F.v.Muell., *Sarcochilus calcaratus* (F.v.Muell.) F.v.Muell., *S. tridentatus* (Lindl.) Rchb.f., *Sarcanthus tridentatus* (Lindl.) Rupp, *Thrixspermum tridentatum* (Lindl.) Hunt) - end. to Austr. (Qld., NSW, Vic.) - scented (G, P**, S)

× **Plectrelgraecum** (Plgcm.) (*Angraecum* × *Plectrelminthus*)

Plectrelminthus (Plmths.) Raf. - 1836 - *Subfam. Epidendroideae Tribus: Vandeae Subtr. Aerangidinae* - (*Leptocentrum* Schltr.) - 1 sp. epi. - Trop. Afr.
- *bicolor* Raf.: 1 (C)
1. **caudatus** (Lindl.) Summerh. (*P. bicolor* Raf., *Angraecum caudatum* Lindl., *Listrostachys caudata* (Lindl.) Rchb.f., *Leptocentrum caudatum* (Lindl.) Schltr.) - Guin., S.Leone, Lib., Ivory C., Nig., Ghana, C-Afr. (4**, 9**, A**, G, C, S*, Z**)
- *spiculatus* (Finet) Summerh.: *Aerangis* 43 (U**)

Plectrophora Focke - 1848 - *Subfam. Epidendroideae Tribus: Oncidieae Subtr. Oncidiinae* - (*Jansenia* Barb. Rodr.) - ca. 5/8 sp. epi. - Trop. S-Am.
1. **alata** (Rolfe) Gar. (*Trichocentrum*

alatum Rolfe) - Guat., C.Rica, Pan., Col. 1.000-1.400 m (W, R**, S*)
2. **calcarhamata** Hoehne - Braz. (S)
3. **cultrifolia** (Barb.Rodr.) Cogn. - Ven. to Bol., Braz. (A**, S*)
4. **edwallii** Cogn. - Braz. (S)
5. **iridifolia** (Lodd. ex Lindl.) Focke (*P. triquetra* (Rolfe) Cogn., *Trichocentrum iridifolium* Lodd. ex Lindl., *T. plectrophora* Rchb.f.) - Braz., Sur., Ven., Peru (G, R, S*)
6. **suarezii** Dods. & Chase - Ec. 300 m (S)
- *triquetra* (Rolfe) Cogn.: 5 (S)
7. **tucanderana** Dods. & Vasq. - Bol. 300 m (S)
8. **zarumensis** Dods. - Ec. 1.300 m (S)

Pleione (Pln.) D.Don - 1825 - Subfam. Epidendroideae Tribus: Dendrobieae Subtr. Coelogyninae - (*Gomphostylis* Wall. ex Lindl.) - ca. 16 sp. epi/ter/lit - Nep., N-Ind., Bhut., Burm., S-China, Taiw. - „Tibetorchidee"
- *alba* Li & Feng: 9 (&14)
1. **albiflora** Cribb & C.Z.Tang - Yun. 2.400-3.200 m - epi/lit (O2/84, &14**)
2. **amoena** Schltr. (*P. pleionoides* (Kraenzl. ex Diels) Braem & Mohr, *Pogonia pleionoides* Kraenzl. ex Diels) - China - doubtful sp. (&14)
- *amoena* Schltr.: 4 (9**, E**)
3. **aurita** Cribb & Pfennig - SW-China 1.800-2.500 m - epi/lit (H**, &14**)
- *aurita* Cribb & Pfennig: 5 (O5/98**)
- *barbarae* Braem: 10 (&14**)
- *birmanica* (Rchb.f.) B.S.Will.: 20 (9**, G**, S*)
- *birmanica* (Rchb.f.) B.S.Will.: 20 (&14)
- *braemii* Pinkepank: 10 (&14**)
4. **bulbocodioides** (Franch.) Rolfe (*P. delavayi* (Rolfe) Rolfe, *P. pogonioides* (Rolfe) Rolfe, *P. mairei* Schltr., *P. henryi* (Rolfe) Schltr., *P. smithii* Schltr., *P. communis* Gagn., *P. communis* var. *subobtusum* Gagn., *P. ganchuenensis* Gagn., *P. fargesii* Gagn., *P. rhombilabia* Hand.-Mazz., *P. leroyi* (Rolfe) Schltr., *P. amoena* Schltr., *P. pricei* Rolfe, *P. speciosa* Ames & Schltr., *P. formosana* Hay., *P. mandarinorum* (Kraenzl. ex Diels) Kraenzl., *P. yunnanensis* Rolfe mss., *Coelogyne bulbocodioides* Franch., *C. delavayi* Rolfe, *C. henryi* Rolfe, *C. pogonioides* Rolfe) - Tib., China, 900-2.500 m - ter/lit (9**, E**, H**, S, &14**, Z**)
   var. **limprichtii** (Schltr.) Cribb (*P. limprichtii* Schltr.) (E**)
- *chinense* Ktze.: *Coelogyne* 19 (6*, G**)
- *chiwuana* Tang & Wang: 26 (&14)
- *chiwuana* Tang & Wang: 26 (9**)
5. **chunii** Tso (*P. aurita* Cribb & Pfennig) - China - terr. (O2/86, O5/98**, &14)
- *communis* Gagn.: 4 (9**, &14**)
- *communis* var. *subobtusum* Gagn.: 4 (9**)
- *concolor* hort. ex B.S.Will.: 20 (9**, E**, G**, H**, S*, &14**)
6. × **confusa** Cribb & C.Z.Tang (*P. forrestii* × *P. albiflora*) nat. hybr. - Yun. (O2/84, &14)
7. **coronaria** Cribb & C.Z.Tang - Nep. 2.800-3.500 m - epi. (O2/84, &14**)
- *crookewitii* Ktze.: *Coelogyne* 65 (2*)
- *cumingii* (Lindl.) Ktze.: *Coelogyne* 14 (6*, 9**)
- *delavayi* (Rolfe) Rolfe: 4 (9**, E**, H**, S, &14**)
- *diantha* Schltr.: 14 (9**, E, H, O6/98**, S, &14**)
- *diphylla* Lindl.: 18 (9**, E**, H**, S, &14**)
- *fargesii* Gagn.: 4 (E**, H**, &14**)
- *fargesii* Gagn.: 23 (9**)
- *fimbriata* Ktze.: *Coelogyne* 19 (6*, G**)
8. **formosana** Hay. (*P. pricei* Rolfe, *P. hui* Schltr.) - Taiw. 1.000-2.000 m - ter/lit (9**, H**, S, &14**)
   f. **alba** Torelli & Riccaboni - Taiw. (&14)
- *formosana* Hay.: 4 (E**)
9. **forrestii** Schltr. - Yun., N-Burm. 2.400-3.100 m - epi/lit (9**, E, H**, S, &14**, Z)
   f. **alba** (Li & Feng) Torelli & Riccaboni (*P. alba* Li & Feng) - Yun. (&14)
- *fuliginosa* Ktze.: *Coelogyne* 25 (2*, 6*, 9**)
- *ganchuanensis* Gagn.: 26 (9**)
- *ganchuenensis* Gagn.: 4 (&14**)
- *goweri* (Rchb.f.) Ktze.: *Coelogyne* 47 (6*, 9**, G**)
10. **grandiflora** (Rolfe) Rolfe (*P. pinke-*

pankii Braem, *P. barbarae* Braem, *P. mohrii* Braem, *P. harberdii* Braem, *P. moelleri* Braem, *P. braemii* Pinkepank, *Coelogyne grandiflora* Rolfe) - Yun. 2.700 m - ter/lit (O3/81, S, &14**)
- *harberdii* Braem: 10 (&14**)
- *henryi* (Rolfe) Schltr.: 4 (E**, &14**)
- *henryi* (Rolfe) Schltr.: 19 (S*)
11. **hookeriana** (Lindl.) B.S.Will. (*P. laotica* Kerr., *P. hookeriana* var. *brachyglossa* (Rchb.f.) Rolfe, *Coelogyne hookeriana* Lindl., *C. hookeriana* var. *brachyglossa* Rchb.f.) - NE-Ind., Nep., Bhut., Tib., N-Burm., Thai., Laos 2.200-4.000 m - epi/lit (9**, E**, H**, S, &14**) f. **alba** Torelli & Riccaboni (&14) var. **sinensis** Kleinhans ex Torelli & Riccaboni (*P. milanii* Braem) - Yun. (&14)
- *hookeriana* var. *brachyglossa* (Rchb.f.) Rolfe: 11 (9**, &14**)
12. **hubeiensis** Torelli & Riccaboni - China (Hubei) 1.200-1.800 m - ter/lit (&14**)
13. **hui** Schltr. - China 1.500 m - terr. - doubtful sp. (&14)
- *hui* Schltr.: 8 (9**, H**)
14. **humilis** (J.E.Sm.) D.Don (*P. diantha* Schltr., *Epidendrum humilis* J.E.Sm., *Coelogyne humilis* (J.E.Sm.) Lindl., *C. humilis* var. *tricolor* Rchb.f., - var. *albata* Rchb.f., *Cymbidium humile* (J.E.Sm.) Lindl.) - NE-Ind., Nep., Burm., Sik., Ass., China 1.800-3.200 m - epi/lit (9**, A**, E, H, O6/98**, S*, &14**)
- *incrassata* Ktze.: *Coelogyne* 29 (2*)
- *kholsii* Braem: 15 (&14)
15. × **kholsii** (Braem) Cribb (*P. kholsii* Braem) (*P. aurita* × *P. forrestii*) nat. hybr. - Yun. (&14)
- *lagenaria* Lindl.: 20 (E**, S*)
- *lagenaria* Lindl.: 16 (&14)
16. × **lagenaria** Lindl. (*P. lagenaria* Lindl., *Coelogyne lagenaria* (Lindl.) Lindl.) (*P. maculata* × *P. praecox*) nat. hybr. - Ind. (O2/84, &14**)
- *laotica* Kerr: 11 (9**, E**, H**, S, &14**)
- *leroyi* (Rolfe) Schltr.: 4 (E**)
- *limprichtii* Schltr.: 4 (S., E**)
17. **limprichtii** Schltr. - China, E-Tib. 1.400-3.200 m - ter/lit (9**, H, O2/86, S*, &14**)

- *longifolia* Ktze.: *Coelogyne* 36 (2*)
- *macrobulbon* (Hook.f.) Ktze.: *Coelogyne* 59 (2*, 6*)
18. **maculata** (Lindl.) Lindl. (*P. diphylla* Lindl., *P. maculata* var. *arthuriana* (Rchb.f.) Rolfe ex Kraenzl., - var. *virginea* Rchb.f., *Coelogyne maculata* Lindl., *C. diphylla* (Lindl.) Lindl., *C. arthuriana* Rchb.f., *C. candida* Lindl., *Gymnostylis candida* Wall. ex Pfitz., *Gomphostylis candida* Wall. ex Lindl.) - Ind., Burm., Thai., China 600-1.600 m - epi. (4**, 9**, E**, H**, S, &14**)
- *maculata* var. *arthuriana* (Rchb.f.) Rolfe ex Pfitz.: 18 (9**)
- *maculata* var. *arthuriana* (Rchb.f.) Rolfe ex Kraenzl.: 18 (&14**)
- *maculata* var. *virginea* Rchb.f.: 18 (9**)
- *mairei* Schltr.: 4 (9**, &14**)
- *mandarinorum* (Kraenzl. ex Diels) Kraenzl.: 4 (9**)
- *mandarinorum* (Kraenzl.) Kraenzl.: *Ischnogyne* 1 (S)
- *massangeana* (Rchb.f.) Ktze.: *Coelogyne* 39 (2*, 6*, 9**)
- *milanii* Braem: 11 (&14)
- *miniata* Ktze.: *Coelogyne* 41 (2*)
- *moelleri* Braem: 10 (&14**)
- *mohrii* Braem: 10 (&14**)
- *pinkepankii* Braem: 10 (&14**)
- *plantaginea* (Lindl.) Ktze.: *Coelogyne* 59 (6*)
- *pleionoides* (Kraenzl. ex Diels) Braem & Mohr: 2 (&14)
19 **pogonioides** (Rolfe) Rolfe (*P. henryi* (Rolfe) Schltr.) - China 1.000 m (S*)
- *pogonioides* Rolfe: 4 (&14**)
- *pogonioides* (Rolfe) Rolfe: 4 (9**)
- *pogonioides* auct. non Rolfe mss.: 23 (9**)
20. **praecox** (J.E.Sm.) D.Don (*P. wallichiana* (Lindl.) Lindl., *P. concolor* hort. ex B.S.Will., *P. reichenbachiana* (T.Moore & Veitch) B.S.Will., *P. lagenaria* (Lindl.), *P. birmanica* (Rchb.f.) B.S.Will., *P. praecox* var. *birmanica* (Rchb.f.) Grant, - var. *candida* Pfitz., - var. *sanguinea* (Lindl.) Pfitz., - var. *alba* Cooper, - var. *wallichiana* (Lindl.) Cooper, *Epidendrum praecox* J.E.Sm., *Coelogyne praecox* (J.E.Sm.) Lindl., *C. praecox* var. *sanguinea* Lindl., - var. *wallichiana* (Lindl.) Lindl., - var. *tenera*

Rchb.f., *C. wallichiana* Lindl., *C. wallichii* Hook., *C. reichenbachiana* T.Moore & Veitch, *C. birmanica* Rchb.f., *Cymbidium praecox* (J.E. Sm.) Lindl.) - S-China, N-Ind., Nep., Burm., Thai., Sik., Bhut. 1.500-3.400 m - epi/lit (9**, E**, G**, H**, S*, &14**, Z**)
var. **reichenbachiana** (B.S.Will.) Torelli & Riccaboni (*P. reichenbachiana* (T.Moore & Veitch) B.S. Will., *P. birmanica* (Rchb.f.) B.S. Will., *C. birmanica* Rchb.f., *Coelogyne reichenbachiana* T.Moore & Veitch) - Burm., Thai., China (&14)
- *praecox* var. *alba* Cooper: 20 (9**, E**, G**)
- *praecox* var. *birmanica* (Rchb.f.) Grant: 20 (9**, E**, G**)
- *praecox* var. *candida* Pfitz.: 20 (9**, E**, G**)
- *praecox* var. *sanguinea* (Lindl.) Pfitz.: 20 (9**, E**, G**)
- *praecox* var. *wallichiana* (Lindl.) Cooper: 20 (9**, E**, G**)
- *pricei* Rolfe: 4 (E**, S)
- *pricei* Rolfe: 8 (9**, H**, &14**)
- *reichenbachiana* (T.Moore & Veitch) B.S.Will.: 20 (9**, E**, G**, H**, S*)
- *reichenbachiana* (T.Moore & Veitch) B.S.Will.: 20 (&14)
- *rhombilabia* Hand.-Mazz.: 4 (9**, &14**)
- *rochussenii* (De Vriese) Ktze.: *Coelogyne* 59 (2*, 6*)
21. **saxicola** Tang & Wang ex Chen - China 2.400-2.500 m - ter/lit (O4/98**, &14**)
- *schilleriana* (Rchb.f.) Pfitz. & Kraenzl.: *Coelogyne* 61 (9**)
22. **scopulorum** W.W.Sm. (*Bletilla scopulorum* (W.W.Sm.) Schltr.) - NE-Yun. 2.800-4.200 m - ter/lit (O2/84, &14**)
- *smithii* Schltr.: 4 (9**, E**, &14**)
23. **speciosa** Ames & Schltr. (*P. fargesii* Gagn., *P. pogonioides* auct. non Rolfe mss.) - C-China 2.300-2.600 m - terr. (9**, H, O2/86, &14**)
- *speciosa* Ames & Schltr.: 4 (E**)
- *speciosa* Ktze.: *Coelogyne* 62 (2*)
- *speciosissima* Ktze.: *Coelogyne* 13 (8**)
- *sulphurea* Ktze.: *Coelogyne* 65 (2*)
24. × **taliensis** Butterfield ex Torelli & Riccaboni (*P. yunnanensis* × *P. bulbocodioides*) nat. hybr. - China (Yun.) (&14**)
- *triplicatula* Ktze.: *Coelogyne* 25 (2*)
25. **voltolinii** Torelli & Riccaboni - China 1.600-1.900 m - ter/lit (&14**)
- *wallichiana* (Lindl.) Lindl.: 20 (9**, G**, S*, &14**)
26. **yunnanensis** (Rolfe) Rolfe (*P. ganchuanensis* Gagn., *P. chiwuana* Tang & Wang, *Coelogyne yunnanensis* Rolfe) - China, N-Burm. 1.500-3.000 m - terr. (9**, S, &14**)
var. **chiwuana** (Tang & Wang) Kleinhans ex Torelli & Riccaboni (*P. chiwuana* Tang & Wang) - Yun. (&14)
- *yunnanensis* Rolfe mss: 4 (9**)

Pleuranthium (Rchb.f.) Benth. - 1881: *Epidendrum* L.
Pleuranthium (Rchb.f.) Benth. - 1881 - *Epidendrinae* (S) - (*Epidendrum* sect. *Pleuranthium* Rchb.f., -sect. *Acropleuranthium* Ames) - ca. 13 sp. epi. - C.Rica, Peru to Ven., Braz.
1. **albertii** (Schltr.) Brieg. (*Epidendrum albertii* Schltr.) - C.Rica (S*) → Epidendrum 7
2. **dendrobioides** Rchb.f. (S*)
3. **exaltatum** (Kraenzl.) Brieg. (*Epidendrum exaltatum* Kraenzl.) (S)
4. **triangulabium** (Ames & Schweinf.) Brieg. (*Epidendrum triangulabium* Ames & Schweinf.) - C.Rica (S) → Epidendrum 305

Pleurobotryum Barb.Rodr. - 1877: *Pleurothallis* R.Br. (L)
Pleurobotryum Barb.Rodr. - 1877 - *Pleurothallidinae* (S) - 2 sp. epi. - S-Braz.
1. **atropurpureum** Barb.Rodr. (*Pleurothallis atropurpureum* (Barb. Rodr.) Cogn.) - S-Braz. (S)
- *atropurpureum* Barb.Rodr.: *Pleurothallis* 710 (L)
2. **hatschbachii** (Schltr.) Hoehne (*Pleurothallis hatschbachii* Schltr.) - S-Braz. (S) → Pleurothallis 306

Pleurothallis (Pths.) R.Br. - 1813 - *Subfam. Epidendroideae Tribus: Epidendreae Subtr. Pleurothallidinae* - (*Acronia* Presl, *Anathallis* Barb. Rodr., *Andreettaea* Luer, *Brenesia* Schltr., *Crocodilanthe* Rchb.f., *Crocodeilanthe* Rchb.f. & Warsc., *Centranthera* Scheidw., *Colombiana* Ospina, *Cryptophoranthus* Barb.

Rodr., *Humboldtia* Ruiz. & Pav., *Kraenzlin(i)ella* Ktze., *Acianthera* Scheidw., *Otopetalum* Lehm. & Kraenzl., *Pabstiella* Brieg. & Sengh., *Palmoglossum* Kl. ex Rchb.f., *Phloeophila* Hoehne & Schltr., *Physosiphon* Lindl., *Physothallis* Gar., *Pleurobotryum* Barb.Rodr., *Pseudoctomeria* Kraenzl., *Pseudostelis* Schltr., *Rhynchopera* Kl., *Sarracenella* Luer, *Specklinia* Lindl., *Talpinaria* Karst.) - ca. 800 sp. epi/lit/ter - Trop. Am.

1. **abbreviata** Schltr. - Nic., S-Am. (W, L)
2. **aberrans** Luer - Pan. (W)
- *abjecta* Ames: 75 (W)
3. **abortiva** Luer - Neotrop. (L)
4. **acanthodes** Luer - Ec. to Bol. (L*)
5. **acestrophylla** Luer - Neotrop. (L)
6. **acianthera** Lindl. (*Acianthera punctata* Scheidw., *Humboldtia acianthera* Ktze.) - Braz. (G)
7. **acicularis** Ames & Schweinf. - C.Rica (W, L)
8. **acostaei** Schltr. - C.Rica, Pan. (W)
- *acremona* Luer: *Trichosalpinx* 1 (L)
9. **acrisepala** Ames & Schweinf. - C. Rica, Pan. (W, L)
10. **acuminata** (Kunth) Lindl. (*P. aurea* Lindl., *P. aurea* var. *asperilinguis* (Rchb.f.) Foldats, *P. asperilinguis* Rchb.f. & Warsc., *P. nigro-hirsuta* Kraenzl., *P. angustipetala* Schweinf., *Dendrobium acuminatum* Kunth, *Specklinia acuminata* (Kunth) Lindl., *Humboldtia acuminata* (Kunth) Ktze., *H. asperilinguis* (Rchb.f.) Ktze., *H. aurea* (Lindl.) Ktze.) - Ven., Col., Ec., Peru (G, L, Z)
- *acutipetala* Lindl.: 126 (O3/90)
11. **adeleae** Luer - Neotrop. (L)
12. **adiri** Brade - Braz. (L)
13. **aechme** Luer - Trop. Am. (L)
- *affinis* Lindl.: *Myoxanthus* 1 (G, L*)
14. **agathophylla** Rchb.f. - Neotrop. (L)
15. **aguilarii** Ames - Trop. Am. (L)
16. **alabastra** Luer & Esc. - Col. 2.300-2.600 m (FXVI1*)
- *albida* Lindl.: 487 (G)
- *albipetala* Hoehne & Schltr.: 596 (G)
17. **albopurpurea** Kraenzl. - Braz. (L)
- *alexandrae* Schltr.: *Myoxanthus* 4 (W, L*)
- *alexandrii* Schltr.: 284 (G)
18. **alexii** A.D.Hawk. - Nic., Pan. (W, L)
19. **allenii** L.O.Wms. - Pan. (W, L, Z**)
20. **alligatorifera** Rchb.f. - Neotrop. (L)
21. **alopex** Luer - Neotrop. (L)
22. **alpestris** (Sw.) Lindl. (*Epidendrum alpestre* Sw., *Dendrobium alpestre* (Sw.) Sw.) - Jam. (G)
23. **alpina** Ames - C.Rica, Pan. (W, L*)
24. **altimonile** Luer & Esc. - Col. (L, FXIV2*)
25. **alvaroi** Luer & Esc. [P. alvaroi Gar. (R)] - Col. (L, FXIX1**, FXIV2*, R**)
26. **alveolata** Luer - Neotrop. (L)
27. **amaliae** Luer & Esc. - Col. (L, FXIV2*)
28. **amblyopetala** Schltr. - Neotrop. (L)
29. **ambyx** Luer & Esc. - Col. (L, FXIV2*)
- *amesiana* L.O.Wms.: *Restrepia* 27 (L**)
30. **amethystina** Ames - Trop. Am. (L)
- *amethystina* Ames: 646 (E, H)
31. **amparoana** Schltr. - C.Rica, Pan. (W, L, Z**)
32. **amphygia** (amphigya) Luer & Esc. - Col. (FXIV2*, L)
33. **amplectens** Luer - And. (L)
34. **anceps** Luer - Ec., Col. 1.400-1.800 m (L*)
35. **ancora** Luer & Vasq. - Trop. Am. (L)
36. **andrei** Luer & Esc. - Col. 3.300 m (FXX1*)
37. **anfracta** Luer - Col. 1.500 m (L*, FXX(3)*)
38. **angusta** Ames & Schweinf. - C.Rica (W)
39. **angustifolia** Lindl. - Mex. (G)
40. **angustilabia** Schltr. - Neotrop. (L)
- *angustilabia* Schltr.: 487 (G)
- *angustipetala* Schweinf.: 10 (G)
41. **angustisepala** Ames & Correll - Neotrop. (L)
42. **annectans** (annectaens) Luer - Pan. (W, L)
43. **antennata** Gar. - Neotrop. (L)
44. **antennifera** Lindl. - Neotrop. (L)
- *anthoctenium* Rchb.f.: *Lepanthopsis* 4 (L*)
45. **anthrax** Luer & Esc. - Col. 2.100-2.600 m (L*, FXIV2*, R**)
- *antioquiensis* (Schltr.) P.H.Allen: *Restrepia* 42 (L**)

46. **antonensis** L.O.Wms. - Nic., Pan. (W)
- *aperta* (Kraenzl.) Ames: 181 (E**, H)
- *aperta* (Kraenzl.) Ames: 727 (L*)
47. **aphthosa** Lindl. (*P. peduncularis* Hook., *Specklinia aphthosa* (Lindl.) Barros) - Mex. (G, L)
- *apoda* Gar. & Dunst.: *Trichosalpinx* 2 (L)
- *apoda* Gar. & Dunst.: *Lepanthopsis* 5 (L*)
48. **apopsis** Luer - Neotrop. (L)
49. **aporosis** Luer - And. (L)
50. **apoxys** Luer & Esc. - Col. 2.500-2.700 m (FXIV2*)
51. **aquinoi** Schltr. - Trop. Am. (L)
52. **arachnion** Luer - Neotrop. (L)
- *araguensis* Ames: 645 (E, G, H)
- *arbuscula* Lindl.: *Trichosalpinx* 3 (G)
53. **archicolonae** Luer - Pan. (W, L)
54. **archidonae** Lindl. - And. (L)
55. **arcuata** Lindl. - Neotrop. (L)
56. **areldii** Luer - Pan. (W, L*)
- *arevaloi* Schltr: 296 (9**, G**)
- *arietina* Ames (O1/91): 185 (W, L*)
57. **aristata** Hook. (*P. urbaniana* Rchb. f., *P. barberana* Rchb.f., *P. helenae* Fawc. & Rendle, *P. dichotoma* Ames, *P. divexa* Ames, *Humboldtia aristata* (Hook.) Ktze., *H. barberana* (Rchb.f.) Ktze.) - W-Ind., C.Rica, Pan., Ven., Guy., Col., Ec. (9**, G, W, L)
58. **aristocratica** L.O.Wms. - Neotrop. (L)
59. **articulata** Lindl. (*Humboldtia articulata* (Lindl.) Ktze.) - Braz. (G)
60. **aryter** Luer - C.Rica, Col., S-Am. (W, L, R**)
61. **asaroides** (Kraenzl.) Luer (*Physosiphon asaroides* Kraenzl., *Phleophila asaroides* Kraenzl., *Geocalpa asaroides* (Kraenzl.) Brieg.) Gar., *Sarracenella asaroides* (Kraenzl.) Luer) - Braz. (L, S*)
62. **ascera** Luer & Esc. - Col. 1.800 m (FXX1**)
- *aspasicensis* Rchb.f.: *Myoxanthus* 4 (L*)
63. **aspergillum** Luer & Hirtz - Ec. ca. 700 m (L*)
64. **asperilinguis** Rchb.f. & Warsc. - Neotrop. (L)
- *asperilinguis* Rchb.f. & Warsc.: 10 (G)
65. **asperrima** Luer - C-Am. (L)
- *astrophora* Rchb.f. ex Kraenzl.: *Lepanthopsis* 7 (L*)
66. **atacasana** Luer - Neotrop. (L)
- *atropurpurea* (Lindl.) Lindl.: *Cryptophoranthus* 3 (E**)
- *atropurpureum* (Barb.Rodr.) Cogn.: *Pleurobotryum* 1 (S)
- *atropurpureus* (Lindl.) Lindl.: *Zootrophion* 1 (9**, G, H**)
- *atroviolacea* Lehm. & Kraenzl.: 599 (L*)
67. **aurantiolateritia** Spegazz. (*Physosiphon herzogii* Schltr.) - Braz. (L*)
- *aurea* Lindl.: 10 (G)
- *aurea* var. *asperilinguis* (Rchb.f.) Foldats: 10 (G)
68. **auriculata** Lindl. (*P. compressiflora* Barb.Rodr., *Humboldtia auriculata* (Lindl.) Ktze., *Specklinia auriculata* (Lindl.) Barros) - Braz. (G, L*)
69. **aurita** Schweinf. - C.Rica (W)
70. **avenacea** Ames - Neotrop. (L)
71. **aves-seriales** Luer & Esc. - Col., Ec. 2.200-3.000 m (L, R**, FXIX1**, FXIV2*)
- *bahiensis* Pabst: 490 (G)
- *balaeniceps* Luer & Dressl.: *Myoxanthus* 5 (L*, XVI3**)
- *barahonensis* Cogn.: *Lepanthopsis* 9 (L*)
72. **barbacenensis** Barb.Rodr. - Braz., Bol. (L)
73. **barbata** Westc. (*Humboldtia barbata* (Westc.) Ktze.) - Braz. (G)
- *barberana* Rchb.f.: 57 (9**, G)
74. **barboselloides** Schltr. - Nic., Pan. (W, L)
75. **barbulata** Lindl. (*P. abjecta* Ames) - Nic., C.Rica, Pan. S-Am. (W, L)
76. **batillacea** Luer - Neotrop. (L)
77. **baudoensis** Luer & Esc. - Col. 400 m (FXXI1**)
78. **berlineri** Luer - Ven. (FXV2/3)
79. **bicarinata** Lindl. (*Humboldtia bicarinata* (Lindl.) Ktze.) - Braz. (9**, G, S, L)
- *bicolor* Lindl.: 691 (G)
80. **bicornis** Lindl. - And. (L)
81. **bicornuta** (Barb.Rodr.) Cogn. - Neotrop. (L)
- *bicristata* Cogn.: 725 (G)
82. **bicruris** Lindl. - And. (L)
83. **bidentata** Lindl. (*Humboldtia bidentata* (Lindl.) Ktze.) - Braz. (G)

84. **bidentula** Barb.Rodr. - Neotrop. (L)
- *biflora* Focke: *Trichosalpinx* 21 (G)
85. **biglandulosa** Schltr. - Neotrop. (L)
- *biglandulosa* Schltr.: 296 (9**, G**)
86. **binotii** Regel - Neotrop. (L)
87. **biserrula** Rchb.f. (*P. sirene* Rchb.f., *P. scapha* Rchb.f., *P. hoppii* Schltr., *Humboldtia biserrula* (Rchb.f.) Ktze., *H. sirene* (Rchb.f.) Ktze.) - Ven., Col., Ec. 2.000-2.400 m (9**, L, O3/84, R**)
- *bistuberculata* Barb.Rodr.: 596 (G)
88. **bivalvis** Lindl. (*Humboldtia bivalvis* (Lindl.) Ktze.) - Col., Ven. (E**, H**, S, L)
89. **blepharopetala** Schltr. - Neotrop. (L)
- *bogotensis* Lindl.: 541 (E**, G, H**)
90. **boliviana** Rchb.f. - Braz. (L*)
- *boliviana* Schltr.: 291 (G)
- *bourgeaui* Kraenzl.: 573 (9**, G)
91. **bovilingua** Luer & Esc. - Col. (FXXI1**)
92. **brachiata** Luer - Neotrop. (L)
- *brachyblephara* Schltr.: 167 (G)
93. **brachyloba** Hoehne - Braz. (L)
94. **brenneri** Luer - Neotrop. (L)
95. **breviflora** Lindl. - Mex. (G)
96. **brevipes** Focke - Trop. Am. (L)
- *brevis* Schltr.: *Trichosalpinx* 11 (G)
- *brevis* Schltr.: 145 (H)
97. **breviscapa** Schweinf. - Trop. Am. (L)
98. **brighamii** S.Wats. - Nic., C.Rica, Pan. (W, L, Z)
99. **brittonii** Rolfe - Neotrop. (L)
- *broadwayi* Ames: *Trichosalpinx* 13 (W)
100. **bucaramangae** Luer & Esc. - Col. 2.600-3.300 m (FXX1*)
101. **bucculenta** Luer - Neotrop. (L)
- *buchtienii* Schltr.: 291 (G)
- *bufonis* Kl.: 573 (9**, G)
102. **butcheri** L.O.Wms. - Pan. (W, L)
103. **caballensis** Rchb.f. - Trop. Am. (L)
104. **cachensis** Ames - C.Rica (W)
105. **cactantha** Luer - Pan. (W, L)
106. **caerensis** Schltr. - Neotrop. (L)
- *caespitosa* Barb.Rodr.: 407 (G)
107. **calamifolia** Luer & Esc. - Col. 2.100 m (FXX1*)
- *calerae* Schltr.: 340 (9**)
- *caliensis* Schltr.: *Restrepiopsis* 14 (L*)
- *caligularis* Luer: 127 (W)
108. **calolalax** Luer & Esc. - Col. 1.700-2.430 m (FXXI1*)
109. **calvariola** Luer & Esc. - Col. 3.070 m (L, FXIV2*)
110. **calypso** Luer - And. (L*)
- *calyptrosepala* L.O.Wms.: 647 (W)
111. **calyptrostele** Schltr. - C.Rica, Pan. (W, L)
112. **campicola** Luer - Pan. (W, L)
113. **canae** Ames - Pan. (W, L)
114. **canaligera** Rchb.f. (*P. syringifolia* Kraenzl., *P. scaphioglottis* Schltr.) - Col., Peru, C.Rica 1.350-2.400 m (L, O2/95, R**)
115. **caniceps** Luer - C.Rica ca. 1.400 m (W, L*)
116. **canidentis** Luer & Esc. - Col. 2.400-2.900 m (FXXI1*)
117. **caparaoensis** Brade - Braz. (L)
118. **capenemae** Barb.Rodr. - Neotrop. (L)
119. **capillaris** Lindl. (*Humboldtia capillaris* (Lindl.) Ktze.) - Braz. (G, L)
120. **capitonis** Luer & Esc. - Col. 2.150-3.100 m (FXX1*)
121. **caprina** Luer & Esc. - Col. 2.000-2.200 m (L*, FXIV2*, R**)
122. **cardiantha** Rchb.f. - Neotrop. (L)
123. **cardiochila** L.O.Wms. - Pan. (W)
124. **cardiophylla** Schltr. - Neotrop. (L, FXIX1**)
125. **cardiostola** Rchb.f. - Neotrop., Ven. (L)
126. **cardiothallis** Rchb.f. (*P. costaricensis* Schltr., *P. schlechteriana* Ames, *P. acutipetala* Lindl.) - Nic., C.Rica, Pan., S-Am. 1.100-2.700 m (W**, L, O3/90)
- *cardium* Rchb.f.: 737 (G)
127. **carnosilabia** Heller & Hawk. (*P. caligularis* Luer) - Nic., Pan. (W, L)
128. **carpinterae** Schltr. - C.Rica, Pan. 750-1.800 m (W, L*)
129. **casapensis** Lindl. (*Humboldtia casapensis* (Lindl.) Ktze.) - Peru (G, L)
130. **cassidata** Luer & Esc. - Col. (FXXI1*)
131. **cassidis** Lindl. - Neotrop. (L)
132. **casualis** Ames - Pan. (W, L)
- *caudatisepala* Schweinf.: *Platystele* 12 (L*)
- *caulescens* Lindl.: *Frondaria* 1 (G, L*)
133. **cauliflora** Lindl. (*Humboldtia cauliflora* (Lindl.) Ktze.) - Peru, Ec. (G, L)
134. **centranthera** Lindl. (*Centranthera punctata* Scheidw., *Humboldtia centranthera* (Lindl.) Ktze.) - Braz. (G)

- *ceratothallis* Rchb.f.: *Myoxanthus* 6 (L*)
135. **cerberus** Luer & Vasq. - Trop. Am. (L)
- *cerea* Ames: *Pleurothallis octomerioides* (E, H**)
- *cerea* Ames: *Myoxanthus* 31 (L*)
136. **cernua** Luer - And. (L)
137. **cestrochila** Gar. - Trop. Am. (L)
- *chaetocephala* Cogn.: *Myoxanthus* 36 (L*)
- *chamaelepanthes* Rchb.f.: *Trichosalpinx* 10 (L)
138. **chamelopoda** Luer - Col. 200-400 m (FXX2*)
139. **chamensis** Lindl. - Col., Trop. Am. (L, R**)
140. **chionopa** Luer - Neotrop. (L)
- *chloë* Rchb.f.: *Myoxanthus* 7 (L*)
141. **chlorina** Luer - Neotrop. (L)
142. **chloroleuca** Lindl. - Col., Neotrop. (L, FXIX1**, R**)
- *choconiana* S.Wats.: 296 (9**, E**, G**, H**)
143. **choerorhyncha** Luer - Col. 2.600-2.870 m (FXX2*)
144. **chrysantha** Lindl. - Neotrop. (L)
145. **ciliaris** (Lindl.) L.O.Wms. (*P. gnomonifera* Ames, *P. brevis* Schltr., *Specklinia ciliaris* Lindl.) - Mex. to C.Rica up to 1.800 m (E, H)
↳ *ciliaris* (Lindl.) L.O.Wms.: *Trichosalpinx* 11 (G)
- *ciliata* Knowl. & Westc.: 373 (E, G, H)
146. **ciliolata** Schltr. - Trop. Am. (L)
- *cimex* Luer & Esc.: *Myoxanthus* 8 (L*, FXIV2*)
147. **circinata** Luer - Col. 2.000-2.550 m (FXX2*)
148. **circumplexa** Lindl. (*P. mesophylla* A.Rich. & Gal., *Humboldtia circumplexa* (Lindl.) Ktze.) - Mex., Guat., Salv., Nic., C.Rica (3**, G, W**, L)
149. **citrina** Schltr. - Neotrop. (L)
- *citrina* Schltr.: 487 (G)
- *citrina* var. *elliptica* Schweinf.: 487 (G)
150. **citrophila** Luer - Pan. (W, L)
151. **clandestina** Lindl. - Trop. Am. (L)
- *clausa* A.Rich. ex Rchb.f.: 212 (G)
152. **clavigera** Luer - Trop. Am. (L)
153. **cobanensis** Schltr. - Nic., C.Rica (W, L)
154. **cobraeformis** L.O.Wms. - Pan. (W, L)

- *coccinea* Hook.: *Rodriguezia* 33 (E**)
- *coccinea* Hook.: *Rodriguezia* 21 (9**, G**, H**)
155. **cocornaënsis** Luer & Esc. - Col. 1.800-2.100 m (FXX1**)
156. **coffeicola** Schltr. - Trop. Am. (L)
157. **cogniauxiana** Schltr. - Nic., C.Rica, Pan., S-Am. (W**, L)
- *colothrix* Luer: *Myoxanthus* 9 (L*)
158. **comayagensis** Ames - Trop. Am. (L)
- *compacta* (Ames) Ames & Schweinf.: *Platystele* 13 (L*)
- *complicata* Rolfe: 216 (G)
159. **compressicaulis** Dod - Trop. Am. (L)
- *compressiflora* Barb.Rodr.: 68 (G)
- *conanthera* Rchb.f. ex Kraenzl.: 505 (G)
160. **concaviflora** Schweinf. - Neotrop. (L)
161. **condorensis** Luer & Hirtz - Ec. ca. 1.400 m (L*)
162. **condylata** Luer - Pan. (W, L)
- *congesta* A.Rich. & Gal.: *Myoxanthus* 32 (L*)
- *congestiflora* Cogn.: *Lepanthopsis* 14 (L*)
163. **congruens** Luer - Trop. Am. (L)
- *connata* Luer: *Lepanthopsis* 28 (W, L*)
164. **consimilis** Ames - Neotrop. (L)
- *constanzensis* Cogn.: *Lepanthopsis* 11 (L*)
165. **constricta** Luer & Esc. - Col. 2.000 m (FXXI1*)
166. **convallaria** Schltr. - Nic., C.Rica, Pan. (W, L)
167. **cordata** (Ruiz & Pav.) Lindl. (*P. brachyblephara* Schltr., *Humboldtia cordata* Ruiz & Pav., *Stelis cordata* (Ruiz & Pav.) De Wild.) - Trop. Am. (G, L, Z**)
168. **cordifolia** Dod - Neotrop. (L)
169. **coripatae** Luer & Vasq. - Neotrop. (L)
170. **corniculata** (Sw.) Lindl. (*P. nubigena* Lindl., *Dendrobium corniculatum* (Sw.) Sw., *Epidendrum corniculatum* Sw.) - W-Ind., Mex., Guat., Hond., Nic., C.Rica, S-Am. (G, W, L)
171. **cornualis** Luer - And. (L)
172. **correllii** Luer - Neotrop. (L)
173. **corticicola** Schltr. - Trop. Am. (L)
174. **corynetes** Luer & Vasq. - Trop. Am. (L)

175. **corynophora** Luer & Vasq. - Trop. Am. (L)
176. **cosmetron** Luer - Col. 2.800-3.100 m (L*)
177. **costaricensis** Rolfe - C.Rica, Pan., S-Am. (W, L)
- *costaricensis* Schltr.: 126 (O3/90)
178. **cotyligera** Luer & Esc. - Col. (FXX1*)
- *crassiflora* Focke: 373 (E, G, H)
179. **crassilabia** Ames & Schweinf. - C.Rica (W)
180. **crassipes** Lindl. - Neotrop. (L)
- *crassipes* Rchb.f.: 212 (G)
181. **crenata** Lindl. (*P. hunterana* Schltr., *P. hamata* Ames, *P. aperta* (Kraenzl.) Ames, *Masdevallia aperta* Kraenzl.) - C.Rica, Mex., Pan. (E**, H)
- *crepidophylla* Rchb.f.: 296 (9**, G**)
182. **crepiniana** Cogn. - Braz. (L*)
183. **crescentilabia** Ames - C.Rica, Pan. (W**, L)
184. **crinita** Barb.Rodr. - Neotrop. (L)
185. **crocodiliceps** Rchb.f. (*P. arietina* Ames, *P. nelsonii* Ames) - C.Rica, Pan., Col., Ven., Mex., Ec. 400-2.400 m (O1/91, W, L*, FXV2/3, Z)
- *cruciformis* Ames, Hubb & Schweinf.: *Restrepiopsis* 12 (L*)
186. **cryptantha** Barb.Rodr. - Braz. (L)
187. **cuatrecasasii** Luer - Col. 2.950-3.150 m (FXX2*)
188. **cubensis** Lindl. - Trop. Am. (L)
189. **cucumeris** Luer - Pan. (W, L*)
- *cuneifolia* Cogn.: 332 (G)
- *curitibensis* Kraenzl.: 596 (G)
- *curtii* Schltr.: 725 (G)
190. **curtisii** Dod (L)
191. **cuspidata** Luer - Pan., Col. (W, L, R**)
192. **cyanea** Luer & Esc. - Col. (L*, FXVI2**, R**)
193. **cycesis** Luer & Esc. - Col. (FXX1*)
194. **cyclochila** Luer - Neotrop. (L)
195. **cylindrica** (Luer) Luer (*Physothallis cylindrica* Luer) - Ec. - terr. (L)
- *cymbicalli* Pabst: *Myoxanthus* 45 (W, L*)
196. **cymbiforme** Dod - Braz. (L)
197. **cymbisepala** Schltr. - Neotrop. (L)
198. **cynocephala** Luer & Vasq. - Trop. Am. (L)
199. **cypripedioides** Luer - Neotrop. (L)
200. **dalessandroi** Luer - Trop. Am. (L)
201. **dalstroemii** Luer - Ec. 2.700-3.000 m (L*)
202. **dasychila** Luer - Ven. (FXV2/3)
- *dayana* (Rchb.f.) L.O.Wms.: *Restrepia* 33 (L**)
- *deceptrix* Dressl.: *Dresslerella* 8 (L*)
203. **decipiens** Ames & Schweinf. - C.Rica, Pan., Ven., S-Am. (W, L, FXV2/3)
204. **declivis** Lindl. - Trop. Am. (L)
205. **decora** Luer & Esc. - Col. 2.000-2.100 m (L, FXVI1*)
206. **decurrens** Poepp. & Endl. (*Humboldtia decurrens* (Poepp. & Endl.) Ktze.) - Peru (G, L)
207. **deflexa** Luer - Col. (R**)
208. **demissa** Luer & Vasq. - Neotrop. (L)
209. **dendrophila** Rchb.f. - Trop.Am. (L)
- *densiflora* (Barb.Rodr.) Cogn.: 487 (G)
- *dentifera* L.O.Wms.: *Lepanthopsis* 9 (L*)
210. **dentipetala** Rolfe [*P. dentipetala* Ames (W)] - C.Rica, Pan. (L, W)
211. **depressa** Luer & Esc. - Col. ca. 1.800 m (FXX1**)
212. **deregularis** Barb.Rodr. (*P. clausa* A. Rich. ex Rchb.f., *P. crassipes* Rchb. f., *P. schweinfurthiana* L.O.Wms., *Physosiphon spiralis* Lindl., *P. deregularis* (Barb.Rodr.) Cogn., *P. minutiflorus* Ames & Schweinf., *Stelis deregularis* Barb.Rodr., *Pseudostelis deregularis* (Barb.Rodr.) Schltr., *P. spiralis* (Lindl.) Schltr.) - Nic., C.Rica, Pan., Hond. to Peru, Braz. (G, W, L)
213. **determannii** Luer - S-Am. (L*)
214. **dewildei** Luer & Esc. - Col. (FXXI1*)
215. **diabolica** Luer & Esc. - Col. (L, FXIV2*, R**)
- *dichotoma* Ames: 57 (9**, G)
216. **diffusa** Poepp. & Endl. (*P. semipellucida* Rchb.f., *P. complicata* Rolfe, *Humboldtia diffusa* (Poepp. & Endl.) Ktze., *H. semipellucida* (Rchb.f.) Ktze.) - Peru, Trin., Ven., Bol. (L)
217. **digitale** Luer - Neotrop. (L)
218. **diminuta** Luer - Neotrop. (L)
- *dinotheri* Rchb.f. & Warsc.: *Trichosalpinx* 3 (G)
- *diptera* Lindl.: *Trichosalpinx* 3 (G)
219. **discoidea** Lindl. (*P. leptopetala* Cogn.) - Ven., Trin. (G, L)

- *disticha* (Lam.) A.Rich.: *Oberonia* 10 (U**)
- *diuturnus* Schltr.: 240 (W, L*)
220. **divaricans** Schltr. - Pan., S-Am. (W, L, FXIX1**)
- *divexa* Ames: 57 (9**, G)
221. **dodsonii** Luer - And. (L)
222. **dolichopus** Schltr. - Neotrop. (L)
- *dolichopus* Schltr.: 642 (W)
223. **domingensis** Cogn. - Neotrop. (L)
224. **dorotheae** Luer - C.Rica (W)
225. **dracontea** Luer - C.Rica (W, L*)
226. **dressleri** Luer - Pan. (W, L, Z**)
- *dryadum* Schltr.: 296 (9**, G**)
227. **duartei** Hoehne - Braz., Bol. (L)
- *dubia* Rchb.f.: *Platystele* 80 (E*, H**)
- *dubia* A.Rich. & Gal.: *Platystele* 80 (L*)
- *dubia* var. *myriantha* (Lehm. & Kraenzl.) Schltr.: *Platystele* 80 (L*)
228. **dunstervillei** Foldats - Ven., Col., Ec., Peru 2.300-3.000 m (L*, $55/2)
229. **duplex** Luer & Esc. - Col. 1.700-2.200 m (L*, FXVII*, R)
230. **echinantha** Barb.Rodr. - Neotrop. (L)
➛ *echinantha* Barb.Rodr.: *Phloeophila* 2 (S)
231. **echinocarpa** Schweinf. - Peru, Ec. 1.600-2.100 m (L*)
232. **echinodes** Luer & Esc. - Col. 2.300 m (L, FXVI1*)
233. **eidos** Luer - Neotrop. (L)
234. **elegans** (Kunth) Lindl. (*Dendrobium elegans* Kunth, *Specklinia elegans* (Kunth) Lindl., *Humboldtia elegans* (Kunth) Ktze.) - Col. (G)
235. **ellipsophylla** L.O.Wms. - Pan. (W, L)
- *emarginata* Lindl.: *Physosiphon* 1 (G)
236. **endotrachys** Rchb.f. (*P. pfavii* Rchb.f., *P. platyrhachis* (Rolfe) Rolfe, *P. spectabilis* Ames & Schweinf., *Masdevallia platyrhachis* Rolfe, *Humboldtia endotrachys* (Rchb.f.) Ktze., *Kraenzlinella platyrhachis* (Rolfe) Rolfe) - Mex. to Pan., Col., Ven. 1.300-2.500 m (9**, E**, H**, W, L*, Z**)
237. **ensata** Luer - Neotrop. (L)
- *ephelis* Luer: *Myoxanthus* 11 (L*)
238. **ephemera** Lindl. (*P. longirostris* Focke, *P. rostriflora* Rchb.f., *P. ornithorrhyncha* Hoehne, *Humboldtia ephemera* (Lindl.) Ktze., *H. longirostris* (Focke) Ktze.) - Braz. (G, L)
239. **epiglottis** Luer - Neotrop. (L)
240. **erinacea** Rchb.f. (*P. muricata* Schltr., *P. sororia* Schltr., *P. rufescens* (Rolfe) Schltr., *P. diuturnus* Schltr., *Humboldtia erinacea* (Rchb.f.) Ktze., *Kraenzlinella muricata* (Schltr.) Rolfe, *K. rufescens* Rolfe, *K. sororia* (Schltr.) Rolfe) - Mex., Bel., Guat., Hond., Nic., C.Rica, Pan., Col., Ven., Ec., Peru, Bol. 500-3.500 m (W, L*, Z)
241. **erucosa** Luer & Esc. - Col. (FXXI1*)
- *eumeces* Luer: *Myoxanthus* 13 (L*)
242. **eumecocaulon** Schltr. - C.Rica, Pan. 900-1.500 m (W, L*)
243. **exarticulata** Barb.Rodr. - Trop. Am. (L)
- *exasperata* Lindl.: *Myoxanthus* 14 (L*)
244. **excavata** Schltr. - C.Rica, Pan. (W)
245. **excelsa** Gar. - Col. 1.600-1.900 m (L*)
246. **exesilabia** Heller & Hawk. - Nic., S-Am. (W, L)
247. **expansa** Lindl. - Neotrop. (L*)
- *ezechiasi* Hoehne: 296 (9**, G**)
248. **falcatiloba** Ames - C.Rica (W, L)
- *fallax* Rchb.f.: 721 (G)
249. **fantastica** Ames - C.Rica (W)
- *fasciculata* (Barb.Rodr.) Cogn.: 487 (G)
250. **fastidiosa** Luer - Neotrop. (L*)
251. **fenestrata** Barb.Rodr. (*Cryptophoranthus fenestratus* Barb.Rodr.) - Braz. (L*)
- *filamentosa* (Ames & Schweinf.) L.O.Wms.: *Restrepia* 48 (L**)
- *fimbrilabia* Schweinf.: *Restrepia* 12 (L**)
- *flavescens* Schltr.: *Restrepiopsis* 14 (L*)
- *flavida* (Focke) Lindl.: 570 (G)
252. **flexuosa** (Poepp. & Endl.) Lindl. (*P. kefersteiniana* Rchb.f., *P. remotiflora* Schweinf., *Specklinia flexuosa* Poepp. & Endl., *Humboldtia flexuosa* (Poepp. & Endl.) Ktze.) - Ven., Col., Ec., Peru (G, L, Z)
253. **floribunda** Poepp. & Endl. (*P. macrophylla* Lindl.) - C.Rica, Pan., S-Am., Peru (G, W, L, Z)

- *floribunda* (Lindl.) Lindl.: 498 (G**)
- *floribunda* (Lindl.) Lindl.: 660 (L)
- *floripecten* Rchb.f.: *Lepanthopsis* 18 (H**, L*, S)
- *floripicta* Lindl.: *Lepanthopsis* 24 (L*)
254. **florosa** Luer - Neotrop. (L)
255. **fockei** Lindl. - Neotrop. (L)
256. **foetens** Lindl. (*P. pelioxantha* Barb. Rodr., *Humboldtia foetens* (Lindl.) Ktze.) - Braz. (G)
- *foliosa* Hook.: *Gomesa* 7 (9**)
257. **fons-florum** Lindl. - Neotrop. (L)
258. **forceps-cancri** Luer & Esc. - Col. (L, FXIV2*, R**)
259. **formondii** Dod (L)
- *formosa* Schltr.: 505 (G)
260. **fornix** Luer & Esc. - Col. 2.180 m (L*, FXVI2*)
261. **fortunae** Luer - Pan. (W)
262. **fossulata** Luer & Esc. - Col. 1.800-2.000 m (FXXI1*)
263. **fractiflexa** Ames & Schweinf. - C. Rica, Pan. (W)
- *fragilis* Lindl.: 407 (G)
- *fritillaria* Rchb.f.: 599 (G, L*)
- *frutex* Schltr.: *Myoxanthus* 16 (L*)
- *frutex* var. *robusta* Schweinf.: *Myoxanthus* 19 (L*)
264. **fuegii** Rchb.f. - Nic., Pan. (W, L) var. **echinata** - Nic., Pan. (W)
- *fuertesii* Cogn.: *Lepanthopsis* 9 (L*)
265. **fugax** Luer & Esc. - Col. 2.000-2.900 m (L, FXIV2*)
266. **fulgens** Rchb.f. - C.Rica, Pan. (W, L)
267. **furcifera** Luer - Peru (L*)
- *furfuracea* Lehm. & Kraenzl.: *Myoxanthus* 1 (L*)
- *fusca* Lindl.: 332 (G)
- *gacayana* Schltr.: 504 (W)
268. **galeata** Lindl. - Neotrop. (FXIX1**, L)
269. **ganymedes** Luer & Esc. - Col. (L, FXIV2*)
270. **garayana** (Ospina) Luer (*Colombiana garayana* Ospina) - Col. 1.800-2.700 m (L*)
- *gardneri* Lindl.: *Barbosella* 5 (G)
271. **gelida** Lindl. (*P. univaginata* Lindl., *P. polyliria* Endr. & Rchb.f., *P. hebesepala* (Barb.Rodr.) Cogn., *P. tenuispatha* Schltr., *Anathallis hebesepala* Barb.Rodr., *Humboldtia gelida* (Lindl.) Ktze., *H. polyliria* (Endr. & Rchb.f.) Ktze.) - USA, W-Ind. to Salv., Nic., Hond., Pan., S-Am. (G, W, L, $54/3, FXIX1**, FXV2/3, Z)
272. **geminicaulina** Ames - C.Rica, Pan., S-Am. (W**, L)
273. **geminiflora** Ames, Hubb & Schweinf. - C.Rica, Pan. (W, L)
274. **genychila** Schltr. - Neotrop. (L)
- *georgei* Luer: *Myoxanthus* 17 (L*)
- *ghiesbreghtiana* A.Rich. & Gal.: 584 (E**, G, H**)
- *ghiesbreghtiana* A.Rich. & Gal.: 589 (W)
275. **gigantea** Lindl. (*Humboldtia gigantea* Ktze.) - Peru (L*)
276. **gigas** Luer & Esc. - Col. 1.700-2.500 m (FXX1**)
277. **giraffa** Luer - Neotrop. (L)
278. **githaginea** Pabst & Gar. - Trop. Am. (L)
279. **glabra** Luer & Esc. - Col. 1.850 m (FXX1*)
280. **glanduligera** Lindl. (*Humboldtia glanduligera* (Lindl.) Ktze.) - Braz. (G)
281. **glandulosa** Ames (*P. vittariaefolia* Schltr.) - Nic., C.Rica, Mex. to Pan. up to 1.000 m (E**, H**, W, L)
- *glaucophylla* Hoehne: 691 (G)
- *glaziovii* Cogn.: 284 (G)
282. **globosa** Luer & Esc. - Col. 2.500 m (FXX1**)
283. **glochis** Luer & Esc. - Col. 3.000 m (L, FXIV2*)
- *glomerata* Ames: 618 (G)
284. **glumacea** Lindl. (*P. glaziovii* Cogn., *P. vitellina* Porsch, *P. alexandrii* Schltr., *Humboldtia glumacea* (Lindl.) Ktze.) - Braz. (G, L)
- *gnomonifera* Ames: *Trichosalpinx* 11 (G)
- *gnomonifera* Ames: 145 (H)
285. **gomezii** Luer & Esc. - Col. 2.100 m (FXX1**)
286. **gongylodes** Luer - Trop. Am. (L)
287. **gonioglossa** Schltr. - Neotrop. (L)
288. **gracilenta** Luer & Vasq. - Neotrop. (L)
289. **gracilipedunculata** Foldats - Ven., Neotrop. (L, FXV2/3)
290. **gracillima** Lindl. - Neotrop. (L)
- *graminea* Schltr.: *Frondaria* 1 (G, L*)
291. **grandiflora** Lindl. (*P. boliviana* Schltr., *P. buchtienii* Schltr., *P. sarcochila* Gar., *Humboldtia grandiflora*

(Lindl.) Ktze.) - Ven., Col., Ec., Peru, Bol. (G, S, L, FXIX1**)
292. **grandis** Rolfe - C.Rica (9**, W)
293. **granularis** Luer & Esc. - Col. 1.800 m (L, FXVI2*, R**)
294. **granulosa** Barb.Rodr. - Neotrop. (L)
295. **gratiosa** Rchb.f. - Ven. (L*)
296. **grobyi** Batem. ex Lindl. (*P. marginata* Lindl., *P. choconiana* S.Wats., *P. picta* Lindl., *P. surinamensis* Focke, *P. marginalis* Rchb.f., *P. perplexa* Rchb.f., *P. trilineata* Barb.Rodr., *P. crepidophylla* Rchb.f., *P. lindleyana* Cogn., *P. pergracilis* Rolfe, *P. marmorata* (Barb.Rodr.) Cogn., *P. marmorata* var. *concolor* Cogn., *P. biglandulosa* Schltr., *P. subpicta* Schltr., *P. dryadum* Schltr., *P. arevaloi* Schltr., *P. integrilabia* Ames, *P. ezechiasi* Hoehne, *P. panamensis* Schltr., *P. grobyi* var. *trilineata* (Barb.Rodr.) Cogn., - var. *marmorata* (Barb.Rodr.) Gar., *Lepanthes marmorata* Barb.Rodr., *L. trilineata* (Barb.Rodr.) Barb.Rodr., *Humboldtia crepidophylla* (Rchb.f.) Ktze., *H. grobyi* (Batem. ex Lindl.) Ktze., *H. marginalis* (Rchb.f.) Ktze., *H. marginata* (Lindl.) Ktze., *H. picta* (Lindl.) Ktze., *Specklinia grobyi* (Batem. ex Lindl.) Barros) - W-Ind., Mex., C-S-Am. up to 1.500 m (9**, O3/91, E**, G**, H**, S, W, L*, Z**)
- *grobyi* var. *marmorata* (Barb.Rodr.) Gar.: 296 (9**, G**)
- *grobyi* var. *trilineata* (Barb.Rodr.) Cogn.: 296 (9**, G**)
297. **guanacastensis** Ames & Schweinf. - Nic., C.Rica (W, L)
- *guatopensis* Foldats: *Platystele* 53 (L*)
298. **guentheri** Schltr. - Neotrop. (L)
299. **guttata** Luer - Pan. 650-1.000 m (W, L*)
- *gyas* Luer & Vasq.: *Myoxanthus* 19 (L*)
300. **habenula** Luer & Esc. - Col. 2.700 m (L, FXIV2*)
301. **haitiensis** Dod - Neotrop. (L)
- *halbingeriana* Schult.: *Platystele* 44 (L*)
- *hamata* Ames: 181 (E**, H)
- *hamata* Rolfe ex Ames: 727 (L*)
302. **hamosa** Barb.Rodr. - Braz. (L)
303. **harpago** Luer - Pan. (W, L*)

304. **hartwegii** Lindl. (*Humboldtia hartwegii* (Lindl.) Ktze.) - Col. (G)
305. **hastata** Ames - Nic., C.Rica (W, L*)
306. **hatschbachii** Schltr. - Braz. (L)
→ *hatschbachii* Schltr.: *Pleurobotryum* 2 (S)
- *hawkesii* Flickinger: *Restrepia* 5 (L**)
- *hebesepala* (Barb.Rodr.) Cogn.: 271 (G)
307. **heleconioides** Luer & Vasq. - Neotrop. (L)
308. **helenae** Fawc. & Rendle - Trop. Am. (L)
- *helenae* Fawc. & Rendle: 57 (9**, G)
309. **helleri** A.D.Hawk. - Nic., S-Am. (W, L)
310. **hemileuca** Luer - Pan. (W)
311. **hemirhoda** Lindl. - And. (L*, Z**)
312. **hemisphaerica** Luer & Esc. - Col. 2.520 m (FXIV2**)
313. **herpestes** Luer - C.Rica (W, L)
- *herzogii* Schltr.: *Myoxanthus* 6 (L*)
- *herzogii* Schltr.: *Myoxanthus* 20 (L*)
314. **heteropetala** Luer - Neotrop. (L)
- *hexandra* Gar. & Dunst.: *Chamelophyton* 1 (L*)
315. **hians** Lindl. (*Lepanthes gunningiana* Barb.Rodr., *Humboldtia hians* (Lindl.) Ktze.) - Braz. (G, L)
- *hians* Ames & J.J.Sm.: *Platystele* 70 (L*)
316. **hieroglyphica** Ames - Neotrop. (L)
317. **hintonii** L.O.Wms. - Mex. 1.500-1.800 m (L*)
318. **hippocrepica** Luer & Esc. - Col. 2.800 m (L*, FXVI2*)
319. **hirsuta** Ames - Neotrop. (3**, L)
- *hirsuticaulis* Ames & Schweinf.: *Myoxanthus* 21 (W**, L*, Z)
- *hirsutissima* Schweinf.: *Dresslerella* 4 (L**)
320. **hirsutula** Fawc. & Rendle - Braz. (L)
321. **hirtipes** Schltr. (*Myoxanthus hirtipes* (Schltr.) Luer) - Neotrop. (L)
- *hispida* L.O.Wms.: *Dresslerella* 5 (L*)
322. **hitchcockii** Ames - And. (L)
323. **holtonii** Luer - Col. (L*)
324. **homalantha** Schltr. - Nic., C.Rica, Pan. (W, L)
325. **homalanthoides** Schltr. - C.Rica, Pan. (W)
326. **hondurensis** Ames - Neotrop. (L)

- *hookeri* Regel: 691 (G)
327. **hopfiana** Schltr. - Neotrop. (L)
- *hoppii* Schltr.: 87 (9**)
328. **horichii** Luer - Neotrop. (L)
- *hotteana* Mansf.: *Lepanthopsis* 21 (L*)
- *huebneri* Schltr.: 373 (E, G, H)
329. **humboldtiana** Luer - Neotrop. (L)
- *hunterana* Schltr.: 181 (E**, H)
- *hunteriana* Schltr.: 727 (L*)
330. **hygrophila** Barb.Rodr. - Braz., Bol. (L)
331. **hymenantha** Lindl. (*Humboldtia hymenantha* (Lindl.) Ktze.) - Braz. (G)
332. **hypnicola** Lindl. (*P. fusca* Lindl., *P. cuneifolia* Cogn., *Humboldtia hypnicola* (Lindl.) Ktze., *Specklinia hypnicola* (Lindl.) Barros) - Braz. (G, L)
333. **hystricosa** Luer - Col. (L*)
- *hystrix* Rchb.f.: *Myoxanthus* 22 (L*)
334. **ibex** Luer - Ec. 3.000 m (L*)
335. **ichthyonekeys** Luer - Trop. Am. (L)
336. **ignivomi(i)** Schltr. - Neotrop. (S, L)
337. **iguapensis** Schltr. - Trop. Am. (L)
338. **imago** Luer - Pan. (W)
339. **imber-florum** Luer & Esc. - Col. ca. 2.000 m (L, FXVI2*, R**)
340. **immersa** Lind. & Rchb.f. (*P. krameriana* Rchb.f., *P. lasiosepala* Schltr., *P. calerae* Schltr., *Humboldtia immersa* (Lind. & Rchb.f.) Ktze., *H. krameriana* (Rchb.f.) Ktze.) - Nic., C.Rica, Mex. to Pan., Ven., Col. (9**, W, L, R**, Z)
341. **imperialis** Luer - Neotrop. (L, Z)
342. **implexa** Luer - Trop. Am. (L)
343. **imraei** Lindl. - Nic., C.Rica, Pan., S-Am. (W, L, FXIX1**, Z)
344. **inaequalis** Lindl. (*Humboldtia inaequalis* (Lindl.) Ktze.) - Braz. (G)
- *incompta* Rchb.f.: 584 (E**, G, H**)
345. **inflata** Rolfe - And. (L)
346. **infundibulosa** Luer - Col. (FXX2*)
347. **inornata** Luer & Hirtz - Ec. ca. 1.800 m (L*)
348. **insignis** Rolfe (*Humboldtia insignis* (Rolfe) Ktze.) - Ven., Col. (9**)
349. **instar** Luer - Pan. 1.000-1.700 m (W*, L)
- *integrilabia* Ames: 296 (9**, G**)
- *intermedia* Schltr.: 404 (E**, H**)
350. **intonsa** Luer & Esc. - Col. 2.550 m (L, FXIV2*, R**)
351. **ionantha** Rchb.f. - Neotrop. (L)
352. **iota** Luer - Trop. Am. (L)
353. **isthmica** Luer - C.Rica, Pan. (W)
354. **jaculifera** Luer & Esc. - Col. 1.900-2.000 m (FXXI1*)
355. **jamiesonii** Lindl. - Col., Peru (G)
- *janeirensis* Barb.Rodr.: 573 (9**, G)
356. **janetiae** Luer - C.Rica 750-1.200 m (W, L*)
357. **johannensis** Barb.Rodr. - Neotrop. (L)
- *johannensis* Barb.Rodr.: 616 (G)
358. **johnsonii** Ames (*Brenesia costaricensis* Schltr.) - Nic., C.Rica, Pan. (W, L)
- *johnstonii* Ames: *Platystele* 33 (L*)
359. **josephensis** Barb.Rodr. - Braz. (O4/97)
- *jungermannioides* Schltr.: *Platystele* 34 (L*)
360. **jupiter** Luer - Neotrop. (L)
361. **jurisdixii** Luer & Esc. - Col. 2.100 m (FXX1*)
362. **juxtaposita** Luer - Pan. (W)
363. **kateora** (Gar.) Luer - And. (L)
364. **kautskyi** Pabst - Trop. Am. (L)
- *kefersteiniana* Rchb.f.: 252 (G)
365. **kennedyi** Luer - Trop. Am. (L)
366. **killipii** Gar. - Neotrop. (L)
367. **klotzschiana** Rchb.f. - Neotrop. (L)
- *krameriana* Rchb.f.: 340 (9**)
368. **lacera** Luer - Neotrop. (L)
369. **laevigata** Lindl. - Neotrop. (L)
370. **lamellaris** Lindl. - And. (L)
371. **lamia** Luer - Trop. Am. (L)
372. **lamprochlamys** Schltr. - Neotrop. (L)
- *lamproglossa* Schltr.: 596 (G)
373. **lanceana** Lodd. (*P. ciliata* Knowl. & Westc., *P. plumosa* Lindl., *P. crassiflora* Focke, *P. minax* Rchb.f., *P. huebneri* Schltr., *Humboldtia ciliata* (Knowl. & Westc.) Ktze., *H. crassifolia* (Focke) Ktze., *H. lanceana* (Lodd.) Ktze., *H. plumosa* (Lindl.) Ktze.) - Guat., C.Rica, Trop.-S-Am., Trin. 1.500-2.000 m (E, G, H, W, L)
374. **lanceola** (Sw.) Spreng. (*P. lateritia* Rchb.f., *Epidendrum lanceola* Sw., *Dendrobium lanceola* (Sw.) Sw.) - Nic., C.Rica, Pan., Jam. (G, W, L)
375. **lanceolata** Lindl. (*Humboldtia lanceolata* (Lindl.) Ktze.) - Peru, Ven. (G, L)
- *lancilabris* (Rchb.f.) Schltr.: *Platystele* 35 (L*)
- *lancilabris* var. *oxyglossa* (Schltr.) Schweinf.: *Platystele* 57 (L*)

- *lancipetala* (Karst.) Schltr.: *Myoxanthus* 6 (L*)
376. **langeana** Kraenzl. - Braz. (L)
377. **languida** Luer & Esc. - Col. (FXXI1**)
- *lankesteri* Rolfe: *Platystele* 80 (E*, H**, L*)
- *lansbergiana* Regel: 737 (G)
- *lansbergii* Regel: 737 (G)
378. **lappago** Luer - Ec. 450-1.500 m (L*)
- *lappiformis* Heller & L.O.Wms.: *Myoxanthus* 23 (L*)
- *lasiosepala* Schltr.: 340 (9**)
- *lateralis* L.O.Wms.: *Brenesia* 1 (S)
- *lateritia* Rchb.f.: 374 (W)
379. **latilabris** Foldats - Trop. Am. (L)
- *laurifolia* Rchb.f.: *Pleurothallis roezlii* (8**)
- *laurifolia* Rchb.f.: 599 (G)
- *laurifolia* Kunth: 618 (G)
- *laurifolia* H.B.K. sensu Rchb.f.: 411 (L*)
380. **laxa** (Sw.) Lindl. (*P. nigroannulata* Cogn., *Epidendrum laxum* Sw., *Dendrobium laxum* (Sw.) Sw.) - Jam. (G)
381. **lehmanneptis** Luer & Esc. - Col. (FXXI1*)
382. **lentiginosa** Lehm. & Kraenzl. - C.Rica (W, L*)
383. **leopardina** Luer - Neotrop. (L)
- *lepanthiformis* Rchb.f.: *Trichosalpinx* 11 (G)
384. **lepidota** L.O.Wms. - Pan. (W, L)
- *leptopetala* Cogn.: 219 (G)
385. **leucantha** Schltr. - Nic., C.Rica (W, L)
386. **leucopyramis** Rchb.f. - C.Rica (W)
387. **lewisae** Ames - Nic., C.Rica, Pan. (W**)
388. **lichenicola** Griseb. (L)
389. **ligulata** Lindl. - Neotrop. (L)
- *lilacina* Barb.Rodr.: 596 (G)
390. **lilijae** Foldats - Neotrop. (L)
391. **limae** Porto & Brade - Braz. (L)
- *lindenii* Lindl.: 645 (E, G, H)
- *lindenii* var. *gigantea* Rchb.f.: 645 (G)
- *lindenii* var. *pumila* Rchb.f.: 645 (G)
- *lindleyana* Cogn.: 296 (G**)
392. **linearifolia** Cogn. - Neotrop. (L)
393. **linearis** (Lindl.) Lindl. (*Specklinia linearis* Lindl.) - Peru (G)
394. **lingua** Lindl. (*Humboldtia lingua* (Lindl.) Ktze.) - Braz. (G)
395. **linguifera** Lindl. (*Humboldtia lingua* (Lindl.) Ktze.) - Neotrop. (L)
396. **lipothrix** Luer - Trop. Am. (L)
397. **listerophora** Schltr. - C.Rica (W)
- *listrostachys* Rchb.f.: 642 (G)
- *litophila* Barb.Rodr.: 569 (9**, G**)
398. **lobata** Luer - Col. 2.000-2.300 m (FXX2*)
- *lonchophylla* Rchb.f.: *Myoxanthus* 22 (L*)
- *lonchophylla* (Barb.Rodr.) Cogn.: *Myoxanthus* 24 (L*)
399. **longicaulis** Lindl. (*Humboldtia longicaulis* (Lindl.) Ktze.) - Braz. (G, L)
400. **longipedicellata** Ames & Schweinf. - C.Rica, Pan. (W, L)
- *longipes* Körnicke: *Myoxanthus* 6 (L*)
- *longirostris* Focke: 238 (G)
401. **longiserpens** Schweinf. - C-Am., And. (L)
402. **longispicata** L.O.Wms. - Neotrop. (3**, L)
- *longissima* Lindl. (O3/91): 584 (E**, G, H**)
403. **lopezii** Luer & Esc. - Col. 2.500 m (FXXI1*)
404. **loranthophylla** Rchb.f. (*P. subpellucida* Kl., *P. intermedia* Schltr., *P. punctata* (Karst.) Schltr., *P. spathata* Schltr., *Rhynchopera punctata* Karst.) - C.Rica, Pan., Col., Ven., Bol. (E**, H**, W, L, Z)
405. **luctuosa** Rchb.f. - Nic., C.Rica, Pan., S-Am. (W, L)
406. **lunaris** Luer & Esc. - Col. 2.500 m (FXIV2*)
407. **luteola** Lindl. (*P. fragilis* Lindl., *P. caespitosa* Barb.Rodr., *P. platycaulis* Rchb.f. ex Cogn., *P. subcordifolia* Cogn., *Humboldtia fragilis* (Lindl.) Ktze., *Specklinia luteola* (Lindl.) Barros) - Braz. (G, L)
- *lyroglossa* Schltr.: 584 (G)
408. **macra** Lindl. - Neotrop. (L)
409. **macrantha** L.O.Wms. - Pan. (W, L)
410. **macroblepharis** Rchb.f. - Trop. Am. (L)
411. **macrophylla** H.B.K. (*P. laurifolia* H.B.K. sensu Rchb.f., *P. roezlii* Rchb.f., *Humboldtia macrophylla* (H.B. K.) Ktze., *H. reichenbachiana* Ktze., *H. roezlii* (Rchb.f.) Ktze.) - Col. 1.400-3.000 m (L*)
- *macrophylla* Lindl.: 253 (G)
412. **macropoda** Barb.Rodr. - Neotrop. (L)

- *macropus* Schltr.: *Myoxanthus* 14 (L*)
413. **macrorhiza** Lindl. (*P. rhizomatosa* Schltr., *Humboldtia macrorhiza* (Lindl.) Ktze.) - Peru, Ec. (G)
- *maculata* Rolfe: 596 (G)
414. **madisonii** Luer - Trop. Am. (L)
415. **magdalenae** Rchb.f. - Neotrop. (L)
416. **magnifica** Luer & Esc. - Col. 3.150 m (L*, FXVI2*)
- *magnispatha* Foldats: 578 (9**)
417. **malachantha** Rchb.f. - Braz., Bol. (L)
418. **mammillata** Luer - Pan. (W, L)
- *mandibularis* Kraenzl.: 573 (9**, G)
419. **mandonii** Rchb.f. - Neotrop. (L)
420. **manicosa** Luer & Esc. - Col. 1.800 m (FXX1**)
421. **mantiguyrana** Barb.Rodr. - Braz. (L)
422. **margaritifera** Schltr. - Neotrop. (L)
- *marginalis* Rchb.f.: 296 (9**, G**)
- *marginata* Lindl.: 296 (9**, E**, G**, H**)
- *marginata* (A.Rich.) Cogn.: 738 (E, G, H)
- *marmorata* (Barb.Rodr.) Cogn.: 296 (9**, G**)
- *marmorata* var. *concolor* Cogn.: 296 (9**, G**)
423. **marthae** Luer & Esc. - Col. (R**, FXX1**)
424. **masdevalliopsis** Luer - C-Am., And. (L*)
- *mathewsii* Lindl.: 541 (E**, G, H**)
425. **matudiana** Schweinf. - Neotrop. (L)
426. **maxima** Luer - Neotrop. (L)
- *medellinensis* Schltr.: 727 (L*)
- *megachlamys* Schltr.: 733 (9**)
427. **megaloöphora** Luer - Trop. Am. (L)
428. **megalops** Luer - Trop. Am. (L)
429. **megalorhina** Luer & Esc. - Col. 2.350 m (FXX1*)
- *mejiae* Gar. & Dunst.: *Myoxanthus* 25 (L*)
- *melanantha* Rchb.f.: *Lepanthopsis* 24 (L*)
430. **melanoglossa** Luer & Esc. - Col. 2.800 m (FXX1*)
431. **melanostele** Luer & Vasq. - Neotrop. (L)
- *melittanthus* Schltr.: *Myoxanthus* 26 (L*)
432. **membracidoides** Luer - Col. ca. 1.600 m (L*)
433. **mentosa** Barb.Rodr. - S-Am. (L)

- *merae* Luer: *Myoxanthus* 27 (L*)
434. **meridana** Rchb.f. - Neotrop. (L)
- *mesophylla* A.Rich. & Gal.: 148 (G)
435. **micklowii** Luer & Vasq. - Neotrop. (L)
436. **micrantha** Barb.Rodr. - Neotrop. (L)
437. **microblephara** Schltr. - Trop.Am. (L)
438. **microgemma** Schltr. - Trop.Am. (L)
- *microlepanthes* Griseb.: *Trichosalpinx* 19 (L)
- *microlepanthes* Griseb.: *Lepanthopsis* 26 (L*)
439. **microphila** A.Rich. & Gal. - Neotrop. (L)
440. **microphylla** A.Rich. & Gal. - Nic., Pan. (W)
- *microptera* Schltr.: *Restrepiopsis* 6 (L*)
- *microtatantha* Schltr.: *Platystele* 43 (L*)
- *miersii* Lindl.: *Barbrodria* 1 (G)
441. **miguelii** Schltr. - Trop. Am. (L)
442. **milipeda** Luer - Col. (FXX2*)
- *minax* Rchb.f.: 373 (E, G, H)
- *minimiflora* Schltr.: *Platystele* 44 (L*)
443. **minimifolia** Luer (*Cryptophoranthus minimus* Cogn.) - Braz. (L)
444. **minor** (Rendle) L.O.Wms. - Guat., C.Rica (A**, W)
445. **minuta** Ames & Schweinf. - C.Rica (W)
446. **minutalis** Lindl. - Trop. Am. (L)
- *minutiflora* S.Wats.: *Platystele* 80 (E*, H**, L*)
- *minutiflora* Cogn.: 487 (G)
447. **minutissima** Luer - Col. 200-500 m (FXX2*)
448. **miqueliana** (Focke) Lindl. - Neotrop. (L)
449. **mirabilis** Schltr. - Braz. (L*)
450. **miranda** Luer - C-Am., And. (L*)
- *misera* Lindl.: *Platystele* 46 (L*)
451. **mitchellii** Dod - Trop. Am. (L)
452. **modesta** (Barb.Rodr.) Cogn. - Trop. Am. (L)
- *modestiflora* Schltr.: 487 (G)
453. **modestissima** Rchb.f. & Warm. - Braz. (L)
454. **monocardia** Rchb.f. - Pan. (W, L, FXIX1**)
- *montseratii* Porsch: 611 (G)
455. **morenoi** Luer - Neotrop. (L)

456. **motitzii** Rchb.f. - Neotrop. (L)
- *multicaulis* Poepp. & Endl.: 618 (G)
457. **multicuspidata** Rchb.f. - Ven. (FXV2/3)
458. **mundula** Luer & Esc. - Col. 2.930-3.150 m (L, FXVI1*)
459. **murexoidea** Pabst - Braz. (L)
- *muricata* Schltr.: 240 (W, L*)
460. **muricaudata** Luer - Trop. Am. (L)
461. **muscicola** Barb.Rodr. - Braz. (L)
- *muscifera* Lindl.: *Restrepia* 33 (G, L**)
462. **muscoidea** Lindl. (*Humboldtia muscoidea* (Lindl.) Ktze.) - Braz. (G)
463. **muscosa** Barb.Rodr. - Braz., Bol. (L)
- *myoxanthus* Schltr.: *Myoxanthus* 28 (G, L*)
- *myriantha* Lehm. & Kraenzl.: *Platystele* 80 (E*, H**, L*)
464. **mystax** Luer - Pan. (W, L*, Z**)
465. **naraniensis** Rchb.f. - C.Rica (W)
466. **nasiterna** Luer - Neotrop. (L)
467. **navicularis** Lindl. - Neotrop. (L)
468. **neibanus** Dod - Braz. (L)
469. **nellyae** Ortiz - Col. (FXX(3)*)
- *nelsonii* Ames: 185 (L*)
470. **nemorum** Schltr. - Nic., C.Rica, Pan. (W)
471. **neobradei** Luer (*Physosiphon bradei* Schltr., *Phloeophila bradei* (Schltr.) Gar.) - Neotrop. (L)
472. **neoharlingii** Luer (*Physothallis harlingii* Gar.) - Ec. - terr. (L*)
473. **neojordanensis** Luer (*Cryptophoranthus jordanensis* Brade) - Braz. (L)
474. **neojuergensii** Luer (*Cryptophoranthus juergensii* Schltr.) - Braz. (L)
475. **nephrocardia** Schltr. - Neotrop. (L)
- *nephrocardia* Schltr.: 724 (G)
476. **nervosa** Braid - C.Rica (W)
- *nicaraguensis* Rchb.f.: 584 (G)
- *niederleinii* Schltr.: 584 (G)
477. **nigriflora** L.O.Wms. - Neotrop. (L)
- *nigro-hirsuta* Kraenzl.: 10 (G)
- *nigroannulata* Cogn.: 380 (G)
478. **nitida** Luer - Pan. (W)
- *nittiorhyncha* Lindl.: *Restrepia* 34 (L**)
479. **nivalis** Luer - Neotrop. (L)
480. **niveoglobula** Luer - Ec. 600-1.400 m (L*, Z)
481. **northenae** Luer - Neotrop. (L, $50/7)
482. **nossax** Luer & Esc. - Col. 2.150 m (FXIV2*, R**)
483. **notabilis** Luer & Esc. - Col. 2.500-2.800 m (L, FXIV2*)
484. **nox-media** Luer & Esc. - Col. 2.000 m (FXXI1*)
- *nubigena* Lindl.: 170 (G)
485. **nummularia** Rchb.f. - Neotrop. (L)
- *nutans* Schltr.: 645 (E, H)
486. **oblongifolia** Lindl. - C-Am. (L)
- *oblongifolia* Lindl.: 589 (G)
487. **obovata** (Lindl.) Lindl. (*P. octomeriaeformis* Rchb.f., *P. albida* Lindl., *P. densiflora* (Barb.Rodr.) Cogn., *P. fasciculata* (Barb.Rodr.) Cogn., *P. minutiflora* Cogn., *P. osmosperma* (Barb.Rodr.) Cogn., *P. citrina* Schltr., *P. citrina* var. *elliptica* Schweinf., *P. angustilabia* Schltr., *P. modestiflora* Schltr., *Specklinia obovata* Lindl., *Stelis fasciculiflora* Regel, *Anathallis fasciculata* Barb.Rodr., *A. densiflora* Barb.Rodr., *A. micrantha* Barb. Rodr., *A. osmosperma* Barb.Rodr., *Humboldtia obovata* (Lindl.) Ktze.) - W-Ind., Ven., Col., Ec., Peru, Nic. (G, W, L)
488. **obscura** A.Rich. & Gal. - Neotrop. (3**, L)
489. **ocellus** (Luer) Luer (*Andreettaea ocellus* Luer) - Ec. (L*)
490. **ochreata** Lindl. (*P. bahiensis* Pabst, *Humboldtia ochreata* (Lindl.) Ktze.) - Braz. (G, L)
491. **octavioi** Luer & Esc. - Col. ca. 2.200 m (FXIV2*, R**)
- *octomeriae* Schltr.: *P. octomerioides* (E, H**)
- *octomeriae* Schltr.: *Myoxanthus* 31 (L*)
- *octomeriaeformis* Rchb.f.: 487 (G)
- *octomerioides* Lindl. (E, H**): *Myoxanthus* 32 (G, L*)
492. **octophrys** Rchb.f. - Braz. (L)
493. **odobeniceps** Luer - Col. ca. 2.200 m (L*, R**)
494. **ofella** Luer - Neotrop. (L)
495. **onagriceps** Luer & Hirtz - Ec. ca. 1.500 m (L*)
496. **opeatorhyncha** Schltr. - (S)
497. **ophiantha** Cogn. - Neotrop. (S, L)
- *ophiocephala* Lindl.: *Restrepiella* 1 (9**, G, H*, L*)
498. **ophioglossoides** (Jacq.) Gar. & Sweet (*P. floribunda* (Lindl.) Lindl., *Epidendrum ophioglossoides* Jacq., *E. trigoniflorum* Sweet, *Dendrobium ophioglossoides* (Jacq.) Sweet, *Stelis*

ophioglossoides (Jacq.) Sweet, *S. scabrida* Lindl., *S. polystachya* Cogn., *Specklinia floribunda* Lindl.) - Cuba, W-Ind., Mex., C.Rica, Trin., Guy. (G**)
- *orbicularis* (Lindl.) Lindl.: *Trichosalpinx* 21 (G)
499. **orecta** Luer & Esc. - Col. 2.000 m (FXX1**)
500. **orectopus** Luer - Neotrop. (L)
- *ornata* Rchb.f. ex Wittm.: 637 (3**, 9**, A**)
- *ornata* (Gar.) Foldats: *Platystele* 53 (L*)
- *ornithorrhyncha* Hoehne: 238 (G)
501. **orthostachys** Luer & Esc. - Col. 1.850 m (L, FXVI2*)
502. **oscitans** Ames - Nic., Pan. (W, L)
- *osmosperma* (Barb.Rodr.) Cogn.: 487 (G)
- *ospinae* Schult.: *Restrepia* 2 (4**, H*, L*)
503. **otopetalum** Schltr. (*Otopetalum tungurahuae* Lehm. & Kraenzl., *Kraenzlinella tungurahuae* (Lehm. & Kraenzl.) Ktze.) - Ec., Col., Peru 800-2.300 m (L*)
- *ottonis* Schltr.: 642 (G)
- *ovalifolia* (Focke) Rchb.f.: *Platystele* 55 (L*, S)
- *ovatilabia* Ames & Schweinf.: *Platystele* 56 (L*)
- *oxyglossa* Schltr.: *Platystele* 57 (L*)
504. **pacayana** Schltr. (*P. gacayana* Schltr.) - Nic., C.Rica, S-Am. (W)
505. **pachyglossa** Lindl. (*P. conanthera* Rchb.f. ex Kraenzl., *P. formosa* Schltr.) - Mex., Guat., Nic., C.Rica (G, W, L)
- *pachyphylla* Rchb.f.: 616 (G)
506. **pachyphyta** Luer - Trop. Am. (L*)
507. **pallida** Luer - Pan. (W, L)
508. **palliolata** Ames - C.Rica, Pan. (W**, O2/92**)
509. **palmiformis** Lindl. - Neotrop. (L)
- *palpigera* (Karst.) Schltr.: *Myoxanthus* 37 (9**, L*)
- *pan* Luer: *Myoxanthus* 33 (L*)
- *panamensis* Schltr.: 296 (9**, G**)
510. **pandurifera** Lindl. (*Humboldtia pandurifera* (Lindl.) Ktze.) - Braz. (G)
511. **panduripetala** Barb.Rodr. - Neotrop. (L)
512. **pansamalae** Schltr. - Neotrop. (L)
513. **pantasmi** Rchb.f. - Nic., C.Rica (W, L)
514. **pantasmoides** Schweinf. - Trop. Am. (L)
515. **pantherina** Seehawer - Braz. 1.050 m (O3/98)
516. **papillosa** Lindl. (*Humboldtia papillosa* (Lindl.) Ktze.) - Ven., Braz. (G, L)
517. **papuligera** Schltr. - Neotrop. (L)
518. **paranaënsis** Schltr. - Trop. Am. (L)
519. **pardipes** Rchb.f. - Neotrop. (L)
520. **parva** Rolfe (S)
521. **parviflora** Lindl. [*P.* parviflora Luer (L)] (*P. succedanea* Hoehne & Schltr., *Humboldtia parviflora* (Lindl.) Ktze., *Lepanthes cryptophyla* Barb.Rodr.) - Braz. (G, L)
522. **parvifolia** Lindl. - Neotrop. (L)
- *parvilabius* Schweinf.: *Myoxanthus* 33 (L*)
- *paspaliformes* Loefgr.: 680 (L)
- *pastacensis* Luer: *Myoxanthus* 4 (L*)
- *pauciflora* Schltr.: 570 (G)
523. **paulensis** (Hoehne & Schltr.) Luer (*Phloeophila paulensis* Hoehne & Schltr.) - Neotrop. (L)
524. **pavimentata** Rchb.f. - Neotrop. (L)
525. **pectinata** Lindl. (*Humboldtia pectinata* (Lindl.) Ktze.) - Braz. (G, L, Z)
526. **peculiaris** Luer - Pan. (W, L)
- *pedicellaris* Schltr.: *Platystele* 59 (L*)
- *peduncularis* Hook.: 47 (G)
- *peduncularis* Hook.: *Restrepiella* 1 (9**, L*)
- *peduncularis* Lindl.: *Myoxanthus* 14 (L*)
527. **pedunculata** (Kl.) Rchb.f. (*Rhynchopera pedunculata* Kl.) - Ven., Col., Ec. (G, L)
528. **pelex** Luer - And. (L)
- *pelioxantha* Barb.Rodr.: 256 (G)
529. **pellifeloides** (Barb.Rodr.) Cogn. - Neotrop. (L)
530. **pendula** Schltr. - And. (L)
- *pendula* Schltr.: 645 (E, H)
531. **penduliflora** Kraenzl. - Neotrop. (L)
532. **penicillata** Luer - Col. ca. 1.600 m (L*, R**)
- *peniculus* Schltr.: *Lepanthopsis* 30 (L*)
- *pennellia* Luer: *Myoxanthus* 39 (L*)
533. **pentamytera** Luer - Ec. 2.000 m (L*)
534. **peperomioides** Ames - C.Rica (O3/91, W, L*)

535. **perangusta** Luer - Trop. Am. (L)
- *pergracilis* Rolfe: 296 (9**, G**)
536. **perijaënsis** Dunst. - Ven., Col. (L, $50/7, FXV2/3, R**)
537. **periodica** Ames - Nic., C.Rica (W, L)
538. **peroniocephala** Luer - Neotrop. (L)
- *perparva* Standl. & L.O.Wms.: *Platystele* 43 (L*)
- *perplexa* Rchb.f.: 296 (9**, G**)
- *perpusilla* Rchb.f.: *Platystele* 60 (L*)
- *pertusa* Dressl.: *Dresslerella* 6 (H*, L*)
539. **petiolaris** Luer - Col. 200-400 m (FXX2*)
- *pfavii* Rchb.f.: 236 (9**, E**, H**, W, L*)
540. **pfisteri** Braem & Braas - Braz. (O6/80)
541. **phalangifera** (Presl) Rchb.f. (*P. mathewsii* Lindl., *P. bogotensis* Lindl., *Acronia phalangifera* Presl, *Humboldtia mathewsii* (Lindl.) Ktze., *H. phalangifera* (Presl) Ktze.) - Ven., Col., Peru, Ec. (E**, G, H**, L, FXIX1**, R**)
542. **phasmatodes** Luer - Neotrop. (L)
543. **phyllocardia** Rchb.f. (*P. triangulabia* Schweinf.) - C.Rica, Pan. 1.300-2.500 m (E, H, W, L)
544. **phyllocardioides** Schltr. - Nic., C.Rica, Pan., S-Am. (W, L)
545. **phyllostachys** Schltr. - Trop. Am. (L)
546. **pichinchae** Rchb.f. - Neotrop. (L)
547. **picta** Lindl. - Pan., Ven. (W, L, FXV2/3)
- *picta* Lindl.: 296 (9**, G**, H**)
- *picta* Hook.: 573 (9**, G)
548. **pidax** Luer - Neotrop. (L)
549. **pileata** Luer & Esc. - Col. 600-800 m (FXV2/3*)
- *pilosissima* Schltr.: *Dresslerella* 7 (L*)
- *pisifera* Lindl.: *Platystele* 62 (L*)
- *plantaginea* (Poepp. & Endl.) Lindl.: *Masdevallia* 248 (G)
550. **platycardia** Rchb.f. - C.Rica (W)
- *platycaulis* Rchb.f. ex Cogn.: 407 (G)
551. **platypetala** Luer & Esc. - Col. 2.350 m (FXX1*)
- *platyrhachis* (Rolfe) Rolfe: 236 (9**, E**, H**, L*)
552. **platysepala** Schltr. - Pan. (S, W)

553. **platystylis** Schltr. - Neotrop. (L)
554. **pleiostachys** Schltr. - Neotrop. (L)
- *plumosa* Lindl.: 373 (E, G, H)
555. **poculifera** Luer & Esc. - Col. (FXIV2*)
- *poeppigii* Lindl.: *Myoxanthus* 28 (G, L*)
556. **pogonion** Luer - Ec. 2.700 m (L*)
557. **polygonoides** Griseb. - Pan., S-Am. (W, L)
- *polyliria* Endr. & Rchb.f.: 271 (G)
- *polystachya* A.Rich. & Gal.: 573 (9**, G)
558. **polysticta** Luer - Pan. (W, L)
559. **pompalis** Ames - C.Rica, Pan. (W, L*)
560. **portilloi** Luer & Esc. - Col., And. 1.730 m (L, FXV2/3*)
561. **powellii** Schltr. - C.Rica, Pan. (W, L)
562. **praecipua** Luer - Ec. 1.600-1.800 m (L*)
563. **praegrandis** Ames - Pan. (W)
564. **pristeoglossa** Rchb.f. & Warm. - Neotrop. (L)
565. **pristis** Lehm. & Kraenzl. - Neotrop. (L)
566. **procera** Luer & Vasq. - Neotrop. (L)
- *procumbens* Lindl.: 727 (L*)
567. **producta** Luer - Neotrop. (L)
568. **prognatha** Luer & Esc. - Col. 1.750 m (L, FXVI1*, R**)
569. **prolifera** Herbert ex Lindl. (*P. litophila* Barb.Rodr., *Humboldtia prolifera* (Herbert ex Lindl.) Ktze.) - Ven., Braz. (9**, G**, S, L*)
- *propinqua* Ames: *Platystele* 64 (L*)
570. **pruinosa** Lindl. (*P. flavida* (Focke) Lindl., *P. pauciflora* Schltr., *Stelis flavida* Focke, *Humboldtia pruinosa* (Lindl.) Ktze.) - Hond., Nic., C.Rica, Pan., S-Am., W-Ind. (G, W, L)
571. **pseudocheila** Luer & Esc. - Col. (L, FXVI2*)
572. **pterophora** Cogn. (4**)
- *puberula* Kl.: *Restrepiella* 1 (9**, G, L*)
573. **pubescens** Lindl. (*P. vittata* Lindl., *P. picta* Hook., *P. smithiana* Lindl., *P. polystachya* A.Rich. & Gal., *P. bufonis* Kl., *P. truxillensis* Rchb.f., *P. janeirensis* Barb.Rodr., *P. riograndensis* Barb.Rodr., *P. bourgeaui* Kraenzl., *P. mandibularis* Kraenzl., *Humboldtia bufonis* (Kl.) Ktze., *H. polystachya* (A.Rich. & Gal.) Ktze.,

H. pubescens (Lindl.) Ktze., *H. smithiana* (Lindl.) Ktze., *H. truxillensis* (Rchb.f.) Ktze., *H. vittata* (Lindl.) Ktze.) - Mex. to Nic., Ven. to Bol., Braz. (9**, G, W, L*, Z**)
574. **pulchella** Lindl. - Ec. (G)
575. **pulvinaris** Luer & Esc. - Col. 2.800 m (L, FXVI2*, R**)
- *pulvinata* (Barb.Rodr.) Cogn.: *Myoxanthus* 35 (L*)
576. **pulvinipes** Schltr. - Neotrop. (L)
- *punctata* (Karst.) Schltr.: 404 (E**, H**)
- *punctata* Ker-Gawl.: *Notylia* 24 (G**)
- *punctata* Lindl.: *Trichosalpinx* 24 (G)
577. **punctatiflora** Luer (*Cryptophoranthus punctatus* Barb.Rodr.) - Braz. (L)
- *punctatifolia* (Barb.Rodr.) Pabst: *Trichosalpinx* 24 (G)
578. **punctulata** Rolfe (*P. magnispatha* Foldats, *Humboldtia punctulata* (Rolfe) Ktze.) - Ven., Col. (9**, L, R**)
579. **punicea** Luer - Neotrop. (L)
- *purpurea* D.Don: *Bulbophyllum* 77 (9**, E**, H**)
- *purpusii* Schltr.: *Trichosalpinx* 11 (G)
- *pusilla* (Kunth) Lindl.: *Trichosalpinx* 26 (G)
- *pygmaea* Hoehne: *Platystele* 57 (L*)
580. **pyrsodes** Rchb.f. - C.Rica (W, L)
581. **pyxos** Luer & Esc. - Col. 3.070 m (FXIV2*)
582. **quadrata** Schweinf. - Neotrop. (L)
583. **quadricaudata** Schltr. - Neotrop. (L)
584. **quadrifida** (Llave & Lex.) Lindl. (*P. incompta* Rchb.f., *P. longissima* Lindl., *P. ghiesbrechtiana* A.Rich. & Gal., *P. racemiflora* Lindl. ex Lodd., *P. nicaraguensis* Rchb.f., *P. lyroglossa* Schltr., *P. niederleinii* Schltr., *Dendrobium quadrifidum* Llave & Lex., *Humboldtia incompta* (Rchb. f.) Ktze., *H. longissima* (Lindl.) Ktze., *H. nicaraguensis* (Rchb.f.) Ktze., *H. quadrifida* (Llave & Lex.) Ktze.) - W-Ind., Mex. to Pan. up to 1.500 m (E**, G, H**)
- *quadrifida* (Llave & Lex.) Lindl.: *P. racemiflora* Lodd. (W**)

585. **quadriserrata** Luer - Neotrop. (L)
586. **questionis** Luer & Esc. - Col. 2.050 m (FXX1**)
587. **quinqueseta** Ames - C.Rica (W)
588. **quinquicallosa** Luer - Neotrop. (L)
589. **racemiflora** (Sw.) Lindl. [P. racemiflora Lindl. ex Hook. (3**)] (*P. oblongifolia* Lindl., *P. ghiesbreghtiana* A.Rich. & Gal., *P. quadrifida* (Llave & Lex.) Lindl, *Epidendrum racemiflorum* Sw., *Dendrobium racemiflorum* (Sw.) Sw.) - Jam., Cuba (G)
- *racemiflora* Lindl. ex Lodd. (L, W**, Z**): 584 (G)
590. **radula** Luer - C.Rica (W, L)
591. **raduliglossa** Pabst - Neotrop. (L)
- *ramentacea* Gar. & Dunst.: *Myoxanthus* 31 (L*)
592. **ramificans** Luer - Neotrop. (L)
593. **ramonensis** Schltr. - C.Rica, Pan. (W, L)
594. **ramulosa** Lindl. - Neotrop. (L)
595. **rectipetala** Ames & Schweinf. - C.Rica (W)
596. **recurva** Lindl. (*P. lilacina* Barb.Rodr., *P. bistuberculata* Barb.Rodr., *P. regeliana* Rchb.f., *P. maculata* Rolfe, *P. lamproglossa* Schltr., *P. albipetala* Hoehne & Schltr., *P. curitibensis* Kraenzl., *Humboldtia recurva* (Lindl.) Ktze., *Specklinia recurva* (Lindl.) Barros, *Acianthera punctata* Scheidw., *Centranthera punctata* Scheidw.) - Braz. (G, L)
597. **regalis** Luer - Neotrop. (L*)
- *regeliana* Rchb.f.: 596 (G)
- *remotiflora* Schweinf.: 252 (G)
- *repens* Ames: *Platystele* 70 (L*)
598. **reptans** Luer - Neotrop. (L)
599. **restrepioides** Lindl. (*P. laurifolia* Rchb.f., *P. fritillaria* Rchb.f., *P. roezlii* Rchb.f., *P. atroviolacea* Lehm. & Kraenzl., *Humboldtia fritillaria* (Rchb.f.) Ktze., *H. restrepioides* (Lindl.) Ktze., *H. roezlii* (Rchb.f.) Ktze.) - Peru, Ec., Col. 1.300-2.800 m (G, L*)
600. **resupinata** Ames - Neotrop. (3**, L)
601. **retusa** (Llave & Lex.) Lindl. (*Dendrobium retusum* Llave & Lex., *Specklinia retusa* Lindl.) - Mex. (G)
602. **revoluta** (Ruiz & Pav.) Gar. - Neotrop. (L, FXIX1**)
- *reymondii* (Karst.) Rchb.f.: *Myoxanthus* 37 (9**, H*, L*)

603. **rhabdosepala** Schltr. - Braz. (L)
- *rhizomatosa* Schltr.: 413 (G)
604. **rhodoglossa** Schltr. - C.Rica, Pan. (W, L)
- *rhomboglossa* Rchb.f.: *Platystele* 55 (L*, S)
605. **rhynchoglossa** Schltr. (O3/81)
- *rigidifolia* Rchb.f.: *Myoxanthus* 1 (L*)
- *riograndensis* Barb.Rodr.: 573 (9**, G)
606. **robledorum** Luer & Esc. - Col. 1.800-2.200 m (FXIV2*)
607. **rodriguesii** Cogn. - Neotrop. (L)
- *roezlii* Rchb.f.: 599 (G)
- *roezlii* Rchb.f. (8**): 411 (L*)
608. **roseopunctata** Lindl. - Neotrop. (L)
- *rostriflora* Rchb.f.: 238 (G)
609. **rowleei** Ames - C.Rica, Pan. (W, L)
610. **rubella** Luer (*Platystele aurea* Gar.) - Pan. (W, L*)
611. **rubens** Lindl. (*P. montseratii* Porsch, *Humboldtia rubens* (Lindl.) Ktze., *Specklinia rubens* (Lindl.) Barros) - Braz. (G)
612. **ruberrima** Lindl. - Neotrop. (L)
613. **rubroviridis** Lindl. - Trop. Am. (L)
614. **rudolfii** Pabst - Trop. Am. (L)
- *rufescens* (Rolfe) Schltr.: 240 (W, L*)
615. **rugosa** Luer & Esc. - Col. 3.070 m (FXV2/3*)
616. **rupestris** Lindl. (*P. pachyphylla* Rchb.f., *P. johannensis* Barb.Rodr., *Humboldtia rupestris* (Lindl.) Ktze.) - Braz. (G)
617. **ruscaria** Luer - Col., Ec. 1.600-1.800 m (L*)
618. **ruscifolia** (Jacq.) R.Br. (*P. laurifolia* Kunth, *P. succosa* Lindl., *P. multicaulis* Poepp. & Endl., *P. glomerata* Ames, *P. ruscifolia* var. *caquetana* Schltr., *Epidendrum ruscifolium* Jacq., *Dendrobium ruscifolium* (Jacq.) Sw., *Humboldtia succosa* (Lindl.) Pav. ex Lindl., *H. laurifolia* (Kunth) Ktze., *H. ruscifolia* (Jacq.) Ktze.) - Nic., C.Rica, Pan., S-Am., Trop. Am. (G, S, W, L*)
- *ruscifolia* var. *caquetana* Schltr.: 618 (G)
619. **saccata** Ames - C.Rica (W, L)
620. **saccatilabia** Schweinf. - Nic., C.Rica (W, L)
- *sagittifera* Kunth: *Notylia* 27 (G)
621. **saltatoria** Lindl. - Neotrop. (L)
622. **samacensis** Ames - Nic., C.Rica, Pan., S-Am. (W, L)
623. **sanchoi** Ames - Nic., C.Rica, Pan. (W, L)
624. **sandemanii** Luer - Col. ca. 500 m (FXX2*)
625. **sanluisii** Foldats - Ven., Neotrop. (L, FXV2/3)
626. **sannio** Luer & Esc. - Col. 2.700 m (FXXI1*)
- *sarcochila* Gar.: 291 (G)
- *sarcodactylae* Luer: *Myoxanthus* 38 (L*)
627. **sarcopetala** (Barb.Rodr.) Cogn. - Neotrop. (L)
628. **sarracenia** Luer (*Physosiphon pubescens* Barb.Rodr., *Phloeophila pubescens* (Barb.Rodr.) Brieg., *Geocalpa pubescens* (Barb.Rodr.) Brieg., *Sarracenella pubescens* (Barb.Rodr.) Luer) - Braz. (L*)
629. **saundersiana** Rchb.f. - Neotrop. (L)
630. **saurocephala** Lodd. (*Humboldtia saurocephala* (Lodd.) Ktze.) - Braz. (9**, G**, L)
631. **scabrata** Lindl. - Neotrop. (L)
632. **scabrilinguis** Lindl. (*Humboldtia scabrilinguis* (Lindl.) Ktze.) - Peru (G, L)
633. **scabripes** Lindl. (*Myoxanthus scabripes* (Lindl.) Luer, *M. beyrichii* (Rchb.f.) Luer) - Neotrop. (L)
- *scabripes* Lindl.: *Myoxanthus scabripes* (G)
634. **scalpricaulis** Luer - Trop. Am. (L)
- *scandens* Ames: *Myoxanthus* 39 (L*)
- *scandens* var. *simplicicaulis* Schweinf.: *Myoxanthus* 42 (L*)
635. **scansor** Luer - Neotrop. (L)
- *scapha* Rchb.f.: 87 (9**)
- *scaphioglottis* Schltr.: 114 (O2/95)
636. **scariosa** (Llave & Lex.) Lindl. (*Dendrobium scariosum* Llave & Lex., *Specklinia scariosa* Lindl.) - Mex. (G)
637. **schiedei** Rchb.f. (*P. ornata* Rchb.f. ex Wittm.) - Mex., Guat., Salv. (3**, 9**, A**, L, Z**)
638. **schizopogon** Luer - Ec. 2.800-3.200 m (L*)
- *schlechteriana* Ames: 126 (O3/90)
- *schulzeana* Schltr.: *Platystele* 57 (L*)
- *schweinfurthiana* L.O.Wms.: 212 (G)

639. **scintillata** Luer - Neotrop. (L)
640. **scitula** Luer - Pan. (W)
641. **sclarea** Rchb.f. (L)
642. **sclerophylla** Lindl. (*P. stenopetala* Lodd. ex Lindl., *P. listrostachys* Rchb.f., *P. urosepala* Lehm. & Kraenzl., *P. triura* Schltr., *P. ottonis* Schltr., *P. dolichopus* Schltr., *Anathallis secunda* Barb.Rodr., *Humboldtia sclerophylla* (Lindl.) Ktze., *H. stenopetala* (Lodd. ex Lindl.) Ktze.) - Nic., C.Rica, Pan., Ven. to Bol., Salv., Trin., Guy. 1.000-2.500 m (A**, G, W, L, FXIX1**)
643. **scolopax** Luer & Esc. - Col. 50-300 m (L, O1/83, FXIV2*)
644. **scoparum** Rchb.f. - Ec. 500-1.600 m (L*)
645. **secunda** Poepp. & Endl. (*P. lindenii* Lindl., *P. lindenii* var. *gigantea* Rchb.f., - var. *pumila* Rchb.f., *P. araguensis* Ames, *P. subreniformis* Schltr., *P. pendula* Schltr., *P. nutans* Schltr., *Humboldtia lindenii* (Lindl.) Ktze., *H. secunda* (Poepp. & Endl.) Ktze.) - Ven., Col., Ec., Peru 600-1.900 m (E, G, H, L, Z**)
646. **segoviensis** Rchb.f. (*P. wercklei* Schltr., *P. amethystina* Ames) - Nic., C.Rica, Mex. to Pan. 2.000 m (E, H, W, L, Z)
647. **segregatifolia** Ames & Schweinf. (*P. calyptrosepala* L.O.Wms.) - Nic., C.Rica, Pan. (W)
- *seidelii* Pabst: *Myoxanthus* 24 (L*)
- *semipellucida* Rchb.f.: 216 (G)
648. **semiscabra** Lindl. - Neotrop. (L)
649. **semperflorens** Lindl. - Trop.Am. (L)
- *sempergemmata* Luer: *Myoxanthus* 40 (L*)
650. **seriata** Lindl. (*Humboldtia seriata* (Lindl.) Ktze.) - Braz. (G, L)
651. **serpens** Luer & Esc. - Col. 2.600-2.900 m (L, FXVI1*)
- *serripetala* Kraenzl.: *Myoxanthus* 41 (L*)
652. **serrulata** (Barb.Rodr.) Luer - C-Am., And. (L)
653. **serrulatipetala** Barb.Rodr. - Neotrop. (L)
654. **sertularioides** (Sw.) Spreng. (*Epidendrum sertularioides* Sw., *Dendrobium sertularioides* (Sw.) Sw.) - Nic., S-Am., Jam. (G, W, L)
655. **setigera** Lindl. - C.Rica, Pan., S-Am. (W, L)
656. **setosa** Schweinf. - C.Rica (W, L)
657. **shuarii** Luer - Ec. 900-1.400 m (L*)
658. **sicaria** Lindl. (*P. tripteris* Rchb.f., *P. trigonopoda* Kl.) - Ven., Trin., Col., Ec., C.Rica, Pan. (G, W, L, FXVI1, R**, Z)
659. **sicariopsis** Luer - Trop. Am. (L)
660. **sieberi** Luer (*P. floribunda* (Lindl.) Lindl., *Specklinia floribunda* Lindl.) - Braz., Bol. (L)
661. **sigmoidea** Ames & Schweinf. - C.Rica, 500-1.000 m (L*)
662. **sigynes** Luer - Ec. (O3/97)
663. **silverstonei** Luer - Col. 2.400-2.500 m (L*)
664. **simplex** Ames & Schweinf. - C.Rica (W)
- *simplicicaulis* (Schweinf.) Luer: *Myoxanthus* 42 (L*)
665. **simplicilabia** Schweinf. - Neotrop. (L)
666. **simulans** L.O.Wms. - Pan. (W, L)
667. **simulatrix** Luer - Trop. Am. (L)
668. **siphoglossa** Luer & Esc. - Col., Ven. 2.100-2.700 m (FXX1**)
- *sirene* Rchb.f.: 87 (9**)
669. **smaragdina** Luer - Trop. Am. (L)
- *smithiana* Lindl.: 573 (9**, G)
670. **sodiroi** Schltr. - Neotrop. (L)
671. **solium** Luer - Ec. 1.200-1.800 m (L*)
672. **somnolenta** Luer - Col. 2.000-2.550 m (FXX2*)
673. **sonder(i)ana** Rchb.f. - Neotrop. (S, L, Z)
674. **soratana** Rchb.f. - Neotrop. (L)
- *sororia* Schltr.: 240 (W, L*)
- *spathata* Schltr.: 404 (E**, H**)
675. **spathosa** Luer & Esc. - Col., Ven. 3.300 m (FXX1*)
676. **spathulabia** Schltr. - Neotrop. (L)
- *spathulata* A.Rich. & Gal.: 721 (G)
- *spathulatiglossa* Hoehne: *Trichosalpinx* 28 (L)
677. **spathulipetala** Luer - Col. (FXX2*)
- *speciosa* Luer: *Myoxanthus* 43 (L*)
- *spectabilis* Ames & Schweinf.: 236 (9**, L*)
- *spectrilinguis* Rchb.f.: 691 (G)
678. **spicata** (Dutra) Luer (*Cryptophoranthus spicatus* Dutra) - Braz. (L)
679. **spiculifera** Lindl. - Neotrop. (L)
680. **spilantha** Barb.Rodr. (*Myoxanthus spilanthus* (Barb.Rodr.) Luer) - Neotrop. (L)
681. **spiralis** (Ruiz & Pav.) Lindl. (*Hum-*

boldtia spiralis Ruiz. & Pav., *Stelis spiralis* (Ruiz & Pav.) Pers.) - Peru (G, L)
682. **stalkyi** Luer - Neotrop. (L)
683. **stelidiopsis** Luer - Neotrop. (L)
684. **stenopetala** Rolfe - Neotrop. (L)
- *stenopetala* Lodd. ex Lindl.: 642 (G)
685. **stenosepala** Rolfe - Col. (R**)
- *stenosepala* Rolfe: 737 (G)
- *stenostachya* Rchb.f.: *Platystele* 80 (3**, E*, H**, L*)
- *stenostachya* var. *lankesteri* (Rolfe) Ames: *Platystele* 80 (L*)
686. **stevensii** Luer - C.Rica (W, L)
687. **stevensonii** Luer - Neotrop. (L)
- *stigmatoglossa* Rchb.f. ex Lindl.: *Restrepiella* 1 (9**, G, L*)
688. **stillsonii** Dod - Neotrop. (L)
- *stonei* Luer: *Myoxanthus* 44 (L*)
- *striata* Focke: 738 (E, G, H)
689. **stricta** Luer & Esc. - Neotrop. (L*)
690. **strumosa** Ames - C.Rica (W, L)
691. **strupifolia** Lindl. (*P. bicolor* Lindl., *P. hookeri* Regel, *P. spectrilinguis* Rchb.f., *P. glaucophylla* Hoehne, *Humboldtia strupifolia* (Lindl.) Ktze.) - Braz. (A**, G, L)
692. **stumpflei** Luer - Trop. Am. (L)
- *subcordifolia* Cogn.: 407 (G)
- *subpellucida* Kl.: 404 (E**, H**)
- *subpicta* Schltr.: 296 (9**, G**)
693. **subreniformis** Schltr. - And. (L)
- *subreniformis* Schltr.: 645 (E, H)
- *subserrata* (Schltr.) L.O.Wms.: *Restrepia* 48 (L**)
694. **subtilis** Schweinf. - Neotrop. (L)
- *succedanea* Hoehne & Schltr.: 521 (G)
- *succosa* Lindl.: 618 (G)
695. **sugdenii** Luer - Col. 650 m (FXX2*)
696. **superbiens** Luer - Ec. 1.400 m (L*)
- *surinamensis* Focke: 296 (9**, G**)
697. **suspensa** Luer - Neotrop. (L)
- *sylvatica* Cogn.: *Octomeria* 16 (L*)
- *syringifolia* Kraenzl.: 114 (O2/95)
698. **talpinaria** (Karst.) Rchb.f. (*Talpinaria bivalvis* Karst.) - Col., And. (L*, FXVI1)
699. **talpinarioides** Gar. & Dunst. - And. (L)
700. **tamboënsis** Luer & Esc. - Col. 2.400 m (L, FXIV2*)
701. **tanyrhina** Luer & Esc. - Col. 2.500-2.800 m (L, FXIV2*, R**)
702. **tarantula** Luer & Hirtz - Col. (R**)
703. **taurus** Luer - Neotrop. (L)
704. **taxis** Luer - Neotrop. (L)
705. **telamon** Luer - Pan. (W)
706. **tempestalis** Luer - Trop. Am. (L)
707. **tentaculata** (Poepp. & Endl.) Lindl. (*Restrepia tentaculata* Poepp. & Endl., *Humboldtia tentaculata* (Poepp. & Endl.) Ktze.) - Peru (G, L)
708. **tenuifolia** Schweinf. - Neotrop. (L)
- *tenuispatha* Schltr.: 271 (G)
709. **teres** Lindl. (*Humboldtia teres* (Lindl.) Ktze.) - Braz. (G)
710. **teretifolia** Rolfe (*Pleurobotryum atropurpureum* Barb.Rodr.) - Braz. (L)
711. **test(ae)ifolia** (Sw.) Lindl. (*Epidendrum testaefolia* Sw.) - Nic., C.Rica, S-Am. (W, L)
712. **tetragona** Luer & Esc. - Col. (L*, FXIX1**, FXIV2*, R**)
- *tetrapetala* Lehm. & Kraenzl.: *Brachionidium* 59 (L*)
713. **tetroxys** Luer - Col. ca. 1.800 m (L*)
714. **thymochila** Luer - Pan. (W, L)
715. **tikalensis** Correll & Schweinf. - Neotrop. (L)
716. **tipuloides** Luer - Neotrop. (L)
717. **titan** Luer - Col., Pan. (W, R**)
718. **tonduzii** Schltr. - C.Rica, Pan. (W)
719. **torrana** Luer - Col. ca. 1.900 m (FXX2*)
720. **tortilis** Luer & Esc. - Col. 3.070 m (L, FXIV2*)
- *trachychlamys* Schltr.: *Myoxanthus* 45 (W, L*)
- *trachytheca* Lehm. & Kraenzl.: *Trichosalpinx* 21 (G)
- *trialata* Cogn.: 727 (L*)
- *triangulabia* Schweinf.: 543 (E, H)
721. **tribuloides** (Sw.) Lindl. (*P. spathulata* A.Rich. & Gal., *P. fallax* Rchb.f., *Epidendrum tribuloides* Sw., *Dendrobium tribuloides* (Sw.) Sw., *Cymbidium tribuloides* (Sw.) Spreng., *Humboldtia tribuloides* (Sw.) Ktze., *Cryptophoranthus acaulis* Kraenzl.) - Mex., Bel., Guat., Hond., Nic., C.Rica, Pan., Cuba (3**, G, W**, L*, Z)
722. **tricarinata** Poepp. & Endl. (*Humboldtia tricarinata* (Poepp. & Endl.) Ktze.) - Peru, Bol., Braz. (G, L)
- *tricaudata* Schltr.: *Trichosalpinx* 3 (G)
723. **trichostoma** Luer - Neotrop. (L*)
724. **tridentata** Kl. (*P. nephrocardia*

Schltr., *Humboldtia tridentata* (Kl.) Ktze.) - Ven., Col., Ec., Peru (G, L)
725. **trifida** Lindl. (*P. bicristata* Cogn., *P. curtii* Schltr., *Lepanthes bicarinata* Barb.Rodr., *Humboldtia trifida* (Lindl.) Ktze.) - Braz. (G)
- *trigonopoda* Kl.: 658 (G)
- *trilineata* Barb.Rodr.: 296 (9**, G**, L)
726. **trimytera** Luer & Esc. - Col., Ec. 1.800-2.600 m (L*, FXVI1*)
727. **tripterantha** Rchb.f. (*P. tripterygia* Rchb.f., *P. procumbens* Lindl., *P. trialata* Cogn., *P. hamata* Rolfe ex Ames, *P. medellinensis* Schltr., *P. hunteriana* Schltr., *P. aperta* (Kraenzl.) Ames, *Lepanthes tricarinata* Barb. Rodr., *Humboldtia procumbens* (Lindl.) Ktze., *H. tripterantha* (Rchb.f.) Ktze., *H. tripterygia* (Rchb.f.) Ktze., *Masdevallia tricarinata* Lehm. & Kraenzl., *M. carpophora* Kraenzl., *M. aperta* Kraenzl., *Scaphosepalum carpophorum* (Kraenzl.) Gar.) - Nic., C.Rica, Pan., S-Am. (W, L*)
- *tripteris* Rchb.f.: 658 (G)
- *tripterygia* Rchb.f.: 727 (L*)
728. **tristis** Barb.Rodr. - Neotrop. (L)
- *triura* Schltr.: 642 (G)
729. **truncata** Lindl. - Peru, Ec. (A**, G, L*)
- *truxillensis* Rchb.f.: 573 (9**, G)
730. **tryssa** Luer - Neotrop. (L)
731. **tsubotae** Luer & Esc. - Col. (FXX1*)
732. **tubata** (Lodd.) Steud. (*Stelis tubata* Lodd.) - C-Am., And. (L*)
→ *tubata* (Lodd.) Steud.: *Physosiphon* 5 (H**)
- *tubulosa* Lindl.: *Restrepiopsis* 14 (L*)
733. **tuerckheimii** Schltr. (*P. megachlamys* Schltr., *Masdevallia jalapensis* Kraenzl.) - Nic., C.Rica, Mex. to Pan. 1.300-2.600 m (9**, E**, H**, W, L, Z**)
734. **tungurahuae** Lehm. & Kraenzl. - Neotrop. (L)
735. **turrialbae** Luer - C.Rica (W)
- *ujarrensis* (Rchb.f.) Lindl.: *Restrepiopsis* 15 (L*)
- *uncinata* Fawc.: *Myoxanthus* 46 (W**, L*)
736. **unduavica** Luer & Vasq. - Neotrop. (L)
737. **undulata** Poepp. & Endl. (*P. cardium* Rchb.f., *P. lansbergiana* Regel, *P. lansbergii* Regel, *P. stenosepala* Rolfe, *Humboldtia cardium* (Rchb. f.) Ktze., *H. undulata* (Poepp. & Endl.) Ktze.) - Ven., Col., Peru, Braz., C.Rica, S-Am. (G, W, L)
738. **uniflora** Lindl. (*P. striata* Focke, *P. marginata* (A.Rich.) Cogn., *Epidendrum marginatum* A.Rich., *Humboldtia striata* (Focke) Ktze., *H. uniflora* (Lindl.) Ktze.) - Braz., Guy., Sur., Ven., Pan. (E, G, H, W, L)
- *unilateralis* Cogn.: *Lepanthopsis* 18 (H**, L*, S)
- *univaginata* Lindl.: 271 (G)
- *urbaniana* Rchb.f.: 57 (9**, G)
739. **urceolata** Luer - Neotrop. (L)
- *urosepala* Lehm. & Kraenzl.: 642 (G)
740. **uvifera** Luer & Esc. - Col. 2.600 m (L, FXVI1*)
- *uxoria* Luer: *Myoxanthus* 47 (L*)
- *vaginulata* Griseb.: *Platystele* 55 (L*)
- *valenzuelana* A.Rich.: *Maxillaria* 263 (E**, H**)
741. **vasquezii** Luer - Neotrop. (L)
742. **velaticaulis** Rchb.f. - Neotrop. (L)
743. **ventricosa** Lindl. - C.Rica, Pan., S-Am. (W, L)
744. **veraguacensis** Luer - Pan. (W)
745. **verecunda** Schltr. - Nic., C.Rica, Pan., S-Am. (W, L)
- *verrucosa* (Rchb.f.) Rchb.f.: *Scaphosepalum* 32 (H**, L*)
746. **vestigipetala** Luer - Ec., Col., Peru, Bol. 2.400-3.000 m (L*)
747. **viduata** Luer - Ec. (L*)
748. **vieirae** Luer & Esc. - Col. 200-300 m (L, FXIV2*)
- *villosa* Knowl. & Westc.: *Trichosalpinx* 11 (G)
749. **vinacea** Ames - Trop. Am. (L)
750. **vinealis** Luer & Esc. - Col. 2.700 m (L, XVI3)
751. **violacea** A.Rich. & Gal. - Neotrop. (L)
752. **violaceomaculata** Hoehne - Braz. (L)
- *viridula* Lindl.: *Restrepiopsis* 14 (L*)
- *vitellina* Porsch: 284 (G)
- *vittariaefolia* Schltr.: 281 (E**, H**)
753. **vittariifolia** Schltr. - Pan. (W, L)

- *vittata* Lindl.: 573 (9**, G)
754. **volcanica** Luer - Pan. (W, L)
755. **vorator** Luer & Vasq. - Bol. ca. 2.800 m (L*)
756. **wageneriana** Kl. - Neotrop. (L)
- *warmingii* Rchb.f.: *Myoxanthus* 24 (L*)
757. **wels-windischii** Pabst - Braz. (L)
758. **wercklei** Schltr. - C.Rica, Col. (W, R**)
- *wercklei* Schltr.: 646 (E, H)
759. **wigginsii** Schweinf. - Neotrop. (L*)
760. **wilsonii** Lindl. - Neotrop. (L)
761. **wyvern** Luer & Esc. - Col. 2.200 m (L, FXIV2*)
762. **xanthella** Luer - Trop. Am. (L*)
763. **xanthochlora** Rchb.f. - Neotrop. (L)
- *xanthophthalma* (Rchb.f.) L.O.Wms.: *Restrepia* 52 (9**)
- *xanthophthalma* (Rchb.f.) L.O.Wms.: *Restrepia* 33 (L**)
764. **xenion** Luer & Esc. - Col. 3.100-3.200 m (L, FXVI1*)
765. **xiphizusa** (Rchb.f.) Rchb.f. (*Crocodeilanthe xiphizusa* Rchb.f. & Warsc.) - Neotrop. (L)
766. **yauaperyensis** Barb.Rodr. - Neotrop. (L)
767. **yucatanensis** Ames & Schweinf. - Neotrop. (L)
768. **yupanki** Luer & Vasq. - Neotrop. (L)

Pleurothallopsis Porto & Brade - 1937 - *Pleurothallidinae* (S) - 1 sp. ter/epi - S-Braz.
1. **nemorosa** (Barb.Rodr.) Porto & Brade (*Lepanthes nemorosa* Barb.Rodr.) - S-Braz. (S*, L*)
→ *nemorosa* (Barb.Rodr.) Porto & Brade: *Octomeria* 16 (L*)

Plocoglottis Bl. - 1825 - *Subfam. Epidendroideae Tribus: Arethuseae Subtr. Bletiinae* - ca. 48 sp. terr. - Adm., Thai., Indoch. to N.Gui., Sol.
1. **acuminata** Bl. - Java, Sum., Born., Phil. 0-1.000 m - „Mousetrap orchids" (2*, H**, Q**, S*)
2. **angulata** J.J.Sm. - Born. (S)
3. **atroviridis** Schltr. - W-N.Gui. ca 300 m (O5/90, S)
4. **bicallosa** Ames - Phil. (S)
5. **bicomata** L.O.Wms. - Phil. (S)
6. **bokorensis** (Gagn.) Seidenf. - Thai. (S)
7. **borneensis** Ridl. - Born. (S)
8. **confertiflora** J.J.Sm. - N.Gui. (S)
9. **copelandii** Ames - Phil. (S)
10. **dilatata** Bl. - Java (2*, S)
- *fimbriata* Teijsm. & Binn.: 15 (2*)
- *foetida* Ridl.: 11 (Q**)
11. **gigantea** (Hook.f.) J.J.Sm. (*P. foetida* Ridl., *Calanthe gigantea* Hook.f.) - Thai., Mal., Sum., Born. ca. 900 m (Q**, S)
12. **glaucescens** Schltr. - N.Gui. (S)
13. **hirta** Ridl. - end. to Born. 0-600 m (Q**, S)
14. **jankowskii** J.J.Sm. - N.Gui. (S)
15. **javanica** Bl. (*P. fimbriata* Teijsm. & Binn.) - Java, Thai., Sum., Mal. (2*, H, Q, S*)
16. **kaniensis** Schltr. - N.Gui. (S)
17. **lacuum** J.J.Sm. - N.Gui. (S)
18. **lancifolia** J.J.Sm. - N.Gui. (S)
19. **latifolia** Bl. - Java (2*, S)
20. **latifrons** Schltr. - N.Gui. (S)
21. **lobulata** Schltr. - Cel. (S)
22. **loheriana** (Kraenzl.) Goebel - Phil. (S)
23. **longicuspis** J.J.Sm. - N.Gui. (S)
24. **lowii** Rchb.f. (H)
25. **lucabensis** Ames - Phil. (S)
26. **maculata** Schltr. - N.Gui. (S)
27. **mcgregorii** Ames - Phil. (S)
28. **memberamensis** J.J.Sm. - N.Gui. (S)
29. **micrantha** Fedde - N.Gui. (S)
30. **mindorensis** Ames - Phil. (S)
31. **mirabilis** Seidenf. - Thai. (S)
32. **moluccana** Bl. - Amb. (S)
33. **neohibernica** Schltr. - Bism. (S)
34. **papuana** Schltr. - N.Gui. (S)
35. **parviflora** Ridl. - Born. (S)
36. **pseudomoluccana** Schltr. - N.Gui. (S)
37. **pubiflora** Schltr. - N.Gui. (S)
38. **quadrifolia** J.J.Sm. - Sum. (S)
39. **sakiensis** Schltr. - N.Gui. (S)
40. **seranica** J.J.Sm. - Mol. (S)
41. **sororia** J.J.Sm. - N.Gui. (S)
42. **sphingoides** J.J.Sm. - N.Gui. (S)
43. **torana** J.J.Sm. - N.Gui. (S)
44. **torricellensis** Schltr. - N.Gui. (S)
45. **tropidiifolia** J.J.Sm. - N.Gui. (S)
46. **wenzelii** Ames - Phil. (S)

Plocostigma Benth. - 1884: *Podochilus* Bl. (S)

Plumatochilos (Plumatichilos) Szlach. - 2001 - *Drakaeinae* (S) - 4 sp. - Austr., Tasm.
1. **barbata** (Lindl.) Szlach. (*Pterostylis barbata* Lindl.) - Austr. (S*)

2. **plumosa** (L.Cady) Szlach. (*Pterostylis plumosa* L.Cady) - Austr. (S)
3. **tasmanica** Szlach. - Tasm. (S*)
4. **turfosa** (Lindl.) Szlach. (*Pterostylis turfosa* Lindl.) - Austr. (S)

Poaephyllum Ridl. - 1907 - *Subfam. Epidendroideae Tribus: Epidendreae Subtr. Podochilinae* - (*Lectandra* J.J.Sm.) - 8 sp. epi. - N.Gui., Phil., Cel., Mal.
1. **hansenii** J.J.Wood - Borneo (S)
- *hansenii* J.J.Wood: *Agrostophyllum* 9 (Q**)
2. **uniflorum** J.J.Wood - Borneo (S)

Podandria Rolfe - 1898: *Habenaria* Willd. (S)
Podandria Rolfe - 1898: *Podandriella* Szlach. (S)

Podandriella Szlach. - 1998 - *Habenariinae* (S) (*Podandria* Rolfe, *Habenaria* sect. *Podandria* (Rolfe) P.F. Hunt) - 5 sp. - Camer., Congo, Tomé
1. **macrandra** (Lindl.) Szlach. & Olsc. - Guin. to Ang., Zim., Moz., Tanz. 300-1.500 m (S*)

Podangis Schltr. - 1918 - *Subfam. Epidendroideae Tribus: Vandeae Subtr. Aerangidinae* - 1 sp. epi. - W-C-Afr.
1. **dactyloceras** (Rchb.f.) Schltr. (*Listrostachys dactyloceras* Rchb.f., *L. forcipata* Kraenzl., *L. saxicola* Kraenzl., *Angorchis dactyloceras* (Rchb. f.) Ktze., *Angraecum forcipatum* (Kraenzl.) Engl.) - W-Afr., S.Leone to Camer., Ang., Ug., Tanz. 750-1.900 m (9**, E*, H**, C**, S*, Z**)

Podanthera pallida Wight.: *Epipogium nutans* (2*)

Podochilopsis Guill. - 1962: *Adenoncos* Bl.

Podochilus sect. *Appendicula* Schltr. - 1900: *Appendicula* Bl. (S)

Podochilus sect. *Pseudappendicula* Schltr. - 1900: *Appendicula* Bl. (S)

Podochilus Bl. - 1825 - *Subfam. Epidendroideae Tribus: Epidendreae Subtr. Podochilinae* - (*Apista* Bl., *Hexameria* R.Br., *Plocostigma* Benth) - ca. 60 sp. epi. - Indon., Phil., N.Gui., Indoch., Mal., Austr.
- *acicularis* Hook.f.: 8 (2*)
- *albus* Schltr.: *Appendicula* 1 (2*)
- *anceps* Schltr.: *Appendicula* 2 (2*)
- *angustifolius* Schltr.: *Appendicula* 3 (2*)

1. **australiensis** (F.M.Bailey) Schltr. - Austr. (Qld.), N.Gui. (P**)
- *bicolor* Miq.: *Dendrobium* 346 (2*)
- *brachiatus* Schltr.: *Appendicula* 7 (2*)
- *buxifolius* Schltr.: *Appendicula* 4 (2*)
- *callosus* Schltr.: *Agrostophyllum* 2 (2*)
- *carnosus* Schltr.: *Appendicula* 5 (2*)
- *congener* Schltr.: *Appendicula* 7 (2*)
- *cornutus* Schltr.: *Appendicula* 7 (2*)
- *cristatus* Schltr.: *Appendicula* 8 (2*)
2. **cultratus** Lindl. (S)
- *elegans* Schltr.: *Appendicula* 9 (2*)
3. **gracilis** Lindl. (*Platysma gracile* Bl.) - Java (2*)
- *hasseltii* Schltr.: *Agrostophyllum* 6 (2*)
- *longicalcaratus* Rolfe: *Appendicula* 26 (2*)
4. **lucescens** Bl. - Java (2*)
- *microphyllus* Hook.f.: 6 (2*)
- *muricatus* Schltr.: *Appendicula* 17 (2*)
- *ovalis* Schltr.: *Appendicula* 18 (2*)
- *pauciflorus* Schltr.: *Appendicula* 19 (2*)
- *pendulus* Schltr.: *Appendicula* 20 (2*)
- *purpurascens* Schltr.: *Appendicula* 21 (2*)
- *ramosus* Schltr.: *Appendicula* 22 (2*)
- *reflexus* Schltr.: *Appendicula* 23 (2*)
5. **saxatilis** Schltr. - Sri L. (S)
6. **sciuroides** Rchb.f. (*P. microphyllus* Hook.f., *Cryptoglottis serpyllifolia* Rchb.f.) - Java (2*)
7. **serpyllifolius** Lindl. (*Cryptoglottis serpyllifolia* Bl., *Hexameria disticha* R.Br.) - Java (2*)
8. **tenuis** Lindl. (*P. acicularis* Hook.f., *Apista tenuis* Bl.) - Java (2*)
- *tortus* Schltr.: *Appendicula* 24 (2*)
- *unciferus* Hook.f.: *Appendicula* 26 (2*)
- *undulatus* Schltr.: *Appendicula* 26 (2*)
9. **warrianus** Schltr. (S)
- *zollinigeri* Rchb.f.: *Appendicula* 9 (2*)

Pogonia sect. *Codonorchis* Benth.: *Codonorchis* Lindl. (S)

Pogonia Juss. - 1789 - *Subfam. Epidendroideae Tribus: Vanilleae Subtr. Pogoniinae* - ca. 10 sp. terr. - S-China to Sik., Java, Jap., USA, Can.

- *affinis* Austin: *Isotria* 1 (S)
- *barklayana* Rchb.f.: *Nervilia* 3 (U)
- *bicarinata* Bl.: *Nervilia* 3 (U)
- *biflora* Wight: *Nervilia* 20 (6*, 9**, G)
- *carinata* Lindl.: *Nervilia* 2 (6*)
- *commersonii* Bl.: *Nervilia* 3 (U)
- *concolor* Bl. (2*): *Nervilia* ?
- *crispata* Bl. (2*): *Nervilia* 5 (6*)
- *dallachyana* F.v.Muell. ex Benth.: *Nervilia* 20 (6*, 9**, G)
- *discolor* (Bl.) Bl. (2*): *Nervilia* 20 (6*, 9**, G, H)
- *flabelliformis* Lindl. (2*): *Nervilia* 2 (6*)
- *fordii* Hance: *Nervilia* 8 (6*, 9**)
- *gammieana* Hook.f.: *Nervilia* 9 (6*, 9**)
- *gracilis* Bl. (2*): *Nervilia* 2 (6*)
- *juliana* (Roxb.) Lindl.: *Nervilia* 12 (6*)
- *kotschyi* Rchb.f.: *Nervilia* 13 (U)
- *lanceolata* L.Moreau: *Nervilia* 13 (U)
- *leguminosarum* L.Moreau: *Nervilia* 14 (U)
- *mackinnonii* Duthie: *Nervilia* 16 (6*)
- *macroglossa* Hook.f.: *Nervilia* 17 (6*)
- *maculata* Par. & Rchb.f.: *Nervilia* 18 (6*)
- *microphylloides* Rchb.f.: *Monophyllorchis* 2 (S)
- *nervilia* Bl.: *Pogonia flabelliformis* (2*)
- *nervilia* Bl. [Lindl. (S)]: *Nervilia* 2 (6*, S)
1. **ophioglossoides** (L.) Juss. (*P. ophioglosssoides* var. *brachypogon* Fern., *Arethusa ophioglossoides* L.) - USA, Can. (G**, S)
- *ophioglossoides* var. *brachypogon* Fern.: 1 (G**)
- *parishiana* King & Pantl.: *Nervilia* 18 (6*)
- *pendula* (Muhl. ex Willd.) Lindl.: *Triphora* 5 (G**)
- *physurifolia* Rchb.f.: *Psilochilus* 7 (S)
- *pleionoides* Kraenzl. ex Diels: *Pleione* 2 (O2/86, &14)
- *plicata* Cooke non Lindl.: *Nervilia* 11 (6*)
- *plicata* (Roxb.) Lindl.: *Nervilia* 20 (6*, 9**, G)
- *prainiana* King & Pantl.: *Nervilia* 21 (6*)
- *pudica* Ames: *Nervilia* 20 (6*, 9**, G)
- *pulchella* Par.: *Nervilia* 20 (6*, 9**, G)
- *pulchella* Hook.f. non Par.: *Nervilia* 20 (6*)
- *pulchella* Hook.f.: *Nervilia* 8 (9**)
- *punctata* Bl. (2*): *Nervilia* 22 (6*)
- *purpurata* Rchb.f. & Sond.: *Nervilia* 13 (U)
- *renschiana* sensu L.Moreau: *Nervilia* 3 (U)
- *renschiana* Rchb.f.: *Nervilia* 23 (U)
- *rosea* (Lindl.) Hemsl.: *Cleistes* 4 (H**)
- *sakoae* (Jum. & H.Perr.) L.Moreau: *Nervilia* 13 (U)
- *scottii* Rchb.f.: *Nervilia* 2 (6*)
- *simplex* (Thou.) Rchb.f.: *Nervilia* 19 (U)
- *trianthophorus* (Sw.) Britt.: *Triphora* 5 (G**)
- *velutina* Par. & Rchb.f.: *Nervilia* 20 (6*, 9**, G)
- *verticillata* Muhl. ex Willd.: *Isotria* 2 (S)

Pogoniopsis Rchb.f. - Subfam. Epidendroideae Tribus: Vanilleae Subtr. Pogoniinae - 2 sp. ter/sapro - S-Braz.
1. **nidus-avis** Rchb.f. - S-Braz. (S)
2. **schenkii** Cogn. - S-Braz. (S)

Poicilanthe - Subfam. Epidendroideae Tribus: Cymbidieae Subtr. Cyrtopodiinae

Polychilos Breda ex Kuhl & van Hasselt - 1827: *Phalaenopsis* Bl. (S)
- *cochlearis* (Holtt.) Shim: *Phalaenopsis* 10 (J**)
- *corningiana* (Rchb.f.) Shim: *Phalaenopsis* 11 (J**)
- *cornu-cervi* Breda: *Phalaenopsis* 12 (2*, 9**, H**, J**, Q**)
- *fasciata* (Rchb.f.) Shim: *Phalaenopsis* 15 (J**)
- *fimbriata* (J.J.Sm.) Shim: *Phalaenopsis* 16 (J**)
- *fuscata* (Rchb.f.) Shim: *Phalaenopsis* 18 (J**, Q**)
- *gigantea* (J.J.Sm.) Shim: *Phalaenopsis* 21 (J**)
- *hieroglyphica* (Rchb.f.) Shim: *Phalaenopsis* 23 (J**)
- *javanica* (J.J.Sm.) Shim: *Phalaenopsis* 26 (J**)
- *kunstleri* (Hook.f.) Shim: *Phalaenopsis* 27 (J**)

- *lobbii* Shim: *Phalaenopsis* 31 (J**)
- *lowii* (Rchb.f.) Shim: *Phalaenopsis* 32 (J**)
- *lueddemanniana* (Rchb.f.) Shim: *Phalaenopsis* 33 (J**)
- *maculata* (Rchb.f.) Shim: *Phalaenopsis* 35 (J**)
- *mannii* (Rchb.f.) Shim: *Phalaenopsis* 36 (E**, H**, J**)
- *mariae* (Burb. ex Warner & B.S. Will.) Shim: *Phalaenopsis* 73 (J**)
- *micholitzii* (Rolfe) Shim: *Phalaenopsis* 38 (J**)
- *modesta* (J.J.Sm.) Shim: *Phalaenopsis* 40 (J**, Q**)
- *pallens* (Lindl.) Shim: *Phalaenopsis* 42 (J**)
- *pantherina* (Rchb.f.) Shim: *Phalaenopsis* 43 (J**, Q**)
- *parishii* (Rchb.f.) Shim: *Phalaenopsis* 44 (J**)
- *pulchra* (Rchb.f.) Shim: *Phalaenopsis* 46 (J**)
- *speciosa* (Rchb.f.) Shim: *Phalaenopsis* 51 (J**)
- *stobartiana* (Rchb.f.) Shim: *Phalaenopsis* 52 (J**)
- *sumatrana* (Korth. & Rchb.f.) Shim : *Phalaenopsis* 54 (J**, Q**)
- *venosa* (Shim & Fowlie) Shim & Fowlie: *Phalaenopsis* 57 (J**)
- *violacea* (Witte) Shim: *Phalaenopsis* 58 (J**, Q**)
- *viridis* (J.J.Sm.) Shim: *Phalaenopsis* 59 (J**)
- *wilsonii* (Rolfe) Shim: *Phalaenopsis* 60 (J**)

Polycycnis (Pcn.) Rchb.f. - 1855 - *Subfam. Epidendroideae Tribus: Gongoreae* - ca. 14 sp. ter/epi - Pan. to C. Rica to Col., Guy., Peru
1. **acutiloba** Schltr. - Col. (R)
- *acutiloba* Schltr.: 10 (S*)
2. **annectans** Dressl. - Ec. (S)
3. **aurita** Dressl. - end. to W-Col. 300-500 m (O1/89, O5/94, R**, S*)
4. **barbata** (Lindl.) Rchb.f. (*P. gratiosa* Endr. & Rchb.f., *Cycnoches barbatum* Lindl.) - C.Rica, Pan., Col., Ven., Braz. (9**, E**, H**, W**, FXII**, R**, S*, Z**)
- *breviloba* Cooper ex Summerh.: *Brasilocycnis* 1 (S*)
- *breviloba* Summerh. ex Cooper: *Lueckelia* 1 (O1/00**)
5. **escobariana** Gerlach - Col., Ec. (S)
6. **gratiosa** Endr. & Rchb.f. - C.Rica, Pan. 600-1.100 m (W, O5/82, FXII, R)
- *gratiosa* Endr. & Rchb.f.: 4 (E**, H**)
- *gratiosa* Endr. & Rchb.f.: 8 (S*)
7. **lehmannii** Rolfe - Pan., Col. (W, FXII**, S, R)
8. **lepida** Lind. & Rchb.f. (*P. gratiosa* Endr. & Rchb.f.) - Col. (R, S*)
9. **morganii** Dods. - Col., Ec. (S)
10. **muscifera** (Lindl. & Paxt.) Rchb.f. (*P. acutiloba* Schltr., *Cycnoches musciferum* Lindl. & Paxt., *C. buchtienii* Kraenzl.) - Col. to Peru, C.Rica, Pan. (A**, E**, H**, W, FXII**, R**, Z**)
11. **ornata** Gar. - Pan., W-Col., Ec. 1.000 m (W**, $50/3, FXII**, R**, Z**, S*)
12. **pfisteri** Sengh. - Col. (S*)
13. **silvana** Barros (*P. trullifera* Benn. & Christ.) - Peru, Bol., Braz. (S)
14. **surinamensis** Schweinf. - Ven., Sur. 600-1.500 m (S, O1/00**)
15. **tortuosa** Dressl. - Pan. (W, FXII**, S)
- *trullifera* Benn. & Christ.: 13
16. **villegasiana** Gerlach - Col. (S)
- *vittata* (Lindl.) Rchb.f. ($50/3): *Braemia* 1 (G**, R, S)

Polyotidium Gar. - 1958 - *Subfam. Epidendroideae Tribus: Oncidieae Subtr. Oncidiinae* - 1 sp. epi. - Col.
1. **huebneri** (Mansf.) Gar. (*Hybochilus huebneri* Mansf.) - Col. to 300 m (S*, O2/94)

Polyradicion Gar. - 1969: *Polyrrhiza* Pfitz. (S)

Polyradicion Gar. - 1969 - *Subfam. Epidendroideae Tribus: Vandeae Subtr. Angraecinae* - ca. 5 sp. epi. - W-Ind., S-Flor.
1. **lindenii** (Lindl.) Gar. (*Angraecum lindenii* Lindl., *Aeranthus lindenii* (Lindl.) Rchb.f., *Dendrophylax lindenii* (Lindl.) Benth., *Polyrrhiza lindenii* (Lindl.) Pfitz.) - S-Flor., Bah., Cuba - „Ghost Orchid" (H*, $53/3)
↣ *lindenii* (Lindl.) Gar.: *Polyrrhiza* 3 (S*)
- *sallei* (Rchb.f.) Gar.: *Polyrrhiza* 4 (S)

Polyrrhiza Pfitz. - 1889 - *Angraecinae* (S) - (*Polyradicion* Gar.) - ca. 4 sp. - Flor., Bah., Cuba, W-Indie

1. **fawcettii** (Rolfe) Cogn. (*Dendrophylax fawcettii* Rolfe) - Cay. (S)
2. **funalis** (Sw.) Pfitz. (*Dendrophylax funalis* (Sw.) Fawc.) - Jam. (S*)
→ *funalis* (Sw.) Pfitz.: *Dendrophylax* 2 (9**)
- *gracilis* Cogn.: *Dendrophylax* 3 (S*)
3. **lindenii** (Lindl.) Cogn. (*Polyradicion lindenii* (Lindl.) Gar., *Dendrophylax lindenii* (Lindl.) Benth. ex Rolfe) - USA, Flor., Cuba (A**, FXV2/3, S*)
→ *lindenii* (Lindl.) Pfitz.: *Polyradicion* 1 (H*)
4. **sallei** (Rchb.f.) Cogn. (*Polyradicion sallei* (Rchb.f.) Gar.) - Dom. (S)

Polystachya (Pol.) Hook. - 1824 - Subfam. Epidendroideae Tribus: Polystachyeae - (*Epiphora* Lindl., *Dendrorchis* (*Dendrorkis*) Ktze., *Nienokuea* A.Chev. inv.name) - ca. 20/200 sp. epi/lit/ter - Afr., Trop. Am., As., Madag.
- *aconitiflora* Summerh. (E, H): 118 (C)
1. **adansoniae** Rchb.f. - Kenya, Ug., Tanz., Trop.Afr., Zim. 1.250-2.000 m - sect. *Polychaete* (1**, M**, C**, S*, Z**)
2. **aethiopica** Cribb - E-Trop. Afr. (S*)
3. **affinis** Lindl. [*P.* affinis Kraenzl. (C)] (*P. bracteosa* Lindl.) - W-Afr., Zai., Ang., Ug. 500-1.350 m - scented - sect. *Affines* (4**, 9**, E**, H**, C**, S*)
- *affinis* Lindl.: 54 (G)
4. **albescens** Ridl. - Ang., Camer., Kenya, Malawi, Tanz., Ug., Zai., Zam., Zim. 800-1.850 m - sect. *Caulescentes* (E, H, C)
ssp. **imbricata** (Rolfe) Summerh. (*P. imbricata* Rolfe) (1**, C)
ssp. **kraenzlinii** (Rolfe) Summerh. (*P. imbricata* Rolfe) - Kenya, Tanz. 900-1.650 m (M**)
- *altilamellata* Schltr.: 35 (G)
5. **anceps** Ridl. (*P. hildebrandtii* Schltr., *P. mauritiana* var. *anceps* (Ridl.) H.Perr., *Dendrorkis anceps* (Ridl.) Ktze.) - Madag., Com. highl. - epi/lit (U)
6. **anthoceros** La Croix & Cribb - Nig. 1.500 m - sect. *Calluniflora* (C)
- *appendiculata* Kraenzl.: 23 (E**, H**)
- *ashantensis* Kraenzl.: *P. inconspicua* (E**)
- *ashantensis* Kraenzl.: 106 (H)
7. **aurantiaca** Schltr. - Madag. lowl. - epi. (U)
- *aurantiaca* Schltr.: 19 (G)
8. **bella** Summerh. (*P. obanensis* W.M. Moreau) - SW-Kenya 1.800-2.350 m - sect. *Affines* (4**, 9**, M**, C**, S, Z**)
9. **bennettiana** Rchb.f. (*P. stricta* Rolfe) - Kenya, Ug., Eth., Nig., Zam., Camer., Tanz., Zai. 900-1.900 m - sect. *Caulescentes* (E, H, M, C**)
10. **bicalcarata** Kraenzl. - sect. *Cultriformis* (S*)
11. **bicarinata** Rendle - Kenya, Rwa., Zai. 1.800-2.600 m (E, H, M**)
- *bicolor* Rolfe: 90 (U)
12. **bifida** Lindl. (*P. farinosa* Kraenzl.) - Camer., Tomé, Guin., Gab., Nig., Zai., Rwa. to 2.500 m - sect. *Caulescentes* (E**, H**, C*)
- *bracteosa* Lindl.: 54 (G)
- *bracteosa* Lindl.: 3 (9**)
13. **brassii** Summerh. - Malawi, Zai., Zam. 1.100-2.000 m - sect. *Eurychilae* (C**)
- *buchanani* Rolfe: 19 (G)
- *bulbophylloides* Rolfe: *Genyorchis pumila* (H*)
- *bulbophylloides* Rolfe: *Genyorchis* 2 (S*)
14. **caespitifica** Kraenzl. ex Engl. - Afr. - sect. *Cultriformis* (C, S)
ssp. **caespitifica** - Tanz. 1.500-2.300 m (C)
ssp. **hollandii** (H.Bol.) Cribb & Podzorski (*P. hollandii* H.Bol.) - Tanz., Zim. 1.500-2.300 m (C)
ssp. **latilabris** (Summerh.) Cribb & Podzorski (*P. latilabris* Summerh.) - Kenya, N-Tanz. 1.500-2.700 m (M**, C)
15. **calluniflora** Kraenzl. - Afr.: Nig. Camer., Ruanda, Ug. - sect. *Calluniflora* (C, S)
var. **calluniflora** - Camer., Guin., Nig., Rwa., Ug. to 2.200 m (C)
var. **hologlossa** Cribb & La Croix - N-Malawi, S-Tanz. 1.300-2.200 m (C*)
16. **caloglossa** Rchb.f. - Camer., Zai., Ug., Guin. 900-1.500 m - sect. *Caulescentes* (E**, H, C, S)
17. **campyloglossa** Rolfe - Kenya, Ug., N-Tanz., Malawi 1.100-2.700 m - sect. *Affines* (M**, O5/83, C, S, Z**)

- *caquetana* Schltr.: 19 (G)
- *caracasana* Rchb.f.: 35 (G)
- *cerea* Lindl.: 35 (G, W**)
18. **clavata** Lindl. - Bel., Guat., Hond., Nic. (G)
- *colombiana* Schltr.: 19 (G, O3/89)
19. **concreta** (Jacq.) Gar. & Sweet (*P. aurantiaca* Schltr., *P. buchanani* Rolfe, *P. caquetana* Schltr., *P. colombiana* Schltr., *P. costaricensis* Schltr., *P. dorotheae* Rendle, *P. estrellensis* Rchb.f., *P. extinctoria* Rchb.f., *P. flavescens* (Bl.) J.J.Sm., *P. gracilis* De Wild., *P. huyghei* De Wild., *P. hypocrita* Rchb.f., *P. jussieuana* Rchb.f., *P. kraenzliniana* Pabst, *P. latifolia* De Wild., *P. lepidantha* Kraenzl., *P. lettowiana* Kraenzl., *P. luteola* (Sw.) Hook., *P. mauritiana* Spreng., *P. minuta* (Aubl.) Cordem., *P. minuta* Britt., *P. minuta* Frapp., *P. modesta* Rchb.f., *P. mukandaensis* De Wild., *P. nitidula* Rchb.f., *P. penangensis* Ridl., *P. plehniana* Schltr., *P. pleistantha* Kraenzl., *P. praealta* Kraenzl., *P. purpurea* Wight, *P. purpurea* var. *lutescens* Gagn., *P. reichenbachiana* Kraenzl., *P. rigidula* Rchb.f., *P. rufinula* Rchb.f., *P. shirensis* Rchb.f., *P. siamensis* Ridl., *P. similis* Rchb.f., *P. singapurensis* Ridl., *P. tessellata* Lindl., *P. tricruris* Rchb.f., *P. wightii* Rchb.f., *P. zanguebarica* Rolfe, *P. zeylanica* Lindl., *P. zollingeri* Rchb.f., *Cranichis luteola* Sw., *Callista flavescens* (Bl.) Ktze., *Dendrobium polystachyum(on)* Sw., *D. polystachyum* Thou., *D. flavescens* (Bl.) Lindl., *Dendrorkis minuta* (Aubl.) Ktze., *D. exsrellensis* (Rchb.f.) Ktze., *D. extinctoria* (Rchb.f.) Ktze., *D. jussieuana* (Rchb.f.) Ktze., *D. rufinula* (Rchb.f.) Ktze., *D. shirensis* (Rchb.f.) Ktze., *D. similis* (Lindl.) Ktze., *D. tessellata* (Lindl.) Ktze., *D. wightii* (Rchb.f.) Ktze., *D. zollingeri* (Rchb.f.) Ktze., *Epidendrum concretum* Jacq., *E. minutum* Aubl., *E. miniatum* Aubl., *E. resupinatum* Sessé & Moc., *Onychium flavescens* Bl., *Pachystele minuta* (A.Rich. & Gal.) Hamer & Gar.) - Madag., W-Ind., Trop. Afr., As. 0-1.400 m - epi/lit - sect. *Polystachya* (E**, G, H**, W, O3/89, $54/3, R**, U, S*, Z**)
20. **confusa** Rolfe (*P. ottoniana* var. *confusa* (Rolfe) Kraenzl.) - Kenya, N-Tanz. 1.800-3.200 m - sect. *Humiles* (M**, C)
- *coriacea* Rolfe: 39 (M**)
21. **coriscensis** Rchb.f. - Camer., Congo, Gab., Nig., Zai. 600 m - sect. *Polychaete* (C*)
22. **cornigera** Schltr. - Madag. 1.000-2.000 m - epi. (U)
var. **integrilabia** Sengh. - Madag. ca. 1.200 m (U)
- *costaricensis* Schltr.: 35 (G)
- *costaricensis* Schltr.: 19 (S)
- *crassifolia* Schltr.: 67 (C)
- *cubensis* Schltr.: 35 (G)
- *cultrata* Lindl.: 23 (E**, H**, G, U)
23. **cultriformis** (Thou.) Spreng. [*P. cultriformis* Lindl. ex Spreng. (G, O3/98)] (*P. gerrardii* Harv., *P. kirkii* Rolfe, *P. cultrata* Lindl., *P. monophylla* Schltr., *P. lujae* De Wild., *P. appendiculata* Kraenzl., *P. cultriformis* var. *humblotii* Rchb.f., *Dendrobium cultriforme* (Lindl.) Thou., *D. cultriforme* Thou.) - Trop. Afr., Madag., Masc., Com., Sey., S-Afr. 0-2.900 m - epi/lit/ter - sect. *Cultriformis* (I**, E**, H**, M**, C**, G, O3/98, U, S*)
- *cultriformis* var. *humblotii* Rchb.f.: 23 (U)
24. **cungulata** Rchb.f. - C.Rica (W)
25. **dendrobiiflora** Rchb.f. (*P. tayloriana* Rendle) - C.Rica, Kenya, Tanz., Bur., Zai., Ang., Malawi, Moz., Zam., Zim 400-2.100 m - sect. *Dendrobianthe* (W, M**, C**, S*)
26. **disiformis** Cribb - Kenya, N-Tanz. 1.000-1.800 m - sect. *Humiles* (M**, C)
27. **doggettii** Rendle & Rolfe (E, H)
28. **dolichophylla** Schltr. - Camer., Gab., Ghana, Guin., Nig., S.Leone - sect. *Polystachya* (C)
- *dorotheae* Rendle: 19 (G)
29. **elastica** Lindl. - S.Leone, Lib. - sect. *Elasticae* (S)
- *elastica* A.Chev.: 87 (G)
30. **elegans** Rchb.f. - Camer., Congo, Guin., Nig. 500 m - sect. *Polychaete* (C*)
- *equadorensis* Schltr.: 35 (G)
- *estrellensis* Rchb.f.: 19 (G)
31. **eurychila** Summerh. - Kenya, Ug., Eth. 1.800-2.300 m - sect. *Eurychilae* (M**, S)

32. **eurygnatha** Summerh. - Kenya, Ug. 2.000-2.350 m (M**)
- *extinctoria* Rchb.f.: 19 (G, O3/89)
33. **fallax** Kraenzl. - W-Ug., E-Zai., Bur., Rwa. 1.350-1.600 m - sect. *Cultriformis* (E**, H**, C*, S)
- *farinosa* Kraenzl.: 12 (E**, H**)
34. **fischeri** Kraenzl. (*P. kilimanjari* Kraenzl.) - Kenya, N-Tanz. 500 m (M)
- *flavescens* (Bl.) J.J.Sm. (2*, W): 19 (G, H, W, O3/89, U, S)
35. **foliosa** (Lindl.) Rchb.f. (*P. altilamellata* Schltr., *P. caracasana* Rchb.f., *P. cerea* Lindl., *P. costaricensis* Schltr., *P. cubensis* Schltr., *P. equadorensis* Schltr., *P. guatemalensis* Schltr., *P. huebneri* Schltr., *P. minor* Fawc. & Rendle, *P. nana* (Poepp. & Endl.) Kl., *P. panamensis* Schltr., *P. poeppigii* Schltr., *P. powellii* Ames, *P. weigeltii* Rchb.f., *Encyclia nana* Poepp. & Endl., *E. polystachya* Poepp. & Endl., *Stelis foliosa* Lindl., *Dendrorkis foliosa* (Lindl.) Ktze., *D. nana* (Poepp. & Endl.) Ktze.) - Mex., W-Ind. to C-Am., S-Am. - sect. *Polystachya* (G, W**, R, S*)
36. **fusiformis** (Thou.) Lindl. (*P. minutiflora* Ridl., *Dendrobium fusiforme* Thou., *Dendrorkis minutiflora* (Ridl.) Ktze.) - Madag., Masc., Sey., Trop.Afr., S-Afr. 900-2.350 m - epi/lit - sect. *Superpositae* (1**, G, M**, C, O3/98, U, S)
37. **galeata** (Sw.) Rchb.f. (*P. grandiflora* Lindl., *Limodorum cucullatum* Afzel. ex Sw., *Dendrobium galeatum* Sw., *Bulbophyllum galeatum* (Sw.) Lindl.) - Guin., S.Leone, Lib., Ivory C., S-Nig., Gab., Zai. 400-1.000 m - sect. *Cultriformis* (9**, C, S*)
- *gerrardii* Harv. (1**): 23 (E**, H**)
38. **goetzeana** Kraenzl. - N-Malawi, S-Tanz. 1.850-2.300 m - sect. *Isochiloides* (C)
39. **golungensis** Rchb.f. (*P. coriacea* Rolfe) - Kenya, Tanz., Ug., Trop.Afr. 200-1.800 m - sect. *Polystachya* (1**, M**, C**, S)
- *gracilis* De Wild.: 19 (G)
- *grandiflora* Lindl.: 37 (9**, S*)
40. **greatrexii** Summerh. - Malawi, S-Tanz., Zai., Zim. 900-2.100 m - sect. *Eurychilae* (1**, C**)
- *guatemalensis* Schltr.: 35 (G)

41. **hastata** Summerh. - Congo, Nig., Ug., Zai. 600-1.800 m - sect. *Calluniflora* (C)
42. **heckeliana** Schltr. - Madag. ca. 1.200 m - terr. (U)
43. **heckmanniana** Kraenzl. - Kenya, Tanz., Malawi 1.750-2.200 m - sect. *Humiles* (M, C*)
44. **henricii** Schltr. - Madag. ca. 1.700 m - epi/lit (U)
- *hildebrandtii* Schltr.: 5 (U)
- *hildebrandtii* Kraenzl.: 90 (U)
- *hislopii* Rolfe: 121 (1**)
- *hollandii* H.Bol. (1**): 14 (C)
45. **holmesiana** Cribb - N-Malawi, Zam. 1.600-1.920 m - sect. *Affines* (C)
46. **holstii** Kraenzl. - Kenya, N-Tanz. 1.200-1.500 m (M**)
- *holtzeana* Kraenzl.: *Neobenthamia* 1 (9**)
- *huebneri* Schltr.: 35 (G)
47. **humbertii** Schltr. - Madag. ca. 2.000 m - epi. (U)
- *huyghei* De Wild.: 19 (G)
- *hypocrita* Rchb.f.: 19 (G)
- *imbricata* Rolfe: 4 (1**)
- *inconspicua* Rendle (E**): 106 (H, M)
48. **isochiloides** Summerh. - Tanz. - sect. *Isochiloides* (M, S*)
49. **johnstonii** Rolfe - S-Malawi 1.600-2.000 m - sect. *Affines* (C**)
- *jussieuana* Rchb.f.: 19 (G, U)
50. **kermesina** Kraenzl. - Rwa., Ug., Zai. 2.000-3.200 m - sect. *Kermesinae* (C, S)
- *kilimanjari* Kraenzl.: 34 (M)
- *kirkii* Rolfe: 23 (E**, H**, M**)
- *kraenzliniana* Pabst: 19 (G)
- *latifolia* De Wild.: 19 (G)
- *latilabris* Summerh.: 14 (M**)
51. **laurentii** De Wild. - Ug., Rwa., Zai. 1.350 m - sect. *Affines* (M, C, S)
52. **lawrenceana** Kraenzl. - Malawi 1.350-1.600 m - sect. *Affines* (9**, C**)
53. **laxiflora** Lindl. - Guin. to Camer., Gab. - sect. *Caulescentes* (S)
54. **leonensis** Rchb.f. (*P. affinis* Lindl., *P. bracteosa* Lindl.) - Guin., S.Leone, Lib., Ivory C., Ghana, S-Nig., Zai. 400-1.500 m - sect. *Polystachya* (G, C)
- *lepidantha* Kraenzl.: 19 (G)
- *lettowiana* Kraenzl.: 19 (G)

55. **leucosepala** Cribb - N-Tanz. 2.000-2.200 m - sect. *Affines* (O5/83, C)
- *liberica* Rolfe: 87 (G)
56. **lindblomii** Schltr. - Kenya, N-Tanz., Ug., Eth., Zai., Moz. 1.000-2.330 m (M**)
- *lindleyana* Harv.: 84 (8**, 9**, E**, G, H**)
57. **longiscapa** Summerh. - Tanz. 1.100-1.600 m - sect. *Dendrobianthe* (C**)
- *lujae* De Wild.: 23 (E**, H**)
- *luteola* (Sw.) Hook.: 19 (E**, G, H**, W, O3/89, U, S)
58. **maculata** Cribb - Bur. 1.500 m - sect. *Cultriformis* (C*)
59. **masayensis** Rchb.f. - Nic., C.Rica, Pan., S-Am. (W)
- *mauritiana* Spreng.: 19 (E**, G, H**, O3/89, U)
- *mauritiana* var. *anceps* (Ridl.) H. Perr.: 5 (U)
60. **megalogenys** Summerh. - S-Afr. (1**)
61. **melliodora** Cribb - Tanz. 2.100 m - sect. *Cultriformis* (O5/83, C)
62. **microbambusa** Kraenzl. - Guin., S. Leone, Lib., Ivory C. - sect. *Dimorphocaules* (S*)
63. **mildbraedii** Kraenzl. - sect. *Cultriformis* (S)
64. **minima** Rendle - S-Malawi 800-1.400 m - sect. *Isochiloides* (C**)
- *minor* Fawc. & Rendle: 35 (G)
- *minuta* Britt.: 19 (E**, H**)
- *minuta* (Aubl.) Cordem.: 19 (G, W)
- *minuta* Frapp.: 19 (U)
- *minuta* A.Rich. & Gal.: *Pachystelis* 1
- *minutiflora* Ridl.: 36 (U)
65. **modesta** Rchb.f. - Kenya, Ug., Tanz., Trop. Afr. 500-1.200 m - sect. *Polystachya* (1**, M**, C)
- *modesta* Rchb.f.: 19 (E**, G, H**)
66. **monophylla** Schltr. - Madag. (U)
- *mukandaensis* De Wild.: 19 (E**, G)
67. **mystacioides** De Wild. (*P. crassifolia* Schltr.) - Camer., Ivory C., Zai. - sect. *Aporoidea* (8**, C, S)
- *nana* (Poepp. & Endl.) Kl.: 35 (G)
- *natalensis* Rolfe: 108 (H)
- *neobenthamia* Schltr.: *Neobenthamia* 1 (9**, S*)
- *nigrescens* Rendle: 108 (H, C**)
- *nigricans* Rendle: 108 (1**)
- *nitidula* Rchb.f.: 19 (G, U)
68. **obanensis** W.M.Moreau - W-Afr. (M)
- *obanensis* W.M.Moreau: 8 (9**)

69. **odorata** Lindl. (*P. rufinula* Rchb.f.) - Ghana, Ang., Kenya, Tanz., Ivory C., Camer., CAR, Guin., Gab. 750-1.350 m - sect. *Polystachya* (E**, H**, C**, Z)
70. **oreocharis** Schltr. - Madag. 1.500-2.000 m - epi. (U**)
71. **ottoniana** Rchb.f. - Moz., S-Afr., Swa. - sect. *Humiles* (C**, S)
- *ottoniana* var. *confusa* (Rolfe) Kraenzl. (1**): 20 (C)
- *ottoniana* var. *ottoniana* Rchb.f. (1**): 71
72. **pachychila** Summerh. - Kenya, Zai. 1.900 m - sect. *Cultriformis* (M, S)
- *panamensis* Schltr.: 35 (G)
73. **paniculata** (Sw.) Rolfe (*Dendrobium paniculatum* Sw.) - S.Leone, Zai., Ug., Camer., Congo, Lib., Nig. 400-1.950 m - sect. *Caulescentes* (9**, E**, H**, C, S*, Z**)
74. **parva** Summerh. - Ghana, Nig., Zam. 1.600-1.800 m - sect. *Humiles* (C*)
- *penangensis* Ridl.: 19 (G)
75. **pergibbosa** H.Perr. - Madag. 500-2.000 m - epi. (U)
76. **perrieri** Schltr. - Madag. ca. 1.900 m - epi/lit (U)
77. **piersii** Cribb - Kenya 2.500-2.700 m (M**, O5/83)
- *plehniana* Schltr.: 19 (G)
- *pleistantha* Kraenzl.: 19 (G)
78. **pobeguinii** (Finet) Rolfe (*Epiphora pobeguinii* Finet) - Guin., S.Leone, Lib., Ivory C. (9**)
- *poeppigii* Schltr.: 35 (G)
79. **poikilantha** Kraenzl. - Afr. - sect. *Cultriformis* (C)
  var. **leucorhoda** (Kraenzl.) Cribb & Podzorski - Bur., Rwa., Ug., Zai. 1.900-2.900 m (C)
  var. **poikilantha** Cribb & Podzorski - Rwa., Ug., Zai. 1.900-2.400 m (C)
80. **polychaete** Kraenzl. - Kenya, Tanz., Ug., S.Leone, Guin., Gab., Ghana, Ivory C. 550-1.200 m - sect. *Polychaete* (M**, C, S)
81. **porphyrochila** J.Stew. - end. to Tanz. - sect. *Cultriformis* (O5/83, S)
- *powellii* Ames: 35 (G)
- *praealta* Kraenzl.: 19 (G)
82. **praecipitis** Summerh. - E-Trop. Afr. - sect. *Humiles* (S*)
83. **puberula** Lindl. - Guin., S.Leone, Lib., Ivory C. (G**)

84. **pubescens** (Lindl.) Rchb.f. (*P. lindleyana* Harv., *Epiphora pubescens* Lindl., *Lissochilus sylvaticus* Eckl. ex Sond.) - S-Afr., Swa., Madag. up to 1.000 m - sect. *Affines* (1**, 8**, 9**, E**, G, H**, $50/2, C**, U, S*, Z**)
- *purpurea* Wight: 19 (G)
- *purpurea* var. *lutescens* Gagn.: 19 (G)
85. **purpureobracteata** Cribb & La Croix - S-Malawi 1.300-1.550 m - sect. *Affines* (C)
- *ramosa* Gardn. ex Wight : *Sirhookera* 1 (S*)
86. **ramulosa** Lindl. - S.Leone, Lib., Ghana, Nig., E-Camer., Gab., Ug. - sect. *Polychaete* (G, S)
87. **reflexa** Lindl. (*P. liberica* Rolfe, *P. smytheana* Rolfe, *P. elastica* A. Chev.) - S.Leone, Lib., Ivory C., Ghana (G)
- *reichenbachiana* Kraenzl.: 19 (G)
- *rendlei* Rolfe: 108 (H)
- *repens* Rolfe: *Stolzia* 8 (H**)
88. **rhodochila** Schltr. - Madag. 1.400-2.000 m - ter/epi (U**)
89. **rhodoptera** Rchb.f. - W-Afr. - sect. *Caulescentes* (S)
- *rigidula* Rchb.f.: 19 (G)
90. **rosea** Ridl. (*P. bicolor* Rolfe, *P. hildebrandtii* Kraenzl., *Dendrorkis rosea* (Ridl.) Ktze.) - Madag. 1.000-1.500 m - ter/lit (U)
91. **rosellata** Ridl. (*Dendrorkis rosellata* (Ridl.) Ktze.) - Madag. ca. 1.500 m - epi. (U)
- *rufinula* Rchb.f.: 69 (E**, H**)
- *rufinula* Rchb.f.: 19 (G)
92. **ruwenzoriensis** Rendle - S-Afr. (1**)
93. **sandersonii** Harv. - E-S-Afr., Swa. - sect. *Affines* (1**, E, H, M, C*)
94. **seticaulis** Rendle - Camer., Congo, Gab., Nig., Zai. 500 m - sect. *Polychaete* (C*)
95. **shega** Kraenzl. - Tanz. - sect. *Isochiloides* (M, S)
- *shirensis* Rchb.f.: 19 (G)
- *siamensis* Ridl.: 19 (G)
- *similis* Rchb.f.: 19 (G)
96. **simplex** Rendle - Kenya, Tanz., Ug., Zai., Malawi 2.000-2.350 m - sect. *Superpositae* (1**, M**, S)
- *singapurensis* Ridl.: 19 (G)
- *smytheana* Rolfe: 87 (G)

97. **songaniensis** G.Williamson - Malawi 1.200-2.200 m - sect. *Elasticae* (C*)
98. **spatella** Kraenzl. - Kenya, N-Tanz., Ug., Zai., Bur., Rwa. 1.600-2.800 m - sect. *Superpositae* (M**, C**, S)
99. **stauroglossa** Kraenzl. - W-Afr. - sect. *Caulescentes* (S*)
100. **steudneri** Rchb.f. - Kenya, Ug., Eth., Sud., Camer., Nig. 1.500-2.300 m (M**)
- *stricta* Rolfe (E**, H): 9 (M)
101. **stuhlmannii** Kraenzl. - sect. *Polychaete* (S)
102. **subdiphylla** Summerh. - end. to Tanz. (O5/83)
103. **subumbellata** Cribb - sect. *Cultriformis* (S)
104. **superposita** Rchb.f. - Camer. - sect. *Superpositae* (S)
- *tayloriana* Rendle (1**): 25 (M**, S*)
105. **teitensis** Cribb - Kenya 800-900 m (M**)
106. **tenuissima** Kraenzl. (*P. inconspicua* Rendle, *P. ashantensis* Kraenzl.) - W-Afr., Zai., Ug., Kenya 300-2.500 m - sect. *Cultriformis* (H, M, C)
107. **tessellata** Lindl. - Kenya, Tanz., Ug., Trop.Afr., S-Afr. 0-1.650 m - sect. *Polystachya* (1**, M**, C**) var. **tricruris** (Rchb.f.) Schelpe (1**)
- *tessellata* Lindl.: 19 (E**, G, H**, U)
108. **transvaalensis** Schltr. (*P. nigricans* Rendle, *P. nigrescens* Rendle, *P. rendlei* Rolfe, *P. natalensis* Rolfe) - Ug., Kenya, Tanz., S-Afr. 1.200-3.350 m - sect. *Caulescentes* (1**, H, M**, C**, S)
- *tricruris* Rchb.f.: 19 (G)
109. **tsaratananae** H.Perr. - Madag. ca. 2.000 m - lith. (U)
110. **tsinjoarivensis** H.Perr. - Madag. ca. 1.500 m - terr. (U**)
111. **undulata** Cribb & Podzorski - Rwa., Zai., Bur. - sect. *Cultriformis* (C, S)
112. **vaginata** Summerh. - Kenya, Tanz., Malawi, Zim. 1.000-1.650 m (1**, M**)
113. **valentina** La Croix & Cribb - E-Zim. 1.220-1.800 m - sect. *Affines* (C*)
114. **villosa** Rolfe - Malawi, Tanz., Zam. 1.150-2.000 m - sect. *Affines* (C**, S, Z**)

- *villosa* Cogn.: 115 (U)
115. **villosula** Schltr. (*P. villosa* Cogn.) - Madag. (U)
116. **virescens** Ridl. (*Dendrorkis virescens* (Ridl.) Ktze.) - Madag. 1.200-1.500 m - epi. (U)
117. **virginea** Summerh. - Ug., Zai., Bur., Rwa. 2.000-2.600 m - sect. *Cultriformis* (E, H**, C)
118. **vulcanica** Kraenzl. - W-Ug., E-Zai., Rwa. 1.800-3.000 m - sect. *Cultriformis* (E**, H**, C, S)
    var. **aconitiflora** (Summerh.) Cribb & Podzorski (*P. aconitiflora* Summerh.) (C)
    var. **vulcanica** (C)
119. **waterlotii** Guill. - Madag., Com. highl. (U)
- *weigeltii* Rchb.f.: 35 (G)
- *wightii* Rchb.f.: 19 (G)
120. **woosnamii** Rendle - Bur., Nig., Rwa., Ug., Zai. 1.800-2.700 m - sect. *Polychaete* (C**)
121. **zambesiaca** Rolfe (*P. hislopii* Rolfe) - Malawi, Moz., S-Afr., Tanz., Zam., Zim. 900-2.000 m - sect. *Affines* (1**, E, H, C**)
- *zanguebarica* Rolfe: 19 (G, O3/89, S)
- *zeylanica* Lindl.: 19 (G, O3/89, O3/98)
- *zollingeri* Rchb.f.: *P. flavescens* (2*)
- *zollingeri* Rchb.f.: 19 (G)
122. **zuluensis** H.Bol. - S-Afr., Swa. 1.200 m - sect. *Dendrobianthe* (1**, C)

Polystylus Hassk. - 1856: *Phalaenopsis* Bl. (S)
- *cornu-cervi* (Breda) Hassk. ex Hassk.: *Phalaenopsis* 12 (9**, J**, Q**)

Polytoma Lour. ex Gomes - 1868: *Aerides* Lour. (S)
- *odorifera* Lour. ex Gomes: *Aerides* 16 (9**, G**)

× **Pomacentrum (Pmctm.)** (*Ascocentrum* × *Pomatocalpa*)

× **Pomatisia (Pmtsa.)** (*Luisia* × *Pomatocalpa*)

Pomatocalpa (Pmcpa.) Breda - 1827 - Subfam. *Epidendroideae* Tribus: *Vandeae* Subtr. *Sarcanthinae* - 38/60 sp. epi. - China, Ind., Mal., Indon., Phil., Poly., Austr.
1. **acuminata** (Rolfe) Schltr. - Taiw. (S)
2. **angustifolia** Seidenf. - Thai. (S)
3. **armigera** (King & Pantl.) Tang & Wang (S)
4. **decipiens** (Lindl.) J.J.Sm. (*Cleisostoma decipiens* Lindl., *C. maculosa* Thw., *C. thwaitesianum* Trimen, *Saccolabium decipiens* (Lindl.) Alst.) - Sri L. (G, S)
- *densiflora* (Lindl.) Tang & Wang: *Robiquetia* 14 (G)
5. **floresana** J.J.Sm. - Flores (S)
6. **grandis** Seidenf. - Thai. (S)
- *hortense* (Ridl.) J.J.Sm.: 9 (G)
7. **koordersii** (Rolfe) J.J.Sm. - Cel., Amb. (S)
8. **kunstleri** (Hook.f.) J.J.Sm. (*P. merrillii* Schltr.) - S-Thai. to Born., Phil. (S)
9. **latifolia** (Lindl.) J.J.Sm. (*P. hortense* (Ridl.) J.J.Sm., *Cleisostoma latifolium* Lindl., *C. cumingii* (Lindl.) Rchb.f., *C. spicatum* Ridl., *Saccolabium cumingii* Lindl., *S. hortense* Ridl., *S. latifolium* (Lindl.) Schltr., *S. latifolium* var. *parvifolium* Ridl., *Sarcanthus cumingii* (Lindl.) J.J.Sm.) - Thai., Mal., Sum., Java, Bali, Cel., Born., Phil. (G, S*)
10. **linearifolia** Seidenf. - Thai. (S)
11. **linearipetalum** J.J.Sm. - Mol. (S)
12. **macphersonii** (F.v.Muell.) Hunt - Austr. (Qld.), N.Gui. (P*, S)
13. **maculosa** (Lindl.) J.J.Sm. (*Cleisostoma maculosa* Lindl., *C. galeata* Thw., *Saccolabium galeatum* (Thw.) Gardn., *S. maculosum* (Lindl.) Alst.) - Sri L. (G, S)
14. **marsupiale** (Kraenzl.) J.J.Sm. - Austr. (Qld.), N.Gui. (P**, S)
- *merrillii* Schltr.: 8 (S)
- *poilanei* (Gagn.) Tang & Wang: *Smitinandia* 2 (G, H*)
- *roseum* (Lindl.) J.J.Sm.: *Trichoglottis* 19 (G)
- *setulensis* (Ridl.) Holtt.: 16 (S)
15. **siamensis** (Rolfe ex Downie) Summerh. (S)
16. **spicata** Breda (*P. wendlandorum* (Rchb.f.) J.J.Sm., *P. setulensis* (Ridl.) Holtt.) - Thai. to Born. to 700 m (S*, Z**)
17. **vaupelii** (Schltr.) J.J.Sm. - Samoa (S)
- *virginalis* (Hance) J.J.Sm.: *Robiquetia* 15 (G**)
- *wendlandorum* (Rchb.f.) J.J.Sm.: 16 (S)

× **Pomatochilus (Pmtls.)** (*Pomatocalpa* × *Sarcochilus*)
Ponera Lindl. - 1831 - *Subfam. Epidendroideae Tribus: Epidendreae Subtr. Laeliinae* - (*Helleriella* A.D.Hawk., *Pseudoponera* Brieg.) - ca 7 sp. epi/lit - Mex., C-Am., Ec.
- *albida* Rchb.f.: *Scaphyglottis* 23 (E, G)
- *amethystina* Rchb.f.: *Scaphyglottis* 2 (E**, H**)
- *australis* Cogn.: 6 (G)
- *behrii* Rchb.f.: *Scaphyglottis* 23 (E, G)
- *caricalensis* Kraenzl.: *Pseudoponera* 1 (S)
1. **dressleriana** Soto & Arenas - Mex. (S)
- *dubia* (A.Rich. & Gal.) Rchb.f.: *Pachystele* 1 (G)
2. **exilis** Dressl. - Mex. (S)
- *gearensis* Barb.Rodr.: 6 (G)
- *graminifolia* (Ruiz & Pav.) Lindl.: *Scaphyglottis* 23 (E, G)
3. **juncifolia** Lindl. - Mex. (G, H)
- *kienastii* Rchb.f.: *Sessilibulbum* 1 (S)
- *leucantha* (Rchb.f.) Rchb.f.: *Scaphyglottis* 23 (E, G)
4. **longipetala** Correll - Mex. to Nic. (S*)
- *macroglossa* Rchb.f.: 6 (G)
- *maipiriensis* Kraenzl.: *Scaphyglottis* 37 (G**)
5. **nicaraguense** (A.D.Hawk.) Brieg. (*Helleriella nicaraguense* A.D.Hawk.) - Mex. to Nic. (S)
- *pleurostachya* Lind. & Rchb.f.: *Huebneria* 2 (S*)
- *pleurostachys* Lind. & Rchb.f.: *Orleanesia* 5 (R**)
- *prolifera* (R.Br.) Rchb.f.: *Scaphyglottis* 37 (E, G**, H)
- *punctulata* Rchb.f.: *Pseudoponera* 3 (S)
- *rosea* (Hook.) Rchb.f.: *Scaphyglottis* 48 (9**, G**)
- *stellata* (Lodd. ex Lindl.) Rchb.f.: *Scaphyglottis* 44 (G)
6. **striata** Lindl. (*P. macroglossa* Rchb.f., *P. australis* Cogn., *P. gearensis* Barb.Rodr., *Scaphyglottis macroglossa* (Rchb.f.) Schltr., *Sobralia polyphylla* Kraenzl.) - Mex. to C.Rica, Ven., Braz., Bol. up to 3.000 m (G, H*, W**, S)
- *violacea* (Lindl.) Rchb.f.: *Scaphyglottis* 48 (9**, G**)

Ponerorchis Rchb.f. - 1852 - *Orchidinae* (S) - (*Chusua* Nevski) - ca. 10/20 sp. ter/epi - Jap., Taiw., China
1. **chusua** (D.Don) Soó - China, Him. to 4.000 m (S)
2. **graminifolia** Rchb.f. (*Gymnadenia graminifolia* (Rchb.f.) Schltr.) - Jap. up to 500 m (H**, Z**)
3. **pauciflora** (Lindl) Ohwi - E-Sib. (S)
4. **renzii** Deva & Naithani - Ind. (S)

Ponthieva R.Br. - 1813 - *Subfam. Spiranthoideae Tribus: Cranichideae Subtr. Cranichidinae* - (*Schoenleinlia* Kl., *Calorchis* Barb.Rodr.) - ca. 50 sp. ter/epi - Trop.-Subtrop. Am.
- *brenesii* Schltr.: 4 (9**, E**, H**)
- *costaricensis* Schltr.: 9 (9**)
1. **elata** Schltr. - Col. (R**)
2. **ephippium** Rchb.f. - Nic., Pan. (W)
- *formosa* Schltr.: 4 (9**, E**, H**)
- *glandulosa* (Sims) R.Br.: 9 (9**, E, H, R)
- *guatemalensis* Rchb.f.: 9 (9**)
3. **inaudita** Rchb.f. (S)
4. **maculata** Lindl. (*P. formosa* Schltr., *P. brenesii* Schltr., *P. wallisii* Rchb.f.) - Nic., C.Rica, Pan., Mex. to Ec., Ven. 1.500-2.700 m (9**, E**, H**, W**, O2/89, R**)
5. **mandoni** Lindl. (S)
- *oblongifolia* A.Rich. & Gal.: 9 (9**)
6. **orchioides** Schltr. - Ven., Col., Ec. (S, O2/89)
7. **petiolata** Lindl. - W-Ind. (G**)
8. **pilosissima** (Sengh.) Dods. (*Cranichis pilosissima* Sengh.) - Ec. 1.200 m (FXX1*)
9. **racemosa** (Walter) Mohr (*P. costaricensis* Schltr., *P. glandulosa* (Sims) R.Br., *P. guatemalensis* Rchb.f., *P. rostrata* Lindl., *P. oblongifolia* A.Rich. & Gal., *Arethusa racemosa* Walter, *Neottia glandulosa* Sims) - USA, C.Rica, Pan., Mex., W-Ind., Ven., Braz., Peru (9**, E, H, W) var. **brittonae** (Ames) Luer - Flor. ($54/3)
- *rostrata* Lindl.: 9 (9**)
10. **tuerckheimii** Schltr. - Nic., C.Rica (W)
11. **villosa** Lindl. - Col. (R**)
- *wallisii* Rchb.f.: 4 (9**)

× **Pooleara (Polra.)** (*Ascocentrum* × *Ascoglossum* × *Phalaenopsis* × *Renanthera*)

Porolabium Tang & Wang - 1940 - *Habenariinae* (S) - 1 sp. terr. - N-China
1. **biporosum** (Maxim.) Tang & Wang (*Herminium biporosum* Maxim.) - N-China (S)

Porpax Lindl. - 1845 - *Subfam. Epidendroideae Tribus: Epidendreae Subtr. Eriinae* - 11 sp. epi/lit - As.
1. **borneensis** J.J.Wood & A.Lamb - end. to Born. 600-1.000 m (Q**)
2. **meirax** (Par. & Rchb.f.) King & Pantl. (*Cryptochilus meirax* Par. & Rchb.f., *Eria meirax* (Par. & Rchb. f.) N.E.Br., *E. elwesii* Rchb.f.) - Him., Sik., Burm., Thai., Mal. (9**)
- *papillosa* Blatt. & McCann: 3 (G)
3. **reticulata** Lindl. (*P. papillosa* Blatt. & McCann, *Aggeianthus reticulatus* (Lindl.) Wight, *A. marchantioides* Wight, *Cryptochilus reticulatus* (Lindl.) Rchb.f., *Eria reticulata* (Lindl.) Benth. & Hook.f., *Pinalia reticulata* (Lindl.) Ktze.) - Ind. (G, S*)
4. **ustulata** Par. & Rchb.f.) Rolfe - Burm., Thai (Q)

× *Porphyrachnis*: × *Aranthera* (*Arachnis* × *Porphyrodesme* (*Renanthera*)
× *Porphyranda*: × *Renantanda* (*Porphyrodesme* (*Renanthera*) × *Vanda*)
× *Porphyrandachnis*: × *Holttumara* (*Arachnis* × *Porphyrodesme* (*Renanthera*) × *Vanda*)
× *Porphyranthera*: *Renanthera* (*Porphyrodesme* (*Renanthera*) × *Renanthera*)

Porphyrodesme Schltr. - 1913 - *Subfam. Epidendroideae Tribus: Vandeae Subtr. Sarcanthinae* - 1/3 sp. epi. - Born., P.N.Gui.
1. **elongata** (Bl.) Gar. (*Renanthera elongata* (Bl.) Lindl.) (S)
- *elongata* (Bl.) Gar.: *Renanthera* 6 (G**, S)
2. **hewittii** (Ames) Gar. (*Thrixspermum hewittii* Ames) - Born. (S)
- *micrantha* (Bl.) Gar.: *Renanthera* 6 (Q**)
3. **papuana** (Schltr.) Schltr. (*Saccolabium porphyrodesme* Schltr., *Renanthera sarcanthoides* J.J.Sm.) - P.N. Gui. ca. 300 m (S*)
4. **sarcanthoides** (J.J.Sm.) Mahyar (*Renanthera sarcanthoides* J.J.Sm.) - Sum., Sul. (S)

Porphyroglottis Ridl. - 1896 - *Subfam. Epidendroideae Tribus: Cymbidieae Subtr. Cyrtopodiinae* - 1 sp. epi. - Born., Mal.
1. **maxwelliae** Ridl. - Born., S-Mal., Sum. 0-500 m (H*, Q**, S*)

Porphyrostachys Rchb.f. - 1854 - *Subfam. Spiranthoideae Tribus: Cranichideae Subtr. Cranichidinae* - 2 sp. terr. - Peru, Ec.
1. **parviflora** (Schweinf.) Gar. (S)
2. **pilifera** (H.B.K.) Rchb.f. (*Altensteinia pilifera* H.B.K., *Stenoptera pilifera* (H.B.K.) Schweinf.) - Peru, Ec. 1.800- 2.800 m (A**, S, O2/89)

Porroglossum (**Prgm.**) Schltr. - 1920 - *Subfam. Epidendroideae Tribus: Epidendreae Subtr. Pleurothallidinae* - (*Lothiania* Kraenzl., *Masdevallia* sect. *Echidna* Rchb.f.) - ca. 28 sp. epi/lit/ter - And., Ven., Col. to Peru, Bol., Ec. 1.500-2.500 m
1. **actrix** Luer & Esc. - Col. ca. 2.000 m (L*, R**)
2. **agile** Luer - Peru (L*)
3. **amethystinum** (Rchb.f.) Gar. (*Masdevallia amethystina* Rchb.f., *Scaphosepalum amethystinum* (Rchb.f.) Schltr.) - Ec. 2.000 m (A**, L*, FX3, Z)
4. **andreettae** Luer - Ec. 1.500 m (L*) → Scaphosepalum 2
5. **aureum** Luer - Ec. 2.500 m (L*) → Masdevallia 27
- *colombianum* Schltr. (E, H): 19 (L*)
6. **condylosepalum** Sweet - Ec. 1.400 m (L*, FX3**)
7. **dactylum** Luer - Ec. ca. 1.600 m (L*)
8. **dalstroemii** Luer - Ec. 1.800 m (L*, O1/00**)
9. **dreisei** Luer & Andreetta - Ec. ca. 1.700 m (L*)
10. **echidnum** (Rchb.f.) Gar. (*P. muscosum* (Rchb.f.) Schltr., *Masdevallia echidna* Rchb.f., *M. muscosa* Rchb. f., *Scaphosepalum echidna* (Rchb.f.) Schltr.) - Col., Ven. 2.600-3.200 m (9**, E**, H, L*, FXI3, R**, S, Z)
11. **eduardii** (Rchb.f.) Sweet (*Masdevallia eduardii* Rchb.f.) - Col. 1.900 m (L*, R, S)
12. **hirtzii** Luer - Ec. 1.200 m (L*)
13. **hoeijeri** Luer - Ec. 1.900 m (L*)

14. **hystrix** Luer - Ec. 1.000-2.200 m (L*) ➛ Masdevallia 142
15. **jesupiae** Luer - Ec. ca. 1.500 m (L*)
16. **josei** Luer - end. to Ec. ca. 1.000 m (L*)
17. **lycinum** Luer - Peru 2.100 m (L*)
18. **meridionale** Ortiz - Peru 1.560-1.700 m (L*, O3/79, O1/00**, FX13**)
19. **mordax** (Rchb.f.) Sweet (*P. colombianum* Schltr., *Masdevallia mordax* Rchb.f., *M. colombiana* (Schltr.) Hdgs. & Gut., *Scaphosepalum antioquiense* Kraenzl., *Lothiania mordax* (Rchb.f.) Kraenzl.) - Col. 1.700-2.400 m (L*, R**, O1/00**)
20. **muscosum** (Rchb.f.) Schltr. (*P. xipheres* (Rchb.f.) Gar., *Masdevallia muscosa* Rchb.f., *M. xipheres* Rchb.f., *Scaphosepalum xipheres* (Rchb.f.) Schltr.) - W-Ven., Col., Ec. 1.600-2.700 m (H**, L*, R**, Z**, O1/00**)
- *muscosum* (Rchb.f.) Schltr.: 10 (9**, E**)
21. **nutibara** Luer & Esc. - Col. 2.000 m (L*, R**, O1/00**)
22. **olivaceum** Sweet - Ec., Col. 1.600-2.000 m (L*, R**, Z**)
23. **peruvianum** Sweet - Peru 1.500-2.000 m (L*)
24. **portillae** Luer & Andreetta - Ec. 1.500 m (L*, Z**) ➛ Masdevallia 254
25. **procul** Luer & Vasq. - Bol. 2.000 m (L*)
26. **rodrigoi** Sweet - Col. 1.700 m (L*, FX3, R**, O1/00**)
27. **schramii** Luer - Ec. 1.600 m - lith. (L*)
28. **sergii** (sergioi) Ortiz - Col. 2.000 m (L*, FX3**, R**)
29. **taylorianum** Luer - Ec. 2.000 m (L*)
30. **teaguei** Luer - Ec. 2.200 m (L*, O1/00**) ➛ Masdevallia 315
31. **teretilabia** Luer & Teague - Ec. 1.500-1.700 m (L*)
32. **tokachii** Luer - Peru 2.000 m (L*)
33. **uxorium** Luer - Ec. 1.700 m (L*)
- *xipheres* (Rchb.f.) Gar.: 20 (H**, L*)

Porrorhachis (Porrhorhachis) Gar. - 1972 - *Subfam. Epidendroideae Tribus: Vandeae Subtr. Sarcanthinae* - 2 sp. epi. - Java, Cel.

1. **galbina** (J.J.Sm.) Gar. (*Saccolabium galbinum* J.J.Sm.) - Java, Born. 1.100-1.500 m (Q**, S*)
2. **macrosepala** (Schltr.) Gar. (*Sarcochilus macrosepala* Schltr.) - Cel. 1.300 m (S)
× **Porrovallia (Pvla.)** (*Masdevallia* × *Porroglossum*)
× **Porterara (Prta.)** (*Rhynchostylis* × *Sarcochilus* × *Vanda*)

Portillia Kgr. - 1996: *Masdevallia* (S)
× **Potinara (Pot.)** (*Brassavola* × *Cattleya* × *Laelia* × *Sophronitis*)

Praecoxanthus S.Hopper & A.P.Brown - 2000 - *Caladeniinae* (S) - 1 sp. terr. - SW-Austr.

1. **aphyllus** (Benth.) S.Hopper & A.P. Brown - SW-Austr. (S*)

Prasophyllum R.Br. - 1810 - *Subfam. Orchidoideae Tribus: Diurideae Subtr. Prasophyllinae* - ca. 113 sp. terr. - Austr., N.Zeal., N.Cal. - „Leek Orchids, Midge Orchids"

1. **acuminatum** R.Rogers - end. to Austr. (Qld., NSW) - sect. *Genoplesium* (P*)
- *affine* Lindl.: 28 (P*)
- *albiglans* Rupp: 44 (P**)
- *album* R.Rogers: 54 (P*)
2. **alpinum** R.Br. - end. to Austr. (NSW, ACT, Vic., Tasm.) 1.200 m - scented - sect. *Prasophyllum* (P**)
- *ansatum* Fitzg.: 44 (P**)
3. **antennatum** M.Clem. (*P. macrostachyum* var. *ringens* (Rchb.f.) A.S. George) - end. to W-Austr. (P)
- *appendiculatum* Nicholls: 28 (P*)
4. **archeri** Hook.f. - end. to Austr. (Qld., NSW, ACT, Vic., Tasm., SA) sect. *Genoplesium* (P*)
- *aureoviride* Rupp: 57 (P**)
5. **australe** R.Br. - end. to Austr. (Qld., NSW, Vic., Tasm., SA) - scented - sect. *Prasophyllum* (P**, Z**)
6. **baueri** (R.Br.) Poiret - end. to Austr. (NSW) - sect. *Genoplesium* (P*)
➛ *baueri* (R.Br.) Poiret: *Genoplesium* 1 (S)
- *beaugleholei* Nicholls: 45 (P*)
7. **brachystachyum** Lindl. - end. to Tasm. (Austr.) - sect. *Genoplesium* (P*)
- *brainei* R.Rogers: 34 (P*)
8. **brevilabre** (Lindl.) Hook.f. - end. to Austr. (Qld., NSW, ACT, Vic., Tasm.) mount. - sect. *Prasophyllum* (P*)

9. **brownii** Rchb.f. - end. to W-Austr. mount. - sect. *Prasophyllum* (P*, S*)
10. **buftonianum** J.H.Willis - end. to Tasm. (Austr.) - sect. *Genoplesium* (P*)
11. **colensa** Rchb.f. (S)
12. **colensoi** Hook.f. - end. to N.Zeal. (O3/92)
13. **concinnum** Nicholls - end. to Tasm. - sect. *Prasophyllum* (P*)
- *cucullatum* Rchb.f.: 29 (P*)
14. **cyphochilum** Benth. - end. to W-Austr. - sect. *Prasophyllum* (P*)
- *deanianum* Fitzg.: *Genoplesium* 1 (S)
- *densum* Fitzg.: 44 (P**)
15. **despectans** Hook.f. - end. to Austr. (NSW, Vic., Tasm., SA) - sect. *Genoplesium* (P**)
16. **diversiflorum** Nicholls - end. to Austr. (Vic.) - sect. *Prasophyllum* (P*)
17. **drummondii** Rchb.f. (*P. paludosum* Nicholls) - end. to W-Austr. - scented - sect. *Prasophyllum* (P*)
18. **elatum** R.Br. - end. to Austr. (Qld., NSW, Vic., Tasm., SA, WA) - scented - sect. *Prasophyllum* (P*, Z**)
19. **eriochilum** Fitzg. (*P. wilsoniense* Rupp) - end. to Austr. (NSW) mount. (P*)
20. **exiguum** Rupp - end. to Austr. (NSW) - sect. *Genoplesium* (P*)
21. **filiforme** Fitzg. - end. to Austr. (NSW) - sect. *Genoplesium* (P*)
22. **fimbria** Rchb.f. - end. to W-Austr. - sect. *Prasophyllum* (P**)
23. **fimbriatum** R.Br. - end. to Austr. (Qld, NSW) - scented - sect. *Genoplesium* (P*) → Genoplesium 2
24. **firthii** L.Cady - end. to Tasm. (Austr.) - sect. *Genoplesium* (P*)
25. **fitzgeraldii** R.Rogers & Maiden ex R.Rogers - end. to S-Austr. - scented - sect. *Prasophyllum* (P*)
26. **flavum** R.Br. - end. to Austr. (Qld., NSW, Vic., Tasm.) - sapro. - scented - sect. *Prasophyllum* (P*)
27. **frenchii** F.v.Muell. (*P. hartii* R.Rogers) - end. to Austr. (Vic., SA) - sapro. - scented - sect. *Prasophyllum* (P*)
- *fusco-viride* Reader: 42 (P)
28. **fuscum** R.Br. (*P. appendiculatum* Nicholls, *P. uroglossum* Rupp, *P. affine* Lindl.) - end. to Austr. (NSW, Vic., Tasm.) - sect. *Prasophyllum* (S, P*)
29. **gibbosum** R.Br. (*P. cucullatum* Rchb.f.) - end. to W-Austr. - sect. *Prasophyllum* (P*)
30. **giganteum** Lindl. (*P. grimwadeanum* Nicholls) - end. to W-Austr. - scented - sect. *Prasophyllum* (P**)
31. **goldsackii** J.Z.Weber & R.Bates - end. to S-Austr. - scented - sect. *Prasophyllum* (P*)
- *gracile* R.Rogers: 62 (P*)
- *grimwadeanum* Nicholls: 30 (P*)
- *hartii* R.Rogers: 27 (P*)
32. **hians** Rchb.f. - end. to W-Austr. - sect. *Prasophyllum* (P**)
33. **hopsonii** Rupp - end. to Austr. (NSW) - sect. *Genoplesium* (P)
- *horburyanum* Rupp: 42 (P)
- *laminatum* Fitzg.: 63 (P)
34. **lindleyanum** Rchb.f. (*P. brainei* R.Rogers) - end. to Austr. (Vic., Tasm.) - scented - sect. *Prasophyllum* (P**)
- *longisepalum* Fitzg.: 44 (P**)
35. **macrostachyum** R.Br. - end. to W/S-Austr. - scented - sect. *Prasophyllum* (P*)
- *macrostachyum* var. *ringens* (Rchb. f.) A.S.George: 3 (P)
36. **macrotys** Lindl. - end. to W-Austr. - sect. *Prasophyllum* (P)
37. **mollissimum** Rupp - end. to Austr. (NSW) - sect. *Genoplesium* (P*)
38. **morganii** Nicholls - end. to Austr. (Vic., NSW) - scented - sect. *Prasophyllum* (P*)
39. **morrisii** Nicholls - end. to Austr. (Vic., NSW, Tasm.) - scented - sect. *Genoplesium* (P*)
var. **contortum** Nicholls - end. to Austr. (Vic.) (P)
var. **intermedium** Rupp - end. to Austr. - scented (P)
40. **mucronatum** Rupp - end. to Austr. (NSW) - sect. *Genoplesium* (P*)
41. **nichollsianum** Rupp - end. to Austr. (NSW) - sect. *Genoplesium* (P)
42. **nigricans** R.Br. (*P. fusco-viride* Reader, *P. horburyanum* Rupp) - end. to Austr. (NSW, Vic., SA, WA) - sect. *Genoplesium* (P*)
43. **nublingii** R.Rogers - end. to Austr. (NSW) - sect. *Genoplesium* (P*)
44. **nudiscapum** Hook.f. (*P. densum* Fitzg., *P. albiglans* Rupp, *P. ansatum* Fitzg., *P. longisepalum* Fitzg.) - end.

to Austr. (Qld., NSW, Vic., Tasm.), N.Zeal. - sect. *Genoplesium* (P**)
45. **nudum** Hook.f. (*P. beaugleholei* Nicholls) - Austr. (NSW, ACT, Vic., Tasm.), N.Zeal. - sect. *Genoplesium* (P**) →- Genoplesium 3
46. **obovatum** Rupp - end. to Austr. (NSW) - sect. *Genoplesium* (P*)
47. **occidentale** R.Rogers - end. to S-Austr. - scented - sect. *Prasophyllum* (P*)
48. **odoratum** R.Rogers - end. to Austr. (Qld., NSW, Vic., Tasm., SA, WA) - scented - sect. *Prasophyllum* (P*)
- *odoratum* var. *album* (R.Rogers) R.Rogers: 54 (P*)
49. **ovale** Lindl. - end. to W-Austr. - scented - sect. *Prasophyllum* (P*)
var. **triglochin** Rchb.f. - end. to W-Austr. (P)
50. **pallidum** Nicholls - end. to Austr. (Vic., SA) - scented - sect. *Prasophyllum* (P)
- *paludosum* Nicholls: 17 (P*)
51. **parvicallum** Rupp - end. to Austr. (Qld.) - sect. *Genoplesium* (P)
52. **parviflorum** (R.Rogers) Nicholls - end. to Austr. (Vic., Tasm.) - sect. *Prasophyllum* (P*)
53. **parvifolium** Lindl. - end. to W-Austr. - scented - sect. *Prasophyllum* (P*)
54. **patens** R.Br. (*P. odoratum* var. *album* (R.Rogers) R.Rogers, *P. album* R.Rogers) - Austr. (NSW, Vic., Tasm., SA), N.Zeal. - sect. *Prasophyllum* (P**)
- *patens* var. *pruinosum* (R.Rogers) R.Rogers: 56 (P*)
55. **plumosum** Rupp - end. to Austr. (Qld., NSW) - sect. *Genoplesium* (P)
56. **pruinosum** R.Rogers (*P. patens* var. *pruinosum* (R.Rogers) R.Rogers) - end. to S-Austr. - sect. *Prasophyllum* (P*)
57. **pumilum** Hook.f. (*P. viride* R.Br., *P. aureoviride* Rupp) Austr. (Qld., NSW, Vic.), N.Zeal. - sect. *Genoplesium* (P**) →- Genoplesium 4
58. **pyriforme** E.Coleman - end. to Austr. (Vic.) - scented - sect. *Prasophyllum* (P*)
59. **reflexum** Fitzg. - end. to Austr. (NSW) - sect. *Genoplesium* (P*)
60. **regium** R.Rogers - end. to W-Austr. - sect. *Prasophyllum* (P**)
61. **rogersii** Rupp - end. to Austr. (NSW, Vic., Tasm.) - scented - sect. *Prasophyllum* (P*)
62. **rostratum** Lindl. (*P. gracile* R.Rogers) - end. to Austr. (NSW, Vic., Tasm., SA) - scented - sect. *Prasophyllum* (P*)
63. **rufum** R.Br. (*P. laminatum* Fitzg.) - end. to Austr. (NSW) - sect. *Genoplesium* (P*) →- Genoplesium 5
64. **ruppii** R.Rogers - end. to Austr. (NSW) - sect. *Genoplesium* (P*)
65. **sagittiferum** Rupp - end. to Austr. (NSW) - sect. *Genoplesium* (P*)
66. **sargentii** (Nicholls) A.S.George - end. to W-Austr. - scented - sect. *Prasophyllum* (P*)
67. **striatum** R.Br. - end. to Austr. (NSW) - stinking - sect. *Prasophyllum* (P*)
68. **subbisectum** Nicholls - end. to Austr. (Vic.) - sect. *Prasophyllum* (P)
69. **suttonii** R.Rogers & B.Rees - end. to Austr. (NSW, ACT, Vic., Tasm.) 900 m - sect. *Prasophyllum* (P*)
70. **transversum** Fitzg. - end. to Austr. (NSW) - sect. *Genoplesium* (P)
71. **triangulare** Fitzg. - end. to W-Austr. - sect. *Prasophyllum* (P*)
72. **trifidum** Rupp - end. to Austr. (NSW, Qld.) - sect. *Genoplesium* (P*)
73. **truncatum** Lindl. - end. to Tasm. (Austr.) - sect. *Prasophyllum* (P)
74. **unicum** Rupp - end. to Austr. (NSW) - sect. *Genoplesium* (P*)
- *uroglossum* Rupp: 28 (P*)
75. **validum** R.Rogers - end. to S-Austr. - scented - sect. *Prasophyllum* (P*)
- *viride* R.Br.: 57 (P**)
- *wilsoniense* Rupp: 19 (P*)

Preptanthe Lindl. - 1853: *Calanthe* R.Br. (S)
- *rubens* (Ridl.) Ridl.: *Calanthe* 42 (6**, E**, H**, S)
- *vestita* (Lindl.) Rchb.f.: *Calanthe* 53 (6**, 8**, 9**, Q**)
- *villosa* Rchb.f.: *Calanthe* 53 (6**, 9**)

Prescottia Lindl. - 1825 - Subfam. Spiranthoideae Tribus: Cranichideae Subtr. Cranichidinae - (*Descaisnea* Brongn., *Galeoglossum* A.Rich.) - ca. 35 sp. terr. - Trop. C-S-Am., W-Ind., Flor.

- *barbifrons* Kraenzl.: *Pterichis* 14 (FXVI3*)
1. **carnosa** Schweinf. - Ven. (FXV2/3)
2. **colorans** Lindl. (S)
- *colorans* Lindl.: 11 (G**, H)
3. **cordifolia** Rchb.f. - Nic., C.Rica, Pan., S-Am. (W**)
- *filiformis* Schltr.: 7 (G)
4. **glazoviana** Cogn. (S)
- *gracilis* Schltr.: 7 (G)
5. **leptostachya** Lindl. - Braz. (G)
6. **lojana** Dods. - Ec. 1.900-3.350 m (FXX1*)
- *longipetiolata* Barb.Rodr.: 11 (G**)
- *micrantha* (Spreng.) Lindl.: 7 (G)
- *myosurus* Rchb.f. ex Griseb.: 11 (G**)
7. **oligantha** (Sw.) Lindl. (*P. filiformis* Schltr., *P. gracilis* Schltr., *P. micrantha* (Spreng.) Lindl., *P. panamensis* Schltr., *P. polysphaera* Schltr., *P. tenuis* Lindl., *P. viacola* Barb.Rodr., *P. viacola* var. *polyphylla* Cogn., *Cranichis oligantha* Sw., *C. micrantha* Spreng., *Serapias pumila* Vell.) - Flor., W-Ind., Mex. to Pan., Ven., Col., Ec., Braz. (G, W)
8. **ostenii** Pabst - Guy. (S)
- *panamensis* Schltr.: 7 (G)
- *paulensis* Cogn.: 11 (G**)
- *petiolaris* Lindl.: 11 (G**)
- *plantaginea* Lindl.: 9 (H**)
9. **plantaginifolia** Lindl. (*P. plantaginea* Lindl.) - E-Braz. (H**, S, R)
- *polysphaera* Schltr.: 7 (G)
10. **serrana** Correa - Arg. (S)
11. **stachyodes** (Sw.) Lindl. (*P. colorans* Lindl., *P. longipetiolata* Barb.Rodr., *P. myosurus* Rchb.f. ex Griseb., *P. paulensis* Cogn., *P. petiolaris* Lindl., *Cranichis stachyodes* Sw.) - W-Ind., Nic., C.Rica, Pan., Mex. to Braz. (G**, H, S, W, O2/89, R**)
- *tenuis* Lindl.: 7 (G)
- *viacola* Barb.Rodr.: 7 (G)
- *viacola* var. *polyphylla* Cogn.: 7 (G)

Pristiglottis Cretz. & J.J.Sm. - 1934 - *Subfam. Spiranthoideae Tribus: Erythrodeae* - (*Cystopus* Bl. p.p.) - 26 sp. terr. - Mal., Phil., Poly., Taiw., N. Gui.

1. **hasseltii** (Bl.) Cretz. & J.J.Sm. (*Cystopus hasseltii* Bl., *Anoectochilus hasseltii* (Bl.) Miq.) - Java, Born. 1.200-1.600 m (S, Q**)

2. **pubescens** (Bl.) Cretz. & J.J.Sm. - Mal., Phil., Poly. (S)
× **Prolax (Prx.)** (*Colax* × *Promenaea*)
Promenaea (Prom.) Lindl. - 1843 - *Subfam. Epidendroideae Tribus: Maxillarieae Subtr. Zygopetalinae* - ca. 17 sp. epi. - Braz.

1. **acuminata** Schltr. - Braz. (O6/96, S)
2. **albescens** Schltr. (*P. paranaensis* var. *albescens*) - Braz. (O6/96, S)
3. **catharinensis** Schltr. - Braz. (O6/96, S)
- *citrina* D.Don: 17 (4**, 8**, E**, G, H**, S)
- *citrina* hort. ex Regel: 14 (G**)
4. **dusenii** Schltr. - Braz. (O6/96, S)
- *florida* Rchb.f.: *Neogardneria* 1 (9**, G)
5. **fuerstenbergiana** Schltr. - Braz. (A**, O6/96, S)
- *graminea* (Lindl.) Lindl.: *Koellensteinia* 7 (9**, G)
6. **guttata** Rchb.f. - Braz. (O6/96, S*)
7. **lentiginosa** (Lindl.) Lindl. (*Maxillaria lentiginosa* Lindl., *Zygopetalum lentiginosum* (Lindl.) Rchb.f., *Z. xanthino-stapelioides* hort.) - Braz. (G, O6/96, S*)
8. **malmquistiana** Schltr. - Braz. (O6/96, S)
9. **microptera** Rchb.f. (*Zygopetalum micropterum* Rchb.f.) - Trop. S-Am., Braz. (unknown origin (S)) (9**, O6/96, S)
10. **nigricans** Kgr. & Weinmann - Braz. (O6/96, S)
11. **ovatiloba** (Klinge) Cogn. - Braz. (O6/96, S*)
12. **paranaënsis** Schltr. - Braz. (O6/96, S)
- *paranaensis* var. *albescens*: 2 (O6/96)
- *paulensis* Schltr.: 14 (G**)
13. **riogradensis** Schltr. - Braz. (O6/96, S)
14. **rollisonii** (Lindl.) Lindl. (*P. citrina* hort. ex Regel, *P. paulensis* Schltr., *Maxillaria rollissonii* Lindl., *Zygopetalum rollissonii* (Lindl.) Rchb.f.) - Braz. (G**, O6/96, S*)
15. **sincorana** P.Castro & Campacci - Braz. (S)
16. **stapelioides** (Link & Otto) Lindl. (*Cymbidium stapelioides* Link & Otto, *Maxillaria stapelioides* (Link & Otto) Lindl., *Zygopetalum stape-*

lioides (Link & Otto) Rchb.f.) - Braz. (8**, 9**, A**, G**, O5/94, O6/96, S*, Z**)
17. **xanthina** (Lindl.) Lindl. (*P. citrina* D.Don, *Maxillaria xanthina* Lindl., *M. citrina* D.Don, *M. guttata* hort. ex Rchb.f., *Zygopetalum xanthinum* (Lindl.) Rchb.f., *Z. citrinum* Rchb.f., *Z. citrinum* (D.Don) Nichols) - Braz. (4**, 8**, 9**, E**, G, H**, O6/96, S, Z**)
× **Promenanthes (Prths.)** (*Cochleanthes* × *Promenaea*)
× **Propetalum (Pptm.)** (*Promenaea* × *Zygopetalum*)
Prosthechea Knowl. & Westc. - 1838: *Encyclia* Hook.
Prosthechea Knowl. & Westc. - 1838 - Epidendrinae (S) - (*Hormidium* Lindl. ex Heynh., *Anacheilum* Rchb. f. ex Hoffmgg., *Epithecia* Knowl. & Westc., *Encyclia* subg. *Osmophytum* (Lindl.) Dressl. & Poll.) - 80 sp.
1. **glauca** Knowl. & Westc. (*Epithecia glauca* Knowl. & Westc., *Epidendrum libatum* Lindl., *Encyclia glauca* (Knowl. & Westc.) Dressl. & Poll.) - Mex., Guat. 900-1.000 m (S)
- *glauca* Knowl. & Westc.: *Encyclia* 41 (G)
- *glauca* Knowl. & Westc.: *Epidendrum* 154 (S)

Proteroceras Joseph & Vajravelu - 1974 - Aeridinae (S) - 1 sp. epi. - S-Ind.
1. **holttumii** Joseph & Vajravelu - S-Ind. 1.600 m (S*)
Pseudacoridium Ames: *Dendrochilum* Bl. (S)
Pseudacoridium Ames - Subfam. Epidendroideae Tribus: Dendrobieae Subtr. Coelogyninae - 2 sp. - Phil.
× **Pseudadenia** (*Gymnadenia* × *Pseudorchis*)
× **Pseudanthera** (*Platanthera* × *Pseudorchis*)
Pseudelleanthus Brieg. - 1983: *Elleanthus*
Pseudelleanthus Brieg. - 1983 - Sobraliinae (S) - 1 sp. terr. - And., Ven. to Peru
1. **virgatus** (Rchb.f.) Brieg. (*Sertifera virgata* Rchb.f., *Elleanthus virgatus* (Rchb.f.) Schweinf.) - And., Ven. to Peru (S) ➔ Elleanthus 49
Pseudepidendrum Rchb.f. - 1865: *Epidendrum*

Pseudepidendrum Rchb.f. - 1865 - Epidendrinae (S) - 1 sp. epi. - Pan., C. Rica
1. **spectabile** Rchb.f. - Pan., C.Rica (S*)
- *spectabile* Rchb.f.: *Epidendrum* 237 (8**, 9**, H**)
Pseuderia Schltr. - 1912 - Subfam. Epidendroideae Tribus: Dendrobieae Subtr. Dendrobiinae - 19 sp. - N. Gui., Java, Mol., Sol.
1. **floribunda** Schltr. (S)
2. **foliosa** (Brongn.) Schltr. (*Dendrobium foliosum* Brongn., *D. spinescens* Lindl., *Eria foliosa* (Brongn.) Ridl.) - Mol. (G, S)
3. **frutex** Schltr. (S)
4. **similis** Schltr. (S)
Pseuderiopsis Rchb.f. - 1849: *Eriopsis* Lindl. (S)
- *schomburgkii* Rchb.f.: *Eriopsis* 1 (9**, E*, G**, H**)
× **Pseudinium** (*Herminium* × *Pseudorchis*)
× **Pseuditella** (*Nigritella* × *Pseudorchis*)
Pseudocentrum Lindl. - 1859 - Subfam. Spiranthoideae Tribus: Cranichideae Subtr. Cranichidinae - 5 sp. terr. - Peru to Col., Jam.
1. **hoffmannii** (Rchb.f.) Rchb.f. - C.Rica, Pan. (W)
2. **purdii** Gar. - Col. (S)
Pseudocranichis Gar. - 1982 - Cranichidinae (S) - 1 sp. terr. - Mex.
1. **thysanochila** (Rob. & Greenm.) Gar. - Mex. (S*)
Pseudoctomeria Kraenzl.: *Pleurothallis* R.Br. (L)
- *lentiginosa* Kraenzl.: *Physosiphon* 2 (S)
Pseudodiphryllum Nevski - 1935 - Subfam. Orchidoideae Tribus: Orchideae Subtr. Orchidinae - 1 sp. terr. - Brit.Col., Alas., Sach., Jap.
1. **chorisiana** (Cham.) Nevski - Brit. Col., Alas., Sach., Jap. (S)
Pseudoeurystyles Hoehne - 1943 - Spiranthinae (S) - 3 sp. epi. - S-Braz.
1. **gardneri** (Lindl.) Hoehne - S-Braz. epi. (S)
Pseudogoodyera Schltr. - 1920 - Subfam. Spiranthoideae Tribus: Cranichideae Subtr. Spiranthinae - 1 sp. terr. - Cuba
1. **wrightii** (Rchb.f.) Schltr. (*Goodyera wrightii* Rchb.f.) - Cuba (S)

Pseudohexadesmia Brieg. - 1972: *Hexadesmia* Brongn.
Pseudohexadesmia Brieg. - 1972 - *Epidendrinae* (S) - 1 sp. epi. - Guat. to Peru
1. **micrantha** (Lindl.) Brieg. (*Hexadesmia micrantha* Lindl.) - Guat. to Peru (S*) ↠ Hexadesmia 9
Pseudolaelia Porto & Brade - 1935 - *Subfam. Epidendroideae Tribus: Epidendreae Subtr. Laeliinae* - 7 sp. epi/ter - Braz.
1. **auriculata** Brieg. - Braz. (S*)
2. **citrina** Pabst - Braz. (S)
3. **corcovandensis** Porto & Brade - Braz. (S)
4. **geraënsis** Pabst - Braz. (S)
5. **luteola** Brieg. - Braz. (S)
6. **lyman-smithii** Alves - Braz. (S)
7. **vellozicola** (Hoehne) Porto & Brade (*Schomburgkia vellozicola* Hoehne) - Braz. (S)
Pseudoliparis Finet - 1907: *Malaxis* Sol. ex Sw. (S)
Pseudoliparis (Finet) Szlach. & Marg. - 1995 - *Liparidinae* (S) - ca. 26 sp. - N.Gui., Phil., Sol.
1. **epiphytica** (Finet) Szlach. & Marg. (*Liparis epiphytica* Finet) (S*)
Pseudomaxillaria Hoehne - 1946: *Ornithidium* Salisb. (S)
Pseudoorlanesia Rausch. - 1983 - *Epidendrinae* (S) - (*Huebneria* Schltr.)
Pseudoperistylus (P.F.Hunt) Szlach. & Olsc. - 1998 - *Habenariinae* (S) - (*Habenaria* sect. *Pseudoperistylus* P.F.Hunt) - ca. 6 sp. terr. - Trop. C-Afr. (S)
1. **petitianus** (A.Rich.) Szlach. & Olsc. - Camer. to Eth. to N-S-Afr. (S*)
Pseudoponera Brieg. - 1976: *Ponera* Lindl.
Pseudoponera Brieg. - 1976 - *Epidendrinae* (S) - 4 sp. epi. - C-Am., Antill.
1. **caricalensis** (Kraenzl.) Brieg. (*Ponera caricalensis* Kraenzl.) - Col. (S)
2. **dussii** (Cogn.) Brieg. (*Epidendrum dussii* Cogn., *Isochilus pauciflorus* Cogn.) - Guad. (S)
3. **punctulata** (Rchb.f) Brieg. (*Ponera punctulata* Rchb.f., *Scaphyglottis punctulata* (Rchb.f.) Schweinf., *Helleriella punctulata* (Rchb.f.) Gar. & Sweet) - Peru, Ven. (S) ↠ Scaphyglottis 39

4. **tenuissima** (H.Wendl. & Kraenzl.) Brieg. (*Hexisea tenuissima* H. Wendl. & Kraenzl.) - C.Rica (S)
Pseudorchis Ség. - 1754 - *Subfam. Orchidoideae Tribus: Orchideae Subtr. Orchidinae* (*Leucorchis* E.H.F.Meyer, *Entaticus* S.F.Gray p.p., *Bicchia* Parl.) - 2 sp. terr. - Eur. - „Höswurz"
1. **albida** (L.) A. & D.Loeve (*Gymnadenia albida* (L.) L.C.Rich.) - C-N-Eur. 400-2.500 m - „Weißzüngel, Weißliche Höswurz" (K**, S, V**)
2. **frivaldii** (Hampe ex Griseb.) Hunt (*Gymnadenia frivaldii* Hampe ex Griseb.) - S-Jugosl. 1.000-2.300 m (K**, S)
× **Pseudorhiza** (*Dactylorhiza* × *Pseudorchis*)
Pseudostelis Schltr.: *Pleurothallis* R.Br. (L)
- *deregularis* (Barb.Rodr.) Schltr.: *Pleurothallis* 212 (G)
- *spiralis* (Lindl.) Schltr.: *Pleurothallis* 212 (G)
Pseudovanilla Gar. - 1986 - *Vanillinae* (S) - 8 sp. myco/sapro/climber - Phil., Indon., Fiji, Mol., N.Gui., Austr.
1. **foliata** (F.v.Muell.) Gar. (*Galeola foliata* (F.v.Muell.) F.v.Muell.) - end. to Austr. (Qld., NSW) - scented - „Giant Climbing Orchid" (P**, FXV2/3**, S*)
Psilanthemum basilare (Kl.) Kl. ex Stein: *Epidendrum* 284 (9**, G)
Psilochilus Barb.Rodr. - 1882 - *Subfam. Epidendroideae Tribus: Triphoreae* - 7 sp. terr. - Guat. to Col., W-Ind., Ven., SE-Braz.
1. **carinatus** Gar. - C.Rica, Pan., Col. (W, S)
2. **dusenianus** Kraenzl. - Ven. (S)
3. **macrophyllus** (Lindl.) Ames - Nic., Pan., Guat. to Col., W-Ind. (S, W)
4. **maderoi** (Schltr.) Brieg. - Col. (S)
5. **modestus** Barb.Rodr. - Nic., SE-Braz. (S, W)
6. **mollis** Gar. - Ec. (S)
7. **physurifolius** (Rchb.f.) Løjtnant (*Pogonia physurifolia* Rchb.f.) - Pan., Ec., S-Am. (W**, S)
Psittacoglossum Llave & Lex. - 1825: *Maxillaria* Ruiz & Pav.
Psittaglossum Llave & Lex.: *Maxillaria* Ruiz & Pav. (S)
Psychechilos gracile Breda: *Zeuxine* 7 (2*, 6*)

Psychechilos purpurascens Bl.: *Hetaeria* 10 (2*)
Psychilis Raf. - 1836 - *Epidendrinae* (S) - ca. 15 sp. epi/lit - end. to W-Ind.
- *amena* Raf.: 2 (G**)
1. **atropurpurea** (Willd.) Sauleda - Haiti (H*, S)
2. **bifida** (Aubl.) Sauleda (*P. amena* Raf., *Epidendrum bifidum* Aubl., *E. papilionaceum* Vahl, *E. eckmanii* Mansf. ex Urban, *Encyclia papilionacea* (Vahl) Schltr., *E. bifida* (Aubl.) Britt. & Wils., *E. eckmanii* (Mansf.) Dod) - N-Haiti (G**, H*, S)
3. **domingensis** (Cogn.) Sauleda (S)
4. **macdonnelliae** Sauleda (S*)

Psychochilos amboinensis (J.J.Sm.) Shim: *Phalaenopsis* 2 (J**)

Psychopsiella Lueckel & Braem - 1982 - *Oncidiinae* (S) - 1 sp. epi. - Braz., Ven.
1. **limminghei** (E.Morr. ex Lindl.) Lueckel & Braem (*Oncidium limminghei* E.Morr. ex Lindl., *O. echinophorum* Barb.Rodr.) - Braz., Ven. (H**, O1/82, S*)

Psychopsis Raf. - 1838 - *Subfam. Epidendroideae Tribus: Oncidieae Subtr. Oncidiinae* - (*Papiliopsis* E.Morr., *Oncidium* sect. *Glanduligera* Lindl.) - 3/5 sp. epi. - C.Rica to Peru, Bol., Sur., Trin. - „Schmetterlingsorchidee"
1. **krameriana** (Rchb.f.) H.Jones (*Oncidium kramerianum* Rchb.f., *O. kramerianum* hort. ex E.Morr., *O. kramerianum* var. *resplendens* Rchb. f., *O. krameri* hort., *O. papilio* var. *kramerianum* (Rchb.f.) Lindl., *O. nodosum* E.Morr., *O. papilioniforme* Regel, *Papiliopsis nodosus* E.Morr., *P. krameriana* (Rchb.f.) E.Morr. ex Cogn.) - C.Rica, Pan. to Col., Ec., Peru, 200-1.000 m (9**, H**, W**, O4/82, S, R**, Z**)
- *latourae* (Broadw.) Jones: 2 (O1/82)
2. **papilio** (Lindl.) H.Jones (*P. picta* Raf., *Oncidium papilio* Lindl., *O. papilio* var. *limbatum* Hook., - var. *majus* Rchb.f., - var. *pictum* hort. ex Jenn., - var. *eckhardtii* Lind.) - Trin., Ven., Col., Ec., Peru -"Butterfly Orchid" (9**, G**, H**, O4/82, S*, R**, Z**)
  var. **latourae** (Broadw.) Lueckel & Braem (*P. latourae* (Broadw.) Jones, *Oncidium papilio* var. *latourae* Broadw., *O. albiflorum* Lindl.) - Trin., Ven. (O1/82)
- *picta* Raf.: 2 (9**, E**, G**, H**)
3. **sanderae** (Rolfe) Lueckel & Braem (*P. versteegiana* (Pulle) Lueckel & Braem, *Oncidium versteegianum* Pulle, *O. sanderae* Rolfe) - Peru, Bol. 400-1.200 m (9**, A**, H, S*)
4. **versteegiana** (Pulle) Lueckel & Braem - Sur. (R)
- *versteegiana* (Pulle) Lueckel & Braem: 3 (9**)

Psygmaeorchis Brade - 1939 - *Epidendrinae* (S)
1. **seidelii** Toscano & Moutinho - Braz. (S)

Psygmorchis Dods. & Dressl. - 1972 - *Subfam. Epidendroideae Tribus: Oncidieae Subtr. Oncidiinae* - 4/5 sp. epi. - C-S-Am. to Braz., Bol.
- *allemanii* (Barb.Rodr.) Gar. & Stacy: 4 (S*)
1. **glossomystax** (Rchb.f.) Dods. & Dressl. (*Oncidium articulatum* Rand, *O. glossomystax* Rchb.f.) - Mex., Nic., C.Rica, Pan., Col., Braz. 200-1.100 m (H, W, S*, R, Z**)
2. **gnoma** (Kraenzl.) Dods. & Dressl. - C.Rica, Pan. (W)
- *gnomus* (Kraenzl.) Dods. & Dressl.: 3 (S)
- *hondurensis* (Ames) Gar. & Stacy: 3 (S)
3. **pumilio** (Rchb.f.) Dods. & Dressl. (*P. hondurensis* (Ames) Gar. & Stacy, *P. gnomus* (Kraenzl.) Dods. & Dressl., *Oncidium pumilio* Rchb.f., *O. oberonia* Schltr., *O. titania* Schltr.) - Nic., C.Rica, Pan., Col. 300-1.500 m (H**, W**, S, R**)
4. **pusilla** (L.) Dods. & Dressl. (*P. allemanii* (Barb.Rodr.) Gar. & Stacy, *Epidendrum pusillum* L., *Cymbidium pusillum* (L.) Sw., *Oncidium iridifolium* H.B.K., *O. pusillum* (L.) Rchb.f., *O. pusillum* var. *megalanthum* Schltr., *O. allemanii* Barb. Rodr., *Epidendrum ventrilabium* Vell., *Tolumnia pusilla* (L.) Hoehne) - Mex. to Braz., S-Bol., Pan., Trin., Col. 0-800 m (3**, G**, H, W, S*, R, Z**)
- *pusilla* (L.) Dods. & Dressl.: *Oncidium pusillum* (E**)

5. **zamorensis** Dods. - S-Ec. 950 m (S)
Pterichis Lindl. - 1840 - *Subfam. Spiranthoideae Tribus: Cranichideae Subtr. Cranichidinae - (Acraea* Lindl.) - ca. 15 sp. terr. - And., Bol. to W-Ven. to 4.000 m
- *acuminata* Schltr.: 6 (FXVI3)
1. **bangii** Rolfe - Bol. (FXVI3)
- *barbifrons* (Kraenzl.) Schltr.: 14 (FXVI3*)
2. **boliviana** Schltr. - Bol. (FXVI3)
3. **colombiana** Morales - Col. 3.800 m (FXVI3*)
4. **costaricensis** Ames & Schweinf. - C.Rica, S-Am. ($53/3, FXVI3)
- *costaricensis* Ames & Schweinf.: 7 (FXVI3)
- *costaricensis* Schltr: 7 (W)
- *diuris* Rchb.f.: 6 (FXVI3)
5. **fernandezii** Morales - Col. 2.700 m (FXVI3*)
6. **galeata** Lindl. (*P. acuminata* Schltr., *P. diuris* Rchb.f.) - Bol., Ec., Peru, Ven., Col. 2.600-3.500 m (FXVI3*) var. **quilinsayacoana** Morales - Col. 2.700 m (FXVI3*)
7. **habenarioides** (Lehm. & Kraenzl.) Schltr. (*P. costaricensis* Schltr., *P. costaricensis* Ames & Schweinf., *Goodyera habenarioides* Lehm. & Kraenzl.) - C.Rica, Ven., Ec., Col. 2.700-3.300 m (W**, FXVI3*, FXV2/3)
8. **latifolia** Dunst. & Gar. - Ven. (FXVI3)
9. **leo** L.D.Gómez & J.Gómez - C.Rica (W, $53/3)
10. **leucoptera** Schltr. - Peru (FXVI3)
11. **macroptera** Schltr. - Peru (FXVI3)
12. **mandonii** (Rchb.f.) Rolfe - Bol. (FXVI3)
13. **multiflora** (Lindl.) Schltr. (*P. tomentosula* Schltr., *Acraea multiflora* Lindl.) - Ec., Ven., Col. 3.100-3.500 m (FXVI3*)
14. **parvifolia** (Lindl.) Schltr. (*P. barbifrons* (Kraenzl.) Schltr., *Acraea parvifolia* Lindl., *Prescottia barbifrons* Kraenzl.) - Ec., Peru, Col. 3.000-3.350 m (FXVI3*)
15. **pauciflora** Schltr. - Ec., Col. 3.300-3.700 m (FXVI3)
16. **proctori** Gar. - Jam. (FXVI3)
17. **saxicola** Schltr. - Bol. (FXVI3)
- *seleniglossa* Schltr.: 19 (FXVI3*)
18. **silvestris** Schltr. - Bol., Peru (FXVI3)
- *tomentosula* Schltr.: 13 (FXVI3)
19. **triloba** (Lindl.) Schltr. (*P. seleniglossa* Schltr., *Acraea triloba* Lindl.) - Ec., Peru, Col. (O3/97, FXVI3*)
20. **weberbaueriana** Kraenzl. - Peru (FXVI3)
- *widgrenii* (Rchb.f.) Cogn.: *Brachystele* 7 (S, FXVI3)
21. **yungasensis** Schltr. - Bol. (FXVI3)
Pteroceras Hasselt ex Hassk. - 1842 - *Subfam. Epidendroideae Tribus: Vandeae Subtr. Sarcanthinae - (Parasarcochilus* Dockr., *Ornitharium* Lindl. & Paxt.) - ca. 19/30 sp. epi. - NW-Him. to N.Gui., Thai., Phil.
- *alatum* (Holtt.) Holtt.: *Macropodanthus* 1 (S*)
- *appendiculatus* (Bl.) Holtt.: *Grosourdya* 1 (S*)
1. **asperatum** (Schltr.) P.F.Hunt - China (O1/89, S)
- *berkeleyi* (Rchb.f.) Holtt.: *Macropodanthus* 2 (S*)
2. **biserratum** (Ridl.) Holtt. (*Sarcochilus biserratus* Ridl., *S. pachyrhachis* Schltr., *S. bipennis* J.J.Sm.) - Mal., Sum., Born. 0-500 m (Q**)
3. **cladostachyum** (Hook.f.) Pedersen (*Sarcochilus cladostachyus* Hook.f.) - Phil., Born., Cel., Java (S)
- *clausum* (J.J.Sm.) Seidenf. & Smitin.: *Cryptopylos* 1 (S*)
4. **erosulum** Pedersen - end. to Born. ca. 1.260 m (Q**, S)
5. **fragrans** (Ridl.) Gar. (*P. spathipetalum* (J.J.Sm.) Gar., *Sarcochilus fragrans* Ridl., *S. spathipetalus* J.J.Sm.) - end. to Born. 400-1.000 m (Q**)
- *hirticalcar* (Dockr.) Gar. & Sweet: *Sarcochilus* 12 (P**)
- *hirticalcar* (Dockr.) Gar.: *Parasarcochilus* 1 (S*)
- *laotica* Seidenf.: *Brachypeza* 4 (S*)
6. **longicalcareum** (Ames & Rolfe) Gar. (*Sarcochilus longicalcareus* Ames & Rolfe) - Phil. 0-500 m (O1/89, S*)
7. **loratum** (Rolfe) Seidenf. & Smitin. (S)
8. **muriculatum** (Rchb.f.) P.F.Hunt - Adm. (O1/89, S)
9. **pallidum** (Bl.) Holtt. (*Sarcochilus pallidus* (Bl.) Rchb.f., *S. unguiculatus* Lindl., *S. aureus* Hook.f., *S. cladostachys* Hook.f., *Dendrocolla pallida* Bl.) - W-Mal., Sum., Java, Phil. 250-1.000 m (O1/89, S*)

10. **pustulatum** Sengh. - Phil. (O1/89, A**, S*)
- *radicans* Hassk.: *Sarcochilus suaveolens* (2*)
- *radicans* Hassk.: 11 (O1/89, S*)
- *siamensis* (Ridl.) Holtt.: *Ascochilus* 5 (S*)
- *spathipetalum* (J.J.Sm.) Gar.: 5 (Q**)
- *spathulatus* (R.Rogers) Gar.: *Parasarcochilus* 2 (P*, S*)
- *suaveolens* (Roxb.) Holtt.: 11 (O1/89, S*)
11. **teres** (Bl.) Holtt. (*P. radicans* Hassk., *P. suaveolens* (Roxb.) Holtt., *Sarcochilus suaveolens* (Roxb.) Hook.f., *S. palawensis* Ames, *Dendrocolla teres* Bl., *Ornitharium striatulum* Lindl. & Paxt.) - NW-Him., Sik., Ass., Burm., Laos, Thai., Viet., Sum. 0-1.000 m (O1/89, S*)
12. **unguiculatum** (Lindl.) Pedersen (*Sarcochilus unguiculatus* Lindl.) - Adm. to Mol. (S)
13. **viridiflorum** (Thw.) Holtt. (*Sarcochilus viridiflorus* (Thw.) Hook.) ($54/8)

Pterochilus Hook. & Arn. - 1832: *Malaxis* Sol. ex Sw. (S)

Pterocilus K.Schum.: *Tropidia* Lindl. (S)

× **Pterocottia** (*Prescottia* × *Pterostylis*) n.n.

Pteroglossa Schltr. - 1920 - *Subfam. Spiranthoideae Tribus: Cranichideae Subtr. Spiranthinae* - 8 sp. terr. - S-Am., N-Arg., S-Braz.
1. **euphlebia** (Oliv. ex Rchb.f.) Gar. (*Spiranthes euphlebia* Oliv. ex Rchb.f., *Stenorrhynchos euphlebius* Oliv. ex Rchb.f., *Cogniauxiocharis euphlebius* (Oliv. ex Rchb.f.) Hoehne) - Braz. (9**)
2. **macrantha** (Rchb.f.) Schltr. (S)
3. **regia** (Kraenzl.) Schltr. (S)

Pteroglossaspis Rchb.f. - 1878 - *Subfam. Epidendroideae Tribus: Cymbidieae Subtr. Eulophiinae* - ca. 3/6 sp. terr. - Afr., Braz., Arg.
- *argentina* Rolfe: 6 (S*)
- *carsonii* Rolfe: 6 (M, S*)
1. **clandestina** Pett. - Ang. (S)
2. **corymbosa** Will. - Zam. (S)
3. **distans** Summerh. - S.Leone (S*)
4. **ecristata** (Fern.) Rolfe - Flor., Cuba (S*)
- *engleriana* Kraenzl.: 5 (M, S*)
5. **eustachya** Rchb.f. (*P. engleriana* Kraenzl.) - Kenya, Ug., Tanz., Eth., Moz., Zim. 1.650-2.000 m (M, S*)
6. **ruwenzoriensis** (Rendle) Rolfe (*P. carsonii* Rolfe, *P. stricta* Schltr., *P. argentina* Rolfe, *Eulophia ruwenzoriensis* Rendle, *E. argentina* (Rolfe) Schltr.) - Kenya, Ug., Tanz., Zam., Braz., Arg. 1.650-2.530 m (M, S*)
- *stricta* Schltr.: 6 (S*)

Pterostemma Lehm. & Kraenzl. - 1899 - *Subfam. Epidendroideae Tribus: Oncidieae Subtr. Oncidiinae* - 1 sp. epi. - Col.
1. **antioquiensis** Lehm. & Kraenzl. - Col. 1.800-1.900 m (O4/94**, R**, S*)
- *brasiliensis* Pabst: *Macroclinium* 7 (&9)
- *calceolare* Gar.: *Sarmenticola* 1 (@, &9)
- *frigida* (Dods. & Dressl.) Gar.: *Cypholoron* 2 (O4/94**)

Pterostylis (Ptst.) R.Br. - 1810 - *Subfam. Orchidoideae Tribus: Diurideae Subtr. Pterostylidinae* - ca. 120 sp. terr. - Austr., N.Zeal., N.Gui., N.Cal. - „Greenhood Orchids"
1. **abrupta** D.Jones - end. to Austr. (NSW) (P*)
2. **aciculiformis** (Nicholls) M.Clem. & D.Jones (*P. rufa* ssp. *aciculiformis* (Nicholls) Blackmore & Clemesha) - end. to Austr. (NSW, Vic.) (P**)
3. **acuminata** R.Br. - end. to Austr. (Qld, NSW) (9**, S, P*)
4. **aestiva** D.Jones - end. to Austr. (NSW, Vic.) (P*)
5. **alata** (Labill.) Rchb.f. (*P. praecox* Lindl.) - end. to Austr. (NSW, Vic., Tasm., SA) (P**)
6. **allantoidea** R.Rogers - end. to W-Austr. (P**)
7. **alobula** (Hatch) L.B.Moore - end. to N.Zeal. (O3/92, Z**)
8. **alpina** R.Rogers - end. to Austr. (Vic., Tasm.) mount. (P*)
9. **alveata** Garnet - end. to Austr. coast. (P)
10. **angusta** A.S.George - end. to W-Austr. (P**)
11. **aphylla** Lindl. - end. to Austr. (NSW, Vic., Tasm., SA) (P*)
12. **arenicola** M.Clem. & J.Stew. - end. to S-Austr. (P*)
13. **areolata** Petrie - end. to N.Zeal. (O3/92)

14. **australis** Hook.f. - end. to N.Zeal. (O3/92)
15. **banksii** R.Br. ex A.Cunn. - end. to N.Zeal. (9**, O3/92, Z**)
16. **baptistii** Fitzg. - end. to E-Austr. (Qld, NSW, Vic.) - „King Greenhood" (9**, H**, P**, Z**)
17. **barbata** Lindl. - end. to W-Austr. - „Bird Orchid" (A**, S, P*)
- *barbata* Lindl.: *Plumatochilos* 1 (S*)
18. **bicolor** M.Clem. & D.Jones - end. to Austr. (Qld, NSW, Vic.) - „Bird Orchid" (A**, S, P*)
19. **bicornis** D.Jones & M.Clem. - end. to Austr. (Qld) (P**)
20. **biseta** Blackmore & Clemesha - end. to Austr. (NSW, Vic., SA) (P**)
21. **boormanii** Rupp - end. to Austr. (NSW, Vic., SA) (P**, Z**)
22. **brumealis** L.B.Moore - end. to N.Zeal. (O3/92)
23. **calceolus** M.Clem. - end. to Austr. (NSW) (P**)
24. **cardiostigma** D.Cooper - end. to N.Zeal. (O3/92)
- *ceriflora* Blackmore & Clemesha: 51 (P**)
25. **chaetophora** M.Clem. & D.Jones - end. to Austr. (Qld., NSW) (P**)
26. **ciliata** M.Clem. - end. to W-Austr. (P*)
27. **clavigera** Fitzg. - end. to Austr. (NSW) (P*)
28. **cobarensis** M.Clem. - end. to Austr. (NSW) (P**)
29. **coccinea** Fitzg. - end. to Austr. (NSW, ACT, Vic.) (P*)
30. **collina** (Rupp) M.Clem. & D.Jones (*P. ophioglossa* var. *collina* Rupp) - end. to Austr. (NSW) (P**)
31. **concava** D.Jones & M.Clem. (*P. vittata* var. *subdifformis* Nicholls) - end. to W-Austr. (P**)
32. **concinna** R.Br. - end. to Austr. (NSW, Vic., ACT, Tasm., SA) (9**, S, P**, Z**)
33. × **conoglossa** Upton (*P. ophioglossa* × *P. concinna*) nat. hybr. - end. to Austr. (NSW) (P*)
- *constricta* O.Sarg.: 99 (P*)
34. **cucullata** R.Br. - end. to Austr. (NSW, Vic., Tasm., SA) (P*, Z**)
35. **curta** R.Br. - end. to Austr. (Qld., NSW, ACT, Vic., Tasm., SA) (9**, H**, P**, Z**)
36. **cycnocephala** Fitzg. - Austr. (Qld, NSW, ACT, Vic., Tasm., SA), N.Zeal. (P**)
37. **daintreana** F.v.Muell. ex Benth. - end. to Austr. (Qld., NSW) (P*)
38. **decurva** R.Rogers - end. to Austr. (NSW, Vic., Tasm.) (P*)
39. **depauperata** F.M.Bailey - end. to Austr. (Qld.) ca. 800 m (P*)
40. **despectans** (Nicholls) M.Clem. & D.Jones (*P. rufa* var. *despectans* Nicholls) - end. to Austr. (Vic.) (P*)
41. **dilatata** A.S.George - end. to W-Austr. (P*)
42. **dolichochila** D.Jones & M.Clem. - end. to Austr. (SA, Vic.) (P*)
43. **dubia** R.Br. (*P. oreophila* Clemesha) - end. to Austr. (NSW, ACT, Vic., Tasm.) 1.000 m (P*)
44. **erecta** Hunt - end. to Austr. (Qld., NSW) (P*)
45. **erythroconcha** M.Clem. & D.Jones - end. to S-Austr. (P*)
46. **excelsa** M.Clem. (*P. squamata* R.Br. var. *valida* Nicholls) - end. to Austr. (Vic., SA) (P*)
- *falcata* R.Rogers: 49 (P**)
47. **fischii** Nicholls - end. to Austr. (Qld., NSW, Vic.) (P*)
48. **foliata** Hook.f. - Austr. (NSW, Tasm., SA), N.Zeal. (P*, O3/92)
49. **furcata** Lindl. (*P. falcata* R.Rogers) - end. to Austr. (Qld., NSW, ACT, Vic., Tasm., SA) (P**, O3/92)
50. × **furcillata** Rupp (*P. ophioglossa* × *P. obtusa*) nat. hybr. - end. to Austr. (NSW) (P)
51. **gibbosa** R.Br. (*P. ceriflora* Blackmore & Clemesha) - end. to Austr. (NSW) (P**)
52. **graminea** Hook.f. - end. to N.Zeal. (O3/92)
53. **grandiflora** R.Br. - end. to Austr. (Qld., NSW, Vic., Tasm.) - „Cobra Greenhood" (P*, Z**)
54. **hamata** Blackmore & Clemesha - end. to Austr. (Qld., NSW, Vic.) (P**)
55. **hamiltonii** Nicholls - end. to W-Austr. (P*)
56. **hildae** Nicholls - end. to Austr. (Qld., NSW) (P*)
57. **hispidula** Fitzg. - end. to Austr. (Qld., NSW) (P*)
58. **humilis** R.Rogers - end. to N.Zeal. (O3/92)

59. × **ingens** (Rupp) D.Jones (*P. nutans* × *P. furcata*) nat. hybr. - end. to Austr. (NSW, Vic., Tasm., SA) (P**)
60. **insectifera** M.Clem. - end. to W-Austr. (P*)
61. **irisoniana** Hatch - end. to N.Zeal. (O3/92)
62. **laxa** Blackmore - end. to Austr. (NSW, ACT, Vic.) (P*)
63. **leptochila** M.Clem. - end. to W-Austr. (P*)
64. **lingua** M.Clem. - end. to Austr. (NSW) (P*)
65. **longicurva** Rupp - end. to Austr. (NSW, Qld) (P*)
66. **longifolia** R.Br. - end. to Austr. (NSW, Qld., ACT, Vic., Tasm., SA) (P*, Z**)
67. **longipetala** Rupp - end. to Austr. (NSW, Vic.) (P*)
68. **macrocalymma** M.Clem. - end. to W-Austr. (P*)
69. **maxima** M.Clem. & D.Jones - end. to Austr. (NSW, Vic., SA) (P*)
70. **mitchellii** Lindl. - end. to Austr. (Qld., NSW) (P*)
71. **montana** Hatch - end. to N.Zeal. (O3/92)
72. **mutica** R.Br. - Austr. (Qld., NSW, ACT, Vic., Tasm., SA, WA), N.Zeal. (P*)
73. **nana** R.Br. - Austr. (NSW, Vic., Tasm., SA, WA), N.Zeal. (P*)
74. **nutans** R.Br. - Austr. (Qld., NSW, ACT, Vic., Tasm., SA), N.Zeal. (9**, S, P*, O3/92)
75. **obtusa** R.Br. - end. to Austr. (Qld., NSW, ACT, Vic., Tasm., SA) (P*)
76. **olivieri** Petrie - end. to N.Zeal. (O3/92)
77. **ophioglossa** R.Br. - Austr. (Qld., NSW) N.Cal. (P*)
- *ophioglossa* ssp. *fusca* Clemesha: 104 (P**)
- *ophioglossa* var. *collina* Rupp: 30 (P**)
- *oreophila* Clemesha: 43 (P*)
78. **ovata** M.Clem. - end. to S-Austr. (P*)
79. **parviflora** R.Br. (*P. whitei* F.M.Bailey) - end. to Austr. (Qld., NSW, ACT, Vic., Tasm., SA) (P*)
80. **patens** Col. - end. to N.Zeal. (O3/92)
81. **pedoglossa** Fitzg. - end. to Austr. (NSW, ACT, Vic., Tasm.) (P**)
82. **pedunculata** R.Br. - end. to Austr. (NSW, ACT, Vic., Tasm., SA) (P**)
83. **picta** M.Clem. - end. to W-Austr. (P*)
84. **plumosa** L.Cady - Austr. (NSW, Vic., Tasm., SA), N.Zeal. (P**, O3/92, Z**)
- *plumosa* L.Cady: *Plumatochilos* 2 (S)
- *praecox* Lindl.: 5 (P**)
85. **praetermissa** M.Clem. & D.Jones - end. to Austr. (Qld., NSW) (P**)
86. **puberula** Hook.f. - end. to N.Zeal. (O3/92)
87. **pulchella** Messmer - end. to Austr. (NSW) (P**)
88. **pusilla** R.Rogers - end. to Austr. (NSW, Vic., SA, WA) (P*)
89. **pyramidalis** Lindl. - end. to W-Austr. (P*)
90. **recurva** Benth. - end. to W-Austr. (P**)
91. **reflexa** R.Br. - end. to Austr. (Qld., NSW (P*)
92. **revoluta** R.Br. (*P. speciosa* Hunt) - end. to Austr. (Qld., NSW, ACT, Vic.) (P**)
93. **robusta** R.Rogers - end. to Austr. (NSW, Vic., SA, WA) (P*)
94. **roensis** M.Clem. - end. to W-Austr. (P*)
95. **rogersii** E.Coleman - end. to W-Austr. (P*)
96. **rufa** R.Br. - end. to Austr. (Qld., NSW, Vic., Tasm., SA) - „Rusty Hood" (P*, Z**)
- *rufa* R.Br.: *Oligochaetilus* 1 (S*)
- *rufa* ssp. *aciculiformis* (Nicholls) Blackmore & Clemesha: 2 (P*)
- *rufa* var. *despectans* Nicholls: 40 (P*)
97. **russellii** Hunt - end. to Austr. (Qld., NSW) (P*)
98. **sargentii** C.R.P.Andrews - end. to W-Austr. (P**)
99. **scabra** Lindl. (*P. constricta* O.Sarg.) - end. to W-Austr. (P*)
100. **scabrida** Lindl. - end. to Tasm. highl. (P*)
101. **setifera** M.Clem., Matthias & D.Jones - end. to Austr. (NSW, Vic., SA) (P**)
102. **spathulata** M.Clem. - end. to W-Austr. (P*)
- *speciosa* Hunt: 92 (P**)
- *squamata* R.Br. var. *valida* Nicholls: 46 (P*)

103. **stricta** Clemesha & B.Gray - end. to Austr. (Qld.) ca. 800 m (P*)
104. **taurus** M.Clem. & D.Jones (*P. ophioglossa* ssp. *fusca* Clemesha) - end. to Austr. (Qld.) (P**)
105. **tenuissima** Nicholls - end. to Austr. (Vic., SA) (P*)
106. × **toveyana** Ewart & Sharman (*P. concinna* × *P. alata*) nat. hybr. - end. to Austr. (Vic., Tasm.) (P*)
107. **tristis** Col. - end. to N.Zeal. (O3/92)
108. **trullifolia** Hook.f. - end. to N.Zeal. (O3/92)
109. **truncata** Fitzg. - end. to Austr. (NSW, ACT, Vic.) (P**)
110. **turfosa** Lindl. - end. to W-Austr. (P*)
- *turfosa* Lindl.: *Plumatochilos* 4 (S)
111. **venosa** Col. - end. to N.Zeal. (O3/92)
112. **vittata** Lindl. - end. to Austr. (Vic., Tasm., SA, WA) (P**)
- *vittata* var. *subdifformis* Nicholls: 31 (P**)
- *whitei* F.M.Bailey: 79 (P*)
113. **woollsii** Fitzg. - end. to Austr. (Qld., NSW, Vic.) (P*)
114. **xerophila** M.Clem. - end. to Austr. (SA, Vic.) (P*)

Pterygodium sect. *Corycium* (Sw.) Schltr.: *Corycium* Sw. (S)
Pterygodium sect. *Eleuterocorycium* Schltr.: *Corycium* Sw. (S)
Pterygodium Sw. - 1800 - *Subfam. Orchidoideae Tribus: Diseae Subtr. Coryciinae* - (*Ommatidium* Lindl., *Anochilus* Rolfe) - 18 sp. terr. - S-Afr.
1. **alatum** (Thunb.) Sw. (*Ophrys alata* Thunb.) - S-Afr. (G)
2. **catholicum** (L.) Sw. (*Ophrys catholica* L., *O. alaris* L.f., *O. affinis* Buxb., *Arethusa alaris* (L.f.) Thunb.) - S-Afr. 50-1.600 m (G, S, C)
3. **cooperi** Rolfe (*P. macloughlinii* H.Bol.) - Cape, Nat. 1.500-2.700 m ($50/6)
- *crispum* (Thunb.) Schltr.: *Corycium* 2 (G)
4. **hallii** (Schelpe) Kurzw. & Linder (S)
- *inversum* (Thunb.) Sw.: *Anochilus* 1 (G)
- *macloughlinii* H.Bol.: 3 ($50/6)
5. **magnum** Kurzw. & Linder (S)
- *orobanchoides* (L.f.) Schltr.: *Corycium* 5 (G**, S)
6. **schelpei** Linder (S)

- *sulcatum* Roxb.: *Zeuxine sulcata* (2*)
- *sulcatum* Roxb.: *Zeuxine* 17 (6*, G, H**)
7. **ukingense** Schltr. - S-Tanz. (S, C)
- *venosum* Lindl.: *Ceratandra* 2 (S)
- *volucris* (L.f.) Sw.: *Ommatidium* 1 (G)

Ptilocnema D.Don - 1825: *Pholidota* Lindl. ex Hook.
- *bracteatum* D.Don.: *Pholidota* 8 (2*, S*)
- *bracteatum* D.Don: *Pholidota* 10 (E**)

Ptychogyne Pfitz. - 1907: *Coelogyne* Lindl.
- *bimaculata* Pfitz. & Kraenzl.: *Coelogyne* 22 (9**)
- *flexuosa* (Rolfe) Pfitz. & Kraenzl.: *Coelogyne* 22 (9**)

Pygmaeorchis Brade - 1939 - *Epidendrinae* (S) - 1 sp. epi. - Braz.
1. **brasiliensis** Brade - SE-Braz. (S)

Pyrorchis D.Jones & M.Clem. - 1994 - *Caladeniinae* (S) - 2 sp. terr. - Austr.
1. **forrestii** (F.v.Muell.) D.Jones & M.Clem. - Austr. (S)
2. **nigricans** (R.Br.) D.Jones & M.Clem. - Austr. (S*)

Quekettia Lindl. - 1839 - *Subfam. Epidendroideae Tribus: Oncidieae Subtr. Oncidiinae* - ca. 6 sp. epi. - Braz., Arg., Ven. Col.
- *chrysantha* Barb.Rodr.: 1 (G, S)
- *micromera* (Barb.Rodr.) Cogn.: *Capanemia* 9 (E*, H*)
1. **microscopica** Lindl. (*Q. chrysantha* Barb.Rodr.) - Braz., Arg., Ven. Col. to 500 m (G, S*, O3/91)
2. **papillosa** Gar. - Braz., Sur. (S)
- *pygmaea* (Cogn.) Gar.: *Stictophyllorchis* 2 (S)
3. **vermeuleniana** Determ. - Peru, Sur. 100-500 m (S)

Queteletia Bl. - 1858: *Orchipedum* Breda (S)
- *plantaginifolia* Bl. (2*): *Orchipedum* 1 (S)

Quisqueya Dod - 1979 - *Subfam. Epidendroideae Tribus: Epidendreae Subtr. Laeliinae* - 4 sp. - Dom., Cuba
1. **ekmannii** Dod (S)
2. **fuertesii** Dod (*Cattleyopsis rosea* (Schltr.) Mansf.) (S)
3. **holdridgei** Dod (S)
4. **karstii** Dod (S*)

× **Quisumbingara**: × *Aeridovanda* (*Aërides* × *Papilionanthe* (*Vanda*) × *Vanda*)
Raciborscanthus Szlach. [Raciborskanthos (S)] - 1996 - *Aeridinae* (S) - 3 sp. epi. - Mal. to Born.
1. **capricornis** (Ridl.) Szlach. (*Ascochilus capricornis* Ridl.) - Mal. (S*)
Radinocion Ridl. - 1887: *Aerangis* Rchb.f. (S)
× **Raganara (Rgn.)** (*Renanthera* × *Trichoglottis* × *Vanda*)
× **Ramasamyara (Rmsya.)** (*Arachnis* × *Rhynchostylis* × *Vanda*)
Ramonia Schltr. - 1923: *Hexadesmia* Brongn. (S)
- *pulchella* Schltr.: *Hexadesmia* 11 (S)
× **Randactyle** (*Rangaeris* × *Tridactyle*)
Rangaeris sect. *Biglandulosa* Summerh. - 1949: *Cribbia* Sengh. (S)
Rangaeris (Schltr.) Summerh. - 1936 - Subfam. Epidendroideae Tribus: Vandeae Subtr. Aerangidinae - (*Aerangis* sect. *Rangaeris* Schltr.) - 5/6 sp. epi/lit - Trop. Afr., S-Afr.
1. **amaniensis** (Kraenzl.) Summerh. (*Leptocentrum amaniense* Kraenzl.) - Kenya, Tanz., N-Ug., Eth., Zim. 1.000-2.600 m - epi/ter - scented (1**, M**, C**, S*)
- *biglandulosa* Summerh.: *Cribbia* 1 (S*)
- *brachyceras* (Summerh.) Summerh.: *Cribbia* 1 (M**)
2. **longicaudata** (Rolfe) Summerh. - S-Nig. (C, S)
3. **muscicola** (Rchb.f.) Summerh. (*Aeranthes muscicola* Rchb.f., *Angraecum batesii* (Rolfe) Schltr., *Listrostachys muscicola* (Rchb.f.) Rolfe, *Aerangis muscicola* (Rchb.f.) Schltr.) - Trop.-S-Afr., Kenya, Tanz. 110-2.500 m - epi/lit (1**, E**, H**, M**, C**, S, Z**)
4. **rhipsalisocia** (Rchb.f.) Summerh. - Ang., Camer., CAR, Congo, Ghana, Guin., Ivory C., Lib., Nig., Sen., S. Leone, Zai. 100-200 m (C**, S*, Z**)
5. **schliebenii** (Mansf.) Cribb (*Leptocentrum schliebenii* Mansf., *Barombia schliebenii* (Mansf.) Cribb) - Tanz. 400-1.400 m (M, C*, S) → Barombia 2
6. **trilobata** Summerh. - Gab., S-Nig. (C, S)

Rauhiella Pabst. & Braga - 1978 - Subfam. Epidendroideae Tribus: Maxillarieae Subtr. Ornithocephalinae - 2 sp. epi. - Braz.
1. **brasiliensis** Pabst. - Braz. coast. (S*)
2. **silvana** Toscano - Braz. 200 m (S*)
Raycadenco Dods. - 1988 - *Raycadencoinae* (S) - 1 sp. - Ec.
1. **ecuadorensis** Dods. - Ec. 2.200 m (S*)
× **Recchara (Recc.)** (*Brassavola* × *Cattleya* × *Laelia* × *Schomburgkia*)
Regnellia Barbr.Rodr. - 1877: *Bletia* Ruiz & Pav. (S)
- *purpurea* Barbr.Rodr.: *Bletia* 4 (9**, E**, H**)
Reichenbachanthus Barb.Rodr. - 1882 - Subfam. Epidendroideae Tribus: Epidendreae Subtr. Laeliinae - ca. 5 sp. epi. - Trop. New W.
1. **cuniculatus** (Schltr.) Pabst (*Fractiunguis cuniculatus* Schltr.) - C.Rica, Pan. (W, S)
2. **emarginatus** Gar. (*Hexisea reflexa* Rchb.f.) - Col., Sur. (R, S)
3. **lankesteri** (Ames) Mora-Retana & J.Garcia (*Hexisea lankesteri* Ames) - C.Rica, Mex. (W**, S)
- *modestus* Barb.Rodr.: 4 (G, S)
4. **reflexus** (Lindl.) Brade (*R. modestus* Barb.Rodr., *Scaphyglottis reflexa* Lindl., *Hexisea reflexa* (Lindl.) Rchb. f., *Fractiunguis brasiliensis* Schltr., *F. reflexa* (Lindl.) Schltr.) - W-Ind., Pan., Braz., Guy., Ven., Col. (G, W, R**, S*)
× **Reichenbachara**: × *Opsisanda* (*Euanthe* (*Vanda*) × *Vanda* × *Vandopsis*)
× **Reinikkaara**: × *Christierara* (*Aërides* × *Ascocentrum* × *Euanthe* (*Vanda*) × *Vanda*)
× **Renades (Rnds.)** (*Aërides* × *Renanthera*)
× **Renafinanda (Rfnda.)** (*Neofinetia* × *Renanthera* × *Vanda*)
× **Renaglottis (Rngl.)** (*Renanthera* × *Trichoglottis*)
× **Renancentrum (Rnctm.)** (*Ascocentrum* × *Renanthera*)
× **Renanda**: × *Holttumara* (*Arachnis* × *Renanthera* × *Vanda*)
× **Renandelia** Sengh. (*Trudelia* × *Renanthera*) (S)
× **Renanetia (Rnet.)** (*Neofinetia* × *Renanthera*)

× **Renanopsis** (**Rnps.**) (*Renanthera* × *Vandopsis*)
× **Renanstylis** (**Rnst.**) (*Renanthera* × *Rhynchostylis*)
× **Renantanda** (**Rntda.**) (*Renanthera* × *Vanda*)
Renanthera (**Ren.**) Lour. - 1790 - Subfam. *Epidendroideae* Tribus: *Vandeae* Subtr. *Sarcanthinae* - (*Nephranthera* Hassk.) - ca. 15 sp. epi. - SE-As., Phil. - „Fire-Orchids"
- *angustifolia* Hook.f. (E, H): 10 (Q**)
1. **annamensis** Rolfe - Viet. (9**, S)
- *arachnites* Lindl.: *Arachnanthe flos-aeris* (2*)
- *arachnites* (Sw.) Lindl.: *Arachnis* 5 (E**, H**, Q**)
- *auyongii* E.A.Christ.: *Renantherella* 1 (Q**, S)
2. **bella** J.J.Wood - end. to Born. 800-1.100 m (Q**, S, Z**)
3. **citrina** Avery. - Viet. (S)
4. **coccinea** Lour. (*Epidendrum renanthera* Raeusch, *Gongora phillippica* Llanos) - Burm., Thai., S-China, Camb., Laos, Viet., Phil., Java (9**, E, G**, H, S)
5. **edelfeldtii** F.v.Muell. & Kraenzl. - N.Gui. (S)
6. **elongata** (Bl.) Lindl. (*R. matutina* Lindl., *R. micrantha* Bl., *Saccolabium reflexum* Lindl., *Aerides elongata* Bl., *Porphyrodesme elongata* (Bl.) Gar., *P. micrantha* (Bl.) Gar.) - Phil., Born., Java, Sum., Mal., Thai. 0-1.000 m - ter/epi (2*, G**, Q**, S*)
- *elongata* (Bl.) Lindl.: *Porphyrodesme* 1 (S)
- *flos-aeris* Rchb.f.: *Arachnanthe flos-aeris* (2*)
- *flos-aëris* (L.) Rchb.f.: *Arachnis* 5 (E**, H**, Q**)
7. **hennisiana** Schltr. - Burm. (O3/81, S)
- *histrionica* Rchb.f.: *Renantherella* 1 (H)
- *hookeriana* Rchb.f.: *Arachnis* 7 (Q**)
8. **imschootiana** Rolfe (*R. matutina* n.n., *R. papilio* King & Pantl.) - CITES - Ind., Burm., Indoch., Ass., Laos, Viet. (4**, 8**, 9**, E**, H**, S*, Z)
9. **isopetala** Holtt. [*R. isosepala* Holtt. (S)] - Thai., Born. ca. 50 m (Q**, S)

- *lowii* Rchb.f.: *Arachnanthe lowii* (8**)
- *lowii* (Lindl.) Rchb.f.: *Dimorphorchis* 1 (9**, H*, Q)
10. **matutina** (Bl.) Lindl. (*R. micrantha* Bl., *R. angustifolia* Hook.f., *Aerides matutina* Bl., *A. angustifolia* Hook. f., *Nephranthera matutina* Hassk., *Saccolabium reflexum* Lindl.) - Mal., Java, Sum., Phil., Born. 100-600 m (2*, 8**, E**, H**, Q**, S)
- *matutina* Lindl.: 6 (2*, G**)
- *matutina* n.n.: 8 (8**)
- *micrantha* Bl.: 6 (2*, G**, Q**)
- *micrantha* Bl.: 10 (E**, H**)
11. **moluccana** Bl. - Amb. (S)
12. **monachica** Ames - Phil. (4**, E**, H**, S*, Z**)
- *moschifera* Hassk.: *Arachnanthe flos-aeris* (2*)
- *moschifera* (Bl.) Hassk.: *Arachnis* 5 (Q**)
- *papilio* King & Pantl.: 8 (9**)
13. **pulchella** Rolfe - Burm. (S)
- *ramuana* Kraenzl.: *Sarcochilus* 15 (9**)
- *rohaniana* Rchb.f.: *Dimorphorchis* 1 (9**)
- *rohaniana* Rchb.f.: *Dimorphorchis* 1 (Q)
- *sarcanthoides* J.J.Sm.: *Porphyrodesme* 3 (S*)
- *sarcanthoides* J.J.Sm.: *Porphyrodesme* 4 (S)
14. **storiei** Rchb.f. (*Vanda storiei* (Rchb. f.) Rchb.f., *V. storiei* Storie ex Rchb. f.) - Sum., Cel., Phil. (8**, 9**, A**, E**, H**, S*, Z**)
- *sulingi* Lindl.: *Arachnanthe sulingi* (2*)
- *sulingii* (Bl.) Lindl.: *Armodorum* 4 (H**)
15. **trichoglottis** Ridl. - Burm. (S)
- *trichoglottis* Ridl.: *Vanda* 21 (Q)
× **Renantheranda**: × *Renantanda* (*Renanthera* × *Vanda*)
Renantherella Ridl. - 1896 - Subfam. *Epidendroideae* Tribus: *Vandeae* Subtr. *Sarcanthinae* - 1 sp. epi. - Thai., Mal., Born.
1. **histrionica** (Rchb.f.) Ridl. (*Renanthera histrionica* Rchb.f.) - Thai., Mal., Born. up to 300 m (H, Q, S*) var. **auyongii** (E.A.Christ.) Sengh. (*Renanthera auyongii* E.A.Christ.) - end. to Born. 0-50 m (H**, Q**, S)

var. **histrionica** - Thai., Mal. (Q)
× *Renanthoceras*: × *Sarcothera* (*Pteroceras* (*Sarcochilus*) × *Renanthera*)
× **Renanthoglossum (Rngm.)** (*Ascoglossum* × *Renanthera*)
× **Renanthopsis (Rnthps.)** (*Phalaenopsis* × *Renanthera*)
× *Renarodorum:* × *Aranthera* (*Arachnis* × *Armodorum* (*Arachnis*) × *Renanthera*)
Renata Ruschi - 1946 - *Epidendrinae* (S) - 1 sp. terr. - Braz.
1. **canaaensis** Ruschi - Braz. (S*)
× *Renopsis:* × *Renanopsis* (*Renanthera* × *Vandopsis*)
Renzorchis Szlach. & Olsc. - 1998 - *Habenariinae* (S) - 1 sp. terr. - Gab.
1. **pseudoplatycoryne** Szlach. & Olsc. - Gab. (S*)
× **Restesia** (*Orleanesia* × *Restrepia*) n.n.
Restrepia (Rstp.) H.B.K. - 1816 - *Subfam. Epidendroideae Tribus: Epidendreae Subtr. Pleurothallidinae* - ca. 48 sp. epi/lit - And., Mex. to N-Arg.
1. **aberrans** Luer - Pan. 350 m (L*, FXX2*, S)
- *angustilabia* Schltr.: 48 (L**)
- *angustilabia* ssp. *subserrata* (Schltr.) Mohr: 48 (L**)
2. **antennifera** H.B.K. (*R. maculata* Lindl., *R. hemsleyana* Schltr., *R. antennifera* ssp. *klabochorum* Mohr, - ssp. *hemsleyana* Mohr, *Pleurothallis ospinae* Schult.) - Ven., Col., Ec. 1.480-3.500 m (4**, 8**, E*, H*, S, L**, Z**)
var. **cuprea** hort. - Col. (R**)
var. **gigantea** hort. - Col. (R**)
var. **maculata** hort. - Col. (R**)
var. **puntillosa** hort. - Col. (R**)
var. **roseola** hort. - Col. (R**)
- *antennifera* auct. non Kunth mss.: 23 (9**)
- *antennifera* Hemsl., non Kunth: 24 (9**)
- *antennifera* Kunth mss.: 24 (9**)
- *antennifera* ssp. *erythroxantha* (Rchb.f.) Mohr: 18 (L**)
- *antennifera* ssp. *leontoglossa* (Rchb.f.) Mohr: 48 (L**)
- *antennifera* ssp. *hemsleyana* Mohr: 2 (L*)
- *antennifera* ssp. *klabochorum* Mohr: 2 (L*)
- *antennifera* ssp. *striata* (Rolfe) Mohr: 5 (L**)
- *antioquiensis* Schltr.: 42 (L**)
- *apiculata* Luer: 12 (L**)
3. **aristulifera** Gar. & Dunst. - Ven., Col. 1.800-2.800 m (O2/89, L**, R**, Z**)
4. **aspasicensis** Rchb.f. (*R. dentata* Rolfe) - Ven., Col. 1.800 m (L**, R**)
5. **brachypus** Rchb.f. (*R. striata* Rolfe, *R. antennifera* ssp. *striata* (Rolfe) Mohr, *Pleurothallis hawkesii* Flickinger) - Col., Ven., Ec., Peru, Bol. 1.500-3.200 m (L**)
- *brachypus* ssp. *serrilabia* (Schltr.) Mohr: 48 (L**)
- *caespitifica* Kraenzl.: *Barbosella* 9 (R**)
- *caucana* Schltr.: 12 (L**)
6. **chameleon** Luer & Esc. - end. to Col. 2.700 m (L**, FXX2**)
7. **chocoënsis** Gar. - end. to Col. 1.800-2.000 m (O1/89, L**, R**, Z**, S)
8. **chrysoglossa** Luer & Esc. - end. to Col. 2.100 m (L**, FXX2**)
9. **citrina** Luer & Esc. - end. to Col. 2.600 m (L**, FXVI1*, R**)
10. **cloesii** Luer - end. to Peru (L*, FXX2*)
11. **condorensis** Luer & Esc. - end. to Ec. (L**, FXX2**)
12. **contorta** (Ruiz & Pav.) Luer (*R. apiculata* Luer, *R. maculata* Lindl., *R. maculata* ssp. *ecuadorensis* (Schltr.) Mohr, *R. punctulata* Lindl., *R. pardina* Lem., *R. ecuadorensis* Rolfe, *R. caucana* Schltr., *Pleurothallis fimbrilabia* Schweinf., *Humboldtia contorta* Ruiz & Pav., *Stelis contorta* (Ruiz & Pav.) Pers.) - Peru, Ec., Col., Ven. 1.100-3.500 m (L**)
- *cucullata* Lindl.: *Barbosella* 4 (E**, H**)
13. **cuprea** Luer & Esc. - end. to Col. 1.700 m (L**, FXX2**)
14. **cymbula** Luer & Esc. - end. to Ec. (L**, FXX2**)
- *dayana* Rchb.f.: 33 (L**)
- *dentata* Rolfe: 4 (L**)
15. **dodsonii** Luer - end. to Ec. 1.200-1.800 m (L**, Z**)
16. **echinata** Luer & Esc. - Col., Peru 1.100-1.700 m (L**, FXX2**)
17. **echo** Luer & Esc. - end. to Col. 1.900-2.000 m (L**, FXX2**)
- *ecuadorensis* Rolfe: 12 (L**)

18. **elegans** Karst. (*R. punctulata* Lindl., *R. erythroxantha* Rchb.f., *R. leopardina* hort., *R. leopardina* var. *rosea* hort., *R. antennifera* ssp. *erythroxantha* (Rchb.f.) Mohr) - Ven. 1.400-2.700 m (9**, A**, E**, H**, L**)
19. **ephippium** Luer & Hirtz - end. to Ec. 1.200-1.800 m (L**, FXX2*)
- *erythroxantha* Rchb.f. (O1/86): 18 (L**)
20. **escobariana** Luer - end. to Col. ca. 2.000 m (L**, FXX2**)
21. **falkenbergii** Rchb.f. - end. to Col. 1.000-2.000 m (L**, R**)
- *filamentosa* Ames & Schweinf.: 48 (L**)
22. **flosculata** Luer (*R. flosculata* var. *pallens* Mohr & Herzum, - var. *picta* Mohr & Herzum, - ssp. *picta* (Mohr & Herzum) Mohr) - Ec., Col. 900-1.800 m (L**)
- *flosculata* ssp. *picta* (Mohr & Herzum) Mohr: 22 (L**)
- *flosculata* var. *pallens* Mohr & Herzum: 22 (L**)
- *flosculata* var. *picta* Mohr & Herzum: 22 (L**)
- *gardneri* (Lindl.) Benth.: *Barbosella* 5 (G)
23. **guttulata** Lindl. (*R. maculata* Lindl., *R. maculata* ssp. *robledorum* (Braas & Braem) Mohr, *R. pardina* Lem., *R. leopardina* hort., *R. leopardina* var. *rosea* hort., *R. antennifera* auct. non Kunth mss., *R. robledorum* Braas & Braem) - Ven., Col., Ec., Peru 1.800-4.500 m (9**, L**)
24. **hemsleyana** Schltr. (*R. antennifera* Hemsl. non Kunth, *R. antennifera* Kunth mss.) - Col. (9**, R**)
- *hemsleyana* Schltr.: 2 (L*)
25. **iris** Luer (*R. pulchella* Mohr) - end. to Ec. 1.400-2.500 m (L**)
26. **jesupiana** Luer - end. to Ven. 2.300-2.800 m (L**, FXX2**)
- *kegelii* Rchb.f.: *Chamelophyton* 1 (L*)
27. **lankesteri** Ames & Schweinf. (*Pleurothallis amesiana* L.O.Wms.) - end. to C.Rica 1.650 m (L**)
- *lankesteri* Ames & Schweinf.: 45 (W**)
28. **lansbergii** Rchb.f. & Wagener - Ven., Ec., Peru 700-1.550 m (O1/93, L**)
- *lansbergii* Rchb.f. sensu Hook.: 52 (9**)
- *lansbergii* sensu Hook.: 33 (L**)
- *lansbergii* var. *wageneri* A.Eaton: 51 (L**)
- *leontoglossa* Schltr.: 48 (L**)
- *leopardina* hort.: *R. maculata* (E**, H**)
- *leopardina* hort.: 23 (9**)
- *leopardina* hort.: 18 (L**)
- *leopardina* var. *rosea* hort.: 23 (9**)
- *leopardina* var. *rosea* hort.: 18 (L**)
29. **limbata** Luer & Esc. - end. to Col. 1.800-2.200 m (L**, R**)
- *lonchophylla* Barb.Rodr.: *Myoxanthus* 24 (L*)
- *maculata* Lindl.: 2 (8**)
- *maculata* Lindl.: 23 (9**)
- *maculata* Lindl. (E**, H**): 12 (L**)
- *maculata* ssp. *robledorum* (Braas & Braem) Mohr: 23 (L**)
- *maculata* ssp. *ecuadorensis* (Schltr.) Mohr: 12 (L**)
30. **mendozae** Luer - end. to Ec. 1.500 m (L**, FXX2*)
31. **metae** Luer - end. to Col. 550 m (L*, FXX2*)
- *miersii* (Lindl.) Rchb.f.: *Barbrodria* 1 (G)
32. **mohrii** Braem - end. to Peru 1.400-2.000 m (L**)
33. **muscifera** (Lindl.) Rchb.f. ex Lindl. (*R. dayana* Rchb.f., *R. lansbergii* sensu Hook., *R. muscifera* ssp. *shuttleworthii* (Rolfe) Mohr, *R. powellii* Schltr., *R. shuttleworthii* Rolfe, *R. tonduzii* Schltr., *R. xanthophthalma* Rchb.f., *Pleurothallis muscifera* Lindl., *P. dayana* (Rchb.f.) L.O.Wms., *P. xanthophthalma* (Rchb.f.) L.O.Wms.) - Guat., Mex., Hond., Nic., C. Rica, Pan., Col., Ec. 600-2.400 m (G, W, R**, L**, Z**, S)
- *muscifera* ssp. *shuttleworthii* (Rolfe) Mohr: 33 (L**)
34. **nittiorhyncha** (Lindl.) Gar. (*R. schlimii* Rchb.f., *Pleurothallis nittiorhyncha* Lindl., *Humboldtia nittiorhyncha* (Lindl.) Ktze.) - end. to Col. 2.200-3.500 m (L**)
- *ophiocephala* (Lindl.) Rchb.f.: *Restrepiella* 1 (9**, G, L*)
35. **pandurata** Rchb.f. - end. to Col. (O6/94, L**)
- *pardina* Lem.: *R. maculata* (E**, H**)
- *pardina* Lem.: 23 (9**)

- *pardina* Lem.: 12 (L**)
36. **pelyx** (pelix) Luer & Esc. - Col., Ven. 2.000-2.700 m (L**, R**, Z**)
- *pilosissima* (Schltr.) Ames & Schweinf.: *Dresslerella* 7 (L*)
37. **pleurothalloides** Cogn. (S)
- *powellii* Schltr.: 52 (9**)
- *powellii* Schltr.: 33 (L**)
- *prorepens* Rchb.f.: *Barbosella* 9 (R**)
- *pulchella* Mohr (O1/93): 25 (L**)
- *punctulata* Lindl.: 18 (9**, E**, H**)
- *punctulata* Lindl.: 12 (L**)
38. **purpurea** Luer & Esc. - end. to Col. 1.650 m (L**, FXX2**)
39. **radulifera** Luer & Esc. - end. to Ven. 2.500 m (L**, FXX2**)
- *reichenbachiana* Endr. ex Rchb.f.: *Restrepiopsis* 12 (L*)
40. **renzii** Luer - end. to Ven. 2.400-2.500 m (L*, FXX2*)
- *robledorum* Braas & Braem (O4/82): 23 (L**)
41. **roseola** Luer & Esc. - end. to Ven. 1.300 m (L**, FXX2**)
42. **sanguinea** Rolfe (*R. antioquiensis* Schltr., *Pleurothallis antioquiensis* (Schltr.) P.H.Allen) - end. to Col. 1.500-2.500 m (L**, R**)
43. **schizosepala** Luer & Hirtz - end. to Ec. (L**, FXX2**)
- *schlimii* Rchb.f. (Z**): 34 (L**)
44. **seketii** Luer & Esc. - end. to Col. (L**, FXX2**)
- *serrilabia* Schltr.: 48 (L**)
- *shuttleworthii* Rolfe: 33 (L**)
- *striata* Rolfe (9**): 5 (L**)
45. **subserrata** Schltr. (*R. lankesteri* Ames & Schweinf.) - C.Rica, Pan. (W**, Z)
- *subserrata* Schltr.: 48 (L**)
46. **tabeae** Mohr - end. to Col. 2.100 m (L**)
47. **teaguei** Luer - end. to Ec. 1.500-1.600 m (L**, Z**)
- *tentaculata* Poepp. & Endl.: *Pleurothallis* 707 (G)
- *tonduzii* Schltr.: 52 (9**)
- *tonduzii* Schltr.: 33 (L**)
48. **trichoglossa** Lehm. ex Sand. (*R. angustilabia* Schltr., *R. angustilabia* ssp. *subserrata* (Schltr.) Mohr, *R. antennifera* ssp. *leontoglossa* (Rchb. f.) Mohr, *R. brachypus* ssp. *serrilabia* (Schltr.) Mohr, *R. filamentosa* Ames & Schweinf., *R. leontoglossa* Schltr., *R. serrilabia* Schltr., *R. subserrata* Schltr., *R. trichoglottis* hort. ex Gentil, *Pleurothallis filamentosa* (Ames & Schweinf.) L.O.Wms., *P. subserrata* (Schltr.) L.O.Wms.) - Col., Ec., Peru, Pan., C.Rica, Guat., Mex. 300-3.280 m (L**, S)
- *trichoglottis* hort. ex Gentil: 48 (L**)
49. **tsubotae** Luer & Esc. - end. to Col. 600 m (L**, FXX2*)
- *ujarrensis* Rchb.f.: *Restrepiopsis* 15 (L*)
50. **vasquezii** Luer - end. to Bol. 1.800-2.100 m (L**, FXX2**)
51. **wageneri** Rchb.f. (*R. lansbergii* var. *wageneri* A.Eaton) - end. to Ven. 1.200 m (L**)
52. **xanthophthalma** Rchb.f. (*R. lansbergii* Rchb.f. sensu Hook., *R. powellii* Schltr., *R. tonduzii* Schltr., *Pleurothallis xanthophthalma* (Rchb.f.) L.O.Wms.) - Mex., Guat., Salv., Hond., C.Rica, Pan. (9**, S, W)
- *xanthophthalma* Rchb.f.: 33 (W, L**)

Restrepiella Gar. & Dunst. - 1966 - Subfam. Epidendroideae Tribus: Epidendreae Subtr. Pleurothallidinae - 1 sp. epi. - C-Am.
- *bicallosa* (Luer & Esc.) Braas & Mohr: *Restrepiopsis* 9 (L*)
- *clausa* (Luer & Esc.) Braas & Mohr (O4/82): *Restrepiopsis* 2 (L)
- *grandiflora* Gar.: *Restrepiopsis* 6 (L*)
- *hirsutissima* (Schweinf.) Gar. & Dunst.: *Dresslerella* 4 (L**)
- *lenkenhoffii* Braas & Mohr: *Restrepiopsis* 15 (L*)
- *microptera* (Schltr.) Gar. & Dunst.: *Restrepiopsis* 6 (L*)
- *norae* Gar. & Dunst.: *Restrepiopsis* 9 (L*)
1. **ophiocephala** (Lindl.) Gar. & Dunst. (*Pleurothallis ophiocephala* Lindl., *P. peduncularis* Hook., *P. puberula* Kl., *P. stigmatoglossa* Rchb.f. ex Lindl., *Restrepia ophiocephala* (Lindl.) Rchb.f.) - Mex. to C.Rica 40-1.200 m (3**, 9**, A**, G, H*, S, W**, L*, Z**)
f. **clausa** Bock - C.Rica (O(B)3, O1/93)
- *pilosissima* (Schltr.) Gar. & Dunst.:

Dresslerella 7 (L*)
- *powersii* (Luer) Braas & Mohr: *Restrepiopsis* 11 (L*)
- *tubulosa* (Lindl.) Gar.: *Restrepiopsis* 14 (L*)
- *ujarrensis* (Rchb.f.) Gar. & Dunst.: *Restrepiopsis* 15 (L*)
- *viridula* (Lindl.) Gar. & Dunst.: *Restrepiopsis* 14 (L*)

Restrepiopsis Luer - 1978 - *Subfam. Epidendroideae Tribus: Epidendreae Subtr. Pleurothallidinae* - ca. 16 sp. epi. - C-Am., And., S-Am., Ven. to Bol.
- *bicallosa* Luer & Esc.: 9 (L*)
1. **carnosa** Luer & Vasq. - Bol. ca. 1.800 m (L*)
2. **clausa** Luer & Esc. - Col., Ec. ca. 1.700 m (L*)
- *clausa* Luer & Esc.: *Restrepiella clausa* (O4/82)
- *grandiflora* (Gar.) Luer: 6 (L*)
3. **inaequalis** Luer & Esc. - Ec., Col., 1.500-2.400 m (L*)
4. **insons** Luer & Esc. - Col. ca. 2.000 m (L*)
5. **lehmannii** Luer - Col. (L*)
6. **microptera** (Schltr.) Luer (*R. grandiflora* (Gar.) Luer, *Pleurothallis microptera* Schltr., *Restrepiella microptera* (Schltr.) Gar. & Dunst., *R. grandiflora* Gar.) - Col., Ec., Peru 1.700-2.500 m (L*, R**)
7. **monetalis** (Luer) Luer (*R. pulchella* Luer, *Octomeria monetalis* Luer) - Ec., Ven. 1.800-2.000 m (L*)
8. **mulderae** Luer - Ven. (L*)
9. **norae** (Gar. & Dunst.) Luer (*R. bicallosa* Luer & Esc., *Restrepiella norae* Gar. & Dunst., *R. bicallosa* (Luer & Esc.) Braas & Mohr) - Ven., Col., Ec. 1.400-2.600 m (L*, R**)
10. **pandurata** Luer - Ec. ca. 1.000-1.500 m (L*)
11. **powersii** Luer (*Restrepiella powersii* (Luer) Braas & Mohr) - Col. ca. 2.000 m (L*, R**)
- *pulchella* Luer: 7 (L*)
12. **reichenbachiana** (Endr. ex Rchb.f.) Luer (*Restrepia reichenbachiana* Endr. ex Rchb.f., *Barbosella reichenbachiana* (Endr. ex Rchb.f.) Schltr., *Pleurothallis cruciformis* Ames, Hubb & Schweinf.) - Nic., C.Rica 100-900 m (W, L*, S)
13. **striata** Luer & Esc. - Col., Ven. 2.300-2.700 m (L*, FXVI1*, R**)
14. **tubulosa** (Lindl.) Luer (*R. viridula* (Lindl.) Luer, *Pleurothallis tubulosa* Lindl., *P. viridula* Lindl., *P. caliensis* Schltr., *P. flavescens* Schltr., *Humboldtia tubulosa* (Lindl.) Ktze., *H. viridula* (Lindl.) Ktze., *Restrepiella tubulosa* (Lindl.) Gar., *R. viridula* (Lindl.) Gar. & Dunst.) - Ec., Col., Ven., C.Rica, Pan. 1.000-3.200 m (W, L*, FXVI1, R**)
15. **ujarrensis** (Rchb.f.) Luer (*Restrepia ujar(r)ensis* Rchb.f., *Pleurothallis ujarrensis* (Rchb.f.) Lindl., *Humboldtia ujarrensis* (Rchb.f.) Ktze., *Restrepiella ujarrensis* (Rchb.f.) Gar. & Dunst., *R. lenkenhoffii* Braas & Mohr) - C.Rica, Guat., Nic., Pan., Ec. 700-1.800 m (W**, L*, S*)
- *viridula* (Lindl.) Luer: 14 (L*)

Reymondia Karst. & Ktze.: *Myoxanthus* Poepp. & Endl.

Rhaesteria Summerh. - 1966 - *Subfam. Epidendroideae Tribus: Vandeae Subtr. Aerangidinae* - 1 sp. epi. - Ug.
1. **eggelingii** Summerh. - Ug. (S*)

Rhambodia Lindl. - 1857 - *Physurinae* (S) - 22 sp. terr. - N.Gui., China, Burm., Ind. to Sol., Austr.
1. **longifolia** Lindl. (S)

Rhamphidia Miq.: *Gonatostylis* Schltr. (S)
- *elongata* (Lindl.) Lindl.: *Hetaeria* 3 (6*)
- *grandiflora* Lindl.: *Myrmechis* 2 (2*)
- *rubens* (Lindl.) Lindl.: *Hetaeria* 12 (6*)
- *rubiconda* (Rchb.f.) Rchb.f.: *Hetaeria* 8 (6*)
- *rubicunda* (Bl.) Rchb.f.: *Goodyera* 28 (G)
- *tenuis* Lindl.: *Hetaeria* 8 (6*)

Rhamphorhynchus Gar. - 1977 - *Subfam. Spiranthoideae Tribus: Erythrodeae* - 1 sp. terr. - Braz.
1. **mendoncae** (Brade & Pabst) Gar. - Braz. (S*)

Rhaphidorhynchus Finet p.p. - 1907: *Microcoelia* Lindl. (S)
Rhaphidorhynchus Finet p.p. - 1907: *Aerangis* Rchb.f. (S)
- *aphyllus* Finet: *Solenangis* 1 (U**)
- *articulatus* (Rchb.f.) Poiss.: *Aerangis* 4 (U)
- *bilobus* (Lindl.) Finet: *Aerangis* 5 (9**, G**)

- *chiloschistae* (Rchb.f.) Finet: *Microcoelia* 9 (U)
- *citratus* (Thou.) Finet: *Aerangis* 9 (9**, U)
- *curnowianus* Finet: *Aerangis* 15 ($55/11, U)
- *fastuosus* (Rchb.f.) Finet: *Aerangis* 19 (9**, E**, H**, U)
- *gilpinae* (Rchb.f. & S.Moore) Finet: *Microcoelia* 10 (U**)
- *kotschyi* (Rchb.f.) Finet: *Aerangis* 28 (9**)
- *macrostachyus* (Thou.) Finet: *Beclardia* 3 (U**)
- *modestus* (Hook.f.) Finet: *Aerangis* 32 (9**, U)
- *modestus* var. *sanderianus* Poiss.: *Aerangis* 32 (U)
- *ophioplectron* (Rchb.f.) Poiss.: *Jumellea* 34 (U)
- *perrieri* Finet: *Microcoelia* 22 (U**)
- *probeguini* Finet: *Angraecopsis* 11 (U)
- *spiculatus* Finet: *Aerangis* 43 ($55/10, U**)
- *stylosus* Finet: *Aerangis* 14 (U)
- *umbonatatus* Finet: *Aerangis* 21 ($55/9, U)

Rhinerrhiza (Rhin.) Rupp - 1951 - *Subfam. Epidendroideae Tribus: Vandeae Subtr. Sarcanthinae* - 2 sp. epi. - Austr., N.Gui., Sol.
1. **divitiflora** (F.v.Muell. ex Benth.) Rupp (*Sarcochilus divitiflorus* F.v.Muell. ex Benth.) - end. to Austr. (Qld.) 0-700 m (P**, S*)
2. **moorei** (Rchb.f.) M.Clem., Wall. & D.Jones (*Sarcochilus moorei* Rchb.f.) - Austr. (Qld.), N.Gui., Sol. (P**, S)
- *moorei* (Rchb.f.) M.Clem., Wall. & D.Jones: *Rhinerrhizopsis* 1 (S)

Rhinerrhizopsis Ormerod - 2001 - *Aeridinae* (S) - 1 sp. epi. - Austr. (Qld.), N.Gui., Sol.
1. **moorei** (Rchb.f.) Ormerod (*Rhinerrhiza moorei* (Rchb.f.) M.Clem., Wall. & D.Jones, *Sarcochilus moorei* (Rchb.f.) Schltr., *Thrixspermum moorei* Rchb.f.) - Austr. (Qld.), N.Gui., Sol. (S*)

× **Rhinochilus (Rhincs.)** (*Rhinerrhiza* × *Sarcochilus*)

Rhipidoglossum Schltr. - 1918: *Diaphananthe* Schltr.

Rhipidoglossum Schltr. - 1918 - *Subfam. Epidendroideae Tribus: Vandeae Subtr. Aerangidinae* - (*Diaphananthe* sect. *Rhipidoglossum* (Schltr.) Summerh., *Crossangis* Schltr.) - 34 sp. - Afr.
1. **adoxum** (Rasm.) Sengh. (*Diaphananthe adoxa* Rasm.) - Eth. (S)
↬ *adoxum* (Rasm.) Sengh.: *Diaphananthe* 1 (M)
2. **candidum** (Cribb) Sengh. (*Diaphananthe candida* Cribb) - S.Leone to Eth. (S)
3. **curvatum** (Rolfe) Gar. (*Diaphananthe curvata* (Rolfe) Summerh.) - S.Leone to Camer. (S*)
4. **densiflora** Summerh. - S.Leone to Ang. (S)
5. **laticalcar** (Hall) Sengh. (*Diaphananthe laticalcar* Hall) (S)
6. **melianthum** (Cribb) Sengh. (*Diaphananthe meliantha* Cribb) (S)
7. **montanum** (Piers) Sengh. (*Angraecum montanum* Piers) (S)
↬ *montanum* (Piers) Sengh.: *Diaphananthe* 7 (M**)
8. **oxycentron** (Cribb) Sengh. (*Diaphananthe oxycentron* Cribb) (S)
9. **pachyrhizum** (Cribb) Sengh. (*Diaphananthe pachyrhiza* Cribb) (S)
10. **peglerae** (H.Bol.) Schltr. - S.Leone to Cape (S)
11. **rutilum** (Rchb.f.) Schltr. (*Diaphananthe rutila* (Rchb.f.) Summerh.) - S.Leone to Kenya, Ang., Moz., Sud. - scented (S*)
↬ *rutilum* (Rchb.f.) Schltr.: *Diaphananthe* 11 (1**)
12. **schimperianum** (A.Rich.) Gar. - S.Leone to Eth. (S)
13. **stellata** (Cribb) Sengh. (*Diaphananthe stellata* Cribb) - Tanz. (S)
14. **tanneri** (Cribb) Sengh. (*Diaphananthe tanneri* Cribb) (S*)
↬ *tanneri* (Cribb) Sengh.: *Diaphananthe* 14 (M)
15. **tenuicalcar** (Summerh.) Gar. - S.Leone to Eth. (S) ↬ Diaphananthe 15
16. **xanthopollinium** (Rchb.f.) Schltr. (*Diaphananthe xanthopollinia* (Rchb.f.) Summerh.) - Zai. to Kenya, Zam., Nat. (S)
↬ *xanthopollinium* (Rchb.f.) Schltr.: *Diaphananthe* 19 (M**)

Rhizanthella R.Rogers - 1928 - *Subfam. Epidendroideae Tribus: Gastrodieae*

Subtr. Rhizanthellinae - (*Cryptanthemum* Rupp) - 2 sp. sapro - Austr.
1. **gardneri** R.Rogers - end. to W-Austr. ter/sapro (S*, P**, FXV2/3**)
2. **slateri** (Rupp) M.Clem. & Cribb (*Cryptanthemis slateri* Rupp) - end. to Austr. (Qld., NSW) (P**)
× **Rhizanthera** (*Dactylorhiza* × *Platanthera*)
Rhomboda lamellata Miq.: *Hetaeria* 4 (2*)
Rhophostemon concolor Bl.: *Pogonia concolor* Bl. (2*)
Rhynchadenia A.Rich. - 1853: *Macradenia* R.Br. (S)
- *cubensis* A.Rich.: *Macradenia* 6 (G**)
× *Rhynchanthera*: × *Renanstylis* (*Renanthera* × *Rhynchostylis*)
× *Rhynchanthera paniculata* Bl.: *Corymborkis* 5 (2*, H)
× **Rhynchocentrum (Rhctm.)** (*Ascocentrum* × *Rhynchostylis*)
Rhynchogyna Seidenf. & Gar. - 1973 - Aeridinae (S) - 2 sp. epi. - Thai., Mal.
1. **fallax** (Guill.) Seidenf. - Viet. (S)
2. **luisifolia** (Ridl.) Seidenf. & Gar. (*Saccolabium luisifolium* Ridl.) - Thai., Mal. (S*)
3. **saccata** Seidenf. & Gar. - N-Thai. (S*)
Rhyncholaelia Schltr. - 1918 - *Subfam. Epidendroideae Tribus: Epidendreae Subtr. Laeliinae* - 2 sp. epi. - Mex., Guat., Hond., Bel.
1. **digbyana** (Lindl.) Schltr. (*Brassavola digbyana* Lindl., *Bletia digbyana* (Lindl.) Rchb.f., *Laelia digbyana* (Lindl.) Benth., *L. digbyana* var. *fimbripetala* Ames) - Mex., Guat., Bel., Hond. - nat. flower of Hond. (4**, 9**, O3/91, G**, H**, $55/2, S, Z**)
→ *digbyana* (Lindl.) Schltr.: *Brassavola* 7 (E**)
2. **glauca** (Lindl.) Schltr. (*Brassavola glauca* Lindl., *Bletia glauca* (Lindl.) Rchb.f., *Laelia glauca* (Lindl.) Benth. ex G.Jackson) - Mex., Guat., Hond., Nic., Pan. up to 1.500 m (3**, 9**, O3/91, O3/84, G**, H**, S, Z**)
→ *glauca* (Lindl.) Schltr.: *Brassavola* 11 (E**)

× **Rhynchonopsis (Rhnps.)** (*Phalaenopsis* × *Rhynchostylis*)
× *Rhynchopapilisia*: × *Goffara* (*Luisia* × *Papilionanthe* (*Vanda*) × *Rhynchostylis*)
Rhynchopera Kl.: *Pleurothallis* R.Br. (L)
- *pedunculata* Kl.: *Pleurothallis* 527 (G)
- *punctata* Karst.: *Pleurothallis* 404 (E**, H**)
Rhynchophreatia Schltr. - 1921: *Phreatia* Lindl. (S)
Rhynchophreatia Schltr. - 1921 - *Subfam. Epidendroideae Tribus: Epidendreae Subtr. Thelasiinae* - 8 sp. epi. - N.Gui., Indon., N.Cal., Austr.
1. **micrantha** (A.Rich.) N.Hallé (*Phreatia robusta* R.Rogers, *Oberonia micrantha* A.Rich.) - Austr. (Qld.), N.Gui., N.Cal. - „Fan Orchid" (P**, O1/94, Z**)
× **Rhynchorides (Rhrds.)** (*Aërides* × *Rhynchostylis*)
Rhynchostele Rchb.f. - 1852 - Oncidiinae (S) - (*Odontoglossum* sect. *Rhynchostele* (Rchb.f.) Halb.) - 1 sp. epi. - Mex., Guat.
1. **pygmaea** (Lindl.) Rchb.f. (*Odontoglossum pygmaeum* Lindl., *Oncidium pygmaeum* (Lindl.) Beer, *Leochilus pygmaeus* (Lindl.) Benth. & Hook. ex Johnson) - Mex., Guat. 2.000-3.000 m (A**, G, S*)
Rhynchostelis Rchb.f.: *Leochilus* Knowl. & Westc.
Rhynchostylis (Rhy.) Bl. - 1825 - *Subfam. Epidendroideae Tribus: Vandeae Subtr. Sarcanthinae* - (*Anota* Schltr.) - ca. 3/6 sp. epi. - Ind., Mal., Indon., Phil.
1. **coelestis** Rchb.f. (*Saccolabium coeleste* Rchb.f.) - Thai. (S*, Z**)
- *densiflora* (Lindl.) L.O.Wms.: *Robiquetia* 14 (G)
- *densiflora* (Lindl.) L.O.Wms.: 2 (9**, S*)
- *garwalica* (Lindl.) Rchb.f.: 3 (2*, 8**, 9**, E**, G**, H**)
2. **gigantea** (Lindl.) Ridl. (*R. densiflora* (Lindl.) L.O.Wms., *Saccolabium giganteum* Lindl., *S. densiflorum* Lindl., *Vanda densiflora* (Lindl.) Lindl., *Anota densiflora* (Lindl.) Schltr., *A. gigantea* (Lindl.) Fuk.) - Burm., Indoch., Thai., Viet., Laos - scented (4**, 9**, E**, H**, S*, Z**)

ssp. **violacea** (Lindl.) E.A.Christ. (*R. violacea* (Lindl.) Rchb.f., *Vanda violacea* Lindl., *Anota violacea* (Lindl.) Schltr.) - Phil. (S)
   var. **harrisoniana** (Hook.) Holtt. (*Saccolabium harrisonianum* Hook.) - China, Mal. (9**)
- *guttata* (Roxb.) Rchb.f.: 3 (2*, 9**, E**, G**, H**, S*)
- *latifolia* C.E.C.Fisch.: *Xenikophyton* 1 (S*)
- *praemorsa* (Willd.) Bl.: 3 (2*, 9**, E**, G**, H**, S*)
3. **retusa** (L.) Bl. (*R. praemorsa* (Willd.) Bl., *R. guttata* (Roxb.) Rchb.f., *R. garwalica* (Lindl.) Rchb.f., *R. violacea* Ames, *R. violacea* var. *berkeleyi* (Rchb.f.) Stein, *Epidendrum retusum* L., *E. hippium* Buch.-Ham. ex Lindl., *E. hippium* Buch.-Ham. ex D. Don, *E. indicum* Poiret, *Saccolabium berkeleyi* Rchb.f., *S. blumei* Lindl., *S. blumei* var. *major* Will., - var. *russelianum* Will., *S. furcatum* Will., *S. garwalicum* Lindl., *S. guttatum* (Roxb.) Lindl., *S. holfordianum* Warner, *S. heathii* hort., *S. littorale* Rchb.f., *S. macrostachyum* Lindl., *S. praemorsum* (Willd.) Lindl., *S. rheedii* Wight, *S. retusum* Van Houtte, *S. retusum* (L.) Lem., *S. retusum* (L.) Voigt, *S. spicatum* (D.Don) Lindl., *S. turneri* Will., *S. violaceum* Rchb.f., *Aerides guttatum(a)* Roxb., *A. retusum(a)* (L.) Sw., *A. spicatum(a)* D. Don., *A. praemorsum(a)* Willd., *A. undulatum* Smith, *Sarcanthus guttatus* (Roxb.) Lindl., *Limodorum retusum* (L.) Sw., *Gastrochilus retusus* (L.) Ktze., *G. blumei* (Lindl.) Ktze., *G. garwalicus* (Lindl.) Ktze., *G. praemorsus* (Willd.) Ktze., *G. rheedii* (Wight) Ktze., *G. spicatus* (D. Don) Ktze., *Orchis lanigera* Blanco) - Ind., Burm., Sri L. to Mal., Phil., Indoch. (2*, 8**, 9**, E**, G**, H**, S*)
- *violacea* Ames: 3 (G**)
4. **violacea** (Lindl.) Rchb.f. (*Vanda violacea* Lindl., *Saccolabium violaceum* (Lindl.) Rchb.f., *Anota violacea* (Lindl.) Schltr.) - Phil. (G**)
- *violacea* (Lindl.) Rchb.f.: 2 (S)
- *violacea* var. *berkeleyi* (Rchb.f.) Stein: 3 (G**)
× **Rhynchovanda (Rhv.)** (*Rhynchostylis* × *Vanda*)
× *Rhynchovandanthe*: × *Rhynchovanda* (*Euanthe* (*Vanda*) × *Rhynchostylis* × *Vanda*)
× *Rhynchovola*: *Brassavola* (*Brassavola* × *Rhyncholaelia* (*Brassavola*)
× **Rhyndoropsis (Rhdps.)** (*Doritis* × *Phalaenopsis* × *Rhynchostylis*)
Rhytionanthes [Rhytionanthos (S)] Gar., Hamer & Siegerist - 1994 - *Bulbophyllinae* (S) - 10 sp.
1. **cornutum** (Lindl.) Gar., Hamer & Siegerist - Him. (S*)
2. **mirum** (J.J.Sm.) Gar., Hamer & Siegerist - Java (S*)
3. **spathulatum** (Rolfe ex Coop.) Gar., Hamer & Siegerist - Sik. to Viet. (S)
× **Richardmizutaara (Rcmza.)** (*Ascocentrum* × *Phalaenopsis* × *Vandopsis*)
× **Richardsonara (Rchna.)** (*Aspasia* × *Odontoglossum* × *Oncidium*)
Ridleya Pfitz. - 1900: *Thrixspermum* Lour. (S)
× **Ridleyara (Ridl.)** (*Arachnis* × *Trichoglottis* × *Vanda*)
Ridleyella Schltr. - *Subfam. Epidendroideae Tribus: Epidendreae Subtr. Thelasiinae* - 1 sp.
Rimacola Rupp - 1942 - *Subfam. Orchidoideae Tribus: Diurideae Subtr. Caladeniinae* - 1 sp. terr. - end. to SE-Austr.
1. **elliptica** (R.Br.) Rupp (*Lyperanthus ellipticus* R.Br.) - end. to SE-Austr. (NSW) - „Green Rock Orchid, Green Beaks" (S, P**)
Risleya King & Pantl. - 1896 - *Subfam. Epidendroideae Tribus: Malaxideae* - 1 sp. terr. - Sik.
1. **atropurpurea** King & Pantl. - Him., Sik. ca. 4.000 m (S*)
Ritaia King & Pantl. - 1898: *Ceratostylis* Bl. (S)
× **Robifinetia (Rbf.)** (*Neofinetia* × *Robiquetia*)
× **Robinara (Rbnra.)** (*Aërides* × *Ascocentrum* × *Renanthera* × *Vanda*)
Robiquetia (Rbq.) Gaudich. - 1826 - *Subfam. Epidendroideae Tribus: Vandeae Subtr. Sarcanthinae* - 20/40 sp. epi. - SE-As., Indon., Phil., Austr., P.Is.
1. **ascendens** Gaudich. - Mol. (E, H, S)
2. **brevifolia** (Lindl.) Gar. ($56/1)

3. **cerina** (cirina) (Rchb.f.) Gar. - Mal. (A**, S*)
4. **compressa** (Lindl.) Schltr. (*R. ramosii* Ames, *Saccolabium compressum* Lindl., *Gastrochilus compressus* (Lindl.) Ktze.) - Phil. - scented (G, $56/1)
5. **crockerensis** J.J.Wood & A.Lamb - end. to Born. 800-1.900 m (Q**, S)
6. **gracilis** (Lindl.) Gar. ($56/1)
7. **gracilistipes** (Schltr.) J.J.Sm. (*R. tierneyana* (Rupp) Dockr.) - Austr. (Qld.), N.Gui. - scented (P**)
- *merilliana* (Ames) Lueckel, Wolff & Wood (O3/89): *Cleisocentron* 3 (Q**)
8. **mimus** (Rchb.f) Gar. (S)
9. **mooreana** (Rolfe) J.J.Sm. (*Saccolabium mooreanum* Rolfe, *S. sayerianum* F.v.Muell., *S. sanderianum* Kraenzl., *S. kerstingianum* Kraenzl.) - N.Gui., Sol. (9**, $56/1)
10. **pachyphylla** (Rchb.f.) Gar. - Burm., Thai. (Q, S*)
- *paniculata* (Lindl.) J.J.Sm. ($56/1): 15 (G**, S*)
11. **pantherina** Ames ($56/1)
12. **pinosukensis** J.J.Wood & A.Lamb - end. to Born. 1.500-2.000 m (Q*, S)
- *ramosii* Ames: 4 (G)
- *rectifolia* Dockr.: *Saccolabiopsis* 7 (P)
13. **rosea** (Lindl.) Gar. (*Saccolabium roseum* Lindl.) - Sri L. to 1.800 m (A**, $56/1, S*)
14. **spathulata** (Bl.) J.J.Sm. (*Cleisostoma spathulatum* Bl., *C. spicatum* Lindl., *C. robustum* Guill., *Saccolabium densiflorum* Lindl., *S. borneense* Rchb.f., *S. acutilabrum* Gagn., *Gastrochilus densiflorus* (Lindl.) Ktze., *Sarcanthus armeniacus* Rchb.f., *S. densiflorus* (Lindl.) Par. & Rchb.f., *S. castaneus* Ridl., *S. pendulus* Klinge, *Rhynchostylis densiflora* (Lindl.) L.O.Wms., *Pomatocalpa densiflora* (Lindl.) Tang & Wang) - Burm., Mal., Indon., Phil., Camb., N E-Ind., Thai., Laos to 600 m (E**, G, H**, $56/1, S, Z)
15. **succisa** (Lindl.) Seidenf. & Gar. (*R. paniculata* (Lindl.) J.J.Sm., *Sarcanthus succisus* Lindl., *S. rutilus* Par., *S. henryi* Schltr., *Oeceoclades paniculata* Lindl., *Saccolabium parvulum* Lindl., *S. buccosum* Rchb.f., *Cleisostoma virginale* Hance, *Pomatocalpa virginalis* (Hance) J.J.Sm., *Uncifera buccosa* (Rchb.f.) Finet & Guill.) - Sik., NE-Ind., Burm., Laos, Camb., Viet., China (G**, S*)
16. **tierneyana** (Rupp) Dockr. (S*)
- *tierneyana* (Rupp) Dockr.: 7 (P**)
17. **transversisaccata** (Ames & Schweinf.) J.JWood (*Malleola transversisaccata* Ames & Schweinf.) - end. to Born. 900-1.500 m (Q**, S)
18. **virescens** (Gardn. ex Lindl.) Jayaweera ($56/1)
19. **wassellii** (wasselii) Dockr. - end. to Austr. (Qld.) (A**, P*, $56/1, S*, Z**)

× **Robostylis (Rbst.)** (*Rhynchostylis* × *Robiquetia*)
× **Roccaforteara (Rcfta.)** (*Aspasia* × *Brassia* × *Cochlioda* × *Odontoglossum*)
× **Rodbrassia (Rdssa.)** (*Brassia* × *Rodriguezia*)
× **Rodrenia**: × **Rodridenia** (*Macradenia* × *Rodriguezia*)
× **Rodrettia (Rdtta.)** (*Comparettia* × *Rodriguezia*)
× **Rodrettiopsis (Rdtps.)** (*Comparettia* × *Ionopsis* × *Rodriguezia*)
× **Rodrichilus (Rdchs.)** (*Leochilus* × *Rodriguezia*)
× **Rodricidium (Rdcm.)** (*Oncidium* × *Rodriguezia*)
× **Rodridenia (Rden.)** (*Macradenia* × *Rodriguezia*)
× **Rodriglossum (Rdgm.)** (*Odontoglossum* × *Rodriguezia*)

Rodrigoa Braas: *Masdevallia* Ruiz & Pav. (L)
- *alexandri* (Luer) Braas (O4/82): *Masdevallia* 5 (L)
- *fasciata* (Rchb.f.) Braas (A**): *Masdevallia fasciata*
- *hetroptera* (Rchb.f.) Braas: *Masdevallia* 131 (O6/79)
- *meleagris* (Lindl.) Braas: *Masdevallia* 193 (L*, O6/79)
- *segurae* (Luer & Esc.) Braas: *Masdevallia* 298 (L, O6/79)

Rodriguezia (Rdza.) Ruiz & Pav. - 1794 - *Subfam. Epidendroideae Tribus: Oncidieae Subtr. Oncidiinae* - (*Burlingtonia* Lindl., *Physanthera* Steud.) - ca. 18/35 sp. epi. - Trop. Am., Braz.
- *anomala* Rolfe: *Capanemia* 15 (E**, H**)

1. **antioquiana** Kraenzl. - Col. 2.700 m (S)
2. **arevaloi** Schltr. - Col. (FVIII2**)
- *arevaloi* Schltr.: 37 (O1/90, O3/90, S*)
- *bahiensis* Rchb.f.: 37 (O3/90, O1/90, S*)
- *barkeri* Hook.: *Gomesa* 2 (9**)
3. **batemanii** Poepp. & Endl. (*R. candida* var. *batemanii* hort. ex Stein, *R. leeana* var. *picta* Rchb.f., *R. negrensis* (Barb.Rodr.) Cogn., *Burlingtonia rubescens* Lindl., *B. batemanii* (Poepp. & Endl.) Lindl. ex Cogn., *B. negrensis* Barb.Rodr.) - Bol., Braz., Peru, Ec., Col. 200-500 m (E, G, H, O2/91, O5/96, FXV2/3, FVIII2**, S*, Z**)
   var. **speciosa** Mansf. - E-Peru (O2/91)
4. **bifolia** Barb.Rodr. - Braz. (S)
5. **bockii** E.A.Christ. - Peru (S)
6. **brachystachys** Rchb.f. & Warm. - Braz. (S)
7. **bracteata** [bracheata (Z**)] (Vell.) Hoehne (*R. fragrans* (Lindl.) Rchb.f., *R. venusta* Cogn., *Epidendrum bracteatum* Vell., *Burlingtonia fragrans* Lindl.) - Braz. (4**, G)
- *bracteata* (Vell.) Hoehne: 37 (O3/90, O1/90)
- *caloplectron* Rchb.f.: 20 (O3/93**)
- *candelariae* Kraenzl.: *Hybochilus* 1 (S)
8. **candia** Lindl. ex E.A.Christ. [*R. candia* Rchb.f. (O5/96)] - Guy., Ven., Braz. (S)
9. **candida** Batem. ex Lindl. [*R. candida* (Lindl.) Rchb.f. (O5/90)] (*Burlingtonia candida* Lindl.) - Braz., Guy., Ven. (E**, G**, H**)
- *candida* var. *batemanii* hort. ex Stein: 3 (E, G, H, O2/91)
10. **carnea** Lindl. (*Burlingtonia carnea* (Lindl.) Lindl. ex Lind.) - Col. (G)
- *carnea* Lindl.: 21 (S)
11. **chasei** Dods. & Benn. - Peru (S)
12. **chimorensis** Dods. & Vasq. - Bol. (S)
13. **claudiae** G.Chiron - Peru 600 m (S)
- *cochlearis* Lindl.: *Leochilus* 5 (G)
14. **compacta** Schltr. - Nic., C.Rica, Pan. 0-200 m (W, O5/91, O5/96, S)
- *corydaloides* Kraenzl.: *Neokoehleria* 3 (O1/90)
- *crispa* Lindl.: *Gomesa* 3 (E**, G**, H**)

- *cuentillensis* Kraenzl.: 20 (O3/93**)
15. **decora** (Lem.) Rchb.f. (*Burlingtonia decora* Lem., *B. decora* var. *picta* Hook., *B. amoena* Planch.) - Braz. 0-400 m (8**, 9**, E**, H**, S*, Z**)
16. **dressleriana** Gonz. - Mex. (S)
17. **ensiformis** Ruiz & Pav. - Peru: ? *R. secunda* (R)
- *estradae* Dods.: 29 (O2/93**)
18. **fernandezii** Dods. & Benn. - Peru (S)
19. **flavida** Dunst. & Gar. - Ven. (S)
- *flavida* Dunst. & Gar.: 37 (O3/90, O1/90)
- *fragrans* (Lindl.) Rchb.f.: 7 (G)
- *fragrans* (Lindl.) Rchb.f.: 37 (O1/90, S*)
- *fuerstenbergii* Kraenzl.: 26 (O3/95)
20. **granadensis** (Lindl.) Rchb.f. (*R. caloplectron* Rchb.f., *R. cuentillensis* Kraenzl., *R. macrantha* Schltr., *Burlingtonia granadensis* Lindl.) - Col. 1.400-2.000 m (O3/90, FVIII2**, O3/93**, R**, S)
- *huebneri* Schltr.: 37 (O3/90, O1/90)
- *inconspicua* Kraenzl.: *Hybochilus* 1 (S)
- *juergensiana* Kraenzl.: ? *Hybochilus* 1 (S)
21. **lanceolata** Ruiz & Pav. (*R. lanceolata* Lodd., *R. secunda* Kunth, *R. secunda* var. *sanguinea* Schomb., - var. *panamensis* Schltr., *R. carnea* Lindl., *R. stangeana* Rchb.f., *R. minor* Schltr., *Pleurothallis coccinea* Hook., *Burlingtonia rosea* hort. ex Rand) - Pan., Ven., Trin., Guy., Peru, Col., Ec., Braz. 1.000-1.500 m (9**, E, G**, H**, W**, $53/12, S*, Z**)
- *lanceolata* Lodd.: 33 (E**)
- *lanceolata* Lodd.: 21 (9**, G**, H**)
- *laxiflora* Lindl.: *Gomesa* 9 (G)
22. **leeana** Rchb.f. - Peru, Col.: ? *R. batemanii* (O5/96, O4/97, $53/12, R, S, Z**)
- *leeana* var. *picta* Rchb.f.: 3 (O2/91)
23. **lehmannii** Rchb.f. (*R. teuscheri* Gar.) - Ec., Col. 400-1.400 m (O5/96, FVIII2**, O4/93**, R**, S)
- *leochilina* Rchb.f.: *Goniochilus* 1 (S)
- *leucantha* Barb.Rodr.: 26 (O3/95, S)
- *limae* Brade (O6/81): 27 (S*)
- *lindenii* Cogn.: *R. pubescens* (O3/90)

- *lindenii* Cogn.: 37 (O1/90, S*)
- *lindmanii* Kraenzl.: *Solenidium* 2 (G**)
24. **luteola** N.E.Br. - unknown origin (S)
- *macrantha* Schltr.: 20 (O3/93**)
25. **maculata** (Lindl.) Rchb.f. (*Burlingtonia maculata* Lindl.) - Braz. (G**)
- *maculata* (Lindl.) Rchb.f.: 34 (S*)
- *maculata* Lindl.: *Leochilus* 6 (G)
- *minor* Schltr.: 21 (S)
- *negrensis* (Barb.Rodr.) Cogn.: 3 (O2/91, S*)
- *obscura* Lehm. & Kraenzl.: *Caucaea* 1 (H*)
26. **obtusifolia** (Lindl.) Rchb.f. (*R. leucantha* Barb.Rodr., *R. fuerstenbergii* Kraenzl., *R. sucrei* Brade, *Burlingtonia obtusifolia* Lindl.) - Braz. (O3/95, S)
27. **pardina** Rchb.f. (*R. limae* Brade) - Braz. (S*)
- *planifolia* Lindl.: *Gomesa* 11 (9**)
- *pubescens* Rchb.f. (O3/90): 37 (G, O1/90, S*)
- *pubescens* var. *lindenii* Cogn.: 37 (O3/90)
28. **pulchra** Løjtnant - Ec., Peru (O5/96, S)
- *recurva* (R.Br.) Lindl.: *Gomesa* 12 (4**, 9**, E**, H**)
29. **refracta** (Lindl.) Rchb.f. (*R. estradae* Dods., *Burlingtonia refracta* Lindl.) - Peru, Ec. 500-2.200 m - stinking (O2/93**, S*)
30. **ricii** Vasq. & Dods. - Bol. (S)
31. **rigida** (Lindl.) Rchb.f. (*Burlingtonia rigida* Lindl., *Epidendrum candidum* Vell.) - Braz., Col. (G, O1/95, O3/95, R, S)
32. **satipoana** Dods. & Benn. - Peru (S)
33. **secunda** H.B.K. (*R. lanceolata* Lodd., *Pleurothallis coccinea* Hook.) - Pan., Col., Ven., Guy., Sur., Trin. 0-1.300 m (E**, FVIII2**, R**)
- *secunda* H.B.K.: 21 (9**, G**, H**, W**)
- *secunda* var. *panamensis* Schltr.: 21 (9**, G**)
- *secunda* var. *sanguinea* Schomb.: 21 (G**)
- *stangeana* Rchb.f.: 21 (S)
34. **sticta** Chase (*R. maculata* (Lindl.) Rchb.f.) - Braz. (S*)
35. **strobelii** Gar. - Ec., Peru 200-1.300 m (O6/91**, S)
- *suaveolens* Lindl.: *Gomesa* 7 (9**)
- *sucrei* Brade: 26 (O3/95, S)
- *teuscheri* Gar.: 23 (O4/93**)
36. **vasquezii** Dods. - Bol. 1.200-1.400 m (A**, O1/97, S*)
37. **venusta** (Lindl.) Rchb.f. (*R. venusta* var. *ionoleuca* Rchb.f., *R. arevaloi* Schltr., *R. huebneri* Schltr., *R. flavida* Dunst. & Gar., *R. fragrans* (Lindl.) Rchb.f., *R. pubescens* Rchb.f., *R. pubescens* var. *lindenii* Cogn., *R. lindenii* Cogn., *R. bahiensis* Rchb.f., *R. bracteata* (Vell.) Hoehne, *Burlingtonia venusta* Lindl., *B. fragrans* Lindl., *B. pubescens* Lindl., *Epidendrum bracteatum* Vell.) - Col., Ven., Braz. - scented (G, O3/90, $53/12, R**, S*, Z**)
- *venusta* Cogn.: 7 (G)
- *venusta* var. *ionoleuca* Rchb.f.: 37 (O1/90)

Rodrigueziella (Rdzlla.) Ktze. - 1891 - Oncidiinae (S) - (*Theodorea* Barb. Rodr., *Hellerorchis* A.D.Hawk.) - ca. 5 sp. epi. - Braz.
1. **doeringii** (Hoehne) Pabst (*Theodorea doeringii* Hoehne) - Braz. (S)
2. **gomezoides** (gomesioides) (Barb. Rodr.) Ktze. (*Theodorea gomez(s)oides* Barb.Rodr., *T. paniculata* Brade, *Gomesa theodorea* Cogn.) - E-Braz. (4**, E**, H**, S*)
3. **handroi** (Hoehne) Pabst (*Theodorea handroi* Hoehne) - Braz. (S)
4. **jucunda** (Rchb.f.) Gar. (*Mesospinidium jucundum* Rchb.f., *Theodorea schlechteri* Hoehne, *T. guinlei* Ruschi) - Braz. (S*)
5. **petropolitana** Pabst - Braz. (S)
- *verboonenii* (Pabst) Pabst: *Binotia* 1 (S*)

Rodrigueziopsis Schltr. - 1920 - *Subfam. Epidendroideae Tribus: Oncidieae Subtr. Oncidiinae* - 3 sp. epi. - SE-Braz., Dom.
1. **antillensis** Withner - Dom. (S)
2. **eleutherosepala** (Barb.Rodr.) Schltr. - SE-Braz. to 600 m (S*)
3. **microphyton** (Barb.Rodr.) Schltr. - SE-Braz. (S)

× **Rodriopsis (Rodps.)** (*Ionopsis* × *Rodriguezia*)

× **Rodritonia (Rdtna.)** (*Miltonia* × *Rodriguezia*)

Roeperocharis Rchb.f. - 1881 - *Subfam. Orchidoideae Tribus: Orchideae Subtr. Habenariinae* - 5 sp. terr. - E-Afr.

1. **bennettiana** Rchb.f. - Kenya, S-Tanz., Eth., Malawi, Zam. 2.850 m (M)

Roezliella Schltr. - 1918: *Sigmatostalix* Rchb.f. (S)
- *cuculligera* Schltr.: *Sigmatostalix* 12 (S*)
× **Rohrlara (Rhla.)** (*Ada* × *Aspasia* × *Brassia*)
Rolfea elata (Rolfe) Zahlbr.: *Palmorchis* 10 (O1/83, S*)
× **Rolfeara (Rolf.)** (*Brassavola* × *Cattleya* × *Sophronitis*)
Rolfeella glaberrima (Ridl.) Schltr.: *Benthamia* 9 (U)
× **Ronnyara (Rnya.)** (*Aërides* × *Ascocentrum* × *Rhynchostylis* × *Vanda*)
Rophostemon discolor Bl.: *Pogonia discolor* (2*)
Roptrostemon discolor (Bl.) Bl.: *Nervilia* 20 (6*, 9**, G)
× **Rosakirschara (Rskra.)** (*Ascocentrum* × *Neofinetia* × *Renanthera*)
× **Roseara (Rsra.)** (*Doritis* × *Kingiella* × *Phalaenopsis* × *Renanthera*)
Rossioglossum (Schltr.) Gar. & Kennedy - 1976 - *Subfam. Epidendroideae Tribus: Oncidieae Subtr. Oncidiinae* - (*Odontoglossum* sect. *Rossioglossum* Schltr.) - 6 sp. epi. - C-Am., Mex. to Pan.
1. **grande** (Lindl.) Gar. & Kennedy (*Odontoglossum grande* Lindl.) - Mex., Guat. up to 2.400 m (4**, 9**, E**, G, H**, S*, Z**)
2. **insleayi** (Barker ex Lindl.) Gar. & Kennedy (*Oncidium insleayi* Barker ex Lindl., *Odontoglossum insleayi* (Barker ex Lindl.) Lindl.) - Mex. 1.000-2.400 m (3**, E**, G, H**, S*, Z**)
3. **powellii** (Schltr.) Gar. & Kennedy (*Odontoglossum powellii* Schltr.) - Pan. ca. 1.300 m (S)
4. **schlieperianum** (Rchb.f.) Gar. & Kennedy (*Odontoglossum schlieperianum* Rchb.f., *O. warscewiczii* Bridges, *O. insleayi* var. *macranthum* Lindl., *O. lawrenceanum* hort.) - C.Rica, Pan. 1.000-2.400 m (E**, H**, W**, S*)
5. **splendens** (Rchb.f.) Gar. & Kennedy (*Odontoglossum insleayi* var. *splendens* Rchb.f.) - Mex. 1.000-2.400 m (3**, A**, S*)
6. **williamsianum** (Rchb.f.) Gar. & Kennedy (*Odontoglossum williamsianum* Rchb.f., *O. grande* var. *williamsianum* Rchb.f.) - Guat. up to 1.000 m (E**, H**, S*)
× **Rothara (Roth.)** (*Brassavola* × *Cattleya* × *Epidendrum* × *Laelia* × *Sophronitis*)
× **Rotorara (Rtra.)** (*Bollea* × *Cochleanthes* × *Kefersteinia*)
Rudolfiella (Rud.) Hoehne - 1944 - *Subfam. Epidendroideae Tribus: Maxillarieae Subtr. Bifrenariinae* - (*Schlechterella* Hoehne, *Lindleyella* Schltr.) - ca. 2/7 sp. epi. - Trop. S-Am., Pan. to Bol.
1. **aurantiaca** (Lindl.) Hoehne (*Lindleyella aurantiaca* (Lindl.) Schltr., *Bifrenaria aurantiaca* Lindl., *Schlechterella aurantiaca* (Lindl.) Hoehne) - Guy., Ven., Trin., Braz., Sur., Col., Peru 0-500 m (9**, E**, G**, H**, O4/94**, R**, S*)
2. **bicornaria** (Rchb.f.) Hoehne (?*R. floribunda* (Schltr.) Hoehne, ?*R. grandis* (Kraenzl.) Gar., ?*R. lindmaniana* (Kraenzl.) Hoehne, ?*R. picta* (Schltr.) Hoehne, ?*R. saxicola* (Schltr.) Hoehne, *Bifrenaria bicornaria* Rchb.f.) - Pan. to Bol., Braz., Col. 500-1.200 m (O4/94, R, S*)
- *floribunda* (Schltr.) Hoehne: ? 2 (S*)
- *grandis* (Kraenzl.) Gar.: ? 2 (S*)
- *lindmaniana* (Kraenzl.) Hoehne: ? 2 (S*)
3. **peruviana** Benn. & Christ. - Peru (S)
4. **picta** (Schltr.) Hoehne - Col. (R**) → *Bifrenaria* 11
- *picta* (Schltr.) Hoehne: ? 2 (S*)
- *sabulosa* (Barb.Rodr.) Hoehne: *Bifrenaria* 7 (G)
5. **saxicola** (Schltr.) Hoehne - Col. (R) → *saxicola* (Schltr.) Hoehne: *Bifrenaria* 14 (FVII2**)
- *saxicola* (Schltr.) Hoehne: ? 2 (S*)
× **Rumrillara (Rlla.)** (*Ascocentrum* × *Neofinetia* × *Rhynchostylis*)
Rusbyella Rolfe - 1896 - *Subfam. Epidendroideae Tribus: Oncidieae Subtr. Oncidiinae* - 3 sp. epi/lit - S-Ec., Peru, Bol.
1. **aurantiaca** Gerlach & T.Franke - Bol. 2.500 m (S)
2. **caespitosa** Rolfe - S-Ec., Peru, Bol. 1.900-2.900 m (O6/90, S)
3. **peruviana** Benn. & Christ. - Peru (S)

4. **pusilla** (Schweinf.) Gar. (*Buesiella pusilla* Schweinf.) (O6/90) ➤ Buesiella 2
5. **quadridentatum** (Benn. & Christ.) Sengh. (*Odontoglossum quadridentatum* Benn. & Christ.) - Peru 1.700 m (S)
6. **suarezii** Benn. & Christ. - Peru (S)

Rynchanthera Bl.: *Corymborkis* Thou.

× **Saccanthera** (*Renanthera* × *Saccolabium*)

Saccoglossum Schltr. - 1912 - *Subfam. Epidendroideae Tribus: Dendrobieae Subtr. Bulbophyllinae* - 4 sp. epi. - P.N.Gui.
1. **lanceolatum** L.O.Wms. - P.N.Gui. (S)
2. **maculatum** Schltr. - N.Gui. (S)
3. **papuanum** Schltr. - N.Gui. (S)
4. **verrucosum** L.O.Wms. - N.Gui. (S)

Saccolabiopsis J.J.Sm. - 1918 (1914) - *Subfam. Epidendroideae Tribus: Vandeae Subtr. Sarcanthinae - (Malleola* sect. *Micranthobotrys* Schltr.) - 8/13 sp. epi. - Indon., N.Gui., Austr.
1. **armitii** (F.v.Muell.) Dockr. - end. to Austr. (Qld.) (P**, S*)
2. **bakhuizenii** J.J.Sm. - Sum., Java (S)
3. **gillespiei** (L.O.Wms.) Gar. - Fiji (S)
4. **pallida** J.J.Sm. (S)
5. **pusilla** (Lindl.) Seidenf. & Gar. (*Saccolabium pusilla* (Lindl.) Lindl. ex G.Jackson) - Sik., Ass., S-Thai. ca. 500 m (S)
6. **rara** (Schltr.) J.J.Sm. (S)
7. **rectifolia** (Dockr.) Gar. (*Robiquetia rectifolia* Dockr.) - end. to Austr. (Qld.) (P, S)
8. **selebica** J.J.Sm. - Cel. (S)
9. **tenella** (Ames) Gar. - Austr. (Qld.) (S)

Saccolabium (Saccm.) Bl. - 1825 - *Subfam. Epidendroideae Tribus: Vandeae Subtr. Sarcanthinae* - 4 sp.
- *abyssinicum* A.Rich.: *Eulophia* 37 (9**, G**)
- *acuminatum* Thw.: *Cleisostoma* 37 (6*)
- *acuminatum* (Lindl.) Hook.f.: *Uncifera* 1 (S)
- *acutifolium* Lindl.: *Gastrochilus* 2 (9**, E*, H*, S)
- *acutilabrum* Gagn.: *Robiquetia* 14 (G)
- *adnatum* (Ridl.) Ridl.: *Micropera* 3 (G)
- *ampullaceum* (Roxb.) Lindl. (8**): *Ascocentrum* 1 (9**, H**)
- *angraecum* Ridl. (2*): *Pennilabium* 2 (S*)
- *aphyllum* Lindl.: *Solenangis* 1 (U**)
- *archytas* Ridl.: *Brachypeza* 1 (S*)
- *aurantiacum* Schltr.: *Ascocentrum* 2 ($55/2)
- *aurantiacum* J.J.Sm. ($55/2): *Ascocentrum* ?
- *bellinum* Rchb.f. (8**): *Gastrochilus* 4 (4**, 9**, H*, S)
- *berkeleyi* Rchb.f.: *Rhynchostylis* 3 (9**, G**)
- *bifidum* Lindl.: *Megalotus* 1 (G)
- *bigibbum* Ridl.: *Gastrochilus* 6 (G)
- *bigibbum* Rchb.f. ex Hook.f.: *Gastrochilus* 5 (9**)
- *bipunctatum* Tang & Wang: *Trichoglottis* 4 (S*)
- *blumei* Lindl.: *Rhynchostylis* 3 (2*, 8**, 9**, E**, G**, H**, S*)
- *blumei* var. *major* Will.: *Rhynchostylis* 3 (G**)
- *blumei* var. *russelianum* Will.: *Rhynchostylis* 3 (G**)
- *borneense* Rchb.f.: *Cleisostoma spatulatum* (2*)
- *borneense* Rchb.f.: *Robiquetia* 14 (G)
- *brevirhachis* L.O.Wms.: *Trachoma* 1 (S)
- *buccosum* Rchb.f.: *Robiquetia* 15 (G**)
- *buddleiflorum* Schltr.: *Schoenorchis* 5 (O1/93)
- *calcaratum* F.v.Muell.: *Plectorrhiza* 3 (G)
- *calceolare* (D.Don) Lindl. (2*): *Gastrochilus* 6 (E**, H**, S)
- *calceolare* (Buch.-Ham. ex Smith) Lindl.: *Gastrochilus* 6 (G)
- *calopterum* Rchb.f.: *Ascoglossum* 1 (H**)
- *carinatum* Griff.: *Acampe* 4 (E**, G**, H**, S*)
- *celebicum* Schltr.: *Trachoma* 2 (S)
- *chionanthum* Lindl. (2*): *Schoenorchis* 7 ($54/7)
- *chrysoplectrum* Guill.: *Eparmatostigma* 1 (S*)
- *coarctatum* King & Pantl.: *Trachoma* 3 (S)
- *coeleste* Rchb.f.: *Rhynchostylis* 1 (S*)

- *collettianum* King & Pantl.: *Cleisocentron* 1 (S)
- *compressum* Lindl.: *Robiquetia* 4 (G)
- *congestum* (Lindl.) Hook.f.: *Acampe* 1 (G)
- *coriaceum* (Thunb. ex Sw.) Lindl.: *Angraecum* 40 (U)
- *crucicallum* Burk.: *Cleisostoma* 15 (6*)
- *cumingii* Lindl.: *Pomatocalpa* 9 (G)
- *curvifolium* Lindl.: *Ascocentrum* 5 (9**, G, H**)
- *curvifolium* Gagn. non Lindl.: *Ascocentrum* 9 (G**)
- *dalatensis* Guill.: *Uncifera* 2 (S)
- *dasypogon* Lindl.: *Gastrochilus* 7 (E*, H*)
- *decipiens* (Lindl.) Alst.: *Pomatocalpa* 4 (G)
- *densiflorum* Lindl.: *Cleisostoma spatulatum* (2*)
- *densiflorum* Lindl.: *Robiquetia* 14 (E**, G, H**)
- *densiflorum* Lindl.: *Rhynchostylis* 2 (9**)
- *denticulatum* Paxt.: *Gastrochilus* 2 (9**, E*, H*)
- *distichum* Lindl.: *Gastrochilus* 8 (S)
- *dives* Rchb.f.: *Eparmatostigma* 1 (S*)
- *erosulum* J.J.Sm.: *Tuberolabium* 3 (S)
- *escritorii* Ames: *Parapteroceras* 3 (O2/95)
- *escritorii* Ames: *Tuberolabium* 4 (S*)
- *filiforme* (Lindl.) Lindl.: *Cleisostoma* 14 (E**, H**)
- *fissum* Ridl.: *Smitinandia* 2 (G, H*)
- *flaveolens* Ridl.: *Micropera* 6 (G)
- *fragrans* Par. & Rchb.f.: *Schoenorchis* 2 ($54/7)
- *fuerstenbergianum* Schltr. (O3/81): *Cleisostoma* 15
- *furcatum* Williams: *Rhynchostylis* 3 (9**, G**)
- *fuscopunctatum* Hay.: *Gastrochilus* 12 (S*)
- *galbinum* J.J.Sm.: *Porrorhachis* 1 (Q**, S*)
- *galeatum* (Thw.) Gardn.: *Pomatocalpa* 13 (G)
- *garwalicum* Lindl.: *Rhynchostylis* 3 (2*, 8**, 9**, E**, G**, H**)
- *gemmatum* Lindl.: *Schoenorchis* 3 (E**, G, H**)
- *giganteum* Lindl.: *Rhynchostylis* 2 (4**, 9**, H**, S*)
- *guamense* Ames: *Trachoma* 4 (S)
- *guttatum* (Roxb.) Lindl.: *Rhynchostylis* 3 (2*, 8**, 9**, E**, G**, H**)
- *hainanense* Rolfe: *Schoenorchis* 3 (G)
- *hariotianum* (Kraenzl.) Finet: *Microterangis* 4 (U**)
- *harrisonianum* Hook.: *Rhynchostylis* 2 (9**)
- *heathii* hort.: *Rhynchostylis* 3 (2*, 9**, E**, G**, H**)
- *helferi* Hook.f.: *Smitinandia* 1 (S*)
- *hendersonianum* Rchb.f.: *Ascocentrum hendersonianum* (9**)
- *hendersonianum* Rchb.f.: *Dyakia* 1 (H**, Q**, S*)
- *hillii* F.v.Muell.: *Peristeranthus* 1 (S*)
- *himalaicum* Deb, Sengupta & Malick: *Holcoglossum* 3 (S)
- *holfordianum* Warner: *Rhynchostylis* 3 (G**)
- *hortense* Ridl.: *Pomatocalpa* 9 (G)
- *humblotii* Rchb.f.: *Microterangis* 6 (U)
- *humilis* Ridl.: *Smitinandia* 1 (S*)
- *huttonii* Hook.f.: *Aerides huttonii* (9**)
- *insectiferum* J.J.Sm. (2*): *Malleola* 4 (S*)
- *japonicum* Mak.: *Gastrochilus* 16 (S*)
- *javanicum* (Teijsm. & Binn.) J.J.Sm. (2*): *Hymenorchis* 2 (O4/94**)
- *juncifolium* (Reinw.) J.J.Sm. (2*): *Schoenorchis* 5 (O1/93)
- *kerstingianum* Kraenzl.: *Robiquetia* 9 (9**)
- *klossii* Ridl.: *Cleisocentron* 2 (S*)
- *kunstleri* (King & Pantl.) Ridl.: *Cleisostoma* 3 (6*)
- *lancifolium* King & Pantl.: *Uncifera* 4 (S)
- *langbianense* Guill.: *Cleisocentron* 2 (S*)
- *latifolium* (Lindl.) Schltr.: *Pomatocalpa* 9 (G)
- *latifolium* var. *parvifolium* Ridl.: *Pomatocalpa* 9 (G)
- *lineolatum* Thw.: *Acampe* 2 (G)
- *littorale* Rchb.f.: *Rhynchostylis* 3 (9**, G**)
1. **longicaule** J.J.Sm. - Sum. 1.600 m (S)

- *luisifolium* Ridl.: *Rhynchogyna* 2 (S*)
- *luisioides* Gagn.: *Cleisostoma* 14 (6*, 9**, G)
- *machadonis* Ridl.: *Cleisostoma* 38 (6*)
- *macrostachyum* Lindl.: *Rhynchostylis* 3 (9**, G**)
- *maculatum* (Dalz.) Hook.f.: *Smithsonia* 1 (S)
- *maculosum* (Lindl.) Alst.: *Pomatocalpa* 13 (G)
- *micranthum* Lindl.: *Smitinandia* 2 (G, H*, S*)
- *micranthum* J.J.Sm. (2*): *Omoea* 1 (S*)
- *miniatum* Hook. non Lindl.: *Ascocentrum* 5 (9**, E**, G, H**)
- *miniatum* Lindl. (2*): *Ascocentrum* 9 (E**, G**, H**)
- *minimiflorum* Hook.f.: *Abdominea* 1 (S*)
- *miserum* Ridl.: *Trichoglottis* 4 (S*)
- *mooreanum* Rolfe: *Robiquetia* 9 (9**)
- *myosurus* Ridl.: *Ascochilopsis* 2 (S*)
- *obliquum* Lindl.: *Gastrochilus* 17 (S*)
- *obtusifolium* (Lindl.) Hook.f.: *Uncifera* 5 (S)
- *ochraceum* Lindl.: *Acampe* 2 (G, S)
- *odoratissimum* J.J.Sm. (2*): *Tuberolabium* 6 (S)
- *odoratum* (Kudô) Mak. & Nem.: *Haraella* 2 (S*)
- *papillosum* Lindl.: *Acampe* 4 (E**, G**, H**, S*)
- *papillosum* Wight non Lindl.: *Acampe* 1 (G)
- *papillosum* Dalz. & Gibs.: *Acampe* 5 (G)
- *parviflorum* (Thou.) Cordem.: *Angraecopsis* 12 (U)
- *parvulum* Lindl.: *Robiquetia* 15 (G**)
- *patinatum* Ridl.: *Gastrochilus* 18 (Q**)
- *penangianum* Hook.f.: *Malleola* 5 (S)
- *perpusillum* Hook.f. (2*): *Schoenorchis* 7 ($54/7)
- *pityophyllum* Ridl.: *Cleisostoma* 40 (6*)
- *porphyrodesme* Schltr.: *Porphyrodesme* 3 (S*)
- *praemorsum* (Willd.) Lindl.: *Rhynchostylis* 3 (2*, 8**, 9**, E**, G**, H**)
- *pseudodistichum* King & Pantl.: *Gastrochilus* 19 (S*)
- *pumilum* Hay.: *Ascolabium* 1 (S*)
- *purpureum* J.J.Sm.: *Ascoglossum* 1 (H**)
- *purpureum* J.J.Sm.: *Ascoglossum* 2 (S)
2. **pusillum** Bl. (*Gastrochilus pusillus* Ktze.) - Java 1.000-2.000 m (2*, S*)
- *pusillum* (Lindl.) Lindl. ex G.Jackson: *Saccolabiopsis* 5 (S)
- *quasipinifolium* Hay.: *Holcoglossum* 5 (H**)
- *quisumbingii* L.O.Wms.: *Parapteroceras* 5 (O2/95)
- *quisumbingii* L.O.Wms.: *Tuberolabium* 5 (S*)
- *racemiferum* Lindl.: *Cleisostoma* 27 (6*, E**, G, H)
- *ramulosum* Lindl. (2*): *Schoenorchis* 8
3. **rantii** J.J.Sm. - Java 1.000-1.600 m (S*)
- *reflexum* Lindl.: *Renanthera* 6 (2*, G**, Q**)
- *reflexum* Lindl.: *Renanthera* 10 (E**, H**)
- *retrocallum* Hay.: *Haraella* 2 (S*)
- *retusum* Van Houtte: *Rhynchostylis* 3 (8**)
- *retusum* (L.) Lem.: *Rhynchostylis* 3 (E**, H**)
- *retusum* (L.) Voigt: *Rhynchostylis* 3 (9**, G**, S*)
- *rheedii* Wight: *Rhynchostylis* 3 (2*, 8**, 9**, E**, G**, H**)
- *rhopalorrhachis* Rchb.f. (2*): *Trachoma* 6 (S*)
- *rhopalorrhachis* J.J.Sm. (2*): *Trachoma* 6
- *roseum* Lindl.: *Robiquetia* 13 (S*)
- *rostellatum* Hook.f.: *Cleisostoma* 10 (6*, G, Q**)
- *rubescens* Rolfe: *Ascocentrum* 10 (9**)
- *rubescens* Rolfe: *Aerides rubescens* ($55/2)
- *rubrum* (Buch.-Ham. ex Wall.) Lindl: *Ascocentrum* 1 (9**)
- *rubrum* Lindl.: *Ascocentrum* 5 (H**)
- *rugosulum* Ridl.: *Cleisostoma* 35 (6*)

- *sacculatus* (Ridl.) Ridl.: *Cleisostoma* 40 (6*)
- *sanderianum* Kraenzl.: *Robiquetia* 9 (9**)
- *sarcochiloides* Schltr. (O3/81): *Tuberolabium* 7 (S)
- *saxicolum* Ridl.: *Micropera* 6 (G)
- *sayerianum* F.v.Muell.: *Robiquetia* 9 (9**)
- *schleinitzianum* Kraenzl.: *Ascoglossum* 1 (H**)
- *scortechinii* (Hook.f.) Ridl.: *Cleisostoma* 33 (6*)
- *secundum* (Griff.) Ridl.: *Cleisostoma* 36 (6*, G)
- *serrulata* N.Hallé: *Hymenorchis* 6 (S*)
4. **sigmoideum** J.J.Sm. - Java 1.300-1.600 m (S)
- *simondii* Gagn.: *Cleisostoma* 29 (6*, G**)
- *smeeanum* Rchb.f.: *Xenikophyton* 1 (S*)
- *somai* Hay.: *Gastrochilus* 16 ($54/9)
- *speciosum* Wight: *Aerides* 14 (E**, H**)
- *spicatum* (D.Don) Lindl.: *Rhynchostylis* 3 (8**, 9**, G**)
- *tenuicaule* Hook.f.: *Ventricularia* 2 (S*)
- *trichromum* Rchb.f.: *Cleisocentron* 5 (S*)
- *turneri* Will.: *Rhynchostylis* 3 (G**)
5. **undulatum** Ridl. - Java (2*)
- *vanoverberghii* Ames: *Hymenorchis* 7 (S)
- *violaceum* (Lindl.) Rchb.f.: *Rhynchostylis* 4 (G**)
- *violaceum* Rchb.f.: *Rhynchostylis* 3 (9**)
- *viridiflorum* (Dalz.) Lindl.: *Smithsonia* 3 ($54/8, S)
- *wightianum* (Lindl.) Hook.f.: *Acampe* 5 (G, S*)
6. **witteanum** Rchb.f. - Java (2*)
   f. **ligulatum** J.J.Sm. - Java (2*)
× *Saccovanda*: × *Sanda* (*Saccolabium* × *Vanda*)

Sacodon Raf. - 1838: *Cypripedium* L. (S)

Sacoila Raf. - 1837 - *Spiranthinae* (S) - ca. 10 sp. terr. - Braz., Arg.
1. **lanceolata** (Aubl.) Gar. (*S. lurida* Raf., *Spiranthes lanceolata* (Aubl.) León, *S. orchioides* (Sw.) L.C.Rich., *S. jaliscana* S.Wats., *Limodorum lanceolatum* Aubl., *Satyrium orchioides* Sw., *Neottia lanceolata* (Aubl.) Willd., *N. orchidioides* (Sw.) Willd., *N. squamulosa* Kunth, *N. plantaginea* Hook., *N. aphylla* Hook., *Serapias coccinea* Vell., *S. tomentosa* Vell., *Ibidium cristalligerum* Salisb., *Stenorrhynchos aphyllus* (Hook.) Lindl., *S. apetalus* Kraenzl., *S. australis* Lindl., *S. australis* var. *luteoalbus* Rchb.f. & Warm., *S. coccineus* (Vell.) Hoehne, *S. guatemalensis* Schltr., *S. jaliscana* (S.Wats.) Nash, *S. lanceolatum* (Aubl.) L.C. Rich., *S. orchioides* (Sw.) L.C.Rich., *S. orchioides* var. *plantaginea* (Hook.) Lindl., - var. *australis* (Lindl.) Cogn., *S. pedicellatus* Cogn., *S. pedicellatus* var. *australis* Cogn., - var. *major* Cogn., *S. riograndensis* Kraenzl., *S. sanctiantonii* Kraenzl., *S. secundiflorus* Lillo & Haum., *S. squamulosus* (Kunth) Spreng., *Gyrostachys aphylla* (Hook.) Ktze., *G. lanceolata* (Aubl.) Ktze., *G. orchioides* (Sw.) Ktze., *G. stenorrhynchus* Ktze., *Pelexia tomentosa* (Vell.) Schltr.) - Flor. to Pan., W-Ind., S-Am. (3**, 9**, G**, $55/3, S*)
- *lurida* Raf.: 1 (9**, G**)

Saecanthus bracteatus Ridl.: *Cleisomeria* 1 (S*)
- *lanatus* (Lindl.) Holtt.: *Cleisomeria* 1 (S*)

× **Sagarikara** (Sgka.) (*Aërides* × *Arachnis* × *Rhynchostylis*)
× **Sallyyeeara** (Sya.) (*Brassavola* × *Broughtonia* × *Cattleya* × *Cattleyopsis* × *Diacrium* × *Epidendrum* × *Laelia* × *Schomburgkia* × *Sophronitis*)

Salpistele Dressl. - 1979 - *Subfam. Epidendroideae Tribus: Epidendreae Subtr. Pleurothallidinae* - 4/6 sp. epi/ter - C-Am, S-Am.
1. **brunnea** Dressl. - C.Rica, Pan. 800-2.000 m (W, L*, S*)
2. **dielsii** (Mansf.) Luer (*Lepanthes dielsii* Mansf., *L. echinocarpa* L.O. Wms.) - Ec. 2.400-3.400 m (L*)
3. **dressleri** Luer - W-Pan. (W, L*)
4. **lutea** Dressl. - Pan. ca. 1.300 m (W, L*)
5. **parvula** Luer & Dressl. - Pan. ca. 900 m (W, L*)
6. **pensilis** (Schltr.) Luer (*Lepanthes pensilis* Schltr., *L. lancipetala* L.O.

Wms.) - Ec. 2.800-3.400 m (L*)
× **Sanda** (*Saccolabium* × *Vanda*)
× **Sanderara (Sand.)** (*Brassia* × *Cochlioda* × *Odontoglossum*)
Sanderella Ktze. - 1891 - *Subfam. Epidendroideae Tribus: Oncidieae Subtr. Oncidiinae - (Parlatorea* Barb. Rodr.) - 2 sp. epi. - Braz., Arg.
1. **discolor** (Barb.Rodr.) Cogn. - Braz., Arg. (S)
2. **riograndensis** Dutra - Braz. (S)
× **Sanjumeara (Sjma.)** (*Aërides* × *Neofinetia* × *Rhynchostylis* × *Vanda*)
× **Saplalaara (Spla.)** (*Ascocentrum* × *Renanthera* × *Rhynchostylis* × *Vanda* × *Vandopsis*)
× **Sappanara (Sapp.)** (*Arachnis* × *Phalaenopsis* × *Renanthera*)
Sarcadenia gracilis hort. ex Rchb.f.: *Amblostoma* 4 (G)
× *Sarcalaenopsis: Phalandopsis* (*Phalaenopsis* × *Sarcanthopsis* (*Vandopsis*)
Sarcanthopsis Gar. - 1972 - *Aeridinae* (S) - 7 sp. epi. - N.Gui., Cel., Fiji
1. **curvata** (J.J.Sm.) Gar. (*Vandopsis curvata* J.J.Sm.) - W-N.Gui. (S)
2. **nagarensis** (Rchb.f.) Gar. (*Vandopsis nagarensis* (Rchb.f.) Schltr.) - Fiji (S)
3. **pantherina** (J.J.Sm.) Gar. (*Vandopsis pantherina* J.J.Sm.) - W-N.Gui. (S*)
4. **praealta** (Rchb.f.) Gar. (*Vandopsis praealta* (Rchb.f.) J.J.Sm.) - W-N.Gui. (S)
5. **quaifei** (Rolfe) Gar. (*Vandopsis quaifei* (Rolfe) Schltr.) - Cel. (S)
6. **waroqueana** (Rolfe) Gar. (*Vandopsis waroqueana* (Rolfe) Schltr.) - E-N.Gui., Bism. (S)
7. **woodfordii** (Rolfe) Gar. (*Vandopsis woodfordii* (Rolfe) Schltr.) - Fiji (S)
Sarcanthus (Sarc.) Lindl. - 1826: *Cleisostoma* Bl.
Sarcanthus Lindl. - 1824: *Acampe* Lindl. (S)
- *affinis* Wall. mss. ex Hook.: *Cleisostoma* 27 (6*, G)
- *amabilis* (Teijsm. & Binn.) J.J.Sm.: *Cleisostoma* 36 (6*, G)
- *angkorensis* Guill.: *Cleisostoma* 10 (6*, G, Q**)
- *apiculatus* (Rchb.f.) J.J.Sm. (2*): *Micropera* 6 (G)
- *appendiculatus* (Lindl.) Par. (O3/91): *Cleisostoma* 2 (6*)
- *appendiculatus* King & Pantl.: *Cleisostoma* 34 (G**)
- *appendiculatum(s)* auct. non (Lindl.) Benth. & Hook.: *Cleisostoma* 34 (6*, 9**)
- *arietinus* Rchb.f.: *Cleisostoma* 3 (6*)
- *armeniacus* Rchb.f.: *Robiquetia* 14 (G)
- *aspersum* Rchb.f.: *Cleisostoma* 4 (6*)
- *auriculatus* Rolfe: *Cleisostoma* 10 (6*, G, Q**)
- *bicuspidatus* (Hook.f.) J.J.Sm.: *Cleisostoma* 4 (6*)
- *bifidus* (Lindl.) Ames: *Megalotus* 1 (G)
- *birmanicus* (Schltr.) Seidenf.: *Cleisostoma* 5 (6**)
- *brevipes* (Hook.f.) J.J.Sm.: *Cleisostoma* 35 (6*)
- *callosus* Rchb.f. (2*): *Cleisostoma callosum* Bl.
- *capricornis* (Ridl.) Holtt.: *Cleisostoma* 6 (6*)
- *carinatus* Rolfe ex Downie: *Cleisostoma* 12 (6*)
- *castaneus* Ridl.: *Robiquetia* 14 (G)
- *cerinus* (Hance) Rolfe: *Cleisostoma* 22 (6*, G**)
- *chrysomelas* Rchb.f.: *Cleisostoma* 27 (6*, G)
- *complicatus* Seidenf.: *Cleisostoma* 8 (6*)
- *crassifolius* Rolfe ex Downie inv. name: *Stereochilus* 3 (O6/94)
- *crassifolius* Lindl. & Paxt.: *Sarcophyton* 1 (O6/94)
- *crochetii* Guill.: *Cleisostoma* 9 (6*)
- *crucicallus* (Burk.) Seidenf. & Smitin.: *Cleisostoma* 15 (6*)
- *cumingii* (Lindl.) J.J.Sm.: *Pomatocalpa* 9 (G)
- *dalatensis* Guill.: *Stereochilus* 3 (O6/94)
- *dealbatus* (Lindl.) Rchb.f.: *Cleisostoma* 36 (6*, G)
- *demangei* Guill.: *Cleisostoma* 40 (6*, S)
- *densiflorus* Par. & Rchb.f.: *Cleisostoma spatulatum* (2*)
- *densiflorus* (Lindl.) Par. & Rchb.f.: *Robiquetia* 14 (G)
- *discolor* (Lindl.) J.J.Sm.: *Cleisostoma* 10 (6*, G, Q**)

- *duplicilobus* J.J.Sm.: *Cleisostoma* 12 (6*)
- *elongatus* Rolfe: *Cleisostoma* 40 (6*)
- *erinaceus* Rchb.f.: *Stereochilus* 4 (9**)
- *filiformis* auct. non Lindl.: *Cleisostoma* 15 (6*)
- *filiformis* Lindl.: *Cleisostoma* 14 (6*, 9**, G, H**)
- *filiformis* Wight: *Seidenfadeniella* 1 (S)
- *flaccidus* J.J.Sm.: *Cleisostoma* 40 (6*)
- *flagellaris* Schltr.: *Cleisostoma* 15 (6*, S)
- *flagelliformis* Rolfe ex Downie: *Cleisostoma* 15 (6*)
- *fordii* (Hance) Rolfe: *Cleisostoma* 29 (6*, G**)
- *formosanus* (Hance) Rolfe: *Cleisostoma* 22 (6*, G**)
- *fuerstenbergianus* (Kraenzl.) J.J. Sm.: *Cleisostoma* 15 (6*)
- *geoffrayi* Guill.: *Cleisostoma* 15 (6*)
- *gilbertii* Hook.f.: *Sarcoglyphis* 7 (O6/94)
- *guttatus* (Roxb.) Lindl.: *Rhynchostylis* 3 (2*, 8**, 9**, E**, G**, H**)
- *henryi* Schltr.: *Robiquetia* 15 (G**)
- *hincksianus* Rchb.f.: *Cleisostoma* 2 (6*)
- *hongkongensis* Rolfe: *Cleisostoma* 40 (6*)
- *insectifer* Rchb.f.: *Pelatantheria* 5 (E**, H**)
- *javanicus* J.J.Sm. (2*): ? *Hymenorchis* 2
- *josephii* J.J.Sm.: *Cleisostoma* 10 (6*, G, Q**)
- *khasiaensis* Tang & Wang: *Cleisostoma* 4 (6*)
- *krabiensis* Seidenf.: *Cleisostoma* 17 (6*)
- *krempfii* Guill.: *Cleisostoma* 35 (6*)
- *kunstleri* King & Pantl.: *Cleisostoma* 3 (6*)
- *laosensis* Guill.: *Cleisostoma* 29 (6*, G**)
- *laxus* Rchb.f.: *Stereochilus* 6 (S)
- *linearilobatus* Seidenf. & Smitin.: *Cleisostoma* 31 (6*)
- *lorifolius* Par. ex Hook.f.: *Cleisostoma* 27 (6*, G)
- *machadonis* (Ridl.) J.J.Sm.: *Cleisostoma* 38 (6*)
- *macrodon* Rchb.f.: *Cleisostoma* 10 (6*, G, Q**)
- *manlinensis* Guill.: *Cleisostoma* 27 (6*, G)
- *merillianus* Ames: *Robiquetia meriliana* (O3/89)
- *merrillianus* Ames: *Cleisocentron* 3 (Q**)
- *mirabilis* Rchb.f.: *Sarcoglyphis* 7 (O6/94)
- *muticus* J.J.Sm. (2*): *Cleisostoma* 20
- *ophioglossa* Guill.: *Cleisostoma* 5 (6**)
- *oxyphyllus* Wall. ex Lindl.: *Cleisostoma* 36 (6*, G)
- *pachyacris* J.J.Sm. (2*): ?
- *pachyphyllus* Ames: *Sarcophyton* 2 (S*)
- *pallidus* Lindl.: *Cleisostoma* 27 (6*, E**, G, H, S)
- *paniculatus* (Ker-Gawl.) Lindl.: *Cleisostoma* 22 (6*, G**)
- *papillosus* Tixier: *Acampe* 4 (G**)
- *parishii* Hook.f.: *Cleisostoma* 23 (9**)
- *pauciflorus* Wight: *Cleisostoma* 37 (6*)
- *pendulus* Klinge: *Robiquetia* 14 (G)
- *peninsularis* Dalz.: *Cleisostoma* 37 (6*)
- *peninsularis* Dalz.: *Cleisostoma* 24 (S*)
- *pilifer* Guill.: *Cleisostoma* 35 (6*)
- *pityophyllus* (Ridl.) J.J.Sm: *Cleisostoma* 40 (6*)
- *pugioniformis* (Kl.) Rchb.f.: *Cleisostoma* 36 (6*, G, S)
- *racemifer(um)* (Lindl.) Rchb.f.: *Cleisostoma* 27 (6*, E**, G, H)
- *recurvus* Rolfe ex Downie: *Cleisostoma* 3 (6*, S)
- *rigidus* J.J.Sm. (2*): ?
- *rolfeanus* King & Pantl.: *Cleisostoma* 28 (6*)
- *rosea* Wight: *Seidenfadeniella* 2 (S)
- *rostellatus* auct. non Ridl.: *Cleisostoma* 12 (6*)
- *rostellatus* Hook.f.: *Cleisostoma* 10 (S)
- *rostratus* Lindl.: *Cleisostoma* 29 (6*, G**)
- *rugosulus* (Ridl.) Holtt.: *Cleisostoma* 35 (6*)
- *rutilus* Par.: *Robiquetia* 15 (G**)
- *sacculatus* Ridl.: *Cleisostoma* 40 (6*)

- *sagitatus* J.J.Sm. (2*): *Cleisostoma* 30
- *sagittatus* King & Pantl.: *Cleisostoma* 31 (6*)
- *scortechinii* Hook.f.: *Cleisostoma* 33 (6*, H**)
- *secundus* Griff.: *S. subulatus* (2*)
- *secundus* Griff.: *Cleisostoma* 36 (6*, G)
- *selebensis* J.J.Sm.: *Smitinandia* 3 (S)
- *siamensis* Rolfe ex Downie: *Cleisostoma* 34 (6*, 9**, G**)
- *smithianus* Kerr: *Sarcoglyphis* 7 (O6/94)
- *stowellianus* Batem.: *Stereochilus* 4 (9**)
- *striatus* (Rchb.f.) J.J.Sm.: *Cleisostoma* 35 (6*)
- *suaveolens* Rchb.f. (2*): ?
- *subulatus* (Bl.) Rchb.f. (2*): *Cleisostoma* 36 (6*, G)
- *succisus* Lindl.: *Robiquetia* 15 (G**)
- *tenuifolius* (L.) Seidenf.: *Cleisostoma* 37 (6*)
- *teretifolius* (Lindl.) Lindl. (O3/91): *Cleisostoma* 34 (6*, 9**, G**, S)
- *teretifolius* auct. non Lindl.: *Cleisostoma* 2 (6*)
- *termissus* Rchb.f.: *Cleisostoma* 10 (6*, G, Q**)
- *teysmannii* J.J.Sm.: *Cleisostoma* 38 (6*)
- *thorelii* Guill.: *Micropera* 6 (G)
- *tixieri* Guill.: *Sarcoglyphis* 7 (O6/94)
- *tricolor* Rchb.f.: *Cleisostoma* 27 (6*, E**, G, H)
- *tricornis* Seidenf.: *Cleisostoma* 9 (6*)
- *tridentatus* (Lindl.) Rupp: *Plectorrhiza* 3 (G)
- *uniflorus* J.J.Sm.: *S. rigidus* (2*)
- *vientianensis* Guill.: *Sarcoglyphis* 7 (O6/94)
- *williamsonii* auct. non Rchb.f.: *Cleisostoma* 13 (6*)
- *williamsonii* Rchb.f.: *Cleisostoma* 40 (6*)
- *yunnanensis* Schltr.: *Cleisostoma* 27 (6*, G)
× **Sarcocentrum (Srctm.)** (*Ascocentrum* × *Sarcochilus*)
× *Sarcoceras*: *Sarcochilus* (*Pteroceras* (*Sarcochilus*) × *Sarcochilus*)

Sarcochilus (Sarco.) R.Br. - 1810 - *Subfam. Epidendroideae Tribus: Vandeae Subtr. Sarcanthinae* - (*Gunnia* Lindl., *Gunnia* F.v.Muell.) - ca.13/16 sp. epi/lit - N-E-Austr., N.Cal., Fiji, Sol.
- *acuminatissimus* Rchb.f.: *Thrixspermum* 1 (2*)
- *adnatus* Ridl.: *Micropera* 3 (G)
- *alatus* Holtt.: *Macropodanthus* 1 (S*)
- *amplexicaulis* (Bl.) Rchb.f.: *Thrixspermum* 4 (2*, 9**)
- *anceps* Rchb.f.: *Thrixspermum* 5 (2*)
- *appendiculatus* (Bl.) J.J.Sm. (2*): *Grosourdya* 1 (S*)
- *arachnites* Rchb.f.: *Thrixspermum arachnites* (2*)
- *aureus* Hook.f.: *S. pallidus* (2*)
- *aureus* Hook.f.: *Pteroceras* 9 (G)
- *auriferus* (Lindl.) Rchb.f.: *Thrixspermum* 14 (G)
1. **australis** (Lindl.) Rchb.f. (*S. parviflorus* Lindl., *S. barklyanus* F.v.Muell., *S. gunnii* F.v.Muell., *Gunnia australis* Lindl., *Thrixspermum australe* (Lindl.) Rchb.f., *T. parviflorum* (Lindl.) Rchb.f.) - end. to Austr. (Qld., NSW, Vic., Tasm.) 0-1.000 m (G, P*, S*)
- *barklyanus* F.v.Muell.: 1 (G)
- *beccarii* (Rchb.f.) F.v.Muell.: 15 (9**)
- *beckleri* (F.v.Muell. ex Benth.) F.v.Muell.: *Papillilabium* 1 (S*)
- *berkeleyi* (Rchb.f.) Holtt.: *Macropodanthus* 2 (S*)
- *bipennis* J.J.Sm.: *Pteroceras* 2 (Q**)
- *biserratus* Ridl.: *Pteroceras* 2 (Q**)
- *borneense* Rolfe: *Thrixspermum* 10 (O3/81)
- *brachyglottis* Hook.f.: *Saccolabium rhopalorrhachis* (2*)
- *brachystachys* Hook.f.: *Thrixspermum* 11 (G**)
- *calcaratus* (F.v.Muell.) F.v.Muell.: *Plectorrhiza* 3 (G)
- *calceolus* Lindl.: *Thrixspermum* 11 (G**)
- *carrii* Holtt.: *Chroniochilus* 1 (S)
2. **ceciliae** F.v.Muell. (*S. eriochilus* Fitzg.) - end. to Austr. (Qld., NSW) 500 m - „Fairy Bells" (P*, S*)
var. **albus** Hunt - end. to Austr. (Qld., NSW) 500 m (P)
- *centipeda* (Lour.) Naves: *Thrixspermum* 14 (G)
- *cladostachys* Hook.f.: *S. pallidus* (2*)

- *cladostachys* Hook.f.: *Pteroceras* 3 (S)
- *cladostachys* Hook.f.: *Pteroceras* 9 (G)
- *clausus* J.J.Sm.: *Cryptopylos* 1 (S*)
- *cochinchinensis* (Rchb.f.) Nicols.: *Micropera* 6 (G)
3. **compressus** Rchb.f. (*Dendrocolla compressa* Bl., *Thrixspermum compressum* Rchb.f., *Aerides compressum* Lindl.) - Java (2*)
4. **croceus** Lindl. - Phil. (G)
- *dalzellianus* Santap.: *Smithsonia* 3 ($54/8)
- *difformis* (Wall. ex Lindl.) Tang & Wang: *Ornithochilus* 2 (H, Q)
5. **dilatatus** F.v.Muell. - end. to Austr. (Qld., NSW) 0-1.000 m (P**, S)
- *divitiflorus* F.v.Muell. ex Benth.: *Rhinerrhiza* 1 (S*)
6. **emarginatus** Rchb.f. (*Dendrocolla emarginata* Bl., *Aerides emarginatum* Lindl., *Grosourdya emarginata* Rchb.f., *Thrixspermum emarginatum* Ktze.) - Java (2*)
- *englerianum* Kraenzl.: 15 (9**)
- *eriochilus* Fitzg.: 2 (S*)
7. **falcatus** R.Br. (*S. montanus* Fitzg., *S. falcatus* var. *montanus* (Fitzg.) F.M.Bailey, *Thrixspermum falcatum* (R.Br.) Rchb.f.) - end. to Austr. (Qld., NSW, Vic.) 800 m - scented - „Orange Blossom Orchid' (E, G**, H, P**, S, Z**)
- *falcatus* var. *montanus* (Fitzg.) F.M.Bailey: 7 (G**)
- *fasciatus* F.v.Muell.: *Chiloschista* 9 (G)
- *fasciculatus* Carr: *Ascochilus* 1 (S*)
8. **fitzgeraldii** F.v.Muell. (*S. fitzgeraldii* var. *alba* hort. ex F.W.Schmidt, *S. fitzgeraldii* var. *aemula* Rupp) - end. to Austr. (Qld., NSW) to 700 m - lith. - „Ravine Orchid" (9**, E**, H**, P*, S*, Z**)
- *fitzgeraldii* var. *aemula* Rupp: 8 (9**, E**)
- *fitzgeraldii* var. *alba* hort. ex F.W. Schmidt: 8 (9**, E**)
- *formosanus* Hay.: *Thrixspermum* 22 (S*)
- *fragrans* Ridl.: *Pteroceras* 5 (Q**)
- *fuscoluteus* Lindl.: *Micropera* 3 (G)
9. **godeffroyanus** (Rchb.f.) Drake (*Chroniochilus godeffroyanus* (Rchb.f.) L.O.Wms., *Thrixspermum godeffroyanum* Rchb.f.) - Fiji (S)

- *gunnii* F.v.Muell.: 1 (G)
- *hainanensis* Rolfe: *Thrixspermum* 14 (G)
- *hainanensis* Rolfe: *Thrixspermum* 26 (9**)
- *harriganae* Rupp: *Parasarcochilus* 2 (P)
10. **hartmannii** F.v.Muell. (*S. rub(r)icentrum* Fitzg., *Thrixspermum hartmanni* (F.v.Muell.) Rchb.f.) - end. to Austr. (Qld., NSW) up to 1.000 m - lith. (4**, 9**, E**, H**, P**, S*, Z**)
11. **hillii** (F.v.Muell.) F.v.Muell. - end. to Austr. (Qld., NSW) 0-1.700 m (P**, S)
12. **hirticalcar** (Dockr.) M.Clem. & Wall. (*Pteroceras hirticalcar* (Dockr.) Gar. & Sweet, *Parasarcochilus hirticalcar* Dockr.) - end. to Austr. (Qld.) - „Harlequin Orchid" (P**)
- *hirticalcar* (Dockr.) M.Clem. & Wall.: *Parasarcochilus* 1 (S*)
- *hystrix* Rchb.f.: *Thrixspermum* 27 (2*)
- *koeteiensis* Schltr.: *Brachypeza* 3 (S)
13. **koghiensis** Schltr. - N.Cal. (S)
- *leytensis* Ames: *Ascochilus* 2 (S*)
- *lilacinus* Griff.: *Thrixspermum* 4 (2*, 9**)
- *longicalcareus* Ames & Rolfe: *Pteroceras* 6 (O1/89)
- *longmanii* F.M.Bailey: 22 (P*)
- *luniferus* (Rchb.f.) Hook.f.: *Chiloschista* 6 (2*, 9**, H)
- *macrosepala* Schltr.: *Porrhorhachis* 2 (S)
- *maculatus* Carr: *Grosourdya* 3 (S)
- *maculatus* (Dalz.) Pfitz.: *Smithsonia* 1 (S)
- *minimifolium* Hook.f.: *Chiloschista* 9 (G)
- *minimipes* J.J.Sm.: *Brachypeza* 5 (S)
14. **minutiflos** F.M.Bailey (*S. tricalliatus* (Rupp) Rupp) - end. to Austr. (Qld.) (P*)
- *montanus* Fitzg.: 7 (G**, S)
15. **moorei** (Rchb.f.) Schltr. (*S. papuanum* Kraenzl., *S. beccarii* (Rchb.f.) F.v.Muell., *S. englerianum* Kraenzl., *S. ramuanus* (Kraenzl.) Schltr., *S. solomonensis* Rolfe, *Thrixspermum moorei* Rchb.f., *T. beccarii* Rchb.f., *Renanthera ramuana* Kraenzl.) - Sol., N.Gui., Austr. (9**, S)

- *moorei* (Rchb.f.) Schltr.: *Rhinerrhiza* 2 (P**)
- *moorei* (Rchb.f.) Schltr.: *Rhinerrhizopsis* 1 (S)
- *moorei* Rchb.f.: *Rhinerrhiza* 2 (P**)
- *muscosus* Rolfe: *Grosourdya* 3 (S)
- *neocaledonicus* Rendle: *Gunnarella* 8 (O2/88)
- *nepalensis* Spreng.: *Saccolabium calceolare* (2*)
- *nepalensis* Spreng.: *Gastrochilus* 6 (E**, G, H**)
- *notabilis* Hook.f.: *Thrixspermum* 1 (2*)
- *obtusus* Rchb.f.: *Thrixspermum* 38 (2*)
- *obtusus* (Lindl.) Benth. ex Hook.f.: *Camarotis* 1 (E*, H*)
- *obtusus* (Lindl.) Benth. ex Hook.f.: *Micropera* 5 (G)
16. **olivaceus** Lindl. (*S. pictus* (Lindl.) Rchb.f., *Gunnia picta* Lindl., *Thrixspermum dilatatum* Rchb.f., *T. olivaceum* (Lindl.) Rchb.f.) - end. to Austr. (Qld., NSW) 1.000 m - „Lawyer Orchid" (G, P**, S*)
- *pachyrhachis* Schltr.: *Pteroceras* 2 (Q**)
- *palawensis* Ames: *Pteroceras* 11 (S*)
- *pallidus* (Bl.) Rchb.f. (2*): *Pteroceras* 9 (O1/89, G)
- *papuanum* Kraenzl.: 15 (9**)
- *parviflorus* Lindl.: 1 (G, P, S)
- *pictus* (Lindl.) Rchb.f.: 16 (G)
- *platystachys* F.M.Bailey: *Thrixspermum* 14 (G)
- *pugionifolium* Hook.f.: *Thrixspermum* 44 (O3/81)
- *pulchellus* Trimen: *Thrixspermum* 45 (O3/81)
- *purpurascens* Rchb.f.: *Thrixspermum* 46 (2*)
- *purpureus* (Lindl.) Hook.f.: *Camarotis* 3 (9**)
- *pusillus* Rchb.f.: *S. appendiculatus* (2*)
- *ramuanus* (Kraenzl.) Schltr.: 15 (9**)
17. **rarus** Schltr. - N.Cal. (S)
- *rhopalorrhachis* Rchb.f.: *Saccolabium rhopalorrhachis* (2*)
- *robertsii* Schltr.: *Gunnarella* 10 (O2/88)
18. **roseus** (Clemesha) Clemesha - end. to Austr. (Qld.) (P**)
- *rubicentrum* Fitzg.: 10 (4**, 9**, E**, H**, P, S)
- *serraeformis* (Lindl.) Rchb.f.: *Thrixspermum* 14 (G)
19. **serrulatus** D.Jones - end. to Austr. (Qld.) 700 m (P**)
- *singularis* (J.J.Sm.) J.J.Sm.: *Chamaeanthus* 2 (S)
- *solomonensis* Rolfe: 15 (9**, S)
- *spathipetalus* J.J.Sm.: *Pteroceras* 5 (Q**)
- *spathulatus* R.Rogers: *Parasarcochilus* 2 (P, S*)
- *spurius* Rchb.f.: *Dendrobium* 335 (2*)
- *stenoglottis* Hook.f.: *Brachypeza* 6 (S)
- *suaveolens* (Roxb.) Hook.f. (2*): *Pteroceras* 11 (O1/89, S*)
- *subulatus* Rchb.f.: *Thrixspermum* 53 (2*)
- *teres* Rchb.f.: *S. suaveolens* (2*)
20. **teysmanni** J.J.Sm. (*Aerides teysmanni* Miq., *Thrixspermum teysmannii* Rchb.f.) - Java (2*)
21. **tricalliatus** (Rupp) Rupp - Austr. (Qdl.) (S*)
- *tricalliatus* (Rupp) Rupp: 14 (P*)
- *tridentatus* (Lindl.) Rchb.f.: *Plectorrhiza* 3 (G)
- *trimenii* Hook.: *Smithsonia* 3 ($54/8)
- *unguiculatus* Lindl.: *S. pallidus* (2*)
- *unguiculatus* Lindl.: *Pteroceras* 9 (O1/89, G)
- *unguiculatus* Lindl.: *Pteroceras* 12 (S)
- *usneoides* (D.Don) Rchb.f.: *Chiloschista* 16 (G)
- *virescens* Ridl.: *Chroniochilus* 5 (S*)
- *viridiflorus* (Dalz.) Cooke: *Smithsonia* 3 ($54/8, S)
- *viridiflorus* (Thw.) Hook.: *Pteroceras* 13 ($54/8)
- *vriesei* Ridl.: *S. suaveolens* (2*)
22. **weinthalii** F.M.Bailey (*S. longmanii*, *Parasarcochilus weinthalii* (F.M. Bailey) Dockr.) - end. to Austr. (Qld., NSW) 700 m (P*)
- *weinthalii* F.M.Bailey: *Parasarcochilus* 3 (S)
- *wightii* Hook.f.: *Chiloschista* 9 (G)
23. **williamsianus** Kores - Fiji (S)
- *zamboangensis* Ames: *Brachypeza* 7 (Q**)
24. **zollingeri** Rchb.f. (*Dendrocolla zollingeri* Rchb.f., *Grosourdya zollingeri* Rchb.f.) - Java (2*)

Sarcoglossum Beer - 1854: *Cirrhaea* Lindl. (S)
- *suaveolens* Beer: *Cirrhaea* 1 (9**, G**)

Sarcoglottis Presl - 1827 - Subfam. Spiranthoideae Tribus: Cranichideae Subtr. Spiranthinae - (*Narcia* Raf., *Synoplectris* Raf.) - ca. 50 sp. terr. - C-S-Am., W-Ind.
1. **acaulis** (J.E.Sm.) Schltr. (*S. speciosa* Presl, *S. picta* (R.Br.) Lindl., *S. picta* (Sims) Kl., *S. picta* var. *variegata* Kl., *S. hunteriana* Schltr., *S. powelli* Schltr., *S. purpusiorum* Schltr., *Neottia acaulis* J.E.Sm., *N. picta* R.Br., *N. picta* Sims, *Spiranthes picta* (R.Br.) Lindl., *S. picta* (Sims) Lindl., *S. acaulis* (J.E.Sm.) Cogn., *S. speciosa* (Presl) Lindl., *Arethusa picta* Anders, *Narica moschata* Raf., *Synoplectris picta* (Sims) Raf., *Gyrostachys picta* (Sims) Ktze.) - Trop. Am., Mex. to Arg. (9**, E**, G, H, FXV2/3)
- *acaulis* (Cogn.) Schltr.: 8 (S)
- *cerina* (Lindl.) Baxt.: *Pelexia* 3 (G)
2. **corymbosa** Gar. (*Spiranthes pauciflora* A.Rich. & Gal.) - Mex. (3**)
- *elata* (Sw.) P.N.Don: *Beadlea* 3 (9**, G)
- *elata* (Sw.) P.N.Don: *Cyclopogon* 7 (E**, H*)
3. **fascicolata** (Cogn.) Schltr. (S)
4. **gonzalezii** L.C.Menezes - Braz. (O4/98**)
5. **grandiflora** (Lindl.) Kl. (*Neottia grandiflora* (Lindl.) Hook., *Spiranthes grandiflora* Lindl.) - Ven., Sur., Braz., Arg., Par., Ec. (9**, G**)
6. **hunteriana** Schltr. - Pan. (W**)
- *hunteriana* Schltr.: 1 (9**, G)
- *lobata* (Lindl.) Baxt.: *Pelexia* 7 (G)
7. **neglecta** E.A.Christ. - C.Rica, Pan. (W)
- *ochracea* (A.Rich.& Gal.) Schltr.: 9 (G)
- *orbiculatus* Ames: 9 (G)
8. **picta** (Andr.) Kl. (*S. acaulis* (Cogn.) Schltr.) - Neotrop. (S, FXVII3**)
- *picta* (R.Br.) Lindl.: 1 (E**, H)
- *picta* (Sims) Kl.: 1 (9**, G)
- *picta* var. *variegata* Kl.: 1 (9**, G)
- *powelli* Schltr.: 1 (9**, G)
- *pudica* (Lindl.) P.N.Don: *Spiranthes* 12 (G**)
- *purpusiorum* Schltr.: 1 (9**, G)
9. **rosulata** (Lindl.) P.N.Don (*S. ochracea* (A.Rich. & Gal.) Schltr, *S. orbiculatus* Ames, *Spiranthes rosulata* Lindl., *S. ochracea* A.Rich. & Gal.) - Mex., Guat., Salv., Hond., Nic. (G)
- *rufescens* Kl.: 11 (G)
10. **sceptrodes** (Rchb.f.) Schltr. (*Spiranthes sceptrodes* Rchb.f.) - Salv., Nic., Pan. (H**)
- *schaffneri* (Rchb.f.) Ames: *Pelexia* 11 (S)
- *speciosa* Presl: 1 (9**, E**, G, H)
- *valida* Ames: *Pelexia* 12 (W**)
11. **ventricosa** (Vell.) Hoehne (*S. rufescens* Kl., *Serapias ventricosa* Vell., *Spiranthes rufescens* (Kl.) Fisch.) - Braz. (G)
12. **woodsonii** (L.O.Wms.) Gar. - Pan. (W)

Sarcoglyphis Gar. - 1972 - *Aeridinae* (S) - 9/10 sp. epi. - SE-As.
1. **arunachalensis** Rao (S)
2. **comberi** (J.J.Wood) J.J.Wood - Java (S)
3. **fimbriata** (Ridl) Gar. - Born. (S)
4. **flava** (Hook.f.) Gar. - Burm. (S)
5. **lilacina** (J.J.Sm.) Gar. - Sum. (S)
6. **magnirostris** Tsi - China (S)
7. **mirabilis** (Rchb.f.) Gar. (*Sarcanthus mirabilis* Rchb.f., *S. gilbertii* Hook. f., *S. smithianus* Kerr, *S. vientianensis* Guill., *S. tixieri* Guill.) - Burm., Thai., Laos, Viet. ca. 300 m (O6/94, S*)
8. **pensilis** (Ridl.) Seidenf. - Mal. (S)
9. **potamophila** (Schltr.) Gar. & Kittr. - Born. (S)
10. **thailandica** Seidenf. - N-Thai. (S*)
11. **yunnanensis** Tsi - China, NW-Thai. (S)

× **Sarcomoanthus (Sran.)** (*Drymoanthus* × *Sarcochilus*)
× **Sarconopsis (Srnps.)** (*Phalaenopsis* × *Sarcochilus*)
× *Sarcopapilionanda*: × *Sarcovanda* (*Papilionanthe* (*Vanda*) × *Sarcochilus* × *Vanda*)

Sarcophyton Gar. - 1972 - *Aeridinae* (S) - 2 sp. epi. - SE-As. - scented
1. **crassifolium** (Lindl. & Paxt.) Gar. (*S. taiwanensis* (Hay.) Gar., *Cleisostoma crassifolium* Lindl. & Paxt., *Sarcanthus crassifolius* Lindl. & Paxt.) - Burm., Taiw. (O6/94, S*)
2. **pachyphyllum** (Ames) Gar. (*Sarcanthus pachyphyllus* Ames) - Phil. (S*)

- *taiwanensis* (Hay.) Gar.: 1 (S*)
Sarcopodium Lindl.: *Epigeneium* Gagn.
- *acuminatum* (Rolfe) Kraenzl.: *Epigeneium* 1 (E, H)
- *acuminatum* (Rolfe) Rolfe: *Epigeneium* 1 (9**)
- *acuminatum* var. *lyonii* (Ames) Kraenzl: *Epigeneium* 9 (Q**)
- *acuminatum* var. *lyonii* (Ames) Kraenzl.: *Epigeneium* 1 (9**)
- *amplum* (Lindl.) Lindl.: *Katherinea* 1 (S)
- *cheiri* (Lindl.) Lindl.: *Bulbophyllum* 86 (G, Q**)
- *coelogyne* (Rchb.f.) Rolfe: *Epigeneium* 2 (E**, H**)
- *cymbidioides* (Bl.) Rolfe: *Epigeneium* 3 (9**)
- *dearei* hort.: *Bulbophyllum* 130 (8**, E**, H**, Q**)
- *geminatum* (Bl.) Rolfe: *Katherinea* 3 (S)
- *kinabaluense* (Ridl.) Rolfe: *Epigeneium* 5 (Q**)
- *leopardinum* (Wall.) Lindl.: *Bulbophyllum* 255 (9**, H**)
- *lobbii* (Lindl.) Lindl.: *Bulbophyllum* 269 (2*, 4**, 8**, 9**, G, Q**)
- *longipes* (Hook.f.) Rolfe: *Epigeneium* 6 (O2/86)
- *lyonii* (Ames) Rolfe: *Epigeneium* 1 (9**)
- *lyonii* (Ames) Rolfe: *Epigeneium* 9 (Q**)
- *macranthum* (Lindl.) Lindl.: *Bulbophyllum* 285 (8**, 9**, G**, Q**)
- *megalanthum* (Griff.) Lindl.: *Bulbophyllum* 86 (G, Q**)
- *perakense* (Hook.f.) Kraenzl.: *Eria* 43 (9**, G**)
- *pileatum* (Lindl.) Lindl.: *Bulbophyllum* 409 (G)
- *psittacoglossum* (Rchb.f.) Hook.: *Bulbophyllum* 422 (9**)
- *purpureum* Rchb.f.: *Bulbophyllum* 285 (9**, G**, Q**)
- *reinwardtii* Lindl.: *Bulbophyllum* 537 (2*, 9**, G, Q**)
- *speculum* (J.J.Sm.) Carr: *Epigeneium* 8 (Q**)
- *suberectum* Ridl.: *Epigeneium* 5 (Q**)
- *treacherianum* (Rchb.f. ex Hook.f.) Rolfe: *Epigeneium* 9 (9**, Q**)
- *triflorum* (Lindl.) Rolfe: *Epigeneium* 3 (9**)

× **Sarcorhiza**: × *Rhinochilus* (*Rhinerrhiza* × *Sarcochilus*)
Sarcorhynchus Schltr. - 1918: *Diaphananthe* Schltr.
Sarcorhynchus Schltr. - 1918 - *Aerangidinae* (S) - 3 sp. epi. - Trop. Afr.
1. **bilobatus** Summerh. (*Diaphananthe bilobatus* (Summerh.) Rasm.) - Zai., Ug. to 2.000 m (S*)
 → *bilobatus* Summerh.: *Diaphananthe* 3 (M**)
2. **orientale** Mansf. (*Diaphananthe orientale* (Mansf.) Rasm.) - Tanz. (S)
3. **polyanthus** (Kraenzl.) Schltr. (*S. saccolabioides* Schltr., *Diaphananthe polyanthus* (Kraenzl.) Rasm.) - Camer. (S)
- *saccolabioides* Schltr.: 3 (S)

Sarcostoma Bl. - 1825 - *Subfam. Epidendroideae Tribus: Epidendreae Subtr. Eriinae* - 4 sp. epi. - Cel., Java, Mal., Perak
1. **javanica** Bl. (*Dendrobium javanicum* Lindl., *D. sarcostoma* Lindl., *Callista javanica* Ktze.) - Java (2*)

× **Sarcothera** (Srth.) (*Renanthera* × *Sarcochilus*)
× **Sarcovanda** (Srv.) (*Sarcochilus* × *Vanda*)
× **Saridestylis** (Srdts.) (*Aërides* × *Rhynchostylis* × *Sarcanthus*)

Sarmenticola Sengh. & Gar. - 1996 - *Notyliinae* (S) - 1 sp. epi. - Peru
1. **calceolaris** (Gar.) Sengh. & Gar. (*Macroclinium calceolaris* (Gar.) Dods., *Pterostemma calceolaris* Gar., *Notylia calceolaris* (Gar.) Dressl.) - Peru (@, S, &9)

Sarothrochilus Schltr. - 1906: *Staurochilus* Ridl. ex Pfitz. (S)
× **Sarpariza** (Spza.) (*Parasarcochilus* × *Plectorrhiza* × *Sarcochilus*)
Sarracenella Luer: *Pleurothallis* R.Br. (L)
- *asaroides* (Kraenzl.) Luer: *Pleurothallis* 61 (L)
- *pubescens* (Barb.Rodr.) Luer: *Pleurothallis* 628 (L*)

× **Sartylis** (Srts.) (*Rhynchostylis* × *Sarcochilus*)
Satyridium Lindl. - 1838: *Satyrium* Sw.
Satyridium Lindl. - 1838 - *Subfam. Orchidoideae Tribus: Diseae Subtr. Satyriinae* - 1 sp. terr. - end. to SW-Cape
1. **rostratum** Lindl. (*Satyrium rhyn-*

chanthum Bol.) - SW-Cape (S) → Satyrium 26
Satyrium (Satm.) Sw. - 1800 - *Subfam. Orchidoideae Tribus: Diseae Subtr. Satyriinae* - (*Satyridium* Lindl., *Aviceps* Lindl., *Diplect(h)rum* Pers.) - ca. 100 sp. terr. - S-Afr., Trop. Afr., Madag., As.
- *acutirostrum* Summerh.: 32 (M**)
- *adnatum* Sw.: *Pelexia* 1 (G**)
- *albiflorum* A.Rich.: 18 (9**, E*, H*)
- *alpinum* (L.) Pers.: *Chamorchis* 1 (G)
1. **amoenum** (Thou.) A.Rich. (*S. gracile* Lindl., *Diplectrum amoenum* Thou.) - Madag., Com., Masc. 1.200-2.000 m - lit/ter (U)
   var. **tsaratananae** H.Perr. - Madag. ca. 2.400 m - terr. (U)
- *anthropophorum* Pers.: *Aceras* 1 (O6/82)
- *aureum* Paxt.: 9 (9**, G**)
2. **baronii** Schltr. - Madag. 1.100-2.200 m - lit/ter (U)
- *beyrichianum* Kraenzl.: 29 (9**)
3. **bicorne** (L.) Thunb. (*Orchis bicornis* L.) - S-Afr. to 1.400 m (E, H, S, C)
4. **bracteatum** (L.f.) Thunb. (*S. bracteatum* var. *glandulosum* Sond., - var. *latebracteatum* Sond., - var. *lineatum* Sond., *S. pictum* Sond., *Ophrys bracteata* L.f., *Diplecthrum bracteatum* (L.f.) Pers.) - S-Afr. (G)
- *bracteatum* var. *glandulosum* Sond.: 4 (G)
- *bracteatum* var. *latebracteatum* Sond.: 4 (G)
- *bracteatum* var. *lineatum* Sond.: 4 (G)
5. **buchananii** Schltr. - Afr. (O6/96)
- *calceatum* Ridl.: *Disa* 6 (U)
6. **candidum** Lindl. (*S. utriculatum* Sond.) - S-Afr. (G, S)
7. **carneum** (Dryand.) R.Br. (*S. cucullatum* Thunb., *Orchis carnea* Dryand.) - S-Afr. 15-300 m (9**, G, S, C, Z**)
8. **carsonii** Rolfe - Kenya, Ug., S-Tanz., Zam., to Nig. 2.000-2.330 m (M**)
- *cheirophorum* Rolfe: 15 (M**)
- *chrysostachyum* Herschel: 9 (9**, G**)
- *ciliatum* Lindl.: 18 (9**)
9. **coriifolium** Sw. (*S. cucullatum* Lodd., *S. chrysostachyum* Herschel, *S. erectum* Lindl., *S. aureum* Paxt., *Orchis cornuta* Houtt., *O. lutea* Buxb., *Diplecthrum coriifolium* (Sw.) Pers., *D. erectum* (Lindl.) Pers.) - S-Afr. to 300 m (9**, G**, S, C**, Z**)
   var. **maculatum** Hook.f. - S-Afr. (9**)
10. **coriophoroides** A.Rich. - Kenya, Eth., Camer. 2.150-2.300 m (M)
- *cornutum* (L.) Thunb.: *Disa* 11 (9**)
11. **crassicaule** Rendle (*S. niloticum* Rendle) - Kenya, Eth., Ug., Tanz., Zam. to Nig. 1.850-3.300 m (M**)
- *cucullatum* Thunb.: 7 (9**, G)
- *cucullatum* Lodd.: 9 (9**, G**)
- *diphyllum* Link: *Gennaria* 1 (9**, G**, N**)
- *dizygoceras* Summerh.: 31 (M)
- *elatum* Sw.: *Beadlea* 3 (9**, G)
- *elatum* Sw.: *Cyclopogon* 7 (E**, H*)
- *epipogium* L.: *Epipogium* 1 (9**)
12. **erectum** Sw. (*S. herscheliae* Harv., *S. papillosum* Lindl., *S. pustulatum* Lindl., *Diplecthrum erectum* (Sw.) Pers.) - S-Afr. 50-1.500 m (G**, C)
- *erectum* Lindl. (Z**): 9 (9**, G**)
- *excelsum* Thunb.: *Disa* 34 (9**)
13. **fimbriatum** Summerh. - Kenya, Ug., Tanz., Sud. 2.000-3.300 m (M**)
- *foliosum* Heyne ex Wall.: *Peristylus* 26 (6*, H)
- *giganteum* L.f.: *Eulophia* 86 (E**, G**, H**)
- *gracile* Lindl.: 1 (U)
- *gramineum* Thou.: *Cynorkis* 48 (U)
- *grandiflorum* (L.f.) Thunb.: *Disa* 35 (4**, 9**, E**, G**, H**)
- *herscheliae* Harv.: 12 (G**)
- *hians* L.f.: *Herschelianthe* 4 (9**)
- *hircinum* L.: *Himantoglossum* 6 (H)
- *lanceum* (Thunb. ex Sw.) Pers.: *Herminium* 1 (6*, G)
- *latifolium* Thou.: *Benthamia* 12 (G)
14. **longicauda** Lindl. - Moz., S-Afr., Swa., Tanz., Zim. 1.200-2.100 m (C)
   var. **jacottetianum** (Kraenzl.) Hall - Moz., S-Afr., Swa., Tanz., Zim. 1.200-2.100 m (C)
15. **macrophyllum** Lindl. (*S. cheirophorum* Rolfe, *S. speciosum* Rolfe) - Kenya, Tanz., Zim., Moz., S-Afr. 350-2.850 m (O6/96, M**, C*)
16. **maculatum** Burch. ex Lindl. - Cape (S)
- *maculatum* Desf.: *Neotinea* 1 (G, T**, N**, O6/79)

17. **membranaceum** Sw. - S-Afr. to 1.800 m (A**, S, C)
- *membranaceum* N.E.Br.: 22 (9**)
- *militare* Lindl.: 29 (9**)
18. **nepalense** D.Don (*S. perrottetianum* A.Rich., *S. albiflorum* A.Rich., *S. pallidum* A.Rich., *S. wightianum* Lindl., *S. ciliatum* Lindl.) - Ind., Sri L., Him., Burm., E-Tib., Sik. 1.200-2.000 (4.000) m (9**, E*, H*)
19. **odorum** Sond. - S-Afr. to 200 m (S, C)
- *orchioides* Sw.: *Stenorrhynchus* 2 (E**, H**)
- *orchioides* Sw.: *Sacoila* 1 (9**, G**)
- *orobanchoides* L.f.: *Corycium* 5 (G**)
- *pallidum* A.Rich.: 18 (9**, E*, H*)
20. **paludosum** Rchb.f. - Kenya, Zam., Zim., Ang. 2.700-2.850 m (M**)
- *papillosum* Lindl.: 12 (G**)
21. **perrieri** Schltr. - Madag. 1.000-1.600 m - lit/ter (U)
- *perrottetianum* A.Rich.: 18 (9**, E*, H*)
- *pictum* Sond.: 4 (G)
- *praealtum* Thou.: *Habenaria* 145 (U)
22. **princeps** Bol. (*S. membranaceum* N.E.Br.) - S-Afr. to 150 m (9**, C)
23. **pumilum** Thunb. (*Diplectrum pumilum* Pers., *Aviceps pumilum* (Pers.) Lindl.) - S-Afr. 450-1.200 m (S, C, Z**)
- *pustulatum* Lindl.: 12 (G**)
24. **rhynchanthoides** Schltr. - Malawi (O2/93**)
- *rhynchanthum* Bol.: *Satyridium* 1 (S)
25. **robustum** Schltr. - Kenya, Ug., S-Tanz. 2.700-3.000 m (M**)
- *rosellatum* Thou.: *Cynorkis* 92 (U)
26. **rostratum** Lindl. - Madag. 1.200-2.000 m - terr. (U**)
27. **sacculatum** (Rendle) Rolfe - Kenya, Ug., Tanz., Trop.Afr. 1.700-2.800 m (M)
- *sagittale* (L.f.) Thunb.: *Disa* 29 (9**)
- *sceptrum* Schltr.: 32 (M**)
28. **schimperi** A.Rich. - Kenya, Eth., Rwa., Bur., Zai. 2.330-3.200 m (M)
- *secundum* Thunb.: *Disa* 28 (9**)
- *spathulatum* (L.f.) Thunb.: *Herschelianthe* 8 (9**, G)
- *speciosum* Rolfe: 15 (M**)
29. **sphaerocarpum** Lindl. (*S. militare* Lindl., *S. beyrichianum* Kraenzl.) - S-Afr., Moz. (9**)
- *spirale* Thou.: *Benthamia* 28 (G, U)
- *spirale* Sw.: *Spiranthes* 14 (G)
30. **trinerve** Lindl. - Madag., Com., Malawi 500-1.000 m - terr. (O2/93**, U**)
- *utriculatum* Sond.: 6 (G)
31. **volkensii** Schltr. (*S. dizygoceras* Summerh.) - Kenya, Tanz., Trop. Afr., Nig. Zim. 2.200-2.700 m (M)
- *wightianum* Lindl.: 18 (9**)
32. **woodii** Schltr. (*S. sceptrum* Schltr., *S. acutirostrum* Summerh.) - Kenya, Ug., Tanz., Trop.Afr., S-Afr. 2.150-3.000 m (M**)
× **Sauledaara (Sdra.)** (*Aspasia* × *Brassia* × *Miltonia* × *Oncidium* × *Rodriguezia*)

Saundersia Rchb.f. - 1866 - *Subfam. Epidendroideae Tribus: Oncidieae Subtr. Oncidiinae* - 2 sp. epi. - SE-Braz.
- *bicallosa* Ruschi: 2 (S*)
1. **mirabilis** Rchb.f. - SE-Braz. (S*)
2. **paniculata** Brade (*S. bicallosa* Ruschi) - SE-Braz. (S*)

Sauroglossum Lindl. - 1833 - *Subfam. Spiranthoideae Tribus: Cranichideae Subtr. Spiranthinae* - (*Synassa* Lindl.) - 12 sp. terr. - S-Am.
1. **dromadum** Szlach. - Peru (S)
- *elatum* Lindl.: 2 (G**, S)
2. **nitidum** (Vell.) Schltr. (*S. elatum* Lindl., *Serapias nitida* Vell., *Cyclopogon procerus* Regn. ex Barb.Rodr., *Spiranthes nitida* (Vell.) Cogn., *S. pachyphylla* Kraenzl.) - Braz., Arg. (G**)
3. **odoratum** Rob. - S-Am. (S)
4. **organense** (Szlach.) Szlach. - S-Am. (S)
- *richardii* Ames: *Beadlea* 3 (9**, G)
5. **sellilabre** (Griseb.) Schltr. - N-Arg. (S)

Saurolophorkis Marg. & Szlach. - 2001 - *Liparidinae* (S) - 1 sp. - N.Gui.
1. **cordanthemum** Marg. & Szlach. - N.Gui. 1.600-2.300 m (S*)

Sayeria Kraenzl. - 1894: *Dendrobium* Sw.
Sayeria Kraenzl. - 1894 - *Dendrobiinae* (S) - (*Latourorchis* (Schltr.) Brieg., *Latourea* Bl.) - 52 sp.
- *atroviolacea* (Rolfe) Rausch.: *Dendrobium* 30 (9**)
- *forbesii* (Ridl.) Rausch.: *Dendrobium* 134 (9**)

- *hodgkinsonii* (Rolfe) Rausch.: *Dendrobium* 160 (9**)
- *macrophylla* (A.Rich.) Rausch.: *Dendrobium* 219 (G)
1. **paradoxa** Kraenzl. (S)
- *polysema* (Schltr.) Rausch.: *Dendrobium* 286 (9**)
- *spectabilis* (Bl.) Rausch.: *Dendrobium* 333 (9**)
- *woodsii* (Cribb) Rausch.: *Dendrobium* 396 (9**)

Scaphosepalum Pfitz. - 1889 - *Subfam. Epidendroideae Tribus: Epidendreae Subtr. Pleurothallidinae* - ca. 35 sp. epi. - Trop. Am., Mex. to Bol.
- *amethystinum* (Rchb.f.) Schltr.: *Porroglossum* 3 (L*)
1. **anchoriferum** (Rchb.f.) Rolfe (*S. punctatum* (Rolfe) Rolfe, *S. endresianum* Kraenzl., *S. naviculare* Kraenzl., *Masdevallia anchorifera* Rchb.f., *M. punctata* Rolfe) - C.Rica, W-Pan. 1.100-1.900 m (W**, L*)
2. **andreettae** Luer - Ec. 1.400 m (L*)
3. **antenniferum** Rolfe (*S. reversum* Kraenzl.) - Col., Ec., Peru 1.500-2.500 m (L*, R**, S, Z)
- *antioquiense* Kraenzl.: *Porroglossum* 19 (L*)
4. **beluosum** Luer - Ec. 1.600-2.200 m (L*)
5. **bicolor** Luer & Esc. - Col. (L*, FXIV2*, R)
6. **breve** (Rchb.f.) Rolfe (*S. trachypus* Schltr., *S. nutans* Kraenzl., *Masdevallia brevis* Rchb.f.) - Guy., Ven., Col., Ec., Bol. 500-2.200 m (L*, R, Z**)
- *carpophorum* (Kraenzl.) Gar.: *Pleurothallis* 727 (L*)
7. **cimex** Luer & Hirtz - Ec. 1.200 m (L*)
8. **clavellatum** Luer - C.Rica, Pan., Ec. 750-1.300 m (W, L*)
9. **dalstroemii** Luer - Ec. 2.600-3.100 m (L*)
10. **decorum** Luer & Esc. - Col. ca. 1.800 m (L*, FXV2/3*, R**)
11. **delhierroi** Luer & Hirtz - Ec. ca. 1.200 m (L*)
12. **digitale** Luer & Hirtz - Ec. ca. 1.200 m (L*)
13. **dodsonii** Luer - Ec. ca. 1.200 m (L*)
- *echidna* (Rchb.f.) Schltr.: *Porroglossum* 10 (L*)
- *elasmotopus* Schltr.: 20 (L*)
- *endresianum* Kraenzl.: 1 (L*)
- *erinaceum* (Rchb.f.) Schltr.: *Masdevallia* 105 (L)
- *escobarianum* Gar.: 16 (L*)
14. **fimbriatum** Luer & Hirtz - Ec. ca. 750 m (L*)
15. **gibberosum** (Rchb.f.) Rolfe (*Masdevallia gibberosa* Rchb.f.) - Col. 1.600-2.000 m (9**, L*, O3/79, R**, Z**)
16. **grande** Kraenzl. (*S. escobarianum* Gar.) - Col. 1.200-1.500 m (L*, R**, Z, S)
17. **hirtzii** Luer - Ec. ca. 2.200 m (L*)
18. **lima** (Lehm. & Kraenzl.) Schltr. (*Masdevallia lima* Lehm. & Kraenzl.) - Col. 1.800-2.500 m (L*, R**)
- *longirepens* Ames: 20 (L*)
19. **macrodactylum** (Rchb.f.) Rolfe (*Masdevallia macrodactyla* Rchb.f.) - Col. (L*, R)
20. **microdactylum** Rolfe (*S. pittieri* Schltr., *S. elasmotopus* Schltr., *S. longirepens* Ames, *S. standleyi* Ames) - Nic., C.Rica, Pan., Mex., Col., Guat., Hond. 1.500-2.100 m (W, L*, R**, Z**)
- *naviculare* Kraenzl.: 1 (L*)
- *nutans* Kraenzl.: 6 (L*)
- *ochthodes* (Rchb.f.) Pfitz. (E**, L): 32 (H**, L*)
21. **odontochilum** Kraenzl. (*S. sneidernii* Gar.) - Col., Ec. 1.700-2.400 m (L*, R**)
22. **ophidion** Luer - Ec., Col. 1.400-2.200 m (L*, R)
23. **ovulare** Luer - Ec. 600-1.200 m (L*, Z)
- *panamense* Schltr.: *Masdevallia* 172 (L)
24. **parviflorum** Luer & Hirtz - Ec. ca. 600 m (L*)
- *pittieri* Schltr.: 20 (L*)
- *platypetalum* Schltr.: 28 (L*)
25. **pleurothallodes** Luer & Hirtz - Ec. ca. 600 m (L*)
26. **pulvinare** (Rchb.f.) Rolfe (*S. rolfeanum* Kraenzl., *Masdevallia pulvinaris* Rchb.f.) - Col. (9**, L*, R**)
- *punctatum* (Rolfe) Rolfe (9**, H, L): 1 (L*)
27. **rapax** Luer - Ec. 400-600 m (L*, Z**)
- *reversum* Kraenzl.: 3 (L*)
- *rolfeanum* Kraenzl.: 26 (L)
- *sneidernii* Gar.: 21 (L*)

- *standleyi* Ames: 20 (L*)
28. **swertiifolium** (Rchb.f.) Rolfe (S) ssp. **swertifolium** (*S. platypetalum* Schltr., *Masdevallia swertii(ae)folia* Rchb.f.) - Col., Ec. 1.200-2.300 m (A**, H, L*, R**) ssp. **exiguum** Luer & Esc. - Col., Ec. 600 m (L*)
29. **tiaratum** Luer - Col. 1.700-2.000 m (L*, R**)
- *trachypus* Schltr.: 6 (L*)
30. **triceratops** Luer & Andreetta - Ec. 2.400-2.600 m (L*)
31. **ursinum** Luer - Ec. ca. 2.500 m (L*)
32. **verrucosum** (Rchb.f.) Pfitz. (*S. ochthodes* (Rchb.f.) Pfitz., *Masdevallia verrucosa* Rchb.f., *M. ochthodes* Rchb.f., *Pleurothallis verrucosa* (Rchb.f.) Rchb.f., *Humboldtia verrucosa* (Rchb.f.) Ktze., *H. ochthodes* (Rchb.f.) Ktze.) - Col. 2.400-3.500 m (H**, L*, R**, Z**)
33. **viviparum** Luer - Pan. 900 m (W, L*)
- *xipheres* (Rchb.f.) Schltr.: *Porroglossum* 20 (H**, L*)
34. **xystra** Luer - Ven. 2.400 m (L*)

Scaphyglottis (Scgl.) Poepp. & Endl. - 1836 - Subfam. *Epidendroideae* Tribus: *Epidendreae* Subtr. *Laeliinae* - (*Tetragamestus* Rchb.f., *Sessilibulbum* Brieg.) - ca. 40 sp. epi/lit - Trop. Am.

1. **acostaei** (Schltr.) Schweinf. - C.Rica, Pan. (W)
- *albida* (Rchb.f.) Schltr.: 23 (E, G)
2. **amethystina** (Rchb.f.) Schltr. (*Ponera amethystina* Rchb.f.) - Guat. to C.Rica, Pan. (E**, H**, O5/94, R**, Z**)
- *amethystina* Schltr.: 44 (W)
3. **amparoana** (Schltr.) Dressl. - C.Rica, Pan. (W**)
4. **anneliesae** Brieg. - C.Rica (S)
5. **antillana** (Schltr.) Brieg. - Col., W-Ind. (S)
6. **arctata** (Dressl.) B.R.Adams - Pan. (W)
7. **behrii** Hemsl. - C.Rica, Pan., S-Am. (W)
- *behrii* (Rchb.f) Benth. & Hook.f. ex Hemsl.: 23 (E, G)
- *bergeriana* (Schltr.) L.O.Wms.: *Nageliella* 2 (S)
8. **bifida** Schweinf. - C.Rica (W)
9. **bilineata** Schltr. - Nic., C.Rica (W)
10. **boliviensis** (Rolfe) B.R.Adams (*S. huebneri* Schltr.) - Nic., C.Rica, Pan., S-Am. (W)
- *bradeorum* Schltr.: 23 (E, G)
11. **chlorantha** B.R.Adams - Pan. (W)
12. **chocoana** Bock - Col. (R**)
13. **condorana** Dods. - Ec. 1.300-1.500 m (FXXI1*)
- *confusa* (Schltr.) Ames & Correll: 33 (W)
14. **corallorhiza** (Ames) Ames, Hubb & Schweinf. - C.Rica (W)
15. **crurigera** (Lindl.) Ames & Correll - Nic., C.Rica, Pan., S-Am. (W)
➤ *crurigera* (Batem. ex Lindl.) Ames & Correll: *Hexadesmia* 3 (G)
16. **cuneata** Schltr. - C-Am. (S*)
- *cuneata* Schltr.: 37 (G**, W)
17. **densa** (Schltr.) B.R.Adams - C.Rica, Pan. (W)
- *dubia* (A.Rich. & Gal.) Benth. & Hook.f.: *Pachystele* 1 (G)
18. **fusiformis** Schult. - C.Rica, S-Am. (W)
➤ *fusiformis* (Griseb.) Schult.: *Hexadesmia* 6 (E*, H*)
19. **geminata** Dressl. & Mora-Retana - C.Rica (W**)
20. **gentryi** Dods. & Monsalve - Col., Ec., 0-250 m (FXXI1*)
21. **gigantea** Dressl. - C.Rica, Pan. (W)
22. **gracilis** Schltr. - C.Rica, Pan. (W, S*)
- *gracilis* (Schltr.) Schltr.: 37 (G**)
23. **graminifolia** (Ruiz & Pav.) Poepp. & Endl. (*S. leucantha* Rchb.f., *S. behrii* (Rchb.f) Benth. & Hook.f. ex Hemsl., *S. guatemalensis* Schltr., *S. pauciflora* Schltr., *S. albida* (Rchb. f.) Schltr., *S. sanctae martae* Schltr., *S. bradeorum* Schltr., *Fernandezia graminifolia* Ruiz & Pav., *Nemaconia graminifolia* (Ruiz & Pav.) Knowl. & Westc., *Ponera graminifolia* (Ruiz & Pav.) Lindl., *P. leucantha* (Rchb.f.) Rchb.f., *P. behrii* Rchb.f., *P. albida* Rchb.f.) - Mex. to Pan., Ven, Col., Ec., Peru, Braz. (E, G, H, R)
- *guatemalensis* Schltr.: 23 (E, G)
24. **hirtzii** Dods. - Ec. 1.500-2.500 m (FXXI1*)
- *huebneri* Schltr.: 10 (W)
25. **jimenezii** Schltr. - C.Rica (W) ➤ *Hexadesmia* 8

26. **laevilabia** Ames - Pan. (W)
27. **leucantha** Rchb.f. - C.Rica, S-Am. (W)
- *leucantha* Rchb.f.: 23 (E, G)
28. **limonensis** B.R.Adams - C.Rica (W)
29. **lindeniana** (A.Rich. & Gal.) Will. - Nic., C.Rica, Pan., S-Am. (W**)
➤ *lindeniana* (A.Rich. & Gal.) Will.: *Hexadesmia* 5 (G)
- *livida* (Lindl.) Schltr. (3**): *Pachystele* 1 (G)
30. **longicaulis** S.Wats. - Nic., C.Rica, Pan., S-Am., Col. (W, R**)
- *macroglossa* (Rchb.f.) Schltr.: *Ponera* 6 (G)
31. **mesocopis** Hemsl. - C.Rica, Pan. (W)
32. **micrantha** (Lindl.) Ames & Correll - Nic., C.Rica, Pan. (W)
➤ *micrantha* (Lindl.) Ames & Correll: *Hexadesmia* 9 (G)
33. **minuta** (A.Rich. & Gal.) Gar. (*S. confusa* (Schltr.) Ames & Correll) - Nic., C.Rica (W)
34. **minutiflora** Ames & Correll - Nic., Pan. (W)
35. **modesta** (Rchb.f.) Schltr. (*Tetragamestus modestus* Rchb.f.) - Braz. (S)
- *oblonga* L.O.Wms.: *Sessilibulbum* 2 (S)
36. **panamensis** B.R.Adams - Pan. (W)
- *pauciflora* Schltr.: 23 (E, G)
37. **prolifera** (R.Br.) Cogn. (*S. cuneata* Schltr., *S. gracilis* (Schltr.) Schltr., *S. werkley* Schltr., *Isochilus prolifer* R. Br., *I. proliferum* (R.Br.) Lindl., *Ponera prolifera* (R.Br.) Rchb.f., *P. maipiriensis* Kraenzl., *Tetragamestus gracilis* Schltr., *Epidendrum proliferum* Sw.) - Braz., Ven., Guy., Sur., Pan., Ec., Peru, Guat., Hond. (E, G**, H**, W, S*)
38. **pulchella** (Schltr.) L.O.Wms. - C.Rica, Pan. (W) ➤ Hexadesmia 11
- *pumila* Ames: *Homalopetalum* 5 ($53/7)
- *pumila* Ames: *Sessilibulbum* 3 (S)
39. **punctulata** (Rchb.f.) Schweinf. - Pan., Col., S-Am. (W, R**)
➤ *punctulata* (Rchb.f.) Schweinf.: *Pseudoponera* 3 (S)
- *purpusii* Schltr.: *Pachystele* 1 (G)
- *reflexa* Lindl.: *Reichenbachanthus* 4 (G, S)
40. **robusta** B.R.Adams - Pan. (W)
- *rosea* Hook.: 48 (9**, G**)

- *sanctae martae* Schltr.: 23 (E, G)
41. **sessiliflora** B.R.Adams - C.Rica (W)
42. **sigmoidea** (Ames & Schweinf.) B.R.Adams (*Hexisea sigmoidea* Ames & Schweinf.) - C.Rica, Pan. (W) ➤ Hexisea 5
43. **spathulata** Schweinf. - C.Rica, Pan. (W)
44. **stellata** Lodd. ex Lindl. (*S. amethystina* Schltr., *Ponera stellata* (Lodd. ex Lindl.) Rchb.f.) - Guy., Ec., C.Rica, Pan., S-Am. (G, W, S*)
- *sublibera* (Schweinf.) Dressl.: *Microepidendrum* 5 (S)
45. **subulata** Schltr. - C.Rica (W)
- *taphallae* (Rchb.f.) Schweinf.: *Maxillaria* 210 (G)
46. **tenella** L.O.Wms. - Nic., Pan. (W)
➤ *tenella* L.O.Wms.: *Hexadesmia* 13 (S)
- *tenuis* L.O.Wms.: *Sessilibulbum* 4 (S)
47. **triloba** L.O.Wms. [S. triloba B.R. Adams (R**)] - Col., Nic., Pan. (W, R**)
48. **violacea** Lindl. (*S. rosea* Hook., *Cladobium violaceum* Lindl., *Ponera rosea* (Hook.) Rchb.f., *P. violacea* (Lindl.) Rchb.f.) - Ven., Guy., Braz., Amaz. (9**, G**)
- *werkley* Schltr.: 37 (G**)

Scelochiloides Dods. & Chase - 1989 - Ionopsidinae (S) - 2 sp. epi. - Bol.
- *acebyi* Vasq. & Dods.: *Neokoehleria* 1 (S)
1. **coimbrae** Dods. & Vasq. - Bol. (S*)
2. **vasquezii** Dods. & Chase - Bol. 1.900 m (S)

Scelochilopsis Dods. & Chase - 1998 - Ionopsidinae (S) - 1 sp. epi. - S-Am.
1. **ecalcarata** (Determ.) Dods. & Chase (*Scelochilus ecalcaratus* Determ.) - Guy., Peru 150 m (FXXI1*, S*)

Scelochilus Kl. - 1841 - Subfam. Epidendroideae Tribus: Oncidieae Subtr. Oncidiinae - ca. 44 sp. epi. - Mex. to Braz., Bol.
- *amboroensis* Vasq. & Dods.: *Neokoehleria* 2 (S)
1. **auriculatus** Rchb.f. - unknown origin Ec., Col. ? (S)
2. **blankei** Sengh. - S-Col. 2.000 m (&8, S)
3. **brevis** Schltr. - Peru (S)

4. **carinatus** Rolfe - unknown origin Ec., Col. ? (S)
5. **chiribogae** Dods. - Ec. 2.000 m (S)
6. **corydaloides** (Kraenzl.) Gar. - Bol. (S)
7. **crucicornibus** Sengh., Benn. & Christ. - Peru (S)
8. **delcastilloi** Benn. & Christ. - Peru (S)
9. **ecalcaratus** Determ. - Guy. 150 m (S)
- *ecalcaratus* Determ.: *Scelochilopsis* 1 (FXXI1*)
10. **embreei** Dods. - Ec. 2.000 m (S)
11. **escobarianus** Sengh. - Col. 1.600 m (FXIX2**, S)
12. **frymirei** Dods. - Ec. 2.000 m (S)
13. **gentryi** Dods. - Ec. 2.000 m (S)
- *granizoi* Kgr.: *Neokoehleria* 6 (S)
14. **hauensteinii** Kgr. - Bol. (S)
15. **heterophyllus** Rchb.f. - Ec. (S)
16. **hirtzii** Dods. - Ec. (FXXI1, S)
17. **jamiesonii** Lindl. & Paxt. - Ec. to 2.700 m (&8, S)
18. **janeae** Dods. & Vasq. - Bol. (S)
- *kroemeri* Vasq. & Dods.: *Neokoehleria* 8 (S)
19. **langlassei** Schltr. - Col. (R**, S)
20. **larae** Dods. & Vasq. - Bol. (S)
21. **latipetalus** Schweinf. - Peru (S*)
22. **limatomboensis** Dods. & Vasq. - Bol. (S)
- *lindenii* Lindl. & Paxt.: 39 (S)
23. **luerae** Dods. - Ec. 2.000 m (S)
24. **minutus** (Gar. & Dunst.) Sengh. - Ven. (S)
25. **mirthae** Kgr. - Peru (S)
26. **ottonis** Kl. - Ven, Col. (G, H*, R**, S*)
27. **paceni** Sengh. - Bol. (S)
28. **pacensium** Sengh. & Leferenz - Bol. 1.300 m (FXIX2**)
29. **palatinus** Sengh. - Col. (S)
30. **paraguaensis** Gar. & Dunst. - Ven., Peru 400 m (S)
31. **pichinchae** Schltr. - Ec. (S)
32. **portillae** Kgr. - Ec. (S)
33. **romansii** Dods. & Gar. - Ec. 600 m (S)
34. **rubriflorus** Sengh. - Peru 2.100-2.200 m (&8, O3/87, S)
35. **saccatus** (Poepp. & Endl.) Rchb.f. - Peru (S)
36. **seegeri** Sengh., Leferenz & Bock - Bol. (A**, S)
37. **serrilabius** Schweinf. - Peru 2.100-2.200 m (S)
38. **sillarensis** Dods. & Vasq. - Bol. (FXIX2, S)
39. **stenochilus** (Lindl.) Rchb.f. (*S. lindenii* Lindl. & Paxt.) - Ven. (S)
40. **topoanus** Dods. - Ec. 1.300 m (FXXI1*, S)
41. **tuerckheimii** Schltr. - Nic., C.Rica, Pan., Salv., Guat., 1.900 m (W**, FVI4**, S)
42. **tungurahuae** Dods. - Ec. 2.000 m (S)
43. **variegatus** Cogn. - Col. (S)
44. **williamsii** Dods. - Ec. 2.000 m (S)
× **Schafferara (Schfa.)** (*Aspasia* × *Brassia* × *Cochlioda* × *Miltonia* × *Oncidium*)

Schidorhynchus Szlach. - 1993 - Spiranthinae (S) - 2 sp. terr. - Arg., Bol.
1. **andinum** (Haum.) Szlach. - Arg. 1.200 m (S*)
2. **distans** (Lindl. ex Gar.) Szlach. - Bol. (S)

Schiedeella Schltr. - 1920 - Subfam. Spiranthoideae Tribus: Cranichideae Subtr. Spiranthinae - 6 sp. terr. - Mex. to Hond., Tex., Ariz.
- *congestiflora* (L.O.Wms.) Balogh: *Svenkoeltzia* 1 (O1/89)
1. **dodii** Balogh - Dom. 1.000 m (O5/89)
2. **fauci-sanguinea** (Dod) Balogh (*Spiranthes fauci-sanguinea* Dod) - Nic., C.Rica (W, O5/89)
3. **llaveana** (Lindl.) Schltr. - Nic., C. Rica (W**, S)
4. **parasitica** (A.Rich. & Gal.) Schltr. [*S. parasitica* Lind. (O5/89)] (W, O5/89)
5. **trilineata** (Lindl.) Balogh - Nic., C. Rica (W)
6. **valerioi** (Ames & Schweinf.) Szlach. - Nic., C.Rica (W)
7. **wercklei** (Schltr.) Gar. & Szlach. - Nic., C.Rica (W)
× **Schilligerara (Slga.)** (*Aspasia* × *Gomesa* × *Miltonia*)

Schismoceras distichum Presl: *Dendrobium* 166 (2*)

Schistotylus Dockr. - 1967 - Aeridinae (S) - 1 sp. epi. - Austr.
1. **purpuratus** (Rupp) Dockr. (*Cleisostoma purpuratum* Rupp) - end. to Austr. (Qld., NSW) 750 m - scented (P**, S*)

Schizochilus Sond. - 1847 - Subfam. Orchidoideae Tribus: Orchideae Subtr.

Orchidinae - ca. 10 sp. terr. - Afr., Nat., Transv.
1. **bulbinella** (Rchb.f.) Bol. - Nat., Transv. (S)
2. **crenulatus** Linder - Nat. (S)
3. **lilacinus** Linder - Nat. (S)
4. **sulphureus** Schltr. - Nat., Transv. (S)

Schizodium Lindl. - 1838 - *Subfam. Orchidoideae Tribus: Diseae Subtr. Disinae* - 6/8 sp. terr. - Cape
1. **reflexum** (L.) Lindl. - Cape (S)
2. **satyrioides** (L.) Gar. (S)

× *Schlechterara*: × *Ascocenda* (*Ascocentrum* × *Euanthe* (*Vanda*) × *Vanda*)

Schlechterella Hoehne - 1944: *Rudolfiella* Hoehne (S)
- *aurantiaca* (Lindl.) Hoehne: *Rudolfiella* 1 (G**)
- *saxicola* (Schltr.) Hoehne: *Bifrenaria* 14 (FVII2**)

Schlimmia Planch. & Lind. - 1852 - *Subfam. Epidendroideae Tribus: Gongoreae* - ca. 8 sp. epi/ter - N-And., C.Rica to Bol. 1.100-2.400 m - scented
1. **alpina** Rchb.f. & Warsc. - Ven., Col., Ec., Bol. - 1.500-3.000 m (A**, H, O2/90, O6/92, R, S*)
2. **condorana** Dods. - SE-Ec. (O2/90, S)
3. **garayana** Sweet - Ec. (O2/90, O6/92, S)
4. **jasminodora** Planch. & Lind. ex Lindl. & Paxt. - C.Rica, Col. - scented (W, O2/90, O6/92**, H, R, S)
5. **jennyana** Lueckel - Peru (O2/90**, S)
- *pandurata* Schltr.: 7 (O2/90**)
6. **stevensonii** Dods. - Ec. (O2/90, S)
7. **trifida** Rchb.f. (*S. pandurata* Schltr.) - end. to Col. 1.200-2.000 m (O2/90**, H**, R**, S*)

Schoenleinlia Kl. - 1874: *Ponthieva* R.Br. (S)

Schoenorchis Bl. - 1825: *Schoenorchis* Reinw. (S)

Schoenorchis Reinw. - 1825 - *Aeridinae* (S) - (*Schoenorchis* Bl.) - ca. 10/22 sp. epi. - Him. to N.Gui., Austr.
- *ambikianum* inv. name: 2 (S)
1. **densiflora** Schltr. - Austr., N.Gui. (S, Z)
- *densiflora* Schltr.: 7 (P**)
2. **fragrans** (Par. & Rchb.f.) Seidenf. & Smitin. (*S. manipurensis* Pradhan, *S. seidenfadenii* Pradhan, *S. ambikianum* inv. name, *Saccolabium fragrans* Par. & Rchb.f., *Gastrochilus fragrans* (Par. & Rchb.f.) Ktze., *Smitinandia ambikianum* hort. ex Northen) - Ind., Burm., Thai. to 1.000 m ($54/7, S*)
3. **gemmata** (Lindl.) J.J.Sm. (*S. hainanense* (Rolfe) Schltr., *Saccolabium gemmatum* Lindl., *S. hainanense* Rolfe, *Cleisostoma gemmatum* (Lindl.) King & Pantl., *C. evrardii* Gagn., *C. dichroanthum* Gagn.) - N-Ind., Him., Thai., Nep., Sik., Burm., China, Laos 600-1.600 m (E**, G, H**, S*, Z**)
4. **hainanense** (Rolfe) Schltr. - China (S)
- *hainanense* (Rolfe) Schltr.: 3 (G)
5. **juncifolia** Bl. [S. juncifolia Reinw. (S)] (*Saccolabium juncifolium* (Reinw.) J.J.Sm., *S. buddleiflorum* Schltr.) - Java 500-2.500 (E, H, O1/93, S*)
- *juncifolia* Bl.: *Saccolabium juncifolium* (2*, O3/91)
- *latifolia* (C.E.C.Fisch.) Saldanha: *Xenikophyton* 1 (S*)
6. **manilaliana** Kumar & Seq. - S-Ind. (S)
- *manipurensis* Pradhan: 2 ($54/7, S)
7. **micrantha** Bl. [S. micrantha Reinw. (S)] (*S. densiflora* Schltr., *Gastrochilus chionanthus* (Lindl.) Ktze., *G. perpusillus* (Hook.f.) Ktze., *Saccolabium chionanthum* Lindl., *S. perpusillum* Hook.f.) - Austr. (Qld.), N. Gui., Mal. (P**, $54/7, S)
- *micrantha* Bl.: *Saccolabium chionanthum* (2*, O3/91)
8. **pachyacris** (J.J.Sm.) J.J.Sm. - S-Thai., Sum., Java (S)
9. **paniculata** Bl. - Java, Born. ($54/7)
- *paniculata* Bl.: *Saccolabium ramulosum* (2*)
10. **sarcophylla** Schltr. - Austr. (Qld.) N.Gui. (P)
11. **secundiflora** (Ridl.) J.J.Sm. - Mal., S-Thai., Sum., Born. (S)
12. **seidenfadenii** Pradhan - N-Thai. (S)
- *seidenfadenii* Pradhan: 2 ($54/7)
13. **simmleriana** Kraenzl. (S)
14. **vanoverbergii** Ames - Taiw. (S)

× **Schombavola (Smbv.)** (*Brassavola* × *Schomburgkia*)

× **Schombletia** (*Bletia* × *Schomburgkia*)
× *Schombobrassavola*: × *Schombavola* (*Brassavola* × *Schomburgkia*)
× **Schombocatonia (Smbcna.)** (*Broughtonia* × *Cattleya* × *Schomburgkia*)
× **Schombocattleya (Smbc.)** (*Cattleya* × *Schomburgkia*)
× **Schombodiacrium (Smbdcm.)** (*Diacrium* (*Caularthron*) × *Schomburgkia*)
× **Schomboepidendrum (Smbep.)** (*Epidendrum* × *Schomburgkia*)
× **Schombolaelia (Smbl.)** (*Laelia* × *Schomburgkia*)
× *Schombolaeliocattleya*: × *Lyonara* (*Cattleya* × *Laelia* × *Schomburgkia*)
× **Schombolaeliopsis (Smlp.)** (*Laeliopsis* × *Schomburgkia*)
× **Schombonia (Smbna.)** (*Broughtonia* × *Schomburgkia*)
× **Schombonitis (Smbts.)** (*Schomburgkia* × *Sophronitis*)
× *Schombotonia*: × *Schombonia* (*Broughtonia* × *Schomburgkia*)

Schomburgkia (Schom.) Lindl. - 1838 - Subfam. Epidendroideae Tribus: Epidendreae Subtr. Laeliinae - ca. 12 sp. epi/lit - Trop.-N-Am., W-Ind., NS-Am.

1. **albopurea** (Strach. ex Fawc.) Withner - Cay. (S)
2. **brysiana** Lem. (*S. thomsoniana* Rchb.f., *Myrmecophila brysiana* (Lem.) Kennedy) - Cuba, Cay. (S)
 ↪ brysiana Lem.: *Myrmecophila* 1 (H**)
3. × **campecheana** Kraenzl. (O3/81)
- carinata Griseb.: 13 (9**)
4. **chionodora** Rchb.f. (O3/81)
5. **crispa** Lindl. (*S. marginata* Lindl., *S. gloriosa* Rchb.f., *S. weberbaueriana* Kraenzl., *S. moyobambae* Schltr.) - Col. to Ven., Amaz. to Bol., S-Braz. (E**, H**, R, S)
- crispa auct.: 10 (E*, H*)
- crispa Lindl.: 10 (9**, G**)
6. **elata** Schltr. - Col. (S)
- elata Schltr.: 23 (S)
7. **exaltata** Kraenzl. - Guy. (S)
8. **fimbriata** (Vell.) Hoehne - Braz. (S)
- fimbriata (Vell.) Hoehne: 10 (9**, G**)
9. **galeottiana** A.Rich. (*S. sanderiana* Rolfe, *Laelia sawyeri* L.O.Wms.) - Mex. (3**, S)

10. **gloriosa** Rchb.f. (*S. crispa* auct., *S. crispa* Lindl., *S. marginata* Hook., *S. fimbriata* (Vell.) Hoehne, *Bletia gloriosa* (Rchb.f.) Rchb.f., *B. crispina* Rchb.f., *Laelia gloriosa* (Rchb.f.) Will., *Epidendrum fimbriatum* Vell., *Cattleya crispa* Beer) - Ven., Guy., Sur. (9**, E*, G**, H*)
- gloriosa Rchb.f.: 5 (S)
11. **humboldtii** (Rchb.f.) Rchb.f. (*S. lepidissima* Rchb.f.) - Ven., Col., Carib. (O3/81, R, S)
- lepidissima Rchb.f.: 11 (O3/81, R, S)
12. **lueddemannii** Prill. (*S. schultzei* Schltr.) - C.Rica, Pan., Ven. (W**, S)
- lueddemanii Prill.: 23 (9**, G**)
13. **lyonsii** Lindl. (*S. carinata* Griseb.) - Jam. (9**, S)
14. **marginata** Lindl. - Sur. (S)
- marginata Hook.: 10 (9**, G**)
- marginata Lindl. (O3/81): 5 (S)
15. **moyobambae** Schltr. - Peru, Bol. (S)
- moyobambae Schltr.: 5 (S)
16. **rosea** Lind. ex Lindl. (*S. splendens* Schltr., *Bletia rosea* (Lind. ex Lindl.) Rchb.f., *Laelia rosea* (Lind. ex Lindl.) Schweinf.) - Ven., Col. ca. 1.500 m (G, R**, S, Z*)
- sanderiana Rolfe (O3/81): 9 (S)
17. **schultzei** Schltr. - Col. (S)
- schultzei Schltr.: ? 16 (R)
- schultzei Schltr.: 12 (S)
18. **sewyeri** (L.O.Wms.) Withner - Mex. (S)
- splendens Schltr.: 16 (S)
19. **splendida** Schltr. - Col. (R**, Z**, S)
20. **superbiens** (Lindl.) Rolfe (*Cattleya superbiens* (Lindl.) Beer, *Laelia superbiens* Lindl., *Bletia superbiens* (Lindl.) Rchb.f.) - Mex., Guat., Hond., Nic. up to 2.000 m (3**, 4**, 9**, E**, G, H**, S, Z**)
↪ superbiens (Lindl.) Rolfe: *Laelia* 73 (B**)
21. **thompsoniana** Rchb.f. - Cay., Cuba (S)
- thomsoniana Rchb.f. (8**, 9**): 2 (S)
22. **tibicinis** Batem. (*Myrmecophila tibicinis* (Batem.) Rolfe - Mex. to Pan. (3**, R**, S)
↪ tibicinis (Batem. ex Lindl.) Batem.: *Myrmecophila* 8 (9**, G**, H**)
- tibicinis var. grandiflora Hook.: *Myrmecophila* 8 (9**, G**)

23. **undulata** Lindl. (*S. violacea* Paxt., *S. lueddemanii* Prill., *S. wallisii* Rchb.f., *S. weberbaueriana* Schltr., *S. elata* Schltr., *Cattleya undulata* (Lindl.) Beer, *Bletia undulata* (Lindl.) Rchb.f., *Laelia undulata* (Lindl.) L.O.Wms., *L. lueddemanii* (Prill.) L.O.Wms.) - C.Rica, Pan., Trin., Ven., Col., Peru, Bol. (8**, 9**, E**, G**, H**, W, R**, S)
- *vellozicola* Hoehne: *Pseudolaelia* 7 (S)
- *violacea* Paxt.: 23 (9**, G**)
- *wallisii* Rchb.f.: ? 5 (O3/81, R**)
- *wallisii* Rchb.f.: 23 (S)
24. **weberbaueriana** Kraenzl. - Peru (S)
- *weberbaueriana* Kraenzl.: 5 (S)
- *weberbaueriana* Schltr.: 23 (S)
25. **wendlandii** (Rchb.f.) H.Jones (*Laelia wendlandii* Rchb.f.) - Guat., Hond. (S)
× *Schomburgkio-Cattleya*: × *Schombocattleya* (*Cattleya* × *Schomburgkia*)
× *Schomcattleya*: × *Schombocattleya* (*Cattleya* × *Schomburgkia*)
× *Schomocattleya*: × *Schombocattleya* (*Cattleya* × *Schomburgkia*)

Schunkea Sengh. - 1994 - *Notyliinae* (S) - 1 sp. epi. - Braz.
1. **vierlingii** Sengh. - Braz. 600 m (S)

Schwartzkopffia [Schwartzkopfia (FXV 1/2)] Kraenzl. - 1900 - *Subfam. Orchidoideae Tribus: Orchideae Subtr. Orchidinae* - 2 sp. ter/sapro - Afr.
1. **angolensis** Schltr. - Ang. (S)
2. **lastii** (Rolfe) Schltr. - Tanz. to Congo, Ang., Moz. (S, FXV2/3)
3. **pumilio** (Lindl.) Schltr. - S.Leone to Nig. (S, FXV2/3)

Scleropteris Scheidw. - 1839: *Cirrhaea* Lindl. (O6/89, S)
- *flava* Scheidw.: *Cirrhaea* 4 (9**, O6/89, G)

Scoliochilus Rchb.f. - 1872: *Appendicula* Bl. (S)

Scopularia burchelli Lindl.: *Holothrix* 3 (G)
- *secunda* Lindl.: *Holothrix* 3 (G)

× **Scottara (Sctt.)** (*Aerides* × *Arachnis* × *Luisia*)

× **Scullyara (Scu.)** (*Cattleya* × *Epidendrum* × *Schomburgkia*)

Scuticaria Lindl. - 1843 - *Subfam. Epidendroideae Tribus: Maxillarieae Subtr. Maxillariinae* - 8 sp. epi. - Trop.-S-Am., Braz., Guy., Ven., Col.

1. **hadwenii** (Lindl.) Hook. (*S. strictifolia* Hoehne, *Bifrenaria hadwenii* Lindl.) - Braz., Guy. (4**, 8**, 9**, O3/91, A**, E**, H**, S*)
2. **irwiniana** Pabst - Braz. 1.750-1.960 m - lith. (S)
3. **itirapinense** Hook. [S. itirapinensis Pabst (S)] - Braz. (O3/91, S)
4. **kautskyi** Pabst - Braz. 1.900-2.000 m (O3/91, $50/8, S)
- *keyseriana* hort.: 7 (9**, E**, G**, H**)
5. **novaesii** Barros & Cath. - Braz. (S)
6. **salesiana** Dressl. - end. to Ec. 900-1.300 m (A**, O3/84, S*)
7. **steelii** (steelei) (Hook.) Lindl. (*S. keyseriana* hort., *Maxillaria steelii* (steelei) Hook., *M. flabellifera* Lindl.) - Braz., Guy., Sur., Ven., Amaz., Col. to 600 m (8**, 9**, O3/91, E**, G**, H**, $50/8, R, S*, Z**)
8. **strictifolia** Hoehne - Braz. (O3/91, $50/8, S*)
- *strictifolia* Hoehne: 1 (9**)

× **Seahexa (Sxa.)** (*Hexadesmia* × *Hexisea*)

× **Sealara**: × *Vandaenopsis* (*Papilionanthe* (*Vanda*) × *Paraphalaenopsis* (*Phalaenopsis*) × *Vanda*)

Sedirea Gar. & Sweet - 1974 - *Subfam. Epidendroideae Tribus: Vandeae Subtr. Sarcanthinae* - 2 sp. epi. - Korea, Jap., Ryu.
1. **japonica** (Lind. & Rchb.f.) Gar. & Sweet (*Aerides japonicum* Lind. & Rchb.f.) - Jap., Ryu., Korea (4**, 9**, H**, S*, Z**)
2. **subparishii** (Tsi) E.A.Christ. (*Hygrochilus subparishii* Tsi) - China (S*)

Seegeriella Sengh. - 1998 - *Notyliinae* (S) - 1 sp. epi/ter - Bol.
1. **pinifolia** Sengh. - Bol. ca. 1.800 m (S*)

× **Segerara (Sgra.)** (*Aspasia* × *Cochlioda* × *Miltonia* × *Odontoglossum* × *Oncidium*)

Seidenfadenia Gar. - 1972 - *Subfam. Epidendroideae Tribus: Vandeae Subtr. Sarcanthinae* - 1 sp. epi. - Burm. Thai.
1. **mitrata** (Rchb.f.) Gar. (*Aerides mitrata* Rchb.f.) - end. to Burm., Thai. 100-1.500 m (9**, H**, O1/93, $56/7, S*, Z**)

Seidenfadeniella Sathish - 1997 - *Aeridinae* (S) - 2 sp. - India, Sri L.

1. **filiformis** (Rchb.f.) E.A.Christ. & Orm. (*Sarcanthus filiformis* Wight inv. name) - Sri L., Ind. 1.800-2.100 m (S)
2. **rosea** (Wight) Sathish (*Sarcanthus roseus* Wight) - Ind. (S*)

Seidenfia Szlach. - 1995 - *Liparidinae* (S) - 9 sp. - Sri L., Sey.
1. **rheedii** (Sw.) Szlach. - Sri L. (S)
2. **seychellarum** (Kraenzl.) Szlach. - Sey. (S*)

Selenipedilum longifolium (Warsc. & Rchb.f.) Pfitz.: *Phragmipedium* 13 (9**, E*, H**, O(B)4)
- *parishii* André: *Paphiopedilum* 61 (7**)

Selenipedium (Sel.) Rchb.f. - 1954 - *Subfam. Cypripedioideae* - 5 sp. terr. - Trin., C.Rica to Col., Braz.
- *boissierianum* Rchb.f.: *Phragmipedium* 2 (O(B)4)
- *caricinum* (Lindl. & Paxt.) Rchb.f.: *Phragmipedium* 3 (9**, O(B)4)
- *caudatum* (Lindl.) Rchb.f.: *Phragmipedium* 4 (O(B)4)
- *caudatum* Rchb.f. (8**): *Phragmipedium* 4 (O(B)4)
- *caudatum* var. *lindenii* (Lindl.) Chapm.: *Phragmipedium* 11 (O(B)4)
- *caudatum* var. *roseum* Du Buyss.: *Phragmipedium* 4 (O(B)4)
- *caudatum* var. *uropedium* Rolfe: *Phragmipedium* 11 (O(B)4)
- *caudatum* var. *wallisii* Rolfe (8**): *Phragmipedium* 4 (O(B)4)
- *caudatum* var. *warscewiczii* Gardn.: *Phragmipedium* 4 (O(B)4)
1. **chica** Rchb.f. - Pan., S-Am. (E, H, S, W**)
- *czerwiakowianum* Rchb.f.: *Phragmipedium* 2 (O(B)4)
- *dariense* Rchb.f.: *Phragmipedium* 13 (O(B)4)
- *duboisii* n.n.: *Phragmipedium* 2 (O(B)4)
- *duboissierianum* n.n.: *Phragmipedium* 2 (O(B)4)
- *elliottianum* Gower: *Paphiopedilum elliottianum* (7**)
- *hartwegii* Rchb.f.: *Phragmipedium* 8 (O(B)4)
2. **isabelianum** Barb.Rodr. - Braz. (S)
- *klotzscheanum* Rchb.f.: *Phragmipedium* 10 (O(B)4)
- *laevigatum* (Batem.) May: *Paphiopedilum* 64 (5**, 7**, 9**, Q**, Y**)
- *lindenii* (Lindl.) Nichols: *Phragmipedium* 11 (O(B)4)
- *lindleyanum* (Schomb. ex Lindl.) Rchb.f.: *Phragmipedium* 12 (E**)
- *lindleyanum* var. *kaieteurum* (N.E.Br.) Cogn.: *Phragmipedium* 12 (O(B)4)
- *longifolium* var. *roezlii* (Rchb.f.) auct.: *Phragmipedium* 13 (O(B)4)
3. **palmifolium** (Lindl.) Rchb.f. (*Cypripedium palmifolium* Lindl.) - Guy., Ven., Braz., Trin. (E*, H*, S)
- *paulistanum* (Barb.Rodr.) Rolfe: *Phragmipedium* 19 (O(B)4)
- *pearcei* Rchb.f.: *Phragmipedium* 14 (4**, O(B)4)
- *pearcei* Rchb.f.: *Phragmipedium* 3 (9**, O(B)4)
- *reichenbachii* Endr. ex Rchb.f.: *Phragmipedium* 13 (9**, O(B)4)
- *reticulatum* Rchb.f.: *Phragmipedium* 2 (O(B)4)
- *roezlii* Rchb.f.: *Phragmipedium roezlii* (9**)
- *roezlii* Rchb.f.: *Phragmipedium* 13 (O(B)4)
- *sargentianum* Rolfe: *Phragmipedium* 17 (9**, E*, H, O(B)4)
- *schlimii* Lind. & Rchb.f. (8**): *Phragmipedium* 18 (4**, 9**, H**, O(B)4)
- *schomburgkianum* (Kl. ex Schomb.) Rchb.f.: *Phragmipedium* 10 (9**, E**)
- *schomburgkianum* (Kl. ex Schomb.) Desb.: *Phragmipedium* 10 (E**, H**, O(B)4)
- *schomburgkianum* (Rchb.f.) Desb.: *Phragmipedium* 10 (9**)
4. **steyermarkii** Foldats - SE-Ven. (S)
- *vittatum* (Vell.) Rchb.f.: *Phragmipedium* 19 (O(B)4)
- *wallisii* Rchb.f.: *Phragmipedium* 4 (O(B)4)
- *warscewiczianum* Rchb.f.: *Phragmipedium* 4 (O(B)4)
× *Selenocypripedium*: × *Cysepedium* (*Cypripedium* × *Selenipedium*)

Semiphajus Gagn. - 1932: *Eulophia* (S)

Senghasiella Szlach. - 2001 - *Habenariinae* (S) - 1 sp. terr. - China
1. **glaucifolia** (Bur. & Franch.) Szlach. - China (Yun.) (S*)

Sepalosaccus Schltr. - 1923 - *Maxillariinae* (S) - 2 sp. epi. - C. Rica
1. **horichii** (Sengh.) Sengh. (*Maxilla-

ria horichii Sengh.) - C.Rica 1.000-1.300 m (S*) ⇢ Maxillaria 124
- *humilis* Schltr.: 2 (S*)
2. **strumatus** (Endr. & Rchb.f.) Gar. (*S. humilis* Schltr.) - C.Rica ca. 1.000 m (S*)
⇢ *strumatus* (Endr. & Rchb.f.) Gar.: Maxillaria 243 (W)

Sepalosiphon Schltr. - 1912 - *Subfam. Epidendroideae Tribus: Dendrobieae Subtr. Glomerinae* - 1 sp. epi. - N. Gui.
1. **papuanum** Schltr. - N.Gui. (S)

Seraphyta diffusa (Sw.) Pfitz.: *Epidendrum* 80 (9**, G)
- *multiflora* Fisch. & C.A.Meyer: *Epidendrum* 80 (9**, G)

Serapias (Srps.) L. - 1753 - *Subfam. Orchidoideae Tribus: Orchideae Subtr. Orchidinae* - (*Isias* De Not., *Serapiastrum* Ktze.) - ca. 6/7 sp. terr. - Medit., Eur., N-Afr., M.East - „Zungenständel, Geilwurz"
- *algarbiensis* Gand.: 5 (9**)
1. × **ambigua** Rouy (*S. cordigera* × *S. lingua*) nat. hybr. - It. (T, N**)
- *anthropophora* Jundzill: *Aceras* 1 (O6/82)
- *brevibracteata* St.-Lager: 5 (9**)
- *caravata* Aubl.: *Elleanthus* 7 (9**, S)
- *coccinea* Vell.: *Sacoila* 1 (9**, G**)
- *columnae* (Asch. & Graebn.) Fleischm.: 13 (K**, T)
2. **cordigera** L. (*S. lingua* var. β Savi, *S. ovalis* L.C.Rich., *S. oxyglottis* Cocc., *S. cordigera* var. *genuina* Briq., *Helleborine cordigera* (L.) Pers., *Lonchitis cordigera* (L.) Bubani, *Serapiastrum cordigerum* (L.) A.Eaton) - Az., Eur., Medit., As. min., N-Afr. 0-600 m - „Herzförmiger Zungenständel" (9**, G, K**, S, T**, N**, Z**) ssp. **laxiflora** (Soó) Sunderm. (O6/81)
- *cordigera* Bieb. non L.: 13 (G**)
- *cordigera* ssp. *vomeracea* (Burm.f.) Sunderm.: 13 (G**)
- *cordigera* var. *genuina* Briq.: 2 (9**, G)
- *cordigera* var. *longipetala* Bertol.: 13 (G**)
- *cordigera* var. *neglecta* (De Not.) Fiori & Paoletti: 6 (T)
- *damasonium* Mill.: *Cephalanthera* 6 (T**)
- *elongata* Tod.: 5 (T**)
- *epidendraea* Retz.: *Eulophia* 25 (9**)
- *epipogium* (L.) Steud.: *Epipogium* 1 (9**)
- *escurialensis* Gand.: 13 (G**)
- *excavata* Schltr.: 5 (H, T**)
- *flava* Sw.: *Corymborkis* 3 (S)
- *gigantea* (Dougl.) A.Eaton: *Epipactis* 8 (9**, H**)
- *glabra* Lapeyr.: 5 (9**)
- *grandiflora* L. p.p.: *Cephalanthera* 6 (T**)
- *helleborine* L.: *Epipactis* 11 (T**)
- *helleborine* var. *latifolia* L.: *Epipactis* 11 (T**)
- *helleborine* var. *longifolia* L.: *Cephalanthera* 10 (T**)
- *helleborine* var. *palustris* L.: *Epipactis* 15 (T**)
- *hellenica* Renz.: 13 (K**, T)
- *hirsuta* Lapeyr.: 13 (G**)
- *hirsuta* Lapeyr.: 13 (T)
3. × **intermedia** De Forest. ex Schulz (*S. vomeracea* × *S. lingua*) nat. hybr. - It. (T)
- *lancifera* St.-Amans: 13 (G**)
4. **laxiflora** Chaub. - E-Medit. (S)
5. **lingua** L. (*S. glabra* Lapeyr., *S. oxyglottis* (Pers.) Bertol., *S. oxyglottis* Willd., *S. brevibracteata* St.-Lager, *S. algarbiensis* Gand., *S. excavata* Schltr., *S. mauritanica* Schltr., *S. elongata* Tod., *S. todari* Tin., *Orchis lingua* (L.) Scop., *Helleborine oxyglottis* Pers., *H. lingua* (L.) Sebast. & Mauri, *H. leucoglottis* Steud., *Lonchitis oxyglottis* (Pers.) Bubani, *Serapiastrum lingua* (L.) A.Eaton, *S. stenopetala* Maire & Steph.) - SW-Eur., Medit. 0-1.200 m - „Einschwieliger, Echter Zungenständel" (9**, H, K**, S, T**, N**, Z**)
- *lingua* var. β Savi: 2 (9**, G)
- *longifolia* Scop.: *Cephalanthera* 10 (T**)
- *longipetala* (Bertol.) Pollini: 13 (G**)
- *longipetala* (Ten.) Pollini: 13 (K**, S)
- *longipetala* (Ten.) Pollini: 13 (T)
- *mauritanica* Schltr.: 5 (H)
- *microphylla* Ehrh.: *Epipactis* 13 (T**)
6. **neglecta** De Not. (*S. cordigera* var. *neglecta* (De Not.) Fiori & Paoletti) -

It., S-Fr. - „Verkannter Zungenständel" (H**, S, T)
ssp. **ionica** E.Nelson - W-Jugosl.,W-Greece 0-400 m - „Ionischer Zungenständel" (K**, T)
ssp. **neglecta** - S-Fr., Cors., Sard., Sic. 0-600 m (K**, T**)
- *nitida* Vell.: *Sauroglossum* 2 (G**)
7. **nurrica** Corrias - W-Medit., Sard. 0-250 m - „Nurra-Zungenständel" (N**, &11)
- *occultata* Gay ex Cav.: 10 (S)
8. **olbia** Verguin - S-Fr. coast. - „Côte-d'Azur-Zungenständel" (K**, S)
9. **orientalis** E.Nelson [orientalis (Greuter) Baum. & Künk. (S)] - E-Medit. (S)
- *ovalis* L.C.Rich.: 2 (9**, G)
- *oxyglottis* Cocc.: 2 (9**, G, S)
- *oxyglottis* Rchb.f.: 13 (G**)
- *oxyglottis* (Pers.) Bertol.: 5 (9**)
- *oxyglottis* Willd.: 5 (H, T**)
- *palustris* Mill.: *Epipactis* 15 (H**)
10. **parviflora** Parl. (*S. occultata* Gay ex Cav.) - SW-Eur., Medit., N-Afr. 0-1.000 m - „Kleinblütiger Zungenständel" (K**, S, T**, N**)
- *parviflora* ssp. *laxiflora* Soó: 13 (K**, T)
11. **politisii** Renz - Medit., It. (Gargano) (&11**)
- *polystachya* Sw.: *Tropidia* 8 (S)
- *pseudo-cordigera* (Sebast.) Moric.: 13 (G**, K**)
- *pseudocordigera* Moric.: 13 (T)
- *pumila* Vell.: *Prescottia* 7 (G)
- *rubra* L.: *Cephalanthera* 11 T**)
- *salassia* Steud.: *Liparis* 134 (U**)
12. × **semilingua** E.G.Camus (*S. parviflora* × *S. lingua*) nat. hybr. - It. (T, N**)
- *speciosa* Jacq. ex Gmel.: *Stenorrhynchus* 5 (9**, E, H)
- *todari* Tin.: 5 (T**)
- *tomentosa* Vell.: *Sacoila* 1 (9**, G**)
- *ventricosa* Vell.: *Sarcoglottis* 11 (G)
13. **vomeracea** (Burm.f.) Briq. (*S. hirsuta* Lapeyr., *S. longipetala* (Ten.) Pollini, *S. pseudocordigera* Moric., *Orchis vomeracea* Burm.f.) - Medit. - „Pflugschar-Zungenständel" (H, S, T)
ssp. **laxiflora** (Soó) Gölz & Reinhard (*S. parviflora* ssp. *laxiflora* Soó, *S. columnae* (Asch. & Graebn.) Fleischm., *S. hellenica* Renz.) - S-Sic., E-Medit., Turk. 0-600 m - „Lockerblütiger Zungenständel" (K**, T)
ssp. **orientalis** Greuter - E-Medit., Turk. 0-800 m - „Orientalischer Zungenständel" (K**)
ssp. **vomeracea** (*S. cordigera* Bieb. non L., *S. cordigera* var. *longipetala* Bertol., *S. cordigera* ssp. *vomeracea* (Burm.f.) Sunderm., *S. hirsuta* Lapeyr., *S. pseudo-cordigera* (Sebast.) Moric., *S. lancifera* St.-Amans, *S. longipetala* (Bertol.) Pollini, *S. longipetala* (Ten.) Pollini, *S. oxyglottis* Rchb.f., *S. escurialensis* Gand., *Orchis vomeracea* Burm.f., *O. lingua* Scop. non L., *Helleborine longipetala* (Bertol.) Ten., *H. pseudo-cordigera* Sebast., *Lonchitis longipetala* (Bertol.) Bubani, *Serapiastrum longipetalum* (Bertol.) A.Eaton, *S. vomeraceum* (Burm.f.) Schinz, *S. vomeracea* f. *stenopetala* Vierh., - f. *heldreichii* Soó) - S-Eur., Medit., Cauc. 0-1.000 m (G**, K**, T**)

Serapiastrum Ktze. - 1898: *Serapias* L. (S)
- *cordigerum* (L.) A.Eaton: *Serapias* 2 (9**, G)
- *lingua* (L.) A.Eaton: *Serapias* 5 (9**)
- *longipetalum* (Bertol.) A.Eaton: *Serapias* 13 (G**)
- *stenopetala* Maire & Steph.: *Serapias* 5 (H)
- *vomeracea* f. *heldreichii* Soó: *Serapias* 13 (G**)
- *vomeracea* f. *stenopetala* Vierh.: *Serapias* 13 (G**)
- *vomeraceum* (Burm.f.) Schinz: *Serapias* 13 (G**)
× **Serapicamptis** (*Anacamptis* × *Serapias*)
× **Serapirhiza** (*Dactylorhiza* × *Serapias*)

Serrastylis Rolfe - 1894: *Macradenia* R. Br. (S)
- *modesta* Rolfe: *Macradenia* 2 (E**, H**)

Sertifera Lindl. ex Rchb.f. - 1876 - *Subfam. Epidendroideae Tribus: Arethuseae Subtr. Sobraliinae* - 2 sp. epi/ter - And., Col. to Peru
1. **colombiana** Schltr. - And., Col. to Peru (S*)

2. **purpurea** Rchb.f. - And., Col. to Peru (S*)
- *virgata* Rchb.f.: *Pseudelleanthus* 1 (S)

Sessilibulbum Brieg. - 1976: *Scaphyglottis* Poepp. & Endl.

Sessilibulbum Brieg. - 1976 - *Epidendrinae* (S) - 4 sp. epi. - Mex.
1. **kienastii** (Rchb.f) Brieg. (*Ponera kienastii* Rchb.f.) - Mex. (S)
2. **oblonga** (L.O.Wms.) Brieg. (*Scaphyglottis oblonga* L.O.Wms.) - Mex. (S)
3. **pumila** (Ames) Brieg. (*Scaphyglottis pumila* Ames) - Mex. (S) ➤ Homalopetalum 5
4. **tenuis** (L.O.Wms.) Brieg. (*Scaphyglottis tenuis* L.O.Wms.) - Mex. (S)

Sestochilos (*Sestochilus*) Breda, Kuhl & van Hasselt - 1827: *Bulbophyllum* (S)
- *uniflorum* Breda: *Bulbophyllum* 269 (2*, 4**, 8**, 9**, G, Q**)
× **Severinara (Sev.)** (*Diacrium* × *Laelia* × *Schomburgkia*)
× **Sheehanara (Shn.)** (*Ascoglossum* × *Renanthera* × *Trichoglottis*)
× **Shigeuraara (Shgra.)** (*Ascocentrum* × *Ascoglossum* × *Renanthera* × *Vanda*)
× **Shipmanara (Shipm.)** (*Broughtonia* × *Diacrium* (*Caularthron*) × *Schomburgkia*)
× **Shiveara (Shva.)** (*Aspasia* × *Brassia* × *Odontoglossum* × *Oncidium*)

Siagonanthus Poepp. & Endl. - 1835: *Maxillaria* Ruiz & Pav. (S)
- *multicaulis* Poepp. & Endl.: *Maxillaria* 165 (S*)

× **Sidranara (Sidr.)** (*Ascocentrum* × *Phalaenopsis* × *Renanthera*)
× **Siegeristara (Sgrt.)** (*Bulbophyllum* × *Cirrhopetalum* × *Trias*)

Sievekingia Rchb.f. - 1871 - *Subfam. Epidendroideae Tribus: Gongoreae* - (*Gorgoglossum* Lehm. ex Schltr.) - ca. 12 sp. epi/lit - Trop. Am., C.Rica to Bol. - scented
1. **butcheri** Dressl. - Pan. (W, O2/86, FXIII3**, S)
2. **colombiana** Gar. (*S. herklotziana* Jenny) - Col. (O2/86, FXIII3, R**, S*)
3. **cristata** Gar. - Ec. (O2/86, FXIII3, S)
- *dunstervilleorum* Foldats: 9 (O2/86, S)
4. **filifera** Dressl. - Col. (O2/86, FXIII3, FXI3**, R, S)
5. **fimbriata** Rchb.f. - C.Rica, Pan. (W**, O2/86, FXIII3, FXI3, S*)
6. **herklotziana** Jenny (*S. julifera* Waldvogel n.n.) - Col. 1.200 m (O2/86, R)
- *herklotziana* Jenny: 2 (R, S)
7. **herrenhusana** Jenny - Ec., Col. 1.200-1.300 m (O2/86, R, S)
8. **hirtzii** Waldvogel - Col., Ec., Peru (O2/86, FXIII3, S*)
9. **jenmanii** Rolfe [*S. jenmani* Rchb.f. (S)] (*S. dunstervilleorum* Foldats) - Ven., Guy. (FXIII3, O2/86, S)
- *julifera* Waldvogel n.n.: 6 (O2/86)
10. **marsupialis** Dods. - Ec. (O2/86, S)
11. **peruviana** Rolfe ex Schweinf. (*S. trollii* Mansf.) - Peru 1.200-1.500 m (H**, O2/86, FXIII3)
- *peruviana* Rolfe ex Schweinf.: 16 (S*)
12. **reichenbachiana** Lehm. ex Rolfe (*Gorgoglossum reichenbachianum* Lehm n.n.) - Col, Ec. 200-900 m (9**, A**, H*, O2/86, O3/90, FXIII3, FXI3, Z**, S*)
13. **rhonhofiae** Mansf. - Col., Ec. (O2/86, O1/89, FXIII3, FXI3, S*)
14. **shepheardii** Rolfe - end. to Col. (9**, FXIII3)
- ➤ *shepheardii* Rolfe: *Soterosanthus* 1 (H, O2/86, O1/89)
15. **suavis** Rchb.f. - C.Rica, Pan., Col. (W, O2/86, FXIII3, FXI3, R, Z**, S*)
16. **trollii** Mansf. (*S. peruviana* Rolfe ex Schweinf.) - Peru, Bol. (S*)
- *trollii* Mansf.: 11 (O2/86)

× **Sigmacidium (Sgdm.)** (*Oncidium* × *Sigmatostalix*)

Sigmatochilus Rolfe - 1914: *Pholidota* Lindl. ex Hook. (S)

Sigmatogyne Pfitz. - 1907: *Panisea* Lindl. (S)

Sigmatogyne Pfitz. - 1907 - *Subfam. Epidendroideae Tribus: Dendrobieae Subtr. Coelogyninae*
- *tricallosa* (Rolfe) Pfitz.: *Panisea* 2 (S)

Sigmatostalix (Sgmx.) Rchb.f. - 1852 - *Subfam. Epidendroideae Tribus: Oncidieae Subtr. Oncidiinae* - (*Petalocentrum* Schltr., *Roezliella* Schltr.) - ca. 22/33 sp. epi. - Trop. Am., Mex. to Braz.

1. **abortiva** L.O.Wms. - Pan., S-Am. (W)
2. **adamsii** Dods. - Ec. 500-900 m (S)
3. **amazonica** Schltr. - Sur., Braz., Ven. to Bol., Col. 0-500 m (S*, FXXI1, R**)
4. **arangoi** Kgr. - Col. (S)
5. **ariasii** Kgr. - Peru 1.500 m (S)
6. **auriculata** Gar. - Col. (R**)
- *aurosanguinea* Rchb.f.: 15 (S*)
7. **bicallosa** Gar. - Peru (E**, H**)
- *bicornuta* Rchb.f.: 15 (S*)
8. **brevicornis** Kgr. & Port. - Ec. (S)
9. **brownii** Gar. - C.Rica, Pan. (W**)
10. **buchtienii** Kraenzl. - Peru, Bol. 1.000-1.800 m (S)
- *costaricensis* Rolfe: 16 (9**, S*)
11. **crescentilabia** Schweinf. - Peru 1.000-2.000 m (E, H, S*)
12. **cuculligera** (Schltr.) Gar. (*Roezliella cuculligera* Schltr.) - Col. (S*, R**)
13. **eliae** Rolfe - Ec. 500-1.500 m (S*)
14. **gentryi** Dods. - Ec. 700-850 m (FXXI1*, S)
15. **graminea** (Poepp. & Endl.) Rchb.f. (*S. peruviana* Rolfe, *S. pusilla* Schltr., *S. aurosanguinea* Rchb.f., *S. bicornuta* Rchb.f., *S. perpusilla* n.n., *Specklinia graminea* Poepp. & Endl.) - Ec., Peru, Bol. 1.500-2.000 m (E, H, S*, R, Z)
16. **guatemalensis** Schltr. (*S. costaricensis* Rolfe, *S. poikilostalix* Kraenzl.) - Mex. to Ec., C.Rica 1.100-1.500 m (9**, H, W, S*)
17. **hermansiana** Kgr. - Col. (S)
18. **hirtzii** Dods. - Ec. 750-900 m (FXXI1*, S)
19. **hymenantha** Schltr. - C.Rica, Pan., S-Am. (W)
20. **ibis** (Schltr.) K.S.Walter - Col. (R**)
21. × **luerorum** Dods. (*S. picta* × *S. morganii*) nat. hybr. - Ec. 1.000 m (FXXI1*)
- *lunata* Schltr.: 26 (S*)
22. **macrobulbon** Kraenzl. - C.Rica, Pan. ca. 1.200 m (W, O1/96)
23. **minax** Kraenzl. - Col. (R, Z**)
24. **morgani** Dods. - Ec. ca. 1.000 m (S*, FXXI1)
- *perpusilla* n.n.: 15 (R)
- *peruviana* Rolfe: 15 (S*)
25. **pichinchensis** Dods. - Ec. 750-1.500 m (FXXI1*, S)
26. **picta** Rchb.f. (*S. lunata* Schltr.) - Nic. to Ec., Col. 500-1.000 m (E, H, W, S*, R**, Z)
27. **picturatissima** Kraenzl. (*S. racemifera* L.O.Wms.) - C.Rica, Pan. to Peru, Col. ca. 1.500 m (W, S*, R**)
- *poikilostalix* Kraenzl.: 16 (9**)
28. **posadorum** Kgr. - Col. (S)
29. **pseudounguiculata** Pupulin & Dressl. - C.Rica (S)
- *pusilla* Schltr.: 15 (S*)
30. **putumayensis** Ortiz - Col. (FXVI-II2**)
- *racemifera* L.O.Wms.: 27 (W, S*)
- *radicans* Lind. & Rchb.f.: *Ornithophora* 1 (9**, E*, H*, S*)
31. **sergii** (sergei) Ortiz - Col. 1.500-1.600 m (FXVIII2**, S, R**)
32. **unguiculata** Schweinf. - C.Rica (W)
33. **wallisii** Rchb.f. - Col. (R**)
× **Silpaprasertara (Silpa.)** (*Aërides* × *Ascocentrum* × *Sarcanthus*)

Silvorchis J.J.Sm. - 1907 - *Subfam. Orchidoideae Tribus: Orchideae Subtr. Orchidinae* - 1 sp. ter/sapro - Java
1. **colorata** J.J.Sm. - Java 1.500 m (S, FXV2/3)

Simpliglottis Szlach. - 2001 - *Drakaeinae* (S) - 6 sp. - Austr., N.Zeal.
1. **valida** (Jones) Szlach. (S*)
× *Singaporeara*: × *Ascocenda* (*Ascocentrum* × *Papilionanthe* (*Vanda*) × *Vanda*)

Sinorchis Chen - 1978 - *Cephalantherinae* (S) - 1 sp. terr. - China
1. **simplex** (Tang & Wang) Chen (*Aphyllorchis simplex* Tang & Wang) - China (S*)

Sirhookera Ktze. - 1891 - *Subfam. Epidendroideae Tribus: Dendrobieae Subtr. Adrorhizinae* - (*Josephia* Wight) - 2 sp. epi. - Sri L.
1. **lanceolata** (Wight) Ktze. (*Josephia lanceolata* Wight, *Polystachya ramosa* Gardn. ex Wight) - S-Ind., Sri L. 900-1.800 m (A**, O4/84, S*)
2. **latifolia** (Wight) Ktze. (*Josephia latifolia* Wight) - S-Ind., Sri L. (O4/84, S)

Skeptrostachys Gar. - 1982 - *Spiranthinae* (S) - 12 sp. terr. - Braz.
1. **rupestris** (Lindl.) Gar. - Braz. (S*)
× **Sladeara (Slad.)** (*Doritis* × *Phalaenopsis* × *Sarcochilus*)
× *Smithara*: × *Nakamotoara* (*Ascocentrum* × *Euanthe* (*Vanda*) × *Neofinetia* × *Vanda*)

Smithorchis Tang & Wang - 1936 - *Subfam. Orchidoideae Tribus: Orchide-*

ae Subtr. *Habenariinae* - 1 sp. terr. - China (Yun.)
1. **calceoliforme** (W.W.Sm.) Tang & Wang (*Herminium calceoliforme* W.W.Sm.) - China (Yun.) to 4.000 m (S*)

Smithsonia Saldanha - 1974 - *Aeridinae* (S) - (*Micropera* Dalz., *Loxoma* Gar.) - 3 sp. epi. - Ind.
1. **maculata** (Dalz.) Saldanha (*Saccolabium maculatum* (Dalz.) Hook.f., *Sarcochilus maculatus* (Dalz.) Pfitz., *Loxoma maculata* (Dalz.) Gar.) - S-Ind. ($54/8, S)
2. **straminea** Saldanha (*Loxoma straminea* (Saldanha) Pradhan) - Ind. ($54/8, S*)
3. **viridiflora** (Dalz.) Saldanha (*Micropera viridiflora* Dalz., *Saccolabium viridiflorum* (Dalz.) Lindl., *Sarcochilus trimenii* Hook., *S. viridiflorus* (Dalz.) Cooke, *S. dalzellianus* Santap., *Gastrochilus viridiflorus* (Dalz.) Ktze., *G. dalzellianus* (Santap.) Santap., *Aerides dalzellianus* (Santap.) Gar., *Loxoma viridiflora* (Dalz.) Pradhan) - Ind. ($54/8, S*)

Smitinandia Holtt. - 1969 - *Subfam. Epidendroideae Tribus: Vandeae Subtr. Sarcanthinae* - 3 sp. epi. - SE-As. to Sul.
- *ambikianum* hort. ex Northen: *Schoenorchis* 2 ($54/7)
1. **helferi** (Hook.f.) Gar. (*S. humilis* (Ridl.) Holtt., *Saccolabium helferi* Hook.f., *S. humilis* Ridl.) - Adm., Burm., Laos, Thai. (S*)
- *humilis* (Ridl.) Holtt.: 1 (S*)
2. **micrantha** (Lindl.) Holtt. (*Saccolabium micranthum* Lindl., *S. fissum* Ridl., *Gastrochilus parviflorus* Ktze., *Cleisostoma micranthum* (Lindl.) King & Pantl., *C. poilanei* Gagn., *C. petitiana* Guill., *C. tixieri* Guill., *Uncifera uncifera* Guill., *U. albiflora* Guill., *Ascocentrum micranthum* (Lindl.) Holtt., *Pomatocalpa poilanei* (Gagn.) Tang & Wang) - W-Him., Nep., Sik., Bhut., NE-Ind., Burm., Thai. up to 1.300 m (G, H*, S*, Z**)
3. **selebensis** (J.J.Sm.) Gar. (*Sarcanthus selebensis* J.J.Sm.) - Cel. (S)
× **Sobennigraecum (Sbgcm.)** (*Angraecum* × *Sobennikoffia*)

Sobennikoffia (Sbk.) Schltr. - 1925 - *Subfam. Epidendroideae Tribus: Vandeae Subtr. Angraecinae* - 4 sp. epi/lit/ter - Madag.
1. **fournieriana** (Kraenzl.) Schltr. (*Angraecum fournierianum* Kraenzl.) - Madag. (E, H, U, S)
2. **humbertiana** H.Perr. - C-Madag. 400-1.200 m - lith. (E*, H*, U**, S)
3. **poissoniana** H.Perr. - Madag. coast. - epi. (U, S)
4. **robusta** (Schltr.) Schltr. (*Oeonia robusta* Schltr., *Angraecum robustum* (Schltr.) Schltr.) - W-Madag. 1.500-2.000 m - epi/lit (E, H**, U**, R*, S*, Z**)

× **Sobraleya** (*Cattleya* × *Sobralia*)

Sobralia Ruiz & Pav. - 1794 - *Subfam. Epidendroideae Tribus: Arethuseae Subtr. Sobraliinae* - (*Fregea* Rchb.f., *Lindsayella* Ames & Schweinf.) - ca. 35/100 sp. ter/epi - Trop. Mex., C-S-Am.
1. **allenii** L.O.Wms. - Pan. (W)
- *alstroemerianum* Schltr.: 51 (S)
2. **altissima** Benn. & Christ. - Peru - „Inquil" (S*)
3. **amabilis** (Rchb.f.) L.O.Wms. (*Fregea amabilis* Rchb.f.) - C.Rica, Pan. (W)
→ *amabilis* (Rchb.f.) L.O.Wms.: *Fregea* 1 (S)
4. **atropubescens** Ames & Schweinf. (*S. decora* var. *aerata* P.H.Allen & L.O.Wms.) - C.Rica, Pan., S-Am. (W**, FXXI1)
- *aurantiaca* Lind. & Rchb.f.: 37 (9**)
5. **biflora** Ruiz & Pav. - Col. (R**)
6. **bimaculata** Gar. - Col. (R**)
7. **bletiae** Rchb.f. - Pan. (W)
8. **bouchei** Ames & Schweinf. - Pan. (W)
9. **bradeorum** Schltr. - Nic., C.Rica (W)
10. **callosa** L.O.Wms. (*Lindsayella amabilis* Ames & Schweinf.) - Pan. (A**, W**)
- *callosa* L.O.Wms.: *Lindsayella* 1 (S)
11. **candida** (Poepp. & Endl.) Rchb.f. (*Cyathoglottis candida* Poepp. & Endl.) - Peru, Ven. (E, H, S*, Z**)
- *caravata* (Aubl.) Lindl.: *Elleanthus* 7 (9**)
12. **cattleya** Rchb.f. - Ven., Col. (E, H, R)
- *cattleya* Rchb.f.: 18 (S)

- *chlorantha* Hook.: 37 (9**)
13. **chrysantha** Lindl. - Peru (S)
- *citrina* Llave & Lex.: *Cattleya citrina* (8**)
- *citrina* Llave & Lex.: *Encyclia* 26 (9**, E**, G, H**)
14. **corazoi** Lankester & Ames - C.Rica, S-Am. (W)
15. **crocea** (Poepp. & Endl.) Rchb.f. (*Cyathoglottis crocea* Poepp. & Endl.) - Peru (S)
16. **d'orbignyana** Rchb.f. - And., W-Ven. to Peru (S)
17. **decora** Batem. (*S. galeottiana* A. Rich., *S. sessilis* Lindl. mss.) - Mex., Guat., Salv., Nic., C.Rica, Hond., Ven. (3**, 9**, W, Z)
- *decora* var. *aerata* P.H.Allen & L.O.Wms.: 4 (W**)
18. **dichotoma** Ruiz & Pav. (*S. mandonii* Rchb.f., *S. cattleya* Rchb.f., *S. weberbaueriana* Kraenzl., *Cattleya dichotoma* (Ruiz & Pav.) Beer) - Col., Peru, Bol., Ven., Ec. 750-2.800 m - „Flor del Paraiso" (E**, H**, O5/90, R**, S, Z)
19. **ecuadorana** Dods. - Ec. 500-2.000 m (FXXI1**)
- *eublepharis* Rchb.f. ex Kraenzl.: 22 (9**)
20. **fenzliana** Rchb.f. - Pan., S-Am. (W, FXXI1)
21. **fimbriata** Poepp. & Endl. - C.Rica, S-Am. (W, S)
22. **fragrans** Lindl. (*S. eublepharis* Rchb.f. ex Kraenzl.) - Bel., Hond., Nic., C.Rica, Pan., S-Am. to Ec. (9**, W, R**, S*)
- *galeottiana* Lindl.: 52 (9**, G**)
- *galeottiana* A.Rich.: 17 (9**)
23. **gentryi** Dods. - Ec. 600-1.200 m (FXXI1**)
24. **hagsateri** Dods. - Ec. 700 m (FXXI1*)
25. **helleri** A.D.Hawk. - Nic., C.Rica (W)
26. **klotzcheana** Rchb.f. - Col. (R**)
27. **labiata** Warsz. & Rchb.f. - Pan. (W)
28. **lancea** Gar. - Col. (FVIII2, R**)
29. **lepida** Rchb.f. - C.Rica, S-Am. (W)
30. **leucoxantha** Rchb.f. (*S. powellii* Schltr.) - C.Rica, Pan. (9**, E**, H**, Z**)
31. **lindleyana** Rchb.f. - Nic., C.Rica, Pan. (W)
32. **lucasiana** hort. - unknown origin (9**)
33. **luerorum** Dods. - Ec. 1.500-2.500 m (FXXI1*)
34. **luteola** Rolfe (*S. pleiantha* Schltr.) - Nic., C.Rica (W)
35. **macra** Schltr. - C.Rica (W)
36. **macrantha** Lindl. (*S. macrantha* var. *alba* Lindl., - var. *purpurea* Lindl.) - Mex. to C.Rica up to 3.400 m (3**, 4**, 8**, 9**, E**, G, H**, W**, Z**)
- *macrantha* var. *alba* Lindl.: 36 (3**, 4**, 8**, 9**, E**, G)
- *macrantha* var. *purpurea* Lindl.: 36 (3**, 4**, 8**, 9**, E**, G)
37. **macrophylla** Rchb.f. (*S. chlorantha* Hook., *S. aurantiaca* Lind. & Rchb. f., *S. rolfeana* Schltr., *Cattleya chlorantha* (Hook.) Beer, *Cyathoglottis macrantha* Lem.) - C.Rica, Pan., Ven., Col., Braz., Ec. (9**, W)
38. **malmquistiana** Schltr. (O3/81)
- *mandonii* Rchb.f.: 18 (E**, H**)
39. **mucronata** Ames & Schweinf. - Nic., C.Rica (W)
40. **neglecta** Schltr. - C.Rica (W)
41. **neudeckeri** Dods. - Ec. 650 m (FXXI1*)
42. **oroana** Dods. - Ec. 1.200 m (FXXI1**)
43. **panamensis** Schltr. (S*)
44. **paradisiaca** Rchb.f. - Col. (S)
45. **pfavii** Schltr. - C.Rica (W)
46. **piedadae** Dods. - Ec. 650 m (FXXI1*)
- *pleiantha* Schltr.: 34 (W)
- *polyphylla* Kraenzl.: *Ponera* 6 (G)
47. **powellii** Schltr. - C.Rica, Pan., Col., S-Am. (W, FXXI1, R**)
- *powellii* Schltr.: 30 (9**)
- *pubescens* (Barb.Rodr.) Cogn.: *Palmorchis* 10 (O1/83, S*)
48. **pulcherrima** Gar. - Col. (R)
- *rodriguesii* Cogn.: *Palmorchis* 11 (S)
- *rolfeana* Schltr.: 37 (9**)
49. **rosea** Poepp. & Endl. (*S. ruckeri* Lind. ex Lindl.) - Col., Peru (FXXI1, R, S, Z**)
50. **ruckeri** Lind. & Rchb.f. - Col., Ven. 1.500-2.000 m ($50/2)
- *ruckeri* Lind. ex Lindl.: 49 (S)
51. **scopulorum** Rchb.f. (*S. alstroemerianum* Schltr.) - And., W-Ven., Peru (S)
52. **sessilis** Lindl. (*S. galeottiana* Lindl., *Cattleya sessilis* (Lindl.) Beer) - Braz., Guy., Ven., Col., Peru (9**, G**, FXV2/3)

- *sessilis* Lindl. mss.: 17 (9**)
53. **stenophylla** Lindl. - Ven., Guy. (S)
54. **stevensonii** Dods. - Ec. 1.200 m (FXXI1*)
55. **suaveolens** Rchb.f. - Nic., C.Rica, Pan., S-Am. Col. (W**, R**)
56. **tamboana** Dods. - Ec. 650-800 m (FXXI1*)
57. **undatocarinata** Schweinf. - C.Rica, Pan. (W)
58. **uribei** Ortiz - Col. 1.600 m (FXIX3**)
59. **valida** Rolfe - Pan., Col., S-Am. (W, FXXI1, R**)
60. **violacea** Lind. ex Lindl. - Col. (R, S*, Z**)
61. **virginalis** F.Peeters & Cogn. - Col. (8**, R**)
    var. **lilacina** Cogn. (8**)
62. **warscewiczii** Rchb.f. - Nic., C.Rica, Pan. (W)
- *weberbaueriana* Kraenzl.: 18 (S)
63. **wercklei** (Schltr.) L.O.Wms. - C. Rica, Pan. (W)
↳ *wercklei* (Schltr.) L.O.Wms.: *Fregea* 2 (S)
64. **xantholeuca** hort. ex Will. - Guat., Salv. (8**, 9**)

Sodiroella Schltr. - 1921: *Stellilabium* Schltr.
- *ecuadorensis* Schltr.: *Stellilabium* 23 (O5/82)

Solenangis Schltr. - 1918 - *Subfam. Epidendroideae Tribus: Vandeae Subtr. Aerangidinae* - (*Gussonea* A.Rich.) - 5/6 sp. epi. - Trop. Afr., W-Ind., Madag.
- *angustifolia* Summerh. (1**): 3 (C*)
1. **aphylla** (Thou.) Summerh. (*Angraecum aphyllum* Thou., *A. defoliatum* Schltr., *Gussonea aphylla* A.Rich., ?*G. aphylla* var. *defoliata* Schltr., ?*G. aphylla* var. *orientalis*, *G. defoliata* (Schltr.) Schltr., *Saccolabium aphyllum* Lindl., *Mystacidium aphyllum* Dur. & Schinz, *Rhaphidorhynchus aphyllus* Finet, *Microcoelia aphylla* Summerh., ?*Epidrochis aphylla* Ktze., ?*Gastrochilus aphyllus* Ktze.) - Kenya, Tanz., Zim., Moz., Madag., Masc. 0-900 m (1**, M**, C, FXV2/3, U**, S*)
2. **clavata** (Rolfe) Schltr. - Camer., Congo, Ghana, Ivory C., Lib., Nig., Rwa., Tomé, Zai. 1.300-2.000 m - epi/lit (C*, FXV2/3, S)

3. **conica** (Schltr.) Jonsson (*S. angustifolia* Summerh.) - Kenya, Tanz., Malawi, Guin., Zim. 1.800-2.250 m (M**, C*, S)
4. **cornuta** (Ridl.) Summerh. (*Gussonea cornuta* Ridl., *Angraecum cornutum* Rchb.f., *A. cyclochilum* Schltr.) - Madag., Com. 0-300 m (U, S)
5. **scandens** (Schltr.) Schltr. - Camer., Congo, Gab., Ghana, Ivory C., Lib., Nig., S.Leone, Zai. (C, FXV2/3, S)
6. **wakefieldii** (Rolfe) Cribb & J.Stew. (*Tridactyle wakefieldii* (Rolfe) Summerh.) - Kenya, Tanz., Zanz. 0-300 m (M**, C)

Solenidiopsis Sengh. - 1986 - *Oncidiinae* (S) - 4 sp. epi. - Peru
1. **flavobrunnea** Sengh. - Peru 2.000-3.100 m (O6/89, S)
2. **peruviana** (Schltr.) Benn. & Christ. (*Solenidium peruvianum* Schltr.) - Peru (S)
3. **rhombicalla** Benn. & Christ. - Peru 1.400-1.500 m (S)
4. **tigroides** (Schweinf.) Sengh. (*Odontoglossum tigroides* Schweinf.) - Peru 1.800-2.400 m (A**, O6/89, S*)

Solenidium Lindl. - 1846 - *Subfam. Epidendroideae Tribus: Oncidieae Subtr. Oncidiinae* - 1/2 sp. epi. - Ven., Col., Braz., Peru
1. **endresii** Kraenzl. (O5/96)
↳ *endresii* Kraenzl.: *Mesospinidium* 2 (S, FX3)
2. **lunatum** (Lindl.) Kraenzl. (*S. mattogrossensis* (Cogn.) Schltr., *Oncidium lunatum* Lindl., *Rodriguezia lindmanii* Kraenzl., *Leochilus mattogrossensis* Cogn.) - Ven., Guy., Braz., Peru, Col. 0-700 m (A**, G**, S*, R**)
- *mattogrossensis* (Cogn.) Schltr.: 2 (G**, S)
- *peruvianum* Schltr.: *Solenidiopsis* 2 (S)
3. **racemosum** Lindl. (*Oncidium racemosum* (Lindl.) Rchb.f.) - Col., Ven., Braz. ca. 500 m (9**, E**, H**, S, FVIII2**, R)

Solenocentrum Schltr. - 1911 - *Subfam. Spiranthoideae Tribus: Cranichideae Subtr. Cranichidinae* - 3 sp. epi. - C.Rica, Bol.
1. **asplundii** (Gar.) Gar. (S)
2. **costaricense**(is) Schltr. - C.Rica (S, W**)

3. **lueri** Dods. & Vasq. - Bol. (S)
× **Sophrobroughtonia** (*Broughtonia* × *Sophronitis*)
× **Sophrocatlaelia**: × Sophrolaeliocattleya (*Cattleya* × *Laelia* × *Sophronitis*)
× **Sophrocattleya (Sc.)** (*Cattleya* × *Sophronitis*)
× **Sophrolaelia (Sl.)** (*Laelia* × *Sophronitis*)
× **Sophrolaeliocattleya (Slc.)** (*Cattleya* × *Laelia* × *Sophronitis*)
× *Sophroleya*: × Sophrocattleya (*Cattleya* × *Sophronitis*)
Sophronia cernua Lindl.: *Sophronitis* 4 (9**, G**)
Sophronitella Schltr. - 1920 - *Epidendrinae* (S) - 1 sp. epi. - Braz.
1. **violacea** (Lindl.) Schltr. (*Sophronitis violacea* Lindl., *Cattleya violacea* (Lindl.) Beer) - E-Braz. (4**, 9**, E**, G, H**, S, Z**)
Sophronitis sect. *Constantia* (Barb.Rodr.) Cogn.: *Constantia* Barb.Rodr. (S)
Sophronitis (Soph.) Lindl. - 1828 - *Subfam. Epidendroideae Tribus: Epidendreae Subtr. Laeliinae* - ca. 9 sp. epi/lit - E-Braz., Par.
1. **acuensis** Fowlie (S)
2. **bicolor** Miranda - Braz. 1.500 m (O5/91, S)
3. **brevipeduncolata** (Cogn.) Fowlie (*S. rossiterana* Barb.Rodr.) (S)
4. **cernua** Lindl. (*S. isopetala* Hoffmgg., *S. nutans* Hoffmgg., *S. hoffmannseggii* Rchb.f., *S. modesta* Lindl., *S. pterocarpa* Lindl., *Cattleya cernua* (Lindl.) Beer, *Epidendrum humile* Vell., *Sophronia cernua* Lindl.) - E-Braz. (8**, 9**, E**, G**, H**, S, Z**)
5. **coccinea** (Lindl.) Rchb.f. (*S. grandiflora* Lindl., *S. militaris* Rchb.f., *Cattleya coccinea* Lindl., *C. grandiflora* (Lindl.) Beer) - E-Braz. (4**, 8**, 9**, E**, G, H**, S, Z**)
   var. **aurantiaca** hort. (H, S)
   var. **flava** hort. (H, S)
   var. **purpurea** O'Brien (H, S)
   var. **rosea** hort. (S)
   var. **rossiteriana** Barb.Rodr. (S)
   var. **wittigiana** Barb.Rodr. (S)
- *grandiflora* Lindl.: 5 (4**, 9**, E**, G, H**)
- *hoffmannseggii* Rchb.f.: 4 (8**, 9**, E**, G**, H**)
- *isopetala* Hoffmgg.: 4 (8**, 9**, E**, G**, H**)
6. **mantiqueirae** Fowlie (S) var. **xanthocheila** (S)
- *militaris* Rchb.f.: 5 (9**, 8**, E**, G, H**)
- *modesta* Lindl.: 4 (E**, 9**, G**, H**)
- *nutans* Hoffmgg.: 4 (8**, 9**, E**, G**, H**)
7. **pterocarpa** Lindl. (S)
- *pterocarpa* Lindl.: 4 (9**, G**, S)
8. **pygmaea** (Pabst) Withner (S)
- *rossiteriana* Barb.Rodr. (8**): 5 (S)
- *rossiterana* Barb.Rodr.: 3 (S)
- *violacea* Lindl.: *Sophronitella* 1 (4**, 9**, G, H**)
9. **wittigiana** Barb.Rodr. (S)
× *Sophrovola*: × Brassophronitis (*Brassavola* × *Sophronitis*)
Soterosanthus Lehm. ex Jenny - 1986 - *Stanhopeinae* (S) - 1 sp. epi. - Col.
1. **shepheardii** (Rolfe) Jenny (*Sievekingia shepheardii* Rolfe) - end. to Col. (H, R**, S*) ↠ Sievekingia 14
Spathiger ramosus (Jacq.) Britt.: *Epidendrum* 249 (G)
Spathoglottis (Spa.) Bl. - 1825 - *Subfam. Epidendroideae Tribus: Arethuseae Subtr. Bletiinae* - (*Paxtonia* Lindl.) - ca. 49 sp. terr. - Ind., SE-As., China, Indon., Austr., N.Gui.
1. **affinis** De Vriese - Java, Mal. (2*, S)
2. **alpina** R.Rogers - N.Gui. (S)
3. **altigena** Schltr. - N.Gui. (S)
- *angustifolia* (Gaudich.) Benth. & Hook.f.: 34 (G**)
- *angustorum* Rchb.f.: 34 (9**, G**)
4. **aurea** Lindl. (*S. microchilina* Kraenzl., *S. wrayi* Hook., *S. kimballiana* hort. Sand., *S. kimballiana* Hook.) - Mal., Sum., Java, Born. 1.000-1.800 m (2*, 9**, Q, S, Z)
5. **bulbosa** Schltr. - N.Gui. (S)
6. **carolinensis** Schltr. - Oceania (S)
7. **chrysantha** Ames - Phil. (S)
8. **confusa** J.J.Sm. - Born. (S)
- *daenikerii* Kraenzl.: 34 (9**, G**)
9. **doctersii** J.J.Sm. - N.Gui. (S)
10. **eburnea** Gagn. - Thai., Camb. (S)
11. **elmeri** Ames - Phil. (S)
12. **elobulata** J.J.Sm. - N.Gui. (S)
13. **erectiflora** Schltr. - N.Gui. (S)
14. **fortunei** Lindl. - China, Hong. (S)
- *fortunii* Lindl.: 36 (G**)
15. **gracilis** Rolfe ex Hook.f. - Mal.,

Born. 800-1.650 m (9**, Q**, O3/98, S)
16. **grandifolia** Schltr. - N.Gui. (S)
17. **hardingiana** Par. & Rchb.f. - Burm., Thai., Mal. (9**, S*)
18. **ixioides** (D.Don) Lindl. (*Cymbidium ixioides* D.Don, *Pachystoma josephii* Rchb.f.) - Sik., Nep., Him. to 3.000 m (9**, S, Z**)
19. **kenejiae** Schltr. - N.Gui. (S)
- *khasyana* Griff.: 36 (G**)
20. **kimballiana** Hook.f. - Born., Phil. (Q, S)
- *kimballiana* hort. Sand.: 4 (9**)
- *kimballiana* Hook.: 4 (9**)
21. **lane-poolei** R.Rogers - N.Gui. (S)
- *lilacina* Griff.: 34 (2*, 4**, 9**, G**, H**)
22. **lobbii** Rchb.f. - Burm. to Viet. (S*)
23. **microchilina** Kraenzl. - Mal., Sum., Born. 900-1.700 m (Q**, O3/98, S)
- *microchilina* Kraenzl.: 4 (2*)
24. **micronesiaca** Schltr. - Oceania (S)
25. **montana** Van Royen - N.Gui. to 3.000 m (S)
26. **obovata** J.J.Sm. - N.Gui. (S)
27. **oreophila** Ridl. - N.Gui. (S)
28. **pacifica** Rchb.f. - Oceania (Fiji, Sam.) (S)
29. **papuana** F.M.Bailey - N.Gui. (S)
30. **parviflora** Kraenzl. ex Warb. - N.Gui. (S)
- *parvifolia* Lindl.: 36 (G**)
31. **patentibracteata** J.J.Sm. - N.Gui. (S)
32. **pauliniae** F.v.Muell. - Austr. (Qld.), N.Gui. 300 m (P**)
33. **petri** Rchb.f. - P.Is. up to 800 m (9**, H**, S)
34. **plicata** Bl. (*S. lilacina* Griff., *S. spicata* Lindl., *S. vieillardii* Rchb.f., *S. angustifolia* (Gaudich.) Benth. & Hook.f., *S. angustorum* Rchb.f., *S. plicata* var. *alba* Ridl., *S. daenikerii* Kraenzl., *Bletia angustata* Gagn., *B. angustata* Gaudich., *B. angustifolia* Gaudich., *Paxtonia rosea* Lindl., *Phaius rumphii* Bl., *Calanthe poilanei* Gagn.) - Ind., SE-As., Mal., Austr., Phil., Indon., Pan., N.Gui. (2*, 4**, 9**, A**, E**, G**, H**, W**, P*, O1/94, Z**)
- *plicata* var. *alba* Ridl.: 34 (9**, G**)
- *plicata* var. *pubescens* (Lindl.) Hiroe: 36 (G**)
35. **portus-finschii** Kraenzl. - N.Gui. (S)
36. **pubescens** Lindl. (*S. fortunii* Lindl., *S. parvifolia* Lindl., *S. khasyana* Griff., *S. pubescens* var. *berkeleyi* Hook.f., - var. *parvifolia* (Lindl.) Hook.f, - var. *fortunei* (Lindl.) Gagn., *S. plicata* var. *pubescens* (Lindl.) Hiroe, *Epipactis graminifolia* Roxb., *Pachystoma fortunei* (Lindl.) Rchb.f., *P. wightii* Rchb.f., *P. parvifolium* (Lindl.) Rchb.f., *Eulophia sinensis* Guill., *Cymbidium guttatum* Bur. & Franch.) - Ind., Burm., Thai., China, Laos, Viet. (G**, S, Z)
- *pubescens* var. *berkeleyi* Hook.f.: 36 (G**)
- *pubescens* var. *parvifolia* (Lindl.) Hook.f.: 36 (G**)
- *pubescens* var. *fortunei* (Lindl.) Gagn.: 36 (G**)
37. **pulchra** Schltr. - N.Brit. (S)
38. **rivularis** Schltr. - N.Gui. (S)
- *speciosa* (Lindl.) Pradhan: *Ipsea* 2 (9**)
39. **smithii** Kores - Fiji (S)
- *spicata* Lindl.: 34 (9**, G**)
40. **stenophylla** Ridl. - N.Gui. (S)
41. **tomentosa** Lindl. - Phil. (G, S)
42. **tricallosa** J.J.Sm. - Cel. (S)
- *trivalis* Wall.: *Acriopsis* 5 (2*)
- *trivalis* Lindl.: *Acriopsis* 5 (G)
- *umbraticola* Gar. - P.N.Gui. (S)
43. **unguicolata** (Labill.) Rchb.f. - N.Cal. (O4/96, S)
44. **vanoverberghii** Ames - Phil. (S)
45. **vanvuureenii** J.J.Sm. - Cel. (S)
46. **velutina** Schltr. - Cel. (S)
- *vieillardii* Rchb.f.: 34 (9**, G**)
47. **wariana** Schltr. - N.Gui. (S)
- *wrayi* Hook.: 4 (2*)
× **Spathophaius** (*Phaius* × *Spathoglottis*)

Specklinia Lindl. - 1830: *Pleurothallis* R.Br. (S)
- *acuminata* (Kunth) Lindl.: *Pleurothallis* 10 (G)
- *aphthosa* (Lindl.) Barros: *Pleurothallis* 47 (G)
- *atropurpurea* Lindl.: *Cryptophoranthus* 3 (E**)
- *atropurpurea* Lindl.: *Zootrophion* 1 (9**, G, H**)
- *auriculata* (Lindl.) Barros: *Pleurothallis* 68 (G)
- *ciliaris* Lindl.: *Pleurothallis* 145 (E, H)
- *ciliaris* Lindl.: *Trichosalpinx* 11 (G)

- *elegans* (Kunth) Lindl.: *Pleurothallis* 234 (G)
- *flexuosa* Poepp. & Endl.: *Pleurothallis* 252 (G)
- *floribunda* Lindl.: *Pleurothallis* 498 (G**)
- *floribunda* Lindl.: *Pleurothallis* 660 (L)
- *graminea* Poepp. & Endl.: *Sigmatostalix* 15 (E, H)
- *grobyi* (Batem. ex Lindl.) Barros: *Pleurothallis* 296 (G**)
- *hypnicola* (Lindl.) Barros: *Pleurothallis* 332 (G)
- *linearis* Lindl.: *Pleurothallis* 393 (G)
- *luteola* (Lindl.) Barros: *Pleurothallis* 407 (G)
- *obovata* Lindl.: *Pleurothallis* 487 (G)
- *orbicularis* Lindl.: *Trichosalpinx* 21 (G)
- *plantaginea* Poepp. & Endl.: *Masdevallia* 248 (G)
- *pusilla* (Kunth) Lindl.: *Trichosalpinx* 26 (G)
- *recurva* (Lindl.) Barros: *Pleurothallis* 596 (G)
- *retusa* Lindl.: *Pleurothallis* 601 (G)
- *rubens* (Lindl.) Barros: *Pleurothallis* 611 (G)
- *scariosa* Lindl.: *Pleurothallis* 636 (G)

Speiranthes colorata Hassk.: *Goodyera* 4 (2*)
- *grandis* (Bl.) Hassk.: *Goodyera* 28 (2*, G)
- *longifolia* Hassk.: *Lepidogyne* 1 (2*)
- *parviflora* Hassk.: *Goodyera parviflora* (2*)

Sphyrarhynchus Mansf. - 1935 - Subfam. Epidendroideae Tribus: Vandeae Subtr. Aerangidinae - 1 sp. epi. - Kenya, N-Tanz.
1. **schliebenii** Mansf. - Tanz., Kenya 900-1.600 m (E**, H**, M**, C, S*)

Sphyrastylis Schltr. - 1920 - Subfam. Epidendroideae Tribus: Maxillarieae Subtr. Ornithocephalinae - (Oakesamesia Schweinf. & Allen) - ca. 9 sp. epi. - C-Am.
1. **cryptantha** (Schweinf. & Allen) Gar. (*Oakesamesia cryptantha* Schweinf. & Allen) - Pan. (W, S*)
2. **dressleri** Toscano - Pan. (S)
3. **ecuadorensis** Gar. - Ec., Col. (R**, S*)
4. **escobariana** Gar. - Col. (A**, R**, S*)
5. **garayi** Benn. & Christ. - Peru (S)
6. **hoppii** Schltr. - Col. (R, S)
7. **oberonioides** Schltr. - Col. (R, S)
8. **tsubotae** [tsubatae (S)] Ortiz - Col. (FXX2**, S)
9. **urceilabris** Ortiz & Esc. - Col. (FXVIII2**, R**, S)

Spiculaea Lindl. - 1830 - Subfam. Orchidoideae Tribus: Diurideae Subtr. Caladeniinae - 1/3 sp. terr. - end. to SW-Austr.
1. **ciliata** Lindl. - end. to SW-Austr. (S, P**, Z**)

Spiranthes L.C.Rich. - 1818 - Subfam. Spiranthoideae Tribus: Cranichideae Subtr. Spiranthinae - (*Aristotelea* Lour., *Gyrostachys* Pers., *Hellictonia* Ehrh., *Ibidium* Salisb.) - ca. 47 sp. terr. - Am., Eur., As., P.Is., Austr. - „Drehwurz, Wendelorchis"
- *acaulis* (J.E.Sm.) Cogn.: *Sarcoglottis* 1 (9**, E**, G, H)
- *adnata* (Sw.) Benth.: *Pelexia* 1 (G**)
1. **aestivalis** (Poiret) L.C.Rich. (*Ophrys aestivalis* Poiret in Lam., *Neottia aestivalis* (Poiret) DC.) - SW-C-Eur. 0-1.300 m - „Sommer-Drehwurz, Summer Lady's-tresses" (G, K**, T**, N**, S)
- *africana* Lindl.: *Benthamia* 28 (G, U)
2. **amesiana** Schltr. - Nic. (W)
- *amesiana* Schltr.: 14 (G)
- *amoena* Bunge: *S. australis* (2*)
- *amoena* (Bieb.) Spreng.: 12 (G**)
- *argentea* hort. ex Planch.: *Erythrodes* 14 (G)
- *aristotelea* (Rausch.) Merr.: 12 (G**)
- *australis* (R.Br.) Lindl. (2*): 12 (G**, H, P)
- *australis* var. *pudica* (Lindl.) Lindl.: 12 (G**)
- *australis* var. *sinensis* (Pers.) Gagn.: 12 (G**)
- *australis* var. *suishaensis* Hay.: 12 (G**)
- *australis* var. *viridiflora* Mak.: 12 (G**)
- *autumnalis* (Balbis) L.C.Rich.: 13 (4**, G, H, N**, K**)
- *bicolor* (Ker-Gawl.) Lindl.: *Beadlea* 1 (G**)
- *bracteosa* Lindl.: *Brachystele* 1 (G)

- *cerina* Lindl.: *Pelexia* 3 (G)
3. **cernua** (L.) L.C.Rich. (*S. constricta* (Smith) K.Schum., *Ophrys cernua* L., *Neottia cernua* (L.) Schrad., *Gyrostachys cernua* (L.) Ktze., *G. constricta* Smith, *Ibidium cernuum* (L.) House, *Triorchis cernua* (L.) Nieuw., *Limodorum autumnale* Walter) - USA., Can. (4**, 9**, G**, H**, Z)
   var. **odorata** (Nutt.) Correll - Flor. ($54/3)
- *cinnabarina* (Llave & Lex.) Hemsl.: *Dichromanthus* 1 (G**)
- *coccinea* Gar.: *Coccineorchis* 2 (G)
- *colorata* N.E.Br.: *Stenorrhynchus* 5 (9**)
- *colorata* var. *maculata* N.E.Br.: *Stenorrhynchus* 5 (9**)
- *comosa* Rchb.f.: *Beadlea* 3 (9**, G)
4. **congesta** Lindl. - Sib. (G)
- *congestiflora* L.O.Wms.: *Svenkoeltzia* 1 (O1/89)
- *constricta* (Smith) K.Schum.: 3 (9**, G**, H**)
- *corymbosa* (Lindl.) Kraenzl.: *Coccineorchis* 2 (G)
5. **costaricensis** Rchb.f. - Flor. ($54/3)
- *crispata* (Bl.) Zoll. & Mor.: 12 (G**)
- *decipiens* Hook.: *Goodyera* 17 (S)
- *densa* A.Rich.: 12 (G**)
- *diaphana* Lindl.: *Deiregyne* 1 (G)
- *diuretica* (Willd.) Lindl.: *Brachystele* 6 (G)
- *elata* (Sw.) L.C.Rich.: *Beadlea* 3 (9**, G)
- *elata* (Sw.) L.C.Rich.: *Cyclopogon* 7 (E**, H*)
- *elata* var. *ovata* Cogn.: *Beadlea* 3 (9**, G)
- *esmeraldae* Lind. & Rchb.f.: *Mesadenella* 1 (S)
- *euphlebia* Oliv. ex Rchb.f.: *Pteroglossa* 1 (9**)
- *fauci-sanguinea* Dod: *Schiedeella* 2 (O5/89)
- *flexuosa* Lindl.: *S. australis* (2*)
- *flexuosa* (Smith) Lindl.: 12 (G**)
- *gracilis* Beck: 7 ($53/7)
6. **graminea** Lindl. - Nic. (W)
- *grandiflora* Lindl.: *Sarcoglottis* 5 (9**, G**)
- *hyemalis* A.Rich. & Gal.: *Funkiella* 1 (S)
- *indica* Steud.: 12 (G**)
- *jaliscana* S.Wats.: *Sacoila* 1 (9**, G**)
7. **lacera** (Raf.) Raf. (*S. gracilis* Beck) - N-Am. ($53/7)
- *lancea* (Thunb. ex Sw.) Backer: *Herminium* 1 (6*, G)
- *lancea* auct. non (Thunb.) Backer, Bakh.f. & Steenis: 12 (6*)
- *lancea* var. *chinensis* (Lindl.) Hatusima: 12 (G**)
8. **lanceolata** (Aubl.) León ($54/3)
   var. **luteoalba** (Rchb.f.) Luer - Flor. ($54/3)
   var. **paludicola** Luer - Flor. ($54/3)
→ *lanceolata* (Aubl.) León: *Sacoila* 1 (3**, 9**)
- *laxa* (Poepp. & Endl.) Schweinf.: *Pelexia* 6 (9**)
- *lindleyana* Link, Kl. & Otto: *Beadlea* 4 (G)
- *lineata* Lindl.: *Beadlea* 3 (9**, G)
- *lineata* Stuckert: *Beadlea* 3 (9**, G)
- *lobata* Lindl.: *Pelexia* 7 (G)
- *longipetiolata* Rchb.f.: *Pelexia* 6 (9**)
- *longispicata* A.Rich.: *S. australis* (2*)
- *longispicata* A.Rich.: 12 (G**)
- *macrophylla* (D.Don) Spreng.: *Herminium* 3 (G)
- *maculata* (Poepp. & Endl.) Schweinf.: *Pelexia* 6 (9**)
- *maculata* (Rolfe) Schweinf.: *Pelexia* 8 (E*, H*)
9. **magnicamporum** Sheviak - USA (O3/81)
- *neocaledonica* Schltr.: 12 (H)
- *nitida* (Vell.) Cogn.: *Sauroglossum* 2 (G**)
- *novae-zelandiae* Hook.: *S. australis* (2*)
- *novae-zelandiae* Hook.f.: 12 (G**)
- *obliqua* J.J.Sm.: *Didymostigma* 1 (S)
- *ochracea* A.Rich. & Gal.: *Sarcoglottis* 9 (G)
- *orchioides* (Sw.) A.Rich.: *Stenorrhynchus* 2 (E**, H**)
- *orchioides* (Sw.) A.Rich.: *Sacoila* 1 (9**, G**)
- *pachyphylla* Kraenzl.: *Sauroglossum* 2 (G**)
- *pamii* Braid: *Beadlea* 3 (9**, G)
- *parviflora* (Bl.) Hassk.: *Goodyera* 23 (6*, G**)
- *parviflora* Lindl.: *S. australis* (2*)
- *parviflora* (Smith) Lindl.: 12 (G**)

- *pauciflora* A.Rich. & Gal.: *Sarcoglottis* 2 (3**)
- *picta* (R.Br.) Lindl.: *Sarcoglottis* 1 (E**, H)
- *picta* (Sims) Lindl.: *Sarcoglottis* 1 (9**, G)
- *plantaginea* (D.Don) Spreng.: *Malaxis* 29 (G)
- *preslii* Lindl.: *Beadlea* 3 (9**, G)
- *preslii* Lindl.: *Cyclopogon* 7 (E**, H*)
- *pubescens* Barb.Rodr.: *Beadlea* 1 (G**)
10. **pubicaulis** L.O.Wms. - C.Rica, Pan. (W)
- *pudica* Lindl.: *S. australis* (2*)
- *pudica* Lindl.: 12 (G**)
- *quadridentata* (Willd.) Lind.: 14 (G)
- *quinquelobata* (Poiret) Urban: 14 (G)
- *richardi* Autran & Dur.: *Stenorrhynchus* 5 (9**)
11. **romanzoffiana** Cham. - NW-Eire, NW-Scott., N-Am. - „Romanzoffs, Amerikanische, Irische Drehwurz, Irish Lady's-tresses" (K**, O6/95, Z**, S)
- *rosulata* Lindl.: *Sarcoglottis* 9 (G)
- *rufescens* (Kl.) Fisch.: *Sarcoglottis* 11 (G)
- *sceptrodes* Rchb.f.: *Sarcoglottis* 10 (H**)
- *schaffneri* Rchb.f.: *Pelexia* 11 (S)
12. **sinensis** (Pers.) Ames (*S. amoena* (Bieb.) Spreng., *S. aristotelea* (Raeusch.) Merr., *S. australis* (R.Br.) Lindl., *S. australis* var. *pudica* (Lindl.) Lindl., - var. *sinensis* (Pers.) Gagn., - var. *suishaensis* Hay., - var. *viridiflora* Mak., *S. crispata* (Bl.) Zoll. & Mor., *S. densa* A.Rich., *S. flexuosa* (Smith) Lindl., *S. indica* Steud., *S. lancea* auct. non (Thunb.) Backer, Bakh.f. & Steenis, *S. lancea* var. *chinensis* (Lindl.) Hatusima, *S. longispicata* A.Rich., *S. neocaledonica* Schltr., *S. novae-zelandiae* Hook.f., *S. parviflora* (Smith) Lindl., *S. pudica* Lindl., *S. sinensis* f. *albiflora* (Matuda) Iwabrec., - var. *amoena* (Bieb.) Hara, - var. *albescens* (Honda) Honda, - ssp. *australis* (R.Br.) Kitamura, - var. *depauperata* (Honda) Honda, - f. *viridiflora* (Mak.) Ohwi, *S. spiralis* Mak., *S. spiralis* var. *albescens* Honda, - f. *albiflora* Matuda, - var. *depauperata* Honda, *S. stylites* Lindl., *S. wightiana* Lindl., *Ophrys spiralis* Georgi, *Aristotelea spiralis* Lour., *Epidendrum aristotelea* Rausch., *Neottia sinensis* Pers., *N. amoena* Bieb., *N. australis* R.Br., *N. australis* var. *chinensis* Lindl., *N. crispata* Bl., *N. flexuosa* Smith, *N. parviflora* Smith, *N. pudica* (Lindl.) Sweet, *Calanthe australis* (R.Br.) Ait. ex Loudon, *Sarcoglottis pudica* (Lindl.) P.N. Don, *Gyrostachys amoena* (Bieb.) Bl., *G. australis* (R.Br.) Bl., *G. australis* var. *amoena* (Bieb.) Bl., - var. *flexuosa* (Smith) Bl., *G. novifriburgensis* Ktze., *G. wightiana* (Lindl.) Ktze.) - Afg., Him., Ind., Burm., Sib., China, Jap., Austr. up to 2.000 m - „Chinesische Drehwurz" (6*, G**, H, S, P**, O3/92, Z**, S)
- *sinensis* f. *albiflora* (Matuda) Iwabrec.: 12 (G**)
- *sinensis* f. *viridiflora* (Mak.) Ohwi: 12 (G**)
- *sinensis* ssp. *australis* (R.Br.) Kitamura: 12 (G**)
- *sinensis* var. *albescens* (Honda) Honda: 12 (G**)
- *sinensis* var. *amoena* (Bieb.) Hara: 12 (G**)
- *sinensis* var. *depauperata* (Honda) Honda: 12 (G**)
- *speciosa* (Presl) Lindl.: *Sarcoglottis* 1 (9**, E**, G, H)
- *speciosus* (Jacq. ex Gmel.) A.Rich.: *Stenorrhynchus* 5 (9**, E, H)
13. **spiralis** (L.) A.Chev. (*Ophrys spiralis* L., *S. autumnalis* (Balbis) L.C. Rich.) - W-C-Eur., Turk., Lib., Syr., Iran, Afr. 0-1.200 m - „Herbst-Drehwurz, Herbst-Wendelähre, Autumn Lady's-tresses" (4**, G, H, K**, T**, V**, N**, Z**, S)
- *spiralis* Mak.: 12 (G**)
- *spiralis* f. *albiflora* Matuda: 12 (G**)
- *spiralis* var. *albescens* Honda: 12 (G**)
- *spiralis* var. *depauperata* Honda: 12 (G**)
- *strateumatica* (L.) Lindl.: *Zeuxine* 17 (6*, G, H**)
- *stylites* Lindl.: 12 (G**)
- *subumbellata* Schweinf.: *Synassa* 1 (S)

- *swartzii* Krause: 14 (G)
14. **torta** (Thunb.) Gar. & Sweet (*S. amesiana* Schltr., *S. tortilis* (Sw.) L.C. Rich., *S. quadridentata* (Willd.) Lind., *S. quinquelobata* (Poiret) Urban, *S. swartzii* Krause, *Ophrys peruviana* Aubl., *O. torta* Thunb., *O. quinquelobata* Poiret, *Satyrium spirale* Sw., *Neottia tortilis* Sw., *N. quadridentata* Willd., *Ibidium tortile* (Sw.) House, *Triorchis spiralis* (Sw.) House) - Flor., Guat., Hond., Nic., Bah., Berm., W-Ind., Trin. (G, W)
- *tortilis* (Sw.) L.C.Rich.: 14 (G)
- *ulaei* Cogn.: *Brachystele* 2 (FVI4*)
- *variegata* Kraenzl.: *Beadlea* 3 (9**, G)
- *variegata* Kraenzl.: *Cyclopogon* 7 (E**, H*)
15. **vernalis** Engelm. & Gray - N-Am., Flor. ($53/7, $54/3)
- *wightiana* Lindl.: 12 (G**)

Spongiola J.J.Wood & A.Lamb - 1994 - *Aeridinae* (S) - 1 sp. epi. - Born.
1. **lohokii** J.J.Wood & A.Lamb - end. to Born. 300-500 m (Q**, S*)

Spuricianthus Szlach. & Marg. - 2001 - *Caladeniinae* (S) - 1 sp. - N.Cal.
1. **atepalus** (Rchb.f.) Szlach. & Marg. - N.Cal. (S*)

× **Srisukara (Srka.)** (*Ascocentrum* × *Cleisostoma* × *Rhynchostylis*)
× **Staalara (Staal.)** (*Barkeria* × *Laelia* × *Sophronitis*)
× **Stacyara (Stac.)** (*Cattleya* × *Epidendrum* × *Sophronitis*)

Stalkya Gar. - 1982 - *Spiranthinae* (S) - 1 sp. epi/ter - Ven.
1. **muscicola** (Gar. & Dunst.) Gar. - Ven. (S*)

× **Stamariaara (Stmra.)** (*Ascocentrum* × *Phalaenopsis* × *Renanthera* × *Vanda*)
× **Stanfieldara (Sfdra.)** (*Epidendrum* × *Laelia* × *Sophronitis*)
× **Stangora (Stga.)** (*Gongora* × *Stanhopea*)
× **Stanhocycnis (Stncn.)** (*Polycycnis* × *Stanhopea*)

Stanhopea (Stan.) Frost ex Hook. - 1829 - *Subfam. Epidendroideae Tribus: Gongoreae* - (*Ceratochilus* Lodd., *Stanhopeastrum* Rchb.f.) - ca. 55 sp. epi/lit/ter - scented - Trop. Am.
- *amesiana* hort.: 49 (S)
- *amoena* Kl.: 57 (8**, 9**, E, G, H, O3/92)
1. **anfracta** Rolfe - Ec., Peru, Bol. 700-1.400 m - sect. *Wardii* (O6/91**, Z**, S*)
2. **annulata** Mansf. - Ec., S-Col. 100-700 m (O1/89, O5/89, R, Z**, S*)
- *atropurpurea* hort. ex Planch.: 27 (O2/90**)
- *aurata* (Lindl.) Planch.: 18 (O3/92)
- *aurea* Lodd. ex Lindl.: 57 (8**, 9**, E, G, H)
3. **avicula** Dressl. - Pan., Col., S-Am. (W, R, S)
- *barkeri* Lindl. n.n.: 57 (O3/92)
- *bucephalus* Lindl.: 38 (4**, 9**, E**, G**, H**)
- *bucephalus* Lindl.: 29 (O2/84)
- *calceolata* Drapiez: 17 (9**, G**, S)
- *calceolata* hort. ex Rchb.f.: 17 (S)
- *calceolus* Rchb.f.: 11 (O1/89)
4. **candida** Barb.Rodr. (*S. randii* Rolfe) - Col. (R**, Z**, S*)
5. **carchiensis** Dods. - Ec. 1.200-2.000 m - sect. *Wardii* (FXXI1*, S)
- *cavendishii* Lindl. ex Baxt.: 22 (G)
6. **cirrhata** Lindl. - C.Rica, Pan., Nic. 0-1.000 m (O1/89, W**, Z**, S*)
7. **connata** Kl. (*S. tadeasi* Haager & Jenik, *S. graveolens* Kl. ex Rchb.f.) - Col., Ec., N-Peru 1.100-1.700 m - sect. *Connata* (9**, O1/89, A**, O6/82, R**, S*)
- *convoluta* Rolfe: 56 (9**)
8. **costaricensis** Rchb.f. - Guat., Salv., Nic., C.Rica, Pan. 500-1.500 m - sect. *Wardii* (9**, O3/91, W**, O2/93**, Z**, S*)
- *cymbiformis* Rchb.f.: 38 (9**, E**, G**, H**)
9. **deltoidea** Lem. - Peru - sect. *Wardii* (S)
- *devoniensis* Lindl. (E): 22 (9**, G, H**, S)
10. **dodsoniana** Sal. & Arenas - Mex. - sect. *Wardii* (S)
- *eburnea* Lindl.: 17 (9**, G**)
11. **ecornuta** Lem. (*S. calceolus* Rchb. f., *Stanhopeastrum ecornutum* (Lem.) Rchb.f.) - Guat., Hond., Nic., C.Rica, Pan. 0-250 m - epi. - „Torrito sin cacho, hornless bull" (9**, O1/89, E, H**, W, Z**, S)
- *elegantula* Rolfe: 51 (&9)
12. **embreei** Dods. - Ec. 700-1.200 m - scented - sect. *Wardii* (O5/89, S)
- *expansa* P.N.Don: 55 (4**, G**, H**)

- *expansa* P.N.Don: 22 (O2/88)
- *flava* Lodd. ex Beer: 27 (O2/90**)
13. **florida** Rchb.f. (*S. peruviana* Rolfe) - Col., Peru - sect. *Wardii* (9**, O3/93**, R, Z**, S)
14. × **fowlieana** hort. ex Dods. (*S. ecornuta* × *S. costariciensis*) (O1/89, O3/91)
- *fregeana* Rchb.f.: 32 (&9)
15. **frymirei** Dods. - end. to Ec. 0-650 m - sect. *Wardii* (O5/89, S)
16. **gibbosa** Rchb.f. - Nic., C.Rica, Pan. 500-1.500 m - sect. *Wardii* (O3/91, W, O2/93**, S)
17. **grandiflora** (Lodd.) Lindl. (*S. eburnea* Lindl., *S. calceolata* Drapiez, *S. calceolata* hort. ex Rchb.f., *Ceratochilus grandiflorus* Lodd.) - Braz., Guy., Ven., Trin., Col. (9**, G**, R, Z**, S)
- *grandiflora* (H.B.K.) Rchb.f.: 29 (9**)
- *grandiflora* var. *jenishiana* (Kunth ex Rchb.f) Rchb.f.: 29 (9**)
18. **graveolens** Lindl. (*S. inodora* Rchb. f., *S. oculata* var. *constricta* Klinge, *S. aurata* (Lindl.) Planch., *S. aurata* Beer, *S. graveolens* Kl. ex Rchb.f., *S. graveolens* var. *aurata* Lindl., *S. venusta* Lindl. n.n., *S. venusta* hort ex Planch., *S. wardii* var. *froebeliana* Cogn., - var. *venusta* Lindl., - var. *venusta* Rolfe) - Mex., Guat., Hond., Salv. up to 2.700 m - epi/lit - sect. *Wardii* (8**, 9**, E**, G, H**, O3/92, Z**, S)
- *graveolens* Kl. ex Rchb.f.: 7 (9**)
- *graveolens* Kl. ex Rchb.f.: 18 (O3/92)
- *graveolens* var. *aurata* Lindl.: 18 (O3/92)
- *graveolens* var. *concolor* Porsch: 31 (O5/89, O3/92)
- *graveolens* var. *inodora* hort. ex Regel: 31 (O5/89)
- *graveolens* var. *lietzei* Regel: 31 (O5/89, O3/92)
- *graveolens* var. *straminea* Porsch: 31 (O5/89, O3/92)
19. **greerii** Jenny - Peru - sect. *Wardii* (S)
- *guttata* Lindl.: 38 (4**, E**, H**)
- *guttata* Lindl. non Beer: 20 (S)
- *guttata* K.Koch.: 38 (9**, G**)
- *guttata* var. *schilleriana* Rchb.f.: 32 (&9)

20. **guttulata** Lindl. (*S. guttata* Lindl. non Beer, *S. oculata* var. *guttulata* (Lindl.) Rchb.f.) - S-Braz. - sect. *Wardii* (S)
- *guttulata* Lindl.: 38 (G**)
- *harrisoniae* (Hook.) P.N.Don: *Bifrenaria* 5 (9**, G**)
- *haseloffiana* Rchb.f.: 21 (O3/93**)
21. **haselowiana** [haseloffiana Rchb.f. (S)] Rchb.f. (*S. haseloffiana* Rchb.f.) - Peru 1.000-1.600 m - sect. *Wardii* (9**, O3/93**, S)
22. **hernandezii** (Kunth) Schltr. (*S. devoniensis* Lindl., *S. cavendishii* Lindl. ex Baxt., *S. lyncea* (Lindl.) P.N. Don, *S. expansa* P.N.Don, *Anguloa hernandezii* Kunth, *Maxillaria lyncea* Lindl.) - Mex., Guat., Ven., Guy., Braz. 160-2.000 m - epi/lit - sect. *Saccata* (9**, E, G, H**, O2/88, &1, S*)
23. × **herrenhusana** Jenny (*S. reichenbachiana* × *S. tricornis*) nat. hybr. - Col. (O1/89, S)
- *hoppii* Schltr.: 29 (9**)
24. × **horichiana** Jenny (*S. ecornuta* × *S. wardii*) nat. hybr. - C.Rica (O1/89, S)
- *implicata* hort. ex Lindl.: 34 (O2/88)
- *implicata* Westc.: 34 (S)
25. **impressa** Rolfe - Ec., S-Col. 700-1.500 m - sect. *Wardii* (O5/89, R**, S)
26. **inodora** Lodd. ex Lindl. - Nic. to Mex. 800-1.500 m - sect. *Wardii* (G**, O5/89, S)
- *inodora* Rchb.f.: 18 (8**)
- *inodora* var. *amoena* (Kl.) Lindl.: 57 (8**, O3/92)
27. **insignis** Frost ex Hook. (?*S. atropurpurea* hort. ex Planch., ?*S. flava* Lodd. ex Beer, *S. insignis* var. *alba* hort. ex Lind., - var. *atropurpurea* hort. ex Planch., - var. *atrorubens* hort. ex Hensh., - var. *flava* hort. ex Lodd., - var. *guttata* hort. ex Hensh., - var. *leucochila* Lem., - var. *major* hort. ex Heynh., - var. *pallida* hort. ex Planch., - var. *punctata* hort. ex Heynh., - var. *speciosa* hort. ex Hoffmgg., - var. *superba* hort. ex Planch., *S. macrochila* Lem., *S. odoratissima* hort. ex Planch.) - Braz. 0-500 m - sect. *Stanhopea* (4**, 9**, G**, O2/90**, S*)
- *insignis* var. *alba* hort. ex Lind.: 27 (O2/90**)

- *insignis* var. *atropurpurea* hort. ex Planch.: 27 (O2/90**)
- *insignis* var. *atrorubens* hort. ex Hensh.: 27 (O2/90**)
- *insignis* var. *flava* hort. ex Lodd.: 27 (O2/90**)
- *insignis* var. *guttata* hort. ex Hensh.: 27 (O2/90**)
- *insignis* var. *leucochila* Lem.: 27 (O2/90**)
- *insignis* var. *major* hort. ex Heynh.: 27 (O2/90**)
- *insignis* var. *pallida* hort. ex Planch.: 27 (O2/90**)
- *insignis* var. *punctata* hort. ex Heynh.: 27 (O2/90**)
- *insignis* var. *speciosa* hort. ex Hoffmgg.: 27 (O2/90**)
- *insignis* var. *superba* hort. ex Planch.: 27 (O2/90**)
28. **intermedia** Klinge - Mex. - sect. *Wardii* (3**, S)
29. **jenischiana** Kramer ex Rchb.f. (*S. grandiflora* (H.B.K.) Rchb.f., *S. grandiflora* var. *jenishiana* (Kramer ex Rchb.f) Rchb.f, *S. hoppii* Schltr., *S. bucephalus* Lindl., *Epidendrum grandiflorum* Kunth, *Anguloa grandiflora* (Kunth) Kunth) - Pan., Ven., Col., Ec., Peru - sect. *Wardii* (4**, 9**, O2/84, R, Z**, S)
- *langlasseana* Cogn. (8**): 56 (9**)
30. × **lewisiae** (Ames & Correll) Horich ex Jenny (*S. ecornuta* × *S. graveolens*) nat. hybr. - Guat. (O1/89, S)
31. **lietzei** (Regel) Schltr. (*S. graveolens* var. *lietzei* Regel, - var. *straminea* Porsch, - var. *concolor* Porsch, - var. *inodora* hort. ex Regel) - end. to Braz. 100-800 m - sect. *Wardii* (O5/89, O3/92, S*)
- *lindleyi* Zucc.: 38 (9**, G**)
- *lowii* Rolfe: 49 (S)
- *lyncea* (Lindl.) P.N.Don: 22 (G)
- *macrochila* Lem.: 27 (O2/90**)
32. **maculosa** Knowl. & Westc. (*S. fregeana* Rchb.f., *S. marshii* Rchb.f., *S. schilleriana* Rchb.f., *S. guttata* var. *schilleriana* Rchb.f.) - Mex. 1.700-1.800 m - sect. *Saccata* (&9, S)
- *maculosa* Knowl. & Westc.: 55 (G**)
- *madouxiana* Cogn.: 42 (S*)
33. **maduroi** Dods. & Dressl. - Pan. 1.000 m - sect. *Wardii* (FXXI1*, S)
- *marshii* Rchb.f.: 51 (4**, G)

- *marshii* Rchb.f.: 32 (&9)
34. **martiana** Batem. ex Lindl. (*S. martiana* var. *bicolor* Lindl., *S. velata* C.Morr., *S. implicata* hort. ex Lindl., *S. implicata* Westc.) - end. to Mex. 1.400-2.000 m - sect. *Saccata* (A**, G**, O2/88, Z**, S*)
- *martiana* var. *bicolor* Lindl.: 34 (G**)
- *minor* Schltr.: 38 (9**, G**)
35. **napoensis** Dods. - E-Ec. - sect. *Stanhopea* (S)
36. **nigripes** Rolfe - Peru - sect. *Wardii* (O3/93**, S)
- *nigroviolacea* C.Morr. ex Beer: 55 (G**)
- *nigroviolacea* (C.Morr.) Beer: 55 (O2/93**)
37. **novogaliciana** Rosillo - Mex. - sect. *Saccata* (S)
38. **oculata** (Lodd.) Lindl. (*S. bucephalus* Lindl., *S. guttata* Lindl., *S. guttata* K.Koch., *S. guttulata* Lindl., *S. cymbiformis* Rchb.f., *S. lindleyi* Zucc., *S. minor* Schltr., *S. oculata* var. *lindleyi* Zucc. ex Lindl., - var. *guttulata* (Lindl.) Rchb.f., - var. *barkeriana* Lindl., - var. *crocea* Regel, - var. *geniculata* Kl., *S. ornatissima* Lem., *S. purpusii* Schltr., *Ceratochilus oculatus* Lodd., *Epidendrum cornutum* Sessé & Moc.) - Mex, Guat, Bel., Hond., Pan., Salv., Nic., C.Rica - epi/ter - sect. *Wardii* (4**, 8**, 9**, E**, G**, H**, W, Z**, S*)
  var. **ornatissima** (Lem.) Dods. (*S. ornatissima* Lem.) - Col. (R**, S)
- *oculata* var. *barkeriana* Lindl.: 38 (9**)
- *oculata* var. *constricta* Klinge: 18 (8**)
- *oculata* var. *crocea* Regel: 38 (9**, G**)
- *oculata* var. *geniculata* Kl.: 38 (9**, G**)
- *oculata* var. *guttulata* (Lindl.) Rchb. f.: 38 (G**)
- *oculata* var. *guttulata* (Lindl.) Rchb.f.: 20 (S)
- *oculata* var. *lindleyi* Zucc. ex Lindl.: 38 (9**, G**)
- *odoratissima* hort. ex Planch.: 27 (O2/90**)
- *ornatissima* Lem.: 38 (9**, G**)
39. **ospinae** Dods. - Col. - sect. *Wardii* (R, S)

40. **panamensis** N.H.Will. & Whitten - Pan., Col. ca. 900 m - sect. *Wardii* (O3/91, W, R**, S)
41. **peruviana** Rolfe - Peru - sect. *Wardii* (S)
- *peruviana* Rolfe: 13 (9**)
42. **platyceras** Rchb.f. (*S. madouxiana* Cogn.) - Col. 1.000-1.500 m - sect. *Wardii* (E**, H**, W, O1/97, R**, S*)
   f. **gunnii** Jenny - Col. - epi. (O1/97)
43. **posadae** Jenny & Braem - Col. - sect. *Wardii* (S)
44. **pozoi** Dods. & Benn. - Peru, Ec. 800-1.000 m - sect. *Wardii* (O6/91**, S)
45. **pseudoradiosa** Jenny & Gonz. - Mex. 750-1.300 m - sect. *Saccata* (&9, S)
46. **pulla** Rchb.f. - C.Rica, Pan., Col. 200-1.000 m (O1/89, W, R**, Z**, S*)
- *purpusii* Schltr.: 38 (9**, G**)
47. × **quadricornis** Lindl. [S. quadricornis Lindl. (G**)] (*S. grandiflora* × *S. wardii*) nat. hybr. - Ven., Guat. (S)
48. **radiosa** Lem. - end. to Mex. 400-1.500 m - sect. *Saccata* (&9, S)
- *radiosa* Lem.: 51 (4**, G)
- *randii* Rolfe: 4 (S)
49. **reichenbachiana** Roezl ex Rchb.f. (*S. amesiana* hort., *S. lowii* Rolfe) - Col., Ec. 400-800 m (8**, O6/89, R**, S*)
- *rodigasiana* Claes ex Cogn.: *Embreea* 1 (9**, H*)
50. **ruckeri** Lindl. - Mex., Nic. - sect. *Wardii* (G, Z, S)
51. **saccata** Batem. (*S. marshii* Rchb.f., *S. radiosa* Lem., *S. elegantula* Rolfe) - Mex., C.Rica, Pan., 300-1.500 m - sect. *Saccata* (4**, G, &9, Z**, S*)
- *schilleriana* Rchb.f.: 32 (&9)
52. **shuttleworthii** Rchb.f. - end. to Col. ca. 1.000 m - sect. *Wardii* (O6/91**, R**, S)
- *stenochila* Lehm. & Kraenzl.: 56 (9**)
53. **stevensonii** Mejia & Esc. ex Jenny - Col. - sect. *Wardii* (S*)
- *tadeasi* Haager & Jenik: 7 (O1/89)
54. × **thienii** Dods. (*S. annulata* × *S. impressa*) nat. hybr. - Ec., S-Col. (O1/89, O5/89, S)
55. **tigrina** Batem. ex Lindl. (*S. expansa* P.N.Don, *S. maculosa* Knowl. & Westc., *S. nigroviolacea* (C.Morr.) Beer, *S. tigrina* var. *aurea* hort. ex Stein, - var. *aureo-purpurea* C.Morr., - var. *grandiflora* hort. ex De Duren, - var. *grandiflora* hort. ex Stein, - var. *grandiflora superba* hort. ex Cogn., - var. *luteolo-violacea* C.Morr., - var. *lutescens* B.S.Will., - var. *major* hort., - var. *nigropurpurea* hort., - var. *purpurea* hort. ex Hensh., - var. *speciosa* hort., - var. *superba* hort. ex Planch., - var. *superba* hort. ex Hensh., - var. *superba* Van Houtte, *Epidendrum fragrantissimum* Sessé & Moc.) - Mex., Guat., Col., Ven., Guy., Braz. - epi. - scented - sect. *Saccata* (4**, 8**, E**, G**, H**, O2/93**, Z**, S)
   var. **nigroviolacea** C.Morr. (*S. nigroviolacea* (C.Morr.) Beer) - Mex., Guat., Col., Ven., Guy., Braz. (O2/93**)
- *tigrina* var. *aurea* hort. ex Stein: 55 (O2/93)
- *tigrina* var. *aureo-purpurea* C.Morr.: 55 (O2/93)
- *tigrina* var. *grandiflora* hort. ex De Duren: 55 (O2/93)
- *tigrina* var. *grandiflora* hort. ex Stein: 55 (O2/93)
- *tigrina* var. *grandiflora superba* hort. ex Cogn.: 55 (O2/93)
- *tigrina* var. *luteolo-violacea* C.Morr.: 55 (O2/93)
- *tigrina* var. *lutescens* B.S.Will.: 55 (O2/93)
- *tigrina* var. *major* hort.: 55 (O2/93)
- *tigrina* var. *nigropurpurea* hort.: 55 (O2/93)
- *tigrina* var. *nigroviolacea* C.Morr.: 55 (S)
- *tigrina* var. *purpurea* hort. ex Hensh.: 55 (O2/93)
- *tigrina* var. *speciosa* hort.: 55 (O2/93)
- *tigrina* var. *superba* hort. ex Planch.: 55 (O2/93)
- *tigrina* var. *superba* hort. ex Hensh.: 55 (O2/93)
- *tigrina* var. *superba* Van Houtte: 55 (O2/93)
56. **tricornis** Lindl. (*S. wallisii* Rchb.f., *S. stenochila* Lehm. & Kraenzl., *S. langlasseana* Cogn., *S. convoluta* Rolfe) - Col., Ec., Peru 100-1.200 m

- sect. *Tricornis* (9**, O2/81, R, S*)
  ssp. **stenochila** (Lehm. & Kraenzl.) Dods. (*S. langlasseana* Cogn., *S. stenochila* Lehm. & Kraenzl.) - SW-Col. (S)
- *vasquezii* Dods.: 59
- *velata* C.Morr.: 34 (O2/88)
- *venusta* Lindl.: 57 (9**, E, H)
- *venusta* Lindl. n.n.: 18 (O3/92)
- *venusta* hort ex Planch.: 18 (O3/92)
- *wallisii* Rchb.f.: 56 (9**)
57. **wardii** Lodd. ex Lindl. (*S. aurea* Lodd. ex Lindl., *S. amoena* Kl., *S. inodora* var. *amoena* (Kl.) Lindl., *S. venusta* Lindl., *S. wardii* var. *venusta* (Lindl.) Rolfe, - var. *flavescens* Klinge, *S. barkeri* Lindl. n.n.) - Ven. to Peru, Mex. to Pan., C.Rica - sect. *Wardii* (8**, 9**, A**, E, G, H, W**, O3/92, R, Z**, S)
- *wardii* var. *aurea*: 57 (S)
- *wardii* var. *flavescens* Klinge: 57 (O3/92)
- *wardii* var. *venusta* (Lindl.) Rolfe: 57 (9**, G)
- *wardii* var. *venusta* Rolfe: 18 (O3/92)
- *wardii* var. *venusta* Lindl.: 18 (O3/92)
- *wardii* var. *froebeliana* Cogn. (8**): 18 (O3/92)
58. **warscewicziana** Kl. - end. to C.Rica 600-1.400 m - sect. *Wardii* (W, O3/92, S*)
59. **xytriophora** Rchb.f. (*S. vasquezii* Dods.) - Peru, Bol. - sect. *Wardii* (S*)

Stanhopeastrum Rchb.f. - 1852: *Stanhopea* Frost ex Hook.
- *ecornutum* (Lem.) Rchb. f.: *Stanhopea* 11 (9**, O1/89)
× *Staurachnis*: × *Arachnoglottis* (*Arachnis* × *Stauropsis* (*Trichoglottis*)
× *Stauranda*: × *Trichovanda* (*Stauropsis* (*Trichoglottis*) × *Vanda*)

Stauritis violacea (Witte) Rchb.f.: *Phalaenopsis* 58 (9**, E**, H**, J**, Q**)

Staurochilus Ridl. ex Pfitz. - 1900 - Subfam. *Epidendroideae* Tribus: *Vandeae* Subtr. *Sarcanthinae* - (*Sarothrochilus* Schltr.) - 4/14 sp. epi. - E-Him. to Phil., Born.
1. **dawsonianus** (Rchb.f.) Schltr. (*Cleisostoma dawsoniana* Rchb.f., *Trichoglottis dawsoniana* (Rchb.f.)

Rchb.f., *Trichoglottis multiloba* Guill.) - Burm., N-Thai., Laos up to 300 m (H, S)
2. **fasciatus** (Rchb.f.) Ridl. (*Trichoglottis fasciata* Rchb.f., *Stauropsis fasciata* (Rchb.f.) Benth. ex G. Jackson, *Vandopsis leytensis* Ames) - Thai., Laos, Viet., Mal., Born., Phil. up to 1.000 m (H**, S*)
- *fasciatus* Ridl.: *Stauropsis fasciata* (8**)
- *fasciatus* (Rchb.f.) Ridl.: *Trichoglottis fasciata* (E**)
3. **guibertii** (Lind. & Rchb.f.) E.A. Christ. (S)
4. **ionosma** (Lindl.) Schltr. (*Cleisostoma ionosmum* Lindl., *Trichoglottis ionosma* (Lindl.) J.J.Sm.) - Phil., Ryu., Taiw. (G**)
- *ionosma* (Hay.) Schltr.: 6 (S*)
5. **loheriana** (Kraenzl.) Karasawa - Phil. (S)
6. **luchuënsis** (Rolfe) Fuk. (*S. ionosma* (Hay.) Schltr., *Trichoglottis luchuënsis* (Rolfe) Gar. & Sweet, *T. ionosma* Hay.) - Phil., Taiw., Ryu. 300-1.300 m (O3/90, S*)
- *luzonensis* (Ames) Ames: *Trichoglottis* 13 (S*)
7. **paniculata** (J.J.Sm.) Schltr. - Cel. (S)

Stauroglottis Schau. - 1843: *Phalaenopsis* Bl. (S)
- *equestris* Schau.: *Phalaenopsis* 14 (8**, 9**, E**, H**, J**)
- *riteiwanensis* Masamune: *Phalaenopsis* 14 (9**, J**, O5/95)

Stauropsis Rchb.f. - 1860: *Trichoglottis* Bl. (S)

Stauropsis Rchb.f. - 1860 - Subfam. *Epidendroideae* Tribus: *Vandeae* Subtr. *Sarcanthinae*
- *batemanii* (Lindl.) Nichols: *Vandopsis* 3 (G**)
- *fasciata* (Rchb.f.) Benth. ex G.Jackson (8**): *Staurochilus* 2 (H**, S*)
- *giganteus* (Lindl.) Benth. ex Pfitz. (8**): *Vandopsis* 1 (9**, S)
- *imthurnii* Rolfe: *Vandopsis* 2 (9**)
- *imthurnii* Rolfe: *Arachnis* 2 (S)
- *lissochiloides* (Gaudich.) Benth. ex Pfitz. (8**): *Vandopsis* 3 (E**, G**, H**, S*)
- *pallens* (Lindl.) Rchb.f.: *Phalaenopsis* 42 (J**)
- *parishii* (Veitch. ex Rchb.f.) Rolfe:

Vandopsis parishii (4**, E**)
- *parishii* (Rchb.f.) Rolfe: *Hygrochilus* 1 (H**)
- *philippinensis* (Lindl.) Rchb.f.: *Trichoglottis* 16 (E**, H**)
- *philippinensis* var. *brachiata* (Ames) Quisumbing: *Trichoglottis* 5 (S)
- *truncata* (Rolfe) Tang & Wang: *Diploprora* 2 (S)
- *violacea* (Witte) Rchb.f.: *Phalaenopsis* 58 (9**, J**, Q**)
- *wenzelii* (Ames) Ames & Quisumbing: *Trichoglottis* 25 (O6/95)

Steliopsis Brieg. - 1975: *Stelis* Sw. (L)
- *annelisae* (*annaliesae*) Brieg.: *Stelis* 65 (L)

Stelis Sw. - 1799 - Subfam. *Epidendroideae* Tribus: *Epidendreae* Subtr. *Pleurothallidinae* - (*Humboldtia* Ruiz & Pav. non Vahl, *Apatostelis* Gar., *Steliopsis* Brieg., *Diali(y)ssa* Lindl.) - ca. 360 sp. epi/lit - Trop.Am., Mex. to W-Ind., Bol., Braz.

1. **aemula** Schltr. - C-Am. (W)
2. **allenii** L.O.Wms. - C-Am. (W)
3. **apiculata** Lindl. (L)
4. **aprica** Lindl. (*S. catharinensis* Lindl., *S. crassifolia* Lindl., *S. cubensis* Schltr., *S. cuspidilabia* Schltr., *S. desportesii* Urban, *S. domingensis* Cogn., *S. gutturosa* Rchb.f., *S. herzogii* Schltr., *S. hymenantha* Schltr., *S. minutiflora* Rchb.f. ex Hoffmgg., *S. miersii* Lindl., *S. micrantha* Barb. Rodr., *S. microglossa* Rchb.f., *S. rodriguesii* Cogn., *S. schomburgkii* Fawc. & Rendle, *S. seleniglossa* Schltr., *S. tippenhaueri* Urban) - W-Ind., Mex., Guat., C.Rica, Braz., Ven., Peru, Bol. - epi. (E, G, H, W, L)
5. **argentata** Lindl. (*S. endresii* Rchb. f., *S. heylindiana* Focke, *S. huebneri* Schltr., *S. leucopogon* Rchb.f., *S. littoralis* Barb.Rodr., *S. parvibracteata* Ames, *S. superbiens* Lindl., *S. yauaperyensis* Barb.Rodr.) - Trop. Am., Mex. to Braz. - epi. (4**, E*, G, H**, W, L*, R**, Z**)
6. **asseris** Duque - Col. 2.300 m (FXX(3)**)
- *atropurpurea* Hook.: *Apatostelis* 1 (9**, G)
7. **barbata** Rolfe - C-Am. (W)
8. **barbuda** Duque - Col. 2.300 m (FXX(3)**)
9. **bella** Duque - Col. 2.000 m (FXX(3)**)
10. **bidentata** Schltr. - C-Am. (W)
11. **brevilabris** Lindl. (L)
- *bruchmuelleri* Rchb.f. ex Hook.: 35 (9**)
12. **carnosiflora** Ames & Schweinf. - C-Am. (W)
13. **catharinensis** Lindl. - C-Am. (W)
- *catharinensis* Lindl.: 4 (G)
14. **chihobensis** Ames - C-Am. (W)
15. **ciliaris** Lindl. - Guat. (4**, A**, W, Z)
↳ *ciliaris* Lindl.: *Apatostelis* 1 (9**, G)
16. **cleistogama** Schltr. - C-Am. (W)
17. **clipeus** Duque - Col. 2.000 m (FXX(3)**)
18. **comica** Duque - Col. 2.100-2.300 m (FXX(3)**)
- *compacta* Ames: *Platystele* 13 (L*)
- *concaviflora* Schweinf.: *Dialyssa* 1 (S)
- *confusa* Schltr.: *Apatostelis* 1 (9**, G)
19. **conmixta** Schltr. - C-Am. (W)
- *contorta* (Ruiz & Pav.) Pers.: *Restrepia* 12 (L**)
20. **cooperi** Schltr. - C-Am. (W)
- *cordata* (Ruiz & Pav.) De Wild.: *Pleurothallis* 167 (G)
21. **costaricensis** Rchb.f. - C-Am. (W)
- *crassifolia* Lindl.: 4 (G)
22. **crescentiicola** Schltr. - C-Am. (W)
23. **crystallina** Ames - C-Am. (W)
- *cubensis* Schltr.: 4 (G)
24. **cucullata** Ames - C-Am. (W)
25. **curvicaricina** Schweinf. - C-Am. (S*)
26. **cuspidata** Ames - C-Am. (W)
- *cuspidilabia* Schltr.: 4 (G)
27. **cyclopetala** Ames - C-Am. (W)
28. **dentata** Duque - Col. 2.800 m (FXX(3)**)
- *deregularis* Barb.Rodr.: *Pleurothallis* 212 (G)
29. **despectans** Schltr. - C-Am. (W, L)
- *desportesii* Urban: 4 (G)
30. **dialissa** Rchb.f. (*Dialissa pulchella* Lindl.) (L, R)
- *dialyssa* Rchb.f.: *Dialyssa* 3 (S)
31. **disticha** Poepp. & Endl. (L)
32. **dolichopus** Schltr. (O3/81)
- *domingensis* Cogn.: 4 (G)
33. **effusa** Schltr. - C-Am. (W)
- *endresii* Rchb.f.: 5 (E*, G, H**)
34. **erecta** Duque - Col. 1.800-2.300 m (FXX(3)**)
35. **eublepharis** Rchb.f. (*S. bruchmuel-*

leri Rchb.f. ex Hook.) - C.Rica, Ven., Col., Ec., Peru (9**, R**)
- *fasciculiflora* Regel: *Pleurothallis* 487 (G)
36. **fimbriata** R.K.Baker - C-Am. (W)
- *flavida* Focke: *Pleurothallis* 570 (G)
37. **flexuosa** Lindl. - Ec. (O3/97)
38. **foetida** Duque - Col. 2.300 m (FXX(3)**)
- *foliosa* Lindl.: *Polystachya* 35 (G)
39. **fragrans** Schltr. - Braz. - epi. (E, H)
40. **franciscana** Duque - Col. 2.200 m (FXX(3)**)
41. **frontinensis** Duque - Col. 2.200 m (FXX(3)**)
42. **glossula** Rchb.f. - C-Am. (W**)
43. **gracilifolia** Schweinf. - C-Am. (W)
44. **gracilis** Ames - C-Am. (W)
45. **gracilispica** Schweinf. - C-Am. (S*)
46. **grandis** Rchb.f. - Ven. (FXV2/3)
47. **guatemalensis** Schltr. - C-Am. (W)
48. **gustavii** Duque - Col. 2.500 m (FXX(3)**)
- *gutturosa* Rchb.f.: 4 (G)
49. **hennisiana** Schltr. (O3/81)
- *herzogii* Schltr.: 4 (E, G, H)
- *heylindiana* Focke: 5 (E*, G, H**)
- *hirta* Smith: *Bulbophyllum* 206 (G)
- *huebneri* Schltr.: 5 (E*, G, H**)
50. **hylophila** Rchb.f. - Col. (L, R)
51. **hymenantha** Schltr. (S)
- *hymenantha* Schltr.: 4 (G)
52. **inaequalis** Ames - C-Am. (W)
53. **inclinata** Duque - Col. 2.000 m (FXX(3)**)
- *inversa* Schltr.: *Dialyssa* 2 (S)
54. **jimenezii** Schltr. - C-Am. (W)
- *jimenezii* Schltr.: *Apatostelis* 1 (9**, G)
55. **koehleri** Schltr. - C-Am. (S*)
56. **lanceolata** (Ruiz & Pav.) Willd. (*Humboldtia lanceolata* Ruiz & Pav.) (L)
- *lancilabris* Rchb.f.: *Platystele* 35 (L*)
57. **lankesteri** Ames - C-Am. (W)
58. **latipetala** Ames - C-Am. (W)
59. **leucopogon** Schltr. - Col. (S, R)
- *leucopogon* Rchb.f. (W): 5 (G)
- *littoralis* Barb.Rodr.: 5 (E*, G, H**)
60. **londonnii** Duque - Col. ca. 1.000 m (FXX(3)**)
61. **longipetala** Duque - Col. 2.500 m (FXX(3)**)
62. **longipetiolata** Ames - C-Am. (W)

63. **lumbricosa** Duque - Col. 2.500 m (FXX(3)**)
64. **major** Rchb.f. (L)
65. **maxima** Lindl. (*Steliopsis anne(a)lisae* Brieg.) - C-Am. (W, L)
66. **maxonii** Schltr. - C-Am. (W)
67. **megantha** Barb.Rodr. (L)
68. **melanoxantha** Rchb.f. (L)
69. **micragrostis** Schltr. - C-Am. (W)
- *micrantha* Sieb.: *Liparis* 50 (2*)
- *micrantha* Barb.Rodr.: 4 (G)
- *micrantha* var. *atropurpurea* (Hook.) Josst: *Apatostelis* 1 (9**, G)
70. **microchyla** (microchila) Schltr. - C-Am. (S, W)
- *microglossa* Rchb.f.: 4 (G)
- *miersii* Lindl.: 4 (G)
71. **minutiflora** Hoffmgg. - C-Am. (W)
- *minutiflora* Rchb.f. ex Hoffmsgg.: 4 (G)
72. **morganii** Dods. & Gar. - C-Am. (W)
73. **nexipous** Gar. - Ec. (L, S*, Z)
74. **nubis** Ames - C-Am. (W)
- *obliquipetala* (Ames & Schweinf.) L.O.Wms.: *Lepanthopsis* 28 (L*)
75. **oblonga** (Ruiz & Pav.) Willd. (*Humboldtia oblonga* Ruiz & Pav.) (L)
76. **ophioglossoides** (Jacq.) Sw. (*Epidendrum ophioglossoides* Jacq., *E. trigoniflorum* Sw., *Dendrobium ophioglossoides* (Jacq.) Sw.) - W-Ind. (E, H, L)
→ *ophioglossoides* (Jacq.) Sw.: *Pleurothallis* 498 (G**)
- *ovalifolia* Focke: *Platystele* 55 (L*, S)
77. **ovatiloba** Schltr. (S)
78. **ovatilabia** Schltr. - C-Am. (W)
79. **panamensis** Schltr. - C-Am. (W)
80. **papaquerensis** Rchb.f. (L)
81. **papilio** Duque - Col. 2.100 m (FXX(3)**)
82. **papiliopsis** Duque - Col. 1.800 m (FXX(3)**)
83. **pardipes** Rchb.f. - Col., C-Am. (W, R, Z)
- *parvibracteata* Ames: 5 (E*, G, H**)
84. **parvula** Lindl. - C-Am. (W)
85. **pendulispica** Ames - C-Am. (W)
86. **persimilis** Ames - C-Am. (W)
87. **planipetala** Ames - C-Am. (W)
88. **poasensis** Ames - C-Am. (W)
- *polystachya* Cogn.: *Pleurothallis* 498 (G**)
89. **powellii** Schltr. - C-Am. (W)

90. **propinqua** Ames - C-Am. (W)
91. **punoensis** Schweinf. - C-Am. (S*)
92. **purpurascens** A.Rich. & Gal. - C-Am. (S, W)
93. **purpurea** (Ruiz & Pav.) Willd. (*Humboldtia purpurea* Ruiz & Pav.) - Col. (L, R, S)
94. **pyramidalis** Duque - Col. 2.300 m (FXX(3)**)
95. **retroversa** Duque - Col. 2.100-2.300 m (FXX(3)**)
96. **rhombilabia** Schweinf. - C-Am. (S*)
97. **rhomboidea** Gar. (L)
- *rodriguesii* Cogn.: 4 (G)
98. **rowleei** Ames - C-Am. (W)
99. **sanchoi** Ames - C-Am. (W)
- *scabrida* Lindl.: *Pleurothallis* 498 (G**)
100. **scaphoides** Duque - Col. ca. 1.800 m (FXX(3)**)
101. **schenckii** Schltr. (O3/81)
- *schomburgkii* Fawc. & Rendle: 4 (G)
102. **scutella** Duque - Col. (FXX(3)**)
- *seleniglossa* Schltr.: 4 (G)
103. **skutchii** Ames - C-Am. (W)
104. **spathulata** Poepp. & Endl. - C-Am. (W)
- *spiralis* (Ruiz & Pav.) Pers.: *Pleurothallis* 681 (G)
105. **standleyi** Ames - C-Am. (W)
106. **stapedia** Duque - Col. ca. 1.800 m (FXX(3)**)
107. **stella** Duque - Col. (FXX(3)**)
108. **storkii** Ames - C-Am. (W)
109. **superbiens** Lindl. - C-Am. (W)
- *superbiens* Lindl.: 5 (G)
110. **taurina** Duque - Col. ca. 800 m (FXX(3)**)
111. **thecoglossa** Rchb.f. - C-Am. (W)
- *tippenhaueri* Urban: 4 (G)
112. **tolimensis** Schltr. - Col., Ven. ca. 1.300 m (O6/97)
113. **tonduziana** Schltr. - C-Am. (W)
114. **transversalis** Ames - C-Am. (W, S*)
115. **triangulabia** Ames - C-Am. (W)
116. **tricuspis** Schltr. - C-Am. (W)
117. **tridentata** Lindl. - C-Am. (W)
118. **trigoniflora** (Sw.) Gar. (*Epidendrum trigoniflorum* Sw.) (L)
119. **tristyla** Lindl. - Braz., Ven. (G, FXV2/3)
- *tubata* Lodd.: *Pleurothallis* 732 (L*)
- *tubatus* Lodd.: *Physosiphon* 5 (9**, E**, G, H**, S)
120. **vestita** Ames - C-Am. (W)
121. **vulcanica** Schltr. - Col., C-Am. (W, R**)
122. **wercklei** Schltr. - C-Am. (W)
123. **williamsii** Ames - C-Am. (W)
- *yauaperyensis* Barb.Rodr.: 5 (E*, G, H**)
× **Stellamizutaara (Stlma.)** (*Brassavola* × *Broughtonia* × *Cattleya*)

Stellilabium Schltr. - 1914 - *Subfam. Epidendroideae Tribus: Maxillarieae Subtr. Telipogoninae* - (*Sodiroella* Schltr., *Cordanthera* L.O.Wms., *Dipterostele* Schltr.) - ca. 31 sp. epi. - Mex. to Bol.

1. **acicularis** Dressl. - Pan. (S)
2. **alticolum** Dods. & Esc. - Ec. 1.000-2.800 m (FXXI1*, S)
3. **andinum** (L.O.Wms.) Gar. & Dunst. (*Cordanthera andina* L.O.Wms.) - Ven., Col. 1.400-2.500 m (O5/82, R**, FXV2/3, S*)
4. **astroglossum** (Rchb.f.) Schltr. (*Telipogon astroglossus* Rchb.f.) - Ec., Peru, Col. 1.400-2.500 m (O5/82, R, S)
5. **boliviense** Vasq. & Dods. (S)
6. **boylei** Atwood - C.Rica (W)
7. **butcheri** Dressl. - Pan. (S)
8. **bullpenense** Atwood - C.Rica (W**)
9. **campbellorum** Atwood - C.Rica (W)
10. **distantiflorum** Ames & Schweinf. - C.Rica (W, S*)
11. **fortunae** Dressl. - Pan. (S)
12 **helleri** L.O.Wms. - Nic. (S)
13. **hirtzii** Dods. (S*)
14. **hystrix** Dods. (S*)
15. **ibischii** Vasq. - Bol. (S)
16. **lankesteri** (Ames) L.O.Wms. (*Telipogon lankesteri* Ames) - C.Rica 800 m (W, FXVIII1, S)
17. **microglossum** (Schltr. Dods. - Ec. (S)
- *microglossum* (Schltr.) Dods.: *Dipterostele* 1 (O5/82)
18. **minutiflorum** (Kraenzl.) L.O.Wms. (*Telipogon minutiflorus* Kraenzl.) - C.Rica, Pan. (W, FXVII1)
19. **monteverdense** Atwood - C.Rica (W, S)
- *morganae* Dods.: *Dipterostele* 2 (O5/82)
20. **morii** Dressl. - Pan. (S)
21. **perlobatum** Sengh. - Bol. (S)
22. **peruvianum** Benn. & Christ. - Peru (S)

23. **pogonostalix** (Rchb.f.) Schltr. [S. pogonostalix (Rchb.f.) Gar. & Dunst. (S)] (*Sodiroella ecuadorensis* Schltr., *Telipogon pogonostalix* Rchb.f.) - Ven. to Bol., Ec. 1.300-1.600 m (O5/82, R, FXXI1, S)
24. **pseudobulbosum** Benn. & Christ. - Peru (S)
25. **standleyi** (Ames) L.O.Wms. (*Telipogon standleyi* Ames) - C.Rica (W, O5/82, FXVII1)

Stellorkis aplostellis Thou.: *Nervilia* 19 (U)

Stenia (Stenia) Lindl. - 1837 - Subfam. Epidendroideae Tribus: Maxillarieae Subtr. Zygopetalinae - (*Stenopolen* Raf., *Ackermania* Dods. & Esc.) - 15/18 sp. epi. - Trop. S-Am.
- *beaumontii* A.Rich.: *Mendoncella beaumontii* (O6/89)
- *beaumontii* A.Rich.: *Mendoncella* 1 (O6/98)
1. **angustilabia** Benn. & Christ. - Peru (S)
2. **aurorae** Benn. & Christ. - Peru (S)
3. **bismarckii** Dods. & Benn. - Peru, Ec. 1.200-1.600 m (O6/98, S*)
4. **calceolaris** (Gar.) Dods. & Benn. (*Chaubardiella calceolaris* Gar., *C. parsonii* hort. ex Jenny) - Peru, Ec. 2.000-2.100 m (A**, O4/98, O6/98, S*, Z**)
- *caudata* (Ackerm.) Dods. & Benn.: *Ackermania* 1 (O4/98**, O6/98)
- *caudata* (Ackerm.) Dods. & Benn.: *Chondrorhyncha* 11 (S*)
- *chasmatochila* Fowlie: *Chaubardiella* 1 (W, O5/90, O4/98, O6/98)
5. **christensonii** Benn. - Peru (S)
6. **cornuta** (Ackerm.) Dods. inv.name (O6/98)
- *fimbriata* Lind. & Rchb.f.: *Chondrorhyncha* 19 (O4/98, O6/89)
7. **glatzii** Neudecker & Gerlach - Ec. (S)
8. **guttata** Rchb.f. (*Chondrorhyncha guttata* (Rchb.f.) Gar.) - Peru 800-2.100 m (O6/89, E**, H**, O4/98, O6/98, S*)
9. **jarae** D.E.Benn. [Benn. & Christ. (S)] - Peru 900-1.000 m (O6/98, S)
10. **lilianae** Jenny ex Benn. & Christ. - Peru (O6/89, O6/98, S)
11. **lueriorum** Benn. & Christ. - Peru (S)
12. **nataliana** Vasq., Now. & R.Müller - Bol. 2.600 m (S)
13. **pallida** Lindl. - Guy., Trin., Ven., Col., Peru, Ec., Bol., Braz. 0-2.000 m (O6/89, E, G**, H, O4/91, O6/98**, R**, S, Z**)
    ssp. **grandiflora** Sengh. - Peru 1.200 m (O4/91, O6/98, S)
    ssp. **pallida** (S*)
- *palorae* Dods. & Hirtz: *Ackermania* 5 (O4/98**, O6/98)
- *palorae* Dods. & Hirtz: *Chondrorhyncha* 32 (S*)
14. **pastorellii** D.E.Benn. [Benn. & Christ. (S)] - Peru 900-1.000 m (O6/98, S)
15. **pustulosa** Benn. & Christ. - Peru (O6/98, S)
- *saccata* Gar.: *Dodsonia* 1 (O5/90, O4/98, O5/98**, O6/98, S)
16. **stenioides** (Gar.) Dods. & Esc. [S. stenioides (Gar.) Sengh. (S)] (*Chondrorhyncha stenioides* Gar.) - Ec., Peru ca. 1.000 m (FXVIII3, O4/98, O6/98, S)
- *tigrina* (Dunst. & Gar.) Foldats: *Chaubardiella* 9 (O5/90, O4/98, O6/98)
17. **vasquezii** Dods. - Bol. ca. 2.000 m (O6/98, S)
18. **wendiae** Benn. & Christ. - Peru (O6/98, S)
× **Steniella (Stla.)** (*Chaubardiella* × *Stenia*)

Stenocoryne Lindl. - 1843: *Bifrenaria* Lindl.
Stenocoryne Lindl. - 1843: *Adipe* Raf. (S)
- *aureo-fulva* (Hook.) Kraenzl.: *Bifrenaria* 3 (9**, G)
- *aureo-fulva* (Hook.) Kraenzl.: *Adipe* 1 (S*)
- *charlesworthii* (Rolfe) Hoehne: *Adipe* 2 (O2/90)
- *clavigera* (Rchb.f.) Kraenzl.: *Adipe* 3 (O2/90)
- *harrisoniae* (Hook.) Kraenzl.: *Bifrenaria* 5 (9**, G**)
- *inodora* (Lindl.) Kraenzl.: *Bifrenaria* 6 (G)
- *leucorhoda* (Rchb.f.) Kraenzl.: *Adipe* 4 (O2/90)
- *leucorhoda* var. *macaheensis* (Brade) Hoehne: *Adipe* 4 (O2/90)
- *longicornis* (Lindl.) Lindl.: *Bifrenaria* 7 (G)
- *longicornis* (Lindl.) Kraenzl.: *Adipe* 5 (S*)
- *racemosa* (Hook.) Kraenzl.: *Bifrenaria* 12 (9**, G**)

- *racemosa* (Hook.) Kraenzl.: *Adipe* 7 (S*)
- *sabulosa* (Barb.Rodr.) Hoehne: *Bifrenaria* 7 (G)
- *secunda* (Vell.) Hoehne: *Bifrenaria* 3 (9**, G)
- *secunda* (Vell.) Hoehne: *Adipe* 1 (S*)
- *silvana* Miranda (A**): *Adipe* 8
- *silvana* Castro: *Adipe* 8 (S)
- *stefanae* Castro: *Adipe* 9 (S*)
- *villosula* (Brade) Brade: *Adipe* 10 (O2/90, S*)
- *vitellina* (Lindl.) Kraenzl.: *Bifrenaria* 18 (G**)
- *vitellina* (Lindl.) Kraenzl.: *Adipe* 11 (S*)
- *wageneri* (Rchb.f.) Kraenzl.: *Teuscheria* 7 (H**, O4/98**)
- *wendlandiana* Kraenzl.: *Adipe* 12 (O2/90**)

Stenoglossum H.B.K. - 1815: *Epidendrum*
Stenoglossum H.B.K. - 1815 - *Epidendrinae* (S) - 3 sp. epi. - Col., Ec.
Stenoglottis (Sngl.) Lindl. - 1836 - *Subfam. Orchidoideae Tribus: Orchideae Subtr. Habenariinae* - 5 sp. ter/epi - S/Trop. Afr.
1. **fimbriata** Lindl. (*S. zambesiaca* Rolfe) - S-Afr., Swa. to 2.200 m - ter/epi/lit (9**, E, H, S, C, Z**)
- *fimbriata* N.E.Br. non Lindl.: 2 (9**)
2. **longifolia** Hook.f. [*S. longifolia* Lindl. (S)] (*S. fimbriata* N.E.Br. non Lindl.) - S-Afr. to 1.300 m - ter/lit/epi (9**, A**, E**, H**, C**, Z**)
3. **macloughlinii** (H.Bol.) McDonald (*Cynorchis macloughlinii* H.Bol.) - S-Afr. - terr. (C)
4. **woodii** Schltr. - S-Afr. to 500 m (S, C)
5. **zambesiaca** Rolfe - Malawi, Moz., S-Afr., Tanz., Zim. 1.300-2.150 m - ter/epi/lit (C*)
- *zambesiaca* Rolfe: 1 (E, H)

Stenopolen Raf. - 1838: *Stenia* Lindl. (S)
Stenoptera Presl - 1826 p.p.: *Gomphichis* Lindl. (S)
Stenoptera Presl - 1826 - *Subfam. Spiranthoideae Tribus: Cranichideae Subtr. Cranichidinae* - 7 sp. terr. - And., NW-Arg. to Peru to 3.000 m
- *costaricensis* Schltr.: *Gomphichis* 2 (S)
1. **ecuadorana** Dods. & Vargas - Ec. 1.950-2.300 m (FXXI1*)
2. **montana** Presl - Peru - ter/sapro (FXV2/3)
3. **peruviana** Presl - Peru (FXXI1)
- *pilifera* (H.B.K.) Schweinf.: *Porphyrostachys* 2 (S)

Stenorrhychium Rchb.f.: *Stenorrhynchus* L.C.Rich.
Stenorrhynchos Spreng. - 1826: *Stenorrhynchus* L.C.Rich. (S)
Stenorrhynchos (Stenorrhynchus, Stenorhynchos) L.C.Rich. (1818) ex Spreng. - 1826 - *Subfam. Spiranthoideae Tribus: Cranichideae Subtr. Spiranthinae* - (*Stenorrhychium* Rchb.f., *Stenorrhynchus* Spreng., *Stenorrhynchus* Spreng.) ca. (9) 30/60 sp. ter/epi - Trop./temp. C-S-Am., W-Ind.
- *apetalus* Kraenzl.: *Sacoila* 1 (9**, G**)
- *aphyllus* (Hook.) Lindl.: *Sacoila* 1 (9**, G**)
1. **australis** Lindl. - S-Braz., N-Arg., Bol. (S)
- *australis* Lindl.: *Sacoila* 1 (9**, G**)
- *australis* var. *luteoalbus* Rchb.f. & Warm.: *Sacoila* 1 (9**, G**)
- *castillonii* Haum.: *Odontorhynchus* 1 (S)
- *cernuus* Lindl.: *Coccineorchis* 2 (G)
- *cinnabarinus* (Llave & Lex.) Lindl.: *Dichromanthus* 1 (G**)
- *coccineus* (Vell.) Hoehne: *Sacoila* 1 (9**, G**)
- *esmeraldae* (Lind. & Rchb.f.) Cogn.: *Mesadenella* 1 (S)
- *euphlebius* Oliv. ex Rchb.f.: *Pteroglossa* 1 (9**)
- *guatemalensis* Schltr.: 2 (E**, H**)
- *guatemalensis* Schltr.: *Sacoila* 1 (9**, G**)
- *hennisianus* Sandt: *Cyclopogon* 12 (FXIX1)
- *jaliscana* (S.Wats.) Nash: *Sacoila* 1 (9**, G**)
2. **lanceolatum(s)** (Aubl.) L.C.Rich. (*S. guatemalensis* Schltr., *S. orchioides* (Sw.) Spreng., *Limodorum lanceolatum* Aubl., *Satyrium orchioides* Sw., *Spiranthes orchioides* (Sw.) L.C.Rich., *Neottia apophylla* Hook.) - Flor., W-Ind., Mex., S-Am. up to 1.500 m - terr. (E**, H**, W**, Z**)
→ *lanceolatum* (Aubl.) L.C.Rich.: *Sacoila* 1 (9**)

- *laxum* Poepp. & Endl.: *Pelexia* 6 (9**)
- *millei* Schltr.: 5 (9**)
- *montanus* Lindl.: *Dichromanthus* 1 (G**)
3. **nutans** Kunth & Bouche - Col. (R)
4. **orchioides** (Sw.) L.C.Rich. - Mex. to N-Arg., Amaz. (S)
- *orchioides* (Sw.) L.C.Rich.: *Sacoila* 1 (9**, G**)
- *orchioides* (Sw.) Spreng.: 2 (E**, H**)
- *orchioides* var. *plantaginea* (Hook.) Lindl.: *Sacoila* 1 (9**, G**)
- *orchioides* var. *australis* (Lindl.) Cogn.: *Sacoila* 1 (9**, G**)
- *pedicellatus* Cogn.: *Sacoila* 1 (9**)
- *pedicellatus* var. *australis* Cogn.: *Sacoila* 1 (G**)
- *pedicellatus* var. *major* Cogn.: *Sacoila* 1 (9**, G**)
- *riograndensis* Kraenzl.: *Sacoila* 1 (9**, G**)
- *sancti-antonii* Kraenzl.: *Sacoila* 1 (9**, G**)
- *secundiflorus* Lillo & Hauman: *Sacoila* 1 (9**, G**)
5. **speciosum**(s) (Jacq.) A.Rich. ex Spreng. [*S. speciosum* (Gmel.) L.C. Rich. (S*)] (*S. millei* Schltr., *Neottia speciosa* Jacq., *Ibidium speciosum* Salisb., *Serapias speciosa* Jacq. ex Gmel., *Spiranthes speciosus* (Jacq. ex Gmel.) A.Rich., *S. colorata* N.E. Br., *S. colorata* var. *maculata* N.E. Br., *S. richardi* Autran & Dur.) - Mex., S-Am., W-Ind. up to 3.000 m - ter/epi (3**, 8**, 9**, E, H, S, R**, W**, Z**) var. **maculatus** hort. (8**)
- *squamulosus* (Kunth) Spreng.: *Sacoila* 1 (9**, G**)
6. **vaginatum** (H.B.K.) Spreng. - Col., Ec. (R, S*)

Stenorrhynchus Spreng.: *Stenorrhynchos* L.C.Rich. ex Spreng. (R)

Stephanothelys Gar. - 1977 - *Subfam. Spiranthoideae Tribus: Erythrodeae* - 4 sp. terr. - And.
1. **rariflora** Gar. - And. (S*)
2. **xystophylloides** (Gar.) Gar. - Col., Ec. (S)

Stereochilus Lindl. - 1859 - *Subfam. Epidendroideae Tribus: Vandeae Subtr. Sarcanthinae* - 7 sp. - Thai., Viet., Sik., Burm.
1. **bicuspidatus** (Hook.f.) King & Pantl. - Him., Sik., Khasia, Tenass. (S*)
- *bicuspidatum* (Hook.f.) King & Pantl.: *Cleisostoma* 4 (6*)
2. **brevirachis** E.A.Christ. - China (S)
3. **dalatensis** (Guill.) Gar. (*Sarcanthus crassifolius* Rolfe ex Downie inv. name, *S. dalatensis* Guill.) - N-Thai., Viet. 800-1.400 m (O6/94, S*)
4. **erinaceus** (Rchb.f.) Gar. (*Sarcanthus erinaceus* Rchb.f., *S. stowellianus* Batem., *Aerides dasypogon* hort. ex Batem.) - Burm., S-Thai. (9**, S)
5. **hirtus** Lindl. - Him. Sik., Khasia, Tenass. 1.700-2.000 m (S)
6. **laxus** (Rchb.f.) Gar. (*Sarcanthus laxus* Rchb.f.) - Burm. (S)
7. **ringens** (Rchb.f.) Gar. (*Cleisostoma ringens* Rchb.f.) - Phil. (S)

Stereosandra Bl. - 1856 - *Subfam. Epidendroideae Tribus: Gastrodieae Subtr. Stereosandrinae* - 2 sp. ter/myco - Java, N.Zeal.
1. **javanica** Bl. (*S. pendula* Kraenzl., *S. koidzumiana* Ohwi, *S. liukiuensis* Tuyama) - Thai., Java, Born., Sum., Sol., Taiw., Ryu. - ter/sapro (2*, 6*, S*, FXV2/3)
- *koidzumiana* Ohwi: 1 (6*)
- *liukiuensis* Tuyama: 1 (6*)
- *pendula* Kraenzl.: 1 (6*)
2. **schinziana** (Kraenzl.) Gar. - N.Zeal. (S)

Steveniella Schltr. - 1918 - *Subfam. Orchidoideae Tribus: Orchideae Subtr. Orchidinae* - (*Stevenorchis* Wankow & Kraenzl.) - 1 sp. terr. - Crim., Turk., Iran - „Kappenorchis"
1. **caucasica** Gar. (*S. satyrioides* (Steven) Schltr., *Orchis satyrioides* Steven, *Himantoglossum satyrioides* Spreng., *Peristylus satyrioides* Rchb. f., *Platanthera satyrioides* Rchb.f., *Coeloglossum satyrioides* Nyman, *Stevenorchis satyrioides* Wankow & Kraenzl.) - Crim., Turk., Iran 0-2.100 m - „Kappenwurz, Kappenorchis" (K**, S, O1/80, S)
- *satyrioides* (Steven) Schltr.: 1 (S)

Stevenorchis Wankow & Kraenzl. - 1931: *Steveniella* Schltr. (S)
- *satyrioides* Wankow & Kraenzl.: *Steveniella* 1 (O1/80)

× **Stewartara (Stwt.)** (*Ada* × *Cochlioda* × *Odontoglossum*)

Stichorchis Thou. - 1809: *Liparis* L.C. Rich. (S)
- *pendula* (Lindl.) Pfitz.: *Liparis* 167 (6*, G)

Stictophyllorchis Dods. & Carn. - 1993 - *Capanemiinae* (S) - (*Stictophyllum* Dods. & Chase) - 2 sp. epi. - S-Ven., Ec., Braz., Trin.
1. **peruviana** Benn. & Christ. - Peru 100 m (S)
2. **pygmaea** (Cogn.) Dods. & Carn. (*Quekettia pygmaea* (Cogn.) Gar., *Ionopsis pygmaea* Cogn.) - S-Ven., Ec., Braz., Trin. (S)

Stictophyllum Dods. & Chase - 1989: *Stictophyllorchis* Dods. & Carn.

Stigmatodactylus Maxim. - 1891 - Subfam. Orchidoideae Tribus: Diurideae Subtr. Acianthinae - (*Pantlingia* Prain) - 8 sp. ter/myco - Sik., Indon.
1. **celebicus** Schltr. - Indon. (S)
2. **croftianus** (Kores) Kores - Oceania (S)
3. **gibbsiae** (Kores) Kores - Oceania (S)
4. **javanicus** Schltr. & J.J.Sm. - Indon. (2*, S)
5. **paradoxus** (Prain) Schltr. - Sik. (S)
6. **serratus** (Deori) Rao - Ind. (S)
7. **sikokianus** Maxim. - Sik. (S)
8. **variegatus** (Kores) Kores - Oceania (S)

Stigmatorthos Chase & Benn. - 1993 - *Ionopsidinae* (S) - 1 sp. epi. - Peru
1. **peruviana** Chase & Benn. - Peru 700 m (S*)

Stigmatosema Gar. - 1982 - *Spiranthinae* (S) - 2 sp. terr. - Braz., Par., Arg.
1. **hatschbachii** (Pabst) Gar. - Braz., Par., Arg. (S*)
2. **polyaden** (Vell.) Gar. - Braz., Par., Arg. (S)

Stilifolium Kgr. & Pongratz inv. name - 1997: *Cohniella* Pfitz. (S)

Stimegas Raf. - 1838: *Paphiopedilum* Pfitz. (Y)
- *venusta* (Wall. ex Sims) Raf.: *Paphiopedilum* 87 (7**, Y**)

Stolzia Schltr. - 1915 - Subfam. Epidendroideae Tribus: Epidendreae Subtr. Eriinae - ca. 15 sp. epi/lit - Trop. Afr.
1. **christopheri** Cribb - Tanz. (S*)
2. **compacta** Cribb - Trop. Afr., Zam. 1.600-2.350 m (C*, S)
   ssp. **compacta** N-Malawi (C)
   ssp. **irringana** Cribb - S-Tanz. (C)
   ssp. **purpurata** Cribb - S-Malawi, Zim. (C)
3. **cupuligera** (Kraenzl.) Summerh. - Zai. 2.700 m (S)
4. **elaidum** (Lindl.) Summerh. - Lib. (S)
5. **grandiflora** Cribb - Eth. (S)
6. **leedalii** Cribb - E-Trop. Afr. (S*)
7. **nyassana** Schltr. (*Polystachya repens* Rolfe) - Trop. Afr., Malawi (H, S)
8. **repens** (Rolfe) Summerh. (*Polystachya repens* Rolfe) - Bur., Camer. Eth., Malawi, Nig., Tanz., Zai., Zam., Ghana, Ug., Kenya, Zim. 900-2.830 m (1**, A**, H**, M**, C**, S*)
9. **viridis** Cribb - E-Trop. Afr. (S*)

Strateuma Raf. - 1836: *Zeuxine* Lindl. (S)
Strateuma Salisb. - 1812: *Orchis* L. (S)
- *zeylandica* Raf.: *Zeuxine* 17 (6*, G)

Strobelia elegans com.name: *Maxillaria* 76 (S*)

Sturmia Rchb.f. - 1828: *Liparis* L.C.Rich. (S)
- *bituberculata* (Hook.) Rchb.f.: *Liparis* 111 (G**)
- *longipes* (Lindl.) Rchb.f.: *Liparis* 167 (6*, G)
- *nervosa* (Thunb.) Rchb.f.: *Liparis* 111 (G**)
- *reflexa* (R.Br.) F.v.Muell.: *Liparis* 137 (9**, G**)

× *Stylisanthe*: × *Rhynchovanda* (*Papilionanthe* (*Vanda*) × *Rhynchostylis*)

Styloglossum Breda - 1827: *Calanthe* R. Br. (S)
- *nervosum* Breda: *Calanthe* 37 (2*, 9**, G**)

Suarezia Dods. - 1989 - *Capanemiinae* (S) - 1 sp. epi. - Ec.
1. **ecuadorana** Dods. - Ec. 400-600 m (S*)

Summerhayesia Cribb - 1977 - Subfam. Epidendroideae Tribus: Vandeae Subtr. Aerangidinae - 2/3 sp. epi. - W-S-C-Trop. Afr.
1. **laurentii** (De Wild.) Cribb (*Angraecum laurentii* De Wild., *Aerangis laurentii* (De Wild.) Schltr. - Lib., Ghana, Ivory C., Gab., Zai. up to 800 m (H*, C, S)
2. **rwandensis** Geer. - Rwa. (S)
3. **zambesiaca** Cribb - Zim., Malawi, Zam., Zai., Tanz. 600-700 m - scented (1**, H, C*, S*)

Sunipia Lindl. - 1833 - *Subfam. Epidendroideae Tribus: Dendrobieae Subtr. Sunipiinae* - (*Ione* Lindl.) - ca. 18 sp. epi. - Ind., Burm., Thai., Taiw.
1. **andersonii** (King & Pantl.) P.F.Hunt (*S. sasaki* (Hay.) P.F.Hunt, *Ione andersonii* King & Pantl.) - Bhut. to China, Viet., Taiw. 1.500-2.000 m (S*)
2. **angustipetala** Seidenf. (S)
3. **annamensis** (Ridl.) P.F.Hunt (S*)
4. **australis** (Seidenf.) P.F.Hunt (S*)
5. **bicolor** Lindl. (*Ione bicolor* (Lindl.) Lindl., *I. khasiana* (Griff.) Lindl.) - NW-Him. to Yun., Viet. 1.800-3.000 m (H, S*)
6. **cirrhata** (Lindl.) P.F.Hunt (*S. paleacea* (Lindl.) P.F.Hunt, *Ione cirrhata* Lindl., *I. paleacea* Lindl., *Bulbophyllum paleaceum* (Lindl.) Hook.f.) - Nep., NE-Ind., Sik., Bhut., Burm., Yun. 1.600-1.850 m (H**)
7. **intermedia** (King & Pantl.) P.F.Hunt (S)
8. **paleacea** (Lindl.) P.F.Hunt (*Ione paleacea* Lindl., *Bulbophyllum paleacea* (Lindl.) Hook.f.) - Nep. to Bhut. ca. 2.000 m (9**, S*)
- *paleacea* (Lindl.) P.F.Hunt: 6 (H**)
9. **racemosa** (J.E.Sm.) Tang & Wang (*S. scariosa* Lindl., *Ione racemosa* (J.E.Sm.) Seidenf., *I. scariosa* (Lindl.) King & Pantl.) - Nep. to Yun., Laos, Viet. 1.200-2.700 m (S*)
- *sasaki* (Hay.) P.F.Hunt: 1 (S*)
10. **scariosa** Lindl. (H)
- *scariosa* Lindl.: 9 (S*)
11. **soidaoensis** (Seidenf.) P.F.Hunt (S)
12. **thailandica** (Seidenf. & Smitin.) P.F.Hunt (S*)
× **Sutingara (Sut.)** (*Arachnis* × *Ascocentrum* × *Phalaenopsis* × *Vanda* × *Vandopsis*)
Sutrina Lindl. - 1842 - *Ionopsidinae* (S) - 2 sp. epi. - Peru, Bol. (S)
1. **bicolor** Lindl. - Peru (S)
2. **garayi** Sengh. - Bol. ca. 1.500 m (A**, S*)
Svenkoeltzia Balogh - 1989 - *Spiranthinae* (S) - 1 sp. terr. - Mex.
1. **congestiflora** (L.O.Wms.) Balogh (*Spiranthes congestiflora* L.O.Wms., *Funckiella congestiflora* (L.O.Wms.) Gar., *Schiedeella congestiflora* (L.O.Wms.) Balogh) - Mex. 2.000 m (O1/89, S*)

× *Sweetara*: × *Yapara* (*Paraphalaenopsis* (*Phalaenopsis*) × *Rhynchostylis* × *Vanda*)
× **Symmousara (Syma.)** (*Brassavola* × *Cattleya* × *Epidendrum* × *Schomburgkia*)
× *Symphodontioda*: × *Odontioda* (*Cochlioda* × *Odontoglossum* × *Symphiglossum* (*Cochlioda*)
× *Symphodontoglossum*: × *Odontioda* (*Odontoglossum* × *Symphiglossum* (*Cochlioda*)
× *Symphodontonia*: × *Vuylstekeara* (*Miltonia* × *Odontoglossum* × *Symphiglossum* (*Cochlioda*)
× *Symphyglossonia*: × *Miltonioda* (*Miltonia* × *Symphyglossum* (*Cochlioda*)
Symphyglossum Schltr. - 1918 - *Subfam. Epidendroideae Tribus: Oncidieae Subtr. Oncidiinae* - ca. 6 sp. epi. - Ven., Peru, Col., Ec.
1. **ecuadorense** Dods. & Gar. - Ec., Peru (S)
2. **sanguineum** (Rchb.f.) Schltr. (*Mesospinidium cochliodum* Rchb.f., *M. sanguineum* Rchb.f., *Cochlioda sanguinea* (Rchb.f.) Benth.) - Ec., Peru 1.200-2.600 m (9**, E**, H**, S*, Z**)
3. **strictum** (Cogn.) Schltr. - Ec., Peru (O3/81, S)
- *umbrosum* (Rchb.f.) Gar. & Dunst.: *Oncidium* 229 (S*)
Symphyosepalum Hand.-Mazz. - 1936 - *Subfam. Orchidoideae Tribus: Orchideae Subtr. Orchidinae* - 1 sp. terr. - Yun.
1. **gymnadenioides** Hand.-Maz. - Yun. 3.800 m (S)
Synadena Raf. - 1938: *Phalaenopsis* Bl. (S)
- *amabilis* (L.) Raf.: *Phalaenopsis* 1 (9**, E**, H**, J**)
Synanthes Balogh, Rob. & Fost. - 1985 - *Spiranthinae* (S) - 2 sp. epi. - Par.
1. **bertonii** Balogh, Rob. & Fost. - Par. 200 m (S)
Synarmosepalum Gar., Hamer & Siegerist - 1994 - *Bulbophyllinae* (S) - 2 sp. epi. - Phil., Born.
1. **heldiorum** (J.J.Verm.) Gar., Hamer & Siegerist - Born. 2.000-2.500 m (S)
2. **kittredgii** Gar., Hamer & Siegerist - Phil. 1.300 m (S)

Synassa Lindl. - 1833 - *Subfam. Spiranthoideae Tribus: Cranichideae Subtr. Spiranthinae* - 1 sp. terr. - Peru
1. **corymbosa** Lindl. (*Spiranthes subumbellata* Schweinf.) - end. to Peru 2.500 m (S)
- *corymbosa* Lindl.: *Coccineorchis* 2 (G)

Synmeria Nimmo - 1839: *Habenaria* Willd. (S)

Synoplectris (Synplectris) Raf. - 1836: *Neottia* L. (S)

Synoplectris Raf. - 1837: *Sarcoglottis* (S)
- *picta* (Sims) Raf.: *Sarcoglottis* 1 (9**, G)

Systeloglossum Schltr. - 1923 - *Subfam. Epidendroideae Tribus: Oncidieae Subtr. Oncidiinae* - 5 sp. epi. - C.Rica to Peru
1. **acuminatum** Ames & Schweinf. - C.Rica to 2.000 m (S, W)
- *acuminatum* Ames & Schweinf.: 3 (O2/86)
2. **bennettii** (Gar.) Dressl. & N.H.Will. (*Diadenium bennettii* Gar.) - Peru to 1.000 m (S)
3. **costaricense** Schltr. (*S. acuminatum* Ames & Schweinf.) - C.Rica 700-1.200 m (S*, W, O2/86)
4. **ecuadorense** (Gar.) Dressl. & N.H.Will. (*Diadenium ecuadorense* Gar.) - Ec., Col. 1.500-1.800 m (S*, R**)
5. **panamense** Dressl. & N.H.Will. - C.Rica, Pan. (S, W**)

Taeniophyllum Bl. - 1825 - *Subfam. Epidendroideae Tribus: Vandeae Subtr. Sarcanthinae* - (*Ankylocheilos* Summerh.) - 120 sp. epi. - Ind., Sri L., Jap., Mal., Indon., Poly., Afr., Austr., N.Gui.
1. **arunachalensis** Rao & Lal. - Ass. (S)
2. **alwisii** Lindl. - Sri L. (S*)
- *aphyllum* Mak.: 18 (2*)
3. **asperatum** Schltr. (S*)
4. **cochleare** Schltr. (S)
5. **cofertum** B.Gray & D.Jones - end. to Austr. (Qld.) 400-600 m (P*)
6. **coiloglossum** Schltr. - N.Gui. (S*)
7. **concavum** Schltr. - N.Gui. (S*)
8. **coxii** (Summerh.) Summerh. (*Ankylocheilos coxii* Summerh.) - Congo (1**, S*)
9. **cycloglossum** Schltr. - N.Gui. (S)
- *cymbiforme* Hunt: 28 (P**)
10. **decipiens** Schltr. - Samoa (S)
11. **fasciola** Rchb.f. - N.Zeal. (S)
12. **ferox** Schltr. - N.Gui. (S)
13. **filiforme** J.J.Sm. - Java (2*)
14. **flavum** Dockr. - end. to Austr. (Qld.) (P)
15. **foliatum** Schltr. - N.Gui. (S*)
16. **fragrans** Schltr. - N.Gui. (S*)
17. **gilimalense** Jayaweera - Sri L. (S)
18. **glandulosum** Bl. (*T. aphyllum* Mak., *T. retrospiculatum* King & Pantl.) - Austr. (Qld.), Him., Sik., Jap., Sum., Java 0-1.700 m (2*, P, S*)
19. **hasseltii** Rchb.f. - Java (2*)
20. **hirtum** Bl. - Java (2*)
21. **kaniense** Schltr. - N.Gui. (S)
22. **lamprorhizum** Schltr. - N.Gui. (S*)
23. **latipetalum** Schltr. - N.Gui. (S*)
24. **lobatum** Dockr. - end. to Austr. (Qld.) (P)
25. **macranthum** Schltr. - N.Gui. (S)
26. **malianum** Schltr. - Austr. (Qld.), N.Gui. (P*)
27. **mangiferae** Schltr. - N.Gui. (S*)
28. **muelleri** Lindl. ex Benth. (*T. cymbiforme* Hunt, *T. wilkianum* Hunt) - end. to Austr. (Qld., NSW) (P**)
29. **obtusum** Bl. (*T. zollingeri* Rchb.f.) - Thai. to Java (2*, S*)
30. **pachyacris** Schltr. - N.Gui. (S)
31. **phaeanthum** Schltr. - N.Gui. (S)
32. **proboscideum** Schltr. - N.Gui. (S)
33. **pubicarpum** Schltr. - N.Gui. (S*)
34. **quadratum** Schltr. - N.Gui. (S*)
35. **quaquaversum** Schltr. - N.Gui. (S)
- *retrospiculatum* King & Pantl.: 18 (2*)
36. **scaberulum** Hook.f. - Ind. (S)
37. **trichopus** Schltr. - N.Gui. (S)
38. **trilobum** Schltr. - N.Gui. (S)
- *wilkianum* Hunt: 28 (P**)
- *zollingeri* Rchb.f.: 29 (2*)

Taeniorrhiza (Taeniorhiza) Summerh. - 1943 - *Subfam. Epidendroideae Tribus: Vandeae Subtr. Aerangidinae* - 1 sp. epi. - Gab.
1. **gabonensis** Summerh. - W-Afr., Gab. (FXV2/3, S*)

Tainia Bl. - 1825 - *Subfam. Epidendroideae Tribus: Arethuseae Subtr. Bletiinae* - (*Mitopetalum* Bl., *Ania* Lindl.) - 14/50 sp. ter/epi - Ind., China, SE-As., Indon., Austr., N.Gui.
1. **balansae** Gagn. - Viet. (S)
- *barbata* Lindl.: *Tainiopsis* 1 (S*)
2. **bicornis** (Lindl.) Rchb.f. (*Ania bicornis* Lindl., *A. latifolia* Wight, *Mito-*

petalum bicorne (Lindl.) Bl., *M. wightii* Bl., *Eria bicornis* (Lindl.) Rchb.f., *E. wightii* (Bl.) Rchb.f.) - Sri L., S-Ind., Java (G**)
3. **bigibba** (Rchb.f.) P.F.Hunt - Born. (S)
4. **cordata** Hook.f. - Sik. (S)
- *cordifolia* Hook.f.: *Mischobulbon* 1 (H**, S)
5. **dunnii** Rolfe (*T. shimadai* Hay., *T. gracilis* Tso, *T. quadriloba* Summerh.) - China, Taiw. 1.500 m - terr. (S, O1/00**)
6. **elliptica** Fuk. - Taiw. (S)
- *elmeri* Ames: *Ania* 4 (S)
7. **elongata** J.J.Sm. - Java (S)
- *evrardii* Gagn.: *Diglyphosa* 3 (S)
- *fimbriata* Teijsm. & Binn.: ? 25 (2*, S)
8. **flabellilobata** Tso - China (S)
9. **fürstenbergiana** Schltr. (*Ascotainia fuerstenbergia* Schltr.) - unknown origin (O3/81, S)
10. **gokanzanensis** Masamune - Taiw. (S)
- *gracilis* Tso: 26 (S)
- *gracilis* Tso: 5 (O1/00)
- *gracilis* (Schltr.) Gagn.: *Nephelaphyllum* 8 (S)
- *hastata* Hook.f.: 14 (S*)
11. **hookeriana** King & Pantl. (*T. siamensis* (Rolfe ex Downie) Seidenf. & Smitin., *Ania hookeriana* (King & Pantl.) Tang & Wang, *Ascotainia hookeriana* (King & Pantl.) Ridl.) - NE-Ind., Sik., N-Thai., S-China, Laos to 1.200 m (E**, H**, Z**)
→ *hookeriana* King & Pantl.: *Ania* 7 (9**, S)
12. **inamaoena** Kraenzl. - Phil. (S)
13. **khasiana** Hook.f. - Khasia mount. (S)
14. **latifolia** (Lindl.) Rchb.f. (*T. hastata* Hook.f., *Ania latifolia* Lindl.) - Sik., Thai., China, Burm. ca. 1.000 m (S*)
15. **latilingua** Hook.f. - Mal. (S)
16. **laxiflora** Mak. - Jap., Ryu. (S)
- *macrantha* Hook.f.: *Mischobulbon* 3 (S)
17. **maingayi** Hook.f. - Mal. (S)
- *malayana* J.J.Sm.: *Ania* 8 (S)
18. **minor** Hook.f. - Sik., China (S)
- *papuana* J.J.Sm.: *Mischobulbon* 5 (S)
19. **obpandurata** Turner - Sum. (S)
20. **ovalifolia** (Gar. & Seidenf.) Gar. & Kittr. - Born. (S)
21. **ovifolia** Tsi & Chen - China (S)
22. **parviflora** Schltr. - Austr. (Qld.), N. Gui. (P, S)
23. **parvifolia** Tso - China (S)
- *penangiana* Hook.f. (2*): *Ania* 9 (9**, S)
24. **piyananensis** Fuk. - Taiw. (S)
25. **plicata** (Bl.) Ridl. (*T. fimbriata* Teijsm. & Binn., *Mitopetalum plicatum* Bl., *M. fimbriatum* Miq., *Octomeria pauciflora* Breda) - Java (2*, S)
26. **procera** Sengh. (*T. gracilis* Tso) - China (S)
- *promensis* Hook.f.: *Ania* 11 (S)
27. **purpureifolia** Carr - Born. (S)
28. **quadriloba** Summerh. - China (S)
- *quadriloba* Summerh.: 5 (O1/00)
- *scapigera* (Hook.f.) J.J.Sm.: *Mischobulbon* 6 (Q**)
29. **ruybarrettoi** (S.Y.Hu & Barr.) Avery. - Viet. (S)
30. **shimadei** Hay. - Taiw. (S*)
- *shimadai* Hay.: 5 (O1/00)
- *siamensis* (Rolfe ex Downie) Seidenf. & Smitin: 11 (H**)
31. **speciosa** Bl. (*Eria speciosa* Rchb.f., *Mitopetalum speciosum* (Bl.) Bl.) - Thai., Mal., Sum., Java (2*, E, H, S*)
- *stellata* Pfitz.: *Eria rugosa* (2*)
- *stellata* (Lindl.) Pfitz.: *Eria* 43 (9**, G**)
32. **stenisii** J.J.Sm. - Sum. (S)
33. **sumatrana** J.J.Sm. - Sum. (S)
34. **taiwaniana** S.S.Ying - Taiw. (S)
35. **tenera** J.J.Sm. - Sum. (S)
36. **trinervis** Rchb.f. - Sum., Java (S)
37. **vegetissima** Ridl. - Mal., Born. 1.200-1.300 m (Q**)
38. **viridifusca** Benth. (E, H)
→ *viridifusca* (Hook.) Benth. & Hook.f.: *Ania* 13 (9**, S)
- *wrayana* (Hook.f.) J.J.Sm.: *Mischobulbon* 8 (S)

Tainiopsis Schltr. - 1915: *Neotainiopsis* (S)

Tainiopsis Schltr. - 1915 - Subfam. Epidendroideae Tribus: Arethuseae Subtr. Bletiinae - (*Eriodes* Rolfe) - 1 sp. epi. - India

1. **barbata** (Lindl.) Schltr. (*Tainia barbata* Lindl., *Eria barbata* (Lindl.) Rchb.f., *Coelogyne nigrofurfuracea* Guill.) - Khasia (O3/81, S*)

- *barbata* (Lindl.) Schltr.: *Neotainiopsis* 1 (S)
Talpinaria Karst. - 1858: *Pleurothallis* R.Br. (S, L)
- *bivalvis* Karst.: *Pleurothallis* 698 (L)
Tamayorkis Szlach. - 1995 - *Liparidinae* (S) - 4 sp. terr. - USA, Mex., Guat. ca. 3.700 m
1. **ehrenbergii** (Rchb.f.) Gonz. & Szlach. (S)
2. **hinfonii** (Todzia) Gonz. & Szlach. (S)
3. **platyglossa** (Rob. & Greenm.) Gonz. & Szlach. (S*)
4. **wendtii** (Salazar) Gonz. & Szlach. (S)
× *Tanakara*: × *Opsisanda* (*Vanda* × *Vandopsis*)
× *Tanakara*: × *Phalaërianda* (*Aërides* × *Phalaenopsis* × *Vanda*)
Tangtsinia Chen - 1965 - *Neottiinae* (S) - 1 sp. terr. - China
1. **nanchuanica** Chen - China 700-2.100 m (S*)
Tankervillia Link - 1829: *Phaius* Lour. (S)
- *cantonensis* Link: *Phaius* 50 (G)
Tapeinoglossum Schltr. - 1913 - *Bulbophyllinae* (S) - 2 sp. epi. - N.Gui.
1. **centrosemiflorum** (J.J.Sm.) Schltr. - N.Gui. ca. 800 m (S)
2. **nannodes** (Schltr.) Schltr. - N.Gui. ca. 800 m (S)
Taprobanea E.A.Christ. - 1992 - *Aeridinae* (S) - 1 sp. ter/lit - Sri L.
1. **spathulata** (L.) E.A.Christ. (*Vanda spathulata* (L.) Spreng.) - Sri L., S-Ind. (S*)
Taurostalix Lindl. - 1824: *Bulbophyllum* Thou. (S)
- *herminiostachys* Rchb.f.: *Bulbophyllum* 427 (G**)
Teagueia (Luer) Luer - 1991 - *Pleurothallidinae* (S) - ca. 6 sp. epi. - S-Am.
1. **lehmannii** Luer - Col. (L*)
2. **phasmida** (Luer & Esc.) Luer (L*)
3. **rex** (Luer & Esc.) Luer (L*)
4. **teaguei** (Luer) Luer - Ec. to 3.400 m (O3/97, L*, S*)
5. **tentaculata** Luer & Hirtz - Ec. ca. 2.400 m (L*)
6. **zeus** (Luer & Hirtz) Luer (L*)
Telipogon H.B.K. - 1815 - *Subfam. Epidendroideae Tribus: Maxillarieae Subtr. Telipogoninae* - (*Telopogon* Mutis, *Thelypogon* Spreng., *Darwiniella* Braas & Lueckel inv.name., *Darwiniera* Braas & Lueckel) - ca. 80 sp. epi/ter - C.Rica, NS-Am. to Bol.
1. **albertii** Rchb.f. - Col. (R**)
2. **ampliflorus** Schweinf. - C.Rica 2.000-3.000 m (W, FXVII1**)
3. **andicola** Rchb.f. - Col. to 3.500 m (O6/81, R**, S)
- *angustifolius* H.B.K.: 46 (E**, H)
4. **antioquianus** Rchb.f. - Col. (R**)
5. **ardeltianus** Braas - C.Rica 1.900-2.500 m (W, O6/81, FXVII1**)
- *astroglossus* Rchb.f.: *Stellilabium* 4 (O5/82)
6. **ballesteroi** Dods. & Esc. - C.Rica 2.450 m (W, FXVII1**)
7. **barbatus** (Rolfe) Braas (S*)
8. **benedicti** Rchb.f. (O6/81, S*)
9. **bergoldii** (Gar. & Dunst.) Sengh. & Lueckel (*Trichoceros bergoldii* Gar. & Dunst., *Darwiniera bergoldii* (Gar. & Dunst.) Sengh. & Lueckel (S*) → Darwiniera 1
10. **berthae** Ortiz - Col. 2.500 m (FXIX3**)
11. **biolleyi** Schltr. (*T. endresianus* Kraenzl.) - C.Rica, Pan. 1.400-2.000 m (W**, FXVIII3*, FXVII1**, S*)
- *biolleyi* Schltr.: 12 (E, H*)
12. **bruchmuelleri** Rchb.f. (*T. wallisii* Rchb.f., *T. biolleyi* Schltr., *T. schmidtchenii* Rchb.f., *T. endresianum* Kraenzl.) - Nic., Col., Ven. ca. 2.000 -2.300 m (E, H*, S)
- *buenaventurae* Kraenzl.: *Epidendrum* 288 (E)
- *buenaventurae* Kraenzl.: *Dimerandra* 4 (9**, G)
- *buenaventurae* Kraenzl.: *Dimerandra* 1 ($56/4)
13. **buenavistae** Kraenzl. (O6/81, S*)
- *buenavistae* Kraenzl.: 20 (FXVII1)
14. **butcheri** Dods. & Esc. - Pan. 1.500 m (FXVIII3*)
15. **caroliae** Dods. & Esc. - C.Rica 2.850-3.200 m (W, FXVII1**)
16. **cascajalensis** Dods. & Esc. - C.Rica 1.700 m (W, FXVII1**)
- *caucanus* Schltr.: 82 (O6/81)
17. **chiriquensis** Dods. & Esc. - Pan. 2.000-2.500 m (FXVIII3*)
18. **christobalensis** Kraenzl. - C.Rica 2.500-3.200 m (W, FXVII1**)
19. **chrysocrates** Rchb.f. - Col. (R**, S*)
20. **costaricensis** Schltr. (*T. buenavistae*

Kraenzl.) - C.Rica 2.600-3.300 m (W, FXVII1**, S*)
21. **croesus** Rchb.f. (O6/81, S)
- *croesus* Rchb.f.: 35 (O3/82)
- *cycloglossus* Schltr.: 82 (O6/81)
22. **dalstroemii** Dods. (S)
23. **dendriticus** Rchb.f. (*T. sprucei* Kraenzl.) - Pan., Ec. 3.000 m (W, O3/82)
24. **dodsonii** Braas (S)
- *dubius* Rchb.f.: 58 (O6/81)
- *ecuadorensis* Schltr (O6/81).: 59 (O6/81, O3/82)
25. **elcimeyae** Braas & Horich - C.Rica 1.500-1.700 m (FXVII1**, W**, O3/82)
- *endresianum* Kraenzl.: 12 (E, H*)
- *endresianum* Kraenzl.: 11 (W**, FXVII1)
26. **falcatus** Lind. & Rchb.f. - Col. (A**, R**, S*)
27. **glicensteinii** Dods. & Esc. - C.Rica 2.850-3.050 m (W, FXVII2**)
28. **gnomus** Schltr. (O6/81, S)
29. **gracilipes** Schltr. (*T. horichianus* Braas) - C.Rica 1.400-2.300 m (W, FXVII3**)
30. **gracilis** Schltr. - Col. (R**)
31. **guila** Dods. & Esc. - C.Rica ca. 3.100 m (W, FXVII3**)
32. **gymnostele** Rchb.f. (S)
33. **hagsateri** Dods. & Esc. - Ec. 2.100-2.500 m (FXVIII3**)
34. **hauschildianus** Braas - Peru 2.200 m (O3/82, S)
35. **hausmannianus** Rchb.f. (*T. croesus* Rchb.f.) - Col., Ec., Ven. (O3/82, R**)
36. **hemimelas** Rchb.f. - Col. (R**, S)
37. **hercules** Rchb.f. (O6/81)
- *hoppii* Schltr.: 46 (E**, H)
- *horichianus* Braas (O6/81): 29 (FXVII3**)
38. **intis** Braas - Peru 3.000 m (O6/81)
39. **ionopogon** Rchb.f. (FXXI1)
40. **jucusbambae** Dods. & Esc. - Peru 2.800 m (FXXI1*, S)
- *kalbreyerianus* Kraenzl. (O6/81): 58 (O3/82)
41. **klotzscheanus** Rchb.f. - Ven. (O6/81)
- *lankesteri* Ames: *Stellilabium* 16 (FXVII1)
42. **latifolius** H.B.K. - Col. (FXIX3, R**, S)
- *lehmannii* Schltr.: 82 (O6/81)
43. **leila-alexandrae** Braas - C.Rica 2.450-3.000 m (W, FXVII3**)
44. **macdonaldoënsis** [maldonadoensis (FXXI1)] Dods. & Esc. - Ec. 2.400 m (FXXI1*, S)
- *minutiflorus* Kraenzl.: *Stellilabium* 18 (FXVII1)
45. **monticola** L.O.Wms. - C.Rica 2.200-3.100 m (W, FXVII3**)
46. **nervosus** (L.) Druce (*T. angustifolius* H.B.K., *T. hoppii* Schltr., *T. steyermarkii* Foldats, *Tradescantia nervosa* L.) - Col., Ven., Ec. up to 2.500 m (E**, H, R**, S*, Z**)
47. **obovatus** Lindl. - Peru, Ec., Col. (A**, G, S*)
48. **octavioi** Dods. & Esc. - Col., Ec. 3.000-3.150 m (FXVIII3**, R**)
49. **ortizii** Dods. & Esc. - Col. 2.950 m (FXVIII3**, R**)
50. **ospinae** Dods. & Esc. - Col. 2.550 m (FXVIII3*)
- *pachyhybos* Schltr.: 82 (O6/81)
51. **pamplonensis** Rchb.f. - Col. (R**)
52. **panamensis** Dods. & Esc. - Pan., C.Rica 1.900-2.400 m (FXVIII3*)
53. **papilio** Rchb.f. & Warsc. - Peru up to 2.700 m (E, H, S)
54. **parvulus** Schweinf. - C.Rica, Pan. 1.500-2.300 m (FXVII3**, FXVII3*, W)
- *pastoanus* Schltr.: 82 (O6/81)
55. **patinii** Rchb.f. - Col. (R**)
- *patinii* Rchb.f.: 58 (O6/81)
56. **pfavii** Schltr. - C.Rica (FXVII3**, W)
57. **phalaenopsis** Braas - Peru 2.000 m (O6/81)
- *pogonostalix* Rchb.f.: *Stellilabium* 23 (O5/82)
- *polymerus* Rchb.f. (sphalm.): 58 (O6/81)
58. **polyneuros** Rchb.f. (*T. dubius* Rchb. f., *T. patinii* Rchb.f., *T. polymerus* Rchb.f. (sphalm.), *T. kalbreyerianus* Kraenzl.) - Col. (O6/81, O3/82, R**)
59. **polyrrhizus** Rchb.f. (*T. ecuadorensis* Schltr.) - Ec. (O6/81, O3/82)
60. **portilloi** Dods. & Esc. - C.Rica 2.800-3.300 m (W, FXVII3**)
61. **pulcher** Rchb.f. - Col. (R**, Z**)
62. **puruantensis** Dods. & Esc. - Ec. 3.400 m (FXXI1*, S)
63. **putumayensis** Dods. & Esc. - Col. 2.200 m (FXVIII3*)
64. **radiatus** Rchb.f. - Peru (W, FXVII3)

65. **retanarum** Dods. & Esc. - C.Rica 1.600 m (W, FXVII3**)
66. **roezlii** Rchb.f. (O6/81)
- *schmidtchenii* Rchb.f. (O6/81): 12 (E, H*)
67. **seibertii** Dods. & Esc. - Pan. 1.500-2.000 m (FXVIII3*)
68. **semipictus** Rchb.f. ex Kraenzl. - Col. (R**, S)
69. **setosus** Ames - C.Rica 1.500-1.700 m (W, FXVII3**)
- *sprucei* Kraenzl.: 23 (O3/82)
- *standleyi* Ames: *Stellilabium* 25 (FXVII1)
- *steyermarkii* Foldats: 46 (E**, H)
70. **stinae** Dods. & Dalström (S*)
71. **storkii** Ames & Schweinf. - C.Rica 2.000-2.600 m (W, FXVII3**) ssp. **magnificus** Dods. & Esc. - C.Rica 2.300 m (W, FXVII3**)
72. **tabanensis** Dods. & Esc. - Col. 2.800-3.250 m (FXVIII3*)
73. **tesselatus** Lindl. (S)
74. **thomasii** Dods. & Esc. (S)
75. **tungurahuae** Dods. & Esc. - Ec. 2.200 m (FXXI1*, S)
76. **valenciae** Dods. & Esc. - Col. 2.900-3.200 m (FXVIII3**, R**)
77. **vampirus** (vampyrus) Braas & Horich - C.Rica 1.000-1.700 m (W, O3/82, FXVII3**, S)
78. **venustus** Schltr. (S)
79. **vieirae** Dods. & Esc. - Col. 1.800-2.450 m (FXVIII3**, R**)
80. **vollesii** Dods. & Esc. - Col., Ec. 2.000-3.300 m (FXVIII3*)
81. **wallisii** Rchb.f. - Col. (O6/81, R**)
- *wallisii* Rchb.f.: 12 (E, H*)
82. **warscewiczii** Rchb.f. (*T. caucanus* Schltr., *T. cycloglossus* Schltr., *T. lehmannii* Schltr., *T. pastoanus* Schltr., *T. pachyhybos* Schltr.) - Col. (O6/81)
83. **zephyrinus** Rchb.f. (S)

Telopogon Mutis: *Telipogon* H.B.K.
× *Tenranara*: × *Fujiwarara* (*Brassavola* × *Cattleya* × *Laeliopsis*)
× **Teohara (Thra.)** (*Arachnis* × *Renanthera* × *Vanda* × *Vandopsis*)
× **Tetracattleya (Ttct.)** (*Cattleya* × *Tetramicra*)
× **Tetradiacrium (Ttdm.)** (*Diacrium Caularthron*) × *Tetramicra*)
Tetragamestus Rchb.f. - 1854: *Scaphyglottis* Poepp. & Endl. (S)

- *gracilis* Schltr.: *Scaphyglottis* 37 (G**)
× **Tetrakeria (Ttka.)** (*Barkeria* × *Tetramicra*)
× **Tetralaelia** (*Laelia* × *Tetramicra*)
× **Tetraliopsis (Ttps.)** (*Laeliopsis* × *Tetramicra*)

Tetramicra (Ttma.) Lindl. - 1831 - Subfam. *Epidendroideae* Tribus: *Epidendreae* Subtr. *Laeliinae* - ca. 13 sp. terr. - W-Ind., Flor.
- *bicolor* (Lindl.) Benth.: *Leptotes* 1 (4**, 9**, G**, H**)
1. **bulbosa** Mansf. - Haiti (S*)
2. **canaliculata** (Aubl.) Urban (*T. rigida* (Willd.) Lindl., *T. elegans* (Hamilt.) Cogn., *Limodorum foliis subulatis* Burm., *L. canaliculatum* Aubl., *Cymbidium rigidum* Willd., *Epidendrum canaliculatum* (Aubl.) Poiret, *Cyrtopodium elegans* Hamilt., *Brassavola elegans* (Hamilt.) Hook., *B. rigida* (Willd.) Bold., *Bletia rigida* (Willd.) Rchb.f., *B. subaequalis* Rchb.f., *Helleborine foliis rigidis et canaliculati* Plumier) - Flor., Antill. (9**, H*, Z**, S)
3. **elegans** (Hamilt.) Cogn. - Jam. (A**, S)
- *elegans* (Hamilt.) Cogn.: 2 (9**, H*)
4. **eulophiae** Rchb.f. - Cuba (S, Z)
- *montana* (Sw.) Griseb.: *Octadesmia* 2 (9**)
5. **montleristensis** H.Dietrich - Cuba (S)
- *platyphylla* Rchb.f.: *Basiphyllaea* 4 (S)
- *rigida* (Willd.) Lindl.: 2 (9**, H*)
6. **schomburgkii** (Rchb.f.) Rolfe - S.Domingo (S)
- *serrulata* (Lindl.) Benth. & Hook.f.: *Leptotes* 1 (9**, G**)
7. **simplex** Ames (S)
8. **tenera** (A.Rich.) Rolfe - Cuba (S)
9. **zanonii** Nir (S)

Tetrapeltis Wall. ex Lindl. - 1832: *Otochilus* Lindl.
- *fragrans* Wall. ex Lindl.: *Otochilus* 4 (E*, G, H**)
× **Tetratonia (Ttna.)** (*Broughtonia* × *Tetramicra*)

Tetrodon (Kraenzl.) M.Clem. & D.Jones - 1998 - *Dendrobiinae* (S) - (*Eria* sect. *Tetrodon* Kraenzl., *Dendrobium* sect. *Tedrodon* (Kraenzl.) Ormerod) - 2 sp. epi/lit - N.Cal.

1. **oppositifolius** (Kraenzl.) M.Clem. & D.Jones - N.Cal. 300-1.200 m (S*)
2. **petrophilus** (Kraenzl.) M.Clem. & D.Jones - N.Cal. - lith. (S)

Teuscheria Gar. - 1958 - *Subfam. Epidendroideae Tribus: Maxillarieae Subtr. Bifrenariinae* - 7 sp. epi. - Trop. Am., Mex., C.Rica to Peru
1. **cornucopia** Gar. - Col., Ec. 1.000-1.500 m (H, O4/98**, R, S*)
2. **dodsonii** Dressl. - Ec., Peru, Sur. 800-1.200 m (O4/98**, S)
3. **elegans** Gar. (*Xylobium pickianum* (Schltr.) L.O.Wms.) - Col., C.Rica 800-1.200 m (O4/98**, R, S)
4. **horichiana** Jenny & Braem - C.Rica, Col. 800-850 m (W, O4/98**, S)
5. **integrilabia** Dods. - Ec. ca. 600 m (O4/98**, S)
6. **pickiana** (Schltr.) Gar. (*Bifrenaria pickiana* Schltr., *Xylobium pickianum* (Schltr.) L.O.Wms.) - Nic., C.Rica, Pan., S-Am. 0-1.200 m (W**, O4/98**, R**, S*)
- *venezuelana* Gar.: 7 (H**, O4/98**, S*)
7. **wageneri** (Rchb.f.) Gar. (*T. venezuelana* Gar., *Bifrenaria wageneri* Rchb.f., *B. venezuelana* (Gar.) Schweinf., *Stenocoryne wageneri* (Rchb.f.) Kraenzl.) - end. to Ven. 1.200-1.800 m (H**, O4/98**, R, S*)

Thaia Seidenf. - 1975 - *Subfam. Orchidoideae Tribus: Neottieae Subtr. Limodorinae* - 1 sp. myc. - Thai. (S)
1. **saprophytica** Seidenf. - Thai. (6*, S*)

× *Thaiara*: × *Perreiraara* (*Euanthe* (*Vanda*) × *Rhynchostylis* × *Seidenfadenia* (*Aërides*) × *Vanda*)

Thecopus Seidenf. - 1983 - *Thecostelinae* (S) - 2/3 sp. epi. - SE-As., from Thai. to Born.
1. **maingayi** (Hook.f.) Seidenf. (*Thecostele maingayi* Hook.f., *T. quinquefida* Hook.f.) - Thai., Mal., Born. (H**, S*)
2. **secunda** (Ridl.) Seidenf. (*Thecostele secunda* Ridl.) - Mal., Born. (S)

Thecostele Rchb.f. - 1857 - *Thecostelinae* (S) - 1 sp. epi. - SE-As., from NE-Ind., Burm, Thai. to Java, Born., Phil.
1. **alata** (Roxb.) Par. & Rchb.f. (*T. zollingeri* Rchb.f., *T. maculosa* Ridl., *T. wrayi* (Hook.f.) Rolfe, *T. elmeri* (Ames) Ames, *T. poilanei* Gagn., *Cymbidium alatum* Roxb., *Collabium wrayi* Hook.f., *C. annamense* Gagn., *Pholidota elmeri* Ames) - NE-Ind., Burm, Thai. to Phil., Java, Born. 0-1.800 m (2*, A**, H**, O5/89, S*)
- *elmeri* (Ames) Ames: 1 (H**)
- *maculosa* Ridl.: 1 (H**)
- *maingayi* Hook.f.: *Thecopus* 1 (H**)
- *poilanei* Gagn.: 1 (H**)
- *quinquefida* Hook.f.: *Thecopus* 1 (H**)
- *secunda* Ridl.: *Thecopus* 2 (S)
- *wrayi* (Hook.f.) Rolfe: 1 (H**)
- *zollingeri* Rchb.f.: 1 (2*, H**)

Thelasia elegans (Lindl.) Bl.: *Phreatia* 6 (E*, H*)

Thelasis Bl. - 1825 - *Subfam. Epidendroideae Tribus: Epidendreae Subtr. Thelasiinae* - (*Oxyanthera* Brongn., *Euprobiscis* Griff.) - ca. 27 sp. epi. - Ind., Sik., Phil., N.Gui., Hong., Austr.
1. **capitata** Bl. (*T. ochreata* Lindl.) - Java (2*)
2. **carinata** Bl. (*Oxyanthera carinata* Schltr.) - Austr. (Qld.), S-As., Mal., Phil., Indon., N.Gui. (2*, P**, S*)
- *carinata* Rchb.f.: 5 (2*)
- *contracta* Bl.: 5 (2*)
- *decurva* Hook.f.: 5 (2*, S)
3. **elongata** Bl. (*T. triptera* Rchb.f., *T. zollingeri* Rchb.f., *T. hongkongensis* Rolfe) - Java (2*)
- *hongkongensis* Rolfe: 3 (2*)
4. **javanica** J.J.Sm. - Java (2*)
5. **micrantha** J.J.Sm. (*T. contracta* Bl., *T. carinata* Rchb.f., *T. decurva* Hook.f., *Oxyanthera micrantha* Brongn., *O. decurva* Hook.f.) - Java (2*)
6. **obtusa** Bl. - Java (2*)
- *ochreata* Lindl.: 1 (2*)
- *triptera* Rchb.f.: 3 (2*)
- *zollingeri* Rchb.f.: 3 (2*)

Thelymitra (Thel.) J.R. & G.Forst. - 1776 - *Subfam. Orchidoideae Tribus: Diurideae Subtr. Diuridinae* - (*Macdonaldia* Gunn. ex Lindl.) ca. 66 sp. terr. - Austr., N.Zeal., N.Gui., Phil., Java „Sun Orchids"
1. **aemula** Cheesem. - end. to N.Zeal. (O3/92)
2. **antennifera** (Lindl.) Hook.f. (*Macdonaldia antennifera* Lindl.) - end.

to Austr. (Vic., Tasm., SA, WA) - „Rabbit-Ears, Lemon Orchid, Vanilla Orchid" (H**, P**)
3. **apiculata** (A.S.George) M.Clem. & D.Jones (*T. variegata* var. *apiculata* A.S.George) - end. to W-Austr. - „Cleopatra's Needles" (P*)
4. **arenaria** Lindl. - end. to Austr. (Tasm.) (P)
5. **aristata** Lindl. (*T. grandiflora* Fitzg.) - end. to Austr. (NSW, Vic., Tasm., SA) (S, P**)
6. **azurea** R.Rogers - end. to Austr. (Vic., Tasm., SA, WA) (P*)
7. **benthamiana** Lindl. - end. to Austr. (Vic., SA, WA) - „Leopard Orchid" (P*)
8. **campanulata** Lindl. - end. to W-Austr. - „Bell Sun Orchid" (P**)
9. **canaliculata** R.Br. - end. to W-Austr. - „Blue Sun Orchid" (P*)
10. **carnea** R.Br. - Austr. (Qld., NSW, Vic., Tasm., SA), N.Zeal. - „Pink Sun Orchid" (P*, O3/92, Z**)
    var. **robusta** Rodway - Tasm. (Austr.) (P)
11. × **chasmogama** R.Rogers (*T. luteocilium* × *T. nuda*) nat. hybr. - end. to Austr. (NSW, Vic., Tasm., SA) (P*)
12. **circumsepta** Fitzg. - end. to Austr. (NSW, Vic.) mountain (P*)
13. **cornicina** Rchb.f. (*T. fasciculata* Fitzg.) - end. to W-Austr. (P*)
14. **crinita** Lindl. - end. to W-Austr. - „Queen Orchid, Blue Lady Orchid" (S, P**, Z**)
15. **cucullata** Rupp - end. to Austr. (P**)
16. **cyanea** (Lindl.) Benth. - Austr. (NSW, Vic., Tasm., SA), N.Zeal. subalpin (P**, O3/92)
17. **decora** Cheesem. - Austr. (ACT, NSW, Vic.), N.Zeal. (P*, O3/92)
18. **epipactoides** F.v.Muell. - end. to Austr. (Vic., SA) - „Metallic Sun Orchid" (P*)
- *fasciculata* Fitzg.: 13 (P*)
19. **flexuosa** Endl. - end. to Austr. (Vic., Tasm., SA, WA) (S, P*)
20. **formosa** Col. - end. to N.Zeal. (O3/92)
21. **fuscolutea** R.Br. - end. to W-Austr. - „Leopard Orchid" (P**)
- *fuscolutea* var. *stellata* (Lindl.) A.S.George: 51 (P**)
22. **graminea** R.Br. - end. to W-Austr. (P)
23. **grandiflora** Fitzg. (S)
- *grandiflora* Fitzg.: 5 (P**)
24. **hatchii** L.B.Moore - end. to N.Zeal. (O3/92)
25. **holmesii** Nicholls - end. to Austr. (Vic., Tasm., SA) (P*)
26. × **irregolaris** Nicholls (*T. ixioides* × *T. carnea* or *T. rubra*) - end. to Austr. (Vic., Tasm., SA) nat. hybr. (P**)
27. **ixioides** Sw. - Austr. (Qld., NSW, ACT, Vic., Tasm., SA), N.Zeal. (S, P*)
    var. **subdifformis** Nicholls - end. to Austr. (Vic.) (P)
28. **javanica** Bl. - Java (2*)
29. **juncifolia** Lindl. (*T. truncata* R.Rogers) - end. to Austr. (NSW, ACT, Vic., Tasm., SA) (P*)
30. **longifolia** J.R. & G.Forst. - end. to N.Zeal. (H, P, O3/92)
31. **luteocilium** Fitzg. - end. to Austr. (NSW, Vic., Tasm., SA) (P*)
32. **mackibbinii** F.v.Muell. - end. to Austr. (Vic., SA) (P*)
33. × **macmillanii** F.v.Muell. (*T. antennifera* × *T. nuda*) nat. hybr. - end. to Austr. (Vic., Tasm. SA, WA) (P*)
34. **macrophylla** Lindl. - end. to W-Austr. (P*)
- *malintana* Blanco: *Habenaria* 120 (6*)
35. **malvina** M.Clem., D.Jones & Molloy - Austr. (NSW, Vic.), N.Zeal. (P, O3/92)
36. **matthewsii** Cheesem. - Austr. (Vic., SA, WA), N.Zeal. (P*, O3/92)
37. **media** R.Br. (*T. media* var. *carneolutea* Nicholls) - end. to Austr. (NSW, Vic., Tasm.) (P**)
- *media* var. *carneolutea* Nicholls: 37 (P**)
38. **megcalyptra** Fitzg. - end. to Austr. (NSW, Vic.) - „Sun Orchid" (P)
39. **merranae** Nicholls - end. to Austr. (NSW, Vic., Tasm., SA) (P)
40. **mucida** Fitzg. - end. to Austr. (Vic., Tasm., SA, WA) - „Plum Orchid" (P*)
41. **murdochae** Nicholls (S)
42. **nuda** R.Br. - end. to Austr. (Qld., NSW, Vic., Tasm., SA, WA) (P*, Z**)
43. **pauciflora** R.Br. - Austr. (Qld., NSW, Vic., Tasm., SA, WA), N.Zeal. (P*, O3/92)
44. **psammophila** C.R.P.Andrews - end. to W-Austr. - scented (P)

45. **pulchella** Hook.f. - Austr. (NSW), N.Zeal. (S, P*, O3/92)
46. **purpurata** Rupp - end. to Austr. (Qld., NSW) (P*)
47. **retecta** Rupp - end. to Austr. (NSW, Vic., Tasm., SA) mount. (P*)
48. **rubra** Fitzg. - end. to Austr. (Qld., NSW, Vic., Tasm., SA) (P*)
   var. **magnanthera** Rupp - end. to Austr. (NSW) (P)
49. **sargentii** R.Rogers - end. to W-Austr. (P*)
50. **spiralis** (Lindl.) R.Rogers [T. spiralis (Lindl.) F.v.Muell. (P*)] - end. to W-Austr. (P*, S)
   var. **pallida** Nicholls - end. to W-Austr. (P)
   var. **punctata** Nicholls - end. to W-Austr. (P)
   var. **scoulerae** Nicholls - end. to W-Austr. (P)
51. **stellata** Lindl. (*T. fuscolutea* var. *stellata* (Lindl.) A.S.George) - end. to W-Austr. (P**)
   - *stenopetala* Hook.f.: *Waireia* 1 (S*)
52. **tholiformis** Molloy & Hatch - Austr., N.Zeal. (O3/92)
53. **tigrina** R.Br. - end. to W-Austr. - „Tiger Orchid" (P*)
   - *truncata* R.Rogers: 29 (P*)
54. **variegata** (Lindl.) F.v.Muell. (*Macdonaldia variegata* Lindl.) - end. to W-Austr. - „Queen of Sheba Orchid" (H**, P**)
   - *variegata* var. *apiculata* A.S.George: 3 (P*)
55. **venosa** R.Br. (*T. venosa* var. *magnifica* Rupp) - end. to Austr. (NSW) (P*)
   - *venosa* var. *magnifica* Rupp: 55 (P*)
56. **villosa** Lindl. - end. to W-Austr. - „Custard Orchid" (P**)

Thelypogon Spreng.: *Telipogon* H.B.K.
Thelyschista Gar. - 1982 - *Spiranthinae* (S) - 1 sp. terr. - Braz.
1. **ghillanyi** (Pabst) Gar. - Braz. (S*)

Theodorea Barb.Rodr. - 1877: *Rodrigueziella* Ktze. (S)
- *doeringii* Hoehne: *Rodrigueziella* 1 (S)
- *gomesioides* Barb.Rodr.: *Rodrigueziella* 2 (S*)
- *gomezoides* Barb.Rodr.: *Rodrigueziella* 2 (4**, H**)
- *guinlei* Ruschi: *Rodrigueziella* 4 (S*)
- *handroi* Hoehne: *Rodrigueziella* 3 (S*)
- *paniculata* Brade: *Rodrigueziella* 2 (S*)
- *schlechteri* Hoehne: *Rodrigueziella* 4 (S*)
× **Thesaëra (Thsra.)** (*Aërangis* × *Aëranthes*)
Thiebautia Colla - 1824: *Bletia* Ruiz & Pav. (S)
- *nervosa* Colla: *Bletia* 20 (9**, G**)
Thisbe Falc. - 1847: *Herminium* R.Br. (S)
× *Thorntonara*: × *Ascovandoritis* (*Ascocentrum* × *Doritis* × *Euanthe* (*Vanda*) × *Vanda*)
Thorwaldsenia (Thorvaldsenia) Liebm. - 1844: *Chysis* Lindl. (S)
- *speciosa* Liebm.: *Chysis* 3 (9**, E**, G**, H**)
Thrixspermum Lour. - 1790 - Subfam. Epidendroideae Tribus: Vandeae Subtr. Sarcanthinae - (*Dendrocolla* Bl., *Orcidice* Rchb.f., *Orsidice* Rchb.f., *Cylindrochilus* Thw., *Ridleya* Pfitz.) - ca. 100 sp. epi/lit - Him., Ind. to Phil., Trop.-SW-P.Is., Austr.
1. **acuminatissimum** (Bl.) Rchb.f. (*T. notabile* Ridl., *Dendrocolla acuminata* Bl., *Aerides acuminatissimum* Lindl., *Sarcochilus acuminatissimus* Rchb.f., *S. notabilis* Hook.f.) - Camb., Thai., Sum. to Phil. (2*, S*)
2. **affine** Schltr. (O3/81)
3. **album** Schltr. (*Dendrocolla alba* Ridl.) (O3/81)
4. **amplexicaule** (Bl.) Rchb.f. (*T. lilacinum* Rchb.f., *Dendrocolla amplexicaule* Bl., *Orsidice amplexicaule(is)* (Bl.) Rchb.f., *O. lilacina(is)* (Griff.) Rchb.f., *Aerides amplexicaule(is)* (Bl.) Lindl., *Sarcochilus amplexicaulis* (Bl.) Rchb.f., *S. lilacinus* Griff.) - Mal., Sum., Java, Phil. (2*, 9**, S)
5. **anceps** Rchb.f. (*Aerides anceps* Lindl., *Dendrocolla anceps* Bl., *Sarcochilus anceps* Rchb.f.) - Java (2*)
- *appendiculatum* Ktze.: *Sarcochilus appendiculatus* (2*)
- *appendiculatum* (Bl.) Ktze.: *Grosourdya* 1 (S*)
- *arachnites* (Bl.) Rchb.f. (2*): 14 (G, H**, S)
- *arachnites* var. *minor* Ridl.: 14 (G)
6. **arachnitiforme** Schltr. - Oceania (S)
- *aureum* Ktze.: *Sarcochilus pallidus* (2*)

7. **auriferum** Rchb.f. - China (S)
- *auriferum* (Lindl.) Rchb.f.: 14 (G)
- *australe* (Lindl.) Rchb.f.: *Sarcochilus* 1 (G)
8. **austrosinense** Tang & Wang - China (S)
- *beccarii* Rchb.f.: *Sarcochilus* 15 (9**)
9. **blepharolobum** Schltr. (*Dendrocolla ciliata* Ridl.) (O3/81)
10. **borneense** Ridl. (*Sarcochilus borneense* Rolfe) (O3/81)
- *brachyglottis* Ktze.: *Saccolabium rhopalorrhachis* (2*)
- *brachystachyum* (Hook.f.) Ktze.: 11 (G**)
11. **calceolus** (Lindl.) Rchb.f. (*T. brachystachyum* (Hook.f.) Ktze., *Sarcochilus calceolus* Lindl., *Aerides lobbii* Teijsm. & Binn., *Sarcochilus brachystachys* Hook.f.) - Thai., Mal., Sum., Born. (G**)
12. **carinatifolium** Schltr. (*Dendrocolla carinatifolia* Ridl.) (O3/81)
13. **carnosum** Schltr. (*Dendrocolla carnosa* Ridl.) (O3/81)
14. **centipeda** Lour. (*T. arachnites* (Bl.) Rchb.f., *T. arachnites* var. *minor* Ridl., *T. auriferum* (Lindl.) Rchb.f., *T. serraeformis* (Lindl.) Rchb.f., *T. hainanensis* (Rolfe) Schltr., *T. platystachys* (F.M.Bailey) Schltr., *Epidendrum thrixspermum* Rausch, *Dendrocolla arachnites* Bl., *Dendrobium auriferum* Lindl., *Liparis serraeformis* Lindl., *Aerides arachnites* (Bl.) Lindl., *Sarcochilus auriferus* (Lindl.) Rchb.f., *S. serraeformis* (Lindl.) Rchb.f., *S. centipeda* (Lour.) Naves, *S. hainanensis* Rolfe, *S. platystachys* F.M.Bailey) - Burm., NE-Ind., Cel., Sul., Thai., Sum., China, Austr. up to 1.500 m (A**, G, H**, S*)
15. **ciliatum** Schltr. (O3/81)
- *cladostochyum* Ktze.: *Sarcochilus pallidus* (2*)
16. **complanatum** Schltr. (*Epidendrum complanatum* Retz.) - Sri L., S-Ind. (O3/81, S)
- *compressum* Rchb.f.: *Sarcochilus* 3 (2*)
17. **congestum** (F.M.Bailey) Dockr. - Austr. (Qld., NT), N.Gui. (P**)
18. **denticulatum** Schltr. - Christ. (O3/81, S)

- *dilatatum* Rchb.f.: *Sarcochilus* 16 (G)
- *emarginatum* Ktze.: *Sarcochilus* 6 (2*)
- *falcatum* (R.Br.) Rchb.f.: *Sarcochilus* 7 (G**)
19. **falcilobum** Schltr. (O3/81)
20. **fantasticum** L.O.Wms. - Ryu. (S)
21. **filiforme** Ktze. (*Dendrocolla filiformis* Ridl.) (O3/81)
22. **formosanum** (Hay.) Schltr. (*Sarcochilus formosanus* Hay.) - Taiw. 500-1.500 m (4**, S*)
23. **fulgens** Ridl. (*Dendrocolla fulgens* (Ridl.) Schltr.) (O2/81)
- *godeffroyanum* Rchb.f.: *Chroniochilus* 2 (S)
- *godeffroyanum* Rchb.f.: *Sarcochilus* 9 (S)
24. **gracilicaule** Schltr. (O3/81)
25. **graeffei** Rchb.f. - Samoa (O3/81, S)
26. **hainanense** (Rolfe) Schltr. (*Sarcochilus hainanensis* Rolfe) - Hain., China (9**)
- *hainanensis* (Rolfe) Schltr.: 14 (G)
- *hartmanni* (F.v.Muell.) Rchb.f.: *Sarcochilus* 10 (9**)
- *hewittii* Ames: *Porphyrodesme* 2 (S)
27. **hystrix** Rchb.f. (*T. indusiatum* Rchb.f., *Dendrocolla hystrix* Bl., *Aerides hystrix* Lindl., *Grosourdya hystrix* Rchb.f., *Sarcochilus hystrix* Rchb.f.) - Java (2*)
28. **indragiriense** Schltr. (O3/81)
- *indusiatum* Rchb.f.: 27 (2*)
- *indusiatum* Rchb.f.: *Brachypeza* 2 (S)
29. **infractum** Schltr. (O3/81)
30. **leucarachne** Ridl. (O3/81)
- *lilacinum* (Griff.) Rchb.f.: 4 (2*, 9**)
31. **longicauda** Ridl. (O3/81)
32. **lucidum** Schltr. (O3/81)
- *luniferum* Rchb.f.: *Chiloschista* 6 (2*, 9**, H)
33. **maculatum** Schltr. (O3/81)
34. **merguense** Ktze. (O3/81, S)
- *mindanaënse* Ames: *Ascochilus* 3 (S*)
- *moorei* Rchb.f.: *Sarcochilus* 15 (9**)
- *moorei* Rchb.f.: *Rhinerrhizopsis* 1 (S)
35. **musaeflorum** Rao & Joseph - Ind. (S)
36. **neohibernicum** Schltr. - N.Gui. (O3/81, S)

37. **notabile** Ktze. (O3/81)
- *notabile* Ridl.: 1 (2*)
38. **obtusum** Rchb.f. (*Aerides obtusum* Lindl., *Dendrocolla obtusa* Bl., *Sarcochilus obtusus* Rchb.f.) - Java (2*)
- *olivaceum* (Lindl.) Rchb.f.: *Sarcochilus* 16 (G)
- *pallidum* Rchb.f.: *Sarcochilus pallidus* Rchb.f. (2*)
- *papillosum* Carr: *Dendrobium* 163 (G)
39. **pardale** Schltr. (*Dendrocolla pardalis* Ridl.) (O3/81)
- *parviflorum* (Lindl.) Rchb.f.: *Sarcochilus* 1 (G)
40. **pensile** Schltr. - Thai. to Sum., Java (O3/81, S)
41. **platystachys** (F.M.Bailey) Schltr. - Austr. (Qld.), N.Gui. (P, S)
- *platystachys* (F.M.Bailey) Rchb.f.: 14 (G, H**)
42. **ponapense** L.O.Wms. - Carol. (Oceania) (S)
43. **psiloglottis** Schltr. (*Dendrocolla psiloglottis* Ridl.) (O3/81)
44. **pugionifolium** (Hook.f.) Schltr. (*Sarcochilus pugionifolium* Hook.f.) - Sri L. (O3/81, S)
45. **pulchellum** (Thw.) Schltr. (*Sarcochilus pulchellus* Trimen, *Dendrocolla pulchella* Thw.) - Sri L. (O3/81, S*)
46. **purpurascens** Rchb.f. (*Aerides purpurascens* Lindl., *Dendrocolla purpurascens* Bl., *Sarcochilus purpurascens* Rchb.f.) - Java (2*)
47. **raciberskii** (raciborskii) J.J.Sm. (2*)
48. **remotiflorum** J.J.Sm. (O3/81)
- *rhopalorrhachis* Rchb.f.: *Saccolabium rhopalorrhachis* (2*)
49. **ridleyanum** Schltr. (*Dendrocolla maculata* Ridl.) (O3/81)
50. **samarindae** Schltr. (O3/81)
51. **scortechini** Ridl. (O3/81)
- *serraeformis* (Lindl.) Rchb.f.: 14 (G, H**)
- *spurium* Rchb.f.: *Dendrobium* 335 (2*)
52. **subteres** J.J.Sm. (O3/81)
53. **subulatum** Rchb.f. (*Aerides subulatum* Lindl., *Dendrocolla subulata* Bl., *Sarcochilus subulatus* Rchb.f.) - Java (2*, S)
- *teres* Rchb.f.: *Sarcochilus suaveolens* (2*)
- *teysmanni* Rchb.f.: *Sarcochilus* 20 (2*)

54. **torajaense** O'Byrne - Cel. (S)
55. **trichoglottis** Ktze. (O3/81, S)
- *tridentatum* (Lindl.) T.E.Hunt: *Plectorrhiza* 3 (G)
- *unguiculatum* Rchb.f.: *Sarcochilus pallidus* (2*)
- *usneoides* (D.Don) Rchb.f.: *Chiloschista* 16 (G)
56. **validum** J.J.Sm. (O3/81)
57. **xantholeucum** Schltr. - N.Gui. (O3/81, S)

Thulinia Cribb - 1985 - *Platantherinae* (S) - 1 sp. - Afr.: Tanz.
1. **albo-lutea** Cribb - Tanz. (S*)

Thunia (Thu.) Rchb.f. - 1852 - Subfam. Epidendroideae Tribus: Dendrobieae Subtr. Thuniinae - ca. 6 sp. terr. - Ind., China, SE-As.
1. **alba** (Wall.) Rchb.f. (*T. pulchra* Rchb.f., *T. bracteata* (Roxb.) Schltr., *Phaius albus* Wall., *Limodorum bracteatum* Roxb.) - Him., Ass., Burm., Thai., N-Ind. 700-1.000 m (4**, 9**, E*, H*, O2/95, S)
 ↱ *alba* Rchb.f.: *Phaius* 1 (8**)
- *alba* Mehra & Kasyap: 3 (G)
- *alba* var. *bensoniae* (Hook.f.) Hook. f.: 2 (S)
2. **bensoniae** Hook.f. (*T. alba* var. *bensoniae* (Hook.f.) Hook.f., *Phaius bensoniae* (Hook.f.) Hemsl.) - Him., Ass., Burm. (9**, E, H,S)
3. **bracteata** (Roxb.) Schltr. (*T. venosa* Rolfe, *T. alba* Mehra & Kasyap, *Limodorum bracteatum* Roxb., *Phaius albus* auct. non Lindl.) - Ind. to Burm., Thai., China (G)
- *bracteata* (Roxb.) Schltr.: 1 (9**)
4. **marshalliana** Rchb.f. - Burm., Thai., S-China (E**, H**, O2/95, S*)
var. **ionophlebia** Rchb.f. - Burm., N-Thai. (E, H,S)
5. **mastersiana** Kraenzl. (S)
- *pulchra* Rchb.f.: *Phaius* 1 (8**)
- *pulchra* Rchb.f.: 1 (9**)
6. **venosa** Rolfe - SW-Ind. to Sik., Burm. (S)
- *venosa* Rolfe: 3 (G)
7. **winniana** Lind. (S)

Thylacoglossum (Schltr.) Brieg. - *Glomerinae* (S) - (*Glossorhyncha* sect. *Thylacoglossum* Schltr.) - ca. 50 sp. - N.Hebr., N.Gui.

Thylostylis discolor Hook.: *Eria* 80 (2*)
- *pulchella* (Lindl.) Ridl.: *Eria* 73 (G)

- *rigida* Ridl.: *Eria* 73 (G)
- *rigida* (Bl.) Bl.: *Eria* 80 (2*)

Thysanochilus Falc. - 1839: *Eulophia* (S)

Thysanoglossa Porto & Brade - 1940 - Subfam. *Epidendroideae* Tribus: *Maxillarieae* Subtr. *Ornithocephalinae* - 2 sp. epi. - Braz.

1. **jordanensis** Porto & Brade - SE-Braz. 1.200-1.400 m (O5/96, S*)
2. **organensis** Brade - Braz. 1.200-1.400 m (O5/96, S)

Ticoglossum R.L.Rodr. ex Halb. - 1983 - *Oncidiinae* (S) - (*Odontoglossum* sect. *Ticoglossum* Halb.) - 2 sp. epi. - C.Rica, Pan.

1. **krameri** (Rchb.f.) R.L.Rodr. ex Halb. (*Odontoglossum krameri* Rchb.f.) - Nic., C.Rica, Pan. 600-1.450 m (H**, W, S*, Z**)
   var. **album** R.L.Rodr. ex Halb. - end. to C.Rica 600-1.200 m (H, S)
2. **oerstedii** (Rchb.f.) R.L.Rodr. ex Halb. (*Odontoglossum oerstedii* Rchb.f.) - C.Rica, Pan. 1.700-3.200 m (9**, H**, W**, S*, Z**)

Tinea (Tinaea) Biv. - 1833: *Neotinea* Rchb.f. (S)
- *cylindracea* Biv.: *Neotinea* 1 (T**, O6/79)
- *intacta* (Link) Boiss.: *Neotinea* 1 (G, O6/79)

Tipularia Nutt. - 1818 - Subfam. *Epidendroideae* Tribus: *Calypsoeae* Subtr. *Corallorhizinae* - 4 sp. terr. - Sik., Jap., N-Am.

1. **discolor** (Pursh) Nutt. - N-Am. - „Crane-Fly Orchid" (S, $53/7)

Titania Endl. - 1838: *Oberonia* Lindl. (S)

Todaroa A.Rich. & Gal. - 1845: *Campylocentrum* Benth.

Tolumnia Raf. - 1836 - *Oncidiinae* (S) - (*Xaritonia* Raf., *Oncidium* sect. *Equitantia* Lindl., *Oncidium* sect. *Oncidium* sensu Gar. & Stacy, *Jamaiciella* Braem, *Olgasis* Raf., *Gudrunia* Braem) - ca. 18/31 sp. epi. - W-Ind. - „Oncidium variegata group"

1. **apiculata** (Moir) Braem (*Oncidium apiculatum* Moir) (O2/86)
2. **bahamense** (Nash ex Britt. & Millsp.) Braem (*Oncidium bahamense* Nash ex Britt. & Millsp.) - S-Flor., Bah. (O2/86, S*)
3. **berenyce** (Rchb.f) Braem (*Oncidium berenyce* Rchb.f.) (O2/86)
- *borinquinensis* Sauleda & Rag.: 16 (S)
4. **calochila** (Cogn.) Braem (*Oncidium calochilum* Cogn.) - Hisp., Cuba, Cay. up to 1.500 m (H*, O2/86, S*)
   → *Oncidium* 39
5. **caribense** (Moir) Braem (*Oncidium caribense* Moir) (O2/86)
6. **caymanense** (Moir) Braem (*Oncidium caymanense* Moir) (O2/86)
7. **compressicaule** (Withner) Braem (*Oncidium compressicaule* Withner) - Hisp. (O2/86, S*)
8. **concava** (Moir) Braem (*Oncidium concava* Moir) (O2/86)
9. **cuneilabia** (Moir) Braem (*Oncidium cuneilabia* Moir) (O2/86)
10. **gauntlettii** (Withner & Jesup) Nir (*Oncidium gauntlettii* Withner & Jesup, *Olgasis gauntlettii* (Withner & Jesup) Braem) - Jam. (S)
11. **guianensis** (Aubl.) Braem (*Ophrys guianensis* Aubl., *O. aloidea* Poiret, *Oncidium barahonensis* hort ex Moir, *O. barahanense* Moir, *O. desertorum* Nash ex Withner, *O. guianense* (Aubl.) Gar., *O. intermedium* Bert. ex Spreng., *O. perchoiri* hort ex Moir) - Guy. (Hisp.) (A**, O2/86, S)
    → *Oncidium* 99
    var. **alborubrum** - Guy. (Hisp.) (S*)
    var. **aureorubrum** - Guy. (Hisp.) (S)
    var. **guianensis** Guy. (Hisp.) (S*)
12. **guibertiana** (A.Rich.) Braem (*Oncidium guibertianum* A.Rich.) - Cuba (O2/86, S)
13. **haitensis** (Leonard & Ames ex Ames) Braem (*Oncidium haitense* Leonard & Ames ex Ames) - Haiti (O2/86, S)
14. **hawkesiana** (Moir) Braem (*Oncidium hawkesianum* Moir) - W-Cuba (O2/86, S)
15. **jimenezii** (Moir) Braem (*Oncidium jimenezii* Moir) (O2/86)
16. **leiboldii** (Rchb.f.) Braem (*T. borinquinensis* Sauleda & Rag., *Oncidium leiboldii* Rchb.f.) - Cuba, Cay., P.Rico (O2/86, S)
17. **lemoniana** (Lindl.) Braem (*Oncidium lemonianum* Lindl.) - Cuba (O2/86, S)
18. **lucayana** (Nash ex Britt. & Millsp.) Braem (*Oncidium lucayana* Nash ex Britt. & Millsp.) - Bah., W-Cuba (H*, O2/86, S*)

19. **lyrata** (Withner) Braem (*Oncidium lyrata* Withner) (O2/86)
20. **moiriana** (Osment) Braem (*Oncidium moirianum* Osment) (O2/86)
21. × **osmentii** (Withner) Braem (*T. haitense* × *T. quadrilobia*) nat. hybr. (*Oncidium osmentii* Withner, *O.* × *osmentii* (Withner) Moir) (O2/86)
22. **prionochila** (Kraenzl.) Braem (*Oncidium prionochilum* Kraenzl.) - Cuba (O2/86, S*)
23. **pulchella** (Hook.) Raf. (*Oncidium pulchellum* Hook.) - Jam. 600-1.000 m (H*, O2/86, S*)
- ↠ *pulchella* (Hook.) Raf.: *Oncidium* 185 (4**, 9**, G**)
- *pusilla* (L.) Hoehne: *Psygmorchis* 4 (G**)
24. **quadrilobia** (Schweinf.) Braem (*Oncidium quadrilobia* Schweinf.) - Haiti (O2/86, S)
25. **sasseri** (Moir) Braem (*Oncidium sasseri* Moir) - Bah. (O2/86, S)
26. **scandens** (Moir) Braem (*Oncidium scandens* Moir) - Hisp. 1.500-2.000 m (O2/86, S*)
27. **sylvestris** (Lindl.) Braem (*Oncidium sylvestre* Lindl.) - Cuba (O2/86, S)
28. **tetrapetala** (Jacq.) Braem (*Epidendrum tetrapetalum* Jacq., *Cymbidium tetrapetalum* (Jacq.) Sw., *Oncidium guttatum* Fawc. & Rendle, *O. pauciflorum* Lindl., *O. quadripetalum* Sw., *O. tetrapetalum* (Jacq.) Willd., *O. tricolor* Hook., *Xaritonia tetrapetala* (Jacq.) Raf.) - Jam. (O2/86, S, O4/93**) ↠ Oncidium 218
29. **triquetra** (Sw.) Nir (*Oncidium triquetrum* (Sw.) R.Br., *Olgasis triquetra* (Sw.) Raf., *Epidendrum triquetrum* Sw.) - Jam. (S*)
30. **tuerckheimii** (Cogn.) Braem (*Oncidium tuerckheimii* Cogn., *Gudrunia tuerckheimii* (Cogn.) Braem) - Dom. (Hisp.) (A**, O2/86, S*)
31. **urophylla** (Lodd. ex Lindl.) Braem (*Oncidium urophyllum* Lodd. ex Lindl.) - Antill. (O2/86, S) ↠ Oncidium 233
32. **usneoides** (Lindl.) Braem (*Oncidium usneoides* Lindl.) - Cuba (O2/86, S)
33. **variegata** (Sw.) Braem (*Epidendrum variegatum* Sw., *E. carinatum* Vahl, *Oncidium variegatum* (Sw.) Sw., *Cymbidium variegatum* (Sw.) Sw.) - Cuba, Hisp., P.Rico, to 700 m (H*, O2/86, S*) ↠ Oncidium 235
34. **velutina** (Lindl. ex Paxt.) Braem (*Oncidium velutinum* Lindl. ex Paxt.) (O2/86, S)

Tomzanonia Nir - 1997 - *Epidendrinae* (S) - 1 sp. - Haiti
1. **filicina** (Dod) Nir (*Dilomilis filicina* Dod) - Haiti ca. 1.000 m (S*)

Townsonia Cheesem. - 1906 - *Subfam. Orchidoideae Tribus: Diurideae Subtr. Acianthinae* - 1 sp. terr. - Tasm., N.Zeal.
- *deflexa* Cheesem.: 1 (S)
1. **viridis** (Hook.f.) Schltr. (*T. deflexa* Cheesem., *Acianthus viridis* Hook. f.) - Tasm., N.Zeal. (S)
- ↠ *viridis* (Hook.f.) Schltr.: *Acianthus* 10 (P**)

Trachelosiphon Schltr. - 1920: *Eurystyles* Wawra (S)

Trachoma Gar. - 1972: *Tuberolabium* (S)

Trachoma Gar. - 1972 - *Subfam. Epidendroideae Tribus: Vandeae Subtr. Sarcanthinae* - 7 sp. epi. - Ind., Mal., Phil., Indon., N.Gui., Austr.
1. **brevirhachis** (L.O.Wms.) Gar. (*Saccolabium brevirhachis* L.O.Wms.) - Phil. (S)
2. **celebicum** (Schltr.) Gar. (*Saccolabium celebicum* Schltr.) - Cel. (S)
3. **coarctatum** (King & Pantl.) Gar. (*Saccolabium coarctatum* King & Pantl.) - Burm. (S)
4. **guamense** (Ames) Gar. (*Saccolabium guamense* Ames) - Mariane (Guam) (S)
5. **papuanum** (Schltr.) M.Clem., J.J. Wood & D.Jones (*T. subluteum* (Rupp) Gar.) - Austr. (Qld.) (P**)
6. **rhopalorrhachis** (Rchb.f.) Gar. (*Saccolabium rhopalorrhachis* Rchb.f.) - Thai., Mal., Java, Phil., P.N. Gui. 600-900 m (S*)
- *rhopalorrhachis* (Rchb.f.) Gar.: 7 (P*)
7. **speciosum** D.Jones, B.Gray, M. Clem. & J.J.Wood (*T. rhopalorrhachis* (Rchb.f.) Gar.) - Austr. (Qld.), N.Gui. (P*)
8. **stellatum** M.Clem., D.Jones, B. Gray & J.J.Wood - end. to Austr. (Qld.) (P)
9. **subluteum** (Rupp) Gar. - Austr. (S)
- *subluteum* (Rupp) Gar.: 5 (P**)

Trachyrhizum (Schltr.) Brieg. - 1981: *Dendrobium* Sw.

Trachyrhizum (Schltr.) Brieg. - 1981 - *Dendrobiinae* (S) - (*Dendrobium* sect. *Trachyrhizum* Schltr.) - 10 sp. epi. - N.Gui., Austr.
1. **chalmersii** (F.v.Muell.) Brieg. (*Dendrobium chalmersii* F.v.Muell., *D. cincinnatum* F.v.Muell.) (S)
2. **prostheciglossum** (Schltr.) Brieg. (*Dendrobium prostheciglossum* Schltr.) (S)

Tradescantia nervosa L.: *Telipogon* 46 (E**, H)

Traunsteinera Rchb. - 1842 - *Subfam. Orchidoideae Tribus: Orchideae Subtr. Orchidinae* - (*Orchites* Schur) - 1/2 sp. terr. - Eur., Russ., Turk. - „Kugelorchis"
1. **globosa** (L.) Rchb. (*T. sphaerica* (Bieb.) Schltr., *Orchis globosa* L.) - CS-Eur. 400-2.500 m - „Kugel-Knabenkraut, Rote Kugelorchis" (K**, S, O6/79)
- *globosa* ssp. *sphaerica* (Bieb.) Soó: 2 (O6/79)
2. **sphaerica** (Bieb.) Schltr. (*T. globosa* ssp. *sphaerica* (Bieb.) Soò, *Orchis sphaerica* Bieb.) - NE-Turk., S-Russ. 1.600-2.400 m - „Gelbe Kugelorchis" (K**, O6/79)
- *sphaerica* (Bieb.) Schltr.: 1 (S)
× **Trautara (Trta.)** (*Doritis* × *Luisia* × *Phalaenopsis*)
× **Trevorara (Trev.)** (*Arachnis* × *Phalaenopsis* × *Vanda*)

Trevoria Lehm. - 1897 - *Subfam. Epidendroideae Tribus: Gongoreae* - (*Endresiella* Schltr.) - 5 sp. ter/epi - Nic., C.Rica to Bol. 1.200-1.800 m - scented
1. **chloris** Lehm. (*T. lehmannii* Rolfe) - Col. 1.000-1.700 m (9**, H*, R, O6/98**, S*)
2. **escobariana** Gar. - Col. (O6/98, R**)
- *escobariana* Gar.: 4 (S*)
3. **glumacea** Gar. - Nic., C.Rica, Pan. (W**, O6/98**, R, S)
4. **lehmannii** Rolfe (*T. escobariana* Gar.) - Col., Ec. - terr. (A**, H, O6/98**, S*)
- *lehmannii* Rolfe: 1 (9**)
5. **zahlbruckneriana** (Schltr.) Gar. (*Endresiella zahlbruckneriana* Schltr.) - Nic. to Bol. ca. 1.800 m - epi/ter (W, O5/82, O6/98**, O6/92**, R, S*)

Triaristella (Rchb.f.) Brieg. - 1975: *Trisetella* Luer (S)

Triaristella (Rchb.f.) Brieg. - 1975 - *Subfam. Epidendroideae Tribus: Epidendreae Subtr. Pleurothallidinae* - (*Masdevallia* sect. *Triaristella* Rchb.f.)
- *didyma* (Luer) Luer: *Trisetella* 5 (L*)
- *dressleri* (Luer) Luer: *Trisetella* 6 (L*)
- *gemmata* (Rchb.f.) Luer: *Trisetella* 9 (L*)
- *huebneri* (Schltr.) Luer: *Trisetella huebneri* (9**)
- *huebneri* (Schltr.) Luer: *Trisetella* 20 (L*)
- *pantex* (Luer) Luer: *Trisetella* 13 (L*)
- *reichenbachii* Brieg. ex Luer: *Masdevallia triaristella* (E**)
- *reichenbachii* Brieg.: *Trisetella* 19 (H, L*)
- *tenuissima* (Schweinf.) Luer: *Trisetella* 18 (L*)
- *trichaete* (Rchb.f.) Luer: *Trisetella* 20 (L*)
- *tridactylites* (Rchb.f.) Luer: *Trisetella* 20 (L*)
- *triglochin* (Rchb.f.) Luer: *Trisetella* 20 (L*)
- *vittata* (Luer) Luer: *Trisetella* 21 (L*)

Triaristellina Rausch. - 1983: *Trisetella* Luer (L)

Triaristellina Rausch. - 1983 - *Pleurothallidinae* (S) - (*Triaristella* (Rchb.f.) Brieg.) - 12 sp. epi.
1. **dalstromii** (Luer) Sengh. (*Trisetella dalstromii* Luer) (S)
- *didyma* (Luer) Rausch.: *Trisetella* 5 (L*)
- *dressleri* (Luer) Rausch.: *Trisetella* 6 (L*)
- *gemmata* (Rchb.f.) Rausch.: *Trisetella* 9 (L*)
- *huebneri* (Schltr.) Rausch.: *Trisetella huebneri* (9**)
- *huebneri* (Schltr.) Rausch.: *Trisetella* 20 (L*)
2. **pantex** (Luer) Rausch. (S*)
- *pantex* (Luer) Rausch.: *Trisetella* 13 (L*)
- *tenuissima* (Schweinf.) Rausch.: *Trisetella* 18 (L*)
3. **triaristella** (Rchb.f.) Rausch. (S)
- *triaristella* (Rchb.f.) Rausch.: *Tri-*

setella 19 (H, L*)
- *trichaete* (Rchb.f.) Rausch.: *Trisetella* 20 (L*)
- *tridactylites* (Rchb.f.) Rausch.: *Trisetella* 20 (L*)
- *triglochin* (Rchb.f.) Rausch.: *Trisetella* 20 (L*)
- *vittata* (Luer) Rausch.: *Trisetella* 21 (L*)

Trias (Trias) Lindl. - 1829 - *Subfam. Epidendroideae Tribus: Dendrobieae Subtr. Bulbophyllinae* - ca. 10 sp. epi. - Thai. to Laos, Ind.
- *dayanum* Grant: *Bulbophyllum* 129 (9**)
1. **disciflora** (Rolfe) Stapf - Thai., Laos (S)
2. **intermedia** Seidenf. - Thai. (S)
3. **mollis** Seidenf. - Thai. (S)
4. **nana** Seidenf. - Thai. (S)
5. **nasuta** (Rchb.f.) Stapf (*T. vitrina* Rolfe) - Burm. (S)
6. **oblonga** Lindl. - Ass., Beng., Burm. (H, S)
7. **ovata** Lindl. (H)
8. **picta** (Par. & Rchb.f.) Hemsl. [*T. picta* (Par. & Rchb.f.) Benth. (S)] (*Bulbophyllum pictum* Par. & Rchb.f.) - Thai., Burm. (9**, H*, S*)
9. **rosea** (Ridl.) Seidenf. (S)
10. **stocksii** Benth. ex Hook. - Ind. (S)
- *vitrina* Rolfe: 5 (S)
× **Triaspetalum (Tspt.)** (*Cirrhopetalum* × *Trias*)
× **Triasphyllum (Tphm.)** (*Bulbophyllum* × *Trias*)

Tribrachia hirta (Smith) Lindl.: *Bulbophyllum* 206 (G)
- *pendula* Lindl.: *Bulbophyllum* 427 (G**)
- *purpurea* (D.Don) Lindl.: *Bulbophyllum* 77 (9**, E**, H**)
- *racemosa* Lindl. ex Schltr.: *Liparis* 111 (G**)

Triceratorhynchus Summerh. - 1951 - *Subfam. Epidendroideae Tribus: Vandeae Subtr. Aerangidinae* - 1 sp. epi. - Kenya, Ug.
1. **viridiflorus** Summerh. - Kenya, Ug. 1.500-1.600 m (M, S*)
× *Trichachnis*: × *Arachnoglottis* (*Arachnis* × *Trichoglottis*)

Triceratostris (Szlach.) Szlach. & Tamayo - 1996 - *Spiranthinae* (S) - 2 sp. terr. - Mex.

1. **hio** (Szlach.) Szlach. & Tamayo - Mex. (S)
2. **rhombilabia** (Gar.) Szlach. & Tamayo - Mex. (S*)

Trichocentrum (Trctm.) Poepp. & Endl. - 1838 - *Subfam. Epidendroideae Tribus: Oncidieae Subtr. Oncidiinae* - ca. 23/25 sp. epi. - Trop. Am., Mex. to Braz.
- *alatum* Rolfe: *Plectrophora* 1 (R**)
- *albiflorum* Rolfe: 7 (G, W, D15(2)*, S)
1. **albo-coccineum** Lind. (*T. amazonicum* Barb.Rodr., *T. albo-purpureum* Lind. & Rchb.f., *T. albo-purpureum* Rchb.f. ex Rodr., *T. atropurpureum* Lind. & Rchb.f, *T. orthoplectron* Rchb.f., *T. porphyrio* Rchb.f.) - Braz., Peru, Bol. 1.000 m (D15(2), E, H, S)
- *albo-coccineum* Lind.: *T. albo-purpureum* (9**)
- *albo-purpureum* Lind. & Rchb.f. (9**): 1 (E, H)
- *albo-purpureum* Rchb.f. ex Rodr.: 1 (S)
- *amazonicum* Barb.Rodr.: 1 (E, H)
- *amazonicum* Barb.Rodr.: *T. albopurpureum* (9**)
- *atropurpureum* Lind. ex Regel: *T. albopurpureum* (9**)
- *atropurpureum* Lind. & Rchb.f.: 1 (S)
2. **brachyceras** Schltr. - Col. (S)
3. **brandtiae** Kraenzl. - Col. (R**, S)
4. **brenesii** Schltr. - C.Rica 1.000-1.200 m (W, D15(2)*, S)
- *brenesii* Schltr.: 8 (S)
5. **brevicalcaratum** Schweinf. - Peru (S)
6. **caloceras** Endr. & Rchb.f. - C.Rica, Pan. (W, D15(2)*, S)
7. **candidum** Lindl. (*T. albiflorum* Rolfe) - Mex., Guat., Salv., C.Rica 700-1.430 m (G, W, D15(2)*, S, Z)
8. **capistratum** Lind. & Rchb.f. (*T. panamense* Rolfe, *T. brenesii* Schltr.) - C.Rica, Pan., Col., Ven. 500-1.900 m (O3/91, W, D15(2)*, R**, S*)
9. **cornucopiae** Lind. ex Rchb.f. - Sur., Ven., Col., Ec., Braz., Bol. (O5/89, S)
- *cornucopiae* Lind. ex Rchb.f.: 14 (S)
10. **costaricense** Mora-Retana & Pupulin - C.Rica ca. 1.170 m (D15(2)*, S)
11. **cymbiglossum** Pupulin - C.Rica (D15(2)*, S)

12. **dianthum** Pupulin & Mora-Retana - end. to C.Rica 1.000-2.000 m (&8, S)
13. **estrellense** Pupulin & Garcia-Castro - end. to C.Rica (&8, S)
14. **fuscum** Lindl. (*T. cornucopiae* Lind. ex Rchb.f., *T. hartii* Rolfe, *T. mattogrossense* Hoehne, *T. pinelii* Lindl., *Acoridium fuscum* Lindl.) - Mex., Braz. (4**, 9**, G**, S*)
15. **hartii** Rolfe - Ven. (S)
- *hartii* Rolfe: 14 (S)
16. **hoegei** Rchb.f. - Mex. (S)
17. **ionophtalmum** Rchb.f. - end. to Braz. (O5/89, S)
- *ionophtalmum* Rchb.f.: 1 (S)
- *iridifolium* Lodd. ex Lindl.: *Plectrophora* 5 (G)
- *maculatum* Lindl.: 27 (S*)
18. **mattogrossense** Hoehne - Braz. (O5/89, S)
- *mattogrossense* Hoehne: 14 (S)
19. **neudeckeri** Kgr. - Bol. (S)
20. **obcordilabium** Pupulin - Col. (S)
21. **orthoplectron** Rchb.f. - Braz. (S)
- *orthoplectron* Rchb.f.: 1 (D15(2), S)
- *panamense* Rolfe: 8 (W, D15(2)*, S)
22. **panduratum** Schweinf. - Peru (S)
23. **pfavii** Rchb.f. (*T. pfavii* var. *zonale* Rchb.f., - f. *album* Henderson, *T. saundersianum* Endr. & Rchb.f., *T. saundersii* Endr. & Rchb.f., *T. zonale* Rchb.f.) - C.Rica, Pan. 800-1.500 m (W**, &8, S*, Z)
- *pfavii* f. *album* Henderson: 23 (&8)
- *pfavii* var. *zonale* Rchb.f.: 23 (&8)
24. **pinelii** Lindl. - Braz. (O5/89, S)
- *pinelii* Lindl.: 14 (S)
- *plectrophora* Rchb.f.: *Plectrophora* 5 (G)
25. **popowianum** Kgr. - Ec. (S)
26. **porphyrio** Rchb.f. - Braz. (O5/89, S)
- *porphyrio* Rchb.f.: 1 (D15(2), S)
27. **pulchrum** Poepp. & Endl. (*T. maculatum* Lindl., *T. verruciferum* Schltr.) - Peru, Col., Ven. 1.000-2.000 m (E, H, R**, S*, Z**)
28. **purpureum** Lindl. - Guy. (S)
29. **recurvum** Lindl. - Ec., Guy., Braz. (G, S)
- *saundersianum* Endr. & Rchb.f.: 23 (&8)
- *saundersii* Endr. & Rchb.f.: 23 (&8)
30. **tenuiflorum** Lindl. - Braz. (O5/89, S)

31. **tigrinum** Lind. & Rchb.f. - Ec., Peru 0-700 m (9**, O4/83, O3/91, E**, H**, $55/11, D15(2), S*, Z)
  var. **splendens** Lind. - Ec., Peru 0-700 m (S)
- *verruciferum* Schltr.: 27 (S*)
32. **viridulum** Pupulin - Col. (S*)
- *zonale* Rchb.f.: 23 (&8)
Trichoceros H.B.K. - 1815 - *Subfam. Epidendroideae Tribus: Maxillarieae Subtr. Telipogoninae* - ca. 5/6 sp. ter/lit/epi - S-Am., And., Col. to Bol.
1. **antennifer** (H.B.K.) H.B.K. (*T. parviflorus* H.B.K., *T. armillatus* Rchb. f., *T. muscifera* Kraenzl., *Epidendrum antenniferum* H.B.K.) - Col. to Bol. 1.800-3.000 m - terr. - „Flor de Mosquito" (H**, O5/94, S*, Z**)
- *armillatus* Rchb.f.: 1 (H**, S*)
2. **bennettii** Dods. & Esc. - Peru 2.500 m (S)
- *bergoldii* Gar. & Dunst.: *Darwiniella bergoldii* (O5/82)
- *bergoldii* Gar. & Dunst.: *Darwiniera* 1 (O6/82)
- *bergoldii* Gar. & Dunst.: *Telipogon* 9 (S)
3. **carinifer** Schltr. - Ec. (S)
4. **muralis** Lindl. - Ec., Peru 2.200-2.700 m (O5/82, S, Z**)
- *muralis* var. *platyceros* (Rchb.f.) Schweinf.: 5 (S*)
- *muscifera* Kraenzl.: 1 (H**, S*)
- *parviflorus* H.B.K.: 1 (H**, S*)
5. **platyceros** Rchb.f. (*T. muralis* var. *platyceros* (Rchb.f.) Schweinf.) - Ec., Peru 2.200-2.800 m (S*)
6. **tupaipi** Rchb.f. - Peru 2.600-3.200 m (S)

× **Trichocidium** (Trcdm.) (*Oncidium* × *Trichocentrum*)

Trichoglottis (Trgl.) Bl. - 1825 - *Subfam. Epidendroideae Tribus: Vandeae Subtr. Sarcanthinae* (*Stauropsis* Rchb.f.) - ca. 60 sp. epi. - E-As., Mal., Phil., Melanesia
1. **apoensis** Hashimoto - Phil. (S)
- *appendiculifera* Holtt.: 22 (Q**)
2. **australiensis** Dockr. - end. to Austr. (Qld.) 500-600 m (P**, S)
3. **bipenicillata** J.J.Sm. - end. to Born. 400-600 m (Q**)
4. **bipunctata** (Par. & Rchb.f.) Tang & Wang (*T. misera* (Ridl.) Holtt., *Saccolabium bipunctatum* Tang & Wang, *S. miserum* Ridl.) - S-Thai., N-Mal. (S*)

5. **brachiata** Ames (*T. philippinensis* var. *brachiata* (Ames) L.O.Wms., *Stauropsis philippinensis* var. *brachiata* (Ames) Quisumbing) - Phil. (S, Z)
6. **cirrhifera** Teijsm. & Binn. - Java (2*)
7. **collenetteae** J.J.Wood, C.L.Chan & A.Lamb - Born. (S)
- *dawsonianus* (Rchb.f.) Rchb.f.: *Staurochilus* 1 (H, S)
8. **difformis** (Wall. ex Lindl.) Ban & Huyen - Taiw. (S)
- *difformis* (Lindl.) Ban & Huyen: *Ornithochilus* 2 (H, Q)
- *fasciata* Rchb.: *Stauropsis fasciata* (8**)
- *fasciata* Rchb.f. (E**): *Staurochilus* 2 (H**, S*)
- *flexuosa* Rolfe ex Ames: 19 (G)
- *ionosma* (Lindl.) J.J.Sm.: *Staurochilus* 4 (G**)
- *ionosma* Hay.: *Staurochilus* 6 (S*)
9. **jiewhoei** J.J.Wood, A.Lamb & C.L. Chan - Born. (S)
10. **lanceolaria** Bl. - Java (2*, S)
 var. **maculata** J.J.Sm. - Java (2*)
11. **ledermannii** Schltr. - Palau (2*)
12. **litoralis** Schltr. - Bism. (S)
- *luchuënsis* (Rolfe) Gar. & Sweet: *Staurochilus* 6 (S*)
13. **luzonensis** Ames (*Staurochilus luzonensis* (Ames) Ames) - Phil. 0-400 m (S*)
- *misera* (Ridl.) Holtt.: 4 (S*)
- *multiloba* Guill.: *Staurochilus* 1 (H)
14. **orchidea** (Koenig) Gar. - Ass. (S)
- *pallens* Lindl.: *Phalaenopsis* 42 (E**, H**, J**)
15. **pantherina** J.J.Sm. - Born. (O1/96)
16. **philippinensis** Lindl. (*Stauropsis philippinensis* (Lindl.) Rchb.f.) - Phil. 0-300 m (E**, H**, S*, Z**)
- *philippinensis* var. *brachiata* (Ames) L.O.Wms.: 5 (8**)
17. **pusilla** Rchb.f. (*Vanda pusilla* Teijsm. & Binn.) - Java (2*)
- *quadricornuta* J.J.Sm.: 22 (Q**)
18. **retusa** Bl. - Thai., Indoch., Mal., Sum., Java, Born. 0-500 m (2*, E, H, Q**, S)
- *retusa* auct. non Bl.: 21 (A**, O1/96)
- *retusa* Ames non Bl.: 25 (O6/95)
- *rigida* Bl.: *Sarcanthus rigidus* (2*)
19. **rosea** (Lindl.) Ames (*T. flexuosa* Rolfe ex Ames, *Cleisostoma rosea* Lindl., *Pomatocalpa roseum* (Lindl.) J.J.Sm.) - Phil., Taiw. to 1.300 m (G)
 var. **breviracema** (Hay.) Liu & Su - Taiw. (S)
- *sagarikii* Bonnier n.n.: 21 (A**, O1/96)
20. **scapigera** Ridl. - Thai., Mal., Born. 0-400 m (Q**)
21. **seidenfadenii** Avery. (*T. tomentosa* Seidenf., *T. retusa* auct. non Bl., *T. sagarikii* Bonnier n.n.) - Thai., Viet. (A**, O1/96)
22. **smithii** Carr (*T. quadricornuta* J.J. Sm., *T. appendiculifera* Holtt.) - Born., Sum. 0-1.300 m (4**, Q**)
23. **tenera** (Lindl.) Rchb.f - Sri L., S-Ind. (S)
24. **tinikeae** Schuiteman - Born. (S)
- *tomentosa* Seidenf.: 21 (A**, O1/96)
25. **wenzelii** Ames (*T. retusa* Ames non Bl., *Stauropsis wenzelii* (Ames) Ames & Quisumbing) - end. to Phil. to 60 m (O6/95)
26. **winkleri** J.J.Sm. - Mal., Java, Born. (Q)
 var. **minor** J.J.Sm. - Mal., Java, Born. 200-700 m (Q**)
 var. **winkleri** - Mal., Java, Born. (Q)
× **Trichonopsis (Trnps.)** (*Phalaenopsis* × *Trichoglottis*)
× **Trichopasia** (*Aspasia* × *Trichopilia*)
Trichopilia (Trpla.) Lindl. - 1836 - *Subfam. Epidendroideae Tribus: Oncidieae Subtr. Oncidiinae* - (*Pilumna* Lindl.) - ca. 20/30 sp. epi. - Trop. C-S. Am.
1. **albida** H.Wendl. - Ven., Peru: ? *T. fragrans* (S)
- *albida* H.Wendl.: 6 (9**)
2. **backhouse(i)ana** Rchb.f. - Col.: ? 6 (S)
- *backhouseana* Rchb.f.: 6 (8**)
- *brevis* Rolfe: *Neoescobaria* 1 (H*, S)
- *brevis* Rolfe: *Helcia* 1 (R**)
- *callichroma* Rchb.f.: *Neoescobaria* 2 (S*)
- *callichroma* Rchb.f.: *Helcia* 2 (R**)
- *candida* Lind. ex Lindl.: 6 (8**, 9**, E**, G, H**, S)
- *coccinea* Hook.: *T. crispa* (8**)
- *coccinea* Warsc. ex Lindl. & Paxt. (8**): 13 (9**, O4/96, E**, H**, S)
- *coccinea* var. *crispa* Morr.: *T. crispa* (8**)
3. **conceptionis** (concepcionis) Kraenzl. - Col.: ? 7 (S, R**)

4. **costata** Lind. (S)
- *crispa* Lindl. ex Lind. (8**): 13 (O4/96, 9**, E**, H**, S)
- *crispa* var. *marginata* Warner (8**): 13
5. **dasyandra** Rchb.f. (*Cischweinfia dasyandra* (Rchb.f.) Dressl. & N.H. Will., *Leucohyle dasyandra* (Rchb. f.) Schltr.) - Col., Pan., C.Rica (O4/96)
➛ *dasyandra* Rchb.f.: *Cischweinfia* 2 (H*, S, R)
6. **fragrans** (Lindl.) Rchb.f. (*T. candida* Lind. ex Lindl., *T. backhouseana* Rchb.f., *T. wag(e)neri* (Rchb.f.) Rchb.f., *T. lehmannii* Regel, *T. albida* H.Wendl., *T. grata* Rchb.f., *T. hennisiana* Kraenzl., *Pilumna fragrans* Lindl., *P. wag(e)neri* Rchb.f.) - W-Ind., Ven., Col., Bol., Ec., Peru up to 2.500 m (8**, 9**, E**, G, H**, S, O4/96, R**, Z**)
7. **galeottiana** A.Rich. & Gal. (*T. picta* Lem., *T. turialvae* Lind. ex Lindl., *T. turialvae* Rchb.f. sensu Batem.) - Mex. (8**, 9**, S, O4/96)
- *gloxiniaeflora* Kl. ex Rchb.f.: *T. crispa* (8**)
8. **gracilis** Schweinf. - Peru 1.800-1.900 m (S)
- *grata* Rchb.f.: 6 (S)
8. **hennisiana** Kraenzl. - Col.: ? 15 (S, R**)
- *hennisiana* Kraenzl.: 6 (O4/96)
- *hymenantha* Rchb.f.: *Leucohyle* 2 (9**, S)
- *hymenantha* Rchb.f.: 23 (O4/96)
- *jamaicensis* Fawc. & Rendle: *Leucohyle* 2 (9**)
- *jamaicensis* Fawc. & Rendle: 23 (O4/96)
9. **juninensis** Schweinf. - Peru, Col.: ? 26 (S, FVIII2**, R**)
- *kienastiana* Rchb.f.: 22 (4**, 9**, H**, S)
10. **laxa** (Lindl.) Rchb.f. (*T. laxa* var. *flaveola* Rchb.f., *T. reichenheimiana* Kl., *Pilumna laxa* Lindl., *P. reichenheimiana* Kl.) - Ven., Col., Peru 1.200-1.800 m (E**, G**, H**, S, O4/96, R**)
- *laxa* var. *flaveola* Rchb.f.: 10 (G**)
- *lehmannii* Regel: 6 (9**, E**, G, H**, S)
- *lepida* hort.: 13 (9**, E**, H**)
- *lepida* Veitch: 13 (O4/96)
11. **leucoxantha** L.O.Wms. - Pan. (S, W, O4/96)
- *leucoxantha* L.O.Wms.: ? 22 (W)
12. **maculata** Rchb.f. (*T. powellii* Schltr.) - Guat., Nic., C.Rica, Pan. (S, W, O4/96)
- *maculata* Rchb.f.: ? 24 (S)
13. **marginata** Henfr. ex Moore (*T. coccinea* Warsc. ex Lindl. & Paxt., *T. crispa* Lindl. ex Lind., *T. lepida* hort. Veitch) - Guat., to Col., Pan., C.Rica 1.000-1.500 m (9**, E**, H**, S, W, O4/96, R, Z**)
var. **alba** Rchb.f. - C.Rica 1.350 m (E, H, S, O4/96, O4/93**)
var. **lepida** Veitch (E, H)
var. **olivacea** Rchb.f. (E, H, O4/96)
- *mutica* (Lindl.) Rchb.f.: *Leucohyle* 1 (G)
14. **nobilis** Rchb.f. - Col.: ? 6 (S)
15. **oicophylax** Rchb.f. - Ven., Col. (S)
16. **pendula** Mora-Retana & J.Garcia - C.Rica 600-700 m (O4/96)
17. **peruviana** Kraenzl. - Peru (S)
- *picta* Lem.: 7 (8**, 9**, S)
- *powellii* Schltr.: 12 (O4/96))
18. **punctata** Rolfe - C.Rica (S, W, O4/96)
19. × **ramonensis** (*T. marginata* × *T. suavis*) nat. hybr. - C.Rica (O4/96)
- *reichenheimiana* Kl.: 10 (S)
20. **rostrata** Rchb.f. - W-Ec. 600-1.000 m (S)
- *sanguinolenta* (Lindl.) Rchb.f.: *Helcia* 3 (9**, G, S)
21. **santos-limae** Brade - Braz. (S)
22. **suavis** Lindl. & Paxt. (*T. kienastiana* Rchb.f.) - C.Rica, Col., Pan. 1.100-1.700 m (4**, 8**, 9**, A**, E**, H**, S, W**, R, Z**)
var. **alba** hort. ex Rchb.f. (8**, S)
23. **subulata** (Sw.) Rchb.f. (*T. hymenantha* Rchb.f., *T. jamaicensis* Fawc. & Rendle, *Epidendrum subulatum* Sw., *Cymbidium subulatum* Sw., *Leucohyle subulata* (Sw.) Schltr., *L. warscewiczii* Kl.) - Col., Pan., C.Rica 700-800 m (O4/96)
➛ *subulata* (Sw.) Rchb.f.: *Leucohyle* 2 (9**, E**, H**, R)
24. **tortilis** Lindl. - Mex., Guat., Hond., Salv., C.Rica up to 1.500 m (8**, 9**, E**, G**, H**, W, R, Z**, S)

25. **turialbae** Rchb.f. - Nic., C.Rica, Pan., Col. (W, O4/96, FVIII2**, R, Z**)
- *turialvae* Lind. ex Lindl.: 7 (8**)
- *turialvae* Rchb.f. sensu Batem.: 7 (9**)
26. **turrialvae** Rchb.f. - Nic., C.Rica, Pan. 600-1.400 m (S)
27. **undulatissima** Benn. & Christ. - Peru 1.800 m (S)
- *wageneri (wagneri)* (Rchb.f.) Rchb. f.: 6 (9**, E**, G, H**)
× **Trichopsis (Trcps.)** (*Trichoglottis* × *Vandopsis*)

Trichosalpinx Luer - 1983 - *Pleurothallidinae* (S) - *(Specklinia* Lindl., *Pleurothallis* sect. *Brachystachyeae)* - ca. 106 sp. epi. - Trop., subtrop. Am., Mex. to Braz., Antill.
1. **acremona** (Luer) Luer (*Pleurothallis acremona* Luer) (L, S)
2. **apoda** (Gar. & Dunst.) Luer (*Pleurothallis apoda* Gar. & Dunst.) (L)
→ *apoda* (Gar. & Dunst.) Luer: *Lepanthopsis* 5 (L*)
3. **arbuscula** (Lindl.) Luer (*T. moschata* (Rchb.f.) Luer, *Pleurothallis arbuscula* Lindl., *P. dinotheri* Rchb.f. & Warsc., *P. diptera* Lindl., *P. tricaudata* Schltr., *Humboldtia arbuscula* (Lindl.) Ktze., *H. dinotheri* (Rchb.f. & Warsc.) Ktze., *H. diptera* (Lindl.) Ktze.) - Ven., Col., Ec., Peru, Pan., C.Rica (G, W, L)
4. **ballatrix** Luer & Esc. - Col. 2.380-2.500 m (FXVI2**)
5. **berlineri** (Luer) Luer - Col. (R**)
6. **blaisdellii** (S.Wats.) Luer - Nic., C.Rica, Pan., S-Am. (W)
7. **carinifera** (Barb.Rodr.) Luer (*Lepanthes carinifera* Barb.Rodr.) (L)
8. **carinilabia** (Luer) Luer - C.Rica, Pan. (W)
9. **cedralensis** (Luer) Luer - Nic., C. Rica, Pan., S-Am. (W)
10. **chamaelepanthes** (Rchb.f) Luer (*Pleurothallis chamaelepanthes* Rchb.f. (L)
11. **ciliaris** (Lindl.) Luer (*Pleurothallis villosa* Knowl. & Westc., *P. lepanthiformis* Rchb.f., *P. purpusii* Schltr., *P. brevis* Schltr., *P. gnomonifera* Ames, *P. ciliaris* (Lindl.) L.O.Wms., *Specklinia ciliaris* Lindl., *Humboldtia lepanthiformis* (Rchb.f.) Ktze., *H. villosa* (Knowl. & Westc.) Ktze.) - Mex., Guat., Hond., Nic., C.Rica, Pan. (G, W, L*, R**, S*)
12. **dithele** Luer & Esc. - Col. 1.600-2.060 m (FXVI2*, R**)
13. **dura** (Lindl.) Luer (*T. foliata* (Griseb.) Luer, *Pleurothallis broadwayi* Ames) - C.Rica, Pan., S-Am. (W)
14. **ectopa** Luer - Col. 1.850 m (FXVI-II2*)
15. **escobarii** Luer - Col. 1.880 m (FXVIII2*, R**, S)
- *farrago* Luer & Hirtz: *Lepanthopsis* 17 (L*, O3/86)
- *foliata* (Griseb.) Luer: 13 (W)
16. **intricata** (Lindl.) Luer - Pan., S-Am. (W)
17. **membraniflora** (Schweinf.) Luer - C.Rica, Pan. (W)
18. **memor** (Rchb.f.) Luer - Nic., C.Rica, Pan., S-Am. (W**)
19. **microlepanthes** (Griseb.) Luer (*Pleurothallis microlepanthes* Griseb., *Lepanthopsis microlepanthes* (Griseb.) Ames, *L. leonii* Schweinf.) (L)
→ *microlepanthes* (Griseb.) Luer: *Lepanthopsis* 26 (L*)
- *moschata* (Rchb.f.) Luer: 3 (W)
20. **navarrensis** (Ames) Mora-Retana & J.Garcia - C.Rica (W)
- *operculata* (Luer) Luer: 21 (W)
21. **orbicularis** (Lindl.) Luer (?*T. operculata* (Luer) Luer, ?*T. rotundata* (Schweinf.) Luer, *Specklinia orbicularis* Lindl., *Pleurothallis orbicularis* (Lindl.) Lindl., *P. biflora* Focke, *P. trachytheca* Lehm. & Kraenzl., *Humboldtia biflora* (Focke) Ktze., *H. orbicularis* (Lindl.) Ktze.) - Nic., C.Rica, Pan., Trin., Ven., Col., Guy., Sur. (G, W, L)
22. **pergrata** (Ames) Luer - C.Rica, Pan., S-Am. (W)
23. **pseudolepanthes** Luer & Esc. - Col. 1.850 m (L, FXVIII2, FXVI2*, S)
24. **punctatifolia** (Barb.Rodr.) Luer (*Pleurothallis punctata* Lindl., *P. punctatifolia* (Barb.Rodr.) Pabst, *Lepanthes punctatifolia* Barb.Rodr., *Humboldtia punctata* (Lindl.) Ktze.) - Braz. 700-1.000 m (G, O3/98)
25. **purpurea** Seehawer - Braz. 1.000-1.300 m (O3/98)
26. **pusilla** (Kunth) Luer (*Dendrobium pusillum* Kunth, *Specklinia pusilla* (Kunth) Lindl., *Pleurothallis pusilla* (Kunth) Lindl., *Humboldtia pusilla*

(Kunth) Ktze.) - Peru, Ec. (G, R)
27. **robledorum** (Luer & Esc.) Luer - Col. (R**)
- *rotundata* (Schweinf.) Luer: ? 21 (W)
28. **spathuliglossa** (Hoehne) Luer (*Pleurothallis spathuliglossa* Hoehne) - Braz. ca. 800 m (L, O5/95)
29. **tantilla** Luer - Pan. (W)
30. **tropida** Luer - Pan. (W)
31. **vertex** Luer & Esc. - Col. 3.500 m (FXVI2*)
32. **webbiae** Luer & Esc. - Col. 2.800 m (FXVI2*)

Trichosma Lindl. - 1842: *Eria* Lindl.

Trichosma Lindl. - 1842 - Dendrobiinae (S) - (*Eria* sect. *Nutantes* Ridl.) - 6 sp. epi. - Sri L., Ind., Sik., Mal., Indon.
1. **coronaria** (Lindl.) Brieg. (*T. suavis* Lindl., *Coelogyne coronaria* Lindl., *Eria coronaria* (Lindl.) Rchb.f., *E. cylindropoda* Griff.) (S)
↣ *coronaria* (Lindl.) Brieg.: *Eria* 21 (G**)
- *cylindripoda* Griff.: *T. suavis* (8**)
2. **nutans** (Lindl.) Brieg. (*Eria nutans* Lindl.) (S)
↣ *nutans* (Lindl.) Brieg.: *Eria* 58 (G)
- *suavis* Lindl. (8**): *Eria* 21 (E**, G**, H**)
- *suavis* Lindl.: 1 (S)
× **Trichostylis (Trst.)** (*Rhynchostylis* × *Trichoglottis*)

Trichotosia Bl. - 1825 - Dendrobiinae (S) - (*Eria* subg. *Trichotosia* Bl.) - ca. 17/40-50 sp. epi. - Him. to SW-P.Is.
1. **annulata** Bl. (*Eria annulata* (Bl.) Bl., *E. capellata* Lindl.) (S)
↣ *annulata* Bl.: *Eria* 4 (2*)
2. **barbarossa** (Rchb.f.) Brieg. (*T. barbarossa* (Rchb.f.) Kraenzl., *Eria barbarossa* Rchb.f.) (S)
- *barbarossa* (Rchb.f.) Kraenzl.: 2 (S)
- *biflora* Griff.: *Eria* 67 (2*)
3. **brevipedunculata** (Ames & Schweinf.) J.J.Wood (*Eria brevipedunculata* Ames & Schweinf.) - end. to Born. 1.200-2.100 m (Q**, O3/98)
- *ciliata* Teijsm. & Binn.: *Eria* 34 (2*)
4. **collina** (Schltr.) Brieg. (*Eria collina* Schltr.) (S)
- *compressa* (Bl.) Kraenzl.: *Cylindrolobus* 2 (S)
5. **cristata** Kraenzl. - Mal. (O4/91)
6. **dasyphylla** (Par. & Rchb.f.) Kraenzl. (*Eria dasyphylla* Par. & Rchb. f., *E. ewrardii* Gagn., *Pinalia dasyphylla* (Par. & Rchb.f.) Ktze.) - Nep., Sik., S-China, Laos, Viet. 600-1.800 m (H) ↣ *Eria* 23
7. **ferox** Bl. (*T. pyrrhotricha* (Ridl.) Ridl., *Eria ferox* (Bl.) Bl., *E. virescens* Schltr., *E. pyrrhotricha* Ridl., *Pinalia ferox* (Bl.) Ktze.) - S-Thai., Mal., Sum., Born. 700-1.600 m (H**, O4/91)
↣ *ferox* Bl.: *Eria* 29 (2*)
8. **gracilis** Kraenzl. - Mal. (O4/91)
- *microphylla* Bl.: *Eria* 53 (2*)
9. **monticola** Hook. - Mal. (O4/91)
10. **mucronata** (Lindl.) Kraenzl. (*Eria mucronata* Lindl., *Cylindrolobus mucronatus* (Lindl.) Rausch.) - Phil. (G)
- *pauciflora* Bl.: *Eria* 67 (2*)
- *pyrrhotricha* (Ridl.) Ridl.: 7 (H**)
11. **rotundifolia** Kraenzl. - Mal. (O4/91)
12. **velutina** (Lodd. ex Lindl.) Kraenzl. (*Eria velutina* Lodd. ex Lindl., *E. vestita* Par, *E. monticola* var. *hirsuta* Hook.f., *Pinalia velutina* (Lodd. ex Lindl.) Ktze., *Dendrobium sessile* Gagn.) - Burm., Thai., Viet., Mal., Sum., Born., N.Gui. (G, S*)
13. **vestita** (Wall.) Kraenzl. (*Dendrobium vestitum* Wall., *Eria vestita* Lindl.) - Ind., Mal., Sum., Born., Phil. (G**, S*)
- *vestita* (Wall.) Kraenzl.: *Eria vestita* (9**)
× **Trichovanda (Trcv.)** (*Trichoglottis* × *Vanda*)

Tridachne Liebm. ex Lindl. & Paxt. - 1852-53: *Notylia* Lindl.
- *virens* Liebm. ex Lindl. & Paxt.: *Notylia* 3 (9**, G)

Tridactyle sect. *Nephrangis* Schltr. - 1918: *Nephrangis* (Schltr.) Summerh. (S)

Tridactyle Schltr. - 1914 - Subfam. Epidendroideae Tribus: Vandeae Subtr. Aerangidinae - ca. 38/40 sp. epi/lit - Trop. Afr. to S-Afr.
1. **anthomaniaca** (Rchb.f.) Summerh. - Kenya, Tanz., Ug., S.Leone, Zim., Moz., Camer. CAR, Ivory C., Lib., Malawi, Nig., Sud. 650-1.650 m (1**, M**, C**, S*)
2. **armeniaca** (Lindl.) Schltr. (*Angraecum armeniacum* Lindl., *A. whitfieldii* Rendle) - Guin., S.Leone, Lib., Ghana (G)

Tridactyle - Trigonidium

3. **bicaudata** (Lindl.) Schltr. (*T. fimbriata* (Rendle) Schltr., *T. polyschista* Schltr. ex Mansf., *T. bicaudata* ssp. *rupestris* Linder, *Angraecum bicaudatum* Lindl., *A. laciniatum* Kraenzl., *Listrostachys fimbriata* Rendle, *L. cirrhosa* Kraenzl., *L. bicaudata* (Lindl.) Finet) - Trop. Afr., S-Afr., Kenya to 2.500 m - epi/lit/ter - scented (1**, A**, E**, H**, M**, C**, S*, Z**)
- *bicaudata* ssp. *rupestris* Linder: 3 (C)
- *bolusii* (Rolfe) Schltr.: 23 (C**)
4. **citrina** Cribb - N-Malawi, Tanz., Zam. 1.350-2.100 m (C)
5. **crassifolia** Summerh. (S)
6. **cruciformis** Summerh. - Kenya, Tanz. 1.200-2.200 m (M**)
7. **filifolia** (Schltr.) Schltr. (*T. tridentata* var. *subulifolia* Summerh.) - Kenya, Tanz., Ug., Trop. Afr. 1.650 m (M**)
- *filiformis* (Kraenzl.) Schltr.: *Nephrangis* 1 (M, C)
- *fimbriata* (Rendle) Schltr.: 3 (E**, H**)
8. **flabellata** Cribb - Tanz. (S)
- *fragrans* G.Williamson: 21 (C**)
9. **furcistipes** Summerh. - Kenya, Ug., Tanz. 2.300-2.850 m (M**, C)
10. **gentilii** (De Wild.) Schltr. (*Angraecum gentilii* De Wild.) - Ghana, Nig., Camer., Zai., Ug., Tanz., Zam., S-Afr to 2.200 m - epi. (H**, C, S, Z**)
11. **inaequilonga** (De Wild.) Schltr. - S-Afr. (1**, S)
12. **latifolia** Summerh. - S-Afr. (1**)
13. **laurentii** (De Wild.) Schltr. (S)
14. **minuta** Cribb - Tanz. (S)
15. **nigrescens** Summerh. - Kenya, Ug., Zai. 2.200 m (M)
- *polyschista* Schltr. ex Mansf.: 3 (E**, H**)
16. **scottellii** (Rendle) Schltr. - Kenya, Ug., Zai., Rwa. 2.200-3.000 m (M**)
17. **stewartiana** Geer. - Rwa. (S)
18. **stipulata** (De Wild.) Schltr. (S)
19. **tanneri** Cribb - Kenya, Tanz. 1.200-1.600 m (M**, C)
20. **teretifolia** Schltr. (*Angraecum hislopii* Rolfe) - S-Afr. (1**, S)
- *teretifolia* Schltr.: 23 (M**, C**)
21. **tricuspis** (H.Bol.) Schltr. (*T. fragrans* G.Williamson, *Angraecum rhodesianum* Rendle) - Kenya, Tanz. to S-Afr., Zai. 900-2.600 m (1**, M**, C**, S)
22. **tridactylites** (Rolfe) Schltr. - Trop. Afr. 900-1.800 m (1**, 4**, E*, H*, C*, S*)
23. **tridentata** (Harv.) Schltr. (*T. teretifolia* Schltr., *T. bolusii* (Rolfe) Schltr.) - Kenya, Tanz., Ug. to S-Afr., Zai. 900-2.250 m (M**, C**, S*)
- *tridentata* var. *subulifolia* Summerh.: 7 (M**)
24. **trimikeorum** Dare - Zim. (S)
25. **truncatiloba** Summerh. - Gab., Congo 350-600 m (C**)
26. **vanderlaaniana** Geer. - Zai. (S)
27. **verrucosa** Cribb - Malawi, Tanz. 1.500-2.200 m (C*)
28. **virginea** Cribb & van der Laan - Malawi, Tanz. (S)
- *wakefieldii* (Rolfe) Summerh.: *Solenangis* 6 (M**, S*)
× **Trigolyca (Trgca.)** (*Mormolyca* × *Trigonidium*)

Trigonanthe (Schltr.) Brieg. - 1975: *Dryadella* Luer (S)

Trigonidium (Trgdm.) Lindl. - 1837 - Subfam. Epidendroideae Tribus: Maxillarieae Subtr. Maxillariinae - ca. 13 sp. epi/lit - Mex., S-Am., Braz., Peru

1. **acuminatum** Batem. ex Lindl. (*T. tenue* Lodd. ex Lindl., *T. subrepens* Rolfe, *T. peruvianum* Schltr.) - Ven., Col., Peru, Guy., Sur., Braz. 100-1.500 m (G, R, S*)
- *amparoanum* Schltr.: 9 (S*)
2. **aptulatum** Rchb.f. - Col. (S)
3. **aurorae** Benn. & Christ. - Peru 1.150 m (S)
- *brachyglossum* (A.Rich. & Gal.) Schltr.: 5 (G)
- *callistele* Rchb.f.: 5 (G)
4. **christensonii** Benn. - Peru 2.000 m (S)
5. **egertonianum** Batem. ex Lindl. (*T. seema(n)ni(i)* Rchb.f., *T. spathulatum* Lind. & Rchb.f., *T. callistele* Rchb.f., *T. brachyglossum* (A.Rich. & Gal.) Schltr., *Maxillaria brachyglossa* A.Rich. & Gal.) - Mex., Guat., Hond., Salv., C.Rica, Pan., Ven., Col. to 1.000 m - lit/epi (8**, G, H**, W**, R**, S*, Z**)
6. **equitans** Gar. - Col. (S)

7 **grande** Gar. - Ec. 1.000-2.000 m (S)
8. **insigne** Rchb.f. ex Benth. & Hook.f. (*T. lankesteri* Ames) - C.Rica, Pan., S-Am., Col. 200-1.100 m (W, R**, S*)
9 **lankesteri** Ames (*T. amparoanum* Schltr.) - C.Rica, Pan., Ec. (S*)
- *lankesteri* Ames: 8 (W)
10. **latifolium** Lindl. - Braz. (G, S)
11. **loretoense** Schltr. - Peru (S)
12. **macranthum** Barb.Rodr. - Braz. (S)
- *monophyllum* Griseb.: *Neocogniauxia* 2 (9**, H*, S)
13. **obtusum** Lindl. - Braz., Guy., Ven., Col., Bol. (4**, A**, G**, H, R**, S)
- *peruvianum* Schltr.: 1 (G, S)
- *ringens* Lindl.: *Mormolyca* 6 (G, H**)
14. **riopale(n)quense** Dods. - C.Rica, Pan., S-Am. (W, S)
- *seemanii (seemanni)* Rchb.f.: 5 (G, H, S)
- *spathulatum* Lind. & Rchb.f.: 5 (G)
- *subrepens* Rolfe: 1 (G)
- *tenue* Lodd. ex Lindl.: 1 (G, S)
15. **turbinatum** Rchb.f. - Braz., Col. (R, S)

Trigonochilum Kgr. - 1994 - *Oncidiinae* (S) - (*Cyrtochilum* sect. *Cimiciferum* (Lindl.) Kraenzl.) - ca. 44 sp. epi. - Ven. to Bol.
1. **bachmannii** (Bock) Sengh. (*Odontoglossum bachmannii* Bock) - Col. (S)
2. **cocciferum** (Rchb.f. & Warsc.) Kgr. & Schildh. - Ven. to Bol. ca. 500 m (S)
3. **dalessandroi** (Dods. & Gar.) Sengh. (*Odontoglossum dalessandroi* Dods. & Gar.) - Ven. to Bol. (S)
4. **densiflorum** (Lindl.) Sengh. (*Odontoglossum densiflorum* Lindl.) - Ven. to Bol. (S)
5. **diodon** (Rchb.f.) Kgr. & Schildh. - Ven. to Bol. (S*)
6. **distans** (Rchb.f.) Sengh. (*Odontoglossum distans* Rchb.f.) - Ven. to Bol. (S*)
7. **dodianum** (Ackerm. & Chir.) Sengh. (*Oncidium dodianum* Ackerm. & Chir.) - Dom. (S)
8. **examinans** (Lindl.) Kgr. & Schildh. - Ven. to Bol. (S*)
9. **fidicularium** (Dalström) Sengh. - Ec., Peru (S)
10. **flavescens** (Rolfe) Sengh. (*Odontoglossum flavescens* Rolfe) - Ven. to Bol. (S)
11. **funis** (Lehm. & Kraenzl.) Sengh. (*Oncidium funis* Lehm. & Kraenzl.) (S)
12. **graminifolium** (Schweinf.) Sengh. - Peru (S*)
13. **hoejeri** (Dalström) Sengh. - Ec. (S)
14. **kopfianum** Kgr. (S)
15. **macasense** (Dods.) Sengh. (*Oncidium macasense* Dods.) - Ec. (S)
16. **meirax** (Rchb.f.) Kgr. - Ven. to Bol. ca. 500 m (S)
17. **murinum** (Rchb.f.) Kgr. & Schildh. (S*)
18. **myanthum** (Lindl.) Sengh. (*Odontoglossum myanthum* Lindl.) (S) ➤ Odontoglossum 43
19. **myrianthum** (Rchb.f.) Sengh. (*Odontoglossum myrianthum* Rchb.f.) (S)
20. **robustum** (Rchb.f. & Warsc.) Sengh. (*Odontoglossum robustum* Rchb. f. & Warsc.) (S)
21. **rodrigoi** Kgr. - S-Col. (S)
22. **scabiosum** (Kraenzl.) Sengh. (*Cyrtochilum scabiosum* Kraenzl.) (S)
23. **tricostatum** (Kraenzl.) Kgr. & Schildh. (S*)
24. **williamsianum** (Dods.) Sengh. (*Oncidium williamsianum* Dods.) - Ec. (S)

Triorchis cernua (L.) Nieuw.: *Spiranthes* 3 (9**, G**)
- *spiralis* (Sw.) House: *Spiranthes* 14 (G)

Triphora Nutt. - 1818 - *Subfam. Epidendroideae Tribus: Triphoreae* - 12 sp. terr. - Neotrop.
- *cubensis* Rchb.f.: 1 (W, $55/3)
1. **gentianoides** (Sw.) Ames & Schltr. (*T. cubensis* Rchb.f.) - Nic., Pan., S-Am. - ter/sapro (W, $55/3)
2. **mexicana** (S.Wats.) Schltr. - Nic., Pan. (W)
3. **nitida** Schltr. - C.Rica (W)
- *pendula* (Muhl. ex Willd.) Nutt.: 5 (G**)
4. **ravenii** (L.O.Wms.) Gar. - C.Rica, Pan. (W)
5. **trianthophora** (Sw.) Rydb. (*T. pendula* (Muhl. ex Willd.) Nutt., *T. trianthophora* var. *schaffneri* Campacci, *Arethusa trianthophoros* Sw., *A. parviflora* Mich., *A. pendula* Muhl. ex

Willd., *Pogonia pendula* (Muhl. ex Willd.) Lindl., *P. trianthophorus* (Sw.) Britt.) - N-Am. - ter/sapro - „Three-Bird Orchid" (G**, S, W, $47/12, $53/7)
- *trianthophora* var. *schaffneri* Campacci: 5 (G**)
6. **wagneri** Schltr. - Pan. (W)

Tripleura Lindl. - 1833: *Zeuxine* Lindl. (S)
- *pallida* Lindl.: *Zeuxine sulcata* (2*)
- *pallida* Lindl.: *Zeuxine* 17 (6*, G)

Trisetella Luer - 1980 - *Pleurothallidinae* (S) - (*Masdevallia* sect. *Triaristella*, *Triaristella* (Rchb.f.) Brieg., *Triaristellina* Rausch.) - ca. 20 sp. epi. - Trop. C-S. Am.
1. **abbreviata** Luer - Ec. 1.200-1.500 m (L*)
2. **andreettae** Luer - Ec. ca. 1.600 m (L*)
3. **cordeliae** Luer - Peru ca. 1.800 m (L*)
4. **dalstroemii** Luer - Ec. 2.100 m (L*)
- *dalstromii* Luer: *Triaristellina* 1 (S)
5. **didyma** (Luer) Luer (*Masdevallia didyma* Luer, *Triaristella didyma* (Luer) Luer, *Triaristellina didyma* (Luer) Rausch.) - Ec. 1.400-2.500 m (L*)
6. **dressleri** (Luer) Luer (*Masdevallia dressleri* Luer, *Triaristella dressleri* (Luer) Luer, *Triaristellina dressleri* (Luer) Rausch.) - Pan. 650-1.000 m (W, L*, O3/84)
7. **escobarii** Luer - Col. ca. 2.100 m (L*, R**)
8. **fissidens** Luer & Hirtz - Ec. ca. 1.000 m (L*)
9. **gemmata** (Rchb.f.) Luer (*Masdevallia gemmata* Rchb.f., *Triaristella gemmata* (Rchb.f.) Luer, *Triaristellina gemmata* (Rchb.f.) Rausch.) - Col. ca. 1.700-1.900 m (L*, R**)
10. **hirtzii** Luer - Ec. 900-1.500 m (L*)
11. **hoeijeri** Luer & Hirtz - Ec. 1.800 m (L*)
- *huebneri* (Schltr.) Luer (9**, $55/9): 20 (L*)
12. **nodulifera** Luer & Hirtz - Ec., Peru ca. 900 m (L*)
13. **pantex** (Luer) Luer (*Masdevallia pantex* Luer, *Triaristella pantex* (Luer) Luer, *Triaristellina pantex* (Luer) Rausch.) - Ec. 1.400-2.600 m (L*)
14. **regia** Kgr. - Peru ca. 2.500 m (L*, O2/84)
15. **scobina** Luer - Ec., Bol. 800-2.200 m (L*, O2/84)
16. **sororia** Luer & Andreetta - Ec. ca. 2.200 m (L*)
17. **strumosa** Luer & Andreetta - Ec. ca. 1.600 m (L*)
18. **tenuissima** (Schweinf.) Luer (*Masdevallia tenuissima* Schweinf., *M. butcheri* Luer, *Triaristella tenuissima* (Schweinf.) Luer, *Triaristellina tenuissima* (Schweinf.) Rausch.) - Pan., Col. 400-1.200 m (W, L*, R**)
19. **triaristella** (Rchb.f.) Luer (*Masdevallia triaristella* (Rchb.f.) Luer, *Triaristella reichenbachii* Brieg., *Triaristellina triaristella* (Rchb.f.) Rausch.) - C.Rica, Pan., Col., Ec. 600-1.700 m (A**, H, W**, L*, O2/84, Z**)
- *trichaete* (Rchb.f.) Luer: 20 (L*)
- *tridactylites* (Rchb.f.) Luer: 20 (L*)
20. **triglochin** (Rchb.f.) Luer (*T. huebneri* (Schltr.) Luer, *T. trichaete* (Rchb.f.) Luer, *T. tridactylites* (Rchb.f.) Luer, *Masdevallia triglochin* Rchb.f., *M. tripeta* Rchb.f., *M. tridactylites* Rchb.f., *M. trichaete* Rchb.f., *M. triseta* Rchb.f. ex Kraenzl., *M. huebneri* Schltr., *M. allenii* L.O.Wms., *Triaristella huebneri* (Schltr.) Luer, *T. trichaete* (Rchb.f.) Luer, *T. tridactylites* (Rchb.f.) Luer, *T. triglochin* (Rchb.f.) Luer, *Triaristellina huebneri* (Schltr.) Rausch., *T. trichaete* (Rchb.f.) Rausch., *T. tridactylites* (Rchb.f.) Rausch., *T. triglochin* (Rchb.f.) Rausch.) - Ec., C.Rica, Pan., Col., Ven., Bol., Braz. 0-1.900 m (W, L*, O3/84, R**, Z**)
21. **vittata** (Luer) Luer (*Masdevallia vittata* Luer, *Triaristella vittata* (Luer) Luer, *Triaristellina vittata* (Luer) Rausch.) - Ec. 1.900-2.100 m (L*)
× **Trisuloara (Tsla.)** (*Barkeria* × *Brassavola* × *Cattleya* × *Epidendrum* × *Laelia* × *Sophronitis*)

Trizeuxis Lindl. - 1823 - Subfam. Epidendroideae Tribus: Oncidieae Subtr. Oncidiinae - 1 sp. epi. - C.Rica to Bol.
- *andina* Schltr.: 1 (S)
1. **falcata** Lindl. (*T. andina* Schltr.) - C.Rica, Pan. to Bol., Col. to 1.000 m (O3/91, S*, W**, R**)

Tropianthus (Trophianthus) Scheidw. - 1844.: *Aspasia* Lindl.
Tropidia Lindl. - 1831 - *Subfam. Spiranthoideae Tribus: Tropidieae* - (*Chloidia* Lindl. p.p., *De(s)caisnea* Brongn., *Pterocilus* K.Schum., *Muluorchis* J.J.Wood) - 26 sp. ter/sapro - Trop. As., Am., Austr., Pantrop.
1. **angulosa** (Lindl.) Bl. (*T. govindovii* Bl., *T. semilibera* (Lindl.) Bl., *T. bellii* Blatt. & McCann, *Decaisnea angulosa* Lindl., *Cnemidia angulosa* Lindl., *C. semilibera* Lindl., *Govindovia nervosa* Wight) - Sik., Ass., Burm., Thai., Mal., Sum., Java (6*, G, Q)
- *bellii* Blatt. & McCann: 1 (6*, G)
2. **connata** J.J.Wood & A.Lamb - end. to Born. 400-600 m - sapro (Q**)
3. **curculigoides** Lindl. (*T. squamata* Bl.) - Indon., Mal., Austr. (NT) (2*, 6*, P*)
4. **disticha** Schltr. - Trop. As., Fiji (S)
- *eatonii* Ames: 8 (S)
5. **emeishanica** Lang - China (S)
- *govindovii (govindivii)* Bl.: 1 (6*, G)
6. **graminea** Bl. - Java (2*)
- *maingayi* Hook.f.: 7 (6*)
7. **pedunculata** Bl. (*T. maingayi* Hook.f.) - Thai. (6*)
8. **polystachya** (Sw.) Ames (*T. eatonii* Ames, *Serapias polystachya* Sw.) - Nic., C.Rica, S-Am., Antill., Gal. (S, W)
9. **saprophytica** J.J.Sm. (*Muluorchis ramosa* J.J.Wood) - end. to Born. 300-1.900 m - sapro (Q**)
- *semilibera* (Lindl.) Bl.: 1 (6*, G)
- *squamata* Bl.: 3 (2*)
Tropilis Raf. - 1837 - *Dendrobiinae* (S) (*Dendrocoryne* (Lindl.) Brieg.) - 16 sp. epi.
1. **aemula** (F.M.Bailey) Butzin (S)
- *aemula* (R.Br.) Raf.: *Dendrobium* 6 (9**)
- *gracilicaulis* (F.v.Muell.) Butzin: *Dendrobium* 142 (9**, G)
- *kingiana* (Bidw. ex Lindl.) Butzin: *Dendrobium* 182 (9**, E**, G**)
- *speciosa* (Smith) Butzin: *Dendrobium* 332 (9**, G**)
- *tetragona* (A.Cunn. ex Lindl.) Butzin: *Dendrobium* 362 (9**, G**)
Trudelia Gar. - 1986 - *Aeridinae* (S) - 5 sp. epi. - Him. to Viet.
1. **alpina** (Lindl.) Gar. (*Luisia alpina* Lindl., *Vanda alpina* (Lindl.) Lindl.) - Him., Bhut., Sik., NE-Ind. 1.000-1.700 m (G, H**, S, Z)
2. **chlorosanthes** Gar. - Bhut. (S)
3. **cristata** (Lindl.) Sengh. (*Aerides cristata* Wall. ex Lindl., *Vanda cristata* Lindl., *V. alpina* Tuyama) - Tib., Nep., Sik., Bhut., NE-Ind. 600-2.000 m (G**, H**, S*, Z**)
4. **griffithii** (Lindl.) Gar. (*Vanda griffithii* Lindl.) - Bhut. (H, S*)
5. **pumila** (Hook.f.) Sengh. (*Vanda pumila* Hook.f.) - N-Ind., Burm., Thai., Laos, Viet. 500-1.100 m - scented (H, S, Z)
× **Trudelianda** Gar. (*Trudelia* × *Vanda*) (S)
× **Trudelicentrum** Sengh. (*Trudelia* × *Ascocentrum*) (S)
× **Trudelides** Sengh. (*Trudelia* × *Aerides*) (S)
× **Trudeliopsis** Sengh. (*Trudelia* × *Phalaenopsis*) (S)
× **Trudeliopsis** Sengh. (*Trudelia* × *Vandopsis*) (S)
Tryphia orthoceras Harv.: *Holothrix* 9 (9**)
Tsaiorchis Tang & Wang - 1936 - *Subfam. Orchidoideae Tribus: Orchideae Subtr. Habenariinae* - 1 sp. terr. - Yun.
1. **neottianthioides** Tang & Wang - end. to Yun. 1.500 m (S)
× **Tubaecum (Tbcm.)** (*Angraecum* × *Tuberolabium*)
Tuberolabium (Tblm.) Yamamoto - 1924 - *Subfam. Epidendroideae Tribus: Vandeae Subtr. Sarcanthinae* - (*Trachoma* Gar.) - 12 sp. epi. - Thai., Sund., Phil., Java, Taiw., Austr., Fiji
1. **carnosum** Seidenf. - Thai. (S)
2. **elobe** (Seidenf.) Seidenf. - Thai. (S)
3. **erosulum** (J.J.Sm.) Gar. (*Saccolabium erosulum* J.J.Sm.) - Sund. (S)
4. **escritorii** (Ames) Gar. (*Saccolabium escritorii* Ames) - Phil. (S*)
→ *escritorii* (Ames) Gar.: *Parapteroceras* 3 (O2/95)
5. **kotoense** Yamamoto (*Saccolabium quisumbingii* L.O.Wms.) - Taiw., Phil. (S*)
- *kotoense* sensu Gar. non Yamamoto: *Parapteroceras* 5 (O2/95)
6. **odoratissimum** (J.J.Sm.) Gar. (*Saccolabium odoratissimum* J.J.Sm.) - Java 500-1.500 m (S)

7. **sarcochiloides** (Schltr.) Gar. (*Saccolabium sarcochiloides* Schltr.) - Phil. (S)

Tubilabium J.J.Sm. - 1928 - *Subfam. Spiranthoideae Tribus: Erythrodeae* - 2 sp. terr. - Mol., Born., Cel.
1. **aureum** J.J.Sm. - Mol. (S)
2. **bilobuliferum** J.J.Sm. - Born., Cel. (S)

× **Tuckerara (Tuck.)** (*Cattleya* × *Diacrium* (*Caularthron*) × *Epidendrum*)

Tulotis Raf.: *Platanthera* L.C.Rich. (H)

Tulotis Raf. - 1833 - *Orchidinae* (S) - (*Perularia* Lindl.) - 7 sp. terr. - China, Jap., Sib., USA
1. **flava** (L.) Sengh. (*Perularia flava* (L.) Schltr., *Habenaria flava* (L.) R.Br. ex Spreng.) - E-USA (S)
 var. **herbiola** (R.Br.) Schrenk - USA - „Gelbe Zügelorchidee" (O3/81)
2. **longicalcarata** (Hay.) Liu & Su (*Platanthera longicalcarata* Hay.) - Taiw. (S)

× **Turnbowara (Tbwa.)** (*Barkeria* × *Broughtonia* × *Cattleya*)

Tylochilus Nees - 1832: *Cyrtopodium* R. Br. (S)
- *flavus* Nees: *Cyrtopodium* 1 (8**)

Tylostigma Schltr. - 1916 - *Subfam. Orchidoideae Tribus: Orchideae Subtr. Habenariinae* - 8 sp. terr. - Madag.
1. **filiforme** H.Perr. - Madag. 1.800-2.000 m (U)
 ssp. **bursiferum** H.Perr. - Madag. ca. 1.400 m (U)
2. **foliosum** Schltr. - Madag. 2.000-2.500 m (U)
3. **herminioides** Schltr. - Madag. ca. 2.200 m (U)
4. **hildebrandtii** (Ridl.) Schltr. (*Habenaria hildebrandtii* Ridl.) - Madag. 1.500-2.000 m (U)
5. **madagascariense** Schltr. - Madag. ca. 1.500 m (U)
6. **nigrescens** Schltr. - Madag. 1.500-2.000 m (U)
7. **perrieri** Schltr. - Madag. 1.500-2.000 m (U)
8. **tenellum** Schltr. - Madag. ca. 1.600 m - lith. (U)

Ulantha Hook.: *Chloraea* Lindl.

Uleiorchis (Ulaeorchis) Hoehne - 1944 - *Subfam. Epidendroideae Tribus: Gastrodieae Subtr. Gastrodiinae* - 2 sp. ter/sapro - S-Am.
- *cogniauxiana* Hoehne (FXV2/3): 2 (S)

1. **liesneri** Carnevali & G.Romero - Ven. (S)
2. **ulei** (Cogn.) Brieg. [ulaei (Cogn.) Handro (W)] (*U. cogniauxiana* Hoehne, *Wullschlaegelia ulei* Cogn.) - Pan., S-Am. S-Braz. (S, W)

Uncifera Lindl. - 1859 - *Subfam. Epidendroideae Tribus: Vandeae Subtr. Sarcanthinae* - 7 sp. epi. - Him., Sik. to S-Viet.
1. **acuminata** Lindl. (*Saccolabium acuminatum* (Lindl.) Hook.f.) - Him. Sik., Khasia 2.000-2.300 m (S)
- *albiflora* Guill.: *Smitinandia* 2 (H)
- *buccosa* (Rchb.f.) Finet & Guill.: *Robiquetia* 15 (G**)
2. **dalatensis** (Guill.) Seidenf. & Smitin. (*Saccolabium dalatensis* Guill.) - S-Viet. 2.000 m (S)
3. **heteroglossa** Rchb.f. - unknown origin (S)
4. **lancifolia** (King & Pantl.) Schltr. (*Saccolabium lancifolium* King & Pantl.) - Him., Sik. 2.000 m (S)
5. **obtusifolia** Lindl. (*Saccolabium obtusifolium* (Lindl.) Hook.f.) - Him., Sik., Khasia 1.200-1.700 m (S)
- *tenuicaulis* (Hook.f.) Holtt.: *Ventricularia* 2 (S*)
6. **thailandica** Seidenf. & Smitin. - N-Thai. 1.200 m (S*)
- *uncifera* Guill.: *Smitinandia* 2 (G)
7. **verrucosa** Summerh. - Burm. 1.350 m (S)

Univiscidatus (Kores) Szlach. - 2001 - *Caladeniinae* (S) - (*Acianthus* subg. *Univiscidatus* Kores) - 14 sp. - N. Cal., Austr.

× **Uptonara (Upta.)** (*Phalaenopsis* × *Rhynchostylis* × *Sarcochilus*)

Uropedium Lindl. - 1846: *Phragmipedium* Rolfe (S)
- *lindenii* Lindl.: *Phragmipedium* 11 (E**, O(B)4)

Urostachya (Lindl.) Brieg. - 1981: *Eria*

Urostachya (Lindl.) Brieg. - 1981 - *Dendrobiinae* (S) - (*Eria* sect. *Urostachya* Lindl.) - 21 sp. epi. - Indon., Mal., Phil., N.Gui.
1. **chrysantha** (Schltr.) Brieg. (*Eria chrysantha* Schltr.) (S)
2. **erecta** (Bl.) Brieg. (*Dendrolirium erectum* Bl., *Eria erecta* (Bl.) Lindl.) (S) → Eria 26
3. **euryantha** (Schltr.) Brieg. (*Eria euryantha* Schltr.) (S)

4. **floribunda** (Lindl.) Brieg. (*Eria floribunda* Lindl.) (S) → Eria 33
5. **minahassae** (Schltr.) Brieg. (*Eria minahassae* Schltr.) (S)
6. **schildiana** (Schltr.) Brieg. (*Eria schildiana* Schltr.) (S)
× **Vacherotara (Vach.)** (*Brassavola* × *Broughtonia* × *Cattleya* × *Epidendrum* × *Laelia* × *Sophronitis*)
× **Vanalstyneara (Vnsta.)** (*Miltonia* × *Odontoglossum* × *Oncidium* × *Rodriguezia*)
× **Vancampe (Vcp.)** (*Acampe* × *Vanda*)

Vanda (V.) Jones ex R.Br. - 1795 - Subfam. Epidendroideae Tribus: Vandeae Subtr. Sarcanthinae - 48/60 sp. epi/lit - Trop. As., Ind., Indoch., Austr.
- *alpina* (Lindl.) Lindl. (E**): *Trudelia* 1 (G, H**)
- *alpina* Tuyama: *Trudelia* 3 (G**)
- *alpina* Tuyama: *V. cristata* (9**)
1. **amesiana** Rchb.f. - Burm., Thai., China, Camb., Viet., Laos 1.200-1.600 m (8**, 9**, O3/91, E*, H)
→ *amesiana* Rchb.f.: *Holcoglossum* 1 (H*)
2. **arbuthnotiana** Kraenzl. - S-Ind. (S)
3. **arcuata** J.J.Sm. - Cel. (S)
- *batemanii* Lindl.: *Stauropsis lissochiloides* (8**)
- *batemanii* Lindl.: *Vandopsis* 3 (E**, G**, H**)
4. **bensonii** Batem. - Thai., Burm. 900-1.000 m (8**, 9**, S)
5. **bidupensis** Avery. & Christ. - Viet. (S)
- *boxallii* (Rchb.f.) Rchb.f.: 28 (G)
- *boxallii* var. *cobbiana* Rchb.f.: 28 (G)
6. **brunnea** Rchb.f. (*V. denisoniana* var. *hebraica* Rchb.f.) - Thai., Burm. 200-400 m (S*)
- *cathcartii* Lindl.: *Arachnanthe cathcartii* (8**)
- *cathcartii* Lindl.: *Esmeralda* 1 (9**)
7. **celebica** Rolfe - Cel. (S)
- *clarkei* (Rchb.f.) N.E.Br.: *Esmeralda* 2 (9**)
- *clitellaria* Rchb.f.: 28 (G)
8. **coerulea** Griff. ex Lindl. - NE-Ind., Burm., Thai., China 800-1.700 m - CITES (4**, 8**, E**, H**, O2/81, S, Z**)
   var. **concolor** Cogn. (8**)
   var. **hennisiana** Schltr. (O2/81, S*)
   var. **peetersiana** Cogn. (8**)
   var. **sanderae** Rchb.f. - Ind., Him., E-Burm. to NW-Thai. 800-2.000 m (O2/81, S)
9. **coerulescens** Griff. - Burm., Thai., NE-Ind., S-China 300-800 m (8**, 9**, E**, H**, S*, Z**)
   var. **boxallii** Rchb.f. (8**, S)
- *coerulescens* subvar. *boxallii* Griff.: 11 (9**)
10. **concolor** Bl. (*V. roxburghii* var. *unicolor* Hook., *V. furva* (Rumph.) Lindl., *Angraecum furvum* (Rumph.) L., *Epidendrum furvum* (Rumph.) L., *Cymbidium furvum* (Rumph.) Willd.) - Ind., Thai., China, Viet. (9**, G, S)
11. **confusa** Rolfe (*V. coerulescens* subvar. *boxallii* Griff.) - Ind., Burm. (9**, S)
- *congestum* Lindl.: *Acampe* 1 (G)
12. **crassilabia** Teijsm. & Binn. - Sund. (S)
- *cristata* Lindl. (9**, E**): *Trudelia* 3 (G**, H**)
- *cristata* var. ß Lindl.: *V. pumila* (9**)
- *cumingii* Lodd.: 28 (G)
- *cumingii* Lindl. ex Paxt.: 28 (Q**)
13. **dearei** Rchb.f. - end. to Born. 0-300 m - scented (O4**, O3/98, S, Z)
14. **denevei** (J.J.Sm) Zurow. - Born.
→ *denevei* (J.J.Sm) Zurow.: *Paraphalaenopsis* 1 (9**, Q**)
15. **denisoniana** Bens. & Rchb.f. (*V. henryi* Schltr.) - Burm., Thai., China, Viet. 700-900 m (8**, 9**, O4/91, S*, Z**)
   var. **hebraica** Rchb.f. - Burm., Thai., China, Viet. ca. 750 m (O4/91)
- *denisoniana* var. *hebraica* Rchb.f.: 6 (S*)
- *densiflora* (Lindl.) Lindl.: *Rhynchostylis* 2 (9**, E**, H**, S*)
16. **devoogtei** J.J.Sm. - Cel. (S)
17. **esquirolei** Schltr. - China (S)
- *fasciata* Gardn. ex Lindl.: *Acampe* 5 (G)
- *flabellata* (Rolfe ex Downie) E.A. Christ.: *Aerides* 8 (S)
18. **foetida** J.J.Sm. - Sum. (S)
- *furva* (Rumph.) Lindl.: 10 (9**, G)
19. **gibbsiae** Rolfe - Born. (Q)
- *gibbsiae* Rolfe: 21 (Q)
- *gigantea* Lindl.: *Stauropsis gigantea* (8**)

- *gigantea* Lindl.: *Vandopsis* 1 (9**, S)
- *griffithii* Lindl.: *V. alpina* (E**)
- *griffithii* Lindl.: *Trudelia* 4 (S*)
20. **guangxiensis** Fowlie - SE-China (S)
21. **hastifera** Rchb.f. (*Renanthera trichoglottis* Ridl.) - end. to Born. (Q, O3/98, S)
    var. **gibbsiae** (Rolfe) Cribb (*V. gibbsiae* Rolfe) - end. to Born. 800-1.300 m - scented (Q)
    var. **hastifera** - end. to Born. sea level (Q**)
22. **helvola** Bl. - Mal., Sum., Java, Born., N.Gui., Phil. 400-1.500 m - scented (2*, Q**, S)
23. **henryi** Schltr. - China (S)
- *henryi* Schltr.: 15 (O4/91)
24. **hindsii** Lindl. (*V. whiteana* D.Herbert & Blake) - Austr. (Qld.), N.Gui. (P**, O1/93, S)
- *hindsii* Benth.: 51 (9**, G)
- *hookeriana* Rchb.f. (O3/91, E*): *Papilionanthe* 3 (H, Q**)
25. **insignis** Bl. - Mol., Java (8**, 9**, S)
26. **javierae** Tiu ex Fessel & Lueckel - Phil. 1.600 m (O4/90**, S)
- *kimballiana* Rchb.f. (8**, O3/91): *Holcoglossum* 4 (9**, H**)
27. **kwangtungensis** Chen & Tang - China (S)
28. **lamellata** Lindl. (*V. unicolor* Roxb. ex Steud., *V. cumingii* Lodd., *V. cumingii* Lindl. ex Paxt., *V. clitellaria* Rchb.f., *V. lamellata* var. *boxallii* Rchb.f., - var. *cobbiana* (Rchb.f.) Ames, *V. boxallii* (Rchb.f.) Rchb.f., *V. boxallii* var. *cobbiana* Rchb.f., *V. vidalii* Boxall ex Naves, *V. superba* Lind., *V. nasugbuana* Pars., *V. yamiensis* Masamune & Segawa) - Phil., Born. 0-400 m - epi/lit (4**, 8**, A**, E*, G, H, Q**, S, Z**)
    var. **boxalli** Rchb.f. - Manila (8**, E, H, S)
- *lamellata* var. *boxallii* Rchb.f.: 28 (G)
- *lamellata* var. *cobbiana* (Rchb.f.) Ames: 28 (G)
- *laotica* Guill.: 30 (S*)
29. **leucostele** Schltr. - Sum. (S)
30. **lilacina** Teijsm. & Binn. (*V. laotica* Guill.) - Burm., Thai., Laos, Camb., Viet., China 100-1.000 m - scented (S*)
31. **limbata** Bl. - Java, Phil. to 700 m - scented (2*, 9**, S*)
32. **lindenii** Rchb.f. - Viet. (S)
- *lindleyana* Griff.: *Stauropsis gigantea* (8**)
- *lindleyana* Griff. ex Lindl.: *Vandopsis* 1 (9**)
33. **liouvillei** Finet - Burm., Thai., Laos (S)
- *lissochiloides* Lindl.: *Stauropsis lissochiloides* (8**)
- *lissochiloides* (Gaudich.) Lindl.: *Vandopsis* 3 (E**, G**, S*)
34. **lombokensis** J.J.Sm. - Sund. (S)
- *longifolia* Lindl.: *Acampe* 6 (E**, H*, S)
- *lowii* Lindl.: *Arachnanthe lowii* (8**)
- *lowii* Lindl.: *Dimorphorchis* 1 (9**, H*, Q, S*)
35. **luzonica** Loher ex Rolfe - Phil. - scented (9**, S, Z**)
36. **merrillii** Ames & Quisumbing - Phil. - scented (S, Z**)
37. **moorei** Rolfe - Burm. (S)
- *multiflora* Lindl.: *Acampe* 6 (E**, H*, Z)
- *nasugbuana* Pars.: 28 (G)
- *paniculata* (Ker-Gawl.) R.Br.: *Cleisostoma* 22 (6*, G**)
- *parishii* Rchb.f. (8**): *Hygrochilus* 1 (H**, S*)
- *parishii* var. *mariottianus* Rchb.f. (8**): *Hygrochilus* 1 (S)
- *parviflora* Lindl. (9**): 49 (G, S*)
- *peduncularis* Lindl.: *Cottonia* 1 (9**)
38. **petersiana** Schltr. - Burm. (S)
39. **pseudocoerulescens** Guill. - Camb. (S)
- *pumila* Hook.f. (9**, E*): *Trudelia* 5 (H)
40. **punctata** Ridl. - Sund. (S)
- *pusilla* Teijsm. & Binn.: *Trichoglottis* 17 (2*)
- *recurva* Hook.: *Cleisostoma* 29 (6*, G**)
41. **roeblingiana** Rolfe - Phil. 1.500-1.600 m - scented (S*)
- *rostrata* Lodd.: *Cleisostoma* 29 (6*, G**)
- *roxburghii* R.Br.: 48 (9**, E**, G**, H, S*)
- *roxburghii* var. *unicolor* Hook.: 10 (9**, G)
- *rupestris* Hand.-Mazz.: *Holcoglossum* 6 (S)

- *sanderiana* Rchb.f. (8**): *Euanthe* 1 (9**, E**, H**)
- *saprophytica* Gagn.: *Holcoglossum* 4 (9**)
- *saprophytica* Gagn.: *Holcoglossum* 7 (S)
42. **saxatilis** J.J.Sm. - Mol. (S)
43. **scandens** Holtt. - end. to Born. 0-1.000 m (Q**, S)
- *scripta* (L.) Spreng.: *Grammatophyllum* 5 (9**, G**)
- *simondii* Gagn.: *Cleisostoma* 34 (6*, 9**, G**)
44. **spathulata** (L.) Spreng. - Sri L., S-Ind. - terr. (S)
- *spathulata* (L.) Spreng.: *Taprobanea* 1 (S)
- *spathulata* Grah.: 49 (G)
45. **stangeana** Rchb.f. - Ind., Nep. 1.200-1.500 m (E**, H**, S)
- *storiei* (Rchb.f.) Rchb.f.: *Renanthera* 14 (E**, H**)
- *storiei* Storie ex Rchb.f.: *Renanthera* 14 (9**)
- *striata* Rchb.f.: *Vanda cristata* (E**)
- *suaveolens* Bl.: 51 (2*, 9**, E**, G, H**)
- *suaveolens* Bl.: 51 (S)
- *suavis* Lindl. (8**, O3/81): 51 (2*, 9**, E, H)
46. **subconcolor** Tang & Wang - China (S)
- *subulifolia* Rchb.f.: *Holcoglossum* 9 (S)
- *sulingi* Bl.: *Arachnanthe sulingi* (2*)
- *sulingii* (Bl.) Bl.: *Armodorum* 4 (H**)
47. **sumatrana** Schltr. - Sum. (S)
- *superba* Lind.: 28 (G)
- *teres* (Roxb.) Lindl. (4**, 8**, O3/91, E**): *Papilionanthe* 8 (9**, G**, H**)
- *teretifolia* Lindl.: *Cleisostoma* 34 (6*, 9**, G**)
48. **tessellata** (tesselata) (Roxb.) Lodd. ex G.Don (*V. tessselloides* (Roxb.) Rchb.f., *V. roxburghii* R.Br., *V. unicolor* Steud., *Epidendrum tessellatum* Roxb., *E. tesselloides* (Roxb.) Steud., *Cymbidium tesselloides* Roxb., *C. tessellatum* (Roxb.) Sw., *C. alagnata* Buch.-Ham. ex Wall., *Aerides tessellata(um)* (Roxb.) Wight) - Sri L., Ind., Burm., Mal., Nep., China to 1.000 m (9**, A**, E**, G**, H, S*)
- *tesselloides* (Roxb.) Rchb.f.: 48 (9**, E**, G**, H, S*)
49. **testacea** (Lindl.) Rchb.f. (*V. spathulata* Grah. non (L.) Spreng., *V. parviflora* Lindl., *V. vitellina* Kraenzl., *Aerides wightiana* Lindl., *A. testacea* Lindl., *A. orthocentra* Hand.-Mazz.) - Sri L., Ind., Him., Ass., Burm., Thai. 300-1.200 m (G, S*)
- *testacea* (Lindl.) Rchb.f.: *Vanda parviflora* (9**)
50. **thwaitesii** Hook.f. - Sri L. (S)
51. **tricolor** Lindl. (*V. suaveolens* Bl., *V. suavis* Lindl., *V. hindsii* Benth.) - Java, Laos, N-Austr. 700-1.500 m - epi/ter - scented (2*, 8**, 9**, E**, G, H**, P, S*, Z**)
  var. **planilabris** Lindl. (E, H, S)
  var. **suavis** (Lindl.) Veitch [var. suavis (Lindl.) Rchb.f. (2*, 9**)] (*V. suavis* Lindl., *V. suaveolens* Bl.) - Java 800-1.700 m - scented (4**, H, S)
- *tricuspidata* J.J.Sm. (O3/91): *Papilionanthe* 9 (S)
- *undulata* Lindl.: *Vandopsis* 6 (H, S)
- *unicolor* Roxb. ex Steud.: 28 (G)
- *unicolor* Steud.: 48 (9**)
52. **ustii** Golamco, Claustro & Mesa - Phil. (S)
- *vidalii* Boxall ex Naves: 28 (G)
- *violacea* Lindl.: *Rhynchostylis* 4 (G**)
- *violacea* Lindl.: *Rhynchostylis* 2 (S)
53. **vipani** Rchb.f. - Burm. (S)
54. **vitellina** Kraenzl. - unknown origin (S)
- *vitellina* Kraenzl.: 49 (G)
- *vitellina* Kraenzl.: *Vanda parviflora* (9**)
55. **watsoni** (watsonii) Rolfe - Thai., Viet. (9**, O3/91, S)
- *watsoni* Rolfe: *Holcoglossum* 9 (S)
56. **whiteana** D.Herbert & Blake - Austr. (S)
- *whiteana* D.Herbert & Blake: 24 (P**)
- *wightiana* Lindl. ex Wight: *Acampe* 5 (G)
- *yamiensis* Masamune & Segawa: 28 (G)
× *Vandachnanthe*: × *Aranda* (*Arachnanthe* (*Arachnis*) × *Vanda*)
× **Vandachnis (Vchns.)** (*Arachnis* × *Vandopsis*)
× *Vandachostylis*: × *Rhynchovanda*

(*Rhynchostylis* × *Vanda*)
× **Vandaecum (Vcm.)** (*Angraecum* × *Vanda*)
× **Vandaenopsis (Vdnps.)** (*Phalaenopsis* × *Vanda*)
× *Vandaeopsis*: × *Vandaenopsis* (*Phalaenopsis* × *Vanda*)
× **Vandaëranthes (Vths.)** (*Aëranthes* × *Vanda*)
× *Vandanopsis*: × *Vandaenopsis* (*Phalaenopsis* × *Vanda*)
× *Vandanthe*: *Vanda* (*Euanthe* (*Vanda*) × *Vanda*)
× *Vandantherella*: × *Renantanda* (*Renantherella* (*Renanthera*) × *Vanda*)
× *Vandantherides*: × *Aëridovanda* (*Aërides* × *Euanthe* (*Vanda*) × *Vanda*)
× *Vandarachnis*: × *Aranda* (*Arachnis* × *Vanda*)
× *Vandathera*: × *Renantanda* (*Renanthera* × *Vanda*)
× **Vandewegheara (Vwga.)** (*Ascocentrum* × *Doritis* × *Phalaenopsis* × *Vanda*)
× **Vandofinetia (Vf.)** (*Neofinetia* × *Vanda*)
× **Vandofinides (Vfds.)** (*Aërides* × *Neofinetia* × *Vanda*)
× *Vandoglossum*: × *Vandofinetia* (*Holcoglossum* (*Neofinetia*) × *Vanda*)
× **Vandopsides (Vdpsd.)** (*Aërides* × *Vandopsis*)
Vandopsis (Vdps.) Pfitz. - 1889 - *Subfam. Epidendroideae Tribus: Vandeae Subtr. Sarcanthinae* - (*Fieldia* Gaudich.) - ca. 4/8 sp. lit/ter - SE-As., S-China, Phil., N.Gui.
- *beccarii* (Rchb.f.) J.J.Sm.: *Arachnis* 2 (S)
- *breviscapa* (J.J.Sm.) Schltr.: *Arachnis* 3 (Q**)
- *chinensis* (Rolfe) Schltr.: 1 (S)
- *curvata* J.J.Sm.: *Sarcanthopsis* 1 (S)
1. **gigantea** (Lindl.) Pfitz. (*V. chinensis* (Rolfe) Schltr., *Vanda lindleyana* Griff. ex Lindl., *V. gigantea* Lindl., *Fieldia gigantea* (Lindl.) Rchb.f., *Stauropsis giganteus* (Lindl.) Benth. ex Pfitz.) - China, Burm., Thai., N-Mal., Laos, Viet. - terr. (9**, H, S, Z**)
2. **imthurnii** (Rolfe) P.F.Hunt (*Stauropsis imthurnii* Rolfe, *Arachnis imthurnii* (Rolfe) L.O.Wms.) - Sol. (9**)
- *imthurnii* (Rolfe) P.F.Hunt: *Arachnis* 2 (S)

- *leytensis* Ames: *Staurochilus* 2 (H**, S*)
3. **lissochiloides** (Gaudich.) Pfitz (*Fieldia lissochiloides* Gaudich., *Vanda lissochiloides* (Gaudich.) Lindl., *V. batemanii* Lindl., *Stauropsis lissochiloides* (Gaudich.) Benth. ex Pfitz., *S. batemanii* (Lindl.) Nichols, *Grammatophyllum pantherinum* Zipp. ex Bl.) - Thai. to Indon., Phil. - lit/ter (E**, G**, H**, O4/95, S*, Z**)
- *lissochiloides* Pfitz: *Stauropsis lissochiloides* (8**)
- *longicaulis* Schltr.: *Arachnis* 9 (S)
- *lowii* (Lindl.) Schltr.: *Dimorphorchis* 1 (9**, H*, Q, S*)
- *nagarensis* (Rchb.f.) Schltr.: *Sarcanthopsis* 2 (S)
- *pantherina* J.J.Sm.: *Sarcanthopsis* 3 (S*)
- *parishii* (Rchb.f.) Schltr. (4**, E**): *Hygrochilus* 1 (H**, S*)
- *parishii* var. *mariottianum* Rchb.f. (E): *Hygrochilus* 1
- *praealta* (Rchb.f.) J.J.Sm.: *Sarcanthopsis* 4 (S)
- *quaifei* (Rolfe) Schltr.: *Sarcanthopsis* 5 (S)
4. **raymundii** Schltr. - Palau: ? *Sarcanthopsis* 6 (S)
5. **shanica** (Phillimore & Smith) Gar. - Burm., Yun. (S)
6. **undulata** (Lindl.) J.J.Sm. (*Vanda undulata* Lindl.) - Ass., China - scented (H, S)
- *waroqueana* (Rolfe) Schltr.: *Sarcanthopsis* 6 (S)
- *woodfordii* (Rolfe) Schltr.: *Sarcanthopsis* 7 (S)
× *Vandopsisvanda*: × *Opsisanda* (*Vanda* × *Vandopsis*)
× **Vandoritis (Vdts.)** (*Doritis* × *Vanda*)
× **Vanglossum (Vgm.)** (*Ascoglossum* × *Vanda*)
Vanilla Sw. - 1799 (S) [Vanilla Mill. - 1754 (R)] - *Subfam. Epidendroideae Tribus: Vanilleae Subtr. Vanillinae* - ca. 100 sp. ter/climber - Trop.
1. **abundiflora** J.J.Sm. - Trop. - subsect. *Lamellosae* (O3/93)
2. **acuminata** Schltr. - Trop. - subsect. *Lamellosae* (O3/93)
3. **acuta** Rolfe - Trop. - subsect. *Membranaceae* (O3/93)

4. **africana** Lindl. - Trop. - subsect. *Lamellosae* (O3/93)
5. **albida** Bl. (*V. montana* Ridl., *V. pilifera* Seidenf. non Holtt., *?V. yersiniana* Guill., *V. sumatrana* Seidenf. non J.J.Sm.) - Java, Thai. - subsect. *Lamellosae* (2*, 6*, O3/93)
- *albida* Hook.f. non Bl.: 40 (6*)
6. **andamanica** Rolfe - Trop. - subsect. *Lamellosae* (O3/93)
7. **angustipetala** Schltr. - Trop. - subsect. *Papiliosae* (O3/93)
8. **annamica** Gagn. - Trop. - subsect. *Papiliosae* (O3/93)
9. **anomala** Ames & L.O.Wms. - Trop. - subsect. *Papiliosae* (O3/93)
10. **aphylla** (Roxb.) Bl. (*V. parishii* Rchb.f.) - Java - sect. *Aphyllae* (2*, 6*, O3/91, S, FXV2/3, O3/93)
11. **appendiculata** Rolfe - Trop. - subsect. *Lamellosae* (O3/93)
12. **argentina** Hick. - Trop. - subsect. *Papiliosae* (O3/93)
- *aromatica* Willd.: 81 (9**)
13. **bakeri** Schltr. - Trop. - sect. *Aphyllae* (O3/93)
14. **barbellata** Rchb.f. - Flor. - sect. *Aphyllae* ($54/3, O3/91, FXV2/3, O3/93)
15. **bertoniensis** Bert. - Trop. - subsect. *Membranaceae* (O3/93)
16. **bicolor** Lindl. - Braz., Guy. - subsect. *Lamellosae* (G, O3/93)
17. **borneensis** Rolfe - Trop. - subsect. *Lamellosae* (O3/93)
18. **bradei** Schltr. - Trop. - subsect. *Membranaceae* (O3/93)
19. **calopogon** Schltr. - Phil. - sect. *Aphyllae* (O3/91, FXV2/3, O3/93)
20. **carinata** Rolfe - Trop. - subsect. *Lamellosae* (O3/93)
21. **cayculata** Schltr. - Trop. - subsect. *Lamellosae* (O3/93)
22. **chalotii** Finet - Trop. - subsect. *Papiliosae* (O3/93)
23. **chamissonis** Kl. - Trop. - subsect. *Lamellosae* (O3/93)
24. **claviculata** Sw. - Trop. - sect. *Aphyllae* (O3/93)
25. **columbiana** Rolfe - Trop. - subsect. *Lamellosae* (O3/93)
26. **coursii** H.Perr. - Madag. 0-500 m - subsect. *Papiliosae* (O3/93, U)
27. **crenulata** Rolfe - Trop. - subsect. *Lamellosae* (O3/93)
28. **cucullata** Kraenzl. - Trop. - subsect. *Lamellosae* (O3/93)
29. **decaryana** H.Perr. - Madag. - sect. *Aphyllae* (O3/93, U)
30. **dietschiana** Edwall - Braz. - subsect. *Lamellosae* (S, O3/93)
31. **dilloneana** Correll - Flor., Cuba, Bah., Hisp. - sect. *Aphyllae* (O3/91, FXV2/3, O3/93)
32. **duckei** Huber - Trop. - subsect. *Papiliosae* (O3/93)
33. **eggersii** Rolfe - W-Ind. to C-Braz. - sect. *Aphyllae* (S, O3/93)
34. **ensifolia** Rolfe - Braz. - subsect. *Lamellosae* (S, O3/93)
35. **fimbriata** Rolfe - Trop. - subsect. *Lamellosae* (O3/93)
- *fragrans* (Salisb.) Ames: 81 (3**, 9**, E, H**)
36. **francoisii** H.Perr. - Madag. - epi/ter - subsect. *Papiliosae* (O3/93, U)
37. **gardneri** Rolfe - Trop. - subsect. *Papiliosae* (O3/93)
38. **giulianettii** F.M.Bailey - Trop. - subsect. *Lamellosae* (O3/93)
- *grandiflora* Lindl.: 86 (E**, H)
39. **grandifolia** Lindl. - Trop. - subsect. *Papiliosae* (O3/93)
40. **griffithii** Rchb.f. (*V. albida* Hook.f. non Bl., *V. tolypephora* Ridl.) - Thai., Trop. - subsect. *Papiliosae* (6*, O3/93)
41. **hamata** Kl. - Trop. - subsect. *Lamellosae* (O3/93)
42. **hartii** Rolfe - Trop. - subsect. *Lamellosae* (O3/93)
43. **havilandii** Rolfe - Trop. - subsect. *Lamellosae* (O3/93)
44. **heterolopha** Summerh. - Trop. - subsect. *Lamellosae* (O3/93)
45. **hostmannii** Rolfe - Trop. - subsect. *Papiliosae* (O3/93)
46. **humblotii** Rchb.f. - Com. - sect. *Aphyllae* (8**, 9**, FXV2/3, O3/93, U)
47. **imperialis** Kraenzl. - Kenya, Tanz., Ug., Zai., Camer., Ivory C., Ang. 900-1.200 m - subsect. *Papiliosae* (4**, M**, C, O3/93)
- *inodora* Schiede: 60 (W)
48. **insignis** Ames - Nic., Pan. - subsect. *Lamellosae* (W, O3/93)
49. **kaniensis** Schltr. - Trop. - subsect. *Lamellosae* (O3/93)
50. **kempteriana** Schltr. - Trop. - subsect. *Lamellosae* (O3/93)
51. **kinabaluensis** Carr. - Trop. - sub-

sect. *Lamellosae* (O3/98**, O3/93)
52. **klabatensis** Schltr. - Trop. - subsect. *Lamellosae* (O3/93)
53. **latisegmenta** Ames & Schweinf. - Trop. - subsect. *Membranaceae* (O3/93)
54. **leprieurii** R.Port. - Trop. - subsect. *Lamellosae* (O3/93)
55. **lindmaniana** Kraenzl. - Trop. - subsect. *Papiliosae* (O3/93)
56. **lujae** De Wild. - Trop. - subsect. *Papiliosae* (O3/93)
57. **madagascariensis** Rolfe - Madag. 0-800 m - „Amalo" - sect. *Aphyllae* (E, H, C, O3/93, U**)
58. **marowynensis** Pulle - Trop. - subsect. *Lamellosae* (O3/93)
59. **methonica** Rchb.f. & Warsc. - Trop. - subsect. *Membranaceae* (O3/93)
60. **mexicana** Mill. (*V. inodora* Schiede, *Epidendrum vanilla* L.) - Nic., C.Rica, Col., S-Am. - subsect. *Membranaceae* (E, H, W, R)
- *mexicana* Mill.: 81 (9**)
61. **montagnacii** R.Port. - Trop. - sect. *Aphyllae* (O3/93)
62. **montana** Ridl. - Trop. - subsect. *Lamellosae* (O3/93)
- *montana* Ridl.: 5 (6*)
63. **moonii** Thw. - Trop. - subsect. *Papiliosae* (O3/93)
64. **nigeria** Rendle - Trop. - subsect. *Papiliosae* (O3/93)
65. **odorata** Presl - C-Am. to Bol. - subsect. *Lamellosae* (W, O3/93, R)
66. **organensis** Rolfe - Trop. - subsect. *Membranaceae* (O3/93)
67. **ovalis** Blanco - Trop. - subsect. *Papiliosae* (O3/93)
68. **ovata** Rolfe - Trop. - subsect. *Membranaceae* (O3/93)
69. **palembanica** Teijsm. & Binn. - S-Am. - subsect. *Papiliosae* (O3/93)
70. **palmarum** Lindl. - Ven., Col., Braz. - subsect. *Membranaceae* (G, O3/93)
- *parishii* Rchb.f.: 10 (6*)
71. **parvifolia** Barb.Rodr. - Trop. - subsect. *Membranaceae* (O3/93)
72. **pauciflora** Dressl. - C.Rica, Pan. 300-400 m (W, FXIII3**)
73. **perexilis** Bertoni - Trop. - subsect. *Membranaceae* (O3/93)
74. **perrieri** Schltr. - Trop., Madag. - terr. - sect. *Aphyllae* (O3/93, U**)
75. **pfaviana** Rchb.f. - Nic., C.Rica, Pan. - subsect. *Membranaceae* (W, O3/93)
76. **phaeantha** Rchb.f. - Flor. - subsect. *Lamellosae* ($54/3, O3/93, Z)
77. **phalaenopsis** Rchb.f. ex Van Houtte - Sey., Madag. - sect. *Aphyllae* (O3/91, E**, H**, C, FXV2/3, O3/93, U)
78. **pierrei** Gagn. - Trop. - subsect. *Lamellosae* (O3/93)
79. **pilifera** Holtt. - Trop. - subsect. *Papiliosae* (6*, O3/93)
- *pilifera* Seidenf. & Smitin., non Holtt.: 5 (6*)
80. **pittieri** Schltr. - Trop. - subsect. *Lamellosae* (O3/93)
81. **planifolia** Andr. [*V.* planifolia G. Jackson (9**, E, H, W**, R)] (*V. fragrans* (Salisb.) Ames, *V. mexicana* Mill., *V. aromatica* Willd., *V. viridiflora* Bl., *V. sativa* Schiede, *V. sylvestris* Schiede, *Myrobroma fragrans* Salisb., *Lobus oblongus aromaticus* Clusius, *L. aromaticus* Bauhin, *Araco aromatica* Hernandez, *Volubilis siliquosa mexicana* Catesby) - Trop., Nic., C.Rica, Pan., W-Ind. - cultivated - „Vanilla orchid, Echte Vanille" (3**, S, U**, Z**)
82. **platyphylla** Schltr. - Trop. - subsect. *Lamellosae* (O3/93)
83. **pleei** R.Port. - Trop. - subsect. *Membranaceae* (O3/93)
84. **poitaei** Rchb.f. - Trop. - sect. *Aphyllae* (O3/93)
85. **polylepis** Summerh. - Kenya, Zai., Malawi, Zam., Zim., Ang. 1.200-1.500 m - subsect. *Lamellosae* (1**, M**, C**, O3/93)
86. **pompona** Schiede (*V. grandiflora* Lindl., *V. surinamensis* Rchb.f.) - Nic., C.Rica, Pan., Trop. S-Am., Mex., W-Ind. - subsect. *Lamellosae* (E**, H, S, W**, O3/93, R**, Z)
87. **ponapensis** Kanehira & Yam. - Trop. - subsect. *Papiliosae* (O3/93)
88. **preussii** Kraenzl. - Trop. - subsect. *Papiliosae* (O3/93)
- *pterosperma* Lindl.: *Galeola* 6 (2*)
- *pterosperma* Lindl.: *Galeola* 11 (6*)
89. **ramificans** J.J.Sm. - Trop. - subsect. *Lamellosae* (O3/93)
90. **ramosa** Rolfe - Kenya, Tanz., Ghana, Nig., Gab. 0-900 m - subsect. *Lamellosae* (M, O3/93)
91. **riberoi** Hoehne - Trop. - subsect.

Papiliosae (O3/93)
92. **ronoensis** Hay. - Trop. - subsect. *Papiliosae* (O3/93)
93. **roscheri** Rchb.f. - E-Afr.: Kenya, Tanz., Moz. to 750 m - sect. *Aphyllae* (O3/91, E, H, M**, C, FXV2/3)
- *rubiginosa* Griff.: *Galeola* 6 (2*)
- *rubiginosa* Griff.: *Galeola* 11 (6*)
94. **ruiziana** Kl. - Trop. - subsect. *Lamellosae* (O3/93)
- *sativa* Schiede: 81 (9**)
95. **seranica** J.J.Sm. - Trop. - subsect. *Lamellosae* (O3/93)
96. **sereti** De Wild. - Trop. - subsect. *Lamellosae* (O3/93)
97. **siamensis** Rolfe ex Downie - Trop. - subsect. *Lamellosae* (6*, O3/93)
98. **somai** Hay. - Trop. - subsect. *Papiliosae* (O3/93)
99. **sprucei** Rolfe - Trop. - subsect. *Lamellosae* (O3/93)
100. **sumatrana** J.J.Sm. - Trop. - subsect. *Lamellosae* (O3/93)
- *sumatrana* Seidenf., non J.J.Sm.: 5 (6*)
- *surinamensis* Rchb.f.: 86 (E**, H)
- *sylvestris* Schiede: 81 (9**)
101. **tahitensis** J.W.Moore - Tah. - subsect. *Lamellosae* (O3/93, R)
102. **tisserantii** R.Port. - Trop. - subsect. *Papiliosae* (O3/93)
- *tolypephora* Ridl.: 40 (6*)
103. **vellozii** Rolfe - Trop. - subsect. *Papiliosae* (O3/93)
104. **verrucosa** Haum. - Trop. - subsect. *Papiliosae* (O3/93)
- *viridiflora* Bl.: 81 (9**)
105. **walkeriae** Wight - Trop. - sect. *Aphyllae* (O3/93)
106. **wariensis** Schltr. - Trop. - subsect. *Lamellosae* (O3/93)
107. **weberbaueriana** Kraenzl. - Trop. - subsect. *Membranaceae* (O3/93)
108. **wightiana** Lindl. - Trop. - sect. *Aphyllae* (O3/93)
109. **wrightii** Rchb.f. - Trop. - subsect. *Membranaceae* (O3/93)
- *yersiniana* Guill.: 5 (6*)
110. **zanzibarica** Rolfe - Trop. - subsect. *Lamellosae* (O3/93)

Vargasiella Schweinf. - 1952 - *Subfam. Epidendroideae Tribus: Maxillarieae Subtr. Zygopetalinae* - 2 sp. epi/ter - And.
1. **peruviana** Schweinf. - Peru 2.200-3.400 m - epi/ter (S*)

2. **venezuelana** Schweinf. - Ven. 2.100 -2.300 m - terr. (S*)
× **Vascostylis (Vasco.)** (*Ascocentrum* × *Rhynchostylis* × *Vanda*)

Vasqueziella Dods. - 1983 - *Stanhopeinae* (S) - 1 sp. epi. - Bol.
1. **boliviana** Dods. - Bol. 1.800 m - scented (S*)
× **Vaughnara (Vnra.)** (*Brassavola* × *Cattleya* × *Epidendrum*)
× **Vejvarutara (Vja.)** (*Broughtonia* × *Cattleya* × *Cattleyopsis*)

Ventricularia Gar. - 1972 - *Subfam. Epidendroideae Tribus: Vandeae Subtr. Sarcanthinae* - 2 sp. epi. - Mal., N-S-Thai.
1. **borneensis** Wood - Born. 1.350 m (S)
2. **tenuicaulis** (Hook.f.) Gar. (*Saccolabium tenuicaule* Hook.f., *Uncifera tenuicaulis* (Hook.f.) Holtt.) - Mal., N-S-Thai. 0-1.100 m (S*)

Vermeulenia A. & D.Loeve - 1972: *Orchis* L. (S)
- *papilionacea* (L.) A. & D.Loeve: *Orchis* 31 (G**)

Vesicisepalum (J.J.Sm.) Gar., Hamer & Siegerist - 1994 - *Bulbophyllinae* (S) - (*Bulbophyllum* sect. *Vesicisepalum* J.J.Sm.) - 1 sp. - N.Gui.
1. **folliculiferum** (J.J.Sm.) Gar., Hamer & Siegerist - N.Gui. (S*)

Vexillabium F.Maekawa - 1935 - *Physurinae* (S) - 4 sp. terr. - Jap., Korea

Veyretella Szlach. & Olsc. - 1998 - *Habenariinae* (S) - 1 sp. terr. - Gab.
1. **hetaerioides** (Summerh.) Szlach. & Olsc. - Gab. (S*)

Veyretia Szlach. - 1995 - *Spiranthinae* (S) - ca. 8 sp. terr.
1. **hassleri** (Cogn.) Szlach. (S*)
2. **lindmaniana** (Kraenzl.) Szlach. (S*)

Vieillardorchis Kraenzl. - 1928 - *Subfam. Spiranthoideae Tribus: Erythrodeae* - 1 sp. terr. - N. Cal.
1. **le-ratii** Kraenzl. - N.Cal. (S)

Volubilis siliquosa mexicana Catesby: *Vanilla* 81 (9**)

Vonroemeria J.J.Sm. - 1916 - *Thelasinae* (S) - 1 sp. epi. - N.Gui.
1. **tenuis** J.J.Sm. - N.Gui. (S)

Vrydagzynea Bl. - 1858 - *Subfam. Spiranthoideae Tribus: Erythrodeae* - ca. 40 sp. terr. - NE-Ind. to Taiw., Poly., Austr., N.Gui.

1. **albida** (Bl.) Bl. (*V. viridiflora* Hook.f., *Etaeria albida* Bl., *Aetheria albida* Lindl., *Hetaeria albida* (Bl.) Miq.) - Java, Thai. (2*, 6*)
   var. **flavescens** Bl. - Java (2*)
2. **brassii** Ormerod - P.N.Gui. (S)
   - *gracilis* Hook.f. non Bl.: 9 (6*)
3. **lancifolia** Ridl. - Thai. (6*)
4. **nuda** Bl. (*Hetaeria nuda* Miq.) - Java (2*)
5. **paludosa** J.J.Sm. - Austr. (Qld.), N. Gui. (P)
6. **purpurea** Bl. (*Hetaeria purpurea* Miq.) - Java (2*)
   - *sandvicensis* (Lindl.) Benth. & Hook.f.: *Anoectochilus* 19 ($56/7)
7. **sessilifolia** Ormerod - P.N.Gui. (S)
8. **solomensis** Schltr. - Sol. (S)
9. **tristriata** Ridl. (*V. gracilis* Hook.f. non Bl.) - Thai. (6*)
10. **uncinata** Bl. (*Hetaeria uncinata* Miq.) - Java (2*)
    - *viridiflora* Hook.f.: 1 (6*)
× **Vuylstekeara (Vuyl.)** (*Cochlioda* × *Miltonia* × *Odontoglossum*)
× **Wailaiara (Wlra.)** (*Aërides* × *Arachnis* × *Ascocentrum* × *Rhynchostylis* × *Vanda*)
Wailesia Lindl. - 1849: *Dipodium* R.Br. (O6/89, S)
- *paludosa* (Griff.) Rchb.f.: *Dipodium* 8 (9**)
- *picta* Lindl.: *Dipodium* 10 (9**, H**)
Waireia D.Jones, M.Clem. & Molloy - 1997 - Caladeniinae (S) - 1 sp. terr. - N.Zeal.
1. **stenopetala** (Hook.f.) D.Jones, M.Clem. & Molloy (*Thelymitra stenopetala* Hook.f.) - N.Zeal. (S*)
× **Waironara (Wrna.)** (*Aërides* × *Renanthera* × *Rhynchostylis* × *Vanda*)
Wallnoeferia Szlach. - 1994 - Spiranthinae (S) - 1 sp. terr. - Peru
1. **peruviana** Szlach. - Peru 1.000-1.300 m (S*)
Waluewa Regel - 1891: *Oncidium* Sw. (S)
- *gracilis* Regel: *Oncidium* 243 (S*)
- *pulchella* Regel: *Oncidium* 243 (E**, H**)
Warmingia Rchb.f. - 1881 - Subfam. Epidendroideae Tribus: Oncidieae Subtr. Oncidiinae - 2/3 sp. epi. - Braz., Bol., C.Rica, Ec.
1. **eugenii** Rchb.f. (*W. loefgrenii* Cogn., *W. holopetala* Kraenzl.) - E-Braz., Bol. to 800 m (9**, E*, H**, S*, Z**)
   - *holopetala* Kraenzl.: 1 (S)
   - *loefgrenii* Cogn.: 1 (9**, E*, H**, S)
2. **margaritacea** Johansen - C.Rica to 600 m (S, W)
3. **zamorana** Dods. - Ec. to 1.000 m (S)
× **Warneara (Wnra.)** (*Comparettia* × *Oncidium* × *Rodriguezia*)
Warrea (Wra.) Lindl. - 1843 - Subfam. Epidendroideae Tribus: Maxillarieae Subtr. Zygopetalinae - ca. 2/7 sp. terr. - Guat. to Braz.
1. **bahiensis** hort. ex Rchb.f. (O3/81)
2. **bidentata** Lindl. - Col. (R)
   - *bidentata* Lindl.: 6 (9**, G)
   - *candida* Lindl.: *Cochleanthes* 3 (O5/98)
   - *cinerea* Benth.: *Warreella* 1 (G**, H*)
3. **costaricensis** Schltr. - Nic., C.Rica, Pan. 200-1.000 m (A**, W**, O5/89, S*)
   - *cyanea* Lindl.: *Warreella* 1 (G**, H*, S*)
   - *cyanea* var. *alba* Rchb.f.: *Warreella* 1 (G**)
   - *digitata* Lem.: *Cochleanthes* 13 (O3/90, O5/98)
   - *discolor* Lindl.: *Cochleanthes* 4 (4**, 9**, E**, H**, O5/98, S*)
   - *discolor* Lindl.: *Warscewiczella discolor* (8**)
4. **hookeriana** (Rchb.f.) Rolfe - Peru (S)
   - *marginata* Rchb.f.: *Mendoncella* 5 (9**)
   - *marginata* Rchb.f.: *Cochleanthes* 10 (O5/98)
5. **medellinensis** Kraenzl. - Col. (S)
→ *medellinensis* Kraenzl.: *Warreella* 2 (S)
   - *medellinensis* Kraenzl.: *Warreella* 1 (G**, H*)
   - *quadrata* Lindl.: *Mendoncella* 5 (9**)
   - *quadrata* Lindl.: *Cochleanthes* 10 (O5/98)
   - *speciosa* Schltr.: 6 (9**, G, S*)
   - *tricolor* Lindl.: 6 (9**, G, H**, R, S*)
   - *unijugata* Regel: 6 (9**, G)
   - *wailesiana* Lindl.: *Warscewiczella wailesiana* (8**)

- *wailesiana* Lindl.: *Cochleanthes* 13 (O3/90, O5/98)
6. **warreana** (Lodd. ex Lindl.) Schweinf. (*W. tricolor* Lindl., *W. bidentata* Lindl., *W. unijugata* Regel, *W. speciosa* Schltr., *Maxillaria warreana* Lodd. ex Lindl., *Aganisia tricolor* (Lindl.) Bois) - Ven., Col., Peru, Ec., Braz. 800-2.000 m (9**, G, H**, R**, S*, Z**)

Warreella Schltr. - 1914 - *Subfam. Epidendroideae Tribus: Maxillarieae Subfam. Zygopetalinae* - 2/3 sp. terr. - Col. to Ven.
1. **cyanea** (Lindl.) Schltr. (*W. medellinensis* (Kraenzl.) Gar., *Warrea cyanea* Lindl., *W. cyanea* var. *alba* Rchb.f., *W. cinerea* Benth., *W. medellinensis* Kraenzl., *Maxillaria cyanea* (Lindl.) Beer, *Aganisia cyanea* (Lindl.) Benth. ex Veitch) - Ven., Col., Ec. 1.600-2.200 m (G**, H*, R**, S*)
2. **medellinensis** (Kraenzl.) Gar. (*Warrea medellinensis* Kraenzl.) - Col. (S) → Warrea 5
- *medellinensis* (Kraenzl.) Gar.: 1 (G**, H*)
3. **patula** Gar. - Col. (R**, S)

Warreopsis Gar. - 1973 - *Subfam. Epidendroideae Tribus: Maxillarieae Subtr. Zygopetalinae* - ca. 4 sp. terr. - Ven., Col., Ec., C.Rica, Pan.
1. **colorata** (Lind. & Rchb.f.) Gar. (*Zygopetalum coloratum* Lind. & Rchb. f.) - Ven., Col. ca. 1.500 m (FXIX2, S*)
2. **pardina** (Rchb.f.) Gar. (*Otostylis hirtzii* Dods.) - Ec. 1.800-2.200 m (FXIX2, S)
3. **parviflora** (L.O.Wms.) Gar. (*Zygopetalum parviflorum* L.O.Wms.) - C. Rica, Pan. ca. 2.000 m (W, FXIX2, S*)
4. **purpurea** Ortiz - S-Col. 2.300 m (FXIX2**, S)

Warscaea Szlach. - 1994 - *Spiranthinae* (S) - 4 sp.
1. **goodyeroides** (Schltr.) Szlach. (S*)

Warscewiczella Rchb.f. - 1852: *Cochleanthes* Raf. (S)
- *amazonica* Rchb.f & Warsc.: *Cochleanthes* 1 (O5/90, O5/98)
- *aromatica* (Rchb.f.) Rchb.f.: *Chondrorhyncha aromatica* (E*)
- *aromatica* hort. ex Rchb.f.: *Cochleanthes* 2 (H*, O5/90, O5/98, S*)
- *bidentata* (Rchb.f. ex Hemsl.) Schltr.: *Cochleanthes bidentata* (O5/90)
- *bidentata* (Rchb.f. ex Hemsl.) Schltr.: *Chondrorhyncha* 8 (O6/83, O4/98)
- *calloglossa* Schltr.: *Chondrorhyncha* 9 (O5/90)
- *caloglossa* Schltr.: *Chondrorhyncha* 9 (O4/98)
- *candida* Rchb.f.: *Cochleanthes* 3 (O5/90, O5/98)
- *cochlearis* (Lindl.) Rchb.f. (8**): *Cochleanthes* 5 (9**, G**, O5/98**, S)
- *cochleata* (Paxt.) Barb.Rodr.: *Cochleanthes* 5 (9**, G**)
- *cochleata* Rchb.f.: *Cochleanthes* 5 (O5/98**)
- *digitata* (Lem.) Barb.Rodr.: *Cochleanthes digitata* (O5/90)
- *digitata* Barb.Rodr.: *Cochleanthes* 13 (O5/98)
- *discolor* (Lindl.) Rchb.f. (8**): *Cochleanthes* 4 (O5/90, O1/91, 9**, E**, H**, O5/98,S)
- *flabelliformis* (Sw.) Cogn.: *Cochleanthes* 5 (9**, G**, O5/90, O5/98**, S)
- *gehrtiana* Hoehne: *Hoehneella* 1 (O5/90)
- *gehrtiana* Hoehne: *Chaubardia* 1 (O4/98)
- *gibeziae* (N.E.Br.) Stein: *Cochleanthes* 5 (9**, G**, O5/98**, S)
- *heteroclita* (Poepp. & Endl.) Hoehne: *Cochleanthes heteroclita* (O5/90)
- *heteroclita* (Poepp. & Endl.) Hoehne: *Chaubardia* 3 (O4/98)
- *ionoleuca* (Rchb.f.) Schltr.: *Cochleanthes* 7 (O5/90, O5/98)
- *lindenii* Rolfe: *Cochleanthes* 1 (O5/90, O5/98)
- *lipscombiae* (Rolfe) Fowlie: *Cochleanthes* 1 (O5/98)
- *lueddemanniana* Rchb.f.: *Cochleanthes* 5 (O5/90, O5/98**)
- *lueddemanniana* Rchb.f.: *Cochleanthes lueddemanniana* (O5/90)
- *marginata* Rchb.f.: *Mendoncella* 5 (9**)
- *marginata* Rchb.f.: *Cochleanthes* 10 (O5/90, O5/98)
- *picta* Rchb.f.: *Chondrorhyncha* 33 (O3/90, O4/98)

- *velata* Rchb.f.: *Mendoncella* 5 (9**)
- *velata* Rchb.f.: *Cochleanthes* 10 (O5/98)
- *wailesiana* (Lindl.) Rchb.f. ex Morr. (8**): *Cochleanthes* 13 (O5/90, O5/98, S*)
- *wendlandii* (Rchb.f.) Schltr.: *Chondrorhyncha aromatica* (E*)
- *wendlandii* (Rchb.f.) Schltr.: *Cochleanthes* 2 (H*, O5/98, S*)

Warscewiczia Skinner - 1850/51: *Catasetum* L.C.Rich. ex Kunth (S)

× **Westara (Wsta.)** (*Brassavola* × *Broughtonia* × *Cattleya* × *Laelia* × *Schomburgkia*)

× **Wilburchangara (Wbchg.)** (*Broughtonia* × *Cattleya* × *Epidendrum* × *Schomburgkia*)

× **Wilkinsara (Wknsra.)** (*Ascocentrum* × *Vanda* × *Vandopsis*)

× **Wilsonara (Wils.)** (*Cochlioda* × *Odontoglossum* × *Oncidium*)

× **Wingfieldara (Wgfa.)** (*Aspasia* × *Brassia* × *Odontoglossum*)

Winika M.Clem., D.Jones & Molloy - 1997 - *Dendrobiinae* (S) - 1 sp. epi. - N.Zeal.
1. **cunninghamii** (Lindl.) M.Clem., D. Jones & Molloy (*Dendrobium cunninghamii* Lindl.) - N.Zeal. (S*)

× **Withnerara (With.)** (*Aspasia* × *Miltonia* × *Odontoglossum* × *Oncidium*)

Wolfia spectabilis Dennst.: *Eulophia* 87 (Q**)

× **Wooara (Woo.)** (*Brassavola* × *Broughtonia* × *Epidendrum*)

× **Woodwardara (Wdwa.)** (*Colax* × *Neogardneria* × *Zygopetalum*)

× **Wrefordara:** × *Burkillara* (*Aërides* × *Arachnis* × *Euanthe* (*Vanda*) × *Vanda*)

Wullschlaegelia Rchb.f. - 1863 - *Subfam. Epidendroideae Tribus: Gastrodieae Subtr. Wullschlaegeliinae* - ca. 2 sp. ter/sapro/myco - S-Am.
1. **aphylla** (Sw.) Rchb.f. - Nic., Pan., Guat., Hond., Antill., S-Braz. (S, W, FXV2/3)
2. **calcarata** Benth. - Nic., Pan., Peru to Amaz. to Gui. (S, W**, FXV2/3)
- *ulaei* Cogn.: *Ulaeorchis cogniauxiana* (S)
- *ulei* Cogn.: *Uleiorchis* 2 (S)

Xaritonia Raf. - 1838: *Tolumnia* Raf.
Xaritonia Raf. - 1836: *Oncidium* Sw. (S)

- *tetrapetala* (Jacq.) Raf.: *Tolumnia* 28 (O2/86)

Xeilyathum Raf. - 1836: *Oncidium* Sw. (S)

Xenikophyton Gar. - 1974 - *Subfam. Epidendroideae Tribus: Vandeae Subtr. Sarcanthinae* - 1 sp. epi. - S-Ind.
1. **smeeanum** (Rchb.f.) Gar. (*Saccolabium smeeanum* Rchb.f., *Rhynchostylis latifolia* C.E.C.Fisch., *Schoenorchis latifolia* (C.E.C.Fisch.) Saldanha) - S-Ind. (S*)

Xerorchis Schltr. - 1912 - *Subfam. Epidendroideae Tribus: Arethuseae Subtr. Sobraliinae* - 2 sp. terr. - Amaz., Guy.
1. **amazonica** Schltr. - Amaz., Guy. (S)
2. **trichorhiza** (Kraenzl.) Gar. (*Epidendrum trichorhizum* Kraenzl.) - Guy., Amaz. (S*)

× **Xerriara (Xra.)** (*Arachnis* × *Ascocentrum* × *Rhynchostylis*)

Xiphizusa Rchb.f. - 1852: *Bulbophyllum* (S)
- *weddelii* Rchb.f.: *Bulbophyllum* 557 (9**)

Xiphosum Griff. - 1845: *Eria* Lindl.

Xiphosium Griff. - 1845 - *Dendrobiinae* (S) - (*Eria* sect. *Xiphosium* (Griff.) Lindl.) - 2 sp. epi. - Trop. Him., Hong.
1. **acuminatum** Griff. (*Eria carinata* Gibs., *E. rosea* Wall. non Lindl., *E. fordii* Rolfe) - Trop. Him. (S)
- *acuminatum* Griff.: *Eria* 15 (E**, H)
- *roseum* (Lindl.) Griff.: *Eria* 82 (G**)

Xylobium (Xyl.) Lindl. - 1825 - *Subfam. Epidendroideae Tribus: Maxillarieae Subtr. Bifrenariinae* - ca. 30 sp. epi/ter - Trop. Am.
1. **aurantiacum** (A.Rich. & Gal.) Schltr. - doubtful sp. (S)
2. **brachypus** (Rchb.f.) Hemsl. (*Maxillaria brachypus* Rchb.f.) - Guat., Nic. (O3/81, S)
- *brachystachyum* Kraenzl.: 6 (G)
3. **bractescens** (Lindl.) Kraenzl. (*Maxillaria bractescens* Lindl.) - Ec., Peru (G, S)
4. **buchtienianum** Kraenzl. - Bol. (O3/81, S)
- *carnosum* (Presl) Schltr.: 35 (9**, E**, G**, H**, S*)
5. **coelia** Rolfe (*Maxillaria coelia* Rchb.f.) - Col. (O3/81, S)
6. **colleyi** (Batem. ex Lindl.) Rolfe (*X.*

brachystachyum Kraenzl., *X. rebellis* (Rchb.f.) Schltr., *Maxillaria colleyi* Batem. ex Lindl., *M. rebellis* Rchb. f.) - Trin., Ven., Guy., Braz., Col., Pan. 400-1.000 m (G, W, R**, S*)
- *concavum* (Lindl.) Hemsl.: 13 (G, S*)
- *corrugata* var. *wageneri* (Rchb.f.) Schltr.: 7 (G)
7. **corrugatum** (Lindl.) Rolfe (*X. corrugata* var. *wageneri* (Rchb.f.) Schltr., *X. wageneri* (Rchb.f.) Schltr., *Maxillaria corrugata* Lindl., *M. corrugata* var. *wageneri* (Lindl.) Rchb. f., *M. wageneri* Rchb.f.) - Ven., Col. (G, R**, S)
8. **crassifolium** Kraenzl. - unknown origin (S)
9. **cylindrobulbon** (Regel) Schltr. - doubtful sp. (S)
- *decolor* (Lindl.) Nichols: 23 (9**, G**)
- *dusenii* Kraenzl.: 35 (9**, G**)
- *ecuadorense* Rolfe: 13 (G, S*)
10. **elatum** Rolfe - doubtful sp. (S)
11. **elongatum** (Lindl. & Paxt.) Hemsl. (*Maxillaria elongata* Lindl.) - Nic., C.Rica, Pan., Mex. to Peru 600-1.800 m (O3/81, W**, S*)
12. **flavescens** Schltr. - Bol. (S)
13. **foveatum** (Lindl.) Nichols (*X. concavum* (Lindl.) Hemsl., *X. stachyobiorum* (Rchb.f.) Hemsl., *X. ecuadorense* Rolfe, *Maxillaria foveata* Lindl., *M. concava* Lindl., *M. stachyobiorum* Rchb.f.) - Mex., Guat., Nic., C.Rica, Pan., Ven., Ec., Jam. 0-1.500 m (G, W, R, S*, Z**)
- *gracile* Schltr.: 17 (9**, E**, H**)
- *gracile* Schltr.: 22 (G, S*)
- *houtei* Makoi ex Mutel: 35 (9**, G**)
14. **hyacinthinum** (Rchb.f.) Schltr. (*Maxillaria hyacinthina* Rchb.f.) - Ven. (O3/81, S)
15. **hypocritum** (Rchb.f.) Rolfe (*Maxillaria hypocrita* Rchb.f.) - unknown origin (O3/81, S)
- *latifolium* Schltr.: 22 (O1/95, S*)
16. **latilabium** Schweinf. - Peru (S)
17. **leontoglossum** (Rchb.f.) Benth. ex Rolfe (*X. gracile* Schltr., *X. squalens* var. *gracile* (Schltr.) Schweinf., *Maxillaria leontoglossa* Rchb.f.) - Col., Ec., Peru, Ven. up to 2.000 m - epi. (9**, E**, H**, R**, S)

18. **longifolium** Lindl. ex Spreng. - Col. (S)
- *longifolium* (Kunth) Lindl.: *Eulophia* 4 (G**)
19. **miliaceum** (Rchb.f.) Rolfe (*Maxillaria miliacea* Rchb.f.) - Bol. (O3/81, S)
20. **modestum** Schltr. - Col. (S)
21. **ornatum** (Kl.) Rolfe - doubtful sp. (S)
22. **pallidiflorum** (Hook.) Nichols (*X. gracile* Schltr., *X. latifolium* Schltr., *Maxillaria pallidiflora* Hook., *M. stenobulbon* Kl.) - W-Ind., Nic., Ven., Trin., Braz., Col., Ec., Bol. 1.200-3.000 m - epi/ter (9**, G, O1/95, R**, S*)
23. **palmifolium** (Sw.) Benth. ex Fawc. [× palmifolium (Ruiz & Pav.) Benth. (S)] (*X. decolor* (Lindl.) Nichols, *Epidendrum palmifolium* Sw., *Dendrobium palmifolium* (Sw.) Sw., *Colax palmifolius* (Sw.) Lindl., *Maxillaria decolor* Lindl., *M. palmifolia* (Sw.) Lindl.) - Cuba, Haiti, Trin., Jam. (9**, G**, S)
- *pickianum* (Schltr.) L.O.Wms.: *Teuscheria* 3 (O4/98**)
- *pickianum* (Schltr.) L.O.Wms.: *Teuscheria* 6 (O4/98**)
24. **powellii** Schltr. - Nic., C.Rica, Pan. (W, S)
- *rebellis* (Rchb.f.) Schltr.: 6 (G)
- *scabrilingue* (Lindl.) Schltr.: 35 (9**, E**, G**, H**, S*)
25. **serratum** Benn. & Christ. - Peru (S)
26. **squalens** (Lindl.) Lindl. - Nic., C.Rica, S-Am. (W, Z)
- *squalens* (Lindl.) Lindl.: 35 (4**, E**, G**, H**, S*)
- *squalens* (Lindl.) Hook.: 35 (9**)
- *squalens* var. *gracile* (Schltr.) Schweinf.: 17 (9**)
- *stachyobiorum* (Rchb.f.) Hemsl.: 13 (G, S*)
27. **stanhopeifolium** Schltr. - Col. (S)
28. **subintegrum** Schweinf. - Peru (S*)
29. **subpulchrum** Dressl. - Peru (S)
30. **sulfurinum** (Lem.) Schltr. - Guat. (S)
- *supinum* (Poepp. & Endl.) Schltr.: 35 (9**, G**, S*)
31. **truxillense** (Rchb.f.) Rolfe (*Maxillaria truxillensis* Rchb.f.) - Ven. (O3/81, S)
32. **tuerckheimii** Kraenzl. - Mex. to Nic. (S)

33. **undulatum** (Ruiz & Pav.) Rolfe (*Maxillaria undulata* Ruiz & Pav.) (O3/81)
34. **varicosum** (Lindl.) Rolfe - Bol. (S)
35. **variegatum** (Ruiz & Pav.) Gar. & Dunst. (*X. squalens* (Lindl.) Lindl., *X. squalens* (Lindl.) Hook., *X. scabrilingue* (Lindl.) Schltr., *X. carnosum* (Presl) Schltr., *X. houtei* Makoi ex Mutel, *X. dusenii* Kraenzl., *X. supinum* (Poepp. & Endl.) Schltr., *Maxillaria variegata* Ruiz & Pav., *M. squalens* (Lindl.) Hook., *M. scabrilinguis* (Lindl.) Lindl., *M. scabrilinguis* (Lindl.) Schltr., *M. supina* Poepp. & Endl., *Cyrtopera scabrilinguis* Lindl., *Dendrobium variegatum* (Ruiz & Pav.) Pers., *D. carnosum* Presl, *D. squalens* Lindl.) - C.Rica, Col., Ec., Ven., Bol., Braz. 200-1.000 m - epi. (4**, 9**, E**, G**, H**, R, S*)
- *wageneri* (Rchb.f.) Schltr.: 7 (G)
36. **zamurense** Dods. - Ec. (S)
× **Yahiroara (Yhra.)** (*Brassavola* × *Cattleya* × *Epidendrum* × *Laelia* × *Schomburgkia*)
× **Yamadara (Yam.)** (*Brassavola* × *Cattleya* × *Epidendrum* × *Laelia*)
× **Yapara (Yap.)** (*Phalaenopsis* × *Rhynchostylis* × *Vandopsis*)
× **Yeeara (Yra.)** (*Brassavola* × *Broughtonia* × *Cattleya* × *Epidendrum* × *Laelia* × *Schomburgkia* × *Sophronitis*)
× **Yeepengara (Ypga.)** (*Aërides* × *Phalaenopsis* × *Rhynchostylis* × *Vanda*)
Yoania Maxim. - 1872 - *Cymbidiinae* (S) - 4 sp. ter/sapro - Jap., N.Zeal.
- *aberrans* Finet: *Cymbidium* 29 (S*)
1. **amagiensis** Nakai & F.Maekawa - Jap. (S)
2. **australis** Hatch - end. to N.Zeal. (O3/92, S)
- *australis* Hatch: *Danhatchia* 1 (S*)
3. **japonica** Maxim. - Jap. (S*)
4. **prainii** King & Pantl. - Sik. 2.000-3.000 m (S*)
Yolanda Hoehne - 1919: *Brachionidium* Lindl. (L, S)
Yolanda Hoehne - 1919 - *Pleurothallidinae* (S) - (*Brachionidium* sect. *Yolanda* (Hoehne) Pabst) - 3 sp. - Braz., Ven.
1. **dungsii** (Pabst) Brieg. (*Brachionidium dungsii* Pabst) - Ven. (S)

2. **floribunda** (Gar.) Brieg. (*Brachionidium floribundum* Gar., *B. steyermarkii* Foldats) - Ven. (S)
3. **restrepioides** Hoehne - Braz. (S)
→ *restrepioides* Hoehne: *Brachionidium* 51 (L*)
× **Yoneoara (Ynra.)** (*Renanthera* × *Rhynchostylis* × *Vanda*)
× **Yonezawaara (Yzwr.)** (*Neofinetia* × *Rhynchostylis* × *Vanda*)
Ypsilopus Summerh. - 1949 - *Subfam. Epidendroideae Tribus: Vandeae Subtr. Aerangidinae* - 4/6 sp. epi. - Trop. E-C-Afr.
1. **erectus** (Cribb) Cribb & J.Stew. (*Y. longifolius* var. *erectus* Cribb) - S-C-Afr. 1.000-1.200 m (H, C**, S)
2. **graminifolius** (Kraenzl.) Summerh. (*Aerangis graminifolia* (Kraenzl.) Schltr.) - Kenya, Ug. 1.500 m (S*)
- *graminifolius* (Kraenzl.) Summerh.: 5 (H, M**, C)
3. **leedalii** Cribb - Tanz. (S)
4. **liae** Del. & Leb. - Rwa. (S)
5. **longifolius** (Kraenzl.) Summerh. (*Y. graminifolius* (Kraenzl.) Summerh., *Mystacidium longifolium* Kraenzl., *Listrostachys graminifolia* Kraenzl., *Aerangis graminifolia* (Kraenzl.) Schltr.) - Kenya, N-Tanz. 1.450-2.400 m - epi/lit (H, M**, C, S)
- *longifolius* var. *erectus* Cribb (1**): 1 (C**)
6. **viridiflorus** Cribb & J.Stew. - N-Tanz. 2.100-2.350 m (A**, M**, C, S)
× **Yusofara (Ysfra.)** (*Arachnis* × *Ascocentrum* × *Renanthera* × *Vanda*)
Zetagyne Ridl. - 1921: *Panisea* Lindl. (S)
Zeuxine Lindl. - 1825 - *Subfam. Spiranthoideae Tribus: Erythrodeae* - (*Adenostylis* Bl. p.p., *Tripleura* Lindl., *Strateuma* Raf., *Haplochilus* Endl.) - ca. 76 sp. terr. - Trop.-Subtrop. Old World, Austr.
- *abbreviata* Hook.f.: *Anoectochilus* 14 (6*)
- *abbreviata* Hook.f.: *Anoectochilus* 1 (6*)
1. **affinis** (Lindl.) Benth. ex Hook.f (*Z. sutepensis* Rolfe ex Downie, ?*Z. gracilis* Holtt. non (Breda) Bl., *Etaeria affinis* Lindl., *Etheria mollis* Lindl., *Monochilus affinis* Lindl., *M. flavum* Rchb. non Wall. ex Lindl.) - Thai. (6*)

- *affinis* Merr. & Metcalf non Benth.: 8 (6*)
- *benguetensis* (Ames) Ames: 14 (6*)
- *bonii* Gagn.: 17 (6*, G)
- *boninensis* Tuyama: 14 (6*)
- *bracteata* Wight: *Z. sulcata* (2*)
- *bracteata* Wight: 17 (6*, G)
- *brevifolia* Wight: *Z. sulcata* (2*)
- *brevifolia* Wight: 17 (6*, G)
2. **clandestina** Bl. (*Monochilus clandestinum* (Bl.) Miq.) - Java, Thai. (2*, 6*)
- *cognata* Ohwi & Koyama: 12 (6*)
3. **elongata** Rolfe - Kenya, Trop.Afr., Ang., Zam., Tanz., Ug. ca. 1.500 m (M)
- *emarginata* Lindl.: *Z. sulcata* (2*)
- *emarginata* (Bl.) Lindl.: 17 (6*, G)
- *evrardii* Gagn.: 17 (6*, G)
4. **flava** (Wall. ex Lindl.) Benth. ex Hook.f. (*Etaeria flava* Lindl., *Monochilus flavum* Wall. ex Lindl.) - Thai. (6*)
- *fluvida* Fuk.: 12 (6*)
- *formosana* Rolfe: 12 (6*)
- *franchetiana* (King & Pantl.) King & Pantl.: *Myrmechis* 4 (6*)
5. **glandulosa** King & Pantl. - Thai. (6*)
6. **goodyeroides** Lindl. (S)
7. **gracilis** (Breda) Bl. (*Psychechilos gracile* Breda, *Monochilus gracilis* (Breda) Lindl., *M. zollingeri* Rchb.f., *Adenostylis gracilis* (Breda) Ames) - Java, Thai. (2*, 6*)
- *gracilis* Holtt., non (Breda) Bl.: 1 (6*)
8. **grandis** Seidenf. (*Z. affinis* Merr. & Metcalf non Benth.) - Thai. (6*)
9. **gymnochiloides** Schltr. - Madag. ca. 100 m - epi/ter (U)
- *integerrima* Lindl.: *Z. sulcata* (2*)
- *integerrima* (Bl.) Lindl.: 17 (6*, G)
- *leucochila* Schltr.: 14 (6*)
10. **longilabris** (Lindl.) Benth. ex Hook. f. (*Z. violascens* Seidenf. & Smitin. non Ridl., *Monochilus longilabris* Lindl., *M. affinis* Wight. non Lindl.) - Thai. (6*)
11. **madagascariensis** Schltr. - Madag. 1.700 m - epi/ter (U)
- *membranacea* Lindl.: 17 (6*, G)
- *moniliformis* (Griff.) Griff.: *Cheirostylis* 9 (6*)
- *moulmeinensis* (Par. & Rchb.f.) Hook.f.: *Anoectochilus* 13 (6*)

12. **nervosa** (Wall. ex Lindl.) Benth ex Clarke (*Z. formosana* Rolfe, *Z. vittata* Rolfe ex Downie, *Z. fluvida* Fuk., *Z. somai* Tuyama, *Z. zamboangensis* (Ames) Ames, *Z. cognata* Ohwi & Koyama, *Etaeria nervosa* Lindl., *Monochilus nervosus* Wall. ex Lindl., *Haplochilus nervosus* (Wall. ex Lindl.) D.Dietr., *Adenostylis formosanum* (Rolfe) Hay., *A. zamboangensis* Ames) - Thai. (6*)
13. **oblonga** R.Rogers & C.White - end. to Austr. (NT, Qld., NSW) (P**)
14. **parvifolia** (Ridl.) Seidenf. (*Z. leucochila* Schltr., *Z. siamensis* Schltr. ex Hoss., *Z. tonkinensis* Gagn., *Z. boninensis* Tuyama, *Z. sakagutii* Tuyama, *Z. tenuifolia* Tuyama, *Z. benguetensis* (Ames) Ames, *Hetaeria parvifolia* Ridl., *Adenostylis benguetensis* Ames) - Thai. (6*)
- *procumbens* Bl.: *Z. sulcata* (2*)
- *procumbens* Bl.: 17 (6*, G)
- *pumila* (Hook.f.) King & Pantl.: *Myrmechis* 4 (6*)
15. **purpurascens** Bl. - Java (2*)
- *pusilla* Kerr & Rolfe mss.: *Myrmechis* 4 (6*)
- *robusta* Wight: *Z. sulcata* (2*)
- *robusta* Wight: 17 (6*, G)
- *rupicola* Fuk.: 17 (H**)
- *sakagutii* Tuyama: 14 (6*)
16. **sambiranoensis** Schltr. - Madag. terr. (U)
- *siamensis* Schltr. ex Hoss.: 14 (6*)
- *somai* Tuyama: 12 (6*)
17. **strateumatica** (L.) Schltr. (*Z. sulcata* (Roxb.) Lindl., *Z. emarginata* (Bl.) Lindl., *Z. membranacea* Lindl., *Z. integerrima* (Bl.) Lindl., *Z. bracteata* Wight, *Z. brevifolia* Wight, *Z. robusta* Wight, *Z. tripleura* Lindl., *Z. procumbens* Bl., *Z. wariana* Schltr., *Z. bonii* Gagn., *Z. evrardii* Gagn., *Z. rupicola* Fuk., *Orchis strateumatica* L., *Spiranthes strateumatica* (L.) Lindl., *Adenostylis emarginata* Bl., *A. integerrima* Bl., *A. strateumatica* (L.) Ames, *A. sulcata* (Roxb.) Hay., *Pterygodium sulcatum* Roxb., *Strateuma zeylandica* Raf., *Tripleura pallida* Lindl., *Neottia strateumatica* (L.) R.Br. ex Steud.) - Afg. to Jap., S-N.Gui., Sri L., N-Am. (6*, G, H**, $54/3)
- *sulcata* (Roxb.) Lindl. (2*): 17 (6*, G, H**)

- *sutepensis* Rolfe ex Downie: 1 (6*)
- *tenuifolia* Tuyama: 14 (6*)
- *tonkinensis* Gagn.: 14 (6*)
- *tripleura* Lindl.: *Z. sulcata* (2*)
- *tripleura* Lindl.: 17 (6*, G)
- *violascens* Seidenf. & Smitin. non Ridl.: 10 (6*)
- *vittata* Rolfe ex Downie: 12 (6*)
- *wariana* Schltr.: 17 (6*, G)
- *zamboangensis* (Ames) Ames: 12 (6*)

Zhukowskia Szlach., Tam. & Rutk. - 2000 - Spiranthinae (S) - 3 sp. terr. - C-Am.
1. **cerina** (Lindl.) Szlach., Tam. & Rutk. - Mex. Guat. (S*)
2. **lobata** (Lindl.) Szlach., Tam. & Rutk. - Mex. (S)
3. **smithii** (Rchb.f.) Szlach., Tam. & Rutk. - C.Rica (S)

Zoduba masuca (D.Don) Buch.-Ham.: *Calanthe* 33 (6*, 9**)

Zodula masuca (D.Don) Buch.-Ham.: *Calanthe* 46 (G**)

Zoophora Bernh. - 1800: *Orchis* L. (S)

Zootrophion Luer - 1982 - Pleurothallidinae (S) - ca. 12/15 sp. epi. - Trop. C-S-Am., Jam.
1. **atropurpureum** (Lindl.) Luer (*Cryptophoranthus atropurpureus* (Lindl.) Rolfe, *C. alvaroi* Gar., *Specklinia atropurpurea* Lindl., *Pleurothallis atropurpureaus* (Lindl.) Lindl., *Masdevallia fenestrata* Lindl. ex Hook.) - Cuba, Jam., Pan., Col., Ec., Peru, Bol. up to 1.300 m (4**, 9**, G, H**, W**, L, S)
2. **dayanum** (Rchb.f.) Luer (*Masdevallia dayana* Rchb.f., ?*M. argus* Rchb.f. ex Kraenzl., *Cryptophoranthus dayanus* (Rchb.f.) Rolfe, *C. lehmannii* Rolfe, *C. argus* Rchb.f. ex Kraenzl., *C. beloglottis* Schltr., *C. hologlottis* Schltr. ex Kraenzl.) - Col., Ven., Ec., Peru, Bol. (9**, H, O6/96, R**, Z**, S)
3. **endresianus** (Kraenzl.) Luer - Nic., C.Rica, Pan., S-Am. (W, S)
4. **gracilentus** (Rchb.f.) Luer (?*Masdevallia gracilenta* Rchb.f.) - C.Rica (W)
5. **hirtzii** Luer - Ec. 2.100 m ($53/12, S*)
6. **hypodiscus** (Rchb.f.) Luer (*Cryptophoranthus hypodiscus* (Rchb.f.) Rolfe, *C. lepidotus* L.O.Wms., ?*Masdevallia hypodiscus* Rchb.f.) - Pan., Col., Ec. (H*, W, K*, R**, S*)
7. **moorei** (Rolfe) Luer - Nic., C.Rica (W)
8. **schenckii** (Cogn.) Luer (*Cryptophoranthus schenckii* Cogn.) (L)
9. **serpentinum** Luer & Hirtz - Ec. 1.500 m (A**, $53/12)
10. **trivalve** (Luer & Esc.) Luer - Col. (R**)
11. **vulturiceps** (Luer) Luer - C.Rica (W)

Zosterostylis Bl. - 1825: *Cryptostylis* R.Br. (S)
- *arachnites* Bl.: *Cryptostylis* 1 (2*, 6*, 9**, H**)
- *filiformis* Miq.: *Cryptostylis* 3 (2*)
- *walkerae* Wight: *Cryptostylis* 1 (2*, 6*, 9**)
- *zeylanica* Lindl.: *Cryptostylis* 1 (2*, 6*, 9**)

× **Zygobatemannia (Zbm.)** (*Batemania* × *Zygopetalum*)

× **Zygocaste (Zcst.)** (*Lycaste* × *Zygopetalum*)

× *Zygocella (Zcla.)*: *Galeopetalum* (*Mendoncella* (*Galeottia*) × *Zygopetalum*)

× **Zygocidium** (*Oncidium* × *Zygopetalum*)

× **Zygocolax (Zcx.)** (*Colax* × *Zygopetalum*)

× **Zygodendrum** (*Epidendrum* × *Zygopetalum*)

× **Zygodisanthus (Zdsnth.)** (*Paradisanthus* × *Zygopetalum*)

Zygoglossum Reinw.: *Bulbophyllum* Thou.
- *umbellatum* (Forst.f.) Reinw. ex Bl.: *Bulbophyllum* 273 (U)
- *umbellatum* Reinw.: *Bulbophyllum* 256 (2*)

× *Zygolax*: × *Zygocolax* (*Colax* × *Zygopetalum*)

× **Zygolum (Zglm.)** (*Zygopetalum* × *Zygosepalum*)

× *Zygomena*: × *Zygolum* (*Menadenium* (*Zygosepalum*) × *Zygopetalum*)

× **Zygoneria (Zga.)** (*Neogardneria* × *Zygopetalum*)

× **Zygonisia (Zns.)** (*Aganisia* × *Zygopetalum*)

× *Zygopabstia*: × *Zygocolax* (*Pabstia* (*Colax*) × *Zygopetalum*)

Zygopetalum sect. *Zygosepalum* Rchb.f. - 1852: *Zygosepalum* Rchb.f. (S)

Zygopetalum (Z.) Hook. - 1827 - Subfam. *Epidendroideae* Tribus: *Maxillarieae* Subtr. *Zygopetalinae* - ca. 14/40 sp. epi. - Trop. S-Am., Braz., Par., Arg., Peru, Bol.
- *africanum* Hook.: *Lemboglossum* 2 (9**, G**, H**)
- *amazonicum* (Rchb.f. & Warsc.) Rchb.f.: *Cochleanthes* 1 (O5/90, O5/98, S*)
- *aromaticum* Rchb.f.: *Chondrorhyncha aromatica* (E*)
- *aromaticum* Rchb.f.: *Cochleanthes* 2 (H*, O5/98)
- *bellum* Rchb.f.: *Pescatorea* 2 (O6/98)
- *bidentatum* Rchb.f. ex Hemsl.: *Chondrorhyncha* 8 (O6/83, O4/98)
- *binotii* De Wild.: *Neogardneria* 1 (9**, G, H**)
- *bolivianum* Schltr.: 6 (E**, H**)
- *bolivianum* Schltr.: 8 (S)
1. **brachypetalum** Lindl. - Braz. - ter/lit (8**, A**, G, S*)
2. **brachystalix** Rchb.f. (O3/81)
- *burtii* Benth. & Hook.f. ex Hemsl.: *Huntleya* 4 (O5/98)
- *burtii* (Endr. & Rchb.f.) Benth. & Hook.f.: *Huntleya* 10 (E**, G**, H**)
- *burtii* var. *wallisii* (Rchb.f.) Veitch: *Huntleya* 10 (E**, G**)
- *candidum* (Lindl.) Rchb.f.: *Cochleanthes* 3 (O5/98, S)
- *cerinum* (Lindl.) Rchb.f.: *Pescatorea* 3 (4**, 9**, H**, O6/98)
- *chloranthum* Kraenzl.: *Batemania* 1 (S*)
- *citrinum* Rchb.f.: *Promenaea* 17 (8**)
- *citrinum* (D.Don) Nichols: *Promenaea* 17 (9**, E**, G, H**)
- *claesianum* hort.: 3 (9**, G)
- *cochleare* Lindl.: *Warscewiczella cochlearis* (8**)
- *cochleare* Lindl.: *Cochleanthes* 5 (9**, G**, O5/98**)
- *cochleatum* Paxt.: *Cochleanthes* 5 (9**, G**, O5/98**)
- *coeleste* Rchb.f.: *Bollea* 1 (9**, H)
- *coloratum* Lind. & Rchb.f.: *Warreopsis* 1 (S*)
- *conchaceum* Hoffmgg. ex Rchb.f.: *Warscewiczella cochlearis* (8**)
- *conchaceum* Hoffmgg. ex Rchb.f.: *Cochleanthes* 5 (9**, G**, O5/98**)
- *coronarium* Rchb.f.: *Pescatorea* 5 (O6/98)
- *crepeauxii* Carr.: 3 (9**, G)
3. **crinitum** Lodd. (*Z. mackaii* var. *crinitum* (Lodd.) Lindl., *Z. stenochilum* Lodd., *Z. pubescens* Hoffmgg., *Z. microtos* Hoffmgg., *Z. crepeauxii* Carr., *Z. claesianum* hort.) - E-Braz. ca. 800 m - epi. - scented (9**, E**, G, H**, O5/94, S*, Z**)
   var. **coeruleum** L.O.Wms. - E-Braz. ca. 800 m (O5/94)
   var. **roseum** hort. ex Stein - E-Braz. ca. 800 m (O5/94, S)
   var. **rubellum** hort. ex Regel - E-Braz. ca. 800 m (O5/94)
- *dayanum* Rchb.f.: *Pescatorea* 6 (O6/98)
- *discolor* Rchb.f.: *Warscewiczella discolor* (8**)
- *discolor* (Lindl.) Rchb.f.: *Cochleanthes* 4 (9**, E**, H**, O5/98)
- *euglossum* Rchb.f.: 6 (4**)
- *euglossum* Rchb.f.: *Pescatorea* 14 (O6/98)
- *expansum* Rchb.f.: *Kefersteinia* 17 (O5/98)
- *flabelliforme* Rchb.f.: *Warscewiczella cochlearis* (8**)
- *flabelliforme* (Sw.) Rchb.f.: *Cochleanthes* 5 (9**, G**, O5/98**)
- *flaveolum* Lind. & Rchb.f.: *Chondroscaphe* 5 (O5/98**)
- *forcipatum* hort.: *Kefersteinia* 27 (O5/98)
- *gemma* Rchb.f.: *Kefersteinia* 18 (O5/98)
4. **ghillanyi** Pabst - Braz. 1.600 m - terr. (S)
- *gibeziae* N.E.Br.: *Warscewiczella cochlearis* (8**)
- *gibeziae* N.E.Br.: *Cochleanthes* 5 (9**, G**, O5/98**)
- *gramineum* Lindl.: *Kefersteinia* 19 (9**, E*, G, H*, O5/98)
5. **graminifolium** Rolfe - Braz. to 800 m - terr. (S, Z)
- *grandiflorum* (A.Rich.) Benth. & Hook.f. (8**): *Mendoncella* 3 (9**, H**)
- *hasslerianum* Kraenzl.: 9 (9**, G)
- *hemixanthum* Rchb.f.: *Bollea* 3 (O4/98)
6. **intermedium** Lodd. ex Lindl. (*Z. mackai(y)i* Paxt. non Hook., *Z. mackaii* var. *intermedium* Mutel., *Z.*

- *velutinum* Hoffmgg., *Z. rivierii* Carr., *Z. euglossum* Rchb.f., *Z. roezlii* Rchb.f., *Z. bolivianum* Schltr., *Eulophia mackai(y)ana* Lindl.) - Peru, Bol., Braz. (4**, 8**, E**, G, H**)
- *intermedium* Lodd. ex Lindl.: 8 (S)
- *ionoleucum* Rchb.f.: *Cochleanthes* 7 (O5/90, O5/98)
- *jugosum* (Lindl.) Schltr.: *Pabstia* 1 (9**, E**, G, H**)
- *klabochii* Rchb.f.: *Kefersteinia* 27 (O5/98)
- *klabochorum* Rchb.f.: *Pescatorea* 8 (8**)
- *klugii* Schweinf.: *Chaubardia* 4 (O3/90, O4/98)
- *klugii* Schweinf.: *Cochleanthes klugii* (O5/90)
- *labiosum* (A.Rich.) L.O.Wms.: *Zygosepalum* 4 (9**, G)
- *lacteum* Rchb.f.: *Kefersteinia* 25 (O5/98)
- *lalindei* (Lind.) Rchb.f.: *Bollea* 5 (9**, O4/98)
- *lamellosum* Rchb.f. (9**): *Pescatorea* 9 (O6/98)
- *laminatum* Rchb.f.: *Kefersteinia* 27 (O5/98)
- *lawrenceanum* Rchb.f.: *Bollea* 6 (O4/98)
- *lehmannii* Rchb.f.: *Pescatorea* 10 (4**)
- *lentiginosum* (Lindl.) Rchb.f.: *Promenaea* 7 (G)
- *lindeniae* Rolfe: *Zygosepalum* 5 (H**)
- *lindenii* Rolfe: *Cochleanthes* 1 (O5/90, O5/98)
- *lucidum* Rolfe: *Huntleya* 7 ($53/7)
- *lucidum* Rolfe: *Huntleya* 9 (O5/98)
- *lueddemannianum* (Rchb.f.) Rchb.f.: *Cochleanthes* 5 (O5/98**)
- *mackaii* Paxt. non Hook.: 6 (E**, H**)
- *mackaii* var. *crinitum* (Lodd.) Lindl.: 3 (E**, H**)
- *mackaii* var. *intermedium* Mutel.: 6 (4**)
7. **mackayi** (mackaii) Hook. (*Eulophia mackai(y)ana* Lindl.) - Braz. - terr. (8**, 9**, E, G**, H, S*, Z**)
- *mackayi* Paxt. non Hook.: 6 (4**)
- *mackayi* var. *crinitum* (Lodd.) Lindl.: 3 (9**, G)
8. **maculatum** (H.B.K.) Gar. (*Z. intermedium* Lodd. ex Lindl., *Z. bolivianum* Schltr.) - Braz., Bol. to 700 m - terr. (S)
- *mandibulare* Rchb.f.: 9 (4**, 9**, G)
- *marginatum* (Rchb.f.) Rchb.f.: *Mendoncella* 5 (9**)
- *marginatum* (Rchb.f.) Rchb.f.: *Cochleanthes* 10 (O5/98)
9. **maxillare** Lodd. (*Z. mandibulare* Rchb.f., *Z. hasslerianum* Kraenzl., ?*Z. rigbyanum* Ruschi) - Braz., Arg., Par. 700-900 m - epi. (4**, 8**, 9**, A**, G, S*, Z**)
- *meleagris* (Lindl.) Benth.: *Huntleya* 10 (4**, E**, G**, H**, O5/98)
- *meleagris* var. *albidofulva* (Lem.) Nichols: *Huntleya* 10 (G**)
10. **micranthum** Barb.Rodr. (O3/81)
11. **microphyton** Barb.Rodr. - Braz. - terr. (S*)
- *micropterum* Rchb.f.: *Promenaea* 9 (9**)
- *microtos* Hoffmgg.: 3 (9**, E**, G, H**)
- *moritzii* Rchb.f.: *Kefersteinia* 19 (O5/98)
- *mosenianum* Barb.Rodr.: 13 (S*)
- *murrayanum* Gardn. ex Hook.: *Neogardneria* 1 (9**, G)
- *murrayanum* (Hook.) Rolfe: *Neogardneria* 1 (H**)
- *mystacinum* Rchb.f.: *Kefersteinia* 35 (O5/98)
12. **pabstii** Toscano - Braz. 300-400 m (S)
- *parviflorum* L.O.Wms.: *Warreopsis* 3 (S*)
- *patinii* Rchb.f.: *Bollea* 5 (9**, O4/98)
13. **pedicellatum** (Thunb.) Gar. (*Z. mosenianum* Barb.Rodr.) - Braz. 0-800 m (S*)
- *placantherum* (Hook.) Schltr.: *Pabstia* 3 (9**, G)
- *prainianum* Rolfe: *Mendoncella* 6 (9**)
- *pubescens* Hoffmgg.: 3 (9**, E**, G, H**)
- *pulvinare* (Rchb.f.) Rchb.f.: *Bollea* 1 (9**)
- *pulvinare* Rchb.f.: *Bollea* 9 (O4/98)
- *quadratum* (Lindl.) Pfitz.: *Mendoncella* 9 (9**)
- *quadratum* (Rchb.f.) Pfitz.: *Cochleanthes* 10 (O5/98)

14. **reginae** Pabst - Braz. 1.600 m - terr. (S)
- *rhombilabium* Schweinf.: *Huntleya* 8 (E**, H**, O3/90, S*)
- *rhombilabium* Schweinf.: *Chaubardia* 3 (O4/98)
- *rigbyanum* Ruschi: ? 9 (S)
- *rivierii* Carr.: 6 (4**, G)
- *roezlii* Rchb.f.: 6 (4**, G)
- *rollissonii* (Lindl.) Rchb.f.: *Promenaea* 14 (G**)
- *rostratum* Hook. (8**): *Zygosepalum* 4 (9**, G, H**)
- *russelianum* Rchb.f.: *Pescatorea* 12 (O6/98)
- *sanguinolentum* Rchb.f.: *Kefersteinia* 49 (O5/98)
15. **sellowii** Rchb.f. - Braz. - terr. (S)
16. **silvanum** P.Castro & Campacci - Braz. 600-700 m (S)
17 **sincoranum** P.Castro & Campacci - Braz. 1.200-1.600 m (S)
- *stapelioides* (Link & Otto) Rchb.f.: *Promenaea* 16 (8**, 9**, G**)
- *stenochilum* Lodd.: 3 (9**, E**, G, H**, S*)
- *tatei* Ames & Schweinf.: *Zygosepalum* 7 (S*)
- *tatei* var. *angustilabium* Schweinf.: *Zygosepalum* 1 (S)
- *taurinum* Rchb.f.: *Kefersteinia* 53 (O5/98)
- *tricolor* Lindl.: *Koellensteinia* 16 (G)
- *trinitatis* Ames: *Chaubardia* 5 (H*, O3/90, O4/98)
- *trinitatis* Ames: *Cochleanthes trinitatis* (O5/90)
18. **triste** Barb.Rodr. - Braz. ca. 1.000 m - ter/lit (S)
- *triumphans* Rchb.f.: *Pescatorea* 13 (O6/98)
- *umbonatum* Rchb.f.: *Kefersteinia umbonata* (W)
- *velatum* (Rchb.f.) Rchb.f.: *Mendoncella* 5 (9**)
- *velatum* (Rchb.f.) Rchb.f.: *Cochleanthes* 10 (O5/98)
- *velutinum* Hoffmgg.: 6 (4**, G)
19. **venustum** Ridl. (O3/81)
- *violaceum* (Lindl.) Rchb.f.: *Bollea* 10 (G, O4/98)
- *wailesianum* Rchb.f.: *Warscewiczella wailesiana* (8**)
- *wailesianum* (Lindl.) Rchb.f.: *Cochleanthes* 13 (O3/90, O5/98)
- *wallisii* Rchb.f.: *Pescatorea* 14 (O6/98)
- *wendlandii* Rchb.f.: *Chondrorhyncha aromatica* (E*)
- *wendlandii* Rchb.f.: *Cochleanthes* 2 (H*, O5/98)
- *whitei* Rolfe: *Bollea* 11 (O4/82)
- *xanthino-stapelioides* hort.: *Promenaea* 7 (G)
- *xanthinum* (Lindl.) Rchb.f.: *Promenaea* 17 (8**, 9**, E**, G, H**)
× **Zygorhyncha (Zcha.)** (*Chondrorhyncha* × *Zygopetalum*)

Zygosepalum (Zspm.) (Rchb.f.) Rchb.f. - 1863 - *Subfam. Epidendroideae Tribus: Maxillarieae Subtr. Zygopetalinae* - (*Menadenium* Raf. ex Cogn., *Zygopetalum* sect. *Zygosepalum* Rchb.f.) - ca. 7 sp. epi. - Trop. S-Am.
1. **angustilabium** (Schltr.) Gar. (*Zygopetalum tatei* var. *angustilabium* Schweinf.) - Ven. 300-2.500 m - epi/ter (FXV2/3, S)
2. **ballii** (Rolfe) Cogn. (*Menadenium ballii* (Rolfe) Gar.) - Braz., Ven. (S)
3. **kegelii** Rchb.f. - Sur., Guy. (H, R, S)
4. **labiosum** (L.C.Rich.) Gar. [*Z. labiosum* (L.C.Rich.) Schweinf. (9**, G, R)] (*Z. rostratum* (Hook.) Rchb.f., *Epidendrum labiosum* L.C.Rich., *Zygopetalum rostratum* Hook., *Z. labiosum* (L.C.Rich.) L.O.Wms., *Menadenium rostratum* (Hook.) Raf., *M. labiosum* (L.C.Rich.) Cogn.) - Ven., Guy., Braz., Amaz., Col. up to 300 m - epi. (H**, S*)
5. **lindeniae** (Rolfe) Gar. & Dunst. (*Zygopetalum lindeniae* Rolfe, *Menadenium lindeniae* (Rolfe) Cogn.) - Ven., Braz., Col. to 1.700 m - epi. (H**, O4/94**, R**, S*, Z**)
- *marginatum* Gar.: *Galeottia* 9 (S)
6. **revolutum** Gar. & G.Romero - Col. (S)
- *rostratum* Rchb.f.: *Zygopetalum rostratum* (8**)
- *rostratum* (Hook.) Rchb.f.: 4 (9**, G, H**, S*)
7. **tatei** (Ames & Schweinf.) Gar. & Dunst. (*Zygopetalum tatei* Ames & Schweinf.) - Ven., Braz. 1.800-2.400 m - terr. (S*, Z)

Zygostates Lindl. - 1837 - *Subfam. Epidendroideae Tribus: Maxillarieae Subtr. Ornithocephalinae* - (*Dactylostyle(i)s* Scheidw.) - ca. 9 sp. epi. -

Braz., Arg., Par.
1. **alleniana** Kraenzl. (*Z. lindmanii* (Kraenzl.) Schltr.) - Braz., Par., Arg. (S*, Z)
2. **chateaubriandii** Ruschi - Braz. (S)
3. **cornuta** Lindl. (*Epidendrum trilabiatum* Vell., *Dactylostylis fimbriata* Scheidw., *Ornithocephalus navicularis* Barb.Rodr.) - Braz. (G, H, S*)
- *costaricensis* Nash: *Ornithocephalus* 2 (O3/95)
4. **dasyrhiza** (Kraenzl.) Schltr. (*Z. paranaensis* Schltr.) - Braz. (S)
5. **kuhlmannii** Brade - Braz. (S)
6. **ligulata** Tosc. & Werkh. - Guy. (S)
- *lindmanii* (Kraenzl.) Schltr.: 1 (S*)
7. **lunata** Lindl. (*Ornithocephalus navicularis* Barb.Rodr.) - E-Braz. (G, H*, S*)
8. **multiflorus** (Rolfe) Schltr. - Braz. (S*)
→ *multiflorus* (Rolfe) Schltr.: *Dipteranthus* 7 (O6/96)
9. **papillosa** Cogn. - Braz. (S)
- *paranaensis* Schltr.: 4 (S)
× **Zygostylis (Zsts.)** (*Otostylis* × *Zygopetalum*)
× **Zygotorea (Zgt.)** (*Pescatorea* × *Zygopetalum*)
× **Zygowarrea (Zwr.)** (*Warrea* × *Zygopetalum*)

VII. Deutsche und fremdländische Orchideennamen
VII. Popular orchid names
VII. Nomi volgari delle orchidee

Adriatische Riemenzunge: *Himantoglossum adriaticum*
Affen Knabenkraut: *Orchis simia*
Aguilitas: *Eriopsis biloba*
Algerische Waldhyazinthe: *Platanthera algeriensis*
Algerisches Knabenkraut: *Orchis laeta*
Amalo: *Vanilla madagascariensis*
Ameisenknolle: *Myrmecodia*
Amerikanische Drehwurz: *Spiranthes romanzoffiana*
Anatolisches Knabenkraut: *Orchis anatolica*
Ant Orchid: *Chiloglottis formicifera*
Antelope Orchid: *Dendrobium antennatum, discolor*
Argolische Ragwurz: *Ophrys argolica*
Armblütiges Knabenkraut: *Orchis pauciflora*
Arrocillo: *Epidendrum laucheanum*
Äskulap-Ragwurz: *Ophrys aesculapii*
Atlas-Knabenkraut: *Orchis patens*
Atlas-Ragwurz: *Ophrys atlantica*
Attische Ragwurz: *Ophrys bombyliflora*
Autumn Lady's-tresses: *Spiranthes spiralis*
Azoren-Waldhyazinthe: *Platanthera azorica*

Babe in a Cradle: *Epiblema grandiflorum*
Balkan-Händelwurz: *Gymnadenia frivaldii*
Baltisches Knabenkraut: *Dactylorhiza baltica*
Bamboo Orchid: *Arundina graminifolia*
Bartorchis: *Comperia comperiana*
Baumanns Knabenkraut: *Dactylorhiza baumanniana*
Bearded Orchids: *Calochilus*
Bee Orchid: *Diuris laxiflora, Ophrys apifera*
Beech Orchid: *Acianthus viridis, Dendrobium falcorostrum*
Behaarter Frauenschuh: *Cypripedium pubescens*
Bell Sun Orchid: *Thelymitra campanulata*
Bertolonis Ragwurz: *Ophrys bertolonii*
Bienen-Ragwurz: *Ophrys apifera*
Bird Orchids: *Chiloglottis, Pterostylis barbata, bicolor*
Bird's-nest Orchid: *Neottia nidis-avis*
Black Orchid: *Cymbidium canaliculatum*
Blasse Ragwurz: *Ophrys pallida*
Blasses Knabenkraut: *Orchis pallens*

Blattloser Widerbart: *Epipogium aphyllum*
Blattreiches Knabenkraut: *Dactylorhiza foliosa*
Bleiche Ragwurz: *Ophrys pallida*
Bleiches Knabenkraut: *Orchis pallens*
Blue Lady Orchid: *Thelymitra crinita*
Blue Orchid: *Dendrobium nindii*
Blue Sun Orchid: *Thelymitra canaliculata*
Blutrotes Knabenkraut: *Dactylorhiza cruenta*
Blutstendel: *Ludisia*
Bocks-Riemenzunge: *Himantoglossum hircinum*
Bog Orchid: *Hammarbya paludosa*
Bonnet Orchid: *Cryptostylis erecta*
Bootlace Orchid: *Erythrorchis cassythoides*
Bornmüllers Ragwurz: *Ophrys bornmuelleri*
Borys Knabenkraut: *Orchis boryi*
Bottlebrush Orchid: *Dendrobium smillieae*
Box Orchid: *Dendrobium aemulum*
Braid Orchids: *Lockhartia*
Brancifortis Knabenkraut: *Orchis brancifortii*
Brand-Knabenkraut: *Orchis ustulata*
Braune Ragwurz: *Ophrys fusca*
Braunrote Stendelwurz: *Epipactis atrorubens*
Breitblättrige Stendelwurz: *Epipactis helleborine*
Breitblättriges Knabenkraut: *Dactylorhiza majalis*
Bremsen-Ragwurz: *Ophrys bombyliflora*
Brillen-Ragwurz: *Ophrys biscutella*
Broad-leaved Helleborine: *Epipactis helleborine*
Bumble Bee Orchid: *Hispaniella henekenii*
Bunny Orchids: *Eriochilus*
Burn-tip Orchid: *Orchis ustulata*
Busen-Ragwurz: *Ophrys mammosa*
Buttercup Orchid: *Dendrobium agrostophyllum*
Butterfly Orchid: *Caladenia lobata, Encyclia tampensis, Psychopsis papilio*

Cacatica: *Hispaniella henekenii*
Calaverita: *Laelia anceps* ssp. *dawsonii* f. *chilapensis*
Chinesische Drehwurz: *Spiranthes sinensis*
Cinnamon Bells: *Gastrodia sesamoides*
Cinnamon Orchid: *Corymborkis veratrifolia*
Clamshell Orchid: *Encyclia cochleata*
Cleopatra's Needles: *Thelymitra apiculata*
Climbing Orchid: *Erythrorchis cassythoides*
Cobra Greenhood: *Pterostylis grandiflora*
Common Spotted-orchid: *Dactylorhiza fuchsii*
Common Twayblade: *Listera ovata*
Common White Spider Orchid: *Caladenia eminens*

Cooktown Orchid: *Dendrobium bigibbum*
Coralroot Orchid: *Corallorhiza trifida*
Cornelias Kohlröschen: *Nigritella corneliana*
Côte-d'Azur-Zungenstendel: *Serapias olbia*
Cowhorn Orchid: *Cyrtopodium punctatum*
Crane-fly Orchid: *Tipularia discolor*
Creeping Lady's-tresses: *Goodyera repens*
Crocodile's Tail Orchid: *Phalaenopsis cornu-cervi, pantherina*
Cucume Orchid: *Dendrobium cucumerinum*
Custard Orchid: *Thelymitra villosa*

Daffodill Orchid: *Ipsea speciosa*
Dagger Orchid: *Dendrobium pugioniforme*
Dark-red Helleborine: *Epipactis atrorubens*
Delphi-Ragwurz: *Ophrys delphinensis*
Dense-flowered Orchid: *Neotinea maculata*
Dichtblütige Stendelwurz: *Epipactis condensata*
Dingel: *Limodorum*
Dollar Orchid: *Encyclia boothiana*
Donkey Orchids: *Diuris*
Doubletails Orchids: *Diuris*
Dove Orchid: *Dendrobium crumenatum, Peristeria elata*
Dragon Orchid: *Caladenia barbarossa*
Drehwurz: *Spiranthes*
Dreiknollen-Knabenkraut: *Orchis champagneuxii*
Dreizähniges Knabenkraut: *Orchis tridentata*
Drohnenragwurz: *Ophrys bombylifera*
D'Urvilles Knabenkraut: *Dactylorhiza urvilleana*
Dwarf Pearl Orchid: *Cymbidium nanulum*
Dwarf Rock Orchid: *Dendrobium pedunculatum*

Early Marsh-orchid: *Dactylorhiza incarnata*
Early Purple Orchid: *Orchis mascula*
Early Spider-orchid: *Ophrys sphegodes*
Echte Sumpfwurz: *Epipactis palustris*
Echte Vanille: *Vanilla planifolia*
Echter Zungenständel: *Serapias lingua*
Eiförmiges Zweiblatt: *Listera ovata*
Einblatt: *Malaxis*
Einknolle: *Herminium*
Einschwieliger Zungenstendel: *Serapias lingua*
Elbow Orchid: *Arthrochilus huntianus*
Elephant Ears: *Phalaenopsis gigantea*

Fadenförmiges Knabenkraut: *Comperia comperiana*
Fairy Bells: *Sarcochilus ceciliae*

Fairy Orchids: *Caladenia*
Fan Orchid: *Rhynchophreatia micrantha*
Fen Orchid: *Liparis loeselii*
Fire-Orchids: *Renanthera*
Fleischfarbenes Knabenkraut: *Dactylorhiza incarnata*
Fliegen-Ragwurz: *Ophrys insectifera*
Flor de Candelaria: *Laelia superbiens*
Flor de Espiritu Santo: *Peristeria elata*
Flor de Jesus: *Laelia rubescens*
Flor de Mayo: *Cattleya mossiae, Laelia speciosa*
Flor de Mosquito: *Trichoceros antennifer*
Flor de Pelic: *Cypripedium irapeanum*
Flor de todos santos: *Laelia anceps* ssp. *anceps*
Flying Ducks: *Caleana major*
Fly Orchid: *Ophrys insectifera*
Fox-brush: *Aerides fieldingii*
Fox-tail: *Aerides fieldingii*
Fragrant Orchid: *Gymnadenia conopsea*
Fratzenorchis: *Aceras anthropophorum*
Frauenschuh: *Cypripedium, C. calceolus, Paphiopedilum*
Fringed Helmet Orchid: *Corybas fimbriatus*
Frivalds Händelwurz: *Gymnadenia frivaldii*
Frog Orchid: *Coeloglossum viride*
Fuchs' Knabenkraut: *Dactylorhiza fuchsii*
Fuchsschwanz: *Aerides fieldingii*

Galiläa-Knabenkraut: *Orchis galilaea*
Gargano-Ragwurz: *Ophrys garganica*
Geflecktes Knabenkraut: *Dactylorhiza maculata*
Geilwurz: *Serapias*
Gelbe Kugelorchis: *Traunsteinera sphaerica*
Gelbe Ragwurz: *Ophrys lutea*
Gelbe Zügelorchidee: *Tulotis flava* var. *herbiola*
Gelber Frauenschuh: *Cypripedium calceolus*
Gelbliches Knabenkraut: *Dactylorhiza flavescens*
Gemeines Knabenkraut: *Orchis morio*
Gemerblättrige Stendelwurz: *Epipactis veratrifolia*
Georgisches Knabenkraut: *Dactylorhiza flavescens*
Gesporntes Waldvögelein: *Cephalanthera epipactoides*
Gesprenkelter Frauenschuh: *Cypripedium guttatum*
Getüpfelter Frauenschuh: *Cypripedium guttatum*
Gherkin Orchid: *Dendrobium cucumerinum*
Ghost Orchid: *Polyradicion lindenii, Epipogium aphyllum*
Giant Climbing Orchid: *Pseudovanilla foliata*
Glanzkraut: *Liparis*
Glanzwurz: *Liparis*

Gnat Orchid: *Cyrtostylis oblonga, reniformis*
Goldblatt: *Macodes*
Golden Beard Orchid: *Calochilus grandiflorus, herbaceus, holtzei*
Golden Donkey Orchid: *Diuris aurea*
Golden King Orchid: *Dendrobium rex*
Golden Moths: *Diuris lanceolata*
Golden Orchid: *Dendrobium discolor*
Gottfrieds Ragwurz: *Ophrys gottfriediana*
Granny's Bonnet: *Disperis fanniniae*
Greater Butterfly-orchid: *Platanthera chlorantha*
Green adder's mouth: *Malaxis uniflora*
Green Beaks: *Rimacola elliptica*
Green-flowered Helleborine: *Epipactis phyllanthes*
Green Rock Orchid: *Rimacola elliptica*
Greenhood Orchids: *Pterostylis*
Green-winged Orchid: *Orchis morio*
Gros Faham: *Angraecum eburneum*
Großblütiger Frauenschuh: *Cypripedium macranthum*
Großes Zweiblatt: *Listera ovata*
Grünblütige Stendelwurz: *Epipactis phyllanthes*
Grüne Hohlzunge: *Coeloglossum viride*
Grüner Froschpfeil: *Gymnadeniopsis clavellata*
Grünliche Waldhyazinthe: *Platanthera chlorantha*
Grünstendel: *Gennaria*
Guadalcanal: *Dendrobium gouldii*

Hairy Dendrobium: *Dendrobium munificum*
Halbmond-Ragwurz: *Ophrys lunulata*
Hammer Orchid: *Drakaea elastica*
Händelwurz: *Gymnadenia*
Hanging Forest Orchid: *Calyptrochilum emarginatum*
Harlequin Orchid: *Sarcochilus hirticalcar*
Heath Spotted-orchid: *Dactylorhiza maculata*
Hebes Ragwurz: *Ophrys hebes*
Heiliges Knabenkraut: *Orchis sancta*
Helenes Ragwurz: *Ophrys helenae*
Helles Knabenkraut: *Orchis laeta*
Helmet Orchids: *Corybas*
Helm-Knabenkraut: *Orchis militaris*
Herbst-Drehwurz: *Spiranthes spiralis*
Herbst-Wendelähre: *Spiranthes spiralis*
Herzblättriges Zweiblatt: *Listera cordata*
Herz-Zweiblatt: *Listera cordata*
Herzförmiges Knabenkraut: *Dactylorhiza cordigera*
Herzförmiger Zungenständel: *Serapias cordigera*
Herztragender Frauenschuh: *Cypripedium cordigerum*

Hohe Ragwurz: *Ophrys crabronifera*
Hohes Knabenkraut: *Dactylorhiza elata*
Hohlzunge: *Coeloglossum*
Holmboes Waldhyazinthe: *Platanthera holmboei*
Holunder-Knabenkraut: *Dactylorhiza sambucina*
Holy Ghost Orchid: *Peristeria elata*
Honigorchis: *Herminium monorchis*
Horned Orchids: *Diuris, Orthoceras strictum*
Hornissen-Ragwurz: *Ophrys crabronifera*
Hornless bull: *Stanhopea ecornuta*
Höswurz: *Pseudorchis*
Hufeisen-Ragwurz: *Ophrys ferrum-equinum*
Hügel-Knabenkraut: *Orchis collina*
Huichila: *Laelia albida, anceps*
Hummel-Ragwurz: *Ophrys holoserica, Ophrys fuciflora*
Hummelschweber-Ragwurz: *Ophrys bombyliflora*
Hundswurz: *Anacamptis*
Hyacinth Orchid: *Arpophyllum, Dipodium hamiltonianum*

Iberische Spiegel-Ragwurz: *Ophrys vernixia*
Iberisches Knabenkraut: *Dactylorhiza iberica*
Insel-Knabenkraut: *Dactylorhiza insularis*
Ionischer Zungenstendel: *Serapias neglecta* ssp. *ionica*
Irish Lady's-tresses: *Spiranthes romanzoffiana*
Irische Drehwurz: *Spiranthes romanzoffiana*
Isaurische Ragwurz: *Ophrys isaura*
Isländische Waldhyazinthe: *Platanthera hyperborea*
Israelisches Knabenkraut: *Orchis israelitica*
Italienisches Knabenkraut: *Orchis italica*
Ivory Donkey Orchid: *Diuris picta*

Japanorchidee: *Bletilla striata*
Jewel Orchid: *Anoectochilus yatesiae*
Josefina: *Miltoniopsis vexillaria*

Kalopissis' Knabenkraut: *Dactylorhiza kalopissii*
Kanaren-Knabenkraut: *Orchis canariensis*
Kanarenstendel: *Habenaria tridactylites*
Kappenorchis: *Steveniella caucasica*
Kappenwurz: *Steveniella satyrioides*
Kapuzenorchis: *Neottianthe cucullata*
Karmel-Ragwurz: *Ophrys umbilicata*
Kegel-Knabenkraut: *Orchis conica*
Kerfstendel: *Ophrys*
Keuschorchis: *Neotinea maculata*

Kiefernwald-Knabenkraut: *Aceras anthropophorum*
Kiki: *Laelia eyermaniana*
King Greenhood: *Pterostylis baptisii*
King Spider Orchid: *Caladenia pectinata, plicata*
Kinta Weed: *Papilionanthe hookeriana*
Kleinblättrige Stendelwurz: *Epipactis microphylla*
Kleinblütige Stendelwurz: *Epipactis parviflora*
Kleinblütige Waldhyazinthe: *Platanthera micrantha*
Kleinblütiger Zungenstendel: *Serapias parviflora*
Kleines Knabenkraut: *Orchis morio*
Kleines Zweiblatt: *Listera cordata*
Kleingefleckte Ragwurz: *Ophrys holoserica* ssp. *parvimaculata*
Klippen-Knabenkraut: *Orchis scopulorum*
Knabenkraut: *Dactylorhiza, Orchis*
Königinfrauenschuh: *Cypripedium reginae*
Kohlröschen: *Nigritella*
Korallenwurz: *Corallorhiza*
Kotschys Ragwurz: *Ophrys kotschyi*
Kotschys Waldvögelein: *Cephalanthera kotschyana*
Kretische Ragwurz: *Ophrys cretica*
Kretische Stendelwurz: *Epipactis cretica*
Kretisches Waldvögelein: *Cephalanthera cucullata*
Kriechendes Netzblatt: *Goodyera repens*
Krimknabenkraut: *Dactylorhiza iberica*
Kuckucksblume: *Dactylorhiza, Platanthera*
Kuckucks-Knabenkraut: *Orchis mascula*
Kugel-Knabenkraut: *Traunsteinera globosa*
Kugelorchis: *Traunsteinera*

Lady Orchid: *Orchis purpurea*
Lady's Fingers: *Caladenia*
Lady's Slipper: *Cypripedium*
Lady Spider Orchid: *Caladenia multiclavia*
Langähriges Knabenkraut: *Dactylorhiza saccifera*
Langblättriges Waldvögelein: *Cephalanthera longifolia*
Lapland Marsh-orchid: *Dactylorhiza lapponica*
Lappländisches Knabenkraut: *Dactylorhiza lapponica*
Large Duck Orchid: *Caleana major*
Late Spider-orchid: *Ophrys fuciflora*
Lawyer Orchid: *Sarcochilus olivaceus*
Leafless Tongue Orchid: *Cryptostylis hunteriana*
Leek Orchids: *Prasophyllum*
Lemon Orchid: *Thelymitra antennifera*
Leopard Orchid: *Ansellia africana, Diuris maculata, Thelymitra benthamiana, T. fusco-lutea*
Lesser Butterfly-orchid: *Platanthera bifolia*

Lesser Twayblade: *Listera cordata*
Lily-leaved Twayblad: *Liparis lilifolia*
Lily of the Valley: *Dendrobium monophyllum*
Lirio: *Laelia crawshayana*
Lirio de San Francisco: *Laelia albida*
Lizard Orchid: *Burnettia cuneata*, *Himantoglossum hircinum*
Lockerblütiger Zungenstendel: *Serapias vomeracea* ssp. *laxiflora*
Lockerblütiges Knabenkraut: *Orchis laxiflora*
Lundu Orchid: *Phalaenopsis violacea*
Lykische Ragwurz: *Ophrys lycia*

Madeira-Knabenkraut: *Dactylorhiza foliosa*
Magnificent Spider Orchid: *Caladenia magnifica*
Mangrove Orchid: *Dendrobium mirbelianum*
Männerorchis: *Aceras anthropophorum*
Männertreu: *Nigritella*
Mannsknabenkraut: *Orchis mascula*
Man Orchid: *Aceras anthropophorum*
Manta: *Aerangis citrata*
Marsh Helleborine: *Epipactis palustris*
Mastorchis: *Barlia robertiana*
Mayfly Orchid: *Acianthus, A. caudatus*
Metallic Sun Orchid: *Thelymitra epipactoides*
Metlesicss Mastorchis: *Barlia metlesicsiana*
Midge Orchids: *Prasophyllum*
Milchweißes Knabenkraut: *Orchis lactea*
Military Orchid: *Orchis militaris*
Milobano: *Eriopsis biloba*
Miniature Ghost Orchid: *Harrisella porrecta*
Monja Blanca: *Lycaste skinneri* var. *alba*
Monkey Orchid: *Orchis simia*
Moon Orchid: *Phalaenopsis amabilis*
Moris' Ragwurz: *Ophrys morisii*
Mosquito Orchids: *Acianthus, A. exsertus*
Mousetrap Orchid: *Plocoglottis acuminata*
Mückenhändelwurz: *Gymnadenia conopsea*
Mule-ear Orchid: *Oncidium luridum*
Müllers Stendelwurz: *Epipactis muelleri*
Musk Orchid: *Herminium monorchis*

Nabel-Ragwurz: *Ophrys umbilicata*
Nacktdrüse: *Neottianthe, Gymnadenia*
Narrow-leaved Helleborine: *Cephalanthera longifolia*
Narrow-leaved Marsh-orchid: *Dactylorhiza traunsteineri*
Narrow-lipped Helleborine: *Epipactis leptochila*
Ndralngamoeh: *Macodes sanderiana*

Nestwurz: *Neottia*
Netzblatt: *Goodyera*
Nieschalks Knabenkraut: *Dactylorhiza nieschalkiorum*
Nodding Helmet Orchid: *Corybas abellianus*
Nördliche Waldhyazinthe: *Platanthera hyperborea*
Norne: *Calypso bulbosa*
Northern Marsh-orchid: *Dactylorhiza purpurella*
Nun's Orchid: *Phaius tankervilleae*
Nurra-Zungenstendel: *Serapias nurrica*

Oak Orchid: *Dendrobium jonesii*
Ohnblatt: *Epipogium aphyllum*
Ohnhorn: *Aceras*
Ohnsporn: *Aceras anthropophorum*
Old Man Orchid: *Dendrobium senile*
Omega-Ragwurz: *Ophrys omegaifera*
Orientalische Riemenzunge: *Himantoglossum affine*
Orientalischer Zungenstendel: *Serapias vomeracera* ssp. *orientalis*
Onion Orchid: *Liparis reflexa*
Onion Orchids: *Microtis*
Orange Blossom Orchid: *Sarcochilus falcatus*
Orchidée de banane: *Grammangis ellisii*
Osmanisches Knabenkraut: *Dactylorhiza osmanica*

Pencil Orchid: *Dendrobium fairfaxii, schoeninum*
Persische Stendelwurz: *Epipactis persica*
Persisches Knabenkraut: *Dactylorhiza umbrosa*
Pflugschar-Zungenständel: *Serapias vomeracea*
Phantom Orchid: *Cephalanthera austinae*
Pichohuastle: *Cypripedium irapeanum*
Pigeon Orchid: *Dendrobium crumenatum*
Pineapple Orchid: *Bulbophyllum elisae*
Pine Needle Orchids: *Holcoglossum*
Pink Lady's Slipper: *Cypripedium acaule*
Pink Rock Orchid: *Dendrobium kingianum*
Pink Sun Orchid: *Thelymitra carnea*
Pixie Caps: *Acianthus fornicatus*
Plum Orchid: *Thelymitra mucida*
Potato Orchid: *Gastrodia sesamoides*
Prächtiger Frauenschuh: *Cypripedium speciosum*
Provence-Knabenkraut: *Orchis provincialis*
Punktiertes Knabenkraut: *Orchis punctulata*
Puppenorchis: *Aceras anthropophorum*
Purple Pansy: *Diuris longifolia*
Purpur Knabenkraut: *Orchis purpurea*
Purpurblütiges Knabenkraut: *Dactylorhiza purpurella*

Pyramidal Orchid: *Anacamptis pyramidalis*
Pyramiden-Hundswurz: *Anacamptis pyramidalis*
Pyramidenorchis: *Anacamptis pyramidalis*

Queen of Sheba: *Thelymitra variegata*
Queen Orchid: *Thelymitra crinita*

Rabbit-Ears: *Thelymitra antennifera*
Ragwurz: *Ophrys*
Rattlesnake Plantain: *Goodyera pubescens*
Rattlesnake Orchid: *Pholidota imbricata*
Ravine Orchid: *Sarcochilus fitzgeraldii*
Red Beard Orchid: *Calochilus paludosus*
Red Helleborine: *Cephalanthera rubra*
Red Rope Orchid: *Bulbophyllum schillerianum*
Regenbogen-Ragwurz: *Ophrys iricolor*
Reinholds Ragwurz: *Ophrys reinholdii*
Riemenzunge: *Himantoglossum*
Roberts Knabenkraut: *Barlia robertiana*
Roberts Mastorchis: *Barlia robertiana*
Rock Orchid: *Dendrobium speciosum*
Romanzoffs Drehwurz: *Spiranthes romanzoffiana*
Römisches Knabenkraut: *Dactylorhiza romana*
Rosario: *Epidendrum laucheanum*
Rosy Hyacinth Orchid: *Dipodium pulchellum*
Rote Kugelorchis: *Traunsteinera globosa*
Rotbraune Ragwurz: *Ophrys fusca*
Rotes Kohlröschen: *Nigritella rubra*
Rotes Waldvögelein: *Cephalanthera rubra*
Rusty Hood: *Pterostylis rufa*

Sacksporniges Knabenkraut: *Orchis collina*
Salep du pays: *Cynorkis fastigiata*
Salep-Knabenkraut: *Orchis morio*
Santorum: *Laelia gouldiana*
Scented Spider Orchid: *Caladenia fragrantissima*
Schmallippige Stendelwurz: *Epipactis leptochila* ssp. *leptochila*
Schmetterlings Knabenkraut: *Orchis papilionacea*
Schmetterlingsorchidee: *Psychopsis*
Schnabel-Ragwurz: *Ophrys oxyrrhynchos*
Schnepfen-Ragwurz: *Ophrys scolopax*
Schulzes Ragwurz: *Ophrys schulzei*
Schwanenorchis: *Cycnoches*
Schwarze Ragwurz: *Ophrys atrata*, *Ophrys incubacea*
Schwarzes Kohlröschen: *Nigritella nigra*
Schwarzmeer-Knabenkraut: *Dactylorhiza euxina*

Schwertblättriges Waldvögelein: *Cephalanthera longifolia*
Scorpion Orchid: *Arachnis*
Semana santa: *Encyclia cordigera*
Siponto-Ragwurz: *Ophrys sipontensis*
Sizilianisches Knabenkraut: *Dactylorhiza markusii*
Slaty Helmet: *Corybas diemenicus*
Slipper orchid: *Paphiopedilum*
Small Tongue Orchid: *Cryptostylis leptochila*
Small-white Orchid: *Leucorchis albida*
Small Whorled Pogonia: *Isotria medeloides*
Snake Orchid: *Cymbidium suave*
Soazombitra: *Benthamia madagascariensis*
Sommer-Drehwurz: *Spiranthes aestivalis*
Southern Marsh-orchid: *Dactylorhiza praetermissa*
Spanisches Knabenkraut: *Orchis langei*
Sparkle Orchid: *Dendrobium toressae*
Spider Orchid: *Brassia caudata* , *Caladenia tentaculata*
Spiegelragwurz: *Ophrys vernixia*
Spinnenragwurz: *Ophrys sphegodes*
Spitzels Knabenkraut: *Orchis spitzelii*
Spitzorchis: *Anacamptis*
Sprunners Ragwurz: *Ophrys sprunneri*
Spurred Helmet: *Corybas aconitiflorus*
Stattliches Knabenkraut: *Orchis mascula*
Steineralpen-Kohlröschen: *Nigritella lithopolitanica*
Stendelwurz: *Epipactis*
Stevens Knabenkraut: *Orchis stevenii*
Strandvanille: *Epipactis atrorubens*
Summer Lady's-tresses: *Spiranthes aestivalis*
Sumpf Knabenkraut: *Orchis palustris*
Sumpfsitter: *Epipactis palustris*
Sumpf-Stendelwurz: *Epipactis palustris*
Sumpf-Weichkraut: *Hammarbya paludosa*
Sumpf-Weichstendel: *Hammarbya paludosa*
Sun Orchids: *Thelymitra*, *T. megcalyptra*
Swamp Dendrobium: *Dendrobium lobbii*
Swamp Orchid: *Phaius tankervilleae*
Swan Orchid: *Cycnoches*
Sweet Cymbidium: *Cymbidium suave*

Tangerine: *Dendrobium strebloceras*
Tarantula: *Hispaniella henekenii*
Tea-Tree Orchid: *Dendrobium canaliculatum*
The cat: *Lepanthes felis*
Three-Bird Orchid: *Triphora triantophora*
Thumb Nail Orchid: *Dendrobium linguiforme*

Tibetorchidee: *Pleione*
Tiger Orchid: *Thelymitra tigrina*
Tiny Helmet Orchid: *Corybas unguiculatus*
Tom Cats: *Liparis reflexa*
Tongue Orchid: *Dendrobium linguiforme*
Torf-Glanzkraut: *Liparis loeselii*
Torfknabenkraut: *Dactylorhiza sphagnicola*
Torfmoos-Knabenkraut: *Dactylorhiza sphagnicola*
Torrito sin cacho: *Stanhopea ecornuta*
Tortuga: *Oncidium ampliatum*
Trabuts Dingel: *Limodorum trabutianum*
Traunsteiners Knabenkraut: *Dactylorhiza traunsteineri*
Tree Spider Orchid: *Dendrobium tetragonum*
Tsikondrodondro: *Angraecum eburneum* ssp. *superbum*
Tulip Orchids: *Anguloa*
Turtle Orchid: *Oncidium ampliatum*

Übersehenes Knabenkraut: *Dactylorhiza praetermissa*
Übersehene Stendelwurz: *Epipactis leptochila* ssp. *neglecta*

Vanilla: *Vanilla planifolia*
Vanilla Orchid: *Thelymitra antennifera*
Vara de San Diego: *Laelia anceps* ssp. *anceps*
Venusschuh: *Paphiopedilum*
Verkannter Zungenstendel: *Serapias neglecta*
Vierpunkt-Knabenkraut: *Orchis quadripunctata*
Violet Helleborine: *Epipactis purpurata*
Violette Stendelwurz: *Epipactis purpurata*
Violetter Dingel: *Limodorum abortivum*
Vogelnestwurz: *Neottia nidus-avis*

Waldhyazinthe: *Lysiella*, *Platanthera*
Waldvögelein: *Cephalanthera*
Waldwurz: *Neotinea*
Wanzen-Knabenkraut: *Orchis coriophora*
Water Spider: *Habenaria repens*
Wax Lip Orchids: *Glossodia*
Weichkraut: *Hammarbya*
Weichwurz: *Hammarbya paludosa*
Weiße Waldhyazinthe: *Platanthera bifolia*
Weißes Waldvögelein: *Cephalanthera damasonium*
Weißglanz-Ragwurz: *Ophrys candica*
Weißliche Höswurz: *Pseudorchis albida*
Weißzüngel: *Pseudorchis albida*
Wendelorchis: *Pseudorchis*
Wesak-Mal: *Dendrobium maccarthiae*

Wespenragwurz: *Ophrys tenthredinifera*
White Helleborine: *Cephalanthera damasonium*
Whorled Pogonia: *Isotria verticillata*
Widders Kohlröschen: *Nigritella widderi*
Widerbart: *Epipogium*
Wild Coco: *Eulophia alta*
Wohlriechende Händelwurz: *Gymnadenia odoratissima*

Yellow-fringed Orchid: *Platanthera ciliaris*
Yellow Pencil Orchid: *Dendrobium dolichophyllum*

Zapatillas: *Phragmipedium*
Zartes Einblatt: *Malaxis monophyllos*
Zebra Orchid: *Caladenia cairnsiana*
Ziegen-Riemenzunge: *Himantoglossum caprinum*
Zilizische Ragwurz: *Ophrys cilicica*
Zungenständel: *Serapias*
Zweiblatt: *Listera*
Zweiblättrige Waldhyazinthe: *Platanthera bifolia*
Zwergorchis: *Chamorchis alpina*
Zyprische Stendelwurz: *Epipactis troodii*

VIII. Autoren der Orchideennamen
VIII. Authors of orchid names
VIII. Autori dei nomi delle orchidee

Die Abkürzungen der Autorennamen folgen nur teilweise der Liste von BRUMMIT & POWELL, *Authors of Plant Names* (1992), die übrigen sind der entsprechenden Literatur entnommen. Hinter den Namen folgen die Lebensdaten, sind diese unbekannt, steht dort das Jahr der Veröffentlichung, gekennzeichnet durch die Abkürzung „fl." für "floruit", wirkte.

Abbreviations of authors' names partially follow the list set out in BRUMMIT & POWELL, *Authors of Plant Names* (1992). Other authors' names are found in the bibliography. After each author's name, the author's dates of birth and death appear. When these are not known, the publication year is used instead, denoted by the abbreviation "fl." for "floruit", meaning when the person concerned was active.

Le abbreviazioni dei nomi degli autori seguono parzialmente la lista di BRUMMIT & POWELL, *Authors of Plant Names* (1992), i rimanenti sono quelli della letteratura consultata. Seguono le date di nascita e morte, se questi sono sconosciuti, è riportato l'anno di pubblicazione, riconoscibile dalla sigla "fl." per "floruit", operò.

Abeywickr. = Bartholomeusz Aristides Abeywickrama 1920-
Achtaroff & Kellerer = Boris Achtaroff 1885-1959 & Johann Kellerer 1859-
Ackerm. = James D. Ackerman 1950-
Ackerm. & Chir. = James D. Ackerman & Guy Chiron
Ackerm. & Montalvo = James D. Ackerman & A. M. Montalvo fl. 1986
Ackerm. & Whitten = James D. Ackerman & W. M. Whitten fl. 1988
Acuña = Julian Baldomero Acuña 1900-
Acuña & Roig = Julian Baldomero Acuña & Juan Tomas Roig y Mesa 1878-
B.R.Adams = Bryan Roger Adams 1942-
C.D.Adams = Charles Dennis Adams 1920-
Adans. = Michel Adanson 1727-1806
Afzel. = Adam Afzelius, 1750-1837
E.Aguirre = Leon Ernesto Aguirre 1951-
Ait. = William Aiton, 1731-1793
Ait.f. = William Townsend Aiton 1766-1849
Albert = Abel Albert 1836-1919
Albert & Jahand. = Abel Albert & Emile Jahandiez 1876-1938
Albert & Chase = Victor A. Albert & Mark W. Chase
Albert & Pett. = Victor A. Albert & B. Börge Pettersson
C. & A.Alibertis = C. & A. Alibertis
All. = Carlo Allioni 1728-1804
P.H.Allen = Paul Hamilton Allen 1911-1963
P.H.Allen & L.O.Wms. = Paul Hamilton Allen & Louis Otho Williams
Alst. = Arthur Hugh Garfit Alston 1902-1958
Alves = R. J. V. Alves
Ames = Oakes Ames 1874-1950
Ames & Correll = Oakes Ames & Donovan Stuart Correll
Ames, Hubb. & Schweinf. = Oakes Ames, F. Tracy Hubbard & Charles Schweinfurth
Ames & Nash = Oakes Ames & George Valentine (Ned) Nash
Ames & Quisumbing = Oakes Ames & Edoardo Quisumbing
Ames & Rolfe = Oakes Ames & Robert Allen Rolfe
Ames & Schltr. = Oakes Ames & Rudolf Schlechter
Ames & Schweinf. = Oakes Ames & Charles Schweinfurth
Ames & L.O.Wms. = Oakes Ames & Louis Otho Williams
Anders = Joseph Anders 1863-1936
J.Anderson = James Anderson fl. 1868
Anderss. = Nils Johan Andersson. 1821-1880
Andr. = Henry C. Andrews 1770-1830
Andraszovszky = Josef Andraszovszky 1889-1943
André = Edouard François André. 1840-1911
Andreetta = A. Andreetta (fl. 1978)
C.R.P.Andrews = Cecil Rollo Payton Andrews 1870-1951
Arango = Andres Posada-Arango 1859-
Arcangeli = Giovanni Arcangeli 1840-1921
Ardoino = Honoré Jean Baptiste 1819-1874
Arends = Johan Coenrad Arends 1940-
Arn. = George Arnott Walker 1799-1868
Arvet-Touvet = Jean Maurice Casimir Arvet-Touvet 1841-1913
Asch. = Paul Friedrich August Ascherson 1834-1913
Asch. & Graebn. = Paul Friedrich August Ascherson & Karl Otto Robert Peter Paul Graebner 1871-1933
Asher = James H. Asher 1941-
Asher & Beaman = James H. Asher & John Homer Beaman 1921-
Atwood = John T. Atwood 1946-
Atwood & Dods. = John T. Atwood & Calaway H. Dodson
Atwood & Mora-Retana = John T. Atwood & Dora Emilia Mora-Retana
Aubl. = Jean Baptiste Christoph Fusée

Aublet 1720-1778
auct. = *Auctorum* = verschiedene Autoren/vary autors/diversi autori
Austin = Daniel Frank Austin 1943-
Autran & Dur. = Eugene John Benjamin Autran 1855-1912 & Théophile Alexis Durand
Avery. = Leonid V. Averyanov 1955-
Avery. & Christ. = Leonid V. Averyanov & Eric A. Christenson

Backer = Cornelis Andries Backer 1874-1963
Backer, Bakh.f. & Steenis = Cornelis Andries Backer, Reinier Cornelis Bakhuizen van den Brink, jr. & Cornelis Gijsbert Gerrit Jan van Steenis
Backh.f. = James Backhouse 1825-1890
F.M.Bailey = Frederick Manson Bailey 1827-1915
Baill. = Henri Ernest Baillon 1827-1895
Bak. = John Gilbert Baker. 1834-1920
R.K.Baker = R. K. Baker
Bakh.f. = Reinier Cornelius Bakhuizen van den Brink jr. 1911-1987
Balakr. = N. P. Balakrishnan
Baláz = Jaroslav Baláz
J. & E.Baláz = Jaroslav Baláz & E. Baláz
Balbis = Giovanni Battista Balbis 1765-1831
J.B.Balf. & S.Moore = Sir Isaac Bailey Balfour 1853-1922 & Spencer Moore 1850-1931
Ballif = Otto Ballif
Balogh = Pamela Burns-Balogh fl. 1983
Balogh, Greenw. & Tamayo = Pamela Burns-Balogh, Edward Warren Greenwood 1918- & Roberto Gonzales Tamayo 1945-
Balogh, Rob. & Fost. = Pamela Burns-Balogh, Harold Ernst Robinson 1932- & Michael S. Foster 1942-
Ban & Huyen = Nguyen Tien Ban fl. 1973 & Duong Duc Huyen
Banks = Sir Joseph Banks 1743-1820
Banks & Soland. = Sir Joseph Banks & Daniel Carl Solander
Barb.Rodr. = João Barbosa Rodrigues 1842-1909
Barb.Rodr. & Regnell = João Barbosa Rodrigues & Anders Fredrik Regnell 1807-1884
Barker = George Barker 1776-1845
Barla = Joseph Hieronymus Jean Baptiste Barla 1817-1896
Barneoud = François Marius Barnéoud 1821-
Barnh. = John Hendley Barnhart 1871-1949
Barringer = Kerry A. Barringer 1954-
Barros = Fabio de Barros 1956-
Barros & Cath. = Fabio de Barros & Eduardo Luis Martius Catharino 1960-
W.Bart. = William Bartram 1739-1823
Bart. & Pulv. = Giuseppina Bartolo Brullo 1948- & S. Pulvirenti
Batem. = James Bateman 1811-1897
Batem. & Rchb.f. = James Bateman & Heinrich Gustav Reichenbach
R.Bates = Robert Bates 1946-
Batt. = Jules Aimé Battandier 1848-1922
Batt. & Trabut = Jules Aimé Battandier & Louis Charles Trabut
Bauhin = Jean Johannes Bauhin 1541-1613
H.Baum. = Helmut Baumann 1937-
Baum. & Dafni = Helmut Baumann 1937- & A. Dafni 1971-
Baum., Giotta, Künk. & Picitto = Helmut Baumann, C. Giotta, Siegfried Künkele & M. Picitto
Baum. & Künk. = Helmut Baumann & Siegfried Künkele
B. & H.Baum. = B. Baumann fl. 1980 & Helmut Baumann
B. & E.Baum. = B. Baumann & E. Baumann
Baxt. = William Baxter 1787-1871
Beauv. = Gustave Beauverd 1867-1942
Becc. = Odoardo Beccari 1843-1920
Becherer = Alfred Becherer 1897-1977
Beck = Günther Beck von Mannagetta

und Lerchenau 1856-1931
Beckn. = John Beckner fl. 1968
Bedd. = Richard Henry Beddome 1830-1911
Beer = Johann Georg Beer, 1803-1873
Benn. = John Joseph Bennett 1801-1876
D.E.Benn. = David E. Bennett fl. 1989
Benn. & Christ. = David E. Bennett & Eric A. Christenson
Benn. & Oakeley = David E. Bennett & Henry F. Oakeley
Benn. & Raiz. = S. S. R. Bennet 1940- & Mukat Behari Raizada 1907-
Bens. & Rchb.f. = Robson Benson 1822-1894 & Heinrich Gustav Reichenbach
Benth. = George Bentham 1800-1884
Benth. & Hook.f. = George Bentham & Joseph Dalton Hooker.
Bergius = Peter Jonas Bergius 1730-1790
Berkeley = Miles Joseph Berkeley 1803-1889
Bernh. = Johann Jacob Bernhardi 1774-1850
Bert. = Carlo Giuseppe Luigi Bertero 1789-1831
Bertol. = Antonio Bertoloni 1775-1869
Bertoni = Moisés Santiago Bertoni 1857-1929
Besser = Wilibald Swibert Joseph Gottlieb von Besser 1784-1842
Bianca = Giuseppe Bianca 1801-1883
Bianch. & Bat. = Bianch. & Bat.
Bic. = Hamilton Dias Bicalho fl. 1964
Bic., Barros & Mout. = Hamilton Dias Bicalho, Fabio de Barros & J. L. de A. Moutinho Neto fl. 1980
Bidw. = John Carne Bidwill 1815-1853
Bieb. = Friedrich August Freiherr Marschall von Bieberstein 1768-1826
Bigel. = Jacob Bigelow 1787-1879
Binn. = Simon Binnendijk 1821-1883
Birk = Lance A. Birk fl. 1980
Bisse = Johannes Bisse 1935-1984
Biv. = Antonio de Bivona-Bernardi 1774-1837
Bl. = Carl Ludwig Blume 1796-1862

Bl. & Rchb.f. = Carl Ludwig Blume & Heinrich Gustav Reichenbach
Blackmore = John A.P. Blackmore fl. 1960
Blackmore & Clemesha = John A.P. Blackmore & Stephen C. Clemesha
S.T.Blake = Stanley Thatcher Blake 1910-1973
Blanco = Francisco Manuel Blanco, 1778-1845
Blaschke = F. Blaschke fl. 1964
Blatt. = Ethelbert Blatter 1877-1934
Blatt. & McCann = Ethelbert Blatter & Yale Mervin Charles McCann 1899-1980
Blaxell = Don F. Blaxell 1934-
Blumensch. = Almiro Blumenschein fl. 1960
Bock = Irene Bock fl. 1986
Bock & Seehawer = Irene Bock & Helmut Seehawer
Bock. = Leonore Bockemühl
Bock. & Sengh. = Leonore Bockemühl & Karlheinz Senghas
Boehm. = Georg Rudolf Boehmer 1723-1803
Boenn. = Clemens Maria Friedrich von Bönninghausen 1785-1864
Boerl. = Jacob Gijsbert Boerlage 1849-1900
Boerl. & J.J.Sm. = Jacob Gijsbert Boerlage & Johannes Jacobus Smith
Bois = Désiré Georges Jean Marie Bois 1856-1946
Boiss. = Pierre Edmond Boissier 1810-1885
Boiss. & Heldr. = Pierre Edmond Boissier & Theodore Heinrich Hermann von Heldreich
Boiss. & Hohen. = Pierre Edmond Boissier & Rudolph Friedrich Hohenacker
Boiss. & Kotschy = Pierre Edmond Boissier & Carl Georg Theodor Kotschy
Boiss. & Orph. = Pierre Edmond Boissier & Theodoros Georgios Orphanides
Boiteau = Pierre L. Boiteau 1911-
Boiv. = Joseph Robert Bernard Boivin

1916-1985
H.Bol. = Harry Bolus 1834-1911
L.Bol. = Harriet Margaret Louisa Bolus 1877-1970
Bold. = Isaac Bolding 1879-1938
Boll = Ernst Friedrich Boll 1817-1868
Bonnier = Gaston Eugéne Marie Bonnier 1851-1922
Bonnier & Layens = Gaston Eugéne Marie Bonnier & France e Georges de Layens 1834-1897
Booth = William Beattie Booth 1804-1874
Boreau = Alexander Boreau 1803-1875
Borh. = Attila L. Borhidi 1932-
Bornm. = Joseph Friedrich Nicolaus Bornmüller 1862-1948
Bornm. & Kraenzl. = Joseph Friedrich Nicolaus Bornmüller & Friedrich Wilhelm Ludwig Kraenzlin
Bornm. & M.Schulze = Joseph Friedrich Nicolaus Bornmüller & Maximilian Carl Theodor Schulze 1841-1915
Borsos & Soó = Olga Borsos 1926- & Károly Rezsö Soó von Bere 1903-1980
Bory = Jean Baptiste Geneviève Marcellin Bory de St. Vincent. 1780-1845
Boss. = Jean Bosser 1922-
Boss. & Cribb = Jean Bosser & Phillip Cribb
Boss. & Morat = Jean Bosser & Philippe Morat 1937-
Boss. & Veyret = Jean Bosser & Yvonne Veyret
Bot.Mag. = Botanical Magazine
Boxall = William Boxall 1884-1910
N.E.Br. = Nicholas Edward Brown 1849-1934
R.Br. = Robert Brown 1773-1858
Braas = Lothar A. Braas 1942-1995
Braas & Braem = Lothar A. Braas & Guido J. Braem
Braas & Horich = Lothar A. Braas & Clarence K. Horich
Braas & Lueckel = Lothar A. Braas & Emil Lückel

Braas & Mohr = Lothar A. Braas & Hartmut Mohr fl. 1984
Braas & Sengh. = Lothar A. Braas & Karlheinz Senghas
Brade = Alexander Curt Brade 1881-1971
Brade & Pabst = Alexander Curt Brade & Guido Frederico João Pabst
Bradford = Martin R. Bradford fl. 1845
Braem = Guido J. Braem fl. 1980-
Braem, Baker & Baker = Guido Braem, Margaret L. Baker & Charles O. Baker
Braem & Braas = Guido J. Braem & Lothar A. Braas
Braem & Loeb = Guido J. Braem & W. A. Loeb
Braem, Lueckel & Ruessmann = Guido J. Braem, Emil Lueckel & M. Rüssmann fl. 1984
Braem & Mohr = Guido J. Braem & Hartmut Mohr
Braga = Pedro Ivo Soares Braga 1950-
Braid = Kenneth William Braid 1897-1984
Breda = Jacob Gijsbert Samuel van Breda 1788-1867
Breda, Kuhl & van Hasselt = Jacob Gijsbert Samuel van Breda, Heinrich Kuhl & Johan Coenraad van Hasselt
Brera = Valeriano Luigi Brera 1772-1840
Bridges = Thomas Charles Bridges 1807-1865
Brieg. = Friedrich Gustav Brieger 1900-1985
Brieg. & Bicalho = Friedrich Gustav Brieger & Hamilton Dias Bicalho
Brieg. & Lueckel = Friedrich Gustav Brieger & Emil Lueckel
Brieg. & Sengh. = Friedrich Gustav Brieger & Karlheinz Senghas
Brinsley = W. Brinsley fl. 1968
Briq. = John Isaac Briquet 1870-1931
Britt. = Nathaniel Lord Britton 1859-1934
Britt. & Millsp. = Nathaniel Lord Britton & C. F. Millspaugh
Britt., Sterns & Pogg. = Nathaniel Lord Britton, Emerson Ellick Sterns & Justus

Ferdinand Poggenburg
Britt. & Wils. = Nathaniel Lord Britton & Ernest Henry Wilson
Broadw. = Elias Walter Broadway 1863-1935
Brongn. = Adolphe Théodore Brongniart 1801-1876
Brooke & F.Rose = Jocelyn Brooke 1908-1966 & Francis Rose 1921-
Brot. = Felix de Avellar Brotero 1744-1828
Bruegg. = Christian Georg Brügger 1833-1899
Brühl = Paul Johannes Brühl 1855-
Bubani = Pietro Bubani 1806-1888
Buch.-Ham. = Francis Buchanan Lord Hamilton 1762-1829
Bull = William Bull 1828-1902
Bull. = Jean Baptiste Francois Bulliard 1752-1793
Bunge = Aleksandr Andreevic von Bunge 1803-1890
Bur. & Franch. = Louis Edouard Bureau 1830-1978 & Adrien Franchet 1834-1900
Burb. = Frederick William Thomas Burbidge 1847-1905
Burch. = William John Burchell 1781-1863
Burgeff = Hans Edmund Nicola Burgeff 1883-1976
Burgh & Vogel = Burgh & Vogel
Burk. = Isaac Henry Burkill 1870-1965
Burm. = Johannes Burman 1706-1779
Burm.f. = Nicolaas Laurens Burman 1733-1793
Butterfield = Butterfield
Buttler = Karl Peter Buttler 1942-
Butzin = Friedhelm Reinhold Butzin 1936
Buxb. = Franz Buxbaum 1900-1979

L.Cady = Leo Cady fl. 1964
A.Cam. = Aimée Antoinette Camus 1879-1965
A.Cam. & Ber. = Aimée Antoinette Camus & Paul Bergon 1863-1912
Campacci = Marcos A. Campacci

Campacci & Vedovello = Marcos A. Campacci & P. L. Vedovello
E.G.Camus = Edmond Gustave Camus 1852-1915
E.G.Camus & Cortesi = Edmond Gustave Camus & F. Cortesi 1879-1949
E.G.Camus & Gombault = Edmond Gustave Camus & René Gombault 1871-
Carabia = José Perez Carabia 1910-
Carey = William Carey 1761-1834
Carnevali = Germán Carnevali Fernandez Concha fl. 1987
Carnevali & Atwood = Germán Carnevali & John T. Atwood
Carnevali & Carn. = Germán Carnevali & Ivon Ramirez de Carnevali fl. 1987
Carnevali & Ramirez = Germán Carnevali & I. Ramirez
Carnevali & Romero = Germán Carnevali & Gustavo A. Romero Gonzalez
Carr = Cedric Errol Carr 1892-1936
Carr & Holtt. = Cedric Errol Carr & Richard Eric Holttum
G.W.Carr = Geoffrey William Carr 1948-
Carr. = Elie Abel Carrière 1818-1896
Cash = Edith Catherine Cash 1890-
Castaño, Hagsater & Aguirre = Guillermo Ramirez Castaño fl. 1984, Eric Hágsater & Gustavo Adolfo A. Aguirre
L.Castle = Lewis Castle fl. 1984
P.Castro = Vittorino Paiva Castro Neto fl. 1983
P.Castro & Campacci = Vitorino Paiva Castro Neto & Marcos A. Campacci
P.Castro & Toscano = Vitorino Paiva Castro Neto & A. L. V. Toscano de Brito
Catesby = Mark Catesby 1683-1749
Cath. = Cathcart
Catl. = Paul Moles Catling 1947-
Cav. = Antonio José Cavanilles 1745-1804
Cave = George H. Cave 1870-1965
W.Cavestro = William Cavestro
W.Cavestro & G.Chiron = William Cavestro & Guy Chiron
Chadim = V. A. Chadim fl. 1966

Cham. = Rudolf Karl Adelbert von Chamisso 1781-1838

Cham. & Schlechtend. = Rudolf Karl Adelbert von Chamisso & Diederich Franz Leonhard von Schlechtendal

Champ. = John George Champion 1815-1854

C.L.Chan & Cribb = Chew Lun Chan fl. 1990 & Philipp Cribb

Chapm. = Alvin Wentworth Chapman 1809-1899

Chase = Mark W. Chase fl. 1981

Chase & Benn. = Mark W. Chase & David E. Bennett

Chatelain = Jean Jacques Chatelain 1736-1822

Chaub. = Louis Athanase Chaubard 1781-1854

Chaub. & Bory = Louis Athanase Chaubard & Bory de St. Vincent

Cheesem. = Thomas Frederick Cheeseman 1846-1923

Chen = Sing-Chi Chen 1931-

Chen & Lang = Sing-Chi Chen & Kai-Yung Lang

Chen & Liu = Sing-Chi Chen & Fang-Yuan Liu

Chen & Tang = Sing-Chi Chen & C. Z. Tang fl. 1982

Chen & Tsi = Sing-Chi Chen & Zhan-Huo Tsi

Chen & Wu = Sing-Chi Chen & Ying Siang Wu

A.Chev. = Auguste Jean Baptiste Chevalier 1873-1956

Chien = Chien

Chiov. = Emilio Chiovenda 1871-1941

G.Chiron = Guy Chiron

Chodat = Robert Hippolyte Chodat 1865-1934

Chowd. = H. J. Chowdhery 1949-

Chowd., Pal. & Giri = H. J. Chowdhery, G. D. Pal fl. 1986 & G. S. Giri 1950-

E.A.Christ. = Eric A. Christenson fl. 1985

E.A.Christ. & Gruss = Eric A. Christenson & Olaf Gruß

E.A.Christ. & Jenny = Eric A. Christenson & Rudolf Jenny fl. 1985

E.A.Christ. & Orm. = Eric A. Christenson & P. Ormerod

E.A.Christ. & Schuiteman = Eric A. Christenson & A. Schuiteman fl. 1982

Claes = Claes

Clarke = Benjamin Clarke 1813-1890

E.D.Clarke = Sir Edward Daniel Clarke 1779-1822

M.Clem. = Mark A. Clements. 1949-

M.Clem. & Cribb = Mark A. Clements & Phillip Cribb

M.Clem. & Hatch = Mark A. Clements & E. D. Hatch

M.Clem. & S.Hopper = Mark A. Clements & Stephen D. Hopper

M.Clem. & D.Jones = Mark A. Clements & David Jones

M.Clem., D.Jones & Molloy = Mark A. Clements, David Jones & B. P. J. Molloy

M.Clem., D.Jones, B.Gray & J.J.Wood = Mark A. Clements, David Jones, Bruce Gray & Jeffrey J. Wood

M.Clem., Matthias & D.Jones = Mark A. Clements, I. G. Matthias fl. 1985 & David Jones

M.Clem. & J.Stew. = Mark A. Clements & Joyce Stewart

M.Clem. & Wall. = Mark A. Clements & Ben Wallace

M.Clem., Wall. & D.Jones = Mark A. Clements, Ben Wallace & David Jones

M.Clem., J.J.Wood & D.Jones = Mark A. Clements, Jeffrey J. Wood & David Jones

Clemesha = Stephen Chapman Clemesha 1942-

Clemesha & Dockr. = Stephen C. Clemesha & Alick Dockrill

Clemesha & B.Gray = Stephen C. Clemesha & Bruce Gray

Clusius = Carolus Clusius 1526-1609

Cocc. = Girolamo Cocconi 1822-1904

Cock. & Bark. = Theodore Dru Alison Cockerell 1866-1948 & Barker

Cogn. = Celestin-Alfred Cogniaux 1841-1916
Cogn. & Rolfe = Celestin-Alfred Cogniaux & Robert Allen Rolfe
Col. = William Colenso 1811-1899
Coleb. = Henry Thomas Colebrooke, 1765-1837
E.Coleman = Edith Coleman -1951
Colla = Luigi Colla 1766-1848
Collett = Sir Henry Collett 1836-1901
Collett & Hemsl. = Sir Henry Collett & William Botting Hemsley
Comb. = James Boughtwood Comber 1929-
Comb. & Nas. = James Boughtwood Comber & R. E. Nasution fl. 1977
Comm. = Philibert Commerson 1727-1773
Conrad = Solomon White Conrad 1779-1831
Constantin = Constantin
Cooke = Theodore Cooke 1836-1910
Cooper = Daniel Cooper 1817-1842
D.Cooper = Dorothy Cooper 1941-
Cootes & Banks = Cootes & Banks
Cordem. = Philippe Eugène Jacob de Cordemoy 1837-1911
Correa = José Francisco Corrêa de Serra 1751-1823
Correll = Donovan Stewart Correll 1908-1983
Correll & Schweinf. = Donovan Stewart Correll & Charles Schweinfurth
Corrias = Bruno Corrias 1939-
Cortesi = Fabrizio Cortesi 1879-1949
Coulter = John Merle Coulter 1851-1928
Cowan = John Macqueen Cowan 1891-1960
Crantz = Heinrich Johann Nepomuk von Crantz 1722-1797
Crawshay = Richard Crawshay fl. 1930
Cretz. & J.J.Sm. = Paul Cretzoiu 1909-1946 & Johannes Jacobus Smith
Cribb = Phillip J. Cribb 1946-
Cribb & La Croix = Phillip Cribb & Isobyl La Croix 1933-
Cribb & B.Lewis = Phillip J. Cribb & Beverly Ann Lewis 1966-
Cribb & Pfennig = Phillip Cribb & Horst Pfennig fl. 1977
Cribb & Podzorski = Phillip Cribb & Andrew C. Podzorski
Cribb & J.Stew. = Phillip Cribb & Joyce Stewart
Cribb & van der Laan = Philipp Cribb & F. M. Van Der Laan
Cribb & C.Z.Tang = Phillip Cribb & Chen Zi Tang
Cumb. = Cumberledge
A.Cunn. = Allan Cunningham 1791-1839
Curt. = William Curtis 1746-1799
C.H.Curtis = Charles Henry Curtis 1869-1958
J.T.Curtis = John Thomas Curtis 1913-1961
W.M.Curtis = Winifred Mary Curtis, 1905-
Custer = Jakob Laurenz Custer 1755-1828
Cyr. = Domenico Maria Leone Cirillo (Cyrillus) 1739-1799
Czerniak. = Ekaterina Georgiewna Czerniakovska 1892-1942

Dalström = Stig R. Dalström
Dalz. = Nicol Alexander Dalzell 1817-1878
Dalz. & Gibs. = Nicol Alexander Dalzell & Alexander Gibson
Dammer = Carl Lebrecht Udo Dammer 1860-1920
Dandy = James Edgar Dandy 1903-1976
Danesch & al. = Othmar Danesch 1919- & other auct.
O. & E.Danesch = Othmar Danesch & Edeltraud Danesch
Dare = Dare
Davis = Walter Davis 1847-1930
Day = John Jefferson Day 1824-1888
Day & Rchb.f. = John Jefferson Day & Heinrich Gustav Reichenbach
DC. = Augustin Pyramus de Candolle 1778-1841

Dean = Richard Dean 1830-1905
Deb = Debendra Bijoy Deb 1924-
Deb, Sengupta & Malick = Debendra Bijoy Deb, G. G. Sengupta 1935- & K. C. Malick 1938-
Decne. = Joseph Decaisne 1807-1882
De Duren = De Duren
De Forest. = De Forestier fl. 1853
Degener = Otto Degener 1899-1988
Del. & Geer. = Del. & Daniel Geerinck 1945-
Del. & Leb. = Del. & Leb.
Delforge = Pierre Delforge fl. 1981
Delforge & Devillers-Terschuren = Pierre Delforge & J. & P. Devillers-Terschuren
Delile = Alire Raffeneau Delile 1778-1850
Del Prete = Carlo Del Prete 1949-
Del Prete & Tosi = Carlo Del Prete & Giuseppe Tosi fl. 1981
De Not. = Giuseppe De Notaris 1805-1877
Dennst. = August Wilhelm Dennstedt 1776-1826
Deori = N. C. Deori
Desb. = Francois Desbois 1827-1902
Descourt. = Michel Etienne Descourtilz 1775-1836
Desf. = Réné Louiche Desfontaines 1750-1833
Determ. = R. O. Determann fl. 1981
Deva & Naithani = S. Deva fl. 1986 & H. B. Naithani 1944-
Devillers-Terschuren = J. & P. Devillers-Terschuren
de Vogel = Eduard (Eddie) Ferdinand de Vogel 1942-
de Vos = Cornelis de Vos 1806-1895
De Vriese = Willem Hendrik de Vriese 1806-1862
De Wild. = Emile Auguste Joseph De Wildeman 1866-1947
Diaz = Marta Aleida Diaz 1950-
Diels = Friedrich Ludwig Emil Diels 1874-1945
A.Dietr. = Albert Gottfried Dietrich 1795-1856
D.Dietr. = David Nathaniel F. Dietrich 1799-1888
H.Dietrich = Helga Dietrich fl. 1982
Dietrich & Diaz = Helga Dietrich & Marta Aleida Diaz 1950-
Dimock = A. W. Dimock fl. 1949
Dockr. = Alick William Dockrill 1915-
Dockr. & St.Cloud = Alick William Dockrill & S. F. St. Cloud
Dod = Donald D. Dod 1912-
Dods. = Calaway H. Dodson 1928 -
Dods. & Andreetta = Calaway H. Dodson & A. Andreetta fl. 1978
Dods., Atwood & Carnevali = Calaway H. Dodson, John T. Atwood & Germán Carnevali
Dods. & Benn. = Calaway H. Dodson & David E. Bennett
Dods. & Carn. = Calaway H. Dodson & Germán Carnevali
Dods. & Chase = Calaway H. Dodson & Mark W. Chase
Dods. & Dalström = Calaway H. Dodson & Stig R. Dalström
Dods. & Determ. = Calaway H. Dodson & R. O. Determan
Dods. & Dressl. = Calaway H. Dodson & Robert Louis Dressler
Dods. & Esc. = Calaway H. Dodson & Rodrigo Escobar
Dods. & Gar. = Calaway H. Dodson & Leslie Andrew Garay
Dods. & Gruss = Calaway H. Dodson & Olaf Gruß
Dods. & Hagsater = Calaway H. Dodson & Eric Hágsater
Dods. & Hirtz = Calaway H. Dodson & Alexander C. Hirtz
Dods. & Kuhn = Calaway H. Dodson & Janet Kuhn
Dods. & Luer = Calaway H. Dodson & Carlyle A. Luer
Dods. & Monsalve = Calaway H. Dodson & Monsalve
Dods. & Neudecker = Calaway H.

Dodson & Tilman Neudecker
Dods. & G.Romero = Calaway H. Dodson & Gustavo A. Romero
Dods. & Vargas = Calaway H. Dodson & Julio Cesar Vargas Calderon 1907-1960
Dods. & Vasq. = Calaway H. Dodson & Ch. R. Vasquez
Dods. & N.H.Will. = Calaway H. Dodson & Norris H. Williams
Dods., N.H.Will. & Whitten = Calaway H. Dodson, Norris H. Williams & W. M. Whitten fl. 1988
Domin = Karel Domin 1882-1953
D.Don = David Don 1799-1841
G.Don = George Don 1798-1856
P.N.Don = Patrick N. Don fl. 1845
Dougl. = David Douglas 1798-1834
Downie = Dorothy G. Downie -1960
Drake = Emanuel Drake del Castillo 1855-1904
Dransf. = John Dransfield 1945-
Drapiez = Pierre Auguste Joseph Drapiez 1778-1856
Dressl. = Robert Louis Dressler 1927-
Dressl. & Christ. = Robert Louis Dressler & Eric A. Christenson
Dressl. & Dods. = Robert Louis Dressler & Calaway H. Dodson
Dressl. & Hagsater = Robert Louis Dressler & Eric Hágsater
Dressl. & Halb. = Robert Louis Dressler & Frederico Halbinger 1925-
Dressl. & Mora-Retana = Robert Louis Dressler & Dora Emilia Mora-Retana
Dressl. & Poll. = Robert Louis Dressler & Glenn E. Pollard
Dressl. & Pupulin = Robert Louis Dressler & Franco Pupulin
Dressl. & N.H.Will. = Robert Louis Dressler & Norris H. Williams
Druce = George Claridge Druce 1850-1932
J.Drummond = James Ramsey Drummond 1851-1921
Dryand. = Jonas Carlsson Dryander 1748-1810

Du Buyss. = Robert Du Buysson 1871-1893
Duchartre = Pierre Etienne Simon Ducharte 1811-1894
Duffort = Louis Duffort 1846-1923
Dulac = Joseph Dulac 1827-1897
Dumort. = Graf Barthélemy Charles Joseph Dumortier 1797-1878
Dunn = Stephen Troyte Dunn 1868-1938
Dunn & Tutcher = Stephen Troyte Dunn & William James Tutcher
Dunst. = Galfried Charles Kenneth (Stalky) Dunsterville 1903-1988
Dunst. & Gar. = Galfried Charles Kenneth (Stalky) Dunsterville & Lesley A. Garay
Du Puy & Cribb = David Du Puy 1958- & Philip Cribb
Duque = Oscar Duque fl. 1997
Dur. = Théophile Alexis Durand 1855-1912
Dur. & Schinz = Théophile Alexis Durand & Hans Schinz 1858-1941
Dur.-Duq. = Jean Victor Durand-Duquesney 1785-1862
Dus. & Kraenzl. = Per Karl Hjalmar Dusén 1855-1926 & Friedrich Wilhelm Ludwig Kraenzlin
Duthie = John Firminger Duthie 1845-1922
Dutra = Joao Dutra 1862-1939

A.Eaton = Alvah Augustus Eaton 1865-1908
Eckl. = Christian Friedrich Ecklon 1795-1868
Edwall = Gustavo Edwall 1862-1946
Ehrh. = Jakob Friedrich Ehrhart 1742-1795
Emberger = Marie Louis Emberger 1897-1969
Endl. = Stephan Ladislaus Endlicher 1804-1849
Endr. = A.R. Endres -1877
Endr. & Kraenzl. = A. R. Endres & Friedrich Wilhelm Ludwig Kraenzlin

Endr. & Rchb.f. = A. R. Endres & Heinrich Gustav Reichenbach
Engelm. & Gray = Georg Engelmann 1809-1884 & Asa Gray 1810-1888
Engl. = Heinrich Gustav Adolf Engler 1844-1930
Erdner = Eugen Erdner 1869-1927
Esc. = Rodrigo R. Escobar fl. 1978
Ewart & B.Rees = Alfred James Ewart 1872-1937 & Berta Rees
Ewart & Sharman = Alfred James Ewart & Percy J. Sharman fl. 1916
Ewart & White = Alfred James Ewart & Cyril Tenison White 1890-1950

Falc. = Hugh Falconer 1808-1865
Farr. = Reginald John Farrer 1880-1920
Farw. = Oliver Atkins Farwell 1867-1944
Fawc. = William Fawcett 1851-1926
Fawc. & Rendle = William Fawcett & Alfred Barton Rendle
Fedde = Friedrich Karl Georg Fedde 1873-1942
Feng & Li = Kuo Mei Feng 1917- & Hen Li 1929-
Fenzl = Eduard Fenzl 1808-1879
Ferlan = Leo Ferlan 1928-1961
Fern. = Merritt Lyndon Fernald 1873-1950
A.Fernandez = Alvaro Fernandez-Pérez 1920-
Fessel & Lueckel = Hans H. Fessel & Emil Lueckel fl. 1978
Fessel & M.Wolff = Hans H. Fessel & Manfred Wolff fl. 1989
Finet = Eugène Achille Finet 1863-1913
Finet & Guill. = Eugène Achille Finet & André Guillaumin 1885-1974
Fint. = Gustav Adolph Fintelmann 1803-1871
Fiori & Paoletti = Adriano Fiori 1865-1950 & Giulio Paoletti 1865-1941
Fisch. = Friedrich Ernst Ludwig von Fischer 1782-1854
Fisch. & C.A.Meyer = Friedrich Ernst Ludwig von Fischer & Carl Anton von Meyer 1795-1855
C.Fisch = Carl Fisch 1859-
C.E.C.Fisch. = Cecil Ernest Claude Fischer 1874-1950
Fiske = Fiske
Fitzg. = Robert Desmond (David) Fitzgerald 1830-1892
Fleischm. = Andreas Fleischmann 1805-1867
Fleischm. & Bornm. = H. Fleischmann & Joseph Friedrich Nicolaus Bornmüller 1862-1948
Fleischm. & Hand.-Mazz. = H. Fleischmann & Heinrich Handel-Mazzetti 1882-1940
Fleischm. & Rech. = H. Fleischmann & Karl Rechinger 1867-1952
Fleischm. & Soó = H. Fleischmann & Karoly Rezsö Soó von Bere
Flickinger = Flickinger
Focke = Wilhelm Olbers Focke 1834-1922
Focke & Rchb.f. = Wilhelm Olbers Focke & Heinrich Gustav Reichenbach
Foldats = Ernesto Foldats 1916-
Folsom = James P. Folsom 1950-
J.R.Forst. = Johann Reinhold Forster 1729-1798
Forst.f. = Johann Georg Adam Forster 1754-1794
J.R. & G.Forst. = Johann Reinhold Forster & Johann Georg Forster
Fourc. = Henri Georges Fourcade 1866-1948
Fowlie = Jack A. Fowlie fl. 1965
Fowlie & Birk = Jack A. Fowlie & Lance A. Birk fl. 1980
Fowlie, Mark & Ho = Jack A. Fowlie, F. Mark & Pham-Hoang Ho 1931-
Fowlie & Tang = Jack A. Fowlie & Chen Zi Tang fl. 1982
Fowlie & Withner = Jack A. Fowlie & Carl Leslie Withner 1918-
Fowlie & Yap = Jack A. Fowlie & K. F. Yap fl. 1972
Franch. = Adrien René Franchet 1834-

1900
Franch. & Sav. = Adrien René Franchet & Paul Amedée Ludovic Savatier
Franco = João Manuel Antonio Paes do Amaral Franco 1921-
Francois = Louis Ernst Eugene Francois 1856-
Frapp. = Charles Frappier fl. 1853-1896
J.Fraser = John Fraser 1750-1811
Freud. = Freud.
Freyhold = Freyhold
C.Friedr. = Hans Christian Friedrich 1925-1992
Fries = Elias Magnus Fries 1794-1878
Fritsch = Karl Fritsch 1864-1934
O.Froebel = Karl Otto Froebel 1844-1906
Frost = Charles Christopher Frost 1805-1880
Fuchs & Reisinger = F Fuchs & Herbert Reisinger fl. 1995
Fuk. = Noriaki Fukuyama 1912-1946
Furuse = M. Furuse fl. 1988

Gagn. = François Gagnepain 1866-1952
Gagn. & Guill. = François Gagnepain & André Guillaumin
Gal. = Henry Guillaume Galeotti 1814-1858
Gand. = Michael Gandoger 1850-1926
Gar. = Leslie Andrew Garay 1924-
Gar. & Dunst. = Leslie Andrew Garay & Galfried Charles Kenneth Dunsterville 1905-1988
Gar., Hamer & Siegerist = Leslie Andrew Garay, Fritz Hamer fl. 1970 & Emily S. Siegerist 1925-
Gar. & Kennedy = Leslie Andrew Garay & George C. Kennedy fl. 1976
Gar. & Kittr. = Leslie Andrew Garay & Walter Kittredge 1953-
Gar. & Pabst = Leslie Andrew Garay & Guido Frederico João Pabst
Gar. & G.Romero = Leslie Andrew Garay & Gustavo A. Romero
Gar. & Schltr. = Leslie Andrew Garay & Friedrich Richard Rudolf Schlechter
Gar. & Schultes = Leslie Andrew Garay & Richard Evans Schultes 1915-
Gar. & Stacy = Leslie Andrew Garay & John E. Stacy 1918-
Gar. & Sweet = Leslie Andrew Garay & Herman Royden Sweet 1909-
Gar. & Szlach. = Leslie Andrew Garay & Darius L. Szlachetko 1961-
Gar. & Taylor = Leslie Andrew Garay & Peter Taylor 1926-
Gar. & Wirth = Leslie Andrew Garay & Michael Wirth 1959-
Gard.Chron. = Gardeners' Chronicle (1866-1913)
Gardn. = George Gardner 1812-1849
Garnet = John Roslyn Garnet 1906-
Garreau de Loubresse = Xavier Garreau De Loubresse
Gaudich. = Charles Gaudichaud-Beaupré 1789-1854
Gay = Claude Gay 1800-1873
Geer. = Daniel Geerinck 1945-
Geer. & Schaijes = Daniel Geerinck & Michael Schaijes fl. 1987
Geer. & Tournay = Daniel Geerinck & Roland Louis Jules Alfred Tournay 1925-1972
E.G.Gen. = E. G. Genoud fl. 1913
Gentil = Louis Gentil 1874-1949
A.S.George = Alex S. George 1939-
Georgi = Johann Gottlieb Georgi 1729-1802
Gerard = Louis Gerard 1733-1819
Gerlach = Günther Gerlach fl. 1987
Gerlach & T.Franke = Günther Gerlach & T. Franke
Gerlach & Heider = Günther Gerlach & Heider
Gerlach & Neudecker = Günther Gerlach & Tilman Neudecker
Gerlach, Neudecker & Seeger = Günther Gerlach, Tilman Neudecker & Hans-Gerhardt Seeger
Gerlach & G.Romero = Günther Gerlach & Gustavo A. Romero
Gerlach & Sengh. = Günther Gerlach & Karlheinz Senghas

Gerlach, Sengh. & Seeger = Günther Gerlach, Karlheinz Senghas & Hans-Gerhardt Seeger
Gerlach & Toul. = Günther Gerlach & Toul.
Gerlach & Whitten = Günther Gerlach & W. M. Whitten fl. 1988
Ghose & Muk. = Birendra Nath Ghose 1885-1983 & Sunil Kumar Mukherjee 1914-
Gibs. = John Gibson 1815-1875
Gilbert = Benjamin Davis Gilbert 1835-1907
Gilli = Alexander Gilli 1904-
Gireoud = Gireoud
Gmel. = Johann Friedrich Gmelin 1748-1804
S.G.Gmel. = Samuel Gottlieb Gmelin 1743-1774
Godf. = Masters John Godfery 1856-1945
God.-Leb. = Alexandre Godefroy-Lebœf 1852-1903
Goebel = Karl Christian Traugott Goebel 1794-1851
Gojon Sanchez = Gojon Sanchez
Golamco = Andres Golamco
Golamco, Claustro & Mesa = Andres Golamco, Claustro & Mesa
Gölz = Peter Gölz 1935-
Gölz & Reinhard = Peter Gölz & Hans R. Reinhard 1919-
Gomes = Bernardino Antonio Gomes 1769-1823
Gomes-Ferreira & L.C.Menezes = A. B.Gomes-Ferreira & Lou C. Menezes fl. 1987
L.D.Gomez & J. Gomez = Luis Diego Gomez Pignatore 1944- & Jorge Gomez-Laurito fl. 1989
Gonz. = José Gonzalez Raposo fl. 1991
Gonz. & Szlach. = José Gonzalez Raposo & Dariusz L. Szlachetko
Gopalan = R. Gopalan 1947-
Gouan = Antoine Gouan 1733-1821
Gower = William Hugh Gower 1835-1894

Grah. = Robert C. Graham 1786-1845
J.Graham = John Graham 1805-1839
Grande = Loreto Grande 1878-1965
Grant = James Augustus Grant 1827-1892
M.P.Grasso = Maria Pia Grasso 1984-
M.P.Grasso & Scrugli = Maria Pia Grasso & Antonio Scrugli fl. 1984
A.Gray = Asa Gray 1810-1888
B.Gray & D.Jones = Bruce Gray 1939- & David Jones fl. 1968
S.F.Gray = Samuel Frederick Gray 1766-1828
Greatrex = F. C. Greatrex fl. 1965
Green = Thomas Green fl. 1820
P.S.Green = Peter Shaw Green, 1920-
Greenm. = Jesse More Greenman 1867-1951
Greenw. = William Frederik Neville Greenwood fl. 1917-1931
Gren. = Jean Charles Marie Grenier 1808-1875
Gren. & Phil. = Jean Charles Marie Grenier & Rudolph Amandus Philippi 1808-1904
Greuter = Werner Greuter 1938-
Griff. = William Griffith 1810-1845
Grignan = G.T. Grignan fl. 1900
Griseb. = August Heinrich Rudolf Grisebach 1814-1879
Grossh. = Aleksandr Alfonsovic Grossheim 1888-1948
Gruss = Olaf Gruß
Gruss & Kalina = Olaf Gruß & Thomas F. Kalina 1935-
Gruss & Perner = Olaf Gruß & Holger Perner
Gruss & Roellke = Olaf Gruß & Lutz Röllke 1960-
Gruss & Roeth = Olaf Gruß & Jürgen Roeth fl. 1978
Guadagno = Michele Guadagno 1878-1930
Guett. = Jean Etienne Guettard 1715-1786
Guill. = André Guillaumin 1885-1974

Guillemard = Guillemard
Gumprecht = Reinhard Gumprecht 1900-
Gunn = Ronald Campbell Gunn 1808-1881
Guss. = Giovanni Gussone 1787-1866

Haager = J. R. Haager fl. 1984
Haager & Jenik = J. R. Haager fl. 1984 & Jan Jenik 1929-
Hagsater = Eric Hagsater 1945-
Hagsater & Dods. = Eric Hagsater & Calaway H. Dodson
Hagsater & Gonz. = Eric Hágsater & Roberto Gonzalez Tamayo
Hagsater & Sanchez = Eric Hágsater & L. M. Sanchez Saldaña
Hal. = Eugen von Halácsy 1842-1913
Halb. = Frederico Halbinger 1925-
Halb. & Salazar = Frederico Halbinger & Gerardo O. Salazar
Hall = William Hall 1743-1800
A.V.Hall = A.V. Hall 1936-
N.Hallé = Nicolas Hallé 1927-
Haller = Victor Albrecht von Haller 1708-1777
Hallier = Hans Gottfried Hallier 1868-1932
Ham. = William Hamilton 1783-1856
Hamer = Fritz Hamer fl. 1970
Hamer & Dods. = Fritz Hamer & Calaway H. Dodson
Hamer & Gar. = Fritz Hamer & Leslie Andrew Garay
Hamilt. = Robert M. Hamilton
Hampe = Georg Ernst Ludwig Hampe 1795-1880
Hance = Henry Fletcher Hance 1827-1886
Hand.-Mazz. = Heinrich Raphael Eduard Freiherr von Handel-Mazzetti 1882-1940
Handro = Oswaldo Handro 1908-1986
Hara = Hiroshi Hara 1911-1986
Harrison = Errol Rhodes Harrison fl. 1972
Hartm. = Carl Johann Hartmann 1790-1849

Hartw. = Carl Theodore Hartweg 1812-1871
Harv. = William Henry Harvey 1811-1866
Hashimoto = Tamotsu Hashimoto 1933-
Hashimoto & Hatusima = Tomatsu Hashimoto & Sumihiko Hatusima 1906-
Ha(a)sselb. = Ha(a)sselb.
Hasselt = Johan Coenrad van Hasselt 1797-1823
Hassk. = Justus Carl Hasskarl 1811-1894
Hatch = E.D. Hatch fl. 1946
Hatusima = Sumihiko Hatusima 1906-
Hatusima & Ida = Sumihiko Hatusima & Ida
Haum. = Lucien Haumann 1880-1965
Hausm. = Franz von Hausmann 1810-1878
Hausskn. = Anton Haussknecht fl. 1988
A.D.Hawk. = Alex Drum Hawkes 1927-1977
A.D.Hawk. & Heller = Alex Drum Hawkes & Alfonse Henry Heller -1973
A.D.Hawk. & Sengh. = Alex Drum Hawkes & Karlheinz Senghas
Hay. = Bunzô Hayata 1874-1934
Hayek = August Edler von Hayek 1871-1928
H.B.K. = Alexander von Humboldt 1796-1850, Aimé Bonpland 1773-1858, Karl Sigismund Kunth 1788-1850
Hegde & Rao = S. N. Hegde fl. 1981 & A. Nageswara Rao fl. 1983
Hegetschw. = Johann Jacob Hegetschweiler 1789-1839
Heinhold = Gustav Heinhold 1800-1860
Heist. = Lorenz Heister 1683-1758
Heller = Alfonse Henry Heller -1973
Heller & A. D.Hawk. = Alfonse Henry Heller & Alex Drum Hawkes
Heller & L.O.Wms. = Alfonse Henry Heller & Louis Otho Williams
A.A.Heller = Amos Arthur Heller 1867-1944
Hemsl. = William Botting Hemsley 1843-1924

Hend. = Eward George Henderson 1782-1876
Henderson = Murray Ross Henderson 1899-1982
Henfr. = Arthur Henfrey 1819-1859
Henon = Jacques Louis Henon 1802-1872
Hensh. = Henshall
Herb. Comm. = Herbarium Commers
Herb. Zipp. = Herbarium Zippelius
Herb. = William Herbert 1778-1847
Herbert = Desmon Andrew Herbert 1898-1976
Herbert & Blake = Desmon Andrew Herbert & Stanley Thatcher Blake 1910-1973
J.Hermans & Cribb = Johan Hermans & Phillip Cribb 1946-
Hernandez = J. A. Hernandez
Herschel = Herschel
Herter = Wilhelm Gustav Franz Herter 1884-1958
Hespenheide & Gar. = Henry August Hespenheide fl. 1968 & Leslie Garay
Heuffel = János A. Heuffel 1800-1857
Heyne = Karel Heyne 1877-1947
Heynh. = Gustav Heynhold 1800-1860.
Hick. = Cristobal Maria Hicken 1875-1933
W.Hill = Walter Hill 1820-1904
Hillebrand = Wilhelm Hillebrand 1821-1886
Hills = H. G. Hills
Hills & Benn. = H. G. Hills & David E.. Bennett fl. 1989
Hills & Christ. = H. G. Hills & Eric A. Christenson fl. 1985
Hiroe = Minosuke Hiroe 1914-
Hirtz = Alexander C. Hirtz, fl. 1987
Hitchc. = Albert Spear Hitchcock 1865-1935
Ho = Pham-Hoang Hô 1931-
Hochr. = Bénédict Pierre Georges Hochreutiner 1873-1959
Hochst. = Christian Ferdinand Hochstetter 1787-1860
Hodge = Walter Hendricks Hodge 1912-

Hoehne = Frederico Carlos Hoehne 1882-1959
Hoehne & Schltr. = Frederico Carlos Hoehne & Friedrich Richard Rudolf Schlechter
Hoffm. = Georg Franz Hoffmann 1760-1826
R.Hoffm. = Reinhold Hoffmann 1885-
Hoffmgg. = Johann Centurius Graf von Hoffmannsegg 1766-1849
Holle = A. van Holle-de Raeve
Holtt. = Richard Eric Holttum 1896-1990
Holub = Josef Holub 1930-
Holz. = John Michael Holzinger 1853-1929
Honda = Masaji Honda 1897-1984
Hook. = Sir William Jackson Hooker 1785-1865
Hook. & Arn. = Sir William Jackson Hooker & George Arnott Walker Arnott
Hook.f. = Sir Joseph Dalton Hooker (fil.) 1817-1911
S.Hopper = Stephen Donald Hopper 1951-
S.Hopper & A.P.Brown = Stephen Donald Hopper & A. P. Brown
Höppner = Hans Höppner 1873-1946
Horich = Clarence Klaus Horich -1994
hort. = hortorum, hortulanorum
Horta = Paul Parreiras Horta fl. 1924
Hoss. = Carl Curt Hosseus 1878-1950
Houll. = R. J. B. Houllet 1811-1890
House = Homer Doliver House 1878-1949
Houtt. = Maarten Houttuyn 1720-1798
Hu = Hsen-Hsu Hu 1894-1968
S.Y.Hu = Shiu-Ying Hu 1910-
S.Y.Hu & Barr. = Shiu-Ying Hu & G. D'A. Barretto fl. 1976
Hua = Hu Song Hua
Huber = Jakob Huber 1867-1914
Huds. = William Hudson 1734-1793
Hultén = Eric Oskar Gunnar Hultén 1894-1980
Humbert = Jean Henri Humbert 1887-1967

Humbert & H.Perr. = Jean Henri Humbert & Henry Alfred Perrier de la Bathie 1873-1958
Hunt = Trevor Edgar Hunt 1913-
Hunt & A.D.Hawk. = Trevor Hunt & Alex Drum Hawkes 1927-1977
Hunt & Rupp = Trevor Hunt & Herman Montague Rucker Rupp 1872-1956
P.F.Hunt = Peter Francis Hunt 1936-
P.F.Hunt & Summerh. = Peter Francis Hunt & Victor Samuel Summerhayes
Huxl. & Hunt = Anthony Julian Huxley 1920- & Trevor Edgar Hunt
J.Hye = J. Hye
Hyl. = Nils Hylander 1904-1970

Ida = Ida
Iwabrec. = Iwabrec.

B.Jacks. = B. Jackson
B.D.Jacks. = Benjamin Daydon Jackson 1846-1927
G.Jackson = George Jackson 1790-1811
Jacq. = Nikolaus Joseph von Jacquin 1727-1817
Janchen = Erwin Emil Alfred Janchen 1882-1970
Jayaweera = Don Marthin Arthur Jayaweera 1912-1982
Jenn. = Otto Emery Jennings 1877-1964
Jenny = Rudolf Jenny fl. 1985
Jenny & Braem = Rudolf Jenny & Guido J. Braem fl. 1980
Jenny & Gonz. = Rudolf Jenny & Roberto Gonzalez Tamayo 1945-
Jenny & Romero = Rudolf Jenny & Gustavo A. Romero 1955-
Jimenez = R. Jimenez Machorro 1961-
Jimenez & Soto = R. Jimenez Machorro & Miguel Angel Soto Arenas
Johansen = Frits Johansen 1882-1957
Johnson = Charles Johnson 1791-1880
Johnst. = George Johnston 1797-1855
Jones = Sir William Jones 1746-1794
D.Jones = David Lloyd Jones 1944-
D.Jones & G.Carr = David Lloyd Jones & Geoff Carr
D.Jones & M.Clem. = David Lloyd Jones & Mark A. Clements
D.Jones, M.Clem. & Molloy = David Lloyd Jones, Mark A. Clements & B. P. J. Molloy
D.Jones, B.Gray, M.Clem. & J.J.Wood = David Lloyd Jones, Bruce Gray, Mark A. Clements & Jeffrey J. Wood
D.Jones & Lavarack = David Lloyd Jones & Peter S. (Bill) Lavarack fl. 1975
D.Jones & R.Nash = David Lloyd Jones & Ray C. Nash
H.Jones = Henry G. Jones fl. 1961
Jonsson = Lars Jonsson
Jordan = Claude Thomas Alexis Jordan 1814-1897
Joseph & Abbareddy = J. Joseph fl. 1964-1979 & N. R. Abbareddy fl. 1983
Joseph & Deka = J. Joseph & H. Deka fl. 1970
Joseph & Vajravelu = J. Joseph & E. Vajravelu 1936-
Josst = Franz Josst 1815-1862
Jum. = Henri Lucien Jumelle 1866-1935
Jum. & H.Perr. = Henri Lucien Jumelle & Henri Perrier De La Bathie
Jundzill = B. S. Jundzill 1761-1847
Juss. = Antoine Laurent de Jussieu 1748-1836

Kaempf. = Engelbert Kaempfer 1651-1716
Kalopissis = Y. T. Kalopissis fl. 1980
Kalopissis & Robatsch - Y. T. Kalopissis & K. Robatsch fl. 1988
Kanehira & Yam. = Ryozo Kanehira 1882-1948 & Yoshimatsu Yamamoto 1893-1947
Kapuler & Hascall = Kapuler & Hascall
Karasawa & Saito = Kohji Karasawa fl. 1982 & Kamezoa Saito 1947-
Karel. & Kir. = Grigorij Silvyc Karelin 1801-1872 & Ivan Petrovic Kirilow 1821-1842
Karst. = Gustav Karl Wilhelm Hermann

Karsten 1817-1908
Karst. & Ktze. = Gustav Karl Wilhelm Hermann Karsten & Carl Ernst Otto Kuntze
Karth. = Satavaham Karthikeyan 1940-
G.Keller = Gottfried Keller 1873-1945
Kellogg = Albert Kellog 1813-1887
Kennedy = George C. Kennedy fl. 1976
Kerch. = Comte Oswald Charles Eugène Marie Ghislain Kerchove de Denterghem 1844-1906
Ker-Gawl. = John Gawler Bellender Ker 1764-1842
Kerner = Anton Joseph Kerner von Marilaun 1831-1898
Kerr = Arthur Francis G. Kerr 1877-1942
Kerr & Rolfe = Arthur Francis G. Kerr & Robert Allen Rolfe
A.D.Kerr = Allen D. Kerr fl. 1973
Kgr. = Willibald Königer fl. 1982
Kgr. & D'Aless. = Willibald Königer & D. D'Alessandro
Kgr. & Mend. = Willibald Königer & D.R. Mendoza fl. 1925
Kgr. & Pongratz = Willibald Königer & E. Pongratz fl. 1966
Kgr. & Port. = Willibald Königer & J. J. Portilla fl. 1989
Kgr. & Schildh. = Willibald Königer & H. Schildhauer
Kgr. & Weinmann = Willibald Königer & J. G. Weinmann
King = Sir George King 1840-1909
King & Pantl. = Sir George King & Robert Pantling 1856-1910
Kirk = Thomas Kirk 1828-1898
Kirschl. = Fréderic Kirschleger 1804-1869
Kitamura = Siro Kitamura 1906-
W.Kittr. = Walter Kittredge 1953-
Kl. = Johann Friedrich Klotzsch 1805-1860
Kl. & Karst. = Johann Friedrich Klotzsch & Gustav Karl Wilhelm Karsten 1817-1908
Kl., Otto & Dietr. = Johann Friedrich Klotzsch, Christoph Friedrich Otto & Albert Gottfried Dietrich
Kl. & Rchb.f. = Johann Friedrich Klotzsch & Heinrich Gustav Reichenbach
E.Klein = Erich Klein fl. 1989
Klein & Strack = Erich Klein & Dieter Strack fl. 1987
Kleinhans = Günther Kleinhans
Klinge = Johannes Christoph Klinge 1851-1902
Knight = Joseph Knight 1777-1855
Knoche = Herman Knoche 1870-1945
Knowl. = George Beauchamp Knowles -1852
Knowl. & Westc. = George Beauchamp Knowles & Frederick Westcott -1861
Koch = Klaus (Claus) Koch
Koch & Fintelm. = Klaus Koch & Gustav Adolf Fintelmann 1803-1871
Koch & Lauch. = Klaus Koch & Frierich Wilhelm Georg Lauche 1827-1883
K.Koch = Karl Heinrich Emil Koch 1809-1879
W.Koch = Wilhelm Daniel Joseph Koch 1771-1849
Koenig = Johann Gerhard König 1728-1785
R.Kohlmüller = Rüdiger Kohlmüller fl. 1988
Koidz. = Gen'ichi Koidzumi 1883-1953
Kom. & Nevski = Vladimir Leontievic Komarov 1896-1945 & Sergej Arsenjevic Nevski 1908-1938
Koop. = Harold Koopowitz fl. 1986
Koop. & Cribb = Harold Koopowitz & Phillip Cribb
Koop. & Hasegawa = Harold Koopowitz & Norito Hasegawa
Kores = Paul J. Kores 1950-
Körnicke = Friedrich August Körnicke 1828-1908
Korth. & Rchb.f. = Pieter Willem Korthals 1807-1892 & Heinrich Gustav Reichenbach
Kotschy = Karl Georg Theodor Kotschy

1813-1866
F.J.Krackow. = F. J. Krackow.
Kraenzl. = Friedrich Wilhelm Ludwig Kraenzlin 1847-1934
Kraenzl. & Schltr. = Friedrich Wilhelm Ludwig Kraenzlin & Friedrich Richard Rudolf Schlechter
Kraenzl. & Spegazz. = Friedrich Wilhelm Ludwig Kraenzlin & Carlo Luigi Spegazzini 1858-1926
Kramer = R. Kramer
Krause = Ernst Hans Ludwig Krause 1859-1942
Kreutz & Lüders = Carel A.J. Kreutz & Lüders
Kropf & Seeger = Kropf & Hans-Gerhardt Seeger
Kruiz. & de Vogel = Kruiz. & Eduard (Eddie) Ferdinand de Vogel 1942-
Ktze. = Carl Ernst Otto Kuntze 1843-1907
Kudô = Yûshun Kudô 1887-1932
Kuhl = Heinrich Kuhl 1796-1821
Kuhl & van Hasselt = Heinrich Kuhl & Johan Coenrad van Hasselt 1797-1823
Kumar & Manilal = C. Sathish Kumar 1957- & K. S. Manilal 1938-
Kumar & Seq. = C. Sathish Kumar 1957- & Seq.
Kümpel = Horst Kümpel
Kümpel & Mrkvicka = Horst Kümpel & Alexander Ch. Mrkvicka
Kunth = Karl Sigismund Kunth 1788-1850
Kunth & Bouche = Carl Sigismund Kunth & Carl David Bouché 1809-1881
Kupper & Kraenzl. = Walter Kupper 1874-1953 & Friedrich Wilhelm Ludwig Kraenzlin
Kurtz = Friedrich Kurtz 1854-1920
Kurz = Wilhelm Sulpiz Kurz 1834-1878
Kurzw. & Linder = H. Kurzweil & H. Peter Linder 1954-
Kurzw., Linder & Chess = H. Kurzweil, H. Peter Linder & Chess
Kuzmanov = Bogdan Antenov Kuzmanov 1934-1991

L. = Carl von Linné (Linnaeus) 1707-1778
L.f. = Carl von Linné (fil.) 1741-1783
Labill. = Jacques Julien Houtton de La Billardière 1755-1834
La Croix = Isobyl La Croix 1933-
La Croix & Cribb = Isobyl La Croix & Phillip Cribb 1946-
Lac. = K. G. de Lacerda
Lac. & P.Castro = K. G. de Lacerda & Vittorino Paiva Castro Neto
Lac. & Silva = K. G. de Lacerda & Manoela F. S. da Silva
Laest = Lars Levi Laest 1860-1861
Laf., Gerlach & Sengh. = A. Lafontaine, Günther Gerlach fl. 1987 & Karlheinz Senghas
Lam. = Jean Baptiste Pierre Antoine de Monet de Lamarck 1744-1829
Lam. & D.C. = Jean Baptiste Pierre Antoine de Monet de Lamarck & de Condolle
A.Lamb = Anthony Lamb fl. 1982
A.Lamb, Chan & Shim = Anthony Lamb & Chu Lun Chan fl. 1990 & Phyau Soon Shim fl. 1982
A.Lamb & Shim = Anthony Lamb & Phyau Soon Shim
Landwehr = J. Landwehr fl. 1969
Lang = Kay Yung Lang 1936-
Lang & Tsi = Kai Yung Lang & Zhan-Huo Tsi 1937-
Lankester = C. H. Lankester
Lankester & Ames = C. H. Lankester & Oakes Ames 1874-1950
Lapeyr. = Philippe Picot Baron de Lapeyrouse 1744-1818
Lavarack = Peter S. (Bill) Lavarack fl. 1975
Lavarack & Cribb = Peter S. Lavarack & Phillip J. Cribb
Lavarack & B.Gray = P. S. Lavarack & Bruce Gray 1939-
Leav. = Robert Greenleaf Leavitt 1865-1942
Ledeb. = Karl Friedrich von Ledebour

1785-1851
Lehm. = Friedrich Karl Lehmann 1850-1903
Lehm. & Kraenzl. = Friedrich Carl Lehmann & Friedrich Wilhelm Ludwig Kraenzlin
Lem. = Antoine Charles Lemaire 1800-1871
Lemée = Albert Victor Marie Lemée 1872-
Leon = E. Aguirre Leon 1951-
Leonard & Ames = Emery Clarence Leonard 1892-1968 & Oakes Ames
Lex. = Juan Martinez de Lexarza 1785-1824
L'Herit. = Charles Louis L'Heritier de Brutelle 1746-1800
Li & Feng = Hen Li 1929- & Kuo Mei Feng 1917-
Liebm. = Frederik Michael Liebmann 1813-1856
Lillo & Hauman = Miguel Lillo 1862-1931 & Lucien Leon Hauman 1881-1931
T.P.Lin = Tsan-Piao Lin fl. 1975-1987
Lind. = Jean Jules Linden 1817-1898
Lind. & André = Jean Jules Linden & Édouard Francois André
Lind. & Cogn. = Jean Jules Linden & Celestin-Alfred Cogniaux
Lind. & Rchb.f. = Jean Jules Linden & Heinrich Gustav Reichenbach
Lind. & Rodig. = Jean Jules Linden & Émile Rodigas
Lind. & Rolfe = Jean Jules Linden & Robert Allen Rolfe
H.Lindberg = Harald Lindberg 1871-1963
Linder = Hans Peter Linder 1954-
Linder & Kurzw. = Hans Peter Linder & H. Kurzweil
Linder & Williamson = Hans Peter Linder & Graham Williamson 1932-
Lindl. = John Lindley 1799-1865
Lindl. & Cogn. = John Lindley & Celestin-Alfred Cogniaux
Lindl. & Lex. = John Lindley & Juan Martinez de Lexarza
Lindl. & Paxt. = John Lindley & Sir Joseph Paxton
Lindl. & Rchb.f. = John Lindley & Heinrich Gustav Reichenbach
Link = Heinrich Friedrich Link 1767-1851
Link & Kl. = Heinrich Friedrich Link & Johann Friedrich Klotzsch
Link, Kl. & Otto = Heinrich Friedrich Link, Johann Friedrich Klotzsch & Christoph Friedrich Otto
Link & Otto = Heinrich Friedrich Link & Christoph Friedrich Otto
Linton = William James Linton 1812-1898
Lipsky = Vladimir Ippolitovic Lipsky 1863-1937
Liu = Tung Shui Liu 1911-
Liu & Su = Tung Shui Liu & Hong Ji Su fl. 1978
Llanos = Antonio Llanos 1806-1881
Llave = Pablo de La Llave 1773-1833
Llave & Lex. = Pablo de La Llave & Juan Martinez de Lexarza
Lloyd = Curtis Gates Lloyd 1859-1926
Lodd. = Conrad Loddiges 1739-1786
Loefgr. = Albert Löfgren 1854-1918
A. & D.Loeve = Askell Löve 1916- & Doris Benta Maria Löve 1918-
Loher = August Loher 1874-1930
Loisel. = Jean Louis Auguste Loiseleur Deslongchamps 1774-1849
Løjtnant = Bernt Loøjtnant 1946-
Lorenz & Gembardt = Richard Lorenz fl. 1987 & Ch. Gembardt fl. 1987
Loudon = John Claudius Loudon 1783-1843
Louis & Mull. = Jean Laurent Prosper Louis 1903-1947 & W. Mullenders
Lour. = João de Loureiro 1717-1791
Low = Stuart Henry Low 1826-1890
Lowe = Mike (Michael) R. Lowe fl. 1990
Ludwig = Christian Gottlieb Ludwig 1709-1773

Lueckel = Emil Lueckel fl. 1978
Lueckel & Braem = Emil Lueckel & Guido Braem
Lueckel & Fessel = Emil Lueckel & Hans H. Fessel
Lueckel & Ruessmann = Emil Lueckel & M. Rüssmann fl. 1984
Lueckel, Wolff & Wood = Emil Lueckel, Manfred Wolff & Jeffrey J. Wood
Luer = Carlyle A. Luer 1922-
Luer & Andreetta = Carlyle A. Luer & A. Andreetta
Luer & Behar = Carlyle A. Luer & Moises Behar
Luer & Dalström = Carlyle A. Luer & Stig R. Dalström
Luer & Dods. = Carlyle A. Luer & Calaway H. Dodson
Luer & Dressl. = Carlyle A. Luer & Robert Louis Dressler
Luer & Esc. = Carlyle A. Luer & Rodrigo Escobar fl. 1978
Luer & Hawley = Carlyle A. Luer & R. Hawley
Luer & Hirtz = Carlyle A. Luer & Alexander C. Hirtz fl. 1987
Luer & Malo = Carlyle A. Luer & Benigno Malo fl. 1987
Luer & Teague = Carlyle A. Luer & Teague
Luer & Vasq. = Carlyle A. Luer & Roberto Vasquez 1942-
Luer & Würstle = Carlyle A. Luer & B. Würstle fl. 1986
Lund = Ingelise D. Lund 1957-
Lyall = David Lyall 1817-1895

Macbr. = James Francis Macbride 1892-1976
Macchiati = Luigi Macchiati 1852-1921
MacLeay = W. MacLeay
MacMillan = Conway MacMillan 1867-1929
F.Maekawa = Fumio Maekawa 1908-1984
F.Maekawa & Hashimoto = Fumio Maekawa & Goro Hashimoto 1913-
Mahyar = U. W. Mahyar 1956-
Maiden = Joseph Henri Maiden 1859-1925
Maire = René Charles Joseph Ernest Maire 1878-1949
Maire & Steph. = René Charles Joseph Ernest Maire & Thomas Stephenson 1865-1948
Maire & Weiller = René Charles Joseph Ernest Maire & Marc Weiller 1880-1945
Mak. = Tomitarõ Makino 1862-1957
Mak. & Maekava = Tomitarõ Makino & Fumio Maekawa 1908-1984
Mak. & Nem. = Tomitarõ Makino & Kwanji Nemoto 1860-1936
Makoi = Makoi
Makoy = Lambert Jacob Makoy 1790-1873
Malh. & Balodi = C. L. Malhotra 1936- & B. Balodi 1960-
W.A.Manda = W. Albert Manda fl. 1892
H.Mann = Horace Mann 1844-1868
Mansf. = Rudolf Mansfeld 1901-1960
Mantin = Georges Antoine Mantin 1850-1910
Martelli = Ugolino Martelli 1860-1934
C.Martius = Carl Friedrich Philipp von Martius 1794-1868
Masamune = Genkei Masamune 1899-
Masamune & Fuk. = Genkei Masamune & Noriaki Fukuyama 1912-1946
Masamune & Segawa = Genkei Masamune & Sokichi Segawa 1904-1960
Mast. = Maxwell Tylden Masters 1833-1907
Matho = Matho
Matsumura = Jinzò Matsumura 1856-1928
Matsumura & Hay. = Jinzò Matsumura & Bunzô Hayata
Matthas & Risse = Ursula Matthäs 1949- & Horst Risse fl. 1985
Matuda = Eizi Matuda 1894-1987
Mauri = Ernesto Mauri 1791-1836
Maxim. = Karl Johann Maximowicz

1827-1891
May = May fl. 1870-1887
E.Mayer = Ernest Mayer 1920-
McDonald = G. J. McDonald
McDonald & McMurtry = G. J. McDonald & D. McMurtry fl. 1984
Mehra & Kasyap = Pran Nath Mehra 1907- & Kasyap
Mejia & Esc. = Mejia & Rodrigo R. Escobar fl. 1978
Melki & Deschatres = F. Melki & R. Deschatres
L.C.Menezes = Lou C. Menezes fl. 1987
L.C.Menezes & Braem = Lou C. Menezes & Guido J. Braem
L.C.Menezes & K.Tadaiesky = Lou C. Menezes & K. Tadaiesky
Menninger = Menninger
Merr. = Elmer Drew Merrill 1876-1956
Merr. & Metcalf = Elmer Drew Merrill & Haven Metcalf 1875-1940
Messmer = Pearl R. Messmer
E.H.F.Meyer = Ernst Heinrich Friedrich Meyer 1791-1858
G.F.Meyer = Georg Friedrich Wilhelm Meyer 1782-1856
Mich. = Wilhelm Micholitz 1854-1932
Michx. = André Michaux 1746-1802
Miethe = Miethe
Mill. = Philipp Miller 1691-1771
Mind. & de Vogel = M. E. Minderhoud fl. 1986 & (Eddie) Eduard Ferdinand de Vogel 1942-
Miq. = Friedrich Anton Wilhelm Miquel 1811-1871
Miranda = Francisco E. L. Miranda fl. 1941
Miranda & Lac. = Francisco E. L. Miranda & K. G. de Lacerda
Misas = Guillermo Misas fl. 1978
Miwa = H. Miwa fl. 1930
Miyabe & Tatew. = Kingo Miyabe 1860-1951 & Misao Tatewaki 1899-
Moc. = Jose Mariano Mociño Suarez Losada 1757-1820
Moench = Conrad Moench 1744-1805

Moggridge = Johann Traheme Moggridge 1842-1874
Mohr = Hartmut Mohr fl. 1984
Mohr & Braas = Hartmut Mohr & Lothar A. Braas fl. 1977
Mohr & Herzum = Hartmut Mohr & H. Herzum
Moir = William Whitmore Goodale Moir 1896-1985
Moir & Hawk. = William Whitmore Goodale Moir & Alex Drum Hawkes
Molloy & Hatch = Brian Peter John Molloy 1930- & S. Edwin Daniel Hatch fl. 1946
Moore = Sir Frederick William Moore 1857-1950
J.W.Moore = John William Moore 1901-
L.B.Moore = Lucy Beatrice Moore 1906-1987
S.Moore = Spencer Le Marchant Moore 1850-1931
T.Moore = Thomas Moore 1821-1887
T.Moore & Veitch = Thomas Moore & John Gould Veitch 1839-1870
Morales = C. O. Morales
Mora-Retana & J.Garcia = Dora Emilia Mora-Retana & Joaquín Bernardo Garcìa Castro
Mora-Retana & Pupulin = Dora Emilia Mora-Retana & Franco Pupulin
L.Moreau = Laurent Moreau
W.M.Moreau = W. M. Moreau
Morel = Charles Morel
Moretti = Giuseppe Moretti 1782-1853
Moric. = Moïse Étienne Moricand 1779-1854
Moris = Giuseppe Giacinto Moris 1796-1869
Moritzi = Alexander Moritzi 1806-1850
Morong = Thomas Morong 1827-1894
Morr. & De Vos = E. Morren 1833-1886 & Cornelis De Vos 1806-1895
C.Morr. = Charles François Antoine Morren 1807-1858
E.Morr. = Charles Jacques Edouard Morren 1833-1886

Morren = Auguste Morren 1804-1870
Morris & Ames = Morris & Oakes Ames
B.Morris = Brian Morris 1936-
F.v.Muell. = Sir Ferdinand Jacob Heinrich von Mueller 1825-1896
F.v.Muell. & Kraenzl. = Sir Ferdinand Jacob Heinrich von Mueller & Friedrich Wilhelm Ludwig Kraenzlin
O.F.Muell. = Otto Friedrich Müller 1730-1784
Muhl. = Gotthilf Henry Ernest Mühlenberg 1753-1815
Muhl. & Willd. = Gotthilf Henry Ernest Mühlenberg & Karl Ludwig Willdenow
Mukerjee = S.R. Mukherjee
H.Müller = Heinrich Ludwig Hermann Müller 1829-1883
Munby = Giles Munby 1813-1876
Murbeck = Svante Samuel Murbeck 1859-1946
Mutel = Pierre August Victor Mutel 1795-1847
Mutis = José Celestino Bruno Mutis y Bosio 1732-1808

Nad. = Jean Nadeaud 1834-1898
Nägeli = Carl Wilhelm von Nägeli 1817-1891
Nakai = Takenoshin Nakai 1882-1952
Nakai & F.Maekawa = Takenoshin Nakai & Fumio Maekawa 1908-1984
Nakajima = Tokuichiro Nakajima 1910-
Nannf. = Johan Axel Frithiof Nannfeldt 1904-1985
Nash = George Valentine (Ned) Nash 1864-1921
Navarro = Edmundo Navarro de Andrade 1914-1941
Navas = Luisa Eugenia Navas Bustamante fl. 1973
Naves = Andrés Náves 1839-1910
Necker = Noel Martin Joseph de Necker 1730-1793
Nees = Christian Gottfried Daniel Nees von Esenbeck 1776-1858
Nees & Meyen = Christian Gottfried Daniel Nees von Esenbeck & Franz Julius Ferdinand Meyen 1804-1840
Nees & Sinn. = Christian Gottfried Daniel Nees von Esenbeck & Wilhelm Sinning 1792-1874
Nels. = Aven Nelson 1859-1952
Nels. & Macbr. = Aven Nelson & James Francis Macbride 1892-1976
E.Nelson = Erich Nelson 1897-1980
Neraud = Neraud
Neudecker = Tilman Neudecker
Neudecker & Gerlach = Tilman Neudecker & Günther Gerlach fl. 1987
Neum. = Josef Neumayer 1791-1840
Nevski = Sergej Arsenjevic Nevski 1908-1938
Nichols = George Elwood Nichols 1882-1939
Nicholls = William Henry Nicholls, 1885-1951
Nicholls & Goadby = William Henry Nicholls & Bede Theodoric Goadby 1863-1944
Nicholson = G. E. Nicholson
Nicols. = Dan Henry Nicolson 1933-
Nieschalk = Charlotte Nieschalk 1913-
A. & C.Nieschalk = Albert Nieschalk 1904-1985 & Charlotte Nieschalk 1913-
Nieuw. = Julius (Aloysius) Arthur Nieuwland 1878-1936
Nimmo = Joseph Nimmo -1854
Nir = M. A. Nir
U.Nonis & P.Liverani = Umberto Nonis fl. 1977 & Paolo Liverani
Northen = Rebecca Thysen Northen
Northrop = Alice Bell (Rich) Northrop 1864-1922
Nutt. = Thomas Nuttall 1786-1859
Nyman = Carl Frederik Nyman 1820-1893

Oakeley = Henry F. Oakeley
Oakes = William Oakes 1799-1848
O'Brien = James O'Brien 1842-1930
O'Byrne = O'Byrne
O'Byrne & J.J.Verm. = O'Byrne & Jaap

J. Vermeulen 1955-
Oersted & Rchb.f. = Anders Sandøe Ørsted 1816-1872 & Heinrich Gustav Reichenbach
Ohwi = Jisaburo Ohwi 1905-1977
Ohwi & Koyama = Jisaburo Ohwi & Mitsuo Koyama 1885-1935
Ohwi & Satomi = Jisaburo Ohwi & Nobuo Satomi 1922-
Oliv. = Daniel Oliver 1830-1916
Oliv. & Silva = A.T. de Oliveira & Manoela F. S. da Silva
Opiz = Philipp Maximilian Opiz 1787-1858
Oppenh. = Hillel (Heinz) Reinhard Oppenheimer 1899-
Orlova = A. Orlova fl. 1925
Ormerod = P. Ormerod
Ormerod & Seidenf. = P. Ormerod & Gunnar Seidenfaden 1908- 2001
Ortiz = Pedro Valdivieso Ortiz fl. 1976
Ortiz & Arango = Pedro Valdivieso Ortiz & G. Arango
Ortiz & Esc. = Pedro Valdivieso Ortiz & Rodrigo Escobar
Osment = W. Osment
Ospina = H. Mariano Ospina fl. 1973
Otto & A.Dietr. = Christoph Friedrich Otto 1783-1856 & Albert Gottfried Dietrich 1795-1856

Pabst = Guido Frederico Joao Pabst 1914-1980
Pabst & Braga = Guido Frederico Joao Pabst & Pedro Ivo Soares Braga 1950-
Pabst & Dungs = Guido Frederico Joao Pabst & Fritz Dungs 1915-1977
Pabst & Gar. = Guido Frederico Joao Pabst & Leslie Garay
Pabst & Mello = Guido Frederico Joao Pabst & Arthur Ferreira de Mello fl. 1977
Pabst, Moutinho & Pinto = Guido Frederico Joao Pabst, Neto J. Moutinho fl. 1980 & A.V. Pinto fl. 1981
Pabst & Sengh. = Guido Frederico Joao Pabst & Karlheinz Senghas

Panigrahi = Gopinath Panigrahi 1924-
Pantl. = Robert Pantling 1857-1910
Panzer = Georg Wolfgang Franz Panzer 1755-1829
Par. = Rev. Charles Samuel Pollock Parish 1822-1897
Par. & Kraenzl. = Rev. Charles Samuel Pollock Parish & Friedrich Wilhelm Ludwig Kraenzlin
Par. & Rchb.f. = Rev. Charles Samuel Pollock Parish & Heinrich Gustav Reichenbach
Park. = W. K. Parker 1823-1890
Parkman & Schelpe = Parkman fl. 1982 & (Ted) Edmund Andre Charles Lois Eloi Schelpe 1924-1985
Parl. = Filippo Parlatore 1837-1858
Parment. = Antoine Augustin Parmentier 1737-1813
Paroz & Reinhard = Robert Paroz fl. 1971 & Hans R. Reinhard 1919-
Pars. = Samuel Browne Parsons 1819-1906
Pau = Carlos Pau y Español 1857-1937
Pav. = José Antonio Pavon y Jiménez 1754-1844
Pax = Ferdinand Albin Pax 1858-1942
Paxt. = Sir Joseph Paxton 1803-1865
Pear = Pear
Pearce & Cribb = Pearce & Phillip Cribb
Pedersen = H. A. Pedersen
Pedersen & Faurholdt = H. A. Pedersen & Faurholdt
F.Peeters & Cogn. = F. Peeters & Célestin Alfred Cogniaux
H.Perr. = Joseph Marie Alfred Henri Perrier de la Bathie 1873-1958
H.Perrine = Henry Perrine 1797-1840
Pers. = Christiaan Hendrik Persoon 1761-1836
E.Pescott = Edward Edgar Pescott 1872-1954
E.Pescott & Nich. = Edward Edgar Pescott & William Henry Nicholls 1885-1951
Peterm. = Wilhelm Ludwig Petermann

1806-1855
Petrie = Donald Petrie 1846-1925
Pett. = Bror Johan Petterson 1895-
Pfitz. = Ernst Hugo Heinrich Pfitzer 1846-1906
Pfitz. & Kraenzl. = Ernst Hugo Heinrich Pfitzer & Friedrich Wilhelm Ludwig Kraenzlin
Philbrick = Ralph N. Philbrick 1934-
Philippi = Rudolph Amandus (Rodolfo Amando) Philippi 1808-1904
Phillimore & Smith = Phillimore & Smith
Pierre = Jean Baptiste Louis Pierre 1833-1905
Piers = Frank Piers
Pinel = Pinel
Pinkepank = Heinz Pinkepank
Piper = Charles Vancouver Piper 1867-1926
Pittenauer = Pittenauer
Planch. = Jules Emile Planchon 1823-1888
Planch. & Lind. = Jules Emile Planchon & Jean Jules Linden
Pleihari = Pleihari
Plumier = Charles Plumier 1646-1704
Poepp. = Eduard Friedrich Poeppig 1798-1868
Poepp. & Endl. = Eduard Friedrich Poeppig & Stephan Ladislaus Endlicher
Poiret = Jean Louis Marie Poiret 1755-1834
Poiss. = Henry Louis Poisson 1877-1963
Poit. = Pierre Antoine Poiteau 1766-1854
Poll. = Glenn E. Pollard 1901-1976
Pollini = Ciro Pollini 1782-1833
Porsch = Otto Porsch 1875-1959
R.Port. = Roland Portéres 1906-1974
Porto & Brade = P. Campos Porto 1889- & Alexander Curt Brade 1881-1971
Post = Georg Edward Post 1838-1909
Pourr. = Pierre André Pourret de Figeac 1754-1818
Pradhan = Udai Chandra Pradhan fl. 1974

Prain = Sir David Prain 1857-1944
Presl = Karel Botiwog Presl 1794-1852
Price = William Robert Price 1886-1975
Prill. = Edouard Ernest Prillieux 1829-1915
Pritzel = George August Pritzel 1815-1874
Pucci = Angiolo Pucci 1851-1935
Pugsl. = Herbert William Pugsley 1868-1947
Pulle = August Adriaan Pulle 1878-1955
Pupulin = Franco Pupulin
Pupulin & Dressl. = Franco Pupulin & Robert Louis Dressler
Pupulin & Garcia Castro = Franco Pupulin & Joaquin Bernardo Garcìa Castro
Pupulin & Mora-Retana = Franco Pupulin & Dora Emilia Mora-Retana
Pursh = Frederick Traugott Pursh 1774-1820
Puydt = Emile De Puydt 1810-1891

Quezel = Pierre Ambrunaz Quézel 1926-
Quisumbing = Edoardo Quisumbing y Argüelles 1895-1986

Raddi = Giuseppe Raddi 1770-1829
Raeusch. = Ernst Adolph Räuschel ca. 1772-1797
Raf. = Constatin Samuel Rafinesque-Schmaltz 1783-1840
Rand = Isaac Rand -1743
Rand. = Morgan Randall
Rao = A. Nageswara Rao fl. 1983
Rao & Joseph = A. Nageswara Rao & J. Joseph fl. 1964-1979
Rao & Lal. = A. Nageswara Rao & Lal.
Rao & Mani = A. Nageswara Rao & K. J. Mani fl. 1958
Rao & Swam. = A. Nageswara Rao & Monkombu Sambasivan Swaminathan 1941-
Rasm. = Finn N. Rasmussen 1948-
Rathakrishnan = N. C. Rathakrishnan 1939-

Rauh & Sengh. = Werner Rauh 1913- & Karlheinz Senghas
Raulin = Victor Felix Raulin 1819-1905
Rausch. = Stephan Rauschert 1931-1986
Ravnik = Vlado Ravnik 1924-
Rchb. = Heinrich Gottlieb Ludwig Reichenbach 1793-1879
Rchb.f. = Heinrich Gustav Reichenbach (fil.) 1823-1889
Rchb.f. & S.Moore = Heinrich Gustav Reichenbach & Spencer Marchant Moore
Rchb.f., Otto & Dietr. = Heinrich Gustav Reichenbach, Christoph Friedrich Otto & Albert Gottfried Dietrich
Rchb.f. & Sand. = Heinrich Gustav Reichenbach & Henry Frederick Conrad Sander 1847-1920
Rchb.f. & Triana = Heinrich Gustav Reichenbach & Josè Jeronimo Triana
Rchb.f. & Wagener = Heinrich Gustav Reichenbach & Wagener
Rchb.f. & Warm. = Heinrich Gustav Reichenbach & Johannes Eugen Bülow Warming
Rchb.f. & Warsc. = Heinrich Gustav Reichenbach & Jòzef Warscewicz
Rchb.f. & Wullschl. = Heinrich Gustav Reichenbach & Heinrich Rudolph Wullschlaegel
Reader = Felix Maximilian Reader 1850-1911
Redouté = Pierre Joseph Redouté 1759-1840
Rees = Bertha Rees
T.M.Reeve = Tom M. Reeve fl. 1987
T.M.Reeve & Renz = Tom M. Reeve & Jany Renz
T.M.Reeve & P.Woods = Tom M. Reeve & Patrick (Paddy) James Blythe Woods
Regel = Eduard August von Regel 1815-1892
Regn. = Anders Fredrik Regnell 1807-1884
Reichard = Johann Jakob Reichard 1743-1782
Reinw. = Caspar Georg Carl Reinwardt 1773-1854
Rendle = Alfred Barton Rendle 1865-1938
Rendle & Rolfe = Alfred Barton Rendle & Robert Allen Rolfe
Rendle & Schltr. = Alfred Barton Rendle & Friedrich Richard Rudolf Schlechter
Renz = Jany Renz 1907-1999
Renz & Taubenheim = Jany Renz & Gerd Taubenheim fl. 1975
Retz. = Anders Jahan Retzius 1742-1821
Reuter = Georges Francois Reuter 1805-1872
A.Rich. = Achille Richard 1794-1852
A.Rich. & Gal. = Achille Richard & Henri Guillaume Galeotti
L.C.Rich. = Louis Claude Marie Richard 1754-1821
Richards = Adrian John Richards 1943-
K.Richter = Karl Richter 1855-1891
Ridl. = Henry Nicholas Ridley 1855-1956
Ridl. & Stapf = Henry Nicholas Ridley & Otto Stapf
Rion = Alphonse (Chanoine) Rion 1809-1856
Rirg. = Rirg.
Rob. = William Robinson 1838-1935
Rob. & Greenm. = Benjamin Lincoln Robinson 1864-1935 & Jesse More Greenman 1867-1951
Robyns & Tourn. = Frans Hubert Edouard Arthur Walter Robyns 1901-1986 & Roland Louis Jules Alfred Tournay 1925-1972
Rodig. = Emile Rodigas 1831-1902
Rodr. = José Demetrio Rodriguez 1780-1847
R.L.Rodr. = Rafael Lucas Rodriguez
Rodway = Leonard Rodway 1853-1936
Roebelen = Carl Roebelen 1855-1927
Roeth & Gruss = Jürgen Roeth fl. 1978 & Olaf Gruss
Roezl = Benedict Roezl 1823-1885
Roezl & Rchb.f. = Benedict Roezl & Heinrich Gustav Reichenbach
R.Rogers = Richard Sanders Rogers

1862-1942
R.Rogers & Maiden = Richard Sanders Rogers & Joseph Henry Maiden 1859-1925
R.Rogers & B.Rees = Richard Sanders Rogers & Bertha Rees
R.Rogers & C.White = Richard Sanders Rogers & Cyril Tenison White 1890-1950
Rolfe = Robert Allen Rolfe 1855-1921
Rolfe & Pfitz. = Robert Allen Rolfe & Ernst Hugo Heinrich Pfitzer
Rolfe & J.J.Sm. = Robert Allen Rolfe & Johannes Jacobus Smith
G.Romero = Gustavo A. Romero 1955-
G.Romero & Carn. = Gustavo A. Romero & Germán Carnevali
G.Romero & P.Castro = Gustavo A. Romero & Paiva Castro Neto
G.Romero & Gar. = Gustavo A. Romero & Leslie Garay
G.Romero & Gerlach = Gustavo A. Romero & Günther Gerlach
G.Romero & Gom. = Gustavo A. Romero & A. B.Gomes-Ferreira
G.Romero & Warford = Gustavo A. Romero & N. Warford
Rosb. = Heinrich Rosbach fl. 1880
Rosillo = Salvador Rosillo de Velasco 1905-1987
W.Rossi & E.Klein = Walter Rossi 1946- & Erich Klein fl. 1989
Rottl. = Johan Peter Rottler 1749-1836
Rouy = Georges C. Ch. Rouy 1851-1924
Rowland = Mark Rowland
Roxb. = William Roxburgh 1751-1815
Royle = John Forbes Royle 1798-1858
D. & U. Rueckbrodt = Dietrich Rückbrodt fl. 1970 & Ursula Rückbrodt fl. 1970
Ruiz = Hipólito Ruiz Lopez 1754-1815
Ruiz & Pav. = Hipólito Lopez Ruiz & José Antonio Pavón y Jiménez
Rumph. = Georg Everard Rumphius 1628-1702
Rungius = Christian Rungius
Rupp. = Joseph Ruppert 1864-1935

Rupp = Herman Montague Rucker Rupp 1872-1956
Rupp & Hatch = Herman Montague Rucker Rupp & Edwin Daniel Hatch fl. 1946
Rupp & Hunt = Herman Montague Rucker Rupp & Trevor Edgar Hunt 1913-
Rupp & Nicholls = Herman Montague Rucker Rupp & William Henry Nicholls 1885-1951
Rupp & C.White = Herman Montague Rucker Rupp & Cyril Tenison White 1890-1950
Ruschi = Augusto Ruschi 1915-1986
Russel = Alexander Russell 1715-1768
Ryan & Oakeley = Ryan & Oakeley
Rydb. = Per Axel Rydberg 1860-1931

Sadler = Joseph Sadler 1791-1849
Sadovsky = Otakar Sadovsky 1893-1990
Sakalo = Dmytro Ivanovic Sakalo 1904-1965
Salazar = Gerardo A. Salazar 1961-
Salazar & Soto Arenas = Gerardo A. Salazar & Soto Arenas = Miguel Angel Soto Arenas 1963-
Salazar & Greenw. = Gerardo A. Salazar & Edward Warren Greenwood 1918-
Saldanha = Josè de Saldanha da Gama 1839-1905
Salisb. = Richard Anthony Salisbury 1761-1829
Salzm. = Philip Salzmann 1781-1851
Samp. = Goncalo Antonio da Silva Ferreira Sampaio 1865-1937
Sanchez = L. M. Sanchez Saldaña
Sand. = Henry Frederick Conrad Sander 1847-1920
Sandt = Walter Sandt 1891-
Santap. = Hermengild Santapau 1903-1970
Santap. & Kopad. = Hermengild Santapau & Kopadia
O.Sarg. = Oswald Hewlett Sargent 1880-1952
Sathish = C. Sathish-Kumar 1957-

Satomi = Nobuo Satomi 1922-
Sauleda = R. P. Sauleda 1947-
Sauleda & Adams = R. P. Sauleda & R. M. Adams fl. 1984
Sauleda & Rag. = R. P. Sauleda & Rag.
Sauter = Anton Eleutherius Sauter 1800-1881
Savi = Gaetano Savi 1796-1844
Sawada = Kaneyoshi (Kenchiki) Sawada 1888-1950
Sawy = Sawy
Sawyer = Sawyer
J.Schaffner = John Henry Schaffner 1866-1939
Schau. = Johann Konrad Schauer 1813-1848
Scheidw. = Michel Joseph François Scheidweiler 1799-1861
Schelpe = Edmund André Charles Lois Eloi (Ted) Schelpe 1924-1985
Schiede = Christian Julius Wilhelm Schiede 1798-1836
Schinz = Hans Schinz 1858-1941
Schinz & Thell. = Hans Schinz & Albert Thellung 1881-1928
D.F.K.Schldl. = Diederich Friedrich Karl von Schlechtendal 1767-1842
Schltr. = Friedrich Richard Rudolf Schlechter 1872-1925
Schltr. & Ames = Friedrich Richard Rudolf Schlechter & Oakes Ames
Schltr. & H.Bol. = Friedrich Richard Rudolf Schlechter & Harry Bolus 1834-1911
Schltr. & Gar. = Friedrich Richard Rudolf Schlechter & Leslie Garay
Schltr. & Hoehne = Friedrich Richard Rudolf Schlechter & Frederico Carlos Hoehne
Schltr. & Porto = Friedrich Richard Rudolf Schlechter & Paolo Campos Porto 1889-
Schltr. & H.Perr. = Friedrich Richard Rudolf Schlechter & Henry Alfred Perrier de la Bathie 1873-1958
Schltr. & J.J.Sm. = Friedrich Richard Rudolf Schlechter & Johannes Jacobus Smith
F.W.Schmidt = F. W. Schmidt 1764-1796
Schnee = Ludwig Schnee 1908-1975
Scholz = Joseph B. Scholz 1858-1915
Schomb. = Sir Robert Herman Schomburgk 1804-1865
Schoser = Gustav Schoser 1924-
Schoser & Fowlie = Gustav Schoser & Jack A. Fowlie
Schoser & Sengh. = Gustav Schoser & Karlheinz Senghas
Schoser & Van Deelder = Gustav Schoser & Van Deelder
Schrad. = Heinrich Adolph Schrader 1767-1836
Schrank = Franz von Paula von Schrank 1747-1835
Schrenk = W. J. Schrenk fl. 1975
Schuiteman = André Schuiteman fl. 1982
Schuiteman & Ormerod = André Schuiteman & P. Ormerod
Schuiteman & A.Vogel = André Schuiteman & A. Vogel fl. 1982
Schuiteman & De Wilde = André Schuiteman & De Wilde
Schult. = Richard Evans Schultes 1915-
Schult. & Gar. = Richard Evans Schultes & Leslie Andrew Garay
Schulz = Otto Eugen Schulz 1874-1936
F.Schulz = Franz Schulz fl. 1869
M.Schulze = Carl Theodor Maximilian Schulze 1841-1915
K.Schum. = Karl Moritz Schumann 1851-1904
Schur = Philipp Johann Ferdinand Schur 1799-1878
Schwarz = Otto Karl Anton Schwarz 1900-1983
Schweinf. = Charles Schweinfurth 1890-1970
Schweinf. & Allen = Charles Schweinfurth & Paul Hamilton Allen 1911-1963
Schweinf. & Correll = Charles Schweinfurth & Donovan Stewart Correll 1908-1983

Schweinf. & Gar. = Charles Schweinfurth & Leslie Garay 1924-
Scop. = Giovanni Antonio Scopoli 1723-1788
J.Scott = John Scott 1838-1880
Scrugli, Cogoni & Pessei = Antonio Scrugli fl. 1984, Anna Cogoni & A. Pessei
Scrugli & M.P.Grasso = Antonio Scrugli & Maria Pia Grasso fl. 1984
Sebast. = Francesco Antonio Sebastiani 1782-1821
Sebast. & Mauri = Francesco Antonio Sebastiani & Ernesto Mauri 1791-1836
Seehawer = Helmut Seehawer
Seemann = Berthold Carl Seemann 1825-1871
Seg. = L.B. Segerbäck
Seidenf. = Gunnar Seidenfaden 1908-2001
Seidenf. & Downie = Gunnar Seidenfaden & Dorothy G. Downie
Seidenf. & Gar. = Gunnar Seidenfaden & Leslie Garay
Seidenf. & Smitin. = Gunnar Seidenfaden & Tem Smitinand
Seidenf. & Thorut = Gunnar Seidenfaden & C. Thorut
Sengh. = Karlheinz Senghas 1928-
Sengh., Benn. & Christ. = Karlheinz Senghas, David E. Bennett & Eric A. Christenson
Sengh. & Bock. = Karlheinz Senghas & Leonore Bockemühl
Sengh. & Cribb = Karlheinz Senghas & Phillip Cribb 1946-
Sengh. & Gar. = Karlheinz Senghas & Leslie Andrew Garay
Sengh. & Gerlach = Karlheinz Senghas & Günther Gerlach
Sengh. & Leferenz = Karlheinz Senghas & Leferenz
Sengh., Leferenz & Bock = Karlheinz Senghas, Leferenz & Irene Bock fl. 1986
Sengh. & Lueckel = Karlheinz Senghas & Emil Lueckel fl. 1978
Sengh. & Neudecker = Karlheinz Senghas & Tilman Neudecker
Sengh. & Schettler = Karlheinz Senghas & Roland Schettler
Sengh. & Schildh. = Karlheinz Senghas & H. Schildhauer
Sengh. & Seeger = Karlheinz Senghas & Hans-Gerhardt Seeger
Sengh. & Teuscher = Karlheinz Senghas & Henry Teuscher 1891-1984
Sengh. & Thiv = Karlheinz Senghas & Mike Thiv
Sessé = Martin de Sessé y Lacasta 1751-1809
Sessé & Moc. = Martin de Sessé y Lacasta & José Mariano Mociño Suares Losada
Sheviak = Charles J. Sheviak 1947-
Shim = Phyau Soon Shim fl. 1982
Shim & Fowlie = Phyau Soon Shim & Jack A. Fowlie
Shim & A.Lamb = Phyau Soon Shim & Anthony Lamb
Shim, A.Lamb & Chan = Phyau Soon Shim, Anthony Lamb & Chu Lun Chan
Shimadzu = Tadashige Shimadzu fl. 1921
Sieb. = Philipp Franz von Siebold 1796-1866
Siegerist = Emily S. Siegerist 1925-
Siehe = Walter Siehe 1859-1928
Silva & Oliv. = Manoela F. S. da Silva & A.T. de Oliveira
Simonkai = Lajos Philipp von Simonkai 1851-1910
Simonse = Simonse
Sims = John Sims 1749-1831
Sims & Salisb. = John Sims & Richard Anthony Salisbury 1761-1829
Skinner = George Ure Skinner 1804-1867
F.J.Sm. = F. J. Smith fl. 1989
J.E.Sm. = Sir James Edward Smith 1759-1828
J.J.Sm. = Johannes Jacobus Smith 1867-1947
J.J.Sm. & Schltr. = Johannes Jacobus Smith & Rudolf Schlechter
W.W.Sm. = Sir William Wright Smith, 1875-1956

W.W.Sm. & Cave = Sir William Wright Smith & George H. Cave 1870-1965
W.W.Sm. & Farrer = Sir William Wright Smith & Reginald John Farrer 1880-1920
Small = John Kunkel Small 1869-1938
Small & Nash = John Kunkel Small & George Valentine Nash 1864-1921
Smith = incertain name/unbestimmter Name/nome incerto
L.B.Smith & Harris = Lyman Bradford Smith 1904- & Stuart Kimball Harris 1906-
G.E.Smith = Gerard Edwards Smith 1804-1881
J.T.Smith = T. J. Smith fl. 1989
W.G.Smith = Worthington George Smith 1835-1917
Smitin. = Tem Smitinand 1920-1995
R.Soca = Romieg Soca
Sol. = Daniel Carlsson Solander 1733-1782
Sommerville = J. Sommerville
Sommier = Carlo Pietro Stefano Sommier 1843-1922
Sommier & C.Gatto = Carlo Pietro Stefano Sommier & Alfredo Caruana Gatto 1868-1926
Sond. = Otto Wilhelm Sonder 1812-1881
Soó = Karoly Rezsö Soó von Bere 1903-1980
Sosa = Victoria Sosa 1952-
Soto Arenas = Miguel Angel Soto Arenas 1963-
Soto Arenas, Salazar & Hagsater = Miguel Angel Soto Arenas, Gerardo A. Salazar Chavez 1961- & Eric Hágsater 1945-
Soysa = Soysa
Sparre = Benkt Sparre 1918-1986
Spegazz. = Carlos Spegazzini 1858-1926
Spegazz. & Kraenzl. = Carlos Spegazzini & Friedrich Wilhelm Ludwig Kraenzlin
Spenner = Fridolin Carl Leopold Spenner 1798-1841
Spire = Camille Joseph Spire fl. 1903
Spreng. = Kurt Polycarp Joachim Sprengel 1766-1833
Sprung. & Cribb = Samuel Sprunger & Phillip Cribb
Stacy = John E. Stacy 1918-
St.-Amans = Jean Florimond Boudon de Saint-Amans 1748-1831
Standl. & L.O.Wms. = Paul Carpenter Standley 1884-1963 & Louis Otho Williams
Stapf = Otto Stapf 1857-1933
St.Cloud = S. F. St. Cloud
Stearn = William Thomas Stearn 1911-2001
Stehlé = Henri Stehlé 1909-1983
Stein = Berthold Stein 1847-1899
Steinheil = Adolph Steinheil 1810-1839
Stellfeld = Carlos Stellfeld 1900-1970
T. & T.A.Stephenson = Thomas Stephenson 1865-1948 & Thomas Allen Stephenson 1898-1961
Sterns & Pogg. = Emerson Ellick Sterns 1846-1926 & Justus Ferdinand Poggenburg 1840-1893
Steud. = Ernst Gottlieb von Steudel 1783-1856
Stev. = John Stevenson 1836-1903
J.Stew. = Joyce Stewart 1936-
J.Stew. & Arends = Joyce Stewart & J. C. Arends 1940-
J.Stew. & Hennessy = Joyce Stewart & Esmée Franklin Hennessy fl. 1986
J.Stew. & La Croix = Joyce Stewart & Isobyl La Croix 1933-
J.Stew. & Schelpe = Joyce Stewart & H. P. Schelpe
St.John = Harold St. John 1892-1991
St.-Lager = Jean Baptiste Saint-Lager 1825-1912
St.Leger = Leon Saint-Léger 1868-1912
Stone = Benjamin Clemens Masterman Stone 1933-
Storie = James G. Storie fl. 1880
Strach. = Jeffrey L. Strachan 1956-
Stuber = Stuber
Stuckert = Theodor Juan Vicente Stuckert 1852-1932

Sudre = Henri Li Sudre 1862-1918
Summeble = Summeble
Summerh. = Victor Samuel Summerhayes 1897-1974
Sunderm. = Hans Sundermann fl. 1961-1982
Suresh = C. R. Suresh fl. 1988
Sw. = Olof Peter Swartz 1760-1818
Sweet = Herman Robert Sweet 1783-1835
Sweet & Gar. = Herman Robert Sweet & Leslie Andrew Garay
Szlach. = Dariusz L. Szlachetko 1961-
Szlach. & Marg. = Dariusz L. Szlachetko & Marg.
Szlach., Marg. & Rutk. = Dariusz L. Szlachetko, Marg. & Rutk.
Szlach. & Myt. = Dariusz L. Szlachetko & Myt.
Szlach. & Olsz. = Dariusz L. Szlachetko & T. S. Olszewski
Szlach. & Tamayo = Dariusz L. Szlachetko & Roberto Gonzalez Tamayo 1945-
Szlach., Tam. & Rutk. = Dariusz L. Szlachetko, Roberto Gonzalez Tamayo & Rutk.

Tallon = Tallon
Tamayo = Robert Gonzalez Tamayo, 1945-
Tamayo & Hagsater = Robert Gonzalez Tamayo & Eric Hágsater
Tamayo & Ramirez = R. Gonzalez Tamayo & R. Ramirez Delgadillo
Tamayo & Szlach. = R. Gonzalez Tamayo & Dariusz L. Szlachetko 1961-
K.W.Tan = Kiat W. Tan 1943-
Tang & Wang = Tsin Tang 1900- & Fa-Tsuan Wang 1926-
Tate = Ralph Tate 1840-1901
Tatew. = Misao Tatewaki 1899-
Taubenheim = Gerd Taubenheim fl. 1975
P.Tayl. = Peter Geoffrey Taylor 1926-
P.Tayl. & Pett. = Peter Geoffrey Taylor & Börge Pettersson fl. 1984
P.Tayl. & Wood = Peter Geoffrey Taylor & Mark W.Wood
Teijsm. = Johannes Elias Teijsmann 1809-1882
Teijsm. & Binn. = Johannes Elias Teijsmann & Simon Binnendijk 1821-1883
Ten. = Michele Tenore 1780-1861
Terracciano = Achille Terracciano 1862-1917
Teschner = Walter Paul Teschner 1927-
Teuscher = Henry Teuscher 1891-1984
Teuscher & Gar. = Henry Teuscher & Leslie Andrew Garay
Thien = Leonard B. Thien 1938-
Thiv = Mike Thiv
C.Thomas = Cyrus Thomas 1825-1910
S.Thomas = Sarah Thomas
S.Thomas & Cribb = Sarah Thomas & Phillip J. Cribb 1946-
Thornton = Robert John Thornton 1768-1837
Thou. = Louis Marie Aubert Du Petit-Thouars 1758-1831
Thuill. = Jean Louis Thuillier 1757-1822
Thunb. = Carl Peter Thunberg 1743-1828
Thw. = George Henry Kendrick Thwaites 1812-1882
Tin. = Vincenzo Tineo 1791-1856
Tinschert = Tinschert
Tiu = Danny Tiu fl. 1984
Tixier = Pierre Tixier 1918-
Tixier & Guill. = Pierre Tixier 1918- & André Guillaumin 1885-1974
Tod. = Agostino Todaro 1818-1892
Todzia = C. A. Todzia fl. 1985
Toill.-Gen. = J. Toilliez-Genoud fl. 1960
Toill.-Gen. & Boss. = J. Toilliez-Genoud & Jean M. Bosser 1922-
Toill.-Gen., Ursch & Boss. = J. Toilliez-Genoud, Eugène Ursch 1882-1962 & Jean M. Bosser
Torelli & Riccaboni = Gianantonio Torelli & Marco Riccaboni
Torrey = John Torrey 1796-1873
Toscano = Antonio Luiz Vieira Toscano de Brito 1957-

Toscano & Moutinho = Antonio Luiz Vieira Toscano de Brito & Neto J. Moutinho fl. 1980
Toscano & Werkh. = Antonio Luiz Vieira Toscano de Brito & Werkh.
Tourn. = Joseph Pitton de Tournefort 1656-1708
Trautv. = Ernst Rudolph von Trautvetter 1809-1889
Trimen = Henry Trimen 1843-1896
Tsi = Zhan-Huo Tsi 1937-
Tsi & Chen = Zhan-Huo Tsi & Sing-Chi Chen 1931-
Tsi & Hashimoto = Zhan-Huo Tsi & Tamotsu Hashimoto 1933-
Tso = Ching Lieh Tso
Turcz. = Nicolaj Stepanovic Turczaninow 1796-1864
Turner = Hubert Turner fl. 1992
Turrill = William Bertram Turrill 1890-1961
Tuyama = Takasi Tuyama 1910-
Tyteca = Daniel Tyteca fl. 1981

Upton = Walter T. Upton fl. 1967
Urban = Ignatz Urban 1848-1931
Ursch = Eugène Ursch 1882-1962
Ursch & Toill.-Gen. = Eugène Ursch & J. Toilliez-Genoud
Urv. = Julian Sebastian César Dumont d'Urville 1790-1842

Vahl = Martin Vahl 1749-1804
Valmayor & Tiu = H. L. Valmayor fl. 1984 & Danny Tiu fl. 1984
van der Burg = Van der Burg
van Deventer = Van Deventer
van Geel = Pierre Corneille Van Geel 1796-1836
van Hasselt = Johan Coenrad van Hasselt 1797-1823
Van Houtte = Louis Van Houtte 1810-1876
Van Royen = Pieter van Royen 1923-
van Vloten = H. van Vloten fl. 1953
Vasq. = C. Roberto Vasquez 1942-
Vasq. & Dods. = C. Roberto Vasquez & Calaway H. Dodson
Vasq. & Kroemer = C. Roberto Vasquez & Kroemer
Vasq., Now. & R. Müller = C. Roberto Vasquez, Now. & R. Müller
Veitch = John Gould Veitch 1835-1870
Veitch & Rchb.f. = Harry James Veitch & Heinrich Gustav Reichenbach
Vell. = José Mariano da Conceição Vellozo (Velloso) 1742-1811
Verdcourt = Bernard Verdcourt 1925-
Verguin = Louis Verguin 1868-1936
Verm. = Pieter Vermeulen 1899-1981
J.J.Verm. = Jaap J. Vermeulen 1955-
J.J.Verm. & A.Lamb = Jaap J. Vermeulen & Anthony Lamb fl. 1982
J.J.Verm. & Lewis = Jaap J. Vermeulen & Beverly Ann Lewis 1966-
Versch. = Ambroise Verschaffelt 1825-1886
Veyret = Yvonne Veyret fl. 1978
Vey. & Szlach. = Yvonne Veyret & Darius L. Szlachetko
Victorin & Rousseau = Joseph Louis Conrad Marie Victorin 1885-1944 & Marietta Hamon Rousseau 1850-1926
Vidal = Sebastian Vidal y Soler 1842-1889
Vieill. = Eugène Vieillard 1819-1896
Vierh. = Friedrich Karl Max Vierhapper 1876-1932
Vill. = Dominique Villars 1745-1814
Vis. = Roberto de Visiani 1800-1878
Viviani = Domenico Viviani 1772-1840
Voigt = Joachim Otto Voigt 1798-1843
Vuijkj = Jacobus Vuijkj 1910
Vuylsteke = Vuylsteke

Wahlenb. = Göran Wahlenberg 1780-1851
Waldvogel = Waldvogel
Wall. = Nathaniel Wallich (Nathan Wulff) 1786-1854
Wallr. = Carl Friedrich Willhelm Wallroth 1792-1857

Walter = Thomas Walter 1740-1789
K.S.Walter = Kenny Scott Walter 1950-
Wang & Tang = Fa-Tsuan Wang 1926- & Tsin Tang 1900-
Wankow & Kraenzl. = Iwan Wasiljewitsch Wankow fl. 1928 & Friedrich Wilhelm Ludwig Kraenzlin
Warb. = Otto Warburg 1859-1938
Warf. = N. Warford
Warm. = Johannes Eugene Bülow Warming 1841-1924
Warner = Robert Warner 1814-1896
Warner & B.S.Will. = Richard Warner & Benjamin Samuel Williams 1824-1890
Warsc. = Josef Ritter von Rawicz Warscewicz 1812-1866
Warsc. & Rchb.f. = Josef Ritter von Rawicz Warscewicz & Heinrich Gustav Reichenbach
S.Wats. = Sereno Watson 1826-1892
W.Wats. = William Watson 1858-1925
Wawra = Heinrich Wawra Ritter von Fernsee 1831-1887
Weathers = John Weathers 1867-1928
Webb = Philipp Barker Webb 1793-1854
Weber = Joseph Zvonko Weber 1930-
J.Z.Weber & R.Bates = Joseph Zvonko Weber & Robert J. Bates 1946-
Welw. = Friedrich Martin Joseph Welwitsch 1806-1872
H.Wendl. = Hermann Wendland 1825-1903
H.Wendl. & Kraenzl. = Hermann Wendland & Friedrich Wilhelm Ludwig Kraenzlin
Westc. = Frederick Westcott -1861
R.Wettst. = Richard Wettstein Ritter von Westersheim 1863-1931
C.White = Cyril Tenison White 1890-1950
C.White & Summerh. = Cyril Tenison White & Victor Samuel Summerhayes
Whitten = W.M. Whitten fl. 1988
Whitten & Benn. = W. M. Whitten & David E. Bennett fl. 1989
Whitten & Jenny = W. M. Whitten & Rudolf Jenny fl. 1985
Wight = Robert Wight 1796-1872
Will. = William Crawford Williamson 1816-1895
N.H.Will. = Norris H. Williams 1943-
N.H.Will. & Whitten = Norris H. Williams & W. M. Whitten
B.S.Will. = Benjamin Samuel Williams 1824-1890.
B.SWill. & T.Moore = Benjamin Samuel Williams & Thomas Moore 1821-1887
Willd. = Karl Ludwig von Willdenow 1765-1812
Willem. = Pierre Remi Willemet 1735-1807
Williams = Samuel Williams 1743-1817
G.Williamson = Graham Williamson 1932-
Willing = Barbara Willing fl. 1985, Eckard Willing fl. 1985
J.H.Willis = James Hamlyn Willis 1910-
J.H.Willis & Court = James Hamlyn Willis & Arthur Bertram Court 1927-
G.Wils. = Gurney Wilson
Wimber = Donald F. Wimber
Withner = Carl Leslie Withner 1918-
Withner, Allison & Guenard = Carl Leslie Withner, Kenneth Willway Allison 1894-1976 & Guenard
Withner & Jesup = Carl Leslie Withner & Jesup
Withner & Jimenez = Carl Leslie Withner & Rolando Jimenez Machorro 1961-
Witte = Henrik Witte 1829-1917
Wittm. = Max Carl LudwigWittmack 1839-1929
H.Wms. = H. Wms.
L.O.Wms. = Louis Otho Williams, 1908-1991
L.O.Wms. & Fosb. = Louis Otho Williams & Francis Raymond Fosberg 1908-
L.O.Wms. & Heller = Louis Otho Williams & Amos Arthur Heller 1867-1944

L.O.Wms. & Hoehne = Louis Otho Williams & Frederico Carlos Hoehne 1882-1959
M.Wolff = Manfred Wolff fl. 1989
J.J.Wood = Jeffrey James Wood 1952-
J.J.Wood & C.L.Chan = Jeffrey James Wood & Chu Lun Chan fl. 1990
J.J.Wood, C.L.Chan & A.Lamb = Jeffrey James Wood, Chu Lun Chan fl. 1990 & Anthony L. Lamb
J.J.Wood & Dauncey = Jeffrey J. Wood & Elizabeth Anne Dauncey 1965-
J.J.Wood, Du Puy & Shim = Jeffrey J. Wood, David Du Puy & Phyan Soon Shim
J.J.Wood & A.Lamb = Jeffrey J. Wood & Anthony L. Lamb
J.J.Wood, A.Lamb & Shim = Jeffrey J. Wood, Anthony L. Lamb & Phyan Soon Shim
J.J.Wood & Reeve = Jeffrey J. Wood & T. M. Reeve fl. 1987
J.J.Wood & Shim = Jeffrey J. Wood & Phyau Soon Shim fl. 1982
M.W.Wood = Mark W. Wood fl. 1973
M.W.Wood & P.Tayl. = Mark W. Wood & Peter Geoffrey Taylor 1926-
W.Wood = William Wood 1745-1808
Woolward = Thomas Jenkinson Woolward 1877-1915

Woronow = Jurij Nikolaevic Woronow (Voronow) 1874-1931
Wright = Charles Wright 1811-1885
Wu & Chen = Ying Siang Wu fl. 1980 & Sing-Chi Chen 1931-
Wullschl. = Heinrich Rudolph Wullschlaegel 1805-1864

Yamamoto = Yoshimatsu Yamamoto 1893-1947
Yatabe = Ryokichi Yatabe 1851-1899
Yen = Chi Yeu Yen fl. 1983
S.S.Ying = Shao Shun Ying fl. 1970
D.P.Young = Donald Peter Young 1917-1972
Yukawa = Tomohisa Yukawa

Zahlbr. = Johann Zahlbruckner 1782-1830
Zimmerm. = Walter Max Zimmermann 1892-1980
Zinn = Johann Gottfried Zinn 1727-1759
Zipp. = Alexander Zippelius 1797-1828
Zoll. = Heinrich Zollinger 1818-1859
Zoll. & Mor. = Heinrich Zollinger & Alexander Moritzi 1807-1850
Zucc. = Joseph Gerhard Zuccarini 1797-1848
Zurow. = J. E. Zurowetz

Danksagung

Ganz besonders möchte ich mich bei meinen Freunden, Frau Prof. Sabine Riess für Ihre wissenschaftlichen Ratschläge und Herrn Prof. Franco Bruno für seine wissenschaftlich-technische Hilfe, bedanken.

Ein ganz besonderes Gedenken gilt Herrn Dr. Luigi Berliocchi, leider nicht mehr unter uns, der mich als Erster zur Veröffentlichung meiner Datenbank überredete.

Acknowledgements

Particular thanks are due to my friend Prof. Sabine Riess for her invaluable scientific suggestions and to Prof. Franco Bruno for his indispensable technical and scientific support.

Special recognition is due to Dr. Luigi Berliocchi sadly recently deceased whose angoing support for the publication of my collected data has contributed greatly to the realisation of this work.

Ringraziamenti

Si ringraziano in modo particolare gli amici Prof.ssa Sabine Riess per i preziosi suggerimenti scientifici e il Prof. Franco Bruno per gli indispensabili aiuti tecnico-scientifici e di supporto.

Un ricordo particolare va al Dr. Luigi Berliocchi, purtroppo scomparso, il quale ha fortemente voluto la trasformazione in pubblicazione della mia banca dati.

Hier erfahren Sie mehr!

In diesem Buch werden die **wichtigsten Wildpflanzen Mitteleuropas** und die bedeutendsten Nutz- und Zierpflanzen genannt. Jeweils werden Kurzangaben zu Lebensform, Blütezeit, Winterhärte, besondere Verwendungshinweise und Synonyme aufgelistet.

Zander - Handwörterbuch der Pflanzennamen.
Walter Erhardt, Erich Götz, Siegmund Seybold, Nils Bödeker. 17. Aufl. 2002. 990 S., geb. (Pp.). ISBN 3-8001-3573-6.

In diesem **wichtigen Nachschlagewerk** für Ausbildung, Studium und Beruf werden mehr als **8000 Bezeichnungen von Pflanzenarten und -unterarten** übersetzt und teilweise erläutert. Hinweise zur Aussprache des Namens runden das Informationsangebot ab. Für Schule und Beruf einfach praktisch!

Die wissenschaftlichen Namen der Pflanzen und was sie bedeuten.
Siegmund Seybold. 2002. 189 S., kart. ISBN 3-8001-3983-9.

Ganz nah dran.

Lesebeispiel/Example/Esempio

Paphiopedilum[1] (**Paph.**)[2] Pfitz.[3] - 1886[4] - *Subfam. Cypripedioideae*[5] - (*Cordula* Raf., *Stimegas* Raf.)[6] – ca. 69 sp.[7] ter/epi/lit[8] – Ind., Burm., SE-As., SW-China, Indon., N.Gui., Sol., Phil.[9] – „Venusschuh, Slipper orchid"[10]

18.[11] **concolor**[12] (Batem.) Pfitz. (*Cypripedium concolor* Batem. ex Lindl., *C. tonkinense* God.-Leb., *Cordula concolor* (Batem. ex Lindl.) Rolfe)[13] - Burm. Thai., Viet., SW-China, Laos, Camb. 200-1.000 m[14] - ter/lit - subgen. *Brachypetalum*[15] (4**, 5**, Y**, Z**)[16]
ssp. **chlorophyllum**[17] (Rchb.f.) Fowlie (*P. concolor* var. *chlorophyllum* Rchb.f.) - Siam (Y)
var. **album**[18] Braem (7**, Y)
f. **tonkinense**[19] (*P. concolor* var. *tonkinense* Guill.) (Y)
- *concolor* var. *tonkinense*[20] Guill.):[21] form (Y)

Encyclia[1] ....
90.[11] **subulatifolia**[12] (A. Rich. & Gal.) Dressl.[3] - Mex.[9] (3**)[16] →[22] Epidendrum 295[11]
→[22] *subulatifolia*[20] (A. Rich. & Gal.) Dressl.:[21] *Microepidendrum* 6[11] (S)[16]

×[23] **Phaiocalanthe**[24] (**Phcal.**)[2] (*Calanthe* × *Phaius*)[25]
× *Phaiolimatopreptanthe*[26]: × *Phaiocalanthe*[27] (*Phaius* × *Limatodes* (*Calanthe*)[28] × *Preptanthe* (*Calanthe*)[28]

---

[1] Gattungsname/genus/nome del genere
[2] Handelsübliche Abkürzung der Gattung/commercial orchid genus abbreviations/abbreviazione commerciale del genere
[3] Autor des Gattungsnamens/genus author/autore del genere
[4] Beschreibungsjahr/year of description/ anno della descrizione
[5] Klassifizierung der Orchideen/Orchid classification/Classificazione delle Orchidee
[6] Gattungssynonyme (kursiv)/genus synonyms (italics)/sinonimi del genere (corsivo)
[7] Anzahl der Arten/number of species/numero delle specie
[8] Wuchsverhalten: ter = Terrestrisch, epi = Epiphyt, lit = Lithophyt/ growth form: ter = terrestrial, epi = epiphytic, lit = lithophytic/ forma di crescita: ter = terrestre, epi = epifita, lit = litofita
[9] Verbreitungsgebiet/distribution/diffusione
[10] Deutsche und fremdländische Orchideennamen/popular orchid names/nomi volgari